CHOISY LE ROY.

G.
60.
9.

LE GRAND DICTIONNAIRE GEOGRAPHIQUE ET CRITIQUE,

Par M. BRUZEN LA MARTINIERE,

Géographe de Sa Majesté Catholique Philippe V. Roi des Espagnes et des Indes.

TOME QUATRIEME.
PREMIERE PARTIE.
G.

A la Haye, Chez C. VAN LOM, & P. DE HONDT.
A Amsterdam, Chez HERM. UITWERF & FRANÇ. CHANGUION.
A Rotterdam, Chez JEAN DANIEL BEMAN.

MDCCXXXII.

LE GRAND
DICTIONNAIRE
GEOGRAPHIQUE
ET
CRITIQUE.

Par M. BROZEN LA MARTINIERE,

Geographe de Sa Majesté Catholique PHILIPPE
V. Roi des Espagnes et des Indes.

TOME QUATRIEME.

PREMIERE PARTIE.

C

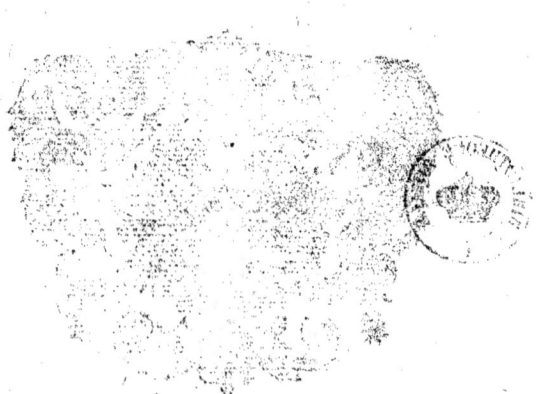

A la Haye, Chez C. van Lom, P. de Hondt,
À Amsterdam, Chez Herm. Uytwerf, & Franç. Changuion.
À Rotterdam, Chez Jean Daniel Beman.

MDCCXXXV.

A
TRES-HAUT,
TRES-PUISSANT,
ET
TRES-EXCELLENT
PRINCE,
Don Carlos,
INFANT D'ESPAGNE;
DUC
DE PARME, DE PLAISANCE,
DE CASTRO, &c.;

* GON-

GONFALONIER PERPETUEL

DE L'EGLISE;

GRAND-MAITRE

DE L'ORDRE CONSTANTINIEN DE St. GEORGE;

PRINCE HEREDITAIRE

DU GRAND DUCHÉ DE
TOSCANE.
&c. &c. &c.

ONSEIGNEUR,

Si je presente à VOTRE ALTESSE ROYALE cette suite d'un Ouvrage que LEURS MAJESTE'S CATHOLIQUES ont encouragé par leurs bienfaits, &,

EPITRE.

&, si je l'ose dire, par des éloges, ce n'est point un dessein que m'ayent inspiré depuis peu les nouvelles faveurs, que le Ciel vient de Vous faire. Pour Vous destiner mon hommage, je n'ai point attendu que Vous devinsiez le centre de l'attention generale, & vous rassemblez depuis long-tems dans Votre seule personne des titres, qui ne me permettent pas d'être indiferent aux prosperités qui Vous arrivent.

ATTACHÉ, comme je le suis, à l'Auguste Maison de Bourbon, par les devoirs de ma naissance; à la Monarchie Espagnole par ma qualité de Géographe du Roi; à la Serenissime Maison de Parme, par le choix, & par la confiance dont m'honora le feu Duc François Farnese; j'ajouterois encore à la Maison de Medicis par la reconnoissance que lui doivent tous les gens de Lettres; pourrois-je, MONSEIGNEUR, ne pas être penetré d'une extrème joie à la vuë d'un Evenement si avantageux à un Prince, né arriere-petit-fils d'un des plus grands Monarques qu'ait eu la France, fils d'un des plus Sages & des plus Saints Rois qu'ait eu l'Espagne, & d'une des Reines les plus accomplies, que l'Italie ait vû naître; Enfin à un Prince, pour qui doivent s'unir les Etats de Parme, de Plaisance & de Toscane?

OUI, MONSEIGNEUR, le consentement unanime des Nations les plus puissantes vient de concourir à Vous assurer la paisible succession de ces Etats. Le delai & les obstacles n'ont servi qu'à en affermir le succès. Nous voions enfin arrivez ces jours heureux que la Providence a choisis pour placer VOTRE ALTESSE ROYALE, en un Rang dont Votre merite personnel Vous rendroit digne, quand les droits du sang ne Vous y auroient pas appellé. Deux des plus respectables Maisons Souveraines de l'Italie ont au moins la consolation en expirant, de voir renaître & revivre en Vous leurs droits & leur sang, aussi bien que leur gloire & leurs vertus.

LES VOEUX que nous faisons pour VOTRE ALTESSE ROYALE, le Ciel vient enfin de les ratifier. Ne doutons point qu'il n'exauce aussi ceux que nous lui addressons encore, pour lui demander qu'il acheve ce qu'il a si heureusement commencé.

PUISSIEZ-VOUS, MONSEIGNEUR, faire long-

EPITRE.

long-tems les delices des Etats qui sont devenus *Votre* heritage. Regnez plus souverainement encore sur les cœurs, que sur les fortunes de *Vos* Sujets, & tandis qu'entierement occupé de la felicité que *Vous* leur devez, *Vous* allez meriter leur tendresse par un doux & sage gouvernement, qu'à leur tour, ils se rendent dignes de la *Vôtre* par un dévouement fidele & soumis. Que l'Espagne retrouve en VOTRE ALTESSE ROYALE, un *Farnese* reconnoissant, dont l'heroïsme soit un des plus fermes appuis de cette Couronne; mais aussi que les Sciences & les Lettres y retrouvent un nouveau Laurent de *Medicis* qui leur tende une main secourable & fasse de son Palais un azyle toujours ouvert au merite & à la vertu.

LE SANG *Auguste* dont *Vous* sortez, & l'éducation que *Vous* avez reçue, nous sont un sûr garand que *Vous* joindrez à tout cela l'heroïque pieté du *Roi Votre Pere*, ce Christianisme solide que les delices du Thrône, & les dangereux exemples du Siécle, n'ont pu corrompre, & sur tout cette Sagesse superieure aux Evenemens. Permettez-moi, MONSEIGNEUR, de saisir cette occasion, que j'ai, de *Vous* feliciter, & de *Vous* témoigner la part que je prends à la joie publique. Je suis avec une soumission très-respectueuse,

MONSEIGNEUR,

DE VOTRE ALTESSE ROYALE,

Le très-humble & très-obéissant Serviteur,
BRUZEN LA MARTINIERE
Géographe de Sa Majesté Catholique.

LE GRAND DICTIONNAIRE GÉOGRAPHIQUE, ET CRITIQUE

GAA. GAB.   GAB.

[a] D. Calmet Dict.

GAAS[a], Montagne de la Palestine, dans le Lot d'Ephraim; au Nord de laquelle étoit Thamnat-Saré, lieu célèbre par le tombeau de Josué[b]. Eusebe dit qu'encore de son temps on montroit le tombeau de Josué près de Tamnas.

[b] Josué c. 24. v. 30.

2. GAAS, (TORRENT OU VALLÉE DE) Il en est fait mention au Livre II.[c] des Rois à l'occasion de Heddai, l'un des trente Forts de David qui étoit de la Vallée de Gaas, pour parler comme D. Calmet. L'Hebreu dit *Hiddaïs* des Torrens de Gahas. La Vulgate dit *Heddaï* du Torrent de Gaas. Ce même homme est nommé *Hurai* dans les Paralipomenes[d], où on lit aussi du Torrent de Gaas, l'Hebreu porte des Torrents. Comme un Torrent n'est pas un lieu propre à être la patrie d'un homme, on a lieu de croire que ce nom ne signifie que la Vallée, où couloit un Torrent qui vraisemblablement tomboit de la Montagne de Gaas.

[c] c. 23. v. 30.

[d] l. 1. c. 11. v. 32.

1. GABA, Ville de la Palestine dans la Tribu de Benjamin[e]. La Vulgate porte GABE'B dans Josué, où l'Hebreu porte GABA. Ce même nom se retrouve écrit *Gaba* dans le Texte Hebreu au I. Livre d'Esdras[f]. La Vulgate nomme ce même lieu GABBA en cet endroit. Dans le VI. Chapitre du Livre de Nehemie que nous appellons le second d'Esdras,[g] la Vulgate lit NEBO au lieu que l'Hebreu porte Gaba.

[e] Josué c. 18. v. 24.

[f] c. 2. v. 26.

[g] v. 31.

§ En conferant ce dernier passage avec celui qu'on lit au III. Livre d'Esdras[h] où la Vulgate porte GABEA, & le Grec Γαββη, on ne doit pas être surpris si je cite quelquefois des Livres que l'Eglise retranche du Corps des Saintes Ecritures, comme Apocryphes; comme elle en permet l'impression hors du rang des Livres Canoniques, on peut les consulter sur ce qui ne regarde pas les matieres de la foi. En les declarant incapables d'être employez pour decider les questions que l'on peut faire sur les Dogmes Theologiques, elle n'a pas pretendu en condamner la lecture; mais simplement les reduire à la condition des Livres qui étant écrits sans inspiration divine, sont sujets à l'erreur. Ainsi un Géographe, & un Historien les peuvent consulter aussi bien que d'autres anciens Ecrivains, & les citer de la même maniere que nous employons tous les jours le temoignage d'Auteurs Payens, Mahometans & Infideles.

[h] c. 5. v. 34

2. GABA, Ville de la Palestine au pied du Mont Carmel[i] entre Ptolemaide & Cesarée[k]. Josephe dit[l] qu'on l'appelloit aussi la VILLE DES CAVALIERS parcequ'Herode l'avoit donnée pour retraite à ses Cavaliers Veterans. Mr. Reland[m] observe que la Traduc-

[i] De Bello. l. 3. c. 2.

[k] De Bello. l. 2. c. 19.

[l] Ibid. l. 3. c. 2.

[m] Palæst. p. 769.

duction Latine de Rufin porte GABA, mais que le Manuscrit de la Bibliotheque de Leipsig porte GABLA, & que les Exemplaires imprimez ont GAMALA. Josephe parle aussi de cette Gaba dans l'Histoire de sa Vie, & écrit que *Bezara* est située aux confins du Territoire de Ptolemaïde & à xx. stades de Gaba. Il est probable, dit Mr. Reland, que c'est la même Ville qui fut nommée dans la suite CAIPHA, & HEPHA, Ville située au pied du Carmel, du côté de Ptolemaïde.

§ Etienne le Géographe dit GABA Ville de la Galilée & cite le v. Livre des Antiquitez de Josephe. Il en est effectivement parlé au Chapitre 2. de ce Livre. Mais dans ce Chapitre il n'est pas question de Gaba ; puisque c'est au sujet de l'Histoire du Levite raportée à l'Article de GABAA ; or *Gaba* au pied du Carmel ne sauroit avoir rien de commun avec *Gabaa* de la Tribu de Benjamin, où arriva l'Histoire racontée par Josephe. Mais rien n'empêche que Gabaa n'ait été de la Galilée; cependant il est clair qu'Etienne ou son Abreviateur, a confondu *Gaba* & *Gabaa*. Berkelius en convient.

3. GABA. Voiez GABE.

4. GABA, Riviere d'Afrique au Royaume de Benin presque sous l'Equateur. Voiez GABON.

GABAA [a], en Hebreu signifie une *Colline* ; ainsi on ne doit pas être surpris de voir dans un Pays de Montagnes, comme la Judée un si grand nombre de lieux nommez GABAAH, GABAON, GABBATA, GABBATHON, GABBAT, GABBATA, GABE, &c. tout cela ne signifie qu'une *hauteur* & quelquefois dans l'Ecriture des noms propres exprimez en Hebreu par Gabaa sont rendus en Latin par les *Hauteurs*, ou les *Collines*. Par exemple ; Zacharie c. 14. v. 10. dit, *Revertetur omnis terra de colle Remnon ad austrum Jerusalem*; on traduit : *toute la terre reviendra de la Colline à Remnon au Midi de Jerusalem*. L'Hebreu porte *depuis Gabaa jusqu'à Remnon*. Au contraire Gabaa marquée au II. Livre des Rois c. 7. v. 1. comme une Ville n'est autre que la Hauteur de Cariat-Iarim.

GABAA, Ville de la Palestine dans la Tribu de Benjamin. C'étoit la patrie de Saül premier Roi des Enfans d'Israël. St. Jerome expliquant le V. Chapitre du Prophète Osée dit : *Gabaa où Saül naquit & Rama qui est auprès de Gabaa à sept milles de Jerusalem*. Du temps de ce Pere elle étoit détruite, comme il paroît par ces paroles du Commentaire sur Sophonie Chap. I. *Gabaa la Ville de Saül a été rasée jusqu'aux fondemens*. Et dans l'épitaphe de Paule il dit : elle s'arrêta un peu à Gabaa qui étoit détruite de fond en comble, & se ressouvint du peché que cette Ville commit, de la femme violée &c. Cette Ville est la même que Gabathsaule, Γαβαθσαύλη, dont parle Josephe [b] & il dit qu'elle étoit à trente stades de Jérusalem. Elle est nommée GABE'E dans Josué [c].

1. GABAAT, Ville de la Palestine dans la Tribu de Benjamin. Il en est fait mention dans le Livre de Josué [d]. D. Calmet croit que c'est la même que Gabaa dont il est parlé dans l'article precedent. Mais Josué la distingue de GABE'E & ces deux Places étoient dans la Tribu de Benjamin. Il est à croire que l'une des deux est la Gabaa où le crime fut commis envers la femme du Levite, mais il n'est pas aisé de dire laquelle. Il est toujours certain que *Gabaat* & *Gabée* étoient differentes l'une de l'autre.

2. GABAAT, de Phinées, Ville de la Palestine dans les Montagnes d'Ephraïm. Elle fut donnée en partage à Phinée fils d'Eleazar & fut le lieu de la sepulture du Grand Prêtre Eleazar [e].

GABADANIA, Contrée d'Asie dans la Cappadoce. Strabon [f] dit que bien que ce soit un Pays plat & Meridional, au pied du Mont Taurus, il ne produit presque point d'arbres fruitiers ; & qu'il ne vaut presque rien que pour les pâturages. Xilander ne trouvant ce nom en aucun autre endroit a cru qu'au lieu de *Gabadania* il falloit lire CATAONIA, mais Casaubon a demontré que ce dernier nom ne sauroit être celui que Strabon a voulu dire, puisqu'au contraire il parle expressément de la Cataonie d'une maniere très-differente. Casaubon juge qu'il est là question de BAGADAONIA, Pays dont la même Strabon dit ailleurs [g] que l'air ni le Terroir ne valoient rien non plus que dans l'endroit dont le nom est contesté.

1. GABAE. Voiez GABE'.

2. GABAE, Ville d'Asie dans la Perside, selon Ptolomée [h].

3. GABAE, Contrée d'Asie située entre les Massagetes & la Sogdiane, selon Arrien [i] dans l'Histoire d'Alexandre. Voiez GABAZA.

1. GABALA, Ville de la Syrie. Ortelius rapporte divers sentimens sur le nom moderne. Volaterranus & Guillaume de Tyr sent que c'est GIBEL. Niger que c'est MARGAD, Justel que c'est AMAN. C'est sans doute la même Ville que quelques Voyageurs nomment JEBILE'E, d'autres JUBAYE, Mr. de la Roque dit GEBAIL. Lucien dans son Traité de la Déesse de Syrie nomme cette Ville BYBLOS, elle a été fameuse chez les Payens à cause du culte d'Adonis. Voyez Articles BYBLOS, & JUBAYE. J'ajouterai ici la description qu'en fait le Ministre Maundrell. Jebilee est bâtie sur le bord de la Mer. Cette Ville est environnée des autres côtez d'une plaine très-fertile. Elle ne fait pas une grande figure à present, cependant elle retient toujours le rang de Ville & l'on y voit des restes qui font connoître qu'elle a été autrefois sur un meilleur pied. Son ancien nom dont elle tire celui qu'elle porte aujourd'hui étoit Gabala. Strabon & d'autres anciens Géographes en font mention sous ce nom-là. C'étoit un Evêché au temps des Empereurs Grecs, Severien le grand adversaire de St. Chrysostome & un des principaux de ceux qui conspirerent contre lui en a autrefois occupé le Siège. On n'y trouve rien de remarquable qu'une Mosquée & un Hopital, à côté, bâtis l'un & l'autre par Sultan Ibrahim; son corps repose dans cette Mosquée, où l'on voit son tombeau qui est en grande veneration parmi les Turcs. Il semble que Jebilee ait eu autrefois quelque commodité pour la Navigation, l'on y voit encore une chaine de grandes pierres quarrées qui s'avan-

[a] *D. Calmet Dict.*
[b] *De Bello.* l. 6. c. 2.
[c] c. 18. v. 24.
[d] c. 18. v. 28.
[e] *Josué c.* 24. v. ult.
[f] l. 12. p. 540.
[g] l. 2. p. 53.
[h] l. 6. c. 4.
[i] l. 4.

GAB.   GAB.   3

s'avancent un peu dans la Mer & qui semblent avoir été plus loin & y avoir formé un Mole. Proche de ce lieu-là sont plusieurs grands Piliers de marbre granite dont les uns sont sur le bord de l'eau & les autres renversez dedans. Il y en a d'autres dans un Jardin proche de là avec des chapiteaux de Marbre blanc très-bien taillez qui marquent encore en quelque maniere l'ancienne splendeur de ce lieu. Mais ce qu'il y a de plus ancien & de plus considerable à Jebilée & qui fait le mieux connoître ce qu'elle a été autrefois, ce sont les ruines d'un très-beau Théatre à la porte Septentrionale de la Ville. Il passe parmi les Turcs pour un vieux Château. Selon la maniere d'exagerer des Asiatiques, ils pretendent que ce Château a été d'une hauteur si prodigieuse avant sa ruine qu'un Cavalier auroit pu avancer pendant une heure de temps, sous son ombre au Soleil Levant. Ce qui reste de ce grand bâtiment n'a pas plus de vingt pieds de haut. Les Turcs en ont fait sauter une partie avec de la poudre à Canon & ils pretendent en avoir tiré une grande quantité de Marbres dont ils ont orné leur bain & la Mosquée dont il a été fait mention. Il n'en reste plus rien à present qu'un demi-Cercle. Il a justement trois cens pieds d'étendue d'une pointe à l'autre. Il paroît dans un demi-Cercle une rangée de dix-sept Fenêtres rondes presque à rez de terre & il y avoit tout à l'entour entre ces Fenêtres sur de grands pieds d'estaux de grands Piliers fort massifs en forme d'Arcs-boutans contre la Muraille & qui servoient de support aussi bien que d'ornement à l'Edifice ; mais la meilleure partie de ces Piliers est renversée. Il y a au dedans une grande Arene ; mais on n'en sauroit prendre la juste mesure à cause des Maisons dont les Turcs l'ont presque remplie. On voit encore à l'Occident les siéges des Spectateurs assez entiers aussi bien que les Caves ou voutes qui regnoient autour du Théatre. La muraille exterieure a plus d'onze pieds d'épaisseur & est bâtie sur de grandes pierres fort solides, sa grande force l'a sauvée jusqu'à present des ravages du temps & de la destruction generale que les Turcs portent dans la plupart des lieux où ils passent.

Ortelius s'est trompé à l'égard de cette Gabala. Car il applique le nom moderne de Gibel à la Ville que Ptolomée nomme Gabala ; au lieu que cette Gabala, à laquelle le nom de *Gebail*, ou *Gibel*, ou *Gebilée*, ou *Jubaye* convient, est nommée par Ptolomée [a] par son nom Grec qui est BYBLOS. Il la met très-bien entre *Botrys* & *Beryte*, aujourd'hui *Patron* & *Beroot*. La Ville de Gabala dont nous venons de parler est differente des deux autres Villes de *Gabala* dont Ptolomée a parlé.

a l. 5. c. 15.

2. GABALA, ancienne Ville de Syrie entre Laodicée & Paltos [b] ; & entre les Embouchures de l'Oronte & du Fleuve Eleuthere. C'est celle que Pline [c] appelle GABALE'. Strabon [d] la nomme aussi Gabala. L'un & l'autre la mettent auprès de Laodicée. Le R. P. Hardouin se trompe lorsqu'il dit que cette Ville est presentement JABLI. Ce nom est celui d'une Gabala que Pline n'a connue que sous le nom de Byblos, & de laquelle il parle dans le même Chapitre. Cette Gabala étoit Episcopale & est placée avec Laodicée & Paltos entre les Siéges de la Theodoriade, dans la Notice de Léon le Sage. On trouve l'Evêque de cette Ville Domnus Gabalensis entre les Evêques qui souscrivirent au Concile de Constantinople.

b Ptolom. l. 5. c. 15. c l. 5. c. 20. d l. 16. p. 753.

3. GABALA, ancienne Ville de Syrie dans la Phœnicie auprès de *Palæbyblos*, ou de l'ancienne Byblos, selon Ptolomée [e]. Celle-là n'étoit pas maritime, mais dans les terres, en tirant vers Cesarée de Panias. Ortelius s'est trompé à l'égard de cette *Gabala* lorsqu'il a dit que c'est la Gamale de Pline. Voiez GAMALA. La Gabala est sans doute la même que GABA 2. Voiez ce mot.

e l. 5. c. 15.

§ Afin d'en mieux sentir la difference je joindrai les positions de ces trois Villes, selon Ptolomée.

                     Longit.   Lat.
Byblos (ou Gabala 1) 67ᵈ. 40'. 33ᵈ. 56'.
2. Gabala (de Syrie) 68 20. 34. 56'.
3. Gabala (de Phœnicie) 67 15. 33. 10.

4. Ces trois Gabala sont differentes de la Ville de *Gabala*, ou *Gamala* dont parle Pline. Voiez GAMALA.

5. GABALA, Contrée de l'Arabie, selon Etienne le Géographe. Par l'Arabie, il entend le Pays que l'on a aussi appellé la III. Palestine.

6. GABALA, ancienne Ville Episcopale d'Asie dans la Lydie. Elle est nommée *Gabalena Civitas* dans les Actes du Concile de Chalcedoine. Ortelius écrit Lycie pour Lydie ; si c'est une faute d'impression, elle se trouve également dans la belle Edition d'Anvers 1596. & dans celle de Hanau 1611. Polycarpe Evêque de Gabala souscrivit à ce Concile de Chalcedoine, & à la Lettre Synodale. La Notice de Léon le Sage met entre les Evêchez de la Lydie *Gabalorum* genitif du neutre pluriel *Gabala*. Celle de Hierocles ne l'y met pas.

7. Il devoit y avoir un lieu nommé Gabala dans l'Idumée. Voiez GABALENE.

GABALAECA, ancienne Ville de l'Espagne Tarragonoise à quelque distance de la Mer au Pays des Vardules, selon Ptolomée [f].

f l. 2. c. 6.

GABALE, Ville Mediterranée de la Medie, selon le même [g].

g l. 6. c. 2.

GABALENA CIVITAS. Voiez GABALA 6.

GABALENE, St. Jerome dit [h] : Allus contrée de l'Idumée, on l'appelle presentement *Gabalene*. C'est apparemment la même chose que ce qu'il dit en parlant de Zophaïm : contrée des Princes d'Edom, laquelle est presentement appellée *Gabalene*. C'étoit sans doute un Pays de Montagnes.

h In Loc. Hebr.

GABALENI, nom des Habitans de GABALA. Masius [i] dit que ce sont les habitans de Byblos. C'est-à-dire de GABALA 1.

i In Josuam.

1. GABALENSIS, Siége Episcopal d'Asie. Voiez GABALA 6.

2. GABALENSIS AGER, nom Latin du GEVAUDAN. Voiez ce mot.

GABALES, ou
GABALI, ancien Peuple des Gaules. Le premier se trouve dans Strabon [k]. Pline [l] le nomme aussi de même, & le R. P. Hardouin dit avoir trouvé GABALES dans tous les Manus-

k l. 4. p. 191. l l. 4. c. 20.

GAB.

nuscrits. Cependant Jules Cesar dans ses Commentaires dit GABALI [a]. Ptolomée [b] dit de même Γαβάλλοι, GABALLI, par deux ll. Quelques Editeurs prenant le Γ pour un T, ont lu Taballi par erreur [c]. Les anciennes Notices des Gaules nomment CIVITAS GABALUM, dans la premiere Aquitaine sous la Metropole de Bourges; & simplement GABALUM [d], & CIVITAS GABELLUORUM [e]. Cette Ville, selon Catel dans son Histoire de Languedoc [f], étoit à l'endroit où est le Bourg de JAVAUX à quatre lieues de Mande; pour le Peuple, on ne doute point que ce ne soit le Gevaudan qui en conserve le nom.

[a] l.7.c.64. & 75.
[b] l.2.c.7.
[c] Schelstrat. Antiq. Ecclef. T.2. p.640.
[d] Ibid. 642.
[e] Ibid. 646.
[f] l.2.p.306.

GABALIA. Voiez CABALIA 1. & 2.

GABALICUS PAGUS, Pline [g] parlant des bons fromages fait mention de celui de Lesura, Gabalicique Pagi, c'est-à-dire, du Mont de Losere & du Gevaudan où est cette Montagne, & dont les Fromages ont encore de la reputation, selon Catel [h] dans son Histoire de Languedoc.

[g] l.11.c.41.
[h] l.2. c.7. p.297.

GABALUM, & GABALUS. } Voiez GABALES.

1. GABAON [i], Ville Capitale des Gabaonites ancien Peuple de la terre de Chanaan, qui vinrent surprendre la Religion de Josué, & des anciens d'Israël, en leur faisant entendre qu'ils étoient d'un Païs fort éloigné, & qu'ils souhaitoient faire alliance avec le peuple du Seigneur. Josué [k] & les anciens n'eurent pas la précaution de consulter Dieu sur cette affaire; ils s'engagerent trop légérement dans l'alliance de ces Peuples: mais bien-tôt ils reconnurent leur faute; & ayant fait venir les Gabaonites, ils leur reprochérent leur supercherie; & sans révoquer la promesse qu'ils leur avoient faite de les conserver, ils les condamnerent à porter l'eau & le bois au Tabernacle du Seigneur, comme des Esclaves, ou des Captifs pris à la guerre; servitude dans laquelle ils demeurerent jusqu'à la ruine, & l'entiere dispersion de la Nation Juive.

[i] D. Calmet.
[k] Josué c. 9.v.3.& seq.

Trois jours après [l], les Rois Chananéens ayant apris que les Gabaonites s'étoient livrez aux Hébreux [l], vinrent assiéger la Ville de Gabaon. Les Gabaonites ne se sentant pas assez forts pour résister à cinq Rois qui les venoient attaquer; car Adonisedech Roi de Jerusalem, Oham Roi d'Hébron, Pharan Roi de Jérimoth, Japhia Roi de Lachis, & Dabir Roi d'Eglon, étoient devant leur Ville avec leurs armées; ils vinrent trouver Josué, & lui demanderent un prompt secours contre ces cinq Princes. Josué marcha toute la nuit avec l'élite des troupes d'Israël, attaqua les cinq Rois dès le matin, & les mit en fuite; & les poursuivit jusqu'à la descente de Bethoron. Alors Dieu fit tomber sur eux une grêle de pierres, qui en assomma un très-grand nombre; & Josué craignant que la nuit ne lui ravît une partie des avantages de cette Victoire, pria Dieu de retarder le cours du Soleil & de la Lune, en disant: Soleil, qui êtes vis-à-vis Gabaon, ne vous remuez point; & vous Lune, arrêtez-vous vis-à-vis Aïalon. Dieu écouta la voix de Josué, le Soleil & la Lune s'arrêtérent, & on ne vit jamais un si long jour. Josué & le Peuple d'Israël eurent donc tout le loisir de poursuivre, & de tuer leurs ennemis.

[l] Josué c. 10.v.3.& seq.

GAB.

Les cinq Rois furent pris, & enfermez dans une Caverne, en attendant que Josué & le Peuple fussent de retour de la poursuite des ennemis. Après quoi on les égorgea, & on les pendit à des poteaux, où ils demeurerent jusqu'au soir.

Dans les Discours de Monsieur Saurin sur la Bible on trouve inferée une savante Dissertation de Monsieur s'Gravesande sur les difficultez Géographiques & Astronomiques que l'on peut faire sur ce miracle de Josué. Elle est trop longue pour l'inferer ici, & trop belle pour n'y pas renvoyer mes Lecteurs. Elle est au second Volume, v. Discours page 79.

Les Gabaonites étoient de la race des Hevéens, anciens habitans du Païs, & ils possedoient quatre Villes, dont Gabaon étoit la Capitale. Ces Villes étoient, *Caphira*, *Béroth*, *Cariat-iarim*, & *Gabaon*, qui furent depuis données à la Tribu de Benjamin, à l'exception de Cariat-Yarim, qui tomba en partage à la Tribu de Juda. Les Gabaonites demeurerent toujours dans la suite soumis aux charges que Josué leur avoit imposées & fort fidelles aux Israélites. Toutefois Saül, on ne sait par quel mauvais zèle, en fit perir un très-grand nombre [m], s'imaginant peut-être qu'il étoit de son devoir d'exterminer tous les restes des Chananéens du Païs, mais le Seigneur en punition de cette cruauté, envoya sous le Regne de David une grande famine, qui défola tout le Païs; & qui dura trois ans. David touché des maux de son peuple, s'adressa au Seigneur; & les Prophetes lui dirent que ce mal continueroit toujours jusqu'à ce qu'on eût vengé les Gabaonites de la cruauté que Saül avoit exercée contr' eux, au prejudice de l'alliance que Josué & les Princes du Peuple avoient faite avec eux au nom du Seigneur. Alors David demanda aux Gabaonites quelle satisfaction ils désiroient; ils répondirent: qu'on nous donne sept fils de Saül, & nous les ferons mourir, pour vanger le sang de nos Freres. David leur livra donc deux fils que Saül avoit eu de Respha, & cinq fils que Mérob fille de Saül avoit eu d'Hadriel. Les Gabaonites les crucifiérent devant le Seigneur. Cela s'éxécuta au commencement du printems, lorsqu'on commence dans la Palestine à couper les orges. Respha Concubine de Saül demeura près de ces Corps, & y coucha, venant garder contre les oiseaux du Ciel, & contre les animaux carnaciers, depuis le commencement de la moisson, jusqu'à ce que Dieu fléchi par ce Sacrifice, envoya de l'eau sur la terre, & lui rendit sa fécondité.

[m] Reg. l.2. c.21.v.1. & seq.

Depuis ce tems, il n'est plus fait mention dans l'Ecriture des Gabaonites, comme composant une Nation à part. Mais D. Calmet croit qu'on doit les entendre sous le nom de NATHINE'ENS, ou *donnez* [n], qui étoient des Esclaves publics destinez au service du Temple; dans la suite on joignit aux Gabaonites ceux des Chananéens que l'on assujetit, & à qui on voulut bien conserver la vie. On voit par l'Ecriture, que David [o], Salomon [p], & les Princes de Juda en donnerent un bon nombre au Seigneur; & que ces Nathinéens, ayant été menez en captivité avec la Tribu de Juda, & les Lévites; il en revint

[n] Paralip. l.1.c.9.
[o] Esdras l.1. c.8 v.20.
[p] Ibid. c.2. v.58. & Reg. l.3.c.9. v.20.

un

un grand nombre avec Esdras, Zorobabel, & Néhémie, & qu'ils continuerent après la captivité comme auparavant à servir au Temple, sous les ordres des Prêtres & des Lévites.

Gabaon étoit assise sur une hauteur, comme son nom même le dénote, elle étoit à quarante Stades [a] de Jérusalem, selon Josephe [b], c'est-à-dire, environ à deux lieues de cette Ville, vers le Nord. Elle est nommée GABAA, au II. Livre des Rois c. 2. v. 25. comparé avec le I. Livre des Paralipomenes c. 16. 39. Gabaa & Gabaon ont la même signification littérale. Il est parlé dans quelques endroits de l'Ecriture, de la Fontaine, & de la Piscíne de *Gabaa*, qui étoient apparemment au bas du côteau sur lequel étoit bâtie Gabaon.

On ne sait ni quand, ni par qui, ni à quelle occasion le Tabernacle & l'autel des Holocaustes que Moïse avoit faits dans le désert, furent transportez à Gabaon; mais on sait certainement qu'ils y étoient sur la fin du Regne de David [c], & au commencement de celui de Salomon. David ayant vû l'Ange du Seigneur sur l'Aire d'Ornan, en fut tellement effrayé, qu'il n'eut pas la force d'aller jusqu'à Gabaon, pour y offrir son Sacrifice. Mais Salomon étant monté sur le trône de David, alla à Gabaon pour y sacrifier [d]; parce que c'étoit-là le plus considérable de tous les hauts lieux du Pays, où les Sacrifices étoient alors tolérez, parce que le Temple n'étoit pas encore bâti.

§ D. Calmet a eu raison de remarquer que *Gabaon* est nommée *Gabaa* dans quelques endroits de l'Ecriture; mais il y avoit plus d'un lieu de ce nom dans la Tribu de Benjamin. Il y avoit *Gabaa* & *Gabaon*. Le P. Bonfrerius dans sa Carte de la Terre Sainte nomme deux lieux GABAON dans cette même Tribu. Josephe qui dans un endroit met Gabaon à quarante stades de Jérusalem, l'en met ailleurs à cinquante [e] & par conséquent a voulu parler de deux Villes distinctes. Cette ressemblance de noms pour des Villes diferentes & cette diference de lettres en nommant le même lieu, ne peut que causer de l'embaras, surtout quand il s'agit de lieux situés dans une même Province, & dont il ne reste aucune trace que dans des Ecrivains qui ne s'expriment pas d'une maniere nette & uniforme.

2. GABAON. Voiez GABAOTH.

§ GABAOPOLIS, ou GABAOUPOLIS, Γαβαωπόλις, Ville de la Galilée, selon Etienne le Géographe qui cite Josephe. Mais on lit présentement Γαβαωπόλις dans cet Auteur.

GABAOTH, Lieu de la Palestine à 20. Stades de Jerusalem. St. [f] Epiphane dit : il est à l'Orient de Sion qui a une avenue par où l'on arrive de Gabaoth, à vingt stades de la Ville. Il ajoute que cette avenue étoit si pleine de détours que peu de gens la savoient. Ce ne peut être GIBBON. (dit Mr. Reland [g], qui à la maniere des Protestans lit, selon la ponctuation des Juifs Modernes) Car la situation de ce lieu marqué par St. Epiphane ne convient point avec celle de Gibeon qui étoit à plus de vingt stades de Jerusalem & de plus ce Saint en parlant de *Gibeon* le nomme Gabaon [h]. La Chronique Paschale nomme lieu *Gabaon* & dit : Salomon arrangea les Sépulchres de David de maniere qu'ils faisoient face à l'Orient de Sion qui a une avenue depuis Gabaon à vingt stades loin de la Ville & il fit cette avenue si cachée & si détournée que personne ne s'en appercevoit, de maniere qu'encore aujourd'hui la plupart des Prêtres & tout le peuple n'en ont point de connoissance.

GABARA, neutre Pluriel. Cette Ville étoit une des trois principales [i] de la Galilée; les deux autres étoient *Sephoris* & *Tiberiade*. Mr. Reland soupçonne que le nom de Gadara plus connu des Copistes que Gabara lui a été quelquefois substitué dans le Texte de Josephe. Vespasien étant parti de Ptolemaïde avec son armée se rendit sur les Frontieres de la Galilée; & Josephe qui étoit campé avec son monde assez près de Sipporis ou Sephoris fit sa retraite vers Tiberiade; alors la Ville des Gabariens fut prise par Vespasien, ensuite on fit le siége de Jotapata & des autres Villes de la Galilée. On lit à présent Γαδαρέων, au lieu [k] de Γαβαρέων qui est pourtant le vrai mot & qu'il faut remettre dans ce passage; de la même maniere que Josephe dit dans sa Vie que la Ville de Giscala fut prise par les Peuples voisins les *Gadareniens*, les *Gabaraganiens*, & les *Tyriens*; que pour lui il prit deux fois la Ville de Sephoris, celle de Tiberiade quatre fois, & une fois celle de Gabara & que les habitans de Galilée ne laissoient pas de l'aimer, quoiqu'il eût pris leurs Villes. Il faut lire dans ce passage *Gabara* & non pas *Gadara*. On peut juger de la situation de Gabara par ce que dit Josephe dans sa Vie, où parlant de la marche de Jonathas qui alloit de Judée en Galilée, passa à Japha, à Sephoris, à Asochis & à Gabara. Il y avoit quarante stades ou cinq mille pas de cette derniere Ville à Jotapata. Mr. Reland fournit une correction importante d'un passage de Josephe dans sa Vie. Επίλευσα τοῖς πλήθεσι πρὸς Σωγάνην κώμην ἕπεσθαι Ἀράβων ἀπέχουσαν εἴκοσι σταδία : j'ordonnai au peuple de suivre jusqu'à Sogane *Village des Arabes*, *éloigné delà de 20. stades*. Au lieu d'Ἀράβων, il lit Γαβάρων, & alors ce passage signifie : j'ordonnai au Peuple de suivre jusqu'à Sogane Village éloigné de Gabara de 20. stades. En effet l'Arabie étoit bien loin de là. Et le changement de Γαβάρων en Ἀράβων a pu se faire facilement par le retranchement d'une Lettre & par la transposition de deux autres.

GABARDAN, ou GAVARDAN [l], petite contrée de France en Gascogne dans le Condomois, à l'Orient du Marsan & au Nord de l'Eausan. Elle prend son nom de Gabaret, ou Gavaret, nommée en Latin *Gavarretum*. On ne sait pas les noms des Vicomtes de ce Pays sous les Ducs de Gascogne. On voit seulement que l'an 1050. Roger étoit Vicomte de Gabaret, ou de Gavardan. Pierre petit-fils de Roger ayant épousé Guiscarde sœur de Centule, Vicomte de Béarn, joignit la Vicomté de Gavardan à celle de Béarn & elles ont toujours été depuis sous les mêmes Seigneurs. C'est pour cela que Germaine de Foix Reine Douairiere d'Arragon qui vouloit avoir partage dans les biens de sa Maison, ayant demandé la Vicomté de Gabardan avec celles de Tursan & de Marsan, fut déboutée de ses prétentions l'an 1517. par Arrêt du Parlement de Paris.

Ces

GAB.

Ces Vicomtez ont été depuis réünies à la Couronne fous le Regne de Henri IV. unique heritier des Maifons de Foix & d'Albret.

GABARET [a], Ville de France en Gafcogne aux Confins du Condomois & de l'Armagnac fur la Gelife entre Condom au Levant & Roquefort de Marfan. Cette Ville qui eft auffi nommée GAVARET, eft Capitale du GABARDAN, ou *Gavardan*, & eft à fix lieues de Condom.

[a] *Baudrand Ed. 1705.*

GABAROTH, Village de la Paleftine dans la Galilée. On croit que c'eft la même chofe que GABARA.

1. GABATHA, ou GABAATH, Lieu de la Paleftine dans la partie Meridionale de Juda, à XII. Milles d'Eleutheropolis. On y montroit autrefois le Sepulchre du Prophéte Habacuc. Eufebe & St. Jerôme écrivent ce nom GABAAS. Jofephe [b] fait mention du Bourg de GABATHA, mais il faut lire NADABATH, *Naδaβάθ*. Etienne le Géographe met Gabatha Ville de Galilée & cite Jofephe au Livre VI. des Antiquitez. Elle eft diferente du Village en queftion. On croiroit aifément que ce dernier doit être le même que KELA & ECHELA, où Eufebe dit qu'on voioit le Sepulchre d'Habacuc; car, felon cet Auteur, *Kela* étoit à huit milles à l'Orient d'Eleutheropolis; c'eft-à-dire, en allant à Jerufalem, & Gabatha étoit à douze milles de Jerufalem. Or cette derniere Ville étoit à vingt milles d'Eleutheropolis, ce qui fait jufte le produit des deux diftances, favoir 8. & 12. de cette maniere Gabatha & Kela étoient des lieux très-voifins l'un de l'autre à pareilles diftances entre Jerufalem & Eleutheropolis, c'eft-à-dire, à huit milles de l'une & à douze de l'autre. Le Sepulchre du Prophéte étoit entre Gabatha & Kela de maniére qu'on pouvoit le voir également de ces deux endroits: c'eft ainfi que Mr. Reland concilie cette dificulté.

[b] *Antiq. l. 6. c. 5. & l. 13. c. 1.*

2. GABATHA, Ville de la Galilée, felon Etienne le Géographe.

3. GABATHA, Eufebe met auffi Gabatha dans la Tribu de Benjamin, où étoit la Maifon de Saül. C'eft le même chofe que GABAA.

4. GABATHA. Le même Auteur met un Village de ce nom aux Confins de Diocefarée, mais comme Mr. Reland le remarque, il y a une grande confufion dans le Grec en cet endroit.

GABATHO. Voiez GIBBETHON.

GABBA. Voiez GABE 2.

GABAZA, Quinte-Curfe [c] nomme ainfi ce qu'Arrien appelle GABAE. Voiez GABAE 2. Arrien en fait une Place forte & Quinte-Curfe en fait une Contrée.

[c] *l. 8. c. 14.*

GABBATHA [d], il eft parlé dans l'Evangile d'un lieu du Palais de Pilate d'où ce Prefident prononça la Sentence de mort contre Jefus-Chrift & qui s'appelloit en Hebreu Gabbatha, qui vaut autant qu'en Grec LITHOSTROTOS, c'eft-à-dire, *Pavé de Pierre*. C'étoit apparemment une éminence, ou une terraffe, ou même une Galerie, ou un Balcon, qui étoit pavé de Pierre, ou de Marbre, & avec cela élevé, car Gabbatha fignifie principalement *élevation*.

[d] *D. Calmet Dict.*

1. GABE', dans le Prophéte Zacharie [e] on lit ראבע au lieu de גבע. C'étoit une petite Ville de la Paleftine à 16. milles de Céfarée auprès du grand champ de Legion, felon Eufebe [f]. Il ne faut pas la confondre avec celle qui fuit.

[e] *c. 14. v. 10.*
[f] *Onomaft. ad Vocem Γαβαθών.*

2. GABE', Ville de Syrie. Pline ayant parlé des Villes de la Decapole dit qu'elle eft environnée & entrecoupée de Tetrarchies dont chacune eft une contrée & une efpece de Royaume. Il met de ce nombre Gabé. C'eft la même que Jofephe [g] appelle GABA. Pline [h] lui-même la nomme GABRA. Etienne le Byfantin dit auffi GABBA Ville de Syrie. Il eft fait mention de Pierre Evêque de ce lieu GABBI, dans la Lettre Synodale de la premiere Syrie, à l'Empereur Léon, au Concile de Chalcedoine. On trouve auffi Anaftafe Evêque de *Gabi* (Γάβων) dans la Paleftine, le Latin porte *Gabenorum* dans les Actes du Concile de Jerufalem tenu l'an 536. cependant les Notices Ecclefiaftiques ne font aucune mention de Gabé entre les Siéges Epifcopaux. On y lit toujours GADAE, duquel au contraire on ne trouve aucune trace dans les Conciles. Il faut lire apparemment Γάβαι dans les Notices.

[g] *De Bello. l. 2. c. 17.*
[h] *l. 12. c. 17.*
[i] *T. 5. Concil. p. 284.*

GABELIUM, Lieu particulier fur la Meufe. Il en eft fait mention dans la Vie de St. Hubert Evêque de Liége. Ortelius [k] croit qu'il doit avoir été dans le voifinage de Maeftricht.

[k] *Thefaur.*

GABELLA [l], Place forte de la Dalmatie dans l'Hertzegovine, fur le bord Oriental de la Riviere de Narenza, vis-à-vis de la Foftereffe de Ciclut, au deffus de la Ville de Narenza.

[l] *Baudrand Ed. 1705.*

GABELLUS [m], ancien nom d'une Riviere d'Italie. C'eft prefentement la SECHIA qui fe mêle avec le Pô, dans le Mantouan.

[m] *Plin. l. 3. c. 16.*

GABENE, ou GABIENE, car les Exemplaires varient. Diodore [n] de Sicile nomme ainfi une contrée de la Perfe. Plutarque [o] parle auffi de la Province des Gabeniens, peu éloignée du Fleuve Pafitigris; ainfi ce nom ne peut pas venir de la Ville nommée dans l'article fuivant.

[n] *l. 19.*
[o] *In Eumene.*

GABENA, Γάβηνα, Ville d'Afie dans la Medie, felon Ptolomée [p]. Elle étoit trop éloignée du Pafitigris pour être la Capitale du Pays dont parle Plutarque.

[p] *l. 6. c. 2.*

GABENI, Peuple de Syrie, dans la Cyrrheftique [q]. Il y avoit un Siége Epifcopal & Baffonus fon Evêque, eft nommé entre les Peres du Concile de Nicée, *Baffonus Gabenus*.

[q] *Plin. l. 5. c. 23.*

GABER, Coline de la Paleftine auprès de Jablaam. Elle n'étoit pas éloignée de Magedo [r]; car Ochozias bleffé par l'ordre de Jehu, s'enfuit & alla mourir dans cette Ville.

[r] *4 Reg. c. 8. v. 27.*

GABIAN, Ville [s] de France au Bas Languedoc à trois lieues de Beziers, felon Mr. Baudrand, mais dans le Denombrement du Royaume de France elle n'eft point marquée comme une Ville, & ce n'eft qu'un lieu de cent cinq feux.

[s] *Baudrand Ed. 1705.*

GABIANA, Province d'Afie, près de la Sufiane, elle apartenoit aux Elyméens, felon Strabon [t].

[t] *l. 16. p.* 745.

GABIANO [v], ancien Bourg d'Italie dans le Montferrat près du Pô, à une lieue au deffus de Verrue.

[v] *Baudrand Ed. 1705.*

GABIENE. Voiez GABENE.

GABIES, ancienne Ville d'Italie. Denys d'Ha-

GAB.

^a *l. 4. c. 53.* d'Halicarnasse en parle ainsi ^a. Il y avoit une Ville du Pays Latin à cent Stades de Rome, sur le Chemin qui mene à Preneste. Elle étoit habitée par une ancienne Colonie d'Albains, & elle se nommoit *Gabies*. Elle est aujourd'hui fort deserte & le peu d'édifices qui restent ne sont que des Hôtelleries pour la commodité des Voyageurs. Cette décadence de Gabies est très-bien marquée par ce vers d'Horace ^b.

^b *l. 1. Epist. 2.*

Scis Lebedus quam sit Gabiis desertior.

c'est-à-dire, vous savez que Lebede est encore plus deserte que Gabies. Properce dit dans le même sens ^c:

^c *l. 4 Eleg. 1.*

*Quippe suburbana parva minus urbe Boville,
Et qui nunc nulli, maxima turba, Gabi.*

Autrefois, ajoute Denys d'Halicarnasse, elle étoit très-peuplée & elle ne cedoit en rien à aucune Ville de tout le Pays. On peut juger de son étendue par les vastes ruines de ses bâtimens & par l'enceinte de ses murs dont une grande partie subsiste encore à present. Cette Ville fut quelque temps la rivale de Rome; mais elle fut enfin subjuguée par la fourberie de Sextus fils de Tarquin le superbe, il feignit d'être mal avec son Pere, s'y refugia, & ayant gagné la confiance des Gabiens par quelques avantages que son Pere, d'intelligence avec lui, savoit lui faciliter, il trahit leurs intérêts & les livra aux Romains, après en avoir fait perir les principaux pour des crimes supposez. Les habitans étoient nommez en Latin GABINI & la Ville GABII. Pline dit en un endroit ^d: il y a des terres qui tremblent sous les pas de ceux qui marchent. Tels sont deux cens arpens qui tremblent sous les pieds des chevaux dans le Territoire de Gabies. Ortelius reprend Servius d'avoir attribué cette Ville à la Campanie.

^d *l. 2. c. 94.*

GABIM ^e, Lieu de la Palestine. Il en est parlé dans le Prophete Isaye ^e; quelques-uns traduisent *Medemena s'est enfuye : habitans de Gabim, rassurez-vous.* On ne sait quelle étoit la situation de Gabim : plusieurs prennent ce mot pour des hauteurs en general, & rendent ainsi ce passage, *fuyez à Medemena : habitans des hauteurs, sauvez-vous*.

[*] *D. Calmet. Dict.*
^e *c. 10. v. 31.*

GABIN ^f, petite Ville de la grande Pologne sur le ruisseau de Bzura au Palatinat de Rava, entre Warsovie & Wladislaw, à trois lieues de Plosko vers le Midi.

^f *Baudrand Ed. 1705.*

GABIO, (Campo) Lieu de la Campagne de Rome vers Palestrine. On croit que c'est la place de l'ancienne Gabies.

GABITHA, Ville de la Palestine dans le voisinage de Bostra, vers l'Arabie, selon Cedrene cité par Ortelius ^g.

^g *Thesaur.*

GABIUSA AQUA, Eau du Territoire de Rome. Son nom moderne est MARANA, selon Baccius dans son Traité *de Thermis*, cité par le même ^h.

^h *Ibid.*

GABLE ⁱ, Riviere d'Afrique. Elle coule dans l'Ethiopie & va se rendre dans la Mer auprès de Monbaze.

ⁱ *Corn. Dict.*

GABOE, ou
GABON, Riviere d'Afrique, au Royaume de Benin. Elle a sa source à 25. d. de Longitude &, à 1. d. 30'. de Latitude Septentrionale, & serpentant vers le Couchant elle va se perdre sous l'Equateur dans le Golphe de Guinée vis-à-vis de l'Isle de St. Thomas. A son Embouchure est une petite Isle nommée l'Isle de Pongo, ou l'Isle du Roi. Le Pays où coule cette Riviere est nommé Royaume de Pongo ou de Gabon ^k. Elle est nommée GABA par Linschot. La pointe Septentrionale de son Embouchure, que les Pilotes appellent le Cap de Ste Claire, est une côte assez haute; mais le Terroir n'en vaut rien. Ce Cap ressemble fort à celui de St. Jean; si ce n'est que quand on approche du Rivage, on y voit une pièce de terre blanche comme une voile, ce qui n'est pas à celui de St. Jean. L'Embouchure de cette Riviere a quatre milles de large. Mais elle se retrecit insensiblement & près de l'Isle de Pongo elle n'en a que deux. Vers sa pointe Meridionale le Rivage est bas, & couvert d'Arbres; mais quelques lieues plus avant vers le Midi, il y a des Dunes mêlées de taches blanches qu'on nomme SERNISSES. A l'opposite du côté du Nord il y a quelques plaines contre lesquelles la Mer écume avec beaucoup de violence. Quoiqu'il y ait un banc de sable vers le Sud, il y a néanmoins encore assez d'espace pour naviger entre deux. Du même côté, environ trois ou quatre milles au dedans il y a un autre Cap que les Hollandois appellent le Coin du sable *Zand-hoeck*. La Riviere de Gabon nourrit quantité de Crocodiles & d'Hippopotames. A cinq lieues de son Embouchure, elle forme deux petites Isles, l'une que les Negres nomment *Pongo*, & les Européens l'Isle du Roi, parce que le Roi du Pays y fait sa Residence : L'autre est appellée l'Isle des Perroquets à cause du grand nombre de ces Oiseaux qu'on y trouve.

^k *Dapper Afrique. p. 318.*

§ Mr. Corneille fait un Royaume de Gaboe près de la Riviere de Benin, & un Royaume de Gabon dans le Pays de Biafar. Mais dans l'un & dans l'autre de ces articles il n'est question que du Pays qu'arrose cette Riviere près de son Embouchure, car l'interieur des terres nous est peu connu.

GABOWINA. Voiez BARBOWINA.

GABRA, Ville d'Asie dans la Perside dans les termes, selon Ptolomée ^l.

^l *l. 6. c. 4.*

GABRANTONICORUM, ou GABRANTUICORUM PORTUS SALUTARIS ^m. Le premier est des Exemplaires dont s'est servi Ortelius, le second est de l'Edition de Ptolomée par Bertius ; ancien Port de l'Isle d'Albion. C'est presentement SUERBY, selon Camden.

^m *Ptolom. l. 2. c. 3.*

GABRETA SILVA. Voiez GABRITA.

GABRI, ancien Peuple de la Sarmatie près du Palus Méotide, selon Pline ⁿ.

ⁿ *l. 6. c. 7.*

GABRIANUM, c'est une épithete nationale que Galien donne à une sorte de Vin, prise d'un endroit d'Italie. Ortelius ^o croit qu'il faut peut-être lire *Gabinum*, ou plutôt GAURIANUM.

^o *Thesaur.*

GABRIL ^p, Place de Perse, autrefois très-importante au Royaume de Lar. C'étoit une Forteresse presque imprenable, appellée GABRIL du nom d'une fort haute Montagne au sommet.

^p *Corn. Dict. Relat. de l'Ambassade de D. Garcie de Sylva Figueroa.*

sommet de laquelle elle avoit été bâtie. Elle étoit fortifiée d'une grosse muraille de pierre de taille, dont les ruines qu'on voit encore aujourd'hui font connoître qu'elle occupoit toute la pointe de cette Montagne, de sorte qu'elle contenoit une grande place, capable de loger une Garnison assez nombreuse pour commander toute la Campagne voisine, avec une très-belle Cîterne au milieu. Hors des murailles du Fort, au plus haut de la Montagne, étoit anciennement le Village de BENARU, beaucoup plus peuplé que n'est celui qui est aujourd'hui en bas, toutes ces Maisons étoient comme de grandes cavernes taillées dans le roc dont la pierre est si tendre, & si maniable, qu'on la travailloit sans peine. Cette pierre ne laisse pas de soûtenir le poids dont elle est chargée, aussi-bien que la plus forte voute que l'on pourroit faire. Ces Cavernes avoient plusieurs Chambres differentes, où les habitans pouvoient trouver toutes leurs commoditez, & vivre avec une entiere seureté, tant par l'avantage de leur assiéte que parce que le Fort qui étoit en haut, & qui commandoit par tout, les pouvoit deffendre de leurs ennemis, en les empêchant de monter. Aussi voit-on encore à present tout le haut de cette Montagne qu'occupoit le Fort, percé de tous côtez, & ces trous servoient à ces anciennes & sûres Maisons. Tous les voleurs & les Criminels du Royaume de Lara, dont le Village de Benaru est la derniere place, avoient coûtume de chercher un azile dans ce Fort, & comme les Rois n'avoient point assez de force, pour empêcher leurs insultes, ces brigands faisoient des courses dans le Pays & voloient les Caravanes qui y passoient, se retirant ensuite au Fort de Gabril. Alaverdy Géan, Sultan de Schiras, qui avoit dessein de se rendre Maître du Royaume de Lara, voulant reprimer l'insolence de ces voleurs, fit un Corps d'Armée de six ou sept mille hommes, tant de pied que de cheval, & un raisonnable équipage d'artillerie, & avec cela il vint les assieger dans le Fort. Quoi qu'en l'état où la Place étoit, ils eussent pû resister long-temps, & embarasser l'Armée des Perses, s'ils y fussent toujours demeurez à couvert, ils eurent la temerité d'en sortir avec toutes leurs forces, & de venir attaquer ce Capitaine, qui avoit choisi les postes avantageux pour le combat dans une grande plaine, avec un plus grand nombre de gens & des Soldats bien plus aguerris. Aussi furent-ils bien-tôt punis des crimes qu'ils avoient commis depuis tant d'années. La Cavalerie du Sultan les rencontra, elle les mit en desordre, & tailla en piéces les plus opiniâtres, & contraignit les autres de prendre la fuite. Comme les meilleurs hommes étoient demeurez en ce combat, & que les autres s'enfermerent dans le Fort, abandonnant leurs Cavernes qui leur pouvoient servir de dehors, & où ils eussent pû faire une longue resistance, ils perdirent courage presqu'aussi-tôt, sur tout quand ils virent qu'il n'y avoit point de vivres pour tant de personnes inutiles qui s'étoient refugiées dans le Fort. Cela fut cause qu'ils se rendirent à Alaverdi, avec cette Forteresse que les Perses auroient trouvée imprenable si elle eût été gardée par des gens qui eussent sû se défendre. Alaverdi, après avoir fait mourir les plus criminels, commanda aux autres d'aller demeurer au pied de la Montagne, & voulut qu'ils y bâtissent le Village qui étoit en haut, & qu'on nomme *Benaru*, faisant démolir le Fort dont les murailles étoient si épaisses & si dures, qu'il fallut employer beaucoup de jours à cette démolition, encore y laissa-t-on quantité de gros morceaux de ciment, comme des marques de ce que le Fort avoit été démoli.

1. GABRIS [a], Ville de la Medie, selon Ptolomée qui donne à celle-là 8;. d. de Longitude & 41. d. 15'. de Latitude. Elle étoit au milieu des terres. *a l. 6. c. 2.*

2. GABRIS [b], autre Ville de la Medie, selon Ptolomée qui donne à celle-ci 87. d. 40'. de Longitude & 40. d. 20'. de Latitude. C'étoit aussi une Ville Mediterranée. *b Ibid.*

3. GABRIS, Ortelius [c] trouve dans un troisieme morceau non publié de la Table de Peutinger qu'il y avoit une petite Ville de ce nom dans les Gaules. Il eût bien fait de marquer en quelle Province de la France, où & du moins à quelle distance de quelque lieu plus connu. *c Thesaur.*

GABRITA SYLVA, ou GABRETA, Ptolomée [d] est pour la premiere Orthographe, & Strabon pour la seconde Γάβρητα. Le premier dit: au pied des monts Sudetes est la forêt Gabrita entre laquelle & les Montagnes des Sarmates est la forêt Hercynie. Il dit plus loin, après les Varistes est la forêt Gabrita... au dessous de cette Forêt sont les Marcomans. Strabon [e] dit: il y a encore une grande forêt nommée Gabreta; ensuite le Pays où les Suéves sont établis, puis la forêt Hercynie que les Sueves occupent aussi. Lazius croit que cette forêt est la partie Occidentale de la forêt de Boheme & qu'on la nomme à present FRIESTETTERWALD, son sentiment est adopté par les Interpretes de Ptolomée. Mr. Spener [f] pretend que c'est aujourd hui la forêt de Turinge (DURINGER-WALD) & qu'elle s'étend jusqu'à la Montagne de FICHTELBERG. La Riviere de Nau qui y a sa source va tomber dans le Danube. *d l. 2. c. 11. e l. 7. p. 292; f Not. Germ. ant. l. 1. c. 3. p. 89, & 90.*

GABROSENTUM, Ville de la Grande Bretagne, selon le livre des Notices de l'Empire [g]. Camden l'explique par GATESHEAD. *g Lect. 63.*

GABRUMAGUM, Ville ancienne de la Norique. Antonin en fait mention dans son Itineraire & la met sur la route d'Aquilée à Lorch (*Lauriacum*) entre Sabatinca & *Tutatio* à xxx. mille pas de la premiere & à xxi. mille pas de la seconde. Lazius croit que c'est GROBMING.

GABUS, Montagne dont Damase parle dans la Vie du Pape Silvestre. Voici le passage tel qu'Ortelius [h] le raporte. *Fundum Laurentum & omnem agrum ad portam Sessurianam: usque ad viam Prænestinam, a via itineris Latina usque ad montem Gabum.* Il doute s'il ne faudroit point lire GAURUS, pour GABUS. *h Thesaur.*

GABYRA, ou GABIRA. Voiez DIOPOLIS.

GAD, (Tribu de) l'une des XII. Tribus du Peuple de Dieu; composée de la posterité de Gad fils de Jacob & de Zelpha servante de

Liah

GAD.

Liah. La Tribu de Gad sortit d'Egypte au nombre de 45550. hommes [a]. Après la défaite des Rois Og & Sehon, Gad & Ruben & la moitié de Manassé demanderent à Moïse qu'il lui plût leur donner leur partage dans ces Pays nouvellement conquis, alléguant le grand nombre de bestiaux qu'ils avoient [b], Moïse le leur accorda sous la charge & à condition qu'ils accompagneroient leurs freres dans la conquête du Pays de delà le Jourdain, que le Seigneur leur avoit promis [c]. Ainsi Gad eut son partage entre Gad au Midi & Manassé au Nord, ayant les Montagnes de Galaad à l'Orient & le Jourdain à l'Occident. Jusqu'ici je n'ai fait que rapporter le sentiment de D. Calmet, j'ajouterai ce que Mr. Reland [e] dit de cette Tribu. Elle s'étendoit depuis l'extremité de celle de Ruben peu loin de Hesebon jusqu'à la Riviere de Jabbock, & à l'extremité de la Mer de Cenereth [f] & depuis Machanaim (Manaim) Ville située aux confins de la Tribu de Gad & de la demie Tribu de Manassé [g], elle s'étendoit jusqu'à Dabir. Les LXX. au lieu de Dabir, & dans l'Hebreu disent Δαιβών, qui est la même que Dibon Ville de la Tribu de Ruben qu'eux-mêmes appellent Daibon [h], on ne voit point que les enfans de Gad l'aient habitée. Les Villes de cette Tribu furent entre autres Selon le livre des Nombres c. 32. v. 34. & suiv.

[a] Genes. c. 30. v. 9. & seq.
[b] Num. c. 1. v. 20. & 21.
[c] Num. c. 32. v. 1. & seq.
[d] Ibid. v. 28. & 29.
[e] Palæst. p. 162.
[f] Josué c. 13. v. 26. & 27.
[g] Ibid. v. 50.
[h] Ibid. v. 17.

Selon la Vulgate,	Selon l'Hebreu,
Dibon,	Dibon,
Ataroth,	Ataroth,
Aroer,	Aroer,
Roth	Atroth-Sophan,
Sopham	
Jazer	Jaëzer,
Jegbaa	Jogbeda,
Bethnamra,	Bethnimra,
Beth-aran.	& Bethharan.

Au lieu d'Atroth-Sophan, le Grec porte Sophar, & au lieu de Bethnimra, Namram. Mr. Reland [i] attribue aux enfans de Gad les Villes suivantes,

[i] l. c.

Jaezer,	Beth-haram,
Ramath Hammitzpe,	Beth-nimra,
Betonim,	Succoth,
Machanaim,	Saphon.

Il remarque que Ramath, Machanaim, Chesbon (Hesebon) & Jaezer furent démembrées en faveur des Levites [k]: que Chesbon étoit enclavée dans une portion de la Tribu de Ruben, mais sur les Frontieres de cette Tribu & de celle de Gad [l]: que quelques exemplaires Grecs portent Ramoth, au lieu de Ramath & qu'enfin Ramath & Ramoth sont des noms d'une même Ville. Il observe [m] encore que les Villes de cette Tribu n'étoient pas toutes au Nord de la Tribu de Ruben & qu'il y en avoit au Midi & à l'Orient des Rubenites.

[k] Josué, c. 21. v. 38.
[l] Ibid. c. 13. v. 26.
[m] l. c. p. 582. 650. 735.

GADABITANI, Peuple Barbare en Afrique près de Tripolis. Procope en fait mention au VI. livre de ses Edifices.

GADAGALE, Ville de l'Ethiopie sous l'Egypte, selon Pline [n].

[n] l. 6. c. 29.

GADAMALIS, lieu de la Medie, selon Diodore de Sicile [o]. Quelques-uns lisent **GADARLIS**.

[o] l. 19.

GADANOPYDRES, ancien Peuple de la Carmanie deserte, selon Ptolomée [p]. Quelques exemplaires portent **GANANDANOPYDRNÆ**.

[p] l. 6. c. 6.

GADAR, Ville d'Asie dans la Parthyene à cinq Schœnes de la Ville de Nisée, & à pareille distance de Siroc, selon Isidore [q] de Charax.

[q] Mansion. Parthic. p. 7. Edit. Oxon.

1. GADARA [r], ancienne Ville de la Palestine dans la Perée, ou dans la seconde Palestine. Pline [s] dit qu'elle étoit située sur le Fleuve de Hieramace. C'étoit la Metropole de la Perée, selon Josephe [t], qui nous apprend aussi qu'elle étoit située au Levant de la Mer de Tiberiade à soixante Stades de la Ville dont cette Mer portoit le nom [v]. Gadara donnoit elle-même son nom à un Canton nommé **GADARIS**, & **REGIO GADARENA**, qui bornoit la Galilée à l'Orient [w]. Le nom de GADARIS est aussi connu de Strabon qui dit que son eau marécageuse faisoit tomber le Poil, les Ongles, & les cornes aux bestiaux qui en buvoient. Il semble que ce soit la même que Pompée rétablit [x]. Elle avoit un des cinq Synedrins qui étoient dans la Terre d'Israël [y]. Ce fut une des Villes qu'Auguste rendit à Herode [z]; elle étoit aussi l'une des Villes où la Langue Grecque étoit en usage, Πόλεις Ἑλληνίδες; & qui ne dépendoient point d'Archelaüs; mais elle étoit annexée à la Syrie. Mr. Reland soupçonne qu'on lit quelquefois dans Josephe Gadara, pour Gabara. Voyez **GABARA**.

[r] Reland Palæst. p. 773.
[s] l. 5. c. 18.
[t] De bello l. 5. c. 3.
[v] De vita sua.
[w] De bello l. 3. c. 2.
[x] Antiq. l. 14. c. 8.
[y] Ibid. l. 14. c. 10. & de bell. l. 1. c.
[z] Antiq. l. 15. c. 11. de bello l. 1. c. 15.

St. Marc [a] dit que J. C. ayant passé la Mer de Tiberiade, vint dans le Canton des Gadareniens &c. C'est ainsi que porte le Grec imprimé. St. Luc [b] lit de même dans le Grec. St. Mathieu [c] porte des Gerasseniens. Origene croit qu'il faut lire Gergesonorum [d].

Cette Ville est attribuée à la Celesyrie par Etienne le Géographe qui ajoute qu'on la nommoit aussi Seleucie & Antioche. St. Epiphane en loue les eaux Minerales & ajoute qu'on y celebroit une fête tous les ans; que les hommes & les femmes s'y baignoient ensemble & que l'eau guerissoit de plusieurs genres de maladies. L'Itineraire de St. Antonin Martyr diferent de l'Itineraire d'Antonin souvent cité dans ce livre, nomme la Ville **GADDI** & **GABAON** & dit que les eaux Minerales s'appelloient Thermæ Heliæ, qu'elles guerissoient de la lepre; qu'il y avoit une Riviere d'eau chaude nommée Gadara qui alloit grossir le Jourdain. *Transivimus Jordanem in ipso loco & venimus in Civitatem quæ vocatur Gaddi quæ Gabaon dicitur* (il devoit dire GADARA) *in parte ipsius Civitatis miliario tertio sunt aquæ calidæ quæ appellantur* THERMÆ HELIÆ, *ubi leprosi mundantur. . . . ibi est etiam fluvius calidus qui dicitur* GADARA, *& descendit torrens & intrat Jordanem & ex ipso ampliatur & major fit.* Eunapius dans la Vie de Jamblique, dit que les bains de Gadara tiennent le second rang après celles de Bayes & qu'il n'y a point d'autres que l'on puisse leur comparer. Il raconte ensuite que

[a] c. 5. v. 1
[b] c. 8. v. 26.
[c] c. 8. v. 28.
[d] Voyez sur cela les variantes de Mr. Mill. & le Commentaire de D. Calmet sur St. Mathieu VIII. 28.

les deux moindres Fontaines étoient nommées, l'une *Erota*, Ἔρωτα, & l'autre *Anterota*, Ἀντέρωτα. Cette Ville a eu ses Evêques dont quelques-uns sont nommez dans les Conciles. GADEIRA est dans les Notices une des Villes Episcopales de la seconde Palestine. Cajanus Evêque de Gadara assista au Concile de Nicée, Eusebe à celui d'Antioche tenu en 341. Theodore souscrivit au Concile d'Ephese; & Jean aux Actes du Concile de Chalcedoine qui est le IV. Concile general. Ἰωάννου Γαδείρων; c'est-à-dire de Gadara de la seconde Palestine. Dans le moyen âge ce nom de Gadara fut corrompu en celui de CEDAR, ou KEDAR, & on se figura mal-à-propos que c'étoit l'ancien Pays de Cedar dont il est fait mention dans l'Ecriture. C'est ainsi que dans la Chronique de Freculfe Evêque de Lisieux on lit *Abella*, & *Cedar*, au lieu qu'on lit dans Polybe [a] & dans Josephe [b], *Abila & Gadara*, Ἄβιλα καὶ Γάδαρα.

[a] l. 16.
[b] l. 13.

2. GADARA, Ville de la premiere Palestine; il y en avoit une dans la Celesyrie, selon Etienne le Géographe: Mr. Reland [c] croit que c'est la Gadara de Perée dont nous venons de parler dans l'Article precedent, mais le même Etienne nomme une autre Gadara qu'il met dans la Palestine & de laquelle il dit que Porphyre a fait mention dans le troisieme livre de l'Histoire de la Philosophie. Cette Ville ne devoit pas être loin d'Azoth. Strabon [d] dit : entre deux il y a *Gadaris* que les Juifs se veulent approprier, ensuite Azoth & Ascalon. Mr. Reland [e] croit que *Gadaris* signifie plutôt la contrée que la Ville, comme dans Josephe il est dit que Gadaris (c'est-à-dire la Contrée de Gadara) borne la Perée à l'Orient. Il ne faut pas confondre cette autre Contrée de Gadara avec celle dont il est ici question, comme a fait Strabon qui s'est trompé en cela, dequoi il est repris par Casaubon avec justice. Cette Ville est nommée tantôt GAZARA, comme on verra si l'on compare divers passages des Maccabées [f]. Il y en a un qui marque sa situation aux confins d'Azoth [g]. Josephe [h] dit qu'elle borne la Tribu d'Ephraïm au Couchant; cela confirme l'opinion de ceux qui croient que c'est le même lieu que GESER. Voyez ce mot. Josephe la nomme souvent Gazara & dit qu'elle étoit aux confins d'Azoth, & il a joint trois fois avec Joppé & Jamnia. Cette Ville a été Episcopale & dans les anciennes Notices elle est nommée avec Azoth, comme étant l'une & l'autre des Villes de la premiere Palestine.

[c] Palestina l. 3. p. 778.
[d] l. 16.
[e] l. c.
[f] Maccab. l. 1. c. 15. v. 28. & 36. l. 1. c. 7. v. 45. l. 1. c. 9. v. 52. & l. 1 c. 13. v. 54.
[g] l. 1. c. 14. v. 34. & l. 2. c. 10. v. 32.
[h] Antiq. l. 5. c. 1.

3. GADARA, ancien Village de Grece dans la Macedoine, selon Etienne le Géographe. Ortelius en fait une Ville, Etienne dit Κώμη Village.

GADARENUS LACUS, Lac de la Palestine, selon Strabon [i]. Ortelius demande si ce ne seroit point le MELTHA de Guillaume de Tyr.

[i] l. 16.

GADARIS. Voyez GADARA 2.
GADARLIS. Voyez GADAMALIS.
GADARONITÆ, Isles de l'Océan Septentrional, selon Ortelius qui cite un Ouvrage non imprimé d'Ethicus le Sophiste. Cet Ouvrage étoit different de la Cosmographie publiée par Simler.

GADASENA. Voyez GADIANA.
GADDA, Contrée de l'Arabie, selon Etienne le Géographe. Il est fait mention de Gadda dans Josué [k], & quelques-uns croient que c'étoit une Ville de la Tribu de Juda. Eusebe dit : Gadda dans la Tribu de Juda : c'est encore à present à l'extremité de Daroma. St. Jerome après avoir traduit ces paroles ajoute celles-ci : vers l'Orient, au dessus de la Mer morte. Les Notices de l'Empire mettent aussi Gadda dans le Departement du Commandant de l'Arabie. Mr. Reland croit qu'il faut lier ce nom avec le precedent & lire *Chatzar-Gadda*, ou comme nous lirions HAZER-GADDA.

[k] c. 15. v. 27.

GADDIR. Voyez TARTESSUS.
GADELONITIS, Γαδηλωνίτις, Contrée d'Asie au delà de l'Embouchure du Fleuve Halys, selon Strabon [l]. Elle tiroit son nom de GADILON [m], Γάδιλων, qui est peut-être le même lieu que Ptolomée [n] appelle GAZORON, Γάζωρον. Mais le lieu dont parle Ptolomée doit être en deçà de l'Halys; au lieu que le Gadilon de Strabon devoit être au delà.

[l] 2. p. 546.
[m] p. 547.
[n] l. 5. c. 4.

GADEMIS, Contrée d'Afrique dans le Bildulgerid propre. C'est, dit Marmol [o], une grande habitation où il y a plusieurs Châteaux & de grands Villages. Elle est à cent lieues de la Mer Mediterranée du côté du Midi. Les habitans sont riches en dates & en argent, parce qu'ils trafiquent avec les Negres. Ils ont un Commandant & ils payoient autrefois tribut aux Arabes du desert, mais les Turcs le reçoivent maintenant & en reviennent quelquefois avec la tête cassée, particulierement quand ceux du Pays se joignent aux Arabes. Il y a en ces quartiers peu de bled & de viande & ce qu'il y en a est fort cher.

[o] Afrique l. 7. c. 59. T. 3. p. 39.

GADENI, ancien Peuple de l'Isle Albion, selon Ptolomée. Camden croit qu'il faut lire LADENI. Il a été aisé de changer un λ en un γ. Quoi qu'il en soit, le P. Briet [p] a adopté le mot Ladeni & dit que ce Peuple occupoit la *Louthiane*, les Marches & Tifedal. Il lui donne pour Villes *Castrum Alatum* : Edimbourg. & *Colania* Coludi. Mr. d'Audifret [q] est d'un autre sentiment, il place les Gadenes dans les Provinces de Lennox, d'Argyle & de Strathern. Camden [r] pretend que les *Gadeni*, ou Ladeni habitoient l'espace qui est entre l'Embouchure de la Twede & le Forth à Edimbourg & qui est presentement divisé entre les petites contrées de *Teisdale*, *Twedale*, *Merch*, & *Lothien*, en Latin *Lodeneium*, nom qui dans les Ecrits du moyen âge comprenoit toutes.

[p] Parall. 2. part. l. 2. p. 185.
[q] Géogr. T. 1.
[r] Britann.

GADER, ancien lieu de la Palestine. Le Roi de Gader fut pris & mis à mort par Josué [s]. D. Calmet croit que Gader est apparemment le même que GADOR des Paralipomenes [t], GADEROT du même livre [v], GADOR dont parle Josué [w], & GAZER, GAZERA ou même GADARA, ou GADERA, dans les Machabées, & par consequent la même que GADARA 2.

[s] Josué, c. 12. v. 13.
[t] l. 4. v. 39.
[v] l. 2. c. 18. v. 18.
[w] c. 15. v. 58.

GADEROTH. Voyez l'Article precedent.

GADES, Isle & Ville d'Espagne sur l'Océan auprès du Détroit qui en prenoit le nom de GADITANUM FRETUM. Pline [x] dit : à la

[x] l. 4. c. 32.

GAD. GAD. GAE.

la tête de la Bætique, à xxv. Mille pas de l'entrée du Detroit est l'Isle de GADIS, longue de XII. M. P. selon Polybe & large de III. mille pas. Elle est éloignée de la Terre ferme par l'endroit le plus voisin, d'environ DCC. pieds, ailleurs elle en est à plus de sept mille pas. . . . Elle a une Ville peuplée de Citoyens Romains; & que l'on appelle AUGUSTA URBS JULIA GADITANA. Du côté de l'Espagne à la distance d'environ cent pas il y a une autre Isle longue de trois mille pas avec à-peu-près la même largeur, dans laquelle étoit anciennement la Ville de Gades. Ephorus & Philistide l'appellent ERYTHIA; Timée & Siléne l'appellent APHRODISIAS, (c'est-à-dire l'Isle de Venus) les naturels du Pays la nomment l'ISLE DE JUNON. Timée dit qu'ils donnent à la plus grande le nom de COTINUSSA; les nôtres l'appellent TARTESSUS; les Carthaginois la nomment GADIR; ce mot signifie chez eux une HAYE. Le nom d'Erythie (qui est la petite de ces deux Isles) est venu de ce que les Tyriens de qui descendoient les premiers qui la peuplerent venoient, dit-on, de la Mer Erythrée. Quelques-uns croyent qu'elle a été habitée par les Gérions dont Hercule enleva les troupeaux. Il y a des Ecrivains (Pomponius Mela ᵃ) qui croient que c'étoit une autre Isle autrefois nommée de même & qu'ils placent devant la Lusitanie. C'est ce que dit Pline à l'endroit cité. Solin l'abrege à son ordinaire & dit: à la tête de la Betique où est la derniere borne du Monde connu est une Isle séparée du Continent par une distance de sept cens pas. Les Tyriens, venus de la Mer rouge donnent à cette Isle le nom d'ERYTHREE. Les Carthaginois la nomment en leur Langue GADIR, c'est-à-dire *une Haye*, גדר signifie une cloison. Les Anciens, entre autres Scylax ᶜ, reconnoissent deux Isles en cet endroit, dans l'une desquelles étoit une Ville. Pline, comme on l'a vû, dit que c'étoit la plus grande qui étoit habitée par cette Ville, l'Isle & la Ville sont appellées GADIRA par Marcien d'Heraclée ᵈ. Une inscription au Recueil de Gruter ᵉ porte MUN. AUG. GAD. C'étoit le Chef-lieu d'un Departement particulier, ou d'une de ces Assemblées Juridiques dont j'ai parlé dans l'Article d'Espagne. Les Romains s'étant rendus Maîtres de cette Ville l'augmenterent d'une Ville neuve, bâtie par *Balbus Gaditanus* homme consulaire. Cette Ville neuve *Neapolis* & la vieille furent ensemble appelées *Gemina*, διδύμη, c'est-à-dire double ou gemelle.

Ces deux Isles ne sont pas également aisées à reconnoitre presentement. Il est hors de doute que la grande est presentement l'Isle où est située CADIX. Voiez ce mot. La petite nommée Erythie n'est pas si facile à retrouver.

GADGAD ᶠ, Montagne d'Arabie dans le desert de Pharan ᵍ. Les Hébreux y camperent dans leur voyage du desert. Elle est entre Benejacan & *Jetebatha*.

GADI, lieu d'où étoit natif Bonni un des braves de David ʰ. D. Calmet croit que c'é-toit apparemment le même que GADDA, ou HAZER-GADDA ⁱ, dans la partie Meridionale de Juda.

ᵃ l. 3. c. 6.
ᵇ c. 13.
ᶜ Peripl. p. 1. & 51. Edit. Oxon.
ᵈ Peripl. p. 40. Edit. Oxon.
ᵉ p. 358. n. 4.
ᶠ D. Calmet Dict.
ᵍ Numer. c. 33. v. 32.
ʰ Reg. l. 2. c. 23. v. 36.
ⁱ Josué. c. 15. v. 27.

GADIANA, Ville de la Cappadoce dans la Chamane qui en étoit un Canton, selon Ptolomée ᵏ; quelques exemplaires portent GADASENA.

GADILON. Voiez GADELONITIS.

1. GADIR. Voiez GADES.

2. GADIR, Egesippe appelle ainsi la Montagne qu'il nomme ailleurs GARISIM. Voiez GARISIM.

GADIRA, lieu de la Palestine ˡ. C'est aperemment le même que GADER.

GADIRI, Josephe nomme ainsi un Peuple de l'Europe ᵐ, Γαδείρων γῆ, la terre des Gadires. C'est l'Isle de Gades & ses environs.

GADIRICUS, Platon appelle ainsi une partie de l'Isle Atlantide auprès des Colomnes d'Hercule; mais ce qu'il en dit n'est pas assez Géographique pour y ajouter beaucoup de foi.

GADIRIDÆ PORTÆ, c'est la même chose qu'Abyla.

GADIROTH, ou GADEROTH. Voiez GADER.

GADIRTHA, ancienne Ville de l'Arabie deserte, selon Ptolomée ⁿ. Elle étoit vers l'Euphrate.

GADITANA PROVINCIA, Ancienne Province d'Espagne dont Cadix étoit la Capitale, selon Tite-Live ᵒ.

GADITANUM FRETUM, les Anciens appelloient ainsi le Detroit que nous appellons aujourd'hui de Gibraltar. Il tiroit alors son nom de la Ville de Gades.

GADITANUS OCEANUS, Ortelius dit que c'est presentement GOLFO DE LAS YEGUAS.

GADITANUS PORTUS & GADITANUS SINUS } c'est le PORT & la BAYE DE CADIX.

GADOR. Voiez GADER.

GADORA ᵖ, Village de la Palestine dans le Canton d'Ælia, c'est-à-dire de Jerusalem, près du Terebinte. Eusebe nomme ce lieu GADEIRA.

GADROSIA. Voiez GEDROSIE.

GADROSII, Peuple des Indes, aux confins duquel étoit la Ville de Palimbrota, selon Arrien ᑫ. Ce sont les Gedrosiens de Ptolomée.

GADVAD, lieu dont il est parlé dans la Misna ʳ, cité par Mr. Reland.

1. GAEA, Ville de l'Arabie heureuse, selon Ptolomée ˢ. Elle étoit dans les terres. Ammien Marcellin la nomme GEAPOLIS.

2. GAEA, PONTIA, & MISYNOS, sont les noms de trois Isles que Ptolomée ᵗ décrit dans la grande Syrte.

GAEBA, lieu de la Palestine peu loin de Scythopolis & de Dothaim. Il est dit dans le livre de Judith ᵛ qu'Holopherne campa entre Gaeba & Scythopolis assez près de Dothaim.

GAESA, ancienne Ville de l'Arabie heureuse dans les terres, selon Ptolomée ʷ.

GÆSATES, (LES) en Latin GÆSATI, en Grec Γαισάτοι. Quelques-uns ont cru que ce nom designoit un Peuple particulier d'entre les Gaulois. Mais Polybe au contraire nous

ᵏ l. 5. c. 6.
ˡ Josué. c. 15.
ᵐ Antiq. l. 1. c. 7.
ⁿ l. 5. c. 19.
ᵒ l. 28.
ᵖ Reland Palæstin. 2. part. p. 781.
ᑫ In Indicis.
ʳ Negaim.
ˢ VII. 4. l. 6. c. 7.
ᵗ l. 4. c. 3.
ᵛ c. 3. v. 11.
ʷ l. 6. c. 7.

B 2

nous apprend que l'on appelloit ainsi entre les Gaulois, ceux qui ne faisoient la guerre que pour de l'argent. *Gæsati è re dicti quod ara bellando mereri soliti. Id enim vox illa proprie significat* [a]. Ces Gæsates habitoient entre le Rhône & les Alpes [b]. Plutarque [c] dit : les Insubriens, Nation Celtique qui habitent en deçà des Alpes & qui sont très-puissans par eux-mêmes, appellent encore à leur secours les forces de leurs voisins & sur tout celles des Gaulois qui vendent leurs services à ceux qui veulent les acheter & qui sont appellez GESA-TES. Ce nom venoit de *Gæsum* qui veut dire un trait à la maniere des Gaulois & des Peuples qui habitoient les Alpes. Virgile [d] dit,

*Duo quisque Alpina coruscant
Gæsa manu, scutis protecti corpora longis.*

[a] Polyb. l. 2. c. 22.
[b] Ibid. & l. 2. c. 34.
[c] *In Marcello.*
[d] *Æneid.* l. 8. v. 661.

GÆSION-GABER. Voiez ASION-GA-BER.

GÆSUM, Riviere de l'Asie mineure auprès de Priene, où elle se jette dans un étang selon Ephorus. Voiez Athenée. Herodote [e] parle d'un lieu nommé GÆSON qui ne devoit pas être fort loin de Milet.

[e] l. 7.

GAËTE. Voiez GAIETE.

GÆTULI, ancien Peuple de la Libye intérieure, habitant de la *Getulie.* Ils habitoient au Midi de la Mauritanie, & c'est où Ptolomée les a placez ; mais dans la suite ils s'avancerent dans la Mauritanie & la Numidie, desorte que leurs limites ne sont pas faciles à marquer. Pline [f] parlant de l'ancienne Getulie la borne au Midi par le Niger qui, dit-il, separe l'Afrique de l'Ethiopie. Agathemer [g] dit, la Getulie est au dessous des Mauritanies. Les Géographes disent *au dessous* pour dire au Midi, parce qu'ils commencent par le Nord. Pline dit de la Gétulie annexée à l'ancienne & plus étendue [h] : entre les Peuples de la Tingitanie le plus important, étoit celui des Maures d'où elle a pris son nom de Mauritanie & plusieurs les appelloient *Maurusii.* Ils avoient pour voisins les Massæsyles Nation qui a aussi été detruite. Ce sont maintenant les Peuples Gætules, savoir les Banjures & les Autololes qui sont les plus puissans de tous. Ainsi, selon cet Auteur, les Autololes s'avancerent dans la Mauritanie Tingirane & le long des côtes de l'Océan. Le même Pline dit au sujet de la Navigation de Polybe [i], il nous a apris que le Port de Rutubis est à CCXIII. M. P. de Lixus ; que delà on arrive au Promontoire du Soleil, puis au Port de Rusadir, & qu'ensuite on trouve les Gétules Autololes. Il dit ailleurs [k]: on ne connoît pas mieux les Isles de Mauritanie ; on sait seulement qu'il y en a quelques-unes vis-à-vis des Autololes, que Juba les a trouvées & qu'il y avoit établi la teinture que l'on appelle pourpre de Gétulie. Ajoutons à ce passage ce qu'il dit du luxe [l] qui engageoit des hommes à parcourir les Ecueils de Getulie pour y chercher les poissons dont on tiroit la pourpre & l'écarlate. Dans un autre endroit il donne le nom de Gétulien au Rivage de l'Océan. On ne peut douter que l'ancienne Getulie, ou la Getulie Meridionale ne s'étendît jusqu'à l'Océan Atlantique.

[f] l. 5. c. 4.
[g] l. 2. c. 5.
[h] l. 5. c. 2.
[i] l. 5. c. 1.
[k] l. 6. 31.
[l] l. 5. c. 1.

Les Getules ne se contenterent pas d'envahir la Mauritanie Tingitane ; ils occuperent aussi la Cesariense, où étoient les Massæsyles. Pline [m] le dit bien formellement lors qu'en parlant des rayons de miel venimeux, il ajoute qu'il s'en formoit dans la Perside & dans la Getulie de la Mauritanie Cesariense voisine des Massæsyles. Il faut dire la même chose de la Numidie. On le prouve par le sobriquet de *Semigætulus*, ou demi-Getule, qui fut donné à Apulée qui étoit de Madaure. En prolongeant la Numidie du côté du Midi au delà des Syrtes, quoi qu'à une juste distance on y trouve des Getules. Strabon [n] range ainsi les Peuples voisins de la Syrte & de la Cyrenaïque, mais plus dans les terres : prémierement, dit-il, sont les Nasamons, ensuite les Psylles, & une partie des Getules, puis les Garamantes. Voila une vaste étendue depuis l'Océan jusques-là en tirant vers l'Orient. Ce furent aparemment des Getules de ces contrées que Marius gratifia [o], soit en leur donnant des terres meilleures que celles qu'ils avoient auparavant, soit en leur accordant de nouveaux Privileges, & c'étoient leurs descendans qui abandonnerent le parti de Juba pour se donner à Jules Cesar. Strabon [p] parle des lieux montagneux de la Getulie qui avoient été joints à l'Afrique Proconsulaire & l'étoient encore lorsqu'il écrivoit ; ou l'Afrique Proconsulaire étoit alors fort avancée au Midi.

[m] l. 21. c. 13.
[n] l. 17. sub fin.
[o] Hirtius *Bell. Afric.* c. 32.
[p] Ibid. &c. 55.

La partie Meridionale de la Getulie proprement dite qui tiroit vers le Niger, étoit occupée par les *Melano-Getules*, c'est-à-dire par les Getules noirs. Ptolomée [q] les place entre les monts *Sagapola* & *Usargala*, de sorte qu'ils avoient le Niger au Midi. Cellarius croit qu'auprès d'eux, mais au delà du Niger, étoient les Getules surnommez *Daræ* que Pline met avec les Ethiopiens Occidentaux. Voici ses paroles prises du raport de Polybe dans la navigation dont j'ai déja parlé dans cet Article [s]. Ensuite est le Fleuve Salsum au delà duquel sont les Ethiopiens *Perorsi*, & derriere eux les *Pharusii* ; à ces Peuples se joignent les Getules *Daræ* qui habitent l'interieur du Pays. On peut conclurre de la que ce Peuple *Daræ* étoit fort éloigné de l'Océan, & que les derniers Getules Meridionaux faisoient partie des *Melano-Gætuli*, ou Getules noirs. Mais les Banjures-Getules, comme Pline [t] les appelle, & les Autololes habitoient le Rivage de la Mauritanie. Il n'y a pas lieu de douter que la Getulie ne renfermât de grands Peuples comme les Vesunes ou Nefusenes de qui le même Auteur dit qu'après avoir fait partie des Getules ils devinrent une Nation indépendante ; & qu'ils s'étoient rangez du côté des Ethiopiens.

[q] l. 4. c. 6.
[r] *Géogr. Antiq.* l. 4. c. 8. p. 220.
[s] l. 5. c. 1.
[t] c. 2.

Ortelius croit que les Getules n'occupoient pas tout le Pays qu'on vient de dire, mais il croit que c'étoit une Nation errante qui étoit tantôt dans un lieu tantôt dans un autre. Cette idée convient avec celle qu'en donne Silius Italicus.

*Vos quoque desertis in castra mapalibus itis
Misceri gregibus Gætulia sueta ferarum
Indomitisque loqui & sedare Leonibus iras;
Nulla domus ; plaustris habitant : migrare per arva*

[v] l. 3. v. 287.

Mos

GÆZ. GAG.

Mos atque errantes circum vectare penates.

Ils ne se servoient point de brides & leurs chevaux étoient conduits à la baguette.

Hinc mille Alipedes turma, velocior Euris[a] *v. 292.*
Et doctus virga Sonipes in castra ruebat.

Claudien [b] dit par la même raison, [b] Bell. Gildon. v. 439.

Sonipes ignarus habenæ:
Virga regit.

Silius Italicus parle ensuite des *Psyles*, des *Banjures*, & des *Autololes*, qui, comme on a vû, étoient d'entre les Getules. Il nomme les premiers Marmarides, mais il les caractérise assez par leur familiarité avec les serpens.

Marmarida, medicum Vulgus, strepuere
catervis [c]: [c] *v. 300.*
Ad quorum cantus serpens oblita veneni,
Ad quorum tactum mites jacuere cerastæ.
Tum Chalybis pauper, Banjura cruda juventus,
Contenti parca durasse hastilia flamma,
Miscebant avidi trucibus fera murmura linguis.
Nec non Autololes levibus gens ignea plantis;
Cui Sonipes cursu, cui cesserit incitus amnis,
Tanta fuga est: certant pennæ; campumque volatu
Cum rapuere pedum frustra vestigia quæras.

GÆZETÆ, c'est la même chose que les *Gæsates*.

GAGÆ. Voiez GAGE.

GAGALICA. Voiez HERACLE'E, Ville de Syrie.

GAGARA. Voiez GANGARA.

GAGASMIRA, Ville de l'Inde en deçà du Gange, selon Ptolomée [d]. Le nom & [d] l. 7. c. 1. la position conviennent à la Ville d'ASMERE dans l'Indoustan.

GAGAUDES, Isle sur le Nil, selon Pline. Ortelius croit que cette Isle étoit dans l'Ethiopie sous l'Egypte.

GAGE, selon Pline [e], ancienne Ville d'A- [e] l. 5. c. 27. sie dans la Lycie. Etienne qui écrit GAGÆ, dit qu'on la nommoit aussi PALÆONTYCHOS, c'est-à-dire vieux mur. Le R. P. Hardouin écrit aussi *Gaga*. Cette Ville a été Episcopale & on trouve dans les Notices *Gaga* entre les Evêchez de la Lycie.

GAGES, Riviere d'Asie dans la Lycie, selon Pline [f], qui dit qu'on y trouvoit une [f] l. 36. c. 19. pierre qui en prenoit le nom de Gagates. Dioscoride [g] dit la même chose. On apelle, dit- [g] l. 5. c. 149. il, *Gagas* le lieu & la Riviere, à l'Embouchure de laquelle on trouve cette espece de pierre. Ce que ces Auteurs appellent pierre est une sorte d'Ambre, car étant froté il leve la paille & si on le met au feu il brûle comme de l'encens.

GAGHETTI, Province d'Asie dans la Georgie, selon Mr. Baudrand qui dit qu'on l'appelle aussi quelquefois KACHETI. Voiez CAKET.

GAGLIANO [h], Bourg de Sicile dans la [h] De l'Isle Vallée de Demona sur une Montagne, au Sicile.

GAG. GAI.

Nord de St. Philippe d'Argiron, & au Sud-est de Nicusia, à-peu-près à distance égale de l'une & de l'autre. C'est la GALARIA des Anciens. Ce lieu a titre de Vicomté.

GAGO, Royaume d'Afrique dans la Nigritie; Il est situé au Couchant de celui de Guber dont il est separé par un grand desert de cent lieues. Mr. de l'Isle appelle ce desert Plaines sablonneuses. Il est borné au Nord par le Pays de Meczara, au Couchant par le Pays des Foules & au Midi par la côte d'or. Le Géographe deja cité dit que l'on en apporte l'or à Maroc, & place la Capitale qui est GAGO sur une petite Riviere qui serpentant vers le Nord va grossir le Senegal. Du reste il n'y marque aucun lieu. Dapper dit [i]: la [i] Afrique: p. 224. principale habitation qui donne son nom à toute la contrée est à cent cinquante lieues de Tombut entre le Midi & l'Orient à 35. d. de Longitude & à 8. d. 30'. de Latitude, Mr. de l'Isle s'écarte beaucoup de cette position; car il met Gago par les 19. d. de Longitude & par le 10. d. de Latitude. Dapper ajoute que cette Ville n'a ni murs ni Forteresse, quoi qu'on y trouve quelques Maisons assez commodes.

Le Pays abonde en bled, en ris, en troupeaux & en Herbages; mais il n'y a point d'autres fruits que des Melons, des Concombres & des Citrouilles: on trouve beaucoup d'or dans ce Royaume & les Marchans de Maroc y viennent s'en fournir. Pour faire ce Voyage qui dure d'ordinaire six mois ils forment une Caravane de deux ou trois cens personnes, & comme ils ont à traverser pendant l'espace de deux mois des deserts sablonneux & inhabitables, où l'on ne trouve point de chemin batu & où l'on n'a pour se conduire que le Soleil, la Lune & les Etoiles, ils courent grand risque de s'egarer & de mourir de faim & de soif. Les Corps de ceux qui meurent en chemin ne se corrompent pas, mais étant séchez par la chaleur du sablon ils deviennent ce que nos Droguistes appellent des Momies.

Il n'y a point d'habitation considerable hormis la Ville; le reste n'est que des Villages où demeurent des Laboureurs, & des gens qui vivent comme des Sauvages, s'habillent l'hyver de peaux, & l'été vont nuds & sans souliers, tant hommes que femmes, avec quelque mechant tablier à la ceinture & quelquefois des bas de cuir de Chameau. Ce Peuple est si grossier & si ignorant qu'un homme qui sait lire & écrire y passe pour un savant homme & il ne s'en trouve pas un en cinquante lieues de Pays. Leur Prince a été tributaire du Roi de Maroc.

GAGUÆRITENSIS, ou GAGUÆRITANUS, ou GAUVARITANUS, ancien Siége Episcopal d'Afrique dans la Byzacene. On trouve le premier nom dans le Tresor d'Ortelius, le second dans la Conference de Carthage [k] où [k] p. 167. E-dit. Dupin. l'on voit *Rogatus Episcopus Gaguaritanus*; le troisieme dans la Notice d'Afrique, où *Victor Gauvaritanus* est mis entre les Evêques de la Byzacene.

GAÏ. Voyez JE´-ABARIM.

GAIDHAB, ou AIDHAB [l], Ville située [l] D'Herbelot Biblioth. sur le bord de la Mer rouge. Quelques-uns Orient. la mettent au nombre des Villes d'Egypte, &

d'autres entre celles de l'Ethiopie. Elle a un port affez frequenté où s'embarquent les Caravanes des Pelerins qui vont par Mer d'Egypte à la Mecque. Cette Ville n'est qu'à sept journées de Suaquen en Ethiopie: ainfi ceux qui paffent auffi d'Egypte dans la Province d'Iemen en Arabie pour y faire Commerce, vont par Mer de Gaidhab en l'Isle de Dehelek qui n'est qu'à trente milles de la Terre-Ferme de l'Iemen.

§ Mr. de la Roque dans la defcription de la Mer rouge que nous rapportons au mot KOLSUM nomme cette Ville AIDAD & lui donne 48. d. de Longitude & 21. d. de Latitude. Cette même defcription appelle Sawakam & Dahlac, ce que Mr. d'Herbelot appelle Suaquem & Dehelek.

GAIDUROGNISI, petite Isle de la Mediterranée au Midi de l'Isle de Candie & de Girapetra. Les Anciens l'ont connue fous le nom de Chryfa, felon Mr. de l'Isle [a].

[a] Cartes de la Grece.

GAIETE, ou GAYETTE, Ville d'Italie au Royaume de Naples & dans la Province de Labour, à quatre milles de Mola, felon Mr. Baudrand [b]. Mr. Miffon [b] compte cinq milles en allant par terre & trois feulement en allant par Mer. Le Pays est extrêmement beau & fertile. Gayette, dit-il ailleurs [c], nous a paru d'affez raifonnable grandeur & bien joliment fortifiée. Son port est bon & la fituation de la Ville fur un haut rocher la rend de difficile accès. On y voit le tombeau de Charles de Bourbon Connétable de France qui fut tué au Siége de Rome & fur la Montagne voifine l'ancien monument de Munatius Plancus par l'avis duquel, à ce que raporte Suetone, Octavius Cefar prefera le furnom d'Augufte à celui de Romulus que quelques autres lui vouloient donner comme au reftaurateur de la Ville de Rome. On y tient deux Foires par an, favoir le 22. Mars; celle-ci dure trois jours, & le premier de Septembre; celle-là dure quinze jours [d]. Elle est située fur un Promontoire partie fur le penchant partie fur la plaine. Il n'y a gueres qu'une grande rue qui regne le long de la Mer, fon port qui est grand & à l'abri du Promontoire est deffendu par un fort Château dont le dedans paroît extrêmement ancien. C'est ce que l'Auteur deja cité appelle le monument de Munatius Plancus. Ferdinand Roi d'Arragon l'a fortifié depuis & après qu'il en eut chaffé les François il fit bâtir les belles murailles & les autres fortifications de Gaïete, comme la grande Citadelle. Au lieu le plus élevé du Promontoire il y a une belle Fontaine & quelques Maifons affez bien bâties aux environs de la grande place à laquelle abboutiffent plufieurs petites rues très-étroites qui vont en montant du côté de la Citadelle [e]. L'Evêché de Gaïete reconnoît pour Métropolitain l'Archevêque de Capouë; mais prefent il ne relève que du St. Siége [f]. L'Eglife Epifcopale n'est pas fort grande, mais fes Chapelles font enrichies de plufieurs tableaux & de Colomnes d'un marbre très-rare. En montant au Couvent de la Trinité on voit dans la fente d'un rocher fur lequel il est élevé & qui fait une partie du Promontoire une petite Chapelle bâtie fur un morceau de ce rocher qui est demeuré au milieu de cette ouver-

[b] Voyage d'Ital. T. 3. p. 385.
[c] Ibid. T. 2.
[d] Corn. Dict. Jouvin de Rochefort Voyage d'Italie.
[e] Baudrand Edit. 1705.
[f] Corn. Dict.

ture faite par un tremblement de terre, ou fi l'on en croit la vieille Tradition du Pays, au temps que Jefus-Chrift foufrit la mort pour la redemption du Genre humain. Cette ouverture a une toife de largeur en quelques endroits, plus ou moins en d'autres, mais fa hauteur en a plus de vingt-cinq & fa longueur environ la moitié, à travers laquelle on voit la Mer qui bat le pied du rocher. Le Couvent en est éloigné de cinquante pas; & en montant encore plus haut on trouve la Citadelle. Le port est bordé de murailles & il n'y a qu'une porte fur le petit quay, où fe dechargent les barques qui y arrivent. Pour bien voir les Fortifications de Gaïette il faut aller hors la porte de Mola qui est la feule par laquelle on puiffe fortir de la Ville par terre.

J'ai déja parlé de cette Ville au mot CAIETA.
Le Golphe de Gayette, partie de la Mer Mediterrannée fur la côte de la Province de Labour, au Royaume de Naples proche de la Ville de Gayette. Mr. Baudrand [g] dit qu'il est fort petit, & n'y comprend que le petit Golphe où font Gaïete, & Mola, au Couchant de Trajetto. Mais la plûpart des Géographes l'étendent bien davantage, au Levant & au Couchant de Gayette, depuis Monte Circello jufqu'à Capo de Mifeno, deforte que ce Golphe est entre la Terre ferme & les Isles de Ponza, de Ste. Marie, delle Botte, de Ventotieno & d'Ifchia, & de Procita.

[g] Ed. 1705.

GAILLAC [h], Ville de France dans le haut Languedoc dans l'Albigeois, fur la Riviere de Tarn, au deffous de la Ville Archiepifcopale d'Albi du côté de l'Occident & à pareille diftance de Lavaur au Septentrion. On y trouve une Abbaye de l'Ordre de St. Benoit dont l'Eglife est dediée fous l'invocation de St. Michel [i]. Le Terroir de Gaillac produit les feuls vins de l'Albigeois qui fe peuvent transporter. Il s'en fait un grand commerce par le Tarn, qui commence en cet endroit à être navigable. On les conduit à Bourdeaux pour les Anglois. Le transport par Mer les rend meilleurs.

[h] Baudrand Ed. 1705.
[i] Memoires Manufc. Corn. Dict.

GAILLEFONTAINE [k], Bourg de France en Normandie avec haute Juftice. Il est fitué à une lieue de Forges & à pareille diftance de l'Abbaye des Bernardins de Beaubec fur des fources dont la principale vient du pré des Betoires & qui fe réüniffent fur le Chemin de Neufchâtel. Ce Bourg a une Seigneurie confiderable.

[k] Corn. Dict. Mem. dreffez fur les lieux en 1703.

GAILLON [l], Bourg de France en Normandie dans le Diocèfe d'Evreux, il est à une petite demi-lieue de la Seine, à trois lieues de Vernon, à deux d'Andely, & à neuf de Rouen, dont l'Archevêque y a une très-belle Maifon de plaifance fituée fur le penchant d'une Montagne. C'est un Palais complet, qui contient trois cours de bâtiment & autres accompagnemens & dépendances. Rien n'est plus digne de la curiofité des Voyageurs qui aiment à voir les Edifices fuperbes, où l'Art fait paroîtretoutes fes beautez. Il forme un très-bel afpect par toutes fes faces, & particulierement du côté de la Riviere d'où l'on peut le confiderer dans toute fon étendue, avec fa grande Galerie percée de foixante & dix Arcades de chaque côté. On peut affûrer en general que

[l] Memoires dreffez fur les lieux en 1704.

ce Palais est magnifique dans toutes ses parties; tant au dedans qu'au dehors; c'est-à-dire, dans les corps de bâtimens qui le composent, & qui donnent sujet d'admirer la dépense qu'il a fallu faire pour le mettre dans la perfection où il est; dans sa Chapelle ouvragée par tout, & desservie par un Tresorier & deux Chanoines qui y font le Service divin; dans ses meubles, entre lesquels on en distingue plusieurs parures très-riches & travaillées par les plus habiles Maîtres; dans ses jardins renouvellez à la moderne & accompagnez d'une Orangerie charmante, dans ses terrasses d'une longueur, d'une hauteur, & d'une force extraordinaire soûtenant les terres de la Montagne; & dans son parc qui est d'une très-vaste étendue, fermé de bonnes murailles que l'on entretient avec soin, en sorte qu'il faudroit être Ingenieur, Architecte, Sculpteur, Peintre, & avoir un goût distingué sur tout ce qui a rapport aux beaux Arts pour bien connoître tout ce qui merite d'être admiré dans un si beau lieu.

Ce fut le Cardinal George d'Amboise Archevêque de Rouen & Ministre d'Etat sous Loüis XII. qui fit bâtir le Château de Gaillon, & son avant-cour. Il est composé de quatre aîles de bâtimens logeables, & accompagné d'une Chapelle flanquée à une de ses encoignures. Le Chœur de cette Chapelle est hors d'œuvre, & porte un clocher tout à jour, revêtu de plomb, & orné de plusieurs figures du même métal, cet ouvrage est assez singulier dans son dessein. La pierre de marbre qui forme l'Autel, les figures des douze Apôtres en relief, les ouvrages de Sculpture, les chaises du Chœur qui sont d'un bois rare, avec des ouvrages de pieces rapportées, les vitres & tout ce qui paroît au dedans & au dehors, font des objets qui attirent une longue attention de ceux qui les examinent. Le Cardinal de Bourbon aussi Archevêque de Rouen, fit bâtir la grande Galerie dont les fondemens servent de terrasse pour soûtenir le terrain où est planté ce parterre à quoi plusieurs de ses Successeurs ont ajoûté quelques bâtimens hors d'œuvre. M. Colbert Archevêque de Rouen a changé presque tous les dedans du Château qu'il a rendu beaucoup plus commode qu'il n'étoit auparavant. C'est à ce Prélat qu'il doit tous les embellissemens qu'on y remarque. Il l'a meublé, orné de peintures, & pour lui donner une troisieme cour de bâtimens, il a fait transporter quantité de terres qui étoient élevées en Montagne, il a fait bâtir & fournir d'arbres une belle Orangerie, changer les Canaux par lesquels les eaux étoient conduites, percer & ouvrir les Arcades de la grande Galerie du côté du parterre qu'il a fait renouveller à la moderne, & reduire au niveau de la Galerie, à present ouverte des deux côtez. D'ailleurs les rampes gazonées & bordées d'arbres verds, qui menent de cette Galerie au grand jardin jusqu'au pied de la Montagne, aussi bien que ce qu'on a fait dans le grand parc qui étoit ruiné & que l'on a repeuplé de nouveaux arbres & plusieurs autres travaux sont des desseins qu'il a medité & que l'on continue d'executer.

L'Eglise du Bourg est une petite Collégiale composée de quatre Chanoines qui ont le Chantre pour Chef. Elle a aussi un Curé qui n'est point Chanoine. L'Archevêque de Roüen nomme à ces quatre Canonicats, aux trois de la Chapelle du Château; à la Cure du Bourg, & à celles de Saint Aubin, de Nôtre Dame de la Garde, & de Sainte Barbe, principales Paroisses de la Seigneurie de Gaillon, qui a Châtellenie & haute Justice ressortissante à la Chambre des hauts jours, établie dans le Palais Archiepiscopal de Rouen.

Gaillon est situé dans un lieu des plus agreables, & d'où l'on découvre quatre lieues du cours de la Seine qui separe en cet endroit le Diocèse de Rouen de celui d'Evreux. On voit aussi le Château-Gaillard d'Andely; un grand nombre de Villages, beaucoup de vignobles, de vastes campagnes, des prairies, un bosquet, une garenne & plusieurs beaux paîsages.

Entre ces divers objets la Chartreuse de Gaillon est un des plus distinguez par sa beauté; cette Chartreuse bâtie dans la plaine, un quart de lieue au dessous du Château, est une des plus riches & des plus considerables de France. L'Eglise que fit construire le Cardinal de Bourbon, est d'un assez beau dessein. Le Chœur en est grand & clair avec son Autel enrichi de marbre. Son Portail passe pour un beau morceau d'Architecture, & l'on voit dans une grande Chapelle de cette Eglise à la main droite du Chœur le magnifique tombeau des Comtes de Soissons-Bourbon representé en marbre blanc, avec tous les accompagnemens convenables à un monument superbe. Le grand Cloître des Religieux est composé de quatre Galeries qui ont chacune cinquante petites Arcades. Leur petit Cloître qui est près du Chœur, est vitré & ses vitres sont peintes. Tous les bâtimens de cette maison sont fort commodes & son enceinte qui est d'une fort grande étendue, est toute fermée de bonnes & hautes Montagnes.

GAIMERSHEIM[a], Bourg d'Allemagne en Baviere à un mille d'Ingolstadt, dans la Jurisdiction de Voburg & au Departement de Munich.

[a] Zeyler Bavar. Topogr.

GAINSBOROUG. Voiez GANESBOROUG.

GAIOLA, Petite Isle de la Mer de Toscane dans le Golphe de Naples, entre la Capitale & Pouzzol.

GAISENFELD, selon Mr. Baudrand; GEISENFELD, ou GEYSENFELD, selon Zeyler[b], Bourg d'Allemagne dans la Haute Baviere dans la Jurisdiction de Pfeffenhofen & au Departement de Munich, sur la Riviere d'Ilm entre Newstattlein & Schrobenhausen. Il y a un Monastere de filles avec une riche Abbaye. Mr. Baudrand dit qu'il est à une lieue du Danube & à deux de la Ville d'Ingolstadt. Il ajoute: quelques Auteurs prennent ce Bourg pour l'ancienne *Vallatum* de Vindelicie que d'autres mettent à Feillenbach Village de la même Contrée.

[b] Bavar. Topogr. p. 76.

GAISTING, Village d'Allemagne en Baviere près du Danube, à quatre lieues de Ratisbonne du côté du Levant. Selon Mr. Baudrand c'étoit anciennement une petite Ville de la Vindelicie nommée AUGUSTANA CASTRA. C'est Lazius qui avoit dit que le nom Moderne d'*Augustana Castra* étoit GASTANIUM; mais

mais il le met dans le Norique & non dans la Vindelicie. Il le nomme un lieu & non une Ville : Ortelius [a] dit que ce lieu est celebre par ses mines & par ses eaux chaudes.

[a] *Thes. ad Vocem* AUGUSTANA CASTRA.

GAITIA, ou JAITZA, nom Latin de la Capitale de la Bosnie, selon Laonic cité par Ortelius.

GALAAD, (les Montagnes de) Montagnes de la Palestine à l'Orient du Jourdain. Elles séparoient les Pays des Ammonites, des Moabites, des Tribus de Ruben, de Gad & de Manassé & de l'Arabie deserte [b]. Souvent Galaad est mis pour tout le Pays de delà le Jourdain. Eusebe dit que le Mont de Galaad s'étend depuis le Liban au Nord, jusqu'au Pays que possedoit Sehon Roi des Amorrhéens & qui fut cedé à la Tribu de Ruben. Ainsi cette chaîne de Montagnes devoit avoir plus de soixante & dix lieues de long du Midi au Septentrion & elles comprenoient les Montagnes de Sehir, de Basan & peut-être celles de la Trachonite, d'Auran, & d'Hermon. Jeremie [c] semble aussi dire que Galaad est le commencement du Liban : *Galaad tu mihi caput, Libani.*

[b] D. Calmet. Dict.

[c] Jerem. c. 22. v. 6.

Jacob à son retour de la Mesopotamie arriva en six jours aux Montagnes de Galaad [d]. Laban son beaupere le poursuivit & l'atteignit, comme il étoit campé sur ces Montagnes. Après quelques reproches assez vifs de part & d'autre, ils firent alliance au même endroit, y dresserent un monceau de pierres pour monument de leur alliance & lui donnerent chacun un nom suivant la propriété de sa Langue. Laban l'appella JEGAR-SCHAHADDUTAH, le monceau du Temoignage, & Jacob GAL-HAED d'où est venu le nom de Galaad.

[d] c. 31. v. 21. & seq.

Comme ces Montagnes étoient couvertes d'arbres resineux, l'Ecriture vante beaucoup la resine de Galaad [e]. Les Marchands qui acheterent Joseph, venoient de Galaad & portoient de la resine en Egypte [f]. Voiez GALADA, GALADENA & GALADITIS.

[e] Jerem. c. 8. v. 21. c. 46. v. 11. c. 51. v. 8.
[f] Genes. c. 27. v. 25.

GALABRII, Strabon [g] nomme ainsi une Nation de la Dardanie voisine de la Thrace. Ortelius doute si ce ne sont pas les GALADRÆ d'Etienne le Géographe.

[g] l. 7.

1. GALACTOPHAGES, ancien Peuple de l'Europe quelque part vers la Mysie, selon Ortelius, qui cite Homere [h]. Mais dans ce Poëte Γλακτοφάγων est une Epithéte des Hippomolgues Peuple qui se nourrissoit de Lait, & c'est ce que cette Epithéte signifie.

[h] Iliad. l. 13. Init.

2. GALACTOPHAGES, Herodote [i] donne ce nom à un Peuple de la Libye.

[i] Thalia.

§ Ces noms de *Galactophages*, ou *Galactopote* ne signifient que des mangeurs ou des buveurs de Lait ; ainsi il convient generalement à tous les Peuples, qui menant la Vie Pastorale vivent du Lait de leurs bestiaux.

GALACUM. Voiez CALATUM.

GALACZ, ou GALATZ, Ville de la Turquie en Europe dans la Bulgarie, près du Danube, vers Axopoli, entre les Embouchures de la Riviere de Pruth & du Seret ou Moldawa. Mr. de l'Isle écrit GALASI & la met au Nord de Brahilow.

GALADA, Contrée de l'Arabie. Etienne le Géographe la nomme GALADENE. Josephe parlant du Monument de la reconciliation de Jacob & de Laban [k], dit que la Colline prit le nom de Galades, & le Pays celui de GALADENA TERRA ; c'est le Pays de Galaad. Il dit ailleurs qu'Antiochus ayant été appellé au secours de Laodice Reine des Galadeniens qui faisoit alors la guerre aux Parthes, mourut en combatant courageusement pour elle. Les Hebraïsans lisent GILEAD, *la terre de Gilead*. Cette Terre, qui, comme nous avons dit, signifioit la partie de la Palestine qui est au delà du Jourdain & qu'occupoient les Tribus de Ruben, de Gad & la demie Tribu de Manassé étoit distinguée de la terre de Chanaan qui étoit toute au Couchant de ce Fleuve. L'Autel qu'éleverent ces trois Tribus est à l'oposite du Pays de Chanaan [l]. Il paroit par le verset 10. que cet autel étoit auprès du Jourdain quoique au delà. Ce que porte le 9. est encore plus formel : les enfans de Ruben, de Gad, & la demie Tribu de Manassé partirent de Silo au Pays de Chanaan pour se rendre dans la terre de Galaad qu'ils devoient posseder. Voilà les Pays de Chanaan & de Galaad opposez l'un à l'autre. La même distinction se retrouve au verset 32. où il est dit que Phinée ayant quité les enfans de Ruben & de Gad, revint avec les Princes du Peuple, du Pays de Galaad au Pays de Chanaan, vers les enfans d'Israel, & leur fit son rapport.

[k] l. 1. c. 19.
[l] Josué c. 22. v. 11.

Le Pays de Galaad est nommé GERASA & REGIO GERASENA par les Arabes, qui par ce nom designoient le Pays que les Israëlites possedoient au delà du Jourdain. C'est ainsi qu'au Livre des Juges [m] tout le Pays est divisé en deux parties ; alors tous les enfans d'Israël se mirent en Campagne & se trouverent assemblez, comme un seul homme depuis Dan jusqu'à Bersabée (c'est-à-dire, tout ce qui est au Couchant du Jourdain) & la terre de Galaad (c'est-à-dire, tout ce qui est au Levant de ce fleuve) devant le Seigneur à Maspha.

[m] c. 20. v. 1.

Le Pays de Galaad n'est pas toujours pris en ce sens si étendu. Quelquefois il ne signifie qu'une partie ainsi proprement dite ; témoin ce passage du quatrième Livre des Rois [n] : depuis le Jourdain vers l'Orient, il ruina tout le Pays de Galaad, de Gad, de Ruben & de Manassé, depuis Aroer qui est le long du Torrent d'Arnon, & Galaad, & Basan. Dans un sens très-étendu & pour tout un vaste Pays, & il ne signifie la seconde fois qu'un petit Canton ; sçavoir, le Pays de Galaad propre. Ce petit Canton dont nous ne sçavons gueres les justes bornes étoit different d'Aroer, de Basan, des Tribus de Gad, de Ruben & de la demie Tribu de Manassé qui faisoient tous partie du grand Pays de Galaad.

[n] c. 10. v. 33.

Eusebe [o] au mot Galaad dit qu'on nommoit ainsi la Montagne où vint Jacob & qu'elle est située derriere la Phœnicie & l'Arabie, qu'elle est contiguë à celle du Liban, & s'étend par le desert jusqu'au Pays où Sehon habitoit au delà du Jourdain & qu'elle tomba en partage aux Tribus de Ruben, de Gad & de la demie-Tribu de Manassé. St. Jerome dit [p] : du milieu de Galaad Montagne qui se joignant au Liban, échut pour partage à la Tribu de Ruben & de Gad & à la demie Tribu de Manassé, & qui est derriere la Phœnicie & l'Arabie. Quand Etienne

[o] Onomast.
[p] ad Ezechiel. 47.

GAL.   GAL.   17

Etienne le Géographe dit que *Galada* ou le Pays de Galaad est une contrée de l'Arabie, c'est que l'on a quelquefois donné le nom d'Arabie à tout le Pays d'au delà le Jourdain.

GALADENÉ, ou GALADENA REGIO, c'est le même Pays dont il est parlé dans l'article precedent & dans celui de Galaad.

GALADITIS, autre nom du même Pays.

GALADRÆ, Ville de la Macedoine dans la Pierie, selon Etienne le Géographe. Il appelle une Montagne GALADRUS MONS, & une plaine GALADRÆUS CAMPUS. La Ville, la Montagne & la plaine, étoient sans doute voisines & prenoient leur nom l'une de l'autre. Voiez CHALADRA & CHALASTRA.

GALAÏCA. Voiez BRIANTICA.

GALAJON, ou GALEJON, (le) petit Golphe de France en Provence à l'Orient du Rhône, auquel il communique par le Bras mort. C'étoit où aboutissoit un Canal qui traverse la Viguerie de Tarascon & le Diocèse d'Arles. Ce Canal qui au dessous d'Arles est parallele au Rhône est la fameuse fosse de Ma-
[a Ed. 1705.] rius. Mr. Baudrand [a] croit que Galajon est le nom de ce Canal. C'étoit, dit-il, un Canal que Caius Marius tira du Rhône à la Mer Mediterrannée : il commençoit à quelques lieues au dessous de la Ville d'Arles, & aboutissoit à un petit Golphe, nommé le port de Galajon, qui est entre les Embouchures du Rhone & la Mer du Martigues. Ce Canal a été bouché par les sables. Il semble que le Canal dont parle Mr. Baudrand ne soit que le Bras mort. L'entrée de l'Etang ou Golphe de Calajon est appellée Gras de Fos.

[b Baudrand Edit. 1705.] GALAM [b], Royaume d'Afrique dans la Nigritie ; fort avant dans les terres près du Senega à trois cens lieues de son Embouchure. Ce Royaume est peu connu.

GALAMA. Voiez CALAMA 3.

GALAN, petite Ville de France dans l'Armagnac entre Tarbes & Commingés, près de la Bigorre & du Nebouzan ; au bord Oriental de la Riviere de la Baize.

[c l.2.c.91.] CALANIS, Ville de la Phœnicie. Pline [c] qui en parle dit qu'elle fut abîmée aussi bien que la Ville de Gamalé. La terre engloutit non seulement ces Villes, mais aussi leurs Champs.

GALAPHA, Γαλαφά, Ville de la Mau-
[d l.4.c.1.] ritanie Tingitane, selon Ptolomée [d]. Elle étoit dans le milieu des Terres. Marmol la nomme GARCIS, ou GALAFA. Voiez GARCIS. Simler croit que c'est la GALA de l'Itineraire d'Antonin, mais pour y trouver *Gala* il faut qu'il change le mot CALAB, qui est dans cet Auteur. Cependant la situation de *Galapha* de Ptolomée convient assez au *Calab* d'Antonin ; & quoique *Galapha* soit de la Mauritanie Tingitane & *Calab* de la Mauritanie Cesariense, cela ne fait point de difficulté, car elle étoit aux Frontieres de l'une & de l'autre.

GALAPIE, Contrée de la Syrie. Elle a eu son Roi particulier, qui fut vaincu par Raimond, selon Ortelius qui cite le Moine Robert.

GALARIA, &

GALARINA. Voiez GALERIA.

GALASA, Ville de la Celesyrie, selon
[e l.5.c.18.] Pline [e]. Le R. P. Hardouin assure que tous les Manuscrits portent Galasa, mais il avoue qu'un passage où Josephe [f] nomme les mêmes [f l.2.c.10.] Villes que Pline nomme avec celle-ci, fait voir qu'il faudroit lire GERASSA.

GALASSUS, DEGALASSUS, DAGOLASSON, ancien lieu de la petite Armenie sur la route d'Aribissus à Satala, entre Zara & Nicopolis à xx. M. P. de la premiere & à xxIV. M. P. de la seconde. Mais ce nom varie, selon les Exemplaires de l'Itineraire. L'Edition des Juntes 1519. celle d'Alde 1518. portent *de Galasso* ; celle de Simler & quelques Manuscrits consultez par Zurita, & l'Exemplaire du Vatican nomment *Dagalasso*. L'Edition de Zurita & celle de Bertius ont Dagolasson. Ortelius en fait une Ville. Antonin ne dit pas que c'en fût une.

GALASO, petite Riviere d'Italie au Royaume de Naples dans la Terre d'Otrante. Elle a sa source dans l'Apennin près de la Ville d'Oria & se jette dans le Golphe auprès de la Ville de Tarente. Les Anciens l'ont connue sous le nom de Galesus. Voiez ce mot.

1. GALATA [g], Montagne de Grece [g Vit. des Hom. Illust. dans la Phocide. Plutarque dit dans la Vie T.6. p. 404.] de Phocion : Les deux parties arriverent en même temps auprès de Polypercon comme il traversoit avec le Roi un Bourg de la Phocide nommé Pharuges, qui est au pied du Mont Acrorion qu'on apelle aujourd'hui Galate.

2. GALATA. Voiez CALATHE.

3. GALATA, Fauxbourg de Constantinople.

GALATANI, ancien Peuple de la Sicile. [h Plin.l.3.c.8.] Simler croit que leur Ville étoit la GALEATE d'Antonin, qu'il dit être la même que la CALACTA de Ptolomée. Voiez CALACTA. Ce Peuple est le même que les CALATINI de Ciceron. Voiez ce mot. Le nom moderne est GALATI, selon le R. P. Hardouin.

GALATÆ, (les) ce nom a été commun à plusieurs Peuples. Il signifie proprement les habitans de la Galatie ; mais Appien Alexandrin donne aux Celtes les surnoms de Galates & de Gaulois [i]. Surquoi il faut remar- [i In Iberic. quer que sous le nom de Celtes les plus anciens p. 255.] Historiens comme Herodote comprennent aussi les Germains. Ajoutons ce que dit Josephe [k] : [k l.1. c.6.] Japhet fils de Noé eut sept fils. Leur demeure a commencer dans les Monts Taurus & Amanus, s'étendit en Asie jusqu'au Tanaïs & en Europe jusqu'à Gades en des Pays qui n'étoient point encore occupez, d'où il arriva que les peuples qu'ils y formerent prirent leurs noms ; car ceux que les Grecs nomment presentement Galates, furent nommez Gomarites & descendoient de Gomer.

Voilà le nom de Galates donné à diverses Nations très-differentes. On peut dire cependant que son principal usage est de signifier les Gaulois habitans de la Gaule, & plus ordinairement encore les Gaulois habitans de la Galatie. C'est de ces derniers que D. Calmet explique les Galates de Josephe. Ortelius [l] l'en- [l Thesaur. tend des Galates de l'Europe & des Celtes. Voiez GALATIE.

GALATEA [m], nom allegorique que [m Eclog. 1. Virgile donne à la Ville de Mantoue ; sur- v. 37. quoi le P. Catrou observe que ce mot est dérivé de Gala, Γάλα, qui signifie du Lait, parce

C

parce que le Mantouan est un Pays de Laitage.

GALATHEA, Ville à CL. M. P. de la Ville de Constantinople. Gregoire de Tours[a] dit que l'on y conservoit la Tunique de notre Seigneur.

[a] *De Glor. Martyr.*

GALATI, Village de Sicile dans la Vallée de Demona à six lieues de la Ville de Patti vers le Midi. C'étoit autrefois une petite Ville, selon Mr. Baudrand. Voiez GALATANI.

1. GALATIE, (la) Pays de l'Asie Mineure. C'étoit la partie Septentrionale de la Phrygie; les Gaulois s'en étant emparez elle en prit le nom de Galatie, & comme elle étoit au milieu des Colonies Grecques, & que les Gaulois même y vivoient mêlez avec les Grecs, on lui forma un nom du mélange de ces deux Peuples, & on l'appella GALLOGRÆCIA. Pline[b] se sert du nom de Galatie. Tacite dit la *Galatie* & les *Galates*, Tite-Live dit la GALLOGRECE[c]. Strabon emploie ces deux noms, il dit[d]: la partie de la Phrygie occupée par les *Gallogrecs*, s'appelle *Galatie*. Tite-Live parlant de la guerre de la Gallo-Grece, se sert presque toujours du nom de Gaulois qui étoit commun aux Gaulois d'Europe & aux Gaulois Asiatiques.

[b] l. 5. c. 32.
[c] *Annal.* l. 13. c. 34. & l. 15. c. 6.
[d] l. 37. c. 8. & l. 38. c. 18.

Les Grecs qui appelloient d'un même nom la Gaule & la Galatie s'aviserent ensuite de les distinguer en appellant cette derniere la petite Galatie. Socrate dans son Histoire Ecclesiastique[e] dit : Leonce Evêque d'Ancyre qui est de la petite Galatie Λεόντιος Ἀγκύρας τῆς μικρᾶς Γαλατίας, Themiste dit ἐν Γαλατίᾳ τῇ Ἑλληνίδι, *in Galatia Græcanica*, dans la Gaule Grecque. Delà vient que les Galates sont nommez ἑλληνογαλάται par Suidas[g].

[e] l. 6. c. 18.
[f] *Orat.* 28.
[g] *In Voto Ἄγκυρα.*

Les Galates étoient bornez par la Phrygie, la Cappadoce, la Paphlagonie & la Bithynie. Strabon dit[h] : les Galates sont au Midi des Paphlagons. Pline après avoir décrit la Phrygie ajoute[i] : il faut parler en même temps de la Galatie qui est au dessus, & dont la plûpart des terres sont de la Phrygie. Elle avoit autrefois pour Capitale Gordium. Ceux d'entre les Gaulois qui se sont établis dans cette contrée, s'appellent *Tolistobogi, Voturi* & *Ambitui*. Ceux qui habitent un Canton de la Meonie & de la Paphlagonie sont les *Trocmi*. Elle a au Septentrion & au Levant la Cappadoce dont la plus fertile partie a été envahie par les *Tectosages* & les *Teutobodiaci*. Le même Auteur ajoute peu après : la Galatie touche aussi à la Cabalie qui est de la Pamphylie; au petit Canton de Milye qui est aux environs de Baris, & au quartier Cyllantique & à celui d'Oroanda qui est de la Pisidie, & enfin à l'Obigene qui fait partie de la Lycaonie. On peut voir aux articles particuliers TOLISTOBOGI, VOTURI, AMBITUI, TROCMI, TECTOSAGES, & TEUTOBODIACI, ce que c'étoit que ces Peuples. Les *Voturi* & les *Ambitui* ne sont gueres connus non plus que les Peuples que Ptolomée appelle PROSEILEMENITÆ, & BEZENI, dont on ne sait autre chose sinon qu'ils étoient voisins des Lycaoniens, ou peut-être mêlez avec eux. Strabon ne connoit que trois Nations entre les Galates; deux, savoir les *Trocmi* & les *Tolistobogi*, qui portoient le nom de leurs Chefs & une autre qui prenoit celui d'un Peuple de la Gaule, savoir les Tectosages.

[h] l. 12.
[i] l. 5. c. 32.

Ptolomée donne une étendue differente à la Galatie. Selon lui elle étoit bornée au Couchant par la Bithynie, au Nord par le Pont Euxin, à l'Orient par la Cappadoce. Mais il ajoute que ce qui est auprès de cette Mer est occupé par les Paphlagons. Ainsi il n'étend la Galatie jusqu'au Pont Euxin qu'en y comprenant la Paphlagonie, ce qui revient au même. Ainsi il faut distinguer la Galatie propre qui avoit la Paphlagonie au Nord & la Galatie plus étendue qui s'étendoit jusqu'à la Mer.

On peut voir dans Tite-Live[k] les guerres qu'ils s'attirerent contre les Romains pour avoir donné du secours à Antiochus. Il raconte même à cette occasion de quelle maniere ils étoient venus en Asie[l]. Voici ce qu'il nous en apprend. Ces Gaulois Peuple très-nombreux, soit qu'ils n'eussent point assez de terre, soit parce qu'ils étoient attirez par l'esperance du butin, s'avancerent jusques dans la Dardanie sous la conduite de Brennus, persuadez que pas un des Peuples qui se trouveroient en leur chemin n'oseroient leur resister. Il y eut en cet endroit de la mesintelligence entre eux, vingt mille hommes se detacherent de Brennus & sous la conduite de deux Seigneurs, savoir Leonorius & Lutarius, prirent leur route vers la Thrace. Là ils s'avancerent, combatant ceux qui s'oposoient à eux, mettant à contribution ceux qui se soumettoient & arriverent jusqu'à Byzance. Ils tirerent tout ce qu'ils purent de la côte de la Propontide jusqu'à ce qu'enfin il leur prit envie de passer en Asie dont on leur vantoit la fertilité. Ayant surpris la Ville de Lysimachie, & envahi toute la Presqu'Isle de Thrace, ils arriverent à l'Hellespont. Comme ils virent que l'Asie n'étoit séparée que par un petit Détroit, ils eurent plus d'envie que jamais de le passer & envoyerent à Antipater qui commandoit sur cette côte pour lui en demander la permission. Ce projet s'executant avec lenteur, il survint une nouvelle division entre eux. Leonorius s'en retourna à Byzance sur ses pas, & emmena avec lui la plus grande partie du peuple. Lutarius ayant envoyé des Macedoniens à Antipater sous pretexte de negociation, mais en effet pour épier les moyens de réussir dans son projet, enleva deux Bâtimens couverts, & trois Felouques. Il s'en servit pour transporter ses troupes de l'autre côté en fort peu de jours. Peu après Leonorius aidé par Nicomede Roi de Bithynie passa de Byzance. Les Gaulois se réunirent alors, & servirent Nicomede dans la guerre qu'il eut avec Zybée qui occupoit une partie de la Bithynie. Ce fut principalement par leur valeur que Zybée fut défait & toute la Bithynie soumise à Nicomede. Ils avancerent davantage vers le cœur de l'Asie, n'étant plus que dix mille combatans, de vingt mille qu'ils avoient été, ils ne laisserent pas d'inspirer une si grande terreur aux peuples qui sont en deçà du Mont Taurus, que de près & de loin, soit qu'ils y allassent, soit qu'ils n'y allassent pas, tout se soumettoit à eux. A la fin comme ils étoient partagez en trois Nations, savoir les *Tostilobogi*, les *Trocmi* & les *Tectosagi*,

[k] l. 38. c. 12. & seq.
[l] c. 16.

GAL. GAL.

sagi, ils diviserent l'Asie en trois parties, dont chacune payoit tribut à l'une des trois Nations. Les *Trocmi* eurent la côte de l'Hellespont, les *Tolistoboii* l'Eolide & l'Ionie, les *Tectosages* eurent le milieu de l'Asie & faisoient contribuer tout le Pays jusqu'au Mont Taurus. Ils s'établirent aux environs du Fleuve Halys. La crainte que leur nom seul repandoit étoit si puissante, surtout après qu'ils se furent multipliez que les Rois de Syrie se soumirent à leur payer le tribut. Le premier des Princes d'Asie qui le leur refusa fut Attale Pere du Roi Eumene. Il fut assez hardi pour leur faire tête & contre toute esperance il eut le bonheur de remporter quelques avantages sur eux. Mais ils ne furent pas assez grands pour les faire renoncer à la superiorité qu'ils pretendoient. Cela dura jusqu'à la guerre d'Antiochus contre les Romains; & même après sa defaite, ils conserverent l'esperance de se maintenir dans leur liberté, parce qu'étant éloignez de la Mer, ils comptoient bien que les armées Romaines ne les viendroient pas chercher. Ils se tromperent en cela & on peut voir les détails de cette conquête dans l'Auteur que je viens de copier.

a Appian. Mithridat. p. 209.

Durant la guerre de Sylla [a] & de Mithridate ce dernier s'empara de la Galatie & sous pretexte que quelques Seigneurs de ce Pays, mécontens de sa conduite avoient conspiré contre lui, il en fit égorger un bon nombre, & reduisit la Galatie en une Province à laquelle il donna des Gouverneurs particuliers. Les Romains la lui cederent même avec quelques autres Pays par un Traité [b], mais enfin Pompée reconquit pour la Republique tout ce que ce Roi avoit possedé & la Galatie y fut comprise. Les Romains la laisserent quelque temps à Dejotarus leur ami, mais enfin elle fut réunie à l'Empire comme Province Romaine sous Auguste [e].

b Ibid. p. 217.

c Dio Cass. l. 53. Sext. Ruf. Breviar. Tacit. Hist. l. 1 c. 9. d 1 Petri. c. 1. v. 1.

La Galatie reçut de bonne heure les Lumieres de l'Evangile. St. Pierre y prêcha aux Juifs [d], St. Paul peu après y prêcha aux Gentils. Ce fut apparemment la difference de sentimens qui étoit entre les Juifs instruits par St. Pierre & les Gentils instruits par St. Paul qui fut cause des troubles au sujet desquels St. Paul écrit aux Galates.

Dans la Notice de Hierocles la Galatie est divisée en trois Provinces, qui sont la XXXIII, XXXIV, & XXXV. savoir,

La Province de PAPHLAGONIE, sous un Correcteur a VI. Villes.
{ Pagra, ou Gangra,
  Pompeiopolis,
  Sora,
  Amastrium,
  Junopolis,
  Dadybra.

La Province de la GALATIE PREMIERE, sous un Consulaire a VII. Villes.
{ Ancyre, Metropole,
  Tabia,
  Aspona,
  Cinna,
  Reganagalia,
  Regemnesus,
  Heliopolis.

La Province de la GALATIE SALUTAIRE, sous un President a IX. Villes.
{ Pisinus,
  Maurecium,
  Petinesus,
  Aeorium,
  Claneus,
  Regetnocade, ou Regetnoanade,
  Eudoxias,
  Myracion,
  Germia.

2. GALATIE, (la) ce nom se trouve employé par quelques anciens Historiens Grecs pour signifier la GAULE. Voiez GAULE.

3. GALATIE, Ville de la Phrygie, selon Zosime [e] cité par Ortelius [f].

e l. 4.

GALATIS, Ville de la Célésyrie, selon Ortelius qui cite Polybe [g]. Mais cet Auteur ne nomme pas ainsi une Ville. Il dit qu'Antiochus aiant mis les Arabes dans son parti s'avança dans la Galatide dont il se rendit maitre; reduisit Abila (Capitale de l'Abilene) &c. Il s'agit ici de la Galadite, ou Pays de Galaad. Voiez GALADA.

f Thesaur.
g l. 5.

GALAVA, ou GALLAVA, ancienne Ville de la grande Bretagne, selon l'Itineraire d'Antonin sur la Route de *Glanoventa* (Gebrin) à *Mediolanum*, (Meivod) entre *Glanoventa* & *Alone*, c'est-à-dire, entre Gebrin & Whitley-Castle à XVIII. mille pas de la premiere & à XII. M. P. de la seconde. Mr. Gale conjecture que c'est WALWICK, & cependant il convient que la distance de ce lieu ne convient pas aux Chifres marquez par Antonin; entre Galava & les deux Places voisines. Camden croit que c'est KELLENTON.

GALAVEYS [h], Peuple d'Afrique dans la Nigritie au voisinage des Quojas dont ils sont sujets. Ils demeurent aux environs de la source du Fleuve Mavah, à trente ou quarante lieues de la côte, au devant d'une grande Forêt, à huit ou dix journées de chemin en longueur. Ils s'appellent *Galaveys*, parce qu'ils sont issus des Galas, & qu'ayant été chassez de leur Pays par les Peuples de Hondo ils se vinrent habituer sur les terres des *Veys*; & le composé de ces deux Nations s'appella dans la suite Galaveys. Au delà de ce grand bois près des Confins de Hondo & de Manoë demeurent les Galas qui obeissent à un Gouverneur que le Roi de Manoë leur envoye.

h Dapper Afrique p. 253.

GALAULES, (les) ancien Peuple d'Afrique. Prudence [i] qui en fait mention ne dit point en quelle partie du Monde, car il nomme de suite plusieurs Nations très-éloignées l'une de l'autre.

i In Symmach. l. 2. v. 806.

Vivere commune est, sed non commune mereri.
Denique Romanus, Daha, Sarmata, Vandalus, Hunnus,
Gætulus, Garamas, Alamannus, Saxo, Galaulas,
Una omnes gradiuntur humo; cœlum omnibus unum est.

Ce Peuple est du nombre de quantité d'autres Barbares de ce temps-là que nous ne connoissons plus. Cellarius [k] dit qu'Ison le place dans l'Orient, mais pour lui il croit qu'il étoit plu-

k In Prudent. p. 477

C 2

plutôt en Afrique. Orose dit : au Midi sont les familles des Auloles que nous appellons à present *Galaules* ; & qui s'étendent jusqu'à l'Océan Occidental. Cela prouve qu'ils faisoient partie des Getules dont les Auloles faisoient partie.

[a Baudrand Ed. 1705.] GALAVRE [a], (le) petite Riviere de France dans le Dauphiné, dans la Valoire. Elle se jette dans le Rhone près de St. Valier, à six lieues au dessous de Vienne vers le Midi.

1. GALAXIA, Lieu particulier de Grece dans la Boeotie. Plutarque en parle dans le Traité de la Pythie, pourquoi elle ne rendoit point d'Oracles.

2. GALAXIA, Lieu de la Mauritanie Césariense, selon la Carte de Peutinger [b]. [b Segm. 1.]

GALBAATH. Voiez NAIBOTH.

1. GALBÆ CASTRUM, ou la Forteresse de Galba, Ville d'Afrique, dans la Numidie. Au Concile de Carthage tenu sous St. Cyprien, un des Peres qui dirent leur sentiment est nommé *Lucius a Castro Galba*. Cette Place, selon l'observation de Mr. Dupin, est nommée *Castrum Galba*, par St. Augustin, par Victor d'Utique, au Concile de Mileve, & dans le Concile tenu à Carthage sous Boniface. Il est fait mention de *Victor Gilbensis* dans la Conference de Carthage [c] ; mais on ne sait si c'est de ce Siége ou d'un autre, car entre les Evêchez de Numidie il y avoit deux Siéges de même nom. La Notice d'Afrique fournit *Felix Gilbensis* & *Donatus Gilbensis*. [c p. 284. Edit. Dupin.] [d n. 40. & 90.]

2. GALBÆ CASTRUM [e], ou le Camp de Galba. Jule Cesar [f] dans ses Commentaires de la guerre des Gaules parle d'un Camp, où Galba se fortifioit & où il se défendit avec une extrême bravoure. On en voit encore les restes, entre St. Maurice & St. Jean le vieux, & on le nomme la Motte des Sarazins. [e Ortel. Thes.] [f l. 3. Init.]

GALE. Voiez GALLE.

GALEAGRA, Tour de Sicile près du Port des Trogiles, selon Tite-Live. On la nomme presentement SCALA GRECA. Ce Port est immediatement au Nord de Siracuse.

GALEATÆ. Voiez GALATANI.

GALEMBOULE, GUALLEMBOULOU, ou GHALLEMBOULLOU, Anse de la côte Orientale de l'Isle de Madagascar. La premiere Orthographe est la plus ordinaire ; la seconde est celle de Mr. de l'Isle & la troisieme est suivie par Flacourt dans son Histoire de Madagascar [g]. Cette Anse est à deux lieues au Nord de la Riviere d'Ambato à 17. d. & demi de Latitude Sud. Elle est très-grande & il y a un Mouillage d'une barque à l'abri d'un Islet ; mais le fond est bien dangereux à cause des roches qui sont sous l'eau, & parce que la Mer y est fort rude à moins que l'on ne se roue jusques au coin de l'Anse où il y a sureté pour une petite barque ; mais si on y veut touer une grande barque il faut qu'elle soit legere de son lestage, & qu'elle ne tire pas plus de quatre pieds d'eau de crainte que la houlle, ou la vague ne la fasse toucher au fond. C'est à Ghallemboullou, poursuit cet Auteur, que l'on va chercher le Ris, qu'on y cultive en abondance & on l'y recueille deux ou trois fois par an. Le peuple y est fort adonné à la Géomance qu'ils nomment Squille. Ce sont du reste les meilleures gens de l'Isle ; [g p. 24.]

ils ne sont ni traitres, ni enclins au meurtre. Si quelque Negre a derobé, ils le rachettent plutôt que de permettre qu'on le tue. Ils s'habillent de pagnes faites d'une herbe nommée Mousfa de laquelle ils ont quantité. La Riviere de Mananghourou est à l'extremité de la même Anse à quatre lieues de Ghallemboullou.

GALENIRUS, Lieu de la Haute Potamie dans l'Asie Mineure. Il en est parlé dans la Vie de St. Theodore Abbé. La Potamie étoit un Canton de la Galatie, du côté de la Bithynie.

1. GALEOTÆ, ancien peuple de Grece dans l'Attique, selon Etienne le Géographe.

2. GALEOTÆ. Voiez HYBLA PARVA.

1. GALEPSUS, ancienne Ville de Thrace, selon Etienne qui l'étend beaucoup trop de ce côté-là ; ou plutôt Ville de la Macedoine dans le Golphe Toronaïque, selon Herodote [h] qui nomme de suite Torone, Galepsus, Sermila &c. Villes qui étoient dans ce Golphe. Elle est nommée par Thucydide [i] GALEPSUS Colonie des Thasiens ; mais l'Interprête Latin écrit GAMPSELUS quoiqu'il y ait dans le Grec Γαληψὸν comme il doit y avoir. Berkelius a bien vû que l'article de Etienne étoit tronqué & qu'on en a retranché ce qu'il y dit du Fondateur de cette Ville. On trouve qu'elle portoit le nom de Galepsus fils de Thasus & de Telepha. L'Etymologique le marque ainsi & sans doute Etienne le disoit de même. C'est sa maniere de chercher l'Origine des Villes dans quelque Genealogie fabuleuse du Heros dont elle portoit toujours le nom. Jamais les Grecs n'étoient embarassez sur ce Chapitre. Au lieu que les Heros auroient dû bâtir des Villes, c'étoient au contraire les Villes dont les noms faisoient imaginer des Heros qui meritassent d'en être les Fondateurs. [h l. 7. c. 122.] [i l. 5. p. 346.]

2. GALEPSUS, Lieu maritime de l'Eubée, selon Plutarque dans ses Propos de Table, où il en donne une agréable description. Mais Ortelius a fait connoître que le nom doit être changé en ÆDEPSUS.

1. GALERA, Ville d'Espagne au Royaume de Grenade. Elle est sur un Rocher, & c'étoit, dit Davity [k], la principale Forteresse des Maures en Espagne, au temps de leurs rebellions. [k T. 1. p. 178.]

2. GALERA, Bourg d'Italie dans le Patrimoine de St. Pierre, sur la Riviere d'Arone entre Rome & Bracciano.

3. GALERA, (Punta della) Cap dans l'Océan Oriental aux Philippines. C'est le plus Occidental de l'Isle de Mindanao.

§ On appelle aussi de même le Cap le plus Oriental de l'Isle de la Trinité qui est entre les Antilles.

GALERIA, ou GALABIA, selon Diodore de Sicile, ancienne Ville de Sicile ; Phavorin la nomme GALERINA. Etienne le Géographe dit GALARINA URBS pour signifier la Ville, & GALARIA pour le Pays. C'est presentement GAGLIANO.

GALES, Lieu particulier d'Afrique dans l'Ammonie. Victor d'Utique en parle dans son I. Livre de la persecution des Vandales.

GALESE. Voiez GALLESE.

GALESIUM. Voiez GALLESIUM.

GA-

GAL.

GALESUS, Riviere d'Italie dans le Territoire de Tarente, selon Vibius Sequester. Tite-Live [a] compte cinq mille pas entre la Ville & cette Riviere. Virgile en parle au IV. Livre de ses Georgiques. Polybe [b] qui la nomme GALÆUS, Γαλαιῶν dit de même que Tite-Live qu'Annibal ayant laissé des troupes pour garder la Ville & le nouveau mur qu'il avoit élevé, alla camper près de la Riviere qui est à cinq milles de Tarente. Cette Riviere est nommée GALÆUS (Galesus) par quelques-uns & EUROTAS par d'autres. Ce dernier nom, poursuit-il, lui a été donné à cause de l'Eurotas qui baigne la Ville de Lacedemone & il y a beaucoup de noms semblables tant dans la Ville que dans le Territoire de Tarente, parce que les Tarentins sont une Colonie de Lacedemoniens &c. Si nous en croyons Niger le nom moderne de cette Riviere est VALENTO. Ligorius dit que c'est Bagrada. Jean Scoppa [c] cité par Ortelius, dit que cette même Riviere est aujourd'hui reconnoissable par un Village nommé GALASO & par une Eglise appellée SANTA MARIA DE GALASO. Virgile dit [d]:

Qua niger humectat flaventia culta Galesus.

Cette Epithete, *noir*, signifie ou que ses bords étoient ombragez par les Arbres qui les couvroient, & cela se rapporte à ce vers de Properce [e],

Umbrosi subter spineta Galesi;

ou que ses eaux paroissoient noires, à cause de leur profondeur. D'autres lisent *piger*, lent, paresseux; ce qui est conforme à la lenteur du cours de cette Riviere dont la pente est très-douce.

GALFANACAR [f], ancien Bourg de l'Afrique Propre, au Royaume de Tripoli, sur le Golphe de Capes, entre la Ville de Capes & l'Isle de Gerbes. Voiez GICHTIS.

GALGAL [g], Lieu celebre & ensuite Ville de la Palestine au Couchant du Jourdain, environ à une lieue de ce Fleuve & à pareille distance de Jericho. Les Israëlites y camperent long-temps après avoir passé le Jourdain. On y bâtit depuis une Ville considerable qui est devenue fameuse par plusieurs événemens dont l'Histoire nous a conservé le souvenir. Ce nom de Galgal lui fut donné à l'occasion de la circoncision que le Peuple reçut en cet endroit. [h] Après cette operation le Seigneur dit [h]: *j'ai ôté de dessus vous aujourd'hui l'opprobre d'Egypte.* A la lettre *j'ai roulé de dessus vous* &c. Car *Galgal* signifie *roulement*. Comme l'Arche avoit été long-temps à Galgal, le lieu devint fameux dans la suite, & le Peuple continua pendant long-temps à y aller en Pelerinage [i]. On croit que Jeroboam, ou du moins quelques-uns de ses Successeurs Rois d'Israël y mit un des veaux d'Or qu'il fabriqua & qu'il fit adorer par son peuple [k].

Il semble que dès le temps d'Aod Juge d'Israël, il y avoit déjà à Galgal des Idoles puisqu'il est dit qu'Aod [l] ayant offert ses presens au Roi, s'en alla jusqu'à Galgal, que delà il revint & feignit d'avoir à lui decouvrir quel-

GAL.

que secret de la part de Dieu comme s'il avoit reçu quelque Oracle à Galgal. Ce fut au même endroit [m] que le Peuple s'assembla pour confirmer le Royaume à Saül: & enfin ce fut à Galgal que Saül eut le malheur d'encourir la colere de Dieu [n], en immolant des Victimes avant la venue de Samuel. C'est là qu'il reçut la sentence de sa reprobation [o] pour une autre faute bien plus considerable qu'il commit en épargnant le Roi d'Amalec, avec ce qu'il y avoit de meilleur & de plus precieux dans leurs depouilles. St. Jerome dit [p] que Ste. Paule passa à Galgal & y vit le Camp des Israëlites, le monceau des prepuces & les douze pierres que Josué y avoit fait mettre.

GALGAN [q], Ville de la Chine à un quart de lieue de la grande Muraille qui enferme cet Empire du côté de la Tartarie.

GALGAVIA, quelques-uns ont lu mal-à-propos ce nom dans Solin, au lieu de *Scandinavia* qu'il y faut lire.

GALHAC. Voiez GAILLAC.

GALIBA. Voiez OGALIBA.

GALIBI, Peuple & Montagne de l'Isle de Taprobane, selon Ptolomée [r], il les met dans la partie Orientale vers le Nord.

GALIBIS, (les) Peuple de l'Amerique Meridionale dans la Guiane sur la côte. Le Fevre de la Barre dans sa description de la France Equinoctiale [s] dit : les Galibis sont la Nation la plus puissante de la côte & dispersée dans une grande étendue de Pays. Il y en a de notre connoissance trois ou quatre habitations dans la Riviere d'Aprouague, une dans celle d'Unia, deux dans l'Isle de Cayenne, quatre ou cinq en celle de Macouriague, trois ou quatre en celle de Carrou, deux à Manamanorry, quatre ou cinq à Sinamary & autant à Canonama. Je ne sais combien à Marony, mais un grand nombre à Surinamè. Mais ils sont soumis aux Anglois (il faut dire aux Hollandois) ils étoient autrefois si puissans qu'ils ont imprimé la terreur aux François établis à Cayenne. Ils sont à present si diminuez que tous ceux qui habitent depuis Aprouaque jusqu'à Marony, ne peuvent pas mettre ensemble vingt Pirangues de guerre armées chacune de vingt-cinq hommes, ce qui est arrivé tant par des maladies que par diverses rencontres où ils ont été battus par les Palicours.

GALICE, (la) Province d'Espagne; elle a à l'Orient l'Asturie dont elle est separée par la Riviere d'Avia & le Royaume de Léon; au Nord & au Couchant la Mer Océane, & au Midi le Portugal dont elle est separée par le Minho. Sa longueur est d'environ cinquante lieues & sa largeur de quarante.

Quoi qu'elle tire son nom des Anciens CALLÆCI, ou CALLAICI, elle ne comprend pas tout leur Pays comme on peut voir à l'article *Callæci*.

Située à l'extremité de l'Espagne & environnée de deux côtez de l'Océan, elle est de toutes les parties qui composent la Monarchie d'Espagne, celle qui a le plus de côtes Maritimes & de ports de Mer puisqu'on lui donne [t] cent lieues de côtes & qua-

quarante-huit Ports tant grands que petits dont les meilleurs & les plus renommez sont Ferrol & la Corogne.

L'air y est temperé le long des côtes, mais dans le cœur du Pays il est un peu froid, & generalement fort humide par tout, tant à cause des grandes & frequentes pluyes qui y tombent, qu'à cause du grand nombre de sources d'eaux froides & chaudes qui s'y trouvent, sans compter une infinité de ruisseaux & environ 77. petites Rivieres dont les plus grandes sont,

L'Ulla,   Le Mandeo,
La Tambra,   Le Rio-Mayor,
& Vallinadares.

Les autres sont peu considerables & la plupart se jettent dans l'Océan Septentrional.

Le Terroir est inégal, montueux, & on y voit fort peu de plaines. C'est pourquoi ce Pays n'est pas aussi peuplé que le reste de l'Espagne, si on en excepte le terrain qui est le long des côtes. La plus grande recolte qu'on y fasse consiste en Seigle, en Vin, en Lin, en Citrons ; les pâturages rapportent un très-grand profit, par le grand nombre de troupeaux qu'on y nourrit. La Mer y fournit de bon Poisson, surtout des Sardines qui sont fort estimées pour leur delicatesse, des Saumons & une espéce de Poisson qu'on appelle *Bezugos*. On y voit quantité de mines d'Or, d'Argent, de Cuivre, de Plomb, de grandes Forêts d'où l'on tire une grande quantité de bois pour construire des Vaisseaux.

Les Galiciens ne s'appliquent gueres aux Arts Mechaniques, ni au Commerce, une grande frugalité fait qu'ils se passent à fort peu de choses & avec une Pistole ils croient être plus riches qu'un Castillan avec dix. Cependant ceux qui n'ont pas même ce peu qui leur suffit chez eux, se repandent en Castille & dans quelques autres contrées opulentes de l'Espagne, où ils se mettent en service ; & où ils exercent souvent les emplois les plus vils. C'est ce qui a attiré au nom de Galicien un tel mepris que lorsque quelqu'un veut faire connoître qu'il a été maltraité de paroles ou autrement il dit *he sido tratado como si fuera un Gallego*, C'est-à-dire : on m'a traité comme si j'étois un Galicien. Cependant ils sont très-bons Soldats & resistent constamment à la fatigue.

La Galice fut érigée en Royaume l'an 1060. par Ferdinand Roi de Castille & de Léon qui donna cette Province en partage à son fils, selon Mr. l'Abbé de Vairac. Selon le P. Briet ce fut Alphonse V. qui créa ce Royaume en faveur de Sanche ; mais il se trompe ; car Alphonse V. étoit mort dès l'an 1028. & Ferdinand surnommé le Grand, Pere de Sanche, ne fut Roi de Léon qu'en 1036. après la défaite de Veremond III. son Cousin & fils d'Alphonse V. après lequel il regna 8. ans. Mais Alphonse V. fils de Sanche ayant pris Tolede sur les Maures en fit la Capitale de ses Etats & unit la Galice à son Royaume de Castille. La Galice fut aussi donnée à Henri I. Comte de Portugal, mais on ne sait si ce fut en tout ou en partie. C'est surquoi se sont fondez quelques Portugais pour pretendre que la Galice devoit être une annexe de Portugal.

Avant le temps de Ferdinand le Catholique & de la Reine Isabelle, les Galiciens renfermez dans leurs Montagnes n'avoient aucun respect pour leur Roi & se mocquoient des Gouverneurs qu'il leur envoyoit. Les Gentils-homme tranchoient des Souverains, exerçoient une tyrannie effroyable sur leurs Sujets & pilloient impunément les étrangers qui avoient le malheur de passer sur leurs terres. Mais Ferdinand le Catholique fit cesser ces abus, reprima l'audace de ces petits tyrans, & fit respecter l'autorité Royale par tous les Galiciens grands & petits.

On compte LXIV. Villes dans la Galice, parmi lesquelles il y en a cinquante de murées, selon le P. Briet. Il y en a sept qui sont honorées du titre de Cité [a], savoir

[a] *Vayrac. l.c.*

St. Jacques de Compostelle,   Tuy,
Lugo,   Mondeñedo,
Orense,   La Corogne.
        Batanços.

Mais la plupart des Villes de ce Pays sont de peu de consequence. Les principaux lieux, le long de la côte, depuis l'Asturie jusqu'au Minho, sont

Rivadeo,   Mongia,   Vigo,
Vivero,   Finisterre,   Bayona.
Santa Marta, Muros,
Ferrol,   Padron,
La Corogne,   Pontevedra,

LA NOUVELLE GALICE [b], Contrée de l'Amerique Septentrionale que les Espagnols appellent aussi GUADALAJARA, de sa Ville Capitale, & qui constitue aujourd'hui un ressort juridique particulier, selon la partition nouvelle qu'ils ont faite. Elle a pour limites vers l'Est & le Nord-est, le Port de la Navidad & le marais de Chiapala qui la separe de la nouvelle Espagne ; vers l'Ouest, le Golfe de Californie, & vers le Nord-Ouest & le Nord, elle s'étend parmi de grands Pays peu connus, vers lesquels ses bornes sont indeterminées. On dit que ce qui est en quelque façon cultivé par les Espagnols a plus de cent lieues de large, & trois cens ou environ du Port de la Navidad, selon la suite de la côte de la Mer. Le Gouvernement de la nouvelle Galice embrasse plusieurs Provinces dont les principales sont, Guadalajara, Xalisco, los Zacatecas, Chiametla, Culuacan, Cinaloa & Neuva Biscaya. Toutes ces Provinces jouissent d'un air assez temperé, & sont fort saines. Ainsi on y vit jusqu'à une longue vieillesse. Il y a force pluyes & de grands tonnerres pendant les mois de Juin, de Juillet & d'Août. Le Ciel est serain dans les autres temps, & rarement couvert de nuées. Il s'engendre en ces lieux-là une grande quantité de moucherons & de punaises, aussi grosses que des féves, & dont les morsures font élever des pustules de la grosseur d'une noix. Il y a aussi des Scorpions, mais la piquûre n'en est pas

[b] *Corn. Dict. De Laet Ind. Occid. l. 6. c. 1. & 2.*

pas mortelle, quoi qu'elle cause de grandes douleurs pendant vingt-quatre heures. On en guerit avec un suc de pommes de Coing, qui viennent là très-abondamment, aussi bien que les poires, les abricots, les figues, & les autres fruits de l'Europe. Les oliviers n'y rapportent point d'olives, à cause de la multitude des fourmis qui fouillent sous leurs racines, & qui sont une peste pour les semences. Les Pies ne leur sont pas moins nuisibles. Elles ne sont guere plus grosses que des moineaux, mais en si grand nombre qu'elles abbattent & foulent tout un champ, quand elles s'appuyent une fois sur les épis, sans qu'aucun cri les puisse obliger à fuir. La terre est plus montueuse que plate, sablonneuse en sa plus grande partie, & quelquefois argileuse. Elle porte le froment assez bien, & en rend souvent soixante boisseaux pour un. Le maïs y abonde, les habitans qui font peu de cas du segle & de l'orge cultivent avec grand soin les legumes de l'Europe.

A quatre lieues de la Ville de Guadalajara, le long du chemin qui va à Zagatecas, il y a une Montagne fort haute, & inaccessible aux bêtes de charge. Sa montée & sa descente sont d'une lieue, les autres Montagnes dans tous ces quartiers sont âpres & pleines de grands pins & de hauts Chênes. Il s'y trouve force Mines, principalement d'argent & de cuivre. Il y en a fort peu de fer & d'acier, & point du tout d'or. La plus grande Riviere de la nouvelle Galice, est celle de BARANIA qui sortant du Lac de Mechoacan, court rapidement vers le Nord-Ouest, & se précipitant à quatre lieues de Guadalajara, du haut d'un saut de dix brasses, se roule en la Mer du Sud. On passe ce Fleuve sur des radeaux faits de cannes & de courges, sur lesquels les hommes s'asséient & mettent leurs hardes. On tient les chevaux auprès dans l'eau, & les Sauvages les poussent à la nage de l'autre côté. Les habitans naturels de ces Provinces, changent leurs demeures pour la plus legere cause; & fort souvent, pour s'exempter des tributs, ils se retirent dans les forêts, où ils reprennent leurs anciennes coûtumes. Ils sont un peu plus grands de corps que les Mexicains, & se vêtent de chemises de Coton, & de manteaux quarrez, tissus de maguey, qu'ils attachent sur leurs épaules avec deux boucles. Ils n'ont aucun desir des richesses, & cultivent seulement quelque peu de terre qui leur produit le maguey. Ils n'aiment rien tant que la danse, à quoi ils passent les jours entiers au son d'un rude & enroué tambourin de bois. Ils aiment à se peindre le corps & à s'orner de divers plumages, à quoi l'on peut ajoûter une autre parure, qui est de porter des pierres vertes, & de fort belles coquilles de Mer autour de leurs bras & de leurs jambes. Ils estiment à grand deshonneur d'être tondus, & ils sont touchez de la gloire d'être crûs vaillans. Ils boivent souvent jusqu'à s'enyvrer. La liqueur du maguey est leur boisson ordinaire. Ils ont aussi un breuvage qui est composé de Cacao & de maïs. Ils laboureroient autrefois la terre avec des pieux de bois, mais les Espagnols leur ont appris à foüir avec des hoyaux, ceux qui demeurent dans ces Provinces, s'addonnent pour la plûpart aux mines & au trafic. Quelques-uns s'employent à nourrir des vaches & des brebis, & à cultiver la terre. Quoi que les cannes de sucre y croissent abondamment, ils ne les cultivent pas, non plus que les *Tunas*, dont on trouve là des forêts toutes entieres, & une entr'autres que l'on dit avoir plus de cinquante lieuës d'étenduë. On en tireroit une quantité infinie de Cochenille, si on s'attachoit à les cultiver.

GALILE'E, (la) Province de la Palestine. Elle s'étend principalement dans la partie de la Palestine au delà de la plaine de Jezrael ou du grand Champ. Elle se divise en HAUTE & BASSE GALILE'E.

LA BASSE GALILE'E, s'étend dans les Tribus de Zabulon, & de Nephthali, au deçà du Jourdain & au Couchant de la Mer de Tiberiade.

LA HAUTE GALILE'E s'étend principalement au delà du Jourdain, vers la Trachonite, vers le Liban, & vers la Batanée. On l'appelloit la GALILE'E DES GENTILS, parce qu'elle étoit occupée par des Peuples Gentils mêlez avec les Juifs, ou plutôt parce qu'elle confinoit avec des Peuples Gentils comme sont les Phoeniciens, les Syriens, les Arabes.

Comme ce que nous venons de dire, après D. Calmet, que la Galilée s'étendoit au delà du Jourdain souffre quelque difficulté, voici les raisons dont il l'appuye.

Judas le Gaulonite est appellé Galiléen dans les Actes[a], & dans Josephe[b]: or Gaulon étoit au delà du Jourdain. La Galilée s'étendoit donc dans ce pays-là. De plus, Josephe[c] met Betzaide au delà du Jourdain: cette Ville étoit surement de la Galilée & ceux des Apôtres qui étoient de Betzaide au delà du Jourdain sont qualifiez Galiléens: donc la Galilée s'étendoit, au moins en partie, au delà du Jourdain. Eusebe dans son Commentaire sur Isaïe[d] dit nettement que la Galilée étoit au delà du Jourdain. Les Septante dans Isaïe[e], traduisent Basan par la Galilée. Or personne ne doute que Basan n'ait été au delà du Jourdain. St. Jérôme dans son Commentaire sur cet endroit d'Isaïe a mis le nom de la Province pour un lieu de la Province; il croyoit donc que Basan étoit dans la Galilée. D. Calmet renvoye ensuite pour ce sentiment à Ligtfoot[f] & à Cellarius[g], & pour le sentiment contraire à Mr. Reland[h], dans son livre de la Palestine; & à sa Dissertation sur la Géographie sainte qu'il a mise à la tête du Commentaire sur Josué.

[a] c. 9. v. 37.
[b] Ant. l. 20. c. 3.
[c] De Bello l. 2. c. 13. & Plin. l. 5. c. 15.
[d] In Isaia IX.
[e] c. 33. v. 9.
[f] Chorog. in Marc. & Hor. Talmud in Mathai, c. 14. v. 13.
[g] Cellar. Geogr. Ant. De Bello. l. 3. c. 2.

Voici comment Josephe marque les limites de la Galilée: elle est terminée au Couchant par la Ville de Ptolemaïde & par le mont Carmel, qui n'en sont pas. Du côté du Midi elle est bornée par le Pays de Samarie & par Scythopolis qui est située sur le Jourdain; à l'Orient elle a pour limites les Cantons d'Hippos, de Gadare & de Gaulan. Enfin du côté du Nord, elle est bornée par les confins des Tyriens.

La basse Galilée s'étend en longueur depuis Tiberiade jusqu'à Chabulon ou Zabulon, Frontiere de Ptolemaïde, & sa largeur s'étend depuis CHALOTH située dans le grand Champ, jusqu'à Bersabée; & la largeur de la haute Gali-

Galilée commence à Bersabée jusqu'au Bourg de Baca qui la separe de la Province des Tyriens. Sa longueur s'étend depuis TELLA Bourg situé sur le Jourdain jusqu'à Meroth. Mais comme la situation precise de ces lieux de Bersabée, de Chaloth, de Baca, de Tella, de Meroth, n'est point connue, on ne peut marquer au juste l'étendue de la haute Galilée.

Josephe dit que les Galiléens sont naturellement bons guerriers, hardis, intrepides; qu'ils ont toujours genereusement resisté aux Nations étrangeres qui les environnent: que ce Pays est très-fertile & très-bien cultivé; les Peuples très-laborieux & très-industrieux. Que le nombre des Villes & des Bourgs y est très-grand, & que tous ces lieux sont tellement peuplez que les moindres Bourgades n'ont pas moins de quinze mille habitans.

Tout le monde sait que Notre Sauveur JESUS-CHRIST a été surnommé *Galiléen* parce qu'il avoit été élevé à Nazareth, Ville de Galilée. Ses disciples & les Chrétiens en general ont aussi été nommez *Galiléens* [a], parce que les Apôtres étoient de Galilée. St. Mathieu [b] applique à la predication du Sauveur, ces paroles d'Isaïe [c]: la terre de Zabulon & de Nephthali, le chemin de la Mer au delà du Jourdain, la Galilée des Gentils, ce Peuple qui étoit dans les tenebres a vû une grande lumiere. Les Galiléens ne passoient pas pour gens fort éclairez en fait de Religion, & les Juifs ne croioient pas qu'il sortît des Prophetes de Galilée [d]. Le langage des Galiléens & leur accent étoient differens de ceux des autres Juifs du Pays. On reconnut St. Pierre pour Galiléen [e] à son accent.

La MER DE GALILE'E, on la nommoit aussi MER DE TIBERIADE, LAC DE GENESAR, ou DE GENEZARETH, & LAC DE CENERETH. Voiez CENERETH.

GALIM. Voiez GISCHALA.

GALINDÆ [f], ancien Peuple de la Sarmatie Européenne, selon Ptolomée. Voiez l'Article suivant.

GALINDIE [*], Province du Royaume de Prusse entre le Hocherland, la Varmie, la Bartonie & la Mazovie. Ortelborg en est le seul lieu de quelque consideration. Ce n'est qu'un Bourg, le reste ne consiste qu'en quelques Villages. Il est remarquable que Ptolomée ait placé au même endroit un Peuple nommé les Galindes.

GALIPSUS, pour GALEPSUS.

GALISTEO [g], Bourg d'Espagne dans l'Estremadure, près de la Ville de Coria. Il avoit autrefois titre de Duché.

GALITE, (LA) Isle d'Afrique dans la Mer Mediterranée sur la côte de Barbarie au Royaume de Tunis [h]. On la nomme aussi GALATA. Elle est vis-à-vis & à cinq lieues de l'Isle de Tabarca qui est à six milles du Cap de Mascarez. Mr. Baudrand [i] fait la distance entre les Isles de Tabarca & de Galita de dix lieues, c'est-à-dire double de celle que nous venons de marquer. Il ajoute qu'elle n'a gueres plus de trois lieues de tour.

GALITZA, lieu dans la Seigneurie des Russiens, selon le Continuateur de Glycas [k] & Nicetas, citez par Ortelius. Curopalate nomme ainsi une partie de la petite Russie; &

[a] Act. Apost. c. 2. v. 7.
[b] c. 4. v. 15.
[c] c. 9. v. 1. & 2.
[d] Joann. c. 7. v. 41. & 52.
[e] Matth. c. 6. v. 73.
[f] l. 3. c. 5.
[*] Homan. Carte de la Prusse.
[g] Baudrand Edit. 1705.
[h] Dapper Afrique. p. 199.
[i] Ed. 1705.
[k] Thesaur.

Mr. Baudrand [l] dit: GALITZA Province de la Tauro-Scythie, elle avoit auparavant son Prince particulier.

GALLA, Ville de l'Afrique interieure & l'une de celles que Cornelius Balbus soumit à la domination Romaine, selon Pline [m].

GALLABA, Ville d'Asie dans l'Osrhoene, selon les Notices de l'Empire [n].

GALLAECI. Voiez CALLAECI.

GALLANA. Voiez GALAVA.

GALLANIS, Siége Episcopal d'Asie dans la Palestine sous la Metropole de Scythopolis, selon Ortelius qui cite Guillaume de Tyr. Je trouve dans une ancienne Notice du Patriarchat de Jerusalem sous la Metropole de Scythopolis un Siége nommé CLIMA GALANIS, & dans une autre Notice CLIMA GABLANIM (à l'accusatif) c'est le même Siége.

GALLAPAGOS, (les Isles de) Isles de la Mer du Sud, sous l'Equateur: quelques-unes sont plus au Midi & quelques autres sont plus vers le Nord. Voici ce qu'en dit Dampier. Les Isles de Gallapagos sont plusieurs Isles de grande étendue situées sous la ligne & aux deux côtez de la ligne & qui ne sont pas habitées. La plus Orientale est à environ cent dix lieues de la Terre-Ferme. On les met à cent quatre vingts & un degré de longitude, s'étendant à cent soixante dix degrez vers l'Ouest & par conséquent leur longitude d'Angleterre est d'environ soixante degrez du côté de l'Ouest. Mais je crois que nos Hydrographes ne les éloignent pas assez de l'Occident. Les Espagnols qui en ont fait les premiers la découverte, & qui seuls les ont mises dans leurs Cartes, disent qu'elles sont en grand nombre, & qu'elles s'étendent depuis l'Occident de la ligne jusques à cinq degrez du Septentrion; cependant nous ne vîmes pas plus de quatorze la moitié de ces Isles. Il y en a qui ont sept à huit lieues de long, & trois à quatre de large. Celles-là sont raisonnablement élevées, la plupart sont plates & unies au sommet. Quatre ou cinq des plus Orientales sont pierreuses, steriles & montueuses, & ne produisent ni herbes, ni paturages, ni arbres que des *Dildos*; si ce n'est du côté de la Mer. Le *Dildo* est un arbrisseau verd & plein de piquans qui croît de la hauteur d'environ dix à douze pieds, & qui ne produit ni feuilles ni fruit. Il est de la grosseur de la jambe d'un homme depuis le pied jusqu'à la tête, plein depuis un bout jusqu'à l'autre de piquans rangez en rayons très près à près. Cet arbrisseau n'est bon à rien; non pas même à brûler. Il y a en certains endroits près de la Mer, de petits arbres nommez *Bortons* qui sont fort bons à brûler. Cette sorte d'arbre vient en divers lieux dans les Indes Occidentales, & principalement dans la Baye de Campêche, & dans les Isles Sambales. Je n'en ai jamais vu sur ces Mers qu'aux Isles de Gallapagos. Il y a entre les rochers de ces Isles steriles des Lacs & des fossez où il y a de l'eau. Quelques autres de ces Isles sont unies & basses. Le terroir en est sterile, & produit diverses sortes d'arbres qui nous sont inconnus. Quelques-unes des plus Occidentales ont neuf à dix lieues de long, & six à sept de large;

[l] Ed. 1705.
[m] l. 5. c. 5.
[n] Sect. 25.
[o] T. 1. c. 5. p. 109.

GAL. GAL. 25

large; la terre y est profonde & noire. Celles-ci produisent de grands arbres, principalement des *Mammets*, qui y croissent avec tant d'abondance, qu'on voit des bois qui ne sont composez que de ces arbres. Il y a dans ces grandes Isles des Rivieres assez larges, & dans les autres de moindre étenduë des ruisseaux de bonne eau. Lorsque les Espagnols en firent la premiere découverte ils y trouverent quantité de Guanos & de Tortuës de terre, & les nommerent les Isles de Gallapagos. Je ne croi pas qu'il y ait de Pays au monde où il y ait tant de ces animaux. Les Guanos y sont aussi gras & aussi gros qu'il y en aye vû de ma vie & si familiers qu'un homme en peut assommer vingt avec un bâton en une heure de tems. Les Tortuës de terre y sont en si grande quantité, que cinq ou six cens hommes pourroient en subsister pendant plusieurs mois sans aucune autre sorte de Provisions. Elles sont extraordinairement grosses & grasses; & si délicates qu'il n'y a point de poulet qui se mange avec plus de plaisir. Une des plus grosses pese 150. ou 200. livres, & il y en a qui ont le Carapace ou ventre de deux pieds, ou deux pieds six pouces de large. . . . Il y a dans ces Isles des serpens verds; mais je n'y ai point vû d'autres animaux terrestres : il y a force tourterelles & si privées qu'un homme en peut tuer cinq ou six douzaines en une apresmidi avec un simple bâton. Cet oiseau est un peu moins gros qu'un Pigeon ; mais il est très-bon à manger & gras ordinairement.

Il y a entre ces Isles de bons & larges Canaux, où les vaisseaux peuvent passer. Il y a certains endroits où l'eau est basse & où il croît quantité d'herbe à la tortuë; aussi ces Isles foisonnent de tortuës vertes. Il y a de quatre sortes de tortuës de Mer. Sçavoir les grosses tortuës ou tortuës à Bahu, les grosses têtes, les bec à faucon, & les tortuës vertes.

L'air de ces Isles est assez temperé vû le climat. Il fait tous les jours sans interruption un petit vent de Mer & la nuit un vent froid; ainsi la chaleur n'y est pas si violente que dans la plupart des lieux près de la ligne. La saison pluvieuse de l'année sont les mois de Novembre, de Decembre & de Janvier. Le temps est alors extrêmement sombre & orageux, mêlé de quantité de Tonnerres & d'Eclairs. Quelquefois avant & après ces mois il y a de petites pluyes rafraichissantes, mais le temps est toujours fort beau durant les mois de Mai, de Juin, de Juillet, & d'Août.

a T. 1. p. 366.

Le Capitaine Woodes Rogers [a], Anglois, dit : Les Gallapagos sont en si grand nombre que nous en comptames en deux fois jusqu'à cinquante ; mais il n'y en a pas une seule où il paroisse y avoir de l'eau douce. Les Relations Espagnoles pretendent qu'il y en a une où l'on en trouve & qu'elle est située sous 1. d. 30'. de Latitude Meridionale. D'un autre côté Mr. Morel m'a dit qu'un vaisseau de guerre Espagnol qui croisoit sur les Pirates, avoit touché à une Isle située sous le premier degré, 20. ou 30'. de Latitude Meridionale; qu'ils l'appellent SANTA MARIA DE L'AQUADA; que l'on y trouve quantité de bois, de l'eau douce, des tortuës de Mer & de Terre, du poisson, une bonne rade; &c. & qu'elle est environ à 140. lieuës à l'Ouest de l'Isle Plata. Je crois qu'on peut y ajouter du moins trente lieuës de plus & que c'est la même où le Capitaine Davis, Anglois, prit des rafraichissemens. Au reste toutes les lumieres qu'il nous donne pour la retrouver sont qu'elle est située à l'Ouest de ces Isles, où il fut avec d'autres Boucaniers & qui ne peuvent être, que les Gallapagos.

Le Capitaine Cowley, autre Anglois, a parcouru ces Isles qu'il nomme GALLAPAGOS, ou ISLES ENCHANTÉES. Je joindrai ici le recit qu'il en fait [b]; mais j'avertis que les noms qu'il s'avisa de leur donner alors, ne sont tout au plus que des marques de son respect ou de son amitié pour les personnes dont il donna les noms à ces Isles. Les Espagnols à qui ces Isles appartiennent n'ont aucune connoissance de ces noms, & n'en font pas plus d'usage que feroient les Anglois si un Espagnol s'avisoit de donner aux Ruës de Londres des noms de divers Princes ou Seigneurs de la Cour d'Espagne.

b Son Voyage est à la suite de Dampier. T. 4. p. 220.

La premiere Isle, dit-il, que nous apperçumes étoit à un degré 30'. de Latitude Meridionale ; nous étions à son Nord & le vent souffloit du Sud, ce qui nous empecha d'y aborder pour voir ce qu'il y avoit. Elle est haute & je la nommai l'Isle du Roi *Charles* (son vrai nom est l'Isle MASCARIN.) Nous en vimes trois autres au Nord de celle-ci. Je nommai celle qui étoit la plus proche l'Isle de *Crossman*, celle qui venoit ensuite *Brattles* & la troisieme, l'Isle du Chevalier *Antoine Dean*. (L'une de ces trois Isles est l'Isle du TABAC.) Nous en vimes plusieurs autres à l'Ouest, à l'une desquelles je donnai le nom d'*Eures*, celui de *Dassigni* à une autre & celui de *Bindlos* à une troisieme. (Deux de ces Isles, sçavoir la plus Meridionale des trois, est l'Isle de SANTE, plus à l'Ouest est l'Isle AU DIABLE.) Nous mouillames ensuite dans un fort bon Havre qui est à l'extremité la plus Septentrionale d'une belle Isle sous la ligne, où il y avoit quantité de poisson & d'excellentes tortuës de Mer & de terre, dont quelques-unes pesoient plus de deux cens livres. On y voyoit une infinité d'oiseaux, de Flemmingos & de Tourterelles qui étoient si familieres, qu'elles venoient se percher sur nous, & que nous les prenions en vie. Mais lors que nos gens eurent tiré dessus, elles devinrent plus craintives, J'imposai le nom du *Duc d'Yorck* à cette Isle; (c'est, je pense, l'Isle de ST. BARNABÉ.) celui du *Duc de Norfolck* à une autre qui étoit ronde & jolie située à son Est, & celui du *Duc d'Albemarle*, à une troisieme fort agréable, située à son Ouest. Il y avoit à la premiere une Baye, ou un Havre bien commode, où l'on pouvoit être à l'abri de tous côtez & devant cette Baye paroissoit une autre Isle, à qui je donnai le nom du Chevalier *Jean Narborough*. Entre l'Isle d'Yorck & celle d'Albemarle il y en a une petite qu'il me vint dans l'esprit de nommer l'Isle enchantée de Cowley; parce qu'après l'avoir regardée sous differens points de la Boussole, elle avoit toujours de nouveaux aspects & que sous un point elle paroissoit comme une fortification ruinée, sous un autre com-

D me

me une grande Ville &c. Je nommai le Havre de l'Isle d'Yorck la Baye d'Albanie, & un autre endroit la rade d'Yorck : on y trouve d'excellente eau douce, du bois & une riche veine de Mineral, nous courumes ensuite vers le Nord, où nous vimes trois autres jolies Isles... Il y avoit sur toutes ces Isles où nous fumes ou dans leur parage quantité d'oiseaux, de tortues, de poisson, & de gros *Alguanas* ou Guanos de très-bon gout, mais nous ne trouvâmes d'eau douce que sur l'Isle d'Yorck.

Dampier [a] parle aussi d'une de ces Isles située sous la ligne, ce doit être celle de St. Barnabé, & d'une autre qui en est à cinq lieues de distance. Elle est, dit-il, également pierreuse & sterile & d'environ cinq ou six lieues de long & quatre de large : il mouilla au Nord de l'Isle à un quart de mille de terre, & à 16. brasses d'eau. Le long de la côte est d'un accès difficile & on ne peut ancrer qu'en ce seul endroit-là. La rade est mediocre, car le fond est si escarpé, que si l'ancre lâche une fois, elle ne s'accroche jamais ; & le vent vient d'ordinaire de la terre si ce n'est durant la nuit que le vent de terre est plus à l'Ouest ; car il soufle tout le long de la terre, mais fort doucement. Il n'y a d'eau que dans les Lacs, & dans les trous des rochers. L'endroit où nous mouillâmes d'abord, a de l'eau du côté du Nord ; elle tombe comme un torrent de rochers hauts & escarpez situez dans une baye sablonneuse. Dans les Isles situées à l'Ouest de celle-ci il y a des lieux fort commodes pour caréner, de bons canaux entre ces Isles & plusieurs lieux propres à ancrer. Il y a aussi force ruisseaux de bonne eau douce, & assez de bois à brûler, y ayant quantité d'arbres bons à plusieurs usages. Quelques-unes de ces Isles ont quantité d'arbres de *Mammet* & d'assez grandes Rivieres. Ces Isles sont grandes, le terroir en est gras & aussi fértile que celui des Isles de Jean Fernando. La partie Septentrionale de la seconde Isle (dont il est parlé dans ce passage de Dampier) est à vingt-huit minutes au Nord de la ligne. Les Isles de Gallapagos sont fort abondantes en sel.

§ Mr. de l'Isle les nomme GALAPES.

GALLARATO, selon Mr. Corneille. Voïez GALLERATO.

GALLARDON [b], petite Ville de France dans la Beausse, au Pays Chartrain, sur le Ruisseau de Voise, à quatre lieues de Chartres en allant vers Paris. C'est une Châtellenie.

GALLE, PUNTA DE GALLE, ou PONTE DE GALLE [c], selon Mr. le Grand dans sa Traduction de l'Histoire de Ceilan par Ribeyro, PONTO DE GALE, selon la Carte de Robert Knox ; & PONTE-GALE par les Hollandois. Ville de l'Isle de Ceilan dans sa partie Meridionale ; c'est une Forteresse qui appartient présentement aux Hollandois qui en ont chassé les Portugais en 1640. Jacques Koster qui commandoit l'Armée Hollandoise mouilla dans la Baye le 8. de Mars, mit pied à terre le même jour & batit la place si rudement que le 13. du même mois, elle capitula & se rendit. La situation de cette Ville est beaucoup meilleure que celle de Colombo, sa Baye est plus grande & capable de contenir de plus gros vaisseaux & en plus grand nombre ; mais exposée aux vents d'Ouest, qui lorsqu'ils soufflent un peu rudement agitent fort les navires. La Ville est sur une hauteur entourée d'un large & profond fossé, de bonnes murailles garnies de trois bastions ; l'entrée du Port est très-dangereuse & pleine de rochers & défendue par des Forts garnis de grosse Artillerie ; tout le terrain est pierreux, c'est ce qui lui a donné le nom DAS GRAVAYAS. C'est ce que remarque Mr. l'Abbé le Grand [c], Ribeyro son Auteur la decrit ainsi [d]. La Forteresse de Gallé est sur une pointe de terre & la Mer bat au pied du côté du Nord. C'est un rocher fort escarpé : ainsi il n'a pas été necessaire d'y faire aucune fortification. Du côté du Sud on s'étoit contenté d'y planter un rang de palissades ; mais du côté de terre il y avoit une bonne muraille flanquée de trois gros bastions & une Porte au milieu avec un pont levis & un fossé, de sorte qu'elle pouvoit bien se defendre. Il y avoit bien deux cens soixante familles Portugaises qui s'y étoient établies, & environ six cens de gens du Pays tous Chrétiens ; desorte qu'on avoit donné à cette place le nom de VILLE puis qu'elle ne fût qu'une Forteresse. Il y avoit une Paroisse, un Couvent de St. François, une Maison de la Misericorde, un Hôtel-Dieu, une Maison de la Douane, un Commandant, un Adjudant, un Commissaire ou Intendant & un Ecrivain. Dès que les Hollandois furent maîtres de cette place, ils la fortifierent à la moderne, ils firent le fossé plus large & plus profond, & ils la mirent en état de faire une vigoureuse résistance si on venoit à l'assiéger.

Le Sieur le Brun [e] qui y passa à la fin de 1705. en fait cette description : elle est très-forte par sa situation, étant environnée du côté de la Mer de bancs de sable & d'écueils, qui ne permettent pas d'approcher sans pilotes du port qui fait une demi-lune à l'Est de la Ville & qui est bien pourvû de Canon. Elle a aussi de bonnes murailles & de bons retranchemens taillez dans le Roc, & de bons bastions à plusieurs angles, dont les principaux portent le nom du Soleil, de la Lune & des Etoiles, entre lesquels sont les portes de la Ville. Il y a plusieurs autres pointes fortifiées, savoir celle des Matelots, d'Utrecht, de Venus, de Mars, d'Eole, & le Rocher du Pavillon. Il n'y a qu'une porte à l'Est qui est celle du Rivage. La Ville a environ une demi-lieue de tour en dedans, car on ne le sauroit faire en dehors. Il s'y trouve d'assez bonnes rues qui ne sont point pavées, mais maçonnées, avec d'assez belles Maisons, & particulierement celle du Commandant qui est spacieuse & remplie d'assez beaux appartemens, bâtie sur une hauteur, vis-à-vis du Magazin de la Compagnie, lequel est fort grand ; mais les murailles de côté qui donnent sur l'eau en sont fort humides & le haut de l'Edifice qui est de bois, est pourri & mangé de fourmis blanches qui abondent en ce Pays-ci. Un des bouts de ce Magazin dont l'entrée est dans la porte de la Ville sert d'Eglise aux Hollandois le matin, & aux Singales (Chingulais) l'après-diné. Les dehors de la Ville sont remplis de Jardins & d'arbres d'une grande beauté

avec

[a] T. 1. p. 118.

[b] *Baudrand* Ed. 1705.

[c] l. 2. p. 96.
[d] Ibid. p. 89.

[e] *Voyage par la Perse,* &c. p. 332.

avec de belles Allées. Les Montagnes qui sont à l'Est, sont couvertes de bois & l'on peut aller facilement de là au Port le long du rivage. Ces bois-là sont remplis de boucs sauvages, de liévres & d'oiseaux, cependant on ne trouve gueres de Gibier au Marché. Quant aux autres provisions, elles y sont à-peu-près à auffi bon marché qu'à Cochin, à la referve du beurre qui est cher sans être bon. On n'arbore le Pavillon que quand on voit paroître un vaiffeau en Mer, cela se fait fur un vieux bâtiment situé sur un rocher où l'on tient toujours une garde. On profeffe dans cette Ville comme dans tous les Etats de la Compagnie Hollandoife aux Indes Orientales la même Religion qu'en Hollande & à Geneve.

1. GALLEGO, nom dont on se fert en Espagne pour dire un GALICIEN ; un homme de la Galice.

2. GALLEGO [a], (le) Riviere d'Espagne au Royaume d'Aragon, où elle a fa source dans les Pyrenées, aux confins de la Bigorre, près de Viesca ; de là serpentant vers le Sud-Ouest, & le Sud-Sud-Ouest, elle passe à Huesca & tombe dans l'Ebre vis-à-vis de Sarragoce.

[a] De l'Isle & Jaillot Atlas.

3. GALLEGO, Bourg, ou Village de Portugal dans l'Estramadure, près de Leiria. Voiez ARABRIGA.

GALLERI VILLA, Metairie d'Italie, dans le Territoire de Rimini, selon Pline[b] qui racontant quelques prodiges que l'on avoit publiez met entre autres qu'un cocq parla en cet endroit. Le R. P. Hardouin écrit GALERII VILLA.

[b] l. 10. c. 11.

1. GALLES, (les) Peuple d'Afrique dans l'Ethiopie, à l'Orient, au Midi & au Couchant de l'Abiffinie. Delà vient qu'il faut diftinguer

LES GALLES ORIENTAUX.
LES GALLES OCCIDENTAUX.
LES GALLES MERIDIONAUX.

Voici quelle est l'origine de ce Peuple. Dans le temps qu'*Etana Denghel*, furnommé David Roi d'Abiffinie, étoit occupé à faire la guerre contre le Roi d'Adel, il fortit du Royaume de Bali un ennemi encore plus dangereux ; vers l'an 1537. un Seigneur nommé Mathieu, du Royaume de Bali petit Pays enfermé entre l'Abiffinie & le Royaume d'Adel aux deux côtez du Hawafch, ayant rigoureufement traité quelques efclaves, ils le quiterent & n'efperant de lui aucun pardon, ils s'affocierent avec tous les bandits & les fugitifs qu'ils purent amaffer & exercerent mille Brigandages. Les habitans de Bali ne furent point affez forts pour les reduire & le refte de l'Abiffinie occupé de la guerre d'Adel, les meprifa d'abord comme des gens qu'il feroit aifé de reprimer quand on le voudroit. Le P. Tellez croit que les Galles étoient une Nation particuliere, qu'ils habitoient la côte Orientale d'Afrique & les lieux voifins de la Mer des Indes. Peut-être que ces efclaves dont on vient de parler étoient de cette Nation voifine & que s'étant refugiez chez leurs Compatriotes, ils leur firent connoître l'Abiffinie qu'ils venoient de quiter & les contrées qu'ils en connoiffoient. Quoi qu'il en foit encouragez par le fuccès & par le butin, & accrus de jour en jour par les renforts qui leur arrivoient, ils s'emparerent de la Province de Bali, & ravagerent les Cantons voifins, & voyant que des conquêtes faites par la violence ne fe pouvoient conferver que par la force, ils firent entre eux des loix propres à multiplier leur Nation & à y conferver une feroce intrepidité. Ils ne s'abftiennent point du mariage comme Pline le dit des Garamantes [c], mais auffi ils ne vivent pas pêle-mêle avec des femmes ; quoi qu'il foit permis à chacun d'époufer autant de femmes qu'il en veut avoir. Les Jeunes gens n'ont la liberté de fe couper les cheveux qu'après qu'ils ont tué quelque ennemi ou quelque animal feroce ; ce qui les excite à fe fignaler par leur bravoure, afin d'acquerir une marque d'honneur qui diftingue les braves d'avec les lâches. Dans leurs feftins on met le meilleur plat au milieu, & quiconque s'en empare, doit être le premier à affronter le danger. Chacun fans balancer fe hâte d'y mettre la main ; c'eft un morceau que l'on fe difpute. Pour preuve d'avoir tué un ennemi ils en apportoient la tête ; mais comme il arrivoit quelquefois que faute de barbe on conteftoit que la tête apportée fût celle d'un homme ils apporteront des parties plus décifives. Ils les comptent & les entaffent en prefence de l'Armée. Mais ces fignes barbares de leur victoire ont encore un inconvenient, c'eft qu'ils ne font point connoître fi les perfonnes tuées étoient amis ou ennemis, ce que la tête auroit fait connoître.

[c] l. 5. c. 8.

Ce qui foutient leur courage, c'eft qu'ils ne combatent point pour une legere recompenfe, ou pour la gloire d'un Maître qui meneroit fouvent malgré eux fes Sujets à l'ennemi. Ils font la guerre pour eux-mêmes & partagent également le butin. En marchant au combat, ils font refolus de vaincre ou de mourir, de là vient qu'ils fe battent avec tant d'opiniâtreté. Ils font mal armez. De loin ils fe fervent de Sagayes, ou de Fleches ; de près ils employent la Maffue & des perches dont le bout eft durci au feu. Leurs boucliers font de cuir de Bœuf ou de Buffle. Autrefois ce n'étoit prefque que de l'Infanterie, à prefent il y a beaucoup plus de Cavalerie ; mais leurs chevaux ne valent pas ceux des Abiffins. Cependant ces derniers, quoi que mieux montez & mieux armez, n'en peuvent foutenir le choc.

Un Peuple à qui la Guerre eft fi necessaire, ne hait rien tant que les Arts qui font un fruit de la Paix. Ils trouvent mieux leur compte à enlever les richeffes de leurs voifins qu'à en acquerir à la fueur de leur corps. Ils mangent avec plaifir le pain qu'ils trouvent chez les Abiffins, mais ils ne fe donnent point la peine d'en faire. Ils ne cultivent point les champs, ni ne moiffonnent, l'Agriculture n'eft point de leur gout, ils fe contentent de leurs troupeaux. Soit en paix foit en guerre, ils les chaffent devant eux dans d'excellens pâturages. Ils en mangent la chair fouvent crue, fans pain, ils en boivent le lait, & fe nourriffent ainfi, foit au camp, foit chez eux. Ils ne fe chargent point de bagage, ni de meubles de Cuifine. Des gamelles pour recevoir le lait ; voila tout ce dont ils fe foucient. Une Nation de ce caractere fait trembler des Peuples civilizés à qui les richeffes ont amolli le courage. Elle eft toujours prête à envahir leurs biens, fans crain-

craindre des represailles dont la pauvreté la met à couvert. C'est ainsi qu'on a vû autrefois les Cimbres, les Goths, les Wandales & les Normands repandre la terreur chez les Nations les plus policées de l'Europe, & les Tartares Orientaux se rendre maîtres de la Chine. De même les Galles, dès qu'ils se sentent les plus foibles contre les Abissins, se retirent avec leurs bestiaux dans le fonds des terres & mettent un desert entre eux & leur ennemi. Ce Peuple est ennemi du repos, & de la paix & revient tous les ans à ses brigandages.

Ils choisissent un Chef qu'ils appellent *Lwa* (le Pere Jeronimo Lobo écrit *Lubo*) qui est en charge pendant huit ans, au bout desquels ils en élisent un autre ; mais il ne se mêle de commander que pour ce qui regarde la guerre. Son premier exploit est d'assembler le Peuple, de fondre sur l'Abissinie, pour y aquerir de la gloire & y faire du butin.

Les Galles ont un langage particulier, qui ne ressemble à aucune Dialecte de celle d'Abissinie. Ils parlent pourtant tous la même Langue, ce qui fait voir qu'ils sont étrangers & d'un même Pays. La Circoncision est pratiquée chez eux, soit qu'ils aient cet usage dès l'ancien temps comme beaucoup de Nations payennes, soit qu'ils l'aient pris des Arabes & des Abissins par imitation.

Ils n'ont point d'Idoles, ni presque aucune teinture de Religion. Si on leur parle de Dieu, ou d'un Etre suprême qui gouverne l'Univers avec tant de sagesse, ils repondent que c'est le Ciel qui environne & embrasse tout. Ils ne lui rendent aucun culte. Ils ne laissent pas d'avoir de l'humanité ; ils ont de l'esprit & apprennent ce qu'ils veulent avec autant de disposition que les Abissins. Le Pere Tellez dit que plusieurs avoient embrassé le Christianisme & y perseveroient constamment. L'Abissin Gregoire sur les Memoires de qui Mr. Ludolf a écrit son Histoire d'Ethiopie racontoit que sous le Regne de Basile quelques milliers d'entre les Galles s'étoient convertis à la foi & avoient reçu le Baptême.

Telle est cette Nation terrible qui a si bien affoibli l'Etat d'Abissinie qu'il en reste à peine au Roi la moitié des Pays que ses Ancêtres ont possedez. Etant sortie du Royaume de Bali, elle s'est emparée des Provinces de *Gedma*, d'*Angota*, de *Dawara*, de *Weda*, de *Fatagar*, d'*Ifata*, de *Guragea*, de *Ganza*, de *Cinta*, de *Damota*, de *Walek*, de *Bizama* & d'une partie de *Shewa*, outre plusieurs Cantons enclavez dans ces Provinces. Ils auroient fait de plus grans progrès, si la mesintelligence ne s'étoit pas mise entre-eux, s'ils ne se fussent pas mutuellement affoiblis. Ils sont partagez en plusieurs Tribus, on dit qu'il y en a au moins LXX. mais on distingue principalement deux grandes Nations, les Orientaux & les Occidentaux. J'ai suivi jusqu'à present le savant Ludolf dans son Histoire d'Ethiopie [a]. Je lui joindrai quelques autres Auteurs pour le reste de cet Article.

[a] l. 1, c. 16.

Les GALLES ORIENTAUX s'étendent depuis la Province de Bali leur premiere conquête jusques dans l'interieur de l'Abissinie dont nous avons dit qu'ils ont conquis plusieurs Royaumes, comme ceux de Gafi, d'Ifat, de Gedm, d'Angot &c. Mr. Ludolf ne s'accorde pas avec soi-même. Car dans l'Histoire même il pretend que les Galles Orientaux sont appellez BOREN GALLA par les Abissins & les Galles Occidentaux BERTUMA GALLA. Dans sa Carte, c'est tout le contraire, *Boren Galla* sont les Galles Occidentaux & *Bertuma Galla* sont ceux de l'Orient. Il y a certainement de l'erreur dans l'Histoire ou dans la Carte, mais il n'est pas aisé de determiner dans laquelle. Mr. de l'Isle sans faire d'attention à la Carte de Mr. Ludolf s'en tient à l'Histoire & appelle *Bertuma Galla* les Galles Occidentaux. Mr. Danville qui a copié la Carte de Mr. Ludolf met Boren Galla pour ces Galles de l'Ouest.

Les GALLES OCCIDENTAUX s'étendent le long de la Riviere de Maleg, & se sont emparez des Royaumes de Bizamo, de Goyame, &c. desorte qu'ils ont enfermé les Royaumes d'Enarca & de Cambate, qu'ils separent de l'Abissinie dont ces contrées font partie. Ils sont parvenus ainsi à les couper tellement que les Tributs que le Roi en tire, n'arrivent à son Tresor qu'après avoir couru de très-grands dangers ; c'est de quoi entretenir une guerre continuelle, & les Abissins n'ont aucune esperance de reprendre leur ancienne autorité qu'ils n'aient reduit ces peuples à leur premiere obeissance. Mais il n'y a gueres d'apparence qu'ils y reüssissent tant qu'ils ne seront pas mieux pourvûs d'armes à feu. Ils ont à la verité quelques Mousquets, mais ils s'en servent mal. Ils ne savent ce que c'est que de se couvrir d'un parapet quand ils ont fait leur decharge à découvert, ils n'ont point l'habitude de recharger d'abord, souvent ils manquent de poudre, & quand ils ont tiré leur coup, ils se mettent à fuir, & comme alors le Mousquet leur est à charge ils le jettent & c'est une arme perdue pour eux. S'ils étoient bien armez & bien conduits à la guerre il est constant qu'un peuple soumis & attaché à son Roi prevaudroit aisément sur une multitude vagabonde divisée en des Tribus independantes l'une de l'autre. Mais il faudroit que les Abissins eussent leurs Frontieres garnies de Forteresses avec de l'Artillerie pour defendre les passages, avec des Colonies. Ces Sauvages s'apprivoiseroient avec le temps.

Les Galles Meridionaux sont proprement ceux qui ont un Roi ou Lubo. Ils sont au Midi du Royaume de Cambate. Ils sont plusieurs Peuples qui habitent sous des tentes à l'Orient de la Riviere de Zebée. Voici leurs noms en allant du Nord au Sud,

Les ADIAS
Les CAJASOS,
Les DADAS,
Les ARBORES, ou ASBORES,
Les ARVISAS,
Les BRESOMAS.

Le Pere Jerome Lobo en parle ainsi [b] : ces Galles ruïnent ordinairement les lieux par où ils passent ; ils ne font aucun quartier & n'ont égard ni pour le Sexe ni pour l'âge, c'est ce qui les a rendus redoutables quoiqu'ils ne soient pas en fort grand nombre. Ils élisent un Roi de huit

[b] Relat. Hist. d'Abissinie p. 21.

GAL.   GAL.   29

huit ans en huit ans & ils appellent leur Roi Lubo. Ils menent leurs femmes avec eux & n'en sont pas fort jaloux. Ils se soucient de même très-peu de leurs enfans. Ils les exposent dans les bois & il est défendu sur peine de la vie à aucun du Camp d'en prendre soin. Ils vivent ainsi tant qu'ils sont Soldats, mais lorsqu'ils ne portent plus les armes & qu'ils sont circoncis, ils reconnoissent les enfans qui naissent d'eux & en prennent soin. Ils mangent de la vache crue & ne vivent d'autres choses. Lorsqu'ils tuent une vache ils ramassent le sang & s'en frottent une partie du Corps. Ils mettent leurs tripes autour de leur cou en guise de fraise & après qu'ils les ont portées quelque temps ils les donnent à leurs femmes. Tous ces Galles ne vivent que de leurs troupeaux & sont grands voleurs.

Avant que de finir cet article j'ajouterai le sentiment qu'a sur l'Origine de ce Peuple l'Auteur de la description de l'Empire du Prete-Jean; qu'il dit avoir tirée du Livre imprimé d'Antoine Almeïde Jesuite & du Manuscrit d'Alphonse Mendez Patriarche d'Ethiopie. Ces Peuples, dit-il en parlant des Galles [a], sont venus des Juifs qui ont été dispersez en divers temps, comme au temps de Salmanasar, de Nabuc & de Tite, & ils se sont établis proche du Royaume de Balle. Ce sont les plus puissans Ennemis de l'Empire des Abissins &c. On voit bien par ce que nous avons dit dans cet article ce qu'il faloit dire du Royaume de Baly à l'égard de ces Galles. Leur Origine Judaïque est aparemment fondée sur l'usage de la Circoncision que les Ismaelites pratiquoient & que des Payens pratiquent encore sans en faire une Ceremonie Religieuse.

[a] p. 27.

2. GALLES [b], (le Pays de) Pays de la Grande Bretagne avec titre de Principauté au Couchant du Royaume d'Angleterre; auquel il est presentement uni, après avoir été un Etat separé, comme on le verra dans la suite de cet Article. Si les Montagnes étoient un ornement, le Pays de Galles auroit un avantage à cet égard sur l'Angleterre. Cependant le Terroir n'est pas si ingrat, qu'il ne fournisse dequoi subsister ses habitans, & en quelques endroits il est aussi fertile qu'aucune partie de l'Angleterre. C'est le Pays qu'on appelle en Latin *Cambria*, ou *Cambro-Britannia*, & que les anciens Romains appelloient *Britannia Secunda*. Car ils divisoient la Bretagne en 3. parties, savoir *Britannia Prima*, contenant le Sud de l'Angleterre: *Britannia Secunda*, contenant le Pays de Galles: & *Maxima Cesariensis*, les parties Septentrionales d'Angleterre. Le Pays de Galles étoit habité alors par les Peuples *Silures*, *Dimetæ*, & *Ordovices*. C'est là que la plûpart des Bretons se retirérent, pour y être à couvert des Saxons qui avoient envahi l'Angleterre, & il a depuis toûjours été habité par leur posterité, les Gallois. Quelques Auteurs croyent que le nom de Galles vient d'*Idwalla*, fils de Cadwallader, dernier Roi des Bretons.

[b] Etat présent de la Grande Bretagne T.1.p.132.

Sa situation est à l'Occident, & regarde l'Irlande; ses parties Orientales touchent à Cheshire, Shropshire, Herefordshire en Angleterre: & les parties Occidentales, à la Mer d'Irlande. Son étendue est d'environ la cinquiéme partie de l'Angleterre, & surpasse à peine l'étendue de ses quatre Provinces maritimes du côté de l'Orient, savoir Norfolk, Suffolk, Essex, & Kent: étendue qui comprend 751. Paroisses, 58. Bourgs à Marché, & plus de 300000. Ames, qui païent pour la taxe des terres 43752. Livres Sterling. Ce qui fait voir qu'ils égalent presque la moitié du Peuple d'Ecosse, & qu'ils payoient à peu près autant que toute l'Ecosse, quoiqu'ils fussent moins chargez de taxes, & que l'excise y soit plus moderée qu'en Ecosse avant l'Union.

L'air y est bon & subtil, le bétail y est petit, mais les vivres y sont bons & à bon marché. Il y a principalement quantité de Chévres, qui se plaisent naturellement dans les Montagnes. Et à l'égard du Chaufage, ils ont abondance de bois, de Charbon & de Tourbes. Pour ce qui est des Havres ou Ports de Mer, à peine y en a-t-il au Monde un plus sûr & plus étendu que Milford-Haven: mais il manque de bonnes Rivieres. Ce Havre contient tant de petits Golfes, de Bayes, & Rades pour les Navires, que quelques-uns pretendent qu'il tire son nom de Milford-Haven, de ce que mille Navires y peuvent être en sûreté, & hors de la vue l'un de l'autre. Ce fut là que debarqua Henri VII. quand il vint de la Cour de Bretagne en France, pour detrôner, comme il fit, Richard III. Il y a aussi dans ce Pays plusieurs Rivieres, particulierement la Dée, la Wye, l'Usk, le Conway, la Cluyd, & le Tivy, & plusieurs autres moins remarquables; outre la Saverne, qui prend sa source en ce Pays.

Division du Pays de GALLES,

Le Pays de Galles se divise en
- Septentrional, où sont
  - ANGLESEY,
  - CARNARVANSHIRE,
  - DENBIGHSHIRE,
  - FLINTSHIRE,
  - MERIONETSHIRE,
  - MONTGOMERYSHIRE,
- Meridional, où sont
  - BRECKNOCKSHIRE,
  - CARDIGANSHIRE,
  - CAMARTHENSHIRE,
  - GLAMORGANSHIRE,
  - PEMBROKESHIRE,
  - RADNORSHIRE.

Autrefois *Monmouthshire*, qui est à present une Province d'Angleterre, faisoit partie du Pays de Galles, & ses habitans en retiennent encore le langage. Cette partie de Shropshire, qui est à l'Occident de la Saverne, étoit aussi regardée comme appartenant au Pays de Galles, jusqu'à ce qu'elle fut incorporée avec l'Angleterre; en un mot, la partie Meridionale de ce Pays contenoit autrefois les Provinces de Monmouth & d'Hereford, qui sont à present deux Provinces d'Angleterre, comme aussi toute cette partie de Shropshire qui est au delà de la Saverne, avec la Ville de Shrewsbury. Des 12. Provinces du Pays de Galles, il n'y a que celles de Montgomery, Radnor & Brecknock qui ne soient pas maritimes. Pour ce qui est de la fertilité, celles de Pembrok, Car-

Carmarthen & Glamorgan, Denbigh & Montgomery dans la Septentrionale, font les plus fertiles. Il y a quatre Evêchez dans le Pays de Galles qui dependent de la Province de Canterbury, savoir St. David, St. Asaph, Bangor, & Landaff.

[a] Les Gallois, font descendus des anciens Bretons, qui se retirérent dans ce Pays du tems de la conquête des Saxons. Leur langage est l'ancien Breton, & c'est peut-être la langue de l'Europe où il y a moins de mots étrangers. Elle est gutturale, ce qui en rend la prononciation rude & difficile. Pour ce qui est de leur temperament, ils passent pour être forts & robustes. Les Bretons qui habitoient ce Pays-là avant eux, avoient tant de peine à supporter le joug des Romains, que de trois Legions que ceux-ci entretenoient sur pié dans la Bretagne, ils étoient obligez d'en tenir deux sur les Frontieres du Pays de Galles, savoir l'une à Caer-Léon dans la Province de Monmouth, & l'autre à Chester. Les Bretons du Pays de Galles ne furent pas moins incommodes aux Saxons après qu'ils eurent conquis l'Angleterre, jusqu'à ce qu'ils furent subjuguez par Ethelstan Roi Saxon, dans le dixiéme siécle. Dans le douziéme ils se révoltérent contre Henri II. & dans le treiziéme siécle contre Edouard I. qui enfin les réduisit entierement. Sous le regne d'Henri IV. ils essayérent encore de secouer le joug, sous la conduite d'un fameux Chef, nommé Owen Glendover, & ils en seroient venus à bout, n'étoit qu'ils avoient à faire à un Prince trop martial. En un mot, ils ne furent jamais en repos, jusqu'à ce qu'ils virent un Prince Breton sur le Trône d'Angleterre, savoir Henri VII. qui étoit né dans le Château de Pembroke.

On a toûjours répresenté jusques ici les Gallois comme un Peuple colerique, qui prend feu aisément, & s'appaise de même. Pour le savoir, ils ont eu des gens distinguez. Particulierement Gildas, surnommé le sage, Geofroy de Monmouth; & Giraldus Cambrensis qui étoient Historiens, pour ne rien dire de leur Merlin. En ces derniers tems, ils ont eu Guillaume Morgan, qui a traduit la Bible en Gallois, le Chevalier Jean Price grand Antiquaire, & Owen celebre par ses Epigrammes.

Les Gallois n'ont point d'autre Religion permise par les Loix que l'Anglicane, cependant il y a beaucoup de Catholiques Romains. On loue les Gallois de ce qu'après avoir reçu la lumiere de l'Evangile dans le temps de Lucius ils la conserverent, lors même que l'Angleterre se replongea dans l'Idolatrie. Ils donnerent alors un grand exemple de leur constance & de leur perseverance dans la foi.

A l'égard des détails de ce Pays on peut voir les articles particuliers de chacune des XII. Provinces qui le composent & dont j'ai donné la liste ci-dessus. Je passe aux revolutions generales du Pays telle que les fournit l'Auteur de l'Etat present de la Grande Bretagne [b]. Il a fait sagement de passer sur les temps fabuleux, pour s'arrêter à ce que l'Histoire fournit de plus certain.

Cadwallader dernier Roi de Bretagne, alla à Rome, & il y prit l'Habit de Religieux des mains du Pape Sergius, dans le 7. siécle. Son fils Idwallo, fut déclaré Roi de Galles, & eut pour Successeurs Rodrigue, Conan, & Mervin. A ce dernier succeda Rodrigue son fils, surnommé le Grand. Ce Rodrigue eut trois fils, à qui il partagea très-imprudemment le Royaume. Il laissa à Amaraud l'aîné, la plus grande partie du Païs Septentrional de Galles, au second qui s'appelloit Cadel, la plus grande partie du Païs Meridional, & à Mervin le plus jeune, le Païs de Powis, contenant les Provinces de Montgomery & Radnor, avec partie de celles de Denbigh & Flint, & tout Shropshire au delà de la Saverne, avec la Ville de Shrewsbury. Mais il le fit à cette condition, que les deux Cadets, & leurs Successeurs tiendroient leurs Etats en fief des Rois de la partie Septentrionale de Galles, comme étant les aînés, & leur en rendroient hommage. Ses Successeurs, imitant son exemple, subdiviserent leurs petits Etats en plusieurs parties. De telle maniere, que de huit Princes tributaires, qui tirerent à la rame le bateau du Roi Edgar sur la Riviere de Dée, il y en avoit cinq du Païs de Galles. De cette maniere le Païs Septentrional de Galles fut possedé par plusieurs generations de la premiere branche, jusqu'à l'an 1282. que Llevellen II. le perdit avec la vie, & en fut dépouillé par Edouard I. Roi d'Angleterre & y exerça quelques hostilitez, qui lui attirérent sur les bras toutes les forces d'Angleterre. Llevellen se trouvant trop foible pour combatre Edouard, & Edouard de son côté n'ayant point d'envie de combattre contre des Montagnes, il fut convenu enfin, par des Commissaires nommez de part & d'autre, que Llevellen jouïroit d'une partie du Païs avec le titre de Prince, durant sa vie; & que l'autre partie seroit des le tems-là mise entre les mains du Roi d'Angleterre, qui deviendroit possesseur du tout, après la mort de Llevellen. Par ce Traité David Frere de Llevellen, se trouvant exclus de la Succession, porta son Frere, & les Gallois à se revolter. L'issuë de cette revolte fut fatale aux deux Princes. Car David fut pris, & exécuté par les mains de la Justice, & Llevellen fut tué, comme il se cachoit, après la défaite de son Armée, dans les Montagnes de Radnor. Sa tête ayant été mise au bout d'un pieu, avec une couronne de papier, fut portée en triomphe par un Cavalier dans les ruës de Londres. Ainsi la prédiction de la sorciere fut malheureusement accomplie, & la ligne des Princes Bretons finit en Llevellen, après avoir tenu tête pendant plusieurs siécles contre la puissance d'Angleterre. Quant aux Princes du Païs Meridional, ils furent depouillez de la plus grande partie de leur Pays, par des Anglois qui les attaquerent de leur propre chef. Bernard de Newmark, Seigneur Normand, eut pour sa part la Province de Brecknock. Robert Fitz-Haymon, joint à d'autres, se saisit de celle de Glamorgan. Une grande partie de Montgomery, tomba entre les mains d'Arnulphe de Montgomery : & une partie des Provinces de Cardigan & Monmouth tomba entre celles du Comte de Warren & du Lord Mortimer. Desorte qu'il ne resta rien d'entier au pauvre Prince du Païs Meridional de Galles, sinon

[a] Ibid. p. 145.

[b] T. 1. p. 149.

sinon la Province de Carmarthen, qui étoit trop peu de chose pour soutenir ses droits. Il est vrai, que Gryffith, le dernier de ces Princes, recouvra une partie de ses Etats, mais ni lui, ni les siens, n'en joüirent pas long-tems: lui mourant bien-tôt après, & ses deux fils, Cymmerick & Meredith, ayant été faits prisonniers par Henri II. Cependant les Gallois firent plusieurs tentatives pour recouvrer leur liberté, jusqu'à ce qu'ils furent enfin entierement subjuguez par le Roi Edoüard. Powis-Land, ou le Païs de Powis, tomba, comme on l'a déja dit, en partage à Mervin le plus jeune des trois freres, & qui étoit un Prince vif & vaillant. Il demeura long-tems tout entier à ses descendans; mais enfin il en fut demembré par les Comtes de Chester & Shrewsbury, qui leur enleverent une bonne partie de Shropshire, Flint, & Denbighshire. Il n'étoit pas non plus à couvert des entreprises de la branche aînée, à savoir des Princes du Païs Septentrional de Galles, qui auroient bien voulu s'emparer de ce Païs-là. Meredith ap Blethen fut le dernier qui le posseda tout entier, lequel imitant le mauvais exemple de Rodrigue le Grand, le partagea à ses deux fils. Madock mourut à Winchester sous le regne d'Henri II. & Gryffith fut fait par le Roi, Lord Powis, le titre de Prince ayant été mis à l'écart. Celui de Lord demeura à la famille pendant quelques generations. Mais enfin ayant été éteint par la mort d'Edoüard, dernier Lord Powis de la race de Mervin du côté des femmes, le Roi Charles I. le renouvella dans la personne du Chevalier Guillaume Herbert de Red-Castle, descendu d'un Comte de Pembroke. A la fin du 13. siécle, le Roi Edoüard I. subjuga entierement le Païs de Galles, lequel il réduisit en Comtés, ou Provinces à la maniere d'Angleterre, en établissant sur chacune un Gouverneur Anglois. Mais un jour ayant témoigné qu'il avoit dessein d'établir un seul Gouverneur sur tout le Païs, & voyant que la chose ne leur plaisoit pas, il fit venir la Reine à Carnarvan, où elle accoucha d'un Prince. Ensuite il envoya querir les Seigneurs Bretons, & offrit de leur donner un Gouverneur né dans le Païs de Galles, qui ne parloit pas un mot d'Anglois, & dont la vie étoit sans reproche. Ces Seigneurs ayant déclaré qu'un tel Gouverneur leur plairoit beaucoup, le Roi nomma Edoüard, son fils nouvellement né, pour être leur Gouverneur. Et depuis ce tems-là les fils aînez du Roi d'Angleterre ont toûjours porté le titre de Princes de Galles, & le Païs celui de Principauté. Mais les Gallois fâchez d'avoir perdu leur liberté, ne purent se tenir dans les bornes d'une entiere obéïssance. Sous le regne d'Henri IV. ils prirent tous les armes, comme je l'ai déja dit, sous la conduite de leur fameux Chef, Owen Glendover, & il fut difficile de les reduire. Mais lorsqu'ils virent Henri VII. sur le Trône d'Angleterre, cela leur plut beaucoup, & ils se soûmirent volontiers à lui, comme étant du sang Breton, & un Prince en qui ils voyoient accomplie la Prophetie de Cadwallader dernier Roi de Bretagne, que le sang Breton régneroit encore en Angleterre. Sous le regne suivant, qui fut celui d'Henri VIII. les Gallois furent par Acte du Parlement déclarez une même Nation avec l'Angloise, sujette aux mêmes Loix, capable des mêmes emplois, & joüissant des mêmes Privileges. De maniere qu'il n'y a présentement aucune difference entre l'Anglois & le Gallois, que pour le nom, & le langage. Leurs Gentilshommes sont élevez aussi bien que les Anglois au rang des Pairs du Royaume: & ils envoyent 24. Membres ou Deputez à la Chambre des Communes, savoir un pour chaque Province, & un pour chaque Ville capitale: hormis Merioneth, qui n'en envoye qu'un, savoir pour la Province seulement. Mais celle de Pembroke repare en quelque façon cela, en envoyant deux Membres pour deux de ses Villes, savoir un pour Pembroke & l'autre pour Haverford-West. Henri VIII. pour la commodité de ses Sujets Gallois, établit une Cour pour l'administration de la Justice, à Ludlow en Shropshire, sur le modelle des Cours de Westminster. Et il y a eu pendant fort long-tems un Gouverneur General du Païs de Galles, sous le titre de Lord Président. Le dernier qui a porté ce titre étoit Charles, Comte de Macclesfield. Après sa mort sous le regne du Roi Guillaume, sa Majesté jugea à propos de partager ce Gouvernement entre deux Pairs du Royaume, avec le titre de Lieutenant, l'un du Païs Septentrional, & l'autre du Païs Meridional de Galles. Et ce Reglement subsiste encore aujourd'hui.

GALLES (LE NOUVEAU PAYS DE) Contrée de l'Amerique. Les Anglois ont voulu donner le nom de Pays de Galles à cette Contrée qui est partagée par le Détroit de Hudson. Ils ont appelé le Pays situé au Nord de ce Détroit NEW NORTHWALLIS, & ce qui en est au Midi NEW SOUTHWALLES. Ce dernier s'appelle sur les Cartes la Terre de Labrador, & on nomme Isle de Jaques, l'Isle qui borde de Détroit de Hudson vers le Nord.

GALLESE [a], Château & Bourg d'Italie dans l'Etat de l'Eglise sur le Tibre dans la Province du Patrimoine, aux Confins de l'Ombrie, avec titre de Duché dans la Maison d'Altemps, entre Città Castellana au Midi & Horta au Septentrion, environ à cinq milles de chacune & à vingt-cinq milles de Rome, vers le Nord. Voyez FESCENNIA. Quelques-uns écrivent GALESE. [a] *Baudrand Edit. 1705.*

GALLESIUM, Ville des Ephesiens, selon Etienne le Géographe, qui nomme aussi de même une Montagne. Phavorin en fait aussi mention, mais il écrit Γαλησιον, par un λ.

GALLESIUS Mons, Γαλλησιος, Montagne dont parle Gregoras cité par Ortelius. Ce dernier soupçonne qu'elle devoit être aux environs de Constantinople.

GALLETI. Voyez CALETES.
GALLEVA. Voyez CALLEVA.
GALLEVESE, petit Pays de France dans la Brie près de la Riviere de Marne, on l'appelle autrement la Brie poüilleuse; elle est entre la haute Brie, la basse Brie & les Pays Remois & Soissonnois, & a pour Ville principale Château-Thierri. Mr. Baudrand [b] dit qu'il seroit impossible d'en bien marquer les bornes, parce qu'il y a long-temps qu'on n'en [b] *Ed. 1705.*

n'en fait plus mention. Ce Pays repond à peu près au Peuple *Vadicaſſii* de Ptolomée & en tire ſon nom. Cet Auteur ayant parlé de *Melda* Peuple dont la Capitale nommée alors *Jatinum* a pris le nom avec le temps, ajoute qu'après les Meldes vers la Belgique étoient les Vadicaſſiens dont la Ville étoit *Nœomagus*, Νοιδμαγος que ſes Interprêtes prennent pour Nemours. Voyez *Noviomagus Vadicaſſium*. Il eſt aiſé de voir le chemin que ce nom a fait. De Vadicaſſes s'eſt formé *Vadicaſſini*; enſuite en tranſpoſant ces deux Lettres *v* & *c*, on a dit *Cadivaſſini*; & enfin le *d* a été changé en *l*, comme dans *Vadenſis*, *Cicada* &c. dont ſont venus *Valois*, *Cigale*, &c.

LA GALAVESE, ou GALLEVESE, comprend aujourd'hui un Pays qui eſt en partie du Dioceſe de Meaux; en partie de celui de Soiſſons, mais la plus grande partie eſt du Dioceſe de Chaalons. Hadrien de Valois [a] en conclud que *Noviomagus Vadicaſſum* ne peut être que la Ville même de Chaalons. Voyez VADICASSES.

[a] Notit. Gall.

1. GALLI, nom Latin des Gaulois, Peuples qui habitoient les divers Pays auxquels le nom de *Gallia* étoit commun, tant en deçà qu'au delà des Alpes & dans l'Aſie. Voyez GALLIA & GAULE.

2. GALLI [b], petites Iſles, ou Ecueils d'Italie au Royaume de Naples dans la Mer de Toſcane, ſur la côte de la Principauté Citerieure avec un petit Château pour leur ſureté. Elles ſont dans le Golphe de Salerne entre la Ville d'Amalfi & le Cap de Minerve.

[b] On Baudrand Ed. 1705.

GALLIA, quoique ce mot Latin ſignifie proprement la Gaule, il ne laiſſe pas d'avoir des ſignifications bien differentes dans les Auteurs Latins qui l'ont employé pour deſigner des Pays très-éloignez les uns des autres. Je renvoye au mot GAULE les diviſions de la Gaule proprement dite. Je remarquerai ſeulement ici de quelle maniere les Romains diviſoient ces differents Pays.

1. GALLIA, lorſqu'il eſt queſtion de l'Aſie, ſe doit entendre de cette partie de l'Aſie mineure que l'on appella enſuite la GALATIE; du nom que les Grecs donnoient à toutes les Gaules. Elle eſt auſſi nommée GALLOGRÆCIA. Voyez GALATIE.

2. La Gaule compriſe entre les Alpes, les Pyrenées, l'Océan & le Rhin étoit la Gaule propre & ce que les Romains appelloient GALLIA TRANSALPINA.

On la diviſoit en IV. parties, ſavoir la *Gaule Narbonnoiſe*, GALLIA NARBONENSIS. *La Gaule Aquitanique*, GALLIA AQUITANICA, *la Gaule Lyonnoiſe*, ou *Celtique*, LUGDUNENSIS ſive CELTICA & enfin la *Gaule Belgique*, GALLIA BELGICA.

3. La Gaule Narbonnoiſe fut ſoumiſe la premiere par les Romains. Ses habitans portoient une ſorte de haut de chauſſe nommé *Braca*, ou *Bracca*, d'où eſt venu le mot de *Brayes* encore uſité en quelques Provinces de France. Cela donna lieu d'appeller ce Pays GALLIA BRACCATA. Ils reduiſirent cette partie en Province Romaine, c'eſt pour cela qu'elle eſt nommée PROVINCIA ROMANA.

4. Les trois autres parties de la Gaule Tranſalpine ſont proprement ce que Ceſar apelle la Gaule dans laquelle il ne comprend point la Province Romaine, ou la Gaule Narbonnoiſe. Comme les habitans de ces parties de la Gaule laiſſoient croître leurs cheveux, on appella leur Pays GALLIA COMATA, ou la *Gaule Chevelue*.

5. Les Gaulois, comme nous le diſons ailleurs, paſſerent les Alpes & ſe rendirent maîtres d'une partie de l'Italie à laquelle ils donnerent leur nom. Cette *Gaule* fut nommée *Ciſalpine*, GALLIA CISALPINA, c'eſt-à-dire, en deçà des Alpes, par raport aux Romains qui leur donnerent ce nom.

6. Le Pô partageoit cette nouvelle Gaule en deux parties, ce qui donna lieu de diviſer cette Gaule Italienne en deux; ſavoir en *Gaule au deçà du Pô*, par raport à Rome, GALLIA CISPADANA, & en *Gaule au delà du Pô*, GALLIA TRANSPADANA.

7. Cette Gaule en Italie ſe conforma à la mode des Romains pour les habits. Elle porta comme eux une ſorte de Robe longue que l'on appelloit *Toge*, au lieu que les habitans de la veritable Gaule portoient des habits courts. Ce fut l'Origine du nom de GALLIA TOGATA que l'on donna aux Provinces d'en deçà les Alpes, par oppoſition au ſurnom de BRACCATA donné à la Gaule Narbonnoiſe.

8. On diſtingua auſſi ces deux Gaules par les noms de CITERIEURE & ULTERIEURE. GALLIA CITERIOR, ſignifie la Gaule Ciſalpine, & GALLIA ULTERIOR, eſt la Gaule conquiſe enſuite & ſituée au delà des Alpes.

On peut voir au mot GAULE les anciennes diviſions de la Gaule qui eſt entre les Alpes, le Rhin, l'Océan, & les Pyrenées.

GALLIACUM, nom Latin de GAILLAC petite Ville de France dans l'Albigeois.

GALLIANI SALTES, c'eſt ainſi que le P. Hardouin lit dans Pline [c] & non pas *Galliani Saltus*, comme a lu Ortelius & quantité d'autres. Il s'agit d'un Peuple nommé *Galliani Saltes*, & appellé auſſi *Aquinates*, & non pas d'un bois. Ce Pays étoit dans la VIII. Region de l'Italie. [d] Leandre ce qu'eſt preſentement GALEATA & Hermolaus ajoute que ce lieu eſt voiſin de Forli.

[c] l. 3. c. 15.
[d] Ortel. Theſ.

GALLIATA [e], nom Latin d'une Abbaye d'Italie aux Confins de l'Emilie, au bas de l'Apennin. St. Ilar né en Toſcane, ſe retira vers l'an 498. âgé de dix-ſept ans dans une Solitude du Mont Apennin près de la Riviere de Bedeſe pour les Confins de l'Emilie, maintenant la Romagne. Il s'y fit une grotte & une Egliſe au deſſus. Un riche Seigneur de Ravenne qu'il avoit gueri d'une poſſeſſion, & converti à la foi s'étant retiré auprès de lui avec ſes deux fils lui donna quelques terres qu'il avoit dans le voiſinage de la ſolitude pour bâtir & doter un Monaſtere. Ce fut l'Origine de la célèbre Abbaye de Galliata qui étoit le nom du Village le plus proche de cet Hermitage & qui s'eſt appellé depuis ST. ILAR du nom de ſon Fondateur. Elle eſt devenue ſi riche & ſi puiſſante dans la ſuite des temps qu'on a vû juſqu'à trente-ſix groſſes Paroiſſes dans ſa dependance & que l'Abbé étoit Seigneur de preſque toute la Vallée & d'un très-grand nombre de Bourgs & de Villages. Delà vint

[e] Baillet Topogr. des Saints.

GAL.

vint le relâchement, puis l'extinction de l'Esprit d'humilité, de Penitence & de Pauvreté que le Fondateur Ilar y avoit fait regner. Les Abbez s'étant faits commendataires se regarderent comme des Princes Temporels, jusqu'à lever des troupes & faire la guerre sous leur Banniere. Mais enfin l'Abbaye fut remise dans la regularité au xv. siécle & donnée aux Camaldules.

GALLICA, ancienne Ville de Bithynie dans l'Asie mineure. Voiez CALLICA.

GALLICA FLAVIA, ancienne Ville de l'Espagne Tarragonoise au Pays des Ilergetes, selon Ptolomée [a]. Voiez FRAGA. Voiez GALLICUM.

[a] l. 2. c. 6.

GALLICA VIA, Grand Chemin public en Italie. Frontin [b] en fait mention. Il étoit dans la Campanie & traversoit les Marais Pomptins.

[b] Stratag. l. 2. c. 6.

GALLICÆ PALUDES, Vitruve, si nous en croions Marius Niger, nomme ainsi le fond du Golphe Adriatique, où Venise est située. Ortelius croit que ce sont les LAGUNES DE VENISE.

GALLICANA STATIO [c], Lieu particulier de la Bithynie. Metaphraste dit dans la Vie de St. Artemius que Constance femme de l'Empereur Gallus mourut en cet endroit. Voyez GALLICA & CÆNOS GALLICANOS.

[c] Orteli Thes.

GALLICANO, Bourg de l'Etat de l'Eglise en Italie dans la Campagne de Rome à deux lieues de cette Ville du côté de l'Orient, entre Palestrine, Zagarolo & Tivoli. [d] Il a titre de Principauté & a appartenu à la Maison des Colonnes, puis à celle de Rospigliosi.

[d] Baudrand Ed. 1705.

GALLICANTUS [e], nom d'un Monastere d'Espagne en Catalogne près des murs de Gironne. Il est de l'Ordre de St. Benoit.

[e] Marca Hisp. p. 485.

GALLICANUS, MASSICUS & GAURUS, sont trois noms synonymes d'une Montagne d'Italie dans la Campanie heureuse. On l'appelle presentement GERRO, au Royaume de Naples dans la Terre de Labour. Les noms de *Massicus* & de *Gaurus* se trouvent employez par Ciceron [f], Tite-Live [g], Stace, & Vibius Sequester. Plutarque dans la Vie d'Annibal fait mention de MONS GALLICANUS; & Ciceron [h] dit *Gallicanus Saltus*. Mais Tite-Live place une Montagne nommée CALLICULA dans ces Cantons auprès de *Casilinum*. Voiez MASSICUS.

[f] Agrar. 2. c. 25.
[g] l. 22. c. 14.
[h] Pro Quinctio.

GALLICII. Voyez CALLÆCI.

GALLICINUM, ou GALLINICUM. Voiez CALLINICON.

GALLICUM, Antonin met entre Sarragoce & Huesca un lieu nommé *Gallicum*, ou *Galligum*; c'est dans la Route d'Astorga à Tarragone.

Cæsarea Augusta,	
Gallicum,	M. P. XV.
Bortinam,	M. P. XVIII.
Oscam,	M. P. XII.

Ce n'est pas proprement un lieu, mais une Riviere nommée FLUMEN GALLICUM, ou *Gallicus Fluvius*, aujourd'hui le GALLEGO; qui passe à Huesca & coule au Midi pour se perdre dans l'Ebre près de Sarragoce. Cette Riviere n'a rien de commun avec *Gallica Flavia*, si cette derniere est presentement *Fraga*, comme on le croit. Ce ne sauroit être non plus sur les bords de cette Riviere qu'étoit le GALLORUM FORUM d'Antonin.

GALLICUS [i], (le Grec porte GALATICUS) SINUS, Golphe de la Mediterrannée le long des côtes de la Gaule, où est l'Embouchure du Rhone. Les Anciens appelloient ainsi le Golphe de Lyon, mais ils distinguoient le grand Golphe & le petit. Ils appelloient grand Golphe, *Gallicus Sinus Major*, ce Golphe pris dans toute son étendue & petit Golphe *Gallicus Sinus Minor*, la partie de ce Golphe qui est voisine des Pyrenées.

[i] Strab. l. 1. p. 122.

GALLIENI SEPULCHRUM, le Tombeau de l'Empereur Gallien étoit en Italie dans la voye Appienne à ix. milles de Rome, selon l'Histoire Mêlée citée par Ortelius.

1. GALLIM, ou [k] ÆGALLIM, ou AGALLA [l], ou ÆGALLA, Ville de la Palestine au delà du Jourdain; à l'Orient de la Mer Morte, dans la Terre de Moab. Eusebe [m] la met à huit milles d'Ar ou d'Areopolis vers le Midi & la nomme AGALLIM.

[k] *Isay*. c. 5. v. 8. & *Reg*. l. 1. c. 25. v. 44.
[l] *Joseph*. Antiq. l. 14. c. 2.
[m] Onomast.

2. GALLIM, Village de la Palestine au voisinage d'Accaron [n].

[n] Ibid. in Voce ΓΑΛΛΙΛΙ.

1. GALLINARIA INSULA [o], nom Latin d'un rocher, ou d'une petite Isle de la Mer de Genes aux côtes de la Ligurie, près de la Ville d'Albengue d'où lui est venu le nom d'ISOLETA D'ALBENGA [p]. C'est le lieu de la retraite de St. Martin durant l'exil de St. Hilaire.

[o] Bailles Topogr. des Saints. p. 598.
[p] Sulpic. Sever. Vita S. Martini.

2. GALLINARIA SILVA, Forêt d'Italie dans la Campanie, dans le Golphe de Cumes. Strabon [q] dit qu'elle étoit sans eau & sablonneuse, & Ciceron dit dans une de ses Lettres [r]: j'arrivai hier à Cumes. Marcus Cæparius étant venu au devant de moi, dans la Forêt Gallinaria. C'est par raport à cette Forêt que Juvenal dit [s] *Gallinaria Pinus*. Cette Forêt dont Strabon parle comme d'une retraite à voleurs subsiste encore & s'appelle *la Peneta de Patria*.

[q] l. 5. p. 243.
[r] l. 9. Epist. 23.
[s] Satir. 3. v. 307.

1. GALLIPOLI [t], Ville d'Italie au Royaume de Naples dans la Terre d'Otrante, sur un rocher escarpé, sur la côte du Golphe de Tarente; elle est petite, mais forte, étant environnée de la Mer de tous côtez, & elle ne tient à la Terre ferme que par un Pont de pierre au bout duquel il y a un bon Port. Elle a un Evêché Suffragant de l'Archevêché d'Otrante, & un Port qui a été autrefois fort bon, mais que l'on a gâté depuis plus de deux siècles. Elle n'est pas éloignée de Nardo. Elle est à vingt-cinq milles d'Otrante au Couchant & à trente-six de Tarente au Levant d'Hyver.

[t] Baudrand Edit. 1705.

2. GALLIPOLI, Ville de la Turquie en Europe dans la Romanie sur le Détroit auquel elle donne son nom, à l'Embouchure de la Propontide. Elle est située dans une Presqu'Isle qui a deux Ports, l'un au Sud l'autre au Nord. On y compte environ dix mille Turcs; 3500. Grecs, un peu moins de Juifs, selon Mr. de Tournefort [v]. Selon Wheler [w] il y a douze mille Turcs & quatre à cinq mille Grecs & beaucoup de Juifs. Gemelli Carreri [x] rabbat beaucoup du nombre des habitans qu'il reduit à six mille tant Grecs, Juifs que Turcs em-

[v] Voyages T. 1. p. 178.
[w] Voyages T. 1. p. 134.
[x] Voyages T. 1. p. 240.

GAL.

ployez la plupart à faire des flèches qui sont fort bonnes. Thevenot la trouve aussi mal peuplée & dit [a] qu'on n'y voit quasi personne dans les Marchez. Plusieurs Grecs, poursuit-il, y demeurent qui pour la plupart vendent du Raki ou eau de vie : les portes de leurs maisons ne sont hautes que d'environ deux pieds & demi, & ils les font ainsi afin que les Turcs n'y puissent entrer à cheval, comme ils font ailleurs quand ils sont yvres & où ils renversent tout. [b] La Ville est accompagnée de deux Bayes au Nord & au Sud, pour les Galeres & pour les Vaisseaux. Elle est plus belle dehors que dedans comme la plûpart des Villes de Turquie, car les Mosquées & les Besestains, ou places où l'on vend les Marchandises, ont leurs domes couverts de plomb qui font un fort bel aspect avec les minarets ou hautes tours d'où ils appellent les Turcs à la priere & avec leurs beaux Cyprés qui sont plantez parmi les maisons. Mais les maisons sont basses, bâties generalement de bois & de terre. Les rues sont étroites & souvent couvertes de bois pour les deffendre du Soleil. La Ville n'a point de murailles, ce qui est commun aux Villes de Turquie qui ne sont pas Frontieres. Il y a d'excellens melons d'eau & en quantité. [c] Le Bazar ou le Bezestein est une belle maison à plusieurs Domes couverts de plomb & passe pour le plus bel édifice de la Ville, laquelle d'ailleurs est defendue seulement par une vieille tour quarrée.

[d] Gallipoli fut la premiere Ville où les Turcs se cantonnerent en Europe. La situation de cette place est si favorable pour passer en Thrace que les Princes qui ont eû des vûes sur cette Province ont toujours commencé par se rendre maîtres de cette Ville. (Elle est ancienne & les Grecs l'ont connue sous le nom de Callipolis. Voiez CALLIPOLIS 5. L'Itineraire d'Antonin la met à XXIV. M. P. d'Aphrodisiade & compte de Gallipolis où l'on passoit le Détroit jusqu'à Lampsaque en Asie LXX. stades de trajet. Cette Ville étoit Episcopale & elle est marquée dans la Notice de Hierocles & dans celle de Léon le Sage, entre les Evêchez de l'Europe Province de Thrace. Elle est marquée dans la même Province par Constantin Porphyrogenete [e].) Elle fut le partage des Venitiens après la prise de Constantinople par les Latins ; mais Vatace Empereur des Grecs qui faisoit sa residence à Magnesie du Mont Sipyle étant en guerre avec Robert Comte de Courtenay, quatrieme Empereur François l'assiégea, la prit, & la mit à feu & à sang en 1235. Les Catalans qui se signalerent en tant de rencontres dans la Grece, se fortifierent à Gallipoli en 1306. sous Roger de Flor, Vice-Amiral de Sicile. [g] Après la mort de ce General, assassiné à Constantinople contre la foi donnée & le serment que l'Empereur Andronic avoit fait sur l'image de la Vierge peinte par St. Luc, les Espagnols assommerent la plûpart des Bourgeois de la Ville & s'y retrancherent si bien que Michel Paléologue fils de l'Empereur fut obligé d'en lever le siége. Remond Montaner, & les femmes des Catalans dont les maris étoient à l'Armée qui tenoit la Campagne, s'y deffendirent si genereusement contre Antoine de Spinola qui forma un second

[a] Voyage du Levant p.33.

[b] Wheler l.c.

[c] Tournefort Voyage T.1.p.177.

[d] Tournefort Ibid. p.178.

[e] De Themat. l.2. Themat.1.
[f] Pachimer. l.13.c.24.

[g] Du Cange Ibid.

siége par ordre de l'Empereur, que les Génois furent contraints de se retirer : Enfin les Catalans persuadez qu'ils ne pourroient pas se soûtenir long-temps dans Gallipoli, en raserent les fortifications en 1307. Ainsi Soliman [h] fils d'Orcan en eut apparemment bon marché en 1357. car la Ville étoit encore démantelée, & l'Empereur [i] Jean Paleologue, pour se consoler de sa prise dit qu'il n'avoit perdu qu'une cruche de vin & une étable à Cochons, faisant sans doute allusion aux Magazins de vivres & aux Caves que Justinien y avoit fait bâtir non seulement pour l'entretien d'une forte garnison, mais pour celui des troupes qui dévoient garder le Pays [k]. Dans la même vûe cet Empereur, selon Procope, fit revêtir Gallipoli de très-bonnes murailles. Bajazet I. connoissant l'importance de ce poste pour passer de Pruse à Andrinople qui étoient en ce temps-là les deux Capitales de l'Empire Othoman, fit reparer Gallipoli [l] en 1391. il la munit d'une grosse tour & y fit faire un bon port pour l'entretien de ses Galeres. [m] Mustapha qui étoit un de ses fils, ne manqua pas de s'en saisir après la mort de Mahomet I. afin de barrer l'entrée de l'Europe à Amurath I. son neveu & legitime Successeur à l'Empire, mais celui-ci reprit Gallipoli & Andrinople où il fit pendre Mustapha. Les Génois facifiterent à Amurath le passage du Canal. [n] Ducas rapporte que ce fut sur les Vaisseaux de Jean Adorne Podestat de Phocée la Neuve ; mais ce Podestat malgré sa jeunesse profita de l'occasion en habile homme. Au milieu du passage il demanda au Sultan l'exemption du Tribut que les Génois payent tous les ans pour l'Alun de Phocée, & il l'obtint ; Chalcondyle [o] ne parle pas de l'Alun, mais il assure que ce passage ne se fit qu'à force d'argent, & Leunclave [*] ajoute qu'Amurat ne donna pas moins d'un ducat ou deux pour chaque Soldat.

[h] Calvis.

[i] Annal. Turcic.

[k] Procop. de Ædific. l.4. c.10.

[l] Ducas Hist. Byfant. c.4. & c.24.

[m] Pandect. Hist. Tur. c.89.

[n] c.25. & 27.

[o] l.5.

[*] Pandect. Hist. Tur. c.89.

GALLIS ; Municipe d'Italie, selon Frontin de l'Exemplaire de Nansius. Ortelius conjecture que c'est la même chose que CALLES. Voiez au mot AD l'Article AD CALEM.

GALLITÆ, peuple d'entre les Alpes & l'un de ceux dont Auguste triompha, selon Pline [p].

[p] l.3.c.20.

GALLITALUTÆ, ancien peuple de l'Inde au voisinage de l'Indus, selon même [q].

[q] l.6. c.20.

1. GALLO, (L'ISLE DE) Voiez ISLE.

2. GALLO, (CAPO DI) Voiez CAP.

3. GALLO [r], (MONTE) ou SANTA MARIA IN GALLO, Bourg d'Italie dans l'Etat de l'Eglise, dans la Marche d'Ancone, vers les Frontieres du Tronto, & les Montagnes de l'Apennin, à trois ou quatre lieues d'Ascoli.

[r] Baudrand Edit. 1705.

4. L'ISLE, ou LES ISLES DE GALLO. Voiez GALLI 2.

GALLO-GRÆCIA. Voyez GALATIE.

GALLO-LIGURES, & LIGYÆ ; selon Strabon [s] ancien peuple de la Gaule Narbonnoise. Ils occupoient la Provence & partie du Languedoc ; car Suidas leur donne Agde qui est de cette derniere Province. Aristote [t] les nomme CELTOLIGYI.

[s] l.4.p.203.

[t] In Admirandis.

GALLONIANA. Voiez MANSIO.

GALLORA, ou GALLERA, Lieu de la Toscane sur une Riviere de même nom.

GALLOWAY, Province Meridionale d'E-

GAL.

d'Ecoſſe avec titre de Comté ; en Latin GAL-
LOVIDIA, elle eſt une des plus conſiderables
Provinces de ce Royaume ſur la Mer d'Irlande [a], qui la baigne au Midi & au Couchant.
Les Provinces de Carrick & de Keyle la bornent au Nord, & celle de Nithſdale la borne
à l'Orient. [b] Elle eſt fertile en bled & en
pâturage & remarquable pour la bonté de ſa
laine & pour ſes chevaux qui quoique petits
ſont de fatigue. L'avoine qu'elle produit eſt
petite, mais ferme. Ses Lacs ſont remplis de
poiſſons & abondent ſurtout en Anguilles.

L'air en general y eſt ſain, & le Pays plein
de Collines, mais non pas de hautes Montagnes. Cependant il y en a trois d'aſſez hautes, ſavoir CRANBS-MOOR, à l'Embouchure de la Crée, MARROCK qui n'en eſt pas
loin, & CREFOLD à l'Embouchure du Nith.
Cette Province a donné le titre de Comte
à une branche de la famille des Stuarts.

Les meilleurs Ports de la Province de Galloway ſont,

Kirckubright,   Loch-Rian,
Garvellan,   Port-Patrick.

Le premier eſt parfaitement bien ſitué ſur la
côte Meridionale, à l'Embouchure de la Dée.
Allard écrit ce nom *Kirknberigt*.

Les autres Villes les plus remarquables
ſont,

Wigton,   Witehorn ou Withern,
          & Stanraver.

2. GALLOWAY, ou
GALLWAY [c], Contrée d'Irlande dans
la Province de Connaught avec titre de Comté. Elle eſt bornée à l'Eſt par une partie du Comté du Roi & de celui de Tipperary dont le
Shannon le ſepare, & par une partie de Roſcommon ; à l'Oueſt par l'Océan ; au Nord
& au Nord-eſt par Mayo & Roſcommon &
au Sud par Thomond. Sa longueur eſt de
82. milles & ſa largeur de 48. Le Pays eſt
abondant en Grains & en Pâturages, de ſorte
que le Laboureur & le Berger y trouvent leur
profit ; on le diviſe en dix-ſept BARONIES,
ſavoir,

Ballinananen,   Tiaquin,
Roſſe,   Kilconnel,
Moycullin,   Clon-Mac-Owen,
Clare,
Donnamore,   Lough-Breagh,
Ballimore,   Kiltartan,
Kellehanne,   Les deux Iſles d'Arran.

Il y a dans ces deux Iſles deux Villes & trois
Bourgs qui achevent le compte. Les principales Villes de ce Comté ſont,

Twam Archevêché,   Athenrée,
Gallway Capitale, Clonefart,
                  & Portumny.

La Baye de Galway eſt un grand Golphe d'Irlande, au fond duquel eſt ſituée la Ville qui
lui donne le nom. Ce Golphe eſt de l'Océan
Occidental au Couchant de l'Irlande. On

trouve à l'entrée de cette Baye les Iſles d'Arran ; & on y entre par deux paſſes principales,
dont celle qui eſt au Midi des deux Iſles eſt
nommée *South-Sound*, c'eſt-à-dire la paſſe du
Sud ; celle qui eſt au Nord des deux Iſles
s'appelle la paſſe de St. Gregoire. *Saint Grego-
ris Sound*.

GALLWAY [d], Ville d'Irlande ; dans la
Province de Connaught au Comté de Gallway
dont elle eſt la Capitale. On la nomme auſſi
GALLIVE. Cette Ville a un Siege Epiſcopal,
un Marché public & envoye ſes Deputez au
Parlement. Elle eſt ſituée à dix-ſept milles
au Sud de Twam & à 102. milles à l'Oueſt
de Dublin. C'eſt une Ville très-forte, propre, & riche, qui paſſe pour la troiſiéme, ou
même pour la ſeconde entre toutes celles d'Irlande. Elle eſt preſque ronde & reſſemble à
une tour bâtie de pierre de taille. Elle eſt près
de l'endroit où le Lac CORBES ſe jette dans la
Mer & tout auprès d'un vaſte & bon Port
qu'on nomme la Baye de Gallway, & qui
peut contenir une nombreuſe Flotte de gros
vaiſſeaux. Elle eſt ſi bien ſituée pour le trafic
qu'on la regarde comme la meilleure Ville
Marchande & qu'il y ait dans tout le Royaume.
On dit qu'un étranger demanda un jour à un
Irlandois en quel endroit de Gallwai étoit l'Irlande. Guillaume III. créa Mr. Maſſué plus
connu ſous le nom du Marquis de Ruvigni,
d'abord Vicomte & enſuite Comte de Gallway. A neuf milles à l'Eſt de cette Ville eſt
Athenrée.

GALLUCIUM, lieu d'Italie. Platine dans
la Vie des Papes [e] dit qu'après la mort de Guillaume, Duc de la Pouille & l'extinction de
toute la poſterité de Guillaume de Guiſcard,
Innocent II. étant déclaré Pape declara la guerre à Roger fils de Roger Roi de Sicile qui
vouloit envahir cette ſucceſſion. Ce Prince
étoit venu camper auprès de Sangermano (au
mont Caſſin) il s'en fit partir, prit cette Ville & aſſiégea Roger *in Gallucio*, ou *Galucio*.
Mais Guillaume Duc de Calabre arrivant, a-
vec les Troupes, livra une Bataille, delivra
ſon Pere & prit le Pape avec tous les Cardinaux qui étoient à l'Armée. Ce lieu de Gallucium devoit être peu éloigné de St. Germain, & du mont Caſſin.

GALLURA, on appelloit ainſi autrefois
un Canton de la Sardaigne qui avoit ſes Princes
particuliers, ſous le titre de Juges. C'eſt preſentement la partie Orientale de la Province
de Lugodori. On y remarque encore deux
petites contrées qui ont conſervé le nom de
Gallura, ſavoir

GALLURA DE GEMINIS,
& GALLURA DE POSADA.

GALLUS, ancienne Riviere de l'Aſie mineure. Elle tombe dans le Fleuve Sangar,
mais les anciens ne s'accordent pas ſur le nom
de la Province où elle coule. Claudien [f] dit

Dindyma fundunt
Sangarium, vitrei puro qui gurgite Galli
Auctus, Amazonii deferur ad oſtia Ponti.

Pline dit qu'il étoit de la Galatie : Les Rivieres

vieres qu'il y a dans cette Province sont, outre celles que j'ai nommées, le Sangar & le Gallus dont les Prêtres de Cybele ont pris leur nom de *Galles*. Herodien [a] dit : autrefois les Phrygiens celebroient à Pessinus les Orgies sur le bord du Gallus qui coule auprès de la Ville & duquel tirent leur nom les Prêtres de la Déesse qui sont châtrez. Etienne le Géographe dit que le Gallus est une Riviere de la Phrygie, il ajoute qu'on le nommoit autrefois Terias, Τηρίας. Ovide dit dans ses Fastes,

[a] l.1. c.11.

[b] l.4. v. 363.

Inter, ait, viridem Cybelen altasque Celænas
Amnis it insana, nomine Gallus, aqua.

or il est certain que la Ville de *Celana*, étoit dans la Phrygie. Il explique aussi-tôt l'épithéte d'*Insensée* qu'il donne à l'eau du Gallus, par ces mots

Qui bibit, inde furit.

quiconque en boit entre en fureur ; & c'étoit en buvant de ses eaux que les Prêtres de Cybele devenoient furieux & se privoient des parties consacrées à la generation. Strabon [c] parlant du Sangar dit : c'est dans ce Fleuve que se perd le Gallus qui a sa source auprès de Modra dans la Phrygie de l'Hellespont, la même que la Phrygie Epictete ou ajoutée. Cela ne nous en apprend gueres mieux la position, car Modra elle-même n'est gueres connue.

[c] l.11.

GALMODROESI, ancien Peuple de l'Inde au delà du Gange, selon Pline [d].

[d] l.6. c.19.

GALONATIS FUNDUS, ou GAIONATIS, Château d'Afrique quelque part vers la Mauritanie Tingitane. Ammien Marcellin en fait mention [e].

[e] l.29.

GALOPE [f], (LA) ou la GULPEN. Elle a sa source au Duché de Limbourg, au Village de Gulpen, dans le ban de Monzen d'où serpentant vers le Nord, elle traverse le grand chemin de Mastricht à Aix la Chapelle, & se jette ensuite dans la Gueul Riviere qui tombe dans la Meuse au dessous de Mastricht. Le vrai nom est GULPEN.

[f] Sanson Carte de Limbourg.

GALOPES, Peuple de l'Arabie heureuse, selon Pline [g]. Le R. P. Hardouin lit GAULOPES.

[g] l.6. c.28.

GALOPEGOS. Voiez GALLAPAGOS.

GALORUM, ancienne Ville de l'Asie mineure dans la Galatie près de l'Embouchure du Fleuve Zalisque, selon Ptolomée [h]. Ses Interpretes l'expliquent par GARIPO. Le nom Grec est Γάλωρον.

[h] l.5. c.4.

GALOTZA, Ortelius met un Siege Episcopal de ce nom sous le Patriarche de Constantinople & cite Balsamon.

GALTELLI [i], Village de Sardaigne sur la côte Orientale de l'Isle, environ à vingt lieues d'Alghieri & de Bosa. Galtelli étoit autrefois une Ville Episcopale dont l'Evêché a été uni à l'Archevêché de Cagliari. Cette place est au Midi du Lac d'Oliena, & au Nord Oriental d'Aquilastro. Ce Siege est nommé GALTELLINENSIS dans la Notice de l'Abbé Milon.

[i] Baudrand Ed. 1705.

GALTHIS [k], Jornandes nomme ainsi une Ville qu'Ortelius croit être dans la Mœsie. Jornandes dit qu'il s'y livra un rude combat au bord de la Riviere d'Aucha. Lazius croit que c'est la CALATIS de Strabon.

[k] De Reb. Getic. c. 17.

GALUMBATS, ou COLUMBATZ [l], Ville de la Turquie en Europe dans la Servie sur le Danube, entre Belgrade & Semendria.

[l] Baudrand Ed. 1705.

GALIBE, Ville de l'Afrique propre, selon Ptolomée [m]. Elle étoit entre les deux Syrtes, selon cet Auteur.

[m] l.4. c.3.

GAM, Mr. Corneille dit : Ville de Suede dans l'Angermanie &c. C'est la même que JAMA Ville d'Ingrie. Elle étoit autrefois à la Suede, mais Pierre le Grand a conquis tout ce pays-là à l'Empire Russien.

GAMABRIUNI. Voiez GAMBRIVII.

GAMACHES, Bourg de France, sur la Bresle aux confins de la Normandie & de la Picardie, entre lesquelles il est partagé. Il a titre c'est Marquisat. La partie qui est de la Picardie est du Diocèse d'Amiens, à trois lieues de la Ville d'Eu avec un Chapitre de six Chanoines & un Prieuré de huit cens livres de rente. Le château de Gamaches est beau & bien situé. Il a été bâti par des Princes du sang de la Maison de Dreux. Robert de Dreux avoit eu Gamaches par son mariage avec Eléonor de St. Valeri en 1207. Jeanne de Dreux l'apporta dans la Maison d'Amboise de Thouars ; le dernier de cette Maison le transporta à Joachim Rouaut dont les descendans en jouïllent encore. Elle a été érigée en Marquisat en 1622. Il s'y tient un grand Marché franc le premier Mardi de chaque mois. Cette partie Picarde a 905. habitans.

La partie de Gamaches qui est en Normandie a 268. Habitans & du Diocèse de Rouen. Le savant François Vatable étoit de Gamaches. Outre le Marché franc de chaque mois on en tient un autre tous les Mercredis.

1. GAMALA, Ville de la Palestine [n] dans la Galilée. Elle étoit surnommée la Ville des Cavaliers. Voiez GABA.

[n] D. Calmet Dict.

2. GAMALA [o], autre Ville de la Palestine au delà du Jourdain dans la Gaulanite, elle étoit nommée *Gamala*, à cause de la forme d'un chameau qu'elle imite en quelque sorte par sa situation [p]. Elle étoit dans le Royaume d'Agrippa, mais n'ayant pas voulu se soumettre à ce Prince, elle fut assiégée premiérement par les forces d'Agrippa & ensuite par l'Armée Romaine qui après un long siége, la prit & la sacagea [q].

[o] Le même.
[p] Joseph. de Bello. l. 4. c. 1.
[q] Ibid. 4. c. 2—7. in Græco, seu Lat. c. 1—3. in R.P.R.

GAMALIBA, Ville de l'Inde en deca du Gange, selon Ptolomée.

GAMANODURUM, ancienne Ville du Norique, selon Ptolomée [r]. Lazius [s] dit que c'est GAMARTINGEN. Mais je trouve dans Ptolomée GAVANODURUM.

[r] l.7. c.1.
[s] l.3. c.14. in R.P.R.

GAMAPIUS VICUS [t], l'Auteur de la Vie de St. Eloy appelle ainsi GENAPE.

[t] Ortel. Thes.

GAMARGA, petite contrée de la Medie, selon Diodore [v] de Sicile.

[v] l. 19.

GAMARINGA, lieu dont il est fait mention dans un Diplome de Charlemagne. On croit que c'est GEMAR en Alsace au Midi de Schelestadt.

GAMARTINGEN. Voiez GAMANODURUM.

GAMBALO. Voirz GAMBOULO.

GAMBEA, GAMBEE, ou GAMBIE,

il

il y a en Afrique un Royaume & une Riviere de ce nom. De la [a] Croix parle ainſi de ce Royaume.

[a] Hiſt. d'A- frique. T. 2.

GAMBEA, Royaume d'Afrique dans la Nigritie. Il eſt ſitué près de la Riviere du même nom, & de petite étenduë. On y entre au ſortir du Royaume de Zenega en tirant vers le Midi. Quoique la Riviere de Gambea ſoit guéable proche du Village de Tinda, les Negres n'oſent la paſſer à gué à cauſe des Crocodiles. La côte où elle a ſon Embouchure eſt ſi baſſe qu'on a peine à la diſtinguer de la Mer quand le temps n'eſt pas ſerein. Au Midi de cette Riviere la côte eſt plus élevée, pleine de grands arbres, & s'étend du Nord-Eſt au Sud-Oueſt : il y a pluſieurs Villages fort peuplez le long des bords du Gambea, qui par ſon debordement produit la même fertilité en ce pays-là, que le Nil fait en Egypte. A ſon Embouchure eſt un Village appellé BARA, à cauſe que tous les vaiſſeaux qui viennent mouiller dans cette côte ſont obligez de donner une barre de fer au Roi de Borſalo. A un quart heure de chemin au deſſus de la pointe Meridionale de cette côte eſt le Village de NABARE. Celui de BINTAM qu'habitent quelques Portugais eſt à quatre lieuës de la côte vers le Midi, proche d'un petit torrent qui ſe décharge dans le Gambea. En remontant la Riviere du même côté, à trente lieues de la Mer, on trouve le Village de TANKERVAL, & un peu plus loin celui de TONDEBA, où il y a quelques Cabanes. En avançant encore dix-huit lieues, on trouve un tourbillon d'eau marqué par deux têtes de cheval marin, afin qu'on l'évite. Le Village de JAGRE en eſt tout proche. Deux lieues au deſſus de ce Tourbillon, eſt celui de Jambai. De l'autre côté de la Riviere, à une petite lieue d'un autre Tourbillon d'eau proche d'une Croix de bois eſt le Village de MANSIBAER, où ſe tiennent quelques pauvres Portugais avec une famille de Mulates. Quand on eſt à BARRACONDA, la marée ne remonte plus, & ceux qui veulent aller plus avant, ſont obligez de voguer à force de rames contre le courant de l'eau. On a beſoin de plus de dix jours pour arriver à Tinda, à cauſe de l'exceſſive chaleur qui eſt telle, qu'on ne peut ramer que quatre heures le matin, & autant le ſoir. La Bourgade JOLIET eſt au deſſus de Tinda, & à ſix journées delà eſt celle de MUNKBAER : près de Joliet eſt une place nommée JALEAT, & à neuf journées plus loin au deſſus d'une autre nommée SERRAMBRAS, les Negres aſſûrent que l'on trouve un Bourgade qu'on appelle JAYE. En s'avançant dans le pays on vient à la Ville de SELICO, place très-marchande. Sur le rivage Septentrional du Gambea, environ à cent vingt-deux lieues de ſon Embouchure eſt le Village appellé petit Caſſan, & à quatre lieues de la Riviere, le grand Caſſan, où le Roi de Caſſan fait ſon ſejour. Non ſeulement le Gambea eſt bordé de Villages le long de ſon cours, mais il y forme pluſieurs Iſles, il y en a une à dix-huit lieues de Tondeba, & à une petite lieue du Tourbillon d'eau qui eſt près de Jagre; à main gauche de ce Fleuve. Cette Iſle a trois quarts de lieue d'étendue & le bras de la Riviere, qui la ſépare de la Terre-Ferme, n'a pas plus de cinq-cens pas de largeur. Après trois heures de chemin, on en trouve quatre autres petites du même côté, & un autre encore, trois lieues au deſſus de Manſibaer. Le lit de la Riviere eſt ſi étroit vers le Midi, & elle coule ſi rapidement, qu'on ne ſauroit paſſer ce Détroit que dans le beau temps, ou lors qu'on eſt porté par la marée. Proche du Village de Nabare, ce Fleuve forme une autre Iſle, en ſe ſéparant en deux bras preſque égaux, & une autre à mi-chemin de ſon Embouchure & de Crantor. Cette Iſle s'appelle l'ISLE DES ELEPHANS, parce qu'on y trouve grand nombre de ces animaux. Le Tabac vient fort bien près de la Riviere de Gambea, & les Portugais de Juala & de Catcheo qui y viennent s'en fournir en emportent des Chaloupes chargées. Le bétail & le Gibier y ſont auſſi à ſi grand marché, qu'on peut acheter une bête de trois ou quatre cens livres pour une barre de fer, au lieu que près du Cap-Verd, elle en coûte quatre ou cinq. On n'y ſeme que de deux ſortes de grains, du millet, & du ris, & l'on y recueille beaucoup de Coton. On voit ſur la côte des arbres d'une groſſeur extraordinaire, mais ils ne ſont pas ſi hauts à proportion. Il y en a qui ont juſqu'à dix-ſept pas de tour, & qui n'en ont que vingt de hauteur. Entre Tankerval & Tondeba, les deux côtez de la Riviere ſont bordez de grands arbres qui croiſſent dans un fond marécageux. Il n'y a d'autres Artiſans le long de ce Fleuve que des Tiſſerans & des Forgerons.

Perſonne n'a mieux debrouillé le cours de cette Riviere que le P. Labat qui en a parlé ſur les Memoires de Mr. Brue, Directeur General de la Conceſſion Françoiſe du Senega. Ce qu'il nous en apprend ſe reduit à ceci.

[b] Le Niger & le Senega ne ſont qu'une même Riviere connue ſous deux noms ; & la Riviere de Gambie eſt une branche de celle du Niger ou Senega. Sans aller chercher Sanut, Barros, ni autres Auteurs qui n'ont écrit de ces Pays que d'une maniere ſi incertaine qu'il n'y a qui que ce ſoit qui puiſſe fixer d'une maniere un peu raiſonnable la poſition de ces lieux ; je crois qu'en attendant que des Voyageurs ſages, éclairez, & fideles ayent viſité exactement & décrit ſelon les regles ce Pays, on doit s'en rapporter au temoignage des Negres & des Marchands Mandingues qui ont remonté cette Riviere & qui la remontent tous les jours, en la côtoyant par terre au deſſus du banc de Roches de Bareconda, au Lac de groſſes herbes, dans lequel elle ſe perd pendant un aſſez long eſpace de terrain. Or comme le temoignage de tous ces Marchands eſt uniforme, puiſqu'ils conviennent tous qu'elle ſort du Niger, au deſſus d'une chute conſiderable, où le Fleuve ſe partage en deux branches, dont celle qui eſt du côté du Sud, eſt conſtamment la Riviere de Gambie, pourquoi ne s'en pas rapporter à ces relations qu'on ne peut ſoupçonner de fourberie ? La ſeule choſe qu'elles ont d'incommode c'eſt qu'elles ne nous donnent pas une idée aſſez juſte des détours de cette Riviere, ni des poſitions des lieux

[b] Relat. de l'Afrique Occidentale, T. 4 p. 259.

lieux qui en font voisins pour pouvoir dresser une Carte Géographique de ces endroits. Ces bonnes gens ne favent pas prendre les hauteurs, & connoissent encore moins les longitudes. Ils ne marquent les distances que par leurs journées de marche, ce qui est trop équivoque & trop incertain pour pouvoir rien fixer, parce que leurs marches n'étant pas toujours égales, on ne peut favoir de combien de lieues elles ont été. D'ailleurs ils se détournent souvent de leur chemin ordinaire & font obligez de prendre des détours, soit pour éviter la rencontre de certains Peuples errans qui ne vivent que de rapine & dont toute l'occupation est de chercher à voler, soit pour s'exempter de payer des coutumes & des droits confidérables que les Princes sur les terres desquels ils font obligez de passer, ne manquent pas d'exiger d'eux. Ces détours, ces marches inégales, & autres accidens inseparables de leurs longs voyages, repandent une obscurité sur leurs recits au travers de laquelle il n'est pas aisé de decouvrir au vrai la juste distance des lieux, quoi qu'elle ne nous laisse pas ignorer le cours, l'origine, la jonction & le partage des Rivieres.

Une chose qui pourroit exciter quelque doute leger que le Niger fût le principe & la source de tant de Rivieres considerables qui en sortent, c'est la prodigieuse quantité d'eau qu'il lui faut supposer même, à quatre ou cinq-cens lieues avant qu'il se perde dans la Mer. Mais il fera aisé de repondre à cette difficulté, en observant que l'Afrique n'est pas par tout si seche, si aride & si dépourvûë d'eau qu'on se l'imagine. Il ne faut pas croire qu'elle n'ait ni Fontaine, ni Riviere dans tout l'espace immense de terrain qu'il y a depuis le Lac, où l'on prétend qu'est la source du Niger jusqu'à la Mer, ce qui fait selon l'opinion commune une distance de mille à douze cens lieues. Il est constant que dans ce vaste terrain il y a un grand nombre de Rivieres, de Fontaines, de Marais, & de torrens qui portent toutes leurs eaux dans le Niger, ou dans les Rivieres qui en font sorties & cela est évident parce que tous ces Pays sont habitez & extrêmement peuplez, comme il paroît par le grand nombre d'esclaves, qu'on en enleve tous les jours sans compter ceux qui sont tuez dans les guerres continuelles que ces Peuples se font les uns aux autres, & ceux qui meurent de mort naturelle. Et comme ces Peuples ne peuvent pas vivre sans eau, il faut conclurre que toutes ces eaux après avoir arrosé leurs Pays, s'écoulent & font ramassées dans le Niger & qu'elles sont plus que suffisantes pour produire la quantité que ce Fleuve & ses Branches portent continuellement à la Mer.

[a] T. 2. p. 161.

[a] Les Negres Mandingues qui sont de tous les Peuples Noirs ceux qui voyagent davantage & qui font les plus habiles commerçants disent. Que le Niger étant arrivé à un lieu nommé Baracotta se partage en deux branches; que celle qui court vers le Sud est appelée GAMBEA, ou GAMBIE, laquelle après un assez long cours se perd, ou du moins semble se perdre dans un Lac marécageux rempli d'herbes & de roseaux si forts & si pressez qu'il est impenetrable; qu'elle en fort à la fin & reprend la forme de Riviere belle & profonde telle qu'on la voit au Village de Baraconda, où les Anglois & les Portugais établis sur cette Riviere viennent faire leur traite avec les Marchands Mandingues. Les Canots peuvent aller de Baraconda jusqu'au Lac des Roseaux, mais les Barques ne le peuvent pas faire même dans la saison des grandes eaux à cause d'un banc de Roches qui borne toute la Riviere entre ces deux endroits & qui ne laisse que de petits chenaux étroits qui suffisent à peine pour le passage d'un Canot, quoique d'ailleurs assez profonds pour des Barques.

[b] La Riviere de Gambie entre dans la Mer entre le Cap-Verd & le Cap rouge, ou pour parler plus precisément, entre le Cap Ste. Marie au Sud & l'Islet aux oiseaux au Nord, & quand on est plus avancé entre la pointe de Barre au Nord & la pointe de Bagnon au Sud. Le milieu de son Embouchure est par les 13. d. 20'. de Latitude Septentrionale. L'Islet aux oiseaux est éloigné de trente lieues de l'Isle de Gorée, ce qui ne s'accorde pas avec l'Abbé Baudrand qui ne l'éloigne du Cap-Verd que de vingt-cinq lieues. On donne environ cinq lieues de largeur à cette Riviere entre l'Islet aux oiseaux & le Cap Ste. Marie. Cet Islet est environné d'un banc de sable qui s'étend presque jusqu'à la Riviere de Salum & dont la pointe Meridionale avance plus de deux lieues en Mer. On l'appelle le banc rouge. Il y a du côté du Sud un autre banc vis-à-vis la pointe de Bagnon, qui s'étend jusques dans l'Islet aux oiseaux. Sa figure lui a fait donner le nom de *Talon de Bagnon*. Il n'y a sur ce banc qu'une brasse, ou une brasse & demie d'eau avec des pointes de Rochers, où la Mer brise assez fort pour les faire remarquer d'assez loin. C'est à ces marques & à trois arbres qui sont sur la pointe du Cap pelé, qu'on connoît l'Embouchure de la Riviere quand on vient du large. La distance qu'il y a entre ces deux bancs & entre le Talon & la pointe du Bagnon forme deux passes. Celle du Sud qu'on appelle la petite ne peut servir que pour des Barques, des Canots & autres petits Bâtimens, parce qu'elle n'a qu'une brasse & demie de profondeur. La grande qui est celle du Nord entre le Talon de Bagnon & l'Islet aux oiseaux, est propre pour toute forte de bâtimens. Elle a dans son milieu depuis la pointe Meridionale du Banc rouge jusqu'à la pointe de Barre six, sept, huit, & jusqu'à neuf brasses d'eau. Le Détroit entre les pointes de Barre & de Bagnon en a dix ou douze & delà jusqu'au Fort Jacques, ou Guillaume, qui appartient aux Anglois, on trouve partout depuis six jusqu'à neuf brasses d'eau.

[b] T. 4. p. 263.

Les deux côtes de cette Embouchure sont bordées de bans, les uns de Vaze, & les autres de Rochers qui avancent assez considerablement dans la Riviere, sur lesquels les Canots des Negres & même les Chaloupes ne laissent pas de naviger pendant les marées ordinaires.

On compte dix lieues de l'Embouchure de la Riviere, c'est-à-dire de l'Islet aux oiseaux jusqu'à l'Isle aux chiens, deux lieues de cette te Isle à la pointe de Lamay, deux lieues delà à Albreda, & d'Albreda à Gilfray qui est devant le Fort des Anglois, seulement une demie lieue.

En entrant dans la Riviere on remarque à gauche une pointe sur laquelle il y a une grosse touffe d'arbres au milieu desquels il y en a un beaucoup plus grand & plus haut que les autres que l'on apelle le *Pavillon du Roi de Barre*. Les Anglois si fiers avec des Nations qui valent infiniment mieux que les Negres, se sont abbaissez jusqu'à saluer avec le Canon & sans y manquer toutes les fois qu'ils passent ce pretendu Pavillon & ils y ont si bien accoutumé ce Roi Négre qu'il exige cette soumission de toutes les Nations qui entrent dans la Riviere, faute de quoi il leur interdit la traite & leur fait tout le mal qu'il peut. Les Etats de ce Prince n'ont que dix-huit lieues de longueur de l'Occident à l'Orient sur le bord Septentrional de la Riviere de Gambie. Il est renfermé entre cette Riviere & celle de Guinac qui est une des branches ou des Embouchures de celle de Salum.

Avis aux Navigateurs.

Quoi que la Riviere de Gambie soit profonde, comme il est aisé de le voir par les sondes qui sont marquées sur la Carte que Mr. Danville en a dressée, tant en general que de son Embouchure en particulier, on doit toujours avoir la Sonde à la main dès qu'on y est entré & observer de se tenir toujours plus près des bancs du Nord que de ceux du Sud à cause d'une pointe qui est aux environs de la pointe de Barre sur laquelle il n'y a que trois brasses d'eau. Une infinité de vaisseaux y ont échoué pour avoir negligé cette precaution. Il est vrai que ce n'est qu'une vaze molle sans rochers & qu'à moins d'être engagé fort avant sur cette pointe & fort près de terre, il n'y a rien à craindre, mais il faut beaucoup travailler pour se touer & attendre la marée pour se tirer de ce mauvais pas. Il y a encore une autre remarque à faire dès qu'on approche de l'Isle aux chiens, c'est de tenir le milieu de la Riviere pour éviter une pointe de cailloux qui s'étend environ un quart de lieue dans la Riviere, sur laquelle il seroit dangereux d'échouer à cause de la violence de la marée qui pourroit à la fin faire crever le bâtiment à force de le faire tanguer.

Ce danger passé & l'Isle aux Chiens étant doublée, on peut ranger la côte du Nord dont le fond n'est que de vaze & mouiller vis-à-vis d'Albreda, ou Gilfray, par les six ou sept brasses d'eau sur un fond de bonne tenue où il n'y a aucun danger à craindre.

On reconnoît ces deux Villages à de grands arbres qui sont dedans, & à une petite Isle qui est environ au milieu de la Riviere sur laquelle les Anglois ont bâti un Fort avec des retranchements & des bateries qui en occupent tout le terrain dont la situation est avantageuse, & pourroit être d'une bonne defense, mais il n'y a ni eau, ni bois, ni citerne sur ce petit morceau de terre, de maniere que les Anglois sont toujours à la discretion des Negres chez lesquels il faut qu'ils aillent acheter le bois & l'eau dont ils ont besoin.

La Riviere de Gambie est d'une largeur considerable devant Albreda & Gilfray & jusqu'à cinquante lieues plus haut. On lui donne à Guiachor plus d'une lieue de large & devant Albreda & Gilfray plus de deux lieues & demie : sa profondeur donne moyen aux vaisseaux de la remonter jusqu'à deux cens cinquante lieues de son Embouchure. Un navire de quarante Canons & de trois cens tonneaux la peut remonter jusqu'à Guiachor qui est à cinquante lieues de la Mer & un de cent cinquante tonneaux peut aller jusqu'au dessous de Baraconda qui en est à deux cens cinquante lieues. Le Flot porte jusques-là pendant tout le temps sec, c'est-à-dire, depuis le mois de Decembre jusqu'au mois de Juin & de Juillet, mais la Riviere devient impraticable le reste de l'année à cause des inondations qu'y causent les pluyes, qui rendent le courant si violent qu'il n'y a pas moyen de le surmonter à la voile quand même on auroit le vent à souhait ; & d'ailleurs il n'est pas possible de faire haller les bâtimens à la Cordelle parce que tous les bords étant sous l'eau & remplis d'arbres, couverts d'eau & inondez en tout ou en partie, il n'y a point de chemin où les hommes puissent marcher en tirant les bâtimens.

La Riviere de Gambie est en cela bien differente du Niger que l'on ne peut remonter pour aller à Galam que dans le temps des inondations, parce qu'alors les Platons, & les bancs de roches sont couverts d'assez d'eau pour y faire passer les barques.

Les deux bords de la Riviere de Gambie sont partagez entre plusieurs Seigneurs Negres qui prennent tous la qualité de Rois, quoique les Etats de quelques-uns soient si petits qu'ils en peuvent parcourir plusieurs fois la largeur pendant le jour sans se fatiguer.

Nous ne parlerons que de ceux qui sont depuis la pointe de Barre jusqu'à deux cens cinquante lieues ou environ en remontant la Riviere. Ceux qui sont au delà sont peu connus pour le present, peut-être que les établissemens que la Compagnie fait au Pays de Bambouc en donnera dans la suite une connoissance plus étendue & plus certaine.

Etats situez au bord Septentrional de la Riviere de Gambie.

Les Royaumes qui sont situez sur le bord Septentrional de la Riviere de Gambie sont celui de BARRE, qui, comme je l'ai deja dit ci-devant, a dix-huit lieues d'étendue le long de la côte à compter de la pointe de Barre : celui de GUIOCANDA qui le suit n'en a que cinq ; celui de BADISSOU vingt : celui de SALUM qui renferme ces trois premiers au Nord & à l'Ouest en faisant un coude sur la Riviere, a dix lieues : celui de GNIANIA deux : celui de COUHAU quatre : celui de GNIANI trente & celui d'OUBI qui finit entre Baraconda & le banc de Roches quatre-vingt-dix.

Ces huit Royaumes comprennent cent soixante & dix neuf lieues d'étendue en les mesurant

surant en droite ligne, auxquelles si on ajoute soixante & onze lieues pour les contours considerables que la Riviere fait dans cet espace de terrain, on aura deux cens cinquante lieues de cours de la Riviere depuis la pointe de Barre jusqu'à l'extremité du Royaume d'Oubi.

Etats situez au bord Meridional.

Le bord Meridional de la Riviere est aussi divisé en huit Royaumes: celui de COMBE, ou COMBO, commence à la pointe Sainte Marie & finit à la Riviere de *Combe.* La pointe ou Cap de Ste. Marie est remarquable par un grand palmier qu'on apperçoit de fort loin étant en Mer. A mesurer la distance de ces deux endroits en droite ligne on n'y trouve que dix lieues. Le Royaume ou Empire de FOIGNI commence à cette Riviere de Combe & finit à celle de *Bintam;* On compte trois lieues de la Riviere de Combe à celle de FERBA; trois lieues de celle de Ferba à celle de BEROFET, une demie lieue de celle de Berofet à celle d'INDEMBA, une lieue & demie, de celle d'Indemba à celle de PAINAM, & de cette derniere à celle de Bintam trois lieues, ce qui fait seulement onze lieues ou environ pour l'étendue du Royaume de Foigni dont le Prince prend le titre d'Empereur. On dit en effet que les Rois ses voisins le reconnoissent en cette qualité & lui payent tribut. Son Pays quoi qu'assez peu considerable par sa grandeur, l'est beaucoup par d'autres endroits. Il est extrémement peuplé. Ses Peuples sont laborieux, ils aiment le Commerce & sans sortir de chez eux ils trouvent dequoi fournir aux étrangers & à leurs voisins. Les Rivieres qui y viens en grand & quantité de ruisseaux qui les produisent arrosent le Pays & le rendent d'une fertilité inconcevable. Le mil, le ris, les legumes de toutes sortes d'especes, les patates, les fruits y viennent en abondance. C'est une vraye pepiniere de tout ce qui est necessaire à la vie, on y trouve du Vin de Palme excellent & en quantité. On y traite des Bœufs, des Moutons, des Cabrits tant qu'on en veut & des poules à fort bon marché & il y a cela de commode en ce Pays que les Peuples y sont bons, fort traitables, assez fidelles dans le Commerce & qu'ils aiment naturellement les étrangers, & sur tout les François. Le Village de BINTAM où la Compagnie Françoise a un établissement, aussi bien qu'une partie de la Riviere de Bintam sont du Domaine de Foigni. Sur cette même Riviere de Bintam est un Village nommé Gereges qui donne le nom à un Royaume assez considerable par son étendue vers le Sud & par le trafic de cire & d'autres Marchandises qu'on y fait. Les François & les Anglois y ont des cases, ou des Comptoirs d'entrepôts, & quand ces deux Nations sont en guerre, l'Empereur de Foigni a soin qu'ils demeurent en paix dans ses Etats & qu'ils y fassent leur Commerce avec toute sorte de liberté & il prend hautement la protection du plus foible ou de celui qui est attaqué. Il y a sept lieues de Bintam à Gereges.

Le Royaume de KIAM, commence au bord Oriental de la Riviere de Bintan & il a vingt lieues d'étendue le long de la côte de la Riviere de Gambie. Celui de GEAGRA qui suit n'en a que dix; celui de GNAMENA quinze; celui de KIACONDA quarante. Celui de TOUMANA autant; & celui de CANTOR, du moins autant qu'on en connoit l'étendue, vingt.

L'étendue de ces huit Royaumes le long de la Riviere de Gambie, est de cent soixante & cinq lieues en ligne droite, auxquels on peut ajouter quatre vingt quatre lieues pour les Anses, les Caps & les Contours que fait la Riviere, ce qui donnera les deux cens cinquante lieues, ou environ que l'on peut compter en suivant la Riviere & en la remontant depuis la pointe Ste. Marie jusqu'à l'extremité connue du Royaume de Cantor.

Les premiers Européens qui ayent découvert la Riviere de Gambie ce furent, dit-on, des Marchands de Dieppe & de Rouen qui en étoient en possession avant que les Portugais navigassent en Afrique. Mais ces Marchands, négligerent ce Pays parce qu'ils trouverent la Guinée plus avantageuse. Les Portugais à leur exemple s'établirent en Afrique & les Anglois à leur tour y porterent leur Commerce. Ces trois Nations Françoise, Portugaise, & Angloise trafiquent dans la Riviere de Gambie, la derniere y a eu un Fort qui a été pris & repris, demoli & rebâti plusieurs fois, on l'a appellé le Fort Jaques & le Fort Charles du nom des Rois sous lesquels on y a travaillé. J'en ai déjà marqué les defauts. On y manque d'eau & de bois.

GAMBLE. Voiez CARLEBY.

GAMBON [a], petite Riviere de France en Normandie. Elle a sa source au Village d'Arcancey, éloigné seulement de neuf lieues du gros Bourg d'Ecouis. Ce n'est proprement qu'un Ruisseau qui a peu de profondeur & dont le Canal n'est large que de dix à douze pieds. Il passe par un Village nommé la Riviere, traverse le grand Andely, où il fait tourner quelques moulins & étant ensuite entré dans le petit Andely, il sert au même usage, avant que de se jetter dans la Seine.

[a] *Corn. Dict.*

GAMBOULO [b], ou GAMBALO, en Latin *Gambolatum, Campolatum,* ou *Ad Columnas,* ou *dua Columnæ,* Bourg d'Italie au Duché de Milan, dans la Lomeline à deux milles de Vigevano.

[b] *Baudrand Ed. 1705.*

GAMBREIUM [c], ou GAMBRIUM, Etienne le Géographe nomme GAMBREIUM, une Ville d'Ionie, & Xenophon [e], parlant de deux freres Gorgion & Gongyle dit que l'un possedoit Gambrium & Palægambrium, c'est-à-dire les Villes de Gambrium, l'ancienne & la nouvelle, & l'autre Myrina & Grynium.

[e] *Hist. Græc. l. 3. p. 481.*

GAMBREVES, ancienne Ville de l'Ethiopie sous l'Egypte, selon Pline d.

[d] *l. 6. c. 29.*

GAMBRIVII, ancien Peuple de la Germanie. Tacite dit [e]: on donne à Mannus trois fils, dont les noms passerent aux Ingævons voisins de l'Océan, aux Herminons, qui habitoient au milieu & aux Istævons qui occupoient le reste de la Germanie. Quelques-uns par la licence que donne l'antiquité assurent que ce Dieu eut un plus grand nombre d'enfans, desquels descendoient les Marses,

[e] *German. c. 2.*

les

les Gambriviens, les Sueves, les Vandales, & que ces noms sont vrais & anciens. Tacite ne nous donne cette antiquité que comme un extrait des Chansons qui tenoient lieu d'Histoires aux Germains. Ce passage fait voir que c'avoit été anciennement un grand Peuple comme les Sueves & les Vandales, mais de ces Peuples composez de plusieurs autres ; & qui sont sujets à changer de nom, parce qu'il arrive qu'une des Nations prévaut sur l'autre au moins quant à la denomination seulement. C'est ainsi qu'autrefois les Pays Meridionaux de l'Europe connoissoient sous le nom de Flamands tous les Pays-Bas quoique la Flandres n'en soit qu'une petite partie ; de même encore on comprend à present toutes les sept Provinces-Unies & les Pays de la Generalité sous le nom general de Hollandois ; ce sont des usages qui changent avec le temps. Ainsi il est arrivé qu'un ou plusieurs d'entre les Peuples compris sous le nom de Gambriviens ont illustré leur nom qui a fait perdre insensiblement celui qui étoit commun à tous. Dès le temps d'Auguste & de Tibere, ces Gambriviens n'étoient plus qu'une des petites Nations, c'est *l.7.p.291*. Strabon qui le dit *, il les nomme GAMABRIUNI, Γαμαβρίουνοι, (il faut lire sans doute Γαμαβρίουιοι, ou même Γαμβρίουιοι,) & les joint avec les Cherusques, les Chattes & les Chattuariens. Les Géographes suivans comme Pomponius Mela, Pline, Ptolomée & les autres ne les connoissent seulement pas. Tacite lui-même qui se contente de les nommer comme une Nation dont les Chansons des Germains faisoient mention, n'en dit pas un mot dans ses Annales ni dans ses Histoires. Ils ne paroissent nulle part dans les guerres des Empereurs Romains en Germanie.

Cela fait voir le ridicule de quelques Savans qui ont voulu leur trouver un Pays & qui se sont laissé conduire par quelque ressemblance de lettres. Comme Althamer qui les cherche à Cambrai ; d'autres qui les confondent avec les Sicambres & les confinent dans la Gueldre ; d'autres enfin en font HAMBOURG faute de savoir que Hambourg s'est formé d'une Forteresse bâtie par Charlemagne pour s'opposer aux courses des Nations barbares au *b* German. delà de l'Elbe. Cluvier *b* plus sage que ces Ant. l. 3. temeraires Ecrivains avoue de bonne foi qu'on ne sait pas ce que c'étoient que les *Gambrivii*, ni quel étoit le Pays qu'ils habitoient.

GAMBRIUM. Voïez GAMBREIUM.

GAMBUA, Γάμβουα, ancienne Ville d'Asie dans la grande Phrygie, selon Ptolomée *c*. *c* l.5.c.2. L'Interprete Latin & quelques Manuscrits, entre autres celui de la Bibliothéque Seguier portent GAMMAÜSA, Γαμμαούσα.

GAMMACE, Ville de l'Arachosie, se- *d* l.6. c.20. lon Ptolomée *d*, Γαμμάκη.

GAMMACORURA, Montagne d'Asie dans l'Isle de Ternate l'une des Moluques, on la nomme aussi le Volcan de Ternate parce qu'elle jette des flammes. L'Auteur de l'Histoire *T.3.p.* de la Conquête des Moluques *e*, raconte *112*. qu'au commencement de Juillet 1608. le temps, & la Mer étant calmes l'eau commença tout à coup à s'agiter & les vagues furent terribles. L'orage fut extraordinaire & fit perir deux gros vaisseaux Hollandois. Quelques jours après la Montagne fit un bruit si épouventable que neuf, ou dix gros Canons ensemble n'en auroient pu faire davantage. Elle jettoit en même temps des flammes qui furent suivies d'une épaisse fumée qui tournoyoit dans l'air. Un Voyageur dont cet Historien rapporte le sentiment *f*, dit que quoique plu- *f* P. 378. sieurs gens se soient vantez d'avoir monté sur le sommet de la Montagne de Ternate il ne peut croire que la chose soit veritable. Ce n'est pas seulement, dit-il, par les roseaux pointus dont presque tout le haut de cette Montagne est environné & qu'on nomme Canna-Canna, ni parce que les rochers y sont fort escarpez, qu'on en est empêché ; mais il s'y trouve un obstacle qui paroît invincible dans la quantité de cendres & de pierres brûlées qui sont parmi ces Roseaux & qui remplissent tous ces endroits par où l'on auroit pu trouver passage, toutes les petites ouvertures ou separations qui paroissent entre les Cannes & les Broussailles sont bouchées de ces monceaux de cendres qui sont plus hauts que les pointes des buissons & qui paroissent autant de petites Montagnes presque taillées à pied droit, car pour la hauteur du Volcan elle n'est pas si extraordinaire. Ceux qui l'ont mesurée le plus exactement ne la sont que qu'à trois cens soixante toises & deux pieds. Mr. Baudrand dit *g* qu'elle fut presque toute renversée *g* Ed. 1705. en 1673.

GAMMALAMME *h*, Ville des Indes *h* Voyages dans l'Isle de Ternate l'une des Moluques. de la Compagnie Holland. des Indes Orient. C'est où le Roi de Ternate tient sa Cour, elle est située sur le Rivage de la Mer, & ne T.1.p.512. contient qu'une Rue tout le long de l'eau, qui est à-peu-près la longueur dont étoit Amsterdam, depuis la porte de Harlem d'alors jusqu'à la Reguliers-porte. Cette Rue n'est point pavée. La plupart des Maisons sont bâties de roseaux, les autres sont de bois de même que l'Eglise. Il n'y a point de rade pour mouiller devant la Ville parce qu'il a trop peu de profondeur & que le fond est pierreux. Sur les bancs & les basses qui y sont, les pêcheurs vont de basse eau pêcher de petits poissons qui se tiennent dans les creux entre les pierres. Ils en pêchent aussi de gros. L'eau est si claire dans ces parages qu'on peut fort aisément discerner les ancres en des endroits très-profonds & voir les poissons nager ; même par tout où il y a fond, on le découvre, & le fond semble souvent n'être qu'à un ou deux pieds de profondeur, quoi qu'il y ait souvent quinze, seize, ou dix-sept brasses d'eau. Les habitans ont fait devant le port une jettée de pierre avec une entrée au bout, afin de se mettre à couvert des surprises. Voila ce qu'on en dit dans le second Voyage des Hollandois aux Isles Orientales, l'Histoire de la Conquête des Moluques ajoute ce qui suit.

Les Portugais qui ont possedé les Moluques & qui les perdirent parce que les habitans mécontens de leur domination les chasserent *i*, avoient à Gammalamma un *i* T.3.p.30 Château où le Roi logeoit, une Eglise dediée à St. Paul, un Couvent de Dominicains, un bastion revêtu de pierre, & trois ou quatre Maisons qui en étoient toutes bâties.

F *k* Je

GAM. GAN.

[a] Ibid. p. 148.

[a] Je ne fais si ce Château étoit different du Fort de Gammalamma où sous la Domination des Espagnols il y avoit une Garnison de 200. Espagnols, de 90. habitans des Philippines, 30. familles Portugaises; 70, ou 80. familles Chinoises de toutes sortes de métiers & 50. à 60. familles des Naturels du Pays qui avoient embrassé le Christianisme [b]. Cette Forteresse fut demolie après que les Espagnols l'eurent abandonnée. Elle étoit differente du Fort de St. Pierre & St. Paul situé sur une hauteur. Cette Ville & l'Isle de Ternate sont presentement aux Hollandois.

[b] Ibid. p. 353.

GAMPHASANTES, ancien Peuple de la Libye, Pomponius Mela en parle [c] comme d'un Peuple très-sauvage, sans toit ni Maison, qui alloit tout nud, qui n'avoit aucunes armes, qui ne les connoissoit seulement pas, qui ne savoit ni parer, ni lancer un trait, & qui par cette raison fuioit la rencontre des autres hommes, & n'avoit d'entretien qu'avec des hommes qui eussent les mêmes mœurs & les mêmes manieres. Pline [d] a dit la même chose en moins de paroles: *Gapsamantes nudi praliorumque expertes, nulli externo congregantur*. Solin & Martianus Capella ont pris de ces deux Auteurs ce qu'ils disent sur ce sujet.

[c] l. 1. c. 4. n. 25.

[d] l. 5. c. 8.

GAMPHELAS. Voiez MALEA.

GAMPSELI, Γάμψηλι, Ville de la Macedoine, selon Hesyche. Voiez GAPSELUS.

GAMRON, ou GOMRON. Voiez BANDER-ABASSI.

GAMUNDE. Voiez GEMUND.

GAMUNDIA, Charlemagne nomme dans un Diplome *Haubertinga, Ezelinga, Adalunga,* & *Gamundia* comme autant de lieux du Duché d'Allemagne. L'ancienne Allemagne proprement dite étoit la Suabe, on y trouve encore GEMUND sur le Rems, *Eslingen* sur le Necker &c. Voiez *Swabische Gemund*, au mot GEMUND.

GAÑ [e], Royaume d'Afrique en Ethiopie, dans la partie Meridionale de l'Abissinie. Les Portugais le nomment GANHE. Il est situé aux deux côtez de la Riviere de Haouache & a le Royaume d'Ifat au Nord, celui de Bali à l'Orient, celui d'Ogge au Couchant, & il a au Midi le Royaume des Galles dont il est devenu la Proye.

[e] Ludolph. Hist. & Carte de l'Ethiopie.

GANA, Ville de l'Arabie heureuse sur le haut d'une Montagne, au milieu du Pays à soixante lieues de Mocha au Septentrion & autant de Xael, selon Mr. Baudrand [f].

[f] Ed. 1705.

GANABARA [g], Riviere de l'Amerique au Bresil. C'est la même que RIO-JANEÏRO.

[g] Ibid.

GANACHE [h], ou la GARNACHE, petite Ville de France dans le Poitou, aux confins de la Bretagne, à deux lieues de Machecou & à trois de la Mer.

[h] Maty & Corn. Dict.

GANADIS, Metaphraste nomme ainsi la patrie de Ste. Samone; ce lieu devoit être vers la Mesopotamie, peu loin d'Edesse, suivant la conjecture d'Ortelius.

GANAH [i], Ville d'Afrique. Mr. d'Herbelot la décrit ainsi: Ganah, Ville Capitale du Pays des Soudan, c'est-à-dire des Negres, située entre le premier climat & la ligne equi-

[i] Bibliotheque Orientale.

noctiale sur une Riviere semblable au Nil d'Egypte qui la separe en deux parties presque égales: la partie Septentrionale est habitée par des Mahometans; mais la partie Meridionale n'est peuplée que de Cafres & d'Infideles. Il y a aux environs de cette Ville plusieurs Mines d'or estimé plus pur & plus fin que celui qui se rencontre dans les autres Mines; mais celui des Rivieres le surpasse encore en bonté. Abdelmoal & Edrissi Géographes Orientaux la placent entre les Villes du premier climat & disent qu'il y a auprès de Ganah un Lac d'eau douce & un Château très-fort sur le bord du Fleuve qui fut bâti l'an 510. de l'Hegire par un Prince de la Maison de Saleh fils d'Abdallah, lequel, quoi qu'il fût de la Race d'Ali & de Hussain, ne laissoit pas pourtant de reconnoitre le Khalife de la Maison des Abbassides qui residoit dans Bagdet.

Entre le Pays de Ganah & la Barbarie qui est sur la côte d'Afrique, il n'y a qu'un fort grand desert nommé Sahara, ou Sahra, au bout duquel vous trouvez la Ville de Gougah, après un mois & demi de chemin. C'est tout ce que Mr. d'Herbelot dit de la Ville de Ganah qu'il tire des Géographes Arabes. Edrissi qu'il cite & qui est plus connu sous le nom du Géographe de Nubie, nomme la double Ville GHANA. Voiez ce mot. Ce Royaume s'appelle aussi CASSENA. Voiez CASSENA.

GANARAH, Ville d'Afrique dans la Nigritie. Mr. d'Herbelot [k] dit qu'elle est forte & peuplée, située sur le Nil des Negres (c'est-à-dire sur le Niger.) Il ajoute qu'elle est des dependances de Ganah & qu'elle obéit à son Roi. Le Géographe de Nubie [l] compte onze *Stations*, entre Reghebil & la Ville de Ghanara & de cette derniere à Ghana onze autres *Stations*. Quoi que cette mesure ne soit pas comptée fort Géographiquement, puisque cela depend de la situation commode des lieux où l'on s'arrête, de sorte que ces lieux ne sont pas tous également éloignez les uns des autres, cependant une Station peut être evaluée à-peu-près à vingt-cinq mille pas. Ainsi onze Stations valent 225. mille pas. Il observe de plus que Reghebil est sur le Rivage d'un grand Lac & que Ghanara est au bord du Nil (il nomme ainsi le Niger,) & qu'elle est fortifiée d'un bon fossé & qu'enfin le Peuple y est fort & très-nombreux. Cette distance égale de Reghebil à Ghanara & de Ghanara à Ghana, ne s'accorde pas avec la position de Mr. de l'Isle qui met Ouangara ou Ghanara beaucoup trop au Couchant & au dessus de Ghana.

[k] Biblioth. Oriental.

[l] 2. part. clim. 1. p. 11.

GANCHING, Ville de la Chine. Voiez GANKING.

GAND, Ville des Pays-Bas Autrichiens, au Comté de Flandres, dans le quartier auquel elle donne son nom. Elle est la Capitale du Comté de Flandres & l'une des grandes Villes des Pays-Bas [m]. Le Canton où elle est fut premierement habitée par les anciens *Gorduni* ou *Gorduni* [n], Cliens des Nerviens & ensuite par les Romains que Jules Cesar y mit en garnison [o]. Il passa ensuite sous la domination des Wandales, puis des Francs, & enfin des Germains, dont la plupart étoient des Saxons que

[m] Sanderus Flandr. Illustrat. T. 4. p. 81.

[n] J. Cesar Comment. de B. Gall. l. 5.

[o] Meyer Annal. l. 2.

que Charlemagne fit passer dans ce Pays. Cette Ville n'est pas seulement remarquable pour sa grandeur, mais encore pour la beauté de sa situation, à cause des Rivieres, des Ruisseaux, des Fontaines qui l'arrosent, des prairies & des Collines qui l'environnent, & de la douceur de l'air que l'on y respire. Elle a Anvers au Nord-est, Malines à l'Orient, Bruxelles au Sud-est & Middelbourg au Nord Occidental. Tous ces lieux en sont à peu près à la même distance d'environ onze lieues, excepté Bruxelles qui est un peu moins éloignée que les autres. Sa longitude est de 25. d. 45′. & la latitude est de 51. d. 24′. (selon les Tables du P. Feuillée la différence du Meridien à celui de l'Observatoire de Paris est 1. d. 17. o. à l'Orient, qui étant ajoutées à la longitude de Paris qui est de 22. d. 30. donne pour la Longitude de Gand 23. d. 47′.) selon les mêmes Tables la Latitude de Gand est 51. d. 3. o.) l'aspect en est beau, & elle a la commodité de n'être qu'à quatre pas de la Mer. On lui donne trois milles d'Allemagne de tour.

Les Rivieres qui l'arrosent sont l'Escaut qui vient d'Oudenarde; la Lys qui vient de Courtray; elles se joignent à Gand; la Lieve ne s'y rend que par les travaux que l'on a faits pour l'y conduire, en la grossissant de quelques ruisseaux; & la Moere qui vient de Moerbeck. Le Canal que l'on a menagé entre Gand & le Sas de Gand, établit avec la Mer une communication très-avantageuse à la Ville & au Pays. On le commença l'an 1537, & on le poussa jusqu'à la digue que l'on perça en 1562. L'autre Canal qui mene de Gand à Bruges & delà à Ostende fut commencé en 1613. sous le Gouvernement d'Albert & d'Isabelle. Les Rivieres dont on vient de parler entourent & coupent la Ville de telle maniere qu'elles y forment 26. Isles & la rendent d'autant plus forte qu'en fermant les écluses on peut inonder les environs jusqu'à la distance d'un mille. La derniere enceinte qu'on en a faite contient de circuit en dedans 45640. pieds mesure d'Anvers, ce qui revient à plus de sept milles d'Italie. Mais en mesurant par dehors il y en aura plus de neuf, ce qui fait au moins trois lieues. Mais il faut dire aussi que dans cette enceinte il y a des espaces qui ne sont ni bâtis ni habitez.

[a] Il y a une Citadelle assez grande & bien fortifiée, que Charles V. fit bâtir au même lieu où étoit auparavant le fameux Monastere de St. Bavon. Elle sert à tenir dans le respect les habitans, dont l'Historien de Serres ne parle pas trop favorablement. Il dit d'eux dans la Vie de Charles V, & dans celle de Louis XI. *ceux de Gand peuple naturellement motif* (c'està-dire, inquiet) parlant de Gand il ajoute: *Grande Ville & autant grosse d'humeur chagrine & querelleuse*, & parlant de ses habitans, il les qualifie *peuple remuant & second en inconstance aux Liégeois*. Il donne des preuves de leur penchant à la revolte dans la Vie de Charles VI. Ils chasserent un Comte leur Seigneur hereditaire au sujet d'un Brasseur de biere. Charles le Hardi les assujetit, mais Charles V. regna sur eux; & les brida par la Citadelle dont on vient de parler. De la tour du Befroy, nommée *Belfort*, (en Latin *de*

[a] Blaeu Theatr. Urb. Belg.

Bellaforte) on a la vue sur la Ville & sur le Château; on y monte par cinq cens marches ou degrez, & elle contient une cloche nommée Roland, qui sonne les heures, pese onze milliers & qui a souvent servi à sonner le Tocsin. C'est ce qui est exprimé en deux vers qu'on y lit [b],

Rolant, Rolant, als ick kleppe dan is 't brant,
Als ick luye, dan is 't Oorloge in Vlaenderlant.

C'est-à-dire, que l'on tinte cette cloche pour avertir en cas de feu & qu'on la met en branle pour sonner l'allarme quand la guerre est en Flandres. Au haut de cette tour est un dragon de cuivre doré avec les ailes étendues & de la grosseur d'un Taureau. Il fut envoyé de Constantinople du temps de Baudouin Comte de Flandres.

[c] Les Edifices de Gand tant sacrez que profanes, tant publics que particuliers, sont beaux & même magnifiques à proportion les uns des autres. Laurent Surius dit avoir vu en cette Ville sept Eglises bâties par autant de Rois, mais il n'en marque ni les noms ni les époques.

On compte dans l'enceinte de la Ville vingt-six Isles formées comme il a été dit par les Rivieres & par les Canaux; & occupées par des maisons tant publiques que particulieres. Sans parler de quantité de petits ponts il y en a quatre-vingt dix-huit assez grands pour que des bâteaux chargez de provisions ou de marchandises puissent passer commodément dessous. Il y a six Moulins à l'eau & plus de six-vingt Moulins à vent.

La Ville contient XIII. Places publiques ou Marchez. Le plus important est *der Freydags Marck*, ou le Marché du Vendredi, parce que tous les Vendredis on y tient un Marché public. C'est dans cette place que l'Infante Isabelle érigea une Statue à Charles V. son ayeul avec ces Inscriptions. *D. Carolo V. Imp. Cæs. Aug. Pio. Felici. Turc. German. Gall. Ital. Hisp. Sicil. & Indiar. Regi. Flandriæ Comiti. P. P. Sac. Imp. Vindici, quietis Auspici. D. N. Principi Potentiss. Victori ac triumphatori perpetuo, Magno; Max. universi Christiani Orbis bono, Deo volente, cœlo favente, huic Urbi suæ Flandr. Max. feliciter innato.* Sur l'autre côté on lit,

Alberto Austriaco, Maximiliani II. Imp. F. & Isabella Clara Eugenia Philippi II. Hisp. Regis Filia, Austriæ Archiducibus. Belgiæ P. P. hanc Urbem latiss. Civium applausu ingredientibus, anno Salut. Christi. CIƆ IƆXCIX, &c. Coss. S. P. Q. G.

L'Auteur de cette premiere Inscription quel qu'il soit, étoit un flateur outré, il devoit mettre tout au long ces mots *Turcico, Germanico, Gallico, Italico*, comme les Anciens donnoient à leurs Generaux des surnoms pris des Nations sur lesquelles ils avoient gagné quelques batailles. Au lieu qu'en ne determinant point les mots entiers, peut-être quelqu'un lira-t-il *Turciæ, Germaniæ, Galliæ, Italiæ, Hispaniæ, Siciliæ & Indiarum Regi*; & croira que Charles V. avoit conquis la Turquie, l'Allemagne, la France, l'Italie & qu'il y regnoit de même qu'en

[b] Itinerar. Belgico. Gallic. p. 192.

[c] Blaeu l. 6.

GAN.

qu'en Espagne, en Sicile & aux Indes, ce qui est bien éloigné de la verité.

^a Golnitz. l.c.

^a Il y a à Gand un Château nommé la Cour du Prince, C'est un ancien bâtiment où sont trois Chambres. On en montre une qui n'a pas plus de quatre aunes en quarré & qui a été le premier appartement qu'ait occupé le Prince Charles fils aîné de Philippe le bel & de Jeanne d'Aragon, lequel a été dans la suite l'Empereur Charles V. Il ne fut point batisé dans ce Château, comme le dit l'Auteur des Delices des Pays-Bas ^b, mais dans l'Eglise de St. Jean, aujourd'hui l'Eglise de St. Bavon dont je parlerai ci-après.

^b T. 2, p.41.

La Maison de Ville est composée de deux bâtimens dont un fut commencé l'an 1481. & l'autre en 1600. au sommet vous voiez A & I, couronnez, ce sont les lettres initiales des noms d'Albert & d'Isabelle, au dessous le Soleil & la Lune avec ces mots, *Semel & Semper*. Les chambres & la Chapelle sont ornées de Statues, de Tableaux, & d'Inscriptions.

On compte LV. Edifices publics, soit Eglises, Monasteres, Hôpitaux, soit enfin d'autres maisons de pieté; entre autres les iv. Ordres mendians y ont leurs Couvens. La principale Eglise étoit dediée sous l'invocation de St. Jean Baptiste, mais l'Empereur Charles V. ayant eu besoin du terrain de l'ancienne Abbaye de St. Bavon pour y élever sa Citadelle, il laissa à l'Abbé & aux Moines de St. Bavon tous leurs Revenus & les plaça dans cette Eglise de St. Jean ; à laquelle il donna le nom de St. Bavon qu'elle porte presentement dans tous les Actes publics. Il fit confirmer ce changement par le Pape. Il s'étoit déja fait un autre changement dans cette Eglise, car l'Ordre & l'Abbaye de St. Bavon y avoient été secularisez en 1537. & mis dans l'Ordre des Chanoines, & ce ne fut plus ensuite qu'une simple Prevôté, mais avec le temps elle fut érigée en Cathedrale. C'étoit dans cette Eglise que l'Empereur Charles V. avoit été baptisé l'an 1500. Cinquante-neuf ans après Philippe II. son fils, obtint du Pape Paul IV. l'érection de Gand en Evêché Sufragant de Malines ^d; mais Corneille Jansenius qui en fut premier Evêque n'y fit son entrée qu'en 1568. Cet Evêché comprend sept Doyennez, savoir

^c Blaeu.

^d Delices des Pays-bas.

Evergem,   Termonde,
Waes,   Oudenarde,
Hulst,   Deinze,
        & Thielt.

On y compte 183. Paroisses, dont sept sont dans la Ville; les principales sont celles de St. Bavon & de St. Michel. Il y a cinq belles Abbayes entre lesquelles celle de St. Pierre de Blandinberg tenant presentement le premier lieu, par son ancienneté & sa grandeur & par sa Jurisdiction Ecclesiastique & Temporelle qui s'étend sur plusieurs Villages. St. Amand qui a été depuis Evêque de Mastricht ^e, étant dans le cours de ses Missions, bâtit à Gand deux Monasteres vers l'an 635. sous le nom de St. Pierre. L'un fut appellé depuis du nom de St. Bavon, le Compagnon des travaux Apostoliques de St. Amand, & il vécut &

^e Baillet Topogr. des Saints, 1. part.

mourut en cet endroit; l'autre fut appellé Blandinberg à cause de sa situation sur la Montagne de Blandin (*in Monte Blandinio*) L'Abbaye de BODELO ^f Ordre de Cisteaux fut commencée l'an 1197. ce nom est abregé de *Balduini Locus*, ou *Lucus*, ou *Laus*. L'Abbaye de DRONGENE, en Latin *Trunchinium*, Ordre de Premontré, fut bâtie vers l'an 633. sur la Lys, en un lieu qui étoit auparavant un Château. Elle fut détruite en 883. par les Normands; Baudouin Comte de Flandres la rebâtit deux ans après. St. Livin Evêque Irlandois venant de son Pays l'an 653. se retira d'abord dans l'Abbaye où St. Bavon venoit d'être enterré. Il passa delà en Brabant. Il fut ensuite martyrisé près d'Alost en Flandres l'an 656. son corps fut transporté vers l'an 1020. à Gand dans l'Abbaye de St. Bavon. St. Macaire d'Armenie Archevêque au Levant termina tous ses Voyages à la Ville de Gand & mourut l'an 1012. dans l'Abbaye de St. Bavon, où il s'étoit retiré avec ses Compagnons. Il fut enterré en l'Eglise de Notre-Dame bâtie exprés pour lui dans cette Abbaye qui a été depuis ruinée & changée en Chapitre de Chanoines & enfin rasée en 1542. pour faire place à la Citadelle. Il y eut plusieurs corps Saints transportez à Gand, de divers Pays, savoir de Normandie, de Picardie, d'Artois, de Hainaut, du Pays de Liége, par les soins d'Arnould le Grand, Marquis de Flandres, entre autres ceux de St. Bertoul, de St. Valouay, de St. Gouau, de St. Vandrille Abbé de Fontenelles, de St. Ansbert Evêque de Rouen. Celui de Ste. Amelberge Vierge fut aussi transporté dans la même Ville & deposé dans l'Eglise de St. Pierre de Blandinberg. Mais ces reliques ne sont pas unanimement accordées à cette Ville. On lui dispute, celles de St. Ulfran Evêque de Sens, celles de St. Vandrille, de St. Ansbert Evêque de Rouen que l'on croit à Gand avoir été transportées de l'Abbaye de Fontenelles dans celle de St. Pierre de Blandinberg. On croit posseder ces reliques à Abbeville. L'Abbé & les Moines de St. Bavon de Gand Seigneurs de la terre & de l'Eglise de Wintershove enleverent des Reliques de St. Landoald Fondateur du Lieu, de St. Adrien Messager son disciple, de St. Amance & de quelques autres & les transporterent dans leur Eglise l'an 980. Ce Monastere de Blandinberg est le même que celui dont il est parlé au titre de BLANDIGNI. Voiez ce mot.

^f Sander. Fland. Illust. p. 121.

Il y a outre ces Abbayes une Chartreuse, des Dominicains, des Augustins, des Recollects, des Capucins, des Carmes, des Jesuites, Jesuites Anglois, &c. & quantité de Monasteres & de Couvens de filles.

La Ville a huit portes dont voici les noms, savoir

Muyde Porte, ou la porte du Sas. La premiere & la seconde.
La Porte d'Anvers qui est auprès de la Citadelle.
La Porte Imperiale.
La Porte de St. Lievin.
Heuverspoort,
Peterssille Poort,
Brughse Poort.

On

On y compte environ trente-cinq mille maisons. Le Gouvernement de la Ville a été changé en diverses occasions, & les frequentes revoltes des Gantois ont fait souvent retrancher de leurs anciennes Franchises. La Ville est gouvernée par un Magistrat choisi dans les principales familles, auquel on joint un grand Bailli (*hoog Bailju*).

[a] Le Quartier de Gand est le centre de la Province de Flandres. Gand & son Territoire étoient déja connus dans le VII. siécle, comme on le voit par Baudemond, qui écrivit en ce temps-là la Vie de St. Amand, & par St. Oueri qui a écrit celle de St. Eloy, l'un & l'autre marque *Ganda & Pagus Gandensis*. On appelloit cette Ville aussi *Ganda* dans le IX. siécle comme on le voit par l'autorité d'Eginhard dans le Traité qu'il a fait sur les Sts Martyrs Marcellin & Pierre, & dans les Annales qui lui sont attribuées; mais dans la suite le mot *Ganda* fut changé en *Gandavum* & vers la fin du X. siécle ce mot *Gandavum* étoit déja en usage, comme on le voit par une Patente du Roi Lothaire qui fait mention du lieu *Gandavum Vicum* où l'Escaut & la Lys se joignent, *ubi Legia & Scaldis flumina confluunt*. Les Ecrivains du XII. & du XIII. siécle & ceux qui les ont suivi se servent du même nom *Gandavum*.

Nous avons déja remarqué ailleurs que la Flandres, qui dans le commencement n'étoit pas de grande étendue, ne contenoit point le Pays, ni le Territoire de Gand, qui étoit alors une dépendance du Brabant, du temps de Charlemagne & de Louis le Debonnaire, comme on le voit par les Lettres de ces deux Empereurs, où il est fait mention de Ganda, *in pago Bragbando*, ou *Brachbantensi*.

Marlien & Sanson, voyant qu'on appelle en Flamand ou en Allemand cette Ville GHENT, se sont imaginez qu'elle appartenoit au Peuple CENTRONES, marquez dans les Commentaires de César, se fondant sur une simple ressemblance de nom. Mais leur fondement est d'autant plus mauvais que les anciens n'ont point appellé cette Ville CANTA, mais *Ganda*, dans lequel nom il ne se trouve qu'une seule Lettre de *Centrônes*. Ainsi il est aujourd'hui impossible de sçavoir la veritable situation des *Centrones* & des *Pleumosii* marquez par Jules Cesar dans ses Commentaires. Ce qui est certain, c'est que Gand & la plus grande partie de la Flandres appartenoit aux Peuples *Nervii* qui étoient des plus puissans d'entre les Belges & qui s'étendoient le long de l'Océan, comme on le voit par la Lettre de St. Paulin à Victrice Evêque de Rouen, qui fut le premier qui prêcha la foi à ces Peuples, & par la Notice de l'Empire où il est fait mention en plusieurs endroits de la côte Nervienne, *Nervicanum Littus*.

Gand fut donné par Charles le Chauve à son Gendre Baudouin premier Comte de Flandres, & elle s'accrut dans la suite, de maniere qu'elle devint la plus grande des Villes des Pays-Bas. Les habitans qui étoient en grand nombre & fort riches se gouvernoient en République, & n'obéïssoient que selon leur caprice à leurs Princes, auquel ils ont souvent fait la guerre. Ils oserent se revolter contre l'Empereur Charles V. qui ayant passé à travers de la France avec la permission de François I. châtia les Gantois l'an 1540. & les brida ensuite par une Citadelle qui subsiste encore aujourd'hui.

Quoique la Ville de Gand ait autant d'étendue qu'elle avoit, elle est fort déchue & mal peuplée par raport au circuit de ses murailles. Elle est le Siége du Conseil Provincial de Flandres où ressortissent tous les Siéges subalternes de Flandres. Ce Conseil fut établi d'abord dans la Ville de Lille l'an 1385. par Philippe le Hardi Duc de Bourgogne & Comte de Flandres. Son fils le Duc Jean le transfera à Gand l'an 1409. Il en a été quelquefois retiré à cause des revoltes des Gantois & des guerres civiles du Pays. Mais il fut fixé en cette Ville pour la derniere fois l'an 1584. sous le Regne de Philippe II. après que son General le Duc de Parme l'eut prise. On pouvoit se pourvoir contre les Jugemens de ce Conseil au Parlement de Paris; mais Charles V. ayant separé la Flandres de la France, & l'ayant rendue indépendante, soumit ce Conseil Provincial, au Grand Conseil ou Parlement de Malines. La Chambre des Comptes qui avoit été établie, par le Duc Philippe le Hardi dans la Ville de Lille, fut transferée à Gand l'an 1667. par Charles II. Roi d'Espagne, après que Louis XIV. eut pris la Ville de Lille.

Nous avons dit que Gand & son Territoire ont autrefois fait partie du Pays des Nerviens. C'est pourquoi cette Ville a toujours été du Diocese de Tournay, jusqu'au temps de Philippe II. & du Pontificat de Paul IV. qui l'érigea en Evêché. La plus grande partie des dependances de Gand sont dans la Flandres Imperiale.

Ce Pays, qui fut mis sous l'Empire ou Royaume de Germanie par Othon le Grand vers le milieu du X. siécle, s'étendoit jusqu'aux portes de la Ville. La possession de ce Pays fut assurée à Othon du temps de Louis d'outremer, Roi de France qui fit alliance avec lui; & on voit que ces deux Monarques se trouverent ensemble l'an 948. au Concile d'Ingelheim auprès de Mayence. Othon voulant fortifier la Province de l'Empire contre le Comte de Flandres, fit bâtir l'an 949. une Forteresse qui fut nommée le NEUF-CHATEAU, pour brider la Ville de Gand qui en fut incommodée durant plusieurs années. Les Empereurs y établirent des Commandans qui porterent le nom de Comtes, & en furent les maîtres jusqu'an l'an 1060. Baudouin le Barbu Comte de Flandres s'étant rendu maître de cette Place & en ayant chassé les Imperiaux, y établit un Châtelain nommé Lambert, dont les Successeurs furent dans la suite Seigneurs hereditaires & proprietaires de leur Châtellenie. L'Empereur St. Henri fit la guerre en Flandres pour la deffense des Limites de l'Empire; & il reprit ce Château; mais quelque temps après il revint à l'obeïssance du Comte de Flandres & du Seigneur Châtelain, & Folcard fils de Lambert joüit enfin de sa Châtellenie, de même que ses Successeurs, depuis le temps de Baudouin de Lille, Comte de Flandres, quoiqu'ils ayent été quelquefois inquietez par les Empereurs. Folcard eut pour He-

[a] Longuerue desc. de la France 2. part. p. 62.

ritier son fils Lambert qui fut Châtelain de Gand & eut plusieurs enfans. Venmar Châtelain de Gand, fut pere d'Arnoul de Gand, Comte de Guines, dont le fils aîné Baudouin lui succeda au Comté de Guines, & Siger un de ses Cadets fut Châtelain de Gand, comme du Chesne le prouve par l'Historien Lambert d'Ardres & par plusieurs autres titres. Les Successeurs mâles de Siger ont tenu cette Châtellenie jusqu'à Hugues Châtelain de Gand qui eut pour Heritiere sa fille Marie qui épousa Gerard Seigneur de Sotenghien l'an 1280. Leur fils Hugues de Sotenghien n'eut point d'enfans, & son Heritiere fut sa sœur Marie de Sotenghien qui épousa Hugues Seigneur d'Antoing & d'Epinoi. Ils eurent une fille nommée Isabeau d'Antoing qui épousa Jean Vicomte de Gand & par-là cette Châtellenie entra dans la Maison de Melun d'Epinoi. Cette même Châtellenie a encore aujourd'hui beaucoup de dépendances & de droits Seigneuriaux. Elle est distinguée de la Châtellenie d'*Audenbourg*, ou du vieux Bourg de Gand composée de quarante-six Villages situez au delà de l'Escaut & des Canaux dont le plus gros est le Bourg de Sommerghem. Ce Territoire étoit sous les Empereurs depuis Othon le Grand. Mais après la mort de Thierri Comte d'Alost arrivée l'an 1174. Philippe d'Alsace Comte de Flandres se saisit du vieux Bourg de Gand & l'unit au Territoire de la même Ville & ce Comte & ses Successeurs tinrent dans la suite le tout en fief des Rois de France jusqu'au temps de Charles V. Outre cette Châtellenie du vieux Bourg de Gand il y a les IV. Bailliages qu'on nomme les quatre Offices (voyez AMBACHTEN) qui font des dependances de Gand & qui étoient de la Flandre Imperiale.

C'est dans cette Ville de Gand que se fit en 1576. le fameux Traité que l'on appella la *Pacification de Gand* qui tendoit à calmer les troubles des Pays-Bas. Cependant les Gantois ne purent rester tranquiles & se donnerent au Prince d'Orange, mais l'an 1584. ils se soumirent de nouveau au Roi d'Espagne. Louis XIV. Roi de France prit cette Ville en 1678. & par le Traité de Nimegue il la rendit à l'Espagne qui la garda jusqu'à l'an 1706. que les Alliez s'en emparerent après la Bataille de Ramillies. Les deux Couronnes s'en ressaisirent en 1708. mais on la reperdit la même an, après la prise de Lille la France ne fut point en état de garder cette acquisition.

Le SAS DE GAND. Voiez SAS.

1. GANDA, nom Latin de Gand. On dit presentement *Gandavum*.

2. GANDA, Riviere qui coule à Gandersheim. Voiez GANDERSHEIM.

GANDAMUS, Ville de l'Arabie heureuse sur la Mer Rouge, selon Pomponius Mela [a]. *a l.3.c.8. n.41.*

GANDARA, Ville des Indes, selon Etienne le Géographe qui nomme le Pays GANDARICA & le peuple GANDARICI. Strabon dit que le Choaspe traverse la GANDARITE [b]. Cela fait voir que ce Pays étoit diferent des Gangarides de Pline & de Ptolomée, qui étoient vers les bouches du Gange. *b l.15.p.697.*

GANDARII, ancien Peuple de Perse, selon Herodote [c]. Il dit [d] que les Parthes, les *c l.3.c.91. d l.7.c.66.* Chorasmiens, les Sogdiens, les Gandariens & les Dadiques étoient armez de la même façon que les Bactriens.

GANDASTOGES [e], (les) peuple de l'Amerique Septentrionale dans le Canada; entre la côte Orientale du Lac Erié & la Nouvelle Yorck. Ce peuple est compris sous les Iroquois. *e Baudrand Ed. 1705.*

GANDELU, Bourg de France, avec titre de Marquisat dans la Brie à cinq lieues de Meaux vers le Levant d'Eté.

GANDERSHEIM, GANDERSUM, Ville d'Allemagne, au Cercle de la Basse Saxe dans le Duché de Brunfwig peu loin de Goslar. Ce lieu est remarquable à cause de son Abbaye [f] qui fut fondée l'an 852. xv. Insdiction, par Ludolphe arriere-petit-fils du fameux Witikind; il fit le premier établissement à l'instance d'Oda sa femme au lieu où est presentement le Monastere de Brunshausen. Mais comme ce lieu étoit étroit & incommode on commença l'an 856. à faire un second établissement plus bas à l'endroit où est aujourd'hui l'Abbaye, dans l'enceinte de la Ville de Gandersheim. Cette Ville tire son nom de la Riviere de GANDA, ou GANDE qui l'arrose. Le Duc Ludolphe Fondateur de cette Abbaye ne put achever l'execution de son dessein & mourut au lieu que l'on appelle LUDOLFFSFELD vers l'an 859. & fut enterré à Brunshausen où étoit alors l'Abbaye. La Nouvelle Eglise Abbatiale fut consacrée l'an 881. le 1. Novembre par Wigbert qui étoit alors Evêque de Hildesheim, Christine troisieme Abbesse & fille du Fondateur gouvernoit alors cette maison, & fit apporter dans cette Eglise de Gandersheim les Corps de son Pere & de ses deux sœurs Hadmod & Gerberg qui avoient été Abbesses. Celui de Ludolphe fut deposé dans la Chapelle de St. Etienne & celui des deux Abbesses dans le Caveau Abbatial. La fameuse Rofweide Religieuse de cette Abbaye & dont on a les Ecrits est une preuve que l'on y cultivoit la piété & les Sciences au delà de l'usage commun des Monasteres de filles. L'Abbesse de Gandersheim avoit autrefois de grands avantages & comptoit entre ses Vassaux les Ducs de Brunswig, les Ducs de Saxe & les Margraves de Brandebourg. Elle est à present sous la protection du Duc de Brunswig-Wolfenbutel qui y fait vivre l'Abbesse & quatre Chanoinesses Lutheriennes. L'Abbesse prend le titre de par la grace de Dieu Abbesse de l'Abbaye Imperiale & Seculiere de Gandersheim. *f Zeyler Brunswic. Topogr. p.89. g Souverains du Monde T.1. p.301.*

Le Bailliage de Gandersheim est une ancienne partie & dependance de l'Etat de Wolfenbutel. Le Château que l'on y voit encore à present fut commencé sous Henri le Jeune, Duc de Brunswig & de Lunebourg, en 1530. pour y resider, mais il ne fut achevé que sous le Duc Jules. Il est arrosé par la petite Riviere de Ganda qui a sa source au Nord-est & coule auprès de la Maison du Bailli & après avoir fait tourner quelques Moulins se perd vers le Couchant dans la Leina. Outre l'Abbaye dont nous venons de parler il y a encore dans ce Bailliage deux Monasteres, savoir Closter CLAUSS & Closter BRUNSHAUSEN, & *h Zeyler l. c.*

GAN. GAN. 47

& vingt Villages. Il a environ deux milles de circuit.

GANDICOT, ou GANDICOTE, Ville de la Presqu'Isle de l'Inde à l'extremité Meridionale du Royaume de Carnate, aux Confins des terres de Chila Naiken dans l'angle que forment à leur jonction les deux sources de la Riviere de Palaru. [a] Tavernier en parle ainsi : Gandicot est une des fortes Villes qui sont dans le Royaume de Carnatica; elle est bâtie sur la pointe d'une haute Montagne, & pour y aller il n'y a qu'un Chemin fort facheux qui n'est que de vingt ou vingt-cinq pieds de large & en des endroits il n'y en a que sept ou huit. A la droite du Chemin qui est pratiqué dans la Montagne il y a un precipice effroyable, au bas duquel court une grande Riviere. Quand on est sur la Montagne on trouve une petite place d'une demie lieue de long & d'un quart de lieue de large. Elle est toute semée de ris & de millet, & est arrosée de plusieurs petites sources. Au haut de la plaine qui est au Midi & où la Ville est bâtie sur une pointe, il n'y a que des precipices à l'entour, avec deux Rivieres qui sont au bas & qui forment cette pointe, de sorte que pour entrer dans la Ville, il n'y a qu'une porte du côté de la plaine & elle se trouve fortifiée en cet endroit-là de trois bonnes murailles de pierre de taille, avec des fossez à fond de cuve, revêtus de la même pierre, desorte qu'en cas de siége la Ville n'a à garder qu'un espace de quatre ou cinq cens pas. Il y a dans Gandicot une Pagode qu'on tient pour une des principales des Indes & où il y avoit plusieurs Idoles dont quelques-unes étoient d'or, les autres d'argent. Entre ces Idoles il y en avoit six de cuivre dont on en voioit trois assises sur les talons & les trois autres étoient d'environ dix pieds de haut.

[a] Voyage des Indes, l. 1. c. 18.

GANDIE [b], Ville d'Espagne au Royaume de Valence, sur la Riviere d'Alcoi; que Mr. de Vayrac nomme d'*Alory*, entre le Xucar & Denia, & à l'Orient de Xativa. Elle a une Université [c] & fut honorée du titre de Duché par D. Martin Roi d'Arragon en faveur d'Alphonse d'Aragon, Comte de Ribagorse, fils de D. Pedro d'Aragon, Comte de Prades & d'Ampurias & de Donna Jeanne de Foix, petit-fils de D. Diego II. Roi d'Aragon; mais comme il mourut sans enfans en 1415. Hugues de Cardona son neveu, fils de Donna Jeanne d'Aragon sa sœur & de D. Jean Raimond Folck, second Comte de Cardone, lui succeda. Jean de Cardona fils de Hugues, ayant pris le parti de D. Carlos Prince de Ujane contre D. Jean Roi d'Aragon & de Navarre son Pere, fut privé de ce Duché en punition de sa revolte, par le Roi qui le réünit à la Couronne; mais quelque temps après il en fut demembré & donné en 1485. par le Roi Ferdinand le Catholique à D. Pedro-Loüis de Borgia; famille devenue illustre par D. Alfonse de Borgia proclamé Pape en 1455. sous le nom de Calixte III. Une des niéces de ce Pape épousa D. Godefroi Lenzoli qui prit le nom de Borgia & entre autres enfans fut pere du Pape Alexandre VI. On peut voir plus au long la Genéalogie de cette illustre famille dans l'Auteur cité. François de Borgia IV. Duc de Gandie après la mort de Donna Eléonor de Castro se fit Jesuite, fut le III. General de cette Compagnie, mourut le 30. Septembre 1572. & fut canonisé cent ans après : il laissa une nombreuse posterité qui a formé plusieurs Branches dont l'ainée possede ce Duché.

[b] De l'Isle & Jaillot Atlas.

[c] Vairac Etat. prés. de l'Espagne T. 3. p. 82.

GANDRI, Peuple des Indes, selon Etienne le Géographe. Ce sont les habitans de GANDARA. Voiez ce mot.

GANDRIDÆ, Plutarque dans son livre de la Fortune d'Alexandre nomme ainsi le même Peuple.

GANEA DE JESU. Voiez GANETA.

GAN-EDEN, le Texte Hebreu parlant du Paradis terrestre le nomme גן בעדן *Ganbeeden*. Quelques Savans ont rendu cette lettre ב par la preposition *in*, dans, & c'est sa signification ordinaire. Desorte qu'ils ont traduit Paradis en Eden comme si Eden étoit le lieu où étoit le Paradis. Mais comme l'ancienne Vulgate traduit differemment, ceux qui ont voulu justifier cette Version ont observé que la lettre ב signifie aussi la qualité & l'état d'une chose & ils alleguent en preuve qu'il est dit [d] בזעת *Bescheth*, *in sudore*, A LA SUEUR de votre visage, & במרמה *Bemirmah*, *in dolo*, AVEC FRAUDE. Ils concluent que cette expression Gan-Eden signifie *Paradisum in voluptate*, un Paradis dans les delices; ce qui justifie la Vulgate qui traduit *Paradisum Voluptatis* un Paradis de Delices. En effet, dit le R. P. Hardouin dans son Traité du Paradis Terrestre [e], il paroît que c'est le sens naturel du Texte Hebreu, puisqu'au verset 15. de ce même deuxieme Chapitre & aux versets 23. & 24. du suivant & dans tous les endroits où il est parlé de ce Paradis de Volupté on voit partout גן עדן *Gan-Eden* sans la lettre servile ב & c'est aussi ce qui fait qu'on trouve dans le Grec Παράδεισος τῆς τρυφῆς. Voiez PARADIS TERRESTRE.

[d] Genes. c. 3. v. 19.

[e] Traitez Géogr. & Hist. T. 1. p. 20.

GANESBOROUG, (Mess. Baudrand & Corneille écrivent GAINSBOROUG, conformément à la prononciation) Ville d'Angleterre en Lincolnshire sur la Riviere de Trente, aux confins du Comté de Nottingham, à XII. Milles de Lincoln & à CXV. de Londres. C'est une des principales Villes de la Province. On y tient marché public.

[ff] Etat. prés. de la Gr. Bret. T. 1. p. 85.

GANETA DE JESU, ou GANEA DE JESU, Lieu d'Afrique, en Abissinie, au Royaume de Dambée, à l'Orient de l'extremité Septentrionale du Grand Lac de Tzana, ou Mer de Dambée. Les P. P. Jesuites y avoient une Eglise & une Mission, L'Auteur de la Description de l'Empire du Prête-Jean en parle ainsi [g]. Il y a aussi une Ville fort considerable appellée *Ganea de Jesu*, ou Paradis de Jesus. Elle est bâtie dans un bas, ce qui est rare en cet Empire. La situation est agréable, & il y a de l'eau en abondance. Il y a une Eglise où l'on enterre les Empereurs des derniers temps. On y a bâti depuis peu une Eglise pour les Jesuites à la façon dont on les bâtit en Europe, & un Palais pour les Empereurs, par les soins du P. Pierre Pays de la Société. Cette Ville est à douze lieues [h] de Dancation & à autant de la Nouvelle Gorgone. Mr. Ludolphe qui parle [i] de cette Sepulture nomme ce lieu *Ganeta Jesu*, *Oppidum*.

[g] p. 20.

[h] Lieues Portugaises Milles d'Italie chacune.

[i] l. 4. c. 4. le §. 29.

GAN.

a Relat. Hist. de l'Abiſſinie p.116.

Le Pere Lobo qui parle du Palais Imperial, nomme le lieu GANETE ILHOS [a].

GANETA GHIORGHIS, ou GANATA GHIORGHIS, Canton d'Afrique dans l'Abiſſinie dans le Royaume d'Amhar.

b Atlas Sinenſis.

GANFO [b], Ville de la Chine dans la Province de Kiangſi, au Departement de Kiegan neuviéme Metropole de cette Province. Elle eſt de 3. d. 10′. plus Occidentale que Pekin, & ſa Latitude eſt de 27. d. 55′. Près de Ganfo il y a vers l'Occident une Montagne qui occupe huit cens Stades de terrain. Il y a auſſi le LAC MIE, c'eſt-à-dire, le Lac de Miel ainſi nommé à cauſe de la bonté des Poiſſons qu'il nourrit.

1. GANGA, ou GANGITES, nom d'une petite Riviere de Thrace. Appien [c] la fait couler dans la plaine où étoient campez Brutus & Caſſius peu loin du Strymon.

c De Bell. Civil. p.651.

d De l'Iſle Carte des Indes.

2. GANGA [d], Riviere de l'Indouſtan. Elle a ſa ſource dans les Montagnes de Balagate au Midi deſquelles elle coule vers l'Orient, puis vers le Nord-eſt & borne les Royaumes de Berar & d'Orixa qu'elle ſepare l'un de l'autre & coulant à l'extremité Septentrionale de ce dernier Royaume, elle ſe jette dans le Golphe de Bengale, aſſez près de la bouche Occidentale du Gange. Il ne faut pas la confondre avec le Gange.

e l.7.

GANGAMA, Γαγγάμη, Strabon [e] en parle au ſujet d'une pêche que l'on faiſoit ſous la glace vers le Palus Méotide près du Boſphore Cimmerien, Xylander & Bonaccioli croient que *Gangama* eſt le nom particulier du lieu, où ſe faiſoit cette pêche, mais Caſaubon ſoupçonne que ce mot ne ſignifie qu'une ſorte de filet: ainſi ſelon lui ce n'eſt pas un mot Géographique.

f l.2.c.2.
g Parall. 2.part.l.3. p.186.
h Britann.

1. GANGANI, ancien peuple d'Irlande, ſelon Ptolomée [f]. Il répond, ſelon le P. Briet [g], au Comté de KERRY & partie de LYMMERIK. Camden [h] qui derive de ce nom celui de la Province de CONNAUGHT, croit que c'eſt le même que CONCANI, qui ſignifie un peuple d'Eſpagne d'où il fait venir les *Gangani*, ou *Concani* d'Irlande, de même que ceux d'Eſpagne venoient de Scythie, ſurquoi il cite les vers de Silius Italicus [i].

i l.3.v.360.

Nec qui Maſſageten monſtrans feritate parentem
Cornipedis fuſa ſatiaris Concane vena.

2. Il y avoit auſſi un peuple GANGANI, ou CANGANI dans l'Iſle d'Albion.

3. GANGANI. Voiez TANGANI.

k Theſaur.
l l.5.c.12.
m Bibliot. Coiſlin. p. 699.
n Theſaur.

GANGARA, ancienne Ville d'Aſie dans l'Albanie, ſelon Ortelius [k] qui cite Ptolomée [l]; mais je trouve dans cet Auteur Γάγγαρα πόλις. Le Manuſcrit de la Bibliotheque Seguier [m] porte Γάντερα ΓΑΕΤΑRΑ. Ortelius [n] avoue lui-même que des Manuſcrits portoient ainſi; mais il les traite de corrompus & blâme Niger de les avoir ſuivis. Niger croit que c'eſt preſentement Bachu, d'autres que c'eſt Citracu.

o l.7. c.14.

2. GANGARA, Royaume d'Afrique dans la Nigritie. Jean Léon écrit GUANGARA, & GNANGARA. Ce Pays, dit-il [o], eſt contigu au Pays de Zanfara du côté du Sud-

GAN.

eſt, il eſt très-peuplé & a ſon Roi particulier qui entretient ſept mille hommes armez de fleches & cinq cens chevaux pour ſa garde: ſes revenus ſont conſiderables. Vous n'y voyez que de miſerables Villages, hormis un qui eſt plus grand & plus beau que les autres. Ses habitans ſont riches & trafiquent ſans ceſſe avec les peuples voiſins. Il confine au Midi à une contrée où l'on trouve beaucoup d'or. A preſent (c'eſt-à-dire, dans le temps que cet Auteur écrivoit) il ne ſauroit trafiquer avec les étrangers parce qu'il eſt ſerré de tous côtez par ſes ennemis; Iſchia le ravage au Couchant & le Roi de Bornou au Levant. Lorſque j'étois à Bornou le Roi Abraham ayant aſſemblé une nombreuſe armée, avoit entrepris de detrôner le Prince de Guangara & l'auroit fait s'il n'en eût été empéché par Homar Prince de Gaoga, qui s'étoit jetté ſur les terres de Barnou. Ainſi le Roi de Bornou fut forcé de laiſſer le Pays de Guangara pour venir au ſecours du ſien. Lorſque les Marchands de Gangara vont à cette contrée de l'or, comme les Chemins ſont trop mauvais & que les chameaux ne s'en pourroient pas tirer, ils chargent leurs Marchandiſes ſur le dos de leurs eſclaves, & tout chargez qu'ils ſont, ils font une traite de dix ou douze milles. J'en ai même vu qui la faiſoient deux fois en un jour. On ne croiroit pas le poids que ces miſerables portent; car outre les Marchandiſes, ils portent encore des vivres pour leurs maîtres & pour l'eſcorte qui les accompagne. Monſ. de l'Iſle place au Couchant du Royaume de Bournou ce Royaume: mais il le nomme le Royaume d'Ouangara. Il dit qu'on en tire de l'or, du Sené & des Eſclaves. Il lui donne pour Capitale une Ville qu'il nomme OUANGARA, ou GHANARA. On voit bien qu'il a pris ce nom d'Ouangara du Géographe de Nubie [p] qui met dans le voiſinage de Ghana un Pays nommé VANCARÆ TERRA, & riche par l'abondance & la bonté de ſes mines d'or. Il ajoute que le Royaume de Ghana confine avec le Pays de Vancara du côté de l'Orient, que la Ville de Ghana eſt à huit journées de chemin des premiers confins de ce Pays; que ce dernier Pays eſt une Iſle de trois cens milles de long & de cent cinquante de large, que le Nil l'environne toute l'année (c'eſt-à-dire, le Niger) mais qu'au Mois d'Août lorſque ce fleuve ſe deborde, il en couvre la plus grande partie qui demeure ſous l'eau juſqu'à ce que l'inondation ceſſe, qu'après que le fleuve s'eſt retiré, les Negres reviennent chacun dans ſon lieu, égratignent la terre & y trouvent aſſez d'or pour les payer de cette peine, qu'enſuite ils vendent cet or aux Marchands de Vareclan & à d'autres Peuples plus Occidentaux. Ce qui ſuit ne s'accorde pas bien avec ce qu'on vient de lire de la diſtance de Ghana aux premiers Confins de Vancara. Car le Géographe Arabe après avoir dit qu'elle eſt à huit journées de chemin n'en compte que ſix de Ghana à Tirca Ville de Vancara. C'eſt une faute du Géographe ou de ſes Traducteurs Latins.

p 2 part. Clim. 3.p. 11. & 12.

GANGARA, GHANARA, OUANGARA, GUANGARA, GNANGARA, & VANCARA, ſont un ſeul & même nom. Le Géographe de Nubie nomme le Pays *Vancara* & la Ville Capitale *Ghanara*. Il fait ce Pays contigu au Royaume de Ghana. Mr. de l'Isle met le Royaume de ZEGZEG entre deux.

GANGARIDÆ, ancien Peuple de l'Inde auprès de l'Embouchure du Gange, selon Ptolomée [a] qui leur donne pour Capitale une Ville nommée Gangé. Quinte Curse les met au delà du Gange, en quoi il se trompe, comme en quantité d'autres endroits. Il y avoit le Peuple *Gangaride* simplement dont quelques-uns étoient au delà du Gange & entre ses Embouchures. Il y avoit les GANGARIDES CALINGES dont la Capitale étoit PARTHALIS, selon Pline [b]. Voiez CALINGÆ. Ces derniers étoient très-riches en Elephans, comme Pline le marque, & c'est à cette richesse que Virgile songeoit quand il a dit [*] :

In foribus pugnam ex auro, solidoque Elephanto
Gangaridum faciam.

GANGAVIA, ce nom dans les Editions de Solin a été mis au lieu de *Scandinavia* qu'il faut lire.

1. GANGE, Γάγγη, Ville de l'Inde, à l'Embouchure du Gange, Capitale du Pays des Gangarides, selon Ptolomée [c].

2. GANGE, (le) grand Fleuve de l'Inde. Ce Fleuve a été peu connu des Anciens parce que les Macedoniens ne penetrerent point jusques-là. Strabon [d] le regarde comme le plus grand de tous les Fleuves que l'on connoissoit de son temps. Pline [e] parle de sa source avec incertitude: quelques-uns, dit-il, veulent qu'il soit comme le Nil dont on ne connoît point l'origine; d'autres veulent qu'il descende des Montagnes de la Scythie. Il pouvoit ajouter qu'ils ont raison. Strabon décrit ainsi son cours : le Gange descend des Montagnes, & lorsqu'il a gagné la plaine, il se tourne vers l'Orient. Il faut avouer qu'il ne se tourne que bien peu & presque imperceptiblement, si ce n'est dans une petite partie de son cours. Strabon ne lui donne qu'une Embouchure. Ptolomée lui en compte cinq ou six qu'il nomme ainsi en commençant à l'Occident. La premiere est appellée CAMBUSUM, la seconde μέγα, MAGNUM, ou la Grande, la troisiéme CAMBERICUM, la quatriéme TILOGRAMMUM, la cinquiéme PSEUDOSTOMUM, ou la fausse Embouchure, la sixieme ANTIBOLÉ, ou l'Embouchure opposée. A présent il y en a deux principales & plusieurs petites.

Pline dit qu'il y a XXI. Rivieres qui se jettent dans le Gange. Il met entre celles qui s'y rendent du côté d'en deçà le IOMANES qui coule dans le Pays des Palibrothes; l'ERANNOBOA duquel Arrien [f] dit qu'il se mêle avec le Gange près de la Ville de Palibrotha; & le CAINAS. Pline nomme aussi les CONDOCHATES, le COSOAGUS, le SONUS, il ne nomme point les autres Rivieres, mais il dit qu'elles sont toutes navigables. Arrien nomme les Rivieres suivantes qu'il dit s'emboucher dans le Gange, savoir le *Caina*, le *Condochates*, l'*Erannoboa*, & le *Sonus* que nous venons de nommer, mais il y ajoute le *Cossoanus* (qui est apparemment le même que le *Cosoagus* de Pline)

la SITTOCATIS, la SOLOMATIS, le SAMBUS, le MAGON, l'AGORANIS, & l'OMALIS. Voilà à quoi se reduisent les connoissances que les Anciens ont eues du plus grand Fleuve de l'ancien Monde.

Les Indiens Modernes croient que le Gange n'a pas sa source dans les entrailles de la Terre comme les autres Fleuves. Il est, disent-ils, descendu du Ciel dans le Paradis de Devendre & de là dans l'Indoustan. On peut voir dans ma Dissertation sur les mœurs & sur la Religion des Bramines, toutes les Fables que ces pauvres gens ont imaginées pour faire descendre ce Fleuve. Un jeune homme nommé Bagireta ayant vu son Pere & la plus grande partie de sa famille avoient été reduits en cendres & que l'eau du Gange qui ne couloit pas encore sur la terre n'auroit pas plutôt arrosé ces cendres qu'elle les ranimeroit fit tant que Vistnou un des Dieux des Indiens lui accorda la permission de conduire ce Fleuve où il voudroit. Bagireta se voyant en si beau train d'être exaucé, souhaita que le Fleuve descendît sur la Montagne CHIMAVONTAM qui est située assez avant du côté du Nord. La Montagne declara qu'un si pesant fardeau l'écraseroit par sa chûte & qu'il n'y avoit qu'Eswara (autre Dieu des Indiens) qui fût capable de soutenir un tel poids. Eswara fit la faveur à Bagireta de s'offrir à recevoir cette Riviere sur sa tête. Le Gange qui apparemment ne le connoissoit pas n'eût pas assez bonne opinion d'Eswara pour croire qu'il ne pût pas être écrasé, & pour le punir de sa temerité il se preparoit à l'accabler sous le faix, lorsqu'Eswara pour lui faire mieux connoître ses forces, le reçut & le garda sur sa tête sans lui permettre de s'écouler. Bagireta qui ne trouvoit pas son compte à cette vangeance, pria Eswara de laisser couler ce Fleuve sur la Montagne Chimavontam, ce qui fut fait, le Gange suivit Bagireta, mais en chemin, il se rencontra qu'un St. Homme étoit occupé à un *Jagam* sorte de Sacrifice. La Riviere en emporta tous les apprêts & lui causa un si grand chagrin qu'il lui ordonna de venir dans sa main & il l'avala toute entiere. Bagireta voyant par là ses esperances reculées, pria le Saint de lui rendre la Riviere; cela étoit difficile à moins que d'ôter à ses eaux leur Sainteté. Car soit qu'il la rendît par haut ou par bas, elle devenoit impure. Ils convinrent qu'il la feroit sortir par sa cuisse, delà elle suivit Bagireta jusqu'au Pays de Bengale où elle se partagea en plusieurs Branches. Les cendres des soixante mille hommes consumez par le feu en furent arrosées & ces corps ressuciterent. Ces détails tout impertinens qu'ils sont nous apprennent en premier lieu que la Montagne où est la source du Gange s'appelle CHIMAVONTAM. Elle fait partie du Mont Imaus. Ils nous fournissent l'explication de trois nom que les Indiens donnent au Gange, car premierement ils l'appellent *Riviere Celeste*, parcequ'ils supposent qu'elle est effectivement descendue du Ciel. En second lieu ils l'appellent JENNADI, ou *Riviere de la Cuisse*; troisiémement ils la nomment BAGIRETI du nom de celui qui l'alla chercher.

Akbar, ou Akebar Empereur Mogol voulut connoître l'origine du Gange. Voici ce que

[a] l. 7. c. 1.
[b] l. 6. c. 19.
[*] Georg. l. 3. v. 27.
[c] l. 7. c. 1.
[d] l. 15.
[e] l. 6. c. 18.
[f] *In Indic.* c. 10.
[g] c. 14. p. 72.

[a Hist. Gener. du Mogol. p. 138.] que le P. Catrou [a] en dit sur les Memoires de M. Manouchi : ce Fleuve le plus Oriental de l'Indoustan coule du Septentrion au Midi & fait à son Embouchure dans le Royaume de Bengale presque les mêmes effets que le Nil fait en Egypte. En certains temps de l'année il se deborde en quelques endroits & le limon qu'il repand sur les terres y produit la fécondité. Ce n'est pas là l'unique ressemblance de ce Fleuve avec le Nil. Les Idolâtres l'adorent & regardent ses eaux comme capables de remettre les pechez. Sa source a toûjours été la matiere de la dispute des Brachmanes d'aujourd'hui & des Gymnosophistes d'autrefois. Du temps d'Akebar on l'ignoroit encore comme on ignoroit il y a près d'un siécle l'origine du Nil. L'Empereur fit donc tous les frais necessaires, pour savoir au vrai la source d'un Fleuve qui faisoit la principale richesse de ses Etats. Il députa des gens qui suivant les bords du Gange, remontassent enfin jusqu'à sa premiere origine. Il leur donna des vivres, des chevaux, de l'Argent, & des Lettres de recommandation, pour passer impunément sur toutes les terres que le Gange arrose & qui n'étoient pas de sa dépendance. On s'avança toûjours du côté du Nord, & plus on approchoit de la source, plus le lit du Fleuve s'etrecissoit. On traversa des Forêts inhabitées où il falut se faire des chemins nouveaux. Enfin on arriva à une haute Montagne qui sembloit taillée par l'art en forme d'une tête de Vache. Delà coule une grande abondance d'eaux qui semblerent aux Deputez être la premiere origine du Gange. On ne penetra pas plus avant. On revint après avoir couru de grands dangers, faire à l'Empereur le rapport du Voyage. La Relation des Deputez fut inserée dans la Chronique d'où Mr. Manouchi l'a tirée. Cependant on peut dire qu'ils ne rapporterent rien de nouveau. Long-temps avant Akebar on étoit persuadé aux Indes que le Gange prend sa source dans une Montagne dont la figure approche d'une tête de Vache. C'est pour cela, disoit-on, que ces animaux sont depuis long-temps l'objet de l'Adoration des Indiens. En effet la principale esperance entre-eux du bonheur de la vie future consiste à pouvoir mourir dans les eaux du Gange en tenant une vache par la queue.

Ces remarques de l'Auteur cité s'accordent très-bien avec la tradition fabuleuse que j'ai rapportée ci-dessus. Les Indiens donnent à Eswara pour voiture symbolique le bœuf, comme les Payens donnoient l'aigle à Jupiter. Cette Montagne taillée en tête de Vache a été ainsi disposée pour representer Eswara qui reçoit sur sa tête le Gange dont les eaux viennent de plus haut, c'est-à-dire, du Ciel, selon les Indiens, ou plutôt des hautes Montagnes qui sont au Midi de la Tartarie. Le P. Catrou poursuit ainsi. Depuis Akebar, on a poussé les decouvertes plus loin & l'on a trouvé que le Gange fait une cascade sur la Montagne d'où l'on croioit qu'il tiroit sa source ; mais qu'elle étoit bien plus avant dans les terres au fond de la grande Tartarie. Je crois qu'il y a de l'excès dans cette expression. Nous ne connoissons point de Relations qui porte la source du Gange au delà des Montagnes qui bornent le petit Tibet au Midi Oriental. C'est la même masse de Montagnes qui envoye le Sihun & le Gehon, qui sont le Jaxarte & l'Oxus des Anciens, au Nord-est arroser la Tartarie des Usbecs. Le Sinde & le Gange y ont aussi leurs sources & coulent l'un vers le Midi Occidental, l'autre vers le Midi Oriental. Ces deux dernieres, savoir l'Inde ou le Sinde & le Gange, ont leurs sources à environ douze lieues l'une de l'autre.

Le Gange trouvant d'abord des Montagnes qui le rejettent vers le Sud-est, puis vers l'Est, rencontre ensuite un passage entre les Montagnes de Nangracut qui le ramenent vers le Midi. Il forme un assez grande Isle à la rencontre d'une Riviere qui vient de l'Est où elle arrose le Royaume du Grand Tibet ; puis il serpente tantôt vers le Sud, tantôt vers l'Ouest ou vers le Sud-Ouest, dans le Pays de Siba, & au dessous de Sirinagar, il reprend la route du Sud-est toûjours en serpentant jusqu'à Jamba, dans le Pays de même nom ; arrose Becaner au Pays de Bacar, reçoit la Riviere de Persilis g. & celle de Halabas qui vient d'Agra, celle de Narvar d. au Pays de même nom, vis-à-vis de Benares, g. celle de Gouderasou, d. puis une autre au dessus de Patna qu'il baigne d. Ensuite il se charge de la Riviere de Gadet g. au Pays de Patan ; les ruisseaux de Ratara & de Martnadi. C'est à l'Embouchure de cette Riviere que commence le Royaume de Bengale. Au dessous de Ragemolle il se separe en deux branches & forme une Isle à la pointe Septentrionale de laquelle est la Ville de Casembazar.

La branche Occidentale reçoit plusieurs petites Rivieres, l'une qui vient de Bamreflor, une autre qui tombe entre Chinchora & Ougli & une troisiéme qui vient de Mandracour. La branche Orientale passant au Nord de Casembazar, se partage en deux & forme une Isle à l'Ouest de Daca, une autre au Midi de cette Ville, & reçoit la Riviere de Laquia qui vient du Lac de Chamay & se jette dans le Gange par trois Embouchures. Entre Daca & Ougli il y a un Canal qui communique d'une des branches à l'autre & enferme au Sud-est l'Isle où nous avons dit qu'est situé Casembasar. L'Isle qui reste à l'Orient & Midi de celle-ci, est vis-à-vis d'Ougli & de Chandernagor, on y trouve Colcota. Elle est bordée à l'Orient par la branche Occidentale du Gange qui se separe en deux bras au dessous de Daca, & forme une Isle triangulaire ; le bras qui coule vers le Midi après avoir formé un Angle aigu se replie vers le Nord-est & va retrouver l'autre bras avec lequel il se joint & ils vont ensemble baigner la Ville de Chatigan avant que de se perdre dans la Mer.

A l'entrée de l'Embouchure Occidentale est l'Ilho de Gale ; entre cette Embouchure & la Ville de Chatigan qui est à l'autre Embouchure le Terrain est entrecoupé de Canaux qui y forment un grand nombre d'Isles. J'ai parlé de ces Isles, & de l'Oiseau Meina qu'on y trouve, à l'Article de Bengale.

[b] Les Indiens Gentils estiment les eaux du Gange sacrées ; ils ont des Pagodes auprès, qui sont les plus belles des Indiens, & c'est particulierement en ce Pays où l'Idolatrie triomphe. [b Thevenot Voyag. des Indes c. 40. p. 201.]

phe. Les deux principales Pagodes sont Jaganat. Voïez JAGRENATE; (Elle est à une des Embouchures du Gange, vis-à-vis de Chatigan) & celle de Banarous, ou Benares, qui est aussi sur le Gange, mais beaucoup plus haut; celle de Casi est aussi sur le Gange, c'est la même que le P. Bouchet [a] nomme CACHI; elle est à douze lieues d'AJOT-JA autre lieu fameux qui est plus vers le Nord. Les pauvres Indiens sont si persuadez de la Sainteté du Territoire de Casi [b] qu'ils croient que tous ceux qui y meurent jouïssent du Privilege qu'Eswara a autrefois attaché à ce lieu-là. Lors qu'ils sont à l'agonie il ne manque point de leur venir souffler dans l'oreille droite; & de les purifier ainsi de tous leurs pechez, c'est pour cela que tant les hommes que les bêtes meurent couchez sur l'oreille gauche. Si quelqu'un s'étoit imprudemment couché sur l'oreille droite il ne manquera jamais, disent-ils, de se tourner de l'autre côté lorsqu'il sera prêt d'expirer. On confirme cela par l'Histoire d'un Mogol qui doutant de la verité de ce miracle, voulut l'éprouver en sa presence. Il avoit un Cheval qui n'en pouvoit plus. Il le fit lier par les quatre pieds & coucher sur le côté droit, mais lorsque le Cheval sentit les approches de la mort, les Cordes qui lui attachoient les pieds se briserent & il se tourna sur l'oreille gauche. Comme les ames de ceux qui meurent à Casi ne doivent plus retourner sur la terre, leurs corps se changent en pierres. Telle est la superstition Indienne à l'égard de Casi sur le Gange. Celles de Monger & de Patna sont aussi près du Gange.

Thevenot [c] continue ainsi: il n'y a rien de plus magnifique que ces Pagodes à cause de la quantité d'or & de pierreries dont elles sont ornées: il s'y fait des fêtes de plusieurs jours & il y vient des cent mille personnes des autres Pays des Indes. Ils portent leurs Idoles en triomphe & l'on y voit toutes sortes de superstitions. Elles sont entretenues par les Bramens qui sont en grand nombre & qui y trouvent leur compte.

Le Mogol boit ordinairement des eaux du Gange à cause qu'elles sont beaucoup plus legeres que les autres, & cependant (dit le même Auteur) j'ai vû des gens qui assurent qu'elles causent le flux de ventre & que les Européens qui sont obligez d'en boire la font bouillir pour en user.

Selon Mr. de l'Isle la source du Gange est vers le 96. d. de Longitude & le 35. d. 45'. de Latitude, & son Embouchure Occidentale vers le 106. d. de Longitude & le 21. 15'. de Latitude, son Embouchure Orientale est vers le 108. d. 25'. & par le 22. d. de Latitude.

Josephe parlant du Phison l'un des quatre Fleuves du Paradis Terrestre dit [d] que c'est le même que les Grecs ont nommé le Gange. C'est une opinion qui a été suivie par beaucoup de Peres de l'Eglise par Eusebe [e], par St. Ambroise, [f] par St. Epiphane [g], par St. Jerôme [h], par St. Augustin [i], par plusieurs autres & par la plupart des Interpretes & des Théologi es Modernes. Elle a été par les Indiens mêmes & c'est surquoi ils se sont fondez pour croire que le Gange est saint, qu'il efface leurs péchez & les sanctifie lorsqu'ils s'y baignent & qu'il les sauvera après leur mort si l'on y plonge leurs corps.

Cette opinion, dit Mr. Huet [k] Evêque d'Avranches, s'est principalement établie sur la beauté, les richesses, & les commoditez de ce Fleuve dont les Livres des Voyageurs sont pleins; car encore qu'Arrien [l] ait écrit que tous les Indiens, chez qui Alexandre porta la guerre, étoient sans or, & il y en avoit pourtant dans leur terre, & Moïse a eu égard à la nature du Pays & non aux mœurs des habitans. Il est certain que le Gange a de l'or dans ses sables & sur ses rives; qu'on le met au rang des Fleuves qui donnent des. pierres precieuses; que les Royaumes de Golconde & de Bisnagar qui sont sur la côte Occidentale du Golphe de Bengale où le Gange se decharge sont abondans en Perles & en pierres precieuses, & que ne paroissant pas vraisemblable que de mediocres Rivieres sortissent d'un lieu preparé & embelli de la main de Dieu, on ne pourroit attribuer cet honneur qu'aux plus fameux Fleuves du Monde. Ainsi la beauté & les richesses du Gange ont fait croire qu'il venoit du Paradis, & cette croyance l'a fait estimer Saint: mais de plus comme ceux qui veulent que le Phison soit le Gange veulent que le Gehon soit le Nil, on decouvre un autre motif qu'ils ont eu d'entrer dans ce sentiment. C'est le passage de l'Ecclesiastique où il est dit de Dieu qu'*il emplit tout de sagesse comme le Phison & comme le Tigre au renouveau: qu'il remplit l'entendement comme l'Euphrate & comme le Jourdain au temps de la Moisson: qu'il fait briller la Doctrine ainsi qu'une Lumiere & comme le Gehon au temps de la Vendange.* Les Peres en lisant ce passage se sont persuadez que l'Auteur a commencé le denombrement de ces Fleuves par l'Orient & l'avoit fini à l'Occident suivant la coutume des Ebreux de regarder l'Orient dans leurs descriptions Géographiques & de mettre par consequent le Septentrion à leur gauche & le Midi à leur droite, & qu'ainsi le Phison étant le plus Oriental de ces cinq, il ne pouvoit être autre que le plus noble des Fleuves d'Orient qui est le Gange. Le Tigre vient après comme le plus Oriental des quatre autres; puis l'Euphrate, le Jourdain ensuite; & enfin le Gehon qui devoit être le plus fameux des Fleuves d'Occident, comme le Gange de ceux d'Orient & ils n'en ont point trouvé de preferable au Nil.

Lorsque l'on a posé ce fondement que le Phison est le Gange, on ne s'est point embarassé de l'objection qu'on pouvoit raisonnablement faire sur la distance de sa source & de celle des autres Fleuves qui venoient du même lieu, ce qui auroit fait le Jardin presque aussi grand que la Terre. On a eu recours à des conjectures frivoles, ou à des fictions sans preuves, ou au miracle qui est le refuge ordinaire de ceux à qui la Raison ne fournit point de defense, & un moyen sûr pour soutenir les opinions les plus bisarres. On avoit ouï dire faussement que le Tigre & l'Euphrate sortoient d'une même source & on avoit ouï dire veritablement qu'assez près de leur source, ils se plongeoient sous la terre & reparoissoient bientôt après. On n'a point examiné la longueur

G 2 de

---

[a] Lettres Edifiant. Recueil 14. p. 12.
[b] Dissert. sur les mœurs & sur la Relig. des Bramines p. 70.
[c] p. 201.
[d] Antiq. l. 1. c. 2.
[e] De Locis Ebraic.
[f] De Parad. c. 3.
[g] Ancorat. c. 58.
[h] Epist. 4. ad Rustic. c. 1. & Quæst. Eôr. in Genes.
[i] De Genes. ad Litter. l. 8. c. 7.
[k] De la situat. de Parad. Terrest. p. 88.
[l] Expedit. Alex. l. 5.

de cette course cachée & on a donné une énorme étendue à l'étendue de peu de lieues. On a dit que cette pretendue source avoit partagé ses eaux en quatre Fleuves & que ces Fleuves s'étoient ensuite cachez sous la terre & qu'après de longs detours secrets & inconnus qu'ils avoient faits sous divers Pays, & sous diverses Mers, ils étoient allez renaître au bout du Monde. Sur ce principe on a choisi les Fleuves qu'on a voulu pour en faire le Phison & le Gehon, & veritablement Fleuve pour Fleuve on ne pouvoit mieux choisir que le Gange.

Mais le Phison ne sauroit être le Gange qu'en vertu d'une supposition sans fondement. Il est bien plus naturel de croire avec le R. P. Hardouin que le Phison & le Gehon étoient des Fleuves de l'Arabie. Voiez PHISON.

Plutarque dans son Traité des Fleuves dit que le Gange a été anciennement nommé Chliaros, & raconte à ce sujet une petite Fable que voici. Une fille Indienne eut un fils parfaitement beau qui étant un jour pris de vin, & presque endormi eut commerce avec sa mere sans le savoir. Ayant ensuite apris de sa nourrice quel crime il avoit commis, il se jetta de desespoir dans le Fleuve Chliaros qui perdit son nom pour prendre celui de ce jeune homme. Il ajoute sur le temoignage d'un certain Callisthene qui avoit écrit de la chasse qu'au bord du Gange il croît une herbe pareille à la Buglose; laquelle étant broyée, on en exprime le suc & dans l'obscurité de la nuit on en va froter tout à l'entour les endroits où les Tigres se retirent; ce suc a la force de les arrêter, de maniere qu'ils ne peuvent sortir, & meurent dans cet endroit. Le Gange se deborde en certains temps, nourrit des Crocodiles, & ressemble au Nil en plusieurs choses.

a Florid. c.6. Voici l'idée qu'Apulée [a] nous donne du Gange qui coule parmi les Indiens : *Ganges apud eos omnium amnium maximus,*

Eois regnator aquis in flumina centum;
Discurrit, centum Valles illi, oraque centum,
Oceanique fretis centeno jungitur amni.

Ces vers sont une preuve que de son temps on ne connoissoit pas ce Fleuve fort exactement. Ethicus qui dans sa Cosmographie parle aussi du Gange en fait un galimathias qui ne merite pas d'être rapporté.

3. GANGE, (le) Riviere de l'Isle de Taprobane, selon Ptolomée; c'est vraisemblablement la Rivière de Trinquimale dans l'Isle de Ceïlan.

GANGEA, Ville de Perse dans la Georgie entre la Ville d'Irvan & celle de Schamachie. Le P. Avril en parle ainsi : [b] *Gangea* *b Voyage de Tartarie l.2.p.65.* qui est une des meilleures Villes de la Perse, est située dans une agréable plaine qui a plus de vingt-cinq ou trente lieues d'étendue. La quantité de ruisseaux qui s'y rendent & dont on se sert avec avantage pour cultiver les Jardins qui occupent une bonne partie de la Ville, ne contribue pas peu à rendre le terroir d'alentour delicieux & fertile. Nous y arrivames au milieu du printemps & jamais spectacle ne m'a plus frapé que cette multitude de maisons entrecoupées d'une infinité de Bocages que formoient alors les arbres également chargez de fleurs & de feuilles qu'un beau verd naissant rendoit encore plus agréables : aussi les Persans n'appellent-ils point autrement ce Canton enchanté que le parterre de l'Empire. Les Bazars ou Marchez qui sont dans le centre de la Ville sont les plus beaux & les plus magnifiques de tous ceux que j'ai vû dans l'Orient : outre leur étendue extraordinaire, ils sont tous très-bien voutez & chaque espece de Marchandise y a son quartier marqué. Comme la situation de Gangea est extrêmement avantageuse pour le Commerce, on y voit en tout temps une très-grande foule d'étrangers.

GANGELA, Royaume d'Afrique dans la basse Ethiopie vers le Royaume d'Angola, selon Mr. Baudrand [c] qui cite Jean Leon l'Africain. La citation est fausse & Jean Leon ne parle aucunement de la basse Ethiopie qu'il ne connoissoit pas. *c Ed. 1682.*

GANGES, nom Latin du GANGE.

GANGES [d], petite Ville de France au bas Languedoc dans le haut Diocèse de Montpelier, aux confins de celui d'Alais, sur la Riviere d'Aude, à sept lieues de Montpelier au Septentrion, à quatre d'Anduse au Couchant & à dix-neuf d'Avignon en allant vers Lodéve. *d Baudrand Edit. 1705.*

GANGETICA TELLUS. Lucain [e] nomme ainsi le Pays qu'arrose le Gange. *e Pharsal. l.4.v.64.*

GANGETICUS SINUS. Les Anciens nommoient ainsi le Golphe de Bengale. Il a quité le nom du Fleuve pour prendre celui du Royaume où ce Fleuve arrive à la Mer.

GANGIN [f], Ville de la Chine dans la Province de Kiangsi, au departement de Jaocheu qui en est la seconde Metropole. Elle est de 28°. plus Occidentale que Pekin, à 29. d. de Latitude. *f Atlas Sinensis.*

GANGINES, Peuple de l'Ethiopie, selon Orose [g]. Ortelius [h] dit que c'est presentement la Guinée. *g l.1. h Thesaur.*

GANGI-NUOVO, Bourg de Sicile au pied des Montagnes de Madonia à la source de la Riviere de Salso dans la Vallée de Demona. Il a titre de Principauté.

A deux milles & au Midi de ce Bourg on voit les Ruines de GANGI VECCHIO, où est encore une Abbaye de Benedictins. *Gangi Nuovo* tient à peu près la place de l'IMACHARA des Anciens, & *Gangi Vecchio* tient lieu de leur Engyum, selon Mr. de l'Isle.

GANGIR [i], (le Cap de) Cap d'Asie dans la Syrie à l'entrée du Golphe d'Aiazzo entre la Ville d'Alexandrette & l'Embouchure de la Riviere qui baigne Antioche. *i Baudrand Ed. 1705.*

GANGLUDE, Village aux environs de la Meuse à huit lieues d'Aix la Chapelle. Eginhart en parle dans l'Histoire des Saints Martyrs Marcellin & Pierre.

1. GANGRA, Γάγγρα, selon Strabon, GANGRE, selon Pline, ancienne Ville d'Asie dans la Paphlagonie. Nous la nommons GANGRES en François quoi que le nom moderne soit CANGRI. Cette Ville est remarquable surtout dans l'Histoire Ecclesiastique par le Concile qui s'y est tenu sous le Pontificat de Silvestre I. vers l'an 324. [k] pour condamner ceux qui par un amour excessif pour la continence soutenoient que le Mariage n'est pas un état saint & agréable à Dieu, & contre divers autres abus. Strabon [l] dit que ce n'étoit qu'une 562. *k Caranza Summa Concil. p. 96. l l.12.p. 562.*

GAN.

ne petite Ville avec un Château. Pline la nomme simplement GANGRE ; une Notice de Léon le Sage donne à Gangra le xv. rang entre les Metropoles. Elle étoit effectivement la Metropole de la Paphlagonie & dans la Notice generale du même Empereur on lit GANGRORUM pour le premier Siége ; les autres sont *Junopoleos*, *Dadybrorum*, & *Sorarum*. La Notice de Hierocles met six Evêchez dans cette Province.

Pagra, ou Gangra,	Amastrium,
Pompeiopolis,	Junopolis,
Sora,	Dadybra.

Cette Metropole perdit le xv. rang & ne fut plus que la xvIII. selon la Notice du vieux Andronic Palæologue. Son Archevêque ne laissa pas d'être compté entre les *Hypertimes*, ou très-honorables.

St. Macedonius Patriarche de Constantinople, exilé à Euchaites, se refugia à Gangres pour s'y mettre à couvert de l'incursion des Huns & y mourut l'an 516. St. Hypatius qui à son retour du Concile de Nicée fut tué par les Novatiens étoit Evêque de Gangres. Thevet pauvre Cosmographe s'il en fut jamais, dit que Gangres fut nommée aussi *Pompeiopolis*. Hierocles les distingue, comme on vient de voir. Belon dit qu'elle a été nommée THEODOSIA GANGRORUM & qu'on a fait de ces deux noms celui de TOTIA, qui selon lui est le nom moderne. Le R. P. Hardouin semble suivre ce sentiment. Le nom moderne est CANGRI. Le lieu se trouve dans l'Anatolie, vers la source du Sangari entre Chiutaye & Chiangare.

§ Elle n'est pas differente de GANGRA Ville du Pont nommée par Nicetas ; quoi qu'Ortelius paroisse les distinguer.

2. GANGRA, ancienne Ville de l'Arabie heureuse, selon Etienne le Geographe.

GANHAY [a], Forteresse de la Chine dans la Province de Fokien. Elle est de 2. d. 3'. plus Orientale que Pekin & sa Latitude est de 24. d. 45'. Cette Ville quoique forte est riche & très-marchande. Elle a un port assez commode que forme l'Embouchure d'une Riviere que la Mer fait souvent refouler. A l'Orient de la Ville est un magnifique pont de pierre noire, de deux cens cinquante pas de long, soutenu sur plusieurs Arches.

GANI MONTES, Montagnes de Thrace, selon Gregoras [b], Nicetas les place vers la Macedoine. Suidas parle aussi d'une Montagne qu'il nomme GANOS, Γάνος & d'un lieu de Thrace nommé GANIADA, Γανιάδα. Pline [c]. 4. c. 11. parle d'une Ville nommée GANOS, qui ne subsistoit déja plus de son temps. Quelques Editions portent GONOS qui étoit une faute.

GANIADA. Voiez l'Article precedent.

GANIATTANI, selon Mr. Corneille [d]. Mr. de l'Isle [e] écrit GANATANI Bourgade de l'Isle de Ceilan au Royaume de Candy-Uda, auprès d'Yattonor.

GANIPOTES. Voiez SITONES.

GANKING [f], Ville de la Chine dans la Province de Kiangnan ou de Nankin dont elle est la dixiéme Metropole, elle est de 20'. plus Occidentale que Pekin & située à 31. d. 20'.

[a] *Atlas Sinensis.*
[b] *Ortel. Thesaur.*
[c] l. 4. c. 11.
[d] *Dict.*
[e] *Carte de Ceilan.*
[f] *Atlas Sinensis.*

GAN. 53

de Latitude, au bord Septentrional du grand Fleuve Kiang ; c'est une des plus belles Villes de la Province, elle est riche, très-marchande ; car c'est la premiere par où passe tout ce que l'on porte à Nankin ; elle est aux confins de trois Provinces, savoir Kiangnan, Huquang, & Kiangsi. Elle a un Viceroi qui est placé par le Gouverneur de la Province ; il entretient une nombreuse Garnison au Fort d'Haymuen qui defend le Lac de Poyang & le Fleuve Kiam, où la famille de Tanga éleva une Colomne de Fer haute de trois perches grosse à proportion & toute d'une piece. Le Territoire de cette Ville est bien exposé, agréable, & fertile, on y compte six Villes, savoir,

Ganking,	Taihu,
Tungching,	Sosung,
Cienxam,	& Vangkiang.

Cette contrée s'appeloit autrefois VON. La famille de Tanga la nomma JUCHEU ; & celle de Sunga l'appella Ganking.

GANKI [g], Ville de la Chine dans la Province de Fokien, au departement de Civencheu seconde Metropole de cette Province, elle est d'1. d. 34'. plus Orientale que Pekin, à 25. d. 4'. de Latitude.

GANNAN, ou ANNAN. Voiez ANNAN.

GANNARIA EXTREMA [h], Cap de l'Afrique sur l'Océan. Quelques Exemplaires portent CHAUNARIA. Quelques Auteurs croient que Ptolomée nomme ainsi le Cap de NON.

GANNAT [i], Petite Ville de France, dans le Bourbonnois ; & la derniere du côté de l'Auvergne. Il y a un Chapitre, un Couvent de Capucins, un d'Augustins & un de filles de Notre Dame. On compte dans cette Ville cinq cens habitans & cinq cens soixante & dix feux. C'est une des dix-neuf Châtellenies Royales qui dépendent du Bailliage & Senéchaussée de Moulins, c'est aussi le Siége d'une Election, d'un Grenier à Sel, d'un Bureau d'entrée & de sortie. Mr. de Longuerue [k] dit que la portion du Bourbonnois où sont la petite Ville de GANA (Gannat) & le Bourg de *Vichi*, est du Diocèse de Clermont & a été detachée de l'Auvergne.

GANNODURUM, ou GANODURUM, ancienne Ville des Helvetiens sur le Rhin, selon Ptolomée [l]. Les Modernes disputent si c'est CONSTANCE, ou ZURZACH, ou LAUFFENBERG ; le tout par conjecture. Cependant on a employé Ganodurum dans le moyen âge pour signifier Constance.

GANOS. Voiez GANI.

1. GANT. Voiez GORDUNI.

2. GANT, Bourg de France dans le Béarn sur la petite Riviere de Nés, à deux lieues de la Ville de Pau du côté du Midi. Pierre de Marca, dont l'excellent livre intitulé *Marca Hispanica* a fourni tant de savantes Observations à ce Dictionnaire, naquit en cet endroit le 24. Janvier 1594. il fut Conseiller d'Etat & marié, étant devenu veuf il se fit Ecclesiastique, fut Evêque de Conserans, & ensuite Archevêque de Toulouse, & il étoit nommé à l'Archevêché de Paris lorsqu'il mourut le 29. Juin 1662.

[g] *Atlas Sinensis.*
[h] *Ptolem.* l. 4. c. 6.
[i] *Piganiol de la Force desc. de la France T. 5. p. 252. & 263.*
[k] *Desc. de la France p. 131.*
[l] l. 2. c. 8.

G 3 GAN-

54   GAN. GAO.   GAO. GAP.

a Atlas Sinensis.

GANTOIS, (les) habitans de GAND.

GANXUN [a], Cité de la Chine dans la Province de Queicheu. Elle est de 12. d. 6'. plus Occidentale que Peking & compte 25. d. 25'. de Latitude. Elle n'a dans son district que deux Forteresses, savoir NINGCO & SIPAO. On prétend qu'elle appartenoit à la Seigneurie d'Hoang-fo. La famille de Juen la bâtit & l'annexa à la Province de Junnan, la famille de Taiminga l'unit à la Province de Queicheu. On y compte trois ponts, deux bâtis par la famille de Juen, l'un au Levant, l'autre au Couchant de la Ville ; le troisiéme est surnommé TIENSENG, c'est-à-dire naturel. Il a plus de mille perches d'étendue & touche aux murs de la Ville ; l'eau passe par dessous & le Chemin est si bien creusé des deux côtez qu'il ressemble à l'Arche d'un Pont.

Cette Cité a au Levant une Montagne nommée NIENCUNG, qui est très-haute quoi qu'elle n'ait que dix Stades de terrain.

b Ibid.

1. GANY [b], Ville de la Chine dans la Province de Kiangsi au departement de Nankang quatriéme Metropole de cette Province. Elle est d'1. d. 48'. plus Occidentale que Pekin, sous le 28. d. 41'. de Latitude.

c Baillet Topogr. des Saints p. 599.

2. GANY, ou GAGNY, en Latin *Vadiniacum* [c], Village de France au Vexin sur la Riviere d'Epte à un grand quart de lieue de sa décharge dans la Seine entre Vernon & la Roche-Guyon au Diocèse de Rouen. On croit que c'est le lieu où l'on répandit le sang de St. Nigaise, de St. Quirin ou Cerin, de St. Scuvicule ou Egobille, de Sainte Pienche & de quelques autres que l'on appelle communément les Martyrs du Vexin. L'un des plus célébres est encore St. Cler qui a donné le nom au Bourg de St. Cler, lieu de sa premiere Sepulture & de son Culte proche de là sur la même Riviere. C'est le même que GASNI, voiez cet Article.

d Hist. Æthiop.l.1. c.3.

GANZ, Royaume d'Afrique dans l'Abissinie, dont il fait partie, dans sa partie Meridionale, au Nord d'un Lac qui se décharge dans la Riviere de Beto qui tombe ensuite dans le Nil. Il est voisin du Royaume de GAFAT. Mr. Ludolf [d] observe que quelques-uns trouvant ce nom avec celui de Bali autre Royaume, dans les titres du Roi d'Abissinie, en ont fait mal à propos un Nouveau Royaume qu'ils ont nommé BALEGANZ.

e Paralip. l. 2. c. 28. v. 18.

GANZO [e], ou GAMZO, ancienne Ville de la Palestine dans la Tribu de Juda. Les Philistins la prirent sous le Regne d'Achaz.

f J. Leon. descript. Afric. l. 7. c. 16.

GAOGA [f], Royaume d'Afrique dans la Nigritie à l'extrémité Orientale. On le nomme aussi KAUGHA. Il est borné au Couchant par le Royaume de Bournou. Au Nord par le Pays de Berdoa, & confine à l'Egypte par un coin. Au Nord-est il a pour bornes la Nubie, au Sud-est le Nil, ou plutôt Bar-El-Abiad qui se jette dans le Nil ; & au Midi le Royaume & les deserts de Gorhan. Sa longueur d'Occident en Orient est de cinq cens milles, & sa largeur environ la même. Il n'y a ni humanité, ni aucune connoissance des Lettres ; les habitans en sont très-grossiers, surtout ceux qui demeurent dans les Montagnes ; ils vont tous nuds & n'ont qu'un peau pour se couvrir ce que la bienséance ne permet pas de laisser voir ; leurs Cabanes ne sont que de branchages & de feuilles, & le feu y prend aisément : ils ont des troupeaux nombreux & en ont grand soin.

Ils ont vécu libres assez long-temps, mais un Negre du Pays les a subjuguez. Il couchoit dans la chambre de son maître qui étoit un très-riche Marchand ; se voyant assez près de sa Patrie, il coupa la gorge à son maître, se saisit de tout ce qu'il avoit & s'enfuit en son Pays ; il y acheta des chevaux, fatigua les voisins par ses courses, & prenant toujours à son avantage avec une Cavalerie bien dressée, ces peuples qui étoient sans armes, il leur enleva beaucoup d'hommes qu'il troqua contre des chevaux qu'on lui amenoit d'Egypte. Son parti grossit tellement qu'il fut enfin considéré comme le Prince du Pays. Son fils qui lui succeda, suivit ses traces & regna quarante ans, après quoi il laissa cette Couronne à son Frere Moïse, dont le petit-fils nommé Homar regnoit encore lorsque Jean Léon écrivoit.

LE LAC DE GAOGA [g], Lac d'Afrique au Royaume de même nom, par le 43. d. de Longitude & le 16. de Latitude Septentrionale.   *g De l'Isle Atlas.*

LA VILLE DE GAOGA, ou KAUGHA, Ville d'Afrique en Nigritie au Royaume qui en porte le nom, au Nord du Lac de Gaoga ; c'est la seule Ville que nous connoissions dans ce Royaume, car la Ville de KUCU est au Nord-est du Pays de Kovar. C'est ainsi qu'on appelle la partie Septentrionale du Royaume de Gaoga.

GAORIS. Voiez GOARIS.

GAOXA, Isle de la Chine sur la côte de la Province de Quantung. Mr. Corneille dit après le P. Kircher qu'on y voit un Animal qui est Poisson à écailles une partie de l'année & Oiseau à plumes pendant une autre saison.

GAP, en Latin VAPINCUM, ou VAPINGUM, Ville de France en Dauphiné, dans un petit Pays qui en prend le nom de Gapençois, aux Confins de la Provence sur la Riviere de Bene [h]. Elle est située au pied d'une Montagne & assez mal-bâtie. Elle commence à se rétablir du sac qu'elle souffrit en 1692. Elle est médiocrement grande, sa Cathedrale est un édifice nouvellement reparé, la maison de l'Evêque n'a rien de remarquable [i]. Cet Evêché est ancien, les noms de ses trois premiers Evêques ne nous sont pas connus, mais le IV. appellé St. Constantin assista au premier Concile d'Orange. Il y a dans ce Diocèse 229. Paroisses. Le Chapitre de la Cathedrale est composé d'un Doyen, de trois Personnats & de treize Chanoines en tout. [k] Il y a quelques maisons dans la Ville qui sont assez passables. Les murailles sont fort peu de chose. Les Cordeliers sont hors de la Ville, & leur Eglise est assez jolie pour le Pays. CHARANCE est la maison de plaisance de l'Evêque. Elle est assez élevée, mais c'est peu de chose par elle-même.   *h Piganiol da la Force desc. de la France T. 3. p. 263.* *i Ibid. p. 250.* *k Ibid. p. 263.*

GAPACHI, ancien Peuple de l'Ethiopie sous l'Egypte, selon Ptolomée [l].   *l l. 4. c. 7.*

GAPENÇOIS, (le) Pays de France en Dauphiné, aux environs de Gap qui en est la Capitale, sur les Confins de la Provence, qui
le

GAP.

le borne au Levant & au Midi, le Diois au Couchant & le Gresivaudan au Nord. [a] Les Peuples de ce Pays s'appelloient autrefois TRICORII, dont la position se trouve exactement marquée par Tite-Live, qui raconte au premier Livre de la troisiéme Decade, qu'Annibal entra dans le Territoire des Tricastins, c'est-à-dire, dans le Diocèse de Saint Paul-Trois-Châteaux; que delà il s'avança jusqu'à l'extremité des Vocontiens, où est la Ville de Die, d'où il entra dans le Territoire des Tricoriens; à l'égard de la Ville nommée *Vapincum* ou Gap, aucun ancien Géographe, ni Historien n'en a fait mention; mais on la trouve dans l'Itineraire d'Antonin, dans celui de Bourdeaux à Jerusalem, & dans la Carte de Peutinger.

[a] *Longuerue* descr. de la France part. I. p. 527.

Le premier Evêque de Gap, ou *Vapincum*, qu'on trouve marqué dans les veritables Monumens de l'Antiquité, est Constantius, qui assista au Concile d'Epaune, sous Sigismond Roi des Bourguignons, à qui les Gapençois obéïssoient alors; peu après le même Pays vint au pouvoir des François Merovingiens. Sous les Carlovingiens ce Royaume a fait partie du Royaume de Bourgogne, qui fut possedé ensuite par des Princes de differentes Maisons, & enfin fut presque tout dissipé sous le Regne de Rodolphe le lâche. Dans ce tems-là tout ce qui est entre le Rhône, l'Isere & la Durance, étoit tenu par Guillaume Taillefer Comte de Toulouse, qui épousa vers l'an 1000. Emma, fille de Guillaume Comte de Forcalquier, & prit la qualité de Marquis de Provence. L'arriere-petit-fils du Comte Guillaume Taillefer & d'Emma, n'eut qu'une fille Adelais, qui épousa Ermengaud Comte d'Urgel en Catalogne, qui par elle fut Comte de Forcalquier & de Gap; son arriere-petit-fils n'ayant point voulu faire hommage à l'Empereur Frederic Barberousse, fut mis au ban de l'Empire l'an 1162. Guillaume fut rétabli deux ans après, & l'an 1178. le même Comte fit hommage à Alphonse Roi d'Arragon, comme Comte de Provence.

Du temps de Guillaume Comte de Forcalquier & de Gapençois, l'Evêque qui s'appelloit aussi Guillaume, obtint la Seigneurie entiere de la Ville & du Territoire de Gap, sans que l'Evêque & la Ville se separassent du Comté de Forcalquier, lequel fut depuis uni à celui de Provence. André de Guigues en épousant Béatrix de Clauftral eut non seulement le Comté d'Embrunois, mais de Gapençois, depuis le Pont du Buech, près de Cisteron & au dessus, en remontant la Durance, ce qui ne lui donna aucune superiorité sur l'Evêque de Gap. Au contraire le Dauphin André fit hommage l'an 1232. de ce qu'il possedoit dans le Gapençois, à Guillaume de Sclapon Evêque de Gap. Le Daufin Guigues fils d'André rendit les mêmes devoirs à Othon Evêque de Gap. Ce fut ce Prelat qui voulant mettre à la raison les habitans qui avoient eu l'audace de l'arrêter prisonnier, associa à la Seigneurie de cette Ville Charles d'Anjou premier du nom, Roi de Sicile, & ses Successeurs aux Comtez de Provence & de Forcalquier, dont ce Prelat étoit auparavant Vassal fidele, comme ses Predecesseurs l'avoient été. Geofroy de Lyoncel, Successeur d'Othon, reconnut tenir sa Ville de Gap, & une partie de son Temporel de Robert Roi de Naples, & Comte de Provence, au Mois de Decembre de l'an 1309. & Dragonet Evêque de Gap, rendit à ce Roi Comte de Provence, le même devoir au Mois de Juillet, l'an 1319.

Les Successeurs de Robert au Comté de Provence, jouïrent paisiblement des mêmes droits sur Gap, jusqu'à l'an 1447. Ce fut alors que le Dauphin Loüis, qui fut depuis Roi de France, & qui étoit alors en Dauphiné, chassa de Gap l'Evêque Guillaume de Ceireste, qui s'étoit opposé au passage des troupes de France. Ce Prelat fut rétabli peu après en son Evêché à la priere du Pape, & il fut obligé de demander pardon au Roi Charles VII. & au Dauphin son fils; l'Evêque fut même contraint de souffrir que ses Diocesains fussent compris dans l'imposition que les Etats du Dauphiné firent par feu sur cette Province. Ensuite le Dauphin se rendit maître absolu de la Ville de Gap; mais ayant reconnu qu'elle appartenoit au Roi René Comte de Provence, & à l'Evêque Gaucher de Forcalquier, il la leur restitua; ainsi ce ne fut qu'après l'union de la Provence à la Couronne, & après la mort de Charles du Maine, neveu & Successeur de René, que Loüis XI. & son fils Charles VIII. eurent la Souveraineté de la Ville & de l'Evêché de Gap.

Dans le siécle suivant, le Gapençois commença à reconnoître la Jurisdiction du Parlement de Grenoble, ce qui donna lieu aux plaintes des Provençaux, & aux procès que le Procureur General du Parlement d'Aix intenta contre celui de Grenoble devant le Roi François I. & son Conseil d'Etat, où un Arrêt fut rendu l'an 1535. par lequel Gap fut ajugé aux Provençaux. Cet Arrêt ne fut point executé, les Provençaux n'ayant pû avoir raison de leurs prétentions, quoiqu'ils ayent renouvellé leurs poursuites à plusieurs fois, & jusqu'à l'an 1662. Le Parlement de Grenoble & les Officiers du Dauphiné, sont demeurez en possession de Gap.

Cette Ville est aujourd'hui peu considerable ayant souffert de grandes ruines durant les guerres civiles & Etrangeres, & sur tout dans l'invasion que les ennemis de l'Etat firent en Dauphiné l'an 1692. Les Evêques de Gap, dont la Ville avoit été mise sous la seconde Narbonnoise, ont toûjours reconnu pour Metropolitain ceux d'Aix, depuis que ces derniers Prélats ont joüi de la Dignité Archiépiscopale, après le Concile de Francfort.

GAPHARA, ancien Village d'Afrique dans la Marmarique, selon Ptolomée [b], étoit dans les terres & à quelque distance de la Mer.

[b] l. 4. c. 5.

GAPSELUS. Voiez GALEPSUS.

GAR [c], Ville d'Afrique dans la Province de Tripoli, peu loin de la Capitale, le long de la côte. Elle est toute ouverte comme un Village. On y voit encore quelques ruines de Murailles & de tours & quelques-uns nomment la Citerne, à laquelle Ptolomée donne 43. d. 25. de Longitude & 31. d. 20'. de Latitude. (Ptolomée parle de *Cisterna* & met 43. d. 15'. de Longitude) Marmol ajoute: Elle

[c] *Marmol* Afrique l. 6. c. 48.

est

est habitée de Bereberes qui étoient Sujets du Seigneur de Tacore lorsque Tripoli étoit aux Chrétiens. Il y a aux environs quantité de Palmiers de grand raport & quelques terres où l'on seme de l'Orge. Les habitans vivent de ces fruits & de la pêche.

a De Witt Carte de Candie.
GARABUSA [a], petite Isle de la Mer Mediterranée, avec un Fort, dans un Port de même nom sur la côte Occidentale de l'Isle de Candie, au Territoire de la Canée près du Cap de Buso. [b] Les Turcs s'en emparerent par surprise au commencement de 1692. & l'ont gardé par la Paix de Carlowitz.

b Baudrand Edit. 1705.

c Carré, Voyage des Indes T. 1. p. 130. & suiv.
GARACK [c], Isle du Golfe Persique, l'une des plus considerables qu'on y trouve. Elle est également éloignée des côtes de Perse, & de l'Arabie, à dix-huit lieues ou environ de l'Embouchure de l'Euphrate. Du côté du Nord, elle regarde la Ville de Berderrich, & vers le Midi elle a l'Isle de Baharem. Dans le temps que le Golfe Persique étoit partagé entre plusieurs petits Souverains, l'Isle de Garack appartenoit aux Juifs, & l'on voit encore les ruines de la Ville qu'ils habitoient; elle a dû être fort grande & fort belle, si l'on en juge par les monumens qui en sont restez. La Synagogue bâtie en forme de Pyramide sert aujourd'hui de Mosquée aux Mahometans; mais tous ces petits Etats ont été sujets à bien des révolutions. Après que les Portugais se furent rendus les maîtres d'Ormus, ils les réduisirent sous leur domination, & ils en furent eux-mêmes chassez ensuite par Cha-Abas, Roi de Perse. Ce fut la derniere revolution des Isles du Golfe Persique, dont les Villes habitées presentement par les Arabes, ne conservent plus que quelques vestiges de leur premiere grandeur. Cela paroît principalement en l'Isle de Garack, au lieu d'une Ville superbe qu'on y voioit anciennement, on n'y trouve plus qu'une Bourgade bâtie des débris des édifices qui en faisoient l'ornement. Elle est sur un côteau, située fort agréablement, & capable d'avoir de fort belles vûës si l'Isle en pouvoit fournir. C'est un Terroir sec & pierreux, brûlé par les ardeurs du Soleil, élevé par le milieu, & presque tout découvert sans qu'il y reste aucun bois. Les troncs énormes & les racines que la force des hommes n'a pû arracher font connoître qu'il y en a eu autrefois. Il est vrai que du côté de l'Orient on trouve quelques bocages épais assez frais, & quelques palmiers plus beaux à peindre pour representer un lieu qui a quelque chose d'affreux & d'agréable tout à la fois, qu'ils ne sont commodes aux habitans. Cette Isle où s'est conservé un Aqueduc de pierre de taille qui traversoit l'ancienne Ville, seroit peu importante, si l'on n'y faisoit la pêche des Perles. Elle en fournit à l'Europe & à l'Asie, & les connoisseurs demeurent d'accord qu'il n'y en a guere de plus belles que celles que l'on pêche sur ses côtes.

d De Re Rust. c. 48.
GARADA [d], ancien lieu de la Syrie. Varron parle avantageusement de sa fertilité.

e Tit. Liv. l. 38.
GARÆ [e], Lieu par où passe d'abord le Meandre avant que de traverser l'Ionie où il se jette dans la Mer.

GARÆTIUM, Château d'Afrique au Pays des Messoles. Il fut attaqué par Calpurnius Crassus, au rapport de Plutarque. [f]

f Parall. Hist. Rom. & Græc.

GARAMA. Voiez l'Article GARAMANTES.

GARAMÆI, ancien Peuple de l'Assyrie, selon Ptolomée [g]. Ils étoient vers le milieu entre l'Arrapachitide & la Sitacéne.

g l. 6. c. 1.

GARAMANTES, ancien peuple de la Libye; c'est-à-dire, dans l'Interieur de l'Afrique, selon Ptolomée [h]. Strabon [i] dit au dessus de la Getulie est le Pays des Garamantes qui lui est parallele. Il dit qu'elle est éloignée des Ethiopiens & des habitans du Rivage de la Mer de neuf ou dix journées de Chemin, & qu'elle est à quinze d'Ammon; mais il ne marque cette distance qu'avec la précaution d'un *on dit*; il n'en étoit pas assuré. Il ne paroit pas que sous Auguste on eût une connoissance fort distincte de ce Peuple. Virgile dit que ce Prince étendra son Empire sur les Garamantes & les Indiens. Cela peut avoir deux sens; c'est-à-dire, sur les peuples les plus reculez de l'Asie & de l'Afrique [k].

h l. 4. c. 6.
i l. 17.

k Æneid. l. 6. v. 794.

*Super & Garamantas & Indos
Proferet imperium.*

Les Romains d'alors ne connoissoient rien au dela des Indes en Asie ni au delà des Garamantes en Afrique.

Cela peut aussi s'entendre, de deux peuples raprochez, en expliquant ces Indiens par les Ethiopiens que l'on a appellez aussi Indiens & qui étoient peu éloignez des Garamantes. Il dit ailleurs *Extremi Garamantes* [l]: ni l'un ni l'autre de ces deux passages ne nous apprend où étoit ce Peuple. Pline [m] est presque le seul qui en ait dit des détails. Voici ce qu'il en rapporte: au delà il y a des deserts: *Matelga*, Bourg des Garamantes; *Debris* où est une fontaine qui depuis midi jusqu'à minuit est brûlante, & depuis minuit jusqu'au midi suivant elle est d'un froid à glacer; la fameuse GARAMA Capitale des Garamantes. Tout ce Pays a été domté par les armes des Romains & Cornelius Balbus en a triomphé.... & dans son triomphe outre les Villes de Cidame & de Garama on porta les noms & representations de toutes les autres Nations & Villes, qui marcherent dans cet ordre: *Tabidium*, petite Ville; *Niteris*, Nation; *Negligemela*, Bourg; *Bubeium*, Nation ou Bourg; les *Enipi*, Peuple; *Thuben*, Bourg; la Montagne noire; *Nitibrum* & *Rapsa*, Bourgs; les *Disceri*, Peuple; *Debris*, Bourg; le *Nathabur*, Riviere; *Tapsagum*, Bourg; les *Nannagi*, Peuple; *Boin*, Bourg; *Pege*, Bourg; les *Dasibari*, Riviere; ensuite on voioit ces Bourgs, *Baracum*, *Baluba*, *Alasi*, *Balsa*, *Galla*, *Maxala*, *Zizama*, le *Giri* Montagne où un écriteau marquoit qu'il y croît des pierres precieuses. On n'avoit pû encore trouver le vrai Chemin pour aller aux Garamantes, poursuit l'Auteur cité, car les coureurs de cette Nation couvrent de sable les puits qu'il ne faut pas creuser bien profondement quand on connoît le Pays. La derniere guerre que l'on a faite contre les habitans d'Oeea sous Vespasien on a trouvé un chemin plus court qui n'est que de quatre jours; ce chemin s'appelle le long de la pointe du Rocher. Ptolomée [n] dit les Garamantes s'étendent depuis les sources

l Eclog. 8. v. 44.
m l. 5. c. 5.

n l. 4. c. 6.

ces du Bagradas jusqu'au Marais de Nuba. Les Nations & les Villes ou Bourgs que Pline nomme dans le Triomphe de Balbus n'étoient peut-être pas toutes des Garamantes. On ne sait celles qui en étoient ou des Pays voisins. Ce même Auteur nomme une sorte de pierre precieuse *Garamantites*, peut-être venoit-elle de la Montagne *Giri* de laquelle il fait mention dans le passage cité.

GARAMAS, Montagne d'Asie. *Vibius Sequester* y met la source du Phase.

GARAPHA, Ville Maritime de l'Afrique propre, selon Ptolomée [a]. Les ruines que l'on voit à Gar pourroient bien être celles de cette Ville.

[a] l. 4. c. 3.

GARAPHI Montes, Montagnes de la Mauritanie Cesariense, selon Ptolomée [b].

[b] l. 4. c. 2.

GARAS, autre Montagne du même Pays, selon le même Auteur.

GARATES, ruisseau du Peloponnese dans l'Arcadie, selon Pausanias [c].

[c] l. 8. c. 54.

GARAUP, ou LA GAROUPE. (Cap de) Voiez au mot CAP.

GARAZU [d], petite Ville de l'Amerique Meridionale au Bresil dans la Capitainie de Fernambouc sur la côte, à six lieues Espagnoles d'Olinde. Les Hollandois la surprirent au Mois de Mai 1632. & l'ont perdue avec le reste du Bresil, Mr. Corneille [e] a eu tort de dire qu'ils en sont aujourd'hui les maîtres.

[d] *Baudrand. Ed. 1705.*
[e] *Dict.*

GARBATA, Ἰκβατα, Montagne de l'Ethiopie sous l'Egypte, selon Ptolomée [f]. Elle étoit à l'Orient du Nil.

[f] l. 4. c. 8.

GARBENSIS, Siége Episcopal d'Afrique dans la Numidie. La Notice d'Afrique met entre les Evêques de Numidie Felix de Garbe (*Felix Garbensis*.) Il est parlé d'un autre Felix de Garbe dans la Conference de Carthage [g]. Victor de Garbe est nommé dans les Actes du Concile de Cirtha & dans St. Optat [h].

[g] p. 288. Edit. du Pin.
[h] l. 1. n. 14.

GARBOLANGI. Voiez HYCCARA.

GARCILUIN, Ville d'Afrique en Barbarie au Royaume de Fez dans la Province de Cuz [i]. Elle est au pied des Montagnes du côté du Midi, & doit sa Fondation aux anciens Africains qui la bâtirent sur le Zis. Cette Riviere a sur ses bords beaucoup de Moulins, & des Jardinages où il y a une si grande abondance de pêches, qu'on en garde quantité de séches toute l'année. La Ville de Garciluin fut ruinée par les Almohades quand ils dépossederent les Almoravides. Les Benimerinis l'ayant rebâtie ensuite la repeuplerent, & l'embellirent de superbes édifices. Elle est diminuée peu à peu, & il ne reste que les murailles qui paroissent de loin, à cause qu'elles ne sont pas anciennes. On n'y voit que quelques méchantes maisons, desorte qu'il y a peu d'habitans : le Pays ayant été quelque temps sans Roi, après la mort d'Abdulac le dernier des Benimerinis, les Arabes, dont elle empêchoit les courses, s'attacherent à la ruiner. Ceux qui l'habitent sont de pauvres gens qui ont fort peu de bétail. Ils cultivent quelques terres qui sont du côté du Nord. Le reste n'est que rochers, & ne sauroit rien produire. Les anciens Magaroas de la Tribu des Zentelas, s'étant rendus maîtres de cette Ville, la fortifierent pour défendre le passage aux Lumptunes, mais cela leur fut inutile, puisque les

[i] *Marmol. Afrique. l. 4. c. 118.*

Lumptunes entrerent d'un autre côté l'an 1534. le Cherif Muley Hamet la prit sur le Roi de Fez qui la recouvra ensuite, après quoi le Cherif s'en rendit maître tout de nouveau & y mit garnison.

GARCIS [k], petite Ville d'Afrique en Barbarie au Royaume de Fez dans la Province de Cuz. Elle est près de la Riviere de Mulacan à cinq lieues de Teurert, & a été bâtie sur un Roc par les anciens Africains de la lignée des Benimerinis, pour leur servir de Forteresse, & serrer leurs bleds lorsqu'ils demeuroient dans les deserts. Après qu'ils furent parvenus à l'Empire, ils la laisserent à leurs parens, & sous le regne d'Abuhanum, cinquiéme Roi de cette famille, les habitans s'étant revoltez, ce Prince la prit d'assaut, & la ruina entierement, faisant abatre des pans de muraille en divers endroits. Elle a été repeuplée de pauvres gens depuis ce temps-là à cause qu'il y a au pied du Roc de bonnes terres labourables, & quelques Jardins pleins de treilles de vigne & de fruits dont on fait grand cas parmi ces deserts. C'est le seul trafic que fassent les habitans, ils gardent dans des creux sous terre le bled des Arabes dont ils sont vassaux, à cause que dans la Ville il n'y a aucune maison qui ait un plancher. Ce ne sont que de méchantes étables couvertes de paille & de branches d'arbres, avec de la terre par dessus. Ptolomée nomme cette Ville GALAFA, & la met dans les Cartes de la Libye à onze degrez de Longitude, & à trente-deux degrez quarante minutes de Latitude.

[k] Ibid. l. 4. c. 109.

GARCOPA. Voiez GORCOPA.

GARCUS, ou CARCUS, selon les divers Exemplaires de Ptolomée. Isle de la Mer des Indes, avant que d'arriver à l'Isle de Taprobane. La situation que lui donne cet Auteur ne convient à aucune Isle que nous connoissions.

1. GARD, (LE) ancien nom François de la Riviere du Gardon en Languedoc. Voiez l'article GARDON. C'est delà que vient le nom d'un des plus fameux ponts qu'il y ait en Europe & dont je joindrai ici la Description.

2. LE PONT DU GARD [l], Pont de France en Languedoc sur le Gardon, à trois lieues de Nîmes. Il fut construit, selon les apparences, peu de temps après l'Amphitheatre de Nîmes pour y porter l'eau de la Riviere d'Eure qui est auprès de la Ville d'Uzez. Il traverse la Riviere du Gardon & est entre deux Montagnes dont il fait la jonction. L'Aqueduc destiné à conduire les eaux fait tant de contours à travers des Montagnes & des rochers qu'il a près de neuf lieues de long. Il est porté par le Pont du Gard dont je parle. Ce superbe monument est composé de trois ponts l'un sur l'autre. Le premier est soutenu par six Arcades dont chacune a cinquante-huit pieds dans œuvre. La longueur de ce premier pont est de quatre cens trente huit pieds, & sa hauteur est de quatre-vingt-trois. Le second pont est porté par onze Arcades, chacune desquelles a cinquante-six pieds de Diamétre & soixante-sept de haut. Ce qu'il y a de plus remarquable en ce second pont, c'est que pour rendre le passage libre aux gens qui sont à pied ou à cheval, on a échancré les pilastres de ma-

[l] *Piganiol de la Force desc. de la France T. 4. p. 98.*

maniere qu'il foutient fur le point d'un cylindre tout le poids du troifiéme pont qui eft au deffus. Ce troifiéme a trente-cinq Arcades qui ont chacune dix sept pieds de Diametre.

Il a cinq cens quatre-vingt pieds & demi de long. L'Aqueduc qui eft porté par ce dernier pont à trois pieds de haut & les trois ponts enfemble en ont cent quatre vingt deux ou environ. On ne voit rien qui nous apprenne en quel temps & par qui il a été conftruit, on ne voit que trois lettres gravées fur ce pont A. Æ. A. l'explication qu'on en donne n'eft rien moins que fatisfaifante. L'Aqueduc quoique ruiné en quelques endroits fubfifte encore. Il eft vouté & pavé de très-bonne Maçonnerie, & foutenu dans les lieux bas par des Arcades.

Cet Aqueduc fe partage en trois conduits dont le premier portoit l'eau dans l'Amphithéatre ; le fecond dans la Fontaine de Nifmes, & le troifiéme la diftribuoit dans les maifons de plufieurs particuliers: on voit un de ces Aqueducs prefque entier dans l'enclos de Mr. Fournier. Outre ces trois differens conduits, il en derivoit de petits qui conduifoient l'eau dans plufieurs maifons de Campagne des environs de Nifmes. Le debris de plufieurs de ces petits Aqueducs que l'on voit encore en plufieurs endroits établiffent cette verité.

3. LE GARD, Abbaye de France en Picardie fur la Riviere de Somme, d'où vient qu'on l'appelle *le Gard fur Somme* [a]. Elle eft de l'Ordre de Cifteaux & fut fondée l'an 1239. par Girard Vidame d'Amiens. Elle eft à demie-lieue du Bourg de Picquigni ; & [b] eft fille de l'Abbaye de Charlieu. Son Fondateur eft enterré dans le grand Cloître.

[a] Le même T. 3. p. 15.
[b] Corn. Dict.

1. GARDA, ou GARDE, Ville que les Norvegiens avoient bâtie fur la côte Orientale du Groenländ. Elle avoit un port & un Evêché Suffragant de Drontheim, mais ils l'ont abandonnée & il n'en refte plus rien.

2. GARDA, ou GARDE, Ville d'Italie. Voiez GARDE.

GARDAFUI, ou GUARDAFUI, (le Cap de) voiez au mot CAP.

GARDAMANIS, DARGAMANIS, DORGAMANES, DARGOMANES, c'eft ainfi que l'on trouve diverfement écrit le nom d'une Riviere de la Bactriane, felon les divers Exemplaires de Ptolomée.

GARDAUCRETÆ, ou GARDAUVETÆ *Præfectura*, Contrée de la Cappadoce. Voiez GARSAURIA.

1. GARDE, Ville d'Italie dans l'Etat de la Republique de Venife au Veronois, fur e bord Oriental du Lac de Garde à cinq milles de l'Adige au Couchant, à feize de Verone & à dix de Pefchiera.

2. LE LAC DE GARDE, Lac d'Italie dans l'Etat de la Republique de Venife, entre le Breffan & le Veronefe; en Italien LAGO DI GARDA. Sa longueur qui eft d'environ trente milles fe prend du Nord au Sud. Sa largeur d'Occident en Orient eft fort inegale, au Midi elle eft d'environ dix milles; mais il va en retreciffant vers le Nord. Riva qui eft de l'Evêché de Trente eft à l'extremité Septentrionale; en fuivant le Lac vers l'Orient & le Midi on trouve Torbole qui eft auffi de cet Evêché. Delà en avançant vers le Midi on voit Malfefena premier Bourg du Veronefe, *Garde* au fond d'un petit Golphe. Cette Ville donne le nom au Lac. A la pointe du Sud-eft, à l'endroit où le *Menzo*, ou *Mincio* fort du Lac eft la Ville de Pefchiera. Vers le milieu de la côte Meridionale du Lac il y a une langue de terre qui s'avance vers le Nord au bout de laquelle eft Sermione. Au delà de cette langue eft Rivoltella Bourg du Breffan : au Sud-Oueft du Lac eft Defenzano autre Bourg de la même Province. En remontant vers le Nord on trouve un petit Golphe au fond duquel eft le Village de Malbiano, puis un autre Golphe plus grand fur la côte Meridionale duquel eft le Bourg de Salo. A l'extremité de la pointe qui separe ces deux Golphes eft l'Ifle des Frères mineurs, *Ifola di Frati Minori*. Depuis ce Golphe jufqu'à Riva ce Lac reçoit plufieurs ruiffeaux. Mais il tire principalement fes eaux du Lac de Leder, de la Riviere de Riva, & de la Sarca qui vient d'Arco. Les Romains l'ont appellé BENACUS. Dé Seine dans fon nouveau Voyage d'Italie obferve que ce Lac eft fujet à des Tempêtes qui font fouvent perir ceux qui navigent deffus; qu'il nourrit une prodigieufe quantité d'anguilles ; que tout à l'entour le rivage eft rempli d'Oliviers, de Figuiers, d'Orangers, de Citronniers, & d'autres Arbres Fruitiers qui font fort expofez au Soleil & que les Montagnes tiennent à couvert des vens du Nord & de la Bife.

3. LA GARDE, Seigneurie de France au Pays de l'Evêché de Metz. Elle confine avec celle de Fribourg. [c] Le Château fut bâti vers l'an 1360. par Ademar de Monteil Evêque de Metz qui fit auffi fermer de murailles les Villes de Noménie & de St. Avod. Les Evêques de Metz reconnoiffent en vertu du Traité de Munfter le Roi de France pour Souverain à caufe de ces Châtellenies ou Seigneuries.

[c] Longueruë defc. de la France 2. part. p. 170.

GARDE-BIAUR, (LA) petite Ville de France dans l'Albigeois, felon Mr. Baudrand [d].

[d] Ed. 1705.

GARDEI, Peuple de la Sarmatie en Afie, felon Pline [e]. Le R. P. Hardouin lit USCARDEI.

[e] l. 6. c. 7.

GARDELEBEN, felon Mrs. Baudrand & Corneille; GARDELEGEN, en Latin *Gardelegia*, felon Hubner. GARDLEBEN, felon Zeyler [f]; petite Ville d'Allemagne dans la vieille Marche de Brandebourg. Elle a été anciennement nommée *Ifoburgum* à caufe du culte que l'on y rendoit à la Déeffe Ifis, felon la conjecture de quelques Savans. On prétend que fa Statue étoit hors de la Ville dans un vieux Château qui de nos jours eft poffedé par la Maifon d'Alvensleben. On la nomma enfuite à caufe de fes fortifications ISERNBURG, comme fi elle eût été *de fer* & les Wendes la nommerent ISEREN SCHNIPPE, c'eft-à-dire, portes de Fer, *fauces ferrea*. Quelques-uns veulent que fous l'Empire de Tibére les Romains y établirent un pofte, comme un Fort, pour mettre leurs Legions à couvert. (On voit bien qu'il n'y a que l'envie d'avoir une Origine Romaine qui ait fait imaginer cela, car les Romains n'ont jamais pouffé leurs conquêtes au delà de l'Elbe.) D'autres difent que le nom moderne vient de la beauté du lieu & eft pris

[f] Brandenb. Topogr. p. 57.

de

GAR.

de la quantité de ses Jardins. Visscher dans sa Carte du Brandebourg, nomme BISE la Riviere qui coule à Gardeleben. Werdenhagen dit qu'elle est située à la source de la Milde ou de la Bise. Le Terroir d'alentour est sablonneux, excepté la Campagne du côté de Calb sur la Milde, qui est très-fertile & a de belles prairies. Les environs de la Ville sont des Houblonnieres; dont on transporte le Houblon en Dannemarck. C'est pour cela que la biere de Gardeleben passe pour excellente, & fait un bon Commerce à la Ville, de là vient aussi que ses armes sont trois échalas chargez de Houblon.

Elle a beaucoup souffert durant les longues guerres d'Allemagne, & même durant celle qui finit à la Paix de Ryswyck.

1. GARDICHI, Village de la Morée dans la Zaconie à trois ou quatre lieues de Longanico. *On croit qu'il tient la place de l'ancienne Ville CLITORIUM. Il prend le nom de la Riviere qui l'arrose. Voiez CLITORIUM.

2. GARDICHI, (le) Riviere de Grece dans la Morée. Les Anciens l'ont connue sous le nom de CLITOR. Elle a sa source près de Cartena d'où coulant vers le Nord-Ouest, puis vers l'Ouest & enfin vers le Sud-Ouest elle passe à Gardichi & se perd enfin dans la Dimizana.

GARDICIUM [a], Ville Episcopale sous le Patriarchat de Constantinople. Elle est sous Larisse qu'elle reconnoit pour Metropole. Elle est nommée avec Demetriade, Zeiton & quelques autres qui sont sous la même Metropole: ainsi elle doit être dans la Janna & par conséquent diferente de Gardichi qui est dans la Morée.

[a] Schelstrate Antiq. Eccles. T. 2. p. 788.

GARDON, (le) Riviere de France au bas Languedoc. On distingue le Gardon d'Alais & le Gardon d'Anduse. Le premier vient de plusieurs sources qui se joignent au Nord-est d'Alais & se jette dans l'autre proche le Vez ; le second a sa source dans les Sevennes [b], passe à St. Jean de Gardemagne, puis à Anduse & ayant reçu le Gardon d'Alais, ils vont ensemble à Bocoiran, à St. Anastafiers, sous le Pont de St. Nicolas, où il reçoit l'ALZON qui vient d'Uzez et ensuite l'EYSSENE ; puis coulant sous le Pont du Gard, il se jette dans le Rhône vis-à-vis de l'Isle de Valabregues. Voiez la description du Pont du Gard au mot GARD.

[b] Coulon Rivieres de France 2. part. p. 181.

GAREATÆ, ancien peuple du Peloponese dans l'Arcadie, selon Pausanias [c]. C'étoit une Tribu des Tegeates.

[c] l. 8. c. 45.

GAREATES, Ruisseau d'Arcadie le même que GARATES.

GAREATHYRA, Petite Ville ou Bourg d'Asie dans la Cappadoce, selon Strabon [d]; elle étoit aux confins de cette Province & de la Lycaonie.

[d] l. 12. c. 568.

GAREB [e], Colline de la Palestine auprès de Jerusalem [f]. Dans la Misne [g] il est dit que de Garab, ou Gareb à Silo il y avoit trois milles & que là étoit l'Ephod de Micha. Mais Gareb marqué par Jeremie, ne peut pas être si éloignée de Jerusalem, puisque le Prophéte dit que Jerusalem s'étendra jusqu'à la Colline de Gareb : or de Jerusalem à Silo il y avoit environ douze lieues.

[e] D. Calmet. Dict.
[f] Jeremia c. 31. v. 38.
[g] Sanedrim fol. 103. 1.

GAR.

GARED [h], Ville de Barbarie, au Royaume de Maroc dans la Province de Suz ; dans une plaine, à une lieue de Tecéut & à la source d'un ruisseau qui arrose les Cannes de Sucre près des Moulins que l'on a bâtis pour ce sujet. Elle n'est pas ancienne, car la Ville & les Moulins ont été bâtis par le Cherif Abdala qui regnoit encore lorsque Marmol écrivoit. Ce même ruisseau fait moudre six Moulins à bled & va se rendre dans la Riviere de Suz qu'on nomme de Tecéut en cet endroit. Cette Ville a été bâtie pour servir de deffense à ces Moulins & est environnée de plusieurs terres labourables qu'on arrose par le moyen de ce ruisseau. Les habitans sont laboureurs & gens de la Campagne qui travaillent aux Moulins à sucre avec quelques Esclaves Chrétiens. Il y a d'ordinaire dans la Ville un Gouverneur avec trois cens Chevaux logez dans les Villages d'alentour.

[h] Marmol, Afrique l. 3. c. 23.

GARELA [i], ou GARELLA [k]. Les Notices qui font mention de cet Archevêché ne nous en apprennent point la position, mais seulement qu'il ne dependoit d'aucune Metropole, & n'avoit aucun Evêché sous lui. Il étoit dans le Patriarchat de Constantinople. Ortelius croit que ce Siége étoit quelque part dans l'Asie Mineure.

[i] Schelstrate Antiq. Ecclef. T. 2. p. 735.
[k] Ibid. pag.

GARENÆI, ancien Peuple dans la Serique, selon Ptolomée [l]. Ils étoient à l'Orient des Annibiens.

[l] l. 6. c. 16.

GAREOTH. Voiez GARIOCH.
GARESCI. Voiez GARISCUS.

GARET [m], Contrée d'Afrique dans la Barbarie au Royaume de Fez dont elle est la sixiéme Province. Elle a au Couchant celle d'Errif & la Riviere de Melule, qui descendant du grand Atlas entre Tesar & Dubudu ; se va rendre dans celle de Mulucan. Au Levant elle a le Royaume de Tremécen & cette même Riviere qui separe cet Etat de celui de Fez & par conséquent la Mauritanie Cesariense de la Tingitane. Elle a la Mer Mediterranée au Septentrion, & au Midi une partie des Montagnes qui sont dans les deserts voisins de la Numidie. Elle aboutit encore en cet endroit à la Riviere de Mulucan, & s'étend quelquefois vers le Couchant jusqu'aux Montagnes de Cuz, descendant toujours sur la Riviere de Nocor jusqu'à la Mer. Desorte qu'elle comprend toute la côte qui est entre cette Riviere & celle de Mulucan, laquelle entre dans la Mer près de la Ville de Caçaça. Tout ce Pays est rude & sec, semblable à celui des deserts de la Libye Interieure.

[m] Marmol, Afrique l. 4. c. 96. & suiv.

Les Auteurs Africains divisent cette Province en trois parties : l'une comprend les Villes avec leur Territoire; une autre les Montagnes qui sont peuplées de Bereberes fort belliqueux & la troisiéme les deserts. Les Villes sont sur la côte, savoir,

| Melilla, | Tezote, |
| Caçaça, | Megée. |

Les Montagnes sont fort peuplées, savoir,

Mequebhuan,	Azgangan,
Beni-Sayd,	Teuzin,
& Guardan.	

H 2   Les

Les Deserts commencent à la côte de la Mer & s'étendent vers le Midi, jusqu'à ceux qui bornent la Province de Cuz. Ces Deserts ont au Couchant les Montagnes. Au Levant, où ils s'étendent plus de seize lieues, ils ont la Riviere de Muluye. Il y a dix lieues du Septentrion au Midi, mais partout il y a peu d'eau, particulierement vers la Mer, si ce n'est la Riviere de Muluye, & tout est rempli de Serpens & de bêtes farouches ; ce qui n'empêche pas que le Pays ne soit fort peuplé. L'été il y a beaucoup d'Arabes qui errent le long de ce Fleuve & de grandes Communautez de Bereberes de Batalife, qui sont fort vaillants & qui ont quantité de chevaux & de chameaux & grand nombre de gros & de menu bétail. Ils ont toujours démêlé avec les Arabes touchant la possession des plaines.

GARFAGNANA. Voiez GRAFIGNANA.

GARGA. Voiez GARGAPHIA.

GARGALIS, Dorothée cité par Ortelius [a] nomme ainsi le lieu où naquit le Prophète Elizée. D. Calmet dit qu'il étoit d'Abel-Meula.

GARGAN, Montagne d'Italie au Pays nommé autrefois la Pouille Daunienne & maintenant la Capitaniate au Royaume de Naples. Pomponius Mela [b] & Pline [c] le nomment *Garganus Mons*; Ptolomée Γάργαρον Ὄρος, qui est une faute des Copistes pour Γάργανον Ὄρος. Il étoit couvert de Forêts de Chênes.

Aquilonibus
Querceta Gargani laborant,

dit Horace [d]. Le même Poëte compare [e] le grand bruit du Théatre au mugissement de ces Forêts lorsque le vent y souffloit.

Garganum mugire putes nemus aut mare
Thuscum.

Cette Montagne s'avance dans la Mer Adriatique & forme un Promontoire. Lucain [f] dit,

Appulus Hadriacas exit Garganus in undas.

C'est la pointe de cette Montagne que Pline appelle *Promontorium Montis Gargani*. Strabon [g] dit qu'elle avance dans cette Mer l'espace de trois cens Stades vers l'Orient. L'extremité Orientale de ce Cap est presentement nommée *Capo Viestice*. Elle tire ce nom de *Vieste* Ville. Voiez ce nom.

[h] Cette Montagne a quité ce nom depuis une apparition de St. Michel qu'une tradition populaire a publiée & que l'on dit être arrivée en 493. ou 488. Cet événement l'a rendue si célèbre que le culte qui s'y est établi qu'il s'y est formé une Ville appellée comme la Montagne le Mont St. Ange. *Monte di Sant' Angelo*. Elle a été erigée en Archevêché.

GARGANVILLE [i], petite Ville de France dans l'Armagnac.

GARGANUM, Ville de l'Asie Mineure sur le Fleuve Halys, selon Jornandes [k]. Il dit des Amazones : *Algin Fluvium qui juxta Garganum Civitatem praeterfluit transeuntes, Armeniam, Syriam, Ciliciamque, Galatiam, Pisidiam, omniaque Asiae Oppida, aqua felicitate domuerunt.*

GARGAPHIA VALLIS, Vallée de Grece en Bœotie. Ovide [l] dit qu'Actéon y fut devoré par ses Chiens.

Vallis erat piceis & acuta densa Cupressu
Nomine Gargaphie, &c.

On trouve aussi GARGAPHYE dans la Thebaïde de Stace [m], & il en parle comme d'une Fontaine. Herodote [n] connoit une Fontaine de *Garaphie* dans la Béotie, au voisinage de Platées. On lit, mais mal, dans Vibius Sequester que *Garga* étoit une Fontaine de l'Euboée où Actéon fut déchiré par ses Chiens. *Garga* est un mot estropié pour *Gargaphia* & on a mis *Euboée* pour *Bœotia*.

1. GARGARA, Ville de la Troade au Mont Ida, c'étoit une Colonie des Æoliens, selon Pomponius Mela [o]. Strabon [p] dit ; dans une des parties superieures du Mont Ida, il y a un lieu nommé GARGARUM où est à présent *Gargara* Ville Eolique. Il dit ailleurs [q] que le Promontoire, où *Gargara* étoit située, étoit un de ceux qui forment le Golphe d'Adramytte. Plus loin il dit : [r] après Scepsis il y a Andeira & Pionia & Gargaris. . . . . Ce sont des lieux que les Leleges ont possedez & qui sont aux environs d'Assos. Aussi Pomponius Mela a-t-il joint *Assos* & *Gargara* dans l'endroit cité.

2. GARGARA, Promontoire du Mont Ida dans la Troade & l'un des quatre qui partant de cette Montagne s'avancent dans la Mer. Les trois autres sont *Phalacra, Lectum*, & *Pergamum*, selon Isace Scholiaste de Lycophron, cité par Ortelius.

GARGARENSES, Γαργαρεύσιοι, ancien Peuple d'Asie, dans la Scythie au voisinage des Amazones & au pied du Mont Caucase du côté du Nord, selon Strabon [s]. Ils étoient separez de ces Amazones par une Montagne ; & à certains temps marquez ils montoient sur cette Montagne où elles se rendoient aussi : après des Sacrifices chacun prenoit celle que le hazard lui presentoit, sans choix, & jouissoit d'elle en cachette seulement pour avoir lignée, après quoi il la renvoyoit, s'il naissoit une fille la mere la gardoit ; si c'étoit un Garçon, on le donnoit aux Gargariens pour l'élever & chacun se faisoit un plaisir de lui servir de pere, dans l'ignorance où il étoit si ce n'étoit pas son fils. Strabon parle ensuite d'une expedition que les Gargariens firent avec les Amazones, & que l'on peut lire dans cet Auteur.

GARGARIDÆ, ancien Peuple des Indes, selon Denys [t] le Periegete. Il dit qu'ils étoient attachez au Culte de Bacchus & qu'ils habitoient auprès de l'Hypanis qui roule de l'or, & d'une autre Riviere nommée *Megarsus*. Rufus Festus Avienus rend ainsi en vers Latins [v] ce que dit le Poëte Grec.

Gargaridæ rursum, gens haec obnoxia Baccho,
Et Globum sulcant & ritibus orgia ludunt,
Hic Hypanis, lateque trahens vaga terga
Cymander
Magnus utrique modi dimittitur.

H

GAR.

Il nomme Cymander la Riviere que Denys appelle *Magarfus*, Μάγαρσος. Euftathe dans fa Paraphrafe fur la Periégefe dit *Magarfus*, Μάγαρσος, & Prifcien [a] qui a auffi mis en vers Latins la Periégefe de Denys, dit:

[a] *Periegefis* v. 1050. & feq.

Gargaridæque truces, auri qua pondus honeftum
Devolvens Hypanifque vehit rapidufque Magarfus.

Ortelius dit que ce ne font pas les Gandaridæ de Ptolomée comme quelques-uns le penfent. Il eft vrai que ce Géographe les met entre le Suaftus & l'Indus & que Denys met les fiens auprès de l'Hypanis, mais l'Hypanis des Indes & le Suaftus ont leurs Embouchures dans l'Indus affez peu diftantes l'une de l'autre pour qu'un même Peuple ait pu être voifin de ces Fleuves. Après tout ce Peuple n'eft pas affez important dans l'Hiftoire pour devoir faire beaucoup de recherches à fon fujet.

1. GARGARUM. Voiez GARGARA 1.
2. GARGARUM, Bourg au Territoire de Lampfaque Ville de l'Afie mineure, felon Etienne le Géographe.
3. GARGARUM, autre dans l'Epire, felon le même.
4. GARGARUM, autre en Italie, felon le même. Il a voulu peut-être dire GARGANUM. Voiez l'Article fuivant.
5. GARGARUM, Γάργαρον Ὄρος. On lit ainfi dans Ptolomée pour Γάργανον Ὄρος. Voiez GARGAN.

GARGAZA, Ville fituée près des Palus Mæotides, felon Diodore de Sicile [b]. Ortelius doute fi ce ne feroit point la Ville de *Gerufa* que Ptolomée [c] place au Levant de cette Mer, dans la Sarmatie Afiatique.

[b] l. 20.
[c] l. 5. c. 9.

GARGE, Peuple de la Libye, felon Etienne.

GARGETTUS [d], Bourg de Grece dans l'Attique; il étoit de la Tribu Ægeide & prenoit fon nom d'un Heros nommé Gargettus dont Paufanias fait mention. Euryfthée y avoit fon tombeau [e]. C'étoit la Patrie d'Epicure, felon Ciceron, Diogene-Laerce, Stobée, Ælien & Suidas. Ce Bourg étoit arrofé par un Ruiffeau nommé GARGETIAS. Γαργηττίας κρήνη.

[d] Spon Voyages T. 2. p. 314.
[e] Ortel. Thef.

GARGILIANÆ THERMÆ, Bains en Afrique, à Carthage. St. Auguftin [f] en fait mention.

[f] Brevic. Collat.

GARGOGILUM, ou
GARGOILUM. Voiez JARGEAU.

GARIANNONUM, ancienne Ville de la Grande Bretagne. Il en eft parlé dans la Notice de l'Empire. Son nom marque qu'elle étoit fituée fur la Riviere GARIEN. C'eft ainfi que l'on appelle en Latin la Riviere d'YARE qui coule dans la Province de Norfolc, & qui donne prefentement fon nom à la Ville d'Yarmouth. Mais comme Camden l'avoue, cette Ville n'eft pas affez ancienne pour avoir été bâtie par les Romains: d'ailleurs le lit de la Riviere eft changé à fon Embouchure. Le petit Village de Cafter, où elle paffoit, eft fans doute le refte d'un Camp Romain fitué à l'Embouchure du Garien; ou de l'Yare. Les vents du Nord ont bouché de fables cette ouverture & peut-être caufé la deftruction de Cafter; au lieu qu'Yarmouth fituée fur le nouveau lit s'eft accrue des ruines de l'ancienne *Garianonum*. Quelques-uns mettent *Garianonum* à BURGHCASTLE lieu fitué fur l'Yare au deffus & au Couchant d'Yarmouth.

GARIB. Voyez GAREB.

GARIGA, ancienne Ville d'Afie dans l'Arie, felon Ptolomée [g]. Quelques Exemplaires portent SARIGA.

[g] l. 6. c. 17.

GARILLAN, (le) Riviere d'Italie au Royaume de Naples; en Italien GARIGLIANO. [h] Elle a fa fource dans l'Abbruzze Citerieure entre les Villages de Cicoli & de Capadocia, d'où coulant tantôt vers l'Orient, tantôt vers le Midi, ou vers le Sud-eft, il fort de cette Province, entre dans la terre de Labour, paffe à l'Orient de Sora, reçoit le Filbreno par deux Embouchures qui forment une Ifle Triangulaire, au deffous de laquelle il en fait encore une autre, nommée fimplement l'*Ifola*. Enfuite coulant vers le Midi entre la Campagne de Rome & la Terre de Labour, il reçoit le Sacco, à l'Embouchure duquel il y a l'Ifle nommée l'*Ifoletta*. Il fe groffit des eaux du Mele ou Melfa, puis d'un Ruiffeau qui paffe à Monticello, d'un autre qui vient d'Aquino, il fe tourne vers l'Orient, puis vers le Midi & enfin acru par beaucoup de petites Rivieres, il fe jette dans la Mer près de la Tour de Pandolfe, à l'Orient de Gaéte. Les Anciens ont connu cette Riviere fous le nom de LIRIS. Ils l'avoient auffi appellée CLANIUS & GLANIS.

[h] *Magin Ital.*

GARINDÆI [i], ancien Peuple de l'Arabie heureufe vers le coin du Golfe Arabique. Ils habitoient le Pays des Maranites qu'ils avoient égorgez par une tromperie.

[i] Strab. l. 16.

GARIOCH [k], petite Contrée d'Ecoffe dans la Province de Buchan dont elle fait partie: elle eft au Nord du Don; c'eft un Pays bien peuplé & rempli de nobleffe. Leflei entre autres places communique fon nom à une grande famille. Inneruri eft fameufe par la bataille que Robert Bruce y remporta.

[k] Etat de la G. Bret. T. 2. p. 272.

GARIOFILUM [l], Bourg de Tofcane. Il en eft parlé dans un Decret de Didier Roi des Lombards rapporté par Annius de Viterbe, & par confequent très-fufpect.

[l] Ortel. Thef.

GARIPO. Voyez CALIPO.

GARIPPO [m], petite Riviere d'Afie dans la Natolie. Elle a fa fource près de Chiangare & fe decharge dans le Sangari près de Peffin. C'eft le Gallus des Anciens.

[m] Baudrand Ed. 1705.

1. GARIS, Lieu bâti par l'Empereur Juftinien dans le Territoire d'Eupolis, felon Ortelius [n] qui cite l'Hiftoire Mêlée. Il doute fi ce lieu n'étoit pas dans la Mefopotamie.

[n] Thefaur.

2. GARIS, Ville de la Paleftine dans la Galilée, felon Jofephe [o].

[o] De Bello.

3. GARIS [p], autrefois Ville & prefentement Village de la Baffe Navarre, à une ou deux lieues de St. Palais du côté du Couchant.

[p] Baudrand Ed. 1705.

GARISÆI, Peuple dont parle Corippus dans l'Eloge de Juftin le Jeune, cité par Ortelius [q]. On ne fait rien de ce Peuple finon qu'il avoit de bon vin.

[q] Thefaur.

GARISCUS, Ville de Grece en Macedoine

GAR.

a l.3.c.13. doine dans l'Orbelie, selon Ptolomée [a]. Pli-
b l.4. c.10. ne [b] en nomme les habitans GARESCI.

c Joseph. de GARISIMA [c], Γαρισίμα, Lieu de la Pa-
Vita ſua p. lestine à vingt Stades, c'est-à-dire, à 2500.
1029. pas de Sephoris. Ce lieu ne ſauroit par consequent être le Mont Garizim.

GARITES, (les) ancien Peuple de la
d De Bell. Gaule Aquitanique, selon Cæsar [d], qui les
Gall.l.3. nomme entre pluſieurs Peuples qui ſe rendirent
c.27. aux Romains, ſavoir *Tarbelli*, *Bigerriones*,
Preciani, *Vocates*, *Taruſates*, *Eluſates*,
GARITES, *Auſci*, *Garumni* &c. quelques-uns
ont cherché ce peuple *Garites* à *Agen*, d'autres à *Lectoure*; mais le Docte Nicolas Sanſon
a bien trouvé que ce ſont les habitans du Pays
de Gaure en quoi le P. Briet l'a ſuivi. Voici
comment Sanſon s'exprime dans ſes remarques
e p. 21. ſur l'ancienne Gaule [e]. *Garites*. Je les ai expliquez *Peuples du Comté de Gaure*, pour deux
raiſons. Le nom ancien & le nouveau ont
beaucoup de reſſemblance & Ceſar ayant mis
de suite *Vocates*, *Taruſates*, *Eluſates*, *Garites*, *Auſci*. *Vocates*, ou comme dit Pline,
Baſabocates, repondent à ceux de Baſas, *Taruſates* à ceux de Turſan dont Ayre a été la
Capitale; *Eluſates* à ceux d'Euſe, & *Auſci*
à ceux d'Aux (Auch). *Garites* étant dans Ceſar entre *Eluſates* & *Auſci*, ne peuvent plus
repondre qu'au Comté de Gaure qui est entre
Euſe & Aux, tirant vers Lectoure; & ainſi
l'aſſiete de ces Peuples, ſuivant notre explication, est dans la même ſuite & dans le même
ordre que celle de Ceſar. Il ne ſera pas mal
à propos, pourſuit-il, de faire voir ici quelle
explication le P. Monet & le P. Labbe ont
donnée à *Garites*. L'un & l'autre ayant voulu cenſurer mon ancienne Gaule, je veux faire
voir ici un échantillon de leur grande capacité en
cette matiere.

Le P. Monet explique ainſi *Garites* dans ſa
Géographie de la Gaule. *Garites ſeu Gaurites inco-
lae ſunt Gaura convallis apud Convenas* (Comté de Gaure) *cujus Oppida quædam hodie cen-
ſentur, ſed ignota Romanis, ut Baumontium,
Granata, Gimontium: de quibus egimus in
Convenis*. Il y a ici dequoi admirer la beauté
& l'excellence de la Géographie du P. Monet.
Gaurites est un nom ſuppoſé, n'y ayant que
Ceſar d'entre tous les anciens qui ait parlé de
ce Peuple, il ne nous est pas permis d'en changer
le nom, non pas d'une ſeule lettre, ſi ce n'est
avec beaucoup de raiſon. *Gaura Convallis apud
Convenas*. Il n'y a point de Vallée de Gaure
dans le Diocèſe de Comminges, mais bien la
Vallée d'Auſe. *Comté de Gaure*, le Comté
de Gaure qui est près de Lectoure eſt fort
éloigné de la Vallée d'Aure qui eſt engagée
dans les Pyrenées & dans le Diocèſe de Comminges. *Cujus Oppida Baumontium*, *Granata*,
Gimontium. Toutes ces places ne ſont point
dans le Comté de Gaure, encore moins dans
la Vallée d'Aure, non pas même dans le Comminges, en quelque ſorte que l'on puiſſe l'entendre ſoit ſous le nom de Diocèſe, ſoit ſous
le nom de Comté. Ne voilà-t-il pas un grand
Géographe? Il n'y a qu'environ dix mille de
ces Galanteries dans ſon Traité *Gallia Veteris
recentiſque Geographia*.

Le P. Labbe en fait preſqu'autant que le
P. Monet en ſon *Phare de l'ancienne Gaule*.

GAR.

Garites ſeu Gaurites Moneto, *aliiſque*, *Peuples du Val & Comté de Gaure*, Pays de Gavardan: *quod non ſua caret veriſimilitudine*.
Gaurites comme nous avons dit; (c'eſt toujours Sanſon qui parle) eſt un nom ſuppoſé par
le P. Monet. *Aliiſque*, je ne crois pas que le
P. Labbe puiſſe montrer un ſeul Auteur après
le P. Monet qui ait oſé changer *Garites* en
Gaurites; c'est qu'il veut faire croire qu'il a
lu force Auteurs. *Le Val & Comté de Gaure*.
Il ſuit & tombe dans la même faute que le P.
Monet, confondant la Vallée d'Aure qui eſt
du Diocèſe de Comminges avec le Comté de
Gaure qui eſt du Diocèſe d'Aux, mais près
de Lectoure. *Pays de Gavardan*. Le P. Labbe n'a pas ici ſuivi la derniere partie du P. Monet & voulant faire voir quelque choſe du ſien,
il montre qu'il ne ſait pas que le Gabardan, dont
la principale place eſt Gabarret, eſt bien different du Comté de Gaure, & que le Comté
de Gaure & le Gabardan ſont bien differens de
la Vallée d'Aure. Le Gabardan eſt entre Euſe
& Baſas & le Comté de Gaure eſt entre Aure
& Lectoure; la Vallée d'Aure est entre le Bigorre & le Commingeois, toute enfoncée dans
les Pyrenées & à la ſource de la Riviere de
Neſtes qui tombe dans la Garonne près de
Montregeau, non loin de St. Bertrand de Comminges. Voilà de mes Cenſeurs, conclut Sanſon juſtement irrité contre le P. Labbe le
plus hardi Plagiaire de ce temps-là.

GARIZIM [f], Montagne de la Paleſtine *f D.Calmet*
près de Sichem, dans la Tribu d'Ephraïm & *Dict.*
dans la Province de Samarie. La Ville de Sichem étoit au pied des Montagnes d'Hebal &
de Garizim. Garizim étoit très-fertile & Hebal entierement ſterile. Dieu avoit ordonné
qu'après le paſſage du Jourdain les Hebreux
iroient aux Monts Hebal & Garizim [g] & que *g Deuter.*
l'on partageroit les douze Tribus enſorte que *c. 11. v. 29.*
ſix ſeroient ſur le Mont Garizim & ſix ſur le *c. 27. v. 12.*
Mont Hebal. Les premieres devoient pro-
noncer des Benedictions en faveur de ceux
qui obſerveroient la Loi du Seigneur & les
autres des Maledictions contre ceux qui la violeroient. Après le paſſage du Jourdain Joſué [h] *h Joſué c.8.*
ne differa pas d'executer ce que le Seigneur *v. 33.*
avoit ordonné. Il alla avec tout le Peuple au
Mont Hebal, y bâtit un autel, y offrit des
Holocauſtes & ayant partagé le peuple comme
le Seigneur l'avoit ordonné, il en mit moitié
ſur Garizim, & moitié ſur Hebal, & leur fit
prononcer les Benedictions & les Maledictions
marquées dans Moyſe.

Euſebe [i], St. Jerôme & après eux Procope *i In Locis.*
de Gaze [k] & Scaliger [l] ont cru que les Monts *k In Deuter.*
Hebal & Garizim ne ſont pas près de Sichem, *l In Euſeb.*
mais à l'Orient de Jericho & de Galgal; &
que ceux qui portoient ce nom près de Sichem
étoient mal nommez & n'étoient pas ceux que
Moïſe avoit deſignez dans le Deuteronome.
St. Epiphane [m] place ces Montagnes au delà *m Hæreſ.9.*
du Jourdain; mais cette opinion n'est nullement ſoutenable. Garizim étoit ſi près de
Sichem que Joatham fils de Gédeon parla du
ſommet de la Montagne au peuple de Sichem
aſſemblé au pied de Garizim & ſe ſauva ſans
qu'ils puſſent le pourſuivre [n]. *n Judic.*

Tant que les Hebreux demeurerent bien *c.9.v.7.*
unis & qu'une ſeule Religion regna parmi eux,
le

GAR.

le Garizim n'eut rien qui le distinguât des autres Montagnes du Pays, on ne voit pas même que sous les Rois d'Israël, il se soit fait remarquer par aucun endroit, il n'en est rien dit dans les Livres des Rois ni dans les Paralipomenes. Mais depuis que les Chutéens furent établis dans la Province de Samarie, Esdras de retour de la captivité, poursuivant par tout l'Idolâtrie, & ayant fait chasser par Nehemie, Manassé fils de Joïada, & petit-fils du grand Prêtre Eliasib, pour avoir épousé la fille de Sannaballat Gouverneur de Samarie, St. Epiphane [a] & Procope [b] avancent qu'alors les Samaritains ôterent les Idoles qui étoient au dessus de leurs Maisons & les mirent dans une Caverne du Mont Garizim, où elles demeurerent cachées & qu'ils continuerent à les adorer secrétement, en se tournant toujours de ce côté-là dans leurs prieres & depuis que Manassé Gendre de Sanaballat eut bâti sur le Garizim, par la permission d'Alexandre le Grand, un Temple au vrai Dieu, les Samaritains allierent le culte du vrai Dieu à celui des Idoles cachées sous le Garizim, ce qui verifie [c] cette parole de l'Ecriture [c]. Ils continuerent [d] à adorer les Idoles des Nations d'où ils tiroient leur Origine, quoi qu'ils adorassent aussi le Seigneur.

[a] Hæres. 9.
[b] In Deuteron.
[c] Joseph. Antiq. l. 11. c. 8.
[d] Reg. l. 4. 3 c. 17. v. 33.

Mais cette tradition des Idoles cachées sous le mont Garizim n'est fondée ni sur l'Ecriture, ni sur Josephe ni sur les Historiens Samaritains. Ces derniers dans leur Chronique assurent que Josué bâtit un Temple sur le Garizim, qui fut desservi par des Prêtres de la famille d'Aaron, dont le premier Grand-Prêtre fut nommé Rus duquel sont descendus tous ceux qui ont servi sur cette Montagne jusqu'aujourd'hui. La même Chronique porte que Nabuchodonosor ayant transporté à Babylone les Juifs & les Samaritains & ayant fait passer dans la Samarie des Peuples étrangers, ceux-ci mouroient tous, parce que les fruits du Pays étoient pour eux un poison mortel. Nabuchodonosor informé de ce malheur, renvoya les Samaritains. Mais ceux-ci ne voulurent point partir que le Roi ne donnât un Edit general qui remît tous les captifs en liberté. Lors que l'Edit fut expedié il s'éleva une dispute entre les Juifs & les Samaritains pour savoir si ce seroit à Jérusalem, ou à Garizim que l'on rétabliroit un Temple. Après plusieurs disputes le Roi ordonna qu'on en vînt à l'épreuve du feu. On y jetta le Pentateuque des Samaritains & celui des Juifs; mais ce dernier fut consumé dans un moment & celui des Samaritains conservé sain & entier; surquoi Nabuchodonosor prononça que l'on rétabliroit le Temple de Garizim.

Il seroit inutile de refuter cette Chronique dont les recits sont visiblement faux & inventez à plaisir. Il faut s'en tenir à Josephe [e], quant à l'origine du Temple de Garizim. Manassé petit-fils du Grand-Prêtre Eliasib, & frere de Jaddus Grand-Prêtre des Juifs ayant été chassé de Jerusalem comme nous l'avons dit & souffrant impatiemment de se voir privé de l'honneur & des avantages du Sacerdoce, Sanaballat son Beau-pere s'adressa à Alexandre le Grand qui étoit alors occupé au siége de Tyr, & lui ayant prêté obeïssance pour la Province

[e] Antiq. l. 11. c. 8.

GAR. 63

de Samarie dont il étoit Gouverneur, lui offrit encore huit mille hommes de bonnes Troupes; ce qui disposa Alexandre à lui accorder ce qu'il lui demandoit pour son Gendre & pour un grand nombre d'autres Prêtres qui s'étant trouvez engagez comme lui dans des mariages contraires à la loi avoient mieux aimé quitter leur patrie que leurs femmes & s'étoient venus joindre à Manassé dans la Samarie. Le Temple fut donc bâti sur le Garizim & consacré au Dieu d'Israel, & comme la Montagne étoit fort haute, on y fit plusieurs degrez pour la commodité du Peuple. Lorsque le Roi Antiochus Epiphanes eut commencé la persecution contre les Juifs, les Samaritains lui écrivirent pour le supplier de permettre que leur Temple de Garizim qui jusqu'alors avoit été consacré à un Dieu inconnu, & sans nom, fut ci-après dedié à Jupiter le Grec; ce qui leur fut aisément accordé par Antiochus. On trouve une Medaille où ce Temple est representé avec plusieurs degrez. Procope [f] dit qu'il y en avoit six cents mille un. Mais un Voyageur ancien qui vivoit sous l'Empire de Constantin n'y en met que trois cens.

[f] In Deuteron.

Josephe [g] raconte une dispute qui s'éleva en Egypte sous le Regne de Ptolomée Philometor, entre les Juifs & les Samaritains, au sujet de leur Temple; les Samaritains soutenant que le Temple de Garizim étoit le seul vrai Temple du Seigneur, & les Juifs pretendant au contraire que c'étoit celui de Jerusalem. La dispute fut portée devant le Roi. On nomma des Avocats de part & d'autre. On convint que ceux qui déffendroient mal leur cause & qui perdroient leur procès, seroient condamnez à mort. Ils promirent les uns & les autres qu'ils ne produiroient que des temoignages de la Loi.

[g] Antiq. l. 13. c. 6.

Andronique Avocat des Juifs, parla le premier & prouva si bien l'antiquité du Temple de Jérusalem & par les Ecritures & par la suite des Pontifes & par la consideration que les Rois d'Asie avoient toujours eue pour ce saint lieu, pendant qu'ils n'avoient pas même pensé au Temple de Garizim, que le Roi & ses amis lui donnerent gain de cause & ordonnerent qu'on mît à mort Sabbæus & Theodosius, Avocats des Samaritains. Si ce recit de Josephe est vrai, il faut que les Samaritains ayent bientôt abandonné le culte de Jupiter Grec, qu'ils avoient reçu par politique dans leur Temple, sous Antiochus Epiphanes; car toute cette dispute suppose que le même Dieu étoit adoré à Garizim & à Jérusalem & Ptolomée Philometor regna depuis l'an du Monde 3824. jusqu'en 3861. & Antiochus Epiphanes depuis l'an du Monde 3828. jusqu'en 3840.

Le Temple de Garizim subsista assez longtemps sous l'invocation de Jupiter le Grec ou l'Olympien; mais il fut détruit par Jean Hircan Maccabée [h], & ne se rétablit que sous Gabinius Gouverneur de Syrie qui repara Samarie & lui donna son nom [i], & encore ne trouve-t-on pas ce fait bien distinctement dans l'Histoire. Mais toujours est-il certain que du temps de notre Seigneur ce Temple subsistoit & que le vrai Dieu y étoit adoré, puisque la Samaritaine lui dit en lui montrant le Gari-

[h] Antiq. l. 13. c. 17.
[i] Jul. Afric. in Syncelli Chronico.

64 GAR.

a St. Jean c.4.v.20.
Garizim*; nos peres ont adoré fur cette Montagne, & vous dites que c'est à Jérusalem qu'il faut adorer. On assure qu'Herode le Grand ayant rebâti Samarie & lui ayant donné le nom de Sebaste, en l'honneur d'Auguste, voulut obliger les Samaritains à venir adorer dans le Temple qu'il y avoit érigé; mais ceux-ci refuserent constamment d'y aller & ont continué jusqu'à aujourd'hui à adorer le Seigneur sur cette Montagne.

b Thesaur.
GARMAA b, Γαρμαῶ, Ortelius dit: il semble que ce soit un Bourg de Thrace & cite Procope au IV. livre des Edifices.

GARNACA, Γαρνάκα, Ville ancienne de la petite Arménie au departement de la Muriane, selon Ptolomée c.

c l.5.c.7. d Baudrand Ed. 1705.
GARNACHE d, (LA) Ville de France au bas Poitou sur les confins de la Bretagne: elle a un ancien Château assez bon & est à deux lieues de Machecou, au Midi, en allant vers les Sables & à sept de Montaigu au Couchant en passant vers l'Isle de Bouin.

GARNÆ, Port de Mer d'Italie dans la Mer Hadriatique auprès du mont Gargan, selon Pline e. Holstenius croit que c'est le même port qu'on appelle REDIA.

e l.3.c.11.

☞ GARNATHAH, c'est ainsi que les Arabes écrivent le nom de Grenade Ville d'Espagne. Chez eux *Garnathi* veut dire un *Grenadin*; & ils appellent encore ainsi en Afrique les familles Arabes qui y ont passé d'Espagne parce que le Royaume de Grenade y a subsisté plus long-temps que les autres Royaumes que les Maures y possedoient.

GARNERET, Golphe de la Mer Adriatique. Mr. Corneille dit qu'il est vers la côte d'Istrie & cite Whéler. C'est le même que le QUARNER. Voiez ce mot.

GARNESEY, (l'Isle de) Les Anglois prononcent comme nous ferions si ce mot étoit écrit GUERNESEY.) Isle de la Manche sur la côte de France vis-à-vis de la Normandie, a la forme d'un Luth, selon quelques-uns, d'autres lui donnent celle d'un Jambon. Cette Isle a reçu autant de noms François & Latins qu'il y a eu d'Auteurs qui en ont fait mention. On ne doute point que ce ne soit la Sarnia de l'Itinéraire d'Antonin. Le P. Brier en convient g. Cænalis h dit, GRENEZEIUM, *vulgo* GRENESAY; le P. Pomeraye GHERNECIUM, Ferrari & Baudrand GARNESEIA; Lucas Chartier CARNSEY; Froissard Grenesie, Charles de Bourgueville JARNEZE. Mr. de Thou GRENESIA *Insula*. Mr. Corneille dit: elle étoit autrefois ainsi que Gersey de l'Evêché de Coutance. Cænalis dit au contraire que les premices & les dixmes appartenoient autrefois de droit à l'Evêque d'Avranches & dit qu'on le peut voir clairement par le temoignage des Diplomes. Il pouvoit parler de ces Actes qu'il étoit bien à portée de consulter puisqu'il étoit lui-même Evêque de ce Diocese. Elle a environ trente mille pas de long & contient dix paroisses & un port capable de contenir un grand nombre de vaisseaux. La petite Ville de St. Pierre, avec le Château CORNET qui est sur sa côte Orientale & vers le Canal dit le petit RUAU qui la separe au Levant de l'Isle de Herms, & le petit Canal de *Bouque du Val* la separe aussi à l'Orient

f Corn. Dict. Coulon. desc. de l'Anglet. & Vaudome Manulc. Geogr.

g Parall. 2. part. l. 6. p. 358. h De re Gallic. Periocha 5. p. 161. fol. recto.

GAR.

d'été de l'Isle du CLOS DE VAL. Elle faisoit autrefois partie du Duché de Normandie & c'est pour cette raison qu'elle est sous la domination Angloise, les Rois de France contents de se ressaisir du Continent n'ayant pas repris ni cette Isle ni celles de Jersay & d'Aurigni qui sont, demeurées aux Anglois après la perte de la Normandie. Ces Isles dependent presentement de Hantshire Province d'Angleterre quoi que situées sur les côtes de France. Garnesey n'est qu'à dixhuit milles de l'Isle de Jersey au Couchant d'Eté à vingt-cinq de la plus prochaine côte du Pays de Côtentin & à quarante-cinq milles de St. Malo vers le Nord. Cette Isle ne produit aucun animal qui soit venimeux, & la nature l'a fortifiée d'un rempart de rochers, entre lesquels on trouve la pierre d'émeril dont les orfevres se servent pour nétoyer les pierreries & les vitriers pour tailler leur verre. L'air y est moins sain & le terroir moins fertile qu'à Jersey, cependant elle est plus riche par le Commerce qu'y attire la commodité de ses ports. Mauger Archevêque de Rouen y fut relegué en 1055. après avoir été declaré indigne de l'Episcopat. Il s'y adonna à la magie & fut noyé miserablement.

GAROCELI, ancien Peuple de la Gaule; il y a trois opinions sur ce Peuple. Celle de Marlien qui le met au *Mont-Cenis*; celle de Vigenere qui le met dans la MORIENNE. Sanson dans un de ses Ouvrages les avoit expliquez pour la PARTIE DU BRIANÇONNOIS, où sont *Oulx*, *Exilles*, &c. parce que Cesar dit: *ab Ocelo quod est citerioris Provinciæ extremum oppidum, in fines Vocontiorum ulterioris Provinciæ die septimo pervenit inde Allobrogum finis, ab Allobrogibus in Segusianos exercitum ducit.* Ce chemin de Cesar mene de Suse à Briançon par le Mont-Geneve qui est l'ancienne *Alpis Cotia*, & de Briançon descend à Embrun, à Gap, & delà passe dans les Vocontiens où est Die, d'où il remonte dans le Viennois & le Lyonnois &c. Dans ce chemin entre Suse & le Mont-Geneve sont Oulx & Exilles qui est l'ancienne Ocelus de Cesar & de Strabon que celui-ci dit être *Cottia terræ finis*, l'extremité de la Terre Cotienne, & l'autre *extremum citerioris Provinciæ oppidum*, la derniere place de la Province citerieure. Le Mont-Cenis & la Morienne ne se rencontrant point dans le chemin de Cesar, poursuit Sanson, c'est ce qui m'a fait placer *Garoceli* dans une partie du Briançonnois: & toutefois, poursuit-il; l'opinion de Vigenere peut être suivie, parce que dans Cesar *Garoceli* étant énoncez entre *Centrones* qui sont ceux de la Tarentaise & *Caturiges* qui sont ceux d'Embrun & de Gap, la Morienne étant entre les deux, se peut prendre pour *Garoceli*. J'ai, dit-il, suivi cette opinion dans la Carte presente pour faire voir que l'une & l'autre explication se peut retenir.

§ Lors que sur la situation d'un ancien Peuple, il y a deux opinions diferentes & que les explications toutes contradictoires qu'elles sont se peuvent également retenir, il faut en conclure que cette situation n'est point déterminée avec assez de precision dans les Anciens pour qu'on la puisse marquer positivement;

&

GAR.

& par consequent qu'on ne sait où étoit ce Peuple. De deux explications qui different autant entre elles que celles que Sanson a suivies successivement, il y en a au moins une de fausse. Mais un prejugé favorable à Vigenere, c'est que Sanson qui avoit lui-même établi une opinion particuliere l'ait quitée pour lui preferer celle de ce savant Traducteur de Jules-Cæsar.

GARODE, Isle de l'Ethiopie sous l'Egypte, dans le Nil, selon Pline [a]. Il y avoit une petite Ville de même nom.

[a] l. 6. c. 30.

GAROEAS, Riviere de l'Inde, où elle se jette dans le Cophene, selon Arrien [b].

[b] In Indic.

GARON, (LE) petite Riviere de France dans le Lyonnois. Elle passe à Brignais & se rend dans le Rhône au dessous de Grigny à moitié chemin de Lyon à Vienne. Son nom Latin est CALARONA.

GARONNE, (la) grande Riviere de France : les Latins l'ont connue sous le nom de GARUMNA. Ptolomée [c] la nomme Γαρύνα, *Garuna*, les Copistes peuvent bien avoir oublié un μ. La Carte de Peutinger porte GARUNNA, ce qui peut être une faute du Copiste qui aura pris l'*m*, pour une *n*, rien n'est plus commun que des fautes de cette nature dans ce monument d'ailleurs très precieux. Cesar [d] met la Garonne pour borne entre l'Aquitaine & la Gaule propre ou la Celtique, mais lors qu'Auguste eut étendu l'Aquitaine, la Garonne la divisa en deux parties. Cependant Pomponius Mela [e] qui vivoit sous l'Empereur Claudius suit l'ancienne division de la Gaule. *A Pyrenæo ad Garumnam Aquitania, ab eo ad Sequanam Celtæ, inde ad Rhenum pertinent Belgæ.* C'est-à-dire depuis le Pyrenée jusqu'à la Garonne c'est l'Aquitaine, delà jusqu'à la Seine ce sont les Celtes, & de la Seine jusqu'au Rhin, ce sont les Belges. Cesar avoit dit de même : Les Gaulois sont separez des Aquitains par la Garonne & des Belges par la Marne & la Seine. Les Gaulois de Cesar dans ce passage sont la même chose que les Celtes de Mela. Ce dernier dit [f] : la Garonne est long-temps gueable & incapable de porter des bâteaux, si ce n'est lors qu'après les pluyes de l'hyver, & la fonte des neiges elle se grossit, mais lorsqu'elle approche de l'Océan & que la rencontre de la marée en fait rebrousser les eaux avec les siennes elle s'enfle, & plus elle avance plus elle s'élargit. Enfin devenue semblable à un bras de Mer non seulement elle porte les plus grands vaisseaux, mais même pareille à une Mer orageuse, elle les tourmente & les secoue furieusement par l'impetuosité de ses vagues sur tout quand le vent est contraire à la marée. Je parlerai ci-après de ce reflux de la Garonne. Je vais en suivre le cours depuis sa source jusqu'à son Embouchure.

[c] l. 2. c. 7
[d] De Bell. Gall. l. 1. c. 1.
[e] l. 3. c. 2.
[f] Ibid.

Elle a sa source en Catalogne dans la Vallée d'Aran au Couchant de N. Segnora de Mont Gard auprès de la Montagne de Gard. Elle se grossit de quelques ruisseaux & de plusieurs torrents qui tombent des Montagnes ; entre autres de l'Unola qui vient de Bajergue, d. & des eaux d'Aigue negre qu'elle reçoit à Biella ou Vieille g. au dessous d'Arros elle reçoit le Barrados, d. puis le Joucou auprès de Castel-Leon g. d'où coulant vers le Nord, elle prend quelques ruisseaux, entre autres le Touran, d. au dessus de Canejan & le Terme au dessous g. c'est à ce Ruisseau que commence le Comminges. Delà coulant à S. Beat g. & ensuite à Marignac, elle reçoit la petite Neste ; passe à l'Orient de St. Bertrand, & reçoit les eaux de la Neste, coule au pied de mont Rejeau ; & cessant de serpenter vers le Nord-Ouest elle se tourne vers l'Orient Septentrional, passe entre Valentine d. & St. Gaudens, g. reçoit le Ger, d. passe à St. Martory & plus loin se charge de deux Rivieres, l'une à la gauche s'appelle la Noue, celle de la droite est le Salat qui vient de la Vallée de Couserans. La Garonne baigne ensuite Cazeres, g. reçoit le Bolp ruisseau qui vient du Comté de Foix d. & après qu'elle a arrosé St. Julien, g. elle entre dans le Languedoc où elle se grossit de la Rise d. qui vient de Montesquiou & de Rieux & qui a son Embouchure vis-à-vis de Carbonne, delà elle court vers Muret & au dessous de cette Ville elle prend la Louge. Après qu'elle est arrivée à Toulouse qu'elle traverse, elle prend avec elle plusieurs Rivieres, savoir la Touche g. l'Auffonelle puis forme une Isle, reçoit la Save au dessous de Grenade. Vis-à-vis de cette Ville elle reçoit à droite un ruisseau. Plus loin elle est accrue par la Riviere de Margastaud, g. & au dessous de Verdun g. par le Ruisseau de Pontarate, par la Deve près du Mas-Garnier ; par la Riviere de Bouret ; par la Gimone, & par la Cete : le Tarn qu'elle rencontre à Moissac & St. Nicolas de la Grave la determine à couler vers l'Occident. Elle côtoye donc la Lomagne & l'Agenois qu'elle separe, elle prend avec elle plusieurs Rivieres, entre autres l'Airoux g. le Cameson, g. l'Arrate, g. une autre, qui vient de la droite & tombe entre Valence & la Magistere. La Groue g. la Séone d, le Gers qui vient de Lairac, g. la petite Riviere d'Agen g. deux autres, l'une à la droite entre Clermont & le Port Ste. Marie, & l'autre vis-à-vis, à la gauche ; la Baise g. le Lot qui y tombe auprès d'Eguillon d. Elle coule ensuite à Toneins, à Marmande, à Ste. Bazeille, à la Reole & à Gironde ; toutes passes situées à la droite & entre lesquelles elle rencontre d'autres Rivieres dont le Drot est la plus considerable. Au dessous de Langon qui est sur la gauche elle reçoit le Ciron, passe à Cadillac, à Rions, d. reçoit le Garmort à Castres, & arrive enfin à Bourdeaux, où elle forme une des plus beaux ports de Mer qu'il y ait en France. Au dessous de cette Ville elle forme beaucoup d'Isles, reçoit la Dordogne, avec laquelle elle perd son nom : toutes les deux s'appellent la Gironde.

Cette jonction se fait à cinq lieues au dessous de Bourdeaux, au bout d'une langue de terre qu'on appelle le bec d'Ambez & le choc de ces deux Rivieres, dit Mr. l'Abbé de Vairac, dans ses Notes sur les Commentaires de Cesar, ce choc, dit-il, est si violent que leurs flots agitez deviennent terribles aux Pilotes les plus experimentez à cause des écueils & des bancs de sable qui se forment par leurs courants.

C'est, poursuit-il, un grand problême entre

tre les Géographes si la Dordogne entre dans la Garonne, ou la Garonne dans la Dordogne, parce que dès que leurs eaux sont mêlées, toutes les deux perdent leur nom & de l'une, & de l'autre il se forme une grande plage qu'on appelle la Gironde, laquelle va se décharger dans la Mer à quinze lieues du Bec d'Ambez, après avoir coulé majestueusement entre la Saintonge qu'elle laisse au Septentrion & le Medoc qui est situé à son Midi. Blaye, Mortagne, Tallemont, & Royan, sont situez sur la côte du côté du Nord. Elle entre dans la Mer près de la fameuse Tour de Cordouan par deux Embouchures ; dont celle qui est à sa droite se nomme le pas des Asnes & celle qui est à sa gauche le pas de Grave.

On passe la Garonne sur huit ponts de pierre, sçavoir à Lez, à Foz, à St. Béat, au dessus de St. Bertrand, à Mazeres, près de St. Gaudens, à St. Martori, à Toulouse, on voit encore les restes d'un neuvieme à Agen & aux tours de la Ville & aux murailles des anneaux de fer où l'on attachoit les bâteaux, ce qui marque qu'anciennement la Riviere lui servoit de fossez & qu'elle s'est retirée vers le Couchant du côté du Condomois.

Ce Fleuve est encore remarquable par le nombre de ses Isles ; Car il y en a six au dessus de Toulouse. Un peu avant que d'arriver au Bec d'Ambez on trouve celle de Macau sur la gauche ; vis-à-vis le Bec celle de Casaux se fait distinguer par sa grandeur & par sa fertilité, aussi bien que celle d'Issan & des vaches dont la premiere est à l'Occident & la seconde au Nord. Celle de Carmels, qui est à une demie lieue plus loin, ne cede à toutes celles-là, ni en grandeur, ni en fertilité, non plus que celle de Poyane autrement dite Isle Bigorée. Sous la Citadelle de Blaye on en découvre une septiéme, où l'on a bâti un Fort pour empêcher les descentes des Ennemis. Un peu plus bas paroit celle d'Argenton & ensuite celle de Patira.

La Garonne commence à être navigable au dessus de Toulouse & de là jusqu'à Bourdeaux elle porte les plus gros bâteaux, & de Bourdeaux jusqu'à la Mer les plus gros navires Marchands. Le flux de la Mer qui arrive deux fois en vingt-quatre heures repousse ses eaux jusqu'à St. Macaire qui est vis-à-vis de Langon à vingt-neuf grandes lieues de son Embouchure. C'est peut-être du nom de ce lieu de St. Macaire que l'on a donné le nom de MACARET à ce refoulement des eaux de la Garonne lors que le flux s'engorgeant dans son Embouchure oblige ce Fleuve à remonter impetueusement jusqu'à ce lieu. Dans la Seine & autres grandes Rivieres on appelle cela la BARRE. On voit alors sur l'eau deux niveaux très-differens ; celui qui est le plus voisin de la Mer est plus haut de quelques pieds que celui qui est du côté de la source, & avance comme un rouleau par le travers de la Riviere, en remontant avec plus ou moins de rapidité à proportion de celle de la Riviere même. Les Anciens en ont parlé. Sidonius Apollinaris dit [a] :

[a] *Carm.* 7. v. 303.

Qua pulsus ab æstu
Oceanus, refluum spargit per culta Garunnam
In flumen currente mari.

Ailleurs après avoir parlé de la Garonne & de la Dordogne unies dans un même lit il ajoûte [b],

[b] *Carm.* 22. v. 105.

Currit in adversum hic pontus, multoque recursu
Flumina quas volvunt & spernit & expedit undas.
At cum summotus lunaribus incrementis,
Ipse Garumna suos in dorsa recolligit æstus
Præcipiti fluctu raptim redit atque videtur
In fontem, jam non refluus sed defluus ire.

A l'égard du nom de Gironde que la Garonne porte à son Embouchure on ne convient pas du lieu où elle le prend. Joseph Scaliger dit que la Garonne conserve son nom depuis sa source jusqu'à Blayes, & que là au lieu de Garonne, elle commence à être apellée Geronde, ou Gironde. Olivier qui a fait des Notes sur Mela dit que la Garonne perd son nom un peu au dessus de Bourdeaux en un lieu où se joignent ce Fleuve & la Geronde, & qu'on lui donne ensuite ce nom. L'un & l'autre se trompe, car la Garonne ne sauroit prendre son nom d'une Riviere qui n'existe pas, & il n'est pas vrai que la Garonne commence à être appellée Gironde vis-à-vis de Blayes, ou auprès de Bourdeaux, mais au dessus de Blayes & de Bourdeaux, c'est-à-dire vis-à-vis de Gironde & de la Reole. Gironde est un Village au confluent de la Garonne & du Drot, au voisinage de la Reole. Hadrien de Valois croit que ce lieu s'appelloit anciennement *Garunda* & que c'est de là que la Garonne a été appellée d'abord *Garunda*, puis Geronde. Lurbée & Masson nient que la Garonne ait pris de ce Village le nom de Gironde depuis Bourdeaux jusqu'à la Mer. Ils se moquent de ceux qui tiennent cette opinion, qu'ils traitent d'erreur ridicule. Hadrien de Valois se moque d'eux à son tour. Car Symmaque [c] écrivant à Ausone qui étant de Bourdeaux devoit bien connoître le nom de cette Riviere dit *Gallicanæ facundiæ haustus requiro, non quod his septem montibus eloquentia Latiaris excessit ; sed quia præcepta Rhetorica pectori meo senex olim Garundæ alumnus immulsit. Est mihi cum Scholis vestris per Doctorem justa cognatio. Quidquid in me est, quod scio quam sit exiguum cælo tuo debeo.* Il entend par ce passage l'Ecole de Bourdeaux qui étoit alors très-célèbre, comme cela se prouve d'ailleurs par Ausone, & il appelle *Gerundæ alumnus* un homme qui avoit étudié à Bourdeaux. Les Annales de St. Bertin aux années 767. & 768. nomment aussi *Garonda*. Henri Knigton qui écrivoit l'Histoire d'Angleterre avant l'an MCCCC. dit *Applicuerunt* (les Anglois) *in Vasconia apud Castellon* (Castillon de Medoc) *quæ situatur in littore fluminis de Gerunde: deditaque se eis dominus urbis & profecti sunt usque Burdeux* (Bourdeaux) *quæ distat per V. Leucas ab urbe Blaive* (Blayes) *manseruntque in opposito civitatis illius in flumine de* GERUNDE *per duos dies.* Les Annales de France sous le Regne de Philippe le Bel font mention de Rions sur la Gironde

[c] l. 9. Epist.

&

& de la Reole sur la Gironde. Proprement parlant c'est à Gironde que la Garonne doit commencer à s'appeller la Gironde.

GARPHETI, Fontaine de l'Arabie heureuse, selon Pline, ou plutôt, selon Ortelius [a] qui le cite; car cet Auteur [b], selon l'Edition de Dalecamp, dit que la Fontaine s'appelloit GORALUS, *fons Goralus*, *Garpheti*, *Insula Aleu & Amnamethu*, de sorte que Garpheti signifieroit un Peuple de l'Arabie; & que Goralus seroit le nom de la Fontaine. Le R. P. Hardouin retranche le nom de *Garpheti*; & rend au nom de la premiere Isle la premiere lettre qui est un C. *fons Goralus*, *Insula Coloen, & Amnamethu*. De quelque maniere qu'on lise ce passage, *Garpheti* n'est point le nom d'une Fontaine, comme Ortelius l'a cru.

[a] Thesaur.
[b] l. 6. c. 28.

GARRA. Voiez GARRHA.

GARRAF [c], Bourg d'Espagne en Catalogne sur la côte entre Barcelone & Tarragone, à six lieues de la premiere & à neuf de l'autre. Il y a près de ce Bourg une Montagne qu'on appelle la COSTA DE GARRAF; & que l'on croit être le lieu appellé anciennement *Scala Annibalis*.

[c] Baudrand Ed. 1705.

GARRHA, Ville de la Mauritanie Cesariense, selon Ptolomée [d]. Un Fragment de Victor d'Utique cité par Ortelius fait mention d'un Siége Episcopal nommé GARRIENSIS: c'est peut-être le même Siége qu'occupoit Victor de Gor, *Victor à Gor*, qui assista au Concile de Carthage tenu sous St. Cyprien. On n'en voit aucune trace dans la Notice d'Afrique à moins que *Candidianus Catrensis* ne soit une faute pour *Garrensis*. Il y a d'autant plus d'apparence qu'on ne trouve nulle part ailleurs aucun Evêque qui ait été *Catrensis*; au lieu que l'on fait d'ailleurs que GARRA, ou GARRHA étoit Episcopale, & dans la même Mauritanie.

[d] l. 4. c. 2.

GARRO, (MONTE) ou GERRO, Montagne du Royaume de Naples, dans la Terre de Labour au Nord de la Ville de Sessa. Mr. Baudrand la nomme en Latin *mons Gaurus*, ou *Vallicanus*.

GARROÇAN, ou NOTRE-DAME DE GARROÇAN. Mr. Corneille dit: Bourg ou Village de France dans le Comté de Comminges: on le trouve à quatre lieues de la Ville de St. Bertrand du côté du Nord. Il y a des Géographes qui le prennent pour l'ancienne *Aqua Onesiorum*, ou *Convenarum*, & cite Maty, qui le dit effectivement au mot *Bagneres*. Mais il n'en fait qu'un Village.

GARRYENUS [e], ancien nom de la Riviere d'YARE, qui coule en Angleterre & à l'Embouchure de laquelle la Ville d'Yarmouth est située. Quelques-uns croient que c'est l'OUSE & non pas l'YARE. Voiez GARIANNONUM.

[e] Ptolom. l. 2. c. 3.

GARSABORA, lieu de la Lycaonie, quelque part vers la Galatie, selon Strabon [f]. Ce lieu étoit voisin de Soatris Village aussi grand qu'une petite Ville, dans un terroir où l'on manquoit d'eau & où l'on n'en pouvoit avoir que par des puits très-profonds.

[f] l. 12. p. 568.

GARSAURIA, Contrée d'Asie dans la Cappadoce, selon Ptolomée [g]. Les exemplaires varient & quelques-uns portent GARDAUVETAE & d'autres GARDAUCRETAE. Ce Géographe y met les lieux suivants.

[g] l. 5. c. 6.

Phreata, c'est-à-dire *les Puits*,
Archelais,
Neanessus, ou *Nanessus*,

Diocesarée,
Salamboria, ou *Salambria*,
Tetrapyrgia.

GARSIDAE, ancien Peuple de la Gedrosie. Quelques exemplaires de Ptolomée [h] portent PARSIRAE. Il confinoit à la Carmanie.

[h] l. 6. c. 21.

GARSIS, Bourg d'Afrique en Barbarie au Royaume de Fez. Voiez GARCIS.

GARTACH [i], il y a en Allemagne dans la Suabe deux endroits de ce nom. L'un Suev. Tonommé Klein-Gartach est une petite Ville à l'Occident du Necker, à la source d'un Ruisseau qui tombe dans cette Riviere, aux confins du Wurtenberg & du Palatinat, l'autre nommé Gross-Gartach n'est qu'un Village. C'est sans doute un de ces deux lieux que Mr. Corneille appelle Garthart Ville d'Allemagne sur le Neckar dans le Duché de Wirtenberg. On doit s'en prendre de cette faute aux mauvaises Cartes qu'il, a suivies. Quoi qu'il en soit, Zeyler [k] dit que le petit Gartach est un lieu muré, mais une très-petite Ville, appartenante au Duc de Wirtenberg, auprès du Heuchelberg, à une heure & demie de chemin d'Eppingen. Il ajoute: peu loin delà est le Grand-Gartach qui étoit ci-devant un des plus beaux Bourgs du Wurtenberg, mais dont à present la moitié est reduite en cendres. Il y a tout auprès un vignoble qui produit d'excellent vin.

[i] Zeyler Suev. Topogr. p. 19.
[k] Ibid. p. 30.

GARTAMPE, Riviere de France dans la Marche. Elle tire sa source des Etangs de la Commanderie de Maisommey & passant au pied de Gartampe, elle lui donne son nom Delà elle passe à Salagnac, à Montmorillon, & à St. Savin tombe ensuite dans la Vienne. Mrs. Sanson & de l'Isle décrivent autrement cette Riviere qu'ils nomment Gartempe, & ne mettent sur ses bords aucun lieu de ce nom. La Gartempe a ses deux sources dans la Marche de Limosin, elles se joignent auprès de Château Ponsac. Ce n'est encore qu'un ruisseau qui coule vers le Couchant Septentrional & que l'on passe sur un pont à Rancon; plus loin il reçoit la Seve d. puis le Vinçon g. qui vient de Belac, au dessous des deux jonction il y a un autre pont, & la Gartempe serpentant vers le Nord-Ouest passe aux Villages de St. Sornin, de pont St. Martin, d. de Port de Vonzailles, de Bussiere, où se tournant vers le Nord, elle entre dans le Poitou, reçoit un ruisseau à St. Romois d., coule à Plaisance Bourg g., à Sauge Village g. à Monmorillon qu'elle traverse, à Concise g., de là continuant de serpenter vers le Nord, elle prend un autre ruisseau qui vient de Journec d. passe aux Villages de Touhe d., d'Antigni, g. de St. Germain du Puis d., de No-

[l] Corn. Dict.

Notre-Dame de St. Savin, du Mont St. Savin, g. de Nailliers, d. de la Buxiere, g. de St. Pierre de Maillé & de St. Phelle de Maillé d. & enfin à celui de Vic. & reçoit l'Anglin Riviere qui vient d'Ingrandes d. & dont elle porte les eaux avec les siennes dans la Creuse au Midi de la Roche Pozay. Elle perd son nom dans la Creuse & n'arrive dans la Vienne que par le lit de la Creuse à laquelle elle se mêle.

GARTANENSIS, Siège Episcopal d'Afrique, selon Ortelius qui cite la Conférence de Carthage. Je l'y ai cherché en vain. Peut-être a-t-il eu quelque exemplaire où ce mot étoit au lieu de Carianensis.

GARTHARD. Voiez GARTACH.

GARTHEÆ, Athenodore nomme ainsi les Getules, au raport de Villeneuve.

GARTZ, Ville d'Allemagne dans la Pomeranie, aux confins de la Marche de Brandebourg. C'est un des passages de l'Oder. Les Géographes du Pays lui donnent 38. d. 45. de Longitude & 53. d. 13'. de Latitude. Ce fut Barnime I. Duc de Pomeranie qui en fit une Ville murée l'an 1258. & lui donna des terres. Ceux qui ont porté la guerre en Pomeranie ont toujours tâché de s'emparer de cette place à cause de sa situation. La Prevôté de ce lieu a sous sa Jurisdiction huit paroisses. On y tient diverses foires durant l'année. Elle a beaucoup souffert durant les longues guerres d'Allemagne. Elle est presentement au Roi de Prusse Electeur de Brandebourg.

GASANDI, Peuple de l'Arabie heureuse, selon Diodore de Sicile [a]. Pline [b] le nomme Gasani.

[a] l. 3.
[b] l. 6. c. 28.

GASCOGNE, (la) grande Province de France. Ce nom ne signifie pas toujours la même étenduë de Pays, & il faut distinguer la vraye Gascogne, ou la *Gascogne proprement dite*; la *Gascogne improprement dite*, & la *Gascogne très-improprement dite*.

LA GASCOGNE PROPREMENT DITE, n'est pas aisée à determiner, les Auteurs l'étendent plus ou moins. Comme ce Pays a eu ses Ducs, qui avoient leur Etat particulier, quelquefois on donne le nom de Gascogne à tout le Pays qu'ils possedoient & on y comprend les BASQUES, les LANDES, la CHALOSSE, le TURSAN, le MARSAN, le Pays d'ALBRET, l'ARMAGNAC, le COMMINGES, & la BIGORRE. Le Béarn & la Navarre ont été aussi de l'Etat de Gascogne & en ont été demembrez par des Princes particuliers. Quelquefois aussi on resserre beaucoup plus la Gascogne & on la borne à ce qui demeura à ses Ducs après les demembremens qui furent faits tant en faveur des Cadets que pour d'autres Seigneurs qui relevoient de leur Domaine. En ce cas la Gascogne ne comprend que les Landes, le Tursan, le Marsan & le Pays d'Albret. On peut voir ce que je dis de ces Cantons à leurs Articles particuliers.

Quelquefois aussi on entend par le nom de Gascogne tout ce qui est entre les Pyrénées, l'Océan & la Garonne, mais en ce cas on y comprend le Bordelois qui est de la Guienne. Mr. l'Abbé de Longuerue [c] dit : on entend par Gascogne le Pays qui est entre la Garonne, l'Océan & les Pyrénées, & qu'on nommoit

[c] Desc. de la France. 1. part. p. 184.

autrefois NOVEMPOPULANIE. Voici ce qu'il ajoute sur le changement de nom & de Domination. Il a pris ce nom des Gascons ou Vascons peuples Espagnols qui habitoient dans le voisinage des Pyrénées vers Pampelune & Calahorra, lesquels avoient conservé leur ancien Langage. Ces Gascons ayant passé les Pyrénées s'établirent sur la fin du VI. Siécle dans le Pays qui est au Nord de ces Montagnes. Leurs Successeurs ont toujours depuis occupé ce Pays, & c'est à cause qu'ils tirent leur origine des Vascons d'Espagne qu'on les nomme Basques ou Vasques. Ils se maintinrent en ces quartiers-là malgré les efforts des François & de leur Roi Gontrand qui envoya contre eux Ostrovalde l'an 587. comme nous l'aprenons de Gregoire de Tours; mais il ne remporta pas sur eux de grands avantages quoi qu'il les attaquât plusieurs fois. Les Vascons continuerent leurs conquêtes dans la Novempopulanie, de laquelle ils s'emparerent, & leurs progrès contraignirent les Rois Theodebert & Thierri à unir contre-eux leurs forces. Ces Rois les attaquerent si vivement que ces Peuples furent contraints de se soumettre aux Princes François l'an 602. Ils se continrent dans leur devoir durant vingt-cinq ans, & ce ne fut que sur la fin de la Vie de Clotaire II, qu'ils se revolterent l'an 627.; mais trois ans après ils furent subjuguez par le Roi Aribert frere de Dagobert I. On ne voit point qu'ils se soient soustraits à l'obéïssance des Rois de France, jusqu'au tems de la mort de Pepin Maire du Palais arrivée l'an 714. Ce fut pour lors qu'Eudes qui étoit Duc d'Aquitaine, s'étant rendu absolu & indépendant, les Gascons l'imiterent & se joignant à sa revolte ils demeurerent en cet état jusqu'à la mort de Gaifre, c'est-à-dire jusqu'à l'année 768, lorsque le Roi Pepin acheva de conquerir l'Aquitaine & la Gascogne jusqu'aux Pyrénées. Ensuite sous Charlemagne lorsque Louïs le debonnaire son fils gouvernoit l'Aquitaine avec le titre de Roi, les Gascons se revolterent encore, & ne cederent à Charlemagne qu'après s'être bien deffendus.

[d] Hist. Franc. l. 9. c. 7.

Dans le Siécle suivant la Gascogne étant gouvernée par des Officiers qui avoient le titre de Duc, elle fut cruellement ravagée par les Normands qui détruisirent la plupart des Villes de cette Province sous les Regnes de Louïs le Debonnaire & de son fils Charles le Chauve.

Après l'abdication de l'Empereur Charles le Gros, la division s'étant mise dans le Royaume qu'il avoit quitté, les Gascons qui avoient choisi pour leur Chef ou Duc un homme de leur Nation nommé Sanche Mitarra, commencerent à se rendre presque indépendans, ne reconnoissant les Rois de France que de nom seulement, tant à cause de l'éloignement de ces Peuples que de la foiblesse des Rois Carlovingiens qui ne furent presque plus considerez depuis Charles le simple.

J'ai dit que Sanche Mitarra étoit Gascon ou Basque d'origine, ce que montre ce nom Mitarra, qui signifie en Langue Basque *ce qui vient des Montagnes*, ou ce qui s'y trouve; par où l'on a designé l'origine de ce Duc qui venoit des monts Pyrénées. Ceux qui long-
temps

temps après ont écrit que Sanche venoit des Comtes de Caſtille, ont raconté des Fables abſurdes qui ſe refutent d'elles-mêmes puis qu'il n'y avoit point alors de Comtes de Caſtille.

Sanche Mitarra eut un fils nommé Garcie, ſurnommé le Courbé, qui fut Duc de Gaſcogne ſous le Regne de Charles le Simple & de Raoul. Il laiſſa trois fils; Sanche, Guillaume, & Arnaud. Les deux Cadets eurent en partage le Comté de Feſenſac qui fut donné à Guillaume le plus âgé des deux & celui d'Aſtarac qui fut cedé à Arnaud. Sanche qui étoit l'aîné des trois Freres ayant eu la plus grande partie des Etats de ſon Pere, fut appellé Comte de Gaſcogne & quelquefois on lui donnoit le titre de Duc & de Marquis. La race maſculine de Garcie le Courbé poſſeda cet Etat juſqu'au Duc Sanche qui mourut ſans enfans mâles l'an 1030. & après ſa mort il y eut de grands troubles pour ſa Succeſſion.

Quelques-uns ont pretendu que Sanche-Major Roi de Navarre avoit eu le Duché de Gaſcogne; ce qui ne ſe prouve ni par les bons monumens de l'Hiſtoire de France, ni par ceux de Navarre & paroît entierement fabuleux. C'eſt ne rien dire que d'alleguer une certaine Epitaphe de ce Roi Sanche où il eſt qualifié Roi des Monts Pyrénées & de Toloſa; car il ne s'enſuit pas delà qu'il ait été Souverain de Toulouſe Ville dont il n'a jamais été maître, mais de Toloſa dans la Province de Guipuſcoa qui étoit alors des dependances du Royaume de Navarre. Mais on voit après le Duc Sanche un Seigneur nommé Belenger dont on ignore l'origine qui poſſeda pendant quelque temps la Gaſcogne & la Ville de Bourdeaux. Belenger ne prétendoit venir des Princes Gaſcons que par femmes; & après ſa mort, Othon fils de Guillaume Duc d'Aquitaine, & de Briſque, ſœur du dernier Duc Sanche, fut Comte ou Duc de Gaſcogne & de Bourdeaux. Il ne jouït pas paiſiblement de cet Etat, & dans une guerre qui s'éleva il fut tué l'an 1039. ce qui donna occaſion à Bernard ſurnommé Tumas Palerius Comte d'Armagnac de s'emparer de la Gaſcogne. Il en jouït durant quelques années juſqu'à ce que Géofroi-Gui Prince d'Aquitaine, Frere du Duc Guillaume V. du nom, attaqua Bernard, le vainquit, & le força de lui ceder la Gaſcogne & à ſe faire Moine. Le Prince Geofroi-Gui ayant ſuccedé pour le Duché d'Aquitaine à ſon Frere Guillaume le Duché de Gaſcogne fut uni à celui d'Aquitaine, comme il l'a toujours été depuis, excepté ce qui avoit été démembré, dans le x. ſiécle, du Duché de Gaſcogne par les partages qui en avoient été faits.

Ce Duché, pourſuit le docte Abbé de Longuerue, comprenoit le Baſadois avec les Vicomtez de Marſan & de Turſan & tout le Pays des Landes, avec celui de Labour, & outre cela ils avoient la Souveraineté des Seigneuries voiſines.

a p. 194. Selon le Géographe du Val a dans ſa Deſcription de la France la Gaſcogne propre eſt entre le Bearn, l'Armagnac, la Guienne & les Landes. La Ville de St. Sever y eſt vulgairement appellée *Cap de Gaſcogne*, (c'eſt-à-dire, la Capitale de cette Province); celle du Mont de Marſan eſt le Grenier du Pays; Aire la Reſidence d'un Evêque; Roquefort une ancienne Baronie. Ainſi il appelle Gaſcogne, le Pays de Chaloſſe, où eſt St. Sever; celui de Marſan, où ſont Mont de Marſan & Roquefort, le Turſan où eſt Aire.

Les Auteurs du Dictionnaire de la France b b Introduc-
diviſent la Province de Gaſcogne en v. petits tion p. 16.
Pays, ſavoir

I. LE PAYS DES LANDES, ou DES LANES & d'AURIBAT, où ſont les Villes d'Acqs Capitale, Tartas, Peirehourade & Haſtingue.
II. LE PAYS DE CHALOSSE qui a pour Villes St. Sever, qu'on nomme auſſi Cap de Gaſcogne, & Toloſette.
III. LE TURSAN où ſont Aire, Grenade & Cazeres.
IV. LE MARSAN a Mont de Marſan.
V. Le Pays d'Albret n'a que le Bourg de Labrit, ſelon ces Auteurs.

LA GASCOGNE IMPROPREMENT DITE, ajoute à ces Pays, le Baſque, le Bearn, la Bigorre, le Commingeſs, l'Armagnac, le Condomois, le Bazadois & le Bourdelois, c'eſt-à-dire, tout ce qui eſt delà de la Garonne, ou ce qui revient au même, toute l'Aquitaine de Ceſar; qui ſelon cet Auteur étoit enfermée entre la Garonne, l'Océan & les Pyrenées.

LA GASCOGNE TRÈS-IMPROPREMENT DITE, comprend de plus le Languedoc & toute la Guyenne entiere; par un abus qui s'eſt introduit d'appeller Gaſcons tous les peuples de France dont l'accent aproche du Gaſcon. Quelques-uns traitent de Gaſcogne tous les Pays qui ſont au Midi de la Loire. Cette erreur eſt venue aparemment de ce que ſous Auguſte l'Aquitaine bornée auparavant par la Garonne fut étendue juſqu'à la Loire, & comme on a ſuppoſé que les Gaſcons avoient remplacé les Aquitains, ce qui eſt vrai en partie, on a appellé Gaſcogne tout ce qui avoit porté le nom d'Aquitaine.

Les Gaſcons en général ont beaucoup d'eſprit, & comme leur Pays n'eſt ni fertile, ni riche, ils ſavent ſe paſſer à peu, & ſe repandent dans les autres Provinces & dans les Pays étrangers, où leur genie & leur bravoure leur procurent ſouvent des établiſſemens avantageux. Les exagerations que quelques uns ont faites ſur leur Nobleſſe & ſur les biens de leur famille, ou ſur leurs pretendus exploits en fait de guerre ou d'amour, ſont cauſe que l'on a appellé *Gaſconnade*, tout ce qui ſent le Fanfaron. On dit dans le même ſens: *cela vient de la Garonne*, lorſque quelqu'un ſe vante de quelque action peu vraiſemblable. Mais ce defaut eſt commun à tous les Peuples. La vanité eſt de tous les Pays & il n'y en a point où l'on ne puiſſe dire,

*La Garonne n'a pas vû naître
Tous les Gaſcons qui ſont ici.*

Les Gaſcons ont apporté d'Eſpagne l'habitude de confondre l'V & le B. C'eſt ce qui a donné lieu à cette Plaiſanterie de Scaliger *Felices*

lices populi quibus Bibere eſt Vivere!

Je reſerve à l'article de la Guyenne ce qui concerne celui de la Gaſcogne. Je me contente d'ajouter ici quelques remarques neceſſaires. La Gaſcogne eſt compriſe ſous le Gouvernement de Guienne dont elle fait partie.

Si l'on prend la Gaſcogne pour tout ce qui eſt entre la Garonne & l'Océan, ce ſera alors la partie Meridionale de la Guyenne; & ce que les habitans appellent le HAUT PAYS, ſelon du Val.

GASMARA, Ville de la Mauritanie Ceſarienſe, ſelon Ptolomée. Elle étoit differente de CASMARE, autre Ville de la même Province.

GASNY [a], Bourg de France dans le Vexin Normand avec titre de Baronie ſur la Riviere d'Epte entre Baudemond & Giverny, à une demie-lieue de la Roche-Guyon. L'Egliſe paroiſſiale eſt ſous l'Invocation de St. Martin & il y a un Prieuré ſimple du titre de St. Ouën & une Chapelle de St. Adrien. L'Egliſe du Meſnil eſt Succurſale de Gaſny.

§ Ce lieu eſt le même que GANY. Voiez ce mot.

GASORUS, Γάσωρος, Ville de Grece dans la Macedoine dans l'Odomantique, ſelon Ptolomée. Etienne le Géographe écrit Τάζωρος.

GASPENTIA [b], Eghinard dans ſon Livre de la Tranſlation des Sts. Martyrs Marcellin & Pierre, nomme ainſi un Ruiſſeau d'Allemagne qui ſe jette dans le Mein.

GASPESIE, (la) Province de l'Amerique Septentrionale dans la Nouvelle France. Elle s'étend le long des côtes Orientales du Canada, depuis le Cap des Roſiers à l'entrée du Fleuve de St. Laurent juſques vis-à-vis du Cap-Breton. Elle prend ſon nom de la Baye de GASPÉ qui eſt entre le Cap des Roſiers & l'Iſle Percée. Ce Pays comprend environ cent dix lieues de côtes & s'avance beaucoup dans les terres. Les côtes y forment trois belles Bayes qui ſont celles de Gaſpé au Nord, la Baye des Chaleurs, & celle de Campſeaux, ces Bayes ſont fort frequentées des pêcheurs de Morues, de Saumons, & de Marſouins.

La Gaſpeſie eſt arroſée par pluſieurs Rivieres aux bords deſquelles les Gaſpeſiens ont leurs habitations qu'ils changent ſouvent. Au Nord de cette contrée ſont les hautes Montagnes de Nôtre Dame, qui rebuterent les Eſpagnols. Ils en nommerent l'extremité *Capo de Nada*, c'eſt-à-dire, *le Cap de Rien*, perſuadez qu'un Pays dont l'aſpect étoit ſi ſauvage ne meritoit pas leurs recherches. On tire de ces Montagnes & des Forêts du Pays de bonnes mâtures. Les plaines forment un beau Pays, où l'on peut recueillir du grain. L'Air y eſt pur & ſain; les eaux y ſont claires & la pêche & la chaſſe y ſont abondantes. Les peuples qui habitent cette contrée ſont connus ſous le nom general de Gaſpeſiens; mais ils ſont diviſez en pluſieurs eſpeces de Nations differentes que l'on diſtingue par les noms des Rivieres le long deſquelles elles habitent. Les principales de ces Rivieres ſont,

La Riviere de St. Jean.
La Riviere de Riſtigouche.
La Riviere de Mizamichi, ou Miramichi, ou de Ste. Croix.

Ces peuples ſont tous bien faits, d'une riche taille, haute, bien proportionez, ſans aucune difformité; ils ſont puiſſants, robuſtes, adroits, & d'une extrême agilité. Les hommes ſont plus grands que les femmes; les uns & les autres ſont d'un maintien grave, ſerieux & modeſte. Leur couleur eſt brune, olivâtre & baſannée. Ils rendent leurs dents extrémement blanches par la gomme de Sapin qu'ils ont toujours dans la bouche; ils jouïſſent d'une ſanté parfaite & ſont ſujets à moins de maladies que nous. Ils ont tous naturellement de l'eſprit & beaucoup de jugement; ils conduiſent adroitement leurs deſſeins, ſont perſuaſifs & très-éloquens dans les harangues qu'ils font dans leurs aſſemblées generales; ils ne ſont ſujets ni à l'avarice, ni à l'ambition, ſe bornant au neceſſaire & à la reputation d'être bons guerriers & bons chaſſeurs en quoi ils mettent toute leur gloire. Ils aiment le repos de l'eſprit, ne contrediſent jamais à rien, ne ſe querellent jamais entre-eux de crainte d'interrompre leur repos dont ils ſont tellement idolâtres qu'ils ne veulent pas même le troubler par l'éducation de leurs enfans à qui ils ſouffrent tout, & s'il ſe trouve quelque antipathie entre le Mari & la femme, ils ſe quitent ſans bruit & ſans chagrin; ils ſont bientôt entierement détachez de toute affection; ils ont beaucoup de conſtance dans les diſgraces, beaucoup de courage dans les fatigues de la guerre & de patience dans les maladies, ils ſouffrent auſſi très-patiemment les châtimens qu'ils ont meritez & font même des preſens à ceux qui les châtient dans ce cas. Mais ils ne pardonnent jamais à ceux qui les maltraitent injuſtement & ſont très-opiniâtres dans leurs entrepriſes publiques. Ils ſont très-genereux entre-eux, mais cette vertu s'altére depuis le commerce des Européens. L'Hoſpitalité eſt une de leurs vertus favorites; & le reproche d'avarice eſt la plus grande injure & celle qu'ils meritent le moins. Ils aiment fort qu'on leur faſſe honneur, & ſont ſi ſenſibles aux affronts que ſouvent ils attentent à leur propre vie quand ils en ont reçû quelqu'un; ils ſont ſuſceptibles d'une melancholie noire, qui quelquefois pour des ſujets très-legers les porte aux dernieres extrémitez, mais ce qu'il y a d'extraordinaire, eſt que, ſi on s'en apperçoit à temps & que l'on prenne des precautions convenables, ils ſe rendent & la raiſon leur revient dans l'inſtant. Enfin ils ſont doux, paiſibles, traitables, ils ont beaucoup de tendreſſe les uns pour les autres. Ils ſont bons à leurs amis, cruels & impitoyables à leurs ennemis. Ils ſont errants & vagabonds à travers les bois & le long des Rivieres & très-adroits de la main dans tous les ouvrages qu'ils entreprennent.

Les femmes ſont modeſtes & cheriſſent la chaſteté, excepté quelques-unes qui par l'uſage de l'eau de vie ont perdu cette precieuſe vertu. Les hommes & les femmes ſont volages, trompeurs, mediſans, diſſimulez, particulierement envers les Etrangers. Le Soleil qui eſt la principale de leurs Divinitez, leur Pere & leurs enfans, c'eſt-à-dire, ce qu'ils

ont

[a] *Corn. Dict. Mem. dreſſez ſur les lieux en 1703.*

[b] *Ortel. Theſ.*

ont de plus cher, font ordinairement la matiere de leurs Sermens. Ils s'eſtiment tous égaux & par conſequent diſpenſez des devoirs de civilité & de bienſéance. Ils ſont fort ſales dans leur manger, dans leurs Cabanes & dans leurs habits. Leur oppoſition pour le Chriſtianiſme a deux ſources, l'une eſt l'inſenſibilité & l'indiference qui leur eſt naturelle, l'autre eſt leur penchant à l'Yvrognerie. Ils n'aiment à boire du vin ou de l'eau de vie que pour avoir le plaiſir de s'enyvrer; & alors ils ſont brutaux, violens & cruels juſqu'à tout briſer, à maſſacrer leurs femmes & leurs enfans & à attenter à leur propre vie.

On ne connoit point d'autre culte de Religion au moins apparente chez les Gaſpeſiens qu'une habitude qu'ils avoient de ſaluer le Soleil Levant, encore l'ont ils negligée depuis environ un ſiécle. Le P. le Clercq Recollect [a], qui a écrit tout un Livre de la Gaſpeſie, aſſure qu'une partie de ce Peuple qui habite le long de la Riviere de Miramichi avoit la Croix en grande veneration, avant même l'arrivée des Européens. Il les nomme porte-Croix parce qu'ils avoient coutume de porter la croix dans leurs Voyages & qu'elle leur tenoit lieu du Calumet des Peuples de la Louiſiane. Ils ont toujours crû l'ame immortelle. Ils ont une confiance reſpectueuſe pour leurs Jongleurs qui leur ſervent de Medecins, & dont les pratiques & les effets font juger qu'ils ont quelque commerce avec le Demon. Ils ont quelque legere connoiſſance de la grande & de la petite Ourſe. Ils ſe font ſur de l'écorce des Cartes très-detaillées & aſſez juſtes, deſorte qu'ils ne s'égarent jamais : cela leur vient de la grande habitude qu'ils pratiquent dans leurs courſes dès leur enfance. Ils diviſent leur Bouſſole en cinq Rumbs ou Vents, ſavoir le Nord, le Sud, le Nord-Eſt, le Nord-Oueſt & le Sud-Eſt. Ils connoiſſent toutes leurs Rivieres & ſe guident très-bien lorſqu'ils voyent le Soleil ; mais lorſque la nuit ou les brouillards les privent de ſa vûë, ils ſont fort embaraſſez. Ils ſe reglent ſur les pointes & les Caps qui ſe trouvent le long des Rivieres & des côtes & meſurent les diſtances par le nombre des nuits qu'ils ſont obligez de coucher en chemin. Leur Calcul ordinaire ne va que juſqu'au nombre de dix, & pour vingt, ils diſent deux fois dix, trois fois dix pour trente & montrent leurs cheveux ou le ſable, lorſqu'ils veulent ſignifier un grand nombre. Ils comptent les années par les Hyvers & les mois par les Lunes, les jours par les nuits & les heures par la Progreſſion du Soleil. Ils donnent trente jours aux Lunes, diviſent l'année en quatre Saiſons, comptent cinq Lunes pour l'Eté & cinq pour l'Hyver & confondent une Lune du Printemps avec celles de l'Eté & une de l'Automne avec celles de l'Hyver, parce que l'on y paſſe promptement du froid au chaud & du chaud au froid. Ils n'ont point de Semaines reglées, tous leurs mois ont des noms ſignificatifs. Ils commencent l'année par l'Automne.

Ils ont une Langue particuliere qui eſt très-riche dans ſes expreſſions. Elle n'a aucun mauvais accent ; on la prononce librement & l'on n'eſt obligé de faire aucun effort de l'eſtomac.

[a] Nouvelle Relat. de la Gaſpeſie in 12. Paris. 1691.

Ils uſent toujours du Singulier en parlant à une perſonne. Ils prononcent la Lettre R. comme une L. & l'U en Ou. Leurs noms propres ſont caracteriſtiques.

Les Gaſpeſiens ne contraignent point les humeurs de leurs enfans quand ils ſe veulent marier. Le jeune Garçon qui a une inclination s'adreſſe d'abord au Pere de la fille, qui le renvoye à ſa fille. Si elle accepte ſes propoſitions & ſes preſens, il va demeurer une année dans la maiſon du Beaupere pretendu, & s'y rend neceſſaire par ſa docilité & ſa vigilance à la chaſſe & à tout ce qui eſt du Miniſtere de ſon Sexe : au bout de l'année, ſi l'inclination continue, il prend congé de ſon Pere & de ſa Cabane. On fait une grande aſſemblée des principaux de la Nation & de ſes parens & on lui donne ſa femme en public. Toute la Dot conſiſte en une couverture ou quelque robbe de Caſtor, une chaudiere, un fuſil, un batefeu, un couteau, une hache, un Canot &c. Pendant l'année que le jeune homme demeure chez ſon beau-pere, il eſt inouï qu'il prenne jamais avec ſa Maîtreſſe aucune liberté contraire à la bienſéance. Si dans la ſuite ils ont des enfans, le Mariage devient indiſſoluble. Si au contraire ils n'en peuvent avoir & que leurs humeurs ceſſent de ſympathiſer, ils ſe ſeparent ſans bruit; pendant leur union, ils ne ſe contraient en rien, chacun fait ſon exercice paiſiblement : la mort de l'un ou de l'autre devient très-ſenſible à celui qui reſte.

Ces Peuples avoient autrefois l'humeur beaucoup plus guerriere qu'ils ne l'ont à preſent. Les ſeuls ennemis contre leſquels ils ne reſpirent que la guerre ſont les petits Eskimaux. Les ſeuls motifs de leurs guerres ſont le deſir de ſe vanger de quelque injure publique ou particuliere & d'avoir l'honneur de vaincre & rapporter beaucoup de Chevelures. Ils demandent rarement du ſecours à leurs voiſins. Ils n'entreprennent de guerres que par le conſeil de leurs anciens. Ils ſe matachent le viſage pour cacher les differens mouvemens de leur cœur. Ils ſont fort cruels envers leurs priſonniers. Leurs principaux exercices ſont la chaſſe & la pêche ; les femmes ſe percent les oreilles & s'y attachent quelques grains de raſſade, des grelots, des Sols marquez, ou autres bagatelles. D'autres tant hommes que femmes ſe font percer le Tendon du Nez, & ils y attachent quelques grains de Chapellet ou de Porcelaine, qui leur tombe ſur l'extremité des levres.

Leurs Cabanes ſont très-legéres & portatives pour pouvoir décamper, quand ils ne trouvent plus dequoi vivre dans l'endroit où ils ſont. Ces Cabanes ne ſont compoſées que de perches qu'ils couvrent de quelques écorces de bouleau couſues enſemble & enjolivées de differentes figures d'animaux que les femmes y crayonnent avec les couleurs dont ils ſe ſervent pour ſe barbouiller. Ces Cabanes ſont de figure ronde, comprennent trois à quatre feux & peuvent loger dix-huit ou vingt perſonnes. Quand ils veulent décamper, ils les roulent ou les emportent ſur leurs épaules au lieu où leur Chef a choiſi un nouveau Cabanage & par le chemin qu'il leur a indiqué. Quand ils ſont arrivez, les hommes plantent les perches de maniére que le haut finiſſe en forme de clocher

après

après quoi ils vont à la chasse & les femmes achèvent le bâtiment. On y souffre grand froid & la fumée y est extrêmement incommode, outre qu'elles sont si basses qu'il faut presque toujours y être courbé.

Leur nourriture est la même que celle des autres Sauvages, c'est-à-dire, qu'ils la trouvent dans la chasse & dans la pêche. Ils aiment à présent autant le vin & l'eau de vie qu'ils en avoient horreur lorsqu'ils en voyoient boire aux premiers François qui ont abordé leurs côtes. La negligence qu'ils ont de ne pas conserver des viandes boucanées pour le plus fort de l'Hyver, leur cause souvent une très-grande famine particulierement dans les Mois de Janvier & de Fevrier. Ils ne se couvroient ci-devant que de peaux d'Orignaux, de Castors &c. Mais à présent ils se servent de couvertures, de Capots, & de justaucorps, toujours avec plus de modestie que les autres peuples. Ils se matachent tantôt de noir, tantôt de rouge & quelquefois de ces deux couleurs ensemble. Ils se couvrent rarement la tête & laissent pendre leurs cheveux qu'ils accommodent en Cadenetes. Leur chevelure est toujours noire quand ils sont avancez en âge. Ce Pays est borné au Nord par les Monts Notre Dame, au Nord-Ouest par le Golphe de St. Laurent, au Midi par l'Acadie & au Couchant par le Canada. Les Recollects y ont établi quelques Missions & tâché d'en amener les peuples à la foi.

a d'Herbelot Biblioth. Orient.

GASSAN [a], ancienne Ville d'Asie dans la Syrie, dans un Terroir qui étoit abondant en Fontaines & en ruisseaux. Il étoit possedé par des Arabes nommez Dhagâcmah qui s'y étoient établis lorsqu'il survint d'autres Arabes qui étoient de la famille d'Azad & de la posterité de Kahelan fils de Saba, fils d'Iaschhab, fils d'Iârb, fils de Cahtan qui est le Joctan fils du Patriarche Eber ou Heber. Ces derniers Arabes quitant l'Arabie après l'inondation ou le Deluge d'Irem vinrent en Syrie & chasserent de Gassan les autres Arabes qui y étoient déja établis & se mirent en leur place. Ce sont les GASSANIDES dont il est parlé dans l'Histoire. Le premier de leurs Rois portoit le nom de Giafnah fils d'Amrou, fils de Thaalebah qui tiroit son origine d'un Roi de Hirah, surnommé Maziah à cause qu'il dechiroit tous les jours l'habit qu'il portoit pour le donner à quelqu'un. Le dernier de ces Rois fut Giabalah fils d'Aihem, lequel se fit Musulman du temps d'Omar second Calife après Mahomet & ensuite Chrétien, mais par depit. Il faisoit le Voyage de la Mecque avec Omar, une querelle qu'ils eurent ensemble fut cause qu'il le quita la nuit suivante, traversa la Syrie avec cinq cens chevaux & se rendit à Constantinople où il embrassa le Christianisme.

La plupart des Rois de Gassan portoient le titre de Hareth, d'où les Grecs & les Latins avoient formé celui d'Aretas. Ces Rois Arabes ont souvent esté declarez par les Empereurs, Chefs de leurs Armées en Syrie. Il y en avoit un qui commandoit dans Damas du temps de St. Paul comme il paroit par la seconde Epitre de cet Apôtre aux Corinthiens [b]. La Dynastie des Gassanides a porté ce nom plus de 400. ans avant la naissance de Mahomet.

b c. 11. v. 32.

GASSEY, Bourg de France en Normandie, au Diocèse de Lisieux, entre St. Evroul, Hyesme & Argentan.

GASTAL, C'est le même Pays que GASTEL, GASTER, ou GASTEREN. Voiez GASTER.

GASTANIM, selon Mr. Corneille c'est le GAISTING de Mr. Baudrand.

GASTANIUM, Lazius donne ce nom comme le nom moderne d'AUGUSTANA CASTRA. Voiez GAISTING. Ortelius parle des bains de ce lieu à l'article *Augustana Castra*. Voiez l'article qui suit.

GASTEINBAD [c], Ruisseau d'eau minerale en Allemagne au Cercle de Baviere au dessus de Saltzbourg; il a sa source entre Gastein & Rauriss dans une haute Montagne. Les eaux en sont chaudes & ont beaucoup de vertu pour guerir quantité de maladies dont Zeyler fait un long denumbrement [d]. Elles ne sont pas bonnes à boire, mais simplement à se baigner. Cet Auteur ajoute que les plus riches mines de Saltzbourg sont dans ces deux endroits, savoir Gastein & Rauriss: ces mines & ces eaux Medicinales font assez voir que c'est le même lieu que le GASTANIUM de Lazius, & d'Ortelius. Mais il est bien loin du Danube & de Ratisbonne où Mr. Baudrand le place dans son Article *Augustana Castra* de l'Edition Latine de 1682. il avoit dit beaucoup mieux à l'article de *Gastanium* de la même edition que ce lieu est dans le Pays de Saltzbourg. Il est étonnant que dans l'Edition Françoise il ait remis ce lieu sur le Danube où il n'est en aucune façon.

c Zeyler Bavar. Topogr.

d p. 62.

GASTER, en Latin CASTRA RHETIA, quelques-uns disent Gastal, Gaster; Mr. Corneille dit GASTAL, ou GASTEREN dans un article tiré de Maty, & GASTERN dans un autre article tiré de Davity comme si c'étoient deux Pays differens. *Gaster, Gastal, Gastern*, ou *Gasteren* est une contrée de Suisse dans le Bailliage de Gaster dans la dependance des Cantons de Schwitz & de Glaris. [e] C'est un Pays long & étroit à l'Orient de la Riviere de Linth, qui s'étend du Nord-Ouest au Sud-est entre les Lacs de Zurich & de Wahlestatt. Il a la Linth & une partie de ces deux Lacs en front & le Tokebourg à dos, au Nord le Canton de Zurich & au Sud-est le Comté de Sargans. Les principaux endroits de ce Pays, sont

e Delices de la Suisse T. 3. p. 507.

Wesen,	Schennis,
Utznach,	Grynaw,
& Schmericken.	

Il est partagé en deux Bailliages dont l'un porte le nom du Pays Gaster, & l'autre celui d'Utznach. Quand il y a un Bailli de Schwitz dans l'un, il y en a un de Glaris dans l'autre. [f] Anciennement le Pays de Gaster s'appelloit aussi Windegg, à cause d'un château de même nom qui étoit au bord de la Linth & qu'on a laissé tomber en ruine dès l'an 1450. Le nom de Gaster corrompu du Latin *Castra Rhetica* lui a été donné par les Grisons établis dans ces quartiers-là. La Religion y est mi-partie comme dans les contrées voisines.

f p. 511.

GASTINE, l's ne se prononce point & quel-

GAS.

quelques-uns écrivent GÂTINE; ce nom signifioit anciennement une Forêt, un bois de haute futaye rempli de Betes Fauves, si nous en croions Mr. Corneille. Il signifie au contraire les lieux d'une Forêt où le bois a été abatu, ou les lieux qui sont sans arbres. C'est dans ce sens que le Chartulaire de l'Abbaye d'Absie dit : *Concedo Fratribus de Absie totum planum, vel ut vulgo dicitur, totum Guastum quod modo est, vel in posterum erit in Bosco meo.* &c. Les mots de *Wasta* & de *Wastum* sont pris dans ce même tens dans les anciens Actes [a]. De *Vastum* les Latins avoient fait *Vastare*, ravager, détruire, nos vieux François en firent les mots de *Gast*, *Guast*, *Guaster*, d'où sont venus les mots de *degast* & de *gâter*. Dans le moyen âge on a dit *Vastitas* pour desert : on lit *guasta*, *damna*, & *incendia* dans Pierre des Vignes [b]. Le Chartulaire d'Absie déjà cité porte [c] : *& terras omnes in quibus vineæ sunt, & omnes alias sive guastas sive excultas*, soit desertes, soit cultivées. Innocent III. [d] dans une de ses Lettres employe le mot de GASTINA. Gastine se trouve dans la Coutume d'Auvergne. Dans la Convention passée entre le Duc de Brabant & le Chapitre de Ste Vaudru à Mons l'an 1209. & raportée par Aubert le Mire [e] on lit : *omnes* VASTINÆ *quæ terræ silvestres dicuntur*, & dans une autre de l'an 1247. [f] *in omni terra quæ vulgariter* VASTINA *dicitur*. Il est arrivé qu'après que des lieux ont commencé à être cultivez, on leur a conservé le nom de Guatine, comme on voit dans une Charte de Robert Comte de Flandres de l'an 1089. tirée de l'Archive de St. Quentin en l'Isle [g] : *omnem decimationem novæ terræ quæ vulgo* WASTINA *vocatur*. VASTINA se prend donc pour une Forêt que l'on a détruite & c'est en ce sens qu'il faut entendre ce nom à l'égard des articles suivans.

1. GASTINE, (la) Petit Pays de France dans le haut Poitou, aux environs de Parthenay qui en est la Capitale [h]. Il n'est pas aisé d'en marquer les bornes au juste. On y compte environ soixante Paroisses ; mais je ne sais aucun Auteur qui les nomme toutes. Mr. Corneille [i] dit après Davity, qu'il confine d'un côté au Niortois par la Châtellenie de Coudrai-Sallebart, & de l'autre au Touarsois, & aux Territoires de Fontenay & de St. Loup : du côté d'Anjou il s'étend jusqu'auprès de Chiévres, & vers Poitiers il a le Bourg de Cramaud. Il est long de quatorze lieues & large de neuf. Le Comté de Secondigni, les Châtellenies & les Seigneuries de Chandenier, de Beceleu, d'Amaillon, la Freselière & quelques autres avec l'Abbaye d'Absie sont dans les enclaves de la Gastine. Le Pays est montueux, plein de ruisseaux, d'étangs & de Bocages.

2. GASTINE, (la) Petit Pays de France dans la Touraine, aux environs de la Paroisse & de l'Abbaye de St. Laurent : c'est un Pays sec & de très-difficile culture.

§ Il y a en France plusieurs Villages ou lieux qui portent le nom de GASTINE, comme la Gatine Village de Touraine, Election de Tours; ST. LAURENT DE LA GASTINE, & ST. GERMAIN DE LA GASTINE dans la Beauce, Diocèse & Election de Chartres &c.

3. GASTINE, (la) Abbaye de France,

Marginalia left column:
[a] Monastic. Anglican. T. 1. p. 529. & T. 2. p. 104.
[b] Petrus à Vincis l. 5. Epist. 112.
[c] Fol. 127.
[d] l. 15. Epist. 179.
[e] Diplom. Belgic. p. 160.
[f] p. 173.
[g] Fol. 51. verso.
[h] Baudrand.
[i] Dict.

GAS.

en Touraine, à quatre lieues de Tours, Ordre de St. Augustin de la Congregation de Ste Geneviève. Elle fut érigée en Abbaye par Hugues Archevêque de Tours l'an 1138.

1. GASTINES. Il y a en France dans le Maine une Verrerie de ce nom.

2. GASTINES, Bourg de France en Anjou, au Diocèse d'Angers, Election de Château-gontier, il a 897. habitans.

GASTINOIS, Province de France. Elle est partagée entre deux Gouvernemens Militaires, une partie est sous celui de l'Isle de France & l'autre sous celui de l'Orleanois. Il a eu ses Comtes particuliers dans l'onziéme siécle, mais ces Comtes devinrent Comtes d'Anjou & voici comment. Geofroi Ferole [k] Comte de Gastinois épousa Hermengarde sœur de Géofroi Martel Comte d'Anjou, & en eut deux fils, savoir Géofroi le Barbu & Fouques surnommé le Rechin, ou le Rechigné. L'aîné succeda à son oncle pour le Comté d'Anjou, & y joignit le Gastinois; [l] mais il fut depouillé de l'un & de l'autre & on le confina dans une prison où il mourut. Fouques craignant d'être châtié par Philippe I. Roi de France, le gagna en lui cedant le Comté de Gastinois qui étoit l'ancien Patrimoine de la Maison de ce Comte. C'est ce que nous apprenons d'un Historien contemporain [m]. C'est ainsi que le Gastinois fut réüni à la couronne.

Dans les anciens titres Latins ce Pays est appellé *Pagus Vastinensis*. Mr. de Longuerue [n] en conclud que ce nom lui a été donné par les Francs Germains, ce mot *Vast* en Langue Teutonique signifiant un *lieu desert* ; ce qui convient parfaitement bien au Gastinois où il y a de très-grandes Forêts & dont le Terroir est sablonneux & la plûpart sterile.

Mr. Piganiol de la Force dit [o] que le Gastinois a pris son nom des *Sables* que ceux du Pays appellent *Gastines*. (Il vaut mieux s'en tenir à ce que nous avons remarqué au mot GASTINE.)

Ce Pays, est, dit-il, borné au Septentrion par la Beausse, au Midi par l'Auxerrois, à l'Orient par le Senonois, & à l'Occident par le Hurepoix & la Riviere de Vernuse. On le divise en *Gastinois François* & *Gastinois Orleanois*.

Le Gastinois François comprend un nombre assez considerable de Villes & de Châteaux, entre autres,

Nemours,	Valery, Chât.
Moret,	Dourdan,
Courtenay,	Monthery,
Estampes.	

[p] Le Gastinois Orleanois comprend,

Montargis,	Chastillon sur Loing,
Château-Renard,	Briare,
Milly,	Gien.

Les deux Gouvernemens se disputent la Ville d'Estampes ; chacun pretendant qu'elle est de son departement. Le Gatinois Orleanois renferme de plus le Pays de Puisaye où sont,

Blesneau,	St. Fargeau,
St. Amand, &c.	

Marginalia right column:
[k] Longuerue deic. de la France part. 1. p. 100.
[l] p. 116.
[m] Au IV. Tome de Duchesne p. 85.
[n] l. c. p. 28.
[o] Descr. de la Fr. T. 2. p. 317.
[p] Ibid. T. 4. p. 222.

Il n'y a que la moindre partie de Melun qui soit du Gastinois [a]. Les vignes croissent en abondance dans cette Province, aussi bien que les Noyers dont le fruit est propre à faire de l'huile. Ses belles Forêts font cause qu'il y a du Gibier de toutes sortes, ses Étangs & ses Rivieres n'y laissent pas manquer de Poisson. Les Grais à paver les grands Chemins & les bois propres à bâtir sont transportez delà à Paris & ailleurs par le Canal de Briare & par la Riviere du Loing qui tombe dans la Seine. On y recueille beaucoup d'excellent Safran.

La plus grande partie du Pays est abondante en pâturages & ses beurres sont estimez.

GASTOUNI, Ville de la Morée, à quinze milles de Castel-Tornese & à cinq milles de la Mer ; elle est de mediocre grandeur & sur une Riviere que Mr. Spon [b] croit être le Penée. Il se trompe. Le Penée est bien plus au Nord. La Riviere qui coule à Gastouni est la même que celle qui est formée de l'Erymante, du Ladon, & de l'Alphée.

GASTRONIA, Contrée de Grece dans la Macedoine, selon Théopompe cité par Etienne le Géographe. Ortelius [c] croit que c'est la même que la GRESTONIE contrée de Thrace.

GASULES, (LES) Gardes qui ont la garde des portes de Fez, de Maroc & de Tarudant, & que le Cherif de ces Cantons entretenoit pour la garde de sa personne. Marmol en parle [d] au sujet de Laalem Gesula Montagne de Getulie, d'où il les avoit fait venir. C'est ainsi qu'en Europe nous avons des Souverains qui affectionnent des Nations particulieres pour leurs gardes ; comme la Cour de Rome a les Corses, celle de France a les Suisses &c.

GATE, (LES MONTAGNES DE) longue chaine de Montagnes en Asie, dans la Presqu'Isle en deçà du Gange, qu'elle divise en toute sa longueur en deux parties fort inégales. Son cours du Nord-Nord-Ouest au Sud-Sud-est est presque parallèle au rivage Occidental de cette Presqu'Isle qui est triangulaire: ce qui est au Couchant est appellé la côte de Malabar ; ce qui est au Levant, est traversé par diverses branches qui partent de la Tige. Cette Tige s'étend [e] depuis le Mont Ima au Nord & se termine au Cap de Comorin qui est à la pointe Meridionale de cette Presqu'Isle, au Concan & au Royaume de Visapour. Mr. de l'Isle & autres Géographes nomment ces Montagnes *les Montagnes de Balagate*, & reservent le nom de *Gate* pour ce qui est au Midi de la Riviere de Mondoa qui a son Embouchure à Goa. D'autres, comme le Missionnaire cité en marge, donnent le nom de Gate à cette chaine dans toute son étendue. Varenius dans sa Géographie [f] generale prétend qu'elle traverse le Royaume de Bengale, ceux de Pegu & de Siam & toute la Presqu'Isle de Malaga. Il y a de l'excès. Nous ne connoissons sous le nom de Gate que les Montagnes qui se suivent du Nord au Midi le long de la Presqu'Isle de Malabar. Tavernier [g] donne le nom de Gate à un simple defilé par où l'on passe cette Montagne entre Dongri & Nader, sur la route de Brampour à Agra. Gate est,

[a] Corn. Dict. & divers Mem.

[b] Voyage T. 2. p. 3.

[c] Thesaur.

[d] l. 3. c. 30.

[e] Lettres Edifiantes T. 15. p. 5.

[f] l. 1. c. 10. prop. 2.

[g] Voyage des Indes T. 1. c. 4.

dit-il, un détroit de Montagnes qui dure demi-quart de lieue & qu'on descend quand on va de Surate à Agra. On voit encore à l'entrée des ruines de deux ou trois Châteaux, & le chemin est si étroit que deux Chariots auroient peine à passer de front. Ceux qui viennent du côté du Midi pour se rendre à Agra comme de Surate, de Goa, de Visapour, de Golconde, de Maslipatan, & d'autres lieux ne peuvent éviter de passer par ce détroit, n'y ayant point d'autre chemin que celui-là à moins que de prendre la route d'Amandabat. Il y avoit autrefois une porte à chaque bout du détroit ; & à celui qui est du côté d'Agra il y a cinq ou six boutiques de Banianes qui vendent de la Farine, du Beurre, du Ris, des Herbages, & des Legumes. Mais le passage dont parle ici Tavernier est hors de la Presqu'Isle assez près d'Agra. Il prouve bien que les Montagnes de Gate s'étendent au delà de la Peninsule, mais nous ne parlons ici que de la chaine principale où il n'est pas.

Les Voyageurs s'accordent à nous dire de ces Montagnes une circonstance que l'experience seule peut avoir apprise [h] ; car on ne l'auroit jamais devinée : c'est que le Pays qu'elle separe a deux saisons très-differentes dans le même temps. Par exemple sur la côte de Malabar l'Hyver y commence vers la fin du Mois de Juin avec le vent du Sud-Ouest qui vient du côté de la Mer & regne quatre mois durant tout du long de cette côte depuis Diu jusques au Cap de Comori, & pendant tout ce temps-là non seulement la Mer n'y est point navigable, mais il y a peu de Havres où les Navires puissent être en sureté & à couvert des orages mêlez de tonnerres & d'éclairs effroyables qui y troublent l'air en cette saison, & il y a dequoi s'étonner de ce qu'au même temps la côte de Coromandel qui est dans la même Presqu'Isle & au même degré d'élevation & qui en quelques endroits n'est éloignée que de vingt lieues de celle de Malabar jouït d'un agréable Printemps & de la plus belle Saison de l'année. Et de fait ceux qui vont de Cochim à St. Thomé par terre en passant par la Montagne de Balagatta (c'est la même) qui coupe toute la Peninsule comme l'Apennin coupe l'Italie, découvrent du haut de la Montagne d'un côté un air serain & temperé & de l'autre un Pays couvert d'un Brouillard perpetuel & noyé dans les pluyes qui y tombent continuellement. Cette diversité de Saison dans le même temps & en des lieux si voisins n'est pas une chose qui se trouve uniquement dans cette Presqu'Isle. La même chose arrive aux Navires qui vont d'Ormus au Cap de Rosalgate, où en passant le Cap, ils passent tout à coup d'un parfaitement beau temps dans des Orages & des Tempêtes effroyables.

De ces Montagnes il sort un grand nombre de Rivieres ; pour ne parler que de celles qui arrosent la Presqu'Isle. Les principales qui ont leur Embouchure à l'Occident sont,

La Riviere de Nerdaba qui coule à Baroche.
Celle de Tapti qui passe à Surate.
Celle de Helevackol qui passe à Dabour.
Celle de Mondoa qui enferme Goa.

[h] Mandeslo l. 2. p. 264.

Les

GAT. GAT. GAV. GAU.

Les autres qui sont en grand nombre ne sont pas si remarquables. Celles qui se jettent à l'Orient sont,

La Ganga,
La Riviere de Coulour, qui porte le nom de la Ville de Coulour.
Celle de Palaru qui baigne Gandicot.
Celle de Coloran qui se partage en quantité de branches.
& celle de Vaighei qui coule à Maduré;

sans compter d'autres Rivieres moins considerables.

GATE. (LE CAP DE) Voiez CAP.

GATHEÆ, *Γάθεαι*, ancienne Ville du Peloponnese dans l'Arcadie, selon Etienne le Géographe qui cite le VIII. Livre de Pausanias. Cet Auteur parlant effectivement du Ruisseau GATHEATAS dit [a] qu'i. prend sa source à Gathées & se jette dans l'Alphée. Pausanias ne dit point si c'étoit une Ville; son Traducteur Latin ajoute au Texte le mot de Village. L'Auteur dit qu'il étoit dans la Cromitide.

[a] l. 8. c. 34.

GATHEATAS. Voiez l'article precedent.

GATIANENSIS. Voiez GAZANENSIS.

GATO, Mr. Baudrand dit [b]: Ville d'Afrique Capitale du Royaume de Benin située sur la Riviere de Formosa qu'on appelle aussi de Benin, à dix-huit lieues au dessus de son Embouchure dans la Mer de Guinée.

[b] Ed. 1705.

§ Il ne se trouve aucune Ville de ce nom sur cette Riviere. La Capitale est Benin au Couchant de cette Riviere à laquelle on donne le nom de *Formosa* qui lui vient des Portugais, ou celui de *Rio Benin*, que les Navigateurs employent de même qu'ils disent la Riviere de Rouen, de Nantes, ou de Bourdeaux pour dire la Seine, la Loire, ou la Gironde. A une journée au dessous de Benin & de Coffo qui est vis-à-vis on trouve AGATON le troisiéme Village en remontant. Bosman [c] le seul qui ait parlé pertinemment de la Guinée dit: le troisiéme Village qu'on appelle Agaton a été ci-devant un des principaux endroits pour le negoce. Mais il a tant souffert par les guerres qu'il est presque ruiné; il est bâti sur un côteau qui avance dans la Riviere & qui ne tient presque pas à la terre ferme. A en juger par les ruines que l'on voit encore ç'a été un fort grand Village, beaucoup plus agréable & plus sain qu'aucun autre, & c'est pour cela aussi que les Négres commencent à le rebâtir de toutes leurs forces. Il est environné de plusieurs sortes d'arbres fruitiers. Il y a dans le Pays d'alentour quantité de petits Villages, dont les habitans viennent au Marché qui s'y tient tous les cinq jours. Mr. de l'Isle a sagement suivi cet Auteur & placé *Agaton* où il doit être dans sa Carte de la Barbarie, de la Nigritie & de la Guinée.

[c] 21. Lettre p. 459.

GATONISI, Mr. de l'Isle [d] écrit GATTOINISI, & Berthelot dans sa Carte de la Mediterranée écrit GRADOIN, petite Isle de l'Archipel au Midi de celle de Samos, près de la côte de Natolie, à la hauteur de Melasso.

[d] Carte de la Grece.

GATOPOLI, Mr. Baudrand dit, petite Ville de la Turquie d'Europe dans la Romanie sur la côte de la Mer Noire entre la Ville de Salamidi & l'Embouchure de la Riviere de même nom. Il pretend que le nom Latin est GATOPOLIS & ANDRIACA. Pour ce qui est de Gatopolis, c'est un nom barbare, qu'aucun bon Auteur Latin n'a employé. A l'égard d'*Andriaca* Niger, Ortelius, & Mr. Baudrand croient que c'est presentement *Gatopoli*. En quoi ils se trompent. Il est très-clair que le nom de Gatopoli est une corruption d'Agathopolis Ville de Thrace, voisine mais differente d'*Andriaca*. Cette derniere est presentement *Ayade*, Village & Port situé au Midi d'Agathopolis, que les Turcs nomment presentement ATABOLI & les Grecs AGASTOPOLI. Cette derniere est au fond d'un petit Golphe au Septentrion du Port d'Ayade, & à l'Embouchure d'une petite Riviere.

GATTON, petite Ville d'Angleterre, dans la Province de Surrey; elle n'est plus si considerable qu'elle a été autrefois quoi qu'elle envoye toujours ses Deputez au Parlement.

GATULCO, Port de la Mer du Sud au Mexique. Voiez GUATULCO.

GAVACHE. Voiez la Remarque après les Articles GAVE.

GAVANODURUM, quelques-uns ont cru que Saltzbourg a été appellée ainsi; Ptolomée [e] ayant donné ce nom à une Ville du Norique, les uns l'ont expliqué par *Saltzbourg*, d'autres comme Lazius par *Lamerding*, d'autres enfin par *Iudenbourg*; au raport de Mr. Baudrand.

[e] l. 2. c. 14.

GAVANTIS TUMULUS [f], Lycophron appelle ainsi un lieu, où l'on suppose que fut enterré Adonis que les Cypriots nommoient Gavante si nous en croyons Isaac Tzetzès Commentateur de ce Poëte Grec.

[f] Ortel. Thes.

GAVARA, ou GABARA, selon les divers Exemplaires de Ptolomée [g], ancienne Ville de l'Arabie deserte.

[g] l. 5. c. 19.

GAVARDAN. (le) Voiez GABARDAN.

GAVARET. Voiez GABARET.

GAVAS [h], (le) ou le GABAS, Riviere de France. Elle a sa source dans le Bearn auprès de Ger aux Confins de la Bigorre, delà serpentant vers le Nord-Ouest, elle entre dans le Tursan qu'elle arrose, passe à Roquefort de Tursan d., à Arboucave, g. reçoit le Ruisseau de Bas, d. baigne Tolosette, & se jette un peu après dans l'Adour.

[h] De l'Isle Bearn.

GAVATA, Montagne d'Afrique au Royaume de Fez dans la Province de Chaus, selon Davity, elle s'étend de l'Est à l'Ouest environ huit milles & sa largeur est de cinq. Cette Montagne a des chemins fort étroits & il est très-dificile d'y monter. On y trouve près de cinquante grands Villages & les sources de deux Rivieres.

GAUDIABENSIS, Siége Episcopal d'Afrique dans la Numidie. La Notice d'Afrique fournit un Evêque de ce lieu qu'elle nomme *Victor Gaudiabensis*; mais quelques Exemplaires portent GANDIABENSIS. On doute si ce n'est pas le même Siége que GAZABIANENSIS dont il est fait mention dans la Conference de Carthage [i].

[i] p. 284.

GAUDIACUM, nom Latin d'un Village de France en Touraine. Gregoire de Tours en parle dans son Livre des miracles de St. Julien [k]. D. Thierri Ruinart observe qu'il y a

[Edit. Du-Pinianæ.]
[k] c. 39. p. en 878.

en Touraine sur le Cher un lieu nommé *Joyacum*, en François JOUÉ, ou JOUAY, que c'est peut-être le *Gaudiacum* dont il s'agit ici.

Ursinus dans la Vie de St. Leger fait aussi mention de GAUDIACUM, mais il le met dans le Diocèse de Chartres.

Surius, dans la Vie de St. Thierri [a] Abbé, met un autre lieu GAUDIACUM dans le Rhemois.

[a] Ortel. Thes.

GAUDIANUM, nom Latin de GOZZANO. Voiez ce mot.

GAUDIOSA. Voiez JOYEUSE.

GAUDO, (LE TERRITOIRE DE) Campagne d'Italie au Royaume de Naples entre les Villes de Capoue, de Pouzzol & les Ruines de Cumes. Quelques-uns à cause de la fertilité de cette Campagne ont étendu ce nom jusqu'à toute la Province de Labour.

1. GAUDOS. Voiez GOZZI.
2. GAUDOS. Voiez GAULOS.

GAVE, (LE) ce nom est commun à plusieurs Rivieres du Bearn, qui toutes ont leurs sources dans les Pyrenées aux Confins de l'Aragon.

Le GAVE D'ASPE a deux sources, l'une au Port de Aragues & l'autre auprès de Ste. Christine, à peu de distance de la source de l'Aragon. Delà serpentant vers le Nord, il reçoit les Rivieres d'Ansave & de Sansheseque se joignent auprès de Lescun, g. & continuant de traverser la Vallée d'Aspe qui lui donne son nom, il se charge de quelques Ruisseaux comme le Vert, d. la Riviere de Bourdios & arrive à Oleron qu'il separe de Ste. Marie.

Le GAVE D'OSSAU prend sa source au Port d'Ossau, traverse la Vallée de ce nom du Sud au Nord, arrivé à Arudi il circule & se detourne vers le Couchant, puis vers le Nord-Ouest pour arriver à Oleron qu'il sépare de Marcader. Au Nord d'Oleron il rencontre le Gave d'Aspe avec lequel il se mêle. Alors ces deux Gaves perdent leurs noms particuliers & prennent celui de Gave d'Oleron.

Le GAVE D'OLERON, ainsi formé des Gaves d'Aspe & d'Ossau se grossit de quelques autres Rivieres, savoir, le Vert g. la LORUNE, le JOS, d. passe à Navarreins, reçoit l'ARANCAR, passe à Sauveterre, reçoit la Riviere de Soule appellée le Suzon ou plutôt le Cesson, g. puis une autre Riviere qui vient de Salliez, d. se joint enfin à Sordes au Gave de Pau, avec lequel elle tombe dans l'Adour.

Le GAVE DE PAU a diverses sources dans les Pyrenées aux Confins de l'Espagne. La principale est au Port de Vic aux environs de GABARNIE, une autre est auprès de Notre Dame de Heas d. & une troisiéme vient de la gauche. Auprès de Luz il reçoit le Ruisseau de Barege & continuant de couler vers le Nord, il traverse la Vallée de Lavedan; au dessus de Villelongue il se detourne vers le Nord-Ouest, reçoit une Riviere qui vient du Port de Cauteres, g. & plus loin une autre qui traversant le Val d'Azun se charge en passant du Torrent de Bun. Grossi de quelques Ruisseaux il se tourne vers le Nord jusqu'à Lourde, d. puis vers le Couchant; & passe auprès de Peirouse d. reçoit quelques autres Ruisseaux,

passe à Nay g. & forme plusieurs Isles au dessus de Pau Capitale du Béarn, où il reçoit la GOURGUE qui vient de Pontac, d. forme encore d'autres Isles avant que de recevoir la BLAISSE, puis le LAA, baigne Orthés d. & Belloc & la Hontan, g. arrive à Sordes ou il se joint avec le Gave d'Oleron, six lieues au dessous d'Orthez, & douze au dessous de Pau.

[b] La rapidité de ces Gaves est cause qu'ils ne portent point de Bateaux. Au reste elles sont très-poissonneuses, on y pêche des truites, des brochets, des saumons, & des saumoneaux appellez Toquaas qui sont d'un goût excellent.

[b] Piganiol de la Force desc. de la France 2. Edit. de Paris T. 4. p. 422.

Les habitans du Pays qu'arrosent ces Gaves ont donné lieu au nom de Gavache que les Espagnols donnent aux François; c'est un terme de mépris dont ils ne se servent que quand ils sont en colere.

GAVELLENSIS, Honorius d'Autun parlant de l'Evêque Severien le qualifie Evêque d'un Siége nommé Gavellensis. Un autre Exemplaire de cet Auteur porte GANELICENSIS & un autre GABALENSIS qui est plus vrai, au jugement d'Ortelius [c].

[c] Thesaur.

GAVEORUM [d], (Genitif pluriel de GAVEA) Siége Episcopal d'Egypte. Il en est fait mention dans une Lettre des Evêques d'Egypte à l'Empereur Léon inserée dans le Recueil des Conciles.

[d] Ibid.

GAVER, Lieu de Palestine, près de Jerusalem. C'étoit un défilé où Ochosias Roi de Juda fut blessé à mort par Jéhu [f].

[e] D. Calmet Dict.
[f] Reg. l. 4. c. 9. v. 27.

GAUGAENA, Γαύγαινα, ou GAUBÆNA, Γαύβαινα, ancienne Ville de la Cappadoce dans la Prefecture de Sargaraussene, selon Ptolomée [g].

[g] l. 5. c. 6.

GAUGALIUS MONS [h], Montagne de la Syrie dans le Territoire d'Edesse. Sozomene & Caliste [i] en font mention.

[h] Ortel. Thes.
[i] l. 9. c. 15.

GAUGAMELES, ancienne Ville de l'Assyrie, selon Ptolomée [k]. Plutarque dit dans la Vie d'Alexandre : la grande Bataille contre Darius ne fut point donnée à Arbeles, comme la plupart des Historiens l'ont écrit; mais près du Bourg de *Gaugameles*, ainsi appellé dans la Langue des Perses, comme nous dirions la *maison du Chameau*, en mémoire de ce qu'un ancien Roi de Perse s'étant sauvé des mains de ses ennemis par le secours d'un Chameau fort vite, voulut qu'il fût nourri dans ce Bourg; & lui assigna quelques Villages & quelques revenus pour son entretien. Selon la remarque de Mr. Dacier [l], dans la plaine d'Aturie près d'Arbeles est le Bourg de Gaugaméles où Darius perdit l'Empire. Gaugaméles signifie proprement *la maison du Chameau* & c'est Darius fils d'Hystaspe qui nomma ainsi ce Bourg, en le donnant pour l'entretien du Chameau qui avoit beaucoup souffert en traversant avec lui le desert de la Scythie avec sa charge, où étoient les provisions pour sa bouche; mais les Macedoniens voyant que ce Bourg étoit chetif & qu'il y avoit près de là un lieu considerable appellé Arbeles & bâti par Arbele fils d'Athmonée, ils aimerent mieux marquer leur bataille & leur Victoire par ce nom [m]. Mr. Corneille met l'*Asturie* pour l'*Aturie*. C'est aparemment une faute des Imprimeurs.

[k] l. 6. c. 1.
[l] Plutar. Hommes Illustres T. 6. p. 72.
[m] Strab. l. 15.

GAUG-

GAU.

GAUGDÆ, ancien Peuple de Thrace vers l'Ister, selon quelques Editions de Pline[a]. Le R. P. Hardouin lit GAUDÆ.

[a] l.4.c.11.

GAVI, petite Ville d'Italie dans l'Etat de la Republique de Génes, sur le Ruisseau de Lemo, au pied du Mont Apennin, sur la Frontiere de Montferrat & du Duché de Milan. Elle a été autrefois assez forte, mais on a rasé ses fortifications, elle est presque au milieu entre Genes au Midi & Tortone au Septentrion.

GAVIRATIUM. Voiez GHIVIRA.

GAVIS, ancienne Colonie d'Italie. Frontin en parle, mais sans dire dans quel lieu, cela donne lieu aux conjectures. Quelques-uns ont cru qu'elle étoit dans la Sabine à XIII. Mille pas de Rome. D'autres comme Holstenius croient que ce mot est pour GABII. Voiez GABII.

GAULALES, ou GALAULES, ancien Peuple d'Afrique, les mêmes que les Auloles, selon Orose, cité par Ortelius[b].

[b] Thesaur.

GAULAN, ou GAULON, ou GOLAN, Ville ancienne de la Palestine delà le Jourdain. Elle étoit célèbre & donnoit le nom de Gaulanite, (ou Gaulanitide) à une petite Province. Elle fut donnée à la demie Tribu de Manassé de delà le Jourdain[c]. Elle fut cedée aux Levites de la famille de Gerson[d] pour leur demeure & devint une Ville de refuge. Eusebe dit que de son temps la Ville de Gaulon étoit encore considerable dans la Batanée, dans le Pays de Basan; mais il n'en marque pas precisément la situation. Il est étonnant, dit D. Calmet, qu'on sache si peu la position d'une Ville si célèbre. Elle étoit dans la haute Galilée au delà du Jourdain & Judas de Gaulon chef des Galiléens, ou des Herodiens en étoit natif. La Gaulanite s'étendoit depuis la Perée jusqu'au Liban.

[c] Deuteron. c.4.v.43.
[d] Josué c.21.v.27.

§ Ortelius distingue *Gaulan*, ou *Gaulane*, Γαυλανη, qu'il met dans la Syrie, de la Ville de *Gaulon* qui étoit de la Tribu de Manassé. Mr. Reland & D. Calmet n'en font qu'une Ville.

GAULANITE, ou GAULANITIDE, ou GAULONITIDE, Contrée de la Palestine[e]. Elle s'étendoit depuis la Mer de Tiberiade jusques aux sources du Jourdain & avoit la Batanée à l'Orient; & on y comprenoit quelquefois la Gamalitique. Mr. Reland[f] qui ne veut pas que la Galilée se soit étendue au delà du Jourdain distingue la Gaulanitide de la Galilée. En vain D. Calmet avoit allegué deux passages; l'un où Judas est nommé Galiléen, & Gaulonite; l'autre, où Betzaïde Ville de la Galilée, selon l'Ecriture, est placée par Josephe au delà du Jourdain. Ces raisons ne lui paroissent pas suffisantes pour deranger d'assez grands Pays. Qui empêche, dit-il, que Judas n'ait eu le surnom de Villes differentes, l'une où il sera né, une autre où il aura été élevé, ou dans laquelle il aura été domicilié. Josephe lui-même qui distingue la Galilée & la Gaulanitide, appelle ce Judas Galiléen[g], & Gaulanite[h], la Ville de Gamala patrie de Judas étoit de la Gaulanitide[i], selon Josephe; & selon ce même Auteur la Gaulanitide étoit à l'Orient de la Galilée[k]. Il fait assez entendre qu'elle en étoit separée par le Jourdain.

[e] Reland. Palæst.T.1. l.1.c.23.
[f] Ibid.l.1. c.31.
[g] Antiq. l.20.c.3.
[h] l.18.c.1.
[i] Ibid.
[k] De Bello. l.3.c.2.

GAU. 77

Elle avoit à l'Orient la Batanée, ou le Pays de Basan propre. Il distingue[l] de la Perée ces quatre Pays plus Septentrionaux, savoir la Gamalitique, la Gaulonitique, la Batanée & la Trachonite[m]. Il dit que SELEUCIE, SOGANE & GAMALA étoient dans la Gaulonitide, ce qui ne peut être vrai qu'en y enfermant la Gamalitique. Il dit ailleurs[n] que l'Hippene, la Gadarite & la Gaulonitide (c'est-à-dire les territoires d'Hippon, de Gadara, & de Gaulon,) terminoient la Galilée au Levant; d'où il s'ensuit ce que nous venons d'avancer, savoir que la Gaulonitide s'étendoit le long du Jourdain jusqu'à ses sources, ou, ce qui revient au même, jusqu'à l'extremité Septentrionale de la Terre d'Israël; & que ni la Batanée ni la Trachonite n'aprochoient point de ce Fleuve. Josephe parle encore de ce Pays[o], & dit que les Juifs saccagerent Gadara, Hippon, & la Gaulanitide, lorsqu'ils furent Maîtres de Philadelphie, de Gebonite, de Gerasa, de Pella & de Scythopolis. Il divise[p] la Gaulonitide en haute & en basse: Sogane étoit dans la Haute & Gamala dans la Basse. Enfin dans l'Histoire de sa Vie il dit que la Gaulanitide se donna au Roi Agrippa jusqu'au Village de Solyme. Mr. Reland semble preferer le nom de *Golan* comme le veritable & celui dont les autres avoient été formez.

[l] De Bello. l.3.c.2.
[m] De Bello. l.2.c.15.
[n] l.3.c.2.
[o] De Bello. l.2.c.19.
[p] De Bello. l.4.c.1.

GAULE, grand Pays d'Europe, qui a été diversement borné & divisé, selon les differentes Dominations; mais qui pour la plus grande partie repond au Royaume de France. Afin d'éviter la confusion nous commencerons par une division generale des Pays auxquels le nom de Gaule a été commun.

Il y avoit la GAULE ASIATIQUE. C'étoit la même que la GALATIE. Voiez cet Article.

Il y avoit la GAULE EN EUROPE, qui étoit partagée en deux parties par les Alpes; savoir,

La GAULE CISALPINE par raport à Rome, étoit au Midi des Alpes; & comme le Pô la partageoit en deux, une partie s'appelloit GAULE CISPADANE & l'autre TRANSPADANE.

La GAULE TRANSALPINE est la seule qui ait conservé le nom de Gaule; en effet c'est son nom propre & les autres ne l'avoient que par communication; au lieu que l'on trouve dans celle-ci l'origine des Nations qui avoient porté le nom de leur Patrie dans les Pays qu'ils avoient conquis soit en Italie soit en Asie. Je reserve la division de cette Gaule après que j'aurai examiné l'Etat le plus ancien que nous connoissions.

Pour parler avec sincerité nous n'avons aucune Histoire ancienne qui nous decrive avec soin quel étoit l'Etat de la veritable Gaule dès les premiers temps de la Republique Romaine. Tout ce qu'on en fait se recueille de quelques mots échapez aux Auteurs de l'Histoire Romaine à l'ocasion des Gaulois établis au Midi des Alpes. Je suivrai en cela les recherches de quelques Modernes qui ont tâché de debrouiller cette matiere.

Ce fut sous le Regne du vieux Tarquin[q] qu'une troupe de Gaulois Transalpins, c'est-à-dire

[q] Tite-Live l.5.c.34.

K 3

à-dire du Nord des Alpes passerent les monts sous la conduite de Bellovese. Ce Chef étoit neveu d'Ambigate. Les Bituriges dominoient alors entre les Celtes qui font un tiers de la Gaule, & c'étoit eux qui nommoient le Roi. Ambigate avoit si bien usé de son pouvoir & de celui de la Nation, que le Peuple s'étoit extremement accru & la multitude étoit devenue si nombreuse qu'il y avoit tout sujet de craindre des guerres civiles. Il se voyoit agé & afin de prevenir les revoltes qu'il craignoit, il prit le parti de decharger le Pays & d'envoyer Bellovese & Sigovese deux jeunes hommes fils de sa sœur chercher de nouvelles terres. Il leur permit d'emmener avec eux assez de monde pour faire tête à ceux qui voudroient leur barrer le chemin. Les deux freres tirerent au sort les Pays où ils devoient se rendre. La Forêt Hercinienne échut à Sigovese; voila l'origine des BOII, en Allemagne. Son frere Bellovese eut pour son partage l'Italie. Ce dernier prit avec lui ce qu'il y avoit de trop entre les BITURIGES, les ARVERNIENS, les SENONOIS, les ÆDUENS, les AMBARRES, les CARNUTES, & les AULERQUES. Avec une petite Armée d'Infanterie & de Cavalerie il s'avança vers les Alpes, qui lui parurent impraticables, n'y ayant point encore de chemins faits. Sur ces entrefaites les Massiliens venus par Mer de Phocée Ville de la Grece Asiatique, vouloient s'établir dans le Pays des SALYENS qui tâchoient de les en empêcher. Ils aiderent à ces nouveaux venus à s'assurer la demeure qu'ils étoient venu chercher de si loin. Voila l'origine de Marseille Colonie Grecque. Pour eux ils passerent les Alpes, & ayant batu les Toscans qui s'opposoient à eux, assez près du Tesin ils apprirent que le lieu où ils étoient s'appelloit le CHAMP DES INSUBRIENS; nom pareil à celui des Insubriens Canton des Æduens, ils prirent cette ressemblance pour un presage & se fixant en cet endroit, ils y bâtirent une Ville qu'ils nommerent *Milan*. Ce nom étoit celui d'une Ville de la Gaule. Pline [a] nous apprend que ce qui fit naître aux Gaulois l'envie de passer en Italie, ce fut un Helvetien nommé Helicon qui ayant travaillé quelque temps à Rome en qualité de Charpentier emporta dans son Pays des figues seches, des raisins, du vin & de l'huile; dont la bonté donna envie à ces Peuples de passer en un Pays qui produisoit de si excellentes choses.

Plutarque raconte la chose autrement, voici ce qu'il en dit [b]: Les Gaulois étoient une Nation Celtique. On dit qu'à cause de leur grande multitude, ils quiterent leur Pays qui ne pouvoit pas les nourrir & qu'ils cherchérent des terres plus fertiles. Ils étoient des millions d'hommes capables de porter les armes, & il y avoit encore un plus grand nombre de femmes & d'enfans. Les uns allerent du côté de l'Ocean Septentrional, passerent les monts Riphéens & occuperent les extremitez de l'Europe. (Cette exageration bien appreciée veut dire qu'ils passerent dans la Germanie que Plutarque ne connoissoit pas assez.) Les autres s'établirent entre les Pyrenées & les Alpes, près des Senonois & des Celtoriens où ils demeurerent long-temps. (Plutarque entend le sejour qu'ils firent au Pays des SALYENS près de Marseille, nous ferons voir ci-après que ce temps fut court.) Mais un jour, poursuit-il, ayant gouté pour la premiere fois du vin qui leur avoit été apporté d'Italie, ils furent si charmez de cette boisson & si transportez par ce nouveau plaisir, que n'étant plus les maîtres d'eux-mêmes, ils prirent leurs femmes & leurs enfans & se jetterent du côté des Alpes pour aller chercher la terre qui portoit un si excellent fruit, traitant tous les autres Pays de steriles & de sauvages. Le premier qui leur porta du vin & qui les excita à passer en Italie, ce fut un Toscan nommé Aruns, homme de grande naissance & qui n'étoit pas d'un mechant naturel, mais à qui il étoit arrivé un fort grand affront, dont il cherchoit à se vanger. Il étoit Tuteur d'un jeune Orphelin, appellé Lucumon, le plus riche de la Ville & le plus célèbre par sa beauté. Ce Pupille avoit été nourri dans sa Maison dès son enfance & étant devenu grand il n'en voulut pas sortir, faisant semblant d'aimer son Tuteur & de ne pouvoir se passer de sa Compagnie. Pendant long-temps il fut assez heureux pour cacher la passion qu'il avoit pour la femme d'Aruns & celle que cette femme avoit pour lui, mais enfin leur passion devint si violente que ne pouvant ni la vaincre ni la cacher, Lucumon entreprit d'enlever sa Maitresse & de la retenir publiquement. Le mari le mit en justice; mais il succomba vaincu par le credit, par les amis, & par les largesses de Lucumon. De desespoir il quita son Pays & ayant ouï parler des Gaulois il les alla trouver & se mit à leur tête pour les mener en Italie.

D'abord les Gaulois s'emparerent de toutes les terres que les Toscans avoient tenues anciennement depuis les Alpes jusqu'à l'une & l'autre Mer, & une marque certaine que toute cette contrée étoit de la Toscane, ce sont les noms qui restent, car la Mer superieure, ou Septentrionale est appellée Adriatique du nom de la Ville d'Adria bâtie par les Toscans, & la Mer inferieure, ou Meridionale, est encore appellée la Mer de Toscane. Tout le Pays est planté d'Arbres, plein de pâturages & arrosé de plusieurs Rivieres. Il y avoit de plus dix-huit grandes Villes où le Commerce & le luxe regnoient à l'envi. Les Gaulois en chasserent les Toscans & s'en rendirent Maîtres; mais cela étoit arrivé long-temps auparavant (c'est-à-dire long-temps avant la Vie de Camille dont Plutarque écrit la Vie.)

Tite-Live attribue aussi au charme du vin l'irruption des Gaulois en Italie, mais il accompagne ce recit d'un *on dit* [c]: reprenons le recit des Migrations des Gaulois.

[d] Quelque temps après une autre bande de CENOMANS, conduits par un Chef nommé Elitovius, marchant sur les traces des premiers, passa les Alpes par le même chemin, furent aidez par Bellovese, le même qui étoit parti de la Cour de son oncle Ambigate & qui avoit amené les Gaulois par la Provence dans le Milanez. Il en faut conclurre qu'il n'y avoit donc pas sejourné aussi long-temps que le dit Plutarque. Ces derniers venus s'arrêterent aux lieux où sont presentement Brefce & Verone, c'est-à-dire dans le Bressan & dans le Veronese.

se. Après eux les SALLUVIENS, auprès des Læves qui étoient Liguriens & qui habitèrent aux environs du Tesin.

Après ces deux migrations se fit celle des BOIENS & des LINGONS qui vinrent par le grand St. Bernard & qui trouvant déjà occupé tout l'espace qui est entre les Alpes & le Pô, passèrent ce Fleuve & chasserent les Ombriens aussi bien que les Etrusques; ils se tinrent néanmoins en deçà de l'Apennin. Enfin les SENONOIS qui arrivèrent les derniers se placerent depuis le Montone (*ab Utente*) jusqu'à l'Esino. Tite-Live dit bien expressément[a] que parmi ces Gaulois il y avoit autant de Colonies que de Nations differentes dans le Peuple dont ils tiroient leur origine. Il semble distinguer de ces Gaulois les VENETES qui habitoient autour du Golphe. Mais ces Venetes étoient Gaulois d'origine aussi bien que les autres Peuples qui donnoient leurs noms aux divers Pays de la Gaule Cisalpine.

[a] l. 5. c. 33.

Il y avoit donc dès les premiers temps de Rome, divers Peuples dans l'ancienne Gaule, qui portoient déjà les mêmes noms, que l'on retrouve dans leur patrie long-temps après qu'ils l'eurent quitée. Pour ne rien dire que de ceux qui sont nommez par raport aux migrations dont on vient de parler. Il est aisé de voir que

Les BITURIGES habitoient le *Berri*.
Les ARVERNIENS, *l'Auvergne*.
Les SENONOIS, *Sens, Auxerre, Troyes*, &c. jusqu'à Paris.
Les ÆDUENS, *la Bourgogne*.
Les AMBARRES, les environs de Challons sur Saone.
Les CARNUTES, *le Pays Chartrain*.
Les AULERQUES, partie dans la Normandie, & dans la Bretagne.
Les INSUBRIENS, un Canton de la *Bourgogne*.
Les SALYENS, *la Provence*.
Les CENOMANS, *le Maine*.
Les SALLUVIENS, le long du Rhone.
Les BOIENS, le *Bourbonnois*.
Les LINGONS, le Pays de *Langres*.
Les VENETES, dans la *Bretagne* vers Vannes.

Tels sont les Peuples Gaulois qui eurent part aux établissemens en Italie. Il y en avoit sans doute bien d'autres dont l'Histoire ne parle pas [b].

[b] Doujat Suplem. de Paterculus. p. 235.

Environ trois cens ans après les premiers établissemens de ces Gaulois Cisalpins ils attirèrent les Transalpins & leur donnèrent entrée sur les terres des Romains. Ils marchèrent contre la Capitale qu'ils prirent & dont ils ne firent qu'un monceau de ruines. Sans Manlius le Capitole auroit été pris & sans Camille on alloit leur payer de grandes contributions. Après avoir ainsi manqué leur coup ils ne purent plus s'opposer à l'accroissement de la puissance Romaine, contre laquelle ils se maintinrent quelque temps. Mais enfin ils en furent accablez. Lorsque Pyrrhus faisoit la guerre en Italie, les Gaulois detacherent sous la conduite de Brennus un corps de troupes qui passa en Macedoine où ils firent des Conquêtes. Ce même Peuple penetra jusques dans la Thrace & alla fonder dans l'Asie le Royaume de Galatie. Voyez ce mot.

Malgré cet affoiblissement, ils se conservèrent libres assez long-temps, les nouveaux renforts qu'ils recevoient de la Gaule Transalpine remplissoient le vuide que pouvoit laisser parmi eux le depart des differents corps qui se repandirent dans l'Illyrie & la Pannonie. Ceux qui étoient restez en Italie étoient toujours opposez aux Romains. La Republique n'avoit point d'Ennemis auxquels ils ne se joignissent pour la traverser. Ils parvinrent à former une nombreuse Armée de Gaulois tant d'en deçà que de delà les Alpes. Ils demandoient aux Romains quelques terres de plus que ce qu'ils avoient, quoi qu'ils fussent maîtres du *Picenum* ou de la Marche d'Ancone où Sinigaglia porte encore leur nom. Les Consuls trop foibles pour les refuser & risquer la perte d'une bataille, les renvoyèrent au Senat. Les negociations trainerent en longueur & pendant ce temps la mesintelligence étant survenue entre eux, ils se detruisirent les uns les autres; & se mirent par leurs propres armes hors d'état de conserver le *Picenum* que les Consuls leur enleverent, & partagerent entre leurs Soldats. Cette perte fit faire aux Gaulois de nouveaux efforts. Les Boiens & les Insubriens firent venir de la Gaule Transalpine de nouveaux secours, & se flatoient que leurs ennemis attaquez alors même en Espagne ne pourroient suffire à tant d'assauts à la fois. Ils furent trompez, les Romains cederent aux Carthaginois ce qu'ils voulurent, firent marcher tout ce qu'ils purent avoir d'hommes capables de porter les armes, formerent une Armée de plus de trois cens mille hommes de pied & soixante & dix mille chevaux, & après plusieurs victoires qu'ils payerent assez cher poussèrent les Gaulois jusques au delà du Pô, qu'ils passèrent pour la première fois, prirent Milan & subjuguerent l'Insubrie. Les succès d'Annibal & son passage en Italie ranimerent l'esperance des Gaulois, & se joignant à lui firent un dernier effort pour leur liberté. Ils eurent part aux revers de cet Allié, & Rome Maîtresse de Carthage sa Rivale & de Corinthe qui lui avoit fait la guerre tourna ses forces contre eux. Les Romains s'étendirent jusqu'aux Alpes, & enflez de ces succès franchirent cette Barriere, conquirent le Pays des Salyens, qui est la Provence. Sextius leur General y établit une Colonie [c] qui dans son nom Latin conserve encore son nom. Cette conquête fut reduite en Province Romaine, & comme Narbonne y étoit comprise, on appella cette partie de la Gaule, *Gaule Narbonnoise*, premiere partie de la Gaule Transalpine & qui n'entre point dans la division que César fait de la Gaule en trois parties; parce qu'il a regardé celle-ci comme Pays Romain. Domitius defit les Auvergnats, Fabius domta les Allobroges; les troubles qui agiterent Rome par l'ambition de Sylla ne permirent pas de conserver ce qu'ils avoient acquis, on le reperdit avec de rudes defaites: l'honneur de subjuguer les Gaules étoit reservé à Jules-Cesar.

[c] Aix, *Aqua Sextia*.

Après que les Gaulois au Midi des Alpes,

pes, ou Cifalpins, furent foumis, ils furent incorporez dans le Peuple Romain, & en prirent l'habit ou la Toge; delà vint à la Gaule Cifalpine le furnom de TOGATA. On la nomma aussi *Gallia Citerior* par raport aux Alpes.

La Gaule conquife au delà des Alpes & reduite en Province Romaine, conferva fon ancienne maniere de s'habiller, & on lui donna le furnom de BRACCATA à caufe d'une efpece de haut de chauffe appellé BRACCÆ; par oppofition à la Cifalpine où la Toge, c'eft-à-dire l'habillement Romain, étoit en ufage.

Dans la Gaule qui étoit à conquerir avant Cefar, on avoit la methode de laiffer croître les cheveux, au lieu que les Romains les avoient fort courts. Cela lui fit donner le furnom de COMATA ou Chevelue, on peut voir dans les remarques de Mr. l'Abbé de Vairac fur les Commentaires de Cefar d'autres favantes Etymologies de ces noms. Il vaut mieux y renvoyer le Lecteur que de les inferer ici.

La GAULE CHEVELUE, ou la GAULE de Cefar, ou fi l'on veut la Gaule proprement dite, fe divifoit en trois parties. La premiere au Septentrion étoit habitée par les Belges; la feconde par les Aquitains, & la troifieme, c'eft-à-dire la partie du milieu par les Celtes ou Gaulois. Tous ces Peuples, dit Cefar, font differens de langage, de Coutumes & d'ufages. Les Gaulois font feparez des Aquitains par la Garonne, & des Belges par la Marne & par la Seine. Voiez les Articles particuliers de ces trois parties aux mots AQUITAINE, BELGIQUE, & LYONNOISE, car c'eft le nom qu'Auguste donna à la Celtique.

Voici une lifte des Peuples dont Cefar fait mention dans fes Commentaires, nous n'y joindrons point le nom moderne parce qu'il y en a plufieurs dont il n'eft peut-être pas encore affez decidé, & d'ailleurs on en trouve l'explication aux Articles particuliers.

Lifte des Peuples nommez par Jules-Cefar.

Adnatici,	Caducri,
Ædui,	Cæresi,
Albici,	Caletes,
Allobroges,	Carnutes,
Ambarri,	Caturiges,
Ambialites,	Cenomani, partie des Aulerci,
Ambiani,	
Ambibarri,	Centrones, en Tarentaife,
Andes,	
Antuates,	Centrones, au Pays-Bas, les mêmes qu'Eburones,
Arecomici, partie des Volcæ,	
Armoricæ Civitates,	Cocofates,
Arverni,	Condrufi,
Atrebates,	Curiofolita,
Aulerci,	Diablintes, partie des Aulerci,
Aufcii,	
Batavi,	Eburones,
Belgæ,	Eburovices, partie des Aulerci,
Bellocaffes,	
Bellovaci,	Elufates,
Bigerriones,	Effui,
Bituriges,	Gabali,
Boii,	Garites,
Brannovices,	Gavocelli,
Cadetes,	Garumni,
Garduni,	Santones,
Grudii,	Sebufiani, ou Segufiani,
Helenteri,	
Helvetii,	Seduni,
Helvii,	Segni,
Latobrici,	Senones,
Lemovices,	Sequani,
Lepontii,	Sefuvii, ou Sefui,
Levaci,	Sotiates, ou Sontiates,
Lenci,	Suessiones,
Lexovii,	Tarbelli,
Lingones,	Tarufates,
Mandubii,	Tectofages, partie des Volcæ,
Menapii,	
Morini,	Tolofates,
Namnetes,	Treviri,
Nantuates,	Tribocci,
Nemetes,	Tullingi,
Nervii,	Turones,
Nitiobriges,	Vangiones,
Ofismii,	Vellauni,
Pæmani,	Vellocaffes,
Parifii,	Unelli,
Petrocorii,	Veneti,
Pictones,	Veragri,
Pleumofii,	Veromandui,
Preciani,	Vocates,
Rauraci,	Vocontii,
Rhedones,	Volcæ, divifez en Tectofages & Arecomici.
Rhemi,	
Ruteni,	

Il eft aifé de voir que plufieurs de ces Peuples n'étoient pas de la Gaule bornée par le Rhin, entre autres *Nemetes* & *Vangiones* qui étoient au delà; & ainfi de quelques autres. Mais Cefar lui-même compte LXXXVII. ou LXXXVIII. Peuples tant grands que petits, & pas plus de XXVIII. Villes dans toute la Gaule dont il excepte toujours la Narbonnoife.

Cefar foumit à l'Empire Romain toutes ces trois parties de la Gaule & poussa même fes Conquêtes au delà du Rhin. Ainfi à la mort de Cefar toute la Gaule étoit Romaine & confiftoit en quatre parties principales, au Nord des Alpes. Ces quatre parties étoient

La GAULE NARBONNOISE,
La GAULE AQUITANIQUE,
La GAULE CELTIQUE,
La GAULE BELGIQUE.

Etat des GAULES *fous Augufte.*

Après la mort de Jules Cefar, & la fin du Triumvirat, Augufte devenu Arbitre Souverain de Rome & de tout l'Empire, s'appliqua à regler ce qui concernoit les Provinces. Il donna fes premiers foins en Italie & paffa enfuite dans la Gaule où il fit quelque fejour pour la divifer commodement. Il la partagea donc en quatre grandes Regions ou parties auxquelles il conferva les anciens noms hormis celui de CELTIQUE qui paroiffant appartenir à la Gaule entiere, fut abrogé; & cette partie fut nommée la LYONNOISE. Et parce que ces parties étoient trop inégales, il ôta à quelques-unes pour donner à d'autres. Voici la Table que le Pere Briet a dreffée des Peuples diftribuez entre ces quatre Provinces.

VOL-

GAU.   GAU.   81

Les Peuples de la GAULE NARBONNOISE étoient
- VOLCÆ {
  - TECTOSAGES { *Narbo*, Narbone; *Tolosa*, Toulouse; } Partie Occid.
  - ARECOMICI { *Nemausus*, Nismes } Partie Orient.
  } du Languedoc.
- HELVII, le Vivarets, *Alba Augusta*, Viviers.
- ALLOBROGES, la Savoye, le Dauphiné &c. *Vienna*, Vienne.
- SAGALAUNI, le Duché de Valentinois, *Valentia*, Valence.
- CENTRONES, la Vallée de Maurienne, *Forum Claudii*, Moustier en Tarentaise.
- CATURIGES, le Gapençois, *Vapincum*, Gap.
- SEGUSINI, le Marquisat de Suse & le Briançonnois; *Segusium*, Suse.
- EBRODUNTII, le Diocèse d'Ambrun; *Ebrodunum*, Ambrun.
- DATIANI, les Diocèses, de Glandeves, Vence, & Grasse; *Antipolis*, Antibes.
- VOCONTII, le Diois: les Baronies &c. *Vasio*, Vaison.
- TRICASTINI, le Diocèse de St. Pol; *Augusta*, St. Pol de Tricastin.
- CAVARES, le Comtat &c. *Avenio*, Avignon.
- MIMENI, les Diocèses de Sisteron, de Digne &c. *Durio*, Sisteron.
- SALYI, les Diocèses d'Aix & d'Arles, *Aquæ Sextiæ*, Aix en Provence.
- ANATILI, la Crau & la Camargue; *Maritima*, Martegue.
- COMMONI, les Diocèses de Marseille, de Toulon & de Frejus; *Massilia*, Marseille.
- SALASSI, le Val d'Aoste & partie du Piemont; *Augusta Prætoria*, Aoste.
- LEPONTII, partie des Sujets des Suisses & du Milanez; *Oscella*, Domo d'Oscella.
- VERAGRI, partie Occidentale { *Octodurus*, Martinach.
- SEDUNI, partie Orientale } du Bas Valais { *Sedunum*, Sion en Valais.
- VEDIANTII.
- LIBICII, le Verceillois, la Laumeline & partie du Montferrat; *Vercella*, Verceil.
- TAURINI, bonne partie du Piemont au delà du Pô & partie du Marquisat de Saluces, *Augusta Taurinorum*, Turin.

§ Les sept derniers Peuples qui faisoient partie de la Gaule Narbonoise ne sont plus censez de la Gaule, c'est-à-dire de la France, non plus que les Centrons & partie des Allobroges. Ainsi le Roi de Sardaigne en qualité de Duc de Savoye & de Prince de Piemont possede une partie considerable de la Gaule sous Auguste.

Les Peuples de l'AQUITAINE étoient
- TARBELLI, le Béarn & les Basques, *Aquæ Tarbellicæ*. Bayonne ou Acqs.
- CONVENÆ, la Bigorre, le Cominge, le Conserans, *Lugdunum*, St. Bertrand.
- DATII, le Diocèse d'Acqs. *Tasta*, Acqs.
  * On voit par là que le P. Briet penchoit à croire qu'*Aquæ Tarbellicæ* est Bayonne & non point Acqs puisqu'il rend *Tasta* par Acqs. Il est vrai qu'il écrit Dax, mais il met ailleurs Dax ou Acqs, comme noms synonymes.
- AUSCII, Diocèses d'Ausch, de Lectoure & d'Ayre. *Augusta* Ausch.
- BITURIGES VIBISCI, le Bourdelois; *Burdigala*, Bourdeaux.
- VASATES, le Bazadois: *Cossio*, Bazas.
- NITIOBRIGES, l'Agennois; *Aginnum*, Agen.
- CADURCI, le Querci; *Deveona*, Cahors.
- HELEUTERI, l'Albigeois, *Albiga*, Albi.
- RUTHENI, le Rouergue; *Segodunum*, Rhodez.

Les Peuples de la LYONNOISE étoient
- GABALI, le Gevaudan; *Anderidum*, Mande.
- VELAUNI, le Velay; *Revesio*, le Puy.
- ARVERNI, l'Auvergne & le Bourbonnois; *Gergobia*, Clermont.
- BITURIGES-CUBI, le Berri; *Avaricum*, Bourges.
- LEMOVICES, le Limosin; *Ratiastrum*, Limoges.
- PETROCORII, le Perigord; *Vesuna*. Perigueux.
- SANTONES, la Xaintonge; *Mediolanium*, Xaintes.
- PICTONES, le Poitou; *Limonum*, Poitiers.
- SEGUSIANI, le Lyonnois &c. *Lugdunum*, Lyon.
- HELVETII, les Suisses, } qui étoient de la Germanie.
- RAURACI, l'Evêché de Basle. }
- SEQUANI, la Franche-Comté; *Visontio*, Besançon.
- LINGONES, le Diocèse de Langres; *Andomatunum*, Langres.
- VADICASSES, le Nivernois; *Noviodunum*, Nevers.
- ÆDUI, le Duché de Bourgogne, *Augustodunum*, Autun.
- SENONES, les Diocèses de Sens & d'Auxerre; *Agendicum*, Sens.
- TRECASSES, le Diocèse de Troyes; *Augustomana*, Troyes.
- MELDÆ, le Diocèse de Meaux; *Jatinum*, Meaux.
- PARISII, le Diocèse de Paris, *Lucotesia*, Paris.
- CARNUTES, les Diocèses de Chartres

L   tres

GAU.

tres & d'Orleans ; *Autricum*, Chartres.

VELOCASSES, le Diocèse de Rouen ; *Ratomagus*, Rouen.

CALETES, le Pays de Caux ; *Juliobona*.

LEXOVII, le Diocèse de Lisieux ; *Noviomagus*, Lisieux.

Les Peuples de la LYONNOISE étoient

AULERCI
- EBUROVICES, le Diocèse d'Evreux ; *Mediolanium*, Evreux.
- CENOMANI, le Maine ; *Vindunum*, le Mans.
- DIABLINTES, le Perche, ou l'Evêché de Dol ; *Novidunum*, Nogent le Rotrou, ou Dol.

SESSUI, le Diocèse de Séez ; *Vagoritum*, Séez.

BIDUCASSES, le Diocèse de Bayeux ; *Juliobbna*, Bayeux.

UNELLI, le Diocèse de Coutance ; *Cosedia*, Coûtances.

ABRINCATUI, le Diocèse d'Avranches ; *Ingena*, Avranche.

RHEDONES, les Diocèses de Rennes, de St. Malo ; &c. *Condate*, Rennes.

OSISMII, les Diocèses de St. Pol & de Treguier ; *Vorganium*, St. Pol de Léon.

CURIOSOLITÆ, Cornouailles ; *Curiosolitæ*, Kimper-Corentin.

VENETI, le Diocèse de Vannes ; *Dariorigum*, Vannes.

NAMNETÆ, le Comté de Nantes ; *Condivincum*, Nantes.

ANDECAVI, l'Anjou ; *Juliomagus*, Angers.

TURONES, la Touraine ; *Cæsarodunum*, Tours.

BELLOVACI, les Diocèses de Beauvais & de Senlis ; *Cæsaromagus*, Beauvais.

AMBIANI, le Diocèse d'Amiens ; *Samarobriva*, Amiens.

VEROMANDUI, le Vermandois ; *Augusta Veromanduorum*, Vermand.

MORINI, le Diocèse de Terouenne ; *Teruanna*, Terouenne.

NERVII, le Hainaut & &c. *Bagacum*, Bavay.

MENAPII, la Flandres, le Brabant ; *Castellum Menapiorum*, Cassel.

Les Peuples de la BELGIQUE étoient

TOXANDRI, la Zelande ; *Helium Castellum*, Briel.

BATAVI, la Hollande & la Gueldre ; *Lugdunum*, Leyden.

TUNGRI, le Pays de Liége ; *Vatuca*, Tongres.

TREVIRI, le Pays de Treves ; *Augusta Trevirorum*, Treves.

VANGIONES, le Pays de Mayence ; *Borbetomagus*, Worms.

NEMETES, l'Evêché de Spire ; *Noviomagus*, Spire.

TRIBOCCI, Diocèse de Strasbourg ; *Argentoratum*, Strasbourg.

GAU.

MEDIOMATRICES, le Pays Messin ; *Divodurum*, Mets.

LEUCI, les Evêchez de Toul & de Verdun ; *Tullum*, Toul.

RHEMI, le Diocèse de Rheims ; &c. *Durocortorum*, Rheims.

SUESSIONES, le Diocèse de Soissons ; *Augusta Suessionum*, Soissons.

La division de la Gaule en quatre Provinces par Auguste est attestée par tant d'Auteurs qu'il y auroit de la folie à en douter. Dion Cassius, Ammien Marcellin & quantité d'autres Anciens en ont parlé. Il paroit cependant que dans la Gaule même on persista à ne compter que les trois Provinces de Jules-Cesar & que l'on continua d'exclure la Narbonnoise. Le Docte Spon [a] allegue des Monumens incontestables, savoir des Inscriptions où il n'est fait mention que de trois Provinces de la Gaule. Il ajoute une Medaille de l'Empereur Galba. D'un côté on voit cet Empereur à cheval avec ces mots SERVIUS GALBA IMPERATOR ; de l'autre on voit trois têtes & ces mots au bas, TRES GALLIÆ ; chacune de ces têtes a devant elle un Epi, Symbole de la fertilité. Il pretend que ces trois Provinces de la Gaule durerent jusqu'à l'Empire de Constantin. Mais ce qu'il ajoute ne me paroit pas fort juste ; il dit que les Géographes ajoutèrent une quatrieme partie à ces trois, savoir la Belgique. Ce ne sont point les Géographes qui ont mis la Belgique dans la Gaule, c'est Jule Cesar lui-même qui la met pour troisiéme partie & qui retranche de la Gaule divisée en trois la Narbonnoise, dont il n'étoit plus question, puis qu'avant lui elle étoit devenue Province Romaine. Ce fut vers le temps de Constantin qu'il se fit un nouveau partage des Gaules, nous en avons une ancienne Notice publiée par le Pere Sirmond dans les Conciles de l'Eglise Gallicane, par Duchêne dans ses Ecrivains de l'Histoire de France, & par Hadrien de Valois dans la Preface de sa Notice des Gaules. On croit qu'elle a été dressée vers le temps d'Honorius lors que c'étoit l'usage de distinguer les Gaules des sept Provinces ; comme on le verra par la Notice même.

[a] Antiq. Urbis Lugdun. p. 128.

PROVINCIA LUGDUNENSIS PRIMA, ou LA PREMIERE LYONNOISE.

Metropolis Civitas Lugdunensium, Lyon.
Civitas Æduorum, Autun.
Civitas Lingonum, Langres.
Castrum Cabilonense, Châlons sur Saone.
Castrum Matisconense, Mâcon.

PROVINCIA LUGDUNENSIS SECUNDA, ou LA SECONDE LYONNOISE.

Metropolis Civitas Rothomagensium, Rouen.
Civitas Baiocassium, Bayeux.
Civitas Abrincatum, Avranches.
Civitas Ebroicorum, Evreux.
Civitas Sagiorum, Séez.

Civi-

GAU.

Civitas Lexoviorum, Lizieux.
Civitas Constantia, Coutances.

PROVINCIA LUGDUNENSIS TERTIA,
ou LA TROISIEME LYONNOISE.

Metropolis Civitas Turonum, Tours.
Civitas Cenomannorum, le Mans.
Civitas Redonum, Rennes.
Civitas Andicavorum, Angers.
Civitas Namnetum, Nantes.
Civitas Coriosopitum, Cornouailles.
Civitas Cenetum, Vannes.
Civitas Ossismorum, St. Pol.
Civitas Diablintum. Voiez Diablintes.

PROVINCIA LUGDUNENSIS SENONIA,
ou LA LYONNOISE SENONOISE.

Metropolis Civitas Senonum, Sens.
Civitas Carnotum, Chartres.
Civitas Autisidorum, Auxerre.
Civitas Tricassium, Troyes.
Civitas Aurelianorum, Orleans.
Civitas Parisiorum, Paris.
Civitas Melduorum, Meaux.

PROVINCIA BELGICA PRIMA,
ou LA PREMIERE BELGIQUE.

Metropolis Civitas Treverorum, Treves.
Civitas Mediomatricum, Mettis, Mets.
Civitas Tullorum, Tullo, Toul.
Civitas Cerodunensium, Verdun.

PROVINCIA BELGICA SECUNDA,
ou LA SECONDE BELGIQUE.

Metropolis Civitas Remorum, Rheims.
Civitas Suessionum, Soissons.
Civitas Catuellanorum, ou Catellanorum, Challon sur Marne.
Civitas Ceromandworum, Vermand.
Civitas Atrebatum, Arras.
Civitas Cameracensium, Cambrai.
Civitas Turnacensium, Tournay.
Civitas Silvanectum, Senlis.
Civitas Bellovacorum, Beauvais.
Civitas Ambianensium, Amiens.
Civitas Morinum, Terouanne.
Civitas Bononiensium, Boulogne.

PROVINCIA GERMANIA PRIMA,
ou LA PREMIERE GERMANIE.

Metropolis Civitas Mogunciacensium, Mayence.
Civitas Argentoratensium, seu Stratiburgo, Strasbourg.
Civitas Nemetum, id est, Spira, Spire.
Civitas Vangionum, id est, Vormacia, Wormes.

PROVINCIA GERMANIA SECUNDA,
ou LA SECONDE GERMANIE.

Metropolis Civitas Agrippinensium, Cologne.

GAU. 83

Civitas Tungrorum, Tongres.

PROVINCIA MAXIMA SEQUANORUM,
ou LA GRANDE PROVINCE DES SEQUANIENS.

Metropolis Civitas Chrysopolinorum, ou Vesonciensium, Besançon.
Civitas Equestrium, hoc est, Noviodunus, Nion.
Civitas Elviciorum, hoc est, Aventicus, Avenches.
Civitas Basiliensium, Basle.
Castrum Vindonissense, Vinditch.
Castrum Ebredunense, Yverdun en Suisse.
Castrum Rauracense, Augst.
Portus Abucini, le Port de la Louve.

PROVINCIA ALPIUM GRAJARUM, & PENNINARUM,
ou LES ALPES DE LA SAVOYE ET DU VALAIS.

Civitas Centronum, id est, Tarentasia, Moustiers en Tarentaise.
Civitas Vallensium, id est, Octodurum, St. Maurice en Vallais.

PROVINCIÆ VII.
ou LES SEPT PROVINCES.

PROVINCIA VIENNENSIS,
ou LA VIENNOISE.

Metropolis Civitas Viennensium, Vienne en Dauphiné.
Civitas Genavensium, Geneve.
Civitas Gratianopolitana, Grenoble.
Civitas Albensium, Alps.
Civitas Deensium, Die.
Civitas Valentinorum, Valence.
Civitas Tricastinorum, St. Pol de Tricastin.
Civitas Vasiensium, Vaison.
Civitas Arausicorum, Orange.
Civitas Cabellicorum, Cavaillon.
Civitas Avennicorum, Avignon.
Civitas Arelatensium, Arles.
Civitas Massiliensium, Marseille.

PROVINCIA AQUITANIA PRIMA,
ou LA PREMIERE AQUITAINE.

Metropolis Civitas Biturigum, Bourges.
Civitas Arvernorum, Clermont.
Civitas Rutenorum, Rhodez.
Civitas Albiensium, Albi.
Civitas Cadurcorum, Cahors.
Civitas Lemovicum, Limoges.
Civitas Gabalum, Javoulx en Gevaudan.
Civitas Vellavorum, le Puy en Velay.

PROVINCIA AQUITANICA SECUNDA,
ou LA SECONDE AQUITAINE.

Metropolis Civitas Burdigalensium, Bourdeaux.
Civitas Agennensium, Agen.
Civitas Ecolismensium, Angoulesme.
Civitas Santonum, Saintes.

Civitas Pictavorum, Poitiers.
Civitas Petrocoriorum, Perigueux.

PROVINCIA NOVEMPOPULANIA
ou LA NOVEMPOPULANIE.

Metropolis Civitas Elusatium, Eause.
Civitas Aquensium, Acqs.
Civitas Lectoratium, Lectoure.
Civitas Convenarum, Comminges.
Civitas Consoranorum, Couserans.
Civitas Boatium, Buchs.
Civitas Benarnensium, Béarn Ville detruite.
Civitas Aturensium, Ayre.
Civitas Vasatica, Bazas.
Civitas Turba ubi Castrum Bigorra, Bigorre, Ville ruinée.
Civitas Elloronensium, Oleron.
Civitas Ausciorum, Ausch.

PROVINCIA NARBONNENSIS PRIMA,
ou LA PREMIERE NARBONNOISE.

Metropolis Civitas Narbonensium, Narbonne.
Civitas Tolosatium, Toulouse.
Civitas Beterrensium, Besiers.
Civitas Nemausensium, Nismes.
Civitas Lutevensium, Lodeve.
Castrum Ucecience, Uzez.

PROVINCIA NARBONENSIS SECUNDA,
ou LA SECONDE NARBONNOISE.

Metropolis Civitas Aquensium, Aix en Provence.
Civitas Aptensium, Apt.
Civitas Reiensium, Riez.
Civitas Foro-Juliensium, Frejus.
Civitas Vappincensium, Gap.
Civitas Segesteriorum, Sisteron.
Civitas Antipolitana, Antibes.

PROVINCIA ALPIUM MARITIMARUM,
ou LES ALPES MARITIMES.

Metropolis Civitas Ebrodunensium, Ambrun.
Civitas Diniensium, Digne.
Civitas Rigomagensium. Voiez RIGOMAGUS.
Civitas Soliniensium.
Civitas Sanitiensium, Senez.
Civitas Glannativa, Glandeve.
Civitas Cemelenensium, Nice.
Civitas Vinciensis, Vence.

Selon cette distribution il y avoit XVII. Provinces & CXV. Citez dont XVI. jouïssoient du rang de Metropoles. Avant Constantin on ne connoissoit que quatre Metropoles dans les Gaules, sçavoir *Lyon* dans la Lyonnoise, *Arles* dans la Narbonnoise, *Bourges* dans l'Aquitaine & *Treves* dans la Belgique.

Avant que la Gaule fût partagée de la maniere que l'on vient de voir dans la Notice, on ne comptoit que XIV. Provinces. La premiere & la quatriéme Lyonnoise n'en faisoient qu'une, & la seconde & la troisieme en faisoient une autre, de maniere qu'il n'y avoit que deux. De même la premiere & la troisieme Viennoise étoient unies en une seule Province. Il seroit à souhaiter, dit le P. Brict, que les Papes & les Rois de France eussent laissé ces anciennes Provinces dans leurs bornes, mais les changemens qu'a causez dans la Géographie Ecclesiastique, l'érection des nouveaux Evêchez & Archevêchez, joint à celui du Gouvernement civil des Provinces que l'on a unies ou demembrées, en introduisant de nouveaux noms, a embrouillé la Géographie de la Gaule. J'ajouterai encore une ancienne Notice que Schelstrate a publiée dans ses Antiquitez Ecclesiastiques & qu'il dit être copiée sur l'Original que le Pape Adrien donna à Charles Roi de France & de Lombardie & Patrice Romain lorsque ce Prince fut à Rome.

PROVINCIA LUGDUNENSIS PRIMA.

Civitates numero V.

Metropolis Civitas Lugdonensium.
Civitas Eduorum, hoc est, *Agustedunum*.
Civitas Linguonum.
Civitas Maticentium.
Castrum Cabilonensium.

PROVINCIA LUGDUNENSIS SECUNDA.

Civitates numero VII.

Metropolis Civitas Rodomagensium.
Civitas Belocasum.
Civitas Ebricatum.
Civitas Ebroicorum.
Civitas Saiorum.
Civitas Lexoviorum.
Civitas Constantia.

PROVINCIA LUGDUNENSIS TERTIA.

Civitates numero IX.

Metropolis Civitas Toronorum.
Civitas Cennomanorum.
Civitas Andegavorum.
Civitas Nannetum.
Civitas Chorisoporum.
Civitas Venotum.
Civitas Oscimorum.
Civitas Diablentum.

PROVINCIA LUGDUNENSIS QUARTA.

Civitates numero VIII.

Metropolis Civitas Sennonum.
Civitas Carnotum.
Civitas Antisioderensis.
Civitas Auticum.
Civitas Trecassium.
Civitas Aurelianorum.
Civitas Parisiorum.
Civitas Meldnorum.

GAU.

PROVINCIA LUGDUNENSIS QUINTA, SEQUANORUM.

Civitates numero IX.

Metropolis Civitas Crassopolinorum, hoc est *Vesontium*.
Civitas Equestrium, hoc est *Nogduno*.
Civitas Elvetiorum, hoc est *Aventico*.
Civitas Basiliensium.
Castro Vendonense.
Castro Ebrodinense.
Castro Argentariense.
Castro Rauracinense.
Portus Abicini.

PROVINCIA BELGICA PRIMA.

Civitates numero III.

Metropolis Civitas Trevirorum.
Civitas Mediomatricum, hoc est *Metis*.
Civitas Leucorum, hoc est *Tullo*.
Civitas Verodunensium.

PROVINCIA BELGICA SECUNDA.

Civitates numero XII.

Metropolis Civitas Remorum.
Civitas Suessionum.
Civitas Cadellaunorum.
Civitas Veromandorum.
Civitas Atrabatum.
Civitas Camaracensium.
Civitas Turiacensium.
Civitas Silvanetum.
Civitas Bellocavorum.
Civitas Ambianensium.
Civitas Morinum.
Civitas Bononiensium.

PROVINCIA GERMANIA PRIMA.

Civitates numero III.

Metropolis Civitas Mogontiacensium.
Civitas Argentoracensium, hoc est *Stratispurgo*.
Civitas Nemetum, hoc est *Spira*.
Civitas Evagionum, hoc est *Warmatia*.

PROVINCIA GERMANIA SECUNDA.

Civitates numero II.

Metropolis Civitas Agrippinensium, hoc est *Colonia*.
Civitas Tungrorum.

PROVINCIA VIENNENSIUM PRIMA.

Civitates numero XIV.

Metropolis Civitas Viennensium.
Civitas Genavensium.
Civitas Gratianopolitanorum.

GAU.

Civitas Albensium, hoc est *Belisio*.
Civitas Attensium.
Civitas Valentinorum.
Civitas Tricasinorum.
Civitas Valentorum.
Civitas Aurasinorum.
Civitas Carpentoracensium, nunc *Uniclausa*.
Civitas Cavellicorum.
Civitas Avennicorum.
Civitas Arlatensium.
Civitas Massiensium.

PROVINCIA VIENNENSIS SECUNDA, ALPIUM MARITIMARUM.

Civitates numero VIII.

Metropolis Civitas Ebrodunensium.
Civitas Dignensium.
Civitas Rigomagensium.
Civitas Sollinensium.
Civitas Saniciensium.
Civitas Planatica.
Civitas Semelensium.
Civitas Vensiensium.

PROVINCIA VIENNENSIUM TERTIA ALPIUM GRAIARUM ET PENNINARUM.

Civitates numero II.

Metropolis Civitas Ceunetranium, hoc est *Derantasia*.
Civitas Valentium, hoc est *Octodoro*.

PROVINCIA IN AQUITANIA PRIMA.

Civitates numero VIII.

Metropolis Civitas Betorigorum.
Civitas Arvernorum.
Civitas Rutinorum.
Civitas Albigensium.
Civitas Cadorcorum.
Civitas Leviciovicum.
Civitas Gabelluorum.
Civitas Bellavorum.

PROVINCIA IN AQUITANIA SECUNDA.

Civitates numero VI.

Metropolis Civitas Bordogalensium.
Civitas Agennensium.
Civitas Ecolisnensium.
Civitas Santonum.
Civitas Pictavorum.
Civitas Petrocoviorum.

PROVINCIA NOVEPOLITANA AQUITANIA TERTIA.

Civitates numero XIV.

Metropolis, Civitas Elusavium.
Civitas Auscorum.

Civitas Laquensium.
Civitas Lathuracium.
Civitas Convivarum.
Civitas Consoranorum.
Civitas Boatium.
Civitas Berancensium.
Civitas Aturensium.
Civitas Vasatica.
Civitas Turba, ubi Castrum Bogorra.
Civitas Elonorensium.
Civitas Elatacium.
Civitas Albopenensium.

PROVINCIA NARBONENSIUM PRIMA.

Civitates numero VIII.

Metropolis Civitas Narbonensium.
Civitas Tolosacum.
Civitas Agatensium.
Civitas Betervensium.
Civitas Magalonensium.
Civitas Lutevensium.
Civitas Usiacensium.

PROVINCIA NARBONENSE SECUNDA.

Civitas numero VII.

Metropolis Civitas Aquensium.
Civitas Regensium.
Civitas Atensium.
Civitas Foroiulensium.
Civitas Vapincensium.
Civitas Segestiorum.
Civitas Antiopolitana.

En tout CXXV. Citez.

J'ai cru devoir raporter ces deux Notices parce qu'on en peut tirer plusieurs avantages considerables tant par raport à l'Histoire Politique, qu'à l'Histoire Ecclesiastique. Par la premiere de ces deux on voit quelle étoit la division de la Gaule vers la decadence de l'Empire & les Siéges Episcopaux dont la Jurisdiction avoit les mêmes bornes que les Gouvernemens Civils.

Par la seconde on voit la corruption des noms dans des siécles, où l'ignorance & la Barbarie regnoient presque generalement. Peut-être que quelques Lecteurs verront avec chagrin tous ces noms defigurez & souhaiteront que je les eusse rétablis; cela eût été très-aisé, mais je n'ai eu garde: ceux qui souhaitent de savoir comment dans cette decadence des Lettres on estropioit ces noms, me sauront gré de n'avoir rien changé à l'Orthographe vicieuses qui leur represente comment ces noms se trouvent écrits dans des Actes de ces temps-là. Ce qu'il y a de surprenant c'est que dans ces deux Notices la Ville d'Arles qui avoit été regardée long-temps comme Metropole n'est plus qu'une simple Cité subordonnée à la Metropole de la premiere Viennoise qui est Vienne. Il est pourtant de fait qu'Arles étoit la Metropole de la Gaule Narbonnoise du temps de St. Cyprien. Voiez Schelstrate [a] dans ses Antiquitez Ecclesiastiques.

[a] T. 2. dissert. 4. c. 8. p. 298.

Ces Notices different encore entre elles en ce que la seconde obmet l'Evêché de Nismes dont la premiere fait mention. Mais en échange elle ajoute quelques Citez qui ne sont pas dans la premiere, savoir

Auricum, dans la Lyonnoise.
Castro Argentariense, dans la cinquiéme Lyonnoise.
Civitas Carpentoracensium, dans la premiere Viennoise.
Civitas Elatacium, dans la troisiéme Aquitaine.
Civitas Albopenensium, dans la même Province.
Civitas Agatensium, &
Civitas Magalonensium, dans la premiere Narbonnoise.

Je n'entrerai pas dans un plus grand détail sur la Gaule, on peut voir aux articles particuliers ce qui regarde les parties de ce Pays; savoir la Gaule *Narbonnoise*, l'*Aquitaine*, la *Celtique*, la *Belgique*, aux mots NARBONNE, AQUITAINE, BELGIQUE, & LYONNOISE. Voiez aussi l'Article FRANCE.

Ceux qui auront examiné les Tables & les Notices precedentes verront aisément que les Pays-Bas, une lisiere d'Allemagne, une partie de la Suisse, la Savoye & le Piémont sont detachez de l'ancienne Gaule. Ainsi la France d'aujourd'hui ne comprend pas toute l'ancienne Gaule, encore moins toute la France de Charlemagne.

GAULENDA [b], Montagne de l'Isle de Ceïlan au Royaume de Candi auprès de la Ville de Degligineur. Elle n'est accessible que par une avenue qui est deffendue par trois Forts. Le Roi peut s'y retirer en cas de sedition.

[b] Baudrand Ed. 1705.

GAULON. Voiez GAULAN.

GAULOS, selon Mela [c] & Pline [d], GAUDOS, selon Strabon [e]. Isle de la Mer Mediterrannée: elle est voisine de l'Isle de Malte dont elle n'est separée que par un court trajet. Son nom moderne est Gozzo. Voiez ce mot. 277.

[c] l. 2. c. 7.
[d] l. 3. c. 8.
[e] l. 6. p.

GAUMELLUM. Voiez LAUMELLUM.

GAUNA, Ville d'Asie dans la Medie, selon Ptolomée [f].

GAUNARITANUS, Siége Episcopal d'Afrique. Voiez GAUVARITANUS.

[f] l. 6. c. 2.

GAVOT, (le Pays de) petite contrée de Savoye dans le Chablais dont elle est la partie Orientale le long du Lac de Geneve, depuis la Riviere de Dranse jusqu'au Mont de Morgues au Couchant & les Frontieres du Valais au Levant. Ses principales Places sont Evian & St. Gigo.

GAUR, ou GOUR. Ce mot signifie proprement une plaine & un Pays plus bas que les autres. Mais il se donne à plusieurs Provinces de l'Asie [g]. Celle de Tahmah en Arabie porte souvent ce nom à cause qu'elle est plus basse que les autres Côntrées de ce grand Pays. Il y en a pourtant qui veulent que Gaur soit entre l'Yemen & Tahmah. En Syrie le Pays que les Anciens nommoient l'Auranitide, où Hircan le grand Pontife des Juifs fut fait prisonnier, & où Antipater Pere d'Herode fut tué, est nommé GAUR par les Historiens Arabes. Ce pourroit être la Phœnicie,

[g] d'Herbelot Bibliotheque Orient.

GAU.

où la Celesyrie, car ce mot signifie la Syrie Creuse. Mais la plus grande de toutes les Provinces qui portent ce nom est celle qui s'étend entre le Khorassan du côté de la Ville de Herat & le Pays de Gaznah. Cette Province de Gaur n'est separée des Indes que par le Pays de Raver & elle est fort célèbre par la Montagne des Turquoises que les Persans appellent Firouz-Gouch, où il y a une Forteresse qui porta le même nom & qui passe pour être la meilleure de toute l'Asie. Ce fut dans les Montagnes de Gaur que la Posterité de Zohar, Tyran de Perse, se refugia & y établit une Principauté. Sam-ebn-souri Chef & Fondateur de la Dynastie des Gaurides pretendoit tirer son Origine de cette race.

GAURA [a], Montagne d'Assyrie, selon Plutarque le Géographe.

[a] De Montib.

GAUROANA. Voiez Gaugæna.

GAURANA, &

GAURANUS. Voiez Gaurus.

GAURANUM Promontorium, Promontoire d'Assyrie près de l'Embouchure du Tigre, selon Plutarque le Géographe.

[b] De Mont.

GAVRAY [b], Bourg de France en Normandie avec titre de Vicomté. Il est à quatre lieues de Coutances vers le Midi. A l'extremité de ce Bourg, vers l'entrée de la Forêt, il y avoit autrefois un château parfaitement bien fortifié sur une éminence où l'on en voit encore des ruines. C'étoit une place qui a long-temps servi de retraite aux ennemis de l'Etat. En 1354. le Roi de Navarre y avoit une forte garnison contre Jean Roi de France. Le Connestable ayant pris ce château sur les Anglois en 1378. en fit demanteler une partie. Alain Chartier temoigne qu'en 1449. c'étoit encore une forte place que le Duc de Bretagne prit sur les Anglois du temps de la reduction de Coutances, de St. Lo & autres Villes de ce Canton.

[b] Corn. Dict. Vandome Manusc. Géographiques.

GAURE, Montagne d'Italie au Royaume de Naples. Les Latins l'ont connue sous le nom de Gaurus. Juvenal dit [c]:

[c] Satir. 9. v. 57.

Gaurus inanis.

Stace dit [d]:

[d] Silv. l. 3. in Hercl. Surrent.

Icario nemorosus Palmite Gaurus.

& ailleurs, *Gauranosque sinus* [e].

[e] l. 4. in Via Domit. f. l. 14. c. 6.

Pline [f] parle non seulement de cette Montagne, mais encore des vins qu'elle produisoit. Plusieurs Auteurs citez par Ortelius [g] croient que c'est presentement Monte Barbaro. Il en est parlé dans l'Histoire des Slaves par Arnold de Lubec. Si nous en croyons Scipion Mazella Napolitain cette même Montagne avoit trois noms differens. La partie Occidentale s'appelloit Gaurus, la partie Orientale Massicus, & la partie Septentrionale Falernus: ainsi ce que l'on prend pour trois Montagnes n'étoit qu'une seule; dont les parties avoient chacune leur nom propre. Mr. Corneille [h] en parle ainsi sur la garantie de Pompeio Sarnelli dans son Livre *Guida de forastieri per Pozzuoli*. Les Limites de cette Montagne peu éloignée de Pouzzol s'étendent jusqu'au Territoire de Cumes & au Lac Averne, touchant d'un autre côté celui de Bayes. Après avoir été si fertile & si renommée, elle est devenue presque sterile, néanmoins ceux de Pouzzol ont commencé à en cultiver une partie. Ils y ont planté des vignes avec des Arbres Fruitiers qui rapportent bien. Au sommet de la Montagne il y a un Couvent de Religieux de l'Ordre de St. François, d'où l'on voit Gaïete, la Plage Romaine, & d'autres endroits fort éloignez, il n'y a rien de plus haut que cette vûe. A l'opposite de ce mont on en voit un autre qui n'est guères moins haut & qui a de circuit environ trois milles. Son extrémité s'étend du côté du Midi vers la Mer, du côté du Septentrion jusqu'au Lac Averne, & elle se joint au Mont Barbaro vers l'Orient. Cette Montagne est appellée le nouveau Mont à cause qu'elle fut faite en une seule nuit en 1538. au Mois de Septembre. Il sortit par une grande ouverture qui se fit en ce lieu-là dans la terre des exhalaisons de feu, accompagnées de tant de sable & de tant de pierres que la terre vomissoit incessamment, qu'il s'en accumula une Montagne qui couvrit quantité d'Edifices & ensevelit vivans un grand nombre d'hommes & d'animaux. Il se fit alors un furieux tremblement de terre qui fit retirer la mer en arrière de plus de cent pas.

GAURE, (le Pays de) Pays de France dans la Gascogne entre Auch & Lectoure avec titre de Comté. Voiez Garites.

GAVRE, Château des Pays-Bas Austrichiens avec titre de Principauté dans la Maison d'Egmond à deux lieues au dessous d'Oudenarde en allant vers Gand, selon Mr. Baudrand [i].

[i] Ed. 1705.

GAURE'E, Petit Pays de la Basse Ecosse dans la Province de Perth, selon le même.

GAURES, (les) ou Guebres, ou Parsis, Peuple dispersé dans l'Asie & principalement dans la Perse & dans les Indes. On les appelle aussi Ignicoles parce qu'on les accuse d'adorer le feu. C'est un reste des anciens Perses, & ils ont conservé l'Idolatrie de leurs ancêtres. Chardin qui a fait un long séjour dans ce Pays en a recueilli bien des particularitez que je crois plus exactes que celles des Voyageurs qui n'ont fait que passer. Voici ce qu'il nous en apprend [k]. Ces restes des anciens Perses sont répandus en divers endroits de la Perse, & en quelques endroits des Indes. En Perse ils sont dans la Caramanie deserte & vers le Golfe Persique, mais en beaucoup plus grand nombre dans les Provinces de Yezd & de Kirman, & comme c'est là leur demeure fixe, on en a tiré des Colonies pour les mettre dans des Villes de la Parthide & particulierement à Ispahan. Aux Indes ils sont répandus vers le Fleuve Indus & dans la Province de Guzerat. Il y en a une Colonie à Surat, Ville que le Commerce a rendue fort fameuse parmi les Europeans. Ce qui a fait qu'ils sont ainsi dispersez, c'est que lorsque les Arabes envahirent la Perse, sous Omar, le second Successeur de Mahomet, ceux qui ne voulurent pas vivre sous leur oppression, furent obligez de se retirer vers les parties desertes de leur Empire qui sont vers les bords du Fleuve Indus, & qui en font les bornes de ce côté-là. Ils s'y maintinrent plus d'un siècle, mais depuis comme ils

ils y furent attaquez, ils passerent au delà de ce Fleuve chez les Indiens, qui les reçurent, & qui les ont soufferts depuis. Il n'en reste pas quatre-vingt-mille dans tous ces Païs-là, & ils seroient tout-à-fait détruits, il y a long-tems, si leur misere & leur simplicité n'empêchoient qu'on ne songe à eux. On les appelle Parsis aux Indes, de leur ancien nom, & en Perse on les nomme Guebran, ou Guebres, nom qui vient du mot Arabe Gaur, qui veut dire Infidelle, ou Idolatre, que les Turcs prononcent *Giaour*, & qu'ils attribuent aussi aux Chrétiens, de même qu'à tous ceux qui ne sont pas de leur Religion. J'observe ceci, parce que c'est un mot que les Turcs ont toujours à la bouche, en parlant aux Juifs & aux Chrétiens. Dans la Langue Hebraïque le mot de *Chaver* signifie aussi les Sacrificateurs des Perses, & les Perses eux-mêmes. Je crois que ce terme vient de *Gau*, qui veut dire excrement, *Stercus*, comme pour marquer que ce peuple est la lie & l'excrement de la terre.

Quelques-uns le font venir de *Gau*, qui signifie une vache, à cause du culte que ces Peuples rendent à la vache, & qui vient originairement des Indiens, d'où il a passé chez les Egyptiens, qui y ont beaucoup ajoûté, comme c'est l'ordinaire de la Superstition & de l'Idolatrie ; car au lieu que les Indiens reveroient seulement cet Animal, le consideroient comme le meilleur & le plus débonnaire de tous, aussi bien que le plus utile : les Egyptiens en firent une Divinité Domestique & l'objet de leur culte. Les Persans appellent aussi les Guebres *Atechperes*, c'est-à-dire, Adorateurs du Feu, ce qui répond au nom d'*Ignicoles* que les Livres Latins leur donnent. Ces Perses Idolâtres ne sont pas si bien faits, ni si blancs que les Perses Mahometans, qui sont ceux d'aujourd'hui, néanmoins les hommes sont robustes, d'assez belle taille & d'assez bon teint. Les femmes sont grossieres & d'un teint olivâtre & obscur, ce qui vient, comme je crois, de leur pauvreté plûtôt que du naturel, car il y en a qui ont les traits assez beaux. Les hommes portent les cheveux & la barbe longue, la veste courte & étroite, & un bonnet de laine fine qui ressemble assez à un chapeau. Ils s'habillent de Toile ou d'étoffe de Laine, & de poil de Chevre, aimant la couleur brune, ou feuille morte, comme étant peut-être la plus conforme à leur condition. Les femmes sont fort grossierement vêtues, je n'ai rien vû qui eût si mauvaise grace, ni qui soit si éloigné de la galanterie. Autant que les Guebres, hommes & femmes, sont négligez dans leurs manieres & dans leurs habits & mal propres, autant l'air & l'habillement des Persans est fin & agréable. L'habit des Guebres ressemble si fort à celui des Arabes, qu'on peut croire que les Arabes le prirent d'eux, lorsqu'ils eurent conquis leur Païs. Ils sont tous en Perse, ou Laboureurs, Manœuvres, ou Foulons & Ouvriers en Poil, ils font des Tabis, des bonnets, & des étoffes de Laine très-fine. Nos chapeaux de Castor ne sont pas plus doux ni plus lustrez. Je n'ai pas vû un seul homme parmi eux qui vécût sans rien faire, ni aucun qui s'appliquât aux Arts Liberaux, ou au Commerce. Leur grande Profession est l'Agriculture, c'est-à-dire, le jardinage, le vignoble & le labour. Ils regardent l'Agriculture, non seulement comme une Profession belle & innocente, mais aussi comme méritoire & noble, & ils croient que c'est-là la premiere de toutes les Vacations, celle pour qui le Dieu Souverain & les Dieux inferieurs, comme ils parlent, ont le plus de complaisance, & qu'ils recompensent le plus largement. Cette opinion tournée en créance parmi eux, fait qu'ils se portent naturellement à travailler à la terre, & qu'ils s'y exercent le plus ; leurs Prêtres leur enseignant que la plus vertueuse Action c'est d'engendrer des enfans, & après de cultiver une terre qui seroit en friche, de planter un arbre, soit fruitier, soit autre. J'ai fait cent fois reflexion sur ce que ces bonnes gens me disoient sur ce sujet, en considerant d'un côté la secheresse & la sterilité presente de la Perse en général, combien peu elle est peuplée, combien est médiocre l'abondance d'un si vaste Empire, & me souvenant d'ailleurs de ce que les anciennes Histoires racontent de sa puissance, de sa fertilité, & de son grand peuple ; car enfin il n'y a rien de plus éloigné de la vrai-semblance, ni rien qui s'accorde moins que ce qu'on dit qu'étoit autrefois la Perse, & ce qu'on voit qu'elle est aujourd'hui. J'ai fait, dis-je, cent fois des réflexions sur un si étrange changement, & il m'est venu en pensée, que cela venoit premiérement de ce que les anciens habitans de la Perse étoient robustes, laborieux & appliquez, au lieu que ses nouveaux habitans sont faineants, voluptueux & speculatifs. Secondement, de ce que ces premiers se faisoient une Religion de l'Agriculture, & qu'ils croyoient que c'étoit servir Dieu que de labourer, au lieu que les derniers ont des principes qui les portent au mépris de l'activité, qui les jettent dans la volupté, & les éloignent du travail ; car ils disent que la vie étant si courte, si incertaine, si changeante, il faut s'y comporter comme dans un Païs de conquête, ou dans un quartier d'Hyver, c'est-à-dire, qu'il en faut tirer ce qu'on peut, sans se soucier de ce qu'elle pourroit devenir.

Ces Anciens Persans ont les mœurs douces & simples, vivant fort tranquillement, sous la conduite de leurs Anciens, dont ils font leurs Magistrats, & qui sont confirmez dans leurs chargés par le Gouvernement Persan : ils boivent du vin ; à l'exception du bœuf, & de la vache, ils mangent de toutes sortes de chairs, de quelques mains qu'elles soient aprêtées ; mais du reste ils sont fort particuliers & ne se mêlent gueres avec les autres Peuples, surtout avec les Mahometans. La bigamie & le divorce ne sont point soufferts dans leur Religion, & ils ne peuvent se marier à des femmes d'une autre créance que de la leur. J'ai trouvé cela de commun à toutes les Religions du Monde, qu'aucune ne permet le mariage entre des personnes de diverses créances ; mais les Chrétiens & les Mahometans donnent un sens à la défense qui le rend assez vaine & inutile, car ils épousent des femmes de toutes Réligions, pourvû qu'elles renoncent, ou promettent de renoncer à leur créance, & d'embrasser la leur : au lieu que tous les Idolatres,

&

& particulierement ceux dont nous parlons, soûtiennent que la femme doit être par éducation & par naissance de la Religion de l'homme qu'elle épouse. J'ai dit, que les Guebres ne repudient point leurs femmes; mais en cas de stérilité durant les neuf premieres années de mariage, ils en peuvent prendre une seconde avec la premiere. Je n'ai vû que des gens fort ignorans parmi eux. Toute l'érudition de leurs Prêtres, qui sont en petit nombre, se réduit à un peu d'Astrologie, à une legere & grossiere connoissance du Mahometisme, & à une connoissance encore plus imparfaite de leur propre Religion, dont ils débitent des maximes, qui n'ont ni apparence, ni fondement. Il ne faut pourtant pas s'en étonner, parcequ'ils vivent depuis plus de mille ans dans l'oppression & dans la bassesse. L'on dit communément qu'ils ont un Livre célèbre qui contient leur Religion & leur Histoire, & qui est intitulé *Zend pasend vosta*; mais je n'en ai jamais pu avoir de nouvelles. Le Grand Abas, excité par des curieux, qui mouroient d'envie d'avoir ce Livre inconnu, dont on disoit pourtant des merveilles, qu'Abraham, par exemple, en étoit l'Auteur, & qu'il contenoit les Propheties des plus grandes révolutions qui devoient arriver jusqu'à la fin du Monde; ce Prince, dis-je, tâcha par toutes sortes de moyens de le récouvrer, jusques-là qu'il fit mourir le Grand Prêtre, & quelques-uns des principaux de la Nation, à cette occasion-là, mais il ne put jamais en venir à bout. Ils persisterent toûjours à dire qu'ils ne l'avoient point, qu'il faloit qu'il fût perdu, & qu'ils avoient delivré tous leurs Livres au Roi même. Ces Livres qu'ils lui donnerent sont dans la Bibliotheque du Château d'Ispahan, au nombre de vingt-six. Je ne sais si c'est tout, mais on le dit ainsi. Ils sont écrits en Caractères de l'Ancien Persan. J'ai eu en mon pouvoir plus de trois mois le grand Livre qu'ils ont à present où toute leur Religion est écrite, avec beaucoup d'autres choses qui y sont mêlées. Un Guebre qui passoit pour le plus docte d'entr'eux à Ispahan, venoit m'en lire tous les jours. Ce Livre est fait du tems de Yesdegird quatriéme, le dernier des Rois Idolâtres de Perse, avec des Commentaires que l'on y avoit ajoûtez. Il parle beaucoup du Regne de ce dernier Roi, & de bien d'autres matieres que de celles de la Religion. L'on y trouve des prieres qu'il faut faire : un Rituel pour garder le feu sacré. Les éloges des Dieux inferieurs: des Traitez d'Astrologie & de Divination : &c. Pour dire maintenant quelle est leur Créance, autant que je l'ai pû reconnoître, ils tiennent, ou font semblant de tenir qu'il y a un Etre suprême & qu'il est au dessus des Principes & des Causes. Ils l'appellent, *Yezd*, mot qu'ils interpretent par celui de *Dieu*, ou d'*Ame Eternelle*. Cependant ils attribuent tant de pouvoir aux Principes, qu'ils semblent ne laisser rien à faire à ce Souverain; ce qui me fait penser qu'ils n'en confessent un que par bienséance, & pour ne se pas faire abhorrer des Mahometans, grands Deïstes, auprès desquels cette impieté acheveroit de les detruire. Ils tiennent que les Corps Celestes sont des Etres animez par des Intelligences, qui se mêlent de la conduite des hommes. Le Soleil est, selon eux, la grande & la premiere Intelligence, & le Pere de toutes les Productions sensibles. La Lune est la seconde Intelligence & puis les autres Planetes. Ils tiennent aussi comme tous les autres Gentils des Indes, que les Eclipses arrivent, parce que la Lune est oppressée & violentée par quelque Intelligence superieure, qui la réduit dans ce triste état. Ils tiennent qu'outre ces Intelligences, il y a des Anges, qu'ils appellent des Dieux Subalternes, commis à la garde des Créatures inanimées, chacun selon son département. Et enfin ils veulent qu'il y ait deux Principes des choses, comme n'étant pas possible qu'il n'y en ait qu'un, à cause que toutes les choses sont de deux sortes, ou de deux natures, c'est-à-dire, bonnes ou mauvaises. Ces deux Principes sont la Lumiere, qu'ils appellent *Ormous*, mot de leur Langue ancienne, qu'ils interpretent par celui de *Kaddim*, terme Arabe, qui revient à celui des Hebreux, que nous interprétons Ancien des jours, & les Tenebres qu'ils appellent *Ariman*, Dieu créé. Ce sont ces deux Dieux ou Principes des Mages, un bon & un mauvais, qu'il est dit dans les anciens Auteurs que les Mages, qui sont les Théologiens des Perses, établissoient sous les noms d'*Aramen* & de *Yezd*. Ils ajoûtent que ces Intelligences, ces Anges, & ces Principes sont tous subordonnez à Dieu, qui en dispose selon son bon plaisir. L'on ne sauroit douter qu'ils ne reconnoissent deux sortes de Nature dans ces Intelligences, comme dans les Créatures sublunaires, l'une bonne & l'autre mauvaise; aussi Tertullien écrit formellement qu'ils reconnoissent des Anges & des Diables. Au reste ce sentiment d'un bon & d'un mauvais Principe, tout absurde qu'il est en lui-même, a paru si raisonnable à quelques Philosophes, qu'ils en ont fait un des principaux Dogmes de leur Philosophie, & il y a beaucoup de Docteurs Persans qui le tiennent aujourd'hui, en appellant ses deux Principes, Lumiere & Tenebres, tout de même que font les Guebres. Ils attribuent ce Dogme, non pas à Zoroastre comme font les Guebres, mais à un de ses Disciples, nommé Zenadic.

Tout le monde généralement croit qu'ils adorent le Feu, cependant il est fort difficile de faire ensorte qu'ils s'expliquent bien là-dessus, & de savoir si ce culte qu'ils lui rendent est relatif ou direct : s'ils tiennent le Feu pour Dieu, ou seulement pour l'image de Dieu. Je crois que c'est moins pour en faire un mystere, que par ignorance, & pour n'entendre pas ce qu'on leur demande. Le Feu, disent-ils, est la Lumiere, la Lumiere c'est Dieu. Voilà ce qu'ils disent nettement; mais ils se jettent ensuite sur les louanges du Feu, de la Lumiere & de Dieu, & font là-dessus un discours confus où l'on n'entend rien, & où ils se perdent eux-mêmes. Néanmoins ils disent tous unanimément qu'ils gardent le Feu, dans des lieux consacrez, depuis le tems de Keyomerse premier Roi de Perse, mort il y a plus de 3600. ans, suivant le Calcul de la Chronologie Persanne, & qu'ils lui rendent le Culte suprême, & c'est ainsi que tout le monde en parle, mais il n'y a pas moyen de voir dans

dans ce lieu facré, ni leur Autel, ni leur Service, ce qui me fait croire que tout ce qu'ils difent de cet ancien Feu, qui brûle toûjours, est une pure illufion, car je n'ai jamais vû d'homme qui ait ofé m'affurer qu'il l'eût vû. Les Guebres des Indes difent que ce Feu éternel n'eft point parmi eux, mais qu'il eft en Perfe, & ceux de Perfe, ne convenant point entr'eux du lieu où il doit être, difent tantôt que c'eft *Kirman*, tantôt que c'eft *Yezd*, & tantôt que c'eft une certaine Montagne dans ce Païs-là. L'on trouve de ces gens qui affûrent qu'on le montre aux Guebres qui vont par dévotion au lieu où il eft, & d'autres foutiennent qu'on ne le montre point, par la crainte qu'ils ont des Mahometans. Enfin tout ce qu'on en peut apprendre eft fi mal fondé, qu'il eft aifé de juger qu'il n'y a rien de certain dans tout ce qu'on en dit. Quant au Feu commun & ordinaire, le culte que les Guebres lui rendent confifte, difent-ils, à l'entretenir d'une matiere qui ne faffe point de fumée, ni de puanteur, à n'y jetter rien de fale, ni aucune forte d'ordure, à ne le laiffer jamais éteindre, à ne le pas allumer avec la bouche, de peur de lui faire fentir quelque chofe de mauvais & de l'infecter, deforte que fi par hazard il s'éteint, il faut en aller querir chez un voifin, ou l'allumer avec un éventail. Ce Culte, ajoûtent-ils, confifte encore à ne toucher jamais de feu qui ait été nourri & entretenu d'os, de bouze, ou de quelque autre ordure que ce foit, & ainfi de quelques autres obfervations femblables. Ils font communément leurs prieres en préfence du Feu, & lui rendent d'autres cultes extérieurs. Leur principal Temple eft auprès de Yezd, dans une Montagne qui ne paroît à dix-huit lieues. C'eft leur grand *Atechgae*, comme l'appellent les Perfans, c'eft-à-dire, leur Pyrée, ou le Foyer du Feu Eternel, felon le mot Grec. Ce lieu eft auffi leur Oracle, & leur Academie. C'eft où ils fe communiquent leur Religion, leurs Maximes, & leurs efperances. Leur Souverain Pontife y demeure toûjours, & fans en fortir. On l'appelle *Deftour Deftouran*, c'eft-à-dire, Regle des Regles; comme pour dire qu'il eft aux Prêtres, ce que les Prêtres font aux autres hommes, favoir une Regle vivante de la Créance qu'il faut tenir, & un modelle de la vie qu'il faut mener. Ce Pontife a avec lui plufieurs Prêtres, & plufieurs Etudians, qui compofent une efpece de Seminaire. Les Mahometans le fouffrent, parce que cela ne fait point de bruit, & qu'il en revient de bons préfens aux Officiers. Ces Prêtres font proprement ce que les Veftales faifoient à Rome. Ils entretiennent le Feu facré, fi tant eft qu'il y en ait, & ils empêchent qu'il ne s'éteigne. Ce Feu, fi on les en veut croire, brûle depuis environ 4000. ans, ayant été miraculeufement allumé fur cette Montagne par leur Prophete Zoroaftre. Ils fe tournent vers le Soleil quand ils prient, & prétendent que toute oraifon, qui n'eft pas faite les yeux tournez au Soleil, eft une Idolâtrie, & un faux fervice. Ils ne font point de prieres la nuit, du moins qui foit d'obligation. Ils en doivent faire cinq durant le jour, & entre les deux Soleils. Ils tiennent le Vendredi pour le jour de la Semaine, qui eft le plus propre à vacquer à la Religion. Mahomed pourroit bien avoir pris d'eux fes cinq prieres, & fon jour de repos; car c'eft à peu près la même chofe. Ils ont des jeûnes & des fêtes de tous les Elemens. La principale arrive le fecond mois de leur époque, qui dure fix jours, & c'eft la Fête du Feu & de la Lumiere. Une de leurs plus conftantes Traditions, c'eft que leur Religion reprendra le deffus, qu'elle deviendra fuperieure & dominante en Perfe, & que l'Empire leur fera rendu. Ils s'entretiennent eux & leurs Enfans de cette efperance. Zoroaftre, qu'ils appellent Zerdoucht, eft leur Prophete & leur plus grand Docteur. Il fut le Chef de la Secte des Mages, & vêcut du tems des Rois de la feconde race, environ treize cens ans après le Deluge, felon la Chronologie Perfanne. Nos Auteurs le font pour la plûpart plus ancien, prétendant que c'eft Cham le fils de Noé. D'autres tiennent que c'eft Moïfe, d'autres croient qu'il ne vivoit que du tems du Prophete Daniel. Tous les Auteurs Mahometans le font originaire de Chis, Ville de la Province d'Azerbeyan, qui eft la Medie, à préfent affez petite, habitée de Curdes, ou Chaldéens. Il eft certain que les plus célebres Temples des Ignicoles étoient dans cette Province: que du tems du Géographe Jacut, il y en avoit quelques-uns où le Feu s'entretenoit depuis fept ou huit cens ans, comme il le rapporte dans fon Livre : que Kirman, qui eft une des plus grandes Villes de la Province, eft encore une des principales habitations des Guebres : que le nom même de la Province vient du culte que l'on y rendoit au Feu.

Les Guebres font divifez entr'eux fur la Patrie, ou Pays natal de ce célebre perfonnage Zerdoucht, ou Zoroaftre, les uns le faifant Babylonien, ou Chaldéen, & les autres Indien. Je tiendrois plus volontiers pour cette derniere opinion; car on a fujet de croire que les Indes ont produit les Sciences & les Religions, & que c'eft delà qu'elles fe font répanduës jufqu'en Egypte, & de l'Egypte en Grece, foit par le Canal de la Mer rouge, foit par celui du Golfe Perfique. Ce Zerdoucht, ou Zoroaftre, eft le premier qui a rédigé par methode les Sciences & la Religion des Perfes. Les Guebres en content mille Fables, & en font un homme tout Divin. Ils affurent qu'il reçut un Livre du Ciel, où la Religion & les Sciences qu'il enfeignoit aux hommes, étoient écrites : contre qui fent fort le Mahometifme, & que ces pauvres Idolâtres, qui n'ont plus d'érudition, pourroient bien avoir forgé fur l'opinion des Mahometans, que tous les vrais Prophetes & Legiflateurs recevoient du Ciel le Livre de la Doctrine qu'ils doivent enfeigner. Les Mahometans font état de Zoroaftre, & tiennent auffi qu'il a été l'Inftituteur de la Secte des Mages, lefquels ils appellent *Magouch*, c'eft-à-dire homme fans oreilles, pour infinuer que leur Docteur avoit puifé toute fa Science dans le Ciel, & qu'il ne l'avoit pas aprife par l'ouïe, comme les autres hommes. Ils prennent communément le nom de *Magouch*, ou pour un Prêtre Ignicole, ou pour un Aftronome ancien. On fait que l'Aftronomie eft la premiere Science dans laquelle

les

les hommes excellerent. La premiere Ecole en fut instituée à Babylone, la plus ancienne Ville du Monde, d'où vint que les Astronomes furent nommez indifferemment, ou Babyloniens du nom de la Ville, ou Chaldéens du nom du Pays dont cette premiere Ville du Monde est la Capitale; ou Mages du nom de la Secte. Les Chrétiens Armeniens appellent les Mages *Maneg*, ils disent que ce nom vient du nom d'un village situé en Armenie, sur le Lac de Van, d'où étoient natifs les Mages qui allerent adorer Jesus-Christ en Bethlehem, & où ils furent martyrisez à leur retour. Les Mages enseignerent aux hommes l'éternité d'un premier Etre, qui étoit la Lune, ou dont la Lumiere étoit la plus vive image; mais parce que cet objet n'étoit pas assez sensible pour les humains ils leur proposerent le Soleil, qui est le centre de la Lumiere, & de plus le Feu qui en est comme une émanation, auquel les hommes s'arrêterent, comme étant plus propre à en faire un objet d'Idolatrie. Ils furent aussi les Instituteurs de cette vaine & superstitieuse Science qu'on appelle Astrologie judiciaire, dont les autres hommes ont été depuis aussi fortement entêtez que les Mages, & dont ils ne se peuvent guerir, particulierement en Perse. Il est vrai qu'on n'y croit plus que les Astres soient des Substances intelligentes, comme les Mages l'enseignoient; mais on y croit encore, comme ils le disoient, que les Astres influent dans l'Ame & dans les actions des hommes, qu'ils tournent leur imagination vers le bien, ou vers le mal, & qu'ils donnent à nos entreprises des succès, ou heureux ou malheureux. Il faut observer que les Mages étoient les hommes qu'on reveroit le plus en Perse & dans tout l'Orient, on tiroit des Rois, les Pontifes, & les grands Magistrats, de leurs Colleges, & on y élevoit toute la Noblesse de l'Empire. Ils ont apparemment été les premiers Sages ou Philosophes de profession, qui sont sortis de l'Ecole des Gymnosophistes des Indes, où il est vrai-semblable que les Sciences ont été premierement inventées, & d'où elles ont passé comme de main en main jusques aux Mages Persans, & ensuite aux Grecs, comme je viens de l'insinuer. Au reste il paroît que ces Ignicoles Persans ont quelque connoissance d'Abraham, soit par eux-mêmes, soit par les Mahometans, car les uns & les autres en font des contes semblables, disant, par exemple, que quand Nembroth, qu'ils prononcent Nimrod, eut fait mettre Abraham sur un bucher, le feu ne voulut pas s'allumer. Je ne sais si ce conte ne viendroit pas plûtôt de Manès, qui aïant apris des Mages la Philosophie, & des Chrétiens la Religion, composa de ces doubles & differentes idées, une Théologie pleine de rêveries & de fables, qu'il sema dans l'Arabie & dans la Perse jusques dans les parties les plus éloignées de cet Empire. Les Guebres ont une opinion fort contraire à celles des autres Gentils; car ils croient que non seulement il est permis de tuer les Insectes, & tous les autres animaux inutiles, ce qui est rejetté & condamné par les autres Gentils, mais que c'est même une action agréable à Dieu, & une œuvre méritoire, parce que ces méchantes Créatures ne pouvant

avoir été produites que par un mauvais Principe, & par un méchant Auteur, c'est témoigner de la complaisance pour lui, que de souffrir ces productions, desorte qu'il faut les étouffer & les détruire pour mieux témoigner l'aversion qu'on lui porte. Si l'on se souvient ici de ce que j'ai dit, que ces gens se font un point de Religion de la culture & de l'ameliorement de la Terre, on ne s'étonnera pas qu'ils se fassent une vertu d'exterminer ce qui est si contraire à son fruit. Je n'ai rien trouvé de plus sensé dans leurs enseignemens, que le mal qu'ils disent d'Alexandre le Grand. Au lieu de l'admirer, & de reverer son nom, comme font tant d'autres Peuples, ils le méprisent, le détestent & le maudissent, le regardant comme un Pyrate, comme un Brigand, comme un homme sans justice & sans cervelle, né pour troubler l'ordre du Monde, & pour détruire une partie du Genre humain. Ils se disent à l'oreille la même chose de Mahomed, & ils les mettent tous deux à la tête des méchans Princes, l'un pour avoir été lui-même l'instrument de tant de malheurs, comme sont l'incendie, le meurtre, le viol, & le sacrilege, l'autre pour en avoir été la cause & l'occasion. Ils connoissent assez que leur perte vient de ces deux Usurpateurs Alexandre & Mahomed, en quoi ils ne se trompent pas. La maniere d'enterrer leurs morts est fort singuliere. Pour la mieux faire comprendre, je décrirai ici le Cimetiere qu'ils ont proche d'Ispahan, à demi-lieue de la Ville, dans un lieu fort écarté. C'est une Tour ronde, qui est faite de grosses pierres de taille, & elle a environ trente-cinq pieds de haut, & quatre-vingt dix pieds de Diametre, sans porte & sans entrée. Le Peuple dit que quand ils veulent enterrer un Mort, ils font une ouverture à ce Tombeau, en ôtant du bas trois ou quatre grosses pierres, qu'ils remettent ensuite avec des Couches de plâtre, qu'ils passent par dessus, mais c'est une fable, & je sai de science certaine le contraire. Cette Tour a au dedans un dégré fait de hautes marches, attachées contre le mur en tournant. Quand ils portent un Mort dans ce Tombeau, trois ou quatre de leurs Prêtres montent avec des échelles sur le haut du mur, tirent le Cadavre avec une Corde & le font descendre le long de ce dégré, qui est cent fois plus dangereux & plus difficile qu'une échelle, n'y aïant rien à quoi on puisse se tenir, car ce ne sont que des pierres fichées dans le mur, à trois ou quatre pieds de l'une de l'autre, non pas en ligne droite, mais en tournant, & qui n'ont pas plus de neuf pouces d'assiette, & j'avois-je bien peur de tomber, tant en montant qu'en descendant. Ils n'y ont point fait de porte, de crainte que le peuple ne l'enfonçât ou ne se la fît ouvrir pour piller ou profaner un lieu pour lequel ils ont beaucoup plus de veneration, que les Mahometans, ni les Chrétiens n'en font paroître pour les Tombeaux de leurs Morts. Il y a dans celui-ci une maniere de fosse au milieu, que je vis remplie d'ossemens & de guenilles. Ils couchent les morts tout habillez sur un petit lit, fait d'un matelas & d'un coussin. Ils les rangent tout autour, contre le mur, si serrez qu'ils se touchent les uns les

M 2   au-

autres, sans distinction d'âge, de sexe, ou de qualité, & ils les étendent sur le dos, les bras croisez, sur l'estomach, contre le menton, les jambes croisées l'une sur l'autre, & le visage découvert. On met proche du Mort à son chevet, des bouteilles de vin, des grenades, des coupes de Fayence, un couteau, & d'autres ustancilles, chacun selon ses moyens. Comme ce peuple est fort miserable, & sous le joug d'une Religion ennemie, on peut juger par les choses qu'ils font encore présentement ce qu'ils faisoient lorsque leur Religion étoit soûtenuë de l'Autorité Royale, & accreditée par le zele de la multitude. Quand il n'y a point de place pour un Mort, ils en font une, en tirant le corps le plus consumé dans cette fosse que j'ai dit être au milieu du Cimetiere. Je crois déja avoir remarqué que la secheresse de l'air de Perse, & surtout d'Ispahan, est si grande qu'il consume les Cadavres en peu de tems & qu'il en empêche l'infection. J'ai fait divers tours dans ce sepulcre, & j'admirois qu'il n'y sentît point mauvais. J'y vis des Corps encore frais, il n'y avoit rien de gâté aux mains, & aux pieds, qui étoient nuds; mais le visage l'étoit beaucoup, à cause que les Corbeaux qui remplissent le cimetiere, & qui sont par centaines aux environs, se jettent d'abord sur cette partie. A cinquante pas de ce Sepulcre, il y a une petite maison de terre au devant de laquelle on pose le Corps du Mort, & aussi-tôt le convoi s'en retourne, comme si l'enterrement étoit fait, à la reserve des Prêtres & des Parens, qui se retirent dans cette petite Case, d'où le principal Prêtre se met à observer par quel endroit, & comment les Corbeaux entameront ce Corps. Comme il y en a toûjours beaucoup autour de ce Cimetiere, à cause des Cadavres qui y sont exposez à découvert, il ne manque point d'en venir bientôt fondre quelcun dessus & de s'attacher d'abord aux yeux, à ce que l'on assure, comme une partie délicate que ces oiseaux carnaciers aiment plus que le reste. Le Prêtre qui fait ces observations, par un petit trou, pour ne pas effaroucher l'oiseau funebre, prend garde à quel œil il touche le premier, & dans quelles circonstances, il en tire ses conjectures, tant pour la condition du Deffunt dans l'autre vie, que pour la fortune de ses enfans, & de ses Heritiers dans celle-ci. Le côté droit, dit-on, est le bon côté. Si l'oiseau s'y attache, le Prêtre fait un cri de joye, auquel les parens répondent. Mais s'il s'attache au gauche, c'est un sujet de tristesse. C'est ce que l'on assure généralement dans tous les Païs où il y a des Guebres; mais j'en ai vû quelques-uns, qui m'ont pourtant nié toute cette Magie ou superstition, & qui m'ont dit à l'égard de cette Maisonnette, qui est au devant de leur Cimetiere, que c'est pour y déposer les Morts, pendant qu'on fait quelques ceremonies sur eux, avant que de les ensevelir.

GAURIANENSIS, ancien Siége Episcopal d'Afrique dans la Numidie. La Notice d'Afrique [a] met entre les Evêques de cette Province Janvier qu'elle nomme *Januarius Gaurianensis*.

[a] n. 99.

GAURIES, Bourgade des Pays-Bas dans le Hainaut, selon Mr. Corneille: Jaillot dit Gevryes, ou Givry & Mr. de l'Isle Gevri. Ce lieu se trouve sur la route de Bavay à Binche. Quelques-uns y cherchent le *Vodgoriacum* d'Antonin.

GAURIUM, Lieu particulier de l'Isle d'Andros, Xenophon [b] dit, Alcibiade débarqua ses troupes à Gaurie qui est dans l'Isle d'Andros. Ce doit être la même que le Port nommé par Tite-Live [c] *Gaureleos*.

[b] Hist. Græc. l. 1. p. 440.
[c] l. 31. c. 45.

GAURUS, Montagne d'Italie dans la Campanie. Il est nommé *Gaurani Montes*, & *Gaurani Saltus* par quelques Anciens. Voiez GAURA. Symmaque parle dans une de ses Lettres [d] d'un lieu nommé GAURANA. Il paroît par la suite de son discours que c'étoit une terre située au Mont *Gaurus* dont elle prenoit son nom. *Illorum deinde arbitratu Legi oram quâ Formias & Cumanum littus interjacet. Nunc mutuis invitationibus aut in Baulos aut in Nicomachi Gaurana migramus.* Ce sont tous des lieux voisins.

[d] l. 8. Ep. 23.

GAUSAPHNA, Γαυσάφνα, ancienne Ville de l'Afrique propre, selon Ptolomée [e]. C'étoit le même lieu que GAZAUFALA. Voiez ce mot.

[e] l. 4. c. 3.

GAUSENNIS, ou CAUSENNIS, quelques Exemplaires de l'Itineraire d'Antonin portent GOFENNIS, ou GAUVENNIS. Ce lieu étoit dans la grande Bretagne sur la route de Londres à *Luguvallium*; entre *Durobrivis* & *Lindum* à XXXV. M. P. de [f] l'une & à XXVI. M. P. de l'autre. Talbot l'explique ainsi: la partie Citerieure de Lincolnshire s'appelle vulgairement *Cayseven*: il y avoit peut-être en ce Canton quelque Ville nommée *Caussenna* ou *Caussenna* qui a donné le nom aux lieux voisconvoisins. Mr. Gale l'explique autrement, & va chercher dans les Etymologies Bretonnes l'Origine du nom & la situation du lieu. CEVEN, dit-il, & *Covenna* & *Gobenna* sont des roches unies les unes aux autres. En Yorckshire les roches d'auprès Ottely sont appellées THE CHEVEN; au Comté de Kent le Bourg de SEVENNOC ou CEVENNOC, prend ce nom des Roches voisines. GEVENNY est le nom d'une Montagne & d'une Riviere en Monmouthshire, d'où est venu le GOBANIUM d'Antonin. C'est pourquoi, continue Mr. Gale, je lis CAUFENNIS & j'entends par ce nom Nottingham. Cambden dit de cette Ville, qu'élevée sur des roches escarpées elle voit couler au Midi la petite Riviere de Lean & que la Forteresse est en haut sur le rocher. Je ne doute point, poursuit Mr. Gale, que ces Grottes, ces Cavernes, ces Souterrains taillez dans le Roc ne soient des Monumens de la magnificence des Romains, comme on en convient à l'égard de quelques autres qui se trouvent ailleurs. Ajoutez à cela que le Calcul de la distance de *Caufenna* à *Durobrivæ*, c'est-à-dire, de Nottingham & de Brigcasterton s'accorde bien avec les Chifres d'Antonin, de même que la distance qui doit être entre ce même lieu & *Lindum* ou Lincolne. Les Saxons nommerent ce lieu en leur langue *Snottengaham*, c'est-à-dire, la maison aux Cavernes: les anciens Bretons disoient KAFF & KAOU pour dire une *Caverne*, une *Grote*. Si cette conjécture qui derive *Gauvenna* de *Ceven* ne plaît pas & que l'on aime mieux le tirer de *Kaff* ou

[f] In *Anton. Itiner.* p. 95.

GAU.

ou de *Kaou*, cela ne change rien à la situation du lieu, qui tirera toujours son nom des Cavernes.

GAUTALFWEEN, selon Mr. Baudrand, ou **GOTHELBA**, selon Mr. de l'Isle. Riviere de Suede à l'extremité de la Gothie. Elle a sa source dans le Lac de Waner d'où elle sort à Wanesborg & coulant vers le Sud-Ouest, elle sert de Limites entre la Westrogothie d'un côté, la Dalie & le Gouvernement de Bahus de l'autre, arrose la Ville de Bahus & forme à son embouchure l'Isle de Hisingen & se jette dans la Mer par deux ouvertures, l'une auprès de Kongel, l'autre auprès de Gothebourg.

GAUTIGOTH, nom d'un Peuple barbare que Jornandes place avec quelques autres dans la Scandinavie dont il fait une Isle.

GAUTUNNI, ancien Peuple, que Vopiscus met entre ceux que l'Empereur Probus défit. Ortelius [a] soupçonne que c'étoit le même Peuple que les *Gothunni* de Claudien, & que ce nom est composé de celui des Goths & de celui des Huns.

[a] *Thesaur.*

GAUVARITANUS, ancien Siége Episcopal d'Afrique. La Notice d'Afrique met entre les Evêques de la Byzacene *Victor Gauvaritanus*; & la Conference de Carthage nous fait connoître *Rogatus Gaguaritanus*. C'étoit le même Siége.

GAUVATERI, Isle de l'Amerique Meridionale. Elle est située avec trois autres plus petites au dessus d'une rade qui est à l'Ouest de l'Embouchure de la Riviere de Wia. Cette Isle a un Port profond de quatre ou cinq brasses, fort sûr & capable de recevoir plusieurs Navires. L'Isle est habitée de Sauvages nommez SHEBAYOS, & abonde en sangliers & autres bêtes sauvages, en Oiseaux & en toutes sortes de vivres, selon le raport de Laurent de Keimis. La Mer qui l'entoure est fort sablonneuse. Les trois autres Isles qui sont vers l'Ouest en forme de triangle dont elles ont pris leur nom, nourrissent les Sébayos & fournissent les mêmes vivres. Il y a aussi une rade ; mais on ne peut la comparer qu'au Port de Gauvateri.

§ Mr. Corneille a tiré cet article de de Laet Ind. Occid. l. 17. c. 9. mais ne sachant où placer cette Isle, il l'a mise dans la Mer du Bresil, dans l'Amerique Septentrionale. Il y a deux fautes, l'une que la Mer du Bresil semble dire que cette Isle est sur la côte du Bresil, ce qui n'est pas vrai. L'autre que l'Amerique Septentrionale ne comprend pas la Guiane. L'Amerique est distinguée en Septentrionale & Meridionale, non point par l'Equinoxe, comme l'a cru Mr. Corneille qui a repeté cette erreur autant de fois qu'il en a eu l'occasion, mais par l'Isthme de Darien.

Le Capitaine Keimis dans sa Relation de la Guiane dit : les *Sebaios* habitent l'Isle de *Gowateri* : on trouve dans la Baye au côté de l'Ouest de fort bonnes rades sous de petites Isles & beaucoup de Poisson, d'Oiseaux, de Fruits & de Gibier &c. surtout à l'endroit où la Cayane se jette dans la Mer ; & dans son état des peuples qu'il a trouvez dans la Guyane il place

GAU. GAX. GAY. GAZ.

Num. 10. WIA, grande Riviere, le Peuple s'appelle les MAWORIAS.

11. CAYANE, grande Riviere, le Peuple s'appelle les WIACAS.

GOWATERIA, Isle où il y a les SEBAYOS.

Il est certain aussi que la Riviere de Wia & celle de Cayenne ont leurs Embouchures voisines de cette Isle. Le Capitaine Keimis voyageoit en 1596. Les François se sont établis à Cayenne en 1635. & ont changé le nom de Govateria en celui de Cayenne qui n'étoit pas le nom propre de l'Isle, mais celui d'une Riviere voisine.

GAUZACA. Voiez GAZACA.

GAUZANIA, Ville de la Medie, selon Ptolomée. [b] Γαυζανία. [b] l. 6. c. 2.

GAUZANITIS, Contrée de la Mesopotamie, selon la même [c]. Elle n'avoit rien de commun que la ressemblance du nom avec la Ville de Gauzanie. [c] l. 5. c. 18.

GAXACA. Voiez GUAXACA.

GAYDARONISI, petite Isle de Grece dans le Golphe d'Engia sur la côte de la Livadie, à quatre milles du Cap des Colomnes au Couchant. Mr. Spon[d] dit: commençant par le Cabo Colonne, à quatre milles au deça du Cap on trouve l'Isle PATROCLEIA que quelques-uns nomment encore de même ; mais le nom le plus vulgaire est GAYDARONISI.

[d] Antiq. d'Athenes, au T. 1. de ses Voyages p. 155.

GAYRA, Riviere de l'Amerique Meridionale au Gouvernement de Sainte Marthe ; elle est fort large & est capable de porter de grands Navires [e]. Cette Riviere descend d'une assez haute Montagne qu'on voit toujours blanche de neige & va se décharger dans la Mer. Les Sauvages disent que son eau n'est pas bonne à boire.

[e] Corn. Dict. de Laet Ind. Occid l. 8. c. 21.

GAZA, Ville de la Palestine possedée par les Philistins & attribuée par Josué à la Tribu de Juda [f]. Elle étoit une des cinq Satrapies des Philistins située à l'extremité Meridionale de la Terre promise. Dans le Texte Hebreu elle est nommée AZA, ou HAZA, עזה par un G. que les Septante expriment quelquefois par un G. Etienne le Geographe dit que de son temps les Syriens l'appelloient encore *Aza*. Elle est située entre Raphia & Ascalon. La situation avantageuse de Gaza a été cause de beaucoup de revolutions auxquelles elle a été sujette.

[f] *Josué* c. 15. v. 45. & 1 Reg. c. 6. v. 15.

Elle fut d'abord aux Philistins, puis aux Hebreux. Elle se mit en liberté sous les Regnes de Joathan ou d'Achaz. Ezechias la reconquit. Elle obeït aux Chaldéens vainqueurs de la Syrie & de la Phénicie. Ensuite elle tomba sous la puissance des Perses. Ils en étoient les maîtres lorsqu'Alexandre le Grand l'assiégea, la prit [g] & la ruina. Elle se retablit, au moins la petite Ville de Gaze, située sur la Mer appellée autrement MAJUMA.

[g] *Plutarq. &c.*

Elle fut ensuite possedée par les Rois d'Egypte [h]. Antiochus le Grand la prit & la saccagea [i]. Les Asmonéens ou Macchabées la prirent plus d'une fois sur les Syriens [k]. Alexandre Jannée Roi des Juifs la prit & la desola. Gabinius la rétablit, & on trouve des Mon-

[h] *Joseph. Antiq.* l. 13. c. 21.
[i] *Polyb.* in excerpt.
[k] *Maccab.* l. 1. c. 11. v. 61. & *Jos. Ant.* l. 13. c. 21.

Monnoyes frappées en cette Ville[a]. Auguste la donna à Hérode le Grand [b]; mais elle n'obeïſſoit point à Archelaüs ſon fils[c]. St. Luc dit que Gaza étoit deſerte de ſon temps; mais il veut aparemment parler de la grande Ville de Gaza ſituée ſur une Montagne à vingt-milles de la Mer [d], & non pas de Majume ou de la petite Gaza qui étoit très-peuplée. L'Empereur Conſtantin donna à Majume le nom de CONSTANTIA en l'honneur de ſon fils & lui accorda les honneurs & les Privileges de Ville indépendante de Gaza; mais l'Empereur Julien lui ôta ce nom & ſes Privileges.

Ceci a beſoin d'être expliqué, mais il faut auparavant que j'avertiſſe que j'ai copié juſqu'ici D. Calmet qui ſe trompe lorſqu'il cite Arrien comme ſi cet Hiſtorien d'Alexandre avoit dit que Gaza étoit à vingt milles de la Mer, ce qui feroit près de ſept de nos lieues. Cela n'eſt pas ainſi & Arrien ne le dit point. Voici ſes propres paroles [e]. Gaza eſt éloignée de la Mer environ de vingt Stades, l'accès en eſt très-difficile à cauſe de la quantité de ſables & de plus du côté de la Mer le voiſinage de la Ville eſt très-fangeux. Pour ce qui eſt de la Ville elle étoit grande, ſituée ſur une haute Colline & entourée d'une forte muraille. C'eſt la derniere Ville que l'on trouve en allant de Phénicie en Egypte au commencement du deſert. Les vingt Stades d'Arrien ne font que deux milles & demi, ce qui revient à moins d'une lieue.

La nouvelle Gaza étoit ce que les Anciens apelloient NAVALE, ou le Port de la Ville de Gaze. Il étoit ordinaire aux Villes qui étoient à quelque diſtance de la Mer d'avoir un Port, où étoient les Magazins, & par où ſe faiſoit le Commerce de la grande Ville. Mr. Fleuri racontant l'Hiſtoire des Martyrs [f] de Gaze dit de Majume: c'étoit l'Arſenal de Gaze dont Conſtantin avoit fait une Ville ſeparée parce qu'elle étoit fort attachée au Chriſtianiſme: il lui avoit donné le droit de Cité & le nom de Conſtantia, ne voulant pas qu'elle fût ſujette de Gaze où l'Idolatrie regnoit. Julien par la même raiſon, ôta à Majume tous ſes Privileges, lui rendit ſon ancien nom, & le remit ſous la dependance de Gaze, ce qui ſubſiſta pour le Gouvernement temporel; mais pour le ſpirituel, Majume eut toujours ſon Evêque particulier, ſon Clergé, les fêtes de ſes Martyrs, la memoire de ſes Evêques & les bornes de ſon territoire diſtinguées.

Il y avoit donc deux Villes de Gaze, l'une ancienne, l'autre nouvelle, ſurnommée *Majume* & *Conſtantia*. Cette derniere étoit maritime, la premiere étoit à une petite lieue de la Mer tout au plus. Cela s'accorde avec ce qu'en dit un Voyageur moderne [g]: la Ville de Gaza eſt éloignée de la Mer d'environ deux milles. Mr. Corneille change ces milles en lieues; ce qui eſt très-different, & pourtant il cite le même Auteur. Cette Ville, pourſuit Thevenot, étoit autrefois fort illuſtre comme on peut voir par ſes ruines, car tout y eſt plein de Colomnes de marbre de tous côtez & même j'y ai vû des cimetieres dont tous les Sepulchres étoient entierement de Marbre. Entre autres il y en a un fermé de murailles qui appartient à quelque famille particuliere des Turcs, lequel eſt rempli de beaux ſepulchres, faits de grandes pieces, de fort beau marbre, qui ſont des reſtes & des temoignages de l'ancienne ſplendeur de cette Ville: c'étoit une des cinq Satrapies des Philiſtins à qui Samſon fit tant de mal, & même il emporta un jour ſur ſes épaules les portes de cette Ville & les laiſſa ſur une petite Montagne éloignée d'un mille de cette Ville. Proche de la Ville eſt le Château qui eſt tout rond avec quatre tours, ſavoir une à chaque coin, le tout en bon ordre. Il a peu de circuit & a deux portes de fer. Tout contre ce Château eſt le Serrail des femmes du Bacha, & au deſſus joignant ledit Serrail, un peu de mazure qui eſt ſi bien liée qu'on n'en ſauroit rien rompre avec le marteau. C'eſt le reſte du Château des Romains. La Ville eſt fort petite, il y a un Beſeſtein en aſſez bon ordre. Il y a une Egliſe des Grecs aſſez grande dont l'Arcade du milieu eſt ſoutenue par deux gros piliers de marbre avec leurs Corniches d'Ordre Corinthien. Ils diſent que Notre-Dame y fut trois jours lorſqu'elle s'enfuit en Egypte. Il y a encore une Egliſe d'Armeniens. On voit à Gaza proche du Château, derriere un Cimetiere où nous étions campez, le lieu où étoit le Palais des Philiſtins que Samſon fit écrouler, écraſant avec lui tous ceux qui étoient dedans. Ce n'eſt plus qu'un Monceau de terre. Il y a hors la Ville pluſieurs belles Moſquées, toutes bien revêtues de marbre en dehors. Je crois que toutes ces places étoient de la Ville ancienne.

GAZABA. Voiez GABAZA.

GAZABIANENSIS, Siége Epiſcopal d'Afrique. Voiez GAUDIABENSIS.

1. GAZACA, Γάζακα, Ville d'Aſie dans la Medie, ſelon Ptolomée [h] & Etienne le Géographe, ce dernier ſemble dire que c'étoit la plus grande Ville de la Medie. Ammien Marcellin [i] la compte entre les trois plus conſiderables Villes de ce Canton. Les deux autres étoient *Zombis* & *Patigran*. Voiez GAZACUM.

2. GAZACA, Ville d'Aſie dans le Paropaniſe, ſelon Ptolomée. Mais il n'eſt pas ſûr que ce fût une Ville, car Ptolomée la met dans une liſte qui contient indiſtinctement des Villes & des Villages. Quelques exemplaires portent GAUZACA.

GAZACENA, petit Canton de la Cappadoce du côté de la Paphlagonie, ſelon Strabon [k].

GAZACROEN. Voiez l'Article ſuivant.

GAZACUM, Γαζακὸν, ancienne Ville de la Perſide [l]. Elle fut priſe par Heraclius, ſelon Cedrene. Il y avoit un Temple du Soleil & les treſors de Crœſus Roi de Lydie. Ortelius [m] croit que c'eſt la même que *Gazaca* de Ptolomée, aparemment celle de Medie. L'Hiſtoire mêlée [n] rapporte que GAZENSIUM & GAZACROEN, Villes de la Perſide furent priſes par Heraclius.

GAZACUPADA. Voiez ZAGACUPODA.

GAZÆ, Ville de l'Armenie dans la Contrée nommée Otene, ſelon Pline [o].

GAZÆORUM NAVALE, c'eſt la nouvelle Gaza que l'on nommoit auſſi MAJUMA; Voiez l'Article de Gaza.

GAZ.

GAZALINA, ancienne Ville de la Cappadoce dans le Pont Polemoniaque, selon Ptolomée [a]. Quelques exemplaires au lieu de Γαζαλίνη, portent Γαζάλυνα. Voiez GAZELOTUS.

[a] l. 5. c. 6.

GAZALUITIS. Voiez ZAGILUITIS.

GAZANENSIS, Siège Episcopal d'Afrique dans la Byzacene, selon Victor d'Utique, cité par Ortelius. Ce dernier observe que quelques exemplaires portent *Gatianensis*; dans les Notes Géographiques qui accompagnent l'Edition de St. Optat par Mr. Dupin [b], il est dit : que selon le même Victor vers la fin du troisième livre il est fait mention de Boniface *Gatianensis*; c'est le même qu'Ortelius a eu en vûe. On ajoute qu'il est different de *Secundinus Garrianensis* qui est nommé dans la Notice d'Afrique entre les Evêques de la Byzacene; je ne le crois pas. Le même Siége a eu aussi pour Evêque Janvier qui est qualifié *Ecclesiae Gatianensis Episcopus*, & qui souscrivit à la Lettre Synodale des Evêques de la Byzacene, raportée au Concile de Latran tenu sous le Pape Martin. Entre les Peres de la Conference de Carthage on voit *Victor Episcopus Gatianensis*.

[b] p. 283. n. 368.

GAZANFALA. Voiez GAZAUFALA.

GAZARA. Voiez GADARA 2.

GAZARENI, Γαζαρηνοί, ancienne Nation entre les Babyloniens, selon St. Epiphane cité par Ortelius [c].

[c] Thesaur.

GAZARI, Peuple de la première Sarmatie, selon l'Histoire mêlée [d].

[d] Ibid.

GAZATÆ, ancien Peuple de Syrie dans la Cyrrhestique, selon Pline [e].

[e] l. 5. c. 23.

GAZAUFALA, ancien Siége Episcopal d'Afrique dans la Numidie. La Notice Episcopale d'Afrique nomme dans cette Province AUGENTIUS GAZAULENSIS, selon l'exemplaire du Vatican, & GAZAUFALENSIS selon d'autres. Dans le Concile de Carthage tenu sous St. Cyprien on trouve Salvien de GAUZARALA, selon l'Auteur de la Géographie sacrée imprimée devant le St. Optat de l'Edition de Mr. Dupin, Ortelius cite St. Augustin, St. Cyprien & le Concile de Carthage, & écrit GAZANFALA. Il ajoute qu'un fragment de Victor d'Utique porte GAZAUFULA. Dans la Géographie sacrée d'Afrique que je viens de citer, on lit que cette même Ville est nommée GAZAUPHNA par Ptolomée, GAZOPHILA par Procope, & GAZAPALA dans la Carte de Peutinger.

GAZAUFULA. Voiez l'Article precedent.

GAZELUM, ancienne Ville de la Cappadoce, selon Pline [f]. Le R. P. Hardouin pense que c'est peut-être la même Ville que GAZORON, τὰ Γάζωρα de Ptolomée [g] entre Sinope & l'Embouchure du Fleuve Halys.

[f] l. 6. c. 3.
[g] l. 5. c. 6.

GAZELOTUS, Γαζηλωτός, lieu ou Canton de la Galatie, selon Strabon [h]. Ortelius & Casaubon soupçonnent que ce pourroit bien être la GAZALINA dont parle Ptolomée qui la met dans les terres & à peu de distance de la Mer. Voiez ZAGILUITIS.

[h] l. 12. p. 560.

GAZENA, Ville de la grande Phrygie, selon Ptolomée [i]. Ortelius dit qu'il en est parlé au Concile de Chalcedoine. Auroit-elle eu un Siége Episcopal? les Notices n'en font point mention.

[i] l. 5. c. 2.

GAZ.

GAZER. Voiez GADARA 2. & GADER.

GAZERON. Voiez ASSAREMOT, & GADARA 2.

GAZETICA VINA, &

GAZETUM VINUM, Cassiodore [k] vante un vin qu'il nomme *Gazetum Vinum*, & Sidonius Apollinaris [l] dans un petit Poëme par lequel il invite Ommatius à un repas, lui dit :

[k] Variar. l. 12. c. 12.
[l] Carm 17. v. 15.

Vina mihi non sunt Gazetica, Chia, Falerna,
Quaeque Sareptano palmite missa bibas.

Sur quoi le savant P. Sirmond [m] dans ses Notes sur cet Auteur observe que *Gazetum Vinum*, selon Isidore est ainsi nommé du Pays d'où on l'apporte, c'est-à-dire de Gaza de Palestine, comme *Sareptanum Vinum* est du vin de Sarepta au Pays de Sidon. Ces deux vins sont celebrez par Corippe [n], & par Fortunat [o]. *Gazetum* se trouve aussi dans Gregoire de Tours [p]. Voiez GAZA.

[m] p. 153.
[n] l. 3.
[o] l. 4. de Vita S. Martini
[p] De Gloria Confessor 65. g. 35. p. 5. l. 6. c. 2.

GAZIURSA, Γαζίουρσα, Ville d'Asie vers la Capadoce, selon Dion Cassius [q], Pline [r] dit GAZIURA sans s, & c'est ainsi qu'il faut écrire ce nom. Strabon [s] dit de même que GAZIURA étoit anciennement une Ville Royale; elle étoit sur le Fleuve Iris.

[s] l. 12. p. 447. & 547.

GAZNA, ou **GAZNAH**, ou **GAZNIN**, Ville d'Asie dans la Perse & dans la Province de Zableftan. Nassir Eddin & Ulug Beig lui donnent 104. d. 20'. de Longitude & 33. d. 35'. de Latitude. Ces Auteurs la placent dans le troisième climat aussi bien qu'Abdelmoal dans sa Géographie Persienne qui dit néanmoins que quelquesuns la mettent dans l'Indoustan & qu'elle n'est éloignée que de huit journées de la Ville de Bamian. Gazna, dit le même Auteur, est une Ville qui n'a ni arbres ni Jardins & qui n'est recommandable que par la Dynastie qui y est établie. Le Sultan Mahmoud fils de Sebectegin qui la fonda, prit le surnom de GAZNEVI; & le laissa à toute sa postérité. Il est pourtant vrai que le même Mahmoud fut aussi surnommé *Zabeli*, à cause que cette Ville est de la Province de Zableftan d'où étoit sortie sa mere fille d'un Prince de ce Pays. Cette Ville devint aussi la Capitale des Sultans de la Dynastie des Gaurides, qui depouillerent les Gaznevides de leurs Etats, & fut pillée & brulée par Gihansouz.

GAZNAH, (SAHRA AL GAZNAH) c'est-à-dire, le desert de Gazna, desert d'Asie dans la Transoxane. La Ville de Zamin est située entre ce desert & la Montagne d'Osrouschnah.

GAZNAVIAH, en Arabe & GAZNEVIAN en Persien. Nous disons en François les GAZNEVIDES; ce fut une Dynastie celebre dans la Perse & dans les Indes. Elle avoit commencé par un Gouverneur de Gazna d'où lui vint son nom. J'en parle suffisamment à l'Article INDOUSTAN. Cette Dynastie a regné 213. ans sur la Perse & dans une partie des Indes, selon Ben-Schonah cité par Mr. d'Herbelot; cependant ce dernier ne commence le regne de Mahmoud qu'en l'an 495. de l'Hegire, & finit celui de Khosrou Schah en 550. Il ajoute que le Calcul de Ben-Schonah qui donne

GAZ. GEA.

donne deux cens treize ans de durée à cette Dynastie lui paroît plus juste.

GAZOLA, petite Ville de Barbarie dans le Royaume de Fez, sur la côte de la Province de Hea; Molet [a] dit que c'est la TAMUSIGA de Ptolomée, qu'il ne faut pas confondre avec *Tamusida* du même Auteur que Molet dit être *Tesfelfet*.

[a] In Ptolomæum. l.4.c.1.

1. GAZORUS. Voiez GASORUS.

2. GAZORUS, Γάζωρος, ancienne Ville de la Palestine, selon Ptolomée [b]. Elle étoit à l'Orient du Jourdain, selon cet Auteur, qui la distingue ainsi de GADORA.

[b] l.5.c.16.

	Longitud.	Latit.
Gadora	67ᵈ. 45.	31ᵈ. 30'.
Gazorus	67. 30.	31. 15.

GAZOS. Voiez PAZUS.

GAZULENA [c], ancienne Ville Episcopale d'Egypte comme il paroit par une Lettre des Evêques d'Egypte à l'Empereur Léon, inserée dans le Recueil des Conciles.

[c] Ortel. Thes.

GAYE [d], Doyenné de France en Champagne. C'étoit un ancien Monasteré de l'Ordre de S. Benoît, dans lequel en l'année 1114 il y avoit un nombre considerable de Religieux. Il est situé à deux lieues de Sezanne & à dix lieues de Troyes dans une belle plaine remplie de fleurs, & arrosée de plusieurs sources d'eau. Il y a un assez bon Village, au bout duquel du côté de Sezanne est ce Monastere entouré de hautes murailles & d'eau. L'Eglise est d'une belle & antique structure toute de Pierres de Taille, le Chœur est ruiné, il n'y reste plus que les pilliers, le Cloître est démoli aussi bien qu'une grande partie des lieux réguliers qui furent brûlez par les Huguenots en 1567. Il n'y a à présent que trois ou quatre Religieux non réformés.

[d] Baugier Memoires Hist. de la Champagne T. 2. p. 236.

GE.

GEA, Ville de l'Arabie, près de Petra, selon Etienne le Géographe qui cite les Antiquitez Arabiques écrites par Glaucus.

GEAMAGIDID, Ville d'Afrique dans la Province de Maroc proprement dite. C'est la même que GEMAA-IEDID. Mr. Corneille les distingue mal à propos. Voiez GEMAA.

☞ GE'ANS, (les) nous appellons ainsi des hommes d'une taille démesurée, auprès desquels les autres hommes paroissent petits. L'Ecriture Sainte ne permet pas de douter qu'il y ait eu des géans. Les Ecrivains Sacrez & Profanes, les Anciens & les Modernes s'accordent à dire qu'il y en a eu & qu'il y en a encore. On ne peut le nier, dit D. Calmet [e], sans s'inscrire en faux contre l'Ecriture, contre les Histoires les plus certaines & contre la tradition de tous les peuples. Les Israelites qui avoient parcouru la Terre Sainte dirent à leurs Freres qu'ils avoient vu dans ce Pays-là des Géans de la Race d'Enac [f] qui étoient si demesurément grands que les autres hommes n'étoient devant eux que comme des Sauterelles. Moïse parle du Lit d'Og Roi de Basan, qui avoit neuf coudées de long, sur quatre de large [g], c'est-à-dire, quinze pieds quatre pouces de long. Goliath [h] avoit six coudées

[e] Dict. de la Bible.

[f] Numer. c.13.v.33. & 34.

[g] Deuter. c.3.v.2.
[h] Reg. l.1. c.17.v.4.

GEA.

& une paume de haut, c'est-à-dire, dix pieds sept pouces. Ces sortes de Géans étoient encore communs sous Josué & sous David, dans un temps où la vie des hommes étoit déja si fort abregée & où l'on peut presumer que la grandeur & la force des Corps étoit aussi fort diminuée. Homere [i] parle des Géans Othus & Ephialtes, qui à l'âge de neuf ans avoient déja neuf coudées de grosseur & trente six de hauteur. Il nous décrit aussi la grandeur du Cyclope Polypheme [k] dont la force étoit telle qu'il remuoit aisément & sans le moindre effort une roche que vingt chariots à quatre roues auroient à peine pu soulever de terre. Je ne donne pas cela (dit ce savant Benedictin) pour une Histoire certaine, mais simplement pour une preuve de l'ancienne tradition des Peuples qui ont toujours cru qu'anciennement les hommes étoient beaucoup plus grands & plus forts qu'ils ne le sont depuis plusieurs siécles : opinion qui se voit repandue dans tous les anciens Poëtes & autres Ecrivains.

[i] Odyss. l.11. v.306.

[k] Odyss. l.9. v.240.

St. Augustin [l] assure qu'il a vû dans le Port d'Utique la dent d'un Géant qui étoit si grosse, qu'elle égaloit cent de nos plus grosses dents. Torniel [m] dit qu'il y a dans l'Eglise de son Ordre à Verceil une dent qu'on croit être de St. Christophle qui est à-peu-près de même grosseur que celle dont on vient de parler. Pline [n] raconte qu'un tremblement de terre ayant entrouvert une Montagne dans l'Isle de Crete, on y découvrit un homme debout ayant quarante-six coudées de haut, que les uns prirent pour le Corps d'Orion & les autres pour celui d'Otus. Le corps d'Oreste ayant été deterré par ordre de l'Oracle, se trouva de sept coudées ou de dix pieds & demi. Nævius Pollio avoit un pied au dessus des plus grands hommes. Sous l'Empereur Claude on vit à Rome un nommé Gabbare qui avoit neuf pieds neuf pouces de haut. Delrio assure qu'il vit à Rouen en 1572. un Piémontois haut de plus de neuf pieds.

[l] De Civit. Dei l.15. c.8.

[m] Annal. Vet. Test. ad ann. 987.

[n] l.7.c.16.

Plutarque [o] raconte que l'on trouva le corps du Géant Antes dans la Ville de Tingis en Mauritanie, & que Sertorius en ayant vû le Cadavre qui étoit de la longueur de soixante coudées lui offrit des Sacrifices & le fit recouvrir de terre. On assure qu'en 1041. on découvrit le Corps de Pallas, fils d'Evandre, qui étoit si haut qu'il surpassoit les plus hautes murailles de la Ville de Rome.

[o] In Sertorio.

Mr. Simon Auteur du Dictionnaire de la Bible [p] imprimé à Lyon en 2. Volumes in fol. en 1703. atteste qu'étant Curé de la Paroisse de Saint Uze en Dauphiné il a vû, & que depuis ce temps-là il a encore reçu une attestation de l'an 1699. signée de trois personnes, savoir de deux Chapelains, & du Prêtre Chapelain du Château de Molard, au Diocése de Vienne en Dauphiné, qui assurent avoir vû quelques dents d'un homme qui fut trouvé dans une prairie en 1667. ces dents pesoient chacune dix livres & il y en a une avec la partie de la Machoire inferieure auquel elle est encore attachée, qui pese avec elle dix-sept livres. On trouva dans la même prairie des Ossemens la plupart pourris & en piéces, mais un entre autres assez entier qui avoit sept pieds trois pouces de long & deux pieds de circonférence.

[p] T.1.p. 523. & 524.

ference. Voiez la Dissertation de D. Calmet sur les Geans. Elle est dans son Recueil des Dissertations. On peut aussi avoir recours à ce qu'ont écrit pour & contre les Geans Guilleméau & Halicot deux Chirurgiens de Paris, à la Gigantomachie de Jean Riolan, & à la Gigantologie du même, à Paris 1613. & 1618. in 8°. La même année 1613. on publia à Paris l'Histoire veritable du Geant Theudobochus. On peut y joindre *Joannes Cassiano de Gigantibus qui in Gallia reperti sunt, contra Joann. Goropium negantem Gigantes*. Ce Livre est imprimé à Basle 1589. On a encore *Hieronimi Magii de Gigantibus*, à Paris chez Commelin 1603. 4°. *Exercitatio de Nephilinis Gigantibus, vulgo dictis, contra Jacobum Boldne*, & le Livre de Chassagnon *de Gigantibus*, & quelques autres.

On ne doit pas douter qu'il n'y ait eu des Géans puisque l'on en voit encore dans l'Amerique Meridionale. Mr. Fresier [a] ayant parlé du Chiloé dit: plus avant dans les terres est une autre Nation d'Indiens Géans qu'ils appellent CAUCAHUES. Comme ils sont amis des Chossos il en vient quelquefois avec eux jusqu'aux habitations Espagnoles du Chiloé. D. Pedro Molina qui avoit été Gouverneur de cette Isle & quelques autres, témoins oculaires du Pays, m'ont dit qu'ils avoient approchant de quatre varres de haut, c'est-à-dire, près de neuf à dix pieds. Ce sont ceux que l'on appelle PATAGONS, qui habitent la côte de l'Est de la terre deserte dont les anciens ont parlé; ce que l'on a ensuite traité de Fable, parce que l'on a vû dans le détroit de Magellan des Indiens d'une taille qui ne surpassoit point celle des autres hommes: c'est ce qui a trompé Froger dans sa Relation du Voyage de Mr. de Génes [b]. Cet Auteur parlant des Sauvages du détroit de Magellan, ajoure: ce sont les Patagons que quelques Auteurs nous disent avoir huit ou dix pieds de haut & dont ils sont tant d'exageration, jusqu'à leur faire avaler des sceaux de vin, ils nous parurent fort sobres & le plus haut d'entre eux n'avoit pas six pieds.

Cependant, continue Mr. Fresier [c], quelques vaisseaux ont vû en même temps les uns & les autres, (c'est-à-dire) des gens qui étoient d'une grandeur ordinaire & d'autres qui étoient de veritables Géans. Voici les faits qu'il rapporte pour le prouver.

En 1704. au mois de Juillet les gens du Jacques de St. Malo que commandoit Harrinton virent sept de ces Géans dans la Baye Gregoire; ceux du St. Pierre de Marseille, commandé par Carman de St. Malo en virent six, parmi lesquels il y en avoit un qui portoit quelque marque de distinction par dessus les autres. Ses cheveux étoient pliez dans une coeffe de filets faits de boyaux d'oiseaux avec des plumes tout autour de la tête. Leur habit étoit un sac de peau dont le poil étoit en dedans; le long des bras dans la manche, ils tenoient leurs carquois pleins de fléches, dont ils leur donnerent quelques-uns & leur aiderent à échouer le Canot. Les Matelots leur offrirent du Pain, du Vin, & de l'eau de vie; mais ils refuserent d'en gouter. Le lendemain ils en virent du bord plus de 200. attroupez. Ces hommes quoique plus grands sont plus sensibles au froid que les autres, car les petits n'ont pour habit qu'une simple peau sur les épaules.

Ce que je viens de raconter, sur le temoignage de gens dignes de foi, poursuit le même Ecrivain, est si conforme à ce que nous lisons dans les Relations des plus fameux Voyageurs, qu'on peut, ce me semble, croire sans legereté qu'il y a dans cette partie de l'Amerique une Nation d'hommes d'une grandeur beaucoup au dessus de la nôtre. Le détail du temps & des lieux & toutes les circonstances qui accompagnent ce qu'on en dit, semblent porter un caractere de verité suffisant pour vaincre la prevention naturelle qu'on a pour le contraire. La rareté du spectacle a peut-être causé quelque exageration dans les mesures de la taille. Mais si l'on doit les regarder comme estimées & non pas prises à la rigueur, on verra qu'elles sont très-peu differentes entre elles. Le Lecteur trouvera bon que pour justifier ce que je viens d'avancer je rassemble ici ce que l'on trouve dispersé dans differens livres sur ce sujet.

Antoine Pigafet à qui nous devons le Journal de Magalhanes, en François Magellan, dit que dans la Baye de St. Julien par les 49. d. ½ de Latitude, les Espagnols virent plusieurs Géants si hauts qu'ils n'atteignoient pas à leur ceinture. Il parle entre autres d'un qui avoit la figure d'un cœur peinte sur chaque joue: ils avoient pour armes des Arcs & étoient vêtus de peaux. Voiez *Osorius de Rebus Emanuelis Regis Lusitaniæ* l. 2.

Barthelemi-Leonard d'Argensola au Livre 1. de l'Histoire de la conquête des Moluques, dit que le même Magellan prit dans le détroit qui porte ce nom des Géans qui avoient plus de quinze palmes de haut, c'est-à-dire, 11. pieds ¼ de Castille ou 10. pieds ½ des nôtres, mais qu'ils mourùrent bientôt faute de leur nourriture ordinaire.

Le même Historien l. 3. dit que l'Equipage des Vaisseaux de Sarmiento combatit avec des hommes qui avoient plus de trois *Varres* de haut, c'est-à-dire, environ huit pieds de Roi; à la premiere occasion, ils repousserent les Espagnols, mais à la seconde ceux-ci leur firent prendre la fuite, avec tant de précipitation que pour me servir de l'expression Espagnole une balle de mousquet n'auroit pû les atteindre. Sur cet exemple, dit-il, *c'est avec beaucoup de raison* que les livres de Chevalerie font passer les Géans pour des Poltrons. J'ai néanmoins entendu dire, poursuit Mr. Fresier, aux habitans du Chiloé, que les Caucahues étoient aussi braves qu'ils étoient grands.

Nous lisons une circonstance fort semblable, mais peut-être un peu exagerée dans le Voyage de Sebald de Wert, qui étant mouillé avec cinq Vaisseaux dans la Baye Verte, 27. lieuës au dedans du Détroit de Magellan vit sept Pirogues pleines de Géans qui pouvoient avoir dix à onze pieds de haut, que les Hollandois combatirent & que leurs armes à feu épouvanterent tellement qu'on les voyoit arracher des arbres pour se mettre à couvert des balles de mousquet.

Olivier de Noort qui entra dans ce Détroit quelques mois après Sebald vit des hommes de dix

dix à onze pieds de haut quoi qu'il y en eût vu d'autres d'une taille égale à la nôtre.

George Spilbergue en entrant dans le Détroit de Magellan le 2. Avril 1615. vit sur la Terre de Feu un homme d'une hauteur prodigieuse qui étoit monté sur une Colline pour voir passer les vaisseaux.

Guillaume Schouten le 11. Decembre de la même année étant dans le Port Désiré par les 47. d. 30'. de Latitude, les gens de son Equipage trouverent sur la Montagne des tas de pierres faits d'une maniere qui leur donna la curiosité de voir ce qu'ils couvroient & ils trouverent des Ossemens humains de 10. ou 11. pieds de longueur, c'est-à-dire, neuf ou dix pieds de notre mesure à quoi se doivent reduire toutes les precedentes.

Voilà des faits qui prouvent que les Géans ne sont pas un être chimerique. Il y en a eu dans la Terre de Chanaan ; l'Ecriture le dit. Les Voyageurs en ont trouvé dans l'Amerique Meridionale & ailleurs. Voiez l'Article des PATAGONS. Voiez aussi au mot NEMBROT l'Article VILLE DE NEMBROT, qui est à trois lieues de Tarse, selon le Sr. Lucas. Je parle encore des Géans à l'article LESTRIGONES.

LA VALLE'E DES GE'ANS. Voiez RAPHAÏM.

GEAPOLIS. Voiez GEA 1.

GEARON, Ville d'Asie dans la Perse, entre Schiras & Bander Congo. Un Voyageur Italien[a] la decrit ainsi : cette Ville ressemble à une Forêt à cause que les maisons sont toutes environnées de Palmiers touffus dont les dates sont d'un grand revenu étant les meilleures de Perse. Elle est située dans une Plaine sablonneuse entourée de hautes Montagnes : quoi qu'elle soit petite & qu'il y ait peu de maisons, elle ne laisse pas d'avoir son Visir dont la Jurisdiction est fort étendue. Les eaux vives qui arrosent les Jardins les rendent frais & abondans en fruits excellens, tels que des Grenades, du Raisin, & des Coings. Les maisons sont presque toutes de pierres & de chaux, ce qui n'est pas commun en Perse, où elles ne sont pour la plus grande partie que de terre. Il y a beaucoup de perdrix dans ces Campagnes. Elles sont de deux espéces, une qui ressemble à celles que nous connoissons, & une autre qui est de la grosseur des Cailles, & a les plumes colorées comme celles de la gorge d'un Faucon. Mr. Corneille le Brun nomme cette Ville IARON.

☞ Si quelque chose est capable de decourager un homme qui cherche la verité dans les Relations des Voyageurs c'est la diversité de leurs temoignages. On vient de lire ce que le Sr. Gemelli Carreri dit de cette Ville; voici au contraire ce qu'en rapporte le Sr. Corneille le Brun[b]. La Ville n'est pas grand chose, Elle ressemble plus à un Village qu'à une Ville, toutes les maisons en étant de terre & éloignées les unes des autres. J'y observai deux ou trois pauvres petites Mosquées où l'on faisoit le service; comme cette Ville est remplie de Palmiers elle ressemble de loin à un Bois. C'est de tous les arbres de ce Pays-là celui qu'on y estime le plus, à cause de sa beauté & de la bonté du fruit qu'il porte, le meil-

[a] Gemelli Carreri Voyage T. 2. p. 271.

[b] Voyage de Moscovie de Perse &c. p. 314

leur de toute la Perse. On compte que chacun de ces arbres-là y produit annuellement sept florins. Ils portent, communément 300. livres de fruit & chaque livre en vaut près de deux liards. C'est aussi le principal revenu de cette Ville & ce qui la fait subsister, n'ayant nul autre négoce. La Ville s'étend de l'Est à l'Ouest jusqu'aux Montagnes. Au Sud-est est la Montagne de Iaron qui est fort élevée.

GEAUNE, Mr. Corneille dit : Geaune Ville de France en Guienne ; c'est la Capitale du Marquisat de Castelnau ; elle est voisine des Pays d'Armagnac, ressortit à St. Sever Capitale de la Chalosse & est arrosée du Ruisseau de Bas qui vient de Béarn & qui ne tarit jamais. Mr. de l'Isle nomme ce lieu GEUNE, en fait un Bourg, le met à quelque distance du Bas, dont la source, selon lui, n'est pas dans le Bearn, mais dans le Tursan où est aussi Geune.

GEBADÆI, ancien Peuple de l'Arabie, mais au couchant de la Mer Rouge, selon Pline[c]. [c] l.6. c.29.

1. GEBAL, ce terme, dit D. Calmet, ne se trouve que dans le Pseaume 82. v. 8. *Gebal Ammon & Amalech*; mais, comme le remarque ce savant Benedictin, le Chaldéen & la Version Samaritaine mettent quelquefois le Mont Gebal au lieu du Mont Séïr. Josephe[d] parle aussi des GABILITES au Midi de la Palestine, & Etienne le Géographe de la GABALENE dans l'Arabie, & qui est la même que le Pays d'Amalech. Enfin Eusebe & St. Jerome dans leurs Livres des lieux Hebreux, font souvent mention de la GEBALENE, ou GABALENE qui est dans l'Idumée & dont Petra est la Capitale. Tous ces Caracteres montrent visiblement que le Pays nommé GEBAL, ou GABALENE est au Midi de la Tribu de Juda & dans l'Idumée Meridionale. Ce terme GEBAL signifie une Montagne & la dénomination de Gabalene n'est point ancienne, puisqu'elle ne paroit que dans le Pseaume 82. que nous croyons avoir été écrit du temps de Josaphat Roi de Juda.
Cet article est entierement de D. Calmet[f].

[d] Antiq. l. 9.

[e] Aux mots IDUMÆA, SEÏR, ALIUD, MABSAR, & JETHER.

[f] Dict.

2. GEBAL, Ville de la Phœnicie, c'est la même que BIBLOS, & GABALA 1.

1. GEBALA, ancienne Ville de l'Espagne Tarragonoise dans les terres, au Pays des Vardules, selon Ptolomée[g]. [g] l.2. c.6.

2. GEBALA, Etienne le Géographe dit que l'on nommoit ainsi la troisiéme partie de la Palestine & cite Josephe. Il en forme le nom de *Gabalenus*, & ajoute la Gebalene & l'Hæmanitide a été le nom d'un Canton des Iduméens. Berkelius son Commentateur croit qu'Etienne a eu dans l'esprit la Gobolite qui étoit effectivement un Canton de l'Idumée.

GEBANITÆ, ancien peuple de l'Arabie heureuse, Pline[h] les distingue des CATABANI, comme deux Peuples diferens. Il dit que ces premiers avoient beaucoup de gros Bourgs *Pluribus oppidis sed maximis*. Il nomme ensuite *Nagia* & *Tamna* où étoient 65. Temples. Mais quoique les *Catabani* & les *Gebanitæ* fussent deux Nations distinguées, il est vrai-semblable qu'elles étoient subordonnées l'une à l'autre, car *Tamna*, ou *Thomna* qui, selon Pline appartenoit aux Gebanites[i], & étoit leur [h] l.6. c.28.

[i] Ibid. & l. 12. c. 14.

GEB.

leur Capitale, est nommée la Capitale des Catabaniens par Eratosthène cité par Strabon[a]. Ce Peuple étoit voisin de l'entrée du Golphe Arabique, selon Strabon, quoique Ptolomée l'ait mis à l'Embouchure du Golphe Persique.

GEBBETHON, ancienne Ville de la Palestine dans la Tribu de Dan[b]. D. Calmet dit : c'est apparemment la même que GABBATA : Basa Usurpateur du Royaume d'Israël tua Nabad fils de Jeroboam dans la Ville de Gebbethon[c], qui étoit alors aux Philistins.

GEBCHUMAL[d], Bourg d'Asie dans la Perse entre l'Iraque & le Courdistan ; à 82. d. 40′. de Longitude & à 36. de Latitude.

GEBEL-EL-HADICH, Montagne d'Afrique en Barbarie au Royaume de Maroc, dans la Province de Hea aux Confins de celle de Maroc & de Duccala, selon Mr. Baudrand[e]. Elle s'étend du Midi au Nord le long de la Riviere d'Asifnual, & forme le Cap qui est à l'entrée Meridionale du Golphe d'Azafia, ou de Zafi. Cela s'accorde avec la Carte du Maroc, par Mrs. Sanson de qui cette description est prise.

GEBELLE, ancienne petite Ville de Syrie, selon Mr. Baudrand. C'est la même que *Gebail, Gabli, Jebilée*, & GABALA I.

GEBENNA. &

GEBENNICI MONTES, Cesar[f] nomme *Gebenna* une Montagne qui separoit les *Arvernes* ou Auvergnats des Helvjens ; quelques Editions, entre autres celle de Cambridge, portent CEBENNA. *Mons Cebenna qui Arvernos ab Helviis disclude*; quelques Manuscrits portent *Helvetiis*, mais c'est une faute. Cette Montagne a conservé son ancien nom & s'appelle les CEVENNES, ou SEVENNES. Les Grecs ont un peu changé ce nom & ont dit CEMMENUS MONS & CEMMENI MONTES. Mr. Sanson dans ses remarques sur sa Carte de l'ancienne Gaule, dit : les Sevennes ont premierement separé les Celtes de la Province des Romains, puis l'Aquitaine premiere, d'avec la Narbonnoise, voiez l'Article CEMMENUS MONS ; dont je crois que *Gebenna*, ou *Cebenna* de Cesar n'étoit qu'une partie.

GEBEONITÆ, pour GABAONITÆ. Voiez GABAÖN.

GEBES, Riviere d'Asie dans la petite Phrygie, selon Pline[g].

GEBHA, Ville de Barbarie au Royaume de Fez dans la Province d'Errif. C'est, dit Marmol[h], une petite Ville qui a de bonnes Murailles & qui a été bâtie par les anciens Africains le long de la côte à huit lieues de Velez du côté du Levant. Elle est toute ruinée, quoique quelques Bereberes s'y retirent à cause de quelques jardins & de quelques vignes qui y sont & des eaux qui viennent des bois, d'alentour. Tout le reste du Pays est sec & sterile sans porter aucun fruit. Ils demeurent là quand ils ont quelques troupes pour les defendre, autrement ils se retirent dans les Montagnes où ils sont plus assurez que dans leurs Murailles. Il y a un Cap. tout proche que les Anciens nommoient des Oliviers à cause de la multitude des Oliviers Sauvages qui y sont. Ptolomée lui donne 9. d. de Longitude & 34. d. 56′. de Latitude.

GEBISE, ou LEBUSSE[i], c'étoit autrefois une Ville nommée LYBISSA, où le fameux Annibal s'empoisonna & fut enseveli. Ce n'est plus qu'un Village de Natolie, sur une petite Riviere de même nom entre Nicomedie & Chalcedoine.

GEBLOWA, Petite Ville de l'Empire Russien ; Mr. Baudrand dit qu'elle est sur la Riviere de Mologa dans le Duché de Biella Jezoro & aux Confins de celui de Jeroslaw. Mr. de l'Isle la nomme GOLOLOBOVA SLOBODA, ce mot *Sloboda* ne veut dire qu'un Bourg ; il la met à la rencontre de la Riviere Mologa & du Wolga. La Mologa la sépare d'une Ville nommée Mologa & dont elle est comme un Fauxbourg. Cette Ville de Mologa est au Duché de Rostow, au lieu que Gololobova est du Duché de Belozero.

GEBOLE, Mr. Carré dans son Voyage des Indes Orientales, nomme ainsi la Ville de Syrie que d'autres nomment JEBILE'E, GEBAIL, &c.

GEBONITIS, Lieu de la Syrie, selon Josephe[k] cité par Ortelius[l].

GEBRENI, on lit dans *Dictis de Crete* à la fin du cinquième Livre : *sitque princeps Amicitiæ ejus, Rex Gebrenorum Oenides* ; Ortelius doute s'il ne faut pas lire *Cebrenorum*.

GEBTHON, le même que GEBBETHON.

GED.

GEDANUM, nom Latin de DANTZIG.

GEDANENSIS SINUS, nom que les Latins modernes donnent au Golphe de Dantzig.

GEDERA, ces mots GEDERA, GEDEROT, GEDEROTHAIM, GEDOR, GADERA, GAZERA, GADEROTH, GASER, GAZEROTH ne marquent qu'une même Ville, selon D. Calmet. Voiez GADER.

GEDNE, Ville de l'Afrique proprement dite, selon Ptolomée[m].

GEDOR. Voiez GEDERA.

GEDRANITÆ, ancien Peuple de l'Arabie heureuse, selon Pline[n].

GEDROSIE, (la) Grande Province d'Asie. Ptolomée[o] la borne ainsi : elle avoit la Carmanie au Couchant ; la Drangiane & l'Arachosie au Nord ; la partie de l'Inde qui est le long de l'Indus la terminoit à l'Orient ; & l'Ocean Indien au Midi ; ainsi elle s'étendoit assez loin, le long de cette Mer depuis la Carmanie jusqu'à l'Inde ; & avançoit beaucoup vers le Nord. Les habitans ont été nommez GEDROSI & GEDRUSI par Pline[p], les Grecs ont dit Γεδρωσοί & Γεδρώσιοι & même Γαδρώσιοι : Denys de Sicile dit par un K Κεδρωσία. Suidas prend le mot Κεδρωσία pour un nom de Ville faute d'avoir sû que ce nom ne signifioit que la Gedrosie Pays. A l'imitation de ces Grecs Ammien a dit la CEDROSIE & non la Gedrosie ; Mrs. de Valois ont bien vû qu'il n'y alloit rien changer.

La Gedrosie avoit quelques Fleuves. Le principal est nommé diversement ARBIS, *Arabius*, *Artabis* & *Artabius* ; les Peuples qui en habitoient les bords étoient nommez ARABITÆ. C'est aujourd'hui l'Ilment & Mr. de l'Isle met à son Embouchure un lieu nommé Arabia. Pline[q] fait couler dans la Gedrosie une Riviere qu'il nomme le NAGRE dont il est le seul qui ait parlé ; & qu'il dit avoir été navigable. Les Peuples les plus remarquables

[a] l. 16. p. 768.
[b] Josué c. 19. v. 44.
[c] Reg. l. 3. c. 15. v. 17.
[d] Hist. de Timur-Bec l. 3. c. 21.
[e] Ed. 1705.
[f] De Bell. Gall. l. 7. c. 8.
[g] l. 5. c. 32.
[h] l. 4. c. 70.
[i] Baudrand Ed. 1705.
[k] De Bello Judaic.
[l] Thesaur.
[m] l. 4. c. 3.
[n] l. 6. c. 28.
[o] l. 6. c. 21.
[p] l. 6. c. 20. & 23.
[q] l. 6. c. 23.

de la Gedrosie étoient les ARBIES, *Arbites*, ou *Arabites*, les *Orites*, & les ICHTHYOPHA-GES, ou mangeurs de Poissons. Arrien [a] partage ainsi le Pays entre ces Peuples & nous apprend en même temps quelle en étoit l'étendue. Depuis l'Embouchure de l'Indus jusqu'à celle de l'Arbis, ou Arabius, les Arbies, ou Arabies, occupoient environ mille stades, ce qui répond à cent vingt-cinq mille pas. Depuis cette Riviere les Orites s'étendoient l'espace de seize cens stades qui font deux cens milles. Delà jusqu'aux Frontieres de Carmanie les Ichthyophages avoient un Pays de près de mille stades, ou cent vingt-cinq milles ; cela fait en tout quatre cens cinquante milles de côtes maritimes.

[a] In Indic.

Les principaux lieux que Ptolomée range sur cette côte sont la plupart des noms obscurs; savoir,

Rhapava ou Ragirava,
Le Port des Femmes,
Boyamba, ou Coyamba,
& Rhizana.

Voici les Peuples qu'il place dans la Gedrosie.

Vers la Mer les ABERITES, ou ARABITES.
Près de la Carmanie les GARSIDES.
Près de l'Arachosie les MUSARINE'ENS.
Au cœur du Pays est le Canton nommé le PARDENE.
Au dessous est la PARISIENE.
Et au voisinage de l'Indus les RHAMNES.

Les Villes & Villages de la Gedrosie sont, selon lui

Cuni,
Badara,
Musarna,
Cottobara,
Sosxetra, ou *Soxistra*,
Oscana,
Easis, ou *Parsis*, Metropole,
Omisa,
Arbis, Ville.

Les Isles adjacentes de la Gedrosie sont,

Asthea, ou *Asthala*,
Codane.

La Gedrosie est presentement le Pays de MEKRAN qui en renferme la plus grande partie.

GEELMUYDEN, ou GEELMUYEN, ou GELMUIDEN, petite Ville des Pays-Bas dans l'Overissel au Pays de Saltant [b], entre Vollenhoven & Hasselt, à une lieue de l'une & de l'autre & à pareille distance de Kampen, à l'Embouchure du Wecht dans le Zuyderseé. Il y avoit autrefois un bon Château qui fut détruit dans les Guerres civiles de la Republique naissante, contre les Gouverneurs Espagnols.

[b] Memoires communiquez.

GEERTRUYDENBERG. Voiez GER-TRUYDENBERG.

GEERVLIET [c], ci-devant petite Ville, à

[c] Memoires communiquez.

présent Bourg de moyenne grandeur aux Pays-Bas dans la Hollande Meridionale, dans l'Isle de Putten, à l'endroit où se joignoient autrefois le Wahal & la Meuse. La commodité de sa situation au confluent de deux grandes Rivieres & le voisinage de la Mer donnent lieu de croire que ce lieu étoit fort considerable. Il y avoit une Douanne, où payoient toutes les barques; ce Bourg est à une heure & demie de chemin & au Sud-est de la Ville de Briel. Le Château de Geervliet est presentement la residence du Ruaart de Putten, c'étoit autrefois celle des Seigneurs de Putten & de Stryen.

GEGENBACH, Ville libre Imperiale d'Allemagne au Cercle de Suabe dans l'Ortenau. Zeiler [d] écrit : GENGENBACH petite Ville Imperiale dans le Mordnaw vis-à-vis du Rhin à un mille d'Offenbourg, sur le Kintzig, & à trois milles de Strasbourg. Pirmin Evêque de Strasbourg bâtit à Gegenbach l'an 742. un Monastere, où l'on n'admit que de la Noblesse. L'Abbé obtint de l'Empereur Rudolphe I. l'an 1278. qu'aucun Sujet, ni Vassal ne pût appeller de ses jugemens.

[d] Suev. desc. p. 33.

GEGITANUS, Siége Episcopal d'Afrique dans la Mauritanie Sitifense. On trouve dans la Conference de Carthage [e], *Quadratus Episcopus Plebis Gegitanæ*, & la Notice Episcopale d'Afrique met entre les Evêques de la Mauritanie Sitifense *Constantius Gegitanus*.

[e] p. 267. Edit. Dupin.

GEHAN-ABAD. Voiez DEHLI.
GEHAN-NUMAI [f], Palais d'Asie dans l'Indoustan à deux lieues de Dehli.

[f] Hist. de Timur-Bec l. 4. c. 17.

GEHAN-PENAH [g], c'est l'une des trois Villes qui composent la Ville de Dehli.

[g] Ibid. c. 20.

GEHAVER [h], Bourg d'Asie, dans la Perse, au Courdistan dans une plaine de même nom.

[h] Ibid. l. 3. c. 29.

GEHENNA. Voiez l'Article qui suit.
GEHENNON, ou VALLE'E D'HENNON, ou GEHENNA, ou VALLE'E DES ENFANS d'HENNON [i], Vallée de la Palestine joignant Jerusalem, par laquelle passoient les Limites Meridionales de la Tribu de Benjamin. Eusebe dit qu'elle étoit à l'Orient de Jerusalem & au pied de ses murailles; mais il est certain, dit D. Calmet, qu'elle s'étendoit aussi vers le Midi le long du Torrent de Cedron. On croit que dans cette Vallée étoit la Voirie de Jerusalem, & qu'on y entretenoit toujours un feu pour brûler les Charognes & les Immondices, ce qui a fait donner à l'Enfer le nom de GEHENNA [k], à cause du feu éternel qui y doit brûler les méchans. D'autres croient avec plus de vrai-semblance, que le nom de Gehenna donné à l'Enfer vient plutôt du feu que l'on entretenoit dans la Vallée d'Ennom, en l'honneur de Moloch, fausse Divinité [l], à qui ils ont souvent offert des victimes humaines de leurs propres enfans. Le Roi Josias pour souiller ce lieu [m], & le rendre odieux & meprisable aux Juifs, y fit jetter des ordures & des os de morts afin qu'on n'y adorât plus Moloch & qu'on n'y offrit plus de Victimes humaines. GEHENNON en Hebreu signifie simplement la *Vallée de Hennom*.

[i] Josué c. 15. v. 8. & Reg. l. 4. c. 23. v. 10.
[k] S. Matt. c. 5. v. 10. c. 18. v. 23. S. Marc c. 9. v. 44. S. Lucc. 22.
[l] Jerem. c. 7. v. 30. & seq.
[m] Reg. l. 4. c. 23. v. 10.

1. GEHON, (le) Fleuve dont parle Moïse dans la description du Paradis Terrestre. Voici ce qu'il dit [n] : & le nom du second Fleuve

[n] Genes. c. 2. v. 13.

Fleuve eſt Gehon, c'eſt celui qui tournoie dans toute la terre de Chus. On ſait que l'explication des quatre Fleuves a partagé les Savans. Ils ont extremement diſputé ſur le Phiſon & ſur le Géhon. Mr. Huet a recueilli un grand nombre de ſentimens differens dans ſon Traité de la ſituation du Paradis Terreſtre. Il a paſſé, dit-il, chez les uns pour le *Gange*, chez les autres & particulierement, chez les Arabes pour l'*Oxus*. On l'a pris pour l'*Araxe*, pour le *Nahar-Malca* qui eſt un des Canaux faits à la main qui joignent l'Euphrate au Tigre; pour le *Naharſarés* qui eſt le plus Occidental de ces Canaux & pour le Torrent du même nom de Gehon qui eſt proche de Jeruſalem. Je paſſe d'autres opinions encore, pourſuit ce ſavant Prelat, pour venir aux deux qui ont le plus de partiſans; je veux dire celle qui ſoutient que Gehon eſt le Nil & celle qui ſoutient que c'eſt le Canal le plus Occidental des deux qui partagent le Tigre & l'Euphrate joints enſemble.

La premiere de ces opinions qui veut que Gehon ſoit le Nil eſt celle de Joſephe, de la plûpart des Peres de l'Egliſe & d'une infinité d'Interpretes de la Sainte Ecriture. Les Abiſſins même s'en flatent & ne connoiſſent aujourd'hui le Nil que ſous le nom de *Gichon*, par une erreur ſemblable à celle qui leur a fait dire que la Reine de Saba avoit regné dans leur Païs, & que leurs Rois ſont ſortis de Salomon & d'elle; & que Memnon étoit leur Compatriote. Cette opinion s'eſt établie premierement ſur le paſſage de l'Eccleſiaſtique [a] où il eſt dit de Dieu qu'il emplit tout de Sageſſe comme le Phiſon & comme le Tigre au renouveau: qu'il remplit l'entendement comme l'Euphrate & comme le Jourdain, au temps de la Moiſſon; qu'il fait briller la Doctrine ainſi qu'une lumiere & comme le Gehon au temps de la Vendange. Comme on a cru que l'Auteur ayant commencé le denombrement de ces Fleuves par l'Orient, il falloit que le Phiſon fût le Gange, on a cru auſſi qu'il l'avoit fini par l'Occident, & partant que le Gehon étoit le Nil. On s'eſt perſuadé de plus que c'étoit le ſentiment des Septante, parceque dans le ſecond Chapitre de Jeremie [b] ils ont rendu le mot Ebreu שיחור, *Schichor* par celui de Geon Ύηῶν.

Ce paſſage merite quelque conſideration. Dieu reproche aux Iſraëlites qu'ils ont oublié la confiance qu'ils lui doivent pour chercher l'appui des Egyptiens & des Aſſyriens, Que pretendez-vous, leur dit Dieu, prenant le chemin d'Egypte pour aller boire l'eau du Nil: les Septante ont traduit ὕδωρ Γηῶν l'eau de *Gehon* & St. Jérôme. *l'eau trouble, Schichor* ne ſignifie point proprement *trouble*: il ſignifie *noir* & on a donné ce nom au Nil parceque ſes Eaux ſont noires: les Egyptiens pour cette raiſon le peignoient de couleur noire ſous la perſonne d'Oſiris, & les Grecs l'appelloient *Μέλας* noir, & les Latins *Melo*; d'où quelques-uns veulent que ſe ſoit formé le mot *Nilus*. Ils ſe trompent. Ce nom vient de celui de *Nuchal*, que lui donnoient ceux qui habitoient ſur ſes bords, comme l'enſeignent les Géographes Mela [d], & Æthicus. *Nuchal* veut dire la même choſe que l'Ebreu שיחור

Nachal, qui ſignifie *Torrent*, comme l'appellent ſouvent les Auteurs ſacrez, à cauſe de ſes inondations ordinaires, cauſées par les pluyes. Comme de *Nachal*, ou *Nuchal* s'eſt formé *Nilus*; ainſi de *Schichor* s'eſt formé *Siris* & *Sirius* qui ſont les noms du Nil: & le dernier s'eſt communiqué à la Canicule, parce que le debordement du Nil commence dans les jours Caniculaires. Cependant comme l'eau de ce Fleuve n'eſt noire, que parce qu'elle eſt pleine de la bourbe d'Egypte, dont le terroir eſt noir, ce qui lui a fait donner l'Epithete de μελάμβωλος, la Verſion de Saint Jérôme, qui traduit *trouble*, peut ſubſiſter, en prenant l'effet pour la cauſe. Peut-être les Septante dans la même vûë, avoient-ils écrit ὕδωρ γεῶν, l'eau terreuſe, l'eau bourbeuſe; ce qui depuis a dégeneré en Γηῶν. Je ne l'aſſure pas néanmoins, puiſque quelques anciens Interpretes de la Verſion des Septante, & les Peres de l'Egliſe, qui citent ce paſſage, liſent conſtamment Γηῶν.

Depuis que le Nil a paſſé pour le Gehon, les Egyptiens, Nation fort ſuperſtitieuſe, & même les Gymnoſophiſtes, Philoſophes de grande reputation, n'ont mis aucunes bornes au culte qu'ils lui ont rendu. Non ſeulement ils ont eſtimé que ſa ſource étoit ſacrée; non ſeulement ils l'ont adoré & invoqué, comme le plus grand des Dieux, ſous le nom d'Oſiris, nom derivé, comme j'ai dit, de celui de *Schichor*, ſous le nom d'Orus, & ſous celui de Jupiter; non ſeulement ils ont inſtitué en ſon honneur la plus grande de leurs Fêtes, & lui ont conſacré des Prêtres: mais ils ont encore dit qu'il étoit deſcendu du Ciel. Les Turcs, & les Juifs, les en ont cru bonnement ſur leur parole, & ſe ſont laiſſé perſuader que cette eau étoit ſainte; d'autant plus facilement, que la ſource leur en étoit inconnuë. Homere qui avoit voyagé & étudié en Egypte [e], y avoit pris cette Doctrine; car il l'appelle διιπετής, c'eſt-à-dire, venu de *Jupiter*. Et cela eſt vrai en un ſens, comme Strabon [f] & Euſtathe l'ont remarqué, car ſon debordement n'eſt cauſé que par les pluyes, dont les Poëtes ont dit que Jupiter eſt le diſpenſateur: ce que les Anciens n'ont pas ignoré. Deſorte que la διιπετής d'Homere ſignifie proprement en ce ſens *tombé des nuës*. C'eſt apparemment en vûë de cette Epithete d'Homere, & pour déſigner le Nil, que Plaute [g] parlant d'un fleuve qu'il ne nomme point, a dit qu'il a ſa ſource dans le Ciel, ſous le Thrône de Jupiter. Les Ethiopiens n'ont pas laiſſé de nommer le Nil *Aſtapus*, ce qui ſignifie en leur langue, *Eau ſortie des tenebres*; mais par une autre raiſon, ou parce qu'ils ignoroient le lieu de ſa ſource, ou parce qu'il ſe plongeoit ſous la terre en quelques endroits. Il eſt vrai cependant que les Poëtes Grecs, attribuant l'origine auſſi bien que l'accroiſſement des Rivieres aux eaux du Ciel, leur ont donné communément l'Epithete de διιπετής, & que Theocrite les a appellées *Race des Dieux*. Mais quoique les Egyptiens, & Homere après eux, en diſant que le Nil venoit du Ciel, puiſſent bien avoir parlé en Phyſiciens pour exprimer ſa nature, ils ont auſſi parlé en Théologiens, voulant dire que le Nil venoit du Para-

GEH.

Paradis qui est dans le Ciel, & ne distinguant pas celui-là de celui de la terre. C'a été apparemment dans la vûe d'attribuer au Nil quelque chose de divin, que Nonnus [a] a feint que la demeure des Dieux dans le Ciel est au dessus du Nil. Les Brachmanes en disent autant du Gange, que les Egyptiens du Nil, & ils l'appellent *Riviere Celeste*, comme on a appellé le Nil *Riviere venue de Jupiter* : & les Mahometans par la même raison attribuent la même origine à l'Oxus, qu'ils appellent Gehon, au Tygre, & à l'Euphrate. Ils l'attribuent aussi au Jaxarte, qu'ils appellent Sichow : dont je ne vois point d'autre raison que la proximité de ces Fleuves, & de leurs branches, qui font croire à ces Peuples, qu'ils partoient d'une même source, & partant que l'un ne pouvoit venir du Ciel, sans que l'autre en vînt aussi. Peut-être ont-ils confondu ce Fleuve Sichon avec un autre Fleuve du même nom, qui est en Cilicie. C'est celui que les anciens Géographes Grecs appellent Cydnus. Un autre Fleuve de la même Province, nommé Gehon, a contribué à leur erreur. C'est le Pyramus des Anciens : il passe par la Ville d'Adana dont j'ai parlé ci-devant. Le nom d'Adana, est le même que celui d'Eden. Il n'en a pas fallu davantage, pour persuader à cette Nation, que cet Eden étoit le lieu où étoit situé le Paradis, & que ces Fleuves en venoient. Abulfeda Géographe Arabe a cru faussement que ces deux Rivieres se joignoient près d'Adana & entroient conjointement dans la Mer. D'ailleurs ils avoient ouï parler d'une autre Riviere de la même Province, nommée Paradis. Pline l'a marquée, & quelques autres encore. Toutes ces idées confuses, jointes à la grossiereté des Mahometans, leur ont fait dire que la Riviere de Sichon venoit du Ciel.

L'ignorance de la verité n'a pas seulement rendu commun le nom de Gehon entre le Nil & l'Oxus, mais elle a encore rendu commune entre ces Fleuves une des plus memorables avantures qui soient arrivées sur le Nil, je veux dire celle de Moïse, lors qu'il y fut exposé. Texeira en raporte une pareille de Darab Roi de Perse. Il dit que la Reine sa mere fut forcée de l'exposer dans un berceau sur l'Oxus ; qu'il en fut retiré par un homme, qui fut surpris de sa beauté, & touché de son infortune, le fit nourrir par sa femme, & qu'il parvint enfin à la Royauté par son merite.

Je viens à l'autre opinion qui aproche plus près de la verité, prenant pour le Gehon le Canal le plus Occidental des deux que font le Tygre & l'Euphrate joints ensemble, lorsqu'ils se separent pour entrer dans la Mer. C'est le sentiment des Docteurs de Louvain, de Scaliger [b], & de la plûpart des Interpretes modernes, qui tous en cela ont suivi Calvin. Leur principale raison est la même qu'ils ont eüe pour prendre le Canal Oriental pour le Phison. Car ayant posé cela, c'étoit une consequence de leur Systême de dire, que le Gehon étoit le Canal Occidental. Ils ont eu encore une autre raison particuliere, en prenant la Province de Chus dont ce Fleuve arrose, pour l'Arabie, & n'en connoissant point d'autre de ce nom, que l'Arabie, & l'Ethiopie.

Mr. Huet tâche de prouver qu'ils se sont abusez. Il pretend que le Gehon est le Canal Oriental des deux qui divisent l'assemblage de l'Euphrate & du Tigre. Or, poursuit-il, comme du Systême de ceux qui prennent le Phison pour le Canal Oriental, il s'ensuit que le Gehon est l'Occidental ; il s'ensuit aussi du nôtre qui pose le Phison pour le Canal Occidental, & Charilah que le Phison arrose, pour la premiere Province que l'on trouve à l'Occident de l'Embouchure de l'Euphrate ; il s'ensuit, dis-je, de ce Systême que le Gehon est le Canal Oriental, & que la Province que le Gehon parcourt, est la premiere Province que l'on trouve à l'Orient de l'Embouchure de l'Euphrate.

Ce Canal partant de l'Euphrate, comme le Phison, & tombant dans la même Mer, est sujet aux mêmes accroissemens, & aux mêmes débordemens, mais non toutefois si grands, parce que ses rives ne sont pas si basses. Ces débordemens lui ont fait donner le nom de Gehon, ou, comme l'écrivent & le prononcent les Ebreux, Gichon, du verbe גוח *Gnach*, qui signifie s'écouler. Ce petit courant d'eau, qui étoit proche de Jerusalem, a eû le même nom pour la même cause, parce qu'il arrosoit les Jardins voisins. On l'appelloit autrement Siloë, שלח. L'Evangile [e] expose ce mot par celui d'ἀπεσταλμένος, שלח Schaluach, c'est-à-dire *envoyé, échapé, détourné, conduit pour arroser les terres*. De là vient que lorsque le Paraphraste Jonathan [d] a trouvé le mot *Gehon* dans le Texte Ebreu du premier livre des Rois, il l'a traduit par le mot *Sila*. Je ne m'amuserai point à rapporter toutes les autres Etymologies de ce mot, que les Peres, les Interpretes, & les Rabbins ont imaginées. Je m'arrêterai seulement à celle que propose Josephe. Il explique Gehon, τὸν ἀπὸ τῆς ἀνατολῆς διαδιδόμενον, *qui est produit, qui s'écoule de l'Orient*. Il ajoute que c'est le Nil, suivant l'erreur des Anciens, qui confondoient les Indes, & l'Ethiopie, & qui croyoient ainsi que la source du Nil à l'Orient de l'Egypte. Il a fait voir en cet endroit, comme en beaucoup d'autres, que pour être Juif, il n'en étoit pas plus savant en Ebreu. Car il derive le mot גיחון, du verbe נגה *Nagah*, qui signifie *luire, éclater* ; d'où vient נוגה *Nogah*, Lucifer, l'étoile du Matin & נוגה *Noghi*, la lumiere du jour & גיה *Giah*, l'éclat, & le Syriaque מגהא *Magaha*, l'*Aurore*, le *Matin*. Et de גיה *Giah*, Josephe a cru que se formoit le mot גיחון *Gihon*, ne sachant pas que le mot Ebreu est גיחון *Gichon*, & non pas גיהון *Gihon* ; ou s'il le savoit, ne sachant pas que גיחון *Gichon*, a une origine plus naturelle, & moins forcée. Quoi qu'il en soit, si cette origine a lieu, elle confirmera mon opinion, & marquera la situation de ce Canal du côté du Levant à l'égard du Phison qui est du côté du Ponant.

J'ai déja dit que Moyse à moins apposé des marques au Gehon qu'au Phison, parce que ce dernier étant connu, la situation seule des autres suffiroit pour les faire connoître. Car le Phison se rencontrant le premier à l'égard de l'Arabie Pierreuse, où Moyse écrivoit, le second qui étoit le Gehon ne pouvoit être autre que celui que l'on trouvoit ensuite, savoir le Canal Oriental des deux qui divisent l'Eu-
phra-

phrate : car de l'aller chercher plus loin, c'eût été contrevenir aux paroles de Moyse, qui marquoit expressément que ce Fleuve étoit joint aux trois autres dans le Paradis. On en étoit si bien persuadé, que rien, à mon avis, n'a plus contribué à faire croire que le Nil sortoit de l'Euphrate, comme Pausanias[a] & Philostrate[b] nous assurent qu'on le croyoit, que l'opinion où l'on étoit que le Gehon étoit le Nil, & que d'ailleurs il passoit pour constant, que le Gehon étoit un bras de l'Euphrate. Peut-être le Gehon auroit-il été plus reconnoissable, par les vestiges de son nom, si la postérité les avoit conservez ; mais il est demeuré obscurci sous les noms de Phison, & de Pasitigre, qui se sont étendus, & l'ont enveloppé, comme je l'ai montré.

C'est ainsi que ce savant Evêque prévenu que le Paradis terrestre étoit auprès du Tigre & de l'Euphrate cherchoit le Gehon dans un des bras de ces deux Fleuves unis dans un même lit.

Mr. le Clerc persuadé au contraire que le Paradis terrestre étoit vers la source du Jourdain, croit que le Gehon est l'Oronte dont la source n'est pas fort éloignée de celle du Jourdain, & par la Terre de Chus que le Gehon arrosoit il entend la Cassiotide. Il trouve dans le mot Chus l'Origine du nom de Cassius, ou Cassius. Ce qui favorise ma conjecture, dit-il, c'est l'ancien nom du Fleuve Oronte que les Grecs ont appellé Διξαιρος, parce qu'il sort à flots c'est très rapide lors qu'il sort de sa source, & lors qu'après avoir coulé sous terre il recommence à paroître ; ce qui est parfaitement exprimé par le nom de גיחון dérivé de גוח. Mr. le Clerc trouve cette conjecture plus satisfaisante que celle de Bochart & que les autres qu'il avoit sans doute examinées.

Le R. P. Hardouin a un sentiment particulier. Il donne un sens nouveau à ces paroles du Texte Latin : *Et Fluvius egrediebatur de loco voluptatis ad irrigandum Paradisum qui inde dividitur in quatuor capita*. C'est-à-dire il sortoit de ce lieu de délices un Fleuve pour arroser le Paradis qui se divise en quatre têtes, ou sources. Il trouve avec raison qu'il n'est pas commode de supposer que les quatre Fleuves savoir le Phison, le Gehon, le Tigre & l'Euphrate fussent autant de branches dérivées du Fleuve qui sortoit du lieu de délices. Mr. de Saci a même rendu les mots *in quatuor capita* par ceux-ci *en quatre Canaux* : il n'est point question là de Canaux, mais des sources des quatre Fleuves qui sont nommés ensuite. Or comment peut-on dire que ces quatre sources si éloignées l'une de l'autre étoient des divisions d'un seul Fleuve. Avoir recours, comme quelques Interpretes l'ont risqué, à des communications souterraines c'est s'embarrasser la question sans necessité. La difficulté disparoit quand avec le R. P. Hardouin on rapporte ces mots *qui est divisé*, *ou qui est partagé*, non pas au Fleuve duquel il ne s'agit plus, mais au Paradis. C'est comme si Moyse eût dit : & de ce lieu de délices sortoit un Fleuve pour arroser le Paradis dont la beauté ne subsiste plus entièrement, mais on en voit encore des restes autour des sources des quatre Fleuves savoir &c. On peut voir son sentiment

entier dans sa Dissertation sur la situation du Paradis terrestre, imprimée en Latin après le VI. livre de Pline dans l'Edition in folio, & en François au premier Tome des Traitez Historiques & Géographiques pour faciliter l'intelligence de l'Ecriture sainte, imprimez à la Haye cette année 1730.

Comme il place le Paradis terrestre au haut du Jourdain, il croit que Moyse a nommé quatre Fleuves voisins du Paradis terrestre. Le Tigre & l'Euphrate sont connus. Ce Pere croit que le Gehon est le *Flumen salsum* de Pline & que le Phison est l'*Achana* du même Auteur. Sur ce qu'il est dit que le Gehon coule autour de tout le Pays d'Ethiopie, on fait voir que ce ne peut être l'Ethiopie proprement dite que les Juifs ne connoissoient pas, mais une autre Ethiopie qui étoit dans l'Arabie, & la même que la terre de Madian. Habacuc[c] dit : *pro iniquitate vidi tentoria Ethiopiæ : Turbabuntur pelles terræ Madian*. La seconde femme de Moyse est nommée Ethiopienne, en Hebreu *Chusith*, כושית, & au livre second des Paralipomènes[d] on lit que Dieu suscita contre Joram l'esprit des Philistins & des Arabes qui habitent près des Ethiopiens. Ces quatre Fleuves pouvoient être facilement connus des Israelites à qui Moyse parloit. Ils étoient à une distance à-peu-près égale du lieu où il écrivoit la Genese, de façon que par raport à ce même endroit selon le P. Hardouin le Tigre & l'Euphrate étoient placez au Septentrion ; le Phison & le Gehon au Midi. Moyse, dit-il, fait ici mention de ces quatre Fleuves parce qu'il vouloit apprendre aux Israelites que cette terre où il les conduisoit avoit été autrefois le lieu du Paradis, comme elle étoit encore dans le temps qu'il écrivoit, & qu'aucune autre contrée ne lui pouvoit être comparée, soit que l'on se tournât du côté du Midi où le Gehon & le Phison arrosent l'Arabie heureuse, soit que l'on se tournât du côté du Septentrion où sont les sources de l'Euphrate & du Tigre, puis qu'aucune de ces contrées n'avoit en elle-même que la quatriéme partie de la beauté qui se trouvoit ramassée dans le lieu de délices & dans le Paradis ; c'est-à-dire dans cette partie de la Terre-Sainte & si ce n'eût pas été à l'intention de Moyse il faudroit dire qu'il ne convenoit pas plus de faire mention dans cet endroit du Tigre & de l'Euphrate & des autres Fleuves que du Rhin & de la Seine. Mais il en fait mention, parce que les Israelites savoient parfaitement qu'on leur parloit de Pays très-agréables, en leur indiquant les contrées arrosées par les commencemens de ces quatre Fleuves.

Si je me suis un peu étendu sur ce Fleuve, c'est que j'ai cru que la matière étoit assez importante pour devoir être examinée & assez obscure pour ne devoir pas choisir de moi-même entre ce grand nombre de conjectures. J'avoue pourtant que celle du R. P. Hardouin a de grands avantages, qu'elle est très-vraisemblable & que son explication sauve de mille difficultez Géographiques dont il n'est pas aisé de se tirer en suivant l'interprétation ordinaire.

2. GEHON, (le) on a vû dans ce que j'ai cité de Mr. Huet dans l'Article precedent que

[a] Pausan. Corinth.
[b] Philostr. vit. Apoll. libr. 1. cap. 14.

[c] c. 3. v. 7.

[d] Numer. c. 12. v. 1.
c. 21. v. 16.

que les Arabes apellent *Gehon*, l'Oxus des Anciens. Mr. d'Herbelot écrit Gihon & le décrit sous le nom d'Amou. Voïez Oxus.

3. GEHON, (le) le même Mr. Huet met dans la Cilicie un Fleuve nommé Gehon, c'est, dit-il, le Pyramus des Anciens; il passe par la Ville d'Adana. Le nom d'Adana est le même que celui d'Eden. Il n'en a pas fallu davantage pour persuader à cette Nation que cet Eden étoit le lieu où étoit situé le Paradis. Il raporte ensuite l'opinion d'Abulfeda Géographe Arabe [a]. Je trouve dans le Géographe El-Edrissi que la Ville de Massissa située à XL. M. P. de Scanderona, a été nommée par les Grecs Mamestera. Elle est, dit-il, partagée en deux Villes situées sur les deux bords de la Rivière de Gihan (il y a en marge Gehon.) Cette Rivière de *Gihan*, tire sa source du Pays des Romæens, arrose d'abord Massissa, ensuite le Territoire de la Forteresse d'Almolauan, & enfin se décharge dans la Mediterranée. La Ville de *Massissa* est apparemment la même que Mécis de Paul Lucas; & par conséquent le Gihan, ou Gehon du Géographe El-Edrissi; & c'est par conséquent le *Chagan* different de la Rivière d'Adana qui est le *Choquen*, & c'est ce dernier qui est le Pyrame des Anciens.

[a] part. 5. sli-mat. 4. p. 196.

4. GEHON, ou Gihon, Fontaine de la Palestine auprès de Jerusalem. Voïez Gihon.

GEHOUAL [b], Bourg d'Asie dans l'Indoustan entre Lahor & Dipalpour, au Midi du Fleuve Biah.

[b] Hist. de Timur-Bec l. 4. c. 13.

GEHROM [c], Ville d'Asie dans la Perse dans la Province de Fars. Les Géographes Arabes lui donnent 89. d. de Longitude & 28. d. 30′. de Latitude.

[c] Ibid. l. 3. c. 68.

GEILDORFF, GAILDORFF, ou Geylendorff [d], petite Ville d'Allemagne dans la Suabe, avec un Château à trois milles de Schondorff, à trois heures de chemin de Hall en Suabe; près de la Rivière de Kocher. Il n'y a qu'une Eglise où prêchent deux Ministres de la Confession d'Augsbourg. Le Château est tout auprès & dans la Ville, il est beau, & assez grand pour loger deux Cours; mais il n'a point de sortie vers la Campagne. Près de la Ville commence un vignoble dont le vin est mince & aigre. La Ville appartient aux Seigneurs de Limpurg.

[d] Zeyler Suev. Topogr. P. 33.

GEIRAN-CAMICH, c'est-à-dire les Roseaux des Daims: Ville d'Asie dans le Capchac à quinze jours & quinze nuits de marche en partant de Kech. Timur-Bec la surprit & la pilla [e].

[e] Hist. de Timur-Bec l. 2. c. 33.

GEISA. Voïez Geiss.

GEISENFELD, ou Geysenfeld [f], Bourg d'Allemagne dans la haute Bavière dans le Bailliage de Pfaffenhoven au departement de Munich, sur la Rivière d'Ilm, entre Newstätlein & Schrobenhausen. Il y a un Monastère de filles & une riche Abbaye de l'Ordre de St. Benoît.

[f] Zeyler Bavar. Topogr. p. 76.

GEISENHAUSEN [g], Bourg d'Allemagne en Bavière à deux ou trois milles de Landshut, & sous le departement, il a sa Justice particuliere.

[g] Ibid. p. 75.

GEISLINGEN, ou Geylingen, petite Ville Imperiale dans la Suabe. Elle prend son nom du Château de Geyselstein; qui étoit anciennement sur la hauteur pleine de roches qui en conserve encore le nom, & qui est sur la gauche quand on vient d'Ulm. On ne sait ni qui l'avoit bâti, ni par qui il fut détruit. Geislingen est une jolie Ville assez bien bâtie. Quelques-uns la mettent dans le Filtz-Thal. Dans le voisinage est le Bourg d'Altenstatt, que Crusius croit avoir fait autrefois partie de la Ville de Geislingen, ce qui n'est pas vraisemblable: car ce Bourg n'appartenoit pas ci-devant aux Comtes de Helfenstein proprietaires de Geislingen, mais aux Comtes de Spitzenberg dont un est encore depeint avec ses armes dans une Chapelle à Altenstatt. Geislingen a quatre portes & deux Eglises dont une, savoir la Paroisse, est dédiée à Nôtre-Dame, l'autre s'appelle l'Eglise de l'Hôpital. A environ une heure de chemin de la Ville est le Village d'Uberkingen où sont des eaux Minerales que l'on boit & dont on se sert aussi pour des bains.

GEISMAR, petite Ville d'Allemagne au Landgraviat de Hesse-Cassel. Zeyler [h] écrit *Geismar*, *Hove-Gismar*, ou *Hoff-Geismar*, peut-être, ajoûte-t-il, est-ce pour le distinguer du Village de Geismar qui est près du Franckenberg. Lupus Servatus dans l'Histoire de St. Wigbert Abbé de Frietzlar nomme Geismar *Villa Geismari*. L'an 724. St. Boniface y vint & y renversa un arbre prodigieusement gros que les Payens adoroient pour Jupiter, & il bâtit à la place une Chapelle sous l'invocation de St. Pierre. Le nombre des habitans s'accrut chaque année, & ce lieu qui n'étoit qu'un Village devint un Bourg. La Chapelle fut augmentée & l'on en fit une grande Eglise. Geismar est presentement une Ville de la Basse Hesse & le Chef-lieu d'un Bailliage. On y voit encore des Murailles, qui enfermoient une petite Ville nommée Nord-Geismar, ou la *Geismar Septentrionale*. Il y a aussi un Château nommé Schönberg, qui fut démoli en 1590. & 1591. & dont les materiaux ont été portés à Sababurg. Ce Château étoit la residence de la Maison de Schönenberg, dont la Seigneurie étoit formée des environs de ce Château.

[h] Hassiæ Topogr. p. 40.

GEISMEER, Mr. Corneille dit: Ville des Indes dans le Pays des Hendowns. Elle est à vingt-huit lieuës de Tourry avec un Château très-fort où il y a trente grosses piéces de Canon. Il cite ensuite *Davity* Etats du grand Mogol. Davity ne connoit point *Geismeer*, mais Gisselmeer [i]. C'est la même chose que Jesselmere. Voïez ce mot.

[i] Asie p. 519.

GEISS, ou Geisa [k], Ville d'Allemagne dans l'Etat de l'Abbé de Fulde, près de l'Ulster, sur une hauteur dans une jolie situation. Louïs Landgrave de Hesse la prit en 1467. Elle a aussi beaucoup souffert durant les Guerres civiles d'Allemagne.

[k] Zeyler Hassiæ Topogr. p. 40.

GELA, ou Gella [l], petite Ville de Sicile, selon Etienne le Géographe qui dit qu'elle prenoit ce nom de la Rivière nommée Gelas qui l'arrosoit. Virgile dit dans le même sens,

[l] Cellar. Geog. Ant. l. 2. c. 12. p. 987.

Immanisque Gela fluvii cognomine dicta. [m]

[m] Æneid. l. 3. v. 70.

& Silius [n] qui le copie presque toujours dit,

[n] l. 14. v. Venit 219.

Venit ab amne trahens nomen Gela.

La Riviere étoit appellée GELAS. Son nom moderne est FIUME DI TERRA-NOVA. Pline [a] dit: *Oppidum Camarina, fluvius Gelas, Oppidum Acragas.* A la droite de son Embouchure dans la Mer il y a une petite Ville nommée TERRA-NOVA, qui sans doute est l'ancienne Gela. C'étoit une belle Ville, grande & puissante, c'est pourquoi Virgile la nomme *Immanis.* Les habitans sont nommez GELOI, [b] ΓΕΛΩΟΙ, par Thucydide [b]. Ciceron [c] les nomme GELENSES. Virgile en nomme le Territoire à la maniere des Grecs [d].

[a] l.3. c.8.
[b] l.6. Init. Frument.
[c] c.43.
[d] Æneid. l. 3. v.701.

Apparet Camerina procul, Campique Geloi.

GELACA. Voiez SELCA.

GELÆ, Peuple d'Asie. Pline dit [e] que les Grecs les appelloient Cadusiens. *Gelæ quos Græci Cadusios appellavere.* Castald croit que ce sont les Peuples du GILAN. Mais le R. P. Hardouin prétend que les Cadusiens ici nommez ne sont pas les mêmes que ceux qui étoient voisins de l'Albanie, mais d'autres Cadusiens situez dans la Sogdiane au delà de la Mer Caspienne & surnommez *Gelæ.* Ptolomée [f] met un Peuple nommé *Geloi,* ΓΕΛΩΟΙ, & des Cadusiens dans la Medie. Il paroît que ce sont les mêmes que les *Gelæ* de Pline. Denys le Periegete [g] met aussi dans la partie Septentrionale de la Medie les *Geles* & les *Mardes,* ΓΗλοί τε Μαρδοί τε. Priscien l'exprime par *Geli* & *Mardi.*

[e] l.6. c.16.
[f] l.6.c.2.
[g] v.1019. v.942.

GELÆI [h], Cedrene nomme ainsi une Nation chez laquelle les femmes commandoient à leurs Maris. Glycas la nomme AGILÆI.

[h] Ortel. Thef.

GELAGIENSIS, les Manuscrits de Vibius Sequester varient; quelques-uns portent GELAGIENSIS, GELAGIENSUS, & GELAGENSUS, il paroît que toutes ces diverses leçons sont également mauvaises. Il s'agit de la Riviere qui venant d'Epire, selon cet Auteur, separe Dyrrachium d'Apollonie. On sait d'ailleurs que la Riviere qui coule entre ces deux Villes, s'appelloit le GENUSUS. Voiez ce mot. Il est faux qu'il vienne de l'Epire.

GELALI [i], desert d'Asie dans la Tartarie entre la Montagne de Joud & le Fleuve Indus. On le nomme aussi desert de Gerou.

[i] Hist. de Timur-Beg l.4. c.32.

GELANUS, Ville de la Libye interieure, selon Ptolomée [k], qui la place vers la source du Cinyphe.

[k] l.4. c.6.

GELAS, Riviere de Sicile sur la côte Meridionale de Sicile. Voiez GELA.

GELASIUM PHILOSOPHIANÆ, quelques exemplaires d'Antonin nomment ainsi un lieu de la Sicile. D'autres portent *Gela sive Fivosofianii.* Simler lit *Gela, sive Philosophiana.* Zurita *Selam, sive Sophianas.* L'exemplaire du Vatican *Gelasum Philosophianis,* l'Edition des Aldes & celle des Juntes y est conforme. Quoi qu'il en soit, ce lieu étoit entre *Capitoniana* & *Petiliana* à xx. M. P. de la premiere & à xxvIII. M. P. de la seconde.

GELBE. Voiez GERBES.

GELBIS, Ausone nomme ainsi une des Rivieres qui se jettent dans la Moselle [l].

[l] Mosell. v. 237.

Te rapidus Gelbis; te marmore clarus Erubrus
Festinant famulis quam primum adlambere Lymphis
Nobilibus Gelbis celebratur piscinis.

C'est aujourd'hui la KYLE, selon Cellarius. Elle coule à Gerolstein & à Kylbourg qui en prend le nom. Mr. Baudrand écrit KYLL.

GELBOE [m], Montagne de la Palestine. Elle est célebre par la defaite & par la mort du Roi Saül & de son fils Jonathas [n]. Eusebe & St. Jerôme nous apprennent que cette Montagne étoit à six milles de Bethsan, autrement Scythopolis & qu'on y voioit encore un gros lieu nommé GELBUS. Guillaume de Tyr [o] dit qu'au pied du Mont Gelboë il y a une source qui coule près de la Ville de Jezraël. David dans le Cantique lugubre qu'il fit en l'honneur de Saül & de Jonathas insinue que cette Montagne étoit fertile. *Monts de Gelboë, que ni la Rosée ni la pluye ne tombent jamais sur vous & qu'on n'y voye jamais de champ qui produise des premices, puisque sur vous a été jetté le bouclier de Saül &c.* On dit qu'aujourd'hui ces Montagnes sont seches & steriles.

[m] D. Calmet Dict.
[n] Reg. l.1. c.31.
[o] l.22. c.16.
[p] Reg. l.2. c.1. v.6.

GELBUS, Bourg de la Palestine au pied du Mont Gelboë à six milles de Scythopolis. Eusebe & St. Jerôme en font mention.

GELDA, ancienne Ville d'Asie dans l'Albanie, entre l'Embouchure du Fleuve Gherrus & du Fleuve Casius dans la Mer Caspienne, selon Ptolomée [q].

[q] l.5. c.12.

GELDENACUM, quelques-uns nomment ainsi JUDOIGNE en Latin.

GELDRIA, nom Latin de la Ville & de la Province que nous appellons Gueldre en François. Voiez GUELDRE.

1. GELDUBA, Forteresse de la Belgique sur le Rhin à l'extrémité du Pays des Ubiens. Tacite en parle au quatrieme livre de ses Histoires [r]. La treizième Legion, dit-il, se joignit à ceux qui étoient entrez dans la place de Nuys (*Novesium*) Herennius Gallus fut associé à Vocula pour partager ses soins, comme ils n'oserent s'avancer jusqu'à l'ennemi ils marcherent en un lieu nommé Gelduba. Il dit ailleurs, la nouvelle en étant venue au Camp qui étoit à Gelduba &c. Et plus loin, les Cohortes marcherent jusqu'à Gelduba [t], le Camp étant resté comme il étoit auparavant. Pline fait entendre que Gelduba étoit une Forteresse; voici ses paroles: Tibere mit le Chervi en reputation, par le soin qu'il avoit d'en faire venir tous les ans d'Allemagne. On trouve le meilleur à Gelduba Forteresse sur le Rhin. On voit par-là que Gelduba étoit une Forteresse & qu'elle étoit au bord du Rhin. Antonin nous apprend qu'elle étoit à neuf lieues de Novesium,

[r] c.26.
[s] l.4. c.32.
[t] c.35.

Novesium, Leg. v.
Geldubam, Leg. ix.
Calonem, Leg. ix.

Cette distance convient au Village de GELB, qui est dans l'Electorat de Cologne au dessous de Nuys & au dessus d'Ordinghen.

2. GELDUBA[a], ancienne Ville de Thrace. Il en est parlé dans le Martyrologe d'Usuard.

GELES, les GELES & les LEGES, Peuples de l'Asie. Plutarque[b] dans la Vie de Pompée dit: on dit que les Amazones combatirent à cette bataille pour les Barbares étant descendues des Montagnes qui sont près du Fleuve du Thermodon.... Elles habitent la partie du Caucase qui aboutit à la Mer d'Hyrcanie, & elles ne sont pas limitrophes des Albanois, car elles en sont separées par les Geles & les Leges avec lesquels elles vont passer deux mois toutes les années sur les bords du Thermodon; après quoi elles se retirent dans leur Pays où elles vivent à part sans la compagnie d'aucun homme. Les Leges & les Geles étoient des Peuples de Scythie. Strabon dit[c]: Theophane qui avoit suivi l'armée de Pompée en Albanie, rapporte que les Geles & les Leges Peuples Scythes habitoient entre les Amazones & les Albanois. A égard de leur Commerce avec les Amazones on peut voir ce que j'ai dit des GARGARES. Voiez aussi l'article GELÆ.

GELESITANA[e], Siége Episcopal d'Afrique. St. Augustin en fait mention dans sa 162. Lettre. Je n'en trouve aucune trace dans les Notices.

GELISE[d], (la) Riviere de France dans la Guienne. Elle a sa source dans l'Armagnac auprès de Loupiac, d'où coulant vers le Nord, & ensuite vers le Nord-Ouest elle entre dans l'Eausan. Près d'Eause, elle se replie vers le Nord, puis au Nord-Est; au sortir de l'Eausan, elle reçoit l'Iaute qui borde cette contrée à l'Orient; auprès de Pondenas elle se charge du Lauson, puis de la Losse à Audiran, & enfin se mêle avec la Baise à Lavardac.

1. GELLA[f], ancienne Ville de l'Espagne Tarragonoise au Pays des Vaccéens. Zurita croit que c'est la même que TELA de l'Itineraire d'Antonin.

2. GELLA. Voiez GELA.

GELLÆ, Peuple d'Asie dans l'Albanie, selon Zonare[g]. Seroit-ce le même Peuple que les Geles de Plutarque?

GELEENSES, habitans de GELLA, ou de GELÆ.

GELLHEIM, Mr. Baudrand[h] dit GEELHEIM, ou GELLINHEIM, Village d'Allemagne au Palatinat du Rhin, au pied de la Montagne de Donesberg; c'est où l'Empereur Adolphe de Nassau fut tué par Albert d'Autriche son competiteur qui lui succeda, l'an 1298. Heiss dit que ce combat se donna entre GEINHEIM & le Cloître de Rosendal. La plûpart des Historiens disent que ce fut auprès de Spire.

GELLI[i], Mammertin dans le Panegyrique de Maximien fait mention de ce Peuple, mais il ne dit point en quel Pays il faut le chercher.

GELLUS, torrent d'Italie. Voiez VERGELLUS.

GELMON[k], ou GELON, ou plutôt GILON, Ville de Juda, lieu de la naissance d'Achitophel[l].

GELNHAUSEN[m], Ville Imperiale d'Allemagne: quelques-uns écrivent, GEILNHAUSEN. Elle est dans la Weteravie à une journée de chemin de Fulde; cependant on la met dans le Cercle du Bas Rhin. La Riviere de KINTZ, ou KINTZIG qui vient du Monastere de Schluchter baigne cette Ville. Elle passe aussi à Steinaw, à Saalmunster, à Hanaw & à Kestatt où elle se perd dans le Mein. Gelnhausen est auprès d'une Montagne joignant la forêt de Spessart. Elle a des Vignobles, des Vergers, de belles Eglises & des Monasteres. Le Château a été bâti par l'Empereur Frederic I. comme il paroît par ces vers qui sont de Reusner.

Vitiferos volles Gelnusa ostentat, & Ædem
Insignem cultu divitiisque sacram.
Cæsaris hinc arcem Friderici nomine primi
Qua magnum decus est Urbis & alter
honos.

Ce Château que l'on nomme die Burck est separé de la Ville. L'an 1402., elle fut comptée entre les autres Villes Imperiales à la Diéte de Nuremberg. A un mille de cette Ville, sur une haute Montagne est le Château de RONNEBOURG, autrefois Residence des Comtes d'Isenbourg à qui il apartenoit.

GELOFES. (LES) Voiez JALOFES.

1. GELON. Voiez GELMON.

2. GELON, Fontaine de l'Asie mineure dans la Phrygie aslez près de la Ville des Celenes, selon Pline[n]. Voici le passage qui est remarquable: à peu de distance de la Ville des Celenes il y a deux Fontaines nommées CLÆON & GELON à cause des effets marquez par ces noms Grecs. Dans cette Langue Κλαίειν, signifie *pleurer*, & Γελᾶν, *rire*. La premiere Fontaine nommé *Claon* faisoit pleurer & la seconde nommée *Gelon*, faisoit rire. Tel est le sens de Pline qui seroit très-obscur si ces deux noms n'étoient pas expliquez.

GELONIUM STAGNUM, étang de Sicile. Son odeur qui étoit très-mauvaise chassoit ceux qui en vouloient approcher. C'est ce que dit Solin[o]. Ortelius[p] & Saumaise[q] croient qu'il prenoit ce nom de la Ville de GELA.

GELONS, (les) en Latin GELONI, ancien Peuple de la Sarmatie, vers le Borysthene, selon Pline[r]. Ils étoient Grecs d'origine & voisins des Budins & des Agathyrses, mêlez avec les Budins originaires de la Sarmatie, ils se confondirent si bien ensemble que la Ville des Budins qui étoit bâtie de bois fut nommée GELONUS. Ces deux Peuples avoient pourtant chacun un langage particulier, comme le remarque Herodote. Ils prirent quelques manieres des Barbares, entre autres la coutume de se peinturer le corps, Virgile dit[s]:

Eoasque domos Arabum pictosque Gelonos.

Servius entend cette peinture des cicatrices qu'ils se faisoient dans la peau; ce qui s'accorde avec ce que dit Claudien[v]:

Membraque qui ferro gaudet pinxisse Gelonus.

GELONUM, Ville de la Sarmatie en Europe, selon Etienne le Géographe. Ortelius la croit differente de *Gelonus* Ville des Budins, laquelle étoit bâtie de bois au raport d'Herodote. Voiez GELONS.

GELOS, Port de Mer d'Asie dans la Carie, selon Pline [a] cité par Ortelius.

[a] Thesaur.

GELUCHALAT [b], Marais ou Lac de l'Armenie vers les Frontieres de la Géorgie. Il est assez étendu, comme un grand Lac où il entre quatre Rivieres, on dit qu'il a plus de trois journées de circuit. Voiez ACTAMAR.

[b] Baudrand Ed. 1705.

GELVES. Voiez GERBES.

GELYS, Peuple ancien dont parle Asinius Quadratus au raport d'Etienne le Géographe.

GEMAA [c], petite Ville d'Afrique dans le Royaume de Fez. Ptolomée lui donne le nom de GONTIANE, & la met à sept degrez trente minutes de Longitude, & à trente-quatre degrez trente minutes de Latitude. Elle est située au pied de la Montagne de Jarhon, & a été bâtie par les anciens Africains, sur un tertre qui est assez relevé, ce qui la rend forte & par art & par nature : ceux qui l'habitoient étoient des voleurs de grand chemin, & l'éloignement qu'ils avoient montré de tout temps pour toute sorte de vertu, obligea Abusaid, penultieme Roi des Benimerinis, à la detruire. Elle n'a point été repeuplée depuis. Tout le Pays d'alentour est habité de pauvres Arabes qui vivent pareillement de Brigandage.

[c] Marmol. T. 2. l. 4. c. 33.

GEMAA-EL-CARVAX [d], petite Ville du Royaume de Fez dans la Province d'Asgar. Elle a été bâtie par Jacob Roi des Benimerinis, sur le bord d'une Riviere nommée Huet Erguila, & dans une plaine sur le grand chemin de Fez à Larache. Cette Ville étoit riche & fort peuplée du temps de ce Prince, & sous le regne de ses Successeurs ; mais ayant été détruite dans les guerres de Sayd, elle ne s'est point repeuplée depuis. Les Arabes d'Ibni Melic Sofian possedent le Pays qui est aux environs, & serrent leurs bleds dans des Caves de la Ville, dont les murs sont presentement par terre. Ils le portent moudre en deux moulins, qui sont sur la Riviere d'Huet Erguila. Cette Riviere entre dans une autre que l'on appelle Gorgor, qui se decharge dans celle d'Ommirabi, & toutes ensemble se rendent dans l'Ocean près de la Ville d'Azamor.

[d] Ibid. l. 4. c. 39.

GEMAA-EL-HAMEM [e], Ville ancienne d'Afrique qui est dans la Province de Fez propre, sur le grand chemin de Tedla à Fez. Les Historiens du Pays en attribuent la fondation à Abdulmumen, Roi des Almohades, qui la fit bâtir à cinq lieues de Miquenez, dans une grande plaine où il y a un bain naturel. * Ptolomée nomme cette Ville Gontiane, selon les Tables modernes, & la met à sept degrez cinquante minutes de Longitude, & à trente-quatre degrez quinze minutes de Latitude. Elle fut détruite dans les guerres de Sayd, on ne l'a point repeuplée depuis. Il

[e] Coronelli Dict. tiré de Marmol. l. 4. c. 19.

* Marmol oublie qu'il a deja placé *Gontiane* à *Gemaa*. Ptolomée n'en marque qu'une qui ne sauroit repondre à deux Villes diversement situées. Il se trompe ainsi pour la Longitude & la Latitude qui ne varient point dans Ptolomée, savoir 7. d. 40'. & 33. d. 30'.

n'en reste plus sur pied que les tours & les murailles. On tient un Marché tous les Dimanche, à demi lieue de cette Ville & tous les Arabes & les Bereberes du Pays y portent vendre leurs grains & leur bétail, avec leur beurre, leur laine, leur cire & leurs autres denrées. On l'appelle le Marché de *Hat-Tarna*; toutes les Campagnes d'alentour sont possedées par les Arabes d'Ibni Melic Sofian, qui étant extremement puissans, n'ont point souffert qu'on ait rebâti la Ville, & le Roi de Fez l'a toujours dissimulé pour ne les point offenser.

GEMAAJEDID, place forte en Afrique, bâtie sur une haute Montagne, appellée SICSIVE, qui en a encore d'autres aux environs, dans la Province de Maroc propre. Elle a plus de douze cens habitans, la plûpart Marchands, ou Artisans, & assez civils, à cause du voisinage de Maroc ; aussi ont-ils un Juge, des Notaires & un Alfaquis. Ils sont bien vétus à leur maniere, & ont leurs places & leurs Boutiques bien rangées, avec un Quartier pour les Juifs, parmi lesquels il y a aussi plusieurs Marchands & Artisans. Les femmes sont belles, & les hommes fort jaloux. Au milieu de la Ville est une grande & belle Mosquée, avec le Palais du Prince, qui met sur pied trois mille chevaux & quarante mille Fantassins, dont il y a plusieurs Tireurs. Dans les vallons d'alentour, sont de beaux vergers, où l'on recueille toute sorte de fruits. Il y a aussi plusieurs terres qui portent de l'orge, du lin, du chanvre & du millet. La Ville de *Gemaajedid*, est à vingt-cinq milles de Maroc, & doit sa Fondation aux Hentetes de la Tribu de Muçamodá qui s'y habituerent, il y a plus de deux siecles. La Riviere d'Ecisefmel prend sa source au bas, & s'appelle ainsi d'un mot Africain qui veut dire bruit, à cause qu'elle en fait beaucoup en se precipitant du haut d'une Montagne. Elle fait ensuite un étang large & profond d'où elle coule paisiblement dans la plaine. Quand les Cherifs commencerent à regner, Muley Idris étoit maître de cette Ville, & se faisoit appeller Roi de la Montagne, parceque la plus grande partie relevoit de lui ; aussi prétendoit-il à la Couronne d'Afrique, comme descendu des Almohades. Ceux de cette Maison sont à demi Maures, & ont la couleur de coin cuit. Ils sont versez en la Secte de Mohaydin, qui est en grande veneration dans tout le Pays. On nourrit force troupeaux de chevres en la Montagne, & c'est une des plus riches habitations du mont Atlas. Elle paye tous les ans avec ses Villages trente-cinq mille pistoles de Tribut à son Prince.

[f] Corn. Dict. & Marmoli l. 3. c. 36.

GEMAN, Γηµάν, Village de la Palestine dans le grand champ de Samarie, selon Josephe [g].

[g] De Bell. Juaic. l. 2. c. 11. Lat. c. 21. Gr.

GEMAR, GEMER, prononcez, GUEMAR, ou GUEMER [h], Bourg de France en Alsace, au côté gauche du bras de l'Ill qui passe à Schelestadt ; auprès de la jonction de la Riviere de Strenbac avec l'Ill. Mr. Corneille en fait une Ville.

[h] Sengre Carte de l'Alsace.

GEMBLACUM. Voiez l'Article suivant.

GEMBLOURS, petite Ville des Pays-Bas

108 GEM. GEM.

Bas avec titre de Comté de Gem dans le Brabant. Mr. Baillet dit : Gemblou, ou Gemblours, Giblou, ou Gibleu, en Latin Gemmelaus & puis Gemblacum. Il est, dit-il, dans le Brabant Wallon à trois lieues de Namur & à six de Louvain. Aubert le Mire [a] dit en Latin Gemblacum, ou selon les anciens Gemmelacum très-ancienne Ville du Brabant, autrefois du Diocèse de Liége & presentement du Diocèse de Namur ; à six milles de Louvain & de Bruxelles & à trois de Namur. L'Auteur du petit Dictionnaire Géographique des Pays-Bas fait les lieues plus petites & en compte sept de Gemblours à Louvain & quatre à Namur. Dans la Ville est une belle Abbaye fondée par St. Guibert, nommé Gilbert dans le Martyrologe Romain [b]. Il étoit de l'ancienne race des Rois d'Austrasie,& ayant quité le monde par les exhortations du Saint homme Erluin il consacra à Dieu & à l'Apôtre St. Pierre son Château de Gemblours, (Gemmelaus sive Gemblacum) y bâtit un Monastere à ses depends, & y établit Erluin premier Abbé. Platine fait mention de cette fondation dans la Vie du Pape Etienne vii. l'année est marquée dans ces deux vers qu'on voit encore gravez sur une pierre.

[a] Origin. Cœnob. Belgic. p. 95.

[b] Le 13. Mai.

Unum D scribis, C quatuor X bis & I bis,
Dum Claustrum per te fit Gemblacense Guiberte.

Cela marque l'année DCCCCXXII. On voulut, dit Mr. Baillet, lui en faire une affaire, on pretendit qu'il n'avoit pû disposer de ce fonds, parceque c'étoit un Fief de l'Empire & qu'on ne l'avoit donné à ses ancêtres qu'à titre de Benefice. Mais l'Empereur Otton I. confirma cette Donation & donna des Lettres l'an 946. pour l'établissement du Monastere. Le Pape Benoit vii. l'autorisa trente-sept ans après & soumit l'Abbaye de Gemblours immediatement au St. Siége, du consentement des Evêques de Liége dans le Diocèse desquels elle étoit avant l'érection de l'Evêché de Namur [c]. Les Abbez obtinrent de grands Privileges. Ils avoient anciennement le droit de batre monnoye. L'Abbé Arnulphe entoura la Ville de fossez & de murailles l'an 1153. mais l'Abbé Arnold l'an 1503. soumit son Monastere au Chapitre de Bursfeld. L'Abbaye de Gemblours est encore très-remarquable tant par son ancienneté que par sa Bibliothéque, & l'Abbé jouït du titre de Comte & tient le premier rang dans les Etats de Brabant. Elle a donné plusieurs hommes illustres à l'Eglise & à la Republique des Lettres, entre autres Sigebert de Gemblours, *Sigebertus Gemblacensis*, Auteur d'une Chronique continuée par Lambert Abbé du même Monastere [d]. Ce fut auprès de Gemblours que D. Juan d'Autriche Gouverneur des Pays-Bas remporta une victoire sur l'armée des Etats Generaux le 31. Janvier 1578.

[c] Aubert. Miræus Orig. l. c.

[d] Dict. Géogr. des Pays-Bas.

GEMEAU [e], Bourg de France en Bourgogne au Bailliage de Dijon. à trois lieues de Dijon & à une de Tréchâteau ; & d'Is sur Tille. On y tient Marché deux fois la Semaine & deux Foires dans l'année, l'une le Mercredi des Cendres & l'autre à la Ste Catherine.

[e] Corn. Dict. Mem. dressez sur les lieux.

L'Eglise Paroissiale est dans l'enceinte du Château qui est vers le haut d'une côte. Le Bourg est bâti sur le penchant de la même côte, d'où sort une Fontaine d'eau claire & très-abondante. A trois quarts de lieue de là sur la Riviere de Tille on voit le Château de Lux bâti en une belle plaine fertile en vins, en grains, & en chanvres.

1. GEMELLA, on lit dans le Tresor de Goltzius qu'une Medaille de l'Empereur Claude porte cette Inscription : Colonia Augusta Gemella Legio xxv. On pretend que ce nom ne regarde pas en soi la Ville, dit l'Auteur de la Science des Medailles [f], mais les Legions qui étoient venues peupler la Colonie & que la Colonie étoit appellée *Gemella* quand elle avoit été peuplée par les Soldats tirez de quelque Legion qui portoit le titre de Gemella & que ce titre se donnoit à celles qui avoient été recrutées en y incorporant une autre Legion qui avoit perdu son nombre ; faisant ainsi de deux une Legion complette. Telles étoient la vii. la x. la xiii. & la xiv. Mais Appien dans son Histoire des guerres d'Espagne [g] nomme trois Villes, savoir Escadia, Gemella & Obolcola, dont Servilien se rendit maître. Il la nomme simplement *Gemella*. Au lieu que Tucci est nommée par Pline & dans une Inscription *Gemella Augusta Colonia*, nom qui n'étoit pas encore du temps de la guerre de Viriate. Voiez Tucci.

[f] p. 381.

[g] p. 293.

2. GEMELLA, ancienne Ville d'Afrique dans la Numidie, aux Confins de la Mauritanie Sitifense. Antonin [h] la met à xxv. M. P. de Sitifi. Dans deux routes differentes, à xxii. M. P. de *Nova Petra*, & à xxvii. de *Nova Sparsa*. Cette Ville étoit Episcopale & *Littaus* son Evêque fut un de ceux qui assisterent au Concile de Carthage tenu sous St. Cyprien. On trouve *Burcaton Episcopus Gemellensis*, dans la Conference de Carthage [i].

[h] Itiner.

[i] p. 286. Edit. du Pin.

GEMELLIACUM [k], ancien lieu de France dans le Périgord. C'est le lieu de la naissance de St. Eusice.

[k] Baillet Topogr. des Saints p. 600.

GEMENE, (la) Riviere d'Asie dans l'Indoustan ; quelques-uns la nomment Geminy, d'autres Gemna. Voiez Geminy.

GEMENOS, Bourgade de France en Provence. Il y a dans son Territoire une Chapelle dediée à St. Jean pour lequel les Peuples ont une grande devotion. La Chapelle & le terrain où elle est située s'appelle le Gardiez : ce dernier nom de Gardiez est très-ancien puisqu'il en est fait mention dans une Inscription du temps de l'Empereur Antonin le pieux en 140. de Jesus Christ. Cette Inscription est gravée sur une pierre qui sert d'autel à la Chappelle de Notre Dame du Plan dans le même Territoire de Gemenos. Il y avoit aussi en ce lieu un Monastere de filles de l'Ordre de Cisteaux, dedié à St. Pons.

GEMESTARIUM, ancien nom d'un lieu d'Espagne. Antonin le marque sur la route de Bragues à Astorga.

Nemetobrigam
Forum   M. P. xix.
Gemestarium   M. P. xviii.
Bergidum.   M. P. x.

Et

Et il compte x. M. P. de *Gemeftarium* à Aftorga.

GEMETHAILON, Fauxbourg du Caire, selon Dapper dans son Afrique.

GEMINA URBANORUM. Voiez URSO.

GEMINI, Village dont Theophile Evêque d'Alexandrie fait mention. Il étoit peut-être vers l'Egypte, à ce que croit Ortelius [a]. [a *Thesaur.*]

GEMINIACUM, ancien lieu de la basse Germanie. Antonin dit

Camaracum	
Bagacum	M. P. XVIII.
Vadgoriacum	M. P. XII.
Geminiacum	M. P. X.
Aduocam Tongrorum.	M. P. XXII.

On croit que *Bagacum* est Bavay, *Geminiacum* Gemblours; *Perviciacum* Pervis, &c.

GEMINY, (le) ou GEMENE, ou GEMNA. Mr. Thevenot en son Voyage des Indes croit que c'est le JOMANES de Pline. Ce qui est très-vraisemblable. Cette Riviere a, dit-il [b], sa source dans des Montagnes qui sont au Septentrion de Dehli, d'où prenant sa pente vers cette Ville & recevant dans son lit plusieurs ruisseaux qu'elle rencontre, elle fait un Fleuve fort considerable. Elle passe à Agra & après avoir traversé plusieurs Pays elle va se rendre dans le Gange à la grande Ville de Halbas. [b c. 19.p.95.]

GEMMA, Ruisseau d'Afrique en Ethiopie, dans l'Abissinie, & dans la Province de Sabla, il coule d'Orient en Occident & va se perdre dans le Nil encore voisin de sa source. Quelques-uns écrivent JEMA. Mr. Ludolphe est de ce nombre.

GEMMACUM, nom Latin de JAMETZ Ville du Duché de Bar.

GEMMARURIS, ancienne Ville de l'Idumée, selon Ptolomée [c]. [c *l. 5. c. 16.*]

GEMMELACUM. Voiez GEMBLOURS.

GEMMETICUM, nom Latin de JUMIEGES.

GEMMI, Montagne de Suisse entre le Valais & le Bailliage de Frutingen. Auprès de cette Montagne sont les bains & le Village de Leuc; de ce Village, dit l'Auteur de l'Etat & des Delices de la Suisse [d], on monte le Mont Gemmi pour aller au Canton de Berne en droiture. Cette Montagne est fort escarpée & la pente en est fort roide; ce qui fait croire qu'on l'a appellée *Gemmi*, parce qu'elle fait *gemir* ceux qui y passent. On voit assez que cette Etymologie est un badinage. On la monte par de petits Chemins étroits, courbes, taillez par ci par là dans le Roc & en quelques endroits, où le Roc manque, ce sont des poutres mises en travers, en guise de Ponts, tellement que ceux qui sont sujets au tournoyement de tête n'osent pas s'y exposer; & l'on ne se seroit jamais avisé de cette Ville un Chemin si ce n'eût été pour aller aux bains de Leuc. Un Ingenieur qui l'a mesuré trouve qu'il a dix mille cent & dix pieds de haut. [d T. 4. p. 189.]

GEMMINGEN, petite Ville d'Allemagne dans le Palatinat du Rhin dans la Prefecture de Bretten entre Heilbron & Philipsbourg, à trois lieues de la première & environ à neuf de la seconde, selon Mr. Baudrand [e]. [e *Ed. 1705.*]

GEMONA [f], Place d'Italie au Frioul & dans l'Etat de la Republique de Venise sur le Tajamento environ à trois milles d'Allemagne du pied des Alpes & des Frontieres de l'Allemagne & presque autant d'Udine, en allant vers Villach. [f *Ibid.*]

GEMP [g], Abbaye de filles dans le Brabant Autrichien, entre Arschot & Tillemont. Elle est de l'Ordre de Premontré. [g *Dict. Géog. des Pays-Bas.*]

GEMUE, Ville d'Afrique dans la Province de Fez propre sur le Chemin de Miquenez à Fez, selon Mr. Corneille qui cite de la Croix. C'est la même chose que GEMAA. Voiez cet Article.

1. GEMUND, Ville d'Allemagne dans la Haute Autriche, sur la Draun & au Nord d'un Lac que cette Riviere forme en cet endroit; delà vient que le Lac prend également le nom de la Riviere & celui de la Ville; quelques-uns l'appellent DRAUN-SE'E, d'autres GEMUNDER-SE'E. Zeyler dit [h] qu'ordinairement on nomme cette Ville GMUNDTEN, ce qui doit s'entendre dans la Langue Allemande; il dit aussi GEMUND, ou GMUND; mais en François nous ne connoissons que cette seule Orthographe GEMUND. Cluvier croit que c'est le LACIACUM, d'Antonin. Son nom de Gemund vient de la Riviere de *Traun*, ou *Draun*, ou *Drano* qui entre là dans le Lac, lequel prend son nom de la Ville: elle est fort poissonneuse auprès de cette Ville, & après avoir un peu parcouru ce Pays, elle se perd dans le Danube assez près de Lintz en tirant vers Ebersperg. Cette Riviere est fort poissonneuse aussi bien que le Lac qu'elle traverse; le Monastere & le petit Bourg de DRAUNKIRCHEN en tirent d'excellent Poisson. On tient, pour le dire ici en passant, que c'est le LACUS FELIX des anciens dans le Norique Ripense; & qui prit le nom de FELIX, de la troisième Legion qui étoit ainsi appellée & qui y avoit ses quartiers d'Hyver. [h *Austria Topogr. p. 18.*]

Quant au nom de la Ville il est certain que les Allemands ont souvent donné le nom de *Gmund, Gemund, Gmuind*, ou *Mund* aux lieux qui étoient à la source ou à la sortie d'une eau coulante. Le mot *Mund* signifie *bouche*, ou *Embouchure*. Tels sont *Ukermund* dans la Marche, *Travemund* dans le Holstein, *Warnemund* dans le Meckelbourg, *Angermund* au Pays de Cleves, *Rurmund*, dans la Gueldre, &c. à cause de leur situation à l'Embouchure de l'*Uker*, de la *Trave*, du *Warnow*, de l'*Anger*, de la *Roer*, &c. Mr. de la Forêt de Bourgon se trompe quand il dit [i] que cette Ville de Gemund tire son nom d'un Lac sur les bords duquel elle est située. Gemund en Autriche n'est pas une grande Ville, mais elle est belle & bien bâtie, & considerable à cause de ses Salines, elles ne sont pas précisément dans la Ville, mais à Halstadt, d'où on conduit le Sel à Ischel & delà le long du Lac de Traun, à Gemund. Assez près de la Ville au Nord-Ouest est au bord du même Lac un Château nommé ORTH, qui, après avoir appartenu immédiatement à l'Empereur, a appartenu ensuite aux Barons de Polheim, puis au Comte Adam d'Herberstorff. Le Château & le Comté ont enfin eu pour maître le Baron de Preysing Chanoine de Ratisbone. [i *Géog. T. 1. p. 320. Zeyler ubi supra.*]

2. GEMUND [a], Ville Imperiale d'Allemagne dans la Suabe; Henri le Lion Duc de Baviere & de Saxe l'ayant mise au ban de l'Empire, elle fut soumise au Duc Frideric le Vieux ou à son fils Frideric le Borgne Ducs de Suabe vers l'an 1090. Ce fut ce Frideric le Borgne qui l'entoura de murailles, ensuite l'Empereur Conrad III. & Frideric Barberousse l'augmenta & lui donna le droit de Bourgeoisie & des Franchises. Elle s'appella d'abord KEYSERSGEREUT, & ensuite THIERSGARTEN, ou *le Parc*, & le ruisseau qui coule au marché est encore nommé THIERAICH ou l'Abreuvoir. Le nom qu'elle porte aujourd'hui lui est venu de ce que quantité de ruisseaux s'y viennent perdre dans la Riviere de Rems. On y a autrefois donné des fêtes très-célèbres. Le fossé qui est au dessous du Couvent des Augustins s'appelle en Allemand der Turnier graben ou le fossé du Tournois. Les environs de la Ville portent le nom de REMSTHAL ou la Vallée de la Riviere de Rems, qui dans les plus grands Hyvers ne se gele point. Comme ce n'est point une Ville de passage, qu'il n'y a point de Riviere poissonneuse, ni de vignobles, ni aucun terroir que l'on puisse appeler fertile, les Bourgeois font leur principal commerce de Chapelets que l'on envoye fort loin. Il y a à Gemund les Couvents des Augustins, des Dominicains, des Freres mineurs, & hors la Ville une Chartreuse & un Monastere de filles où il y a eu autrefois plus de cent Religieuses. Outre cela il y a dans la Ville une belle Eglise sous l'invocation de Notre Dame; les Eglises de St. Jean, de St. Weit, de St. Sebald, celle de l'Hôpital, & deux Chapelles, & un Couvent de filles qui ont soin des malades. La Religion Catholique est la seule que l'on suive dans Gemund.

[a] Zeyler Suev. Topogr. p. 32.

3. GEMUND, GMIN, ou GMINA [b], petite Ville d'Allemagne au Cercle de Franconie, dans l'Evêché de Wurtzbourg, sur le Meyn au confluent de cette Riviere & de la Sale, au dessous de Carlstadt. L'Armée commandée par le Duc de Saxe-Weymar la prit en 1643.

[b] Zeyler Francon. Topogr. p. 25.

4. GEMUND, ou NECKERGEMUND [c], Bourg du Palatinat du Rhin sur le Necker au dessus & à l'Orient de Heidelberg à l'endroit où la Riviere d'Elsas se perd dans le Necker.

[c] Zeyler Palat. Rheni Tabula.

5. GEMUND, GEMUNDE, ou GEMUNE, petite Ville d'Allemagne dans le Nachgow, au Palatinat, assez près de Bingen. On l'a appellée ci-devant en Latin *Caput Montium*, parce que c'est là que commencent les Montagnes du Rhin entre lesquelles coule ce Fleuve. Vers l'an 1612. cette Ville appartenoit à la Maison de Schmidberg.

6. GEMUND, ou SAHR-GEMUNDE, petite Ville & Château en Lorraine sur la Saare entre Saarbruck & Saralben, selon Zeyler dans son Suplement à la Topographie du Palatinat [d].

[d] p. 9.

GEMUNDER-SE'E, Lac d'Autriche auprès de la Ville de Gemund en Autriche. Voïez l'Article GEMUND I.

GEMUNE. Voïez GEMUND 5.

☞ Dans ces noms il faut lire la Syllabe Ge comme si elle étoit écrite Ghe. Cela est commun à tous les noms Allemands.

1. GENABUM, ancienne Ville de la Gaule sur la Loire au Pays des Carnutes; Mr. Sanson dans ses Remarques sur sa Carte de l'ancienne Gaule dit: GENABUM *Orléans*. Ce nom s'écrit tantôt avec le G, comme dans Cesar, dans Strabon &c., tantôt avec le C, comme dans Ptolomée, dans l'un & dans l'autre Itineraire Romain, dans Orose &c. ce qui me fait croire, poursuit ce savant Géographe, que les anciens prononçoient quelquefois le C, presque comme le G. La position de *Genabum* se prouve à Orléans par les Itineraires qui la décrivent entre *Cesarodunum*, Tours; *Lutetia*, Paris; *Agendicum*, Sens; *Nevirnum* Nevers; & par les distances & par la suite de ces Chemins, *Genabum* tombe absolument à ORLEANS & non pas à GIEN. (Paradin & Vigenere avoient voulu établir l'opinion en faveur de Gien & Ortelius semble s'y ranger.) Gien d'ailleurs ne peut pas être *Genabum Oppidum Carnutum*, Ville des Chartrains. Ces peuples Carnutes n'ont compris que ce qui est aujourd'hui dans les Diocèses de Chartres & d'Orléans. Gien n'est pas dans le Diocèse d'Orléans; encore moins dans celui de Chartres: il est dans celui d'Auxerre qui a fait partie du Diocèse de Sens. Gien donc, suivant notre Methode, auroit été *in Senonibus* & non *in Carnutibus*, & ainsi il ne pourroit avoir été le *Genabum* que les Anciens ont fait *Oppidum in Carnutibus*. J'ajouterai ici que le sentiment de Mr. Sanson est suivi par les savans Modernes, entre autres par l'Abbé de Longuerue [e]. Mr. Baillet [f] dans sa Topographie des Saints dit: *Genabum* ancien nom de la Ville d'Orléans auquel a succédé *Aurelianum*.

[e] Desc. de la France 1. part. p. 108.
[f] p. 600.

2. GENABUM, pour GENEVE. Ce nom se trouve quelquefois écrit dans Antonin CENABUM & quelquefois CENAVA; mais comme Mr. Sanson le remarque dans l'Ouvrage cité ci-dessus, Cesar & la plupart des anciens ayant écrit *Geneva* & le nom étant resté jusqu'à présent *Geneve*, il vaut mieux le retenir & se contenter de dire que le C y a été mis quelquefois au lieu de G, comme à *Genabum Cenabum*, l'un se prononçant presque comme l'autre.

GENABUS, ancienne Ville Episcopale d'Asie dans la Phrygie. Il en est fait mention dans les Reponses des Patriarches d'Orient, selon Ortelius [g]. Je n'en ai trouvé aucune trace dans les Notices.

[g] Thesaur.

GENADEL [h], Montagne d'Afrique aux Confins de l'Egypte & de la Nubie sur le Nil à douze journées d'Asovane (Assuan) ou de Siene en Thebaïde. C'est là qu'est la grande Cataracte du Nil, & où l'on transporte les Marchandises des Vaisseaux sur le dos des chameaux pour les voiturer de Nubie en Egypte & de cette Province dans les autres.

[h] d'Herbelot Biblioth. Orient.

GENADIUM, Lazius dans sa Carte de Hongrie nomme ainsi en Latin la Ville de CHONAD.

GENAP, GENAPE, ou GENEPPE [i], petite Ville franche & Mayerie des Pays-Bas dans le Brabant Austrichien à une lieue de Nivelle. Cette Ville a un ancien Château où est établi un Tribunal qu'on appelle la Cour de Lothier. Louïs

[i] Dict. Géograph. des Pays-Bas.

GEN.

Louis XI. Roi de France n'étant encore que Dauphin, y demeura plus de cinq ans avec sa femme. Les environs sont fort agréables, & c'est un Pays de chasse. Cette Ville est sur la Dyle, à sept lieues au dessus de Louvain & à six de Bruxelles, selon Mr. Baudrand [a].

GENAVE [b], Riviere des Indes, Elle coule dans l'Indoustan & se décharge au dessus de Multan dans le Ravé qui va grossir le Sinde.

GENAUNI, & GERAUNI. Voïez LEUNI.

GENBA, Mr. Corneille dit: Province des Etats du Mogol: elle est à l'Est de celle de Pengab, & on y trouve une Ville de son même nom. C'est la même chose que JAMBA. Voïez ce mot.

GENDIVAR, Village de l'Isle de CINYRIA, vers le milieu de l'Isle. Il n'est remarquable que parce qu'on croit que c'est un reste de la Ville de CINYRIA: mais sur quoi fonde-t-on cette conjecture puisque Pline en parle comme d'une Ville déja détruite de son temps.

GENDOS, Riviere d'Asie dans la Bithynie: on la nommoit aussi CHRYSORHOAS, au rapport de Pline [c].

GENEA, Etienne le Géographe nomme ainsi un Village d'auprès de Corinthe.

GENEBIERNES, Mr. Corneille nomme ainsi une Riviere de France qui se jette dans l'Adour & qui selon lui est nommée par les habitans du Pays le Gave de Pau. Ce nom a quelque raport avec celui de Gabarnie Bourgade, située presque à la source de ce Gave. Voïez GAVE.

GENEHOA, Pays d'Afrique dans la Nigritie, le long du Niger. Dapper dans son Afrique [d] a écrit GHENEOA ou le Royaume de Guinée, mais il avertit qu'il est fort différent de ce que nous appellons les côtes de Guinée. Il suit, dit-il, la Province de Gualata quoi-qu'il y ait entre deux cent soixante lieues de desert; Gualata étant au Septentrion, Tombut au Levant & Melli vers le Midi. La Guinée s'étend plus de 80. lieues le long du Niger & une partie est à son Embouchure. On ne trouve dans le Pays, poursuit cet Auteur, ni Ville ni Château: le Seigneur demeure dans un grand Village avec les Alfaquis & les habitans les plus honorables: les maisons en sont comme des Cabanes faites de terre & couvertes de paille. Le Niger qui se deborde en même temps que le Nil forme une Isle de ce Village aux Mois de Juillet, Août & Septembre, & quand l'eau commence à croître, les Marchands de Tombut chargent leurs marchandises sur des Barques & des Canots.

Ce Pays abonde en orge, en ris, en troupeaux & en Poissons; mais il n'y vient point de fruits & on y porte des dates de Gualata & de Numidie: on y recueille beaucoup de Coton & les habitans échangent les toiles qu'on en fait contre des draps de l'Europe qu'on leur porte de Barbarie & contre du Cuivre, du Leton, & des armes & d'autres choses dont ils ont besoin. Les habitans s'habillent assez bien, à la mode du Pays, de toile de Coton noire ou bleue dont ils font leurs bonnets, mais les Alfaquis les ont tous blancs.

Ce Pays a été sous la domination des Lumptunes & leur payoit tribut sous le Regne de Soni-Heli; mais son Successeur Yschia ayant vaincu le Roi de Ghénéoa l'emmena prisonnier à Gago où il mourut, réduisit la contrée en Province, y mit un Gouverneur & transporta à Tombut une grande Foire qui se tenoit dans la principale habitation qui est sur le Niger.

GENEK [e], Vilaeti, ou la Province de GENEK. Les Turcs appellent ainsi la Cappadoce & le Pont qui en est la partie Septentrionale. La Ville maritime qu'ils appellent Tarabozan & que nous appellons Trebisonde, & celle d'Amasie où le Sangiak-Bey & quelquefois le Beglier-bey de l'Anatolie reside, sont censées être de cette Province, selon la Notice de l'Empire Turc.

1. GENEP, Petite Ville des Pays-Bas dans le Brabant Autrichien. C'est la même que GENAPE.

2. GENEP, Zeiler écrit GENNEP, en Latin GENNAPIUM, petite Ville d'Allemagne dans le Cercle de Westphalie, au Duché de Cleves, aux Frontieres de la Gueldre, avec un Château & titre de Comté. Elle est située sur la Neers qui se jette dans la Meuse peu loin delà. Cette Ville est commodément placée entre les Villes de Nimegue, & de Wenlo, à trois milles de l'une & de l'autre. Ses portes sont Niersport, sur la Riviere, Niewwport, Maesport, & Sandport. Le Château de la Maison appellée Gennerperhuys est détaché mais peu loin de la Neers & de la Meuse. Les Provinces Unies la prirent le 29. Juillet 1641. par accord, sur les Espagnols qui l'occupoient. Le Marquis de Chamilly [f] la prit pour le Roi de France l'an 1672. & le Roi la rendit deux ans après à l'Electeur de Brandebourg, à qui elle est aussi bien que tout le Duché de Cleves.

GENES, Ville d'Italie. Autrefois c'étoit la Ville de commerce des Liguriens; c'est à présent la Capitale d'une Republique qui a eu autrefois une puissance beaucoup plus grande que celle qu'elle a présentement. Elle a toujours conservé son ancien nom qui est Γένυα chez les Grecs, GENUA chez les Latins & GENOA chez les Italiens modernes. Nous disons GENES; quelques-uns écrivent Gennes. Dans les siécles du moyen âge l'ignorance a introduit le nom de Janua, pour le deriver de Janus, que ces bonnes gens en faisoient le fondateur. Procope, Luitprand, le livre de la Paix de Constance ont employé ce nom; mais le veritable a prevalu. Etienne le Géographe cite Artemidore sur l'autorité duquel il dit que cette Ville s'appelloit Stalia de son temps. Cluvier [g] croit que ce passage d'Etienne est brouillé & qu'au lieu de Γενύα πόλις Λιγύων, Σταλία καλουμένη νῦν, ὡς Ἀρτεμίδωρος τὸ ἐθνικὸν Γενυάτης, c'est-à-dire, Genes Ville des Liguriens, presentement appellée Stalia, selon Artemidore, le nom national est GENUATES les Génois; il faut lire: Γενύα, πόλις Λιγυρῶν ἐν Ἰταλίᾳ ὡς Ἀρτεμίδωρος καλουμένη νῦν Ἴανυα, c'est-à-dire, Genes Ville des Liguriens en Italie, selon Artemidore, nommée à présent Janua. Cette correction est hardie; mais elle est d'autant plus belle que le passage a besoin d'être rectifié; & comme dit Berkelius Commentateur d'Etienne on peut la rece-

GEN.

recevoir en attendant qu'il s'en fasse une meilleure. Tite-Live [a] fait mention de Genes dès la seconde Guerre punique. Elle devint ensuite un Municipe des Romains, comme il paroît par une ancienne inscription dans laquelle on lit DECUR. GENUÆ. Valere Maxime [b] & Pomponius Mela [c] la nomment aussi. L'Auteur de la Nouvelle Edition Françoise de l'Introduction de Pufendorff à l'Histoire, nous a donné un abregé des principaux progrès de la decadence de Genes. J'en donnerai ici un abregé. [d]

[a] l. 28. in fin. & l. 30.
[b] l. 1. c. 6.
[c] l. 2. c. 4.
[d] Introd. à l'Hist. T. 1. p. 128.

Magon Frere d'Annibal ayant passé en Italie avec une Flote surprit la Ville de Genes, & la détruisit entierement. Spurius Lucretius la rebâtit, & elle demeura aux Romains jusqu'à la decadence de leur Empire. Après la chute de l'Empire d'Occident causée par l'invasion des Goths, elle fut soumise à ces Peuples jusqu'à ce que Narsès eut renversé le nouveau Royaume qu'ils s'étoient formé en Italie & appellé en leur place les Lombards. Rotharis leur Roi saccagea la Ville de Genes dont les ruines exciterent la pitié de Charlemagne qui la releva, l'annexa à l'Empire François sous lequel elle fut gouvernée par un Comte particulier. Le premier nommé Audemar défit les Sarazins & conquit l'Isle de Corse. Les Sarasins eurent leur tour dans le x. siécle; ils prirent Genes, passerent tous les hommes au fil de l'épée, emmenerent les femmes & les enfans esclaves en Afrique. La Ville se retablit pourtant de cette perte.

Ses habitans s'adonnerent au commerce, s'enrichirent & devenus aussi fiers que puissants, chasserent leurs Comtes, & s'érigerent en Republique. La liberté, les richesses, & les autres avantages de la Navigation mirent ce Peuple en état de donner de grands secours aux Princes armez dans les Croisades. Baudouin Roi de Jerusalem donna aux Génois deux rues de Jerusalem & de Jaffa, avec une partie de la Douane qu'on établit à Cesarée, à Alep, & à Ptolemaïde. Vers l'an 1125. les Genois & les Pisans eurent une sanglante guerre entr'eux au sujet de l'Isle de Corse; ceux de Pise pretendoient au droit de disposer des Evêchez de cette Isle. L'avantage de cette guerre fut du côté des Génois. Ils payoient au St. Siége une contribution annuelle pour l'Isle de Corse, le Pape Lucius II. les en affranchit.

L'Empereur Frederic I. ayant soumis le Milanez força les Génois à lui jurer foi & hommage, & s'établit ensuite Juge entre eux & les Pisans. Ils se disputoient la proprieté de l'Isle de Sardaigne, il les mit d'accord, en la leur partageant, sur le pied qu'ils l'avoient déjà possedée en commun.

La forme du gouvernement de la Republique Génoise avoit souffert divers changemens, c'étoit d'abord des Consuls, ensuite un Podesta, & n'étoit pas plutôt las du Podesta qu'on en revenoit aux Consuls par une alternative; & on ne continuoit l'une ou l'autre maniere de gouverner qu'autant que l'on étoit content de ceux qui sortoient de charge.

Les Pisans se mirent en tête de partager l'Isle de Corse comme celle de Sardaigne. Ce fut la matiere d'une guerre de dix-sept ans qui fut terminée par une trève de cinq ans. Ce fut durant cette guerre que les Genois acheterent le Marquisat de Gavi & la petite Ville de ce nom pour la somme de quatre cens mille livres. Cette place étoit d'autant plus importante pour eux qu'elle est sur les confins du Montferrat & du Milanez. Ils se brouillerent avec les Venitiens en voulant apuyer le Comte de Mallée qui vouloit envahir l'Isle de Candie, mais on les reconcilia par une trève de cinq ans qui fut prolongée plusieurs fois.

Les Genois prirent le parti de Gregoire IX. contre l'Empereur Frederic II. que les Pisans favorisoient; ils eurent plus d'un échec dans cette Guerre on leur prit Savone, & leur Flote fut batuë, cependant ils repererent ces pertes, & ne contribuerent pas peu à ruiner en Italie les affaires de l'Empereur. Après sa mort on travailla à reconcilier les Genois & les Pisans, la plus grande difficulté regardoit les deux places de Lerice & de Trebiano, qui demeurerent aux Genois par l'arbitrage des Florentins. Les Pisans n'ayant pas voulu s'y soumettre furent batus.

L'an 1257. le Podesta fut déposé & le peuple reprit toute l'autorité qui avoit été jusques-là entre les mains de la Noblesse & se donna à Guillaume Boccanegra sous le nom de Capitan.

Ce que les Genois possedoient dans l'Orient donna lieu à une nouvelle brouillerie entr'eux & les Venitiens. Ils se disputerent l'Eglise de Saint Saba à St. Jean d'Acre. Chacun pretendoit la posseder entiere. Le Pape leur avoit commandé de s'en servir en commun, les Genois mecontents de sa Sentence, employerent la force & furent battus; on les racommoda à condition que les Venitiens rendroient deux mille prisonniers sans rançon & que tant que dureroit la trève les Genois n'iroient point à St. Jean d'Acre. Cette trève fut rompuë à l'occasion de Michel Paleologue qui chassa Baudouin de Constantinople. Le Prince Grec pour s'attirer l'appui des Génois leur ceda Smyrne & Pera Fauxbourg de Constantinople; au lieu que les Venitiens favorisoient Baudouin: cette diversité de parti brouilla de nouveau les deux Republiques.

Le Capitan Boccanegra ne jouït gueres que quatre ans de sa Dignité. La Noblesse se ressaisit du gouvernement, & comme ce fut vers ce temps-là que les factions des *Guelfes* & des *Gibelins* prirent naissance, elle se partagea entre ces deux partis. Les Grimaldi & les Fiesques se rangerent pour les Guelfes; les Doria & les Spinola qui étoient Gibelins furent les plus forts & chasserent leurs ennemis qui se refugierent à la Cour de Naples. Le Pape menagea pourtant leur retour.

En 1280. la guerre se ralluma entre les Republiques de Venise, de Pise & de Genes. Cette derniere n'eut pas long-temps ce double ennemi, car ayant pris cinq Galeres aux Venitiens, ils leur renvoyerent leurs prisonniers sans rançon & desarmerent ainsi leur haine; n'ayant plus que les Pisans à combatre, les Flottes se joignirent, le combat fut sanglant & decisif. Les Pisans perdirent tant de prisonniers qu'on disoit qu'il y avoit alors plus de Pisans à Genes qu'à Pise même. Les vaincus ne purent jamais se relever après cette defaite

ni

ni empêcher la perte d'Elbe & de Livourne; ils furent réduits pour avoir la paix à ceder ce qu'ils avoient dans l'Isle de Corse & une grande partie de la Sardaigne; & autres conditions onereuses.

La paix avec les Venitiens avoit peu duré, les Génois remporterent sur eux une victoire qui les mit en état de stipuler par le Traité de Paix que de treize ans les Venitiens n'envoyeroient point de Galeres en Syrie.

Les Génois debarassés des guerres étrangeres furent agitez par de nouvelles factions: l'Empereur Henri VII. y rétablit la tranquilité, mais après sa mort les troubles recommencerent, les Guelphes reprirent le dessus, & transporterent la Souveraineté de Génes à Robert Roi de Naples, premierement pour dix ans, ensuite pour six autres. Pendant cet état, Génes fut une annexe & une dependance de ce Royaume, mais les Gibelins firent changer ce Gouvernement. Ils élurent Simon Boccanegra pour Duc de Génes. Celui-ci abbatit le parti des Guelfes & fit exclure de la regence la noblesse qui à son tour le demit de la dignité. On ne vit plus pendant quelque tems qu'une funeste alternative de l'Aristocratie & de la Democratie, jusqu'à ce que tout fut pacifié par le Duc de Milan que l'on prit d'abord pour arbitre & ensuite pour Souverain; mais après cinq ans ils chasserent le Gouverneur qu'il leur avoit donné, se choisirent un nouveau Duc, & par forme de dedommagement promirent au Duc de Milan, une contribution annuelle de quatre mille Ducats & l'entretien de quatre cens hommes à son service.

La Ceremonie du Mariage du jeune Roi de Cypre servit de pretexte à une nouvelle rupture avec les Venitiens. Les Ministres de Génes & de Venise se disputoient le pas. Celui de Gênes voulant faire plier son adversaire arma son monde, l'autre averti fit entendre à la Cour que le Genois en vouloit à la personne du Roi, les Genois furent égorgez. A ce sujet de haine en joignit un autre. Calojean Empereur de Grèce donna aux Génois l'Isle de Lesbos & celle de Tenedos aux Venitiens. Andronic son fils peu satisfait de cette donation, anima les Génois à se saisir de cette derniere Isle. Cependant les Venitiens en avoient déjà pris possession. Ces deux Peuples en vinrent aux mains pour décider à qui elle demeureroit. Les avantages que l'un eut sur l'autre durant cette guerre furent si balancez, qu'on eut pu dire de ces deux Republiques, ce qu'on a dit autrefois de Rome & de Carthage que celle des deux qui avoit vaincu n'avoit pas été fort éloignée de perir elle-même. De leur côté les Venitiens perdirent quinze Galeres & les Génois firent 2800. prisonniers, & pour comble de malheur Pierre Doria Amiral des Génois se rendit maître de Chioza & de Malamocco aux portes de Venise. Jamais cette Republique n'avoit été en un si grand danger. Elle fit de grandes soumissions que Doria reçut avec tant de hauteur que les Venitiens fortifiez par leur desespoir, risquerent un combat où Doria perit, la Flote Genoise fut prise ou brulée, plus de trois mille Genois furent prisonniers & leur rançon paya une partie des frais de la guerre. L'Isle de Tenedos resta aux Venitiens, par le Traité de paix conclu en 1379.

Genes n'en fut pas plus tranquile. Les Adorni & les Frégoses, familles nobles, disputoient à qui seule gouverneroit la Republique, qui fatiguée d'être la victime de leurs cabales se donna à Charles VI. Roi de France. Il leur donna le Maréchal de Boucicaut dont la bonne conduite ne les empêcha point de se donner un nouveau Maître, quoiqu'il leur eût acquis le Port de Livourne. Ils prirent le tems qu'il étoit occupé à faire la guerre au Duc de Milan, massacrerent les François & se donnerent au Marquis de Montferrat; quoique *Porto Venere*, *Lirice*, & *Sarsanello* fussent au pouvoir de la France. Cette Couronne pour les punir en fit présent aux Florentins.

Leur soumission au Marquis de Montferrat ne dura que quatre ans. Il s'accommoda avec eux & consentit qu'ils élussent un autre Duc moyennant une indemnisation de vingt-six mille Ducats. En faveur de cet Accord les Florentins leur rendirent les trois places qu'ils avoient eues de la France. Les factions des Guelfes & des Gibelins & la désunion des principaux Génois épuiserent si bien le tresor de la Republique, qu'elle vendit Livourne aux Florentins pour cent mille Ducats. Elle eut ensuite la guerre contre Alphonse le superbe, Roi d'Arragon, qui prit Calvi dans l'Isle de Corse & assiegea St. Boniface; mais on lui fit lever le siège avec perte & on se ressaisit de Calvi.

En 1442. les Génois lassez de leur liberté se donnerent au Duc de Milan qui voulut faire ses affaires en les sacrifiant, ils se revolterent en 1436. y & après avoir éprouvé pendant deux ans combien il leur étoit impossible d'être libres & tranquiles ils se donnerent à la France en 1458. ils se soumirent à Charles VII. Roi de France, ensuite à Jean Duc d'Anjou, puis se revolterent contre René son Successeur, chasserent de Genes tous les François, & en égorgerent plus de 2500. Louis XI. Roi de France transporta tous les droits qu'il avoit sur Genes & Savone à François Sforce Duc de Milan à condition qu'il tiendroit ces deux Villes comme Fiefs de la Couronne.

Sforce en vertu de cette Transaction ne perdit point de tems & se rendit maître de Genes qu'il gouverna assez tranquilement, mais sous son fils Galeaz les Génois furent très-malheureux.

Mahomet II. leur enleva Caffa & les autres places qu'ils possedoient sur la Mer Noire; & les priva de ce que leur avoient accordé tant les Empereurs Grecs qui comme on a vu les favorisoient, que les Empereurs Turcs à qui ils avoient rendu des services au prejudice des Chrétiens, comme beaucoup d'Historiens le leur ont reproché. Mr. d'Herbelot les en justifie ainsi. GENOVISLAR, dit-il, à l'article GENOUAH, c'est ainsi que les Turcs appellent les Génois que l'on accuse à tort d'avoir fourni des Vaisseaux à Amurath II. du nom Sultan des Turcs quand il passa d'Asie à Gallipoli en Europe pour donner bataille à Ladislas Roi de Hongrie, car lorsqu'il défit ce Prince dans les Marais de Varna vers les Embouchures du Danube dans le Pont-Euxin l'an de l'Hegire 848. ou 849. qui répond à l'année

P de

de Jesus-Christ 1444. l'Armée navale des Chrétiens étoit postée à Gallipoli dans l'Hellespont & lui en ferma le passage, desorte qu'il fut obligé de passer au Bosphore de Thrace qui est le Canal de la Mer Noire.

Il est vrai qu'environ vingt ans auparavant, à savoir l'an 827. de l'Hegire, le même Sultan poursuivant le faux Mustapha qui se disoit fils du Sultan Bajazeth I., passa d'Asie à Gallipoli sur des Vaisseaux marchands de Gènes, mais cela ne convient pas non plus au premier trajet que les Turcs firent en Europe l'an de l'Hegire 758. de Jesus Christ 1356.; car alors Soliman fils d'Orkan & petit-fils d'Othoman I. Sultan des Turcs, qui mourut du vivant de son pere passa de l'Asie en Europe sur des Radeaux & ensuite sur des Vaisseaux qu'il fit enlever sur les côtes de la Grece. Revenons à la Republique des Génois.

Galeaz les traita avec beaucoup de dureté, cela fut cause qu'après la mort de ce Duc, ils ne voulurent plus de maître étranger. Ils se brouillerent peu après avec les Florentins au sujet de Serezana sur laquelle ces derniers formoient quelques pretentions, ils leur enleverent même Pietra Santa & Serezanella. Cette Guerre fut bientôt étoufée par les soins du Pape, & Pietra Santa demeura aux Florentins à condition qu'ils renonceroient à Serezana & Serezanella; mais l'accord ne fut pas de longue durée. Ceux-ci tirerent la restitution de Serezanella en longueur & se saisirent même de Serezana. Cette derniere place revint pourtant aux Génois par la trahison du Gouverneur que Charles VIII. y avoit laissé & qui la leur vendit vingt mille ducats. En 1495. la Ville de Gènes se donna encore une fois au Duc de Milan, & un an après Louis XII. Roi de France ayant dépouillé Louis Sforce, Génes rentra ainsi sous la domination Françoise. Au bout de huit ans la populace se revolta, hacha en piéces la garnison du Château contre la parole donnée, & se choisit pour Duc un Teinturier en Soye nommé Paul de Novi. Louis XII. marcha en personne, fit executer le Duc & ses complices & rentrer la Ville dans son devoir, & ôta à la Ville ses Privileges. Elle n'obtint de pardon qu'à ce prix: le Roi se reserva la nomination d'un Gouverneur François de Nation pour mieux conserver la Souveraineté qui devoit toujours appartenir à la Couronne, il ordonna que les Génois feroient serment de fidelité à ce Gouverneur; il passa tous les autres articles. Une soumission si bien réglée les empêcha point de chasser encore la garnison Françoise & de raser le Fort Lanterne. Ils se choisirent Octavien Fregose qui prit le titre de Duc, & s'accommoda avec François I. qui lui céda cette Dignité & le declara Administrateur de tout l'Etat de Gènes, pour la couronne de France, à laquelle Fregose jura foi & hommage & donna une place forte pour ôtage de sa conduite.

Les Génois furent fideles à la France jusqu'à ce que Prosper Colonne & le Marquis de Pesquaire vinrent se presenter devant la Ville. Ils servoient la Couronne d'Espagne qui possedoit le Royaume de Naples. Les postes étoient mal gardez pendant que l'on traitoit pour la Capitulation; les Espagnols en profiterent, se saisirent de la Ville & mirent tout au pillage. Fregose fut du nombre des prisonniers. André Doria reconquit l'Etat de Gènes au profit de la France & cette Couronne l'auroit conservé, si elle avoit mieux ménagé ce grand homme. Le Roi de France voulut établir à Savonne un commerce prejudiciable à la Ville de Génes, & en donna la Douane au Connétable de Montmorenci, qui par là eut interêt à soutenir ce projet. Doria qui étoit Génois & qui aimoit sa patrie voulut s'opposer au tort qu'on lui vouloit faire; cela joint à d'autres mecontentemens que l'on lui donna fit qu'il se rebuta & se donna à Charles V. l'ennemi juré de la France. Aidé des Galéres Imperiales, il se presenta devant Génes, & la prit, le Château tint bon quelque temps, mais il se rendit & fut rasé aussitôt. Doria refusa la Souveraineté qui lui fut offerte; il se contenta d'avoir procuré la liberté à son Pays. Les Genois reprirent Savone, en ruinerent les murailles & en comblerent le Port. Ils se rendirent maîtres d'Ovada, de Novi, & de Gavi. Comme je n'écris pas l'Histoire de la Republique de Génes, mais un détail des lieux qu'elle a acquis ou perdus, je renvoye au reste du Chapitre cité ceux qui veulent en savoir les principaux évenemens. Vers l'an 1624. elle acheta le Marquisat de Zuccarel qui lui fut d'abord contesté, puis cedé par le Duc de Savoye, & après le Traité d'Utrecht en 1713. elle a été mise en possession du Marquisat de Final que l'Empereur lui avoit vendu.

A l'égard de la Ville Capitale & Metropolitaine de cet Etat, elle est presqu'au milieu du Pays auquel elle donne son nom; [a] elle est située partie dans une plaine & partie dans une Colline, elle s'étend en longueur; mais elle est fort pressée dans sa largeur, d'un côté de la Montagne qui regne quasi tout au long de la Ville, & de l'autre de la Mer qui lui fait une perspective naturelle, merveilleusement agréable. Son circuit est de cinq milles & elle est fermée de murailles très-fortes, du côté du Septentrion elle est couverte des Montagnes. Elle est plus marchande qu'aucune autre Ville d'Italie & porte ses marchandises travaillées en Soye dans toutes les parties du monde. On la nomme *Génes la Superbe*, aussi est-elle une des plus magnifiques je ne dirai pas seulement de l'Italie mais de l'Europe. Rien de plus propre que le dedans de ses Palais, rien de plus commode que l'ordre de leurs appartemens, rien de plus superbe que la matiere dont ils sont bâtis, rien de plus ingenieusement travaillé que leurs façades, en un mot rien de plus achevé. La hauteur des Palais n'étonne pas moins ceux qui les regardent que leur architecture & la symmetrie qui y est observée. Ce grand nombre de beaux bâtimens a bien relevé la situation naturelle du lieu & lui a donné un ornement tout-à-fait avantageux. Les rues en sont fort étroites & cela oblige les Génois à se servir de Litieres.

Entre les Edifices publics on vante l'Eglise de l'Annonciade desservie par des Religieux de l'Ordre de St. François. Monconis [b] la décrit ainsi: c'est une assez grande Nef qui a une aile de chaque côté. Toutes les Colonnes sont cannelées d'un marbre blanc & rouge &

[a] Journal d'un Voyage de France & d'Italie p. 157.

[b] Voyages T. 1. p. 202.

GEN.

la moulure est de marbre blanc; tout le reste de la voute est de plâtre en compartimens : il y a dans les vuides de très-beaux tableaux & tous les ornemens, festons, quadres & bas-reliefs sont dorez, & ouvragez, ensorte qu'il n'y a qu'or, azur, & marbre. Il y a une Chapelle à droite de la Coupole, qui a quatre Colonnes torses qui forment l'autel lesquelles sont d'un marbre qui semble une Agate. [a] Le Couvent est spacieux, superbement bâti & on y monte de l'Eglise par differens degrez. Il y a cloître sur cloître, & au dessus des Jardins pleins d'Orangers & encore plus haut un reservoir d'eau.

L'Eglise Metropolitaine est sous l'invocation de St. Laurent. Elle surpasse les autres Eglises en grandeur, mais elle n'égale pas en beauté celles de St. Ambroise & de l'Annonciade. [b] C'est une longue nef avec deux aîles de chaque côté dont les voutes sont aussi hautes que celles de la nef. Elles sont soutenues par quantité de Colonnes de marbre ou pierres noires au dessus desquelles il y a encore un autre rang de plus petites. Le chœur est de menuiserie à pieces raportées qui forment de très-beaux tableaux de figures ou de perspective sans peinture. En haut dans la muraille sont les quatre Evangelistes de marbre plus grands que nature; la sculpture en est excellente. A côté de la coupole dont la voute aussi bien que celle du chœur est de marbre, il y a plusieurs sculptures très-belles contre la muraille. [c] Au dessus des quatre Evangelistes & dans le fond du lambris est representé le Martyre de St. Laurent. Parmi plusieurs belles Chapelles on remarque celle de St. Jean Baptiste [d], à gauche en entrant. Elle est de marbre enrichie tout à l'entour de figures de marbre, de Colonnes & de Balustres; on y garde, dit-on, les cendres de ce St. Precurseur. Le portail & le clocher au dehors est tout de marbre blanc & de pierre noire & tout le portail est garni d'une infinité de hautes Colomnes de marbre, deliées & qui font une agreable Architecture. Entre autres raretez que l'on garde dans le Tresor de cette Eglise, ou dans les Chapelles [e] on dit que se trouve le plat dans lequel Herodias presenta à sa mere la tête de St. Jean. On y garde aussi un vase d'Emeraude d'un prix inestimable apporté de Cesarée en Palestine. Quelques-uns disent que c'est un bassin & que c'est le même dans lequel Jesus Christ mangea l'agneau Paschal avec ses disciples. Une Tradition Nationale l'assure ainsi.

L'Eglise de St. Ambroise est desservie par les Jesuites. C'est une des plus magnifiques de la Ville. Sa grandeur, ses peintures exquises, ses belles Colomnes enlevent l'admiration de quiconque les regarde; les piliers qui la soutiennent sont d'un marbre dont la couleur est très-vive & leur grosseur est prodigieuse. La Chaire du Predicateur est toute de marbre aussi bien que son escalier. Le maître-autel est orné de Colomnes de marbre entre lesquelles sont les statues de St. Pierre & de St. Paul de même matiere. Les Chapelles sont fort decorées de Colomnes & de balustres le tout de marbre d'un bout de l'Eglise à l'autre. Le lambris est couvert de peintures excellentes & le pavé est d'un marbre parfaitement beau. La

GEN. 115

quantité de marbre que ce Pays fournit donne une grande facilité à le rendre si commun dans les Eglises. Celle de St. Cyr en est remplie: les Piliers qui soutiennent la Nef, les Colonnes des Chapelles, le chœur, l'autel, les marchepieds, & les balustres, tout y est de marbre. Au Couvent des Theatins on voit cloître sur cloître, dortoir sur dortoir dont le plus élevé, est le plus éclairé & le plus grand: au dessus de tout cela il y a des Jardins remplis d'Orangers & de Citronniers, où les eaux coulent abondamment & en diferentes manieres. On monte par degrez en trois differens Jardins qui sont les uns sur les autres, & au dessus de ceux-là, ce qui est admirable, on trouve un Moulin à l'eau & une Cisterne, & encore au dessus de tout cela une plate forme de laquelle on voit toute la Ville. L'Eglise de St. Matthieu est remarquable par les Reliques que l'on y venere; celle des Dominicains à cause de son dome. La maison des Peres de la Mission est grande & belle, ils sont parfaitement bien logez & peuvent même recevoir les Ordinants en grand nombre & les loger commodément, car ils ont une belle sale, de beaux refectoirs, dortoirs sur dortoirs & un Jardin pris dans la Colline & qu'ils peuvent élever plus haut que celui des Theatins. Du Jardin ils ont une vûë aussi étenduë que charmante, car ils voyent la Mer d'un côté & toute la Ville de l'autre. L'Eglise de Nôtre Dame de la Vigne, celle des Cordeliers, & quelques autres n'ont rien de remarquable qu'une profusion de marbres qui, comme j'ai dit, n'est point rare en ce Pays. Passons aux Palais.

Celui du Doge [f] est un des plus beaux & des plus grands bâtimens de l'Europe, mais il n'est pas tant orné de marbre que ceux des Nobles. D'une grande cour on monte dans une sale magnifique au dehors de laquelle on voit les deux fameuses statues d'André Doria, & de Jean André, les liberateurs de la patrie. A côté de cette Sale il y a plusieurs appartemens avec leurs cours particulieres embellies de Colonnes de marbre. En montant ensuite deux hauts escaliers on trouve dans les appartemens d'enhaut la sale du grand Conseil pour l'élection du Doge & à côté le College pour les affaires du Gouvernement où s'assemblent 27. Senateurs ou Procureurs. Ces derniers ne donnent point leurs avis dans toutes les affaires publiques. De l'autre côté sont les appartemens du Doge, assez spacieux non seulement pour lui, mais pour quelque Prince Souverain que ce fût.

Le Doge est élu du Corps des Senateurs, & gouverne deux ans; après quoi on en élit un autre : on le traite de Serenité & les Senateurs d'Excellence. Quand le Doge sort de charge, on lui depute une personne qui lui dit : votre Serenité a fait son temps, votre Excellence peut se retirer chez elle.

La Bourse est assez grande, mais elle n'a rien de magnifique.

Le Palais du Prince Doria est hors de la Porte de St. Thomas. [g] Il est grand & garni de plusieurs terrasses balustrées de marbre, desquelles on descend dans un fort grand Jardin qui est au devant du Logis. Au milieu est une très-belle Fontaine de marbre blanc ornée de quantité d'Aigles, tout autour du Baſſin qui eſt de quatre à cinq pieds de hauteur & au milieu eſt un grand Neptune qui gouverne trois gros chevaux. A main droite eſt une voliere dans laquelle il y a de gros arbres, chênes verds & autres avec deux Baſſins de Fontaine. Elle a cent trente pas de long & vingt-deux de large, toute fermée & couverte en deſſus de fils de fer qui tiennent à des barres de fer groſſes comme le bras, & de plus de vingt pieds de haut. Au bout du Jardin, vis-à-vis des Terraſſes on monte à d'autres pareilles qui aboutiſſent ſur la Mer. Tout le Palais eſt peint à freſque dedans & dehors par Perin del Vago.

Le grand Palais du Duc de Doria eſt le premier & le plus beau de la Strada-Nova. Il eſt tout de gros Quartiers de marbre au dehors. On monte à une très-grande cour par un beau & large degré, & après avoir traverſé cette cour, on rencontre au bout vis-à-vis du premier un pareil eſcalier qui méne dans les appartemens du maître par une Galerie qui fait tout le tour de la Cour. Sur la porte eſt écrit *nulli certa Domus* & à la Maiſon vis-à-vis; *venturi non immemor ævi*.

Proche de ce dernier Palais on voit le Palais de Brignoles dont les Arcades inferieures ſont ſoutenues de 16. Colonnes. Les Eſcaliers ornez d'excellentes Statues & les Chambres de meubles precieux.

[a] *Gemelli Carreri.*

[a] St. George eſt le Palais où ſe garde le Treſor de la République. En bas eſt la *Douane* & dans les Chambres au deſſus on trouve la Sale ancienne où l'on voit environ quinze Statues de nobles Genois qui ont rendu ſervice à leur Patrie. Elles ſont placées contre le mur. La Sale nouvelle où les Bourgeois s'aſſemblent quelquefois pour affaires au nombre de quatrecens eſt fort grande & le long de ſes murailles les Statues de marbre de quelques bons Citoyens. On paſſe de cette Sale dans celle où eſt la Magiſtrature compoſée de huit Senateurs qui determinent les affaires de la Banque & ce qui regarde les droits de la Ville. [b] Ce Palais n'eſt qu'un bâtiment quarré, ſans cour, ſur le bord de la Mer.

[b] *Monconis.*

[c] *Gemelli Carreri.*

[c] L'*Albergo* eſt ſur la Montagne. C'eſt un ouvrage des plus pieux & des plus magnifiques que l'on trouve dans l'Etat de Genes. Les Genois ſi économes durant leur vie, donnent liberalement leurs biens aux Egliſes, lors qu'ils ſont au lit de la mort. Cela paroit par la depenſe immenſe & prodigieuſe qu'il a falu faire pour un tel bâtiment; parce que pour le finir outre l'edifice déja fait il a falu remplir des precipices & applanir une roche très-dure. Il y a deux grands chemins qui conduiſent depuis la premiere porte à un portique d'où l'on paſſe par deux autres chemins plus magnifiques au devant de la Maiſon, où l'on trouve quatre Statues de Stuc des bienfaicteurs du lieu avec leurs Inſcriptions, outre quatre autres que l'on voit ſur les montées. Les Murs de l'Egliſe ſont incruſtez d'excellent marbre avec huit Statues. Le grand Autel a ſept Colonnes & une image de la Vierge ſculptée par un excellent maître. Avant que d'entrer dans l'Egliſe, on voit ſur la droite pluſieurs Coridors, avec des Chambres & un Jardin pour les honnêtes femmes & filles, car celles qui ſont condamnées en penitence vivent dans un endroit ſeparé au deſſus de l'Egliſe afin qu'elles ne corrompent pas l'eſprit des autres filles. Il y a juſqu'à 650. femmes. Par derriere l'Autel & par le premier portique on peut monter à divers appartemens, l'un pour les jeunes gens, un autre pour les Vieillards & un troiſiéme pour les enfans; il y a des Chambres qui ſont occupez ſelon leurs forces à travailler pour les beſoins de la Maiſon. Tous ces appartemens à cauſe de l'éminence du lieu ſont les uns derriere les autres & ſont de loin comme une perſpective de Théatre, & cela eſt fort agréable à voir de deſſus les balcons. Le tout eſt adminiſtré avec ordre & économie. On y nourrit les pauvres & éleve les Orphelins, on donne des dotes aux filles qui s'y marient.

Il y a auſſi à Génes un grand Hôpital où l'on a ſoin de quatre cents Malades des deux ſexes. Le premier Coridor n'a rien de beau que ſa longueur & ſa grandeur. On monte de celui-là à un autre auſſi grand, deſtiné pour les femmes, avec trois chambres pour des perſonnes de quelque diſtinction & de petites filles. En entrant dans le ſecond Coridor on trouve une très-belle Chapelle & deux longues Arcades qui ſe coupent en croix, outre une autre bien grande à la droite de la Chapelle. Je paſſe un grand nombre de Palais qui meriteroient une deſcription. La *Strada Nova* n'en a que de fort ſuperbes. Au raport de Mr. Spon [d] Genes a cela de particulier & d'avantageux ſur les autres Villes d'Italie que tous ſes Palais ſe ſuivent ſans être joints avec des maiſons ordinaires.

[d] *Voyages T. 1. p. 20.*

Le Port eſt tout ouvert du côté du Midi & a de petites roches couvertes d'eau qui le rendent mal ſûr quand il vient quelque bouraſque. [e] Il a un peu plus d'un mille de longueur avec un fanal du côté du ponant & de bons ouvrages qui défendent deux arſenaux dont l'un eſt pour les Galeres & l'autre pour les Barques au vin. La tour du fanal dont on vient de parler eſt remarquable, on y allume trente trois Lampes la nuit afin de guider les vaiſſeaux & qu'ils puiſſent entrer plus facilement dans le port. Elle a un eſcalier de 312. marches, & eſt ſituée ſur un rocher. Il y a de gros Canon autour & tout le long de la Courtine.

[e] *Gemelli Carreri.*

Il faut diſtinguer l'ETAT DE GENES, de la CÔTE DE GENES. Ce dernier Pays n'eſt qu'une partie du premier.

L'ETAT DE GENES, comprend

 LA CÔTE DE GENES.
 L'Iſle de CORSE.
 L'Iſle de CAPRAIA, ſur la côte de Toſcane.

Il comprenoit encore l'Iſle de LESBOS ou de METELIN, celle de CHIO, CAFFA dans la petite Tartarie, & PERA auprès de Conſtantinople. Les Turcs en ont dépouillé les Genois, comme nous l'avons déja dit.

La CÔTE DE GENES [f], en Latin *Liguſtica Littora*, Province d'Italie. Elle s'étend en long ſur la côte de la Mer Mediterranée

[f] *Baudrand Ed. 1705.*

au

au Midi, entre l'Etat du Grand Duc de Toscane & le Duché de Massa à l'Orient, le Comté de Nice, la Principauté de Monaco, & les Alpes, où les Montagnes de Tende à l'Occident, & les Duchez de Milan, de Montferrat & de Parme au Septentrion ; ainsi sa longueur du Levant au Couchant est de près de cent quarante milles ; mais sa largeur est fort étroite entre la Mer & l'Appennin, n'y ayant quasi que la côte, & quelques vallées, sur tout vers Savone, & dans la Riviere de Ponant, aux frontieres du Montferrat. Elle est plus large dans la Riviere de Levant, & vers Brugneto, & le plus étendu est vers Gavi & Novi, où elle s'étend jusqu'à vingt cinq milles de large, & de là à l'Apennin où sont ces deux places avec quelques autres lieux. On la nomme la côte de Genes à cause de la Ville de Genes sa Capitale, qui est au milieu.

On l'appelle aussi quelquefois la RIVIERE DE GENES, non pas qu'il y ait aucune Riviere de ce nom ; mais parce qu'on divise ordinairement ce pays-la en deux parties, celle qui est à l'Orient de la Ville de Genes, & jusques aux Frontieres de l'Etat du Grand Duc de Toscane, & du Duc de Massa est nommée la RIVIERE DE LEVANT, & par ses habitans la *Riviera di Genoua di Levante*, & peut avoir soixante milles de long, où les lieux plus considerables, sont Sestri de Levant, Rapallo, Chiavari, Porto-Venere, Brugneto & Sarzane dans la Lunegiane.

La partie de cette côte, qui est à l'Occident de la Ville de Genes, & qui s'étend jusqu'à Monaco, & au Comté de Nice, est appellée la RIVIERE DU PONANT, & par ses habitans la *Riviera di Genoua di Ponente*, où sont les Villes de Savone qui en est la principale, Albengue, Noli, Vintimille, Saint Reme & Port Morice ; mais il y a deux petits Etats qui y sont enclavés, savoir le Marquisat de Final, & la Principauté d'Oneille. La Republique de Genes a acheté le premier comme nous avons dit, l'autre est au Roi de Sardaigne Duc de Savoye. Toute cette côte est extremement fertile le long de la Mer seulement, & si cultivée par le grand soin de ses habitans, avec tant de belles Maisons de Campagne, sur tout proche de Genes ; qu'on diroit en plusieurs endroits que ce n'est qu'une Ville, quoique le Pays soit fort rude, & qu'il y ait quantité de rochers ; mais les lieux qui sont plus éloignez de la Mer, & plus dans la Montagne, sont assez peu cultivez, si ce n'est quand on a passé l'Appennin & vers Gavi.

Je n'entrerai point dans un detail des hommes illustres que la Ville de Genes a produits ; mais un homme à qui les Geographes doivent beaucoup, c'est Christophle Colomb, Genois qui a eu le courage de decouvrir un nouveau Monde comme je le dis à l'article de l'Amerique.

Il court en Italie un proverbe peu honorable aux Genois, on definit ainsi leur Pays, *Montagne senza Legni*, *Mare senza Pesci*, *Huomini senza Fede*, *Donne senza Vergogna*. C'est-à-dire des Montagnes sans bois, une Mer sans Poisson, des hommes sans Foi & des femmes sans pudeur. Il ne faut pas prendre ce proverbe à la lettre ; & il y a à Genes comme ailleurs des hommes pleins de probité & des Dames très-vertueuses.

GENESA, Ville de la Laconie, selon Etienne le Géographe.

GENESAR, ou

GENESARETH, (LE LAC DE). Voiez CENERETH.

GENESIUM, lieu maritime du Peloponnese dans le Royaume d'Argos, selon Pausanias.

GENESSAI, le P. Avril nomme ainsi la Riviere de la Tartarie que nous appellons JENISCEA. Voiez ce mot.

GENESSANO, ou GENEZZANO *a*, en Latin *Juventianum*, Bourg d'Italie dans la Campagne de Rome, entre Frescati & Palestrine, à deux ou trois lieues de l'une & de l'autre. *a Baudrand Ed. 1705.*

GENESTON, Abbaye de France en Bretagne, au Diocèse de Nantes ; sur la Riviere de Boulogne à cinq lieues de Nantes vers le couchant d'Hyver. Elle est de l'Ordre de St. Augustin de la Congregation reformée de France.

GENESUS, ou GENUSUS, Riviere de la Palestine, selon Vibius Sequester.

GENETÆ, &

GENETÆUM PROMONTORIUM, Apollonius *b* nomme ainsi un Cap de la Cappadoce sur la Mer Noire entre les Villes Jasonium & Cotyorum. Valerius Flaccus *c* place après les Chalybes Peuples de ce pays-la une Roche consacrée à Jupiter Genetéen. Pline *d* joint les Genetes aux Tibareniens. Arrien *e* & Etienne le Géographe y mettent un Port & une Riviere de ce nom. *b l. 2. c l. 5. v. 147. d l. 6. c. 4. e Peripl.*

GENETHLIUM, Village du Peloponnese au Royaume d'Argos, selon Pausanias *f* ; le même Auteur dit ailleurs *g* que Thesée naquit dans le Village de ce nom. *f In Arcadicis. g In Corinthiac.*

GENEVE, Ville de Suisse, ou plutôt dans la petite Republique dont elle est la Capitale, & qui porte le même nom, elle est plutôt alliée que partie du Corps Helvetique. Elle est située à l'extremité du Lac que les anciens ont connu sous le nom de Leman, & qu'on appelle aujourd'hui le Lac de Geneve. Sa situation entre la France, les Etats de Savoye & les Suisses, fait sa principale sûreté, aucun de ces Souverains ne voulant permettre qu'elle soit opprimée par les autres. C'est pourquoi on l'a ingenieusement comparée à un grain de bled entre plusieurs coqs qui l'un pour l'autre s'abstiennent de s'en saisir.

Cette Ville est nommée GENF par les Allemands ; les François lui conservent son ancien nom qui est Geneve. Elle est ancienne, sur tout la vieille Ville, où est l'Eglise de St. Pierre, qui est située sur une Montagne ; ses portes ont même subsisté jusqu'à la fin du dernier siecle. Elle étoit très-considerable du tems que Jules Cesar commandoit dans les Gaules, comme on peut le voir au commencement de ses Commentaires. Elle ne touchoit point alors au Rhône, & le pont qui étoit sur ce Fleuve appartenoit aux Helvetiens ; mais pour la Ville, elle appartenoit aux Allobroges, qui avoient été assujetis par les Romains. *h Longuerue desc. de la France. 2. part. p. 308.*

Il n'y a aucun Historien, ni Ecrivain, après Cesar, durant plus de 400. ans, qui en ait

ait fait mention; & ceux qui ont deviné qu'elle a été Colonie Romaine, se sont fondez sur ce qu'ils ont confondu Geneve avec la *Colonie des Equestres*, qui étoit une Ville differente, comme on peut voir dans l'Itinéraire d'Antonin, où *Cenava* est mise à XVII. M. P. d'Equestre, & dans la Carte de Peutinger où *Genava*, Geneve, est distinguée de la Colonie Equestre; cependant la quantité d'Inscriptions Romaines que l'on y voit encore aujourd'hui, demontre que Geneve a été considerable sous l'Empire Romain; & il y en a eu une, où ses habitans sont appellés *Genavenses*, GENAVENSIBUS DAT; parce que dans l'antiquité on a écrit indifferemment GENEVA, ou GENAVA, & CENAVA: on a aussi écrit GENEBA par un B. Ce nom est écrit *Genava* dans les souscriptions des Conciles de l'Eglise Gallicane assemblez dans le VI. Siécle, comme à celui d'Epaone en 517. sous Sigismond Roi des Bourguignons, auquel assista l'Evêque Maxime; au V. d'Orleans en 549. où assista le Prêtre *Tranquillinus*, envoyé par l'Evêque Pappolus; au II. de Lyon l'an 567. & au IV. de Paris tenu l'an 573. auxquels assista Salonius; au II. Concile de Valence tenu l'an 584. & au II. de Mâcon tenu l'an 585. où assista l'Evêque Cariathon.

Dans le même Siécle, on corrompit ce nom en GENUA, & JANOBA, comme on voit au IV. livre de l'Histoire de Gregoire de Tours; ceux qui ont vécu 400. ans après en transposant les lettres ont écrit GEBENNA, que l'on trouve dans les Auteurs de la plus basse Latinité.

[a] Etat & delices de la Suisse. T. 4. p. 225. & suiv.

[a] Après la mort de Cesar les Peuples voisins s'étant revoltez contre les Romains, ceux-ci trouverent dans la Ville de Geneve une fidelité à toute épreuve: aussi l'en recompenserent-ils par de grands Priviléges, & principalement par la Souveraineté sur le Lac.

Il y avoit alors à Geneve des Magistrats Romains, pour exercer la Justice, des Intendans des bâtimens publics, des Pontifes, des Prêtres Payens, & tout ce qui accompagnoit la Police & la Religion Romaine.

Dans le second Siécle la Religion Chrétienne y fut prêchée, & du tems de Marc Aurele, Geneve, ayant été entiérement brûlée, cet Empereur la fit rebâtir, confirma ses Priviléges, & permit aux Chrétiens l'exercice de leur Religion. Geneve prit alors, apparemment par reconnoissance, le surnom d'AURELIANA.

Elle souffrit beaucoup de la part des Barbares, qui, sous la decadence de l'Empire Romain établirent un Royaume, sous le nom de Bourgogne. Les Historiens nous apprennent que Charlemagne, allant en Italie, fit quelque séjour à Geneve, qui étoit déja passée sous la domination des François; cet Empereur confirma ses Priviléges, avec ceux de l'Evêque, & unit cette Ville à son Empire. L'Aigle qui, depuis ce tems-là, se trouve au pied de sa statuë, qu'il fit mettre sur le Portail de l'Eglise de S. Pierre, pourroit en être une preuve, s'il étoit vrai, que l'Aigle à deux têtes dans les Armes de l'Empire fut aussi ancienne que Charlemagne; mais il y a apparence, dit Mr. Spon, que ce fut Conrad II. qui

[b] Hist. de Geneve. l. 2. p. 43.

fit graver cette Aigle lorsqu'il acheva cette Eglise.

Quoique Geneve, depuis Charlemagne, ait fait encore une partie du Royaume de Bourgogne, il est vraisemblable qu'elle reconnoissoit toujours l'Empire, qui regardoit la Bourgogne comme un de ses Fiefs.

Les Comtes de Geneve, selon l'opinion commune, furent établis par Charlemagne, en recompense des 706. hommes qui lui furent envoyez du tems de la guerre des Lombards, sous la conduite de Toton & de Beltram qui se signalerent par leur valeur. L'Empereur les honora, du titre de COMTES DE GENEVE. Cette dignité a été continuée aux descendans de l'un & de l'autre jusqu'en 887. que le Roi Boson réunit ces deux Dignitez en la personne de Pierre qui fut le seul Comte de Geneve; & qui descendoit de Beltram.

[c] Rodolphe ayant été proclamé Roi d'une partie du Royaume de Bourgogne à Saint Maurice de Vallais l'an 888. les Genevois lui obéirent & à ses descendans jusqu'à Rodolphe III. qui donna son Royaume par Testament à l'Empereur Conrad le Salique, qui eut pour Successeur son fils Henri le Noir: celui-ci créa le Duc de Zeringen Gouverneur de la Bourgogne Transjurane.

[c] Longuerue

Le Duc Berchtold IV. voulant étendre son pouvoir sur Geneve, obtint une Bulle ou Patente de Frederic Barberousse, par laquelle cet Empereur donna au Duc le haut Domaine sur les trois Villes de Geneve, de Lausanne, & de Sion, ce qui étoit formellement contraire à une autre Bulle qu'il avoit accordée au commencement de son Empire à *Arduitius* Evêque de Geneve, par laquelle il lui avoit conservé tous les droits temporels de son Eglise sur la Ville de Geneve même ceux qui appartenoient à l'Empire, sans se reserver que les droits purement honorifiques, dont il ne joüiroit que lorsqu'il iroit en personne à Geneve.

En ce tems-là le Comte de Genevois étoit *Fidelis Advocatus*, Feal Avoué de cette Eglise, dont on étoit convenu par un Traité fait entre l'Evêque, & le Comte l'an 1153. qui avoit été confirmé par le Pape Adrien IV. l'an 1157. Et quant au Comte de Genévois, il tiroit le droit qu'il avoit à Geneve de l'investiture que l'Evêque Gui de Geneve avoit donné au Comte Amé son frere.

Cet Evêque pour rendre sa Maison plus puissante, donna à son frere l'investiture en titre du Comté de Genévois, avec plusieurs Domaines qui étoient de la Manse Episcopale, & dans la Ville le *Vidamé* que l'on nomme en ce Pays *Vidomnat*.

Cet Evêque étant mort l'an 1120. Humbert de Grammont lui succeda & prétendoit faire casser l'Inféodation faite par son predecesseur au Comte de Genévois au prejudice de l'Eglise de Geneve. Ce different fut terminé l'an 1124. par l'Archevêque de Vienne, Metropolitain de l'Eglise de Geneve qui étoit alors Legat Apostolique.

[d] Dans la suite des tems, il arriva que les Evêques, & le Comte, à l'exemple des Prélats & autres Seigneurs du Royaume de Bourgogne, voyant la foiblesse des Empereurs,

[d] Etat & delices de la Suisse. l. c.

reurs, les occupations infinies dont ils étoient accablez, & les rudes guerres, qu'ils avoient à soutenir contre les Papes ; il arriva, dis-je, qu'ils se prevalurent de l'occasion, pour secouer le joug. Les Comtes rendirent le Gouvernement du Pays hereditaire dans leur famille, & tranchérent du Souverain.

Les Bourgeois, pour s'opposer à cette puissance, confierent à l'Evêque comme par commission la Justice, la Police, & la défense de leurs droits, qu'ils vouloient conserver, comme les autres Villes libres ; mais bientôt ils furent obligez de se précautionner contre les entreprises de ceux qu'ils avoient choisis pour leurs défenseurs [a]. Les Evêques se voyant puissans, s'érigérent en Seigneurs temporels de la Ville, par des commissions mandiées auprès des Empereurs, & ne laisserent aux Comtes que la domination du Pays, qui en relevoit: ceux-ci ne pouvant mieux faire, se restreignirent à la Souveraineté du Pays, appellé encore aujourd'hui le *Genevois.* De là vient qu'on les trouve appellez indifferemment Comtes de Geneve, & de Genevois.

[b] On avoit donc accordé que l'Evêque auroit la Justice, & la Seigneurie dans la Ville, avec la fabrique de la Monoye ; que le Comte ne pourroit faire bâtir aucune Forteresse, sans le consentement de l'Evêque ; & qu'à l'égard du *Vidamé,* ou *Vidomnat* ; le Comte auroit à Geneve un Lieutenant pour les causes civiles, & qu'enfin il feroit hommage à l'Evêque, sans excepter aucun autre Seigneur que l'Empereur seul.

Ardutius qui étoit de la Maison de Faucigni, succeda à Humbert à l'Evêché de Geneve, & fut zelé pour les droits de son Eglise, il les défendit contre le Duc de Zeringen qui ne garda pas long-tems ce que l'Empereur lui avoit octroyé sur Geneve ; car il ceda à Amedée II. Comte de Savoye, fils d'Amedée I. mort en 1162. la Souveraineté ou le haut Domaine sur Geneve, à quoi l'Evêque Ardutius s'opposa de toutes ses forces, & se rendit en un lieu au Comté de Bourgogne près de Besançon, où étoit pour lors Frederic Barberousse. Il lui représenta, & prouva si bien les droits de son Eglise, que cet Empereur révoqua la Donation qu'il avoit faite au Duc de Zeringen, comme obtenue par surprise, & il remit à l'Evêque de Geneve l'autorité temporelle avec les droits de Regale sur la Ville. L'Eglise de Geneve avoit seule la Seigneurie entiere & la Principauté de Geneve & de ses dépendances ; néanmoins l'Evêque n'étoit pas maître absolu ; il étoit élû par le Clergé & par le Peuple, & après l'election il étoit obligé de jurer qu'il garderoit les Privileges & les Franchises de la Ville.

Les habitans avoient leur part au Gouvernement ; les cris publics se faisoient non seulement au nom de l'Evêque & de son Vidomne ou Vidame, mais des Sindics & des Prud'hommes. Le Prélat avoit pour Assesseurs les quatre Sindics, vingt Conseillers & le Tresorier, qui étoient élûs par les Bourgeois. A ce Conseil des vingt-cinq on en joignoit plusieurs autres dans les affaires importantes : ce Conseil étoit subordonné au grand Conseil des 200. comme il l'est aujourd'hui ; & enfin il y avoit pour Tribunal suprême l'Assemblée generale du Peuple composée de tous les Chefs de famille.

Les Sindics avoient la garde de la Ville, le tiers de ses revenus & le Jugement Souverain des Criminels, excepté les personnes Ecclesiastiques, qui étoient reservées au Tribunal de l'Evêque. Ce Prélat ne pouvoit rien resoudre d'important sans la participation des Citoyens, desorte que sa Principauté n'étoit pas de la même nature que les Souverainetez seculieres ont accoûtumé d'être.

Genéve étoit libre, aïant été reconnuë Ville Imperiale par les Empereurs, & même par Charlequint l'an 1530. lorsque l'Evêque de Geneve jouïssoit encore de tous ses droits temporels & spirituels dans la Ville de Geneve.

Il y a eu nonobstant cette liberté plusieurs occasions où les Evêques l'ont emporté autrefois sur les Sindics, qui furent maltraitez l'an 1309. car l'Evêque de Geneve aïant intenté procès contre les Genévois devant Briand de Lagnieu Archevêque de Vienne son Métropolitain, il condamna les habitans & leurs Magistrats : ceux-ci aïant refusé de se soûmettre à ce jugement, ils furent excommuniez ; ce qui épouvanta si fort les Genevois, que s'étant assemblez au son de la grosse Cloche, ils reconnurent leur Evêque Amé du Quart Prince & Seigneur avec Jurisdiction, & on promit qu'à l'avenir les Sindics ne se mêleroient d'aucune affaire qui préjudiciât à son autorité. Enfin les habitans pour réparation de ce qu'ils avoient fait contre ce Prélat, s'obligerent à faire bâtir des Halles, du revenu desquelles l'Evêque recevroit les deux tiers.

Nous avons dit que les Comtes de Geneve avoient eu le Vidamé, mais ils en furent privez à cause des vexations qu'ils avoient fait à la Ville, qui avoit été assistée par Amedée IV. Comte de Savoye ; ce Prince l'an 1285. entra dans Geneve, & demanda le païement des frais qu'il avoit faits contre le Comte de Genévois en lui faisant la guerre pour les interêts de la Ville. Guillaume de Conflans Evêque de Geneve, vouloit que le Comte se contentât de ce qu'il tenoit hors de la Ville, & ce Prélat n'y vouloit pas donner pied au Comte. Le parti de Savoye prévalut, & on accorda au Comte tout ce que le Comte de Genevois possedoit dans la Ville, dont le Comte se pourroit servir comme d'une forteresse pour couvrir ses Etats, & il promit de défendre les habitans & leurs biens envers & contre tous. L'Evêque consentit malgré lui à ce Traité & le ratifia. Le Comte se contenta du titre de Vidomne, qu'il faisoit exercer par un Officier que l'on appelloit le Châtelain. Il reconnut lui & quelques-uns de ses Successeurs pour cet office l'Evêque & l'Eglise de Genéve. Dans la suite les Princes de Savoye qui se trouvoient trop puissans ne voulurent plus prendre le titre de Vidomnes, qu'ils donnerent au Châtelain, en conservant néanmoins les droits de la charge, à la faveur desquels ils esperoient de se rendre maîtres de Geneve ; en quoi ils trouveroient toûjours de l'obstacle de la part de l'Evêque, des habitans, & du Comte de Genévois, qui avoit ses partisans, & rendoit hommage aux Evêques.

[a] *Spon.* T. 1. p. 57.

[b] *Longuerue ubi supra.*

Amé-

Amedée appellé le Comte Verd, aïant établi son Châtelain de Genève Vidomne, lui commanda de faire jouïr les Citoyens de leurs Franchises & de leurs Libertez; mais quelque tems après aïant obtenu de l'Empereur Charles IV. le Vicariat de l'Empire dans ce païs-là, il voulut en qualité de Vicaire se faire reconnoître à Genève comme maître absolu, en quoi il ne réüssit pas; car l'Empereur aïant passé à Genève l'an 1366. Guillaume de Marcossai Evêque de Genève avec les Syndics, autorisez par le grand Conseil, lui presenterent une Requête, par laquelle ils demandoient la revocation du Vicariat donné au Comte Verd.

L'Empereur par Arrêt de son Conseil declara qu'il n'entendoit pas que le Vicariat donné au Comte Verd s'étendît sur le temporel des Eglises, & particulierement de celle de Genéve. Le Comte Verd n'aïant pas voulu obeïr, son pays fut mis en interdit, & l'Empereur donna deux Actes de revocation du Vicariat dans la Ville de Francfort le 10. & le 24. de Septembre, & l'année suivante 1367. étant à Hertingfeld, il donna un troisiéme Acte pour cette revocation; ce qu'il confirma par un quatriéme donné à Prague, condamnant en cas de contravention le Comte Verd en mille marcs d'amande.

Le Comte Verd ne respectant point ces Jugemens Imperiaux, l'Evêque de Genève se pourvut devant le Pape Gregoire XI. à Avignon. Sa cause y parut si juste, que le Pape par un Décret de l'an 1371. ordonna au Comte de restituer tout le bien de l'Eglise de Genéve duquel il s'étoit emparé, & de rapporter sans delai entre les mains de l'Evêque les Lettres Imperiales qui avoient donné occasion à ses entreprises, en reservant à ce Prince le droit qu'il avoit sur le Vidomnat & sur le Château de l'Isle. Le Comte Verd obeït au jugement du Pape, & en donna la même année un Acte autentique dans la Ville de Thonon, lequel fut publié le jour de la Toussaints dans l'Eglise de Saint Pierre à Geneve.

L'Evêque Aimar Fabri de l'Ordre des Dominicains, dressa & publia un Acte l'an 1385. pour confirmer les Libertez & les Franchises de la Ville & des Citoïens, pour servir de Loix aux uns & aux autres à perpétuité.

Les principaux articles de cet Acte, que nous pouvons appeller Pragmatique, imprimée dès l'an 1507. portent que les procès qui seront intentez devant le Vidomne, ne seront point traitez par écrit ni en Latin; mais à l'Audience verbalement en Langue vulgaire, que l'on nomme le Roman. Que les procès criminels ne seront jugez que par les Sindics élûs par les Bourgeois. Que personne ne sera appliqué à la question que par sentence des Juges. Que la garde de la Ville depuis le Soleil couché jusqu'au Soleil Levant, appartiendra entierement aux Citoiens, & que l'Evêque ni aucun autre en son nom, ne pourra exercer sa Jurisdiction à ces heures-là; mais seulement les Citoiens qui auront toute la Jurisdiction, & ce que les Jurisconsultes appellent le pur & mixte Empire. Que les Citoyens, les Bourgeois & Jurez de la Ville pourront nommer toutes les années quatre Sindics, à qui ils donneront plein pouvoir pour les affaires de la Communauté.

Dans la suite les Ducs de Savoye qui avoient le Vidomnat avec le Château de l'Isle où étoit la prison des Laïques, entraprirent à plusieurs fois de se rendre maîtres absolus de Genève. Après y avoir été reçus, ils emprisonnerent & firent même executer à mort des Genévois qui leur étoient contraires. Les Evêques ne s'opposoient que foiblement à leurs entreprises, & mêmes les deux derniers, qui étoient Jean de Savoye & Pierre de la Baume, favorisoient le Duc Charles. La Ville étoit divisée en deux factions: celle des zélez pour la Franchise de la Ville s'appelloit les *Eignots*, mot tiré de l'Allemand *Eydgenosz*, ou *Eydgnotsz*, qui signifie les Confederez, c'est-à-dire, les alliez pour maintenir la liberté. Ce nom avoit été pris par les peuples des Cantons Suisses, & ceux qui s'étoient joints à eux, ou qui vouloient s'y joindre, étoient nommez *Eignots*.

Au contraire ceux qui aimoient la Domination absolue, & qui étoient affectionnez au Duc de Savoye, étoient nommez par leurs adversaires les *Mammelus*, ou *Mamlucs*: ce mot signifie en Arabe esclave, & il étoit celèbre dans l'Europe, parce que toute la bonne Milice du Sultan du Caire, étoit composée de ces Mamlucs ou Esclaves, que l'on achetoit pour en faire des Soldats.

Le peuple de Genéve avoit fait alliance avec le Canton de Fribourg dès l'an 1518. mais ils n'en avoient tiré aucun avantage réel. Enfin le Duc Charles de Savoye après avoir fait tous ses efforts pour engager les Genévois à le reconnoître Prince & Souverain, contraignit ces gens-là à se jetter entre les bras des deux Cantons leurs voisins, qui étoient ceux de Berne & de Fribourg, qui reçurent les Genévois dans leur alliance.

Le Conseil General du peuple de Genéve accepta solemnellement cette alliance le 25. Fevrier l'an 1526. malgré l'opposition de l'Evêque Pierre de la Baume. Huit Députez de la Ville allerent jurer cette alliance à Berne & à Fribourg & huit de Berne & de Fribourg en firent autant à Geneve. Après cela les Eignots eurent le dessus à Géneve, les Mamlucs aïant été forcez de se retirer de la Ville avec le Vidomne, & le Geolier ou le Concierge du Château de l'Isle.

Cependant comme les habitans craignoient d'offenser le Duc de Savoye, ils gardoient beaucoup de mesures, & ils conservoient les biens & les droits de l'Evêque & de son Chapitre. On ne paroissoit pas encore avoir envie de changer la Religion & de bannir le Clergé & les Religieux; mais plusieurs du parti des *Eignots* commencerent à gouter les opinions de leurs bons amis de Berne: au contraire les Mamelucs témoignerent une grande aversion pour la Doctrine nouvellement prêchée en Suisse, & un grand attachement pour l'Eglise Romaine; desorte que l'an 1528. les Genévois se declarerent, du moins une grande partie contre le Pape, quoiqu'ils ne renonçassent pas si-tôt à l'ancienne Religion.

L'an 1530. le Duc Charles de Savoye voulant obliger les Genévois à le reconnoître en ses droits, & particulierement dans ceux du Vidomnat, les Cantons furent arbitres de ce different. On détermina que ce qui avoit été
ôté

été au Duc, lui feroit rendu; mais qu'il payeroit aux Villes de Fribourg, de Berne & de Géneve 10000. écus pour les frais de la guerre, & qu'il relâcheroit les prisonniers Genévois qu'il tenoit; ce qu'il refusa, & l'accord fut rompu.

Sur cela les Sindics entreprirent de fortifier la Ville en faisant une enceinte qui enfermeroit une partie des Fauxbourgs, & les autres furent rasez. Les murailles & leurs boulevards furent bâtis des materiaux des Fauxbourgs, qui furent ruinez avec quelques Eglises ou Monasteres, entr'autres celui de Saint Victor de l'Ordre de Cluni. Le Duc traitant les Genévois en ennemis, défendit à ses Sujets d'y porter des vivres.

Cependant comme le parti Protestant prenoit de jour en jour de nouvelles forces, ceux de Fribourg envoierent des Députez aux Genévois l'an 1533. qui les menacerent que les Fribourgeois les priveroient de leur alliance & de leur Bourgeoisie s'ils recevoient cette nouvelle Doctrine. Au contraire ceux de Berne l'appuierent, & se plaignirent de ce que certains Magistrats avoient maltraité les nouveaux Prédicateurs, dont le principal étoit Guillaume Farel, qui étoit arrivé à Géneve dès l'an 1532. Ils vinrent à bout de leur entreprise l'an 1535. presque tous les habitans aïant changé de Religion & embrassé celle de Suisse. L'Evêque depuis longtems s'étoit retiré en Franche-Comté; il fit une tentative pour rentrer dans la Ville, aux environs de laquelle il se rendit l'an 1534. pour tâcher d'y être le plus fort; mais cette entreprise échoua. Il cassa ses Officiers de Géneve, & il en créa d'autres, qui s'établirent à Gex.

L'année suivante les Sindics & le Conseil de la Ville firent publier une Ordonnance le 27. d'Août, par laquelle il étoit enjoint à tous les Citoyens & habitans de faire profession de la Religion Protestante, & l'exercice de la Religion Catholique fut interdit.

Le Chapitre de l'Eglise Cathédrale de Saint Pierre se retira à Anneci, Ville capitale du Genévois, & tous les Prêtres, les Religieux & les Religieuses furent chassez. Le parti des Mamelus fut ainsi exterminé à Géneve, de ceux, dis-je, qui étoient affectionnez au Duc de Savoye & à l'Evêque, & celui des *Eignots* demeura absolument le maitre, c'est-à-dire, des gens qui avoient un grand amour pour la Liberté & pour le Gouvernement populaire, & qui avoient embrassé la même Religion que les Républicains de Berne.

On appella ensuite *Eignots* tous ceux qui embrasserent cette Religion en France, où l'on corrompit le mot *Eignot* en *Huguenot*, ou *Ugnots*, d'où les Italiens firent *Ugonotti*, & c'est là la vraie étymologie du nom *Huguenot*, pour signifier les *Zuingliens*, ou *Calvinistes*, que l'on a appellez autrement *Sacramentaires*, parce qu'ils nient la présence réelle du corps de Jesus Christ dans l'Eucharistie; en quoi ils sont opposez aux Lutheriens, qui reçoivent la Confession d'Ausbourg.

L'an 1536. les Sindics de Géneve firent publier une Ordonnance, par laquelle il étoit enjoint à toutes personnes d'assister aux Prêches, & où l'on défendoit très-rigoureusement de dire la Messe. Les Genevois s'étant joints aux Bernois, qui envahirent les Etats de Charles Duc de Savoye, se saisirent de plusieurs Villages autour de leur Ville, & se rendirent absolument les maîtres de ceux qui avoient appartenu au Chapitre de Saint Pierre & au Monastere de Saint Victor. Les Prêtres y avoient eu jusques là le libre exercice de leur Religion aussi bien que le peuple de la Campagne.

Le premier Sindic, accompagné d'autres Magistrats, aïant fait assembler les Prêtres, leur ordonna qu'avant le Dimanche de Quasimodo ils eussent à montrer par la Sainte Ecriture, que la Messe & les autres Institutions, qu'ils appelloient Papales, étoient aprouvées de Dieu, sinon que tout exercice leur en seroit défendu.

Un de ces Prêtres répondit pour tous, qu'il étoit juste de leur donner du tems pour s'instruire & se convaincre des raisons qu'on leur apportoit pour quitter une Religion qu'ils avoient sucée avec le lait, & qui étoit professée depuis tant de siécles. Le Magistrat à la persuasion du Ministre Farel refusa de leur accorder leur demande, quoi qu'elle parût juste à quelques-uns. Desorte que ces Prêtres furent contraints de se retirer, & on établit à la Campagne par une autorité armée la même Religion qu'à la Ville.

Les Fribourgeois, fort zélez Catholiques, ne voulurent plus avoir de communication avec les Genevois, & leur ôterent le droit de Bourgeoisie & leur alliance; mais les Bernois les prirent sous leur protection; & quarante ans après ceux de Soleurre, quibque Catholiques, voyant combien la Ville de Géneve étoit importante à tout le Corps Helvetique, s'unirent avec les Bernois pour l'empêcher de tomber entre les mains du Duc de Savoye, qui songeoit perpétuellement aux moyens de s'en rendre le maître, & à faire valoir les pretentions qu'il avoit sur cette Ville; desorte que les deux Cantons prirent le parti de supplier le Roi de France Henri III. de vouloir comprendre Géneve dans la paix perpetuelle avec le Corps Helvetique; ce qu'il leur accorda par un Traité conclu l'an 1579. où ce Roi reçut Géneve au nombre des Villes alliées, & promit aux Cantons des subsides tant pour la solde des troupes qu'ils y mettroient en garnison, quand il seroit necessaire, que pour paier celles qui iroient au secours de la place, si elle étoit assiégée. Le même Roi s'allia encore avec les Genevois au mois d'Avril 1589. contre le Duc de Savoye leur commun ennemi: ce qui fut accepté & ratifié par Henri IV. l'an 1592.

Quoique Géneve ne fût pas expressément nommée dans le Traité de Vervins, on soûtint que les Genevois y étoient compris sous le nom general d'Alliez ou Confederez des Cantons, & que Charles Emanuel Duc de Savoye, avoit violé les Traitez de Vervins & de Lyon, lorsqu'il avoit essayé de surprendre de nuit cette Ville par escalade le 21. de Decembre 1602. On s'est contenté dans les Traitez suivans de sous-entendre cette Ville sous le nom general d'Alliez & de Confederez; mais dans le Traité de Ryswyck de l'an 1697. les Etats Generaux & ensuite l'Empereur Leopold I. ont

ont compris nommément entre leurs Alliez la Republique de Genéve.

Cette Ville a un pont sur le Rhône, qui la joint avec Saint Gervais, qui est au Nord de ce Fleuve, & n'étoit qu'un Fauxbourg tout ouvert, qui fut fermé l'an 1511. & compris dans la nouvelle enceinte l'an 1530.

La République de Genéve est aujourd'hui entierement libre & Souveraine, ne devant rien à l'Empire, dont elle n'est plus membre; mais elle jouit de la franchise du Corps Helvetique. Elle établit & fonda une Ecole l'an 1536. après l'abolition de la Religion Catholique.

Ce premier établissement ne paroissant pas suffisant, le Conseil établit un nouveau College avec des Professeurs en Grec, & en Hebreu, & en Philosophie, & deux en Théologie, qui furent Jean Calvin & Theodore de Beze : celui-ci fut le premier Recteur de cette Academie, dont les Statuts furent publiez le 5. de Juin l'an 1559. dans l'Eglise de Saint Pierre. On a depuis augmenté le nombre des Professeurs.

Les Magistrats sont presque les mêmes qu'ils étoient autrefois, sinon qu'ils ne dépendent plus de l'Evêque & que la Justice du Vidomnat est unie à celle de la Ville. A la place du Gouvernement Episcopal on a substitué le Consistoire, où les Ministres ont un grand credit, étant à Genéve plus considerez que dans les autres Etats Protestans.

a Delices de la Suisse T. 4. p. 748.
Genéve occupe les deux bords du Rhône qui la partage ainsi en deux parties inégales; la plus grande qui est proprement la Ville de Genéve, occupe le côté gauche de la Rivière, & c'est pour cette raison qu'elle faisoit anciennement partie de la Province des Allobroges. Elle est bâtie en partie sur une Colline, qui va s'élevant jusqu'au haut du Quartier qu'on appelle *la Cité*. La pente en est assez douce en quelques endroits, mais rude aussi en d'autres.

L'autre partie de la Ville, qu'on appelle S. Gervais, à cause du Saint de ce nom, Patron de la Paroisse, est bâtie sur le côté droit du Rhône, sur les anciennes bornes de la Suisse. Entre ces deux parties de la Ville, le Rhône se partage en deux bras, & forme une Isle de 700. pieds de long, & de 200. de large, qui est toute habitée. Les deux parties de la Ville sont jointes à l'Isle & par là l'une à l'autre par deux grands ponts de bois. Cette Ville est grande & très-peuplée à proportion de sa grandeur. En partie la Religion Protestante & en partie le Commerce, y ont attiré quantité de familles, tellement qu'elle contient plus de quinze mille ames. Elle est remplie d'anciens habitans, de Réfugiez Italiens, qui y allérent de Venise & de Luques dans le XVI. siécle, où sont entr'autres les *Calandrins, Turrettins, Micheli*, &c. & de Réfugiez François, anciens & nouveaux : anciens, qui s'y retirérent durant les troubles de France du XVI. siécle, & nouveaux, qui s'y sont réfugiez depuis la revocation de l'Edit de Nantes en 1685. Le séjour en est fort agréable, soit à cause de la bonté de l'air, de la douceur du Gouvernement, & de l'abondance de toutes choses, que le commerce y attire, comme aussi à cause de l'agrément qu'on y trouve dans la conversation des habitans, qui sont généralement polis, pleins d'esprit, & portez à la gayeté. Il y en a plusieurs qui sont doux, honnêtes, & caressans envers les Etrangers; mais il y en a aussi à qui leurs richesses inspirent beaucoup de fierté.

La Ville est fort belle, & se remplit tous les jours de plus en plus de beaux & de superbes bâtimens, soit publics, soit particuliers. On y voit des maisons de particuliers, qui sont de superbes Palais : on peut dire même en quelque manière, qu'ils sont plus beaux, qu'ils ne le devroient être dans une petite République, où il y doit avoir plus d'égalité entre les Concitoyens. Entre les bâtimens publics, on peut remarquer le Temple de S. Pierre dans le Quartier de la Cité; c'étoit autrefois l'Eglise Cathédrale. Il est grand & antique bâti en croix, & fort spacieux. On voit sur le grand portail la figure du Soleil, qui étoit le Dieu tutelaire de la Ville, du tems du Paganisme; surquoi je remarquerai, qu'à ce sujet la Ville, ayant pris depuis plusieurs siécles une devise, dont le corps étoit le Soleil, & la Légende ces paroles, *Post tenebras spero lucem*, c'est-à-dire, *après les ténèbres j'espere la lumière* ; lorsqu'elle eût embrassé le Calvinisme, (néanmoins non pas d'abord, mais plusieurs années après) on changea la devise, & l'on prit, *Post tenebras lux*, c'est-à-dire, *après les ténèbres, la lumière* : & on l'a mise depuis dans les Inscriptions publiques, & sur la Monnoye.

Pour revenir au Temple de S. Pierre, on y voit dans la Nef derrière la Chaire, les Statuës des douze Apôtres en bois. Comme le Temple est toûjours ouvert, on y a quelquefois surpris des Catholiques à genoux devant ces Statuës. Et l'on dit même que l'Evêque titulaire de Genéve, qui réside à Annecy en Savoye, y va dire une Messe basse une fois en sa vie. Dans la Nef, on remarque le tombeau magnifique d'Henri Duc de Rohan, qui lui fut dressé par Dame Marguerite de Sully sa veuve. Il mourut l'an 1638. à KUNIGSFELDEN. Son cœur y fut laissé, & son corps fut porté à Genéve dans ce monument, & sa veuve y fut mise quelques années après avec lui. On y voit aussi le tombeau de Theodore de Beze, qui y mourut l'an 1605. le 13. Octobre, âgé de 86. ans, & la Chapelle de la Princesse de Portugal, Amelie de Nassau, née Princesse d'Orange, sœur du Prince Maurice & veuve de Dom Emanuel, fils du Roi Antoine, laquelle mourut à Genéve l'an 1628. De cette Princesse sont issues quelques Dames, qui se sont mariées à des familles du Pays de Vaud dans le voisinage de Genéve, & qui ont laissé une nombreuse postérité.

Tout joignant le Temple, est une Chapelle élevée, qui sert d'auditoire de Philosophie, & près de là une autre grande Chapelle, où est l'Auditoire de Théologie, & qui sert à deux Eglises, une Italienne & une Allemande. Les familles venues d'Italie à Genéve dans le XVI. siécle ont toûjours conservé une Bourse, & un Ministère, soit pour leur usage, soit pour celui de ceux qui viennent de tems en tems d'Italie. Leur assemblée se fait tous les Jeudis. L'Eglise Allemande y fait aussi ses assemblées le Dimanche & les jours de fête, & se
fert

sert de belles orgues pour le chant des Pseaumes. Outre l'Eglise Allemande, qui est Calviniste, il y en a une autre de la même Nation, qui est Lutherienne, & qui a été introduite dans Genève depuis peu d'années. Elle s'assemble dans une maison particuliére.

Outre le Temple de S. Pierre, il y en a deux autres dans la grande Ville, qui servent aux assemblées ordinaires, savoir la Madeleine & S. Germain; & un dans le Quartier de S. Gervais. On voit dans ce dernier le monument des 17. Bourgeois, qui perdirent la vie dans l'affaire de l'escalade l'an 1602. en combattant courageusement contre les Savoisiens pour la conservation de leur patrie. On y a joint une Inscription Latine, qui marque leurs noms & surnoms.

A quelques pas du Temple de S. Pierre on trouve la Maison de Ville, où l'on a fait de très-belles réparations depuis quelques années. On y monte par un escalier, qui est tout uni, & pavé de petits cailloux, & fait de telle maniére, qu'on y peut monter jusqu'au toit à cheval & en carosse. On y voit à l'entrée & dans le vestibule divers Tableaux avec des Inscriptions curieuses. Une sur l'escalade:

D. O. M. S.
QUO NON ALLOBROGAS RAPIT
FUROR ET CUPIDITAS SUA
TRANSVERSOS &c.

Une autre sur l'alliance perpétuelle que la Ville de Genève contracta l'an 1584. avec les deux Cantons de Zurich & de Berne.

On voit aussi dans ce même vestibule quantité d'urnes anciennes, où l'on renfermoit les os & les cendres des morts dans le Paganisme. On les a trouvées la plûpart l'an 1659. dans le fossé du Ravelin de la Nouë. On a aussi déterré une très-grande quantité de Medailles & de piéces antiques, comme aussi des Inscriptions, monumens de la splendeur ancienne de Genève; & sans doute l'on en auroit trouvé incomparablement davantage, si Genève n'avoit pas été désolée à diverses fois par des incendies.

Près de la Maison de Ville on voit l'Arsenal, qui est très-beau, & bien entretenu, & garni d'armes & de munitions de guerre en abondance; on dit qu'il y a de quoi armer 12000. hommes. On y montre les échelles des Savoisiens, leurs lanternes sourdes, leurs Petars, & autres machines, qu'ils avoient préparées l'an 1602. pour escalader Genève.

D'un autre côté de la Ville on voit le Collége, où est la Bibliothéque, qui a été remise en bon état, & augmentée considérablement depuis quelques années. On y a un bon nombre de Manuscrits curieux, & diverses raretez.

L'Academie & le Collége de Genève furent fondez d'abord après le changement de Religion & c'est une chose digne de remarque, qu'au lieu qu'auparavant Genève n'avoit fait presque aucune figure dans le monde, & étoit à peine connuë hors de la Suisse & de la Savoye, & qu'il n'y avoit gueres paru d'hommes distinguez par un rare mérite; au contraire depuis ce temps-là elle s'est renduë célébre, & son nom s'est répandu par toute la terre, non seulement parce qu'elle servoit d'azile à plusieurs milliers de personnes, mais aussi par ses Imprimeries, & plus encore par le grand nombre d'hommes qu'elle a produits. De la Bibliothéque on va voir l'Hôpital général, qui a été rebâti magnifiquement depuis quelques années: il y a bien des familles Bourgeoises dans Genève, qui ne sont pas à beaucoup près aussi proprement logées, & entretenuës que les pauvres le sont là. Ce sont de grandes chambres longues, larges, hautes, avec de grands fenêtrages, & dans chacune 14. lits fort propres, & tout le reste à proportion: le bâtiment a coûté plus de 200. mille écus. Les Machines Hydrauliques qu'on y a fait nouvellement, sont encore dignes de la curiosité d'un voyageur. Ci-devant il n'y avoit qu'une fontaine ou deux dans Genève; on alloit querir toute l'eau dans le Lac ou dans le Rhône. Enfin au bout de deux mille & tant d'années, on s'est avisé de faire des Fontaines dans toutes les ruës, & des Canaux même pour conduire l'eau dans les maisons particuliéres, chez ceux qui en voudroient. Pour cet effet on a conduit au bord du Rhône des machines à rouages, dont un Ingenieur François Parisien nommé l'Abeille a donné le dessein, & où il a la direction. Ces machines élevent l'eau, & la font tomber dans des Aqueducts, d'où elle se distribue par toute la Ville.

L'Isle du Rhône est ornée d'une Tour antique, & qu'on croit avoir été bâtie par Jules César; du moins elle en porte le nom. L'an 1678. on trouva au pied de cette Tour une vieille Inscription Romaine, faite par des Bâteliers Payens:

DEO SILVANO
PRO SALUTE RATIARIORUM. &c.

Il y a dans le Lac une grosse pierre, qu'on appelle la *Pierre de Nepton*, ou de *Niton*, (c'est-à-dire de Neptune) qui dans le Paganisme a servi d'Autel où l'on sacrifioit aux Divinitez des eaux. Elle est creusé au dessus, & il paroit que ce creux y a été coupé exprès. Il y a 30. à 40. ans, on y trouva des couteaux & autres instrumens de Sacrifice, tous d'airain.

Chacun sait que Genève a pour armes un Aigle & une Clef, c'est pourquoi la Seigneurie entretient toujours un certain nombre d'Aigles, qu'on nourrit dans ses cages. C'est quelque chose de curieux, que de les voir déchirer les Chats, & autres animaux qu'on leur donne quelquefois.

Enfin ce qu'il y a de beau à remarquer dans Genève, ce sont ses fortifications, qui servant à la défense de la Ville, en sont aussi l'ornement, & l'agrément, par les belles promenades qu'on y trouve. Les Genévois l'ont fortifiée à la moderne, & le mieux qu'il leur a été possible, pour se mettre en état de se défendre vigoureusement, en cas qu'on les attaquât du côté du Lac, ils ont bordé tout le port & toutes les avenuës, de doubles & triples rangs de gros pieux plantez dans l'eau, qui ne laissent qu'un passage étroit aux bâteaux, pour

pour entrer dans le Port, qui est fermé exactement de grosses chaînes toutes les nuits. Du côté de terre, ce sont de bons bastions & autres ouvrages, avec des fossez profonds; il y a un de ces Bastions, qu'on appelle le Bastion de Hollande, parce qu'il a été bâti de l'argent, que L. H. P. contribuérent généreusement pour le construire; aussi a-t-on eu soin de conserver le souvenir de cette générosité des Hollandois, par cette Inscription qu'on y voit. Ex munificentia Illustriss. et Praepot. Ordinum Foederati Belgii. On voit une autre Inscription, au Boulevard de S. Jean.

Munita satis sit, si bene morata civitas.
Ipsique cives armati satis, si bene animati.
Et ambo secura armis, si cura numinis
Excubet &c.

Aux portes de la Ville on a la promenade de *Plein-Palais*, qui est une grande plaine, avec un grand jeu de mail, bordé d'une allée d'arbres, fait par les soins du Duc de Rohan.

A l'égard du Gouvernement, l'Autorité Souveraine est entre les mains d'un grand Conseil de deux cens personnes, quoiqu'il y ait encore au dessus des deux cens l'assemblée générale de la Bourgeoisie; mais comme cette Assemblée ne se fait que de 5. en 5. ans, l'autorité est proprement entre les mains des deux cens. De ce grand Conseil, on en tire un petit, composé de 27. Conseillers, dont il y en a 4. qui sont les Chefs de la République, qu'on nomme Syndics; mais ils ne présidentpas tous à la fois. Il n'y en a jamais que 4. qui tiennent le timon du Gouvernement durant une année, & 4. autres l'année suivante, & ainsi successivement, desorte que le tour de chacun d'eux revient régulièrement de 4. en 4. ans. Outre cela, il y a le Conseil des 60. qui est établi pour examiner les affaires importantes, qui demandent du secret & de la promptitude. Il est composé de 27. Conseillers, & de 33. personnes du grand Conseil.

Chaque année au mois de Janvier, on renouvelle les charges, & toute la Bourgeoisie assemblée au Temple de S. Pierre, élit ses Magistrats, & rétablit aussi ceux qui sont en place. Il y a encore diverses autres Chambres pour l'administration de la Justice & de la Police; la Justice y est bien administrée, les vices sévérement réprimez, & il n'y a guères de Ville mieux policée que Genève. Le peuple y est fort jaloux de sa liberté, & c'est cette disposition, dont certains mauvais esprits abusèrent l'an 1707. insinuant au peuple, que le Magistrat le dépouilloit injustement de ses Priviléges, & le portant à la révolte contre la Magistrature. Les troubles allèrent si loin, qu'il s'en fallut peu que les Bourgeois n'en vinssent aux mains & ne s'égorgeassent les uns les autres. Mais la prudence du Magistrat, aidée des soins officieux des Deputez de Zurich, & de Berne, calma tout heureusement. Il en coûta la vie à 2. ou 3. des auteurs de la sédition, & le bannissement à quelques autres.

Les Genévois se lièrent plus étroitement que jamais aux Bernois l'an 1536. par un Traité de Combourgeoisie perpétuelle, & l'an 1584. ils recherchèrent aussi & obtinrent l'alliance de Zurich, & ces trois Villes la solemniserent ensemble avec beaucoup de pompe. Ils l'ont renouvellée de tems en tems, & en dernier lieu l'an 1707.

La République de GENÈVE possède aux environs une petite étenduë de Pays, qui contient onze Paroisses, savoir

Seligny, Cartigny,
Jantou, Pency,
Jussy, Bossey, & Aunay,
Saconnay, Vandœuvre, & Cologny,
Satigny, & Bourdigny, Chancy & Valcury,
Et enfin Cheines.

De ces Paroisses, les trois premières relèvent purement & absolument de la Souveraineté de Genève, avec quelques Villages des autres comme Cologny, &c. Les autres Paroisses dépendent en partie de la Juridiction de Genève, & en partie de celle de S. A. R. de Savoye. Les unes sont appellées terres de Chapitre, parce qu'elles appartenoient à l'ancien Chapitre de la Cathédrale de Genève; & les autres ont le nom de terres de S. Victor, parce qu'elles appartenoient anciennement à un Prieuré, qui étoit dans un Fauxbourg de ce nom à Genève. Chacune de ces Terres a son Châtelain & sa Justice, qui relève de la République. De là les appels se portent à Carrouge en Savoye, à une Justice, qui est composée moitié de Juges Savoysiens, & moitié de Genévois, & de là en dernière instance ils sont portez par devant le Parlement de Chambery. Mais pour ce qui regarde le Spirituel, le Militaire, & tous les autres apanages de la Souveraineté, ces Terres dépendent entièrement de Genève.

Tout ce Pays est fort fertile, fort beau, & fort peuplé. Les Villages y sont grands & bien bâtis, & les Paroisses ornées de belles maisons, qui appartiennent à des Bourgeois de Genève. On y recueille quantité de bons fruits; le vin blanc y est petit, mais on y a d'excellent vin rouge. A l'égard du grain, on ne daigne guères y semer autre chose que du froment, que la terre rapporte en abondance. Afin qu'il ne manquât jamais, la République entretient perpétuellement un grand & riche Magazin de bled, dont on subvient aux besoins de la Bourgeoisie, dans les tems de disette, en le leur vendant à un prix équitable; & dans le tems d'abondance on le débite, en obligeant les Cabaretiers & les Boulangers de le prendre, mais à un prix modique, tellement qu'ils peuvent encore y gagner.

Le Lac de GENÈVE. Voiez Leman.

Le GENEVOIS [a], est au Nord de la Savoye, & vers le Couchant il est séparé du Bugei par le Rhône. Il a pris son nom de Genève, dont je parle dans l'article précédent. Nous y avons aussi parlé du pouvoir que les Evêques avoient à Genève au temporel, & dont les Comtes ont été long tems Vassaux de cette Eglise; ce qui n'est pas surprenant, puisque les Comtes d'Albon Dauphins de Vien-

[a] *Longuerue* desc. de la France p. 322.

Viennois, l'ont été des Archevêques de Vienne.

Les Princes François Merovingiens & Carlovingiens qui ont dominé en ce Pays-là, le gouvernoient par un Officier qui avoit le titre de Comte.

Les Evêques de Genève eurent de la liberalité des Rois de Bourgogne une prééminence sur Genève, qui n'étoit pas une Seigneurie absoluë avec un pouvoir despotique. Le Comte qui devint hereditaire dans le x. siécle, étoit Vassal de l'Evêque premier Seigneur. Le Comte eut aussi une Jurisdiction dans la Ville à cause du Vidamé (ou Vidomnat) qui lui fut donné en fief de l'Eglise de Genève: ces Comtes sont très-anciens, & on en voit la suite depuis le x. siécle & le regne de Conrad le Pacifique. On ne sait pas avec certitude qui a été le premier de ces Comtes hereditaires; mais il est sûr qu'Albert étoit Comte de Genévois avant l'an 1000. & que sa femme Eldegarde fonda l'an 1001. l'Eglise de Versoi dans le Territoire de Gex.

Les descendans mâles d'Albert & d'Eldegarde ont possédé ce Comté environ 400. ans jusqu'à la fin du quatorziéme siécle, dans lequel Guillaume III. Comte de Genévois fit hommage l'an 1313. à Pierre de Focigni Evêque de Genève du Comté Genévois, & en particulier des Mandemens de Terni près de Genève, de Balleyson, de Remilli en Albanois, de Montfalcon, des Echelles, des dépendances de Châtillon, & de ce que ce Comte possedoit sur le Rhône & l'Arve.

Le fils du Comte Guillaume fut Amé III. qui laissa quatre fils, dont aucun n'eut de postérité. Le dernier fut Robert, Cardinal, qui fut élû Pape sous le nom de Clement VII. contre Urbain VI. & s'étant retiré à Avignon, y mourut l'an 1394.

Il avoit plusieurs sœurs, dont l'aînée Marie femme de Humbert Sire de Villars & de Thoire fut Comtesse de Genévois, qu'elle laissa à son fils Humbert. Ce Comte de Genévois qui mourut sans enfans mâles l'an 1400. laissa ce Comté par son Testament à son oncle paternel Oddo de Villars.

Oddo n'ayant joui qu'un an de ce Comté, s'en accommoda avec Amé VIII. Comte de Savoye pour terminer les differents qu'il avoit avec ce Comte Amé, qui avoit des prétentions sur le Genévois, parceque Guillaume III. Comte de Genévois, duquel descendoit la femme de Humbert Sire de Villars & de Thoire, avoit usurpé ce Comté sur son neveu Ebal, qui ayant été depouillé par son oncle se retira en Angleterre, où il fit son héritier Pierre de Savoye, qui étoit pour lors dans ce Royaume.

Néanmoins Blanche, fille du Comte Humbert, pretendit succeder à son Pere, qui n'avoit pû la desheriter sans cause, & elle se présenta par Procureur à Guillaume de Lornai Evêque de Geneve l'an 1402. pour lui demander l'investiture du Mandement de Remilli, en quoi consistoit alors presque tout le Comté de Genévois, le reste en ayant été distrait par des partages. On lui répondit que ces terres étoient devoluës à l'Eglise, & qu'outre cela Amedée Comte de Savoye, qui se disoit Comte de Genevois, avoit déja demandé l'investiture de ce Comté, avec l'offre de faire hommage à l'Evêque.

Le Comte Amedée eut l'avantage dans ce different, & fut reçû à faire foi & hommage à l'Evêque & à l'Eglise de Genève dans l'Eglise de saint Pierre devant le grand Autel l'an 1404. car c'étoit l'ancienne coûtume de faire en ce lieu l'hommage dû à l'Eglise de Genève, & quand on le rendoit ailleurs, c'étoit avec une permission particuliere de l'Evêque donnée pour des causes raisonnables.

Quelques années après le Comte Amé fut créé Duc par l'Empereur Sigismond, & ses Successeurs se dispenserent de rendre hommage aux Evêques, qu'ils voulurent subjuguer avec la Ville, laquelle leur resista, comme nous avons dit.

Les Ducs ne voulurent plus reconnoître cette Eglise pour Gex, & même pour Terni, que l'Evêque & son Chapitre avoient quitté à Girard de Terni, pour le tenir en Fief du Comte de Savoye & de Genévois & en arriere Fief de l'Eglise de Genève.

Le Duc Charles de Savoye donna en appanage à son frere Philippe le Comté de Genévois, & ce Prince porta en France le titre de Duc de Nemours. Il mourut l'an 1533. son fils Jaques lui succeda, & conserva le Genévois, quoique son oncle le Duc Charles eût été chassé de ses Etats par François I. Ce Duc de Nemours prit le titre de Duc de Genévois, que ses Successeurs ont toûjours conservé. Les deux derniers ont été Charles Amedée tué à Paris en 1652. sans laisser d'enfans mâles, & son frere Henri mort en 1659. sans enfans; après quoi le Duché de Genévois a été réüni au Domaine Ducal de Savoye.

Il y avoit autrefois dans le Genevois une Forteresse appellée le FORT de S^{te}. Catherine bâtie par les Ducs de Savoye pour brider Geneve, d'où elle n'étoit qu'à trois lieuës; mais Henri IV. Roi de France ayant pris cette place sur le Duc Charles Emanuel l'an 1600. la fit raser jusqu'aux fondemens.

1. GENEVRE, Riviere de l'Amerique. Voiez JANEIRO.

2. GENEVRE, Montagne des Alpes entre la France & l'Italie. On y passe lorsque l'on va du Dauphiné, & plus particulierement de Briançon, à Sezane & delà à Suze ou à Pignerol. C'est dans cette Montagne que la Doria prend sa source. Messrs. Baudrand, Maty, & Corneille attribuent à la France & au Dauphiné cette Montagne. Mais cela a été reglé autrement par le Traité d'Utrecht entre la France & le Duc de Savoye. Par le quatrieme Article Sa Majesté Très-Chrétienne a cedé à ce Duc la Vallée de Pragelas.... les Vallées d'Oulx, de Sezane, de Bardonache & de Château Dauphin & tout ce qui est à l'eau pendante des Alpes du côté du Piemont &c. Ainsi cette Montagne & tout le reste de cette chaine que l'on comprend sous le nom de mont Viso, mont Genevre &c. sert de borne entre les deux Etats, de sorte que la separation est à leur sommet. Ce qui est à l'Orient des *Sommitez* pour parler comme Messieurs les Plenipotentiaires est au Piemont, & tout ce qui est au Couchant est à la France.

126 GEN.

GENGEN. Voiez GIENGEN & RHIUSIANA.

GENICHEHER, Mr. Corneille dit : Ville d'Asie dans la Bithynie. Elle est située proche de Nicée & nommée GENISSAR par Ortelius & par Busbeq ; ce mot GENICHEER veut dire Ville-Neuve, aussi l'appelloit-on anciennement NEAPOLIS. Mr. Corneille cite Davity qui dit effectivement [a] : *Genischeer*, c'est-à-dire, *Ville-Neuve*, jadis Neapolis & nommée par Busbeq aussi-bien que par Ortelius GENISAR. Ortelius dans sa Carte de la Turquie, met Genisar Ville au Levant d'Eté d'Isnich qui est l'ancienne Nicée. Busbeq écrit JENYSAR [b] : *profecti Nicæa venimus Jenysar : ex Jenisar Ackbyuck* &c. Ortelius parle bien de GENICHISSAR , mais c'est, dit-il, le nom moderne d'un Cap du Bosphore de Thrace du côté de l'Europe, nommé par les anciens *Hermæum Promontorium* & par les Grecs d'aujourd'hui Neocastro. Mais ce Cap n'a rien de commun avec la Ville dont il est question dans cet Article. Monsieur de l'Isle dans la Carte qu'il a dressée sur les Memoires du Sieur Lucas nomme cette Ville JENI-CHER au Couchant d'été de Brousse & entre deux le Village d'Amaji qui est au Midi d'un Lac au Nord duquel la Ville de Nicée étoit située. Le Voyageur lui même décrit ainsi le chemin de Nicée à Jenicher [c] : Je sortis de Nicée le 25. au matin, nous eumes le Lac Ascanius à notre main droite & nous le cotoyames pendant une bonne heure & demie : ensuite nous commençâmes à monter de fort hautes Montagnes ; le chemin nous en parut des plus rudes & nous dura près de deux heures. Au plus haut sommet nous nous reposâmes environ une heure dans un Village apellé DIVRAIN qui n'est habité que par des Grecs. Enfin nous descendimes par une pente fort douce dans une plaine des plus agréables, & après y avoir marché pendant deux heures & demie nous arrivames à Jenicher. La Ville est fort petite, mais jolie. Tous les Vendredis il se tient un grand Bazar, on y vend presque de tout, mais le principal Commerce est des chevaux que les Tartares y amenent.

GENICHISSAR. Voiez HERMÆUM PROMONTORIUM.

GENILLE, Bourg de France en Touraine Election de Loches.

GENITE, Dictys de Crete nomme ainsi une Ville amie de Troyens [d].

GENITH, Bourg de France dans le Limosin, Election de Brives.

GENLADE, Riviere d'Angleterre. Bede en fait mention dans son Histoire Ecclesiastique [e].

GENLIS, Bourg de France en Picardie au Diocese de Noyon à une lieuë au Nord de Chauny avec titre de Marquisat. Il y a une Abbaye de Premontrez reformez. C'étoit autrefois des filles de l'Ordre de St. Augustin ; elle est près des bois.

GENNABAR, Village d'Asie quelque part vers l'Arabie Petrée. Egesippe en fait mention [f].

GENNELA, Ville de France dans la Gascogne au Diocese d'Acqs. Elle a 2426. habitans.

[a] *Asie.* p. 14.
[b] *Epist.* 1. p. 79.
[c] Voyage dans l'Asie Mineure &c. 1. part. c. 11. p. 72.
[d] De Bell. Trojan. l. 2.
[e] Hist. 5. c. 8.
[f] l. 4. c. 16. & Joseph. de Bell. Jud. l. 5. c. 4.

GEN.

1. **GENNES**, ou ST. VETERIN DE GENNES, Bourg de France dans l'Anjou dans l'Election de Saumur.

2. **GENNES**, il y a quelques Villages de ce nom en France, dans les Provinces de Franche-Comté, d'Anjou, de Bretagne.

3. **GENNES**, Ville d'Italie. Voiez GENES.

GENOÆI, ancien Peuple de Grece entre les Molosses, & par consequent aux confins de l'Epire & de la Thessalie ; selon Etienne le Géographe qui cite le quatrieme livre de Rhianus de l'Histoire de Thessalonique.

GENONIA. Voiez SINUNIA.

GENOSA, Bourg d'Italie au Royaume de Naples, dans la Province d'Otrante, aux Frontieres de la Basilicate sur un torrent qui tombe dans le Brandano, environ à dix-milles de la côte, selon Mr. Baudrand, à onze de Torre de Brandano, selon Magin.

GENOVESATO, nom Italien de l'Etat de Gènes Pays d'Italie. Voiez GENES.

GENOUILLAC, Ville de France dans le Bas Languedoc au Diocese d'Usez.

GENOUILLAT, Bourg de France dans la Marche dans l'Election de Gueret.

1. **GENOUILLE**, Bourg de France en Saintonge, dans l'Election de St. Jean d'Angeli.

2. **GENOUILLE**, Bourg de France au Pays d'Aunis Election de la Rochelle.

3. **GENOUILLE**, Prieuré de France dans le Poitou, Election de Niort.

GENOUILLY, Bourg de France dans le Berri, dans l'Election d'Issoudun. Il appartient au Chapitre de la Sainte Chapelle de Bourges à laquelle il fut donné en 1404. par Jean Duc de Berry.

GENOZZAR, c'est la même chose que GENEZARETH, & CENERETH.

GENSAC, ou GENSSAC, Ville de France en Guyenne dans le Basadois.

GENSORA ; ancienne Ville de l'Ethiopie sous l'Egypte, selon Pline [g].

GENSUI, grande Riviere d'Asie dans la Natolie. Mr. Baudrand lui donne trois noms, savoir GENSUI, CHALIB, & COBACQUE. Elle a, dit-il, sa source dans la Natolie propre, où elle passe à Angouri. Ensuite elle traverse la grande Caramanie & la Ladulie & se jette dans l'Euphrate à quelques lieues de Malatiah. Il lui donne deux noms Latins, savoir *Gensuinus* & *Melas*.

§ Quoi que Mr. Baudrand ne nomme point ses Auteurs, il n'y a qu'à voir les Cartes de Messieurs Sanson pour connoitre qu'il a pris d'eux le cours de cette Riviere. Ils la nomment *Chalig* & non pas *Chalib* : mais ils se trompent tous en faisant passer à Angouri, qui est l'ancienne Ancire, une Riviere qui tombe dans l'Euphrate. Il n'y a point de Riviere à Ancire ; & quand il y en auroit une, ce ne peut être le *Melas*. Cette Riviere que les Grecs appelloient ainsi, d'un nom qui signifie *Noire*, est appellée aujourd'hui par la même raison *Carasou* qui signifie en Turc la même chose. Malatiah ne doit pas être à quelques lieues de cette Riviere, on y reconnoit aisément l'ancien nom de Melitene, nom que cette Ville avoit pris du Melas à l'Embouchure duquel elle étoit située. Au lieu de *la Ladulie* il faloit dire l'*Aladuli*. D'ail-

[g] l. 6. c. 29.
[h] Ed. 1705.

GEN.

D'ailleurs le Melas avoit ses sources assez près de Cesarée de Cappadoce & par consequent bien loin d'Angouri. Ptolomée, Cellarius, & Mr. de l'Isle dans ses Cartes Latines font le cours du Melas plus court de la moitié que ne le font Mrs. Sanson & Baudrand.

GENTA, ancienne Ville de l'Inde au-delà du Gange, selon Etienne le Géographe.

GENTE', Bourg de France dans l'Angoumois Election de Cognac.

GENTERIA, Ville d'Egypte, selon Metaphraste dans la Vie de St. Paphnuce [a].

a Ortel. Thesaur.
b Ibid.

GENTIADA [b], Dioscoride parlant d'une plante nommée Teucrion dit qu'elle croît dans les Cantons de Gentiade & de Cissade qui sont de la Cilicie.

GENTIANUM, nom Latin de GENZANO.

c Ibid.

GENTICI [c], ancien Peuple de la Gaule Narbonnoise, selon Festus Avienus.

d Piganiol de la Force, descr. de la France, T. 2. part. 2. 655. Edit. Par.

GENTILLI [d], Village de France à une lieue de Paris sur la Riviere de Biévre, en Latin *Gentiliacum ad Beveram*. Ce Village est fort ancien qui a pris son nom de Gentil l'un de ses anciens Seigneurs. Il avoit appartenu à nos Rois avant que d'être à saint Eloi, qui fut ensuite Evêque de Noyon. Il leur revint même dans la suite, puisque l'an 762. le Roi Pepin y passa tout l'Hyver, & y celebra les fêtes de Noel & de Pâques. Le même Prince y assembla un Concile en 766. pour terminer les disputes qui s'étoient élevées sur la Sainte Trinité & sur les Images. On voit dans un Chartulaire manuscrit de l'Eglise de Paris, qui finit en l'an 1282. qu'il y avoit eu à Gentilly une tour connuë qui étoit apparemment un reste de l'ancien Palais des Rois. Auprès de Gentilli est le Château de BICESTRE.

GENTINUS, Ville d'Asie dans la Troade, selon Etienne le Géographe.

GENUA, nom Latin de GE'NES.

GENUATES, nom Latin des Ge'nois.

GENUA URBANORUM. Voiez URSO.

GENUCLA, Ville des Gétes sur l'Ister, ou, ce qui est la même chose, sur le bas Danube, selon Dion Cassius [e].

e l. 51.

GENUENSIS DITIO, nom Latin de l'Etat de Genes.

f In Arcadicis. c. 43. p. 689.

GENUNII, ancien Peuple de Bretagne. Ils étoient alliez du Peuple Romain, selon Pausanias [f], ils étoient voisins des Brigantes qui les attaquerent & en furent châtiez par la perte d'une partie de leur Pays.

g l. 3. c. 11.
h p. 127. Ed. Goesii.

GENUSINI, ancien Peuple d'Italie dans la Pouille, selon Pline [g].

GENUSINUS AGER, Frontin [h] dans son livre des Colonies le met dans la Province de Calabre. Il prenoit son nom de *Genusium* qui est aujourd'hui GENOSA.

i l. 3. c. 75.
k c. 76.
l l. 5. v. 461.

GENUSUS, Riviere de l'Illyrie entre Apsus & Apollonie. Cesar [i] dit à l'ocasion de son voyage depuis l'Apsus à Apollonie, lorsque l'on fut arrivé au Genuse dont les bords étoient embarrassez : & ailleurs [k], Cesar ayant fait passer le Genuse à son Armée reprit son ancien Camp vis-à-vis d'*Asparagium*. Lucain [l] dit:

Primas Duces vidit junctis concurrere Castris

GEN. GEO.

Tellus quam volucer Genusus, quam mollior Apsus Circumerrant ripis.

Le P. Briet dit que le nom moderne est l'ARZENZA.

GENZANO, Village d'Italie dans la Campagne de Rome, au Midi de la Riccia sur le penchant d'une colline, [m] à dix-huit milles de Rome du côté de Terracine. [n] Sa situation est charmante & on y arrive par des allées à perte de vuë. Quelques-uns disent qu'on l'appelloit autrefois *Cynthianum*, à cause de *Cynthia* ou Diane qui y étoit adorée. Genzano appartient à la Maison de Cesarini. Le vin qui croît dans son Territoire n'est pas moins bon que celui d'Albano ; aussi est-ce le même terroir. Ces vins sont blancs & doux.

m Baudrand Ed. 1705.
n Corn. Dict.

GEOARIS, ancien nom d'une des Isles Echinades [o] que nous appellons presentement les Curzolaires.

o Plin. l. 4. c. 12.

GEOGONADI, Riviere d'Asie dans les Indes, où elle arrose le Pays d'Agra, selon Mr. Thevenot [p].

p Voyage des Indes. p. 118. c. 2. II.

GE'OGRAPHIE, (LA) Science qui nous enseigne à connoître le Globe terrestre que nous habitons. Ce mot est formé de Γῆ Terre & de Γράφειν decrire. Ainsi Géographie ne signifie que description de la Terre.

Ce mot a plus ou moins d'étenduë, selon les diverses manieres d'étudier le Globe. Comme le Globe est un composé de terre & d'eau, on appelle GE'OGRAPHIE, proprement dite, la Science qui s'applique à connoître la Terre, & HYDROGRAPHIE, celle qui s'applique à connoître l'Eau. Mais comme la Terre ne sauroit être connuë sans l'Eau, parce que l'Eau couvre une partie de sa surface, il s'ensuit qu'on ne peut étudier la Géographie sans lui associer plus ou moins de l'Hydrographie.

De même les Eaux sont bordées par des rivages, & ont pour les soutenir un bassin qui fait partie de la Terre ; il s'ensuit qu'on ne peut étudier l'Hydrographie, sans y joindre la Géographie pour une partie.

L'*Hydrographie* qui se borne à connoître le cours, la profondeur, la largeur, & la nature des eaux, entant qu'elles font partie de la surface du Globe, n'est pas une Science à part. C'est une partie essentielle de la Géographie ; elle ne devient une Science particuliere que lors qu'examinant les besoins de la navigation, elle fournit aux gens de Mer des regles, pour se servir avantageusement & sçavamment de son secours, & que leur montrant les perils de leur profession elle leur enseigne à les éviter.

Le Géographe s'attache donc au Globe entier, & comme un si vaste objet ne pourroit pas être envisagé sans confusion, elle le divise de plusieurs manieres.

La premiere & la plus simple, c'est la distinction de la *Terre* & de l'*Eau*, & c'est ce qui partage la Géographie en Geographie propre & en Hydrographie. Les deux Sciences ensemble considerent le Globe entier que nous appellons GLOBE TERRAQUE', *Orbis Terraqueus* ; ce dernier mot est composé de *Terra* & d'*Aqua*.

Cette masse est appellée ainsi à cause de sa rondeur, ou du moins parce que sa figure approche de la rondeur. Une des plus sensibles preuves

Q 4

preuves que la Terre est ronde, c'est que son ombre marquée sur la Lune dans le temps des Eclipses est ronde. Or l'ombre d'un objet angulaire, ou quarré ne sera jamais ronde.

Les Eaux repandues sur la surface de la Terre en entourent deux grandes parties par des Mers fort étendues ; & ces deux parties sont appellées Continents, parce que toutes les terres s'y tiennent l'une à l'autre sans être interrompues par aucune Mer. Il y a d'autres parties moins considerables que la Mer environne de tous côtez & on les appelle Isles.

Ces deux Continents avec leurs Isles forment ce que l'on appelle l'ancien & le nouveau Monde. L'ancien Monde est celui que les Anciens ont connu & comprend trois grandes parties, savoir,

L'EUROPE, au Nord,
L'AFRIQUE, au Midi,
& L'ASIE, à l'Orient des deux autres.

Leurs noms & leurs bornes ont varié comme on le peut voir dans leurs Articles particuliers.

Les navigations entreprises depuis quelques Siécles ont decouvert un grand Continent, & on l'a appellé le nouveau Monde, ou l'AMERIQUE. Voyez AMERIQUE. Mais tout n'est pas decouvert & il y a encore vers les deux Poles, de quoi decouvrir ; cela fait deux autres nouvelles parties, qui sont les Terres inconnues Arctiques, c'est-à-dire Septentrionales, & les Terres Australes ou Antarctiques, c'est-à-dire Meridionales. Cette division partage le Monde en six parties qui sont,

Dans l'ancien Monde {L'Europe. L'Afrique. L'Asie.

Dans le nouveau Monde { L'Amerique.

Dans le Monde in- {Les Terres Arctiques. connu {Les Terres Australes.

Dans tous ces Pays la nature n'opere pas de la même maniere. Les uns sont exposez à d'extrêmes chaleurs, les autres ont presque toujours d'effroyables glaces. Les uns voyent le Soleil se lever à leur gauche, & se coucher à leur droite ; les autres au contraire le voyent se lever à leur droite & se coucher à leur gauche, & tous voyent qu'après avoir avancé jusqu'à un certain point du Ciel il s'en retourne vers la partie opposée. On a donc insensiblement marqué des Cercles dans le Ciel à mesure qu'on a observé le Soleil & les Planetes les parcourent dans leur cours. L'Astronomie s'est servi utilement de ces Cercles imaginaires, mais qui ont une espece de réalité par le grand usage dont ils sont. La Géographie a emprunté ces Cercles & les a appliquez au Globe de la Terre. Ainsi il s'est fait une espece de communauté de biens entre l'Astronomie & la Géographie ; dont s'est formé la GEOGRAPHIE ASTRONOMIQUE ; c'est elle qui nous fournit les Meridiens & les Paralleles dont la rencontre marque precisement le lieu que chaque endroit doit occuper sur le Globe par raport au Ciel.

La nature même a fait des divisions dans la surface du Globe soit par les mers qui avancent dans les terres & qui separent un Pays de plusieurs côtez comme l'Espagne, l'Italie, la Scandinavie, soit par de grands Fleuves, comme le Nil, l'Inde, l'Euphrate, &c. soit par de longues chaines de Montagnes comme les Pyrénées, les Alpes, les Monts Krapack, le Caucase, l'Imaus, &c. L'étude du Globe par rapport à ces diversitez que la nature y a attachées s'appelle la GEOGRAPHIE NATURELLE.

Les hommes en se multipliant ont formé des Societez. Il y a eu entre eux des gens qui par le besoin qu'on avoit d'eux, ou par d'autres raisons, sont devenus les Chefs de ces Societez ; delà est venu ce qu'on a appellé PRINCIPAUTEZ, ROYAUMES, EMPIRES &c. D'autres Peuples lassez du Gouvernement absolu, ont voulu se gouverner eux-mêmes par des Magistrats qui fussent soumis aux mêmes loix que les autres Sujets du même Etat, & voilà l'origine des REPUBLIQUES. Ces *Souverainetez*, ces *Républiques* n'ont pas toûjours eû les mêmes bornes. Les guerres les ont tantôt aggrandies, tantôt diminuées, plusieurs Peuples ont entierement disparu, d'autres se sont illustrez après des commencemens très-obscurs. Un lieu commode pour une Maison de chasse a donné occasion de bâtir un Château, puis un village qui avec le temps est devenu une Ville florissante. Tel desert a semblé propre à des Solitaires pour y fuïr le monde, c'étoit le fond d'une forêt ; il s'y est formé un Monastere qui s'est enrichi & des Successeurs de ces pauvres reclus sont devenus Souverains d'un beau Pays qui s'est cultivé aux depens de la forêt, & qui contient d'ordinaire une bonne Ville. C'est à la GEOGRAPHIE Historique à tenir registre de tous ces details.

La GEOGRAPHIE HISTORIQUE a plusieurs branches. Elle doit marquer les divers états de chaque lieu ; par exemple, une Ville est souvent venue d'un Village. Elle doit marquer aussi les changemens de Maîtres ; par exemple, Riga a appartenu à l'Ordre des Chevaliers de Prusse ; la Suede l'a possedé long-temps ; & cette Ville est presentement à l'Empire Russien & le reste de la Livonie. Ainsi la Géographie simple dira que Riga est une Ville de Livonie ; mais la Géographie Historique doit dire à quel Souverain appartient la Livonie & marquera que c'est presentement à la Russie. Les Villes & les Provinces Frontieres sont sujettes à changer de Maîtres. La difference est grande entre Tournai Ville de France & Siége d'un Parlement François, & ce même Tournay Ville des Pays-Bas Autrichiens & cedée aux Provinces unies pour leur servir de Barriere & y avoir leurs troupes en Garnison.

La Géographie CIVILE ou POLITIQUE est celle qui décrit les Souverainetez & leurs diverses parties, par raport au Gouvernement Civil & Politique.

La GEOGRAPHIE ECCLESIASTIQUE est celle qui décrit les partages de la Jurisdiction Ecclesiastique, selon les Patriarchats, les Primaties, les Dioceses, les Paroisses &c. par raport au Gouvernement Ecclesiastique.

On pourroit ajouter une derniere espece, savoir la GEOGRAPHIE PHYSIQUE. C'est sous cette classe

classe qu'il faudroit ranger les Auteurs qui ont recherché les changemens que le deluge a causez sur la surface de la terre, comme Burnet, Woodward & autres, & les Ecrivains qui ont traité des causes qui produisent des plantes, des mineraux, des eaux Medecinales &c. en certains endroits plutôt qu'en d'autres. Le Monde souterrain du P. Kircher appartient à la Géographie Physique. Ces recherches peuvent entrer pour quelque chose dans l'étude de la Géographie propre ; mais ce ne peut jamais être qu'un accessoire dont cette Science peut se passer.

La Géographie telle que nous venons de l'expliquer n'est qu'une partie de la Cosmographie qui est la description de tout l'Univers ; comme je l'ai dit au mot COSMOGRAPHIE ; mais quoi que la Géographie & l'Astronomie soient deux Sciences separées, la Géographie ne peut pourtant se passer de l'Astronomie entierement. La ligne Equinoctiale, les Tropiques, les Poles, les Zones, les Meridiens, les Parallelles sont des emprunts necessaires. C'est pourquoi la Géographie ordinaire doit être toujours precedée de quelque connoissance de la Sphere. Mais lors qu'on veut pousser les decouvertes, il faut entrer plus avant dans la Theorie des Planetes. Par exemple ; les Anciens Astronomes ne connoissoient point d'autres Eclipses que celles du Soleil & de la Lune qui sont sensibles à tout le monde. Les Astronomes modernes ont trouvé que Jupiter avoit lui-même ses Lunes, & que ses Lunes s'éclipsent plus souvent que la nôtre. Cela a donné lieu de faire des observations plus frequentes qui ont servi à perfectionner les Longitudes. Voiez LONGITUDE.

Ces observations sont donc necessaires à la Géographie puis qu'elle en retire un si grand bien, & c'est par là que quelques Cartes nouvelles sont devenues si differentes des anciennes, à cause des reformations auxquelles les observations ont donné lieu.

Si la Géographie n'est qu'une partie à l'égard de la Cosmographie, elle devient elle-même un tout à l'égard de la CHOROGRAPHIE qui est la description d'un Canton particulier ; & cette derniere a sous elle la TOPOGRAPHIE qui decrit un simple lieu comme une Ville, un Village, un Paysage, un champ de Bataille &c. d'excellentes Cartes Topographiques étant assemblées selon l'art il s'en forme une bonne Carte Chorographique, & de plusieurs Chorographiques exactement faites, il en resulte une Carte generale très-estimable. La raison qui fait qu'il y en a si peu de ces dernieres, c'est qu'il y a beaucoup de Pays & encore plus de lieux particuliers dont la Géographie n'a pas encore assez étudié la situation. Cependant l'interêt & la vanité des Vendeurs d'images ne veut point souffrir de vuide. Ils remplissent ces lieux comme ils peuvent.

a Corn.Dict. GE'OLE [a], (la) on appelloit ainsi anciennement un petit Canton de l'Isle de France, où est le Bourg de Dam-Martin, avec un Château & titre de Comté. On en ignore l'étendue & les limites.

GEOPHANUM, nom Latin de GIFONI, Bourg du Royaume de Naples. Voiez GIFONI.

GEORGIE, Pays d'Asie aux environs du Mont Caucase entre la Mer Noire & la Mer Caspienne. Elle est bornée au Nord par la Circassie ; à l'Orient par le Daghestan, & le Schirvan, au Midi par l'Armenie, & au Couchant par la Mer Noire. Elle comprend la Colchide & l'Iberie des Anciens. Le Daghestan & le Schirvan forment à-peu-près l'ancienne Albanie. Ce Pays est divisé par les Montagnes en deux parties, l'une Orientale où sont les Royaumes de CAKET au Nord & de CARDUEL au Midi, l'Occidentale comprend au Nord les ABCASSES, ensuite la MINGRELIE, puis l'IMIRETE & enfin le GURIEL. Voiez ces noms à leurs Articles particuliers. C'est dans cette partie Occidentale qu'il faut chercher les Laziens, & la Lazique dont je parle en son lieu.

Ce Pays est appellé GURGISTAN, par les Orientaux ; & ils appellent GURGE, ou KURGE les Georgiens. Mr. d'Herbelot dit : les Georgiens Peuples qui habitent les environs du Mont Caucase au Couchant de la Mer Caspienne, ont toûjours été Chrétiens, quoi qu'environnez de tous côtez par les Musulmans. Du tems des Samanides, Abon-Nasser Roi de Georgie, qui avoit été subjugué par le Sultan Nouh fils de Mansor, avoit remis ses Etats entre les mains de Schah-Schár son fils, & vivoit en particulier à la Cour de ce Prince : Mahmoud fils de Sebecteghin Sultan des Gaznevides fit la guerre à Schah-Schar qui fut defait par Altun-Tasch Général des Armées de ce Sultan, & envoyé prisonnier à Mahmoud qui lui rendit la liberté, & le retablit dans ses Etats, à condition qu'il y vivroit en bon & fidele Vassal.

Schah-Schár s'étant revolté contre le Sultan, fut défait, & pris prisonnier une seconde fois, & envoyé au Sultan Mahmoud qui le fit fouetter comme un esclave échappé, & l'enferma dans un Château où il finit sa vie.

Ainsi finit la Dynastie des Schárs, au raport de Khondemir, qui dit que ce nom de Schár étoit commun à tous les Rois de Georgie, comme celui de César, dont celui de Schár pourroit être corrompu, de même que le Czar des Moscovites, l'étoit aux Empereurs Romains.

Cependant il s'éleva bientôt une autre Dynastie de Rois dans le Gurgistan, qui soutinrent une longue guerre contre les Selgiucides Successeurs des Gaznevides : Alp Arslan le Selgiucide remporta de grands avantages sur les Georgiens, dont il dompta une grande partie qu'il reduisit en esclavage, les obligeant de porter un fer à cheval pendu à l'oreille pour marque de leur servitude.

Malek Schah Sultan de la même race, continua à faire des progrès dans la Georgie, où il prit le fort Château de Miriam Nischin.

Les Khovarezmiens qui succederent aux Selgiucides, firent aussi la guerre à ces Peuples sans pouvoir les assujettir entierement. Gelaleddin Mank-Berni fit de grands exploits en ce Pays-là ; mais toutes les Victoires qu'il remporta, n'empêcherent pas que les Mogols ou Tartares qui possederent ensuite les Etats des Khovarezmiens n'ayent été obligez

R d'être

d'être toûjours en armes contre des Peuples si feroces & si indomptables.

Abulfarage veut que les Gurges ou Georgiens soient les mêmes que les Khozares; mais ce sont deux Nations bien differentes. Les Khozares habitent au Septentrion de la Mer Caspienne & confinent avec les Turcs Orientaux ou Tartares. La Capitale des Khozares est Balangiar située à 85. d. 20′. de Longitude & à 46. d. 30′. de Latitude, au lieu que Teflis, ou Tiflis Capitale de la Géorgie est à 83. d. de Longitude & à 43. d. de Latitude.

Le Voyageur Chardin qui a parcouru la Géorgie, en a fait une description. Nous l'ajouterons ici en avertissant qu'il n'est pas fort exact sur l'ancienne Géographie qu'il savoit peu. Mais en recompense, il nous apprend de ce Pays des choses qu'il a vues. Voici comment il en parle [a]. C'est un Pays où il y a beaucoup de bois & beaucoup de Montagnes, qui renferment quantité de Plaines belles & longues, mais qui ne sont pas larges à proportion. Le milieu de la Georgie est plus plein & uni que le reste. Le Fleuve *Kur*, que la plûpart des Géographes appellent Cyrus, & aussi Corus, passe au milieu. Il a sa source dans le mont Caucase, à une journée & demie d'Acalziké, comme l'on a dit. Il se jette dans la Mer Caspienne. Ce Fleuve a un avantage par-dessus tous les autres Fleuves de Perse, c'est qu'il porte bâteau un assez long espace de Païs; ce qu'on ne voit faire à aucun autre, & qui est fort particulier & fort remarquable en un Empire de si grande étendue.

J'ai vu, poursuit ce Voyageur, de vieilles Géographies Persiennes qui mettent la Georgie dans l'Armenie majeure. Les Modernes en font une Province particuliére, qu'ils appellent *Gurgistan*, & qu'ils divisent en quatre parties. L'Imirette, dont nous parlons en son lieu; le Pays de Guriel, où on comprend tout ce qui est dans le Gouvernement d'Acalziké; le Royaume de *Caket* qui s'étend fort loin dans le mont Caucase, & qui est proprement l'ancienne Iberie; & le *Carthuel*, qui est la Georgie Orientale: & que les anciens Géographes nommoient Albanie Asiatique. (Nous avons averti que l'Albanie des Anciens comprenoit le Daghestan & le Schirvan) Le Royaume de Caket & le Carthuel sont dans l'Empire de Perse. C'est ce que les Persans appellent le GURGISTAN. Les Georgiens ne se donnent point d'autre nom que celui de CARTHUELI. Ce nom n'est pas nouveau. On le trouve, quoi qu'un peu corrompu, dans les Ecrits de plusieurs anciens Auteurs, principalement dans St. Epiphane, qui en parlant de ces Peuples les nomme toûjours *Cardiens*. On dit que ce sont les Grecs qui leur ont donné le nom de Georgiens, du mot *Georgoi*, qui en leur langue signifie laboureur. D'autres gens veulent que ce nom vienne de celui de St. George, le grand Saint de tous les Chrétiens du Rit Grec; mais c'est une fausse étymologie, puisqu'on trouve le nom de Georgiens dans des Auteurs bien plus anciens que St. George, comme Pline entr'autres, & Pomponius Mela.

[a] *Chardin Voyages T. 2. p. 122.*

Toute la Géorgie a peu de Villes, le Royaume de Caket en a eu plusieurs autrefois. Elles sont maintenant toutes ruinées, à la reserve d'une nommée aussi Caket. J'ai ouï dire, étant à Tiflis, que ces Villes avoient été grandes & sompteusement bâties, & c'est l'idée que l'on en conçoit quand on regarde tant ce qui n'en a pas été tout à fait détruit, que les ruines mêmes. Ce sont les Peuples Septentrionaux du mont Caucase, ces Alanes, Suanes, Huns, & ces autres Nations célèbres pour leur force & pour leur courage, & au raport de beaucoup de gens, c'est aussi une Nation d'Amazones par qui ce petit Royaume de Caket a été ravagé, les Amazones en sont proche, au dessus, du coté du Septentrion. Je parle ailleurs de ces Amazones.

[b] La temperature d'air est bonne en Georgie. L'air y est sec, très-froid durant l'Hyver, & fort chaud durant l'été. Le beau temps n'y commence qu'au mois de Mai, mais il dure jusqu'à la fin de Novembre. Il y faut arroser les terres; autrement elles sont steriles. Mais étant arrosées, elles produisent abondamment toutes sortes de grains, de legumes, & de fruits. La Georgie est un Pays fertile autant qu'il se peut, on y vit délicieusement & à bon marché. Le pain y est aussi bon qu'en lieu du monde. Les fruits y sont excellens, il y en a de toutes sortes. Aucun endroit de l'Europe ne produit des poires & des pommes qui soient ni plus belles ni de meilleur goût; ni aucun lieu d'Asie de plus excellentes grenades. Le bétail y est en abondance & très-bon, tant le gros que le menu. Le Gibier est incomparable. Il y en a de toutes sortes, principalement de volatile. Le Sanglier y est en aussi grande quantité, & aussi delicat qu'en Colchide. (L'Auteur ne parle ici que de la Georgie Orientale, car l'Occidentale est la même que la Colchide.) Le commun Peuple ne vit presque que de Cochon. On en voit par toute la Campagne: à dire le vrai, il ne se peut rien de meilleur que cette viande. Les gens du Pays assurent qu'on n'en est jamais incommodé quelque quantité qu'on en mange. Je croi que cela est vrai, car quoi que j'en mangeasse presqu'à tous les repas, il ne m'a jamais fait de mal. La Mer Caspienne, qui est proche de la Georgie, & le Kur qui la traverse, fournissent tant de Poisson de Mer & d'eau douce, qu'on peut bien assurer, qu'il n'y a point de Pays où l'on puisse en tout temps faire meilleure chere qu'en celui-là.

On peut bien assurer qu'il n'y en a point aussi où l'on boive tant de vin, ni de plus excellent: les vignes croissent autour des Arbres comme en Colchide. On transporte toûjours de Tiflis une grande quantité de vin en Armenie, en Medie, & à Ispahan, pour la bouche du Roi. La charge de cheval, qui est de trois cens pesant ne coûte que huit francs: je parle du meilleur vin : car d'ordinaire on a le commun pour la moitié. Tous les autres vivres sont à proportion. La Georgie produit de la soye en quantité; mais pas la moitié tant que la plûpart des Voyageurs l'ont écrit. Les gens du Pays ne la savent pas fort bien travailler. Ils la portent en Turquie,

[b] *Ibid. 127.*

à Erzerom, & aux environs, où ils ont beaucoup de Commerce.

Le sang de Georgie est le plus beau de l'Orient, & je puis dire du monde. Je n'ai pas remarqué un visage laid en ce Pays-là parmi l'un & l'autre sexe: mais j'y en ai vû d'Angeliques. La nature y a répandu sur la plûpart des femmes des graces qu'on ne voit point ailleurs. Je tiens pour impossible de les regarder sans les aimer. L'on ne peut peindre de plus charmans visages, ni de plus belles tailles que celles des Georgiennes. Elles sont grandes, dégagées, point gâtées d'embonpoint, & extrémement déliées à la ceinture. Ce qui les gâte, c'est qu'elles se fardent & autant les plus belles que celles qui le sont moins. Le fard leur tient lieu d'ornement. Elles s'en servent de parure, de même qu'on fait chez nous de bijoux & de beaux habits.

Les Georgiens ont naturellement beaucoup d'esprit, l'on en feroit des gens savans & de grands maîtres, si on les élevoit dans les Sciences & dans les Arts: mais l'éducation qu'on leur donne, étant fort mechante & n'ayant que de mauvais exemples, ils deviennent très-ignorans, & très-vicieux. Ils sont fourbes, fripons, perfides, traitres, ingrats, superbes. Ils ont une effronterie inconcevable à nier ce qu'ils ont dit, & ce qu'ils ont fait; à avancer & à soutenir des faussetez; à demander plus qu'il ne leur est dû; à supposer des faits, & à feindre. Ils sont irreconciliables dans leurs haines, & ils ne pardonnent jamais. A la verité ils ne se mettent pas facilement en colere, & ne conçoivent pas sans sujet ces haines qu'ils gardent toûjours. Outre ces vices de l'esprit, ils ont ceux de la sensualité les plus sales; savoir l'yvrognerie & la lubricité. Ils se plongent d'autant plus avant dans ces saletez, qu'elles sont communes & ne passent pas pour deshonnêtes en Georgie. Les gens d'Eglise, comme les autres, s'enyvrent, & tiennent chez eux de belles esclaves, dont ils font leurs Concubines. Personne n'en est scandalisé, parce que la coutume en est générale, & même autorisée. Le Gardien des Capucins m'a assuré d'avoir ouï dire au *Catholicos*, (on appelle ainsi le Patriarche de Georgie) que celui qui aux grandes fêtes, comme à Paques & à Noël, ne s'enivre pas entierement, ne passe point pour Chrétien, & doit être excommunié. Les Georgiens sont outre cela extremement usuriers. Ils ne prêtent gueres que sur gages, & le moindre interêt qu'ils prennent est de deux pour cent par mois. Les femmes ne sont, ni moins vicieuses, ni moins méchantes. Elles ont un grand foible pour les hommes, & elles ont assurément plus de part qu'eux à ce torrent d'impureté qui inonde tout leur Pays. Pour le reste, les Georgiens ont de la civilité & de l'humanité, & de plus ils sont graves & moderez. Leurs mœurs & leurs coûtumes sont un melange de celles de la plûpart des Peuples qui les environnent. Cela vient, je croi, du commerce qu'ils ont avec beaucoup de diverses Nations; & de la liberté que chacun a en Georgie de vivre dans sa Religion, & dans ses coûtumes, d'en discourir, & de les défendre. On y voit des Armeniens, des Grecs, des Juifs, des Turcs, des Persans, des Indiens, des Tartares, des Moscovites, & des Européens.

Les Armeniens y sont en si grand nombre, qu'il passe celui des Géorgiens. Ils sont aussi les plus riches, & remplissent la plûpart des petites charges & des bas emplois. Les Georgiens sont plus puissans, plus superbes, plus vains, & plus fastueux. La différence qu'il y a entre leur esprit, leurs mœurs, & leur créance, à causé une forte haine entr'eux. Ils s'abhorrent mutuellement; & ne s'allient jamais ensemble: les Georgiens particulierement ont un mépris extrême pour les Armeniens, & les considerent, à-peu-près, comme on fait les Juifs en Europe. L'habit des Georgiens est presque semblable à celui des Polonois; ils portent des bonnets pareils. Leurs vestes sont ouvertes sur l'estomach, & se ferment avec des boutons & des ganses. Leur chaussure est comme celle des Persans. L'habit des femmes ressemble entierement à celui des Persanes.

Les logis des Grands, & tous les lieux publics, sont construits sur le modele des édifices de Perse. Ils bâtissent à bon marché, car ils ont le bois, la pierre, le plastre, & la chaux en abondance. Ils imitent aussi les Persans en leur façon de s'asseoir, de se coucher & de manger.

La Noblesse exerce sur ses Sujets un pouvoir plus que tyrannique, c'est encore pis qu'en Colchide. Ils font travailler leurs paisans des mois entiers & tant qu'ils veulent, sans leur donner ni payé, ni nourriture. Ils ont droit sur les biens, sur la liberté, & sur la vie de leurs Vassaux. Ils prennent leurs enfans, & les vendent, ou les gardent esclaves. Ils vendent rarement le monde au dessus de vingt ans, sur tout les femmes. La créance des Georgiens est à-peu-près semblable à celle des Mingreliens. Les uns & les autres la reçurent aussi en même temps; savoir dans le IV. Siécle, & par le même organe d'une femme esclave. Voiez l'Article d'IBERIE. Enfin, les uns, comme les autres, ont perdu tout l'esprit du Christianisme. Ainsi ce que j'ai dit des Mingreliens [a], qu'ils n'ont rien de Chrétien que le nom, & qu'ils n'observent ni ne connoissent presque aucun precepte de la loi de Jesus Christ, n'est gueres moins veritable du Peuple de Georgie. Les Georgiens toutefois gardent mieux le jeûne, & font de plus longues oraisons.

[a] Voiez l'Article MINGRELIE.

Il y a plusieurs Evêques en Georgie, un Archevêque & un Patriarche qu'ils appellent *Catholicos*. Le Prince quoique Mahometan de Religion, remplit les Prélatures, & y met, ordinairement ses parens. Le Patriarche est son frere. Les Gentils-hommes s'arrogent le même pouvoir chacun sur ses Terres, non seulement en donnant les benefices mais aussi en emprisonnant & en punissant les gens d'Eglise tout comme les autres, & sans distinction. On se sert d'eux à toutes sortes de corvées, & on enlève leurs enfans, & on les vend quelquefois eux-mêmes à des Mahometans qui viennent acheter des esclaves.

Les Eglises de Georgie sont un peu mieux entretenues que celles de Mingrelie. On en voit dans les Villes d'assez propres, mais à la Campagne elles sont fort sales. Les Georgiens

GEO. GEP. GEP.

giens comme les autres Peuples Chrétiens, qui les environnent au Septentrion, ou à l'Occident, ont une coûtume assez étrange de bâtir la plûpart des Eglises sur le haut des Montagnes en des lieux reculez & presque inaccessibles. On les voit, & on les salue en cet éloignement, de trois ou quatre lieues ; mais on n'y va presque jamais : & l'on peut bien assurer que la plûpart ne s'ouvrent pas une fois en dix ans. On les bâtit, & ensuite on les abandonne à l'air, à ses injures, & aux oiseaux. Les Géorgiens sont prévenus que quelques pechez qu'ils ayent commis, ils en obtiennent le pardon en bâtissant une petite Eglise. L'Auteur croit qu'ils choisissent exprès des lieux inaccessibles, pour éviter de les orner & de les entretenir.

Ce que Chardin dit de la Georgie doit s'entendre de la Georgie Persane, qui contient le Royaume de Caket & le Carduel.

On peut diviser la Georgie I. en Georgie prise dans un sens étendu, alors elle renferme, comme nous avons dit, la partie Orientale & l'Occidentale ; & a les bornes que nous lui avons données au commencement de cet Article. II. en Georgie propre, alors on en detache l'Avocasie, ou les Abcasses & la Mingrelie qui contient l'Imirete, la Mingrelie propre & le Guriel. Il ne reste plus que le Caket & le Carthuel. Cette division est nécessaire pour l'Histoire, car il a été un temps que toute la Georgie étoit soumise à un Roi, qui [a] voit sa Cour à Cotatis, selon Mr. Luitz [a]. Cette Georgie proprement dite a été conquise par le Roi de Perse qui y établit un Vice-Roi, & ce Prince n'obtient cette dignité que par une profession publique du Mahometisme. Voiez les Articles CAKET, CARTHUEL, GURIEL, IMIRETE, MINGRELIE.

[a] Introd. ad Geogr. p. 504.

GEPHES, Γηφεῖς, ancien Peuple de l'Afrique propre, selon Ptolomée [b].

[b] l. 4. c. 3.

GEPHRUS, Γέφρος, Ville de la Syrie, selon Polybe. Voiez l'Article qui suit.

1. GEPHYRA, Γέφυρα, Ville de la Syrie dans la Seleucide, selon Ptolomée [c]. Seroit-ce la Ville que Polybe [d] appelle Gephrus, & qui se rendit à Antiochus ?

[c] l. 5. c. 15.
[d] l. 5. c. 70. p. 577.
[e] Thesaur.

2. GEPHYRA, Ortelius [e] cite la cinquieme livre de Polybe où il trouve que Gephyra étoit une Ville d'Afrique voisine de Carthage & située au bord du Fleuve Macros.

GEPIDES, (LES) ancien Peuple, entre les Barbares qui se jetterent sur les Provinces Romaines dans le temps de la décadence de l'Empire. Jornandes [f] marque ainsi leur Origine. Il prétend que les Goths vinrent de l'Isle de Scanzia (c'est ainsi qu'il nomme la Scandinavie que l'on prenoit encore pour une Isle) Ils étoient, dit-il, conduits par leur Roi Berich ; & partagez sur trois vaisseaux. Ils aborderent en deça de la Mer ; un de ces vaisseaux qui arriva après les autres fut cause que ceux qu'il portoit eurent un sobriquet ; car en la langue de ces Peuples GEPANTA signifie paresseux. Ce nom qui étoit une injure leur demeura avec quelque changement : car, poursuit Jornandes, il est indubitable que les Gepides tirent leur Origine des Goths. Il ajoute une autre raison. Ils ont, dit-il, l'esprit & le corps extrémement pesants. Ces Gepi-

[f] De Reb. Getic. c. 17.

des piquez de jalousie, avoient abandonné le Pays & habitoient une Isle entourée de marais que formoit la Riviere de Viscla (Vistule). Ils l'abandonnerent pour chercher un meilleur Pays. Leur Roi Fastida leur inspira du courage ; ils s'étendirent & détruisirent presque les Burgundions & autres Peuples. Ils se brouillerent ensuite avec les Goths malgré leur alliance & furent battus. Leur Roi Fastida humilié par ces revers s'en retourna dans sa Patrie. Paul Diacre dans son Histoire des Lombards parle des guerres qu'ils eurent avec les Gepides. Cependant il s'est trouvé des Auteurs qui ont confondu les Lombards & les Gepides. Saumaise dans les extraits de quelques Manuscrits Grecs au raport de Hugues Grotius [g] avoit trouvé Γηπαῖδες οἱ λεγόμενοι Λογγοβάρδοι : c'est-à-dire, les Gepides que l'on appelle Lombards. Constantin Porphyrogenete dans un de ses extraits de l'Histoire de Theophane dit : les Gepides desquels par une mesintelligence survenue sont sortis les Lombards. Surquoi Grotius raisonne ainsi. Si les Lombards sont venûs des Gepides, ceux-ci étoient originairement venus des Goths. Là-dessus il raporte les paroles de Jornandes que nous avons déja traduites. Il ajoute qu'au lieu de Gepanta, il faut lire Gepaita dans Jornandes ; car les Allemands appellent Gepait, celui qui s'arrête, & le même son est reconnoissable dans le nom Grec Γηπαῖδες, Gepaides. Procope après avoir nommé quelques Nations qui avoient entre elles une affinité & une ressemblance de mœurs & de langage, savoir les Goths, c'est-à-dire les Ostrogoths, les Wisigoths, & les Wandales, leur ajoute les Gepides & dit que le Prince des Gepides s'appelloit Ostrogot. Constantin Porphyrogenete déja cité dit sur la foi de Theophane tenu pour Saint par l'Eglise Greque que les Goths proprement dits & les Gepides & les Wandales tirent une même origine des Goths ; & que les Gepides sont venus les Lombards. Croyons-en, dit-il, les anciens ; puis que les modernes ne nous disent rien qui merite mieux d'être crû, savoir que les Wandales, les Ostrogoths, les Westregoths, les Gepides & les Lombards descendent tous de la Scanzie (Scandinavie) & particulierement du Canton occupé par les Sueons. Il ajoute que les Sueons ont été ensuite appellez les Normands. Les Goths embrasserent le Christianisme sous Valens. Ce fut à-peu-près dans le même temps que les Gepides & les Wandales le reçurent aussi ; mais ils eurent le malheur d'être instruits par des Evêques infectez de l'Arianisme que Valens protégeoit. Cependant plus de cinquante ans après la conversion des Goths, Salvien de Marseille [h] parle des Gepides comme d'un Peuple cruel, barbare & fort éloigné du Christianisme par ses mœurs. Gens Saxonum fera est, Francorum infidelis, Gepidarum inhumana, Chunorum impudica, & plus bas [i] : si fallat Chunus vel Gepida, quid mirum est, qui culpam penitus falsitatis ignorat ? & dans un autre endroit : numquid Scytharum aut Gepidarum inhumanissimi ritus in maledictum atque blaspheniam nomen Domini Salvatoris inducunt.

[g] Prolegom. in Hist. Goth.

[h] De Gubernat. Dei. E-dit. Balus. p. 89.
[i] Ibid.

Sous l'Empire de Justinien [k] on les trouve en

[k] Goth. Hist. l. 1. 1. & Hist. Arcan.

en Hongrie auprès de Sirmich, selon Procope. Ils firent assez bonne contenance jusqu'au Regne d'Alboin Roi des Lombards. Ils avoient leur Roi particulier nommé Turisende qui eut pour Successeur Cunimund. Ce dernier se brouilla avec les Lombards & ranima les anciennes querelles que son predecesseur avoit plutôt assoupies qu'éteintes entierement. Alboin de son côté s'allia avec les Avares qui avoient été auparavant appellez Huns & qui quiterent ce nom pour prendre celui de leur Roi, & s'étant assuré d'eux par un Traité il marcha contre les Gepides: tandis que ceux-ci venoient au devant de lui, les Avares se jetterent sur leur Pays comme ils en étoient convenus avec Alboin. Cunimund fut consterné en apprenant cette nouvelle & exhorta ses troupes à combatre premierement contre les Lombards, après quoi ils iroient chasser de leur Pays les Avares. Les Lombards, vainquirent, la deroute des Gepides fut complette, à peine en échapa-t-il un petit nombre. Cunimund lui-même y perit, Alboin lui enleva le crane & s'en fit faire une coupe pour les festins. Il prit entre autres prisonnieres de guerre Rosimonde fille de ce malheureux Roi, & comme sa femme Clotsionde fille de Clothaire Roi de France, étoit morte, il épousa cette Princesse qui plusieurs années après il fit assassiner. Quant aux Gepides, ils furent si abatus par ce revers qu'ils ne purent jamais se relever. Ils n'eurent plus de Roi & ceux qui ne perirent point dans la bataille furent soumis aux Lombards, ou resterent sous le joug que leur imposerent les Huns qui s'étoient emparez de leur Pays. Il est certain qu'Alboin en emmena quelques-uns en Italie, où après de grandes conquêtes, ils établit dans un Village que l'on appella de leur nom GEPIDI. Paul Warnefrid le dit expressément. *Cerium est autem tunc Alboin multos secum ex diversis quas, vel alii reges vel ipse ceperat, gentibus ad Italiam adduxisse, unde usque hodie eorum in quibus habitant vicos, Gepidos, Bulgares, Sarmatas, Pannonios, Suavos, Noricos, sive aliis hujuscemodi nominibus appellamus.*

Les Etymologistes Grecs derivent ce nom de Gepides Γηπαιδες de Γηπαιδες, c'est-à-dire, les enfans des Getes.

GEPPING, Ville d'Allemagne dans la Suabe au Duché de Wurtenberg sur la Riviere de Wils qui se perd dans le Necker au dessus d'Esslingen. La Carte de Zeyler n'en fait qu'un Village, celle de Mess. Sanson en fait un Bourg; mais celle de Mr. Corneille le marque comme une Ville & écrit ce nom GÖPPINGEN, par un ö adouci, c'est-à-dire, qui repond à l'œu des François.

1. GERA, ou GERRA, Ville d'Arabie, selon Ptolomée. Voiez GERRHA.

2. GERA, petite Ville d'Allemagne au Cercle de la Haute Saxe dans le Voigtland, sur l'Elster entre Zeitz, & Plawen. Elle fut bâtie par Vipert Comte de Groitz vers l'an 1086. & à la place de l'ancien château d'Osterstein qui y étoit, on en éleva un neuf sur l'Elster pour loger les Seigneurs du Lieu. Elle a appartenu ensuite à la Maison de Reussen, Seigneurs Lutheriens qui y ont fondé un beau College. Cette Ville fut ravagée par les Bohemiens durant la guerre des deux Freres de la Maison de Saxe l'an 1449.

GERABRICA. Voiez IERABRICA.

GERÆ, Casaubon croit qu'il faut lire ainsi ce nom au lieu d'ERÆ que l'on trouve dans Strabon pour une Ville d'Ionie. Voiez ERÆ.

GERÆA, ancienne Ville de la Lusitanie, selon Ptolomée. Quelques-uns croient que c'est aujourd'hui CACERES à neuf lieues de Merida & de Coria dans l'Estramadure.

GERÆI, Peuple de l'Arabie heureuse, selon Ptolomée. Quelques Exemplaires portent GERRÆI: il leur donne trois Villes, savoir;

Maginaana, Gera, ou Gerra, & Bilena, ou Bilbana.

GERÆSTIUM, Contrée du Peloponnese dans l'Arcadie, selon Phavorin.

GERESTUS, Ville & port de l'Euboée, selon Ptolomée. Pomponius Mela dit que GERESTUM étoit un des Promontoires de l'Eubée au Midi; & Pline parle de la Ville & du Promontoire. Ce Promontoire regardoit l'Attique; & Strabon dit que Gereste & Petalie étoient à l'opposite de *Sunium*. Tite-Live dit, le reste de la Flotte demeura à Gereste fameux port de l'Eubée.

Il y avoit donc de ce même nom une Ville avec un port de Mer & un Promontoire, où les eaux de la Mer se brisoient avec impetuosité, c'est pourquoi Euripide dans son Oreste nomme les flots de Gereste écumeux. Il y avoit un fameux Temple de Neptune; & c'est par allusion à ce Temple qu'Aristophane dans sa Comedie des Chevaliers dit: *O Gerestien, fils de Saturne!* un vol fait dans ce Temple & un autre fait à Olympie à l'Elide donne occasion à Lucien de railler deux Dieux en même temps. Jupiter Olympien avoit une statue d'or avec une grande barbe, on la lui avoit coupée. Quoi, lui dit Neptune, dans un des Dialogues de Lucien, le vainqueur des Titans, le Dieu armé de la foudre se laisse tondre à Olympie & n'ose seulement pas crier au voleur? Jupiter lui repond, Hé ne savez-vous pas que nous n'avons pas toujours le pouvoir de punir les Sacrileges? & si nous l'avions auriez-vous souffert qu'on vous eût impunement derobé votre trident à Gereste. Gereste étoit fort dechue avec le temps & Etienne le Géographe n'en fait qu'un Village. Demosthene la nomme GERASTE. Voiez GERESTO.

GERAFITANUS, Siége Episcopal d'Afrique dans la Mauritanie Sitifense. La Notice d'Afrique nomme *Victor Ferasitanus*, & la Conference de Carthage fournit *Victor Episcopus Plebis Jesusitensis*; peut-être ce mot s'est-il glissé pour *Ferasitensis*, ou *Gerasitensis*.

GERAHEM, Montagne d'Asie dans l'Arabie heureuse, à environ trois milles de la Ville de la Mecque. Les Musulmans disent que l'on voit dans cette Montagne une grotte où Eve se retiroit; mais que le veritable lieu de sa sepulture est à Gidda Ville située sur la Mer rouge qui sert de port à la Mecque.

GERANDRUM, Ville de l'Isle de Cypre

GER.

pre, où se trouve la pierre nommée Caryſtius, ſelon Apollonius [a].

GERANDRYUM, Clement d'Alexandrie [b] & Euſebe [c] nomment ainſi un lieu ſitué dans un deſert ſablonneux où étoit un Oracle & un Chêne. Le Chêne ſe ſecha & l'oracle finit avec lui. Ils ne diſent point en quel Pays. Il y a apparence que c'étoit en Afrique, où étoit l'Oracle de Jupiter Ammon. Les Sables favoriſent cette conjecture qui eſt d'Ortelius.

1. GERANIA, Ville de Thrace. Solin dit[d]: *quondam urbem Geraniam, Cathizon Barbari vocant, unde a Gruibus Pygmœis ferunt pulſos. Manifeſtum ſane eſt in Septentrionalem plagam hieme Grues frequentiſſimas convolare.* Il raconte enſuite quelle eſt la police des Grues lorſqu'elles volent, ou s'arrêtent par bandes. Si on en croit cet Auteur, la Ville de Geranie étoit nommée *Cathizon* par les Barbares & c'eſt delà, ajoute-t-il, que l'on dit que les Pygmées furent chaſſez par les Grues. Mais Solin n'eſt que le Copiſte & l'Abréviateur de Pline. Or ce dernier dit [e] que c'étoient les Pygmées qui étoient nommez CATTUZI par les Barbares. Voici le paſſage. *Gerania, ubi Pygmœorum gens fuiſſe proditur, Cattuzos barbari vocant, creduntque a Gruibus fugatos.* Le nom de Gerania a donné lieu à cette fable [f] *αἱ γέρανοι* veut dire des Grues. Saumaiſe croit que Gerania étoit le lieu d'où les Grues partoient pour faire la guerre aux Pygmées & que *Cattuza* étoit la demeure de ces derniers qui par cette raiſon étoient nommez *Cattuzi* par les Barbares. Comme le même mot ſignifioit des oiſeaux qu'on appelle Grues & les habitans de la Ville appellée Gerania, les Poëtes ont ſaiſi l'occaſion de leurs combats contre les Pygmées leurs voiſins pour les changer en Oiſeaux, & ils ont feint que les Pygmées étoient très-petits afin de rendre la partie égale.

2. GERANIA, Ville de Phrygie, ſelon Etienne le Géographe.

3. GERANIA, ou GERENIA, ancienne Ville du Peloponneſe dans la Laconie aux Confins de la Meſſenie. Ptolomée [g] écrit Gerenia & Pauſanias [h] la met entre les Villes des Laconiens libres ou Eleutherolacones. Pline [i] écrit GERANIA, Pauſanias [k] dit que les Limites reglées entre les Meſſeniens & les Laconiens paſſoient auprès de Gerenia. Delà vient qu'Etienne met cette Ville dans la Meſſenie.

4. GERANIA, ou GERANEA, en Grec Γεράνεια. Montagne de Grece dans la Megaride, vers l'Iſthme du Peloponneſe. Pline nomme ſimplement *Geranea*, ſans dire ce que c'étoit. Etienne le Géographe dit que c'étoit une Montagne entre Megare & Corinthe. Thucydide [l] fait entendre que c'étoit un paſſage fortifié par les Athéniens. Il n'y avoit point, dit-il, de ſureté pour eux (les Lacedemoniens) de paſſer par Geranie parce que les Atheniens étoient maîtres de Megare & de Peges. Car outre que Geranie étoit très-difficile à paſſer, les Atheniens y avoient toujours des troupes.

GERANIDÆ, ancien Peuple de Grece dans la Phocide, ſelon Heſyche.

GERANTHÆ, Etienne le Géographe dit que c'étoit une Ville de la Laconie & cite Pauſanias dans le livre duquel on lit GERONDRÆ, Γερόνδραι.

[a] *In Mirabil.*
[b] *Ad Gentes.*
[c] *De Præpar. Evangel.*
[d] c. 10. Ed. Salmaſ.
[e] l. 4. c. 11.
[f] *In Solin.* p. 164.
[g] l. 3. c. 16.
[h] l. 3. c. 21.
[i] l. 4. c. 5.
[k] *Lacon. Iniſ.*
[l] l. 1. p. 70.

GER.

GERANUS, Lieu du Peloponneſe dans l'Élide, ſelon Strabon [m].

GERAPETRA. Voiez GIRAPETRA.

GERARDI MONS, ce nom ſe trouve dans des Actes de 1096. pour ſignifier un Bourg des Pays-Bas au Comté d'Aloſt. Les Flamands l'appellent GEERSBERGEN & les François GRAMONT, ou GRANDMONT.

GERARDI VILLA, les Ecrivains de l'Hiſtoire de Normandie appellent ainſi GRAVILLE que Jean de Paris dans le Memorial des Hiſtoires appelle *Grandis Villa*, elle eſt près de la Riviere de Seine entre Harfleur & le Havre de Grace.

GERARE [n], ou GERARA, Ville des Philiſtins, au Midi des terres de Juda. Cette Ville avoit des Rois nommez Abimelech, du tems d'Abraham & d'Iſaac; & ces deux Patriarches ayant été obligez de demeurer quelque temps à Gerare, furent obligez, pour conſerver leur vie, de dire que leurs femmes n'étoient que leurs ſœurs [o].

Gerare étoit fort avancée dans l'Arabie Petrée, étant à vingt-cinq milles d'Eleuthéropolis [p], au delà du Daroma, c'eſt-à-dire, de la partie Meridionale du Pays de Juda. Moyſe [q] dit qu'elle étoit entre Cadés & Sur. Saint Jérôme dans ſes Traditions Hebraïques ſur la Genèſe, dit que de Gerare à Jeruſalem, il y a trois jours de chemin. Il y avoit près de Gerare un Bois dont il eſt fait mention dans Théodoret [r], & un torrent ſur lequel étoit un Monaſtère d'hommes, dont parle Sozomène [s]. Moyſe parle auſſi [t] du Torrent ou de la Vallée de Gerare. Sozomene [v] parle d'une petite Ville de Gerres, à cinquante Stades de Péluſe; (voiez l'Article ſuivant) & on lit des Maccabées, que Judas fut établi Gouverneur de toute la côte depuis Ptolemaïde, juſqu'aux Gerréens [w]. On a confondu Gerare avec Berſabée [x], avec Aſcalon [y], avec Aluz [z], avec Arad [a], ſelon D. Calmet.

GERAS, Lieu d'Egypte, ſelon Theophile d'Alexandrie cité par Ortelius [b]. Sozoméne dans ſon Hiſtoire Eccleſiaſtique [c] en fait une Ville maritime. Theophile (d'Alexandrie) s'enfuit lui-même (de Conſtantinople) & fit voile pour l'Egypte avec le Moine Iſaac, au commencement de l'hyver. Il fut pouſſé par un vent favorable à Geras petite Ville diſtante d'environ cinquante Stades de Peluſe. L'Evêque de cette petite Ville étant mort &c. Cette Ville n'étoit donc qu'à ſix milles & un quart, c'eſt-à-dire, à deux bonnes lieues de Peluſe, par conſequent elle étoit différente & fort éloignée de Gerare, & en Egypte.

GERASA, ou GERGESA [d], Ville de la Paleſtine au delà, & à l'Orient de la Mer morte. Elle eſt attribuée par les uns à la Céléſyrie, par d'autres à l'Arabie; & on la met parmi les Villes de la Décapole. Saint Matthieu [e] dit que Jeſus Chriſt étant paſſé dans le Pays des Geraſéniens, deux poſſedez, qui demeuroient dans des Sépulcres, vinrent au devant de lui, & lui dirent : Jeſus fils de Dieu, qu'y a-t-il entre vous & nous ? Etes-vous venu ici, pour nous tourmenter avant le temps ? ils ajouterent : ſi vous nous chaſſez d'ici, envoyez-nous dans ce troupeau de pourceaux, qui eſt proche. Jeſus leur repondit ; Allez & étant

[m] l. 8.
[n] D. Calmet Dict.
[o] Geneſ. c. 21. & 26.
[p] Euſeb. in Locis Hieronym.
[q] Geneſ. c. 20. v. 1.
[r] *In 2. Paral. quæſt. 1.*
[s] *Hiſt. Eccleſ.* l. 6. c. 32. l. 9. c. 17.
[t] Geneſ. c. 26. v. 27. l. 8. c. 19.
[v] Maccab. l. 2. c. 13.
[x] *Cyrill. in Amos.*
[y] *Syncell. in Chronic.*
[z] *& vers. Saumariſ.*
[a] *Arab. in* Geneſ. c. 26. v. 1.
[b] *Targum Jeroſolimit. ad Geneſ.* c. 20. v. 1.
[c] *Theſaur.* l. 8. c. 19.
[d] D. Calmet. Dict.
[e] c. 8. v. 28.

étant fortis, ils entrerent dans ces pourceaux ; qui se precipiterent aussi-tôt dans la Mer, & s'y noyerent.

Le Grec imprimé de Saint Matthieu au lieu de *Geraseniens*, porte Gergeséniens ; & quelques Exemplaires Grecs lisent Gédaréniens. Saint Luc & Saint Marc lisent de même. Origene [a] croit que la vraye leçon n'est ni *Gerasa* ni *Gedara* ; puisque ni l'une ni l'autre de ces Villes n'est au voisinage de la Mer, & n'a auprès de foi des précipices, comme il y en avoit près de la Ville où Jesus Christ guerit les deux possedez. Il croit donc qu'il faut entendre en cet endroit la Ville de *Gergesa*, sur le Lac de Tiberiade, où l'on montroit de son temps les rochers & les precipices, d'où les porcs se precipiterent dans le Lac. Voiez GERGESA. La Ville de Gerasa fut Episcopale dans le temps du Christianisme & elle est nommée Gerasa Ville Episcopale d'Arabie dans la Notice de Léon le Sage. Ses Officiers de Hierocles l'appelle GERASA. On lit Ierasson dans quelques autres. Elle est presentement détruite.

[a] In Johan.

GERASTE. Voiez GERÆSTUS.

GERATA [b], Montagne de Grece dans l'Attique, proche de laquelle l'ancienne Ville d'Eleusis étoit située : on la nommoit autrefois KERATA, (c'est-à-dire, *les Cornes*.) à cause de deux rochers qui sont dans le haut & qui paroissent comme deux Cornes. Sur l'une de ces pointes on voit une tour que les Grecs appellent GERATA PYRGA ; il n'y a qu'une plaine d'environ une lieue de chemin à traverser pour arriver de là à Megare.

[b] Wheler Voyag. T.1.

GERAW [c], (le) petit Pays d'Allemagne au Cercle du haut Rhin près de la rencontre de ce Fleuve avec le Meyn au dessus de Mayence. On le nomme autrement le haut Comté de Catzenelnbogen, & il est entre le Comté d'Erpach au Levant, l'Electorat de Mayence au Septentrion & au Midi, & le bas Palatinat au Couchant. Il prend ce nom du Bourg de Geraw. Mais sa principale place est à present DARMSTADT où reside une des branches de la Maison de Hesse qui porte le nom de *Hesse Darmstadt*, & par cette raison ce Pays perd insensiblement son nom de Geraw & est plus connu sous celui de *Pays de Darmstadt*.

[c] Baudrand Ed. 1705.

GERBADECAN [d], Ville d'Asie en Perse dans le Couhestan. Elle est aussi appellée GHILPAIBGHAN. Les Géographes Orientaux lui donnent 85. d. 25'. de Longitude & 34. d. de Latitude.

[d] Hist. de Timur-Bec l.2.c.60.

GERBEDISSUS, Lieu d'Asie dans la Comagene, selon Antonin [e], sur la route de Nicopolis à Edesse entre Aliaria & Doliche ; à xv. M. P. de la premiere & à xx. M. P. de la seconde.

[e] Itiner.

GERBEROY [f], Ville de France dans le Beauvoisis, à cinq lieues de la Ville de Beauvais, en Latin *Gerboreaum*. Elle est située sur une haute Montagne, dans la Generalité de Paris, & a un Chapitre, & une Justice ou Vidamé. Le Chapitre consiste en treize Prébendes, dont une est affectée au Doyenné qui est électif quand il vaque par mort. On y compte outre cela plusieurs Chapelles que le Chapitre confére de plein droit, de même que l'Evêque de Beauvais donne les Prébendes comme tenant la place des Seigneurs Vidames de Gerberoy qui en sont les Fondateurs. L'Office s'y fait avec une très-grande regularité. Il y a une Musique entretenuë, le Chapitre dont l'Eglise est sous l'invocation de Saint Pierre, a un Official & un Promoteur pour ceux de sa Compagnie, avec un Bailly, un Lieutenant, un Procureur Fiscal & un Greffier tant pour le Civil que pour le Criminel, dans sa Justice Temporelle qui est haute, moyenne & basse pour tous ses Vassaux qui sont dans la Ville & à la Campagne, à cause du grand nombre de Fiefs qu'il possede. Le vingt-huit de Juin à Midi jusqu'au soir du lendemain, Fête de Saint Pierre, le même Chapitre a toute la Justice du Vidamé. Ses Officiers tiennent le Palais, & connoissent des causes. Le Géolier leur apporte les clefs des prisons, & les portieres celles de la Ville, ils vont chez les Marchands examiner les poids & les mesures ; ils sont les maîtres de la Chasse & de la Pêche, & prennent connoissance de tout ce qui peut arriver pendant cet intervalle. Ce Chapitre a un très-beau droit à prendre tous les ans sur l'Abbaye de Chalis de l'Ordre de Cîteaux dans le voisinage de Senlis. Ce droit consiste en sept cens onze mines de bled, pinte de Paris, & en huit cens vingt neuf mines & demie d'avoine, pinte, chopine, & demi septier de Paris, suivant la reduction de la mesure de Gerberoy à celle de Beauvais faite en 1654. par Arrêt du grand Conseil. Plusieurs Chanoines de l'Eglise de Gerberoy se sont distinguez par leur pieté & par leur profonde érudition, & entre autres le célébre Claude d'Espence qui se fit admirer dans le Concile de Trente & dans le fameux Colloque de Poissi, après avoir été employé utilement par François I. par Henri II. & par François II. en plusieurs negotiations importantes. Il y a eu dans cette Eglise un Chantre du bas Chœur appellé Pierre le Grand, qui quoi qu'âgé de plus de cent ans, portoit encore la Chape, & assistoit regulierement à l'Office, il mourut en 1707. après quatre vingts ans de service en la même Eglise. Au bas de la Ville passe une Riviere que l'on nomme TERRAIN. Elle a cela de particulier qu'elle ne géle jamais, & qu'on n'ose s'y baigner l'Eté à cause de la trop grande fraicheur de l'eau, ce qu'on attribue à la quantité de sources dont elle est remplie.

La situation de Gerberoy a toûjours paru si avantageuse, que dès le neuviéme siécle l'on fit fortifier cette place, pour arrêter les courses que les Normands faisoient dans les Provinces. Comme ce peuple cruel soûtenu des Anglois, alors ennemis declarez de la France, devint plus redoutable dans la suite, Charles VII. crut qu'un des plus sûrs moyens de conserver le Pays contre ces Barbares, étoit de réparer les anciennes fortifications de Gerberoy, & d'y en faire de nouvelles, ce qui fut exécuté l'an 1435. sous les ordres de Pothon, Seigneur de Xaintrailles, Grand Ecuyer de France, & de la Hire Capitaine General de tout le Pays ; qui est au delà de la Riviere de Seine. Les Normands furent tellement allarmez de ces nouveaux Ouvrages, que le Comte d'Arondel, General des Anglois, passant avec son Armée par Gournay sur Epte pour aller dans le Ponthieu, ils le conjurerent de ne

pas

[f] Corn. Dict.

pas passer outre qu'il n'eût renversé les travaux qui étoient déja faits, & qu'il n'eût mis les François hors d'état de les continuer. Cela lui parut d'une telle consequence, qu'il resolut de raser la place, & dans le dessein de la surprendre, il s'avança la nuit avec une partie de ses troupes, donnant ordre aux autres de le suivre, étant arrivé à huit heures du matin, dans une Vallée éloignée de la Ville d'un quart de lieue, il s'y retrancha en attendant qu'il en eût été joint, mais Pothon & la Hire qui commandoient dans la place, firent des sorties si vigoureuses, que le Comte d'Arondel fut défait & blessé d'un coup de coulevrine, dont il mourut peu de temps après. Son nom est demeuré au Champ de bataille, qu'on appelle encore la Vallée d'Arondel. Gerberoy avoit déja soûtenu plusieurs siéges dont les plus anciens sont ceux qui ont été faits par Guillaume le Conquerant, & par Henri II. tous deux Rois d'Angleterre. Guillaume y assiégea en 1078. son fils Robert, Duc de Normandie, à qui Philippe I. Roi de France avoit accordé cette Ville pour retraite & pour lieu de sureté, il se fit de part & d'autre de très-belles actions pendant ce siége, & Robert qui s'étoit mis à la tête d'une partie de la garnison se portant par tout dans une sortie, eut le malheur de blesser son pere au bras, sans le connoître, & de le renverser par terre, mais sitôt qu'il eut entendu sa voix, il le releva & lui aida à remonter à cheval. Henri II. assiégea la même Ville en 1160. & s'en rendit maître, mais il ne put prendre un certain Fort où Louïs VII. avoit mis en garnison des troupes qui le repousserent plusieurs fois, ce que témoigne Robert du Mont dans sa Chronologie de Normandie, qui après avoir dit que Henri II. ruina Gerberoy, qu'il appelle GUEBERRA, *destruxit munitissimum Gueberræ Castellum*, ajoûte ces termes, *Excepta quadam firmitate quam ne caperent hominibus regiis ignis & fumus prohibuit.* Les Anglois ayant soûmis Gerberoy au mois d'Octobre 1437. conserverent cette place jusqu'en 1449. que le Seigneur de Mony, Gouverneur de la Province, accompagné de Pierre de Boufflers, d'Antoine de Crevecœur & de plusieurs autres Gentilshommes de Picardie, la prit d'assaut & tailla en pieces tous les Anglois qu'il y rencontra. Deux ans après toute la Normandie ayant été réduite à l'obéïssance du Roi, les habitans de Gerberoy commencerent à respirer, mais à peine goutoient-ils quelque repos, qu'ils se virent exposés tout de nouveau aux courses & aux ravages que firent les Bourguignons en 1472. Cependant les maux qu'ils en souffrirent n'approchent point de ceux qui les accablerent pendant le temps de la ligue des dernieres guerres civiles. Comme la Ville de Beauvais tenoit le parti du Duc de Mayenne, malgré la conversion d'Henri IV., à la Religion Catholique, & que celle de Gerberoy conservoit une fidelité inviolable pour son Souverain, les habitans de Beauvais ennemis mortels de ceux de cette derniere Ville, y mirent le feu, pillerent l'Eglise, profanerent les vases sacrez & les images des Saints, massacrerent plusieurs personnes, sans même épargner les Prêtres, & ne firent cesser leur violence qu'a-près qu'ils eurent demoli toutes les fortifications, & enlevé l'artillerie, mais tous ces malheurs n'ébranlerent point la fidelité des Bourgeois de Gerberoy. Cette fermeté dans leur devoir, éprouvée en plusieurs occasions importantes, étoit si connue d'Henri IV. qu'ayant été blessé d'un coup de pistolet aux reins, dans un combat qu'il donna auprès d'Aumale contre Alexandre Farneze, Duc de Parme, il se fit porter à Gerberoy comme dans un lieu d'autant plus sûr pour sa personne, que la fidelité des habitans étoit à toutes sortes d'épreuves, ainsi qu'il témoigna lui même une autre fois, passant par cette Ville au retour du siége de la Fere pour entrer en Normandie, ce Prince ayant demandé à boire pour goûter du vin qui lui avoit été presenté par les Bourgeois, son Echanson lui en versa dans un verre & en fit l'essay, ce que le Roi, ayant vû il jetta le vin qu'on avoit mis dans le verre, & y en fit verser d'autre de la même bouteille qu'il but après avoir dit, *A quoi bon cette Ceremonie, il n'y a rien à craindre pour nous ici.* Ce fut dans la Ville de Gerberoy que Louïs IV. dit d'outremer, Roi de France, Harold Roi de Danemark, & Richard, surnommé sans peur Duc de Normandie, s'assemblerent l'an 648. pour signer le Traité de paix entre le Roi de France & le Duc de Normandie.

Mr. de Longuerue [a] parle ainsi de Gerberoi. C'est, dit-il, une petite Ville qui est Chef d'une Seigneurie de grande étendue, & qui est des dependances de l'Evêché & Comté de Beauvais. On l'appelle en Latin *Gerberedum* & quelquefois *Gerberacum*. Cette place étoit bâtie & avoit un Seigneur nommé *Fulco* (ou Foulques) sous le regne de Robert. Ces Seigneurs de Gerberoi prirent cent ans après le titre de *Vicedominus* ou de *Vidame* parce qu'ils tenoient leur Château & Seigneurie comme Vassaux de l'Evêque de Beauvais qui étoit leur Seigneur Suzerain. Les *Vice-Domini* ou *Vidames* étoient des Officiers établis par les Evêques pour administrer & deffendre les biens d'Eglise, & on choisit des Chevaliers ou Seigneurs puissans qui se rendirent hereditaires & leurs Evêques leur donnerent en fief de grandes terres. Tels sont les Vidames d'Amiens, de Laon, de Chartres, du Mans, de Châlons, & de Meaux. Pour les Vidames de Rouen, ils ont pris le nom de la terre & Seigneurie d'Esneval, qui leur a été donnée en fief. Les Vidames de Gerberoi n'ont jamais eu aucune fonction dans l'administration des biens de l'Evêque Comte de Beauvais. La race masculine de ces Seigneurs Vidames de Gerberoi ayant fini sur la fin du douzième siécle, l'Evêque Philippe de Dreux, réunit Gerberoi à son Evêché & Comté. Clemence de Gerberoi fille de Guillaume, & niece de Pierre dernier Vidame, pretendit heriter de son Oncle, & troubla avec son Mari Anguerand de Crevecœur, l'Evêque Philippe, qui néanmoins se maintint en possession. Ce different fut assoupi l'an 1240. par une Transaction passée entre l'Evêque Robert de Cressonsac, & Jean de Crevecœur, fils d'Anguerand & de Clemence de Gerberoi. Depuis ce temps-là, les Evêques de Beauvais ont joüi paisiblement du Vidamé de Gerberoi, & ont pris le titre de

[a] Desc. de la France 1. part. p. 22.

GER.

de Vidame, quoiqu'il soit au dessous d'eux puisqu'il est proprement leur Vassal ou Officier. Gerberoi a été autrefois considerable, mais c'est aujourd'hui une très-petite Ville, ayant été plusieurs fois prise & saccagée par les Rois d'Angleterre Ducs de Normandie.

GERBES, (les) ou GERBI, ou ZERBI, ou GELVES, Isle d'Afrique au Royaume de Tunis, dans la Mer Mediterrannée sur la côte de Barbarie. Dapper en donne cette description dans son Afrique [a]. Les Géographes sont en contestation pour savoir si l'Isle de Gerbes est le Girba, ou l'Egimurus, ou le Zeta, ou le Glaucon des Anciens. Les Arabes qui l'appelloient autrefois Gezira, lui donnent maintenant le nom d'Algelbens & les Espagnols celui de Gelves. Elle est située à l'Embouchure du Golfe de Capes, à 200. pas des petites Syrtes ou bancs de sable & si près de la terre ferme, que Pline assure qu'elle y étoit jointe par un pont, que les Insulaires rompirent pour fermer le passage à l'ennemi. Cette Isle a quatre milles de tour & est située sous le 32. degré de Latitude. Ptolomée & Pline mettent deux Villes dans cette Isle, Meninx du côté du Continent d'Afrique, & Gerra à son opposite à l'autre extremité. On dit aussi qu'il y a eu une autre Ville nommée Sibile qu'un Roi de Sicile demolit, lorsqu'il s'empara de toute cette Isle de Zerby l'an 1159. Quoiqu'il en soit, il n'y a plus que quelques petits Villages du côté du Nord défendus par une Forteresse où les Turcs tiennent garnison, tels que sont Zadaïque, Zibide, Camuse, Agimar, Borgi, Rocheré, ou Cantare. Cette Isle est toute plaine & son Terroir si sablonneux & si maigre, que quelque peine que ses habitans prennent à l'arroser & à l'engraisser, il ne rapporte que de l'orge & en petite quantité. Mais il y a force figues & olives, & quantité de raisins que les Insulaires font secher & les envoyent à Alexandrie & ailleurs. Dans cette Isle & sur la côte, on trouve un certain arbre que les Anciens appelloient Lothus, dont le fruit est de la grosseur d'une fève, & jaune comme du Safran; quand il est mûr le goût en est si agréable, que les Grecs disoient que ceux qui en avoient une fois goûté oublioient leur patrie, & que les Poëtes feignent qu'Ulysse & ses Compagnons, pendant leurs égaremens ayant été jettez dans cette Isle & ayant mangé de ce fruit, perdirent le desir de retourner en Grece; de là vient qu'on appelloit cette Isle Lothophagites & ses habitans Lothophages. Les Italiens nomment ce fruit Bagolaro & les Arabes Sadar. Les habitans de cette Isle parlent l'ancienne langue d'Afrique & non pas Arabe. Ils avoient autrefois leur Cheque particulier qui étoit sous la protection d'Espagne: mais ils dependent presentement du Bacha de Tripoli. L'Empereur Charles-Quint conquit cette Isle lorsqu'il s'empara du Royaume de Tripoli, & la joignit au Royaume de Sicile, mais les Turcs en chasserent les Ducs d'Albe & de Medina Celi, qui y commandoient de sa part.

Marmol [b] qui étoit Espagnol nomme cette Isle L'ISLE DE GELVES. Cette Isle, dit-il, que les Anciens nommoient Menisse d'une Ville du même nom, est mise par Ptolomée à trente-neuf degrez trente minutes de Longitude, & à trente-un degrez vingt minutes de Latitude, sous le nom de Lotofagine. Elle est attachée à la terre ferme, & est basse & sablonneuse, & a plusieurs contrées de Palmiers, d'Oliviers, de Vignobles, & d'autres arbres portant fruit. Elle n'a que six lieues de tour, & est habitée aujourd'hui par hameaux, de sorte qu'il y a peu de Villages. Les terres y sont légéres, & l'on n'y recueille que de l'orge, encore est-ce fort peu, & en les labourant & arrosant; ce qui ne se fait pas sans beaucoup de peine, à cause que les puits sont fort profonds, si bien que le pain y est rare, & il y a fort peu de troupeaux. Sur le bord de la Mer est une forte Tour bâtie par les Catalans lorsqu'ils étoient maitres des Gelves, & c'est là que demeure le Seigneur de l'Isle. Il y a auprès une habitation où abordent les Marchands Turcs, Maures, ou Chrétiens, à cause d'un grand marché qui s'y tient toutes les semaines, qui est comme une foire où se trouvent les naturels du Pays, & les Arabes de la côte avec leurs troupeaux & les autres choses dont la contrée abonde. De là on porte à Tunis & à Alexandrie plusieurs raisins sechez au Soleil, avec des cuirs de vache, des laines & autres marchandises. Cette Isle fut ruinée par les Successeurs de Mahomet avec les Villes de Tripoli & de Capez qui étoient aux Romains. Il y avoit deux Villes, dont les ruines paroissent encore, outre les Forteresses que les Romains y avoient faites, dont les murailles & les tours sont encore debout. Elle s'est peuplée depuis par hameaux, & l'an mille deux cens quatre vingt quatre, Roger de Lorie Amiral du Roi d'Aragon la conquit, & ses descendans en ont été maitres plusieurs années. Marmol raconte ensuite de quelle maniere cette Isle fut conquise par ce Roger & ensuite comment elle passa en d'autres mains. Mais il n'est pas exact dans ce qu'il cite de Ptolomée [c]. Il devoit dire que selon ce Géographe Grec LOTOPHAGITES, Isle, avoit deux Villes, savoir;

Gerra à 39. d. 15'. de Longitude &
à 31. d. 15'. de Lát.

Meninx à 39. d. 30'. & à 31. d. 20'.

Ainsi les noms de Menisse & de Lotophagine sont corrompus & la Longitude & la Latitude qu'il donne à l'Isle, sont celles de la Ville de Meninx.

GERBO, Village de l'Ethiopie sous l'Egypte près du Nil à l'Orient, selon Ptolomée [d].

GERBOREDUM, nom Latin de GERBEROI.

GERCELVIN. Voiez GARCILUIN.

GERDICA, Curopalate nomme ainsi un Siége Episcopal [e]. Ortelius soupçonne que ce pourroit être Serdica, ou Sardique en Thrace. Constantin Le G & l'S ont souvent été changez l'un pour l'autre.

GEREATÆ. Voiez GERATÆ.

GEREATIS, Lieu d'Afrique dans la Marmarique, selon Antonin [f]. Il le met entre *Jucundia* & le Mont Catabathmos à XXXII.

GER.

M. P. du premier & à xxxv. M. P. de l'autre.

GEREN, Ville & Village de l'Isle de Lesbos, selon Etienne le Géographe.

1. GERENIA, Ville du Peloponnese dans la Laconie. Voiez GERANIA 3.

2. GERENIA, Ville d'Italie. Voyez GERUNIUM.

GERENIUS, Riviere du Peloponnese dans l'Elide, selon Strabon [a].

GERENRODE [b], ou GERINGERODE, petite Ville d'Allemagne dans la haute Saxe dans la Principauté d'Anhalt, assez près de la petite Ville d'Ermsleben. Il y a à Gerenrode une Abbaye de Dames fondée par le Duc Geron. Spangenberg dans sa Chronique de Mansfeld dit [c] que ce Duc n'ayant aucun fils, ni heritier, fonda cette Abbaye & y laissa pour premiere Abbesse Edwige veuve de son fils. Il mourut l'an 965. comme il paroît par son Epitaphe que voici. *Gero Dux, Fundator Ecclesiæ Saxonum, anno Domini 965. XIV. Kal. Julii obiit Illustrissimus Dux & Marchio, hujus Ecclesiæ fundator, cujus anima requiescat in Pace.* L'Abbesse a eu rang parmi les Prelats du Banc de Westphalie, & Mr. Baudrand parle comme si cela étoit encore, mais cela n'est plus. Les Princes d'Anhalt qui étoient les Avouez de cette Abbaye & en avoient ce que les Allemands appellent die Vogtey ou la Prevoté dont ils reçoivent l'investiture de l'Empereur, ont si bien fait qu'ils se sont attribué la Souveraineté de Gerensrode. Elisabet Comtesse de Wid qui en étoit Abbesse en 1521. y introduisit le Lutheranisme. Mr. Hubner écrit ce nom GERNRODE.

GERES, Γέρης, nom d'un Peuple pauvre & chauve dans la Chaonie, selon Suidas.

GERESHEIM [d], ou GERRENSHEIM, ou GERLTZHEIM, petite Ville d'Allemagne sur le Rhin dans l'Electorat de Mayence entre Worms & Oppenheim; à moitié chemin quand on y va par eau; en tirant vers le Bergstrass & à côté vers Darmstadt. La Ville qui est accompagnée d'un Château est dans un fond marécageux. C'est apparemment la même chose que Gerletzon de Daviti & de Mr. Corneille.

GERESPA, Γέρεσπα, ancienne Ville d'Asie dans la Medie, selon Ptolomée [e]: quelques Exemplaires portent GEREPA, d'autres GERESA: elle étoit dans l'Intérieur du Pays.

GERESTO [f], petite Ville de l'Archipel dans l'Isle de Negrepont, près du Cap de Mentello, sur la côte Meridionale de l'Isle où elle se tourne à l'Orient, environ à quinze milles de Caristo, ou Château-Roux vers le Midi, & un peu plus de l'Isle d'Andro au Couchant. Toute l'Isle est au Turc.

GERETÆ, ancien Peuple de l'Inde, selon Pline [g]. Le R. P. Hardouin croit qu'il faut lire GEREATÆ, & qu'il est question là des habitans de GERIA. Voiez GERIA.

GERGEAU. Voiez JARGEAU.

GERGENTI, Ville Episcopale de Sicile dans la Vallée de Mazare, près de la côte Meridionale, au bord de la Riviere de St. Blaise, sur une Colline avec un bon Château, & un Evêché Suffragant autrefois de Syracuse aujourd'hui de Palerme. On n'y peut aborder que par un seul endroit, ce qui la rend assez considerable. Elle a été autrefois une des plus considerables de l'Isle. On la nommoit alors AGRIGENTE. Voiez ce mot. Elle n'est plus sur le même terrain que l'ancienne. Le nom de la Ville moderne est GIRGENTI. Voiez ce mot.

GERGESA [h], Ville ancienne de la Palestine, au delà & à l'Orient de la Mer de Tiberiade. Voiez ci-devant GERASA. Origenes [i] croit que c'est à Gergesa qu'arriva le miracle de la guerison des deux possédez, marquez dans Saint Matthieu, VIII. 28.

GERGESÉENS, (LES) anciens Peuples de la terre de Chanaan, & descendans de Gergéséus, cinquième fils de Chanaan. La demeure de ces Peuples étoit au delà de la Mer de Tiberiade, où l'on trouve des vestiges de leur nom dans la Ville de Gergese, sur le Lac de Tiberiade. Les Docteurs Juifs [k] enseignent que les Gergeséens à l'entrée de Josué dans la terre de Chanaan, prirent le parti d'abandonner leur Pays, plutôt que de se soumettre aux Hébreux. Les Rabbins croyent que Josué proposa aux Chananéens trois conditions; la fuite, l'assujettissement, ou la guerre. Les Gergéséens prirent la fuite, & se retirerent en Afrique. Les Gabaonites se soumirent à la servitude; & les autres Chananéens firent la guerre.

On ne nous apprend pas en particulier en quel Pays de l'Afrique se retirerent les Gergéséens; mais c'est une ancienne tradition que plusieurs Chananéens y passerent, lorsque Josué entra dans la terre promise [l]. Procope en dit des circonstances très-remarquables.

Les Docteurs Hebreux [m] racontent encore que les Gergeséens vinrent porter leurs plaintes devant Alexandre le Grand, lui demandant la restitution de leur Pays, qu'ils soutenoient avoir été usurpé par les Hebreux. Alexandre fit citer les Juifs, pour repondre à cette accusation. Ceux-ci comparurent, & dans leur défense, ils pretendirent que non seulement ils ne devoient rien aux Gergéséens; mais qu'au contraire les Gergéséens étant des esclaves fugitifs, ils devoient leur être restituez avec tous les dommages que leur pouvoir avoir causé leur fuite depuis tant de siécles. Ils prouverent le premier chef, savoir que les Gergéséens, descendus de Chanaan, étoient esclaves, par l'arrêt prononcé par Noé contre Chanaan [n]. *Maledictus Chanaan, servus servorum erit.* Leur fuite n'étoit pas contestée; il ne restoit qu'à prononcer en faveur des Hebreux: mais les Gergeséens ne jugérent pas à propos d'attendre leur condamnation; ils se retirerent, & abandonnèrent leur cause.

Je ne donne pas ce récit, poursuit D. Calmet, comme une Histoire incontestable. C'est un conte des Rabbins, qui prouve la persuasion où ils sont que les Gergéséens se retirerent du Pays de Chanaan, lorsque Josué y entra. Il est pourtant certain qu'il en demeura un bon nombre dans le Pays, puisque Josué lui-même [o] nous apprend qu'il vainquit les Gergéséens, & ceux qu'il vainquit étoient certainement au deçà du Jourdain. Il se peut donc faire que ceux qui se sauverent en Afrique, fussent des Gergéséens de de-là la Mer de Tibeberiade, & que les autres soient demeurez dans le Pays. On peut voir la Dissertation de D. Calmet sur le Pays où se retirerent les Chananéens chassez par Josué. Elle est dans notre Recueil des Traitez Historiques & Géographiques.

1. GERGETHA, ancien Village dans la Mysie auprès des sources du Caïque, selon Strabon [a] qui dit qu'Attale y conduisit les Gergethiens de la Troade après qu'ils eurent perdu leur Ville.

[a] l. 13. p. 616.

2. GERGETHA, ancienne Ville de la Troade. Strabon dit : dans le Territoire de Lampsaque est un lieu bien planté de vignes nommé GERGETHION. Il y a eu aussi, poursuit-il, une Ville nommée GERGETHA bâtie par les GERGETHIENS du Territoire de Cumes. Car il y avoit aussi là une Ville nommée GERGETHES au pluriel & au Feminin & c'étoit la patrie de Cephalon Gergethien. Voilà bien des lieux distinctement marquez par Strabon dans ce passage.

§ 1. Un lieu nommé GERGETHION qui étoit un Vignoble dans le Territoire de Lampsaque.

2. Une Ville nommée GERGETHA au même Canton.

3. Une Ville nommée GERGETHES dans le Territoire de Cuma Ville de l'Æolide dans le Golphe Elaïtique. C'est de cette Ville qu'étoient les Gergethiens qui bâtirent celle de Gergetha près de Lampsaque.

4. Si on y ajoute le passage cité dans l'article precedent il y avoit une autre GERGETHA, qui n'étoit qu'un Village assez avant dans les terres près des sources du Caïque, selon le même Strabon.

Voyons maintenant à quel de ces lieux conviennent les passages d'Etienne, de Xenophon, d'Herodote & de Pline, que le R. P. Hardouin applique à un seul & même endroit. Le passage d'Herodote [b] au VII. Livre porte: dès qu'il fut jour, il partit delà & serrant sur la gauche la Ville de Rhoition, & Ophryneon & Dardanus qui est voisine d'Abidos , à sa droite les Gergithes, & les Troyens (Teucros) Il est clair qu'il est question là des Gergethiens du Territoire de Lampsaque & non pas de ceux du Territoire de Cyme, ou Cuma qui étoient dans l'Æolide bien loin delà. Je dis la même chose du passage du V. Livre. Hymées [c] ayant pris Cios Ville de la Mysie sur la Propontide & ayant apris que Daurise quitant l'Hellespont marchoit vers la Carie ; il abandonna la Propontide, conduisit son armée vers l'Hellespont, prit tous les Æoliens qui habitent la côte d'Ilium, il prit aussi les Gergithes qui étoient un reste des anciens Troiens (Teucri). Il poussa ensuite sa conquête jusqu'à la Ville de Troade où il mourut. L'Hellespont est trop bien marqué dans ce passage. Lampsaque & Gergithe étoient le long de l'Hellespont. Les Æoliens étoient les habitans de ce Pays Originaires de l'Æolide. Il paroit au contraire par tout ce qui precede le passage de Xenophon [d] qu'il s'y agit de la GERGETHES de Strabon qui étoit dans l'Æolide. Il est hors de doute que la Gergithos de Pline qui ne subsistoit déja plus de son temps étoit dans l'Æolide, puisqu'il la nomme avec Elée, Pitane, & autres Villes de cette Province. Le passage d'Etienne regarde GERGIS, ou GERGITHUS dans la Troade. Voiez Athenée au sixième livre.

[b] c. 43.

[c] p. 122.

[d] Hist. Græc. l. 3. p. 482.

GERGINA [e], ancienne Ville d'Asie dans la Phrygie, au pied du Mont Ida, selon Athenée qui dit qu'on l'appelloit aussi GERGITHA.

[e] Ortel. Thesaur.

GERGIS,
GERGITHA,
GERGITHUS,
} Voiez GERGETHA & GERGINA.

GERGITHIUM. Voiez MARMISUM.

GERGOBIA, &

GERGOBINA. Voiez GERGOVIA.

GERGOIE [f], en Latin Gergovius Mons, Montagne de France dans l'Auvergne près de la Ville de Clermont. On voit sur cette Montagne les masures de l'ancienne Gergovie Ville des Gaulois Boyens. Clermont a été bâtie des ruines de cette ancienne Ville & lui a succedé pour le Siége Episcopal.

[f] Baudrand Edit. 1705.

GERGOVIA, Gergobia, GERGOBINA : les Savans disputent s'il y a eu deux Villes nommées Gergovia, ou simplement une seule Ville de ce nom: leur doute est fondé sur quelque varieté qu'il y a entre les expressions de Cesar dans ses Commentaires. Voyons les passages & rapportons les opinions de ces Savans, afin que le Lecteur puisse juger & choisir.

Cesar dit [g] que Vercingetorix ramena son armée dans le Berri & qu'ayant pris sa route de là vers Gergobia Ville des Boïens que Cesar y avoit placez après les avoir vaincus dans le combat qu'il avoit livré aux Suisses, & les avoit annexez aux Æduens , il commença de l'attaquer. On lit ensuite que Cesar ayant passé la Loire à Orléans traversa le Berri pour venir chez les Boïens au secours de cette place. Voilà pour ce qui regarde la Gergobia, ou Gergovia des Boyens.

[g] De Bell. Gall. l. 7. c. 9.

D'un autre côté il est dit [h] que Cesar partagea son armée en deux corps, qu'il donna quatre Legions à Labienus pour se rendre dans le Territoire de Paris & dans le Senonois, que pour lui il en garda six avec lesquelles il avança dans l'Auvergne vers Gergovia le long de l'Allier. Il donne ensuite les détails du Siége par lesquels il paroit que la Ville étoit située sur une Montagne & dans la même situation que les masures de Gergoie auprès de Clermont. Ainsi on ne doute nullement que Gergovia d'Auvergne n'ait été sur cette même Montagne qui en conserve encore le nom. Ce n'est point sur celle-là que porte le doute. Il s'agit de savoir si elle étoit unique & si la Gergovia des Boïens est la même que celle d'Auvergne. Mr. Sanson pretend qu'oui dans ses Remarques sur sa Carte de l'ancienne Gaule: la position de cette place (Gergovia) est, dit-il, fort disputée jusques à présent & de plus parce que Cesar met une fois Gergovia in Boiis & toutes les autres fois Gergovia in Arvernis : il y en a qui en font deux places differentes, expliquant l'une MOULINS en Bourbonnois & l'autre CLERMONT, ou GERGOIE près de Clermont en Auvergne. Je n'ai jamais estimé & n'estime encore à présent qu'une seule Gergovia & l'explique CLERMONT en Auvergne. Qu'il n'y ait qu'une, un même nom n'aura pas été donné à deux Villes Capitales de deux Peuples voi-

[h] Ibid c. 34.

voisins sans y mettre quelque distinction; & de plus pas un ancien Auteur ne connoît autre *Gergovia* que celle d'Auvergne: d'où il est à inferer que Cesar ayant une fois seulement placé sa Gergovia *in Boiis*, & toutes les autres fois *in Arvernis*, cela a été parce que les Peuples BOII, ayant été placez entre Ædui, Arverni & Bituriges, il y a toutes les apparences du monde qu'il y en avoit quelques-uns dans Gergovia mêlez parmi ceux d'Auvergne. Pour ce qui est de l'explication, je veux ici comme partout ailleurs suivre mes maximes: qui sont que *Gergovia*, *Augustonemetum* & *Arverni* doivent être les differens noms d'une même Ville qui n'ont été connus qu'en divers temps, mais qui ont été chacun pour la Ville Capitale du Pays, comme *Bratuspantium*, *Cæsaromagus*, & *Bellovaci*, Beauvais; comme *Climberris*, *Augusta Ausciorum*, & *Auscii* pour Aux; comme *Bibracte* & *Augustodunum* pour Autun &c. que nous faisons voir dans la table & distribution de toutes les parties, Provinces, Peuples, & Villes Capitales des Peuples, pour notre Carte de l'ancienne Gaule. De façon qu'*Arverni*, ou comme l'écrit Sidonius Apollinaris à la façon de son temps *Arverna urbs*, *Arvernum Oppidum*, *Arvernum Municipium*, n'est autre qu'*Augustonemetum*; & *Augustonemetum* n'est autre que *Gergovia*: Gergovia étant le premier & le plus ancien nom tiré de la Langue Celtique: *Augustonemetum* le second qui n'a été donné que lorsque toute la Gaule a été reduite en Province & sujette aux Romains; *Arverni* le dernier nom & qui a été commun & au Peuple & à la Ville Capitale du Peuple; ce changement n'empêchant point que ce ne soit une même Ville. Or il ne se dispute point qu'*Arverni*, ou *Arvernum Municipium* &c. ne soit Clermont; qu'*Augustonemetum* encore ne soit Clermont, je ne vois pas pour quelle raison on fait difficulté que *Gergovia* ne soit aussi Clermont. Si quelque Montagne voisine porte le nom de GERGOIE, c'est qu'elle étoit proche de *Gergovia* qui lui aura communiqué son nom, & s'il y a quelques ruines de bâtimens sur la Montagne, c'est que les occurrences des affaires ou de guerre auront été cause que les uns ou les autres s'y seront fortifiez &c. *Elvire*, ou *la Sierra de Elvira* près de Grenade en Espagne n'est pas l'ancienne Eliberis où a été tenu le *Concilium Eliberitanum* comme quelques-uns ont cru; mais Grenade s'est appellée *Eliberis* & a communiqué son nom à la Montagne voisine Mont d'*Eliberis* qui à la fin s'est corrompu en Montagne ou comme ils disent *la Sierra d'Elvira*. Ainsi Gergovie Ville aura communiqué son nom à la Montagne voisine qui s'appelle aujourd'hui Gergoie.

Voilà toutes les raisons que ce savant homme allegue en faveur de son sentiment. Avant que d'expliquer l'opinion contraire j'y ajouterai quelques remarques. 1. Je voudrois qu'il eût plus solidement prouvé son opinion sur l'unité de Gergovie. Personne ne s'avisera de contester que Clermont en Auvergne n'ait succedé à la Gergovie *in Arvernis*. Ce n'est point où gît la difficulté, il devoit prouver que c'est la même que Vercingetorix avoit voulu assieger, la même qui étoit habitée par les Boïens, & il ne le prouve en aucune façon. Il met comme une verité bien établie que la Ville de Gergovie est la même qu'*Arverni* dans le moyen âge, & il s'en faut tant que cela soit bien prouvé, qu'au contraire on est sûr que c'étoient deux Villes très-differentes, quoique l'une se soit accrue des ruines de l'autre. Voiez l'article CLERMONT 4. Il allegue encore en preuve l'opinion qui veut que Grenade ait été appellée *Eliberis*, opinion qui a besoin d'être prouvée elle même. Ce qu'il dit encore de *Bratuspantium* qu'il explique par *Beauvais* est sujet au même reproche. Venons au sentiment opposé.

Cesar en parlant de la Gergovia *in Boiis* dit qu'elle étoit annexée aux Æduens, c'est ce qu'on ne peut pas dire de Gergovia *in Arvernis*, qui étoit aux Auvergnats. Les habitans de la premiere Gergovie tenoient pour Cesar & c'est pour cela que Vercingetorix les vouloit assieger, Cesar vint au secours & l'ennemi quitant le siége, laissa la Ville aux Romains. Les habitans de Gergovie d'Auvergne n'étoient rien moins que partisans de Cesar, & il lui couta bien des fatigues pour la soumettre. Si c'étoit la même, pourquoi n'étoit-elle plus dans les interêts de Cesar? comment avoit-elle épousé ceux de Vercingetorix? on convient que les *Boii* occupoient le Bourbonnois, Cesar passe la Loire à Orleans traverse le Berri. C'étoit son chemin pour venir au secours de Moulins. Les Boyens & les Auvergnats étoient differens peuples, qui empêche que chacun d'eux n'ait eu une Ville nommée *Gergovia* qui n'avoient rien de commun que le nom?

Il y avoit deux Gergovies, selon Cesar qui les distingue très-bien, car pourquoi auroit-il varié, s'il n'y en eût eu qu'une?

La premiere chez les Boïens, assiégée par Vercingetorix, selon le premier passage & c'est presentement *Moulins* en Bourbonnois. Son nom est diversement écrit, quelques Manuscrits portent *Gergoviam*, d'autres *Gergobiam*, d'autres *Gergobinam*, & la Version Grecque des Commentaires de Cesar porte Γεργοβϟίνην.

L'autre Gergovie chez les Auvergnats assiégée par Cesar lui-même, est presentement détruite. Clermont que Mr. Sanson croit être en la même place en est à une lieue, dans un terrain très-different.

Mr. Sanson au reste n'est pas le premier qui ait contesté cette premiere Gergovie. Scaliger le fils avoit enfermé ce mot entre deux crochets comme lui étant suspect. Mais son autorité ne prouve rien. Ce hardi Critique a fait bien des pretendues corrections qu'on a été obligé de rétablir sur les Manuscrits. La raison qu'allegue Mr. Sanson ne prouve pas davantage quand il dit : ce nom n'aura pas été donné à deux Villes Capitales de deux Peuples voisins sans y mettre quelque distinction. Qui lui a dit que ce fussent deux Capitales? pourquoi n'y auroit-il pas eu deux Gergovies? il y avoit bien trois *Noviodunum* dans la Gaule; quelle autre distinction faloit-il que celle-ci *Gergovia Boiorum*, & *Gergovia Arvernorum*. Ne dissimulons pas néanmoins qu'Ortelius a été du même sentiment que Mr. Sanson, après avoir dit de *Gergobina in Boiis Oppidum* que c'est *Moulins*, selon Belleforêt & Paradin, ou plutôt

GER.   GER.   141

plutôt *Montluçon* ou *Nery* où il y a des bains & des antiquitez Romaines, selon Vigenere, il ajoute; je crois que ce mot est mal écrit & que c'est la même que *Gergobia* que Cesar donne aux Boïens & Strabon aux Auvergnats. Cela seroit bon si Cesar n'eût parlé que de la Gergovie des Boïens. Mais il parle aussi de la même dont parle Strabon. Il la met comme lui dans l'Auvergne & en fournit toutes les differences, c'est ce qui rend inutile la conjecture d'Ortelius.

GERIA, Ville des Indes, selon Etienne le Géographe, Pline nomme un Peuple des Indes GERETÆ, & le R. P. Hardouin croit qu'il faut lire dans cet Auteur *Gereatæ* de la GEREIA, ou GERIA, Γήρεια d'Etienne.

GERINE, Lieu d'Asie entre Pergame & Thyatire, selon Antonin.

GERION. Voiez GERUNIUM.

GERIONA. Voiez GERUNDA.

GERISA, ancienne Ville de l'Afrique proprement dite, selon Ptolomée [a]. Elle étoit entre les deux Syrtes.

[a] l. 4. c. 3.

GERIZE [b], ou GERIZET-BER-OMAR, Ville d'Asie dans la Mesopotamie sur le Tigre à 75. d. 30'. de Longitude & à 37. d. de Latitude.

[b] Hist. Timur-bec l. 3. c. 36.

GERMA, Ville d'Asie sur l'Hellespont auprès de Cyzique, selon Etienne le Géographe & Socrate le Scholastique. Selon Ptolomée Germa étoit une Colonie des Gaulois Tolistoboïens avoient fondée dans la Galatie. Voyez GERME, GIRMASTI & HIERA-GERMA.

GERMAINS, (les) anciens Peuples qui habitoient la Germanie, ou l'Allemagne d'aujourd'hui. Voiez GERMANIE.

GERMALUM, Quartier de la Ville de Rome. Festus Pompeius nomme par C CERMALUS une des Montagnes de la Ville. On trouve un lieu nommé *Cermacum* par Plutarque dans la Vie de Romulus [c] & autrefois on la nommoit *Germanum* à cause des deux freres Romulus & Remus. Mais il ne dit pas que ce fût une Montagne, au contraire c'étoit un lieu mol au bord du Tibre & au pied du Mont Palatin; où les eaux porterent le berceau de Romulus & de Remus.

[c] Trad. de Mr. Dacier T. 1. p. 115.

GERMANES, c'étoit moins un Peuple qu'une Secte de Philosophes dans la Carmanie. On les nommoit aussi Hylobiens, selon Strabon [d]. Ortelius trouve qu'ils sont nommez *Sarmanes* & *Allobiens* par Clement d'Alexandrie, & que ce sont les GERMANII d'Herodote.

[d] l. 15.

GERMANI, Γερμανοι, ancien Peuple sur le Palus Méotide, selon Denys le Periegete. Voiez ORETANI.

GERMANICI SALTUS. Voiez HERCINIE.

GERMANICIA, ancienne Ville d'Asie en Syrie dans la Comagéne, elle étoit auprès du Mont Aman, selon Ptolomée [e], & Antonin [f] décrit deux routes qui partoient de cette Ville pour se rendre à Edesse, l'une par *Doliche* & *Zeugma* & l'autre par *Samosate*. Cette Ville est devenue fameuse dans l'Histoire Ecclesiastique parce qu'Eudoxe [g] Heretique en étoit Evêque & parce qu'elle étoit la patrie [h] de Nestorius autre Heretique célèbre. Theodoret [i] dit: Germanicie est une Ville

[e] l. 5. c. 15.
[f] Itiner.
[g] Socrat. Hist. Eccles. l. 2. c. 27.
[h] Ibid. l. 7. c. 29.
[i] l. 2. c. 15.

de l'Euphratense. C'est ainsi qu'on appelle cette Province; elle est aux confins de trois Provinces, savoir la Cilicie, la Syrie & la Cappadoce. Elle a porté aussi le nom de Cesarée, qui ne se donnoit qu'à des Villes d'un rang peu commun. C'est dans cette Ville que Pescennius prit la pourpre imperiale.

GERMANICIANA, Ville de l'Afrique propre sur la route de Theveste à Tusdrum entre *Æquæ Regia* & *Elices*; à XXIV. M. P. du premier lieu & à XVI. M. P. du second. St. Cyprien fait mention de *Bigermaniciana* dans le Concile de Carthage. Le VII. nomme un Evêque *Abbiritanus Episcopus, alias Germanicianorum*.

1. GERMANICOPOLIS, Ville de l'Asie mineure, selon Pline [k]. Elle étoit voisine de la Riviere de Gebes, c'est-à-dire, aux confins de la Bithynie & de la Moesie. Pline dit qu'on la nommoit aussi HELGAS & BOOSCOETE. Sur quoi le R. P. Hardouin observe que le premier de ces deux noms est barbare, & le second est un mot Grec, Βοὸς κοίτη veut dire le lit du bœuf. Cette Ville étoit très-differente de celle dont il est parlé dans l'Article qui suit.

[k] l. 5. c. 32.

2. GERMANICOPOLIS, Ville d'Asie dans l'Isaurie. Ammien Marcellin [l] en fait mention, & Mr. de Valois observe que sous Valentinien & Valens, l'an 368. l'Isaurie partagée entre les Romains & les Barbares & avoit alors deux Capitales, savoir Seleucie Capitale de l'Isaurie Romaine & Germanicopolis de l'Isaurie Barbare & cite là-dessus Constantin Porphyrogenete qui le dit [m], dans la Notice des Evêques qui souscrivirent au Concile de Chalcedoine. Le premier des Evêques de l'Isaurie est Basile de Seleucie & le dernier est Tyran de Germanicopolis, *Germanicensis*. Les Notices de Léon le sage, de Hierocles, & du Patriarchat d'Antioche mettent Germanicopolis pour une des Villes Episcopales de l'Isaurie; celle de l'Abbé Milon la place dans l'Armenie qu'elle étend jusque là, & la nomme dans cette Province avec Irenopolis & les autres Villes subordonnées à Seleucie.

[l] l. 27. c. 9.
[m] Lib. I. de Provinciis. n. 13.

3. GERMANICOPOLIS, Justinien dans ses Novelles [n] nomme six Villes de la Paphlagonie, savoir *Germanicopolis, Pompeiopolis, Dadybri, Tumuli Amastridis, & Ionopolis*. La Notice de Hierocles met aussi dans la Paphlagonie six Villes, savoir *Gangra, Pompeiopolis, Sora, Amastrium, Junopolis & Dadybra*. Mais elle ne fait nulle mention de Germanicopolis. Ptolomée [o] place *Germanopolis* dans la Paphlagonie. C'est la même Ville que nomme Justinien; & qu'il met entre les six Villes que la Paphlagonie avoit originairement, c'est-à-dire, avant qu'on y eût joint l'Honoriade.

[n] Novell. 29. c. 1.
[o] l. 5. c. 4.

§ Il y avoit donc trois Villes de Germanicopolis, celle de Pline ou la premiere étoit au Couchant de la Bithynie, & aux confins de l'Hellespont. La seconde dans l'Isaurie bien loin de la premiere vers le Midi, & la troisieme dans la Paphlagonie propre au Levant de la Bithynie. La troisieme étoit Episcopale.

GERMANICUM CASTRUM, nom Latin de GERMIGNI.

S 3   GER-

GERMANICUM Mare, les Anciens appelloient ainsi l'Océan depuis la Vistule jusqu'au Texel.

GERMANIE, ce nom a été commun à la Germanie proprement dite, & à une partie de la Gaule Belgique. Pour ne point faire de confusion nous traiterons ces Pays separément, nous commencerons par la GERMANIE PROPRE, ou ULTERIEURE, ou TRANSRHENANE, nommée aussi la GRANDE GERMANIE, & nous parlerons ensuite de la GERMANIE CITERIEURE, ou CISRHENANE, ou BELGIQUE.

De la Grande Germanie.

GERMANIE, (LA) grand Pays de l'Europe au centre de cette partie du Monde autrefois habité par divers Peuples auxquels le nom de Germains étoit commun. Comme ce Pays n'a pas toujours eu les mêmes bornes, nous examinerons ce que les anciens Géographes nous en apprennent en divers temps. Nous serons obligez d'avoir recours aux Grecs & aux Romains, parce que les Germains ayant longtemps mené une vie feroce & guerriere ont négligé eux-mêmes le soin de leur Histoire, & en confioient les principaux évenemens à une tradition qui ne subsistoit qu'à la faveur de leurs chansons. Mais avant que de rapporter ce que ces Auteurs disent de la Germanie, je toucherai quelque chose de l'origine des Germains. On lit dans la Genese [a] que Japhet fils de Noé eut pour fils Gomer pere d'Ascenez; & comme les Hebreux, c'est-à-dire les Juifs, nomment encore à présent *Askenssim* les Allemands qui habitent aujourd'hui la Germanie, on a cru y trouver une preuve que les Allemands viennent d'Askenssim. Mais cette preuve est bien foible. Les François d'aujourd'hui ne sont qu'un melange des anciens Gaulois, des Romains qui les subjuguerent, des Nations barbares qui éteignirent la Domination Romaine, & des Francs qui les y trouverent établis, & les domterent à leur tour. De même les Germains sont un melange des Anciens habitans, des Scythes, des Goths, des Sarmates & des autres Peuples qui ont successivement inondé la Germanie. On ne sait pas aujourd'hui, après un melange si ancien, comment distinguer les veritables Germains d'avec les Allemands d'origine étrangere: ainsi c'est se moquer que de dire que les Allemands d'aujourd'hui sont la posterité d'Ascenez. L'Ecriture donne à Ascenez un frere nommé *Togarma* [b]; quelques modernes ont cherché dans ce nom l'origine du nom Germains. On ne peut mieux les refuter qu'en faisant voir, comme nous le dirons ensuite, que le mot *Germani* des Romains est le même que le mot *Hermiones*.

Les Romains connurent fort tard la Germanie, on peut même dire qu'ils ne l'ont jamais subjuguée. Cesar parle ainsi des Germains dans ses Commentaires. Il est vrai qu'il ne nomme que les Sueves; mais comme ils étoient les plus puissans & les plus belliqueux entre les Germains de son temps, il y a bien sujet de croire que les autres vivoient de même & que la description convient à tous les Germains en general [c]. Ils sont, dit-il, distinguez en cent Cantons dont chacun fournit tous les ans mille hommes pour faire la guerre, & le reste demeure dans le Pays pour le cultiver; mais l'année suivante il va à la guerre à son tour, sans interrompre jamais le travail des armes, ni celui de l'Agriculture. Nul ne possede d'heritage en particulier, ni ne demeure en même lieu deux ans de suite. Ils vivent de laitage & de la chair de leurs troupeaux, plutôt que de pain, s'occupent principalement à la chasse, ce qui joint à leur maniere de se nourrir, à l'exercice continuel & journalier, augmente leurs forces & leur donne une corpulence énorme. Il faut y ajouter la liberté dont ils vivent, car ne s'accoutumant dès l'enfance à aucun metier ni à aucune sujetion, ils ne font que ce qu'ils veulent. Dans les lieux les plus froids ils ne s'habillent que de peaux, qui étant étroites leur laisse une partie du corps exposée aux injures de l'air. Ils ne se baignent que dans les Rivieres.

Ils donnent entrée chez eux aux Marchands plutôt pour savoir à qui vendre le butin qu'ils ont fait à la guerre, qu'afin qu'on leur porte des Marchandises. Ils ne se soucient point qu'on leur mène de beaux chevaux dont les Gaulois font beaucoup de cas. Ils se servent de ceux de leur Pays quoique mal faits & vilains, & à force de les faire travailler continuellement, ils les endurcissent à la fatigue. Dans les combats qu'ils donnent à cheval, ils mettent souvent pied à terre, & accoutument leurs chevaux à demeurer en la même place afin qu'au besoin ils puissent y avoir recours à l'instant. Rien n'est plus lâche ni plus honteux à leur gré que de se servir de selle & de harnois. En quelque petit nombre qu'ils soient, ils ont le courage d'attaquer quelque nombre que ce soit de Cavaliers bien enharnachez. Ils ne permettent point qu'on leur porte du vin, ils croient que cette liqueur amollit le courage & rend les hommes effeminez & incapables de supporter les travaux.

Ils font gloire de voir leurs Frontieres bornées par de vastes solitudes. Ils pensent que c'est une marque que quantité d'Etats voisins n'ont pu soutenir leur effort & leur ont abandonné cet espace par crainte. C'est pourquoi on dit que d'un côté de leur Pays il y a environ six-cens mille pas de terrain inhabité. Cesar parle ensuite des Ubiens.

Ce qu'il dit là des Sueves ne convient pas seulement aux Allemands en general, mais à tous les Celtes, c'est-à-dire aux plus anciens habitans de l'Europe. On le voit dans la description des mœurs des anciens Italiens, que fait Virgile. Mezence parle ainsi dans l'Eneïde [d].

Natos ad flumina primum
Deferimus fævoque gelu duramus & undis.
Venatu invigilant pueri, silvasque fatigant:
Flectere ludus equos & spicula tendere cornu.
At patiens operum parvoque assueta juventus
Aut rastris terram domat, aut quatit Oppida bello.
Omne ævum ferro teritur versaque juvencûm
Terga fatigamus hasta. Nec tarda senectus
Debi-

GER.

*Debilitat vires animi, mutatque vigorem.
Caniciem galea premimus; semperque recentes
Convectare juvat praedas & vivere rapto.*

Ces mœurs guerrieres & feroces ont été generales, mais les Germains les ont conservées plus long-temps que les Gaulois & les Italiens. A l'égard de ce que dit Cesar que les Germains aimoient à être entourez de vastes solitudes, on remarque la même chose dans les Polonois & dans les Russiens, dont les Pays sont encore bornez par des Pays incultes du côté des Tartares.

Du reste le Pays même des Germains n'étoit gueres connu des Romains, même du temps de Neron. On peut juger de leur ignorance à cet égard par le faux portrait qu'en fait Seneque. Les Germains ont, dit-il, un Hyver perpetuel, un Ciel triste, une terre sterile, nulle habitation, point d'autre demeure que celle que la lassitude leur permet de se faire le soir jusqu'au lendemain, une mauvaise nourriture, qu'ils n'acquiérent qu'avec peine, des corps presque nuds &c.

LA GERMANIE
SELON STRABON.

Les Romains trouvoient mieux leur compte à conquerir d'abord les Pays de la Grece & de l'Asie où étoient d'immenses richesses, c'est ce qui detournoit leur attention de ce côté-là. Après la Conquête de la Gaule par Jules-Cesar ils se contenterent d'une lisière de la Germanie seulement par raport à la Gaule, & autant que le voisinage les engageoit necessairement à ces guerres. Une ou deux Victoires aqueroient le surnom de Germanique au General qui les avoit remportées. Les Ubiens étoient plûtôt Alliez que Sujets du Peuple Romain, & Varus qui voulut s'avancer jusque dans le Pays que nous appellons aujourd'hui la Westphalie, y perdit la vie & son Armée. On ne doit donc pas s'étonner de ce que Strabon dit [a]: Alexandre nous a ouvert une grande partie de l'Asie, & les parties Septentrionales de l'Europe jusqu'au Danube. Mais les Romains nous ont ouvert toute la partie Occidentale de l'Europe jusqu'à l'Elbe qui coupe la Germanie par le milieu. Ce passage fait voir que du temps de ce Geographe qui a vécu sous Auguste & sous Tibere, les Romains ne connoissoient de la Germanie même imparfaitement que ce qui est en deçà de l'Elbe. Ce qui est au delà de l'Elbe, le long de la Mer, poursuit-il, nous est entierement inconnu, & nous ne savons pas que personne ait navigué le long des parties Orientales jusqu'à la Mer Caspienne; mais ni les Romains n'ont jamais été au delà de l'Elbe & personne n'a jamais fait ce chemin à pied. Pour bien entendre ce passage de Strabon il faut savoir que quelques Anciens ont cru que la Mer Caspienne communiquoit au Nord à l'Océan Scythique par un bras de Mer assez long, ce qui s'est trouvé faux. Peut-être avoit-on pris l'Embouchure du Wolga pour une communication de cette Mer à une autre. La même erreur est arrivée à l'occasion de Rio d'Asur dans la Mer Ver-

GER.

meille & a fait prendre la Californie pour une Isle. Strabon croioit donc que l'on pouvoit passer de la Mer que nous appellons aujourd'hui Mer d'Allemagne, continuée par la Mer Baltique, dans la Mer de Scythie & delà dans la Mer Caspienne par cette communication que l'on fait à present être chimerique. Strabon ne connoissoit de la Germanie que ce que les Guerres d'Auguste, de Drusus, de Germanicus & de Tibere en avoient decouvert. Il la borne au Couchant par le Rhin depuis sa source jusqu'à son Embouchure [b], & dit que quelques-uns de ceux qui habitoient le long de ce Fleuve avoient deja été transportez dans la Gaule par les Romains, (il entend les Ubiens & une partie des Sicambres,) que quelques-uns s'étoient retirez plus avant dans le Pays, comme les Marses, & qu'il n'étoit demeuré que peu de Sicambres près du Rhin. Entre le Rhin & l'Elbe qui ont un cours égal vers l'Océan, il place l'Ems sur lequel Drusus donna un combat naval aux Bructeres. Il dit que du côté du Midi la Germanie touche aux Alpes, & qu'il y a des Montagnes de même nom qui s'étendent vers l'Orient quoi que moindres que celles d'Italie. Il met dans la Germanie la FORÊT D'HERCINIE & les Peuples SUEVES dont quelques-uns habitent dans la Forêt & les autres dehors. Il place ensuite,

    Les COLDUIES entre lesquels étoit
       Boviasmum Residence du Roi
       Maroboduus.
    & Les MARCOMANS qui y avoient
       été transferez par ce Roi.

Il y ajoute les Nations que ce Prince avoit vaincues, savoir,

Les LUII,	Les MUGILONES,
Les ZUMI,	Les SIRINI,
Les BUTONES,	& Les SEMNONES.

            Peuple d'entre les Sueves.

Car selon lui la Nation des Sueves étoit très-grande, & s'étendoit depuis le Rhin jusqu'au delà de l'Elbe, & confinoit avec les Getes. Il y avoit au delà de l'Elbe,

   LES HERMUNDURES, & les LANCOSARGI.

Ce dernier nom est corrompu & doit être *Langobardi*. Strabon dit qu'ils vivoient à la façon des Nomades. Il fait aussi mention de quelques moindres Peuples de la Germanie, savoir,

Les CHERUSQUES,	Les GAMABRIVII,
Les CHATTES,	Les CHATTUARII.

Il range le long de l'Océan,

Les SUGAMBRI,	Les CIMBRES,
Les CHAUBI,	Les CAUCI,
Les BUCTERI,	Les CAULCI,
& les CAMPSIANI.	

Il donne un même cours à l'Ems, au Weser, & à la Lippe, en quoi il se trompe; car les deux

pre-

premieres se perdent dans l'Océan & la troisieme tombe dans le Rhin. Il nomme aussi la Riviere de Sala, & dit que Drusus mourut entre la Sala & le Rhin. Entre les Isles qui bordent la Germanie, il dit que Burchanis fut prise par Drusus. Mais dans la description du triomphe de Drusus lorsqu'il fait le denombrement des Peuples vaincus [a], il change quelques noms. Il appelle CATHEÏLCI, ceux qu'il avoit auparavant nommez *Caulci*, il y nomme AMPSANI, ceux qu'il appelle ailleurs *Campsiani*; & aux Peuples dejà nommez les *Bucteres*, les *Cherusques*, les *Cattes*, & les *Catturii*, il ajoute des Nations dont il n'avoit rien dit, savoir,

[a] l. 7. p. 292.

NUSIPI, LANDI, & SUBATTII.

Il compte entre l'Elbe & le Rhin une distance de trois mille Stades en droite ligne. Il dit qu'au milieu de la Forêt d'Hercinie est une contrée propre à être habitée, qu'auprès de cette contrée est la source du Danube & celle du Rhin, & qu'il y a entre ces deux sources des Marais, où les eaux du Rhin se repandent, que le Lac a plus de trois cens Stades de circuit & près de deux cens de trajet; que dans ce Lac il y a une Isle dont Tibere se fit un lieu de retraite au combat naval qu'il donna contre les Vindeliciens; car comme ce Lac & la Forêt d'Hercinie sont plus avancez au Midi que les sources du Danube, il faut necessairement que quand de la Gaule on veut aller à cette Forêt, on passe premierement ce Lac, ensuite le Danube, & ensuite que l'on traverse des Pays plus commodes pour les Voyageurs & des plaines entrecoupées de Montagnes, pour arriver à la Forêt. Tibere étant parti du Lac, après une marche d'un jour arriva à la source du Danube. Les Rhætiens confinent au Lac, mais fort peu, les Helvetiens & les Vindeliciens y confinent davantage. Après cela est le desert des Boiens jusqu'à la Pannonie. Tous, & principalement les Helvetiens & les Vindeliciens, habitent des plaines accompagnées de Montagnes. Les habitans de la Rhetie & du Norique s'étendent jusques au sommet des Alpes vers l'Italie, & confinent les uns avec les Insubriens, les autres avec les Carniens & aux lieux voisins d'Aquilée.

Il y a aussi, poursuit ce Géographe, une autre grande Forêt nommée GABRETA, après quoi est la demeure des Sueves, puis la Forêt d'Hercinie que les Sueves occupent aussi. On voit par tous ces détails avec quelle confusion la Germanie étoit connue sous Tibere. Voyons le tableau qu'en fait Pomponius Mela.

LA GERMANIE SELON MELA.

Après avoir decrit à sa maniere le cours du Rhin depuis sa source jusqu'à l'Embouchure nommée Flevus, il poursuit ainsi [b]. La Germanie est bornée par la rive de ce Fleuve depuis là jusqu'aux Alpes, au Midi par les Alpes, à l'Orient par les Nations Sarmates, & au Septentrion par l'Océan. Les habitans sont grands

[b] l. 3. c. 3.

& courageux & par une ferocité qui leur est naturelle ils entretiennent leur courage par des guerres continuelles & accoutument leurs corps à la fatigue. Dans les plus grandes froidures ils sont tous nuds avant qu'ils ayent atteint l'âge de puberté & chez eux on y parvient assez tard. Les hommes sont vêtus d'un feutre grossier, ou d'écorces d'arbres au fort de l'Hyver; Ils n'ont pas seulement l'habitude de nager, c'est pour eux une passion. Ils font la guerre contre leurs voisins, & en font naître des pretextes, selon leur caprice. Ce n'est point pour étendre leur Domination, ni pour acquerir de nouvelles Terres, ils cultivent assez mal celles qu'ils ont, mais c'est afin d'avoir une solitude autour d'eux. Leur droit consiste dans la force, ils n'ont point de honte de voler & se contentent d'être bons envers leurs hôtes & doux à l'égard de ceux qui les supplient; Leur maniere de vivre est si dure & si sauvage qu'ils mangent de la chair crue, ou tout au plus ils se contentent de la mortifier dans son cuir avec les mains & les pieds. Le Pays est entrecoupé de Rivieres, herissé de Montagnes, & impraticable en beaucoup de lieux à cause des bois & des marais. Les plus grands marais sont *Suesia*, *Estia*, & *Melsiagum*, les Forêts les plus considerables sont l'Hercinie & quelques autres qui ont des noms particuliers; mais celle-là occupe un terrain de deux mois de chemin & comme elle est la plus grande, elle est aussi la plus connue. Les plus hautes Montagnes sont *Taunus* & *Rhetico*, les autres ont des noms qu'un Romain ne sauroit prononcer. Les Rivieres qui coulent delà en d'autres Pays sont le Danube & le Rhône: celles qui tombent dans le Rhin sont le Meyn & la Lippe; celles qui se rendent dans l'Océan sont l'Ems, le Weser & l'Elbe, qui sont très-célebres. Au dessus de l'Elbe est le Golphe Codanus rempli d'Isles tant grandes que petites... c'est dans ce Golphe que sont les Cimbres & les Teutons, & au delà d'eux les Hermons les derniers de tous les Germains. Voilà à quoi se reduit ce que l'on savoit de la Germanie sous Claudius.

LA GERMANIE SELON PLINE.

Pline qui vivoit sous Vespasien eut occasion d'en apprendre davantage, car comme nous l'apprenons d'une des Lettres de Pline [c] le Jeune, il servit en Germanie & écrivit en vingt livres les guerres des Romains contre les Germains. Il est vrai que cet ouvrage s'est perdu; mais sa composition suppose dans son Auteur des recherches dont a profité sa Géographie inferée dans son Histoire naturelle. Il n'en parle cependant qu'avec une reserve fort louable. Après avoir dit qu'il n'étoit pas aisé de connoître la vraye étendue de la Germanie à cause de la difference des sentimens de ceux qui en ont parlé, il ajoute qu'Agrippa en y joignant la Rhetie & le Norique lui donnoit DCLXXXVI. M. pas de longueur & CCLXVIII. M. P. de largeur. Il observe ensuite que ce Prince s'étoit trompé en donnant à ces trois Pays ensemble moins de largeur que n'en avoit toute seule la Rhetie qui avoit été subjuguée

[c] l. 3. Epist. ad *Marcum*.

vers

vers le temps de sa mort, au lieu, poursuit-il, que la Germanie n'a été connue que quelques années après, encore ne l'est-elle pas entierement; mais s'il est permis de conjecturer, il ne s'en faut pas beaucoup que la côte de Germanie n'ait l'étendue que lui donne l'opinion des Grecs, c'est-à-dire vingt-cinq fois cent mille pas, & que la longueur marquée par Agrippa ne soit vraye.

Les Germains sont distribués en V. grandes Nations, savoir,

I. Les Vindiles.
{ Les Burgundions.
Les Varins,
Les Carins,
Les Guttons.

II. Les Ingævons.
{ Les Cimbres,
Les Teutons.
Les Cauchi.

III. Les Istævons près du Rhin.
{ Les Cimbres *Mediterranées*, en faisoient partie.

Les Hermions.
{ Les Sueves,
Les Hermundures,
Les Chattes,
Les Cherusques.

Les Peucins.
{ Les Peucins,
Les Bastarnes contigus aux Daces.

Les Rivieres célèbres qui se perdent dans l'Océan sont, selon cet Auteur,

L'Oder, *Guttalus*,   Le Weser,
La Vistule,   L'Ems,
L'Elbe,   Le Rhin,
         & la Meuse.

Je rends *Guttalus* par l'Oder pour me conformer au sentiment de Cluvier, du R. P. Hardouin & autres grands hommes qui sont de ce sentiment, cependant il ne me paroît pas vraisemblable que Pline qui dans cette énumeration suit l'ordre naturel de ces Fleuves, ait nommé l'Oder avant la Vistule, contre cet ordre qu'il n'ignoroit pas sans doute. J'expliquerai dans un moment pourquoi on trouve ici la Meuse qui n'a rien de commun avec la vraye Germanie, puisqu'elle coule en deçà du Rhin. Pline poursuit: dans l'Interieur du Pays il y a la Forêt Hercinie, l'une des plus fameuses de l'Univers.

LA GERMANIE, SELON TACITE.

Corneille Tacite contemporain de Pline, mais plus jeune, fut Procurateur de la Belgique sous Vespasien; il est vrai qu'il ne mit pas le pied dans la *Germanie Transrhenane*, c'est-à-dire dans la Germanie au delà du Rhin, mais il étoit à portée de s'informer de mille choses dont il a fait un livre particulier intitulé *des mœurs des Germains*. Sans nous charger d'un detail historique & repeter ici ce qu'il raporte de la maniere de vivre de ces Peuples, nous nous contenterons de renvoyer à son livre ceux qui s'en veulent instruire, & nous nous bornerons à ce qu'il y a de Geographique, le voici en substance.

Dans la Gaule étoient, les Habitans de Treves & les Nerviens venus des Germains d'au delà du Rhin.

Le long du Rhin étoient,

Les Vangions,   Les Nemetes,
Les Tribocci,   Les Ubiens,
         & les Bataves.

Tacite auroit pu y ajouter les Sicambres qu'il dit ailleurs avoir passé dans les Gaules. Voila pour les Germains établis en deça du Rhin & dans la Gaule. Voici pour ceux qui étoient dans la veritable Germanie au delà de ce Fleuve. Outre ceux qui cultivoient les Champs Decumates au delà du Rhin & du Danube, étoient au Couchant,

Les Helvetiens, entre la Forêt Hercinie, le Rhin & le Meyn: ils étoient Gaulois d'Origine.

Les Cattes dont la demeure commençoit à la Forêt Hercinie; & à qui se joignoient.

Les Matiaci qui étoient à la droite du Rhin, amis des Romains, égaux aux Bataves.

A l'endroit où le Rhin coule sans detour les Usipiens & les Tencteres: auprès de ceux-là les Bructeres à la place desquels Tacite dit que les Chamaves & les Angrivariens vinrent s'établir.

Derriere ceux-ci étoient les Dulgubini & les Chasuariens. Devant eux étoient les *grands* & les *petits* Frisons, qui s'étendoient, dit-il, le long du Rhin jusqu'à l'Océan, autour de certains grands Lacs, où les Romains entroient avec leurs Flotes.

Au Nord Tacite met dans la Germanie les Chauci, les Cherusques, & les Cimbres, voisins de l'Océan. Il met ensuite les Sueves qui occupoient alors la plus grande partie de la Germanie. L'Interieur du Pays étoit aux Peuples suivans,

Les Semnons, qui avoient cent Cantons,
Les Lombards,
Les Reudingi [a],
Les Avions,
Les Angles,
Les Varins,
Les Eudons,
Les Suardons,
Les Nuitons [b],

[a] Peut-être *Thuringi*.

Les Sueves le long du Danube étoient,

Les Hermundures,
Les Boïens originaires de la Gaule.
Les Narisces,
Les Marcomans,
Les Quades.

[b] Peut-être les Tuitons, ou Teutons.

Der-

Derriere ceux-ci étoient,

Les Marsingi,
Les Gothins,
Les Osi,
Les Burii.

Ces Sueves entre les Montagnes au delà desquelles étoient les Sueves nommez Lygiens, entre lesquels il y avoit,

Les Arii,
Les Helvecones,
Les Manimi,
Les Elysiens,
& les Naharvali.

Au delà des Lygiens Tacite met,

Les Gothons,
Les Rugiens,
Les Lemoviens.

Ensuite les Suions qui étoient dans l'Océan & au delà desquels est la Mer qu'il nomme paresseuse, au rivage de laquelle à la droite sont les Estiens, chez qui croît l'ambre. Après les Suions sont les Sittons qui sont aussi de la Suevie. Il ne sait s'il doit donner à la Germanie, ou à la Sarmatie les Peucins, ou Bastarnes, les Vendes & les Fennes. Il ne nomme point de Villes dans tout ce grand espace de Pays parce qu'en effet il n'y en avoit aucune de son temps. Il le dit bien expressément comme on verra par le passage que je raporterai plus bas.

Sous l'Empire d'Hadrien ce que les Romains possédoient dans la Germanie étoit compté pour si peu de chose que dans la division de l'Empire sous cet Empereur, la Germanie n'est pas même nommée. Outre cela Appien Alexandrin qui vivoit alors & qui dans sa Preface donne un Etat de l'Empire Romain dit: en quelques endroits au delà de l'Elbe & du Danube les Romains commandent à quelques-uns des Peuples de la Germanie Transrhenane; & aux Gétes qui sont au delà du Danube, & qu'ils appellent Daces. C'est-à-dire que les Romains avoient quelques Lisieres, comme on a vû que les Ubiens, & les Mattiaques qui étoient alliez de Rome avoient une partie de leur Pays au delà du Rhin.

Les Romains n'ayant pû subjuguer la veritable Germanie s'en firent une nouvelle en deçà du Rhin, aux depends de la Belgique. Nous en parlerons dans la suite, mais ne perdons point de vûe celle dont il est question dans cet Article; c'est-à-dire la grande Germanie qui n'avoit rien de commun avec la Gaule que le Rhin qui les separoit l'une de l'autre, delà vient que Ptolomée contemporain des Antonins ne fait point d'Article particulier pour la Germanie superieure ou la Germanie inferieure qu'il traite sous le titre de la Belgique à laquelle elles appartenoient ; mais il en fait un pour la grande Germanie & traite ce Pays separement.

LA GERMANIE
SELON PTOLOMÉE.

Cet Auteur est le premier qui ait donné une description detaillée de la Germanie, & sa description a été suivie par presque tous les Géographes qui l'ont suivi. Ce n'est pas qu'il ne se trompe quelquefois, mais en recompense il rencontre juste en bien des choses. Cependant il n'avoit point vû les lieux dont il parle; mais il a travaillé sur d'assez bons Memoires, un peu vieux à la verité & dressez long-temps avant lui. Il y a bien de l'apparence qu'il a pu consulter les Cartes qu'on avoit du temps d'Auguste, & les Tables qui étoient exposées dans les portiques de Rome, car c'étoit un usage chez les Romains d'exposer aux yeux du public des representations des Pays vaincus. Eumene le Rheteur le décrit ainsi: le jeunesse peut, dit-il, voir tous les jours & considerer attentivement toutes les terres, toutes les mers & tout ce que les invincibles Princes (il veut dire Constantius & Maximien sous l'Empire de Dioclétien) ont subjugué de Villes, de Peuples, de Nations par leur courage ou par la terreur. Vous y avez vu vous-même, poursuit-il, en s'adressant au President des Gaules qu'afin d'instruire les jeunes gens & pour que leurs yeux voient plus clairement ce que leurs oreilles ne leur apprendroient qu'avec difficulté, qu'on leur montre la situation des lieux avec leurs noms, leurs distances, les sources des Fleuves, leurs cours, leurs embouchures, les sinuositez des rivages ; la maniere dont la Mer côtoye la terre ou y forme des Golphes ; on y trace les belles actions des grands Capitaines en divers Pays, & on a recours à ces tableaux lorsqu'il arrive la nouvelle de quelques nouveaux avantages. On y voit les Fleuves de la Perse, les sables brulans de la Libye, les cornes du Rhin & les bouches du Nil. C'est de quelque Carte de cette nature que Ptolomée a pris ce qu'il dit de la Germanie. La preuve est qu'il la décrit non telle qu'elle étoit de son temps, mais telle qu'elle avoit été autrefois. Il place les Lombards sur la rive gauche de l'Elbe, & l'on sait d'ailleurs que dès le temps de Tibere, ils avoient été reculez au delà de ce Fleuve. Il place les Sicambres dans la Germanie propre, & Tacite dit formellement qu'ils avoient déjà été transportez dans la Gaule ; ils y étoient encore aux environs du Vahal du temps de Sidonius Apollinaris [a],

[a] *Carm.* 13.

Et tonsus Vahalim bibat Sicamber.

Tacite ne parle point d'eux comme d'un Peuple de Germains, & dans sa Germanie il ne les nomme seulement pas. Ptolomée pourtant les met dans la Germanie de l'autre côté du Rhin; ce qui fait voir qu'il a pris cette situation dans des Memoires anterieurs à leur passage du Rhin qui arriva sous Auguste. Je donne de plus grandes preuves de ce sentiment dans les Reflexions sur les principaux Géographes anciens & modernes.

Une autre remarque importante c'est que Ptolomée place un assez bon nombre de Villes dans sa grande Germanie, où de son temps il n'y en avoit pas non plus que du temps de Tacite. Ce dernier dit bien expressément que les Peuples de Germanie n'avoient aucune

GER. GER. 147

Ville ; qu'ils ne souffroient pas même que les Maisons fussent jointes l'une à l'autre. Ils habitent separement, selon qu'ils trouvent une Fontaine, une Campagne, un Bois, qui leur plait. Ils disposent les rues autrement que nous, les Edifices ne se tiennent point, soit qu'ils ayent peur du feu, soit qu'ils ne sachent pas mieux bâtir. Ils n'ont aucun usage de la maçonnerie, ni des tuiles. Ils employent les materiaux informes, sans choix, ni beauté : ils se creusent des cavernes souterraines & se couvrent encore de fumier par dessus pour s'y mettre à couvert durant l'Hyver & garantir les grains de la gelée, &c.

a p. 296. Edit. Rob. Steph. 1544.
Julius Capitolinus dans la Vie de Maximin[a] dit qu'étant entré dans la Germanie Transrhenane il y incendia beaucoup de Villages : le Latin porte : *Ingressus igitur Germaniam Transrhenanam per CCC. vel CCCC. millia, Barbarici soli vicos incendit &c.* Le bon Abbé de

b Hist. Auguste p. 442.
Marolles traduit[b] : quand il eut donc passé le Rhin & qu'il fut entré en Allemagne il y mit le feu en trente ou quarante mille Villages &c. Sur quoi il fait cette note : quelque grand que soit ce nombre-là, il n'approche pourtant pas des trois ou quatre-cens mille, comme il se lit dans l'Auteur, où je suis persuadé aussi bien que Mr. Saumaise qu'il y a de l'erreur & qu'il faut lire trente ou quarante, au lieu de trois ou quatre cens. Le pauvre homme a traduit les deux Auteurs qu'il nomme sans entendre ni l'un ni l'autre. Jule Capitolin ne dit nullement le nombre des Villages brûlez ; il dit seulement que le Pays qui fut ravagé & où étoient ces Villages renfermoit un espace de trois ou de quatre cens mille pas. Etant donc entré dans la Germanie au delà du Rhin l'espace de trois ou de quatre cens milles il brûla les Villages des barbares. C'est cet espace de trois ou quatre cens milles que Saumaise a trouvé excessif & il le réduit à trente ou quarante milles qui reviennent à dix ou douze lieues : ce qui est bien assez ; au lieu qu'un espace de cent lieues au moins, ravagé sans résistance dans un Pays peuplé comme l'étoit la Germanie par des Peuples belliqueux n'est guéres vraisemblable. Cette digression servira à montrer quel fonds on peut faire sur des Traductions faites à la hâte.

c l. 2. c. 11.
Selon Ptolomée[c] la Germanie est terminée au Couchant par le Rhin & au Nord par l'Océan qui en prend le nom de Germanique.

Après les Embouchures du Rhin est le Port de Manarman. Suit l'Embouchure du *Vecht*, celle de l'*Ems*, celle du *Weser*, & celle de l'*Elbe*, après quoi est la Presqu'Isle Cimbrique, l'Embouchure du *Chaluse* (de la Trave) celle du *Sueve* (de la Sprée) celle du *Viade* (de l'Oder) & celle de la Vistule.

La borne Meridionale de la Germanie est une partie du Danube dont notre Auteur decrit le cours. Il termine la Germanie par une ligne tirée depuis le Danube jusqu'aux Montagnes de la Sarmatie, c'est-à-dire au mont Krapac, & delà jusqu'à la Vistule qui depuis sa source jusques à la Mer acheve de limiter la Germanie.

Les Montagnes de la Germanie les plus connues sont ces mêmes Montagnes que l'on appelle Sarmatiques, & celles qui ont le même nom que les Alpes & au pied desquelles est la source du Danube. Il y a outre cela les Monts d'*Avnobes*, (le Stetgerwald) le Mont Meliboque (le Hartswald) & au dessous de ces Montagnes la Forêt *Semana*, (que l'on croit être la Bacenis de César) & Asciburgium ; puis les Monts Sudites, sous lesquels est la Forêt de Gabrita. La Forêt d'Hercinie est entre celle-ci & les Monts Sarmatiques.

Les Peuples qui selon lui occupent la Germanie à commencer au Nord le long du Rhin sont,

Les petits BUSACTERES (ou Bructeres.)
Les SYCAMBRES au dessous desquels étoient les LOMBARDS.

Ensuite entre le Rhin & les Monts ABNOBES, les TINGRI (ou *Tencteres*) & les INGRIONS.

Puis les INTUERGI, les VARGIONS & les CARITNI.

Au dessous d'eux les VISPI, & le desert des HELVETIENS jusqu'aux Alpes dont on a parlé.

Dans la partie qui est le long de l'Océan au dessus des Busacteres sont les FRISONS jusqu'à l'Ems, après eux les petits CAUCHI jusqu'au Weser, & delà les grands CAUCHI, jusqu'à l'Elbe, puis à l'entrée de la Chersonese Cimbrique les SAXONS. Il nomme ensuite les Peuples qui habitoient cette Presqu'Isle, sçavoir les SINGULONES au Couchant au dessus des Saxons ; les SABALINGIENS & les COBANDES au delà desquels étoient les CHALI, & plus au Couchant les PHUNDUSI : les CHARUDES étoient plus à l'Orient, & les CIMBRES étoient les plus Septentrionaux de tous.

Après les Saxons depuis le Fleuve CHALUSUS (la Trave) jusqu'au SUEVUS (la Sprée) les PHARODENI, ensuite les SIDENI (jusqu'à l'Oder) & les RUTICLII jusqu'à la Wistule.

De toutes les Nations qui sont dans les Terres & dans le cœur du Pays les plus grandes sont les SUEVI-ANGILI ; ils sont plus Orientaux que les Lombards & s'étendent vers le Septentrion jusqu'au milieu de l'Elbe. Les SUEVI-SEMNONES, commencent ensuite & s'étendent depuis l'Elbe jusqu'à la Sprée. Après cela sont les BUGUNTI, qui occupent l'espace qui suit jusqu'à la Wistule.

De moindres Peuples qui sont entre ceux-là sont : entre les petits CAUCHI & les Sueves, les petits BUSACTERES au dessous desquels sont les CHÆMÆ ; entre les grands *Cauchi* & les Sueves les ANGRIVARIENS, puis les LACCOBARDI au dessous desquels sont les DULGUMNII : entre les Saxons & les Sueves sont les TEUTONOARI & les VIRUNI : entre les Pharodenes & les Sueves sont les TEUTONS & les AVARPI : entre les *Ruticlei* & les *Bugunti* les ÆLVEONS. Au dessous des Semnons habitent les LINGÆ, sous les *Bugunti* les LOUGOIOIOMANI. Depuis ceux-ci jusqu'au mont *Asciburgius* les LONGIDIDUNI. Au dessous des *Linga* sont des deux côtez de l'Elbe les CALUCONES & depuis eux jusqu'au mont Melibocus les CHERUSQUES & les CHAMAVES. A leur Orient jusqu'à l'Elbe sont les

T 2 Bo-

BONOCHEMÆ, au dessus desquels sont les BATINI; & encore au dessus de ceux-ci au pied du mont Asciburgius & delà jusqu'à la Wistule les CORCONTI & les LUTIOEBURI. Sous ceux-là on trouve premierement les SIDONES, puis les COGNI & les VISBURGII au dessus de la Forêt d'Hercinie.

A l'endroit où commencent les monts d'Abnobe, au dessus des Sueves habitent les CASUARI; puis les NERTEREANES, ensuite les DANDUTI, au dessous desquels sont les TURONI & les MAROVINGI.

Sous les Chamaves sont les CHATTES & les TUBANTES, & au dessus des Monts Sudetes les TEURIOCHEMÆ; au pied de ces Montagnes les VARISTI; après quoi est la Forêt de GABRETA.

Sous les Marovinges sont les CURIONS, puis les CHÆTUORI, & jusqu'au Danube les champs appellez PARMÆ CAMPI.

Au dessous de la Forêt de Gabreta sont les MARCOMANS, au dessous desquels sont les SUDINI; & jusqu'au Danube les champs nommez ADREBÆ CAMPI.

Au dessous de la Forêt d'Hercinie sont les QUADES sous lesquels sont des Mines de Fer; & la Forêt de LUNA, au dessous de laquelle est un grand Peuple nommé BAEMI, jusqu'au Danube. Près de ce Fleuve cette Nation est Limitrophe à celle des TERACATRIÆ; puis enfin les RACATÆ voisins des plaines. Ptolomée donne ensuite une liste de ce qu'il appelle des Villes; & qui, comme nous l'avons remarqué ci-dessus, n'en étoient pas.

Dans le climat Septentrional.

Plevum,	Cænanum,
Siatutanda,	Astuia,
Tecelia,	Alisus,
Phabiranum,	Laciburgium,
Treva,	Bunitium,
Lephana,	Virunum,
Lerimiris,	Rugium,
Marionis,	Seurgum,
Marionis Altera,	Ascaucalis.

Dans le Climat au dessous de celui-là.

Asciburgium,	Mesuium,
Navalia,	Argelia,
Mediolanium,	Calegia,
Teuderium,	Lupfurdum,
Bogadium,	Susudata,
Stereontium,	Calancorum,
Munitium,	Lugidunum,
Tuliphurdum,	Stragona,
Ascalingium,	Limiosaleum,
Tulisurgium,	Budorigum,
Phcugarum,	Leucaristus,
Candanum,	Arsonium,
Trophæa Drusi,	Calisia,
Luppia,	Setidava.

Dans le Climat au dessous du précedent.

Aliso,	Nuesium,
Budoris,	Melocabus,
Mattiacum,	Graviouarium,
Artaunum,	Locoritum,
Segodunum,	Casurgis,
Devona,	Strevinta,
Bergium,	Hegetmatia,
Menosgada,	Budorgis,
Bicurgium,	Eburum,
Marobudum,	Arsicua,
Redintuinum,	Parienna,
Nomisterium,	Setuia,
Meliodunum,	Carrodunum,
& Asanca.	

Dans la partie qui reste le long du Danube.

Tarodunum,	Abiluum,
Ara Flavia,	Phurgisatis,
Rinsave,	Coridorgis,
Alcimœnnis,	Medoslanium,
Cantiœbis,	Philecia,
Bibacum,	Rhobodunum,
Brodentia,	Antuatium,
Seguacatum,	Celemantia,
Usbium,	Singone,
& Anabum.	

Ptolomée parle ensuite des Isles de la Mer de Germanie & il en compte trois à l'Embouchure de l'Elbe & il les nomme les ISLES DES SAXONS. Au Nord de la Presqu'Isle Cimbrique il en compte trois autres qu'il nomme ALOCIÆ, à l'Orient de la Presqu'Isle quatre autres qu'il nomme SCANDIÆ, savoir trois petites (ce sont aujourd'hui les trois Isles du Danemark) & selon lui la quatrieme qui est la plus Orientale est très-grande & s'étend jusques vis-à-vis l'Embouchure de l'Elbe. Il entend la Scandinavie que les Anciens prenoient pour une Isle. Ainsi Ptolomée compte le Dannemarck & au moins les Provinces Meridionales de la Suede pour des Annexes de la grande Germanie. Comme il borne ce vaste Pays au Midi par le Danube, il s'ensuit que la Rhetie, le Norique, & les Pannonies qui étoient au Midi de ce Fleuve, n'étoient pas de la Germanie, aussi les traite-t-il dans des Chapitres particuliers. Je n'ai mis ni les noms modernes, ni les longitudes ni les latitudes qu'il donne à tous ces lieux. Quant aux noms modernes je raporte dans les Articles de ces lieux ce que les Savans ont conjecturé là dessus & j'avertis ici qu'il n'y faut pas faire grand fond. Des habitations faites sans Maçonnerie, des hameaux de quelques hutes grossieres n'étoient pas assez durables pour avoir pû résister à ces torrens des Nations barbares qui venant du Nord traversoient la Germanie, & en entrainoient avec elle les Peuples vers les Provinces de l'Empire qui leur étoient ouvertes par la foiblesse des Empereurs & par les frequentes divisions des Armées.

Nous avons déjà remarqué que Ptolomée s'étoit servi de Memoires anciens & dressez long-temps avant lui. Il est indubitable que les Trophées de Drusus dont il parle ne subsistoient plus. Il n'est nullement vraisemblable que des Nations aussi jalouses de leur liberté & de la gloire qui s'aquiert par les armes, eussent épargné un monument qui étoit dressé dans leur Pays pour éterniser le souvenir de leur defaite. Il a trouvé cela dans des Memoires composez sous Auguste, mais il n'y

GER.

'a pas trouvé les deux Germanies qu'il place en deça du Rhin. Nous parlerons de ces deux Germanies à la suite de cet article.

La Germanie n'a pas toujours eu le même nom ni les mêmes peuples. Strabon [a] trouvant beaucoup de conformité entre les Gaulois & les Allemands, croit que le nom de Germains a été pris pour signifier qu'ils étoient freres des Gaulois, parce que le mot Latin *Germanus* signifie *Frere* [b]. Quelques modernes l'ont derivé de *Gar*, ou de *Ger* qui signifie fort, entier, ferme, & de *Mann*, homme, comme nous dirions un homme fort, un homme entier, ou un homme ferme; c'est le sentiment d'Althamer & de Willichius [c]. Philippe Melanchthon dans son Traité des noms des Pays & des peuples, pretend que le nom *Hermann* signifie un *Guerrier* & il croit que c'est dans ce sens qu'il a été donné à ces peuples. Mais il n'ose decider si ce sont ces peuples qui l'ont pris, ou si les Romains voyant que ce nom signifioit un homme de guerre parmi les peuples le leur ont donné. Ce qui favorise son opinion c'est que dans le moyen âge on a dit *Herimanni* & *Arimanni* pour signifier des Soldats, & qu'encore aujourd'hui *Geruimadur*, ou *German* [d] signifie un homme de guerre dans la Gothie Suedoise. Une ancienne Tradition conservée dans leurs Chansons, & rapportée par Tacite suppose que Tuiston Dieu né de la terre eut pour fils Mann, & que l'un & l'autre furent l'Origine & la tige de toute la Nation. Elle donne à Mann trois fils dont les Ingevons, les Hermions, & les Istævons portoient les noms. Le Docte Rudbeck [e] derive le nom de *Germani*, de Mann. Mr. de Leibnitz [f] ne s'en écarte pas beaucoup; mais il prend l'origine de ce nom dans celui d'Hermion fils de Mann. Voici ses paroles: je crois que les Herminons, partie des peuples Teutoniques, ont donné le nom à toute la Nation, comme encore aujourd'hui vous appellez les Teutons Allemands quoique cela n'appartienne proprement qu'aux Sueves & aux Helvetiens. Il est assez ordinaire que l'aspiration s'affoiblit, ou se fortifie. Car lors qu'elle est renforcée l'H passe en G. & le contraire arrive quand le G se change en H. ainsi de *Wisaraha*, les Romains ont fait *Visurgis*, & d'*Illeraha* ils ont fait *Ilargus*. Au lieu de *Gammarus* nous disons *Hummer*, une écrevice de Mer. Et les Espagnols changent *Germanos* en *Hermanos*. Vous savez que *Hlodovens*, ou *Lodovicus* est la même chose que *Clodovæus* & que *Childeric* ne differe point de *Hilderic*. Or Childeric se prononçoit en France ou Teudisque à peu près comme Gilderic. Ainsi les Aspirations Teutisques en *Wisaraha*, *Ilaraha*, *Herminones*, ou *Hermens* &c. étant fortes, les Romains & les autres les ont marquées par le G. plutôt que par une simple H. au reste Tacite dit exprès que le nom d'un peuple a été donné à toute la Nation.

Mr. Leibnitz croioit que les *Herminons*, les *Hermundures*, & les *Germains* étoient des noms synonymes & équivalens. Il jugeoit qu'une partie des Herminons, ou Germains avoit conquis une partie de la Gaule, & avoient rendu leur nom si celebre que les autres Peuples leurs alliez se firent honneur de le prendre. Selon lui Tacite s'est trompé en ce qu'il sup-

pose que ce sont les Gaulois qui ont donné ce nom aux Germains. On a tâché de trouver une origine plus specieuse. On a pretendu que les *Tungri*, avoient été appellez auparavant *Germains*. Tacite le dit: le nom de Germanie est nouveau & donné à ces peuples depuis peu. Parce que les premiers qui ayant passé le Rhin, chasserent les Gaulois, s'appelloient alors Germains on les nomme presentement Tongrois. Ainsi le nom d'une Nation particuliere & non pas du peuple entier a gagné insensiblement le dessus. L'ancien nom des Tongrois étoit donc Germains, selon Tacite. Un Savant d'Allemagne croit voir dans ce nom de Tongrois (*Tungri*) le nom de *Thuringi* un peu deguisé. Dans la Thuringe est la Riviere de Gera qui coule à Erfurt & se jette dans l'Unstrut. Les Partisans de ce sentiment trouvent dans le Pays des anciens Tongrois la Riviere de Gheerbeck qui passe à Tongebroy & se perd dans la Meuse. Ils croient donc que ces Thuringiens arrivez en deça du Rhin conserverent le souvenir de leur ancienne patrie en donnant à cette Riviere le nom d'une des Rivieres qu'ils avoient laissées en Allemagne. Ce sentiment n'a rien de solide & je ne l'aurois pas rapporté si après avoir été avancé par Bruckener dans ses Programmes de l'an 1709. il n'avoit pas été exposé de nouveau par Mr. Tuncker [g] dans son Introduction à la Geographie du moyen âge.

Quelle que soit l'origine de ces noms *Germains* & *Germanie*; ils ne furent gueres en usage après la chute de l'Empire Romain. Les Nations Septentrionales avançant vers le Midi produisirent de grands changemens dans ce vaste Pays. Les Lombards resserrez d'abord aux environs de l'Elbe s'avancerent jusque dans l'Italie où avec le temps ils se formerent un Royaume. Les Sueves se jetterent sur les Gaules & delà dans l'Espagne où ils érigerent une Domination rivale de celle des Goths. Ces derniers après avoir traversé la Germanie, occuperent une partie de la Gaule. Les Burgundions y fonderent le Royaume de Bourgogne; les Francs y avoient dejà le leur. Les Saxons s'avancerent jusque dans la Westphalie. Les Vandales après s'être étendus dans ce qu'on apelle aujourd'hui la Haute & la Basse Saxe avancerent vers le Midi; insulté l'Italie, firent des conquêtes en Espagne & allerent perir en Afrique. Leur Pays entre l'Elbe & la Wistule fut la proye des Vendes, ou Venetes qui s'en emparerent & se firent appeller Slaves &c.

Ce n'est pas à dire que tous ces peuples abandonnassent entierement leur patrie, il n'en sortoit que les hommes qui étant en état de porter les armes vouloient avoir leur part du butin. Ceux-ci emmenoient avec eux une partie de leurs familles. Ce qui restoit au Pays, se trouvant réduit à un petit nombre par raport à ce qu'il avoit été auparavant devenoit aisément la proye d'un voisin qui ne s'étoit pas affoibli. Ainsi nous voyons les vastes Pays que les Sueves avoient occupez passer ensuite en d'autres mains; & le nom de Sueve conservé à peine à un petit Canton qui est aujourd'hui la Suabe entierement obscurci par celui d'Allemagne qui n'étoit d'abord que ce-

celui d'une Contrée beaucoup plus petite. Voyez l'article ALEMANNI.

Les Saxons entre l'Elbe & le Weser où ils étoient encore au commencement du Regne de Charlemagne, y avoient pris la place des Francs. Nous avons vû que les Saxons étoient d'abord de l'autre côté de l'Elbe ; mais les Francs s'étant avancez vers le Midi & s'étant delà repandus dans la Gaule où ils jetterent les fondemens du Royaume de France, il en resta une partie au delà du Rhin, & delà vint la division de France Occidentale, qui est la veritable France, & de la France Orientale, dont la Franconie a tiré son nom.

Alors il ne fut presque plus question des noms de *Germains* & de *Germanie* sinon dans les ouvrages de quelques Auteurs qui les employoient en Latin. Encore voit on que les Auteurs Latins de ce temps-là preferoient souvent les noms de THEODISCI, TEUTISCI, & TEUTONES à celui de Germanie. La Loi Lombarde [a] dit *Teudisca Lingua*, Nithard [b] dit *Lodhuvicus Romana*, *Karolus vero Teudisca Lingua juraverunt*. Frodoard appelle *Teotisca Lingua* la Langue que l'on parloit au delà du Rhin. Othon de Frisingen [c] dit *Arnolfus totam Orientalem Franciam, qui modo Teutonicum regnum vocatur, id est Boioariam, Sueviam, Saxoniam, Thuringiam, Frisiam, Lotharingiam, rexit.* C'est dire bien positivement que le Royaume Teutonique ou la France Orientale comprenoit la Baviere, la Suabe, la Saxe, la Thuringe, la Frise & la Lorraine. Le même Auteur [d] nomme *Imperatores Teutonici* les Empereurs d'Allemagne. [e] Le nom de Germains paroissoit entierement aboli dès le temps de Procope. Le Rhin, dit-il, se jette dans l'Océan ; il y a là beaucoup de Marais, où anciennement habitoient les Germains, Nation Barbare, qui étoit d'abord peu considerable & que l'on appelle à present les Francs. St. Hierome [f] dit qu'entre les Saxons & les Allemands il y a un peuple peu étendu mais très puissant. Les Historiens l'appellent la Germanie, mais maintenant on la nomme la France. A la fin l'usage a voulu que la plupart de ces noms Saxons, Suabes, Francs, Vandales, &c. fussent particuliers à certains Cantons ; à l'égard du nom general les habitans ont preferé le nom de Teutsch pour signifier un homme de leur Pays & celui de Teutschland pour designer leur patrie : nous preferons celui d'ALLEMANS & d'ALLEMAGNE, & les Italiens disent comme nous ALEMAGNA & ALEMANNI, ils disent aussi TEDESCHI & GERMANIA. Lorsque l'on parle Latin l'usage general est de dire GERMANI, & GERMANIA.

Voiez les Articles ALEMANNI & ALEMAGNE. Voiez aussi les articles particuliers des Peuples & des Villes dont il est fait mention dans ces Articles. Je renvoye au titre PAGUS, ce qui concerne les anciens PAGI des Germains. J'ai parlé jusqu'à present de la grande Germanie, il est temps de venir à la Germanie Citerieure par raport au Rhin.

De la Germanie Citerieure.

Nous avons observé à l'article GAULE que la Belgique en étoit la troisième partie du temps de Cesar [g]. Lui-même il écrit que la plupart des Belges étoient issus des Germains, qu'anciennement ils avoient été emenez en deçà du Rhin, que charmez de la fertilité du Terroir ils s'y étoient établis & en avoient chassé les Gaulois qu'ils y avoient trouvé. Il dit aussi [h] que les CONDRUSI, les EBURONS, les CAERAESI & les PAEMANI étoient appellez Germains & que ce nom leur étoit commun. Il dit enfin que les SEGNI & les CONDRUSI qui sont du nombre & de la race des Germains, sont entre les Eburons & les Treviri, c'est-à-dire, entre les Pays de Liege & de Treve. Et plus nettement encore il nomme au 6. Livre les Germains d'en deçà le Rhin. Lorsque Cesar étant resolu de ruiner absolument les Eburons & ceux qui lui avoient assistez, les *Segni*, & les *Condrusi* le prient de ne les pas traiter comme ennemis & de ne pas confondre dans une seule proscription tous les Germains qui étoient en deçà du Rhin : que pour eux ils n'avoient point fongé à lui faire la guerre, ni envoyé aucun secours à Ambiorix. Pline [i] décrivant la Mer qui baigne la Germanie, y comprenant la Mer Baltique & la Mer d'Allemagne ajoute : tout le long de cette Mer jusqu'à la Riviere de l'Escaut le Pays est habité par des Nations Germaniques. Dans un Chapitre où il traite de la Gaule en général il dit : ceux qui habitent le long du Rhin sont des Nations de la Germanie dans cette même Province (la Belgique) savoir les NEMETES, les TRIBOCHI, ensuite les UBIENS, COLOGNE, les GUGERNES, les BATAVES & ceux que j'ai dit qui demeurent dans les Isles du Rhin. Il veut dire les CANINEFATES, les FRISONS &c.

Tacite [k] dit que les TREVEROIS & les NERVIENS affectoient avec passion de vanter leur origine Germanique comme si par là ils se fussent distinguez de la nonchalance des Gaulois. Il ajoute que les bords du Rhin sont indubitablement habitez par des peuples Germains, savoir les VANGIONS, les TRIBOCCI, & les NEMETES. Les Romains eux-mêmes transporterent quelques peuples de la Germanie. Suetone [l] dit d'Auguste que voyant les Sueves & les Sicambres se rendoient il les fit passer dans la Gaule & les établit dans les terres voisines du Rhin. Strabon [m] dit qu'Agrippa amena en deçà du Fleuve les UBIENS qui y consentirent. Tacite [n] dit, à peu près, la même chose. Strabon [o] a eu soin de marquer que les TRIBOCCI Nation Germanique avoit été transportée de sa patrie & amenée en deçà du Rhin. Tacite [p] dit que les Bataves qui habitoient au bord de ce Fleuve étoient originairement un Peuple d'entre les Cattes, & que chassez de chez eux par une guerre civile, ils s'étoient refugiez dans une contrée où ils étoient devenus partie de l'Empire Romain ; que pour cette raison on ne les rabbaissoit point par des tributs, ni ils n'étoient point tyrannisez par les exacteurs des deniers publics ; qu'ils étoient exempts de toutes charges & contributions, qu'on les ressevoit seulement pour s'en servir dans les batailles de même que l'on a des Magasins d'armes pour les besoins de la guerre. Suetone dans la Vie de Tibere [q] dit que ce Prince n'étant encore

GER.

core que Gendre d'Auguste, pendant la guerre contre les Germains en transporta dans la Gaule quarante mille de ceux qui se rendirent à lui & leur assigna des demeures le long du Rhin. Eutrope [a] écrit qu'il y avoit quarante mille prisonniers. En voilà assez pour donner lieu aux Romains de nommer Germanie un Canton de la Gaule. C'étoit la seule qu'ils eussent veritablement conquise, car Varus qui s'avança un peu trop dans le Pays que nous appellons aujourd'hui la Westphalie y perit avec son armée. Les Ubiens qui étoient d'abord au delà du Rhin furent si odieux aux autres Peuples de la Germanie pour avoir reçu le joug des Romains qu'ils passerent de l'autre côté du fleuve. Les armées Romaines subjuguerent néanmoins quelques peuples dont le Pays étoit en partie au delà du Rhin, comme les *Nemetes* qui étoient aux environs de Spire, les *Vangions* aux environs de Worms, les *Tribocci* aux environs de Mayence. Comme ces peuples étoient principalement & par raport à leurs capitales, dans la Gaule & au Couchant du Rhin, on les rangea sous le Gouvernement de la Gaule; & on les joignit à la Belgique.

Il y eut donc une partie de la Belgique qui jointe à une lisiere de la grande Germanie porta le nom de *Germanie*; & cette partie fut divisée en GERMANIE SUPERIEURE & en GERMANIE INFERIEURE. Cette division a été aussi employée par Dion Cassius pour la Grande Germanie. Il appelle Superieure la partie voisine des sources du Rhin, & inferieure celle qui suit celle-là jusqu'à l'Embouchure de ce Fleuve. Mais je ne vois pas dans les Anciens que cette division ait été fort imitée.

Celle qui regarde la Germanie Belgique est plus connue, beaucoup d'Auteurs en ont parlé. Ptolomée entre autres les separe par la Riviere d'OBRINGA. Voiez ce mot. Voici comment il les distribue.

De la Germanie Inferieure.

La partie du Pays (de la Belgique) qui est près du Rhin depuis la Mer jusqu'à la Riviere d'Obringa s'appelle la GERMANIE INFERIEURE dans laquelle sont les Villes situées au Couchant du Rhin, savoir,

Batavodurum,   *Bonna,*
Vetera,   *Legio I.*
Legio XXX. Ulpia,   *Trajana,*
Agrippinensis,   *Mocontiacum.*

De la Germanie Superieure.

Ce qui est au Midi de la Riviere d'Obringa, poursuit Ptolomée, est appellée la Germanie Superieure. En commençant à cette Riviere on y trouve les Villes,

DES NEMETES.

Neomagus,
Rusiniana.

GER. 151

DES VANGIONS.

Borbetomagus,
Argentoratum,
Legio VIII. Augusta.

DES TRIBOCCI.

Breucomagus,
Elcebus.

DES RAURIQUES.

Augusta Rauricorum,
Argentuaria.

DES LONGONS.

Andomatunum.

Et au dessous du Mont Jura les HELVÉTIENS auprès du Rhin. Leurs villes sont,

Gannodurum,
Forum Tiberii.

Les Romains gouvernerent long temps cette Germanie Citerieure par deux Presidens. On trouve dans Tacite [b] Julius Tutor établi par Vitellius, & dans Suetone [c] Lucius Antonius President de la Germanie Superieure.

Après l'Empire de Trajan la Germanie étoit gouvernée par des hommes Consulaires on les appelloit alors *Duces*, & ils avoient pour les aider des Officiers nommez *Comites*. Mais Constantin changea cette disposition. Il fit gouverner l'Occident par deux Prefets du Pretoire. Il mit à Treves le Prefet du Pretoire des Gaules & ce Magistrat avoit sous lui le Magistrat qui commandoit à Mayence avec le titre de *Dux*; outre cela il avoit sous ses ordres onze Lieutenans Militaires qui sont specifiez dans la Notice de l'Empire.

Il faut ajouter cette remarque, savoir que ces Germains de la Belgique n'étoient pas tous d'une même condition; car quelques-uns comme les Bataves étoient traitez en Alliez. Les autres étoient incorporez à l'Empire & jouïssoient du Droit Municipal.

Outre la division dont nous venons de parler les Notices en fournissent une autre qui revient à la même chose, savoir en PREMIERE & en SECONDE Germanie. Cette division est posterieure, & on ne sauroit dire au juste si la même Riviere D'OBRINGA OU ABRICA qui au raport de Ptolomée & de Marcien d'Heraclée separoit la Germanie *Superieure* de *l'Inferieure*, étoit aussi la borne entre la Premiere Germanie & la Seconde. Comme ces Notices dont je parle n'ont été faites que par raport au Gouvernement Ecclesiastique, elles ne font mention que des Villes Episcopales.

De la Premiere Germanie.

Elle avoit quatre Villes dont la Metropole étoit *Mayence*, les trois autres étoient *Strasbourg*, *Spire* & *Worms*.

De

GER.

De la Seconde Germanie.

Elle n'avoit que deux Villes dont la Metropole étoit Cologne. L'autre Ville étoit Tongres.

GERMANIE, Ville d'Asie. Elle étoit Episcopale, sous le Patriarche de Constantinople, & étoit la LXVII. en rang entre les Metropoles.

GERMANIENSIS, Siége Episcopal d'Afrique dans la Numidie. La Notice d'Afrique fait mention de son Evêque qu'elle nomme *Crescentianus Germaniensis*; & dans la Conference de Carthage [a] on trouve *Innocentius Episcopus Ecclesiæ Germaniensis*. Il ne faut pas confondre ce Siége avec celui de *Germanitiana* qui étoit dans la Byzacene.

[a] Optat. Oper. p. 261. Edit. Dupin.

GERMANII, Nation d'Asie dans la Perse, selon Herodote. Voiez GERMANES.

GERMANIQUE, (le Corps) on appelle ainsi tous les differens Etats qui composent l'Empire d'Allemagne, pris ensemble.

GERMANOPOLIS, Ville d'Asie dans la Paphlagonie. Voiez GERMANICOPOLIS 3.

GERMANORUM CASTRA, Lieu maritime d'Afrique dans la Mauritanie Cesariense, selon Ptolomée [b].

[b] l. 4. c. 2.

GERMANORUM OPPIDUM, nom Latin de ST. GOAR, ou GOWER. Voiez au mot SAINT l'Article ST. GOWER.

GERMANO-SCYTHÆ, ce sont les mêmes que les CELTO-SCYTHES. Voiez CELTICA 2.

GERMANUM. Voiez GERMALUM.

GERMASTE. Voiez GERMASTI.

GERME, ou GERMÆ, Ville d'Asie dans l'Hellespont. Antonin [c] la met entre Pergame & Thyatire à XXV. M. P. de la premiere & à XXXIII. de la Seconde. La Notice de Hierocles la nomme Γέρμαι, GERMÆ. Celle de Leon le Sage la nomme *Germes* au genitif. Elle tient le XXVIII. rang entre les Archevêchez soumis au Patriarche de Constantinople dans une autre Notice. Voiez GERMA & GERMASTI.

[c] Itiner.

GERMEN, Lieu de la Morée sur une Montagne de la Zaconie environ à une lieue de Chielifa du côté du Nord. Quelques-uns croyent que c'est l'ancienne GERENIA que d'autres mettent à *Passava*.

GERMERSHEIM [d], Petite Ville d'Allemagne au Palatinat du Rhin & Chef-lieu d'un Bailliage de même lieu. Mr. Baudrand [e] la donne à la France sous pretexte qu'elle a autrefois été de la basse Alsace. Elle est à un mille d'Allemagne au dessus de Philipsbourg & à deux au dessus de Spire en allant vers Haguenau. Elle étoit autrefois Ville libre & Imperiale; mais l'Empereur Charles IV. l'engagea à Robert Comte Palatin pour une somme d'argent & depuis ce temps-là elle est demeurée annexée au Palatinat.

[d] Hubner Geogr. p. 452.
[e] Ed. 1705.

Le Bailliage de Germersheim, est sous-divisé en cinq districts qui sont,

Germersheim,   Altenstat,
Seltz,   Hagenback,
& Godramstein.

GER.

Il y a cent quarante paroisses. Il a été fort endommagé durant les guerres d'Allemagne sur la fin du siécle dernier.

1. GERMIA, Ville d'Asie, dans la Galatie Salutaire, selon la Notice de Hierocles. Elle est nommée GERMO COLONIA dans la Notice de Léon le Sage & marquée entre les Evêchez qui étoient independans, selon une autre Notice.

2. GERMIA [f], Laonic Calcondyle nomme ainsi une Ville de Thrace, voisine d'Andrinople, & Leunclave dit que c'est presentement KERMEN dans la Romanie.

[f] Baudrand Ed. 1682.

1. GERMIAN, (le) petit Canton de la Natolie. Il est dans les terres & a le Durgut-Ili au Nord [g], la Caramanie au Levant, l'Aidin-Ili au Midi & le Sarchan au Couchant. Le Madre qui est le Méandre des Anciens le traverse dans sa longueur. Les principaux lieux sont,

[g] De l'Isle Atlas.

Eski-Hissar,   Aphiom Cara-Hissar,
Nestie,   Les Ruines de Colosses
&c.

2. GERMIAN [h], (le) Montagne de la Natolie à la source du Fleuve Sangari. C'est le DINDYMUS.

[h] Baudrand Ed. 1705.

GERMIANA, Ville de la Mauritanie Cesariense, selon Ptolomée [i].

[i] l. 4. c. 2.

1. GERMIGNI, ou GERMINI, Village de France en Champagne dans la Brie au Diocése de Meaux à trois lieues de cette Ville, sur la Marne. Ce lieu est remarquable par la belle maison de Campagne que les Evêques de Meaux y possedent; on en admire les Jardins & la terrasse.

2. GERMIGNI, en Latin *Germanicum Castrum*, Suger dans la Vie de Loüis le Gros parle de ce Château & le met *in Partibus Bituricensium* dans le Berri. Il dit qu'il étoit très-fort & appartenoit à Haimon Seigneur de Bourbon. Le Roi s'en étant rendu maître força Haimon & les Châtelains à se rendre. Ce Germigni est presentement dans le Bourbonnois entre Dun le Roi & Nevers à cinq ou six lieues de Bourbon l'Archembaut. Supposé qu'il n'y ait point de faute dans le nom de ce Château, il doit venir de quelqu'un appellé Germain. S'il y a faute il faut lire *Germiniacum*. La difference de Province ne doit point faire de peine à quiconque sait que le Bourbonnois est formé en partie du Pays des Bituriges & en partie de l'ancienne Auvergne, selon la remarque d'Hadrien de Valois [k].

[k] Notit. Gall. p. 131.

3. GERMIGNI, en Latin *Germaniacum*, ou GERMINIACUM, Village de France en Champagne près de Rheims [l]. On lit que Thierri Roi d'Austrasie en fit donation à Thierri Abbé.

[l] Ibid.

4. GERMIGNI [m], en Latin *Germiniacum*, Village de France, au Diocése d'Orléans sur la Loire près de l'Abbaye de Fleuri. Letald en fait mention dans son livre des Miracles de St. Maximin Abbé. Et il s'y est tenu un Concile en 843.

[m] Mabillon. De re Diplom. l. 4.

GERMIUM, Village de Lorraine. C'est la patrie de St. Guibert. Voiez sa Vie.

[n] Ortel. Thes.

GERMUE, Voiez YARMOUTH.

GERN, Bourgade d'Allemagne dans la basse

GER.   GER.   153

baſſe Baviere, elle eſt preſque contigue au Bourg d'Eggenſelden dont elle eſt ſeparée par la Rott Riviere qui ſe perd dans l'Inn. Mr. Corneille [a] en fait une Ville. *[a] Dict.*

GERNIA, Bourg de l'Iſle de Metelin dans l'Archipel, vers la côte Orientale de l'Iſle, au Nord de la Ville de Metelin. Il a ſuccédé à l'ancienne Ægirum.

GERNIUM [b], (ou plutôt Gernus) Lieu de la Gaule Narbonnoiſe, en allant de la Venus Pyrenée ou Port-à-Vendre à Taraſcon. *[b] Strab. l.4. p. 179.*

GERNSEY. Voiez Garnesey.

GERNSHEIM [c], petite Ville d'Allemagne dans le Cercle Electoral du Rhin, au Landgraviat de Darmſtadt, ſur le Rhin. Elle eſt accompagnée d'un bon Château, au Midi de la Ville de Darmſtadt. *[c] Baudrand Ed. 1705.*

GERODA, ancien lieu d'Aſie dans la Celeſyrie. Antonin [d] le met ſur la Route de Beumaris à Naplouſe, entre la premiere & Damas à quarante M. P. de l'une & de l'autre. *[d] Itiner.*

GEROLATA. Voiez Gerulata.

GEROLDS-ECK, Seigneurie d'Allemagne dans la Suabe. Elle eſt ſituée dans l'Ortenau ſur le Rhin vis-à-vis de Strasbourg, & a titre de Comté [e]. Elle a eu long temps des Comtes de même nom & a paſſé enſuite à la Maiſon de Cronberg qui eſt preſentement éteinte. *[e] Hubner Geogr. p. 423.*

GEROLSTEIN, petit Bourg d'Allemagne dans le Cercle Electoral du Rhin au Comté de même nom ſur la Riviere de Kyl, à dix lieues de Treves vers le Nord.

Le Comté de Geroldstein [f] eſt preſque enclavé dans l'Archevêché de Treves. La Riviere de Kyl le traverſe & le coupe en deux parties inégales. Les Comtes de Gerolſtein étoient iſſus d'une famille très-ancienne qui poſſedoit de grands biens le long de la Moſelle. Elle finit en Marguerite, qui porta cet heritage aux Comtes de Blanckenheim deſquels il a paſſé à ceux de Manderſcheid. *[f] d'Audifret Geogr. T.2. p. 396.*

1. GERON, Riviere du Peloponneſe. Elle couloit auprès de Pylos, ſelon Strabon [g]. *[g] l.8. p. 340.*

2. GERON [h], Deſert d'Aſie dans le voiſinage du Fleuve Indus; il eſt ſurnommé Tehol Celali. *[h] Hiſt. de Timur-Bec l.4. c.9.*

GERONIUM. Voiez Gerunium.

GERONTHA, Iſle entre les Sporades, ſelon Pline [i]. Il eſt le ſeul Ancien qui en ait parlé. *[i] l.4. c. 12.*

GERONTIUS, Montagne du Peloponneſe, ſelon Pauſanias [k]. *[k] In Arcadic.*

GERONTΩN Portus, c'eſt-à-dire, le Port des Vieillards; Port de l'Iſle de Chio, ſelon Ælien [l]. *[l] De Animal. l. 12. c. 20.*

1. GERRA, ou Gerrum [m], Ville d'Egypte. Ptolomée [m] l'appelle Gerrum & Strabon [n] Gerra. Elle n'étoit pas fort éloignée de Peluſe, encore moins du Mont Caſius, ſelon ce dernier. C'eſt la même que la Ville Epiſcopale dont parle Sozomene & que D. Calmet ſemble confondre avec Gerara. Voyez cet article. *[m] l.4. c.5. [n] l.16.*

2. GERRA, Ville de l'Iſle de Lotophagite [o] ſur la côte d'Afrique, c'eſt-à-dire, de l'Iſle de Gerbes. Voiez Gerbes. *[o] Ptolom. l.4. c.3.*

3. GERRA, Ville de Syrie. Ptolomée y en met deux, l'une qu'il nomme Gerrhe & qu'il donne à la Cyrrheſtique [p], vers l'Euphrate; & *[p] l.5. c.15.*

l'autre près du Mont Alhadamus [q] chez les Arabes Trachonites. *[q] Ibid.*

4. GERRA, Ville de l'Arabie heureuſe ſur la Mer, ſelon Pline [r]. Elle donnoit ſon nom au Golphe qu'il nomme Gerraicus Sinus. Il dit qu'elle avoit cinq milles de circuit, & des Tours bâties de maſſes de Sel quarrées. Strabon [s] va plus loin & lui donne des maiſons de Sel. Il ajoute que ſes habitans s'étoient enrichis par le commerce. Il ne faut pas confondre ces Gerréens avec les Gerréens ou Gerreniens dont il eſt parlé dans les Machabées [t], s'il eſt vrai, comme le croit D. Calmet, que ce ſoient les habitans de Gerara. Voiez Gerrare. Pour revenir à ceux dont il eſt queſtion dans cet Article, Diodore de Sicile [v] dit qu'eux & les Minnéens portoient de l'Encens & autres parfums de la haute Arabie. *[r] l.6. c.28. [s] l. 16. [t] l.2.c. 13. v. 24. [v] l.3.c.42.*

GERRHA & GERRHE. Voiez Gerra.

GERRHÆ, Peuple de la Scythie en Europe, au Midi du Danube, ſelon Denys [w] Periegete. *[w] Ortel. Theſ.*

GERRHI, ancien Peuple de la Sarmatie Aſiatique, ſelon Ptolomée [x]. Selon cet Auteur ils n'étoient pas loin de la Mer Caſpienne. *[x] l.5. c. 9.*

GERRHUM. Voiez Gerra 1.

GERRHUNIUM, ou Gerrhunium, Château ou Place forte de Grece dans la Macedoine à l'extremité du côté d'Antipatrie, ſelon Tite-Live [y]. *[y] l.31.c.27.*

1. GERRHUS, Riviere de la Sarmatie en Europe, ſelon Ptolomée [z]. Il met ſon Embouchure dans le Palus Méotide entre les Villes d'Acra & de Cremni ou Cneme: en quoi il ne s'accorde pas avec Herodote [a]. Ce dernier dit qu'il prend ſon nom d'un lieu appellé auſſi Gerrhus; qu'il ſepare les Scythes Nomades ou Vagabonds, d'avec les Scythes Royaux; & qu'il tombe dans l'Hypacaris. *[z] l.3. c.5. [a] l.4.c.56.*

2. GERRHUS, Fleuve d'Aſie dans l'Albanie, ſelon Ptolomée [b]. Il en met l'Embouchure entre les Villes de Teleba & de Gelda. *[b] l.5.c. 12.*

GERS, (le) Riviere de France en Gaſcogne. Elle a ſa ſource au Manhoac, d'où coulant au Septentrion par le Pays d'Aſtarac qu'elle partage en deux & par le Comté d'Armagnac, elle paſſe près d'Auch, de Caſtelgeloux, de Florence, & de Leitoure; puis traverſant la Lomagne, elle ſe rend dans la Garonne deux lieues au deſſus d'Agen.

GERSAW, Bourg de Suiſſe. Ce petit lieu eſt preſque inconnu, hors de ſon voiſinage [c]; cependant il a une ſingularité, qui mérite qu'on ne l'oublie pas. C'eſt un Bourg au bord du Lac de Lucerne, entre ce Canton & celui de Schwitz, qui fait une eſpéce de petite République Souveraine, ne dépendant de perſonne, de tems immémorial; ſeulement elle eſt ſous la protection des 4. Cantons voiſins du Lac, ſavoir Lucerne, Uri, Schwitz, & Underwald. On y a même des Actes authentiques, de l'an 1359. qui font foi, que, cette année-là, les 4. Cantons, ci-deſſus nommés, firent Alliance avec les Bourgeois de Gerſaw, comme d'égaux à égaux, & les reçûrent dans le Corps de leur Alliance. *[c] Etat & delices de la Suiſſe Tome ſecond p. 403.*

GERTIGOS, Ville de la Luſitanie. Elle a été ainſi appellée du temps des Gots & on la nomme preſentement Vamba, ſelon Ortelius

V

GER.

[a] Thesaur. lius [a] qui cite Morales & Beuterus.

GERTRUIDENBERG, Ville des Pays-Bas au Brabant Hollandois & de la Hollande Meridionale [b]. Elle est située à l'Embouchure de la Riviere de Dongen, qui tombe dans le Biesbos, & sur le bord de ce Golphe qui est entre cette Ville & celle de Dordrecht. Ce sont les tristes restes d'une affreuse inondation, arrivée le 18. Novembre 1421. Les Digues du Wahal & de la Meuse n'ayant pu soutenir le débordement impetueux de ces deux Rivieres, leurs eaux submergerent soixante & douze Villages, & firent perir plus de cent mille ames. Voiez BIESBOS.

[b] Janiçon Etat. pres. des Provinces Unies T. 2. p. 261.

☞ Les Auteurs ne s'accordent pas sur l'étymologie du nom de S. Gertruidenberg, parce que le mot de *Berg* signifie une Montagne & une retraite. Sans rapporter les differentes significations qu'ils en donnent, celle d'Alting me paroît la plus vraisemblable. Il dit que n'y ayant aucune hauteur autour de cette Ville, il y a beaucoup d'apparence qu'elle tire son nom de Gertruide, Tante de Pepin Pere de Charles Martel, qui, s'étant consacrée à Dieu, se retira dans cet endroit, à cause du voisinage de la Cellule de St. Amand, qui lui fit regarder ce lieu comme une Forteresse, où elle seroit en sureté contre les embuches des Sens & du monde. Comme elle y mourut en odeur de sainteté, & qu'on lui attribua de grands miracles, après sa mort, cette Ville a retenu ou pris le nom de la Montagne ou retraite de S^{te}. Gertrude. Cependant, on l'a aussi appellée dans la suite *Mons Littoris*, c'est-à-dire, *Montagne du Rivage*.

Quoiqu'il en soit, cette Ville est si ancienne, qu'on ne sait à qui en attribuer la fondation. Son assiette sur les Limites entre le Brabant & la Hollande a causé de grandes guerres entre les habitans de ces deux Provinces, qui prétendoient de part & d'autre que cette Ville leur appartenoit. L'opiniâtreté de ces deux Peuples voisins à cet égard alla si loin, que les Brabançons faisoient prêter serment à leur Duc, le jour de son installation, qu'il feroit tous ses efforts pour réunir cette Ville au Brabant; & les Hollandois, de leur côté, obligeoient leur Comte de jurer, qu'il n'épargneroit rien pour se la conserver. Les fondemens du Château, qui étoit dans l'enceinte de la Ville, furent jettez en 1321. & ce Château subsista jusqu'en 1420., qu'il fut presque entiérement détruit par les habitans de Dordrecht, à l'occasion de la guerre entre Jean de Baviere & la Comtesse Jaqueline. La plus grande partie de la Ville fut aussi brûlée avec l'Eglise, & le Château depuis ce tems-là a été entiérement démoli. Cette Ville a aussi beaucoup souffert par la Guerre qui a regné si longtemps entre les *Hoeks* & les *Cabbeljaus* aussi bien que dans la Revolution des Pays-Bas. En 1573. les Confédérez la prirent sur les Espagnols; mais en 1589. le Prince de Parme la reprit, par la perfidie de la Garnison Angloise, qui la lui vendit. Le Prince Maurice la prit en 1593. après un siége de trois mois, & le Prince Frederic Henri son Frere, qui avoit assisté à ce siége, fut fait Gouverneur de la Place, quoiqu'il n'eût alors que neuf ans. Depuis ce temps-là elle a toujours été sous la Domination de la République, & est un des principaux Boulevards de la Hollande. Cette Ville, avec tout son Territoire, est une Seigneurie qui a passé dans la Maison de Nassau-Orange, en même tems que la Baronie de Breda, & elle est encore sous l'Administration du Conseil des Domaines.

La Ville de Gertruidenberg a la figure d'un Croissant, & est très-forte. Son rempart, qui a environ un quart de lieue de circuit, est flanqué de cinq Bastions, du côté de la terre, environné d'un fossé large & profond, & défendu par une bonne Contrescarpe. Elle fut ainsi fortifiée après la Pacification de Gand, par Guillaume I. Prince d'Orange, pour servir de Barriere à la Hollande, avec ses autres Seigneuries de ce côté-là. Sa situation la rend encore plus forte; car d'un côté elle est assise sur le bord du Biesbos, & de l'autre arrosée par la Riviere de Dongen, qui peut inonder tous les environs.

Cette Ville est assez jolie, & percée de dix rues, dont la plus longue & la plus large va d'une extremité de la Ville jusqu'au Havre qui est assez commode. Il y a deux à trois cens maisons, & environ mille Habitans, y compris les Femmes & les Enfans. L'Eglise est au milieu d'une place ronde, & desservie par deux Pasteurs de la Classe de Dordrecht, entretenus par le Seigneur. Les Catholiques Romains ont une Chapelle, où les habitans de la Campagne vont entendre la Messe. La Maison de Ville est un assez beau bâtiment, situé au milieu de la grande rue. J'ai dit qu'il y avoit autrefois un Château, mais il n'en reste plus aucun vestige; on a bâti vis-à-vis un Palais, pour y loger le Prince Frederic Henri, dans le tems qu'il fut fait Gouverneur de la Place. C'est aujourd'hui la demeure du Commandant; & dans un autre corps de Logis, qu'on appelle la *petite Cour*, demeure le Receveur du Seigneur, qui prend en même temps le titre de Châtelain. Le Magazin est à une extremité de la Ville, & sous la direction d'un Commis, établi & entretenu par les Conseillers Députez des Etats de Hollande.

La Regence est composée d'un Bailli, de deux Bourguemaitres & de cinq Echevins, avec un Tresorier & un Secretaire. Le Bailli est le Chef de la Police & de la Justice, & est établi à vie par le Seigneur qui change ou continue tous les ans les Bourguemaitres & les Echevins, sur une double nomination du Bailli. Ces Magistrats sont obligés de se conformer aux Loix & aux Coutumes qui s'observent en Hollande; & l'on appelle de leurs Sentences, dans les affaires civiles, à la Cour de Justice de Hollande à la Haye. Le Secretaire & le Receveur des Domaines sont établis à vie par le Seigneur. Les Conseillers Deputez des Etats de Hollande y établissent un autre Receveur pour la perception du Verponding & d'autres droits, qui rend ses comptes au Receveur Général des Etats des sept Provinces à la Haye. Pour les droits de consomption & autres taxes, ils les donnent en ferme à ceux qui en offrent le plus. L'Amirauté de Rotterdam y a un Receveur & un Controlleur, avec quelques Commis des recherches, pour les droits d'entrée & de sortie.

GER. GES. 155

Il est à remarquer que la Ville de Gertruidenberg avoit autrefois séance & voix dans l'Assemblée des Etats de Hollande, & ses Deputez y parurent en 1581. Ce n'est que par une épargne mal entenduë, qu'elle a perdu un droit si considerable; car ayant demandé d'être dispensée de cette Députation, sa demande lui fut d'abord accordée, & elle s'en est repentie trop tard.

Cette Ville est fameuse par l'abondance de Saumons, d'Esturgeons & d'Aloses, qu'on pêche aux environs de sa côte. Il est arrivé qu'en un seul jour on a pêché jusqu'à dix-huit mille Aloses; & la Ville jouït du droit d'étape pour tous ces Poissons. C'est aussi là le principal Commerce des habitans qui envoyent ces Poissons, frais ou fumez, dans toutes les Villes voisines. Ce lieu est aussi devenu célèbre, par les Conferences qui s'y tinrent en 1710. entre le Maréchal d'Huxelles & l'Abbé de Polignac ensuite Cardinal, Plenipotentiaires du Roi de France, & Messieurs Buys & vander.Dussen, Pensionaires d'Amsterdam & de Gouda & Deputez des Etats Généraux; mais ces Conferences, qui durerent depuis le 9. Mars jusqu'au 25. Juin, n'eurent aucun succès. Les Armes de cette Ville sont d'or au Lion de Gueules, tenant entre ses pattes une hache à la Danoise d'Argent.

GERTUNS, Ville de Grece dans la Darctide Contrée de Macedoine, selon Polybe *a*. *a* l. 5.

GERUA, ou TERUA; la ressemblance du г & du т a rendu l'Orthographe de ce nom incertaine, ancienne Ville de la Grande Armenie au voisinage de l'Euphrate, selon Ptolomée *b*. *b* l. 5. c. 13.

GERULATA, ancien lieu de la Pannonie. Il en est fait mention dans la Notice de l'Empire *c* & elle y est nommée GEROLATA. Antonin *d* la met à XIV. M. P. de *Carnuntum*. C'est presentement KERLBURG à ce qu'on croit. *c* Sect. 58. *d* Itiner.

GERUNDA, ancien nom de GIRONNE. Voiez ce mot.

GERUNIUM, ancienne Ville d'Italie, selon Etienne le Geographe, qui la nomme aussi GERENIA. Polybe dit qu'elle est dans la Pouïlle à dix Stades de l'Auside, c'est-à-dire, de l'Offante, & à deux cens de Lucerie. Celsus Cittadinus écrivoit autrefois à Ortelius qu'il y avoit faute dans Polybe & qu'il faloit lire *Fiternum* au lieu d'*Ausidum*, parce que cette Ville étoit à plusieurs lieues de l'Offante, savoir près de Larina & de Civitate. Il auroit pû prouver son sentiment par l'autorité de Tite-Live *e* qui la nomme *Geronium in Agro Larinati*. *e* l. 22. c. 14.

GERUS. Voiez GERRHUS.

GERUSA, Ville de la Sarmatie Asiatique, selon Ptolomée *f*. *f* l. 5. c. 9.

GERYONIS MONUMENTUM, Ortelius croit que c'étoit une Forteresse bâtie sur une Isle ou sur un écueil du Golphe de Cadix, & cite Mela. Mais le passage de ce Géographe retabli par les Critiques plus recens *g* porte *in ipso mari monumentum Cepionis Scopulo magis quam insulæ impositum*. Voiez CÆPIONIS MONUMENTUM. *g* l. 3. c. 1. n. 25.

§. Festus Avienus fait mention de Geronte en ces quartiers-là & il en parle comme d'une Citadelle élevée de laquelle on prétendoit que Geryon eût pris son nom *h*. *h* Ora Maris. v. 263.

Inde est fani prominens
Et quæ vetustum Græciæ nomen tenet,
Gerontis arx est eminus : namque ex eâ
Geryona quondam nuncupatum accepimus.

Il fait allusion à la signification qu'a le mot Grec *Geron* un Vieillard. C'est ce qu'il entend par *vetustum nomen Græciæ*. Il faut lire à cause du vers & du sens:

Inde fanum est prominens.

Ce qui a engagé dans l'erreur ceux qui ont lu dans Mela *Geryonis* pour *Cæpionis*, c'est que d'anciens Geographes parlent de Geryon à l'occasion d'Erythie; entre autres Denys le Periegete *i* & Eustathe son Commentateur *k*, & Pomponius Mela lui-même dit *l* : dans la Lusitanie est l'Isle d'Erythie que nous savons avoir été habitée par Geryon, &c. On lit dans Suetone que Tibere allant en Illyrie & passant à Padouë consulta l'Oracle de Geryon, *Geryonis Oraculum*. Quelques Commentateurs ont douté s'il ne faloit pas lire *Regionis* au lieu de *Gerionis*. Alors ce ne seroit plus que l'Oracle du Pays. Mais on a conservé le nom de Geryon qui est autorisé par une Inscription rapportée dans le Recueil de Gruter. Voyez *Grævius* dans sa note sur ce passage de Suetone. *i* v. 555. &seq. *k* in d. l. *l* l. 3. c. 6. n. 11.

GERZI: il est dit dans l'Ecriture *m* que David, pendant son séjour à Siceleg faisoit des courses sur les Pays de Gessuri, de GERZI & d'Amalech. Les Septante lisent GESIRI au lieu de Gessuri, & ne font point mention de Gerzi. L'Hebreu nomme trois Peuples sur lesquels David & ses gens faisoient des courses; savoir le Gessurite, le Gisrite, & l'Amalecite; la Vulgate dit: *& agebant prædas de Gessuri, de Gerzi & de Amalecitis*. Ces Gerzi étoient au Midi de la Judée dans le voisinage de Gessur. (Voïez GESSUR I.) & des Amalecites dont la demeure est connue. C'étoit des restes des Chananéens. *m* Reg. l. 1. c. 27. v. 8.

GESÆMA *n*; Cedrene nomme ainsi l'Arabie voisine de l'Egypte. *n* Ortel. Thes.

GESARGEL *o*, Siége Episcopal d'Asie dans l'Armenie, & dans la Province d'Ararath: il est immediatement soumis à Eczmiasin. *o* Commanville Tabl. Alphabet. des Archevêchez.

GESEKE *p*, petite Ville d'Allemagne dans le Cercle de Westphalie, à peu de distance de la Riviere de la Lippe & de la Ville de Buren qui est de l'Evêché de Paderborn. Elle appartient à l'Electeur de Cologne & est nommée en Latin *Gesecena* & GESECA. Elle fut prise en 1501. au nom de Gebhard Electeur de Cologne. On y garde le Chef de St. Cyr. La chasse d'or où étoit son corps a été enlevée par le Comte d'Oberstein. *p* Zeyler Topogr. Westphal. p. 84.

GESEM. Voïez GESSEN.

GESHEN, Roche d'Afrique dans l'Abissinie au Royaume d'Amhar auprès du Mont Ambacet. Le P. Tellez la décrit ainsi *q*. Aux Confins d'Amhar du côté de Shewa est située AMBA-GESHEN. (le mot *Amba* veut dire une Roche, comme nous l'expliquons en son lieu) C'est une Montagne presque insurmontable, escar- *q* l. 1. c. 17.

V 2

escarpée de tous côtez, très-haute & qui ne ressemble pas mal à une Forteresse taillée dans le vif de la roche. Son sommet a une demie lieue Portugaise d'étendue, & au pied il faut une demie journée pour en faire le tour. D'abord la pente en est assez douce ; ensuite elle est dificile & si roide que les bœufs d'Abissinie, qui d'ailleurs sont accoutumez à franchir les précipices comme des Chamois, ont besoin d'y être élevez avec des cordes. Mr. Ludolf [a] ajoute ; c'est dans des lieux très-desagréables, dans de miserables hutes, parmi les arbrisseaux & les Cedres sauvages que les pauvres Princes d'Ethiopie étoient autrefois confinez, sans autre liberté que celle de la terre & de l'air. Les Rois d'Abissinie y envoyoient les Princes de leur sang, pour empêcher qu'on ne fit des Cabales en leur faveur ; plus humains en cela que les Ottomans qui ont souvent immolé à leur Politique, leurs Freres dont ils craignoient que le Peuple opprimé ne preferât le Gouvernement. Mr. le Grand [b] dans sa seconde Dissertation sur l'Histoire d'Ethiopie nomme ce Rocher GUEXON. C'est, dit-il, dans ce Royaume d'Amara qu'est ce fameux rocher qu'ils appellent *Guexon*, où on reléguoit les Freres & les Enfans des Rois, & d'où on ne les tiroit que pour les mettre sur le Trône : cette coutume s'étoit établie vers l'an 1260. Elle est abolie depuis plus de deux siécles. Soit qu'on écrive par SH, ou par X. cela revient à la même prononciation. L'*x* des Portugais & le *Sh* des Anglois reviennent à notre *Ch* dans le mot *Chercher*. Le même Auteur dit peu après [c] : c'étoit sur le sommet sterile d'AMBAGUEXE que les Princes de la famille Royale passoient leur triste vie & étoient gardez par des Oficiers qui souvent les traitoient avec beaucoup de dureté & de rigueur. Il joint les deux mots ensemble ; *Amba* & GESCHEN.

GESOCRIBATE, Lieu de la Gaule Lyonnoise, peu loin de la Mer, selon la Table de Peutinger [d]. On lit ailleurs BESOCRIBATE. Ce lieu est marqué à XLV. M. P. de *Vergium*. Il n'en est pas plus connu pour cela.

GESODUNUM, Ville de Norique, selon Ptolomée [e]. C'est presentement SALTZBOURG, selon Villanovanus, ou GASTENTALL, selon Lazius. Je crois qu'Ortelius se trompe en attribuant à Villanovanus d'avoir pris *Gesodunum* pour *Saltzbourg*, car cet Auteur dit au contraire que c'est *Gavanodurum* dont *Saltzbourg* tient la place.

GESSABONE [f], l'Anonyme de Ravenne nomme ainsi une Ville d'Italie auprès des Alpes. Il nomme de suite *Alpedia*, GESSABONE, *Occellio*, *Fines Taurinis*. On ne connoît gueres aujourd'hui ni la premiere ni la seconde. Les trois autres sont *Exiles*, Veillane & Turin.

GESSACES [g], Montagne. Trebellius Pollion en fait mention dans la Vie de l'Empereur Gallien ; c'est peut-être le seul Ancien qui en ait parlé ; il dit que les Scythes vouloient se retirer à cette Montagne. Il ne détermine pas assez en quel endroit elle est. Cependant [h] Lazius dit que c'est presentement Schekel en Hongrie.

GESSEN [i], ou GESSEM, ou GOSEN ; la terre de Gessem, Canton de l'Egypte que Joseph fit donner à son Pere & à ses freres lorsqu'ils vinrent demeurer en Egypte. C'étoit l'endroit le plus fertile du Pays, & il semble [k] que ce nom vienne de l'Hebreu *Gessem* qui signifie la pluye ; parceque ce Canton étant fort près de la Méditerrannée étoit exposé à la pluye, qui est fort rare dans les autres Cantons, & surtout dans la haute Egypte. Dom Calmet ne doute pas que GOZEN, ou GOSEN, que Josué attribuë a la Tribu de Juda [l], ne soit la même que la terre de GESSEM, que Pharaon Roi d'Egypte donna à Jacob & à ses fils [m] ; qu'il est certain que ce Pays devoit être entre la Palestine & la Ville de Tanis, & que le partage des Hebreux s'étendoit du côté du Midi, jusqu'au Nil [n].

GESSONÆ, peuple de l'Inde, vaincu par Alexandre le Grand, selon Orose & Justin [o] citez par Ortelius [p]. Bongars qui a bien vû qu'il y avoit faute lit *Hiacensanos* sur l'autorité de quelques Manuscrits, Ortelius doute s'il ne faut pas lire *Acefine*. Mais l'Edition des Juntes qui a suivi les Manuscrits porte ainsi : les noms des Peuples vaincus par Alexandre & nommez par Justin à l'endroit cité *Andrasteas*, ASSACENOS, *Prasios*, *Gandarias* : en ce cas au lieu de GESSONS Peuple inconnu, on aura les *Assaceni* qui habitoient entre le Fleuve Cophe & l'Indus, selon Strabon & Arrien, & dont la Capitale étoit *Massaga*. Cependant on a abandonné cette Leçon & les Editions de Grævius, de Mr. le Fevre, de Thysius &c. portent *Adrestas*, ou *Adrestas*, GESTEANOS, *Presidas*, *Gandaridas* &c. & la Traduction Françoise de Mr. D. L. M. y est conforme.

GESSORIACUM, ancien Latin de Boulogne sur Mer. Voiez BOULOGNE à la preuve que nous y apportons que cette Ville est la même que *Gessoriacum* de Suetone & de Ptolomée ; on peut ajouter la Table de Peutinger dans laquelle on lit *Gessoriacum quod nunc Bononia*.

GESSORIACUS PAGUS [q] : Pline appelle ainsi un ancien Canton qui repond au BOULENOIS.

GESSORIENSES, ancien Peuple de l'Espagne Tarragonoise auprès de Girone , selon Ptolomée [r].

1. GESSUR, il y a un Gessur voisin des Philistins & des Amalecites, dont il est parlé dans Josué, & dans le premier Livre des Rois [s]. Sa demeure étoit entre les Pays des Philistins & l'Egypte. Mais comme ce Pays, qui anciennement étoit habité, fut ensuite reduit en solitude, ainsi que l'Ecriture le marque [v], on ne peut qu'au hazard marquer la situation de ces Gessuriens.

2. GESSUR [w], au-delà du Jourdain, dans la demie Tribu de Manassé [x]. Ces Gessuriens sont joints avec ceux de Machati [y], & il est dit qu'ils demeurerent dans leur Pays, & n'en furent pas chassez par les Israëlites [z]. Isboseth, fils de Saül, fut reconnu Roi par ces Gessuriens, & par les Israëlites de Galaad [a].

3. GESSUR [b], dans la Syrie, avoit son propre Roi independant dont David avoit épousé la fille, de laquelle il eut Absalom [c]. Absalom, après le meurtre d'Amnon son Frere, se retira chez le Roi de Gessur, son Ayeul Mater-

ternel [a]. Il y a toutefois lieu de douter que ce Roi & ce Pays de Gessur soit différent de celui de Gessur de delà le Jourdain, puisque dans les Paralipoménes [b] il est dit que Jaïr prit *Gessur* & *Aram*, (ou Gessur de Syrie) & *les Avoth*, ou les Bourgades de *Jaïr*.

GESSUS, Riviere d'Asie dans l'Ionie près du Promontoire Trogylien, selon Pline [c]. C'est le GAESUM d'Herodote. Voiez ce mot.

GESTE, ou GEISTE, petite Riviere d'Allemagne au Duché de Breme. Elle a sa source dans un Lac près d'Old-Lunebergen, d'où serpentant vers le Couchant elle se perd dans le Weser à son Embouchure & donne son nom au Village de Gestendorff.

GESTEANI. Voiez GESSONÆ.

1. GESTILEN, en Latin *Castelio Superior* [d]. C'est un grand Village de Suisse dans le haut Vallais au departement de Goms. Il y a une Paroisse, & il est situé au pied du Mont Grimsel, qui separe ce Pays-là d'avec le Canton de Berne.

2. GESTILEN, en Allemand UNTER GESTILEN, en Latin *Castellio Inferior* [e], autre Village de Suisse dans ce departement & au dessous de Raren. On y voit les restes du vieux Château de la Tour, residence des anciens Barons de ce nom. Ils possedoient differentes Seigneuries dans le Pays; mais après qu'Antoine de la Tour eut assassiné Guischard Evêque de Sion, ils furent vaincus, & depouillés de leurs biens, & on rasa toutes leurs Forteresses. Messrs. Zur-Lauben de Zoug se disent issus de ces Barons.

GESTRAW, petit Canton d'Allemagne, dans la Basse Saxe, au Duché de Meckelbourg, c'est à peu près la même chose que le Bailliage de Butzow qui en est le Chef-lieu.

GESTRICIE [f], Province de Suede dans sa partie Septentrionale; elle est bornée au Nord par la petite Riviere de Tynnea qui la separe de l'Helsingie; à l'Orient par le Golphe de Bothnie; au Midi par la Riviere de Dala qui la separe de l'Uplande & au Couchant par une ligne imaginée entre elle & la Westerdal. Gäfle ou Gevalie en est la Capitale. La Riviere de Hasunda la separe en deux parties. Les autres lieux sont,

Borne,	Valbo,
Hamrung,	Löfäsen,
Klebo,	& Hasen.

Cette Province a des Mines de Fer, elle est d'ailleurs assez sterile [g] & ne fournit de grains que ce qu'il en faut pour ses habitans.

GESVE. Voiez GEVE.

GESULA, Province d'Afrique sur la côte de Barbarie au Royaume de Maroc. C'est [h] un Pays fort peuplé de Béréberes de la Tribu de Muçamoda, qui est borné de la Province de Dara vers le Levant, & du côté du Couchant de la Montagne de Laalem dans la Province de Sus, & s'étend presque vers le Nord jusqu'au pié du Mont Atlas. Les habitans s'estiment les plus anciens peuples de toute l'Afrique, pour avoir conservé le nom de Gétules. Ils n'ont pas beaucoup d'argent, ni de bled, mais quantité d'orge & de troupeaux. Il y a dans leurs Montagnes plusieurs Mines de fer & de cuivre, & la plûpart des habitans sont chauderonniers, qui vont sur la frontiére échanger leurs marchandises contre d'autres, outre qu'on transporte le cuivre delà à Maroc & à Tarudan, pour faire de l'Artillerie. Il n'y a ni Ville, ni Bourg fermé dans toute la Province, ce ne sont que de grands Villages de mille habitans & plus. Ils se gouvernoient autrefois en Republique sans aucun Seigneur ni Chec; c'est pourquoi ils étoient toujours en guerre les uns avec les autres; mais ils faisoient Trêve pour le trafic trois jours de la semaine, après quoi ils s'entretuoient. Cet ordre avoit été établi entr'eux par un Morabite qui leur étoit en grande vénération, aussi l'ont-ils gardé depuis inviolablement. Il y a tous les ans une foire dans la Province qui dure deux mois & pendant tout ce tems-là ils donnent à manger gratuitement aux Etrangers qui y arrivent, & le lieu où l'on s'assemble est gardé jour & nuit par des Soldats sous le Commandement de deux Capitaines, pour empêcher les vols & les autres crimes. La peine des Criminels & particulierement des Voleurs, qui sont pris sur le fait, est d'être tué à coups de Lance, & leurs corps jettez aux chiens. Chaque parti nomme ses Capitaines lors qu'approche cette foire, qui se fait dans une Plaine entre les Montagnes, & il y a Trêve tandis qu'elle dure. Les Marchands sont partagez en divers quartiers, selon les diverses marchandises. D'un côté ceux qui vendent des Draps ou de la Toile, d'autre les Merciers. En un coin les troupeaux, en d'autres les vivres, & les boutiques sont rangées d'ordre & par ruës. C'est une chose admirable qu'encore qu'il y ait dix mille Marchands étrangers à cette foire, tant du Pays des Negres, que d'ailleurs, ils sont nourris aux dépens du Public, tout le tems qu'ils y sont, & mangent sous des feuillages proche de grandes Tentes, où les vivres sont apprêtés par des gens qu'on députe pour ce sujet; mais quoique cela leur coute beaucoup, ils le regagnent au double sur leurs marchandises. C'est une chose considerable de voir le bel ordre qui est observé dans cette foire, & que tout s'y passe sans bruit, vû que ce sont les peuples les plus brutaux & les plus turbulens de toute l'Afrique. Elle commence le jour qu'on célèbre la naissance de Mahomet, qui échet au troisième mois des Arabes, qu'on nomme Maulud, ou Jafar, & en dure deux comme il a été dit. Les Gésules sont fort bien traitez depuis que les Chérifs regnent dans Maroc, parcequ'ils s'en servent de Gardes à pié, qui portent des Arquebuses, & qu'ils les ont toujours trouvez fideles, outre qu'ils rendoient de bons services au Chérif Mahomet, lors qu'il étoit Roi de Tarudant. Il y a entr'eux de bons forgerons, & ce sont les premiers qui ont sû fondre le Fer & le mettre en boule; lors que le Chérif Hamet régnoit dans Maroc, ce secret étoit alors inconnu aux Africains. L'habit ordinaire de ces peuples sont des sayes ou chemises de Laine fort étroites, colées sur la chair, qui ne viennent que jusqu'aux genoux & n'ont ni manche ni collet. Ils mettent par dessus une Casaque de grosse étoffe, comme de la bure, & portent de longs poignards faits en faucille, qui coupent des

V 3   deux

deux côtez, & sont fort pointus. En tout le reste, ils ressemblent à peu près à ceux de Hea.

[a Hist. des Tatars p.31.] **GESWINKA KAMEN**[a], Montagne d'Asie dans la Tartarie. Elle est entre Solikamskoi, qui est la derniere Ville de la Russie; & Werkaturia, qui est la premiere Ville de la Siberie de ce côté-là. Elle est fort haute & son sommet fait une plaine de quatre Werstes de Diamétre. On y trouve beaucoup de minerai d'argent & du très-riche; mais jusqu'ici il a été impossible d'y faire travailler, à cause de la bise du Nord, qui y souffle quasi pendant toute l'année avec tant de violence qu'on ne sauroit en garantir les Travailleurs. Aussi ne fait-il pas trop bon de s'arrêter long temps sur le sommet de cette Montagne qu'on prétend être la plus haute de toute cette chaine dont elle fait partie, & qui court depuis la Mer Glaciale vers le Sud traversant la Tartarie par diverses branches; & qui n'est point diferente du Caucase qui s'étend delà jusqu'à la Mer Caspienne.

GETE´, (LE PAYS DE) Pays d'Asie dans la Tartarie; les Auteurs ne conviennent pas de ses bornes. Mr. d'Herbelot dans sa Bibliotheque Orientale dit: *Gethah*, ou *Gethé*, les Gétes ou les Scythes Orientaux qui habitent au delà du Mont Imaus & du Fleuve Sihon que les Anciens ont appellé *Jaxartes*. Il ajoute: Tamerlan fit bâtir un Château dans Aschbarah Ville des Gétes & fonda ensuite la Ville de Scharskiah sur la Riviere de Sihon pour contenir ces peuples dans leurs Limites. Ce Fleuve separoit les Gétes & les Cathaiens d'avec la Province de la Transoxanne de même que le Gihon separoit celle-ci de la Perse. Le Traducteur François de l'Histoire de Timur-bec [b T.2.l.2. c.7.] dit[b], Geté Royaume qui a pour Limites Orientales le Turquestan, pour Meridionales le Fleuve de Sihon, pour Occidentales le Capchac, pour Septentrionales une autre partie du Turquestan. Il étoit, poursuit-il, le partage de Zagataï Can fils de Genghiz Can. Cet Auteur dit aussi le Pays des Gétes en parlant du même Pays. On sait d'ailleurs que la Grande Bucharie & la Chorasmie étoient des Etats de Zagataï, & que les Pays de sa Domination quiterent leurs anciens noms pour prendre celui de leur Prince; desorte qu'on a dit depuis le Pays de Zagataï pour signifier la Transoxane. Voiez ZAGATAÏ. Monsr. de l'Isle, dans la Carte qu'il a dressée de l'Asie pour le Moyen-âge, met le Pays des Gétes ou le Geté plus au Nord entre le Capchac au Couchant, la Valaquie au Nord, le Mont Imaus ou Gebel Caf à l'Orient, & le Turkestan au Midi. Car, comme nous le disons ailleurs, il y avoit une Bulgarie, une Hongrie & une Valaquie en Asie au delà du Wolga; & comme les Huns & Bulgares aussi bien que les Valaques sont originairement des Scythes qui sont venus s'établir aux environs du Danube, & que les Gétes, nommez dans les Anciens, demeuroient dans le voisinage de ce Fleuve, je n'ai pas de peine à croire que le Gethé Asiatique est l'ancienne patrie des Gétes dont les Romains ont parlé. Voiez l'article suivant.

GETES, (les) ancien Peuple de Scythes qui ayant passé en Europe vint s'établir aux environs du Danube. Dès le temps d'Auguste ils occupoient la rive gauche du Danube avec les Bastarnes, les Besses & les Sarmates. Les Ouvrages d'Ovide sont remplis des plaintes qu'il fait de vivre au milieu de ces Barbares. Le lieu de son exil étoit la Ville de *Tomi* sur le Pont Euxin. C'est ainsi qu'il commence [c De Ponto l.1. Eleg.1.] une de ses Elegies[c],

Naso Tomitana jam non novus incola terrâ,
Hoc tibi de Getico littore mittis opus.

Il fait d'étranges descriptions du naturel de ces Peuples[d]; & si nous l'en croyons il n'y avoit [d Ibid. Eleg.2. v.25.] ni arbres ni feuillages pour se mettre à couvert.

Adde loci faciem nec fronde nec arbore tecti,
Et quod iners hyemi continuatur hiems.

Un hyver étoit à peine passé qu'un autre recommençoit; quoi que le lieu où il étoit relegué soit à peu près sous le Parallele de Bourdeaux, il le dépeint comme s'il étoit dans le Climat de la Norwege, ou de la Laponie[e]. [e Trist.l.3 Eleg.10. v.13.]

Nix jacet: & jactam nec Sol pluviæve resolvunt
Indurat Boreas perpetuamque facit.
Ergo ubi delicuit nondum prior, altera venit:
Et solet in multis bima manere locis.
Tantaque commoti vis est Aquilonis, ut altas
Æquet humo turres, tectaque rupta ferat.
Pellibus & sutis arcent mala frigora braccis.
Oraque de toto corpore sola patent.
Sæpe sonant moti glacie pendente Capilli.
Et nitet inducto candida barba gelu.
Nudaque consistam sumunt servantia testæ
Vina; nec hausta meri, sed data frusta bibunt.

Ces glaces perpetuelles ne conviennent gueres au Climat. Ces vens qui renversent les toits, la necessité de s'habiller chaudement durant l'hyver pour se garantir du froid sont des choses communes à plusieurs Climats; ces vins gelez qui ne se buvoient que par morceaux, & qui conservoient la forme du vase où ils avoient été, ne sont pas des choses impossibles dans un rude hyver; mais le bon Ovide s'ennuyoit dans ce Pays-là & chargeoit ses descriptions de tout ce qu'il jugeoit plus capable d'exciter la pitié.

Quoi qu'Auguste sût maître des Places de ce Pays-là, ces Getes, les Bessi leurs voisins & les autres Scythes n'étoient pas soumis aux Romains & ils leur donnoient souvent de chaudes allarmes. C'étoit même une des grandes peines d'Ovide qui n'aimoit gueres d'autres guerres que celles de Cupidon. Lui qui avoit toujours fui de se trouver dans les armées & n'avoit manié des armes que pour badiner, il étoit obligé de s'armer pour repousser ces Barbares qui enlevoient jusqu'aux portes de la Ville ceux qu'ils pouvoient faire prisonniers[f]. [f Trist.l.4. Eleg.1. v.69.]

Vivere quam miserum est inter Bessosque Getasque
Illi qui populi semper in ore fuit!
Quam miserum porta vitam, muroque tueri,
Vixque sui tutum viribus esse loci!
Aspera militia juvenis certamina fugi,

Nec

Nec nisi lusura movimus arma manu:
Nunc senior gladioque latus scutoque sinistram;
Canitiem Galeæ subjicioque meam.
Nam dedit e specula custos ubi signa tumultus,
Induimus trepida protinus arma manu. &c.

Durant l'Eté ces Gétes & les autres Scythes étoient au delà du Danube *.

Jaziges & Colchi, Metereaque turba, Getæque
Danubii mediis vix prohibentur aquis.

Ils ne laissoient pas de le passer quelquefois; mais l'hiver, ils le traversoient à la faveur des glaces b:

Sauromatæ cingunt feragens, Bessique, Getæque,
Quam non ingenio nomine digna meo!
Dum tamen aura tepet; medio defendimur Istro
Ille suis liquidus bella repellit aquis.
At cum tristis hyems squallentia protulit ora,
Terraque marmoreo candida facta gelu.
Dum patet & Boreas & nix injecta sub Arcto
Tum liquet has Gentes axe tremente premi.

On voit par ces passages que les Gétes n'étoient pas encore alors établis en deça du Danube, & qu'ils n'arrivoient dans la basse Moesie que par des courses qu'ils faisoient sur les terres des Romains. Car l'Empire Romain ne faisoit en ce temps-là que d'arriver jusqu'au Danube. Ovide dit positivement qu'il étoit à l'extrémité de l'Empire, qu'au delà il n'y avoit que des glaces & des Ennemis c.

Hactenus Euxini pars est Romana sinistri:
Proxima Basterna Sauromataque tenent.
Hæc est Ausonio sub jure novissima, vixque
Haret in imperii margine terra tui.

L'Auteur parle à Auguste, du temps duquel ces Peuples n'étoient pas encore fixez à la droite du Danube. Il paroit qu'ils l'avoient passé au moins en partie sous Claudius. Mela d son contemporain après avoir parlé du Mont Hæmus & des Thraces dit qu'ils étoient differens de noms & de mœurs; que quelques-uns étoient sauvages & comptoient leur vie pour rien, & il ajoute que cela est vrai particulierement des Getes. Pline e parlant aussi du Mont Hæmus poursuit de la sorte: à l'autre côté de cette Montagne & en descendant vers le Danube demeurent les Moesiens, les Getes, les Aorses, &c. Il dit ailleurs que les Gétes étoient nommez Daces par les Romains f. Voilà donc bien nettement les Daces & les Gétes declarez un même Peuple. Spartien g, dans la Vie de Caracalla, raporte un bon mot d'Helvius Pertinax à l'égard d'Antonin h Meurtrier de Geta. Cet Empereur avoit pris des surnoms formez des Peuples qu'il pretendoit avoir vaincus. Il se faisoit nommer Germanicus, Parthicus, Arabicus, Alemannicus. Pertinax en lui reprochant son fratricide vouloit qu'on ajoutât à ses titres celui de Geticus. Surquoi Spartien observe que les Goths étoient appellez Getes; *quod Gotthi Geta dicerentur*. Je crois que cet Historien se trompe & que les Goths étoient des Peuples de la Germanie Septentrionale, au lieu que les Gétes étoient venus de la Scythie Asiatique dont je parle dans l'article precedent. La ressemblance de quelques lettres dans ces deux noms a été un prétexte de la faute qu'on a faite en les confondant. Ptolomée n'est pas tombé dans la même erreur. Il ne place point les Gétes dans la basse Mysie ou Moesie; aussi n'y étoient-ils plus. Ils étoient remontez plus loin de l'Embouchure du Danube. On dira qu'il ne nomme point les Gétes ni leur Pays. Il est vrai que le nom de Gétes ne se trouve point dans son Livre; mais il decrit exactement la Dacie, & comme nous avons vu dans Pline que les Gétes étoient nommez Daces par les Romains, Ptolomée nous a laissé les détails du Pays que ce Peuple occupoit de son temps. Ce que j'ai dit jusqu'ici de l'ancienne demeure des Gétes merite d'être éclairci. Il est clair par les passages citez d'Ovide que du temps d'Auguste ils étoient au delà du Danube, dans le Pays que nous appellons la Valachie. Ils avoient pourtant passé autrefois, & Herodote les comptoit entre les Peuples de Thrace. Les Gétes, dit-il h, les plus braves & les plus justes d'entre les Thraces. Du temps de Zeuthes Roi de Thrace ils pénétrerent jusques dans la Grece, mirent plusieurs Villes sous contribution, selon Thucydide i. Mais ce n'étoient vraisemblablement que des incursions qui n'avoient pas été suivies d'un établissement fixe. Strabon k, qui a vécu partie sous Auguste & partie sous Tibere, range les Gétes comme faisant partie des Thraces. Aussi s'étoient-ils fixez en deça du Danube dans le temps qui s'écoula entre celui d'Ovide & celui du Géographe qui écrivoit vers l'an 18. de Tibere.

Il est certain que Strabon est le seul des Anciens qui ait bien marqué les divisions des Gétes. C'est aussi le seul qui nous apprenne les détails de cette Nation. Voici en substance ce qu'il en dit. Alexandre le Grand l, fils de Philippe, fit une Campagne contre les Thraces d'au delà du Mont Hæmus & se jetta sur les Triballiens, qui, dit-on, le savoit que les Pays s'étendoit jusqu'au Danube & jusqu'à l'Isle Peucé qui est dans ce Fleuve. Il savoit de plus que l'autre bord du Fleuve étoit occupé par les Gétes. Il ne laissa pas, dit-on, de s'avancer jusques-là. Il ne put passer dans l'Isle faute de vaisseaux... Car Syrmus Roi des Triballiens s'y étoit refugié & rendit inutiles les efforts qu'il faisoit pour y aborder; mais Alexandre passa au Pays des Gétes avec moins de difficulté, prit leur Ville & s'en retourna chez soi au plutôt ayant reçu des presens de Syrmus & de ces peuples. Dromichætes Roi des Gétes & contemporain des Rois Successeurs d'Alexandre, ayant pris Lysimachus prisonnier, loin de traiter cruellement un ennemi qui lui faisoit une guerre injuste, il se contenta de lui faire remarquer la pauvreté de sa Nation, l'exhorta de se contenter de sa fortune, l'avertit de ne se point atirer de tels ennemis sur les bras, mais de rechercher plutôt leur amitié; & après l'avoir bien traité il le renvoya. Sont-ce là de bonne foi des peuples Barbares tels qu'Ovide les dépeint? Strabon m après une digression sur les Scythes revient ainsi aux Gétes: de notre temps, dit-il, Ælius Catus fit passer dans la Thrace cinq mille hommes d'entre les Gétes qui demeuroient

roient dans le Pays de delà le Danube ; c'est, poursuit-il, un Peuple qui a le même langage que les Thraces. Ils y demeurent encore à present, & sont appellez Mysiens. .... Bœrebiste Géte de Nation ayant accepté le Commandement sur tout ce Peuple, repara les grandes pertes qu'il avoit faites & fit si bien à force de s'exercer au travail, à la sobrieté & à la diligence qu'en peu de temps il se forma un grand Royaume, soumit une partie des Nations voisines, inspira la terreur aux Romains, passa hardiment le Danube, ravagea la Thrace jusqu'à la Macedoine & à l'Illyrie, & detruisit les Boïens que commandoit Critasire, & les Taurisques. ... ce Bœrebiste fut tué dans une sedition avant que les Romains envoyassent des Troupes contre lui. Ses Successeurs partagerent le Royaume en plusieurs, & lorsque César Auguste fit marcher des Troupes contre eux, ils étoient divisez par quarante ou cinquante mille. Mais ces divisions n'avoient rien de fixe. Il y en a une autre qui a subsisté depuis long-temps. C'est que les uns sont appellez Daces & les autres Getes. Les Getes sont vers le Pont Euxin vers l'Orient. Les Daces au contraire sont plus du côté de la Germanie & des sources du Danube. Strabon fait ensuite une Reflexion sur le nom de Daces qu'il croit avoir été anciennement les Daves ; & il se fonde sur ce que le nom de Dave & de Geta étoient communément des noms d'esclaves chez les Atheniens qui donnoient aux leurs le nom de leur Pays. Au reste, poursuit Strabon, cette Nation portée par Bœrebiste à un si haut degré de puissance est extrémement dechue tant par les divisions que par les armes des Romains. Elle peut néanmoins mettre encore quarante mille hommes sur pied. Voyez les Articles DACES & DACIE. Horace [a] fait des Scythes en général & des Gétes nommément, un éloge qui leur fait beaucoup d'honneur.

[a] l. 3. Od. 24.

GETH, ou GATH, ancienne Ville de la Palestine sur une Montagne près de la Mer de Syrie à quatre lieues de Joppé du côté du Midi, selon Mr. Baudrand [b]. D. Calmet [c] en parle ainsi : c'étoit une des cinq Satrapies des Philistins [d]. Elle est fameuse pour avoir donné naissance à Goliath [e]. David en fit la Conquête au commencement de son Regne sur tout Israël [f] ; & cette Ville demeura soumise aux Rois ses Successeurs, jusqu'à la décadence & l'affoiblissement du Royaume de Juda. Roboam la rebâtit [g], ou la fortifia. Le Roi Ozias la reconquit [h] ; & Ezéchias la réduisit encore une fois sous le joug [i]. Joseph l'attribue à la Tribu de Dan [k] : mais Josué ne la marque pas dans la distribution des Villes qu'il donna aux Tribus d'Israël. Croyons, poursuit ce Pere, que METCA, marquée dans Moïse [l], est la même que METEG, marquée au second livre des Rois [m] & qu'il faut traduire : *David prit Meteg & sa mere* ; au lieu de, *il prit le frein du Tribut* ; ce qui est expliqué dans les Paralipomenes [n] par : *il prit Geth & ses filles*. Geth étoit la mere ; Meteg étoit la fille. Selon cette hypothése, la Ville de Geth des Philistins, mere des Géans [o], devoit être assez avancée dans l'Arabie Pétrée, & vers l'Egypte ; ce qui est aussi confirmé par ce

[b] Ed. 1705.
[c] Dict.
[d] Reg. l. 1. c. 6.
[e] Reg. l. 1. c. 17. v. 4.
[f] Reg. l. 2. c. 8. v. 1.
[g] Paral. l. 2. c. 11. v. 8.
[h] Joseph. Antiq. l. 9. c. 11.
[i] Paral. l. 2. c. 26. v.
[k] Antiq. l. 9. c. 13.
[l] Numer. c. 33. v. 28.
[m] c. 8. v. 1.
[n] l. 1. c. 18. v. 1.
[o] Reg. l. 2. c. 20. v. 20.

qui est dit dans les Paralipoménes [p], que les fils d'Ephraïm étant encore en Egypte, attaquérent la Ville de Geth, & y furent taillez en piéces.

[p] l. 1. c. 7. v. 21.

Saint Jerôme [q] dit qu'il y avoit un gros Bourg nommé GETH, sur le chemin d'Eleuthéropolis à Gaza ; & Eusébe [r] parle d'un autre lieu de même nom, à cinq milles d'Eleuthéropolis, sur le chemin de Lidda ; & par consequent différent de celui dont parle Saint Jerôme. Le même Eusébe met encore un lieu nommé GETH, ou GETTHA ; entre Jamnia & Antipatris. Aussi saint Jerôme [s], en parlant de GETH-OPHER, patrie du Prophéte Jonas, dit qu'on la nomme *Geth-Opher*, ou GETH, *du Canton d'Opher*, pour la distinguer des autres GETH, que l'on montroit de son temps aux environs d'Eleuthéropolis & de Diospolis : *ad distinctionem aliarum Geth urbium, quæ juxta Eleutheropolim, sive Diospolim hodie quoque monstrantur.*

[q] In Michai. 1.
[r] In locis.
[s] Præfat. in Jonam.

Geth étoit la plus Meridionale des Villes des Philistins, comme Accaron étoit la plus Septentrionale ; en sorte qu'Accaron & Geth sont mises comme les deux termes de la terre des Philistins [t]. Geth étoit voisine de Marésa. *Voiez* 2. *Par.* XI. 8. *& Mich.* I. 14. dans l'Hebreu. Ce qui revient assez à saint Jerôme, qui met Geth sur le chemin d'Eleuthéropolis à Gaza. Eleuthéropolis est au voisinage de Marésa, ou Morasthi, & avant Eusébe & saint Jerôme, Eleuthéropolis n'est gueres connue dans la Géographie. Geth étoit puissante sous les Prophetes Amos [v], & Michée [w], & independante des Rois de Juda. Mais, comme nous l'avons déja remarqué, elle fut prise par Ozias Roi de Juda, sous le Prophéte Amos ; & ensuite par Ezéchias, sous le Prophéte Michée. Gethaïm marquée 2. *Reg.* IV. 3. & 2. *Esdr.* XI. 33. est sans doute la même que Geth. David avoit une Compagnie de Gardes Géthéennes, dont Ethaï étoit le Capitaine [x]. GETH, ou GATH signifie un *Pressoir*. Ainsi il n'est pas étonnant que l'on trouve dans la Palestine plus d'un lieu du nom de Geth.

[t] l. 1. c. 7. v. 14. & c. 17. v. 52.
[v] c. 6. v. 2.
[w] c. 1. v. 10. & 14.
[x] Reg. l. 2. c. 15. v. 18. & c. 18. v. 2.

GETHAIM. Voiez l'Article précedent.

GETH-EPHER, ou GETH-OPHER, ou Geth du Canton d'Opher, dans la Galilée, étoit la patrie du Prophéte Jonas [y]. Josué [z] attribue cette Ville à la Tribu de Zabulon ; & saint Jerôme, dans sa Préface sur Jonas, dit qu'elle étoit à deux milles de Séphoris, autrement Diocésarée.

[y] Reg. l. 4. c. 14. v. 25.
[z] c. 19. v. 13.

GETHIUM. Voiez GYTHIUM.

1. GETH-REMMON, Ville de la Palestine dans la Tribu de Dan [a]. St. Jerôme la met à dix milles de Diospolis, sur le chemin d'Eleuthéropolis. Elle fut donnée aux Levites de la famille de Caath.

[a] Josué c. 19. v. 45.

2. GETH-REMMON, Ville de la Palestine, dans la demie Tribu de Manassé [b], au delà du Jourdain. Elle fut donnée aussi aux Levites de la Tribu de Caath.

[b] Josué c. 21. v. 25.

3. GETH-REMMON, Ville de la Palestine dans la Tribu d'Ephraïm. Elle eut aussi le même sort & fut donnée comme les deux autres aux Levites de la Tribu de Caath.

[c] Paral. l. 1. c. 6. v. 69.

GETHRONE ; l'Edition du R. P. Hardouin porte GETHONE ancien nom d'une Ville

le de la Mer Ægée, dans le voisinage de la Chersonnese de Thrace, & des Isles de Samothrace & de Halonese, selon Pline [a].

GETHSEMANI, Village de la Palestine dans la Montagne des Oliviers. Ce nom signifie le Pressoir de l'Huile, ce qui marque que l'on y faisoit de l'huile avec les Olives que la Montagne fournissoit. C'étoit le lieu où Jesus-Christ prioit quelquefois pendant la nuit. C'est dans un Jardin de ce Village qu'il fit sa priere [b], qu'il sua sang & eau, qu'il fut pris & arrêté par Judas & par ceux dont ce traitre étoit le conducteur.

Le P. Michel [c] Nau qui a examiné les Sts. lieux avec une extrême attention parle ainsi de ce Jardin & du Village de Gethsemani. Je ne sais pas, dit-il, de quelle maniere étoit autrefois ce Jardin, ni quelle étoit sa forme & son étendue. C'étoit vraisemblablement un grand verger plein d'Oliviers sous lesquels on alloit librement se promener & se reposer. Il reste huit arbres du nombre, à ce qu'on dit, de ceux qui étoient là du temps du Sauveur. Leur antiquité les rend exempts du Tribut que l'on prend depuis plusieurs siécles en ce Pays sur chaque pied d'arbre. Les Peres de la Terre-Sainte ont acheté le champ où ils sont & ils les gardent comme un grand thresor. Ils ne perdent rien des Olives qu'ils en recueillent. Ils en tirent une huile de Benediction qu'ils distribuent aux personnes de qualité qui contribuent par leurs aumones à la conservation des Sts. Lieux. Les noyaux qui en restent servent à faire des chapelets qui sont extrêmement recherchez des Catholiques. Il est defendu sous peine d'excommunication de couper des branches de ces Oliviers & d'en rien prendre; on accorda à Mr. le Marquis de Nointel Ambassadeur de France, par une faveur très-particuliére la permission d'en faire couper une branche. Pour retenir les Chrétiens des Nations separées de la Communion de Rome qui n'apprehendent pas ces censures, les Peres y entretiennent un Mahometan pour fermier qui fait faire payer si chér ce qu'on en derobe que personne n'ose s'y risquer.

Les Evangelistes racontent [d] que lorsque le Fils de Dieu étoit à Jerusalem, il passoit la plus grande partie du jour dans le Temple, s'employant à l'instruction des Juifs, & que la nuit il alloit passer en prieres à la Montagne des Oliviers. C'étoit dans le Jardin dont on vient de parler. St. Jean dit bien expressément [e] que Judas y amena les Soldats, parce qu'il savoit le lieu, Jesus s'y étant souvent rendu avec ses disciples. Il leur repetoit sans doute les leçons qu'il avoit faites le jour dans la Ville. Le jour qu'il fut arrêté, il laissa une partie de ses Apôtres dans le Village de Gethsemani, qui (selon notre Auteur) étoit à deux ou trois cens pas delà vers le Midi & dans un endroit plus bas.

Il y a dans la partie la plus haute de ce Jardin une roche un peu élevée & d'une largeur considerable. Elle est proche d'un grand chemin, par où l'on monte aux sepulchres des Prophetes. Ce fut là que Notre Seigneur donna ordre aux trois Apôtres de veiller. On y voit encore une figure grossiere comme de trois corps couchez. L'Auteur laisse indecis

[a] l. 4. c. 12.
[b] Matth. c. 26. v. 36. & seq.
[c] Voyage nouv. de la Terre-Sainte l. 3. c. 3.
[d] St. Luc, c. 21. & 22.
[e] c. 8.

si c'est un jeu de la nature & du hazard, ou si c'est un trait de la Providence qui a voulu l'y imprimer pour notre instruction & la condamnation de notre paresse.

Il y avoit assez près delà un chemin souterrain qui conduisoit dans une Grotte profonde éloignée du lieu des Apôtres d'un bon jet de pierre. Cette Grotte qui a maintenant son entrée près du sepulchre de la sainte Vierge est longue de trente-huit palmes & large de vingt-huit, sa figure est irreguliere & approchante de la ronde. La voute est comme celle des carrieres, de la pierre même, & il y a trois gros piliers de même matiere qui la soutiennent. Cette voute est ouverte d'un trou semblable à celui des Cîternes par où la Grotte reçoit un peu de jour aussi bien que de la porte qui en est proche. Il y a deux Autels pratiquez dans la roche même. L'un est tourné à l'Orient & l'autre au Septentrion. C'est dans l'espace qui est entre-deux que la Tradition porte que le Sauveur fit sa priere & sua du sang. On voit encore sur la paroi quelques Lettres Latines demi effacées dans un endroit un peu avancé & plus élevé que cet Autel qui est au Septentrion qui en rendent temoignage en ces termes,

Hic Rex Christus sudavit Sanguinem.
Sape morabatur di C
Mi Pater, si vis, transfer calicem hunc a me.

Le P. Nau observe que l'écriture est effacée & qu'il n'y a que *du* avec un titre & un grand C. ce qui apparemment veut dire *dum clamaret*. Voiez au mot OLIVET.

GETHUSSA, Ville de la Libye, selon Etienne le Géographe.

1. **GETIA**, le Pays des Getes, selon le même.

2. **GETIA**, Ville de l'Albanie dans l'Illyrie, selon Chalcondyle [f]. Leunclavius dit que les Turcs la nomment COTZARUCK.

[f] l. 5.

GETIGAN [g], Ville & Royaume des Indes dans l'Isle de Celebes.

[g] Baudrand.

GETINI, Arrien appelle ainsi les Getes.

GETONE, Isle d'Asie sur la côte de la Troade, selon Pline [h].

[h] l. 5. c. 31.

GETTA, Ville de la Palestine, selon Pline [i]. C'est peut-être la même que GITTA de Polybe. Le R. P. Hardouin dit que ce ne peut être la GITH, ou GETH, d'Eusebe [k] & de St. Jerôme.

[i] l. 5. c. 19.
[k] In Locis.

GETULIE. Voiez GÆTULI.

GEVA, Ville de la Libye interieure, selon Ptolomée [l].

[l] l. 4. c. 6.

GEVALIE, ou GEVEL, ou GÆFLE, Ville de Suede dans la Gestricie dont elle est la Capitale. Elle est située à l'Embouchure de la Riviere de Hasunda que l'on y passe sur un pont, & qui y forme un Golphe qui lui donne un port sur le Golphe de Bothnie.

GEVAUDAN, (le) ou LE GIVAUDAN [m], Province de France en Languedoc. Elle fait une des trois parties des Sevenes & est la plus grande partie dans les Montagnes vers les sources de l'Allier, du Lot & du Tarn. Elle a pour frontieres au Septentrion l'Auvergne, le Rouer-

[m] Baudrand Ed. 1705.

Rouergue au Couchant ; le bas Languedoc au Midi ; le Vivarais & le Velay au Levant.

^a Le Gevaudan a pris son nom des Peuples *Gabali*, ou *Gavali*, & le mot de Gevaudan qu'on écrivoit autrefois GAVAULDAN, ou GABAULDAN, est mis pour *Gabalitanus*. César dans ses Commentaires fait mention de ces Peuples, qui dependoient des Auvergnats ; ils étoient du nombre des Celtes, qu'Auguste joignit à l'Aquitaine, lorsqu'on divisa cette Province en deux. Les Gabali furent mis sous la premiere Aquitaine & sous la Metropole de Bourges ; dont ils ont toûjours dépendu pour le spirituel, jusqu'à l'érection du nouvel Archevêché d'Alby, auquel on a donné pour suffragant l'Evêché de Mende, qui est celui des anciens *Gabali*.

a *Longuerue desc. de la France. 1. part. p.263.*

Ces Peuples tomberent dans le cinquiéme siécle sous la puissance des Wisigots, qui en furent dépossedez par Clovis, le Gevaudan ayant eu le même sort que le reste de l'Aquitaine. Ce fut au dixieme siecle que les Ducs & les Comtes se rendirent propriétaires ; on ne sait pas néanmoins les noms des premiers Comtes de Gevaudan ; mais seulement que l'onziéme siecle dans ce Comté appartenoit à Gilbert Comte de Millaud, qui épousa Giburge héritiere du Comté de Provence ; leur fille Douce épousa le Comte de Barcelone, à qui elle apporta en mariage ses droits sur le Gevaudan & le Rouergue.

Jaques I. Roi d'Arragon & Comte de Barcelone restitua l'an 1225. à Etienne Evêque de Mende & à son Eglise toute la Terre de Gevaudan ; ce qui se doit entendre de la Seigneurie directe seulement ; car ensuite ce Roi reconnut tenir de l'Evêque la Terre de *Credon*, ou *Gredon*, & toute la Terre de Gevaudan ; ce qui fait voir que l'Evêque étoit déja en possession de la principale Seigneurie du Comté de Gevaudan, dont néanmoins le Roi d'Arragon se reserva alors le Domaine utile ; puisque par la Transaction passée avec Saint Louis l'an 1255. non seulement le Roi d'Arragon renonça à ses droits sur la terre de Credon, ou Gredon, mais sur tout le Gevaudan.

L'ancienne Capitale du Gevaudan est appellée *Anderitum*, ou *Anderidum*, & ce nom est marqué tant dans Ptolomée, que dans la Carte de Peutinger, & dans la Notice de l'Empire Romain faite sous Honorius dans le cinquiéme siecle ; pour l'Evêque il s'appelloit *Gabalitanus*, ce que la plûpart des Evêques des autres Siéges ont fait dans les Gaules, lors même que leurs Villes Episcopales avoient des noms distinguez de celui du Peuple. On voit que le Diacre Genialis qui assista l'an 314. au premier Concile d'Arles est appellé *Diaconus Civitatis Gabalitana* ; on ne sait donc pas precisément le tems où ce nom *Anderitum* cessa d'être en usage ; mais nous pouvons dire que ce fut vers la fin du cinquiéme siécle ; car depuis ce tems-là on ne le trouve marqué en aucun lieu. Cette Cité des *Gabali*, ou *Gavals*, est marquée dans tous les monumens tant Ecclesiastiques que Prophanes jusqu'au dixiéme Siécle, & ce n'est que depuis l'an 1030. que ses Evêques ayant transferé pour toûjours leur Siége à Mende, ou *Memmate*, furent appellez *Mimatenses*. Quant à l'ancienne Cité de Gavals, dont le nom a été corrompu en *Javouls*, comme celui de *Gabaldan*, ou *Gavauldan* en *Gevaudan* ; elle n'a plus de marque de son ancienne grandeur ; car ce n'est qu'un Bourg dans la Baronnie de Peyre à quatre lieues de Mende, qui depuis sept cens ans est la Capitale du Gevaudan & le Siége de l'Evêque.

Le Gevaudan est de difficile accès, rempli de Montagnes qui font partie des Cevennes, & où il y a souvent de la neige ; c'est pourquoi Sidonius Apollinaris appelle ce Pays *terram Gabalum satis nivosam*. Le nom Gabals, ou Gavals a été alteré dans la suite en *Gavachs* ; & Belleforêt se sert de ce nom *Gavaches*, comme font les Espagnols, qui ont appellé il y a long-tems *Gavachos*, ceux de Gevaudan ^b qui habitant un Pays rude & sterile en beaucoup d'endroits, alloient tous les ans en Espagne, pour y gagner de l'argent, en s'employant à des travaux les plus penibles & les plus bas ; ce qui les faisoit mépriser par les Espagnols, qui donnent le même nom aux voisins du Gevaudan, qui passent aussi des Pyrenées pour le même dessein. Covarruvias dans son Tresor a fort bien expliqué l'étymologie du mot Gavachs, & dit que ces Gavachs rapportent tous les ans beaucoup d'or & d'argent de l'Espagne, qui vaut des Indes à ces gens si meprisés.

b Voiez l'Article GAVE.

Au reste comme le Gevaudan appartenoit pour la plûpart au Roi d'Arragon, il est naturel que les habitans du Gevaudan ayent été chercher à gagner leur vie dans les Etats de leur Seigneur, & que le gain qu'ils y faisoient ayant atiré leurs voisins à les imiter, ait fait donner à ceux-ci le nom commun de Gavaches.

Mr. Pigañol de la Force ^c, parle ainsi du Gevaudan : Le Gevaudan est un Pays de Montagnes dont les unes sont stériles & les autres ne produisent que des Seigles & des Châtaignes. Les paisans ont presque tous chez eux des métiers, & font des Cadiz & des Serges & autres petites étoffes qu'ils vendent à bon marché ; néanmoins toutes ces petites Manufactures ne laissent pas de produire plus de deux millions, on transporte ces étoffes en Suisse, en Allemagne, à Malthe, sur la côte d'Italie, & même jusqu'en Levant. Les Marchands qui les ramassent & les font teindre, demeurent à Mende, & à St. Leger, & en retirent le plus grand profit. Dans la Paroisse de Vabron, il y a une mine d'étain que l'on pourroit rendre utile. Dans la Paroisse de Pompidou il y en a de jayet, & une de soufste à St. Germain de Calberte. L'on ramasse souvent de petites Perles fines dans les Rivieres de Fraissinet & de Plantats ^d. Le Bailliage du Gevaudan est en pariage entre le Roi & l'Evêque de Mende. Quand c'est le tour du Roi la Justice se rend à Maruejols, & à Mende lorsque c'est le tour de l'Evêque. Je parle des Etats particuliers du Gevaudan dans l'Article des Etats du Languedoc.

c Desc. de la France. T.4. p. 312. Ed. Paris.

d p. 273.

GEUDIS, nom d'une Riviere selon Nonnus cité par Ortelius. On ne dit point où elle coule.

GEVE, ou GEUVE ^e, Riviere d'Asie dans la Nigritie. Elle a sa source dans le Royaume de Mandinga & serpentant delà vers l'Occident elle passe à un lieu de même nom, possedé

e De l'Isle Atlas.

GEV GEU. GEX. GEX. GEY.

sedé par les Portugais qui y font le Commerce. Delà elle continue son cours, & à environ quarante-cinq lieues plus bas elle se jette avec la Riviere de Courbali dans un Golphe où sont les Isles de Bisagos.

§ GEVE D'OSSAN, Mr. Corneille[a] fait un Article sous ce titre, comme si c'étoit une Riviere differente du Gave d'Ossau deguisé par une mauvaise Orthographe.

GEVINI, ou GYVINI, Peuple ancien de la Sarmatie en Europe, selon Ptolomée[b].

GEVIO, Mr. Corneille en fait une Ville de Suisse dans le Milanez. Il devoit dire Village de Suisse dans la Vallée de Madia; qui se jette dans la Riviere de Locarno: il a copié cette faute de Mr. Maty. On la trouve encore, dans l'Edition Françoise du Dictionnaire de Mr. Baudrand de 1705.

GEVISSI, ancien Peuple de la Grande Bretagne dans le voisinage de Wessex vis-à-vis de l'Isle de Wight, selon Bede cité par Ortelius.

GEUL, Riviere des Pays-Bas au Duché de Limbourg. Elle prend sa source au dessus de Walhorn, où elle passe d. puis elle coule à Herkemet d. à Calmine, g. à Morezent, g. à Busdal, g. à Mechelem, d. à Vittem, g. à Cartiels, d. à Vilre, d. à Shinop, d. à Fauquemont, à Brouchen, d. à St. Ghirlack, d. à Houtem, d. à Moerzem, d. à Hardenstein, d. & tombe dans la Meuse au dessous de Castergeul.

GEX[c], petite Ville de France dans le Pays ou dans la Baronie de Gex, au pied du mont St. Claude qui fait la separation du Pays de Gex de la Franche-Comté. Cette Ville est à present composée de trois parties. La premiere est bâtie sur une hauteur à l'Occident dans l'endroit où étoit autrefois un Château fort & considerable. La seconde partie est proprement la Ville de Gex. Elle est fermée du côté du Couchant par quelques restes d'anciennes murailles & partout ailleurs par les clotures des Jardins des particuliers. Elle a trois portes & trois Fauxbourgs. La troisieme partie de la Ville est au Nord du Château & à deux cens pas de distance, on l'appelle GEX LA VIEILLE. L'Eglise de St. Pierre & de St. Paul est la seule Paroisse qu'il y ait. Les Carmes ont un Couvent à Gex, comme aussi les Capucins & les Ursulines. On y établit en 1681. une Maison de filles de la propagation de la Foi, qui élevent un grand nombre de filles nouvellement converties à la Religion Catholique, Apostolique & Romaine. Cette Maison ne subsiste que par les bienfaits du Roi. Il y a aussi des filles de la charité, un Hôpital fort pauvre, & une espece de petit College. Le Siége du Bailliage du Pays est à Gex, les Officiers sont pourvus par le Roi sur la presentation du Duc de Bourbon qui a la Baronie de Gex par engagement: les Apellations sont portées à Dijon, ou à Bourg au cas de l'Edit.

LE PAYS ET LA SEIGNEURIE DE GEX[d], separé du Bugey par le grand Credo, est entre le Mont Jura, le Rhône, le Lac de Geneve, & la Suisse. Cette Seigneurie étoit autrefois Membre du Comté de Genevois, dont les Comtes étoient feudataires de l'Eglise de Geneve.

La Seigneurie de Gex fut donnée en partage à Amé par son frere Guillaume Comte de Genevois, Son pere le Comte Amé, avoit reconnu qu'il étoit *fidelis Advocatus*, fidele Avoüé sous Ardutius Evêque de Geneve, contemporain de Saint Bernard. Ce premier Seigneur de Gex eut pour heritier son fils nommé aussi Amé, qui n'eut qu'une fille nommée Lyonnette, qui épousa Simon de Joinville frere de Jean Sire de Joinville, Sénechal de Champagne, Auteur de la Vie de Saint Louïs. Pierre de Joinville fils de Simon & de Lyonnette, laissa deux fils, Hugard & Hugues successivement Seigneurs de Gex. Hugues se rendit Vassal du Dauphin de Viennois; ce qui excita de grands troubles. Hugues qui n'avoit point d'enfans fit son heritier Hugues de Genevois son beau-frere, mari de sa sœur Eleonor de Joinville, dite Eleonor de Gex, à la charge de faire hommage au Dauphin Seigneur de Faucigny; ce qui fut exécuté, & donna occasion à Amédée Comte de Savoye, appellé le Comte Verd, d'entrer avec des Troupes dans la terre de Gex, de la confisquer, & de l'unir à son Domaine l'an 1353. Le Dauphiné étoit alors possedé par Charles fils aîné du Roi Jean; mais les differens avec la Savoye furent accommodez peu après à l'avantage du Comte Verd.

Les Comtes ou Ducs de Savoye ont jouï depuis de la Seigneurie & du Bailliage de Gex jusqu'au Traité de Lyon de l'an 1601. par lequel ce Pays a été cedé à la France. Louïs XIII. l'a donné en échange de Château Chinon à Henri de Bourbon Prince de Condé, avec Monthuel.

Ce petit Pays de Gex est du Gouvernement de Bourgogne, & du Ressort du Parlement de Dijon. GEX qui lui donne son nom, est une Bourgade qui n'a rien de considerable, & VERSOY, qui en dépend sur le Lac de Geneve, a été demantelé par les Genevois qui surprirent cette place sur les Savoyards l'an 1589. Il n'y a rien d'important dans le Pays de Gex, que le Pas, ou Passage de l'Ecluse, autrement de la Cluse, qui défend l'entrée du Bugey & de la Bresse, par un Fort creusé dans le Roc qui fait partie du Mont Jura, escarpé en cét endroit, & borné par le Rhône qui coule au pied.

La Republique de Geneve est en possession de plusieurs Villages enclavez dans le Pays de Gex, lesquels étoient autrefois de la Mense Capitulaire de l'Eglise Cathedrale de Saint Pierre, ou du Domaine du Prieuré de Saint Victor de Geneve de l'Ordre de Cluny. Tous ces Villages ont été unis au Domaine de la Ville depuis le changement de la Religion.

GEYERSBERG, Château d'Allemagne dans la Carinthie, auprès de la haute Styrie, au dessus de la Ville de Friesach. Voïez FRIESACH.

GEYL, (LA) Riviere d'Allemagne dans la haute Carinthie. Elle a sa source dans un Lac au pied des Montagnes qui separent cette Province du Tirol aux confins des Etats de Venise, & de là serpentant vers l'Orient, elle se charge de quantité de Ruisseaux, se recourbe vers le Nord & se jette dans la Drave à l'Orient de Villach. Sanson & quelques autres Géographes l'appellent la GEYT.

---

[a] Dict.

[b] l. 3. c. 5.

[c] Piganiol de la Force. desc. de la France. T. 3. p. 541. Ed. 1722.

[d] Longuerue desc. de la France part. 1. pag. 303.

GEZ.

GEZA, ancienne Ville d'Egypte sur le bord Occidental du Nil vis-à-vis du grand Caire, selon Marmol [a]. Elle est fort peuplée & il s'y fait grand Trafic de betail que les Arabes y amenent des deserts de Barca & d'ailleurs, pour la provision du Caire ; mais pour n'être point obligez de passer le Nil, ils tiennent là leur marché où on le vient acheter & on l'amène sur des Barques, afin de le revendre en gros ou en detail. Il y a là de superbes Palais & des Maisons de plaisance bâties par les Mamelucs pour être hors de l'embaras du Caire, & plusieurs Marchands & Artisans y demeurent. Sur le bord de la Riviere est la grande Mosquée environnée de beaux Jardins & de quantité de palmiers. Les habitans du Caire viennent tous les jours à Geza pour acheter des vivres & s'en retournent la nuit. Le droit chemin pour aller aux Pyramides, où sont les sepulchres des Pharaons près de Memphis est de passer à Geza ; mais il n'y a au delà que des deserts de Sablons. Toutefois comme on trouve en chemin plusieurs puits & Mares qui laisse le Nil en se retirant, on y va sans beaucoup de peine avec un bon guide.

§ Il étoit assez indiferent de citer Marmol, ou Jean Léon [b] puisque ce dernier dit mot pour mot la même chose. Cette Ville est nommée GUISSE dans la Carte du cours du Nil depuis les Cataractes jusqu'au Caire, inserée dans les Voyages du Sr. Paul Lucas, & beaucoup mieux Gize dans celle du Delta. Mais l'Auteur qui est le même Voyageur dit [c] que GIZE est un gros Village à l'Occident du Nil du côté des Pyramides.

[a] l. 11. c. 26. p. 293.
[b] l. 8. c. 43.
[c] Voyage de la basse Egypte. l. 4. p. 340.

GEZAIRA, Mr. Baudrand dit ; Pays d'Afrique dans la Barbarie : c'est une des trois Provinces du Royaume d'Alger. Elle est bornée au Levant par celle de Bugie, à l'Occident par celle de Tenez, au Septentrion par la Mer Mediterranée le long de laquelle elle s'étend, au Midi par les Montagnes qui la separent de Biledulgerid. Elle a pour Capitale la Ville d'Alger qui est cause qu'on la nomme plus souvent la Province d'Alger.

§ GEZAIRA, est un mot corrompu par les Europeans ; au lieu d'Al-Gesair ; qui veut dire une Isle. Monsr. Laugier de Tassi dans son Histoire d'Alger, parle ainsi de la Capitale. Il suppose qu'Alger est la Cesarée de Mauritanie des Anciens ; & poursuit de cette sorte : vers la fin du VII. Siécle par un motif ou sous pretexte de Religion, les Arabes Mahometans ayant ravagé toute l'Afrique s'emparerent de la Mauritanie Cesarienne & se faisans un plaisir & une gloire d'abolir le nom Romain, ils détruisirent non seulement tous leurs beaux ouvrages, mais encore changerent le nom de cette Ville, & lui donnerent celui d'Al-Gesair qui signifie en langue Arabe DE L'ISLE, parce qu'il y avoit une Isle devant la Ville dont on s'est servi pour former le port qu'on y voit à present. Ce furent les Bereberes descendans d'un Chef Arabe nommé Moztgana qui s'emparerent de cette Ville, c'est pourquoi les fabuleux la nomment encore aujourd'hui GEZAIRA AL-BENI MOZTGANA.

Mr. Baudrand s'est trompé en ce qu'il a cru que Gezaira étoit le nom de la Province

GEZ.

d'Alger propre ; au lieu que c'est le même nom qu'Alger, celui de la Capitale aussi bien que de la Province qui le reçoit d'elle.

GEZAR. Voiez GADARA 2. & GADER.

GEZATORIGUS, contrée d'Asie dans la Galatie, vers la Bithynie, selon Strabon [d] ou plutôt selon Ortelius [e] ; car Strabon parlant de ce Pays dit, la partie qui confine à la Bithynie est appellée TIMONITE de Gezatorix. On voit que le nom Timonite est celui de la contrée, en Grec Τιμωνίτη, selon Strabon, & Τιμωνίτις χώρα, selon Ptolomée. Gezatorix est apparemment le nom du Prince qui la gouvernoit : Gezatorigos est au genitif.

[d] l. 12. p. 562.
[e] Thesaur.

GEZER, Voiez GADARA 2. & GAGEZERON, } DER.

GEZIRAH, ce mot est Arabe & signifie Isle ; mais comme les Arabes n'ont point de terme particulier pour signifier une Peninsule ou Presqu'Isle, ils se servent indifferemment du nom de Gezirah, soit que le lieu dont ils parlent soit isolé entierement & entouré d'eaux, soit qu'il soit attaché au Continent par un Isthme. Ainsi ils nomment GEZIRAT ABDELAZIZ-BEN-OMAR, ou GEZIRAT BENI-OMAR, la Ville de Gezira qui est effectivement bâtie dans une Isle du Tigre ; GEZIRAT-MASSHIKI, c'est-à-dire l'Isle du Mastic l'Isle de Chio, ou Stankaio ; GEZIRAT-SUAKEN l'Isle de Suaquem dans la Mer Rouge, &c. qui sont de veritables Isles ; mais ils appellent aussi GEZIRAT-AL-ARAB, ou l'Isle des Arabes, l'Arabie qui n'est qu'une Presqu'Isle. Ils appellent Al-Gezirah la Mesopotamie qui est entre l'Euphrate & le Tigre. Voiez MESOPOTAMIE.

GEZIRAH ABDELAZIZ-BEN-OMAR [f] c'est-à-dire l'Isle des enfans d'Omar, ou GEZIRATH-BENI-OMAR, Ville d'Asie dans une Isle sur le Tigre, au dessus de Moussal, ou Mosul. Ebn-Batrix dit qu'elle est située dans le Quartier de la Mesopotamie nommé Diar-Rabiat, que l'on nomme aussi la terre de Tamanim, ou des quatre-vingts, à cause qu'il sortit un pareil nombre de personnes de l'Arche de Noé qui s'arrêta, dit-il, sur les Montagnes de Gioud en ces Quartiers-là. Tavernier [g] la nomme GEZIRE' ; à quatre jours de Diarbekir. On y passe, dit-il, le Tigre sur un beau pont de Bateaux : c'est le lieu où s'assemblent les Marchands qui vont prendre la noix de Galle & le Tabac au Pays des Curdes, & ceux qui viennent du même Pays pour Alep. La Ville est sous l'obéïssance d'un Bey. De Geziré à Amadié il y a deux jours de chemin.

[f] Herbelot Bibliot. Orient.
[g] Voyage de Perse. l. 3. c. 4.

GEZIRAT-EDDEHEB [h], Isle d'Egypte. Dapper en parle ainsi : à une lieue du Nil au delà de Fuoa il y a une Isle qu'on appelle Gezirat-Eddeheb, autrefois l'Isle de Nathos, ou l'Isle d'Or. Il y a beaucoup de Villages & de Palais magnifiques, mais on a peine à les decouvrir de loin, à cause de l'épaisseur des Forêts.

[h] Afrique. p. 54.

GEZIRAT-HIIAT [i], ou l'Isle des Serpents. Isle fabuleuse dont il est souvent parlé dans les Romans Persiens & Turcs.

[i] d'Herbelot Bibliot. Orient.

GEZIRAT-KHESCHK [k], c'est-à-dire l'Isle seche. Les Orientaux appellent ainsi le Continent ou la Terre-Ferme, à l'imitation des He-

[k] Ibid.

GEZ. GHA. GHA. GHE.

Hebreux qui la nomment Iabaschah, comme il paroît par le passage de la Genese : *& vocavit aridam Terram.*

a Ibid. GEZIRAT-MASTHIKI [a], ou *l'Isle du Mastic.* Les Arabes appellent ainsi l'Isle de CHIO que les Turcs nomment en leur langue SACKIZ-ADASSI qui signifie la même chose; parce que les arbres dont on tire la Gomme que nous appellons Mastic croissent dans cette Isle.

b Ibid. GEZIRAT-THARECK [b], les Arabes nomment ainsi l'Isle de Gibraltar.

1. GEZIRE. Voiez GEZIRAH ABDELAZIS-BEN-OMAR.

2. GEZIRE, Isle d'Afrique au Royaume de Fez, sur le Licus, selon Dapper [c]. Il la met à trois milles de la Mer, & à seize de Fez ; & dit que les Espagnols la nomment GRATIOSA : ce qu'il ajoute que c'est peut-être la CERNE de Ptolomée n'est pas raisonnable. La *Cerné* de cet Auteur est en pleine Mer, & celle dont il est question, est éloignée de la Mer de quatre lieues & au dessus de la Rache.

c Afrique. p. 153.

GEZRE. Voiez SARRITÆ.

G H.

GHACHOR. Voiez ACHOR.

GHALEMETH, c'est ainsi que le Chaldéen lit au lieu de BAHURIM. Voiez ce mot.

GHALUA, Ville d'Afrique dans la Nubie sur le Nil, près de l'Egypte, selon Mr. Corneille qui ne nomme point d'Auteur.

GHAMKI, Siege Episcopal d'Asie dans l'Armenie sous le Patriarchat de Sis. Il est inconnu ; ou bien il ne subsiste plus, selon Mr. de Commanville.

d Geograph. Nubiens. p. 313.

GHAMMAS ; grande Riviere de la Tartarie, au quatrieme climat, selon Edrissi [d]. Après avoir parlé du Royaume des Kaïmachites où il dit qu'il y a seize Villes, quoi qu'il n'en nomme que neuf, il ajoute : toutes ces Villes sont situées sur le grand Fleuve Ghammas, qui sortant des Montagnes de BENGIAR, coule vers l'Orient à la Ville ASTUR située sur sa rive Meridionale, delà il passe à la Ville de SISIA, qui est au Nord, de celle là il se rend à la Ville Royale nommée CHACAN, qui est au Midi de son cours. Il se tourne ensuite vers le Septentrion & arrive à la Ville de Mosthanah bâtie sur sa rive Occidentale. Il y reprend son cours vers l'Orient jusqu'à ce qu'il se perde dans la Mer. L'Auteur du livre des merveilles dit que ce Fleuve nourrit un poisson duquel les Medecins de l'Inde & de la Chine composent un poison le plus mortel que l'on connoisse. Il est dans le fiel de ce poisson nommé Sangia, & il conserve sa qualité durant quarante ans.

§ On soupçonne que ce Fleuve est le même que le Fleuve Amur. Il n'y a point d'autre Fleuve à qui ce cours convienne si bien, quoi qu'on ne sache gueres où retrouver les Villes que nomme le Géographe de Nubie.

e p. 10. 2. part. climat. 1.

1. GHANA, Ville d'Afrique dans la Nigritie sur le Niger qui la separe en deux Villes, en entrant dans un assez grand Lac, nommé Lac de Sigismes & Lac de Guarde. Le Géographe de Nubie [e] dit : Ghana est une double Ville sur les deux Rivages d'une Mer d'eau douce. C'est de tous les Pays des Negres la plus peuplée & la plus Marchande. Il s'y rend de riches Marchands non seulement des Pays voisins, mais encore de toutes les parties de l'Occident. Ses habitans sont Musulmans ; & le Roi tire, dit-on, son origine de Saleh fils d'Abdalla, fils de Hasan, fils de Hosaïn, fils d'Aali, fils d'Abi-taled, oncle de Mahomet. Il est Roi absolu quoi qu'il rende hommage à l'Empereur des Musulmans qui est Abasside. Il a un Palais sur le Rivage du Nil (l'Auteur appelle ainsi le Niger), & c'est un Château très-bien fortifié, & très-bien pourvu de tout. Les Logemens sont ornez de sculptures & de peintures & les fenêtres sont vitrées. Ce Palais fut bâti l'an 510. de l'Hegire. Ses Etats confinent au Pays de Wançara qui est riche en Mines d'or. L'Auteur cité parle fort avantageusement de la Justice du Roi de Ghana de son temps. Cette Ville au reste est la Capitale d'un Royaume que l'on apelle ROYAUME DE GHANA, & ROYAUME DE CASSENA. Voiez GANAH & CASSENA.

GHANAMIN, Arias Montanus prétend que l'Ecriture nomme ainsi les Troglodytes.

GHARUS, Evêché d'Asie en Armenie sous le Patriarche de Sis. Il est inconnu & on ne sait s'il subsiste encore, au raport de Mr. l'Abbé de Commanville.

GHAZECA, pour *Azeca.* Voiez AZECA.

f d'Herbelot Bibl. Orient.

GHEBR [f], mot Persien qui signifie particulierement un *Zoroastin*, un Adorateur du feu, & celui enfin qui fait profession de l'ancienne Religion des Perses : c'est pourquoi on lui donne aussi le nom de PARSI : mais en general ce mot se prend pour un Idolâtre, & pour un Infidele qui ne reçoit ni l'Ancien, ni le Nouveau Testament, qui vit sans loi, & sans discipline. Les Turcs ont formé ce mot de *Ghiaour* qu'ils appliquent par injure, aussi bien que celui de *Kafer* à tous ceux qui ne font pas profession du Musulmanisme. Les Auteurs du Nighiaristan, & du Defter Lathaif racontent une Histoire facetieuse qui fait bien connoître la signification & l'usage de ce mot. Il se trouva à la Mecque sous le Khalifat de Montasser onzième Khalife des Abbassides, un homme de la race des Coraïschites qui faisoit dans sa maison des Festins où les hommes & les femmes, les garçons & les filles de toutes conditions se trouvoient. Ces gens-là après le repas, pratiquoient tout ce qui se fait dans les maisons des Ghébres, se mêlant entr'eux sans aucune distinction d'âge ou de sexe. Le Juge en ayant été averti, chassa cet homme de la Mecque ; mais celui-ci ne s'en écarta pas beaucoup, & se retira sur le Mont Arafat qui est fort proche de la Ville, & continua toujours d'y tenir les mêmes assemblées. Le Gouverneur du Pays ayant été enfin informé de la vie de cet homme, le fit venir en sa présence, & lui dit : Comment, ennemi de Dieu, oses-tu dans le lieu sacré de la Mecque & de son Territoire exercer si insolemment toutes les impudicitez des Ghébres ? Le Coraïschite nia la chose, les temoins se presenterent, il les reprocha, & persista toûjours dans la negative. Les temoins se voyant hors d'état de le convaincre par leurs dépositions, dirent au Gouverneur qu'il ne falloit point de meilleure preuve de ce fait, que de faire venir les Moucres, qui sont les Loüeurs de Mazettes qui se tiennent à la porte de la Ville, & leur commander de laisser aller leurs montures sans les conduire ; car si ces animaux vont droit à la maison de l'accusé qui est sur le Mont Arafat, l'on pourra juger infailliblement qu'il y tient les assemblées ordinaires de Ghebres, & de débauchez. L'expedient fut trouvé excellent, & les mazettes ne manquerent pas d'aller droit chez lui. Le Gouverneur tenant alors l'accusé suffisamment convaincu par cet indice, & par consequent coupable, avoit fait déjà venir les fouets dont il devoit être châtié, lorsque cet homme lui dit : il vous est fort aisé de me faire punir, puisque je suis entre vos mains : mais vous allez attirer un grand blâme sur toute la Nation des Arabes ; car l'on dira desormais d'eux que quand le temoignage des hommes leur manque, ils ont recours à celui des ânes. Ce tour d'esprit plut si fort au Gouverneur, qu'il ne put s'empêcher d'en rire, & fit qu'il renvoya le Coraïschite chez lui sans châtiment. Ces Ghebres sont les mêmes que les Magions d'où vient nôtre mot de Mage, que nous n'attribuons cependant qu'à leurs Philosophes, & à leurs Docteurs. Leurs principaux Temples, ou Pyréez étoient dans l'Adherbigian ; mais les Musulmans les ont tous renversez. Ils en ont pourtant conservé fort long tems un qui étoit fort célèbre dans la Ville de Herat en Korassan, & cela au milieu du Musulmanisme.

§ Ces gens sont les mêmes que les Gaures. Voicez ce mot.

a Territ. di Brescia.
1. GHEDI, c'est selon Mr. Corneille une petite Ville d'Italie au Bressan dans l'Etat des Venitiens. Ce n'est qu'un Village sur le Naviglio, selon Magin.

b Hist. Æthiop.l.1. c.3.
GHEL [b], Contrée d'Ethiopie dans l'Abissinie au Royaume d'Amhar, selon Mr. Ludolf.

c Baillet. Topogr. des Saints p. 209.
GHELE [c], Bourgade des Pays-Bas en Brabant. Elle est célèbre par le culte de Sainte Dympne Vierge martyrisée par son Pere. On a bâti sur son Tombeau une Eglise de son nom dont on a fait un Chapitre de Chanoines dans le seizieme siecle.

GHENDGE', Ville d'Asie dans le Chiroüan, selon le Traducteur de l'Histoire de Timur-Bec [d]. C'est une Ville de Perse dans le Schirvan.

d l.5.c.37.

e l.5.c.4.
GHENDGIAN-FOU [e], Ville d'Asie dans la Chine Septentrionale, selon le même.

GHERA D'ADDA. Voiez Ghiara.

GHERMIAN-LILI, Province de la Turquie en Asie dans la Natolie. C'est la même chose que le Germian.

GHEROM, Ville de Perse dans le Fars. Les Géographes Orientaux lui donnent 89. d. de Longitude & 28. d. 30′. de Latitude.

f Hist. Æthiop.l.1. c.3.
GHESHA-BAR, & GHESHE, Contrées d'Ethiopie dans l'Abissinie au Royaume d'Amhar, selon Mr. Ludolf.

g Hist. de Timur-Bec l.3.c.5.
GHEUCSALI [g], Village de la grande Tartarie au Pays de Gété.

GHEUCSERRAI [h], Palais des Empereurs de la grande Tartarie ; c'est dans ce Palais que residoit Timur-Bec, lorsqu'il eut fait Samarcande la Capitale de ses Etats.

h Ibid.c.65.

GHEUCTOPA [i], Colline de la grande Tartarie au Pays de Gété. Les Géographes Orientaux lui donnent 101. d. 20′. de Longitude & 43. d. 25′. de Latitude.

i Ibid.l.3. c.19.

GHEULFERKETI, Lieu de la grande Tartarie auprès de Bokhara. Timur y fit bâtir plusieurs petits bâtimens à Dome pour loger les Seigneurs & Dames de sa Cour, & il se servit pour cela de plusieurs restes d'Edifices ruinez qui s'y rencontrerent ; & comme il y a de fort beaux étangs où se trouve une infinité de toutes sortes d'Oiseaux & principalement des Cygnes, il y fit une chasse fort agréable dont les détails se trouvent dans son Histoire [k].

k Ibid l.3. c.7.

GHEVEYAR [l], Bourg d'Asie en Tartarie au Mogolistan.

l Ibid l.3. c.6.

GHEZ-SETAM [m], Village d'Asie dans le Diarbeck entre Anna & Tecrit.

m Ibid.l.3. c.33.

GHIARA D'ADDA, petit Pays d'Italie en Lombardie entre la Riviere d'Adda, & le Serio. Il s'étend jusqu'aux Montagnes de Bergame. Il est appelé Isola Fulcheria par Merula aux Livres VI. & VIII. de son Histoire des Visconti. Il est large, uni & bien peuplé. On y trouve beaucoup de Metairies, de Villages & de Bourgs. *Trevilio*, Caravaggio en sont les principaux lieux. Léandre [n] distingue pourtant *Trivilio*, l'Isle de *Folcheria* & *Caravaggio* ; & il en parle d'une maniere à faire connoître que cette Isle ne comprenoit pas tout ce que nous connoissons aujourd'hui sous la Ghiara d'Adda. Ce Pays, selon Mr. Baudrand [o], faisoit autrefois partie du Bergamasque, mais il est demeuré au Milanez par plusieurs Traitez de paix.

n Descriptione di tutta l'Ital. p. 408. Magin. Ital. Tab.

o Ed. 1705.

GHIBBON, c'est la même Ville que Gabaön.

GHIEGUM, Evêché Armenien sous le Patriarche de Sis. Il est inconnu & on ne sait s'il subsiste, selon Mr. l'Abbé de Commanville.

GHILAN, Province d'Asie dans l'Empire des Perses, au bord de la Mer Caspienne, & au Nord du Khouestan. Mr. d'Herbelot l'étend depuis le 74. d. de Longitude jusqu'au 76. inclusivement, & pour sa largeur qu'il occupe le 35. & 36. d. de Latitude. Il ajoute : ses habitans recueillent peu de Bled, mais ils ont beaucoup de ris dont ils font du pain, qu'ils mangent avec d'excellent Poisson que la Mer leur fournit en abondance. Cette Province donne son nom à la Mer Caspienne, que les Arabes, les Persans & les Turcs nomment Mer de Ghilan. (Je dois ajouter ici qu'elle fait une partie considerable de l'Hircanie des Anciens ; & que cette Mer étoit autrefois nommée aux environs de cette Province Hircanum Mare.) On n'y trouve que deux Villes considerables, sçavoir celle de Rascht ou Reschut qui est sur la Mer, & celle de Lakhschan que l'on appelle aussi Ghilan située plus avant dans les terres. Quelques Géographes comprennent dans le Ghilan le Mazanderan qui est à son Orient & qui confine avec le

GHI.

le Tabareſtan. L'Auteur qui nous a donné depuis quelques années l'Hiſtoire des Tatars[a] écrit GILAN, & KILAN. Il décrit ainſi ce Pays. « Cette Province eſt, dit-il, ſituée au Sud-Oueſt de la Mer Caſpienne, & s'étend depuis l'Embouchure de la Riviere d'Iſperuth juſqu'aux Landes de Mockan. La Mer Caſpienne & la Province de Maſanderan la bornent à l'Eſt; la Province d'Yerack, au Sud; celle d'Adirbeïtzan, à l'Oueſt; & les Landes de Mockan, au Nord : c'eſt préciſément l'Hyrcanie des Anciens, comme il eſt aiſé de voir par la deſcription que Quinte-Curce nous en donne. Rien n'eſt ſi beau que la ſituation de cette Province ; car elle a d'un côté la Mer, le long de laquelle elle s'étend en demi Cercle, & de l'autre côté elle eſt environnée de fort hautes Montagnes, qui la ſéparent ſi bien de tout le reſte de la Perſe, que ce n'eſt que par de certains paſſages fort étroits & très-faciles à défendre, qu'on y peut entrer du côté de la Terre ferme : ces paſſages ſont encore à préſent appellez Pilà, ou Portes par les Perſans. Les Montagnes, dont on vient de parler, ont cela de particulier, que du côté de la Perſe ce ſont les plus affreux précipices & rochers qu'on puiſſe s'imaginer, & que du côté de la Province de Gilan elles ont la pente la plus charmante du monde, toute couverte de Citronniers, d'Orangers, d'Oliviers, de Cyprès, de Figuiers, & de mille autres ſortes d'Arbres Fruitiers ; enſorte qu'au lieu des hautes Montagnes, dont ce Païs eſt effectivement entouré, il ſemble qu'il ſoit bordé de tous côtez de grandes Forêts d'une verdure perpétuelle. Toutes ſortes de bêtes fauves ſe trouvent en quantité dans ces Montagnes : les Ours, les Loups, les Léopards & les Tigres n'y manquent pas non plus ; ces derniers ſurtout y ſont en ſi grande abondance, qu'on les amene par douzaines dans les Villes voiſines pour les vendre, les Perſans poſſedant le ſécret de les appriviſoer ſi facilement, qu'ils peuvent s'en ſervir à la chaſſe de la même maniére que nous faiſons avec nos chiens, & dès qu'ils y ſont une fois dreſſez, ils ſe tiennent fort tranquillement aſſis en croupe derriere quelque Cavalier, juſqu'à ce qu'on trouve à propos de les lâcher après le Gibier.

Le Païs de Gilan en lui-même eſt fort beau & tout uni : il eſt entrecoupé d'une quantité de belles Riviéres, qui ſortant de tous côtez des Montagnes, vont ſe décharger dans la Mer Caſpienne. Cette Mer eſt ſi poiſſonneuſe ſur cette côte, & toutes les Riviéres qui viennent y aporter leurs eaux de ce côté, ſont pareillement ſi abondantes en toutes ſortes d'excellens poiſſons, que la Couronne tire par an un revenu conſidérable de la ferme de la pêche de cette Province. Comme le Païs eſt fort marécageux vers le rivage de la Mer, on y a pratiqué par tout des foſſez, pour deſſécher les terres : ce qui fait qu'il ne reſſemble pas mal en ces endroits à la Comté de Flandre; & pour la commodité du paſſage, qui étoit très-pénible auparavant par les terres graſſes & marécageuſes d'un Païs où il pleut beaucoup, le Grand Schah-Abas a fait faire une Chauſſée élevée de 8. pieds au deſſus du niveau ordinaire du Païs, qui traverſe toute la Province

GHI. 167

depuis la rive Occidentale de la Riviére d'Iſperuth du côté qu'on y arrive de Ferabath juſqu'à la Ville d'Aſtara.

Le Pays de Gilan eſt maintenant la plus belle & la plus fertile Province de toute la Perſe : elle produit en ſi grande abondance de la Soye, de l'Huile, du Vin, du Ris, du Tabac, & toutes ſortes des plus beaux fruits du monde, qu'elle en pourroit une grande partie de la Perſe, & même pluſieurs Pays étrangers. On y trouve en pluſieurs endroits des Forêts entiéres de Meuriers, de Buis & de Noyers ; & c'eſt par cette raiſon que la plûpart des meubles de Bois, qu'on voit en ce Pays, ſont faits ou de Bois de Noyer, ou de Buis : chaque payſan, dans quelque petite chaumiére qu'il puiſſe habiter, ne manque pas d'avoir un Jardin auprès de ſa maiſon, où l'on ne voit qu'Orangers, Citronniers, Figuiers, & Vignes de tous côtez ; & il n'eſt pas rare de voir en ce Pays des ceps de vigne auſſi gros qu'un homme de taille ordinaire le peut être par le milieu du corps.

Les habitans de ce Pays ſont Mahométans de la Secte d'Omar, qui eſt la même que celle des Turcs ; ils ſont braves, fiers & induſtrieux. Comme ils connoiſſent tous les avantages de leur Pays, ils ne ſont pas ſi aiſez à mener que le reſte des Perſans ; & ils jouïſſent même encore actuellement de pluſieurs exemptions & Priviléges, dans la jouïſſance deſquels ils ont grand ſoin de ſe maintenir, quoiqu'on ait pris la précaution de les déſarmer en quelque maniére, pour les empêcher de remuer. Ils ſont d'une taille haute & robuſte, & plus blancs que les autres Perſans : leurs habits ſont à-peu-près les mêmes que ceux du reſte des Perſans, excepté qu'ils ſont plus courts & plus ſimples, & que leurs bonnets ſont pointus. Ceux d'entr'eux qui habitent au Sud de la Ville de Keſker, aux Frontiéres de la Province de Maſanderan, s'appellent KILEK ; & les autres qui habitent au Nord de cette Ville, portent le nom de TALISCH. Les femmes de ces derniers ſont ſans contredit les plus belles & les mieux faites de toute la Perſe : elles ne ſont pas à la vérité ſi parées que les autres femmes Perſannes, mais en revanche elles ſont d'un grand ſecours à leurs maris dans le ménage, parcequ'on les trouve rarement oiſives ; ce qu'on ne voit nulle part dans tout le reſte de la Perſe.

La Ville de Reſcht ſituée à 37. dégrez de Latitude, eſt maintenant la Capitale de cette Province : elle eſt éloignée de deux lieues de la Mer, & ne manque en rien de tout ce qui peut rendre une Ville agréable, riche & belle. Quoique cette Ville ſoit fort grande & aſſez bien peuplée, les maiſons ne laiſſent pas d'y être tellement couvertes de toutes ſortes d'Arbres Fruitiers, qu'en y arrivant on croit entrer dans une Forêt ; & il eſt impoſſible de s'apercevoir qu'on entre dans une Ville, avant qu'on ſe trouve au milieu de la Ville même. Elle eſt toute ouverte, & les toits des maiſons ſont couverts de tuiles & de lattes de même que les nôtres, parce qu'il pleut beaucoup en ces Quartiers. Les autres Villes principales de ce Pays ſont Kesker & Aſtara.

La Province de Gilan a été cédée à la Ruſſie avec

[a] Hiſt. des Tatars. p. 329.

GHI. GHN.

avec toutes ses dépendances, par le Traité conclu à St. Petersbourg en l'an 1723., entre le feu Empereur de Russie & le Schah qui vit encore ; mais il ne paroît pas que la Russie en ait pris possession jusqu'à present.

GHILGAL. Voiez GALGAL.

GHIR [a], Riviere d'Afrique. Elle a sa source au Mont Atlas qui borne le Pays de Tremecen au Midi, & coulant vers le Midi, entre les tentes de quelques Arabes, elle arrive au Pays habité par les Benigumi dans le Royaume de Tafilet. Elle se tourne ensuite en serpentant vers le Sud-Est dans la Province de Touet & entrant enfin dans les deserts de Haïr elle se perd dans un grand Lac. Cette Riviere & quelques autres de ces mêmes Cantons ont cela de particulier que plus elles s'éloignent de leurs sources plus elles s'éloignent de la Mer. Ainsi un homme seroit fort trompé s'il comptoit sur l'ancien proverbe qui dit, Si tu veux arriver à la Mer prends une Riviere pour t'y conduire.

[a] De l'Isle Carte de la Barbarie.

GHISTEL [b], ou GHISTELE, Bourgade des Pays-Bas dans la Flandre Austrichienne, avec titre de Baronie, à une petite lieue d'Oudenbourg & à deux lieues de Bruges. C'est une ancienne Baronie. Elle est célèbre [c] par le culte de Ste. Godelieve Dame du lieu martyrisée par son Mari. On y a bâti une Eglise en son nom avec un Monastere de Religieuses sous la regle de St. Benoît.

[b] Le P. Bouffingaut Voyage des Pays-Bas.
[c] Baillet Topogr. des Saints. p. 210.

GHIVIRA [d], petite Ville d'Italie au Milanez, à trois lieues d'Anghiera & au Comté d'Anghiera, sur le Lac auquel elle donne son nom ; & qui prend aussi celui de Lac de Brandrone. [e] Il se décharge dans le Lac Majeur par la petite Riviere de Bozzo.

[d] Baudrand Ed. 1705.
[e] Magin. Ital. Tab.

GHNIEF, Ville de la Prusse Polonoise au Palatinat de Culm sur la Vistule. Le nom Polonois s'écrit GNIEW. Le Chevalier de Beaujeu [f] écrit GHINIEF, selon la prononciation. Les Allemands l'appellent MEVE ; surquoi il faut remarquer que tous les lieux de la Prusse ont deux noms. Ghnief est à deux lieues de Nové & à quatre de Grodens. C'est une Starostie du Roi, & Sobieski y tenoit une partie de ses Tresors bien loin de la portée des incursions des Tartares. La Ville & le Château sont de Briques. André Cellarius dans sa description de la Pologne nomme cette Ville en Latin *Meve*, *Meva*, *Meua*, *Gnievum* & *Gnevum*. Elle est [g], dit-il, située au dessous du confluent de la Riviere de Fers & de la Vistule. Sa Citadelle appartenoit à Mestovin Prince de la Pomeranie Ulterieure qui en fit don volontairement à l'Ordre Teutonique. [h] D'autres pretendent qu'il ne donna à ces Chevaliers que le Territoire de Meve ou de Gnief & qu'ils bâtirent la Citadelle aussi-tôt. [i] Elle fut prise ensuite par les Polonois & reprise par les Chevaliers en 1454. Les Polonois revinrent à la charge en 1463. après une longue deffense elle se rendit à eux l'an suivant. La Religion Protestante ayant été quelque temps la dominante dans cette Ville les Catholiques se ressaisirent de la grande Eglise l'an 1596. Gustave Adolphe prit Gnief par composition, l'an 1626. & battit les Polonois qui étoient venus l'assieger. L'an 1655. les Suedois la prirent encore, mais ils ne la garderent que jusqu'au Mois d'Aout suivant.

[f] Memoires p. 189.
[g] Nova Descript. Regni Polon. p. 491.
[h] Dan. Cromer. Chron. Pomeran. c. 12.
[i] Mart. Cromer. rer. Polon. l. 10.

GHO. GHU. GIA.

GHOGUONIUM, Evêché Armenien sous le Patriarche de Sis, on ne sait ni où il est ni s'il subsiste, selon Mr. l'Abbé de Commanville.

GHORI, Ville d'Asie dans la Georgie. C'est la même chose que GORI. Voiez ce mot.

GHUBITTARUM, Evêché Armenien sous le Patriarche de Sis. On ne sait ni sa place ni s'il subsiste, selon Mr. l'Abbé de Commanville.

GHUL-HISSAR [k], Ville de la Turquie en Asie, dans la Contrée de Roum au Nord.

GHULISTAN [l], Isle d'Asie dans la Province de Hamid-Eili, au milieu du Lac Falac Abad.

GHUL-LOUDJA [m], Bourg d'Asie dans le Curdistan.

1. GHUZEL-HISSAR [n], Ville de la Turquie en Asie, dans la Natolie près de Tiré, & ces deux Villes étoient situées sur le Madré ou le Méandre. Il ne faut pas la confondre avec celle qui suit.

2. GHUZEL-HISSAR [o], Ville de la Turquie en Europe. Bajazet surnommé le Tonnerre l'avoit bâtie vis-à-vis de Constantinople.

[k] Hist. de Timur-Bec l. 5. c. 50.
[l] Ibid. c. 59.
[m] Hist. de Timur-Bec l. 3. c. 28.
[n] Ibid. l. 5. c. 55.
[o] Ibid. c. 38.

§. Comme le mot *Hissar* en Langue Turque signifie Château, je serois porté à croire que les lieux où ce nom se trouve n'étoient que des Châteaux ; mais le savant Traducteur de l'Histoire de Timur-Bec dit dans ses notes bien positivement que les lieux ci-dessus nommez étoient des Villes.

G I.

GIABECCARUM, Evêché de l'Eglise Armenienne sous le Patriarche de Sis. On ne sait pas s'il subsiste encore, selon Mr. l'Abbé de Commanville.

GIACHAS, Peuple d'Afrique dans la basse Ethiopie. Le Pere du Jarric [p] les place auprès du premier Lac le plus Meridional deux d'où le Nil prend sa source. C'est-à-dire, auprès du lieu où l'on supposoit que le Nil prenoit sa source avant que l'on eût découvert sa veritable origine. Voici comment il depeint ce peuple : ,, Ils sont, dit-il, fort cruels ,, & barbares, ne vivent d'ordinaire que de ,, voleries & de larcins à la façon des Ara-,, bes, ou des Numides. Ils sont Anthropo-,, phages, c'est-à-dire, mangent la chair hu-,, maine, & quant au reste de leurs mœurs, ,, ils sont du tout barbares, car ils ne recon-,, noissent aucun Roi ni Seigneur ; ils n'ont ,, aucune certaine demeure ; mais à guise de ,, Pasteurs, ils vont tantôt d'un côté tantôt ,, d'un autre, & logent en des Cabanes qu'ils ,, se font de branches d'arbres, ou en des ten-,, tes qu'ils portent quant & eux. Leurs ar-,, mes offensives sont un poignard, ou une ,, massue, l'arc & les fleches, ou bien un ja-,, velot ; les deffensives un long bouclier, ,, aussi large au milieu qu'il est besoin, pour ,, couvrir un homme : mais de là jusqu'aux ,, extremitez, il va en s'étrecissant & au bout ,, d'en bas il y a une pointe laquelle ils plan-,, tent dans terre & de cette sorte leur sert ,, comme de rempart." Ces peuples en ravageant

[p] Hist. des Indes Orientales. 2. part. c. 5.

geant le Pays arriverent jusqu'au Congo, où ils entrerent par la Province de Bata. Ces Peuples sont nommez JAGAS par Mr. de l'Isle qui les met le long de la Riviere de Coango, au Nord du Royaume de Matamba, à l'Orient du Congo, & au Couchant du Monoemugi, dont le P. Jarric dit qu'ils sont *Stipendiaires*. Il met encore au Nord du Monoemugi les JAGAS Anthropophages dont les terres sont très-fertiles ; mais l'air y est fort mal sain. Ceux-ci ont au Nord les Etats du Roi de Gingiro. Ces GIACHAS sont nommez JAGOS par Dapper, il les croit venus de Nigritie ; d'autres les confondent avec les Galles, Nation barbare au Midi de l'Abissinie.

a d'Herbelot Biblioth. Orient.
GIAFARIAH [a], Ville d'Asie dans l'Iraque Arabique. Les Kalifes Motavakel sit bâtir pour y faire son séjour, en y transferant le Siége de l'Empire des Musulmans qui étoit alors à Samarah. Il la fit appeller GIAFARIE, à cause que son nom propre étoit *Giafar*, ou *Giafer*. Montasser son fils & son Successeur ayant abandonné cette Ville, elle se ruina en fort peu de temps.

GIAGANIAN, nom que les Persans donnent à la Ville de *Saganian*. Voyez SAGANIAN.

GIAGANNAT, Ville des Indes située sur le Golphe de Bengale avec un fameux Temple ou Pagode dont elle prend le nom, selon Mr. d'Herbelot : c'est la même que JAGRENATE. Voyez ce mot.

GIAGMIN, Ville d'Asie dans la Province de Khovaresme.

GIALALEKAH, les Arabes nomment ainsi la GALICE Province d'Espagne.

b d'Herbelot Biblioth. Orient.
GIALOULAH [b], Lieu d'Asie dans la Province de Khorassan où les Persans furent desaits par les Arabes, pour la seconde fois après la bataille de Cadesie sous le Khalifat d'Omar I.

c d'Herbelot Biblioth. Orient.
GIALOUS [c], Isle de la Mer des Indes dont les habitans sont Negres, marchent nuds & s'entremangent les uns les autres. Elle est éloignée de deux journées de Navigation de celle qui porte le nom d'ALBINOMAN. Ces deux Isles sont au Midi de celle de Rami, laquelle, selon Edrissi, a 700. lieues de long & n'est pas beaucoup éloignée de celle de Sarendib, que nous croions être Zeilan, ou Sumatra. Si cette derniere est Sarendib l'Isle de Rami sera Borneo. Ce sont les conjectures de Mr. d'Herbelot. Mais si Sarendib est Ceylan, comme peu de gens en doutent, pourquoi l'Isle de Rami ne pourroit-elle pas être Sumatra ? Ces noms Arabes qui ne sont accompagnez ni de distances determinées, ni de descriptions qui caracterisent le lieu, sont d'autant plus difficiles à fixer, qu'ils conviennent à plusieurs Isles, parce qu'il y en a beaucoup dans les mers dont il est question. Il en est de même de la Ville dont parle le même Auteur dans l'Article qui suit.

GIAMCOUD, ou GIAMCOUT, Ville située sous la ligne équinoxiale vers l'Orient. Abdelmoal Géographe Persien dit qu'elle est à l'extremité du Pays habité. Mr. d'Herbelot y ajoute une explication qui n'éclaircit rien.

GIANBITAH, nom Arabe d'une Ville qui passe pour être la plus grande de tout le Pays de Habaschah, qui est l'Ethiopie (ou plutôt l'Abissinie) quoiqu'elle soit bâtie en quelque façon au milieu d'un desert. Elle est fort peuplée, & a plusieurs Villages situez sur une Riviere qui prend sa source au delà de l'Equateur & qui se rend dans le Nil, en coulant vers le Couchant d'Eté, auprès d'une Isle & d'une Ville qui sont toutes deux nommées Ialak. Il y a des Géographes, dit Edrissi dans la cinquieme partie de son premier Climat, qui prennent le Fleuve qui passe à Gianbitah pour le Nil, mais ils se trompent. Mr. d'Herbelot auroit mieux fait de traduire simplement les paroles du Géographe de Nubie. Les voici en François : cette cinquième partie du premier Climat comprend la plus grande partie de l'Abissinie & plusieurs Contrées de ce Pays. La plus grande de ses Villes est GENBITA qui est fort peuplée, mais dans un desert, & éloignée des habitations. Ses Villages & ses campagnes sont le long d'un Fleuve qui traversant l'Abissinie, se jette dans le Nil, & elle (c'est-à-dire, l'Abissinie) a sur les bords de ce Fleuve les Villes de MARCATA & de NAGIAGHA. *La source de ce fleuve est au delà de la ligne Equinoxiale à l'extremité de la terre habitée du côté du Midi, & il coule entre l'Occident & le Septentrion* (c'est-à-dire au Nord-Ouest) jusqu'à ce qu'il arrive dans la Nubie où il se decharge dans le bras du Nil qui baigne la Ville de JALAC comme nous avons dit ; ce Fleuve est grand, large & profond ; son cours est lent, & ses bords habitez par les Ethiopiens. La plupart de ceux qui naviguent sur cette Riviere assurent que c'est le Nil même : ils se le persuadent parce qu'ils ont remarqué les mêmes accroissemens, le même debordement qui arrivent au Nil en même temps. Mais quoi qu'ils y rencontrent les mêmes circonstances, ils se trompent néanmoins en ne distinguant point ce Fleuve d'avec le Nil. Nous pensons que ce Fleuve n'est point le Nil & notre pensée est confirmée par ce qu'on lit dans les Livres composez sur ce sujet, & par ce que l'on dit des particularitez de ce Fleuve, de son cours & de son entrée dans le Nil auprès de la Ville de Jalac. Cela est rapporté par Ptolomée de Peluse dans son Livre intitulé de la Géographie, & Hasan fils d'Almondher dans le Livre des merveilles, à l'endroit où il traite des Rivieres, de leur Origine & de leur Embouchure.

Ces derniers mots font voir qu'Edrissi se trompe lui-même en suivant Ptolomée & un Auteur Arabe. Ptolomée quoi qu'il ait fait ses observations à Alexandrie ne connoissoit gueres les sources du Nil. Il nous en a donné les idées qu'on en avoit de son temps, & toutes ses Cartes où l'on n'a que trop bien copié ses fautes à ce sujet nous mettent une Riviere imaginaire qui a sa source bien au delà de l'Equateur. On peut presentement mettre en fait qu'il n'y a aucune Riviere qui vienne de l'Equateur dans l'Abissinie, encore moins dans la Nubie. Mais on ne le savoit pas encore du temps d'Edrissi qui écrivoit en Sicile au milieu du 12. siécle.

GIANICH, Ville de la Natolie dans l'Amasie. On croit que c'est l'ancienne NICOPOLIS. Quelques-uns écrivent Janich.

GIANKOVA, Ville de la Chine, selon Edrissi ; ou plutôt, selon Mr. d'Herbelot [d] qui lit p. 35.

d part. 9: Climat. 1:

Y

lit ainsi dans cet Auteur, car dans l'Auteur même publié en Latin par Gabriel Sionite & par Jean Hesronite on lit GIANECU à huit journées de chemin de la Ville de Chanecu.

GIANUTI [a], (l'Isle de) Isle d'Italie dans la Mer de Toscane près de la côte du Siennois; à huit ou neuf milles au Sud-Sud-est de l'Isle de Giglo. Mais elle est plus basse & plus petite. Elle est habitée par quelques pêcheurs, [b] & est basse par le milieu. Mr. Baudrand dit qu'elle est petite, & remplie de Montagnes, presque déserte à cause des Pirates, n'ayant qu'un seul Village avec un ancien Château sur une Montagne; sous la puissance du Grand Duc de Toscane. Elle est environ à huit milles de Monte Argentaro au Midi. Quelques-uns écrivent JANUTI ou même JIANUTI. C'est la même que la DIANIUM de Pline. Voiez DIANIUM 2.

GIAPAN, & GIAPONE. } Voiez JAPON.

GIAPARA. Voiez JAPARE.

GIAQUES. Voiez GIACHAS.

GIASSEM, Ville d'Asie aux Confins de la Syrie & de la Palestine, entre les Villes de Damas & de Tiberiade, selon Mr. d'Herbelot [c].

GIAVA, les Italiens écrivent ainsi le nom de JAVA. Voiez ce mot.

1. GIBADOU [d], Ville d'Afrique au desert de Barbarie au Royaume de Gibadou. Elle est presque sous le Tropique du Cancer vers les 30. d. 50'. de Longitude.

2. GIBADOU, (le Royaume de) Contrée d'Afrique en Barbarie. Il est borné au Nord par le Royaume du Fesan & par le petit Pays de GADUME qui le séparent du Royaume de Tripoli. Il a au Levant le desert des Berdoa; au Midi les Montagnes d'AMEDEDE & le Royaume d'Agades; & au Couchant le Royaume d'AYR. Les principaux lieux du Royaume de Gibadou sont CATRONE au Nord, MESERAUT au Midi, & Tegerti Bourgade entre Gibadou & Catrone.

GIBBENSIS, Siége Episcopal d'Afrique. La Conférence de Carthage [e] fait mention de Victor Gibbensis. Il faut lire apparemment GILBENSIS; mais comme il y avoit deux Evêchez de ce nom, on ne peut dire duquel des deux ce Victor étoit Evêque. Voiez GILBENSIS.

1. GIBEL. Voiez GABALA.

2. GIBEL. Les Arabes se servent de ce nom pour signifier une Montagne. Ils ont appellé ainsi entre autres le Mont Etna en Sicile, comme qui diroit la Montagne par excellence. Ce mot vient de l'Hebreu גבה Gaba qui signifie une *hauteur*.

3. GIBEL. Voiez GABALA 1.

GIBEL-CIANTOR [f], Montagne & lieu de plaisance dans l'Isle de Malthe, au Midi Oriental de l'Isle vis-à-vis de l'Isle de Farfara. Il y a un Jardin & une petite Eglise, avec une grote dans laquelle on voit une belle Fontaine proche d'une Table & des bancs de pierre pour la commodité de ceux qui viennent s'y divertir. Il s'éleve de là un Chemin très-rude & très-escarpé qui par plusieurs détours conduit de la plaine jusqu'au plus haut de la Montagne; ensuite on trouve un autre Chemin qu'on suit pour aller au Bosquet (ou Boschetto) qui est la magnifique maison de plaisance du Grand Maitre.

GIBELAY. Voiez GABALA, & GIBILE.

GIBELIN, petite Ville d'Asie dans la Terre Sainte au pied des Montagnes, à huit mille pas de Gaza au Levant. Elle est à demi ruinée. On croit que c'est l'ancienne Bersabée.

GIBILE, c'est la même Ville que GABALA. Cela est certain, mais il y avoit dans ce Canton trois Villes de *Gabala*. L'une entre Laodicée & Paltos & c'est la seconde dans ce Dictionnaire. Celle-là est nommée, Jebellée, ou Gebilée par Maundrell [h]. Il y avoit Gabala entre Tripoli & Berite & c'est la premiere dans ce Dictionnaire. C'est celle que Mr. de la Roque nomme GEBAIL; Maundrell [i] la nomme GIBYLE. C'est ainsi qu'il la décrit: 55. à trois lieues de Patron nous trouvâmes Gibyle que les Grecs nommoient Byblus lieu fameux autrefois par la naissance d'Adonis. Il est agréablement situé sur le bord de la Mer & ne contient à présent qu'un très-petit terrain qui n'est pourtant que trop grand pour le petit nombre de ses habitans. Il est environné d'un fossé sec & d'une muraille avec des Tours quarrées, à douze pieds de distance l'une de l'autre. Il y a un vieux Château au Midi dans lequel il y a une Eglise exactement bâtie comme celle de Tortose, mais elle n'est pas si entière. Elle n'a que cela de remarquable. C'étoit pourtant autrefois une grande & belle Ville comme il paroît par le nombre des ruines & par les beaux Piliers que l'on trouve de côté & d'autre dans les Jardins voisins de la Ville.

GIBILE, poursuit cet Auteur, est apparemment le Pays des Giblites dont il est fait mention dans le Livre de Josué. c. 13. v. 5. Le Roi Hiram se servit du peuple de ce lieu là pour preparer les materiaux du Temple de Salomon comme il paroît par le premier livre (c'est-à-dire, le troisième) des Rois c. 5. v. 18. où le mot que notre Traducteur, (il entend l'Auteur de la Version Angloise) a tourné *Tailleurs de Pierre*, en Hebreu גבלים Giblim, ou GIBLITES; & dans les LXX. Interpretes Βύβλιοι, c'est-à-dire, les hommes de Byblos: les premiers se servant du nom Hebreu & les derniers du nom Grec de ce lieu-là. Notre Vulgate porte : GIBLII *præparaverunt ligna & lapides* &c. c'est-à-dire, ceux de Giblos ou de Gebal, ou de Gabala.) On trouve, continue le Ministre Anglois, la même différence dans Ezechiel c. 27. v. 9. où il est fait mention du même lieu. La Version Angloise dit : *les anciens de Gabal*, en suivant l'Hebreu au lieu de quoi on lit dans les LXX. οἱ πρεσβύτεροι Βυβλίων, *les anciens de Bybli*, ou de Byblos. (Notre Vulgate dit de même: *Senes Giblii*.

GIBLET [g], Ville d'Asie dans la Phénicie à dix lieues de Tripoli & à huit de Berite près de la Mer de Syrie. C'est la même que GABALA. Voiez ce mot, & l'article qui suit.

GIBLII, } Habitans de GABALA 1. Voyez l'article précedent.
GIBLIM,

GIB.   GIB.   171

GIBLOU. Voiez GEMBLOURS.

GIBRALEON [a], petite Ville d'Espagne dans l'Andaloufie, au bord de la Riviere d'Odiel qui y est assez grande pour porter de petites barques de pêcheurs. Le Territoire est arrosé d'une Fontaine & il y a un beau Château où demeure le Seigneur du Lieu. Il y a cinq cens feux partagez en deux paroisses, un Couvent de Carmes & un de Religieuses Dominicaines. Quelques-uns croyent que c'est l'ancienne ONOBA fondée par les Turdules. Les Maures l'ayant conquise la nommerent GIBRALEON, c'est-à-dire, la Montagne de Léon. Alphonse le sage Roi de Castille la reprit sur eux l'an 1257. & la repeupla de Chrétiens. C'est le Chef-lieu d'un Marquisat dont le titre fut érigé par l'Empereur Charles V. en faveur de D. Alonze de Zuñiga fils aîné du Duc de Bejar.

[a] Rodr. Mendez Silva Poblacion General de España p. 105.

1. GIBRALTAR, Ville d'Espagne dans l'Andaloufie sur la côte Septentrionale du Détroit qui fait la communication de l'Océan & de la Mer Mediterranée.

GIBRALTAR [b], est le nom d'une Ville, d'une Montagne & d'un Détroit. Un Général More donna le nom à la Montagne, & la Montagne le donna au Détroit & à la Ville; en voici l'Histoire en peu de mots. A l'extremité Orientale du Détroit, au dernier coin de la terre qu'il y ait en Europe entre l'Océan & la Mediterranée, s'élève une Montagne, ou plutôt un rocher qui a une bonne demi-lieue de hauteur, lequel forme un Promontoire qui s'avance trois quarts de lieue dans la Mer, par une langue de terre de deux cens pas de longueur, si étroite que de loin on a tant de peine à la remarquer, que la Montagne paroît une Isle. C'est cette Montagne que les Anciens ont connue sous le nom de CALPE[c], & qu'elle a perdu depuis dix siécles ou environ. Du tems de l'invasion des Mores, un Général des troupes de ces Barbares nommé *Tarik* ayant debarqué son monde au pied de la Montagne, s'y cantonna d'abord, & s'y maintint malgré tous les efforts des Goths, en memoire de quoi les Mores appellerent cette Montagne en leur Langue *Gibel-Tarik*, c'est-à-dire, la *Montagne de Tarik*, d'autant que *Gibel* en Arabe signifie *Montagne*, & que c'est pour cette raison que dans la Sicile le Mont Ethna porte le nom de Mont-Gibel. Desorte que de Gibel-Tarik se forma par corruption le nom de Gibaltar, & enfin celui de Gibraltar.

[b] Vayrac. Etat prés. de l'Espagne T. 1. p. 242.

Cette Montagne a été dans tous les siécles fort fameuse, à cause de sa hauteur, de son Cap avancé, de sa situation qui sépare l'Océan de la Mediterranée, & de la charmante vûë dont on y joüit. On y grimpe sur son sommet avec beaucoup de peine, parce que comme j'ai dit, ce n'est qu'un rocher escarpé: mais quand on y est arrivé on trouve une assez belle esplanade, d'où l'on découvre jusqu'à quarante lieuës avant sur la Mediterranée, ce qui fait la plus agréable perspective du monde. De ce côté-là, le rocher est tellement escarpé, qu'on ne peut regarder en bas sans frayeur. La pente n'en est pas si rude du côté de l'Océan, mais aussi la vûë n'y est pas si étenduë, étant bornée par une Montagne qui est à trois lieuës de là appellée *la punta del Carnero*, c'est-à-dire, le Cap ou la Pointe du Mouton. Cela n'empêche pas qu'on ne voye de ce bel endroit deux Mers & cinq Royaumes, qui sont la Barbarie, Fez & Maroc en Afrique, & les Royaumes de Seville & de Grenade en Espagne.

On a bâti sur cette esplanade une tour fort élevée qu'on appelle *el Acho*, dans laquelle il y a toujours une Sentinelle pour decouvrir les Vaisseaux qui font voile dans le Détroit, & pour en donner avis aussitôt qu'ils paroissent, en allumant autant de feux qu'elle apperçoit de Vaisseaux. A l'extremité de cette Montagne, on a construit un Château qui commande la Ville, & lui sert en même tems de defense.

La Ville est au pied de la Montagne du côté du Couchant. Elle est passablement grande, fort jolie, très-bien fortifiée, & revêtuë de murailles avec de bons bastions, & quelques autres ouvrages. Au bout du rocher qui avance dans la Mer, & à un quart de lieuë de la Ville, on voit un grand Fort muni de Canons, qui couvre un Mole qu'on y a fait en forme de port de 300. pieds de long, pour faciliter aux Vaisseaux de mouiller en toute sûreté. Du côté de la terre on voit un autre Mole qui couvre le port, defendu aussi par un Fort construit en forme de tour, & plus avant on trouve deux petits ouvrages avancez.

Cette Place a été pendant longtems estimée imprenable à cause que les gros vaisseaux n'en peuvent approcher de 500. pas, sans courir risque de perir, soit en échouant dans le sable à cause que l'eau y est basse, soit en touchant contre les rochers qui s'y trouvent, dont quelques-uns sont cachez sous l'eau & quelques autres élevez à fleur d'eau. Mais enfin l'événement a fait connoître qu'elle n'étoit pas imprenable, puis qu'ayant été attaquée en 1704. & n'ayant que 80. hommes de garnison, elle fut obligée de se rendre à la Flotte d'Angleterre & de Hollande, elle a resté en commun au pouvoir de ces deux Nations jusqu'à ce qu'elle fut cedée à l'Angleterre seule par le Traité de paix conclu à Utrecht.

Les Alliez du Traité de la Quadruple Alliance conclu à Londres le 2. d'Août 1718. avoient minuté un Traité entre l'Espagne & l'Empereur & il paroît par le Manifeste de la France contre l'Espagne que Sa Majesté très-Chrétienne s'étoit engagée d'obtenir pour Sa Majesté Catholique la restitution de Gibraltar. Le Roi d'Espagne ne signa dans la suite le Traité que dans cette esperance; mais les longueurs de la negociation, la mort imprevuë du Duc d'Orleans qui avoit promis la chose au nom du Roi, celle du Roi George I. qui avoit apparemment donné lieu à cette promesse, tout cela ayant empêché cette restitution, l'Espagne assiegea Gibraltar l'an 1728. La paix que l'on menageoit en France, & la signature des Preliminaires à Paris firent lever le siége & enfin le Traité de Seville assura Gibraltar aux Anglois.

La Baye de Gibraltar est fort grande, elle a environ sept milles d'ouverture & près de huit d'enfoncement. La pointe de l'Ouest est le Cap Carnero, & celle de l'Est le Mont Gibraltar. Environ quatre à cinq milles vers

[c] Michelot Portulan de la Mediterranée p. 9.

Y 2

le Nord quart de Nord-Est de la pointe du Cap Carnero il y a une petite Isle, & entre cette distance il y a deux tours de garde sur le bord de la Mer; un peu en dedans de cette Isle, est le Village du VIEUX GIBRALTAR, situé sur le bord de la Mer; devant lequel on peut mouiller avec toutes sortes de bâtimens. Mais il ne faut pas s'aprocher de cette côte du côté de l'Ouest, parceque le fond n'y est pas net; il s'y trouve des roches sous l'eau qui gâtent les cables, & si l'on s'en éloigne, on y trouve une grande profondeur d'eau.

La Ville de GIBRALTAR le neuf est une petite Ville de guerre assez bien fortifiée, située du côté de l'Ouest du Mont Gibraltar sur le bord de la Mer, & le *Mont Gibraltar* est une haute Montagne escarpée presque de toutes parts, qui de tous côtez paroît isolée. Sur la pointe du Sud de ce Mont qui vient en abaissant, & qui est fort escarpé il y a quelques fortifications à l'antique, qui viennent jusques aux murs de la Ville, pour defendre tous les endroits & les avenues où l'on pourroit debarquer ou en aprocher, & les avenues y sont difiiciles. A la pointe de la Ville du côté du Sud, attenant les fortifications il y a un bout de Môle qui s'avance vers le Nord-Ouest environ quatre-vingt toises, ce qu'on apelle le MÔLE NEUF, par raport à un autre qui est fort ancien dans lequel on pourroit mettre quatre Galeres, ou sept à huit, étant connillées, en faisant deux rangées elles auroient la proue à la Mer vers le Nord-Ouest, on en pourroit mettre deux autres le long du Môle. Il y a cinq à six brasses d'eau devant le Môle, qu'on peut ranger à discretion; mais pour être bien posté avec une Galere il faut s'écarter un peu de la tête du Môle pour pouvoir mieux tourner & prendre le poste. Environ un mille vers le Nord, autrement au bout de la Ville de Gibraltar, il y a un autre bout de Môle presque semblable au premier, excepté qu'il n'y peut entrer que de petites barques ou tartanes, n'y ayant que sept à huit pieds d'eau de pleine mer suivant les endroits. Il est encore bon d'avertir que depuis le Môle neuf au vieux, il ne faut pas aprocher la côte, parcequ'il y a plusieurs roches plattes, ou de basse mer, il n'y reste que très-peu d'eau; ces roches s'avancent fort loin en Mer. Sur le bout du vieux Môle qui est devant la Ville, il y a un petit Fort armé de cinq à six Canons, au bout duquel sont quelques roches, dont une partie découvrent de basse Mer. Lors qu'on vient de l'Ouest, & que l'on veut aller mouiller à Gibraltar le neuf, ayant évité la pointe du Cap Carnero, comme on l'a dit cidevant, on peut venir librement mouiller par tout le Cap de la Baye, par dix, douze, quinze & vingt brasses d'eau; mais le mouillage ordinaire & le meilleur principalement pour les Galeres, est de venir au Nord-Ouest de la tête dudit Môle, environ quatre à cinq cens toises, où l'on sera par trois brasses d'eau de basse Mer, & quatre ou quatre & demie de pleine mer, suivant les marées: car il faut savoir que par tout l'Océan où il y a flux & reflux, la mer augmente à la pleine mer, & diminue à la basse mer, ce qui change encore dans le tems des équinoxes; les marées les plus voisines des équinoxes sont aussi plus fortes que dans les autres mois qui en sont éloignez. Les marées sont dans ce lieu presque Nord quart de Nord-Est pour la situation, autrement trois quarts d'heure les jours de la nouvelle & pleine Lune. Ordinairement la mer y baisse & augmente de cinq à six pieds à plomb chaque marée. Lors qu'on vient du côté de l'Est, voulant aller mouiller devant Gibraltar, on en peut ranger la pointe à discretion, n'y ayant nul danger; cependant il convient de s'en éloigner à cause des courans qui pourroient porter sur cette pointe, ensuite on va mouiller aux lieux dont on vient de parler. Il faut remarquer qu'il est bien plutôt pleine mer dans le milieu du Détroit ou à micanal qu'à la rade de Gibraltar; outre cela il y a plusieurs courans dans cette Baye qui ne sont pas tout-à-fait reguliers, non plus que les marées ordinaires, & on voit par experience que les marées perdent leur regularité, passé le Détroit de Gibraltar, elles continuent pourtant encore jusques à Malaga, où elles sont presque imperceptibles. Lorsqu'on mouille devant le vieux Môle de Gibraltar, il faut avoir deux ancres en mer, l'une à l'Est-Sud-Est, & l'autre à l'Ouest-Nord-Ouest à peu près. On fait de l'eau dans quelques Jardins qui sont proche de la Ville dans un bas terrain, proche trois Moulins à vent sur le bord de la plage. Le Traversier est le vent de Sud-Ouest qui donne droit dans la baye, le vent de Nord-Ouest y est extremement rude, aussi bien que l'Est-Nord-Est, quoiqu'il vienne par dessus les terres.

Dans le fond de la Baye de Gibraltar il y a deux petites Rivieres vers le Nord-Ouest qui viennent entre deux Montagnes, ce qui est cause que le Nord-Ouest vient quelquefois violemment, & le vent d'Est-Nord-Est qui vient par dessus une plage de Sable fort basse, qui est entre les Montagnes de la côte du Nord & le Mont Gibraltar.

Lorsqu'on vient de l'Est voulant sortir hors le Détroit, on découvre d'environ quarante milles loin ou plus, suivant les temps, le Mont Gibraltar qui paroît comme un Isle, lequel est un peu plus haut du côté du Nord que du Sud, parceque du côté du Nord ce n'est qu'une grande plage & des Dunes de sable fort basses qu'on apelle la MALBAYE. Et comme environ trois à quatre milles vers le Nord du Mont Gibraltar il y a de hautes Montagnes, cette terre basse qui se trouve entre deux, fait que plusieurs Vaisseaux de nuit ou dans des temps obscurs, prennent ce défaut de terres apparent pour l'entrée du Détroit, prenant le Mont Gibraltar, pour le Mont au Singe qui est en Barbarie, & du côté d'Espagne pour le Mont Gibraltar, ce qui les fait échouer souvent vers la Malbaye. On voit aussi presque en même temps le Mont au Singe, qui est une haute Montagne fait en pain de sucre à la côte de Barbarie, qui paroît de loin aussi isolée, par la raison qu'elle est plus haute que celle des environs; & comme du côté du Sud de cette Montagne il y a encore un grand abaissement de terrain, il y a souvent des Vaisseaux que s'y trompent, prenant le Mont au Singe pour le Mont Gibraltar, ce

qui

qui les fait échouer dans la Baye de Tetouan, donnant dans cette fausse passe qu'ils prennent pour l'ouverture du Détroit, c'est pourquoi il convient autant qu'on le peut de ranger plus la côte d'Espagne que celle de Barbarie, & surtout prendre bien garde à l'air de vent qu'il fait pour donner dans le Détroit. De la pointe du Mont Gibraltar jusques à Estepone, la côte court au Nord-Nord-Est vingt-deux milles.

2. GIBRALTAR, gros Bourg de l'Amerique dans la Province de Venezuela au Midi de Barracoa sur le bord Oriental d'un grand Golphe qui s'étend Nord & Sud à l'Embouchure de la Riviere de Merida. Oexmelin [a] dit que cette Baye est ordinairement nommée la Baye de Maracaibe, car, dit-il, ils corrompent aussi le nom propre de *Maracaibo* en celui de *Marecaye*. Lui même il la nomme la Baye de Venezuela. Voici ce qu'il dit du Bourg qu'il apelle *Gibratar*. Il est, dit-il [b], bâti sur le bord du Lac: proche de ce Bourg sont quantité de belles habitations, où l'on fait le Tabac tant estimé en Espagne qu'on nomme Tabac de Maracaibo. On y fait aussi quantité de Cacao. C'est le meilleur & le plus excellent qui croisse aux Indes Espagnoles. Il s'y fait aussi assez de sucre pour entretenir le Pays où il s'en consume une grande quantité. Ce Bourg a communication avec plusieurs Villes qui sont au delà de très-grandes Montagnes toujours couvertes de Néges qu'on nomme *Montes de Gibratar*. La Ville qui a le plus de Commerce avec ce Bourg est Merida dont le Gouverneur commande aussi à ce Bourg. Tout le Pays d'alentour est plat & arrosé de très-belles Rivieres. Ce terroir produit les plus beaux arbres du monde; des Acajoux sorte de Cedres du tronc desquels on fait des vaisseaux tout d'une piece qui pourroient porter en Mer vingt-cinq à trente tonneaux, & ce qui est de plus beau & de plus commode, c'est que ces arbres ne sont pas rares en ce Pays-là. Il y a de toutes les especes d'arbres qu'on trouve dans les Indes; & les Espagnols ayant soin de les cultiver, ils fournissent toute l'année de diverses sortes de fruits & autant qu'ils en ont besoin. Le poisson & la viande n'y manquent pas non plus que toutes les autres choses qui sont necessaires à la vie. Tout ce qui est de plus incommode dans ce Pays; c'est qu'au temps des pluyes, l'air y est mal-sain & fiévreux, aussi n'y reste-t-il alors que les gens de travail propres à cultiver la terre. Tous les Marchands se retirent à Merida, ou à Maracaibo [c]. Les Marchands & les riches Bourgeois dont cette derniere Ville est remplie ont leurs terres à Gibraltar. Merida est à quarante lieues delà vers les Terres.

Ce Bourg est defendu par un petit Fort [d] sur lequel on peut mettre six pieces en batterie de front. Malgré cette deffense & les retranchemens que les Espagnols y avoient faits, des Avanturiers François ne laisserent pas de prendre le Bourg & de reduire en cendres [e] l'an 1679. après l'avoir pillé.

GIBRAMEL, Mr. Maty [f] nomme ainsi un Bourg du Royaume de Bugie, partie de celui d'Alger en Barbarie. Il est, dit-il, entre Gigeri & Colle sur le Cap de Gibramel que l'on prend pour l'AUDUM PROMONTO-

[a] Hist. des Avanturiers T. 1. p. 270.
[b] p. 273.
[c] p. 279.
[d] p. 282.
[e] p. 286.
[f] Dict. Géograph.

RIUM de Ptolomée. Mr. Baudrand [g] rend aussi *Audum Promontorium*, par CAPO-GIBRAMBL. C'est le Cap qui est entre Gigeri & Collo au Levant de la premiere & au Couchant de la seconde. Mr. Berthelot dans sa Carte Marine de la Mediterranée nomme ce Cap le CAP DE BUGARONIE.

GICHTHIS, Ville de l'Afrique propre, selon Ptolomée [h], Γίχθις. C'est la GITA d'Antonin. Voiez GITA, & GIRGIS.

GIDDAH, ou GEDA, ou GIODDAH, ou DGIUDDA. Voiez GIODDAH.

GIDEROTH. Voiez GADEROTH.

GIEBIGENSTEIN, Château d'Allemagne avec un Bailliage de même nom dont il est le Chef-lieu, au Duché de Magdebourg [i] assez près de Wettin.

GIEIHUN. Voiez GIHUN & OXUS.

GIELSPERG, Château en Suisse [k] un peu au dessus du Confluent des Rivieres du Thour & de la Glatt. Il a autrefois appartenu à une famille noble, nommée de Giclen.

GIEN [l], Ville de France dans le Hurepoix, selon quelques-uns, au Gastinois, selon quelques autres, en Latin GIEMUM CASTRUM, ou GIEMACUM. Elle est sur la Loire qu'on y passe sur un pont de pierre, trois lieues au dessous de Briare, en descendant vers Gergeau. Cette Ville est du Diocèse d'Auxerre, a une Eglise Collegiale dont le Chapitre [m] consiste en un Chantre, un Treforier & neuf Chanoines; & des Couvents de Capucins, de Cordeliers & de Minimes. C'est un Comté dont Mr. l'Abbé de Longuerue [n] parle ainsi: Il appartenoit autrefois aux Seigneurs de Donzy & relevoit des Evêques d'Auxerre, à qui les Seigneurs en faisoient hommage. Hervé Seigneur de Donzy & son frere Renaud céderent à Philippe Auguste la proprieté de Gien & Hugues Evêque d'Auxerre ceda l'an 1203. au Roi l'hommage qui lui appartenoit & pour recompense Philippe Auguste ceda à l'Evêque & à son Eglise certains droits de procuration qu'il avoit sur son Evêché & qui fut aussi exempté du droit de Regale dans la suite, exemption où il est encore maintenu jusqu'aujourd'hui. Ce Comté de Gien fut donné depuis par les Rois à divers Princes du sang, & comme il fut venu à Charles d'Anjou Comte du Maine qui mourut sans enfans, Louïs XI. donna Gien à sa fille Anne Dame de Beaujeu pour elle & pour ses enfans mâles & femelles: sa fille unique Suzanne épousa le Connétable de Bourbon dont elle n'eut point d'enfans. Louïse de Savoye mére de François I. s'empara des biens de Suzanne, & après la mort de Louïse de Savoye Gien fut réuni au Domaine; & les Rois Louïs XIII. & Louïs XIV. ont vendu ou engagé le Comté de Gien au Chancelier Seguier dont les Heritiers en jouïssent aujourd'hui.

GIENGEN [o], Ville libre & Imperiale d'Allemagne dans la Suabe sur la Riviere de Brentz, entre Ulm & Nordlingen à distance égale. On y suit la Confession d'Augsbourg. Le Pays aux environs est agréable & fertile, la Riviere de Brentz fournit d'excellent poisson. Avant que la guerre & les incendies l'eussent saccagée c'étoit une assez jolie Ville, & il y avoit un bon Hôpital. Le

[g] Ed. 1682. in voce *Audus*.
[h] l. 4. c. 3.
[i] Hubner Géogr. p. 556.
[k] Etat & Delices de la Suisse. T. 3. p. 323.
[l] Piganiol de la Force. desc. de la France. T. 6. p. 146. Ed. Paris.
[m] T. 3. p. 425.
[n] Desc. de la France. part. 1. p. 118.
[o] Zeyler Suevia Topogr. p. 34.

GIE.

Monaſtere d'Herbrechtingen y avoit anciennement droit de patronage ; mais les habitans de Giengen ayant pillé & brûlé ce Monaſtere tandis que Henri Hitzler de Mergelſtetten en étoit Abbé, ils furent citez à comparoître à Rome & cette pourſuite dura juſqu'à l'an 1453. que Louïs Comte Palatin du Rhin accommoda cette affaire. La Ville de Giengen ſouffrit beaucoup durant les longues guerres d'Allemagne qui finirent par la Paix de Weſtphalie.

GIENNA, ou GIENNIUM, ou ONINGIS, nom Latin de Jaën Ville d'Eſpagne.

GIENZOR, Ville d'Afrique dans la Barbarie au Royaume de Tripoli à quatre lieues de la Capitale du côté du Levant & le long de la côte. Elle n'eſt pas fermée, il y a pluſieurs Marchands & Artiſans, le Pays abonde en dates, en grenades, en coins & autres fruits, mais il y a peu de froment & d'orge,& quand Tripoli étoit aux Chrétiens, les habitans y portoient vendre force fruits & quelque bétail aux jours de marché.

[a] Afrique T. 2. l. 6. c. 51. p. 571.

§ Marmol [a] la met au Royaume de Tunis, mais c'eſt qu'il regarde Tripoli comme une Province, l'une des quatre qui autrefois compoſoient le Royaume de Tunis: mais à préſent Tunis, & Tripoli, ſont deux Etats differens & ſeparez & qui ont leur Regence particuliere.

[b] Baudrand Ed. 1705.
[c] Commanville Liſte des Archev. & Evêch.

GIERACE, Ville du Royaume de Naples [b] dans la Calabre ulterieure avec un Evêché ſuffragant de Reggio [c]. Cet Evêché y a été transferé ou uni à l'Evêché de Locri qui n'en eſt qu'à un mille. Cet Evêché eſt du neuviéme Siécle. Le nom Latin eſt HIERACIUM. On l'appelle auſſi SANCTA CYRIACA. La Ville eſt ſituée ſur une Montagne à trois milles de la côte de la Mer de Grece, auprès d'un Ruiſſeau qui ſe perd dans cette Mer ; & à quarante milles de Squillace au Midi, entre le Cap Spartivento au Midi & le Cap de Stilo qui la ſepare au Septentrion du Golphe de Squillace.

[d] Baudrand Ed. 1705.

GIERA-PETRA [d], Ville ruinée de l'Iſle de Candie ſur ſa côte Meridionale & au Territoire de Sitia dont il ne reſte plus que le Château proche du mont Malatara ; ſon Evêché a été uni à celui de Sitia. Mais elle eſt à préſent ſous la puiſſance des Turcs. Elle eſt environ à vingt-cinq milles de Sitia au Couchant.

GIERS, (LE) Voiez GERS.

GIESE, (LA) Riviere de France en Normandie au Diocèſe de Coutances. Elle reçoit le Ruiſſeau de Chef-Frêne, paſſe à Perſi, & ſe perd dans la Siéne auprès de l'Orbe-Haye après deux lieues de cours.

[e] Voyage d'Ethiopie de Jaques Poncet, dans les Lettres Edifiantes. T. 4. p. 48.
[f] p. 43.

GIE'SIM [e], Bourgade d'Afrique dans le Pays de Sennar, à mi-chemin de la Capitale & des confins de l'Ethiopie, au dixiéme degré de Latitude Septentrionale, ſelon l'obſervation du P. Brevedent Jeſuïte: on ſe défait là de ſes chameaux à cauſe des Montagnes qu'il faut traverſer, & des herbes qui empoiſonnent ces animaux. La ſituation de cette Bourgade eſt belle & agréable, [f] au bord du Nil, au milieu d'une forêt dont les arbres ſont plus hauts que nos plus gros chênes. Il y en a de ſi gros que neuf hommes enſemble ne les pourroient pas embraſſer. Leur feuille eſt à-peuprès ſemblable à celles du Melon, & leur fruit qui eſt très-amer reſſemble aux Courges.

GIE. GIF.

GIESSEN, Ville d'Allemagne [g] dans la haute Heſſe avec un Château ſur la Riviere de Lohn, elle eſt dans le partage de la Maiſon de Darmſtadt. La Ville eſt paſſablement grande, & aſſez fortifiée. On [h] dit que ce n'étoit autrefois qu'un Village nommé DEWUNGEN qui étoit placé dans un marais. Et parce qu'aux temps de pluye l'eau y debordoit de tous côtez, de là eſt venu le nom de GIESSEN qui veut dire verſer [i]. On ne ſait pas quand la Ville a été bâtie. On pretend néanmoins que dès le temps de Ste. Elizabeth il y avoit là une Ville, car le Landgrave Otton lui accorda des Privileges en 1325. tant pour les habitans de l'enceinte de la Ville que pour ceux des Fauxbourgs. Trithème parle quelque part d'une Ville de Gieſſen priſe par un Archevêque de Mayence. On lit dans les Annales de Treves par Guillaume Kiriandre que l'an 1327. Baudouin Archevêque de Treves aida Mathias Archevêque de Mayence à prendre la Ville de ZUDEN GIESSEN. Mais on n'eſt pas ſûr que ce ſoit cette Gieſſen de Heſſe ou quelque autre. Louïs le Jeune Landgrave de Heſſe y érigea l'an 1607. une Univerſité à laquelle l'Empereur Rodolphe accorda de grandes Franchiſes. Cette Ville eſt à un mille de Wetzlar, à deux de Grunberg, à trois de Marpourg, & à ſix de Francfort, ſur le grand chemin de Francfort à Spire. Il y a quatre portes & autant de grandes rues au milieu deſquelles eſt la place ou le marché. On peut ſe promener autour des foſſez qui ont une heure de circuit. Il n'y a qu'une grande Egliſe dediée à St. Pancrace, & placée au milieu de la Ville une haute tour & de belles cloches. A l'Orient eſt un Château où reſide le Commandant. Il y a auſſi un aſſez bel Arſenal. La Ville jouït d'un bon air, & eſt dans un terrain fertile qui avec les Manufactures de Draps nourrit les habitans. Elle eſt gouvernée par un Conſeil & par un Magiſtrat, outre les Officiers du Prince. Il y a une Foire tous les ans qui dure huit jours entre Paſques & l'Aſcenſion. Autour de la Ville ſont quelques Châteaux, entre autres GLEIBER, SOLMS, KÖNIGSBERG, FETZBOURG. A un mille de Gieſſen du côté de Butzbach eſt la petite Ville de GROSSEN LINDEN, où étoit autrefois un Château que le tonnerre brûla en 1560.

[g] Zeyler Haſſ. Topogr. p. 43.
[h] Abraham Saur in parvo Theatro Urbium.
[i] Zeyler l. c.

GIESSENBOURG, ancien Château des Pays-Bas dans la Hollande Meridionale entre Gorcum & Dort à deux lieues de l'une & de l'autre, ſur le Vahal. Cluvier le prend pour l'ancienne CASPINGIUM. Voiez ce mot.

GIF [k], Abbaye de filles dans l'Iſle de France ſur la Riviere d'Yvette au Diocèſe de Paris, à ſix lieues de la Capitale vers le Couchant d'Hyver. Elle eſt de l'Ordre de St. Benoît & a été autrefois appellée NOTRE DAME DE CLISE [k]. Elle fut bâtie ou plutôt rétablie par Maurice de Luilli Evêque de Paris.

[k] Corn. Dict.

GIFISSIA, Mr. Spon écrit GIPHISSIA [l], Village de Grece, dans le Pays d'Athenes à deux

[l] Voyages T. 2. p. 181.

GIF. GIG.   GIG. 175

deux milles de Penteli. C'est un Village assez grand qui a presque retenu son ancien nom de CEPHISIA, Voiez ce mot.

GIFONI [a], Bourg & Château d'Italie au Royaume de Naples dans la Principauté Cirerieure, environ à cinq milles au Levant de Salerne. Il a été autrefois plus considerable.

[a] Baudrand Ed. 1705.

GIGAMÆ, ancien Peuple de l'Afrique, ils confinoient avec les Adyrmachides, & habitoient vers l'Océan où ils avoient pour voisins les Asbytes jusqu'à l'Isle d'Aphrodisiade selon Herodote [b]. Voiez GILIGAMBÆ.

[b] Melpomene.

GIGAMARCELLÆ, Ortelius lit ainsi le nom d'un ancien Evêché de Numidie. Le vrai nom étoit de Giru Marcelli, pour le distinguer d'un autre Giru nommé de Giru Tarazi. Voiez MARCELLANIENSIS, c'est le même Siége.

GIGANDUM, lieu quelque part dans l'Asie entre Cyrrhus & Edesse, selon l'Itineraire d'Antonin. Dans quelques Editions on lit sans titre de route & sans chifres des distances :

Cilizasi,
Veurnia,
Gigando,
Abarraza,
Zimna, &c.

L'exemplaire du Vatican obmet tous ces noms & n'en fait aucune mention. Surita a trouvé dans la Bibliotheque Royale de St. Laurent de l'Escurial un exemplaire, où les distances de ces lieux sont marquées ainsi,

Ciliza, sive Urma Giganti, M. P. XII.
Abarara - - - M. P. x.
Zeugma, - - - M. P. XXII.

De maniere que les trois premiers noms qui dans presque tous les autres Manuscrits sont divisez par ces lettres M. P. comme si c'étoient des lieux differens ne signifient qu'un même lieu dont le vrai nom étoit Ciliza, & le surnom Arma Giganton, car c'est ainsi que lit Zurita au lieu d'Urma Giganti. Quel qu'ait été ce lieu il étoit à douze mille pas, c'est-à-dire à quatre lieues de Cyrrhus Capitale de la Cyrrhestique.

GIGANEUM [c], Γιγάνεον, Ville de la Colchide, selon Ptolomée. Le Grec varie, quelques exemplaires portent GIGANEUM, d'autres SIGANEUM, & le Traducteur Latin dit TIGANEUM. Niger dit [d] : in Cyanei Ostio Siganeum Oppidum ubi nunc Sevastopolis. Il se trompe : Sevastopoli n'est pas Siganeum, mais Dioscurias qui au raport de Ptolomée s'appelloit aussi Sebastopolis. Elle n'a point changé de nom.

[c] l. 5. c. 10.
[d] p. 480.

GIGANTES. Voiez les Guans.

GIGANTUM VALLIS. Voiez RAPHAÏM.

GIGARTA, Ville d'Asie au pied du Liban, selon Pline [e]. Strabon [f] la nomme GIGARTON, Γίγαρτον.

[e] l. 5. c. 20.
[f] l. 16. p. 755.

GIGARTHO, Fontaine de l'Isle de Samos, selon Pline [g].

[g] l. 5. c. 31.

GIGAS, Promontoire d'Asie dans l'Hellespont entre Dardanus & Abidos. Voiez OLISSAS.

GIGAY [h], petite Isle d'Ecosse entre les Westernes au Couchant de Kintyre. Elle a six milles de long, & un mille & demi de large. Cette Isle a une Eglise où sont inhumez les Mackneils qui en sont les proprietaires. Il y a une source d'eau Medecinale.

[h] Etat pres. de la Gr. Bret. T. 2. p. 289.

GIGEMORUS, Montagne de Thrace, selon Pline [i]. Il la distingue de l'Hæmus, de Rhodope & des autres Montagnes.

[i] l. 4. c. 11

GIGERI [k], Village d'Afrique sur la côte de Barbarie au Royaume d'Alger. Il est situé à cinquante lieues communes de France, à l'Est d'Alger, où il y a une Forteresse qui commande un grand Territoire. C'étoit autrefois une Province dependante du Royaume de Bugie. Il est bâti sur une langue de terre qui avance dans la Mer, & forme avec des rochers qui s'y trouvent deux Havres assez commodes, un à l'Est & l'autre à l'Ouest. Il n'y a point de Ville, ni d'habitation fermée dans le territoire qui en dépend, & les habitans ne s'y tiennent que dans des Adouars, ou Villages. Ce Territoire enferme une haute Montagne de vingt-cinq à trente lieues de longueur appellée le MONT-AURAX d'un accès extrémement difficile. Elle est habitée par des Arabes nommez CABEYLEZEN, fiers, jaloux de leur liberté & indomptables à cause de quelques endroits inaccessibles de la Montagne, où ils se retirent pour se mettre à l'abri des insultes. Ils font esclaves sans distinction tous les étrangers qui abordent sur leurs côtes depuis l'année 1664. que les François furent obligez d'abandonner Gigeri. Avant ce tems-là ils y avoient un Comptoir, & la Compagnie du Bastion de France y tenoit des Commis, pour acheter des cuirs, de la cire, & des grains. Mais la France étant en guerre avec le Royaume d'Alger, le Roi ordonna au Duc de Beaufort Amiral, de faire construire un Fort auprès de la Mer pour s'y maintenir, & tenir en bride les Arabes. Il en fit jetter les fondemens, & ayant appris qu'un grand nombre de ces Arabes avoient formé un Camp pour le venir attaquer, il prit la resolution de les aller combattre, à la tête de huit cens hommes. Mais la longueur & la difficulté des chemins lui firent changer de dessein. S'étant mis en Mer par ordre de la Cour pour croiser sur les vaisseaux d'Alger, les Barbares profiterent de son absence pour attaquer les François dans leur Fort qui fut bientôt renversé ; de sorte que se voyant exposez dans ce Village aux irruptions des Barbares ils prirent la resolution de les aller attaquer & de faire tout l'effort possible pour s'en debarasser. Le Sieur du Fretoy Commandant marcha à la tête de la Cavalerie suivie de l'Infanterie, contre les ennemis, quoi qu'infiniment superieurs en nombre aux François. Ceux-ci furent battus, obligez de prendre la fuite, d'abandonner Gigery & de s'embarquer sur des bâtimens qui étoient dans le port avec tout ce qu'ils purent sauver. On en attribua la faute au Commandant de l'Infanterie dont le Sieur du Fretoy se plaignit de n'avoir pas été bien secondé. Les Barbares avertis de la retraite precipitée des François s'avancerent pour les combatre à leur

[k] Laugier de Tassi. Hist. du Roy d'Alger. p. 134.

leur tour, les furprirent en defordre & maffacrerent ou firent efclaves 400. hommes qu'on avoit mis dans un pofte avancé pour leur tenir tête, dans le temps qu'on embarquoit le Bagage & l'Artillerie dont il refta une bonne partie aux Algeriens. Cette Province fut aquife au Royaume d'Alger par Barberouffe en 1514. Lorfque quelque bâtiment fait naufrage fur les côtes de Gigery les habitans de la Montagne defcendent en foule & viennent s'emparer fur le champ de ce qu'ils peuvent fauver, de quelque Nation que foit le bâtiment, quand même il feroit Turc. Mais en ce cas-là ils renvoyent les Mahometans avec les provifions neceffaires pour fe conduire jufqu'en un lieu où ils puiffent trouver du fecours. Ils font efclaves les Chrétiens, les Grecs & les Juifs quand même la Regence d'Alger feroit en paix avec la Nation à laquelle le bâtiment naufragé appartient; le Dey d'Alger n'en peut rien tirer que comme ami & non comme Souverain. Il n'en eft pas de même lorfque les bâtimens d'une Nation amie de la Regence d'Alger, échouent, ou font naufrage fur les autres côtes de ce Royaume, foit par le mauvais temps, foit pour éviter leurs ennemis. Alors le Dey, le Bey, ou les Agas, obfervent de leur donner tout le fecours neceffaire. Mais quelquefois avant que les Commandans des Villes voifines en foient informez pour envoyer des Sauvegardes, les Maures de la Campagne profitent de la trifte fituation des Equipages pour butiner.

GIGIA, ancienne Ville de l'Efpagne Tarragonoife, felon Ptolomée[a]. Il la met entre les Places du Peuple *Lanciati*.

[a] l.6.c.6.

GIGITANUS, Siége Epifcopal d'Afrique, felon Victor d'Utique cité par Ortelius, c'eft le même que *Gegitanus*; & il étoit dans la Mauritanie Sitifenfe.

GIGIUS, Montagne de l'Afrique propre, felon Ptolomée,[b] qui lui donne 40. d. 30'. de Longitude & 26. d. 30'. de Latitude. C'eft une partie de cette Chaine de Montagne qui fepare le Royaume de Tripoli au Midi & celui du Faizan au Nord.

[b] l.4.c.3.

GIGLIO, Ifle d'Italie fur la côte de Tofcane. Elle eft fituée au Nord-Oueft de l'Ifle d'Elve, & fait partie de l'Etat de Sienne. Son nom fignifie l'Ifle du Lis. Elle eft remplie de Montagnes avec un feul Village & un Château pour la deffendre des Corfaires. Elle a été connue des Anciens fous le nom d'IGILIUM, ou ÆGILIUM; & eft à dix milles de la côte du mont Argentaro, felon Mr. Baudrand. Michelot dans fon Portulan de la Mer Mediterranée[c] l'appelle l'Ifle de GIGLIO, ou JULLI. Il dit qu'elle eft environ à douze milles à l'Oueft-Sud-Oueft de la pointe de l'Oueft d'Argentaro; qu'elle a environ fix ou fept milles de long; qu'elle eft très-haute. Il ajoute qu'il y a une Foreterefe & quelques Maifons de pêcheurs.

[c] p. 105.

GIGLUA. Voiez GILVA.

GIGNAC, Ville de France en Languedoc au Diocèfe de Befiers. Elle eft Chef d'une Viguerie Royale, près de la Riviere d'Eraud; & a féance aux Etats du Languedoc.

GIGNI[d], Monaftere de France, au Lyonnois. Il fut bâti par le bienheureux Bernon, (qui fut depuis premier Abbé de Clugni,)

[d] Baillet Topogr. des Saints. p. 200.

dans un fonds de fon Patrimoine vers l'an 896. vingt ans avant la fondation de Clugni. Bernon en fut le premier Abbé : cette Abbaye eft reduite maintenant en Prieuré.

GIGONUS, Ville de Thrace dans le voifinage de Pallene, felon Etienne le Géographe. Le Promontoire qui eft entre la Macedoine & la Thrace auprès de Pallene étoit appellé GIGONIDE & Artemidore y met une Ville de même nom. Etienne le Géographe dit qu'elle tenoit ce nom de Gigon Roi d'Ethiopie vaincu par Bacchus. Le Scholiafte de Thucydide fait connoître que c'étoit plutôt un Château qu'une Ville[e]. Herodote decrivant la route que fit la Flotte de Xerxès, dit[f]: après avoir paffé la côte de Pallene, elle arriva au lieu marqué & prit des Soldats des Villes voifines de Pallene & du Golphe Thermèen dont voici les noms *Lipaxus*, *Combrea*, *Liffa*, GIGONUS, *Campfa*, *Smila* & *Ænèe*, dont le Pays s'appelle auffi CROSSE'E.

[e] Ad l. r.
[f] l.7.n.123.

GIGURI. Voiez EGURRI.

GIHLOWA. Voiez IGLAW.

1. GIHON. Voiez GEHON.

2. GIHON, ou GION, Fontaine de la Paleftine à l'Occident de Jerufalem. Ce fut à la Fontaine de Gihon que Salomon[g] fut facré Roi par le grand Prêtre Sadoc & par le Prophéte Nathan. Ezechias[h] fit conduire le Canal fuperieur de Gihon dans Jerufalem afin que les ennemis venant affiéger la Ville ne profitaffent pas des eaux de cette Fontaine. Voiez SILOE'.

[g] Reg. l.3. c.r.v.32. & feq.
[h] Paralip. l.3.c.22. v. 30.

3. GIHON. Voiez GIHUN.

GIHUN, les Arabes appellent ainfi l'Oxus des Anciens. Il prend fa fource en Afie dans la Province de Tokharaftan au pied du Mont Imaüs à l'Orient, traverfe le Badachfchian[i], & Pays de Balkhe vers le Midi, fe decharge d'une partie de fes eaux dans le Lac de Chovarezme, coupe cette Province en deux & fe decharge à l'Occident dans la Mer Cafpienne. Il fepare par fon cours le Pays d'Iran, ou la Perfe d'avec le Touran ou Turkeftan & donne à tout ce grand Pays qu'il laiffe au Septentrion le nom de MAVARALNAHAR, c'eft-à-dire, le Pays d'au delà la Riviere, ou la Province Tranfoxane.

[i] d'Herbelot Biblioth. Orientale.

Quoique fon cours ordinaire foit du Couchant au Levant, il ne laiffe pas cependant de fe courber quelquefois du côté de l'Orient ; les Villes de Cat & de Balkhe font fituées fur ce Fleuve du côté de l'Orient, Termed & Amol au Midi ; Corcange ou Giorgianie Capitale du Khovarezme, & le fameux Château de Hezar-Esb, font vers le Couchant. La Province qui borde le Gihon au Midi eft le Khoraffan & quoi que ce Fleuve foit d'une extrême largeur & d'une profondeur égale, & qu'il femble lui fervir d'un foffé qui la couvre & la deffende contre les courfes des Septentrionaux ; il n'y a rien de plus ordinaire dans l'Hiftoire de Perfe que de voir des armées innombrables de Turcs & de Tartares qui le paffent à la nage fur leurs chevaux, & qui viennent faccager, ruiner, & brûler les plus belles Villes de cette Province. Il eft vrai qu'il y a trois principaux guez fur cette Riviere qui font fameux dans l'Hiftoire, favoir CONDUZ, BAGLAN & CARKI. Le Sultan Babur de la race

GIH. GIJ. GIL.   GIL.   177

race de Tamerlan, passa de Perse à Bokhare, & à Samarcande par les deux premiers & retourna en Perse par le dernier. Les Persans nomment ce fleuve AMOU, ABIAMU & ROUDKHANEH. Les deux premiers noms font le même: *Ab* veut dire eau & Riviere, ainfi *Abiamu* veut dire la *Riviere d'Amou*, les Arabes le nomment auffi NEHER-BALKH ou la Riviere de Balkhe. Outre le nom d'Oxus il a auffi porté celui de Bactrus, felon Mr. d'Herbelot.

GIJON [a], petite place d'Espagne dans l'Asturie d'Oviedo, fur la côte, en forme de Prefqu'Isle, avec un ancien Château à cinq lieues d'Oviedo vers le Nord & à treize des Frontieres de la Galice à l'Orient. On croit que c'est l'ancienne GIGIA de Ptolomée.

a Baudrand Ed. 1705.

GILAN. Voiez GHILAN.

1 & 2. GILBA, Ville d'Afrique dans la Numidie. Il y en avoit deux de même nom dans cette Province & toutes les deux étoient Episcopales. La Notice d'Afrique compte entre les Evêques de Numidie *Felix Gilbenfis* qui est le quarantieme & *Donatus Gilbenfis* qui est le quatre-vingt-dixiéme. La Conference de Carthage fait mention de *Victor Episcopus Gibbenfis*; & on est persuadé que c'est l'un de ces deux Siéges. Le nom de *Gilbenfis* est commun à ces deux Villes dont l'une nommée Gilba n'est connue que par les monumens Ecclesiastiques, & l'autre est nommée GILBA par St. Augustin, par Victor d'Utique, par le Concile de Miléve, & au Concile de Carthage tenu fous Boniface. C'est le même Siége dont l'Evêque Lucius *à Castro Galba* parla au Concile de Carthage fous St. Cyprien. Voyez GALBÆ CASTRUM & GILUA.

GILBENSIS. Voiez l'Article precedent.

GILDA, Ville de la Libye, felon Etienne qui cite le troisiéme Livre de l'Histoire de Libye par Alexandre. Voiez SILDA.

GILDONIANUS OPTATUS, un Evêque d'Afrique nommé Optat, & de la Secte des Donatistes fut furnommé *Gildonien* [b]. Ortelius a foupçonné que c'étoit un nom Patronymique, pris de quelque lieu. Il n'a pas deviné jufte. Cet homme eut ce furnom à caufe de fon attachement au parti de Gildon qui avoit fait une revolte en Afrique, cet Optat étoit Evêque de Thamagude & Gildon étoit fils de Nubel petit Roi de Mauritanie & Frere de Firmus qui auffi bien que lui fit la guerre aux Romains. Ammien Marcellin la décrit dans fon 29. livre.

b Augustin. Epist. 165. Edit. Vet.

GILEAD. Voiez GALAAD.

GILFIL, Riviere de la Dacie, felon Jornandes [c]. C'est la GEILE en Tranffilvanie, felon Lazius.

c Ortel. Thef.

GILIGAMBA, Peuple de la Libye, felon Etienne le Géographe qui cite la IV. livre d'Herodote, où ce nom ne fe trouve point; mais bien celui de GIGAMÆ.

GILLIUS, l'ancienne Traduction Latine de Ptolomée lit ainfi au lieu de GIGIUS. Voyez ce mot.

GILO, Ville ancienne de la Palestine dans la Tribu de Juda. Il en est parlé au livre de Jofué [d] & dans le premier livre des Rois [e] il est dit que c'étoit la Patrie d'Achitopel.

d c. 15. v. 51.
e c. 15. v. 12. & c. 23. v. 34.

1. GILOLO, Grande Isle d'Afie dans l'Archipel des Moluques, elle est traversée dans fa largeur par l'Equateur, & dans une partie de fa longueur par le Meridien du 145. d. fa partie Septentrionale s'appelle Gilolo; la Meridionale est nommée la Batochine. Ces deux parties font des Peninfules attachées chacune par un Isthme au corps de l'Isle au milieu de laquelle est une Montagne, où est la Ville de Toto. Elle a la grande Isle des Celebes au Couchant; l'Isle de Ceram au Midi; la Nouvelle Guinée, ou Terre des Papuas à l'Est-Sud-Est. Les Isles Moluques de Ternate, Tidor, Motir, Machian, Bachian, & Cayoua, la bordent au Couchant, & l'Isle de Morotay y est prefque jointe au Levant Septentrional.

Cette Isle est diverfement nommée dans les Relations des Voyageurs. Celle du Voyage de la Flotte de Naffau la nomme HAREMANERA. [f] L'Historien de la conquête des Isles Moluques [g] donne le nom de Batochine à toute l'Isle. Elle a, dit-il, deux cens lieues de tour; elle est fous la domination de deux Rois qui font celui de Gilolo & celui de Loloda. Ce dernier est plus ancien que tous ceux des Moluques & même que tous les autres de cette Mer. Il a été autrefois le plus puiffant & est devenu le plus foible. Les peuples de Batochine qui habitent la côte du Nord font fauvages & vivent dans des lieux deferts, fans Loi, fans Roi, fans habitations fixes. Mais ceux qui demeurent à l'Orient de cette Isle ont les Villages & des Bourgs bien peuplez au bord de la Mer. Ils s'entendent tous les uns les autres bien qu'ils ayent un langage different.

f Voyages de la Compagnie Holl. T. 5. p. 80.
g T. 1. l. 2. p. 146.

Cet Auteur ne reserve pas le nom de Morotay à une Isle particuliere. On a, dit-il, nommé cette côte MOROTIA qui est comme fi on difoit *More de Terre*, & les autres Isles qui font à l'oppofite MOROTAY qui veut dire *More de Mer*; les habitans de toutes ces Isles des Mores font des gens groffiers, fourbes & lâches; il n'y a que la feule Ville de MOMOYA où ils foient bellicueux. Tous ces peuples n'ont jamais eu de Loi, de poids, de mefures, de Monnoye d'or, d'argent, ni d'autre metal. Ils n'ont point de Rois. Ils ont des vivres, des armes, des Idoles par lefquelles, ou dans lefquelles le Diable leur parle. Ils fourniffent les Moluques de plufieurs chofes neceffaires à la vie. Les femmes cultivent la terre. Chaque Village reconnoît un Superieur qui est élu par les habitans. Ils ne lui payent aucun Tribut, mais ils ont quelques égards pour fes enfans, les élifant pour Chefs plutôt que d'autres après la mort du Pere. Les Rois des Moluques ont conquis ces Isles, & chacun en a pris ce qu'il a pu.

Cela étoit ainfi lorfque les Portugais poffedoient les Moluques. Mais ils en ont été depoffedez par les Hollandois.

Le Continuateur de cette Histoire qui a décrit la conquête des Moluques par les Hollandois [h] donne de cette Isle une idée un peu differente. Voici ce qu'il en dit.

h T. 3. p. 8.

GILOLO, qui fe nomme auffi MAURICA & la BATOCHINE, est une fort grande Isle qui produit beaucoup de ris & de Sagu. La Mer qui l'environne fournit quantité de

Z   Tor-

Tortues. Les habitans sont d'une taille bien proportionnée, farouches & cruels, ayant même été Anthropophages, ainsi que ceux de Celebes. Elle a trois pointes qui font comme trois Isles separées par deux Golphes & elles se joignent par un bout. Une de ces pointes (la Meridionale) se nomme Batochine; celle du milieu GAMOCANORA; & l'autre (la Septentrionale) se nomme proprement Gilolo.

2. GILOLO, Ville de l'Isle & du Royaume de même nom dont elle est la Capitale.

GILUA, Colonie d'Afrique dans la Mauritanie, selon Antonin [a]. J'avois soupçonné que ce pourroit être un des deux Sièges connus sous le nom de GILBENSIS; mais tous les deux étoient dans la Numidie, au lieu que *Gilua* Colonie étoit dans la Mauritanie Cesarienne, entre *Crispa* & *Castra Puerorum*; à v. M. P. de la premiere & à xxIII. M. P. de la seconde. Cette Ville étoit maritime.

[a] *Itiner.*

GIMAS, Montagne. Voiez MIMAS.

GIMMOR, ou GAMOR, Montagne de Suisse (dans le Canton d'Appenzell) du nombre de celles qui separent le Pays d'Herisaw d'avec le Rheintal [b]. Il y a une Caverne dont l'entrée est si étroite qu'il faut presque se trainer pour y entrer: au dedans elle est large en quelques endroits de 15. pieds, & en d'autres seulement de 4. ou 5. & haute de 3. ou 4. pieds en quelques lieux, & en d'autres de 10. & de 20. Au fond de cette Caverne on trouve une source d'eau abondante qui va couler dans le Rheintal, au pied de la Montagne, & y fait une Fontaine Médecinale. On y trouve aussi quantité de pierres rares & curieuses qu'on peut appeller *Talc Crystallin*, les unes blanchâtres, les autres transparentes & sans couleur, & quelques-unes transparentes avec des traits noirs qui les coupent à angles droits. Il y a dans la même Montagne deux autres Cavernes, ou Creux, qui sont percés de haut en bas; l'une au milieu de la Montagne, & l'autre au sommet. La premiere est si profonde, que quand on y jette une pierre, on l'entend résonner durant l'espace de cinq minutes. La seconde est dangereuse: les gens du Pays disent qu'on n'y peut rien jetter, que cela ne produise une tempête.

[b] *Etat. & Délices de la Suisse. T. 3. pag. 109.*

GIMONE, (LA) Riviere de France dans la Gascogne. Elle a sa source auprès de Gensan dans le Magnoac, d'où coulant vers le Nord-Est elle passe à Bologne, d, dans le bas Comminge, & serpentant vers le Nord, elle coule quelque temps entre cette Province & l'Estarac qu'elle separe; delà traversant l'Estarac, elle baigne Ville-Franque & Simmore Bourgs qui sont sur sa gauche, puis Saramon Ville & Abbaye à sa dessus de laquelle elle reçoit le ruisseau de BORGONE d. & au dessous celui de la Lause. Elle se rend ensuite à Gimont qu'elle traverse, puis à Touget, où elle se grossit de la MARGAONE, d. puis entre Solomiac & Maubec, elle prend le SARAMPION; & se détournant vers l'Ouest - Nord - Ouest elle coule à Beaumont, & traversant enfin la Riviere de Verdun elle se perd dans la Garonne.

GIMONT, Ville de France dans la Lomagne sur la Gimone. Mr. Baudrand [c] qui la donne à la Riviere de Verdun dit qu'elle est à quatre lieues de la Ville d'Auch au Levant en allant vers Toulouse dont elle est à sept lieues. Il y a une Abbaye de l'Ordre de Citeaux.

[c] *Ed. 1705.*

GIMOUX [d], (le) petit Pays de France dans la Gascogne Tolousaine, sur les Confins du Condomois.

[d] *Ibid.*

GINÆA, Village de la Palestine dans une plaine vers les Confins de Samarie, selon Josephe [e], Egesippe lit ELEAS [f].

[e] *De Bell. l. 3. c. 2.*
[f] *Ortel. Thes.*

GINCLARIUM, pour CINGULARIUM. Voiez ce mot.

GINDANES, Γινδᾶνες, ancien Peuple de la Libye, selon Herodote [g]. Ils étoient voisins des Lotophages, & leurs femmes se faisoient une gloire d'avoir quantité d'Amans à chacun desquels elles demandoient une sorte de frange qu'elles mettoient à leur robe pour faire connoître le nombre de leurs conquêtes.

[g] *l. 4.*

GINDARA. Voiez l'article qui suit.

GINDARENI, Peuple ancien de la Syrie, selon Pline [h]. Strabon [i] dit: GINDARUS Forteresse de la Cyrrhestique. Etienne le Géographe dit: GINDARA Village près d'Antioche. Cela se doit prendre dans differents temps, car il est certain que ç'a été une Ville & même une Ville Episcopale. Son Evêque est nommé *Petrus Gindarensis*, dans le premier Concile de Nicée [k] entre les Evêques de la Celesyrie. Ptolomée nomme la même lieu GINDARUS & le met non pas dans la Cyrrhestique, mais dans la Seleucide.

[h] *l. 5. c. 23.*
[i] *l. 16. p. 751.*
[k] *p. 51.*

GINDARUS. Voiez l'article precedent.

GINDES, ou GYNDES, Riviere d'Asie. Selon Tacite [l] il servoit de bornes entre le Peuple *Daha* & les Ariens.

[l] *Ann. l. 12.*

GINECRATUMENIENS. Voiez GYNECRATUMENIENS.

GINERCA [m], petite Ville de l'Isle de Corse près de la côte entre le Golphe de Calvi & l'Embouchure du Limone, dans un petit Golphe que l'on nomme à cause d'elle le GOLPHE DE GINERCA.

[m] *Baudrand Edit. 1705.*

GINESITENSIS, Siège Episcopal d'Afrique, selon Ortelius. C'est peut-être le même que *Gernistanus*. La Lettre des Prelats de la Byzacene au Concile de Latran tenu sous le Pape Martin fait mention de Felix *Episcopus Municipii à Gernisis*.

1. GINGI, Royaume d'Asie dans la Presqu'Isle de l'Inde en deça du Gange. Il est borné au Nord par le Royaume de Carnate, aux environs de la Riviere de Palaru, à Midi par le bras Septentrional du Coloran; à l'Orient par la Mer, au Couchant par les terres de Chila-Naiken & au Sud-Ouest par le Royaume de Maduré. Il a pour Capitale la Ville de Gingi: qui est dans les terres de la côte. Pondicheri qui est aux François en est la principale place. Les Hollandois ont une loge à Trevenepatan & à Porto-Novo, les Anglois ont leur à Gondelour.

2. GINGI, Ville & Forteresse des Indes Capitale d'un Royaume de même nom. Le siécle passé le fameux Sevagi s'en étoit rendu maître & par conséquent de tout le Pays, car c'est une chose constante aux Indes que les terres qui environnent une Forteresse en sont inseparables. Le fils de Sevagi la conserva quelques années, mais Aurengzeb après la conquête des

de cette Ville. Il devoit dire laquelle de ces Rivieres on nommoit ainsi, car ce Territoire en a plusieurs qui le traversent.

1. GIR, Ptolomée nomme ainsi un Fleuve de la Libye Interieure. Ptolomée dit qu'il s'étend depuis la Vallée des Garamantes jusqu'au Mont Usurgala; & qu'après cela il s'abyme dans la terre & produit un autre Fleuve [a]; il semble que ce nouveau Fleuve soit le Niger dont il parle ensuite. Le Gir de cet Auteur est le Niger d'aujourd'hui, & le Niger dont il parle est le même Fleuve dans sa partie Occidentale qui porte le nom de Senega. Voiez le mot NIGER. A comparer les Cartes dressées sur Ptolomée & le cours du Fleuve Ghir dans quelques Cartes Modernes on seroit tenté de croire que c'est le même Fleuve. Mais la Latitude qu'il donne au Niger, savoir 16. 17. ou 18. d. tout au plus ne sauroit convenir au Ghir qui vient tomber dans un Lac situé au Nord du 26. d. d'ailleurs le Niger est connu par les Ouvrages des autres Géographes anciens.

[a] l. 4. c. 6.

2. GIR, ou GHIR. Voiez GHIR.

1. GIRA, Ville ancienne Metropolitaine de la Libye Interieure sur le Fleuve Gir, selon Ptolomée [b].

[b] l. 4. c. 6.

2. GIRA, ancien lieu de Grece en Macedoine dans la Chalcidique. Diodore en fait mention, quelques-uns veulent qu'on lise ZEIRA.

GIRACE. Voiez GIERACE.

GIRACUNDA, petite Ville d'Asie dans la Tartarie Crimée sur la côte. On la nomme aussi CACAGIONI. Elle est situé au Couchant du Cap de Carofsqui. Quelques-uns croient qu'elle occupe la place de Charax Ville de la Chersonnese Taurique. En ce cas ce seroit CHARAX 1. Elle ne devoit pas en être fort loin.

GIRANA [e], Village d'Afrique en Ethiopie au Royaume de Sennar, sur la Route de Sennar à Gondar entre Serqué & Chelga. Il est situé au haut d'une Montagne d'où l'on découvre le plus beau Pays du Monde.

[e] Poncet Voyage d'Ethiopie. Lettres Edif. p. 54.

GIRAPETRA, GERAPETRA, ou GIERAPETRA, petite Ville [d] sur la côte Meridionale de Candie à huit lieues de la Ville de Seria vers le Couchant Meridional, sur un Cap, & un Golphe de même nom. Cette Ville [e] a été ruinée & il n'en reste plus que le Château avec le Port près du Mont Melaura. Elle étoit Episcopale avant que d'être sous la domination des Turcs, & son Evêché a été uni à celui de Sitia.

[d] Baudrand Ed. 1705.
[e] Corn. Dict.

GIRATHA. Voiez GOERATHA.

GIRBA, Ville Episcopale d'Afrique dans la Province Tripolitaine. Dans la Conference de Carthage [f] on trouve *Quodvultdeus Episcopus Girbitanus*, selon la correction de Mr. Baluze, car dans le Manuscrit il y a *Givit*. Au Concile de Carthage tenu sous St. Cyprien, on trouve entre les Evêques *Monnulus à Girba*, au Concile de Cabarsussi tenu en 394. on voit *Proculus Girbitanus Episcopus*. Au Concile de Carthage tenu sous Boniface l'an 525. il y avoit Vincent Evêque *Plebis Gervitane*, ou *Girbitana* Député de la Province Tripolitaine. Dans la Notice de la même Province on lit *Faustinus Girbitanus*; & enfin on a encore une preuve que ce lieu étoit de la Tripolitaine dans la Notice de l'Empire. Cette Girba étoit dans l'Isle qui porte encore aujourd'hui le nom de Gerbes.

[f] S. Optat. Opera.

Il est remarquable que dans le Concile de 525. tenu à Carthage sous Boniface on trouve deux Evêques qualifiez *Gerbitani*. Ce qui fait juger qu'il y avoit deux Villes Episcopales de même nom; mais on ne peut dire de quelle Province étoit ce second Siége: du temps des Donatistes cela n'auroit point fait de difficulté, beaucoup de Villes avoient deux Evêques, l'un Catholique l'autre Donatiste; mais ce Concile est posterieur de plus d'un siécle à la destruction du parti de ces Heretiques, ainsi la difficulté demeure.

GIRCONA [g], petite Ville de la Turquie en Asie dans la Natolie, sur le Golphe de Smyrne, entre la Ville de Smyrne & la Riviere de Girmasti. Cette Ville est la même que MYRINA, Ville de l'Eolide. Voiez ce mot.

[g] Baudrand Ed. 1705.

GIREFT, Ville de Perse dans le Kerman dont elle est la Capitale & la plus grande Ville. Mr. d'Herbelot [h] dit : son terroir est fertile en Palmiers, en Citroniers & en Orangers : il s'y fait un grand commerce de toutes les marchandises du Khorassan & du Segestan, & elle n'est éloignée d'Ormus que de quatre journées : les Tables Astronomiques qui la nomment SIRAF & SIREFT lui donnent 88. d. de Longitude & 29. de Latitude. Il devoit remarquer que la Ville de *Siraf* qui a cette Longitude & cette Latitude dans les Tables de Nassir Eddin & d'Ulug-beig est selon ces deux Auteurs dans le Fars ou la Perse propre & non pas dans le Kirman. Mais ces mêmes Geographes Arabes mettent JIROFT dans le Kirman, ou Carman & lui donnent 93. d. de Longitude & 27. d. 30′. de Latitude. Je ne sais où Tavernier a pris la position de GIREFT qu'il met à 73. d. 40′. de Longitude & à 31. deg. 10′. de Latitude. Cette Ville, poursuit [i] ce Voyageur, est une des plus grandes de la Province de Kerman & toute environnée de Marais. On trouve proche de là diverses pierres à aiguiser des couteaux, des Rasoirs, des Canifs & des Lancettes; & ce qui est assez particulier, est qu'il s'en trouve de propres pour donner le fil & le tranchant à chacun de ces differens instrumens, selon qu'il en est besoin. Tout le Commerce de cette Ville consiste en froment que les Armeniens recueillent en quantité n'y ayant qu'eux qui cultivent la terre & il y croît peu de seigle. Ils ont aussi des Dates dont ils peuvent faire part à leurs voisins.

[h] Bibliot. Orient.
[i] Voyage de Perse. l. 3. c. dern.

GIRENSIS, Siége Episcopal d'Afrique dans la Numidie; c'est le même que GUIRENSIS. Voiez ce mot.

GIRGE [′], Ville d'Afrique dans la haute Egypte, dont elle est la Capitale. Elle est éloignée d'un bon mille du Fleuve, selon le Sieur Paul Lucas dans son Voyage du Levant [k]. Elle a sept grandes Mosquées qui ont des Minarets : huit grands Bazars couverts où l'on vend toutes sortes de Marchandises, n'en sont pas le moindre ornement. On y compte bien vingt-cinq mille habitans, & environ quatorze à quinze cens Chrétiens Cophtes; il y a aussi quelques Juifs. Son principal negoce est de Bled, de Lentilles, de Féves, de Toiles,

[k] 1. part. c. 10.

Vaisseaux qui reviennent des Indes y mouillent. Le Grand Seigneur entretient ordinairement dans ces mers trente gros Vaisseaux pour le transport des Marchandises. Ces Vaisseaux qui pourroient être percez pour cent piéces de Canon, n'en ont point. Tout est cher à Gedda jusqu'à l'eau à cause du grand abord de tant de Nations differentes. Une pinte d'eau mesure de Paris, coute deux ou trois sols parce qu'on l'apporte de quatre lieues loin. Les murailles de la Ville ne vallent rien : la Forteresse qui est du côté de la Mer est un peu meilleure ; mais elle ne pourroit pas soutenir un siége, quoi qu'il y ait quelques piéces de Canon pour sa deffense. La plupart des maisons sont de pierres ; elles ont des terrasses au lieu de toit à la maniere des Orientaux. Les environs de Gedda sont tout à fait desagréables : on ne voit que des rochers steriles & des lieux incultes pleins de sable.

[a] *Jaillot Atlas.*

1. GIOIA [a], Bourg d'Italie au Royaume de Naples dans la Terre de Barri, aux Confins de la Terre d'Otrante, au Midi de la Ville de Barri, & à la distance de seize milles.

[b] Ibid.

2. GIOIA [b], Bourgade d'Italie au Royaume de Naples dans la Calabre Citerieure sur la côte Occidentale à deux lieues & demie & au Midi de Nicotere ; auprès d'une petite Riviere, à l'embouchure de laquelle est une tour nommée TORRE DI GIOIA.

LE GOLPHE DE GIOIA, Golphe de la Mer de Naples sur la côte Occidentale de la Calabre Ulterieure. Il a au Nord le Golphe de S^{te}. Euphemie dont il est separé par le Capo Vaticano, & s'étend jusqu'à Sciglio qui est voisin du Fare de Messine. Ce Golphe n'est point nommé sur les Cartes ; mais il y est tracé.

GIOIOSA, (LA MOTTA) petit lieu du Royaume de Naples sur la côte Orientale de la Calabre Ulterieure. C'étoit autrefois la Ville de MYSTIA. Voiez ce mot.

GION. Voiez GIHON.

[c] *La Roque desc. de l'Arabie p. 322.*

GIORASH [c], Ville d'Asie dans l'Arabie-heureuse dans l'Yemen. Il y a des Palmiers, dit Abulfeda, & elle est habitée par des familles des Tribus de l'Yémen. On en tire beaucoup de peaux & de cuirs. Selon Alazizy, Giorash est une fort jolie Ville aux environs de laquelle il y a une infinité de ces Arbres nommez Karad, dont l'écorce sert à appréter les peaux & il y a pour cela beaucoup de Manufactures. La Latitude de cette Ville est de dix-sept degrez. Edrissi marque que Giorash & Nagr'an ou Nedgeran sont deux Villes assez semblables, l'une & l'autre ont aux environs des Villages & des terres cultivées. La distance d'entre ces deux Villes est de six Stations.

GIORGIAN. Voiez GORBANG.

GIORSA, Grande Plaine d'Asie, c'est la même que la Plaine de Bargu.

[d] *d'Herbelot Biblioth. Orient.*

GIOSTAH [d], Ville d'Afrique dans le Pays de Mosambique que les Arabes appellent Sephalat al Dhahab, la Plaine ou la Campagne de l'or ; proche de la Ville qui porte aujourd'hui le nom de Sofala. La Ville de Giostah est petite ; mais elle est au fond d'un Golphe fort spacieux, où il y a un fort bon mouillage pour les Vaisseaux.

GIOTTA [e], Ville de Perse dans le Khousistan, ou la Susiane. On la nomme aussi GIOUBBA. Elle appartient à la Ville de Bassora.

[e] Ibid.

GIOUD [f], GIOUDA & GIOUDI, Montagne d'Asie, les Orientaux nomment ainsi celle où ils disent que s'arrêta l'Arche de Noé, au Pays de Moussal ou de Diar-Rabiah en Mesopotamie au pied de laquelle il y a encore un Village nommé Thamanin & Corda. Ce sont les monts Gordiens, que l'Ecriture Sainte nomme Ararat.

[f] Ibid.

GIOUD [g], est aussi une Chaine de Montagnes qui s'étend le long des Pays de Zablestan & de Gaur.

[g] Ibid.

GIOUEH [h], ou GIOUAH, Ville d'Afrique au Pays de Berbera qui est sur la côte de Cafrerie, ou le Zanguebar, plus Meridionale de deux journées que Carcounah qui appartient au même Pays & fort proche de celle de Bathah en Ethiopie.

[h] Ibid.

GIOVENAZZO [i], Ville d'Italie au Royaume de Naples dans la Terre de Barri. Elle est petite & peu considerable, quoique Siége d'un Evêque Suffragant de Barri. Elle a titre de Duché & est située sur une Montagne environnée pour la plus grande partie de la Mer Adriatique, mais sans port, avec une simple plage, à trois milles seulement de Molfetta à l'Orient, & à dix de Trani en allant vers Barri, dont elle n'est pas plus éloignée. On écrit aussi GIOVINAZZO. Son nom Latin est *Juvenatium*.

[i] *Baudrand Ed. 1705.*

GIOUF [k], Les Arabes appellent ainsi la partie maritime de l'Egypte que le Vulgaire appelle le CHOUF.

[k] *d'Herbelot Bibl. Orient.*

GIOUL, ou SOUL, Ville d'Asie au Pays de Giorgian ; c'est-à-dire, dans le Kovaresme dont Giorgian est la Capitale.

1. GIOUND [l], Ville d'Asie dans le Turckestan ; de laquelle sont sortis plusieurs gens de Lettres.

[l] Ibid.

2. GIOUND [m], Ville d'Arabie heureuse dans laquelle il y a un *Mesged-Giamé*, c'est-à-dire, une Mosquée principale bâtie par Moaz-Ben-Gebal, pour les Sectaires d'Ali qui y sont en très grand nombre. Cette Ville est plus Septentrionale que Sanaa Capitale du Pays d'où elle est éloignée de près de 80. lieues.

[m] Ibid.

GIOUR [n], Ville d'Asie dans le Fars ou la Perse proprement dite, à seize Parasanges de Karzoun, dans un terroir fort agréable, rempli de Jardins & arrosé d'une grande abondance d'eaux. Ses fossez & ses murailles la rendent considerable pour sa force.

[n] Ibid.

GIOURA, petite Isle de l'Archipel, entre celles de Zea, d'Andro, de Tine &c. C'est le *Gyaros* des Anciens. Voiez ce mot.

GIPEDÆ, pour GEPIDÆ. Voiez l'Article GEPIDES.

GIPLONSII, Γιπλόγσιοι, Peuple de l'Afrique propre, selon Ptolomée [o]. Il leur donne pour voisins les Cinithiens & les Achemenes. Quelques Exemplaires Grecs portent Γιπλώσιοι, d'autres Σιγυπλώσιοι *Sigiplosii*.

[o] *l. 4. c. 3.*

GIPPIDANA PLEBS, Eglise d'Afrique. St. Augustin en parle dans une de ses Lettres [p].

[p] *Epist. 236.*

GIPTIUS. Ciofanus dans sa description de la Ville de Sulmone dit que les Anciens nommoient ainsi la Riviere qui arrose le Territoire de

GIR.

de cette Ville. Il devoit dire laquelle de ces Rivieres on nommoit ainsi, car ce Territoire en a plusieurs qui le traversent.

1. GIR, Ptolomée nomme ainsi un Fleuve de la Libye Interieure. Ptolomée dit qu'il s'étend depuis la Vallée des Garamantes jusqu'au Mont Usurgala; & qu'après cela il s'abyme dans la terre & produit un autre Fleuve [a]; il semble que ce nouveau Fleuve soit le Niger dont il parle ensuite. Le Gir de cet Auteur est le Niger d'aujourd'hui, & le Niger dont il parle est le même Fleuve dans sa partie Occidentale qui porte le nom de Senega. Voiez le mot NIGER. A comparer les Cartes dressées sur Ptolomée & le cours du Fleuve Ghir dans quelques Cartes Modernes on seroit tenté de croire que c'est le même Fleuve. Mais la Latitude qu'il donne au Niger, savoir 16. 17. ou 18. d. tout au plus ne sauroit convenir au Ghir qui vient tomber dans un Lac situé au Nord du 26. d. d'ailleurs le Niger est connu par les Ouvrages des autres Geographes anciens.

[a] l.4.c.6.

2. GIR, ou GHIR. Voiez GHIR.

1. GIRA, Ville ancienne Metropolitaine de la Libye Interieure sur le Fleuve *Gir*, selon Ptolomée [b].

[b] l.4.c.6.

2. GIRA, ancien lieu de Grece en Macedoine dans la Chalcidique. Diodore en fait mention, quelques-uns veulent qu'on lise ZEIRA.

GIRACE. Voiez GIERACE.

GIRACUNDA, petite Ville d'Asie dans la Tartarie Crimée sur la côte. On la nomme aussi CAÇAGIONI. Elle est située au Couchant du Cap de Carosqui. Quelques-uns croient qu'elle occupe la place de *Charax* Ville de la Chersonnese Taurique. En ce cas ce seroit CHARAX 1. Elle ne devoit pas en être fort loin.

GIRANA [c], Village d'Afrique en Ethiopie au Royaume de Sennar, sur la Route de Sennar à Gondar entre Serqué & Chelga. Il est situé au haut d'une Montagne d'où l'on découvre le plus beau Pays du Monde.

[c] Poncet Voyage d'Ethiopie. Lettres Edif. p. 54.

GIRAPETRA, GERAPETRA, ou GIERAPETRA, petite Ville [d] sur la côte Meridionale de Candie à huit lieues de la Ville de Seria vers le Couchant Meridional, sur un Cap, & un Golphe de même nom. Cette Ville a été ruinée & il n'en reste plus que le Château avec le Port près du Mont Melaura. Elle étoit Episcopale avant que d'être sous la domination des Turcs, & son Evêché a été uni à celui de Sitia.

[d] Baudrand Ed. 1705.
[e] Corn.Dict.

GIRATHA. Voiez GOERATHA.

GIRBA, Ville Episcopale d'Afrique dans la Province Tripolitaine. Dans la Conférence de Carthage [f] on trouve *Quodvultdeus Episcopus Girbitanus*, selon la correction de Mr. Baluze, car dans le Manuscrit il y a *Givit*. Au Concile de Carthage tenu sous St. Cyprien, on trouve entre les Evêques *Monnulus à Girba*, au Concile de Cabarsussi tenu en 394. on voit *Proculus Girbitanus Episcopus*. Au Concile de Carthage tenu sous Boniface l'an 525. il y avoit Vincent Evêque *Plebis Gerbitana*, ou *Girbitana* Député de la Province Tripolitaine. Dans la Notice de la même Province on lit *Faustinus Girbitanus*; & enfin on a encore une preuve que ce lieu étoit de la Tripolitaine dans la Notice de l'Empire. Cette Girba étoit dans l'Isle qui porte encore aujourd'hui le nom de Gerbes.

[f] S. Optat. Opera.

Il est remarquable que dans le Concile de 525. tenu à Carthage sous Boniface on trouve deux Evêques qualifiez *Gerbitani*. Ce qui fait juger qu'il y avoit deux Villes Episcopales de même nom; mais on ne peut dire de quelle Province étoit ce second Siége: du temps des Donatistes cela n'auroit point fait de difficulté, beaucoup de Villes avoient deux Evêques, l'un Catholique l'autre Donatiste; mais ce Concile est posterieur de plus d'un siècle à la destruction du parti de ces Heretiques, ainsi la difficulté demeure.

GIRCONA [g], petite Ville de la Turquie en Asie dans la Natolie, sur le Golphe de Smyrne, entre la Ville de Smyrne & la Riviere de Girmasti. Cette Ville est la même que MYRINA, Ville de l'Eolide. Voiez ce mot.

[g] Baudrand Ed. 1705.

GIREFT, Ville de Perse dans le Kerman dont elle est la Capitale & la plus grande Ville. Mr. d'Herbelot [h] dit : son terroir est fertile en Palmiers, en Citroniers & en Orangers : il s'y fait un grand commerce de toutes les marchandises du Khorassan & du Segestan, & elle n'est éloignée d'Ormus que de quatre journées : les Tables Astronomiques qui la nomment SIRAF & SIREFT lui donnent 88. d. de Longitude & 29. de Latitude. Il devoit remarquer que la Ville de *Siraf* qui a cette Longitude & cette Latitude dans les Tables de Nassir Eddin & d'Ulug-beig est selon ces deux Auteurs dans le Fars ou la Perse propre & non pas dans le Kirman. Mais ces mêmes Geographes Arabes mettent JIROFT dans le Kirman, ou Carman & lui donnent 93. d. de Longitude & 27. d. 30'. de Latitude. Je ne sais où Tavernier a pris la position de GIREFT qu'il met à 73. d. 40'. de Longitude & à 31. deg. 10'. de Latitude. Cette Ville, poursuit [i] ce Voyageur, est une des plus grandes de la Province de Kerman & toute environnée de Marais. On trouve proche de là diverses pierres à aiguiser des couteaux, des Rasoirs, des Canifs & des Lancettes; & ce qui est assez particulier, est qu'il s'en trouve de propres pour donner le fil & le tranchant à chacun de ces differens instrumens, selon qu'il en est besoin. Tout le Commerce de cette Ville consiste en froment que les Armeniens recueillent en quantité n'y ayant qu'eux qui cultivent la terre & il y croît peu de seigle. Ils ont aussi des Dates dont ils peuvent faire part à leurs voisins.

[h] Biblioth. Orient.
[i] Voyage de Perse. l.3. c. dern.

GIRENSIS, Siége Episcopal d'Afrique dans la Numidie; c'est le même que GUIRENSIS. Voiez ce mot.

GIRGE, Ville d'Afrique dans la haute Egypte, dont elle est la Capitale. Elle est éloignée d'un bon mille du Fleuve, selon le Sieur Paul Lucas dans son Voyage du Levant [k]. Elle a sept grandes Mosquées qui ont des Minarets : huit grands Bazars couverts où l'on vend toutes sortes de Marchandises, n'en sont pas le moindre ornement. On y compte bien vingt-cinq mille habitans, & environ quatorze à quinze cens Chrétiens Cophtes ; il y a aussi quelques Juifs. Son principal negoce est de Bled, de Lentilles, de Féves, de Toiles,

[k] 1.part. c.10.

de Laines, & d'une graine que l'on appelle *Cafze*, dont on tire de l'huile. Parmi les arbres qui croissent en ce Pays sont les Palmiers, le *Semp* qui produit une graine avec quoi l'on tanne les peaux. Le *Pom* qui donne un fruit gros comme le poing; dont le Noyau est fort dur, mais fort doux à manger. Les habitans y sont pauvres & très-mal habillez. Il n'y a que les Puissances qui dominent qui sont riches. On y cultive des Vignes dont le raisin est mûr dans le mois d'Août, & reste sur la vigne jusqu'au Mois de Janvier. Quelques Turcs & quelques Chrétiens y font du vin passable, mais qui seroit beaucoup meilleur s'ils le savoient faire. On fait de l'eau de vie assez bonne du fruit de Palmier que l'on nomme date. Il se tient tous les Vendredis un très-beau Bazar qui est une espece de Foire, où l'on vend de toutes choses, particulierement des toiles & des Legumes. On vit en ce Pays à si bon marché que cela n'est pas concevable. Pour un Sol de pain un homme en a assez pour vivre trois jours. On a trois livres de Viande pour dix-huit deniers ; quarante Oeufs pour un Sol. Une grosse poule ne vaut qu'un Sol, deux Pigeons de même & ainsi du reste. Cette Ville étoit autrefois toute bâtie de brique, comme on le voit encore par plusieurs ruines qui restent.

GIRGENTI, ou GERGENTI, Ville Episcopale de Sicile dans la Vallée de Mazare dans sa partie Meridionale. Elle a pris son nom de la Ville d'AGRIGENTE des ruines de laquelle elle s'est formée quoiqu'elle ne soit pas précisément sur le même terrain. Elle est à trois milles de la Mer, près de la Riviere de St. Blaise, sur une Colline, avec un Château, & un Evêché. On n'y peut aborder que par un seul endroit, ce qui la rend forte. Le Pays aux environs est fertile en bled dont elle fait un grand commerce par le moyen de son port, qui est à cinq milles delà au Couchant. Mr. Baudrand [a] semble croire que c'est la même Ville qu'Agrigente ; cependant elle a changé de lieu, comme il est marqué à l'article d'*Agrigente*. Cette Ville de Girgenti est selon cet Auteur à cinquante-cinq milles de Palerme, à soixante-quatre de Trapani au Levant & à soixante du Cap Passaro.

[a] Ed. 1705.

GIRGIO, Ville d'Afrique dans la haute Egypte, selon Mr. Baudrand. C'est la même que GIRGE'. Voiez ce mot.

GIRGIRIS, Montagne de la Libye Interieure, selon Ptolomée [b]. C'est la même que le Mont de Gyr (*Mons Gyri*) de Pline. Il dit qu'au Tableau porté dans le Triomphe de Cornelius Balbus on voit marqué que cette Montagne produisoit des pierres precieuses.

[b] l. 4. c. 6.

GIRGIS, Ville d'Afrique auprès de la petite Syrte. Procope [c] ayant parlé de Leptis & du Pays voisin dit : il y a deux Villes à l'extremité de ce Pays desquelles l'une s'appelle Tacape & l'autre Gigeri, au milieu est la petite Syrte. Il y a bien de l'apparence que c'est la GICHTIS de Ptolomée, & la GITTA des Notices Ecclesiastiques. Je dis *Gigeri* avec Mr. Cousin ; mais Ortelius nomme GIRGIS.

[c] De Ædific. l. 6. c. 4.

GIRIBUMA, ou GIRIGOMBA, ou GIRINGBOMBA, Contrée d'Afrique dans l'Ethiopie. C'est le même Pays que GINGIRBOMBA, ou GINGIRO. Voiez GINGIRO.

1. GIRMASTI, ou plutôt GERMASTE, Bourg de Turquie dans la Natolie, au Pays de Chiangare, sur le Sangari environ à huit lieues au dessous de Pessinunte. C'est la même chose que GERMA, ou GERMIA, Ville de Bithynie, rangée dans les Notices Ecclesiastiques entre les Evêchez de la seconde Galatie.

[d] De l'Isle Atlas.

2. GIRMASTI, petite Ville de Turquie dans la Natolie sur la Riviere de Chiai qui est le Caicus l'une des Rivieres qui couloient à Pergame ; & qui toutes ensemble ont leur Embouchure commune vis-à-vis de l'Isle de Metelin. Mr. Baudrand [e] donne le nom de *Girmasti* à la Riviere. Il la nomme aussi CHIAIS, qu'il dit très-bien être le *Caicus* de Pergame. Mais au mot CHIAIS il transporte cette Riviere auprès d'Ephese, bien loin delà par une erreur que nous refutons à l'article CHIAIS.

[e] Ed. 1705.

GIRNEGO [f], ou GROENGHO, ancien nom d'un Château maritime de l'Ecosse Septentrionale, dans la Province de Cathnefs, dont il est le principal lieu au voisinage du Bourg de Wich. Je remarquerai en passant que dans la Carte de cette Province le Midi & le Septentrion sont marquez l'un pour l'autre, ce qui est sans doute arrivé par la faute des Graveurs.

[f] Atlas de Blaeu.

GIROLA, Bourgade d'Italie dans le Milanez, dans la Laumeline entre Pavie & Valence. Quelques Géographes y cherchent l'ACERRÆ des Anciens ; voiez ce mot.

GIROLLÆ, petit Bourg d'Italie au bord de la Mer & où l'on ne voit que des Pêcheurs. Il est peu considerable & n'est celebre qu'à cause d'un Crucifix dont la beauté va encore au delà de sa reputation. Il est d'un ouvrage fort recherché & si touchant qu'on voit un très-grand nombre de Pelerins arriver en ce lieu-là d'une infinité d'endroits. On en rapporte beaucoup de Miracles & les marques en sont attachées de tous côtez.

§ Cet Article est de Monsieur Corneille [g] qui cite les Memoires & Plans Géographiques; mais il ne dit point en quelle Province d'Italie est ce Bourg.

[g] Dict.

GIRON [h], (LE) petite Riviere de France dans le Languedoc, où elle arrose Loubens, Verfued, & Garidech; elle se joint ensuite au petit Lers ou Hiers, avec lequel elle va se perdre dans la Garonne.

[h] Coulon Riv. de France 1. part. p. 489.

GIRONDA, ou YERONDA, le premier de ces deux noms est employé par Berthelot [i] le second par Mr. de l'Isle [k]. Ils nomment ainsi un Port de Turquie sur la côte Meridionale de la Natolie, dans la Caramanie au Couchant du Cap Chelidoni.

[i] Carte Mar. de la Mediterr.
[k] Carte de la Grece.

GIRONDE, (LA) Riviere de France ; on appelle ainsi la GARONNE au bas de son cours & au dessus de son Embouchure. Voiez GARONNE.

GIRONE, Ville Episcopale d'Espagne dans la Catalogne, en Latin GERUNDA ; elle est ancienne. Pline [l] en nomme les habitans *Gerundenses* & les place dans le departement de Tarragone. Ptolomée la nomme aussi *Gerunda* & la donne au peuple *Authetani*. [m] Elle devint le Siége d'un Evêché en 247. & St. Narcisse en fut le premier Evêque, selon la plus

[l] l. 3. c. 3.
[m] Vayrat, Etat pres. de l'Espagne T. 2. p. 346.

GIR.   GIR. GIS.

plus commune opinion, quoiqu'il y ait des Historiens qui établissent l'Epoque de sa fondation du temps des Apôtres, mais sans aucune preuve. Ce qu'il y a de certain c'est que du temps de Prudence, elle étoit petite à la vérité, mais riche en reliques des Sts Martyrs ; elle possédoit entre autres celles de St. Felix [a], Diacre dont l'Eglise honore la Mémoire le 18 Mars.

[a] Martyrolog. Rom.

[b] *Parva Felicis decus exhibebit Artubus Sanctis locuples Gerunda.*

[b] Prudent. Hymno IV. v. 19.

Elle [c] est située sur une Colline au bord d'une petite Riviere nommée Onhar, qui se jette de là dans le Ter ; & ces deux Rivieres joignant leurs eaux, servent de fossés à la Ville. Elle est médiocrement grande, de figure triangulaire, ayant une grande rue qui la traverse dans toute sa longueur. Elle est assez bien fortifiée, sa Cathédrale [d] dédiée à Notre Dame est belle & richement ornée : son grand autel est tout brillant d'or & de pierreries & l'image de la Sainte Vierge est d'argent massif. Son Chapitre est composé de huit Dignitaires qui sont l'Archidiacre *Mayor*, qu'on appelle Archidiacre de *Girone*, l'Archidiacre de *Besalu*, l'Archidiacre de *Silva*, l'Archidiacre d'*Ampuria*, l'Abbé de *Saint Filiu*, le Doyen, le Sacristain, le Chantre ; de trente-six Chanoines & de soixante & seize Beneficiers. Le Diocèse s'étend sur trois cens trente neuf Paroisses, sur douze Abbayes & sur quatre Prieurez. [e] Quoique la Ville ne soit pas grande, elle ne laisse pas de jouir des avantages d'un florissant Commerce. Elle a toujours été si considérée que les fils aînez des Rois d'Aragon prirent le titre de *Comtes* & ensuite de *Princes de Girone*. Elle est Capitale d'une Viguerie de fort grande étendue qui passe pour la partie la plus fertile de toute la Catalogne & qui comprend plusieurs Villes dont la plus considérable est *Ampurias*.

[c] Vayrac l. c. T. 1. p. 130.

[d] T. 2. p. 346.

[e] T. 1. p. 130.

§ L'Abbé de Commanville met l'érection de cet Evêché vers l'an 500. Il ajoute : on voulut démembrer son Diocèse l'an 1017. & on érigea en effet un Evêché [f] au Bourg de Besalu ; mais par l'opposition des Evêques de Girone il fut presque aussi-tôt supprimé.

[f] Liste des Archevêchez.

GIRONNE, Riviere de France en Gascogne. Mr. Corneille après avoir fait un Article de la *Gironne* en fait un second sous le nom de *Gironne*, qui n'est fondé que sur une faute d'Orthographe.

GIROST, le Traducteur de l'Histoire de Timur-Bec [g] nomme ainsi la Capitale de la Province de Kirman. C'est la même que Girest.

[g] l. 3. c. 68.

GIROU, (le) petite Riviere de France dans le haut Languedoc, elle a sa source à Pechaudiere près de Puilaurens & se jette dans le Lez.

GIRPA, Ville d'Afrique. Ce nom se trouve dans le Concile de Carthage tenu sous St. Cyprien. [h] Ortelius croit que ce doit être GIRBA.

[h] Thesaur.

GIRREADEGEN, Ville de Perse, selon Tavernier [i]. Le Vulgaire la nomme PAYPERSE-GON. Elle est située à 75. d. 35′. de Longitude & à 34. d. 15. de Latitude. Il y a quantité de bons fruits en ce lieu-là.

[i] Voyage de Perse. l. 3. c. dernier.

GIRVIE, Village d'Angleterre dans le Northumberland sur la Riviere de Tine. On croit que c'est le lieu où l'on a bâti depuis la Ville de Newcastel. Il est nommé *Girviorum Regio* dans l'Histoire Ecclésiastique de Bede [k]. Ce lieu étoit sa patrie, il y naquit vers l'an 672. & mourut le 26. Mai 735. a- près avoir été l'ornement de l'Angleterre & de l'Ordre de St. Benoit dont il fut Abbé.

[k] l. 4. c. 6. & 19.

GIRU-MARCELLI, Ville Episcopale d'Afrique dans la Numidie. La Notice Ecclésiastique de cette Province nomme Fructuose de *Giru-Marcelli*, & dans le Concile de Carthage tenu sous St. Cyprien on voit Julien de *Marcelliade* ou de *Marcelline*. C'est le même Siége dont l'Evêque *Lucius Episcopus Plebis Marcellianensis*, assista à la Conférence de Carthage [l]. Il ne faut pas confondre ce Siege avec *Maselinianensis* qui étoit de la Byzacene.

[l] St. Optat. p. 269. Ed. Dupin.

GIRU-MONTENSIS, Siége Episcopal d'Afrique dans la Mauritanie Césarienne. On trouve dans la Notice Ecclésiastique [m] entre les Evêques de cette Province *Reparatus Girumontensis*.

[m] n. 9.

GIRU-TARASI, Ville Episcopale d'Afrique dans la Numidie. La Notice Episcopale d'Afrique met entre les Evêques de cette Province Felicien de *Giru-Tarasi*.

[n] n. 121.

GISARA [o], ou BISARCHIUM, noms Latins de Bisarchio Village de l'Isle de Sardaigne. C'étoit autrefois une Ville nommée BRESURGIA, dans le Cap de Lugodori. Son Evêché qui étoit suffragant de Torré, a été uni à celui d'Algheri.

[o] Commanville. Liste des Archevêchez.

GISARDI-Mons, Montagne d'Egypte près du Lac Sirbon, selon Guillaume de Tyr cité par Ortelius.

GISCALA [p], ou GISCHALA, Ville ancienne de la Palestine dans la Galilée. [q] Josephe en parle souvent dans ses livres de la guerre des Juifs. Il dit [r] qu'il la fit fortifier & que ceux de Gabares, de Cabarages & de Tyr la prirent de force. Mr. Reland [s] croit que c'est la même dont il est parlé dans les livres des Juifs sous le nom de Gusch Caleb ; & qui est placée entre Morom & Capharanan. St. Jerome [t] dit qu'il a pris par une tradition fabuleuse que St. Paul étoit originaire de la Ville de Giscala : que ses parens avoient leur demeure dans cette Ville, mais que durant les troubles de la Province lorsque les Romains y faisoient la guerre, ils avoient été obligez de se retirer à Tharse en Cilicie. Il dit dans un autre endroit [v] que St. Paul étoit de la Tribu de Benjamin, & de la Ville de Giscale ; mais qu'après la prise de cette Ville par les Romains, il avoit été obligé de se retirer avec ses parens à Tharse en Cilicie. Rien n'est plus mal assorti que cette fable ; puisque la guerre des Romains contre les Juifs n'a commencé qu'après la mort de St. Paul.

[p] D. Calmet Dict.
[q] l. 4. c. 4.
[r] Ibid. c. 1.
[s] Palæst. l. 3. P. 813.
[t] Comment. in Epist. ad Philem.
[v] De Script. Ecclés.

GISBORN [w], Bourg d'Angleterre dans le Comté d'Yorck. On y tient marché public.

[w] Etat prés. de la G. Bret. T. 1.

GISBOROUGH [x], ou GISBURG, autre Bourg d'Angleterre dans la même Province au Nord, pour une petite Riviere qui se jette assez près de là dans la Mer.

[x] Ibid. Allard Atlas.

GISCHIN. Voiez GITSCHIN.

GIS-

a Baudrand Ed. 1705.

GISCONZA *a*, Village d'Espagne en Andalousie sur la Guadalette, entre Xeres de la Frontera & Arcos. On croit qu'il tient la place de l'ancienne SAGUNTIA. Voiez ce mot.

GISE, Village d'Egypte proche du Bou-
b Commanville, Liste des Archev.
lac. Il y a un Evêché Cophte *b*.

GISIPENSIS, Siége Episcopal d'Afrique dans la Province Proconsulaire. Ce nom s'écrit *Gisipensis c* dans la Notice Episcopale d'Afrique où l'on lit *Charissimus Gisipensis*; mais dans la Conference de Carthage *d* on lit *Januarius Episcopus Ecclesiæ Gisipensis majoris*. Au Concile de Carthage tenu sous Boniface l'an 525. on trouve *Redemptus Gisipensis*; & Melose Evêque du même Siége souscrivit à la Lettre des Evêques de la Province Proconsulaire au Concile de Latran sous le Pape Martin.

c n. 24.
d p. 272.
Ed. Dupin.

§ Ce mot *Majoris* feroit soupçonner qu'il y avoit deux Siéges de même nom & qu'on les distinguoit par le surnom de grand, ou de petit, mais je n'ai trouvé aucune trace de *Gisipensis minor*.

GISIRA, Ville de l'Afrique propre, selon Ptolomée *e*. Elle étoit voisine d'Adrumete.

e l. 4. c. 3. §

GISMA, Ville d'Asie dans la grande Armenie, selon Ptolomée *f*.

f l. 5. c. 13.

GISORS, Ville de France en Normandie dans le Vexin Normand dont elle est la Principale; dans un Bailliage auquel elle donne son nom *g*. Elle n'est pas fort ancienne, & elle doit son origine à un Château que fit bâtir Guillaume le Roux Roi d'Angleterre & Duc de Normandie l'an 1097. comme l'assure Orderic Vital au x. livre de ses Histoires où il nomme cette place *Gisorz*, ou au genitif *Gisortis*. Les Ecrivains qui sont venus après l'ont nommée GISORTIUM. D'autres pour lui donner une origine ancienne l'ont appellée CÆSORTIUM ou même CÆSAROTIUM, pour *Cæsaris Otium*, comme si César y eût fait quelque sejour. Le Bailliage de Gisors est un des sept grands Bailliages de Normandie qui ont chacun leur Coutume particuliere outre la generale. Il y a quatre Siéges Royaux dans ce Bailliage. Celui d'Andeli est le premier, où est le Presidial. Les trois autres sont ceux de Gisors, de Lions, & de Vernon sur Seine. La Ville de Gisors a eu anciennement titre de Comté; elle est située sur la Riviere d'Epte, cinq lieues au dessous de Gournay *h* en Bray, trois lieues au dessus de Saint Clair, & environ à pareille distance d'Estrepagny & de Chaumont. Elle a trois Portes, trois Fauxbourgs, trois Couvents de Religieux, quatre de Religieuses, & une seule Paroisse dediée aux Saints Martyrs Gervais & Protais. Cette Eglise bâtie en Croix est grande, belle, large, très-degagée dans son dessein. Elle a quarante-deux piliers, sans y comprendre ceux qui separent les Chapelles. La Nef est plus belle que le Chœur. Sa voute faite de pierres choisies est fort élevée, & d'une belle ordonnance. Un rang de Chapelles régne tout à l'entour, avec un double Coridor bien voûté. Les sept piliers qui separent le double Coridor, sont tous de divers desseins, travaillez fort proprement, mais on distingue principalement un gros pilier de figure quarrée, qui est sous une tour avec un corps d'Architecture & de Sculpture à quatres faces devant une Chapelle voutée en Dôme. Les figures qui representent dans cette Chapelle la Genealogie de Notre Seigneur, sont un assez grand travail. Celles des autres Chapelles, & leurs bas reliefs, sont aussi fort remarquables, il y a sept Chapelles de chaque côté de la Nef, sans compter celles que l'on trouve autour du Chœur. On estime fort une grande vitre de Crystal qui est sous la voute du Corridor près du sepulchre de Notre Seigneur, & sur laquelle sont peints tous les Mysteres de la sainte Vierge. Les Chaires du Chœur tant au dedans, qu'au dehors de la grande Balustrade, sont d'un dessein assez singulier. Les curieux regardent aussi avec plaisir la Tribune qui porte l'orgue: le Portail qui est au Croisillon du côté du Nord; la belle tour élevée sur la gauche du grand Portail, & où il y a de fort bonnes cloches; & le commencement de la magnifique tour demeurée imparfaite sur la gauche du même Portail. Ils admirent la delicatesse du travail fait sur le pilier qui separe les deux côtez de la grande Porte, où chaque pierre paroît un Corps d'ouvrage d'Architecture & de Sculpture en petits personnages en maniere de chasse à Reliques. On attribuë plusieurs de ces beaux ouvrages au fameux Jean Goujon, & l'un des plus habiles Sculpteurs que la France ait eus. Entre les trois Couvents de Religieux qui sont à Gisors, il y en a un de Recolets; celui des Religieux de la Trinité, dits Mathurins, est hors de la Ville. Il y a aussi des Religieuses de l'Annonciade gouvernées par des Cordeliers, des Benedictines, des Ursulines, & des Carmelites. L'Eglise de cet dernieres est bâtie à la moderne, mais petite & enrichie d'Architecture & de Sculpture. Le grand Autel en est beau, & assez richement orné; le Saint Sacrement y est suspendu dans un Ciboire d'or ducat, sous une Custode d'argent doré, avec des pendans massifs du même métal aussi dorez.

g Longuerue desc. de la France. 1. Part. p. 72.

h Cord. Dict. Memoires dressez sur les lieux en 1704.

Gisors est entre Paris & Rouen, à quatorze lieues ou environ de l'une & de l'autre Ville. Il y a un Gouverneur, un Lieutenant de Police, un Maire, trois Echevins, une Maison & Horloge de Ville, un Hôtel-Dieu pour les malades, un Hôpital, & un College. Il y a aussi un Château, un grand Bailliage Royal, qui ressortit au Presidial d'Andely, une Prevôté des Maréchaux de France, une Vicomté, un Grenier à sel & une Election qui comprend cinquante-deux Paroisses. Cette Ville est bien peuplée, bien pavée, & separée en deux par l'Epte qui lave une partie de ses murailles, & remplit une partie de ses fossez, grossie des eaux d'une petite Riviere qui a sa source au dessus de Chaumont en Vexin. Ses environs sont de vastes Campagnes de terres très-fertiles en bons bleds.

GISSA, Isle de la Mer Adriatique, selon Pline *i*. On la nomme presentement l'Isle de PAGO. Voiez ce mot.

i l. 3. c. 21.

GISSEN. Voiez GIESSEN.

GISSORIACUM. Voiez GESSORIACUM.

GISTAM *k*, Bourg d'Espagne dans l'Arragon, entre les Pyrenées, aux confins de l'Armagnac. Il donne le nom à une Vallée où l'Espagne coule

k Jaillot Carte de l'Espagne.

GIT. GIV. GIU. GIU.

coule un Ruisseau qui tombe dans la Cinca encore voisine de sa source.

GITA. Voiez GITTI.

[a l.42.] **GITANÆ**, Bourg de l'Epire à dix milles de la Mer, selon Tite-Live [a].

GITHTHA. Voiez GITTA.

GITLUI, Ville d'Afrique dans la Mauritanie Cesariense, selon Ptolomée. Quelques exemplaires portent GIGLUA. C'est le même lieu que GILVA d'Antonin, & comme c'étoit le Siége d'un Evêché, l'Evêque étoit surnommé GILBENSIS. Voiez GILVA & GILBENSIS.

[b Zryler Bohem. Topogr. p.29.] **GITSCHIN** [b], Ville de Boheme, quelques-uns écrivent GUTSCHIN, d'autres GYTSCHIN, d'autres GITCZIN; Mr. Corneille écrit GISCHIN. Petite Ville sur la Czidlina auprès de Starehrady ou Altenbourg. On trouve dans l'Histoire des Hussites que l'an 1442. elle fut saccagée comme un repaire de Brigands par les Bohemiens: cette Ville fut pourtant rétablie ensuite & souffrit beaucoup durant la longue guerre des Suedois en Allemagne.

1. **GITTA**, ancienne Ville de la Palestine, selon Etienne le Géographe, St. Clement Pape dit que c'étoit un Village du Pays de Samarie à six Schoenes de cette Ville. Zonare dit après St. Justin que c'étoit la Patrie de Simon le Magicien; mais cet Auteur la nomme Gitthon. Josephe l'appelle Giththa. [c l.5.c.19.] Pline [c] fait bien mention d'une Ville qu'il nomme GETTA. Ortelius demande si ce ne [d In Excerpt.] seroit pas la Gitta d'Etienne. Polybe [d] fait mention de cette Gitta de Palestine.

2. **GITTA**, ou **GITTI**, Municipe d'Afrique dans la Province Tripolitaine. Antonin le met entre *Agma*, ou *Fulgurita Villa*; & *Pontexinta* à xxv. M. Pas de la premiere & à xxxv. M. P. de la seconde. Je crois que ce lieu étoit le Siége Episcopal apellé *Gittensis* dans la Conference de Carthage; où Catulin est nommé *Episcopus Plebis* GITTENSIS.

GITTENSIS. Voiez l'Article precedent.

GITZER, ou JESER. Voiez GIZERA.

GIVA, petite Ville de l'Asie mineure dans le Mentesesi sur le Golphe de Macra: on croit que c'est la Lydæ de Ptolomée. Voiez ce mot.

[e Dict.] **GIVAH**, Mr. Corneille [e] en fait une Ville d'Asie dans la Province nommée Berbera par les Arabes &c. & cite la Bibliotheque Orientale d'Herbelot, qui ne dit rien de pareil. Nous rapportons l'Article même au mot GIOUAH qui est le nom employé par cet Auteur; le Pays de Berbera n'est point en Asie, mais en Afrique.

GIVAUDAN. Voiez GEVAUDAN.

GIUBBA, (LE DETROIT DE) petit Detroit de la Mer Adriatique entre la côte de Dalmatie & l'Isle de Pago, selon Lucius cité par Mr. Corneille.

[f Marmol. l.3. c.19. p.27.] **GIUBELHADID** [f], c'est-à-dire Montagne de Fer; Montagne d'Afrique au Royaume de Maroc. Elle commence à l'Océan du côté du Nord & s'étend vers le Midi le long du Tansift divisant cette Province de celle de Duquela & puis de celle de Maroc. Quoi qu'elle soit de la Province de Hea, elle ne fait pas pourtant partie du Mont Atlas, & est peuplée d'une ancienne race d'Africains de la Tribu de Moçamoda nommé Recree. Il y a par tout beaucoup de Bocages épais d'arbres fruitiers, & force Fontaines. Le trafic est de miel & de cire avec de l'huile d'Erquen & quelques chevres. On y recueille peu de bled, mais on n'en manque pas à cause du voisinage de Duquela qui en abonde. Ce sont des gens pauvres, fort religieux; il y a parmi eux quantité d'Hermites qui se retirent dans les roches les plus affreuses, où ils vivent en sauvages, d'herbes & de fruits champêtres. Le Peuple y est fort civil & facile à croire ce qu'on lui dit pourvû qu'on le paye de raison. Marmol en fit lui-même l'experience & raconte ainsi une conversation qu'il eut avec eux: comme j'y étois l'an 1542. voyant qu'ils étoient bien aises d'entendre parler de Religion, je les entretins de nos Religieux & comme je fus tombé sur la vie, l'abstinence, & l'humilité du bienheureux Saint François, ils demeurerent fort étonnez, & les Alfaquis s'écrièrent que c'étoit un grand Saint & qu'on ne pouvoit sans crime parler mal d'un si grand serviteur de Dieu. Et veritablement, poursuit l'Historien cité, tout le temps que j'ai été en Afrique je n'ai point trouvé de Nation, moins entêtée de sa Religion que celle-là ni plus docile. Ils sont plus de douze mille combatans, ce qui n'empêche pas qu'ils n'ayent payé en même temps Tribut aux Rois de Fez, de Maroc & quelquefois même au Roi de Portugal, pour se garantir des Arabes sujets de la Couronne de Portugal.

§ A present que les Royaumes de Fez & de Maroc sont sous un même Souverain, & que le Portugal n'a plus rien à commander à ces Arabes; ces Peuples ne sont plus obligez à ces Tributs.

[g T.1.l.4. c.130. p.314.] **GIUBELEYN**, Montagne d'Afrique au Royaume de Fez. C'est, dit Marmol [g], une partie des Montagnes de Tezar qui est fort haute & fort froide & contient vingt lieues de long sur cinq de large. Elle est à dix huit lieues de la Ville (de Tezar) du côté du Midi & a au Levant les Montagnes de DUBUDU & au Couchant celles de JAZGA. La cime de ces Montagnes est couverte de neiges toute l'année. Elle étoit autrefois habitée d'un Peuple riche & belliqueux qui se maintenoit en liberté, mais ses Brigandages & ses Tyrannies lui attirerent la haine de ses voisins, qui s'étant joints ensemble entrerent par force dans ces Montagnes & mirent tout à feu & à sang, sans qu'elles se soient jamais repeuplées. Il n'est demeuré qu'une petite habitation au sommet parmi les neiges, laquelle n'avoit point eu de part à leurs voleries. On leur pardonna donc parce qu'ils vivoient comme les Alfaquis ou Religieux, & ceux qui y restent vivent encore fort bien sans faire tort à personne: chacun les respecte & même le Roi de Fez les favorise parce qu'il en sort des Docteurs très-habiles.

GIUDDAH. Voiez GIODDAH.

GIUDECA, Isle d'Italie dans l'Etat de Venise auprès de la Capitale dont elle n'est separée que par un Canal. Mr. de St. Disdier [h p.15.]
dans

dans sa Description de Venise dit la Zueque & en parle ainsi : quoique la Zueque soit entierement detachée de Venise elle ne laisse pas d'en être une partie : il semble que ce soit une grande demi-lune & une contregarde qui couvre plus de la moitié de la Ville du côté du Midi en s'étendant depuis vis-à-vis la place de St. Marc, jusqu'à l'extremité Occidentale, laissant un Canal qui l'en separe de plus de trois cens pas de large. Cette Isle étoit autrefois habitée par les Juifs qui lui donnerent le nom de Judeque, (Giudeca) & ensuite par corruption celui de Zueque. Elle est d'une largeur égale partout d'environ trois cens pas, & du côté qui regarde la Ville elle a un quay fort spacieux, qui est bordé de plusieurs Eglises magnifiques & de quantité de très-belles Maisons qui ont des jardins sur le derriere qui s'étendent jusques aux Lagunes. Comme cette Isle est coupée par sept ou huit Canaux qui la traversent il y a autant de grands ponts qui en continuent le Quay dont l'aspect n'est pas moins beau que celui de la Zueque l'est du côté de la Ville, & si le moindre vent n'empêchoit les Gondoles de traverser à toute heure en sureté son grand Canal, la Zueque seroit sans doute le plus agréable sejour de Venise [a]. Dans son circuit qui est bien de deux milles elle est remplie de plusieurs Maisons de plaisance accompagnées de Jardins delicieux pour leur propreté : les Eglises y sont au nombre de douze ou quatorze. Dans celle de St. Cataide est le Corps tout entier de Ste. Julienne de Padoue décédée en 1226. Celle du Redempteur, dont le Portail est beau & qui est desservie par les Capucins, fut bâtie par l'ordre du Senat l'an 1576. Sur la porte sont ces paroles,

[a] Journal d'un Voyage de France & d'Italie. p. 842.

CHRISTO REDEMTORI,
CIVITATE GRAVI PESTILENTIA LIBERATA,
SENATUS EX VOTO.

La structure en est agréable & elle est bien proportionnée dans sa hauteur, sa longueur & sa largeur. Sur le Maître Autel il y a un grand Crucifix en bronze & les statues de St. François & de St. Marc qui sont à ses côtez. Les Chapelles en sont d'un beau marbre ornées de peintures très-exquises. L'Ascension, la Nativité & l'Assomption sont trois Chefs-d'œuvres du Bassan, de même que la Flagellation de Notre Seigneur qui est dans la Sacristie ; mais la Vierge qui tient le petit Jesus est de la main de Titien, comme aussi une autre dans une Chapelle auprès de l'Eglise & les deux petits enfans qui aux deux côtez jouent des Instrumens, sont de Cardelin. Dans l'Eglise de St. Jaques occupée par les Servites il y a un Crucifix miraculeux, & derriere le Maître-Autel on admire les belles Colomnes & une Assomption très-bien faite.

GIVET, petite Ville de France au Pays-Bas [b]. Ce n'étoit autrefois que deux Villages du Comté de Namur aux deux côtez de la Meuse auprès de Charlemont. [c] On en a fait depuis deux petites Villes separées l'une de l'autre par la Meuse. Celle qui est sous Charlemont s'apelle GIVET St. HILAIRE ; & l'au-

[b] Dict. Geo-Bas.
gr. des Pays-Bas.
[c] Piganiol de la Force. desc. de la France. T. 7. p. 363. Ed. Paris.

tre qui est au delà de la Riviere, s'appelle GIVET NOTRE-DAME. C'étoit bien peu de chose que Givet il y a trente cinq ou quarante ans. On en a fait d'une bicoque un lieu de consequence ; on y a construit de parfaitement beaux bâtimens tout neufs, des rues droites, larges & bien percées & tout ce qui fait aujourd'hui l'embellissement de nos Villes. C'est un ouvrage du Maréchal de Vauban.

[d] L'Empereur Charles V. ayant obtenu de George d'Autriche Batard de l'Empereur Maximilien I. alors Evêque de Liége, la terre d'Agimont sous promesse d'un Equivalent qu'il ne lui a jamais donné, il en prit possession en 1555. & fit bâtir dans cette terre une Forteresse sur une hauteur au dessus du Bourg de Givet & nomma cette place de son nom CHARLEMONT. On établit une Cour de Justice à Givet qu'on nommoit la Cour d'Agimont, & cela subsista jusqu'en 1680. que la place de Charlemont fut remise à Louis le Grand en execution de la Paix de Nimegue. Il y eut ensuite de grands differens entre les François & les Espagnols pour les dependances de Charlemont qui furent enfin reglées par le Traité de Lille conclu en 1699. par lequel les deux Givets deça & delà la Meuse & tous les Villages qui sont au Midi du Ruisseau d'Ermeton furent cedez à la France, avec les Villages de Ranssene, Vireu le Valeran, Hebbes, & Hargnies qui sont au delà de la Meuse. Les François ont fait fortifier les deux Givets qui sont sous Charlemont, comme on va le voir par la description, au lieu qu'ils étoient tout ouverts auparavant. A l'égard de l'ancien Château d'Agimont les François ayant obligé l'an 1680. les Espagnols à en sortir, ils le ruinerent.

[d] Longueruse desc. de la France. 2. part. p. 133.

GIVET SAINT HILAIRE [e], consiste en un petit Canton de Maisons mal bâties qui ont tout l'air d'un Village antique, & en plusieurs rues neuves qui occupent un terrain cinq ou six fois plus grand que ce Village, on y remarque entre autres la place qui est des plus grandes & des plus regulieres. Elle a été taillée en plein drap, s'il est permis de parler ainsi, & il faloit bien employer le terrain vague qui étoit entre Givet & Charlemont. L'ancienne place publique est assez belle & assez reguliere, mais on doit remarquer par dessus toutes choses des Cazernes qui sont des plus beaux édifices, & de grands corps de bâtimens qui sont des plus considerables qui se puissent voir. On entre dans Givet par deux seules portes, l'une vient de Bouvines, l'autre répond au pont de bois nouvellement construit & qui sert de communication à l'autre Givet. L'enceinte est composée de cinq grands Bastions, trois desquels sont chargez de Cavaliers. Trois des courtines de la place sont couvertes par des tenaillons. Dans le fossé qui est sec & taillé dans le Roc sont placées six grandes demi-lunes à flancs. Celle qui couvre la porte est retranchée d'un reduit ou petite demi-lune environnée d'un petit fossé. La demi-lune suivante est couverte d'un grand ouvrage à corne, dont le front est couvert d'une demi-lune. Tous ces ouvrages sont entourez à l'ordinaire d'un fossé, d'un chemin couvert avec ses traverses, & place d'armes, & d'un Glacis : l'enceinte qui est sur la Riviere, n'est qu'une

[e] Piganiol de la Force. l. c.

GIV.　　　GIU.　　　187

qu'une simple muraille, mais bonne & solide dont le pied est dans l'eau, accompagnée de quelques petits Bastions dont les Flancs sont très-petits, des plus camus, en un mot de la nature de ceux que nos Ingenieurs appellent des moineaux. Le long de la muraille en dedans, au pied du rocher sur lequel est bâti Charlemont, il y a un grand, beau & magnifique corps de Cazernes qui consiste en trois gros Pavillons.

De ce côté de la Meuse il y a une redoute bien remarquable; c'est un ouvrage bien considerable qui est sur une hauteur, & pourroit en un besoin commander la Ville. Sa figure est octogone & est percée de deux ou trois étages d'embrasures. Il est entouré d'un petit fossé sec.

GIVET NOTRE DAME a deux enceintes qui forment deux manieres de Ville haute & de Ville basse. La partie haute est un terrain vague que l'on a enfermé seulement pour s'emparer des hauteurs. L'enceinte qui est d'une forme très-irreguliere consiste en quatre grands Bastions assujetis à l'irrégularité du terrain. L'espace qui est entre chacun de ces Bastions est formé par quelques angles rentrans & saillans. L'enceinte qui separe la haute d'avec la basse Ville est aussi composée de plusieurs angles saillans & rentrans avec quelques tours. Le côté de la Riviere n'a aucune deffense que le Rocher qui est fort escarpé & entierement inaccessible. Il y a aussi sur le bord de la Riviere auprès du rocher à l'endroit où tombe une ravine qui vient du Rocher, une redoute quarrée d'une bonne construction, revêtue en dedans & en dehors. A un de ses angles est une Guerite quarrée qui donne sur cette Riviere. La partie de l'enceinte où l'on a pu pratiquer un fossé est couverte de deux demi-lunes, l'une desquelles est contregardée, le tout accompagné à l'ordinaire de son chemin couvert avec ses traverses, places d'armes & Glacis. La partie qui s'étend depuis la Riviere jusqu'à la ravine a seulement un petit fossé taillé dans le Roc. La Ville basse est separée en deux par une petite Riviere. Ces deux parties sont l'ancienne & les accroissemens: l'ancienne n'est proprement qu'une rue assez large; les accroissemens au contraire sont considerables. On y voit des rues regulieres. Celle qui vient du pont est des plus larges, des plus droites, & des mieux percées. La place d'armes est assez grande & est située sur le bord de la petite Riviere & non pas au milieu de la Ville comme presque dans toutes les Villes nouvelles. On y entre par trois differentes portes. L'enceinte consiste en cinq Bastions dont trois sont chargez de Cavaliers. Le fossé est petit, mais plein d'eau. Une petite demi-lune couvre une des Portes & au delà est une grande flaque d'eau. Le Canal de la petite Riviere a été élargi & revêtu de Quais de bonne maçonnerie des deux côtez en forme de Canal qui s'élargit par plusieurs Isles sur l'une desquelles est un petit Château quarré long, flanqué de quatre tours rondes à l'antique. De l'autre côté est une porte d'eau ou ecluse. Dans la Campagne on a placé sur des hauteurs des redoutes tant quarrées que pentagonales & disposées d'espace en espace.

GIUIRTENSIS, Siége Episcopal d'Afrique, selon Ortelius qui cite la Conference de Carthage, où je ne le trouve point. C'est peut-être le même que GIUTSITENSIS. Voiez ce mot.

GIULA, Ville de la haute Hongrie, aux frontieres de la Transilvanie sur le Keres blanc au Nord-Ouest & à dix lieues communes [a] de la Ville d'Arad & au Sud-Ouest & à pareille distance du grand Varadin, selon Mr. de l'Isle [b]. Elle fut prise en 1566. par les Turcs qui l'engagerent quelque temps après au Prince de Transilvanie dont ils la retirerent depuis & la possederent jusqu'au mois de Janvier 1695. que les Imperiaux s'en rendirent Maîtres & ils la conserverent par le Traité de Carlowitz en 1699.

[a] D'une heure de chemin.
[b] Carte de Hongrie.

1. GIULAP, Riviere d'Asie dans le Diarbeck; elle sort des Frontieres de l'Armenie, d'où coulant vers le Midi, elle y reçoit quelques Rivieres & se rend enfin dans l'Euphrate au dessous de la petite Ville de Giulap qu'elle arrose vis-à-vis des Limites de l'Arabie deserte. Mr. Baudrand croit que c'est le CHABORRAS. Voiez ce mot.

2. GIULAP, petite Ville d'Asie dans le Diarbeck sur une Riviere de même nom.

GIULIANA [c], en Latin *Juliana*, petite Ville de Sicile dans la Vallée de Mazare, sur un rocher escarpé, ce qui en rend la situation très-forte. Elle est à environ trente-cinq milles de Palerme au Midi en allant vers Sacca dont elle n'est qu'à quinze milles & autant de la côte de la Mer d'Afrique.

[c] Baudrand Ed. 1705.

GIULIA NOVA [d], Ville d'Italie au Royaume de Naples dans l'Abbruzze ulterieure sur la côte du Golphe de Venise. Elle a titre de Duché & est à environ dix-huit milles de Penna au Septentrion, & à vingt de la Ville d'Acoli de la Marche au Levant.

[d] Ibid.

GIUND [e], Ville d'Asie dans la grande Tartarie au Turquestan, au delà du Bokharah, & vers le Sihon qui est le Jaxarte des Anciens. Abulfeda lui donne 78. d. 45'. de Longitude, & selon quelques-uns 43. d. 30'. de Latitude Septentrionale. C'est de ce lieu-là, où Selgiuk s'établit d'abord, que les Selgiucides sont venus & d'où ils partirent pour entrer en Perse.

[e] D'Herbelot Biblioth. Orient.

GIUNEIN, lieu d'Asie dans l'Arabie. Il est devenu fameux par la bataille que Mahomet y donna la même année qu'il prit la Mecque qui fut la huitiéme de l'Hegire. Ce lieu que quelques-uns appellent HONAIN est une Vallée où les Haovaseniens & les Takifisiens s'assemblerent après la prise de la Mecque sous la conduite de Malec Ben-Auf. Mahomet qui avoit douze mille hommes les attaqua. Ses gens plierent d'abord, mais ils ne laisserent pas de remporter la Victoire & de faire un très-grand butin qui les encouragea si fort, qu'ils allerent de là attaquer la Ville de Tayef dans l'Yemen.

1. GIVRY, Ville de France en Champagne dans le Rhemois.

2. GIVRY, Baronie de France dans le Nivernois. Elle réleve de l'Evêché, & le Baron de Givry est tenu de porter l'Evêque le jour de son entrée.

Il y a quelques autres Villages de même nom.

A a 2　　　GIUS-

188 GIU. GLA.	GLA.

GIUSTANDIL, Ville de la Turquie en Europe & non pas en Asie comme le dit Mr. Corneille. Elle est située sur une Colline près du Lac d'Ocrida. C'est l'*Achridus* des Anciens, nommée ensuite *Justiniana prima*. Voiez ACHRIDE. C'est de ce nom de *Justiniana* corrompu que s'est formé le nom moder- *a Baudrand* ne [a]. Elle est à vingt-cinq lieues de Duraz- *Ed. 1705.* zo, & est assez grande & fortifiée. C'est le Siége d'un Archevêque Grec & d'un Sangiac.

GIUTRAMBACARIENSIS, Siége Episcopal d'Afrique dans la Province Proconsulaire. *Benenatus Episcopus sanctæ Ecclesiæ Giutrambacariensis* est un des Prélats qui signerent la Lettre Synodale des Peres de la Province Proconsulaire au Concile de Latran tenu sous le Pape Martin.

GIUTSITENSIS, autre Siége Episcopal d'Afrique, dans la Conference de Carthage on trouve Procule Evêque *Plebis Giutsitensis Salaria*. On ne sait dans quelle Province étoit cet Evêché.

GIZHMA, Ville de la Mesopotamie, se- *b l.5.c.18.* lon Ptolomée [b].

c Jaillot GIZERA [c], Riviere du Royaume de Bo- *Atlas.* heme dans le Cercle de Bunezel. Elle a sa source aux Montagnes qui la separent de la Silesie d'où serpentant vers le Sud-Ouest, elle se charge de plusieurs ruisseaux en chemin, passe à Boleslaw ou Iung Bunezel qu'elle baigne & se jette dans l'Elbe au vieux Bunezel vis-à-vis de Brandeiss.

G L.

☞ GLACIAL, ce mot s'entend assez, & signifie ce qui est sujet à la Glace, ce qui est extremement froid; nous nous en servons pour marquer la même chose que *Septentrional*; car à notre égard, & à l'égard des Peuples situez en deçà de l'Equateur plus nous avançons vers le Nord plus nous trouvons les Hyvers longs & rigoureux. Plus un Pays est Septentrional plus il est froid. A l'égard des Peuples situez de l'autre côté de l'Equateur il en est de même de la partie Australe qui peut être appellée Glaciale. Ainsi nous appellons *Océan Glacial*, ou la *Mer Glaciale*, cette Mer qui est au Nord, & où nos Navigateurs ont trouvé d'effroyables Glaces qui ont interrompu leur navigation. De même les Anciens qui ont partagé le Globe en cinq Zones ou bandes, ont appellé *Glaciales* les plus voisines du Pole. Voiez MER GLACIALE, & ZONE.

GLACERIMA, quelques Editions d'Antonin portent ce mot au lieu de CLATENA qu'il doit y avoir.

GLAMNATENNA, pour GLANATICA. Voiez ce mot.

GLAMORGAN, (le Comté de) ou GLAMORGANSHIRE, Province de la Grande Bretagne dans la Principauté de Galles. Elle est à l'Occident de la Province de Carmarthen & dans le Diocèse de Landaff. Elle a 112. milles de tour & contient environ 540000. Arpens & 9644. Maisons. La partie Septentrionale est pleine de Montagnes, mais la Meridionale est si fertile qu'on l'appelle le *Jardin du Pays de Galles*. Elle contient cent dix huit Paroisses & neuf Villes ou Bourgs où l'on tient marché. Cardiff est la Capitale, Landaff est le Siége d'un Evêché; Suanzey a un Havre fort frequenté, & à NEWTON il y a une Fontaine qui grossit lorsque la Mer se retire & baisse lorsque la marée monte.

GLAN, ancien nom d'une Riviere d'Angleterre. Voiez GLANOVENTA.

GLANATICA, Ville des Alpes maritimes, selon la Notice des Provinces dans les Actes Ecclesiastiques, quelques exemplaires portent GLAMNATENA. C'est la même que GLANDATE & GLANDE'VES. C'est une Ville du moyen âge qui n'existoit point du temps des Empereurs Romains. Elle est située sur le Var dont les debordemens l'ont detruite. Elle se trouve nommée dans divers Monumens de l'Eglise de France CIVITAS GLANDATE, GLANDATUM, GLANNATERA, GLANNATIVA, GLANATEVA, GLANNATEVA, CIVITAS GLAMNATEVA [d]. C'étoit autrefois un *d Piganiol* Comté, & le Siége d'un Evêché dont on *descr. de la* croit que St. Fraterne fut premier Evêque. *France. T.4.* Mais le terrain de cette Ville ayant été en par- *p.96.& 180.* tie emporté par les inondations du Var, ses habitans se retirerent de l'autre côté de la Riviere dans une petite Ville appellée Entrevaux, qui n'est éloignée des ruines de Glandeves que d'un quart de lieue. [e] Il ne reste presque plus *e Longuerue* rien de l'ancienne Ville de Glandeves que la *descr. de la* Maison de l'Evêque. L'Evêque est suffra- *France. 1.* gant d'Embrun. Le Chapitre qui a été trans- *part. p.368.* feré à Entrevaux est composé d'un Prevôt, *f Piganiol de* d'un Archidiacre, d'un Sacristain, d'un Ca- *la Force.l.c.* piscol & de cinq Chanoines. On compte environ cinquante Paroisses dans ce Diocèse. Il y en a une dont le nom est devenu immortel parce que Monsieur de Peiresc l'un des plus doctes & des plus vertueux hommes de son temps l'a porté.

GLANDELACUM, ou BISTAGNA, Ville autrefois Episcopale en Irlande dans la Province de Leinster. Son Evêché florissoit en 559. Il a été uni à celui de Dublin dans le XII. Siécle sous le Regne de Jean sans terre. Ce n'est plus qu'un Village dans le Comté de Dublin. Mr. Baudrand le nomme GLANDELEUR, ou GLANDELACH.

GLANDELEUR. Voiez l'Article precedent.

GLANDESVES, ou GLANDE'VES, Ville de France en Provence érigée durant le moyen âge; & enfin ruinée. Elle étoit sur le Var, au pied des Alpes aux confins du Comté de Nice. Voiez GLANATICA.

GLANDOMIRUM, Γλανδόμηρον, Ville de l'Espagne Tarragonoise au Pays des *Callaici Lucenses*, selon Ptolomée [g]. Elle est nom- *g l.2.c.6.* mée GRANDIMIRUM dans l'Itineraire d'Antonin; sur la route de Brague à Astorga en suivant la côte de la Mer.

GLANFEUIL, en Latin GLANNA & GLANNAFOLIUM; Abbaye de France en Anjou, au bord Meridional de la Loire entre Angers & Saumur, à quatre grandes lieues de la premiere. Elle porte à present le nom de son Fondateur, & on l'appelle ST. MAUR SUR LOIRE.

1. GLA-

GLA.

1. GLANIS, Riviere de l'Iberie ou d'Espagne, selon Isace sur Lycophron cité par Ortelius. C'est la même que CLANIS 3.

2. GLANIS. Voiez LIRIS.

GLANIUS. Voiez CLANIUS.

GLANNA, ou GLANNAFOLIUM. Voiez GLANFEUIL.

GLANNIBANTA, Ville de l'Isle de la Grande Bretagne, selon la Notice de l'Empire [a]. Camden croit que c'est Bainbrig. Ortelius doute si ce n'est pas la même que *Clamoventa* d'Antonin. C'est ainsi qu'il trouvoit ce mot écrit dans l'Itineraire au lieu de GLANOVENTA.

[a] Sect. 63.

GLANOVENTA, lieu de la Grande Bretagne. Antonin [b] le met à xviii. M. P. de *Galava*, en allant vers *Mediolanum*. Mr. Gale dit [c] que c'est peut-être le même lieu de GEBRIN nommé par Bede. C'étoit autrefois une Maison Royale qui a la vue sur *Anterchester* lieu voisin. Le nom & les ruines marquent assez de traces du temps des Romains & il y a apparence que Gebrin est venu de ces ruines. La Riviere que l'on appelle presentement BOVENT, s'appelloit autrefois GLAN, ou GLAIN; & c'est de là que toute la Vallée a pris le nom de Glendale. Il est vrai, poursuit le savant Anglois, que la Notice de l'Empire pose *Glanibenta* sur la ligne du rempart des Romains, mais il ne faut pas prendre son temoignage avec plus de rigueur que quand elle met sur cette même ligne Aballaba qui est Appleby, & qui en est à xxv. mille pas: le lieu dont il s'agit ici en est à xxxiv. milles.

[b] Itiner.
[c] In Itiner. p. 116.

GLANUM LIVII [d], Ville de la Gaule, selon Pline [e]; Ptolomée met l'Λάνον [*Lanum*], au Pays des Salyens. Antonin [f] qui l'appelle *Clanum* le met à xvi. M. P. de Cavaillon. Cette distance a persuadé Bouche l'Historien de la Provence [g] que ce lieu est à present ST. REMY entre Arles & Cavaillon. Voiez *Clanum* 1. Cenalis a tort de douter si ce n'est pas Glandeves qui n'existoit pas encore du temps de ces anciens Auteurs. Joannes Poldus fait encore pis car il veut qu'on lise GLANDANUM & l'explique par GAP.

[d] l. 3. c. 4.
[e] l. 2. c. 5.
[f] Itiner.
[g] l. 3. c. 3. p. 136.

GLAOGAW. Voiez GLOGAW.

GLAPHYRÆ, Γλαφυραι, Ville de la Thessalie, selon Etienne qui cite le second livre de l'Iliade. Eustathe expliquant le vers d'Homere où il en est parlé dit qu'il y a en Cilicie un Village de même nom.

GLARENZA. Voiez CYLLENE.

GLARI, lieu de l'Arabie heureuse, selon Pline [h].

[h] l. 6. c. 28.

1. GLARIS, Bourg de Suisse [i]. Il est beau & grand, presque au milieu du Canton du même nom, dans une jolie Campagne, au pié de Montagnes fort hautes & escarpées, il y a de grandes & de belles Maisons, bien entretenues, avec quelques bâtimens publics, entr'autres deux Eglises, l'une au milieu du Bourg & l'autre au dehors, sur une hauteur. La Lint passe tout auprès, elle contribue à la fertilité des Campagnes voisines. Sur la hauteur il y a une Caverne fort profonde. C'est à Glaris que se tiennent tous les premiers Dimanches de Mai, les Assemblées générales du Canton, où l'on prête les sermens sur le livre du Pays, & où tous les habitans mâles de l'âge de 16. ans sont obligés d'assister sans distinction d'originaires & de nouveaux habitués. Glaris est composé d'habitans de deux Religions qui vivent paisiblement ensemble, & qui font leur service divin tour à tour dans une même Eglise.

[i] Etat & Délices de la Suisse. T. 2. p. 471.

[k] Ce Bourg qu'arrose la Riviere de Sarneff étoit autrefois une petite Ville Imperiale qui se tira de la dependance de l'Empire pour s'unir aux autres Cantons en 1352. elle n'est qu'à dix-huit mille pas d'Altorf au Levant d'Eté & autant de Schutz au Levant d'Hyver. On la nomme en Latin GLARONA, ou CLARONA.

[k] Baudrand Ed. 1705.

2. GLARIS, (le Canton de) en Latin, GLARONENSIS, GLAREANUS PAGUS, est l'un des Cantons Suisses, le 8me. entre les XIII. [l] Il est borné à l'Orient, en partie par les Grisons, & en partie par la Comté de Sargans; au Nord par le Bailliage de Gaster, & par le Lac de Wahlestatt; à l'Occident par le Canton de Schwitz; au Midi partie par le Canton d'Uri, & partie par la Ligue haute des Grisons. C'est un Pays montueux, étant entierement dans les Alpes. Il est partagé en trois parties générales.

[l] Etat & Délices de la Suisse. T. 2. p. 466.

Le QUARTIER D'EN BAS où sont les Villages de *Nider-Urnen*, *Nefels*, *Mullis*, &c.

Le QUARTIER DU MILIEU, où sont les Bourgs de *Glaris*, & de *Schwanden*.

Et le QUARTIER D'EN HAUT OU DE DERRIERE, composé de deux Vallées; la grande qui est la VALLE'E DE LA LINT, où sont les Villages de *Linttbal* & de *Bettschwanden*; & la petite, qui est la VALLE'E DE LA SERNF où sont les Villages Paroissiaux *Matt* & *Elm* [m].

[m] T. 1. p. 196.

Les Suisses s'emparerent sur la fin de l'Année 1351. du Pays qui forme aujourd'hui le Canton de Glaris qui appartenoit aux Austrichiens; dans la crainte que les Troupes de l'Archiduc ne fissent par cet endroit, une irruption sur les autres Cantons: lorsqu'ils en furent Maîtres, ils imiterent la sage conduite des anciens Romains, en admettant dans leur Alliance & dans leur amitié ceux qu'ils avoient vaincus. Et par ce moyen Glaris fut uni aux Cantons.

[n] Le Canton de Glaris qui peut avoir environ huit milles de longueur, est inaccessible de tous côtez, à l'exception d'un seul endroit; l'on y trouve par tout de bons paturages pour le bétail ; les habitans y font un gros Commerce d'un certain fromage particulier au Pays, on l'appelle vulgairement *Schabziger* ; il est fait de lait & d'une certaine herbe qui croît dans le Canton. On envoye de ces fromages presque dans toute l'Europe; & non seulement il est agréable au gout, mais il est même très-sain. On trouve frequemment dans les Montagnes de ce Canton de grandes Cavernes, que la nature a disposées de façon, qu'il en sort perpetuellement un vent chaud, qui fait d'abord fondre la neige, qui tombe en automne & au printems. Le Pays est sujet aux tremblemens de terre. On en a compté 37. depuis le mois d'Août de l'année 1701. jusqu'en Janvier 1703.

[n] T. 2. p. 480.

[o] Le Canton de Glaris a un assés bon Bailliage à *Werdenberg*; & il envoye de trois ans en-

[o] p. 482.

en trois ans un Bailli à *Wartau*. Il possede en commun avec le Canton de Schwitz, les Bailliages d'*Utzenach* & de *Gaster*; il n'a point perdu comme les autres petits Cantons, ses droits sur celui de Bâde, parce qu'il ne prit aucun parti & resta neutre dans la guerre de 1712. enfin il a part dans les Bailliages communs d'Italie.

Le Gouvernement de ce Pays fut donné environ l'an 500. à St. Fridolin, qui est encore aujourd'hui le Patron du Canton; on le voit dans les armes du Pays, qui sont de gueules à un Pelerin d'argent, ayant le Bourdon à la main. St. Fridolin y bâtit une Eglise & ensuite il la donna, avec tout le Pays, à une Abbaye de filles, qu'il fonda à Seckingen: l'Abbesse alloit tous les ans à Glaris, pour y faire administrer la Justice par douze Juges, qu'elle prenoit dans le Pays. Mais dans le XII. Siécle, l'Empereur Frideric Barberousse donna un Protecteur à ce Pays-là, qui avoit l'administration de la Justice pour le Criminel, avec tous les émolumens qui en dependent. Pour ce qui regarde les Cens & autres Droits dont l'Abbesse jouïssoit, elle établissoit un Maire, qui avoit en même tems le Gouvernement civil du Pays. Mais dans la suite la Maison d'Autriche ayant acquis les deux Jurisdictions du Protecteur, & du Maire, les habitans se souleverent & chercherent à se remettre par la voye des armes en la possession de leurs anciens Privileges. Et pour se munir par une bonne Alliance, durant la guerre qui étoit entre Albert Duc d'Autriche, & la Ville de Zurich; Lucerne & les 3. petits Cantons voisins s'ét ant unis avec Zurich par un Traité d'Alliance perpetuelle l'an 1351. les Peuples de Glaris les imiterent & se joignirent à eux. Mais leur Alliance ne fut solemnisée, & redigée par écrit que l'année suivante. Aujourd'hui leur Gouvernement est Democratique; & quoique de différentes Religions, étant partie Protestans, & partie Catholiques, ils vivent paisiblement ensemble, faisant même en divers lieux le Service divin dans une même Eglise successivement. Le nombre des Protestans y est pourtant le plus grand. Ulrich Zuingle qui avoit été établi Curé de Glaris en 1506. est regardé comme l'Auteur de ce qu'on y appelle la Reformation.

[a] *p.* 488. [a] Le Pays est partagé pour le Gouvernement en quinze parties, qu'ils appellent TAGWEN, c'est-à-dire *Corvées*, savoir

GLARIS,	BILTEN & KORENTZEN,
ELM,	SCHWANDEN
MATT & ENGI,	SOOHL & MITLÖDI,
ENET LIND & RUTHI,	ENNEDA,
LINDTHAL,	NETSTALL,
BETTSCHWANDEN,	MULLIS,
DIESSBACH,	NÄFELS,
HATTZINGEN,	OBER- & NIDER-URNEN.
& HASLEN,	
MITFUREN,	

Chacune de ces parties a ses prairies publiques & ses forêts. Chacun fournit quatre Senateurs à l'exception de Glaris qui en fournit six des deux Religions. Lors qu'un Senateur meurt, il est remplacé par les Suffrages publics de sa Corvée, ou par le sort; ensorte que le Senat du Canton est toujours de LXII. Membres, sans y comprendre les Presidens & les Officiers de la Republique. Les Presidens sont le Land-Amman, & le Proconsul, appellé vulgairement le *Lands-Statthalter*; ils exercent alternativement ces deux Charges; savoir les Protestans pendant trois ans, & les Catholiques pendant deux; & quand le Land-Amman est d'une Religion, il faut que le Proconsul soit de l'autre.

L'une & l'autre Religion a ses Cours de Justice particuliéres. On en compte deux, la Cour des v. & la Cour des ix. la prémiere juge les affaires mobiliaires & immobiliaires, la seconde prend connoissance des Salaires, des pretentions de ceux qui ont été commandez de prendre les Armes pour quelque expédition, des Pensions, des Calomnies, & des Injures. Mais si les personnes qui sont en procès se trouvent de differente Religion, on forme pour lors la Cour des v. ou celle des ix. d'un égal nombre de Juges de chaque Religion, de façon néanmoins que l'Arbitre soit de la Religion de la partie lesée ou accusée.

Les Protestans ont un Consistoire particulier pour les causes matrimoniales qui est composé de deux Ministres & de sept Laïques; c'est l'Amman ou le Proconsul qui y preside. Les Juges des Cours des v. ou des ix. sont élûs dans les Assemblées générales de la Republique; mais les Assesseurs du Consistoire sont élûs dans le Senat. Toutes ces Cours jugent sans appel. Quelquefois cependant le Sénat sous pretexte de révision, apporte quelque modération à la Sentence, ou quelque éclaircissement.

Il se tient tous les ans, deux Dietes ou Assemblées ordinaires, appellées *Ordinari Landsgemeiden*; l'une est en quelque maniere particuliere, chaque Religion s'assemblant séparément; l'autre est générale étant composée de toute la Republique. Toute personne qui a atteint l'âge de 16. ans, est obligée de s'y trouver le sabre au côté. La premiere se convoque par les Catholiques, le dernier Dimanche d'Avril, entre les Villages de Netstal & de Näfels; & à Schwanden par les Protestans. On y délibere sur les affaires qui sont proposées, & l'on y fait les élections par le sort.

L'Assemblée Générale des deux Religions se tient tous les premiers Dimanches du Mois de Mai, & après que l'on y a fait la lecture des Loix fondamentales, les Presidens & le Peuple y jurent une union mutuelle. Outre ces Assemblées ordinaires, on peut en convoquer d'autres en tout tems toutes les fois qu'il survient des affaires d'importance.

La Republique de Glaris s'oblige par serment à l'observation d'un certain nombre de Statuts qu'elle a établis pour sa conservation. 1. Chaque particulier, par exemple, s'engage par la Religion du Serment, de séparer & de faire ses efforts pour reconcilier les personnes qu'il verra se battre. 2. Quiconque en aura injurié un autre est tenu de faire reparation d'honneur à l'offensé par devant la Cour des ix. ou en particulier devant quelques temoins. 3. Si un Créancier a demandé en vain à son débiteur le payement d'une dette, il lui est permis d'estimer

GLA.

timer une partie des biens de son Débiteur, qui soit suffisante pour payer la dette, & un tiers de plus pour les frais. 4. Lorsqu'il naît un Enfant Batard, un Senateur se transporte avec un Appariteur & le Greffier, chez la mére; & après lui avoir fait approcher son Enfant de sa mamelle gauche, il l'oblige de déclarer sous la Religion du Serment, le nom du Pere. 5. Il y a une Loi contre toutes sortes de jeux auxquels on peut perdre ou gagner de l'argent, on en excepte cependant l'exercice de tirer avec le fusil, où il est permis de parier, & par ce moyen le Pays se trouve muni d'excellens tireurs.

Le nombre des habitans de Glaris, monte à 3400. hommes, ou environ. Les Protestans qui sont le parti le plus puissant ont en leur particulier le Comté de Werdenberg, qui est une fort belle & grande Terre, le long du Rhin, & la Seigneurie de Wartau, dans le Comté de Sargans.

Les habitans de Glaris, conjointement avec ceux de Schwitz, sont arbitres des différens qui surviennent dans le Toggenbourg, par une Convention expresse, arrêtée l'an 1336. C'est droit n'emporte aucune supériorité. C'est proprement un titre, pour secourir ceux de Toggenbourg, & qui donna lieu aux troubles de 1712.

GLARIUM, Lieu particulier d'Asie sur le Bosphore, selon Pierre Gilles [a].

[a] Bosp. Const.

GLASCHON, Ortelius soupçonne que Cedrene a designé par ce nom une Ville quelque part vers la Mesopotamie. Jean Baptiste Gabius lit *Chlascum* dans Curopalate qui parle du même lieu.

GLASCOW, ou GLASKOW, ou GLASCO, ou GLASGOU, Ville de l'Ecosse Meridionale dans la Province de Clydsdale sur la Clyde, aux Confins des Provinces de Kuningham & de Lenox. [b] Cette Ville est la plus belle & la plus considerable de la Province, & c'est où se fait le plus grand negoce des parties Occidentales de l'Ecosse. La Clyde porte les Vaisseaux jusqu'à cette Ville, son port est NEW-GLASCOW situé à l'Embouchure de cette Riviere avec un Havre capable de recevoir les plus grands Navires. Glascow a un très-beau pont de pierre à 8. Arcades. La plus grande partie de la Ville est dans une plaine, où elle fait presque un quarré & au milieu est le *Toll-booth*, magnifique bâtiment de pierre de taille avec une fort haute Tour & un Carillon. Ce *Toll-booth* est le centre des quatre principales rues qui divisent la Ville en quatre parties & qui sont ornées de plusieurs Edifices publics. La grande Eglise qu'on appelle l'Eglise de St. Mungo, & qui étoit autrefois la Cathedrale, est tout au haut de la Ville. Sa grandeur prodigieuse, & sa structure admirable surprennent les étrangers. Elle contient deux Eglises l'une sur l'autre. C'est dans l'Evêché de Glascow fut érigé en faveur de St. Kentigerne [c] dès l'an 540. cependant ce fut Macolme III. qui l'établit en 1046. L'Archevêque d'Yorck le pretendit de sa Province; mais Celestin III. l'en declara exempt par une Bulle de l'an 1192. Sixte IV. l'érigea en Metropole l'an 1471. ce Siége a été aboli avec l'Episcopat en Ecosse par le Presbyterianisme.

[b] Etat pref. de la G.Bret. T.2.p.256.

[c] Commanville Liste des Arch.

GLA. 191

Proche de l'Eglise est le Château qui étoit autrefois le Palais de l'Archevêque; il est environné d'une haute Muraille bâtie de pierre de taille. Mais le plus grand ornement de cette Ville est l'Université. C'est un très-beau bâtiment où il y a diverses cours & dont la façade qui est du côté de la Ville est de pierre de taille avec des ornemens dignes d'un habile Architecte. Plusieurs Savans y ont eu leur éducation, entre autres le fameux Buchanan. Cette Ville est nommée en Latin GLASCUA & GLASCOVIA.

GLAS-HUTTEN, ou selon la prononciation de quelques Provinces d'Allemagne GLASHITTEN, Bourg de la haute Hongrie à un mille de Hongrie, ou à sept milles Anglois de Schemnitz. Ce lieu est remarquable par l'or qu'on y a tiré des mines. La mine est très-riche au rapport d'Edouard Brown [d] qui en parle ainsi dans son Voyage de Kamara: on l'a malheureusement perdue, & il n'y a personne qui ait pû savoir où en étoit l'entrée, depuis que Bethlem-Gabor vint faire des courses dans ce Pays, & qu'il obligea les habitans de s'enfuir. Celui à qui elle appartenoit y laissa pourtant quelques marques, par le moyen desquelles on pourroit la retrouver avec les Figures de ses instrumens qu'il fit graver sur des écorces d'arbres. Ils ont déjà trouvé ses instrumens en creusant dans la terre & ils savent bien que lorsqu'ils trouveront une pierre sur laquelle il y aura un visage gravé, c'est là où est la mine, & qu'ils n'auront qu'à lever quelques pierres, avec lesquelles celui à qui elle appartenoit l'avoit bouchée.

[d] Brown Voyages p. 137.

Cette place est fort frequentée à cause de ses bains chauds; car il y en a cinq très-bons, avec des descentes fort jolies; & ils sont très-bien couverts. Les sources en sont fort claires, & le fond en est rouge & verd. Il y a dans l'eau des endroits où on peut s'asseoir, & l'argent prend la couleur d'or lorsqu'on l'y laisse long-tems. Le plus estimé de tous ces bains est celui qu'on appelle le *Bain Suant*. Les sources en sont fort chaudes, & les eaux venant d'une Montagne, elles tombent dans le Bain qu'on a bâti exprès pour les recevoir. A un bout de ce Bain, en montant on entre dans une Cave dont on a fait une fort bonne Estuve par le moyen de ces Bains. Il y a des places pour s'asseoir fort commodes, & si l'on veut se mettre ou plus haut ou plus bas, on sent ou plus ou moins de chaleur & ainsi cela est de la plus grande commodité du monde, & on ne sue qu'autant qu'on veut. Cette Cave aussi bien que les côtez du bain sont couverts d'une très-grande quantité de fleurs de toutes sortes de couleurs, qui sont fort belles, & fort agréables à la vûë, & que la chaleur continuelle de ces Bains fait croître comme on les voit.

Glas-hitten appartient au Comte de Lippey, de la famille duquel étoit le savant *Polycarpus Procopius Bocanus* que l'Archevêque de Presbourg chargea autrefois de faire un rapport fidelle de toutes les raretés de ces Pays; mais sa mort l'empêcha de faire part au public de toutes ses observations qui auroient sans doute été fort curieuses.

Tollius [e] parle aussi de ce lieu. Il lui donne p. 169.

[e] Epist. Itiner. V.

ne deux noms, l'un est TEPLITZ que les Hongrois lui donnent à cause des bains; l'autre est Allemand, savoir GLAS-HUTTEN & signifie des *Verreries*. Il y a là trente ou quarante Fontaines qui bouillent naturellement. Il donne ensuite des détails curieux de ces eaux & des diverses incrustations qu'elles forment, mais comme cela regarde plus la Physique que la Géographie, nous renvoyons le Lecteur au Livre même de ce Voyageur. Il y a aussi *Glass-hutten* en Saxe. Voiez GLASS-HUTE.

GLASSENBURI, ou GLASTENBURI, ou GLASTON, Bourg d'Angleterre au Comté de Somerseth. C'étoit autrefois une Ville & une Abbaye celebre. [a] Si l'on en croit les Memoires de cette Abbaye c'étoit la plus ancienne Eglise d'Angleterre & elle avoit eu pour fondateur Joseph d'Arimathie. Elle étoit située dans le Comté de Somerseth, qui faisoit partie du Royaume de Westsex ou des Saxons Occidentaux [b]. On dit qu'elle eut pour premiers habitans des Solitaires, que St. Patrice engagea à vivre en commun, à l'imitation des Peres d'Egypte. [c] St. Sen-Patrice y mourut & c'est ce qui a donné lieu de croire qu'elle possedoit les reliques de St. Patrice, Apôtre d'Irlande. Dans le VII. siécle elle reçut la regle commune des Monasteres du Pays ainsi qu'il paroît par le temoignage de St. Adelme & par les Actes de St. Boniface tous deux Religieux de la Province de Westsex. Le premier des Abbez Anglois qu'ait eu Glastenburi est Britwald à qui le Roi Kynevalque donna quelques terres. Il eut pour Successeur Heinsisel, que le Roi Kentwin établit Abbé l'an 678. à la priere de St. Hede & des Religieux de la Communauté. Ce Prince fit encore d'autres graces à leur Monastere & leur permit d'élire à l'avenir leur Abbé, selon la regle de St. Benoît. Il fut enterré dans leur Abbaye pour laquelle il avoit une grande veneration l'appellant la Mere des Saints. Quelques Rois comme Etwin, & surtout Ina son Successeur quiterent la Couronne & embrasserent la vie Monastique. [d] Ina fit rebâtir le Monastere de Glastenburi & le combla de graces & de bienfaits. Cependant dès le commencement du X. siécle [e], ce Monastere étoit occupé par les Irlandois qui y instruisoient la jeunesse. Il n'y avoit plus de Moines, & les Rois s'en étoient approprié les Domaines. St. Dunstan qui étoit né auprès de ce lieu l'an 924. y étudia, & ayant ensuite embrassé l'état Monastique, il devint le restaurateur de ce Monastere. Il y employa son patrimoine & obtint du Roi Edelstan tout ce qui étoit du Domaine du Roi à Glastenburi. Il commença aussitôt à y jetter les fondemens d'une Eglise magnifique & à y bâtir des lieux reguliers. Il y assembla une grande communauté de Moines dont il fut le premier Abbé, & cette Abbaye fut long-temps une des plus celebres de l'Angleterre. [f] Plusieurs Rois, entre autres le Roi Artur, y furent inhumez.

GLASSHUTTE [g], petite Ville de la Haute Saxe à trois milles de Dresde proche de Pirna : il y avoit autrefois une bonne mine d'argent qui la rendoit plus considerable qu'elle n'est à present.

GLATOW, petite Ville de Bohême au Cercle de Pilsen. Zeyler la nomme KLATOW dans sa Carte, mais il écrit Glatow dans sa Topographie [h]. Elle est entourée de plusieurs autres petites Villes, savoir Schwihof, Zinkow, Kasegowitz, Planitz & Klenow. Tous ces lieux sont vers les confins de la Baviere & qualifiez Villes dans les registres du Royaume. Theobald Frere du Roi Uladislas qui servit si bien Frederic Barberousse en Italie est enterré à Glataw dans le Couvent des Dominicains qu'il avoit fondé. En 1622. cette Ville fut pillée par les Polonois.

Derriere Glataw sur un rocher élevé est le Château de RABY avec un Bourg que quelques Cartes marquent comme une petite Ville. Jean Zischka General des Hussites s'étant rendu maître du Bourg & voulant au point du jour du 29. Mars 1421. donner l'assaut au Château, il y perdit le seul œuil qu'il eût bon, & fut aveuglé d'un coup qu'il reçut à cette attaque. Voiez Theobald, Histoire des Hussites 1 part. page 179.

GLATZ, Ville de Boheme au Comté de même nom dont elle est la Capitale. [i] Elle est située sur le bord de la Neisse à vingt milles de Prague & à dix-huit d'Olmutz. On croit assez communement que le Comté de Glats est le Pays qu'occupoient les *Marsigni* ancien peuple de la Germanie & qu'alors la Ville même s'appelloit LUCA. Quant à l'origine du nom moderne il y a diverses opinions. Les uns disent que sous l'Empire de Henri I. les Hongrois y perdirent une bataille & que l'Empereur fit pendre *Glozar* leur Chef, de maniere qu'à cause de lui ce lieu qui jusques-là n'avoit été qu'un Bourg habité par des Payens prit le nom de GLOTZ, & devint une Ville peuplée de Chrétiens. D'autres l'ont dérivé du mot *Glacies*, Glace ; ou du mot GLAT glissant, parce qu'en hiver le terrain de la Ville qui est haut & bas, est glissant & que l'on y tombe aisément. D'autres l'ont tiré du mot *Calvities* parce qu'elle est située entre des Montagnes, mais particulierement à cause que la Montagne derriere le vieux Château étoit couverte d'une Pelouse. D'autres tirent ce nom des *Galates*. Quelques-uns enfin le dérivent de KLOTZ, parce qu'au même lieu où est à present la Ville, ce n'étoit anciennement qu'une Forêt ; & qu'en la detruisant, on laissa au milieu à l'endroit où est le Marché un gros tronc de Chêne, où l'on vendoit les denrées. Cette Etymologie est preferée par George Ælurius dans sa Chronique de Glatz. [k] Melchior Goldast dans son Livre du Royaume de Boheme écrit [l] que Glatz est nommé CLOSCUM par les Polonois, GLOCZIUM par les Bohemiens, & COZLIUM par les autres Esclavons. Ils pretendent que c'est une des Provinces incorporées à la Bohême qui ont leurs droits particuliers & leurs Franchises, & en effet elle a son Commandant particulier. Les habitans de Glatz disent que cette Comté étoit anciennement un Membre Imperial de l'Empire d'Allemagne & qu'après la mort du dernier Comte il ne vint aux Ducs ou aux Rois de Bohême que par la faveur des Empereurs ou Rois d'Allemagne qui leur en donnerent l'Investiture, & qu'enfin il n'y a dans tout le Royaume de Bohême aucune autre Seigneurie qui ait

ait le titre & la dignité de Comté. Car les Comtez d'Egre, d'Elnbogen, & de Passaun sont Comtez de l'Allemagne & non pas de la Bohême. La Principauté de Rosenberg fut bien érigée par Rodolphe II. mais c'étoit une Dignité personnelle qui ne fut point portée dans le Registre public & elle s'éteignit avec la vie du Seigneur qui en étoit honoré, parce qu'alors les Bohémiens ne connoissoient point dans leur Royaume de dignité au delà de celle de Baron.

Ælurius déjà cité dit que Glatz & son Territoire après avoir appartenu à l'Empire, passerent quelque temps sous la Domination des Polonois; à qui les Bohémiens les prirent; car on trouve qu'en 1074. & 1114. ces lieux étoient à la Boheme. Ce Comté fut ensuite aux Ducs de Silesie & peu après retourna à la Bohéme, puis à la Silesie qui en jouït, jusqu'au temps de l'Empereur Henri IV. qui s'en ressaisit. Il demeura à ses Successeurs jusqu'au Roi George qui donna à ses fils les Villes de Glatz, Munsterberg, & de Franckenstein. L'Empereur Frideric IV. les fit Ducs de Munsterberg & Comtes de Glatz & confirma la donation; ce qui arriva l'an 1463. L'an 1500. les Ducs de Munsterberg vendirent le Comté de Glatz à Ulric Comte de Hardegg; ses descendans le revendirent à l'Empereur Ferdinand I. l'an 1537. & ce Prince le conféra à la Maison de Bernstein de qui Ernest Duc de Baviere l'acquit en 1549. & après la mort de ce dernier qui fut en 1560. il revint de nouveau à la Bohéme. L'Empereur Ferdinand II. en gratifia l'an 1623. son Frere Charles Archiduc d'Autriche, mais après la mort de ce Prince, le Comté retourna enfin à la Bohéme. C'est aujourd'hui l'Empereur Charles VI., mâle unique de la maison d'Autriche qui possede ce Royaume & ses Annexes.

Dans le Comté de Glatz on parle Allemand; il peut avoir vingt-quatre milles de tour, huit de longueur & cinq de largeur en quelques endroits. Il y a neuf petites Villes, savoir,

Havelswerd,   Reinertz;
Neurode, ou Neu-   Lewin;
   rath,
Winschelbourg,   Landeck;
Mitterwalde,   Beurath,
   & Wilhelsthal, ou Neustätl,

avec plus de cent Villages. Il y a aussi dans cette Contrée douze sources d'eaux minerales; on y trouve du Fer, du Charbon de terre, des mines d'argent, beaucoup de bois, de Gibier, du bétail en quantité, & des aigles sur les Montagnes.

Glatz qui en est la Ville Capitale, est assez belle, elle a de beaux Fauxbourgs, une belle Maison de Ville & un bon Château sur la Montagne. Autrefois les deux Religions y étoient mêlées; la Prevôté ou l'Eglise Collegiale érigée par Ernest Archevêque de Prague a toujours été aux Catholiques, & l'an 1527. du consentement de l'Archevêque de Prague, elle fut vendue par le Prevôt Christofle Kirmisern aux Jesuites. L'Eglise paroissiale où cet Ar-

chevêque & plusieurs Ducs de Munsterberg sont enterrez, a été quelque temps possedée par ceux de la Confession d'Augsbourg, mais l'an 1622. ils en furent exclus & de tout le Comté de Glatz, & cette Eglise où il y a deux tours & une cloche de cent neuf quintaux leur rendue aux Catholiques. Cette Ville & son Territoire souffrirent beaucoup durant les longues guerres civiles de Bohéme.

GLAUCANICÆ, Arrien [a] ayant dit qu'Alexandre entra dans le Pays d'un Peuple voisin du Royaume de Porus ajoute : ce Peuple étoit nommé *Glaucanica*, selon Aristobule, & *Glausa*, selon Ptolomée; je m'embarasse peu, poursuit-il, quel étoit son veritable nom. [a *Exped. Alex.* l. 5. c. 20. p. 221.]

GLAUCE, Lieu maritime avec un Havre dans l'Ionie au Territoire de Mycale, selon Thucydide [b]. C'est peut-être la GLAUCIA d'Etienne. [b l. 8. p. 607.]

GLAUCHEN [c], ou GLAUCHAU, petite Ville & Château d'Allemagne dans la Misnie en partie & en partie dans le Voigtland sur la Mulde, en tirant vers Zuickau à neuf milles de Leipsig. La Ville est petite, mais le Château est agréable. Il appartient aux Barons de Schönburg qui sont Membres de l'Empire & qui tiennent à fief de la Couronne de Bohême les biens qu'ils possedent dans la Misnie & dans le Voigtland, savoir *Glauchen*, *Waldenburg*, *Hartenstein*, *Lesniss* & *Gresslas*. Cette Ville souffrit beaucoup en 1646. à cause du voisinage de Zuickau qui n'en est qu'à un mille de distance. [c *Zeyler Saxon. Su-per. Topogr.* p. 88.]

GLAUCI-INSULA, l'*Isle de Glaucus*; Pline [d] la nomme GLAUCONESUS, Isle de l'Archipel. Pausanias [e] dit que Glaucus Athlete célèbre y étoit enterré. Pline en parle comme d'une Isle qui avoit quelque reputation. [d l. 4. c. 12. e l. 6. c. 10.]

GLAUCI-SALTUS, le *Bois de Glaucus*, Lieu de Grece dans la Beotie près de la Mer dans le voisinage d'Anthedon, selon Pausanias [f]. [f l. 9. c. 22.]

GLAUCI-TRIBUS, la *Tribu de Glaucus*, Peuple d'Asie dans la Lycie, selon Etienne le Geographe. Il prenoit peut-être ce nom du Fleuve Glaucus.

1. GLAUCIA, petite Ville ou Bourg de l'Ionie, selon Etienne le Geographe. C'est peut-être la GLAUCE que Thucydide met auprès de Mycale.

2. GLAUCIA, Riviere de Grece, dans la Beotie, au voisinage du Fleuve Inachus. Sa source est nommée Ἄκιδουσα, selon Plutarque [g]. [g *Quæst. Græc.*]

GLAUCONIS CIVITAS, &

GLAUCONIS INSULA, les Exemplaires Latins de Ptolomée nomment ainsi une Ville & une Isle voisine de l'Isle de Malthe sur la côte d'Afrique. Le Grec ordinaire n'en parle point. Il y a pourtant des Exemplaires Grecs où l'on trouve Γλαύκωνος νῆσος καὶ πόλις, & ils le mettent au Couchant de Malthe. Ainsi c'est la même que l'Isle de Gozzo.

GLAUCONNESOS, Voiez GLAUCI INSULA.

GLAUCOPIUM, Montagne de l'Attique, selon Strabon. Eustathe sur le troisiéme Livre de l'Odyssée dit que l'on appelloit ainsi la Citadelle d'Athènes.

GLA. GLE.

1. 2. GLAUCUM, Promontoire, du Nom de la Libye aux Confins de la Marmarique & de l'Egypte, selon Ptolomée [a]. Au Midi de ce Promontoire plus avant dans les terres il y avoit une Ville qui portoit le même nom.

a l.4.c.5.

1. GLAUCUS, Riviere du Peloponnese dans l'Achaïe au voisinage de la Ville de Patras, selon Pausanias [b].

b l.7.c.18.

2. GLAUCUS, Riviere d'Asie dans la Carie, selon Pline [c] qui dit qu'il reçoit le Telmesse & porte ses eaux à la Mer. Quintus Calaber [d] le met aux confins de la Carie & de la Licie, ainsi c'est la même Riviere que l'on peut attribuer également à ces deux Provinces.

c l.5.c.27.
d l.4.v.6.

3. GLAUCUS [e], Port de Mer dans une petite Baye à l'Embouchure du Glaucus dans le Territoire des Rhodiens en terre ferme. Le GLAUCUS dont il s'agit ici, est celui de l'article precedent.

e Strab.

4. GLAUCUS, Riviere d'Asie dans la Colchide, où elle se jette dans le Phase, selon Pline [f], & Strabon [g]. C'est le CYANEUM de Ptolomée.

f l.6.c.4.
g l.11.p.498.

GLAUDIOMAGUM. Voiez CLAUDIOMAGUS.

GLAUSÆ. Voiez GLAUCANICÆ.

GLAUSEN [h], Ville d'Allemagne dans le Tirol sur l'Adige. Son Château sans flanc n'est autre chose qu'un reduit en quarré fermé de murailles. Il est placé sur la pointe d'une roche assez éloignée de la Ville. C'est le CLAUSEN de Mr. Baudrand.

h Corn.Dict. Mem. & Plans Géograph.

GLEBA RUBRA, ou SACRA. Voiez HIBRA-BOLOS.

GLECO, Γλήκων, Lieu de Grece dans la Phocide, selon Hesiode qui lui donne le surnom d'ερυμνὴ Turrigera qui porte des Tours, ou bien fortifiée. Cela se trouve dans deux vers que Strabon rapporte [i].

i l.8.p.424.

GLEICHEN, Contrée d'Allemagne dans la Haute Saxe en Thuringe, au Couchant du Territoire d'Erfurth [k]. Elle a titre de Comté, & est située aux environs d'Erfurth & de Gotha. Ce Pays avoit autrefois ses Comtes particuliers, & avoit une étenduë qui faisoit un Etat important, mais la famille de ces Comtes s'étant éteinte, les Princes de Saxe & de Weymar qui étant voisins trouvoient ce Pays à leur bienséance, en prirent chacun leur part. Les Comtes de Hatzfeld en eurent quelque chose, entre autres Gleichen & Blanckenheim & les Comtes de Hohenlohe en ont eu la Ville d'ORTRUFF qui est à un mille au dessous de Gotha. Ce Pays prenoit le nom d'un Château, situé sur la Riviere d'Or qui se joint avec la Gera avant que d'arriver à Erfurth. Sur la Montagne nommée Petersberg, à Erfurth [l] il y a un Château fortifié & un Monastere dans lequel on voit un Tombeau remarquable d'un Comte de Gleichen. Ce Seigneur partit l'an 1227. avec Louïs Landgrave de Thuringe pour la Palestine où il fut fait prisonnier par les Sarazins. La fille du Seigneur entre les mains de qui il étoit tombé eut pour lui une tendre compassion; elle lui procura les moyens de s'enfuir à condition qu'il l'épouseroit & l'accompagnant dans sa fuite se fit Chrétienne. Il revint dans sa patrie avec elle. La Comtesse sa femme eut plus d'égard au service que cette Dame avoit rendu au Comte, qu'aux sentimens de jalousie; le Comte de son côté fut assez équitable pour ne pas payer d'ingratitude une femme à qui il devoit la liberté & il fut assez bon mari pour ne pas mépriser la Comtesse qui étoit moins belle. Ces deux femmes le partagerent durant leurs vies & il est enterré au milieu d'elles, sous le même Tombeau. Le mariage de la Dame Sarazine fut sterile.

k Hubner Geogr. p.580.
l Die Dornehmste Europæischen Reisen. p.6.

GLE.

GLEMONA. Voiez BILIGA. On croit que c'est à present GEMONA dans le Frioul.

GLENI & COSLA, Lieux situés sur la Montagne de Vosges ainsi nommez à cause des Eaux, selon Surius [m].

m S. Remigii Vita.

GLENIS, Riviere d'Angleterre, selon Be- de cité par Ortelius. Son nom moderne est BOWENT; mais autrefois on l'appelloit GLAN ou GLAIN & elle a donné le nom de GLENDALE à la Vallée qu'elle arrose. Le nom de GLANOVENTA en vient aussi. Voiez ce mot.

GLENLUZ [n], Bourg d'Ecosse sur la côte du Comté de Galloway, & dans la Baye de Glenluz à laquelle il donne son nom.

n Baudrand Ed. 1705.

LE GOLPHE DE GLENLUZ [o], petit Golphe d'Ecosse sur la côte du Comté de Galloway, entre le Cap de Galloway & la Ville de Witern. Il prend son nom du Bourg de Glenluz.

o Ibid.

GLERENUM, petite Ville d'Italie dans la Pouille, selon Plutarque; mais Ortelius observe que c'est une faute; & qu'il faut lire GERUNIUM.

GLEROLE, Château en Suisse situé sur des rochers au bord du Lac de Geneve, proche de St. Saphorin une des quatre Paroisses du Pays que l'on appelle la Vaux, entre Lausanne & Vevay [p]. Il a été bâti par l'un des derniers Evêques de Lausanne. Ce Château n'est habité que par un Concierge que les Bernois y tiennent.

p Etat & delices de la Suisse T.2. p.272.

GLESSARIA, Pline dit [q]: il y a vingt-trois Isles, qui sont connues à cause des guerres des Romains. Les plus remarquables sont Burchania, que les nôtres appellent Fabaria, à cause d'un grain qui y vient naturellement & qui ressemble aux Feves: de plus GLESSARIA, appellée ainsi par les Soldats à cause de l'ambre, Les Barbares la nomment AUSTRANIA; outre cela il y a Atania. Cellarius dit [r], que l'on ignore où est cette Glessaria, à moins que ce ne fut soit une des Electrides, qui ont été nommées de la sorte à cause de l'Ambre. Il croit qu'il y avoit plusieurs Isles ainsi nommées, les unes Occidentales dans la Mer d'Allemagne où doit être cette Glessarie; les autres Orientales dans la Baltique au delà de l'Embouchure de la Vistule. Le R. P. Hardouin [s] ne connoît pour Glessaries que les Isles d'Oeland & de Gotland. Et il pretend que ce sont l'Austrania & l'Atania de Pline. Si cela est, il faut avouer que Pline a fait un étrange faut, & que dans une si grande quantité d'Isles, qui se trouvent dans les mers d'Allemagne, & Baltique, il n'est pas aisé de deviner comment il a choisi ces trois pour les mettre de suite, malgré le grand intervale qui les separe.

q l.4.c.13.
r Geogr. c.5.p.491.
s In Plin. l.4. Sect.34

GLETES, Nation de l'Iberie en Europe, selon Etienne le Géographe, c'est-à-dire, de l'Espagne; elle est voisine des Cynetes.

GLET-

GLE.

GLETSCHER, Montagnes de Suisse, dans le Canton de Berne au Grinderwald. Les François les nomment, les Glaciers [a]. Il se trouve en divers endroits des Montagnes de glace, qui non seulement ne se fondent jamais, mais qui de plus vont toujours en croissant, à mesure qu'il tombe de nouvelle neige, tellement qu'elles s'étendent peu à peu au long & au large, & ruïne le Pays qui les environne. Ces Montagnes de glace sont la plûpart d'une profondeur immense, & il arrive quelquefois qu'elles se fendent du haut en bas, ce qui se fait avec un bruit si horrible, qu'il semble que toute la Montagne va sauter en pieces. Ces fentes sont plus ou moins larges, & profondes : il s'en fait de 2. ou 3. & de 5. pieds de large, & de 3. à 400. aunes de profondeur : & si un homme y tombe il est perdu, ou du moins il y en a bien peu qui en rechapent : car on se trouve tombé dans un abime d'une profondeur épouvantable où l'on est bientôt ou tué par le grand froid, ou noyé dans la neige fondue. Cependant il faut necessairement passer par ces Montagnes de glace, car en bien des endroits il n'y a point d'autre chemin, & quand il s'y trouve de la neige nouvellement fondue on court risque de tomber : souvent même la neige couvre tellement ces horribles fentes, dont je viens de parler, que les Voyageurs ne les decouvrant pas y sont pris comme un oiseau dans les filets & y perissent. Pour éviter un pareil malheur, les Voyageurs prennent des guides, qui avec de longs bâtons & des perches à la main, vont sondant le chemin pour decouvrir s'il n'y aura point de fente, & quand ils en rencontrent quelqu'une, il faut sauter par dessus, ou bien l'on étend un ais qu'on porte exprès pour cet usage, & l'on passe pardessus : la difficulté augmente quand il y a de la neige fraichement tombée, car alors on ne voit aucune trace de chemin ; & il faut, en ce cas-là, suivre à la vûe certaines perches, (les Grisons les appellent *Stazas*) que l'on plante de distance en distance, pour reconnoître le chemin. Mais en bien des lieux les habitans n'en plantent point, afin que les Voyageurs soient obligés de les prendre pour Guides, & de les bien payer. Dans toutes ces differentes occasions il faut armer ses Souliers de bons fers à glace, pour ne pas glisser, & marcher avec bien de la circonspection. [b] Ce n'est pas là le seul danger où l'on est exposé dans ces Montagnes de glace. Quelquefois il s'en detache de gros quartiers, qui tombant avec impetuosité, renversent tout ce qui se rencontre sur leur passage, & bouchent tellement les chemins, qu'on ne peut ni avancer, ni reculer. Il se passe bien du temps avant qu'ils soient fondus, quoique ce soit la plus chaude Saison de l'année, lorsque ces sortes d'accidens arrivent.

[c] Je ne quitterai pas cette matière sans remarquer une chose, qui est un veritable Paradoxe physique capable d'exercer l'esprit des plus habiles Philosophes, c'est que les eaux qui découlent des Gletschers, je veux dire, de ces Montagnes de glace éternelle dont on vient de parler, sont les meilleures, & les plus saines que l'on puisse boire. Un Voyageur qui passe par les Alpes, ne peut boire des autres eaux, s'il est échauffé, sans courir risque de gagner

GLE. GLI. GLO. 195

quelque maladie mortelle, Mais pour celles-ci, on peut les boire sans danger soit à jeun, soit après avoir mangé ; & même elles ont une espéce de vertu balsamique, pour delasser & pour fortifier. C'est un fait notoire, par une constante experience. Les Habitans des Alpes ne font point même d'autre remede dans les diarrhées, dans les dyssenteries, & dans les fievres que de boire de cette eau de Gletscher. Et un Medecin celèbre recommande aussi ces fortes d'eaux pour le mal de dents.

GLIKEON. Voiez GLYKEON.

GLIKINERO, ou GLICINERO, ou GLECINERO, nom Grec d'une Riviere de Thrace : on l'apelle aussi ACQUA DOLCE. C'est l'ATYRAS des Anciens. Voiez cèt Article.

GLINDITIONES, ancien Peuple de la Dalmatie, selon Pline [d]. Appien les nomme *Clintidiones*, ce sont les Iglètes de Strabon & peut-être les Idetes d'Etienne le Géographe.

GLISAS. Voiez GLISSAS.

GLISKOWATZ [e], Ville de la Turquie en Europe au Royaume de Servie, dans une grande plaine au pied des Montagnes, sur la Riviere de Veterniza.

GLISMA. Voiez GISMA.

GLISSAS, ancienne Ville de Gréce dans la Béotie, près du Fleuve Thermodon, selon Herodote [f]. Homere en fait aussi mention dans le second Livre de l'Iliade ; & la nomme *Glissa* tout simplement sans s finale. Strabon n'en fait qu'un Village. Pausanias [h] dit qu'au-dessus de *Glisas* est une Montagne nommée *Hypatos*, c'est-à-dire, *Suprême*, sur laquelle il y avoit un Temple de Jupiter avec le même surnom.

GLIUBOTIN, Montagne de la Turquie en Europe, selon Mr. Baudrand elle s'étend fort du Levant au Couchant & étoit autrefois connue sous le nom du Mont Scardus.

GLOCESTER, Ville d'Angleterre, dans le Glocestershire ou le Comté de Glocester dont elle est la Capitale. C'est la CLAUDIA CASTRA & le GLEVUM des Anciens. Cette Ville est située sur la Severne à 80. milles de Londres, à l'Ouest, tirant vers le Nord. Elle est grande & bien peuplée & on y compte douze Paroisses. Elle étoit autrefois fortifiée d'une bonne muraille & d'un Château de pierre de taille, mais tout cela est tombé en ruine, Henri VIII. en fit un Siége Episcopal, ou plûtôt il le retablit, car c'étoit un Evéché du temps des anciens Bretons. L'Eglise Cathedrale est fort belle. Robert fils aîné de Guillaume le Conquerant & le Roi Edouard II. deux Princes infortunez, y ont leur Sepulture. Cette Ville a deux Marchez par semaine & a donné le titre de Duc à plusieurs Princes du Sang. Quelques-uns pretendent [i] que Glocester ait été le lieu de la mort & de la Sepulture de St. Luce premier Roi Chrétien des Bretons sous les Romains.

GLOCESTERSHIRE [k], Province Mediterranée d'Angleterre, le long de la Severne qui la traverse. Elle est terminée au Nord par le Comté de Worcester, à l'Est par celui d'Oxford, à l'Ouest par ceux de Hereford & de Monmouth & au Sud par ceux de Wilst & de Sommerset. [l] Cette Province a cent trente milles de Tour & contient environ 800000

800000 arpens & 26764. maisons. Elle est belle & fertile. Du côté de l'Est il y a de petites Montagnes qu'on appelle Cotswold où paissent une infinité de troupeaux de Brebis dont la laine est fort prisée. Le milieu est un Pays plat traversé par la Severne qui contribue à sa grande fertilité. A l'Ouest il y a beaucoup de bois particulierement la Forêt de Dean qui étoit autrefois plus garnie de bois qu'elle n'est presentement, les mines de Fer en ayant fait consumer une grande partie. Les Vergers fournissent une grande quantité de Cidre. Cette Province abonde en Bled, en Laine, en Bois, en Fer, en Acier, en Cidre, & en Saumon. Entre ses Manufactures celle de Laine est la plus considerable. On y fait aussi de fort bons Fromages, dont il se fait un grand debit, surtout à Londres.

Ses Villes & Bourgs où l'on tient marché sont,

Glocester Capitale,	Stroud,
Cirencester,	Chiltenham,
Tewksburi,	Sadbury,
Berckley,	Panswick,
Durfley,	Stow,
Lechlade,	Stanley,
Marshfield,	Tedbury,
Colford,	Wickware,
Dean,	Northleech,
Fairfold,	Newent,
Hampton,	Morton,
Campden,	Thornburi,
Newnham,	Winchcomb,
& Wotton.	

GLOCIACENSES, Peuple de la France, selon Ortelius : qui dit qu'il en est parlé dans la vingt-cinquième Epître d'Yves.

GLODITANA, ce nom se trouve ainsi écrit dans le Livre de l'Anonyme de Ravenne [a]. Le P. Porcheron observe très-bien qu'il faut lire Clodiana.

[a] l. 4. c. 15.

GLOGAU, il y a deux Villes de ce nom en Silesie, & on les distingue par les surnoms du *grand* & du *petit* Glogau.

Le Grand GLOGAW [b], Ville de la Basse Silesie, au Duché de Glogau sur la Riviere de l'Oder. Cureus dans sa Chronique de Silesie croit que cette Ville est la Lugidunum de Ptolomée. Il tient que des Ruines de cette ancienne Ville en a bâti une nouvelle qui est Glogau ; selon lui l'ancien nom étoit derivé de celui du Peuple *Lygii*, ou Luii, que le nom Allemand de ce lieu étoit Luenau dont les Etrangers formerent *Luiunum*, ou *Lugidunum* pour l'accommoder à leur Langue. Si nous en croyons Dlugossus l'un des Historiens de Pologne, il n'est point fait mention de Glogau avant l'an 1104. de l'Ere Chrétienne. Il dit néanmoins que lorsque l'Empereur Henri V. l'assiégea elle étoit fort peuplée, quoi que ses murailles fussent tombées de vieillesse. Le nom qu'elle porte aujourd'hui est pris de la Langue des Vendes, & signifie un buisson d'épines. En effet il y en a encore à present plusieurs dans cet endroit. Assez près de là est un Village qui appartient à la Ville & que l'on appelle Hokrich. Ce nom signifie la même chose que le mot Esclavon *Glogau*.

[b] Zeyler Silesi. Topogr. p. 142.

Au commencement la Ville étoit au Nord & de l'autre côté de l'Oder, & non pas en deçà & au Midi comme elle est à present. Ce fut le Duc Boleslas le crepu qui la transfera. L'Eglise Collegiale fut fondée en 1120. Elle étoit auparavant au même endroit où l'on a bâti ensuite le Couvent des Dominicains. En 1260. Conrad Duc de Glogau en fit une veritable Ville, y appella des Allemands, leur donna les Loix d'Allemagne, & y bâtit un Château. Après Breslaw il n'y a point dans toute la Silesie de Ville mieux située. C'est en quelque façon l'Etape & le Grenier qui fournit des grains à plusieurs Peuples. Le Territoire circonvoisin est très-fertile, & on y nourrit quantité de bétail. L'Oder & les étangs des environs fournissent du Poisson en abondance. Du côté du Midi il y a de hautes Montagnes, entre autres le Schwalnberg. L'Air y est meilleur qu'à Breslau. La biére y est assez agréable au goût & nourrissante, mais elle est trouble, épaisse, & la force du Houblon que l'on n'y épargne pas fait qu'elle monte à la tête. L'excès de cette Boisson est une des causes qui font que l'on y voit plus qu'ailleurs des gens attaquez de la Goûte & des Rhumatismes. On y est aussi fort sujet aux maux de Reins à cause du lard, du bœuf salé, du fromage, de la *Sauerkraut*, & autres nourritures ordinaires à ce Pays. (La *Sauerkraut* n'est autre chose que des Choux que l'on hache & que l'on enferme dans un Baril, avec quelques ingrediens. Ils y aigrissent & y prennent un goût fort desagréable pour quiconque n'y est pas accoutumé ; c'est pourtant un regal exquis dans la plus grande partie de l'Allemagne.) La Ville a cinq grandes portes & deux petites ; les principales sont celle de Brust, celle de Pologne, & celle de l'Hopital. Elle n'étoit autrefois entourée que d'un double mur & d'un fossé ; mais depuis les guerres d'Allemagne on y a ajouté de nouvelles Fortifications. Ce qu'il y a de plus remarquable à Glogau est, premierement l'Eglise Collegiale dont il a été parlé, elle est bâtie hors de la Ville, du côté de l'eau dans une agréable Isle que l'Oder environne. 2. L'Eglise Paroissiale qui est dans la Ville. C'est un ancien Edifice sur une hauteur vers le Midi & qui a la Tour la plus grosse & la plus haute de toute la Silesie. On ne sait ni quand elle a été bâtie ni quand elle a perdu sa fléche. 3. Les trois Couvens qui sont dans la Ville, savoir un de Religieuses au bord de l'Oder, un de Franciscains qui a été autrefois à des Bernardins, au Nord ; & un des Dominicains au Couchant, au lieu où étoit autrefois la Collegiale. 4. Les Ecoles ou le College, au bord de la Riviere : cet édifice étoit occupé par les Ducs de Glogau. Selon Mr. Baudrand Glogau est à treize milles de Breslau vers le Nord ; à quatre de Gutau ; à cinq de Sprotran ; à sept de Gromberg (Grunberg) & à dix de Schwisbussein.

Le Duché de GLOGAU, Contrée du Royaume de Bohéme dans la Silesie aux Confins de la Pologne [c]. Ce Pays faisoit autrefois un Etat separé qui avoit ses Ducs particuliers, & il avoit bien plus d'étendue qu'à present ; car toute la Principauté de Sagan, Prebs, & Naumbourg, en dependoient de même

[c] Zyler l. c. p. 144.

même que STEINAU, CROSSEN, ZOLLICH, avec une lisiere de la Pologne. Les Ducs de Glogau étoient une branche de la Maison Royale des Piastes en Pologne, & descendoient de Henri le Barbu qui possedoit toute la Silesie en 1201. & avoit sa Cour à Glogau. Un de ses descendans nommé Henri III. mourut l'an 1309. laissa trois fils qui partagerent son Pays. Le plus jeune nommé Primislaus II. eut pour son lot Glogau, avec les Bailliages de Crossen & de Freistadt. Comme il mourut sans enfans ses Freres Jean & Henri IV. partagerent en deux la Ville de Glogau. Jean vendit sa part à Jean Roi de Bohéme ; Henri ayant voulu garder sa part sans dependre du Roi de Bohéme fut chassé de Glogau & toute la Ville de Glogau fut soumise au Roi de Bohéme durant plus de vingt ans. L'Empereur Charles IV. étant Roi de Bohéme donna en 1360. la part de Henri IV. à Henri V. surnommé Henri de Fer Duc de Sagan, & mit un Bailli dans le Château. Henri mourut en 1369. & laissa trois fils nommez Henri. L'Aîné fut Henri VI. le second Henri VII. surnommé Rappolt n'eut point de fils & sa Succession passa à son autre Frere Henri VIII. qui fut surnommé *Sperling* ou le Moineau à cause de la fecondité de son Mariage. Les Historiens l'appellent en Latin *Henricus Passer*. Jean son fils Aîné eut en partage le Pays de Sagan qui fut ainsi détaché du Pays de Glogau, & est demeuré depuis une Principauté particuliere. Vers la fin du XIV. siécle Wenceslas Roi de Bohéme donna la moitié de la Ville de Glogau à Bolestas Duc de Teschen à qui elle demeura avec le Château durant bien des années. Henri X. possedoit toute la Principauté de Glogau excepté la moitié de la Ville qui comme on a dit avoit été cedée à la Maison de Teschen, étoit le plus jeune fils de Henri le Moineau. Il laissa en 1467. un fils unique qui fut Henri XI. Duc de Glogau ; qui mourut à Freistadt sans posterité l'an 1476. Sa femme Barbe fille d'Albert Electeur de Brandebourg qui n'avoit pas alors plus de douze ans, ayant été mariée à dix ans, s'empara du Duché de Glogau que son Mari lui avoit transporté. Mais un autre Jean ne s'accommoda point de ce plan. Il étoit le plus jeune Fils de Jean Duc de Sagan, fils aîné de Henri le Moineau ; & pretendit à la Succession de Glogau en qualité de plus proche parent ; quoi qu'il n'eût dans le fond aucun droit sur cette Succession dont son Pere s'étoit démis ; d'ailleurs il ne possedoit aucun Territoire, ayant vendu la Principauté de Sagan à l'Electeur Ernest de Saxe & à Albert son Frere ; il alla trouver Mathias Roi de Hongrie qui lui ayant donné du secours & des troupes le mit en état de se saisir de la Principauté de Glogau. Il assiegea la Ville que la Douairiere de Teschen occupoit, & l'obligea de se rendre en 1480. L'an suivant il s'accommoda avec le Roi Mathias de façon qu'il fut unique possesseur de toute la Ville, ce qui n'étoit point arrivé à ses ancêtres depuis cent cinquante & un ans. La même année il transigea avec Albert Electeur de Brandebourg pour les pretentions de la Douairiere Marguerite, & l'Electeur eut pour sureté Zollich, Crossen, Sommerfeld & Bobersperg. Par l'accord fait avec le Roi de Hongrie il étoit reglé que le Duc Jean auroit la Principauté de Glogau sa vie durant ; ce Prince auroit bien voulu la laisser à ses filles qui avoient épousé en même temps l'an 1488. les trois Freres Albert, George & Charles, fils de Henri Duc de Munsterberg. Mais Mathias avoit d'autres vûës & destinoit ce morceau à Jean Corvin son fils naturel. Ce fut la matiere d'une guerre. Le Roi ayant fait assieger la Ville, le Duc Jean qui s'imagina que les Magistrats tenoient le parti de ce Monarque, les fit prendre prisonniers, pilla la Maison de Ville, s'empara du Tresor, revoqua les Franchises, fit élire de nouveaux Magistrats & fit enfermer ceux qu'il tenoit arrêtez dans une tour, où il les fit mourir de faim & de soif. Il trouva le moyen de sortir de la Ville avant qu'elle se rendît, alla en Pologne, puis à Oppeln & enfin à Glats, où il se tint quelque temps dans une petite maison ; après y avoir vecu dans la misere le Margrave lui permit de demeurer quelque temps à Francfort, d'où il partit pour Rome. A son retour il obtint de ses Gendres la Seigneurie de Wolau durant sa vie. Il y acheva sa vie en Chimiste & mourut fort pauvre l'an 1504. avec un sincere regret de ses fautes. Il fut le dernier de l'ancienne Maison de Glogau Sagan & Crossen. Ainsi elle peut grossir le Catalogue des familles illustres qui ont fini avec ignominie. Mathias possedа la Ville & la Principauté de Glogau, & après sa mort cet Etat & toute la Silesie retournerent à la Bohéme. Wladislas Roi de Bohéme donna l'an 1491. Glogau à son Frere Jean Albert qui y mit pour Commandant Jean Cervicov que l'on appelloit le Polaque & qui fut un très-cruel tyran. L'an 1498. cette Principauté fut donnée à Sigismond Frere du Roi, & il s'y rendit lui même en 1502. fit beaucoup de bien à la Ville, & fit refleurir le Pays. Mais comme il devint Roi de Pologne en 1506. ce Pays revint à la Bohéme qui y mit des Gouverneurs. Mais il fut partagé & ce qui étoit de la dependance de Freystadt en fut détaché. Le reste demeura à la Couronne de Bohéme, jusqu'au temps de l'Empereur Ferdinand II. qui confera à son General Albert de Walstein les Duchez de Glogau, de Sagan, & de Fridland, Ce Favori étant disgracié fut assassiné par l'ordre même de l'Empereur, & ce qu'il avoit possedé revint à l'Empereur comme Roi de Bohéme.

Le Duché de Glogau a pour Villes,

Glogau,	Beuthen,
Freystadt,	Pulkwitz,
Guhrau,	Köben,
Sprottau,	Neustadt,
Grunberg,	Wartenberg,
Schwibussen,	Primnikau.

Dans cette Principauté il y a un Privilege particulier, c'est qu'à l'égard de la Succession [a] des fiefs au defaut des fils, les filles succedent preferablement aux autres parens & collateraux.

Le PETIT GLOGAU [b], Ville de Silesie au Duché d'Oppeln, entre Zülch & Cosla sur le Ruisseau de Bruding. Quelques-uns l'ap-

[a] *Werner*. in Pract. Observ. p. 188.

[b] *Zeyler* l. cit.

GLO. GLU.

l'appellent OBER-GLOGAU, ou Glogau d'en haut parce que le Ruiffeau fur lequel il eft fitué tombe dans l'Oder bien loin au deffus du Grand Glogau. Les troupes de Saxe Weymar le prirent en 1627.

Corn.Dict. GLOS *a*, Bourg de France en Normandie près d'Evreux dans le Pays d'Ouché entre l'Aigle, Lyre, & St. Evroul. On y tient Marché toutes les femaines, & une Foire tous les ans. Les Rivieres de Rille & de Carentonne coulent aux environs de ce Bourg.

GLOSEDUM. Voiez METIOSEDUM.

b Vit. Agricol. c. 23.
c l. 2. c.
d Ortel. Thef.
1. CLOTA, ancien nom de la CLUYD. C'eſt Tacite qui la nomme ainſi [b]. Ptolomée[c] l'appelle CLOTA, Κλώτα; quelques Hiſtoriens Anglois l'ont appellée CLUDA & Clid[d]. Son Embouchure appellée en Latin *Glota Æſtuarium*, eſt nommée par les Anglois *The Firth of Clid*. Elle donne à la Vallée qu'elle arroſe le nom de GLOTIANA en Latin & de CLUYDESDALE en Anglois. Voyez CLUYD.

2. GLOTA, nom Latin d'une des Iſles Britanniques. Camden croit que c'eſt preſentement l'Iſle D'ARRAN à l'Embouchure de la Cluyd. Voiez ARRAN 1.

GLOVERNIA, quelques Ecrivains ont ainſi nommé la Ville de GLOCESTER. C'eſt la même que CLEVUM. Voiez ces deux Articles.

GLUCKSBOURG, Petite Ville de Danemarck au Duché de Sleswig. On l'a auſſi appellée LUXBOURG, ou LUCKSBOURG: c'eſt le Chef-lieu d'un Bailliage de même nom dans le petit Pays d'Angeln. Ce Bailliage étoit autrefois à un Monaſtere nommé RUHE

e Hermannd Dan Norveg. duc.p.843.
CLOSTER.[e] Woldemar Evêque de Sleswic & Prinſe du Sang Royal l'avoit d'abord fondé dans le Holm avant que la Ville de Sleswig fut bâtie; ce qui fit qu'on l'appella GULDENHOLM. Mais l'Evêque Nicolas ſon Succeſſeur trouvant que les Moines s'étoient relâchez & ſcandaliſoient par leur dereglement les éloigna de Sleswig, & au lieu des biens qu'ils avoient leur en donna d'autres dans le Pays de Sundewit & dans celui d'Angeln. Les Moines qui étoient de l'Ordre de St. Bernard délogerent donc avec leur Abbé & allerent bâtir un nouveau Monaſtere à l'endroit où eſt à preſent la Ville de Luckebourg & l'appellerent *Ruhé Cloſter*. Le Roi Eric VII. ſurnommé Glipping les en fit ſortir l'an 1280. on ne ſait ſous quel pretexte; cependant ils y revinrent quelque temps après & y demeurerent juſqu'à la révolution qui établit la Confeſſion d'Augsbourg dans ce Pays-là. L'an 1544. lorſque le Pays fut partagé, ce Monaſtere ſe trouva du partage de Chriſtian III. & le Roi Frederic ſon fils en ayant congedié les Moines le donna au Duc Jean qui ſur les ruines du Monaſtere éleva la belle Fortereſſe de Glucksbourg, ou Luckſbourg. Ce Bailliage étoit autrefois du Territoire de *Husbiharde*, qui faiſoit partie du Bailliage de Flensbourg. Une partie eſt couverte de Forêts pleine de Gibier, le reſte conſiſte en terres labourables qui ſont propres à toutes ſortes de grains ſi on en excepte le froment.

f Ibid. p. 1146.
GLUCKSTADT[f], Ville d'Allemagne dans la Baſſe Saxe dans le Holſtein ſur le bord Oriental de l'Elbe & près de l'Embouchure

GLU. GLY.

d'un petit Ruiſſeau nommé le Rhyn, dans ce Fleuve. Chriſtian IV. Roi de Danemarc fit bâtir cette Fortereſſe l'an 1620. c'étoit auparavant un lieu inculte & deſert; propre néanmoins à faire un Port. Ce Prince le fit entourer d'un rempart & y éleva une Ville qu'il nomma Gluckſtadt, c'eſt-à-dire, la *Ville heureuſe*, ou la *Ville du bonheur*. La Ville étant dans un fond bas & marécageux, on ne peut y arriver que par une chauſſée de pierre, longue de trois quarts de mille, du côté de Kremp. Les Géographes Septentrionaux lui donnent 42. d. 45'. de Longitude & 53. d. 52'. de Latitude. Elle eſt à un petit mille de Krempe, à deux d'Itzehoe, & de Wilſter, à ſept de Hambourg, à huit de Rendsbourg, à dix de Kiel, à onze de Gottorp, & à douze de Lubec. Elle occupe l'Angle Occidental du Stormar, & a au Nord la Ville de Krempe, & au Midi l'Elbe. Lorſque les Imperiaux prirent ſur le Roi de Danemarck la plus grande partie du Holſtein, ils ne purent ſe rendre Maîtres de cette Ville quelque effort qu'ils fiſſent pour cela; car ils ne pouvoient l'inveſtir de tous côtez, au lieu que le Roi avoit ſur l'Elbe ſes Vaiſſeaux de guerre & embarraſſoit fort les Imperiaux à qui cet avantage manquoit. Le Roi de Danemarck qui comprit le ſervice que cette place lui avoit rendu ne fut pas plutôt rentré par la paix en poſſeſſion du Holſtein & du Jutland qu'il l'amplifia & la fortifia de plus en plus l'an 1620., donna des Franchiſes & des Privileges à quiconque s'y viendroit établir & par là il en fit une des bonnes Villes de ſes Etats. Le Roi de Danemarck avoit voulu y établir une Douane à laquelle ſeroient ſujettes toutes les Marchandiſes qui remontent ou deſcendent l'Elbe, les Hambourgeois s'y oppoſerent, & tâcherent inutilement de repouſſer les Vaiſſeaux du Roi; cependant l'affaire fut accommodée, & l'impôt levé.

GLURENS, en Latin GLORIUM, petite Ville, ou Bourg d'Allemagne au Tirol, ſur[g] l'Adige dans le Winſchgow, ou Val de Venoſta, aux Confins des Griſons qui le brûlerent en 1488. ſelon Mr. Baudrand[h], il eſt[b] au pied du grand Brenner environ à trente milles de Bolzano au Couchant en allant vers Coire.

g Zeyler Tirol. Topogr. p. 152.
b Ed. 1705.

GLURINEN, (en Latin *Glurina*) Village de Suiſſe dans le departement de Goms. Il eſt un de ceux qui formoient anciennement une Seigneurie, qui portoit le nom de Comté de Graniols; les habitans jouïſſent il y a longtems de leur liberté. Ils ont aujourd'hui le Privilège, de nommer leurs Juges, dans leurs affaires Civiles; mais pour les Criminelles, c'eſt le Juge d'Arnen qui en connoît.

i Delices de la Suiſſe Nouv. Edit. T. 4. p. 173.

GLYCERIUM[k], ou *Sanctæ Glyceriæ Inſula*, Petite Iſle de la Propontide, il en eſt fait mention dans les Conſtitutions de l'Empereur Emanuel Comnène, & dans la Vie de St. Nicétas.

k Ortel. Thef.

GLYCIAS, Village de Grece voiſin de la Ville de Pellene. Pauſanias dit[l], qu'il y avoit peu de Fontaines d'eau douce. C'eſt Suidas qui marque que ce lieu étoit un Village.

l Ibid.

GLYCINERO, ou GLYKINERO, nom moderne d'une petite Riviere de Grece que les Anciens ont connue ſous
le

GLY. GNA. GNE. GNE.

le nom d'ATHYRAS. Voiez ce mot.

GLYKI, ou GLYKEON, Mr. Baudrand dit [a], que *Glycinero* est une petite Ville de Grece sur la Riviere de même nom, & que nous l'appellons *Grand Pont*. Voiez à ce sujet l'article d'*Athyras*. GLYKEON est le nom dont se sert Mr. Spon [b] pour designer cette Ville qui est Episcopale & Suffragante de la Jannina Metropole. Le Diocese de Glykeon s'étend depuis Paramythia jusqu'à Parga Forteresse des Venitiens, au bord de la Mer. C'est la Ville d'Athyras, port de l'Epire.

1. GLYCUS. Voiez l'article precedent.

2. GLYCUS, Village d'Asie dans la Troade, selon Suidas [c].

GLYMPESUS, Γλυμπέσος, ancien lieu de Grece au Péloponnese, selon Polybe [d]. Ortelius dit que c'est la même chose que GLYPPIA, que Pausanias dit avoir été un Village de la Laconie.

GLYPHIUM, Hesyche nomme ainsi une Montagne & une Caverne.

GLYPPIA. Voiez GLYMPESUS.

GLYS, Bourg de Suisse dans le Departement & au dessous de Brieg dans une situation agreable. [e] Il y a une très-belle Eglise. Ce lieu a été la patrie de ce célebre Vallaisan, George *Supersaxo*, ou, auff der Flue, qui fut un homme puissant dans son temps par son credit, & par ses richesses, & qui fit beaucoup parler de lui au XVI. siécle, dans les guerres des François en Italie. Il vint une fois à bout de faire chasser du Pays le Cardinal Matthieu, dont il étoit mortel ennemi. Le Cardinal le fit aussi chasser à son tour, & il mourut en exil à Vevay l'an 1529. Il avoit fait élargir l'Eglise du Bourg, & y avoit fait faire une Chapelle, pour sa sepulture & celle de sa maison, mais il n'y fut pas inhumé. On y voit un tableau, où il est representé avec sa femme & 23. enfans qu'il eut d'elle seule, savoir douze fils & onze filles. Ces portraits sont de grandeur naturelle & fort beaux, & les habitans, qui avoient vû les Originaux, disoient qu'ils étoient bien ressemblans. Au dessous de Glys on rencontre les restes d'une muraille, qui tient depuis la Montagne en largeur jusqu'au Rhône; on croit, dit l'Auteur des Delices de la Suisse, qu'elle avoit été bâtie anciennement, pour garentir le Pays contre les invasions des habitans du Bas Vallais; où il y avoit bon nombre de Noblesse ambitieuse & remuante.

G N.

GNA, Colonie & Riviere de la Mauritanie Tingitane, selon quelques Exemplaires de Pomponius Mela [f], mais au lieu de ce nom les Critiques ont retabli celui de ZILIA qui est le veritable.

GNADENTHAL [g], c'est-à-dire, le VAL DE GRACE, Couvent de Suisse au dessus de Bremgarten. Il fut fondé en 1371, & est de l'Ordre de St. Benoit.

GNAGNA. Voiez MESSENIA.

GNATIA. Voiez EGNATIA.

GNEBADEI, Peuple Arabe entre les Troglodytes, dans l'Ethiopie, selon Pline [h].

GNES, Peuple des Rhodiens, selon Etienne, il les nomme aussi GNETES, & IGNETES, dit Ortelius [i]. *Gnes* est le singulier & *Gnetes* le pluriel. Voiez IGNE.

GNESNE, Ville de Pologne, dans la Grande Pologne dont elle est la Capitale au Palatinat de Calish. Elle se trouve nommée GNESNA, GNESIN & GNISEN, & est à sept milles & au Levant de Posnanie, dans une plaine entre des étangs & des Collines. C'est la premiere Ville que l'on ait bâtie en Pologne depuis la fondation de la Monarchie. Elle a eu Lechus pour son Fondateur; il y fit sa residence, en quoi il fut imité par Piaste. Lechus au rapport de Cromer trouvant ce terrain inhabité distribua ces terres à ses gens; éleva des Forts & des Châteaux dans les endroits qui lui parurent commodes, & choisit sa demeure en cet endroit, qui est à six lieues de la Varte. Il s'y forma un logement de poutres mal charpentées plutôt pour la necessité que pour le faste & le luxe, & le fit entourer des habitations de quelques-uns de ces gens, afin de les avoir toujours prêts en cas de besoin. C'est delà que vint le nom de la Ville du mot *Gnasdo* qui veut dire un Nid ; à cause de plusieurs Nids d'Aigles que l'on trouva en ce lieu. On croit que c'est delà que vient l'Aigle éployé qui est dans les armes de la Pologne; & dans l'écu que Lechus & ses Successeurs porterent. Gnesne est le Siége d'un Archevêque qui est Primat de Pologne, & qui tient le premier rang entre les Grands du Royaume. Mr. Baillet decide un peu hardiment que St. Adalbert Evêque de Prague ne fut jamais Evêque de Gnesne : mais, poursuit-il, Boleslas ayant racheté son corps des Barbares Idolatres de Prusse qui l'avoient martyrisé l'an 997. le fit transporter en cette Ville, où il lui fit dresser un superbe tombeau. Le Saint devint ensuite le Patron de la Pologne, &c. Comme c'est une dispute à laquelle deux Couronnes ont pris un intérêt très-vif, je m'abstiendrai de decider, je rapporterai seulement les raisons des deux parties, & je commence par ce que rapportent les Polonois. Starovolski parle ainsi [k]. L'Archevêque de Gnesne depuis le Concile de Latran est le Vicaire du Pape pour le Spirituel. & il est qualifié Legat né du St. Siége. Dans les affaires temporelles il a l'autorité de Vice-Roi, surtout dans le temps de l'Interrégne. Son Chapitre a la prerogative d'Eglise Metropolitaine a contre la coutume des autres Cathedrales un Chancelier en dignité qui est en quelque sorte le conservateur de leurs Forteresses & de leur liberté, car tous les Capitulaires doivent être nobles & l'on n'admet point aux Prebendes des Sujets nez de parens Bourgeois & roturiers, à la reserve d'un petit nombre de Graduez dont les places sont de fondation. De même l'Archevêque de Gnesne par une Prerogative qui lui est particuliere, a sa Cour, ses Pages, ses Gardes & ses Officiers comme un Roi, & entre autres un Chancelier & un Maréchal; dont l'un preside aux jugemens des causes Ecclesiastiques qui sont portées à la Cour de l'Archevêque, l'autre lorsque le Primat sort en public porte devant lui une Verge comme on a coutume de la porter devant le Roi, & il a de plus l'intendance de la Cour Archiepiscopale.

Dans

GNE. GNE. GNI.

Dans l'Eglise Metropolitaine de Gnesne on revere les reliques de St. Adalbert qui en étoit autrefois Archevêque. Son Tombeau est au milieu de l'Eglise, la chasse où sont ses reliques est d'argent, & c'est un present du Roi Sigismond III. cette Eglise a un Tresor inestimable qui consiste en vases d'Or, & d'Argent, & en pierreries que les anciens Princes & Archevêques ont données ; & il n'y a pas fort long-temps qu'Henri Firley entre autres Vases & Ornemens precieux donna sa mitre estimée à vingt-quatre mille Florins. A ce temoignage de Starovolski ajoutons celui de Cromer : la Religion Chrétienne, dit cet Historien, ayant été recüe en Pologne on érigea à Gnesne un Archevêché dont le premier Archevêque fut Robert ; il eut pour Successeur Adalbert qui laissant son Eglise entre les mains de son Frere Gaudence ou Razin, s'en alla en Prusse travailler à la conversion des Idolâtres & fut massacré par ces Barbares auprès de Fischhausen le 23. Avril 997. Dans la suite le Roi Boleslas I. surnommé Chrobry racheta ses reliques des mains des Prussiens & les fit ensevelir à Gnesne. L'an 1238. Predislas Duc de Bohéme s'empara de Gnesne qui n'étoit pas encore assez fortifiée, & où il n'y avoit point de Garnison ; Conseillé par Severe Evêque de Bohéme, il entra dans l'Eglise, emporta l'or & l'argent & les Ornemens ; & les corps de cinq Hermites tuez par des voleurs auprès de la Ville de Casimir, du temps de Boleslas I. qui les avoit fait mettre dans l'Eglise Cathedrale ; ils enleverent le corps de Gaudence dont on a parlé, croyant prendre celui de St. Adalbert que les Serviteurs de l'Eglise avoient soustrait & enterré ailleurs. Ils porterent à Prague ces corps excepté celui de Christin l'un des cinq Hermites dont le Duc Predislas fit present à l'Eglise d'Olmutz en Moravie. Depuis ce temps les Bohémiens ont prétendu avoir chez eux le corps de St. Adalbert. Voilà ce que dit Cromer ; & les Historiens de Pologne y sont conformes. Ils disent que l'Empereur Otton III. fit un Pelerinage à Gnesne pour y visiter les Reliques de St. Adalbert, & que Boleslas lui fit une reception magnifique. Joachim Cureus dans sa Chronique de Silesie *a* dit, que Mieslas premier Duc Chrétien de Pologne laissa un fils nommé Boleslas I. & qui fut créé premier Roi de Pologne par l'Empereur Otton III. mais il traite de fable le Pelerinage de cet Empereur dans un temps où cette sorte de devotion n'étoit point en usage ; il ajoute que St. Adalbert étoit alors un Saint inconnu aux Allemands ; que Boleslas n'étoit pas en état de faire une reception magnifique ; que l'on ne savoit alors ce que c'étoit que faste & magnificence. Ainsi la chose est disputée par les Historiens de Bohême & par ceux de Pologne.

Il est certain que le 23. d'Avril jour du Martyre de St. Adalbert est celebré à Gnesne avec beaucoup de solemnité & on y tient une Foire annuelle très-considerable. Henri Archevêque de Gnesne qui mourut l'an 1218. obtint pour lui & ses Successeurs la qualité de Legat perpetuel du St. Siége. Boleslas surnommé le pieux Duc de Calish, qui mourut

a part. I. p. 40.

en 1279. érigea dans la Ville un Monastere des filles de S^te. Claire. L'an 1331. les Troupes des Chevaliers de l'Ordre de Prusse prirent cette Ville, la saccagerent, la brûlerent, & n'épargnerent ni les Eglises, ni les Monasteres ; mais ils ne purent point trouver les Reliques de St. Adalbert que l'on avoit cachées. Après la mort de Louïs Roi de Hongrie & de Pologne, l'Archevêque de Gnesne embrassant le parti du Duc de Masovie s'opposa à Hedwige fille & Heritiere du Roi. A cette occasion il eut le malheur que ses biens & ceux des autres Ecclesiastiques furent ravagez, & il y fit de grandes pertes. L'an 1613. presque toute la Ville fut brûlée, le beau Tresor de la Cathedrale dont parle Starovolski y perit en partie. Anciennement les Rois de Pologne étoient couronnez à Gnesne où l'on gardoit la Couronne & les honneurs jusqu'au couronnement de Wladislas Loctic, qui se fit à Cracovie où l'on les transporta l'an 1320. selon Neugebauer, *b*. Cela donna lieu à une dispute du temps du Roi Louïs ; on mit en question si le couronnement ne se feroit pas à Gnesne suivant l'ancien usage, mais Louïs à l'exemple des Rois Wladislas son Ayeul & Casimir son oncle se fit couronner à Cracovie *c*. A present la Couronne se doit garder à Cracovie ; où le Couronnement n'est pas tellement fixé qu'en cas de besoin on ne le fasse ailleurs ; aussi Wladislas IV. fut-il couronné à Warsovie. Mais quelque lieu que l'on prenne pour cette ceremonie ce doit être l'Archevêque de Gnesne qui fait cette fonction en qualité de Primat du Royaume, de Legat-né, de premier Prince, & de Vice-Roi durant l'Interregne. Si ce Prelat est mort, ou refusant, ou empêché legitimement, le droit de couronner appartient à l'Evêque de Cujavie. Hartknock dans sa République de Pologne *d*, a raison de se moquer de quelques Historiens Polonois qui par une manie commune à beaucoup de Peuples, cherchent au delà des veritables bornes une antiquité chimerique à leur Nation. L'Auteur d'une Chronique dit que les armes du Royaume viennent d'une des Aigles Romaines que perdit Varus sous Auguste. Il ajoute que plusieurs Auteurs Polonois conviennent que l'Aigle Polonoise n'a autre origine que le nid d'Aigle trouvé à Gnesne ; que *Gniazdo* en Polonois veut dire un Nid & qu'enfin les Aigles perdues par Varus furent ensuite regagnées par Germanicus au raport de Tacite *e*.

GNIDE, ancienne Ville de l'Asie mineure dans la Doride qui faisoit partie de la Carie. Les anciens l'ont nommée CNIDUS par un C pour les Latins & par un K pour les Grecs. A la verité on trouve dans Pline & dans le Mela de Vossius *Gnidus* par un G, mais cela est contre l'usage universel, & les Medailles Grecques portent ΚΝΙΔΙΩΝ, des Gnidiens. Scylax la nomme une Ville Greque Πόλις ἑλληνὶς. Pomponius Mela *f* dit qu'elle étoit à la pointe de la Peninsule, Ptolomée *g* donne le même nom à la Ville & au Promontoire. Pline avoit dit de même : sur le Promontoire est Gnide Ville libre nommée TRIOPIA, ensuite PEGUSA & STADIA ; c'est là que commence la Doride. A l'égard de l'ancien

b Hist. Pol. lon. l. 3. p. 185.

c l. 4. p. 213. & Cromer. l. 13.

d l. 1. c. 2. § 6.

e Annal. l. 1. c. 60. & l. 2. c. 25. & 41.

f l. 1. c. 16.

g l. 5. c. 2.

l'ancien nom Triopia ; Diodore de Sicile [a] le fait venir du Roi Triopa ; de là vient que l'on trouve *Apollo Triopius*, *Templum Triopium* & *Mare Triopium*, pour l'Apollon de Gnide, le Temple de Gnide, & la Mer qui baigne le Territoire de Gnide. Scylax [b] de Caryande met dans la Carie un Promontoire qu'il nomme [c] Ἀκρωτήριον ἱερὸν Τριόπιον & ajoute Gnide Ville Greque. Le Scholiaste de Théocrite [d] appelle ce même Promontoire *Triopon*, & dit que les Doriens y tenoient une assemblée de Religion. Les Doriens, dit-il, celebrent à frais communs dans le Promontoire Triopium (in Triopo) des jeux en l'honneur des Nymphes, d'Apollon, de Neptune, & ces jeux sont nommez *Jeux Doriens*, comme le dit Aristide : Triopon est le Promontoire de Gnide ainsi nommé à cause de Triope fils d'Abas. Herodote [e] fait mention de ces jeux & des combats en l'honneur d'Apollon. Tous les Doriens n'étoient pas admis à ces jeux, mais seulement la Pentapole Dorique ou les cinq villes, dont quatre étoient dans les Isles de Rhode & de Cos. La cinquieme étoit Gnide la seule qui fût en Terre-Ferme, après qu'on eut retranché Halicarnasse qui jouïssoit auparavant de ce droit & son exclusion fut cause qu'au lieu d'Exapole ou de six Villes, ce fut la Pentapole, ou les cinq Villes qui fut admise à ces jeux sacrez.

Pausanias [f] nomme Triope le Fondateur de Cnide. Les Auteurs ne conviennent pas sur l'origine de cet homme, comme l'avoue Diodore de Sicile [g] ; qui dit que Triope vint dans le Canton de Gnide où il bâtit la Ville de Triopium à laquelle il donna son nom. On ne sauroit dire au juste si *Triopium* & *Gnide* étoient precisement deux noms de la même Ville comme Pline semble l'assurer, ou si ce sont deux Villes qui ont existé successivement & dont l'une s'est formée des debris de l'autre. La Ville avoit deux ports & devant elle étoit une Isle située de maniere qu'étant jointe au Continent par des chaussées, elle faisoit de Gnide une espece de double Ville, comme dit Strabon, car cette Isle étoit habitée & contenoit une partie du Peuple de Gnide. Pausanias [h] dit que la partie la plus considerable de la Ville étoit en Terre-Ferme, & que l'autre partie étoit dans l'Isle qui étoit jointe au Continent par un pont. Outre les Fêtes d'Apollon & de Neptune dont nous avons parlé ci-devant, il y avoit à Gnide un culte particulier de Venus surnommée *Gnidienne* & *Doritide* [i]. La Statue de cette Déesse, ouvrage de Praxitele étoit un Chef-d'œuvre si admirable, que Pline dit [k] que plusieurs faisoient exprés le voyage de Gnide pour la voir, & que Praxitele avoit annobli Gnide par ce bel ouvrage. Horace [l] fait mention du culte de Venus à Gnide

Qua Cnidon,
Fulgentesque tenet Cycladas; & Paphon
Junctis visit oloribus.

§ Je remarquerai à cette occasion que le Docte Meursius s'est trompé en supposant qu'il y avoit une Ville de Gnide dans l'Isle de Cypre. Ce savant homme dont les laborieuses recherches ont repandu tant de lumiéres sur l'antiquité Grecque est tombé dans cette erreur, en expliquant trop literalement un vers de Tzetzes Poëte Grec du bas Empire. Ce dernier parlant de Ctesias l'Historien dit :

Ὁ δὲ Κτησίας ἰατρὸς, υἱὸς τοῦ Κτησιόχου,
Ἐφορμημένος πόλεως ἐκ Κνίδου τῆς Κυπρίας.

C'est-à-dire : or Ctesias le Medecin, fils de Ctesiochus, originaire de la Ville de Gnide la *Cyprienne*. Cette Epithete est relative à Venus que les Poëtes ont appellée *Cypris*, & non pas à l'Isle de Cypre. Cependant Meursius l'a entendu dans ce dernier sens & s'est imaginé qu'il y avoit en Cypre une Ville de Gnide. Pas un ancien Historien ou Géographe n'a fait mention d'une autre Gnide que de celle de la Carie. Mais quand même Tzetzes auroit cru que Ctesias l'Historien étoit d'une Gnide située dans l'Isle de Cypre, son autorité seroit bien peu de chose contre celle de Strabon qui parlant de Gnide en Carie dit bien nettement : c'est là qu'étoit originaire Ctesias Medecin d'Artaxerxe, Auteur d'une Histoire d'Assyrie & de Perse.

Le Promontoire de Gnide s'appelle presentement *Capo Crio* dans la Carte de Sophien & *le Cap de la Croix* dans les Cartes des François.

GNIEW. Voiez GHNIEF.
GNOSSOS, ou selon Strabon CNOSSOS. Voiez l'Article qui suit.

GNOSSUS, ancienne Ville de l'Isle de Créte. Quelques Anciens ont dit CNOSUS. Strabon [m] nous apprend qu'on la nommoit autrefois CÆRATUS du nom de la Riviere qui l'arrose. Lactance [n] rapporte une Tradition suivant laquelle Jupiter avoit été enterré dans l'Isle de Créte, & que son tombeau étoit dans la Ville de Gnosse. Pausanias [o] nous apprend qu'il y avoit à Gnosse un Labyrinthe. Polybe [p] parle des ravages que cette Ville soufrit pendant la guerre qu'il decrit. Elle avoit un port nommé HERACLEUM dont elle étoit assez éloignée, étant située dans l'interieur du Pays. Gnossus étoit la residence de Minos l'un des anciens Rois qui ayent regné dans l'Isle. La Table de Peutinger met Gnosos à XXIII. M. P. de Gortyne vers l'Orient. Lucain dit [q] :

Creta vetus populis, Cnosasque agitare Pharetras
Docta.

Et l'on trouve des Medailles qui font mention des Gnossiens ΚΝΩΣΙΩΝ, par une seule ς. Quelques-uns croient que cette Ville étoit au même lieu que GINOSA petit Village de l'Isle de Candie, d'autres la cherchent à CASTEL PEDIADA.

GO.

GOA, Ville d'Asie dans la Presqu'Isle de l'Inde en deça le Gange. Selon les observations des P. P. Jesuites elle est de 71. d. 25′. plus Orientale que l'Observatoire de Paris & sa Latitude est de 15. d. 31′. Selon Gemelli Carreri [r] elle est située au quinziéme dégré trente minutes de Latitude & au quatre-vingt treiziéme dégré trente minutes de Longitude, dans

dans une Isle qui a neuf lieues de tour sur la Riviere de Mandoua, qui entre dans la Mer à six milles au dessous. Elle s'étend sur un terrain inégal pendant deux milles de longueur, le long d'un Canal qui n'a qu'un demi mille de largeur. Elle est située dans la Zone Torride que les anciens ont crû inhabitable par la chaleur excessive du Soleil : mais la divine Providence, qui a fait toutes choses pour le mieux, tempere ces chaleurs par des pluyes continuelles qui tombent même en telle abondance depuis le mois de Juin jusqu'en Octobre, que la quantité des eaux ferme le port, & empêche la navigation ; outre cela les nuages épais cachent le Soleil pendant des Semaines entieres ; mais quand les pluies cessent, on sent alors une chaleur insuportable, sur tout dans les mois d'Avril & de Mai, lorsque le Soleil est vertical. Alfonse d'Albuquerque enleva Goa à Hidalcan en 1508. sans aucune effusion de sang, & un Pere Dominicain y arbora l'étendard de notre sainte Religion. Hidalcan reprit la Ville en 1510. Albuquerque l'enleva de nouveau, & fit perir 7000. Barbares ; il y bâtit un Fort comme il avoit fait à Malacca ; mais les Portugais perdirent ce dernier en 1641. Considerant ensuite la bonté du Pays & l'heureuse situation de la place, il en fit la Metropole de tout ce que sa Nation possedoit dans les Indes. Pour gagner ensuite l'affection du Peuple, & mieux assûrer cette conquête au Roi Emanuel, il diminua le Tribut qu'on payoit à Hidalcan ; & pour avoir des Soldats suffisamment, il ordonna qu'on bâtisât les Filles Indiennes, & qu'on les donnât en mariage aux Portugais, afin que les Indiens s'unissent par ce lien à la Nation, & qu'on ne fût pas obligé de dépeupler le Royaume de Portugal par le transport continuel de nouveaux Soldats. Goa étant devenue la clef de tout le Commerce d'Orient, & la premiere foire des Indes, se rendit fameuse & opulente en peu de tems : le circuit de ses murailles fait assez voir sa grandeur, puisqu'elles s'étendent bien quatre lieues, avec leurs Bastions & leurs Forts en bon état, depuis l'Eglise de Notre Dame, pendant douze milles, le long des Châteaux de Saint Blaise & de Saint Jacques, jusques à la *Polvereira* ; cet ouvrage n'a pû être fait sans une dépense prodigieuse, aussi bien que celui qui est du côté du Canal, qui separe les terres du Mogol de celles des Portugais : en commençant au Fort de Saint Thomas pendant trois milles jusqu'à celui de Saint Christophle. On pourroit dire qu'on a fait ce dernier, pour garder la frontiere, cela est vrai aussi ; mais le premier n'a été fait que pour défendre & fermer la Ville, comme le Marquis de Villaverde Vice-Roi alors m'en assura, lorsque j'eus la curiosité de le lui demander ; ne voyant pas que la Ville eût besoin de telles murailles. Mais cette Ville n'est plus aujourd'hui ce qu'elle étoit autrefois ; car les grandes pertes que les Portugais ont faites dans les Indes, pendant que leurs Troupes étoient occupées aux guerres qu'ils avoient chez eux, ont fait tomber le Commerce & son ancienne magnificence ; & elle est même reduite aujourd'hui à une extrême misere. Les Maisons sont les mieux bâties des Indes ; il n'y a pas à present plus de 20000. habitans, qui sont de Nations & de Religions differentes. Les Portugais sont le plus petit nombre ; ils viennent ordinairement avec quelque petit emploi, & puis s'y établissent par quelque mariage avantageux, parce que les femmes Indiennes connoissant les mauvaises qualitez de ceux qui sont nez dans les Indes, épousent plus volontiers un pauvre Soldat Portugais qu'un riche particulier de leur Pays, quand même il seroit né de Pere & de Mere Portugais. Les Metis sont le plus grand nombre : ce sont ceux qui sont nez de Portugais & de femmes Bramines, qu'ils ont épousées depuis la Conquête de Goa, & quoi que les femmes Canarines soient noires, cependant par les mariages qu'elles ont contractez avec les Blancs, leur couleur est devenuë bien moins obscure. Le quart presque de la Ville est Mulatre, c'est-à-dire de ceux qui viennent d'une Noire & d'un Blanc. Les Canarins sont Chrétiens, & noirs comme des Ethiopiens, mais ils ont de longs cheveux & un visage bien fait. Dans Goa comme dans toute l'Isle, il y en a beaucoup qui sont Prêtres, Avocats, Procureurs, Notaires & Solliciteurs de Procès, très-diligens au service de ceux qui les employent. Ils tirent leur origine de diverses races de Gentils, & suivant la noblesse ou la bassesse de leur extraction, ils en continuent les manieres. La plus grande partie vient des Brachmanes, Banianes & *Charados* ; ceux-ci ont un bon jugement, sont propres à apprendre les Sciences ; spirituels, vifs, fins & prompts, personne aussi n'en veut avoir d'autres pour Domestiques. Ceux d'une basse naissance, comme les *Langolis*, sont le revers de la Medaille. Il ne se trouve pas dans toute l'Asie de plus grands voleurs ; ils sont vilains, menteurs & mauvais Chrétiens. Ils vont tout nuds, couvrant seulement ce qu'on doit cacher d'un linge qu'ils font passer entre leurs cuisses & qu'ils attachent à une corde qui leur sert de ceinture. Ils labourent la terre, ils pêchent, ils rament, portent l'Andore (sorte de litiere) & font plusieurs autres métiers bas. Mais comme je l'ai dit, ils sont si enclins au vol & volent avec tant d'adresse, qu'il est impossible de s'en appercevoir. Ils dorment le jour & la nuit tout nuds sur la terre ; ils se nourrissent d'un peu de ris qui nage dans un plat, ne goûtant jamais de pain, sinon quand ils sont à l'extrémité, tout cela ne vient que de leur paresse, parce qu'à peine ont-ils un peu de ris, pour la Semaine, qu'ils quittent le travail, & passent le tems sans rien faire. Les Portugais disent qu'après la découverte qu'ils firent des Canarins, ces Peuples furent consulter leurs Idoles, c'est-à-dire le Diable, pour savoir ce qu'ils devoient faire, avec cette nouvelle Nation qui les avoit subjuguée : il leur fut répondu qu'ils ne pouvoient pas leur tenir tête, mais que faisant semblant de ne pas entendre la Langue Portugaise, ils leur donnassent de l'eau quand ils demanderoient du pain, & du ris quand ils demanderoient du vin. L'experience fit voir la fausseté du conseil de l'Oracle, parce que les Portugais trouverent le moyen de les guerir de cette stupidité, en pre-

prenant un Bambou, qui est une canne des Indes fort dure, & les en battant si cruellement, que dans la suite ils obéissoient au moindre signe. Ces malheureux aiment si fort à être battus, que cela fait une partie de leurs plaisirs, puisque quand ils sont mariez le couple se met sur un lit dur. Alors les parens & les conviez les battent & leur font des caresses si brutales, qu'ils les mettent hors d'état de rien faire pendant un certain tems. La plûpart des Bourgeois, & Marchands de Goa sont Idolatres & Mahometans; ils demeurent dans un quartier séparé, & n'ont pas l'usage public de leur Religion. Il y a encore un grand nombre de Cafres ou Noirs, parce qu'il y a tel Portugais qui en aura trente ou quarante, le moins c'est douze ou six pour se faire porter le parasol & l'Andore, & pour quelques autres vils offices de la Maison, il ne leur en coute pour les entretenir que deux plats de ris par jour; quant à l'habillement, ils n'ont que celui qu'ils ont apporté du ventre de leur mere. Ce sont les vaisseaux de Lisbonne ou de la Compagnie qui les achetent à Monbaze, où à Mozambique, à Senna & autres endroits de la côte Orientale d'Afrique pour les apporter à Goa, & dans toutes les places Portugaises. Tavernier compare le Port de Goa aux meilleurs de nôtre Continent, tels que ceux de Constantinople & de Toulon. Et effectivement outre les avantages de la nature, les Portugais ont employé tout l'art imaginable pour le rendre parfait; ils l'ont fortifié de plusieurs Forts & Tours qui sont bien pourvûës d'Artillerie: en entrant on voit sur la gauche à la pointe de l'Isle de Bardes le Fort de l'*Aguada* qui a de bons ouvrages, avec une Batterie de Canon à fleur d'eau: sur la hauteur de la Montagne proche du Canal, il y a une longue muraille toute garnie de Canon; & vis-à-vis on voit le Fort de *Notre-Dame du Cap* qui est bâti dans l'Isle de Goa: après avoir fait deux milles dans le Canal, on trouve sur l'Isle de Bardes le Fort de *los Reyes*, avec de bons ouvrages & une Batterie à fleur d'eau, & c'est où les nouveaux Vice-Rois prennent possession de leur Gouvernement: il y a un Convent de Cordeliers proche de ce Château, vis-à-vis duquel on trouve à la portée du Canon le Fort de *Gaspar Diaz*, qui n'est éloigné que de deux milles de celui de los Reyes. Quand on a passé ce Fort le Canal devient plus étroit, n'ayant quelquefois qu'un mille de largeur, quelquefois deux; & ses bords qui sont remplis des plus beaux arbres & des plus beaux fruits des Indes en rendent la vûë charmante. Outre cela il y a quantité de très-belles Maisons de plaisance qu'ils appellent *Quintas*, & plusieurs autres que les Païsans occupent. Cette agréable décoration dure pendant huit milles jusqu'à Goa. On trouve à moitié chemin de ce Canal sur la droite un Palais qu'on appelle *Passo de Daugi*, où les Vice-Rois tenoient autrefois leur Cour, & qui sert presentement de Cazerne aux Soldats de la Garnison. En cet endroit commence un large mur, qui a deux milles de long, qui sert aux gens de pied pour passer dans le tems de la haute Mer: on ramasse beaucoup de sel le long de ce mur ou digue, vis-à-vis on voit une petite Colline sur laquelle est bâti le Noviciat des Jesuites. Le Vice-Roi & l'Archevêque ont leur Palais sur ce même Canal. Celui du premier s'appelle la *Polvereira*. Là commence la Ville; & les vaisseaux peuvent y venir, après s'être déchargez d'une partie de leurs Marchandises. Ce Canal qui forme ce Port si fameux, s'étend encore pendant plusieurs autres milles dans les terres, & coupe le Pays en plusieurs Isles, & Presqu'Isles fertiles, qui non seulement fournissent abondamment à la Ville tout ce qui lui est necessaire, mais charment le goût de ceux qui en mangent les fruits, enchantent les yeux de ceux qui regardent la diversité des arbres, & remplissent la bourse de ceux à qui la plus grande partie appartient. Enfin on peut dire que ce Canal ne cede en rien au Pausilipe, tant pour les beautez dont j'ai parlé, que pour le nombre des petits bateaux qui servent à goûter le frais. Tout proche de ce Port est celui de *Murmugon*, formé par un autre Canal, qui court entre l'Isle de Goa & la Presqu'Isle de *Salzette*. C'est où se retirent les vaisseaux qui viennent de Portugal & d'autres endroits, lorsque le Port de Goa est fermé, par les Sables qu'entraine la Riviere Mandoua, enflée par les premieres pluyes de Juin, & que cette barre reste ainsi jusqu'à la fin d'Octobre. Le Port de Murmugon est défendu par un Fort du même nom; il est situé dans la Presqu'Isle de Salzette, & est toûjours pourvû de bonne Artillerie & d'une forte Garnison. Ce sont ces deux Canaux qui se joignant à Saint Laurent forment en long du Levant au Couchant l'Isle de Goa, laquelle a vingt-sept milles de circuit & contient trente Villages. En entrant donc dans le Port on laisse à la droite la Presqu'Isle de Salzette, qui peut avoir soixante milles de tour, & vingt de longueur, dans laquelle on trouve 50000. mille ames répanduës dans cinquante Villages, où les Peres Jesuites administrent les Sacremens. A la gauche est la Presqu'Isle de Bardes où sont les Forts de l'Aguada & de los Reyes: elle a quinze milles de long & quarante cinq de circuit: on y trouve vingt huit Villages, les Prêtres seculiers y ont l'administration du spirituel. La Sé qui est l'Eglise Archiepiscopale, est grande, bien voutée & a trois formées par douze Pilastres: toute l'Eglise est remplie de quantité d'ornemens de stuc. La chaire de l'Archevêque est placée dans le chœur, & n'est pas fort élevée de terre. Son Palais est magnifique & grand, a de belles Galeries, & des apartemens aussi beaux qu'on peut avoir dans les Indes; mais l'Archevêque, comme je l'ai dit, demeure dans celui qui est proche de la Polvereira, à cause que l'air y est meilleur. Proche de cette Cathedrale est la petite Eglise de la misericorde: à deux milles de la Ville est le Convent des P. P. Observantins, qui est sous le titre de la Mere de Dieu; les Dortoirs sont grands & bien percez, leurs Jardins sont remplis de differens fruits d'Europe & des Indes. L'Eglise quoique petite est belle, & a trois Autels tout remplis de dorure: celui du milieu a une Balustrade. Dans le Jardin on trouve à l'endroit où est

Cc 2   l'Herl'Hermitage de Saint Jerôme, un Vivier rempli de bon Poisson. Près de ce Convent à l'endroit qu'on appelle *Daugi* commence la muraille que firent les Portugais le long du Canal dans le tems que leur Ville étoit florissante, pour la mettre à l'abri de l'invasion des enpemis. Elle peut avoir quatre milles de long, s'étendant jusqu'à S. Blaise, & au Fort de Saint Jacques & à Saint Laurent, avec des Tours d'espace en espace, garnies de petites pieces de Canon. En revenant, est le Convent & l'Eglise de Saint Dominique. Six Colomnes de chaque côté forment les trois nefs de cette Eglise. Les voutes sont dorées, surtout celle du Chœur, où l'or brille par tout. Le grand Autel, aussi bien que les Chapelles, sont parfaitement bien ornez. Le Convent est magnifique par ses Dortoirs voutez, son Cloître & autres grandes Places, qu'il faut pour un si grand nombre de Religieux. Les Jardins en sont beaux & délicieux. Le Convent de Saint Augustin est situé sur une éminence qui commande la Ville. On monte par un grand escalier au Portail de l'Eglise, à côté duquel sont deux hautes Tours qui contiennent chacune une grosse cloche. On entre ensuite dans l'Eglise, qui n'a qu'une seule voute, pleine d'ornemens de stuc. Les Autels des huit Chapelles des côtez, aussi bien que le grand & les deux qui sont à ses côtez, sont tous fort richement dorez. Le magnifique Chœur des Religieux est au dessus de la Porte. Le Convent a un fort beau Cloître, avec de grands Dortoirs, & un nombre infini de Cellules; il faut joindre à tout cela la beauté des Jardins toujours verds, qui sont ornez des plus beaux arbres des Indes. Proche de ce Convent est le College pour les Novices, qui a une Eglise & une Maison passable. La petite Eglise des Théatins est bâtie suivant le modèle de Saint Andrea della Valle à Rome. Quatre Pilastres soûtiennent la coupole, qui est remplie d'ornemens de stuc, ainsi que les autres voutes. Le grand Autel & les belles Chapelles des côtez sont très-bien dorez. Le Chœur est sur les trois portes de l'entrée; le Convent est petit & a un Jardin. Saint François des P. P. de l'Observance, est une des plus belles Eglises de Goa: quoique petite, elle paroît néanmoins toute d'or, ce Métal étant répandu en prodigieuse quantité sur le grand Autel, sur le sepulcre où l'on met Notre Seigneur le Jeudi Saint & dans les huit Chapelles des côtez; le Platfonds est rempli d'ornemens de stuc. Le College des Jesuites que l'on appelle Saint Roch, a une petite Eglise avec six petites Chapelles; mais la Maison est grande & contient soixante & dix Religieux qui y demeurent, n'y en ayant pas plus de vingt-cinq dans la Maison professe. Sainte Monique qui appartient aux Religieux de Saint Augustin est une Eglise voutée, qui a trois Autels très-bien dorez. On y voit un Crucifix fameux pour ses Miracles. La Sœur Marie de Jesus est morte dans ce Convent en reputation de sainteté; on trouva sur elle les stigmates ou marques de la Passion du Sauveur, & autour de la tête des piqueures, telles que des épines en pourroient faire : l'Archevêque en a fait les informations. Saint Paul est la premiere Eglise que les P. P. de la Compagnie de Jesus ayent fondée dans les Indes, & c'est ce qui leur a donné le nom de *Paulistes*. Ils abandonnerent dans la suite cette Maison à cause du mauvais air, & qu'elle est hors de la Ville : il n'y a presentement que deux Peres. Comme elle servoit autrefois de College, les Dortoirs qui restent presentement sont magnifiques. Il y a dans le Jardin deux arbres de Jaqueras & quelques autres de Mangos que Saint François Xavier y fit planter. On y voit une Chapelle bâtie en memoire de l'extase que ce Saint eut en cet endroit. Cette Eglise qui étoit magnifique autrefois n'a plus aujourd'hui que le grand Autel & deux petits à chaque côté. C'est dans cet endroit où l'on instruit les Catechumenes, pour la nourriture desquels le Roi donne tous les ans quatre cens pieces de huit. Dans les Indes les Chrétiens portent le Chapelet autour du cou, ainsi que les Religieux. Les Jesuites au lieu du bonnet ordinaire, en portent un long, rond & qui s'étend par le haut. La Croix miraculeuse est une Eglise bâtie sur une Montagne dans un endroit, où il y avoit autrefois une Croix de bois sur un Piédestal de pierre; on dit qu'il y a soixante quatorze ans que par un Miracle ce Crucifix tourna le dos à Goa; & depuis ce tems là aussi la Ville a beaucoup perdu de sa splendeur. Saint Thomas Eglise qui appartient aux Dominicains, est sur le bord du Canal, la structure en est belle; elle a sept Autels : le Convent qui est beau & grand, est habité par vingt-cinq Religieux. Saint Bonaventure des P. P. de Saint François de l'Observance n'en est pas fort éloigné. L'Eglise est petite & les Dortoirs sont médiocres; c'est la premiere Eglise qui ait été bâtie dans Goa à l'honneur de Saint François, & Edouard de Manes en est le Fondateur. L'Hôpital de Goa n'est pas fort grand & est mal gouverné, quoique le Roi lui donne quatre cens pieces de huit tous les ans. Ce qui fait avec l'air du Pays qui est pestilentiel, qu'il y meurt des milliers de malades & sur tout de pauvres Soldats Portugais. Notre-Dame du Pilier, est située sur une Colline à six milles de la Ville : c'est où les Peres de l'Observance font leurs études : l'Eglise quoi que petite est jolie, elle a trois Autels dorez. On doit savoir qu'à tous les Convents de Goa comme de tous les autres endroits des Indes qui sont soumis à la Couronne de Portugal, le Roi alloue plus ou moins de revenus selon le nombre des Religieux.

Le Pere Bouchet [a] Missionnaire Jesuite dans une Lettre écrite de Ponticheri le 1. Avril 1719. parle ainsi de Goa. Goa, dit-il, est éloigné de Cochin de plus de cent lieues. Quand on y aborde par Mer, on trouve à l'Embouchure du Fleuve Mandoua deux Forts construits aux pieds des Montagnes & bien garnis de Canons qui en defendent l'entrée. Cette entrée est fort étroite parce que les Montagnes qui sont de chaque côté se rapprochent en cet endroit. Il y a depuis Goa & les terres des environs jusqu'à l'Embouchure plus de 400. pieces de Canon. La Riviere est large, belle, & majestueuse. Ceux qui ont navigé sur ce Fleuve, disent que c'est un des plus agréa-

[a] Lettres Edifiantes. T. 15. p. 48.

GOA. GOB.

agréables spectacles qui soit dans l'Univers. On voit de tous côtez de très-jolies Maisons, des Jardins utiles & agréables, des Bois de palmiers plantez à la ligne, qui forment des allées à perte de vuë. La Ville étoit autrefois comparable & même superieure en beaucoup de choses aux plus belles Villes de l'Europe : mais elle n'est plus ce qu'elle étoit il y a soixante ans. Il ne laisse pas d'y avoir encore de superbes édifices : le Palais du Vice-Roi & celui de l'Inquisiteur sont d'une magnificence achevée. Il y a plusieurs belles Eglises, les Jesuites y ont cinq Maisons. L'air n'y est plus si bon, & c'est peut-être ce qui fait qu'elle n'est plus si peuplée. En recompense il est admirable à la Campagne & dans les lieux circonvoisins. C'étoit pour les anciens Empereurs de Visnagar une contrée delicieuse, où ils venoient passer plusieurs mois de l'année. Goa a d'élevation de Pôle 15. degrez 31. sa Longitude est de 93. d. 55'.

[a] On possede dans cette Ville le Corps de St. François Xavier l'Apôtre des Indes. Il y arriva en 1542. & en fit le centre de ses Missions. Il mourut dix ans après, dans l'Isle de Sancian qui est à 23. lieues des côtes de la Chine ; son corps fut rapporté l'an 1554. à Goa où il fut déposé avec de grands honneurs. On l'y conserve toujours à quelques parties près que l'on a distribuées ailleurs comme un bras que l'on a envoyé à Rome. Goa fut érigé en Archevêché vers le temps de la mort de St. François Xavier.

[a] Baillet Topogr. des Saints. p. 113.

GOAFFI, Bourg d'Afrique dans la Nigritie aux confins de la Guinée, Nord-Ouest de Gago. Mr. de l'Isle [b] le met sur une petite Riviere qui va tomber dans le Fleuve de Senega.

[b] Carte d'Afrique.

GOAGA, (LE LAC DE) Lac d'Afrique dans la Nigritie. Dapper [c] parlant du Senega dit : les sources de ce Fleuve selon le sentiment de quelques Géographes, sont deux Lacs vers le Levant que Ptolomée appelle les Lacs Chelidoniens & dont l'un se nomme presentement le Lac de Goaga. Et l'autre celui de Nuba ou le Lac de la Riviere de Ghir.

[c] Afrique. p. 230.

GOARENE, &
GOARIA, Etienne nomme ainsi un Canton voisin de Damas. Ptolomée [d] met en Syrie dans la Palmyrene une Ville nommée GOARIA.

[d] l. 5. c. 15.

GOARIS, Riviere de l'Inde en deça du Gange, selon Ptolomée [e]. Quelques exemplaires portent GAORIS.

[e] l. 7. c. 1.

GOATHA. Voiez GOLGOTHA.
GOB, plaine d'Asie dans la Palestine, dans laquelle se donnerent deux combats entre les Hebreux & les Philistins. Dans le premier Sobocaï [f] tua Saph de la race des Géans. Dans le second Elcanan tua le frere de Goliath. Au lieu de Gob dans les Paralipomenés [g] on lit GAZER. Les Septante dans quelques exemplaires portent NOB au lieu de Gob, & dans d'autres Geth.

[f] Reg. l. 2. c. 21. v. 18. & 19.
[g] l. 1. c. 20. v. 4.

GOBÆUM, Ptolomée nomme ainsi un Promontoire de la Gaule Lyonnoise : on tient assez communément que c'est aujourd'hui le Cap de ST. MAHÉ ; (c'est-à-dire) de St. Mathieu qui est en Bretagne.

GOBANIUM, ou GOBANNIUM, ancien nom d'une place de la Grande Bretagne. Antonin dans son Itineraire la met entre Burrium & Magnis à XII. M. P. de la premiere & à XXII. mille pas de la seconde. L'Anonyme de Ravenne retranche la premiere syllabe & écrit Bannio. Ce lieu conserve encore son nom & s'appelle ABERGAVENY & est à dix milles Anglois de Brubege qui est le Burrium des anciens.

GOBEL [h], St. Jerome dit que c'étoit le nom Hebreu de BYBLOS.

[h] In Loc. Hebraic.

GOBELINS [i], (LES) Maison de Paris ; elle est située au bout du Fauxbourg de St. Marceau, & a pris son nom d'un excellent Teinturier en Laine, nommé Gilles Gobelin, qui l'occupoit sous le Regne de François I. avec plusieurs autres de la même Profession. Il trouva le secret de teindre la belle écarlate, qu'on a nommée depuis ce tems-là l'écarlate des Gobelins. On tient que la petite Riviere de Biévre, qui passe auprès de cette maison & qu'on appelle d'ordinaire Riviere des Gobelins, a une vertu particuliere pour cette teinture. La Maison des Gobelins est remplie aujourd'hui des plus habiles ouvriers qu'il y ait en tapisserie, en orfevrerie & en sculpture sous la direction du Surintendant des Bâtimens, Arts & Manufactures de France.

[i] Corn. Dict.

GOBINAN [k], petite Ville de Perse en Asie dans la Province de Sigistan, au Midi de la Capitale. Quelques modernes y cherchent l'ancienne ARIASPE Ville de la Drangiane.

[k] Baudrand Ed. 1682.

GOBOEA, Port de l'Arabie heureuse vers l'Orient, selon Pline [l].

[l] l. 6. c. 28.

GOBOLITIS. Voiez GABALITIS.
GOBRYA, Γωβρύα, Riviere d'Asie au Pays des Paropanisades, selon Ptolomée qui dit qu'elle se mêle avec le Dorgamanes qui vient de la Bactriane.

GOBY, Province d'Afrique au Royaume de Loango dans la basse Guinée, Mr. de l'Isle met GOBBY Pays situé à un degré de l'Equateur vers le Midi, vers les sources des Rivieres de Sarnasias & de Fernand Vaz. Dapper [m] écrit aussi Gobby & décrit ainsi ce Pays. Entre le Pays de Sette & le Cap de Lopez-Gonsalve est la Province de Gobbi qui est entrecoupée de plusieurs Lacs & Rivieres portant Canots. Ces Rivieres nourrissent beaucoup de Poisson & même des Hippopotames. La principale habitation du Pays est à une journée de la côte : non seulement la Polygamie y est permise, mais même lorsqu'un ami en vient visiter un autre & qu'il couche chez lui, l'ami chez qui il est lui offre une de ses filles pour lui tenir compagnie. Un nouveau marié n'est point estimé dans sa famille jusqu'à ce qu'il ait bien battu sa femme. Ils sont presque toujours en guerre avec leurs voisins de COMMA, qui demeurent entre-eux & le Cap de Lopez Gonçalve. Leurs armes sont la Sagaye, l'arc & les fléches. Les Hollandois y transportent des Mousquets, de la poudre à Canon, des chauderons de cuivre poli & des Draps grossiers. A l'égard de la langue, des superstitions & des coutumes, ils ressemblent fort à ceux de Loango.

[m] Afrique p. 323.

GOCH, petite Ville d'Allemagne au Duché de Cleves sur la Riviere de Neers, au Midi & à environ huit mille pas de Cleves.

[a] Zeyler Westphal. Topogr. p. 28.

[a] L'an 1599. les Espagnols s'en rendirent maîtres, mais les Hollandois la prirent sur eux l'an 1614. elle passa ensuite en d'autres mains, mais ils la reprirent en Janvier 1625. ils la possedoient encore en 1640. Elle est à present au Roi de Prusse Electeur de Brandebourg comme tout le reste du Pays de Cleves.

[b] Baudrand Ed. 1705.

GOCIANO [b], petite Ville de l'Isle de Sardaigne dans la Province de Logudori & sur la Riviere de Thirso, assez loin de la côte. Elle donne le nom à un Comté de grande étendue dont les Rois d'Arragon prenoient même le titre & est à trente mille pas d'Alghieri vers le Levant.

GODAH, Ville d'Asie dans l'Indoustan; à quelques journées de Brampour. Thomas Rhoe Anglois dans les Memoires de son Ambassade au Mogol en parle ainsi: je trouvai le Roi dans une Ville fermée de murailles, nommée *Godah*, située dans le plus beau Pays du monde: c'est une Ville des plus belles & des mieux bâties de toutes celles que j'ai vues dans les Indes, il y a force maisons qui ont deux étages; ce qui est fort rare dans les autres. Il y a des rues pleines de boutiques de toutes sortes de marchandises, aussi riches que celles de nos meilleurs Marchands: on y voit plusieurs bâtimens superbes & faits d'une belle pierre de Taille, qui servent pour rendre la Justice ou pour les autres affaires publiques: il y a aussi des étangs environnez de Galeries soutenues d'Arcades de pierre de Taille & revêtues de la même pierre avec des degrez qui regnent tout à l'entour & qui descendent jusqu'au fond de l'eau pour la commodité de ceux qui y vont puiser ou qui veulent prendre le frais. Sa situation est encore plus belle car elle est dans une grande Campagne, où de course en course on trouve des Villages. La terre y est extrémement fertile en bleds, en Coton & en pâturages. J'y vis un beau jardin qui a bien deux milles de long & un quart de mille de large & planté de Mangues, de Tamarins & d'autres arbres fruitiers & divisé par allées. Il y a de tous côtez de petits Temples, ou Pagodes: plusieurs fontaines, des bains, des étangs & des Pavillons de pierre de taille, bâtis en voute, & si agréablement qu'il faut que j'avoue qu'il n'y a point d'homme au monde qui ne fût ravi d'avoir à passer sa vie dans un si beau lieu. Cette Ville étoit autrefois beaucoup plus florissante qu'elle n'est à present (l'Auteur écrivoit sous l'Empire de Gehan-guir qui mourut en 1627. ainsi il y a plus d'un siécle) parce qu'elle étoit la demeure ordinaire du Prince *Raja*, ou *Rasboot*, avant qu'Ecbarsha l'eût conquise avec le reste de ses Etats. (L'Auteur Anglois semble avoir cru que *Raja*, ou *Rasbot* étoit le nom du Prince. C'est une erreur, *Raja* est le titre d'un petit Souverain, & ne veut dire que Prince, & *Rasbot* est la même chose que *Ragepute*, ou soldat. Les soldats Ragepute passoient aux Indes pour des hommes insurmontables, dit le P. Catrou [c]. *Ecbarsha* est le même qu'*Akebar*, Pere de Gehan-guir dont j'ai parlé.) Je remarquai même, poursuit l'Auteur Anglois, qu'en plusieurs endroits les plus beaux bâtimens de cette Ville s'en vont en ruine. La raison en est, que les possesseurs des maisons & des autres

[c] Hist. du Mogol. p. 13.

heritages les negligent parce que devant retourner au Roi après leur mort, ils ne veulent pas prendre le soin de les entretenir.

GODANA, Ville d'Asie dans l'Arie, selon Ptolomée [d].

[d] l. 6. c. 17.

GODASA, Ville de la petite Armenie, selon Ptolomée [e]. Elle étoit dans l'interieur du Pays vers les Montagnes. C'est peut-être la même que la Gundosa d'Antonin [f].

[e] l. 5. c. 4.

[f] Itiner.

GODEARIA, pour COCHLEARIA. Voyez ce mot.

GODERVILLE, Bourg de France en Normandie au Pays de Caux, avec haute Justice. Il est situé au milieu d'une plaine fertile en bons grains entre BREAUTE' & CRETOT, dans la Route de Valmont à Montivillers dont le Vicomte vient tenir séance avec ses Officiers à Goderville, une fois en quinze jours, le Mardi jour d'un grand Marché qu'on y tient. On y tient aussi quatre Foires tous les ans, ce qui rend ce Bourg renommé en Normandie. Son Eglise paroissiale porte le titre de Ste. Madeleine.

GODING [g], ou HODONIN, Ville de Bohême dans le Marquisat de Moravie, aux Confins de la Hongrie dont elle est separée par la Riviere de Morava & par une Isle assez longue qui est dans cette Riviere; & au milieu de laquelle est la separation de la Moravie & de la Hongrie. De l'autre côté, c'est-à-dire, au Couchant de Goding, il y a une petite Riviere qui forme un Lac avant que de se jetter dans la Morave. Cette petite Ville a d'un côté un étang profond, de l'autre un grand Marais; au troisiéme un bois, & au quatriéme une belle plaine. Cette place est située à l'opposite de Skaliez qui est de la Hongrie, & étoit plus importante qu'elle ne l'est à present, lors que les Royaumes de Hongrie & de Bohême appartenoient à des Souverains differens.

[g] Zeyler Morav. Topogr. p. 97.

GODMANCHESTET, Bourg dans la Province de Huntingtonshire, vis-à-vis, de Huntington Capitale de la Province sur la Riviere d'Ouse dont l'on passe sur un Pont de pierre. Voiez l'article DUROLIPONS.

GODOSALABA, ou

GODOZALABA, ou CODOSALABA, ou CODUZALABA, selon les divers Exemplaires de l'Itineraire d'Antonin, lieu de la petite Armenie, sur la Route de Cesarée à Anazarbe, entre Artaxate & Comane, à XXIV. M. P. de la premiere & à XXVI. M. P. de la seconde.

GOELEANTOS, Château dont parle Cedrene. Ortelius [h] conjecture qu'il étoit dans le voisinage de Constantinople. Gabius Thess. lit LEON dans Curopalate.

[h] Ortel. Thess.

GOERATHA, *Τωιράθα*, Ville de l'Arabie heureuse, selon Ptolomée [i]. Quelques Interprêtes Latins écrivent GYRATHA, en retranchant la diphthongue. Elle étoit dans l'interieur du Pays.

[i] l. 6. c. 7.

1. GOERE'E [k], petite Isle des Provinces-Unies dans la Suyd-Hollande, ou Hollande Meridionale, entre l'Isle de Voorn & celle de Schouwen, au Couchant Septentrional de l'Isle d'Overflakée. Entre cette derniere Isle, & celle de Voorn, il y a devant l'Isle de Goerée une fort bonne rade pour les plus grands Vaisseaux. Les Hollandois prononcent GOUREE.

[k] Memoires communiquez.

Et

Et le nom écrit *Goerée* à leur maniere signifie *bonne rade*. Monſ. Corneille dit, que l'Iſle a pris ſon nom d'une petite Ville qui s'y trouve ; que cette Ville n'a point de Murailles, ni de remparts, qu'il en paroît toutefois quelques veſtiges en divers endroits, & qu'elle a une tour fort haute qui ſert de phare aux vaiſſeaux qui veulent entrer dans la Meuſe. Cette Iſle n'a point de Ville ; mais un Village nommé OUT-DORP, c'eſt-à-dire, le vieux Village. On lui donne auſſi le nom de l'Iſle. Au Nord de l'Iſle eſt un grand banc de Sable, auſſi long qu'elle, nommé le HINDER. Entre l'Iſle & ce banc eſt un paſſage nommé la paſſe de Goerée, où en cotoyant l'Iſle on trouve fond par 5. 6. & 8. braſſes d'eau, ce qui continue juſqu'à la Rade. C'eſt cette Rade qui a donné le nom à l'Iſle & au Village.

2. GOERE'E, Village de la Hollande Meridionale dans l'Iſle de même nom.

3. GOERE'E, Iſle de l'Océan ſur la côte d'Afrique. Les Hollandois qui l'ont poſſedée lui ont donné le nom d'une des Iſles de leur Pays. Les François qui voyoient ce nom écrit ainſi ſur les Cartes ont compté l'*e* pour rien & ont dit Gorée, au lieu qu'ils auroient dû dire *Gourée*, ſelon l'origine & la prononciation primitive du nom. Le P. Labat [a] en parle ainſi : les Hollandois appellent Goerée l'Iſle que nous appellons ſimplement Gorée. Ce mot dans leur langue ſignifie bonne rade : c'eſt en effet ce que cette Iſle a de meilleur, ou pour parler plus juſte c'eſt uniquement ce qu'elle a de bon ; car elle eſt petite & tout à fait ſterile. Elle manque abſolument d'eau & de bois & quand les Citernes manquent, ceux qui y demeurent ſont obligez d'aller chercher à la terre ferme le bois & l'eau dont ils ont beſoin, c'eſt le manquement de ces choſes qu'on ne peut pas tirer d'Europe qui donne lieu aux Rois Negres de la Terre ferme des environs d'exiger le plus ſouvent qu'ils peuvent des preſens pour pouvoir traiter avec les habitans du Pays les marchandiſes & les vivres dont on veut s'accommoder avec eux.

Cette Iſle qui n'a qu'environ quatre cens vingt toiſes de longueur ſur cent ou cent vingt toiſes de large-eſt ſituée à quatorze degrez quinze minutes de latitude Septentrionale, environ à une portée de Canon de la Terre ferme Nord quart Nord-Oueſt & Sud quart Sud-Eſt. Elle eſt toute environnée de rochers & inacceſſible, excepté dans une petite ance à l'Eſt Nord-eſt, d'environ cent vingt Toiſes de large ſur ſoixante de profondeur, renfermée entre deux pointes dont l'une qui eſt aſſez élevée s'appelle la pointe du Cimetiere & l'autre qui eſt beaucoup plus plate eſt couverte par un banc de ſable où la Mer briſe aſſez fort conſiderablement pour le faire remarquer de fort loin.

Le mouillage eſt excellent autour de cette Iſle, mais ſurtout dans l'ance dont on vient de parler, & entre elle & la terre ferme eſt à couvert des plus groſſes lames ; cet endroit eſt un port naturel & très-aſſuré.

Il eſt certain que cette Iſle a été connuë & peut-être poſſedée par les Normands lorſqu'ils étoient ſeuls les maîtres de tout le commerce des côtes d'Afrique, depuis le Cap Cantin au moins ou le Cap blanc, juſqu'aux extrêmitez les plus Meridionales ; mais les guerres civiles & étrangeres qui ont ſi ſouvent troublé la France ayant mis le deſordre dans leur Commerce, ils furent contraints d'abandonner preſque tous leurs établiſſemens. Et les Anglois, les Hollandois, les Portugais partagerent entre eux leurs dépouilles ; il n'y eut que le Fort & l'habitation du Senegal qui ne changea point de maitres & qui a toujours été aux François ſous les diverſes Compagnies qui en ont eu la direction juſqu'à preſent.

Les Hollandois commencerent à frequenter les côtes d'Afrique vers la fin du XV. ſiécle, ils s'établirent en quelques endroits de la côte de Guinée & traiterent avec Biram Roi du Cap-Verd, en 1617. qui leur ceda cette petite Iſle. La Compagnie Hollandoiſe y fit d'abord bâtir un Fort au Nord-Oueſt ſur une Montagne aſſez haute & eſcarpée de tous côtez. Ce Fort ne deffendant pas l'atterrage & le debarquement dans l'ance, ils en firent bâtir un ſecond qui mit leurs magazins à couvert de toute inſulte, quoi qu'il ne fût bâti que de pierres liées ſimplement avec de la terre, au lieu que celui de la Montagne étoit de très-bonne maçonnerie.

Ils demeurerent paiſibles poſſeſſeurs de cette Iſle juſqu'en 1663. que le Capitaine Holmes Anglois attaqua l'Iſle, & ayant renverſé à coups de Canon les mauvaiſes murailles du Fort de l'Ance, il contraignit le Commandant & la garniſon de lui rendre le Fort de la Montagne & par conſequent toute l'Iſle. Les Anglois ne joüirent pas long tems de leur conquête, quoi qu'elle fût fort importante à cauſe du voiſinage de la Riviere de Gambie, où ils étoient établis, ce qui les auroit rendus maîtres abſolus de tout le commerce de cette côte. Ils ne jugerent pas à propos, ou négligerent de mettre le Fort de la rade en état de ſoutenir une attaque un peu vive, peut-être n'en eurent-ils pas le temps, car l'année ſuivante l'Amiral de Hollande Ruyter y vint avec une puiſſante flote & ayant en peu d'heures renverſé les murs du Fort de l'Ance, il contraignit George Abercrom qui en étoit Gouverneur, de rendre l'Iſle ; il fut conduit avec ſes Officiers & ſa garniſon à Gambie, comme il avoit été accordé par la capitulation. La Compagnie Hollandoiſe y mit pour Commandant Jean Cellarius, avec une garniſon de cent cinquante hommes. Cet Officier fit travailler auſſitôt à reparer les breches & enſuite à mettre en mortier de chaux & de ſable tout le reſte du mur du Fort de l'Ance, & il fit augmenter les fortifications du Fort de la Montagne & mit ces deux places en état de faire une bonne defenſe.

Tout cela n'empêcha point le Comte d'Eſtrées Vice Amiral & depuis Maréchal de France, de s'en rendre maître en allant pour la ſeconde fois tenter la priſe de l'Iſle de Tabago une des Antilles de l'Amerique. Il arriva le 31. d'Octobre à la vûë de l'Iſle de Goerée. Il fit alors mettre Pavillon Hollandois à toute ſa Flote afin de ne point épouvanter les Vaiſſeaux de cette Nation s'il y en avoit quelqu'un mouillé ſous l'Iſle. Le Commandant Hollandois n'eut pas plutôt apperçu la Floté Françoiſe qu'il

[a] Reſat. de l'Afrique Occid. T. 4. c. 7. p. 106.

qu'il fit mettre Pavillon à ses deux Forts & fit faire les signaux de reconnoissance dont il étoit convenu avec les Vaisseaux de sa Nation; comme on n'y put pas repondre parce qu'on ne les savoit pas; il vit bien qu'il alloit être attaqué & se prepara de son mieux à se deffendre. Le Vice Amiral s'avança le premier pour choisir le lieu où il vouloit faire mouiller ses Vaisseaux, & quoi qu'il eût encore Pavillon Hollandois on ne laissa pas de le canonner d'importance. On examina tout le tour de l'Isle & on somma le lendemain le Gouverneur qui ayant refusé de se rendre, fut attaqué & abandonna le Fort de l'Ance pour se sauver au Fort de la Montagne, où il arbora le Pavillon François sans avoir pu obtenir autre condition que celle de se rendre à discretion.

Le Comte d'Estrées n'ayant pas ordre de conserver cette conquête fit entierement demolir le Fort de la Montagne & détruire la plus grande partie de l'enceinte de l'Ance, & mit à la voile avec son armée. Mr. du Casse étoit alors sur la côte d'Afrique avec le Vaisseau l'Entendu de 44. Canons & de deux cens hommes d'équipage. Il apprit à Gambie ce qui étoit arrivé à l'Isle de Goerée, s'y rendit le 15. Novembre 1677. & en prit possession au nom de la Compagnie du Senegal & y établit les Commis qu'il avoit sur son bord. Il alla delà à Rufisque, à Joal, & à Portudal où étoient les Comptoirs de la Compagnie Hollandoise que le Comte d'Estrées avoit ruinez. Il fit des Traitez d'alliance & de Commerce avec les Rois de ces contrées & convint de leur faire payer par les Commis les mêmes coutumes que les Hollandois leur payoient à condition que le commerce seroit libre pour les François dans toutes les terres de leur dependance, à l'exclusion & privativement à tous autres. Ces Traitez furent arrêtez & publiez avec les solemnitez ordinaires chez les Negres dans le Mois de Decembre 1677.

Mr. du Casse étant venu rendre compte à la Cour de ce qu'il avoit fait en Goerée & sur la côte, fut renvoyé à cette Isle avec des presens magnifiques pour les Rois du Pays. Il y arriva au Mois de Mai 1678. Il trouva que les Commis de la Compagnie jouïssoient tranquilement des avantages du Commerce qu'il leur avoit procuré par les Traitez qu'il avoit faits l'année précedente avec les Rois du Pays à qui il distribua les presens que la Compagnie leur envoyoit. Ces liberalitez acheverent de mettre ces Princes dans les interêts de la Compagnie, on s'appliqua ensuite à mettre les Forts en état de faire une bonne deffense en cas qu'ils fussent attaquez, mais la paix ayant été conclue entre la France & les Provinces Unies le 10. d'Août 1678. les François demeurerent proprietaires des conquêtes qu'ils avoient faites sur les côtes d'Afrique, ensorte que la Compagnie du Senegal se voyant en paisible possession de cette Isle & des Forts & sans crainte d'y être troublée, elle negligea, suivant la coutume invariable des Compagnies, de continuer les travaux qui étoient commencez & ne songea qu'à faire fleurir son commerce. Les Hollandois firent quelques tentatives, pour retirer ce commerce des mains des François, & quelques-uns de leurs Vaisseaux allerent successivement à cette côte. Le 10. Janvier 1679. le Capitaine Hopsac le même qui étoit Gouverneur de Goerée lorsque le Maréchal d'Estrées s'en rendit maître en 1677. s'y rendit à bord d'un gros Vaisseau de sa Nation. Il anima les Princes Negres par de magnifiques promesses à rompre avec les François: en effet le 20. Mars suivant Tin Roi de Baol fit arrêter les Commis du Comptoir de Portudal & piller toutes les Marchandises. Le Roi Barbessin en fit autant à Joal & sans un accident la même chose alloit être exécutée à Rufisque. Mr. Ducasse qui n'étoit pas loin, fut encore à portée d'y remedier, il se trouvoit dans la Riviere de Gambie, il en partit aussi-tôt & eut le vent si favorable qu'il arriva à Goerée en moins de dix-heures quoi qu'il y ait trente lieues de distance & qu'il faille pour l'ordinaire trois ou quatre jours pour faire ce chemin à cause des vents & des courans qui sont presque toujours contraires. Il fit descente chez les Negres, en tua un grand nombre, fit quantité de prisonniers, c'est-à-dire, quantité d'Esclaves, brûla tous les Villages à deux ou trois lieues dans les terres, pilla & ravagea tout le Pays & y jetta une telle consternation que le Roi Tin fut contraint de lui envoyer les deux plus considerables Seigneurs de sa Cour, & fit la paix à des conditions très-avantageuses dont les principales étoient que toutes les côtes de la Mer du Royaume de Baol avec six lieues dans les terres appartiendroient pour toujours & en toute proprieté à la Compagnie Françoise du Senegal; que les Commis de ladite Compagnie jouïroient seuls à l'avenir & feroient tout le commerce du Royaume à l'exclusion de toute autre Nation; que les François ne payeroient jamais aucun Tribut ni coutumes au Roi alors regnant ni à ses Successeurs &c. il donna des ôtages; le Roi Barbessin fit le même accord, & le Roi Damel s'y soumit à leur exemple. La Compagnie dont nous parlons ici ne dura que quinze ans & la guerre de 1688. ruina tellement son commerce & ses esperances que l'Isle de Goerée fut abandonnée; & le Fort du Senegal surpris par les Anglois. Cinq ou six mois après le Sieur Bernard les en deposta, après quoi on se remit en possession de l'Isle de Goerée. Cette Compagnie ceda ses droits à une autre formée & autorisée par Lettres patentes du Roi au Mois de Mars 1696.

Mr. Brüe ayant été nommé Directeur & Commandant general, arriva au Senegal le 20. Août 1697. Un de ses premiers soins fut de rétablir l'Isle de Goerée & le commerce de la côte qui en dépend. Il alla en Goerée & trouva les deux Forts qu'il y a sur cette Isle dans un pitoyable état, les magazins découverts & presque abbatus; les employez de la Compagnie réduits à une si grande extrémité faute de vivres & de marchandises de traite qu'ils avoient été obligez de vendre jusqu'aux gonds, aux pentures & aux verrouils des portes pour avoir du mil afin de subsister.

Comme il connoissoit l'importance de ce poste non seulement à cause de sa situation avantageuse au milieu des côtes de la Concession; mais encore à cause de la bonté & de la sureté

sureté de sa Rade, où toutes sortes de Navires peuvent être en assurance & faire facilement l'eau & le bois dont ils ont besoin, & trouver à la terre ferme qui est si voisine tous les vivres & les rafraichissemens necessaires pour les Voyages de long cours, il ne negligea rien pour fortifier cette petite motte de terre, de maniere qu'elle fut à couvert de toute insulte. Le Fort de la Montagne qui avoit été rasé par le Comte d'Estrées & qui avoit été en partie relevé sur ses anciens fondemens par la precedente Compagnie & appellé le Fort St. Michel, n'est qu'une losange assez grande flanquée de deux bastions. Les murs sont bâtis de grandes pierres & sont fort élevez. On pourroit avec une dépense mediocre en faire une place presqu'imprenable, vû sa situation & la difficulté de conduire en un lieu si éloigné les hommes & les autres choses necessaires pour en faire le siége. Le Sr. Brue y fit mettre seize piéces de Canon en baterie & huit autres piéces en trois autres bateries faites en fer à cheval. Il fit aussi reparer, ou pour parler plus juste, il fit rétablir entierement le Fort de l'Ance appellé *Fort de St. François*. Il y fit faire des Logemens pour les Officiers; des Casernes pour les Soldats, des Captiveries pour mettre les Esclaves en attendant les embarquemens; des Magazins, des forges, & generalement tous les bâtimens necessaires pour la commodité & la deffense de ce poste. Il fit placer quatorze piéces de canon sur les demi-bastions qui regardoient l'Ance & en fit mettre quatorze autres piéces en trois bateries qui se croisoient pour deffendre l'Ance & empêcher la descente, enforte qu'il mit cinquante deux piéces de canon sur cette Isle, de 18. 12. 8. & 6. livres de balles. Son dessein étoit d'environner toute l'Ance depuis la pointe du Cimetiere jusqu'à celle du fer à Cheval d'un double retranchement. Mais cela n'a point été exécuté.

Le Departement de Goerée comprend six Royaumes en terre ferme, savoir ceux de CAYOR, de BAOL, de BOURSIN, de BRUSSALUM, de JOAL & de BAORE. On trouvera leur Description à l'Article du Senegal.

[a] *Divers Memoires.*

GOES [a], ou TER-GOES, prononcez GOUS & TERGOUS; Ville des Provinces-Unies en Zelande, dans la partie Septentrionale de Suyd-Beveland, à un quart d'heure de chemin d'un bras d'eau qui separe cette Isle du Wolfers-dyk: elle communique à ce bras d'eau par un Canal qui est bordé de deux Forts, l'un s'appelle le WESTER-FORT, c'est-à-dire, le Fort du Couchant, & l'autre l'OSTER-FORT, ou le Fort du Levant. Cette Ville est à quatre lieues de Middelbourg & à cinq de Berg-op-Zoom entre l'une & l'autre Ville; elle est fortifiée, assez grande & assez belle, & la seule place importante de l'Isle. Ce fut la seule qui échapa à l'inondation de l'année 1532.

[b] *Etat & Delices de la Suisse T. 3. p. 83.*

GOESGHEN [b], prononcez GHEUSGHEN; Village de Suisse au Canton de Soleurre & Chef-lieu d'un des huit Bailliages exterieurs de ce Canton. Il y a une Paroisse & un Château qui est la Residence du Bailli. Ce Château est situé sur une crête de rocher & fort élevé, desorte qu'on le voit de loin. Le Village de Goesghen est entre la Ville d'Olten & Arace, sur la gauche de l'Aare. Dans ce Bailliage est le Village de Schoenewerd sur la rive droite de l'Aare, où il y a un riche & ancien Collége de Chanoines dont l'Eglise est dediée sous l'invocation de St. Leger sous la protection de Messieurs de Soleurre. Ce n'étoit autrefois qu'un petit Hospice, dedié à St. Paul, qui dans le VIII. siécle appartenoit à la Prevôté de Moutier-Grand-Val, dont les Chanoines resident à Delemont. Dans le même Bailliage est aussi le Village de Lostorff, où est un bain d'eau minerale qui charrie du cuivre, de l'alun & du soufre. Il est bon pour guerir diverses maladies comme obstructions, Paralysie, debilité de nerfs, Asthme &c.

GOEZANUM. Voiez GOZAN.

GOFNA. Voiez GOPHNA.

GOG, & MAGOG, quelques-uns regardent ces noms comme signifiants deux peuples: [c] l'Ecriture joint ces deux noms pour l'ordinaire [d]. Moyse [e] parle de Magog, Fils de Japhet; mais il ne parle pas de Gog. Gog étoit Prince de Magog, selon Ezechiel. Magog signifie le Pays, ou le Peuple; & Gog le Roi de ce Pays. La plûpart des Anciens faisoient Magog Pere des Scythes ou des Tartares. Plusieurs Interpretes ont trouvé beaucoup de traces de leur nom dans les Provinces de la grande Tartarie; comme dans les Provinces de LUG & MUNGUG, de CANGIGU & de GINGUI, dans les Villes de GINGUI & de CUGUI, de CORGANGUI & de CAIGUI.

[c] *D. Calmet Dict. d Ezechiel c. 38. v. 2. & 3; c. 39. v. 1. & 2. &c. Apocal. c. 20. v. 7. e Genes. c. 10. v. 2. Voyez Paralip. l. 1. c. 1, v. 5.*

D'autres ont crû que les Perses étoient les descendans de Magog. Suidas & Cédréne disent qu'on le nomme encore *Magog* dans leur Pays. On y trouve des peuples nommés *Magusiens*, & des Philosophes appellez *Mages*.

Quelques-uns [f] se sont imaginez que les Goths étoient descendus de Gog & de Magog, & que les guerres décrites par Ezechiel, & entreprises par Gog contre les Saints, ne sont autres que celles que les Goths firent au v. siécle contre l'Empire Romain.

[f] *St. Ambros. de fide ad Gratianum l. 2, c. 4.*

Bochart a placé Gog aux environs du Caucase. Il derive le nom de cette fameuse Montagne de l'Hebreu GOG-CHASAN *Forteresse de Gog*. Il montre que Promethée attaché au Caucase par Jupiter, n'est autre chose que *Gog*. On connoit au Midi du Caucase la GOGARENE, Province d'Iberie.

Enfin la plûpart croyent avec beaucoup de fondement que Gog & Magog marquez dans Ezechiel & dans l'Apocalypse, se doivent prendre dans un sens allegorique, pour des Princes ennemis des Saints & de l'Eglise. Ainsi plusieurs prennent *Gog* d'Ezechiel, pour Antiochus Epiphanes, persécuteur des Juifs attachez à leur Religion; & celui qui est marqué dans l'Apocalypse, pour l'Antechrist ennemi de l'Eglise & des Fideles. D. Calmet dans une Dissertation imprimée à la tête d'Ezechiel, a essayé de faire voir que Gog étoit le même que Cambyses Roi des Perses; & sur l'Apocalypse, il a prétendu que Gog & Magog désignent tous les ennemis qui persecuteront l'Eglise jusqu'à la fin des siécles.

1. GOGA, Isle des Indes au Royaume de Decan à environ un tiers de lieue de la terre ferme, on y voit une Forteresse bâtie pro-

proche de la Mer à notre maniere, selon Davity qui en parle sur l'autorité de Bartheme qui y voyagea au commencement du XVI. siécle. Elle a sans doute changé de nom & ces marques ne suffisent pas pour la reconnoître.

2. GOGA [a], petite Ville des Indes au Royaume de Cambaye sur la côte Orientale du Golphe de Cambaye, & au bord Meridional d'une petite Riviere qui y tombe dans ce Golphe; vis-à-vis de Baroche qui est de l'autre côté du Golphe à l'Orient. Mandeslo [b] dit qu'elle est assez peuplée: que les habitans en sont la plûpart Banians, & gens de Marine ou Tisserans; qu'elle n'a ni portes ni remparts; mais seulement une muraille de pieres de taille du côté de la Mer où les Fregates des Portugais ont leurs rendez-vous pour l'escorte de leurs Vaisseaux Marchands jusqu'à Goa.

[a] De l'Isle Atlas.
[b] Voyages des Indes l. 1.

3. GOGA, Ville d'Afrique dans l'Abissinie, à distance égale du Lac de Dambea qui est au Couchant, & du Royaume de Bagemder qui est à l'Orient. Mr. Ludolfe qui la marque sur sa Carte n'en fait point de mention dans son Histoire. L'Auteur de la Description de l'Empire du Prête-Jean dit qu'elle a été autrefois le séjour de l'Empereur d'Abissinie.

GOGANA, Contrée de la Perside, sur le Golphe Persique; où coule la Riviere d'Areon Ἀρέων, selon Arrien [c]. Ptolomée [d] nomme GOGANA une Ville de la Carmanie; mais il ne la met pas aux confins de la Perside, au contraire il la place hors du Golphe Persique sur la côte Meridionale de cette Province. Quelques Exemplaires portent RHOGANA.

[c] In Indic.
[d] l. 6. c. 8.

GOGARENA, Contrée d'Asie dans l'Armenie, selon Strabon [e]. Elle étoit contiguë à la Sacassene contrée qui s'étendoit jusqu'à l'Albanie & jusqu'au Fleuve Cyrus. Tout ce Pays, dit-il, abonde en fruits, en bons Arbres qui ont une verdure perpetuelle. Elle produit de l'huile d'Olive. Elle étoit au delà du Cyrus & avoit appartenu aux Iberes à qui les Armeniens l'enleverent, selon le même Auteur.

[e] l. 11. p. 528.

GOGARI, ancien Peuple de la Sarmatie, selon Pline [f].

[f] l. 6. c. 7.

GOGDEN [g], (LE PAYS DE) Pays d'Afrique dans la Nigritie, il confine au Desert d'Azarad. Ce Pays est extremement aride & on y fait quelquefois neuf journées sans trouver de l'eau. Le Desert d'Azarad au contraire a un assez grand Lac formé par les pluyes & quelques puits. Ce Pays de Gogden est par les 18. & 19. d. de Longitude & le 21. d. de Latitude Septentrionale.

[g] De l'Isle Atlas.

GOGHSHEIM, petite Ville d'Allemagne dans le Palatinat du Rhin, si nous en croyons Mr. Corneille & Mr. Baudrand; qui disent qu'elle est sur la Riviere de Creicht à cinq lieues de Philipsbourg du côté d'Orient & à six de Heidelberg du côté du Nord. Ils ont pris cet article de Mr. Maty, qui s'est trompé. Il faloit dire du côté du Midi, car Goghsheim cette pretendue Ville est à l'Orient de Philipsbourg & au Midi de Heidelberg. Mais ce lieu n'est pas une Ville, c'est tout au plus un Village dont le vrai nom est GOTZHEIM; vers la source de cette Riviere comme on le peut voir dans la Topographie du Palatinat par Zeyler.

GOGIAREI, Peuple de l'Inde, selon Pline [h].

[h] l. 6. c. 20.

GOGIDEME [i], ou GUIGINA, Montagne d'Afrique au Royaume de Maroc dans la Province de Hascore. Elle est contiguë à la Montagne de Teusites, & est habitée du côté du Septentrion & est deserte vers le Midi.

[i] De la Croix Relat. d'Afrique T. 1. p. 416.

GOGNA, (LA) petite Riviere d'Italie au Duché de Milan, elle a sa source près du Lac Majeur, vers Arone d'où coulant au Midi par le Novarese, elle passe près du Novara & de là par la Lomeline, où elle se rend dans le Pô au dessous de St. Nazaire entre Bassignano & Pavie.

[k] Baudrand Ed. 1705.

GOIAME, Royaume d'Afrique, dans l'Abissinie à l'extremité Méridionale du Lac de Dambée. Il est presque enfermé de tous côtez par le Nil, comme le remarque Mr. le Grand dans sa Relation Historique de l'Abissinie [l]. C'est, dit-il, ce qui a donné lieu aux P. P. Jesuites qui ont été en ce Pays-là de croire que le Royaume de Goiame est l'Isle de Meroé des Anciens. Mr. Ludolfe au contraire pretend que le Royaume de Goiame ne sauroit être Meroé, parce que rien de ce que Diodore de Sicile, Strabon & Pline ont dit de l'Isle de Meroé ne sauroit convenir au Royaume de Goiam, & que s'ils les Anciens l'eussent connu, ils auroient aussi sans doute connu les sources du Nil. La plûpart des autoritez qu'il allegue font plûtot voir son érudition, qu'elles n'appuient son sentiment. Solin dit que Meroé est la premiere Isle que forme le Nil, qu'elle est éloignée de la Mer de six cens milles: si l'on en croit le P. Jerôme Lobo il y a vingt journées de la Mer à la source du Nil & on compte depuis Maqua jusqu'aux Agaus, plus de cent cinquante lieues de Portugal qui valent bien six cens milles d'Italie. Mela corrigé par Saumaise parle à peu près comme Solin. Pausanias dit que les Grecs & les Ethiopiens qui ont été au delà de Syéne & de Meroé, rapportent que le Nil entre dans un grand Lac & qu'au sortir de ce Lac il traverse toute l'Ethiopie: tout cela convient très-bien à la Presqu'Isle de Goiam. Vossius qui ne croit pas que Goiam soit Meroé, dit que la Riviere que les Anciens appellent Astaboras est celle que nous nommons aujourd'hui Mareb; & que la Capitale de Meroé est la Ville de Baroo, ou Baroa sous le seizieme degré 23′. de Latitude Septentrionale, où le Bahr-Nagasch fait sa demeure ordinaire. Le voisinage de Siris ou Syéne pourroit fortifier le sentiment de Vossius, parce que pour aller d'Egypte à Meroé, on passe par Syéne qui en est éloignée d'un peu plus de deux cens lieues communes de France; mais Vossius se trompe quand il dit que le Mareb se jette dans le Tacafe. Le Mareb, comme on le remarque en son lieu, se perd dans les Sables, & il seroit plus vraisemblable de croire que l'*Astusapes* de Pline [m] est le Mareb *quod Latentis significationem adjicit*. Mais si l'Astaboras est à la gauche du Nil, comme le marque le même Pline, il y a assez d'apparence que c'est la Riviere du Melec, & en ce cas le sentiment du savant

[l] p. 102.
[m] L. 5.

savant P. Hardouïn qui met l'Isle ou plutôt la Peninsule de Meroé entre la Riviere du Melec & le Nil, seroit plus vraisemblable que celui de Vossius. Mais les Anciens ont si peu connu cette partie de l'Ethiopie, ils ont parlé si differemment & si confusément de l'Isle de Meroé, qu'on peut dire avec autant de raison que c'est le Royaume de Goiam qu'on le peut nier. C'est ce que dit Mr. l'Abbé le Grand dans le Livre cité. Voiez l'article MEROÉ. Mr. Ludolf pretend [a] qu'il faut prononcer *Gojam* à la maniere Françoise, c'est-à-dire, que l'*I* est *J* consonne. Il blâme ceux qui l'écrivent par un *y*, & dit que Godigno a encore plus mal fait de l'appeller GOROMA l. 1. c. 4. p. 15. Ce Royaume, poursuit-il, est devenu célèbre depuis la découverte des sources du Nil; sa situation est merveilleuse, car le Nil l'enferme presque entierement comme une Presqu'Isle. Godigno le divise en vingt contrées dont il ne nous apprend point les noms.

[a] Hist. Æthiop. l. 1. c. 3.

GOITO [b], Bourg ou petite Ville d'Italie au Duché de Mantoue, entre le Lac de Mantoue & celui de Garde vers les Confins de Venise, sur la Riviere du Mincio que l'on y passe sur un Pont.

[b] Baudrand Ed. 1705.

GOLAN. Voiez GAULAN.

GOLBA, Cromer nomme ainsi une petite Ville de Prusse, & Hennenberg l'appelle une Forteresse, quoiqu'il fasse mention des Bourgeois qui l'habitoient; & tous les deux racontent diverses avantures qui y sont arrivées. Les Actes publics mettent dans le Pays de Culm, sur la Dribentz entre Strasbourg & Thorn en tirant vers Libna un lieu célèbre nommé GOLUP, ou GOLUB: Zeyler [c] dit qu'il est indubitable que c'est la même chose que Golba, parce que, dit-il, en premier lieu les Histoires rapportées s'y accordent, & secondement Hennenberg qui parle de *Golba* ne dit rien de *Golup*. Voiez GOLUP.

[c] Zeyler Boruss. Topogr. p. 28.

I. GOLCONDE, Château d'Asie dans la Presqu'Isle d'en deça du Gange, au Royaume de Golconde, & le lieu où le Roi de Golconde tient ordinairement sa Cour. Voici comment en parle Thevenot [d]. Il est à deux lieues de Bagnagar, on l'appelle GOLCONDE, & le Royaume en porte le nom. Ce fut Cotup-Cha premier qui le nomma ainsi, parce que cherchant après son usurpation un lieu où il pût bâtir une place forte, celui où est ce Château lui fut enseigné par un Berger qui le conduisit par un bois à la Montagne où est presentement le Palais; & comme ce lieu lui parut fort propre pour son dessein, il y bâtit ce Château, & le nomma Golconde du mot *Golcar*, qui en Langue Telengui, veut dire un *Berger*: toute la Campagne de Golconde n'étoit alors qu'une Forêt dont on a défriché la Terre peu à peu après avoir brûlé les bois. Cette place est au Couchant de Bagnagar, la plaine qui y conduit, en sortant du Fauxbourg, fournit une très-belle vûe, à laquelle l'aspect de la Montagne qui s'eleve en pain de sucre au milieu de ce Château, qui a tout autour sur son panchant le Palais Royal, contribue beaucoup par sa perspective naturelle. Cette Forteresse a un grand circuit, & on peut l'appeller une Ville: ses murailles sont bâties de pierres longues de trois pieds, & larges d'autant, & elles sont entourées de fossez profonds, partagez en *Tanquiez*, (ou Etangs) qui ont de belles & bonnes eaux. Mais au reste il n'y a aucune piece de fortification que cinq Tours rondes qui ont aussi bien que les murailles de la Place, beaucoup de Canon pour leur défense: quoiqu'il y ait plusieurs portes à ce Château, on n'en tient que deux ouvertes, & pour y entrer on passe par dessus un Pont qui est bâti sur un grand *Tanquié*, & ensuite par un lieu fort étroit entre deux Tours, qui conduit en tournoyant à une grande porte gardée par des Indiens assis sur des relais de pierre, avec leurs épées auprès d'eux. Ils n'y laissent entrer aucun étranger, s'il n'a une permission du Gouverneur, ou si quelque Officier du Roi ne le connoît. Il n'y a dans ce Château, outre le Palais du Roi, que les Logis de quelques Officiers, qui soient bien bâtis; mais ce Palais est grand & bien situé pour le bon air & la bonne vûe, & un Chirurgien Flamand, qui est au service du Roi, m'a dit que la Chambre où il voyoit le Roi, a un Kiock d'où l'on découvre non seulement tout le Château & la Campagne, mais encore tout Bagnagar, & que l'on passe par douze portes avant que d'être à l'appartement de ce Prince. La plûpart des Officiers logent dans ce Château, où a plusieurs bons Bazars, où l'on trouve tout ce dont on a besoin, particulierement pour la vie, & tous les Omras & autres grands Seigneurs y ont des Hôtels, outre ceux qu'ils ont à Bagnagar. Le Roi veut que les bons ouvriers y demeurent, & pour cela il leur fait donner des logemens, qu'ils ne payent rien: il fait même loger des Jouailliers dans son Palais, & c'est seulement à ceux-ci qu'il confie les pierres de consequence, après leur avoir précisément deffendu de dire à personne quel travail ils font, depeur que lorsqu'il fait mettre en œuvre des pierres de grand prix, Aureng-Zeb ne le sache, & ne les lui fasse demander: les ouvriers du Château sont occupez aux pierreries communes du Roi, qui en a une si grande quantité que ces gens-là ne peuvent presque travailler pour aucune autre personne. Ils taillent les Saphirs avec un archet de Fil d'Archal: pendant qu'un ouvrier fait agir cet archet, un autre verse continuellement sur la pierre, de la poudre d'Emery blanc détrempée avec beaucoup d'eau, & réduite en boue fort liquide; & de cette maniere ils font leur travail sans peine. Cet Emery blanc se trouve par pierres dans un lieu particulier du Royaume, & s'appelle Corind en Langue Telenguy: on le vend un écu ou deux roupies la livre; lorsqu'on s'en veut servir on le met en poudre. Quand ils veulent couper un Diamant pour en ôter quelque grain de sable, ou autre tare qui s'y rencontre, ils le scient un peu au lieu où il le faut couper, & l'ayant ensuite posé sur un trou qui est à un morceau de bois, ils appliquent un petit Coin de fer sur l'endroit qui est scié, & pour peu qu'on frape ce Coin il coupe le Diamant jusqu'au bas. Le Roi a grande provision d'excellens Bezoars: les Montagnes où paissent les chevres qui les portent, sont au Nord-Est du Château, à sept ou huit journées de Bagna-

[d] Voyages des Indes p. 290.

gar:

gar : ils se vendent ordinairement quarante écus la livre. Les longs sont les meilleurs : on en trouve dans quelques Vaches, qui sont beaucoup plus gros que ceux des Chévres, mais on n'en fait pas tant de cas, & ceux qui sont les plus estimez de tous se tirent d'une espece de Singes qui sont un peu rares, & ces Bezoars sont petits & longs. La sepulture du Roi qui a bâti Golconde, & celles des cinq Princes qui ont regné après lui, sont environ à deux portées de mousquet du Château : elles ont une grande étendue, à cause que chacune est dans un grand Jardin : on sort par la porte qui regarde le Couchant pour y aller, & c'est par où l'on fait sortir non seulement les Corps des Rois & des Princes, mais aussi de tous ceux qui meurent dans le Château, & on ne peut obtenir de les transporter par une autre porte, quelque faveur que l'on ait. Les Tombeaux des six Rois sont accompagnez de ceux de leurs parens, de leurs femmes & de leurs principaux Eunuques. Chacun est au milieu d'un Jardin, & quand on les visite on monte d'abord par cinq ou six marches sur un perron qui est bâti de ces pierres, qui sont semblables à la Thebaïque. La Chapelle qui enferme le Tombeau est entourée d'une Gallerie percée en Arcades : elle est quarrée & élevée de six à sept Toises. Elle a plusieurs ornemens d'Architecture, & elle est couverte d'un Dôme qui a à chacun des quatre coins une tourelle. On n'y laisse entrer que peu de personnes, parce que l'on fait passer ces lieux pour sacrez : il y a des Santons qui en gardent l'entrée, & je n'aurois pû y entrer, si je n'avois fait connoître que j'étois Etranger. Le pavé est couvert de Tapis, & il y a sur le Tombeau une couverture de Satin qui traîne jusqu'à terre, & est parsemée de fleurs blanches. Il y a un Dais de même étoffe à la hauteur d'une Toise, & le tout est éclairé de plusieurs Lampes. Les Tombeaux des Fils & Filles du Roi sont d'un côté, & on voit de l'autre tous les livres de ce Roi sur des siéges plians, & ce sont pour la plûpart des Alcorans avec leurs Commentaires, & quelques autres de la Religion Mahometane. Les Tombeaux des autres Rois sont de même que celui-ci, sinon que la Chapelle des uns est quarrée en dedans comme en dehors, & celle des autres est en Croix. Les unes sont revêtues de cette belle pierre dont j'ai parlé, les autres le sont de pierre noire, & quelques-uns de pierre blanche avec un verni luisant qui les fait paroître de Marbre fin, & il y en a qui sont revêtues de carreaux de porcelaine. Le Tombeau du Roi dernier mort, est le plus beau de tous : son Dôme est vernissé de couleur verte. Les Tombeaux des Princes leurs Freres, & de leurs autres parens, & même ceux de leurs femmes, ont une même forme que les leurs ; mais on les distingue aisément, parce que leurs Dômes n'ont pas le Croissant qui est sur le Dôme de ceux des Rois. Les sepultures des principaux Eunuques sont basses & couvertes en terrasse sans aucun Dôme ; mais elles ont chacune leurs jardins. Toutes ces Sepultures servent d'Azile, & quelque criminel que soit un homme, s'il peut y entrer, il est en sureté. On y sonne le *Gary* aussi bien qu'au Château, & toutes choses y sont reglées entre les Officiers avec la derniere exactitude. Ce *Gary* est assez agréable, quoi qu'on ne le sonne qu'avec un bâton, dont on touche un grand plat de cuivre que l'on tient en l'air, mais le sonneur le touche avec art, & il y a de l'harmonie : ce *Gary* sert à marquer le tems. Aux Indes le jour naturel se partage en deux, une partie commence au point du jour, & l'autre à l'entrée de la nuit, & chacune de ces parties est divisée en quatre quarts, & chaque quart en huit parts, qu'ils appellent *Gary*.

Ce que Thevenot décrit ici n'est pas la Ville de Golconde d'aujourd'hui qui est à deux lieues de cette Forteresse. Voiez l'article qui suit.

2. GOLCONDE, Ville de l'Inde dans la Presqu'Isle d'en deça du Gange, & Capitale d'un Royaume de même nom. Le P. Bouchet [a] dans une Lettre écrite à Pontichéri le 1. Avril 1719. en parle ainsi. La Ville qu'on appelle aujourd'hui Golconde n'étoit autrefois qu'un jardin agréable à deux lieues de la Forteresse qui portoit ce nom. On la nomma d'abord BAGNAGAR & dans la suite le nom de Golconde lui est demeuré : elle est à peu près de la grandeur d'Orleans. Elle est bien située & les rues en sont belles. La Riviere qui y passe & qui va se jetter dans la Mer de Masulipatan est large & roule des eaux fort claires, on y a bâti un Pont qu'on dit être aussi beau que le Pont neuf à Paris. Le Palais du Roi est magnifique : depuis que cette Ville est devenue la conquête du Mogol, elle n'est plus si considerable qu'elle l'étoit auparavant. Aureng-zeb la pilla entierement avant que de prendre la Forteresse. Cette Ville est la même que BAGNAGAR. Voiez cet Article. Selon le P. Catrou dans son Histoire du Mogol on place ordinairement Bagnagar, la principale Ville de Golconde, par les 19. d. 40'. de Latitude & par les 124. d. 40'. de Longitude.

[a] Lettres Edifiantes T.15.p.57.

3. GOLCONDE, (LE ROYAUME DE) Royaume d'Asie dans la Presqu'Isle de l'Inde en deça du Gange [b]. Il fait presentement partie des Etats du Grand Mogol. Il est borné au Nord par la Province de Berar, au Nord-est par la Riviere de Narsepille, qui le separe du Royaume d'Orixa, au Sud-Est par le Golphe de Bengale, au Sud & au Sud-Ouest par la Riviere de Coulour, qui le separe des Royaumes de Carnate & de Visapour, & au Nord-Ouest par les Talingas ; ou ce qui revient au même par la Riviere de Narbeder qui étoit anciennement la borne entre ce Roi & le Mogol. La partie Meridionale de ce Royaume est fort peuplée & coupée de quantité de Routes qui aboutissent à la Capitale. Il a deux Ports, savoir Narsapour & Masulipatan. Les principales Rivieres qui l'arrosent sont celles de Narsepille qui le borne au Nord-Ouest, celle de Veneron qui se jette dans la Mer par deux Embouchures dont l'une passe à Narsapour ; celle de Nerva qui après avoir arrosé la Capitale, reçoit la Riviere de Moussi, puis celle de Quathgna, avec lesquelles elle a une Embouchure commune ; & enfin la Riviere de Coulour qui le separe du Royaume de Carnate & près des Embouchures de laquelle est la Ville de Bezoar. C'est aussi près de cette derniere Rivie-

[b] De l'Isle Carte des côtes de Malabar & de Coromandel.

G O L.   G O L.

Riviere que font les fameufes Mines de Diamants qui font la plus grande richeffe du Royaume de Golconde. Ces richeffes furent ce qui porta Aureng-Zieb à conquerir les Etats du Roi qui en étoit en poffeffion.

[a] Lettres Edifiantes T. 15. p. 9.

[a] Le Royaume de Golconde étoit anciennement une partie d'un vafte Empire dans les Indes dont le Souverain s'appelloit l'Empereur de Bifnagar & comprenoit prefque toute la Prefqu'Ifle depuis l'extremité Septentrionale d'Orixa jufqu'au Cap de Comorin. Il poffedoit toutes les terres qui font fur la côte de Coromandel & plufieurs places maritimes fur la côte Occidentale des Indes. Les Patanes venus du Nord le dépouillerent d'une partie de fes Etats; une autre partie lui fut enlevée par les Mogols qui avançoient toujours vers les parties Meridionales. Le dernier Empereur de Bifnagar avoit confié le commandement de fes armées à quatre Generaux qui faifoient profeffion du Mahometifme. Chacun d'eux commandoit un corps de troupes confiderables, dont ils fe fervirent pour envahir les Etats de ce malheureux Prince. Le plus puiffant de ces Generaux demeura à Golconde & y fonda le Royaume de ce nom. Le fecond fixa fa demeure à Vifapour & fe fit nommer le Roi de Decan. Et ainfi des deux autres. Telle fut l'origine de ce Royaume de Golconde qui n'étoit qu'un demembrement de l'ancien Empire de Bifnagar. C'étoit de ces Rois particuliers que Thevenot fait mention dans le premier article. Mais le Mogol a tout englouti & ce Royaume fait prefentement partie de fon Empire.

[b] Etat & delices de la Suiffe T. 3. p. 285.

1. GOLDACH [b], petite Riviere de Suiffe dans l'Etat de l'Abbé de St. Gall. Elle s'eft creufé un Vallon étroit & extrêmement profond, nommé MARTINS-TOBEL. On le paffe à demie-lieue de la Ville de St. Gall, fur un Pont d'une ftructure admirable, bâti l'an 1467. qui a cent & dix pieds de long, quatorze de large & quatre-vingt feize de haut.

2. GOLDACH, Village de Suiffe dans les terres de l'Abbaye de St. Gall, près du rivage Occidental du Lac de Conftance, on y profeffe la Religion Catholique. Mr. Scheuchzer en met deux fort voifins de même nom dans fa Carte de la Suiffe.

[c] Homan Carte de la Pruffe.

1. GOLDAP [c], Riviere de Pruffe. Elle a fa fource aux Confins de la Lithuanie, auprès du Village de Gerbas, d'où ferpentant vers le Nord, elle reçoit la décharge de quelques Lacs comme de Hohenfée & de Schon Jarcken, après quoi fe recourbant vers l'Occident, elle traverfe le Lac de Romitten, paffe à Goldap, ferpente quelque temps vers le Midi jufqu'à ce qu'elle arrive au bord de la Sudavie qu'elle termine au Nord, & côtoyant cette Province d'Orient en Occident elle fe perd dans l'Angerap. Zeiler la nomme GOLDORP dans l'article fuivant.

[d] Zeyler Boruff. Topogr. p. 28.

2. GOLDAP [d], petite Ville de Pruffe dans la Sudavie fur la Riviere de Goldorp, dans le Territoire d'Angerbourg, quoi qu'elle depende du Bailliage de Iufterbourg. On commença à la bâtir en 1564.

[e] Zeyler Silefiæ Topogr. p. 147.

GOLDBERG [e], Ville de Bohême en Silefie dans le Duché de Lignitz fur le Ruiffeau de Katzbach. Cette Ville avec les Bourgs & les Villages de fa dependance fait un Cercle particulier qui a appartenu aux Ducs de Lignitz, & Goldberg qui eft le Chef-lieu de ce Cercle n'eft pas fort loin de Lignitz. La biére de Goldberg & celle de Troppau paffent pour excellentes. L'an 1427. les Huffites de Bohéme égorgerent tous les Enfans qui étoient aux écoles & les Prêtres qu'ils trouverent dans les Eglifes. L'an 1469. la Ville fut incendiée par le Duc Henri de Munfterberg parce qu'elle avoit quitté le parti de George Roi de Bohéme fon Pere, pour prendre celui de Mathias Roi d'Hongrie. Elle eut encore le malheur d'être brûlée en partie l'an 1554. le 17. Juillet & l'Ecole qui faifoit le plus bel ornement de la Ville & qui avoit été fondée par Frederic II. Duc de Lignitz fut transferée pour quelque temps à Lignitz. Elle a fouffert encore quelques autres incendies en 1576. & en 1613. & perdit beaucoup aux guerres des Suedois en Allemagne.

GOLDINGEN [f], petite Ville de Curlande avec un beau Château fur la Riviere de Weta & fur la Route de Königsberg en Pruffe à Riga en Livonie. Cette Ville a un grand Territoire & étoit autrefois dans la ligue des Villes Hanfeatiques. Elle eft fort déchue depuis le temps où les Grands Maîtres de l'Ordre de Livonie y faifoient leur refidence & y tenoient le Chapitre. Elle appartenoit encore à l'Ordre Teutonique en 1560, mais elle fut cedée avec Windau au Roi de Pologne pour les fommes qu'il avoit prêtées durant la guerre des Mofcovites.

[f] Zeyler Silef. Topogr. p. 12.

GOLE, (LE) Riviere d'Italie dans l'Ifle de Corfe dont elle eft une des principales. Elle fort du Lac Ino vers le milieu de l'Ifle d'où paffant vers les Ruines de Mariana, elle fe jette dans la Mer de Tofcane fur la côte Occidentale de l'Ifle.

GOLFE. Voiez GOLPHE.

GOLGI, & GOLGUM & GOLGUS, Ville d'Afie dans l'Ifle de Cypre. Elle étoit dediée à Venus. Paufanias [g] dit qu'avant qu'Agapenor eût mené à Paphos une Colonie & y eût bâti un Temple de Venus, les Cypriots adoroient cette Déeffe à Golgi petite Ville. Mais felon la remarque de Cellarius l'ancienne Paphos avoit un Temple très-ancien, fur quoi il demande fi *Golgi* & l'ancienne Paphos ne feroient point une feule & même Ville? Il eft vrai que Pline [h] les diftingue; mais Strabon, & Ptolomée qui parlent des deux Paphos ne font aucune mention de *Golgi*, & au contraire ceux qui parlent de *Golgi*, comme Etienne le Géographe & les Poëtes ne nomment qu'une feule Paphos. On ne peut rien dire de certain là-deffus non plus que fur ce que dit Etienne que Paphos fut anciennement nommée *Erythra*. Le même Etienne dit: *Golgi* Ville de Chypre ainfi nommée fi *Golgus* Chef d'une Colonie de Sicyoniens. Beaucoup d'Auteurs ont parlé du Culte que l'on y rendoit à Venus. Catulle [i] dit de cette Déeffe:

[g] in Arcad. c. 5.

[h] l. 5. c. 31.

[i] Carm. 37.

Quæque Anconam, Cnidumque arundinofam
Colis, quæque Amathunta, quæque Golgos.

Dd 3   Et

GOL.

Et dans l'Epithalame de Pelée [a],

Quaque Regis Golgos, quaque Idalium frondosum.

Lycophron [b] dit de même: ils viendront dans le Pays de la Déesse qui regne à Golgi: & Théocrite dans sa xv. Idyle [c] dit aussi à Venus: Déesse qui avez aussi aimé Golgum & Idalie. Etienne qui dit *Golgi* au pluriel ajoute que l'on dit aussi *Golgon* au singulier, & que Venus en prenoit le surnom de Golgienne, *Venus Golgia*.

GOLGOTHA, GOATA, ou GOLGOLTHA, ou GULGULTA. Ce mot signifie un Crane גלגלתא. On donne ce nom à une Montagne voisine de Jerusalem au Couchant & au Nord de cette Ville, où à cause de sa forme qui approchoit du Crane humain, ou parce qu'on y exécutoit les criminels, ou parce qu'on croioit que la tête du premier homme y avoit été enterrée [d]; ç'a du moins été une tradition commune dès les premiers siécles de l'Eglise. Cette Montagne est la même que le CALVAIRE d'un nom derivé de *Calvaria* qui signifie le Crane, comme Golgotha en Hebreu ou en Syriaque. Jesus-Christ y fut crucifié & enseveli dans le Jardin de Joseph d'Arimathie dans un Tombeau creusé dans le Roc. L'Empereur Adrien en rétablissant Jerusalem sous le nom d'Ælia, profana le sacré tombeau du Sauveur en le faisant combler & mettant par dessus des figures d'Idoles les plus infames. Mais Dieu ayant inspiré à l'Imperatrice Helene, Mere de Constantin, la devotion de rendre à ces Sts. lieux l'honneur qui leur est dû, elle fit nettoyer le Tombeau du Sauveur & fit bâtir par dessus une Eglise magnifique qui subsiste encore aujourd'hui, selon Dom Calmet [e]. Voyez l'article CALVAIRE.

GOLISANO [f], Place du Royaume de Sicile dans la Vallée de Demona, avec un ancien Château vers Termine, environ à dix milles de la côte de Toscane & à vingt de Cefalu au Midi.

GOLLENBERG [g], Montagne de la petite Pologne. C'est une partie des Monts *Tatari* qui commencent aux Frontieres de Hongrie & s'étendent vers le Septentrion jusques vers la Riviere de Varse.

GOLNOW [h], Ville d'Allemagne dans la Pomeranie Ulterieure qui depend du Roi de Prusse; auprès de cette Ville est une longue bruiere qui a quatre milles d'étendue jusqu'à Dam, & dans laquelle un Duc de Pomeranie tua vers le milieu du siécle passé un grand cerf dont le bois avoit trente quatre Andouillets, en mémoire de quoi il fit élever à un quart de mille du chemin une Statue avec une Inscription. Golnow a 53. d. 32′. de Latitude & 20. d. 16′. de Longitude. C'étoit la dixiéme & la derniere des Villes Hanséatiques, Bogislas II. en fit une Ville murée en 1180. Elle est plus riche en bois qu'en terre de labour. Elle a de grands Privileges & avantages tant pour la chasse, les bois, & les eaux que pour la pêche. Il y a une Prevôté de laquelle relevent neuf paroisses. Elle étoit cidevant plus riche qu'elle n'est à present, car elle a été plusieurs fois ruinée par le feu, en 1529. en 1541. & en 1593. Cette troisiéme fois ce fut par un coup de Tonnerre qui durant la priere de l'après-dinée blessa dans l'Eglise 38. personnes, & enfin en 1621. du temps de Bogislas XIV. dernier Duc de Pomeranie un éclat de foudre imprevû, sans que l'on entendit rien ni devant ni après, mit le feu au Clocher de l'Eglise. La flame prit tout à coup & reduisit en cendres non seulement l'Eglise, mais le plus beau & le meilleur de la Ville. Le Duc y avoit passé quatre jours auparavant & y avoit laissé les ordres pour en faire une belle Ville; lorsqu'il y revint peu de semaines après il y trouva un monceau de Cendres. On la rebâtit avec bien de l'empressement L'an 1625. quinze cens personnes y moururent de la Peste. Le Roi de Suede la prit cinq ans après, les Imperiaux qui l'avoient occupée quelque temps l'avoient pillée & saccagée, puis abandonnée. Elle souffrit beaucoup de toutes ces guerres. Il y a trois Marchez par an. Comme elle est située sur la Riviere d'Ina qui se rend dans l'Oder & qui porte bateaux, elle en tire un grand avantage, aussi bien que des bois dont elle est environnée.

GOLO. (le) Voiez GOLE.

GOLOE, Γολόη, Lieu dont parlent Cedrene & Curopalate. Ortelius croit qu'il est de la Thrace.

GOLONIS. Voiez CALONE 1.

GOLPHE, Quelques-uns qui derivent ce mot de l'Italien GOLFO écrivent GOLFE. Mais il vient de *Colpos* mot Grec qui signifie la même chose. Les Latins pour dire le Sein disent *Sinus*, & les Grecs *Colpos* Κόλπος. De ce mot ils firent *Colpizo*, Κολπίζω [i] qui signifie *vomber*, de même les Latins de *Sinus* firent *sinuare* qui veut dire la même chose. Les Glossaires du Grec barbare nous apprennent qu'avec le temps les Grecs ont dit Κόλφος & Κόρφος [k]. Nous avons adopté le mot Latin *Sinus* pour signifier *le Sein* lorsqu'il s'agit d'une personne dans le sens simple ou metaphorique, & du mot Grec *Colpos* nous avons formé deux mots dont l'un est GOUFRE dans le sens d'Abysme soit sur la terre, soit sur l'eau; l'autre est GOLPHE dont il est ici question.

Les Ecrivains du Moyen âge ont emploié le mot GULFUS dans le sens de Golphe & c'est delà que nous avons pris ce mot. Guillaume de Baldensel [l] dit: *Postquam transivi Sinum, seu Mare Adriaticum, quod hodie Gulfus Venetiarum appellatur.* Willebrand d'Oldenbourg [m] dit: *Intravimus Sinum portuosum Antiochiæ quem Franci Gulphum Antiochiæ appellant.* On trouve *Gulphus Satalia*, le Golphe de Satalie dans Guillaume de Tyr[n]; dans Roger Howeden[o], & dans Brompton[p]; & *le Goufre de Satellie* dans l'Histoire de Louïs VII. [q] Quelques Ecrivains de la basse Latinité se sont servis du mot GAUFRA dans la même signification. Vincent de Beauvais [r] dit: *Satellia ubi est Sinus maris qui dicitur Gaufra Satellie*. Ville-Hardouin parlant de Nicomedie dit: *& si fist sor un goffre de Mar*; en parlant du Golphe qui a été nommé *Astacenus* par les Latins. A present le mot Goufre signifie toute autre chose. Les Italiens disent GOLFO; les Espagnols GOLFO DE MAR; les Portugais GOLFO DO MAR; les

les Anglois GULF; les Hollandois GOLF, ZEEBOEZEM, & INHAM, les Allemands MEER-BUSEN.

Le Golphe est une partie de la Mer qui s'avance dans les terres, où elle est enfermée tout à l'entour excepté du côté de son Embouchure.

Les Golphes qui sont d'une étendue considérable sont appellez MERS. Telles sont la MER BALTIQUE, la MER MEDITERRANÉE, la MER DE MARMORA, la MER NOIRE, la MER ROUGE, la MER VERMEILLE.

On distingue les GOLPHES PROPRES, & les GOLPHES IMPROPRES, les GOLPHES MEDIATS, & les GOLPHES IMMEDIATS.

LES GOLPHES PROPRES, sont séparez de l'Océan par des bornes naturelles & n'ont de communication avec la Mer à laquelle elles appartiennent que par quelque Détroit, c'est-à-dire, par une ou plusieurs ouvertures moins larges que l'interieur du Golphe. Telle est la Mediterranée qui n'a de communication à l'Océan que par le Détroit de Gibraltar. Telle est la Mer Rouge qui communique à l'Océan par le Détroit de Babel Mandel; tel est le Golphe Persique qui n'a point de sortie que par le Détroit d'Ormus; telle la Mer Baltique qui a pour entrée les Détroits du Belt & du Sond; tel le Golphe de Kamtschatka à l'extrémité Orientale de la Tartarie. Tels enfin la Mer blanche & le Golphe de Venise &c.

LES GOLPHES IMPROPRES sont plus évasez à l'entrée & plus ouverts du côté de la Mer dont ils font partie. Tels sont le Golphe de Gascogne, & le Golphe de Lyon en France. Le Golphe de St. Thomas en Afrique, les Golphes de Cambaye, de Bengale & de Siam en Asie. Le Golphe de Panama en Amerique.

LE GOLPHE IMMEDIAT, est celui qui communique immediatement à l'Océan sans autre Golphe entre deux; comme la Mer Baltique, la Mer Rouge, le Golphe Persique &c. Le Golphe Immediat est celui qui est separé de l'Océan par un autre Golphe, soit qu'il en fasse partie comme le Golphe de Venise, le Golphe de Smyrne, le Golphe de Satalie; les Golphes d'Engia, de Volo, de Salonichi &c. qui sont partie de la Mediterranée ou de l'Archipel; soit qu'il forme une Mer à part resserrée dans ses propres limites que la nature lui a marquées, comme la Propontide ou Mer de Marmora qui communique avec l'Archipel, ou comme la Mer Noire qui communique avec la Mer de Marmora.

Le Golphe differe de la Baye en ce qu'il est plus grand & la Baye plus petite. Il y a pourtant des exceptions à faire; & l'on connoit des Bayes plus grandes que certains Golphes & qui par consequent meritent mieux d'être appellées Golphes. Telles sont la Baye de Hudson, la Baye de Baffin &c. Cela est venu de ce qu'on leur a donné cette qualification de Baye avant que d'en avoir découvert l'étendue, & d'ailleurs les Navigateurs qui font les premieres découvertes ne sont pas gens à y regarder de si près, ni ne cherchent pas tant de justesse dans les denominations.

L'ANCE est aussi une espece de Golphe, mais plus petit encore que la Baye.

Les petits Golphes des Isles Françoises de l'Amerique sont appellées CUL DE SAC. Voyez ce que nous avons remarqué au mot BAYE.

Les Golphes sont en si grand nombre qu'il seroit très-difficile d'en dresser une Liste exacte & complette. Nous suivrons ici celle que Mr. Baudrand a ébauchée & nous y rectifierons plusieurs choses tant pour l'ordre que pour la description; nous avertirons seulement que dans la Mer Mediterranée le nom de Golphe se donne à ce qui ne seroit appellé ailleurs que Ance ou Baye tout au plus.

LE GOLPHE D'AGIOMAMA, ou D'AJOMAMA. Voiez AJOMAMA; & TORONAÏCUS SINUS.

LE GOLPHE D'AGOSTA, ou D'AGOUSTA, petit Golphe de la Mer de Sicile sur la côte Occidentale de l'Isle & de la Vallée de Noto, près de la Ville qui lui donne le nom. Voiez AGOSTA.

LE GOLPHE D'AGROPOLI. Voiez AGROPOLI.

LE GOLPHE D'AJAZZO, ou D'ADIAZZO; Golphe d'Italie sur la côte Occidentale de l'Isle de Corse, près de la Ville qui lui donne le nom.

LE GOLPHE D'ALICANTE, Golphe de la Mediterranée sur la côte d'Espagne & du Royaume de Valence. Il est borné au Sud par le Cap de Palos ou le Cap St. Paul qui est de moyenne hauteur & fort uni à son extremité, & sur lequel il y a une tour quarrée pour faire signal; & du côté de l'Ouest de cette tour & fort près, il y en a une autre qui est ronde. Il est terminé au Nord par le Cap Martin; mais ce n'est pas un Golphe à parler exactement. Il prend son nom de la Ville d'Alicante. Voiez ce nom.

LE GOLPHE D'AMAPALLA. Voiez AMAPALLA.

LE GOLPHE D'ANDRAMITI. Voiez l'Article ADRAMYTTENUS SINUS.

LE GOLPHE ANGLOIS, petit Golphe dans le Détroit de Magellan en Amerique dans sa partie Occidentale.

LE GOLPHE D'APALACHE, partie du Golphe de Mexique sur la côte de la Floride & du Pays d'Apalache.

LE GOLPHE D'APENRADE, petit Golphe de la Mer Baltique, devant la Ville d'Apenrade à laquelle il donne le nom qui ne signifie autre chose que rade ouverte OPEN REEDE. Voiez APENRADE.

LE GOLPHE D'ARABIE, ou la MER ROUGE. Voiez au titre MER, l'Article de la MER-ROUGE.

LE GOLPHE DES ARABES, petit Golphe de la Mediterranée sur la côte de Barbarie, entre les côtes de Barca & l'Egypte.

LE GOLPHE DE L'ARCADIE. Voyez ARCADIE 5.

LE GOLPHE D'ARGUIN [a], Golphe de l'Océan sur la côte d'Afrique. Il est assez grand & prend son nom d'une Isle qui y est située. Il commence au Cap blanc & finit au Cap Ciric à l'Embouchure de la Riviere de St. Jean. Ces deux Caps sont éloignez l'un de l'autre de près de quarante lieues Sud-Est, Nord-Ouest & laissent entre eux une ouverture

[a] Le P. Labat Relat. de l'Afrique Occidentale T. 1. p. 58.

ture des plus spacieuses, si elle n'étoit pas fermée par un banc de près de vingt-cinq lieues de large sur lequel la Mer est toujours grosse & où il n'est pas permis de passer même aux Vaisseaux mediocres. Il est vrai qu'il y a une passe entre le Cap blanc & la pointe du Nord de ce banc qui a environ quatre lieues de large dans le milieu de laquelle on trouve douze à quatorze brasses de profondeur jusqu'à une petite distance au delà du Détroit qui est entre le banc & le Cap blanc, car passé cette distance on ne trouve plus que six brasses qui diminuent toujours à mesure qu'on s'avance vers la pointe de la Saline par le travers de laquelle on ne trouve plus que deux à trois brasses. Entre le bout Meridional du grand banc & la pointe de l'Ouest d'un autre banc qu'on appelle le banc du Sud ou de St. Jean parce qu'il s'étend jusqu'à l'Embouchure de cette Riviere, il y a une passe d'environ une lieue de large assez profonde pour des bâtimens mediocres, mais dont il est rare qu'on se serve à cause que le dedans du Golphe est tout semé de bancs, de batures, d'Isles desertes & de Recifs qu'il est difficile de parer quand une extrême necessité a forcé un bâtiment de chercher son salut dans cet endroit. Ce grand nombre de bancs & de petites Isles de sable, ces hauts-fonds couverts d'Herbes & le peu de gens qui frequentent ces endroits, y ont attiré une infinité de Poissons de toute espece. Ils y trouveront toujours des retraites assurées contre les mauvais temps, tantôt d'un côté d'une Isle & tantôt d'une autre & la nourriture ne leur y manque jamais. Ce Golphe est comme un Etang toujours plein de Poisson, dont on ne peut diminuer la quantité quelque nombre qu'on en prenne.

LE GOLPHE D'ARMIRO, c'est le même que le Golphe de VOLO.

LE GOLPHE DE L'ARTA, petit Golphe de la Mediterranée sur la côte d'Albanie. Il fait partie de la Mer de Grece & s'avance assez avant dans les terres. Il est fort resserré à son Embouchure, entre les Isles de Corfou, de Leucade & de Ste. Maure. Il prend aujourd'hui son nom de la Ville de l'Arta, & portoit autrefois celui de la Ville d'AMBRACIE. Voiez AMBRACIE & AMBRACIUS SINUS.

LE GOLPHE D'AYNAN. Voiez HAINAN.

LE GOLPHE DE BALLONE. Voiez BALLONA.

LE GOLPHE DE BALSARA, BALSERA, ou BALSORA, c'est le même que le GOLPHE PERSIQUE. Voiez cet Article.

LE GOLPHE DE BAYONNE. Voiez BAYONNE 1.

LE GOLPHE DE BENGALE, Grand Golphe d'Asie dans la Mer des Indes dont il fait une partie considerable entre la Presqu'Isle de delà le Gange & la Presqu'Isle de deçà. Il est bordé au Couchant par les côtes de Coromandel, de Gergelin & d'Orixa, au Nord par le Royaume de Bengale; au Levant par les Royaumes d'Aracan, d'Ava, de Pégu, & de Siam. Sa profondeur est depuis environ les 7. d. jusqu'au 21. d. 45'. de Latitude Septentrionale. Sa largeur est d'environ seize degrez en Longitude & va toujours en retrecissant vers le Nord jusqu'aux bouches du Gange. Les principales Isles de ce Golphe sont Ceylan; les Isles du Gange, quantité de petites Isles. Le long des côtes d'Ava, du Pegu & de Siam, entre autres les Isles des Andamans, de Tenasserim, de Junsalam & de Nicobar.

LE GOLPHE DE LA BOÏANE, petite partie du Golphe de Venise. C'est le même que le Golphe que le Drin forme à son Embouchure.

LE GOLPHE DE BONE, petit Golphe en Afrique sur la côte de Barbarie au Royaume d'Alger, proche de la Ville de Bone, entre l'Isle de Tabarque à l'Orient & le Capo Ferrato, à l'Occident.

LE GOLPHE DE BOTHNIE. Voiez BOTHNIE.

LE GOLPHE DE BUCARIZE, petit Golphe de Hongrie dans la Croatie, dans le Golphe de Venise dont il fait partie.

LE GOLPHE DE BUTRINTO, petit Golphe de la Mer Mediterranée sur la côte de la basse Albanie près de Butrinto, & de l'Isle de Corfou.

LE GOLPHE DE CADIX. Voiez CADIX.

LE GOLPHE DE CAGLIARI. Voyez CAGLIARI.

LE GOLPHE DE CALAMATA. Voyez CORON & MESSENIACUS SINUS.

LE GOLPHE DE CALHAT, partie de la Mer d'Arabie sur la côte Meridionale de l'Yemen presqu'au milieu entre la Mer Rouge & le Golphe Persique.

LE GOLPHE DE CALVI. Voyez CALVI 4.

LE GOLPHE DE CAMBAYE. Voiez CAMBAYE.

LE GOLPHE DE CAPES. Voiez CAPES, & SYRTIS MINOR.

LE GOLPHE DE CARIDIE, partie de l'Archipel sur la côte de Romanie. On l'appelle aussi le Golphe de Megarise, & il est proche des Villes de ce nom & s'avance le plus au Levant vers la Mer de Marmora.

LE GOLPHE DE CARNER. Voiez QUERNER.

LE GOLPHE DE CARTHAGE. Voyez CARTHAGE.

LE GOLPHE DE CARTHAGENE. Voiez CARTHAGENE.

LE GOLPHE DELLI CASTELLI. Voiez GOLPHE DE SQUILLACE.

LE GOLPHE DE CASTEL à MARE, petit Golphe de l'Isle de Sicile dans sa partie Septentrionale. C'est dans ce Golphe qu'est le port & la petite Ville de Castel à Mare qui lui donne le nom.

LE GOLPHE DE CASTEL RAMPANI, Golphe de la côte Meridionale de la Morée. On le nommoit anciennement Laconicus Sinus, mais on le nomme à present tantôt le Golphe de Castel-Rampani, ou même le GOLPHE DE COLOCHINA, de l'une ou de l'autre de ces deux places qui y sont situées. Il a au Couchant le Cap de Matapan, & au Levant le Cap de Malée & l'Isle de Cerigo.

LE GOLPHE DE CATANE, Golphe de

GOL. GOL.

de Sicile sur la côte Orientale de cette Isle, dans la Vallée de Demone devant la Ville de Catane qui lui communique son nom. Il est assez petit, & c'est là que les François defirent le 12. Avril 1676. la Flotte combinée des Espagnols & des Hollandois qui y perdirent Michel de Ruyter leur Grand-Amiral.

LE GOLPHE D'EL-CATIF. Voiez le GOLPHE PERSIQUE.

LE GOLPHE DE CATTARO, ou le Canal de Cattaro, petit Golphe qui fait partie du Golphe de Venise sur la côte de Dalmatie, près de la Ville de Cattaro ; on le nomme aussi LE GOLPHE DE CASTEL-NOVO & LE GOLPHE DE RIZANO, aux environs de ces deux Villes. Il communique avec la Mer Adriatique par un Canal étroit nommé la BOUCHE DE CATTARO.

LE GOLPHE DE CEPHALU, petit Golphe de Sicile sur la côte Septentrionale de l'Isle, & de la Vallée de Demone, proche de la Ville dont il porte le nom.

LE GOLPHE DE CHESAPEACK. Voiez parmi les Bayes au mot BAYE.

LE GOLPHE DE CHITRA, Golphe de la Mer du Sud en Amerique, sur les côtes de la Nouvelle Espagne vers Guatimala.

LE GOLPHE DE CLUYD, les Anglois disent THE FIRTH OF CLUYD; en Latin GLOTTÆ ÆSTUARIUM. Golphe d'Ecosse sur la côte Occidentale d'Ecosse, à l'Embouchure de la Riviere de Cluyd.

LE GOLPHE DE COCHINCHINE. Voiez COCHINCHINE.

LE GOLPHE DE COL, petit Golphe de la Mer Mediterranée sur la côte de Barbarie, au Royaume d'Alger, dans la Province de Bugie, près de la Ville de Col.

LE GOLPHE DE COLOCHINE. C'est le même que le Golphe de Castel-Rampani.

LE GOLPHE DE COMIDIE, petit Golphe d'Asie dans la Mer de Marmora; les Anciens l'ont connu sous le nom d'*Astacenus Sinus* qui faisoit partie de la Propontide sur lequel étoit la Ville de Nicomedie de laquelle il porte le nom estropié.

LE GOLPHE DE CONTESSE, Golphe de Grece dans l'Archipel sur la côte Septentrionale de la Macedoine, entre Monte Santo & l'Isle de Tasso. Les Anciens le nommoient STRYMONICUS SINUS à cause du Strymon qui y a son Embouchure.

LE GOLPHE DE CORINTHE, ancien nom du GOLPHE DE LEPANTE. Voiez cet Article.

LE GOLPHE DE CORO. Voiez VENEZUOLA.

LE GOLPHE DE CORON. Voiez CORON, & MESSENIACUS SINUS.

LE GOLPHE DE CURLANDE. Voyez CURISCH-HAFF.

LE GOLPHE DE DANTZICK. Voiez DANTZICK.

LE GOLPHE DE DARIEN. Voiez DARIEN 2.

LE GOLPHE DOLCE, partie du Golphe de Honduras en Amerique.

LE GOLPHE DU DRIN, petit Golphe de la Mediterranée, dans la Haute Albanie, à l'Embouchure du Drin. Quelques Géographes ignorans l'apellent Golphe de Lodrin, confondant ainsi l'article & le nom de la Riviere.

LE GOLPHE D'EDIMBOURG. Voyez EDIMBOURG & FORTH.

LE GOLPHE D'ENGIA. Voiez ENGIA.

LE GOLPHE D'EKELENFORD, petit Golphe de la Mer de Danemarck dans le Sleswic.

LE GOLPHE D'EL-TOR, Golphe de la Mer Rouge qui dans sa partie Septentrionale se separe en deux Golphes, le plus Occidental avance vers Suez, le plus Oriental est le fameux *Golphe d'Elana*, l'*Ælaniticus Sinus* des Anciens. En traduisant les Anciens on le nomme le GOLPHE D'ELANA ; mais pour les Voyages, & les Cartes des Modernes on peut l'appeller également le GOLPHE D'EILA à cause du Village qui conserve le nom & les restes de l'ancienne *Ælana*, ou le *Golphe de Tor*, à cause de *Tor*, ou avec l'Article *El-Tor* qui est situé au Nord de l'entrée de ce Golphe.

LE GOLPHE D'ENO. Voiez le GOLPHE DE MEGARISSE.

LE GOLPHE D'ERQUICCO. Voiez ADULE, & ADULICUS SINUS.

LE GOLPHE D'ESTORE, petit Golphe de la Mer Mediterranée sur la côte de Barbarie au Royaume d'Alger, auprès d'Estore.

LE GOLPHE DE FASSIO, M. Baudrand nomme ainsi une partie de l'Archipel sur la côte de la Macedoine proche de Fassio. Il ajoute qu'on l'appelle aussi le GOLPHE DE DOARI, & souvent le GOLPHE DE MONTE SANTO. Voiez le Golphe de MONTE SANTO.

LE GOLPHE DE FINLANDE. Voiez FINLANDE.

LE GOLPHE DE FLENSBOURG. Voiez FLENSBOURG.

LE GOLPHE DE LA FLORIDE. Voiez FLORIDE 1.

LE GOLPHE DE FRANCE. Voiez FRANCE.

LE GOLPHE DE GAYETE. Voiez GAÏETE, & FORMIANUS SINUS.

LE GOLPHE DE GANG, ou plûtôt DE CANG ; Golphe de l'Ocean Oriental sur les côtes de la Chine, entre ce Royaume & la Corée. C'est le même que le Golphe de Nanquin. Voiez ci-après le GOLPHE DE NANQUIN.

LE GOLPHE DE GENARCA, ou de GINARCA, petit Golphe de la Mer Mediterranée sur la côte Occidentale de l'Isle de Corse entre les Golphes d'Adiazzo & de Calvi.

LE GOLPHE DE GIERACE, petit Golphe d'Italie dans le Royaume de Naples, sur la côte de Calabre, auprès de la Ville qui lui donne son nom. Voiez LOCRENSIS SINUS.

LE GOLPHE DE GIOIA. Voiez GIOIA 2.

LE GOLPHE DE GIONITA, petit Golphe de l'Archipel sur la côte de la Natolie vers San-Pietro & à peu de milles de Stanchio. Il n'est pas considerable.

E e

LE GOLPHE DE GRIMAUT, petit Golphe de la Mer Mediterranée sur la côte de France, proche de St. Tropès & de Grimaut qui lui donne le nom.

LE GOLPHE DE GUANAJOS, Golphe de l'Amerique dans la Mer du Nord, dans le Golphe de Honduras dont il est la partie la plus avancée vers le Couchant & vers la Province de Honduras, commençant à la pointe del Negro. On transporte sur le dos des Mulets les marchandises de l'Audience de Guatimala dans le Golphe de Guanajos où il arrive tous les ans quelques navires d'Espagne qui viennent les charger, & y apportent les marchandises d'Espagne.

§ Ce nom vient sans doute de GUANAJA Isle du Golphe de Honduras.

GOLPHE DE GUERESTIO, Golphe de la Natolie & partie de l'Archipel près de Fochies vis-à-vis de l'Isle de Metelin, entre le Golphe d'Andramiti au Nord, & celui de Smyrne au Midi. Les Anciens l'ont connu sous le nom D'ELAÏCUS SINUS, de la Ville *Elaea* située sur ses bords.

LE GOLPHE DE GUZARATE. Voyez GUZURATE.

LE GOLPHE DE HARLEC, Baye ou Golphe de la Mer d'Irlande sur la côte Occidentale d'Angleterre du Pays de Galles; auprès de la Ville de Harlec qui lui donne le nom, entre les Comtez de Merioneth & de Caernarvan.

LE GOLPHE DE HAYNAN. Voyez HAINAN.

LE GOLPHE DE HONDURAS. Voyez HONDURAS.

LE GOLPHE DE HUDSON. Voiez au mot BAYE l'article BAYE DE HUDSON.

LE GOLPHE D'IEDO. Voiez IEDO.

LE GOLPHE DE LINDE, partie de la Mer des Indes, à l'Embouchure du Fleuve Indus. C'est le même que le Fleuve de Guzurate.

LE GOLPHE DES JUMENS, Grand Golphe de la Mer Atlantique entre la côte Meridionale du Portugal ou de l'Algarve, la côte de l'Andalousie & le Royaume de Fez. C'est dans ce Golphe qu'est le détroit de Gibraltar.

LE GOLPHE DE KAMTSCHATHKA, Grand Golphe d'Asie à l'extremité de la Tartarie Orientale. Voiez KAMTSCHATHKA.

LE GOLPHE DE KIEL, petit Golphe de la Mer Baltique, formé par la décharge de plusieurs Lacs, & par la rencontre de la Mer.

LE GOLPHE DE KILAN, ou plutôt LE GOLPHE DE GHILAN, Golphe de la Mer Caspienne dans la Province de Ghilan qui est de la Perse.

LE GOLPHE DE L'ALASSE, quelques-uns écrivent LAYASSE, tout en un mot en confondant l'article & le nom; d'autres encore plus mal ont pris la lettre l' avec l'Apostrophe pour un P. & ont dit PAIASSE, qui est une place fort differente. Les Anciens ont connu ce Golphe sous le nom D'ISSICUS SINUS. Voiez ISSUS.

LE GOLPHE DE LEPANTE. Voiez LEPANTE.

LE GOLPHE DE LIVONIE. Voiez au mot RIGA l'Article GOLPHE DE RIGA, qui est le même.

LE GOLPHE DE LIVOURNE, partie de la Mer Mediterranée sur la côte de Toscane, près de l'Embouchure de l'Arne & de la Ville dont il porte le nom.

LE GOLPHE DE LUBEC, petit Golphe de la Mer Baltique à l'Embouchure de la Trave Riviere qui passe à Lubec.

LE GOLPHE DE LYON, partie de la Mer Mediterranée. Les Anciens l'ont connu sous le nom de GALLICUS SINUS, mais les Espagnols l'appellent *Golfo Leone*, d'où quelques-uns ont cherché un raport entre la colere terrible du Lion & les Tempêtes auxquelles cette Mer orageuse est sujette. Ce Golphe s'étend sur la côte de France le long d'une partie de la Provence depuis les Isles d'Hieres, du Languedoc & du Roussillon jusqu'au Cap de Creu.

LE GOLPHE DE MACRE, petit Golphe de la Mer Mediterranée sur la côte Meridionale de la Natolie près de la Ville de Macre. C'est le GLAUCUS SINUS des Anciens.

LE GOLPHE DE MAGARISSE. Voyez plus bas LE GOLPHE DE MEGARISSE.

LE GOLPHE DE MAHOMETA, petit Golphe de la Mer Mediterranée sur la côte de Barbarie & du Royaume de Tunis, près de la Ville de Mahometa entre le Cap bon au Nord & le Golphe de Capès au Sud. C'est L'ADRUMETI SINUS des Anciens.

LE GOLPHE DE MANFREDONIA, partie du Golphe de Venise, sur la côte du Royaume de Naples & de la Pouille, vers la Province de la Capitanate près du Mont St. Ange & de la Ville de Manfredonia qui lui donne le nom.

LE GOLPHE DE MARTABAN, partie du Golphe de Bengale au Levant sur la côte du Pegu. On le nomme aussi le Golphe du Pegu. Les Rivieres d'Ava & de Pegu y ont leurs Embouchures.

LE GOLPHE DE MATIQUE, partie du Golphe de Honduras dans la Nouvelle Espagne, au fond du grand Golphe.

LE GOLPHE DE MAZANDERAN, partie de la Mer Caspienne sur la côte de Perse dans la Province dont il porte le nom.

LE GOLPHE DE ME'ACO. Voiez ME'ACO.

LE GOLPHE DE MEGARISSE, partie de l'Archipel dans la Romanie dans laquelle il forme la Presqu'Isle. Il reçoit la Riviere de Marizza qui est l'Hebre des Anciens, le Sufduth & le Chiourli; au fond du Golphe est la Ville qui lui donne le nom, l'Isle de Samandraki, la Samothrace des Anciens est à l'entrée de ce Golphe; les Anciens l'ont nommé MELANIS SINUS.

LE GOLPHE DE MELINDE, partie de l'Ocean Ethiopien sur la côte de Zanguebar en Afrique proche de la Ville de Melinde.

LE GOLPHE DU MEXIQUE. Voyez MEXIQUE.

LE GOLPHE DE MILASSO, en Latin *Jassius Sinus*; Golphe de l'Archipel sur la côte Occidentale de la Natolie, près de la Ville de Milasso vers le Golphe de St. Pierre &

& presque entre les Isles de Samo & de Stanchio. Voiez JASSUS 2.

LE GOLPHE DE MILAZZO, petit Golphe de la Mer Mediterranée sur la côte Septentrionale de Sicile & de la Province de Demone proche de la Ville de Milazzo. On le nomme aussi LA BAYE DE MILAZZO.

LE GOLPHE DE MONTAGNE, ou LE GOLPHE DE MONTANEA, partie de la Mer de Marmora sur la côte de la Natolie; on le nomme aussi le GOLPHE DE POLIMEUR.

LE GOLPHE DE MONTE SANTO, partie de l'Archipel, entre le Monte Santo, au Nord-Est & une longue langue de terre qui separe ce Golphe de celui d'Ajomama. C'est le SINGITICUS SINUS des Anciens.

LE GOLPHE DE MOSCOVIE. Voyez le Golphe de NEGROPOLI.

LE GOLPHE DE NANQUIN, Grand Golphe de l'Océan Oriental sur la côte de la Chine. Il s'étend du Nord au Sud l'espace de plus de six-vingt lieues entre la Chine & la Corée. Les Portugais le nomment ENSEADA DE NANQUIN parce qu'il avance près de la Ville de Nanquin. On le nomme aussi sur les Cartes le GOLPHE DE CANG; il y a plusieurs Isles considerables. Voiez NANQUIN.

LE GOLPHE DE NAPLES, partie de la Mer Mediterranée sur la côte du Royaume de Naples & de la Province de Labour depuis l'Isle d'Ischia jusqu'au Cap de la Minerve & aux bouches du Capri.

LE GOLPHE DE NAPOLI DE ROMANIE, partie de l'Archipel sur la côte Orientale de la Morée, près de Napoli de Romanie entre le Golphe d'Engia au Nord & celui de Castel-Rampani au Midi. C'est L'ARGOLICUS SINUS des Anciens.

LE GOLPHE DE NARBONNE, petit Golphe de la Mediterranée sur la côte du bas Languedoc & du Roussillon près de Narbonne. Il fait partie du Golphe de Lyon.

LE GOLPHE DE NARENTA, partie de la Mer Adriatique dans la Dalmatie, vers la Presqu'Isle de Sabioncelle & près de l'Embouchure de la Riviere de Narenta dont le Golphe prend son nom.

LE GOLPHE DE NEGROPOLI, partie de la Mer Noire dans la petite Tartarie; quelques-uns l'appellent Golphe de Moscovie. C'est le CARCINITES SINUS des Anciens.

LE GOLPHE DE NEGREPONT. Voiez NEGREPONT.

LE GOLPHE DE NICOYA, partie de la Mer du Sud en Amerique. Voiez NICOYA.

LE GOLPHE D'ORISTAGNO, partie de la Mer Mediterranée sur la côte Occidentale de l'Isle de Sardaigne. Le nom Latin est ARBOREUS, ou HIERUS SINUS.

LE GOLPHE D'ORMUS. Voiez le GOLPHE PERSIQUE, & ORMUS.

LE GOLPHE DE PALATSCHIA, Golphe de l'Archipel sur la côte Occidentale de la Natolie, entre Ephese au Nord, & Milasso au Midi, au Levant de l'Isle de Samo; & près de la Ville de Palatschia, & des Isles de Fermaco & de Gatonisi.

LE GOLPHE DE PALERME, en Latin PANORMITANUS SINUS. Voiez PALERME.

LE GOLPHE DE PALME, en Latin SULCITANUS SINUS; petit Golphe sur la côte de Sardaigne & de la Province de Cagliari; qui regarde l'Afrique près du Château de Palma & de l'Isle de Sant Antioco.

LE GOLPHE DE PANAMA. Voiez PANAMA.

LE GOLPHE DE PARIA, Golphe de l'Amerique dans la Mer du Nord. Il s'avance dans les terres entre la Province de Paria au Couchant & l'Isle de la Trinité au Levant.

LE GOLPHE DE PARITA, Golphe de la Mer du Sud dans l'Isthme de Panama près de Nata, & au Couchant du Golphe de Panama, dont il fait partie.

LE GOLPHE DE PATRAS, Golphe de la Mer de Grece vers la Ville de Patras sur la côte Occidentale de la Morée ; entre les Bouches du Golphe de Lepante & la côte de la Morée au Levant, & l'Isle de Cephalonie au Couchant.

LE GOLPHE DE PATTI, petit Golphe sur la côte Septentrionale de Sicile dans la Vallée de Demona, près de la Ville dont il porte le nom.

LE GOLPHE DE PAUTSKE, en Latin PUTISCANUS SINUS, Golphe de la Mer Baltique sur la côte de la Prusse Royale. C'est proprement la partie Occidentale du Golphe de Dantzick à l'Embouchure de la Wistule près de la petite Ville de Pautske.

LE GOLPHE DE PEGU; c'est le même que le GOLPHE DE MARTABAN.

GOLPHE PERSIQUE [a], Grand Golphe d'Asie, entre la Perse & l'Arabie heureuse, & que l'on peut parcourir facilement en six jours d'un bout à l'autre avec un vent favorable & traverser en un seul. Ce Golphe commence proche du Royaume de Sindi, où le Fleuve Indus se decharge dans la Mer, & finit à l'Embouchure de l'Euphrate & du Tigre, ayant à droite la Perse dont il est nommé Persique, & à gauche l'Arabie. Il se resserre peu à peu depuis son commencement jusqu'au Cap de Mossandan & il y a des Montagnes en l'un & en l'autre rivage. Ensuite il s'étend de nouveau, & continuant toûjours ainsi, il va se terminer aux deux Rivieres qu'on a déja nommées. Les eaux sont portées regulierement deux fois par jour au Golphe Persique par le flux & le reflux avec une extrême rapidité. L'effet en paroît jusque dans l'Euphrate qui est si fortement repoussé contre son cours, qu'il retourne en arriere environ cent milles. Les Tempêtes sont fréquentes en cette Mer, qui ne seroit pas navigable sans la quantité des ports que l'on trouve aux deux rivages, & plusieurs Isles éparses en divers endroits. Il y en a un fort dangereux. C'est au Cap de Mossandan où sont quantité d'écueils qu'on appelle *Salemas*. L'un de ces écueils s'approche tellement du Cap qu'à peine laisse-t-il à la Mer une ouverture de la largeur d'un jet de pierre. La Mer est là actuellement agitée, même lorsqu'elle est tranquille ailleurs, & comme les Navires y sont emportez par les vagues, avec une impetuosité surprenante, ils s'approchent si fort du Cap qu'ils le touchent presque en

[a] Corn. Dict. Le P. Philippe Voyage d'Orient.

paſſant, afin de ne s'aller pas briſer contre les écueils, ce qui oblige les Matelots de plonger dans la mer les rames qui ſont de ce côté-là, & d'employer tout ce qu'ils ont de force pour reſiſter au flux, & faire aller les Navires de l'autre côté. Ils ne laiſſent pas de paſſer ce redoutable Détroit en fort peu de temps. Lorſque ce Golphe ſe groſſit par le flux, il prend ſa courſe quelques milles dans la terre, principalement du côté du rivage de Perſe où elle eſt ſi baſſe, qu'elle permet aux vagues enflées de la mer de franchir ſes limites, de s'avancer & de ſe retirer enſuite, deſorte que les Pilotes touchent la terre avant qu'ils la voyent: ils connoiſſent toutefois qu'ils ſont arrivez au bout de la mer, lorſqu'ils s'apperçoivent que l'eau eſt pâle, & preſque jaunâtre par le melange de celle de l'Euphrate. Alors ils meſurent la hauteur de l'eau, & examinent s'il y a du limon ou du ſable au fond, ce qui leur apprend juſqu'où ils ſont parvenus. Cette mer eſt abondante en Poiſſon, & les Arabes qui en ſont voiſins en tirent leur principale nourriture. Ils éventrent ceux qu'ils prennent dans des filets, les expoſent ainſi ouverts ſur les Montagnes & les écueils pour y être ſechez par les ardeurs du Soleil qui ſont là très-vehementes, & lorſqu'ils ſont ſecs, ils les mangent avec des dates ſans les cuire d'une autre ſorte. Le principal Poiſſon qu'on prend dans ce Golphe eſt appellé *Sermahi* par les Arabes & *Serre* par les Portugais. Il paſſe en groſſeur les plus gros Taons & devore les hommes étant armé de grandes dents. On en porte quantité de barils aux Indes, où il ne s'en trouve point. Il y a auſſi quelquefois de groſſes Baleines dans ce même Golphe, & l'on y voit nager nombre de ſerpents, que les pluyes y entraînent de la terre, ce qui fait que cette partie de l'Océan eſt appellée, *la Mer des Serpents*. Il y naît une très grande quantité de Corail noir, & l'on y pêche de très-belles perles. Cent ou deux cens barques d'Arabes & de Perſans qui habitent en differents ports de cette Mer, & qui connoiſſent les lieux où ſont les Coquilles qui les produiſent s'aſſemblent pour cette pêche. Alors la mer étant calme, ils deſcendent au fond d'une Corbeille liée à une de ces barques & chargée d'une pierre afin qu'elle puiſſe aller en bas. Celui qui ſe doit plonger dans la Mer pour amaſſer les Coquilles, ſe lie au pied une groſſe pierre pour avoir plus de viteſſe à deſcendre, & ſe ceint enſuite ſous le bras d'une corde que tiennent ceux qui ſont dans la barque. Enfin s'étant bouché les oreilles de Coton, & ſerré le nez avec un inſtrument fait exprès, & portant de l'huile dans ſa bouche, il la laiſſe aller tout nud au fond de la Mer, où il délie auſſi-tôt la pierre qui l'y fait toujours arriver fort promptement. Après cela il ramaſſe toutes les coquilles qu'il rencontre, jettant de temps en temps de l'huile hors de ſa bouche pour mieux voir au fond, & lorſqu'il a rempli la Corbeille ou que l'haleine lui manque, il branle la Corde dont il eſt lié, & ceux qui ſont dans la barque le retirent hors de l'eau, le plus promptement qu'ils peuvent. Il y a quantité d'Iſles dans ce Golphe. Celle de la Victoire appellée ainſi en memoire du glorieux avantage que les Portugais remporterent ſur pluſieurs Galeres des Turcs qui étoient venues de la Mer Rouge, pour empêcher qu'ils ne s'établiſſent dans l'Orient, eſt auprès de Maſcute. Enſuite il y a l'Iſle ou plutôt les écueils de Suadi. L'Iſle ſurnommée des Rats, à cauſe de la multitude que l'on y en trouve, eſt proche de Moſſandan; ainſi que l'Iſle des Chevres, où l'on en voit en grand nombre. On rencontre après cela l'Areca, dont l'Iſle d'Ormus eſt proche. Elle eſt cauſe que ce Golphe eſt nommé communément le GOLPHE D'ORMUS. L'Iſle de Quexomis fort étendue en longueur eſt voiſine. Elle eſt ſuivie des Iſles de Tombo, d'Angan, de Pilore, d'Andronia, de Cais, de Lara, de Surrin, & de Carga. Ces deux dernieres ſont les ſeules habitées. Les autres étoient auſſi remplies d'habitans avant la venue des Portugais, mais par leurs incurſions ils les ont rendues deſertes. La derniere de toutes vers l'Embouchure de l'Euphrate eſt l'Iſle de Bahren qui leur étoit autrefois ſujette, & qui eſt aujourd'hui munie d'une garniſon de Perſans. L'on pêche la quantité de Perles. L'on y trouve auſſi des ſources d'eau très-douce, qui ſortent de deſſous les eaux ſalées de cette Mer, ce qui fait croire que de petites Iſles où ces ſources couloient, y ont été ſubmergées.

LE GOLPHE DE ST. MICHEL, ou LA BAYE DU MONT ST. MICHEL. Voiez au mot BAYE.

LE GOLPHE DE ST. PIERRE, partie de l'Archipel ſur la côte Occidentale de la Natolie à l'endroit où elle ſe tourne au Midi, vis-à-vis l'Iſle de Stanchio & près du Château de St. Pierre qui lui donne le nom. Mr. Baudrand dit que c'eſt le CERAMICUS SINUS des Anciens.

LE GOLPHE DE ST. THOMAS, Golphe d'Afrique dans l'Océan Ethiopien entre les côtes Meridionales de la Guinée & la côte Occidentale du Royaume de Benin. Il prend ſon nom de l'Iſle de St. Thomas.

LE GOLPHE DE SALE', petit Golphe de l'Océan Atlantique ſur la côte du Royaume de Fez, près de la Ville de Salé.

LE GOLPHE DE SALERNE, partie de la Mer Mediterranée en Italie ſur la côte du Royaume de Naples & la Principauté Citerieure, près de la Ville de Salerne. On le nomme auſſi quelquefois le Golphe d'Agropoli vers ſa côte Orientale. Voiez l'Article PÆSTANUS SINUS.

LE GOLPHE DES SALINES, partie de la Mer du Sud, en Amerique, ſur la côte de la Nouvelle Eſpagne & de la Province de Nicaraga. Il eſt aſſez petit. On l'appelle auſſi le GOLPHE DE SAINT-LUCAR, & le GOLPHE DE NICOYA; à cauſe qu'il eſt ſur la côte de ce Pays-là. Mais ce premier nom eſt le plus uſité. Il n'eſt qu'à quinze lieues du Lac de Nicaragua.

LE GOLPHE DE SALONA, petit Golphe de Grece, dans le Golphe de Lepante dont il fait partie près de la Ville de Salona.

LE GOLPHE DE SALONIQUE, Voiez SALONIQUE & THERMÆUS SINUS.

LE GOLPHE DE SATALIE. Voiez ATTALICUS SINUS & SATALIE.

LE

LE GOLPHE DE SCALEA, petit Golphe d'Italie sur la côte Occidentale du Royaume de Naples & de la Principauté Citerieure. C'est le même que le Golphe de Policastro.

LE GOLPHE DE SIAM. Voiez SIAM.

LE GOLPHE DE LA SIDRE, partie de la Mer Mediterranée, sur la côte de Barbarie entre les Royaumes de Barca & de Tripoli. Il prend son nom de la petite Isle de Sidra qui est sur la côte de Tripoli. Voiez SYRTIS MAGNA.

LE GOLPHE DE SITIA, petit Golphe de la Mer Mediterranée, sur la côte Septentrionale de l'Isle de Candie & dans sa partie Orientale proche de la Ville de Sitia, ou Setia.

LE GOLPHE DE SMYRNE. Voiez SMYRNE.

LE GOLPHE DE SOLTANIE, petit Golphe de la Mer de Marmora sur la côte de Natolie proche de Constantinople & au Levant de cette Ville.

LE GOLPHE DE SOLWAY, petit Golphe de la Mer d'Irlande sur la côte d'Angleterre, les Anglois le nomment SOLWAY FIRTH, qui veut dire la même chose. Il est près de la Ville de Carlille entre le Cumberland qui est une des Provinces du Nord & celles d'Anandale & de Nithisdale qui sont de l'Ecosse.

LE GOLPHE DE SPARTIVENTO, petit Golphe de la Mer Mediterranée sur la côte Meridionale de la Calabre Ulterieure, au Royaume de Naples près du Cap de Spartivento. Mr. Baudrand dit qu'il est obmis sur les Cartes ; c'est-à-dire, qu'il n'y est pas nommé.

LE GOLPHE DE LA SPECIA, petit Golphe d'Italie, dans l'Etat de Génes, sur la côte du Levant entre le Val de Magra à l'Orient & Porto-Venere à l'Occident. Il s'étend vers la Tramontane jusqu'à la Specia qui lui donne le nom. Voiez SPECIA.

LE GOLPHE DE SPINA LONGA, Golphe sur la côte Septentrionale de l'Isle de Candie, proche de la Forteresse de Spina Longa, entre Sitia au Levant & la Ville de Candie au Couchant. Quelques-uns aussi l'appellent le GOLPHE DE MIRABEL, à cause du Château de ce nom qui est sur sa côte.

LE GOLPHE DE SQUILLACE, Golphe du Royaume de Naples sur la côte Orientale de la Calabre Ulterieure proche des Villes de Catanzaro & de Squillace.

LE GOLPHE DE STORE, petit Golphe de la Mer Mediterranée sur la côte d'Alger presque au milieu entre Bugie au Couchant & l'Isle de Tabarque au Levant.

LE GOLPHE DE LA SUDA, petit Golphe sur la côte Septentrionale de l'Isle de Candie à peu de distance de la Canée au Levant, en passant vers Retimo. Il prend le nom de la Forteresse de la Suda qui est au milieu.

LE GOLPHE DE SUEZ, partie de la Mer Rouge à l'endroit où elle s'avance le plus au Septentrion, près de la Ville de Suez, entre l'Arabie Petrée & l'Egypte. Ce Golphe n'est separé de la Mer Mediterranée que par un Isthme, qu'on appelle l'Isthme de Suez.

LE GOLPHE DE TALANDI, petit Golphe de la Grece & partie de celui de Negrepont sur la côte de la Livadie; mais il est fort resserré.

LE GOLPHE DE TALAVO, petit Golphe d'Italie sur la côte Occidentale de l'Isle de Corse, où elle se courbe vers les bouches de Boniface & au Midi du Golphe d'Aiazzo.

LE GOLPHE DE TARENTE, partie de la Mer Ionienne sur la côte Orientale du Royaume de Naples & de la Pouille; il fait un grand Coude le long des Provinces d'Otrante, de la Basilicate & de la Calabre ulterieure depuis le Cap de Leuca, jusqu'à celui de Rosito. Il prend son nom de la Ville de Tarente qui est sur sa côte Septentrionale.

LE GOLPHE DE TERRACINE, petit Golphe d'Italie, dans l'Etat de l'Eglise & dans la partie Orientale de la côte de la Campagne de Rome, près de Terracine entre Monte Circello & le Lac de Fondi.

LE GOLPHE DE TERRA-NUOVA, fort petit Golphe sur la côte Orientale de l'Isle de Sardaigne, & du Cap de Logudori, vers Terra Nuova & l'Isle de Favolare.

LE GOLPHE DE TRIESTE. Voiez TRIESTE.

LE GOLPHE TRISTE, petit Golphe de l'Amerique dans la Mer du Nord sur la côte de Venezuela près des Caraques & des Isles de Roques & de Bonne Aire.

LE GOLPHE DE TUNIS. Voiez TUNIS.

LE GOLPHE DE VALENCE, partie de la Mer Mediterranée sur la côte d'Espagne & du Royaume de Valence, entre les Bouches de l'Ebre au Nord & le Cap Martin au Sud proche de la Ville de Valence.

LE GOLPHE DE LA VALLONE, petite partie du Golphe de Venise, sur la côte de l'Albanie proche de la Forteresse de la Vallone qui lui donne ce nom & des Montagnes de la Chimera.

LE GOLPHE DE VENEZUELA, Golphe de l'Amerique dans la Mer du Nord, entre le Pays de Venezuela & celui de Rio de la Hacha. Il reçoit une petite Riviere qui vient de Merida, il n'est pas fort large ; mais fort profond; Baracca & Gibraltar sont sur sa côte Orientale. Macaraibo est sur la côte Occidentale. Il est borné au Nord-Ouest par le CAP COQUIBACOA; & au Nord-Est par une langue de terre où est Coro ou Venezuela & terminée par le Cap St. Romain. Quelques-uns le nomment le CAP DE CORO.

LE GOLPHE DE VENISE. Voiez les Articles ADRIATICUM MARE & VENISE.

LE GOLPHE VERD, les Arabes nomment ainsi le Golphe Persique par opposition au Golphe Arabique que l'on appelle la Mer Rouge.

LE GOLPHE DE VOLO, Golphe de l'Archipel sur la côte de Macedoine près de la Ville de Volo, entre le Golphe de Salonique au Nord & celui de Zeyton au Sud. C'est le SINUS PELASGICUS des Anciens.

LE GOLPHE D'URABA, Golphe de la Mer du Nord dans l'Amerique Meridionale près du Pays de même nom. C'est le même que le GOLPHE DE DARIEN. Voiez DARIEN 2.

Ee 3   LE

LE GOLPHE DE ZEILA, petit Golphe d'Afrique en Ethiopie près de la Ville de Zeila qui n'est qu'à vingt cinq ou trente lieues du Détroit de Babel-Mandel.

LE GOLPHE DE ZEITON, partie de l'Archipel vis-à-vis de la partie Septentrionale de l'Isle de Negrepont, entre la Janna au Nord, & la Livadie au Midi; la Ville de Zeiton dont il porte le nom est au fond de ce Golphe. En suivant la côte vers le Nord-Est on trouve Stalida, Achinou, & Acladi. C'est le MALIACUS SINUS des Anciens.

LE GOLPHE DE ZONCHIO, Golphe de la Mer de Grece sur la côte Occidentale de la Morée, entre le Cap Jardan au Nord, & le Cap de Sapienza au Sud; on y trouve Zonchio ou le Vieux Navarin, l'Isle de Prodano, & Navarin. Les Anciens le nommoient CYPARISSIUS SINUS.

GOLOE, Lieu dont parlent Cedrene & Curopalate & qu'Ortelius [a] croit avoir été dans la Thrace. Γολόη.

[a] Thesaur.

GOLONIS. Voiez CALONIS.

GOLUP [b], petite Ville de Prusse sur la Riviere de Dribentz au Palatinat de Culm, aux confins de la Pologne, environ à six lieues de Thorn vers le Levant. Voiez l'Article GOLBA.

[b] Baudrand Ed. 1705.

GOMARA. Voiez GOMORA.

GOMARES. Voiez GOMER 1.

GOMATRE, Isle de la Mer d'Ecosse l'une des Hebrides. Elle a un mille de largeur & deux de longueur, & s'étend du Nord au Sud, selon Davity [c].

[c] Isles Hebrides.

GOMBEDEC, Village de Perse dans le Curdistan près de Dalper, selon l'Historien de Timur-Bec [d].

[d] l. 3. n. 18.

GOMBO [e], Contrée d'Afrique dans l'Abissinie au Midi du Royaume de Ganz: & d'un Lac d'où sort une Riviere qui coulant vers le Nord-Ouest va se degorger dans le Nil.

[e] Ludolpho Carte de l'Abissinie.

GOMENISE [f], (LA) Port de Turquie en Albanie, sur la côte de la Mer de Grece; à vingt milles de Corfou.

[f] Baudrand Ed. 1705.

GOMER, Fils de Japhet [g], fut pere des peuples de Galatie, selon Josephe. Les anciens habitans de ce Pays s'appelloient GOMARES avant que les Galates s'en rendissent les maîtres. Le Chaldéen met *Gomer* dans l'Afrique. Bochart l'a placé dans la Phrygie; parce qu'en Grec *Phrygia* peut marquer un *Charbon* de même que *Gomer* en Hebreu & en Syriaque. D. Calmet croit que les anciens CIMBRES, ou CIMMERIENS sont sortis de Gomer. On peut voir là-dessus son Commentaire sur la Genese [h].

[g] Genes. c. 10. D. Calmet Dict.

[h] c. 10. v. 2.

2. GOMER [i], Riviere d'Afrique en Barbarie au Royaume de Fez. Elle a sa source dans les Montagnes de Gomer & se degorge dans la Mer Mediterranée près d'une place qui porte le même nom que ces Montagnes & la Riviere. Elle coule dans la Province d'Errif au Couchant.

[i] Dapper Afrique p. 140. & Sanson Carte du R. de Fez dans Marmol.

3. GOMER, ou GOMERE, Montagnes du Royaume de Fez, dans la Province d'Errif, il en sort une Riviere de même nom.

4. GOMER, ou GOMERE, Ville d'Afrique au Royaume de Fez dans la Province d'Errif à l'Orient de l'Embouchure de la Riviere de Gomer.

1. GOMERE. Voiez GOMER 3. & 4.

2. GOMERE, (LA) Isle de l'Océan Atlantique entre les Canaries; elle appartient à l'Espagne depuis l'an 1445. qu'elle fut conquise par Ferdinand Peraza. Elle est entre l'Isle de Tenerife & celle de Fer; a environ vingt-deux lieues de circuit avec une petite Ville de même nom, & un assez bon port; son terroir est fertile & abondant en fruits, en sucre & en vin.

GOMERES, (les) Peuple d'Afrique; Dapper [k] dit qu'ils se retirent dans les Montagnes du petit Atlas, dans l'endroit où il touche à la Mer Mediterranée & s'étendent le long des Limites de Ceute jusqu'à l'extrémité de la Mauritanie Tingitane, par où elle confine à la Cesariense. Jean Léon qui divise les Africains blancs en cinq Peuples y met ceux-ci au dernier rang & les nomme GUMBRANIENS, si nous en croyons Dapper. Mais Léon [l] les nomme Gumeres; *qui subfuscii sunt coloris in quinque populos partiti sunt, Sanhagios, Musmudas, Zenetos, Haoros, & Gumeros.* Il dit un peu plus loin: *Gumeri in montibus Mauritaniæ habitant, in ea parte quæ mari mediterraneo opposita est; totumque fluvium occupant, qui illis Risa appellatur.*

[k] Afrique p. 21.

[l] Africa l. 1. c. 10.

GOMER-FONTAINE [m], Abbaye de France, dans l'Isle de France, au Vexin François. Ce sont des Religieuses qui suivent la Regle de Cisteaux; elle est située sur une petite Riviere qui passe à Chaumont, d'où cette Abbaye n'est éloignée que d'une lieue.

[m] Corn. Dict. sur des Mem. Manuse.

GOMERSPOEL [n], prononcez GOMERSPOUL, Isles de la Mer des Indes auprès de Pulo-vay, au Nord de l'Isle de Sumatra & du Port d'Achem.

[n] Voyage de la Comp. Holl. T. 2. p. 476.

GOMOHA, Ville d'Arabie, selon la Notice de l'Empire [o].

[o] Sect. 22.

GOMOLITÆ, Peuple de l'Idumée, selon Etienne le Géographe. Ce sont les mêmes que les AMALECITES.

GOMORA, Ville d'Assyrie, selon Ptolomée [p]. Quelques Exemplaires portent GOMARA.

[p] l. 6. c. 1.

GOMORRHA, Γομόῤῥα, ancienne Ville de la Palestine; & l'une des principales de la Pentapole. [q] Elle fut consumée par le feu du Ciel en punition de ses abominations. L'Hebreu l'appelle AMORA & HOMORA, עמרה, mais le Septante ont souvent exprimé l'ע Aïn, par un G. Γόμοῤῥα, ou Γόμοῤῥε, ou Γόμοῤῥη: ainsi au lieu de dire *Aza* ils disent *Gaza* &c. D. Calmet [r] croit que Gomorrhe étoit la plus Septentrionale des cinq Villes de la Pentapole; & que ce sont ses ruines que l'on dit qui se voyent encore dans la Mer-Morte aux environs d'Engaddi.

[q] Genes. c. 10. v. 19

[r] Dict.

GOMPHI, ancienne Ville de Grece dans la Thessalie. Cesar dit [s]: il arriva à Gomphi qui est la premiere Ville de Thessalie quand on vient d'Epire. Ptolomée la met dans l'Estiotide [t] qui, selon la remarque de Strabon, étoit la partie la plus Occidentale de la Thessalie. Tite-Live [v] parle aussi de cette Ville: Animander, dit-il, conseilloit de passer de la Perrhebie à Gomphi; & il dit ailleurs [w], la prise de Gomphi effraya les Thessaliens.

[s] Bell. Civil. l. 3. c. 80.

[t] l. 3. c. 13.

[v] l. 31. c. 41.

[w] l. 32. c. 14.

GOMROM. Voiez BANDER-ABASSI.

GOMS, Contrée de Suisse, & l'un des

départemens du Haut Vallais : quand on va du Canton d'Uri dans le Vallais on traverse le Mont de la Fourche. Au pied de cette Montagne & dans l'extremité la plus reculée du Haut Vallais, on voit deux Villages aux deux bords du Rhone, UNDERWASEN & OBERWALD; dont les habitans tirent toute leur subsistance des bestiaux qu'ils entretiennent dans leurs Montagnes. Au Midi de ces Villages on voit s'ouvrir entre les Montagnes une petite Vallée nommée GERENTHAL, ou AGERENTHAL, (*Agerana Vallis*.) On trouve ensuite GESTILEN Village paroissial au pied du Mont Grimsel, qui separe ce Pays-là d'avec le Canton de Berne. ULRICHEN, ou *Ulrique*, est à demie lieue de Gestilen & du même côté. Munster est à une demie-heure de chemin au dessous d'Ulrichen au milieu d'une belle & grande prairie; plus bas est la VALEGINE longue de deux lieues entre de hautes Montagnes, d'où l'on a deux chemins pour passer en Italie, l'un par le Mont NISY du côté D'AIROL dans le Leviner Thal, & l'autre par le Mont GRIESS du côté de BONMATT dans le Val d'Olsella; au dessous sont les Villages suivants, RECKINGEN, MUNSTER, GLURINEN, RITZICKEN, ou RITZIG, BIEL qui a un Pont sur le Rhône, SELBIGEN, & WALD. Tous ces Villages sont arrosez de quelques Ruisseaux, & formoient anciennement une Seigneurie qui portoit le nom de GRANIOLS; mais il y a long temps que les habitans jouïssent de leur liberté & ils ont aujourd'hui le Privilege de nommer leurs Juges dans les affaires civiles, car pour le criminel c'est le Juge d'Arnen qui en connoît. Dans ce voisinage auprès d'un pont de pierre bâti sur le Rhône, on trouve le Village de MULLIBACH. Telle est la description du departement de Goms dans l'Etat & les Delices de la Suisse [a].

[a] T. 4. p. 170. & suiv.
[b] Ortel. Thes.

GONAGUS AGER [b], Lieu d'Asie aux environs d'Apamée, selon Jean Moscus dans le Pré Spirituel.

GONDAR, Ville d'Ethiopie & la Residence Imperiale de l'Empereur d'Abissinie. On la nomme GONDAR A CATMA, c'est-à-dire, la *Ville du Cachet*. Mais par ce mot de Ville il ne faut pas entendre une Ville solidement bâtie. Ce n'est qu'un Camp qui disparoîtra entierement, dès qu'il plaira au Negus de choisir un autre lieu. Mr. Ludolfe [c] le nomme *Guender*, & blâme Bernier de l'avoir nommée Ville Capitale de l'Ethiopie [d]. Ce Voyageur dit GONDER. Mr. le Grand dans sa description Historique d'Abissinie dit [e]: Gondar ou Guender, comme l'écrit Mr. Ludolf, n'est qu'un camp & n'est point Capitale des Villes d'Ethiopie. C'est Axuma d'où les Abissins sont appellez Axumites & hors cette Ville Capitale on n'en connoît point d'autres dans toute l'Abissinie. Le Medecin Poncet qui fit le Voyage d'Ethiopie en 1698. 1699. & en 1700. dont la Relation est inserée dans les Lettres Edifiantes [f], y parle ainsi de Gondar [g]. L'étendue de Gondar est de trois à quatre lieues, cependant elle n'a point l'agrément de nos Villes, & elle ne peut pas l'avoir parce que les Maisons n'ont qu'un Etage & qu'il n'y a point de boutiques. Cela n'empêche pas qu'il ne s'y fasse un grand Commerce. Tous les

[c] Hist. Æthiop. l. 1. c. 13. n. 12.
[d] Voyages T. 2. p. 344.
[e] p. 103.
[f] T. 4.
[g] p. 61. & 77. & suiv.

Marchands s'assemblent dans une grande & vaste place, pour y traiter de leurs affaires. Ils y exposent en vente leurs marchandises : le marché dure depuis le matin jusqu'au soir : on y vend toutes sortes de Marchandises. Chacun a un lieu qui lui est propre, où il expose sur des Nates ce qu'il veut vendre. L'Or & le Sel sont la monnoye dont on se sert en ce Pays-là. L'Or n'est point marqué au Coin du Prince comme en Europe : il est en Lingots que l'on coupe, selon qu'on en a besoin depuis une once jusqu'à une demie Drachme qui vaut trente sols de la Monnoye de France, & afin que l'on ne l'altere pas il y a partout des Orfevres qui en jugent à l'épreuve. On se sert de sel de roche pour la petite Monnoye. Il est blanc comme la Neige & dur comme la pierre; on le tire de la Montagne LAFTA & on le porte dans les Magazins de l'Empereur, où on le forme en tablettes qu'on appelle *Amouly* ou en demi-tablettes qu'on nomme *Courman*. Châque tablette est longue d'un pied, large & épaisse de trois pouces : dix de ces Tablettes valent trois livres de France, on les rompt, selon le payement que l'on a à faire, & on se sert de ce sel également pour la Monnoye & pour l'usage domestique.

Le Palais du Roi est grand & spacieux & la situation en est charmante. Il est au milieu de la Ville sur une Colline qui domine toute la Campagne; il a environ une lieue de circuit; les murailles sont de pierre de taille flanquées de Tours sur lesquelles on a élevé de grandes croix de pierre. Il y a quatre Chapelles Imperiales dans l'enceinte du Palais. On les appelle *Beit Christian*, comme les autres Eglises de l'Empire; c'est-à-dire, *Maison des Chrétiens*. Elles sont desservies par cent Religieux qui ont aussi soin d'un College où l'on enseigne à lire l'Ecriture Sainte aux Officiers du Palais. La Princesse sœur de l'Empereur a aussi un magnifique Palais dans la Ville. Il y a quelques maisons à Gondar bâties à la maniere d'Europe, mais la plûpart des autres ressemblent à un entonnoir renversé. Il y a environ cent Eglises dans la Ville de Gondar. Le Patriarche qui est Chef de la Religion & qui demeure dans un beau Palais près de l'Eglise Patriarchale, depend de l'Eglise d'Alexandrie qui le consacre. Il nomme tous les Superieurs des Monasteres, & a un pouvoir absolu sur tous les Moines, qui sont en grand nombre, car il n'y a point d'autres Prêtres en Ethiopie, comme il n'y a point d'autre Evêque que le Patriarche. L'Empereur a de grands égards pour ce Chef de la Religion. L'horreur que les Ethiopiens ont pour les Mahometans & pour les Europeans est presque égale. Les Mahometans s'étant rendus puissans en Ethiopie au commencement du XVI. siécle s'emparerent du Gouvernement: les Abissins ne pouvant souffrir un joug si dur & si odieux appellerent à leur secours les Portugais qui étoient alors fameux dans les Indes où ils venoient de s'établir; ces nouveaux Conquerants devinrent suspects à leur tour aux Abissins qui en firent un terrible carnage dans le temps même qu'ils se croyoient les mieux affermis dans cet Empire. Ceux qui échaperent à ce premier mouvement eurent permission de se retirer. Il sortit d'Ethiopie sept mille

mille familles Portugaises qui se répandirent dans les Indes & sur les côtes d'Afrique. Il en resta quelques-uns dans le Pays & c'est de ces familles que sont venus les Abissins blancs qu'on y voit encore, & dont on pretend que descend l'Imperatrice. On souffre les Mahométans à Gondar, mais dans le bas de la Ville & dans un quartier separé; on les appelle Gebertis; c'est-à-dire, Esclaves. Les Ethiopiens ne peuvent souffrir qu'ils mangent avec eux, ils ne voudroient pas même manger de la viande tuée par un Mahométan ni boire dans une tasse dont il se seroit servi, à moins qu'un Religieux ne l'eût benite en faisant le signe de la croix, en recitant des prieres & en souflant trois fois sur cette tasse comme pour en chasser le malin esprit. Quand un Ethiopien rencontre un Mahométan dans les rues, il le saluë de la main gauche, ce qui est une marque de mepris.

1. GONDES, GUNDIS, ou GONTHEY, autrefois petit Bourg, maintenant Village de Suisse, dans le bas Vallais; en Latin *Contegium*; c'est le Chef-lieu d'un Gouvernement de même nom.

LE GOUVERNEMENT DE GONDES, ou GONTHEY [a], Contrée de Suisse au bas-Vallais, & le premier que l'on trouve, au dessous de Sion. Il y a GONTHEY LE CHATEAU, Village qui en est le Chef-lieu. Il est un peu reculé du Rhône, & GONTHEY LE PLAN près du Fleuve; & VERTRUN autre Village aussi près du Rhône. Le Village & le Mont NEINDA qui sont de l'autre côté du Rhône sont aussi partie de ce Gouvernement. Ce petit quartier de Pays appartenoit autrefois aux Barons de la Tour; mais l'inhumanité, avec laquelle le Baron Antoine, avoit fait perir l'Evêque Guiscard de Tavel l'an 1375. ayant irrité les Vallaisans contre cette famille, on lui fit une guerre sanglante & l'on confisqua tous ses biens.

[a] Etat & delices de la Suisse T. 4. p. 201.

GONDRAE, Peuple ancien de Thrace, selon Etienne le Géographe qui dit qu'Herodote les appelle aussi CINDRA & RONDA; ce passage d'Etienne est fort corrompu & n'est pas aisé à rétablir.

GONDRECOUR, petite Ville de Lorraine au Duché de Bar, en Latin *Gundulphi Curia* [b]. Elle est sur la Riviere d'Ornain aux Confins de la Champagne, à huit lieues de St. Michel au Midi, & à sept de Bar le Duc au Levant d'Hyver. [c] Cette Ville est une Prévôté qui a eu longtemps ses Seigneurs particuliers. Elle étoit réunie au Domaine de Champagne au temps du mariage de Jeanne avec Philippe le Bel, lequel donna l'an 1304. pour recompense à Thibaut de Bar Evêque de Liége la terre de Gondrecour qui devoit passer après la mort de l'Evêque aux Comtes de Bar qui seroient tenus d'en faire hommage au Roi de France à cause de son Comté de Champagne. Le Comte de Bar jouïssoit de Gondrecour aussi bien que de la Mothe lorsqu'il l'engagea l'an 1314. à Ferri Duc de Lorraine avec la Mothe. Gondrecour est une des VI. grandes Chatellenies du Bailliage de Bassigni.

[b] Baudrand Ed. 1705.
[c] Longuerue desc. de la France 2. part. p. 183.

GONDREVILLE [d], Bourg de Lorraine sur la Moselle avec titre de Prévôté. Mr. de Longuerue en parle ainsi. [d] La Prevôté de Gondreville est à l'Occident de celle de Nanci, & s'étend le long de la Moselle. Gondreville est sur cette Riviere à une lieuë de Toul. On l'appelle en Latin *Gundulphi Villa*; elle a pris son nom de son Fondateur que quelques-uns croient avoir été Gondulphe Maire du Palais de Théodebert II. Roi d'Austrasie. Les Rois y eurent ensuite un Palais dont il est fait mention dans une Charte en faveur du Monastere de Murbach en Alsace donnée par le Roi Thierri, de Chelles mort l'an 737. laquelle est rapportée par Brusschius. Il est fait plusieurs fois mention de ce Palais sous les Rois Merovingiens; il étoit alors célèbre, & il l'a été jusqu'au temps de Charles le simple & à l'an 915. Après cela le Palais de Gondreville fut détruit. L'Evêque de Toul y avoit droit pour le temporel, puisque Mathieu I. Duc de Lorraine ayant fait bâtir à Gondreville un Château & ne l'ayant pas voulu faire démolir, fut excommunié par le Pape Adrien IV. au milieu du XII. siécle, & les Terres du Duc furent mises en Interdit. Néanmoins depuis ce temps-là, ce Duc & ses Successeurs retirerent le Château & la Prevôté de Gondreville qu'ils joignirent au Bailliage de Nanci.

[d] Ibid. p. 146.

GONESSE [e], Bourg de France à quatre lieues de Paris & vers le Nord en allant du côté de Senlis. Il est dans l'Isle de France sur le Crou; en Latin GAUNISSA, GONESSA, GONNESSA, GONESCHA, GONESSIA & GONISSA. Il en est parlé dans les Actes du Concile tenu à Soissons en 853. Louïs le jeune voulant gratifier les Religieux de l'Ordre de Grandmont qu'il établissoit à Vincennes leur donna en 1164. six muids & demi de froment à prendre tous les ans sur sa grange de Gonesse. *Dedimus etiam & concessimus*, dit sa Charte, *in perpetuam Eleemosynam supra dictis bonis Hominibus sex modios & dimidium frumenti recipiendos annuatim in grangia nostra Gonessa*. Philippe Auguste naquit dans ce Bourg & c'est delà, comme le remarquent les Historiens, qu'on le surnommoit Philippe de Gonesse. Aujourd'hui ce lieu est plus connu par la bonté de son pain qu'on apporte deux fois la semaine à Paris que par la naissance de Philippe Auguste. Il y a deux Paroisses St. Pierre & St. Nicolas, & un Hôtel-Dieu fondé avant l'an 1210. par Pierre Seigneur du Tiller.

[e] Piganiol de la Force France T. 2. part. 2. p. 634.

1. GONGA [f], ancienne Ville de la Turquie en Europe dans la Romanie, sur la Mer de Marmora, à quatre lieuës de Rudisto du côté du Midi.

[f] Baudrand Ed. 1705.

2. GONGA [g], Contrée d'Afrique dans l'Abissinie, des deux côtez du Nils qui se recourbe vers le Nord, & à d'un cours parallele à celui du Maleg. Ce Royaume est entre ce dernier Fleuve & les sources du Nil.

[g] Ludolphi Carte d'Abissinie.

GONGALÆ, ancien Peuple de la Libye interieure, selon Ptolomée [h].

[h] l. 4. c. 6.

GONGEL [i], ou KUNCKELS, Montagne de Suisse, entre DAMINTZ Village de la Communauté de Flems & le Comté de Sargans.

[i] Etat & delices de la Suisse T. 4. p. 21.

GONIE', Forteresse d'Asie dans la Mingrelie au bord de la Mer Noire, à quarante milles du Phase; c'est un grand Château quarré, bâti de pierres dures & brutes d'une masse extraordinaire. Il est situé au bord de la Mer sur un fonds sablonneux; il n'y a ni fossez ni For-

GON. GON. GOP. GOR.

Fortifications. Ce ne font que quatre murailles avec deux portes, l'une à l'Orient qui donne fur la Mer, & l'autre au Septentrion. Chardin[a] qui fournit cette Defcription, pourfuit ainfi : je n'y ai vu que deux pièces de Canon, des Janiffaires en affez petit nombre le gardent, il y a dedans trente maifons ou environ, petites, baffes, affez incommodes & faites de planches. Dehors, tout proche eft un Village qui a autant de maifons, prefque tous les habitans font Mariniers ; & fi l'on en croit les gens du Pays, c'eft ce qui a fait donner à cette contrée le nom de LAZI, LAZ en Turc voulant dire proprement *un homme de Mer*, & dans le langage figuré *une perfonne rude, groffiere & fauvage*. Chardin refute avec raifon cette Etymologie. Voiez LAZIQUE. Comme Gonié eft à l'extremité de l'Empire Turc, la Douane il y eft très-rude pour les Européans, & les Officiers que la Porte y entretient fe croient fi éloignez d'elle qu'ils en refpectent peu les Saufconduits & les Paffeports. Chardin en fit une trifte épreuve que l'on peut voir dans fon Livre.

GONIGA, ancienne Ville de Grece en Theffalie, connue fous le nom de GONOS. Voiez ce mot. [b] Ce n'eft plus qu'un Village près du Penée entre la Ville de Lariffe & le Golphe de Salonichi.

GONIMI[c], Γονιμοὶ, c'eft, felon Etienne le Géographe, le nom d'une Ifle.

GONIUM, Montagne dans le Territoire des Carthaginois, felon le livre des merveilles attribué à Ariftote.

GONNEVILLE[d], Bourg de France, en Normandie, au Pays de Caux, entre Montivilliers & Fefcamp près de St. Join & de la Mer. Son Terroir produit des grains & des Lins & la Maifon Seigneuriale eft fort agreable.

GONNI, Ville de Grece dans la Perrhebie, felon Etienne le Géographe, & qui en nomme le Territoire GONNIA REGIA. Voiez GONNUS.

GONNIS, Euftathe écrit ainfi le nom de la Ville de Thrace qu'Etienne le Géographe appelle GONEIS. Voiez ce mot.

GONNOCONDYLUS, ancienne Ville de Grece en Macedoine dans la Perrhebie. Tite-Live[e] dit : après que les Theffaliens eurent parlé les Perrhebiens pretendirent que Gonnocondylus que Philippe avoit appellée Olympiade, avoit été de la Perrhebie & qu'on la leur devoit rendre. Cela fait voir que cette place étoit fituée aux Confins de la Perrhebie & de la Theffalie propre. Car dans un fens plus étendu la Theffalie comprenoit la Perrhebie, comme nous le difons ailleurs. Voiez GONNUS.

GONNUS, au fingulier, ou GONNI au pluriel, ancienne Ville de Grece dans la Perrhebie. Ptolomée[f] & Strabon[g] employent le fingulier Γόνος, le premier la donne aux Pelafgiotes ; le fecond dit : Olooffon & Elone font des Villes de la Perrhebie de même que Gonnus. Lycophron[h] écrit fimplement Gonos & lui donne l'Epithete de Perrhæbica, qui détermine à croire que c'eft la même Ville. Tite-Live[i] dit au pluriel Gonni, & en marque ainfi la fituation : Ap. Claudius (qui partoit du Pays des Daffaretes) traverfant la Macedoine à grandes journées arriva à la Montagne qui eft au deffus de Gonni. Cette Ville eft à vingt milles de Lariffe à l'entrée du bois appellé Tempé. Il employe ailleurs ce même nom au fingulier[k]. Il femble qu'il ait pris le pluriel de Polybe dans les Fragmens duquel on lit[l] : il arriva à Gonni qui font à l'entrée de Tempé. Etienne dit de même Gonni Ville de la Perrhebie. Mr. de l'Isle qui dans fa Carte de l'ancienne Grece place très-bien Gonnus à l'entrée de Tempé & au Nord du Fleuve Penée, met au Nord de la Ville fur la Montagne un Château qu'il nomme *Condylus* & qui doit être le *Gonnocondylus* de Tite-Live. Cette Ville eft nommée Gonuffa par Euftathe fur le fecond Livre de l'Iliade.

GONOESSA, c'eft l'extremité de Pallene, felon Ortelius[m].

GONOS. Voiez GONNUS.

GONTEN[n], Village de Suiffe, au Canton d'Appenzel, & Chef-lieu d'une des Communautez interieures & Catholiques.

GONTHEY LE PLAN, &
GONTHEY LE CHATEAU, Villages de Suiffe. Voiez GONDES.

GONTIANA, ancienne Ville de la Mauritanie Tingitane, felon Ptolomée. Voiez GEMAA.

GONUS. Voiez GONNUS.
GONUSA, &
GONUSSA, Ville de la Perrhebie, felon Euftathe & Etienne le Geographe. Le Scholiafte de Lycophron dit auffi : Gonus qui eft auffi nommée Gonufa Ville de la Perrhebie. C'eft la même que Gonnus.

GOPLO[o], (le Lac de) petit Lac de Pologne dans la Cujavie & plus particulierement dans le Palatinat de Brzefcie. Il s'étend en long l'espace de fix milles de Pologne du Nord au Sud ; mais il eft fort étroit. Il eft près du Château de Crufvick, & à fix milles de Brzefcie au Couchant & à huit de Lencici vers le Septentrion.

GOPHNA[p], GOPHNITH, ou GUPHNA, Ville de la Paleftine & Chef-lieu d'une des dix Toparchies de la Judée. Jofephe[q] en compte en-y compreniant Jerufalem, il joint ordinairement la Toparchie Gophnitique avec l'Acrabatene. Eufebe[r] met la Ville de Gophna à quinze milles de Jerufalem en allant à Sichem ou Naploufe. Jofephe[s] dit, que Tite venant à Jerufalem paffa par la Samarie & par Gophna & que Vefpafien ayant affujeti la Toparchie de Gophna & l'Acrabatene prit[t] Bethel & Ephrem. Pline[v] qui ne compte que dix Toparchies dans la Judée met *Toparchia Gophnitica*, pour la fixiéme, & l'Acrabatene pour la cinquième. Ptolomée[w] nomme cette Ville GAPHNA ; & la nomme entre Emmaus & Archelaïs.

GOPHOA, Ville de l'Ethiopie fous l'Egypte, felon Pline[z].

1. GOR[y], ancienne Ville d'Afrique de laquelle il eft parlé dans les Oeuvres de St. Auguftin, & dans celles de St. Cyprien. Dans le Concile de Carthage on trouve Victor de Gor (*Victor à Gor*) ; peut-être de GARRA. Voiez GARRHA.

2. GOR, petit Royaume des Indes dans les

les Etats du Mogol à l'Orient du Gange, aux Confins du Royaume du grand Tibet; avec une Capitale de même nom située vers la source de la Riviere de Perfilis qui tombe dans le Gange. Le Mont de Purbet ou du Nangracut le borne au Nord; le Royaume de Jamba au Couchant; la Province de Siba au Nord-Ouest & l'Etat de Raja Ribron au Midi.

3. GOR, Ville des Indes Capitale d'un petit Royaume qui fait partie des Etats du Mogol. C'est la seule Ville que nous connoissions dans ce Royaume.

1. GORA, Ville de l'Ethiopie sous l'Egypte, selon Pline [a]. Il dit qu'elle étoit dans une Isle. [a] l. 6. c. 29.

2. GORA [b], Riviere de l'Asie mineure, selon Métaphraste dans la Vie de St. Joanice. [b] Ortel. Thes.

GORALUS, Fontaine de l'Arabie heureuse, selon Pline [c]. [c] l. 6. c. 28.

GORAMA, Contrée d'Arabie, selon Etienne le Géographe.

GORAMENI, Peuple d'Arabie habitans du Pays de Gorama, selon le même Auteur ils vivoient sous des tentes.

GORANTO [d], ancienne Ville d'Asie dans la Natolie sur la côte du Pays de Macri, environ à dix lieues de Patera, au Levant de cette Ville & au Couchant Meridional des ruines de la Ville de Myrrhe, à l'Embouchure de la Riviere d'Agazari. De l'autre côté de la Riviere il y avoit une Forteresse sur une hauteur, mais elle est à present ruinée. Voiez ANDRIACA 2. [d] De l'Isle Atlas.

LES MONTS DE GORANTO [e], Chaine de Montagnes dans la Natolie sur la côte du Pays de Macri; au Couchant de la petite Caramanie entre le Golphe de Macri & celui de Satalie. Les Anciens l'ont connue sous le nom de CRAGUS & d'ANTICRAGUS. Voiez CRAGUS 1. la Chimere de Lycie en faisoit partie. Voiez CHIMERA 2. [e] Ibid.

GORBATA. Voiez GURRATA.

GORBEUS, ancien lieu de Galatie sur la route d'Ancyre à Cesarée par Nysse, à vingt mille pas de la premiere, selon Antonin [f]. Voiez CORBEUNTOS. [f] Itiner.

GORCK [g], Village de la Basse Hongrie sur la Riviere de Sarwize entre Albe Royale & Cinq-Eglises. C'étoit anciennement une Ville de Pannonie. Voiez GORSIO. [g] Baudrand Ed. 1705.

GORCOPA [h], Ville des Indes au Pays de Canara sur la côte de Malabar, au Royaume de Batecala, près des Montagnes de Gate; à trente-cinq cosses de Batecala, sur la même Latitude. Il faut quarante de ces cosses pour un degré. [h] De l'Isle Carte des côtes de Malabar.

GORCUM, Ville des Pays-Bas dans la Hollande Meridionale sur la rive droite de la Merve, & à l'Embouchure de la Riviere de Linge qui la traverse & s'y rend dans la Merve; en Latin *Gorichemum*, *Gorcomium*, beaucoup d'Auteurs écrivent GORKUM & l'Orthographe Hollandoise prefere souvent le K. au C. On croit que ce nom vient de GORREN qui fut donné aux premiers habitans à cause de leur pauvreté & de leur maigreur. Lorsque le Comté de Teisterbant fut démembré ce Territoire qui en étoit vint aux Seigneurs d'Arkel, qui devinrent ainsi [i] les Vassaux des Comtes de Hollande vers l'an 1290. [k] Alting ne compte pas beaucoup sur les Auteurs qui nous apprennent les commencemens de cette Ville; je ne laisserai pas après cet avertissement d'ajouter la substance de ce qu'ils en disent. Selon ces Ecrivains la Ville de *Gorcum*, *Gorichem*, ou *Gorkum* fut bâtie par Jean Seigneur d'Arkel du temps que Florent IV. étoit Souverain de Hollande. [l] Il y avoit alors auprès d'Arkel un Château qui appartenoit à Jean VIII. & dans le voisinage étoient des pêcheurs qui y vivoient du Poisson qu'ils prenoient dans la Merve, ces pauvres gens étoient appellez *Ghorkens*, nom qui signifie leur grande misere. Le Seigneur d'Arkel ordonna aux habitans du Village de Wolfort, ou Wolfar, de détruire leurs maisons, & de venir s'établir auprès du Château dont on vient de parler; & d'y former une espece de Ville. Ce Château fut ensuite changé en une Eglise paroissiale. On y apporta tous les Ornemens de celle de Wolfar, & le Seigneur d'Arkel fit entourer le nouveau Bourg de Murailles. Il bâtit à l'Orient de cette nouvelle Place un Château fortifié où lui & ses Successeurs les Seigneurs d'Arkel faisoient leur residence ordinaire. Les guerres que la Republique a eues à soutenir sont cause que cette Ville & ses fortifications sont regulierement ruinées. C'est la huitième des dix-huit Villes qui deputent aux Etats de la Province de Hollande. Du haut de la Tour on voit vingt-deux Villes murées sans compter un grand nombre de Villages. Il y a tous les jours à Gorcum un grand Commerce de fromage, de beurre & autres vivres, que l'on y embarque pour les porter dans les Provinces voisines & surtout dans les autres Villes de la Hollande. Elle est redevable de tous ses biens à la petite Riviere de Linge; car elle y apporte tous les jours & surtout les Lundis quantité de Grains, de Lait, de Volailles, de Canards Sauvages & de Poisson de Riviere, que l'on charge ensuite sur de plus grandes barques, pour le porter dans toute la Hollande, en Zeelande & en Gueldre.

[i] Aiting. Notit. German. Infer. 2. part. p. 72. [k] Pontan. Hist. Geld. l. 6. [l] Blaew Theat. Urbium.

Gorkum a produit plusieurs hommes illustres, entre autres, HENRI DE GORCUM, (*Henricus de Gorrichem*) Theologien, Vice-Chancelier de Cologne & grand Philosophe. Il vivoit en 1460. GUILLAUME ESTIUS Theologien célèbre mort à Douai l'an 1613. *Franco Estius*, Poëte fameux dans son temps; THOMAS ERPENIUS le plus savant homme de son temps pour les langues Orientales, il étoit né à Gorcum le 11. Septembre 1574. & mourut à Leyde l'an 1624.

1. GORDA, Ville de l'Arabie heureuse, à 76. d. 10'. de Longitude & à 24. d. 30'. de Latitude, selon Ptolomée [m]. [m] l. 6. c. 7.

2. GORDA, autre Ville de l'Arabie heureuse, selon le même, à 82. d. 30'. de Longitude & à 16. d. de Latitude. [n] Ibid.

3. GORDA, Ville de Lycie. Voiez GORDUM.

GORDATUS LOCUS, Lieu ainsi nommé par Constantin, ou si l'on aime mieux par Denys d'Utique au II. Livre de l'Agriculture, c. 21. Ortelius [o] soupçonne que ce lieu étoit en Arabie. [o] Thesur.

GORDENE, Contrée de la grande Armenie, selon Ptolomée [p]. Le même Pays est ap- [p] l. 5. c. 13.

appellé *Gordyene* par Strabon & par Plutarque dans la Vie de Lucullus. Voiez les Articles CARDUCHI, CORDUENI & GARDIÆUS MONS. Les habitans font auſſi nommez GOR-DIANI par Quinte Curſe [a].

GORDENIÆ. Voiez GORDYNIA.

GORDIÆUS MONS, Montagne de la grande Armenie [b], ſur laquelle Nicolas Damaſcene cité par Joſephe dit, que l'Arche de Noé s'arrêta. En ce cas ce ſeroit la même que le Mont ARARATH. Voiez ce mot. Ptolomée donne au milieu de cette Montagne la même Latitude qu'aux ſources du Tigre, ſavoir 39. d. 40'. Cette Montagne donnoit le nom de Gordene, Gordueae, & autres ſemblables au Pays dont Pompée fit la conquête; car ce Pays étoit auſſi de la grande Armenie & dependoit du Roi Tigrane. Strabon joint les Monts Gordiens avec le Taurus [c]. Ils en ſont une continuation & même une partie. Ce que l'on vient de rapporter du ſentiment de Nicolas de Damas qui croit que l'Arche de Noé s'y arrêta, joint à la commune opinion que c'eſt preſentement le Mont Ararath, convient fort à ce que nous apprenons que Noé ſorti de l'Arche s'avança dans la Meſopotamie. D'ailleurs Ararath ne ſignifie ici que l'Armenie; outre le temoignage d'Abidene & de Melon rapportez par Euſebe dans ſa Preparation Evangelique [d]; le Chaldéen Beroſe cité par Joſephe [e] dit des Fils de Sennacherib meurtriers de leur Pere, qu'ils ſe refugierent en Armenie, au lieu de quoi Eſaie [f] dit: dans la terre d'Ararath. Les Septante diſent comme Beroſe: dans l'Armenie. Beroſe cité par Joſephe [g] parlant du deluge & du petit nombre d'hommes ſauvez dans l'Arche pourſuit ainſi: On dit qu'il reſte encore quelque choſe de ce Vaiſſeau en Armenie à la Montagne des Cordueniens. La Paraphraſe Chaldaïque rend le Mont d'Ararath nommé dans la Geneſe [h] par *Montes Kardu*. St. Epiphane dit [i]: on montre encore les reſtes de l'Arche de Noé dans la contrée des Cordueniens; & l'Arabe Elmacin dans ſon Hiſtoire des Sarazins [k] dit d'Heraclius: il monta ſur le Mont Gordus & vit le lieu de l'Arche. Voiez GORDYÆA.

GORDIANA REGIO [l], Contrée d'Aſie, auprès de la Galatie: la Ville de Gratianopolis en étoit, ſelon Metaphraſte dans la Vie de St. Theodore Abbé. Voiez GRATIANOPOLIS 1.

GORDIANI SEPULCHRUM [m], Lieu où fut enterré l'Empereur Gordien: il étoit aux Confins de l'Empire Romain, & de celui des Perſes; mais les Auteurs ne conviennent pas bien preciſement ſur ſa veritable poſition.

GORDIANORUM VILLA [n], la Maiſon de Campagne des Gordiens, en Italie ſur le chemin de Rome à Preneſte, ſelon *Julius Capitolinus*.

GORDIEN, Ville d'Aſie dans la Phrygie: Oroſe [o] parlant d'Alexandre le Grand dit: il aſſiegea & prit Gordien Ville de Phrygie que l'on appelle preſentement SARDIS. Arrien, Xenophon, & les Hiſtoriens d'Alexandre le Grand font mention de *Gordium*, Γόρδιον, Ville de Phrygie, ſur le Fleuve Sangar; & ce fut là que ce Roi vint à bout du nœud Gordien en le coupant. Juſtin la met entre la grande & la petite Phrygie; mais pas un Géographe, ni aucun Auteur eſtimé n'a dit qu'elle ait été appellée *Sardis*. Cela fait croire à Ortelius que ces mots *quæ nunc Sardis vocatur*, ſont une fauſſe note qui a paſſé de la marge dans le texte. Il y a bien une Ville de Sardes, mais qui n'a rien de commun avec *Gordium*. Cette Ville de Phrygie eſt nommée GORDICIUM par Etienne le Géographe.

GORDII MURUS, Γορδίου τεῖχος, Ville de la Medie, ſelon Etienne le Géographe. Voiez JULIOPOLIS 1.

GORDITANUM PROMONTORIUM, Cap de Sardaigne, ſelon Pline [p] & Ptolomée [q], ſur la côte Occidentale de l'Iſle; c'eſt preſentement, ſelon le R. P. Hardouin, CAPO DI MONTE FALCONE & CAPO DI ARGENTERA.

GORDIU-COME. Voiez JULIOPOLIS 1.

GORDIEIUM, &

GORDIUM. Voiez GORDIEN.

GORDOLOMA. Voiez GORDUM.

GORDONA [r], Lieu de Suiſſe au Pays des Griſons, dans le Comté de Chiavenne. C'eſt le Chef-lieu d'une Communauté.

GORDUM, Ville ancienne d'Aſie. Elle étoit Epiſcopale. Socrate la met dans la Lydie, & Calliſte dans la Lycie. Ce dernier dit que Jean ſon Evêque fut envoyé dans la Proconneſe. Yves de Chartres dans ſa derniere Lettre citant ce paſſage change le nom de Gordum en GORDOLOMA & celui de Proconneſe en *Prochonixum* ce qui eſt une faute. A l'égard du doute ſi cette Ville étoit dans la Lydie ou dans la Lycie il eſt levé par les Notices Epiſcopales de Léon le Sage & d'Hierocles; la premiere met dans la Lydie *Gordorum* au genitif & la ſeconde *Gordos*. Le nominatif étoit GORDI. On trouve pourtant GORDA Ville de Lydie, nommée dans le Droit Oriental. C'eſt la même Ville; & la même auſſi apparemment que la *Juſtinianopolis Gordi* nommée dans le VI. Concile de Conſtantinople.

GORDUNI, ancien Peuple de la Gaule Belgique dans la dependance des Nerviens. Comme Jules Ceſar [t] eſt le ſeul qui l'ait nommé & qu'il ne dit rien qui puiſſe faire conjecturer ſa ſituation, on ne ſait preſentement quel Pays il occupoit, & tout ce que les Modernes en ont dit eſt ſans aucun fondement.

GORDYÆA, Contrée & Ville de la Perſe, auprès de la ſortie du Tigre, ſelon Etienne le Géographe; ce qu'il faut entendre non de ſon Embouchure dans la Mer, mais de ſa ſource. Elle prenoit ſans doute ſon nom du Mont *Gordiaeus*, mais Etienne à ſon ordinaire en atribue l'origine à Gordye Fils de Triptoleme qui vint d'Argos en Syrie pour chercher Io. Il ajoute que la Ville de Gordyée étoit près de la ſource du Tigre. Au lieu des Monts Gordiéens entre leſquels & le Tigre étoit l'armée d'Alexandre, ſelon Quinte Curſe [v], Modius liſoit *Cordacos Montes*; & Arrien [w] dit *Sogdianos*. C'eſt une faute des deux parts; les Sogdiens ſont bien loin delà & qui que ce ſoit n'a jamais fait mention des *Cordaci Montes*. C'eſt une Chimere qui ne ſe trouve point ailleurs.

GORDYANI. Voiez GORDENE.

GORDYNESIA, Ville de la grande Arménie, selon Ptolomée [a]. [a] l. 5. c. 13.

GORDYNIA, Ville de Grece dans la Macedoine, selon Etienne le Géographe. Ptolomée [b] la nomme GORDENIA, Γορδηνια & la met dans l'Emathie. [b] l. 3. c. 13.

GOREE. (l'Isle de) Voiez GOEREE.

GOREIRO, Isle du Golphe de Venise entre l'Istrie & la Dalmatie, selon l'Itinéraire d'Antonin.

GORG [c], Fontaine de Suisse au Pays des Grisons dans le Village de Flims, sur la gauche du Rhin. Elle coule continuellement & dès son commencement elle fait tourner un Moulin. Les Eaux de cette source & de celles qui sont aux environs sont extrémement froides, & on y distingue divers degrez de bonté & de salubrité quoiqu'il ne se trouve pas la moindre différence dans leur poids. Comme les cheveux des habitans du lieu deviennent blancs de très-bonne heure & qu'ils deviennent chauves plutôt que les autres hommes, quoiqu'ils se portent très-bien d'ailleurs, on en attribue la cause à l'usage qu'ils font de ces eaux. [c] Etat & Delices de la Suisse T. 4. p. 19. & suiv.

GORGA, Ville des Euthalites, aux Frontieres de Perse, vers le Nord, selon Procope cité par Ortelius [d]. [d] Thesaur.

GORGADES, Isles de l'Océan Atlantique, selon Pline. Voiez GORGONES.

GORGIER [e], Baronnie de Suisse dans la Souveraineté de Neuf-chatel & de Vallengin. [e] Etat & Delices de la Suisse T. 3. p. 237.

GORGIPPIA, Γοργιππια, Ville de l'Inde, selon Etienne le Géographe. Ortelius [f] a raison de dire que c'est la même que GORGIPPE que le même Etienne met dans la Scythie; & qu'elle n'est point différente de GORGIPPIA que Strabon met dans la Sarmatie Asiatique près du Pont Euxin. Ainsi le mot d'Inde en cet endroit ne se doit pas prendre de l'Inde proprement dite, mais d'un lieu nommé *Indica* vers le Pont Euxin. [f] Thesaur.

GORGIUM, Γοργιον, Lieu de la Sicile, selon Diodore de Sicile [g]. [g] l. 10.

GORGODYLENA, Lieu d'Armenie près du Mont Niphate, selon Strabon [h]. [h] l. 11. c. 527.

GORGON, & **GORGONA**. Voiez URGO.

1. **GORGONE**, (la) petite Isle d'Italie dans la Mer de Toscane près de l'Isle de Capraia, entre la côte du Pisan au Levant & l'Isle de Corse au Couchant. Michelot dans son Portulan de la Mediterranée [i], la nomme l'Isle Gourgone & dit qu'elle est environ trente milles à l'Ouest quart du Sud-Ouest du Mole de Livourne; c'est, dit-il, une grosse Isle fort haute : elle paroît presque ronde : il y a quelques maisons de pêcheurs, & on la peut ranger de toutes parts. Mr. Baudrand qui l'a vûë plusieurs fois, dit [k] : son circuit n'est que de dix milles ; elle est toute remplie de Montagnes, avec un seul Village & un Château. Elle étoit dependante de l'Etat de Pise, & par cette raison elle est au Duc de Toscane. On prétend qu'il y a eu autrefois un grand Monastere; mais il n'en reste plus aucun vestige. [i] p. 99. [k] Ed. 1705.

2. **GORGONE**, (la) petite Isle de la Mer du Sud, sous le troisiéme degré de Latitude Septentrionale, à cinq lieues du Continent & à l'Embouchure de la Riviere nommée aussi la Gorgone, à trente-huit lieues de Capo Corrientes, Nord quart au Nord-Est & Sud quart au Sud-Ouest : c'est ainsi qu'il en est parlé dans le Supplement au Voyage de Wodes Rogers [l]. Dampier [m] la nomme GORGONIA & la décrit ainsi. Nous arrivames à Gorgonia qui est à vingt-cinq lieues de Gallo. Nous mouillames à l'Occident de l'Isle à 38. brasses d'eau, sur un fond clair & à la longueur de deux cables de terre. Gorgonia est une Isle qui n'est pas habitée à trois degrez de Latitude Septentrionale. Elle est passablement elevée & fort remarquable à cause de deux Collines, ou hauteurs & pentes faites en selles qui aboutissent au sommet. Elle a environ deux lieues de long & une de large & est environ à quatre lieues de la terre ferme. A l'Occident il y a une autre petite Isle. Le Pays près du lieu où l'on mouille est bas : il y a une petite baye sablonneuse & bonne à faire descente; la terre est noire & profonde dans ce bas, mais dans le haut c'est une espece de glaise rouge. Cette Isle est très-bien pourvûe de toutes sortes d'Arbres qui sont toute l'année verds & fleuris, elle est fort bien arrosée de petits Ruisseaux qui sortent des hauteurs : il y a grande quantité de petits Singes noirs, quelques Lapins des Indes & peu de Couleuvres. On dit qu'il y pleut tous les jours de l'année les uns plus les autres moins ; mais c'est ce que je puis nier. Quoi qu'il en soit, la côte est extrêmement humide & il y pleut beaucoup tout le long de l'année. Il n'y a que peu de beaux jours, & très-peu de différence dans les saisons de l'année entre l'humide & le sec. Tout ce que j'ai remarqué c'est que dans la Saison séche les pluyes sont moins fréquentes & plus modérées que dans la Saison pluvieuse, où l'eau tombe comme si on la jettoit par un crible. Il y a beaucoup d'eau & l'on ne peut ancrer autour de l'Isle qu'à ce seul endroit vers l'Occident. La Marée hausse & baisse sept à huit pieds. On y trouve quand l'eau est basse quantité de Moules & autres Coquillages. C'est en ce temps-là que les Singes viennent les prendre sur le rivage & savent fort bien les ouvrir avec leurs pates. On y trouve aussi des huitres qui ont des perles. [l] p. 23. [m] Voyage T. 1. c. 7. p. 185.

3. **GORGONE** [n], (la) Riviere de l'Amerique Meridionale sur la côte de terre ferme. Elle a sa source aux Montagnes du Popayan & son Embouchure dans la Mer du Sud vis-à-vis de l'Isle de Gorgone à trente-cinq lieues de la pointe des Mangles Nord-Est & Sud-Ouest. Il croît sur ses bords quantité d'arbres bons pour faire des mats ou des vergues & au Sud-Est il y a un excellent Port & une très-bonne aiguade. Il faut mouiller près du rivage & y amarer votre Vaisseau avec un cable. De ce Port à RIO DE LOS PILES, il y a trente lieues Nord-Est, & Sud-Ouest. [n] Wodes Rogers Voyages Suplement p. 23.

1. **GORGONES**, ou GORGADES, ou GORGONUM INSULÆ, c'est-à-dire, *les Isles des Gorgones*; Pomponius Mela dit [o] : les Isles Gorgades, où autrefois les Gorgones habitoient, à ce que l'on raconte. Pline [p] ayant parlé du Cap qu'il nomme *Hesperium Keras*, dit : vis-à-vis de ce Promontoire sont, dit-on, les [o] l. 3. c. 9. [p] l. 6. c. 31.

GOR. GOR. 229

les Isles Gorgades où demeuroient autrefois les Gorgones, à deux journées de Navigation du Continent, comme le rapporte Xenophon de Lampsaque. Hannon General des Carthaginois y aborda & dit y avoir trouvé des femmes dont les corps étoient velus, & qui par leur grande vîtesse échapoient aux hommes; que pour preuve de sa relation il porta avec lui deux peaux de Gorgones qu'il déposa dans le Temple de Junon & que l'on y voyoit jusqu'à la prise de Carthage. Comme ces sortes de Navigations étoient rares avant le temps de Pline & mêlées de beaucoup de fables, ce Savant qui avoit beaucoup de justesse d'esprit & qui pesoit fort toutes ses paroles avoue qu'il y avoit bien de l'incertitude dans les recits que l'on faisoit de ce Pays-là. Il ne laisse pas de rapporter ensuite l'opinion de Statius Sebosus qui disoit que des Isles des Gorgones, en côtoyant le long du Mont Atlas, on arrivoit en XL. jours aux Isles Hesperides, & de ces mêmes Isles (*ab iis*) au Promontoire Hesperien en un jour. On ne doute point que les Hesperides ne soient les Canaries. Il n'est question ici que des Isles des Gorgones. Si nous avions la veritable Relation de Hannon que Mela & Pline ont vûe, peut-être en pourrions-nous tirer quelque éclaircissement, mais le Periple de Hannon qui nous reste est un ouvrage très-different & de la composition de quelque Grec imposteur, comme je le prouve ailleurs, ainsi tout y est renversé. Il faut donc avoir recours à ce que Pline en a extrait. Il met les Isles des Gorgones à XL. jours de Navigation aux Canaries, il n'est pas impossible que des barques qui n'alloient que terre à terre ayent mis ce temps-là pour arriver aux Isles du Cap Verd, où l'on arrive à present en cinq ou six jours par le moyen de la Boussole, en prenant le large & profitant du bon vent. Mr. de l'Isle est du même sentiment que Mercator, & croit que les Isles des Gorgones sont presentement les Isles du Cap Verd; & je ne sais comment le R. P. Hardouin[a] a pu s'imaginer que ce devoit être l'Isle d'*Arguin* sur l'autorité de Mariana[b]. Car il ne s'agit pas d'une seule Isle; ce doit être un amas d'Isles. Suidas & le Scholiaste d'Apollonius, en nomment une *Sarpedonia*. D'ailleurs l'Isle d'Arguin étoit-elle assez importante pour avoir été remarquée dans une Navigation pareille? est-elle à deux journées de Navigation du Continent?

[a] In Plin. l.c.
[b] Hist. Hisp. l. 1. c. 22.

2. GORGONES, Peuple de la côte d'Afrique sur l'Océan Atlantique. Myrina Reine des Amazones leur fit la guerre, selon Diodore de Sicile[c].

[c] l. 3.

GORGONILLA[d], petite Isle de la Mer du Sud sur la côte de terre ferme entre l'Isle de Gallo & le Cap de Mangles. Il y a une Riviere où l'on peut faire de l'eau & mouiller sur un fond net.

[d] Woodes Rogers Suplem. p. 24.

GORGONZOLA[e], Bourg d'Italie dans le Milanez sur le Canal de Martesana, à quatre lieues de Milan vers l'Orient Septentrional.

[e] Baudrand Ed. 1705.

GORGOPIS, Marais auprès de Corinthe. On le nommoit aussi ESCHATIOTIS.

GORGORA[f], Lieu d'Ethiopie en Abissinie au Royaume de Dembée. L'Empereur d'Abissinie y faisoit son séjour ordinaire au commencement du siécle passé; & les P. P. Jesuites y avoient une de leurs résidences. Mais l'Empereur quita ce lieu & transporta sa Cour & la Ville à Dancase, puis à Gondar où elle a été depuis.

[f] Ludolf Hist. Æthiop. l. 2. c. 13. & l. 3. c. 11.

GORGOS, Riviere d'Assyrie. Elle se decharge dans le Tigre, selon Ptolomée[g].

[g] l. 6. c. 1.

GORGOTOQUES[h], (les) Peuple de l'Amerique Meridionale au Perou dans le voisinage de Santa-Cruz de la Sierra. Ils ont une Ville nommée aussi GORGOTOQUE avec plusieurs Villages & hameaux. Ces peuples sont doux, simples, & traitables; font grand cas de l'amitié qu'ils ont soin d'entretenir & ne se mettent jamais en colere quelque injure qu'on leur fasse. Si on leur enleve quelque chose, fût-ce leur propre femme, ils pardonnent aisément, pourvû qu'on la rende. Ils ont la memoire fort heureuse, particuliérement les Enfans. Ils ont une Langue particuliere qui est fort usitée aux environs de Santa-Cruz.

[h] Corn. Dict. Davity Amer.

GORGYIA, Lieu de l'Isle de Samos dans l'Archipel, selon Etienne le Géographe.

GORI[i], petite Ville d'Asie dans la Georgie, dans une plaine entre deux Montagnes sur le bord du Fleuve Kur, au bas d'une éminence où il y a une Forteresse, qui est gardée par des Persans naturels. C'est une des quatre Villes de la Province de Carthuel. Elle a été bâtie vers le commencement du siécle passé, par Rustan Can General de l'armée Persienne. Un Augustin Missionnaire qui étoit alors à Gori en fit le Plan. Cette Forteresse n'est pas de grande défense: sa principale force vient de sa situation: sa garnison est de cent hommes. La Ville qui est au bas est petite; les maisons sont bâties de terre & les Bazars aussi. Les habitans sont tous Marchands & assez riches. On y trouve abondamment & à bon marché tout ce qui est necessaire à la vie. On derive le nom de Gori d'un terme qui signifie Cochon, parce qu'il y est abondant & excellent.

[i] Chardin Voyage T. 2 p. 126.

GORICE[k], Ville d'Allemagne, dans le Comté de même nom, entre le Frioul, la haute & la basse Carniole; au Cercle d'Autriche, sur le Lisonzo. Les Allemands écrivent 𝕲𝖔𝖗𝖙𝖟 & prononcent GOEURTZ. Voiez NORICIA. Elle est separée en deux Villes, la haute & la basse. La basse Ville est grande, mais ouverte & a un College de Jesuites, un Couvent de Franciscains, un de Capucins, & d'assez belles maisons, où demeurent le Bailli & une partie de la Noblesse du Pays. La maison des Etats du Pays n'est pas grande, mais elle est bien bâtie. La Ville haute est appellée la Forteresse, & on y fait bonne garde. C'est là que finit l'usage de la Langue Esclavone & on y parle un fort mauvais Jargon qui tire sur le François & sur l'Italien, mais que les Italiens ont peine à entendre. Mais dans les Tribunaux on se sert de l'Allemand, & les Decrets du Souverain y sont publiez en cette langue, quoi qu'à la reserve des Nobles & des personnes de distinction il y ait peu de gens qui le sachent. Car la Langue Esclavone avec la maternelle qui est un Jargon est plus commune; les appellations sont portées à Gratz en Styrie & à la Regence d'Autriche.

[k] Zeyler Provinc. Austriac. Topogr. p. 118.

Ff 3 Le

230 GOR.   GOR.

Le Comté de Gorice eſt un beau, & bon Pays, il a d'excellens Vignobles, quoi que le chemin depuis la Capitale juſqu'à Laybach ſoit fort pierreux. Durant la guerre de Veniſe qui commença en 1507. la vieille Ville, ou la haute avec le Château fut priſe par les Venitiens qui la fortifierent; mais l'Empereur Maximilien I. la reprit deux ans après. Durant la guerre du Frioul en 1616. les Venitiens attaquerent la Ville de Görtz, mais ce fut inutilement. Le Comté de Gorice eſt borné au Nord par la haute Carniole, à l'Orient par la baſſe Carniole & les Alpes le ſeparent du Frioul. Il avoit autrefois ſes Comtes particuliers dont la branche s'éteignit, & l'Empereur Frederic IV. s'en ſaiſit en 1473. ainſi il appartient à la Maiſon Imperiale. Quoiqu'il faſſe un Etat ſeparé, il eſt regardé comme partie de la Carniole.

a Amelot de la Houſſaye, Hiſt. du Gouv. de Veniſe p. 459.

Les Venitiens *a* ayant perdu Candie voulurent engager l'Empereur à leur vendre Gorice, Gradiſque, Trieſte &c. pour reparer les pertes qu'ils venoient de faire dans le Levant, mais cette propoſition ne fut point écoutée. Les principaux lieux de ce Comté ſont,

Gorice,   Gradiſca,
& Gemund.

Mr. Baudrand y met Idria qui n'en eſt pas, mais de la haute Carniole.

GORIDORGIS, ancienne Ville de la Germanie, ſelon Ptolomée qui la place vers le Danube. Elle étoit quelque part vers le Pays où eſt aujourd'hui la Moravie.

GORILLARUM INSULA. Le Periple de Hannon tel que nous l'avons preſentement dans la Collection d'Oxford & ailleurs, nomme Gorilles les femmes velues & ſauvages que Pline appelle Gorgones. Il en fait un peuple entier, où il y avoit beaucoup plus de femmes que d'hommes, & les met dans une Iſle à laquelle il donne une ſituation differente de celle des Iſles des Gorgones marquées par Pline. Du reſte il en dit les mêmes choſes que le Hannon de Pline, & y applique l'avanture des deux femmes tuées & écorchées & dont les peaux furent tranſportées à Carthage. Iſaac Voſſius qui faiſoit plus de cas du Periple de Hannon que nous avons, que ce morceau ne mérite, n'a pas pris garde que c'eſt un Ecrit ſuppoſé comme je le prouve invinciblement ailleurs. Trompé par ce prejugé il voudroit reformer Mela ſur le temoignage du faux Hannon. Il ajoute ſur l'autorité de ce Grec pretendu Carthaginois qu'il a mis l'Iſle où étoient les *Gorgides*, ou *Gorgones* à trois lieues de Navigation au delà de *Theon Ochema*, Θεῶν Ὄχημα qui de ſon propre aveu eſt aujourd'hui *Sierra Liona*; & par conſequent, ſelon lui & le faux Hannon, il faut chercher l'Iſle des Gorgides, ou Gorgones ſur la côte de Guinée, trois journées au delà de la *Sierra Liona*. Cependant il ajoute que par l'Iſle des Gorgones dont parle Mela il faut entendre l'Iſle de Cerne dans laquelle Palephate, Diodore, & autres Fabuliſtes diſent qu'habitoient les Gorgones, confondant, ajoute-t-il, cette Iſle avec la veritable Iſle des Gorgones qui étoit bien plus loin, comme on peut le conclure de la Relation même de Hannon. Cette *Cerne*, ſelon Voſſius, doit être l'Iſle d'*Arguin*. Voilà bien de l'érudition inutile, pour trouver dans un Auteur une faute qu'il n'y eſt pas. Mela *b* ne parle point d'une Iſle ſeule, mais de pluſieurs Iſles; *Inſulæ Gorgades domus, ut aiunt, aliquando Gorgonum.* Pline de même dit qu'il y avoit pluſieurs Iſles; & il n'eſt point queſtion de l'Iſle Cerné en cet endroit. L'autorité de Hannon ſeroit grande, ſi nous l'avions. Pline a pu voir ſon Periple & il le cite. Mais ce que nous avons n'eſt pas la même choſe, il n'y eſt point parlé des Gorgades, ni des Gorgones, mais des Gorilles; il eſt vrai que Voſſius pour y trouver ſon compte change les Gorilles en Gorgides; Dieu ſait ſur quel fondement. L'autorité de Palephate & des autres Grecs fabuliſtes ne fait pas une preuve en matière de Géographie. Ils bâtiſſoient ſur les fictions des Poëtes & l'exactitude des lieux eſt ce dont ils s'embarraſſent le moins.

b l. 3. c. 8.

GORKUM. Voiez GORCUM.

GORLITZ *c*, Ville d'Allemagne dans la haute Luſace ſur la Neiſs; Lupacius dans ſon Calendrier Hiſtorique au 13. de Fevrier dit qu'anciennement cette Ville s'appelloit DREWNOW à cauſe de la quantité de bois, qu'enſuite on l'appella en Langue Bohémienne HORZELECZ & ZHORZELECZ qui ſignifie un lieu que le feu a ravagé. Joachim Cureus écrit dans ſa Chronique de Sileſie que la Ville de Gorlitz déja fameuſe du temps de Boleſlas III. Duc de Pologne, après avoir été ſouvent ſaccagée, fut bâtie & fortifiée par Sobieſlas Duc de Bohéme, qui avoit conquis une bonne partie de la Luſace. Dreſſer eſt de même ſentiment & dit que cela arriva l'an 1131. & que dans ce temps-là le Marché de Gorlitz & celui de Neiſſe furent unis. Cette Ville changea enſuite pluſieurs fois de maître. Boreck dans ſa Chronique de Bohéme I. partie vers la fin dit que Jean Roi de Bohéme prit deux fois Gorlitz, la première après la mort de Waldemar Margrave de Brandebourg, & la ſeconde ſur Frederic Margrave de Miſnie à qui Gorlitz étoit engagée, parce qu'il lui avoit renvoyé ſa fille Judith. Avant ce temps-là Louis IV. Empereur avoit donné cette Ville comme un Fief de l'Empire au Roi Jean après la mort du même Waldemar Margrave de Brandebourg; on trouve auſſi qu'Henri Duc de Sileſie poſſeda Gorlitz juſqu'à 1329. & qu'alors on lui donna Zittau, mais Gorlitz revint à la Bohéme. L'an 1352, l'Empereur Henri IV. Roi de Bohéme la donna à Jean ſon Frere de qui elle paſſa à Joſſe Margrave de Moravie, & retourna encore à la Bohémie. Elle appartient maintenant à l'Electeur de Saxe avec toute la Luſace depuis l'an 1635. L'an 1525. & 1526. elle abjura la Religion Catholique & embraſſa la Confeſſion d'Augsbourg. Cette Ville eſt aſſez grande & a été ſujette à beaucoup d'incendies que l'on trouve rapportez dans l'Hiſtoire que Zeyler en a publiée à la fin de ſon Article de Gorlitz. *d* Vers le commencement de ce ſiécle un nouvel embraſement l'a fort endommagée. L'Egliſe qui étoit parfaitement belle y a été preſque détruite, cependant on a tout reparé. Une curioſité qui merite

c Zeyler Saxon. Super. Topogr. p. 89.

d Hubner Geogr. p. 594.

GOR.

rite d'être vûë c'est le St. Sepulchre qui est hors de la Ville & bâti sur le modelle de celui de la Terre Sainte tel qu'il étoit il y a près de deux siécles. La Ville a aussi un beau Collège[a]. La grande Eglise[a], autrefois sous l'invocation de St. Pierre, a une fort belle tour & une grande Chapelle souterraine taillée dans le roc.

[a] *Wagenseil Synops. Geogr. p. 311.*

GORMANUM, Ville des Jazyges Metanastes, selon Ptolomée[b]; il la nomme ailleurs[c] BORMANUM. Il dit en ce dernier endroit que le plus grand jour y est de seize heures.

[b] *l. 3. c. 7.*
[c] *l. 8. Eur. Tab. 9.*

GORMAZ[d], Bourg d'Espagne dans la vieille Castille sur le Duero, à deux lieuës au dessous de Borgo d'Osma. On le nomme plus souvent Sant-Estevan de Gormas, & donne le nom à une très-illustre famille d'Espagne.

[d] *Baudrand Ed. 1705.*

GORNACUM, nom Latin de GOURNAY. Voiez ce mot.

GORNEAS CASTELLUM, Forteresse d'Asie aux Confins de l'Armenie & de l'Iberie, selon Tacite[e].

[e] *Annal. l. 12. c. 45.*

GORNO[f], Village d'Asie, à l'endroit où le Tigre & l'Euphrate mêlent leurs eaux. On y voit trois Châteaux, l'un sur la pointe où les deux Rivieres se viennent joindre qui est le plus fort des trois; le second est du côté de la Chaldée & le troisiéme du côté de l'Arabie. Quoique la Douane se paye là fort exactement cependant on n'y fouille pas les personnes; les marées montent jusqu'à cet endroit; il n'y a plus que quinze lieuës delà à Balsora que l'on fait en sept heures quand on a pour soi le vent & la marée. La Forteresse de Gorno est très-bonne, & bien garnie de Canon.

[f] *Tavernier Voyage de Perse l. 2. c. 8.*

GORO[g], (PORTO DI) Port d'Italie dans le Golphe de Venise à l'une des Embouchures du Pô d'Ariano dans le Ferrarois. Il n'est separé de la branche la plus Septentrionale du Pô, que par un petit Golphe nommé LA SACCA DI GORO du nom d'une tour voisine. Voiez CARBONARIA.

[g] *Baudrand Ed. 1705.*

GOROMA, Royaume d'Afrique, selon Mr. Corneille[h] qui ajoute qu'il est fort grand & contient vingt Provinces ou Contrées, que le Nil environne presque tout à l'entour & en fait une espece d'Isle. Mr. Corneille cite ensuite Mr. Maty, il se trompe pour la citation qui est entierement fausse, Goroma étant un Royaume inconnu à Mr. Maty. Mr. Corneille devoit citer Davity[i], qui dit effectivement que le 23. Royaume de l'Abissinie est celui de Goroma qui est, ajoute-t-il, des plus grands & presque tout entouré du Nil en forme d'Isle. Il contient vingt contrées. Mais Davity & son Continuateur Ranchin ont souvent travaillé sur de mauvais Mémoires. Il y a bien de l'apparence que ceux de qui ils ont emprunté ce pretendu Royaume de Goroma, ont voulu parler du Royaume de Gojam, qui est près des sources du Nil. Voiez GOJAM.

[h] *Dict.*
[i] *Etats du Gr. Negus p. 489.*

GOROPIS. Voiez ESCHATIOTIS, c'est le même Marais.

GORRA, Ville des Indes au Pays des Bubloites. Le sixiéme Empereur Mogol après Tamerlan s'en rendit maître. Je crois que c'est la même chose que GOR. Voiez ce mot.

GOR. 231

GORROCHEPOUR[k], Ville d'Asie dans l'Indoustan sur la Riviere de Gadet au Royaume de Jesuat, à l'extremité Orientale des Etats du Mogol, & aux Confins du Royaume d'Asem, ou d'Acham. On l'appelle aussi RAJAPOUR; Mr. Thevenot[l] en sont c. 38. p. Voyage des Indes écrit RAGEAPOUR. Il ne faut pas pour cela la confondre avec une autre Ville nommée aussi Rajapour, & Broudra qui est à present ruinée, & de laquelle une autre Ville à trois quarts de lieuë de celle-là a pris le nom de Broudra, celle-ci est dans le Royaume de Guzurate; & celle dont il s'agit dans cet article est dans le Beçar dont le Jesuat fait partie.

[k] *De l'Isle Carte des Indes.*
[l] *c. 38. p. 183.*

GORSIO[m], ou HERCULIS GURSIO; ou GORSIUS SIVE HERCULES; ancien lieu de la Pannonie entre *Sopiana* & *Acinenm*, entre *Vallis Cariniana* & *Insulones*, à xxx. M. Pas de cette Vallée & à xxxv. M. P. de l'autre lieu[n]. Lazius croit que c'est Gorke sur la Riviere de Zarwich en Hongrie.

[m] *Ortel.*
[n] *Antonini Itiner.*

GORTUÆ, Peuple de l'Eubée qui se trouvoient en Asie à la suite de l'armée de Darius, selon Quinte-Curse[o].

[o] *l. 4.*

GORTYNE, ancienne Ville de l'Isle de Crete au milieu des terres, selon Ptolomée. Mr. de Tournefort qui en a été visiter les ruines en a joint l'Histoire à la Description qu'il en a faite. Nous nous servirons ici de son travail. Voici comme il parle de cette Ville. [p] L'Origine de Gortyne est, dit-il, aussi obscure que celle de la plupart des autres Villes. Que nous importe qu'elle ait eu pour fondateur, Gortyn, Fils, de Rhadamante, ou de Taurus, celui-là même qui enleva Europe sur les côtes de Phénicie. Il est certain qu'après la décadence de Cnosse que les Romains affecterent d'abaisser, [q] Gortyne devint la plus puissante Ville de Crete; elle avoit même partagé l'Empire de cette Isle, avant que les Romains s'en fussent emparez. Annibal s'y crut en sureté contre ces mêmes Romains, après la defaite d'Antiochus. [r] Les grandes richesses que ce fameux Africain y porta lui susciterent bien des ennemis; mais il se mit à couvert de leurs insultes, en feignant de mettre ses Trésors en dépôt dans le Temple de Diane, où il fit porter quelques vases remplis de plomb. Quelque tems après il repassa en Asie avec son or caché dans les statues des Divinitez qu'il veneroit.

[p] *Voyages du Levant T. 1. p. 23. & suiv.*
[q] *Cedren. Compend. Hist. Strab. 10.*
[r] *Justin. l. 32. c. 4.*

Les ruines de Gortyne ne sont qu'à six milles du Mont Ida, au pied des Collines, à l'entrée de la plaine de la Messaria, laquelle est proprement le Grenier de l'Isle. Ces ruines montrent bien quelle a été la magnificence de l'ancienne Ville, mais on ne sauroit les regarder sans quelque peine, on laboure, on seme, on fait paître des moutons sur les debris d'une prodigieuse quantité de marbre, de jaspe, & de granit, travaillez avec beaucoup de soin : au lieu de ces grands hommes qui avoient fait élever de si beaux édifices, on ne voit que de pauvres Bergers, qui n'ont pas l'esprit de prendre les liévres qui leur passent entre les jambes, ni de tuer les perdrix qui se trouvent sous leurs pieds. La principale chose que l'on découvre dans ces ruines, est le reste d'une des portes de la Ville; quoiqu'on en ait détaché les

les plus belles pierres, il paroit encore qu'elle étoit d'un beau cintre; les murailles qui tiennent à cette porte, font peut-être des restes de celles que Ptolomée Philopator Roi d'Egypte, avoit fait élever; la maçonnerie en est fort épaisse, & revêtue de briques. Suivant les apparences, ce quartier étoit un des plus beaux de la Ville; nous y découvrîmes deux Colonnes, de granit, de dix-huit pieds de long; on voit encore assez près de là, plusieurs Piedestaux, espacez également deux à deux sur la même ligne, pour soutenir les Colonnes du frontispice de quelque Temple, on ne découvre de tous côtez que chapiteaux & architraves: peut-être que ce sont des débris de ce Temple de Diane dont on vient de parler, ou de celui de Jupiter, à qui Menelaus sacrifia après qu'il eut appris l'enlévement de sa femme Helene, comme le rapporte Ptolomée Ephestion, dont Photius [a] nous a conservé quelques extraits. Pour le Temple d'Apollon, dont Etienne le Géographe fait mention, il étoit au milieu de la Ville, & par conséquent éloigné de l'endroit que nous décrivons: parmi les Colonnes de ces ruines, il y en a d'une grande beauté, cylindriques & canelées en spire, les plus grosses n'ont que deux pieds quatre pouces de Diamétre: il est vrai que les Turcs en ont emporté les plus belles; & même il y a un Village à deux portées de Mousquet de ces masures, dont les portes des jardins sont à deux Colonnes antiques; au travers desquelles on met une claye de bois pour les fermer.

[a] Biblioth. l. 5.

Ce Village dont on vient de parler s'appelloit *Alont*: il fut nommé le Village des dix Saints, depuis que dix illustres Chrétiens natifs de l'Isle, y eurent souffert le martyre durant la persécution de l'Empereur Déce. Ils se nommoient Théodule, Saturnin, Eupore, Gelase, Eunicien, Zetique, Cléomene, Agathope, Basilide, Evariste. La Chapelle de ce Village est encore toute remplie de Colonnes antiques; mais on n'y voit plus les tombeaux des Martyrs dont parle ce Continuateur de Constantin Porphyrogenete [b]. Ces Martyrs sont representez dans le Tableau principal, en deux rangs, dans la même attitude & sur la même ligne, droits, & roides comme des pieux. Les Grecs en font la fête le 23. Decembre, & les Latins les ont suivis.

[b] l. 2.

On trouve dans les ruines de Gortyne, des Colonnes de jaspe rouge & blanc, semblable au jaspe de Cosne en Languedoc: nous en vimes d'autres tout-à-fait semblables au Campan, que l'on a employé à Versailles: à l'égard des figures il en reste peu; les Venitiens en ont enlevé les plus belles. La statue qui est sur la Fontaine de Candie, auprès de la Mosquée au delà du Marché, a été tirée de ces ruines; la Draperie en est belle, mais la figure est sans tête, les Turcs ne sauroient souffrir sans horreur la representation des têtes des choses animées, si ce n'est sur la Monnoye, dont ils sont amoureux plus que gens du monde. En fouillant dans un champ, nous découvrîmes la moitié d'une figure de marbre bien drapée: la jambe étoit articulée avec science, & le bout du pied étoit fort beau.

A l'extrémité de la Ville, entre le Septentrion & le Couchant, tout près d'un Ruisseau qui sans doute est le Fleuve Léthé, lequel, au rapport de Strabon & de Solin, se repandoit dans les ruës de Gortyne, se voyent d'assez beaux restes d'une ancienne Eglise, dans le quartier appellé *Metropolis*. Quoique cette Eglise soit de bonne architecture, il y a pourtant sur la gauche, un morceau de peinture à moitié effacée, mais tout-à-fait dans le goût Gothique: c'étoit apparemment la representation de quelque Histoire de la Vierge: on y lit encore en gros Caractere MP ΘΥ. Nous ne fumes dechifrer une grande inscription Gréque, qui est dans le Presbytere: elle est trop haute & trop maltraitée. Nous crûmes pourtant y entrevoir le nom de Cyrille, ce qui paroit assez probable: car on fait mention de deux Cyrilles Evêques de Gortyne, dont l'un fut martyrisé au commencement du troisiéme siécle sous l'Empereur Déce, & l'autre par les Sarrasins dans le neuviéme siécle sous Michel le Begue. Nous demandames des nouvelles de ces Saints Evêques à des Papas du quartier, mais ils n'en connoissent aucun. Il y en eut un d'entre eux qui nous dit que Tite à qui Saint Paul a écrit une Epître, étoit Neveu d'un Evêque de Gortyne; en quoi il se trompoit fort. Tite que Saint Paul appelle son Fils bien aimé, fut lui même le premier Evêque de Créte, & suivant toutes les apparences son Siége étoit à Gortyne: c'étoit alors la premiere Ville du Pays, & dans la suite elle fut toujours honorée du premier Evêché de l'Isle.

Auprès des ruines de l'Eglise Metropolitaine, nous en vimes d'autres qui parurent les restes de quelque Monastere: les Bergers ont bâti de miserables retraites, avec de grosses piéces de marbre antique, parmi lesquelles se trouve un Chapiteau orné de deux rosettes, & d'une croix de Saint Jean de Jerusalem. Sans doute que la Ville n'a été détruite qu'après l'établissement des Chevaliers Hospitaliers, qui sont à present à Malte. Tout proche de ces ruines, sur le bord du Ruisseau, sont les restes d'un Aqueduc dont la route a 6. ou 7. pieds de haut: il y a une belle cave à côté, voutée par bandes & qui semble avoir servi de reservoir pour fournir à un autre Aqueduc, qui est sur le chemin du Village des dix Saints; le Canal de cet Aqueduc n'avoit guéres plus d'un pied de large.

Theophraste, Varron, & Pline, parlent d'un Platane qui se voyoit à Gortyne, & qui ne perdoit ses feuilles qu'à mesure que les nouvelles poussoient: peut être en trouveroit-on encore quelqu'un de cette espece, parmi ceux qui naissent en grand nombre le long du Ruisseau Léthé qu'Europe remonta jusques à Gortyne, sur le dos d'un Taureau. Ce Platane toujours vert, parut autrefois si singulier aux Grecs, qu'ils publierent que les premieres Amours de Jupiter & d'Europe s'étoient passées sous ses feuillages. Cette avanture, quoique fabuleuse, donna apparemment occasion aux habitans de Gortyne de frapper une belle Medaille, qui est dans le Cabinet du Roi: on y voit d'un côté Europe assez triste, assise sur un arbre moitié Platane & moitié palmier, au pied duquel est un aigle à qui elle tourne

le

le dos : la même Princesse est représentée de l'autre côté, assise sur un Taureau entouré d'une bordure de feuilles de Laurier. Antoine Augustin Archevêque de Tarragone [a], parle d'un semblable type. Pline dit que l'on tâche de multiplier dans l'Isle l'espece de ce Platane ; mais qu'elle dégénera, c'est-à-dire ; que les nouveaux pieds perdirent leurs feuilles en hyver, de même que les premiers.

Il nous reste encore des medailles de Gortyne frapées aux têtes de Germanicus, de Caligula, de Trajan, d'Adrien, dont la plus belle se voit au Cabinet du Roi de France : elle marque qu'on s'assembloit à Gortyne pour y celebrer les jeux en l'honneur d'Adrien.

GORTYNIA, Ville de Grece en Macedoine, selon Thucydide [b]. Elle étoit dans la partie Septentrionale, comme il paroit par son recit.

GORTYNII, peuple d'Asie vers l'Armenie, selon Strabon [c]. L'Edition que j'ai porte *Gortinei*.

GORTYNIUS AMNIS, petite Riviere du Peloponnese ; Pausanias dit qu'elle couloit auprès de Gortyne [d] Ville de l'Arcadie, & il la compte entre celles qui tomboient dans l'Alphée. Il dit ailleurs [e] que Gortys fils de Stymphale bâtit la Ville de Gortyne auprès d'une petite Riviere que l'on appelloit aussi *Gortynius*. En un autre endroit [f] il vante beaucoup la grande fraîcheur de cette Riviere pendant l'Eté. Il observe qu'on la nomme *Lusius* auprès de sa source parce que l'on avoit cru que Jupiter y avoit été lavé peu de momens après sa naissance, mais qu'en s'éloignant il prenoit le nom de la Ville de Gortyne. Il nomme Rheteés le lieu, où cette Riviere joint ses eaux à celles de l'Alphée.

GORTYS, Ville du Peloponnese dans l'Arcadie, selon Pausanias: le même Auteur l'écrit par un *y*, dans la derniere Syllabe, GORTYS.

§ Cet Article est d'Ortelius, j'ai cherché inutilement dans Pausanias une Ville nommée GORTIS, ou GORTYS. J'y trouve ce nom à la verité ; mais c'est celui d'un homme. Gortys [g] Fils de Stymphale bâtit la Ville de Gortyne au bord du Ruisseau voisin qui fut aussi nommé Gortynius. C'est ce que dit Pausanias, sur quoi Kuhnius fait cette remarque : Voiez s'il ne faut pas lire *Gurtos* du nom de qui il dit que la Ville a pris le nom de GURTONA ; elle est nommée par Homere au second Livre de l'Iliade [h] & par Apollonius au second Livre des Argonautes [i], dont l'Interprête s'explique ainsi : cette Ville est de la Thessalie ou de la Perrhebie. Pour ce qui est de Gortys, c'est une Ville de Crête bâtie par Taurus ravisseur d'Europe. Voiez Eustathe sur Denys le Periegete. Voici ce qu'ajoute Kuhnius. Je lis *Gurtos* quand ce ne seroit que parce que dans cette partie de la Macedoine ou de la Thessalie qui a été nommée Stymphalie Ptolomée met une Ville nommée *Gyrtone*, que Strabon appelle GYRTON.

GORY. Voiez GORI.

GORYA, Ville de l'Inde en deça du Gange, selon Ptolomée [k]. Elle donnoit le nom à un Pays où ce Géographe place cinq Villes, savoir,

Cesana, ou *Carnasa*, *Gorya*, *Barborana*, *Nagara*, ou *Dionysiopolis*, & *Drastoca*.

Ce Pays s'appelloit GORYÆA nom qui a beaucoup de raport avec GORYDALE Ville dont parle Strabon [l]. Outre cela ces deux Auteurs s'accordent assez pour la position, qui doit être vers le Pays de Caboul, aux confins de Cachemire. Arrien [m] dans sa Vie d'Alexandre place en ces quartiers-là les GURE'ENS, Γουραῖοι, Peuple, & une Riviere qu'il nomme GURÆUS FLUVIUS.

GORYÆA, \} Voiez l'article precedent.
GORYDALE. \}

1. GORZA, Bourg de l'Afrique propre aux Frontieres du Territoire de Carthage, selon Polybe [n].

2. GORZA, Village de Grece dans le Comenolitari. On croit qu'il tient la place de Gordynia Ville de la Macedoine dans l'Emathie.

GORZE [o], Abbaye de France au Pays Messin ; à quatre lieues de Mets vers le Couchant d'Hyver. St. Chrodegang Evêque de Mets en jetta les fondemens dès l'an 748. & la mit sous la direction generale du Chapitre de Mets. Ce lieu devint célèbre dans la suite par la reputation de ses Abbez & de ses Religieux. Il y avoit une Ecole célèbre au x. siecle pour l'Ecriture Sainte & la Théologie. Adalberon Evêque de Mets donna cette Abbaye au bienheureux Jean qui y entra avec ses Compagnons l'an 933. & y mit la reforme. Il en fut Abbé après Einold son Compagnon, & mourut en 973. [p] L'Ordre & la Regle de St. Benoît y fleurirent long-temps ; mais les Moines se relâcherent fort dans les derniers siécles. Leur Abbé depuis longtemps étoit Souverain & avoit les droits Regaliens étant seulement voisin, ami, & allié des Evêques & des habitans de Mets. Les Cardinaux de Lorraine tinrent en Commande cette Abbaye au xvi. siecle & ils travaillerent à supprimer la regle de St. Benoît dont ils vinrent à bout ; car le Cardinal Charles de Lorraine, Archevêque de Rheims & Commandataire de Gorze ; ayant obtenu une Bulle de Rome pour seculariser cette Abbaye, elle fut exécutée après sa mort l'an 1581. lorsque le Cardinal Charles de Lorraine, Fils du Duc Charles II. étoit Abbé de Gorze. Les Ducs de Lorraine n'avoient d'autre dessein que d'attribuer à leur Eglise primatiale les biens de cette Abbaye, desquels ils vouloient donner une partie à l'Université de Pont à Mousson. On fit demolir les lieux reguliers & même l'Eglise l'an 1609. & Mr. d'Arquien la Grange Lieutenant pour le Roi à Mets s'y opposa en vain. Les Rois de France étoient Protecteurs & non pas Souverains de cette Abbaye ; de sorte qu'Henri II. au Traité de Câteau-Cambresis & Henri IV. au Traité de Vervins, comprirent l'Abbé de Gorze au nombre de leurs Alliez. Mais cette Protection fut aussi inutile ; les Ducs de Lorraine se rendirent les maîtres absolus de cette Abbaye dont l'union à la primatiale de Nanci fut consommée l'an 1621. sous le Duc Henri, ce qui a subsisté durant 40. ans, & jusqu'à l'an 1661. Ce fut alors que par le Traité de Vincennes le Duc Charles III. ceda au Roi en Souveraineté tout le Territoire de Gorze avec les Villages qui en dépendent & le droit de disposer de l'Abbaye qui fut distraite de la Primatiale de Nanci à laquelle le Roi de France consentit que l'on unît l'Abbaye de l'Isle en Barrois, & comme il y avoit cinq Villages, dont la Souveraineté étoit indivise entre le Duc de Lorraine, tant à cause du Bailliage de Nanci, que de la Prevôté de la Chaussée & l'Abbaye de Gorze, on ceda par le x. article du Traité de Paris en 1718. trois de ces Villages en entier au Roi de France & deux en entier au Duc. Les Rois de France ont en vertu de l'Indult perpetuel du Pape Clement IX. le droit de nomination à cette Abbaye qui est seculiere. Au lieu de Moines, il y a une Collegiale.

§ Il se forma auprès de cette Abbaye un Bourg qui est devenu une Ville avec le temps. Il est situé sur une Colline, à une lieue de la Moselle. L'Abbaye a pris son nom vraisemblablement d'un Ruisseau sur lequel elle est située & qui a tomber dans la Moselle.

GORZOPA, petit Pays de la Presqu'Isle de l'Inde en deça du Gange. C'est le même que GORCOPA.

a Baudrand Ed. 1705. GOSACHO *a*, ancien Bourg de Thrace dans la Romanie sur la Mer Noire près de la Ville de Mesembria & de la Montagne d'Argentaro.

b Josué c. 15. v. 51. GOSEN, Contrée de la Palestine *b*, elle étoit de la Tribu de Juda. D. Calmet croit que c'est la même chose que Gessem. Voiez GESSEM & GOSSEN.

GOSLAR, Ville d'Allemagne, dans la Basse Saxe, où elle est enclavée dans le Pays de Brunswick. Elle tire son nom du Ruisseau le GOSE qui a sa source au Sud-Est de Cellerfelt qu'il arrose & après avoir passé au Nord de Goslar, il se mêle avec l'Ocker qui coule à Wolfenbuttel & à Brunswick. Cette Ville est grande & ancienne, & a eu le secret de conserver sa liberté jusqu'à present, car quoiqu'elle soit enfermée dans l'Etat des Ducs de Brunswick, elle est pourtant libre & imperiale. Elle est située entre des Montagnes dont les principales sont STEINBERG, HERTZBERG, RAMELSBERG, KLOCKENBERG, &c. Ces Montagnes ont des mines. La Chronique de Brunswick rapporte de deux manieres differentes l'étymologie de Ramelsberg; car en un endroit après avoir dit que Goslar fut fondée par l'Empereur Henri l'Oiseleur, elle ajoute que sous Othon son fils on trouva les mines du Ramelsberg auprès de Goslar, que ce fut un Chasseur nommé *Ram* qui les découvrit & qu'on donna son nom à cette Montagne. Mais cette même Chronique dit ailleurs que l'an 972. ces mines furent ouvertes : que telle fut l'occasion qui fit qu'on les trouva : un Gentilhomme dont le nom est inconnu s'étant enfoncé dans la Forêt soit pour son plaisir, soit en poursuivant quelque Gibier, mit pied à terre & attacha à un arbre son bidet qu'il appelloit Rammel : ayant marché plus avant dans la Forêt, il revint pour reprendre son cheval, & trouva qu'il avoit graté la terre & découvert une veine de plomb, ce qui fit connoître que ce lieu étoit riche en mineral. L'Empe-

reur Frederic II. donna & céda au Duc Othon I. de Brunswig le dixiéme de ces mines de Goslar, le 21. d'Août 1235. du consentement des Etats de l'Empire, tant pour lui que pour ses descendans. Dresser dit que Goslar fut bâtie par Henri I. sur la Riviere de Gose, en un endroit où étoit auparavant un Village, d'autres disent seulement un Moulin, ou une hutte de Chasseur, & qu'elle ne fut fortifiée pour la premiere fois qu'en 1201. après qu'Othon IV. l'eut surprise. On l'a souvent qualifiée de *Ville Palatine*, parce que les Empereurs y ont fait souvent leur residence & tenu les Etats de l'Empire. Quelques-uns derivent la Syllabe LAR, du mot *Lager* qui veut dire un Camp, une demeure. L'Empereur Henri I. fit bâtir un Palais. Cette Ville est une de celles qui n'ont jamais connu d'autre Souverain que l'Empire. Ce n'est pas que les Ducs de Brunswig n'ayent fait diverses tentatives pour l'assujetir, mais elle a toujours trouvé de la protection dans les Empereurs qui l'ont maintenue dans ses droits.

Cette Ville est très-rémarquable, en ce que l'an 1354. Barthold Schwartz Moine Benedictin y trouva le secret de la poudre à Canon & par une bizarrerie de la fortune environ un siécle après un Soldat inventa l'Imprimerie. Tout seroit dans l'ordre si le Benedictin eût inventé un Art si utile aux Sciences & aux Arts & qu'un Soldat fût chargé des reproches que merite l'invention d'un Art qui a coûté la vie à tant de millions d'hommes. Mais par un renversement étrange chacun de ces deux hommes inventa l'Art auquel son état avoit le moins de rapport. Selon Mr. Baudrand Goslar est à cinq milles Allemands de Hildesheim.

GOSSAA, Gros Bourg de Suisse au Pays de St. Gall entre Wyl & St. Gall, vers les Frontieres d'Appenzel. C'est la principale place d'un petit Pays qui contient quelques Bailliages.

Etat & delices de la Suisse T. 3. p. 305.

GOSSEN, ou GOSEN, nous avons déja marqué que la terre de Gosen étoit de la Tribu de Juda. En effet Josué y met Gosen qu'il nomme entre Anim & Olon. Mr. Samson dans son Indice Géographique croit qu'il s'agit là d'une Ville à laquelle il donne 66. d. 6'. de Longitude et 31. d. 6'. de Latitude; à l'Orient Septentrional des sources du Fleuve nommé le Torrent d'Egypte & par consequent bien loin du Nil même. Ce Géographe croit que la terre de Gosen n'étoit autre que le Canton étendu aux environs de cette Ville. Le P. Bonfrerius croit de même & place cette Ville de Gosen dans le Daroma ou la partie la plus Meridionale de la terre promise; & que la terre de Gosen que Josué prit & ravagea étoit nommée du nom de cette Ville. Le sentiment de ces deux savans Ecrivains est sans doute le plus sûr. Mais Ortelius semble avoir cherché le Pays de Gossen en Egypte auprès du Nil. Il dit : *Gossen* (les LXX. lisent Gesem) Contrée ou Ville d'Egypte, qui, à ce que Benjamin écrit, étoit nommée de son temps BULZZTR ZZALBIZZ. Ortelius ajoute : elle est appellée CÆSAN par Artapan dans la Preparation d'Eusebe l. 9. : il paroît que c'est la même que *Ramesses* de la Genese c. 47. : les Septante lisent GESEM. St. Jerome rôme GESSEN : il dit que quelques Juifs ont appris que *Gosen* est presentement appellé la *Thebaïde*. C'est un effet de l'ignorance de ces Juifs-là ; car la Thebaïde est dans la haute Egypte & *Ramesses* est dans la basse ; de laquelle encore le *Pays de Gosen* étoit très-different. D. Calmet étend la Palestine jusqu'au Nil pour trouver *Gosen* auprès de ce Fleuve ; mais cela n'étoit nullement necessaire ; & Gosen en étoit bien loin.

GOSTYNEN [a], Ville de Pologne au Palatinat de Rava, au Midi de la Wistule & de Ploczk, à deux lieues Polonoises de cette Ville. Cette Ville est remarquable dans l'Histoire à cause de la longue detention de Demetrius Suski Czar de Moscovie qui ayant été fait prisonnier fut enfermé dans la Citadelle de Gostynen, & y mourut de misere.

[a] *And. Cellar. Regn. Polon. descript. p. 235.*

GOTHA [b], Ville d'Allemagne au Cercle de la Haute Saxe, dans les Etats des Ducs de Saxe & Residence d'une des branches de cette maison. Cette Ville est dans la Thuringe ; elle n'est ni grande ni bien bâtie, la Riviere de Leine la baigne. Elle doit ses commencemens à Guillaume Archevêque de Mayence qui la bâtit vers l'an 964. Elle appartint ensuite quelque temps aux Comtes de Schwartzenbourg & tomba ensuite au pouvoir des Landgraves de Thuringe. On prétend qu'avant cette Ville il y en avoit une autre bâtie par les Goths dans le temps de leur passage pour se rendre en Italie & que l'on a vû encore long temps après leurs armes sur une vieille tour. Il est clair que le but de cette Histoire est de donner une étymologie du nom de Gotha. Le terroir d'alentour est fertile en Vin, en Grains, & en Garence pour les Teinturiers. La Leine passoit autrefois auprès de la Ville, mais Balthasar Landgrave de Thuringe la fit conduire dans la place pour la nétoyer. Il y avoit autrefois à Gotha une Commanderie qui a été abolie & ses revenus ont été appliquez à un hôpital des malades. Il y a deux Eglises, savoir celle de St. Augustin fondée en 1216. & celle de Ste. Marguerite en 1494. L'hôpital a été fondé par Ste. Elisabeth.

[b] *Zeyler Saxon. Topogr. p. 96.*

Cette Ville avoit une Forteresse située sur la hauteur & nommée GRIMMENSTEIN. Elle avoit été commencée par le Landgrave Balthasar ; ensuite continuée par Guillaume Duc de Saxe & enfin l'an 1530. on avoit employé huit à neuf mille hommes qui travaillerent environ 11. ans à la fortifier. Jean Frederic Electeur de Saxe ayant été fait prisonnier par Charles V. cette Forteresse fut démolie par ordre de l'Empereur, par Lazare de Schwendi ; mais l'Electeur ayant été mis en liberté l'an 1552., on la rélevâ & l'augmenta. Mais son fils de même nom ayant refusé de livrer Guillaume de Grumbach & quelques autres auxquels il y avoit donné asyle quoiqu'ils eussent été mis au ban de l'Empire, y fut mis lui-même & assiégé par Auguste Electeur de Saxe exécuteur des ordres de l'Empereur & de l'Empire. La place fut prise le 13. Avril 1567. & rasée jusqu'aux fondemens. Le Siége couta 953634. Florins & la demolition 55559. Le Duc fut pris & mené en Autriche ; son Chancelier & Grumbach furent écartelez & les autres décapitez ou pendus. [c] Le Duc Ernest l'a rebâtie & en a fait un Château nommé FRIEDENSTEIN, c'est-à-dire, le *Château de la Paix* par opposition à l'ancien nom, qui signifie le *Château des Fureurs*. Gotha est à trois milles d'Erfurt.

[c] *Hubner Geogr. p. 586.*

GOTHARDS-BERG. Voiez au mot SAINT l'Article ST. GODART.

GOTHELBA [d], Riviere de Suede dans la Westrogothie, qu'elle separe de la Dalie autre Province de Suede, & du Gouvernement de Bahus qui est de la Norwege. C'est moins une Riviere particuliere que la décharge de toutes celles qui tombent dans le Lac Waener. Elle commence à Waenersborg & coulant vers le Midi Occidental, elle forme une petite Isle où la Ville de Bahus est située, & qui est de la Norwege; puis après s'être réunie elle se sépare aussi-tôt en deux nouveaux Bras qui enferment l'Isle de Hisinge à son Embouchure.

[d] *De l'Isle Atlas.*

1. GOTHENBOURG, Ville de Suede dans la Westrogothie assez près de l'Embouchure Meridionale de la Gothelba qui lui sert de port. Mr. Baudrand dit qu'elle est dans l'Isle de Hisinge, il se trompe elle en est en terre ferme & séparée de cette Isle par la Riviere : il ajoute qu'elle a un bon Port à l'Embouchure de la Trolhetta. Trolhetta n'est point le nom de cette Riviere, mais d'un Village. Il seroit plus naturel de lui donner le nom de Riviere de Bahus, si elle n'en avoit pas un qui est *Gothelba*. Zeyler [e] parlant de cette Ville de Gothenbourg la nomme d'abord GOCHEBOURG, & ajoute que ce devroit être GOTTZBORG ; mais ailleurs il écrit GOTHEBOURG, & GOTTENBOURG. Mr. de l'Isle écrit aussi GOTHEBOURG. Mr. Baudrand écrit GOTEMBOURG ; & a cru que l'en se prononçoit comme dans *Luxembourg* que quelques François écrivent mal par une *m*, faute que l'on fait ordinairement dans les noms terminez en *berg*, ou *bourg*; l'*n* qui precede est presque toujours la terminaison d'un genitif pluriel; comme dans *Gothenbourg*, la Ville des Goths, *Furstenberg*, la Montagne des Princes &c. Cette *n* est presque muëte comme l'*nt* dans ces mots François, *ils parlent, ils écrivent*. Cette Ville n'est pas ancienne ; elle fut fondée en 1607. sous le regne de Charles IX. & les Rois de Suede lui ont accordé de grands Privileges qui en ont fait une bonne Ville. Elle a profité des débris D'ELFSBORG qui étoit moins avantageusement situé. Les Hollandois y font un assez grand Commerce. Dans la guerre de 1644. les Danois firent divers efforts pour ruiner cette Ville, mais on l'a si bien fortifiée depuis qu'elle est à present une des bonnes places maritimes du Royaume. Elle est à deux petites lieues Suedoises au Midi de Bahus ; & à une de ces mêmes lieues d'Elfsborg.

[e] *Suecia Descr. p. 21.*

Le Livre intitulé *Deliciæ & Amœnitates Regnorum Sueciæ, Gothiæ* &c. imprimé à Leide en 1706. par Duvivié & Severin est peu exact; on y trouve la même erreur touchant la situation de Gothenbourg, qui est dans l'édition Françoise de Mr. Baudrand ; cependant cette faute n'est pas dans son Dictionnaire Latin, ni dans le Dictionnaire de Mr. Maty. Charles IX. Roi de Suede y mourut en 1660., si nous

nous en croyons Meff. Baudrand & Maty. Mais le Roi Charles IX. mourut à Nykoping le 26. Octobre 1611. & eut pour Succeffeur fon Fils Guftave Adolphe auquel fucceda Chriftine. Après l'abdication de cette Reine Charles Guftave regna. C'eft lui qui ayant convoqué les Etats du Royaume à Gothenbourg, y fut attaqué d'une fievre qui regnoit fort alors en ce Pays-là, & y mourut le 23. Fevrier 1660.

2. GOTHENBOURG, Ville de l'Amerique Septentrionale, au Pays que les Suedois avoient nommé la Nouvelle Suede. Mais cette petite Contrée qui s'étendoit le long de la Riviere du Sud fut enlevé aux Suedois par les Hollandois qui en avoient eux-mêmes un plus grand nommé les Pays-Bas. Mais comme les Anglois poffedoient la Virginie au Couchant Meridional & la nouvelle Angleterre au Levant Septentrional, ils conquirent cet intervalle & donnerent une nouvelle face & de nouveaux noms à ce Pays-là. La Riviere de Sud où étoit Gothenbourg s'appelle DELLAWAR-BAY, au fond eft *Niewcaftle* qui a peut-être fuccedé à *Gothenbourg* de laquelle il n'eft plus queftion.

1. GOTHIA. Ce nom veut dire proprement le Pays habité par les Goths, & en ce fens vague il eft commun à tous les Pays que cette Nation a poffedez. Ainfi il s'eft donné à la partie de la France que les Goths occuperent & qu'on appelle aujourd'hui le LANGUEDOC; lorfque l'Espagne étoit divifée entre les Goths & les Suéves le Pays foumis aux premiers a pu être appellé GOTHIE; mais on s'en fert plus particulierement aujourd'hui pour défigner en Latin l'Ifle de GOTHLAND, & la Province de GOTHIE dans la Scandinavie.

2. GOTHIA, Ortelius remarque très-bien que cette Ville étoit le Siége d'un Archevêque, qu'elle eft nommée dans les reglemens des Evêques d'Orient, & qu'elle eft qualifiée Metropole de la Province de Gothie au Concile de Nicée, & enfin que Theophile en étoit Evêque, mais il ajoute qu'il croit qu'elle étoit dans la Gaule. Il fe trompe. La Notice de Léon le Sage faite pour regler les rangs des Prélats fubordonnez au Siége de Conftantinople donne le trente-quatriéme à *Gothia* entre les Archevêchez; & la Notice de Nilus Doxapatrius lui donne le vingt-huitiéme entre les Archevêchez qui ne relevoient point d'un autre Siége & qui n'avoient aucun Evêque fous eux. Mais ces deux Notices mettent cette Ville avec Mefembria & quelques autres fous le Patriarchat de Conftantinople. L'Anonyme de Ravenne la nomme GOTHIS [a] & elle étoit dans la Cherfonnefe de Thrace. La Notice d'Andronic Paleologue le vieux lui donne le quatre vingt troifiéme rang & dit qu'après avoir été Archevêché elle étoit devenue Metropole.

[a] l. 5. c. 12.

GOTHIE [b] (LA) partie de la Suede dans la Scandinavie : elle eft bornée au Nord-Oueft par la Riviere de Gothelba qui la fepare de la Norwege & de la Dalie, au Nord par le Lac Waener & par la Riviere de Gulfpang qui la feparent du Wermeland, & par la Nericie & la Sudermanie; à l'Orient par la Mer Baltique; au Midi par la Blekingie, & la Scanie,

[b] De l'Ifle Couronnes du Nord.

& au Couchant par la Province de Halland, & dans una très-petit espace par l'Océan. On la divife en trois parties, favoir,

L'OSTROGOTHIE qui eft au Levant,
La WESTROGOTHIE qui eft au Couchant,
& la SMALANDE, ou GOTHIE MERIDIONALE.

Voiez les articles OSTROGOTHIE, WESTROGOTHIE, & SMALANDE, & GOTHS.

GOTHINI, Peuple ancien de la GERMANIE. Tacite dit [c] : au delà des Marcomans & des Quades font quatre Peuples, les *Marfigni*, GOTHINI, *Ofi* & *Burii*. Les *Marfigni* & les *Burii* reffemblent aux Sueves par le langage & la maniere de s'orner. La Langue Gauloife que parlent les GOTHINI, la Langue Pannoniéne que parlent les *Ofi*, font voir que ces Peuples ne font point Germains d'origine; ce qui fe prouve auffi par les Tributs auxquels ils font fujets, car ils les payent partie aux Sarmates, partie aux Quades; & pour comble de deshonneur les *Gothini* travaillent aux mines de Fer. Tous ces Peuples n'habitent gueres les plaines; mais ils occupent les Forêts & les Montagnes. Les Modernes [d] ont conclu de ce paffage comparé avec quelques autres de Pline & de Ptolomée, que les *Gothini* habitoient une lifiere de la Pologne, de la Silefie & de la Moravie; aux fources de la Wiftule, de l'Oder & de la Morave.

[c] German. c. 43.
[d] Voyez Spener Notit. German. Antiq. l. 5. c. 5. p. 103. & feq.

GOTHISCANZIA, Pays habité par les Goths dans la Scandinavie, à ce que la compofition de ces deux noms femble dire; cependant Jornandes qui fournit ce nom diftingue *Scanzia* de *Gothifcanzia*. Il prétend que de cette Ifle Scanzia ... les Goths fortirent autrefois avec leur Roi Berig; qu'en debarquant ils donnerent leur nom au Pays où ils arrivoient; & il ajoute : ce lieu, à ce qu'on dit, s'appelle encore à prefent *Gothifcanzia*. Il ne s'agit point de l'Ifle de Gothland, & la *Scanzia* de Jornandes n'eft autre que la Scandinavie que les Anciens prenoient pour une Ifle. Le Pays où ces Goths aborderent étoit quelque part vers la Pomeranie dans le Continent, puifqu'auffi-tôt après ils marcherent contre les Ulmeruges qui alors habitoient au bord de la Mer & les foumirent auffi bien que les Wandales peuple voifin.

1. GOTHLAND, Province de Suede dans la Scandinavie. Voiez GOTHIE.

2. GOTHLAND, (L'ISLE DE) Ifle de la Mer Balthique fur la côte Orientale de Suede. Elle s'étend pour la Latitude depuis le 57. d. jufqu'au 68. depuis fon milieu qui eft coupé par le trente-feptieme degré de Longitude : elle fe termine en deux pointes dont la Septentrionale eft par les 37. d. 25'. de Longitude & la Meridionale par les 36. d. 40'. Cette Ifle qui appartient à la Suede a eu autrefois fes Rois particuliers. Wagenfeil [e] dit qu'elle a quinze milles d'Allemagne dans fa longueur & cinq dans fa plus grande largeur. On ne convient pas de l'origine de fon nom. Mr. des Roches dans fon Hiftoire de Danemarc [f] dit après les Ecrivains Danois que Guthius Juge de Danemarck voyant que fon peuple étoit confiderablement augmenté & que le Pays étoit

[e] Synopf. Geogr. p. 492.
[f] T. 1. p. 5.

étoit furchargé d'habitans choifit les plus robuftes & les envoya l'an 2264. fous la conduite de fon Fils Thielvar chercher une nouvelle demeure. Ils abordérent d'abord dans l'Ifle de Bornholm ainfi appellée du nom de Beor ou Bornon qu'ils y établirent premier Juge. Thielvar ne fe contenta pas d'avoir peuplé cette Ifle, il paffa dans une plus grande avec fon armée & la nomma Guthland, ou Gothland du nom de fon Pere: c'eft en confequence de ces anciennes Colonies que les Danois fondent leurs premières prétentions fur ces deux Ifles. Mr. des Roches avertit de bonne foi que les Hiftoriens des Peuples voifins ne conviennent pas du fait. Il feroit plus naturel de croire que ces fortes de faits ont été imaginez pour appuier les pretentions, & il feroit ridicule de compter beaucoup fur les Chroniques des Peuples Septentrionaux qui n'avoient ni lettres ni monumens hiftoriques il y a environ douze cens ans, furtout lorfqu'ils ne parlent de temps auffi reculez, car enfin la pretendue peuplade de Thielvar feroit anterieure à l'Hiftoire du Patriarche Jofeph vendu par fes Freres aux Marchands qui le menerent en Egypte. Olaus Magnus [a] me paroît affez raifonnable quand il explique le nom de Gothland, par *bonne terre*: elle eft, dit-il, ainfi nommée à bon droit, par tous ceux qui la frequentent parcequ'elle eft fertile, abondante & tellement riche des bienfaits de la nature qu'on doit la mettre entre les meilleures Ifles du Nord. Elle eft bonne à plufieurs égards, dit-il ailleurs [b], bonnes gens que ceux qui l'habitent, bons Ports autour de l'Ifle, bonnes terres ; on trouve des beftiaux, des chevaux, du Poiffon, du Gibier, de l'eau, des bois, des Pâturages, de beaux marbres, & toutes les chofes neceffaires à la vie. Cet Auteur dit que ce fut premierement dans cette Ifle que les Goths firent paffer leur armée lorfque leur patrie (qu'il fuppofe avoir été la Scandinavie) ne put plus les contenir.

Durant le XIII. fiécle, elle étoit en quelque façon dependante des Rois de Suede, car cet Auteur rapporte que l'an 1288. Magnus Roi de Suede appaifa une guerre civile qui s'étoit élevée entre les habitans de Wisby, & le refte des habitans de l'Ifle, & qu'il permit aux premiers de rétablir les murs de leur Ville qui étoient tombez de vieilleffe & de la fortifier. Eric d'Upfal ne dit point que Wisby eût eu des murs auparavant: *eodem anno*, dit-il, [c] *erat guerra in Gothlandia, inter cives de Wisby & Bandones terra; pugnaveruntque in menfe aprili: vicerunt cives; tandemque reconfiliati funt per Dominum Magnum Regem Suecie, & permiffum eft Civibus Civitatem circumdare muro & munire.* [d] Albert II. Roi de Suede fe voyant preffé par Marguerite Reine de Danemarck & abandonné par une partie de fes Sujets engagea cette Ifle à Conrad Jungingen Grand Maître de l'Ordre Teutonique en 1388. & Albert ayant été depoffedé de fon Royaume lâcha tous les pirates qu'il put affembler pour inquieter les Danois fes ennemis, ils trouverent cette Ifle mal gardée, s'en faifirent & en firent l'entrepôt de leurs Pirateries. [e] La Reine Marguerite devenue maitreffe des trois Couronnes du Nord, voulut y rejoindre l'Ifle de Goth-

[a] *Hiftor. Septentr. Gent. Breviar. l. 17. c. 1.*

[b] *Ibid. l. 2. c. 22.*

[c] *Hiftor. Suecor. l. 3. p. 146.*

[d] *Des Roches Hift. de Danem. T. 4. p. 29.*

[e] *p. 32.*

land. L'Ordre Teutonique refufa de la rendre [f], & elle y envoya une Flote pour la reprendre de force. L'Empereur s'entremit, on s'accommoda & l'Ifle fut rendue en 1398. mais elle ne fut réellement évacuée & payée [g] aux Chevaliers que l'an 1406. Elle demeura aux Danois avec tout le Royaume de Suede jufqu'à l'expulfion de Chriftierne II. qui étant revenu en Danemarc fut detroné par Frederic. [h] Alors Norby Amiral de Suede Gouverneur de Gothland s'y rendit en 1522. avec toutes fes forces pour la conferver à Chriftierne, mais ayant apris fa difgrace, il ne voulut reconnoître ni Guftave Wafa, ni Frederic Roi de Danemarck, les traitant également d'Ufurpateurs & prit la qualité de Prince de Gothland, & donna retraite à divers Corfaires qui infeftoient comme lui toute la Mer Baltique. Il fe difoit ami de Dieu & ennemi de tout le monde. Guftave l'envoya attaquer, l'Ifle fut prife, Norby arbora le Pavillon Danois pour intereffer Frederic qui fit quelques efforts pour le fecourir. [i] Les Danois la poffedoient en 1645. & la cederent à la Suede par le Traité de Bromfebroe. Ils la reprirent en 1677. & la rendirent deux ans après par le Traité de Fontainebleau. WISBY en eft la feule Ville. Voyez ce mot.

GOTHS, (les) ancien Peuple qui étant venu du Nord s'avança vers le Midi où il conquit beaucoup de Pays & fonda plufieurs Royaumes. Ce Peuple a fait une fi belle figure dans l'Hiftoire, qu'il merite bien que nous éclairciffions un peu fon origine, fes progrès & fa decadence afin de ne pas laiffer à cette partie de la Géographie l'obfcurité où elle eft dans la plupart des livres ordinaires de Géographie & même d'Hiftoire. Ce peuple a été nommé indifferemment GOTHI & GOTHONES par les Anciens. La terminaifon n'y change rien, c'eft toujours le même nom; & l'on voit de même qu'ils ont dit également *Burgundi* & *Burgundiones*; *Frifii* & *Frifiones* &c

[f] *p. 48.*

[g] *p. 53.*

[h] *Vertot Revol. de Suede T. 2.*

[i] *d'Audifret Geogr. Hift. T. 1. p. 309.*

ORIGINE DES GOTHS.

Si on veut s'arrêter au grand nombre de témoignages des Goths qui ont eux-mêmes écrit touchant leur Nation, on ne fauroit nier que leur premiere origine n'ait été l'Ifle de Gothland; on objecte que cette Ifle eft trop petite pour avoir pû fournir tous les Peuples qui ont porté le nom de Goths. Si cette difficulté étoit feule on la leveroit aifément en faifant reflexion que ce Peuple poffedoit avec fon Ifle une partie du Continent dans la Scandinavie; de même l'Ifle de Rugen quoique très-petite n'empêche pas que les Rugiens qui en prenoient leur nom, ne fuffent un Peuple très-nombreux qui poffedoient la Pomeranie Suedoife & quelque chofe de plus. D'ailleurs ces Goths qui ont fait tant de conquêtes étoient un mélange de diverfes Nations dont les noms fe trouvoient obfcurcis par l'éclat de la Nation victorieufe qui les entrainoit avec elles, comme un torrent; & qui après les avoir vaincues les affocioit à fes victoires & à fes conquêtes. Cependant ce fentiment qui tire les Goths de la Scandinavie à fes difficultez que nous examinerons enfuite.

Jor-

GOT.

Jornandès confond les GÈTES & les GOTHS & se sert indifféremment de ces deux noms pour designer le même Peuple. On voit pourtant que ce sont des Peuples très-distincts. Il n'est pas impossible qu'ils ayent eu une même origine ; mais on ne le sait pas. Les Gètes étoient des Scythes établis au bord de la Mer Noire & au delà du Danube dès le temps d'Auguste, comme je l'ai fait voir en son lieu; & au contraire les Goths étoient encore longtemps après à l'extremité Septentrionale de la Germanie. Strabon [a] qui étant jeune a pû voir Ovide & qui a passé une partie de sa vie sous Auguste, les nomme GOUTONS, Γούτονες; car c'est ainsi qu'il faut lire dans cet Auteur & non pas BOUTONES, Βούτονες, comme il se trouve dans les Exemplaires corrompus par les Copistes. Pline [b] parlant du peuple *Vindeli*, ou *Wandales* met comme une partie de cette Nation les GUTTONS. C'est le même Peuple, mais ni lui, ni Strabon ne disent pas précisement en quel lieu ils étoient; Strabon met les *Goutons*, ou *Gutons* au nombre des peuples vaincus par Maroboduus, qui residoit à *Boiohemum* & qui par consequent regnoit sur la Bohême qui a pris son nom de cette residence.

Ces *Gutons* de Strabon étoient donc dans le voisinage & au Nord de la Bohême. Il est vrai que quelques lignes plus bas il parle des Quades voisins des Gétes; mais je crois que par ces Gétes il entend les *Gothini* de Tacite, qui les met aussi dans le voisinage des Quades. Pline rapporte la pensée que Pythéas avoit sur les GUTTONS; Pytheas, dit-[c]il, a cru que le Golphe de l'Océan nommé MENTONOMON, est habité par les GUTTONS, Nation Germanique, l'espace de six mille Stades; qu'à une journée de chemin de ce Golphe est une Isle nommée Abalus, où l'Ambre est porté par les flots ... que les habitans le brûlent au lieu de bois & le vendent aux Teutons leurs voisins. Ce Golphe est apparemment le Golphe de Dantzig. Si j'osois me fier beaucoup aux conjectures des Modernes je dirois avec le R. P. Hardouin que Ptolomée ayant mis les *Guttons* auprès de la Wistule, ils occupoient donc l'une & l'autre Prusse & tout le Palatinat de Mazovie. J'ajouterois que leur première Ville fut *Gytonium*, nommée ensuite par les Gétes & les Danois *Gedanum*, aujourd'hui *Dantzig*. J'y ajusterois peut-être la *Gothiscandia* de Jornandes, & avec le R. P. Hardouin, je ferois partir delà tous ces Goths qui porterent la guerre jusqu'aux extremitez meridionales de l'Europe. Mais je ne trouve point assez de lumieres dans les Anciens, pour y fonder toutes ces circonstances. Ils nomment les Gétes entre les Scythes & les Guttons entre les Germains; l'autorité de Strabon ne suffit pas pour mettre les *Gétes* auprès des Quades dès le temps d'Auguste. Tacite plus éclairé que lui sur la Germanie dit que c'étoient les *Guthini*, qui étoient à la verité des Etrangers, mais comme ils parloient Gaulois, leur origine est décidée par là & ils n'avoient rien de commun qu'une ressemblance de nom, avec les *Guttons* Originaires du Nord, ni avec les *Gétes* Originaires de Scythie.

Pythéas de Marseille dont Pline nous a con-

[a] l. 7. p. 290.

[b] l. 4. c. 14.

[c] l. 37. c. 2.

servé le fragment deja cité, vivoit du temps de Ptolomée Philadelphe, c'est-à-dire, vers l'an 285, avant l'Ere Vulgaire, & par consequent près de trois siécles avant Strabon & plus de trois siécles & demi avant Pline. Il est remarquable qu'il distingue les *Guttons* d'avec les *Teutons*, ou, ce qui est la même chose, d'avec les Germains. Car je soupçonne que les mots *Nation Germanique* ne sont pas originairement de Pytheas. Cependant il les place au Golphe, où ils amassoient assez d'Ambre pour en brûler & en vendre aux Teutons leurs voisins. C'est je pense le plus ancien témoignage que nous ayons de cette Nation.

Quel que soit le respect qui est dû à la haute réputation du R. P. Hardouin, il n'est point question de Guttons dans la Germanie, selon Ptolomée. Ce Géographe, après avoir dit que la Sarmatie renfermoit de très-grandes Nations, met de ce nombre les *Venedes* repandus le long du Golphe Venedique, c'est-à-dire, du Golphe qui est entre la Cassubie au Couchant & la Samogitie ; il ajoûte que la Sarmatie a aussi de moindres peuples, il met sous les Venedes auprès de la Wistule les GYTONS ; & par consequent ils étoient au Levant de ce Fleuve, car les Venedes demetirerent au-delà de ce fleuve encore longtemps après cet Auteur comme nous le prouvons dans leur Article ; ainsi ils étoient dans la Sarmatie & non pas dans la Germanie ; en quoi Pytheas & Ptolomée auront parlé juste, au lieu que Pline & Tacite n'ont pu les donner à la Germanie qu'en l'étendant au delà de la Wistule & par consequent au delà de ses veritables bornes.

Ce n'est pas seulement Jornandes qui a confondu les Goths & les Gétes comme une même & seule Nation. Il a suivi en cela *Ablavius*, autre Auteur Goth de Nation, souvent cité par l'Anonyme de Ravenne, & il a été imité par tout ce qu'il y a eu d'Auteurs qui ont parlé de la Nation des Goths. On ne raportera point l'autorité d'Olaus Rudbeck. Malgré la grande érudition de cet Ecrivain Suedois, il regne dans son *Atlantique* un excès de fanatisme qui deshonore l'Auteur & le Livre: des Historiens de plus de poids que lui ont confondu les *Getes* & les *Goths*. Jule Capitolin dit de l'Empereur Maximin : il entretint toujours commerce avec les Goths. Il fut uniquement aimé par les Gétes, comme leur Compatriote. Nous avons rapporté à l'Article GÈTES la remarque d'Æl. Spartien au sujet d'un bon mot d'Helvius Pertinax. Claudien appelle *De bello Getico* le Poéme qu'il a fait sur la guerre des Goths ; & Procope [d] qui écrit expressément l'Histoire des Goths dit : on pretend que les *Gétes* sont une Nation des *Goths*. Prudence parlant de Radagaise ou Radagafte, Roi des Wandales & de quelques Goths dit dans son second livre contre Symmaque [e].

Tentavit Geticus nuper delere tyrannus
Italiam, Patrio veniens juratus ab Istro.

Orose dit [f] : on appelloit alors *Gétes* ceux que l'on appelle presentement *Goths*. Alexandre jugea à propos de les éviter, Pyrrhus en eût peur, & Cesar ne voulut point avoir de démélé avec eux ; ils abandonnerent leur Pays & tom-

[d] l. 1. c. 24.

[e] v. 695.

[f] l. 1. c. 16.

GOT.

a De fide l. 2. c. 2.

tomberent avec toutes leurs forces sur les Provinces Romaines. St. Jérôme [a] refutant l'opinion de ceux qui donnoient aux *Goths* le nom de *Gog* & de *Magog*, dit : certainement tout ce qu'il y a eu de Savans appellent les Goths *Gétes* plutôt que *Gog* & *Magog*. C'est que quelques-uns voyant les Goths Ariens & puissans persecuter les Catholiques crurent qu'il faloit entendre d'eux les paroles de l'Ecriture, touchant Gog & Magog, comme nous l'avons remarqué à l'Article GOG. Il

b Epist. 134.

dit ailleurs [b] : qui le croiroit, que la Langue barbare des Gétes apprît l'Hebreu & que l'Allemagne étudiât l'Ecriture Sainte ; tandis que les Grecs s'endorment, & la méprisent ? Photius dans un extrait de l'Histoire de Philostorge dit : tout le monde appelle *Goths* ceux que les Anciens appelloient *Gétes*.

c Numer. MMLX.

A toute cette nuée d'Anciens ajoutons Joseph Scaliger dans ses remarques sur Eusebe [c]. Cependant toutes ces autoritez ne sont rien contre le temoignage de la saine & vénérable antiquité. La ressemblance des noms a produit l'erreur que ces Auteurs ont copiée l'un de l'autre. Pontanus a relevé dans la remarque de Scaliger un assez bon nombre de bévues plus grandes encore que celle-là, & on les peut voir dans sa Description Chorographique du Danemarc [d],

d p. 677.

où il a inseré une refutation de l'opinion de Scaliger qui confond les *Goths* & les *Gétes*, comme si personne avant Jornandes n'avoit dit que les *Gétes* & les Goths étoient le même Peuple. *Quis sciebat Getas eosdem cum Gothis esse nisi Jornandes indicasset?* C'est Scaliger qui fait cette demande. Il n'avoit qu'à lire Jule Capitolin, Spartien, Prudence, St. Jérôme, Claudien, & quantité d'autres qui l'ont dit quelques siécles avant celui où Jornandes a vécu. La chose n'en est pas plus vraye pour cela. Cluvier & Pontanus ont fait voir la fausseté de ce sentiment. Les Poëtes comme Claudien & Prudence ont trouvé ce nom déjà anobli par Ovide, & n'ont pas fait réflexion que les Gétes avoient disparu, en se confondant avec les Daces ; avant qu'il fût question des Goths dans la Scythie, & que les Goths avoient une origine toute différente dans le Nord.

A l'égard de l'origine des Goths, ils sont sans doute les mêmes que ces Guttons dont nous avons parlé. Ce sont les Gytons qui du temps de Ptolomée étoient encore au delà de la Wistule dans la Sarmatie. Si l'autorité de Jornandes étoit plus grande, nous dirions avec lui que ces Peuples étoient premierement originaires de la Gothie de Scandinavie. Ptolomée [e]

e l. 2. c. 11.

qui prend cette Presqu'Isle pour une grande Isle, erreur qui lui est commune avec les autres Géographes anciens, met dans sa partie Meridionale un Peuple qu'il nomme GUTÆ ; ce nom ressemble assez aux Guttons des autres Géographes. Mais on ne peut pas en conclurre que ces *Gutæ* de Scandinavie étoient une branche détachée des Guttons que toute l'Antiquité a placez aux environs de la Wistule. Ces *Gutes* de Ptolomée sont inconnus aux Géographes qui l'ont precedé & pourroient bien au contraire être une Colonie envoyée de la Terre ferme dans la Presqu'Isle pour décharger le Pays. En ce cas

GOT.

avec le temps ils y formerent un Peuple assez nombreux pour envoyer une autre Colonie dans la Chersonnese Cimbrique, où ils demeurerent inconnus & obscurcis par le nom des Cimbres jusqu'aux invasions que les Peuples de la Chersonnese Cimbrique firent dans l'Isle de la Grande Bretagne. Alors les GUTES, ou JUTES, s'aquirent quelque reputation & leur Pays en a pris le nom de *Jutland*. Ils eurent aussi leur part aux conquêtes dans la Bretagne, où nous avons fait voir qu'il y avoit eu des *Jutes*. Mais ces Jutes ont été inconnus à toute l'Antiquité & il n'en a été parlé que dans le moyen âge. Les *Gutes* de Scandinavie sont plus anciens, puisqu'ils ont été connus par Ptolomée qui vivoit dans le second siécle. Mais les Guttons sont les plus anciens de tous, puisque Pytheas en a parlé environ quatre siécles avant Ptolomée. Les Gétes qui étoient Scythes pourroient peut-être bien en remontant assez loin trouver une origine commune avec les Guttons, mais nous ne voyons aucune trace de leur liaison dans les monumens de l'antiquité.

Voici comment le Docte Spener tâche de concilier les differents sentimens sur l'origine des Goths. Il laisse à part les *Gutes* & les *Jutes* ; & croit que les *Astinges*, Nation qui faisoit partie des *Gutes* de Scandinavie, passerent la Mer & s'emparerent d'un Canton de la Sarmatie ; qu'ensuite ils s'avancerent jusqu'au Danube, où ils firent la guerre aux Romains. L'Histoire nous apprend que les Astinges étoient une Nation Gothique, mais qu'ils ayent passé de la Wistule au Danube, cela ne paroît pas aisé à demontrer ; personne des Anciens ne les ayant mis au bord de ce premier Fleuve. Cela pourtant confirmeroit le recit de quelques anciens Auteurs qui font venir de Scandinavie tous ces Peuples. En supposant ainsi cette migration des Astinges, ils auront frayé le passage aux Guttons & leur exemple aura encouragé ceux-ci à passer la Wistule & à parcourir la Sarmatie dans le temps que les divers Peuples compris sous le nom de Sueves, tomboient de toutes parts sur les Romains du temps des Antonins. Ils ne quiterent pas la Wistule tous à la fois. Il en demeura quelques-uns dans l'ancienne patrie des Guttons, & quelques-uns disent que cette lenteur & ce retardement leur firent donner le nom de Gepides. Les Gothons ou Guttons étant venus ensuite & s'étant mêlez avec les *Astinges*, les *Daces* & les *Getes*, que Mr. Spener croit être des branches d'une même tige, il se forma entre tous ces Peuples une union, une société & ils prirent alors le nom de GOTHS, qui devint commun à tous ces Peuples. Il appuie cette conjecture sur quelques observations qui sont fort justes. 1. Que le nom de Goths derivé de celui des *Gothons* fut très-célébre principalement au III. siécle & qu'il devint alors redoutable aux armées Romaines. 2. Que les Gothons donnerent la principale occasion de former cette alliance & de prendre ce nom. Ajoutons que les Gothons seuls n'étoient pas tous les Goths ; le petit nombre de ceux qui habitoient auprès de la Wistule ne s'accorde pas bien avec toute la vaste étendue de Pays qui porta leur nom. Ce que les anciennes His-

240 GOT.

Histoires rapportent des Germains fait voir qu'ils avoient naturellement du penchant à former des Societez auxquelles on donnoit un nom commun. Les Goths & d'autres Peuples s'étant unis ensemble sous les mêmes Chefs & les Gétes s'étant joints à eux &c, il n'est pas étonnant qu'après ce mélange le nom de Goths & celui de Gétes ait pu leur être donné indifferemment.

C'est ainsi que Mr. Spener excuse l'abus que les anciens ont fait des mots *Gétes* & *Goths* qu'ils ont pris l'un pour l'autre. C'est aux changemens produits par ces diverses associations que telle Nation qui avoit donné son nom à tous ses Alliez, s'est trouvée à son tour confondue sous le nom d'un autre Confederé devenu plus puissant qu'elle avec le temps. Le Peuple *Goth* en est un bel exemple. Pline les Guttons entre les peuples Vandales, & Ptolomée entre les Wendes, ou Wenedes & Procope [a] au contraire met les Vandales au nombre des Goths [b].

[a] *Passim.*
[b] *Vide infra.*

Jusqu'ici nous avons parlé de cette Nation; par raport à son habitation dans le Nord & avant son établissement auprès du Danube. Il n'est pas aisé de dire le temps de cette Migration; car celles que Jornandes rapporte sur l'autorité d'Ablavius, n'ont rien de fort certain.

ETABLISSEMENS DES GOTHS DANS LA SCYTHIE ET DANS LA THRACE.

Ce qui commença à faire connoître les Goths aux Romains, c'est qu'ils se vinrent établir près du Danube. Grotius [c] dit que ce fut dans la Dacie; mais cela ne peut avoir été d'abord, car alors elle étoit soumise aux Romains; mais ils s'arrêterent à l'Orient & au voisinage de cette contrée. Mr. de Tillemont [d] dit que les Goths tenoient apparemment le Pays que les *Gétes* avoient autrefois possedé sur le Danube, ce qui, poursuit ce savant Critique, aura contribué à leur en faire donner le nom, car du reste on ne croit pas qu'il y ait rien eu de commun entre ces deux Nations. Ces Goths sont donc les Gétes que défit Caracalla en quelques legeres escarmouches [e]; ce qui donna lieu au bon mot de Pertinax qui par derision lui donnoit le surnom de Getique; moins pour avoir batu ces Peuples, que pour avoir assassiné son Frere Géta. C'est apparemment la premiere fois que les Romains ont trouvé les Goths en leur chemin; car les Gétes étoient mêlez & confondus avec les Daces, & étoient par consequent sous la domination Romaine.

Il faut cependant avouer qu'ils devoient déjà avoir passé le Danube vers son Embouchure, sur la fin du second siécle, car Maximin qui succeda à Alexandre Successeur d'Heliogabale, fut tué en 238, âgé de soixante-cinq ans & par consequent il devoit être né en 177. Or Spartien dit de lui qu'il quitta le service après la mort de Caracalla & se retira dans la Thrace, où il acheta des terres au même endroit où il étoit né & que les Goths avec qui il entretenoit commerce l'aimoient comme un de leurs concitoyens. Et delà je conclus que des

[c] *Præfat. in Hist. Goth. & Wandal.*
[d] *Hist. des Empereurs à l'année 215.*
[e] *Spartian. in Caracalla.*

GOT.

le temps de sa naissance les Goths s'étoient déjà avancez jusques dans la Thrace ou au moins jusques dans la Moesie, car George le Syncelle le fait Moesien. Pierre le Patrice [f] rapporte qu'on donnoit tous les ans des sommes considerables aux Goths, & Mr. de Tillemont raporte ce Tribut au temps d'Alexandre Empereur. Maximin qui lui succeda étant Goth lui-même favorisa sans doute sa Nation, mais lorsqu'il eut été assassiné en 238. Jule Capitolin dit que les Scythes remuerent. Il entend vraisemblablement les Goths fâchez de l'avoir perdu.

[f] *Excerpt. Legat.*

Ce sont apparemment les Goths que Gordien III. défit. Jule Capitolin [g] dit: il partit de Rome, prit son chemin par la Moesie, mit en fuite, chassa, éloigna, & extermina en passant tout ce qu'il y avoit d'Ennemis dans la Thrace. Ils se rétablirent cependant. Car sous l'Empire de Decius ils ravagerent la plus grande partie de la Thrace & passerent même jusqu'en Macedoine, vers l'an 250. Priscus [h] qui en étoit Gouverneur se joignit à eux contre Decius & se fit proclamer Empereur. Decius marcha contre les Goths & les vainquit, au raport de Zozime. Il les avoit réduits à prendre la fuite, ils ne songeoient qu'à se retirer & offroient de rendre tout ce qu'ils avoient encore de butin & de prisonniers; mais il envoya Gallus leur fermer le passage du Tanaïs ou plutôt du Danube. Il vouloit les détruire entierement & les mettre hors d'état de jamais rentrer sur les terres de l'Empire; mais il fut tué, & l'on croit que Gallus s'entendit avec eux pour en delivrer le Monde & lui succeder. Il fit la paix avec eux ou plutôt l'acheta par un Tribut [i] qui ne les empêcha point de venir sur les terres de l'Empire. Vers l'an 256. sous l'Empire de Valerien les Goths, les Carpes, les Burgundes & autres Barbares s'avancerent jusque dans l'Illyrie & même dans l'Italie, où ils ne trouverent personne qui s'opposât à leurs efforts; mais enfin Aurelien tomba sur eux, fit beaucoup de prisonniers, emporta un grand butin dont il enrichit la Thrace. Ils regagnerent le Pays qu'ils avoient perdu puisque sous l'Empire de Valerien, selon Zosime & Zonare, ils s'étoient rendus comme maîtres de la Thrace, ils ravagerent la Macedoine & assiegerent Thessalonique. Une autre partie des Goths passa le détroit de l'Hellespont & saccageant l'Asie, pilla le fameux Temple d'Ephese l'an 262. ils ruinerent la Ville de Chalcedoine & la fameuse Ilion, & ayant repassé le détroit ils s'arrêterent à Anchiale Ville de Thrace. Les Goths firent une nouvelle irruption en Asie l'an 263. mais les troupes Romaines les en chasserent & les firent repasser dans leur Pays. L'an 269. après un an de preparatifs, ils attaquerent la Ville de Tomi dans la petite Scythie & celle de Marcianople dans la Moesie, ils furent repoussez à l'une & à l'autre Ville. Les Goths n'étoient pas seuls, il y avoit avec eux des Herules, des Gepides & autres Peuples barbares leurs alliez. Ils se rembarquerent sur le Pont Euxin & détrerent dans le détroit du Bosphore, où il en perit beaucoup. Ceux de Byzance leur ayant fait plus de resistance qu'ils n'en attendoient, ils allerent vers Cyzique qu'ils insulterent

[g] *In Gordian.*
[h] *Zosim. l.1.c.23. Aurel. Vict.*
[i] *Zosim l. I, c. 24.*

GOT.   GOT.   241

terent sans succès, ils passerent dans le Détroit, traverserent l'Archipel & ayant raccommodé leur Flote sur la côte de Macedoine, ils s'arreterent si longtemps auprès du Mont Athos que l'Empereur Claudius eut le temps de les venir joindre. Au bruit de son arrivée ils quiterent Thessalonique & s'avançant dans les terres, pillerent la Pelagonie & les environs de Dobere dans la Péonie, où la Cavalerie des Dalmates leur tua quelques trois mille hommes; ils s'avancerent avec le reste vers Naisse dans la haute Mesie, où ils rencontrerent Claudius qui les batit à plate couture & leur tua cinquante mille hommes. Ce qui échapa prit la route de la Macedoine, mais on leur en ferma le chemin, ils gagnerent le Mont Hemus où ils souffrirent beaucoup.

Une partie detachée de leur Flote avoit été ravager la Thessalie & l'Achaïe, & ils avoient fait beaucoup de prisonniers, mais les Villes étant bien pourvûes ils n'en purent prendre aucune. Zonare dit que Cleodeme Athenien ayant amassé quelques troupes & des Vaisseaux, les vint attaquer du côté de la Mer & les mit en fuite: ils allerent pourtant jusqu'en Crete & à Rhode & c'est de cette incursion qu'il faut entendre ce qu'Ammien Marcellin *a* dit que les Scythes assiegerent les Villes de Pamphylie. La peste se mit parmi eux les ayant extrememement affoiblis ils repasserent dans la Macedoine pour y passer l'Hyver & la peste acheva de les ruiner.

a l.31.

b Zosim.

L'an 270. les Goths qui s'étoient retirez sur le Mont Hemus y furent attaquez par la peste & par la famine, Claudius les attaqua néanmoins & après quelques combats, il les força de demander quartier, on en mit une partie dans les troupes Romaines & on donna aux autres des terres à labourer. Quelques-uns demeurerent en armes jusqu'après la mort de Claudius; peu retournerent en leur Pays, tant de ceux qui étoient dans la Thrace que de ceux qui après avoir couru l'Archipel s'étoient retirez en Macedoine. Les Romains se vanterent d'avoir dissipé une armée de 320. mille Goths, & fait perir deux mille Vaisseaux. Ceux qui étoient restez en armes pillerent Anchiale Ville de Thrace & tâcherent de prendre Nicopolis dans la basse Moesie, mais les gens du Pays les dissiperent.

Les Goths après tant de desastres ne purent demeurer tranquiles. Cette Nation inquiete & belliqueuse dès le commencement de l'Empire d'Aurelien se jetta sur la Pannonie. Il donna ses ordres pour enfermer les vivres dans les Villes afin d'affamer ces Barbares; cela ne fut point suffisant, il falut livrer une bataille qui dura jusqu'à la nuit sans rien decider, mais durant la nuit les Goths repasserent le Danube & envoyerent dès le lendemain demander la paix. Aurelien remporta sur eux plusieurs victoires, & on remarqua que dans leurs armées il y avoit des Dames & des Demoiselles qui combatoient habillées en hommes.

Du temps de Trajan la Dacie étoit au delà du Danube & soumise aux Romains. Ils l'avoient perduë sous Gallien, & Aurelien en avoit recouvré une partie, mais il aima mieux l'abandonner aux Goths qui s'en emparerent. Les Daces sujets de l'Empire furent établis dans une partie de la Moesie & dans la Dardanie qui devinrent la nouvelle Dacie à la droite du Danube, au lieu que l'ancienne Dacie dont les Goths se saisirent étoit à la gauche de ce Fleuve. Une Medaille de l'Empereur Tacite parle d'une victoire qu'il remporta sur les Goths, & une Inscription lui donne le titre de Gothique.

Il n'est pas vraisemblable que sous l'Empire de Diocletien & d'Herculius *c* les Goths soient demeurez tranquiles, lorsque les Carpes, les Bastternes & les Sarmates prirent les armes & furent défaits par les Romains. Constantin étant venu à bout des guerres civiles qui avoient troublé le commencement de son regne, livra aux Goths plusieurs combats, mais Eutrope ne dit point en quel Pays ils étoient alors.

c Eutrop. l.9.

Ce fut du temps de cet Empereur vers l'an 325. que les Goths reçurent la lumière de l'Evangile. Le Concile de Nicée avoit terminé la question sur le jour où l'on doit celebrer la Pâque; les Quartodecimains refuserent de s'y soumettre; on appelloit ainsi ceux qui celebroient la Pâque le quatorziéme de la Lune de Mars quelque jour que elle arrivât. Il se fit un Schisme, quelques Chrétiens de Mésopotamie *d* se separerent de l'Eglise à cette occasion, ils avoient pour Chef Audius un Vieillard, ce qui les fit nommer Audiens, les Evêques l'ayant deferé à Constantin il l'exila en Scythie, où il demeura plusieurs années & passa bien avant chez les Goths où il instruisit plusieurs personnes dans le Christianisme & y établit des Vierges, des *Asceres*, c'est-à-dire, des Religieux, & des Monasteres très-reguliers; la seule chose qu'il y eût à reprendre étoit l'opiniâtreté dans le Schisme.

d Fleuri Hist. Eccles. l.11.

S'il étoit bien certain que le Géographe Anonyme de Godefroy eût vécu sous les Fils de Constantin, Constantius & Constans *e*, on pourroit dire que les Goths s'étoient déja avancez jusqu'aux confins de la Gaule, car cet Auteur dit expressement *habet adjacentem Gentem barbaram Gothorum*. Mais ce passage me persuade au contraire que cet Ecrivain est plus récent, malgré les preuves de Godefroi qui ne me paroissent pas si demonstratives que celle-là.

e Exposit. Totius Mundi n. 49.

Il paroît par l'Histoire du Concile de Constantinople tenu l'an 360. sous Constantin le Jeune que la Religion Chrétienne avoit fructifié parmi les Goths, puis qu'ils avoient une Evêque nommé Ulsila qui y assista; & on voit de plus qu'ils étoient encore Catholiques. La presence de cet Evêque au Concile, prouve aussi que sa Nation étoit en bonne intelligence avec l'Empire. Ulsila *f* n'est pas le plus ancien Evêque que l'on connoisse parmi eux, & Socrate dit que Theophile Evêque des Goths assista & souscrivit au Concile de Nicée, & qu'Ulsila son Successeur s'écarta de la foi de Nicée. Il devint Arien & infecta sa Nation de l'Arianisme qu'elle protegea long-temps.

f Hist. Eccles. l.2. c.41.

DIVISION DES GOTHS EN OSTROGOTHS ET WISIGOTHS.

Lorsqu'il est question du Christianisme des Goths il faut peut-être distinguer ceux qui fai-

H h

242 GOT.

faisoient un Corps de Nation, & les Goths qui étoient dans l'Empire. Philostorge [a] raporte que sous Constantin le Grand, une nombreuse multitude de Gétes, c'est-à-dire, de Goths, furent chassez de leur Pays à cause de la Religion & que l'Empereur les logea dans la Moesie. Il fait remonter l'origine de leur conversion aux courses qu'ils avoient faites dans l'Asie Mineure sous l'Empereur Gallien, particulierement dans la Galatie & la Cappadoce. C'est de ces Goths Chrétiens qu'il faut dire que Théophile & Ulfila étoient Evêques, & ceux-là étoient amis & sujets de l'Empire.

Je dirois que c'est de ce temps-là qu'il faut prendre la division des Goths en deux peuples; si je ne trouvois pas cette division déja faite dès l'Empire de Claudius II. dans la Vie duquel Trebellius Pollion nomme expressément les AUSTROGOTHS. L'Abbé de Maroles [b] qui a traduit cet Historien à sa façon, ajoute une note dans laquelle il avertit que les *Austrogoths* sont autres que les *Ostrogoths*, quoiqu'ils soient souvent confondus. Le bon homme avoit beaucoup lu, mais rapidement & savoit fort peu. Il se trompe en cela comme en quantité d'autres choses. Les *Austrogoths* de Pollion ne different point des Ostrogoths & c'est le même peuple.

DIVERS NOMS DES GOTHS.

LES GOTHS étoient souvent nommez *Scythes* par les Romains, parce qu'ils habitoient la petite Scythie; quelquefois *Sarmates*, à cause de leur origine, ou plutôt à cause de leur liaison avec les Sarmates Meridionaux; ou mêmes *Gétes* parce qu'ils occupoient l'ancien Pays des Gétes & que d'ailleurs, leurs noms avoient assez de ressemblance. Mais eux-mêmes ils s'appelloient Goths. Il y a bien de l'apparence que le Danube fut l'occasion de nommer OSTROGOTHS, ou Goths Orientaux, ceux qui demeuroient à la gauche de ce fleuve & WISIGOTHS ceux qui s'établirent en deça, & sur la droite. Les Goths avec le temps devinrent deux Nations distinctes dont chacune avoit son Roi, ils prirent des routes & eurent des destinées très-differentes l'une de l'autre.

Jornandes Auteur de leur Nation dit [c], qu'il y avoit parmi eux deux familles Royales: l'une des AMALES, ainsi nommée d'*Amala* ancien Roi de la Nation, commandoit aux *Ostrogoths*, l'autre des BALTHES, nom tiré de BALTH, *hardiesse*, avoit sous elle les *Wisigoths*. Les Historiens ne s'accordent pas sur la maniere d'écrire ces noms *Ostrogoths* & *Wisigoths*. Sidonius Apollinaris [d] nomme simplement VESI les Wisigoths. Procope dit presque toujours les GOTHS pour dire les *Ostrogoths*; mais quand il parle des WISIGOTHS, il les nomme. On trouve souvent dans les Historiens *Vesigothi* pour dire les *Wisigoths*.

GUERRE DES GOTHS CONTRE L'EMPIRE.

Ce fut sous l'Empire de Valens vers l'an 370. que la division des Goths se fit le plus connoître: ils obeissoient à deux Rois; Fritigerne gouvernoit les Wisigoths & Athanaric les Ostrogoths, la plupart étoient encore Payens; & quoique Fritigerne fût allié des Romains, il ne laissa pas de persecuter les Eglises des Martyrs, mais sous Athanaric ennemi des Romains & de Fritigerne, la persecution fut encore bien plus grande. Sous le Consulat de Jovien & de Varonien, c'est-à-dire, l'an 364. des parties des Goths ravageoient la Thrace. Il paroit par l'Histoire d'Ammien Marcellin [e] qu'ils se mêlerent de l'affaire de Procope qui disputa l'Empire à Valens. Ce concurrent ayant peri en Phrygie Valens leur envoya Victor & le chargea de leur demander par quelle raison un Peuple ami des Romains & en paix avec eux avoit donné du secours à un homme qui faisoit la guerre à ses maîtres legitimes. Pour s'excuser, ils montrerent des Lettres de Procope qui leur faisoit connoître qu'il succedoit à Constantin en qualité de son plus proche parent. Victor ayant rendu compte de sa commission, Valens ne se contenta pas de leur excuse & au printemps de 367. se rendit à Daphné [f] Château de la seconde Moesie, passa le Danube sans résistance. Ils avoient prevû sa marche & s'étoient retirez dans les Montagnes, où il ne pouvoit les aller chercher. Il demeura dans ces quartiers-là durant trois ans, & les tint toujours bloquez. Athanaric fit enfin la paix. Les Otages que les Goths avoient donnez à l'Empereur les retintrent quelque temps dans le devoir.

Mais les Huns Peuple venu de la Tartarie [g] au delà du Tanaïs, s'approchant du Danube, chasserent devant eux les Nations qu'ils trouvoient en leur chemin. Athanaric Roi ou Juge des Thervingiens qui avoit fait la paix avec Valens, tâcha de leur faire tête, mais il fut mis en fuite & sa défaite jetta l'épouvente parmi les Goths, la plus grande partie du peuple l'abandonna & chercha à s'éloigner de ces Barbares, ils ne trouverent point de meilleur asyle que la Thrace, ils se saisirent des bords du Danube sous la conduite d'Alavive. & envoyerent une Ambassade à Valens pour le prier de les recevoir, promettant de vivre en paix & de le servir en cas de besoin. Il leur permit de passer le Danube. & leur donna une partie de la Thrace: quand ce vint à les passer en deça du Fleuve il s'en trouva une multitude presque innombrable. Alavive & Fritigerne furent placez. Les Montagnes & les plaines furent couvertes de Goths, on leur donna des provisions & des terres pour l'avenir, l'an 377.

Un Officier de Valens nommé Lupicin fut chargé de leur fournir des vivres. Sa mauvaise conduite les irrita, ils prirent les armes, le defirent. Valens marcha contre eux en personne & y perit [h]. Enflez du succès de cette victoire ils avancerent jusqu'à Andrinople où Valens avoit ses tresors, mais ils l'assiégerent inutilement. Ils acheterent l'amitié des Huns & des Alains qui leur donnerent des troupes, avec ce renfort ils allerent attaquer Constantinople la Capitale de l'Empire. Ils ravagerent la Campagne & voulurent investir la Ville & la prendre d'assaut ou par famine, mais l'Imperatrice femme de Valens ouvrit alors le tresor public & anima si bien les habitans qu'ils sortirent en bataille & chargerent un gros de barbares. Le com-

combat fut fanglant & finit par une action qui furprit les Goths & jetta la frayeur dans leur Armée.

^a Quelques bataillons Sarrafins que la Reine Mauvia Chrétienne & alliée de l'Empereur avoit envoyez au fecours de l'Empire & que Valens avoit laiffez en garnifon à Conftantinople, étoient aux mains avec l'ennemi & la victoire étoit encore incertaine, ^b lorfqu'on vit tout à coup paroître un Soldat de cette Nation le poignard à la main & murmurant je ne fais quels mots lugubres. Il fortit des rangs tout nud & s'élança fur le premier Goth qu'il rencontra, lui planta le poignard dans le fein & fe jetta promptement fur lui pour fucer le fang de la playe qu'il venoit de faire. Les Goths étonnez de cette action brutale, qu'ils prirent pour un prodige, s'enfuirent en défordre & n'eurent plus le courage d'attaquer les Sarrafins.

^c Ils avoient tenté de prendre Perinthe, ils ne furent pas plus heureux devant Theffalonique, & on en attribua la délivrance aux prieres de St. Afcole qui en étoit Evêque. Après avoir manqué le pillage de ces Villes ils fe jetterent dans la Macedoine, la Thrace, la Scythie, la Moefie, & fe repandirent jufqu'aux Alpes Juliennes qui bornent l'Italie de ce côté-là, ravageant toutes ces Provinces, & laiffant partout des marques de leur avarice & de leur fureur.

^d Ils firent une perte confiderable dans l'Afie. Lorfqu'on les reçut dans la Thrace une des conditions qu'on leur impofa, fut qu'ils donneroient leurs Enfans en ôtage & la neceffité les força d'y confentir. On efperoit par là s'affurer de la fidelité des Peres & accoutumer infenfiblement les Enfans aux Loix & à la difcipline des Romains, afin de fe fervir des uns & des autres dans les guerres de l'Empire. Jules Gouverneur de l'Orient au delà du Mont Taurus, étoit chargé de l'éducation de cette jeuneffe. Il la difperfa dans les Villes de fon Gouvernement & la fit inftruire, felon les ordres qu'il avoit reçus de la Cour. Plufieurs étoient déja en âge de porter les armes, & quelque foin qu'on eût pris de leur cacher la victoire de leur Nation, ils en avoient appris les nouvelles. Alors revenant à leur naturel, ils concerterent entre eux les moyens de fe faifir de quelques Villes & d'égorger les garnifons qui ne feroient pas fur leurs gardes. Ceux qui fe trouvoient enfemble, firent avertir fecretement leurs Camarades & la confpiration devoit bientôt éclater. Jules en eut avis & les prévint, il vifita les places, donna fes ordres aux Gouverneurs & fit publier dans l'étendue de fon Gouvernement que l'Empereur pour gratifier ces étrangers & pour les engager plus fortement au fervice de l'Empereur avoit mandé qu'on leur diftribuât non feulement de l'argent, mais encore des terres & des maifons & qu'on les traitât comme fes Sujets naturels. Le jour pris pour cette diftribution, les barbares efperant profiter de l'argent ^e & des graces qu'on leur accordoit & rendre leur rebellion plus fure & plus facile, s'adoucirent un peu. Ils fe trouverent dans les Villes dont on avoit fous main renforcé les garnifons & comme ils furent affemblez dans de grandes places, des troupes qu'on avoit mifes dans les maifons d'alentour, fortirent fur eux l'épée à la main; & en tuérent la plus grande partie : le refte voulant fe fauver par les Carrefours, fut affommé par les Bourgeois à coups de pierres. On n'épargna pas même ceux qui n'étoient pas encore en âge de nuire, & par une prudence inhumaine Jules delivra ces Provinces du peril où elles étoient : l'affaire fut conduite avec tant d'adreffe & les ordres donnez & exécutez fi à propos, que ce maffacre fe fit le même jour par tout l'Orient, fans que les Goths en euffent eu le moindre foupçon & qu'il en pût échaper un feul.

Gratien après la mort de Valens envoya Theodofe vers la Thrace contre les Goths, les Huns, les Alains & autres Barbares. Fritigerne qui les avoit appellez n'étoit plus le maître, ils étoient divifez. Théodofe les trouvant en cet état fe battit, en fit un grand carnage & chaffa le refte au delà du Danube. Il porta lui-même cette nouvelle à l'Empereur qui ne la trouva point vraifemblable, & envoya des gens dignes de foi pour s'en informer & ils confirmerent par leur raport celui que Theodofe avoit fait; & Gratien par reconnoiffance l'affocia à l'Empire.

Ils revinrent dans la Thrace dès la même année 379. car Theodofe ayant pris poffeffion de l'Empire d'Orient dont étoit la Thrace & l'Illyrie Orientale les y alla joindre encore une fois. Ils s'étoient armez à la Romaine depuis la défaite de Valens. Fritigerne leur avoit appris à fe rallier & à obferver quelque difcipline. Leur armée groffiffoit tous les jours du nombre infini de leurs Compagnons que l'efperance d'un grand butin attiroit de tous côtez; ainfi ils étoient à craindre. Fritigerne à qui ils avoient refufé d'obéir, les avoit abandonnez. Dès qu'il s'agiffoit de piller ils n'obfervoient plus aucun ordre, & cette multitude qui venoit les joindre, ne faifoit qu'augmenter la confufion & caufer les divifions entre eux pour le partage des prifes qu'ils avoient faites. Théodofe fe furprit & fe battit entierement. Le bruit de cette victoire s'étant repandu d'autres Goths & les Alains qui ravageoient les autres Provinces s'arrêterent & firent la paix, plufieurs prirent parti dans fes troupes, & les autres promirent de fortir des terres de l'Empire. Mais l'Empereur étant tombé malade l'année fuivante, ils crurent avoir trouvé l'occafion de fe vanger de leurs pertes; au lieu de fortir des terres de l'Empire, comme ils y étoient engagez, ils y appellerent de nouvelles troupes de Barbares & y firent plus de ravages qu'auparavant. Ceux de leur Nation qui s'étoient mis en grand nombre à la folde de l'Empereur leur facilitoient fecretement l'entrée des Provinces. La terreur fe repandit parmi les peuples ; les gens de guerre ne recevant de la Cour que des ordres lents & indeterminez ne favoient à quoi fe refoudre. On avertit d'abord l'Empereur Gratien de la maladie de Théodofe & du peril de l'Empire, quelques Officiers de l'armée avec ce qu'ils avoient pu ramaffer de troupes, s'oppofoient cependant aux ennemis & leur difputoient les paffages. Mais le nombre de ces barbares croiffant toujours, ils fe rendoient partout les maîtres.

Théodose sentant ses forces revenues fit marcher son armée de ce côté-là & y alla lui-même aussitôt que sa santé le lui put permettre. Après qu'il eut fait reconnoître les ennemis, encore qu'il fût beaucoup inférieur en nombre, il s'avança à dessein de les combatre, mais il fut prévenu & quelque précaution qu'il eut prise il se vit tout d'un coup trahi par les Goths qu'il avoit retenus à son service. Ils tournèrent leurs armes contre lui & l'Empire étoit perdu, s'ils eussent sû profiter de la victoire; après avoir défait l'Empereur, ils se debanderent pour piller, & au lieu de le poursuivre dans sa retraite, ils profitèrent de l'ouverture des passages & se jetterent sur la Macédoine & la Thessalie dont ils ravagerent la Campagne & laissant les Villes où il y avoit des garnisons.

Théodose s'étoit retiré à Thessalonique où il assembla tout ce qu'il put de monde, & apprit que Gratien lui envoyoit une armée de ses meilleures troupes. Les barbares se crurent perdus, regagnerent la Thrace & demanderent la paix qu'on leur accorda, à condition qu'ils poseroient les armes & jureroient de ne les plus reprendre contre l'Empire & qu'ils defendroient les frontieres contre les autres peuples: qu'ils sortiroient sans delai hors des Provinces de l'Empire ; qu'ils fourniroient certain nombre de troupes choisies pour être distribuées dans tous les corps de l'armée Romaine, & que l'Empereur les protégeroit aussi & les regarderoit comme ses amis & ses Alliez. Les Goths accepterent ces conditions & commencerent à les exécuter de bonne foi : ils repasserent en effet le Danube la même année, & donnerent à leurs Compatriotes une si grande idée de Théodose que plusieurs de ces Peuples rechercherent sa protection. Il la leur accorda, & quoi qu'ils n'eussent point proposé de conditions il leur en fit de très-avantageuses, ordonnant qu'on leur fournît des vivres en abondance & leur assignant des terres dans quelques Provinces de l'Empire.

Depuis ce temps-là les Goths le servirent toujours. Il y en eut près de vingt mille qui prirent parti dans ses troupes. Le reste se tint sur les bords du Danube, pour empêcher les autres barbares de courir sur les Pays Romains.

Ils respecterent l'Empire d'Orient tant que vécut Théodose, mais comme après sa mort ses deux fils ne répondirent point à leur naissance & se livrerent à la molesse, les Goths eurent honte de se soumettre à des Princes si voluptueux, ils élurent pour Roi Alaric* de la famille des Balthes; un autre parti d'entre-eux (apparemment les Wandales) élut pour Roi Radagaise, mais après avoir été divisez, ils se réunirent contre les Romains. Radagaise suivi de deux cens mille Sarmates (c'est-à-dire, d'une nombreuse armée dans laquelle les Sarmates tenoient le premier rang;) entra en Italie, & s'étant laissé enfermer dans les Montagnes de Toscane, y fut affamé & batu par Stilicon qui le prit & le fit mourir. Ce Stilicon étoit lui-même un Barbare d'origine qui servoit sous Honorius. Les Empereurs les prenoient à leur service. Gaïnas *b* Capitaine Goth étoit

a Isidori Chronic.

b Theodoret l. 5. c. 32. Sozomen. l. 8. c. 4.

de même tout puissant en Orient sous Arcadius qui fut obligé de lui confier le commandement de toutes ses troupes, tant de Cavalerie , que d'Infanterie. Il voulut même obliger l'Empereur à donner une des Eglises de Constantinople aux Ariens, & St. Jean Chrysostôme le lui ayant refusée, Gaïnas eut l'insolence de se revolter & de ravager la Thrace, mais Vides Chef des Huns le défit & envoya sa tête à Constantinople. Telle étoit la foiblesse de l'Empire qu'il ne pouvoit se délivrer d'un barbare que par le secours d'un autre étranger.

Alaric *c* ne s'effraia point du sort de Radagaise ; il voulut au contraire le vanger. Il s'avança vers l'Italie qu'il soumit; prit Rome ; ravagea la Campagne de Rome & la Terre de Labour & alla mourir à Cosence dans le temps qu'il se preparoit d'aller en Afrique. Ataulphe lui succeda & gouverna les Goths qui l'avoient suivi en Italie. On les nommoit Wisigoths. *d* Les Wandales & les Alains avoient eu permission des Empereurs d'Occident de s'établir dans les deux Pannonies, mais ne s'y trouvant point en sûreté à cause des Nations qui les pressoient par derriere & qui cherchoient à avoir aussi leur part des débris de l'Empire, ils se jetterent sur les Gaules. Les Francs & les Bourguignons en avoient déjà envahi une partie après avoir passé le Rhin. Les Wandales & les Alains ne faisoient que s'y établir, lorsque les Goths firent paix avec les Romains. Ils avoient pris durant le sac de Rome Placidie soeur d'Honorius & fille de Théodose mais d'une autre Mere, Ataulphe l'épousa, les Romains & les Goths ne devinrent plus qu'un Peuple par cette alliance & ces derniers laissant l'Italie à l'Empereur passerent dans les Gaules. Les Wandales & les Alains qui connoissoient la valeur des Goths ne leur disputerent point le terrain & passerent les Pyrenées.

c Isidor. Chron.

d Jornandès c. 31.

Le premier soin des Goths fut d'affermir leur nouvel établissement ; ils songerent ensuite à s'agrandir. Les ravages que les Wandales faisoient en Espagne qui étoit à l'Empereur leur Allié servirent de pretexte ; sous couleur de délivrer ses Provinces ils les y suivirent & avancerent jusqu'à Barcelone. Le Languedoc, la Provence, le Roussillon & la Catalogne étoient alors la Gothie.

Il y avoit toujours des Goths dans la Thrace & nous en parlerons peu après. Nous suivons ici l'Histoire des Wisigoths que nous avons conduits dans les Provinces Méridionales de la Gaule & dans une partie de l'Espagne.

Regeric Successeur d'Ataulfe perit bientôt après par une conspiration. Valia qui regna ensuite étoit un Roi prudent. Honorius craignant qu'il ne violât les Traitez faits avec Ataulphe, & qu'ayant vaincu ses voisins il ne voulût tourner ses armes contre l'Empire, envoya contre lui Constantin Général fameux par plusieurs victoires, avec ordre de tirer à quelque prix que ce fût sa soeur Placidie de l'esclavage où elle étoit. Valia vint au devant de lui jusqu'aux Pyrenées ; mais au lieu de donner bataille , on entama une négociation. Les Goths rendirent la Princesse & pro-

promirent de secourir l'Empire en cas de besoin. Débarassez de cette affaire, ils retournerent contre les Wandales, mais ceux-ci appellez en Afrique par le Comte Boniface, les délivrerent d'une guerre qui auroit pu être funeste aux deux Nations. Valia les y auroit poursuivis si l'exemple d'Alaric ne l'eût pas retenu. Il revint à Thoulouse & eut pour successeur Theodoric homme sage, moderé, courageux, & d'une corpulence robuste. Quelques Goths ayant pris le parti du Comte Camma, donnerent du mecontentement aux Romains qui pour s'en venger appellerent les Huns à leur secours, rompirent la paix & entrerent dans les Gaules, après quelques combats où ils eurent d'abord quelques avantages, ils furent défaits entierement par les Goths. Ces derniers marcherent ensuite contre les Huns [a], qui s'étoient jettez sur les Gaules & les obligerent de se retirer en Italie, où ils perirent. Je laisse tous les détails de l'Histoire de cette Nation. On peut les voir dans le livre de Jornandes & dans la Chronique de St. Isidore de Seville. Je remarquerai seulement ici que ce fut sous Euric contemporain de l'Empereur Léon que les Goths commencérent à avoir des Loix redigées par écrit. Jusques-là ils n'avoient que des coutumes & des usages qui se transmetoient de pere en fils, sans le secours des Lettres.

[a] Isidor. Chron.

ROYAUME DES WISIGOTHS EN ITALIE.

Outre les Ostrogoths qui étoient en Thrace, & les Wisigoths qui s'étoient formé un Royaume au delà & en deçà des Pyrenées, il y en avoit encore de ces derniers en Italie. Zenon [b] Successeur de Léon jouïssoit de l'Orient ; Auguste surnommé par les Romains Augustule à cause de son bas âge, possedoit celui d'Occident & son Pere Oreste gouvernoit pour lui. Les Alains, & les Goths, étoient devenus necessaires & redoutables aux Romains déja affoiblis par Alaric & par Attila. On ne pouvoit les contenter. C'étoient toujours des demandes nouvelles. Ils pretendirent le partage des terres d'Italie & massacrerent Oreste parce qu'il leur en refusoit le tiers.

Un des Goths nommé Odoacre qui avoit été Garde de l'Empereur, leur promit tout s'ils vouloient lui mettre en main le commandement ; ils le lui defererent, il s'empara de l'autorité souveraine & fit enfermer l'Empereur qu'il condamna à une vie privée. Il distribua ensuite aux Goths le tiers des terres, & jouït dix ans, selon Procope, & seize ans & demi, selon Mr. de Vallemont [c], de l'Empire qu'il avoit usurpé.

[b] Procop. Goth. l. 1. c. 1.
[c] Elem. de l'Hist. T. 3.

CE ROYAUME EST DETRUIT OU PLUTOT CONTINUÉ PAR LES OSTROGOTHS.

[d] Les Ostrogoths qui étoient dans la Thrace par la permission de l'Empereur prirent dans le même temps les armes contre l'Empire d'Orient sous la conduite de Théodoric qui étoit Patrice & avoit été Consul. Zenon lui fit insinuer qu'ayant l'honneur d'être Senateur il lui seroit plus glorieux de détruire la puissance d'un Tyran & de s'assurer la possession paisible de l'Italie en chassant Odoacre, que de s'exposer aux hazards d'une guerre avec l'Empire. Théodoric charmé de cette ouverture partit avec une multitude innombrable de Peuple qui trainoit sur des chariots des meubles, des femmes & des enfans. Faute de vaisseaux ils ne purent traverser le Golphe & ils en firent le tour. Odoacre vint au devant d'eux, & après plusieurs pertes s'enferma dans Ravenne où il fut assiégé durant trois ans. Il composa enfin par l'entremise de l'Evêque, & obtint de partager la Ville avec Théodoric qui le fit mourir peu après. C'est ainsi que se forma le Royaume des Goths en Italie, car Théodoric se contenta du titre de Roi, & fit sa residence à Ravenne.

[d] Procop. Goth. ibid.

Ce Prince se fit respecter de tous ses voisins qui menagerent son amitié. On trouve une Loi de l'Empereur Justin contre les Manichéens [e]. Il exclut les autres heretiques, les Payens & les Juifs de toute charge ou dignité, de peur qu'ils n'en prennent occasion de vexer les Chrétiens & particulierement les Evêques, mais il excepte expressément les Goths alliez des Romains, parce qu'il ne vouloit pas choquer Théodoric qui étoit Arien.

[e] l. 12. C. de Haret.

UNION DES OSTROGOTHS ET DES WISIGOTHS SOUS THEODORIC.

[f] Tant que les Romains conserverent leur Empire, ils commanderent dans les Gaules situées au delà du Rhône (c'est-à-dire, au Couchant de ce Fleuve). Mais quand Odoacre eut usurpé le Gouvernement, il abandonna aux Wisigoths toutes les Gaules jusqu'aux Alpes qui separent les Gaulois des Liguriens. Après la mort d'Odoacre les Thoringiens, & les Wisigoths apprehendant les Germains dont la puissance s'étoit déja fort accrue & qui venoient en grand nombre & renversoient tout ce qui s'opposoit à eux, rechercherent l'alliance des Goths & de Théodoric (c'est-à-dire, des Ostrogoths.) Il en fut charmé & pour mieux cimenter l'union, il donna en mariage Theudichuse sa fille à Alaric le Jeune, Roi des Wisigoths ; & Amelobergue sa Niéce fille de sa sœur Amalafride, à Hermenefride Roi des Thoringiens. Sa protection fit peur aux Germains qui tournerent leurs efforts contre les Bourguignons.

[f] Procop. Goth. c. 12.

Il paroit par ce passage & par plusieurs autres que par les Germains Procope entend les Francs. Car il le dit un peu plus haut en parlant de la Gaule : il y a aussi plusieurs marais autour desquels les Germains avoient autrefois leurs demeures. Ce n'étoit alors qu'un Peuple barbare dont le nom n'avoit rien d'illustre ; mais maintenant on les appelle les Francs. C'étoit donc de ces Germains, ou de ces Francs que l'alliance de Théodoric garantit les Wisigoths. Ils étoient d'autant plus redoutables qu'ils avoient été renforcez par une partie des forces de l'Empire. Les Aborusques déja Chrétiens & Catholiques & sujets des Romains n'ayant pas voulu se soumettre aux Germains

mains avoient consenti d'être leurs alliez, & les Soldats Romains qui étoient en garnison dans les Provinces les plus éloignées de la Gaule, ne pouvant retourner dans leur patrie, à travers tant d'ennemis, avoient aimé mieux se donner aux Germains & aux Aborusques qui avoient la même foi qu'eux, qu'aux Wisigoths qui étoient Ariens.

Peu de temps après l'alliance des Ostrogoths & des Wisigoths, ils se liguerent avec les Francs pour exterminer les Bourguignons & partager leur Pays. Les conditions étoient que les terres conquises seroient également partagées entre les deux Peuples, & que si l'un des deux remportoit seul la victoire, celui qui seroit venu trop tard payeroit à l'autre une certaine quantité d'or. Suivant cet accord les Francs remirent sur pied une puissante armée. Théodoric feignit aussi de vouloir marcher, cependant il ne se pressoit point; enfin ne pouvant plus différer d'envoyer ses troupes, il commanda à ses Capitaines de marcher à petites journées & que s'ils aprenoient que les Francs eussent été batus, ils s'arrêtassent, que si les Francs étoient vainqueurs ils les joignissent promptement. Il fut obéï, les Francs lassez d'attendre leurs alliez se battirent & après un rude & long combat, remporterent la victoire sur les Bourguignons, qu'ils poursuivirent jusqu'à l'extremité de leur Pays, où ils avoient quelques Forts; & se rendirent maîtres de tout le reste. Les Goths accoururent, payerent l'amande & eurent leur part du Pays conquis. Procope au lieu de blâmer la friponnerie de Théodoric, loue sa prudence d'avoir acquis pour une somme mediocre la moitié d'un grand Pays sans hazarder la vie de ses Sujets.

FIN DU ROYAUME DES OSTROGOTHS EN ITALIE.

Théodoric laissa pour Successeur un jeune Enfant Fils de sa sœur Amalasunthe; cette Princesse après avoir sagement gouverné pour son fils qui mourut huit ans après, épousa Théodat qui la paya d'ingratitude & la fit mourir. Witiges qui la vangea se brouilla avec l'Empereur contre lui Belisaire; ce qui donna lieu à la guerre que Procope a écrite en trois Livres *. Théodat n'avoit regné que deux ans, Witiges quatre, il eut pour Successeur Théobald qui ne regna qu'un an, Araric ne regna que trois mois & fit place à Téjas qui profitant du depart de Belisaire, releva un peu les affaires de sa Nation; mais l'Empereur Justinien envoya contre lui Narsès qui le vainquit & mit fin au Royaume des Goths en Italie. Après cette Epoque qui est de l'an 552, il n'est plus question des OSTROGOTHS dans l'Histoire. Seize ans après, Alboïn vint en Italie & commença le Royaume des LOMBARDS, qui est une Monarchie differente.

ROYAUME DES WISIGOTHS EN ESPAGNE.

Les Wisigoths & les Ostrogoths avoient été unis sous Théodoric, mais après sa mort ils furent separez; & les Wisigoths eurent pour Roi Amalaric son petit-fils, né du mariage de Teudichuse avec Alaric le Jeune. Il possedoit la Septimanie qu'on appelloit alors GOTHIE, & c'est ce que Gregoire de Tours nomme TERRA OU REGIO GOTHORUM, Théodoric son ayeul reserva à Athalaric la Provence, ou pour parler le style de ce temps-là, la Narbonnoise seconde, partie de la Viennoise premiere, & toute la cinquiéme. Ce Pays joint à l'Italie lui fit un assez beau Royaume, qui, comme nous avons vu, fut dissipé peu après.

Il n'en fut pas de même des Wisigoths. Ils s'étoient bien trouvez de l'amitié de Clovis. Amalaric leur Roi voulut s'attacher ses quatre fils en épousant leur sœur Clotilde. Il faisoit sa residence à Narbonne. Mais ces Princes n'avoient pas la puissance de leur Pere, trois d'entre-eux en avoient tiré chacun un Royaume & le quatriéme n'en avoit rien. Thierri regnoit en Austrasie & avoit pour Capitale Mets, Childebert avoit la Neustrie & residoit à Paris, & Clothaire regnoit à Soissons. Amalaric étant Arien & persecuteur, commença de maltraiter Clotilde qui étoit Catholique. Childebert voulut en tirer vangeance, alla chercher son beau-frere jusqu'à Narbonne, & le battit, Amalaric voulut s'enfuir & fut tué. Ses Successeurs effrayez de cet exemple transporterent le siége de leur domination à Tolede. On peut voir en abregé le destin de cette Monarchie, dans l'Histoire Géographique de la Monarchie de Castille au mot CASTILLE. Le Royaume des Wisigoths finit en Espagne au VIII. siécle par l'incontinence de Roderic, qui donna lieu au Comte Julien d'atirer les Maures qui firent perir le Roi & la Nation.

Nous finirons cet article par un petit nombre de remarques qui en renferment la substance.

Il n'est pas certain que les Guttons soient venus de la Scandinavie. La connoissance qu'on a d'eux est de quatre siécles plus ancienne que celle qu'on a des Gutes qui étoient dans cette Presqu'Isle. Mais il n'est pas impossible que ces Gutes soient sortis les Jutes qui ont peuplé le Jutland & envoyé des Jutes en Angleterre.

Dès les temps de Ptolomée Philadelphe les Guttons étoient auprès de la Wistule & à l'Orient. Ils étoient de la Sarmatie, & non pas de la Germanie. Ils ont ensuite occupé dans la Scythie le Pays qu'avoient eu les Gétes, mais ce n'est pas à dire pour cela que ce soit une même Nation; car quand les Goths y arriverent, les Gétes étoient déja confondus parmi les Daces. Les Goths ont été souvent nommez *Scythes* par les Historiens parce qu'ils habitoient la petite Scythie, au bord du Pont Euxin & au delà du Danube. Ils profitoient souvent des regnes foibles des Empereurs pour passer ce Fleuve & se repandoient dans la Thrace; & de temps en temps on les rechassoit au delà du Danube. On ignore le temps de leur division en Ostrogoths & Wisigoths, mais elle étoit déja établie du temps de l'Empereur Claudius II. Leur mesintelligence sous Valens attacha les Ostrogoths à l'Empire d'Orient, & cet Empereur les infecta de l'Arianisme que

toute

a De Bello Gothico.

toute leur Nation embraſſa & porta en Italie, dans les Gaules, & en Eſpagne. Les Oſtrogoths tantôt vainqueurs, tantôt vaincus, obtinrent enfin la Thrace. Les Wiſigoths attaquerent l'Empire Romain ſous Radagaiſe & enſuite ſous Alaric qui pilla Rome. Athaulfe ſon Succeſſeur s'acorda avec Honorius & lui cedant l'Italie ſe retira dans les Gaules avec ſes Wiſigoths. Il en reſta pourtant en Italie, ils y devinrent ſi puiſſans qu'Odoacre l'un d'entre-eux uſurpa l'Empire. Théodoric parti de Thrace avec ſes Oſtrogoths, défit Odoacre & commença le Royaume des Oſtrogoths en Italie. Ses Succeſſeurs ſe brouillerent avec l'Empereur Juſtinien qui détruiſit leur Monarchie par Beliſaire & par Narſès. Les Wiſigoths alliez avec les Francs rompirent avec eux, quiterent le ſéjour de Narbonne & firent en Eſpagne une nouvelle Monarchie qui dura juſqu'à l'invaſion des Maures. Les Goths n'étoient pas d'abord un ſeul & même Peuple. C'étoit une confederation de diverſes Nations qui s'étant unies avec eux, combatirent ſous leurs enſeignes & on s'accoutuma à leur donner le même nom.

[a] In Eutrop. l. 2.

GOTHUNNI [a], ancien Peuple barbare dont parle Claudien en ces vers.

Targibilum tumidum deſertoresque Gothunnos
Ut miſeras populabor oves & pace relata
Priſtina reſtituam Phrygias ad flumina matres.

Il n'y a point d'apparence qu'il ſoit la queſtion des *Gothini* de Tacite. Ortelius propoſe une autre conjecture plus plauſible. Ce nom eſt compoſé de celui des *Goths* & de celui des *Huns*. On a vu dans l'article des Goths les courſes qu'ils avoient faites au delà du Boſphore, & leur union avec les Huns, Vopiſcus [b] dans la Vie de Probus nomme le même Peuple GAUTUNNI.

[b] Hiſt. Auguſt. in Probo.

GOTO, ou GOTHO, (LES ISLES DE) Iſles du Japon, au Couchant de celle de Bongo, & du Port de Nangazaki. Il y en a quatre principales, la plus grande eſt au Midi & entourée d'écueils. La ſeconde eſt au Nord, avec une Ville nommée GOTTO, ou GOTHO : les deux autres ſont au Nord Occidental de la ſeconde, & accompagnées de quelques autres fort petites, ſelon la Carte du Japon inſerée dans l'Hiſtoire du Japon par Mr. Kaempfer.

GOTTA, Ville ou Bourg de la Mauritanie ſur l'Océan aſſez près du Fleuve Lixus, ſelon Pline. Elle ne ſubſiſtoit déja plus de ſon temps, non plus que Lixa ; mais la place en gardoit toujours le nom. Après avoir dit [c] : *Oppida fuere Liſſa & Gotta ultra Columnas Herculis*, il dit ailleurs [d] : *in Oceano, ad locum Mauritania, qui Gotta dicitur, non procul Lixo Flumine &c.* L'Edition du R. P. Hardouin prefere *Cotta* par un C.

[c] l. 3. c. 5.
[d] l. 32. c. 2.

GOTTHENI [e], Peuple de l'Aſie mineure vers la Propontide, ſelon Conſtantin Porphyrogenete. Seroit-ce un détachement des *Gothunni* de Claudien qui ſe ſeroit établi en cet endroit?

[e] Ortel. Theſ.

GOTTI. Voiez les GOTHS.

GOTTINGEN [f], Ville d'Allemagne au Duché de Brunſwig ſur la Leine, dans un Terroir très-fertile. Elle eſt la Capitale d'un Pays particulier qui eſt la Principauté de Brunſwig-Gottingen, & que l'on appelle auſſi l'Oberwald. Ce Canton a à l'Orient l'Echsfeld; au Midi le cours de la Werra, au Nord les Villes de Northeim & d'Eimbeck. La Ville eſt arroſée par la Leine qui la traverſe & qui coulant delà par la Principauté de Calenberg & par la Ville de Hanover va ſe joindre avec l'Aller, pour aller ſe jetter enſemble dans le Weſer. Comme on ne ſait pas le temps de ſa fondation, ſon nom a donné occaſion de l'attribuer aux Goths [g]. Quelques autres derivent le mot de Gottingen de la bonté de ſon Terroir. Henri Meibom a exprimé en trois vers ces deux étymologies.

[f] Zeyler, Brunſwic. & Luneburg. Topogr. p. 92.
[g] Dreſſer. de præcip. German. Urbib.

Leina Pater vitreo, qui flumine profluis urbem,
Cui circumfuſſ bonitas notiſſima ruris,
Aut Veteres Gothi nomen tribuere venuſtum.

Il dit ailleurs :

Sive agri bonitas ſeu gens tibi Gothica nomen,
Gottinga, fecerit tuum.

L'Etymologie qui fait venir Gottinge de *Gutt*, bon, ſemble autoriſée par des Lettres écrites de la main de Frederic Barberouſſe où cette Ville eſt nommée GUTTDING, a *Northen ad montes Meſſiacos uſque ad noſtram Civitatem* Guttding. François Modius de Bruges [h] raconte fort au long que vers l'an 925. ou ſelon d'autres 932. ou 933. Henri l'Oiſeleur ayant remporté une glorieuſe victoire ſur les Huns qui ravageoient l'Allemagne, les chaſſa juſqu'à Gottingen *uſque ad Gottungam ſic dictam, quod Gothos, Hunnoſque ea expeditione ſubjeciſſet*; & qu'il y celebra ſon triomphe par un magnifique Tournoi. On y en a donné encore quelques autres, il eſt certain que c'étoit une Ville dès le temps de cet Empereur. Quelques-uns diſent qu'elle avoit titre de Comté ; mais on ne peut pas douter que ſous l'Empire de Henri l'Oiſeleur, des trois Ottons, de Henri II. de Lothaire & d'Otton IV. cette Ville ne leur ait appartenu. Quelques-uns mêmes ont reſidé dans le Château de Grona ou Grune qui eſt dans le voiſinage. Lothaire a fait bâtir un Château dans la Ville & y a demeuré, & c'eſt à ces temps-là qu'elle doit ſes principaux avantages. Après divers accroiſſemens, Gottingen étant devenue une aſſez grande Ville en 1319., outre les deux Egliſes de St. Alban & de Notre Dame qui étoient auparavant hors de l'enceinte de la Ville, on y vit deux hopitaux de la Sainte Croix & du St. Eſprit ; diverſes Paroiſſes, ſavoir celle de St. Jean qui eſt la principale, celles de St. Jaques, de St. Nicolas &c.

[h] Pandect. Triumphal. T. 2. l. 1. fol. 1.

Après avoir été aſſez longtemps Ville Imperiale, Gottingen eſt ſujette depuis longtemps à la Maiſon de Brunſwig, & eſt du partage de l'Electeur d'Hanover. Elle a été autrefois celui d'une autre Branche qui eſt éteinte depuis longtemps. Cette Ville qui a un aſſez beau College eſt la patrie de Jean Caſelius qui y naquit l'an 1533. & mourut l'an 1613. à Helmſtadt.

GOT-

GOT. GOU.

GOTTLIEBEN, Bourg de Suisse au bord du Lac de Constance, dans l'Etat de l'Evêque de Constance, à une lieue de la Ville de ce nom, & entre Constance & Stein: il y a un fort Château où reside le Bailli de l'Evêque & où fut enfermé Jean Huss par ordre du Concile l'an 1415. Le Bourg & le Château furent bâtis en 934. par Conrad Evêque de Constance, au retour de son troisième Voyage de la Terre Sainte.

GOTTORP, Zeyler [a] écrit aussi GOT-TORFF; Château d'Allemagne, au Duché de Sleswig, mais dans le partage des Ducs de Holstein, dont il est la residence ordinaire & dont la principale branche après la maison Royale de Danemarc prend le nom de Holstein Gottorp. C'est en même temps une maison de plaisance & une Forteresse. La grande Tour fut bâtie par Adolphe Duc de Sleswig qui mourut l'an 1459. un autre Duc Adolphe qu'il ne faut pas confondre avec lui ameliora le Château en 1586. Il y a une Douane qui produit un revenu considerable; & il se trouve des années où les bœufs que l'on fait passer de Danemarck en Allemagne montent jusqu'à cinquante mille, & tous doivent un droit au bureau. Ce Château n'est pas loin de la Ville de Sleswig. [b] Jean Rist dans son Miroir de la Guerre & de la Paix fait un assez beau Tableau de ce lieu. Il y a, dit-il, des belles Collines, de charmans bocages, & de magnifiques jardins. L'eau n'y manque pas & la Schlye l'arrose. Il ajoute: je ne crois pas qu'il y ait au monde un lieu mieux situé, pour un homme qui aime les Arts & les Sciences & particulierement la Poësie.

§ Ce lieu étoit censé de l'Allemagne, lorsqu'il appartenoit au Duc de Holstein, mais à present que le Roi de Danemarck possede le Slefwig entier qu'il a conquis sur les Suedois durant la minorité du Duc de Holstein; & qu'il s'en est fait assurer la possession par la garantie des Rois de France & de la Grande Bretagne, Gottorp est du Danemarck aussi-bien que le reste du Slefwig.

GOTTSBERG [c], petite Ville de Bohéme en Silesie au Duché de Schwidnitz. Elle n'est remarquable que par ses mines d'argent.

GOTTSTADT [d], Bailliage de Suisse dans le Canton de Berne au Pays Allemand, du côté de Bienne. C'étoit autrefois un Couvent de l'Ordre de Premontré, situé sur la Thiele entre Nidau & Buren. On en a fait un Bailliage.

GOUALEOR, ou **GOUALIAR**. Voiez GUALEOR.

☞ **GOUAVE**, on appelle ainsi deux Ports de l'Amerique dans l'Isle de St. Domingue, on les distingue par les surnoms de grand & de petit.

LE GRAND **GOUAVE** [e], Port de l'Amerique sur la côte Occidentale de l'Isle Espagnole ou de St. Domingue, avec une Colonie Françoise qui y est établie depuis quelques années, près de la grande Riviere entre Leogane à l'Orient & le petit Gouave à l'Occident.

LE PETIT **GOUAVE** [f], Port de la même côte dans le quartier du Sud & sur le grand Cul-de-sac, entre le grand Gouave à

[a] Saxon. Infer. To-pogr. p.214.

[b] Ibid. p.105.

[c] Zeyler Silesiæ Topogr. p.148.

[d] Etat & delices de la Suisse T.2. p.177.

[e] Baudrand Ed. 1705.

[f] Ibid.

GOU.

l'Orient & Nipe à l'Occident. Outre le Bourg on y a bâti un Fort.

GOUAYR, petit Pays de la Terre Sainte au Levant du Jourdain. Il fut autrefois le partage de la demi-Tribu de Manassé, selon Mr. Baudrand [g] qui le nomme en Latin Ter-ra Arabum.

[g] Ed. 1705.

GOUBOUR, Royaume d'Afrique dans la Nigritie au Nord du Niger, selon Mr. de l'Isle. Dans sa Carte generale de l'Afrique publiée en 1722., il le borne au Nord par le Mont Amedede, au Nord-Est par le Royaume des Agades, à l'Orient par les Pays de Zanfara & de Cano, au Midi par le Niger & au Couchant par le Royaume de Tambouctou. Il y place une Ville nommée aussi GOUBOUR. Dans sa Carte de la Barbarie, de la Nigritie &c. publiée en 1707. il appelle ce même Pays Guber, & lui donne une autre situation. Voyez GUBER.

1. **GOUDA**, Ville des Provinces-Unies dans la Hollande Meridionale sur l'Issel, à l'Embouchure de la petite Riviere de Gow qui en remplit les fossez & lui donne le nom de *Ter-Gow*, prononcez *Tergau*; c'est-à-dire, en Latin *ad Goudam*, ou *Goldam*. Elle est à trois lieues de Roterdam & à cinq de Leyde, selon le Dictionnaire Géographique des Pays-Bas. On ne sait pas precisément le temps de sa fondation, mais il est certain que Florent V. donna à Gouda quelques Franchises l'an 1272. [h] Il y avoit une Citadelle [i], où l'on a gardé quelque temps les Diplomes accordez à la Hollande par les Souverains, mais elle a été demolie & il n'en reste plus rien qu'une Tour, & le reste a été rasé jusqu'aux fondemens. Cette Ville fut reduite en cendres, le jour de St. Louïs 25. Août 1440. on l'a exprimé par ce Chronographe pretendu.

[h] Alting. Germ. Inf. Notit. part. 2. p.22.

[i] Blaeu Theat. Urb. Belg.

fLetIbVs Id DIDICI, qVIa goVda CreMat LVdoWICI.

L'Auteur ne savoit pas apparemment que dans ces sortes de bagatelles il ne faut employer aucune lettre numerale qui ne serve; faute d'avoir eu égard à cette regle, il a mis cet évenement en l'an 3438., au lieu de 1440. Ce qu'il y a de plus remarquable à Gouda, c'est l'Eglise qui est très-belle, & de quelques pieds plus grande que la Cathedrale de Cologne. Elle semble marquer que ceux qui l'ont fait bâtir comptoient que la Ville s'accroîtroit beaucoup plus qu'elle n'a fait. Elle avoit autrefois une tour surmontée d'une fléche fort haute; le Tonnerre la consuma le 12. de Janvier l'an 1452. à neuf heures du soir, & ce qu'il y eut de plus surprenant, c'est que les maisons d'alentour qui n'étoient couvertes que de joncs secs ne furent point endommagées. Ce malheur est rapporté dans un Chronographe mieux fait que le precedent; aussi est-il d'Hadrien Junius.

LVX bIs sena fVIt IanI, hora Vespere nona, CVM sacra IohannI VVLCano CorrVIt ædes.

Cet accident a été reparé & l'Eglise a été très-

GOU. GOU. 249

très-ornée dans la fuite. Mais ce qu'il y a de plus remarquable ce sont les Vitres émaillées, & historiées avec un art qui ne se trouve point ailleurs. De grands Rois & Princes tant Seculiers qu'Ecclesiastiques & des Communautez y ont genereusement contribué; & c'est l'Ouvrage de deux Freres, Théodore & Gautier Crabeth, les plus habiles gens de leurs temps pour cette forte de travail. Ils étoient nez à Gouda.

La Ville est entourée de Jardins assez beaux qui forment une enceinte tout à l'entour. Il y a trois foires par an, & on comptoit autrefois à Gouda trois cens cinquante Brasseries, une bonne partie de la Flandre & de la Zelande en tiroient leur biére. Il y a beaucoup de Briqueries aux environs. L'air y est très-sain, surtout à cause de la multitude des eaux courantes; il n'y a presque point de maison qui n'ait un Canal qui en emporte toutes les ordures dans l'Issel. Cette Ville a produit plusieurs Savans dont on peut voir la liste dans le Théatre de Blaeu. Elle tient le sixiéme rang entre les Villes de la Province de Hollande.

2. GOUDA, petite Riviere des Pays-Bas dans la Hollande Meridionale. Sa source n'est pas facile à remarquer à cause du Canal que l'on a creusé pour établir une communication entre le Rhin qui coule à Alphen entre Utrecht & Leyde, & l'Issel qui coule à Gouda; le lit de cette petite Riviere ayant été non seulement creusé jusqu'à son Embouchure, mais encore bien au delà de sa source jusqu'à Alphen. Alting la nomme *Gouda*, ou *Golda* & dit de la Ville de même nom [a] : *nomen adepta est à Rivo Gouda seu Golda qui urbem transit atque sub moenibus, Isle jungitur*.

[a] *German. Infer.* 2. *part.* p. 72.

GOUDERASOU [b], Riviere des Indes, dans l'Etat du Mogol. Elle a sa source auprès de Mando au Royaume de Malva qu'elle traverse en serpentant vers le Nord-Est. Elle entre ensuite dans celui de Bengale, & enfin dans celui où elle va se perdre dans le Gange; entre Benares & Patna.

[b] De l'Isle Carte des Indes.

GOUDET, Riviere de Barbarie au Royaume de Maroc. Elle a sa source au Mont Itata vers Maroc, & reçoit les Rivieres de Radeleyne, de Lovydin, de Mephis, de Mele, de Loquera & de Mesenes, puis se jette dans l'Océan près de Safie, selon Mouette cité par Mr. Baudrand [c].

[c] Ed. 1705.

GOUEL, (le) petite Riviere des Indes dans les Etats du Mogol, au Pays de Raja Rotas. Elle a sa source aux Confins du Royaume de Bengale, dans des Montagnes; & après avoir coulé quelque temps vers l'Est-Nord-Est, elle se tourne ensuite vers le Nord-Est à JONPOUR qu'elle arrose, elle passe delà au Bourg de Soumelpour, à la Forteresse de Rotas, ou Rodas, ensuite elle reçoit une autre Riviere qui vient du Sud-Ouest, & elles se vont perdre ensemble dans le Gange entre l'Embouchure du Gouderasou & la Ville de Patna. Le Gouel produit des Diamans. Voici comment on les y cherche, selon Tavernier [d]. Après que les grandes pluyes sont passées, ce qui est d'ordinaire au Mois de Decembre, on attend encore tout le Mois de Janvier, que la Riviere s'éclaircisse, parce qu'en ce temps-là en plusieurs endroits elle n'a pas plus de deux pieds & qu'elle laisse beaucoup de sable tout découvert. Sur la fin de Janvier, ou au commencement de Fevrier, tant du Bourg de Soumelpour, que d'un autre qui est vingt cosses au dessus sur la même Riviere (aparemment Jonpour) & de quelques petits Villages de la plaine il sort environ huit mille personnes de tout sexe, de tous âges capables de travailler. Ceux qui sont experts connoissent au sable s'il y a quelques diamans dedans, quand ils voyent parmi le sable quelques petites pierres qui ressemblent fort à celles que nous appellons pierres de Tonnerre. On commence à chercher dans la Riviere au Bourg de Soumelpour, & on va toujours en remontant jusqu'aux Montagnes d'où elle sort, & qui sont éloignées du Bourg d'environ cinquante Cosses. Aux endroits, où l'on croit qu'il y a des Diamans on tire le sable de cette maniere.

[d] Voyage des Indes l. 2. c. 17.

On entoure ces endroits-là de pieux, de fascines & de terre, comme quand on veut faire l'arche d'un Pont afin d'épuiser l'eau & de mettre la place à sec. Alors on tire tout le sable & on ne fouille pas plus que de la profondeur de deux pieds. Tout ce sable est porté & étendu sur une grande place preparée au bord de la Riviere & entouré d'une petite muraille haute d'un pied & demi ou environ. On y fait des trous au pied, & quand on a rempli cette place d'autant de sable qu'on juge à propos, on y jette de l'eau, on le lave & on le brasse & tout le reste se fait comme aux autres mines de l'Indoustan.

C'est de cette Riviere que viennent toutes les belles pointes qu'on appelle pointes naives, mais on y trouve rarement une grande pierre. Il s'est passé plusieurs années qu'on ne voyoit plus de ces pierres en Europe, ce qui faisoit croire à plusieurs Negocians que la mine en étoit perdue. Les guerres étoient cause qu'alors on ne tiroit rien de cette Riviere.

GOUELLE, (LA) petit Pays de l'Isle de France dans la France propre, près de Dammartin; on ne peut pas maintenant determiner au juste ni les bornes ni l'étendue.

GOVERNOLO, Bourg d'Italie dans le Mantouan près de la jonction du Mincio, ou Menzo avec le Pô. Mr. Baudrand donne pour nom Latin ACROVENTUM. J'ai averti ailleurs que ce nom est chimerique & n'a d'autre origine que l'ignorance des Copistes. Mr. Corneille dit fort bien que Governolo est un Bourg du Mantouan, mais il le distingue de Governo qu'il dit être un Bourg de la Seigneurie de Venise sur le Pô. Il est, dit-il, situé à l'endroit où ce Fleuve reçoit le Mincio. *Governo* & *Governolo* ne sont qu'un seul & même Bourg du Mantouan sur le Mincio près du Pô. On croit que c'est l'*Ambuleius Ager* des Anciens & alors il étoit de la Venetie, *in Agro Venetûm Ambuleio*; au lieu dequoi les Copistes ont mis *in Acroventu Mambuleio*.

GOULETTE, Forteresse d'Afrique sur la côte de Barbarie; au Pays de Tunis. La Goulette, dit Mr. Thevenot [e], n'est autre chose que deux Châteaux dont l'un fut bâti par l'Empereur Charles V. & l'autre par Achmeth Dey qui voyant que les Galeres de Malte

[e] Voyage de Levant. c. 89. p. 544.

venoient prendre des Vaisseaux à la Rade de Tunis, sans que le Canon du Château leur fit aucun dommage, parce qu'il étoit trop haut monté, fit bâtir ce dernier qui est fort bas; où il y a sept ou huit grands portails à deux pieds au dessus de l'eau par où on fait sortir des Canons qui battent à fleur d'eau. Ce Château est rond du côté de la Mer, & celui de Charles V. est presque quarré. Entre ces deux Châteaux il y a trois maisons qui appartiennent à trois Seigneurs. On va delà à Tunis en bateau par un Canal, ou plutôt par une lagune qui au commencement est fort étroite, & qui s'élargit ensuite beaucoup, il n'y a pas d'ordinaire cinq pans d'eau, on fait ce chemin en quatre heures, & quand il fait un peu de vent on y va en moins de deux heures. Il y a par terre dix-huit milles de la Goulette à Alger.

[a] Marmol. Afrique l. 6. c. 16.

[a] Barberousse, Corsaire, s'étant emparé de la Ville de Tunis en 1535. & en ayant chassé Muley Hascem, sous pretexte de retablir le Prince Araschid, avoit commencé cette conquête par celle de la Goulette, l'année suivante Charles V. passa en Afrique à la tête d'une armée pour chasser Barberousse & rétablir Muley Hascem qui avoit imploré sa protection. Ce Corsaire voulant élargir le Port de Tunis fit ouvrir par des Esclaves Chrétiens le Canal de la Goulette qui entre de la Mer dans ce Lac. Il élargit le Fort pour le rendre capable de quelques troupes, aulieu qu'à son arrivée ce n'étoit qu'une simple tour quarrée comme si c'eût été le logis de la Douane, mais avec les fortifications qu'il y joignit il en fit une place capable de soutenir un siége dans les formes. L'Empereur l'ayant prise d'assaut la renferma dans un plus petit espace, prit Tunis, retablit le Roi avec lequel il fit un Traité dont une des conditions fut que la Goulette demeureroit à l'Empereur & à ses Successeurs à perpetuité, & que le Roi & les siens payeroient douze mille écus d'or par an pour l'entretien de la Garnison, puisque c'étoit la sureté de l'Etat. Il fit faire le nouveau Château. Selim II. après avoir menacé l'Isle de Malte tourna tout l'effort de ses armes contre la Goulette dont il se rendit maître aussi bien que de la Ville de Tunis en 1574. selon Mr. de Vertot [b].

[b] Hist. de Malthe T. 5. p. 145.
[c] 1. part. p. 216.

De la Croix [c] dans sa Relation de l'Afrique dit : on croit que la Goulette est l'Isle *Galata*, ou *Galitha* de Ptolomée, ou le Goulon de Pline ; mais Sanut & un Géographe Hollandois appellé Zwart veulent que ce soit deux diferentes places, parce que la Goulette est située à cinq milles de la Mer, & que ce nom est tiré de l'Italien *Gola* & *Goletta*, c'est-à-dire, petite Gueule ou petite Embouchure &c. Ceux qui croyent que la Goulette est l'Isle de Galata ou Galitha de Ptolomée, n'ont jamais lu cet Auteur. Il nomme CALATHE, l'Isle que l'on appelle presentement la *Galite*; mais cette Isle n'a rien de commun avec la Goulette qui est au fond du Golphe de Carthage, & à l'entrée de l'Etang de Tunis. Mr. Corneille fait de Sanut Auteur Italien, & de Zwart, deux Géographes Hollandois. De la Croix érige une Seigneurie de la Goulette située près du Lac de même nom & qui, selon lui, renferme les Villes de Marsa, de Napoli de Barbarie, de Cammart, d'Ariane, & de Carthage; mais il ne dit point dans quel siécle il faut la mettre, car il y a long-temps que la Ville de Carthage est entierement détruite. Il ajoute à l'égard du lieu même nommé la Goulette une Histoire bien differente de celle de Marmol. Les Mahométans, dit-il, ont jetté les premiers fondemens de ce Château, l'Empereur Charles V. l'acheva, & les Turcs s'en étant rendus maîtres l'ont fortifié de deux ou trois redoutes, y ont bâti un beau Port, plusieurs Magazins, une Douane, une Prison pour les Esclaves Chrétiens & deux Mosquées, de sorte que cette place ressemble presentement bien mieux à une Ville qu'à une Citadelle.

GOUPPEN, (le Mont) Montagne en Suisse au Canton de Glaris près de Schwanden: il y a eu autrefois une mine d'Argent & une de Fer. Elle renferme aussi une Carriere de beau marbre noir parsemé de veines blanches. Il s'y trouve une Fontaine nommée la Fontaine de Mai qui a trois proprietez singulieres. 1. Elle ne coule que quand le printems est venu & qu'on n'a plus à craindre les effets de l'hyver, desorte qu'on la regarde comme un gage assuré du retour de la belle saison. 2. Le Savon ne s'y mêle jamais avec l'eau. 3. Les pois ne s'y cuisent point. 4. Quand on y lave du linge il devient fort rude & s'use fort vîte. Il y a un creux fort profond : si on y jette quelque pierre on l'entend resonner fort long-temps, jusqu'à ce qu'elle arrive au fond, ce qui fait juger que la Montagne est creuse par dedans.

GOUR [d], petit Royaume d'Asie au Midi de la Corassane & au Couchant du Zabulestan. Les Habitans sont nommez GOURIS c'est la même chose que GAUR. Voiez ce mot.

[d] Hist. de Timur-Bec T. 2. l. 2. c. 33.

GOURA, Ville de Pologne sur la Wistule à quatre ou cinq lieues au dessus de Warsovie au Palatinat de Mazovie. On écrit d'ordinaire GURA. Elle prend son nom de sa situation sur une hauteur ; les Polonois appellent GOURI tous côteaux, toute Montagne, tout lieu un peu élevé [e]. Celui-ci est une Montagne de sable en demi-ovale, & formant une espece d'Amphithéatre au dessus de la Prairie de la Wistule, applanie en terrasse, sur laquelle est bâtie la Ville de Goura dont le nom n'est que du bois ; elle appartient à l'Evêque de Posnanie. Celui qui l'a acheté, y a fait de grands changemens, & lui a même donné le nom de Calvaire, KALWARIA, comme disent les Polonois, par raport aux Monastéres & aux personnes dont il l'a peuplée. Elle ressemble en effet à ces deserts du Mont Liban, remplis d'Hermitages & de Cellules. Ce nom est si fort établi en Pologne qu'on ne connoît presque plus l'autre. Ce Prelat donna le Château qu'il avoit bâti au fils aîné du Roi Jean Sobieski, & le revenu de la terre qui n'est pas petit, aux Moines qu'il y avoit établis. Sa pieuse manie, comme parle le Chevalier de Beaujeu, lui a fait chercher tous les lieux particuliers du bois qui est sur le penchant de cete hauteur pour y faire des Oratoires, planter des Croix, élever des Autels ; ensorte que d'une bute de sable entourée de Fo-

[e] Mem. du Chev. de Beaujeu l. 2. c. 1.

GOU.

Forêts épaisses; il en a fait une vraye Jerusalem.

GOURADOU [a], Isle de la Mer des Indes entre les Maldives, à dix lieues de celle de Male. Elle n'a qu'une petite entrée fort difficile desorte qu'on a besoin d'un Pilote expert pour en sçavoir le passage. On n'y voit point de Villes closes, mais seulement des maisons distinguées par rues & par quartiers. L'eau douce n'y manque pas.

§ Cette entrée est apparemment la même chose que le Canal de Caridou que Mr. de l'Isle met au Nord de l'Isle Male.

GOURDON, petite Ville de France en Quercy, près des Confins du Perigord [b] sur le Ruisseau de Sor à six lieues de Cahors [c] & à quatre de Sarlat. On croit qu'il y a environ deux mille ames dans Gourdon.

GOURE, petit Pays d'Ecosse, selon Davity. L'Auteur de l'Etat present de la Grande Bretagne [d] écrit ce nom GOWRY, & dit que c'est la partie Septentrionale de la Province de Perthshire.

GOURGAS, petite Riviere de France en Languedoc. Elle a sa source & son cours au Diocèse de Lodeve, & entre dans la Riviere de Lergue qui arrose cette Ville & qui va porter ses eaux dans l'Eraud.

GOURNA. Mr. Corneille dit: Forteresse des Indes qu'on trouve à une journée de Bassora, elle est située sur une pointe de terre au confluent du Tigre & de l'Euphrate. Il a oublié sans doute qu'il en avoit parlé plus amplement sous le nom de GORNO. Voiez ce mot.

1. **GOURNAY** [e], Ville de France en Normandie au Pays de Bray; en Latin *Gornacum*; elle est situeée sur la Riviere d'Epte, cinq lieues au dessus de Gisors, à dix de Rouen & à six de Beauvais, dans une plaine partagée en gras Pâturages, & en terres de labour, faciles à inonder par le moyen des Ecluses. Elle a titre de Comté & un Château composé de quatre tours qui en soutiennent un autre au milieu, avec des murailles dont elle est environnée en partie. Le reste de son enceinte consiste en hayes vives plantées sur les bords de ses fossez remplis d'eau. Cette Ville a quatre portes, quatre grandes rues principales assez bien pavées, quatre Monasteres, & deux Paroisses, savoir Notre Dame & la Collegiale de St. Hildevert. Ces deux Paroisses sont dans la Ville aussi bien que les Ursulines, les Filles de la Congrégation de Notre Dame, dites de St. Joseph, & l'hopital; mais les Capucins & les Filles de St. François sont dans le Fauxbourg. La Collegiale est composée de huit Chanoines dont le Doyen est le Chef, de deux Vicaires du grand Autel, de quatre Chapelains Titulaires & de six Enfans de Chœur, le Curé & les Prêtres habituez de cette Eglise ne sont pas Chanoines, cependant le Curé a les honneurs du Curé du grand Autel qui est fort propre & fort degagé. On y conserve dans une châsse d'Argent le Corps de St. Hildevert Evêque de Meaux dont on fait la Fête le 27. Mai. Le chef de ce St. Evêque est dans un Globe d'or ducat. Le grand portail est orné de deux gros Clochers & les bas côtez qui regnent autour de la même Eglise

GOU. 251

montrent son antiquité. Quoi qu'on regarde celle de Notre Dame comme la grande Paroisse, à cause qu'elle est la plus peuplée, elle n'est que succursale & l'on baptise à St. Hildevert dont le Chapitre nomme le Vicaire perpetuel de Notre Dame où il y a douze Prêtres; & dont l'Eglise est très-solidement bâtie avec un beau Clocher qui renferme une bonne sonnerie. Il y a une haute Justice à Gournay, une Election, un Grenier à sel, un Maire, trois Echevins, une Maison de Ville accompagnée d'une Tour, d'une Horloge & d'une grande place, deux Compagnies Bourgeoises qui ont leurs Officiers. On y tient tous les Mardis un Marché célèbre pour les bons beurres de Bray qu'on y vient chercher de tous côtez. Il y a plusieurs belles Seigneuries dans son voisinage; où l'on trouve aussi l'Abbaye de St. Germer Ordre de St. Benoît, celle de Bellozane, Ordre de Premontré; le Prieuré des Bernardins de St. Aubin. Le Château de VARDES qui n'en est qu'à une lieue tombe en ruine. Celui de Neuf-marché qui étoit autrefois une Forteresse considerable, a été détruit de même que celui de Beauvoir.

[f] Gournay après avoir été entre les mains de plusieurs Seigneurs, fut réünie au Domaine par Charles V. Roi de France. Charles VI. son Fils & Successeur en fit don à Louïs son Frere Duc d'Orléans. Les grands biens de cette Maison d'Orléans furent réünis à la Couronne sous François I. néanmoins les Rois ont donné Gournay aux Ducs de Longueville dont les Heritiers ou ayant cause en joüissent encore aujourd'hui, & ont le patronage de l'Eglise Collegiale de Notre Dame.

§ L'Eglise de Gournay fut dediée d'abord, [g] sous l'invocation de St. Guitmar Abbé de St. Riquier en Ponthieu; mais après qu'on y eut apporté les Reliques de St. Hildevert, elle le prit pour son Patron.

2. **GOURNAY**, petite Ville de l'Isle de France sur la Marne que l'on y passe sur un Pont, environ à trois lieues au dessus de Paris, & à trois lieues de Lagni, auprès de l'Abbaye de Chelles.

3. **GOURNAY**, Bourg de France en Picardie au Diocèse de Beauvais, sur l'Aronde dans l'Election de Clermont.

4. **GOURNAY**, Village de Normandie au Diocèse d'Evreux, Election de Verneuil.

5. **GOURNAY**, Village de France en Normandie au Diocèse de Rouen, Election de Montivilliers.

6. **GOURNAY**, Village de France en Berry, Diocèse de Bourges, Election de la Châtre.

7. **GOURNAY**, Village de France au Poitou Election de St. Maixant.

8. **GOURNAY**, Seigneurie de France au Poitou, Election de Thouars. Elle est au Duc de Richelieu.

GOURO, Ville des Indes, au Royaume de Bengale dont elle est une des plus considerables sous la puissance du Grand Mogol & sur la Riviere du Gange, environ à deux cens mille pas de la côte du Golphe de Bengale au Septentrion & autant de Chatigan, selon Mr. [h] Baudrand.

GOURSE [i], (la Tour de) Tour de Suisse

---

a Davity Asie. Corn. Dict.

b Baudrand Ed. 1705.
c Piganiol de la Force desc. de la France T. 4. p 554. Edit. Paris.
d T. 2. p. 264.

e Corn. Dict. Mem. dressez sur ces lieux en 1704.

f Longueruë desc. de la France 1. part. p. 69.

g Baillet Topogr. des Saints p. 216.

h Ed. 1705.
i Etat & delices de la Suisse T. 2. au p. 271.

GOU. GOW.

au Pays de Vaud auprès de la Ville de CULLY. Elle est située sur un monticule fort élevé couvert d'une Forêt de Sapins ; au sommet & au plus épais de la Forêt. Elle étoit très-forte, mais elle est à demi-ruinée. On la nomme la Tour de GOURSE, GOURZE, ou GAUSE. La tradition du Pays est que cette Tour fut bâtie pour se mettre à couvert contre les irruptions des Sarazins qui s'étant nichez dans certaines Forêts du Piémont & de la Savoye dans le X. siécle faisoient perpetuellement des courses dans les Pays voisins & desoloient toute la Campagne.

GOURY. Voiez GOWRY.

GOUTEM, Ville de Perse à 74. d. 46'. de Longitude, selon Tavernier [a] & à 37. d. 20'. de Latitude. Ce n'est qu'une petite Ville, dit ce Voyageur, & l'occupation de la plupart des Habitans est de faire de la Soye.

[a] *Voyage de Perse* l. 3. Chap. dern.

☞ GOW, ou GOU, ou GAU, Canton, Contrée, distinguée par ses propres bornes des Cantons ou contrées du voisinage, mais qui d'ordinaire faisoit partie d'un autre Peuple. Les Anciens nommoient PAGI en Latin, ce que les Celtes, c'est-à-dire, les Gaulois, les Germains appelloient GOU, ou GOW, ou GAU, ou même GO ; le peuple entier se nommoit *Civitas*, & se divisoit en *Pagos* ; c'est dans ce sens que Jules César dit [b] que les Helvetiens étoient divisez *in quatuor Pagos* en quatre Cantons. Le même Auteur dit que les habitans de Treves apporterent la nouvelle que cent Cantons des Suéves s'étoient arrêtez au bord du Rhin ; *Pagos centum Suevorum ad Rhenum consedisse*. L'Auteur Anonyme qui a écrit en vers Latins l'Histoire de Charlemagne dit [c].

[b] *De Bello Gallic.* l. 1.

[c] *Apud Reiner. Reineccium.*

*Sed variis diversa modis plebs omnis habebat
Quot Pagos, tot pene Duces, velut unius artus
Corporis in diversa forent hinc inde revulsi.*

C'est de ces Gou, ou Gow que la terminaison est venue à plusieurs noms Géographiques. Je remets au mot *Pagus* à traiter de ce que les Romains ont entendu par-là. Je remarquerai seulement ici qu'il avoit plus de rapport à la portion du Peuple comprise sous ce nom, qu'au Pays qu'elle habitoit ; je m'explique. Il arrivoit souvent qu'un peuple entier changeoit de demeure ; les *Pagi* dont il étoit composé demeuroient les mêmes : mais il semble que le mot *Gaw*, ou *Gow*, ou *Gou*, soit plutôt attaché au Pays. Dans la Frise, entre le Zuyder-Zee & le Lauwers, on trouve cette distinction établie, d'OSTERGO & de WESTERGO, c'est-à-dire, le *Canton Oriental* & le *Canton Occidental*. Il faut rapporter à la même origine le nom de REINGAU donné au Canton qui est entre Mayence & Bacchrach; celui de BRISGAU que porte le Canton situé entre le Rhin, la Suabe, & la Forêt Noire; celui de SUNDGAU, qui signifie le Pays situé entre le Rhin, l'Evêché de Basle & l'Alsace &c. Cette terminaison en *Gou* ou *Gau* est particuliere à l'Allemagne & aux Pays dont la Langue est une Dialecte de l'Allemand.

Ces *Gaw*, ou *Pagi* avoient anciennement leurs Chefs, qui tous ensemble en choisissoient

GOW. GOY.

un d'entre-eux qui commandoit la Nation entiere. Les Francs & les Allemands ayant établi chez eux l'Etat Monarchique & Heréditaire, conserverent l'ancienne coutume de donner à chaque Canton un Chef, mais avec de nouveaux titres, & c'est par cette raison qu'avec le temps, cette premiere division a disparu peu à peu dans beaucoup d'endroits ; quoi que dans le fond elle ait été conservée sous d'autres noms, comme de Duché, de Comté &c.

Mr. de Valois soupçonne que le mot CONTRÉE pourroit bien avoir été dit au lieu de COMTÉ. Mr. Menage dans ses Origines de la Langue Italienne derive *Contrada* de *Contracta Regio* ; petit Pays. Mr. Ducange [d] donne aussi quelques étymologies au mot CONTRATA.

[d] *Gloss. infim. Latin.*

En France où l'on a long-temps employé la Langue Latine dans les Actes, les mots *Pagus*, *Terminus*, & *Comitatus* y ont subsisté assez long-temps. Les Annales de St. Bertin contiennent une division de la France & de l'Allemagne sous Louis le Debonnaire, où l'on trouve le mot *Comitatus*, employé partout où les autres Historiens de ce temps-là auroient mis le mot *Pagus*; on y lit *Comitatus Vallisiorum*, *Comitatus Waldensis*, *Comitatus Genavensis*, *Comitatus Lugdunensis*, *Comitatus Cavallonensis*, *Comitatus Lingonicus*, *Comitatus Tullensium* &c. Gregoire de Tours laisse souvent le mot *Pagus* sousentendu, & dit simplement *Bituricum*, *Pictavum*, *Andecavum*, *Arvernum*, *Lemovicinum*, *Cadurcinum*, *Turonicum*, *Suessionicum*. Il a été imité par quantité d'Ecrivains & nous avons adopté cette façon de parler dans la langue Françoise. Nous disons : *le Berri*, *le Poitou*, *l'Anjou*, *l'Auvergne*, *le Limosin*, *le Querci*, *la Touraine*, *le Soissonnois*.

GOWRAN [e], Ville d'Irlande dans la Province de Leinster, au Comté de Kilkenny à huit milles, & à l'Est de Kilkenny & à environ quinze milles au Nord-Est de Callen près des Frontieres de Caterlagh. Elle a droit d'envoyer deux Deputez au Parlement, & a donné le titre de Baron sous le Roi Guillaume III. à Jean Cuts qui s'étoit aquis beaucoup de reputation dans les armées & mourut à Dublin en 1707.

[e] *Etat prés. de l'Irlande* p. 41.

GOWRI, petit Pays d'Ecosse dans la Province de Perthshire. Cette Province est separée en deux parties, savoir GOWRY au Nord & PERTH au Midi. Voiez PERTHSHIRE.

GOY, Royaume d'Afrique dans le Congo ou la basse Guinée, selon quelques-uns [f]; Mr. de l'Isle le nomme ANGOY ; & le borne au Nord par le petit Royaume de Cacongo, au Midi par la Riviere de Zaïre & par le Comté de Sogno, & au Couchant par la Mer. C'est un fort petit Canton, où se trouve la Baye de Cabende port accompagné d'un Village. De la Croix dit que la Capitale du Royaume de GOY a aussi le même nom : elle est sur la côte, bien peuplée & fort agréable. Le Pays est bon, le millet & les feves y viennent bien & la Mer & les Rivieres sont fort poissonneuses ; mais les habitans sont très-méchans & insultent les étrangers. Quoique leur Pays soit

[f] *Corneille Dict. De La Croix &c.*

GOY. GOZ.

soit assez petit ils ne laissent pas de faire les fiers & de braver leurs voisins.

a Dict. Geogr. des Pays-Bas.

GOYLAND [a], (le) petit Pays des Provinces Unies au Midi du Zuyder-Zee dans le *Suyd-Holland*, ou Hollande Meridionale, aux Confins de la Seigneurie d'Utrecht, & de l'Amstel-Land. On y trouve les Villes de Naerden & de Muyden.

b Baudrand Ed. 1705.

GOZA [b], petite Ville d'Afrique en Barbarie au Royaume de Maroc dans la Province de Hea vers les confins de celle de Ducala sur la côte. Quelques Géographes l'appellent Abet & croient que c'est l'ancienne SURGIA de la Mauritanie Tingitane.

GOZALENE. Voiez GAZALINA.

c c.17. v.6. & c.18. v. 11. & c.19. v.12. Voiez aussi 1. Paral. c. 5. v. 16. d c. 37. v. 11.

GOZAN, *Fleuve* d'Asie, duquel il est parlé en plus d'un endroit de l'Ecriture. Il paroît par un passage du IV. Livre des Rois [c] & par un autre d'Isaïe [d] que Gozan marquoit aussi une *Province*, ou une Nation, apparemment la même où couloit le Fleuve Gozan. Salmanazar transporta au delà de l'Euphrate, sur le Fleuve Gozan, les Israélites des dix Tribus qu'il avoit subjuguées, & Sennacherib se vante que les Rois ses prédécesseurs ont vaincu les peuples de Gozan, de Haran & autres. Il ne s'agit plus que de trouver au delà de l'Euphrate le Fleuve ou la Nation de Gozan. Ptolomée place la GAUZANITE dans la Mesopotamie. Pline dit que la Province ELONGOSINE s'étend vers les sources du Tigre. Il y a un Canton nommé GAUZAN dans la Medie entre le Cyrus & le Fleuve Cambyse. Ptolomée met dans le même Pays la Ville de GAUZANIE ; & Benjamin dit dans son Itineraire que Gozan est dans la Medie à quatre journées de Hemdan (ou Hamadan). Les Rabins croyent que Gozan est le Fleuve Sabbatique qui ne coule pas, selon eux, tous les jours du Sabbat & qui est environné de feux ce jour-là. Voilà, dit D. Calmet [e], tout ce que nous trouvons sur le Fleuve GOZAN.

e Dict. de la Bible.

GOZE. (le) Voiez Gozzo.

f l'Egeo redivivo p. 126.

GOZZI, ou les Gozes, petites Isles de la Mediterranée au Midi de la partie Occidentale de l'Isle de Candie & à environ cinq lieues marines du Fort de Selino. Il y en a deux placées Nord & Sud ; la plus grande est au Midi & la seconde qui est au Nord, est nommée l'ANTIGOZE. Mr. de l'Isle les nomme l'une & l'autre les *Gozes de Candie*, pour les distinguér de *Gozzo* auprès de l'Isle de Malthe. Elles sont autrement rangées par de Witt, il met la plus grande qu'il nomme *Gozo* avec une Bourgade nommée PAX MUNDA dans sa partie Orientale ; & au Couchant Septentrional de cette Isle, l'*Antigoze* qu'il laisse sans nom & qu'il accompagne d'un écueil à l'Orient. Le Pere Francesco Piacenza Napolitain dans sa Description de l'Archipel [f], observe que cette Isle de Gozzo près de Candie a été quelquefois confondue avec le Gozze de Malthe ; mais il me paroît que lui-même il le confond avec *Paxmando*, ou *Paximadi* qui est une Isle differente, plus à l'Orient & plus près de la côte de Candie, au Golphe de Messalie ; c'est la *Letoa* des Anciens. Mais le Goze dont il est ici question est le *Gaudos* de Pline [g] & le *Claudos* de Ptolomée [h] qui y met une Ville de même nom. Elle est nommée

g l.4.c.12. h l.3.c.17.

GOZ.

CLAUDE dans le Grec des Actes des Apôtres [i], Notre Vulgate dit : nous fumes poussez au dessous d'une petite Isle appellée CAUDE. Elle a été le Siége d'un Evêque, selon la Notice de Hierocles.

i c.27.v. 16.

GOZZO, (l'Isle de) petite Isle d'Afrique sur la côte de Barbarie, au Nord-Ouest de l'Isle de Malthe ; & au Midi de la Sicile. Elle a été nommée GAULOS par Pline [k] & par Mela [l]. Diodore de Sicile [m] dit que cette Isle *Gaulos* située en pleine mer a la commodité des bons ports & a été premierement frequentée par les Phéniciens. Scylax de Caryande [n] dit : Malthe Ville & Port, *Gaulos* Ville. Mr. Spon raporte [o] une ancienne Inscription de Malthe dans laquelle on lit :

k l.3.c.8. l l.2.c.7. m l.5.c.12.

n Peripl. o Miscell. Erudit. Antiq. p. 190.

CHRESTION AUG. L. PROC.
INSULARUM MELIT. ET GAUL.

Silius Italicus parlant de cette Isle dit [p] :

p l.14.v. 274.

Et Strato, Gaulon, spectabile Ponto.

* l.c.p.192.

Une autre Inscription de Malthe rapportée par Mr. Spon, nomme les habitans de cette Isle PLEBS GAULITANA ; cependant on les a aussi nommez GAULONITÆ.

[q] Ses habitans l'appellent GAUDISCH, elle n'est separée de l'Isle de Malthe que par un Canal étroit appellé *Freo* ; (les François disent Frioul) d'une lieue & demie ou deux lieues de large au milieu duquel sont placées les petites Isles, où les Rochers appellez COMIN & COMINOT (le plus grand qui est un quarré-long est nommé l'Isle de CUMING par Mr. de l'Isle ; l'autre n'est qu'un écueil.) Le circuit de Gozzo est d'environ huit lieues, sa longueur de trois & sa largeur d'une & demie. Elle est environnée de rochers escarpez & d'écueils, desorte qu'on n'y peut aborder que difficilement ; cependant le terroir en est assez fertile.

q Vertot. Hist. de Malthe T.3. p.453.

[r] Cette Isle est si près de l'Isle de Malthe qu'elle a eu les mêmes maîtres & la même destinée. Comme elle, elle a appartenu successivement aux Carthaginois, aux Romains, à l'Empire d'Orient, aux Sarazins, & enfin à Roger Normand Comte de Sicile ; desorte qu'elle fut une annexe de cette Couronne jusqu'à Charles V. qui la donna avec l'Isle de Malthe en 1530. aux Chevaliers de St. Jean de Jerusalem qui avoient été chassez de Rhode par les armes des Turcs. Ce que Diodore de Sicile appelle des ports commodes, sont des Calles ; les plus remarquables sont le long de la côte Septentrionale ; à commencer au Cap de Mitrie qui est à l'Ouest on trouve CALLA BAZAR, CALLA BAIDA, CALLA DI MASSAFORNO, & CALLA DE RAMELA & quelques autres. LA CALLE à MIGART est à la côte du Sud-Est vis-à-vis l'Isle de Cuming ; celle de XILENDI est à la côte du Sud-Ouest. Il y a partout là des habitations.

r Davity &c.

[s] Lorsqu'elle fut cedée à l'Ordre des Chevaliers il y avoit environ cinq mille personnes, hommes, femmes & enfans dispersez en differens Villages ; & pour leur sureté contre les Corsaires on y avoit construit un Château situé sur une Montagne ; mais il étoit mal fortifié

s Vertot Ibid.

tifié & de peu d'importance. Au deſſous du Château il y a un Bourg aſſez peuplé ; puiſque quand les Turcs prirent cette Iſle en 1551. par la lâcheté & l'imprudence de Jean d'Omedes indigne Grand Maître d'un Ordre ſi rempli de valeur, Sinan Bacha y fit ſix mille trois cens Eſclaves de tout âge & de différent ſexe qu'il embarqua ; mais l'an 1599. Martin Garzez Grand Maître & le Conſeil de l'Ordre firent fortifier le Château & l'Iſle, & comme l'on a remarqué que les Turcs avoient eu pluſieurs fois deſſein de s'en emparer pour attaquer Malthe avec plus de facilité, on n'a rien négligé pour mettre l'Iſle à couvert de toute inſulte, comme il arriva en 1613. quand les Corſaires d'Afrique voulurent tenter de s'en ſaiſir ſous le Grand Maître de Vignacourt & en 1709. quand ſous Raimond Perellos, les Turcs la trouverent ſi bien pourvûë, qu'ils n'oſerent y riſquer une deſcente.

Mr. de l'Iſle nomme cette Iſle *le Goze* & Mr. l'Abbé de Vertot de même.

G R.

[a] *Periplus ris ɯ. ythrai. p. 22. Edit. Oxon.*

GRAÆ, Γραῶ, Arrien dans ſon Periple [a] dit que l'on nommoit ainſi certains ſignes auxquels on connoiſſoit que l'on étoit ſur la côte de la Perſide, & du Sinthe. On ne ſait pas trop ce que c'étoient que ces ſignes ; car comme il vient de dire deux lignes plus haut que l'on voyoit des Serpens, il ſe peut faire que les ſignes nommez *Graæ* étoient des Animaux Marins, il ſe peut auſſi que ce fût quelque autre choſe comme une écume de la mer ou quelqu'autre marque qui annonçoit que l'on approchoit de terre. En un mot on ne ſauroit dire au juſte ce que c'étoit.

[b] *l. 2.*

GRAAEI, ancien peuple de Thrace vers les ſources du Strymon, ſelon Thucydide [b].

[c] *l. 6. c. 3.*

GRAAN, Ville de la Suſiane, ſelon Ptolomée [c]. Elle ne ſe trouve point dans la plûpart des Exemplaires.

GRAATANLETTRE : Entre les Conciles tenus en Angleterre on trouve *Grateleanum Concilium* tenu, ſelon le P. Labbe, vers l'an 928., ſous l'autorité du Roi Athelſtan & ſous l'Archevêque Wlphelme [d], Je trouve que l'an 925. ce Roi fut élu par le peuple de Mercie, & que dans le même temps Wlphelme fut mis en poſſeſſion de l'Archevêché de Cantorbery. Le P. Labbe dans ſa Géographie des Conciles explique *Gratelea* par *Graatanlettre* en Angleterre, ſans dire où eſt ce lieu. Il étoit ſans doute dans le Royaume de Mercie ; & dans les Etats du Roi Athelſtan. Mr. Corneille dit que c'eſt un Bourg. Je ne trouve rien d'approchant dans la liſte des Bourgs d'Angleterre.

[d] *Chronic. Saxon.*

GRABAEI, ancien Peuple de la Dalmatie, ſelon Pline [e]. Ce ſont peut-être les mêmes que Strabon [f] apelle GALABRII, Γαλάβριοι.

[e] *l. 3. c. 22.*
[f] *l. 7. p. 316.*

1. GRABOW, petite Ville d'Allemagne dans la baſſe Saxe au Duché de Meckelbourg, ſur le Ruiſſeau de l'Elde [g] qui vient de Schwerin & de Neuſtadt & va tomber dans l'Elbe à Dömitz. Grabow eſt à près de quatre milles de cette Forterſſe, à deux de Neuſtadt & à ſix de Schwerin. Il y a un Château qui étoit la reſidence du Duc Frederic, quatriéme Frére de Chriſtian Louïs Duc Regnant de Meckelbourg-Schwerin. Frederic fut ſurnommé Duc de Grabow parce qu'il avoit eu ce Château pour ſa demeure : c'eſt dans ce lieu que naquirent ſes trois Fils Frederic Guillaume, Charles Leopold & Chriſtian Louïs. Il y mourut en 1688., de ſes quatre ainez il ne reſtoit plus que le Duc Regnant qui étant mort ſans Enfans en 1692., laiſſa ſon Duché de Schwerin à Frederic Guillaume Fils aîné de Frederic. Alors ce Prince tranſporta ſa Cour dans le Château de Schwérin & laiſſa celui de Grabow à ſa Mere après la mort de laquelle il a été la reſidence du Duc Chriſtian Louïs qui y avoit ſejourné du vivant de cette Princeſſe ſurtout depuis la mort de Frederic Guillaume, qui étant mort ſans Enfans avoit eu pour Succeſſeur Charles Leopold, leur Frere ; avec qui le Duc Chriſtian Louïs ſympatiſoit moins qu'avec l'aîné. Ce Château a été brûlé depuis quelques années. Mr. Baudrand met Grabow ſur l'Elbe ; c'eſt peut-être une faute de ſes Imprimeurs.

[g] *Mem. dreſſez ſur les lieux.*

2. GRABOW [h], petite Ville de Pologne ſur la Riviere de Proſne au Palatinat de Kaliſch, & dans la grande route de Breſlaw à Warſovie.

[h] *Andr. Cellar. Re. gni Polon. deſc. p. 128.*

3. GRABOW, autre petite Ville de Pologne au Palatinat de Ruſſie, aux confins du Palatinat de Belz, aſſez près de la ſource de la Riviére de Wieperz, ſelon Mr. de l'Iſle. André Cellarius [i] la donne au Palatinat de Belz. Elle eſt dans le diſtrict de la Ville de Chelm. Mr. Baudrand la nomme GRABOWIZE.

[i] *Ibid. p. 347.*

GRABOWIZE. Voiez GRABOW 3.

GRABUSE. Voiez GARABUSA.

GRAÇAY, petite Ville de France en Berry [k], ſur le Ruiſſeau de Paſon, à une lieue de Vatari & à trois de Valençai en allant vers Bourges [l], dont elle eſt à neuf lieues. Elle eſt du reſſort d'Iſſoudun. Graçai eſt entourée de murailles, flanquées de tours. La tour de BERLE eſt la plus groſſe, elle eſt octogone bâtie ſur une élévation & ſoutenue par quatre groſſes murailles en forme d'Arcades. Cette terre a de toute ancienneté porté le nom de Baronie & les Seigneurs ſe qualifioient *Sires, Barons, Princes.* Ils en ont joüi juſqu'en 1371. que Regnaud de Graçay VII. du nom la vendit à Jean de France Duc de Berry qui la donna au Chapitre de la Ste Chapelle de Bourges qu'il avoit fondée l'an 1405.

[k] *Baudrand Ed. 1705.*
[l] *Piganiol deſc. de la France T. 6. part. 2. p. 483.*

GRACCHURIS. Voiez GRACURIS.

GRACIAS-A-DIOS, ou GRACES à DIEU, Ville ou Bourg de l'Amerique ſeptentrionale dans la Province de Honduras au pied des Montagnes ; à trente lieuës de Valladolid preſque vers l'Oueſt. Elle fut bâtie en 1530. par le Capitaine Gabriel de Royas [m] pour défendre les ouvriers que l'on faiſoit travailler aux mines d'or, mais comme il n'étoit pas aſſez fort pour ſoutenir les continuelles incurſions des Sauvages, il l'abandonna, & ſix ans après elle fut rebâtie par Gonçale de Alvarado. Elle eſt bâtie ſur un côteau fort rude, les habitans s'occupent à cultiver les Campagnes & à ſemer du froment, avec un fort grand travail à cauſe que le terroir eſt très-dur. Ils y élevent force mulets dont ils ſe ſer-

[m] *De Laet. Ind. Occident. l. 7. c. 16.*

servent à transporter leurs bleds à la Ville de San-Salvador & aux autres lieux voisins. Ils ont aussi de fort bons chevaux. Mr. Baudrand dit qu'on y avoit autrefois placé l'Audience Royale qu'on a ensuite transportée à Guatimala; que ce lieu est fort avant dans le Pays & à plus de soixante-dix mille pas de la côte du Golphe de Honduras. Il n'en fait qu'un Bourg.

GRACIEUSE [a], (la) ou GRACIOSA, Isle de l'Océan Atlantique, l'une des Açores; à sept ou huit lieues Nord-Nord-Ouest de Tercere. Elle n'a que cinq ou six lieues de tour; mais elle abonde en fruits & en vivres & est fort agréable. Mr. Baudrand [b] dit qu'elle est assez peuplée, mais il la met à quinze lieues Espagnoles de la Tercere. Cette distance est excessive. Mandeslo [c] marque qu'il n'y a point de Ville dans cette Isle, seulement des Châteaux pour la sûreté & la deffense des Ports. La beauté de sa Campagne & les fruits qu'elle produit en grande abondance, ensorte qu'elle en fournit même à l'Isle de Tercere, lui ont donné le nom qu'elle porte.

[a] 1. Voyage des Holl. aux Indes. au Recueil de la Compagnie T. 1. p. 428.
[b] Ed. 1705.
[c] Voyage des Indes l. 3.

GRACOWATZ, Village de la Bosnie, à cinq lieues de Tina, du côté du Nord. Quelques-uns croyent qu'il occupe la place de *Burnum* Ville de la Liburnie, selon Ptolomée. Voiez BURNUM 2.

GRACURIS, GRACCURIS, ou GRACCHURIS, ancienne Ville de l'Espagne Tarragonoise au Pays des Vascons, selon Ptolomée [d]. On en trouve l'origine dans l'Epitome de Tite-Live [e]. Tib. Sempronius Gracchus Proconsul ayant vaincu les Celtiberiens, les reçut à composition & pour laisser en Espagne un monument de ses travaux, il bâtit la Ville de Gracchuris. Festus Pompejus assure la même chose & montre en même temps quel étoit l'ancien nom de cette Ville. Gracchuris, dit-il, Ville d'Espagne ainsi nommée par Gracchus Sempronius; on la nommoit auparavant *Ilurcis*. Cela veut dire que Gracchus ne bâtit pas proprement cette Ville, puisque c'en étoit déja une appellée *Illurcis*, mais il la repara, l'augmenta & lui donna son nom. On trouve sur quelques anciennes medailles GRACCURIS. [f] Ptolomée écrit Γρακχουρις, & met cette Ville dans les terres, en deçà de l'Ebre assez loin de ce Fleuve. Antonin [g] l'en éloigne de LXIV. M. P. mais il la met au delà & au Couchant de l'Ebre. Il dit dans la route d'Astorga à Tarragone.

[d] l. 2. c. 6.
[e] l. 41.
[f] l. 2. c. 6.
[g] Itiner.

Barbariana		
Graccurim	XXXII.	M. P.
Balsionem	XXVIII.	M. P.
Cæsaraugustam	XXXVI.	M. P.

[h] C'est presentement la Ville d'AGREDA près de Tarazona, aux confins de l'Aragon. Aussi voit-on que les Saints Martyrs nommez *Martyres Graccuritani* dans les anciens Actes sont appellez *Martyres de Agreda*, dans le Martyrologe d'Espagne.

[h] Harduin in Plin. l. 3. c. 3.

GRACZ. Voiez GRATZ.

GRADACHIO, (MONTE) Montagne de l'Isle de Corse vers le milieu de l'Isle. On trouve sur le sommet de cette Montagne le Lac de CRENA, d'où sortent les Rivieres de GOLO, de TAVIGNANA, & de LIMONE qui sont les plus grosses de l'Isle.

GRADETSCH [i], autrefois Bourg, presentement Village de Suisse dans le haut Valais, au departement de Siders ou Sierre; à une lieue & demie au dessous de Siders.
Ce Bourg étoit muni de trois Forteresses; mais ce n'est plus qu'un Village.

[i] Etat & Delices de la Suisse T. 4. p. 191.

GRADIENSIS, Ortelius croit que c'étoit un Siége Episcopal d'Afrique, mais il ne dit point en quelle Province. Il cite St. Optat.

1. GRADISCA [k], Ville forte du Royaume de Hongrie dans la Croatie sur la Save aux Frontieres de la Bosnie, à huit milles de Zagrab, vers Possega. Les Turcs [l] qui s'en étoient emparez depuis long-temps en avoient fait une forte place, mais ils l'ont perdue durant la guerre qui a precedé le Traité de Passarowitz, desorte qu'elle est presentement à l'Empereur qui en a extremement augmenté les fortifications.

[k] Baudrand Ed. 1705.
[l] Mem. communiquez.

2. GRADISCA, petite Ville d'Italie au Comté de Görtz, sur la Riviere du Lisonzo aux Frontieres du Frioul. Les Allemands écrivent Gradisch, [m] Elle est à cinq quarts de mille de Görtz. Cluvier [n] croit que les Anciens l'ont nommée, AD UNDECIMUM. C'est une fort petite Ville qui n'a rien de remarquable par elle-même que ses fortifications, son Château & son Arsenal. Elle appartenoit autrefois aux Venitiens qui la fortifierent contre les Turcs, à ce que dit Lazius; mais les Allemands la prirent en 1511. & elle demeura à l'Empereur Maximilien [o]. Peu après les Venitiens l'assiegerent, mais ils ne purent reüssir à la prendre. Ils firent de nouveaux efforts en 1616. & 1617. sous pretexte des Uscoques. Mais ils y ruinerent en vain leur armée & firent la paix l'année suivante. Après qu'ils eurent perdu Candie, ils proposerent à l'Empereur de leur vendre Trieste, Görizt & Gradisca, mais la proposition ne fut point écoutée, & la Maison d'Autriche a gardé ces places qu'elle possede encore à present [p].

[m] Zeyler Provinc. Austriac. p. 128.
[n] Ital. Ant. l. 1. c. 20.
[o] Amelot de la Houssaye, Hist. du Gouv. de Venise p. 511.
[p] Ibid. 459.

1. GRADO, en Latin *Gradus*, petite Isle & Ville de même nom, dans l'Etat de Venise sur la côte du Frioul, quoiqu'elle soit partie du Dogat; a douze milles & au Midi Oriental d'Aquilée, & au Levant Septentrional & à quatre vingt milles de Venise. Elle doit sa fondation aux ravages que fit Attila, & ses habitants d'Aquilée se refugierent dans cette Isle où ils bâtirent une Ville après que les barbares eurent détruit Aquilée. Delà vint la division du Patriarchat d'Aquilée en 600., selon Volaterran [q] & le Biondo [r]. Candidus dans son Histoire d'Aquilée [s] dit que l'Eglise de cette Ville devint Metropole & Capitale du Pays de Venise sous le Pape Pelage, & que l'Empereur Heraclius y envoya le Siége d'Yvoire sur lequel St. Marc avoit été assis à Alexandrie, afin qu'il fût honorablement conservé dans l'Eglise de St. Hermagoras. Leandre [t] dit que ce Siége tout brisé qu'il est se garde encore dans la Sacristie de cette Eglise. Dans le temps des Lombards Paulin, XXIV. Patriarche d'Aquilée, porta à Grado les tresors de son Eglise, afin qu'ils y fussent à couvert du brigan-

[q] l. 4. Comment. Urban.
[r] Histor. l. 3. & 4.
[s]
[t] Descript. di tuta l'Italia p. 487. fol. vers.

gandage de ces Barbares. Il y mourut la 11. année de son Patriarchat ayant donné à Grado le nom de NOUVELLE AQUILÉE, comme le raporte Candidus [a]. Il fait voir aussi que l'Eglise d'Aquilée avoit le rang sur celle de Grado. Il met la translation du Patriarchat de Grado à Venise en 1452. sous le Pape Eugene IV. & ainsi, dit-il, l'Evêque du Castel de Venise fut nommé Patriarche. Il avoit pour Suffragans l'Evêque du Castel, ceux de Giesulo, de Capruli, de Torcello, de Chiogia & de Citta Nuova. L'Evêque de Castel étoit le même que celui de Venise. Il prenoit son titre du nom du quartier de Venise où son Eglise est située, mais comme depuis le grand accroissement de la République il naissoit souvent des contestations pour la Jurisdiction entre cet Evêque & le Patriarche de Grado qui étoit Primat de Dalmatie & de Venise, le Senat demanda au Pape que le Patriarchat & l'Evêché fussent unis en la personne de celui des deux Prélats qui survivroit à l'autre & par ce moyen le Patriarchat de Grado fut devolu en l'année 1450. à l'Evêque de Castel en la personne de Laurent Justiniani que l'Eglise a canonisé. Ainsi le Patriarchat de Grado est uni à l'Evêché de Venise. Voiez à l'article de Venise le reste de ce qui regarde ce Siége. Quant à la Ville de Grado, Mr. Baudrand [b] dit qu'elle est petite, mais fort peuplée & ancienne. A l'égard de l'ancienneté on vient de voir qu'elle doit sa fondation aux ravages d'Attila. Quant à ce qu'il dit qu'elle est fort peuplée, Leandre dit au contraire que les ravages que cette Ville a soufferts sont cause qu'elle n'a presentement que peu d'habitans.

Le P. Coronelli [c] Venitien parle ainsi de Grado : dans le même temps, dit-il, que les habitans de Padoue se refugioient à Rivalta, ceux d'Aquilée voulant se procurer une retraite pour se mettre à couvert au cas que les barbares vinssent ravager l'Italie sous la conduite d'Attila, comme il arriva effectivement ensuite, jetterent la vue sur une petite Isle à douze milles d'Aquilée. Plusieurs familles nobles s'y étant transportées y bâtirent un joli Bourg qu'ils appellerent GRADO, du nom de l'Isle, qui s'appelloit alors AQUÆ GRADATÆ, selon Dandolo; nom qui se trouve dans le Breviaire Romain dans l'Office de St. Chrysogone [d]; ou du nom de Gandon Gradenigo, qui eut la meilleure part à ces nouveaux Edifices, comme le rapporte Vianoli & autres. Aujourd'hui on dit par corruption GRAO. La crainte que l'on avoit d'une incursion s'étant dissipée, le Bourg fut abandonné par la plus grande partie des habitans, & il n'y en resta que peu jusqu'à ce que en 454. Attila ayant ravagé la Dalmatie & l'Istrie & pris Trieste vint assieger Aquilée. Les Habitans de cette Ville resolus de se deffendre envoyerent à Grado leurs femmes, leurs enfans, les saintes reliques & tout ce qu'ils avoient de plus precieux, & soutinrent longtemps tous les assauts d'Attila. Mais enfin voyant qu'ils ne pouvoient tenir plus longtemps, & que leur nombre étoit fort diminué, ils garnirent durant la nuit les murailles de la Ville avec des Statues & s'embarquerent tous & eurent le bonheur d'arriver à Grado. Les barbares ainsi trompez s'en vangerent sur les Statues & sur la Ville qu'ils détruisirent. C'est ainsi que Grado fut peuplé. Après la mort d'Attila & la deroute de son armée le Patriarche Nicetas & quantité d'habitans allerent rétablir Aquilée qu'ils repeuplerent, mais quelques-uns qui aimoient la liberté & la sureté dont ils jouïssoient à Grado aimerent mieux y rester. Les courses des Lombards obligerent en 568. le Patriarche Paulin à y transporter de nouveau les tresors de son Eglise & les châsses des Sts & Saintes, Hilaire, Cantien, Cantia, Cantianilla, Euphemie, Dorothée, Thecle, Erasme, &c. Probin son Successeur en reporta quelques-uns à Aquilée, mais enfin Elie XXIV. Patriarche vers l'an 580. voyant que l'Heresie Arienne avoit trop prevalu en terre ferme, transfera à Grado le Siége Patriarchal. Après bien des revolutions, Grado fut reduit en cendres l'an 1374. & ne s'est jamais bien relevée depuis ce malheur. De toute son ancienne grandeur il ne reste que quatre Eglises, savoir le Dôme, St. Jean, l'Assomption, & St. Sebastien. La première fut bâtie par le Patriarche Elie, pour être sa Cathedrale sous le titre de Ste Euphemie. C'est presentement une Paroisse sous l'invocation des SS. Hermagoras & Fortunat. Elle conserve encore des restes de son ancienne magnificence, dans son pavé à la Mosaïque, la Chaire Patriarchale qui est de marbre, & autres ornemens remarquables. Dans l'Eglise de St. Jean bâtie des liberalitez des Gradenigues, on voit un ancien Baptistaire assez bien travaillé. Dans l'Eglise de l'Assomption divers morceaux de Mosaïque conservez dans la muraille font connoître avec quelle depense cet édifice a été construit. Le Clergé n'y est pas nombreux, le Dôme n'est desservi que par un Curé, deux Chapelains, un Organiste & quelques Clercs, tous entretenus par la Communauté. La Republique y envoye un Noble Venitien avec titre de Comte. Une bonne partie des maisons nouvelles sont bâties sur les débris des anciennes murailles. Elles sont entourées de lagunes excepté du côté de l'Est-Nord-Est, où est un petit Bourg qui prend son nom de l'Eglise de St. Roc. Le reste de l'Isle est rempli de Jardins, entre lesquels sont deux Chapelles dediées l'une à St. Vit & l'autre à St. Godard, pour la commodité des gens qui cultivent ces Jardins. La Ville & l'Isle de Grado est entourée de plusieurs autres Isles, & la Mer qui les separe s'appelle les LAGUNES DE GRADO. Le passage par lequel on entre du Golphe dans les Lagunes pour arriver à Grado s'appelle Porto di Grao, les Anciens l'ont nommé Portus Aquilegiensis. C'est l'Embouchure de la Natisa.

2. GRADO [e], Village d'Espagne dans les Asturies, près d'Oviedo du côté du Midi. Quelques Auteurs l'appellent MALGRADO & le prennent pour l'ancienne MALIACA. Voiez ce mot.

3. GRADO, en Italien &
GRADUS, en Latin, en François Degré, terme de Géographie & d'Astronomie. Voiez aussi GRAS, GREVE & LATITUDE.

GRAEA. Voiez OROPUS & TANAGRA.

GRAEAS GONU, Γραίας Γονύ, c'est-à-dire,

[a] Comment. Aquileg. l. 3. & l. 4.
[b] Ed. 1705.
[c] Isolar. p. 30.
[d] Breviar. Rom. 24. Novemb.
[e] Baudrand Ed. 1705.

GRA. GRA.

[a l.4.c.5.] dire, le *Genou de la vieille*; Ptolomée [a] nomme ainsi un Port de la Mer d'Egypte au Nome de Libye; au Levant de *Paretonium*. Ortelius en fait un Cap, en quoi il se trompe.

GRÆCANICA AFRICA. Voiez PENTAPOLE.

GRÆCIA. Voiez GRECE.

GRÆCIOCHANTÆ, ou selon quelques Manuscrits de Pline GNESIOCARTHÆ, peuple de la Babylonie, selon cet Auteur [b]. [b l.6.c.26.]

GRÆCIUM, nom Latin de GRATZ. Voiez ce mot.

GRÆCO-GALLIA. Voiez GALATIE.

GRAEEN, Ville de l'Indoustan au Royaume de Visapour sur la Riviere de Corsena qui est la même que la Riviere de Coulour, qui tombe dans la Mer à Masulipatan, entre la Ville de Visapour & le Port de Dabul, à cinq lieues de Mirdsy. Mandelso dit [c]: il n'est pas bien aisé de dire si ce n'est qu'une Ville, ou s'il en faut faire deux parce qu'elle n'est separée que par la grande Riviere de Corsena dans une distance d'environ huit cens pas & il y a tant de maisons de l'un & de l'autre côté de la Riviere que l'on en peut faire deux bonnes Villes, bien que l'une soit beaucoup plus petite que l'autre. [c Voyage des Indes l.2.p.234.]

GRAËMS [d], petite Isle au Nord de l'Ecosse entre les Orcades. Elle a deux milles de longueur & autant de largeur. Elle est basse & bordée de rochers; elle est fertile en bled & en pâturages. [d d'Audifret Geogr. T.1. p.243.]

GRAFENETZ. Voiez GRAVENECZ.

GRAFENWERTH [e], c'est ainsi que l'on nommoit autrefois l'endroit où le Fort de Skenk fut bâti en 1586. il n'y avoit alors qu'une seule maison pour faire payer les droits aux bâteaux qui descendent le Rhin. [e Longuerue desc. de la France 2. part. p.43.]

GRAFIGNANA, quelques-uns disent GARFAGNANA, d'autres CARFENIANA, petit Pays d'Italie dans l'Appennin, entre l'Etat du Duc de Modene, & la Republique de Luques. Il prend son nom d'un Temple dedié autrefois à la Déesse *Feronia* & qui étoit situé au même endroit où est Pietra Santa; voiez l'Article de PIETRA SANTA. Ce petit Pays fut apparemment nommé d'abord *Circa Feronianum*, & par abbreviation, *Caferonianum*. Ce petit Pays est aux deux côtez du Serchio; & a pour chef-lieu *Castelnuovo de Grafignana*; les autres lieux sont des Villages dispersez des deux côtez du Serchio. Ce Pays appartient pour la plus grande partie au Duc de Modene, mais comme il est en partie enclavé dans la Republique de Luques, elle en possede aussi une partie.

GRAHAMS-HOLL [f], Ance & Port de l'Isle de Pomona ou de Mainland la plus grande des Orcades. C'est un des quatre Ports de cette Isle. [f Etat pres. de la Gr. Bret. T.2. p.289.]

GRAI. Voiez GRAY.

GRAIÆ. Voiez GRÆAE.

GRAINVILLE [g], la TEINTURIERE, Bourg de France en Normandie au Pays de Caux, dans un Vallon, sur la Riviere de Paluelle, une lieue au dessus de Cani, à deux de [g Corn. Dict. Mem. dressez sur les lieux.] Foville & de Valmont, & à trois de St. Valeri & de la Mer. On y voit les restes d'un Château assez grand entouré de larges fossez remplis d'eau. Ce Bourg est le Siége d'une Justice Royale. Son Eglise dediée à Notre-Dame est bien bâtie & assez grande.

GRAISIVAUDAN, Pays de France dans le Dauphiné, ce nom est corrompu de GRATIANOPOLITANUM, ou PAGUS GRATIANOPOLITANUS, qui ne veut dire autre chose que le Territoire de Grenoble. Il s'étend entre les Montagnes le long des Rivieres l'Isere & le Drac. Il est borné au Nord-Ouest par le Viennois, au Nord & au Nord-Est par la Savoye; à l'Orient par le Briançonnois, au Sud-Est par l'Embrunois; au Midi par le Gapençois, & partie par le Diois; qui avec le Valentinois acheve de le borner au Couchant. Ce Pays est très-peuplé de Villages; mais il n'a de Ville considerable que Grenoble Capitale du Dauphiné. Les autres principaux lieux sont,

La grande Chartreuse,	Vizille,
Domaine,	La Mure,
Lesdiguieres,	Mens,
Voiron,	Le Bourg d'Oisans,
Vorespe,	St. Bonnet,
St. Guillaume,	& le Fort des Barreaux.

Ce Pays n'a reconnu que les Rois de Bourgogne & sous leur autorité les Evêques de Grenoble jusqu'à l'an 1040. ou environ. Ce fut pour lors que Guigues le vieux, Pere de Guigues le Gros prit le premier la qualité de Comte du Graisivaudan dont il ne jouïssoit pas encore du temps d'Isarn Evêque de Grenoble. Guigues unit donc ce Comté à celui d'Albon, & le laissa à ses Successeurs.

GRAIUM, Ortelius lit GRAICUM; ancien lieu de Garnison Romaine dans la Pannonie sur la Save. La Notice de l'Empire [h] marque *Præfectus Classis Secundæ Flaviæ, Graio*. [h Sect. 56.]

GRAMAT, Bourg de France dans le Querci au Diocèse de Cahors, dans l'Election de Figeac.

GRAMATUM, ancien lieu de la Gaule sur la route de Milan à Strasbourg, selon Antonin [i] qui le met à quarante & un milles de Besançon. [i Itiner.]

Visuntione	
Velatudaro	XXII. M. P.
Gramato	XIX. M. P.
Larga	XXV. M. P.

GRAMBUSIA [k], petite Isle de la Mer Mediterranée sur la côte de Natolie, près du Cap Celidonia & du Golphe de Satalie. [k Baudrand Ed. 1705.]

1. GRAMMITÆ, ancien Peuple de l'Isle de Crete: il prenoit son nom de la Ville de *Grammium* qu'il habitoit.

2. GRAMMITÆ, Peuple auprès de la Celtique, selon Etienne le Géographe. Auroit-il quelque rapport avec le *Gramatum* d'Antonin?

Kk GRAM-

GRAMMIUM, Ville de l'Isle de Crète, selon Etienne le Géographe.

1. GRAMMONT, ou GERARDMONT, les Flamands disent GHEERSBERG, c'est-à-dire, le *Mont St. Gerard*, [a] Ville de la Flandre Impériale sur la Riviere de Dendre, aux confins du Hainaut, à trois lieues d'Oudenarde, au quartier d'Aloft. C'est une ancienne Chatellénie [b] qui confine avec celle de Ninove. Elle étoit sujette des anciens Comtes de Flandres, puisque le Comte Baudouïn de Monts l'érigea en Ville & lui donna ses Privileges l'an 1068. Treize ans après Gerard Evêque de Cambray y transfera les Moines Benedictins qui étoient auparavant à un lieu nommé DIXLEVENE. L'Eglise est dediée à St. Pierre & plusieurs l'appellent St. Adrien à cause qu'on y transfera l'an 1110. les reliques de St. Adrien Martyr du lieu nommé Raulicourt en Hainaut.

2. GRAMMONT, ou GRAND-MONT, Abbaye de France dans la Marche Limousine, au Diocèse de Limoges. C'est le chef-lieu d'un Ordre qui en porte le nom. On y suit une regle particuliere [c] & cet Ordre fut fondé vers l'an 1076. par St. Etienne de Thiern, ou de Tiers, Gentilhomme d'Auvergne surnommé de Muret parce que ce fut sur la Montagne de Muret, assez près de Limoges qu'il établit cette Maison qui après sa mort fut transferée à Grammont par ses Religieux. Cet Ordre fut d'abord gouverné par des Prieurs jusqu'en 1318. que Guillaume Belliceri fut nommé Abbé & en reçut les marques des mains de Nicolas Cardinal d'Ostie. Cette Abbaye est immediatement soumise au St. Siége & jouït d'environ dix mille livres de rente. Comme elle est Chef d'ordre, elle est exceptée de la nomination du Roi par le Concordat. Cette Abbaye de Grammont est à six lieues de Limoges vers l'Orient & Eté.

Voici une ancienne description de Grammont lorsque les premiers Religieux s'y retirerent : Grammont est situé dans les Montagnes au territoire de Limoges. C'est un lieu triste, sterile, froid, plein de rocs & de brouillards, exposé au vent. Il abonde en pierres propres à bâtir, mais on y trouve peu de bois à cet usage, car tout le terrain de ce Canton suffiroit à peine ou plutôt ne suffiroit jamais au besoin de la vie tant il est denué de tout. Il y a cependant au pied de cette hauteur quelques vignes, prez, jardins, arbres fruitiers & autres petits lieux cultivez. Du reste c'est un veritable desert propre à la solitude la plus penitente ; ceux qui l'habitent menent une vie très-dure & pour la nourriture & pour le logement. La Basilique ou l'Eglise fut construite aux dépends des Rois d'Angleterre Henri I. & Henri II. ce dernier n'épargna rien pour la restauration de l'Eglise de Notre Dame qui avoit été d'abord fondée par des Freres Laics & conventuels. Richard son fils surnommé *Cœur de Lion* fit couvrir de plomb les murs, le Monastere & l'Edifice de la nouvelle Eglise, lui accorda les Libertez, des Privileges, & enfin tout droit & toute Justice. Henri III. fut aussi le fondateur en partie ou restaurateur de cette Abbaye & transfera du Septentrion au Midi le Cloître & autres Edifices, & leur donna la magnificence qu'ils ont à présent. Ce Monastere compte aussi entre ses bienfaicteurs quantité de Princes & Seigneurs, dont les liberalitez ont attiré auprès de cette Abbaye plusieurs familles qui y formerent la petite Ville de GRAMMONT, ou GRAND MONT.

[a] *Dict. Geogr. des Pays-Bas.*
[b] *Longuerue desc. de la France. 2. part. p. 59.*
[c] *Piganiol de la Force desc. de la France T. 6. p. 360.*
[d] *Dictionnaire de la France.*

3. GRAMMONT, Ville de France dans la Marche. Voiez GRAND-MONT.

4. GRAMMONT, Terre & Seigneurie de France dans la Navarre. Elle fut érigée en Duché pairie par Lettres Patentes du Mois de Novembre de l'an 1648. confirmées par autres Patentes du 11. Decembre de l'an 1663. registrées au Parlement de Paris le 15. Decembre de la même année.

5. GRAMMONT, Ville de France dans le Bas Armagnac au Diocèse de Lectoure dans l'Election de Lomagne.

GRAMPIUS MONS, Montagne d'Ecosse ; Tacite en fait mention dans la Vie d'Agricola. Hector Boethius dit qu'il separoit les Pictes & les Ecossois ; on le nomme GRANSBAIN ; mais ce nom moderne ne comprend pas toute la chaine de Montagnes qui s'étend entre les Provintes d'Argyle, de Lorn, de Braid-Albain, de Murray, de Marre & de Mernis jusqu'à Aberdeen.

GRAMPOND, ou GRAMPOUND, petite Ville d'Angleterre dans la Province de Cornouailles, entre Truro & Foye. On y tient marché public & elle envoye ses Deputez au Parlement.

1. GRAN, Ville de la Basse Hongrie sur le Danube ; à cinq milles de Comorre & à dix de Bude & d'Albe Royale, dans une plaine qui est arrosée par le Danube. Quelques-uns la prennent pour la BREGÆTIUM de [e] Ptolomée, d'autres qui sont le plus grand nombre la nomment en Latin STRIGONIUM. Elle est Episcopale, & consiste en quatre Villes, dont chacune peut meriter ce nom ; savoir la RATZENSTADT, la WASSERSTAT, au haut de laquelle est la Forteresse où est la Cathedrale dans laquelle le Roi St. Etienne est enterré, & enfin GOCKARN qui est de l'autre côté du Danube. Sultan Soliman prit cette Ville le 10. Août 1543. L'Archiduc Mathias l'assiégea en vain l'an 1594. mais l'année suivante le Prince Charles de Mansfeld la prit après deux mois de siége. Les Turcs y rentrerent en 1604. & la perdirent en 1683. après le siége de Vienne ; ils tâcherent de la reprendre en 1685. Voiez STRIGONIE. La partie de Gockarn communique au reste par un Pont de bateaux. Cette Ville de Gran tire son nom d'une Riviere qui s'y jette dans le Danube.

[e] *Der Donau Strand p. 60.*

2. GRAN [f], Riviere de la Haute Hongrie. Elle a sa source aux Montagnes qui separent le Comté de Liptow & celui de Gemer, & coulant le long des Frontieres de ce dernier Comté, elle borne celui de Zoll, au Nord-Ouest, puis le traverse, serpentant toujours tantôt vers le Sud-Ouest & tantôt vers le Midi, elle coule entre Neu-Zoll & Alt-Zoll, & coule ensuite le long du Comté de Neitra qu'elle borne à l'Orient. Elle entre delà dans le Comté de Bars, & se perd enfin dans le Danube auprès de Barckan, ou Parkam, vis-à-vis de Gran auquel elle donne son nom.

[f] *De l'Isle Carte de la Hongrie.*

GRA-

GRA.

[a Baudrand Ed. 1705.] **GRANA**[a], petite Riviere ou Torrent d'Italie. Elle coule dans le Montferrat, & se jette dans le Pô entre Casal & Valence.

GRANADA. Voiez GRENADE.

[b Descript. de l'Emp. de Prête-Jean p. 29.] **GRANAHAR**[b], Montagnes d'Ethiopie dans l'Abissinie. Elles ont reçu ce nom de la Victoire que les Portugais remporterent sur Granhe General du Roi d'Adel, & qui étant entré dans l'Abissinie y faisoit de grands ravages. Il fut tué & on voit encore un trophée élevé par les Portugais dans un grand Chemin par où l'on va des Montagnes de Dambée au Royaume, selon le temoignage d'Almeide[c].

[c l. 1. c. 9. & 10.]

GRANCEY, Bourg de France en Champagne, avec un Château & titre de Comté, selon Mr. Baudrand, sur les confins du Duché de Bourgogne environ à huit lieues de Châtillon sur Seine au Levant d'Hyver & à douze de Dijon vers le Septentrion. Ce n'est qu'une Baronie, mais le Comte de Grancey fils du Maréchal de Grancey, & pere du Maréchal de Medavy prenoient leur nom de cette Seigneurie & leur qualité de Comte d'une autre terre : aussi Grancey n'est-il qualifié que Baronie dans les Memoires de Champagne de Mr. Baugier. Les Auteurs du Dictionnaire de la France disent : GRANCEY LE CHÂTEL, Ville dans la Champagne, Diocèse de Langres, Parlement de Paris, Intendance de Châlons, Election de Langres, a 662. habitans. Les Seigneurs de Grancey y ont fondé un Chapitre en 1361. dont les Canonicats ne rendent que cent cinquante livres. Il est composé d'un Doyen & de neuf Canonicats & de quatre demi Prebendes : c'est une Baronie qui appartient au Maréchal Comte de Medavi.

1. **GRAND**, Ce mot est quelquefois ajouté à des noms Géographiques, surtout lorsqu'y ayant plusieurs Pays ou lieux du même nom il est necessaire de les distinguer ; ainsi on dit de Grand Accara & le petit Accara, la Grande Russie, la Grande Bretagne, parce qu'il y a aussi la petite Russie, ou la Russie particuliere & la Bretagne propre. Nous ne ferons point une liste des noms auxquels on peut joindre le surnom de Grand puisqu'on les trouve chacun en son lieu, nous ne mettrons que les noms auxquels cette Syllabe est jointe inseparablement.

2. **GRAND**, petit Bourg de Champagne, au Diocèse de Toul, dans le Bassigni. Il est remarquable par le tombeau de St. Thibée[d] Seigneur du lieu, qui est sous des Arcades & des portiques fort anciens sous lesquels on tient que l'Empereur Julien l'Apostat lui fit trancher la tête. Ce tombeau est visité par une infinité de personnes malades pour recevoir la guerison de maladies incurables. Ce Bourg a été autrefois possedé par des Seigneurs de ce nom qui étoient considerables. On y voit les vestiges d'un ancien Château où ils habitoient. Il y a aujourd'hui un nombre considerable d'Artisans qui travaillent à faire des Cloux qu'ils vendent en gros aux Marchands.

[d Baugier Mem. Hist. de Champagne T. 1. p. 356.]

1. **GRAND-CHAMP.** (le) Voiez au mot CHAMP.

2. **GRAND-CHAMP**, Village de France dans la Beausse au Diocèse de Chartres. Il est remarquable par une Abbaye de Prémontrez fondée par Simon IV. Comte de Monfort.

GRA. 259

Elle est située à deux lieues de Montfort l'Amauri. On la nomme aussi l'Abbaye de GRANDVAL.

GRAND'COURT, Bourg de France en Normandie. Mr. Corneille écrit GRANCOUR & dit d'après des Memoires dressez sur les lieux qu'il est au Diocèse de Rouen, dans le Comté d'Eu entre Euvermeu & Blangy sur une petite Riviere qui a sa source au dessus de Foucarmont.

GRAND-LIEU, Etang de France en Bretagne au Pays de Retz dans le Comté de Nantes[e]. C'est un Lac noir & bourbeux qui a environ dix lieues de tour, il est formé par la chute de trois petites Rivieres qui sont la LOGNE, la BOULOGNE, & le LOGON. L'Histoire de St. Felix rapporte qu'il y avoit ici une Ville nommée HERBAUGE, en Latin *Herbatilicum*, dont les habitans ayant fait quelque indignité à St. Martin de Vertou, Diacre de St. Felix qui y prêchoit l'Evangile, elle abîma & en sa place parut ce Lac. Ce qu'il y a de certain, c'est qu'il y a eu un Comté d'Herbauge qui comprenoit à peu près le Païs de Retz (Raiz). Le Lac de Grand-lieu appartient au Marquis de Cruz - Courboyer, originaire de Normandie à qui il a passé par Succession des Seigneurs de Vieille-vigne-Machecou. On proposa de dessecher ce Lac en 1459. on l'a aussi proposé plusieurs fois depuis, savoir en 1534. 1572. & 1573. mais on s'en est toujours tenu à la simple proposition. on a dit GRAND-LIEU, par corruption, il faloit dire GRAND LAC, *Grandis Lacus* & non pas *Grandis Locus* comme le remarque Mr. Baillet[f].

[e Piganiol de la Force desc. de la France T. 5. p. 225.]

[f Topogr des Saints p. 603.]

1. **GRAND-MONT**, petite Ville de France dans la Marche Limousine, elle est remarquable par son Abbaye dont nous avons parlé dans l'Article de GRAMMONT & qui est la même. Elle a été la patrie du célèbre Marc-Antoine Muret. Il y naquit en 1527. & mourut à Rome dans un âge assez avancé. Il avoit aquis une grande pureté de style dans la Langue Latine.

2. **GRAND-MONT**, Abbaye de France. Voiez GRAMMONT.

3. & 4. **GRAND-MONT**, Prieuré de France en Normandie au Diocèse de Seez.

§ Il y en a deux de même nom dans ce Diocèse.

5. **GRAND-MONT**, Prieuré de France dans la Franche-Comté au Diocèse de Besançon. Il depend de Montjoye Abbaye dans les Alpes. Il est en commande à la nomination du Pape.

6. **GRAND-MONT**, Prieuré de France dans le Berri au Diocèse de Bourges.

GRAND-PONT. Voiez ATHYRAS.

GRAND-PRE'[g], Ville de France en Champagne, au Diocèse de Rheims & dans l'Election de Ste Manehoud, sur la petite Riviere d'AYR qui se jette à deux lieues au dessous dans l'Aisne. C'est un des sept anciens Comtez-Pairies de Champagne, & il y a vingt-huit Fiefs qui en relevent. La Ville a pris son nom des prez auprès desquels elle est située. Elle a appartenu à l'Eglise de Rheims & a eu ensuite des Comtes de differentes maisons dès le XI. siécle. Sous le Regne de Charles VIII.

[g Divers Memoires.]

elle

elle vint à la maison de Joyeuse. Louïs de Joyeuse fils de Tanegui s'y retira le premier avec Robert de Joyeuse son Cadet, & forma en Champagne la Branche que l'on y voit aujourd'hui & de laquelle étoit Jean Armand de Joyeuse Maréchal de France. On a trouvé dans le voisinage de Grand-Pré une mine d'argent, mais on n'a pas jugé que le profit qu'on en tireroit meritât les depenses qu'il faudroit faire pour y travailler. Mrs. de Longuerue & Baugier ne donnent pas le titre de Ville à Grand-Pré. Le premier dit [a] : ce lieu de Grand-Pré (*Grande Pratum*) fut donné par l'Archevêque Vulfhaire à son Eglise de Rheims dans les premieres années du Regne de Louïs le Debonnaire vers l'an 817. mais depuis des Laïcs s'en rendirent Seigneurs proprietaires. On ne voit point que ces Seigneurs de Grand-Pré ayent relevé immediatement des Archevêques pour cette terre; mais Grand-Pré doit avoir été un arriere-fief de l'Eglise de Rheims dont les Comtes de Champagne étoient Vassaux pour une partie de cette Province. Le premier qui a porté le titre de Comte de Grand-Pré est Herman dans le XI. siécle. On ne sait pas son origine, mais après lui ce Comté passa dans la Maison des Comtes de Porcien & fut tenu successivement par Hascelin & par Baudouïn Frere de Roger Comte de Porcien. Henri succeda à son Pere Baudouïn & laissa ce Comté à ses descendans qui en ont joüi de mâles en mâles jusqu'à Edouard qui vivoit sous Charles VI. & vendit son Comté à Quentin le Bouteiller, qui le vendit à Henri de Borselle, originaire de Zeelande qui en joüit très-longtemps & enfin vendit cette terre à Louïs de Joyeuse Seigneur de Botheon, Cadet du Vicomte de Joyeuse duquel sont descendus les Ducs dont la branche est éteinte; mais celle de Jean de Joyeuse subsiste toujours & possede le Comté de Grand-Pré. Le titre de Comte fut confirmé par Charles VIII. au Seigneur de Botheon. Les Comtes de Grand-Pré étoient entre les sept Pairs de Champagne, dont ils ont été Vassaux avant le commencement du XIII. siécle. Le Comte Henri de Grand-Pré qui avoit été à la Bataille de Bouvines sous Philippe Auguste fit hommage à la Comtesse Blanche & à Thibaut son fils Comte de Champagne de la *Châtellenie de Grand-Pré* & de celle de *Sernay*, de *Besançy* & d'*Autry*.

1. GRAND-SELVE, Abbaye de France en Languedoc au Diocèse de Toulouse. Elle est de l'Ordre de Citeaux & fut fondée l'an 1144. Mr. Baudrand dit qu'elle fut fondée par St. Gerard Religieux de Corbie de l'Ordre de St. Benoît & qu'en 1144. elle passa dans l'Ordre de Citeaux.

2. § Il y a en Languedoc dans l'Intendance de Montpelier un Village de même nom.

GRAND VE'. Voiez VE'.

GRAND-VILLE. Voiez GRANVILLE.

GRANDS, ou GRAN, en Latin, *Grandis*. Ortelius [b] dit que c'est une Ville de France, peu distante de Toul & cite la Vie de St. Eliphius. Mr. Baillet [c] dit que Grands, ou Gran est une petite Ville de Lorraine sur les Limites du Bassigni. Il ajoute qu'on pretend sans beaucoup de fondement qu'elle a été autrefois Episcopale. On croit, poursuit-il, que ce fut le lieu de la naissance de St. Aloph, de St. Eucaire & de leurs trois sœurs qui se sanctifierent dans le Pays ou Diocèse de Toul. Il se trompe en ce qu'il en fait une Ville; ce n'est qu'un Bourg, il ne devoit pas dire en Lorraine, mais en Champagne & dans le Bassigni même, à la source de la Riviere d'Orney. C'est le même Bourg que GRAND, voiez ce mot.

GRANENDAL [d], Prieuré des Pays-Bas au Brabant, au quartier de Bruxelles dans la Forêt de Soignes sur la petite Riviere d'Issche.

GRANFEL, ou GRANVEL, en Latin GRANDIS VALLIS, Abbaye d'Alsace au Diocèse de Bâle; [e] St. Walbert Abbé de Luxeuil envoya vers l'an 648. une Colonie de ses Religieux sous la conduite de St. Germain dans le nouveau Monastere de Granfeld au Diocèse de Bâle, que le Duc de Gondon l'un des principaux d'Alsace venoit de bâtir dans une Vallée dont il lui avoit donné le fonds. St. Walbert appella ce lieu GRAND-VAL que les Allemands prononcent *Granfel* & qu'ils nomment plus communement MUNSTERTHAL, c'est-à-dire, selon Mr. Baillet, *Monastere du Val*. Il y établit St. Germain pour premier Abbé sous la regle de Luxeuil. Dans le douziéme siécle ce Monastere fut secularisé & changé en un Chapitre de Chanoines qui dans le dernier siécle se transporterent à Telsberg ou Delmont, à cause du changement de Religion que les Suisses Zuingliens établirent à Granfel. On dit que Granfel qui avoit toûjours été du Diocèse de Bâle est maintenant de celui de Constance, ce qu'il faut peut-être entendre de Telsberg. St. Germain ayant été chargé encore de son vivant de la conduite de deux autres Monasteres, savoir celui de St. Ursicin, dit de St. Ursitz & de celui de St. Paul de Werdt, ou de l'Isle, ces deux maisons demeurerent longtemps dependantes de celle de Granfel.

GRANGE, on appelle ainsi un Magazin où l'on serre les Grains. Il y a des lieux où les Granges sont auprès des Maisons, & d'autres où de peur d'incendie elles sont hors des Villages. Il y a eu des Seigneurs qui ayant leurs Granges à quelque distance du Château y ont ajouté des Maisons pour loger ceux qui y travailloient, & ainsi il s'est formé des Villages qui ont porté le nom de GRANGE. Il y en a un assez grand nombre de ce nom en diverses Provinces de France. Un entre autres merite que l'on en conserve la mémoire, nous en parlons à l'article de Port-Royal des Champs. Les Romains appelloient les Granges HORREA. [f] Ce Peuple dont la politique étoit admirable avoit des greniers publics établis en quantité de lieux. Outre ceux qui étoient à Rome il y en avoit en diverses Villes & même en des lieux champêtres, qui n'étoient connus que par leur nom de greniers. C'est ce qui fait que nous trouvons dans l'Itineraire d'Antonin & dans les Tables de Peutinger ces mots AD HORREA. Il y en avoit aussi dans les Gaules, à Narbonne, à Treves où une Abbaye en retient encore le nom Latin d'HORREUM.

GRA.

GRANIPALATIUM, selon Luitprand, ou **GRANI THERMÆ**, selon Rheginon, voiez NUAGERRA, on croit que c'est presentement *Aquisgranum*, en François AIX-LA-CHAPELLE.

GRANIACUM PROMONTORIUM, Cap de l'Isle de Corse dans sa partie Meridionale, selon Ptolomée. Quelques-uns croyent que c'est le Cap d'AMANZA.

GRANICUS. Voiez GRANIQUE.

GRANII. Voiez GRANNI.

GRANIOLS [a], Village de Suisse dans le Vallais, & dans la Seigneurie de Morge sur un haut rocher près de la Gorge de la Vallée de Binne. Il a eu autrefois ses Seigneurs particuliers, qui possedoient le long du Rhône quelques Villages qui portent encore aujourd'hui le nom de Comté de Graniols. Au dessous de Graniols pour aller à Lax, on passe le Rhône sur un pont fort élevé & d'une seule arcade, du haut duquel on ne peut voir la Riviere sans quelque frayeur. On peut juger combien la Vallée & la riviere sont resserrées en cet endroit.

[a] État & delices de la Suisse T. 4. p. 176.

GRANIONARIUM. Voiez GRAVIONARIUM.

GRANIQUE, (le) Riviere d'Asie dans la Troade. Elle a sa source dans le mont Ida, dans le petit Pays nommé anciennement Adrastée, ou Adrastie à cause d'une Ville de ce nom. Il prend son cours en serpentant tantôt vers le Nord-Ouest & tantôt vers le Sud-est. jusqu'à ce qu'enfin il se tourne vers le Nord-Nord-Ouest & se jette dans la Propontide, au Golphe qui est au Couchant de l'Isle de Cyzique. Elle passoit auprès de la Ville de Sidena. Le passage d'Alexandre a rendu cette Riviere fameuse. Il la traversa en allant combatre Darius, & il y remporta sa premiere victoire, comme le raportent ses Historiens. On la nomme encore Granique, lors qu'on parle des Histoires anciennement arrivées sur ses bords. [b] Mais les Turcs la nomment SOUSOU: elle est petite & presque n'est en Eté. Mais quelquefois elle se deborde étrangement par les pluyes. Son fonds n'est que sablon & gravier, & les Turcs qui ne sont pas soigneux de tenir nettes les Embouchures des Rivieres, ont laissé presque combler celle du Granique, ce qui empêche qu'il ne soit navigable même proche de la Mer où il est assez large. On le traverse cinq six fois lors qu'on va de Loubat à Bellicassar. Mr. Spon appelle SOUSIGHIRLI un Village qui n'est qu'à une portée de mousquet de cette Riviere. Le Sr. Paul Lucas [c], le nomme SOUSOU GREULEN; il y a un grand Kan ou Caravanserai. On passe le Granique deux heures au dessous de ce Village sur un pont de bois à piles de pierres. Six milles au delà du Village & assez près du Granique sont les masures d'un Château qu'on croit avoir été bâti par Alexandre après qu'il eût passé la Riviere. Le Sr. Lucas [d] parle ainsi de ces ruines: peu de temps après nous trouvames des Montagnes où l'on ne peut passer que par un defilé fort serré; on avoit eu soin de le fortifier, non seulement d'un bon Château dont on voit encore les ruines; mais d'enfermer le passage avec une bonne porte bâtie de fort grosses pierres & soute-

[b] Spon Voyage T. 1. p. 170.
[c] Voyage de Turquie en Asie. 2. p. 131.
[d] l. c. p. 132.

GRA. 261

nue d'une voute sous laquelle il falloit passer. Il paroit que cette voute dont il reste encore plus de quarante pieds de long, étoit un rempart assuré pour fermer l'entrée de la Mysie: je passai dessous avec quelques-uns des plus curieux de la Caravane pendant que les autres passerent sur les ruines qui sont à côté. Ce passage se nomme aujourd'hui DEMIR CAPI, ou Porte de Fer. Mr. Spon avoit dit que ce Château passoit pour avoir été bati par Alexandre; le Sr. Paul Lucas ne croit pas que cet ouvrage soit d'une si grande antiquité puis qu'il ne nous en reste aucun vestige dans les Écrits des Anciens; il peut être selon lui de quelqu'un des derniers Empereurs Grecs qui pour arrêter les progrès des Turcs voulurent leur fermer l'entrée de la Bithynie. Quelques anciens ont dit GRENIQUE, Γρηνίκος.

GRANITZA, ou **GRANITIA** [e], petite Ville de Grece dans la Livadie sur un côteau assez près de Livadia. Il y a presentement un Evêque Grec sufragant d'Athenes.

[e] Commanville Liste des Archev.

1. **GRANIUS**, Riviere de la Perside; elle traverse la Susiane & se jette dans le Golphe Persique, selon Pline. [g] C'est la même Riviere qu'Arrien [h] nomme Granide, Γρανίδην, & qui selon lui coule dans la Perse auprès d'un lieu qu'il appelle Toax. Le R. P. Hardouin écrit GRANIS. Pline dit qu'elle ne porte que de petites Barques, & qu'à sa droite habite un Peuple nommé DEXIMONTANI qui travaillent le Bitume.

[f] Ptolem. Homer. & Hesych.
[g] l. 6. c. 23.
[h] In Indic.

2. **GRANIUS**, nom Latin de la Riviere de Gran en Hongrie [i].

[i] Lazius de Republ. Rom.

GRANNI, Jornandes [k] nomme ainsi un des Peuples qui étant sortis de la Scandinavie s'avancerent vers la Pannonie & la Dacie. Je ne sais sur quel fondement Ortelius dit que ce sont les mêmes que les *Carnuntii* de Pline. Il seroit bien plus naturel de les mettre au bord de la Riviere de Gran comme fait Lazius.

[k] De Rebus Getic. c. 3.

GRANNONA, la Notice de l'Empire [l] met comme deux lieux differens GRANNONA, & GRANNONUM, *in Littore Saxonico*, dans le Canton qu'elle appelle *Tractus Armoricanus*; c'est-à-dire sur la côte, entre la Seine & la Loire. Mr. de Valois [m] croit que c'est GUERANDE en Bretagne. Il n'est pas sûr que *Grannona* & *Grannonum* soient des lieux differens. La Notice repete quelquefois un même lieu & semble le partager en deux; ce qui est certain, c'est qu'au cas que *Grannona* & *Grannonum* ne soient pas un seul & même endroit, il faut les chercher tous les deux sur la côte, & aparemment sur la côte de Bretagne. L'un des deux pourroit bien être *Gravinum* de la Table de Peutinger près de Vannes.

[l] Sect. 61.
[m] Notit. Gall. p. 236.

GRANNOPOLIS, c'est ainsi qu'Ortelius a lu dans Sidonius [n] Apollinaris; mais le P. Sirmond a lu GRATIANOPOLIS; qui est le vrai mot. Mr. de Valois observe que dans quelques Manuscrits tant des Notices que de St. Augustin & de Sidonius on trouve souvent *Civitas Grannapolitana*, ou *Grannopolitana*; il ajoute que cette Orthographe est venue de l'abbreviation faite par les Copistes qui écrivoient *Grāānopolis*, ou même *Grāānopolis* pour *Gratianopolis*; & *Grāā* pour *Gratia*; ce que des ignorans n'entendant pas ils ont omis le trait qui marquoit l'abreviation. Ce-

[n] l. 3. Epist. 14.

pen-

GRA.

pendant il y a bien de l'apparence que l'on a accourci dans la fuite ce mot d'une syllabe & que *Grenoble* a été fait de *Granopolis*, mot corrompu de *Gratianopolis*.

GRANOLLES, Bourg d'Espagne en Catalogne dans le Pays de Valles, selon Mr. Baudrand [a].

a Ed. 1705.

GRANON. Voiez CRANON.

GRANSBERGE [b], Château des Pays-Bas dans les Provinces Unies, en Overiſſel entre Coevorde & Hardenberg.

b Dict. Géogr. des Pays-Bas.

GRANSON [c], petite Ville en Suiſſe au Pays de Vaud. Elle est située sur une Colline, au bord Occidental du Lac de Neufchatel, à une lieue d'Yverdun. Il n'y a rien de remarquable que le Château où reside le Bailif. Il est à l'extremité de la Ville la plus élevée, & s'étend jusqu'au bord du Lac. Les Habitans sont de la communion de Geneve. Il y avoit autrefois à Granson, un Convent de Cordeliers, au bas de la Ville, & au Quartier d'enhaut, un Prieuré de l'Ordre de St. Benoit. On a fait du prémier un Magazin à sel & un grenier, & de l'autre un College pour la Jeunesse, & de son Eglise un Temple paroiſſial. A l'extremité du Bailliage de Granson du côté de Neufchatel, il y avoit auſſi au bord du Lac, une Chartreuse qu'on nommoit l'Abbaye de la Lance, fondée l'an 1317. Elle fut vendue dans le tems de la révolution, à un Bourgeois de Berne, de la famille des Tribolets.

c Etat & Delices de la Suiſſe T. 2. p 315.

La terre de Granſon étoit autrefois une Baronnie. Elle a eu ses propres Barons qui étoient puiſſans, dans le XIV. Siécle ; & dont quelques-uns se pouſſerent à la Cour d'Angleterre, jusques là même, qu'il y a eu dans ce Royaume quelques Evêques de la Maiſon de Granſon. Après eux les Princes de Chalons ont poſſedé cette Terre, & ils la perdirent à la guerre de Bourgogne. La Ville de Granſon est mémorable dans l'Histoire, par le Siége qu'elle ſoutint contre le Duc de Bourgogne, & par la Bataille que les Suiſſes y gagnérent sur ce Duc, l'an 1475.

Le BAILLIAGE DE GRANSON est le dernier, qui appartienne à quelque Canton, de ce côté-là. Il confine du côté du Couchant au Mont Jura, du côté du Nord, au Comté de Neufchatel, du côté du Midi, aux Bailliages d'Orbe & d'Yverdun, & du côté d'Orient, il embraſſe toute la largeur du Lac, qui lui est opposée, avec la paroiſſe d'Yvonan, qui est au bord Oriental du Lac. A l'égard de la Religion, il est tout entier de la Religion Protestante ; & contient neuf Paroiſſes. [d] C'est un Pays de champs, de vignes, & de prairies, & un terroir fertile. Le Bailliage de Granſon est gouverné par les Bernois & les Fribourgeois, de cette maniere. Ils y envoyent, tour à tour, des Baillifs pour cinq ans, & quand il y a un Bailif de Berne, les appels se portent à Fribourg ; de même quand il y en a un de Fribourg, les appels vont à Berne. Lorsque les appels se portent à Fribourg, les Seigneurs de Fribourg établiſſent les Ministres.

d pag. 326.

GRANTA, Ville de la Grande Bretagne ; Bede & Felix en font mention au raport de Leland qui dit que les Bretons la nommoient CAIRGRANT, du nom de la Riviere qui l'arroſe ; & que les Anglois ou Saxons l'ont appellée GRANTEBRIDGE. On trouve effectivement dans la Chronique Saxone publiée par Edmond Gibſon ce nom écrit GRANTEBRIGE, GRANTABRIC, GRANTHEBRIGE, GRANTEBRYGE, & GRANTEBRIGGE, on dit presentement CAMBRIDGE.

GRANTHAM, Ville d'Angleterre en Lincolnshire. Mr. Baudrand n'en fait qu'un Bourg ; mais l'Auteur de l'Etat present de la Grande Bretagne [e] dit que c'est une bonne Ville. Elle est sur la Riviere de Witham. C'est un grand paſſage pour ceux qui vont au Nord de l'Angleterre & qui en viennent. Le clocher de son Eglise est d'une telle hauteur qu'il paroit courbe à ceux qui le regardent.

e T. 1. p 85.

GRANUA, Γρανούα, la Vie d'Antonin le Philoſophe [f] nomme ainſi un lieu chez les Quades. Ortelius [g] doute ſi ce ne ſeroit pas la Riviere ou la Ville de Gran en Hongrie.

f l. 1.
g Theſaur.

GRANVELLE [h], Château & Seigneurie de France dans la partie Septentrionale de la Franche-Comté, entre le Bourg de Fondremant & celui de la Charité. Ces trois lieux ſont sur une même petite Riviere qui va ſe perdre dans la Saone. Il n'y a qu'une demie lieue de Granvelle à la Charité, ce nom est devenu fameux à cauſe du Cardinal qui l'a porté.

h Jaillot Atlas.

GRANUCOMATÆ, Pline nomme ainſi deux Tetrarchies dans la Syrie. Ce nom est Grec & formé de Γράνου Κωμῆται, c'est-à-dire les Payſans de Granus ; ou les Villages de Granus.

GRANVILLE, ou GRAND'VILLE, Ville de France en Normandie avec un Port de Mer à six lieues de Coutances vers la Bretagne. Cette place est située en partie sur un rocher d'accès difficile & en partie dans la plaine où est le port. Le Pere du Moutier dit [i] qu'un Abbé de la Luzerne mit la premiere pierre du bâtiment de cette Ville en 1440. Selon Cenalis ce ſont les Anglois qui l'ont bâtie ſous le Regne de Charles VII. Le rocher où est placé Granville appartenoit au Mont St. Michel & fut échangé avec le Roi contre un Fief & des Moulins. Cenalis l'appelle *Macropolis*, nom Grec qui ſignifie *Longueville*. Il ajoute *Grandem villam vulgus appellat Gallicè* Granville, *ſi non re, ſaltem nomine*. C'est la pêche & le debit de la morue ſeche & de la morue verte, de l'huitre & du poiſſon frais qui fait tout le commerce des habitans. Elle est néanmoins beaucoup déchue de ce qu'elle étoit ; puiſqu'au lieu de trente ou de quarante bâtimens de cent à deux cens Tonneaux, qui alloient tous les ans partie en Terre neuve, partie ſur le grand banc pour la pêche de la morue, il n'y en a que dix ou douze qui font ce Commerce. Les bâtimens qui vont en terre neuve ſont ſecher le Poiſſon & le portent à Marſeille, ou à Bourdeaux ou autres ports. Ceux qui vont ſur le grand banc pêchent la morue que l'on appelle verte & la pottent d'ordinaire au Havre de Grace & autres ports de la Manche. La pêche de l'huitre & du Poiſſon frais, fait encore une partie du Commerce de Granville, mais elle regarde ſeulement le menu peuple & les principaux Bourgeois ne s'y attachent point.

i Neuſtria Pia.

Cette

GRA. GRA. 263

Cette Ville en temps de guerre a une garnison. Il n'y a qu'une seule porte defendue de quelques fortifications qui empêchent qu'on n'y puisse entrer facilement. La grande Eglise & deux rues qui font connoître qu'elle est une Ville neuve sont ce qu'on y voit de plus remarquable. Il y a un grand Mole qui met le port à l'abri de la tempête & qui sert à charger & à decharger facilement les Vaisseaux qui abordent.

GRAND-VILLIERS [a], Bourg de France sur la Frontiere de Picardie avec Prevôté Royale, Mairie & Grenier à Sel. Il est à quatre lieues de Conti entre Aumale & Crevecœur dans une Campagne fertile en Grains. L'Eglise Paroissiale est sous l'invocation de St. Gilles & il y a Foire le jour de la fête & Marché tous les Lundis. On trouve dans Grandvilliers un Monastere de Religieuses de St. François gouvernées par des Cordeliers, L'Abbé de St. Lucien de Beauvais qui en est Seigneur fait administrer la Justice en ce Bourg par un Prevôt Patrimonial.

[a] Corn. Dict.
Mem. dres. sez. sur les lieux.

GRANZEBAIN [b], Chaine de Montagnes qui traverse l'Ecosse & qui la separe en deux, savoir en citerieure & en ulterieure. Elle est ainsi nommée par ceux du Pays parce qu'elle se courbe fort en quelques endroits. Elle s'étend en long depuis l'Embouchure de la Dée au Levant vers Aberdeen, jusqu'au Lac de Loimond au Couchant. C'est une partie du Mont GRAMPIUS. Voyez ce mot.

[b] Baudrand Ed. 1705.

GRAO. Voyez GRADO.

GRAOSGALA, Nicetas nomme ainsi un lieu qu'Ortelius croit être une Ville de Phrygie.

GRAOS-STETHOS, c'est-à-dire, la Poitrine de la vieille, lieu particulier du Territoire de Tanagre, selon Xenophon [c].

[c] Hist. Græc. l. 5.

GRAS, en Latin GRADUS, les Romains, dit le Pere Lubin [d], donnoient le nom de Gradus aux Ports qui étoient aux Embouchures des Fleuves ; où il y avoit des Escaliers par lesquels on pouvoit du Mole descendre dans les Vaisseaux. Le mot de Gras dont on se sert pour exprimer les Embouchures du Rhone, est encore un vestige de ce nom & les Espagnols donnent le nom de Grao à ces sortes de descentes comme à celle qui est à Valence anciennement appellée Gradus Valentinus. Le nom de GRAU que l'on donne sur la côte de Languedoc à l'Embouchure d'une Riviere vient aussi de la même origine.

[d] Merc. Geogr. p. 272.

LES GRAS DU RHÔNE, en Latin Ostia Rhodani; ce sont les Embouchures par lesquelles ce Fleuve se jette dans le Golphe de Lyon, entre le bas Languedoc & la Provence. Il y en a 6. qui se prennent d'Occident en Orient, savoir,

LE GRAS NEUF,
LE GRAS D'ORGON,
LE GRAS DU SAUZET,
LE GRAS STE ANNE,
LE GRAS DU MIDI,
LE GRAS DE FOZ.

Il y en avoit encore quelques autres comme le GRAS D'ENFER, le GRAS DE PASSON, &c. mais ils sont bouchez par les Sables qui s'y sont amassez & ils sont devenus impraticables.

Le Gras Neuf le plus Occidental de tous vient de la branche Occidentale du Rhône & du Canal nommé Canal de Boucdigue & du vieux Canal auprès de Pecais.

Le Gras d'Orgon, est la sortie de la branche Occidentale dont on vient de parler.

Les trois Gras qui suivent sont à l'Embouchure de la branche Orientale du Rhône, savoir,

Le Gras du Sauzet, est entre la petite Isle où est la Tour de St. Genest, & l'Isle de Ste. Anne.

Le Gras de Ste Anne, est entre l'Isle de même nom & celle de Janatan.

Le Gras du Midi, ou le Grand Gras, est le plus considerable de tous & se trouve entre l'Isle de Janatan & la pointe de la Dent.

Le Gras de Foz, qui est assez loin delà, est à la sortie du bras mort qui se detache du Rhone & court vers l'Orient joindre le Galajon.

Selon Mr. Baudrand, il n'y a que les trois Gras du Sauzet, le Grand Gras & le Gras Ste Anne qui soient libres. Voyez le RHÔNE.

GRAS [e], (LE) petite Riviere de France dans le Pays Chartrain : elle prend sa source à Voise & se perd dans l'Eure à Nogent le Roi. On la nomme aussi LORE; d'où prend son nom le GUÉ DE LORÉ petit Bourg à quatre lieues de Chartres sur le grand chemin de Paris.

[e] Corn. Dict.

GRASSE [f], petite Ville de France en Provence; en Latin Grinnicum ; c'est le Siége d'un Evêché qui étoit auparavant à Antibes & qui fut transféré le 19. Juillet de l'an 1234. selon Mr. Bosquet dans ses notes sur les Epitres d'Innocent III., ou l'an 1229. selon Nostradamus. Voyez ANTIBES. Le Chapitre de la Cathedrale consiste en un Prevôt, un Archidiacre, un Capiscol, un Sacristain, un Archiprêtre & sept ou huit autres Chanoines. Il y a dans ce Diocèse vingt-deux Paroisses & l'Abbaye de Lerins. L'Evêque est Suffragant d'Embrun. [g] Outre l'Eglise Cathedrale qui est aussi Paroissiale il y a plusieurs Couvens d'hommes & de femmes & une maison de Peres de l'Oratoire. Cette Ville est le Chef-lieu d'une Viguerie, qualité qui lui donne entrée aux assemblées de la Province. Elle est depuis longtemps du Domaine du Comté de Provence. Elle étoit déja connue dans le XII. siécle puis qu'Adrien IV. en fait mention dès l'an 1155. dans une Bulle adressée à Pierre Evêque d'Antibes. Mr. de Longuerue ne s'accorde pas avec les Auteurs que j'ai déja citez sur l'année de la translation du Siége. Car il dit qu'Antibes qui est au bord de la Mer ayant été plusieurs fois saccagée par les Corsaires de Barbarie, une partie des habitans se retira à Grasse qui est à trois lieues de la Mer, & qu'Innocent IV. y transfera en 1250. le Siége Episcopal d'Antibes, ensorte que l'Eglise Paroissiale de Notre-Dame devint Cathedrale sous l'Episcopat de Raimond Religieux de l'Ordre de St. Dominique. Il y a à Grasse un Siége de la Senechaussée établi l'an 1570. par Charles IX. Cet Evêché a été autrefois uni à celui de Vence en faveur d'Antoine

[f] Piganiol de la Force desc. de la France T. 4. p. 97.

[g] Ibid. p. 178.

264 GRA.

ne Godeau dont je parle à l'Article de Dreux sa patrie.

[a Baudrand Ed. 1705.] 1. LA GRASSE [a], petite Ville de France dans le Languedoc à quatre lieues de Carcasone vers l'Orient Meridional, & environ autant de Narbonne vers le Couchant; elle est située sur la petite Riviere de l'Orbieu au pied des Montagnes de la Courbiere.

2. LA GRASSE, ou NOTRE DAME DE LA GRASSE, Abbaye de France en Languedoc au Diocèse de Carcassonne, auprès d'une Ville à laquelle elle a donné son nom. Elle est de l'Ordre de St. Benoît. L'Auteur de [b l. 4. c. 53.] l'Abregé de l'Histoire de cet Ordre [b] dit : on ne sait point l'origine de cette Abbaye que l'on appelloit anciennement STE MARIE SUR ORBIEU. Elle est peut-être plus ancienne que le regne de Charlemagne, car il s'y trouve une Donation faite par ce Prince, écrite sur une écorce d'arbre de son temps, savoir l'an 801. Sonfroi, que quelques-uns appellent aussi Infroi ou Ninfroi, en avoit la conduite & sa Communauté étoit composée de cent Religieux. [c Desc. de la France T. 4. p. 251.] Mr. Piganiol de la Force en parle ainsi [c]. L'Abbaye de la Grasse, ou Notre Dame de la Grasse a été fondée, à ce qu'on dit, par Charlemagne. Il n'y a cependant rien qui soit digne de cette auguste origine que le grand Autel qui est magnifique, & le revenu de l'Abbé qui est d'environ quatorze à quinze mille livres. On y conserve dans le Tresor une chasse qui renferme le Corps de St. Maxime Evêque de Riez. A l'égard de cette relique, voiez l'article de RIEZ.

GRASTILLUS. Voiez PRASTILLUS.
GRASTONIA. Voiez GRESTONIA.

[d Memoires dreffez sur les lieux en 1703.] GRASVILLE [d], Bourg de France en Normandie dans le Pays de Caux, avec haute Justice & titre de Marquisat, il est à une lieue du Havre & de Harfleur. Il y a sur le penchant de la côte au pied du bois, un Prieuré de Chanoines Reguliers de St. Augustin de la Congregation de Ste. Genevieve. La Nef de leur Eglise sert de Paroisse. Des appartemens de ce Prieuré on voit le reste d'un ancien Château de guerre qui commandoit sur le passage de la Seine, & toute l'étendue du Canal artificiel d'Harfleur au Havre, avec ses trois ponts pour passer du côté du rivage de la Seine. On voit aussi la Chapelle du titre de Notre-Dame des Neiges desservie par trois Capucins qui ont là un petit Hospice dépendant de leur Convent du Havre. Le Prieuré de Grasville releve de celui de Sainte Barbe en Auge.

GRASUS, & CRYMNUS, Campagnes de l'Asie Mineure auprès de l'ancienne Troye. Le fameux Cheval de bois consacré à Minerve dont les Poëtes ont parlé, y fut construit, [e In Theriacis. f Thesaur.] à ce que dit Nicandre [e] & son Scholiaste citez par Ortelius [f].

[g Magin Ital. & Leandre descr. di tutta l'Ital. p. 361.] GRATAROLO [g], Torrent d'Italie en Lombardie, au Duché de Plaisance. On le passe à Seno, en allant de Fiorenzuola à Borgo San-Donino. Il se perd dans l'Ongina qui coulant à Busseto va se jetter dans le Pô.

GRATECUISSE, Baronie de France en Anjou. Elle appartient à l'Evêque. Voiez ANGERS.

GRATEPANCHE, ou GRATTEPANCHE. Voiez BRATUSPANTIUM.

GRA.

GRATI [h], (LE) Riviere d'Italie au Royaume de Naples dans la Calabre Citerieure. [b Baudrand Ed. 1705.] Elle a sa source dans l'Apennin d'où coulant vers le Nord, elle reçoit le Basento près de Cosence, puis le Cochile, le Torbido, le Mocone, & d'autres petites Rivieres, après quoi elle se jette dans le Golphe de Rossano, presqu'au milieu entre Rossano, & Cassano.

§ Mr. Baudrand de qui est cet article devoit avertir que c'est le même qu'il a décrite sous le nom de CRATE. Ce dernier nom est celui que Magin prefere. C'est aussi la même que le CRATHIS des Anciens. Voiez CRATE & CRATHIS I. Il se trompe en nommant le Cochile qui tombe dans le Sibare. Il devoit dire le Cotile qui se perd veritablement dans le Crate.

GRATIA, Lieu de l'Asie mineure entre Claudiopolis & Ancyre, selon Antonin [i] à [i Itiner.] XXIV. M. P. de la premiere. Quelques Exemplaires portent CRATIA.

1. GRATIANA, Ville aux Confins de l'Illyrie, selon Procope [k]. [k Hist. Goth. l. 1. c. 3.]

2. GRATIANA, Ville de la Scythie, selon la Notice de l'Empire [l]. [l Sect. 28.]

3. GRATIANA, Ville de la premiere Moesie, selon la même Notice [m]. Lazius croit [m Sect. 30.] que c'est GRADISCA dans la Hongrie.

4. GRATIANA, Ortelius [n] trouve une [n Thesaur.] Ville Episcopale d'Afrique de ce nom dans la Conference de Carthage. Il a peut-être eu un Exemplaire où il y avoit GRATIANENSIS au lieu de GATTANENSIS. Voiez GAZANENSIS.

1. GRATIANOPOLIS. Voiez GRENOBLE.

2. GRATIANOPOLIS, ancienne Ville d'Afrique dans la Mauritanie Cesarienfe. [o] La [o Le pays Edit. Dupin.] Conference de Carthage nomme Publicius Evêque de Gratianopolis Gratianopolitanæ Plebis, & la Notice Episcopale d'Afrique nomme Telasius Gratianopolitanus. C'est le même Siége.

GRATIARUM MONS, la Montagne des Graces; Herodote nomme ainsi une Montagne d'Afrique où est la source du Cinyps. Voiez Cinyps 1.

GRATZ, Gråtz. Ce mot est de l'ancienne langue Esclavone & signifie une Ville, delà vient qu'il est commun à plusieurs Villes. Il y a Grätz Ville Capitale de la Styrie; WINDISCHGRATZ, BILLIGRATZ, CORNIGRATZ. Il y a outre cela 2. GRATZ en Boheme, savoir KONIGIN GRATZ, & GRATZEN qui a été aux Rosenberg, puis aux Schwanberg & une Ville de GRATZ dans le Voigtland.

1. GRATZ, Ville d'Allemagne dans la Haute Saxe, au Voigtland. Voiez GREITZ, c'est ainsi qu'il se prononce.

2. GRATZ [p], Ville de Boheme. Il y en [p Zeyler Bohem. Topogr. p. 33.] a deux de ce nom dans ce Royaume. La plus considerable est KONIGIN GRATZ, ainsi nommée parce qu'elle est l'appanage des Reines & leur residence durant leur veuvage. Elle est du côté de la Silesie, sur l'Elbe & presqu'au confluent de la Riviere d'Orlitz, dans le Cercle nommé Hradetzkikrag. Lorsque Jean Roi de Bohême ôta les Villes de Jaromir, de Politz & de Maut à la Reine veuve du Roi Venceflas l'ancien, & du Roi Rodolphe, il lui laissa Gråtz pour sa residence. Cette derniere Ville se rendit l'an 1423. à Zischka; les habitans de Prague en furent si piquez que pour se vanger

GRA.

vanger, ils brûlerent les Fauxbourgs de Grätz. L'Empereur Sigismond tâcha de se ressaisir de cette Ville, mais il fut forcé d'en lever le siége. Æneas Silvius [a] rapporte que la veuve de ce Monarque, l'Imperatrice Barbe, Princesse d'une lubricité insatiable, mourut à Grätz, *apud Græcium*, en 1451. Cet Auteur dit ailleurs *& quod Reginis dotale dicunt Græcium*. Cette Ville eut sa part des malheurs que causa à la Boheme la longue guerre d'Allemagne.

3. L'autre Ville de GRATZ en Bôhéme est située aux environs de Budweis & on la nomme communément Grätzen: elle est petite & a un Château qu'ont occupé les Seigneurs de Rosenberg & ensuite ceux de Schwanberg; vers le milieu du siécle passé il appartenoit au Comte de Bucquoi.

4. GRATZ [c], Ville d'Allemagne dans la Basse Styrie, Capitale de tout le Duché, sur la Riviere de Muer. On ne convient pas de son ancienneté. Cluvier dans son Livre touchant le Norique croit que Grätz est l'ancienne Muroëla de Ptolomée; mais Bertius pretend que cet ancien nom convient mieux au Bourg de MUERECK, d'autres disent que c'est LEIBNITZ autre Bourg. On peut voir ce que dit Lazius dans son Livre de la Republique Romaine aux Feuillets 127. 169. 584. & 617. Il dit au Livre 12. Sect. 3. Chapitre 8. que quelques-uns croient que la Muer s'appelloit anciennement *Savaria* & que la Riviere avoit donné son nom à la Ville de Gratz. Aventin [d] parlant de la Ville SABARIA dit que c'étoit la patrie de St. Martin & qu'elle garde encore son nom; d'autres, poursuit cet Historien [d], croient que c'est Grätz. *Alii Græcium Boiorum quod Caput Stiriæ est, esse arbitrantur*. Cette Ville n'est pas grande, mais elle est belle & bien bâtie, elle a de grands Fauxbourgs & un Territoire assez peuplé. Elle est sur la Riviere de Muer, le long de laquelle elle s'étend, & qui remplit une partie de ses fossez, elle s'éleve ensuite sur une hauteur dont le sommet est occupé par un Château. La Ville est assez forte, a de bons bastions & des Tours très-solidement bâties; mais sa principale defense est le Château bâti sur la roche & escarpé presque tout à l'entour, desorte qu'il commande tous les environs. Outre le Château il y a dans la Ville un Palais nommé die Kaiserliche Burg, qui est proprement le demeure du Souverain quand il est à Grätz. Il y a une assez belle Bibliotheque, & une chambre de raretez où entre autres curiositez se trouvent plusieurs Idoles des Payens de l'Amerique. Il y a aussi une belle Gallerie où sont representées les grandes Actions de Charles V. Il y a un Tribunal de la Regence d'Autriche devant lequel ressortissent tous les appels des Tribunaux de Stirie, de Carinthie, de Carniole, de la Windischmarch & de Goritz, outre cela, les Etats, & autres Assemblées, se tiennent souvent en cette Ville. Elle a une Academie, deux foires par an, l'une à la mi-carême & l'autre le 1. Septembre & chacune dure quinze jours, une Noblesse nombreuse, & une Bourgeoisie aisée. On y aborde plusieurs côtez & même de la Hongrie. Outre le Tribunal dont nous avons parlé qui a pour Chef le Gouverneur, la Ville a son Magistrat particulier

GRA. 265

qui consiste en un Bourguemaître, un Juge & le Conseil. Il y a aussi des Conseillers privez de l'Empereur qui y ont une grande autorité; & un Conseil qui a l'inspection des revenus du Souverain. Les Eglises sont 1. la belle Paroisse nommée du Sacré Sang auprès de la porte nommée Eisenthor. 2. Un Couvent de Religieuses auprès des murailles de la Ville. 3. l'Eglise de St. Gilles auprès du Palais Imperial. Les Jesuites ont tout auprès un beau Collège. Derriere est une belle Eglise ronde accompagnée de trois tours à l'Italienne; elle a été bâtie pour la sepulture des Princes. L'Empereur Ferdinand II. & l'Imperatrice Marie Anne sa premiere femme & leur fils second l'Archiduc Jean Charles. 4. Près de la porte de la Riviere est une Eglise & un Couvent de Religieuses de Ste Claire; chez lesquelles repose le Corps de l'Imperatrice Mere de Ferdinand II. Les Protestans y avoient autrefois des Eglises & une école, mais au Mois de Septembre 1598, tout cela fut aboli. 5. Le Couvent des Franciscains. 6. celui des Freres de St. Paul, 7. hors de la Ville au delà du Pont de la Muer, dans le Fauxbourg, est un Couvent nommé Notre Dame de bon secours desservi par des Freres Mineurs; 8. il y a aussi des Dominicains dont l'Eglise est dediée à St. André. Vis-à-vis est l'Hôpital des Bourgeois. 9. Dans le même Fauxbourg, mais plus loin, il y a aussi des Freres de la Charité de l'institut du bienheureux Jean de Dieu. 10. & 11. devant la porte des Freres de St. Paul il y a un Couvent de Capucins & un de Carmelites. A l'égard des autres Edifices, outre le Palais Imperial dont on a deja parlé, il y a auprès un Arsenal, plus loin est le Palais où se tiennent les Etats du Pays. C'est où l'on s'assemble, pour les affaires qui regardent les interets du Pays. Il y a aussi la Chancellerie & le Bailliage. Les Etats du Pays ont aussi leur Arsenal bien muni d'une grosse Artillerie, d'Armures & de munitions de guerre. L'Hôtel de Ville est un assez beau bâtiment; & les Ecuries de la Cour sont fort belles. Le Château qui est au dessus de la Ville, comme nous avons déja dit, est bien fourni de Canons de tout calibre, il y en a deux surtout qui sont fort grands. L'un a été pris par les Turcs, l'autre a été fondu en 1529. & a été déjà une fois au pouvoir des Turcs qui en ont mutilé l'image de Jesus-Christ. Dans une Tour il y a une Corne composée de plusieurs tuyaux, & dont on corne le matin & le soir: dans une autre Tour est une grosse cloche que l'on sonne tous les matins à sept heures. Ce Château a beaucoup de terrain, il renferme plusieurs cours, & a une Chapelle pour la garnison. Il y a des Moulins que l'on fait tourner à la main & avec des chevaux. Il y a un puits fort profond que l'on tient fermé afin de le tenir propre & s'en servir au besoin.

5. GRATZ [e], petite Riviere de Styrie, elle coule auprès de la Ville de même nom dont elle baigne un des Fauxbourgs.

GRATZINGEN [f], petite Ville d'Allemagne au Cercle de Wirtenberg sur l'Aichentre Essling & Tubinge. Elle a appartenu à la Maison de Bernhausen qui la vendit pour une bagatelle en 1337. au Comte Ulric de Wir-

[a] Hist. Bohem. c. 59.
[b] Zeyler Ibid. p. 34.
[c] Zeyler Provinc. Austriac. p. 68.
[d] Annal. Boior. l. 6. 1. sub fine.
[e] Merian. Plan de la Ville de Gratz.
[f] Zeyler Suev. Topogr. p. 56.

tenberg. On voit encore dans l'Eglise une Tombe avec cette Epitaphe *Anno Domini* 1282. *obiit Diepoldus miles de Bernhusen.*

☞ GRAU, on appelle ainsi en Languedoc sur la Mediterranée l'Embouchure d'une Riviere, de même qu'on dit GRAS quand on parle des bouches du Rhône, on appelle GRAU DE PALAVAS l'ouverture par laquelle l'Etang de Thau communique avec le Golphe de Lyon.

GRAVASIANI, il semble, dit Ortelius [a], que Cassiodore ait ainsi nommé un Peuple d'Italie [b].

[a] Thesaur.
[b] l.4.n.38.

GRAUCASUS, pour CAUCASUS.

GRAUCENII, Peuple de la Scythie vers les bouches du Danube, selon Apollonius [c].

[c] l.4.

GRAUCOME, Ville de l'Ethiopie sous l'Egypte, selon Pline [d].

[d] l.6. c.29.

GRAUDENTZ, Ville de Pologne au Palatinat de Culm; en Latin *Grudentum*; le Chevalier de Beaujeu [e] écrit GRODENTZ & dit que c'est le nom Allemand; & que les Polonois l'appellent GRUDZIANC qui se prononce *Grodgeonc*. Cette Ville est sur la rive droite de la Wistule au confluent de l'Ossa à quatorze lieues de Dantzig; & à huit de Thorn. On y passe la Wistule dans un bac. La Ville est petite & peu considerable par elle-même, car elle n'est que de bois; mais elle a un Château sur la hauteur qui regne en terrasse au dessus du Fleuve, & dont les Murailles, les Tours & l'enceinte toute de briques ont été de belle structure & de grande apparence autrefois.

[e] Memoir. resp. 144.

GRAVE [f], Ville des Pays-Bas aux Provinces Unies dans le Brabant Hollandois sur la rive gauche de la Meuse, à deux lieues de Cuyk, à trois de Nimegue & à six de Bois-le-Duc. Quoiqu'elle soit située à l'extremité du Pays de Cuyck, elle n'en est nullement la Capitale, comme bien des gens se l'imaginent mal à propos. C'est une Seigneurie particuliere, qui a toujours été séparée de celle de Cuyck, & qui fait partie de la Succession de Guillaume III. Roi de la Grande Bretagne. C'est une Place très-forte, tant par sa situation que par les ouvrages qu'on y a faits. La Meuse remplit les fossez qui sont fort larges & profonds, & qui environnent les remparts, flanquez de cinq bastions & defendus de quatre demi-lunes, outre l'ancienne muraille & les tours que la Riviere arrose, l'enceinte des remparts est environ d'un quart de lieue. De l'autre côté de la Meuse, sur le territoire du Quartier de Nimegue, & vis à vis de la Ville, il y a un Fort qui est un ouvrage à couronne, pour défendre le passage de la Riviere. Ces fortifications sont fort regulières, très-bien entretenues & sont l'admiration des Etrangers.

[f] Janiçon Etat pres. des Prov. Unies T. 2. p. 63.

Cette Ville étoit autrefois un Franc-alleu qui appartenoit aux anciens Seigneurs de Cuyck. Au commencement des troubles des Pays-Bas, le Duc d'Albe s'empara de la Ville de Grave, & la confisqua, sous pretexte que Guillaume I. Prince d'Orange s'étoit revolté contre le Roi d'Espagne; mais le 27. Avril 1568. un nommé Sander Turck s'en rendit maître par surprise, au nom du Prince d'Orange. Sur cette nouvelle le Gouvernement de Bruxelles envoya un corps de troupes, pour reprendre cette Place; & Turck, se sentant trop foible pour la défendre, prit le parti de l'abandonner. Le Duc d'Albe y mit alors une bonne garnison, & en donna le commandement à un nommé Gaspard Gommes, qui maltraita si fort les habitans, qu'en 1577. ils résolurent de se délivrer de son joug tyrannique. Pour cet effet, les Magistrats l'invitèrent à une collation dans le petit Château sur la Meuse, où ils avoient fait venir secretement quelques Bourgeois armez. Il n'y fut pas plûtot entré, qu'ils leverent le Pont, le firent prisonnier & quelques jours après ils le mirent dans un bâteau, pour le transporter à Maestricht. Les Magistrats en donnerent d'abord avis au Prince d'Orange qui leur envoya du secours, pour aider les Bourgeois à chasser la Garnison Espagnole; ce qui fut heureusement executé. La Ville resta au pouvoir des Confederez, jusqu'à ce que le Prince de Parme l'assiegea & la prit en 1586. Le Prince Maurice l'assiegea à son tour, & la prit en 1602. (Voiez le Journal de ce siége dans Meteren, Liv. 34. fol. 483.) Depuis ce tems-là elle resta sous la domination des Etats Generaux jusqu'à ce que les François s'en rendirent maîtres en 1672. mais en 1674. Guillaume III. Prince d'Orange la reprit sur eux.

La Ville est fort petite, & ne contient environ que quatre cens maisons, la plûpart fort vieilles & mal bâties, outre quelques casernes pour loger une partie de la Garnison. Il n'y a aussi que neuf ou dix rues dont quatre aboutissent à la place d'armes, qui est assez grande & entourée des plus belles maisons de la Ville, excepté celle de M. le Prince Guillaume de Hesse-Cassel Philipsdahl, Colonel d'un Regiment de Cavalerie au service des Etats Generaux, qui est la plus belle de toutes, & située près du rempart. Il y a sur la place un très-beau puits. La Maison de Ville, située sur la place, est l'édifice public le plus remarquable. Elle contient, outre le Tribunal de la Justice en bas, diverses chambres où les Magistrats s'assemblent; & au dessous étoit la prison où l'on renfermoit les criminels & dont on va faire la boucherie.

Il y a deux Eglises; la principale est située sur la place, & dediée à Ste Elisabeth, où il y avoit autrefois un Chapitre de six Chanoines avec un Doyen, fondé par Jean I. Seigneur de Cuyck. Cette Eglise est occupée par les Protestans dont le nombre est beaucoup plus petit que celui des Catholiques Romains: elle est desservie par deux Ministres, & la plus grande partie en a été détruite par les bombes que les Hollandois y jetterent en 1674. lorsqu'ils assiegerent la Ville, sous le commandement du Général Rabenhaubt. Le haut du Clocher, fut aussi alors abatu, mais il a été un peu réparé. Les revenus de cette Eglise pour son entretien, outre les profits du son des Cloches & des enterremens, sont peu considerables, & l'administration en est commise à deux *Kerkmeesters* ou Marguilliers qui en rendent compte tous les ans aux Magistrats. La seconde Eglise est celle des François, qui fut fondée en 1686. par Guillaume III. Prince d'Orange, en faveur des Réfugiez qui vinrent

s'és'établir à Grave. Le Ministre étoit alors entretenu en partie par la Ville, & en partie par la Garnison; mais aujourd'hui il n'a d'autres appointemens, que deux cens cinquante florins que lui donne le Seigneur de Grave, outre deux cens qu'il tire du Conseil d'Etat. Comme il n'y a plus que deux ou trois familles Françoises à Grave, on doute que cette Eglise qui étoit autrefois celle des Religieuses de St. François subsiste longtems. Ces Religieuses y sont encore tolérées, & jouïssent de tous leurs anciens revenus, moyennant une certaine somme annuelle qu'elles payent au Conseil des Domaines à la Haye; mais elles n'ont l'exercice de leur Religion, que dans une Chapelle privée, & il leur est défendu de paroître dans les rues en habit de leur Ordre. En les laissant dans la possession de leur Couvent, il avoit été résolu d'éteindre leur Communauté avec le tems, en leur défendant d'y admettre à l'avenir de nouvelles Religieuses; mais on en use envers elles à cet égard, avec la même indulgence qu'on a pour les Moines de Sainte Agathe. Il y avoit aussi autrefois un Couvent de Freres Croisiers, mais ce Couvent n'a pu obtenir la même grace que celui de Ste. Agathe & a été aboli. Comme la Chapelle des Religieuses est trop petite pour tous les habitans Catholiques Romains, il y en a une autre desservie par un Prêtre & un Vicaire.

L'Hopital subsiste encore, & ses revenus sont affectez au soulagement des malades & des Pauvres. Entre autres revenus, il jouït de la moitié des dimes des terres nouvellement défrichées, qu'on nomme *Novalia*, & est sous la régie de trois Proviseurs, & d'un Receveur qui rend compte tous les ans de son administration à ces Proviseurs qui sont Membres du Magistrat. Il y avoit ci-devant une Chapelle qui croula en 1689. faute de réparations, après avoir été fort endommagée pendant le siége de 1674.

Il y avoit ci-devant derriere la grande Eglise une maison d'Orphelins, qui fut détruite pendant le même siége; & l'on en a fait un jardin. Cependant, les revenus de cette maison sont administrez par deux Directeurs, chargez de l'entretien des Orphelins, & qui rendent tous les ans compte de leur administration aux Magistrats. La Boucherie qui est assez belle fut bâtie en 1699. sur le terrain qui servoit auparavant de Cimetière; mais le Conseil d'Etat a acheté ce terrain, pour en faire la grande Garde qui étoit sous la maison de Ville, & la Boucherie y va être transferée. Il y a trois portes, l'une que l'on nomme la porte de la Meuse, & qui conduit à Nimegue; la seconde de *Hampoort* qui conduit à Bois-le-Duc, & la troisiéme *Brugpoort* par laquelle on passe dans le Pays de Cuyck. La seconde est magnifique & à l'abri de la bombe; elle est si grande, que dans un siége on y peut loger commodément deux Bataillons d'Infanterie. Le Magasin est assez grand, & il y a des armes à feu pour trois ou quatre mille hommes, avec toutes sortes d'attirails de guerre en grande quantité. Ce Magasin est sous la direction d'un Commis établi par le Conseil d'Etat.

Le grand Château, qui étoit autrefois le séjour ordinaire du Baron du Pays & de la Ville, ayant été fort endommagé pendant le siége de 1674. fut entierement détruit quelques années après, pour augmenter les fortifications de la Ville de ce côté-là. Il n'en reste plus aujourd'hui que les écuries dont on a fait le Magasin des armes & l'avant-porte qui sert de Magasin à poudre. Le petit Château qui dominoit sur la Meuse, fut bâti sous le regne de Philippe le Bel Roi d'Espagne, à l'occasion des guerres entre les Gueldrois & les Brabançons; mais il a été entierement détruit, depuis qu'on a augmenté les fortifications de ce côté-là.

On compte environ trois mille habitans à Grave. Le droit de Bourgeoisie étoit autrefois si considerable, qu'un Etranger s'estimoit fort heureux, quand il pouvoit obtenir en mariage la Fille d'un Bourgeois, sans autre dot, que ce droit qu'elle lui procuroit. Il y a huit corps de métiers, qui sont ceux des Tailleurs, des Tisserans, des Maréchaux, des Cordonniers, des Boulangers, des Merciers, des Bateliers; les Charpentiers, les Maçons, les Couvreurs & les Marchands de bois ne forment qu'un seul Corps. Comme les Casernes ne suffisent pas pour loger toute la Garnison, les Bourgeois sont obligez de loger le reste des Troupes. Il y a encore parmi les Catholiques Romains sept ou huit Confraïries qui ont chacune quelques rentes pour le soulagement des Pauvres. La Bourgeoisie forme quatre Compagnies qui ont chacune un Capitaine, un Lieutenant & un Enseigne. Celle des *Cleveniers* s'exerce tous les ans à tirer à l'oiseau. Les Bourgeois avoient autrefois de grands Privilèges, & prétendent être encore exemts de tous droits sur les marchandises & denrées qu'ils transportent en Brabant, en Gueldre, en Hollande, en Zelande, & en Frise.

La Ville de Grave est gouvernée par le Grand-Bailli, le Schout & deux Bourguemaitres qui ont l'administration de la Police. Le Schout est à la tête des Echevins. Le premier des Bourguemaitres est nommé le Bourguemaitre du Seigneur, & l'autre le Bourguemaitre de la Ville dont il garde le seau. Les Bourguemaitres sont changez tous les ans par le Conseil des Domaines à la Haye, sur la nomination du Grand Bailli. La Justice est administrée par sept Echevins. Ils jugent de toutes les affaires civiles & criminelles, mais on peut appeller de leurs jugemens au Conseil de Brabant à la Haye, par voye de réformation de la Sentence. Outre ces Magistrats, il y a huit Jurez qui n'entrent au Conseil, que quand ils y sont appellez par les Magistrats, lorsqu'il s'agit de quelque nouvelle imposition sur les habitans, ou de quelque autre affaire qui concerne toute la Ville. Le Secrétaire est établi par le Conseil des Domaines. Les Echevins & Jurez sont établis par le Grand Bailli, avec l'approbation de ce Conseil. Tous ces Magistrats doivent être de la Religion Reformée.

La Jurisdiction de Grave est d'une fort petite étendue & ne comprend qu'un petit *Polder* ou terrain entouré de Digues que l'on nomme *Mars* & *Wyth* dont le Schout est Dyckgrave. Il y a un College de sept Conseillers qui accompagnent le Schout dans les visites qu'il fait

fait des digues & qui jugent des Amandes qu'on doit imposer à ceux qui ont negligé de reparer ces digues. La Chambre des Fiefs est composée du Grand Bailli en qualité de *Stathouder* ou Conservateur des Fiefs, de sept Assesseurs, d'un Greffier & d'un Huissier. Le Greffier est en même temps Receveur des droits seigneuriaux & en rend compte au Conseil des Domaines. Quoique Grave soit une des principales Clefs de la Republique du côté des Etats du Roi de Prusse, elle n'a point de Gouverneur, mais un Commandant qui a la même autorité que les Gouverneurs des autres Places de guerre, mais il n'en a aucune sur les Magistrats ni sur les Bourgeois. L'Amirauté de Rotterdam entretient à Grave un Bureau pour la perception des droits d'entrée & de sortie. Il y a pour cet effet un Receveur, un Controlleur & quatre Commis des recherches. Le Baron de Cuyck y a pareillement un Bureau pour la perception des droits de son péage sur la Meuse. Mais tous ces Bureaux ne rapportent pas tant que par le passé à cause de la decadence du Commerce de la Meuse, causée par la quantité de Bureaux qui sont établis sur cette Riviere entre Mastricht & Grave depuis la Paix d'Utrecht.

Guillaume I. Prince d'Orange n'obtint de Philippe II. les Seigneuries de Grave & de Cuyck que comme Engagiste, desorte que si ces Pays fussent restez sous la Domination de l'Espagne, Philippe II., ou quelqu'un de ses Successeurs auroient pu en remboursant la somme prêtée par le Prince d'Orange rentrer en possession de ce Domaine aliené. Les Etats Generaux s'en étant rendus maîtres, avoient le même droit que le Roi d'Espagne; mais en consideration des services éclatans que le Prince Maurice avoit rendus à la Republique, ils renoncerent à ce droit & lui cederent ces deux Seigneuries à titre de Fiefs hereditaires à perpetuité, ne s'en reservant que les droits attachez à la haute Souveraineté. L'Acte passé à cette occasion est daté du 9. Decembre 1611.

GRAVEDONA. Voiez GRAVIDONA.

GRAVELINES, Ville des Pays-Bas dans la Flandre Françoise sur la côte & à l'Embouchure de la Riviere d'Aa, sur la Frontiere de l'Artois. Les Flamands l'appellent Grevelingen. C'est, dit Mr. Piganiol de la Force [a], une petite Ville fortifiée de la lieue de la Mer & sur la Riviere d'Aa, fondée par Theodoric Comte de Flandres vers l'an 1160. car ce Comte mourut, selon les Historiens, l'an 1168. Cette Ville étoit déja devenue considerable en 1214. puisque Rigord l'appelle *Gravaringas Villam opulentam in finibus Flandria super mare Anglicum sitam*. Elle fut prise l'an 1383. par les Anglois qui la brûlerent & la saccagerent. Elle se rétablit quelque temps après & se rentoura de murailles. En 1644. Gaston de France Frere de Louis XIII. s'en rendit maître. L'Archiduc Leopold la reprit en 1652. mais le Maréchal de la Ferté l'ayant reprise en 1658. elle fut enfin cedée à la France par le Traité des Pyrénées. Les Espagnols y avoient construit un Fort à quatre bastions appellé le Fort Philippe. Ils avoient même entrepris d'y faire un port, mais le Fort a été rasé & le dessein du port a été abandonné.

[a] Desc. de la France T.7.p.328. & suiv. Edit. Paris.

L'Empereur Charles V. est le premier qui ait fait travailler aux fortifications de cette Ville. Il y fit construire six bastions, comme on les voit encore. Il n'y a à Gravelines que deux portes, l'une qui conduit à Dunkerque, & l'autre à Calais. Elles se repondent à peu près & sont presque opposées l'une à l'autre. Les dedans de la Ville sont assez reguliers. Les Rues, surtout les grandes, y sont passablement droites, la place publique est sous le Château, & assez grande, mais on ne la trouve pas des plus regulieres. Il y a trois beaux Magazins à poudre voutez de pierres d'une parfaitement bonne construction & plusieurs corps de Cazernes. L'Eglise Paroissiale de cette Ville porte le nom de St. Willebrord & l'on y remarque deux monumens de marbre érigez à deux Guerriers fameux qui ont été en differens temps Gouverneurs de cette place. L'un est Valentin de Pardieu Gouverneur de Gravelines pour le Roi Catholique, & l'autre Claude Berbier du Metz Gouverneur de cette place pour le Roi de France.

L'enceinte de Graveline est composée de six bastions & d'autant de Courtines de la construction du Chevalier de Ville. A un des Angles de cette place est un Château qui n'est couvert du côté de la Campagne que d'un des Bastions de la Ville. Du côté de la Ville, il est enfermé d'une enceinte composée de trois lignes. Aux deux Angles qui le ferment sont placées deux tours rondes entre lesquelles est la porte du Château qui est entouré du côté de la Ville d'un beau & large fossé. Le fossé de la place est un des plus larges & des mieux construits. Il y a dans ce fossé cinq demi-lunes de la façon du Maréchal de Vauban & il est entouré d'un chemin couvert avec ses traverses & places d'armes à l'ordinaire. Au delà du Glacis est un avant-fossé le plus large que l'on voye nulle part. Au delà encore est un grand Ouvrage à Corne que l'on appelle la basse Ville, au milieu de laquelle passe la Riviere d'Aa. Il y a une grande écluse sur un des côtez de cet ouvrage, dont la porte qui donne du côté de la Campagne est couverte d'une petite demi lune &c.

[b] La Ville de Graveline est bâtie au lieu où étoit auparavant le Village de St. Willebrord. Elle fut donnée avec Bourbourg à Robert de Cassel & elle vint à la Maison de Bourbon qui en avoit la Seigneurie utile. Charlequint comme Souverain la fit fortifier comme il a été dit. La Riviere d'Aa lui sert de port.

[b] Longue-rue desc. de la France 2. part. p. 74.

Le Magistrat de Gravelines est composé d'un Bailli, d'un Mayeur, de cinq Echevins, d'un Pensionnaire, d'un Greffier, & d'un Procureur Syndic.

GRAVEMACHEREN [c], petite Ville des Pays-Bas au Duché de Luxembourg, sur la rive gauche de la Moselle entre Sirk & Trêves.

[c] Dict. Géogr. des Pays-Bas.

GRAVENEG, Château & Bourg d'Allemagne dans la Suabe, dans le Comté de Graveneg dont il est le Chef-lieu, à deux milles & demi & au Sud-Est de Reutlingen. [d] Cette maison est ancienne & si l'on en croit Bucelin, Gerwic de Gravenegg, un des principaux Seigneurs Allemands se trouva à la bataille de Charles Martel Maire du Palais contre Rainfroi

[d] Imhoff Notit. Procer. Imperii.

froi l'an 714. Il se trouve dans le treiziéme siécle Henri, Evrard, Albert & Henri Comtes de Gravenegg. Il paroît qu'avec le temps leur posterité negligea ce titre, car ensuite ces Seigneurs ne furent qualifiez que Barons. Louïs le Vieux obtint à la Diète d'Augsbourg l'an 1555. le droit d'avoir voix & seance entre les Etats de l'Empire, après avoir prouvé que longtemps auparavant ses Ancêtres avoient été mis par l'Empereur Frederic entre les Barons de l'Empire.

1. GRAVESENDE, en Hollande. Voyez GRAVEZANDE.

2. GRAVESENDE [a], Bourg d'Angleterre au Comté de Kent sur la Tamise à vingt milles au dessous de Londres, sur la route de Douvres; à sept milles de Rochester. Il y a un Port sur la Tamise, & on y tient Marché public. C'est un passage fort frequenté parce qu'il est sur la route de Londres à Rochester & à Douvres.

[a] Etat pres. de la Gr. Bret. T. 1. p. 76.

GRAVESON [b], ou GRAVAISON, petit Bourg de France en Provence à une lieue & demie de la Durance, sur la route d'Aix à Tarascon, sur un côteau fertile environné d'une vaste plaine avec titre de Marquisat; desorte que ce Bourg a abondamment des grains, du vin & des Pâturages. Il y a sur l'éminence un Château qui appartient au Marquis. C'est un Fief de la maison d'Oraison.

[b] Mem. communiquez.

GRAVEZANDE [c], Village des Provinces-Unies dans la Hollande dans le Delftland environ à une lieue de l'Embouchure de la Meuse & à deux de Delft & de la Haye. C'a été autrefois une assez bonne Ville, mais plusieurs choses ont contribué à sa décadence. Avant l'an 1250. & que la Cour de la Haye fût bâtie, les Comtes de Hollande avoient un Château à Gravezande où ils passoient la plus grande partie de l'Eté. Il y a encore des endroits dans ce Village dont les noms conservent des traces de cette résidence comme *Hoflaan* l'avenue de la Cour, *Hoflandt* le terrain de la Cour. Les Comtes ayant preferé la Haye, leur absence nuisit à la Ville de Gravezande. En 1418. elle fut prise par les Habitans de la Brille qui la pillerent & la reduisirent en cendres. Pour comble de malheur le port qu'elle avoit & qui étoit un Canal creusé jusqu'à l'Embouchure de la Meuse, a été comblé par les tempêtes & par le limon que la Meuse y a charié, desorte qu'il est devenu impraticable. On dit que c'est le plus haut terrain de la Province de Hollande. Son Territoire produit de beau bled & on y fait de très-bon fromage.

[c] Janiçon Etat pres. des Prov. Unies.

GRAVIA [d], petite Riviere d'Italie, dans la Toscane aux Confins de l'Etat de Gènes. Elle a sa source dans l'Apennin & tombe dans la Magra au dessus de Pontremoli.

[d] Leandr. Descr. di tuta l'Ital. p. 37.

GRAVIACI, Ville entre le Muer & la Drave, selon la Table de Peutinger; quelques-uns croient que c'est GURCK.

GRAVIDONA, ou GRAVEDONA. Leandre dit *Gravidona* & Mr. Baudrand [e] *Gravedona*, Bourg d'Italie dans le Milanez au bord Occidental du Lac de Côme près des Confins des Grisons & du Comté de Chiavenne & à deux lieues du Fort de Fuentes.

[e] Baudrand Ed. 1705.

GRAVII, ancien Peuple d'Espagne. Silius Italicus dit [f]:

[f] l. 1. v. 235. & 236.

Quique super Gravios lucentes volvit arenas,
Inferna populis referens oblivia Lethes.

Il dit ailleurs [g]:

[g] l. 3. v. 366.

Et quos nunc Gravios violato nomine Grajum
Oeneae misere Domus; Aetolaque Tyde.

Quelques-uns ont voulu lire *Gronios*, d'autres *Grovios*. Mais *Gravios* est le plus conforme aux Manuscrits. Il paroît par ces vers de Silius que c'étoit une Colonie Greque établie en Espagne. Il s'accorde en cela avec Pline [h] qui nomme ce Peuple *Gravii* & met chez eux *Castellum Tyde* & avec Ptolomée qui met dans l'Espagne Tarragonoise [i] un Peuple qu'il nomme *Graii*, Τρούιοι & leur donne une Ville nommée *Tuda*, Τούδα. Cette Ville de *Tyde* est présentement la Ville de Tuy dans la Galice aux Confins du Portugal. La ressemblance de ce nom avec celui de *Tyde* avec Tydée Fils d'Oeneus & Pere de Diomede Roi d'Aetolie, est cause que Silius attribue la fondation de cette Ville à Diomede qui avoit fait aussi quelques établissemens dans la Pouille. Le Poéte suppose que ce Diomede alla aussi en Espagne, & y bâtit une Ville à laquelle il donna le nom de son pere Tydée; & qu'il y laissa une Colonie Greque qui fut ensuite nommée *Gravii* au lieu de *Graii* par corruption. Voiez LETHES.

[h] l. 4. c. 20.
[i] l. 2. c. 6.

GRAVIÑA, Ville d'Italie au Royaume de Naples dans la Pouille & dans la Province de Barry au pied des Montagnes. Elle est assez peuplée & est le Siége d'un Evêché sous la Metropole de l'Acerenza; & donne le titre de Duc, à une branche de la Maison d'Orsini. Elle est à neuf milles de Matera vers le Nord. Cet Evêché est du IX. ou du X. siécle.

GRAVINUM. Lieu de la Gaule Belgique, selon la Table de Peutinger.

GRAVIO, nom Latin de QUINCY, ou QUINÇAY. Voiez ce mot.

GRAVIONARIUM, Γραυιονάριον, ancienne Ville de la Germanie, selon Ptolomée, dont les Interprêtes disent que c'est Bamberg, en Franconie: il y a longtemps que l'on a eu cette opinion, car Bamberg se trouve nommée *Gravionarium* dans quelques Auteurs du moyen âge.

GRAVISCAE, ancienne Ville de Toscane sur la côte auprès de l'Embouchure de la Marta. Velleius Paterculus [k] & la Table de Peutinger disent GRAVISCA au singulier, tous les autres disent GRAVISCAE au Pluriel. Tite-Live [l] dit: on apprit qu'à Gravisques le mur & une porte avoient été frapez de la foudre. Virgile dit [m]:

[k] l. 1. c. 15.
[l] l. 41. c. 16.
[m] Aeneid. l. 10. v. 184.

Et Pyrgi veteres, intempestaque Graviscae.

Et Silius [n]:

[n] l. 8. v. 474.

Veteres misere Graviscae.

C'étoit une Colonie. Outre le temoignage de Velleius nous avons celui de Tite-Live [o]. Cette année, dit-il, (sous le Consulat de P. Cornelius, & de M. Boebius, qui revient à l'an

[o] l. 40. c. 29.

GRA. GRE.

l'an 571. de la fondation de Rome 181. ans avant l'Ere vulgaire) on mena une Colonie à Gravifques dans un Champ d'Etrurie qui avoit été autrefois pris fur les Tarquins. Cette Ville fut Epifcopale & fon Siége étoit du IV. fiécle ; mais Gravifques ayant été ruinée l'Evêché en a été transferé à Corneto qui en est à deux milles.

[a] *Piganiol de la Force T. 7. p. 558.* GRAY [a], Ville de France dans la Franche-Comté au Bailliage d'Amont, dont elle est le Chef-lieu, & que l'on appelle auffi le Bailliage de Gray. Cette Ville est située fur la Saone qui la rend la Ville de la Province la plus marchande, car c'est là qu'on embarque les grains & le fer que l'on tranfporte à Lyon.

[b] *Longuerue defc. de la France 1. part. p. 311.* [b] Elle étoit connue vers l'an 1050. dans l'onziéme fiécle, on l'appelloit alors GRADICUM, & c'étoit un Château (*Caftellum*) du temps d'Odo Abbé de Beze, comme on le voit dans la Chronique de cette Abbaye écrite dans le fiécle fuivant par le Moine Jean qui rapporte une Charte fignée de l'Abbé Odo où il fait mention de *Villare* près de *Gradicum*. Sa fituation est fort avantageufe, deforte que les Princes de la Maifon d'Autriche y avoient fait faire de belles fortifications.

[c] *Piganiol de la Force defc. de la France T. 7. p. 558.* [c] C'étoit une des plus fortes Villes de la Province, mais Louïs XIV. l'ayant prife en 1668. il en fit rafer les fortifications. L'Univerfité qui est aujourd'hui à Befançon fut d'abord inftituée à Gray par le Comte Othon IV. Il y a aujourd'hui dans cette Ville un Prefidial, un Magiftrat, une Paroiffe, une Eglife Collégiale, trois Couvents de Religieux, un College de Jefuites, & en tout trois mille neuf cens quatre-vingt deux habitans. Cette Ville est à cinq ou fix lieues de Dole & l'on y paffe la Saone fur un Pont de Pierre.

LE BAILLIAGE DE GRAY, ou d'AMONT eft un des quatre grands Bailliages de la Franche-Comté & renferme dans fon étendue huit cens trois Villes, Bourgs ou Villages. Les Villes principales font,

Gray,	Jonvelle,
Vefoul,	Dampierre,
Pefmes,	Hericourt,
Marnay,	L'Ifle fur le Dou,
Baume,	Clairevaux,
Gy,	Champlite,
Villers fur Scey,	Amance,
St. Hipolyte ;	Belvoir,
Luxeuil,	Bouclans,
Lure,	Faucogné,
Charié, &c.	

[d] *De Rob. Turc. f. 9. p. 253. Edit. du Louvre.* GREBENUM, Ville de l'Albanie, felon Chalcondyle [d] qui dit qu'elle étoit très-forte & que Zagan l'affiégea en vain.

GRECE, (la) Grand Pays d'Europe, & même d'Afie. Les Grecs ont une part fi brillante à l'ancienne Hiftoire, que la juftice demande que nous ayons une attention particuliere à ce qui les regarde. D'ailleurs leur Pays a tant de fois changé de bornes & de divifions, que pour éviter la confufion, il faut traiter cette matiere à plufieurs reprifes & divifer ce que nous avons à en dire en plufieurs âges, puifque ce que nous en dirions à l'égard d'un fiécle ne feroit plus veritable à l'égard d'un autre. C'eft pourquoi nous confidererons la Grece fous VIII. âges.

I. Depuis la fondation des petits Royaumes, jufqu'au siége de Troye ; & nous l'appellons le *temps Heroique*.
II. Depuis la prife de Troye jufqu'à la bataille de Marathon.
III. Depuis cette Epoque jufqu'à la mort d'Alexandre.
IV. Sous fes Succeffeurs jufqu'à la conquête qu'en firent les Romains.
V. Sous la Republique Romaine.
VI. Sous Augufte & fes Succeffeurs jufqu'à la divifion des deux Empires.
VII. Sous les Empereurs d'Orient, jufqu'à l'irruption des Turcs.
VIII. Sous la Tyrannie des Turcs.

Nous y ajouterons un IX. Article pour ce qui regarde l'Eglife Grecque.

HISTOIRE GEOGRAPHIQUE DE LA GRECE.

(I.)

PREMIER AGE DE LA GRECE.

§ 1. *De fes premiers habitans.*

Le Pays que nous connoiffons aujourd'hui fous le nom de Grece n'a pas d'abord porté ce nom. Le Texte Hebreu de l'Ecriture femble ne lui donner aucun nom particulier ; mais elle nomme [e] JAVAN entre les fils de Japhet. Ifaye dit [f], felon l'Hebreu & vers *Tubal & Javan & dans les Ifles éloignées*; la Vulgate porte : *in Italiam, & Graeciam, ad infulas longe*. Elle rend de même *Javan par la Grece*, dans Ezechiel [g], dans Daniel [h], & dans Zacharie [i], par tout là l'Hebreu porte JAVAN ; mais les Septante difent HELLAS qui, comme nous le difons en fon lieu, fut un des noms de la Grece ; ou HELLENES qui fut l'un des noms des Grecs ; & notre Vulgate les a imitez en difant toujours GRÆCI & GRÆCIA. Il est remarquable que le nom de Javan en Hebreu יון n'ayant aucuns points qui determinent la prononciation, eft le même qu'ION ; & nous trouvons que les premiers Ioniens que l'on connoiffe étoient dans la Grece. Il y a même lieu de croire qu'ils en furent les premiers habitans ; mais n'y furent pas longtemps feuls. Les Phéniciens grands navigateurs de tout temps les y allerent trouver ; & établirent des Colonies. En faveur de leur Commerce ils apprirent aux Grecs naturels la Navigation, le Commerce & furtout l'Ecriture dont on leur attribue l'invention. Les Egyptiens ne furent pas les derniers & y envoyer des peuplades. Ils leur communiquerent le goût des Sciences & des Arts, & les infectant de leur Idolatrie, non contents de leur donner des Rois, ils leur donnerent des Dieux.

[e] *Genef. c. 10. v. 1.*
[f] *c. 66. v. 19.*
[g] *c. 17. v.*
[h] *c. 11. v. 2.*
[i] *c. 9. v. 13.*

§ 2. *De fes plus anciens Souverains.*

Le favant Mr. le Fevre dans fes notes fur Apol-

Apollodore dit [a] : la Grece ne connoît rien de plus ancien qu'Inachus ; & fans copier ici ce que nous avons dit à l'article INACHIA, ce Prince étoit un Phénicien, qui fut premier Roi d'Argos. Son nom fut commun à fes Succeffeurs les Rois d'Argos, & même à tous les Rois de la Grece. Les Grecs avec un leger changement en firent un mot qui fignifie Roi, Ἄναξ, Ἄνακτος. De même que les Succeffeurs de Cefar, prirent le nom de Cefar qui eft devenu fynonyme d'Empereur ; de même auffi les noms de Pharaon & de Ptolomée ont été en divers temps des noms propres à des Rois d'Egypte, & appellatifs par rapport à leurs Succeffeurs. Inachus vivoit vers l'an du Monde 2127. l'an 1857. avant l'Ere Vulgaire. George le Syncelle [b] avoit dit la même chofe avant Mr. le Fevre. Il n'y a rien, dit-il, dans les Hiftoires des Grecs qui foit plus ancien qu'Inachus & fon Fils Phoronée qui furent les premiers Rois d'Argos. Anticlide cité par Pline [c] regarde Phoronée comme le premier Roi de la Grece. *Anticlides Phoronaum antiquiffimum Graciæ Regem tradit.* Cela ne feroit pas vrai, s'il étoit fûr que le Royaume de Sicyone dont on donne une fuite de xxvi. Rois eût commencé dès l'an du Monde 1898., puifque le regne d'Egialée premier Roi de Sicyone eût precedé de deux cens vingt-fept ans le regne d'Inachus. Mais la fuite de ces Rois de Sicyone eft fujette à tant de contradictions que le Chevalier de Marfham la rejette abfolument dans fon Livre [d] où il a traité l'ancienne Chronologie. D'ailleurs felon cette lifte il devoit y avoir un Roi de Sicyone du temps de la guerre de Troye ; & Homere n'auroit pas manqué de faire mention de ce Royaume, au contraire il dit que Sicyone étoit une des Villes fur lefquelles regnoit Agamemnon. Avec le temps il fe forma prefque autant de petits Royaumes qu'il y avoit de Villes un peu confiderables. Ces Villes devoient leur fondation à une certaine fuite de Heros dont les Grecs drefferent après coup une Genéalogie un peu fufpecte à la verité, mais pourtant comme elle établit une certaine liaifon entre ces Pays, je la rapporterai ; & je fuivrai en cela le P. Briet qui n'a pas dedaigné de l'inferer dans fes Paralleles [e].

[a] In Apollodor. notis.

[b] Chronograph.

[c] l. 7. c. 56.

[d] Canon Chronic. Ægypt.

[e] 2. part. l. 3. c. 6.

§ 3. ORI-

§ 3. ORIGINES DES ANCIENS ROIS ET PRINCES DE LA GRECE,

selon les Anciens.

I.

POSTERITÉ DE DEUCALION, Roi de Thessalie.

DEUCALION qui regnoit en Thessalie lorsqu'arriva le Deluge nommé de son nom; vers l'an du Monde 2373. ou 1611. avant l'Ere vulgaire. Il eut de sa femme PYRRHA

- HELLEN eut d'Orséide sa femme trois fils, qui donnerent lieu à trois especes de Grecs, savoir l'*Eolique*, le *Dorique* & l'*Ionique*, savoir *Æolus*, *Dorus* ses fils & *Ion* son petit-fils.

  - Æolus qui d'ENARETE fille de Deimachus eut cinq filles *Canache*, *Alcione*, *Pisidice*, *Calyce* & *Perimede*, & huit Fils, selon Diodore.

    - CRETHEUS épousa TYRO Fille de son Frere Salmonée
      - Æson { JASON Chef des Argonautes.
      - MELAMPE épousa IPHIANIRE Fille d'Anaxagore, Fils de Megapenthe Roi d'Argos. Il guerit les filles de Proetus qui étoient furieuses & Anaxagore par reconnoissance le fit Roi d'Argos avec son frere Bias. { ANTIPHAS, MANTO, BIAS, PRONOË.
      - BIAS partagea avec son Frere Melampe le Royaume d'Argos. De sa femme PERONE il eut un fils nommé TALAUS { ADRASTE, PARTHENOPÆUS, ERIPHILE femme d'Amphiaraus.
      - Pheres { ADMETE, LYCURGUE, { OPHELTES aussi nommé ARCHEMORE.

    - SISYPHE Fondateur de Corinthe eut de MEROPE fille d'Atlas { GLAUCUS { BELLEROPHON.

    - ATHAMAS, Roi de Beotie eut
      - De NEPHELE { PHRYXUS. HELLÉ.
      - d'INO fille de Cadmus. { LEARQUE. MELICERTE.

    - SALMONÉ qui regna d'abord en Thessalie puis en Elide.
      - TYRO femme de Cretheus. Elle avoit eu de Neptune
        - NELÉE qui s'enfuit à Messine. Il eut de sa femme CHLORIS fille d'Amphion { NESTOR & dix autres fils qui furent tuez par Hercule. PERONE femme de Bias.
        - PELIAS, Roi de Thessalie { ACASTE. ALCESTE femme d'Admete.

    - DEIONE qui regna en Phocide { CEPHALE Mari de Procris.

    - MAGNETES dont les deux fils { POLYDECTE DICTIS } eurent l'Isle de Seriphe.

    - MIMAS qui regna en Æolide { HIPPOTES eut de MELANIPPE { EOLE dont la fille { ARNE eut de Neptune { EOLE Roi des Isles Æoliennes près de la Sicile. BOEOTUS dont la Beotie prit le nom.

    - PRIERES épousa GORGOPHONE fille de Persée de laquelle il eut iv. fils, savoir { APHARÉE. LEUCIPPE. TYNDAREE. ICARE.

  - DORUS dont on ne dit rien sinon que les Doriens viennent de lui.

  - XUTUS qui étant chassé par ses Freres se refugia chez Erechthée dont il épousa la fille.
    - ACHÆUS qui ayant commis un meurtre involontaire se sauva au Peloponnese & donna son nom à l'*Achaye* que l'on appelloit auparavant Ægialée. Il retourna pourtant en Thessalie où il regna.
    - ION qui regna, dit-on, à Athenes après son ayeul maternel; de lui les Atheniens furent nommez Ioniens.

- AMPHICTYON, qui après l'expulsion de Cranaüs regna à Athenes.

GRE.   GRE. 273

Vers l'an du Monde 2202. Ogyges jetta les fondemens d'*Eleusine* dans le Pays qui fut ensuite nommé l'Attique. Il regnoit dans ce Canton, lorsqu'arriva le Deluge nommé de son nom le Deluge d'Ogyges. Le savant Mr. le Clerc [a] soupçonne que l'Histoire de ce Deluge & le nom de ce Roi pourroient bien être venus de la Langue Phénicienne mal entendue par les Grecs : car, dit-il, מבול חוג *Mabboul Chog* peut signifier le debordement de l'Ocean.

[a] *Compend. Hist. Univ.*

Vers le temps où Moïse delivroit les Israëlites, & les emmenoit d'Egypte, Cecrops partit d'Egypte par mer & conduisit une Colonie dans la Grece où il bâtit douze Bourgs ou petites Villes & y établit des Loix vers l'an du Monde 2373. 1611. ans avant l'Ere Vulgaire, selon Mr. le Clerc. Et l'an du monde 2426. selon le Pere Petau, ou 2448. selon Mr. de Vallemont [b]. On lui fait l'honneur de le reconnoître pour le fondateur d'Athénes & de la Monarchie des Atheniens. Ce fut à peu près vers ce même temps que la Grece fut affligée par un Deluge que l'on nomma Deluge de Deucalion, parce que Deucalion regnoit alors en Thessalie. Les Grecs l'ont confondu avec le Deluge Universel décrit par Moïse. Mr. le Clerc [c] observe que Noé est nommé dans l'Ecriture *homme de la terre*, c'est-à-dire, laboureur, איש האדמה, ce qui peut aussi se rendre en Grec par Ἀνὴρ πυῤῥίας,

[b] *Elem. de l'Hist. T. 2.*

[c] l.c.

en Latin *Maritus Pyrrha*, ou *Rubræ*, car *Adamah* signifie également *Phyrra*, *Rubra* & *Terra*, les Grecs ont pris ce mot dans le sens de *Pyrrha* & en ont fait un nom propre ; ils ont dit que *Pyrrha* étoit la femme de Deucalion. Il soupçonne même que le nom de Deucalion est un mal entendu & qu'il est venu de דגלי יון *Diglé Ion*, c'est-à-dire, *les Drapeaux des Ioniens*. Les pierres que l'on dit qu'ils jettoient pour reparer le genre humain n'ont peut-être de fondement que le double sens du mot אבנים *Abanim*, mot qui vraisemblablement signifioit en Phénicien d'une maniere équivoque des *enfans* & des *pierres*. Les fables ont dit qu'il n'étoit resté que Deucalion & sa femme. Justin [d] dit beaucoup mieux, il n'en réchapa que ceux qui pûrent gagner les Montagnes, ou arriver avec des Vaisseaux auprès de Deucalion Roi de Thessalie. Il les secourut & delà vint qu'on publia de lui qu'il avoit reparé le genre humain. Il est certain que les Phéniciens ayant pris le goût des Colonies, pressez d'ailleurs par Josué qui les chassoit du Pays de Chanaan, se repandirent dans l'Europe. C'est à ce temps-là qu'il faut rapporter l'arrivée de Cadmus en Grece où il bâtit la Ville de Thebes. Les Grecs le font descendre d'Inachus dont voici la famille, selon le P. Briet. Les Grecs ont ignoré l'origine de ce Prince. Nous avons remarqué à l'Article INACHIA d'où il venoit.

[d] l. 2. c. 6.

II.

POSTERITÉ D'INACHUS, *Roi d'Argos*.

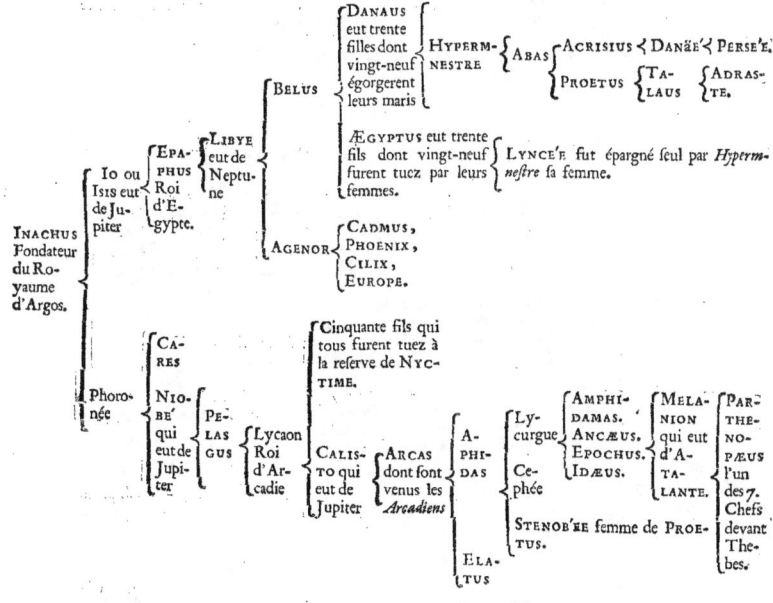

Mm   CEUX

CEUX qui se donneront la peine de comparer ces Tables avec celles du P. Briet, trouveront que j'y ai fait quelques changemens qui m'ont paru necessaires. Par exemple j'ai donné à Phoronée Cares pour fils sur l'autorité de Pausanias [a]. Je l'ai fait lui-même fils & non pas Frere d'Inachus sur l'autorité de George le Syncelle [b], de Pausanias [c] & de plusieurs autres Ecrivains.

L'étendue de la feuille ne nous ayant point permis de mettre de suite la posterité de Persée & d'Agenor, nous allons la joindre ici en deux supplemens.

[a] l. 1. c. 39.
[b] Chronograph.
[c] l. 2. c. 15.

III.

POSTERITE' DE PERSE'E.

PERSE'E fils de Danaé & de Jupiter, delivra ANDROMEDE fille de Cephée, l'épousa & en eut VI. fils & une fille.

- ALCE'E épousa HIPPOMONE fille de Menœcée
  - AMPHYTRYON.
  - ANAXO femme d'ELECTRYON son oncle.
- MNESTOLISYS fille de Pelops épousa HIPPOTOE eut de Neptune
  - TAPHIUS qui bâtit la Ville de Taphus en Cefalonie
    - PTERELAS que Neptune son ayeul rendit immortel.
- ELECTRYON épousa Anaxo sa Niéce de laquelle il eut
  - Neuf fils outre ALCMENE qui à l'exemple de sa mere épousa son oncle AMPHYTRYON.
- Il eut aussi de MEDE'E un fils naturel nommé LICYMNIUS tué par meprise par Tlepoleme fils d'Hercule : son Pere avoit été tué de même par son gendre Amphitryon.
- STHENELUS épousa NICIPPE fille de Pelops Roi d'Elide de laquelle il eut EURYSTHE'E qu'Hercule servit & en qui finit la posterité de Persée ; desorte que le Royaume de Mycenes passa aux Pelopides.
- HELEE dont on ne connoit point la posterité.
- PERSES qu'il laissa chez Cephée son beau-Pere. Les Perses prétendoient en être descendus.
- GORGOPHONE épousa Perieres l'un des descendans de Deucalion.

IV.

POSTERITE' D'AGENOR.

AGENOR eut de TELEPHASSA sa Femme III. fils & I. fille.

- CADMUS envoyé par son Pere pour chercher Europe sa sœur bâtit la Ville de Thebes.
  - POLYDORE épousa NYCTEIS fille de Nycteus
    - LABDACUS
      - LAÏUS detroné par Lycus son oncle & ensuite tué par son fils
        - OEDIPE eut avec sa mere
          - ETEOCLE
          - POLYNICE
            - Antigone fille
            - ils se tuerent l'un l'autre.
  - ANTINOE' qui épousa ARISTE'E.
  - INO femme d'ATHAMAS fils d'Æolus.
  - AGAVE qui épousa ECHION.
  - SEMELE Maitresse de Jupiter, Mere de Bacchus.
- PHOENIX d'où sont nommez les *Phéniciens* qui alors étoient très-puissans en Asie. Le Siége de son Empire étoit à Thebes d'Egypte.
- CILIX dont la *Cilicie* porte le nom.
- EUROPE enlevée par Jupiter.

On vient de voir que *Laïus* fut detroné par son grand oncle *Lycus* ; voici quel lien de parenté étoit entre eux.

V.

ALLIANCE des MAISONS de CADMUS & de NYCTEUS.

On ne fait qui étoit leur Pere.
- NYCTEUS venu d'Eubée avec son Frere
  - NYCTEÏS qui épousa Polydore fils de Cadmus — LABDACUS — LAÏUS detrôné.
  - ANTIOPE qui eut de Jupiter — ZETHUS, AMPHION — élevez par un Pastre : ils vangerent leur mere des outrages de Dircé.
- LYCUS Frere de Nyctéus. Il eut pour femme Dircé, & chassa Laïus du Throne. Il prit Antiope sa niéce qui avoit épousé Epopéus, Dircé l'ayant fort maltraitée, elle fut vangée par Zethus & Amphion qui tuerent Lycus & attachérent Dircé à un taureau indomté.

§ 4. Anciennes Societez de la Grece.

Ces Heros naturellement guerriers n'avoient pas plutôt atteint l'âge de quiter la maison paternelle, qu'ils se cherchoient eux-mêmes quelque établissement. Souvent un exploit hardi & heureux attachoit à leur destinée quelques familles avec lesquelles ils alloient ou conquerir une Ville, ou en fonder une nouvelle. On ne vit bientôt plus que de petites societez qui faisoient autant de Royaumes, ou de Dynasties. Mr. de Vallemont[a] dit très-bien : *jamais Pays si petit n'a renfermé tant de Royaumes & tant de Republiques.* George Hornius nous en donne[b] presque tous les noms que nous mettrons ici quand ce ne seroit que pour la curiosité de voir dans la seule Grece tant de Royaumes & de Republiques dont à peine les noms sont venus jusqu'à nous. On trouve, dit-il, jusqu'à cinquante Etats differents, formez par les Grecs, savoir ;

[a] E'em. de l'Hist. T. 2.
[b] Arca Noe p.133.

Il ne faut pas s'imaginer que ces Pays ayent d'abord porté les mêmes noms que nous leur donnons ordinairement, par exemple *Corinthe* s'appella d'abord *Ephyre* & ainsi de quantité d'autres, & c'est ce que nous avons eu soin de marquer dans les Articles particuliers. Il suffit dans celui-ci de les designer par les noms qui sont les plus connus.

Les familles Royales n'étoient pas toujours les mêmes. Elles se detronoient mutuellement à la premiere occasion ; & les peuples étoient toujours la victime du parti le plus puissant. La Grece & surtout le Peloponnese éprouva souvent les malheurs de ces revolutions. Deux partis celebres l'agiterent assez longtemps ; c'étoient les HERACLIDES & les PELOPIDES.

ÆGIALE'E, ou Sicyone,	CALLISTES,
LES LELEGES,	LES ETOLIENS,
LES MESSENIENS,	LES DOLOPES,
LES ECTENES,	L'OECHALIE,
CRETE,	MYCENES,
ARGOS,	L'EUBE'E,
LACEDEMONE, ou Sparte,	MINYES,
	LES DORIENS,
LES PELASGUES,	PHERES,
LES THESSALIENS,	IOLCOS,
L'ATTIQUE,	LOCRES,
LA DAULIDE dans la Phocide,	LES THRACHINIENS,
LES LOCRES OZOLES,	LES THESPROTIENS,
CORINTHE,	LES MYRMIDONS,
ELEUSINE,	SALAMINE,
ELIDE,	SCYROS,
PYLOS,	HYPERIES,
L'ARCADIE,	LES ISLES DE VULCAIN,
EGINE,	
ITHAQUE,	MEGARES,
CEPHALENIE,	L'EPIRE*,
PHTHIE,	L'ACHAÏE,
LA PHOCIDE,	L'IONIE,
EPHYRE,	LA MACEDOINE,
L'EOLIDE,	LES ISLES DE LA MER EGE'E, &c.
THEBES,	

* Je ferai voir que la Macedoine & l'Epire ne furent de la Grece que longtems après.

§ 5. Origine des HERACLIDES & des PELOPIDES.

On a vû dans la Posterité de Persée fils de Danaé, deux Princes ; l'un Alcée Pere d'Amphitryon ; l'autre Electryon Pere d'Alcmene ; Amphitryon n'obtint Alcmene de son oncle qu'à condition qu'il lui aideroit à faire la guerre à ses Ennemis. Amphitryon y consentit, mais malheureusement dans la bataille il porta à son beaupere un coup mortel sans le vouloir & il fut obligé pour ce meurtre involontaire de quiter sa patrie & ses Etats, [c] & se retira à Thebes. Son fils Hercule étoit encore trop jeune pour lui succeder & Sthenelus autre fils de Persée & oncle du Roi fugitif, profitant de ce malheur s'empara du Royaume de Mycenes que son neveu avoit abandonné. Il comprenoit aussi celui d'Argos. Cet Etat fondé par Inachus avoit duré sous la posterité de ce Prince jusqu'à l'an du Monde 2530. selon Mr. de Vallemont, c'est-à-dire, jusqu'à Gelanor fils de Sthenelus Roi d'Argos. Danaüs chassé alors d'Egypte par son Frere Ægyptus vint à Argos, s'en rendit maître & chassa Gelanor. C'est de ce Danaüs que les Grecs sont souvent nommez DANAI, surtout par les Poëtes. Sa Posterité masculine finit au Royaume d'Argos en la personne d'Acrisius. La dureté avec laquelle celui-ci traita Danaé sa fille & Persée qu'elle mit au monde, lui couta cher. Persée fut exposé, & sauvé. Etant grand, il se van-

[c] Pausanias l.9.c.11.
[d] Ibid. l.2.c.19.

vangea de son ayeul qu'il tua par surprise & transporta la domination d'Argos à Mycenes : ainsi Alcée, Amphitryon son fils, & Sthenelus oncle de ce dernier, étoient Rois de Mycénes y compris Argos. Sthenelus laissa cette couronne à son fils Eurysthée qui fit faire à Hercule un long apprentissage de patience. Eurysthée haïssoit Hercule & ses Enfans & craignoit qu'ils ne reprissent une couronne dont il les avoit privez. [a] Il les poursuivit par tout ; les Atheniens ayant donné retraite aux fils d'Hercule, Eurysthée alla avec une armée contre eux. Il y fut tué avec ses fils. Hyllus Fils d'Hercule triomphoit déjà, mais Atrée lui disputa la couronne, le vainquit & regna. Cet Atrée étoit Fils de Pelops & Frere de Nicippe & oncle maternel d'Eurysthée. Pelops avoit épousé Hippodamie Fille d'Oenomaüs Roi d'Elide & avoit succedé à son beau-Pere. Ce fut lui qui donna son nom au PELOPONNESE, aujourd'hui la Morée, qu'on nommoit anciennement APIA. Hercule privé de la succession d'Amphitryon fut quelque temps errant, & comme il étoit d'un temperament amoureux, il ne manqua point de posterité. De son nom qui étoit en Grec Ἡρακλῆς, *Heracles*, ses descendans furent nommez *Heraclides*, & Atrée & Thyeste Fils de Pelops furent nommez les *Pelopides*.

[a] Diod. Sic. l. 4. c. 4.

§ 6. *Regne des Pelopides.*

Thyeste ne fut gueres connu que par ses malheurs. Son Frere Atrée & lui ont été immortalisez par les Poëtes qui ont trouvé un sujet très-tragique dans la haine diabolique qui les divisa. Atrée fut Pere d'Agamemnon & de Menelas. Le premier fut Roi de Mycenes ; le second épousa Helene Fille de Tyndare, Roi de Lacedemone, & sœur de Castor & de Pollux, auxquels il succeda pour cette couronne. Menelas ne fut gueres connu que par les galanteries d'Hélene sa femme. Elle se fit enlever par Paris l'un des fils de Priam, Roi de la Troade, dans l'Asie Mineure. Tous les Grecs entrerent dans le ressentiment d'un mari outragé si cruellement & équiperent une Flote pour aller chercher Helene. Priam l'ayant refusée, donna lieu à une guerre qui dura dix ans & finit par la destruction de Troye. Cette guerre a été décrite poétiquement par Homere & par Virgile & historiquement par Dictys de Créte qui en a recueilli toutes les anciennes traditions.

Comme toutes les Villes de la Grece étoient alors autant de Dynasties, c'est-à-dire, autant de petits Etats qui avoient leurs Souverains particuliers, chaque Ville envoya à cette guerre des troupes avec des Commandans. Nous ne saurions mieux faire que d'inserer ici le détail des troupes tel qu'Homere le donne, puisqu'on y verra premierement quelles Villes étoient sous un même chef, en second lieu quel nombre de Vaisseaux chaque Etat avoit fourni, & par là on pourra juger de sa puissance. Rien n'est plus propre à faire connoître quelle étoit la Grece de ce temps-là.

§ 7. *Denombrement des Troupes Grecques & de leurs Vaisseaux à la guerre de Troye.*

[b] LES BÉOTIENS étoient conduits par Peneléus & Leitus, par Arcesilas, par Prothenor & par Clonius. Les Béotiens qui habitoient *Hyrie*, les Rochers d'*Aulide*, *Schoene*, *Scole*, les Montagnes d'*Eteon*, *Graïe*, & les riches plaines de *Mycalesse* ; ceux qui tenoient *Harme*, *Ilesium* & *Erythrès*, *Eleon*, *Hyle* & *Peteon*, *Ocalée*, *Medeon* la bien bâtie, *Copes*, *Eutresine* & *Thisbé*, si abondante en Colombes, *Coronée*, & les prairies d'*Altarte*, *Platées* & *Glyssante*. Ceux qui habitoient la nouvelle *Thebes* qui a de si belles murailles, *Onchestè* célèbre par le beau Temple de Neptune, *Arne* fertile en vin, *Midée*, la divine *Nissa* & *Anthedon* qui est à l'extrémité de la Béotie. Ils avoient cinquante Vaisseaux & chaque Vaisseau portoit six vingts hommes.

[b] Homere Iliad. l. 2.

Mais les Béotiens d'*Aspledon* & d'*Orchomene* Ville de Minyas, étoient conduits par Ascalaphus, & Jalmenus Fils du Dieu Mars. . . Ces deux Chefs avoient trente Vaisseaux.

Schedius & Epistrophus tous deux du vaillant Iphitus & petits-fils de Naubolus, étoient à la tête des Peuples de la PHOCIDE qui habitoient *Cyparisse*, les roches de *Pytho*, *Crissa*, *Daulis*, & *Panope*, *Anemorée* & *Hyampolis* ; de ceux qui buvoient les eaux du *Cephisse*, & de ceux qui tenoient la Ville de *Lilea* où ce fleuve prend sa source. Ils menoient quarante Vaisseaux.

Ajax fils d'Oilée commandoit les LOCRIENS. . . il menoit les peuples de *Cyne*, d'*Opus*, de *Calliare*, de *Besse*, de *Scarphe*, d'*Augée*, de *Tarphe*, & de *Thronie* qui est sur les Rives du *Boagrius* : il avoit quarante Vaisseaux de ces Locriens qui habitent au delà de l'Eubée.

Les belliqueux ABANTES d'EUBÉE qui habitoient *Chalcis*, *Eretrie*, & *Hystiée* fertile en bons vins, la maritime *Cerinthe* & la haute Ville de *Dium*, *Caryste* & *Styre*, étoient conduits par Elphenor fils de Chalcodon & de la race de Mars. Ce vaillant Capitaine étoit à la tête des *Abantes* qui n'ont des cheveux que par derriere & qui sont si vaillants que méprisant l'art de lancer le javelot, ils joignent toujours l'ennemi & à grands coups de piques ils percent les boucliers & les cuirasses.

Ceux qui habitoient la Ville d'ATHENES, la cité du genereux Erechthée que la Terre enfanta & que Minerve prit soin d'élever elle même. . . étoient menez par Menesthée Fils de Peteus. . . Il commandoit cinquante Vaisseaux.

Ajax mena douzé Vaisseaux de SALAMINE. . .

Ceux qui habitoient ARGOS, les fortes murailles de *Tirynthe*, *Hermione* & *Asiné* qui ont des Golphes profonds, *Tresene*, *Eiones*, *Epidaure* dont les côteaux sont couverts de vignes ; ceux d'*Ægine* & de *Masete* avoient pour Chefs le vaillant Diomede, Sthenelus fils de Capanée & Euryale fils de Mecistée & petit-Fils du Roi Talaus. Diomede étoit le General & commandoit quatre vingts Navires.

Ceux

Ceux de la belle Ville de MYCENES, de la riche *Corinthe*, de Cléone si bien bâtie, d'*Ornées*, d'*Arethurée*, de *Sicyone*, où Adraste regna le premier, ceux d'*Hyperesie*, de *Gonoesse*, de *Pellene* & d'*Ægion*, ceux de toute la côte depuis Sicyone jusqu'à Buprasie au dessus d'Elide, & ceux des environs d'*Helice* suivoient Agamemnon sur cent Vaisseaux.

Ceux qui habitoient LACEDEMONE, *Phare*, *Sparte* & *Messé*, *Bryséés* & *Augéés*, *Amycles* & la Ville maritime d'*Holus*, *Laas* & *Oetylée*, avoient pour Chef Menelas Frere d'Agamemnon. Il commandoit soixante Vaisseaux.

Le vieux Nestor commandoit quatre-vingts Vaisseaux & étoit à la tête des peuples de *Pylos*, d'*Arene*, de *Thruon*, où est le gué de l'*Alphée*, de la belle Ville d'*Aëpy*, de *Cyparisse*, d'*Amphigenée*, de *Ptelée*, d'*Helos*, & de *Dorie*.

Les Peuples d'ARCADIE sous la haute Montagne de *Cyllene*, ... ceux de *Phenée*, d'*Orchomene* riche en troupeaux, de *Ripa*, de *Stratie* & d'*Enispe* toujours batue des vents, de *Tégée*, de *Mantinée*, de *Stymphale* & de *Parrhasie* étoient conduits par Agapenor fils d'Ancée qui commandoit soixante Vaisseaux montez par des Soldats Arcadiens fort experimentez dans le métier de Mars. Agamemnon leur avoit fourni les Vaisseaux tout équipez, parce que les Arcadiens habitant au milieu des terres, ne s'appliquoient pas à la marine.

Ceux qui habitoient *Buprasie* & l'ELIDE, c'est-à-dire, tout le Pays qui est renfermé entre *Hyrmine*, *Myrsine*, la Pierre *Olenienne* & *Alisie*, étoient sous la conduite de quatre Chefs qui avoient chacun dix Vaisseaux montez par des Epéens. Le premier étoit Amphimaque fils de Créatus : le second étoit Thalpius Fils d'Eurytus, le troisiéme Diores Fils d'Amaryncée, & le quatriéme Polyxene Fils d'Agasthene & petit-fils du Roi Augée.

Ceux de *Dulichium* & des autres ECHINADES; de ces Isles qui sont à l'extrémité de la Mer, vis-à-vis de la côte d'Elide & de l'embouchure de l'Acheloüs, avoient à leur tête Meges fils de Phylée qui ayant encouru l'indignation de son Pere avoit été obligé de se retirer à Dulichium. Meges commandoit quarante Vaisseaux.

Ulysse menoit les CEPHALENIENS, ceux d'ITHAQUE & de la Forêt de *Nerite*; ceux de *Crocylée* & de l'escarpée *Ægilippe*; ceux de *Zacynte* & de *Samos* & ceux du Continent au delà des Isles . . . il commandoit douze Vaisseaux.

Thoas Fils d'Andræmon étoit à la tête des ETOLIENS qui habitoient *Pleuron*, *Olene*, *Pylene*, la maritime *Chalcis*, & *Calydon*, ceinte de Montagnes; car les Enfans d'Oenée n'étoient plus, ni Oenée lui-même, & Meléagre étoit mort : c'est pourquoi le Royaume d'Etolie étoit échu à Andræmon gendre d'Oenée & Pere de Thoas qui avoit quarante Vaisseaux.

Ceux de CRETE qui tenoient *Gnosse*, *Gortyne* environnée de fortes murailles, *Lyste*, *Milet*, & *Lycaste*, *Phste*, & *Rutie*, enfin tous les Peuples de cette Isle qui a cent Villes, suivirent le vaillant Diomede & Merion. Ils avoient tous deux quatre-vingts Vaisseaux.

Les fiers habitans de l'Isle de RHODES, partagez en trois differens Peuples dans les trois Villes de *Linde*, de *Jalysse* & de *Camire* suivoient sur neuf Vaisseaux Tlepoleme Fils d'Hercule & d'Astyochée que ce Heros avoit prise dans Ephyre, sur le Fleuve Selleïs, après avoir saccagé plusieurs Villes remplies d'une florissante jeunesse. Tlepoleme ayant été élevé dans le Palais, tua par megarde Licymnius oncle maternel de son Pere, & d'abord il fit bâtir des Vaisseaux, assembla quelques troupes & s'enfuit sur mer pour se mettre à couvert des menaces que les autres fils & petits-fils d'Hercule avoient fait de punir ce meurtre. Après qu'il eut couru beaucoup de mers & essuié beaucoup de fatigues il aborda à l'Isle de Rhodes, où il partagea ses troupes en trois bandes qui s'établirent en trois differens lieux. Ils s'y enrichirent.

Nirée menoit trois Vaisseaux de l'Isle de SIME.

Ceux qui habitoient les Isles de NISYRE, de CARPATHUS, de CASUS, de COS, où avoit regné Eurypylus & les Isles CALYDNES étoient sous la conduite de Pheidippe & d'Antiphus Fils de Thessalus & petit-fils d'Hercule. Ils avoient trente Vaisseaux.

Les peuples d'*Argos* Pelasgique (ou de THESSALIE) ceux qui habitoient *Alos*, *Alope* & *Trachine*, ceux qui tenoient *Phthie*, & la GRE'CE (proprement dite) & qui étoient compris sous les noms de MYRMIDONS, d'ACHAÏENS & d'HELLENES obéissoient à Achille, qui avoit cinquante Vaisseaux.

Ceux qui habitoient *Phylacé* & la fertile *Pyrrhasus* consacrée à Cerès, *Itone* riche en troupeaux, la maritime *Antrône* & *Ptelée* qui a de si beaux herbages étoient commandez par Protesilas qui avoit mené quarante Vaisseaux, & fut tué par un Troyen en debarquant, il eut pour Successeur Podarces fils d'Iphiclus.

Ceux qui habitoient *Pheres* vis-à-vis du Marais *Boibeide*, *Boibe*, *Glaphyres* & *Iolcos*, suivirent sur onze Vaisseaux Eumelus Fils d'Admete & d'Alceste.

Ceux de *Methone*, de *Thaumacie*, de *Melibée* & d'*Olizone* avoient pour Chef Philoctéte, qu'on avoit laissé à *Lemnos* à cause d'un ulcere incurable qui lui étoit venu de la piquure d'un serpent. Son escadre qui consistoit en sept Vaisseaux sur chacun desquels il y avoit cinquante hommes bien dressez à combatre à coups de fleches, étoit commandée en son absence par Medon fils naturel d'Oïlée & de la Nymphe Rhena.

Ceux qui habitoient *Tricca*, l'escarpée *Ithome*, & *Oechalie* qui étoit sous la domination d'Eurytus, suivoient sur trente Vaisseaux Podalire & Machaon fils d'Esculape.

Ceux qui tenoient *Ormenium*, la fontaine d'*Hypereia*, *Asterie*, & les blancs sommets du Mont *Titane*, étoient commandez par Eurypyle fils d'Evæmon qui avoit quarante Vaisseaux.

Ceux d'*Argissa*, de *Gyrtone*, d'*Orthe*, d'*Elone*, & d'*Oloosson* avoient à leur tête Polypoétes Fils de Pirithoüs & d'Hippodamie qui le mit au monde le jour même où son Pere Pirithoüs punit les *Centaures* & les chassa du Mont Pelion vers les Montagnes d'*Æthicé*. Polypoé-

tes

tes partageoit ce commandement avec Leonteus fils de Coronus & petit-fils de Coenée : ils commandoient quarante Vaisseaux.

Goneus menoit de Cyphos vingt-deux Vaisseaux. Il étoit suivi des Eniénes & des belliqueux Perebes qui habitoient aux environs de la froide Dodone & qui cultivoient les Campagnes arrosées par le delicieux Titaresius, qui se jette dans le Penée sans mêler ses eaux avec les eaux argentées de ce Fleuve...

Prothoüs fils de Tenthredon commandoit les Magnetes qui habitoient autour du Penée & des Forêts de Pelion. Il avoit quarante Vaisseaux.

Voila les noms des Rois & des Capitaines des troupes Grecques, selon Homere. C'est ce que les anciens ont appellé le *Catalogue des Vaisseaux*, & ils ont donné ce nom au second Livre de l'Iliade, quoiqu'il n'en fasse qu'une partie, nous en avons retranché quelques epithétes inutiles à notre dessein & quelques ornemens ou fabuleux, ou historiques, qu'Homere y a inserez pour delasser son lecteur. J'ai eu assez bonne opinion des miens pour croire qu'ils n'avoient pas besoin de ce mélange. J'ajouterai ici quelques remarques qui aideront à tirer de ce Catalogue tout le fruit dont nous avons besoin pour cet article.

§ 8. *Remarques sur le Catalogue d'Homere.*

On voit d'abord, qu'il y avoit vingt-sept ou vingt-huit Etats de la Grece independans les uns des autres, mais liguez avec Agamemnon. Ces Etats quoique subordonnez au Chef pour cette expedition, étoient pourtant libres pour ce qui étoit de leur gouvernement particulier, & ils avoient leurs propres Rois, ou leurs Capitaines. Argos n'est point sous le commandement d'Agamemnon; mais il forme un Etat qui avoit ses Chefs particuliers, en recompense Homere lui donne plusieurs Villes qui n'étoient point du Royaume de Mycenes sous la posterité de Persée. On y voit Corinthe qui devoit avoir encore les Rois descendus de Sisyphe ; peut-être étoient-ils alors Vassaux d'Agamemnon. On y voit une grande partie de la côte Occidentale du Peloponnese, c'étoit l'heritage de Pelops. Atrée son fils l'avoit joint au Royaume de Mycenes usurpé sur les Heraclides.

Homere ne compte point la Macedoine ni l'Epire entre les Etats de la Grece. Il la borne au Nord par la Thessalie & par l'Etolie, au delà desquelles il ne nomme rien dans cette liste. Mais en échange, il donne à la Grece non seulement le *Peloponnese* & les Isles *d'Eubée*, de *Cephalonie* & autres situées autour du Peloponnese, mais aussi la *Créte* & les Isles qui bordent l'Asie Mineure. Il est remarquable que dès la guerre de Troye non seulement les Calydnes, c'est-à-dire, aujourd'hui les Isles autour de *Stanco*; celle de *Scarpanto* &c. & même celle de *Rhodes*, étoient possedées par les Grecs. Homere nous apprend lui-même de quelle maniere Tlepolême un des Heraclides, avoit fondé trois Villes dans la derniere de ces Isles.

On dira peut-être qu'un ouvrage de Poësie où la fiction a tant de part n'est pas assez authentique pour devoir servir de guide. Il est aisé de repondre à cela qu'il y auroit de l'extravagance à vouloir chicaner Homere sur la Géographie, après que Strabon l'un des plus grands Géographes de l'Antiquité n'a point fait difficulté de le nommer comme le premier de ceux qui ont traité cette Science [a]. Il dit ailleurs qu'Homere étoit très-habile dans la Géographie & [b] le defend contre Eratosthene qui avoit voulu en contester l'autorité sous le pretexte de ses fictions poétiques. Homere né dans la Grece Asiatique avoit parcouru la veritable Grece, & beaucoup plus de Pays qu'il n'en a décrit dans ses Poëmes. Les Grecs qui nous ont transmis ses ouvrages, ou même ceux qui les ont critiquez, ne l'ont point attaqué du côté de la Géographie, sinon peut-être Eratosthene qui, comme nous venons de remarquer, a été rudement refuté par Strabon.

[a] l. 1. Init.
[b] p. 26.

Après cette digression revenons à l'usage que nous en pouvons faire pour la connoissance de la Grece de son temps. Selon lui elle comprenoit

La Thessalie partagée alors en divers petits Etats jusques au Mont Olympe.

L'Etolie.
L'Achaïe diferente de l'Achaïe du Peloponnese.
La Phocide.
La Beotie.
L'Attique.
Tout le Peloponnese avec les Isles voisines.

Les Isles { Echinades, De Crete, Calydnes, De Rhodes, De Scarpanto.

Tel fut le premier Age de la Grece qui finit à la prise de Troye, nous l'avons appellé le *temps Heroique*, parce que l'on y doit raporter les travaux d'Hercule, de Thesée, de Pirithoüs, les voyages des Argonautes, l'expedition des sept Capitaines devant Thebes en faveur de Polynice fils d'Oedipe contre Etéocle son Frere qui vouloit gouverner seul, la guerre de Minos avec Thesée, & generalement tous les sujets que les anciens Tragiques ont celebrez.

II. AGE DE LA GRECE.

§ 1. *Changemens arrivez après le Siége de Troye.*

[c] Cet Age s'étend depuis l'an du Monde 2800. jusqu'à la Bataille de Marathon, & comprend un espace d'environ sept siécles. Plusieurs des petites Monarchies établies durant le premier âge ne subsistoient déja plus. Celle de Sicyone qui avoit commencé avec Ægialée selon quelques-uns, avec Adraste selon Homere, étoit éteinte avant la guerre de Troye; comme nous avons vû. Celle de Corinthe commencée par Sisyphe avoit encore des Rois du sang de ce Prince, puisqu'un d'eux regnoit encore quatre-vingts ans après

[c] Petav. Ration. temp. part. I.

la prise de Troye, cependant il doit y avoir eu quelque interruption, car, comme nous l'avons remarqué, les troupes de Corinthe étoient dans l'Armée d'Agamemnon.

§ 2. *Dispersion des Troyens.*

La destruction du Regne de Priam donna lieu à deux sortes d'évenemens. D'un côté les Troyens qui purent se sauver du sac de leur Ville & de la fureur des Grecs, se refugierent les uns en Italie, les autres en Thrace, enfin partout où ils purent trouver un asyle. On croit communément qu'ils donnerent lieu à la fondation de la Monarchie Romaine. Ce n'est pas ici le lieu d'examiner si cette opinion est veritable.

§ 3. *Revolutions chez les Grecs.*

D'un autre côté les Grecs vainqueurs ne furent gueres plus heureux que les vaincus. Outre ceux qui perirent à cette guerre plusieurs ne purent regagner leur Patrie, d'autres n'y arriverent qu'après des peines infinies, d'autres enfin n'y furent pas plutôt qu'ils y perirent miserablement.

ULYSSE qui avoit disputé les armes d'Achille à Ajax fils de Telamon, s'étoit attiré la haine de beaucoup de Capitaines, craignant qu'ils ne lui fissent un mauvais parti, il s'embarqua & se hâta de partir. Il prit même une fausse route pour ne se pas rencontrer avec ses ennemis, desorte qu'il s'égara. Quelques-uns le menent jusqu'à Lisbonne à cause de la ressemblance de son nom avec *Olisipo*. D'autres plus sages se contentent de le promener le long des côtes de la Mediterranée, desorte qu'il se passa dix ans avant qu'il revît son Isle d'Ithaque. *a Solin c.23.*

AJAX fils d'Oilée Roi des Locriens fit naufrage auprès du Cap Capharée b dans l'Isle d'Eubée, & y perit. *b Voiez l'Article* CHOERADES 4.

DIOMEDE arriva dans Argos qui vraisemblablement avoit alors un Gouvernement Aristocratique & qui étoit devenue une espece de Republique depuis la translation c du trône à Mycenes; mais il y trouva sa femme qui avoit livré sa maison, ses biens, & son autorité à Cyllabarus Fils de Sthenele. Trop foible pour se vanger de cette infidelité, il passa en Ætolie, delà dans la Mer Adriatique d où il fit divers établissemens dans la Pouille, entre autres *Argos Hippium* e qu'il nomma ainsi du nom de sa patrie. Il eut ensuite querelle avec Daunus son beau-pere; il fut tué & ses gens se jetterent dans les Isles voisines qui furent nommées *Isles de Diomede*. Ils n'y passerent qu'à la faveur des Vaisseaux dont ils se servirent pour pirater, ne pouvant subsister autrement. Delà vient que les Poëtes qui dans leur style figuré ont comparé les voiles à des aîles, ont dit que les Soldats de Diomede furent métamorphosez en oiseaux. *c Doujat Suplem. de Paterculus p. 70. d Strab. l. 5. p. 215. e l. 6. p. 280.*

IDOMENE'E f trouva de même que sa femme s'étoit pourvûë d'un galant nommé Leucon qui s'étoit emparé du Royaume de *Créte*. Ne pouvant chasser ce Rival il fut obligé de lui ceder la place, il s'embarqua & vint dans la partie Meridionale de l'Italie, au Pays des Salentins. Quelques Crétois étoient déja venus en ce Pays-là après la mort de Minos. On attribuë la fondation de la Ville d'*Uria* autrefois Capitale de la Messapie & celle de *Brundusé*, ou *Brindes* à l'une ou à l'autre de ces Colonies. *f Doujat Suplem. de Paterculus p. 71.*

PHILOCTE'TE fils de Péante, Prince de Melibée en Thessalie, étant chassé de son Pays par une sedition, vint fonder chez les BRUTIENS *Petilie* & *Crimisse*. Les Pyliens qui étoient à la suite de Nestor, après une rude & longue tourmente aborderent à l'embouchure de l'Arne sur les bords duquel ils bâtirent *Pise* en Toscane qui fut ainsi nommée du nom de *Pyse Olympie* en *Elide* que les jeux Olympiques ont renduë célèbre. *Metapontus* que les barbares appelloient Metabus, selon Etienne le Géographe, écarté de Nestor son General par la violence de la tempête, aborda le Pays que l'on nomme aujourd'hui le Royaume de Naples, & y bâtit *Metaponte* g. C'est ainsi que les Grecs peu-à-peu se firent une nouvelle Grece dans la partie Meridionale de l'Italie. Nous en parlerons plus amplement dans l'article de la GRANDE GRECE. *g Velleius Paterc. l. 1.*

Dans la liste d'Homere il n'est point fait mention d'aucune Nation Greque au delà de Créte & de Rhode. Mais au retour divers Princes furent jettez du côté de l'Asie & même vers l'Egypte. AGAPENOR Prince Arcadien fut porté en l'Isle de Cypre où il fonda *Paphos*. MENELAS jetté avec Helene par la force des vents vers l'embouchure Occidentale du Nil, y bâtit la Ville de *Canope* en mémoire de son Pilote qui étoit mort en cet endroit, & delà il gagna *Lacedemone* avec beaucoup de fatigues.

TEUCER Fils de Telamon fut mal reçu h de son Pere à cause du peu de vigueur qu'il avoit montré dans l'injure faite à son Frere Ajax dans le jugement des armes d'Achille. Il se rembarqua & allant aborder à l'Isle de *Cypre*, y fonda une Ville à laquelle il donna le nom de *Salamine* sa patrie. *h Velleius Paterc. l. 1.*

Nous avons remarqué dans la Grece décrite par Homere que l'EPIRE n'en étoit pas. Elle fut bientôt après; PYRRHUS fils d'Achille s'en empara, & trouva plus de facilité à conquerir un nouveau Royaume, qu'à rentrer dans celui qui auroit dû lui appartenir. Il en détacha même la CHAONIE en faveur d'Helenus Prince Troyen qui tout son captif qu'il étoit, avoit sû gagner ses bonnes graces; & il lui fit épouser Andromaque veuve d'Hector i. Virgile qui profitoit de tout ce que lui presentoit la tradition s'est très-bien servi de ce fait & a mené son Enée à *Buthrot* k où il trouve Andromaque. Phidippe se saisit d'*Ephyre* Ville de la THESPROTIE. C'est ainsi que la Grece s'étendoit de plus en plus par des Colonies. *i Justin l. 17. c. 3. k Æneid. l. 3. v. 292.*

AGAMEMNON jetté par la Tempête dans l'Isle de *Créto* y établit trois Villes, *Mycenes*, *Tegée* & *Pergame*; les deux premieres en mémoire de deux autres Villes du Peloponnese, & la troisiéme en mémoire de la destruction de Troye; mais il n'arriva dans son Palais que pour y perir miserablement. Nous avons dit qu'Agamemnon étoit fils d'Atrée & neveu de Thyeste l. Ce dernier avoit un fils nommé Egisthe *l Velleius Paterc. l. 1.*

Egisthe qui sut profiter de l'absence d'Agamemnon, se fit aimer de Clytemnestre femme de ce Roi, & conjura avec elle de s'en défaire à son retour. Ils le firent perir de concert & Egisthe s'empara du Royaume de Mycenes. Oreste fils d'Agamemnon, étant devenu grand & aidé par sa sœur Electre rétablit le Royaume d'Argos, reconquit celui de Mycenes & vangea la mort de son Pere, en tuant Egisthe [a]. Clytemnestre fut la premiere, immolée aux manes d'Agamemnon. Les Poëtes ont fort celebré les fureurs d'Oreste. L'Histoire [b] dit au contraire qu'il parut par la longueur de sa vie & par le bonheur de son regne que cette action étoit approuvée des Dieux; car il vécut quatre vingts dix ans & en regna soixante & dix. Il hérita du Royaume de Lacedemone qu'avoit eu son oncle Menelas [c] dont il avoit épousé la fille Hermione, heritiere de ce Royaume; ainsi ses deux fils Penthile & Tisamene regnerent, l'un dans l'Argolide, & l'autre dans la Laconie.

[a] Dictys Cret. l. 6.
[b] Velleius l. 1.
[c] Pausan. l. 3. c. 1.

§ 4. *Retour des Heraclides dans le Peloponnese.*

Jusque-là les Heraclides ou descendans d'Hercule avoient fait de vains efforts pour rentrer en possession des Etats d'Amphitryon, c'est-à-dire, du Royaume de Mycenes; Hyllus & les autres n'avoient pu en chasser les Pelopides; mais environ six vingts ans après la mort d'Hercule [d], quatre-vingt ans après la prise de Troye les Heraclides assistez par les Doriens se resaisirent d'une succession qu'ils poursuivoient depuis si longtemps. Les Chefs de l'entreprise furent *Temenus*, *Cresphonte* & *Aristodeme*, descendus d'Hercule au quatriéme degré. Ils vainquirent Tisamene Roi de Laconie, & Penthile Roi de Mycenes; & furent ainsi maitres du Levant, du Midi & d'une partie considerable du Couchant du Peloponnese. Ils attaquerent ensuite les Néléïdes ou les descendans de Nestor, puis ils partagerent entre eux les Royaumes de *Mycenes*, d'*Argos*, de *Messene* & de *Lacedemone*.

[d] Velleius l. 1.

§ 5. *Ils partagent entre eux le Peloponnese.*

Aristodeme eut le Royaume de Lacedemone & laissa deux fils [e] jumeaux. Comme l'ainesse ne pouvoit pas decider qui des deux devoit regner, les Spartiates ou Lacedemoniens les prirent tous deux pour leurs Rois. Delà vinrent les deux familles Royales des *Eurysthenides* & des *Proclides* des noms d'Eurysthene & de Procles; elles regnerent ensemble dans Lacedemone. Nous en parlerons dans la suite de cet article. *Cresphonte* eut la MESSENIE. Cypselus qui regnoit en Arcadie lui donna sa fille Merope en mariage, & en consideration de cette alliance les Heraclides [f] le laisserent en possession paisible de son Etat. Ils ne firent pas la même grace aux Sisyphides & ils les chasserent de Corinthe. Ce fut Alethes [g] autre Heraclide fils d'Hippotes qui ayant tué le Devin de Naupacte, vint s'emparer de Corinthe qu'il retablit & dont il fit comme une nouvelle Ville. Sa posterité y regna jusqu'à Bachis cinquiéme Roi dont les descendans prirent le nom de Bachides. *Temenus* eut le Royaume de MYCENES, auquel Oreste avoit rejoint Argos.

[e] Pausan. l. c.
[f] Pausan. l. 4. c. 3.
[g] Velleius Pater. l. 1. Pausan. l. 2. c. 4.

Lorsque les Heraclides [h] consulterent l'Oracle sur le succès de leur entreprise il leur fut ordonné de prendre pour Chef de leur expedition un homme qui auroit trois yeux. Peu après ils rencontrerent un homme qui chassoit devant lui un mulet qui n'avoit qu'un œil, ils le prirent pour l'homme à trois yeux. Il conduisit très-heureusement cette grande entreprise & pour recompense on lui donna en proprieté l'*Elide* que ses Ancêtres avoient possedée. Strabon [i] nous apprend quelle étoit la distribution du PELOPONNESE après le retour des Heraclides. Alethes à *Corinthe*, Phalces à *Sicyone*, Tysamene dans l'*Achaïe*, Oxyle dans l'*Elide*, Cresphonte dans la *Messenie*, Eurysthené & Procles à *Lacedemone*, Temene à *Argos* & Ægée & Diophonte sur la *côte de la Mer*.

[h] Pausanias l. 5. c. 3.
[i] l. 8. p. 389.

§ 6. *Athènes se gouverne en Republique.*

Peu de temps après ces changemens la Ville d'ATHENES cessa d'être gouvernée par des Rois. Codrus [k] fut le dernier. Ses deux fils, Medon & Nilée, disputerent la couronne. Les Atheniens pour les accorder abolirent la Royauté en la deferant à Jupiter & établirent des Archontes ou Magistrats. Il y en eut treize qui le furent successivement & à vie; mais on se lassa d'un terme si long; on resolut qu'ils seroient dix ans en charge, & après le septieme Archonte [l] decennal, on changea l'Archonte tous les ans. Les Peloponesiens avoient voulu s'étendre hors de leur presqu'Ile & étoient entrez en armes dans l'Attique. Ce fut en les combatant que Codrus fut tué & sa mort acquit la victoire aux Atheniens. Les Peloponesiens en se retirant bâtirent la Ville de *Megare* [m].

[k] Velleius Patercul. l. 1.
[l] Ibid.
[m] Ibid.

§ 7. *Les Pelopides quittent le Peloponnese.*

Les Pelopides, c'est-à-dire, les Enfans d'Oreste detronez par les Heraclides ne trouvant plus de retraite pour eux au Peloponnese s'embarquerent, & après avoir été batus de plusieurs tempétes dans leur navigation, & avoir erré environ quinze ans, ils s'arrêterent dans l'Isle de Lesbos.

§ 8. *Nouveaux changemens dans la Grece.*

La Grece fut bientôt agitée par le choc des Peuples qui se poussoient les uns les autres comme les flots de la mer. Les uns trop pressez cherchoient à s'étendre aux depens de leurs voisins. Les autres chassez de leurs terres passoient ailleurs pour en trouver de nouvelles. Les Achéens chassez de la Laconie allerent s'établir à l'autre extremité du Peloponnese auquel ils donnerent le nom d'Achaye [n]. Les PELASGUES passerent du côté d'Athénes. Un Guerrier nommé Thessalus Thesprotien de Nation, alla avec une grande troupe de gens de sa Nation s'établir par force dans la contrée que l'on nomma ensuite THESSALIE au lieu qu'auparavant on l'appelloit l'Etat des Myrmidons. Velleius Paterculus fait à ce sujet une remarque.

[n] Ibid.

GRE.

que. Il y a, dit-il, dequoi s'étonner de ceux qui écrivant des choses arrivées du temps de la guerre de Troye parlent de ce Pays-là sous le nom de Thessalie. Il fait là-dessus quelques Critiques que je lui laisse. Les Atheniens se saisirent de *Chalcide* & d'*Eretrie* dans l'Isle d'EUBÉE & y envoyerent des Colonies. Une troupe de Lacedemoniens passa dans l'Asie mineure & s'établit à *Magnesie* auprès du Mont Sipyle. Les Chalcidiens originaires d'Attique furent quelque temps après en état d'envoyer eux-mêmes des Colonies. Leur Flotte passa en ITALIE & y fonda *Cumes*, dont une partie des habitans se detacha ensuite pour aller fonder une nouvelle Ville qu'on appela la Ville neuve, en Grec *Néapolis*; c'est l'origine de Naples.

§ 9. *Migration des Ioniens en Asie.*

La guerre de Troye avoit donné aux Grecs l'occasion de connoître l'Asie beaucoup mieux qu'ils ne faisoient auparavant. Leur nombre s'étoit si bien acru que le Pays ne pouvoit plus les contenir [a]. Les IONIENS autrefois établis dans l'Attique étoient entrez dans le Peloponnese; & s'étoient établis dans le Pays qui fut ensuite nommé ACHAÏE par les Achéens qui les en chasserent, lorsqu'ils furent eux-mêmes chassez de la Laconie. Les Ioniens rentrerent dans l'Attique, & Codrus étant mort & les Atheniens ayant pris Medon son fils ainé pour Archonte perpetuel, Nileus autre fils de Codrus partit avec les Ioniens sur une Flotte & les mena en Asie. Ils s'emparerent de la côte Occidentale de ce Pays qui fut depuis nommée l'IONIE & y fonderent les Villes d'*Ephese*, *Milet*, *Colophon*, *Pryene*, *Lebede*, *Myunte*, *Erythres*, *Clazomenes* & *Phocée*. Ils se rendirent aussi maitres de plusieurs Isles de l'Archipel, comme de *Samos*, *Chios*, *Andros*, *Tenos*, *Paros*, *Delos* &c. C'est ce qu'on appelle la MIGRATION IONIQUE arrivée, selon le P. Petau, vers l'an du monde 3184 [b].

[a] Ibid.

[b] Petav. ration. Tempor. part. 1.

§ 10. *Migration des Etoliens en Asie.*

Elle fut suivie peu après d'une autre Migration qui n'est pas moins fameuse dans l'Histoire. Les Eoliens ayant besoin de chercher de nouvelles terres s'attacherent à la fortune de Penthile l'un des fils d'Oreste detrônez par les Heraclides. En sortant de la Laconie, ils se refugierent d'abord aux environs de la Locride sur le Mont Phricius, où ils s'arrêterent quelque temps, jusqu'à ce qu'ils eussent trouvé les moyens de passer en Asie [c] où ils s'établirent dans le voisinage des Ioniens & ils y bâtirent ou reparerent les Villes de *Smyrne*, *Cyme* ou *Cume* (qui fut surnommée *Eolique* de leur nom, ou *Phricotide*, ou *Phriconide* du nom de la Montagne qu'ils avoient habitée,) *Larisse*, *Myrina*, avec *Mitylene* & quelques autres Villes de l'Isle de LESBOS.

[c] Velleius Paterc.] l. 1.

§ 11. *Fin de la plupart des Royaumes de Corinthe, de Messenie, d'Arcadie, d'Argos, de Mycenes & de Thebes.*

ATHENES ne fut pas la seule Ville qui quita le gouvernement Monarchique, pour s'ériger en Republique.

CORINTHE se lassa d'avoir des Rois, & deposa Theletes dernier Roi de la race des Bacchides & dixiéme Successeur d'Alethes, 324 ans après le commencement du regne de ce Roi le premier des Heraclides. On établit pour gouverner des Prytanes qui commandoient un an. Ces Prytanes étoient pris de la maison regnante, mais avec une autorité fort courte & fort bornée. Cela dura 121. ans. Cypsele Tyran usurpa le pouvoir Souverain & le conserva trente ans. La douceur de son gouvernement charma les Corinthiens, & il étoit si sûr de leur amitié qu'il marchoit sans gardes, dit Mr. de Vallemont [e]. Hérodote [f] n'en dit pas tant de bien à beaucoup près. Periandre son fils lui succeda; mais il étoit dur envers le peuple, d'ailleurs grand guerrier. Il regna un peu plus de quarante ans. Psammeticus fils d'un Gordias qu'on ne connoît point, ne regna que trois ans: après quoi Corinthe se gouverna toujours en Republique jusqu'à la conquête de la Gréce par les Romains. *Ainsi finit le Royaume de* CORINTHE.

[d] Pausan. l. 2. c 4. Petav. ration. Temp. part. 1.

[e] Elem. de l'Hist. T. 2.

[f] l. 5. c. 5.

Le Royaume de MESSENIE ne jouït pas long temps de la tranquilité que lui avoit procurée l'Heraclide Cresphonte. Epythus [g] son fils qui lui succeda & dont les Successeurs furent nommez Æpythides eut pour fils Glaucus qui fut Pere d'Ithmius & Ayeul de Dotidas; dont le Fils Phyntas eut pour Successeurs ses deux fils Antiochus & Androcles qui regnerent ensemble. Lacedemone dont nous parlerons ensuite étoit toujours gouvernée par deux Rois; l'un des deux nommé Telecle [h] fils d'Archelaüs fut tué par les Messeniens dans le Temple de Diane qui étoit situé aux confins du Pays des Messeniens & de celui des Lacedemoniens. Ce meurtre ne causa d'abord aucune guerre, mais sous le regne d'Euphaes qui succeda aux deux Freres commença la premiere guerre entre Messene & Lacedemone nommée par les Historiens la PREMIERE GUERRE MESSENIAQUE [i]. Les Messeniens durant cette guerre se retirerent sur le Mont Ithome qu'ils fortifierent. Après beaucoup de pertes & vingt ans d'efforts inutiles pour resister aux Lacedemoniens, & cinq mois de siége dans Ithome, ils l'abandonnerent & se soumirent aux Lacedemoniens qui les reduisirent à la plus dure servitude; deforte qu'on disoit d'un homme depourvû de toute liberté, il est plus esclave qu'un Messenien. Ils ne purent supporter cet état que 38. ans. Au bout desquels ils se preparerent de nouveau à la guerre sous la conduite d'Aristoméne. Alors commença la seconde guerre Messeniaque qui dura quatorze ans. Les Messeniens ayant été vaincus, se retirerent sur le Mont IRA où ils furent forcez & accablez sans ressource. Voyant leur patrie ruinée, ils l'abandonnerent, s'embarquerent & ayant abordé en Sicile, ils s'emparerent de *Zancle* qu'ils appellerent de leur nom. C'est presentement *Messine*. Les Lacedemoniens jouïrent ensuite de la Messenie & s'agrandirent considerablement. *Ainsi finit le Royaume de* MESSENIE.

[g] Pausan. l. 4. c. 3.

[h] Ibid. e. 4.

[i] Ibid. c. 6. 14. & 15.

Le Royaume d'ARCADIE finit dans le même temps. Nous avons vû que Cypselus [k]

[k] Pausan. l. 6. c. 8.

282   GRE.   GRE.

Roi d'Arcadie avoit été épargné par les Heraclides en faveur du mariage de sa fille Merope avec Cresphonte Roi de Messenie. Cette alliance avoit formé entre les deux Peuples une amitié & une liaison assez étroite. Tandis qu'Aristomene faisoit tous ses efforts pour soutenir les debris de la fortune des Messeniens; les Arcadiens obligerent Aristocrate leur Roi de lui mener du secours. Il se laissa corrompre par les Lacedemoniens; les peuples d'Arcadie en furent si indignés qu'ils lapiderent Aristocrate, exterminerent toute sa maison & ne voulurent plus de Rois. *Ainsi finit le Royaume d'Arcadie.*

a Pausan. l. 2. c. 19.

Le Royaume d'ARGOS retabli par Temenus n'alla pas si loin. Il avoit plusieurs Fils dont l'ainé s'appelloit Cisus, & une fille mariée à Diophonte [a]. La predilection qu'il temoignoit à son gendre lui couta la vie, ses fils craignant qu'il ne lui laissât la couronne à leur prejudice, le tuerent lui-même, desorte que Cisus regna après lui. Diophonte qui avoit ses Partisans se retira à Epidaure, excita contre son beaufrere les Argiens, qu'il d'ailleurs aimoient extrémement la justice & la liberté. Ils bornerent tellement la puissance Royale qu'ils ne laisserent aux Enfans de Cisus qu'un vain titre de Roi. Meltas l'un de ses descendans ayant entrepris de remettre l'autorité Royale sur l'ancien pied, irrita tellement le peuple qu'il le depouilla de sa dignité & le condamna à mort. Depuis ce temps-là il n'est plus question des Rois d'Argos. Ce ne fut plus qu'une Republique gouvernée par des Magistrats dont la charge ne duroit qu'un temps marqué. *Ainsi finit le Royaume d'Argos.*

Le Royaume de MYCENES reüni depuis Oreste à celui d'Argos eut la même destinée. Les Argiens devenus Republicains furent sachez dans la suite que Mycenes qui se gouvernoit aussi elle-même fût la seule Ville de l'Argolide qui ne voulût pas dependre d'eux; à cette jalousie se joignit une querelle que ces deux Republiques eurent pour un Temple de Junon qui avoit été commun aux deux Nations & que les Messeniens vouloient s'approprier parce qu'il étoit près de leur Ville, les Argiens assiégerent Mycenes, s'en rendirent maîtres, firent les habitans esclaves, les decimerent pour les consacrer à Mars & raserent la Ville jusqu'aux fondemens. *Ainsi finirent le Royaume & la Ville de Mycenes*, & il n'en est plus fait aucune mention dans l'Histoire.

b Diodor. Sicul. l. 11.

c Ibid. l. 4. c. 7.

[c] Le Royaume de THEBES dans la Béotie étoit déja éteint depuis longtemps. Eteocle Fils d'Oedipe n'ayant pas voulu se dessaisir de la couronne qu'il devoit posseder alternativement avec Polynice son Frere, celui-ci eut recours à ses amis & vint assiéger Thebes avec six Heros de ce temps-là. Ce fut l'expedition des sept devant Thebes, ces sept étoient Polynice pour qui la guerre se faisoit, Adraste Roi de Sicyone, Tydée, Capanée, Hippomedon, Parthenopéus & Amphiaraüs. Elle ne réüssit point & les deux Freres concurrens se battirent en duel & se tuerent l'un l'autre, comme nous l'avons déja dit. Dix ans après, cette malheureuse entreprise les enfans des sept Capitaines qui n'avoient pu rétablir Polynice, vinrent devant Thebes, la prirent & en chasse-

rent le Roi Léodamas Fils d'Etéocle; à la place duquel ils établirent Thersandre [d] qui alla au siége de Troye où il fut tué par Telephe dans la Mysie. Penelée qui gouverna après Tersandre fut tué par Eurypyle fils de Telephe. Il étoit tuteur de Tisamene fils de Tersandre encore trop jeune pour gouverner par lui-même. Autesion Fils de Tisamene quita le Royaume par ordre de l'Oracle & se transporta dans la Doride. Il eut pour Successeur Damasicton fils d'Ophelte & petit-fils de Penelée. Ptolomée fils de Damasicton & Xanthus fils de Ptolomée joüirent du Trône de Thebes. Xanthus eut une rude guerre contre les Atheniens, les deux Peuples convinrent qu'elle se termineroit par un Duel entre Melanthe Roi d'Athenes & Xanthus Roi de Thebes. Ce dernier fut tué par un stratagême, & les Thebains après sa mort resolurent de se passer de Rois. Ils vécurent en Republique jusqu'à la prise de leur Ville par Alexandre le Grand qui la détruisit. *Ainsi finit le Royaume de Thebes.*

d Pausan. l. 9. c. 5.

§ 12. *Suite de Lacedemone.*

Il est temps enfin de venir au Royaume de LACEDEMONE. Nous avons vu tomber toutes ces diverses Monarchies dont la Grece étoit remplie. Celle de Lacedemone subsistoit toujours & ce qu'il y a de plus surprenant & qui paroîtroit incroyable s'il n'étoit attesté par les monumens les plus dignes de foi, on vit une Monarchie gouvernée par deux Rois entre lesquels l'autorité étoit partagée. Cet Etat de deux Rois qui regnoient conjointement, a duré plus de huit siécles; & Lacedemone ne s'est conservée qu'autant qu'il a duré.

Nous avons dit que Tisamene avoit eu deux fils Eurysthene & Procles. [e] La Posterité du premier subsista longtemps, il eut pour fils Agis du nom duquel les Rois ses descendans furent surnommez AGIDES, & ce nom effaça celui d'*Eurysthenides*. Procles dont les Successeurs devoient être nommez *Proclides* n'eut point d'Enfans & adopta Soüs qui lui succeda & dont le fils troisiéme Roi de Lacedemone fit changer le nom de *Proclides* en celui d'EURIPONTIDES. Voici quel fut l'ordre de ces Rois.

e Ibid. l. 3. c. 1. & seq.

EURYSTHENE,	PROCLES,
AGIS, Fils.	SOÜS, Fils adoptif.
ECHESTRATE, Fils.	EURIPON, Fils.
LEOBOTE, Fils.	PRITANIS, Fils.
DORISSE, Fils.	EUNOMUS, Fils.
AGESILAUS, Fils.	POLYDECTE.
ARCHELAUS, Fils.	CHARILAUS.

Par bonheur pour les Lacedemoniens Charilaüs ne nâquit qu'après la mort de son Pere, Lycurgue Fils d'Eunomus, Frere de Polydecte & oncle de Charilaüs eut par là occasion de gouverner les Lacedemoniens en qualité de Tuteur de son neveu. Il ne s'appliqua point à profiter de cette puissance pour ses interêts particuliers; il s'attacha qu'à former chez ses compatriotes la République la plus parfaite dont puisse être capable l'humanité la plus épurée, mais pourtant destituée des secours surnatu-

f Justin. l. 3. c. 2. & Plutarc. in Lyscurgo.

naturels de la grace. Après avoir dressé des Loix que toutes les Nations ont admirées, il leur fit jurer de les observer jusqu'à son retour, il partit effectivement, & non seulement il ne revint plus, mais même il prit des mesures pour que l'on ne pût jamais reporter ses os à Lacedemone, depuir que les Lacedemoniens ne se crussent par là degagez de leur serment. Nous parlons de ces Loix à l'article particulier de Lacedemone. Entre autres établissemens de Lycurgue il institua un Conseil de vingt-huit Vieillards ou Senateurs qui temperoient l'autorité des Rois.

TÉLECLE, Fils d'Archelaüs.	NICANDRE, Fils de Charilaüs.
Il fut tué par les Messeniens.	
ALCAMENE, Fils,	THEOPOMPE.

Ce fut sous ces deux Rois que commença la premiere guerre Messeniaque dont nous avons parlé. Sous Theopompe on institua les EPHORES ou Magistrats qui avoient du moins autant d'autorité que les Rois & cet état & cette puissance des Ephores dura jusqu'à la défaite de Cléomene, après quoi ce Royaume, ou si l'on veut cette Republique, se perdit dans la Monarchie de Macedoine & ensuite dans celle des Romains. Nous parlerons ensuite de l'origine & des progrès des Rois de Macedoine, il faut auparavant suivre l'Histoire Geographique de la veritable Grece que nous traitons.

Nous voici enfin parvenus à ces temps où toute la Grece sembla reduite à deux grandes puissances, les Lacedemoniens & les Atheniens[a]. Toutes les autres s'attachoient à l'une des deux, selon que le voisinage ou l'interêt les determinoient à la preference. Avant que d'aller plus loin, reprenons quelques particularitez que nous avons été obligez de remettre ici pour ne pas interrompre la suite des évenemens.

[a] *Justin. l.3.c.2.*

§ 13. Diverses Colonies Greques.

[b] Dans le temps de la premiere guerre Messeniaque Archias de Corinthe de la famille Royale des Bacchides, mena une Colonie en Sicile où il se rendit maître de quatre Villes *Achradine*, *Neapolis*, *Epipolis* & *Tyche*, auxquelles il joignit *Ortygie* qui n'étoit qu'une Isle & de tout cela il en fit la seule Ville de *Syracuse*. Il avoit deux filles qui portoient les mêmes noms d'Ortygie & de Syracuse. On ne sait s'il donna les noms de ces filles à ces lieux-là, ou s'il donna les noms de ces lieux-là à ses filles. Un an auparavant[e], la Ville de *Naxos* dans l'Isle de même nom avoit été bâtie par Thucles[d] de Chalcide dans l'Eubée; & cinq ans[f] après le même homme étant allé en Sicile habita *Catane* après en avoir chassé les Sicules qui auparavant en avoient chassé les Ætoliens[e] venus de Grece. Chersicrate & autre Prince du Sang des Bacchides se sauvant aussi de Corinthe se detacha d'Archias & mena une Colonie à Corfou. Eusebe[h] place cet établissement sous la dix-huitiéme Olympiade.

Les Lacedemoniens dans la guerre Messe-

[b] *Diodor. Sicul. in Excerptis Valesi. p.219. Strab.l.6. p.268.*
[c] *Thucyd. l.6.*
[d] *Ibid. l. 5.*
[e] *Ibid.*
[f] *Ubbo Emm. Resp. Syracus.*
[g] *Strab.l.6. p.270.*
[h] *Chronic.*

niaque ayant perdu une sanglante bataille contre Aristodeme[i], s'aviserent d'un étrange expedient pour remplacer les hommes qu'on leur avoit tuez. Ils envoyerent chez eux de jeunes Soldats à qui ils abandonnerent autant de filles qu'ils en voulurent. Delà vint une jeunesse que l'on surnommoit *Parthenii*, comme qui diroit l'ouvrage des filles, & trente ans après on les envoya hors du Pays qui étoit assez peuplé sans eux pour chercher de nouvelles demeures. Ils s'embarquerent & firent voile vers l'Italie où ils bâtirent *Tarente*. Micyle ou Myscellus, selon Strabon[k], Grec Lacedemonien, fonda *Crotone*[l], & les Achéens *Sybaris*[m] dans le même Pays. Deux Freres Rhodiens qui cherchoient de nouvelles terres suivant l'ordre de l'Oracle, allerent l'un, nommé Lacius, vers l'Orient où il fonda *Phaselide* en Pamphylie, l'autre appellé Antipheme vers l'Occident bâtit *Gela*[n] en Sicile. Les Megariens[o] fonderent dans la Bithynie *Astacus* qui perdit ensuite ce nom, pour prendre celui du Roi *Nicomede*. Une autre Colonie de ce même Peuple jetta les fondemens de *Chalcedoine*; & choisit si mal qu'une autre troupe consultant l'Oracle sur le choix d'un lieu eut ordre de se placer vis-à-vis de la *Ville des Aveugles*[p]. Elle l'expliqua de Chalcedoine & bâtit *Byzance* de l'autre côté du Bosphore. Quelque temps après *Sinope*[q] fut bâtie sur le rivage du Pont Euxin par les Milesiens; & *Epidamne*, nommée ensuite *Dyrachium*[r], sur le rivage de la Mer Adriatique par les Corcyréens ou habitans de Corfou.

C'est ainsi que les Grecs se repandoient de tous côtez & fondoient de nouvelles Colonies. Grecques tant au Couchant qu'à l'Orient. Toutes les Villes formoient autant de Republiques, qui conservoient un extrême attachement pour le lieu de leur origine. Elles se réünissoient au besoin lorsqu'il s'agissoit de repousser un ennemi commun. Lorsqu'elles avoient quelques guerres pour les limites le premier coup de main en decidoit, sinon les Republiques voisines s'entremettoient pour les reconcilier. Elles formoient ensemble des Sociétez & faisoient des alliances pour leur défense mutuelle. Souvent les plus foibles s'attachoient aux plus puissantes qui étoient elles-mêmes bien aises de pouvoir compter sur ce renfort en cas de besoin. Elles avoient des Temples communs à toute la ligue, & des jours marquez pour y faire des Sacrifices solemnels auxquels toutes les Villes confederées participoient; on y celebroit des jeux publics & des fêtes annuelles qui contribuoient à resserrer le lien de leur union. C'est ainsi que les Lacedemoniens, & les Atheniens partagerent entre eux avec le temps la protection des autres moindres Republiques, & c'est ce qui forma entre ces deux puissances une jalousie qui éclatoit à la moindre occasion. Elles se disputoient l'une à l'autre une superiorité que chacune de son côté fondoit sur les avantages de son ancienneté, ou de ses Fondateurs, ou de l'excellence de ses Loix. L'une vantoit Lycurgue dont nous avons déja parlé, l'autre Solon l'un des plus sages Legislateurs de toute la Grece. Les Republiques Grecques d'Asie se partagerent aussi entre les deux Republiques de la veritable Grece.

Outre la Republique de Lacedemone dont le

[i] *Justin. l.3.c.4. & Lactant. Instit. l.2. c.20.*
[k] *Strab.l.6. p.269.*
[l] *m Douzat Suplemens de Vellesus Paterc. p. 103.*
[n] *Pausan. l.8.c.46.*
[o] *Strab.l.12. p.564.*
[p] *Voiez les Articles CÆCORUM CIVITAS & BYZANCE.*
[q] *Strab. l.12. p.545.*
[r] *l.7.c.16.*

le Gouvernement étoit un mélange de la Monarchie & de l'Aristocratie ; & le Royaume de CRETE qui avoit peu-à-peu absorbé toutes les petites Souverainetez de cette Isle, il se forma un nouveau Royaume en Sicile. SYRACUSE s'agrandit tellement qu'elle devint plus considerable que Corinthe à laquelle elle devoit sa naissance, elle aquit peu-à-peu la Souveraineté de l'Isle. Nous en parlons dans son article particulier.

§. 14. *De la Macedoine.*

La Macedoine comme nous l'avons remarqué n'étoit pas censée faire partie de la Grece du temps du siège de Troye, & même du temps de Philippe Pere d'Alexandre le Grand on ne l'y comprenoit pas encore. Demosthene opposese toujours la Gréce à ce Roi. Cependant ce trône étoit occupé par la Posterité de Caranus l'un des descendans d'Hercule dont il étoit éloigné de XI. degrez, selon Velleius Paterculus [a]. Il étoit parti d'Argos, (l'an du Monde 3170.) s'étoit emparé de la Macedoine & se vantoit avec raison d'être descendu d'Hercule par son pere, & d'Achille par sa mere. Alexandre le Grand fut son dix-septieme successeur.

a l. 1.

§. 15. *Guerres des Atheniens.*

SALAMINE avoit eu autrefois ses Rois particuliers, mais cette Isle s'étoit avec le temps depeuplée par ses Colonies, & étoit devenue un sujet de discorde entre les villes d'Athénes & de Megare qui s'en attribuerent la proprieté [b]. On se batit avec tant d'acharnement que les Atheniens rebutez defendirent sous peine de mort de jamais proposer cette conquête : Solon qui vivoit alors, eut la prudence de la proposer sans danger, on s'arma & on la prit. Les Megariens pour se vanger voulurent enlever les Femmes des Atheniens qui devoient sortir pour un sacrifice, on fut leur projet, Pisistrate General des Atheniens les prevint & se servit de leurs vaisseaux pour surprendre Megare par un stratagême dont les ennemis avoient eux-mêmes donné l'occasion ; il réussit & profita de cette victoire pour devenir le Tyran de sa patrie. On peut voir les details dans Herodote [c]. La faction de Megacles le chassa de ce poste ; mais un mariage les raccommoda, & Megacles lui aida à y rentrer. Il en jouït environ dix-sept ans, & le laissa à son fils Hipparque qui fut chassé par Harmodius & Aristogiton. Hippias son frere tâcha en vain de se soutenir, proscrit, fugitif il se jetta entre les bras de Darius qu'il trouva d'autant plus disposé à le vanger qu'il étoit déja resolu de faire la guerre aux Atheniens. Ceux-ci avoient secouru les Ioniens contre lui & avoient brulé la ville de Sardes.

b Justin l. 8. c. 8.

c Herodot. l. 1. c. 59. & seq.

Ce Prince avoit déja fait une incursion contre les Scythes, dans laquelle il n'eut pas tout le succès qu'il s'étoit promis. Après la défaite d'une partie de son armée il avoit eu le chagrin de regagner l'Asie ; en laissant toutefois en [d] Europe Megabase son Lieutenant qui lui soumit la Thrace & la Macedoine.

d Herodot. l. 5.

Histiée devenu Souverain ou Tyran de Milet étoit dans les interêts de Darius. Les villes Grecques d'Asie étoient souvent entrées en alliance avec les Rois de Perse. Polycrate Tyran de Samos avoit aidé Cambyse pour la conquête de l'Egypte. Long-temps auparavant Psammetique après de longues divisions avoit été rétabli en Egypte par le secours des Ioniens & des Cariens, & pour recompense il leur avoit donné des établissemens dans l'Egypte qui avoit été long-temps fermée aux Grecs. A cette occasion, dit Mr. Bossuet Evêque de Meaux [e], les Egyptiens entrerent en commerce avec les Grecs, & depuis ce temps-là aussi l'Histoire d'Egypte jusques-là mêlée de fables pompeuses par l'artifice des Prêtres commence selon Herodote à avoir de la certitude. Revenons à Darius.

e Discours sur l'Hist. univ. à l'an de Rome 84.

Ce Monarque en [f] marchant contre les Scythes fit un pont sur le Bosphore & un autre sur le Danube. Il confia la garde de ce dernier aux principaux Eoliens & Ioniens qui étoient dans son armée. On delibera si on ne couperoit point le pont derriere lui pour le faire perir & garantir par là la Gréce que ce Prince menaçoit d'envahir. Histiée de Milet fut d'un avis contraire. Il convint que c'étoit l'interêt du peuple, mais qu'eux qui avoient le gouvernement avoient besoin de Darius. Cet avis l'emporta, & Miltiade qui avoit ouvert l'avis oposé craignant le ressentiment du Roi se retira à Athenes.

f Cornel. Nepos in Miltiade.

§. 16. *Guerre des Perses contre les Atheniens.*

Darius repassant en Asie emmena avec lui Histiée qui laissa en sa place le gouvernement de Milet à Aristagore son gendre. [g] Mais comme il s'ennuyoit à la Cour de Perse, afin d'avoir un pretexte de retourner chez lui, il conseilla sous main à son gendre de rompre avec les Perses, de s'associer des Ioniens & de soulever le plus de Grecs qu'il pourroit. Aristagore rendit la liberté aux Milesiens, fit la même chose à plusieurs villes, demanda du secours aux Lacedemoniens qui ne s'en voulurent point mêler, ensuite aux Atheniens qui lui envoyerent vingt vaisseaux. Alors il leva le masque. Les Ioniens s'associerent avec lui. Ce fut en cette occasion qu'ils brûlerent la ville de Sardes l'an du Monde 3480. Mais Darius les battit, & les Atheniens assez occupez chez eux ne leur envoyant point d'autre secours, ils continuerent la guerre, prirent Byzance & quelques autres Villes qui tenoient le parti de Darius [h]. Aristagoras fut tué dans une bataille, Histiée que Darius avoit renvoyé à la tête des Ioniens, Milet fut prise & brulée par les troupes de Darius l'an du Monde 3486. & Histiée lui-même fait prisonnier par les Persans fut crucifié.

g Herodot. l. 5.

h Herodot. l. 6. & Cornel. Nepos. in Miltiad.

Darius étoit vivement irrité contre les Atheniens, il ne pouvoit leur pardonner l'incendie de Sardes, lors qu'Hippias vint lui demander sa protection, il lui promit de le rétablir & chargea Mardonius son gendre de conduire une armée formidable contre les Grecs. Mardonius commença par netoyer les villes Grecques d'Asie de tous les Tyrans qui s'en étoient emparez & y rétablit le gouvernement populaire

laire l'an du Monde 3488. Il s'empara enfuite de la Thrace, de la Macedoine & des contrées voifines ; une Flotte de cinq ou fix cens Galeres chargée de plus de deux cens mille hommes & de dix mille chevaux & conduite par Dates & Artapherne neveu de Darius debarqua dans l'Eubée, prit Eretrie, paffa dans l'Attique , & les troupes fe rangerent dans la plaine de Marathon. Une poignée de Grecs d'environ dix mille hommes commandez par dix Officiers Generaux entre lefquels étoit Miltiade , mit toute cette armée en deroute l'an du Monde 3494. Hippias fut tué & fes enfans qui fe refugierent en Perfe voulurent en vain le vanger.

§. 17. *Remarques fur le fecond Age.*

Nous voici enfin arrivez à l'Epoque du troifiéme âge de la Grece. Avant que de le traiter , nous remarquerons que c'eft durant le fecond âge que fe firent les principaux accroiffemens de la Grece, par le grand nombre de colonies qu'elle envoya dans l'Afie mineure & en Europe. Il eft remarquable par l'extinction de la plûpart des Royaumes qui divifoient la Grece. C'eft dans cet âge que vécurent les fept hommes illuftres auxquels on donna le nom de Sages de la Grece. La plûpart n'étoient pas feulement des Philofophes fpeculatifs, plufieurs étoient de grands hommes d'Etat. Thalès de Milet & Anaximandre fon difciple firent des progrès dans l'étude de la Phyfique & on attribue à ce dernier l'honneur d'avoir obfervé le premier l'obliquité de l'Ecliptique. Homere & Hefiode s'immortaliferent par leurs Poefies.

III.

TROISIEME AGE DE LA GRECE.

§. 1. *Suite de la guerre des Perfes contre les Grecs.*

La mort d'Hippias & la fuite des Perfes étoient un avantage affez grand pour enfler le cœur des Atheniens, [a] mais Darius n'étoit pas un Prince à en demeurer là. Il fit des preparatifs très-grands pour écrafer la Grece. Il travailla pendant trois ans, aux aprêts de cette guerre ; mais l'Egypte lui caufa de l'embaras par fa revolte. Refolu pourtant de tirer vengeance des Atheniens & des Egyptiens , il compta de domter les uns & les autres , lorsque fes fils lui donnerent d'autres foins. Ils l'obligerent de fe nommer entre eux un fucceffeur ; il choifit Xerxès , & mourut peu de temps après ; & Xerxès entra dans toutes fes vues. Il attaqua la Grece l'an du Monde 3504. avec onze cens mille Combatans [b] , d'autres difent dix-fept cens mille , fans compter fon armée navale de douze cens Vaiffeaux. Les Lacedemoniens n'abandonnerent point les Atheniens dans cette occafion. Léonidas Roi de Sparte vint à leur fecours avec trois cens hommes, & ce peu de monde s'étant placé au pas des Thermopyles [c] arrêta quelque temps les Perfes à qui il tua plus de vingt mille hommes, mais Leonidas y perit avec fes gens.

[a] *Herodot. l. 7. init.*

[b] *Boffuet. Difc. fur l'Hift. univ. an de Rome 274.*

[c] *Cornel. Nepos, in Themiftocle.*

Themiftocle confeilla aux Atheniens de s'embarquer eux & leurs biens , ce confeil leur réuffit, ils avoient deux cens barques ou vaiffeaux qui avec cent autres que leurs alliez leur fournirent , leur formerent une Flotte de trois cens voiles [d]. Les Perfes ne trouvant à Athenes qu'une ville deferte la pillerent & la brûlerent après en avoir démoli les murailles. Ce fut alors que fe donna la bataille de Salamine que Themiftocle gagna. Xerxès regagna l'Hellefpont avec frayeur & laiffa en Grece Mardonius avec trois cens mille hommes. Paufanias Roi de Lacedemone & Ariftide Athenien lui taillerent cette Armée en piéces à la bataille de Platées l'an du Monde 3505. Et ce qui eft à remarquer la bataille fe donna le matin , & le foir de cette fameufe journée les Grecs Ioniens qui avoient fecoué le joug des Perfes leur tuérent trente mille hommes dans la bataille de Mycale fous la conduite de Xantippe & de Leotychides. Le General pour encourager fes foldats , leur dit que Mardonius venoit d'être défait dans la Grece. La nouvelle fe trouva veritable ou par un effet prodigieux de la renommée [e] , dit Mr. Boffuet , ou plutôt par une heureufe rencontre & tous les Grecs de l'Afie mineure fe mirent en liberté.

[d] *Herodot. l. 8.*

[e] *Difc. fur l'Hift. univ.*

§. 2. *Les Atheniens affectent la primauté.*

Jufques là les Atheniens avoient diffimulé leur jaloufie , & ils s'étoient bien gardez de fe priver d'une alliée telle que Sparte en lui difputant la primauté, car bien qu'à la bataille de Salamine la meilleure partie de l'Armée navale fût Athenienne & combatît fous la conduite de Themiftocle, on deferaa l'honneur du commandement aux Lacedemoniens qui n'avoient fourni qu'un petit nombre de Vaiffeaux ; peu après encore à la bataille de Platée qui rebuta pour jamais les Perfes de fe commettre avec les Grecs , on vit les troupes Atheniennes avec Ariftide à leur tête recevoir les ordres de Paufanias Roi de Lacedemone.

Ce jour fi glorieux à la Grece, dit Mr. Toureil dans fa belle Preface des Harangues de Demofthene [f] , lui devint fatal puis qu'il rompit la fubordination d'Athenes à l'egard de Sparte, & fit naître entre elles une éternelle jaloufie.

[f] *p. 41.*

Les Atheniens fiers du gain de ces batailles dont ils fe donnoient le principal honneur, voulurent aller de pair avec Lacedemone , & porterent même plus loin leurs pretenfions, ils affecterent le premier rang , attirerent de leur côté la plûpart des alliez , trancherent & déciderent fur tout ce qui concernoit le bien general, s'arrogerent la prerogative de punir & de recompenfer, ou pour mieux dire ils agirent en veritables arbitres de la Grece. Sparte leur eût volontiers cedé l'empire de la mer , mais ils vouloient commander par tout, & croioient que pour avoir delivré la Grece de l'oppreffion des Barbares ils avoient acquis le droit de l'opprimer à leur tour. Ils traiterent durement les Villes Grecques dont ils fe difoient les protecteurs. Pour peu qu'un voifin les eût offenfez il fentoit tout le poids de leur colere; d'où vint

vint le proverbe rapporté par Aristote *Voisinage Athenien*. [a] Ils ne se firent pas seulement haïr de leurs Voisins, une partie de la Thrace & les Isles de la mer Egée sujettes à leurs Loix supportoient impatiemment le joug qui s'appesantissoit de plus en plus. Voila de quelle façon Athenes se gouverna près de cinquante ans, depuis la bataille de Platée.

[a] Rhet.l.2. c.21.

§. 3. *Les Lacedemoniens s'opposent aux Atheniens*.

Pendant tout ce temps-là Sparte ne se donna que de foibles mouvemens pour reprimer sa rivale, mais à la fin pressée par les plaintes réiterées de plusieurs villes contre la vexation d'Athenes elle prit les armes, & c'est ici que commence la fameuse GUERRE DU PELOPONNESE dont Thucydide & Xenophon ont immortalisé le souvenir par l'histoire qu'ils en ont écrite.

Lacedemone d'un côté fortifiée des Alliez que lui donnerent la justice de sa cause & l'amour de la liberté, Athenes de l'autre secondée de ceux que la crainte retenoit encore dans son alliance, mesurerent leur puissance & leurs armes l'espace de vingt-sept ans, avec une valeur qu'elles auroient pu employer ailleurs plus utilement. La victoire dans le cours de cette guerre longue & cruelle ne se fixoit point. Les Atheniens toujours maîtres de la mer s'y dedommagéoient de toutes les pertes qu'ils faisoient sur terre, tout sembloit leur promettre une heureuse issue. Les Isles de la mer Egée qu'ils avoient chargées d'un tribut le payoient regulierement, & ils auroient pu terminer la querelle avec honneur si la vingt-uniéme année de la guerre lorsqu'ils avoient tant d'ennemis sur les bras ils n'eussent à contre-temps entrepris le siége de Syracuse, & avec tant d'ardeur qu'Elion [b] leur reprocha d'avoir repandu tout Athenes dans la Sicile. Cette expedition les épuisa d'hommes & d'argent. Le succès punit leur temerité, toute l'armée qui debarqua perit, la Flotte entiere fut prise ou brulée & les deux Generaux Nicias & Demosthene autre que l'Orateur avec la fleur de la Jeunesse Athenienne, demeurerent à la merci des Peuples qu'ils vouloient subjuguer. A la nouvelle de cette defaite Athenes se trouva presque totalement abandonnée; ses alliez qui ne la servoient qu'à contre-cœur se rangerent aussi-tôt du côté des Lacedemoniens. Malgré tout cela elle se soutenoit encore quand les Lacédemoniens s'allierent avec le Roi de Perse qui les renforça d'une Flotte nombreuse & leur ouvrit ses tresors, & ils prirent à la fin telle superiorité sur leurs ennemis qu'après leur avoir enlevé cent quatre vingt vaisseaux ils assiegerent Athenes & la forcerent de se rendre à discretion. Alors maîtres du sort d'Athenes ils assemblerent leurs Alliez pour en deliberer avec eux & le regler de concert. La plûpart, tant cette orgueilleuse Ville avoit aigri les esprits & aliéné les cœurs, vouloient la ruiner de fond en comble. Thebes appuia fortement cet avis, les Lacédemoniens plus moderez crurent qu'on ne pourroit ni avec sureté abbatre un des principaux boulevarts de la Grece, ni sans ingra-

[b] Aristot. Rhet.l.3. c.10.

titude exterminer un peuple à qui elle devoit son salut & sa gloire. Ils se contenterent d'exiger que les Atheniens demoliroient leurs murailles, raseroient les fortifications que Themistocle avoit faites au port de Pirée, ne pourroient avoir que douze vaisseaux armez, & reconnoîtroient les Lacedemoniens pour chefs sur mer comme sur terre. Les vaincus n'obtinrent la paix qu'à ce prix. *Ainsi finit l'Empire d'*ATHENES qui avoit commencé peu de temps après la defaite des Perses & qui dura soixante & treize ans.

Les Grecs ne firent que changer de maîtres; Sparte reprit sa superiorité, mais ce nouvel Empire ne passa pas trente années. Il auroit duré davantage, si Sparte selon ses anciennes maximes l'eût borné à maintenir chaque Peuple dans la possession de se gouverner par ses propres Loix. Mais entêtée de son Gouvernement elle voulut abolir par tout la *Democratie*, instituer des *Decemvirs*, c'est-à-dire dix hommes en qui seuls resideât tout le pouvoir, & mettre dans ces places les gens qu'elle reconnoissoit lui être les plus affectionnez & les plus opposez au Gouvernement populaire. Par là l'autorité de Lacedémone devenoit plus absolue & plus odieuse. Tel qui n'osoit s'affranchir du joug, en murmuroit, & ceux à qui elle n'osoit l'imposer, en prenoient ombrage. Rien pourtant ne précipita plus sa chûte que sa prosperité qui la fit trop presumer de ses forces. Elle s'imagina pouvoir à la fois tenir tous les Grecs dans l'obéissance & détruire l'Empire des Perses ou du moins le resserrer dans des bornes plus étroites. Agesilas [c] Roi de Sparte passa en Asie & ses premiers exploits permettoient de tout esperer, quand le Roi de Perse qui étoit alors Artaxerxès Mnemon, dont les armées innombrables ne pouvoient arrêter ce Conquerant, trouva le secret de le chasser par une voye bien plus sûre; il envoya semer de l'argent en Grece, & par là il acheta des ennemis à Lacédemone. Les Grecs se prêterent à ses desirs avec joye, & lui vendirent assez cher une revolte qu'ils avoient resolue quand même il ne les en auroit point pressez. Tous d'un commun accord se souleverent contre Lacédemone, qui hors d'état de resister avec ce qui lui restoit de troupes rappella promptement Roi & son Armée. Les Atheniens à la tête des mécontens resolurent de tout risquer pour la liberté de la Grece, & sans songer aux dernieres extrémitez d'où ils sortoient, ils oserent affronter la puissante Republique qui les y avoient reduits. Athenes fut si bien menager les conjonctures & profita si bien de l'imprudence qu'avoit eue les Lacedemoniens d'irriter le Grand Roi, (on appelloit ainsi le Roi de Perse,) qu'avec la Flote de ce Monarque à laquelle ils joignirent leurs forces navales, ils défirent celle de Sparte, rétablirent leurs murailles, releverent leurs fortifications, & se virent en état de disputer l'empire de la mer aux Lacédemoniens. Ils ne voulurent pas avoir vaincu pour eux seuls, & ne poserent point les armes qu'ils n'eussent par un Traité solemnel [d] obligé les Lacédemoniens à remettre les Villes Grecques en liberté. Quoique les Lacédemoniens semblassent s'y porter volon-

[c] Cornel. Nepos. in Agesilao.

[d] *Idem in* Conone.

lontairement la suite montra que la crainte seule les y avoit forcez; puisque peu de temps après ils violerent leur parole par l'oppression de Thebes comprise expressément dans le Traité.

[a] Cette infraction ralluma le zele des Athéniens qui animerent le reste de la Grece à s'unir avec eux contre Lacédemone. Ils l'attaquerent de nouveau par mer & par terre à Corinthe, à Naxe, à Corcyre, à Leucade. Constamment ils n'avoient pas plus d'intérêt que les autres à cette guerre. Ils ne laisserent pourtant pas d'en faire tous les frais. Sparte fut reduite à renouveller le Traité conclu quelques années auparavant & toutes les Villes Grecques rentrerent dans leur pleine indépendance. Dans tout ceci il faut entendre aussi les Villes Asiatiques. Leur liaison avec la veritable Gréce leur en faisoit éprouver toutes les révolutions.

§. 4. *Thebes affecte la superiorité de la Grece.*

On eût crû que la Gréce alloit jouïr d'un profond repos. L'égalité des deux puissances qui jusqu'alors l'avoient agitée sembloit le promettre, cependant THEBES parut sur les rangs & s'avisa d'aspirer au commandement. Cette Ville étoit ancienne & fameuse & avoit donné la naissance à plusieurs Heros. Cependant par stupidité plutôt que par moderation, les Thebains n'avoient point sû se faire valoir, ils avoient même eu la lâcheté de trahir la Grece [b] & de se joindre au Roi de Perse Xerxès lorsqu'il vint attaquer les Atheniens & leurs Alliez: action qui les décria d'autant plus que le succès ne la justifia point, & que contre leur attente fondée sur toutes les regles de la vraisemblance, l'armée barbare fut défaite. Cet événement qu'ils n'avoient pas prévû, les jetta dans un extrême embarras. Ils eurent peur que sous pretexte de vanger une si noire perfidie, les Atheniens voisins dont la puissance augmentoit alors de jour en jour, n'entreprissent de les assujetir. Pour parer ce coup ils s'adresserent aux Lacédemoniens qu'ils craignoient moins, quand il n'y auroit eu que la raison de l'éloignement. Sparte dans cette occasion aima mieux pardonner aux partisans des barbares, que de laisser perir les ennemis d'Athénes. Les Thebains s'attacherent donc aux interêts de leur protectrice & l'on peut dire que dans toute la guerre du Peloponnese que nous venons de decrire en gros, elle n'eut point de meilleurs ni de plus fidelles alliés. Ils ne tarderent pas à changer de vûës & d'interêts. Sparte toujours ennemie de la faction populaire, entreprit de changer la forme de leur gouvernement & après avoir surpris la Cadmée qui étoit la Citadelle de Thebes, après avoir détruit ou dissipé tout ce qui resistoit, elle déposa l'autorité entre les mains des principaux Citoyens qui la plûpart agirent de concert avec elle. Pelopidas à la tête des Bannis & au secours d'Athénes, rentra secretement dans Thebes au bout de quatre ans, extermina les Tyrans, chassa la garnison Lacédemonienne & remit sa patrie en liberté. Jusques-là Thebes unie tantôt avec Sparte, tantôt avec Athénes, n'avoit jamais tenu que le second rang, sans que l'on soupçonnât qu'un jour elle pretendroit le premier.

[c] Les Thebains forts & robustes, de plus extrémement aguerris pour avoir presque toujours eu les armes à la main depuis la guerre du Peloponnese, & pleins d'un desir ambitieux qui croissoit à proportion de leurs forces & de leur courage, se crurent trop serrez dans leurs anciennes limites. Ils refuserent de signer cette paix menagée par les Athéniens, à moins qu'on ne les reconnût Chefs de la Béotie. Ce refus non seulement les exposoit à l'indignation du Roi de Perse qui, pour agir plus librement contre l'Egypte revoltée, avoit exhorté tous les Grecs à poser les armes, mais même souleuoit contre eux Athénes, Sparte & la Gréce entiere, qui ne soupiroit qu'après la paix. Toutes ces considerations n'arrêterent point les Thebains; ils rompirent avec Athénes, attaquerent Platées qu'elle protegeoit depuis long-temps & la raserent. Les Lacédemoniens crurent que Thebes delaissée de ses alliez étoit hors d'état de leur faire tête. Ils y marcherent comme à une victoire certaine, entrerent avec une puissante armée dans le pays ennemi & penetrerent bien avant. Tous les Grecs alors regarderent Thebes comme perduë. On ne savoit pas quelle ressource elle avoit dans un seul homme. Epaminondas que Ciceron [d] regarde comme le premier homme de la Grece avoit été élevé par son pere Polymne dont la maison étoit ouverte à tous les Savans & le rendez-vous des plus grands maîtres. On peut voir les détails de son éducation & son admirable caractere dans l'éloge que Cornelius Nepos en a fait. Pour son coup d'essai il battit les Lacédemoniens à Leuctres & leur porta un coup mortel dont ils ne se releverent jamais. Ils perdirent quatre mille Hommes avec leur Roi Cléombrote sans compter les prisonniers & les blessez. [e] Cette Journée fut la premiere où les forces de la Gréce commencerent à se deployer. On avoit vû Sparte d'ailleurs si acharnée contre Athénes, racheter d'une trêve de trente années, cens de ses Citoyens qui s'étoient laissé enveloper. On peut juger de la consternation où furent les Lacédemoniens lorsqu'ils se virent tout d'un coup sans troupes, sans alliez, & presque à la merci des vainqueurs. Les Thebains se croyant invincibles sous Epaminondas, traverserent l'Attique, entrerent dans le Peloponnese, passerent le fleuve Eurotas, assiégerent Sparte, humilierent les Lacédemoniens, & les obligerent d'allonger leurs monosyllabes; comme le disoit Epaminondas. Ce Général content de les avoir reprimez, fit reflexion qu'il alloit attirer à sa patrie la haine de tout le Peloponnese, s'il détruisoit une si puissante Republique, & borna sa vengeance à relever Messene, ancienne Rivale de Lacédemone. Il rappella de tous côtez les Messeniens, leur rendit leur patrie dont il fut le nouveau fondateur. Il n'en demeura pas là. Cet homme si moderé pour lui-même avoit une ambition sans bornes pour sa patrie. Non content de l'avoir renduë superieure par terre, il voulut lui donner sur mer une même superiorité: sa mort renversa ce pro-

[a] Xenophon l. 6.
[b] Herodot. l. 7. 8. & 9. & Xenoph. Hist. Gr. l. 7.
[c] Diodor. Sicul. l. 15.
[d] Tuscul. l. 1.
[e] Xenophon l. 6. Diod. Sicul. l. 15.

288   GRE.   GRE.

projet que lui seul pouvoit soutenir, il mourut d'une blessure qu'il reçut à la bataille de Mantinée où il avoit mis ses ennemis en déroute. C'est ici que finit l'Histoire de la Grece écrite par Xenophon.

§. 5. *Trois grandes Republiques dans la Grece.*

Les Thebains ne purent point profiter de sa victoire, en vain ils voulurent se maintenir dans le degré de superiorité où il les avoit placez. On vit alors la Gréce partagée entre trois puissances rivales les unes des autres.

Thebes tâchoit de s'élever sur les ruines de Lacedemone. Lacedemone songeoit à se relever de ses pertes. Athenes quoiqu'ouvertement dans le parti de Sparte sur tout depuis que celle-ci lui avoit cédé l'Empire de la Mer par un Traité solemnel, étoit bien aise de voir aux mains ces deux puissances & ne pensoit qu'à les balancer en attendant la premiere occasion d'accabler l'une & l'autre. Mais une quatriéme puissance les mit toutes d'accord & parvint à la superiorité de toute la Grece. Ce fut Philippe de Macedoine.

§. 6. *Grands progrès de la Macedoine sous Philippe.*

Ce Royaume étoit bien éloigné de concevoir avant Philippe les esperances de la grandeur à laquelle il s'eleva en peu de temps. Il avoit été la premiere proye des Perses dans leurs guerres contre les Athéniens. Il en avoit été délivré en même tems qu'eux. Mais il avoit pour voisins les villes de Thessalie, les Isles & les villes que les Athéniens possedoient dans la mer Egée & dans la Thrace; d'un autre côté les Illyriens, les Peoniens & autres Peuples. Philippe fut élevé à Thebes chez le pere d'Epaminondas & eut la même education que ce Heros, il y étoit en qualité d'ôtage; quand il apprit une revolution arrivée dans la Macedoine. Il se deroba de Thebes, arriva dans sa patrie & trouva les peuples consternez d'avoir perdu leur Roi Perdiccas son frere aîné, tué dans un grand combat contre les Illyriens, qui étoient bien resolus de pousser leurs avantages. Les Peoniens infestoient le Royaume par des courses continuelles. Les Thraces prétendoient placer sur le trône Pausanias Prince du sang Royal. Les Athéniens appuioient Argée, que leur General Mantias avoit ordre de soutenir avec une bonne Flotte & un corps de troupes considerable. L'Heritier légitime étoit Amyntas encore enfant. Dans le besoin pressant on le deposa & à la place du neveu que la nature appelloit, on mit l'oncle que la conjoncture demandoit. Le nouveau Roi quoiqu'âgé seulement de vingt-deux ans remedia & pourvût à tout. Une profonde dissimulation de ses desseins & une politique impenetrable lui servit beaucoup. Il commença par sacrifier en apparence *Amphipolis* aux Athéniens. Cette ville située sur les confins de son Royaume étoit à sa bienséance, mais pour la garder il eût falu affoiblir son armée dont il avoit besoin ailleurs, & se brouiller avec les Atheniens qui revendi-

quoient ce lieu comme leur colonie. Il se garda bien de la leur ceder purement & simplement, il en fit une ville libre avant que de la leur rendre, & engagea ainsi cette ville à lui sçavoir gré de sa liberté. Il desarma les Peoniens à force de presens & de promesses, se defit de ceux qui lui disputoient la couronne, ferma la porte du Royaume à Pausanias, marcha contre Argée[a], l'atteignit sur le chemin d'Ege à Methone, le defit, lui tua beaucoup de monde & fit beaucoup de prisonniers, ils lui serviront à faire une paix captieuse avec Athenes. [b] Il attaqua ensuite les Péoniens, & les reduisit sous son obeissance, tourna ensuite ses armes contre les Illyriens, les tailla en pieces & les obligea à lui restituer les conquêtes qu'ils avoient faites sur la Macedoine. Enhardi par tant de prosperitez il emporte *Amphipolis*; mais alors au lieu de la rendre aux Athéniens, il leur enleve encore Pydne & Potidée l'an du Monde 3626. de là il vient occuper Crenides que les Thasiens avoient bâtie dans la Thrace depuis deux ans & qui dès lors s'appella Philippes: il y ouvrit des mines qui chaque année lui rapportoient de quoi battre une monnoye d'or qui portoit son nom [e] & dont le produit seul montoit plus haut que tous les revenus de la Republique d'Athenes. La superiorité des finances lui donna de grands avantages qu'il ne negligea point, il s'en servit à entretenir un puissant corps de troupes étrangeres & à s'acquerir des creatures dans toutes les Villes de la Grece. Ce ne fut plus que victoires qu'il remporta pendant les vingt-deux années de son regne; il s'agrandit de tous côtez par ses conquêtes en Thessalie, en Thrace, en Epire, en Scythie, & en Eubée. Ces conquêtes sont d'autant plus essentielles ici, qu'en unissant ensuite la Grece avec son Royaume elles devinrent par là des dependances de la Grece.

[a] *Diodor. Sicul. l.* 16. *Oros. l.* 3. *c.* 16.

[b] *Justin l.* 7.

[c] *Plaut. in Poenul. Act.* 1 *sc.* 1. *& Act.* 3. *sc.* 5. *& Horat. Ep.* 1. *ad August.*

§. 7. *Philippe se rend maître de la Grèce.*

Il étoit de l'interêt des Grecs de s'unir plus que jamais pour se garantir d'un ennemi si redoutable qui étoit à leur porte. Ils firent tout le contraire, & se dechirerent plus que jamais par des guerres civiles. Ce fut au sujet d'un sacrilege commis par les Phocéens; on nomma cette guerre la Guerre Sacreé, ou la guerre des Confederez. En voici le sujet & le succès en peu de mots. [d] Les Thebains enyvrez de leur bonne fortune citerent devant les Amphictyons les Lacédemoniens & les Phocéens. Ils accusoient les premiers d'avoir violé la trêve, envahi la forteresse de Thebes, & les autres d'avoir ravagé la Béotie. Les Amphictyons étoient un Conseil General de toute la Grece & un Tribunal auquel toutes les causes de Ville à Ville étoient portées. Les Juges qui craignoient les Thebains jugerent en leur faveur, & condamnerent les accusez à une très-grosse amande. Les Phocéens n'ayant pas de quoi la payer, Philomele leur conseilla de piller le Temple de Delphes où la superstition des peuples avoit amassé d'immenses richesses. Ils le firent. Enrichis de cette depouille ils porterent la guerre chez les Thebains. Malgré l'horreur que l'on eut de leur sacrilege, on eut

[d] *Just.* 18.

GRE.   GRE.   289

eut encore plus de haine contre les Thebains qui leur en avoient en quelque sorte imposé la necessité. Ainsi Athenes & Lacédemone leur envoyerent du secours. Les Thessaliens &. les Thebains étoient unis. Philippe vit avec plaisir cette guerre qui affoiblissoit des Peuples dont il se promettoit la conquête, il demeura neutre jusqu'à ce que les Thessaliens l'appellerent à leur secours. Ils craignoient, dit Justin [a], que s'ils opposoient à leurs ennemis un Capitaine de leur Nation, il ne se servît de la victoire pour usurper l'autorité souveraine. Ce qu'ils craignoient arriva. Ils furent assez aveugles pour donner la preference à Philippe qui ayant déja de grands Etats à gouverner leur étoit moins suspect. Ils ne connoissoient pas son ambition. Il marcha à leur secours, défit & chassa leurs Tyrans & par là se concilia pour jamais l'affection des Thessaliens dont l'excelente Cavalerie jointe à la Phalange Macedonienne eut depuis tant de part à ses victoires & à celles de son fils. Au retour de cette expedition il attaqua & subjugua les Olynthiens dont la puissance avoit souvent tenu en échec celle de ses Ancêtres & qui peu auparavant avoit depouillé son pere Amyntas. Alors il se decouvrit, mais ce ne fut qu'après avoir dissimulé jusqu'au bout & si bien caché ses veritables intentions qu'à la veille de tomber sur les Phocéens il leur persuada qu'il en vouloit à Thebes & qu'il alloit humilier cette orgueilleuse Republique. Par cet impenetrable secret il endormit ses ennemis, seduisit ses alliez & les aveugla sur leur propre interêt, de maniere que sans tirer l'épée il se rendit maître de la Phocide [b], se fit declarer Amphictyon, Général des Grecs contre les Perses, vangeur du Dieu Apollon & de son Temple, & ce qui valoit mieux pour lui il s'empara des Thermopyles, passage fameux qui lui ouvrit la porte de la Gréce. La victoire qu'il remporta à CHERONE'E sur les Athéniens & les Béotiens, acheva de lui soumettre les Grecs, le vangea pleinement des Athéniens qui deux ans auparavant lui avoient fait lever le siége de Byzance & couronna ses autres exploits. La guerre de la Phocide & la bataille de Cheronée, où Alexandre âgé de dixneuf ans commandoit une des ailes de l'armée sont les deux chefs d'œuvres de Philippe. Ainsi la Macedoine jusqu'alors foible, meprisée, souvent tributaire, & toujours reduite à mandier des protections, devint tout à coup l'arbitre de la Grece & la terreur de toute l'Asie. Toute la Gréce reconnut Philippe pour son chef. En cette qualité il forma la resolution d'attaquer les Perses, son avant-garde commandée par ses Lieutenans Attale & Parmenion marchoit déja pour cette expedition, quand la mort lui en déroba la gloire & la reserva à son Successeur. Ce fut Alexandre le Grand. Philippe fut tué en trahison à l'âge de 47. ans l'an du Monde 3648. & laissa à son fils un Royaume craint & respecté de tous ses Voisins, une armée disciplinée & accoutumée à vaincre ; & enfin une superiorité universelle sur tous les Etats de la Gréce.

[a] l. 8. c. 2.
[b] Diodor. Sic. & Oros. l. 3. c. 12.

§. 8. *La Grece sous Alexandre le Grand.*

Alexandre commença par s'assurer de la couronne, se défit de ceux qui la lui disputoient & punit les meurtriers de son pere. Il n'eut pas plûtot pourvû au dedans de son Royaume qu'il alla fondre sur ses Voisins. On le vit en moins de deux ans reduire les Thessaliens rebelles, subjuguer la Thrace, & passer le Danube, battre les Getes, prendre une de leurs Villes & repasser ce Fleuve, recevoir ensuite les hommages & les Ambassades de diverses Nations ; châtier en revenant les Illyriens & ranger au devoir d'autres Peuples : delà voler à Thebes qu'un faux bruit de sa mort avoit revoltée contre la Garnison Macedonienne, assiéger, prendre, & raser cette Ville ; & par cet exemple de severité tenir en bride le reste des Grecs qui l'avoient déja proclamé leur Chef. Après avoir ainsi mis ordre au Gouvernement de la Grece, il donna tous ses soins à l'execution du projet de son Pere contre les Perses. Il partit pour l'Asie [c] l'an du Monde 3650. avec une Armée de trente mille hommes d'Infanterie & cinq mille de Cavalerie, d'autres disent de trente-quatre mille hommes de pied & de quatre mille chevaux. Il traversa l'Hellespont, s'avança vers le GRANIQUE où il remporta sa premiere victoire sur les Perses, ne donna aucun quartier aux Grecs d'Asie qu'il trouva dans l'armée de Darius. Il poussa ses conquêtes jusqu'à Sardes qui se rendit à lui, c'étoit le boulevart de l'Empire des Perses du côté de la mer: toutes les autres Villes suivirent excepté Milet & Halicarnasse qui seules osérent lui resister ; après l'avoir vive force & parcourant sa côte d'Asie, il continua de soumettre tout jusqu'à la CILICIE & la PHOENICIE. Delà revenant par l'interieur des terres il subjugua la PAMPHYLIE, la PISIDIE & la PHRYGIE dont Gordium étoit la Capitale ; & ensuite la PAPHLAGONIE & la CAPPADOCE. Il s'achemina delà vers les hautes Provinces de l'Asie & retourna dans la CILICIE. Darius de son côté marchoit vers lui avec une Armée de six cens mille combattans & voulant se joindre dans la Cilicie il s'engagea dans les Détroits. C'étoit où Alexandre le vouloit, il l'y attaqua, lui tua plus de cent dix mille hommes. C'est la bataille d'ISSUS l'an du Monde 3651. Outre les richesses qu'il trouva dans l'armée, il apprit que Darius avoit laissé à Damas tous ses équipages & ses Tresors, il envoya prendre possession de ces depouilles & de la Ville. Il jugea que pour avancer plus surement il devoit s'assurer des postes maritimes. CYPRE & la PHOENICIE se soumirent à lui l'an du Monde 3652. Il n'y eut que *Tyr* qui risqua le hazard d'un siége. Il en laissa la conduite à quelques Generaux, & alla faire lui-même une course au Pays des Arabes qui habitoient l'Antiliban, il revint à Tyr qu'il prit & démolit. Gaza dans la Palestine fut prise aussi, & Alexandre maître de la JUDE'E qui ne lui couta gueres que la peine de la parcourir, passa en Egypte, où il fonda la Ville d'*Alexandrie* l'an du Monde 3653. il s'avança même dans le Desert sa-

[c] *Plutarq. In Alexandro.*

Oo

sablonneux où étoit le Temple de Jupiter Ammon qu'il consulta. D'Egypte il revint en Phénicie ; là Darius dont la femme, & la famille étoient au pouvoir d'Alexandre, lui envoya proposer une paix à condition de lui payer dix mille Talents pour la rançon des prisonniers & de lui donner sa fille en Mariage avec tout le Pays qui est entre l'Euphrate & l'Hellespont. Il ne l'accepta point & marcha vers Darius. Les deux armées se rencontrerent à Gaugamele près d'ARBELES, & se battirent : cette bataille couta l'Empire à Darius & aux Perses. Alexandre reconnu Roi de toute l'Asie, marqua sa reconnoissance aux Grecs qui l'avoient si bien servi, abolit tous les Tyrans qui s'étoient élevez dans les Villes Grecques auxquelles il rendit la liberté, leurs droits, & leurs Privileges l'an du Monde 3654. Pour lui il parcourut la BABYLONIE ; *Ecbatane*, *Suse*, *Persepolis*, & les autres Villes se soumirent à lui. Il fit un détachement de l'élite de son armée, alla dans l'HYRCANIE, vit la Mer Caspienne l'an du Monde 3655., delà il entra dans la PARTHIENE, passa dans la Sogdiane jusqu'au Jaxarte qu'il prit pour le Tanaïs. Il établit presque partout là des Colonies des Soldats qui accablez de fatigues ne pouvoient plus le suivre. Delà vient ce grand nombre d'*Alexandries* en Asie, dont nous avons marqué les principales. Il revint ensuite dans l'Hyrcanie, & conçut enfin le dessein de conquerir les Indes l'an du Monde 3656. Il s'avança vers l'Hydaspe où il bâtit *Bucephalie* en memoire de son cheval Bucephale qui mourut en cet endroit. Il conquit les Royaumes de Taxile & de Porus, il se borna au Gange que les troupes refuserent de passer. Il éleva deux autels qui furent le *non plus ultra* de son expedition. Delà descendant le long de l'Hypasis, il trouva en son chemin la Ville des Malliens au siège de laquelle il pensa perir. Etant gueri de sa blessure il continua sa route vers l'Ocean descendant l'Indus & conquerant toujours les Villes & les Pays par où il passoit. Il fut sept mois entiers à cette descente. Il continua sa marche par le Pays des Orites qu'il traversa en deux mois, arriva sur les confins de la Gedrosie. Il y rafraichit son armée, traversa la Carmanie en une semaine jusqu'au Palais de *Carmana* capitale de la Province, & retourna enfin dans la Perse, subjugua les Cusséens, ou COSSÉENS Peuple de la Medie, les fit égorger sous pretexte d'honorer une Ceremonie funebre qu'il faisoit en l'honneur d'Ephestion son ami. Il entra à Babylone où il mourut l'an du Monde 3660. Ses Successeurs demembrerent entre eux cette vaste Monarchie qu'il avoit plutôt ébauché que formée ; & cela donna lieu à une revolution que nous avons prise pour le commencement du quatriéme âge de la Grece. Avant que de le traiter, nous ferons quelques remarques sur le troisiéme que nous venons de parcourir.

§ 9. *Remarques sur le troisiéme âge.*

Avant Alexandre la Grece étoit soumise alternativement aux Lacedemoniens ou aux Atheniens, c'est-à-dire, à celui de ces deux Peuples qui étoit alors le plus florissant. La Grece Asiatique étoit souvent le Théatre de leurs querelles. Les Rois de Perse qui avoient éprouvé la valeur des Grecs de l'Europe se contentoient d'appuyer celui des deux partis qui étoit le plus foible, tantôt l'un, tantôt l'autre. Il sembloit qu'ils eussent un pressentiment que leur Empire devoit être renversé par les Grecs, la jalousie des deux partis faisoit leur sureté. Cependant ils contribuerent eux-mêmes dans la suite à les reconcilier.

Pour ce qui est de la Grece Asiatique, ils trouverent plus de facilité à l'entamer. Des familles puissantes & ambitieuses usurpoient l'autorité Souveraine dans leurs Villes & s'appuyoient de la protection du Roi de Perse. Des Republiques entieres s'allioient avec lui. Elles ne le servoient pas d'abord contre les autres Grecs, mais elles combatoient dans ses armées contre ses autres ennemis. C'est ainsi que les Ioniens & autres Grecs se trouverent dans l'expedition de Darius contre les Scythes, comme nous avons dit [a]. A la fin il y en eut qui le servirent envers & contre tous comme ceux qui se trouverent avec les Perses pour disputer le passage du Granique à Alexandre qui venoit pourtant en qualité de Général des Grecs. Aussi ne leur fit-il aucun quartier. Il chassa tous les Tyrans que la protection des Perses avoit établis & remit les Villes Asiatiques dans leur ancienne liberté.

Les Lacedemoniens furent les seuls Grecs de l'Europe qui ne contribuerent en rien à l'expedition d'Alexandre contre l'Asie. Aussi voulut-il les flétrir par cette Inscription qu'il fit mettre sur le butin fait par son Armée après la bataille du Granique. ALEXANDRE FILS DE PHILIPPE ET LES GRECS, EXCEPTÉ LES LACEDEMONIENS, ONT GAGNÉ CES DEPOUILLES SUR LES BARBARES QUI HABITENT L'ASIE. Les Lacedemoniens craignoient sans doute que si Alexandre étoit malheureux dans son entreprise, Darius ne devînt implacable contre les Grecs qui l'auroient aidé ; & en n'y contribuant pas ils se ménageoient une ressource, & engageoient Darius à les favoriser à l'avenir. Cette fausse politique leur couta cher, & fit tomber leur Republique dans le mepris.

Une remarque importante pour la Géographie c'est qu'Alexandre fit connoître les Indes, aux Européens. Darius fils d'Hystaspe, selon Mr. Dodwel [b], ou Darius le Batard selon d'autres engagea Scylax de Caryande à parcourir la côte Meridionale des Indes. Il descendit le Gange (Herodote [c] dit l'Indus) vers l'Orient, & en deux ans & demi alla aborder dans la Mer Rouge. Le succès de ce Voyage determina Darius à la conquête des Indes. A son exemple Alexandre ordonna à ses Vaisseaux de faire le circuit en laissant l'Indus à leur droite, c'est-à-dire, de descendre le long du Gange & de faire le tour de l'Océan depuis le Golphe où ce Fleuve a ses bouches jusqu'au Golphe Persique. Il leur donna Néarque pour Général & Onesicrite pour Chef des Pilotes. Plutarque duquel nous avons pris tout ce que nous recueillons ici d'Alexandre, dit que ce fut dans la Capitale de Carmanie (les Copistes disent mal de la Gedrosie) que Néarque vint trouver Alexandre & lui rendit compte de sa Navi-

[a] Ci-dessus II. âge § 15.

[b] Dissert. de Peripli Scylacis œtate dans la Collection d'Oxford.

[c] l. 4.

Navigation. Il ajoute que ce recit lui plût tant qu'il forma le dessein de s'embarquer lui-même sur l'Euphrate avec une grosse Flote dans le dessein d'aller sur l'Océan, de côtoyer l'Arabie & le bas de l'Afrique & de se rendre par le détroit des Colomnes d'Hercule dans la Mediterranée. Pour cet effet il fit construire à Tapsaque sur l'Euphrate quantité de Vaisseaux, & assembla beaucoup de Pilotes & de Matelots; mais on obtint de lui qu'il se contenteroit d'envoyer Néarque à la conquête des Provinces Maritimes; & qu'il ne s'embarqueroit point pour un si long Voiage.

Si nous avions le Journal de Néarque ou celui d'Onesicrite ce seroit un Tresor pour les Géographes. Il y avoit encore du temps de Pline des Écrits qui portoient le nom d'Onesicrite, mais il ne nous en reste plus rien. Quant à Néarque nous avons bien un Periple qui porte son nom, mais ce n'est qu'un titre & on sait que c'est l'ouvrage d'Arrien qui ayant écrit assez tard l'Histoire d'Alexandre, a écrit dans son huitiéme livre la conquête des Indes, d'une maniere assez avantageuse à la Geographie. Ce livre mérite d'être lu avec attention, mais il est bon d'avertir que d'Ablancourt l'a si impitoyablement maltraité ce qu'il appelle Traduction d'Arrien n'est qu'un Squelete orné à la verité, mais auquel il manque le plus essentiel. Outre ce huitiéme livre qu'on cite ordinairement sous le titre d'*Indiques* il y a plusieurs Periples d'Arrien, un entre autres, qui porte le titre de *Paraple de Néarque*; mais ce n'est pas l'ouvrage du Général d'Alexandre, c'est un extrait du huitiéme livre d'Arrien qui n'étoit apparemment lui-même qu'une compilation des Ouvrages d'Onesicrite & de Nearque dont l'Auteur avoit pu profiter. Je soupçonne même que l'Ouvrage d'Arrien est cause qu'ils ont ensuite été negligez comme inutiles & qu'ils ont péri. L'un & l'autre ouvrage de ces Officiers d'Alexandre subsistoit encore sous Vespasien, & Pline s'en est servi dans son VI. Livre.

C'est à la bataille d'Arbeles que commence la grande Monarchie des Grecs. Elle s'agrandit jusqu'à la mort d'Alexandre, Ce Heros mourut Souverain d'un Etat qui comprenoit

La Thrace,	La Grece Asiatique,
La Macedoine,	Toute l'Asie Mineure,
L'Illyrie,	La Phoenicie,
L'Epire,	La Syrie,
La Veritable Grece,	L'Egypte,
Le Peloponese,	L'Arabie,
Les Isles de l'Archipel, & les Indes.	Tout l'Empire de Perse,

Si on en excepte une partie de la Perse & les Indes on trouvera que l'Empire formé par Alexandre est presentement ce qu'on appelle l'Empire Ottoman. Ces Etats n'étoient rien moins que conquis. On avoit cedé aux forces & à l'impetuosité, ou plutôt à la Fortune d'Alexandre, mais il n'étoit pas possible qu'un joug si nouveau & si rapidement imposé fût de longue durée; & quand ce Monarque auroit eu un fils capable de lui succeder, il y a lieu de croire qu'il n'auroit pu contenir longtemps tant de Peuples, si differens de mœurs, de langage, & de religion. Si l'on dit que les Turcs ont soutenu depuis quelques siécles le même Empire, il est aisé de voir la difference qu'il y a entre un Empire qui s'agrandit avec le temps, & donne peu à peu sa Langue, sa Religion, & ses mœurs aux Nations à mesure qu'il les soumet, & un Empire fondé sur la course heureuse & précipitée d'une valeur qui passe comme un torrent dans tous les lieux qu'elle s'avise de parcourir. Tels furent les commencemens de la grande Monarchie des Grecs que bien des Historiens regardent comme le troisiéme Empire predit par Daniel.

C'est dans ce troisiéme âge de la Grece qu'il faut chercher les grands hommes qu'elle produisit, soit pour la guerre, soit pour les Sciences & pour les Arts. On trouve dans Cornelius Nepos & dans Plutarque d'excellentes Vies des Capitaines Grecs, de ce temps-là. Entre les Poëtes Eschyle, Sophocle, Euripide, &c. pour le Tragique, Eupolis, Cratinus, Aristophane, &c. pour le Comique; aquirent une reputation que la posterité leur a conservée. Pindare malgré la stupidité reprochée à ses compatriotes porta l'Ode à un degré d'élevation qui a été plus admiré qu'imité. Parmi les Orateurs on distingue Demosthéne, Eschine, Isocrate, Gorgias, Prodicus, Lysias, &c. Entre les Historiens Herodote, Ctesias, Xenophon, Thucydide, &c. Entre les Philosophes Anaxagore, Melisse, Empedocle, Parmenide, Zenon Eleate, Esope, Socrate, Platon, Diogéne, Aristippe, Aristote, Xenophon le même que le Général & l'Historien. C'est proprement la fleur & la jeunesse de la Grece. Methon grand Mathematicien & grand Astronome à Athenes trouva l'*Enneadecaeteride* ou la fameuse periode de dix-neuf ans. Il découvrit que les differentes mutations du Soleil & de la Lune s'accomplissent dans une periode de dix-neuf ans après lesquels les Astres repassent de nouveau par les mêmes dispositions où ils s'étoient rencontrez auparavant. Cette découverte plut tant aux Athéniens qu'ils la firent écrire en grands caractéres d'or au milieu de la place publique, ce qui lui acquit dès ce temps-là le nom de *Nombre d'or* qu'elle garde encore. Tel fut le troisiéme âge de la Grece, qui porta la gloire de cette Nation jusques aux extremitez du Monde connu.

IV.

QUATRIEME AGE DE LA GRECE.

§ 1. *Successeurs d'Alexandre.*

[a] Alexandre étant au lit mortel ne songea point à se nommer un Successeur. [b] Il avoit épousé Statira, & Roxane. Cette derniere fit perir l'autre pour assurer au fruit qu'elle portoit la Succession d'Alexandre; & Perdiccas lui aida à commettre ce crime: cependant on ne donna pas le temps au fils de ce Heros d'en recueillir la Succession. Les Grands Capitai-

[a] Diodor. Sicul. l. 18.
[b] Plutarch. in Alexand.

nes qui lui avoient aidé à faire tant de conquêtes les partagerent entre eux; & il se forma dans la suite autant de Souverainetez qu'il y avoit de Gouverneurs des Grandes Provinces. Dans les commencemens Perdiccas fut celui de tous qui eut le plus d'autorité. Alexandre en mourant lui avoit remis son anneau, & l'attachement qu'il temoignoit pour Roxane lui donnoit un pretexte de gouverner.

[a] *Photii Biblioth. cod. 82.*

[a] La division ne tarda gueres à se mettre entre tous ces Seigneurs. Cependant pour se donner une espece de Chef & ne point dependre les uns des autres ils proclamerent pour Roi Aridée Frere d'Alexandre, & fils naturel de Philippe & de Philinne Thessalienne. Ce Phantôme de Roi se fit apeller Philippe. C'étoit un imbecille qu'Olympias avoit abruti par un breuvage depeur qu'il ne nuisît aux interêts de son fils. Perdiccas [b] regnoit sous son nom & le menoit partout avec lui moins comme un Roi, que comme un garde qui affermissoit son autorité. Les Generaux se lasserent bientôt de reconnoître Perdiccas sous le nom de ce Roi imaginaire, chacun d'eux s'appropria les Provinces où il avoit quelque autorité. Ils ne prirent d'abord que la qualité de Gouverneurs, mais dès qu'ils s'y virent bien établis, ils affecterent l'independance, & cette vaste Monarchie se trouva en peu de temps demembrée entre quantité de Souverains. Ce n'est pas ici le lieu de decrire au long les guerres qu'ils se firent les uns aux autres. On en peut voir les détails dans l'Histoire de Diodore de Sicile. Mais pour continuer l'Histoire Géographique de la Grèce je dois remarquer quelles furent ces Gouvernemens.

[b] *Plutarch. l. c.*

Antipater avoit été établi par Alexandre Viceroi de la MACEDOINE. Il ne sut point se menager avec Cléopatre sœur d'Alexandre & veuve d'un Roi d'Epire, ni avec Olympias Mere d'Alexandre. Elles firent si bien qu'elles le chasserent & partagerent entre elles le Royaume. Olympias [c] prit pour elle l'EPIRE & Cléopatre la Macedoine. Alexandre lassé de toutes les plaintes qu'Antipater & ces deux femmes lui faisoient, avoit envoyé Craterus avec les Macedoniens qui retournoient au Pays & l'avoit pourvu du Gouvernement de la Macedoine, de la Thrace & de la Thessalie, ordonnant à Antipater de lui amener les nouvelles recrues qui devoient venir du Pays. Le Général qu'il revoquoit ainsi n'avoit pourtant pas été inutile au Roi son Gouvernement. Il avoit mis à la raison les Thraces qui se revoltoient, & avoit secouru Megalopolis assiégée par les Lacedemoniens qu'il avoit battus à plate couture. Alexandre néanmoins l'avoit rappellé; mais après la mort de ce Monarque il retourna en Macedoine.

[c] *Plutarch. l. c.*

[d] *Quint. Curt. l. 10.*

Voici quelle fut la disposition de la Monarchie, & quels furent des Gouverneurs qui y furent d'abord établis.

§ 2. *Division de l'Empire d'Alexandre.*

La MEDIE sous *Phyton.*
La PAPHLAGONIE, la CAPPADOCE avec les Provinces voisines sous *Eumenes.*
La PETITE PHRYGIE, sous *Leonat.*
La GRANDE PHRYGIE, la LYCIE & la PAMPHYLIE, sous *Antigonus.*
La LYDIE, sous *Meleagre.*
La CARIE, sous *Cassander.*
La CILICIE, sous *Philotas.*
La SYRIE, sous *Laomedon* de Mitylene.
L'EGYPTE, sous *Prolomée* fils de Lagus.
L'EPIRE, sous *Olympias* Mere du feu Roi.
La THRACE, sous *Lysimachus.*
La MACEDOINE, sous *Antipater.*

LACEDEMONE conservoit toujours ses Rois de l'ancienne race dont la Succession n'étoit point encore interrompue. Nous en marquerons la fin quand nous serons venus à ce temps-là. Il n'est point fait ici mention de la PHOENICIE parce qu'Alexandre avoit donné le Royaume de Sidon à Abdolomine, [e] qui étoit du sang Royal. A l'égard des Provinces de la PERSE & des Indes excepté la *Medie*, on en laissa le gouvernement aux Satrapes & aux autres Gouverneurs qu'Alexandre y avoit mis. Antipater n'eut pas seul d'abord la Macedoine; on la lui fit partager avec Craterus qui y remenoit dix mille vieux soldats congediez par Alexandre.

[e] *Quint. Curt. l. 4.*

La nouvelle de la mort d'Alexandre étant arrivée en Grece y causa une terrible revolution. Les Atheniens furent les premiers à lever le masque & solliciterent les autres Grecs à rompre leurs fers. Leosthénes leur General presenta la bataille à Antipater, le defit & le força de se refugier à Lamia Ville de Thessalie où il l'assiégea: de là vient le surnom de *Lamiacum Bellum* que l'on donna à cette guerre. Cela arriva l'année d'après la mort d'Alexandre, l'an du Monde 3661. mais l'arrivée de Craterus mit Antipater en état de battre les Atheniens à son tour l'année suivante. Craterus & lui les defirent & les obligerent de recevoir garnison Macedonienne dans la Citadelle nommée *Munychia.*

§ 3. *Guerres entre les Successeurs d'Alexandre.*

En Orient Perdiccas voulant que tout dependît de lui, étoit toujours à la tête de l'armée qui gardoit la personne du Roi Aridée. [f] Il forma le dessein d'opprimer ses Compagnons, il songea à se faire un titre pour succeder, en épousant Cleopatre sœur d'Alexandre, comptant que tous les Macedoniens prendroient son parti. Il alloit commencer par attaquer Ptolomée & il conduisoit en Egypte une armée formidable, mais son orgueil insuportable l'avoit rendu odieux à ses troupes, on conspira contre lui & il fut massacré au passage du Nil l'an du Monde 3662. Eumene [g] qui étoit dans les interêts de Perdiccas avoit quelque temps auparavant défait Craterus & Neoptolémé. Ce Craterus est le même qui étoit allé en Macedoine & avoit aidé à Antipater à ranger les Grecs à la raison, Antipater & lui avoient repassé en Asie pour s'opposer à l'ambition de Perdiccas. Neoptolémé étoit un ambitieux inquiet qui ayant été défait par Eumenes s'associa avec Craterus & fut battu avec lui pour la seconde fois. Ils y perdirent tous deux la vie. Leonat étoit déja mort. Eumene & Alcetas Frere de Perdiccas furent declarez ennemis de la Couronne de Macedoine, Antipater

[f] *Diodor. Sic. l. 17.*

[g] *Cornel. Nepos & Plutarc. in Eumene.*

pater & Ptolomée reglerent le reste comme il leur plut, car ils s'étoient rendus maitres de toutes les affaires & ne partageoient leur autorité qu'avec Antigonus, qui, comme nous avons dit, commandoit dans la Lycie, la Pamphylie & la grande Phrygie. Antigonus marcha contre Eumenes & Alectas, les joignit dans la Pisidie & les défit. Antipater qui n'étoit revenu en Asie que pour s'emparer de la personne d'Aridée & s'en servir aux mêmes usages que Perdiccas avoit fait, vint à mourir; il avoit avec lui son fils Cassander; cependant il donna à Polysperchon la tutele du Roi Aridée & d'Eurydice sa femme, & ne laissa à Cassander son fils que le commandement d'un corps de mille hommes. Celui-ci mecontent d'un partage si peu conforme à ses esperances recherche la protection de Ptolomée. Cependant Polysperchon avoit repris le chemin de la Macedoine avec Aridée & Eurydice. Cassander l'y suivit; & Polysperchon pour se fortifier contre lui rappella en Macedoine la Mere d'Alexandre Olympias que la haine d'Antipater avoit obligée de se retirer en Epire. Elle signala son retour en Macedoine par la mort d'Aridée & d'Eurydice [a] & d'un grand nombre de Seigneurs à qui on fit un crime d'être amis de Cassander. Ce massacre se fit six ans & quatre mois après la mort d'Alexandre. Cassander fit la guerre ouvertement à Polysperchon & la Grece fut le Théatre de leur haine tandis qu'Eumenes qui étoit dans le parti de ce dernier & d'Olympias faisoit la guerre à Antigonus en Asie. Cassander se rendit maitre d'Athenes, y abolit la Democratie & la donna le gouvernement à Demetrius de Phalere, disciple de Theophraste, homme éloquent & [b] le plus grand Philosophe de son temps. [b] Les Atheniens avoient fait la folie de se priver de Phocion le plus homme de bien & le meilleur General qu'ils eussent alors. Ils l'avoient proscrit, & il étoit tombé entre les mains de Polysperchon qui le leur avoit livré & ils le firent mourir par un verre de jus de Cigüe. Malgré les mesures qu'avoit prises Polysperchon, Cassander s'empara de la Macedoine, & pour s'en assurer la possession il fit mourir Olympias l'an du Monde 3668. & épousa Thessalonice sœur d'Alexandre le Grand. L'année suivante il rebâtit Thebes ruinée vingt ans auparavant & fonda Cassandrie en Macedoine. [c] Eumenes ayant donné pendant longtemps beaucoup de peine à Antigonus dans l'Asie fut enfin livré par la trahison des Argyraspides & son ennemi s'en défit dix ans après la mort d'Alexandre, Phyton eut le même sort. Antigonus devenu plus puissant par la mort de ces concurrents, declara la guerre à Cassander & à Ptolomée. Il employa pour cette expedition Demetrius son fils qui fut surnommé Poliorcete, c'est-à-dire, le preneur de Villes. Ils protesterent qu'ils ne prenoient les armes que pour rendre la liberté aux Villes de Grece opprimées par Cassander. Demetrius en retablit plusieurs dans leur premier état & surtout celle d'Athenes, d'où il fit sortir la garnison que la guerre de Lamia l'avoit forcée à recevoir quinze ans auparavant & rasa la Citadelle de Munychia qui deffendoit la Ville la même année 307. avant l'Ere vulgaire l'an du Monde 3677. Ces deux Princes & tous les autres Successeurs d'Alexandre prirent le titre de Rois & les ornemens de cette Dignité. Six ans après, la puissance d'Antigonus & de Demetrius qui se rendoit trop formidable, donna de la jalousie à ces autres nouveaux Souverains. Seleucus après la mort d'Alexandre avoit eu le commandement de la Cavalerie, & s'étoit assuré la BABYLONIE, & ensuite la SYRIE. Lysimachus Roi de Thrace, Cassander Roi de Macedoine & lui se liguerent ensemble contre Antigonus & son fils l'an du Monde 3682. & mirent sur pied une puissante armée de 74000. hommes de pied de 10500. Chevaux & de 120. Chariots armez. Antigonus & Demetrius avoient 70000. hommes d'Infanterie, 10000. de Cavalerie & 75. Elephants. La bataille se donna près d'Ipsus en Phrygie. Les alliez vainquirent, Antigonus fut tué, Demetrius [d] s'enfuit à Athenes qui lui ferma ses portes. Il leva une nouvelle armée, assiégea cette Ville ingrate, la prit après un an de siége. On s'attendoit qu'il traiteroit les Atheniens avec la derniere rigueur. Il usa au contraire d'une extrême moderation, il se contenta de chasser Lachares qui s'étoit rendu le Tyran de la Ville, fit quelques legers reproches aux Athéniens & leur rendit tout hors la liberté. Après avoir mis une garnison pour s'assurer de cette conquête, il marcha contre les Lacedemoniens, les défit & leur Roi Archidamus, il se disposoit à faire le siége de leur Capitale, quand de nouvelles esperances l'appellerent dans la Macedoine, l'an du Monde 3686.

Cassander y étoit mort & avoit laissé trois fils de Thessalonice. Philippe qui étoit l'ainé ne regna qu'un an. Antipater & Alexandre [e] ses Cadets se disputerent la couronne après sa mort. Antipater qui étoit gendre de Lysimachus crut que sa Mere étoit plus dans les interêts de son frere que dans les siens & la tua. Alexandre eut recours à Pyrrhus Roi d'Epire, qui pour sa reconpense eut une partie de la Macedoine; il avoit aussi appellé Demetrius qui renonçant au siége de Sparte se rendit aussi-tôt auprès de lui, chassa Pyrrhus, se défit d'Alexandre, depouilla Antipater & envahit la Macedoine quatre ans après la mort de Cassander.

[f] Ce succès lui enflant le courage, il voulut reconquerir les Provinces qu'il avoit perdues en Asie. Il leva une armée de 200000. hommes d'Infanterie & de 10000. Chevaux, & équipa une Flote de 500. Voiles. Lysimachus, Pyrrhus, Seleucus, & Ptolomée unirent leurs forces contre lui. Il fut chassé de la Macedoine & toutes les Villes qui lui restoient l'ayant abandonné, il fut si épouvanté de l'extrémité où il se voyoit reduit qu'il se rendit à Seleucus. Ce Prince devint amoureux de Stratonice fille de son prisonnier, & ayant découvert que son fils Antiochus en étoit amoureux & que cette passion mettoit sa vie en danger, il la lui ceda avec une partie de ses Etats. Demetrius passa le reste de ses jours à la Cour de son Gendre, dans une voluptueuse obscurité.

Les trois vainqueurs ne lui survécurent pas longtemps. Ptolomée [g] fils de Lagus abdiqua l'an du Monde 3700. & remit sa Couronne à

[a] Diodor. Sic. l. 19.
[b] Plutarch. & Cornel. Nepos in Phocione.
[c] Plutarch. & Corn. Nepos in Eumene. Diodor. Sicul. l. 19.
[d] Plutarch. in Demetrio.
[e] Justin. l. 16.
[f] Plutarch. in Pyrrho & Demetr.
[g] Justin. l. 17. Pausan. son Phoc.

son fils Ptolomée surnommé Philadelphe, au prejudice de Ptolomée Ceraunus qui étoit l'ainé. Deux ans après Lysimachus passa en Asie pour y faire la guerre à Seleucus ; mais il y fut tué dans une Bataille, à l'âge de 74. ans & sept mois. Après Seleucus fut tué à Lysimachie en Thrace par Ptolomée Ceraunus, c'est-à-dire, le *foudre*, frere de Ptolomée Philadelphe. Il y a deux choses à remarquer sur le Roi Lysimachus. 1. Il avoit eu un fils nommé Agathocle qui avoit épousé Lysandra fille de Ptolomée fils de Lagus. Arsinoé belle-mere de ce Prince étant devenue amoureuse de lui n'ayant pu en obtenir l'inceste qu'elle desiroit, elle l'accusa de l'avoir voulu corrompre. Lysimachus l'écoutant trop legerement fit mourir Agathocle. Lysandra s'enfuit avec ses Enfans & alla trouver Seleucus. Phileterc Tresorier de Lysimachus se retira à Pergame, où il se fit un petit Royaume qu'il posseda vingt ans. 2. Après la chute de Demetrius, Lysimachus s'étoit emparé de la Macedoine qu'il avoit jointe à son Royaume de Thrace, Seleucus la lui avoit ensuite enlevée, mais après la mort de Seleucus, la Macedoine revint aux Enfans de Demetrius ; & sa posterité y regna jusqu'à Persés fils de Philippe dont nous aurons occasion de parler.

§ 4. *Reduction de tous ces Royaumes à* IV.

Voilà les principaux Royaumes qui se formerent des débris de la fortune d'Alexandre. Ils étoient d'abord douze ou treize, mais en peu de temps ils se reduisirent à quatre qui ont été predits obscurément par le Prophete Daniel [a] dans la vision qu'il eut d'une bête qui étoit comme un Léopard & qui avoit au dessus de soi quatre ailes, comme les ailes d'un Oiseau : cette bête avoit quatre têtes & la puissance lui fut donnée.

Le premier de ces quatre Royaumes fut celui d'EGYPTE fondé par *Ptolomée* fils de Lagus, détruit par les Romains sous le Regne de Cléopatre. Le second celui de BABYLONE & de SYRIE, fondé par *Seleucus*. Le troisiéme celui de MACEDOINE & de GRECE fondé par *Cassander* : & le quatriéme celui d'ASIE fondé par ANTIGONUS. Après la défaite de ce dernier, ces quatre Royaumes furent reduits à trois ; sçavoir l'EGYPTE, la SYRIE & la MACEDOINE, à moins qu'on ne veuille conserver le nombre de quatre, en comptant le Royaume de PERGAME dont nous avons parlé.

Après cette époque les Royaumes d'Egypte & de Syrie ne regardent plus la Grece, ce sont des Etats particuliers & independans. La Grece Asiatique est envahie par le Roi de Syrie, ou par des Souverains differens qui tombent enfin l'un après l'autre sous la puissance des Romains. Nous remarquerons seulement ici que le petit Royaume de *Pergame* devint considerable en peu de temps. L'Eunuque Philetere Tresorier de Lysimachus & fondateur de ce Royaume, avoit deux Freres, Eumenes & Attale, qui regnerent successivement après lui. Attale fut le premier qui prit la qualité de Roi, selon Strabon [b], & le dernier qui porta ce titre, fut un autre Attale, son petit-fils, qui institua le Peuple Romain son Heritier, cent cinquante deux ans depuis le commencement de ce Royaume.

§ 5. *La Grece après la mort d'*Alexandre.

La Grece detachée de ce qu'Alexandre y avoit joint, se trouve réduite au *Royaume* de LACEDEMONE qui subsistoit toujours ; au Royaume de MACEDOINE qui a sous lui la *Thessalie*, l'*Attique* &c. mais bientôt après il s'y éleve une nouvelle Republique sous le nom des ACHE'ENS. Nous pouvons ajouter le Royaume d'EPIRE. Eclaircissons cela par quelques détails. Parcourons en abregé la destinée de ces trois Royaumes & celle de la nouvelle Achaïe & nous arriverons ainsi au cinquiéme âge de la Grece.

§ 6. *Suite du Royaume d'*EPIRE.

Pyrrhus, dont on peut voir l'origine & la vie plus en détail dans les Hommes illustres de Plutarque [c], étoit fils d'Eacide & avoit pour ayeul Arybas Roi des Molosses. Depouillé de ses Etats dès l'enfance il aprit le métier de la guerre sous Demetrius Poliorcète qui avoit épousé sa sœur Deïdamie. Il étoit encore fort jeune, lorsqu'il se trouva à la bataille d'Ipsus que son beaufrere Demetrius & Antigonus perdirent. La protection de Ptolomée fils de Lagus & celle de Berenice qui étoit sa proche parente lui aiderent à rentrer dans son Royaume vers l'an du Monde 3689. La même année il fut appellé dans la Macedoine par Alexandre fils de Cassander. Il eut une partie de ce Royaume ; mais il en fut chassé par Demetrius Poliorcete son beaufrere qui vouloit ce Royaume entier, & pendant quelques années il fit la guerre tantôt avec ses seules forces & tantôt avec les secours de Lysimachus, de Ptolomée, & de Seleucus qui le mirent en état de conquerir toute la Macedoine ; mais il n'y regna gueres & les Macedoniens se donnerent à Lysimachus. Pyrrhus se rendit ensuite en Italie au secours des Tarentins contre les Romains auxquels il donna deux batailles, delà il passa dans la Sicile & fut contraint de sortir & de se retirer dans ses Etats qu'il reconquit sur Antigonus fils de Demetrius qui les avoit envahis. Enfin Cleonyme fils d'Areus l'ayant pressé de passer dans le Peloponnese pour s'y opposer aux entreprises d'Antigonus, il s'y rendit & fut tué dans Argos après un regne d'environ vingt-trois ans.

§ 7. *Suite & fin du Royaume de* MACEDOINE.

C'est vers ce temps-là qu'il faut mettre les courses des Gaulois dans la Thrace & dans la Grece. Pausanias en decrit trois [d]. Dans la premiere, ils entrerent dans la Thrace conduits par Cambaules, y firent du butin & se retirerent. Dans la seconde ils se partagerent en trois corps. Les uns commandez par Cerethrius coururent la Thrace. Brennus & Acichorius menerent les autres dans la Pannonie ; les autres enfin avec Belgius se jetterent sur la Macedoine & l'Illyrie. Les Macedoniens oserent faire tête à ces derniers, mais ils furent batus

[a] c. 7. v. 6.

[b] l. 13.

[c] Plutarch. in Pyrrho.

[d] In Phocic. Justin. l. 24. & Dexippus in Collect. Scaliger.

batus, & Ptolomée Ceraunus perit dans cette occasion l'an du Monde 3705. Ce Prince étoit fils de Ptolomée fils de Lagus qui ne lui avoit donné aucune part au Royaume d'Egypte; & lui avoit preferé Ptolomée Philadelphe son Cadet à qui il avoit remis la couronne de son vivant. Sa mere étoit Eurydice fille d'Antipater. Il passa dans la Grece, s'attacha à Lysimachus, & ce fut lui qui pour vanger sa mort tua Seleucus à Lysimachie. Cette vengeance lui aquit l'amour des Peuples. Il fut Roi de Macedoine à la place de Seleucus. Il deffendoit ce Royaume contre les Gaulois lorsqu'il fut tué, après un an & cinq mois de regne. Il s'étoit accommodé avec Antiochus Soter fils de Seleucus, avec Eumenes, avec Antigonus fils de Demetrius, & avec Pyrrhus à qui il avoit donné sa fille en Mariage: pour lui il avoit épousé Arsinoé, sa sœur, veuve de Lysimachus. [a] Elle avoit deux fils de son premier mari, savoir Lysimachus âgé de seize ans & Philippe âgé de treize. Après les noces il fit mourir les deux Enfans & exila leur Mere dans l'Isle de Samothrace. Il mourut, comme nous avons dit, en combatant contre les Gaulois; Meléagré son Frere & son Successeur regna à peine deux mois, Antipater fils de Cassander prit ensuite la couronne & n'en jouït que quarante-cinq jours. Sosthene sur l'origine duquel Justin n'est pas bien d'accord avec lui-même, soutint par sa valeur le Royaume de Macedoine. On lui decerna le Diadême, il le refusa & se contenta du Generalat. Il fut tué ou vaincu par les Gaulois, peut-être la même Campagne. La Macedoine auroit voulu se rendre à Pyrrhus, mais ses besoins demandoient qu'il s'y rendît d'abord pour la defendre; il étoit alors occupé à conquerir la Sicile, à quoi il ne put réussir comme nous avons dit [b]. Antigonus, & Antiochus Soter pretendoient tous les deux à la Macedoine comme à un bien que leurs peres avoient possedé. Antiochus étoit fils de Seleucus qui l'avoit envahie sur Lysimachus & Antigonus étoit fils de Demetrius Poliorcete à qui Lysimachus l'avoit enlevée. On le surnommoit Gonatas à cause de la Ville de Gone en Thessalie où il avoit été élevé. C'est par ce Prince que la Couronne de Macedoine rentra dans la famille de Demetrius Poliorcete pour n'en plus sortir jusqu'à la conquête des Romains. Voici quelle fut la posterité de Demetrius.

Il eut une fille nommée Stratonice mariée, comme nous avons dit, à Seleucus Nicanor à la Cour duquel il mourut, & un fils nommé Antigonus surnommé Gonatas, qui succeda à Antipater fils de Cassander. Antigonus Gonatas ou Antigonus I. regna quarante ans, & laissa un fils Demetrius second qui regna dix ans, & un fils naturel nommé Alcyonée. Philippe II. fils de Demetrius II. n'avoit que dix ans lorsque son Pere mourut. Sa Mére Phthia épousa Antigonus II. fils d'Alcyonée. Ce Cousin, beaupere & tuteur du jeune Roi, étant mort au bout de six ans, Philippe II. succeda & regna quarante deux ans. Un an avant sa mort il avoit fait perir Demetrius son fils ainé. Son autre fils Persée lui succeda & après un regne d'onze ans fut fait prisonnier par les Romains qui subjuguerent la Macedoine. Depuis ce temps-là il n'est plus question de ce Royaume.

§ 8. *Suite & fin du Royaume d'*Epire.

Les Romains étoient déja maîtres du Royaume d'Epire, mais pour mieux connoître quelle fut la fin de ce Royaume il faut reprendre les choses de plus haut. Nous avons marqué que Pyrrhus fut tué à Argos. Il faisoit alors la guerre contre Antigonus Gonatas [c]. Alexandre fils & Successeur de Pyrrhus au Royaume d'Epire voulant vanger la mort de son Pere, attaqua la Macedoine, croyant profiter de l'absence d'Antigonus qui étoit occupé ailleurs. Il s'en empara en effet, mais Demetrius fils du Roi absent, quoi que jeune, rassembla les troupes & non seulement reprit la Macedoine, mais même chassa Alexandre de l'Epire. Ce Prince s'enfuit dans l'Acarnanie, & avec le secours de ses Alliez & de ses Sujets qui le regretoient beaucoup, il trouva le moyen de rentrer dans ses Etats où il mourut. Les Grecs avoient apporté d'Asie une contagion dans les mœurs; plusieurs Souverains avoient donné à Alexandre Roi d'Epire un exemple qu'il ne suivit que trop. Sa sœur Olympias étoit en même temps sa femme. Il avoit de ce mariage incestueux deux fils, savoir Pyrrhus & Ptolomée & une fille nommée Phthia. Olympias se voyant veuve s'adressa à Demetrius II. qui regnoit alors en Macedoine & lui donna sa fille Phthia en mariage, afin de l'attacher à ses Enfans dont elle étoit tutrice. Demetrius [d] avoit déja une autre femme, nommée Nicée, sœur d'Antiochus Roi de Syrie; mais il la lui renvoya & se brouilla avec ce Prince par ce Mariage qui en recompense lui attira l'affection des Epirotes. Les Etoliens Peuple voisin qui conservoit encore sa liberté, ayant eu besoin du secours d'Alexandre Pere des deux pupiles, lui avoient cedé pour recompense une partie de l'Acarnanie: ils prirent le temps de la minorité de ses Enfans pour s'en ressaisir, & ce fut pour être plus en état de leur resister qu'Olympias Reine regente s'étoit assurée de l'alliance de Demetrius. Les Acarnaniens ne comptant pas beaucoup sur les Epirotes & ne voulant pas retomber sous la domination des Etoliens, se jetterent entre les bras des Romains dont la Republique avoit déja fait de grands progrès. Delà vint la guerre d'Etolie qui donna premiere entrée aux Romains dans la Grece. Ils étoient eux-mêmes trop occupez de la guerre que leur faisoit Annibal, pour être d'un grand secours aux Acarnaniens; aussi les Etoliens [e] firent-ils d'abord peu de cas des Ambassadeurs que Rome leur envoya. & Olympias [f] remit l'Etat à son fils Pyrrhus dès qu'il fut en âge, mais il vécut peu & fit place à son frere Ptolomée qui peu après mourut aussi de maladie comme il marchoit à la tête d'une armée contre ses Ennemis, & Olympias leur mere mourut de chagrin de les avoir perdus. Il y avoit trois filles, savoir Nereïs mariée à Gelon fils du Roi de Sicile, Laodamie qui fut tuée par le peuple auprès de l'autel de Diane qu'elle avoit choisi pour azyle. Nous avons dit que Phthia avoit épousé successivement Demetrius II., & Antigonus II. Rois de Macedoine.

[a] *Justin. l. 24.*
[b] *§. 6.*
[c] *Justin. l. 26.*
[d] *Ibid. l. 28.*
[e] *Ibid. l. 27.*
[f] *Ibid. l. 28.*

doine: ainsi Philippe II. fils de cette Princesse & de Demetrius devoit naturellement succeder. *a* Cependant le Royaume d'Epire ne se releva plus; il essuia, dit Justin, tous les malheurs de la famine causée par la sterilité de la terre & toutes les horreurs des discordes intestines; la Nation ne fut pas bien loin de se voir entierement exterminée par les armes des étrangers. Les Etoliens y firent de grands ravages *b*, l'an du Monde 3766. ils renverserent le Temple de Dodone. Les Romains delivrez de la seconde guerre Punique y vinrent à leur tour, en firent une solitude & au raport de Polybe dans un livre que nous n'avons plus, mais qui est cité par Strabon *c*, le seul Paul-Emile en détruisit LXX. Villes.

Il nous reste à parler du Royaume de *Lacedemone* & de la Republique des *Achéens* pour arriver au cinquiéme âge.

§ 9. *Suite & fin du Royaume de Lacedemone.*

Nous avons vû que les Lacedemoniens ne voulurent point contribuer à l'expedition d'Alexandre le Grand contre Darius & quelle fut en cela leur Politique. Les Successeurs de ce Conquerant tâcherent plus d'une fois de s'approprier la Laconie (c'est ainsi que l'on appelloit le Pays de Lacedemone); sachant bien que sans cela ils ne pouvoient s'assurer de la Conquête du Peloponnese. Demetrius Poliorcete dont nous avons déja tant parlé, s'étant rendu maître d'Athénes, voulut aussi subjuguer les Lacedemoniens; il assiégeoit déja leur Ville & avoit battu Archidamus leur Roi, lorsqu'il fut obligé de voler vers la Macedoine où Pyrrhus étoit entré: cela donna quelque relâche aux Lacedemoniens. On a vu que Pyrrhus passa ensuite en Italie & delà en Sicile; d'où les armes des Romains le chasserent également, il revint fort à propos en Epire, pour delivrer ce Royaume de l'usurpation d'Antigonus fils de Demetrius qui avoit profité de son absence pour s'en emparer.

d Les divisions qui regnoient souvent à Lacedemone étoient alors très-aigries & peu s'en falut que Pyrrhus n'en profitât pour l'assujeguer. Cleomere l'un de ses Rois mourut après un regne de soixante ans & dix mois, au raport de Diodore de Sicile, & dans le temps que Demetrius de Phalere étoit Gouverneur d'Athénes. Cleomene laissa deux fils Acrotate & Cleonyme. Le premier mourut avant son pere & laissa un fils nommé Arée. Après la mort de Cleomene Arée & Cleonyme se disputerent la Couronne & l'affaire fut décidée par le Senat en faveur d'Arée. Mais on craignoit que son concurrent n'entreprît quelque chose contre la Republique, on le dédommagea par des honneurs éclatans & on lui donna les emplois les plus considerables. On lui confera le commandement des troupes qu'on envoyoit en Italie pour secourir les Tarentins qui étoient alors en guerre contre les Lucaniens & les Romains. Il défit ces premiers & prit Tarente qui quoique Colonie de Lacedemone avoit renoncé à l'alliance des Lacedemoniens. L'année suivante (452. de Rome, selon Diodore) l'an du Monde 3682. le Consul C. Emilius s'etant rendu maître de la Ville de Salente les Romains battirent Cleonyme sur Mer & sa Flotte errante sur les flots n'y subsista que de Pyrateries, elle arriva enfin sur la côte du Golphe Adriatique du côté du Padouan, où elle fut très-mal-traitée. Cleonyme que Tite-Live *e* apelle par erreur Roi de Lacedemone, eut bien de la peine à ramener dans sa patrie la cinquiéme partie de ses troupes. Il y resta pendant plusieurs années, toujours percé au vif de l'injustice qu'il pretendoit que le Senat lui avoit faite en faveur d'Arée. Mais il fut encore plus sensible à un nouvel affront qu'il reçut. Il avoit épousé Chelidone & son neveu Acrotatus fils d'Arée en étoit devenu amoureux s'insinua si bien auprès d'elle qu'il en obtint les dernieres faveurs. Cleonyme à qui ce commerce ne put être caché, prit le parti de ne plus dissimuler son sentiment, *f* il eut recours à Pyrrhus qui venoit de reprendre l'Epire envahie par Antigonus & l'engagea à porter ses armes dans la Laconie, l'an 481. de Rome, du Monde 3711. L'année suivante Pyrrhus entra dans cette Province; peu s'en fallut qu'il ne s'emparât de Lacedemone qu'il trouva dégarnie de troupes; mais les habitans prirent les armes & le chasserent. Ce Prince marcha vers Argos, où Antigonus son ennemi se trouva aussi: tandis qu'il combatoient une femme lui jetta une tuile sur la tête & le tua. Acrotatus ayant succedé à son pere Arée qui fut tué près de Corinthe *g* fut aussi tué lui-même à une Bataille près de la Ville de Megalopolis par le Tyran Aristodeme & laissa sa femme enceinte. Elle eut un fils dont Léonidas fils de Cleonyme eut la tutele. Cet enfant étant mort en bas âge, la Couronne tomba se ce Tuteur dont les mœurs ne convenoient pas trop à celles des Lacedemoniens. L'autre branche des Rois Euripontides avoit alors sur le Throne Agis jeune Prince de vingt ans. Persuadé que la decadence de Lacedemone ne venoit que de ce que les Loix de Lycurgue étoient negligées, il voulut les faire revivre. Un long espace de temps les avoit presque insensiblement abolies. Il osa commencer par le partage des terres. Les plus puissans de la Ville & Léonidas son Collegue, s'y opposerent: il ne se rebuta point, & soutenu par les conseils de Lysander l'un des Ephores, il persista dans son entreprise. Cet Ephore même cita le Roi Leonidas devant les Juges qui le priverent de la Couronne & la mirent sur la tête de Cleombrote son Gendre. Léonidas croyant sa vie en danger après cette revolution se sauva dans le Temple de Minerve & s'éloigna ensuite pour se mettre à couvert. D'autres Ephores succederent à ceux qui avoient condamné Leonidas, & firent citer devant leur Tribunal Lysandre & les autres partisans d'Agis pour y rendre compte de leur conduite. Les deux Rois se rendirent en personne à l'Assemblée, accompagnez d'une nombreuse suite, casserent ces Ephores & en substituerent d'autres qui étoient dans leur parti & entre autres un certain Agesilas, homme fort riche en fonds de terres, mais en même temps perdu de dettes. Ce nouvel Ephore songeant à ses interêts particuliers, insinua adroi-

adroitement à Agis qu'il devoit faire publier quelques Loix pour le foulagement du Peuple avant que d'en venir à celle qui ordonneroit le nouveau partage des terres. Agis le crut ; mais lorsqu'après la publication de ces nouvelles Loix il fut question du partage des terres, il n'y eut point d'adresse dont cet Agesilas ne se servît pour en éluder l'exécution. Agis perdit ainsi la confiance du Peuple, ses ennemis qui avoient leur cabale faite rappellerent Leonidas de son exil & le rétablirent sur le Throne. Agis & Cléombrote furent à leur tour reduits à se refugier dans les Temples. On fit grace de la vie à Cleombrote en faveur de sa femme Chelonide fille de Leonidas. Il en fut quite pour un bannissement où sa femme le suivit malgré son pere qui tâcha de l'en détourner. Les Ephores corrompirent les amis d'Agis ; il sortoit quelquefois du Temple pour aller aux bains, accompagné de quelques personnes de confiance. Ceux-ci l'entraînérent dans la prison, où la faction de Léonidas après une espece d'interrogatoire le fit étrangler. Son ayeule & sa mere averties qu'il étoit en prison, y accourûrent, & eurent le même sort. Archidamus son frere se sauva. Agiatis femme d'Agis étoit une des plus riches & des plus belles personnes du Pays. Elle avoit un fils qui fut nommé Eurydamas, Leonidas la fit épouser à Cleomene son fils qui étoit encore fort jeune. Elle plut infiniment à ce nouveau mari qui se faisoit un plaisir de lui entendre parler d'Agis & de ses desseins. Leonidas étant mort quelque temps après, Cleoméne monta sur le Thrône vers l'an de de Rome 519. du Monde 3749. c'étoit un temperament bouillant & plein de feu, fier, brave, & né pour la guerre. Les Achéens étoient alors très-puissans. Lacedemone avoit depuis quelque temps été dans leur alliance ; Cleomene s'en detacha pour prendre le parti des Etoliens. Les Achéens bien appuyez par le Roi de Macedoine Antigonus II. Beau-Pere & tuteur de Philippe fils de Demetrius & par d'autres Puissances firent la guerre à Cleomene. La quinziéme année de son régne il leur donna bataille à Sellasia [a] dans la Laconie & fut vaincu ; on le poursuivit à Lacedemone où ne se croyant point en sureté, il l'abandonna à la discretion de ses ennemis & se retira en Egypte auprès de Ptolomée Evergete qui le reçut assez bien, mais Ptolomée Philopator qui lui succeda peu après n'eut pas les mêmes égards pour Cleomene. Il le fit arrêter par le conseil de Sosibius son premier Ministre. Cleoméne s'échapa de la prison par stratagême, sortit avec treize amis, courut les rues d'Alexandrie [b] & exhortant le Peuple à se mettre en liberté, & personne ne se joignant à lui, les treize Compagnons & lui se tuérent les uns les autres, pour lui se perça de son épée, trois ans après son arrivée en Egypte.

Les Alliez des Achéens étant maîtres de Lacedemone lui rendirent sa liberté & ses Privileges. On donna à Cleomene pour Successeur un certain Agesipolis. Eurydamidas fils d'Agis quoi qu'enfant [c] avoit regné quelque temps conjointement avec Cleoméne. Mais il fut empoisonné par l'ordre de ce Roi qui mit en sa place Epiclidas son propre frere qui perit

*a Plutarch.
ibid. & Polyb. l. 5.*

*b Plutarch.
ibid. Polyb.
4.*

*c Pausan. l.
2. c. 9.*

dans sa Bataille de Sellasia, selon Pausanias [d]. Ils étoient fils l'un & l'autre de Leonidas & petits-fils de Cleonyme. La Monarchie de Sparte finit avec Cleomene [e], car Agesipolis son Successeur regna peu. Les Lacedemoniens furent successivement la proye de trois Tyrans, Lycurgue, Machanidas, & Nabis, qui chasserent Agesipolis de la Ville. [f] Ce Prince prit le parti d'aller à Rome implorer le secours de cette Republique qui commençoit à devenir l'arbitre de la Grece, mais il fut tué en chemin par les Pirates. Nabis fut tué par les Etoliens & Machanidas par Philopoemen Général des Achéens ; qui marcha contre Lacedemone, la prit, en chassa les Etoliens, assujetit les Spartiates, abolit leurs Loix & ruina les murailles de leur Ville. Ainsi finit le Royaume de Lacedemone ; ce Pays se perdit dans la Ligue des Achéens, avec qui il passa avec le temps sous la domination des Romains.

d Ibid.
e Ibid. l. 4. c. 19.
f Polyb. excerpt. Legat c. 49.

§ 10. *De la Ligue des Achéens, & de celle des Etoliens.*

J'ai déja expliqué dans l'Article de l'ACHAYE PROPRE, qui étoient originairement les Achéens & j'en ai parlé assez au long sur le temoignage de Pausanias, de Polybe & de Strabon. C'étoit la posterité d'Achaus arriére-petit-fils de Deucalion, elle se retira dans la partie Méridionale du Peloponnése, où elle demeura jusqu'au retour des Heraclides, qui l'en chassérent ; elle passa alors dans le Pays des Ioniens qu'elle força de le lui abandonner ; ceux-ci passerent ensuite en Asie avec le fils d'Oreste, & l'Ionie demeura aux Achéens qui lui donnerent le nom d'Achaïe.

Ce Peuple eut ses Rois & après l'extinction de la famille Royale prit comme les autres le parti de se gouverner en Republique. Il fut entraîné par le torrent comme tout le reste du Peloponnése dans les temps, que les Republiques de Lacedemone, d'Athénes, & de Thebes se disputoient la primauté. Avec elles il succomba sous la puissance des Macedoniens ; mais il profita des regnes foibles & tumultueux des premiers Successeurs d'Alexandre le Grand, & vers le temps que Pyrrhus Roi d'Epire partit en Italie [g] les Achéens jetterent les fondemens d'une Republique qui fut le dernier effort de la liberté des Grecs. Les Peuples de Dyme, de Patras, de Tritée, & de Phares firent ensemble une étroite alliance dans laquelle plusieurs autres Peuples entrerent. Ils établirent pour toutes les affaires communes un Secretaire & deux Preteurs qui étoient alternativement pris des Villes de l'union. Vingt-cinq ans après, ils jugerent à propos de n'avoir plus qu'un seul Preteur. On le croit vers le temps que la Constellation des Pleiades commençoit à paroître, comme Polybe [h] le rapporte, & il dit que le premier de ces Preteurs, lors que leur nombre eut été reduit à un seul, fut un certain Marcus de Caryne, & qu'il y avoit quatre ans qu'il étoit dans ce poste lorsqu'Aratus de Sicyone commença d'aquerir une grande reputation. Il faut donc, dit le P. Petau [i], que cette Republique ait commencé la derniere année de la 124. Olympiade qui revient à la

g Polyb. l. 2.
h l. 5.
i Ration. Temp.

473.

473. de la fondation de Rome, & à l'an du Monde 3703. car l'année suivante Pyrrhus passa en Italie. Il remarque ailleurs que le Royaume de Pergame & la Republique des Achéens commencerent à-peu-près dans le même temps.

^a La valeur d'Aratus de Sicyone contribua beaucoup à l'aggrandissement de cette Republique. Ce jeune Guerrier n'avoit que vingt ans lorsqu'il commença à se rendre redoutable la quatrieme année de la Preture de Marcus de Caryne, la onzième de la premiere guerre Punique & la vingt-neuviéme depuis la naissance de cette Republique. Son premier dessein fut de rendre la liberté à toutes les Villes de la Grece dont la plus grande partie étoit opprimée par des Tyrans ou par des Garnisons Macedoniennes ; il commença l'exécution de ce grand projet par sa propre patrie, délivra Sicyone de la tyrannie de Nicocles qu'il en chassa & fit recevoir cette Ville dans la ligue des Achéens l'an 501. de la fondation de Rome, l'an du Monde 3731. Plus de cinq cens exilez étant revenus à Sicyone redemanderent les biens dont ils avoient été depouillez : Aratus sur leurs plaintes passa en Egypte & tira de Ptolomée Philadelphe cinquante talens avec lesquels il satisfit à leurs justes demandes. Huit ans après il fut élu Preteur de la Republique d'Achaïe & après un an d'intervalle il eut une seconde fois le même honneur. Ce fut dans le temps de cette seconde Preture qu'il mit Corinthe en liberté en chassant de la Forteresse la Garnison Macedonienne qui y étoit commandée par Persée le Stoïcien. Plusieurs Villes suivirent cet exemple & entrerent dans la confederation vers l'an 511. de la fondation de Rome. Lacedemone avant Cleomene étoit aussi entrée dans cette société à laquelle elle demeura inviolablement attachée jusqu'à ce qu'il l'en retira & la fit entrer dans la ligue des Etoliens, autre confederation opposée à celle-ci.

La vûë des Achéens, étoit de ne faire qu'une seule Republique de toutes les Villes du Peloponnese. Ils avoient toujours souhaité avec beaucoup d'ardeur l'exécution de ce grand dessein & Aratus les y encourageoit tous les jours par ses exploits. Les Rois de Macedoine dont ce projet blessoit les interêts, ne songeoient qu'à le traverser, & c'est par cette raison qu'ils mettoient autant qu'ils pouvoient des Tyrans dans la plupart des Villes, ou bien ils donnoient à ceux qu'ils y trouvoient déjà établis des troupes pour s'y maintenir. Aratus mit toute son application à chasser ces Garnisons par la force, ou à engager par la douceur les Villes à se joindre à la grande Alliance, & sa prudence & son adresse ne contribuerent pas peu à l'exécution de son projet.

Dès le vivant d'Antigonus Gonatas fils de Demetrius Poliorcete, il avoit fait prendre ce parti à plusieurs Villes, entre autres à Sicyone dont il avoit chassé le tyran & à Corinthe d'où il avoit mis en fuite la Garnison Macedonienne, Antigonus étant mort, & Demetrius son fils n'ayant regné que dix ans Aratus renouvella tous ses soins pour remettre la Grece dans son ancienne liberté. Il commença par l'Attique qu'il delivra du joug des Macedoniens, ayant gagné par des presens considerables Diogéne qui en étoit Gouverneur. Il delivra ensuite Argos, Hermione, Phliasie, & plusieurs autres Villes dont les tyrans se rendoient eux-mêmes, de peur d'être prevenus par le Peuple, & recevoient l'alliance des Achéens.

Les Etoliens & Cleomene Roi de Lacedemone s'opposerent à la rapidité de ce torrent & traverserent les desseins d'Aratus. Les premiers firent secretement & y employérent tous les artifices imaginables, mais Cleomene prit les armes & se servit de la force ouverte. Il battit plusieurs fois Aratus & les autres Generaux des Achéens. Pour se rendre le maître de faire cette guerre comme il lui plairoit, il supprima les Ephores, renferma toute l'autorité dans sa seule personne, retablit l'ancienne discipline de Lacedemone la dixieme année qui fut la 528. ou 529. de Rome, n'y ayant plus rien au dedans qui pût lui faire de la peine, il se donna tout entier à la guerre contre les Achéens. Ceux-ci se trouvant trop foibles & se voyant pressez par Cleomene qui les avoit defaits plusieurs fois, resolurent par les conseils d'Aratus qui n'étoit plus en état de supporter les fatigues de la guerre, d'appeler les Macedoniens à leur secours. La Macedonie étoit alors gouvernée par Antigonus II. surnommé *Doson*, Δώσων, c'est-à-dire *qui donnera*, parce que ce Prince promettoit tout ce que l'on vouloit, & n'executoit rien de ce qu'il avoit promis. Il gouvernoit en qualité de tuteur de Philippe II. fils de Demetrius, comme nous avons dit : & cette tutele avoit commencé dès l'an de Rome 522, ou du Monde 3752.

Aratus donc & les Achéens rechercherent avec empressement l'alliance d'Antigonus, quoi que jusqu'alors ils ne se fussent soutenus que par celle de Ptolomée Roi d'Egypte. Cette alliance leur couta la Forteresse de Corinthe qu'ils remirent à Antigonus & ils se declarerent Generalissime de toute la Grece tant par mer que par terre. Cette confederation donna aux Achéens, les Macedoniens, les Epirotes, les Phocéens, les Beotiens, les Arcadiens, & les Thessaliens. Antigonus partit à la tête d'une puissante armée. Cleomene s'avança pour lui disputer le passage de l'Isthme, mais ayant apris que la Ville d'Argos avoit abandonné son parti, il prit la resolution de se tenir sur la defensive dans son propre Pays. Les Macedoniens entrerent donc dans le Peloponnese & l'an 533. de Rome se donna la Bataille de *Sellasia* qui fut suivie de la fuite de Cleomene en Egypte où il perit comme nous l'avons raporté ^b. Antigonus donna la paix à toute la Grece ^c & se retira. Un des principaux articles du Traité fut que les Etoliens ne pourroient faire entrer aucunes troupes dans l'Achaïe. Après sa mort son pupile Philippe qui n'avoit pas dix-sept ans monta sur le Thrône. Il promettoit beaucoup, mais la flaterie le corrompit. Les Etoliens meprisérent sa jeunesse, & se lassant d'une paix qui ne leur permettoit pas d'exercer leurs Brigandages, ils la violerent. Ils commencerent par attaquer les Messeniens qui étoient alors leurs alliez, & ils rava-

a Plutarch. in Arato. Pausan. Corintin.

b § 9.
c Polyb. l. 4.

ravagerent leurs terres. Dorimachus [a] & Scopas commandoient les Etoliens. Aratus & les Achéens les conjurerent en vain de cesser leurs hostilitez dans le Peloponese & d'en retirer leurs Troupes. On en vint à une rupture l'an de Rome 534. La premiere Bataille se donna près de CAPHYES Ville d'Arcadie [b], & les Achéens y furent batus. Les Etoliens fiers de ce succès continuerent de ravager le Peloponese. Les confederez de la Ligue des Achéens dans laquelle les Messeniens venoient d'entrer, appellerent Philippe à leur secours, & ce Prince à la priere de tous ces Peuples declara la guerre aux Etoliens. On la nomma la guerre des Alliez, *Sociale bellum.* Elle commença l'an 534. de Rome, du Monde 3764, lorsqu'Aratus étoit Preteur des Achéens.

Vers l'équinoxe du printemps de la même année qui étoit la saison, où les Preteurs de l'Achaïe entroient en charge, Aratus le jeune fut mis en place au lieu de son pere & Philippe prit la resolution de faire la guerre aux Etoliens. Dans le même temps, les Romains sous la conduite du Consul Emilius se préparoient à faire la guerre à Demetrius Pharius Roi d'Illyrie qui étant vaincu chercha un asyle auprès de Philippe. Lycurgue qui après la mort de Cleomene s'étoit mis sur le Thrône de Lacedemone fit alliance avec les Etoliens, & se mit à ravager le Pays des Achéens. La guerre des Alliez dura trois ans, & pendant ce temps-là Philippe se servit des conseils d'Aratus. Ses Courtisans jaloux de la deference qu'il avoit pour ce grand homme, le calomnierent & firent si bien que le Roi se refroidit envers lui, mais il reconnut le tort qu'on lui avoit fait & lui rendit son estime. Cependant ayant écouté de nouveau de faux raports il se fit empoisonner l'an de Rome 541. du Monde 3771. Cinq ans après la fin de la guerre des Alliez, Philippe s'étoit ligué avec Annibal. La defaite des Romains près du Lac de Trasiméne lui avoit fait prendre la resolution de passer promptement en Italie pour avoir part au butin. Il fit voile vers l'Illyrie, mais la crainte qu'il eut des forces des Romains l'obligea d'abandonner alors cette entreprise. L'an de Rome 540. il leur declara la guerre & voulut faire une descente dans l'Illyrie, mais la marche de Valerius Levinus l'étonna si fort qu'il fit retirer une partie de sa Flotte, en brûla le reste & se retira par terre en Macedoine. Levinus qui vouloit empêcher ce Prince de lui donner souvent de pareilles allarmes se ligua contre lui avec les Etoliens; & le Traité fut conclu l'an de Rome 542. du Monde 3772. Les nouveaux Confederez joignirent ensuite leurs forces à celles d'Attalus & attaquerent les Macedoniens & leurs Alliez dont les Achéens étoient les plus considerables. Ceux-ci avoient pour Général Philopœmen dont Plutarque a écrit la Vie. Ce fut lui qui nettoya Lacedemone du Tyran Machanidas auquel Nabis succeda. Les Romains ne purent soutenir cette guerre avec vigueur. Ils avoient alors les Carthaginois au cœur de l'Italie, & leurs affaires domestiques les obligeoient de negliger celles de Grece. Cela donna lieu à la paix que les Epirotes menagerent entre les Romains & Philippe & leurs Alliez de part & d'autre. Elle se fit l'an de Rome 549. du Monde 3779. Rome ayant fait la paix avec les Carthaginois ne garda plus de mesures avec Philippe & lui declara la guerre l'an 554. de Rome, du Monde 3784. Les anciennes injures qu'elle en avoit reçues & les nouveaux ravages qu'il venoit de faire sur les terres de ses Alliez en furent un pretexte plausible. Les Atheniens avoient renoncé à l'alliance de Philippe & s'étoient mis sous la protection des Romains. Philippe les attaqua. Titus Quintus Flaminius termina cette guerre au bout de quatre ans par la defaite des Macedoniens. La liberté de la Grece fut le fruit de cette victoire. Lucius Flaminius frere de Titus Quintus batit en même temps les Acarnaniens. Titus Quintus tourna ensuite toutes ses forces contre Nabis Tyran de Lacedemone, mais il lui accorda la Paix après qu'il eut rendu la liberté à la Ville d'Argos; ainsi de toutes les Villes de la Grece, il n'y eut que Sparte seule qui resta dans l'esclavage. L'an de Rome 562. du Monde 3792. Philopœmen là fit entrer dans l'alliance des Achéens après la mort de Nabis qui fut tué par les Etoliens. Ce fut dans ce temps-là que les Etoliens se detacherent des Romains contre qui ils voyoient se former une puissante ligue dans l'Orient. Antiochus Roi de Syrie & Ptolomée Roi d'Egypte s'étoient unis, sur les esperances que donnoit Annibal qui s'étoit refugié auprès d'Antiochus. Les Etoliens envoyerent à ce dernier une ambassade; mais ce Prince ayant été vaincu par les deux Scipions l'an 564. du Monde 3794. sa defaite entraina celle des Etoliens. L'année suivante le Consul Fulvius les dompta & la même année Cneius Manlius son Collegue reduisit la GALLOGRECE ou la Galatie dans l'Asie mineure.

L'an de Rome 571. du Monde 3801. Philopœmen fut surpris par les Messeniens qui lui ôterent la vie. Peu de temps avant sa mort les Lacedemoniens ayant voulu quitter l'alliance des Achéens, il les avoit forcez à y rentrer & pour punition de leur revolte, avoit aboli leurs Loix & fait raser leurs murailles. Lycortas éleve, ami, & Successeur de Philopœmen vangea cette mort & força les Messeniens & les Lacedemoniens à rentrer dans cette aliance. Ces Villes avoient bien de la peine à s'y soumettre & surtout la derniere qui comptoit beaucoup sur la protection des Romains. Ils s'en mêlerent en effet comme nous verrons dans la suite.

Cependant Philippe Roi de Macedoine plus irrité que decouragé de sa defaite ne songeoit qu'à s'en vanger & se préparoit à la guerre. Il avoit deux fils, Demetrius & Persée. Le premier avoit été en ôtage parmi les Romains, & avoit eu le bonheur de leur plaire. La division s'étant mise entre ces deux freres, Philippe prit de la haine pour Demetrius que les calomnies de Persée & plus encore l'estime des Romains lui avoient rendu odieux. Il le fit mourir l'an de Rome 574. du Monde 3804. L'année suivante Persée monta sur le Thrône & continuant les desseins de son pere fit la guerre aux Romains. Il fut défait & pris prisonnier la onzieme année de son regne. Avec lui finit le nouveau Royaume de Macedoine com-

[a] *Diodor. Excerpt. Vales.*
[b] *Polyb.* l. 4.

commencé par Ptolomée Ceraunus, c'est-à-dire, le foudre.

Les Achéens ne furent pas long-temps après cela sans tomber dans la servitude. Les Lacedemoniens n'étoient rentrés dans la Ligue des Achéens qu'à contre-cœur. Ils avoient porté aux Romains des plaintes contre cette violence; & le Senat de Rome avoit faisi avec joye cette occasion, & il avoit souvent interposé son intercession en leur faveur: la trop grande autorité de ce parti lui donnoit de l'ombrage & pour l'abbaisser il resolut de le diviser & de remettre toutes les Villes de la Grece dans leur premiere liberté. Enfin l'an de Rome 606. & du Monde 3856. le Senat envoya des Ambassadeurs en Grece pour ordonner aux Achéens de separer de leur corps non seulement *Lacedemone*, mais encore *Corinthe*, *Argos*, *Heraclée*, & *Orchomene* d'Arcadie. Les Ambassadeurs exposerent les ordres du Senat & à peine ils s'étoient acquitez de leur commission qu'on vit naître une sedition, à l'instigation particulierement de Critolaüs. On courut aux armes pour massacrer tous les étrangers, & sur tout les Lacedemoniens & ils n'auroient pas épargné les Ambassadeurs Romains s'ils ne se fussent sauvez. L'année suivante le Senat declara la guerre aux Achéens. Le Preteur Metellus les défit en deux batailles, l'une auprès des Thermopyles, Critolaüs y commandoit les Achéens, l'autre dans la Phocide, où Dieus étoit à leur tête. L'an de Rome 608. du Monde 3838. le Conful Memmius se rendit maître de toute l'Achaïe & fit brûler Corinthe qui en étoit la Capitale. Ensuite les dix Deputez du Senat abolirent l'assemblée de la Grece, reglerent le tribut qu'elle payeroit à l'avenir & ordonnerent que tous les ans on y envoieroit un Preteur pour y rendre la Justice; & depuis ce temps là elle demeura sous les Romains. C'est de cette Ligue que le nom d'ACHAÏE fut donné à la Grece située hors du Péloponnese.

§ 11. *Remarques generales sur le IV. âge.*

Durant cet âge la Grece diminuant peu à peu, produit encore de temps en temps quelques Heros; mais rarement plusieurs à la fois. Du temps de la Bataille de Marathon on avoit vu dans une même armée Miltiade, Themistocle, Aristide & plusieurs autres hommes du premier ordre; on voit dans cet âge-ci un Phocion, un Aratus, & ensuite un Philopœmen après qui la Grece ne produit plus un Heros digne d'elle, comme si elle étoit épuisée. Quelques Rois comme Pyrrhus d'Epiré, Cleomene de Sparte, les Rois de Macedoine, se signalent encore par leur courage, mais la morale n'y répondent pas. Il se trouve encore néanmoins des Philosophes célèbres. Entre autres, Theophraste Successeur d'Aristote, Xenocrate Successeur de Platon & maître de Polemon dont Cratès fut le disciple. Celui-ci forma Crantor, qui eut pour élève Arcesilaüs fondateur de la Moyenne Academie; Epicure disciple de Cratès; Zenon Fondateur de la Secte des Stoïciens; Chrysippe & Cleanthe qui suivirent ses senti-

mens. Straton de Lampsaque Peripateticien Successeur de Theophraste; Lycas Successeur de Straton; Demetrius de Phalere sorti de la même école, Archonte d'Athenes l'an du Monde 3675. & deux ans après obligé de s'enfuir chez Ptolomée; Diogene le Stoïcien different de Diogéne le Cynique, Critolaüs Péripateticien, Carneade Académicien, Lacyde Fondateur de la nouvelle Académie &c. Entre les Poëtes on distingue Aratus qui a traité de l'Astronomie en vers, Callimaque Poëte Elegiaque, Menandre Poëte Comique, Theocrite, Bion, & Moschus, Poëtes Bucoliques. Timée Historien, Eratosthene Historien & Géographe, & quelques autres acquirent de la reputation par leurs ouvrages.

V.

CINQUIEME AGE DE LA GRECE.

Cet âge commence à l'an de Rome 608. du Monde 3838. & dure jusqu'à l'Empire d'Auguste l'an de Rome 724., & du Monde 3954. L'intervale est de cent seize ans. Les Romains ne firent pas de grands changemens dans les Loix municipales des Villes de Grece. Ils se contenterent d'en tirer le tribut annuel & d'exercer la Souveraineté par un Preteur. Ce Gouvernement assez doux pour un Pays épuisé par longues guerres civiles; la puissance des Romains qui s'étendoit autour de la Grece & assujettissoit l'Asie peu à peu, l'inutilité des efforts qu'on pourroit faire pour reprendre sa liberté, tout cela joint ensemble retint les Grecs dans la dépendance des Romains. Les vainqueurs avoient respecté les Temples & les riches offrandes qui y étoient déposées; ainsi tout fut assez tranquile jusqu'à la GUERRE DE MITHRIDATE. Ce Roi avoit chassé Ariobarzane de la Cappadoce & Nicomede de la Bithynie. Il s'étoit emparé du Royaume de Pergame où il étoit.[a] De ses deux fils l'ainé regnoit paisiblement dans le Royaume de Pont & du Bosphore qui étoit l'ancien Domaine de ses Peres; & qui s'étendoit jusqu'aux deserts des Palus Méotides. Le Cadet nommé Ariarathes à la tête d'une grande armée faisoit la conquête de la *Thrace* & de la *Macedoine*, & ses Generaux avec leurs forces remportoient pour lui des victoires considerables en plusieurs lieux. Archelaüs le plus considerable d'entre eux, avec une puissante Flotte qui le rendoit maître de la Mer lui assujétit les *Cyclades*, toutes les autres Isles qui sont renfermées par le Promontoire de Malée & l'*Eubée* même; & s'étant emparé d'*Athènes*, de la comme de sa place d'Armes, il couroit par tout & faisoit revolter tous les Peuples de la Grece, jusqu'à l'extrémité de la Thessalie. Il reçut quelque échec près de Cheronée; Brutius Sura Lieutenant de Sentius qui commandoit pour les Romains dans la Macedoine s'opposa aux Soldats de Mithridate qui ravageoient la *Béotie*, & ayant batu en trois rencontres Archelaüs près de Cheronée, il le chassa de la Grece & le reduisit à se renfermer dans sa Flotte & à se contenter de la Mer. Sylla prit la place de Brutius Sura, dans le temps que toute la Grece étoit disposée à se decla-

[a] *Plutarch. in Scylla.*

declarer pour les Romains. Toutes les Villes envoyerent à Sylla des Ambassadeurs pour l'appeller & pour lui ouvrir leurs portes. Il n'y eut qu'*Athènes* qui reduite sous le joug du Tyran Ariſtion fut forcée de reſiſter. Sylla en fit le ſiége & comme il manquoit de bois pour les Machines qui étoient souvent briſées par le poids dont elles étoient chargées, il n'épargna point les bois ſacrez. Il coupa les belles allées de l'*Academie* & celles du *Lycée* qui étoient les plus beaux parcs qu'il y eût dans les Fauxbourgs. Il pilla les treſors ſacrez des Temples d'*Epidaure*, d'*Olympie*, de *Delphes*, &c. auxquels ni Flaminius, ni Paul-Emile ni les autres Capitaines Romains n'avoient oſé toucher. Sylla prit enfin la Ville d'Athènes où il permit le pillage & le carnage à la diſcrétion du Soldat.

Sur ces entrefaites Taxile autre Général de Mithridate arrive de Thrace & de Macédoine avec une armée de cent mille hommes de pied, de dix mille chevaux & de quatre-vingts dix chariots armez, écrivit à Archelaüs de le venir trouver. Sylla décampa & alla dans la *Béotie*, ayant été renforcé par Hortenſius, il livra bataille aux barbares & malgré l'inferiorité du nombre il les mit en deroute. Après la défaite d'Archelaüs, il eut peu de temps après le même ſuccès contre Dorilaüs nouvellement arrivé avec des Troupes fraiches. Cette ſeconde Bataille ſe donna à *Orchomene*. La Paix qui ſuivit ces deux victoires rendit la Grece & la Macédoine aux Romains. Cette guerre arriva l'an de Rome 668. & du Monde 3898.

La Grece ſouffrit beaucoup des GUERRES CIVILES de Jules-Céſar & de Pompée. Ce fut chez elle qu'une partie de leurs querelles ſe décida. Mais elle eut cela de commun avec toute la Republique Romaine. Elle ne recouvra un état bien tranquile qu'après les guerres qui firent paſſer l'Empire entre les mains d'Auguſte.

Remarques ſur cet âge.

Le cinquième âge fut aſſez ſterile en grands hommes pour la Grece. On y trouve pourtant Metrodore Philoſophe Sceptique, aimé des Rois Mithridate & Tigrane; Geminus ſavant Mathematicien, Diodore de Sicile Hiſtorien, & quelques autres. Les Sciences avoient pris leur cours vers Rome & l'Italie qui produiſoit à ſon tour cette foule d'Ecrivains illuſtres qui ont rendu immortel le Siècle d'Auguſte.

VI.

SIXIEME AGE DE LA GRECE.

AUGUSTE ayant ſurmonté tous ſes Ennemis, rendit au Senat & au Peuple Romain une ombre d'autorité. Il partagea avec eux les Provinces. Il leur laiſſa la diſpoſition de celles qui étant éloignées des Frontières de l'Empire, n'avoient pas beſoin de Troupes pour ſe deffendre, & il ſe reſerva celles qui étant plus expoſées avoient des Garniſons ou des armées, dont il garda pour lui le commandement. La Grece étant pour ainſi dire dans le centre de l'Empire, fut du partage du Peuple; & gouvernée par trois Preteurs. L'un avoit une partie de l'*Epire* avec toute l'*Illyrie*. L'autre avoit la *Macedoine* & une *partie de la Grece*, le troiſième avoit l'*Achaïe*, la *Theſſalie*, la *Béotie*, l'*Acarnanie*, & une partie de l'*Epire*[a], au raport d'Onuphre qui met ce partage l'an 727. de Rome ſous le VII. Conſulat d'Auguſte & le III. d'Agrippa.

[a] Voyez Schelſtrate Antiquit. Eccleſ.T.2.

Sous Adrien, la Grece fut ſubordonnée à l'Illyrie. Le departement d'Illyrie avoit ſous lui dix-ſept Provinces. Savoir,

Les deux NORIQUES,	LA MACEDOINE,
Les deux PANNONIES,	LA THESSALIE,
LA VALERIE,	L'ACHAÏE,
LA SAVIE,	La premiere } EPI-
LA DALMATIE,	La ſeconde } RE,
La premiere MOESIE,	LA PREVALITANE,
Les deux DACIES,	L'Iſle de CRETE.

La ſeconde Mœſie ou la baſſe Mœſie étoit l'une des ſix Provinces de Thrace. Mais cet arrangement fut changé ſous Conſtantin. Il établit quatre Prefets du Pretoire. Celui d'Illyrie avoit deux Dioceſes, ſavoir LA MACEDOINE & la DACIE. La derniere de ces Dioceſes n'a point d'autre raport avec la Grece ſinon d'avoir été ſous un même Prefet. Sous cette Dioceſe de *Macedoine* on comprenoit ſix Provinces, ſavoir

L'ACHAÏE,
LA MACEDOINE,
LA CRETE,
LA THESSALIE,
L'ANCIENNE EPIRE,
LA NOUVELLE EPIRE & partie de la MACEDOINE SALUTAIRE.

L'autre partie de la *Macedoine Salutaire* étoit de la *Dacie* avec la *Prevalitane*.

Partout là le mot *Achaïe* ne ſignifie pas ſeulement le petit Pays de l'Achaïe propre, mais encore tout ce que la ligue des Achéens poſſedoit lorſqu'elle fut ſoumiſe aux Romains, ainſi il faut entendre ſous le nom d'Achaïe,

L'ETOLIE,	LA BEOTIE,
L'ATTIQUE,	LA LOCRIDE,
LA MEGARIDE,	L'EUBEE,
LA PHOCIDE,	Le PELOPONNESE,
& les principales Iſles adjacentes.	

Ptolomée traite de toute la Grece en V. Chapitres & en fait autant de parties; ſavoir,

LA MACEDOINE,	L'ACHAÏE,
L'EPIRE,	Le PELOPONNESE,
& la CRETE.	

VII.

VII.

SEPTIE'ME AGE DE LA GRECE.

La diſtribution des ſix Provinces faite ſous Conſtantin, dura juſqu'à l'Empire d'Arcadius & d'Honorius & le Pretoire d'Illyrie & par conſequent la Grece étoit de l'Empire d'Orient. Ce fut ſous l'Empire de ces deux Princes que la Grece fut envahie par Alaric. Elle avoit deja été ravagée par les Scythes du temps de Gallien ; ils avoient pris Athénes, & s'étoient avancez juſqu'à la Thrace. Nous ne repeterons point ici les courſes que les Goths y avoient faites ; nous les avons raportées ailleurs [a]. Mais l'*expedition d'*ALARIC merite d'être inſerée ici. Zozime la raconte de cette maniere [b]. Ruſin mal intentionné contre l'Empire & ayant d'ailleurs beaucoup d'autorité en Orient ſe ſervit de ſes creatures pour ruiner les Provinces. Il établit Antiochus Propreteur de la Grece & donna la garde des *Thermopyles* à Geronce, comme à un homme qui devoit ſeconder les mauvais deſſeins qu'il avoit contre l'Empire. Il ſavoit qu'Alaric mecontent de ſon ſort ne cherchoit qu'à remuer, il lui fit dire ſecretement d'avancer & qu'il ne trouveroit point de reſiſtance. Sur cet avis Alaric partit de Thrace, alla en *Macedoine*, & en *Theſſalie* pillant & enlevant tout ce qu'il trouvoit ; lorſqu'il fut proche des Thermopyles, il envoya avertir de ſon arrivée Geronce & le Proconſul Antiochus. Geronce s'étant retiré & ayant laiſſé le paſſage libre aux Barbares, ils ruinerent les Villes & la Campagne, tuerent les hommes, emmenerent les femmes & les enfans avec une quantité ineſtimable de butin. La *Beotie*, & les autres Provinces par où ces barbares paſſerent, conſervoient encore les triſtes marques de leur fureur lorſque Zoſime écrivoit. Il n'y eut que la Ville de *Thebes* qui fut conſervée, tant par la bonté de ſes murailles que par l'impatience qu'Alaric avoit de prendre Athénes. Cet empreſſement ne lui permit pas de s'arrêter à un autre ſiége. Il ſe hâta donc d'aller à *Athénes* dans l'eſperance de la prendre, tant parce que ceux du dedans ne ſuffiſoient pas pour garder la grande étendue de ſes murailles que parce qu'il étoit déjà maître du Pirée & qu'il y avoit peu de proviſions dans la Ville : cette Ville fut pourtant conſervée. Zoſime l'attribue à la Déeſſe Minerve qui apparut à Alaric, & à Achille qui ſe promenoit ſur les murailles dans l'équipage où il a été décrit par Homere. (Il y a bien de la viſion là dedans.) Alaric étoit Goth & Arien, & ne connoiſſoit gueres Minerve, ni Achille. Quoi qu'il en ſoit du motif, il perdit l'envie de prendre la Ville d'aſſaut & offrit la Paix aux habitans. Les ſermens étant faits de part & d'autre il entra dans la Ville où il fut reçu très-civilement, il ſe baigna, mangea avec les Principaux Citoyens & ayant reçu des preſens, il ſe retira de l'Attique ſans y faire aucun dégât. Il entra dans la *Megaride* & ayant pris *Megare* il entra ſans obſtacle dans le *Peloponneſe* ; Geronce lui ayant abandonné l'Iſthme il lui fut aiſé de prendre des Villes qui n'étoient point fermées de murailles. *Corinthe* fut priſe la premiere, enſuite les petites Villes voiſines, il prit enſuite *Argos*, & tout ce qui eſt entre cette Ville & Lacedemone, Ruſin eſperoit qu'à la faveur de tous ces deſordres il pourroit s'emparer de l'Empire. Stilicon au contraire courut au ſecours de la Grece & ayant abordé avec une Flotte au Peloponneſe, il contraignit les barbares de ſe retirer à *Pholoé* Montagne d'Arcadie. Il auroit pû les y affamer en les inveſtiſſant de tous côtez & faiſant bonne garde ; mais content de ce ſuccès il s'amuſa à ſe divertir, & permit à ſes Soldats d'enlever tout ce que les barbares n'avoient pas pris, il laiſſa aux Goths & aux autres gens de l'armée d'Alaric la facilité de ſortir du Peloponneſe & d'aller en *Epire* avec tout le butin qu'ils avoient fait. Stilicon ayant ainſi chaſſé Alaric de la Grece, repaſſa en Italie avec la reputation d'y avoir fait plus de mal aux endroits par où il paſſa, que n'en avoient fait les barbares. Cette Invaſion arriva l'an de l'Ere vulgaire 395.

La Grece étoit compriſe, comme nous avons dit, ſous l'Illyrie Orientale ; & étoit ſujete à être de temps en temps ravagée par les barbares qui paſſant le Danube ſe jettoient ſur la Thrace & delà dans la Macedoine. La Metropole de cette Illyrie étoit Theſſalonique ; c'eſt pour cela, comme nous le verrons enſuite, que l'Archevêque de Theſſalonique avoit ſous lui tous les Evêques de l'Egliſe d'Illyrie à titre de Vicaire du St. Siége. Nous voyons que le Pape St. Damaſe commit à St. Aſcole de Theſſalonique [c] le gouvernement des dix Provinces qui compoſoient alors l'Illyrie Orientale pour y exercer ſon autorité comme ſon Vicaire. C'eſt le même St. Aſcole qui baptiſa l'Empereur Theodoſe.

Juſtinien dont les deux paſſions dominantes étoient de faire des Loix & de bâtir, remplit la Grece de Foreterreſſes pour la garantir des courſes auxquelles elle avoit été ſouvent expoſée. On peut voir dans Procope [d] le grand nombre de Forts qu'il fit bâtir de neuf ou reparer, & les Villes qu'il releva tant dans le *Peloponneſe* & l'*Achaïe* que dans la *Theſſalie*, l'*Epire* & la *Macedoine*. La liſte en eſt trop longue & trop ſéche pour l'inſerer ici.

Sous l'Empire de Michel les Iſles de *Crete* & les *Cyclades* furent envahies par les Africains & par les Arabes, c'eſt-à-dire par les Sarraſins. Ils s'emparerent auſſi de la Sicile. Vers l'an 829. ſoixante & trois ans après ils prirent la Ville de *Theſſalonique* où ils firent un grand carnage [f] ſous l'Empire de Léon en 892. Crete fut repriſe ſur les Sarrazins l'an 960. & 961. par Nicephore Phocas Général des Troupes de l'Empereur Romain. Dixhuit ans après ſous l'Empire de Baſile & de Conſtantin fils de Romain, les Bulgares coururent & pillerent la *Thrace*, la *Macedoine* & la *Theſſalie*. Neuf ans après, c'eſt-à-dire l'an 995. ils recommencerent leurs courſes & entrerent dans le *Peloponneſe*. Les Troupes de l'Empereur tomberent ſur eux & pillerent leur camp l'an 1001. Baſile reprit ſur eux la Servie & la *Theſſalie*, & contraignit Samuel leur Prince de ſe retirer à l'extremité de ſes Etats.

Lorſque Baudoüin [g] eut été declaré Empereur de Conſtantinople en 1204. ce ne fut plus

plus que confusion dans la Gréce. *Boniface Marquis de Montferrat* eut Candie qu'il remit aux Venitiens pour Thessalonique, il avoit pour femme Marie de Hongrie Veuve d'Alexis l'Ange. Ayant laissé cette Princesse & une partie de ses Troupes à Thessalonique, il alla se rendre maître de *Serres*, de *Berée*, de *Tempé* & de toute la *Thessalie*. Il voulut aussi s'assurer de Larisse, traverser la Grece & envahir la *Morée*. Il conquit ainsi un grand nombre de Villes. Tandis qu'il alloit assieger *Larisse*, Leon Sgure qui étoit natif de Napoli de Romanie s'avisa de se mettre en embuscade au pas des Thermopyles. Ce Sgure possedoit un petit Etat que son Pere avoit eu avant lui, & profitant des desordres de l'Empire, il s'agrandit & se maintint quelque temps par ses violences. Il prit Argos par fourberie, & Corinthe par ses brigandages: s'étant approché d'Athenes il l'attaqua par mer & par terre & ne put la prendre, il se contenta d'en brûler & piller les environs. Il prit Thebes, passa les Thermopyles & alla par le Mont Oeta à Larisse où il se joignit à Alexis qui demeuroit à Tempé en Thessalie depuis qu'il avoit été chassé de la Ville Imperiale. Il épousa Eudocie fille d'Alexis. Il venoit de conclure ce mariage quand il alla aux Thermopyles pour fermer le passage au Marquis de Montferrat, mais quand il eut vû approcher l'armée, il prit l'épouvente & s'enfuit ; Boniface ayant passé sans obstacle alla en *Béotie* où il fut bien reçu, & delà à *Athénes* qui lui ouvrit ses Portes, & reçut garnison dans la Citadelle. Il parcourut avec une rapidité prodigieuse l'*Eubée*, passa l'*Isthme*, tailla en piéces quelques Troupes de l'Empire Grec, entra à *Corinthe*, à *Argos*, parcourut la *Laconie* & l'*Achaïe*, prit *Modon* & *Pylos*. Pendant ces Conquêtes Sgure s'étoit retiré dans l'Acro-Corinthe qui passoit pour imprenable. Boniface ne jugeant pas de la pouvoir emporter de vive force non plus que Napoli de Romanie, il voulut en faire le Siège. Pendant qu'il y étoit occupé, Jean Roi des Bulgares s'empara de Serres, & obligea la Citadelle de capituler. Il étoit secondé d'une nombreuse armée de Scythes. Il prit *Berée*, batit les Troupes du Marquis de Montferrat & l'obligea à se renfermer dans Thessalonique. Tout cela se passoit durant l'Empire de Baudouïn qui ne dura pas un an entier ; ce Prince étant tombé dans une embuscade que Jean Roi des Bulgares lui dressa l'an 1205. le Marquis Boniface perit lui-même dans un combat contre ces mêmes Barbares l'an 1207. Il n'étoit pas le seul qui se fût fait une Souveraineté dans la Grece.

Il y avoit, dit Nicetas, des hommes perdus de debauches & nez pour la servitude qui ayant conçu une basse jalousie contre la prosperité de leur Pays s'emparerent de quelques places & s'accorderent avec les Italiens avec lesquels ils devoient plutôt souhaiter d'avoir toujours la guerre. Léon Sgure commandoit à *Corinthe* & à *Napoli* de Romanie, comme nous avons dit. Léon Camaret s'étoit rendu maître de *Lacedemone*. Michel fils naturel de Jean Sebastocrator s'étoit emparé de l'*Etolie* & des terres voisines de *Nicopole* & de *Duras*.

Le Marquis de Montferrat qui faisoit son sejour ordinaire à Thessalonique étoit en possession de la côte maritime qui est au deça d'Almyre; (lieu sur la côte ; ce nom veut dire *Salé*) & de la plaine de Larisse & levoit des impositions sur la Grece & sur la Morée. Il y avoit encore un autre petit Seigneur qui tenoit les Montagnes de *Thessalie* & le Pays appellé maintenant la *Grande Valachie*. L'Auteur entend par là le *Pinde* nommé par les Grecs modernes *Mezzono*, habité alors par les *Blaci* ou Valaques, selon Chalcondyle [a]. Marc Sanudo [b] Venitien entreprit l'an 1207. la conquête de l'Isle de *Naxe* dans l'Archipel. Elle étoit alors fort peuplée, on y comptoit plus de cent Bourgs ou Villages outre plusieurs Châteaux & Forteresses que les Empereurs y avoient fait bâtir. Le Seigneur de Champlit avoit conquis le *Peloponnése*; Otton de la Roche Gentil-homme Bourguignon s'étoit rendu maître d'*Athénes* & de *Thebes*; Jaques d'Avesnes & Ravin Carcerio s'étoient emparez de l'*Eubée*.

Sanudo se fit par sa prudence un Etat assez puissant dans l'Archipel & ajouta à son Isle de *Naxe* celles de *Paros*, d'*Antiparos*, de *Santorini*, de *Nio*, d'*Anasi*, de *Cimolo*, de *Milo*, de *Siphanto*, & de *Policandro*. A mesure qu'il faisoit la conquête de ces Isles, il y mettoit des Gouverneurs & des Garnisons.

Lorsque l'on confera la dignité d'Empereur d'Orient à Baudouïn, cet Empire étoit très-foible, la plupart des Officiers Grecs se révoltérent contre lui. Son regne fut trop foible & trop court pour y apporter du remede, mais son frere Henri qui lui succeda forma le dessein de soumettre tous ces rebelles. Le moyen dont il se servit pour les reduire fut de permettre aux Principaux Seigneurs de sa Cour d'armer contre ces petits Souverains & de leur abandonner les conquêtes qu'ils feroient sur eux. Ainsi sans rien diminuer de ses Domaines, il les recompensoit de leurs services. C'est en vertu de cette permission que se formerent ces Souverainetez dont nous venons de parler. Les Venitiens qui avoient assisté les François à la prise de Constantinople avoient eu en partage la Thessalie avec une partie de la Macedoine. Mais lorsqu'ils virent les établissemens que les François faisoient dans la Grece, ils voulurent aussi s'étendre, & à l'imitation de Henri ils permirent aux plus considerables d'entre eux d'équiper des Vaisseaux & leur abandonnerent pour eux les conquêtes qu'ils pourroient faire. Marc Dandolo surprit Gallipoli dans la Thrace ; André Gizi se rendit maître des Isles de *Tines*, de *Mycone*, de *Schiro*, & de *Scopelo*. Ce fut dans ce temps-là que Sanudo prit l'Isle de *Naxe*. Boniface Marquis de Montferrat avoit eu Candie, mais il la changea avec les Venitiens contre le Royaume de Thessalie. C'est ainsi que ce Marquis étoit devenu Souverain de Thessalonique. Sanudo ayant affermi sa domination à Naxe, & conquis les Isles voisines qui étoient à sa bienséance songea à se rendre Souverain dans son Etat & independant de la Republique de Venise qui avoit déja conçu beaucoup de jalousie de la grande puissance de ses Sujets. Pour cela il envoya des Ambassadeurs à Henri Empereur de Constantinople & à Boni-

[a] l. 6 p. 168. Edit. du Louvre.
[b] Hist. de l'Archipel. l. 1.

Boniface Marquis de Montferrat qui vivoit encore à Theſſalonique. Ces Princes n'eurent garde de le refuſer. Sanudo s'étoit fait une reputation trop éclatante & d'ailleurs il ſe trouvoit en état de les ſervir ou de leur nuire. Henri ſe declara ſon Protecteur, érigea Naxe en *Duché* & donna à Sanudo le titre de Duc de l'Archipel & de Prince de l'Empire. Boniface de ſon côté lui accorda ſon amitié; appuyé de ces deux ſecours il tenta de ſe rendre maître de Candie, & revint ſans avoir pu s'aſſurer les conquêtes qu'il y avoit faites. Il mourut en 1220. & eut pour Heritier de ſon Duché de l'Archipel, ſon fils Ange Sanudo. L'Empereur Henri étoit mort empoiſonné par ſa Femme à Theſſalonique l'an 1216. Pierre de Courtenai Comte d'Auxerre ſon beaufrere fut élu pour lui ſucceder, mais il fut aſſaſſiné en trahiſon l'année ſuivante par Theodore Comnéne Prince d'Epire; qui pretendoit à l'Empire comme étant le plus proche parent d'Emanuel Comnéne. Les Venitiens effrayez de cette mort conclurent avec l'aſſaſſin une trêve de cinq ans. Theodore Comnéne s'accommoda auſſi avec le Pape de qui il tenoit le Legat priſonnier. Il ne le rendit qu'à condition que le Pape le protegeroit, & par là il detourna l'orage qui le menaçoit. Ceci ſe paſſa en 1218. Robert frere puîné de Pierre de Courtenai acheva par ſa mauvaiſe conduite de ruïner les affaires des Latins dans l'Empire, les Grecs avoient raſſemblé en Aſie des debris de leur Empire, un Etat où commandoit Theodore Laſcaris. Robert fit la Paix avec lui, & obtint ſa fille Eudoxie en mariage. Theodore étant mort ſur ces entrefaites, Jean Ducas ſon gendre, ſurnommé Vatace, ſucceda à ſon beau-pere, rompit le mariage qui n'étoit pas encore conſommé, & annula les Traitez que ſon beau-pere avoit faits.

Robert étoit déjà en guerre avec Comnéne Prince d'*Epire* qui s'étoit emparé de la *Theſſalie* en l'abſence de Demetrius fils de Boniface Marquis de Montferrat. Il eut alors deux ennemis ſur les bras, & diviſa ſes forces. Vatace en profita & lui tailla en piéces une partie de ſon Armée. Sanudo ne voulut point ſe brouiller d'abord avec le vainqueur. Le Pape Honorius écrivit au Duc d'*Athénes*, à Géofroi de Ville-Hardouin Prince d'*Achaïe* & aux Seigneurs de *Negrepont*, pour les engager à ſe joindre à Robert contre Vatace, mais le Duc d'Athénes & le Prince d'Achaïe aimérent mieux garder leurs troupes pour la defenſe de leur propre Pays. Robert ayant rappellé les ſiennes qui s'oppoſoient à Comnéne, ce Prince ne trouvant plus d'obſtacle, pouſſa ſes conquêtes juſqu'à Andrinople, d'où il faiſoit des courſes juſqu'aux portes de Conſtantinople. Robert s'enfuit à Rome d'où le Pape le renvoya à Conſtantinople, il traverſoit le *Peloponneſe*, lors qu'il mourut l'an 1228. Il avoit un frere nommé Baudouin âgé de dix ans. On donna la Couronne Imperiale à Jean de Brienne qui avoit été Roi de Jeruſalem, à condition qu'il la remettroit à Baudouin lors qu'il auroit l'âge. Vatace ayant éprouvé la valeur de Jean de Brienne, il s'aſſocia avec Aſan Roi des Bulgares pour attaquer Conſtantinople; ils furent batus par le nouvel Empereur & malgré tous leurs efforts, ils furent toujours repouſſez. Jean de Brienne mourut l'an 1237. Baudouïn qui étoit en Occident revint à Conſtantinople, & ne fut ſacré que l'an 1239. Vatace rebuté du mauvais ſuccès de ſes Armes contre l'Empereur crut trouver plus de facilité à s'emparer de la Theſſalie & à en chaſſer Jean Comnéne qui avoit ſuccedé à Theodore. Les Ducs de *Naxe*, & d'*Athenes*, le Prince d'*Achaïe* & les Seigneurs de *Negrepont* s'unirent pour s'oppoſer à ſes deſſeins; mais il n'y eut point de guerre & il retourna ſur ſes pas ſans exécuter ſon projet. Ange Sanudo mourut en 1244. ſon fils Marc II. âgé de 24. ans lui ſucceda; Vatace mourut onze ans après. Il réuniſſoit en ſa perſonne les deux noms de Comnéne & de Laſcaris. [a] Le Jeune Theodore Laſcaris ſon fils lui ſucceda & mourut quatre ans après, laiſſant l'Empire à Jean Laſcaris ſon fils âgé ſeulement de ſix ans. En mourant il conſia ce jeune Prince à George Muſalon ſon favori qu'il fit Regent de l'Empire, les Grands aſſaſſinerent le Regent neuf jours après & mirent en ſa place Michel Paléologue auquel ils conférerent l'éducation du Prince, la Regence de l'Empire & le titre de Deſpote; & mème peu après celui d'Empereur [b] après lui avoir fait jurer qu'il remettroit l'Empire à ſon Pupile dès qu'il ſeroit en âge. Il promit tout ce qu'on voulut, mais il ne fut pas plutôt maître qu'il prit des meſures pour ne pas tenir parole.

a Pachymere. l. 1.
b Pachymere. l. 2.

Après avoir aquis l'Empire par ſa perfidie, Michel Paléologue fit la guerre à Baudouin & aux Princes Latins qui commandoient dans la Grece. Il tomba d'abord ſur Michel Deſpote d'Occident & par contre-coup ſur Guillaume de Ville-Hardouin Prince d'*Achaïe* qui étoit occupé à ſecourir ce même Michel Deſpote d'*Epire*, & d'*Etolie* ſon beaupere. Leurs troupes furent taillées en pieces par l'Armée de Paléologue commandée par Jean Comnéne. Lui-même après la bataille voulant ſe ſauver à *Caſtorie* fut reconnu & fait priſonnier, avec quelques Seigneurs. Sanudo qui étoit arrivé trop tard pour les ſecourir donna retraite ſur ſa Flote aux Deſpote d'Epire & recueillit les debris de l'Armée vaincue. Après le depart des Ennemis, le Deſpote reconquit une partie de ce qu'il avoit perdu. Paleologue voyant la foibleſſe où étoit l'Empereur Baudouïn en profita & reprit enfin Conſtantinople le 25. de Juillet l'an 1261. Ainſi finit l'Empire Grec ſous les François après avoir duré 57. ans 3. Mois & 11. Jours. L'Empereur voyant bien que les Grecs après une conquête de cette importance lui pardonneroient tout, fit crever les yeux au jeune Empereur Jean Laſcaris & le Barbare choiſit le jour de Noel 1262. pour cette afreuſe operation. Il ne ſongea plus qu'à s'affermir de plus en plus ſur le trône, par la deſtruction des Princes de la Grece. Il ne rendit la liberté à Ville-Hardouin qu'en ſe faiſant ceder par un Traité *Mayna*, *Sparte* & *Malvoiſie*; & ne lui laiſſa le reſte qu'à titre de Vaſſal de l'Empire, en foi dequini Ville-Hardouin acceptoit la charge de *Grand Senéchal de Romanie*. Ce fut

à les

à ces conditions qu'il fut renvoyé dans son Pays.

Le Duc de Naxe efrayé du voisinage des Grecs qui étant maîtres de Malvoisie pouvoient l'incommoder beaucoup, se hâta de faire une ligue contre eux. Il trouva même que *Milo* l'une de ses Isles songeoit à se revolter, il étoufa la sedition, en punit les auteurs & mourut l'an 1263. Guillaume son fils aîné qui lui succeda suivit son projet, s'abboucha avec Ville-Hardouin à Napoli de Romanie, lui fit lever les scrupules qu'il avoit sur son serment, par le Pape, alla solliciter en sa faveur les Venitiens de Candie, & les mit dans ses interêts. On fit les mêmes démarches auprès de Michel Despote d'Epire. Constantin Paléologue frere de l'Empereur & Gouverneur des Places qu'il avoit dans la Morée, à la premiere nouvelle de cette ligue se jetta sur les terres des Princes François & porta la desolation dans le plat Pays. Le Pape Urbain IV. qui avoit lui-même poussé ces Princes à la rupture, publia pour eux une Croisade qui jointe aux troupes du Prince d'Epire, secondé par son gendre Mainfroi Roi de Sicile, entra dans la *Thessalie*, mit l'Armée des Grecs en deroute & fit des prisonniers considerables, entre autres le fameux Alexis Strategopule qui avoit eu beaucoup de part à la prise de Constantinople. Le Duc de Naxe & les Venitiens armoient de leur côté & les Grecs auroient essuié de plus grandes pertes, si la mort du Despote Michel n'eût pas causé du changement dans les interêts.

Il avoit deux fils, Jean & Michel, qui rechercherent eux-mêmes Paleologue, & un fils naturel *Despote de Patras*, jeune Seigneur d'un esprit vif & ardent: c'est ainsi qu'en parle l'Auteur de l'Histoire de l'Archipel[a]; mais Pachymere[b] dit que le Despote Michel laissa Nicephore son fils heritier de ses Etats & donna neanmoins un Pays assez considerable à Jean son fils naturel. Jean se signala contre les Grecs en plusieurs rencontres. L'Empereur tâcha en vain de se l'attacher; & le voyant rejetter ses offres avec mepris envoya Jean Paleologue son frere contre lui. Jean de Patras ne se trouvant pas assez fort pour attendre sortit deguisé de sa place, & avec trois cens Chevaliers tous gens choisis que lui donna le Duc d'Athénes, tomba si à propos sur les troupes de Jean Paléologue, qu'il les tailla en pieces. Le Prince qui les commandoit se sauva à *Demetriade* Ville située sur le Golphe d'Armiro; la Flote des Grecs y étoit entrée, commandée par Philantropene Protostrator. Presqu'en même temps le Duc de Naxe, les Venitiens, & les Seigneurs de Negrepont vinrent lui livrer le combat & ruinérent cette Flote. Les Latins encouragez par ces succès prirent des mesures pour mettre Baudouin sur le Trône de Constantinople; elles furent renversées par plusieurs contre-temps. La mort de Baudouin arrivée en 1272, ne laissa que le titre & les esperances à son fils unique Philippe dont toutes les entreprises furent malheureuses. Les troupes de Charles d'Anjou Roi de Sicile qui l'appuyoit furent defaites en *Albanie* par Andronic Tarchaniote grand Maître de la Maison de Michel Paléologue: Rossi qui commandoit l'Armée des Latins fut fait prisonnier. Dans ces circonstances arriva la revolution de Sicile appellée les Vêpres Siciliennes qui mirent Charles d'Anjou hors d'état de penser aux affaires d'Orient. Ce qui favorisa le plus Michel Paléologue ce fut la division qu'il mit entre les Venitiens & les Génois qui au lieu de s'unir contre lui avec les Princes, se firent une guerre atroce. Les Venitiens furent reduits à le rechercher. Le Duc de Naxe fut forcé de s'accommoder avec lui à leur exemple, pour ne pas être seul exposé à tous ses ressentimens. Paléologue mourut à la fin de l'année 1283. après un regne de trente huit ans & laissa l'Empire à Andronic Paléologue son fils. Le Duc de Naxe ne vécut gueres après lui & laissa trois fils, Nicolas qui lui succeda au Duché de l'Archipel; & Jean & Marc. Nicolas étoit au service des Venitiens, il se rendit à Naxe qu'il trouva tranquile. Il sollicita en vain la Republique de Venise de rompre avec Andronic, elle avoit d'autres ennemis sur les bras, & ses guerres continuelles avec les Génois mirent un obstacle invincible aux desseins du Duc de Naxe qui fit comme elle & renouvella le Traité avec Andronic.

La tréve entre les Venitiens & les Génois ayant fini en 1295. le Duc de Naxe se declara pour les prémiers & leur aida à prendre Caffa dans la Chersonnese Cimbrique & plusieurs autres Villes. Il mourut & eut pour Successeur Jean Sanudo son frere. C'étoit un genie doux & solitaire. Il falut lui faire violence pour l'obliger de prendre la place de son frere; il l'accepta pourtant. Son frere Marc plus ambitieux avoit compté de profiter de son refus; piqué d'une acceptation qui l'éloignoit de la Souveraineté, il se retira à MILO dont il avoit été Gouverneur, il y avoit des amis, on s'y declara en sa faveur, & son frere lui en ceda la proprieté. Ces deux Princes eurent chacun une fille, nommées Florence toutes les deux. La fille du Duc Jean épousa *Jean Carcerio* ou *dalle Carceri*, maison qui s'étoit procuré la Souveraineté de Negrepont. La fille du Prince Marc fut mariée à *François Crispe* qui pretendoit être descendu des anciens Empereurs Grecs. Il succeda à la Seigneurie de Milo qu'avoit son beaupere.

Jean Carcerio mari de Florence de Sanudo étoit d'une Maison originaire de Verone. Raban ou Ravin Carcerio l'un des Seigneurs Venitiens qui avoient aidé les François à prendre Constantinople, avoit eu l'*Eubée*, aujourd'hui l'Isle de Negrepont, comme nous l'avons dit en son lieu. Guillaume son fils y ajouta l'Isle de *Schiro*, & épousa Helene de Montferrat petite-fille de l'Empereur Isaac qui lui apporta en dot la Souveraineté de la *Thessalie*. Mais Theodore Comnéne s'empara de ce Pays & les trois fils de Guillaume Carcerio, François, Conrad, & Boniface n'eurent que le *Negrepout* à partager entre eux. L'aîné n'eutqu'un fils, Jean Carcerio, qui fut Gendre & Successeur du Duc de Naxe. De son temps une multitude d'avanturiers qui avoient servi Frederic d'Arragon à la conquête de Sicile ayant été congediez, une partie d'entre

[a] Hist. de l'Archipel, p. 86.
[b] l. 4. c. 26.

d'entre eux à la persuasion de trois chefs Roger de Flore, Ximenes de Arenos & Beranger de Rocafort, allerent au Levant chercher de l'emploi. Andronic à qui ce secours faisoit plaisir, les envoya contre les Turcs qui déja maitres d'une bonne partie de l'Asie Mineure, l'incommodoient beaucoup. Les succès les rendirent insuportables & après la defaite des Turcs, ils se jetterent sur les Villes Grecques. Andronic s'en vengea en faisant assassiner Roger de Flore. Les CATALANS irritez de ce meurtre tournerent leurs armes contre Andronic qu'ils reduisirent aux dernieres extremitez l'an 1307. Ils n'épargnerent pas la Grece possedée par les Latins. Ils livrerent bataille sur les bords de Cephise à *Gautier de Brienne Duc d'Athenes* qui fut tué dans une bataille qu'il leur livra. Boniface de Carcerio l'un des Seigneurs de *Negrepont* y fut fait prisonnier. Charmez de son air guerrier & de sa valeur les Catalans lui offrirent le Duché d'Athénes & se voulurent donner à lui pour Sujets, il le refusa fierement. Le Duc de l'Archipel eut la précaution d'empêcher qu'ils n'approchassent de ses Etats. Il laissa un fils nommé Nicolas Sanudo qui n'étoit pas en âge de lui succeder. Florence sa femme qui étoit encore jeune épousa Nicolas Sanudo petit-fils de Marc Sanudo Seigneur de Milo ; on le surnomma *Spezzabanda*.

Les Catalans au refus de Boniface Carcerio avoient choisi pour chef Deslau Gentilhomme François. Ils ne se bornerent pas au Duché d'Athénes, ils entrerent dans le *Peloponnese* que nous appellerons doresnavant la *Morée* ; & profitant de la mort de Jean II. Duc de Patras, Prince de Blaquie ou de Valachie, c'est-à-dire de la Montagne du Pinde, ils envahirent *Néopatras, Lepater, Lodorichi, Siderocastro, Gyton, Gardichia, Donchie, Ferselles* &c. Ces rapides conquêtes éfrayerent les Princes voisins, mais le Duc de Naxe aidé de quelques troupes d'*Epirotes* que nous appellerons *Albanoises* du nom moderne, les chassa de toutes ces Forteresses, l'une après l'autre, sans leur donner le temps de respirer. Les Catalans épouventez de trouver en tête un homme qui n'alloit pas à moins qu'à les priver de l'Attique & à leur faire repasser la Mer s'addresserent à leur ancien maître Frederic Roi de Sicile. Ce Monarque ne voulant pas abandonner des gens qu'il regardoit comme ses Sujets, leur envoya pour chef Mainfroy d'Arragon son second fils qui mourut en mettant le pied dans la Grece. Frederic leur envoya ensuite Alphonse que l'on croit qui étoit son fils. Ce Seigneur trouvant les choses dans un état assez confus, prit les voyes de douceur & s'accommodant avec le Duc de Naxe renonça à des conquêtes incertaines dont le mauvais succès auroit pu causer sa perte. Ainsi les Catalans demeurerent en possession du Duché d'Athénes. Il avoit été possedé par Othon de la Roche, ensuite par Boniface Marquis de Montferrat, par la Maison de Brienne sur qui les Catalans l'avoient usurpé. Le Duc de Naxe s'étant ensuite allié avec l'Empereur Grec tourna ses armes contre les Turcs qui après avoir reduit presque à rien l'Empire Grec empiétoient encore de jour en jour sur le peu de terres qu'il lui avoit laissé. Ces barbares habiles à profiter de la jalousie des Princes Grecs avoient toujours été prêts à soutenir ceux qui les appelloient à leur secours. Ils ne le donnoient pas gratuitement & il en coutoit toujours aux vainqueurs ou aux vaincus quelques Places maritimes que les Turcs se faisoient donner. Ils mettoient à profit ces temps malheureux où les Familles se disputoient l'Empire ; les usurpateurs s'assuroient de leur appui pour se rendre plus redoutables, & lors qu'ils trouvoient un régne foible, où l'Empereur aimoit mieux sacrifier son Thresor que ses armées, ils savoient lui vendre bien cher une courte paix ou une trêve. C'est ainsi qu'ils étoient parvenus à se rendre maîtres de la plus grande partie de l'Asie mineure, excepté quelques Places maritimes que l'Empire Grec conservoit encore avec peine. Tel étoit l'état des affaires lorsque le Duc de Naxe entreprit de secourir Andronic. Les Turcs avoient alors à leur tête Othoman, le premier qu'ils comptent entre les Sultans & dont l'Empire porte aujourd'hui le nom. Ce Prince piqué au vif de toutes les pertes que Spezzabanda Duc de Naxe causoit à ses Sujets, arma une Flotte & tandis que le Duc étoit en Negrepont il envoya surprendre *Naxe* où il fit un carnage & un dégât horribles. Le Duc ayant eu nouvelles de ce malheur prit vingt Galeres, alla joindre l'armée navale des Turcs, lui livra un combat très-sanglant, delivra deux mille de ses Sujets, & défit entierement la Flotte ennemie. Othoman mourut peu après l'an 1326. après un regne de vingt-neuf ans. Orcan succeda à ses Etats & à sa fureur contre les Chrétiens. Ses troupes firent une descente dans la *Morée* en plusieurs endroits & la desolerent presque entiere, elles passerent dans le *Negrepont* où elles exercérent des cruautez inouïes, brûlant & exterminant tout. Elles percerent delà dans l'*Attique*, & porterent le feu jusqu'aux portes d'Athénes, & reduisirent en cendres les Fauxbourgs de cette Ville. Delà elles se repandirent dans la Macedoine qu'elles ravagerent d'un bout à l'autre. Cela donna lieu à la Croisade publiée par le Pape Jean XXII. Jean de Chepois Amiral de France sous Philippe de Valois commandoit les Galeres du Pape & celles de France, Andronic Empereur de Grece, Robert Roi de Naples, le Roi de Cypre, le Grand Maître de Rhode, les Veniriens & le Duc de Naxe y avoient joint leurs forces. L'armée Chrétienne ne faisoit en tout que trente-six Galeres. Elle alla attaquer la Flotte Turque qui étoit de cent cinquante Vaisseaux & de près de vingt mille combatans. Le combat se donna près du mont *Athos*, aujourd'hui *Monte Santo*, sur la côte de Macedoine. Après une affreuse boucherie que l'on y fit des Turcs, on en fit six mille prisonniers qui furent enchainez comme forçats, on leur abima soixante vaisseaux, outre quarante que l'on emmena. Cette victoire fut remportée l'an 1330. Andronic fut peu après deposé par son petit-fils Andronic le jeune qui faute de conduite se brouilla avec les Genois & avec le Duc de Naxe. Après avoir reconnu sa faute il voulut renouer avec eux, mais il n'étoit plus temps.

temps. Jean Cantacuzene son premier Ministre par une detestable politique acheva de ruïner les affaires de l'Empire, en associant son maître avec Orcan. Il haïssoit les Latins à cause du Schisme. Orcan malgré l'amitié apparente ne laissa pas de faire la guerre à Andronic & le depouïlloit peu à peu. Andronic voulut implorer le secours du Pape & des autres Princes Latins. Cantacuzene s'y opposa, & aima mieux voir perir l'Empire. L'Empereur mourut de chagrin âgé de 45. ans après 14. ans de Regne. Il laissa deux fils, Jean & Manuel, sous la tutele de Cantacuzene. Le fourbe fit couronner l'aîné, lui donna sa fille en mariage, mais il donna la seconde à Orcan, & se fit Empereur. Jean Paléologue voulut en vain le faire rentrer dans le devoir, ils se detruisirent tous les deux. Les Turcs continuerent leurs conquêtes plus que jamais. Cantacuzene malgré son horreur pour les Latins eut recours à eux. Le Pape seduit par ses fausses promesses fit une ligue en sa faveur; le succès en fut si malheureux & Cantacuzéne avoit si mauvaise reputation qu'on le soupçonna de n'avoir assemblé les Latins que pour les sacrifier à Orcan, & le regagner. Spezzabanda y fut tué avec tous les Generaux de l'Armée Chrétienne l'an 1345. Il n'avoit qu'une fille qui épousa *Gaspar de Sommerive*, Maison Italienne de laquelle Leon de Sommerive avoit épousé Elizabet fille unique de Ville-Hardouïn; & étoit Prince de la Morée. Gaspar de Sommerive eut pour la dot de sa femme Sanudo les Isles de *Paros* & *Antiparos.*

Nicolas Carcerio qui du vivant de son beaupere avoit gouverné assez heureusement l'Etat qui lui appartenoit dans le *Negrepont*, fut ensuite IX. Duc de Naxe. Ses premiers exploits furent contre les Turcs dans la Morée & dans la Béotie. Il se ligua avec les *Catalans* maîtres du Duché d'Athenes, avec Manuel Cantacuzene que l'Empereur Jean Cantacuzene avoit fait Despote des places que l'Empire Grec possedoit dans la *Morée* & avec les François qui commandoient dans l'*Achaïe* & dans la plus grande partie de la *Morée* au nom de Robert fils aîné de Catherine de Valois. Ce Robert, qui avoit épousé Marie de Bourbon fille de Louis I. du nom & veuve de Gui de Lusignan Prince de Galilée, prit après la mort de sa Mere les titres de *Prince d'Achaïe & du Peloponnese*. Le rang qu'il tenoit au Royaume de Naples & les occupations qu'il y avoit, ne lui permirent pas de passer en Grece pour se maintenir dans la possession de ces deux Principautez. Son absence & le peu de secours qu'il envoyoit, mettoient les Turcs & les autres Princes voisins étoient assez empêchez à pourvoir à la sûreté de leur propre Pays. La guerre des Venitiens & des Genois acheva de tout perdre, en partageant entre ces deux puissances tous les Princes Latins. Les Grecs furent pour les Genois, Carcerio & les Catalans se declarerent pour les Venitiens. Les deux partis se firent tout le mal, qu'ils purent. Les Genois s'accommoderent avec Cantacuzene & avec Orcan; les Venitiens continuerent toujours leurs progrès, le Pape Gregoire XI. trouva le moyen de réunir les Princes Chrétiens & forma une ligue dans laquelle entrerent Jean Paléologue Empereur legitime des Grecs, Louïs Roi de Hongrie, Jean Prince d'Antioche Regent du Royaume de Cypre, Raimond Beranger Grand Maître de Rhodes, les Republiques de Venise & de Génes, Regnier *Accialioli Seigneur de Corinthe, François Gatilusio Seigneur de Metelin, François George Marquis de Bondonné Chef des Catalans & Gouverneur des Duchez d'Athenes & de Néopatras*, Frederic Roi de Sicile, *Leonard de Tocco Comte de Cefalonie & Duc de Leucade*, Hermolao Minotto Seigneur de Lisernes & plusieurs autres Princes & Seigneurs. Toutes les troupes avoient la Ville de Thebes pour rendez-vous; mais la division qui recommença entre les Venitiens & les Génois rompit l'Assemblée. Carcerio qui s'y étoit rendu, s'en retourna en Negrepont, d'où il partit peu après pour Naxe où il se maria.

Son frequent sejour en Negrepont avoit fait naître à François Crispo Seigneur de *Milo*, le dessein de s'emparer du Duché de Naxe. Le retour & le mariage de Carcerio rompoient ses mesures & rendoient inutiles les intelligences qu'il avoit dans l'Isle. Il le fit assassiner. Ainsi le Duché de Naxe eut pour X. Duc François Crispo, qui l'aquit par un crime. Il n'en jouït pas long-temps & mourut âgé de 70. ans d'une colique qui l'expedia en vingt-quatre heures. Son fils Jaques Crispo lui succeda. Mahomet I. regnoit alors. Orcan étoit mort l'an 1357. son fils Anurath I. avoit fait de grands exploits dans la Thrace, & avoit même ravagé la Macedoine & les Provinces voisines. Sous prétexte de secourir Jean Paléologue contre les Cantacuzenes, il avoit fait surprendre les places que ce Prince possedoit & les avoit retenuës avec la perfidie ordinaire à sa Nation. Bajazeth son fils qui lui avoit succedé en 1389. avoit profité comme lui de la mesintelligence des Grecs & on avoit vû dans ses armées jusqu'à trois Princes de la Maison Imperiale, savoir Calojean, Andronic, & Manuel combatre sous les drapeaux des Janissaires & lui aider à assujettir une partie de la *Phocide*, du *Peloponnese* & de la *Thessalie*. Le cours des prosperitez qui l'avoit enorgueïlli, fut interrompu par la Victoire que remporta sur lui Timurbec en 1401. Manuel possedoit Constantinople lorsqu'il s'allia avec Bajazet, mais son neveu Jean Paléologue avoit traité avec ce barbare de lui abandonner ce qu'il possedoit dans la Morée à condition de lui laisser la tranquile possession de Constantinople. Bajazet demandant qu'on lui remît cette Ville, Manuel aima mieux la ceder à Jean son neveu; [a] & s'embarqua avec sa famille & un grand nombre de peuple qui le suivit, & s'en alla dans la Morée. Il y laissa à *Modon* sa Femme & deux petits enfans Jean & Theodore, renvoya les Galeres à son neveu & montant lui-même un Vaisseau il alla à Venise, à Milan, à Genes, à Florence, à Ferraré, & ayant parcouru toute l'Italie, il passa en Provence, en France & en Allemagne. On lui rendit par tout de grands honneurs sur sa route; il retourna

[a] *Ducas Hist. des Empereurs* Jean Manuel &c. c. 14.

tourna ensuite à Modon où il retrouva sa femme & ses Enfans & y attendit la desolation de l'Empire & de la Ville. Constantinople fut sauvée par la valeur du Maréchal de Boucicaut qui obligea Bajazeth de lever le siége. La défaite de Bajazeth par Timur-Bec donna aux Princes de Grèce le temps de respirer. L'an 1402. Manuel remonta sur le Trône de Constantinople & relegua Jean son Neveu à l'Isle de Metelin. Il s'accorda avec Musulman fils aîné de Bajazeth ; la discorde des Enfans de Bajazeth sembloit donner la plus belle occasion du monde aux Princes Chrétiens d'en profiter. Mais ils n'étoient eux-mêmes gueres unis entr'eux. Musa autre fils de Bajazeth assiégea Constantinople, Manuel eut recours à Mahomet Frère de Musa, ce dernier fut tué l'an 1413. L'autre étoit ami de Manuel qui fit avec lui un Traité [a] en faveur duquel il restitua à l'Empire Grec les Forts des environs, de la Thessalie, de la Propontide & de la Mer Noire. Andrinople que son frere Musa avoit possedé lui demeura. Il fit un accueil très-favorable aux Ambassadeurs de Servie, de Walachie, de Bulgarie, du Duc de *Johannina*, du Despote de *Lacedemone* & du Prince d'*Achaïe* ; offrit la paix à leurs Princes & les renvoya fort contens de lui.

a Ibid. c. 20.

L'Empereur Manuel alla avec plusieurs Galeres en *Morée*, y soumit à son obéïssance le Prince d'*Achaïe*, les Navarrois, (peut-être les mêmes que les Catalans) & y laissa Theodore son fils en qualité de *Despote*, nom qui en Grec veut dire Seigneur. Il étoit déjà Despote de *Lacedemone*, qualité que les Empereurs de Grèce donnoient à leurs freres ou à leurs fils.

b c. 21.

[b] Mahomet I. s'étant ainsi affermi sur le Trône de son Pere chercha querelle au Duc de Naxe Jaques Crispo, sur ce qu'il ne lui avoit point envoyé d'Ambassadeurs, comme il pretendoit que cet hommage lui étoit dû en qualité d'Empereur d'Orient. Il envoya une Flotte de trente Galeres qui aborda aux Isles d'*Andros*, de *Paros* & de *Milo*, en enleva quantité d'habitans & en partit après y avoir fait le dégat. Les Venitiens dont le Duc de Naxe portoit le Pavillon, ne l'abandonnerent point. Ils lui fournirent des Galeres avec lesquelles il mit la Flotte de Mahomet en déroute, prit vingt-sept Galeres, tua tous les Turcs prisonniers, delivra les Chrétiens esclaves, & fit pendre ceux qui étoient à la solde des Infideles. Crispe retourna dans son Isle, & trouva que des deux freres, sous pretexte qu'ils n'avoient aucun appanage & qu'ils étoient mal payez de leurs pensions, cherchoient à profiter de son absence pour se faire donner en propre des Isles où ils fussent maîtres & independans. Il n'oublia rien pour les appaiser, en leur representant que les de *Sommerive* qui étoient en effet les legitimes heritiers, ne manqueroient point de profiter de ces brouilleries surtout depuis que cette Maison étoit appuyée d'une nouvelle alliance avec la Maison de Zano qui leur avoit donné en dot l'Isle d'*Andros*, outre les Isles de Paros & d'Antiparos qu'elle possedoit déjà auparavant. Il mourut sans Enfans l'an 1438. Mahomet étoit mort dès l'an 1421. Amurath son fils lui

succeda malgré son oncle Mustapha qui aidé de Manuel voulut s'emparer de l'Empire Othoman. Cette protection brouilla le Successeur avec l'Empereur Grec ; mais la mort de ce dernier en 1424. raccommoda tout. Son fils Jean Paleologue fit la paix avec Amurath.

Pendant qu'Andronic troisiéme fils de Manuel commandoit à *Thessalonique* ; tous les Gouverneurs de *Thessalie*, d'*Etolie*, de *Phthie*, de *Thebes* & du Pays qui est au delà de la *Johannina*, &c. vinrent mettre le siége devant Thessalonique qu'ils reduisirent à l'extremité. Les habitans ne voyant pas le Despote en état de les défendre, envoyerent aux Venitiens pour leur demander du secours en se donnant à eux. [c] Ceux-ci accepterent la proposition, amenerent leur Duc à Thessalonique, emmenerent le Despote, & après avoir proclamé le nouveau Duc, les Galeres s'en retournerent en *Béotie*. Cela donna occasion aux Turcs de pretendre que la Ville étoit à eux, car, disoient-ils, si nous ne l'eussions pas affoiblie par un long siége, vous n'y auriez jamais pu entrer. Les Venitiens craignant que les habitans pressez par la disette ne les chassassent pour se donner aux Turcs, transportérent les principales familles en *Negrepont*, en *Candie*, & à Venise sous pretexte qu'il n'y avoit pas assez de vivres pour les faire subsister. Mahomet ne laissa pas long-temps cette place en leur pouvoir, il prit cette Ville qu'il traita avec inhumanité, les Venitiens ne sauverent Negrepont que par un Traité qu'ils firent avec le Sultan. Ses troupes ne laisserent pas de traverser l'*Attique* & la *Morée* que l'on defendoit en vain par un mur. Les guerres d'Amurath contre la Hongrie & surtout contre Jean Castriot Prince d'Albanie qu'il soumit & ensuite contre Scanderbeg fils de ce Prince qui s'étoit enfui de la Cour Othomane où il étoit en ôtage, donnerent assez d'occupation aux Turcs jusqu'à la mort d'Amurath arrivée en 1451.

c Ducas c. 29.

[d] Jean Crispe étant devenu Duc de Naxe à la mort de son Frere Jaques en 1438. voulut s'épargner les inquiétudes qui avoient troublé la tranquilité de son predecesseur. Il connoissoit l'humeur remuante de ses freres ; il les contenta en leur donnant en propre des Isles où il leur fit à chacun un Etat separé. Il donna donc à Marc les Isles de *Nio & de Therasie* ; à Guillaume le plus jeune de tous celle de *Nausio* ou *Anasi*, & au Prince Nicolas l'Isle de *Santorin*. Il garda ce dernier auprès de lui & envoya les autres dans leurs Isles. Pour réünir sa famille avec celle de Sommerive, il maria sa fille aînée à Dominique fils aîné du Seigneur d'*Andros* & lui promit la succession du Duché de Naxe en cas que Jaques Crispe son fils vînt à mourir. Cette division du Duché de l'Archipel embellissoit chaque partie. Ces Seigneurs s'appliquoient à l'envi à faire valoir leur petit Territoire ; mais par là on afoiblissoit le tout. Le Duc Jean qui suivoit absolument la fortune des Venitiens fut mêlé dans toutes les guerres qu'ils eurent à soutenir contre Amurath. Il deffendit avec eux l'*Isthme de Corinthe* lorsque le Turc l'emporta, d'où suivit la perte de la Morée. Après sa mort son fils Jaques âgé de 18. ans lui succeda sous la régence de sa Mére. Elle s'attacha à l'Or-

d Hist. de l'Archipel.

dre

dre de Rhodes & remit à son fils le Duché l'an 1453. année funeste à l'Empire Grec. Les Turcs lui avoient tout enlevé & il ne lui restoit plus que la seule Ville de Constantinople, qu'ils prirent d'assaut. Constantin dernier Empereur fils de Jean & petit-fils de Manuel [a], y perit avec toute sa Cour & quarante mille hommes, la Ville fut pillée, les Eglises prophanées; en un mot cette Capitale éprouva toutes les barbaries qu'elle devoit attendre d'un vainqueur cruel & impitoyable [b]. Les Venitiens qui craignoient que ce Barbare ne se jettât sur les Pays qu'ils possedoient au Levant, rechercherent son amitié, il ne se sentoit pas assez bien affermi pour la rejetter; il craignoit qu'en cas de refus il ne se fît une ligue des Princes Chrétiens contre lui. Il reçut leurs offres avec beaucoup de caresses, fit un Traité de Paix avec eux, & comme le Duc de Naxe avoit demandé à y être compris comme ancien allié de la Republique, le Sultan traita avec lui à part & le reconnut pour Duc de l'Archipel & pour ami & allié de la Porte. Jacques charmé de la tranquilité que ce Traité lui donnoit se maria; & étoit encore dans les plaisirs de la nôce, lorsqu'il aprit la mort de deux de ses oncles. Le Seigneur de *Santorin* laissa deux fils François âgé de 23. ans qui lui succeda & Dominique qui se mit au service des Venitiens. Le Seigneur de *Nio*, ne laissa qu'un fils nommé François & qui eut les Isles de Nio & de Therasie que son Pere avoit possedées. Il ne restoit plus au Duc qu'un oncle, savoir Guillaume Crispe Seigneur de *Nansio* qui n'étoit gueres content de son partage. Le Duc qui avoit une mauvaise santé mourut de Phtisie la même année de son mariage, laissant la Duchesse enceinte de huit mois. Le Seigneur de *Nansio* accourut d'abord, prit le gouvernement du Pays, se déclara tuteur de l'Enfant, & fut même son parein. Il le nomma Jean-Jaques. Le Seigneur de *Santorin* voulut partager la Tutele, & eut recours aux Venitiens. La mort du jeune Duc qui arriva au bout de treize mois jetta l'Etat dans un extrême desordre: Dominique de *Sommerive* voulut alors se prevaloir de la promesse de son beau-pere. Le cas étoit arrivé auquel il devoit succeder; & il étoit resolu de faire valoir son droit. D'un autre côté le Seigneur de Santorin appuioit ses pretentions sur ce qu'il étoit fils de l'aîné de tous les Enfans du Duc Jean. Tout l'Archipel fut partagé entre ces differens interêts & cette division auroit causé de grands maux si l'oncle & le neveu n'eussent pas fait reflexion sur les mauvaises suites de leur discorde. Ils virent qu'elle alloit entrainer la ruine de leur famille & que Sommerive Seigneur d'*Andros* ayant le droit le plus favorable ne manqueroit point de mettre Venise dans son parti. Ils s'accorderent donc & ce fut à condition que Guillaume déjà âgé de soixante ans & qui n'avoit qu'une fille, seroit reconnu durant sa vie *Duc de l'Archipel* & que François lui succederoit en cas de mort. Florence qui étoit cette fille unique y souscrivit renonçant ainsi à la succession de son Pere. Elle se contenta de la qualité de *Dame de Nansio* & promit qu'après sa mort l'Isle de Nansio seroit réunie au Domaine de l'Archipel, ce qui ar-

[a] Ducas c. 39.

[b] Hist. de l'Archipel.

riva quelque temps après. Guillaume eut pour Successeur François Crispe Seigneur de Santorin, selon leur accord.

Ce Duc étoit à peine en possession de Naxe quand Mahomet II. se voyant bien affermi sur le Thrône des Othomans auxquels il avoit joint la Ville Imperiale de Constantinople & tout le petit Empire d'Andrinople; s'étant de plus assuré de la paix avec les Venitiens songea à chasser tous les Grecs de la Morée & à exterminer ensuite les Latins qui y possedoient encore de bonnes places. Tout sembloit le favoriser. La discorde étoit alors entre les Despotes Thomas & Demetrius Freres du malheureux Constantin Paleologue qui avoit peri à la prise de Constantinople. Il commença par entrer dans la *Morée*, où il assiégea *Corinthe* Ville qui étoit alors de l'Apanage du Despote Demetrius qui y avoit laissé Mathieu Azem son beaupere, pour la deffendre. Mahomet la prit sans beaucoup de resistance par la lâcheté du Gouverneur qui effrayé à la vûë de l'armée Othomane, rendit la place presque sans la disputer. Le Despote Thomas fit paroître plus de courage, il assembla toutes ses forces vers le détroit pour combatre l'enñemi: mais ayant été defait & se voyant après la perte de son armée hors d'état de se maintenir, il s'en alla à Rome emportant avec lui le chef de St. André qu'il presenta au Pape.

Quoique les Venitiens eussent refusé d'aider les Grecs que le Sultan opprimoit, depeur de s'attirer sa colere; ils n'en obtinrent que la grace que le Cyclope promettoit à Ulysse [c], savoir de ne le manger que le dernier. Mahomet ayant depouillé les deux Despotes tourna ses armes contre eux & sans egard pour la foi des Traitez leur enleva la Ville d'*Argos* par la trahison d'un Prêtre Grec qui lui en ouvrit les portes. Les Venitiens allarmez de cette infraction solliciterent tous leurs Alliez de les secourir. Le Duc de Naxe comme le plus voisin fut le premier à prendre les armes. Il envoya deux Galeres & quelques troupes à *Napoli* de Romanie où Bertold d'Aste étoit arrivé depuis peu pour commander l'Armée. Ce General se mit d'abord en Campagne avec quinze mille hommes, reprit *Argos* sans beaucoup de peine & fit pendre le Prêtre Grec qui avoit livré la Ville. D'*Argos*, Bertold alla assiéger *Basilie* qu'il prit, & essaya de fermer l'*Isthme de Corinthe* & de rétablir la muraille qui avoit été forcée & abatue sous Amurath. A peine s'étoit-on mis à cet ouvrage qu'il fut interrompu par les courses continuelles d'un Camp volant de cinq mille Turcs que Mahomet avoit laissez dans la Morée pour y conserver ses conquêtes. Bertold fit suspendre le travail pour aller aux Infideles qui après quelques actions assez sanglantes se retirérent enfin, & laissérent achever l'ouvrage. On avoit eu d'abord la pensée de couper l'Isthme; mais on fit reflexion que ce projet étant autrefois proposé n'avoit point paru pratiquable; d'ailleurs on n'avoit point de temps à perdre. On se contenta donc d'ajouter à la muraille un double fossé qui prenoit depuis une Mer jusqu'à l'autre. Trente mille hommes y travaillerent nuit & jour & le Duc de Naxe fit venir de son Isle quantité de pierres & d'ouvriers.

[c] Odyss. l. 9.

L'*Isth-*

L'*Isthme* étant ainsi reparé & la *Morée* couverte de ce côté-là, les Chrétiens allerent assiéger *Misitra*, c'est le nom moderne de l'ancienne *Sparte*, ils la prirent d'assaut & taillérent en piéces la Garnison. Ils voulurent prendre de même *Corinthe*, mais Bertold y fut tué dans un assaut. Sa mort repandit un tel effroi parmi les Chrétiens qu'ils leverent le siége & sur la nouvelle que l'armée du Sultan avançoit à grandes journées on abandonna la muraille. Achmet son Visir qui venoit avec l'avant-garde trouvant cette muraille sans defense, la passa sans peine & l'ayant fait démolir, il alla droit à *Argos* où il ne trouva que LXX. Soldats qu'il envoya au Sultan. Il fit passer en même temps dans l'*Achaïe* Zagan Bacha & Omar avec vingt mille hommes pour ravager tout le plat Pays. Ces excursions obligerent les Venitiens à se retirer dans les Villes maritimes avec le reste de leurs troupes. L'arrivée d'Urso Justiniani qui venoit remplacer Bertold leur rendit le courage dont ils avoient besoin & ils allerent faire le siége de *Metelin*; c'est l'ancienne *Lesbos*. Mahomet s'étoit emparé de cette belle Isle au préjudice de Nicolas Gattiluzio qui s'en étoit rendu Seigneur en faisant étrangler son frere Dominique dont il avoit usurpé la place. Mahomet avoit pris pour pretexte de son invasion que les ports de Metelin servoient de retraite aux armateurs Chrétiens, & que la perfidie dont Nicolas avoit usé contre son frere meritoit une punition. Justiniani attaqua cette Isle, perdit beaucoup de monde dans deux attaques. Ce mauvais succès découragea l'armée; le bruit de la prochaine arrivée de la Flotte Turque fit lever promptement le siége. On se retira à *Negrepont* où le General mourut de chagrin.

Quoique *Negrepont* fût de l'ancien domaine des Ducs de Naxe, les Venitiens s'en servoient comme d'une retraite pour leur Flote. Nicolas Canales Capitaine General de l'armée Navale de la Republique, ayant pris des troupes en *Negrepont* descendit dans la *Thessalie* & y ravagea une grande étendue de Pays. Delà revenu encore en Negrepont il repartit une seconde fois avec un nouveau renfort & vingt-six Galeres, il se rendit maitre des Isles de *Lemnos*, d'*Imbros* & de la Ville d'*Eno* & rentra dans l'*Euripe* avec plus de deux mille Esclaves & un butin inestimable. Ces insultes jointes au tort que les Vaisseaux de Negrepont faisoient à l'Isle de Metelin déterminerent Mahomet à en faire la conquête. Achmet son Visir assembla une Flote de trois cens Navires & de 130. Galeres, l'armée de terre se trouva de cent vingt mille combatans. Mahomet qui ne vouloit point perdre de temps s'avança le premier par la *Béotie* à la tête de ses troupes, fit jetter des Ponts sur l'Euripe, passa dans l'Isle & prit ses quartiers autour de la principale place, pendant que le Visir arrivé avec la Flote debarquoit les munitions & l'artillerie, les batteries furent bientôt dressées & les assauts commencerent. Le Proveditur Paul Erizzo qui commandoit dans la place les soutint avec une fermeté & une valeur à laquelle les Turcs ne s'attendoient pas. La Ville fut foudroyée. Cependant Canales étoit allé en Candie rassembler le secours; mais à son retour il se contenta de voir l'enne-

mi & n'entreprit rien. Les assiégeants ne gagnoient pas un pouce de terrain qui ne leur coutât cher & d'où Erizzo ne les chassât avec un carnage qui ne leur donnoit pas envie de revenir. Mahomet qui craignoit le secours, faisoit redoubler les assauts. Tous les Officiers de la Flote & entre autres les Capitaines prioient Canales de les mener à l'Ennemi. Soit lâcheté, soit par hayne contre le Commandant, il s'obstina à ne point attaquer; & la Ville fut emportée à ses yeux l'épée à la main. Les Chrétiens ne pouvant plus defendre leurs remparts ouverts partout, & voyant que les Janissaires y étoient montez, reculérent en bon ordre jusques dans la grande place & s'y remirent en bataille: mais ils ne purent resister au grand nombre & se firent presque tous tuer. Le Sultan furieux d'avoir perdu à ce siége plus de quarante mille hommes, usa de sa victoire en vrai barbare, & fit passer impitoyablement au fil de l'épée tout ce qui se trouva au dessus de vingt ans. Paul Erizzo s'étoit cantonné avec quelques vaillants hommes dans un poste avantageux où il pouvoit encore quelque temps disputer sa vie. Mahomet lui fit promettre la vie & la liberté s'il se rendoit. Il le fit sur la parole du Sultan, mais il eut à peine quitté ce poste, que le barbare le fit scier en deux: sa fille qui étoit une beauté achevée fut presentée au Sultan, il en fut touché & entreprit même de la consoler. Cette genereuse fille ne put voir sans horreur le meurtrier de son Pere; elle lui marqua tant de mepris, & lui fit des reproches si offensans qu'il la poignarda sur le champ. Ce siége arriva l'an 1470. Telle fut la fin de la domination Chrétienne dans l'Isle de *Negrepont*. Le Duc de Naxe s'en vint chez lui avec ses Galeres s'attendant continuellement à voir traiter de même ses Etats. Il mourut au bout de deux ans en 1472. Il avoit deux fils Jaques & Jean. L'aîné lui succéda, & songea d'abord à se menager des Alliez contre un voisin aussi rédoutable que Mahomet: il commença par épouser la fille de David Comnéne Empereur de *Trebizonde*. Ce petit Empire étoit un démembrement de l'ancien Empire Grec fait par Isac Comnéne lorsque Baudouin fit la conquête de Constantinople, 150. ans auparavant: ce petit Etat s'étoit assez bien maintenu depuis ce temps-là par l'alliance & l'appui des Princes voisins. Comnéne avoit déjà marié sa fille aînée à Ussum Cassan Roi de Perse, il fut ravi de donner l'autre à un Prince tel que le Duc de l'Archipel. Cela forma une ligue assez grossie par les autres Princes Latins que la conquête de Negrepont avoit allarmez. Mahomet effrayé à son tour, lorsqu'il apprit cette ligue. Il fit les premieres démarches pour entamer une Negociation qui conjurât cet orage; & il employa pour cela sa belle-Mere qui étoit une Dame Chrétienne. On s'apperçut bientôt qu'il ne cherchoit qu'à gagner du temps, & sans se laisser amuser, le Pape, la Republique de Venise, Ferdinand Roi de Naples, le Roi de Cypre, le grand Maître de Rhodes & le Duc de Naxe joignirent leurs forces qui faisoient en tout quatre vingts cinq Galeres. Cette Flote commença à courir la côte d'Asie, où elle saccagea beaucoup de Villes. Ussun Cassan &
le

GRE.

le Prince de Carmanie dépouillé par Mahomet & rétabli dans une partie des Etats par la Flote des Chrétiens, agissoient chacun de leur côté, Ussun tailla en piéces quarante mille Turcs dans les Montagnes d'Armenie ; mais Zaniel son fils voulant poursuivre le reste de l'armée vaincue, ses ennemis revinrent en desesperez & le défirent. Le Persan après cette perte se hâta de faire sa paix avec le Sultan. Tous les Princes Latins firent de même & signerent le Traité en 1478. Le Duc de Naxe y fut compris avec distinction comme *Souverain de l'Archipel*. Le malheureux David Comnéne fut la victime de cette guerre. Mahomet détruisit son petit Empire, le fit transporter lui-même avec sa famille à Constantinople, où il le fit mourir. Jacques Crispe n'avoit pu armer sans emprunter à son Cousin Seigneur de *Nio* quelques sommes pour lesquelles il lui engagea l'Isle de *Santorin*.

L'ALBANIE, c'est ainsi que l'on appelloit déjà l'Epire, donnoit encore de l'inquietude à Mahomet. Bajazeth y avoit fait autrefois des courses [a], après s'être accommodé avec les Princes Bulgares entre lesquels la Macedoine étoit alors partagée [b]. Amurath son petit-fils après avoir été longtemps occupé à faire des conquêtes en Asie & du côté de la Hongrie, s'étoit jetté sur la Macedoine & sur l'Albanie. Ces deux Pays avoient alors quantité de petits Souverains. Entre ceux de l'Albanie étoit Jean Castriot Macedonien d'origine, marié avec la fille d'un des Princes Bulgares. Il pretendoit être descendu de Pyrrhus Roi d'Epire, & possedoit un petit Etat dont *Croye* étoit la Capitale. Amurath étant venu attaquer l'Albanie, Jean Castriot ne se voyant en état de faire tête à un si puissant Monarque, s'accommoda avec lui & lui donna tous ses fils en ôtage. Le Sultan les ayant en son pouvoir, les fit circoncire & leur donna des noms à la Turque, le plus jeune de tous nommé George fut nommé *Scanderbeg*, c'est-à-dire, le Prince Alexandre. Il les fit d'ailleurs élever parfaitement bien, comme de jeunes Seigneurs qu'il vouloit s'attacher & dont il esperoit se servir un jour pour étendre sa domination dans leur patrie. Scanderbeg surtout s'avança dans les troupes & gagna si bien la confiance d'Amurath qu'il lui donna le commandement d'un corps d'armée avec lequel il fit de nouvelles conquêtes. Il servit même contre les Grecs & les Hongrois attendant toujours qu'il fût temps de se déclarer. Son pere étant mort, Amurath envoya aussi-tôt prendre possession de Croye & des autres Villes, & se doutant bien que ces jeunes Seigneurs ne souffroient point patiemment qu'il les frustrât ainsi de la succession de leur Pere, il se défit à petit bruit des aînez. L'attention qu'eut le plus jeune à se garantir des embuches qu'on lui tendoit, le sauva ; il s'étoit si fort distingué dans les armées Othomanes que sa reputation étoit très-grande, surtout dans sa patrie dont les principaux le sollicitoient de reprendre la Souveraineté qui lui appartenoit. Avec un tel Chef ils se croyoient assez forts pour reprendre & sauver leur liberté. Il prit occasion de la défaite d'Amurath par Huniade, & au lieu de se joindre aux débris de l'armée Turque il

[a] *Chalcondyl.* L.2. p.31. Edit. du Louvre.
[b] Ibid. l.1. p.13.

GRE.

prit le chemin de Croye dont il se rendit maître par un stratagême ; il y rétablit la liberté, detruisit les garnisons Turques des Villes voisines *Dibra*, *Petrella*, *Petralba*, *Sfetigrad* &c. & en peu de temps il nétoia l'Albanie. Amurath marcha contre lui & ayant été batu plusieurs fois par Scanderbeg, assiégea la Ville de Croye dont ce Heros l'obligea de lever le siége. Le depit qu'il eut de cet afront joint à la maladie qui lui survint lui causa la mort.

Son fils Mahomet II. ne fut pas plus heureux devant cette même Ville, ses troupes y furent batues à plate couture, & loin d'y vanger l'affront que son Pere y avoit reçu il éprouva à son tour que les Chrétiens avoient dans le Prince d'Epire un defenseur capable d'arrêter seul le torrent de ses victoires. Obligé d'abandonner le siége de Croye & d'attaquer inutilement un heros dont il ne pouvoit trouver le foible, il tourna ses armes contre la Capitale de l'Empire Grec : mais après la prise de Constantinople & de Negrepont & les autres avantages que nous avons rapportez, il revint à la charge. Scanderbeg se voyant avancé en âge avoit remis Croye aux Venitiens ; par la peur qu'il avoit qu'après sa mort elle ne tombât entre les mains des Turcs. Il mourut à l'âge de 63. ans, la 24. année de son regne au Mois de Janvier 1466. Il laissoit un fils encore trop jeune pour l'imiter. Il lui ordonna de partir aussi-tôt après les funerailles & de se rendre avec sa mere en Italie où sa posterité conserva son nom & ses pretentions. Le Turc s'empara de Croye quelque temps après ; & soumit ainsi l'Albanie.

Les Venitiens en faisant la paix avec le Sultan en 1478. après la défaite du Roi de Perse Ussum Cassan, lui avoient abandonné *Scutari*, l'Isle de *Lemnos*, & *Tenaro* dans la Morée. Ils y gardoient encore quelques places. La Ville de *Napoli de Romanie* avoit soutenu les assauts des Turcs avec une fermeté qui les avoit rebutez. Les *Acciaioli* Maison Florentine, Seigneurs de *Thebes* & de *Corinthe*, avoient possedé *Athenes* après les Catalans ; Mahomet leur avoit enlevé ce petit Etat en 1455. il est vrai que la Flote des Venitiens conduite par Capello s'empara d'*Athenes* en 1464. mais elle ne prit que la Ville & n'ayant pû reduire la Citadelle, elle fut forcée d'abandonner cette conquête. Le siége de Rhode ne réüssit pas à Mahomet, sa Flote eut plus de bonheur en Italie où elle prit Otrante. Il se preparoit à se vanger de l'Ordre de Rhode & à conquerir l'Italie, lorsqu'il mourut l'an 1481. Bajazeth son fils qui lui succeda au prejudice de l'aîné commença par menager les Chrétiens entre les mains de qui Zizim son frere s'étoit jetté. Mais ce frere étant mort en 1488. il cessa de les apprehender. L'an 1497. il commença la guerre contre les Venitiens à la sollicitation de Louïs Sforce Duc de Milan, prit sur eux *Lepante*, *Modon*, & *Coron*. Il s'empara de *Durazzo* dans l'Albanie. Les Venitiens à leur tour se rendirent maîtres des Isles de *Cefalonie* & de *Ste Maure*. Cette guerre finit au bout de trois ans & par le Traité Bajazeth garda *Durazzo*, *Modon* & *Coron* & *Lepante* ; on lui rendit *Cefalonie* ; mais *Ste Maure* demeura aux Venitiens. Bajazeth fut moins heureux dans les

les guerres qu'il eut contre l'Egypte que dans celle qu'il fit aux Hongrois. Après un long régne signalé par de grands caprices, ses troupes le deposerent en 1512. & lui donnerent pour Successeur Selim, son fils, que les guerres civiles & ensuite la guerre d'Egypte & ses desseins sur l'Isle de Rhode occuperent pendant huit ans qu'il regna. Soliman son fils qui lui succeda en 1520. déja maître de l'Isle de Rhode en 1522. ayant défait les Chrétiens alliez du Roi de Hongrie en 1526. à la bataille de Moatz, formé & levé le siége de Vienne en 1529. attaqua de nouveau le Royaume de Hongrie en 1532. L'Espagne où regnoit alors Charles V. Frere de Ferdinand Roi de Hongrie, l'Espagne, dis-je, envoya sa Flote qui prit *Coron* & *Patras* dans la Morée, en 1533. Les Turcs en chasserent ensuite les Espagnols.

Les Ducs de *Naxe* subsistoient toujours. Jaques Crispe n'avoit laissé que deux filles, Florence mariée à Dominique Pisani, & Petrinole. Pisani auroit dû succeder, mais ses hauteurs, & ses manieres meprisantes envers son beaupere le priverent de la succession & la fit passer à Jean Crispe. Il étoit frere de Jaques & s'étoit destiné à l'Ordre de Rhode, mais voyant que son frere n'avoit point de fils, il ne se pressa point de faire ses voeux, & l'engagea à le déclarer son Successeur au prejudice du gendre qui s'étoit fait haïr. Son fils François Crispe qui lui succeda eut beaucoup de part aux guerres des Venitiens contre Bajazet II. Il mourut dans le tems que l'Archipel étoit en paix avec les Turcs. Jean son fils continua d'avoir pour les Venitiens le même attachement. De son tems Soliman prit Rhode & heureusement pour le Duc de Naxe la Flote & l'armée Turques étoient ruinées par ce siége. Les Venitiens croyoient avoir merité beaucoup du Sultan en refusant tout secours aux Chevaliers de Rhode. Un incident qui n'étoit au fond qu'une vetille, les brouilla avec lui. Soliman assiégea *Corfou*; ce siége ne lui réüssit point, il fit faire celui de *Napoli de Romanie* qui manqua de même. Une Lettre du Duc de Naxe par laquelle il mandoit aux Venitiens les desseins de Soliman, attira à ce Duc tous les ressentimens de Barberousse. Cet Amiral se rendit à *Naxe* & peu touché des respects de Jean Crispe qui lui en apportoit lâchement les clefs, il le retint prisonnier, pilla l'Isle, & le Palais. Il lui rendit pourtant son Isle à condition de payer tous les ans six mille écus d'or à la Porte. Barberousse ne trouva point la même facilité à *Paros*. Elle appartenoit alors à Venier dont le grand-Pere l'avoit aquise pour la dot de l'Heritiere de Sommerive qu'il avoit épousée. Venier qui s'attendoit à cette insulte, avoit par précaution envoyé sa femme & ses enfans à Venise, il defendit son Isle jusqu'à l'extremité & ne pouvant plus la tenir davantage il se deroba la nuit au moyen d'une barque de pêcheur. Jean Crispe rétabli par Barberousse ne put reprendre son autorité sur ses Sujets qui aimoient encore mieux la Domination des Turcs que la sienne. Il avoit deux fils François & Jacques. L'aîné qu'il aimoit tendrement mourut avant lui, l'autre lui succeda. Sa fille Thadée épousa François de Sommerive à qui elle porta les Isles de *Zia* & de *Micone*.

Jacques Crispe épousa Cecile de Sommerive sœur du Seigneur d'*Andros*; de laquelle il eut trois fils & trois filles, savoir Jean, François, & Marc Antoine, Adrienne, Catherine & Cansienne. Catherine la seule qui fut mariée épousa Victor Marin, Gentilhomme Venitien. Depuis la descente de Barberousse les Grecs ne vouloient plus obéïr ni contribuer aux depenses publiques. Le Duc sans argent, sans Vaisseaux, & sans amis s'étourdit sur son état, en se livrant à la debauche. Son exemple ne fut que trop suivi par la Noblesse & même par le Clergé, on ne vit plus qu'exactions, que violences, que scandales, le peuple poussé à bout envoya deux Deputez au Sultan qui les écouta. Le Duc se munit de douze mille écus & les suivit à Constantinople pour plaider sa cause. Il étoit trop tard, à son arrivée, sans égard pour sa dignité, on le mit en prison & il y fut cinq ou six mois.

Selim II. étoit alors Sultan & avoit pour favori un Juif Portugais de Nation, nommé Jean Miquez. Ce dernier avoit embrassé la Religion Chrétienne dès sa jeunesse, mais parce que l'Inquisition lui faisoit toujours peur, il se rendit à Anvers où il se fit aisément connoître de tout ce qu'il y avoit de personnes de distinction. Il eut beaucoup d'accès à la Cour de Marie Reine de Hongrie Gouvernante des Pays-Bas. A quelque tems delà il fut obligé de s'enfuir pour avoir debauché une fille de qualité, il se retira à Venise où il tâcha d'obtenir que l'on cedât aux Juifs quelqu'une des Isles voisines. On la lui refusa, & de dépit il passa à Constantinople, resolu de desservir les Venitiens en toute occasion. Il y retourna au Judaïsme, se maria richement; & à la faveur de son bien & de sa belle humeur, il se fit des liaisons dans le Serrail, fut connu de Selim, qui l'admit dans sa familiarité & qui, après la mort de Soliman, étant monté sur le Thrône, mit les Portugais dans toutes ses parties de plaisir. Ennemi des Venitiens, il saisissoit toutes les occasions d'aigrir le Sultan contre-eux; il l'engagea à leur ôter l'Isle de Chypre. Selim échaufé de vin lui promit cette Couronne; mais sur les remontrances de ses Ministres il se contenta de le faire Duc de *Naxe*. Les choses en étoient-là, quand le Duc Crispe étoit en prison à Constantinople. Les Naxiotes effrayez d'un choix si flétrissant pour eux, firent tous leurs efforts pour rompre ce coup & demanderent le rétablissement des Crispes. Ils ne purent obtenir que la liberté du Duc, qui sortit de prison & se refugia avec ses Enfans à Venise, où la Republique le reçut avec compassion & lui assigna dequoi vivre. Cette famille est éteinte. Le Juif Miquez n'osa aller prendre possession de son Duché; il n'en joüit même que peu d'années & cet Etat est réuni depuis ce tems-là à l'Empire Othoman. Ainsi finit en 1566. le Duché de l'Archipel, qui avoit été fondé environ cinq cens ans auparavant par les Princes Latins. La perte du Duc de Naxe entraina celle de la Maison de Sommerive. Elle n'avoit pu se maintenir à *Andros*, à *Zia* & à *Micone* qu'en devenant tributaire du Turc. Cette protectection lui aliéna les cœurs de tous ses Sujets. Ils se révoltèrent & alloient assassiner Jean-François huitième & dernier Duc d'Andros, s'il ne se fût pas sauvé à Naxe où cette illustre famille subsiste sans aucune Souveraineté.

Les Venitiens instruits des mauvais offices que le Juif Miquez leur rendoit, se liguèrent avec le Pape Pie V. & Philippe II. Roi d'Espagne. Ils ne purent empêcher la prise de l'Isle de Chipre en 1571. Le Vainqueur déja maître d'Antivari & de Dulcigno en Dalmatie, menaçoit de ravager l'Italie, lorsque sa Flotte fut batue à *Lepante*. Si les Espagnols avoient voulu agir après cette victoire, ils auroient profité de la consternation où étoient les Turcs ; mais ils se contenterent de les avoir mis hors d'état d'exécuter leurs menaces. Les Venitiens s'accommoderent avec le Turc & lui abandonnerent *Antivari*, *Dulcigno* & l'Isle de *Cypre*.

La guerre ayant recommencé entre la Republique & la Cour Othomane en 1644. les Turcs assiégerent *Candie* qu'ils prirent enfin le 27. Septembre 1669. après un siége de deux ans & demi, qui leur couta près de cent mille hommes. Cette prise fut suivie d'une paix qui dura jusqu'à l'année 1684. Les Turcs venoient de lever le siége de Vienne avec un desordre dont les Venitiens crurent devoir profiter. Ils reprirent l'Isle de *Ste Maure* & *Prevesa* ; & l'an 1686. ils reprirent *Novarin*, *Modon*, *Napoli de Romanie* ; & l'année suivante *Patras*, *Lepante*, *Corinthe*, *Athenes* & *Castel-Nuovo* &c. Par la paix de Carlowitz 1699. il fut dit qu'ils garderoient leurs conquêtes dans la Morée ; qu'ils évacueroient *Lepante* ; qu'on démoliroit le *Château de Romelie* & *Prevesa* ; qu'ils garderoient les Isles de *Sainte Maure* & d'*Engia* ; que les Isles & les Mers de l'Archipel seroient au Turc ; qu'il n'exigeroit point de Tribut pour l'Isle de *Zante*. Le reste regardoit les Limites. Dans la guerre qu'ont eue les Venitiens contre l'Empire Othoman, ils ont perdu toute la Morée en 1715. desorte que toute la Grece est presentement sous le joug de la Porte. C'est ici que commence le VIII. âge de la Grece.

Reflexions sur les sept âges.

[a] On a vu ci-devant le partage de l'ancienne Grece en un grand nombre de petites Monarchies qui peu à peu se sont détruites & ont été absorbées par les quatre grandes Republiques des *Atheniens*, des *Lacedemoniens*, des *Thebains*, & des *Achéens*, ou par le Royaume de *Macedoine*. Ce Peuple toujours passionné pour sa liberté, regarda ses Rois comme ses Tyrans & fut toujours prêt à secouer le joug quelque leger qu'il fût. Les Grecs furent moins les Sujets que les Alliez des Romains, si on en excepte le Tribut ; & dans le temps que Rome soumettoit tout par ses armes victorieuses, elle leur permit de conserver les mêmes Loix & les mêmes Privileges durant plusieurs siécles, & ils garderent au moins une ombre de liberté. Après la translation du Siége Imperial de Rome à Byzance les Empereurs devinrent eux-mêmes Grecs, & la Grece fut toujours une des plus precieuses portions de leur Empire. Mais il s'éleva en 1300. une tempête imprevue qui accabla la Grece. Semblables à cette petite nuée que vit le Prophete, qui petite dans sa naissance ne laissa pas de couvrir le Ciel ; les Turcs meprisables dans leur origine fondirent comme un tourbillon sur les Etats des Empereurs Grecs, se rendirent maîtres de l'Asie & poussérent après cela leurs conquêtes dans les plus belles parties de l'Europe. Il seroit aisé de dire en general que cette grande revolution a eu trois causes principales, une extrême negligence, une avarice insatiable, & une discorde ruineuse.

Les Grecs vivoient depuis quelque temps dans une mollesse qui les rendit aveugles sur leurs interêts & insensibles à leur danger. Pleins de confiance en leurs propres forces, ils furent assez imprudens pour laisser passer le Bosphore aux Turcs, & pour ne les pas empêcher de bâtir un Fort du côté de l'Europe sous le nom de *Parc de brebis*. Ils firent de l'autre côté de l'Hellespont une faute plus grossiere. Les Turcs y avoient des troupes nombreuses, y faisoient des mouvemens, & s'y emparoient d'un Fort nommé l'*Etable aux Cochons*. Cependant bien loin de songer à leur faire tête, on se contenta d'admirer leur simplicité d'être venus avec une armée pour prendre une étable. A la fin ces ennemis que l'on avoit tant méprisez, passerent de leurs Cabanes aux Palais des Empereurs, & en moins de rien foulerent aux pieds & l'Etat & la Religion. L'avarice des principaux Officiers de l'Empire ne contribua guéres moins à avancer ce changement. Ils pilloient le Prince & pour mieux remplir leurs coffres ne faisoient aucun scrupule de vuider ceux du public. L'argent manqua : les preparatifs cesserent, le Soldat privé de sa paye se crut dispensé d'observer la discipline. Du dereglement on passa bientôt au murmure & le peuple perdit courage. Les divisions intestines acheverent ce que l'avarice & la negligence des Ministres avoient commencé. La jalousie, les trahisons & l'envie, peste fatale & naturelle encore aujourd'hui à ce peuple, furent les causes de ces divisions. Les esprits étoient tellement aigris qu'on eût mieux aimé se soumettre à un étranger que de recevoir des Loix d'un Compatriote.

VIII.

HUITIE'ME ETAT DE LA GRECE,

ou

LA GRECE DANS SON ETAT PRESENT.

On comprend à present sous le nom de GRECE plusieurs Pays qui n'en étoient pas anciennement ; & comme nous sommes obligez de traiter de ces Pays dans leurs articles particuliers, il suffira ici de les indiquer & de marquer en même temps le raport des noms modernes avec les anciens.

1. La ROMANIE, ou ROMELIE, ou la THRACE des Anciens.

2. La

[a] Ricaut Hist. de l'Etat pres. de l'Eglise Grecque.

2. La Macedoine	Jamboli; la première & seconde Macedoine des Anciens.
	La Macedoine propre; la plus grande partie de leur troisiéme Macedoine.
	Le Comenolitari, partie de la troisiéme Macedoine & de la Thessalie.
	La Janna la plus grande partie de la Thessalie.
3. L'Albanie	La Haute, autrefois la quatriéme Macedoine, ou la partie Occidentale de ce Royaume.
	La Basse, autrefois l'Epire.
	Le Despotat, autrefois l'Etolie.
4. La Livadie	La Livadie-propre, autrefois la Phocide; la Doride, & la Locride.
	La Stramulipa, autrefois la Beotie.
	Le Duché d'Athenes, autrefois l'Attique & la Mégaride.

5. La Morée, autrefois le Peloponnese.
6. L'Isle de Candie, autrefois la Crète.
7. Les Isles de l'Archipel.

La Grece est presentement divisée pour le gouvernement politique sous le departement de deux Bachas.

Celui de *Rumelie*, ou *Romanie*, le dix-huitiéme de l'Empire Turc, est le plus considerable de la Turquie en Europe. Le Bacha fait sa residence à Sophie & a sous lui xxiv. Sangiacs, savoir,

Kioftendil, ou *Justiniana*,	*Wize*,
Mora, ou *Morea*,	*Delvina*,
Skenderi,	*Uskiup*,
Tirhala,	*Kirkkelifa*,
Siliftra,	*Ducakin*,
Nigheboli,	*Wedin*,
Uchri,	*Alagehifar*,
Aulona,	*Serzerin*,
Jania,	*Waltcharin*,
Ilbazan,	*Bender*,
Tchirmen,	*Akkerman*,
Salonica, ou *Thessalonique*,	*Ozy*,
	Azak.

Tous ces Sangiacs ne sont pas de la Grece à beaucoup près; mais ils dependent tous du Bacha de Rumelie, selon Mr. Ricaut [a]. Il faut aussi observer que bien que la *Morée*, selon le Canon ancien, fût sous la Jurisdiction du Bacha de Rumelie, elle en a été detachée & a fait une partie des Revenus de la *Validé*, ou Imperatrice Mere du Sultan. Elle y avoit un Fermier qui y recevoit ses droits & qui lui en tenoit un compte exact. L'autre Bacha, le dix-neuviéme de l'Empire, c'est le

[a] Etat pres. de l'Emp. Othoman. T.1.l.1. c.12.

Capoutan Bacha, ou, comme les Turcs l'appellent, l'Amiral de la Mer blanche ou de l'Archipel. C'est lui qui commande toutes les forces marines du Grand Seigneur. Il a sous lui treize Sangiacs, savoir,

Gallipoli, où il reside,	*Kogia* bli,
Egribuz, ou *Negrepont*,	*Betga*,
Karlieli,	*Sifla*,
Ainebachti,	*Mezestra*,
Rhodes,	*Sakis*, où l'Isle de *Chio*,
Medilli, ou *Mitylene*,	*Benekfche*, ou *Malvasia*.

Quelques-uns y ajoutent *Nicomedie*, *Lemnos* & *Naxe*.

Il faut faire ici la même remarque que nous avons faite sur le Bacha de Romanie. Depuis que la Grece est sous la domination du Grand Seigneur elle n'est plus peuplée comme elle l'étoit autrefois. Il s'en faut bien pourtant qu'elle soit aussi deserte qu'elle le paroît à n'en juger que sur la plupart des Cartes. Voici une liste des habitans qui cultivoient les Isles de l'Archipel, selon la note qui en fut donnée au Marquis de Fleuri, Gentilhomme Savoisien qui s'étoit proposé de liguer ensemble ces Isles, vers l'an 1672. & d'y établir une Souveraineté independante du Turc.

Isles	Habitans.
Santorin,	8000.
Policandro,	1500.
Nio,	1000.
Sichino,	2000.
Nanfi,	1000.
Estopalia,	1500.
Nixoro,	1500.
Pattino, ou Pathmos,	6000.
Andros,	15000.
Zia,	4000.
Termia,	3000.
Serfou,	2000.
Sifanro,	3000.
Argenteria,	1500.
Milo,	7000.
Especii,	1000.
Idra,	1000.
Engia,	2000.
Scopolo,	5000.
Sciladroi,	600.
San Giorgio de Schiro,	3000.
Psara,	800.
Naxe,	7000.
Nicaria,	1000.
Xamos,	10000.
Paros,	10000.
Antiparos,	800.
Micone,	2000.
Sira,	3000.
Aijo Strati,	2000.
Samandrachi,	800.
Schiaro,	1500.
Simo,	2000.
Zaora,	3000.
Tasso,	3000.
Cazo,	5000.
Scarpanto,	4000.

Scarpantoni,	200.
Niffero,	3000.
Piscopia,	4000.
Amourgos,	4000.
Leros,	3500.
Lindo,	2000.

En tout 43. Isles, & 145000. habitans.

On ne comprend dans cette liste que ceux qui payent le Charatz ou Tribut de Capitation. Tous ces habitans sont Chrétiens du Rite Grec, il y a aussi quelques Juifs. Autrefois le Grand Seigneur entretenoit un Aga, ou un Cadi dans plusieurs des Isles, pour les gouverner & y administrer la Justice. Mais comme ces Officiers ont été souvent enlevez par les Corsaires, il se trouve peu de gens qui se soucient d'accepter des emplois si dangereux. ainsi le peuple fait choix de trois ou de quatre personnes des plus éclairées & des plus riches pour être leurs Archontes ou Magistrats, auxquels ils remettent la decision de toutes les affaires civiles. Ils agissent pour toute l'Isle, levent l'argent du Tribut qu'ils tiennent prêt pour l'arrivée de la Flote que le Capoutan Bacha y conduit une fois l'an. S'il se commet un crime capital, on reserve le coupable jusqu'à l'arrivée du General de la Flotte, qui prononce la sentence & la fait exécuter. Les Archontes sont choisis tous les ans à moins que le peuple ne confirme ceux de l'année precedente ; ce qui se fait la plupart du temps parce qu'il y a peu de personnes en ce Pays-là qui ambitionnent de commander.

Voilà pour ce qui regarde les Isles de la Grece, à l'égard de la Morée & des Provinces de Terre ferme comme l'Albanie, la Livadie, la Janina, le Comenolitari, la Macedoine, & le Jamboli ; on trouvera sous leurs articles respectifs ce qui regarde leur état present ; & leur ancien état sous les anciens noms de ces mêmes Pays. Il est temps de venir enfin à l'Eglise Grecque.

IX.

DE L'EGLISE GRECQUE.

Il ne faut pas confondre l'*Eglise de la Grece* avec l'*Eglise Grecée*. Ce sont deux choses très-differentes.

L'Eglise DE LA GRECE est l'Eglise établie par St. Paul & par les autres Apôtres à *Corinthe*, à *Thessalonique* & autres lieux de l'ancienne Grece en Europe ; on peut encore y ajouter l'Eglise fondée par les Apôtres à *Ephese*, à *Antioche* & dans les autres Villes de la Grece Asiatique.

Par l'Eglise Grecque nous entendons aujourd'hui toute cette étendue qui est, ou qui devroit être, comprise sous le Patriarchat de Constantinople ; & même les Eglises qui adherent au Schisme des Patriarches Grecs, comme l'Eglise Russienne & quelques autres. Voiez au mot Patriarchat.

Avant Constantin l'Eglise persecutée par les Empereurs, n'étoit occupée que de la conversion des Payens, & de l'édification des Fidelles. Les Evêques suivoient pour le partage de leur Jurisdiction, le partage qu'ils trouvoient déjà établi dans le Gouvernement politique. En un mot l'Eglise ne changea point les bornes des Provinces Romaines & lorsque dans une même Province, il y avoit plusieurs Evêques, ils s'accordoient tous à reconnoître pour Superieur celui qui occupoit le premier Siége de la Province. Rome Capitale de l'Univers fut la résidence du Prince des Apôtres qui y souffrit le Martyre sous Neron : tous les autres Evêques de l'Univers reconnurent en toute occasion la primauté des Successeurs de St. Pierre. Avant & sous Constantin il n'y avoit qu'un Empire, mais après sa mort ses trois fils partagérent ses Etats, Constantin qui étoit l'aîné eut l'Espagne, la Gaule & tout ce qui est au deçà des Alpes. Constant qui étoit le plus jeune eut l'Italie, l'Afrique, la Sicile & l'Illyrie : Constantius qui étoit le second, eut l'Asie, l'Orient & l'Egypte. Un Frere de Constantin avoit deux fils, Dalmace & Hanniballien, Constantin leur avoit donné leur part de ses Etats : Dalmace avoit eu la Thrace, la Macedoine & l'Achaïe ; Hanniballien avoit eu la Cappadoce, le Pont & l'Armenie. Ces deux Freres furent massacrez. Cela donna lieu à un nouveau partage. Constantius eut la Thrace avec la Cappadoce, Constantin eut l'Achaïe & la Macedoine : ainsi la Grece fut du partage de Constantin qui étoit l'aîné & qui possedoit aussi les Gaules, l'Espagne &c. mais cet Empereur ayant peri en 340. Constant profita de ce qui lui avoit appartenu, & le joignit à ce qu'il possedoit déjà : ainsi on ne distingua plus que deux Empires, savoir l'Empire d'Orient & l'Empire d'Occident. La Grece Asiatique fut confondue sous le nom d'Orient & les Evêques d'*Antioche*, d'*Ephese*, de *Smyrne* &c. en un mot tous les Evêques de l'Asie Mineure, furent distinguez des autres par le nom d'Orientaux, Ceux d'Italie, des Gaules, de l'Espagne, de l'Illyrie, de la Grece, & de la Thrace furent appellez les Occidentaux. Les Orientaux avoient leur Patriarche qui résidoit à Antioche, l'Egypte avoit le sien qui résidoit à Alexandrie ; Jerusalem après son rétablissement ne fut d'abord regardée que comme une Ville nouvelle, & son Evêque étoit subordonné à celui de Cesarée comme à son Metropolitain ; du temps du Concile de Nicée il precedoit les autres Evêques de la Palestine. Avec le temps on lui accorda le titre de Siége Patriarchal, par respect pour le lieu où le Sauveur du Monde étoit mort. Tout l'Occident étoit sous le Siége de Rome & ne reconnoissoit point d'autre Patriarche. Les autres Patriarches eux-mêmes convenoient de sa primauté. Il n'étoit point encore question du Siége de Constantinople parmi les Patriarches ; mais ceux qui l'occupoient se voyant favorisez des Empereurs, crurent pouvoir en profiter, & donner à leur Siége un rang qu'il n'avoit pas. Ils étoient parvenus à s'élever au dessus de celui d'Heraclée qui étoit le vrai Metropolitain de la Thrace, comprise alors dans l'Eglise d'Orient. Mais au Concile de Chalcedoine ils s'arrogerent plus qu'ils n'avoient osé jusques à ce temps-là. Non seulement ils se mirent au rang des Patriarches, mais même ils se firent donner le second rang par le XXVIII. Ca-

Canon, laissant à Rome le premier qu'elle avoit toujours possédé. Ainsi Alexandrie qui avoit eu le second rang, & Antioche qui joüissoit du troisiéme, furent reculées & n'eurent plus que le troisiéme & le quatriéme, & Jerusalem eut le cinquiéme. Envain les Legats du Pape & St. Léon lui-même tâcherent de maintenir l'ancien ordre, l'ambition d'Anatolius l'emporta. On soumit au Patriarche de Constantinople les Metropoles de Pont, d'Asie & de Thrace. La Grèce demeura à l'Eglise d'Occident. Thessalonique devenuë depuis longtemps la plus importante Ville de l'Illyrie sous laquelle nous avons dit que la Grece étoit comprise, étoit le Siége d'un Metropolitain qui en qualité de Vicaire Apostolique exerçoit la Jurisdiction du St. Siége dans l'étenduë de cette grande Diocèse.

Le Siége de Constantinople n'en demeura point-là, il étendit sa Jurisdiction sur les Isles de l'Archipel, & cette Diocèse s'appella la PROVINCE DES ISLES CYCLADES. La Notice de Léon le Sage y met les Evêchez suivans.

RHODE,	PAROS,
SAMOS,	LEROS,
CHIO,	ANDROS,
COS,	TINE,
NAXE,	MILO,
THERES,	PISYNO.

Ce Siége profita des courses des Barbares en Italie & prit son temps pour s'attribuer les Metropoles de la Grece, & tous les Evêques qui en dependoient. Ceux qu'il détacha du Siége de Rome furent

THESSALONIQUE,	NICOPOLIS,
SYRACUSE,	ATHENES,
CORINTHE,	PATRAS,
RHEGIO,	LA NOUVELLE PATRAS.

Isti, dit la Notice, Synodo & Ecclesia Constantinopolitanæ, veteris Romæ Papa à Gentilibus detento, sunt adjuncti. Du temps de Hierocles, la Grece étoit partagée en VIII. Provinces, dont voici le rang par raport aux Provinces de tout l'Empire.

La VII. qui comprenoit la PREMIERE MACEDOINE.
La VIII. qui comprenoit la SECONDE MACEDOINE.
La IX. qui comprenoit la THESSALIE.
La X. qui comprenoit la GRECE PROPRE, ou L'ACHAÏE, y compris le PELOPONNESE.
La XI. qui comprenoit l'Isle de CRETE.
La XII. qui comprenoit L'ANCIENNE EPIRE.
La XIII. qui comprenoit la NOUVELLE EPIRE.
La XXIX. qui comprenoit les ISLES.

Voyons presentement quelles étoient les Villes de chacune.

DE LA PREMIERE MACEDOINE.

Thessalonique,	Dragylus, ou Bragylus,
Pella,	Trimula, ou Primula,
Europe,	Parthicopolis,
Dius,	Heraclée de Strymnus,
Beroée,	Serres,
Eordée,	Philippe,
Edesse,	Amphipe,
Colla, ou Cella,	Apollonie,
Almoepeia,	Neapolis,
Larisse,	Achanthe,
Heraclée de Laocus,	Berge,
Antagnie,	Araure,
Nicedes,	Clema,
Diobore,	Menticon & Acontisma,
Idomene,	L'Isle de Thaso,
L'Isle de Samothrace.	

DE LA SECONDE MACEDOINE.

Stoli,	Bargala,
Argos,	Celenis,
Eustraion,	Harmonia,
Pelagonia,	Zapara.

DE LA THESSALIE.

Larisse,	Cæparea,
Demetriade,	Diocletianople,
Thebes,	Pharsale,
Æchionio,	Sartoburatnisium,
Lamia,	Satosibius,
Hypata Metropole,	Scopelos,
Tricæ, ou Trocæ,	Isles Sciathos,
Gomphi,	de Peparethos.

DE LA GRECE PROPRE, ou de L'ACHAÏE.

Scarphia,	Bumelita,
Eleusine,	Thespies,
Boe & Drimya,	Hyttes Thyssa,
Daulia,	Thebes Metropole de Béotie,
Cheronée,	Tanagra,
Lepante,	Chalce, dans l'Isle d'Eubée,
Delphes,	Porthmus,
Amphissa,	Carystus,
Tithora,	Platées,
Ambrosus,	Ægosthene,
Anticyra,	Athenes, Metropole de l'Attique,
Lebadia,	
Coronie en Béotie,	Megare,
Steræs,	Bagæ,
Opus,	Cromon,
Anastasis,	L'Isle d'Engia,
Ecepsus,	Pœtœusa,
L'Isle d'Eubée,	Cea,
Anthedon,	Adelus,
Talamene & Thermopyle.	

AU PELOPONNESE.

Corinthe, nouvelle Metropole de la Grece.	Lacedemone Metropole de la Laconie.
Sicyone,	Geronthræ,
	Æges,

Æges,
Methana,
Trœsene,
Epidaure,
Hermione,
Argos,
Tegée,
Tarpusa,
Mantinée,

Pharæ,
Asopolis,
Acreæ,
Phialea,
Mesene,
Coronia,
Asinæ,
Mothone, ou Modon,
Cyparisia,

Ælis Metropole de l'Etolie.

Les Isles de {
Cefalonie,
Panormus,
Zante,
Cythere,
Mycone,
Strophadie,
Melos,
Dorusa,
Lemnos,
Imbros.
}

DE L'ISLE DE CANDIE.

Gortyne Metropole,
Inathus,
Bienna,
Hiera Pydna,
Camara,
Allyngus,
Chersonnesus,
Lyctus,
Arcadia,
Cnossus,
Subritum,

Axfus,
Eleutherna,
Lampæ,
Aptera,
Cydonie,
Cisamus,
Cantanum,
Elyrus,
Lissus,
Phœnece, ou *Phœnix Portus*,
Aradena, ou Artacina.

L'Isle Claudos.

DE L'ANCIENNE EPIRE.

Nicopolis, Metropole,
Dodone,
Eurée,
Acnium,
Adrianopolis,
Appon,

Phénice,
Anchiasmus,
Butrinto,
Photice,
L'Isle de Corfou,
L'Isle d'Ithaque.

DE LA NOUVELLE EPIRE.

Epidamnus, aujourd'hui Durazzo,
Scappa, ou Scampio,
Apollonie,
Bullis,
& Scepon.

Amantia,
Pulcheriopolis,
Aulon,
Listron,

DES ISLES.

Rhode,
Cos,
Samos,
Chio,
Mitylene,
Methymne,
Petelos,
Tenedos,
Proselene,

Andros,
Tine,
Naxe,
Paros,
Syphne,
Milo,
Ius,
Thera,
Amorgos,

Astypalæa.

Tel est l'état de la Grece telle que la represente le Grammairien Hierocles. Quoiqu'on ne sache pas bien précisément en quel temps il a vécu; on voit pourtant qu'il a vécu après Léon le Philosophe, & avant la prise de Constantinople par les Chrétiens & par conséquent dans le dixiéme siécle. Cette Notice sert à faire voir comment & en quelles Provinces la Grece étoit alors distribuée & quelles Villes elle avoit. Toutes n'étoient pas Episcopales.

La Notice de Nilus Doxapatrius qui écrivoit vers le milieu du XI. siécle indique ainsi les Archevêchez & le nombre des Evêques qui en dependoient, savoir,

THESSALONIQUE en Thessalie, VIII. Evêques. On ne nomme point leurs Siéges.

CORINTHE au Peloponnese a VII. Evêques, savoir {
Damala,
Argos,
Monembase,
Cefalonie,
Zante,
Zarneres,
Marne.
}

ATHENES en Grece XI. Evêques, savoir {
Euripe,
Daulie,
Coronie,
Andros,
Ozei,
Scyre,
Caristhe,
Porthmos,
Aulone,
Syre & Setiphe,
Ceos & Termie.
}

LA CRETE X. Evêques sans noms des Siéges.

PATRAS au Peloponese a V. Evêques, savoir {
Lacedemone,
Modon,
Coron,
Bolene,
Olene.
}

LARISSE, dans la Grece XVIII. Evêques.
LEPANTE, ou *Naupactus Nicopolios*. IX. Ev.
PHILIPPES de Macedoine. VII. Ev.
La NOUVELLE PATRAS dans la Grece. VI. Ev.
THEBES dans la Grece. III. Ev.
SERRES dans la Thessalie LVII.

La Notice ne met point les noms de ces Evêchez. A l'égard du dernier nombre il y a sans doute une faute.

La Notice met entre les Archevêques soûmis au Siége de Constantinople, mais qui n'ont aucun Evêque sous eux,

Lemnos,
Leucade,
Engia,

Scarpanto,
Pharsale,
&c.

L'Etat des Eglises de Grece est aujourd'hui bien different; voici quels sont les Evêchez & les Archevêchez, selon la Notice de Thomas Smith qui a écrit de l'Etat present de l'Egli-

GRE.

l'Eglise Grecque, avec quelques corrections que le Docteur Schelftrate y a faites.

L'ARCHE-VEQUE de
- *Theffalonique* a IX. Suffragans, favoir
  - Cytros,
  - Servia,
  - Campania,
  - Petra,
  - Ardamerion,
  - Hieroffus,
  - Du Mont Athos,
  - Plantamon,
  - Poliannina.
- *Athenes* en a IV.
  - Talanton,
  - Scirre,
  - Solon,
  - Mindinitza.
- *Lacedemone* III.
  - Cariopolis,
  - Amicles,
  - Breftene.
- *Lariffe* X.
  - Demetriade,
  - Zeiton,
  - Stagon,
  - Taumacos,
  - Gardicion,
  - Radobifcdion,
  - Sciathos,
  - Loedoricii,
  - Letzæ,
  - Agrapha.
- *Corinthe* I.
  - Damalon.
- *Ioannina* IV.
  - Butrinto,
  - Belli,
  - La Chimarra,
  - Drinopolis.
- *Monembafe,* autrefois *Epidaurus* IV.
  - Elos,
  - Maina,
  - Rheon,
  - Andrufa.
- *Phanarion* I.
  - Neochorion. Il eft uni à l'Archev.
- *L'ancienne Patras* III.
  - Olene,
  - Modon,
  - Coron.
- *Metymna*
  - Sans Suffragans.

Les Siéges de *Thebes*, de *Serres*, de la *Nouvelle Patras* en Theffalie, d'*Eno* en Macedoine, d'*Euripe* en *Negrepont*, d'*Arta*, de *Chio*, de *Zia*, de *Siphnos*, de *Samos*, de *Scarpanto*, d'*Andros*, de *Cos*, de *Leucade*, de *Zuchna* en Macedoine, de *Berrhoée*, d'*Imbros*, de *Santorin*, d'*Engia* relevent immediatement du Siége de Conftantinople. Cela doit s'entendre des Evêques du Rite Grec.

GRECE ASIATIQUE, (LA) on a autrefois ainfi nommé la partie de l'Afie où les Grecs s'étoient établis; principalement l'ÆOLIDE, l'IONIE, la CARIE, & la DORIDE avec les Ifles voifines. Ces Grecs Afiatiques envoyerent le long de la Propontide & même jufqu'au fond du Pont Euxin des Colonies qui y établirent des Colonies; delà vient que l'on y trouve des Villes qui portent des noms purement Grecs, comme Heraclée, Trebifonde, Athenes &c. nous avons marqué les principales revolutions de la Grece Afiatique dans l'Hiftoire Géographique de la Grece.

GRECE PROPRE, (LA) Voiez HELLAS.

GRANDE GRECE, (LA) on a ainfi appellé la partie Orientale & Meridionale de la Prefqu'Ifle d'Italie. Dans l'Hiftoire Géographique de la Grece nous avons rapporté les principales Colonies que les Grecs menerent en Italie & les fondations de plufieurs Villes. On peut y ajouter quantité d'autres détails rapportez par Denys d'Halicarnaffe dans le premier Livre de fes Antiquitez Romaines. Cette denomination de la Grande Grece ne s'eft faite apparemment, que quand la Republique Romaine a été formée & a eu un Etat, dont les Latins, les Volfques, & les Sabins faifoient partie. Car ces Peuples étoient Grecs d'origine & leur Pays pouvoit être naturellement compris dans la Grece Italique. Mais comme ces Peuples avoient fubi le joug des Romains & parloient une Langue differente de celle des Grecs, on referva le nom de Grece à ceux qui avoient confervé leur Langue originale qu'ils mêlerent pourtant enfuite avec la Latine, comme on voit que du temps d'Augufte on parloit encore à Canufe un Jargon qui étoit un melange de Grec & de Latin [a].

[a] Horat. l. 1. Sat. x. 30.

Canufini more bilinguis.

On peut voir la Table des premiers Peuples d'Italie dans l'Article d'ITALIE, à la premiere divifion. On voit pourquoi ce Pays avoit été appellé la Grece. Mais le furnom de *Grande* a caufé de l'embaras à plufieurs Savans faute d'avoir connu la veritable étendue de l'ancienne Grece & de la nouvelle. Pline [b], que l'on fuppofe avoir été dans cette erreur, dit que ce nom de *Grande* vient des Grecs & non pas des Romains; que les Grecs pleins de vanité donnerent le nom de Grande Grece à un affez petit Canton. Jofeph Scaliger dit fur Feftus [c]; il eft certain qu'elle fut ainfi nommée, *Major Græcia*, par les Romains parce qu'elle étoit plus proche d'eux que l'autre Grece. Il femble que Scaliger ait jugé dans cette conjecture, felon les regles de la Perfpective. Mr. Dacier a bien vu qu'il falloit chercher une meilleure raifon que celle-là. Il la prend de ce que quelques Anciens ont agrandi la nouvelle Grece. Feftus dit *Major Græcia dicta eft Italia, quod eam Siculi quondam obtinuerunt: vel quod in ea multa magnaque Civitates fuerunt ex Græcia profectæ;* c'eft-à-dire: l'Italie a été appellée la Grande Grece, parce que les Siculés l'ont autrefois habitée, ou parce qu'il y avoit plufieurs grands Peuples venus originairement de Grece. Athenée a donné ce nom [d] à une grande partie de l'Italie; Strabon [e] appelle ainfi la Sicile & la partie d'Italie qui en eft voifine. Servius l'étend depuis *Tarente* jufqu'à *Cumes* &c. Mr. Dacier fe moque avec juftice de la ridicule conjecture de Scaliger. Comme fi, dit-il, de deux Villes de même nom,

[b] l. 3. c. 5.
[c] Au mot MAJOR GRÆCIA.
[d] l. 12. c. 5.
[e] l. 6. p. 253.

nom, la plus proche pouvoit être appellée grande, par la seule raison du voisinage. D'ailleurs il n'est pas vrai que ce soient les Romains qui lui ayent donné ce nom, ce sont les Grecs, comme Pline le dit très-bien. Quant à ce qu'il les accuse de vanité cela ne tombe pas sur la comparaison de la grande avec la petite Grece, mais sur ce qu'ils avoient donné le nom de Grande Grece à un Pays qui étoit petit en comparaison de toute l'Italie dont il n'étoit que la partie Orientale & Meridionale. Il est pourtant vrai & demontré que la Grande Grece en Italie est réellement & considerablement plus grande que la veritable Grece. Et cela est exactement vrai, sans qu'il soit besoin d'y attacher la *Sicile* comme fait Strabon, quoique cette Isle étant pleine de Colonies Grecques, pût être aussi appellée *Grèce*.

a Mem. de l'Acad. Royale des Sciences année 1714.

[a] Monsieur de l'Isle dans son excellente justification des mesures des Anciens en matiere de Géographie a traité ce sujet en peu de mots. Voici ses paroles : les Grecs avoient envoyé un si grand nombre de Colonies dans cette partie d'Italie qu'elle en fut appellée *Grèce* comme le Pays qui a porté ce nom de tout temps. Mais les Modernes comparant l'étendue de ce Pays avec celle de la Grece proprement dite qui comprenoit l'Achaïe, le Peloponnese & la Thessalie, ils ont cru que le nom de Grande Grece auroit mieux convenu à cette ancienne Grece qui étoit plus grande que l'autre, selon leurs hypotheses. Ces Modernes donc, Cellarius [b] entre autres ne sachant comment expliquer les Anciens dans cet endroit, attribuent cette prétendue erreur des Anciens à la vanité des Grecs. Mais ils sont justifiez par les Observations. Le Pere Feuillée de concert avec Mrs. de l'Observatoire, a observé les hauteurs du Pole & les Longitudes de Thessalonique, de Milo & de Candie : j'ai recueilli aussi les observations de Mr. Vernon Anglois à Lacedemone, à Athenes, à Thebes, à Corinthe, à Chalcis, & en d'autres endroits. Il resulte de toutes ces Observations que la longueur que l'on donnoit ci-devant à la Grece proprement dite aussi bien que sa largeur, excedoit de plusieurs degrez la veritable, ensorte que ce Pays se trouve plus petit de la moitié qu'on ne le supposoit. On pourroit aussi justifier par les Mesures des Anciens cette étendue de l'ancienne Grece si differente de celle qu'on lui a donnée jusqu'à present.

b Geogr. Ant. l. 2. c. 9. p. 640.

Afin de rendre cette verité plus sensible Mr. de l'Isle donne une Carte où l'Italie & la Grece sont representées de deux manieres, l'une, selon les meilleurs Géographes modernes, l'autre selon les observations Astronomiques pour les lieux où l'on en a pu en avoir, & pour les autres, selon les mesures des anciens Auteurs. On ne croiroit peut-être pas, dit Mr. de Fontenelle, combien ces deux representations sont diferentes. Dans la seconde la Lombardie est fort accourcie du Midi au Septentrion, la Grande Grèce augmentée, la Mer qui separe l'Italie & la Grece retrécie, aussi bien que celle qui est entre l'Italie & l'Afrique ; la Grece fort diminuée. Par-là il se trouve que certaines choses qui ont été dites par les Anciens, ou sont vrayes ou moins absurdes qu'on ne pensoit, & assez peu absurdes pour avoir pu se dire : par exemple, il est vrai, contre l'opinion universellement reçue que la grande Grece ou la partie Meridionale de l'Italie est plus grande que la Grece proprement dite.

Tite-Live [c] regardant la Sicile comme partie de la Grece nomme GRECE ULTERIEURE la veritable Grece. En ce sens la GRECE CITERIEURE étoit la même que la Grece Italique ; & en effet elle étoit en deça par raport à cet Historien. Cette Grece en Italie est nommée *Subcisiva Græcia* par Apulée [d], Plaute [e] dans une Comedie dont la Scene est en Grece, appelle l'autre Grece *Etrangere* ou *Barbare* EXOTICAM.

c l. 7. c. 26.
d Apolog.
e Menæch. Act. 2. Sc. 1. v. 11. 12. & 13.

Mare superum omne, Græciamque exoticam,
Orasque Italicas omnes, qua adgreditur Mare,
Sumus circumvecti.

Cette grande Grece diminua insensiblement à mesure que la Republique Romaine s'agrandit : Strabon à l'endroit dejà cité dit que de son temps il ne restoit plus que Tarente, Rhege, & Naples qui eussent conservé les mœurs Grecques & que toutes les autres Villes avoient pris les manieres étrangeres, c'est-à-dire, des Romains leurs vainqueurs. Elle diminua insensiblement & Ptolomée n'y trouve que six Villes maritimes, savoir

Locri,	*Thurium,*
Scylacium,	*Metapontium,*
Crotone,	*Tarente.*

Et deux dans l'interieur du Pays, savoir

Petilia, & *Abystrum.*

Cette Grece a eu aussi ses hommes illustres en assez grand nombre ; entre les Philosophes Pythagore, Parmenide, Zenon, &c. entre les Poëtes Ibicus, & quelques autres, mais ces Grecs d'Italie, s'étant ensuite donnez à la Langue Latine s'en servirent dans leurs Poésies. Pacuvius & Horace tous deux nez dans la Pouille, étoient de veritables Grecs quoiqu'ils soient entre les Poëtes Latins. Voiez les articles particuliers la POUILLE, la MESSAPIE, la CALABRE ANCIENNE, les SALENTINS, les LOCRES, les LUCANIENS, les BRUTIENS.

GREDONENSE CASTRUM [f], Gregoire de Tours dit de St. Privat Evêque de Javoux, ou Gabales dans le Gevaudan, dans le temps que les Allemands firent irruption dans les Gaules fut trouvé dans une Grote de la Montagne de Mende, où il s'occupoit au jeûne & à la priére pendant que le peuple étoit enfermé dans la Forteresse *Credonensis Castri*. On croit que c'est presentement GREZE Village du Gevaudan.

f Hist. Franc. l. 1. c. 32. p. 26. Edit Bene- dictin.

GREGARI, Peuple de la Sarmatie en Asie, selon Pline [g]. Le R. P. Hardouin lit GOGARI dans son Edition.

g l. 6. c. 7.

1. GREIFFENBERG, Ville de Bohême, en Latin GRYPHIBERGA ; elle est dans la Silesie & dans la Principauté de Jauer, sur la Queiss, aux Frontieres de la Haute Lusace & de la Bohême propre. Elle est peu considerable.

2. GREIFFENBERG, Forteresse situé

320 GRE.

une Montagne près de *Trarbach*. Voiez TRARBACH.

a Hubner Geogr. p. 620.
GREIFFENSTEIN [a], Château de Bohême en Silesie dans la Principauté de Jauer, à l'Orient de Greiffenberg. Il appartient aux Comtes de Schaffgotfch.

GREIFFSWALDE. Voiez GRIPSWALDE.

b Zeyler Auftric. Topogr. p. 20.
GREIN [b], en Latin *Greyna* ou *Gruna*, petite Ville & Château d'Allemagne en Autriche fur le Danube, & fur un Ruisseau que Cluvier appelle *Cluna*. C'est où étoient autrefois les Limites des Quades & des Marcomans. La-
c Comment. de R R. l. 12. Sect. 7. c. 6.
zius dit [c] que Grein eft nommée *Artagruna* dans une Lettre de l'Empereur Louis I. Ce lieu reçut les Franchises & les Privileges de Ville de fon Seigneur Léonard Helfreichen Comte de Meggaw, Chevalier de la Toifon d'or, lequel mourut à Vienne en 1644. fans laiffer d'Heritiers mâles. Trois ans auparavant, c'eft-à-dire, l'an 1641. le 23. Mai elle fut reduite en cendres excepté l'Hôpital, la paroiffe, & la prifon. Le dernier Comte y avoit fait bâtir un Couvent de Francifcains, une Chapelle de Notre Dame de Lorette, une autre fur le modelle du St. Sepulchre & un Calvaire auquel il avoit dépenfé beaucoup d'argent: tout cela fut détruit & ravagé par le feu. La Ville a été rebâtie. L'Heritiere de ce Comte avoit un fils nommé le Sieur Lutz de Diedrichftein, Confeiller privé & Prefident de la Chambre à Grätz en Styrie lequel eut cette petite Ville & le Château de GREINBOURG pour fa part de l'Heritage.

GREISSAC, Bourg de France dans le Rouergue au Diocefe de Rhodez.

GREITZ, petite Ville d'Allemagne au Cercle de la Haute Saxe dans le Voigtland; elle a un Château & eft fituée fur l'Elfter. Elle appartient aux Seigneurs Reuffen van Plawen.
d Zeyler Saxon. Sup. Topogr. p. 98.
Zeyler [d] écrit GREITZ & GRATZ. Ce qui fait à peu près la même prononciation.

GREMELLÆ, Lieu particulier de l'Afrique propre, felon Antonin qui dans fon Itineraire le met fur la route de Telepte à Tacapes à XXII. mille pas de la premiere. Il la diftingue de *Gemellæ*, ainfi:

Telepte
Gemellas   M. P. XXII.
Gremellas M. P. XXV.
Capfa   M. P. XXIV.

1. GRENADE, Ville d'Efpagne au Royaume de Grenade dont elle eft la Capitale. Elle eft fituée, felon les obfervations Aftronomiques à 18. d. 15'. de longitude & à 37.
e Aftronom. Reftitut. l. 1. p. 262.
d. 30'. de Latitude, felon Levera [e]. Le P. Riccioli ne met que quatre minutes de plus pour la Longitude. La Latitude eft la même.
f Géograph. Reform. t. l. 9. p. 398.
Cette Ville, dit l'Abbé de Vairac [f], eft une des plus grandes Villes d'Efpagne. Quelques-uns ont cru que c'eft l'ancienne ILLIBERIS, ou ELIBERIS. Ils ont été trompez par deux Infcriptions que l'on voit à Grenade. L'une eft [g].

g Gruter. p. 272. n. 7.

FLAVIÆ. VALERIAE. TRANQUILLINAE.
AUGUSTAE. CONJUG. IMP. CÆS.
GORDI. PII. FELI. AUG. ORDO. MI-

GRE.

LIT. FLOPIANI ILLIBERITANI DEVO-
TUS NUMINI MAJESTATIQUE. SUMP-
TU PUBLICO. POSUIT.

L'autre eft [h]:

h Ibid. p. 277. n. 3.

IMP. CAES. M. AUR.
PROBO.
PIO. FELICI.
INVICTO.
AUG. NUMINI.
MAJESTATIQUE
DEVOTUS.
ORDO ILLIBER. DE
DICATISSIMUS. D. P.

Mais quoique ces Infcriptions fe trouvent à Grenade, ce n'eft pas à dire que cette Ville foit auffi ancienne qu'elles, on peut les y avoir apportées. A l'égard de l'ancienne ELIBERIS, ou ILLIBERIS nous avons détruit l'opinion de ceux qui tiennent que c'eft Grenade. Voiez ELIBERIS 3. & ELVIRE. Grenade eft une Ville du X. fiécle & elle a été bâtie par les Maures. On ne convient pas de l'origine de fon nom, & fans nous y arrêter nous pafferons à la Defcription telle que la donne Mr. l'Abbé de Vairac [i]. Sa fituation eft très-avantageufe; elle eft bâtie en partie fur des croupes de Montagnes qui forment un Amphithéatre merveilleux, & en partie dans une vafte plaine. On lui donne près de douze mille pas de circuit, la muraille eft, dit-on, flanquée de mille trente Tours, & a douze portes dont celles qui font placées à l'Orient ne découvrent que des lieux rudes & efcarpez, parmi lefquels on voit deux Côteaux élevez qui laiffent entre-eux une Vallée profonde, où coule la petite Riviere du Darro, laquelle après avoir traverfé une partie de la Ville, va fe jetter près l'une des portes dans le Xenil qui en baigne les murailles & roule avec fon fable des paillettes d'or & d'argent qui lui ont fait donner le nom de RIO DE ORO, c'eft-à-dire, Riviere d'Or.

i Etat de l'Espagne l. 1. p. 174.

La Ville eft partagée en quatre quartiers qui ont chacun leur nom particulier, favoir,

GRENADE,   ALBAYCIN,
ALHAMBRA;   ANTIQUERULA.

Le Quartier de GRENADE eft la principale partie de la Ville. Il occupe la plaine & les Vallons qui font entre les deux Montagnes. C'eft-là que demeurent la Nobleffe, le Clergé, les Marchands & les plus riches Bourgeois, & où fe tiennent les Marchez. Tout ce Quartier eft orné de très-beaux édifices publics & particuliers, & de diverfes places publiques avec des Fontaines. Les maifons des Nobles, des Ecclefiaftiques, & des Marchands font belles, vaftes, propres, bien bâties, fort commodes & accompagnées de Jardins & de Fontaines. Les principales rues font voutées à caufe des canaux par le moyen defquels on conduit l'eau dans les maifons des particuliers. Delà vient que les Caroffes y font defendus. C'eft dans ce Quartier que fe trouve l'Eglife Cathedrale, & la Chancellerie. La Cathedrale n'eft pas fort grande, mais elle a un très-beau Dôme, fousoutenu par douze grands Pilliers, supportant des Arcades, sur lesquelles regnent deux rangs de Balcons dorez. La voute est peinte & dorée; & contre les Piliers paroissent les Statues des douze Apôtres en bronze doré de grandeur naturelle. Près du grand Autel est la Chapelle du Roi Ferdinand V. surnommé le Catholique, qui conquit Grenade sur les Mores en 1492. lequel voulut & être enterré, aussi bien que la Reine Isabelle son Epouse, leurs corps reposent dans deux beaux Tombeaux de marbre, à l'un desquels on voit une Harpye à chaque coin, & à chaque coin de l'autre côté est un Saint. A la gauche du milieu de la Chapelle paroissent deux autres Tombeaux où sont les corps de la Reine Jeanne leur fille, & de Philippe I. Archiduc d'Autriche son Mari, Roi d'Espagne, & Pere de Charles V. Au dessous de la même Chapelle, on voit un caveau rempli de cercueils de plomb, dans lesquels sont inhumez quantité d'autres Rois. Parmi les raretez dont la Sacristie est richement fournie, on montre la couronne du même Roi Ferdinand le Catholique, & divers ornemens d'Eglise, les uns à l'antique, façonnez de mailles d'or, les unes sur les autres : & d'autres à la moderne, & brodez de pierreries. Non loin delà on voit un ancien Edifice tout bâti en portiques, & soutenu de Pilliers de marbre. Du tems que Grenade étoit au pouvoir des Mores, ces Infideles le faisoient servir de Mosquée : mais après qu'ils en furent chassez, les Chrétiens en firent une Eglise Paroissiale. A quelque distance delà s'éleve le Palais de la Chancelerie, auquel on va par une grande & magnifique place, dont la forme est d'un quarré long de 400. pieds de longueur sur 200. de largeur, ornée d'une très-belle Fontaine de Jaspe : les Grenadins l'appellent en leur langue *Bivarambla*, c'est-à-dire, sablonneuse. Ce Palais a un très-beau frontispice, enrichi de Colomnes d'albâtre, & bien construit. On y entre par trois portes, dont celle du milieu est plus élevée que les deux autres. Au dessus de ces trois portes regne un beau rang de fenêtres, accompagnées de Balcons dorez. L'interieur du bâtiment est une grande cour environnée de chambres à chaque étage. C'est là qu'est la Tresorerie, & où s'assemble le Tribunal Souverain de Grenade, composé de plusieurs Ministres appellez Auditeurs.

Vis-à-vis du Palais de la Chancelerie, on voit une maison fort longue appellée la *Alcaxeria*, partagée en près de 200. boutiques, où les Marchands étalent toutes sortes de Marchandises, & particulierement des étofes de soye. Outre la place dont on vient de parler, qui est entre ces deux superbes édifices, on en voit encore une autre fort belle qu'on appelle la *Plaça Mayor* au milieu de la Ville : c'est là que se font les courses de Taureaux.

Le Quartier de la ALHAMBRA est sur les Montagnes qui commandent le reste de la Ville. On l'appelle en Espagnol *la Sierra del Sol*, la Montagne du Soleil, à cause qu'elle est vers le lever du Soleil & dans une très-belle exposition. Les Maures Grenadins appellent ce quartier *el Alhambra*, ce qui en leur langue signifie *rouge*, soit parce que son fondateur s'appelloit Alhamar, soit parce qu'il étoit rousseau, soit à cause de la terre rouge qui s'y trouve, & qui s'y fait remarquer dans les édifices. Ce quartier est habité en partie par des Grenadins, c'est-à-dire, par des descendants des Mores & par des Francs Espagnols, qu'on appelle dans le Pays *Christianos viejos*. C'est-là qu'on voit deux Châteaux ou Palais, dont l'un fut bâti par les Mores, & l'autre par Charles V. & par Philippe II. son fils. L'un & l'autre sont fort remarquables tant par leur situation admirable, que par la vûë charmante dont on y jouït, & par la somptuosité de leur structure. On y monte de la Ville basse par une longue & belle allée, fort unie, bordée des deux côtez de grands ormeaux, & embellie au milieu d'une très-belle Fontaine de marbre jaspé, autour de laquelle on voit quantité de petites statues, qui jettent l'eau plus haut que le sommet des Arbres. Cette allée conduit à ces Palais en tournoyant & en montant toujours insensiblement. Avant que d'arriver à celui des Rois Mores, on voit celui qui a été bâti par les Rois Chrétiens. C'est un superbe corps de logis quarré, qui borde une partie d'une grande place, bâtie de pierre de taille, à la reserve des bandeaux des fenêtres qui sont de marbre noir. Tout à l'entour de l'édifice, on voit au dessus des fenêtres un grand nombre de têtes d'aigles, & de musles de Lions qui tiennent de grosses boucles, le tout de très-beau bronze. Le portail est de Jaspe, relevé de trophées & de plusieurs autres ornemens : surtout les pieds d'estaux des Colomnes qui soutiennent tout l'ouvrage, representent differens combats gravez sur le Jaspe. L'interieur du Palais est une grande & magnifique cour ronde, autour de laquelle regnent deux beaux rangs de portiques, l'un sur l'autre, soutenus par 32. grosses Colomnes de marbre jaspé, chacune d'une seule piece, qui, à ce qu'on prétend, ont couté douze cens écus la piéce. Les salles & les chambres ont été richement ornées, aussi bien que les quatre portes des façades de l'édifice : mais comme depuis plus d'un siécle on l'a fort negligé, avant même qu'il fût entierement achevé, il est à present à demi-ruïné. Delà on va à l'ancien Palais des Rois Mores, lequel est bâti de grosses pierres de taille quarrées, environné de bonnes murailles, fortifié de grosses tours & de bastions comme une Citadelle, & si vaste qu'elle peut contenir une garnison de 40000. hommes. Avant que d'y arriver, on trouve une espece de Ravelin où l'on tient quelques piéces de Canon pointées contre la Ville. On a élevé en cet endroit une espece d'Autel où l'on voit les figures du Roi Ferdinand & de la Reine Isabelle. Le dehors du Palais n'a aucune aparence que celle d'un vieux Château, mais l'interieur est de la derniere magnificence. La porte est faite à la Moresque, finissant en pointe par en haut. On voit au dessus du portail une Clef gravée sur un morceau de marbre, & plus haut une main en relief aussi sur un morceau de marbre. Ces deux figures dans l'esprit des Mores, étoient une espece de Hieroglyfique mysterieux, pour signifier que quand la main prendroit la Clef, les ennemis des Mores prendroient le Palais. Le vestibule est

Ss   revêtu

revêtu de marbre, & toutes les parties du dedans sont de même, d'une structure superbe, & si somptueuse, qu'elle fait connoître sensiblement jusqu'où alloit la magnificence des Mores. Les murailles des chambres sont incrustées de Marbre, de Jaspe & de Porphyre, les plat-fonds, les poutres, & les lambris sont dorez, & on voit partout des figures hieroglyphiques, des Inscriptions Arabesques & divers ouvrages à la Mosaïque. On entre d'abord dans une grande cour plus longue que large, pavée de marbre, à chaque coin de laquelle on voit une belle Fontaine de marbre & le milieu est occupé par un beau Canal d'eau vive incrusté de marbre si profond qu'on y peut nager aisément, & d'où l'eau est conduite dans les chambres & dans les salles du Palais qui ont toutes leurs Fontaines. Elles sont voutées pour la plûpart, les voutes sont decoupées à jour d'un ouvrage si delicat & si hardi, que c'est une merveille qu'il se soit conservé pendant tant de siécles. On voit une chambre où les Rois Mores se baignoient dans des bains d'albâtre, remplis d'eau par de gros canaux qui sortent de la muraille, & des bains, elle coule par de petits Canaux dans d'autres Chambres. De celle où ils se baignoient, on entre dans une autre où ils se faisoient essuyer, & de celle-là ils passoient dans une troisiéme, & faisoient *las Siestas* les après-midi. Une des plus belles piéces de cét édifice Royal est la cour qu'on appelle *el Quadro de los Leones*. Elle est quarrée & pavée de marbre, & ornée de portiques qui regnent tout autour avec 117. Colomnes d'albâtre fort hautes qui soutiennent des Galeries ornées aussi d'albâtre. Au milieu de la cour on voit la Fontaine où douze figures de Lions agroupez supportent un grand & large bassin de marbre blanc d'une seule piéce, & jettent tous une grande quantité d'eau par la gueule, faisant tout autant de Fontaines qui coulent continuellement. Du milieu de la Fontaine sort un gros jet-d'eau qui s'éleve fort haut, & retombe dans le bassin avec grand bruit, d'où elle se repand dans les chambres. A côté de la premiere cour, on voit une chambre où étoient les lits des Rois Mores, & dont les chalits se voyent encore si larges que six personnes y pourroient coucher fort à l'aise. On monte delà à une chambre qui est d'un autre étage, où l'on voit deux Pavillons dont les chalits sont de beau marbre, & le fond richement doré : les fenêtres ont aussi les bandeaux & les croisées de marbre, avec des balcons où l'on a une vûë charmante qui s'étend sur la Campagne, sur le quartier de la Ville qui est au pied de la Montagne, & sur les Montagnes voisines qui presentent leurs cimes toujours couvertes de neiges. La chambre où les Reines s'habilloient a dans un coin sept jets d'eau qui sortent du plancher, & qui servoient à les rafraichir. On remarque aussi dans ce Palais une chambre d'une merveilleuse structure, où d'un certain coin on entend tout ce qui s'y dit, pour bas qu'on y parle. On l'appelle par contre-verité la chambre du secret. Derriere le Palais on apperçoit une Vallée fort agréable bordée de hautes Montagnes des deux côtez & arrosée par le Darro qui la traverse. Quantité de Jardins assez bien entretenus, un parc, une petite Forêt sur le penchant de la Montagne, un petit Logement pour se reposer, & de fort belles promenades aux deux bords de la Riviere, rendent cette vallée extremement delicieuse.

En montant du Palais un peu plus haut, on découvre une belle maison bâtie aussi par les Rois Mores pour y aller passer le printemps & y joüir de la pureté & de la douceur de l'air. On l'appelle en Langue Arabe *Xeneralife*. La situation en est fort agréable, & l'art a beaucoup contribué à en faire un séjour charmant. On y respire en tout temps un air doux & serein : on y trouve quantité de Fontaines qui coulent avec un doux murmure, dont l'une particulierement pousse un jet d'eau de la grosseur du bras, avec tant de roideur, qu'il s'éleve beaucoup au dessus de la muraille de la maison : tellement que quand les rayons du Soleil donnent dessus d'un certain sens, on apperçoit une multitude d'Iris qui divertissent agréablement la vûë. Ce terrein est planté de divers arbres fruitiers qui forment plusieurs petits bosquets, d'où l'on voit de très-beaux Jardins & un Parc où l'on garde des animaux sauvages. Au sommet de la Montagne s'éleve un vieux bâtiment qui servoit de Mosquée aux Mores, & dont on a fait une Eglise sous le nom de *Sainte Helene*, à laquelle les habitans du Pays ont une fervente devotion. Sur cette Montagne, près du Palais, il y a une citerne publique qu'on appelle en Arabe *Algibe*, creusée (à ce qu'on croit) par les Romains. Elle est si bien faite, que non seulement l'eau ne s'y corrompt jamais, mais encore elle s'y acquiert une vertu medicinale qui appaise les douleurs de la colique. Tout joignant le Palais, il y a une Colline où l'on voit un vieux Couvent habité par les Carmes dechaussez, & fort joli, appellé *el Monte de los Martires*, c'est-à-dire, le Mont des Martyrs. Toute cette Colline est entrecoupée de creux & de cavernes fort spacieuses, qui n'ont qu'une seule entrée par une étroite ouverture, faite en rond au dessous. C'est là où l'on dit que les Mores descendoient les Chrétiens Esclaves, pendant la nuit, après les avoir cruellement tourmentez pendant le jour. Ces cavernes s'appellent *Masmorras* en langage Arabique.

Le troisiéme quartier de Grenade appellé ALBAYCIN, n'étoit consideré autrefois que comme un Fauxbourg, séparé du reste de la Ville par une muraille dans un terrein élevé sur deux Collines, & occupé par 5000. maisons. Tous les habitans de ce quartier étoient Mores, distinguez des autres Grenadins par leur langage, par leurs mœurs & par leurs habillemens, vivant avec beaucoup de lesine, & donnant à leurs femmes des habits de soye, tandis qu'ils se vêtoient de sacs, afin d'être toujours prêts à charger sur leurs épaules des fardeaux pour tous ceux qui en avoient à faire. Lorsque Ferdinand le Catholique eut pris Grenade, les habitans de l'Albaycin exciterent une sedition contre le Cardinal Ximenès qui les pressoit d'embrasser le Christianisme : mais ce qui prouve clairement que la fermeté n'est jamais le partage de ceux qui agissent par un faux zéle, c'est qu'après avoir été declarez criminels de leze-Majesté, & qu'on leur proposa

posa le choix du supplice ou du Baptême, il n'y en eut pas un seul qui ne demandât d'être baptisé, & ce qu'il y a de plus surprenant, c'est qu'au rapport de l'illustre M. Flechier, qui a écrit la Vie du Cardinal Ximenès tout ce qui restoit d'Infideles dans les autres quartiers de la Ville, ou dans les Bourgades voisines au nombre de 50000. se rendirent Chrétiens presque au même tems. C'est ainsi que par la valeur & le zèle du Roi Ferdinand, le Mahometisme fut enseveli pour jamais dans Grenade, que la Religion Chrétienne jetta de profondes racines sur les ruïnes du faux culte, & que l'Empire des Mores dans toute l'Espagne, fut éteint pour toûjours.

Enfin le dernier quartier de la Ville que nous avons appellé ANTIQUERUELA est situé dans une plaine, & peuplé de gens venus d'*Antequera*, d'où lui vient le nom qu'il porte. Presque tous ses habitans sont ouvriers en soye, & font du satin, du taffetas, du damas, ou teinturiers en pourpre, en écarlatte & en autres couleurs.

Si le dedans de la Ville est beau, les dehors ne sont pas moins agréables, particulierement du côté du Midi & du Couchant. C'est une grande & belle plaine de huit lieues de long sur quatre de large, appellée *la vega de Grenada*, c'est-à-dire, *le verger de Grenade*, environnée de petites Montagnes, & couvertes d'un nombre infini de Villages. A l'entrée de la Ville du côté qu'on vient d'Antequera, on trouve une fort belle place que l'on appelle *el Campo*, où est un Hopital Royal très-magnifique, orné de quantité de balcons aux fenêtres. Près de celui-là on en voit un autre fondé par Saint Jean de Dieu, Instituteur des Freres de la Charité. Le bâtiment est vaste & bien entendu. Le portail est enrichi de Pilliers de Jaspe, & au dessus paroît la figure du Fondateur en marbre : le Cloître est fait en voutes, soutenues de Pilliers, & au dessus sont les chambres des malades qui y sont servis par des Religieux. L'Escalier par où l'on y monte est fort beau, peint aux deux côtez, où l'on voit la vie du Fondateur : la voute est plafonnée & dorée. Près de cet Hôpital est un célèbre Couvent de Religieux Hieronymites, fondé par Fernand Gonsalve, surnommé le grand Capitaine, à l'honneur duquel on lit sur la muraille exterieure de l'Eglise, cette Inscription gravée sur un morceau de Jaspe.

GONZALES-FERNANDO,
A CORDUBA,
MAGNO HISPANIARUM DUCI,
GALLORUM AC TURCARUM
TERRORI.

C'est-à-dire, *à Gonzales Fernand de Cordoue, le grand Capitaine d'Espagne, la terreur des François & des Turcs*. Ce Heros est inhumé dans le Chœur de l'Eglise de ce Couvent, & l'on voit sa statue sur son Tombeau, qui le represente armé à genoux.

Je n'aurois jamais fait, si je voulois dire tout ce qu'on voit à Grenade, digne de la curiosité du Lecteur : mais il est tems de finir en disant en peu de mots, que c'est une Ville dont le séjour est tout à fait delicieux. Le terroir y est fertile en fruits exquis, aussi bien qu'en toutes les autres choses necessaires à la vie. L'air y est fort pur & fort doux, sans être incommode par les chaleurs excessives qui se font sentir dans les autres parties Meridionales d'Espagne. On y remarque entre autres choses un joli endroit sur le bord du Darro, dans une vallée hors de la Ville, où l'air est si pur, si agréable & si bon pour la Santé, que plusieurs personnes indisposées s'y sont transporter pour respirer la douceur de cet air delicieux, qui retablit agréablement leur Santé languissante. Les Mores trouvoient cette Ville si charmante, qu'ils s'imaginoient que le Paradis devoit être dans la partie du Ciel qui est au dessus de Grenade.

L'Histoire rapporte deux choses fort remarquables de Boabdel surnommé *El Quichito*, c'est-à-dire, le petit, à cause de la petitesse de sa taille, fils de l'infortuné Alboacen dernier Roi de Grenade. 1. Ce Prince avoit tant de peine à quiter ce charmant séjour que sortant de son Palais pour se rendre à Ferdinand son Vainqueur, il prit son chemin par une porte de l'Albaycin & lui demanda pour toute grace que jamais personne ne sortît après lui par cette porte. Le Monarque lui accorda cette faveur & fit murer la porte, comme elle l'est encore. 2. Lorsqu'il fut hors de la Ville il s'arrêta sur un côteau pour la voir une derniere fois. Cette vue le toucha si vivement qu'il versa des larmes. Sa Mere qui l'accompagnoit lui dit d'un ton insultant : C'est avec raison que tu pleures maintenant comme une femme, puisque tu n'as pas été assez brave pour te deffendre toi & ton Royaume. Ce reproche étoit d'autant plus injuste, que du consentement des Historiens il étoit fort vaillant ; mais il fut forcé de ceder aux nombreuses armées de Ferdinand.

Grenade est honorée d'un Archevêché, d'une Chancellerie & d'une célèbre Université. Il s'y fait un très-grand Commerce en soye qui passe pour la meilleure de toute l'Europe ; & dont on fabrique les plus riches étofes qu'on voye en Espagne.

2. L'ARCHEVECHÉ DE GRENADE, est le même Siége que celui d'ELIBERIS. Voiez ELIBERIS 3. Il est nommé dans les anciennes Notices *Eliberi, Elberris & Eliberis*. Elvire ayant été ruinée par les Maures qui avoient bâti Grenade & en firent ensuite la Capitale d'un Royaume particulier, Ferdinand le Catholique s'étant rendu maître de Grenade au Mois de Janvier 1492. le Pape Alexandre VI. qui étoit Espagnol adressa au Mois d'Avril 1493. une Bulle à l'Evêque d'Avila au sujet de cette conquête. Il le chargea de faire reparer les anciennes Eglises & d'établir quatre Cathedrales, savoir à Grenade qu'il érigeoit en Metropole Ecclesiastique comme elle étoit déja Metropole d'un Royaume : les trois autres Siéges étoient ceux de MALAGA, d'ALMERIA & de GUADIX. Le Continuateur de l'Histoire Ecclesiastique de Mr. Fleuri, laisse croire *a* que Grenade est Metropole de ces trois Evêchez. Mais il n'y a que *Malaga & Almeria* qui en dependent. Guadix est sous l'Archevêché de Seville, voiez ce mot. GUADIX. D. Ferdinand de Talavera Reli-

a l. 117. c. 69.

gieux

gieux Jeronimites fut le premier Archevêque de cette Eglise. Son Chapitre est composé [a] de sept Dignitaires, de douze Chanoines, de douze Prebendiers & de plusieurs Chapelains. Le Diocèse s'étend sur cent quatre-vingt quatorze paroisses & l'Archevêque jouït de quarante mille Ducats de revenu.

3. GRENADE, (LE ROYAUME DE) Province d'Espagne avec titre de Royaume c'est proprement la Haute Andalousie comme le remarque Mr. Baudrand [b]. Il fait partie de la Bætique des Anciens. [c] Il a la nouvelle Castille au Septentrion, le Royaume de Murcie au Levant; la Mediterranée au Midi & l'Andalousie au Couchant. Il a environ soixante & dix lieues de longueur, trente de largeur & quatre vingts de côtes. Ses principales Rivieres sont le *Xenil*, le *Guadalantin*, le *Rio Frio*, & le *Guadalquivirejo*. Sur la côte de la Mer & bien avant dans les terres on ne voit que des Montagnes fort hautes, coupées de belles vallées de distance en distance, ce qui fait le plus agréable paissage du monde. Entre ses Montagnes sont les ALPUXARRAS. Voyez ce mot.

Toute la côte du Royaume étant vis-à-vis de l'Afrique & par consequent exposée aux courses des Pirates de Barbarie, on y voit tout du long d'espace en espace depuis le détroit de Gibraltar jusqu'au Rio de Frio un grand nombre de tours d'où l'on découvre les Vaisseaux qui sont en Mer.

Quoique le Royaume de Grenade soit la partie Meridionale de toute l'Espagne il est pourtant un des plus sains & des plus temperez n'étant ni brûlé par les grandes chaleurs, ni incommodé par un froid excessif. On y trouve presque à chaque pas des sources d'eau vive, des Rivieres & des Ruisseaux qui venant à se croiser & à s'entrecouper les uns les autres en divers endroits forment des Labyrinthes agréables, bordez de tous côtez de fleurs & d'une verdure perpetuelle. A une lieue de Grenade on trouve les celebres bains d'ALHAMA, voyez ce mot; & à quatre ceux d'ALICUN qui sont propres contre les maladies qui procedent d'une humeur chaude & sanguine. L'eau du DARRO a la proprieté de guerir les animaux qui en boivent & c'est pour cette raison que les habitans du Pays l'appellent le *bain salutaire des brebis*. Non loin d'Antequera on voit une Fontaine dont l'eau guerit de la Gravelle. Du côté qui regarde le Midi on voit d'une part de vastes plaines, & des champs très-fertiles & de l'autre des Montagnes très-hautes. Cela n'empêche pas que le Pays, quoique raboteux & herissé de rochers escarpez, ne soit tellement abondant qu'il fournit non seulement les choses necessaires pour l'entretien de ceux qui l'habitent, mais même pour en pourvoir les étrangers. Pour tout dire en un mot, toutes les contrées de ce Royaume sont generalement si fertiles qu'elles n'ont presque pas besoin de culture ni de l'industrie des hommes. Du temps que les Maures le possedoient, il étoit le Pays du monde le plus peuplé & le plus riche, toutes les collines étoient aussi couvertes de Vignes, d'Arbres Fruitiers, de Bourgs & de Villages que le sont encore celles des Alpuxarras, mais à present elles ne sont à beaucoup près, ni si peuplées ni si bien cultivées, à cause que l'Agriculture y est fort negligée par les Espagnols: toutefois ce Pays rapporte aujourd'hui autant ou plus qu'un autre de toute l'Espagne surtout les endroits qui sont arrosez par le Xenil & par le Darro. Generalement parlant tout le terrain de ce Royaume est fertile en grains, en vin, en huile, en sucre, en lin, en chanvre: ses Montagnes & ses Campagnes produisent toutes sortes de fruits excellens, comme Grenades, Citrons, Oranges, Olives, Capres, Figues, Amandes. Le Pays abonde en meuriers par le moyen desquels on nourrit quantité de vers à soye dont on retire un grand profit. On y voit une infinité de Forêts qui produisent quantité de noix de Galle qui servent à faire l'encre, à épaissir les Cuirs, & sont propres pour la Medecine. Elles produisent encore des Palmiers, & les dattes qu'on en recueille sont d'un grand secours, aussi bien que le gland des chênes, qui outre qu'il sert à engraisser les bestiaux est d'un gout si delicat, qu'il surpasse celui des noisettes les plus fines. C'est pourquoi ceux du Pays en envoyent à Madrid aux Grands d'Espagne qui s'en font un regal: (ainsi en supposant que le Gland dont les premiers hommes se nourrissoient au raport d'Ovide étoit aussi bon, ils n'étoient pas fort à plaindre.) Tout le monde sait combien on recueille de raisins secs dans le Royaume de Grenade, on les nomme Passerilles; mais bien des gens ignorent de quelle maniere on les apprête: l'Auteur cité explique quelle est cette maniere.

On y recueille aussi beaucoup de miel & de cire. Dans les Montagnes d'Antequera, il y a plusieurs endroits où le sel se fait, non par le feu, mais par l'ardeur du Soleil qui venant à darder ses rayons sur l'eau de la pluye & des Fontaines rassemblée en certains lieux bas, l'épaissit & la convertit en très-bon sel dont on fait un commerce considerable. Dans les mêmes Montagnes on trouve de très-belles pierres à bâtir & une autre sorte de pierre blanche qu'on appelle *Yesso* qui étant mise en œuvre ressemble au Plâtre & produit le même effet pour enduire & pour blanchir. Elle s'employe aussi pour faire une espece de colle que les Architectes Espagnols appellent *Tarras*, & qu'on employe pour fortifier les murailles & les Edifices : on en use encore pour boucher les Vaisseaux de terre & de bois qu'on envoye aux Indes & ailleurs, & qui sont remplis de diverses liqueurs. On trouve aussi en divers endroits des Grenats, des Hyacinthes & autres pierres precieuses. Le *Sumac* est très-commun dans les Montagnes, les Grenadins en font un grand commerce avec les étrangers & s'en servent utilement dans le Pays pour apprêter & pour épaissir les peaux de boucs, de chevres, & le maroquin.

Les Habitans du Pays sont fort polis, d'humeur facile & d'une aimable société, adroits de leurs corps & très-propres pour les Armes. Quoi qu'ils ayent beaucoup degeneré de l'application & de la vigilance de leurs peres, ils sont pourtant les peuples les plus laborieux des parties Meridionales d'Espagne. Ils sont si sobres qu'ils ne boivent presque point de

[a] *Vayrac Etat de l'Espagne* l. 4. p. 373.
[b] *Ed.* 1705.
[c] *Vayrac Etat de l'Espagne* l. 1. p. 164.

de vin, & pour que les enfans les imitent en cela ils leur deffendent l'usage de cette liqueur jusqu'à un âge assez avancé. Ils aiment assez le Commerce & l'Agriculture.

Quoique toute l'Andalousie ait été 780. ans au pouvoir des Maures, le Royaume de Grenade n'a commencé que vers le milieu du XIII. Siècle. Abenhud Roi Maure qui regnoit à Cordoue ayant perdu la couronne & la vie dans une Bataille décisive que les Chrétiens lui livrérent l'an 1236; ses Sujets contraints d'abandonner leur Patrie à leurs vainqueurs, se retirérent à *Grenade*, où ayant ramassé le débris de leur Nation, ils élurent pour leur Roi un homme nommé *Mahommad Aben-Alhamar* de basse extraction, mais brave de sa personne, lequel ne fut pas plutôt reconnu premierement par les habitans d'*Arjona*, lieu de sa naissance, puis par ceux de *Baça*, de *Guadix*, de *Jaen*, & de *Grenade*, qu'il établit son Siége Royal dans cette derniére Ville. C'est ainsi que commença ce Royaume, le dernier que les Mores ayent établi en Espagne, lequel a dominé sur 32. grandes Villes, & sur 97. autres moins considérables, quoique fermées de murailles, l'espace de 256. ans; c'est-à-dire, depuis 1236, jusqu'à 1492, auquel temps le Roi *Ferdinand* le *Catholique*, & la Reine *Isabelle* son Epouse, s'en rendirent les maîtres, & l'incorporérent pour toujours à la Couronne de Castille, dont il fait un des plus beaux fleurons, tant par rapport au commerce qui s'y fait, à cause de ses ports de Mer, que par rapport aux revenus considérables que les Rois Catholiques en tirent. Ils y tiennent un Gouverneur particulier, dont l'autorité est soûmise à celle du *Vicaire* Général d'*Andalousie*, & une Chancelerie Royale qui connoît souverainement & sans appel de toutes les causes qui lui sont dévoluës.

Voici quelles sont les principales Villes du Royaume de Grenade par raport à leur situation.

Dans les Terres
- Les Places les plus considérables sont: Grenade, Guadix, Baça, Guescar, Loja, Santa-Fé, Alhama, Antequera, Ronda.
- Les Places les moins considérables sont: Settenil, Lora, Estepa, Velez de Malaga, Albanuelas, Cardiar, Taron, Veria, Uxixar, Anduxar, Cangivar, Hoanez, Santa Cruz, Nerca, Porcena, Monteijcar.

Sur la côte
- Les Places les plus considérables sont: Malaga, Almeria, Muxacra, Vera, Marbella.
- Les Places les moins considérables sont: Fuengirola, Molina, Porto de Torres, Almuneçar, Salobrena, Motril, Castel Ferro, Beria, Adra, Aladra, Castel Grimaldo, Cogollos, Monachil, Monda.

Quoique nous ayons remarqué que l'Evêché de Guadix n'est pas soumis à l'Archevêché de Grenade mais à celui de Seville, il ne laisse pas de faire partie du Royaume de Grenade. Voici une nouvelle distribution des Villes de ce Royaume selon ses quatre Diocéses.

Le Royaume de Grenade a

Dans l'Evêché de Malaga: Ronda, Setenil, Monda, Marbella, MALAGA, Cartama, Antequera, Velez de Malaga.

Dans l'Evêché de Grenade: Alhama, Boxa, Santa-Fé, GRENADE Capitale du Royaume, Almunecar, Valobrenna, Motril.

Dans l'Evêché d'Almeria: Adra, ALMERIA, Muxacra, Vera.

Dans l'Evêché de Guadix: GUADIX, Baça, Huesca.

Il étoit resté beaucoup de Mores dans le Royaume de Grenade, mais comme leur conversion au Christianisme étoit feinte, & que même non contents de ne pas trop dissimuler leur attachement à l'ancienne erreur, leur commerce étoit prejudiciable aux Espagnols avec qui ils s'allioient & corrompoit ainsi les familles, Philippe III. preferant la pureté de la foi aux interêts temporels de sa Couronne chassa ces Mahometans vers l'an 1609.

4. GRENADE Petite Place de France en Gascogne dans la Banlieue de Marsan sur l'A-

326   GRE.   GRE.

l'Adour, à deux lieues au deſſous d'Aire, en allant vers St. Sever, dont elle n'eſt pas plus éloignée. Dans les grandes eaux, & dans l'hyver l'Adour commence à y porter des bâteaux.

5. GRENADE Ville de France en Gaſcogne au Comté de Gaure & ſur la Garonne à trois lieues au-deſſous de Toulouſe. C'eſt le lieu de la recepte du Pays de Riviere Verdun.

6. GRENADE (LA) Iſle de l'Amerique Septentrionale dans la Mer du Nord & l'une des Antilles.[a] Elle eſt ſituée par les 12. degrez & 15. M. de latitude Nord. C'eſt la plus voiſine du Continent de la Terre ferme de toutes celles que les François poſſedent: elle n'en eſt éloignée que d'environ trente lieues, & ſoixante & dix de la Martinique. Sa longueur Nord & Sud eſt de neuf à dix lieues. Sa plus grande largeur d'environ cinq lieues. Ceux qui en ont fait le tour lui donnent vingt à vingt-deux lieues de circonference. Sa grande Baye ou ſon grand cul de ſac, comme on parle aux Iſles, qui renferme ſon port & ſon carénage, eſt à la bande de l'Oueſt; & la profondeur de cette Baye formée par deux grandes Bayes qui avancent beaucoup en Mer donnent à cette Iſle la forme d'un Croiſſant irregulier dont la pointe du côté du Nord eſt bien plus épaiſſe que celle du Sud. La veritable entrée du port eſt à l'Eſt-Sud-Oueſt. Le plan de la Grenade dans la Carte des Antilles de Mr. de l'Iſle en 1717. n'eſt point exact & le port y eſt deplacé; car il le met à l'Eſt, au lieu qu'il doit être à l'Oueſt. Cette Iſle avoit toujours été habitée par les Caraïbes ſeuls que ſa fertilité & l'abondance de la Chaſſe & de la Pêche y avoient attirez en bien plus grand nombre que dans les autres Iſles, juſqu'en l'année 1650. que Mr. du Parquet Seigneur proprietaire de la Martinique l'achetta des Sauvages & y établit une Colonie de deux cens hommes compoſée des plus braves de ſon Iſle. Les Caraïbes s'eſtant repentis de cette vente firent divers efforts pour empêcher l'établiſſement des François qui les vainquirent à diverſes repriſes. On peut voir les détails de l'hiſtoire de cette Iſle dans l'Auteur cité.

[a] Le P. Labat, Voyages de l'Amer. T. 2. P. 140.

7. GRENADE, petite Place de l'Amerique Septentrionale dans la nouvelle Eſpagne[b] au Pays de Nicaragua proche de la Mer du Sud & ſur la côte du grand Lac de Grenade; environ à dix lieues de Léon vers l'Orient.

[b] Baudrand. Ed. 1705.

8. GRENADE (LAC DE) Grand Lac de l'Amerique Septentrionale dans la nouvelle Eſpagne & dans la Province de Nicaragua. Il eſt ainſi nommé par quelques-uns à cauſe de la petite Ville de Grenade qui eſt ſur la côte Occidentale, d'autres l'appellent auſſi le LAC DE NICARAGUA Voyez NICARAGUA.

9. GRENADE ou LA NOUVELLE GRENADE Pays de l'Amerique Meridionale dans la terre ferme. Il a pour bornes au Nord le Pays de Ste. Marthe, au Nord-eſt celui de Venezuela, au Levant la Guiane, au Midi de vaſtes pays que l'on connoît peu; au Sud Oueſt le Popayan; il eſt de l'Audience de Santa Fé. Sa longueur eſt de cent trente lieues & ſa plus grande largeur eſt de trente.

Ses principales Provinces ont été de tout temps BOGOTA & TUNJA. Santa Fé de Bogota eſt la Capitale du Pays. Ces deux Provinces ſont entourées de Sauvages ſurnommez PANCHOS, & dont le Pays eſt fort chaud. Celui de Bogota au contraire eſt froid, ou un peu moins temperé. Et de même que les Sauvages dont on vient de parler ſe nomment *Panchos*, les Bogotes & les Tuniens ont le nom commun de MOXES. Ces Sauvages étoient gouvernez par divers Caciques quand les Eſpagnols commencerent à découvrir ces Provinces. Ferdinand de Lugo Amiral des Iſles Canaries envoya en 1536. de la Ville de Ste. Marthe Gonſalvo Ximenès de Queſada ſon Lieutenant pour découvrir les Regions ſituées le long de la Grande Riviere de la Madeleine. Ximenès monta par terre le long du Rivage de main gauche de cette Riviere où il s'avança avec de grandes difficultez tant pour l'épaiſſeur des bois que pour la quantité de Rivieres, torrens, & marais qu'il rencontra; mais particulierement à cauſe des courſes frequentes des Sauvages. Il arriva à un lieu nommé TORA qu'il nomma PUEBLA DE LOS BRACHOS; parce qu'il y avoit en cet endroit-là quatre bras de Rivieres qui ſe joignoient. Il y ſejourna pendant l'hyver, ayant fait juſques là depuis la Mer, ſelon ſon Calcul, environ cent cinquante lieues au dedans du Continent. Au printemps il monta avec ſes gens le long d'une autre Riviere juſqu'au pied des hautes Montagnes, appellées OPON, larges de cinquante lieues & fort rudes & deſertes. Après les avoir paſſées ils deſcendirent dans un Pays plat & bien cultivé, où l'on aſſembloit beaucoup de ſel de certaines Fontaines ſalées, d'où ils paſſerent dans la Province du puiſſant Cacique Bogota qu'ils défirent, pillant enſuite les Villages des Sauvages, où ils trouverent beaucoup d'or & d'émeraudes. Delà ils paſſerent dans le Pays des *Panchos*, ſeparée de la Province de Bogota par de petites Montagnes & arriverent à une Vallée qu'ils appellerent TROMPETTE éloignée de quinze lieues d'une montagne fort haute & denuée d'Arbres d'où l'on tiroit les Emeraudes. Pendant leur ſejour dans cette Vallée, ils firent un fort grand butin & amaſſerent beaucoup d'or. A trois journées au delà ils reduiſirent deux autres Caciques nommez Sagamoſa & Diutima & étant retournez dans la Province de Bogota, ils paſſerent enſuite par le terroir des *Panchos*, & contraignirent la plus grande partie de ces peuples à faire la paix après une longue guerre. Ximenès donna à cette Province qu'il crut aſſez decouverte & aſſez domtée le nom de NOUVEAU ROYAUME DE GRENADE; à cauſe qu'il étoit de Grenade en Eſpagne & il y bâtit la Ville de Santa Fé qui en eſt la Capitale.

[c] De Laet, Ind. Occid. l. 9. c. 1.

Les autres Villes que les Eſpagnols y ont fondées ſont, ſelon de Laet,

Tocayma,	Velez,
La Trinitad,	Mareguita,
Tunja,	Ibague,
Pamplona,	Vittoria,
Merida,	St. Juan de Los Lanos.

Outre

GRE.

Outre trois Bourgs qui sont

St. Miguel, Palma, & St. Christophle.

Les naturels se servent de Maïs ou de Cassave au lieu de froment. Ils ont quantité de Sel qu'ils transportent avec grand profit dans les autres Provinces, principalement aux Montagnes & dans celles qui sont proches de RIO GRANDE. Ils ont du Gibier en abondance. Leurs Lacs & leurs Rivieres leur fournissent quantité de bon poisson. Les Bogotes & les Tuniens sont de grande taille, ils se couvrent de Manteaux noirs, blancs & bigarez de diverses couleurs, ceints de bandes autour des reins : ils ornent leurs cheveux de chapelets & de fleurs teintes & faites de Coton d'une maniere fort industrieuse. Quelques-uns se couvrent la tête d'un bonnet ou se ceignent d'un rets. Il se trouve dans ce Royaume force mines d'or, de cuivre & d'acier, & comme il y a grand nombre de chevaux & de mulets, on en mene plusieurs au Perou. Ce Pays abonde en paturages, en froment & en autres grains & en fruits: quand les Espagnols y arriverent les Indiens qui habitoient la Province voisine de celle de Tunja vivoient de fourmis & les nourrissoient avec soin pour les manger. Les lieux que les Sauvages nommez COLIMAS & MUSOS habitent sont aux limites des Provinces de Bogota & de Tunja. Leur contrée qui a vingt-cinq lieues de long & treize de large est presque par tout chaude & humide ; ils ont chaque année deux étez & deux hivers. Leur premier été commence en Decembre, & dure jusqu'à la fin de Fevrier ; & le second commençant en Juin continue jusqu'en Octobre. Les deux hyvers occupent les six autres mois. Ce n'est pas que ces saisons soient distinguées par le froid ou par le chaud ; elles ne le sont que par le beau temps que l'on a toujours dans les mois d'été & par la pluye qui ne cesse point pendant la nuit dans ceux d'hyver. Il pleut le jour assez rarement. Le Pays est montueux & arrosé de Rivieres & de Torrens. Dans les Vallées il est riche en vivres ; mais il y a peu de pâturages ; les Sauvages se nourrissent ordinairement de Maïs, de Pois, de Cassave, & de Patates ; les bêtes qui se trouvent dans les Provinces des *Musos* & des *Colimas* qu'on appelle aussi CANAPEYES d'un nom commun aux deux Nations, sont certains pourceaux noirâtres qui ont le nombril sur le dos, & d'autres plus petits presque semblables aux sangliers ; des Cerfs, des Daims, des *Guatinaïas*, animaux qui different peu de nos liévres, des Brebis, des Chevres, & des Chevaux. Les Espagnols n'y ont que deux Colonies, l'une en la Ville de la Trinidad & l'autre en la Bourgade de la Palma qu'ils bâtirent en 1572. à quinze lieues de Santa Fé. Ils habiterent d'abord la Bourgade de la Tutela, sur le bord de la Riviere de Zarbi ; mais la proximité des Montagnes & la grande ferocité des Sauvages, jointes à la difficulté des vivres, les contraignirent de l'abandonner peu de temps après. La plupart suivirent le Capitaine Pedro d'Orsua au Voya-

GRE. 227

ge qu'il fit vers les Provinces de la Guiane. La renommée de l'or les y ayant attirez ils bâtirent dans ce Canton la Ville de la Trinidad qui ne dura pas long-temps & qui fut bientôt après transportée à l'endroit où elle est presentement.

GRENADINS (LES) On appelle ainsi quelques petites Isles *a*, ou écueils situez dans la Mer du Nord parmi les Antilles, entre St. Vincent & la Grenade dont ils prennent le nom. *a* De l'Isle Atlas.

GRENCHEN Village & Paroisse de Suisse dans le Haut Valais *b* au département de Fischbach. *b* Etat & del. de la Suisse T. 4. p. 183.

GRENICUS Riviere de l'Asie mineure. C'est la même que le GRANIQUE. Voyez ce mot.

GRENOBLE, Ville de France au Dauphiné dont elle est la Capitale, dans le Graisivaudan auquel elle donne le nom, sur la Riviere de l'Isere où elle reçoit le Drac dans une plaine au pied des Montagnes. Elle a reçu ce nom de l'Empereur Gratien Fils de Valentinien I. Elle est néanmoins beaucoup plus ancienne & s'appelloit auparavant CULARO *c* ; c'est sous ce nom qu'il en est fait mention dans une Lettre de Plancus à Ciceron écrite Cularone *in finibus Allobrogum*. Cette Place appartenoit alors au Peuple Allobroge & ce n'est que long-temps après que les Romains l'érigerent en Cité. Elle avoit déja un Evêque dès le IV. Siécle puisque St. Domnin Evêque de Grenoble assista l'an 381. au Concile d'Aquilée où presidoit St. Ambroise. *c* Longuerus Desc. de la France. part. 1. cap. 317.

Cette Ville dans le declin de l'Empire Romain fut assujetie par les Bourguignons au V. Siécle & dans le suivant par les François Merovingiens. Sous les Carlovingiens elle fut du partage de Lothaire ; mais après la mort de ses enfans & celle de son frere Charles le chauve & de Louïs le Begue, elle obeït à Boson, ensuite à l'Empereur Charles le Gros & à Louïs l'Aveugle Fils de Boson. Cette partie du Royaume de Bourgogne ayant été reünie à celle du Roi Rodolphe II, Grenoble vint au pouvoir de Conrad, & de Rodolphe le lâche son fils qui donnerent de grands Privileges à cette Ville & à son Evêque. Ce Prelat commença à être troublé dans la joüissance de ses droits par les Comtes d'Albon & de Graisivaudan, nommez ensuite Dauphins. Mais l'Empereur Frederic Barberousse condamna le Comte & remit l'Evêque en tous ses droits l'an 1161. Cet Empereur défendit par ses Lettres à tous les Seigneurs voisins de troubler l'Eglise de Grenoble & son Evêque qu'il appelle un de ses Fidelles, c'est-à-dire Vassaux, & outre cela il lui donna le titre de Prince. Les differens pour la jurisdiction temporelle de la Ville de Grenoble recommencerent entre le Dauphin & l'Evêque & durerent plusieurs années, de sorte qu'ils ne furent entierement terminez que par la Transaction passée l'an 1313. entre le Dauphin Guigues de la Tour du Pin & l'Evêque Guillaume de Ruin ; on convint alors que la Jurisdiction seroit commune à perpetuité entre l'Evêque & le Dauphin dans la Ville & le territoire de Grenoble, & que la Justice y seroit rendue par un Juge agréé des deux Seigneurs. Les Evê-

Evêques de Grenoble n'ont été entiérement assujetis que depuis que le Dauphiné a été donné aux Rois de France. Louïs XI. qui avant que de parvenir à la Couronne eut non seulement le titre de Dauphin, mais jouït de tous les Droits de Souveraineté dans le Dauphiné où il resida quelques années, érigea par ses Lettres du 29. Juillet 1453. un Parlement dans la Ville de Grenoble auquel il attribua la même autorité & les mêmes Priviléges que le Parlement de Paris avoit. Le Roi Charles VII. ayant chassé son fils du Dauphiné, ne détruisit point cet établissement & laissa François Potier exercer librement la charge de premier Président de ce Parlement, & comme il n'y avoit alors que les Parlemens de Paris & de Toulouse qui eussent été institués, celui de Grenoble eut le troisiéme rang dans lequel il fut maintenu aux Etats assemblez à Paris sous Henri II. l'an 1558 & à Orleans sous François II. & Charles IX. l'an 1560.

a Ce Parlement de Grenoble doit sa premiere origine à Humbert II. dernier Dauphin de Viennois qui créa à Grenoble un Conseil Delphinal l'an 1340. qu'il composa de sept Conseillers sans aucun Président, d'un Auditeur des Comptes, & d'un Tresorier du Dauphiné. Il ordonna que quatre des sept Conseillers enseigneroient le Droit dans l'Université étoit pour lors à Grenoble. Deux ans après, il fit un de ces Officiers Président & créa un Avocat Fiscal Delphinal. Louis XI. n'étant encore que Dauphin s'étant retiré en Dauphiné érigea en 1453. ce Conseil Delphinal en Parlement avec les mêmes droits & honneurs que les autres Parlemens du Royaume & en 1454. il créa un Procureur Fiscal Delphinal. Charles VIII. confirma cette érection & le Parlement de Grenoble pretend en vertu de cette confirmation, qu'on doit compter son érection depuis l'an 1453. Le Parlement de Bourdeaux pretend au contraire qu'on ne la doit compter que depuis la confirmation de Charles VIII. parce que Louïs XI. n'étant que Dauphin en 1453. son Edit n'a de force par raport aux autres Parlemens du Royaume que depuis la confirmation de Charles VIII. Le Parlement de Dauphiné a néanmoins passé pour le troisiéme après Paris & Toulouse & a precedé celui de Bourdeaux dans les Assemblées des Notables tenues à Paris, à Moulins & à Rouen en 1557. 1566. & 1617. & pour la Chambre de Justice de l'an 1661. Les Commissaires de ces deux Parlemens alternerent, l'un ayant eu la préseance un jour & l'autre le jour suivant.

Ce Parlement est aujourd'hui composé de dix Présidens, le premier compris; de cinquante-cinq Conseillers; de trois Avocats Generaux & d'un Procureur General: tous ces Officiers sont disposez en quatre Chambres. Les Présidens sont tous à Mortier, parce qu'il n'y a point là de Grand' Chambre, ni de Chambre des Enquêtes & à la réserve du premier Président & du Garde des sceaux qui servent toujours dans la premiere Chambre, les Présidens & les Conseillers roulent dans les autres Chambres suivant leur ancienneté & l'option qu'ils en font à l'ouverture du Parlement à la St. Martin.

a Pitaniol de la Force desc. de la France T. 4. p. 30.

Le Gouverneur & le Lieutenant General de la Province ont seance au Parlement avant le premier Président. Ils le précedent à plus forte raison dans les Processions & dans les autres ceremonies publiques. Le premier Président du Parlement de Grenoble, ou en son absence le plus ancien Président, commande dans la Province en l'absence du Gouverneur, du Lieutenant Général & des Commandans par Brevet particulier. Ce Droit qui est ancien a été confirmé par des Lettres patentes du Roi du 12. Juillet 1716. publiées à l'Audience le 30. du même mois. En conformité de ces Lettres Mr. de Tressemane étant mort en 1718. Mr. de Grammont second Président du Parlement de Grenoble commanda jusqu'au retour du Comte de Medavy dans la Province. Tous les Archevêques & Evêques du Royaume ont séance & voix instructive au Parlement de Grenoble. Le seul Evêque de cette Ville y a voix deliberative: ils siégent avec les Présidens au-dessus du Doyen des Conseillers.

La Chambre des Comptes de Grenoble a été unie au Parlement jusqu'en l'année 1618. qu'elle en fut separée pour un Edit qui l'a créée *ad instar* de celle de Paris: elle est composée de six Présidens, le premier compris; de dix-huit Maîtres ordinaires, de deux Correcteurs, de six Auditeurs, d'un Avocat Général, & d'un Procureur Général. Cette Chambre connoît des mêmes affaires que les autres Chambres des Comptes du Royaume. Elle pretend encore avoir droit d'enregistrer les Provisions des Evêques & leur serment de fidelité; mais la Chambre des Comptes de Paris le conteste. La Chambre des Comptes va après le Parlement, mais dans l'Eglise de Notre Dame & dans celle de St. André les Officiers des Comptes sont à la droite en entrant dans le Chœur & le Parlement à la gauche, ce que la Chambre des Comptes rapporte à l'ancienneté de sa création qu'elle pretend être anterieure à celle du Parlement.

Le Bureau des finances n'a fait qu'un même Corps avec le Parlement jusqu'en 1628. qu'il en a été separé & établi en Corps de Compagnie. Il est à présent composé de vingt-sept Officiers dont un Président en titre, quatre Présidens par Commission; vingt Tresoriers Generaux, un Avocat & un Procureur du Roi.

La Ville de Grenoble est fort peuplée. La Bastille est une Forteresse qui commande la Ville. A mi-côte de l'endroit où elle est située est la Tour de Rabot qui est presentement abandonnée. L'Isere coupe Grenoble en deux parties inégales. La moins considerable est fort serrée par le côteau & s'appelle St. LAURENT ou la PERRIERE. Elle ne consiste presque qu'en une grande rue. St. Laurent est la Paroisse de ce quartier. Au-dessus est un Couvent de filles de la Visitation, appellé *Ste. Marie d'enhaut*. Le quartier de BONNE est le plus beau de Grenoble. Les Rues y sont grandes, belles & bien percées. Le Palais où se tient le Parlement, la Chambre des Comptes & le bureau des Finances est un ancien bâtiment situé sur une place presque ronde. La place appellée la *Grenelle* est grande & belle,

GRE.

belle, à l'un des bouts est l'Hôtel de Ville; Maison fort simple. L'Hôtel de Lesdiguieres est un ancien bâtiment composé de differens Corps de logis joints les uns aux autres. Il forme un tout qui n'a rien de beau pour l'exterieur, mais les dedans en sont commodes & magnifiques. Le Jardin consiste en un parterre accompagné d'une terrasse & en une espece de bois. C'est la promenade publique de la Ville. Le Palais Episcopal est un beau bâtiment qui doit sa beauté au Cardinal le Camus Evêque de Grenoble. Les Salles sont ornées de Tableaux de prix de la vie & de la passion de Jesus-Christ & des portraits des Evêques de Grenoble. L'Hôpital General est bien bâti, ayant quatre Corps de Logis & des Jardins d'une étendue suffisante. Tous les autres Hôpitaux de la Ville ne font qu'un même corps avec celui-ci & sont sous la même direction. L'Arsenal est une espece de petite Citadelle, au milieu de la Ville. A Ste. Claire sont les Tombeaux de la Connétable de Lesdiguieres & de sa fille. Ils sont de marbre & estimez pour la Sculpture. Les draperies en sont parfaitement bien jettées. Le Cours est une belle promenade. Les fortifications de la Ville sont du Chevalier de Ville. Les peaux & les gands de Grenoble sont de la reputation, mais la draperie en est grossiere quoi qu'on y en fasse quantité.

a Ibid. p. 13.

Le Diocèse de Grenoble [a] est composé de trois cens quatre Paroisses dont deux cens quarante sont en Dauphiné & soixante-quatre en Savoye. Le Chapitre de la Cathedrale est composé d'une seule Dignité, qui est le Doyenné & de dix-huit Canonicats dont le revenu est fort modique. Le Chapitre nomme le Doyen & les Chanoines; l'Evêque y preside & y a sa voix. Ce Chapitre a un degré de Jurisdiction de laquelle on appelle à l'Officialité de l'Evêque. Le Chapitre de St. André est aussi dans Grenoble & est composé d'un Prevôt & de douze Chanoines, il est en tout soumis à la Jurisdiction de l'Evêque. Ce Chapitre élit le Prevôt, les Chanoines & les Chapelains. Les Canonicats n'ont qu'un très-petit revenu. Il n'y a point d'Abbaye d'hommes dans tout ce Diocèse. Il n'y en a qu'une seule de filles qui est celle DES HAYES, de l'Ordre de Cisteaux, fondée en 1163. par Marguerite de Bourgogne femme de Gui Dauphin Comte d'Albon, qui y est enterrée. La Grande Chartreuse est dans ce Diocèse.

Selon les nouvelles observations Grenoble est à 3. d. 12′. plus Oriental que l'Observatoire de Paris. Sa Latitude est de 45. d. 11′.

b Itiner.

GRENTIUS, ou ORENTIUS; lieu d'Asie dans la Galatie sur la route de Claudiopolis à Ancyre à XXIV. M. P. de cette derniere selon Antonin.

GRENWICH, ancien Château d'Angleterre au Comté de Kent sur la Tamise, auprès de Deptfort. C'est où naquirent Henri VIII. & sa fille Elizabeth. Voyez DEPFORT. Voyez aussi à l'article de LONDRES, ce qui regarde l'Hôpital de *Grenwich*.

GREPHIS, selon quelques Editions de Pline [c], c'étoit le nom d'une Ville de Grece dans la Béotie. Sylburge a cru que c'étoit la

c l. 4. c. 7.

GRE.   329

Criphis de Strabon; mais le R. P. Hardouin a fait voir qu'il faloit lire ACRÆPHIA.

GRESINUS, Ville de la Cherronese, selon Etienne le Géographe qui cite Androtion.

GRESTONIA, Petit Pays de Grece aux confins de la Thrace & de la Macedoine. Thucydide [d] le joint avec Anthemus & la Mygdonie dans un passage: ils ravagerent la Mygdonie, la Grestonie & Anthemus; il la nomme avec Anthemus & la Bisaltie dans un autre passage: ces Macedoniens, dit-il [e], soumirent d'autres Peuples qu'ils tiennent encore sous leur domination, savoir *Anthemus*, la Grestonie & la Bisaltie. Herodote écrit *Crestonie*. L'Echedore, dit-il [f], a sa source dans la Crestonie & coule à travers la Mygdonie. Il nomme aussi cette contrée, CRESTONICE, Κρηστωνική. Lycophron cité par Ortelius [g] écrit aussi *Crestonia*.

d l. 2?
e Ibid.
f l. 7. c. 124.
g Thesaur.

GRETAIN, Bourg de France en Normandie au Diocèse [h] de Lisieux avec une Abbaye de Benedictins, à une lieue & demie au-dessus de Honfleur & à pareille distance du Port & de la Collegiale de St. Sanson, vis-à-vis du Château de l'Orcher, assis de l'autre côté de la Seine qui a deux lieues de largeur en cet endroit-là. La haute Justice de Gretain étend sa Jurisdiction jusques sur un des quartiers de la Ville de Honfleur. Cette Abbaye avec l'Eglise Paroissiale est située au pied d'une côte & arrosée d'un ruisseau qui tombe dans la Seine devant ses murailles environ à une lieue de sa source qui est au-dessus de St. Pierre du Châtel que ses eaux traversent. Le Necrologe de l'Abbaye de Gretain regarde Odon ou Eudes I. du nom, trente & uniéme Evêque de Bayeux comme son fondateur, quoiqu'elle soit redevable de sa fondation, à la pieté de Herluin de Couteville son pere; à cause seulement qu'il y avoit consenti & que vers l'an 1040. le même Herluin, apparemment à la prière de son fils, l'avoit augmentée considerablement de ses biens. Les premiers Abbez ont été Geofroi, Moine de St. Sever d'Angers; Fulchre, & Herbert.

h Corn. Dict. Hermant Hist du Diocese de Bayeux. T. 1.

GREVE (LA) Ce mot est differemment expliqué par les Auteurs. Mr. Sanson dans son Introduction à la Géographie dit: la partie de la Côte que la Mer couvre & découvre par son flux & reflux, s'apelle *Greve*. Mr. Ozanam dans son Dictionnaire de Mathematique dit la même chose; dans son Traité de Géographie, il ajoute on appelle *Estrain* la côte de la Mer qui est plate & sablonneuse. Ce qu'il appelle *Estrain* est ce que nous appellons *Greve* sur la côte de Normandie. La Greve est un fond de sable que la Mer couvre & découvre, & plus haut sur le rivage sont des Cailloux que l'on appelle le *Gallet*. Mais une preuve que cette circonstance de la Mer qui couvre & découvre n'est pas essentielle au mot de Greve, c'est qu'à Paris le quartier de la Greve n'a rien de commun avec le flux & reflux. Il y a bien plus d'apparence de dire que le mot de Greve, signifie un rivage de gros sable & de gravier, & que Greve & Gravier viennent d'une même origine. Le P. Lubin dans son Mercure Géographique derive *Gréve* de *Gradus*; cette étymologie ne convient point à la Greve du

Tt   Ri-

Rivage de l'Océan de laquelle nous avons parlé.

GREVELINGEN. Voyez GRAVELINES.

GREVE-MACRE, selon M. Baudrand; GRAVE-MACHEREN, selon le Dictionnaire Géographique des Pays-bas; petite Ville des Pays-bas au Pays de Luxembourg sur la Rive gauche de la Moselle entre Sirck & Treves.

GREVENBOURG, ou GREIFFENBERG Voyez TRARBACH.

GREVENBROECK, ou GREVENBRUCH, ou Grevenbruck, petite Ville d'Allemagne, sur l'Erpe au Duché de Juliers, selon Zeiler[a]. En 1642. les François & les Hessois qui étoient unis ensemble l'abandonnerent à l'approche de Jean de Werth qui s'en empara. Elle est à l'Electeur Palatin comme tout le reste du Duché.

[a Westphal. Topogr. p. 85.]

GREZE, en Latin CREDO & CREDONENSE CASTRUM, autrefois place fortifiée de France au Gevaudan, du temps de St. Privat Evêque du Pays au III. Siécle[b]. C'est encore un Village plus considerable que Javoux même qui étoit alors la Ville Episcopale.

[b Baillet. Topogr. des Saints 2. part.]

GRIESS, Montagne de Suisse dans le haut Vallais au departement de Gomb[c], c'est le chemin pour passer en Italie.

GRIESSEBERG[d], Village & Seigneurie de Suisse dans le Thurgaw.

[c Etat & delic. de Suisse T. 4. p. 173. d Ibid. T. 3. p. 154.]

GRIET ou GRIT Bourg d'Allemagne au Cercle de Westphalie dans le Duché de Cléves sur le Rhin, entre Emeric & Rees, au Nord de la Ville de Calcar.

GRIETENIJE, terme particulier, dont on se sert en Frise pour signifier un Bailliage; de même on appelle GRIETMAN ce que nous appellons en François un Bailli. La Province de Frise est partagée en un grand nombre de *Grietenije*; & on en a publié une grande Carte, où chacune a une feuille particuliere.

GRIETHUYSEN ou GRIETHAUSEN[e]; Bourg d'Allemagne au Pays de Cleves dans le Cercle de Westphalie, sur un petit Ruisseau qui va se jetter dans le Rhin. Ce lieu est au Nord-Nord-Est à demie lieue de Cleves; au Couchant Meridional & à une lieue d'Emeric; au Sud-Est & à un peu plus d'une demie-lieue du Fort de Schenck qui est à la pointe du Betuwe. Ce Bourg a été bâti par Jean vingt huitiéme Comte de Cleves. En 1536. Griethuysen fut pris par les Hollandois & quatre ans après par les troupes Hessoises.

[e Sanson Atlas.]

GRIFFENBERG Voyez GREIFFENBERG.

GRIFFENHAGEN ou GREIFFENHAGEN[f], Ville d'Allemagne dans la Pomeranie Prussienne au Duché de Stetin sur la rive Orientale de l'Oder au dessus de Stetin & presque vis-à-vis de Gartz qui est sur l'Occidentale. Les Géographes du Pays lui donnent 38. d. 45'. de Longitude & 53. d. 17'. de Latitude. Elle ne fut érigée en ville que l'an 1262. elle est fort basse & fort enfoncée. Cette Ville fut prise & reprise durant les guerres civiles de l'Empire. On la ceda à la Suede par la Paix de Westphalie[g], mais elle fut renduë à l'Electeur de Brandebourg par le Traité de St. Germain en Laye, en 1679. Elle fut brulée par accident en 1532.[h] Il y a une Prevôté Ecclesiastique dont la Jurisdiction s'étend sur vingt-trois Paroisses. On tient dans cette Ville trois foires par an. La premiere est au Jeudi après le 1. Dimanche de Carême, la seconde à la Trinité, & la troisiéme au 28. Octobre.

[f Zeyler. Pomeran. Topogr. p. 61. g Baudrand. Edit. 1705. h Zeyler. Ibid.]

GRIFFENSE'E Voyez GRYFFENSE'E.

GRIGNAN[i], petite Ville & Comté de France en Provence sur les confins du Dauphiné. C'est plutôt une annexe qu'une partie de la Provence, car il est hors des limites de cette Province, c'est pourquoi il est mis avec toutes ses dependances entre les terres adjacentes. Les Seigneurs de Grignan qui étoient de la race des Adeymars Seigneurs de Monteil ou Montelimar, se sont long-temps maintenus dans la liberté & l'independance. Enfin l'an 1164. Gerard Ademar fit hommage volontairement à Raimond-Berenger le jeune, Comte de Provence, qui conserva à Gerard le pouvoir de batre monnoye & d'autres droits qui n'appartienent qu'aux Souverains. Un autre Ademar fit hommage l'an 1257. à la Comtesse Beatrix Femme de Charles I. Comte d'Anjou, de la maniere & aux mêmes conditions que les Seigneurs de Grignan ses Predecesseurs l'avoient fait aux Comtes de Provence depuis Raimond-Berenger le jeune. Le dernier mâle de la Race des Ademars a été Louis Ademar Lieutenant Général pour le Roi de France en Provence; en faveur duquel la Seigneurie de Grignan fut érigée en Comté par Henri II. l'an 1550. Il mourut sans enfans & laissa heritiere sa sœur Blanche, Femme de Gaspar de Castellane Baron d'Entrecasteaux & par là ce Comté entra en cette Maison & depuis peu la branche masculine des Comtes de Grignan, de la Maison de Castellane a été éteinte. Il y a dans ce Comté les petites Villes ou Bourgades de GRIGNAN & de COLONZELLE avec plusieurs Villages.

[i Longueruë desc. de la France 1. part. p. 375.]

GRIJALVA (LA) Riviere de l'Amerique Septentrionale, dans la Nouvelle Espagne[k]. Elle a sa source dans la Province de Chiapa, d'où coulant vers le Nord elle traverse la Province de Tabasco & se jette dans la Baye de Campêche. Quelques-uns la nomment la RIVIERE DE TABASCO, du nom de la Province où est son embouchure, les autres la RIVIERE DE GRIJALVA du nom de Jean de Grijalva Espagnol qui la découvrit en 1518. Mr. Corneille après de Laet[l] la nomme GRIALVA & la décrit ainsi. Elle a, dit-il[m], au-dessus de son Embouchure plus de huit brasses de profondeur; mais elle est fort plate au dedans & l'entrée en est difficile, parce qu'il y brise fort à cause du choc qu'y fait la marée contre le Courant d'Amont qui est extrêmement rude. Cinq autres Rivieres y descendent outre quantité de torrents. Elle se decharge dans la Mer par deux Bouches dont l'une à un quart de lieue de largeur & coupe la côte qui s'étend en cet endroit Est & Ouest, descendant du Sud vers le Nord. L'autre court du Sud-Ouest. Après cette description Mr. Corneille reproduit la même Rivie-

[k Baudrand. Edit. 1705. l Ind. Occid. l. 5. c. 30. m Dictionn.]

GRI.

Riviere sous le nom de Grijalva sans avertir que c'est la même.

GRILLENE, c'étoit autrefois une Ville de la Sardaigne & ce n'est plus presentement que le lieu d'ORGOSOLO; selon Mr. Baudrand [a] qui cite François de Vic.

[a] Edit. 1682.
[b] Baudrand. Edit. 1705.

GRIMAUT [b], petite Ville de France en Provence proche de la Mediterranée & du Golphe de Grimaut dont elle est éloignée d'une lieue & environ trois de St. Tropez au Couchant.

Le GOLPHE DE GRIMAUT, petit Golphe de France dans la Mer Mediterranée, sur la côte de Provence, près de Grimaut qui lui donne le nom. Il ne s'étend pas plus de deux à trois lieues vers l'Occident & n'a point d'autre Place considerable que la Ville de St. Tropez sur sa côte Meridionale.

GRIMBERGE ou Grimbourg petite Ville d'Allemagne dans l'Electorat de Treves. Jean quatre-vingt sixiéme Evêque de Treves qui fut élu en 1190. & mourut en 1212. fit bâtir de neuf cette Ville, dans le Westerwald. Zeyler n'en dit rien de plus, mais Mr. Baudrand dit [c] qu'elle est aux confins de la Lorraine & du Palatinat du Rhin à trois lieues de Biakenfeld. Il ajoute que Grimberg est le Chef d'un des vingt-cinq Bailliages de l'Archevêque de Treves.

[c] Edit. 1705.

GRIMM, petite Ville d'Allemagne dans l'Electorat de Saxe, en Misnie, sur la Mulde que l'on y passe sur un Pont à trois milles d'Allemagne de Leipsig [d]; entre Wurtzen & Colditz. avec un Bailliage dont depend la petite Ville de LAUSSWITZ ou LAUSSWIG: le terroir des environs est très-bon; il y a un Château & une Ecole publique qui tient le troisième rang entre celles de l'Electorat de Saxe; cette Ecole fut fondée en 1550. par l'Electeur Maurice au Couvent des Augustins, en faveur de cent jeunes garçons choisis dans les Villes de l'Electorat; & pour cet effet on appliqua les revenus du Monastere des Religieuses de Nimptschen qui étoit devant la Ville. Ce lieu a beaucoup souffert tant des inondations que des incendies, principalement en 1429. & 1573. En 1429. ou 1430. les Hussites saccagerent les environs. Dix ans après les Suedois y firent de cruels ravages. Cette Ville appartient à l'Electeur de Saxe.

[d] Zeyler Saxon. super. Topogr. p. 99.

GRIMMEN, petite Ville d'Allemagne dans la Pomeranie au Duché de Bardt, à cinq milles de Strahlsund [e]; cette Ville est ancienne; sa Longitude selon les Geographes de ce Pays-là y est de 37. d. 45'. & la Latitude de 54. d. 18'. Elle fut entourée de murailles l'an 1290. Il y avoit autrefois un Monastere de Religieuses. Elle a dans son Departement Ecclesiastique dix-neuf Paroisses qui étoient autrefois de l'Evêché de Schwerin; qui est du Duché de Mecklenbourg aux Frontieres duquel Grimmen est située entre Tribesées & Gripswalde. On y tient trois Foires par an, l'une au Dimanche Misericordias, l'autre le Samedi après l'Assomption & la troisiéme après la fête de Ste. Elizabeth. Cette Ville a été plusieurs fois prise par les Ducs de Meckelbourg & reprise par les Ducs de Pomeranie.

[e] Zeyler Pomeran. Topogr. p. 61.

GRI. 331

GRIMMENSTEIN Forteresse d'Allemagne dans la Saxe auprès de Gotha sur la hauteur [f]. Elle passoit pour imprenable. Elle fut commencée par le Landgrave Balthazar. Ensuite augmentée par le Duc Guillaume de Saxe & enfin l'an 1530. & les années suivantes; on y fit travailler huit ou neuf mille hommes pendant dix à onze ans pour en perfectionner les fortifications; elle ne fut pourtant point imprenable, mais Jean Frederic Electeur de Saxe ayant été fait prisonnier par les troupes de l'Empereur Charles V. cette Forteresse fut demantelée suivant l'ordre de l'Empereur, par Lazare de Schwendi; & l'Electeur ayant été relâché cinq ans après en 1552, elle fut reparée. Son fils de même nom n'ayant protegé mal à propos Guillaume de Grumbach qui avoit été mis au ban de l'Empire, avec quelques autres & n'ayant pas voulu le livrer; Auguste Electeur de Saxe en qualité d'executeur du Ban Imperial assiégea Grimmenstein en 1566. & la prit le 13. Avril 1567. & la fit raser jusqu'aux fondemens. Mais le Duc Ernest y rebâtit un Château qui fut nommé FRIEDENSTEIN [g] ou le Château de la paix. L'ancien nom signifioit le Château de la fureur.

[f] Zeyler Super. Saxon. Topogr. p. 96.
[g] Hubner. Geogr. p. 586.

GRIMMETSHOFEN [h] Bailliage de la Suisse au Canton de Schafhouse. Il y a une haute Jurisdiction.

[h] Etat & delic. de la Suisse T. 3. p. 97.

GRIMMI Ville d'Asie dans la Géorgie dans la Province de Gagueti (Caket), elle est assez peuplée pour ce Pays-là, selon Archange Lamberti cité par Mr. Baudrand [i].

[i] Edit. 1705.

GRIMNITZ [k] Château & Maison de chasse d'Allemagne dans la Moyenne Marche de Brandebourg, auprès d'une grande Forêt & d'un Lac aux Frontieres de l'Uckermarc. Ce lieu est remarquable par le Traité qui termina les longues disputes qui étoient entre les Maisons de Brandebourg & de Pomeranie. On y regla la Succession, de maniere qu'au cas que la Maison des Ducs de Pomeranie vînt à manquer d'heritiers mâles, les Margraves de Brandebourg auroient toute la Pomeranie, excepté les Fiefs relevant de la Pologne. Ce Traité est de l'an 1529.

[k] Zeyler Pomeran. Topogr. p. 62.

GRIMSBY petite Ville d'Angleterre en Lincolnshire sur le bord Meridional de l'Humber, à huit lieues de Lincoln vers le Levant [l]. Elle envoye ses Deputez au Parlement & a Marché public toutes les semaines. Il y a une assez belle Eglise.

[l] Etat pres. de la Gr. Bret. T. 1. p. 84. & 86.

GRIMSEL Montagne de Suisse [n] aux Confins du haut Vallais & du departement de Goms où elle separe du Canton de Berne. Le Village de Gestilen est au pied de cette montagne. Elle est très-haute & il faut quatre heures de marche pour arriver au sommet, encore ne peut-on y monter que par des sentiers escarpez & difficiles. C'est par un de ces chemins que Berchtold Duc de Zeringen conduisit ses troupes en 1211. pour faire irruption dans le Vallais. Le chemin est ordinairement impraticable, sur tout en hyver qu'il est fermé par les neiges. [o] Il y a sur le Grimsel deux petits Lacs qui sont perpetuellement couverts de neige & de glace. La Riviere d'Aare a sa source dans cette Montagne.

[m] Ibid.
[n] Etat & Delic. de Suisse T. 4. p. 172.
[o] T. 2. p. 218.

Tt 2   GRIM-

332 GRI.

GRIMSEY, petite Isle de l'Océan sur la côte septentrionale de l'Islande. Elle est peuplée & cultivée selon Mr. Baudrand.

GRINAA Bourg de Dannemarck a dans le Jutland septentrional au Diocèse d'Arhus, sur la côte du Categat.

a De l'Isle, Carte du Danemarck.

GRINAEI ancienne Nation de la Scythie, entre le Peuple SACÆ, dans le Voisinage des Massagétes selon Ptolomée b.

b l.6. c. 13.

GRINDELVALD, Montagne de c Suisse au Canton de Berne dans l'Oberland aux Frontieres du Vallais. Elle est remarquable non seulement par sa hauteur, mais principalement par sa Glaciere, (en Allemand *Gletscher*) qui est comme une Montagne de Glace & qui va toujours croissant en hauteur & en circuit, tellement que toutes les années, elle gagne toujours du terrain sur son Voisinage qu'elle couvre d'une glace perpetuelle. Quelquefois en été cette glace se fend & fait des fentes d'une profondeur immense & quand cela arrive ce sont des éclats, pareils à ceux du tonnerre.

c Etat & delices de la Suisse T. 2. p. 221.

GRINNES, ancien Village entre les Bataves, selon Tacite d. Civilis commença la Guerre contre les Romains par les éloigner de la côte de l'Océan où étoient les Caninefates. Il l'auroit achevée s'il eût pu également les chasser du reste de l'Isle des Bataves dont ils occupoient le haut vers le Rhin. Ils y avoient quatre petits Villages où ils entretenoient non de petites garnisons, mais deux Legions entieres soutenues encore par d'autres troupes. Tacite nomme un de ces quatre Villages *Grinnes* sans rien ajouter qui en détermine la position. Il faut donc l'apprendre ailleurs, savoir dans la Carte de Peutinger qui étant corrigée sur Tacite met Grinnes VIII. M. P. au dessous de *Carvo* & IV. au dessus de *Levæ Fanum*; c'est-à-dire au lieu nommé de Beerhuysen à cause des Hutes des bateliers, vis-à-vis du petit Village de Kemmerten; & par consequent un peu au dessus de la Chaussée que Drusus opposa au Rhin qui rasoit un peu trop le Rivage du côté de la Gaule & en emportoit toujours quelque chose, de maniere qu'il l'empêcha par ce moyen de s'ouvrir un nouveau Canal. Le Docte Alting ne doute point que les sables enlevez de la rive du Rhin du côté de la Gaule, étant poussez par la repercussion du Fleuve n'ayent été portez plus haut, & qu'il ne s'en soit formé des amas en forme d'Isles, ce qui aura donné le nom au lieu de *Grinnes*; car selon lui GRINDS ou GRINDEN signifie des hauteurs couvertes de Verdure, qui s'elevent dans le lit d'une Riviere. *Grin* veut dire *Verd* dans la Langue des Frisons & *Grind* signifie le fond. Quant au nom de *Kemmerten* il vient des Isles du Rhin, qui ont poussé de l'herbe comme des prairies, & que l'on appelle en langue du Pays Waerden / Waarten / Warten / Weerden & Werten. Il n'est pas étonnant que les Allemands qui aiment à doubler l'M, aient changé Keimwerten en Kemmerten, de même qu'ils disent Lammert pour Langbert/ & Swammerdam pour Swabenburgerdam. Divæus & Junius ont cru que Grinnes étoit la Ville de *Rhenen*; ce sentiment qui n'est pas vrai est du moins plus vraisemblable

d Histor. l.5. in fine.

GRI.

que celui de ceux qui cherchent Grinnes à Groeningue.

GRINNICUM, nom Latin de GRASSE Ville de Provence.

GRIPSWALD e, ou GREIFFSWALD, Ville d'Allemagne en Pomeranie. Les Géographes du Pays la mettent à 30. d. 0'. de Longitude, & à 54. d. 16'. de Latitude. Il y a longtemps qu'elle porte ce nom-là; & elle a subsisté longtemps au même lieu avant que d'être fermée de murailles, en 1233. elle dependoit de l'Abbaye d'Eldenow. Comme les habitans des Pays-Bas y negocioient beaucoup, elle s'acrut de telle maniere qu'elle se tira de la domination des Moines. Cela porta ensuite Wratislas III. & après sa mort son fils Barnime à traiter avec l'Abbé d'Eldenau pour les droits qu'il avoit sur cette Ville. Ce ne fut qu'à condition qu'il en feroit hommage à l'Abbaye & qu'il reconnoîtroit devant le grand autel de tenir ce lieu comme un fief, & que pour marque de dépendance chaque Bourgeois payeroit tous les ans à l'Abbaye en forme de redevance un denier d'argent, ce qui a été usité durant quelque temps, mais les Moines se lassant des disputes inutiles que leur coutoit la perception de ces deniers ont laissé tomber cet usage, & insensiblement la Ville en est venue à dependre du Prince immediatement sans aucune redevance. Elle est assez grande, quoiqu'elle ne le soit pas tant que Strahlsond & Stetin. Elle est vis-à-vis de l'Isle de Rugen à un demi-mille du fond du Golphe. D'un côté elle a de larges prairies & de l'autre côté un grand Lac d'où il sort un Canal d'une demie-lieue qui porte l'eau au Golphe, & sur lequel les Marchandises sont portées jusqu'au Quai de la Ville. Car les Vaisseaux ne sauroient remonter jusqu'à la Ville. Des deux autres côtez est un Pays plat, & devant la Ville il y a des sources dont l'eau servoit autrefois à faire du sel comme on en fait presentement à Luneburg; on a discontinué ce travail faute de bois. Jaromar II. Prince de Rugen donna l'an 1240. cette Saline au Monastere d'Eldenow. La Ville a trois Eglises Paroissiales, & deux Monasteres dont l'un sert presentement à l'Université & l'autre aux Ecoles de la Ville. Elle a d'assez belles terres & de grands Privileges. Dans la guerre que les Ducs de Pomeranie & ceux de Meckelbourg eurent sur l'Isle de Rugen, les habitans de Gripswalde signalerent leur zèle pour les Ducs de Pomeranie; qui les en recompenserent par des graces & des Franchises. L'Isle d'OEHE, ou OIE, ou GRIPSWALDISCHE OIE, qui est pour la plus grande partie submergée & située à cinq ou six milles deçà dans la Mer, appartient à cette Ville. Il y avoit autrefois dans cette Isle un Bois où l'on élevoit de très-beaux chevaux que l'on y laissoit sans que personne les gardât, on se contentoit de pourvoir à leur fourage durant l'Hyver. Il y avoit aussi une Chapelle où les Pécheurs faisoient dire la Messe avant que d'aller à la Pêche du Hareng, de l'Esturgeon &c.

e Zeyler Pomer. Topogr. p. 62.

Il y a deux Foires par an à Gripswalde, l'une le 25. Juillet à la fête de St. Jacques, l'autre le 1. Novembre à la fête de tous les Saints. L'Université fut fondée en 1456. par Wratislas

las IX. Duc de Pomeranie & le premier Recteur fut le Docteur Henri Rubenowen Bourgmestre de Gripswald, qui avoit été auparavant Chancelier d'Eric Roi de Danemarc & avoit eu beaucoup de part à ce louable établissement. Le dernier Duc de Pomeranie Bogistas XIV. du nom donna l'an 1633. à l'Université quoi qu'avec quelques reserves l'Abbaye d'Eldenow avec toutes ses dependances, Villages, terres labourables, Prairies, Pâturages, Moulins, Pêches, Bois, &c. pour l'entretien & l'augmentation de l'Université, & pour la subsistance des Professeurs. Il les en mit solemnellement en possession. La dignité de Chancelier de l'Université a été longtemps affectée aux Evêques de Cammin. Cette Ville est l'une des fortes places du Pays.

GRIS, Mr. d'Audifret nomme ainsi une Isle Britannique entre les Orcades, & dit que ce n'est qu'une Montagne fort haute en façon d'une Pyramide au Couchant de Wier. On lit dans son Livre [a] au Couchant de Gris, mais c'est une faute d'impression.

[a] Edit Paris in 4. T. 1. p. 242.
[b] Corn. Dict.

GRISAC [b], Bourg de France en Languedoc avec titre de Baronie, dans le Gevaudan. Il appartient à la Maison du Roure & est considerable pour avoir donné la naissance au Pape Urbain V. appellé auparavant Guillaume de Grisac. Il succeda l'an 1362. à Innocent VI. & mourut le 19. Decembre 1370.

[c] Baudrand Ed. 1705.

GRISANO [c], ancien Bourg de Grece dans la Thessalie aux Consins de la Macedoine, au Couchant de Larissa. Voiez CTEMENÆ.

GRISFENBERG, Ville d'Allemagne en Pomeranie, selon Mess. Baudrand & Corneille: c'est la même que Greiffenberg.

[d] Baudrand Ed. 1705.

GRISO [d], ou GRISSO, ancien Bourg de Grece dans la Morée, & dans la Messenie sur la côte du Belveder, entre les Villes de Coron & de Modon.

GRISONS, (LES) Peuple des Alpes, alliés des Suisses. [e] Les anciens Historiens en parlent souvent & les nomment RHÆTI, & il n'y a point de Nation voisine de la Suisse, dont l'origine soit plus aisée à fixer. Tite-Live en a écrit. [f] Les Toscans (dit-il) qui s'étendoient d'une Mer à l'autre, avoient originairement douze Villes, dans cet espace de Terres, au deça de l'Apennin, sur les côtes de la Mer inferieure. Dans la suite ayant envoyé des Colonies, qui occuperent toute la contrée, qui est au delà du Pô, jusqu'aux Alpes, à l'exception de l'Angle des Venetes, qui habitent autour du Golfe de la Mer Adriatique, ils se trouverent avoir autant de Villes, au delà de l'Appennin, qu'il y avoit eu de Chefs de Colonies. Il n'y a aucun doute, que c'est là l'origine des Nations des Alpes, principalement celle des Rhetiens, & que les lieux qu'ils habitent les ayant rendus sauvages, comme ils sont, il ne leur est rien demeuré de leur ancienne origine que la Langue du Pays, qu'ils ont même corrompue.

[e] Etat & Delices de la Suisse T. 4. p. 2.
[f] l. 5. c. 33.

[g] L'origine des Grisons étant ainsi fixée, il reste à dire, que leur Pays, connu sous le nom Latin *Rhætia*, est placé par les anciens Historiens dans les Alpes Lepontiennes, aux environs des deux sources du Rhin. Il renfermoit les Vallées & les Montagnes des environs, jusqu'à l'endroit où les deux ruisseaux de ce Fleuve se joignent, pour ne former qu'un même lit. Et comme au dessus de ces deux Ruisseaux, on trouve une belle plaine, que commande un petit côteau, sur lequel il y a une Forteresse célèbre & très-ancienne, nommée *Rhætium* & aujourd'hui RHÆTZUNS, il est à croire que c'est là un Ouvrage des premiers Rhétiens. La preuve en paroît dans l'accord de tous les Historiens, à dire, que les Rhétiens commencerent par s'établir au dessus du Rhin; les restes de plusieurs anciennes Forteresses, que l'on voit en différens endroits confirment ce sentiment. Il y en a effectivement une grande quantité, & dans des lieux sauvages & presque inaccessibles. On ne trouvera, ni dans la France, ni dans l'Allemagne, aucune contrée où il y ait autant de Châteaux & de Forteresses que chez les Grisons, quoique le terrain y soit dur, ingrat & sauvage. Sous le Consulat de Cn. Pompeius Strabon, Pere du Grand Pompée, les Rhétiens étendirent leurs Frontieres, jusqu'aux Territoires des Villes de Trente, de Verone & de Côme. Dans la suite ils les pousserent encore plus loin.

[g] Etat & Delices de la Suisse T. 4. p. 3.

Aujourd'hui le Pays des Grisons, est grand & bien peuplé, quoique dans le cœur des Alpes. Il a pour bornes au Nord, le Comté de Tirol, & le Comté de Sargans; à l'Occident les Cantons de Glaris & d'Uri; au Midi les Bailliages communs, que les Cantons possedent en Italie, le Comté de Chiavenne & la Valteline; & à l'Orient le Tirol encore, & le Comté de Bormio. Il est aujourd'hui partagé en trois grandes parties, qu'on nomme LIGUES, en Allemand BUNDT; & delà vient le nom de BUNTNER, que les Allemans donnent aux Grisons. Ces trois Ligues sont,

I. La LIGUE-HAUTE, ou GRISE, en Allemand *Graw-Bundt*. Celle-ci, comme la plus considerable, a communiqué son nom à tout le Pays.

II. La Ligue de LA CADDE'E, (Caddea en Italien corrompu, pour *Casa Dei*,) ou de la Maison de Dieu, en Allemand *Gotts-haussbunde*.

III. La Ligue DES X. COMMUNAUTE'S, en Allemand, *Zehen-Grichten-Bundt*.

Les deux premieres sont au Midi, & la troisiéme au Nord. La premiere est séparée de la seconde, en partie par la branche Orientale du Rhin, & elle fait face à l'Occident aux Cantons d'Uri & de Glaris: les deux autres, à l'Orient & au Nord, font face au Tirol. Ce sont comme trois Cantons, ou Republiques, dont chacune a son gouvernement à part, & fait ses affaires séparément; mais toutes ensemble forment un Corps de République, en qui réside l'autorité suprême. La longueur de tout ce Pays, du Nord au Sud, est de 15. milles d'Allemagne, ou d'environ 35. lieues. On a donné aux habitans le nom de Grisons, parce que les premiers qui dans le XV. siécle, se liguerent ensemble, pour secouer le joug de ceux, qui les opprimoient, portoient des habits grossiers d'une étoffe grise, qui se fabriquoit dans le Pays.

[h] Le Pays pour la dépendance a eu presque le même sort que la Suisse; il fut quelque tems sous la domination des Francs. Après ce- [h] p. 7.

la

la les Huns s'en rendirent maîtres & le ravagérent, la Souveraineté fut ensuite partagée entre l'Empire & divers Comtes particuliers. Et comme les Evêques de Coire furent chargés par les Empereurs de la partie, qui dependoit de l'Empire, ils ne manquerent pas de faire leurs affaires aux dépens des Princes qui les emmettoient; ils parvinrent enfin à se faire eux-mêmes Souverains. Avec le tems les Grisons, ayant rendu de grands services aux Empereurs, ils en obtinrent de grands Privileges. Ceux qui étoient soumis aux Comtes racheterent leur liberté, ou devinrent libres par l'extinction des familles de leurs Seigneurs. Les Evêques de Coire perdirent insensiblement tout leur pouvoir, principalement au tems de la Revolution; desorte qu'aujourd'hui ils n'ont plus aucune part, ni aucune influence, sur les affaires du Gouvernement. Enfin la Maison d'Autriche a vendu en differentes fois tant de ses droits, qu'à present il ne lui reste plus dans le Pays que la petite Seigneurie de *Rhaetzuns*, qui relève même des Grisons. De cette maniere les peuples se rendirent independans & formérent une Republique Démocratique, dont le pouvoir Souverain reside entièrement dans le Peuple. Chaque homme du Pays de l'âge de 16. ans, a un Suffrage égal, comme dans les petits Cantons; quoiqu'ils ayent une meilleure méthode pour recueillir les voix, que celle de convoquer ensemble tout ce corps du Peuple, comme on le verra-ci après.

a pag. 86. *a* Le Pays des Grisons étant tout entier dans les Alpes, & ne consistant qu'en Vallées, plus ou moins larges, au pié de hautes Montagnes, on peut aisément juger, que l'air n'y est pas des plus doux, ni le Terroir des plus fertiles. Cependant il est extremement *b* p. 88. peuplé; *b* & les deux extremités qui sont d'un côté la Seigneurie de *Meyenfeld*, & de l'autre le Pays de *Pregell*, sont dans un Climat assez doux, & ont un Terroir fertile, en bleds, en fruits, & en excellent vin. Dans le cœur du Pays on recueille de l'avoine, de l'orge, quelques fruits, & en quelques endroits du froment. Il y a aussi, par-ci par-là, de bonnes Vallées fertiles. En recompense on tire des Alpes bien des avantages, par les troupeaux de bêtes à corne qu'on y entretient. On y a aussi le Gibier en très-grande abondance, & les Rivières, avec quelques petits Lacs, donnent beaucoup de Poisson.

Les Grisons gardent à l'égard des mœurs, un certain milieu, entre les Suisses & les Italiens; ils sont un peu plus vifs que les Suisses, & tiennent cela du voisinage de l'Italie; mais ils sont plus francs & plus ouverts que les Italiens, & ils approchent en cela des Suisses. La liberté dont ils jouïssent, les rend gais, hardis, courageux, fiers; mais cela même rend la populace (qui en tous lieux abuse de tout) farouche, emportée, & insolente. Ils sont extremement jaloux de leur liberté. A l'égard de la Religion, ils sont mêlés de Protestans, & de Catholiques; mais le nombre des Protestans l'emporte de beaucoup sur celui des Catholiques. L'Evêque de Coire & l'Abbé de Disentis, avec le Doyen & le Chapitre de Coire, & quelques Villages dispersés dans les trois Ligues sont Catholiques; mais les Villes,

& tout le reste du Pays est Protestant. La Ligue haute est celle où il y a le plus de Catholiques. *c* Pour ce qui regarde le Gouvernement Ecclesiastique, chaque Eglise Protestante dans les Grisons a le droit d'établir ses Pasteurs & de les deposer. A l'égard des Ecclesiastiques Catholiques, ils dépendent de l'Evêque & du Chapitre de Coire, & de l'Abbé de Disentis pour la plus grande partie; l'Evêque de Coire est élu par le Chapitre, & les Chanoines sont obligés de choisir un homme du Pays, & même qui soit de la Ligue de la Maison de Dieu. L'Evêque prend le titre de Prince de l'Empire, à cause des terres qu'il possede dans l'Empire; mais nonobstant ce titre, il n'est rien moins que Souverain dans son Pays, car il est sujet des Ligues avec tout le Clergé. *c* pag. 90.

Quant au Gouvernement temporel, il est Démocratique en partie. Dans chaque Jurisdiction, le Peuple élit ses Magistrats & Officiers; & tous les hommes, dès l'âge de 16. ans ont droit de Suffrage; ou s'il y a quelque Jurisdiction qui appartienne à un Seigneur, le Peuple propose quelques personnes au Seigneur qui est obligé d'en retenir une. Des basses Jurisdictions, les appels se portent pour la plûpart, à l'Assemblée de la Ligue où l'on se trouve; & là ils sont decidés sans appel.

d C'est au xv. siécle que les Grisons trouvant le Gouvernement de leurs Princes trop dur, sécouerent le joug de leur domination, environ 100. ans après le cantonnement des Suisses. *e* La Communion de Geneve y fut introduite en 1524. & après quantité de divisions & de troubles ils se sont vus enfin tranquiles. *f* Cet ouvrage fut achevé en 1640. & les Protestans & les Catholiques après avoir fait sortir de leur Pays tous les Capucins, firent une Loi fondamentale & generale de n'y jamais souffrir aucun Ordre nouveau de Moines. *d* pag. 93. *e* pag. 117. *f* pag. VIII.

g Revenons à la Description du Gouvernement des Grisons, chaque Communauté étant gouvernée par ses propres Loix Municipales, & par ses coutumes particulieres, choisit ses propres Magistrats, & est une espece de petite Souveraineté à peu près comme les Villes de Hollande. Et les diverses Communautés de chaque Ligue ayant leurs Diètes Provinciales, composées des Deputés de chaque Communauté, qui choisissent le Chef, & les autres Officiers de chaque Ligue en particulier; ces Diètes Provinciales ne ressemblent pas mal aux Etats Provinciaux des Provinces-Unies. Au reste la Justice est administrée dans ce Pays-là d'une manière très-simple. On applique les criminels à la question, comme en Suisse, & après leur exécution, en quelques endroits, on confisque leurs biens. En d'autres comme dans les Communautez du *Prettigan*, la confiscation n'a point de lieu. A l'égard des Procès il n'y a point d'Appel dans la Ligue des dix Jurisdictions, excepté dans la Seigneurie de Meyenfeld. Dans la Ligue de la Cadée, ils sont très-rares, & quant à ceux de la Ligue-Haute, ils se portent ordinairement à Tron. *g* pag. 127.

Pour ce qui est des affaires générales, qui regardent tout le Corps de l'Etat, il y a des Diè-

Diètes, composées des Deputés de chaque Ligue, qui s'assemblent aussi souvent que la necessité le demande, comme des Diètes Provinciales formées des Députés de chaque Communauté, pour les affaires de chaque Ligue en particulier.

La principale Assemblée, que l'on appelle Diète générale, est composée, outre les trois Chefs des Ligues, d'un Deputé de chaque Communauté, qui a droit de Suffrage. Elle se tient regulierement une fois l'an, non tour à tour dans chacune des trois Ligues, mais dans l'ordre suivant ; savoir en premier lieu à *Ilantz*, ensuite à *Coire*, la troisiéme fois à *Ilantz*, la quatriéme à *Coire* encore, & la cinquiéme à *Davos*. Le Chef de la Ligue où elle se tient y preside toujours ; & le tems auquel elle se convoque est fixé à la fin d'Aoust. Ses affaires principales sont : 1°. d'agiter & de déliberer sur les propositions des Princes Etrangers : 2°. de recevoir les deniers communs & d'examiner les comptes publics : 3°. de prendre serment des Gouverneurs & des Subalternes : 4°. de juger les Appels.

Outre cette Diète generale il y en a de trois autres espéces.

La premiere de ces Assemblées n'est proprement qu'une *Demi-Diète* ; aussi en porte-t-elle le nom. Elle consiste dans la moitié des Deputés, qui ont droit d'assister aux Diètes générales. Desorte que deux Communautés n'envoyent entre elles qu'un seul Député, qu'elles choisissent chacune à leur tour. Cette Demi-Diète n'a point de temps fixe pour s'assembler, elle se convoque seulement lorsqu'on le juge necessaire ; mais le plus souvent à la requisition des Ambassadeurs Etrangers, elle se tient toujours à Coire.

La seconde Assemblée est appellée le *Congrès*. Elle n'est composée que de trois Deputés de chaque Ligue, avec les trois Chefs. Elle s'assemble généralement une fois la viron le commencement de Mars pour examiner & mettre en ordre les réponses des Communautés, & pour communiquer de nouveau le resultat de ces reponses aux mêmes Communautés. Ce Congrès se tient encore à Coire, aussi bien que les autres Assemblées publiques, mais cela se fait pour la commodité, plutôt que par un droit attaché à cette Ville.

La troisiéme est une Assemblée des trois Chefs des Ligues seulement. Elle se tient un peu devant la Diète Générale, pour preparer les matieres sur lesquelles on doit délibérer.

Il y a encore, comme il est dit ci-dessus, des *Diètes Provinciales*, qui se convoquent toutes les fois qu'on le juge necessaire. Mais il faut observer comme regle générale, que dans toutes ces Assemblées les Députez sont tellement liés par leurs Instructions, qu'ils ne peuvent pas prendre eux-mêmes une resolution finale, sur les matieres qui se traitent. Ils ne font que déliberer, ils rapportent ensuite ce qui a été deliberé à leurs Communautés, qui discutent l'affaire de nouveau, chacune en particulier, & décident la question par la pluralité des voix : chaque Communauté envoyant son opinion par écrit ; & ce qui se trouve avoir été resolu, par la pluralité des suffrages, passe pour le sentiment de toute la Nation.

On voit par-là, que la Souveraineté réside entierement dans le Corps du Peuple. Cependant comme les Communautés choisissent généralement, pour leurs Députez, les plus habiles gens, il arrive rarement que l'opinion d'une Communauté differe de celle de son Député. Desorte que cette République est, en quelque maniere, gouvernée par un petit nombre de Chefs. Au reste, ceux qui engagent le Peuple dans des mesures mauvaises, ou qui ne réüssissent point, le payent quelquefois de leur tête, comme dans les petits Cantons. Les Grisons sont fort jaloux de leur liberté, & ils ont une maniere singuliere, pour châtier ceux, qu'ils soupçonnent de trahison, ou de quelqu'autre crime d'Etat. Lorsque la Diète est assemblée, les Païsans y vont en troupe, demander une Chambre de Justice contre les coupables ; & on la leur accorde. Elle est composée de dix Juges, & de vingt Procureurs de chaque Ligue. Ses Procédures sont fortes & rigoureuses, & il en coute toujours la vie, ou de grosses amendes à quelqu'un. Cependant on a très-souvent éprouvé que ces sortes de justices ont fait plus de mal que de bien au Pays.

Les Alliances des Grisons avec les Suisses ont été faites en differens tems. [a] L'an 1497. après diverses alliances particulieres que quelques Communautés avoient faites, avec deux ou trois d'entre les Cantons Suisses, la Ligue Grise fit une alliance perpetuelle, avec les VII. anciens Cantons. L'année suivante la Ligue de la Caddée fit aussi la même alliance, avec les mêmes Cantons ; l'an 1600. les III. Ligues ensemble firent une alliance perpetuelle, avec les Vallaisans, & l'an 1602. avec la Ville de Berne, enfin, en 1707. elles ont negocié une nouvelle alliance avec Zurich, & quelques-uns des Cantons leurs voisins.

[a] Tom. 4. pag. 115.

[b] Les Grisons possedent un assez beau Païs, d'une étendue considerable, au pié de leurs Alpes, & à l'entrée de l'Italie. Il est partagé en trois Seigneuries, le *Comté de* BORMIO, la VALTELINE, & le *Comté de* CHIAVENNE. Tout ce Pays n'est proprement qu'une Vallée, qui s'étend en longueur au pié des Alpes Rhetiques ; ayant pour bornes, à l'Orient le Tirol ; au Midi les terres de Venise & de Milan ; à l'Occident & au Nord les Grisons. Sa longueur est d'environ 60. milles d'Italie, ou de vingt lieues de chemin, sa largeur est fort inégale : car, en quelques endroits, il n'a pas plus de deux lieues ; en d'autres il en a 6. ou 7. La Riviere l'Adda qui sort du Mont Braulio, descend dans le Comté de Bormio, & passe de là dans la Valteline, qu'elle arrose dans toute sa longueur, après quoi elle se jette dans le Lac de Côme. Cette Riviere fait beaucoup de bien au Pays ; mais elle y fait aussi quelquefois bien du mal, par ses inondations.

[b] pag. 136.

GRISSIA, Riviere de la Dacie, selon Jornandes[c] ; il dit en parlant des Wandales & de leur Wisumar : ils étoient alors au même lieu où sont presentement les Gepides près des Fleuves *Marisia*, *Miliare*, *Gilfild* & *Grissia*, qui surpasse ceux que l'on vient de nommer.

[c] *De Reb. Getic.* c. 22.

Ces

Ces Rivieres sont sans doute partie dans la Hongrie, & partie dans la Transsilvanie. La premiere est le *Marosch*, ou *Merisch*. Lazius qui lit CRISIA au lieu de *Grissia* dans Jornandes, ajoute que c'est la même Riviere que le *Chrysius*. Ce même Auteur & Sambucus ont crû que c'est la Riviere nommée par les Hongrois KEUREUZ & par les Allemands KRAISS; ou si l'on veut KERES, comme il est nommé sur nos Cartes. Mais il y a une grande difficulté en cela. Les deux Rivieres des KERES qui se joignent au dessus de Giula, ne sont pas si grandes ensemble à beaucoup près que le Merisch, & selon Jornandas la Riviere de Grissia doit être la plus grande des quatre. C'est à quelque savant Hongrois à lever cette difficulté.

GRIUS. Voiez LATMUS.

a De l'Isle Atlas.
1. GRODECK [a], petite Ville de Pologne dans la Russie Rouge entre les sources du Boug, du Niester, & du San; au Couchant Meridional & à neuf lieues & demie communes de Pologne.

b Ibid.
c And. Cellar. Polon. Descrip. p. 352.
d Ibid. p. 360.
2. GRODECK, ou GRUDECK, petite Ville de Pologne dans le Palatinat de Podolie [b], sur la Riviere de Smotraye [c] au dessous de Felstin & au Nord de Kaminiec qui est sur la même Riviere. Il y a une Citadelle.

3. GRODECK [d], ou GRUDECK, petite Ville de Pologne sur la rive gauche du Niester & en même temps sur le Seret qui la traverse & qui se joignant au dessus de Janow à une autre Riviere qui vient de la gauche vient se perdre dans le Niester; elle est forte & differente de Grodeck située sur la Riviere de Smotraye. C'est dans une de ces deux Villes que Wladislas II. Roi de Pologne, nommé auparavant Jagellon, mourut en 1434. Mr. de l'Isle ne la marque point dans sa Carte.

e De l'Isle Atlas.
4. GRODECK [e], ou GRUDECK, petite Ville ou Bourg de Pologne au Palatinat de Kiowie sur une Riviere qui va se perdre dans le Boristhene au dessus de Kiow.

GRODENZ. Voiez GRAUDENTZ.

GRODNO, en Latin GRODNA, Ville de Pologne dans la Lithuanie, sur la Riviere de Niemen, au Palatinat de Troki, partie sur une Montagne & partie dans la plaine. Il y a peu de maisons qui soient contiguës les unes aux autres & qui soient bâties de pierre; la plûpart sont de bois & fort vilaines. La Ville n'a ni tours, ni bastions, ni murailles. La Citadelle qui est élevée est fortifiée; elle a été bâtie ou rétablie par le Roi Etienne qui aimant beaucoup la chasse aux Ours, & aux Elans, venoit souvent en ce lieu pour en prendre le divertissement. Les habitans de Grodno avant leur conversion au Christianisme étoient fort zelez pour l'Idolâtrie. On y voit encore trois Temples bâtis de pierres dont l'un sert d'Eglise aux Polonois & les deux autres aux Russiens du Rite Grec. Ces derniers en ont encore deux autres dans les Fauxbourgs, l'une qui est ronde & bâtie de bois, l'autre est de pierres. Les autres Eglises ne sont que de charpente. Les Cloches ne sont pas dans l'Edifice, mais devant la porte dans une tour de bois élevée exprès. La Citadelle, le Palais du Roi, la Cour, l'Ecurie Royale, sont ce qui merite d'être vû, le reste est fort peu de chose quoique Grodno tienne après Wilna le premier rang entre les Villes de Lithuanie. Il y a un pont de bois sur le Niemen, le Roi Sigismond le fit faire & il passe pour n'avoir point son égal dans toute la Pologne. La Ville a quelques Couvens & un College de Jesuites. L'an 1283. l'Ordre Teutonique déjà maître de la Prusse attaqua la Lithuanie, ravagea le Territoire de Grodno, & assiégea la Citadelle & la prit après y avoir perdu bien du monde; les Lithuaniens la reprirent ensuite. Les Prussiens l'assiégérent en vain en 1306. le Roi Etienne tint la Diète l'an 1577. à Grodno où se trouverent des Envoyez du Czar de Moscovie avec un cortege de douze cens hommes superbement vêtus qui portoient avec eux de riches presens. On leur traça hors de la Ville un terrain où ils dresserent leurs tentes, & ils n'osoient sortir de ce Camp qu'ils ne fussent accompagnez d'un Polonois. Il y vint aussi des Deputez des Turcs, des Tartares, & des Valaques que les Seigneurs Polonois placerent en divers lieux. Grodno eut sa part des ravages que les Moscovites firent dans ce Pays-là en 1655. Sous le regne de Michel [f], l'an 1673. il fut réglé que chaque troisiéme Diète se tiendroit à Grodno excepté la Convocation Générale au temps de l'Interregne, la Diète de l'Election. L'une & l'autre doit se tenir à Warsovie & la Diète du couronnement qui doit être à Cracovie. Cela fut confirmé par le Roi Jean III. qui promit de plus que tous les trois ans il resideroit en Lithuanie. Le même reglement touchant les Diètes de Grodno se retrouve dans les Constitutions de 1677. & même l'année suivante la Diète s'y tint, & le rang de cette Ville étant revenu en 1685. & la Diète ayant été indiquée à Warsovie & non à Grodno, il y eut à cette occasion de grands troubles, & les Lithuaniens ne s'appaiserent qu'après leur avoir été promis de nouveau d'assurer leur droit par une nouvelle Constitution; comme on le peut voir au commencement des Constitutions de 1685.

f Hartknoch de Repub. Polon. l. 2. c. 6. p. 635.

GROENLAND, (prononcez *Groenlaud*) grand Pays des Terres Arctiques, entre le Détroit de Davis au Couchant, le Détroit de Forbischer au Midi, & l'Océan Septentrional où sont l'Islande & l'Isle de Mai, à l'Orient. Nous ignorons ses bornes au Nord. Ce vaste Pays dont la partie la plus connue par raport aux côtes, s'étend depuis environ le 325. d. de Longitude jusqu'au premier Meridien & delà jusqu'au 12. ou 13. d. en deça. Sa Latitude commence vers le 63. d. on n'en connoît point les côtes au delà du 78. d. La Peyrere en a donné une Description assez ample qui est réimprimée dans les Voyages au Nord, à la suite de sa Relation de l'Islande. J'en extrairai ce qui m'en paroît le plus important. Il met l'élevation du pole de la partie Meridionale du Groenland à 60. d. 30'. mais il la prend au Cap *Fare-wel*, faute d'avoir sû apparemment que ce Cap n'est pas de la Terre ferme, mais d'une Isle separée de la Terre ferme du Groenland par deux Détroits & une autre Isle. Voici de quelle maniere on raconte que ce Pays fut peuplé, un Gentilhomme Norwegien nommé Torvalde & son fils Erric [g] (ou Henri) surnommé le Rousseau, ayant commis un

g Relat. du Groenland p. 97.

GRO.

un meurtre en leur patrie s'enfuirent en Islande, où Torvalde mourut; son fils Erric tua bientôt après un autre homme en Islande; obligé de s'enfuir de nouveau il s'embarqua & voguant vers l'Ouest où il savoit par le raport d'un nommé Gundebiorn qu'il y avoit une terre, il la trouva & y aborda dans un enfoncement que forment deux Promontoires dont l'un est au bout d'une Isle située vis-à-vis du Continent du Groenland & l'autre dans le Continent même. Le Cap de l'Isle s'appelle HUIDSERKEN; celui du Continent s'appelle HUARF. Entre les deux il y a une bonne Rade nommée SANDSTAEM, où les Vaisseaux sont à couvert du mauvais temps. *Huidserken* est une Montagne extrémement haute, sans comparaison plus grande que *Huarf*. Erric le Rousseau l'appella du commencement *Mukla Jokel*, c'est-à-dire, le grand Glaçon. Elle a été depuis nommée BLOSERKEN, comme qui diroit chemise bleue; & pour la troisiéme fois *Huidserken* qui signifie Chemise blanche. Cette différence de couleur vient des divers aspects de cette Montagne, selon les saisons.

Erric le Rousseau avant que de s'engager dans le Continent jugea à propos de reconnoître l'Isle & y descendit, il la nomma ERRICSCUN, c'est-à-dire, l'Isle d'Erric & y demeura tout l'hyver. Le printemps venu, il passa de l'Isle au Continent qu'il nomma GROENLAND, c'est-à-dire, Pays Verd; à cause de la Verdure de ses Pâturages & de ses arbres. Il descendit à un Port qu'il nomma ERRICSFIORD ou le Port d'Erric & non loin de ce Port il fit un logement qu'il nomma OSTERBUG. L'Automne d'après il alla du côté de l'Ouest où il fit un autre Logement qu'il appella WESTERBUG. Mais soit que le Continent lui parût plus froid ou moins sûr que son Isle il retourna d'après à Erricscun. L'été suivant il passa au Continent & alla du côté du Nord jusqu'au pied d'un grand rocher, qu'il nomma SNEEFIEL, c'est-à-dire, Rocher de Nége & découvrit un Port qu'il nomma RAVENSFIORD, c'est-à-dire, le Port aux Corbeaux à cause du grand nombre de Corbeaux qu'il y trouva. *Ravensfiord* repond du côté du Nord à Erricsfiord qui est du côté du Sud & on va de l'un à l'autre par un bras de Mer qui les joint. Erric retourna dans son Isle sur la fin de l'Automne & y passa le troisiéme hyver. Au printemps il prit le parti d'aller lui-même en Islande & pour engager les Islandois avec qui il fit sa paix à la suivre dans le Groenland, il publia des merveilles de la Nouvelle Terre qu'il avoit découverte. Il raporta qu'elle abondoit en gros & en menu bétail, en excellens Pâturages, en toutes sortes de chasse & de pêche. Enfin il les persuada si bien qu'il retourna en son Pays de conquête avec nombre de Vaisseaux & d'Islandois qui le suivirent.

Le fils d'Erric nommé Leiffe ayant passé de Groenland en Islande avec son Pére passa ensuite d'Islande en Norwege où il trouva le Roi Olaus Trugger & lui vanta la bonté du Pays que son Pere avoit trouvé. Ce Roi de Norwege qui depuis peu s'étoit fait Chrétien, fit instruire Leiffe, & l'ayant fait baptiser l'obligea de demeurer l'hyver suivant à sa Cour.

GRO. 337

Il le renvoya l'Eté d'après vers son Pere en Groenland & lui donna un Prêtre pour instruire Erric & le peuple qui étoit avec lui, dans la Religion Chrétienne. En chemin il trouva un Vaisseau renversé en pleine Mer sur des rochers de glaces & quelques pauvres Matelots qui n'attendoient que la mort sur la quille de ce Vaisseau; touché de compassion il les reçut dans le sien & les mena à son Pere qui lui sut fort mauvais gré d'avoir amené des étrangers & de leur avoir enseigné la route d'une terre qu'il vouloit garder pour lui. Leiffe fût l'adoucir & lui remontra les devoirs de l'humanité, & l'ayant entretenu ensuite du Christianisme il l'engagea à écouter le Prêtre que le Roi de Norwege lui avoit donné. Erric se laissa vaincre, se convertit, & reçut le baptême avec le Peuple qui étoit avec lui.

Cela arriva avant le milieu du IX. siécle.
[a] Car dans un Diplôme de Louis le debonnaire daté d'Aix-la-chapelle l'an 834. pour la fondation de l'Archevêché de Hambourg, le Groenland est mis au nombre des Pays où la foi avoit été portée. *Idcirco*, dit cet Empereur, *Sancta Ecclesia filiis præsentibus, & futuris certum esse volumus qualiter divina ordinante gratia, nostris in diebus, aquilonaribus in partibus, in gentibus videlicet Danorum, Suecorum, Norveorum, terræ Gronlandon, Halingalandon, Islandon, Scredevindon, & omnium Septentrionalium & Orientalium Nationum magnum cælestis gratia prædicationis sive adquisitionis patefecit ostium*. Cela est conforme à la Bulle du Pape Grégoire IV. qui confirmant l'établissement de St. Anchaire premier Archevêque de Hambourg l'établit Légat dans tous les Pays qu'il appelle [b] *Danorum, Sueonum, Nortwehorum, Farria, Gronlandon, Halsingolandan, Islandan, Scridevindum, Slavorum* &c.

[c] Adam de Bréme Auteur qui vivoit vers la fin de l'XI. siécle parlant des Pays Septentrionaux, décrit l'Islande qu'il nomme de ce nom & de celui de *Thyle* & ajoute, il y a aussi d'autres Isles dans l'Océan, dont le Groenland n'est pas une des moindres; elle est située plus avant vis-à-vis des Montagnes de Suede & des Monts Riphées. On dit que des Rivages des Normands, (c'est-à-dire, de la Norwege) il faut cinq ou sept jours de Navigation à pleine voiles pour y arriver de même qu'en Islande: les hommes y sont verdâtres à cause de la Mer, & c'est delà, poursuit-il, que le Pays tire son nom. *Homines ibi à Salo Caerulei, unde & regio illa nomen accepit*. Leur vie est assez semblable à celle des Islandois excepté qu'ils sont plus cruels, & font le métier de Pirates. On dit qu'on leur a porté depuis peu la Religion Chrétienne. On voit par ce discours d'Adam de Brême que l'on n'étoit pas trop bien instruit en Allemagne de l'état du Groenland dans le siécle où il vivoit. Aussi faut-il avoir récours aux Chroniques de Norwege & de Danemarck dont s'est servi l'Auteur de la Relation à laquelle il est temps de revenir.

[d] Les Successeurs d'Erric le Rousseau s'étant multipliez en Groenland s'engagerent plus avant dans le Pays & trouverent des Montagnes, des terres fertiles, des prairies, & des Rivieres. Ils diviserent le GROENLAND en ORIENTAL & OCCIDENTAL, selon la divi-

[a] Lambec. Origin. Hamburgic. p. 122.

[b] Ibid. p. 130.

[c] De Situ Daniæ & Relig. Septent. Region. c. 244.

[d] Re'at. du Groenland p. 102.

V v   sion

sion qu'en avoit faite Erric par les deux lieux d'Osterbug & Westerbug. Ils bâtirent à la partie Orientale une Ville qu'ils nommerent Garde, & les Norwégiens y portoient toutes les années diverses Marchandises & les vendoient aux habitans du Pays pour les y attirer. Leurs Enfans allerent plus loin & bâtirent une autre Ville qu'ils appellerent Albe, & même un Monastere au bord de la Mer sous l'invocation de St. Thomas. Avec le temps la Ville de Garde fut la résidence d'un Evêque & l'Eglise de St. Nicolas Patron des Matelots devint une Cathedrale. On voit une suite des Evêques du Groenland dans le *Specimen Islandicum* d'Angrim Jonas, à l'endroit où il traite du Groenland, depuis leur établissement jusqu'à l'an 1389. & Pontanus [a] remarque qu'en la même année Henri Evêque de Garde assista aux Etats de Dannemarck qui se tenoient à Nieubourg en Funen sur les bords du grand Belt. Comme le Groenland relevoit des Rois de Norwége pour le Temporel, ses Evêques relevoient des Evêques de Drontheim en Norwége pour le Spirituel & les Evêques de Groenland passoient souvent en Norwége pour consulter les Evêques de Drontheim sur les difficultez qui leur survenoient.

[a] Hist. Danic.

Le Groenland vivoit, selon les loix d'Islande sous des Vice-Rois que les Rois de Norwége y avoient établis. Le *Specimen Islandicum* fournit les noms de ces Vice-Rois & les prouesses de quelques Heros Islandois que le bon Angrim zelé compatriote a pris grand soin de recueillir.

En 1256. le Groenland se revolta & refusa de payer le Tribut au Roi Magnus de Norwége. Erric Roi de Danemarc dont il avoit épousé la Niéce envoya sa Flotte à la vûë de laquelle les Islandois se soumirent. Erric fut assez homme de bien pour ne se pas prevaloir de la foiblesse de Magnus, il lui remit le Groenland. Le Traité de paix fut signé en Norwége l'an 1261.

Voici l'état du Groenland, lorsque la puissance des Rois de Norwége y étoit florissante: il est tiré par l'Auteur de la Relation déja citée d'un Recueil de Relations rassemblées sous le titre de Chronique Islandoise.

[b] Relat. du Groenland. p. 105.

[b] La Ville la plus Orientale du Groenland est appellée Skagefiord; il y a un rocher inhabitable & plus avant dans la Mer il y a un écueil qui empêche que les Navires n'y entrent si ce n'est en grande eau. Quand l'Orage est impetueux il entre dans ce port quantité de Baleines & autres Poissons que l'on pêche en abondance. Un peu plus haut vers le Levant il y a un Port nommé Funcheburder, du nom d'un page de St. Olaus Roi de Norwége qui y fit naufrage avec plusieurs autres. Plus haut encore & proche des Montagnes de glace il y a une Isle nommée Roansen, où il se fait une grande chasse de toutes sortes de bêtes & entre autres de quantité d'ours blancs. On ne voit au delà que des glaces tant par mer que par terre.

Du côté Occidental se trouve Kindelfiord qui est un bras de Mer dont la côte est toute habitée. Du côté droit de ce bras de Mer est une Eglise nommée Korskirke, c'est-à-dire, Eglise bâtie en Croix. Ce Canton s'étend jusqu'à Vandalebug, & au delà est un Monastere de Religieux dédié à St. Olaus & à St. Augustin. Ce Monastere s'étend jusqu'à Boltew. Proche de *Kindelfiord* est Rumpesinfiord où il y a un Couvent de Religieuses, & diverses petites Isles, où se trouvent quantité d'eaux chaudes, & si chaudes en hyver que l'on ne peut en approcher; elles sont temperées en été. Ces eaux sont très-salutaires & l'on y guerit de beaucoup de maladies.

Proche delà est Einetsfiord; entre ce lieu & Rumpesinfiord, il y a une maison Royale nommée Fos; & une grande Eglise dediée à St. Nicolas. A Lunesfiord il y a un Promontoire nommé Klining, & plus avant un bras de Mer nommé Grantevig, & au delà une maison nommée Daller qui appartient à l'Eglise Cathedrale du Groenland; cette Eglise possede tout Lunesfiord & nommément la grande Isle qui est au delà d'Einetsfiord appellée Reyatsen à cause des Rennes qui l'habitent. Dans cette Isle se trouve une pierre nommée *Talguestein*, si forte que le feu ne la peut consumer, & si tendre à couper que l'on en fait des vases à boire, des Chaudieres & des Cuves qui contiennent dix à douze Tonneaux. Plus avant dans l'Occident il y a une Isle appellée Langen où il y a huit metairies; l'Eglise Cathedrale possede toute cette Isle.

Proche de l'Eglise d'Einetsfiord il y a une maison Royale appellée Hellestadt; près delà est Erricsfiord, & à l'entrée de ce bras de Mer il y a une Isle appellée Herrieven, c'est-à-dire, l'Isle du Seigneur dont la moitié appartient à l'Eglise Cathedrale & l'autre moitié à l'Eglise appellée Diurnes qui est la premiere Eglise qui se trouve en Groenland. On voit cette Eglise quand on entre dans Erricsfiord. Diurnes possede tout jusqu'à Midfiord qui s'étend d'Erricsfiord au Nord-Ouest. Proche delà est Bondefiord du côté du Septentrion, & dans ce Nord il y a quantité d'Isles & de Ports. Le Pays est inhabité entre *Osterbug* & *Westerbug*. Proche de ce desert il y a une Eglise appellée Strosnes *qui au temps passé a été Metropolitaine & la Résidence de l'Evêque de Groenland*. Les Skreglingues, ou Skreglingres *tiennent tout le Westerbug*: il s'y trouve des Chevaux, des Chevres, des Bœufs, des Brebis, & toutes sortes de bêtes sauvages; *mais point de Peuple ni Chrétien ni Payen*. Cette Relation finit par ces mots: Yvert Bert a fait cette Relation, il a été long-temps maître d'Hôtel de l'Evêque de Groenland, il a vu tout ceci & fut de ceux que le Juge de Groenland nomma pour aller chasser les Skrelingres, en arrivant ils ne trouverent personne, mais quantité de Bétail & en prirent autant que leur navire en put porter. Au-delà de Westerbug il y a un grand rocher appellé Himmelradsfiel & au-delà de ce Rocher personne n'ose naviger à cause des Charybdes qui se trouvent dans cette Mer.

Voilà le contenu de cette Relation où il faut remarquer que l'Eglise de *Strosnes* a été dès le commencement de l'habitation du Groenland *Metropolitaine* & la Résidence de l'Evêque.

Cependant on fait d'ailleurs fans aucun doute que la Ville de Garde a eu cet avantage. Angrim Iſlandois dit poſitivement que cette Réſidence Epiſcopale étoit *in ſinu Einatsfiord Groenlandiæ Orientalis*. Ces Skrelingres étoient des Sauvages originaires de Groenland qui habitoient apparemment l'autre Rive du bras de Mer de Kindelfiord de la partie Occidentale du Groenland, dont l'une des côtes étoit habitée par les Norwégiens. Quand la Relation dit qu'ils occupoient tout le Weſterbug, il ne l'a entendu que de la Rive qui regarde le Couchant; n'étant pas croyable qu'il ait voulu parler de celle qui eſt oppoſée au Levant que les Norwégiens occupoient. Il eſt à préſumer que quelques Avanturiers Norwégiens ayant paſſé Kindelfiord en petit nombre furent batus par ces Skrelingres. Le Vice-Roi du Groenland que la Relation appelle *Juge*, ſelon la façon de parler des Iſlandois, voulant tirer raiſon de cet affront y envoya un parti plus fort & équipa un bon Navire pour cet effet. Les Sauvages qui virent venir le Vaiſſeau firent ce qu'ils ont accoutumé de faire, lorſqu'ils ſe ſentent les plus foibles, ils ſe cacherent; ainſi les Norwégiens ne trouvant ni Chrétien, ni Payen ſur le rivage, emporterent tout ce qu'ils purent. Ces Skrelingres pourroient être les habitans du nouveau Groenland dont je parlerai ci-après. Le Weſterbug avoit ſes habitans originaires lorſque les Norwégiens y arriverent. L'Oſterbug avoit auſſi les ſiens, & comme la partie de l'Eſt eſt plus proche de la Mer Glaciale, moins fertile & par conſequent plus deſerte que celle de l'Oueſt, les Norwégiens trouverent moins de réſiſtance de ce côté-là que de l'autre & s'emparerent plus facilement de l'Oſterbug que du Weſterbug. Auſſi voit-on que ſans s'opiniâtrer à tenter des paſſages du côté du Couchant, ils avancerent vers le Nord, marcherent huit jours entiers ſans découvrir quoi que ce fût que des neges & des glaces dont les Vallées ſont pleines. On peut en conclure que l'endroit que les Norwégiens ont poſſedé dans le Groenland a été reſſerré entre les mers du Midi & du Levant; entre les Montagnes du Nord, inacceſſibles à cauſe des glaces, & les Skrelingres, qui arrêterent leurs progrès du côté du Weſterbug. La Chronique Danoiſe ajoute que tout le Groenland eſt cent fois plus grand que ce que les Norwégiens y ont poſſedé, que divers Peuples l'habitent, que ces peuples ſont gouvernés par divers Seigneurs dont les Norwégiens n'ont jamais eu connoiſſance.

Les Rélations ne s'accordent point ſur la fertilité du Groenland. La Chronique Iſlandoiſe qui devroit être la plus croyable ſur ce Pays à cauſe du voiſinage ne ſ'eſt gueres parce qu'elle ſe contredit. Elle dit en un lieu qu'il y croît du meilleur froment qui ſe puiſſe trouver en aucun autre endroit du monde, & des chênes ſi vigoureux & ſi forts qu'ils portent des glands gros comme des pommes. Elle dit ailleurs qu'il ne croît rien en Groenland quoi que ce ſoit que l'on ſéme, & que ſes habitans ne ſavent ce que c'eſt que du pain. Cela ſe raporte avec ce que dit la Chronique Danoiſe que quand Erric le Rouſſeau entra dans ce Pays il ne vivoit que de la pêche à cauſe de la ſterilité de la Terre; mais elle ajoute que ſes Succeſſeurs qui après ſa mort avancerent dans le Pays, trouverent entre des Montagnes des terres fertiles, des prairies, & des Rivieres, qu'Erric n'avoit pas découvertes. Cela corrige la Chronique Iſlandoiſe. La raiſon du froid qu'elle apporte n'eſt pas recevable. Cette partie du Groenland eſt de même élévation que l'Uplande la Province la plus fertile de la Suede; & cette même Chronique avoue ailleurs qu'il y a quantité de froid dans le Groenland qu'en Norwége où il eſt certain qu'il croît de beau blé.

Le Groenland eſt comme toutes les autres terres, mêlé de bons & de mauvais endroits, de plaines, & de montagnes, les unes fertiles, les autres ſteriles. Il eſt certain qu'il y a quantité de rochers. On y trouve des marbres de toutes ſortes de couleurs. L'Herbe des pâturages y eſt excellente & il y a quantité de gros & de menu bétail, des Chevaux, des Liévres, des Cerfs, des Rénes, des Loups communs, des Loups-Cerviers, des Renards, & quantité d'Ours blancs & de noirs. On y a pris des Caſtors & des Martres auſſi belles que les Zibelines de Moſcovie. On y trouve des Gerfaus, des Faucons en très-grand nombre. On portoit anciennement de ces oiſeaux par rareté aux Rois de Danemarck & ces Rois en faiſoient des préſens à leurs amis.

La Mer eſt très-poiſſonneuſe en Groenland. Elle eſt pleine de Loups, de Chiens, & de Veaux marins, & porte un nombre incroyable de Balenes; on y trouve auſſi le poiſſon dont la corne paſſe pour celle de la Licorne. [a] L'air y eſt plus doux & plus temperé qu'en Norwége, il y nége moins & le froid n'y eſt pas ſi rude. Ce n'eſt pas qu'il n'y gele quelquefois d'une maniere très âpre & qu'il n'y ait des orages très-impetueux. Mais ces grands froids & ces grands orages n'arrivent pas ſouvent & ne ſont pas de longue durée. L'Eté de Groenland eſt toujours beau jour & nuit; ſi l'on doit appeller nuit ce Crepuſcule perpetuel qui y occupe en été tout l'eſpace de la nuit. Comme les jours y ſont très-courts en Hyver, les nuits en recompenſe y ſont très-longues; mais la nature y remedie par une lumiere qui ſe leve au commencement de la nuit quand la Lune eſt nouvelle, ou ſur le point de le devenir & cette lumiere éclaire tout le Pays comme ſi la Lune étoit en ſon plein. Plus la nuit eſt obſcure, plus cette lumiere luit : (c'eſt la même choſe que l'Aurore boreale, Phenomene qui n'eſt point rare à la Haye & que j'y ai ſouvent obſervé depuis deux ans.)

[b] En 1348. une grande peſte appellée la *peſte noire* devora la plus grande partie des peuples du Nord, & tua les principaux Matelots & les principaux Marchands qui compoſoient les Compagnies du Groenland dans les deux Royaumes. On remarque que de ce temps-là, les Voyages & le Commerce de Groenland furent interrompus & commencerent à ſe perdre. Voici une autre raiſon qu'il faut joindre à celle-là. Les Tributs du Groenland étoient anciennement affectés à la Table des Rois de Norwége, & aucun marinier n'y pouvoit aller ſans congé ſur peine de la vie. Sous le regne de

a p.125.

b p.133.

GRO.

de Marguerite qui joignit les deux Couronnes de Dannemarck & de Suede des Marchands de Norwége qui avoient été en Groenland sans permission furent accusez d'avoir reçu le Tribut de la Reine & de se l'être aproprié. Ils se justifierent en faisant connoître qu'ils avoient abordé en Groenland par la seule necessité & à cause de la tempête qui les y avoit jettez, & qu'ils n'en avoient apporté que des Marchandises achetées. Cela donna lieu à renouveler la severité des Edits. Quelques navires que la Reine y envoya depuis, ne revinrent plus. Les Norwégiens effrayez de cette nouvelle n'oserent plus tant se risquer sur cette Mer, & la Reine qui se trouva engagée dans les guerres contre la Suede ne tint pas assez de compte du Groenland & cette navigation cessa. L'an 1406. Eskild Evêque de Drontheim voulut avoir le même soin du Groenland que ses predecesseurs en avoient eu. Il y envoya un nommé André pour succeder à la place de Henri en cas qu'il fût mort, ou pour en rapporter des nouvelles au cas qu'il vécût. Mais depuis le départ d'André, on n'en entendit plus parler & on ne sut ce que Henri & lui étoient devenus. C'est le dernier Evêque qui ait été envoyé de Norwége pour le Groenland. Erric de Pomeranie qui succeda à Marguerite ne s'informa pas seulement si ce Pays existoit. Christophe de Baviere qui regna après Erric employa tout son regne à faire la guerre aux Vandales. La famille d'Oldenbourg commença de regner en 1448. Christian I. Roi de cette Maison tourna ses vûës vers le Midi. Christiern II. promit bien de faire tous ses efforts pour recouvrer le Groenland; mais au lieu de cela il perdit ses trois Royaumes. *Valkandor* Gentilhomme Danois Archevêque de Drontheim après la disgrace de Christierne son maître, se retira dans son Diocèse & fit des projets pour recommencer la navigation du Groenland, mais Frederic oncle & Successeur de Christierne le fit chasser de son Siége & du Royaume & dissipa les Compagnies deja formées par ce Prélat. Christian III. fit tenter le passage du Groenland, mais ceux qu'il y envoya ne purent découvrir. Cela obligea ce Roi de lever les defenses rigoureuses que les Rois ses prédecesseurs avoient faites d'aller en Groenland sans leur congé. Il permit à qui le voudroit d'y aller sans permission ; mais les Norwégiens alors trop pauvres & trop foibles pour un voyage si difficile & si dangereux, ne profiterent point de cette entreprise. Frederic II. eut la même pensée que son Pere. Il envoya Magnus Heiningssen à la découverte du Groenland, ce Magnus après beaucoup de dangers découvrit le Groenland & ne put en approcher. Martin Forbischer Capitaine Anglois entreprit le même voyage. Il partit d'Angleterre en 1577. découvrit ce Pays, mais il ne put l'aborder cette année-là à cause de la nuit & des glaces, & de l'Hyver qui l'avoit surpris dans son voyage. Il retourna en Angleterre d'où il revint le printemps suivant avec trois Vaisseaux ; ayant vû la terre il y aborda du côté de l'Orient. Les habitans du lieu où il prit terre s'enfuirent à l'aspect des Anglois & abandonnerent leurs maisons, qui étoient des tentes faites de peaux de veaux

GRO.

marins ou de baleines étendues sur quatre grosses perches & cousues adroitement avec des nerfs. Toutes avoient deux portes, l'une du côté de l'Ouest, l'autre du côté du Sud; pour se mettre à couvert des vents d'Est & de Nord qui les incommodent le plus. Les Sauvages s'avancerent ensuite en grand nombre & tâcherent de surprendre les Anglois qui ne s'y fierent point. Christian IV. renouvella avec plus de succès que ses predecesseurs la navigation du Groenland. Il fit venir d'Angleterre un Pilote qui avoit la reputation de bien connoître cette Mer. Il envoya en 1605. aux premieres chaleurs trois Vaisseaux dont un arriva en Groenland d'où il amena quelques Sauvages en Dannemarck, les deux autres Vaisseaux allerent aussi au Groenland, mais à l'extremité de la terre qui repond au Couchant ; ils entrerent dans le Détroit de Davis, côtoyerent la terre Orientale de ce Golphe, ils découvrirent de bons ports, de beaux Pays & de grandes plaines verdoyantes. Les Sauvages de cette contrée negocierent avec eux & temoignerent de la defiance. Quelques autres Voyages n'ayant eu que peu de succès le Roi de Danemarc se rebuta & n'envoya plus en Groenland. Des Marchands de Coppenhague entreprirent cette navigation & formerent une Compagnie qui subsiste encore sous le nom de Compagnie du Groenland. Cette Compagnie envoya deux Navires en 1636. qui allerent dans le Détroit de Davis & à cette partie du Groenland nouveau qui est sur la côte Orientale de ce détroit. On en apporta entre autres choses un sable qui avoit la couleur & la pesanteur de l'or; les Orfevres à qui on le montra ne furent le preparer & on le jetta comme inutile.

[a] Mr. Savari dit LA GROENLANDE, c'est, dit-il, un Pays très-inconnu & on ne sait pas encore s'il est un Continent attaché à celui de l'Amerique ou à celui de la Tartarie ; ou si n'étant joint à pas un des deux, ce n'est qu'une Isle. Il n'a ni beaucoup de Marchandises, ni des habitans bien propres au Commerce. Des Couteaux, des Ciseaux, des Aiguilles, des Miroirs, & quelques instrumens de fer & d'acier sont ce qu'ils estiment davantage, & ils donnent en échange, du Lard & de l'huile de Baleine, des peaux de chiens & de veaux Marins & des dents d'un Poisson nommé Towack plus estimées que l'Yvoire pour leur blancheur. *[a] Dict. du Commerce, au mot Compagnie.*

GROESBEC [b], Village des Pays-Bas dans la Gueldre à deux lieues de Nimegue. Il y a un Château qui a donné le nom à une famille Illustre de cette Province. Prononcez comme s'il étoit écrit *Groesbeck*. *[b] Dict. Géogr. des Pays-Bas.*

GROENSUND, c'est-à-dire, le *Détroit verd*; petit détroit de Danemarck entre l'Isle de Falster & la partie Meridionale de Seelande & de l'Isle de Moen. Mr. Baudrand [c] écrit *Gronesund*. *[c] Baudrand Ed. 1705.*

GROLL [d], petite Ville fortifiée dans les Pays-Bas dans la Province de Gueldre au Comté de Zutphen sur la Riviere de Slinck sur les confins de l'Evêché de Munster, & de la Westphalie. Elle fut prise [e] par les François en 1672. & ils la quitterent en 1672. après en avoir ruiné les fortifications. C'étoit l'Empereur Charles V. qui les avoit fait commencer. *[d] Dict. Géogr. des Pays-Bas. [e] Baudrand Ed. 1705.*

GRO.

GRONA. Wittikind nomme ainſi un lieu que Lazius [a] croit être le même que CREMONE en Dalmatie. Voyez CREMONE 2.

[a] Baudrand Edit. 1705.

GRONIA, Ville de Grece dans la Phocide ſelon Etienne le Geographe.

GRONII, ancien Peuple d'Eſpagne aux environs du Promontoire Celtique, ſelon Pomponius Mela [b]. Iſaac Voſſius écrit GROVII. Ce ſont les mêmes que les GRAVII. Voyez ce mot.

[b] l. 3. c. 1.

GRONINGUE, Ville des Pays-bas, aux Provinces unies, dans une Seigneurie particuliere à laquelle elle donne ſon nom. Elle n'eſt pas ſi ancienne que quelques-uns l'ont écrit : ce n'eſt ni la pretendue JUHONUM CIVITAS de Tacite, ni le GRINNES du même Auteur. Quelques-uns comme Guichardin [c] ont pretendu lui donner une origine Troyenne. Le ſavant Alting conjecture que c'eſt la Citadelle que Corbulon General des Romains fit bâtir pour s'aſſurer de la fidelité des Friſons qui venoient de rentrer ſous l'obéïſſance de l'Empire Romain [d]. Germanicus ayant deſſein de faire la guerre aux Cheruſques ſituez proche du Weſer partit de l'Iſle des Bataves, embarqua ſon Infanterie ſur mille Bateaux qui paſſerent par le Canal de Druſus & par l'Iſſel dans un Lac qui eſt aujourd'hui le Zuyderſée, dont les eaux n'étoient pas auſſi repandues en ce temps-là qu'elles le ſont preſentement. Il entra à l'embouchure de l'Ems où il fit ſon debarquement. Pedo Général de la Cavalerie, prit une autre route en traverſant la Friſe & le Pays de Groningue qui y étoit attachée. Ils arriverent tous ſur le bord de l'Ems, où étoit le rendez-vous géneral & le lieu de l'Aſſemblée. Il y avoit là un petit port avec un château qui portoit le nom de la Riviere ; dans lequel on laiſſa la Flotte pendant la Campagne. On confond preſque toujours, dit Mr. Baſnage, ce Château & cette petite Ville avec celle d'Embden qui n'eſt pas ſi ancienne, & qui eſt devenue fameuſe par ſon grand commerce pendant que l'autre a peri. Mais ces deux Villes étoient ſituées des deux côtez de la Riviere dont elles ont porté le nom ; & celle où Germanicus fit debarquer ſon Infanterie étoit ſurement en deçà de l'Ems & du côté de Groningue, puiſque la Cavalerie vint par terre & par la Friſe, joindre l'Infanterie qui y avoit debarqué. Comme il n'y avoit point alors de digues pour arrêter les debordemens de la Mer & de l'Ems dont l'embouchure eſt fort large, les Romains ne purent prendre ſur ſes bords leurs quartiers d'hyver [e], ni y avoir de fortes garniſons. Ils furent obligez de s'en retourner, ils ſouffrirent même beaucoup ſur la route parce que la Mer étoit fort groſſe & le vent très-fort. Ils ſe ſauverent dans un Village du territoire de Groningue qui étoit plus élevé que les autres, & où Germanicus qui avoit pris les devans avec quelques Legions, les attendoit.

[c] Deſcript. des Pays bas.

[d] Baſnage deſcr. des Provinces unies, dans ſon Hiſtoire.

[e] Tacit. Annal. l. 2. c. 15.

La Friſe & Groningue n'étoient pas en état de remuer, pendant que les troupes de Germanicus, qui venoient de domter leurs voiſins, paſſoient ſur leurs terres, mais il ſe fit quelque tems après un ſoulévement général, on battit les armées Romaines, comme nous l'avons déja remarqué ; & Corbulon fut en-

GRO. 341

voyé l'an 48. de l'Ere Chrétienne pour remettre dans l'obéïſſance les Peuples d'Ooſt-Friſe & du Duché de Bréme. Les Friſons épouvantez de ſa venuë & de la ſeverité avec laquelle il puniſſoit tous ceux qui oſoient lui reſiſter, envoyerent des Deputez, promirent de ſe ſoumettre à ſes ordres, & lui donnerent des Otages de leur fidelité. Il prit cette occaſion de ſe rendre maître de la Friſe. Il la diviſa en quartiers, il aſſigna des portions des terres aux habitans anciens & aux nouveaux, & bâtit une Citadelle pour les tenir en bride. Alting [f] croit que cette Citadelle fut bâtie dans le même endroit où eſt aujourd'hui Groningue, parce que c'étoit un lieu très-commode, qui ſe trouvoit ſur la route de Corbulon, & dans le voiſinage de la petite Ville d'Ems, où ce Général étoit, lorſque les Friſons lui envoyerent leurs Ambaſſadeurs ; & parce qu'il pouvoit delà veiller en même tems à la conſtruction de cette Citadelle, & à la reduction des peuples qui étoient au de-là de la riviere.

[f] Alting. deſcript. p. 48.

Ce qui rend cette conjecture plus probable, eſt la grande conformité qu'on remarque entre le Gouvernement de Groningue, & celui de l'ancienne Rome. On y voit un Sénat revêtu d'une autorité Souveraine, des Conſuls, des Preteurs, des Cenſeurs, des Ediles, & même on y a créé quelquefois un Dictateur, lorſque la neceſſité des tems l'a demandé ; mais ſur tout, il y a pluſieurs Loix reçuës dans cette ville qui paroiſſent tirées de celles des douze Tables. C'étoit une Loi des douze Tables, que le Preteur devoit juger les Procès avant midi ; que le plus proche parent devoit ſe charger de la tutelle des enfans, qui avoient perdu leurs peres, pendant leur minorité ; qu'on ne doit point boire aux enterremens ; & que les deciſions du Peuple ſont ſouveraines. Il ſeroit inutile de s'étendre davantage ſur cette conformité des Loix, dont on peut mieux juger en liſant les termes originaux : je remarquerai ſeulement qu'on ne trouve pas beaucoup de Monumens Romains dans le païs de Groningue ; mais cette rareté vient peut-être de ce que les Romains retirerent leurs troupes d'Allemagne par l'ordre de l'Empereur Claude, & envoyerent leurs garniſons du côté du Rhin.

Il eſt dificile de deviner ſi le Château de Corbulon devint une Ville ; & quoique ce changement avantageux ſoit arrivé à pluſieurs autres lieux où les Romains avoient leurs garniſons & leurs magaſins, on ne peut pas aſſurer qu'il en ait été de même de ce Château. Heda [g] raporte que les Normands, dans l'irruption qu'ils firent l'an 837. ruïnerent trois lieux fameux par leur commerce & par les Foires qu'on y tenoit, ſavoir Anvers auprès de l'Eſcaut, Vilta proche de la Meuſe, & Groningue ſur les bords de l'Ems. Anvers eſt aſſez connu ; mais comme il n'y avoit point alors d'autre endroit voiſin de la Meuſe dans lequel on pût tenir une Foire & faire un grand Commerce que Vlaerding, il ſemble qu'au lieu de Vilta il faudroit entendre & lire *Vlaerdinga Viltorum*. L'Hiſtorien ſe trompe auſſi ſur la ſituation de Groningue qui n'eſt pas, comme il le dit, ſur les bords

[g] Heda hiſt.

de

de l'Ems, & il auroit bien pû se tromper de même, sur le nom de cette Ville qui ne devint considerable & ne fut ceinte de murailles que long-tems après cette irruption. En effet, on voit un Acte de donation [a] de l'Empereur Henri III. à l'Eglise d'Utrecht, dans lequel ce Prince, après avoir fait plusieurs réflexions sur le bon usage qu'on doit faire des biens, en les restituant à Dieu de qui on les a reçûs, donne à l'Eglise de St. Martin d'Utrecht l'an 1040. une terre qu'il avoit *in Villa Groninga nuncupata*, dans le Bourg (ou plutôt Village) de Groningue situé dans le Païs de Drenthe, avec les maisons, champs, prairies, terres incultes ou labourées, les redevances &c. Il est certain que dans ce tems-là le terme de *Villa* signifioit très-rarement une Ville murée ; mais il signifioit ordinairement un assemblage de plusieurs maisons, qui formoient un Village ou un Bourg.

Le savant Abbé de Longuerue ne fait Groningue gueres plus ancienne que cette époque. Quoi qu'on debite, dit-il, beaucoup de fables sur son origine [b], il est sûr qu'elle est fort ancienne & elle étoit déjà bâtie l'an 1040. lorsque l'Empereur Henri le noir la donna à l'Eglise d'Utrecht. Les habitans obtinrent de grands Privileges des Evêques & même des Empereurs, étant libres & unis à la Hanse Teutonique & ils n'obeïssoient aux Evêques d'Utrecht que comme il leur plaisoit, agissant en veritables Souverains & faisant même la guerre à leurs Voisins. Mais reprenons la description de Mr. Basnage qui doit être plus au fait des Ecrivains de ce Pays-là qu'un Savant qui a eu moins d'interêt de les étudier.

Pendant le XI. Siecle & le suivant, Groningue devint une Ville considerable, & se mit en état de soutenir un siége. Car les habitans s'étant revoltés l'an 1166. contre Godefroi Evêque d'Utrecht, Florent, Comte de Hollande, vint à son secours, le delivra des mains des habitans qui l'avoient fait prisonnier, assiégea la ville, fit de violens efforts pour la prendre, & ne pût y réussir. L'Empereur Frederic trouva à propos d'interposer son autorité pour mettre fin à cette guerre, & reconcilia les Bourgeois avec l'Evêque, & ensuite l'Evêque avec le Comte de Hollande, lesquels s'étoient brouillés sur la possession des Païs qui s'étendoient depuis Groningue jusqu'à la Riviere de Lawer. Florent prétendoit en être le maître absolu, parce qu'ils lui avoient été donnés par quelques Empereurs. L'Evêque produisoit de son côté d'autres donations par lesquelles il faisoit voir qu'il étoit legitime possesseur d'une partie de ce territoire. L'Empereur termina ce different, & decida qu'à l'avenir ils partageroient les revenus ; & que pour cet effet ils choisiroient un Comte qui en auroit l'administration ; & que s'ils ne pouvoient pas convenir de la personne, elle seroit nommée par l'Empereur. Qu'ils se rendroient l'un & l'autre au mois de Mai à Groningue pour faire le partage de la recette, & n'y demeureroient que six semaines, l'un pour y faire les fonctions Ecclesiastiques, l'autre pour regler les affaires Civiles. [c] Cet exemple fait voir

[a] *Donatio Henrici III. apud Hedam.*
[b] *Desc. de la France 2 part. p. 31.*
[c] *Concordia inter Episco.*

que Groningue étoit alors une Ville murée capable de resister à une armée & de soutenir un siege ; que les Comtes de Hollande & les Evêques d'Utrecht prétendoient qu'elle leur appartenoit, & que l'Empereur devenoit le Juge des differens de ce Païs-là, non seulement en qualité d'arbitre, mais comme Seigneur Féodal ; parce que les uns & les autres ne se l'attribuoient qu'en vertu des donations faites par ses predecesseurs, sous la condition de la redevance & de l'hommage, comme cela se faisoit en ce tems-là.

La Ville de Groningue devint si riche & si puissante qu'elle forma le projet d'étendre sa domination sur la Frise & d'y faire des conquêtes. Les vainqueurs abuserent de leur pouvoir & traiterent durement ceux qu'ils avoient soumis. Albert de Saxe envoyé par l'Empereur Maximilien attaqua les Frisons, & profitant de la division qui regnoit entre eux, les domta facilement. Il voulut reprendre sur les GRUNS (on appelloit ainsi les habitans de Groningue) ce qu'ils avoient usurpé ; mais ils lui resisterent courageusement, & souffrirent toutes les incommodités d'un rude siége. Enfin craignant de voir les Gruns maîtres de leur ennemi, ils aimerent mieux se reconcilier à certaines conditions avec Frederic de Bade qu'on avoit élu Evêque d'Utrecht l'an 1490. Ils consentoient à recevoir un Juge au nom de l'Evêque, pourvû qu'on leur laissât une entiere liberté. Mais lorsqu'on voulut les obliger à restituer ce qu'ils avoient pris dans la Frise, un Prêtre de grande réputation qui étoit à la Conference, la rompit en soutenant qu'il valoit mieux plier sous le joug, que d'abandonner ces conquêtes. D'un autre côté ils trouverent moïen de se défaire d'Albert, en aidant les Frisons qui assiégeoient son fils Henri. Le pere laissa les *Gruns* pour courir au secours du Prince assiegé, & mourut de chagrin. Henri & George, son frere, ne laisserent pas de revenir à la charge contre les habitans de Groningue, qui apellerent à leur secours le Prince d'Oost-Frise, qui étoit au delà de l'Ems, & le Duc de Gueldre. La guerre fut violente, Coeverden livrée au Duc par la trahison des Gruns, fut reprise par l'Evêque, qui, comme nous l'avons remarqué, ne pouvant soutenir les droits de son Evêché, aima mieux s'en dépouiller. Enfin Groningue se donna à Charles V. en 1536.

La Province de Groningue, qui est la derniere de l'union s'étend depuis la Riviere d'Ems jusqu'à celle de Lawers qui la separe aujourd'hui de la Frise. Elle est divisée en deux corps différens. Les habitans de la Ville de Groningue composent l'un, ceux du plat Païs, qu'on apelle les OMMELANDES, forment l'autre & ce sont ces deux Corps, assemblez par leurs Députez aux Etats de la Province, qui en font la Souveraineté, la moitié des Deputés est nommée par la Ville & l'autre par les Ommelandes.

Ces deux Corps distribuent les emplois, & observent dans cette distribution une parfaite égalité pour le nombre. Groningue ayant la nomination d'une moitié de ces emplois, & les Ommelandes celle de l'autre ; & ils donnent

cum Trajectensem & Comitem Hollandiæ super partes Frisiæ orientalis &c. apud Hedam p. 171.

GRO. GRO. 343

hent les Commissions au nom de la Province.

Ils envoyent six Députés aux Etats Généraux, deux au Conseil d'Etat, deux à la Chambre des Comptes de la Généralité, quatre à l'Amirauté de Harlingue, deux ordinaires, & deux extraordinaires. Enfin ils en envoyent tour-à-tour un à l'Amirauté d'Amsterdam.

Ils choisissent tous les ans huit personnes qui composent le Collége des Conseillers Deputez, c'est ce Collége, qui pendant l'absence des Etats, regle les affaires de la Province, à peu près comme le *Gecommitteerde Raad* fait en Hollande : mais l'autorité des premiers doit être plus grande, parce que la convocation des Etats de la Province est moins fréquente ; ce sont aussi ces Conseillers Deputez qui les convoquent extraordinairement, lorsqu'il y a des affaires importantes.

Ils élisent six personnes qui composent la Chambre des finances de la Province, six Curateurs qui règlent les affaires de l'Université de Groningue ; ils nomment aussi les Professeurs, dans laquelle on a vû paroître les *Altings*, les *Desmarais*, & une infinité de Savans illustres, dont on peut voir ailleurs [a] les Professorum noms, & le Catalogue des ouvrages qu'ils ont faits.

[a] *Effigies Professorum Groning.*

Ils disposent aussi des Charges du Conseil de guerre qui reside à Groningue. Il est composé d'un Président, de deux Assesseurs & d'un Secretaire. Ils nomment encore trois personnes pour faire la revûe des troupes : mais cette dernière Commission est à vie, & ceux qui en sont chargés prêtent le serment aux Etats Generaux.

Enfin ces deux Corps donnent toutes les Charges militaires des troupes qui sont de la repartition de la Province ; mais on le fait ordinairement par tour, & lorsque Groningue a distribué quelque Emploi, les Ommelandes jouïssent ensuite du même droit. Cette egalité dans la distribution des Charges devroit entretenir une parfaite union entre les deux Corps de cette Province ; & il semble qu'on ne peut prendre une précaution plus sage, puisque ce sont ordinairement les Charges qui interessent les particuliers, & font naître les diferens entre les Membres d'un Etat ; cependant il arrive souvent de violentes contestations entre la Ville & les Ommelandes.

Les Etats de Groningue s'assemblent ordinairement tous les ans le 8. de Février, & dans ce jour toutes les charges annuelles deviennent vacantes ; mais on les remplit aussitôt, soit par une Election nouvelle, soit en continuant la joüissance à ceux qui l'avoient déja. Les Etats sont convoqués extraordinairement par les Conseillers-Deputés, lorsqu'ils le jugent important ou nécessaire. Le lieu de l'Assemblée n'est fixé par aucune Loi, & on a vû sur ce sujet plusieurs contestations entre la Ville de Groningue & les Ommelandes. Les Etats Généraux statuèrent l'an 1597. [b] qu'on pourroit convoquer cette Assemblée dans le lieu qu'on jugeroit à propos : mais par un autre reglement fait l'an 1645. [c] on a ordonné que par provision on s'assembleroit

[b] Resolut. de 1597. art. 17.
[c] Autre resolution de

dans la maison de la Province, laquelle est à Groningue.

[l'an 1645. n. 2. art. 17. & n. 3.]

Les Etats assemblez délibérent & décident en Souverains de tout ce qui regarde l'intérêt ou la Souveraineté de la Province. Il n'y a dans cette Assemblée que deux sufrages, l'un de Groningue & l'autre des Ommelandes, un sufrage ne prevaut point sur l'autre, & lorsque les avis sont differens on ne peut prendre une résolution décisive qu'après avoir obligé l'un des partis à convenir avec l'autre. Ce sont les Pensionnaires, ou Syndics, qui parlent dans l'Assemblée, & qui sont chargés de porter l'avis de leur Corps, & de le soutenir.

Groningue étant la Ville principale de la Province qui porte son nom, elle tient le premier rang dans les Assemblées, & joüit de plusieurs privilèges. Elle est gouvernée par douze Conseillers & par quatre Bourguemaîtres. Ces Magistrats sont élus par un Corps de Bourgeois, qu'on apelle Jurez. Ce Corps s'assemble tous les ans le huit Fevrier pour faire l'élection. Huit des anciens Magistrats demeurent en possession de leur charge pour cette année, mais on en choisit huit autres qui entrent en fonction avec les huit anciens, & ces seize choisissent de leurs Corps quatre Bourguemaîtres qui président par quartier de trois en trois mois. Si une place devient vacante dans le Conseil des seize pendant le cours de l'année, par mort, par punition, ou par demission volontaire, le Collège la remplit. C'est aussi ce Collège qui regle la Police & juge de tous les procès tant civils que criminels. Enfin, ce Conseil de seize personnes élit un Pensionnaire, qu'on apelle Syndic, deux Secretaires, un Fiscal, les Directeurs de la Chambre des Orphelins, & dispose de plusieurs autres petites charges qui dependent de la ville. Proche de la Ville est une jurisdiction apellée *Old-Ampten*, les Bourguemaîtres & les Conseillers ont le droit de nommer le haut Officier, & son Secretaire. Ils établissent aussi un Drossart avec deux Juges dans le *Twede* & le *Westwoldingerland*.

La Ville est belle, grande, située sur les Rivieres de Hunnes & d'Aa, à quatre lieues de la Mer d'Allemagne. [d] Il y a onze Eglises dont trois étoient paroissiales, cinq étoient des Monasteres & quatre à des Hôpitaux. La principale est celle de St. Martin. Il y a une belle orgue de la façon du fameux Rodolphe Agricola. Les deux autres Paroisses portent les noms d'Est Walburg & de Notre Dame. Les Couvens étoient de Franciscains, de Dominicains, des Religieux nommez les Freres, des Clarisses, le cinquième étoit un Noviciat de Religieuses. Les murs de la Ville sont entourez d'un bon fossé avec dix-sept bastions & sept portes. L'Academie ou Université de cette Ville fut établie l'an 1614. le 23. d'Aout jour auquel le Recteur est installé.

[d] Blaeu, Theatr.

LA SEIGNEURIE DE GRONINGUE, est bornée à l'Orient par l'Oost-frise ; à l'Occident par la Frise ; au Nord par la Mer d'Allemagne ; au Midi par l'Over-issel & par le Comté de Benthem qui est de la Westphalie. Quelquefois dans les Actes publics Groningue & les Ommelandes qui font ensemble une des

sept

sept Provinces unies, sont designées par ces mots la Province de la Ville & Pays. Voyez OMMELANDES.

GRONSFELD, terre des Pays bas avec titre de Comté, au Duché de Limbourg à une lieue de Wick [a].

[a] Dict. Geogr. des Pays-bas. [b] Ortel. Thesaur.

GRONTA, Riviere de la Grande Bretagne [b]. Il en est parlé dans la Vie de St. Gutla Hermite écrite par Felix Auteur contemporain. Il y est fait aussi mention de l'Isle de Crowland qui étoit alors au Royaume de Mercie & est aujourd'hui dans le Comté de Lincoln.

[c] Piganiol de la Force descr. de la France T. 2. p. 636. Edit. Paris.

GROS-BOIS, maison de plaisance dans l'Isle de France auprès de Paris [c]. Le premier President de Harlay l'a fort embellie. Elle consiste en trois corps de Logis, un dans le fond & les deux autres placez à la droite & à la gauche de la cour. Celui qui est au fond s'enfonce en forme de demi cercle. Il est composé de deux ordres d'Architecture l'un sur l'autre & terminé par un grand fronton: les deux corps de bâtimens qui forment les deux côtez de la cour ont chacun à leurs extremitez dont l'un tient au reste de l'Edifice & l'autre s'avance sur la face du château. Les Jardins sont spacieux & agréables, le parterre est orné de quelques statues; on monte delà dans le bois par deux rampes décorées de balustrades de pierre & d'autres ornemens d'Architecture.

[d] Ibid. T. 5. p. 18.

GROS-BOS, Abbaye de France [d] dans l'Angoumois, au Diocèse d'Angoulême, à quatre lieues de la Ville de ce nom. Elle est de l'Ordre de Cisteaux & de la filiation d'Obasine. Elle fut fondée l'an 1166.

[e] Etat & del. de la Suisse T. 4. p. 143. [f] Corn. Dict.

GROSIO, Village de Suisse au Pays des Grisons [e], dans la Valteline sur la rive gauche de l'Adda.

GROSLAY [f], Village de France en Normandie au Diocèse d'Evreux avec titre de Baronie entre Lyre & Beaumont-le-Roger, sur la Riviere de Rille qui perd ses eaux & qui renaist dans son voisinage.

[g] De l'Isle Atlas.

GROSNE (LA) Riviere de France en Bourgogne [g]. Elle a diverses sources dans le Beaujolois, qui se rassemblent dans le Maconnois qu'elle traverse du Midi au Septentrion. Au Village de Mazilles elle reçoit le ruisseau du REPENTIR qui vient de l'Etang de l'AUVERGNET [g]. elle passe à Cluni [g]. au Bourg de Cormantin, au dessous reçoit la Guye [g]. se tourne vers le Nord-est, coule dans le Chalonnois & entre l'Alleuee & la Ferté sur Grosne, elle reçoit les eaux du GRISON [g]. forme quelques Isles & se perd enfin dans la Saone au Village de Marnay entre Challon & Tournus.

GROSSA (ISOLA) Isle de la Dalmatie dans le Golphe de Venise au Comté de Zara. Elle appartient aux Venitiens & s'étend du Couchant septentrional au Levant Meridional, mais elle n'est pas large à proportion de sa longueur. On la nomme aussi ISOLA GRANDE & ISOLA LONGA & ISOLA DI SALE. Elle a environ soixante & dix milles de circuit selon le P. Coronelli [h].

[h] Isolario. part. 1. p. 150. [i] Baudrand. Edit. 1705.

GROSSETTO [i], Ville d'Italie en Toscane dans l'Etat de Siéne & dans les Maremmes, avec un Evêché suffragant de l'Archevêché de Siéne. Elle est petite & mal peuplée, avec un assez bon château, à trois milles de la Riviere d'Ombrone au Couchant en allant vers le Lac de Castiglione dont elle n'est qu'à six milles & vers Piombino; à six milles de la côte de la Mer & à quarante milles de Siéne.

GROSSEUVRE, Bourg [k], ou Village de France en Normandie au Diocèse d'Evreux avec titre de Baronie, à une lieue de la Riviere d'Iton, entre Damville, Bailleul, St. André de la Marche, & Garencieres.

[k] Corn. Dict.

GROSSOTO, Village de Suisse dans la Valteline au Pays des Grisons [l] sur la Rive droite de l'Adda.

[l] Etat & del. de la Suisse T. 4. p. 143. [m] Zeyler Topogr. Pomeran. [n] Hist. Pomeran. l. 2. c. 89. [o] l. 2. c. 3.

GROSWYN [m], Ville d'Allemagne en Pomeranie auprès d'Anclam. Elle subsistoit encore dans le XII. siécle. Micrælius [n] dit que dans la guerre des Ducs de Pomeranie contre le Roi de Danemarc en 1183. le Roi Canut la ruina de fond en comble. Daniel Crammer dans son Histoire Ecclesiastique de Pomeranie [o] écrite en Allemand dit que cette Ville detruite étoit où est presentement une fortification au passage par où l'on va à Stolpe; & que dans la Campagne d'Anclam il y a encore à present un chemin que l'on appelle Grossnwinsche Strasse, ou le chemin de Grosswin.

GROTE Voyez GROTTE.

GROTKAU, Ville du Royaume de Boheme en Silesie. [p] Zeyler écrit GROTKA & GROTKAU & reprend quelques Auteurs qui l'ont appellée KROTKAU. Cette Ville capitale d'une Principauté de même nom n'est pas fort grande, mais elle est bien fermée & à bonnes portes & les murs ont une enceinte d'un triple fossé. Sa situation est dans une bonne plaine entre les Villes de Brieg au Nord & Munsterberg au Sud-ouest, au Couchant à peu de distance de la Riviere de Neiss. L'air y est sain, le terroir fertile, avec une belle forêt voisine: de là vient que l'on dit en proverbe qu'en temps de paix les Bourgeois de Grotkau sont à couvert de la faim & du froid, parce qu'il n'y a point de Maison qui n'ait assez de terre & de bois pour son besoin. Il y a une grande Eglise Paroissiale, un palais Episcopal, une Maison de Ville bâtie de pierre, entourée d'une assez grande place, mais les Maisons Bourgeoises sont toutes de bois; aux environs & dans la campagne il y a une assez belle Noblesse qui a son Capitaine particulier. Cette Ville avec la Principauté dont elle est le Chef-lieu fut vendue en 1341. par les Ducs de Lignitz & de Brieg à l'Evêque de Breslau. Grotkau a été sujette à divers malheurs remarquables. L'an 1490. elle fut reduite en cendre, & en 1549. le 7. d'Août le tonnerre la brûla de nouveau; l'Eglise paroissiale & quelques Maisons en échaperent à peine. En 1438. les Polonois ayant fait une irruption dans la Boheme saccagerent Grotkau. Le Duc Guillaume de Troppau la prit en 1445. & elle souffrit beaucoup durant les guerres des Suedois contre l'Empire.

[p] Zeyler Silef. Top. p. 148.

LA PRINCIPAUTE' DE GROTKAU, est située dans la Silesie aux confins de la Boheme & de la Moravie: on l'appelle aussi la Principauté de Neisse. Voyez NEISSE. Ces deux Villes

GRO.

Villes sont les seules places remarquables de cette Principauté. Elle a le Duché de Brieg au Nord, celui d'Opelen à l'Orient; celui de Munsterberg au Couchant, & la Boheme au Midi.

GROTTA FERRATA, fameuse Abbaye d'Italie, dans l'Etat de l'Eglise, à un mille ou deux de Frascati [a]. Elle est desservie par des Moines Grecs ou Calabrois qui y chantent le Service en Langue Grecque. Saint Barthelemi Abbé, disciple de St. Nil, & quelques Moines Grecs vinrent se refugier en ce lieu-là dans l'onzieme siécle & vivoient dans une Grotte qui se fermoit avec une grille de fer. Delà vient le nom de *Grotte ferrée* à cette Abbaye. Ils avoient été établis auparavant dans la Calabre d'où les persecutions des Sarrazins les avoient chassez. Peu après il se fit de cette Grotte un spacieux Monastere. Le Cardinal Bessarion en étant Abbé Commendataire le restaura. On voit au maître-autel de l'Eglise une Vierge que l'on dit être miraculeuse & peinte par St. Luc: à l'Autel qui est à côté on voit un Tableau d'Annibal Carache representant St. Nil & St. Barthelemi Abbez. Toutes les peintures à fresque de cette Chapelle ou nef sont du Dominiquin. L'Histoire de St. Nil s'y trouve ainsi que son entrevue avec l'Empereur Othon III. parmi une grande foule de Courtisans & de peuple pour voir cet Empereur, le Dominiquin y a peint une belle fille de Frascati qu'il aimoit.

GROTTA DEL CANE; Voyez GROTTE DU CHIEN.

GROTTA ROSSA [b], Bourg d'Italie sur le Tibre dans l'Etat de l'Eglise à six milles au-dessus de Rome. Voyez au mot MINERVE l'Article CASTRUM MINERVÆ.

GROTTARIA, Bourg [c] d'Italie au Royaume de Naples dans la Calabre ulterieure sur la Riviere de Proteriate à six milles & au Nord de Gieraci.

☞ **GROTTE**, petite caverne menagée par l'art ou par la nature dans une Montagne ou dans un rocher. Il y a bien de l'apparence que les Grottes ont été les premieres habitations des hommes, avant qu'ils eussent inventé l'art de bâtir; & que même les premieres maisons ont été faites sur le modele des Grottes. Il y en a beaucoup dans la seule Palestine, & la plupart des lieux où se sont passez les mysteres de la vie de Jesus-Christ sont des Grottes, au raport de ceux qui les montrent aux Pelerins. Les Anachoretes & tous les saints Solitaires qui ont peuplé les deserts dans la ferveur des premiers siécles de l'Eglise, habitoient des Grottes. La Thebaïde, le Carmel, le Liban, &c. en sont remplis. Les anciens Chrétiens durant les temps de persecution celebroient les saints mysteres dans des Grottes, où souvent ils deposoient les reliques des Martyrs. Delà est venu l'usage qui est encore en Italie d'appeller *Grottes* les Eglises souterraines. Telle est *la Grotta Vaticana*. Un détail de toutes les Grottes dont l'Histoire & les Voyages font mention occuperoit seul un assez grand Volume. Nous nous bornerons à quelques Grottes celebres.

GROTTE (LA) D'ANTIPAROS. Voyez ANTIPAROS.

GROTTES (LES) D'ARCY [d], Grottes de France en Bourgogne à sept lieues d'Auxerre, à deux de Vermanton, & à cinq cens pas d'un Village nommé Arcy qui est sur le bord de la petite Riviere de Cure. Au-dessus de ces Grottes sont des terres labourables qui n'ont pas plus de huit ou dix pieds de sol. Il paroît que ces Grottes ou cavitez ont été faites en tirant de la pierre. Elles ont une entrée étroite & environ trois cens toises de profondeur ou de long. Il y a des ceintres qui forment plusieurs voutes du haut desquelles il tombe une eau crystalline qui se convertit en pierre fort brillante & très-dure & forme des pointes ou culs de Lampe de toutes grosseurs & qui descendent en bas les unes plus, les autres moins, avec une diversité admirable. Entre ces congelations qui representent une infinité de choses differentes, l'on en remarque sur tout une: ce sont cinq ou six tuyaux de cinq à six pieds de haut & de huit à dix pouces de diametre creux par dedans & arrangez d'alignement l'un près de l'autre sans se toucher pourtant. Quand on frape ces tuyaux avec un bâton ils rendent des sons differens & fort agreables & c'est pour cela qu'on les appelle les orgues. On trouve à vingt ou trente toises de l'entrée un petit Lac qui a cinq toises de large sur quinze ou vingt de longueur & duquel l'eau est très-claire. Selon toutes les aparences il est formé par la partie de l'eau la plus legere qui tombe sans cesse goutte à goutte du haut des voutes qui en des endroits paroissent avoir vingt pieds de hauteur, en d'autres vingt cinq & d'autres trente. L'élevation, la largeur & la longueur de cette voute toute de pierres font un écho ou retentissent fort agréable qui fait durer long-temps le bruit qu'on y fait qu'on entend rouler bien loin dans la profondeur obscure de cette caverne. Il y a un endroit de cette Grotte où l'on trouve une espece de salle. La nature y a formé un plafond d'une terre fort unie, couleur de Caffé & où paroissent mille chiffres bizarres qui font un effet fort agreable, de même que quelques figures de pierre mal-formées par les goutes d'eau. On appelle cet endroit LA SALE DU BAL, ou LA SALE DE MONSIEUR LE PRINCE.

GROTTE (la) DE BETHLEHEM. Voyez BETHLEHEM.

GROTTE (LA) DE CABRERES, Grotte de France au Querci dans l'Election de Cahors [e]; elle est fort étendue & fort singuliere.

GROTTE (LA) DU CHIEN, en Italien GROTTA DEL CANE ou BUCO VELENOSO; Caverne d'Italie au Royaume de Naples près du Lac d'Aniane & de Pouzzol. Mr. Misson la décrit ainsi dans son Voyage d'Italie [f]. La grotte du chien est comme un petit commencement ou entrée de Caverne au pied d'un côteau. Elle est longue & profonde de neuf à dix pieds; large de quatre & demi, & haute de cinq. Cela est sans art. Le bas n'est que pure terre, ou pierre couverte de poussiere comme le milieu d'un chemin, les côtez n'ont rien non plus qui soit poli, ni travaillé, ni aucunement remarquable.... Il sort de la terre dans cette Grotte une exhalaison subtile

X x

& penetrante sans aucune fumée; cela saisit la respiration & suffoque absolument dans une minute. On ne la laisse pas ouverte. Celui qui en a la Clef entre debout autant qu'il se peut être au milieu de la Grotte: il se baisse, & s'agenouille peu à peu tenant toujours la tête droite: il s'assied sur ses talons en telle sorte que ses mains puissent toucher à terre: alors il empoigne le Chien par les quatre pates & le couche promptement sur le côté contre terre. A l'instant même ce pauvre Animal entre en convulsion, il tourne les yeux, tire la langue, il s'allonge sans crier; il se roidit, & celui qui le tient le jette comme mort hors de la caverne. On le met incontinent dans le Lac qui n'est qu'à vingt pas delà. En moins d'une autre minute, il reprend ses esprits, il sort de l'eau en nageant, il court, & il crie comme en exprimant la joye qu'il a d'être délivré. On a fait cette experience sur des hommes & sur toutes sortes d'Animaux & la même chose est toujours arrivée. Charles VIII. Roi de France fit l'experience avec un Asne. D. Pedro de Tolede Viceroi de Naples avec deux Esclaves qui en moururent. Le Sr. de Villamont parle dans son Voyage d'un Gentilhomme nommé Tournon qui s'étant baissé dans la Grotte pour y prendre une pierre fut saisi de la vapeur & porté aussi-tôt dans le Lac où il reprit un peu les esprits, mais il mourut quelques momens après.

A deux pieds de terre & plus près même encore il n'y a rien à craindre; les esprits se rarefient & se dissipent; mais plus on se baisse plus le danger est grand: ces mêmes esprits sont subtils & violens, ils petillent & sortent impetueusement & en abondance. Le maître de la Grotte fait encore une autre experience, il y entre avec deux gros flambeaux allumez. Quand il en abaisse un près de terre, non seulement il cesse de flamber, mais il s'éteint entierement, sans qu'il reste ni feu ni fumée. Il le rallume avec l'autre flambeau & il les éteint ainsi plusieurs fois tour-à-tour. Pline [a] fait mention de cette Grotte & dit que l'on nommoit SPIRACULA & SCROBES CHARONEÆ ces Grottes dont les exhalaisons étoient mortelles; quelques-unes, dit-il, ne sont mortelles que pour les oiseaux comme celle du mont Soracte; d'autres à tous les animaux, hors l'homme; d'autres à l'homme même, comme dans les territoires de Sinuesse & de Pouzzol.

[a] l. 2. c. 113.

GROTTE (la) DU DESERT DE LA TENTATION; Grotte de la Palestine, dans le Desert où Jesus-Christ fut tenté par le Demon [b]. Elle est sur la montagne où il jeûna quarante jours. Le P. Nau la décrit ainsi. La montagne est grande; la cime en est extrémement élevée & le fond est un abîme très-profond: elle se courbe de l'Occident au Septentrion & presente une façade de rochers escarpez qui s'ouvrent en plusieurs endroits & forment des Grottes de differentes grandeurs.

[b] Voyage de la Terre Sainte l. 4. c. 4. p. 359.

Pour aller dans celles où le Sauveur s'enferma on monte d'abord un terrain assez roide mais sans danger. On arrive ensuite à un chemin qu'on a rendu aisé par quelques degrez qu'on y a faits, mais au bout, il faut grimper pour se mettre dans un sentier large à peu près de deux ou trois pieds qui s'étrecit encore davantage en quelques endroits & qui n'est bordé que de precipices horribles. Cette vue est si effroyable qu'elle decourage la plupart des Pelerins. L'Auteur cité détourna les yeux des precipices sur le bord desquels il marchoit & s'appuyant des mains au rocher, il continua sa route & enfin approcha des saintes Grottes. Ce fut là, dit-il, que le tremblement redoubla, je me trouvai dans un lieu fort étroit & je ne vis plus devant moi qu'un rocher escarpé & presque tout droit, haut environ de huit à neuf pieds, que l'on ne monte qu'à la faveur de quelques pierres un peu avancées en certains endroits où il faut s'attacher des pieds & des mains avec beaucoup de precaution. Car si le pied ou la main vient à manquer on tombe dans un précipice épouventable & sans un miracle on ne peut éviter la mort & de se briser tout le corps sur les pointes de rochers & sur les pierres: on trouve au-dessus une grande Grotte que la Providence a ménagée pour donner lieu aux Pelerins de respirer. L'on passe delà par un chemin tout-à-fait étroit & effroiable, mais fort court, dans deux belles Grottes, la premiere en enferme une autre plus petite & obscure qui est à main droite. La seconde est comme la sale & l'Antichambre du Cabinet de la Penitence de l'homme-Dieu. On y monte au bout de cette Grotte par quelques degrez. Ce lieu est presque quarré & n'a pas plus de douze ou treize pieds de Diametre. La voute naturelle que la montagne y forme est fort élevée, il y a un creux & comme une espece de niche dans le fond où l'on dit que notre Seigneur se mettoit & offroit pour nuit les prieres qu'il faisoit pour nous à son pere. Quelques-uns disent qu'il prenoit son sommeil dans la Grotte voisine que j'ai nommée son antichambre. On a élevé une muraille droite & forte à l'ouverture de toutes ces Grottes, qui les fait paroître comme un monastere. Celle où j'ai dit que le Sauveur prioit est plus ornée que toutes les autres, elle étoit autrefois presque toute peinte, & on y voit encore les restes des Images avec des Inscriptions Grecques; mais tout cela est si effacé qu'on a de la peine à distinguer ce que c'étoit & quels Saints y étoient representez. On y entrevoit pourtant une Annonciation, des Anges & des Apôtres. Cette Grotte n'est pourtant qu'au milieu de la Montagne, du sommet de laquelle on croit que le Demon fit voir au Sauveur tous les Royaumes du monde avec leur gloire. On a bâti sur cette cime une Eglise en memoire de la Victoire que Jesus y remporta. J'ai dit on croit, parce que les Evangelistes Saint Mathieu [c] & St. Luc [d] qui nous apprennent le détail de la tentation ne disent pas que ce fut sur la même Montagne où le Seigneur avoit jeûné; mais seulement que le Demon l'ayant encore pris le porta sur une haute Montagne.

[c] c. 4. v. 8.
[d] c. 4. v. 6.

GROTTE (LA) DE L'ESTALE. Voyez ESTALE.

GROTTE (LA) DE JEREMIE; Grotte de la Palestine [e] auprès de Jerusalem à l'Occident & en marchant un peu vers le Septentrion

[e] Le P. Nau Voyage de la Terre sainte l. 3. c. 16. p. 324.

trion assez proche de la Porte de Damas. Elle n'a gueres moins de 25. ou 30. pas en longueur & environ autant de largeur. Sa voute est extrêmement haute & elle est soutenue par un gros pilier du roc même comme sont celles des Carrieres. On voit à l'entrée à main gauche un endroit élevé de huit ou dix pieds, où la pierre est faite & taillée en forme de lit. Au bout le plus enfoncé de la Grotte il y a un trou profond que ce Prophete, à ce qu'on croit, avoit destiné pour sa sepulture; mais son veritable Sepulchre est en Egypte à ce que dit Nicephore [a]. Cette Grotte de Jeremie est maintenant entre les mains des Mahometans qui la laissent voir aux Chrétiens pour de l'argent.

[a] Hist. l. 8. c. 30.

GROTTE [*], (LA) DU LAIT, Grotte de la Palestine à l'Orient de Bethlehem à un trait d'arbalête de la grande Eglise. Elle est consacrée à la Ste Vierge & renferme trois Grottes. La premiere qu'on trouve en y entrant & dont l'entrée est fort étroite n'a rien de fort considerable. La seconde est à main droite quand on passe de celle-là dans la troisième. La troisiéme qui suit est spacieuse & sa voute est assez élevée, il y a au milieu un autel où l'on va célébrer les Sts Mysteres & à l'extrêmité la plus reculée on voit quelques creux qui ont servi de Sepulchres & un autre assez profond où l'on croit que la Ste Vierge se cacha avec l'Enfant & St. Joseph lorsqu'elle s'enfuioit en Egypte. On prétend que donnant là à tetter au Sauveur, elle repandit sur cette terre quelques goûtes de son Lait qui la blanchirent & lui communiquerent la vertu de guerir les maladies & principalement le défaut de lait des nourrices. L'Auteur cité ajoute que c'est une chose si certaine & si infaillible qu'elle rend le lait aux femmes qui l'ont perdu & en fait venir à celles qui en ont peu, que les Infideles mêmes en ont eu mille fois l'experience.

[*] Le P. Nau Ibid. l. 4. c. 14. p. 425.

GROTTE [b], (LA) DE MARCILLAC, Grotte de France en Guyenne, dans l'Election de Figeac. Elle va toujours en descendant la longueur de trois mille pas: son terrain n'est pas uni.

[b] Piganiol de la Force desc. de la France T. 4. p. 458.

GROTTE [c], (LA) DE MIREMONT, Grotte de France en Perigord dans la terre de Miremont. On la nomme aussi le TROU DE CLUSEAU. Les gens du Pays disent que c'étoit un passage fait pour accourcir le chemin; mais il est aujourd'hui inutile pour cet effet. Elle a huit ou neuf lieues d'étendue jusqu'à un Ruisseau que personne n'a encore osé passer.

[c] Ibid.

GROTTE, (LA) DE NAPLES. Voiez le PAUSILIPPE.

GROTTE [d], (LA) DE NOTRE DAME DE LA BALME; Grotte de France dans le Dauphiné. L'ouverture en est haute de plus de cinquante toises & large d'environ soixante. Cette ouverture si spacieuse se retrecit peu à peu. On n'y trouve point le goufre, ni le grand Lac dont il est parlé dans la Vie de François premier. Cette Grotte est sur le chemin de Grenoble à Lyon. Mezeray raconte ainsi de quelle maniere François I. la visita, je puis bien la raporter après avoir averti qu'il n'y a rien de pareil dans cette Caverne. ,, Le ,, Roi, dit-il [e], à qui l'étude de la Physi-

[d] Piganiol de la Force desc. de la France T. 4. p. 14.

[e] Hist. de France T. 4. à l'année 1538.

,, que avoit donné la curiosité de rechercher ,, les choses rares & extraordinaires, fut touché ,, du desir d'entrer dans un Lac souterrain ,, qui est sur le chemin de Grenoble à Lyon ,, auprès du lieu qu'on nomme Notre Dame ,, de la Baulme, lequel est aussi une des merveilles du Dauphiné. Il fit exprès construire un Vaisseau plat dont les débris se ,, voyoient, il n'y a pas encore longtemps, ,, dans la Caverne par où l'on entre dans ce ,, Lac. Autour de ce bateau il fit attacher ,, plusieurs planches, & sur ces planches grand ,, nombre de flambeaux, & il n'oublia pas de ,, faire porter des méches & des fusils & de ,, choisir des bateliers qui savoient bien manier ,, le croc & l'aviron. Après qu'ils eurent navigé quelque temps dans ce Lac, ils reconnurent qu'il avoit environ une lieue de large. Comme ils furent près de deux lieues ,, avant ils entendirent un grand bruit qui devenoit plus épouventable à mesure qu'ils en ,, approchoient & ils sentirent que l'eau couroit avec une extrême rapidité. Ils s'imaginerent alors qu'il pouvoit y avoir quelque Gouffre là auprès; pour découvrir ce ,, qui en étoit ils détacherent une des planches où il y avoit des flambeaux, laquelle ,, ayant été emportée avec roideur, puis renversée ou abîmée, ils eurent frayeur & ramenerent le Roi vers l'entrée ''. Ce Lac si vaste se reduit à un petit Ruisseau.

GROTTE [f], (LA) DE QUINGEI, Grotte de France en Franche Comté, à une lieue de Quingei & à cinquante pas du Dou. Elle est longue & large & la nature y a formé des Colomnes, des Tombeaux, des animaux de plusieurs especes. Voici la description qu'en a faite l'Abbé Boisfor [g]. On y descend par un trou fort étroit & qui n'a que dix ou douze pieds de profondeur. A quelques pas delà on trouve à main droite une voute assez grande & haute pleine de chauves-souris du haut en bas. Il ne faut pas s'y arrêter; car si on inquiete ces animaux, il s'en repand une si grande quantité dans la belle Grotte qu'il est impossible d'y demeurer: & se roit dommage qu'on ne la vît pas en repos. Je ne la puis mieux comparer qu'à un Sallon plein d'Antiques & de raretez. En effet on y voit de grandes Colomnes qu'on diroit faites exprès pour soutenir la voute, des statues & des figures de toutes sortes, des Cabinets, des Fruits, des Fleurs, des Festons, des Trophées, enfin tout ce que l'on s'imagine. Car il en est de ce Sallon enchanté comme des Cloches. Dans l'un on voit & aux autres on fait dire tout ce que l'on veut. Dans le temps que j'y fus (vers l'an 1674.) il y avoit des orgues parfaitement bien formées, mais c'est une transformation continuelle. Ce qu'on y voit aujourd'hui est tout autre dans huit jours, & peut-être, poursuit l'Auteur avec enjouement, que mes orgues sont devenues quelque joueur de vielle. L'unique incommodité qu'il y a à visiter cette Grotte, c'est qu'il faut faire provision de flambeaux & de just'au corps de toile; car on n'y voit goute & l'on y gâte ses habits. Le terrain est fort inégal, selon les congelations qui s'y font faites. Il est même à craindre qu'avec le temps tout ne se remplisse;

[f] Piganiol de la Force desc. de la France T. 7. p. 503.

[g] Journal des Savans du 9. Septemb. 1686.

car

car il y a déjà des endroits où l'on ne peut plus passer qu'avec beaucoup de peine, & un entre autres où il faut se traîner sur le ventre. Mais aussi ceux qui vont au delà en content des merveilles, soit qu'ils disent la verité, soit qu'ils cherchent en trompant les autres à se dédommager de la peine qu'ils ont prise. J'avoue, dit l'Auteur cité, que je ne voulus pas y passer; ce qui m'en dégoûta, fut un petit Ruisseau dans lequel il falloit presque se coucher pour entrer dans l'autre Salle. Je me contentai d'admirer ce qui étoit dans la première, & certes il y avoit de très-belles choses. Il y a plaisir de voir l'eau dégoutant sur toutes les figures, se fixer, s'épaissir & faire mille grotesques. Tout cela est blanc & fragile tant qu'on le laisse dans la Grotte: mais ce qu'on en tire s'endurcit à l'air, & devient grisâtre. Il n'y a rien de plus joli pour faire des Grottes artificielles.

GROTTE [a], (LA) DE SAINTE PELAGIE, Grotte de la Palestine sur la Montagne des Oliviers, au dessous de l'Eglise de l'Ascension. Elle a trois diverses chambres, la première qui est la plus grande est à l'entrée, on descend de là par dix degrez dans la seconde qui est moindre, où l'on voit un Sepulchre. La troisième est la plus étroite. Les Mahométans ne permettent à aucun Chrétien d'y entrer, & s'il l'attentoit, ils le feroient condamner à un rude supplice & même à la mort, ou au moins il en coûteroit une bonne somme pour se tirer de ce danger.

[a] Le P. Nau Voyage de la Terre Sainte l. 3. c. 6.

GROTTE, (LA) DE LA SIBYLLE, Grotte d'Italie au Royaume de Naples auprès du Lac d'Averne. Mr. Misson [b] la décrit ainsi: ce qu'on appelle communément, dit-il, la Grotte de la Sibylle est auprès delà. La principale entrée étoit, dit-on, proche de la Ville de Cumes à quatre petits milles de l'Averne; mais tout est comblé de ce côté-là. Nous sommes donc entrez dans cette Grotte par un passage assez étroit & embarassé de ronces & d'épines chacun portant son flambeau allumé. La Caverne est creusée sous les côteaux, sans embellissement ni aucune chose remarquable sinon dans un endroit dont je parlerai tout à l'heure. Elle est large d'environ dix pieds & haute de douze. Après avoir fait deux cinquante pas sans détourner, la Grotte fait l'Equerre à droite, & soixante & dix ou quatre vingt pas plus loin on trouve une petite cellule qui a quinze pieds de long & huit à neuf de large; la voute en étoit autrefois peinte & les murailles étoient revêtues de Mosaïque, il en reste même quelque chose encore. La terre s'étant affaissée à quelques pas plus loin que la chambre, le passage est rempli & l'on ne peut pas aller plus avant. L'Auteur cité s'attache ensuite à prouver que les Sibylles sont une chimère quoi qu'en ayent dit un nombre considerable d'hommes savans d'ailleurs & mêmes les Peres de l'Eglise.

[b] Voyage d'Italie T. 2. p. 80.

GROTTES, (LES) DE SIOUTH, Grottes en Egypte auprès de Siouth. Voiez SIOUTH.

GROTTES (LES) DE LA THEBAÏDE. Voiez THEBAÏDE.

§ Voiez aussi les mots CAVERNE, & SEPULCHRE.

GROTTE [c], Ancien Bourg de Sicile dans la Vallée de Mazare, sur le Salso, à huit lieues de Gergenti vers le Nord. Ce Bourg est fort déchu. Voiez HERBESSUS.

[c] Baudrand Ed. 1705.

GROTTE', en Italien, ou LES GROTTES en François; Village d'Italie dans la Marche d'Ancone. Il est situé près du Château de Montalte; & n'est remarquable que pour avoir été la patrie du Pape Sixte V. qui y naquit le 13. Decembre 1521. de parens très-pauvres.

GROUABLI [d], Bourgade de l'Isle de Ceylan sur la Riviere de Colombo, dans le Helvagam Corla, entre Malwana & Sittavacca.

[d] De l'Isle Atlas.

GROUAIS, (l'Isle de) petite Isle de France sur la côte Meridionale de Bretagne, vis-à-vis de l'Embouchure de la Riviere de Blavet & au Midi Occidental de Port Louïs. La rade y est bonne surtout au Nord; les habitans vivent principalement de la pêche du Congre [e] qu'ils prennent sur les roches dont l'Isle est bordée en quelques endroits.

[e] Piganiol de la Force desc. de la France T. 5. p. 136.

GROUCASUS, nom du Mont Caucase, il signifie blanchi de Nége, selon Pline [f].

[f] l. 6. c. 17.

GRUB, ce mot en Allemand veut dire une fosse.

GRUB [g], Village de Suisse au Pays de Prettigoew; il depend de la Communauté du Cloître, & est remarquable à cause de ses eaux minerales.

[g] Etat & delices de la Suisse T. 4. p. 77.

GRUBENHAGUE [h], ou ce qui revient au même pour la prononciation, GRUBENHAGEN. Château d'Allemagne dans la Basse Saxe, dans les Etats de la Maison de Brunswig, sur une Montagne, à quelque distance & au Couchant de la Leine, au Midi de la Ville d'Eimbeck. [i] Il est remarquable pour avoir été la résidence d'une Branche de la Maison de Brunswig descendue de Henri l'Admirable. Le partage de cette Branche a été la Principauté de Grubenhague.

[h] Homan Ducat. Brunswic. Tab.
[i] Hubner Geogr. P. 514.

Cette Principauté est coupée en deux par une enclave du Pays de Hildesheim, ainsi il y a deux parties de cette Principauté. La partie Occidentale est bornée au Nord par la Principauté de Wolfenbutel, au Couchant & à l'Orient par le Pays de Hildesheim, au Midi par la Principauté d'Oberwaldt. Dans cette partie sont EIMBECK Ville Capitale, & le Château de GRUBENHAGUE résidence des Princes de cette Branche.

La partie Orientale de cette Principauté est bornée de même au Nord par la Principauté de Wolfenbutel, au Couchant par le Pays de Hildesheim, à l'Orient par le Hartz, & au Midi par l'Eissfeld. On y trouve OSTERODE Ville, *Hertzberg* Château affecté aux Duchesses Douairieres; ELBINGERODE petite Ville; *Clausthal*, *St. Andreas-berg* & *Altenau* (ce sont trois petites Villes dans les Montagnes); & *Saltz der Helden*, Bourg avec un vieux Château. Ce Pays est presentement à la Maison de Hanover.

GRUDII, ancien Peuple de la Gaule Belgique, selon Cesar [k] qui le range sous les Nerviens, avec quelques autres Peuples. Comme il est le seul Ancien qui en ait parlé & qu'il se contente de les nommer sans en désigner la situation, rien n'est plus frivole que les conjectures

[k] Comment. l. 5. c. 38.

GRU.

res que les modernes ont bâties sur ce passage, unique pour placer ces Peuples.

GRUMBESTINI, ancien Peuple d'Italie dans l'ancienne Calabre, selon Pline * ils étoient dans les terres. D'anciennes Editions portent BRUMBESTINI; mais l'ordre Alphabétique demande GRUMBESTINI.

GRUMENHA [a], Bourg de Portugal dans la Province d'Alentejo sur la Guadiana, à trois lieues au dessous d'Elvas.

GRUMENTUM, petite Ville de la grande Grece dans la Lucanie vers le Golphe de Tarente. Ptolomée [b] dit qu'elle étoit dans les terres. Tite-Live la nomme [c] à l'occasion de la Victoire que Titus Sempronius y remporta sur le Carthaginois Hannon. Il dit ailleurs [d]: Hannibal vint à Grumentum dans la Lucanie. Pline [e] la designe à son ordinaire par le nom de ses habitans GRUMENTINI. Strabon en parle aussi [f]. Antonin dans son Itineraire & la Table de Peutinger font mention de cette Ville; Holstenius [g] dit que c'est presentement AGROMENTO sur la rive droite de la Riviere d'Agri dans la Haute Calabre. D'autres disent que ce n'est plus qu'un Village nommé ST. LABIER dans la Principauté Ulterieure & que l'Evêché a été transferé à Marsico.

GRUMUS [h], les Anciens ont ainsi nommé la partie de l'Apennin que les Modernes appellent CREPACORE, selon Scipion Masella dans son Histoire de Naples.

GRUNA [i], Village de Suisse dans le haut Vallais au departement de Siders ou Siers. Entre Gruna & Fercorey, on a trouvé une mine d'Argent.

GRUNBERG [k], petite Ville de Bohême en Silesie, dans la Principauté de Glogau. Elle est peu considerable.

GRUNDE [l], petite Ville d'Allemagne dans la Basse Saxe au Duché de Brunswig, dans les Montagnes du Hartz.

GRUNEN [m], ancienne Forteresse de Suisse qui ne subsiste plus. Elle étoit dans le quartier de Ganderschweil dependance du Comté de Tokenbourg.

GRUNHAIN [n], Abbaye d'Allemagne dans la Haute Saxe dans l'*Ertzgeburgisch Kreiss*, c'est-à-dire, dans le departement des Mines. Elle est presentement réduite en Bailliage.

1. GRUNINGEN [o], prononcez *Grouningue*, Ville de Suisse au Canton de Zurich avec un Château où loge le Bailli. Elle est dans une situation agréable. Ce Bailliage a ceci de particulier que quand il s'agit de juger un criminel ce n'est pas un corps particulier qui le juge; mais tous les chefs de famille de tout le Bailliage que l'on assemble pour ce sujet, & c'est ce qu'on appelle le *Lands-Gericht*, c'est-à-dire, *Justice du Pays*. Zurich acheta cette terre l'an 1418.

2. GRUNINGEN, ou GRUNINGUE, Ville d'Allemagne au Cercle de la Basse Saxe dans la Principauté de Halberstadt sur la Riviere de Felke, à l'Orient & à un mille & demi de la Ville de Halberstadt. Mr. Hubner [p] en vante trois choses. Le Château, les Eglises & la grandeur des Tonneaux.

GRUNIUM. Voiez GRYNIUM.

GRUNO [q], Village de Suisse au Pays des Grisons, dans la Communauté de la Vallée de Masox.

GRU.

GRUNSFELD, petite Ville d'Allemagne dans la Franconie sur un Ruisseau qui coulant vers le Sud-Ouest va se perdre dans le Tauber à Königshofen [r]. Elle est au Nord-Ouest & à cinq milles de Rottenbourg; au Levant à environ un mille de Bischofsheim. Elle appartient au Landgrave de Leuchtenberg qui n'y reconnoît pas le Cercle de Franconie, mais le Cercle de Bavière duquel ce Prince relève lui-même, quoique Grunsfeld & son Bailliage soient dans le Territoire de Franconie & que même ce soit un Fief de l'Eglise de Wurtzbourg.

GRUNSTADT [s], petite Ville d'Allemagne dans le Palatinat du Rhin. Elle est fort jolie & est dans le Comté de Linange assez près du Chef-lieu dont ce Comté porte le nom, dans un terroir fertile en blé & en vin. Elle appartient aux Comtes de Linange & à bien souffert durant les guerres.

GRUTHUNGI,
GRUTINGI, &
GRUTUNGI, ancien Peuple qui au raport d'Ammien Marcellin, habitoit au delà du Danube. Il dit qu'on les nommoit aussi GREUTINGI. L'Edition de M[rs]. de Valois porte *Greuthungi* [t]. Ils sont nommez GREOTHINGI dans la Chronique d'Idace & Γρόθυγγοι par Zosime [v]. Claudien [w] & Pollion [x] les appellent *Grutungi*. Ammien-Marcellin dit qu'ils étoient voisins des Alains [y], que l'on appelloit Tanaïtes à cause qu'ils habitoient auprès du Tanaïs. Il nomme une Vallée [z] *Greuthungorum Vallis* au bord du Danastre (ou du Dniester) entre le Borysthene & le Danube; il en parle ailleurs comme d'une Nation belliqueuse [a]. Il remarque que dans le temps que l'on permit aux Goths [b] conduits par Alavive de passer en deçà du Danube, les Greuthungues qui avoient pour Roi Witheric avec Alathée & Saphrace par les conseils de qui il se gouvernoit s'approcherent du Danube & demanderent la même faveur qui leur fut refusée, & qu'Athanaric craignant qu'on ne lui fit le même affront se retira aussi.

GRUYERE [c], petite Ville de Suisse au Canton de Fribourg, Chef-lieu d'un Bailliage qui est le plus considerable du Canton, avec un assez beau Château où demeure le Bailli, sur une hauteur. C'étoit autrefois la residence des Comtes de Gruyere & la Capitale de leur Comté. [d] Ils ont été connus dès le commencement du XIV. siécle & se sont succedez de pere en fils jusqu'à Michel dernier Comte de Gruyere. Ils étoient puissans & possedoient une grande étendue de Pays depuis le voisinage de Vevay jusques bien avant dans les Alpes. Ils avoient entre autres tout le Bailliage de Sanen. Michel dont on vient de parler vendit d'abord à ses Sujets tous les Privileges qu'ils souhaitoient, car il avoit grand besoin d'argent, étant accablé de dettes; il fut si pressé par ses creanciers qu'il cedea tous ses biens, qui furent discutez par l'arbitrage des Cantons d'Uri, de Schwitz, de Glaris, de Soleurre & de Schafhouse. Les Creanciers s'étant accommodez avec les Bernois & les Fribourgeois, ils prirent possession du Comté de Gruyere. Les Bernois unirent à leur Canton le Bailliage de Sanen & quelques autres Portions qui étoient à

leur

leur bienséance & laissèrent le reste aux Fribourgeois. Le Terroir de Gruyère est abondant en pâturages, où l'on nourrit beaucoup de Vaches, du lait desquelles on fait ces grands Fromages qui prennent leur nom de ce Comté de Gruyere, en quoi consiste la richesse de tout le Canton qui n'a point de Vignes & est peu abondant en grains.

GRYERS, en Suisse. Voiez GRUYERES.

GRYFFENSEE [a], Bourg de Suisse presque au bout du Lac qui lui donne ce nom, car Gryffensée est proprement le nom du Lac; & à deux lieues de la Ville de Zurich. Le Lac est petit, mais fort poissonneux. On lui donne cinq cens pas de long & la moitié de largeur. C'est un des bons Bailliages du Canton de Zurich qui acheta cette terre l'an 1402. Le Château fut brûlé en 1444. & rebâti l'an 1520.

[a] Etat & Delices T.2. p. 47.

GRYFFENSTEIN [b], Vieux Château en Suisse au Pays des Grisons, proche de Felisur, il est ruiné & est une des dependances de la Communauté d'Obersatz.

[b] Ibid. T. 4. p. 51.

GRYLIOS, Ruisseau de l'Asie Mineure dans la Troade, selon Pline [c]. Quelques éditions corrompent ce nom en le joignant avec celui d'un autre Ruisseau & mettent *Gryliosolius*; au lieu que Pline nomme deux Ruisseaux *Amnes Grylios*, *Ollius*.

[c] l. 5. c. 30.

GRYNA, ancien nom de Clazomene Ville d'Ionie, selon Etienne le Géographe.

GRYNÆI, ou GRINÆI, Peuple Scythe d'entre les *Sacæ*.

GRYNAEUM NEMUS, Bois d'Asie aux confins de l'Ionie, selon Servius sur ce vers de Virgile [d],

[d] Eclog. 6. 11=(1)

His tibi Grynæi nemoris dicatur origo.

Apollon à qui il étoit consacré y avoit un Temple.

GRYNAW [e], Vieux Château de Suisse, à l'extremité du Pays d'Utznach, à l'endroit où la Linth se jette dans le Lac de Zurich. Il y a des Logis pour les Etrangers & un Pont pour passer la Linth, avec un port pour les bâteaux. Ceux qui viennent de Zurich, ou des autres endroits voisins du Lac s'y arrêtent & delà s'embarquent sur la Linth jusqu'à Wesen.

[e] Etat & Delices de la Suisse T. 3. p. 104.

GRYNIA, Ville d'Asie dans l'Eolide, selon Pline qui dit que de son temps, elle ne subsistoit déjà plus. Herodote [f] la nomme Gruneia Γρύνεια. Xenophon [g] l'appelle GRYNIUM, Γρύνιον & dit que le Roi de Perse la donna avec Myrina à Gongile. Etienne le Géographe dit que GRYNI, Γρύνοι, petite Ville des Myrinéens, où étoit un Temple d'Apollon & un ancien Oracle. Le Temple où le Dieu étoit adoré étoit magnifique & bâti de pierre blanche. Strabon [h] dit que c'étoit une petite Ville & employe precisément les mêmes paroles qu'Etienne le Géographe.

[f] l. 1. n. 149.
[g] Hist. Græc. l. 3. p. 481.

[h] l. 13.

GRYNIUM, place d'Asie dans la Troade [i]; Æmilius Probus dit que Pharnabase la donna à Alcibiade. Etienne le Géographe met une GRYNIA dans la Troade.

[i] Diodor. Sic. l. 17.

G U.

GUABIS, Riviere de l'Amerique Meridionale au Paraguai, elle se perd dans le Paraguai; c'est sur le bord de la Riviere de Guabis que l'on transporta en 1701. la Mission de St. Raphael qui étoit auparavant à quarante lieues delà.

GUACA, petite Province de l'Amerique Meridionale aux Confins du Popayan & de Quito qui est du Perou, [k] on la trouve en sortant de la Bourgade IPIALES, l'une de celles de Los Pastos. [l] On y commence à voir le fameux chemin des Incas; pratiqué avec beaucoup de travail & d'industrie au travers de plusieurs Montagnes fort hautes & par des lieux deserts & très-raboteux. Il est garni d'Hôtelleries par intervalles. Garcilasso écrit que les Indiens l'acheverent du temps du Roi Huayna Capac, que les Espagnols nomment ordinairement Guaynacava. Ils appelloient ces Hôtelleries Tambos, elles sont placées auprès du Chemin Royal, à cinq ou six lieues & quelquefois moins, les unes des autres & servent encore particulierement aujourd'hui dans le Perou. Il y a toujours dans chacune quelques Indiens avec leur Commandeur que les Espagnols appellent Alcade. Sa charge est, si-tôt qu'un Voyageur y est arrivé, de lui donner un Americain pour le servir & pour lui fournir de l'eau, du bois & autres choses semblables dont il peut avoir besoin. Il lui en donne deux autres tant pour lui apprêter à manger que pour avoir soin de sa monture, ce qu'ils font gratuitement & avec beaucoup de fidelité & de promptitude. On lui donne aussi des guides quand il part, & ils appellent cela un service personnel, à quoi sont obligez tous les Indiens. On voit en ce même lieu près d'une Riviere les masures d'un vieux Château bâti autrefois par les Incas du Perou pour tenir en bride les peuples nommez *Los Pastos*. Sur cette Riviere la nature a étendu un rocher percé par dessous à la maniere d'un Pont, ensorte qu'il sert aux hommes à traverser la Riviere, tandis qu'elle coule par dessous. Les Sauvages l'appellent LUMICHACA, c'est-à-dire, Pont de Pierre. De Guaca on va à Tusa derniere Bourgade des Pastos.

[k] Corn. Dict.
[l] De Laet Ind. Occid. l. 10. c. 7.

GUACAPA [m], Riviere de l'Amerique Septentrionale dans la Nouvelle Espagne, dans l'Audience de Nicaragua, sur la côte des Izalgos auprès de San Salvador. Elle devient grande & navigable à environ sept lieues de sa source & après avoir couru l'espace de treize autres lieues, elle se rend dans la Mer du Sud. On donne aussi le nom de la Riviere au Canton qu'elle arrose.

[m] Corn. Dict. rectifié sur de Nouvelles Cartes.

GUACDE. Voiez GUAHEDE.

GUACHO [n], Port de la Mer du Sud au Perou dans l'Audience de Lima, entre l'Isle de St. Martin & le Port de Callao. Il n'y entre que de simples barques. Vous voiez sous le vent un Cap, dont il faut s'éloigner parce qu'il y a des brisans cachez sous l'eau.

[n] Suplem. aux Voyages de Wodes Rogers p. 4.

GUACOCINGO [o], Ville de l'Amerique Septentrionale dans la Nouvelle Espagne entre *Puebla de Los Angeles* & la Ville de Mexico. Elle est habitée par des Espagnols & par des naturels du Pays. Les habitans ont de grands Privileges que les Rois d'Espagne leur ont accordez pour avoir secouru les habitans de Chalco à la priere de Fernand Cortez.

[o] Gage Voyages 1. part. c. 12.

GUA-

GUA.

a Baudrand Ed. 1705. **GUADACAHON**[a], petite Riviere d'Espagne aux Confins des Royaumes de la Nouvelle Castille & de Valence. Elle a sa source à Val de Moro de Moya & se perd dans Rio Cabriel.

b Ibid. 1. **GUADALAJARA**[b], petite Riviere d'Espagne dans l'Andalousie. Elle se décharge dans la Mer Mediterranée aux Confins du Royaume de Grenade entre Gibraltar & Marbella.

2. **GUADALAJARA**, ou **GUADALAXARA**, Ville d'Espagne dans la Nouvelle Castille sur le bord Oriental du Henares à quatre lieues au dessus d'Alcala; dans un lieu élevé & un peu raboteux. Les Romains ne l'ont connue en aucune façon; & elle n'existoit pas de leur temps. La Caraca de Ptolomée étoit selon ce Géographe au Sud-Est de *Complutum* qui est Alcala; & Guadalaxara est au Nord-Est de la même Ville. Cependant quelques Espagnols *c Etat present de l'Espagne T. 1. l. 1. p. 387.* ont cru que c'étoit présentement la même Ville[c]. L'Abbé de Vayrac qui les a suivis dit que du temps des Romains elle s'appelloit Arriaca, ou Carraca & que lorsqu'elle fut prise par les Maures, ces Infidéles y ajouterent Guadal, desorte qu'on l'appella Guadal-Ariaca & que par corruption on l'a appellée *Guadalaxara*. Ce qu'il ajoute est plus certain. Elle est assez grande, mais mal-bâtie, si on en excepte le Palais des Ducs de l'Infantado qui en sont Seigneurs. En 1460. Henri IV. l'honora du titre de Cité & elle a droit d'assister aux Etats Generaux de Castille. C'est tout ce qu'elle a de plus remarquable.

d De Laet Ind. Occid. l. 9. c. 17. 3. **GUADALAJARA DE BUGA**[d], ou simplement BUGA, comme la nomme Mr. de l'Isle. Ville de l'Amerique Meridionale dans le Popayan vers l'Est-Nord-Est & à quinze lieues de la Ville de Popayan. Elle est située dans la Vallée de Buga dont elle a pris son surnom, entre les hauts sommets des Andes qui séparent la Province de Popayan des Vallées de Neyva. Les habitans de cette Ville repondent pour la Justice à l'Audience de Quito & sont sous le Gouvernement de Popayan dont ils reconnoissent l'Evêque en ce qui regarde la Religion.

e Ibid. l. 6. c. 3. 4. **GUADALAJARA**[e], ou GUADALAXARA, Ville de l'Amerique Septentrionale dans la Nouvelle Espagne & dans la Province à laquelle elle donne son nom, dans la partie Occidentale de cette Province. Elle fut bâtie par Nuño de Gusman l'an 1531. à 20. d. 20'. de Latitude Nord; à quatre-vingt sept lieues & à l'Ouest Nord-Ouest de Mexico, & à l'Orient d'Hyver de Compostelle. Les Juges Royaux y ont leur Auditoire, & les autres Officiers & Receveurs du Roi y font leur demeure. Son Evêché est un des Suffragans de l'Archevêque de Mexico, & l'Eglise Cathedrale qui étoit autrefois à Compostelle y fut transferée en 1570. Il y a deux Couvens, l'un d'Augustins & l'autre de Cordeliers. Les Sauvages donnoient anciennement le nom de MOLINO à la Banlieue de cette Ville. C'est une large plaine arrosée de plusieurs sources & voisine d'une Riviere (qui est celle de Sant-Jago) les champs y sont propres à semer & on y trouve de beaux pâturages.

5. **GUADALAJARA**, ou GUADALAXARA, Province de l'Amerique Septentrionale dans la Nouvelle Espagne. Elle est bornée au Nord par la Nouvelle Galice; au Levant & au Midi par le Mechoacan, & au Couchant par la Province de Xalisco. Au Midi de cette Province est un grand Lac nommé Lac de Chapala, formé par *Rio Grande* qui vient du Mexique propre & par deux autres Rivieres. De ce Lac sort la Riviere de Sant Jago, au Couchant de laquelle est GUADALAJARA Capitale de la Province. LAGOS, LEON, & ZAMORA sont les autres lieux les plus considerables, selon Mr. de l'Isle[f]. De Laet[g] y met trois *f Carte du Mexique. g Ind. Occid. l. 6. c. 3.* Villes possedées par les Espagnols, sçavoir *Guadalajara*, *Villa de Espiritu Santo*, & *Santa Maria de Los Lagos*. Il dit que l'air de cette Province est très-bon. On ne sauroit rien ajouter à la fertilité du Terroir qui porte le Mays & le froment en abondance ainsi que tous les fruits de l'Europe. Cette Province, poursuit-il, est extrêmement riche en argent.

GUADALAVIAR[h], Riviere d'Espagne *h Davity* au Royaume de Valence. Ce nom qui lui a *Valence.* été donné par les Maures signifie eau pure. Les Anciens l'ont nommée Turias. Elle porte de grandes commoditez dans tous les lieux où elle passe. Elle a ses rivages toujours verdoyans & bordez de toutes sortes de Fleurs, de Saules, de Planes, de Pins & d'autres semblables arbres depuis sa source jusqu'à son Embouchure. Elle[i] a ses sources dans les Mon- *i Jaillot* tagnes qui séparent la Nouvelle Castille du *Atlas.* Royaume d'Aragon, elle coule dans ce dernier d'Occident en Orient, passe à Albarazin, ensuite à Terwel, où elle reçoit la Riviere d'Alhambra; delà se courbant vers le Sud-Ouest, elle entre dans le Royaume de Valence à cinq ou six lieues de Terwel, & continue le même cours jusques aux Frontieres de la Nouvelle Castille, qu'elle côtoye jusqu'à Santa Cruz, delà elle serpente tantôt vers le Sud-Est tantôt vers l'Est jusqu'à Valence qu'elle baigne, & au dessous de laquelle elle se perd dans la Mediterranée.

GUADALBULON[k], petite Riviere *k De l'Isle* d'Espagne dans l'Andalousie, elle a sa source *Atlas.* dans les Montagnes d'où sort aussi le Guardadar, au Royaume de Jaen & coulant d'Orient en Occident elle passe au Midi de la Capitale, puis se tourne vers le Nord-Ouest & se perd dans le Guadalquivir au dessus & à l'Orient d'Anduxar.

1. **GUADALCANAL**[l], petite Ville *l Corn. Dict.* d'Espagne en Andalousie dans la Sierra More- *& De l'Isle* na, aux Confins de l'Estremadure à quatre *Atlas.* lieues & au Midi d'Ellerena; au Nord Oriental & à douze lieues de Seville. Il y a une mine d'argent d'où l'on tiroit chaque jour pour six cens écus de ce metal. Quelques-uns la prennent pour la CORTICATA des Anciens; mais la situation n'y convient pas.

2. **GUADALCANAL**, Isle de la Mer du Sud entre les Isles de Salomon. Mr. Corneille[m] dit, que les Espagnols lui donnerent *m Dict.* ce nom lorsqu'ils y passerent avec Pedro Fernandes de Quiros.

GUADALENTIN[n], Riviere d'Espa- *n De l'Isle* gne. Elle a plusieurs sources dans le Royau- *Atlas.* me de Grenade. La principale nommée FARDES est auprès de Guadix; se grossit d'un autre

tre Ruisseau à Baça, & continuant à couler vers le Nord-est elle en reçoit encore un autre, puis coulant vers l'Orient, elle prend le Guardadar, entre Velez le Roux & le Château de Xixena, passe à Lorca, se tourne ensuite vers le Sud-est & se perd dans la Mediterranée, à Almacaren dans le Golphe de Carthagene.

GUADALETE [a], petite Riviere d'Espagne dans l'Andalousie. Elle a sa source à Zahara ; d'où serpentant vers l'Ouest, elle passe à Villa Martin, à Bornos & à Arcos, & va se perdre dans la Mer au Port de Ste. Marie qu'elle forme. Les Anciens l'ont connue sous le nom de Lethé. Les Arabes y ont ajouté les deux premieres syllabes. Voiez LETHE'.

[a] Ibid.

GUADALIMAR. Voiez GUADARMENA.

GUADALMANÇOR [b], ou GUADALMAÇOR, petite Riviere d'Espagne dans le Royaume de Grenade vers les Confins du Royaume de Murcie. Elle coule quelquetemps entre les Montagnes vers le Midi Oriental & se perd dans la Mediterranée auprès de Vera.

[b] Ibid.

GUADALMEDINA [c], petite, Riviere d'Espagne au Royaume de Grenade. Elle a sa source à Monda, d'où elle serpente vers l'Orient & le Midi jusqu'à Malaga, où elle se jette dans la Mer.

[c] Ibid.

1. GUADALOUPE, petite Riviere d'Espagne dans l'Estremadure ; elle a sa source dans un Bourg de même nom & vient se perdre dans la Guadiana au Midi.

2. GUADALOUPE, Ville d'Espagne dans l'Estremadure, sur un Ruisseau dont elle prend le nom à onze lieuës & à l'Orient d'été de Truxillo. On la nomme de même que le Ruisseau *Aqua Lupia* en Latin. Elle est, dit l'Abbé de Vairac [d], située dans une Vallée au milieu des Montagnes de même nom sur le bord d'une petite Riviere qui s'appelle aussi de même, dessorte que le mot de Guadaloupe est commun à une chaine de Montagnes, à une Riviere, & à une Ville.

[d] Etat prés. de l'Espagne T. 1.l.1. p.263.

La Ville est petite, mais assez bien bâtie & dans une situation très-avantageuse. La Vallée qui l'environne est fertile en vin, en oranges, en figues, & en autres fruits delicieux. Ce qui contribue à cette grande fertilité, c'est le concours de quatre petites Rivieres qui coulant rapidement du haut des Montagnes voisines vont serpentant dans cette Vallée & l'enrichissent par la fecondité de leurs eaux. Mais rien ne rend cette Ville si considerable que la devotion des peuples à une image miraculeuse de la Ste Vierge qui se trouve dans un Couvent de l'Ordre des Hieronymites situé au milieu de la Ville & bâti en forme de Citadelle, d'une structure magnifique & fort vaste. On y voit une infirmerie pour les pauvres malades, un Hospice pour loger les étrangers, une Apoticairerie riche & bien fournie, deux Colleges, & plusieurs Cloitres fort agréables, avec des Fontaines & des Jardins delicieux, plantez de Citronniers & d'Orangers. A l'entrée on trouve un beau Crucifix & au milieu se presente un beau Jardin : delà on passe à l'Apoticairerie que deux Medecins gagez ont soin de fournir d'eaux distillées & de toutes sortes de drogues pour la guerison des malades ; ce qui coute neuf mille ducats par an. De cet endroit on monte à un portique élevé où l'on voit une fontaine qu'on y a faite par le moyen de quelques machines qui poussent l'eau de bas en haut. L'Eglise est digne de remarque. On y voit l'Image de la Vierge que l'on y trouva il y a 400. ans ou environ dans un tombeau de marbre où des Chrétiens l'avoient cachée 600. ans auparavant pour la garantir de la fureur des Maures. (Pour cela il faut supposer qu'ils la cacherent dès l'arrivée des Maures en Espagne). Quoiqu'elle soit d'un bois corruptible, elle ne se corrompit pas sous la terre durant le cours de tant de siécles. On la voit sur le grand autel, d'une couleur tirant sur le noir, tenant entre ses bras l'Enfant Jesus vêtu d'une robe blanche. A ses côtez sont suspendus deux Anges d'argent doré : au dessous paroissent trois figures d'argent qui representent trois Princes ou Princesses. Les murailles de l'Eglise sont embellies de tous côtez de peintures à fresque qui representent les miracles que l'Image a operez. Les Colomnes sont chargées de vœux, de dons, de Tableaux & de Chaines, que ceux qui ont été gueris ou delivrez, y ont apporté pour marquer leur reconnoissance. Le grand autel où est l'Image est bordé de cent lampes d'argent suspendues tout-à-l'entour, & données par divers Princes & Seigneurs. Les Religieux qui vivent dans ce magnifique Couvent sont au nombre d'environ 120. & ont vingt-huit mille ducats de revenu pour leur entretien.

3. GUADALOUPE [e], (LA) Isle de l'Amerique l'une des Antilles Françoises. Les Sauvages l'appelloient CAROUCUEIRA & les Espagnols qui l'habitoient en 1635. avant que les François s'en rendissent maîtres la nommerent *Guadaloupe* à cause de la ressemblance de ses Montagnes avec celles de Guadaloupe en Espagne. Elle a l'Isle de St. Dominique au Midi, Marigalante au Sud-Est ; la Desirade au Levant & l'Isle de Montserrat au Nord. [f] La largeur est de neuf ou dix lieuës aux endroits où la terre s'étend le plus & son circuit est de soixante. Elle est divisée en deux parties par un petit Bras de Mer ; la partie Orientale s'appelle la grande terre ; la partie Occidentale dont le milieu est herissé de Montagnes est proprement la Guadaloupe.

[e] De l'Isle Atlas.

[f] Rochefort Hist. des Antilles T. 1. c. 3.

Cette partie Occidentale est divisée en deux autres. La côte Orientale est appellée Cabesterre. Celle du Couchant & du Nord est appellée la basse terre. La Guadaloupe est peuplée. Elle est relevée en plusieurs endroits, surtout à son centre, de plusieurs hautes Montagnes, dont les unes sont herissées de rochers pelez qui s'elevent du sein de plusieurs effroyables précipices dont elles sont entourées & les autres sont couvertes d'arbres qui y font voir en tout temps une agréable verdure. Au pied de ces afreuses Montagnes sont plusieurs plaines de grande étendue, rafraichies par un grand nombre de belles Rivieres, qui attiroient autrefois les Flottes d'Espagne par la bonté de leurs eaux ; desorte qu'en allant aux Indes, ces Flottes étoient obligées d'en venir prendre par arrêt du Conseil Général des Indes. Quelques-unes de ces Rivieres en se deborbordant roulent des bâtons ensoufrez, pour avoir passé dans des mines de soufre qui sont dans une Montagne voisine à laquelle on a donné le nom de SOUFRIERE à cause de la fumée qu'elle jette continuellement. Il y a aussi des Fontaines d'eaux bouillantes qu'on a trouvées propres à la guerison de toutes les maladies causées par une humeur froide.

La Guadaloupe commença à être habitée par les François en 1635. M^{rs}. du Plessis & l'Olive en eurent les premiers le commandement avec égale autorité. Le premier étant mort sept mois après son arrivée & l'autre étant devenu aveugle, la Compagnie Françoise donna le commandement de cette Colonie naissante à Mr. Aubert l'un des Capitaines de St. Christophle, qui étoit alors à Paris. C'est à lui qu'on est redevable de la conservation de cet établissement. Le Sieur Houel qui fut ensuite Seigneur & Gouverneur de cette Isle y attira des habitans qui la peuplerent & y établirent un bon commerce. On y voit des plaines sur lesquelles on fait passer la charrue pour labourer la terre ; ce qui ne se pratique point aux autres Isles ; après quoi le Ris, le Maïs, le Manioc dont on fait la Cassave, les Patates, & même le Gingembre & les Cannes de Sucre viennent parfaitement bien. Les Jacobins possedent une partie de la meilleure terre de cette Isle ; il y a aussi des Jesuites, des Carmes, & des Capucins.

Cette Isle est separée de l'autre par un Isthme, au bout duquel est un petit bras de Mer. Cet Isthme forme deux Golphes dont le plus Septentrional est nommé le Grand-Cul-de-Sac, & le plus Meridional est appellé le petit Cul-de-Sac. Ces deux Golphes sont poissonneux. On y pêche en tout temps de la tortue & plusieurs autres excellens Poissons.

^a Voyages aux Isles T. 1. 2. part. p.

Le P. Labat^a observe qu'il y avoit autrefois deux Bourgs considerables l'un à côté de la Riviere des Peres, & l'autre des deux côtez de la Riviere du Baillif. Mais le premier ayant été emporté deux fois par des debordemens furieux de la Riviere dans les temps d'Ouragan, les habitans qui resterent ne voulurent plus courir de pareil risque, à quoi il faut ajouter que toute la terre où étoient les maisons étant emportée, il n'étoit demeuré en sa place que des monceaux de rochers, où il étoit impossible de bâtir qu'avec une depense extrême : ces habitans se sont transportez vers le Fort où peu à peu ils ont fait le Bourg qui est à present le principal de l'Isle.

Le Bourg qui est des deux côtez de la Riviere du Baillif a été aussi ruiné plus d'une fois : il a été brûlé par les Anglois en 1691. & lorsqu'il étoit presque entierement rétabli, il fut emporté tout entier par un debordement furieux de la Riviere. La cause de ce malheur fut qu'un côté de la falaise chargé de grands arbres, s'étant écroulé tout à coup dans un endroit où les falaises retrecissoient extrémement le lit de la Riviere, les Arbres, les broussailles, les terres & les pierres firent une digue qui retint les eaux jusqu'à ce que leur poids entraînant tout d'un côté cet obstacle, le torrent se repandit avec tant d'impetuosité, qu'il couvrit & entraina à la Mer toutes les maisons du Bourg avec une partie des habitans. Il commençoit à se retablir, lorsqu'il fut brûlé de nouveau par les Anglois en 1703. Le Bourg qui est aujourd'hui est accompagné d'un Fort, auprès de la Riviere aux Herbes. Ceux qui veulent voir un détail fort étendu de tous les quartiers de cette Isle le trouveront dans l'ouvrage du P. Labat que nous avons cité.

^b La grande terre n'est pas si peuplée à beaucoup près. Il y a un Fort nommé le Fort Louis auprès duquel est un Ancrage ; il y a aussi trois Salines, savoir la grande Saline à l'extremité Orientale, la Saline auprès de St. François & la petite Saline vers le milieu de la côte. Ces trois Salines sont des étangs, où l'eau se forme en sel par la seule force du Soleil sans aucun autre artifice.

^b Carte particuliere de la Guadaloupe.

§ Les François nomment l'Isle de la GUADALOUPE, la GARDELOUPE par une corruption du nom. Mr. de l'Isle & Rochefort disent Gardeloupe.

4. GUADALOUPE^c, (LA) Isle de la Mer du Sud entre les Isles de Salomon, elle fut découverte & nommée ainsi par les Espagnols commandez par Pedro Fernandes de Quiros.

^c Corn. Dict.

GUADALOUPEJO, petite Riviere d'Espagne. C'est la même que GUADALOUPE 1.

GUADALQUIVIR, (LE) Grande Riviere d'Espagne dans la Nouvelle Castille & dans l'Andalousie. C'est la même que le Bætis des Anciens. Voiez BÆTIS. Avant l'arrivée des Romains les Espagnols l'appelloient PERCA, selon l'Abbé de Vairac^d. Les Maures s'étant emparez de l'Espagne l'appellerent VADALCABIR, d'où par corruption est venu le mot de Guadalquivir, qui en Arabe signifie un grand Fleuve, selon cet Auteur. Il tire son origine de l'extremité Orientale de l'Andalousie au dessus d'un lieu nommé Sacorla vers les Frontieres des Royaumes de Grenade & de Murcie où s'éleve le Mont Orospeda des Anciens & que les Espagnols appellent aujourd'hui Sierra Segura. Mr. de l'Isle^e fait naître le Guadalquivir dans la Manche assez près du Village de Segura de la Pierre, & vis-à-vis de Caçorla il reçoit la Riviere de Guadermena & une autre Riviere auprès de Baeça ; en allant vers le Couchant il reçoit le Guadalbulon qui vient de Jaen, & une autre Riviere à Anduxar, où il passe de même qu'à Cordoue au dessous de laquelle il reçoit la Riviere de Marbella, & plus loin le Xenil. Après s'être chargé de divers ruisseaux, il se tourne vers le Sud-Ouest, passe à Seville, forme quelques Isles & va se perdre dans le Golphe de Cadix à St. Lucar de Barameda.

^d Etat pres. de l'Espagne T. 1. p. 59.

^e Atlas.

^f Il roule ses eaux fort lentement, ce qui fait qu'il est moins dangereux pour la navigation qu'il le seroit s'il étoit plus rapide ; parce qu'il est rempli de barres ou de bancs de sable qui font perir quelquefois les Vaisseaux qui vont à Seville où il en porte d'assez grands depuis son Embouchure. Mais depuis Seville en remontant jusqu'à Cordoue il ne peut porter que de petits bâteaux ; & au dessus de cette Ville, il n'est plus navigable à cause qu'il est resserré par les Montagnes & bordé partout de rochers. Autrefois ce Fleuve avant que d'entrer dans l'Océan debordoit à droite & à gau-

^f Voyrae Ibid.

GUA.

gauche à quelques lieues au deſſous de Seville & formoit un petit Lac que les Latins appelloient LACUS LIBISTINUS d'où ſortant comme d'une nouvelle ſource, il ſe partageoit en deux branches par leſquelles il ſe dechargeoit dans la Mer. Ces deux branches s'éloignoient ſi conſiderablement qu'à leur embouchure elles étoient à plus de quatre lieues l'une de l'autre. Celle qui étoit à l'Occident baignoit une Ville appellée *Onoba*; & celle qui étoit à l'Orient en avoit deux, dont l'une s'appelloit *Aſta* & la ſeconde *Nebriſſa*. Au milieu de l'Iſle que ces deux branches formoient on voyoit une Ville qui a été fort célèbre dans l'Antiquité ſous le nom de *Tarteſſa*. Le temps qui détruit toutes choſes a bouché l'une de ces branches, ſavoir celle qui étoit à l'Orient.

Un ſavant Eſpagnol a pretendu contre l'opinion des Modernes, qu'il n'eſt arrivé aucun changement conſiderable à ce Fleuve, ſoutenant qu'il conſerve encore aujourd'hui ces deux branches; à cauſe qu'au deſſous de Seville il forme trois ou quatre Iſles dont la plus grande a environ vingt milles de longueur & la ſeconde ſeize, & que ſe partageant en deux pour embraſſer ces Iſles, il rejoint ces deux branches au deſſous & va ſe jetter ainſi dans la Mer. Mais en voulant donner le change aux autres il l'a pris lui-même. La branche Orientale du Guadalquivir eſt ſi bien bouchée qu'il n'en reſte que de foibles veſtiges, & cela eſt ſi vrai que les deux Villes qui étoient ſur ſes bords, c'eſt-à-dire, *Nebriſſa*, aujourd'hui LEBRIXA, & ASTA, qui n'eſt plus qu'un monceau de ruines ſous le nom de MESA DE ASTA, ſe trouvent maintenant la premiere à huit milles & la ſeconde à quinze milles de ce Fleuve. Ceux qui ſavent les changemens que les tremblemens de terre (& autres accidens) ont cauſé à d'autres Fleuves ne s'étonneront pas de ceux qui ſont arrivez au Guadalquivir. Il eſt large d'une lieue à ſon embouchure & la marée y monte juſqu'à Seville. Les Eſpagnols attribuent à ſon eau la proprieté de teindre en rouge la laine des brebis.

a Corn. Dict. GUADAMEZ *a*, petite Riviere d'Eſpagne, elle arroſe Calamea & ſe perd dans la Guadiana.

b Davity Eſpagne & Corn. Dict. GUADARAMA *b*, petite Ville d'Eſpagne dans la vieille Caſtille, aux confins de la Nouvelle dans les Montagnes. On y trafique beaucoup de fromages.

c De l'Iſle Atlas. GUADARMENA *c*, Riviere d'Eſpagne dans la Nouvelle Caſtille. Elle a ſa ſource dans la Manche dans la Sierra d'Alcaraz, d'où ſerpentant entre les Montagnes, elle ſe groſſit de quelques Ruiſſeaux dont elle porte les eaux avec les ſiennes dans le Guadalquivir après avoir coulé à l'Orient d'Ubeda & de Baeça qu'elle baigne. Mr. Corneille la nomme GUADALIMAR.

GUADARRAMA, Riviere d'Eſpagne dans la Nouvelle Caſtille, elle a ſa ſource aux confins de la vieille au delà *d* d'un Village de même nom. Delà coulant vers le Midi, elle paſſe à l'Eſcurial, & va ſe perdre dans le Tage à trois lieues au deſſous de Toléde.

d Corn. Dict. & de l'Iſle Atlas.

e Ibid. GUADASSO *e*, petite Riviere d'Eſpagne, dans l'Andalouſie : elle a ſa ſource au Midi de Jaen ; & ſerpentant d'Orient en Occident, elle arroſe *Baena* ; reçoit un Ruiſſeau au deſſus de Caſtro-Rio & ſe jètte dans le Guadalquivir au deſſous de Cordoue. On la nomme auſſi MARBELLA.

GUADEL *f*, Ville du Royaume de Perſe, dans la Province de Mekran, ſur la côte Meridionale avec un aſſez bon Port, dont l'entrée eſt par les 25. d. de Latitude.

f De l'Iſle Atlas.

GUADEN, Lieu d'Afrique dans la Numidie, ſelon Marmol *g*. C'eſt, dit-il, comme un grand Village ſans murs, dans un deſert ſur la Frontiere de Senega. Mr. de l'Iſle le nomme GUADEN, ou HADEN & le place dans le Royaume de Senega ou Zanhaga. Surquoi il eſt bon de remarquer que Marmol ne devoit pas le ranger ſous la Numidie qui n'étoit pas auſſi étendue que la Getulie quoiqu'il ſemble les confondre. Les habitans, dit-il, ſont pauvres & brutaux & hormis quelques dattes, il n'y a rien dont ils puiſſent trafiquer & dont on puiſſe ſubſiſter dans la Ville ni dans la Contrée ; deſorte que ces pauvres gens ſont fort miſerables, & vont preſque tous nuds, ſans oſer ſortir à cauſe des differens qu'ils ont avec leurs voiſins. Ils s'exercent à la chaſſe & tuent des Autruches & des Sauvagines, & s'entretiennent de quelques Chevres fort petites, dont ils font grand cas à cauſe du Lait. Ils ſont plutôt noirs que baſanez & ſont ſujets aux Arabes LUDAYES qui demeurent au deſert qui eſt entre cette habitation & le Royaume de Gualata & à qui le Roi Negre paye quelque Tribut par an, parce que ſous plus de quatre vingt mille Combatans. Il y a peu de Chevaux dans la Contrée & on ne leur donne à boire que du Lait de Chameau. Ils ſont accoutumez pour cela à ſuivre les femelles & tettent quelque grands qu'ils ſoient. L'Auteur cité parle de cette Bourgade pour y avoir été.

g T. 3. l. 7. c. 6.

GUADIAMAR *h*, Petite Riviere d'Eſpagne dans l'Andalouſie. Elle a deux ſources dans la Sierra Morena, & les ayant unies dans même lit elle coule vers le Midi, paſſe à St. Lucar la Major, & vient ſe jetter dans le Guadalquivir vis-à-vis de la grande Iſle qui eſt au deſſous de Seville, & auprès de Chillas.

h De l'Iſle Atlas.

GUADIANA, grande Riviere d'Eſpagne. Les Latins l'ont connue ſous le nom d'ANAS, auquel les Maures ont ajouté les deux premieres Syllabes du nom moderne. Elle naſt, ſelon l'Abbé de Vairac *i*, dans la Nouvelle Caſtille, proche de Canamayez dans une vaſte Campagne appellée par les Eſpagnols *El Campo de Montiel*. Elle ſort, dit-il, de certains Lacs qu'on appelle dans le Pays LAS LAGUNAS DE GUADIANA & prend d'abord le nom de RIO RORDERO ; *k* elle ſe perd ſous terre un peu après & renaſt par des ouvertures que l'on appelle LOS OJOS DE GUADIANA d'où elle coule à Calatrava. Là elle ſe groſſit de la Riviere dejà formée par la rencontre des Ruiſſeaux de Ruz & de Zancara ; de Xiquela & de Bedija qui n'ont plus qu'un même lit dès Villa Harta. La Guadiana, formée à Calatrava ſerpente tantôt vers le Couchant, tantôt vers le Midi, le Sud-Oueſt & le Nord-Oueſt, paſſe à Ciudad-Real, & après avoir recueilli les eaux de Rio Bul-

i Etat preſ. de l'Eſpagne T. 1. p. 61.

k De l'Iſle Atlas.

Buflaque, de l'Eftena, de la Guadaranque & de quelques autres ruiffeaux, elle entre dans l'Eftremadure, paffe à Merida & à Badajoz, delà entre dans le Portugal, où elle arrofe les Provinces d'Alentejo &. d'Algarve, fepare cette Province d'avec le Contado qui eft de l'Efpagne & fe jette enfin dans l'Océan entre Caftro Marin & Agramonte.

[a] Ibid.

Autrefois, dit le même Abbé de Vairac[a], elle fe déchargeoit dans la mer par deux branches ; mais il lui eft arrivé la même chofe qu'au Guadalquivir ; une de fes branches s'eft bouchée avec le tems ; ou plutôt a été engloutie par la Mer qui s'eft avancée en cet endroit. Elle forme encore deux ou trois Ifles & à fon embouchure elle eft fi peu profonde qu'à peine a-t-elle deux ou trois pieds d'eau.

Nous avons remarqué qu'elle fe cache fous terre affez près de fa fource & qu'elle en fort au lieu nommé les Yeux de la Guadiana. Cela a donné lieu à diverfes conjectures, entre autres à celle-ci. Que le nom d'Anas que les Latins lui ont donné & qui fignifie un Canard, vient de la reffemblance de l'immerfion de cette Riviere dans la terre, avec un Canard qui fe plonge dans l'eau & reparoît à quelque diftance delà. Mais ils n'ont pas fait reflexion que ce nom ne convient au Canard qu'au nominatif & qu'il eft diferent dans tous les autres cas. Cette Riviere fait *Anas, Ana, Anam, Ana*, au lieu qu'*Anas* Canard fait *Anatis, Anati, Anatem*, & *Anate*; ce qui eft une preuve que les Anciens n'ont point fongé à la reffemblance en nommant ainfi la Guadiana.

[b] Geogr. p. 1. l. 1. c. 35.

Le favant Bochart[b] a crû trouver mieux fon compte en cherchant une Etymologie Arabe, dans le mot *Hanafa* qui fignifie *fe cacher, pour paroitre bientôt de nouveau*; mais quel commerce les Arabes avoient-ils en Efpagne du tems des Romains ? car le nom *Anas* eft de ce tems-là : il eft vrai qu'il croit que ce pouvoit être auffi un mot de la Langue Punique, mais il pouvoit auffi n'en être pas. Comme les conjectures ne lui manquent point, il en donne une autre, il croit que ce mot Anas pourroit bien venir d'*Ana* נצא, qui en Syriaque fignifie *brebis*, parce que, dit-il, il y a beaucoup de pâturages pour les brebis fur les bords de cette Riviere. Ce font des conjectures dont on fera tel cas que l'on voudra. Quelques Efpagnols ont dit comme un Enigme qu'ils avoient chez eux un pont fur lequel on pouvoit faire paitre dix mille moutons fort à leur aife ; l'exageration eft un peu forte. D'autres qui ne favoient où prendre ce pretendu pont l'ont cherché auprès de Medelin qui eft le *Metallinum* des Anciens. Ils ont fuppofé que la Guadiana y coule dix lieues fous terre, ce qui eft démenti par le témoignage de quantité d'Efpagnols. Il feroit plus naturel de dire qu'elle a changé fon cours en quelques endroits, comme nous le ferons voir dans l'article *Metallina Colonia*, ou *Metallinum*. En quelques endroits & principalement dans le voifinage de Malagon, au deffus de Calatrava, elle eft fi couverte de joncs & de rochers qu'elle ne paroît pas une Riviere. Depuis Merida jufqu'à Mertola, deux Villes éloignées l'une de l'autre d'environ trente-cinq lieues, elle eft toute remplie à droite & à gauche d'une infinité de rochers qui empêchent qu'elle ne foit navigable & en rendent même le paffage très-difficile & très-dangereux. En été elle a très-peu d'eau & le peu qu'il lui en refte ne femble pas tant couler que croupir fous ces rochers, tellement qu'on ne le fauroit mieux comparer qu'à ces ravines où les torrens laiffent après eux les pierres qu'ils ont entrainées des Montagnes. Il ne faut donc pas s'étonner, pourfuit l'Abbé de Vairac, fi l'on a crû qu'elle fe perdoit fous terre, puifque dans la fechereffe on la perd de vûe au moins dans les lieux dont je parle. Cela a donné lieu à un bel efprit de ces derniers tems de dire au fujet des Fleuves d'Efpagne, l'Ebre l'emporte pour le nom ; le Duero pour la force ; le Tage pour la renommée ; le Guadalquivir pour les Richeffes ; & que la Guadiana n'ayant pas dequoi fe mettre en parallele avec les autres elle fe cache de honte fous terre.

LA PETITE GUADIANA[c], ou GUADIANA LA MENOR, Riviere d'Efpagne dans l'Andaloufie. Elle a fa fource aux Frontieres du Royaume de Grenade, d'où courant vers le Septentrion ; elle reçoit les petites Rivieres de Barbate & de Quefada ; & fe jette dans le Guadalquivir un peu au deffus de la vieille Ubeda, felon Martin Ximene cité par Mr. Baudrand.

[c] Baudrand Ed. 1705.

GUADIARO[d], ou GUADAJARA, Riviere d'Efpagne dans le Royaume de Grenade où elle arrofe Ronda & fe perd dans la Mediterranée à Eftepona. Quelques-uns doutent fi elle eft la même que la BARBESOLA des Anciens. Voiez l'Article BARBESOLA 1.

[d] Ibid.

GUADIEL[e], petite Riviere d'Efpagne dans la Nouvelle Caftille. Elle reçoit les Ruiffeaux de CUERVO, ESCAVAS & RIO MAJOR ; & fe rend dans le Tage près de Zurita.

[e] Ibid.

GUADIGUELA[f], petite Riviere d'Efpagne dans la Caftille Neuve. Elle fe perd dans le Tage à Bolarque.

[f] Ibid.

GUADIL-BARBAR[g], Riviere d'Afrique fur la côte Septentrionale de Barbarie. Elle a fa fource auprès de l'Orbus, coule à Begie & tombe dans la Mediterranée à Tabarca. C'eft la TUSCA & le RUBRICATUS des Anciens. Mr. Baudrand fe trompe quand il dit[h] que c'eft une branche de la Magrada. Cette derniere qui eft le Bagradas des Anciens n'a rien de commun avec cette Riviere.

[g] Sanfon & de l'Ifle Atlas.
[h] Ed. 1705.

GUADIX, Ville d'Efpagne au Royaume de Grenade, à neuf lieues de la Ville de ce nom, & à fept de Baça. Elle eft ancienne & les Romains l'ont connue fous le nom d'ACCI. Voiez ce mot.[i] Elle eft fort grande & fituée fur le penchant d'une Colline au milieu d'une vafte plaine, environnée de tous côtez de hautes Montagnes & arrofée par quatre petits Ruiffeaux ou Torrens. Les Maifons n'y font pas bien bâties & l'on n'y voit rien de fort confiderable que quelques Monafteres & l'Eglife Cathedrale qui font d'affez beaux Edifices. Le voifinage des Montagnes fait que l'air n'y eft pas fi chaud que dans le refte du Royaume ; delà vient qu'il n'y croît ni Orangers, ni Oliviers ; mais cela n'empêche pas que le Terroir n'y produife d'autres fruits très-delicats, de fort bon grain & d'excellent vins

[i] Vairac Etat préf. de l'Efpagne T. 1. p. 185.

GUA.

vin. Les Vallées qui sont au pied des Montagnes sont fecondes en gras pâturages où l'on nourrit quantité de bétail qui produit un revenu confidérable.

Guadix est le Siége d'un Evêché Suffragant de Seville, quoi que sa situation au Royaume de Grenade semble devoir le soumettre au Siége de Grenade. [a] Il y a, dit l'Abbé de Vairac, des Mémoires qui donnent lieu de croire que cet Evêché fut érigé du temps que les Romains dominoient en Espagne. On ne trouve pourtant, poursuit-il, ni l'époque de son érection ni les noms des Evêques qui le possederent en ce temps-là. St. Torquat Martyr dont les reliques reposent au Monastere de CASANOVA Ordre de St. Benoît, paroît être le premier qui ait gouverné cette Eglise. Les Maures s'étant rendus Maîtres de Guadix en chasserent tous les Chrétiens & le Mahometisme y regna jusqu'en 1252. qu'Alphonse le sage la reprit & y rétablit la Religion Chrétienne; mais peu de temps après, les Infideles s'en emparérent pour la seconde fois & s'y maintinrent jusqu'en 1489. que Ferdinand le Catholique & la Reine Isabelle sa femme les en chasserent & y retablirent le Siége Episcopal par le Ministere du Grand Cardinal d'Espagne D. Pedro Gonzales de Mendoza Archevêque de Tolede.

[a] T. 2. p. 352.

Le Chapitre de Guadix est composé de six Dignitaires, de six Chanoines & de huit Prebendiers. Le Diocèse s'étend sur trente-sept Paroisses. L'Evêque jouit de huit mille Ducats de revenu. Jouvin de Rochefort dit dans son Voyage d'Espagne que Guadix est située au bord d'une petite Riviere qui y fait de grandes prairies. Ses rues, dit-il, font connoître son antiquité. Elles sont étroites & tournoyantes à l'exception de celle qui aboutit à la grande place où il y a une fontaine avec son Bassin. La grande Eglise dont la façade soutient une tour très-haute, est à l'entrée de la Ville où passe un bras de la petite Riviere sur laquelle elle est assise. Le Couvent de St. François est assez beau.

GUAFO, ou GNAFO, selon le P. Labat qui écrit toujours ainsi dans son Recueil de Voyages de Guinée. Le Royaume de *Guafo*, ou le *Grand Commendo* est, selon Mr. Corneille [b], un Royaume d'Afrique sur la côte d'Or. Le P. Labat dit [c] : le Royaume de Gnafo, ou Commendo commence à quatre lieues à l'Est de Sama. Commendo, Fesu, & Sabou ne faisoient autrefois qu'un Royaume qui étoit alors puissant & riche ; depuis la division il est fort diminué. Les Negres appellent AJATA ce que nous appellons Commendo & les Portugais lui ont donné le nom d'ALDEA DE TORRES. On le connoit encore sous le nom de PETIT COMMENDO pour le distinguer de Guafo qui est le plus avancé dans les terres, & auquel on a donné le nom de GRAND COMMENDO. Tout ce Pays est extrêmement fertile & abondant en toutes les choses necessaires à la vie. Il se tient tous les jours au petit Commendo un Marché célèbre & des mieux fournis de toute la Guinée & peut-être de toute l'Afrique.

[b] Dict.
[c] Voyages de Guinée T. 1. p. 266.

Quoique le commerce de l'or n'y soit pas aussi considérable qu'en quelques autres endroits, les François y avoient fait un établissement qui leur servoit infiniment pour fournir à leurs Vaisseaux les vivres & les rafraichissemens dont ils avoient besoin pour leurs Voyages de l'Est & pour leur retour en France. On voit encore les restes de leur ancien Comptoir. Il étoit au Nord du Village sur une petite élévation dont la demeure étoit fort saine à cause de la fraicheur qu'on y respiroit. Il avoit au Nord des Collines couvertes de grands Arbres, la Mer au Sud & à l'Ouest; la petite Riviere dont l'Embouchure est à l'Ouest fait un petit port assez commode pour de moyens bâtimens.

GUAGIDA [d], Ville ancienne d'Afrique au Royaume de Tremecen. Elle a été bâtie par ceux du Pays dans une agréable plaine, à quatorze lieues de la Mer, vers le Midi, & à pareille distance de Tremecen. Vers le Couchant de ces deux côtez elle touche au Desert d'Anga, & le Territoire y abonde en bleds & en pâturages. Ptolomée nomme cette Ville Lanigare, & la met à douze Degrez de Longitude, & à trente-trois de Latitude. Elle est fermée de bons murs fort hauts, faits à la façon de ces Peuples, & entourée de jardinages & de Vergers que l'on arrose par des rigoles qui se tirent d'une grande source au dessous de la Ville. Cette source passant à travers, se va rendre dans les jardins, & delà dans la Riviere de Muluye. Leurs Historiens racontent que Guagida a eu autrefois cinq mille habitans. Les Mosquées & les maisons y sont bâties de moilon, lié avec de la chaux. Comme elle ne voulut point se rendre à Joseph, Roi de Fez, de la lignée des Berimerinis, dans une guerre qu'il eut contre celui de Tremecen, il la ruina, & elle ne fut repeuplée qu'en 1515. quand Horux prit Tremecen, Guagida ayant refusé de le reconnoître, il y envoya Escander. Sur l'avis que les habitans reçurent de sa venue, ils rompirent un pont qui étoit sur la Muluye, croyant que cela suffisoit pour les défendre ; mais il fit abattre quantité d'Oliviers, dont il y a grand nombre en ces quartiers-là, & en fit un pont en les rangeant de travers les uns sur les autres. Après qu'il fut passé avec ses troupes il prit la Ville, & emmena plusieurs prisonniers à Tremecen. Depuis ce temps-là elle s'est repeuplée, d'environ deux mille cinq cens Bereberes. Tout le reste est bien dans ces parcs. Les habitans sont fort tourmentez des Turcs & quelquefois des Arabes du Desert. Le peuple s'habille à la façon des Bereberes, mais plus proprement que ceux des Montagnes. Ils parlent la langue du Pays, & pressent si fort leurs mots, qu'à peine sont-ils entendus des autres. On trouve à les plus belles mules d'Afrique, que l'on mene vendre à Tremecen & ailleurs.

[d] Marmol l. 5. c. 6.

GUAHEDE, Lieu d'Afrique dans le Biledulgerid. C'est, dit Dapper [e], une habitation à trois journées de Sugulmesse vers le Midi. Elle consiste en trois Villes & quelques Villages sur la Riviere de Ghir. Les habitans sont Sujets des Arabes, ils ont peu de Bled, mais quantité de bonnes dates qu'ils portent vendre dans la Nigritie.

[e] Afrique. p. 211.

GUAIRA, (LA) Province de l'Amerique Meridionale dans le Paraguai sur la Riviere de

[f] De l'Isle Atlas.

GUA.   GUA.

de Parana. La Capitale qui est au bord Oriental de cette Riviere au dessus du confluent de l'Italie s'appelloit GUAIRA, ou CIUDAD, mais elle est ruinée.

2. GUAIRA, Ville du Paraguai. Voiez l'Article precedent.

a Baudrand Ed. 1705.

3. GUAIRA [a], Port de l'Amerique Meridionale dans la Province de Venezuela, avec un Château sur la côte de la Mer du Nord à trois lieues de Sant Jago de Léon.

GUALATA, Royaume d'Afrique dans la Nigritie avec une Capitale de même nom. Les habitans sont nommez BENAIS, ou BENAYS. Selon Mr. de l'Isle ce Royaume est borné au Nord par les Derveches, au Midi par le Royaume de Zanhaga, ou de Senega, à l'Orient par une chaine de Montagnes,& au Couchant par la Riviere de St. Antoine ou de St. Jean, & par les Ludayes. Selon Dapper [b],

b Afrique p. 219.

il n'y a que quelques places habitées, comme de grands Villages, on n'y recueille que du ris & du petit millet, de l'orge & des dattes. La viande y est extrémement chere. Ces peuples sont fort grossiers, quoiqu'assez francs dans le Commerce & d'un bon naturel. Ils ont accoutumé de se couvrir le visage tant les hommes que les femmes, ils n'ont point de Juges, ni d'autres Lettres que celles des Arabes & la plupart menent une vie fort sauvage & fort miserable. Lorsque les Senegues étoient maîtres de ce Royaume & des autres qui sont voisins le Siége Royal étoit à Gualata & grand nombre de Marchands y venoient trafiquer; mais sous le regne de Soni-heli qui fut fort puissant le Commerce passa delà à Gaogo & à Tombut. Environ l'an 1526. le Roi de Tombut ayant conquis cet Etat, celui qui en étoit Seigneur se sauva dans les deserts, dans l'interieur du Pays, mais ce Conquerant le lui rendit ensuite, chargé de quelque Tribut. Ces Peuples parlent la Langue de Zungay & adorent le feu.

Sanut dit qu'il y a une Ville nommée HODEN à six journées du Cap-blanc à 19. d. 30′. de Latitude Septentrionale ; mais que cette place n'est point fermée de murailles & qu'elle n'est faite que pour la commodité des Arabes & des Caravanes qui vont de Tombut en Barbarie. A Hoden les habitans nourrissent du bétail, ce qui fait que la viande y est moins rare que dans le reste du Pays. Mais s'ils ont des Chevres, des Chameaux & des Autruches dont les œufs sont bons à manger, ils sont en revanche fort incommodez des Lions & des Leopards.

§ Mr. Baudrand donne à ce Royaume une Ville de même nom.

1. GUALDO, Bourg & Château d'Italie, dans l'Etat de l'Eglise & dans la Marche d'Ancone au pied du Mont Apennin & aux Frontieres de l'Ombrie, entre Gubio au Couchant & Nocera au Levant. Ce Bourg a été bâti en 1180. des ruines de la Ville de TADINUM, selon Jacobille cité par Mr. Baudrand [c]. Voiez TADINATES.

c Ed. 1682.

d Etat & Delices de la Suisse T. 4. p. 69.

2. GUALDO [d], Seigneurie de Suisse au Pays des Grisons. Elle appartient à l'Abbesse de Munster & est située dans le Munsterthal.

GUALEOR, Quelques-uns écrivent GOUALEOR, selon la vraye prononciation; ou GUALOR, grande Ville de l'Indoustan; dans la Province de même nom dont elle est la Capitale. [e] Cette Ville est bâtie le long d'une Montagne qu'elle a au Couchant, & qui vers le haut est environnée de Montagnes avec des Tours. Il y a dans cet enclos quelque étang que forment les pluyes, & ce que l'on y seme suffit pour nourrir la garnison. Cela fait passer cette Place pour une des meilleures des Indes. Sur la pente de la Montagne qui regarde le Nord-Ouest, le grand Mogol Cha-Jehan fit bâtir une maison de plaisance , d'où l'on voit toute la Ville qui peut servir de Forteresse. Au bas de cette maison sont plusieurs Idoles de bas relief taillées dans le roc , qui ont toutes la figure des Demons , & parmi lesquelles il y en a une d'une grandeur extraordinaire. La Forteresse de Goualeor est le lieu où les Rois Mahometans , depuis qu'ils sont maîtres du Pays, envoyent les Princes & les grands Seigneurs dont ils veulent s'assurer. Aureng-Zeb y envoya le Prince Morat Bakche, son plus jeune frere aussi-tôt qu'il l'eût en son pouvoir, & ce Prince y étant mort peu de temps après, on lui fit dans la Ville une Sepulture assez magnifique, dans une Mosquée qu'on bâtit exprès avec une grande place au devant toute entourée de voutes, sous lesquelles il y a plusieurs boutiques. C'est la coutûme des Indes quand on fait un édifice public de faire aussi après une grande Place, pour y tenir le Marché, avec une fondation pour les pauvres à qui on donne tous les jours l'aumône. Tavernier qui fournit ces détails dit qu'il y passe une petite Riviere. Thevenot écrit GUALEAR [f], & la comprend avec son Pays dans la Province de Malva. Selon Mr. de l'Isle [g] la Province de Gualeor est bornée au Nord & au Couchant par celle d'Agra; & à l'Orient & au Midi par celle de Narvar.

e Tavernier Voyage des Indes l. 1. c. 4.

f Voyage des Indes c. 41.

g Atlas.

GUALID, Montagne d'Afrique au Royaume de Fez; c'est la même chose que BENIGUALID, ou BENIGUELID , Marmol la décrit ainsi [h]. C'est, dit-il , une Montagne fort haute & si rude qu'on a de la peine à y voyager. Elle est habitée d'un peuple riche & bien vêtu qui n'est point chargé d'impôts. Il y a plusieurs vignes de raisins noirs fort excellens qu'on fait secher & dont on fait aussi du vin sans parler d'un grand nombre d'Oliviers, de Figuiers & d'Amandiers. Les Habitans ont ce Privilege du Roi de Fez qu'ils font confirmer à chaque changement de Prince, qu'on ne peut aller prendre un criminel qui se retire parmi-eux & que l'on ne leur veut pas ôter ce droit parce qu'on a interêt de les contenter, car s'ils venoient à se soulever on auroit bien de la peine à les reduire à cause de la difficulté des avenues de leur Montagne, où il y a soixante bons Villages qui font plus de six mille hommes de combat & le Pays rapporte tout ce qui est necessaire pour l'entretenir, sans avoir besoin d'en aller chercher ailleurs. Lorsqu'ils trafiquent à Fez, ou quelque autre part, si on leur fait tort, ils ne s'amusent point à en demander justice ; mais vont prendre quelque parent de celui qui les a offensez & ne le relâchent point qu'on ne les ait satisfaits. S'ils ne vouloient point aller à Fez, ils ne payeroient

h l. 4. c. 85.

GUA.

roient aucun Tribut & ne payent pas trois reales par an pour chaque feu.

§ Ceci peut être bien changé depuis que le Royaume de Fez est sous la Domination de l'Empereur de Maroc.

GUALTIERI[a], ou GUALTIERE, Bourgade d'Italie dans l'Etat du Duc de Modene dans la partie Septentrionale du Duché de Reggio, aux Confins du Duché de Guaſtalla, ſur la route de Guaſtalla à Parme & à peu de distance de Berſello.

GUAM, GUAN, où GUAHAN, la premiere & la plus Meridionale des Iſles des Larrons, ou, ce qui eſt la même choſe, des Iſles Mariannes[b]. Elle a quarante lieues de tour & ſa Latitude Septentrionale eſt de 13. d. 25'. ſelon le P. Morales Jeſuite Eſpagnol qui a été longtemps Miſſionnaire dans ces Iſles. Il ajoute qu'elle eſt à ſept lieues de Rota ou Sarpana. Par une ſuputation inſérée dans le même Memoire la Longitude de cette Iſle eſt de 157. d. 10'. le Capitaine Dampier qui a parcouru ces Iſles les décrit ainſi[c].

L'Iſle de Guam ou de Guahon, comme prononcent les Indiens naturels, eſt une des Iſles des Larrons, & appartient aux Eſpagnols, qui y ont un petit Fort avec 6. Canons, un Gouverneur, & 20. ou 30. Soldats. C'eſt là que ſe viennent rafraichir leurs Vaiſſeaux des Philippines qui vont d'Acapulco à Manille; mais pour le retour les vents ne leur laiſſent pas aiſément reprendre cette route. Les Eſpagnols ont auſſi nommé *Guam* l'ISLE MARIE. Elle a environ 12. lieues de long, & 4. de large; eſt ſituée au Nord & au Sud, & eſt paſſablement élevée & plate.

De loin elle paroît plate & unie; mais à meſure qu'on en approche, on s'apperçoit qu'elle panche du côté de l'Eſt qui eſt le plus élevé, elle eſt défendue par des rochers eſcarpez qui arrêtent la violence de la Mer, qui y bat continuellement, étant pouſſée par les vents aliſés. On ne ſauroit ancrer de ce côté-là. A l'Occident elle eſt aſſez baſſe & pleine de Bayes ſablonneuſes, diviſées par autant de pointes de rochers. Le terroir eſt rougeâtre, aride, & paſſablement fertile. Les principaux fruits qu'elle produit ſont du Ris, des pommes de pin, des melons d'eau, des melons muſquez, des Oranges, des Citrons, des Noix de Cacao, & une ſorte de fruit que nous nommons *fruit à pain*.

Les gens du Païs ſont robuſtes, & ont les membres gros & bien formez. Ils ſont noirâtres comme les autres Indiens; ils ont les cheveux noirs & longs, les yeux mal proportionez; le nez grand, les levres groſſes, & les dents paſſablement blanches. Ils ont le viſage long, & l'air feroce. Cependant nous les trouvâmes civils & obligeans. Il y en a pluſieurs d'incommodés d'une eſpece de Lepre; maladie fort commune à Mindanao. Les Guamois ſont fort ſains à cela près, & ſurtout durant la ſaiſon ſéche: mais durant les humiditez qui viennent en Juin, & durent juſqu'en Octobre, l'air eſt plus épais & plus mal-ſain, ce qui cauſe des fiévres: mais les pluyes n'y ſont ni violentes, ni de durée. Car cette Iſle eſt tellement à l'Oueſt, & ſi éloignée des Iſles Philippines ou des autres

GUA.

terres, qu'il eſt rare que les vents d'Oueſt ſoufflent ſi loin, & quand ils y ſoufflent, ce n'eſt pas pour longtems, mais les vents d'Eſt y ſoufflent continuellement; qui ſont des vents ſecs & ſains; auſſi cette Iſle eſt-elle très-ſaine, comme nous l'apprîmes durant le ſéjour que nous y fîmes. Il n'y a point des gens au monde plus ingenieux que les Guamois à faire des Châloupes. Ces *pros*, comme on les nomme dans les Indes, leur ſont de grand uſage pour leur divertiſſement. Ce ſont des Chaloupes pointues par les deux bouts; le fond eſt tout d'une piece, comme le fond d'un petit Canot, fort proprement percé, & de bonne épaiſſeur. Ce fond ſert de quille. Le bâteau a environ 26. ou 28. pieds de long. Le côté de la quille qui eſt à l'eau, eſt rond; mais il va en penchant; pour le dedans il eſt preſque plat, fort proprement percé, environ d'un pied de large. Sur ce fondement on bâtit les deux côtés du bâteau de la hauteur de cinq pieds, & d'une planche étroite, qui n'a pas plus de 4. ou 5. pouces de large. Chaque bout du bâteau tourne en rond avec beaucoup de propreté. Mais ce qu'il y a de fort ſingulier eſt qu'un côté de la Chaloupe eſt fait perpendiculairement comme une muraille, pendant que l'autre eſt rond, & fait comme les autres Vaiſſeaux avec un large ventre. Preciſément au milieu, & tirant en haut, la Chaloupe a quatre ou cinq pieds de large, ou plus, à proportion qu'elle eſt longue. Le Mât eſt juſtement au milieu, & a une longue vergue qui va du haut en bas comme la vergue de Miſaine. Un bout de cette vergue va juſqu'au bout de la proue, où elle s'emboite dans une mortaiſe faite exprès, & qui le tient ferme. L'autre bout pend ſur la poupe. La voile eſt attachée à cette vergue, pour tenir la voile étendue en quarré, ou pour la rouler quand le vent eſt fort: car par ce moyen on hauſſe & baiſſe la voile comme on veut, ſelon que le vent eſt plus ou moins violent. Le long du flanc du bâteau, & à la même hauteur, à environ 6. ou 7. pieds de diſtance, eſt attaché un autre petit bâteau ou Canot, fait d'un tronc de bois fort leger, preſqu'auſſi long que le grand bateau; mais moins large, puiſqu'il n'a pas plus d'un pied & demi de largeur par le haut, & pointu à chaque bout comme un Coin. Deux pieces de bois d'environ 8. ou 10. pieds de long, & de la groſſeur de la jambe ſont placées en travers du grand bâteau, à chaque bout & à la diſtance de 7. pieds l'une de l'autre, qui affermiſſent le petit, & le rendent contigu à l'autre. Ces deux pieces de bois, que les Anglois & les Hollandois apellent *Outlagers*, ſervent à tenir le grand bâteau droit & à l'empêcher de renverſer, parce que le vent étant toûjours Eſt (& quand il ſeroit Oueſt, ce ſeroit la même choſe) & ces Iſles étant pour la plupart au Nord & au Sud, on tourne du côté du vent la partie plate du bâteau ſur laquelle on fait voile, & par conſequent le ventre avec ſon petit bateau eſt à couvert: & comme on peut mettre devant, le côté du bâteau qu'on veut, il n'eſt pas beſoin de revirer de bord comme font tous nos Vaiſſeaux, attendu que les deux bouts du bâteau ſont ce qu'on veut ou la poupe,

GUA.

ou la proue. Quand on a le vent, & qu'on veut revirer de bord, celui qui tient le gouvernail, s'éloigne un peu du vent, & par ce mouvement la poupe vient au vent, & devient en même tems proue, en changeant seulement le bout de la vergue. Ce bateau se gouverne avec une grosse piece de bois au lieu de gouvernail. J'ai cru devoir particulariser la description de cette sorte de Vaisseau, parce que je croi qu'il n'y en a pas au monde de meilleurs. J'ai fait ici l'épreuve de la legereté d'un de ces Vaisseaux pour ma propre satisfaction.

Nous faisions route avec nôtre ligne. Elle avoit douze nœuds, qui furent plûtôt passés qu'un sable de demi minute ne fut écoulé. Suivant ce compte il peut faire pour le moins douze milles par heure : mais je croi qu'il en pourroit faire 24. dans le même espace de tems, c'étoit un plaisir de voir la vitesse avec laquelle le petit bateau alloit à côté du grand.

Les Indiens ne sont pas moins experimentés à mener ces bâtimens qu'à les construire. J'ai entendu dire qu'ils alloient de Guam à une des Isles Marianes qui en est éloignée de 30. lieues, qu'ils y font leurs affaires & reviennent en moins de 12. heures. On m'a dit qu'un de ces bâtimens aïant été envoyé exprès à Manille, c'est-à-dire, à plus de 400. lieues de Guam, il fit le Voyage en 4. jours. On se sert de ces bateaux ou *pros* en plusieurs endroits des Indes Orientales ; mais ils ont un ventre & un petit bateau de chaque côté.

Les Maisons de Guamois naturels sont petites & propres, & bien couvertes de feuilles de Palmiers. Ils demeurent ensemble du côté de l'Ouest dans les Villages maritimes, & ont des Prêtres Espagnols pour les instruire dans la Religion Chrétienne.

A l'Ouest tirant vers le Midi, les Espagnols ont un petit Fort avec six pieces de Canon, un Gouverneur, & 20. ou 30. Soldats de leur Nation. Voilà tout ce qu'il y a d'Espagnols dans l'Isle, à deux ou trois Prêtres près. Peu de tems avant nôtre arrivée, les habitans s'étoient soulevez contre les Espagnols, & en avoient tué plusieurs : mais enfin le Gouverneur l'emporta avec sa garnison, & les chassa du Fort. Les Indiens se voyant frustrez de leurs esperances, se jetterent sur les plantations qu'ils ruinerent, & passerent ensuite aux autres Isles. Il y avoit alors dans cette Isle 3. à 400. Indiens, mais à present ils ne sont pas plus de 100. car tous ceux qui étoient de cette conspiration s'enfuirent. Quant à ceux qui restent, s'ils n'eurent pas actuellement part à ce soulevement, cela n'empêche pas néanmoins qu'ils ne soient maintenantiontenzez pour les Espagnols ; car ils nous offrirent de nous mener au Fort, & de nous aider à conquerir l'Isle : mais le Capitaine Swan ne fut pas d'avis d'accepter leur proposition. Wodes Rogers en parle un peu differemment [a]. Cette Isle, dit-il, peut avoir 40. lieues de circonference. L'Ancrage est à l'Ouest, & vers le milieu il y a une grande Anse avec plusieurs maisons bâties à l'Espagnole, où les Officiers & l'équipage du Vaisseau du Perou d'Acapulco se viennent rafraichir, lorsqu'ils retournent à Manille. Il y a environ trois cens Espagnols sur

[a] Voyages autour du Monde T. 2. p. 82.

GUA.

cette Isle, ou celles du voisinage & la plûpart des naturels du Pays sont leurs Proselytes. Ils ont huit Curez ou Prêtres dont six tiennent école & font les fonctions curiales. Ils ont aussi des maîtres d'école Mulâtres & Indiens qui entendent l'Espagnol & qui l'ont enseigné à presque tous les naturels du Pays. Les Espagnols disent qu'il y a une chaine d'Isles qui courent d'ici au Japon entre lesquelles plusieurs abondent en or. L'Isle de Guam est fort montagneuse & l'on y trouve quantité d'excellente eau, d'Oranges, de Limons, de Citrons, de melons d'eau & musquez dont les Espagnols y ont porté la semence. On y a des bœufs qui sont maigres, petits & presque tous blancs & des Cochons dont la chair est ferme & excellente, parce qu'ils ne se nourrissent que de Noix de Coco. L'Indigo y croît en si grande abondance, que si les habitans avoient de l'industrie & des chaudieres pour le faire bouillir, ils en tireroient un grand profit ; mais éloignez de tout Commerce ils n'en font aucun usage & contens du simple necessaire, ils ne cultivent que ce qu'il leur faut pour subsister. L'Argent y est rare. Il y a environ deux cens Soldats qui reçoivent tous les ans leur paye de Manille par la voye d'un petit Vaisseau qui leur apporte des habits, du Sucre, du Ris & du Vin. C'est ce qui les a engagez depuis peu à semer du ris dans leurs Vallées & à mieux cultiver la terre. Le vent reglé y souffle toujours du Sud-Est excepté pendant la Monson de l'Ouest qui dure depuis la mi-Juin jusqu'à la mi-Aout.

Le Gouverneur demeure au Nord de l'Isle, où il y a un Convent & un petit Village, qui est la principale habitation des Espagnols. Ils sont obligez de se marier avec les Indiennes faute d'Espagnoles dont il n'y a pas plus de quatre sur l'Isle. Les Guamois ont de la vigueur, la taille avantageuse & le teint d'un brun olivâtre : ils vont tous nuds à la reserve d'un torchon qui leur pend au derriere & les femmes portent de petits Jupons. Ils sont fort adroits à tirer de la fronde où ils mettent des pierres d'argile, de figure ovale, qu'ils sechent au feu & qui deviennent aussi dures que du marbre. Ils tirent si juste, à ce que disent les Espagnols, qu'ils ne manquent presque jamais leur but, quelque petit qu'il soit, & le coup a tant de force qu'ils peuvent tuer un homme à une bonne distance. Ils n'ont d'ailleurs pour toutes armes qu'un bâton ou une Lance faite du bois le plus pesant qui se trouve dans l'Isle.

Le fruit qui leur sert de pain est ce qu'il y a de plus remarquable sur cette Isle, l'arbre qui le porte est fort gros & ses feuilles qui ressemblent un peu à celles du figuier sont presque aussi grandes ; mais de couleur brune [b]. C'est une assez grosse pomme sans Noyau l'interieur ressemble à une patate seche. On le rôtit & quand la croute en est levée le dedans ressemble à une mie de pain de fort bon goût. On a tant de ce fruit dans la saison qu'on en engraisse les Cochons.

GUAMA [c], Riviere de l'Amerique Meridionale au Perou dans l'Audience de Lima dans une Vallée à laquelle elle donne son nom qui signifie un *Oiseau de proye*. Son cours n'est pas

[b] Dampier l. c.

[c] De Laet Ind. Occid. l. 10. c. 21.

GUA.

pas fort long; mais il est si rapide qu'on ne peut la traverser que très-difficilement & avec beaucoup de danger, surtout quand elle est enflée par les pluyes qui tombent dans les Montagnes. Les Espagnols l'appellent la BARRANCA, & c'est sous ce nom qu'elle est marquée sur la Carte de Mr. de l'Isle. Il en place l'Embouchure au Nord & à peu de distance du Port de Zoupe.

GUAMANGA, Ville & Province de l'Amerique Meridionale au Perou dans l'Audience de Lima. C'est, dit Mr. Fresier [a], une Ville Episcopale, à quatre vingts lieues de Pisco. On dit qu'elle enferme environ dix mille Communians. Son principal Commerce consiste en Cuirs, en boëtes de Confitures, de Pâtes, Marmelades, Gelées, Cotignac, & autres qui sont les plus estimées du Royaume où il s'en fait une consommation considerable. On y fait aussi des Pavillons qui servent de rideaux pour les Lits dont il y a une celebre Manufacture & de plusieurs sortes d'ouvrages de Cuirs estampez & dorez. Elle est située au pied d'une haute Montagne dans un plat Pays fort sain & fertile en toutes sortes de Denrées.

[a] Voyage de la Mer du Sud. p. 323.

De Laet [b] en parle ainsi: les naturels du Pays sont de taille mediocre, de couleur brune, & d'un esprit pesant & paresseux. On tient que le nombre de ceux qui y payent Tribut monte à trente mille. La Province abonde en mines, & il s'y en trouve d'or & d'argent, d'argent vif, de Cuivre, de Fer, de Soufre & d'Aimant. La Ville qu'on appelle GUAMANGA, & que quelques-uns nomment S. JUAN DE LA VITTORIA, est située sur la hauteur de treize degrez de la ligne vers le Sud, à dix-huit lieues des Montagnes des Andes, & à soixante-dix de Lima vers le Sud-Est, dans une plaine ouverte, au pied de quelques petites Montagnes qui s'étendent d'une suite continue vers le Sud de la Ville. Les maisons y sont presque toutes de pierres, & couvertes de Tuiles. Il y a trois Eglises & divers Convens de Religieux, plusieurs Confrairies d'Indiens & d'Espagnols, & une de Negres, avec un Hôpital des plus beaux qui soient dans ces quartiers-là. L'air y est fort sain, & assez temperé, pour y supporter sans peine le chaud & le froid. Les Espagnols ont aux environs plusieurs metairies où ils nourrissent de grands troupeaux de brebis, à quoi contribuent la bonté des pâturages, & la commodité des Ruisseaux qui les traversent. La plus grande de ses Rivieres s'appelle Vinoque. On voit sur les bords le reste de quelques édifices anciens, que les Sauvages disent avoir été bâtis autrefois par une autre Nation, ce qui donne lieu de le croire c'est que leur Architecture est fort differente de celle que les Rois du Perou ont suivie depuis. Les Champs voisins de cette Riviere produisent une grande quantité de froment dont on fait d'excellent pain. A neuf lieues ou environ de Guamanga vers le Nord-Ouest, sont les fameuses mines de GUANCABELICA, que les Espagnols appellent EL ASSIENTO DE OROPESA. On en tire beaucoup d'Argent vif. Cette sorte de métal étoit entierement inconnu aux naturels du Perou. Ils tiroient seulement le minium qu'ils

[b] Ind. Occid. l. 10. c. 29. & 30.

GUA.

nommoient Limon, & dont ils se peignoient le Corps comme ils font encore aujourd'hui par ornement. Ils ont miné pour cela plusieurs Cavernes au dedans des Montagnes par dedans, par de longs espaces, & ces Cavernes se voyent encore avec tant de détours, qu'on a peine à en trouver la sortie, quand on s'y est engagé un peu avant. Les Espagnols, non plus qu'eux, ne connoissoient pas l'argent vif qui est contenu dans les veines de ce minium. Ce fut Henriques Garcias Portugais qui examinant une pierre de Limpi qu'il avoit reçûë d'un Indien, jugea que c'étoit une mine semblable à celle dont on tire en Espagne le Vermillon & l'Argent vif. L'essai lui fit voir qu'il avoit eu raison de le croire. Les mines des Palcas dans le Territoire de la Ville de Guamanga, ayant été ainsi découvertes, les Espagnols y accoururent en grand nombre pour en tirer de l'argent vif, qu'ils transporterent en la Nouvelle Espagne, où l'on purge la mine d'argent avec ce métal, ce qui rendit ce lieu fort peuplé. Entre ces mines on estime celles qu'on nomme d'*Amador Cabrera*. C'est un dur rocher, rempli d'une infinité de veines d'argent vif qui courent par toute la masse. Il a quatre-vingt annes d'Espagne de long, quarante de large, & il est creusé de tous côtez de quatre-vingt coudées de profondeur: desorte que trois cens mineurs y peuvent travailler tous à la fois. On tire tous les ans des mines de *Guancabelica* pour un million de livres d'argent vif qu'on mene par terre à Lima, puis à Arica, & delà à Potosi.

GUAN. (l'Isle de) Voïez GUAM.

GUANABE, petite Isle de l'Amerique, au Couchant de l'Isle de St. Domingue au Nord du petit Gouave & du quartier du Sud.

GUANAHANI [c], (L'ISLE DE) ou l'Isle de St. Sauveur: Isle de l'Amerique Septentrionale & l'une des Isles Lucayes, dans la Mer du Nord. Elle est située à 13. d. de Latitude Septentrionale. Ce fut la premiere terre que Christophle Colomb découvrit dans le Nouveau Monde le Jeudi 11. Octobre 1492. Il la nomma L'ISLE DE ST. SAUVEUR, parce qu'il sauva sa vie par cette découverte & se delivra heureusement de la persécution des Espagnols qui le vouloient tuer ce jour-là même, & s'en retourner en Espagne sans avoir rien fait, s'il n'avoit heureusement découvert cette terre qui est à l'Est de celle d'Yuma & au Nord de Triangulo & de Guanima avec un assez bon port. Les Anglois l'appellent GUMBOA & ceux du Pays CUZEATLAN, mais elle n'est peuplée que des naturels de ces Isles.

[c] Baudrand Edit. 1705.

GUANAIA, Isle de l'Amerique dans le Golphe de Honduras: à six ou sept lieues du Cap auquel elle est opposée vers le Nord-Ouest. Elle va en penchant vers le Nord & le rivage n'y a point de Havre. Vers le Sud elle a deux ports où il n'est pas facile d'entrer à cause des rochers & des bancs de sable. Cette Isle du temps de Laet [d], étoit habitée par des Sauvages & par quelques Espagnols; & l'on y trouve, dit-il, des Brebis, des Poules, & des Perroquets en abondance. Christophle Colomb qui la découvrit le premier l'avoit appellée

[d] Ind. Occid. l. 17. c. 18.

GUA.   GUA.   361

lée l'Isle des Pins, à cause de la quantité de ces arbres qu'il y vit, mais elle a retenu jusqu'à présent le nom sauvage de Guanaya. De cette Isle jusqu'à celle de GUAYAVA, ou GUYAMA ; (aparemment la même que Monsieur de l'Isle appelle RUATAN), on compte trois ou quatre lieues & six jusqu'à *Utila*, qui a cinq ou six lieues de circuit & qui est toute basse & pleine de bois. Il y en a quelques autres plus petites qui sont comprises aussi sous le nom d'Isles Guanayas; savoir GUAYDIA, HELEN, & SAN FRANCISCO. Toutes ces Isles remplissent le GOLPHE DE GUANAYAS qui est dans le fond de la Baye de Honduras ; il commence à la pointe *del Negro*. On transporte dans ce Golphe sur des Mulets, les Marchandises de l'Audience de Guatimala pour les charger sur les Vaisseaux d'Espagne qui ont coutume d'y arriver tous les ans.

a De l'Isle Atlas.
1. GUANAPE [a], Port de la Mer du Sud, dans l'Amerique Meridionale, au Perou dans l'Audience de Lima, au Midi de Truxillo.

De Laet Ind. Occid. l. 20. c. 31.
b Ibid. l. 10. c. 21.
2. GUANAPE [b], Vallée de l'Amerique Meridionale au Perou à l'Orient du Port de même nom. Elle a été fort peuplée. La bonté d'une boisson appellée Chica qui se faisoit dans cette Vallée la rendoit célèbre. Les naturels y sont à present en petit nombre. Il y a un port où les Navires qui viennent de Panama ont accoutumé d'aborder pour prendre ce qui leur est necessaire. C'est le même Port dont on vient de parler dans l'article precedent.

3. LE FARELLON DE GUANAPE, &

c p. 39.
4. L'ISLE DE GUANAPE, [c] le Suplement de Wodes Rogers en parle ainsi : du Port de Guanchaco à la MONTAGNE DE GUANAPE qui est sous le 8. d. 30′. de Latitude Meridionale, il y a neuf lieues, cours Nord-Nord-Ouest, & Sud-Sud-Est. A moitié chemin on trouve une grande Baye avec une Montagne au milieu qu'on appelle MORRO DE CARRETAS ; la côte est saine & basse près de la Mer. Il ne faut pas mouiller dans cette Baye, à moins que la necessité n'y oblige, parce que la Mer y est fort rude. En deça de Guanape on voit un gros Rocher qu'on appelle FARELLON DE GUANAPE & au delà de ce Rocher une petite Isle avec un bon Canal entre deux, où le fond est net. LE CAP DE GUANAPE qui est environné de la Mer & de plusieurs petits rochers, peut avoir une demie lieue de circonference, delà à *Porto Santo*, il y a neuf lieues. On peut courir entre la petite ISLE DE GUANAPE & la terre sans aucun danger, puisque tous les brisans qu'il y a là paroissent au dessus de l'eau. Si on veut aller à Truxillo, il faut naviguer Nord-Ouest, quart au Nord. Du Cap de Guanape à celui de Chao il y a sept lieues Nord-Ouest & Sud-Est.

GUANCABELICA, ou

d Voyage de la Mer du Sud p. 321.
GUANCAVELICA, Ville de l'Amerique Meridionale au Perou dans l'Audience de Lima. C'est, dit Mr. Frezier [d], une petite Ville d'environ cent familles éloignée de soixante lieues de Pisco. Elle est riche & fameuse par la grande quantité de vif argent qu'on tire d'une miniere qui a quarante vares de front & qui seule fournit tous les Moulins d'or & d'ar-

gent du Royaume : les particuliers y travaillent à leurs frais & sont obligez de remettre au Roi tout ce qu'ils tirent, sous peine aux contrevenans de confiscation de tous leurs biens, d'exil & d'esclavage perpetuel à Baldivia. Le Roi le paye à un certain prix fixé, qui étoit alors à soixante Piastres le quintal sur les lieux & le vend à plus haut prix, comme quatre vingt Piastres, dans les mines écartées. Lorsqu'on en a tiré une quantité suffisante le Roi fait fermer l'entrée de la mine & personne n'en peut avoir que de celui des Magazins.

La terre qui contient le vif argent est d'un rouge blanchâtre comme de la brique mal cuite. On la concasse, & on la met dans un fourneau de terre dont le Chapiteau est une voute en Cul de four, un peu spheroïde ; on l'étend sur une grille de fer recouverte de terre, sous laquelle on entretient un petit feu avec de l'Herbe *Icho* qui est plus propre à cela que toute autre matiere combustible : c'est pourquoi il est défendu de la couper à vingt lieues à la ronde. La chaleur se communique au travers de cette terre, & échaufe tellement le minerai combustible, que le vif Argent en sort volatilisé en fumée. Mais comme le Chapiteau est exactement bouché elle ne trouve d'issue que par un petit trou qui communique à une suite de Cucurbites de terre, rondes & emboîtées par le col, les unes dans les autres. Là cette fumée circule & se condense par le moyen d'un peu d'eau qu'il y a au fond de chaque Cucurbite, où le vif argent tombe condensé & en liqueur bien formée ; dans les premieres Cucurbites, il s'en forme moins que dans les dernieres ; & comme elles s'échaufent si fort qu'elles casseroient, on a soin de les rafraîchir par dehors avec de l'eau.

On voit dans cette Ville une autre particularité, c'est une fontaine dont l'eau se petrifie si facilement & si vîte que la plupart des maisons de la Ville en sont bâties. J'en ai vû, dit l'Auteur cité, quelques pierres à Lima qu'on y avoit transporté. Elles sont blanches, un peu jaunatres, legeres & assez dures.

GUANCHACO, ou GOUANCHAQ, comme écrit Monsr. de l'Isle, Port de la Mer du Sud dans l'Amerique Meridionale sur la côte du Bresil sous le 8. d. de Latitude Meridionale à quatorze lieues de Malabrigo & à neuf de la Montagne de Guanape. L'Auteur du Supplément aux Voyages de Wodes Rogers [e] donne cet avis aux Navigateurs, à deux lieues, ou environ en deça de Guanchaco, (en venant au Nord) vous verrez une pointe de terre qui s'élève par degrez vers le Pays & tombe ensuite tout d'un coup ; ensorte qu'elle paroit d'abord plus haute que ces Montagnes & qu'il semble y avoir à la fin un precipice entre deux : si vous touchez à ce Havre, allez y la sonde à la main & lorsque vous verrez l'Eglise qui est dans la Ville, donnez fond & vous aurez dix brasses d'eau. Lorsque vous avez le *Cerro Campana* Nord-Est-quart au Nord vous pouvez mouiller à sept, huit, neuf, ou dix brasses d'eau ; mais quand vous êtes sur les ancres, il faut les nétoyer de temps en temps parce qu'il y a dans ce Port une si grande quantité d'Herbes maritimes que les houles y amenent qu'elles enterreroient les

e p. 39.

Z z   unes

unes & les autres si l'on n'avoit soin de les en debarasser.

GUANCHOS, ou GUANCHIOS, ancien Peuple d'Afrique dans les Isles Canaries. C'en sont les anciens habitans. Le Sieur de la Croix dans sa Relation de l'Afrique[a] en rapporte des choses singulieres sur la maniere dont ils embaumoient les Corps de leurs Ancêtres. On voit, dit-il, peu de leurs descendans & le petit nombre qui en reste a quité les mœurs farouches & sauvages pour s'accommoder à la maniere de vivre des Espagnols. Ils sont fort pauvres & miserables.

[a] T. 4.

GUANGARA. Voiez GANGARA.

GUANIBA. Voiez l'article suivant.

GUANIMA, Petite Isle de l'Amerique Septentrionale dans la Mer du Nord & l'une des Lucayes, au Midi de l'Isle de Guanahani, dont elle n'est éloignée que de trois lieues en allant vers Samana. Christophle Colomb qui la découvrit la nomma SAINTE MARIE DE LA CONCEPTION; & les Anglois la nomment FORMEO, mais elle est peu habitée par ceux du Pays & s'étend en long l'espace de douze lieues. Quelques-uns la nomment GUANIBA. Mr. de l'Isle l'appelle YUMETA ou LONG ILAND. Sa partie Septentrionale est presque sous le Tropique du Cancer.

GUANO[b], petite Isle de l'Amerique Meridionale sur la côte du Perou dans la Mer du Sud; à trois lieues de Xuli, & auprès de l'embouchure de la Riviere de Nombre de Dios. Mr. de l'Isle la met beaucoup plus au Midi & la nomme ISLE DE GOUANE.

[b] Suplement de Woodes Rogers p. 57. & de l'Isle Atlas.

GUANUCO, Contrée de l'Amerique Septentrionale dans l'Audience de Lima. De Laet[c] dit: dans cette contrée étoit autrefois un très-grand & très-somptueux Palais, bâti de fort grandes pierres, jointes ensemble avec beaucoup d'industrie & de propreté. Pedro de Ciéça rapporte que c'étoit la Citadelle des Provinces qui sont depuis Caxalmaca jusqu'aux Andes, qu'il y avoit auprès un Temple du Soleil avec ses Vestales, & que ce Temple étoit en si grande veneration durant l'Empire des Incas qu'il y avoit continuellement jusqu'à trente mille Indiens pour y servir. Il y a presentement une Colonie d'Espagnols appellée LEON DE GUANUCO; ou selon d'autres GUANUCO DE LOS CAVALLEROS à quarante-cinq lieues de Lima vers le Nord-Est, le long du chemin qui mene aux Montagnes. Cette Ville est riche, agréable & abondante en tout ce qui est necessaire pour la vie. Elle est habitée de trois cens familles d'Espagnols & de plusieurs Indiens & Negres. Elle a son Corregidor, un Couvent de Religieux, un College de Jesuites & des maisons de Nobles. Assez proche de la Ville passe la Riviere du Maragnon qui vient des Montagnes de Bonbon (ou plutôt du Lac de Bonbon qui est au Midi de Guanuco) la terre est fertile, & a des mines d'Argent. L'air y est fort sain. Les Indiens sont fort diligens & dociles, & depuis qu'ils ont appris des Espagnols à semer du froment, ils ont rejetté leur mays qui nourrit moins & qui fait un sang plus grossier. Le Pays est riche en Vaches, en Jumens, & en Brebis, & porte des Vignes, des figuiers & autres arbres fruitiers étrangers & domestiques. Les Bois y sont remplis de Perdrix & autres Oiseaux, & les Montagnes de bêtes sauvages & d'Ours. Sous le ressort de la Ville de Guanuco sont compris les CONCHUCOS Indiens de taille mediocre & en petit nombre, depuis que les Espagnols les ont détruits. Les contrées de GUAILA, BONBON & TARAMA sont aussi de son ressort: desorte que selon le temoignage de Herrera il y a trente mille Indiens tributaires entre ses Limites. Ces Provinces appartenoient anciennement à Lima, mais l'utilité du Royaume ayant voulu que l'on ait bâti cette autre Ville, elles lui ont été attribuées. Les Viticos sont du même Diocèse; ils habitent au haut des Andes dans des lieux rudes & difficiles.

[c] Ind. Occid. J. 10. c. 28.

GUAPACHOS, (LES) Peuple de l'Amerique Meridionale au Paraguay, aux confins du Tucuman, & entre les sources de Rio Vermeio & du Salado qui tombent l'un & l'autre dans le Paraguay.

GUAPAS[d], Peuple de l'Amerique Meridionale, à l'extremité Orientale du Perou & de l'Audience de Los Charchas.

[d] Lettres Edif. T. 11.

GUAPAY, ou GUAPAIX, (le) Riviere de l'Amerique Meridionale. Elle a ses sources au Perou, dans les Montagnes des Andes. L'une s'apelle RIO GRANDE auprès de Cochabanba & se joint à la Puiserga auprès de Misco; mais la principale vient de Chuquisaca. Ces Rivieres jointes ensemble dans un même lit s'appellent Guapay; il serpente vers le Nord au travers du Pays de Chiquitos, où il reçoit les eaux de quelques autres Rivieres, passe entre les Bourgades de S. Joseph g. & de Ste Croix d. reçoit les eaux de Rio Piraix & de Rio Sara qui vient du Pays des Tapacuras, & à Corette celle de Rio Chapare. Il arrose ensuite les Moyos, la Ville de la Trinité d. & se grossit des Rivieres de MACOBI, TIAMACHU, APERE, &c. passe au Bourg nommé l'Exaltation de Ste Croix, & s'étant enflé de quelques autres Rivieres qu'il rencontre il prend le nom de Mamore, qu'il va perdre enfin dans le grand Fleuve des Amazones; Mr. del'Isle la nomme, selon les differentes parties de son cours, Riviere de CACHIMAYO, ou DE LA PLATA, R. DE GUAPAY, MADERE, ou R. DU BOIS. Mais sur sa Carte du Perou en 1703. il n'a pu profiter des lumieres que l'on trouve dans la Carte que les PP. Jesuites ont donnée en 1717. des sources de cette Riviere; auprès de laquelle, ils ont quelques Missions.

[e] Carte du Perou.

GUARA, ou GUADRA, Port de l'Amerique Meridionale dans la Mer du Sud sur la côte du Perou. De Laet[f] dit: il est à six lieues de la Barranca; & il y a des Salines qui en sont peu éloignées. Olivier les met à deux lieues de là & à dix-huit de Lima. Il dit que dans une certaine Vallée, où les flots de Mer ne penetrent pas on trouve du Sel en grosses pierres amoncelées ensemble. Selon l'Auteur du Suplement aux Voyages de Woodes Rogers[g] ce Port de Guara est sous le 11. d. 20' de Latitude Meridionale à une lieue de l'Isle de St. Martin. Au dessous du vent de cette Isle il y en a une autre petite, qu'on nomme l'ISLE DE LOBOS, ou l'Isle des Loups, près de laquelle il y a une Batture dont il ne faut pas approcher non plus que du Canal qui est entre ces Isles & le Rivage parce qu'il y a peu d'eau. Pour entrer

[f] Ind. Occid. l. 10. c. 32.

[g] p. 45. & 46.

GUA.   GUA.   363

entrer dans ce Port il faut que vous ayez l'Isle de Lobos & les deux vieilles murailles qui ressemblent à deux Colomnes situées sur le Cap, à votre arriere ; laissez alors tomber l'Ancre avec quelque soin, parce qu'il y a plusieurs petits rochers pointus qui endommageroient vos Cables. Souvenez-vous aussi d'amarrer avec un Grapin à terre à cause des Houles. Vous y trouverez d'ailleurs de bonne eau & l'on peut avoir toute sorte de provisions de la Ville qui est à une lieue du Havre. Il n'y a aussi qu'une lieue de la pointe de Guara au Port de Guacho. Mr. de l'Isle écrit GUAURA.

a Corn. Dict. GUARAIGUAZU [a], Riviere de l'Amerique Meridionale au Bresil dans la Province de Fernambouc, où elle a son cours d'Occident en Orient. Il y a deux Rivieres à peu près de même nom dans la même Province, sçavoir celle-ci que les Portugais nomment RIO DE SANT ANTONIO GRANDE & celle de GUARAIMIRI, qu'ils appellent EL RIO DE SANT ANTONIO MENINO, parce qu'elle est plus petite & moins considerable que l'autre.

b Lettres Edif. T. 12. GUARANIS [b], Peuple de l'Amerique Meridionale au Paraguay. Les PP. Jesuites y ont établi une Mission.

c Ibid Carte de la Mission des Moxes. GUARAYOS [c], Peuple de l'Amerique Meridionale dans le voisinage des Majos ou Moxes ; entre les Rivieres d'Ubay & d'Yraibi qui tombent dans le Guazumiri & enfin dans l'Itonamas qui se perd dans la Mamore, ou Riviere de Guapay.

d l.1.c.5. GUARCENUM. Lieu d'Italie dans la Campanie. Columelle [d] dit que de l'eau dont la source étoit dans les Montagnes s'y precipitoit entre les rochers.

e De Laet Ind. Occid. l.10.c.24. GUARCO [e], Vallée de l'Amerique Meridionale au Perou, à cinq lieues de celle de Mala. Elle est fort large & remplie d'arbres odoriferans. La terre y est très-fertile en froment & en Mays & toutes les autres choses que l'on y séme y viennent très-bien. Les Incas anciens Rois du Perou y avoient une somptueuse Forteresse, bâtie de grosses pierres de Taille sur un côteau qui commande sur la Vallée. On descendoit de ce Fort jusqu'à la Mer par un Escalier de pierre contre lequel se brisoient les flots. Ce Palais étoit orné de Sculptures assez belles, selon la capacité d'une Nation sauvage. On y gardoit un grand thresor de ces Rois. Ce que l'on doit surtout admirer dans cet Edifice c'est que les grosses pierres qui le composoient étoient jointes de telle sorte que sans aucun Mortier, on pouvoit à peine appercevoir les jointures. Le temps a fait tomber cette masse, mais les ruines font encore connoitre quelle en étoit la magnificence. Entre autres Auteurs qui en font mention Garcilasso dit qu'au temps de l'Inca Pachacutée cette Vallée & celles de Chilca & de Mala furent conquises sur un puissant Prince de ces quartiers-là appellé Chuquimancu & jointes au Royaume de Cusco. La Vallée de Guarco étoit alors peuplée de trente mille habitans & les Vallées voisines presque de la même sort. Ce nombre est presentement beaucoup diminué.

f Suplement de Woodes Rogers p. 51. Mr. de l'Isle dit CANNETTE, ou GUARCO. Ce dernier nom est celui de la Vallée & le premier est celui d'une [f] Ville qu'on y a bâtie, à l'Embouchure de la Riviere de Cerca, à sept lieues de l'Isle d'Asia. Il y a aussi un Havre.

1. GUARDA, Ville du Royaume de Portugal dans la Province de Beira. Voiez l'article de GUARDIA 1.

2. GUARDA [g], Village de Suisse au Pays des Grisons avec une Paroisse qui depend de la Communauté de la basse Engadine. *g Etat & Delices de la Suisse T. 4 p. 64.*

GUARDAFUI, ou GARDAFU. Voiez cet article au mot CAP.

GUARDAMAR, Forteresse d'Espagne au Royaume de Valence, sur la côte & à l'Embouchure de la Segura. Voiez LONGUNTICA.

GUARDAN [h], Montagne d'Afrique au Royaume de Fez dans la Province de Garet. Elle touche à celle de Quizina ou Teuxin du côté du Nord, & s'étend quatre lieues le long de la Mer Mediterranée & trois vers la Riviere de Nocor. Les habitans gens riches, braves & magnifiques, sont d'entre les Zenetes, & forment dans un Marché tous les Samedis près d'une petite Riviere. Les Marchands de Fez y viennent avec les Arabes du Desert & les Bereberes des Montagnes & ils y achetent de la cire, de l'huile, des cuirs, & tout ce qui sert à enharnacher des Chevaux & le reste de leur équipage. Ces Bereberes n'ont point de vignes, & ne boivent point de vin, comme ceux d'Errif, ne payent aucun Tribut, & font seulement chaque année un present au Roi de Fez, en Argent, en Chevaux, ou en Esclaves, & par ce moyen ils ont conservé leur liberté quoiqu'ils se soient reservé le droit de faire tel qu'ils veulent, il va ordinairement au delà de ce qu'ils payeroient de contribution. Ils étoient autrefois vassaux des Seigneurs de Velez. Mais un célebre Alfaqui qui en étoit, fit si bien avec le Roi de Fez, que ce Prince les incorpora à la Couronne à la charge de ce present. Ils sont sept mille hommes de combat, parmi lesquels il y a plus de cinq cens Chevaux, & plusieurs Arquebusiers tous bien en ordre. *h Marmol Afrique l. 4. c. 105.*

1. GUARDE [i], (LE LAC DE) grand Lac de Nigritie formé par le Niger. Sa partie Septentrionale est du Royaume d'Agdes, ou d'Agades d'où il reçoit une Riviere auprès de laquelle est située la Ville de SECMARA : sa partie Occidentale est du Royaume de Cassena ou de Ghana. C'est par là que le Niger entre dans ce Lac qui dans sa partie Meridionale est nommé LAC DE SIGISMES. Les deux Villes de Ghana sont aux deux côtez du Niger à son Embouchure dans ce Lac. Sa partie Meridionale & l'Occidentale sont du Royaume de Guber. A la sortie du Niger & au Couchant du Lac est au Midi la Ville de TIMBY, ou TAMBY. SEGMEDA & MURA sont aussi près de ce Lac en allant vers le Nord. Sur sa côte Orientale est Reghebil, autre Ville. Ce Lac reçoit aussi du Midi une petite Riviere qui vient de Guber ; au Nord de l'Embouchure de cette Riviere est une grande Isle. Les Royaumes de *Canum* & de *Gago*, n'y confinent pas quoique Mr. Baudrand le dise. *i De l'Isle Carte de la Barbarie, Nigritie &c.*

2. GUARDE, ou GARDE, Siége Episcopal du Groenland. Voiez l'article GROENLAND.

Zz 2   1. GUAR-

a Baudrand Ed. 1705.	1. GUARDIA [a], Village d'Espagne dans l'Andalousie, à deux lieues & au Midi Oriental de Jaen. C'étoit autrefois une Ville Episcopale dont le Siége est presentement à Jaen. Voiez MENTESA.
b Ibid.	2. GUARDIA, ou GUARDE [b], Ville du Royaume de Portugal dans la Province de Beira avec un Evêché Suffragant de l'Archevêché de Lisbonne, presque au milieu entre Coria au Levant d'Hyver & Lamego au Couchant d'Eté proche de la Source de la Riviere de Mondego, & à onze lieues de Viseu au Levant en allant vers Ciudad Rodrigo.
c Ibid.	3. GUARDIA, Bourg de la Servie sur la Morave à vingt lieues de Widdin, selon Mr. Baudrand [c], c'étoit anciennement une Ville de la Haute Moesie nommée ORRHEA, ou HORREUM MARGI. Voiez ces Articles.
d De Wit Atlas.	4. GUARDIA [d], Riviere de la Morée dans la Province du Belveder, sur la côte Occidentale de l'Isle & serpentant vers le Couchant elle se perd dans le Golphe de Zonchio, vis-à-vis la partie Septentrionale de la petite Isle de Prodano; au Midi du Bourg dont elle porte le nom. Voiez SELAS.
e Ibid.	5. GUARDIA [e], Bourg de la Morée sur la côte Occidentale au Nord de l'Embouchure d'une Riviere de même nom, entre Arcadia au Nord & Navarin au Midi.
f Baudrand & Jaillot Atlas.	6. GUARDIA ALFEREZ [f], Ville d'Italie au Royaume de Naples, dans le Comté de Molise avec un Evêché Suffragant de l'Archevêché de Benevent, sur la Riviere de Tiferno. Elle est petite & presque deserte à cause du mauvais air. Elle est aux Confins de la Capitanate à cinq milles & au Couchant d'été de Larino.
	7. GUARDIA GIRARDO, Bourg d'Italie au Royaume de Naples au Comté de Molise à quatre lieues de la Ville de Molise vers le Couchant, selon Mr. Baudrand.
	§ Ce Bourg n'est point marqué sur les Cartes. Peut-être y a-t-il de l'erreur. Mais je trouve un Bourg nommé GUARDIA dans le
g Magin.	même Comté de Molise [g] à la source du Tiferno, au Sud-Est de Boyano & à même distance de cette Ville que Guardia d'Alfares est de Larino.
h Sanson Carte du Royaume de Fez.	GUARGA [h], Riviere d'Afrique au Royaume de Fez. Elle a sa source dans la Province d'Errif, traverse celle de Habat & enfin après avoir bien serpenté vers l'Occident elle entre dans la Suba, Sebu, ou Sebou qui se perd dans la Mer à la Mamore.
i De l'Isle Atlas.	GUARGALA [i], ou GUERGUELA, petit Royaume d'Afrique au Midi du Mont Atlas. Il est borné au Nord par le Pays de Zab & par le Bildulgerid propre, à l'Orient par le Pays de GADAMIS; au Midi par le desert de Nefissa qui en occupe une partie & au Couchant par le Royaume de TICARTE, ou TECORT. La partie Septentrionale est occupée par des Arabes logez sous des tentes. Dap-
k Afrique p. 212.	per [k] nomme ce Pays la Seigneurie de Guargala, ou de QUERQUELEN. Voici ce qu'il dit de la Capitale : la Ville qui donne son nom à toute la Contrée est fort ancienne & on tient qu'elle a été connue sous le nom de Tamarca. (Voiez ce mot) Elle a été construite par les Africains dans le desert de la Numidie, au mi-

	lieu du Pays sous les 37. d. 30'. de Longitude & sous le 25. d. 50'. de Latitude. Le Terroir porte beaucoup de Dates, mais on y manque de bled & de bétail & on s'y nourrit de chair de chameau & d'Autruche. La plupart des habitans sont Negres, non à cause du Climat & de la temperature de l'air, mais à cause qu'ils s'allient avec des Esclaves Negres qui font des Enfans qui leur ressemblent. Il y a beaucoup d'Artisans & de gens qui s'adonnent au Negoce. Ils sont francs, affables, liberaux & traitent bien les étrangers, parce que leur Commerce fournit à leurs necessitez, en leur apportant du Bled, des Chairs salées, des Draps, des Toiles, des Armes & des Couteaux. Voiez GUERGUELA.
l Suplement au Voyage de Woodes Rogers, p. 43.	GUARMAY [l], Port & Bourgade & Vallée de l'Amerique Meridionale au Perou dans la Mer du Sud. A dix lieues de Mongon, sous le 10. d. 30'. de Latitude Meridionale, à l'Embouchure d'une petite Riviere, qui coule dans la Vallée de Guarmay. Garcilasso nomme cette Vallée HUALLMI. Elle étoit anciennement fort peuplée & ce n'est plus aujourd'hui qu'une habitation de Pastres qui y
m Ind. Occid. l. 10. c. 21.	nourrissent beaucoup de Cochons & peu de Vaches. Ils occupent, dit de Laet [m], une Bourgade de ce même nom proche d'un Havre commode & capable de contenir plusieurs Navires. Le Hollandois Spilberg y jetta les Ancres l'an 1615. après qu'il eut defait l'armée du Viceroi du Perou. On voit encore en ce lieu les ruines d'un vieux Château.
n Decret. Caus. 2.	GUARMACIENSE CONCILIUM [n]; ce nom se trouve dans le Decret de Gratien. Ortelius croit très-sagement qu'il s'agit du Concile tenu à Wormes.
o Variæ. l. 3.	GUARNORUM REX, on trouve une Lettre de Theodoric à un Roi qui étoit ainsi appellé, dans les ouvrages de Cassiodore [o]. Ortelius croit qu'il faut lire CARNORUM. Voiez CARNI.
p Ersier Voyage de la Mer du Sud T. 1. p. 49.	GUARUPA [p], Port de la Mer du Nord dans l'Amerique Meridionale au Bresil, à sept ou huit lieues au Nord de l'Isle de Ste. Catherine. On y est à l'abri de tous vents. Il est difficile à connoitre parce qu'au dehors il ne paroît qu'une grande anse au fond de laquelle est la petite ouverture du Port.
q Suplement au Voyage de Woodes Rogers p. 65.	GUASCO [q], Port, Riviere & Vallée de l'Amerique Meridionale sur la côte du Chili. Le Port est à 28. d. 45'. de Latitude Meridionale à quinze lieues de l'Isle de Totoral. Ce Havre est bon depuis le Sud jusqu'au Nord-Ouest. Il est habité, il faut mouiller vis-à-vis de la Riviere près d'une petite Isle basse. La pointe du Continent est environnée de sept ou huit rochers qui paroissent hors de l'eau & sur une pointe il y a une Montagne de sable un peu crevassée auprès de laquelle on peut aussi mouiller. On voit deux ou trois autres petites Isles & la Montagne au dessus du Port est haute, grosse, & ronde. J'ai deja parlé de la Riviere dans l'article du Chili. De Laet
r Ind. Occid. l. 11. c. 4.	dit [r], que ce Port est dans une Baye ouverte par laquelle se décharge une petite Riviere; elle vient des Montagnes de Neige qui couvrent que l'on appelle aussi Guasco, & en arrose les Champs qu'elle rend très-fertiles. Il y a un nombre infini de perdrix dans cette Vallée,

GUA.

lée, & elle nourrit des brebis en quantité. On y voit aussi force écureuils de couleur cendrée & de couleur brune dont les peaux sont d'un grand usage. La Ville de St. Jacques de la nouvelle Estremadure y fût autrefois bâtie.

GUASACOALCO, ou GUAZACOALCO [a] ou GUASIKWALP [b]. Riviere de l'Amerique dans la nouvelle Espagne, dans la Province de Guaxaca d'où elle va se perdre dans la Baye de Campéche. Elle [c] est à huit lieues de celle de Tondelo, & plus profonde que celle de Tobasco, quoiqu'elle ne soit pas la moitié si large. Cette riviere se peut naviger un fort long espace de chemin, surtout pour les Chaloupes ou pour les petites barques. Sa barre est une des moins dangereuses de cette côte. Il y a quatorze piez d'eau par dessus & peu de Mer. Quand on l'a passée on trouve beaucoup d'eau & un fond de vase. Les bords de chaque côté sont bas. On y voit de grands Bois sur celui de l'Est & des Savanas sur l'autre. On y trouve quelque bétail, mais depuis que ces côtes ont été fréquentées par les Boucaniers, les Espagnols ont fait passer la plus grande partie de leurs bœufs plus avant dans le Pays.

[a] De l'Isle Atlas.
[b] Cora. Dict.
[c] Dampier Suplement 2 part. c. 5.

GUASTALLA [d], Ville d'Italie en Lombardie près du Po, sur la frontiere du Duché de Modene & presque au milieu entre Mantoue au Septentrion & Reggio au Midi: elle est petite, mais forte. Elle a un petit territoire qui est possédé à titre de Duché par une Branche de la Maison de Mantoue. Le dernier Duc de Mantoue ayant été mis au ban de l'Empire & étant mort avant sa reconciliation avec l'Empereur, ce Monarque s'est emparé du Duché de Mantoue au prejudice du Duc de Guastalla, qui n'a pu encore obtenir la jouïssance de ses droits.

[d] Memoires.

GUASTECA (LA) Province de l'Amerique Septentrionale dans la nouvelle Espagne: on l'appelle aussi PANUCO. Voyez ce mot.

GUASTO [e], Ville d'Italie au Royaume de Naples dans l'Abbruzze citerieure. On l'appelle aussi GUASTO D'AIMONE, & quelquefois VASTO, entre l'embouchure de la Riviere de Trigno & celle de l'Asinella dans le Golphe de Venise environ à seize milles de Lanciano au Sud-est, en allant vers Termoli.

[e] Baudrand Ed. 1705. & Jaillot.

GUATALCO, Voyez AGUATULCO.

GUATAO [f], Isle de l'Amerique Septentrionale dans la Mer du Nord l'une des Lucayes. Elle est à dix lieues de celle de CURATEO & s'étend en long Est-Ouest. Son extremité Orientale est à 25. d. 46'. son extremité Occidentale à 27. d. & quelques minutes. Elle est environnée d'écueils, de basses & de rochers.

[f] De Laet. Ind. Occid. l. 1. c. 16.

GUATAPORI, Riviere de l'Amerique Meridionale dans la Terre ferme & dans la Province de Ste. Marthe. Elle descend de Montagnes chargées de neiges, ce qui rend ses eaux si froides qu'elles causent diverses incommoditez à ceux qui en boivent. Elle passe à CIUDAD DE LOS REYES, elle se mêle avec Rio Cesar qui en porte les eaux dans la Riviere de la Madelaine.

GUATARIA. Voyez GUETARIA.

GUA.

GUATES (LES) Peuple sauvage de l'Amerique Meridionale au Paraguay sur la riviere de même nom.

GUATIMALA [g], Province de l'Amerique Septentrionale dans la Nouvelle Espagne. Elle ne comprenoit autrefois que celle de Nicaragua & de Guatimala proprement dite, & outre ces deux Provinces particulieres, elle en embrasse aujourd'hui onze autres; sçavoir celles de SAN SALVADOR, de SAN MIGUEL, de CHIAPA, de SOCONUSCO, de SUCHILEPECO, de la VERAPAZ, des YZALÇOS, de HONDURAS, de CHULUTECA, de TAGUZGALPA & de COSTA RICA. Le long de la côte de la mer du Sud, elle s'étend entre le Sud-est & le Nord-ouest, plus de trois cens lieues de long, mais selon la droite ligne entre l'Est & l'Ouest, elle n'en a que deux cens quarante. Sa largeur où elle est la plus grande, est de cent quatre-vingt lieues. Il part tous les ans de ces Provinces plusieurs Navires chargez de Cacao, c'est un fruit plus petit qu'une amande, mais plus compacte & d'une bonne saveur. Les habitans se servent de ce fruit pour monnoye; & on vend certaines choses cinq, dix, trente & cent Cacaos. On y donne même l'aumône aux pauvres; mais la principale chose à quoi on s'en sert, c'est à faire le breuvage qu'ils appellent *Chocolat*, & qui leur paroît si délicieux, qu'ils ne sauroient vivre s'ils n'en prennent. Ces Provinces abondent aussi en Mays, dont ils font du pain & diverses potions mixtionnées.

[g] Corn. Dict. De Laet Ind. Occid. l. 7. c. 1. & 9.

Les villes principales de Guatimala sont S. JAGO, S. SALVADOR, SPIRITU SANTO, S. MIGUEL, LA TRINIDAD, ANTEQUERA, XERES & quelques autres. Ce Gouvernement a divers Ports, entr'autres la Baye de FONSECA proche de la Bourgade de S. Miguel decouverte en 1522. par Gil-Gonçalez d'Avila, qui la nomma ainsi à l'honneur de Juan Rodriguez de Fonseca Evêque de Burgos, qui étoit pour lors Président au Conseil des Indes, établi en Espagne. Au dedans de la Baye il y a une petite Isle que le même Gil appella PETRONILLA. On a tâché long temps de persuader au Conseil d'Espagne que la navigation seroit plus facile & plus asseurée de la baye de Fonseca au Perou que du Port de Panama. Mais on n'y a point eu d'égard. Fuler, Pilote de Candisch, a remarqué qu'il y a dix Isles dans cette Baye, dont quatre sont habitées par des Sauvages, & abondent en eau, en bois & en sel, & qu'au côté Occidental de la même Baye, il y a une Bourgade d'Indiens appellée MATAL où il se trouve du bétail en quantité. Le port d'Acaxutla, qui est le plus considerable de tout le Gouvernement de Guatimala est proche de la Baye de Fonseca. C'est où abordent les navires du Perou & de la nouvelle Espagne. On compte douze lieues vers l'Ouest, de ce Port à la Baye de Guatimala, & sept de la Baye de Guatimala jusqu'à la riviere de Xicapala. Ce Gouvernement n'a aucun Port sur la Mer du Nord, toutefois les Marchandises de l'Europe se transportent par le *Golfo dolce*, du fond de la Baye de Hunduras, jusqu'à une place appellée *El Puerto de*

Zz 3 *Cob-*

GUA.

Golfo dolce, qui est au dedans du Pays, & de là par terre à la ville de S. Jago de Guatimala, Capitale de ces Provinces, & aux autres villes du même Gouvernement.

La Province que l'on appelle aujourd'hui proprement GUATIMALA, & en langue des Indiens QUATUEMALLÆ, qui veut dire, arbre pourri, est maritime, & a dix-sept lieues de long ou environ, selon la côte de la Mer du Sud, & trente de large entre le Sud & le Nord. Le terroir est fort abondant en mays, en coton, en froment, en bons fruits. Sur tout le Cacao y est d'un grand revenu. Elle abonde aussi en Pâturages, ce qui fait qu'il y a plusieurs censes champêtres, & un très-grand nombre de troupeaux. On la tient mal-saine, tant pour le grand chaud que pour la trop grande humidité. Les vents y soufflent, sur tout ceux du Sud ou du Nord, le premier plus souvent que l'autre, qui n'y dure que quinze ou vingt jours, mais fort froid & impétueux. Le Pays est fort raboteux & plein de montagnes. Il est coupé de plusieurs rivieres, qui outre toute sorte de poissons nourrissent de grands Crocodiles. Les pluyes y sont rares, mais quand elles tombent, c'est avec beaucoup de véhemence, principalement depuis le mois d'Avril jusqu'en Octobre. Il y a des Viperes, des Serpens, beaucoup de Scorpions, & des vers gros & velus, assez dangereux & souvent mortels par leur seul toucher. Ce qui incommode très-fort la nuit & le jour, c'est une multitude infinie de moucherons. Il y a aussi beaucoup de mouches & de guespes, & l'on y trouve quantité d'abeilles qui font leur miel blanc, ainsi que leur cire, & dont les piqueures ne sont pas à craindre. Cette Province porte du baume, & une autre liqueur aromatique semblable à de l'huile, que Gomara dit couler d'une montagne. On l'estime aussi extrêmement pour l'excellent pastel qu'on en tire. On y a une grande disette de sel, on le fait avec beaucoup de depense du sable que la Mer a couvert, & que l'on cuit dans des fournaises à force de feu. Au quartier nommé NESTUPACA, il y a des Lacs qui ont des veines de souffre, ce que l'on connoît par la mauvaise odeur de leurs eaux, & par des morceaux que l'on en trouve coagulez près de leurs rivages. Les pâturages qui sont auprès de ces Lacs, & qui en reçoivent des ruisseaux, ont la proprieté de rendre fort gras les chevaux qui sont maigres & debiles.

Cette Province est séparée de celles de Suchitepeco & de Guasacapan par la riviere de Michaova. C'est une riviere qui sort du Lac Amitatan, à quatre lieues de la ville de San-Jago, & qui se précipite du haut de quelques rochers fort hauts dans une profonde Caverne, au haut de laquelle nichent un nombre infini de perroquets & de grosses chauvesouris fort dangereuses, qui tuent les veaux en suçant leur sang, & qui n'épargnent pas même les hommes quand elles les trouvent endormis. Elles y sont en si grande quantité, que les Sauvages ont été contraints d'abandonner les censes voisines, à cause du dommage continuel qu'elles faisoient au bétail.

Quoique les naturels du Pays ayent une Langue particuliere, la Mexicaine leur est fort commune. Les hommes sont grossiers, mais fort bons Archers. Les femmes y sont un peu plus civiles & savent fort bien filer. Ils ont profité en la Religion Chrétienne plus qu'aucuns autres Sauvages, mais dès qu'ils ne craignent rien, ils retombent dans leurs coûtumes payennes.

Les habits ordinaires des Indiens qui demeurent aux environs de Guatimala, ne sont autre chose qu'une paire de Calçons de laine ou de toile, qui descendent jusqu'aux genoux. Ils marchent nuds pieds la plûpart du temps, si ce n'est quelques-uns qui ont des Sandales ou quelques paires de chausses, sans pourpoint. Ils portent une chemise fort courte, avec une mante de laine ou de toile par dessus. Cette mante est nouée sur une épaule, & pend presque jusqu'à terre de l'autre côté. Il y en a qui portent une natte pour se coucher. Ceux qui n'en ont point passent la nuit sur la terre, envelopez de leurs mantes. Ceux qui ne portent point de fardeaux, ou qui ne travaillent point pour les Espagnols, mais qui demeurent dans les fermes qui leur appartiennent, qui trafiquent à la Campagne avec leurs mulets, qui ont des boutiques dans les villes ou dans les villages, ou qui y sont employez en qualité d'Officiers de Justice, ou de Police, portent du ruban au bas de leurs Calçons, ou y font faire quelque ouvrage en broderie de soye ou de fil, ainsi que sur la mante qu'ils ont autour d'eux, ou l'enrichissent de quelque ouvrage de plumes de differentes couleurs. Il y en a aussi quelques-uns qui ont des pourpoints de toile découpée, & des souliers, mais il en est peu qui ayent des bas à leurs jambes, ou des Colets autour de leur col. Ils couchent sur des ais ou sur des roseaux liez ensemble, un peu élevez de terre, sur quoi on pose une natte fort large & fort propre, avec deux petits billots de bois qui servent de chevet à l'homme & à la femme. Ils mettent leur mante & leur chemise dessus, ou d'autres hardes au lieu de coussin, & se couvrent d'une autre sorte de mante blanche, mais plus grossiere que celle qui leur tient lieu de manteau. Les habits des femmes ne leur coûtent pas beaucoup. Au lieu de jupe elles portent une mante de laine qu'elles lient au deffaut du corps, & qui d'ordinaire est enrichie de broderie de plusieurs couleurs, mais tout d'une piéce, sans nulle coûture, & repliée autour d'elles en dedans. Elles n'ont point de chemises, & couvrent leur nudité avec une espece de surplis qu'on nomme *Guaipil* qui pend depuis leurs épaules jusques au dessous de la ceinture, avec des manches ouvertes fort larges, qui leur couvrent seulement la moitié du bras. Ce *Guaipil* est orné d'ordinaire de quelque ouvrage de plumage ou de coton, sur tout à l'endroit du sein. Elles vont la plûpart nudspieds. Celles qui sont riches portent des souliers nouez avec un ruban fort large. Celles-là portent aussi des pendans d'oreille, & des bracelets, & ont leurs cheveux retroussez avec des bandelettes, sans coëfe, ni aucune chose qui les couvre, à l'exception des femmes les plus distinguées, qui lorsqu'elles sortent ont une

a Th. Gage Voyage aux Indes Occidentales 3. part.

GUA.

une espece de voile de toile fine qui leur couvre la tête & descend presque jusqu'à terre, qu'elles lient autour d'elles avec un ruban. C'est ce qu'il y a de plus cher en leurs habits.

Leurs maisons ne sont que des cabanes couvertes de chaume, sans aucunes chambres hautes. Ils en ont seulement une ou deux basses, en l'une desquelles ils apprêtent leurs viandes, faisant le feu au milieu entre deux ou trois pierres, sans qu'il y ait de tuyau ni de cheminée pour conduire la fumée hors de la maison. Ceux qui sont pauvres n'ont qu'une chambre où ils apprêtent leurs viandes, où ils mangent & se couchent. Comme ils n'ont pour meubles que des pots, des cruches & des plats de terre, avec des coupes pour boire leur Chocolat, ils n'apprehendent point les voleurs. Aussi il y en a fort peu qui ayent des serrures à leurs portes. On ne voit presque aucune maison qui n'ait un bain dans la cour. Ils s'y baignent dans de l'eau chaude, & c'est presque toute leur Medecine, lorsqu'ils ont la moindre indisposition.

Dans chaque village ils sont divisez entre eux par Tribus, qui ont chacune un Chef, à qui s'adressent tous ceux qui en sont, quand il s'agit de quelque affaire importante. Ce Chef est obligé de comparoître pour eux devant les Officiers de la Justice, & de demander reparation des injures qu'on leur a faites. Lorsque quelqu'un d'eux cherche à se marier, le pere du garçon qui veut prendre une femme d'une autre Tribu, va trouver le Chef de la sienne pour l'avertir de ce mariage, & ensuite les Chefs des deux Tribus conferent sur les articles. Ces conferences ont accoûtumé de durer trois mois; pendant lesquels les parens du garçon doivent acheter la fille par des presens, & acquitter la dépense qui se fait à boire & à manger, lorsque les Chefs des Tribus conferent ensemble avec les parens des deux parties, ce qui dure ordinairement un jour entier jusqu'à la nuit. Après plusieurs jours passés ainsi, s'il arrive qu'on ne puisse s'accorder sur le mariage, les parens de la fille sont obligez de rendre à ceux du garçon tous les presens qu'ils en ont reçû. Lorsque ces Indiens meurent tout ce qu'ils possedent de meubles & d'immeubles est partagé entre les fils par égales portions & les filles n'y ont rien. Si quelqu'un d'entre eux n'a point de maison ou qu'il veuille faire recouvrir la sienne, on en donne avis aux Chefs des Tribus, qui en informent les habitans du village, & alors chacun est obligé d'apporter une botte de paille ou quelques autres materiaux, de sorte qu'en un seul jour une maison se trouve bâtie. La plupart des temps les PAMERES n'ont pour leur manger qu'un plat de Phaseoles blancs & noirs, dont il y a quantité en ce Pays-là, & que l'on conserve secs toute l'année. C'est une espece de feves qu'ils font bouillir avec du Chilé. Quand ils n'en ont point, leur portion ordinaire est des *Tortilles*. Ce sont de petits gâteaux ronds faits avec de la pâte de Mahis, qu'ils mangent tout chaud, en sortant d'une terrine où ils les font cuire sur le champ. Lorsque leur Mahis est encore vert & tendre, ils font bouillir la tige avec

GUA. 367

les épis & les feuilles qui sont à l'entour & les mangent ensuite avec du sel. Le Samedi au soir, quelques-uns au retour de leur travail, achettent de la viande pour l'accommoder en *Tassajos*, qui sont des morceaux de chair roulez & liez bien fort. C'est le bœuf salé de l'Amerique. Après qu'ils ont coupé toute la chair de la cuisse d'un bœuf, & qu'ils l'ont séparée des os en forme de petites cordelettes, ils la salent & l'exposent au vent dans leur cour huit jours durant. Ensuite ils la mettent encore autant à la fumée, après quoi ils en font de petits rouleaux qui deviennent durs comme une corne, & quand ils en ont affaire, ils les lavent, les font bouillir & les mangent. Ce Tassajo est une fort bonne marchandise, à laquelle plusieurs Espagnols se sont enrichis, par le moyen du trafic qu'ils ont fait dans les villages où l'on ne vend point de viande, & où ils le trafiquent avec les Indiens pour du Cacao. Ils vont aussi à la chasse en de certains temps, & quand ils ont tué quelque Daim à coups de flêches, ils le laissent toute une semaine sous des feuilles d'arbres, jusqu'à ce que l'Animal soit plein de vers, & qu'il commence à sentir. Alors ils l'apportent chez eux, le coupent en pièces, & le font bouillir avec une herbe, qui lui ôte sa mauvaise odeur, & rend cette chair aussi tendre & aussi blanche que celle d'un Coq-d'Inde lorsqu'il est à demi cuit. Ils en mettent les morceaux quelque temps à la fumée, les font bouillir de nouveau quand ils en veulent manger, & l'apprêtent ordinairement avec un peu de poivre rouge. Ces mêmes Indiens aiment fort les herissons, qui sont tous pleins d'aiguillons & piquants comme les nôtres. On les trouve dans les bois & dans les champs où ils se retirent dans des trous, & ne vivent que de fourmis & de leurs œufs, de bois pourri, d'herbes, & de racines. Leur chair est blanche, grasse comme celle d'une poule qu'on a pris soin d'engraisser & d'aussi bon goût que celle d'un Lapin. Ils mangent aussi beaucoup d'une sorte de lezards qu'ils appellent *Iguana*. Ils sont plus longs qu'un lapin, & ressemblent à un Scorpion, ayant sur le dos des écailles vertes & noires. Les uns se trouvent dans l'eau, & les autres sur la terre: ces derniers courent aussi vîte que nos lezards & sont fort hideux à voir. Ils grimpent sur les arbres comme font les écureuils & emportent même les racines dans les murailles.

Les Indiens en général aiment tous à boire, & quand ils peuvent avoir de quelque breuvage qui enyvre, ils en boivent jusqu'à l'excès. Entre autres ils en font un qu'ils nomment *Chicha*, qui sent très-mauvais, & qui est beaucoup plus fort que du vin. Ils le font dans de grandes cruches ou pots de terre qu'on leur apporte d'Espagne. Ils y mettent un peu d'eau & ensuite ils remplissent le vaisseau de jus de cannes de sucre, avec un peu de miel pour le rendre doux, & afin qu'il ait de la force, ils y mettent des racines & des feuilles de Tabac & d'autres racines qui croissent en ce Pays-là. Ils y mettent aussi quelquefois un crapaud vivant, & laissent fermenter tout cela ensemble pendant quinze jours

ou

ou un mois entier, après quoi ils ouvrent le vaiſſeau, & invitent leurs amis à le venir vuider avec eux, ce qu'ils font ordinairement la nuit de peur d'être decouverts par le Prêtre du village, ils ne ceſſent point de boire qu'ils ne ſoient tout à fait yvres.

Quant à leur Gouvernement civil, ils l'ont emprunté des Eſpagnols, & dans les villages qui contiennent trois ou quatres cens familles il y a d'ordinaire deux Alcades, ſix Regidors, deux Alguaſils majors, & ſix autres qui en dépendent. Il y a auſſi quelques villages qui ont le privilege d'avoir un Gouverneur Indien, qui eſt au-deſſus des Alcades & de tous les autres Officiers. Tous les ans on change ces Officiers-là, & d'autres rempliſſent leurs places, choiſis par les Indiens mêmes, qui les nomment tour à tour, les uns après les autres de chaque Tribu. Ils entrent en charge le premier jour de l'année, & auſſi-tôt on fait ſavoir leur élection à la Cour de Guatimala, s'ils en dépendent, ou s'ils ne ſont pas de ſa juriſdiction, aux principaux Magiſtrats ou Gouverneurs Eſpagnols des Provinces qui approuvent cette élection nouvelle. Les Officiers qui ont le Gouvernement entre les mains, peuvent faire châtier tous les Indiens de leurs Villages, qui commettent quelque crime ou quelque ſcandale. Ils ont droit de condamner à l'amande, au fouet & au banniſſement, mais non à la mort. Il faut qu'ils renvoyent ces ſortes de cauſes aux Gouverneurs Eſpagnols. La plûpart de leurs Egliſes ſont voûtées en haut & toutes bâties par les Indiens. L'Egliſe, ſelon la grandeur du Village, a un certain nombre de Chantres, de Trompettes, & de joueurs de Hautbois, ſur leſquels le Curé ou Prêtre ordonne un Officier appellé *Fiſcal*, qui marche devant eux un bâton blanc à la main avec une Croix d'argent au bout. Les Dimanches & les fêtes il eſt obligé d'aſſembler à l'Egliſe les jeunes garçons & les filles devant & après le ſervice & de leur enſeigner les commandements de Dieu, la maniere de prier & tout ce qui regarde la Religion. Il faut auſſi que ce Fiſcal & les autres Muſiciens auſſi bien que les Eſpagnols, ſe rendent à l'Egliſe au ſon de la cloche pour chanter la Meſſe qu'on célebre avec des orgues & d'autres inſtrumens de Muſique. Ils ſont encore obligez de s'y rendre ſur les cinq heures du ſoir pour dire Complies. Le Fiſcal & tous ceux qui dépendent de l'Egliſe ſont exempts du ſervice que les autres Indiens rendent toutes les ſemaines aux Eſpagnols, mais quand il arrive quelque Prêtre ou quelque homme de qualité dans leur village, leur devoir eſt d'aller au devant de lui, de l'accompagner avec leur Muſique, leurs Trompettes & leurs Hautbois, & de faire dreſſer des arcs de triomphe avec des fleurs & des branches d'arbres dans les rues où ces Etrangers doivent paſſer. Il n'y a point de village où chaque Indien marié ne paye tout au moins tous les ans quatre reales de tribut au Roi d'Eſpagne, & autant au Commandeur. On appelle ainſi des Seigneurs particuliers, deſcendus de ceux qui ont les premiers conquis l'Amerique. Si le village dépend ſeulement du Roi, ils payent juſqu'à huit reales. Ceux qui dépendent des Gouverneurs leur apportent des denrées qui ſe trouvent ſur les lieux, du mahis, du miel, des volailles, de cocqs d'inde, du Sel, du Cacao, des mantes de coton; & autres choſes ſemblables. Il y a quelques villages qui en ſont exempts, ce ſont ceux qui peuvent prouver qu'ils deſcendent de l'Etat de *Tlaxcatlan* ou de quelques familles de Mexico ou des environs qui aiderent les premiers aux Eſpagnols à faire la conquête de ce Pays-là.

Les Indiens profeſſent en apparence la même Religion que les Eſpagnols, mais dans le cœur ils ont beaucoup de peine à croire ce qui ſurpaſſe les ſens, & les myſteres de la Trinité, de l'Incarnation, de l'Euchariſtie, & autres, ſont trop élevez pour eux. Quand on leur demande s'ils croyent ce qu'on leur enſeigne touchant ces articles de la Religion Chrétienne, ils répondent ſeulement que cela peut bien être ainſi. Il y en a encore aujourd'hui pluſieurs qui adorent des Idoles de bois & de pierre, qui obſervent la rencontre des bêtes qui traverſent les chemins, le vol des oiſeaux & leur chant auprès de leurs maiſons ou des temps où ils n'ont pas accoûtumé d'y venir. Il y en a d'autres qui ſont addonnez au ſortilege, & à qui le Diable fait croire que leur vie dépend de celle de quelque bête. Ils la gardent auprès d'eux comme leur eſprit familier & s'imaginent que cette bête mourant ils doivent mourir auſſi. Comme ils voyent qu'on peint divers Saints avec quelque animal auprès d'eux, comme Saint Jerôme avec un lion, Saint Antoine avec un pourceau, Saint Dominique avec un Chien, Saint Marc avec un taureau & Saint Jean avec une Aigle, ils ſe perſuadent que ces Saints étoient de leur même opinion, & que ces animaux peints auprès d'eux étoient leurs eſprits familiers, que ces Saints ſe transformoient en leurs figures pendant leur vie, & qu'ils ſont morts en même temps qu'eux, deſorte que comme ils ont une grande veneration pour eux, ils en achettent les Tableaux qu'ils font mettre dans l'Egliſe, afin que chacun les y honore. Les Egliſes ſont pleines de ces Tableaux, qu'on porte en proceſſion au haut de certains bâtons dorez, le jour qu'on en celebre la fête. Ce jour là celui à qui le Tableau appartient fait un grand feſtin dans le village & donne ordinairement trois ou quatre écus au Curé pour ſa Meſſe & ſon Sermon, avec un Cocq-d'inde, trois ou quatre pieces de volailles, & du Cacao ſuffiſamment, pour lui faire du Chocolat pendant toute l'octave de la Fête. Deux ou trois mois avant celle du Saint à qui le village eſt dedié, les Indiens qui l'habitent s'aſſemblent tous les ſoirs pour ſe préparer aux danſes accoûtumées en ces jours-là. Il y a une maiſon ordonnée exprès pour chaque ſorte de danſe avec un Maître qui va l'enſeigner aux autres, afin qu'ils la ſachent parfaitement pour le jour de la Fête de ce Saint. La principale de ces danſes eſt appellée *Toncontin*. Les Indiens qui la danſent ſont du moins trente ou quarante, tous habillez de blanc, tant pour leurs pourpoints que pour leurs caleçons & leurs *ajates* ou mantes, qui d'un côté pendent juſqu'à terre. Quelques-uns en louent de taffetas pour cette ceremonie.

Leurs

Leurs calçons & leurs ajates font bordez de foye ou de plumage, ou d'un beau galon. Ils ont sur le dos de grands bouquets de plumes de toutes couleurs collées à une petite machine faite exprès, & qui est dorée par le dehors. Ils l'attachent à leurs épaules avec des rubans, afin qu'elle y tienne ferme. Ils portent encore sur la tête un autre bouquet de plumes, mais moindre que celui-là. Il est attaché à leurs chapeaux, ou à une espece de casque peint ou doré qu'ils mettent sur leur tête. Ils tiennent aussi dans la main un éventail de plumes. La plûpart en ont encore au pied en forme de petites aîles. Quelques-uns portent des souliers, d'autres n'en ont point, mais depuis la tête jusqu'aux pieds ils sont tout couverts de fort belles plumes. L'instrument avec lequel ils marquent la cadence est fait d'un tronc d'un arbre creux, arrondi & paré au dedans & au dehors, fort doux & luisant. Il est quatre fois plus épais que nos violes, avec deux ou trois longues fentes au côté d'enhaut & quelques trous au bout. On pose cet instrument appellé *Tepanabaz*, sur un banc au milieu des Indiens, & le maître de danse frappe dessus avec deux bâtons, garnis de laine par le bout, & couverts d'un cuir poissé pour tenir la laine. Quoiqu'il rende un son lourd & pesant, celui qui en joue ne laisse pas, par la diversité des coups qu'il donne dessus, de faire entendre divers tons, ce qui apprend aux danseurs les mouvemens qu'ils doivent faire, soit en s'allongeant, soit en se courbant, ou bien lorsqu'il faut qu'ils se mettent à chanter. Ils dansent tous en rond autour de cet instrument, se suivant les uns les autres, quelquefois tout droit, quelquefois ne faisant qu'un demi tour & d'autres fois se penchant de sorte que les plumes qu'ils ont en la main, touchent la terre. Cette danse n'est qu'une espece de marche en rond, qu'ils continuent deux ou trois heures dans un même lieu, après quoi ils passent quelque chose dans un autre. Il n'y a que les Chefs & les principaux du village qui la dansent. C'est ce qu'ils pratiquoient avant qu'ils fussent Chrétiens. Rien n'y a été changé, sinon qu'au lieu des louanges de leurs faux Dieux, ils chantent la vie des Saints. Ils pratiquent aussi fort souvent une autre sorte de danse, dans laquelle on se sert d'une grande diversité d'airs avec un petit *Tepanabaz* & plusieurs Ecailles de tortuë, ou des pots couverts de cuir, surquoi ils frappent comme sur le Tepanabaz, qu'ils accompagnent du son des flutes. Cette danse est une espece de chasse de bêtes Sauvages. Lors qu'ils la dansent, ils crient, & font grand bruit, les uns racontant une chose & les autres une autre, sur le sujet de la bête qu'ils chassent. Il y en a qui sont habillez de peaux peintes en forme de lions, & d'autres qui en ont en forme de tygres & de loups. Ils portent des bonnets faits comme la tête de ces animaux-là, ou bien d'aigles ou d'autres oiseaux de proye. Ils tiennent aussi des bâtons peints comme des dards, des épées, des haches, avec quoi ils menacent la bête qui est poursuivie. Cette danse tout au contraire du *Toncontin*, qui consiste à marcher & à tourner tout à loisir, & à s'étendre tout doucement le corps, est fort pleine d'action. Tantôt ils courent tout autour d'un cercle, & quelquefois dehors, tantôt ils sautent & frappent les instrumens qu'ils ont en la main, mais le spectacle qui attire plus le peuple, est une tragedie qu'on represente en dansant, & qui bien souvent est la mort de Saint Pierre, ou celle de Saint Jean-Baptiste. L'on y fait paroître l'Empereur Neron, ou le Roi Herode avec sa femme, vêtus magnifiquement, & un autre personnage avec une longue robe, pour representer Saint Pierre ou Saint Jean-Baptiste, qui pendant que les autres dansent, marche au milieu d'eux tenant un livre en ses mains comme s'il lisoit quelques prieres. Tous ceux qui dansent sont vêtus en Capitaines, & en Soldats, avec des épées, des poignards, & des halebardes en leurs mains. Ils dansent au son d'un petit tambour & de quelques flutes, quelquefois en rond & quelquefois en avançant.

2. GUATIMALA [a], Ville de l'Amerique Meridionale dans la nouvelle Espagne & capitale du Gouvernement de Guatimala, on l'appelle communément SAN JAGO DE GUATIMALA. Elle est située dans une vallée, qui n'a qu'une lieuë de large, & même un peu moins, parce qu'il y a de hautes montagnes qui la closent ; mais en sa longueur vers la Mer du Sud, elle contient un Pays vaste & tout uni, qui s'élargit un peu au delà du lieu que l'on nomme encore aujourd'hui la VIEILLE VILLE & qui est environ à une lieuë de Guatimala. Quoique les montagnes l'environnent de chaque côté, & qu'il semble qu'elles pendent dessus du côté de l'Orient, les chemins qu'on y a faits sont si commodes, que non seulement les hommes y passent facilement, mais aussi les bêtes chargées de pesans fardeaux. Celui qui vient de Mexique, en le prenant par la côte de *Soconuzco* & *Suchutepegue*, se rend dans la Ville par le côté du Nord-Ouest. C'est une route large, ouverte & sablonneuse ; mais par *Chiapa* il est au Nord-Est, & se rend à la ville entre les montagnes. A l'Occident vers la Mer du Sud, le chemin est tout ouvert au travers de la Vallée & du Pays qui est tout plat en cet endroit-là. Au Sud & au Sud-est le chemin est par dessus des montagnes fort hautes & difficiles. C'est par là qu'on vient ordinairement de *Comayagua*, de *Nicaragua*, & de *Golfo-Dolce* où les navires abordent tous les ans & déchargent les marchandises qu'on apporte d'Espagne pour Guatimala. Les deux montagnes qui approchent le plus de la Ville & de la vallée sont appellées les VOLCANS. Elles sont presque vis-à-vis l'une de l'autre à chaque côté de la vallée. L'une prend presque perpendiculairement pour la ville du côté du Sud, & les Espagnols l'appellent improprement le VOLCAN DE L'EAU, parce que de l'autre côté de Guatimala il en sort plusieurs ruisseaux vers le village de Saint Christophle. On croit qu'elle fournit de ce côté-là les eaux qui entretiennent un grand Lac d'eau douce proche des Bourgades d'*Amatitlan* & de *Petapa*. Du côté qu'elle regarde Guatimala & la vallée, il en sort tant de Fontaines d'eau douce, qu'elles font une riviere qui court en

A a a la

la Vallée passant près de la Ville, & fait tourner les Moulins qui sont à Xocotenango. La tradition des Espagnols porte que cette Riviere n'étoit point connue dans le temps de la conquête & l'on prétend que vers l'an 1534. une Dame nommée Marie de Castille, demeuroit dans la Ville de Guatimala, qui étoit autrefois bâtie plus haut & plus proche du Volcan qu'elle n'est presentement, au lieu qu'on appelle encore la *vieille Ville*. Cette femme ayant perdu son mari à la guerre, & vû mourir tous ses enfans dans la même année, fut tellement saisie de douleur, qu'au lieu de se soumettre à la volonté de Dieu, elle défia sa puissance, en disant qu'il ne pouvoit porter plus loin sa colere, puisqu'elle comptoit sa vie pour rien, & que c'étoit la seule chose qu'il lui pût encore ôter. On tient qu'elle eut à peine prononcé ces mots, qu'il sortit de ce Volcan un gros torrent d'eau qui l'emporta, & qui en ruinant un grand nombre de maisons, obligea les habitans à choisir pour leur demeure le lieu où est aujourd'hui bâtie la Ville de Guatimala. La Montagne qui est vis-à-vis de celle d'eau, de l'autre côté de la Vallée, est épouvantable à voir, étant couverte de cendres, de pierres, & de cailloux calcinez, sterile & sans aucune verdure. On n'y entend que des bruits de tonnerre & de metaux qui se fondent dans la terre, & l'on n'y voit que des flames & des torrens de feu qui brûlent incessamment, & remplissent l'air d'odeurs fort puantes. Il y a plusieurs années qu'il se fit au haut de cette Montagne une ouverture fort large, qui jetta tant de cendres ardentes, que toutes les maisons de Guatimala & des environs, en furent remplies. Si les pierres qu'elle vomit en très-grande quantité fussent tombées sur la Ville, elles l'auroient ruinée, mais elles furent jettées à côté dans un fond où elles sont encore aujourd'hui, & donnent de l'étonnement à ceux qui les voyent.

Il y a environ cinq mille familles dans Guatimala, sans compter un Fauxbourg d'Indiens, nommé le *Fauxbourg de Saint Dominique* où sont encore environ deux cens autres familles. Le plus bel endroit de la Ville est celui qui se joint à ce Fauxbourg, qu'on appelle aussi la ruë de Saint Dominique, à cause que le Convent de Saint Dominique y est bâti. C'est en ce lieu là que sont les plus riches boutiques de Guatimala, & les meilleurs bâtimens. La plûpart des maisons sont neuves & bien bâties. Il s'y tient aussi tous les jours un petit marché où sont pendant tout le jour quelques Indiens qui vendent des Fruits, des Herbes & du Cacao. Il n'y a qu'une seule Eglise Paroissiale & Cathédrale, bâtie dans la Place du grand Marché, toutes les autres Eglises dépendent des Couvents des Dominicains, des Cordeliers, des Péres de la Mercy, des Augustins, & des Jésuites. Les trois premiers sont magnifiques, & renferment cent Religieux chacun. Le plus somptueux est celui des Dominicains, qui par une grande allée qui est devant l'Eglise, est joint à l'Université de la Ville. Entre les richesses qu'on y voit, sont deux choses remarquables; l'une est une Lampe d'argent qui pend devant le grand Autel, & qui est d'une telle pesanteur, que pour l'élever en haut on a besoin de trois hommes; l'autre est une image de la Vierge de pur argent, de la grandeur d'une femme de belle taille. Elle est dans un Tabernacle fait exprès dans la Chapelle du Rosaire. On tient tout au moins une douzaine de Lampes d'argent continuellement allumées devant cette Image. Il y a dans le Cloître d'en bas un fort grand jardin avec une fontaine au milieu, & un beau jet d'eau d'où sortent douze ou quinze tuyaux qui remplissent deux Viviers pleins de Poisson, sur lesquels on voit nager plusieurs Oiseaux aquatiques. Il y a encore au même Convent deux Jardins, l'un fruitier & l'autre potager. On voit dans l'un un étang de deux cens cinquante pas de long, qui est tout pavé au fond avec une petite muraille tout à l'entour, & un bateau dans lequel les Religieux vont se promener sur l'eau, & pêcher lorsque le Poisson leur manque d'ailleurs. Le revenu du Couvent consiste en certains Villages d'Indiens qui en dependent. Ils ont encore un Moulin à eau, une Ferme à froment, & une autre où l'on nourrit des Chevaux & des mulets, une Ferme où il y a un Moulin à Sucre, & une mine d'Argent qui leur fut donnée en 1633. ce qui monte au moins à 30. mille Ducats chaque année. Il y a aussi deux Couvents de Religieuses, l'un appellé de la Conception & l'autre de Sainte Catherine. On compte jusqu'à mille personnes dans celui de la Conception, tant en Religieuses, leurs Servantes, & Esclaves, qu'en jeunes Filles à qui elles apprennent à lire & à écrire, & à travailler à divers Ouvrages. Les Religieuses qui font profession y portent cinq, six & sept cent Ducats de dot, & quelquefois jusqu'à mille. Il n'y a qu'un seul Boucher qui puisse fournir de viande la Ville de Guatimala, encore faut-il que ce soit au prix qui lui est fixé pour chaque livre. Il achete par cent ou par mille le bétail dont il croit avoir besoin. Quoique le mouton n'y soit pas si abondant que le bœuf, il en vient toûjours assez de la Vallée de *Micco*, de *Pinola*, de *Petapa*, d'*Amatitlan* & d'autres endroits. En general la Ville est si bien fournie de vivres, & à si bon marché, qu'avec une demi-réale de cinq sols, un homme peut avoir de la viande, un peu de Cacao, assez de pain de mahis & bien souvant même du pain de froment pour toute la Semaine. Il y a un grand Commerce dans Guatimala. Avec des mulets on tire par terre les meilleures marchandises du Mexique, de Guaxaca, de Chiapa, de Nicaraga & de Costarica. Du côté de la mer cette Ville trafique avec le Perou, par le moyen de deux Ports de Mer, dont l'un est le Village de la Trinité, qui est éloigné de vingt-cinq lieues du côté du Sud, & l'autre Realejo, qui est à quarante-cinq lieues de là. Elle negocie aussi avec l'Espagne par la Mer du Nord, le Golphe Dolce n'étant qu'à soixante lieues de Guatimala. Le Gouvernement qui outre le Pays des environs, comprend les Honduras, Soconuco, Comayaga, Nicaraga, Costarica, Vera-Paz, Cuchutepeques & Chiapa, dépend de la Chancellerie, ou de l'Audience de Guatimala. Cette Cour est composée d'un Premier Pré-

GUA. GUA. 371

Président, de deux autres Présidens, de six Conseillers & d'un Procureur du Roi.

GUAXACA [a], Province de l'Amerique Septentrionale dans la Nouvelle Espagne. Sa Ville Capitale est *Antequera* avec un Evêché. Les autres sont *S. Ildefonso-de-los-Zapotecas*, *San Jago*, & *Villa del Spiritu Santo*. L'Evêché qui porte le nom de Guaxaca, est entre celui de *Tlascala* & l'Evêché qu'on attribue au Gouvernement de Guatimala. Il a cent lieues de longueur, selon la suite de la côte de la Mer du Sud, & cinquante, selon celle du Nord. Sa largeur entre l'une & l'autre Mer le long des limites du Diocèse de Tlascala est de six-vingt lieues & vers l'Est le long de la Province de Chiapa, elle n'est que de cinquante. Il renferme plusieurs contrées qui sont fort considerables. La Vallée de Guaxaca est la principale. Son étendue est de seize lieues en long. Elle commence au pied de la Montagne de *Co-cola*, sur la Latitude de 18. d. de Latitude Septentrionale, & selon Herrera à quatre-vingt lieues de la Ville de Mexico vers le Sud. Elle est très-fertile, & il s'y trouve plusieurs mines d'or, d'argent & de crystal. Elle porte du froment & du mahis en grande abondance, grande quantité de Cacao, de la Cochenille & de la Casse. L'air y est assez serein & salubre. Les Espagnols y façonnerent d'abord de la soye, à quoi ils étoient attirez par le grand nombre des meuriers de la Province. Ils y en ont planté depuis quantité de ceux de l'Europe. On compte dans ce Diocèse trois cens cinquante principales Bourgades des Naturels du Pays, outre trois cens Villages ou Censes, plus de cent cinquante mille Sauvages tributaires, six-vingt Monasteres Dominicains & plusieurs Colleges d'Ecclesiastiques. Quoiqu'il y ait treize langages fort differens l'un de l'autre, l'Idiome Mexicain est commun à tous. Cette Province étoit fort sujette aux tremblemens de terre avant que les habitans eussent embrassé la Religion Chrétienne; mais ils y sont beaucoup moins frequents depuis ce temps-là, ce que les Espagnols attribuent à Saint Martial, qu'ils ont choisi pour Patron de l'Eglise d'Antequera.

[a] De Laet Ind. Occid. l.5.c.20.

GUAXARAPOS [b], Sauvages de l'Amerique Meridionale sur le rivage d'une Riviere, qui venant, comme l'on croit, des Limites du Bresil, se mêle dans celle de Paraguay sur dix-neuf degrez ou environ de Latitude Meridionale. Leur contrée est basse, & fort sujette à être inondée, ce qui les oblige à demeurer sur le bord de la Riviere quand elle ne sort point de son lit. Ils s'y adonnent à la pêche, & font leur provision du Poisson qu'ils prennent. Quand leur Riviere déborde et qu'elle couvre les terres voisines, les Sauvages se retirent au dedans de la Province, ce qui arrive presque tous les ans dans le Mois de Janvier.

[b] Ibid.l.14. c.5.

GUAXATECAS [c], Province de l'Amerique Septentrionale au Mexique, on y passe au sortir de celle de Meztitlan. Elle enferme plusieurs Bourgades qui sont situées sur la Riviere de Panuco, & qui appartient à la Ville de *S. Estevan*. Les habitans se servent d'un langage particulier, fort different de celui qui est en usage dans la Ville de Mexico. Cette Province est nommée GUASTECA, ou

[c] Ibid.l.5. c.5.

PANUCO par Mr. de l'Isle. Elle prend ce dernier nom de sa principale Riviere. Meztitlan n'est point une Province, mais une Bourgade sur la route de Mexico à Panuco. Voiez PANUCO. Cette Province est appellée Guaxteca par Mr. Baudrand qui lui donne pour Capitale HUEXUTLA.

GUAXOCINGO, Ville de l'Amerique Septentrionale au Mexique. C'est la même que GUACOCINGO; quoique Mr. Corneille les distingue. Voiez cet Article.

GUAYAQUIL, Ville, Baye & Port de Mer de l'Amerique Meridionale au Perou dans l'Audience de Quito par les 5. d. de Latitude Meridionale. Les Relations des Anglois écrivent GUIAQUIL. Dampier [d] dit : cette Baye est entre le Cap blanc du côté du Midi & la pointe de Chandy (*Chanday*) du coté du Nord. A environ vingt-cinq lieues du Cap blanc près du fond de la Baye, il y a une petite *Isle* nommée STE CLAIRE située à Est-Ouest. Elle est passablement longue & paroît comme un homme mort étendu. Les Vaisseaux destinez pour la Riviere de Guiaquil passent au Sud pour éviter les fonds bas qui sont du côté du Nord. De l'Isle de Ste Claire à *Punta Arena* il y a sept lieues en tirant du côté de l'Est-Nord-Est. C'est la pointe la plus Occidentale de PUNA, Isle que nous décrivons en son lieu. Tous les Vaisseaux qui viennent de la Riviere de Guayaquil y mouillent & sont obligez d'y attendre un Pilote, parce que l'entrée de la Riviere est fort dangereuse pour les étrangers. De Puna à Guayaquil il y a sept lieues, & il y a une lieue avant que d'arriver à l'embouchure de la Riviere de Guayaquil, qui a plus de deux milles de large. Delà en avant la Riviere est assez droite & serpente peu. Les deux côtez de la Riviere sont bas & marécageux & pleins de Mangles rouges. A quatre milles de Guayaquil, il y a une petite Isle basse sur la Riviere qu'elle partage en deux & ainsi elle forme deux beaux Canaux où les Vaisseaux peuvent monter & descendre. Le Canal du Sud-Ouest est le plus large. L'autre est aussi profond, mais plus étroit à cause de plusieurs Arbrisseaux qui s'étendent sur la Riviere & du côté de la terre ferme, & du côté de l'Isle. Il y a aussi de gros troncs d'Arbres qui sont debout dans l'eau. L'Isle a plus d'un mille de long. De la haute partie de l'Isle jusqu'à la Ville de Guayaquil il y a près d'une lieue, & environ autant d'un bord à l'autre de la Riviere. Les Vaisseaux les plus chargez peuvent aisément mouiller dans ce grand espace, mais la meilleure rade est au plus près de l'endroit de l'Isle où la Ville est bâtie. Aussi ce lieu-là est rarement sans Vaisseaux. Guayaquil fait face à l'Isle & est bâtie sur la Riviere & en partie au pied d'une agréable Montagne dont le penchant est du côté de la Riviere qui inonde souvent la basse Ville. Il y a deux Forts, l'un dans un lieu bas & l'autre sur une hauteur: cette place fait une très-belle perspective & est embellie de diverses Eglises & autres bons Edifices.

[d] Voyage autour du Monde T. 1. c. 6. p. 159.

La Ville de Guiaquil, dit le Capitaine Woodes Rogers [e], Capitale de la Province du même nom, est gouvernée par un President &

[e] Voyages T. 1. p. 283.

Aaa 2   cinq

cinq ou six *Oydors* ou Auditeurs, qui font une Audience Royale ou Cour Souveraine de Justice qui ne releve que du Roi dans les affaires Militaires. Chaque Province a le même gouvernement. Ces emplois se donnent, ou plutôt se vendent en Espagne & les aquereurs en jouïssent pendant leur vie à moins qu'ils ne se comportent mal. ^a Le Corregidor est le Chef du Gouvernement Civil & Militaire. Son Lieutenant que les Espagnols appellent Lieutenant Général vient ensuite, & tous les autres principaux Officiers resident à Guayaquil ou dans le voisinage. Lorsqu'il est question, d'une affaire Civile ou Criminelle, on y assemble le Conseil, qui est composé du Corregidor, de son Lieutenant, de deux Alcades ou Juges qui d'ordinaire entendent le Droit, de l'Algua-sil Major & de huit Regidors. Ceux-ci tiennent la place des Officiers Superieurs, en cas d'absence ou de mort jusqu'à ce que le Roi en ait disposé autrement. Ils donnent leurs voix dans toutes les affaires publiques & sont Juges de tous les procés. Il y a deux Procureurs qu'on appelle Clercs de la Cour, & quatre Alguasils ou Sergens, on peut appeller delà à Lima. L'Inquisition y est plus severe qu'en Espagne. Quatre de ses Officiers resident toujours à Guayaquil, outre vingt-quatre Ecclesiastiques de la Ville qui servent à informer contre toutes les personnes suspectes d'Heresie. Les prevenus sont d'abord envoyez à Lima. La Riviere est navigable quatorze lieues au dessus de la Ville & quoique le flot ne monte que vingt lieues plus haut, les canaux & les radeaux peuvent aller beaucoup plus avant.

a p. 289.

^b Cette Province est si fertile en bois de charpente, qu'il n'y en a point dans tout le Pays où l'on bâtisse & repare tant de Vaisseaux. On en voit toujours six ou sept à la fois sur les Chantiers devant Guayaquil. On y recueille une si grande quantité de Cacao qu'on en fournit presque toutes les Places de la Mer du Sud & qu'il s'en transporte tous les ans plus de trente mille balots, quelquefois même le double dont chacun pese 81. ℔. Il coutoit d'ordinaire une demi-réale la ℔, mais il est devenu si commun qu'il ne vaut aujourd'hui que deux Piastres & demi le balot. On y trafique le long des côtes du Sel & du Poisson salé qu'on tire de la pointe de S^{te}. Helene & dont la plus grande partie se vend à Quito & en d'autres Places éloignées dans le Pays. On y charge quantité de bois de Charpente pour Truxillo, Chancay, Lima & autres Ports de Mer, où il est rare. On transporte aussi de cette Province du Ris, du Coton & du bœuf fumé. Il n'y a point de mines d'or, ni d'argent ; mais il y a toute sorte de gros bétail qui est à bon marché, surtout à l'Isle de Puna. Il ne croît dans ce Terroir d'autre bled que du Mays, desorte que tout le froment que l'on y consume vient de Truxillo & autres ports au dessus du vent. Diverses étoffes de Laine, les Draps & les Bayes, leur viennent de Quito où on les travaille. Ils reçoivent du vin, de l'eau de vie, de l'huile, des Olives, du Sucre & autres denrées, de *Piscola*, *Nasca* & autres Places au dessus du vent. Les Marchandises de l'Europe arrivent de Panama, où elles sont portées de Portobello qui

b p. 288.

les reçoit par la Mer du Nord. Ainsi la Ville de Guayaquil n'est pas une des moindres Places de trafic de ces quartiers-là, puisqu'il y arrive ou qu'il en part toutes les années une quarantaine de Vaisseaux sans parler de ceux qui négocient le long des côtes. D'ailleurs il y a tous les jours Marché public qui se tient devant la Ville sur des Chaloupes & des radeaux & où l'on trouve en abondance tout ce que le Pays fournit.

GUAZACOALCO. Voiez GUASACOALCO.

GUAZEVAL, petite Ville d'Afrique au Royaume de Fez dans la Province d'Errif, sur le Mont *Beni Guazival*. Voiez ce mot.

GUBA, Lieu de l'Arabie Petrée, selon Ptolomée ^c. Il la nomme dans une liste des Villes & de Villages dans les terres.

c l. 5. c. 17.

GUBEN ^d, petite Ville d'Allemagne dans la Basse Lusace sur la Neisse. Elle est fort jolie & appartient à la maison de Saxe Mersebourg. Elle est à cinq milles de Francfort sur l'Oder & à quatre de Cotbus.

d Fubur Geogr. p. 596.

GUBER, Royaume d'Afrique dans la Nigritie au Nord & au Midi de la Riviere de Senega qui le coupe en deux parties d'Orient en Occident. La partie Septentrionale est bornée au Nord-Ouest par le desert de Ghir, à l'Ouest par le Royaume de Tombut & par la Riviere de Senegal qui la termine aussi au Midi ; au Nord-Est & à l'Est par le Royaume des Agades & par le Lac de Guarde. On y trouve les Villes de

Mayma,	Mura,
Berissa,	& Semegda.

La partie Meridionale est bornée au Nord par le Senegal & par le Lac de Sigisme; au Levant par une Lisiere de Ghana & par le Royaume de Bito; au Midi par les Royaumes d'Ulcami & du grand Ardre, & au Couchant par le Royaume de Gago. On y trouve la Ville de Guber Capitale, celle de Timbi, ou Tambi presqu'au bord du Senegal, & au Midi est le Pays de Lamlem où sont Malel & Dau. Mr. de l'Isle que nous avons suivi dans cette description, l'appelle dans une Carte posterieure GOUBOUR & le met tout au Nord du fleuve qui n'est plus dans cette Carte le Senegal, mais le Gambarou. Le Lac de Guarde ne s'y retrouve point. Dans la premiere il avoit suivi les Idées de Jean Leon, & par les changemens de la seconde il semble faire un aveu tacite de l'incertitude des connoissances que l'on a de ce Pays-là. Dapper ^f ne met que des Villages dans le Royaume de Guber. Cette contrée est, dit-il, entre de hautes Montagnes & toute pleine de Villages. Celui où le Prince tient sa Cour a environ six mille maisons. Lorsque le Nil se deborde, il met tout ce Pays sous l'eau, ce qui le rend second en pâturages, en ris, en gros & en petit millet. On y observe quelque Police à cause de la multitude des Marchands & des Artisans dont la plupart font des Toiles de Coton, & autres Ouvrages qu'ils portent vendre à Gago & à Tombut. De la Croix dans sa Relation d'Afrique parle de ce Pays de Guber, comme d'un Canton ravagé & fort appauvri par les

e Carte d'Afrique 1722.

f Afrique P. 222.

Rois

GUB. GUC. GUD.

Rois de Tombut, qui après en avoir fait le Roi prisonnier ont conquis & ruiné ce Royaume.

GUBIO, Ville d'Italie dans l'Etat de l'Eglise au Duché d'Urbin, près de la source de la Riviere de Chiascio, au pied du Mont Apennin, & aux Frontieres de la Marche d'Ancone ; avec un Evêché Suffragant de l'Archevêché d'Urbin, mais exempt de sa Jurisdiction. Cette Ville est mal nommée Eugubio dans la plupart des Cartes recentes de Magin & des autres qui l'ont suivi, au jugement de Mr. Baudrand[a]. Elle est à XXVI. milles d'Urbin au Midi, en allant vers Assise dont elle est à XIII. milles & vers Perouse dont elle n'est éloignée que de XVI. milles.

[a] Ed. 1705.

GUÇA. Voiez LAMALMON.

GUCHEU, Ville de la Chine dans la Province de Quangsi dont elle est la cinquiéme Metropole. Elle est de 6. d. 33'. plus Occidentale que Pekin & sa Latitude est de 24. d. 2'. sa situation est d'autant plus commode qu'elle est placée dans le lieu où la Riviere de Ta déja grossie par quantité d'autres, reçoit encore les eaux du Teng, de l'Yung, du Pinglo, & du Fu. C'est la premiere Ville de la Province aux confins de celle de Quangtung. La commodité des Rivieres y fait fleurir le Commerce. On y recueille le Cinnabre dans les Montagnes de son Territoire où il y en a en abondance, on y trouve de gros Serpens. Les Chinois disent qu'il y en a de dix toises de long. Il y a aussi des Rhinoceros, & il y croît l'arbre *Quanglang*, qui au lieu de mouelle a une espece de Pulpe, qui ne ressemble pas mal à de la Farine & qui peut servir aux mêmes usages. On en mange & le goût n'en est pas mauvais. Il y a aussi des Singes, faits comme des Chiens, jaunâtres, avec une face presque humaine & une petite voix qui ressemble à celle des femmes. A l'Ouest-Sud-Ouest de la Ville est la Vallée de PELIEU, profonde, presque impraticable, dans laquelle est pourtant l'unique chemin qui conduit au Tonquin. On dit que la difficulté de la passer est si grande, & la route si penible & si dangereuse que beaucoup de Voyageurs y ont peri. Les uns la nomment TIENMUEN, c'est-à-dire, *la porte du Ciel*, parce que c'est un chemin étroit & difficile ; d'autres QUEIMUEN, c'est-à-dire, *la Porte des Demons*.

Cette Ville a deux Temples consacrez aux hommes illustres. Autrefois sous la famille de Han, on la nommoit KIAOCHEU ; sous la Famille de Leang CHINGCHEU ; sous celle de Sui FUNGCHEU ; la Famille de Tang lui a donné le nom qu'elle porte aujourd'hui. Elle a dans son Territoire dix Villes dont elle est la premiere.

Gucheu,	Yolin,
Teng,	Pope,
Yung,	Pelieu,
Cengki,	Lochueu,
Hoaicie,	Hingye.

[b] Carte des côtes de Malabar & de Coromandel.

GUDAVARI, Monsr. de l'Isle[b] écrit GODVARIN, pointe & Banc du Golphe de Bengale à l'extremité de la côte de Coromandel & de la côte de Gergelin & d'Orixa.

GUD. GUE.

C'est en cet endroit que se fait la separation du Royaume de Golconde & du Royaume de Cicocol, ou Ziacola. Il y a trois Pagodes blanches.

GUDIMINE, ou GEDEMEVE. Voiez GUIDIMIVE.

GUDSKES, c'est ainsi, selon Mr. Baudrand, que s'appellent les habitans de la Province de Gothland en Suede.

GUDUSCANI & TIMOTIANI, anciens Peuples dont parlent les Annales des Francs écrites par un Moine Benedictin & inserées dans le Recueil de Reuber ; on trouve[c] à l'année 818. qu'il vint des Deputés des Abotrites & de Borna Chef des Guduscans & des Timotiens[d] qui avoient quité depuis peu l'alliance des Bulgares. On voit peu après que Borna étoit Duc de Dalmatie ; que les Guduscans l'abandonnerent & qu'il les subjugua de nouveau. Lucius qui a écrit une Histoire de Dalmatie dit que *Gudusca* étoit un lieu de Bulgarie & que c'est presentement BRANICEVO.

[c] p. 43.
[d] p. 44. ad. ann. 819.

GUEBRES, (LES) ce sont les mêmes que les GAURES. Voiez ce mot.

GUEÇAR, petite Riviere d'Espagne dans la Nouvelle Castille. Elle a sa source auprès de Palomera, d'où serpentant vers le Sud-Est elle se jette dans le Xucar au dessous de Cuença. Jaillot la nomme CUESCA.

GUEDAN-GUERI-GUETNAS, selon les Persans, ou GUIDEL-QUEL-MAISE, selon les Turcs, petite Montagne de Perse dans une plaine fort proche du grand chemin de Saxava à Com, à la vue de cette derniere Ville. On fait mille contes de cette Montagne, dit le St. Lucas[e] dans son Voyage du Levant ; mais une chose que l'on en assure est que tous ceux qui y vont n'en reviennent plus ; & c'est ce que signifie son nom, en Persan & en Turc. La raison la plus specieuse qu'on lui en a dit, est qu'il y a des terres mouvantes dans de certaines heures du jour qui engloutissent ceux qui se hazardent d'y aller. Les gens du Pays disent que le Roi de Perse y a envoyé plusieurs personnes & que jamais il n'en est revenu aucune. L'on y a fait passer plusieurs Chameaux qui n'en sont pas revenus non plus. L'Auteur lui-même n'y alla point parce que les gens de la Caravane ne voulurent pas le lui permettre.

[e] T. 2. e. 5.

GUECBLEN, ou GUIBELEYN, Montagne d'Afrique au Royaume de Fez dans la Province de Chaus, à seize milles de Teza. Elle a treize milles de long & deux de large. A l'Orient elle confine au Mont Dubdu & à l'Occident au Mont Beni-jasga, selon Dapper[f].

[f] Afrique p. 158.

GUEGUERE, (l'Isle de) Isle d'Afrique dans le Nil aux confins de la Nubie & du Royaume de Tigré qui est de l'Abissinie, selon quelques Géographes qui la prennent pour l'Isle de MEROE'. Voiez MEROE'.

GUEI[g], (LE) Grande Riviere de la Chine. Elle a ses principales sources dans la Province de Chansi ou Xansi, savoir le Chang & le Quey. Elles prennent leur cours vers l'Orient, traversent la partie Septentrionale de la Province de Honan, où le Guey propre baigne la Ville de Gueihoei & se grossit de plu-

[g] Atlas Sinensis.

plusieurs Ruisseaux. Il entre ensuite dans le Peckeli qu'il separe de la Province de Chanton; & après avoir longtemps serpenté entre ces deux Provinces il quite la Frontiere, va vers le Nord recevoir la Riviere de Chochang, & se perd enfin dans le Golphe de Cang, auprès de Tiencin.

GUEIHOEI [a], Ville de la Chine dans la Province de Honan dont elle est la quatriéme Metropole, sur la rive droite du Guei. Son Territoire que ce Fleuve arrose n'est pas extrémement fertile, mais cette sterilité est reparée par le secours de la Navigation. Un Roi de la famille de Taiming y a fait sa résidence. Il y a sept Temples remarquables consacrés à des hommes illustres. Son Territoire comprend six Villes, savoir

Gueihoei,	Hoëkia,
Coching,	Ki,
Sinhiang,	Hoëi.

L'Empereur Vu ayant fait mourir l'Empereur Kieo qui étoit un mechant homme & qui y résidoit, changea le nom de cette Ville & l'appella PINAN. Il y établit un Roi qui fut Cangxo. Du temps des Rois elle appartenoit aux Rois de Guei, d'où l'on peut remarquer qu'il y avoit un Royaume de même nom que la Riviere. Sous la famille de Cin elle fut annexée au Pays de Hotung. La famille de Han la nomma HONUI, celle de Sung QUEICHEU; & celle de Taiminga lui donna le nom qu'elle porte. Au Midi de la Ville est un magnifique édifice construit au même lieu où l'Empereur Vu rencontra Linyang grand Philosophe qui par ses conseils le mit en état d'aquerir l'Empire de la Chine.

GUEIYVEN [b], Forteresse de la Chine dans la Province de Chansi ou Xansi, à 40. d. 10′. de Latitude, de 5. d. de Longitude plus Occidentale que le Meridien de Pekin.

GUELDRE, (LA) Contrée des Pays-Bas, qui a eu autrefois ses Ducs particuliers & que l'on divise presentement en plusieurs parties; ainsi la Gueldre est aujourd'hui partagée entre plusieurs Souverains, de maniere pourtant que la partie la plus considerable fait une Province, qui est la premiere dans l'Union des Provinces Unies.

Les Seigneuries qui composent le Duché de Gueldre ont été successivement jointes en un seul Corps. Il est borné au Nord par le Zuyderzée & par la Province d'Overissel; au Midi par le Duché de Cleves, par l'Electorat de Cologne & par le Duché de Juliers; & à l'Occident par le Brabant, la Hollande & par la Province d'Utrecht. A l'Orient il touche par le Comté de Zutphen à l'Evêché de Munster. Cette étendue de Pays a été habitée depuis le temps de Jules Cesar par les SICAMBRES, par les MENAPIENS, par les MATTIAQUES & par les TENCTERIENS. Les Romains en ont possedé une partie jusqu'à l'ancien bras du Rhin & ils l'avoient jointe à la seconde Germanie. Les François & les Frisons l'occuperent ensuite, & ceux-ci ayant été vaincus tout ce Pays fut uni au Royaume d'Austrasie; & ce Royaume fut lui-même joint à l'Empire dans le x. siécle sous le Regne d'Othon le Grand. Les Evêques d'Utrecht ont eu le haut Domaine de tout ce qui est au delà du Vahal & du Rhin, parce que cela composoit la plus grande partie du Comté de Theysterband que l'Empereur Conrad le Salique donna ou confirma à l'Eglise d'Utrecht l'an 1026.

Le nom de GUELDRE, GUELDRES, ou GELRE, n'a jamais été connu avant le XI. siécle; ce fut alors seulement qu'Othon bâtit vers l'an 1079. une Forteresse qui fut nommée GELRE, sans que l'on sache au vrai l'Etymologie de ce mot. On en peut voir plusieurs dans l'Histoire de Gueldre par Pontanus [c]. Mais comme il n'en fait pas lui-même beaucoup de cas, je me dispense de les rapporter. Plusieurs écrivains qui vouloient faire de Gueldre une Ville ancienne l'ont confondue avec GELDUBA place des Romains, de laquelle il est fait mention par Pline [d] & dans l'Itineraire d'Antonin. Mais, comme le remarque très-bien le docte Abbé de Longuerue, Gueldres est à quatre lieues du Rhin & Geldube étoit sur ce Fleuve, & comme dit Pline, Castellum Rheno impositum. Voiez GELDUBA 1. Jusqu'alors il n'y avoit eu dans ce Pays que des Officiers ou Juges Imperiaux, qu'on appelloit les Seigneurs ou Juges du Pont, qui est le lieu où ils demeuroient & qui est peu éloigné de la Ville de Gueldre. Othon que quelques-uns veulent avoir été Frere du Comte de Nassau en Veteravie fut créé premier Comte de Gueldre par l'Empereur Henri III. l'an 1079. & le dernier Comte de Gueldre Renaud descendant d'Othon, ayant été créé Duc par l'Empereur Louis de Baviere vers l'an 1350. laissa ce titre à Bernard son fils & son heritier.

A l'égard d'Othon premier Comte, il eut pour Successeur en ce Comté de Gueldres son fils Gerard qui joignit à son Patrimoine le Comté de ZUTPHEN qui étoit beaucoup plus ancien que celui de Gueldre & cette union fut faite de maniere que les deux Comtez ne firent plus qu'un Etat & qu'une Province.

Les deux derniers Ducs descendans par mâles des premiers Comtes de Gueldre furent Edouard & Renaud, qui moururent sans Enfans, & eurent pour Successeurs leurs Neveux Guillaume & Renaud fils de Marie leur sœur, femme de Guillaume Duc de Juliers. Les Ducs de JULIERS & de GUELDRE, Guillaume & Renaud, étant morts sans enfans, eurent pour Successeur leur petit-neveu Arnold d'Egmond fils de Marie d'Arkel femme de Jean Seigneur d'Egmond, & fille de Jeanne sœur des Ducs Guillaume & Renaud, laquelle avoit épousé Jean Seigneur d'Arkel. Adolphe Duc de Gueldre ayant été emprisonné par son fils, cela donna occasion à Charles Duc de Bourgogne & de Brabant, de s'emparer de la Gueldre, mais après la mort d'Adolphe & celle de Charles de Bourgogne, les Etats du Duché mirent à leur tête la Princesse Catherine Tante de Charles d'Egmond heritier de ce Duché qui étoit alors à la Cour de Bourgogne. Maximilien d'Autriche qui avoit épousé Marie de Bourgogne, conquit ce Duché & obligea les Etats à le reconnoître l'an 1485. & il jouït de sa conquête durant quelques années; mais

Charles

Charles d'Egmond fils du Duc Adolphe étant sorti d'une prison où l'on le retenoit en France, entreprit de rentrer dans les Etats de ses Peres l'an 1492. Il en vint à bout malgré la puissance de la Maison d'Autriche & il mourut en possession l'an 1538.

Antoine Duc de Lorraine pretendant être son heritier naturel comme descendant de sa sœur Philippa Femme du Duc René I. envoya des Ambassadeurs aux Etats de Gueldre pour leur faire voir le Droit qu'il avoit & pour demander la succession de son oncle le Duc Charles. Mais les Etats repondirent qu'il y avoit un Accord passé entre les Ducs de Gueldres, de Juliers & de Cleves pour se succeder mutuellement en cas que les mâles vinssent à manquer dans ces Duchez ; c'est pourquoi ils proclamerent Duc de Gueldres, Guillaume Duc de Gueldre & de Juliers, Comte de la Marck, qui ne jouït de ce Duché qu'environ six ans ; car Charles V. l'en depouilla l'an 1544. sous pretexte qu'il tenoit le parti de la France & cet Empereur se fit reconnoître l'an 1545. par les Etats Duc proprietaire de Gueldre & Comté de Zutphen. Il donna ce Duché & ce Comté quatre ans après avec les autres Provinces des Pays-Bas à son fils Philippe II. qui perdit avant sa mort le Comté de Zutphen & le Duché de Gueldre qui prirent parti dans l'union de la Republique des Pays-Bas & il ne lui demeura que la haute Gueldre.

Il faut donc distinguer le DUCHÉ DE GUELDRE, de la PROVINCE DE GUELDRE, & cette Province du HAUT QUARTIER DE GUELDRE. Le Duché est tout le Pays entier, tel que nous venons d'en donner l'Histoire en abregé. La Province & le Haut Quartier en sont la division, selon l'état present.

LA PROVINCE DE GUELDRE, Province de l'Etat des Provinces-Unies. Elle tient le premier rang dans la Republique, quoi qu'elle ne soit ni la plus riche ni la plus puissante. Mr. Basnage [a] dit que c'est un Duché, mais aussi parce qu'elle avoit cet avantage long-temps avant que d'être entrée dans l'Union. La division de toute la Gueldre en quatre Quartiers est ancienne. Ces quartiers sont,

NIMEGUE, ZUTPHEN,
RUREMONDE, ARNHEIM, ou le VELUVE.

La Gueldre Hollandoise, c'est-à-dire, la partie de la Gueldre qui constitue la premiere des sept Provinces Unies, ne contient que trois de ces parties, savoir la premiere, la troisiéme & la quatriéme. Toutes les quatre parties étoient entrées dans la Confederation, & même lorsque le Comte de Bergues qui en étoit le Gouverneur se laissa gagner par le Duc de Parme & changea de parti, il remit son Gouvernement aux Alliez. Mais un Ecossois qui commandoit dans la Ville de Gueldre la livra aux Ennemis pour se vanger du Comte de Leycester dont il étoit mécontent & de Skenck avec lequel il avoit eu querelle. Le Prince Frederic-Henri fit ensuite diverses tentatives pour la reprendre ; mais elles furent toutes inutiles. On a plusieurs fois conquis ses places & particulierement dans la guerre pour la succession d'Espagne. Par le Traité d'Utrecht on en a disposé de la maniere que nous dirons dans l'article qui suit.

La Province de Gueldre ne consiste donc qu'en trois Quartiers. Dans le premier sont les Villes de NIMEGUE, *Thiel*, & *Bommel*. Dans le second sont ZUTPHEN, *Doesbourg*, *Doetecum*, *Lochem*, & *Groll* ; & enfin dans le troisiéme sont ARNHEIM, *Harderwyk*, *Wageningen*, *Hattum*, & *Helburg*. Toutes ces Villes envoyent leurs Deputez à l'Assemblée des Etats de la Province qu'on appelle le *Landdagh* ; & cette Assemblée se tient dans les Villes Capitales une année dans chacune.

Chaque Quartier forme un Etat particulier dont la Jurisdiction & les droits ne sont ni confondus ni partagez avec ceux des autres Quartiers. On peut voir ce qui regarde chacun de ces Quartiers aux mots NIMEGUE, ZUTPHEN & ARNHEIM.

Le HAUT QUARTIER DE GUELDRE, ou le QUARTIER DE RUREMONDE, ou la GUELDRE ESPAGNOLE, étoit demeuré aux Espagnols après l'érection de la Republique des Provinces Unies. Ce Pays ayant été conquis par les Alliez durant la longue guerre qui suivit la mort de Charles II. Le Roi de Prusse à la bienseance de qui il étoit le pretendit, & à la paix d'Utrecht il fut reglé par Traité de paix [b] entre le Roi de France autorisé par le Roi d'Espagne & le Roi de Prusse, que la partie du haut Quartier de Gueldre, dite Gueldre Espagnole, que possedoit & occupoit le Roi de Prusse nommément la Ville de Gueldre, les Prefectures, Villes, Bourgs, Fiefs, terres, fonds, cens, rentes &c. & generalement tout ce qui est compris dans cette partie du haut Quartier de Gueldre occupée & possedée actuellement par le Roi de Prusse, lui seroient cedées à perpetuité pour lui & ses Heritiers & Successeurs de l'un & de l'autre Sexe. Par le même Traité [c] on lui cedoit dans le Haut Quartier de Gueldre, le Pays de KESSEL & le Bailliage de KRICKENBECK. Par le Traité de Barriere [d] conclu à Anvers l'an 1715. l'Empereur a cedé aux Etats Generaux à perpetuité & en toute Souveraineté dans le Haut Quartier de Gueldre la Ville de *Venlo*, avec sa Banlieue & le Fort de St. Michel ; le Fort de *Stevenswert* avec son Territoire & Banlieue avec autant de terrain qu'il faudra pour en augmenter les fortifications en deçà de la Meuse ; l'Ammanie de Montfort dont S. M. Imp. s'est reservé les petites Villes de Swalme & d'Elmpt. Ce qui est cedé consiste dans les petites Villes de Nieustadt & d'Echt, avec les Villages d'*Ohe* & *Lack*, *Roosteen*, *Baach*, *Desel*, *Belsen*, *Vadorp*, *Posterholt*, *Berg*, *Lyne*, & *Montfort* ; avec les Prefectures, Bourgs, Fiefs, terres &c.

Ainsi le Haut Quartier est presentement possedé par trois Souverains. Le Roi de Prusse y possede la Ville de *Gueldre* ; l'Empereur *Ruremonde* & ses dependances ; & les Etats Generaux y ont *Venlo*, *Stevenswert*, *Nieustadt* & *Echt* ; quoique ces deux dernieres soient qualifiées Villes dans le Traité de Barriere, elles ne meritent gueres ce nom.

GUEL-

[a] Desc. Hist. des Provinces Unies.

[b] Art. 7.
[c] Art. 8.
[d] Art. 18.

GUE.

GUELDRES, Ville des Pays-bas au Duché de même nom, & maintenant dans l'Etat du Roi de Prusse, à deux lieues de Venlo, dans une plaine sur la Niers qui se separant en deux bras forme une Isle, dans laquelle cette Ville est située. Elle est plus petite que Venlo. Elle a un ancien Château où resideoient les Gouverneurs de la Gueldre. Elle doit une partie de sa force aux Marais dont elle est entourée. Elle est à quatre lieues du Rhin & par conséquent elle ne peut être la même que la GELDUBA des Romains. Voyez ce que nous en avons dit parlant du Duché de même nom.

GUELDRIA, ou plutôt CASTEL-GUELDRIA, ou selon l'Orthographe Hollandoise KASTEEL GELDRIA, Château d'Asie selon Mr. Sanson [a]. Mr. Baudrand [b] dit que c'est une Forteresse de la Presqu'Isle de l'Inde decà le Gange, au Royaume de Narsingue & au Pays de Coromandel sur la côte du Golphe de Bengale ; elle a, dit-il, été bâtie & ainsi appellée par les Hollandois, qui s'y sont établis. Mr. Baudrand n'en a point d'autre garant que Sanson. Ainsi il n'y a que l'autorité de ce dernier pour l'existence de ce Château comme d'une place separée. Il la met entre la Riviere d'Aremogan & Paliacate, c'est-à-dire au Nord de cette Ville & assez près de cette Riviere. Les Cartes Hollandoises ne la marquent point & Jean de Raey a [c] soin d'en avertir, mais il remarque qu'au midi de Paliacate est le FORT DE GUELDRE, joignant cette Ville dont les Hollandois font tout le Commerce.

[a] Atlas.
[b] Edit. 1705.
[c] Dict. Geogr.

GUEMENÉ [d], ou CUIMENÉ Bourg de France en Bretagne au Diocèse de Nantes, à trois lieues de Redon & à dix de Nantes avec titre de Principauté.

[d] Baudrand Edit. 1705.

GUENEZERIS, Montagne d'Afrique au Royaume de Tremecen dans la Province de Tenez. Elle est haute, escarpée & habitée par des Peuples qui sont vaillans & ont toujours eu guerre contre les Rois de Tremecen, l'ayant entretenue soixante ans à la faveur des Rois de Fez. Tout le haut n'est que terre qui produit quantité de Geneft dont on fait des paniers & des nates. Sur la pente & dans les lieux unis il y a plusieurs fontaines dont l'eau est très-fraiche & de bonnes terres labourables. Les habitans sont braves & font bien cinq mille combatans dont il y a deux mille cinq cens chevaux qui favoriserent Mulei Yahaya quand il se fit Roi de Tenez, & depuis que cet Etat changea de maître ils se sont maintenus en liberté, courant tout le Pays, comme ils font encore aujourd'hui [e]. C'est ainsi qu'en parle Marmol.

[e] l. 5. c. 38.

GUENGA, Riviere de l'Indoustan. Voyez GANGA 2.

GUEPIE, Bourg de France en Languedoc sur la Riviere de Brant qui se jette près delà dans l'Aveyrou. Mr. Corneille [f] dit avec Davity que cette Riviere (le Brant,) met le Château dans l'Albigeois & le Bourg dans le Rouergue. Sanson [g] ne met point de château, mais il sépare le Bourg aux deux côtez de la Riviere & met ces deux parties dans l'Albigeois ; quoi qu'aux confins du Rouergue & assez près de Nayac. Les Auteurs de Diction-

[f] Dict.
[g] Langued.

GUE.

naire de la France en parlent autrement. La GUEPIE, disent-ils, Ville, Bailliage, & Châtellenie dans le haut Languedoc au Diocèse d'Albi, Parlement & Intendance de Toulouse. Ils ne lui donnent que 96. Habitans. Le denombrement du Royaume qui la nomme la GUERPIE, n'y met que 21. feux. Cette petite Ville, continuent ces Auteurs, est située au confluent de la Veirou (l'Aveyrou) & de la Riviere de Viaur. Ils trouvent dans le Rouergue une autre la Guepie qui n'a que 86. habitans au Diocèse de Rodez.

GUERANDE [h], Ville de France en Bretagne dans la Comté de Nantes, à treize lieues de la Ville de ce nom, à trois de Saint Nazaire & à une seulement de Croizil, & de l'Océan, entre l'embouchure de la Vilaine & celle de la Loire. Il y a une Eglise Collegiale qui est aussi Paroissiale, & un Convent d'Ursulines, avec un autre Monastere de Religieuses qui gouvernent l'Hôtel-Dieu, Hôpital pour les pauvres malades. Cette Ville est fermée de murailles, & a un Château, des Fauxbourgs & un Gouverneur particulier. La Justice qui a un grand nombre de Paroisses dans son ressort, s'y administre en Langue Françoise, & les habitans sont riches. Ils font un commerce considerable de Sel blanc tiré des Salines du territoire, que les Anglois & les Hollandois viennent enlever au Port de Croizil. On tient à Guerande une Foire tous les ans, & l'on y vend beaucoup de chevaux. Ce fut en ce lieu-là que se fit le Traité de 1365. le 12. Avril, entre les enfans Charles de Blois, & de Jean Comte de Montfort pour la succession de Bretagne.

[h] Memoires dressez sur les lieux en 1706.

GUERARD, Bourg de France dans la Brie au Diocèse de Meaux.

1. GUERCHE (LA) ou la GUIERCHE Ville de France dans la Touraine, au Diocèse de Tours, Election de Loches, au bord de la Creuse à deux lieues de la Haye. Il y a un Château dans lequel residoit la belle Agnès Sorel ou Surelle Maitresse de Charles VII. qui erigea le lieu en Vicomté à cause d'elle. Depuis cette Vicomté a passé par acquêt dans la Maison de Villequier, puis en celle d'Aumont par alliance. Le parc du Château est orné d'une belle allée de Cyprès.

2. GUERCHE, (LA) ou LA GUIERCHE Ville de France en Bretagne au Diocèse de Rennes. Il y a une Collegiale fondée en 1166. par Guillaume II. Seigneur de la Guerche.

3. GUERCHE (LA) ou la GUIERCHE Seigneurie de France dans le Maine avec titre de Baronie sur la Sarthe, à trois lieues du Mans. Elle appartient à Mr. Hurault Marquis de Vibray. Elle étoit auparavant à la Maison de Rostaing qui l'avoit eu par l'alliance de Tristan de Rostaing avec Françoise Robercet fille du Baron de la Guerche & de Jaqueline Hurault. Sa Jurisdiction comprend six ou huit Paroisses.

GUERCHY, Riviere de France dans le Nivernois où elle a sa source. Elle reçoit quelques Ruisseaux & va se perdre dans la Loire à Mesuc au dessous de la Charité.

GUERET, Ville de France dans la haute Marche dont elle est la Capitale, & pretend l'être

GUE.

[a] *Piganiol de la Force Desc. de la France T. 6. p. 398.*

[b] *Baillet vie de St. Pardou. 6. Octob.*
[c] *Piganiol Ibid.*

[d] *p. 395.*
[e] *p. 393.*

[f] *p. 397.*

[g] *l. 5. c. 57.*

l'être de toute la Province. Son nom Latin est *Waractus*. Elle est située sur la Riviere de Gartempe à dix lieues de Limoges, & à trois de la Creuse: [a] à 46. d. 10′. de latitude. Il y a beaucoup d'apparence dit Mr. Piganiol de la Force, qu'elle doit son origine à une Abbaye qui y fut fondée vers l'an 720. par Lautharius en faveur de St. Pardoux (*Pardulphus*) qui s'y retira & qui en étoit Abbé lorsque Charles Martel défit les Sarrazins. (Ce Lautharius ou Lauthaire étoit Comte ou Gouverneur de Limoges [b]) [c] Ce n'est plus qu'un Prieuré simple de l'Ordre de St. Benoît. Quoique cette Ville soit petite, elle ne laisse pas d'être le Siége d'une Senechaussée, d'un Presidial, d'une Election, d'une Officialité, d'une Maitrise particuliere des eaux & forêts & d'un dépôt pour empêcher le versement du Sel dans deux Provinces voisines qui sont sujettes à la Gabelle. Il n'y a qu'une Paroisse & son Eglise paroît avoir été celle de l'Abbaye. Les Recollects s'établirent à Gueret en 1616. Les Barnabites y ont un College qui a été fondé des bienfaits d'Antoine Varillas. Cet Historien celebre, plus recommandable par les agrémens de son style, que par l'exactitude dans les faits, étoit né à Gueret en 1624. & mourut à Paris en 1696. le 9. Juin. Gueret est aussi la patrie de Pardoux du Prat qui a fait un Lexicon de Droit & plusieurs autres ouvrages de Jurisprudence. [d] Le Presidial de Gueret fut établi par le Roi Louïs XIII. en 1635. La Senechaussée [e] a dans son ressort les Châtellenies Royales de Gueret, de Drouilles, d'Aubusson, de Felletin, d'Ahun, de Chenerailles, de Jarnage, de Crozant, & de Bellegarde. Mais de toutes ces Châtellenies, il n'y a plus que celles de Gueret & de Bellegarde qui soient au Roi, les autres ayant été données, en échange, ou engagement par Louïs XIV. au Maréchal Duc de la Feuillade; comme aussi plusieurs Justices Seigneuriales & subalternes, entre autres; *Dun le Palteau, St. Germain, Malleval, la Borne, St. Julien, Châteauvert, la Feuillade, le Douignon, Châtelus, Chateauclonp, Monteil au Vicomte, la Farge, Genouillac, le Pouge*, & plusieurs autres moins importantes. Toute cette Senechaussée se regit par la Coûtume de la Marche qui fut redigée en 1521. [f] Le Roi par son Edit de Mars 1720. ayant supprimé tous les Officiers des Maréchaussées du Royaume & ayant établi de nouvelles Compagnies de Maréchaussées, il ne doit y avoir à Gueret suivant la Declaration du 9. Avril, de la même année, qu'un Lieutenant General du Prévôt de Bourbonnois. La Maitrise particuliere des Eaux & Forêts établie à Gueret s'étend sur la haute & la basse Marche & connoît de toutes les matieres attribuées à cette Jurisdiction.

L'ÉLECTION DE GUERET, contient trois cents soixante-dix ou soixante-douze Paroisses. Les Apellations se relevent à la Cour des Aides de Clermont.

GUERGUELA, HUERGUELA, GUAGALA, ou GUARCALA; ou QUER-QUELEN ou GUARGALA; c'est le même lieu. Marmol [g] en parle ainsi. C'est, dit-il, une Ville de Numidie à cent quarante lieues d'Alger du côté du Midi. Quoi qu'elle ait six mille habitans, elle s'étoit mise sous la protection des Turcs pour être deffendue des Arabes, elle leur faisoit quelque reconnoissance tous les ans, mais le mauvais traitement qu'elle recevoit des Turcs, qu'elle ne crut point capables d'entrer si avant dans le Pays pour en venir faire la conquête, l'ayant obligée à se révolter, Salharraes, Gouverneur d'Alger, la vint assieger avec le secours que lui prêta Abdalasis Chef des Azaugues de la montagne de la Abez & fort renommé dans toute l'Afrique. Ils menerent trois piéces de batterie avec beaucoup de vivres & de munitions sur des Chameaux. Pour l'artillerie elle étoit traînée par des Berebères à cause que c'est un Pays plain. Etant venus à la Ville de Tecort qui s'étoit aussi révoltée & qui refusa d'abord de se rendre, ils l'emporterent d'assaut & tuerent tout. Le malheur de cette ville intimida Guerguela qui se rendit. Les Turcs laisserent garnison dans les Forteresses de ces deux places qui sont foibles & anciennes, & retournerent à Alger chargez de dépouilles. Salharraes emmena quinze chariots chargez d'or, & plus de cinq mille Esclaves Negres de l'un & de l'autre sexe.

GUERNESEY. Voyez GARNEZEY.

GUERNICA, lieu d'Espagne dans la Biscaye, à trois lieues de Bilbao, dans une plaine au pied des Montagnes au bord d'une petite Riviere qui, près delà se jette dans la Mer. Il y a abondance de vivres & sur tout de poisson; 500. Habitans & une Eglise paroissiale. Elle est ancienne & fondée par les Grecs; selon Rodrigue Mendez de Silva [h] qui la nomme VILLA DE GARNICA. C'est dans ce lieu que les Gouverneurs de Biscaye, les Seigneurs, & les Rois prenoient anciennement possession du Gouvernement, sous un arbre que ce lieu porte dans ses Armes en champ d'argent l'Auteur cité ajoute que cette coutume s'étoit conservée depuis le temps des Grecs.

[h] *Poblacion Gener. de España fol. 238. verso.*

GUERVA [i], Riviere d'Espagne dans l'Arragon. Elle a sa source au Sud-Est de Daroca, & circulant vers le Nord-Oûest elle passe à Romanos, à Villa-real, puis se courbe vers le Nord-Est, se replie ensuite vers le Couchant, passe à Magalocha & à Muel, arrose le Bourg de Santa Fé & tombe dans l'Ebre vis-à-vis de l'Embouchure du Gallego près des murs de Saragoce.

[i] *Jaillot Atlas.*

GUESCAR, Voyez HUESCA qui est le nom moderne & OSCA qui est le nom que les Romains ont donné à cette Ville.

GUETARIA [k], petite Ville d'Espagne dans la Province de Guipuscoa, avec un château & un bon port sur la côte de la Mer de Biscaye près de l'Embouchure de la Riviere d'Orio, à trois lieues de St. Sebastien vers l'Oûest. C'est la patrie de Sebastien Cano celebre Navigateur qui le premier fit le tour du Monde sur le vaisseau la Victoire, sous Ferdinand Magellan après la mort duquel il acheva son cours & ramena ce vaisseau à Seville.

[k] *Baudrand. Edit. 1705.*

GUETE, Ville d'Espagne dans la nouvelle Castille sur la petite Riviere de Cauda, dans la Sierra. On y compte 1200. habitans

& quelque Noblesse, dix Paroisses, cinq Couvens d'hommes, deux de filles, trois Hopitaux & une Jurisdiction assez étendue. On croit qu'elle est ancienne & que c'est l'OPTA des Grecs. Mais on ne dit point dans quel ancien Auteur ce nom se trouve. Rodrigue Mendez Sylva [a] assure qu'elle fut fondée par les Celtiberiens l'an du Monde 3031. ou 930. avant la naissance du Sauveur. Ce furent les Maures qui lui donnerent le nom de Gueta qui signifie une *Lune*. Le Roi de Castille Alphonse VI. la fit rebâtir après l'avoir conquise en 1080. Ensuite Jean II. l'érigea en Cité avec les Privileges de Tolede. Henri IV. l'honora du titre de Duché dont il gratifia Lope Vasques de Acuña. Mais Ferdinand & Isabelle l'éteignirent, & réunirent cette Ville à la Couronne.

[a] Poblacion General de España fol. 27. verso.

GUEVETLAN, ou GUEVATLAN, petite Ville de l'Amerique Septentrionale [b] au Mexique dans la Province de Soconusco, dont elle est la capitale, sur la côte de la Mer du Sud, environ à trente lieues de Guatimala au Couchant.

[b] Baudrand, Ed. 1705.

GUEUL, (LA) Riviere des Pays bas, au Pays de Limbourg. Elle prend sa source au dessus de Valhorn, passe à Valhorn, d. à Herkemet, d. à Calmine, g. à Morezent, g. à Busfal, g. à Mechelem, d. à Vittem, d. à Cartiels, d. à Vilre, d. à Shinop, d. à Fauquemont, à Brouchen, d. à St. Ghierlack d. à Houtem d. à Moerzem, d. à Hardenstein, d. & tombe dans la Meuse, au dessous de Caster-Geul.

GUEULE, (LA) Riviere des Pays bas dans la Flandre Austrichienne. Elle se rend dans la Mer près d'Ostende.

GUEUSGEN; Voyez GOESGHEN.

GUGERNI, ancien Peuple de la Belgique, selon Pline [c]. Il les met entre les Ubiens & les Bataves. L'Edition du R. P. Hardouin porte Guberni. On ne peut point que ce ne soient les mêmes que les Cugerni de Tacite [d] qui les joint pareillement aux Bataves. C'est presentement le Pays de Cleves.

[c] l. 4. c. 17.
[d] Hist. l. 5.

GUGIDIME, ou GUIGINA Montagne d'Afrique [e] au Royaume de Maroc Province d'Escure. Elle touche à celle de Tensit, & n'est habitée que du côté du Septentrion. Tout ce côté-là est plein d'oliviers, dont on porte quantité d'huile dans la Numidie. On y recueille beaucoup d'orge. C'est la nourriture de ces peuples qui n'ont presque point de froment. Ils ont été long-temps libres à cause de l'âpreté de la montagne qui est fort roide & fort escarpée, dans laquelle ils nourrissent grand nombre de Chévres, de Mules & de Chevaux, qui, quoi que petits ne laissent pas d'être vigoureux & fort legers. Quand les Cherifs eurent pris Fistelé, les habitans de Gugidima se soumirent à leur domination. Ils demeurent dans des villages & dans des hameaux qui sont dispersez par les vallées. Les maisons y sont de terre, couvertes de paille ou de branchages. Tout ce qui regarde le Midi dans cette montagne est entierement desert. Les Historiens rapportent qu'elle fut desolée par les guerres quand les Almohades déposséderent les Almoravides, à cause que

[e] Marmol l. 3. c. 77.

les habitans donnerent retraite à Brahem Ben-Ali qui fuyoit devant Abdulmumen, ce qui l'irrita si fort, qu'il fit mettre tout à feu & à sang, sans épargner ni âge ni sexe, de sorte que ceux qui y vinrent habiter depuis étant pauvres & foibles ne peuplerent que ce qui est du côté du Nord, qui est le meilleur, & regarde la Barbarie.

GUGUAN, Isle de l'Océan Oriental l'une des Isles Marianes. Elle a trois lieues de tour, & est située à six lieues de celle de Sarignan & à trois & demie de celle d'Alamagan. Elle est à 17. d. 45′. de Latitude au raport du P. Morales dans les Observations Physiques & Mathematiques publiées par le P. Gouye.

GUIANE, (LA) ou LA GOYANE, grand Pays de l'Amerique Meridionale: entre les Rivieres de l'Orenoque & des Amazones, qui avec la Mer du Nord lui servent de bornes. Les côtes de ce Pays sont occupées en partie par les Hollandois qui y ont divers Etablissemens à la Berbice, à Surinam, en partie par les François qui y possedent l'Isle de Cayenne & ses environs. Tout ce qui est au Midi du Cap du Nord jusqu'à la source de la Riviere d'Iapoco, a été cedé aux Portugais & est annexé au Bresil. [f] La Relation du Chevalier Walter Raleigh parle ainsi de la Guyane. Tout cet Etat que nous appellons Guiane est à l'Orient du Perou sous la Ligne Equinoxiale (& en deçà) & possede incomparablement plus d'or que la plus riche Province du Perou. On assure même qu'il y a des Villes beaucoup plus florissantes que ne le furent jamais celles du Perou dans la plus grande prosperité des Incas; que l'on y suit les Loix & le Gouvernement de ces Incas; que la Religion de cet Etat est l'ancienne Religion du Perou; qu'il y a enfin mêmes mœurs & mêmes coûtumes. L'Auteur parle ensuite de la Ville de Manoa vantée par quelques Espagnols sous le nom d'El Dorado & ajoute: Si tout cela est veritable il ne doit y avoir rien de comparable à cette Monarchie qui nous est encore inconnue. Il en vante beaucoup les richesses pour encourager la Reine Elizabeth à conquerir ce Pays-là, & raporte les divers efforts que les Espagnols avoient faits pour penetrer dans ce pays, & le bien qu'ils en disoient. Le Capitaine Keymis Anglois ayant parcouru en 1596. les côtes de la Guiane en a publié une Relation. Voici en abregé l'état qu'il donne des peuples & des Pays de la Guiane & des environs qu'il a visitez dans son Voyage.

[f] La suite des Voyages de Correal. T. 2. p. 165.

RIVIERES.   PEUPLES.

1. Arrowari grande Riviere { Arwaes, Pararwaes, Caribes.

Tous ces peuples habitent autour de l'Arrowari.

2. Iwaricopo, très-grande R. { Mapurwanas, Jaos.
3. Maipari grande R.   Arricari
4. Caypurog grande R.   Aricurri
5. Arcoa grande R.   Marowanas
6. Wia-

GUI.   GUI.   379

RIVIERES	PEUPLES
6. *Wiacopo* grande Riviere	*Coonoracki*, *Wacacoa*, *Waricaco*.
7. *Wanari*	
8. *Capurwac*, grande R.	*Caribes*,
9. *Cawo* grande R.	*Jaos*,
10. *Wia* grande R.	*Maworias*.
11. *Caiane* grande R.	*Wiacas*.

L'Isle de *Gowateria*, on y a les *Sebaios*.

12. *Macuria*	*Piraos*
13. *Cawroora*,	
14. *Mamanuri*	*Ipaios*.
15. *Curari*	*Sebaios*.
16. *Curaſſamini* }	
17. *Cunanama*	{ *Jaos* & *Arwacas*.
18. *Uracco*,	
19. *Moraga*, }	Les mêmes.
20. *Mawarpari*,	
21. *Amana* grande R.	Les *Caribes*.
22. *Capaleppo*,	
23. *Marawini*,	Les *Paraſcotos*.
24. *Owcovi*,	
25. *Wiawiami*,	
26. *Aramatapo*,	
27. *Wiapo*,	
28. *Macuruma*,	
29. *Uracco*,	
30. *Carapi*,	
31. *Charimawini*	Les *Curipinis*,
32. *Eurowto*,	Les *Aporomos*,
33. *Pawro*,	Les *Arwacas*,
34. *Suriname*, }	
35. *Shurama*,	Les *Caribines*,
36. *Cupana*,	Les *Arwaccas*,
37. *Wioma*,	
38. *Cuſwini*,	Les *Nequeris*,
39. *Juſana*,	
40. *Curitimi* grande R.	{ Les *Charibinis*, Les *Arwaccas*, Les *Parawinis*.
41. *Winiwari*,	
42. *Berbice*,	{ Les *Sebaios*, Les *Arwaccas*,
43. *Wapari*,	
44. *Waicawini*,	Les *Panipis*,
45. *Mahawaica*,	Les *Arwacas*,
46. *Lemerare*	Les *Wacavaios*,
47. *Iſſequebe* très-grande R.	{ Les *Jaos*, Les *Arwaccas*,
Matvoroni,	Les *Caribes*,
Coowini,	*Maripis*,
Chipanama	*Wacowaios*,
Arawana	*Irawaqueris*, &c.
Itorebece	
48. *Pawroama*.	Les *Jaos*,
Aripacoio,	Les *Panipis* &c.
Ecawini,	
Manutiwini,	
49. *Moruga* grande Riv.	Les *Jaos*,
Piara	Les *Arwacas* &c.
Chaimeragoro	
50. *Waini* grande Riviere	Les *Caribes*
51. *Barima* grande Riv.	Les mêmes & les *Arwaccas*
Caitooma	
Awoca,	
52. *Amacur*, grande Riviere,	
53. *Cavorooma*, grande Riviere,	
54. l'*Orenoque* Fleuve qui a à son Embouchure les Isles de	
Maipar,	*Owaracapa*,
Iracapono,	*Warucana*.

Les Européens ne connoissent que les côtes de ce Pays-là, dont l'intérieur est couvert de bois & habité par une multitude de peuples. On peut sans se tromper beaucoup, dit le P. Labat [a], lui donner dix degrez ou deux cens lieues de longueur de l'Est à l'Ouest; c'est-à-dire, du Cap du Nord jusqu'à l'Embouchure de l'Orenoque. Les François, poursuit ce Pere, en possedent, ou en doivent posseder la partie Orientale depuis le Cap de Nord, jusqu'à la Riviere de Maroni. Les Hollandois se sont établis sur le reste depuis cette Riviere jusqu'à l'Orenoque. Quant à sa largeur Nord & Sud on n'en a pas une connoissance assez distincte pour en juger. Il faudroit pour cela avoir remonté les Rivieres plus haut qu'ont fait les PP. Grillet & Bechamel Jesuites. (Il donne dans le troisiéme volume du Recueil cité en marge les détails des decouvertes de ces deux Missionnaires.) Cette Province, poursuit-il, renferme une infinité de Peuples differens en langages & en coutumes. On en connoît un assez grand nombre; mais il y en a un bien plus grand qu'on ne connoît point & d'autres dont on ne sait seulement que les noms.

[a] Voyage en Guinée & à Cayenne. T. 4. c. 1.

Les Acoquas, les Arianes, les Armagots, les Aramichoux, les Arouaques, les Arouabas, les Acuranes, les Maprouanés, les Paragotes, les Sapayes, les Ticoutous, les Tayeras, les Jayes demeurent sur les bords & aux environs de la Riviere des Amazones.

Les Arenas demeurent sur les bords de celle d'Aprouage, vers la Mer, & les Nouragues se sont placez sur la même Riviere dans le haut.

Les Coussaris sont sur la Riviere qui porte ce nom & qui tombe dans celle d'Aprouague.

Les Galibis occupent le Pays qui est depuis la Riviere de Cayenne jusqu'à celle de Surinam.

Les Maprouanes demeurent sur les Rivieres du Cap du Nord & les Mucabes.

Les Marones sont sur la Riviere d'Oyapoc au dessus du Fort des François.

Les Mercioux sont à côté d'eux aussi bien que les Morioux.

Les Majets habitent le long de la côte, & comme leur Pays est souvent noyé, ils ont construit leurs Cabanes sur les arbres aux pieds desquels ils vont chercher ce qui leur est necessaire pour vivre.

Les Palicours sont sur la Riviere de Mayacarre & dans les Savannes ou prairies qui sont aux environs de la Riviere d'Oyapoc.

Les Pirioux sont dans la Riviere de Coripy, aussi bien que les Ticoyennes. Il faut observer que le nom de Ticoyennes est donné par les Indiens mêmes à tous ceux qu'ils ne connoissent pas beaucoup & qu'ils regardent comme des Sauvages & des Barbares. Les OUAYES & les OUYAPIES demeurent au haut de la même Riviere. Voilà XXVII. Nations differentes qui selon l'estimation la plus vraye peuvent faire vingt-quatre à vingt-cinq mille ames. C'est peu pour un si grand Pays & pour des gens chez qui la pluralité des femmes devroit produire des peuples infiniment nombreux, comme on le voit sur les côtes d'Afrique où malgré les guerres qui en consument beaucoup & le nombre prodigieux d'esclaves qu'on enleve tous les jours pour les transporter en Amerique on voit partout des fourmillieres de peuples. Il est vrai que les Indiens de la Guiane ont des guerres les uns avec les autres & que leurs guerres sont eternelles; ils ne savent ce que c'est que de faire des Prisonniers; ils tuent sans misericorde tout ce qui tombe entre leurs mains, après quoi ils boucanent & mangent les corps de leurs ennemis. Mais ces exemples sont assez rares & par consequent peu capables de depeupler le Pays. J'aimerois mieux croire, dit le P. Labat, que les femmes Indiennes ne sont pas si fecondes que les Negresses & cette raison suffit. Cet Auteur, après avoir remarqué que le nom d'Indiens ne leur convient pas, dit que le nom generique qu'ils se donnent entre-eux est CALINA. Ceux des Isles du vent, c'est-à-dire, les Caraïbes s'appellent CALINAGO. Ces deux noms ont assez de rapport; ils signifient dans leur idée les gens du même Pays. On pretend que ceux de la Floride se servent du même nom. Les Européens les appellent SAUVAGES & ne leur font pas plaisir. Ils s'en choquent depuis qu'on a eu l'indiscretion de leur apprendre l'idée qui est attachée à ce nom.

Mr. de la Barre a publié une description de la Guiane. Mais il faut remarquer dans l'extrait que nous en allons donner que ce qu'il appelle Guiane Angloise est presentement aux Hollandois & possedé par la Compagnie de Surinam & par divers particuliers qui y ont des concessions. Il divise tous les vastes Pays de la Guiane en GUIANE INDIENNE, GUIANE FRANÇOISE, & GUIANE ANGLICANE & BELGIQUE. Voici comment il traite chacune en particulier.

La GUIANE INDIENNE, qui n'est habitée que d'Indiens, contient à peu près quatre-vingt lieues, c'est-à-dire, toutes les terres qui sont depuis la ligne jusqu'au Cap d'Orange. C'est un Pays fort bas, & inondé vers les côtes maritimes; depuis l'Embouchure de la Riviere des Amazones, jusqu'au Cap de Nord, ce Pays est très-peu connu des François. Quoique celui qui est depuis le Cap de Nord jusqu'au Cap d'Orange soit de la même nature, & que l'on ne voye sur ses rivages aucune terre relevée, mais seulement des arbres comme plantés dans la mer & diverses coupures de ruisseaux & de Rivieres, qui pour tout aspect donnent celui d'un Pays noyé, on ne laisse pas d'avoir plus de connoissance de ces terres, parce que les Barques Françoises, Angloises, & Hollandoises y vont souvent traiter du Lamentin ou vache de Mer, avec les Aricarets & les Palicours qui habitent cette côte, dans laquelle on connoît les Rivieres d'Aricari,

Unimamary & Cassipouro. La mer monte en barre de sept, huit & neuf brasses à pic dans les deux premieres, avec un péril extraordinaire des Bâtimens qui y seroient entrez, & qui ne se seroient pas mis à couvert de cette barre, derriere quelque Isle ou dans quelques ances où les navires & les barques demeurent à sec après que la Mer s'est retirée. La mauvaise qualité de l'air de cette côte la rend inhabitable aux Européens, qui y sont presque tous malades dans leurs Vaisseaux, quand la durée de leur traite les oblige d'y faire un séjour considerable. Les originaires même y souffrent beaucoup, étant contraints, faute d'y trouver des terres hautes où ils puissent bâtir des maisons, de placer leurs hutes sur des arbres, où elles ressemblent mieux à des nids de gros oiseaux qu'à des retraites d'hommes.

La GUIANE FRANÇOISE, proprement FRANCE EQUINOXIALE, contient environ quatre-vingt lieues, & commence par le Cap d'Orange, qui est une pointe de terre basse qui se jette à la Mer, & dont on prend connoissance par trois petites Montagnes qu'on voit par dessus. Ces Montagnes sont au delà de la Riviere d'Yapoco. Le Cap d'Orange pousse un banc de vase dix à douze lieues à la Mer, ensorte qu'à six ou sept lieues de terre on ne trouve que quatre brasses & demie d'eau de basse Mer, vis-à-vis la pointe de ce Cap. Les terres que l'on voit de l'autre bord de la Riviere d'Yapoco sont basses & presque toutes noyées, mais dans celles qui sont du côté du courant, il y a plusieurs belles Montagnes. Les Yaos Indiens ont une habitation mieux cultivée, qu'on ne le pourroit attendre de ces Sauvages qui sont en fort petit nombre. A une lieue de cette Riviere & le long de la côte est la Montagne de Comaribo, qui a une belle source d'eau vive dans une Crique ou Riviere salée au pied où peuvent entrer les Canots & les Chaloupes. La côte jusques au Cap d'Aprouague est à huit lieues de celle d'Yapoco; & à quatre lieues d'Aprouague, est la Riviere de Canu. A huit autres lieues est l'Embouchure de celle de Wia, & la pointe de l'Isle de Caienne marquée improprement dans les Cartes, Riviere de Mahuri. Toutes les terres depuis Aprouague jusqu'à la Riviere de Wia, à trois lieues près des bords de la Mer, sont terres basses & noyées; mais plus avant, tout le Pays est relevé de belles Montagnes & Collines très propres à faire des Plantages & des habitations. L'Embouchure de la Riviere fait une maniere de Port qui est sûr contre tous vents, & où il y a un bon mouillage sur trois brasses d'eau de basse Mer. Il faut monter près de trois lieues entre la terre ferme & l'Isle de Caienne, pour trouver le vrai Canal de la Riviere, qu'on rencontre à la bande du Sud, courant Sud-Sud-Ouest, & Sud-Ouest sur deux brasses & demie de profondeur jusqu'à douze & quinze lieues avant dans les terres qui y sont relevées de grands bois d'une hauteur & grosseur extraordinaire. L'Embouchure de cette Riviere, large partout d'une portée de mousquet, est défendue par la pointe de Mahuri, de l'Isle de Caienne où les François sont bien établis. La côte qui est depuis l'Embouchure de la Riviere de Caienne ne jusqu'à la Riviere de Carrou est de douze à treize lieues. Elle est de sable & le terrain est uni & sec. Dans les terres sont de belles plaines qu'ils appellent *Savanas*, qui ne sont point inondées, & dans lesquelles on peut nourrir plusieurs milliers de toute sorte de bestiaux. C'est dans cet endroit, & le long des bords de la Riviere de Macouriague à sept lieues de Caienne & à six de Courrou, qu'habite le plus grand nombre d'Indiens de toute la côte. Les Aricarets y ont quatre habitations, & les Galibis y en ont cinq ou six. Les terres de cet endroit ne sont pas si grasses que celles des Collines & des Montagnes. Cependant celles que les Indiens y cultivent leur produisent des vivres en abondance, & les cannes de sucre n'y viennent pas moins bien que le Tabac. La Riviere de Corrou n'est pas fort large, mais elle a beaucoup de profondeur, & on la remonte jusqu'à trente-cinq lieues dans les terres qui sont fort bonnes. L'air y est fort sain. Depuis la pointe jusqu'à la Crique ou Riviere salée de Corouabo, qui en est éloignée de cinq lieues, il y a une ance de sable où les tortues terrissent dans la Saison en fort grande quantité, c'est-à-dire, qu'elles viennent pondre dans le sable. A trois lieues de Corouabo est la Riviere de Manamory, peu considerable, mais le long de laquelle sont de bonnes terres. A cinq lieues de là on trouve la Riviere de Sinamari, dans laquelle peuvent entrer les petits navires. Les terres sont bonnes le long de ses bords, & la pêche y est si abondante qu'elle pourroit y nourrir une Colonie de plus de cinquante hommes. Les Anglois y venoient pêcher de Suriname avant que les François eussent fait un Port à son Embouchure. Conanama qui est à six lieues, est une petite Riviere proche l'Embouchure de laquelle les navires peuvent mouiller à une portée de mousquet de terre à quatre ou cinq brasses d'eau, ce qui ne se trouve en aucun endroit de cette côte. Ces deux Rivieres sont habitées par un nombre assez considerable de Galibis. La terre de Conanama est bonne & saine; mais l'on y est un peu tourmenté des Maringoins. A cinq lieues de là est la Riviere de Juraque; à cinq autres celle d'Amana, & ensuite celle de Marony. A trois lieues des rivages de la Mer, depuis Conanama jusqu'à Marony, les terres sont toutes basses & de difficile abord, & la qualité n'en est point connue plus loin que les bords de la Mer.

Le commencement de la *Guiane Anglicane* est à la Riviere de Marony, sur laquelle les Anglois ont fait un petit Fort. L'entrée de cette Riviere est composée de tant de bancs de sable & qui changent si souvent qu'elle est interdite aux bâtimens de plus de vingt tonneaux, & même ceux de ce Port n'y entrent qu'avec peril, & touchent souvent sur les bancs. Ses terres ne sont habitables que cinq ou six lieues en la remontant, la côte depuis Marony jusqu'à Suriname, où il y a trente cinq lieues de distance, est terre noyée & inhabitable, & même la Riviere de Suriname, principal poste des Anglois, n'est habitée que cinq ou six lieues au dessus de son Embouchure. C'est une belle Riviere où l'on peut monter vingt lieues sans trouver moins de trois brasses & demie d'eau de basse Mer. Les Anglois qui y sont établis depuis cinquante ans, se sont répandus le long de cette Riviere, & dans toutes celles qui y descendent. Ils y ont formé leurs habitations, & elles embrassent une si grande étendue de Pays, qu'il y en a d'éloignées les unes des autres de plus de quarante lieues, sans qu'elles se puissent communiquer autrement que par Mer, & en passant par la grande Riviere. Ils ont l'ancien Fort des François, qui n'est qu'une redoute qu'on avoit bâtie de pierres, qui en 1665. étoit entierement demolie, ne portant marque de Fort que le Bastion où le Pavillon Anglois est arboré. Leur Ville qu'ils appellent Sainte Pointe, est trois ou quatre lieues plus haut, & consiste en soixante ou quatre-vingts maisons peu habitées, & sans aucune clôture de murailles. Tout le Terroir que les Anglois occupent en ce lieu-là est fort bas, & inondé la moitié de l'année, ensorte que les Cannes de Sucre qu'ils y ont en quantité, ont le pied dans l'eau pendant ce temps. Aussi le Sucre n'en est pas si bon. A dix lieues de Suriname est la Riviere de Croni, où il y a encore quelques Anglois, puis celles de Compename & de Corestye qui ne sont occupées d'aucun Européen. Ensuite est la Riviere de Berbice, qui est belle & qui a bonne entrée & bon fond. Les terres à six ou sept lieues plus haut, sont propres pour les Cannes à Sucre, pour le Rocou & pour le Coton. Après cela sont Essequebe & Barome, occupées par les Hollandois, ainsi que Berbice.

La Guiane Indienne jouit de la même temperature d'air que le reste de la côte, si ce n'est que les pluyes y sont plus frequentes & plus abondantes, à cause de la vaste étendue des Marais qui s'y trouvent, & qui produisent un plus grand nombre de vapeurs dans les endroits où les terres sont relevées en Collines & en Montagnes. Elle est habitée par les Palicours & par les Aricarets. Il regne un printemps perpetuel dans la France Equinoxiale comme dans le reste de la côte, jusqu'à l'Orenoque & il n'y a de difference du plus court au plus long jour de l'année, que de treize minutes qui ne font pas un quart d'heure, le froid ni le chaud n'y sont jamais excessifs. Quoique le Soleil y soit à pic deux fois l'année, sans qu'il y fasse aucune ombre, & que dans les autres saisons ses rayons frappent plus à plomb qu'ils ne font en Europe, il se leve presque tous les jours à neuf heures du matin, un vent Oriental qui rafraîchit l'air, ensorte qu'on n'a pas lieu de se plaindre de l'excès de la chaleur. Ainsi la difference des Saisons ne consiste qu'aux secheresses & au plus ou au moins de pluye. Ces pluyes qui pourroient marquer l'Automne, y commencent en Novembre, mais en si petite quantité qu'elles ne donnent pas encore le moyen de planter dans une terre, que quatre mois de secheresse continuelle ont alterée, il n'en tombe point le jour, & peu en Decembre. Elles augmentent en Janvier, en Février, & à la mi-Mars. L'Hiver commence & dure jusqu'aux premiers jours de Juin. Il pleut beaucoup en ce temps, pendant la nuit, & même quelquefois le jour. Ce sont de gros orages qui en moins d'une heure cou-

couvrent d'eau la surface de la terre. Les pluyes diminuent au commencement de Juin, & finissent entierement le dixiéme de Juillet, & depuis ce temps jusqu'au dixiéme de Novembre il ne tombe pas une seule goûte d'eau. La terre y est communément abondante, les Citrons, les Oranges, les Figues & les Grenades y viennent fort bien, & la vigne y produit de fort bons raisins. Le pâturage y est tel que les vaches qu'on y a apportées y sont devenues méconnoissables en six mois par leur graisse extraordinaire. La chasse y est bonne pendant la moitié de l'année. Les cerfs qu'on y voit en quantité sont de la même taille que les Daims en France & bons à manger. Il y a quelques Sangliers de deux especes. Les uns comme ceux de France, mais plus petits, les autres ayant un évent sur le dos. Ceux-là ne sont grands que comme de gros renards. Il y a aussi des *pacs*, des *tatous*, des *agoutis*, animaux qui se retirent en terre comme des lapins & des blereaux, les tigres qui y sont en assez grand nombre ne font aucun mal aux hommes. Les oiseaux y sont de differentes especes, canards, cercelles, becasses, ramiers, tourterelles, perroquets de plus de vingt sortes, aigrettes, flamans, spatules, alloüettes de mer, beccassines, perdrix, faisans de quatre ou cinq sortes, & une espece d'oiseaux presque aussi grands que des autruches, nommez Toujoujou par les Indiens. Il y a aussi plusieurs sortes de bons poissons, mulots, vieilles, turbots, rayes, apalicas, & plusieurs autres qui ont des écailles. Les terres marécageuses fournissent de fort bonnes crabes, & dans les criques ou Rivieres salées, il se trouve des huistres fort grasses, mais moins salées que les nôtres. Cette terre ne produit aucuns animaux venimeux, & les serpens si redoubles en plusieurs endroits de l'Amerique, y sont recherchez comme un mets fort bon & fort nourrissant. Il s'y en rencontre dans les eaux & dans les marais, de dix, douze, & quinze pieds de longueur, & qui sont gros que n'est la cuisse d'un homme. Le bled d'Inde appellé communément *mahis* y croît en grande abondance, & l'on en fait la recolte deux fois l'année en toutes sortes de terre. On la fait jusqu'à trois fois dans celles qui sont humides & fort grasses. La Guiane Anglicane & Belgique ayant plus de terres basses que la Françoise, est plus sujette aux humiditez & aux pluyes que les terres de Vuia, de Caïenne, de Coerrou de Sinamari & de Conanama. Le terroir de Suriname, quoique peuplé d'un nombre considerable de familles Angloises, peut à peine produire des vivres pour nourrir ses habitans, le manioc ne se plaisant pas dans les terres basses & marécageuses dont tout le Pays est rempli. Les Indiens, qui habitent ces côtes, sont divisez en diverses Nations, savoir les *Aricarets Orientaux*, les *Palicours*, les *Taos*, les *Sapajes*, les *Galibis*, les *Aricarets Occidentaux*, les *Marones*, les *Paragotés* & les *Arrouagues*. Ces Peuples n'ont aucuns Souverains, Caciques, ni Seigneurs, & ne reconnoissent entr'eux aucune superiorité. Les plus anciens dans chaque famille y sont respectez en qualité de Chefs; & comme chaque famille habite son Canton en particulier assez loin l'une de l'autre, il est difficile qu'ils puissent former un corps en peu de temps. Ils ont quelque subordination pour les commandemens de la guerre, élisant un General qui donne le temps & le lieu du rendez vous, l'ordre de la marche & celui de l'attaque & du combat, après quoi il n'a plus d'autorité. Ils le font par le choix des chefs des familles de leurs Nations qui s'assemblent en un Festin qu'ils appellent vin, où ils resolvent leurs guerres. Ils vivent sans Religion connoissant le Diable pour celui qui leur fait du mal.

§ Dans cette derniere Description il faut appeller Guiane Hollandoise ce qu'elle nomme Guiane Angloise. Suriname n'est plus aux Anglois mais à une Compagnie Hollandoise. Voiez SURINAME & CAÏENNE à leurs articles particuliers.

GUIAQUIL. Voiez GUAIAQUIL.

GUIARE, Ville d'Amerique dans la terre ferme sur la côte Septentrionale assez près de la Ville de Caraccos. C'est, dit Dampier[a], la principale place de cette côte, & une bonne Ville que la Mer enferme. Quoiqu'elle n'ait qu'un mechant Havre elle ne laisse pas d'être beaucoup frequentée par les Espagnols. Car les Hollandois & les Anglois mouillent dans les bayes sablonneuses qui sont par ci par là à l'entrée de diverses Vallées & où la rade est fort bonne. La Ville est ouverte, mais il y a un bon Fort; cependant il y a quelques années que le Capitaine Wright & ses Avanturiers prirent la Ville & le Fort. Elle est située à quatre ou cinq lieues du Cap Blanc du côté de l'Occident.

[a] Voyage autour du Monde c. 3. T. 1. p. 70.

GUIBRAI, Fauxbourg de Falaise Ville de France en Normandie. Elle pourroit passer pour une petite Ville. En y entrant du côté de Falaise par une grande rue bien pavée, on voit un Couvent d'Ursulines & l'Abbaye des Prémontrez Reformez du Titre de St. Jean. Leur Eglise a quinze Piliers de chaque côté dans sa longueur. Le Chœur est tout orné de peintures, & le grand autel qui a deux faces est isolé & fort propre. Un peu plus loin, c'est-à-dire, à quelques traits d'Arc des Murailles, est une Chapelle de Notre Dame dite LA GUIBRAY qui donne son nom au Fauxbourg. C'est là que se tient la fameuse Foire qu'on appelle foire de Guibray. Elle commence le seiziéme d'Août & dure huit jours. On y vient de toutes les Provinces voisines & le trafic y est grand, tant de Draps & autres Marchandises que de toute sorte de bétail à cause des Franchises & des exemptions de péage & d'impôts accordées par Guillaume surnommé le Conquerant qui étoit né à Falaise. Il étoit fils naturel de Robert Frere de Richard III. Duc de Normandie qui l'eut d'une fille de ce lieu-là.

GUIDI, Bede cité par Ortelius[b], nomme ainsi une Ville de la Grande Bretagne. Buchanan[c] croit qu'elle étoit entre *Bodotria* & *Glotta*, c'est-à-dire, entre le Golphe d'Edimbourg & la Cluyd à l'endroit où Tacite dit qu'Agricola établit une garnison; l'Historien Ecossois ajoute après Bede qu'il étoit à l'angle du boulevart de Severe. Il en parle[d] comme d'une Ville détruite, mais dont on voyoit encore les ruines peu d'années avant qu'il

[b] Thesaur.
[c] Hist. Scot. L. 1. p. 16.
[d] l. 4. p. 114.

GUI.

qu'il écrivît; desorte que l'on pouvoit encore connoître ses fossez, ses murs & même ses rues.

a Marmol l.3.c.48. T.2.p.74.

GUIDIMIVE [a], Montagne d'Afrique dans la Barbarie au Royaume de Maroc & dans la Province de Maroc proprement dite. Elle commence à la Montagne de Cemmede du côté du Couchant & finit vers le Levant à la Ville d'Amizimizi, ayant au Midi la Montagne de Temmelet. Elle est peuplée de Bereberes de la Tribu de Muçamoda & de la lignée des Hentetes, qui sont fort pauvres, & avoient accoutumé d'être Vassaux des Arabes, parce qu'ils demeurent près de la plaine & sur la pente de la Montagne qui regarde le Midi, où sont les Villes d'Amizimizi & de Teneza. Toute la côte est remplie d'Oliviers & de terres labourables, où l'on seme de l'orge. Il y a des Forêts de Pins & de Noyers, & du faîte descendent plusieurs petits Ruisseaux qui arrosent quelques petits coins de terre dans la plaine. Le peuple est plus civil que dans les autres Montagnes à cause de la communication qu'il a avec les étrangers : car c'est le passage de Barbarie en Numidie.

b Voyages T.2.l.3. p.219.

GUIDRONISA, ou *l'Isle des Asnes*, petite Isle deserte de la Grece près de Capo Colonni, au Sud-Ouest, selon Wheler [b]. Elle s'appelloit autrefois PATROCLEA & quelques-uns lui donnent encore ce nom. Il y croît beaucoup d'Ebene, c'est pourquoi il y en a qui l'appellent aussi EBANONISI ; mais les Corsaires ont beaucoup gâté de ce bois. Spon compte du Cap Colonné quatre milles jusqu'à l'Isle *Patrocleia* ; que quelques-uns nomment

c Voyages T.2.p.155. encore de ce nom, mais, ajoute-t-il, le nom le plus vulgaire est GAYDARONISI, *l'Isle des Asnes*, ou EBANONISI, c'est-à-dire : *l'Isle de l'Ebene*, parce que cet arbrisseau y croît : mais du temps que les Venitiens avoient la guerre en Candie on en a beaucoup gâté. Pausanias se trompe de croire qu'il ne produit point de feuilles.

GUIENNE, (LA) partie considerable du Royaume de France ; il faut distinguer la GUIENNE, PROVINCE, ou la GUIENNE PROPRE, & la GUIENNE, GOUVERNEMENT.

1. Le GOUVERNEMENT DE GUIENNE, le plus grand de tous les Gouvernemens de France comprend XIII. Provinces ; savoir

LA GUIENNE pro- LE ROUERGUE,
pre,
LE PERIGORD, LE QUERCI,
LE BAZADOIS, L'ARMAGNAC,
L'AGENOIS, LE COMTÉ DE CO-
   MINGES,
LE CONDOMOIS, LE CONSERANS,
LA GASCOGNE, LA BIGORRE.
LE PAYS
DE SOULE } partie du
& DE LA- } Pays des
BOUR   } Basques.

Il renferme trois Generalitez, savoir

Bourdeaux,
Montauban,
& Ausch.

GUI. 383

Il est borné au Nord par le Poitou, l'Angoumois & la Marche, à l'Orient par l'Auvergne & par le Languedoc, au Midi par les Pyrénées, & à l'Occident par l'Océan. Ce Gouvernement a du Midi au Septentrion quatre-vingt lieues de large depuis Vic de Sos dans les Pyrénées jusqu'à Niort en Poitou ; & environ quatre-vingt dix lieues de long depuis St. Jean de Luz jusqu'au delà de St. Geniez en Rouergue.

Ses Rivieres sont,

La Garonne,   Le Tarn,
L'Adour,   L'Aveirou,
Le Lot.

Le nom moderne de GUIENNE est corrompu de celui d'AQUITAINE qui a été connu des Romains. Mr. l'Abbé de Longuerue dit [d] *d Desc. de* Quoique les bornes du Gouvernement de *la France* Guienne soient fort differentes de celles d'A- *part. 1.* quitaine, tant sous Jule Cesar que sous Augus- *p. 167.* te ; cela n'empêche pas que le nom de Guienne ne tire son origine de celui d'Aquitaine ; & cette Province quoique moins étenduë à present qu'elle n'étoit sous l'Empire Romain est aujourd'hui la plus grande de France. On ne voit pas, dit ce docte Abbé, que le nom de Guienne ait été en usage avant le commencement du XIV. siécle. Car dans ce temps-là Guillaume de Guyart qui a composé vers l'an 1306. une Histoire de France intitulée, LA BRANCHE AUX ROYAUX LIGNAGES, ne se sert que du mot d'Aquitaine ; mais dans le même siécle le Roi Edouard dans ses Lettres de 1360. données pour la paix avec la France se sert indifferemment des mots Guienne & Aquitaine ; comprenant dans la Guienne le Poitou & les Pays circonvoisins conquis par Philippe Auguste & cedez par les Anglois au Traité de l'an 1259. Dans le XV. siécle le mot *Guienne* prévalut & les Anglois qui ont fort longtemps maintenu en leur Langue l'usage du mot *Aquitan*, ont enfin reçu celui de *Guiann*, qu'on trouve dans les Modernes. Le Duché de Guienne retranché de près de moitié dans le treiziéme siécle fut laissé à Henri III. Roi d'Angleterre à condition que lui & ses Successeurs seroient pour ce Duché Vassaux de la Couronne de France : mais Edouard qui tenoit prisonnier le Roi Jean, le contraignit de lui ceder la Souveraineté de ce Duché que le Roi St. Louïs s'étoit reservée. La guerre ayant ensuite recommencé entre les François & les Anglois sous le Regne de Charles V. & ayant été continuée sous les Rois Charles VI. & Charles VII. ce dernier chassa entierement les Anglois de la Guienne l'an 1453. après que leur armée avec leur General Talbot eut été taillée en piéces près de Castillon en Perigord. Louïs XI. après la guerre du bien public, pour éloigner son Frere Charles du voisinage du Duc de Bourgogne & d'ailleurs ne pouvant se resoudre à lui donner ni la Normandie, ni la Champagne, comme il y étoit obligé, aima mieux ceder à son Frere le Duché de Guienne, l'an 1469. mais ce Prince Charles étant mort l'an 1472. le Duché de Guienne

384 GUI. GUI.

Guienne fut réuni à la Couronne. Voiez A-QUITAINE.

La Guienne est divisée en HAUTE & en BASSE.

La BASSE comprend le *Bourdelois*, le *Perigord*, l'*Agenois*, le *Condomois*, le *Bazadois*, les *Landes*, la *Gascogne* proprement dite, & le Pays de *Labourd*.

La HAUTE GUIENNE qui a pour principale Ville Montauban, comprend le *Querci*, le *Rouergue*, l'*Armagnac*, le Pays de *Comminges*, & l'on y joint même le Comté de *Bigorre*. Ces Pays qui composent la Haute Guienne sont tous du Ressort du Parlement de Toulouse; il n'y a que la basse qui reconnoisse le Parlement de Bourdeaux.

2. La GUIENNE proprement dite, Contrée & Province de France, au Gouvernement de Guienne auquel elle donne son nom. Elle est bornée au Nord par la Saintonge ; à l'Orient par l'Agenois & le Perigord, au Midi par le Bazadois & par la Gascogne ; & au Couchant par l'Océan. Ce Pays comprend le *Bourdelois*, le *Medoc*, le Captalat de *Buch*, & le Pays entre deux mers. On croit qu'il [a] fut érigé en Comté en 778. par Charlemagne en faveur de Seguin dont la posterité finit à Brisée soeur unique & Heritiere de Guillaume Bernard, de Guillaume & de Sanche Guillaume, laquelle le porta en Mariage à Guillaume IV. Duc de Guienne. Les Villes les plus remarquables de cette Province sont,

[a] Piganiol de la Force desc. de la France T. 4. p. 535.

Bourdeaux, Libourne,
Blaye,   Fronsac,
Bourg,   Coutras,
        Cadillac.

[b] Ed. 1705. 3. Mr. Baudrand [b] trouve une troisiéme Guienne, qu'il appelle la Province de Guienne. Elle différe du Gouvernement de Guienne, comme la partie de son tout, & de la Guienne propre comme le tout de sa partie. C'est selon lui la partie Septentrionale du Gouvernement de Guienne, & elle comprend

La Guienne propre,   Le Perigord,
Le Querci,   Le Rouergue.

Selon lui les principales Villes sont,

Bergerac,   Montauban,
Blaye,   Perigueux,
Bourdeaux Capitale, Rhodes,
Cahors,   Sarlat,
Figeac,   Vabres,
Milhaud,   Ville-Franche en Rouergue.

[c] Etat prés. de la Gr. Bret. T. 1. p. 114. GUILFORD [c], Ville d'Angleterre au Comté de Surrey sur le Wey, à vingt-cinq milles de Londres. C'est une bonne Ville où il y a trois Paroisses. Elle est la Capitale de la Province. On y tient marché public, & elle envoye deux Deputez au Parlement. Je ne sais pourquoi Mr. Baudrand n'en fait qu'un Bourg.

[d] Piganiol de la Force desc. de la France T. 4. p. 180. GUILLEAUMES [d], Ville de France en Provence. Elle est assez considerable, & chef d'un Bailliage qui porte son nom ; mais elle ne jouït de cette prerogative que depuis que le lieu de Puget de Theniers qui étoit Viguerie a été separé de la Provence & a été donné au Duc de Savoye. Pour lors sa Viguerie fut transferée à la Ville de Guilleaumes sous le Titre de Bailliage. Elle entre par là dans les Assemblées generales de la Province.

GUILLESTRE [e], Ville de France en Dauphiné dans l'Embrunois, au pied des Alpes, sur la Durance, à trois lieues au dessous d'Embrun, sur le chemin de Pignerol.

[e] Baudrand Ed. 1705.

GUIMARAENS [f], Ville de Portugal dans la Province d'entre Duero & Minho & dans la Comarça à laquelle elle donne le nom, dans l'Archevêché de Brague, à trois lieues & à l'Orient de cette Metropole, entre les Rivieres d'Avé & d'Arezilla, au pied du Mont Latito, selon le langage des Anciens & que nous connoissons aujourd'hui sous le nom de *Santa Maria* & de *Monte Largo*, à cause qu'il se divise en deux. Cette Ville a eu autant de noms qu'il y a eu de Peuples qui l'ont habitée, selon le Pere d'Acosta, les uns l'ont appellée ARADUSA qui signifie *Ville des Lettres*, d'autres LEOBRIGA qui veut dire *Ville forte*. Ceux-ci lui ont donné le nom de *Latia*, qui selon quelques Etymologistes exprime sa situation parce qu'elle est cachée derriere une Montagne ; ceux-là celui de *Lactis* par raport au Lait de la Ste. Vierge que l'on croit y posseder dans l'Eglise Collegiale ; ceux-ci l'ont nommée *Colombina*, à cause du grand nombre de Pigeons qu'on y voit. Enfin quelques-uns l'ont appellée, *Santa Maria* à cause de l'image miraculeuse de *Notre Dame d'Oliveira*, pour laquelle le peuple a une singuliere devotion. Les Portugais prétendent qu'elle fut fondée par les Gaulois Celtes cinq cens ans avant l'Ere Vulgaire. Elle est divisée en ANCIENNE VILLE & en NOUVELLE & comme l'une & l'autre a été le séjour des Rois de Portugal & que c'est pour ainsi dire, le berceau de la Monarchie, elles méritent que nous en fassions une description un peu circonstanciée.

[f] Mem. Manusc. communiquez.

L'ANCIENNE VILLE fut construite sur un terrain fort élevé, au sommet duquel paroit une Tour antique dont la porte a vingt-cinq pieds de hauteur sur douze de largeur : en y entrant on voit ces mots VIA MARIS, gravez sur une pierre. Quelques Etymologistes prétendent en tirer l'origine d'un sixiéme nom qu'elle a longtemps conservé. La Ville n'avoit que onze cens douze pas de circuit ; ses murailles étoient basses, foibles, & deffendues par une simple barbacane qui existe encore.

La Nouvelle Ville a été construite 1427. ans après l'ancienne, à l'occasion d'un Monastere. Numadona niéce de D. Ramire Roi de Castille & de Leon, & Veuve de Don Hermenegilde Mendez Comte de Thui & de Porto, ayant obtenu de son Mari la permission de disposer de la cinquiéme partie des biens qu'il lui laissoit, & de les employer à des Oeuvres pies, à sa volonté, elle fonda un Monastere de l'Ordre de St. Benoît dans une *Quinta* ou maison de Campagne qu'elle avoit tout près de Guimaraens pour y entretenir un certain nombre de Religieux, comme il paroit par deux Actes authentiques rapportez

Esta-

a Antiq. de Eſtace *a*, l'un du 8. Juin 927. & l'autre du
Portugal 18. Mai 951. ſigné du Roi Ramire, de la
c. 1. & 2. Reine Doña Urraca ſon Epouſe & des Prin-
n. 4. & n 11. ces ſes Enfans, par lequel ce Monarque confirme la donation de la Comteſſe Mumadona,
unit au nouveau Monaſtere celui de St. Jean
de Porto & lui fait don de trente Villages,
de la *Quinta* de Mellares ſituée ſur la Riviere
de Duero & des Metairies qui en dépendent.

Ce nouveau Monaſtere devint ſi célèbre
tant par la ſainteté des Religieux & des Religieuſes qui l'habitoient que par les frequens
miracles qu'y operoit l'Image de Notre Dame
d'Oliveira, qu'une foule innombrable de tous
états, de tous âges & de tous ſexes y alloient
en Pelerinage de toutes les parties de l'Eſpagne; ce qui obligea les Religieux à faire bâtir
des Maiſons autour du Monaſtere pour y
loger cette quantité de monde que la Dévotion y attiroit, dont pluſieurs attirez par les
attraits de la retraite, les autres par la beauté
du lieu, y tranſportoient leurs effets & s'y
établiſſoient; cela multiplia tellement le nombre des maiſons, qu'en très-peu de tems un
lieu qui ſembloit ne devoir être qu'un aſyle de Pelerins, devint un grand Bourg, &
dans la ſuite une Ville aſſez conſiderable, pour
être la Cour des Rois de Portugal, comme
nous allons voir.

Alfonſe VI. Roi de Caſtille, & de Léon,
ayant marié Doña Thereſe ſa fille à Henri de
Bourgogne & lui ayant donné pour dot tout
le Pays qu'on appelle la Province d'entre-Due-
re & Minho à titre de Comté de Portugal;
ce Prince s'alla établir dans l'ancien Guimaraëns; mais s'y trouvant trop à l'étroit & y
manquant d'eau & de quantité d'autres cho-
ſes; il forma le deſſein d'aller fixer ſa reſidence dans le nouveau. Pour cet effet il y fit
conſtruire une Chambre des Comptes, une Salle
d'Audience, des Priſons, & une forte Tour
pour y depoſer les Archives & dans laquelle les
titres de la Couronne ont reſté juſqu'au 13. de
Mai 1511. que le Roi Don Emanuel les fit
tranſporter à Lisbonne, où ils ſont conſervés
dans la Tour du Tombo. Tous ces Edifices
exiſtent encore, & leur magnificence jointe à
quantité d'autres choſes remarquables qu'on y
voit, font du vieux, & du nouveau Guimaraëns une des plus conſiderables Villes de
Portugal. Sa ſituation ne ſauroit être plus
avantageuſe, puiſque, comme nous l'avons
déja dit, elle eſt bâtie au pied du Mont *Latito*, & environnée de deux Rivières, qui fer-
tiliſent ſon Terroir, & font un des plus
beaux aſpects qu'on puiſſe imaginer. Elle
eſt environnée de murailles fortes, crenelées
& deffendues par neuf Tours. Son circuit
eſt de trois mille ſix cens quatre-vingt-cinq
pas. On y compte cinq Egliſes Paroiſſiales,
huit Couvens, quinze Chapelles, ou Hermitages, cinq Hôpitaux, quinze Places, cinquan-
te-ſept Rues, huit Portes, quatre Ponts, &
mille neuf cens ſoixante & trois familles, ſavoir ſix cens quatre-vingt-trois dans l'enceinte
des deux Villes, & douze cens quatre-vingt-
deux dans les Fauxbourgs.

De toutes les Rues de l'ancien Guimaraëns,
il ne reſte plus que celle du Château, appellée
autrefois *Rue de Sainte Barbe*, dont la porte
qui eſt à l'Orient porté le nom, deſorte que
tout le terrain ſur lequel cette Ville étoit bâtie, n'eſt occupé préſentement que par des
maiſons de Campagne, que des particuliers y
ont fait conſtruire, & par un Palais de forme
quarrée, dont Alfonſe, premier Duc de Bragance, fit jetter les fondemens, & qui auroit
ſurpaſſé tous ceux qu'on voit en Portugal,
s'il eut pû l'achèver; mais la mort l'ayant ſurpris, cet ouvrage demeura imparfait. Cependant quelques-uns de ſes deſcendans y ont fait
reſidence. Don Duarte, Duc de Guimaraëns, a été le dernier & Doña Conſtance
de Moronha ſeconde femme de Don Alfonſe
dont nous venons de parler, y mourut. Lorſqu'on y creuſe la terre pour y faire de nouveaux Edifices, on y trouve des veſtiges des
Anciens, qui font juger que cette Ville étoit
ſuperbement bâtie.

Le nouveau conſerve encore tout ſon éclat,
ſes Rues pour la plûpart ſont longues, larges,
& droites; ſes Egliſes ſont ſuperbes, & richement ornées: ſes Couvens ſont magnifiques,
& bien rentez: preſque toutes ſes places ſont
bordées de maiſons bien bâties: en un mot on
y remarque tout ce qui peut contribuer à
former une Ville conſiderable, nous ne nous
attacherons qu'à quelques Egliſes, & à quelques Places, pour ne pas paſſer les bornes que
nous nous ſommes propoſées, de ne rien dire
qui ne ſoit digne de la curioſité du Lecteur.

Quoique l'Egliſe de *Saint Michel du Château*, ſoit inferieure à quelques autres en beauté & en magnificence, nous commencerons par
elle, d'autant qu'elle eſt la premiere de tout
l'Archevêché de Brague. Son Architecture eſt
groſſière, & irrégulière; cependant, elle ne
laiſſe pas d'avoir un certain air de majeſté antique, qui inſpire de la véneration. Le Corps
de l'Egliſe eſt ſeparé de la Chapelle majeure
par une Arcade de pierre ſur laquelle on a bâti
deux magnifiques Autels, dont celui qui eſt du
côté de l'Evangile eſt dedié à Notre Dame de
Grace, & celui qui eſt du côté de l'Epitre à
Sainte Marguerite.

Près de cette Egliſe, on voit un Hôpital
avec une très-belle Chapelle, où l'on reçoit les
pauvres, qui ſont hors d'état de pouvoir gagner leur vie, ſoit à cauſe de leurs infirmitez,
ou de leur grand âge, auxquels l'Abbé de
Guimaraëns, qui en eſt l'Adminiſtrateur, fait
diſtribuer tous les ans une certaine rétribution
pour leur entretien, & une voye de bois la
veille de Noël à chacun.

A quelque diſtance de là s'éleve l'Egliſe
Royale & Collegiale de *Notre Dame d'Oliveira*, qui par ſa ſomptuoſité & par les grands
avantages qu'elle a non ſeulement au deſſus de
toutes celle de Guimaraëns, mais même au
deſſus de toutes celles de l'Archevêché de Brague, meriteroit d'occuper le prémier rang dans
notre deſcription; & dont la fondation primitive ſeroit incomparablement plus ancienne,
que celle de Saint Michel, ſi nous en avions
des preuves plus authentiques que celles qu'on
tire d'une pieuſe tradition de laquelle on peut
raiſonnablement douter, ſans pouſſer la critique trop loin. Nous ne laiſſerons pas cependant de la raporter, telle qu'on la trouve autoriſée par les Memoires des anciens Beneficiers

C c c

ciers de cette Eglise, par les Moines Chapelains de Notre Dame, par des Actes trouvez dans des Archives fort anciennes, & par une Epitaphe Gothique qu'on a trouvée dans un Temple qui a servi de fondement à cette Eglise que Don Bernard de Braga célèbre Historien raporte en ces termes.

Dans la Place major de Guimaraëns on voit un Temple construit à la Mosaïque très-ancien, & majestueux, qui fût dedié par les Gentils à la Déesse Cerès, lequel fut détruit par l'Apôtre Saint Jaques, qui après avoir renversé les Idoles qu'on y adoroit dressa un autel dans l'endroit où elles étoient adorées, & y plaça une Image de la Sainte Vierge, qu'on appelle à present Notre Dame d'Oliveira, comme il paroît par une Inscription qui fut trouvée en 1559. dans l'intérieur de la muraille du côté de la Tour, gravée sur une pierre, qui s'étant détachée du corps de la Muraille laissa voir ces paroles: *In hoc Simulacro Cereris collocavit Jacobus Filius Zebedei, Germanus Joannis, Imaginem Sancti Marici* III. S. C. I. S. X.

Dans la suite ce Temple fut dedié à l'Apôtre Saint Jaques par les Peuples & eut des Beneficiers sous cette denomination, comme il est prouvé par des Actes solemnels, qu'on conserve seigneusement dans les Archives du Chapitre de Guimaraëns, qui justifient que l'Ecolâtre de cette Eglise prend le titre d'Abbé de Saint Jaques, & jouît des Honneurs, Prerogatives, Exemptions, Immunitez, & Revenus attachez à cette Eglise.

L'Image de Notre Dame fut gardée dans ce Temple jusqu'en 416. que les Alains, les Sueves, & plusieurs autres Nations Barbares inonderent la Galice & y donnerent des marques de leur fureur & de leur impieté, en brûlant les Corps, & les Images des Saints; ce qui obligea Pancrace Evêque de Brague, de cacher celle de Notre Dame dans l'endroit le plus reculé du Mont *Latito*, fort peu éloigné de Guimaraëns. Après que la persecution fut appaisée, la Sainte Image fut rétablie, dans l'Eglise d'où elle avoit été tirée, & y fut conservée avec veneration, jusqu'en 1607. que l'Edifice fut entierement ruiné; mais il fut bien-tôt rétabli, comme il paroit par ce Distique.

Magna Domus quondam penitus submersa ruinis
Dum jacet, in brevius denuo surgit opus.

De ce Temple l'Image de Notre Dame fut transferée à l'Eglise du Monastere de Mumadona, qui n'en est éloigné que de quatre vingt pas, dont l'Eglise changea pour lors de nom: car au lieu qu'auparavant, elle portoit celui de Saint Sauveur, dans la suite elle prit celui de Notre Dame, de laquelle la Comtesse Mumadona est la premiere fondatrice, le Comte Henri la continua, & en fit une Colegiale, au lieu qu'auparavant elle étoit desservie par des Moines, & le Roi Don Alfonse I. son fils la perfectionna en 1139. disposa la forme du Chapitre à peu près telle qu'elle est aujourd'hui.

Don Jean I. qui avoit une devotion singuliere à l'Image de Notre Dame, ne trouvant pas que son Eglise fût assez majestueuse, donna en 1429. qu'elle fût rebâtie de nouveau, & que rien ne manquât à la régularité, ni à la magnificence de l'Architecture; mais ses ordres furent si mal executez par l'Architecte, que quoiqu'elle ait une Nef, elle n'a que quarante-neuf pas de longueur, depuis la porte principale, jusqu'à l'Arcade qui separe la Chapelle Majeure du Corps de l'Eglise, tellement que cette Chapelle fut extrêmement petite, jusqu'en 1670. que le Roi Don Pedro la fit abattre, & rebâtir de nouveau. Dans cette nouvelle construction, l'Architecte & les Chanoines firent tout leur possible pour donner à la Chapelle plus de longueur, qu'elle n'avoit, mais ayant trouvé du côté du Nord une Muraille qui soutient le Cloître & la voute de deux autres Chapelles, ils furent contraints de se contenter d'enrichir, autant qu'il fut possible, l'Architecture de la nouvelle Fabrique, & de dresser une superbe Tribune au dessus du Maître-autel, dans laquelle l'Image de la Sainte Vierge fut placée, à laquelle on monte par un degré de pierre pratiqué dans l'épaisseur de la Muraille.

Au pied du maître-autel, est un marchepied par le moyen duquel on y monte: du côté de l'Evangile on voit un Arc sous lequel est le siége du Prieur du Chapitre, & un autre du côté de l'Epitre pour le celebrant, & pour ses assistans; des deux côtés de la Chapelle regne un rang de siéges qu'occupent les Chanoines pendant qu'ils chantent l'Office Divin, que le même Don Pedro fit faire en 1685. Toute la façade de la Chapelle est fermée par une grille de fer bien travaillée, peinte & dorée qui fait un bel effet.

Le Corps de l'Eglise n'a que trente pieds de longueur; mais elle est azurée presque par tout; & dans les endroits, où il n'y a pas d'azur, elle est peinte, ou dorée. Des deux côtez on voit de grandes croisées sur les vitrages desquelles la Vie de la Sainte Vierge est représentée par des peintures très-fines, avec les armes du Roi Don Jean I. & de la Reine son Epouse, qui sont celles d'Angleterre.

A l'entrée du Chœur on a pratiqué dans la muraille du côté de l'Evangile un degré de pierre, par lequel on monte au Chœur, & à une Tour qui a cent trente pieds de hauteur, au sommet de laquelle est un très-beau clocher, à la pointe duquel est un Ange armé qui indique les vents qui soufflent. Cette tour fut bâtie en 1515. sur les ruines d'une autre aux dépens du Docteur Pierre Etienne Cogominho, Auditeur des terres du Duc de Bragance, & d'Elisabeth Pinheyra sa femme. Au pied de la Tour on a bâti une grande Chapelle dans laquelle on voit deux magnifiques tombeaux de pierre avec deux figures de demi-corps, dont l'une represente le fondateur, & l'autre sa femme. Ces deux tombeaux sont environnez d'une grille de fer fort haute & très-bien travaillée. Dans la même Chapelle il y a un autel sur lequel on dit la Messe tous les Dimanches & jours de fêtes, qu'on peut entendre de la Rue, & des maisons qui sont vis-à-vis, par le moyen d'une porte grillée au dessus de laquelle paroissent les armes du fondateur.

Au

GUI.

Au pied de la Tour du côté de l'Occident est une belle Fontaine à trois grands Tuyaux, qui fourniffent une grande quantité d'eau excellente. Celui du milieu fert de Frontifpice au perron de la porte de la Chapelle : celui qui eſt à main gauche eſt d'une pierre d'une beauté finguliere, & d'une Architecture admirable, & eſt orné d'une Image de la Sainte Vierge appuyée fur un Olivier, qui font les armes de la Ville. Celui qui eſt à main droite eſt de la même forme, que celui qui eſt à gauche, & eſt accompagné des armes de Portugal peintes & dorées. Cette fontaine eſt faite avec tant d'art, qu'il femble que l'eau qui en fort vienne de l'interieur de la muraille de la Tour, dans laquelle elle eſt conſtruite, & les étrangers ne peuvent pas fe perfuader qu'elle puiſſe venir d'autre part. Cependant il eſt conſtant qu'elle y eſt conduite d'une lieue de là par des Canaux fouterrains.

A la porte principale de l'Egliſe, on voit à main droite un grand écu aux armes du Roi Don Jean I. fon reſtaurateur entre deux Anges, & pour Timbre un Seraphin qui foutient avec les mains la Couronne Royale, & au deſſous une pierre de Marbre avec cette Inſcription. *L'An M. CCCCXV. & le VI. de Mai cet Ouvrage fut commencé par ordre du Roi Don Jean I. donné par la grace de Dieu à ce Royaume de Portugal : ce Roi Don Jean livra Bataille au Roi Don Jean de Caſtille dans les Champs d'Aljubarrota, dans laquelle il fut vainqueur & en reconnoiſſance de cette Victoire qu'il obtint par le fecours de Sainte Marie il ordonna que cet Ouvrage fût fait par Jean Garcia entrepreneur.*

Cette Egliſe a deux autres portes magnifiques ; l'une au Nord, & l'autre au Midi, & derriere la Chapelle majeure on a pratiqué un grand Cloître, où les Chanoines font leurs Proceſſions ordinaires. Entre l'Egliſe & le Cloître eſt un Cimetiere, où l'on enterre les pauvres qui meurent dans les Hôpitaux de la Miſericorde & de l'Ange.

Autour du Cloître regnent cinq grandes Chapelles richement ornées, dont l'une eſt dediée à Notre Dame de Pombinha, la feconde à Saint Roch, la troifiéme à Saint Come & Saint Damian, la quatriéme à Saint Pierre de la Confrairie des Clercs de la Ville ; & la cinquiéme à Saint Louïs.

Près de la Porte du Chapitre on a bâti une autre belle Chapelle dediée à Saint Blaife, où les Chanoines font obligez d'aller réciter pendant cinquante jours des prieres pour le repos de l'ame de Gonçale Romeu, depuis le jour de Pâques, juſqu'au Dimanche de la Trinité.

Dans l'interieur de l'Egliſe, entre la Nef, & le Chœur, on a ménagé une porte du côté du Midi pour aller à la Sacriſtie de la Confrairie du Saint Sacrement & une autre du côté du Nord, pour aller au Cloître & à la maiſon du Prieur du Chapitre tout contre laquelle eſt une Galerie qui conduit à la Sacriſtie des Chanoines, laquelle eſt belle, & bien ornée. On y admire furtout un rétable d'Argent vermeil qui repréfente la Crêche de Notre Seigneur que donna en préſent le Roi Don Jean I. en actions de grace de la Victoire fignalée qu'il remporta

GUI.

fur le Roi Don Jean I. de Caſtille près d'*Aljubarrota*. Il y a quantité d'autres Chapelles très-magnifiques dont nous ne parlerons pas. Nous n'entrerons pas non plus dans le détail du Trefor de cette Egliſe. Nous nous contenterons feulement de dire qu'outre une grande quantité de Pierreries, de pieces d'Or, de vermeil, & d'argent qu'on ne peut pas peſer au jufte à cauſe de l'Email dont elles font garnies, on y compte 800. marcs d'Argenterie qu'on étale les jours de fêtes folemnelles.

Cette Egliſe a toujours été fi chere aux Rois de Portugal qu'ils ont exempté de toute forte d'impôt tous ceux qui font deſtinés à la deſſervir, juſqu'aux Domeſtiques & locataires des Chanoines. Elle eſt deſſervie par un Chapitre Collegial & Royal compoſé d'un Prieur, d'un Treſorier, de deux Archi-Diacres, d'un Théologal, d'un Archiprêtre, de quinze Chanoines, de huit Prebendiers, de fix Clercs, qu'on appelle *Capinhas*, qui affiſtent au Chœur avec le Chapitre ; avec cette difference que les Chanoines, & les Prebendiers portent des Aumuſſes fourrées de rouge, & que celles des Capinhas ne font pas fourrées.

Les Chanoines font Curez primitifs de toutes les Egliſes Paroiſſiales de la Ville, & de toutes leurs Annexes, & en cette qualité, le Chapitre aſſiſtoit ancienement à tous les enterremens ; mais comme cet honneur leur devint onereux, à cauſe de la peine qu'il leur donnoit, ils s'en dechargérent fur une Communauté de quarante Prêtres, qu'ils formerent & qu'on appelle *Coraria*, l'un defquels eſt le Chef de tous les autres fous le titre de Prevôt, auquel tous les autres font obligés d'obéir, comme à leur Superieur.

Le Chapitre eſt independant de la Jurisdiction Epiſcopale & ne reconnoit d'autre Superieur que le Pape. Pluſieurs Archevêques de Braga ont tâché de l'affujetir à leur autorité ; mais toutes leurs tentatives ont été inutiles, & il n'y a pas d'apparence qu'ils en viennent à bout, tandis que les Rois de Portugal le maintiendront dans la glorieuſe poſſeſſion du titre de Chapitre Royal, dont il jouît depuis la fondation de la Monarchie.

Le Roi Don Alfonſe IV. fit conſtruire vis-à-vis de la Porte principale de l'Egliſe, & au delà d'une Place qui n'eſt éloignée que de dix-sept pas, un fuperbe *Padraon*, dont quatre arcades appuyées fur des pieds-d'eſtaux, en foutiennent la voute. Tous ces pieds-d'eſtaux fe terminent en pointe de diamant, & s'élevent au-deſſus du toit de la voute. Dans chaque flanc de la muraille de ces arcades, on voit un Ecu aux armes du Roi fondateur de l'Edifice. Au milieu de l'Arcade, qui eſt du côté de l'Egliſe, on a bâti un magnifique autel fur lequel on a placé une Image de Notre Dame de la Victoire. Au pied de l'autel on voit la figure du Licentié *Pedro de Lobaon* Avocat de la Ville de Guimaraens, lequel entreprit de priver l'Egliſe de Notre Dame, & ceux qui la deſſervent des Privileges & immunités que les Rois leur ont accordé, & qui, dit-on, en fut puni d'une maniere furnaturelle.

La grande Place eſt fort proprement parée, &

GUI.

& environnée de Bancs attachés à la muraille de l'Eglise ou à celles des Maisons qui la bordent de trois côtés, lesquelles sont soutenues par des piliers de pierre qui forment de beaux portiques, qui entre le Nord & l'Orient font face à l'Eglise Collegiale, & entre l'Occident & le Nord aux deux superbes Edifices de la Chambre, & de l'Audience, au-dessus desquels on a placé deux grands Ecus aux Armes Royales entre deux Spheres dorées & peintes.

On voit encore dans l'enceinte de la Ville la *Place de Saint Paye*, où est située l'Eglise paroissiale de ce nom, quoique celle dont nous venons de parler soit appellée la grande Place, celle-ci est encore plus grande, mais moins ornée. En sortant de la Ville, on trouve à l'entrée du Fauxbourg de Sainte Croix, la Place qu'on appelle le *Champ de la Foire*, vaste, bien peuplée, & partagée par un Ruisseau qui porte son nom, qu'on passe sur un Pont qui ne s'éleve qu'à niveau du Terrain, & qui a 120. pas de long sur trente de large.

La partie de la Place qui est au delà du Pont est toute pleine de beaux arbres à l'ombre desquels on tient une foire de Bestiaux, qui commence le premier Dimanche d'Aoust & dure trois jours.

A quelque distance delà on trouve la Place de saint Sebastien, où est située une Eglise paroissiale dediée à ce Saint : cette Place est remarquable par la beauté de l'Eglise qui la borde d'un côté, & de la façade de la Douane qui regne d'un autre, de là en tirant entre le Nord & l'Occident on va à la Place du *Toural*.

Cette Place est bordée d'un côté par de belles Maisons dont le devant est soutenu par des Arcades qui font un effet merveilleux, & certains jours de fêtes, on y fait des danses au son des Trompettes, & de plusieurs autres Instrumens qui sont suivis de Tournois, & de Courses auxquelles la jeunesse de la Ville & du Voisinage s'exerce. Ceux qui ne veulent être que spectateurs de ces rejouïssances sont assis sur des Bancs de pierre dressés contre les murailles des maisons en forme d'Amphithéâtre. Du côté du Midi on a construit une très-belle fontaine à six gros tuyaux, terminée par une sphère de Bronze doré au bas de laquelle sont les armes Royales, le pied de la Fontaine est environné de degrés de pierre sur lesquels les habitans se vont asseoir pour y converser. On voit encore quelques autres Places & plusieurs belles Eglises dans les fauxbourgs dont nous ne parlerons pas, estimant que ce que nous avons dit suffit pour persuader que Guimaraens est une des plus considerables Villes du Portugal. Les Rois lui ont accordé quantité de beaux Privileges.

Avant que l'ancien Guimaraens fût entierement ruiné, il avoit une Jurisdiction distincte de celle du nouveau, & des Magistrats differens, & afin que la memoire n'en soit pas tout-à-fait éteinte il se fait tous les ans le troisième Dimanche de Juillet une procession solemnelle qui va de l'Eglise Collegiale à celle de Saint Michel du château, à laquelle assistent le Chapitre, les *Vereadors*, avec leur Verge en Corps de Ville, accompagnés du Procureur Syndic, du Greffier, & autres Officiers de Justice, du Corregidor, du Proveditneur, & du Juge de dehors. Lorsque la Procession part de l'Eglise Collegiale, le Juge de dehors leve un Etendard rouge sur lequel paroît la figure de l'Archange Saint Michel, & lorsqu'il arrive au terme qui sepere l'ancienne Ville de la nouvelle, il le remet au plus ancien *Vereador*, pour marquer qu'il n'est pas en droit d'entrer dans un lieu où il n'a pas de Jurisdiction avec les marques qui denotent les attributs de la Judicature.

La Ville est gouvernée quant au Civil par un Corregidor, un Auditeur, trois Vereadors, un Procureur du Conseil, un Greffier de la Chambre, un Juge de dehors, un Juge des Orphelins, avec son Greffier, un Maître de Comptes, un Enquêteur, un Distributeur, un Mayrinho, deux Lieutenans de Police, un Alcayde, six Tabellions, un Capitaine Major & un Sergent Major, qui commandent quatre Compagnies d'Ordonnance.

La COMARCA ou Departement DE GUIMARAENS est composée de 22. Villes,
Savoir,

Guimaraens,	Riba Tamaga,
Brague,	Colories de Bastos,
Conda,	Roussi,
Amarante,	Restim,
Vahaon,	Pedralta,
Figueira,	Vemieiro,
Monte longo,	Tibaens,
Raes,	Cambeses,
Villabon,	Gueyada,
Reda,	Capçaons,
Santa Cruz,	Manedo.

Elle s'étend sur vingt Conseils qui sont

Conda,	Colories de Basto
Amarante,	Roufe
Vulgaon,	Restim
Figueira,	Pedralta
Monte longo,	Vemieiro
Raes,	Tibaens
Villabon,	Cambeses
Rida,	Gueiada
Santa Cruz,	Capçaons
Riba Tamaga	Manedo.

§. Cette Ville de Guimaraens est la patrie d'Alphonse premier Roi de Portugal & du Pape Damase qui siégea depuis 367. jusqu'à l'an 385.

GUIN, Ville de Perse, dans la Province de Perse proprement dite dont néanmoins elle est separée par de hautes montagnes selon Mr. Corneille [a] qui cite le Voyage d'Olearius. Elle est située dans une plaine de plus de quatre lieues de long & de large, semée pour la plus grande partie de ris & de coton & arrosée de plusieurs petits canaux. Quoi que cette Ville soit petite, l'abord & la vue ne laissent pas d'être fort agreables à travers les palmes & les autres arbres qui la font voir dans une agréable perspective. En y entrant on trouve à la main droite une très-ancienne Mosquée
avec

[a] Dict.

avec un Dome couvert d'un ouvrage de marqueterie dont les murailles de dehors sont aussi revêtues. Les Perses prétendent que ce bâtiment a plus de neuf cens ans. Aussi est-il à moitié ruiné, & entr'ouvert de grandes crevasses en quelques endroits. Il est en grande veneration aux habitans. On voit dans la Ville deux petits canaux de bonne eau vive bordez de chaque côté d'ormes & de saules comme en Europe. Il paroît qu'il y a fort long-temps que cette Ville est bâtie & qu'une Colonie de Perse l'a peuplée parce que ses habitans ont plus d'esprit & sont plus polis que les autres Arabes leurs Voisins. Ils ont le teint plus blanc, & l'habit de leurs femmes est plus agréable. L'air y est aussi plus temperé & la façon de vivre beaucoup moins rustique.

[a] Labat Afrique Occident. T. 5. p. 160.

GUINALA [a], Gros Village d'Afrique dans la Nigritie sur un Marigot ou petite Riviere à une lieue de l'Isle des Bisagues, il est tout composé de Portugais qui s'y sont établis de pere en fils depuis longtemps. Ce Village est situé sur la droite de la Riviere ou du Marigot de même nom qui donne aussi son nom à un Royaume. Il est considerable par le nombre de ses maisons & de ses habitans Portugais blancs, noirs, bazannez, & mulatres. Ils paroissent tous à leur aise, ils sont assez bien logez; & la chambre où l'on entre d'abord, c'est-à-dire, celle où l'on reçoit les visites est passablement meublée. On ne penetre jamais plus avant que cette chambre : la politesse & la jalousie ne le permettent pas dans un Pays où l'on est aussi jaloux des maîtresses que des femmes, & il est presque inouï qu'on ne trouve ces deux especes d'oiseaux dans toutes les maisons; à cela près ces Messieurs sont fort polis & savent allier la civilité & la gravité.

[b] p. 163.
[c] p. 165.

Le Roi de Guinala [b] reside dans un Village à une lieue delà, [c] sur le bord d'une moyenne Riviere qui vient de l'Est & qui se rend dans celle de Courbali. Tout le terrain est bien cultivé, il est abondant & gras & s'il étoit en d'autres mains il seroit d'un grand rapport. On y peut faire un commerce très-considerable de Cire, d'Esclaves & d'Yvoire. On y voit quantité d'Elephans & malgré la guerre continuelle que les Negres leur font pour les empêcher de gâter leurs champs & pour avoir leurs dents & leur chair ils ne laissent pas de multiplier beaucoup. Le Pays est charmant à cause des arbres & des bananiers qui environnent toutes les maisons avec des Tapades d'épines & de grosses Cannes.

§ Le Roi de GUINALA, est le même que le Roi des Biafares. Voiez BIAFARS.

GUINCHY, Ville de l'Indoustan sur la route de Cochin à Madrespatan. Elle est à dix journées de chemin de cette Ville; & est [d] peuplée de Mahometans, selon Tavernier dans son Voyage des Indes.

[d] l. 1. c. 16.

GUINÉE, (LA) grand Pays d'Afrique, entre la Nigritie au Nord, l'Abissinie à l'Orient & la Cafrerie au Midi; nous n'en connoissons gueres que les côtes qui commencent à la Riviere de Serre Lionne & s'étendent jusqu'au Cap Negre; c'est-à-dire, environ 10. d. en deçà de la ligne & 16. d. au delà.

On la divise en HAUTE & en BASSE GUINÉE. La HAUTE GUINÉE est bornée au Midi par l'Océan & comprend divers Pays que l'on trouve de suite & qui sont subdivisez chacun en plusieurs Royaumes. Ces Pays sont,

LA CÔTE DE LA MALAGUETE,
LA CÔTE DES DENTS,
LA CÔTE D'OR,
LE ROYAUME DE JUDA,
LE ROYAUME DU GRAND ARDRE,
& LE ROYAUME DE BENIN.

La Basse Guinée est le même Pays que le CONGO. Voiez ce mot.

La Guinée, dit Bosman [e], est un fort grand Pays & a quelques centaines de lieues d'étendue, renfermant un nombre infini de Royaumes tant grands que petits & encore d'autres peuples qui sont gouvernez en forme de Republique. Il y a plusieurs Ecrivains, ajoute-t-il, qui ont cru que la Guinée étoit un puissant Royaume dont le Roi avoit subjugué par les Armes plusieurs Pays, en avoit fait un Royaume & lui avoit donné le nom de Guinée... Mais c'est une erreur grossiere. Le nom de Guinée n'est pas même connu parmi les habitans & le Royaume de Guinée est un Royaume imaginaire qui ne se trouve pas dans le monde [f]. La côte de Guinée est située environ à cinq degrez de Latitude Septentrionale; ainsi ce Climat est fort chaud quoique la chaleur n'y soit pas aussi excessive que la plûpart des gens se l'imaginent. Il y fait extrémement chaud dans les Mois d'Octobre, Novembre, Decembre, Janvier, Fevrier & Mars, mais pendant les six autres mois de l'année la chaleur n'y est pas à beaucoup près si grande & on la peut facilement supporter. Voici ce qui rend l'air mal-sain sur cette côte, au jugement de l'Auteur; 1. la chaleur du jour suivie de la froidure de la nuit; car ce changement subit doit produire un effet tout contraire dans les corps, surtout si on ne s'accoutume pas à supporter plus le chaud que le froid & si on se découvre trop pour chercher plus tôt la fraîcheur. 2. Il y a sur toute la côte quantité de hautes Montagnes, d'entre lesquelles on voit tous les matins s'élever un brouillard épais & puant qui a une odeur de souffre & surtout dans les endroits marécageux & auprès des petites Rivieres. Ce Brouillard se repand & tombe en si grande abondance sur la terre qu'il est impossible qu'on n'en soit infecté d'autant plus que l'on est à jeun & que l'on est alors plus susceptible des impressions de l'air. Ce Brouillard s'eleve surtout pendant les six mois que nous appellons ici d'hyver, & particulierement aux Mois de Juillet & d'Août, pendant lesquels on voit regner plus de maladies qu'en Eté. Il se mele à ce Brouillard une terrible puanteur causée par la malpropreté des Negres qui non seulement ne s'accoutument de laisser pourrir leur poisson cinq ou six jours avant que de le manger, mais qui sont aussi leurs nécessitez autour de leurs maisons dans tout le Village. Toutes ces mauvaises odeurs jointes ensemble causent necessairement quantité de maladies & il est presque impossible

[e] Lettre 1.

[f] l. 8.

que ceux qui ont déjà été quelque temps sur la côte & ceux qui sont nouvellement arrivez y puissent resister; les premiers à cause de la foiblesse de leur corps & les autres à cause de l'extrême difference de ce Climat à celui de l'Europe. Aussi voit-on que la plûpart payent le tribut & sont attaquez de maladies en arrivant & il en meurt même beaucoup; parce qu'on n'a pour les soulager que des Chirurgiens ignorans, des medicamens gâtez, des viandes maigres & dures qu'une personne saine a de la peine à manger, & que l'on manque d'herbes potageres. Plusieurs s'atirent divers maux par leur intemperance; mais quoique ce Pays soit fort mal-sain les habitans naturels ne sont gueres attaquez de maladies, parce qu'étant nez dans ce Climat & accoutumez à la puanteur qui infecte l'air, ils y peuvent mieux resister. Il y a pourtant deux sortes de maladies auxquelles ils sont plus sujets que les Européans, savoir la petite verole qui en emporte quelques milliers de temps en temps, & le *ver*. Ce ver s'engendre dans toutes les parties de leur corps & surtout aux jambes. C'est un mal extrémement douloureux qui dure quelquefois des mois entiers & dont ils ne sont delivrez que quand le ver est entierement sorti. S'il se rompt en le tirant la douleur augmente, ce qui est resté du ver se pourrit & fait une apostume dans un autre endroit. C'est ce qui a donné lieu à Mr. Fockenbrogh de dire: la Guinée est un Pays où les vers de terre de la longueur d'une aune ou d'une pique, n'attendent pas que les hommes soient morts & les rongent tous vivans.

A ces incommoditez près les Negres jouïssent en general d'une parfaite santé; mais ils deviennent rarement vieux. On en voit quantité qui paroissent vieux sans l'être; ils s'abandonnent trop aux femmes, ce qui les vieillit & les affoiblit tellement que lors qu'à l'âge de cinquante ans qui est parmi-eux une grande vieillesse, ils sont attaquez de maladies, ils en meurent ordinairement; les enfans mêmes connoissent cette debauche, ce qui fait qu'il ne se trouve pas une honnête fille parmi eux.

a Lettre 8. ^a Les Negres sont tous d'un naturel si fourbe qu'on ne peut se fier à eux. Ils ne negligent aucune occasion de tromper un Européen, ou de se tromper les uns les autres, il est rare d'en trouver qui soient fideles, encore s'il y en a, leur fidelité ne s'étend pas plus loin qu'au maître qu'ils servent, car si on examine bien leur vie, on verra qu'à l'égard des autres ils font voir en toute occasion leur naturel trompeur. Il semble qu'ils ne soient nez que pour cela. Ils le voient faire dès leur enfance & la fourberie jette en eux de si profondes racines qu'il leur est impossible d'y renoncer dans la suite.

Ils sont extrémement paresseux, & ne travaillent que lorsqu'ils y sont contraints. Ils sont aussi sans souci & prennent leurs affaires si peu à cœur qu'on ne peut presque jamais remarquer s'ils ont du bonheur ou du malheur. Lorsqu'ils ont été en Campagne s'ils ont gagné une bataille on les voit retourner sautans & dansans & ils font la même chose quand ils ont été battus & obligez de s'enfuir. Quand ils se trouvent à une fête ou à un enterrement,

c'est pour eux la même chose, en un mot on les voit toujours les mêmes soit dans l'adversité soit dans la prosperité; un Poëte Hollandois les dépeint ainsi: Quelque malheur qui leur arrive, ils ne laissent pas de chanter, de danser, & de se divertir. Ils ne craignent ni affliction, ni misere, ils jouent en allant au tombeau & dansent à l'approche de la mort.

Il est vrai qu'ils ont bien soin d'amasser de l'argent, c'est à quoi ils visent toujours, mais ils le prennent si peu à cœur que quoiqu'ils fassent une perte considerable on ne le peut remarquer à leur visage; ils n'en dorment pas moins tranquilement, & dès qu'ils sont couchez ils dorment comme des bêtes, sans que la moindre inquietude trouble leur repos. Il n'y a personne qui pratique plus à la lettre cette leçon, n'ayez point de souci du lendemain.

Les jeunes gens surtout sont fort orgueilleux, ils voudroient passer pour des personnes de qualité quoiqu'ils ne soient bien souvent que des Esclaves; ils sont aussi paroître beaucoup de vanité dans leur maniere de se parer. Ils s'ornent la tête en plusieurs endroits. Quelques-uns portent les cheveux longs, joliment bouclez & attachez ensemble sur la tête: d'autres sont de petites boucles de leurs cheveux, les frottent d'huile & de peinture & les ajustent en maniere de roses autour de leur tête. Ils mettent entre deux pour enjolivement des fetiches d'or & une certaine forte de Corail que nous nommons *Conte di terra* & qui vaut quatre fois plus que l'or. Ils ont encore une espece de Corail bleu, que nous appellons *Agrie* & les Negres *Acorri*, & que l'on pese au poids de l'or lorsqu'il est un peu gros. Ils aiment fort à porter des habillemens comme nous & ne font pas difficulté de les payer bien cher. Ils portent autour des bras, des jambes, & du corps quantité d'or ou de Corail pour ornement. Leur habit ordinaire est composé de trois ou quatre aunes d'étoffe, soit de Velours, de Soye, de Drap, ou d'autres étoffes. Il y en a plusieurs qui en ont de cinquante sortes. Ils roulent cet habit (ou *pagne*) autour de leur corps & le laissent pendre depuis le nombril jusqu'à mi-jambe. Ils portent aussi aux bras des anneaux d'Yvoire fort proprement faits & quelques-uns en ont d'or, d'argent, &c. Ils ont au cou plusieurs Colliers d'or & de toutes sortes de Corail, de celui même dont on vient de parler & il y en a qui valent chacun plus de mille livres. Ce sont là leurs joyaux & on n'estime nullement ceux qui n'en ont point.

Autant que les jeunes gens ou *Manceos* sont magnifiques, autant les *Caborecos* ou vieillards sont modestes. Ils aiment mieux passer pour pauvres que pour riches. Ils se contentent d'avoir une bonne *pagne*, un bonnet de peau de Cerf, & à l'exemple des Israëlites un bâton à la main avec une chaine ou un Collier de Corail au cou. Ce sont tous les ornemens dont ils se parent journellement.

Les gens du commun comme les paysans, les pêcheurs & autres de cette sorte s'habillent à fort peu de frais. Quelques-uns n'ont que deux aunes d'étoffe commune & d'autres n'ont qu'une bande pour cacher ce que la pudeur ne ne permet pas de laisser voir; excepté que les pêcheurs ont un bonnet de peau de Cerf, ou de jonc sur la tête ; mais la plûpart tâchent d'avoir des Matelots un vieux chapeau ou un vieux bonnet qui leur sert dans le chaud & dans le froid. Non seulement on voit dans tous les Pays de l'Europe que les femmes ont beaucoup plus de vanité dans leurs habits que les hommes. Cela se remarque même parmi ces peuples grossiers; car les femmes de Guinée sont plus occupées à se bien parer que les hommes. Elles ont l'adresse de boucler fort joliment leurs cheveux & de les orner de sétiches, de Corail, & de queues d'Elephant ; elles portent au cou des chaines d'or & de très-beau Corail, outre dix ou douze petits Colliers blancs fort jolis de *Conte de terra* & d'Or, qu'elles ont en quantité aux bras, aux jambes & autour du Corps. Elles ont depuis la ceinture en bas une *pagne* qui est souvent deux ou trois fois plus longue que celle des hommes, & qu'elles attachent avec une bande de Drap rouge ou de quelque autre étoffe, de la longueur de deux aunes & large d'une demie aune dont les deux bouts pendent par dessus leur pagne. Celles qui sont d'une condition relevée y mettent une dentelle d'or ou d'argent, ce qui leur donne encore plus d'agrément. Elles ont en haut autour du Corps une écharpe de soye ou de quelque autre jolie étoffe. Leurs bras sont garnis d'anneaux d'or, d'argent, d'yvoire &c.

Les femmes accouchent sans beaucoup de frais, sans cet attirail de petites hardes, beguins, langes & autres que l'on a en Europe. Plusieurs femmes vont le jour même de leurs couches se laver au bord de la Mer. Quelques-uns gardent le lit quelques jours & sont fort malades ; mais cela est rare. Aussi-tôt que l'enfant est né, on va chercher un *feticher* ou *Consoe*, c'est une espece de Prêtre parmi eux. Il leur fait incontinent attacher autour du corps, du cou, des bras, & des jambes quantité de Cordelettes de Corail & d'autres bagatelles après les avoir consacrées par des ceremonies particulieres, & ce qu'ils croient cela preserve l'enfant de maladie & des autres accidens fâcheux. Ces Cordelettes servent d'habit à ces enfans jusqu'à l'âge de sept ou de huit ans, & alors on leur donne une demie aune d'étoffe pour se bien ajuster.

Ces enfans au reste ne leur coutent ni soin ni depense. Ils tetent pendant deux ou trois ans & après cela s'ils peuvent marcher ils sortent de la maison & vont où il leur plaît. S'ils ont faim la mere leur donne un morceau de pain sec & les envoye dehors. Ils peuvent aller où ils veulent même sur le bord de la Mer pour apprendre à nager sans que la mere ou quelque autre personne y prenne garde. Des centaines d'enfans depuis l'âge de quatre ans jusqu'à six courent tous nuds sur le bord de la Mer & n'ont qu'un morceau de pain sec dont ils sont très-contents. Les meres n'en sont point en peine, & sans s'en embarasser elles font leurs affaires fort tranquillement. Ils sortent tous les jours sans avoir personne pour les garder & on n'apprend pas qu'il leur arrive aucun accident.

Les Negres se nourrissent eux-mêmes à fort peu de frais. Leur sobrieté est extrême pour le manger quand eux-mêmes en font la depense, car quand les Européens les traitent, ils sont friands & gourmands, & devorent ce qu'il y a de meilleur. Mais ils sont fort enclins à l'yvrognerie. Ils aiment passionnément les boissons fortes ; & ne manquent jamais de boire le matin de l'eau de vie & l'après midi du vin de Palme.

La paresse des Negres est cause qu'on trouve peu d'Arts & de Metiers parmi eux, leurs principaux Metiers consistent à faire des coupes & des vases de bois & de terre, à natter des chaises, à faire des boëtes de cuivre pour y mettre de l'onguent, des brasselets d'or, d'argent & de Dents d'Elephant & autres bagatelles semblables. Il n'y a rien à quoi ils s'entendent mieux qu'à forger, & ils font tous les instrumens qui leur sont necessaires pour la guerre, excepté les armes à feu, aussi bien que ceux dont ils ont besoin pour l'Agriculture & pour le menage. Ils ne savent ce que c'est que l'acier & cependant leurs sabres & leurs serpes ne laissent pas d'être d'une trempe fort dure & de bien couper. Il en est de même de leurs houes & des autres instrumens dont ils se servent pour cultiver la terre. Ils forgent tout cela sur une grosse pierre qui leur tient lieu d'enclume. Ils se servent de deux ou trois *Mokers*, d'une pincette & d'un petit soufflet qui a trois tuyaux & quelquefois davantage. Ils ont inventé ces soufflets dont il sort beaucoup de vent. Ils tressent pour les Hollandois des Cordons de Chapeau, de fils d'or & d'argent avec tant d'adresse que les Orfevres d'Europe auroient peine à les imiter.

La navigation des Negres n'est pas bien considerable. Ils se servent de bateaux fort longs qu'on appelle *Canvots*; les plus grands ont trente pieds de long & six de large, & diminuent peu à peu jusqu'aux plus petits qui ont treize ou quatorze pieds de long & trois ou quatre de large. Les Européens se servent des plus grands pour transporter leurs marchandises d'un lieu à l'autre & ils contiennent autant que la Chaloupe d'un Vaisseau marchand. On fait aller ces cannots à la rame. On y employe deux, trois, cinq, sept, neuf, onze, treize, quinze, ou dix-sept rameurs, selon qu'ils sont longs. Ils sont en nombre impair parce qu'ils sont deux à deux & qu'il en faut un qui gouverne. Ils ne se servent point de rames comme les nôtres, mais de pelles, faites en forme de cœur, ils tiennent ces pelles avec les deux mains & les enfonçant continuellement dans l'eau derriere eux ils font aller le Cannot fort vîte. Les plus petits bateaux leur servent à aller pêcher & leurs instrumens de pêche sont de petits hameçons & des harpons pour tuer le Poisson qui a mordu à l'hameçon. Ils ont aussi des Eperviers & de grands traineaux qu'ils tendent le soir dans la Mer & qu'ils vont lever le lendemain. S'il arrive que quelque Poisson malfaisant comme l'*Emperador* s'y embarasse le traineau est tout déchiré dès la premiere fois, car ce Poisson coupe le reseau du traineau avec une espece de Glaive qu'il a sur le museau ; & c'est ce Glaive qui lui a fait donner le nom de *Swaerd-vis*, ou le Poisson au Glaive, dans la Langue Hollandoise. Il est

vrai

vrai que les Negres y peuvent mettre ordre quand ils s'en apperçoivent. Ils y vont d'abord avec trois ou quatre Cannots & avec des Harpons pour le prendre & comme ce Poisson est fort grand, & que les Negres l'aiment beaucoup, un seul les dedommage bien du dommage que leurs filets ont souffert.

La Guinée contenant un si grand nombre de peuples, la diversité des Langues doit s'y trouver. On en jugera par la côte d'or qui n'en est qu'une partie. Quoique cette côte, dit Bosman, n'ait que soixante lieues de long, on y parle pourtant sept ou huit Langues dont il y a trois ou quatre qui n'ont aucun rapport ensemble. Ceux de JUMMORE' dix lieues au dessus d'Axim peuvent bien parler avec les habitans d'*Eguira*, d'*Aboeroe*, (ou d'Abourou) d'*Ancober*, & d'*Axim*, cependant leur langage differe encore beaucoup de l'autre. Celui d'*Axim* est très-desagréable; celui d'*Ante* est tout autre, mais pour le moins aussi vilain; le plus horrible de tous est celui d'Acra qui n'a nul rapport avec aucun des autres. La plupart des autres Negres de la côte peuvent s'entendre excepté ceux d'Aquamboe. Il n'y en a point dont le langage soit plus agréable que ceux qui viennent du fond du Pays comme sont les habitans de *Dinkira*, d'*Akim*, d'*Acanni* & après eux ceux d'*Adom*. Ce que l'Auteur cité ajoute merite d'être remarqué. Ceux, dit-il, qui entendent un peu le langage des Negres y apperçoivent d'abord une difference considerable & pour le moins aussi grande qu'entre le langage des Brabançons & celui de ceux qui habitent au delà de la Mer. Si les Negres qui demeurent sous nos Forts & avec qui nous sommes obligez de converser tous les jours, parloient un langage plus doux il ne seroit pas difficile de l'apprendre dans deux ou trois ans, au lieu que nous avons de la peine à en venir à bout en dix ans, du moins pour l'apprendre parfaitement. Il y a quelques personnes parmi lesquelles je me flatte d'être, poursuit-il, qui y ont fait des progrès assez considerables pour entendre tout, mais la prononciation a toujours été très-difficile, parce que les mots & les noms de certaines choses sont si extraordinaires que voulant les écrire, ou les prononcer à notre maniere, nous ne réüssissons jamais, & comme les Negres ne savent ni lire ni écrire & par consequent n'ont point de lettres, il est assez mal aisé de connoître & de corriger les fautes. Old Dapper qui n'a jamais été ici a bien mis dans sa Description de l'Afrique plusieurs noms & supputations dont les Negres se servent, & moi qui crois en savoir un peu plus que lui, je n'oserois l'entreprendre, étant assuré d'avance que je ne rencontrerois par mieux qu'il a fait.

J'ai parlé à l'article d'Axim des cinq degrés de qualité qui distinguent les Negres. Il est inutile de le repeter ici; j'ajouterai seulement qu'il n'y a point parmi les Negres de pauvres qui aillent mendier pour vivre; quelque peu de bien qu'ils ayent ils ne sont jamais réduits à la mendicité; car lorsqu'un Negre ne peut vivre de ce qu'il a, il s'engage à quelqu'un pour une certaine somme d'argent, ou bien ses parens mêmes l'engagent quand il est

dans la necessité. Celui avec qui il s'est engagé, lui donne ce qui est necessaire pour son entretien à condition qu'il fasse ce qui lui est ordonné, ce qui n'est pas fort penible & ne sent nullement l'esclavage. Il n'a qu'à servir son maître avec les armes lorsqu'il a besoin de lui, & à travailler dans le temps qu'on seme les grains, à peu près autant qu'il veut. Il n'y a donc point de veritables mendians que la necessité oblige à demander l'aumône; mais il y a un très-grand nombre de mendians effrontez, sans honte, sans honneur & on pourroit dire sans injustice qu'ils le sont tous. Il n'y a pas même jusqu'au Roi qui n'a point de honte de mendier de fort petites choses qu'il pourroit acheter pour un sou ou deux. Ils sont tous si importuns qu'on ne peut s'en defaire sans leur donner quelque chose & tout ce qu'ils voyent les accommode.

ᵃ Les Negres de la côte ont une idée confuse & grossiere de l'unité de Dieu, de la création & de la providence qui conserve & gouverne tout. Ils ne l'ont pas, dit l'Auteur, ni d'eux-mêmes ni par tradition, mais par le commerce qu'ils ont avec les Européens. Il en apporte pour preuve qu'ils ne font jamais de Sacrifices à Dieu, ni ne l'invoquent dans leurs besoins, mais ils s'adressent dans tous leurs besoins à leurs fetiches; c'est-à-dire, à leurs Idoles, ils servent avec des superstitions dont on trouve le détail dans l'Auteur cité. Ils ont deux jours de la Semaine où ils s'abstiennent de vin; ils observent des abstinences particulieres, & chacun a ses viandes defendues, par exemple l'un ne mange point du mouton, l'autre de la chevre, l'autre de la vache, & ainsi des autres; & ce qui est remarquable c'est que le fils imite en cela le pere & la fille suit l'exemple de la mere, c'est-à-dire, que le fils ne mange point de ce qui est deffendu à son pere, ni la fille de ce qu'il n'est pas permis à sa mere de manger. Ils ne comptent point entre les pechez, le meurtre, l'adultere, le larcin, ni d'autres crimes de cette nature, parce qu'ils peuvent s'en decharger pour de l'argent. Il n'en est pas de même de manger des viandes deffendues. Ils ne sont pas tous d'un même sentiment sur la vie à venir. La plupart croyent pourtant qu'aussi-tôt que l'homme est mort, il va dans un autre monde & y vit dans la même dignité & avec les mêmes honneurs dont il joüissoit durant sa vie & que tout ce que ses parens sacrifient après sa mort, lui est rendu dans l'autre monde.

Ils ont peu de connoissance des recompenses & des peines qu'ils ont à esperer ou à craindre après cette vie; excepté que quelques-uns soutiennent que le deffunt est transporté aussi-tôt après sa mort sur une Riviere qui est bien avant dans la terre ferme & qu'ils nomment *Bosmanque*; (ce qu'il faut entendre de l'ame, car ils voyent que le corps demeure parmi eux) que là il est interrogé par l'idole de quelle maniere il a vécu. S'il n'a point faussé son serment, qu'il n'ait point mangé de viandes defendues, l'Idole lui fait passer doucement la Riviere & le méne dans un Pays où il joüit de toutes sortes de delices. Mais s'il a prevariqué dans ces choses il le precipite dans la Riviere où il étouffe

ᵃ Lettre 10.

étoufe & tombe ainsi dans un éternel oubli. Ils croyent qu'il y a un Diable, mais il n'est pas vrai qu'ils lui rendent un culte. Ils le craignent seulement & il y a un certain temps dans l'année où ils chassent le Diable de leurs Villages, ce qui se fait avec d'étranges ceremonies. Ils n'ont que deux fêtes dans l'année, l'une quand ils font cette Ceremonie & autre après la recolte des grains.

Je renvoye à l'Auteur même pour ce qui regarde les animaux, les arbres & les plantes, aussi bien ce qu'il en decrit appartient principalement à la Côte d'or; & ces détails me meneroient trop loin. Mais une remarque assez plaisante, c'est que les moutons de ce Pays-là portent du poil au lieu de laine; & que les hommes portent de la laine au lieu de cheveux.

Les Portugais ont une maniere particuliere de diviser la Guinée en haute & en basse. Selon leur division la haute comprend tout ce qui est depuis la Riviere de Senega jusqu'au Congo, & la basse contient toute la basse Ethiopie. Mais les François n'apellent Guinée que ce qui est depuis le Cap de Sierra Leone jusqu'à la Riviere de Camerones.

La Guinée étant peuplée par de veritables Negres est regardée par quelques-uns comme la partie Meridionale du Pays des Negres. Mais ce nom de Pays des Negres n'est qu'une denomination vicieuse. Quelques-uns l'ont employée pour signifier la *Nigritie*, sur la fausse persuasion où ils étoient que ce mot vient du mot *Négres*, au lieu qu'il vient du mot *Niger* comme nous le prouvons ailleurs, aux mots NEGRES, NIGRITIE, & NIGER. Tous les Negres ne sont pas habitans de la Nigritie, quoi qu'ils puissent en être originaires.

[a] *Corn. Dict.* [a] Les Portugais pretendent être les premiers Européens qui ayent découvert cette Contrée vers l'an 1417. mais il est constant que cette gloire est due aux François, qui lorsque la France commençoit à respirer du temps du Roi Charles V. des malheurs qu'elle avoit soufferts sous le Roi Jean son Pere & navigerent plus de soixante ans avant qu'aucune Nation d'Europe en eût connoissance. Les Dieppois s'étant attachez de tout temps au Commerce équiperent au Mois de Novembre 1364. deux Vaisseaux du Port d'environ cent tonneaux chacun, & ayant fait voile vers les Canaries, ils mouillerent devant Rio Fresco, dans la Baye qui conserve encore le nom de *Baye de France*. Les Noirs de ces Côtes auxquels jusques-là les Blancs avoient été inconnus accoururent de tous côtez pour les voir, sans vouloir pourtant entrer dans leurs Vaisseaux, jusqu'à ce qu'ils eurent remarqué que ces Blancs les caressoient & qu'ils leur avoient apporté plusieurs bagatelles dont la vue les surprenoit, & en échange desquelles les Noirs leur donnerent de l'Yvoire, des Cuirs, & de l'Ambre gris. Les Dieppois leur ayant fait connoître qu'ils reviendroient les voir les années suivantes, pousserent plus loin; & au sortir du Cap Verd auquel ils donnerent ce nom, ils arriverent à Sierra Leone & passerent devant le Cap de Moule avec beaucoup de surprise des habitans de toute la Côte qui croyoient que tous les hommes étoient noirs comme eux. Ils s'arrêterent enfin à l'Embouchure d'une petite Riviere près de *Rio Sexto*; où est un Village qu'ils appellerent le PETIT DIEPPE à cause de la ressemblance du Havre & du Village situez entre deux côteaux. Ils acheverent de prendre là leur charge d'Yvoire & du Poivre nommé Malaguette, & furent de retour à Dieppe sur la fin de Mai 1365. avec des profits immenses. La quantité d'Yvoire qu'ils rapporterent fut cause que les Dieppois s'appliquerent à la travailler, en quoi ils ont si bien réussi, qu'ils passent pour les plus excellents Ouvriers en Yvoire. Au Mois de Septembre de la même année les Marchands de Rouen s'étant associez avec ceux de Dieppe équiperent quatre Vaisseaux, deux desquels devoient traiter depuis le Cap Verd jusqu'au petit Dieppe & les deux autres aller plus avant découvrir les côtes; mais l'un des deux derniers s'arrêta au grand Sestre sur la Côte de Malaguette, & y trouvant une grande quantité de Poivre, il en prit sa charge. L'autre ayant passé la Côte des Dents, poussa jusqu'à la Côte d'or d'où il en rapporta quelque peu avec quantité d'Yvoire. Comme les peuples de ces deux Côtes ne les avoient pas si bien reçus que les autres, les Marchands se bornerent au petit Dieppe & au grand Sestre où ils continuerent d'envoyer quelques Vaisseaux les années suivantes & même une Colonie. Le grand profit qui se trouva dans le debit de ce Poivre donna envie aux étrangers d'aller eux-mêmes chercher ce qu'ils achettoient des Dieppois. Ainsi en 1375. ils commencerent d'y traiter, mais voyant que les François y avoient partout des loges, comme au Cap Verd, à Sierra Leone, & au Cap de Moule, au petit Dieppe & au grand Sestre, & qu'ils étoient fort aimez des Negres, ils quitterent ce commerce; ils le reprirent ensuite & ne l'ont point discontinué depuis ce temps-là. Le profit diminuant par la grande quantité de Marchandises que les François & les étrangers avoient apportées de ces Côtes; ceux de Dieppe & de Rouen firent partir en 1380. un Vaisseau du port de cent cinquante tonneaux qui sur la fin de Decembre arriva à la rade des lieux d'où seize ans auparavant le premier Navire avoit rapporté de l'or. Il en revint neuf mois après richement chargé; de sorte que l'année suivante ils y envoyerent jusqu'à trois Vaisseaux. L'un s'arrêta au premier lieu que l'on avoit découvert & l'appellerent LA MINE à cause de la quantité d'or qu'on y apportoit des environs. L'autre Navire traita à Capo-Corso & à Mouré, au dessous de la Mine, & le troisieme alla jusqu'à Acara, ayant traité à Fantin, à Sabou, & à Cormentin. Dix mois après ils retournerent en France, & furent si bien persuader les Marchands, en leur vantant le Pays, la douceur des habitans, & la quantité d'or que l'on en pourroit tirer, qu'ils resolurent de s'y établir & d'abandonner plûtôt tout le reste. En 1383. ils y envoyerent trois Vaisseaux, savoir deux grands lestez de Materiaux propres à bâtir & un petit destiné à passer au delà d'Akara pour découvrir le reste des Côtes. Lorsqu'ils furent à la Mine, ils y firent une petite loge où ils laisserent dix ou douze hom-

Ddd

GUI.

hommes & s'en revinrent encore richement chargez dix mois après leur depart. Le petit Vaisseau qui vouloit passer Cormentin & Akara, ayant été emporté par les marées, fut contraint de retourner & arriva avec la moitié de sa Cargaison avant les deux autres, qui ne furent pas plutôt venus qu'on le fit partir pour porter des rafraîchissemens à ceux qui étoient restez dans la nouvelle habitation de la Mine: cette habitation s'augmenta si fort en quatre ans par la grande Colonie qui alla s'y établir qu'ils y bâtirent une Eglise qu'on y voit encore aujourd'hui.

Les guerres Civiles ayant commencé en France en 1410. le commerce dépérit par la mort de quantité de Marchands & au lieu de trois ou de quatre Vaisseaux qui partoient tous les ans du Port de Dieppe, à peine pendant deux ans en mettoient-ils un en Mer, pour la Côte d'or & un autre pour le grand Sestre. Enfin les guerres augmentant, ce Commerce se perdit entierement. Cependant les Portugais ayant fait dessein d'aller plus loin que les Isles du Cap-Verd dont ils étoient maîtres, songerent à s'établir à la Côte d'or aussi bien que les François. Dans cette vûe sous le Regne du Roi Jean I. ils équiperent un grand Vaisseau à Lisbonne pour courir les côtes d'Afrique, où s'étant trouvez au temps des pluyes, les maladies les forcerent d'en partir. Comme ils vouloient regagner le vent pour s'en retourner en Portugal, ils furent portez (en 1405.) dans une Isle située sous l'Equateur, & ils la nommerent l'Isle *de St. Thomé*, à cause qu'ils y aborderent le jour de la fête de St. Thomas. Comme les choses necessaires à la vie s'y trouvoient en abondance, ils envoyerent en rendre compte au Roi de Portugal qui y renvoya en 1407. Peu de temps après ils vinrent à l'Isle du Poivre, delà dans la Terre ferme, au Benin, d'où ils passerent à Akara, où ils trouverent de l'or, ce qui les fit retourner à St. Thomé, pour en rapporter dequoi faire des habitations sur ces côtes. L'an 1433. le Gouverneur de cette Isle envoya des Caravelles qui s'avancerent jusqu'à la Mine que les François avoient abandonnée vingt ans auparavant à cause des guerres. Les Negres apprivoisez par le Commerce des Dieppois dont ils s'étoient bien trouvez, firent mille caresses aux Portugais & acheterent leurs Marchandises au prix qu'ils voulurent. Jean II. Roi de Portugal, informé des immenses profits y envoya trois Vaisseaux avec ordre exprès d'y élever un Château. Mr. Corneille dit que ce fut en memoire de ce que quarante-neuf ans auparavant ils y étoient arrivez le jour de la fête de St. George. Les Portugais disent que ce fut à cause de la devotion singuliere que ce Roi de Portugal avoit pour ce Saint. Ils ajoutent que ce Monarque fit construire ce Château à Lisbonne, & que l'on porta les materiaux tous taillez, de façon qu'il n'y eut qu'à les poser & ajuster en arrivant. Le Château de St. George de la Mine étant bâti le Roi de Portugal forma une Compagnie pour faire ce Commerce, à l'exclusion de tous autres & il en tira de grands revenus.

Quelque temps après cette Compagnie se sentant assez puissante pour entreprendre beaucoup,

GUI.

bâtit le Château d'Axim au delà du Cap de *tres puntas*; un Fortin à Akara & une case à Achema à cause de la bonté du lieu qui lui fournissoit la plupart des choses dont elle pouvoit avoir besoin. S'étant rendue ainsi peu-à-peu Maîtresse du Pays, elle commença à tyranniser les Negres qui ne s'étoient opposez à rien; ne devinant pas qu'on n'avoit bâti que pour les assujetir. Elle leur fit payer des impots, leur rencherit les Marchandises, ce qui les aigrit si fort qu'en 1576. après une possession de plus d'un siécle avec une autorité absolue, ceux d'Akara se revolterent & ayant attiré des Marchands des terres plus reculées, ils s'en allerent au Fort sous pretexte de negocier & y tuerent tous les Portugais. Le General de la Mine qui en fut instruit, y envoya des Canots avec des Soldats & des Marchandises; mais les Negres ne permirent point qu'ils descendissent à terre, ainsi ils furent contraints d'exposer leurs Marchandises sur le sable; les Negres qui les venoient prendre y laissoient autant d'or qu'ils avoient coutume d'en payer, & pour leur ôter entierement l'esperance d'y rentrer ils raserent le Château de fond en comble.

Cependant les François qui commençoient à respirer un peu, après plusieurs guerres civiles & étrangeres, reprirent les Voyages des Côtes de la Guinée au commencement du Regne de Henri III. & vinrent premierement sur celle de Malaguette d'où ils passerent à la Côte d'or, mais apprehendant les Portugais qui avoient toujours là de bons Vaisseaux, ils ne trafiquoient que dans les lieux éloignez de la Mine, comme à Acara où ils arrivoient pendant que les Negres étoient traitez si cruellement. Ce fut ce qui les porta à massacrer les Portugais, & à établir parmi eux les François qui ne leur vendoient pas si cher leurs Marchandises, & qui d'Acara allerent à Cormentin. Les Portugais voyant qu'outre les deux habitations que les François avoient déjà en ces deux endroits ils avoient encore bâti un Fortin à Tacoray au commencement de la côte, & qu'ils ne pouvoient empêcher les Negres de trafiquer avec eux, userent de violence contre ces Africuains, en brûlant de nuit tous leurs Canots & en les faisant esclaves. Mais ce mauvais traitement ne servant de rien, ils s'en prirent aux François qui venoient à Mouré & à Capo-Corso, desorte qu'ayant fait venir deux Navires de guerre en 1586. ils coulerent à fond un grand Vaisseau de Dieppe nommé l'Esperance, tuerent une partie de l'Equipage & firent le reste prisonnier. L'an 1591. ils leur brûlerent un autre grand Vaisseau qui étoit à la Rade de Capo-Corso, & ces hostilitez firent abandonner aux François non seulement la Côte d'or, mais aussi toutes les autres de ce Climat.

* Les profits immenses que faisoient les Portugais dans ce Commerce, exciterent la jalousie des Anglois & des Hollandois. Ils crurent qu'il leur seroit honteux de ne les pas partager avec eux. Ils les attaquerent donc avec tant de bravoure & des succès si heureux qu'ils se virent bien-tôt en état de partager avec eux le Commerce d'Afrique & les profits de ce Commerce.

a Voyage du Ch. des Marchans en Guinée T.1. p. 161.

L'an-

GUI.

L'année 1604. fut l'époque fatale de la déroute des Portugais sur les côtes de Guinée. Les Hollandois avoient commencé à y naviger dès l'an 1595. & y avoient bâti le Fort Nassau ; cependant ils n'avoient pas encore trouvé d'occasion favorable pour y primer, comme ils l'eurent dans la suite. Le Portugal étoit alors envahi par Philippe II. Roi d'Espagne qui avoit joint la force au droit de bienséance ; les brouilleries de ce Monarque avec les Anglois, & la guerre, qui subsistoit entre lui & les Provinces-Unies qui venoient de former une République, donnerent un sujet assez plausible à ces deux Nations maritimes de traverser les Portugais comme Sujets de leur ennemi. Après l'enlevement de quelques Vaisseaux & le pillage de quelques Comptoirs foibles & écartez elles les attaquerent enfin tout de bon & à force ouverte, les chasserent enfin des Forteresses & des Comptoirs qu'ils avoient sur les côtes & les contraignirent de se retirer bien avant dans les terres ; où pour se maintenir, ils se sont alliez avec les naturels du Pays. Voici une liste des Etablissemens que les Européens ont à present sur la côte de Guinée. Ils sont tous sur la Côte d'or. Je joindrai à chaque lieu la lettre initiale du nom de ceux qui le possede. L'A signifie *Anglois*, le B, *Brandebourgeois*, le D. *Danois* & l'H, *Hollandois*. Les voici dans l'ordre où ils se trouvent en allant d'Occident en Orient.

Axim, H.   Cabo-Corso, A.
Frederichsbourg, B.   Mouré, H.
Acoda,   ⎫   Anamabo, A.
Boutri,   ⎬ H.   Cormentin, ⎫
Saconde,   ⎭   Apam,   ⎬ H.
Ekke-Tekki, H. A.   Vimba, H.
St. George de la Mi-   Acara, A. H. D.
ne, H.

LA MER DE GUINÉE, partie de l'Océan depuis le Cap Tagrin le long des côtes Meridionales de la haute Guinée & le long des côtes Occidentales de la basse Guinée jusqu'à la Cafrerie. On y trouve les Isles de Fernand Po, du Prince, de St. Thomas, d'Annobon & d'autres moindres. Le Golphe de St. Thomas en fait partie.

2. GUINÉE, (LA) ou GHENEOA ; Pays d'Afrique dans la Nigritie ; les Auteurs s'accordent si peu sur sa situation que j'ai bien du penchant à croire que ce qu'ils en disent n'est fondé que sur les fausses connoissances que l'on a eues d'abord de la Guinée. Je me contenterai d'un des principaux Auteurs qui tiendra lieu de tous les autres, je ne disent que la même chose. Je veux dire Marmol[a]. La Guinée, dit-il, que les Arabes nomment Généoa suit la Province de Gualata, quoiqu'il y ait entre deux cent soixante lieues de desert. Gualata étant du côté du Septentrion, Tombut au Levant & Melli vers le Midi. La Guinée s'étend plus de quatre-vingt lieues le long du Niger & une partie est à son Embouchure. La côte de l'Océan où le Niger se decharge est un Pays qui abonde en orge, en ris, en troupeaux & en Poissons. On y recueille beaucoup de Coton & les habitans échangent les Toiles qu'on en fait contre des Draps de

[a] l. 9. c. 3.

GUI.   395

l'Europe qu'on leur porte de Barbarie, & contre du Cuivre, du Leton, des Armes, & d'autres choses dont ils ont besoin, la Monnoye de la Contrée est d'or sans être fondu ; mais ils se servent entre-eux de piéces de fer dont il y en a qui pesent une Livre & d'autres quatre onces. On ne trouve dans tout le Pays ni Ville ni Château. Il n'y vient point de fruit & l'on y porte des Dates de Gualata & de Numidie. Le Seigneur demeure dans un grand Village, avec les Marchands, les Alfaquis & les plus honorables. Les maisons en sont comme des cabanes, faites de terre & couvertes de paille. Les habitans s'habillent assez bien à leur mode, de Toile de Coton noire ou bleue dont ils font leurs bonnets ; mais les Alfaquis les ont tous blancs. Le Niger qui se deborde au même temps que le Nil forme une Isle de ce Village aux Mois de Juillet d'Août, & de Septembre, & quand l'eau commence à croître, les Marchands de Tombut chargent leurs Marchandises sur des barques longues & étroites faites de grands Arbres que l'on scie par le milieu & que l'on creuse en façon d'auge. Ils navigent ainsi de jour & la nuit ils mettent pied à terre & les attachent au rivage. (Ce sont des Cannots.) Ce païs a été sous la domination des Lumptunes & leur payoit tribut sous le regne de Soni-Heli ; mais son Successeur Yzchia qui étoit Negre venant à regner, ce peuple ne lui voulut pas obéir, desorte qu'ayant été vaincu, celui qui commandoit fut emmené à Gago où il mourut. Cependant la contrée fut reduite en Province & ce Roi y mit un Gouverneur & transporta à Tombut une grande foire qui se faisoit dans la principale habitation qui est sur le Niger.

Ce que raporte Dapper[b] du Pays de Genehoa est un extrait assez fidelle de ce qu'on vient de lire. Sanut qui s'accorde aussi pour le gros de ces détails dit de plus[c] que c'est un Royaume au delà du Pays des Negres au delà du Fleuve de Canaga, il appelle ainsi le Senega, ou le Niger. Il lui donne deux cens cinquante milles d'étendue le long de ce Fleuve à commencer à son Embouchure. Il dit que les Marchands l'appellent GHENEOA & les Portugais GHINEA. Ces Auteurs en se copiant l'un l'autre n'ont fait que repeter ce qu'avoit dit Jean Léon l'Africain[d] ; les Cartes de Dapper, celles de Sanson, de Nolin & quantité d'autres conservent le Pays de Genehoa au Nord du Niger. Les nouvelles Cartes nomment ce même Pays le Pays de Senega.

3. LA NOUVELLE GUINÉE[e], grande Contrée de l'Océan Oriental, à l'Orient des Moluques. On ne sait pas si c'est une grande Isle ou si elle est attachée au Continent des Terres Australes. Elle est entre le 2. d. & le 9. de Latitude Meridionale ; & entre les 146. d. de Longitude & les 165. on l'appelle aussi Terre des *Papous* du nom de ses habitans. Elle va en se retrecissant vers le Nord-Ouest, & en s'élargissant vers le Sud-Est. Par les 150. d. est une Montagne couverte de neiges nommée par les Hollandois *Sneeberg*. Le Capitaine Dampier en parcourut toute la côte du Nord-Est. Elle est entourée de plusieurs Isles savoir, l'Isle des Chauvesouris, l'Isle d'Arow, l'Isle

[b] Afrique p 210.
[c] Geogr. l. 7 p. 82. tol. vers. & 83. Edit. Venet. 1588.
[d] l. 7. c. 3.
[e] De l'Isle Atlas.

Ddd 2   Koy,

Koy, l'Isle de Ceram; l'Isle de Gilolo, l'Isle de Schouten, celle de Hogheland & la nouvelle Bretagne, cette derniere en est separée par un Détroit. On doute si la nouvelle Guinée tient à la Carpentarie; ou si elle en est separée par un bras de Mer. Il est étonnant que ce Pays étant si voisin des Moluques, on le connoisse encore si peu, tout ce que l'on en sait se reduit au gisement de la plus grande partie de ses côtes; mais on ne sait rien de l'interieur. L'Auteur de la nouvelle Methode pour étudier la Geographie distingue la Terre des Papous de la nouvelle Guinée & en fait deux Pays differens. Il dit de la nouvelle Guinée [a]: ce Pays fut découvert l'an 1527. par Alvar de Savedra qui lui donna le nom de nouvelle Guinée parce qu'il est presque diametralement opposé à la Guinée d'Afrique. (Cette opposition presque diametrale ne l'est point du tout; il s'en faut au moins six cens lieues que cela ne soit.) Antoine Urdanecta reconnut ce Pays l'an 1528. mais il n'y fit que passer non plus que Savedra. Les Relations des Anglois assurent que c'est une Isle, mais quelques autres Nations soutiennent qu'elle fait partie du Continent des Terres Australes, & d'autres enfin la confondent avec la Terre des Papous. Quoiqu'il en soit à cet égard, poursuit cet Auteur, on y a découvert les Embouchures de quelques Rivieres dont les plus considerables sont celles DES VIERGES, de ST. AUGUSTIN; son principal Cap est celui de la *Punta Salida*. Ses Havres, Ports, & Rades les plus connus sont *Aquada*, St. *Jacques*, St. *André*, St. *Jerome*, St. *Nicolas*, la nativité de Notre Dame. Les Terres de la nouvelle Guinée sont assez fertiles & habitées par des peuples qui ont le teint brun & bazanné. Dans l'article suivant il parle ainsi des Papouas, ou Papous: ils passent pour très-vaillans & très-fideles, ce qui les a mis dans une si haute estime que plusieurs Princes des Isles voisines en prennent à leur solde.

[a] T. 2. p. 316. Edit. Paris.

GUINES [b], petite Ville de France en Picardie, dans le Comté à qui elle donne son nom. Elle est située dans un Pays marécageux, à deux lieues de la Mer. Ce n'étoit anciennement qu'un Village dépendant de l'Abbaye de St. Bertin que Sifrid, ou Sifroy premier Comte de Guines fit agrandir & fortifier. Ce lieu [c] avec les Terres d'Ardres, de Mark, & d'Oye fut usurpé sur les Moines de cette Abbaye par ce Sifrid, Danois, qui fut le premier Comte hereditaire de Guines, & en fit hommage à Arnoul Comte de Flandres. Le dernier mâle de cette race fut Manassès qui mourut l'an 1137. & de cette Maison de Guines ce Comté passa à celle de Gand, & Arnoul fils de Wenemar Châtelain de Gand & de Gilles sœur du dernier Comte Manassès en herita. Arnoul III. Comte de Guines & Seigneur d'Ardres qui descendoit en ligne directe par mâles de ces Comtes de la Maison de Gand vendit ce Comté & ses dependances à Philippe III. dit le Hardi Roi de France l'an 1282. (pour la somme de trois mille livres) Baudouin fils d'Arnoul, tenta en vain de rentrer dans le bien de son Pere; mais après sa mort sa fille Jeanne ayant épousé Jean de Brienne Comte d'Eu ils obtinrent du Roi Philippe le Bel d'être rétabli dans la possession des Terres de Guines & d'Ardres en 1295. A la mort de Raoul II. Connétable de France qui eut la tête tranchée en 1360. ses Terres furent confisquées par le Roi Jean qui ceda le Comté de Guines au Roi d'Angleterre par le Traité de Bretigni. Charles VI. le reconquit en 1413. Louïs XI. le donna à Charles le Hardi Duc de Bourgogne, à la charge de foi & hommage; mais il fut réuni au Domaine de la Couronne après la mort de ce Duc. Ce Comté a quatre lieues de long & autant de large & enferme les Villes de Guines & d'Ardres.

[b] Piganiol de la Force Desc. de la France T. 3. p. 315.
[c] Longuerue desc. de la France 1. part. p. 59.

GUINGAMP [d], petite Ville de France en Bretagne dans l'Evêché de Treguier, au Duché de Penthievre dont elle est le lieu le plus considerable. [e] Sa situation est fort agréable au milieu de plusieurs grandes prairies, sur le bord d'une petite Riviere qui sert de fossé aux Murailles; une grande rue la traverse d'un bout à l'autre & dans le milieu est sa grande Eglise ornée de deux hautes tours. Cette Eglise a une Chapelle fort renommée appellée Notre Dame de Halgoët, célèbre par plusieurs miracles & par le concours de monde que la devotion y attire. Elle est près de la grande place qui est environnée de maisons très-bien bâties. Il y a une Abbaye de l'Ordre de St. Augustin fondée en 1133. sous le titre de STE. CROIX.

[d] Piganiol de la Force desc. de la France T. 5. p. 247.
[e] Fournin de Rochefort Voyage de France.

GUINGIN [f], Village d'Afrique dans la Nigritie à cinq lieues de Baitto & à pareille distance de Cachaux, à l'extremité d'une petite Riviere qui sort de la Riviere de Casamança & qui tombe dans celle de St. Domingue, à trois lieues au dessus de Cachaux. Le Village de Guinguin est considerable, tant à cause du nombre de ses habitans naturels qui sont Bagnons, qu'à cause des Portugais qui s'y sont établis, ou qui y ont des cases où ils viennent de temps en temps, & où ils entretiennent plusieurs serviteurs qui vont dans tous les Villages acheter de la Cire. Ce Pays est très-beau, tout rempli d'arbres fruitiers, ce qui y attire une grande quantité de Singes qui y font du desordre. Mais ils n'osent approcher des ruches & quand cela leur arrive les abeilles ne les épargnent pas. On fait beaucoup de Cire dans ce Pays-là.

[f] Le P. Labat Afrique Occid. T. 5. p. 50.

GUIOGOU [g], (L'ISLE DE) Isle d'Afrique dans la Riviere du Senega un peu au dessus de la Barre. Elle a l'Isle de SOR au Couchant & l'Isle de DOUROUMOUR au Levant.

[g] Ibid. T. 2. p. 124.

GUIOLLE [h], (LA) Ville de France dans le Rouergue, sur les Frontieres de l'Auvergne auprès des *Montagnes* qui portent le même nom de GUIOLLE.

[h] Baudrand Ed. 1705.

GUIOREL [i], gros Village d'Afrique dans la Nigritie, au Royaume des Foules. C'est l'Escale de leur Roi. Ce Prince n'y a pourtant point de maison. Ses Cases où il habite sont à près de dix lieues delà à l'Est-Nord-Est auprès d'une Riviere assez considerable qui grossit extrêmement dans la crue du Niger, & qui se debordant forme un Marais de grande étendue. La Compagnie de Senega a un Comptoir fixe à Guiorel.

[i] Le P. Labat bas Afrique Occid. T. 3. p. 200.

GUIPUSCOA [k], (LE) petite Province d'Es-

[k] Vayrac Etat pres. de l'Espagne T. 1. p. 307.

GUI.

d'Espagne dans sa partie Septentrionale. Elle est enclavée entre le Pays des Basques, la Navarre, la Province d'Alava & la Biscaye. Elle faisoit autrefois partie de la Biscaye, mais il y a longtemps qu'elle en est separée & qu'elle a sa forme de gouvernement particuliere. Elle a pour bornes au Levant la Riviere de Bidassoa qui la separe du Pays des Basques, au Nord l'Océan, au Couchant la Biscaye & au Midi la Navarre. Ses principales Rivieres sont, la *Bidassoa*, l'*Araxes* [a], que nous apellons *Orio* du nom d'un lieu situé à son Embouchure; l'*Urola* qui coule à Azpeytia & enfin la *Deva* qui a à son Embouchure un lieu de même nom.

Le Pays [b] est entrecoupé de hautes Montagnes qui forment des vallons fort agréables & très-fertiles en gros millet, en pommes dont on fait quantité de cidre & en fruits, mais assez steriles en froment. Les Montagnes produisent beaucoup de bois & ont des mines de Fer dont on fait des armes excellentes & toutes sortes de ferremens. Le genie des habitans est à peu près le même que celui des Biscayens excepté qu'ils ne sont pas si fins, ni si insinuans pour s'introduire à la Cour. Ses principales Villes sont,

Tolosa,	Villa Franca,
Fontarabie,	Mondragon,
St. Sebastien,	Oñate.

La premiere est dans le cœur de la Province, la seconde, la troisiéme & la quatriéme sont sur la côte de la Mer & la sixiéme vers les Frontieres de la Province de l'Alava.

GUIR [c], petite Riviere d'Afrique en Barbarie au Royaume de Fez. Elle a sa source dans les Montagnes de Tafmesne, traverse cette Province, & se jette dans l'Océan à un demi mille d'Azamor.

GUIRENSIS, Siége Episcopal d'Afrique dans la Numidie; [d] Lucien son Evêque, *Episcopus Ecclesiæ Guirensis*, assista à la Conference de Carthage. C'est peut-être le même Siége qui est nommé GIRENSIS dans la Notice Episcopale d'Afrique où l'on trouve, *Martialis Girensis*. La Table de Peutinger fait mention de *Guira* en Afrique.

GUISE [e], petite Ville de France en Picardie, dans la Thierasche, sur la Riviere d'Oise avec un Château très-fort qui a soutenu un long siége contre l'armée Espagnole commandée par l'Archiduc Leopold en 1650. la levée de ce siége sauva tout le Pays. Les habitans de Guise y contribuerent beaucoup par leur vigoureuse resistance. Il y a dans cette Ville une petite Collegiale & un Couvent de Minimes. Guise [f] ne se trouve point marquée dans aucun monument avant la fin de l'XI. siécle où elle est nommée *Gusia*, ou *Gusfia*. C'étoit déjà alors une Seigneurie considerable tenue par Geofroi, ou Godefroi qui avoit épousé Ade fille de Hilduin Comte de Roucy. Son petit-fils Bouchard qui vivoit sous Louïs le Jeune, ne laissa qu'une fille nommée Ameline mariée à Jacques Seigneur d'Avesne en Hainaut à qui elle apporta la Seigneurie de Guise. Sa petite-fille Marie d'Avesne épousa Hugue de Châtillon & apporta cette grande Seigneurie à cette illustre Maison. Leur fils Jean de Châtillon Comte de Blois porta le nom de Comte de Guise; ensuite Charles de Châtillon qui descendoit de ce Comte & qui pretendoit au Duché de Bretagne, ayant marié sa fille Marie avec Louïs fils de France Duc d'Anjou, il lui donna en mariage le Comté de Guise. De ce mariage vint Louïs II. Roi de Sicile qui posseda le Comté de Guise comme son fils René. Les biens de René furent confisquez l'an 1422. par le parti Anglois qui étoit maître de la personne de Charles VI. & ce fut sous l'autorité de ce Roi dont l'esprit étoit aliené que Jean de Luxembourg qui descendoit de Mahaut de Châtillon Comtesse de St. Paul fut mis en possession de Guise; mais après la mort de Charles VI. son fils & successeur Charles VII. confisqua les biens de Jean de Luxembourg & réunit le Comté de Guise à la Couronne; à quoi s'opposa Charles d'Anjou Comte du Maine à qui ce Comté de Guise appartenoit par le partage que Louïs d'Anjou II. du nom avoit fait entre ses Enfans. Et même ce Comte du Maine se mit en possession de Guise dont il jouït malgré les oppositions & demandes de Louïs de Luxembourg Comte de St. Paul à qui Louïs XI. avoit promis le Comté de Guise en le mariant avec Marie de Savoye sa belle-sœur, ce qui n'eut aucune exécution, car le Roi ne dedommagea pas le Comte du Maine comme il s'y étoit obligé. Ce Comte eut deux enfans, Charles qui mourut sans posterité & fit son heritier universel Louïs XI. & une fille nommée Louïse qui épousa Jaques d'Armagnac Comte de Nemours. Elle se porta pour heritiere de son frere & jouït du Comté de Guise. Leur fils Louïs d'Armagnac mourut sans Enfans l'an 1503. sa sœur Marguerite d'Armagnac avoit épousé le Maréchal de Gié de la Maison de Rohan qui mourut sans Enfans. Cependant René Duc de Lorraine petit-fils de René d'Anjou disputoit ce Comté de Guise & étant mort l'an 1508. il laissa heritier de ses droits son fils Claude qui portoit alors le titre de Comte d'Aumale. Enfin après plusieurs procès contre la Maison d'Armagnac & contre le Procureur General qui vouloit unir Guise au Domaine, François I. fit don de tout ce qui lui en appartenoit au Prince Claude de Lorraine l'an 1527. La même année il le créa Duc de Guise & Pair de France & par les Lettres d'érection on unit à ce Duché les terres de Nouvion en Tierasche, d'Aubanton, de Rumigni, & plusieurs autres. Le Roi ajouta cette importante clause à l'érection, savoir que le Duché seroit Pairie pour les descendans Mâles du Duc Claude, & qu'au defaut des Mâles le Duché subsisteroit & la Pairie seroit éteinte. Claude eut pour heritier son fils aîné François Duc de Guise qui eut deux fils, Henri Duc de Guise tué à Blois & Charles Duc du Maine. La posterité de Henri a été éteinte en la personne de feu Mademoiselle de Guise, de laquelle les heritiers naturels étoient les descendants de Charles de Lorraine Duc du Maine dont la fille Catherine avoit épousé Charles Gonzague Duc de Nevers & de Mantoue. Leur fille Anne épousa

Ddd 3 Edouard

Edouard Prince Palatin qui en eut trois filles, la Duchesse d'Hanover, la Princesse de Salms mariée en Allemagne & la Princesse Douairiere de Condé qui a recueilli cette Succession de Guise. Ainsi ce Duché a passé dans la Branche Cadette de la Maison de Bourbon en faveur de laquelle il a été érigé de nouveau en Duché Pairie. Ce Duché qui est fort grand, s'étend non seulement dans la Province de Picardie, mais encore dans celle de Champagne. Quoique la Ville de Guise ait toujours eu ses Seigneurs propriétaires, les Rois y ont mis des Gouverneurs, parce qu'étant située sur la Frontiere des Pays-Bas elle étoit comme un boulevart de la France.

GUISTRES, Bourg & Château de France dans la Guienne au Bourdelois; il n'est remarquable que par une Abbaye de l'Ordre de St. Benoît dediée à Notre Dame. Elle est située à la Riviere d'Isle à trois lieues de Libourne.

GULDBORG [a], ou GULDEBORG, petite Isle de Danemarc dans la Mer Baltique au Nord de l'Isle de Laland, & au Couchant de celle de Falster à l'entrée Septentrionale du Détroit qui sepate ces deux Isles & auquel elle donne le nom de GULDEBORG-SUND.

[a] *Hermanides Daniæ descr. p. 680.*

GULDENHOLM. Voiez GLUCKSBOURG.

GULFE, petite Isle de la Mer Britannique entre les Sorlingues & la côte de Cornouailles Province d'Angleterre. On la nommoit anciennement LISSIA, selon Mr. Baudrand [b].

[b] *Ed. 1705.*

GULLO, ou GOLIN, place de l'Indoustan sur le Gange à cinquante lieues de son Embouchure, au Royaume de Bengale, selon Davity [c]. Il ajoute que les Portugais qui y sont établis y ont un Port & une Eglise dediée à Notre Dame.

[c] *Etats du R. de Portugal en Asie.*

GULPE [d], (LA) ou GALOPE, petite Riviere des Pays-Bas, au Duché de Limbourg. Elle coule près de Ste Croix & se rend dans la Riviere de Goul à une lieue & demie de Fauquemont.

[d] *Baudrand Ed. 1705.*

GULTZOW, petite Ville d'Allemagne en Pomeranie. Elle appartenoit autrefois à l'Eglise de Cammin & fut vendue par l'Evêque Henri de Schmelingen en 1303. elle est à 39. d. 20'. de Longitude & à 53. d. 39'. de Latitude, selon Zeiler [e].

[e] *Pomer. Topog. p. 65.*

GULUS, Riviere de la Mauritanie Cesariense, selon Ptolomée [f]. Il en met l'Embouchure dans le Golphe de Numidie, entre celle de l'Ampsaga & Igilgili.

[f] *l. 4. c. 2.*

GUMANAPI, selon Mess. Baudrand, Corneille & quelques autres, GUNNAPI, GUNAPPI, GUNOAPPI, GOENONGAPI, ou GUANAPI, selon les differentes Relations. Isle de l'Ocean Oriental, & la sixiéme des Isles de Banda. Mr. Corneille y met une Ville nommée aussi Guamanapi. Il ajoute qu'elle est située au pied d'une Montagne qui vomit des flammes, ce qui est cause que cette Montagne est nommée en plaisantant la Grenade de Banda. Il met tout cela sur le compte de Mr. Maty qui n'en dit qu'une partie, savoir, ce qui regarde la Ville. Mr. Baudrand [g] qui ne parle point de la Ville dit le nom de la Grenade de Banda, à l'égard de la Montagne.

[g] *Ed. 1682.*

Mais on lui prête deux articles dans son Edition Françoise, l'un de l'Isle, l'autre de la Montagne. Les Hollandois, entre autres Rechteren [h] dans son Voyage aux Indes Orientales, disent que c'est une Montagne ardente peu éloignée de Nera & que personne n'y habite qu'elle fume jour & nuit & vomit quelquefois des flammes, du feu & des pierres. Il y avoit quelques années qu'elle s'étoit ouverte & qu'elle avoit jetté prodigieusement des pierres & même des roches entieres qui comblerent tellement le Canal d'entre cette Montagne & Nera qui avoit alors vingt brasses de profondeur qu'il n'a plus été navigable depuis ce temps-là.

[h] *Voyages de la Comp. Holl. des Ind. Orient. T. 5. p. 116.*

GUMARA, Isle de la Mer des Indes dans le voisinage de l'Isle de Taprobane, selon Ptolomée [i].

[i] *l. 7. c. 4.*

GUMATHENA, ou GYMATHENA, Contrée fertile, dont parle Ammien Marcellin [k]. Ortelius [l] juge qu'elle étoit vers la Mesopotamie.

[k] *l. 18.*
[l] *Thesaur.*

GUMBRITÆ, peuple de l'Inde, selon Pline [m]. Quelques Exemplaires portent GUMBRITÆ, le R. P. Hardouin lit UMBRITTÆ.

[m] *l. 6. c. 20.*

GUMBSE, Mr. Corneille écrit GUMITZ & dit que c'est un Bourg d'Allemagne dans le Comté de Dannenberg & qu'il est situé sur l'Elbe. Ce Bourg se réduit à une Maison qui est la residence d'un Bailli [n]; elle appartenoit autrefois à une famille noble nommée *von dem Berge*, qui y demeuroit; elle fut aquise par accord l'an 1592. par la Maison de Lunebourg de la Branche de Dannenberg; & le dernier de cette famille eut un équivalent en d'autres lieux. Cette maison est située non sur l'Elbe mais entre l'Elbe & la Ville de Dannenberg à distance égale, dans une plaine, & est entourée d'un fossé. D'un côté est un grand étang nommé GUMBSERSE'E, bien fourni de Poissons. Cette Maison est accompagnée de plusieurs Corps de bâtiment où sont les Granges, les Ecuries, les Remises, les Etables, &c. Il y a un beau bois de Chênes assez près de la Maison, on le nomme le SEGBROCK.

[n] *Zeyler Brust. Topogr. p. 73.*

GUMMASUS. Voiez GUMMITANUS.

GUMMINE [o], Lieu de Suisse. C'est un passage important de Berne à Morat, à cause de la Sane qu'on y passe sur un grand pont de bois & couvert. Cette Riviere est large, dangereuse & bordée d'une chaîne de Rochers fort hauts & escarpez.

[o] *Etat & Del. de la Suisse T. 2. p. 166.*

GUMMITANUS, Siège Episcopal d'Afrique dans la Byzacene. On trouve *Johannes Gummitanus* dans la Conference de Carthage [p], & Maxime Evêque du même Siège dans la Notice d'Afrique. Au Concile de Carthage de l'an 525. assista *Sabinien Episcopus Plebis Gummenartarum*. Etienne Evêque *Civitatis Gummasis* souscrivit à la Lettre Synodale des Evêques de la Byzacene dans le Concile de Latran tenu sous le Pape Martin. Dans l'xi. siècle sous le Pontificat de Leon IX. les Evêques d'Afrique étant réduits au nombre de cinq, par le débordement des Barbares, il y en avoit un qui se qualifioit *Episcopus Gummitanus*, qui prenoit le titre & le rang de Primat, comme il paroit par les Lettres [q] de ce Pape.

[p] *S. Opat. Oper. p. 289. Edit. Dupin.*
[q] *Epist. 3. & 4.*

GU-

GUN.

GUNAGITANUS, Siége Episcopal d'Afrique dans la Mauritanie Cesariense, selon la Notice Episcopale d'Afrique, qui nomme *Auxilius Gunagitanus*. Il faut lire au lieu de ce nom GUNUGITANUS. Voiez ce mot.

GUNARIA, grande plaine d'Asie dans la Paphlagonie, selon Cedréne & Curopalate, citez par Ortelius [a].

GUNAS, Lieu d'une grande fertilité dans la Syrie, selon Etienne le Géographe.

GUNEZ [b], Bourg, Château & Riviere d'Allemagne dans la Basse Autriche, à cinq lieues au dessus de Sarvar.

GUNDA, ou PUNDA, selon les divers Exemplaires de Ptolomée [c], Ville de la Babylonie.

1. **GUNDELFINGEN** [d], petite Ville d'Allemagne dans la Suabe au dessous d'Ulm ; avec un beau Château ; à un petit mille ou environ de Laugingen sur un Ruisseau poissonneux nommé le Brentz qui tombe près delà dans le Danube. Il y a apparence que la Maison de Baviere l'acheta avec quelques autres lieux, du Duc Guelphe, ou de Conradin dernier Duc de Suabe. Il a appartenu aussi quelque temps aux Ducs de Teck, puisque Frederic Duc de Teck y a institué une foire, Lors qu'Ulric de Wurtemberg fils du Comte Everard épousa Elizabeth fille de l'Empereur Loüis IV. on lui donna cette petite Ville comme partie de la dot, mais à condition de rachat. Gundelfingen revint à la Baviere en 1449. comme on le peut voir dans la Chronique de Suabe écrite par Crusius [e]. En 1505. elle passa à la Maison Palatine.

2. **GUNDELFINGEN** [f], ancien Château d'Allemagne dans la Haute Suabe. Il y avoit autrefois une famille illustre de ce nom ; mais ce Château est tombé en ruine. La Seigneurie qui en dependoit passa aux Comtes de Helffenstein & de cette Maison dans celle des Comtes de Furstenberg, qui la possede à titre de Baronie. Zeiler distingue ces deux GUNDELFINGEN, il appelle celui-ci le HAUT & l'autre le BAS. Mr. d'Audifret ne distingue rien & donne aux Comtes de Furstenberg-Blomberg celui qui est auprès du Danube. Mess. Baudrand, Mati & Corneille l'ont suivi, je crois qu'ils se trompent.

GUNDELSHEIM [g], petite Ville ou Bourg d'Allemagne dans la Suabe au Craichgow, sur le Necker au dessous de Heilbronn ; mais comme il appartient au Grand-Maître de l'Ordre Teutonique on le range sous le Cercle de Franconie. Il y a sur la hauteur le Château de Horneck qui est la residence d'un Commandeur.

GUNDIS. Voiez GONDES.
GUNDOSA. Voiez GODASA.
GUNDUNI. Voiez GORDUNI.

GUNELMENSIS, Siége Episcopal d'Afrique dans la Province Proconsulaire, selon la Notice Episcopale d'Afrique. On y trouve *Paschasius* GUNELMENSIS, ou GUNELENSIS.

GUNI, petite Ville d'Asie sur la Mer Noire, aux Confins de la Turquie & de la Mengrelie, selon Tavernier [h]. C'est la même chose que GONIE'. Voiez ce mot.

GUN.

GUNTIA, ancienne Ville de la Rherie sur le Danube, selon Beatus Rhenanus [i] qui la nomme GUNTZEBURG. Voici ce qu'il remarque à ce sujet. Il y a, dit-il, dans la premiere Rhetie un Bourg & une Riviere que l'on nomme *Rhetia*. Les Allemands qui envahirent ce Pays appellerent l'un & l'autre Guntzebourg. La Notice de l'Empire [k] met Guntia au nom des Garnisons Romaines. Auprès de *Guntia* étoit un passage du Danube nommé *Guntiensis Trajectus*, ou *Transitus* : un ancien Panegyriste dit à l'Empereur Maximien : *& a ponte Rheni usque Danubii Transitum Guntiensem devastata atque exhausta penitus Alemania*. Ce Pont du Rhin est le Pont de Mayence. Il y a encore à présent à Guntzbourg un Pont sur le Danube. Antonin [l] parle aussi de Guntia & la met à xx. M. P. d'Augsbourg & à xvi. du Mont Celius. Cette route fait voir que ce nom ne signifie pas le Bourg, mais la Riviere de Guntia, aujourd'hui le Guntz, que l'on traverse en effet en allant d'Augsbourg à Kelmuntz sur l'Her. Voiez GUNTZ & GUNTZEBOURG.

GUNTIA, Riviere. Voiez GUNTZ.

GUNTZ [m], Riviere d'Allemagne dans la Suabe. Elle a sa source à Wester-Rieden Village de la Principauté & Abbaye de Kempten, auprès du Village de GUNTZBERG ; & une autre source au Village de GUNTZECK dans le même Pays. Cette derniere se grossit d'un ruisseau auprès de GUNTZ, ensuite les deux sources se joignent. Elle serpente delà vers le Nord, passe à Babenhausen, reçoit une autre Riviere, arrose Ichenhausen & enfin se perd dans le Danube à Guntzebourg.

GUNTZEBOURG [n], ou GUNTZBOURG, petite Ville d'Allemagne au Cercle de Suabe sur le Danube à environ trois milles d'Ulme, elle appartient au Margraviat de Burgaw ; il y a un Pont sur le Danube & c'est, selon Beatus Rhenanus, le *Guntiensis Transitus* des Anciens. Il pretend que du temps de l'Empereur Constantius on la nommoit Contia. Les appartemens du Château ne sont pas fort beaux, il y a un joli bain, & une grande sale dans laquelle on voyoit avant la longue guerre d'Allemagne diverses histoires representées, surtout les principales actions de l'Archiduc Ferdinand frere de l'Empereur Maximilien II. outre les portraits de xvi. Margraves du Burgau. La Ville est sur un terrain élevé ; plus bas près de l'eau sont plusieurs maisons & édifices ; & comme cette Ville est un passage pour ceux qui vont d'Augsbourg à Ulm, on n'y manque pas d'Auberges.

GUNTZEN [o], Montagne de Suisse au Comté de Sargans près du Bourg de Flums. Il y a dans cette Montagne trois sortes de minieres du mélange desquelles on tire de fort bon acier. On les fond dans le Village de Quinten & on fait l'acier à Flums. On remarque que si on ne mêle que deux de ces minieres, il n'en resulte que du fer. Pour avoir de l'acier il faut fondre les trois ensemble en une certaine proportion qui n'est connue que de ceux qui y travaillent. Pour les tirer de la Montagne on y a déja creusé plus de demie lieue de profondeur ; cette Fonderie appartient à des particuliers. La Montagne

Marginal notes:
[a] Thesaur.
[b] Baudrand Ed. 1705.
[c] l. 5. c. 20.
[d] Zeyler Bavar. Topogr. p. 23.
[e] 3. part. p. 268.
[f] Zeyler Ibid.
[g] Zeyler Francon. Topogr. p. 71.
[h] Voyage de Perse l. 3.
[i] Rer. Germ. man. l. 3. p. 340.
[k] Sect. 59.
[l] Itiner.
[m] Jaillot Cours du Danube.
[n] Zeyler Suev. Topogr.
[o] Etat & del. de la Suisse T. 3. p. 191.

gne de Guntzen produit auffi du Talc.

GUNTZENHAUSEN, petite Ville d'Allemagne dans la Franconie, fur la Riviere d'Altmul, à un mille de Weiffenbourg, auprès d'une Forêt ; elle appartient au Margrave d'Anfpach. En 1368. Guillaume de Seckendorff la vendit au Burgrave de Nurenberg. Elle eft à peu près fur la route de Nordlingen ou d'Oettingen à Nurenberg par le Hanenkam.

GUNUGI, ancienne Ville de la Mauritanie Cefarienfe; Antonin dans fon Itineraire la met entre *Cartili* & *Cefarée* Colonie, à douze mille pas de l'une & de l'autre. Pline [a] la nomme *Gunugi*, Antonin *Gunugus*, l'Anonyme de Ravenne [b] auffi *Gunugus*. Cette Ville étoit Epifcopale, la Notice d'Afrique nomme *Auxilius Gunagitanus*; il faut lire *Gunugitanus*. C'eft vraifemblablement la CANUCCIS de Ptolomée. Voiez ce mot. Le R. P. Hardouin croit que *Gunugi* eft prefentement MESTAGAN.

GUOL, Riviere de Corfe. Voiez GOLE.

GUPLO. Voiez GOPLO.

GURÆI, Peuple &

GURÆUS, Riviere de l'Inde, felon Arrien [c], qui dit qu'Alexandre la paffa en allant contre les *Affaceni*. Il marcha, dit cet Hiftorien, à travers les *Guréens* & paffa le Fleuve *Gurée* qui porte le même nom que le Pays; le trajet fut difficile tant à caufe de la profondeur & de la rapidité du Fleuve qu'à caufe des pierres rondes qui font fous l'eau & qui faifoient faire de faux pas.

GURANII, Peuple d'Afie vers l'Armenie & la Medie, felon Strabon [d].

GURASIUM *Volfanitarum*; ancienne Ville d'Italie, felon Diodore de Sicile [e]. Amiot lit *Samnitum*, au lieu 'Ουολσωνιτῶν qui eft dans le Grec ordinaire, & par confequent met cette Ville au Pays des Samnites.

GURBAAL [f], Lieu nommé au II. Livre des Paralipomenes c. 26. St. Jérôme dit que c'eft *Gerara*, où Abraham voyagea.

GURBATHA, ou GORBATA, Γουρβάθα, Ville de la Mefopotamie dans les terres, felon Ptolomée [g].

1. GURCK, Ville d'Allemagne dans la Baffe Carinthie, fur la petite Riviere de même nom. Elle a un Evêché Suffragant de Saltzbourg érigé l'an 1073. à l'inftance des Archevêques de Saltzbourg qui en qualité de Patrons en devoient avoir la prefentation & en donner l'invefiture. Cependant Ferdinand I. obtint que de trois nominations il y en auroit deux à l'Empereur. [h] Cette Ville eft à fix milles de Villach & à cinq de Clagenfurt [i]. Elle eft affez grande.

2. GURCK [k], petite Riviere d'Allemagne dans la Carinthie. Elle a fa fource dans le Lac de Sepach, & une autre à St. Laurent, enfuite ces Ruiffeaux fe joignent & en reçoivent plufieurs autres, en ferpentant vers le Sud-Eft, puis fe tournant vers le Nord-Eft, elle recueille quelques Ruiffeaux, entre autres celui de Grin, paffe à Gurck, & à Strasbourg & fe jette dans l'Olcza vis-à-vis d'Altnhoff.

3. GURCK [l], (LE) petite Riviere d'Allemagne dans la Carniole; & plus particulierement à l'extremité Occidentale de la Windifchmarck, dans une affez grande Forêt. Elle ferpente enfuite vers l'Orient Meridional, reçoit quelques Ruiffeaux en chemin, paffe à Seifenbourg, où elle a un Pont, reçoit un autre Ruiffeau à Anack, fe replie vers l'Orient Septentrional, paffe à Rudolfs-Werd, fe recourbe vers l'Orient jufqu'à Wergel, enfuite vers le Nord, puis enfin reprend fon cours vers le Nord-Eft, paffe à Landftras où elle a un Pont & fe perd dans la Save un peu au deffus de Rain aux confins de la Croatie & du Comté de Cilley.

GURCKFELD [m], petite Ville d'Allemagne dans la baffe Carinthie fur la Save un peu au deffus de Rhin. Elle a été autrefois la refidence de la Cour du Comte de Cilley. Il y a un beau Château qui appartient à M[rs]. de Mofcon; & un Couvent de Capucins. Lazius [n] prend cette Ville pour l'ancienne *Quadrata*. Il y a une ancienne Infcription à la tour où font les clochers.

GUREIGURA, Montagne d'Afrique au Royaume de Fez. Marmol [o] en parle ainfi. C'eft une Montagne fort peuplée d'où fort le Fleuve d'Agubel qui va fe rendre dans le Behet vers le Couchant. Elle eft près du grand Atlas à treize lieues de Fez dont elle eft feparée par les plaines d'Eceïs; mais il y en a encore de plus grandes entre elle & le grand Atlas, qui font peuplées d'Arabes fedentaires, comme les Bereberes. . . . . Les habitans portent le nom de leur Montagne & font fort riches & belliqueux, recueillent beaucoup de bled & d'orge & ont quantité de gros & menu betail. Ils ont beaucoup de Villages fort peuplez; mais il n'y a ni Ville, ni Château, ni Bourg fermé; la difficulté des avenues leur fert de deffenfe.

GURGAITENSIS, Siége Epifcopal d'Afrique dans la Byzacene, felon la Notice qui nomme *Primianus Gurgaitenfis*. Il faut lire fans doute *Gurgitenfis*. Dans le Concile de Carthage tenu fous St. Cyprien on trouve un Evêque *Felix à Gurgitibus*; le lieu de fon Siége étoit nommé GURGITES.

GURGISTAN. (LE) Voiez GEORGIE.

GURGITES, Lieu Epifcopal d'Afrique. Voiez GURGAITENSIS.

GURGULIENSIS LOCUS, Lieu dont parle Ives de Chartres dans une de fes Lettres [p]. Ortelius croit qu'il eft de la Gaule & avertit que fur la marge de fon Exemplaire il y avoit BUGULIENSIS.

GURGURES MONTES, Montagne d'Italie dont parle Varron [q]. Il femble, dit Ortelius, qu'elle étoit au Pays des Samnites. Fulvius doute s'il ne faut pas lire *Querqueros*, mot qui felon Feftus fignifie *froid*. Ce ne feroit donc plus un nom propre, mais fimplement une épithete. Victorius a remarqué que les anciens Manufcrits portent BURBURES.

GURIAUNA, Ville de la Medie, felon Ptolomée [r]. Elle étoit dans les terres.

GURIAUNE [s], Ville de la Margiane, felon le même.

GURIEL, Province d'Afie dans la Mingrelie dont pourtant elle eft feparée à certains égards. Car les principaux de Guriel, voyant que

GUR. GUS. GUS.

que les Mingreliens avoient secoué le joug du Roi d'Imirete, élurent un Roi entre-eux qui jusqu'à present, dit Chardin [a], s'est maintenu dans l'independance par l'appui qu'il a du Grand Seigneur, à qui il paye un Tribut Annuel de quarante-six enfans, garçons & filles, qu'il envoye au Bacha d'Alcaziké. [b] Le Pays de Guriel est petit & ressemble à la Mingrelie pour les mœurs des habitans. L'on y a la même Religion & les mêmes coûtumes; & le même penchant à l'impureté, au brigandage & au meurtre. Il confine au Nord avec l'Imirette, à l'Orient au Caucase où le Kur a sa source; au Couchant à la Mer Noire, & au Midi à l'Etat du Turc. Le Roi de Guriel est Chrétien.

GURNIGEL [c], (LE) Montagne de Suisse au Canton de Berne dans l'Oberland ou Pays d'en haut, au Bailliage de Thoun. Le Gurnigel est célèbre par un bain d'eau souffrée qui s'y trouve. Cette Eau est chaude & a le goût de Vitriol. On en use tant en bain qu'en boisson. On en porte beaucoup à Berne où l'on en fait un grand usage parce qu'elle est utile pour les foiblesses d'Estomac, pour les douleurs des Nerfs & autres maladies.

GUROVAN [d], Montagne d'Asie, en Arabie, & dans la Province de Hegiaz auprès de la Ville de Thayef. Elle est très-sterile.

GURREA [e], petite Ville ou Bourg d'Espagne en Arragon sur le Rio Gallego, à cinq lieues de Sarragoce & environ à pareille distance de Huesca. On la prend pour le FORUM GALLORUM, ou GALLICUM des Anciens.

GURSIO. Voiez GORSIO.

GURTIANA. Voiez GUSTIANA.

GURULIS, il y avoit deux Villes de ce nom dans la Sardaigne, dans l'interieur des terres, selon Ptolomée [f] qui les distingue par les noms de *vieille* & de *neuve*. Voici la position qu'il leur donne.

	Longit.		Latit.	
Gurulis la vieille	30^d	30'	38^d	30'.
Gurulis la neuve	30	30	37.	20.

GUSCHA [g], Village de Suisse au Pays des Grisons proche la Ville de Meyenfeld.

GUSELISAR, Ville de la Turquie en Asie dans la Natolie. Mr. Paul Lucas, qui croit que c'est la Magnesie de l'Ionie, en fait cette description dans son troisième Voyage [h]. Guselizar, dit-il, n'est aujourd'hui que le cadavre d'une des plus belles & des plus anciennes Villes de l'Asie. Sa grandeur paroît encore assez, puisque je fus plus de deux heures à en parcourir les ruïnes. Je marchai pendant plus d'une heure sur des monceaux de pierres, où je remarquai plusieurs souterrains très-bien voûtez, & il est aisé de douter que c'étoient des Aqueducs qui conduisoient les eaux dans la Ville; on dit qu'ils vont encore très-loin delà. A une lieue hors de la Ville, on trouve les ruines d'un Temple superbe, dont il y a encore quelques morceaux sur leur pied, entre autres trois belles Arcades qui ont chacune de 50. pieds de haut: les Frises & les Moulures conservent encore toute leur beauté. Il y a apparence que l'on avoit pratiqué dans l'épaisseur du mur un degré pour monter aux Galleries qui sont sur ces Arcades; mais il est détruit ou bouché par la quantité de pierres qui sont au pied. Ce qu'il y a là de plus remarquable est une voute sous terre, qui conduit, à ce qu'on dit, à plus de deux journées delà; on ne me sut dire à quel usage pouvoit avoir été construit ce soûterrain, l'on fait là-dessus mille contes frivoles. On dit qu'un amant pour tromper la jalousie d'un mari, dont il aimoit la femme, fit pratiquer ce souterrain pour l'aller voir dans une Ville voisine où elle demeuroit. J'ai remarqué ce prodigieux ouvrage avoit été construit des ruïnes d'un autre encore plus ancien, car j'ai vû du côté du Couchant, au dessus des Arcades, sur deux belles pierres de marbre deux Inscriptions qui sont renversées. Il me fut impossible de tirer aucune lumiere des habitans du Pays: leur tradition porte seulement que la Mer venoit autrefois battre contre les murailles de la Ville; l'on voit en un endroit de gros anneaux, où ils disent qu'on amarroit les Vaisseaux. Cette tradition me porte à croire qu'on avoit creusé un Lac dans la plaine voisine, où les eaux du Meandre, qui passent à deux lieues de la Ville, formoient un Canal qui servoit à faire remonter les Vaisseaux de la Mer, qui est à 18. ou 20. lieues de là, peut-être même que la Mer n'en étoit pas alors si éloignée, ses rivages ayant souvent changé dans cette partie de l'Asie. Ce qui confirme ma conjecture, c'est qu'en labourant la terre dans cette Plaine qui est à présent très-fertile & bien peuplée, on y trouve une infinité de coquillages; mais ce qui ne laisse aucun lieu d'en douter, c'est que *Guzul* dans la Langue Turque veut dire *un Lac*, & *Elisar* une *Forteresse*; ainsi Guselisar sera la même chose que la Forteresse ou la Ville du Lac. Cette Ville ne peut être que celle de Magnesie dans l'Ionie. Dans l'endroit de la Ville qui est le plus habité, & où il y a plusieurs Fontaines, on tient un marché, où les Armeniens font un grand Commerce de Soye & de Coton filé. Tout le Pays aux environs est couvert de Colomnes de marbre ou de granite, renversées ou rompues pour la plûpart. Voiez MAGNESIE. — Il ajoute qu'il faut bien distinguer cette Magnesie d'Ionie, dont il est ici question, de la Magnesie de Lydie au pied du Mont Sipyle.

GUSTAVEBOURG [i], Forteresse d'Allemagne dans le Landgraviat de Darmstadt au confluent du Meyn & du Rhin. Gustave Adolphe Roi de Suede la fit construire en 1632. & l'abandonna trois ans après. Elle est à present ruïnée.

GUSTIANA, Ville de la Pannonie, selon Antonin, sur la route de *Sopiane* à *Bregetio*, entre *Jovia* & *Herculia* à xxv. M. P. de la premiere & à xx. M. P. de la seconde. L'Edition [k] des Aldes 1518. celle [l] des Juntes 1519. portent GUSTIANA. L'exemplaire du Vatican, l'Edition de Simler, celles de Zurita & de Bertius portent GURTIANA. Lazius lit *Gurtiana* & croit que c'est la *Curta* de Ptolomée.

GUSTROW [m], Ville d'Allemagne dans la Basse Saxe au Duché de Meckelbourg dans la Vandalie proprement dite. Elle est nommée Gustrowe dans les anciens Actes. On ne trouve rien de cette Ville avant l'an 1107. il en est parlé à l'occasion d'un avantage que Wratislas I. Duc de Pomeranie y remporta. Thomas Kantzovius [a] dans une Chronique de Pomeranie Manuscrite dit que l'an 1128. Otthon Evêque de Bamberg, le même qui est regardé comme l'Apôtre des Pomeraniens, envoya de Pomeranie des Missionnaires à Gustrow pour instruire & baptiser les Obotrites & les Wendes, qui avoient alors plus de disposition qu'auparavant à se convertir. Henri Burevin II. ou le jeune Duc de Mecklenbourg augmenta cette Ville en 1219. & 1220. Il y bâtit un Château, lui donna le Droit de Ville Teutonique & y fit élever une Eglise. Il est le premier Duc qui y ait résidé, après que la Ville de Verle où il avoit eu sa Cour eut été ruinée. On a encore XXIV. des Loix qu'il donna à cette Ville. L'Eglise Collegiale fut fondée en 1226. sous l'invocation de Ste. Cecile, dont la fête se célèbre le 22. de Novembre jour auquel toute cette Province avoit abjuré l'Idolatrie. Gustrow fut encore amplifiée par Niclot ou Nicolas en 1248. mais elle n'étoit pas alors au même lieu où elle est à présent: elle a passé d'un côté du Ruisseau de Nebel à l'autre côté. Elle étoit à la droite de ce Ruisseau, elle est presentement à la gauche, & dans l'espace qui est entre la porte du Moulin & le Village de Suckow. Ce terrain qui est aujourd'hui labouré étoit couvert de maisons, & ceint de murailles. Il y a environ cinq siécles que cette Ville ayant été détruite par une incendie, les habitans à qui l'autre côté de la Riviere plaisoit davantage y bâtirent les maisons neuves, & y formerent la *Nouvelle Gustrow*. La vieille ne fut pourtant pas abandonnée entierement, & on en rebâtit une partie. La nouvelle eut son Eglise particuliere; la vieille conserva l'ancienne, qui appartint ensuite aux Paysans du Village de Suckow. Avec le temps elle est tombée en ruine au XVI. siécle, & il n'en reste plus qu'une hauteur formée de ses debris & un lieu qui porte encore le nom de l'ancien Cimetiere. Le reste des ruines de l'ancienne Gustrow est dans quelques maisons hors de la Ville, dans des Jardins & dans l'Hôpital de St. George. Gustrow appartenoit alors à une branche particuliere de la Maison de Meckelbourg, qui portoit le titre de Princes de Verle ou des Vandales; mais cette branche s'éteignit & les Ducs de Mecklenbourg étant ressaisis de cette Province en 1436. s'appliquerent à faire fleurir Gustrow qui pourtant essuya quelques incendies. La Confession d'Augsbourg s'y introduisit sous le Duc Henri surnommé le Pacifique. La Succession de Meckelbourg s'étant trouvée réunie entre les deux Freres Adolphe Frederic I. & Jean Albert II. ils la partagerent également; l'Aîné eut la Principauté de Schwerin, & ses Annexes; le Cadet eut Gustrow, la Vandalie, & Pays qui en dependent. Delà vint la distinction du Duc de Gustrow & du Duc de Schwerin; cette distinction ne subsiste plus. Gustave Adolphe fils d'Albert II. mourut l'an 1691. trois ans après son fils; & ne laissa qu'une fille, qui

[a] Micral. Hist. Polit. Pomer. l. 3. thon Evêque de Bamberg, le même qui est Sect. 12.

ne pouvant hériter d'un Fief de cette nature fit place à la branche de Schwerin. Ainsi le Duché de Gustrow fut réuni au Meckelbourg. La Duchesse Douairiere occupa le Château jusqu'à sa mort. Ce Château est le plus beau & le plus riant qu'il y ait dans tout le Pays. C'est un grand édifice à quatre faces où pourtant un des angles manque encore. Il est accompagné d'un magnifique jardin. Gustrow est à quatre milles de Rostock, à sept de Wismar, à huit de Schwerin, & à deux & demi de Butzow.

GUTÆ, ancien Peuple de la Scandinavie, selon Ptolomée. Ils passerent ensuite dans la Chersonnese Cimbrique, où ils donnerent leur nom au Jutland. La prononciation du *G*, devant un *u*, *Gu*, differe peu de celle de notre *Ju* chez les peuples qui parlent la Langue Teutone. Voyez GOTHS, & JUTAE.

GUTTA, Ville de la Haute Hongrie dans un lieu marecageux entre une branche du Danube, du Waag & du Swartz, à un mille de Newhausel. Cette Ville, dit Edouard Brown [b], est bâtie depuis les dernieres guerres & est à présent bien fortifiée.

[b] Voyage de Komarn p. 124.

GUTTALUS, Riviere de la Germanie, selon Pline [c]. Cluvier [d] a savamment prouvé contre Junius que c'est presentement l'ODER. Voiez ce mot.

[c] l. 4. c. 14. [d] German. Ant. l. 3. c. 49.

GUTTONES, ancien Peuple, le même que l'on a connu ensuite sous le nom de GOTHS. Voiez ce mot.

GUTZKOW [e], Ville d'Allemagne dans la Pomeranie Citerieure entre Loytze & Anclam sur la Riviere de Peene, dans un Comté dont elle est le Chef-lieu & auquel elle donne son nom. Lorsque Otthon Evêque de Bamberg l'Apôtre de la Pomeranie prêchoit la Foi, Gutzkow fut la premiere qui se convertit au Christianisme, Mitzlaff son Comte s'étant fait baptiser à la Diète d'Usedom. C'étoit alors une Ville très-distinguée, mais son Château ayant été rasé par les habitans de Stralsonde & de Greiffswald en 1386., elle déchut si bien de son premier état qu'elle devint un Bourg assez petit; quoique quelques-uns lui conservent le rang de Ville. Le St. Evêque Otthon de Bamberg y a autrefois sejourné, prêché, batisé, & bâti une Eglise après avoir détruit le Temple des fausses Divinitez.

[e] Zeyler Pomeran. Topogr. p. 65.

LE COMTE DE GUTZKOW comprenoit autrefois Greiffswalde, Loytze & l'Abbaye d'Eldenow. C'étoit même le Siège d'un Prevôt & d'un Synode duquel quelques Paroisses relevoient pour le Spirituel; mais cela est changé & ces Paroisses sont maintenant partagées entre Wolgatz & Greiffswald; & Gutzkow même releve à présent du Synode de Greiffswalde. Cette Ville fut prise & saccagée en 1357. par les Danois & les Rugiens; Jean dernier Comte de Gutzkow étant mort sans enfans, les Ducs de Pomeranie se saisirent de ce Comté par droit de devolution & le partagerent entre-eux; l'Empereur Charles leur en donna l'investiture. Il est presentement à la Suede.

GUYAQUIL. Voiez GUAIAQUIL.

GUYER [f], (LE) Riviere de France en Dauphiné. Elle a sa source dans les Montagnes

[f] Baudrand.

GUY. GUZ.

tagnes de la grande Chartreuse, d'où courant au Nord elle sepate la France de la Savoye; & passant au Pont Beauvoisin, elle se jette dans le Rhône au dessous de St. Genis-l'hôte à douze lieues au dessus de Lyon.

GUYOLE. Voiez GUIOLE.

GUZABENSIS, ou plutôt GUZABETENSIS, Siége Episcopal d'Afrique; Innocent son Evêque assista à la Conference de Carthage; mais on ne sait dans quelle Province il étoit.

GUZARATE [a], GUZERAT, ou GUZURATE, autrefois Royaume particulier de l'Indoustan dans la Presqu'Isle d'en deçà le Gange; & maintenant Province de l'Empire du Mogol. Nous observons ailleurs qu'il avoit été autrefois fort étendu & comprenoit le Royaume de Cambaye & le Decan. Vers l'an 1545., ou 1546. Sultan Mamoet Roi de Guzerat étant près de mourir confia la tutelle de son fils unique & le Gouvernement general de son Etat à un grand Seigneur, dont l'ambition excita l'envie & la revolte des Grands du Royaume. Pour se maintenir dans son autorité ce Gouverneur eut recours au Mogol Ecbar, ou Akebar dont il recherca la protection sous pretexte de la demander pour Mudafer son Pupile qui étoit en bas âge, & dont le pouvoir n'étoit pas assez établi pour conserver son tuteur contre la ligue des Grands qu'il avoit irritez. Il promit de lui ceder une Ville avec son Territoire. Akebar vint effectivement à son secours en 1565. & soumit tous ceux qui s'opposoient à lui & que le Gouverneur accusoit d'être les ennemis de son Roi; mais au lieu de se contenter de la Ville promise, il se saisit de tout le Royaume & en fit le Roi & le Gouverneur prisonniers sans que jamais ce malheureux Prince y pût rentrer. Il est vrai qu'il trouva le moyen de s'évader & fit quelques efforts; mais ils furent inutiles, car il fut vaincu & pris encore une fois: enfin le desespoir l'obligea à s'ôter lui-même la vie.

Cette Province est la plus agréable de l'Indoustan quoi qu'elle ne soit pas la plus grande. Le NARDABA, le TAPTI, & plusieurs autres Riviéres qui l'arrosent la rendent très-fertile, & ses Campagnes sont remplies de verdure durant toutes les saisons de l'année, à cause des bleds & des ris dont elles sont couvertes & des diverses espéces d'arbres qui fournissent continuellement des fruits. Ses Villes & Bourgs sont,

Amadabad Capitale,	Sousentra,
Surate,	Mader,
Cambaye,	Baredgia,
Beriao,	Broudra,
Oucliffer,	Rageapour,
Baroche,	Goga,
Sourban,	Patan,
Debea,	Diu, aux Portugais,
Petnad,	Nariad,
& Mamadebad.	

Selon Thevenot le Guzerat paye ordinairement au Mogol vingt millions cinq cens mille livres par an. Selon le P. Catrou [b] il y entretient dix mille Cavaliers. Ce Pere dit de ce Pays [c]: l'abondance des grains qu'on y recueille & les marchandises precieuses qu'on y fabrique donnent beaucoup de reputation à ce Royaume. On en transporte des Toiles d'or & d'argent & des étoffes de Soye. On y travaille en Orfevrerie & en Joyaux de toutes les sortes. Il ajoute ailleurs qu'il renferme dans son enceinte neuf *Sarcas* ou Provinces, & dix-neuf *Parganas* ou Gouvernemens, & qu'il paye à l'Empereur deux *Carols*, trente-trois *Lacs* & quatre-vingt-quinze mille Roupies. Un *Carol* vaut cent *Lacs*, c'est-à-dire, dix millions, un *Lac* vaut cent mille Roupies, & une Roupie vaut à peu près trente Sols de France. Ainsi cette somme surpasse de beaucoup celle que marque Thevenot.

GUZUNTINA, Mr. Baudrand appelle ainsi une partie du Royaume d'Alger, qui comprend les Pays de Bugie & de Constantine.

[a] Thevenot Voyage des Indes c. 4. 18.
[b] Hist. Gener. du Mogol. p. 349.
[c] p. 361.

G Y.

GYAROS, petite Isle de l'Archipel; un Fragment de Petrone en determine la situation auprès de Delos.

> Delos jam stabili revincta terra,
> Olim purpureo mari natabat;
> Et moto levis hinc & inde vento,
> Ibat fluctibus inquieta summis.
> Mox illam geminis Deus catenis
> Hac alta Gyaro ligavit, illas
> Constanti Mycono dedit tenendam.

Ce qui veut dire que l'Isle de Delos ayant longtemps floté sur la Mer au gré des vents, Dieu prit deux chaines dont il l'attacha d'un côté à l'Isle de Gyaros & de l'autre à l'Isle de Mycone. Strabon [d] ne met à Gyaros qu'un mauvais Village habité par des pêcheurs. Tacite [e] dit: que cette Isle est sauvage & peu cultivée par les hommes. Pline dit [f]: Gyaros avec un Bourg, elle a environ douze mille pas de circuit; elle est à soixante-deux mille pas d'Andros. Mela écrit aussi Gyaros: Les Romains y releguoient les Criminels. Tacite dit [g]: Lucius Piso opina qu'il falloit interdire le feu & l'eau à Silanus & le releguer à l'Isle de Gyaros. Juvenal dit [h]:

> Aude aliquid brevibus Gyaris & carcere dignum,
> Si vis esse aliquis.

Elle est fort petite en effet, encore une partie est-elle couverte de Rochers, ce qu'il exprime ainsi ailleurs [i]:

> Ut Gyarae clausus scopulis parvaque Seripho.

C'est à present JOURA Isle deserte.

GYAS, Contrée de Sicile, selon Plutarque, & partie du Territoire de Syracuse. Aretius tient que c'est presentement *la Cava di Giorgia*; & Cluvier [k] croit que c'est LONGARINA ET CUBA.

[d] l. 10. p. 485.
[e] Annal.
[f] l. 4. c. 12.
[g] Annal. l. 3. c. 68.
[h] Sat. 1. v. 73.
[i] Sat. 10. v. 170.
[k] Sicil. Ant.

GYF-

GYFHORN [a], Ville d'Allemagne dans la Basse Saxe au Duché de Lunebourg; sur deux Rivieres qui s'y rencontrent, savoir l'Aller & l'Ise. La premiere vient du Pays de Magdebourg, & toutes les deux viennent du Levant jusqu'auprès du Château & se joignent derriere la Ville, où elles baignent de belles prairies & fournissent du Poisson. La Ville est peu de chose par elle-même & beaucoup plus longue que large; entre autres Commerces des habitans, ils brassent d'excellente biere dans le goût de la Brehagne. Le Château est fort beau. Il y en avoit un vieux au lieu duquel celui-ci fut bâti en 1525, par le Duc François de Brunswig & de Lunebourg qui y résidoit, ce Chateau est bien fortifié à la maniere antique.

[a] Zeyler Brunsvici Topogr. p.90.

GYFYRA, Lieu dont il est parlé au Code Theodosien au 6. titre des Préteurs & des Questeurs. Ortelius [b] doute si ce n'est point GEPHYRA.

[b] Ortel. Thes.

GYGÆUS, Lac de Lydie. Quintus Calaber en fait mention.

GYGARIUM, Lieu de la Cilicie, vers les Détroits du Mont Amanus, selon Curopalate.

GYGAS, Promontoire d'Asie dans la Troade près de Dardanus, selon Strabon [c].

[c] l. 13.

GYMNASIA, Ville d'Asie; quelque part vers la Colchide, selon Diodore de Sicile [d]. C'est peut-être la GYMNIAS de Xenophon [e].

[d] l. 14.
[e] Cyr. Exped. l.4.

GYMNESIÆ. Voiez BALEARES.

1. **GYMNETES**, (LES) Cratès de Pergame nomme ainsi certains Indiens qui vivoient au-delà de cent ans. Quelques-uns, dit Pline, les appellent MACROBIENS [f].

[f] l.7.c.2.

2. Il y en avoit d'autres de même nom, selon cet Auteur, dans l'Afrique, à l'Orient.

3. Outre cela les GYMNETES PHARUSII qui s'étendoient jusqu'à l'Occident; le R. P. Hardouin les place le long du Niger en deça de ce Fleuve.

4. **GYMNETES**, Peuple de l'Espagne Tarragonoise, selon Festus Avienus.

1. **GYNECON** PORTUS, Port de Mer entre Anaple & Leosthenie [g], selon Etienne le Geographe. Ce Port étoit auprès de Constantinople.

[g] Dyonis. Anapl.

2. **GYNÆCON**, Port de Mer dans la Gedrosie, selon Ptolomée [h].

[h] l.6.c.21.

§ Ce nom veut dire *le Port des femmes*.

GYNÆCOCRATUMENI, Peuple Sarmate dans l'Asie auprès du Palus Meotide, selon Mela [i], vers l'Embouchure du Tanaïs, selon Pline [k]. Ce nom leur fut donné parce qu'après la bataille du Thermodon, ils se prêterent aux Amazones pour avoir commerce avec elles & leur donner des Enfans. On les nommoit Sauromates, selon Ephorus cité par l'Auteur d'un Periple du Pont Euxin dont nous n'avons qu'un fragment dans la Collection d'Oxfort. [l] *Juxta Ephorum vero, vocatur Sauromatarum gens. Cum his Sauromatis dicunt coiisse Amazones, cum quondam venissent à prælio circa Thermodontem Fluvium commisso, qua de causa Sauromata dicti sunt* GYNÆCOCRATUMENI.

[i] l.1.c.19.
[k] l.6.c.7.
[l] p.2.

1. **GYNÆCOPOLIS**, Ville de Phénicie, selon Etienne le Geographe.

2. **GYNÆCOPOLIS**, Ville d'Egypte, selon Strabon [m].

[m] l.17.

§ Ce nom signifie la *Ville des femmes*. Le R. P. Hardouin semble croire que ces deux Auteurs ont parlé d'une même Ville; en ce cas on doit dire qu'Etienne l'a bien déplacée.

[*] p.803.

GYNÆCOPOLITES NOMOS, Contrée d'Egypte, selon Pline [n]. Strabon la nomme *Gynæcopolitana Præfectura*. Elle étoit du côté de l'Afrique hors du Delta.

[n] l.5.c.9.

GYNDES, Riviere d'Asie, dont le cours est ainsi décrit par Herodote [o]. C'est le quatrième des Fleuves d'Armenie que l'on passe en bâteau. Il a sa source dans les Montagnes Matienes, traverse le Pays des Dardanéens & se jette dans le Tigre, autre Riviere qui coulant auprès de la Ville d'Opis, se jette dans la Mer Erythrée. Cyrus le voulant passer & ne le pouvant sans bâteau, un des chevaux blancs qui étoient sacrez étant entré dans l'eau, pour passer le Fleuve, fut emporté & submergé par les flots. Cyrus piqué de cette avanture menaça le Fleuve de l'affoiblir, si bien que des femmes le pourroient passer sans se mouiller les genoux. Pour cet effet il fit tirer au Cordeau cent quatre-vingt Canaux qui aboutissoient à cette Rivière de chaque côté; l'ayant ainsi partagée en trois cens soixante rigoles il prit le chemin de Babylone. Ammien Marcellin le nomme avec le Choaspe qui tombe dans le Tigre. Mais comme après les saignées que Cyrus fit à ce Fleuve il ne paroit pas qu'il ait repris son ancien cours, il y a bien de l'apparence que le Gyndes d'Ammien Marcellin n'est pas le Gyndes d'Herodote, mais le GYNDES qui au rapport de Tacite separoit les Dahes & les Ariens.

[o] l.1.c.71. & l.1.c.189.

GYPIÆ, Γυπίας, ROCHE DE GYPIE, nom d'un lieu dont Eschyle fait mention dans ses Suppliantes.

GYPOPOLIS, Lieu de Thrace dans le voisinage de Constantinople, selon Denys de Byzance [p], c'est une Colline de roche à laquelle le nom de Gypopolis a été donné soit à cause de la cruauté des Thraces & des Barbares, car on dit qu'elle a été autrefois habitée par des Sujets du Roi Phinée, gens d'une inhumanité extrême; soit parce que quantité de Vautours se plaisent en cet endroit.

[p] De Thrac. Bosp. p.17. Edit. Oxon.

GYPSARA, Γυψάρα, Ville de la Mauritanie Cesariense, selon Ptolomée [q]. C'étoit un Port de Mer entre le grand Promontoire & la Ville & Colonie de Siga. Outre cela elle étoit Episcopale & Germain son Evêque (*Germanus Gypsariensis*) assista à la Conference de Carthage [r]. Il n'en est fait aucune mention dans la Notice d'Afrique. A l'égard du nom *Gypsariensis*, il est très-bien. La Table de Peutinger & l'Anonyme de Ravenne nomment ce lieu GYPSARIA. Ce dernier le met dans la Byzacene.

[q] l.4.c.2.
[r] p.261. Edit. Dupin.

1. **GYPSARIA**, Ville d'Afrique. Voiez l'Article precedent.

2. **GYPSARIA**, Ville ou Village de l'Arabie Petrée, selon Ptolomée [s].

[s] l.5.c.17.

GYPSEIS, Γύψεις, Isle de l'Ethiopie où Etienne le Geographe dit que l'on trouvoit des metaux.

GYPSITIS. Voiez GYTHITES.

GYPSUS, Lieu dont il est parlé dans le

GYR. GYS. GYT.　　　GYT. GYZ. 405

le Code [a]. Balsamon en parle aussi [b].
GYR. Voiez GIRGIRIS.
GYRÆ. Voiez CHOERADES 4.
GYRAS, Montagne dans l'Isle de Tenos dans l'Archipel, selon Hesyche.
GYREI, Peuple de l'Arabie Heureuse, selon Pline [c].
GYRES, petite Riviere de l'Asie Mineure dans la contrée de Lalacaon, selon Zonare, Cedrene & Curopalate citez par Ortelius [d].
GYRI MONS, Montagne d'Afrique dans la Libye interieure, selon Pline [e]. C'est le GIRGIRIS de Ptolomée. Voiez ce mot.
GYRISOENI [f], Γυρισαινοὶ, ancien peuple de l'Espagne Tarragonoise, selon Plutarque. Morales les met aux environs de Jaën.
GYROLIMNA [g], Lieu voisin de Constantinople, selon Nicetas.
GYRTON & GYRTONE, ancienne Ville de Grece dans la Thessalie. Strabon dit [h]: Larisse, Gyrtone & Pheres sont dans le Canton nommé la Plaine Pelasgique. Il avoit dit peu auparavant, les GYRTONIENS habitent aux environs du Penée & du Mont Pelion. Tite-Live [i] : Tout le Pays étoit soumis à la reserve d'Atrax & de Gyrtone. Il dit ailleurs : il decampa & prit sa marche vers *Phalana* & le lendemain il arriva à Gyrtone. Etienne le Géographe donne ces deux Villes à la Thessalie & plus particulierement à la Perrhebie. Ptolomée donne *Gyrtone* à la Macedoine & la met dans la Stymphalie. C'est presentement TACHI VOLICATI.
GYRUS, Montagne de Grece dans l'Etolie auprès du Fleuve Acheloüs, on l'apella ensuite CALYDON, selon Plutarque [k] le Géographe.
GYSTATE', Ville de l'Ethiopie sous l'Egypte, selon Pline [l].
GYTHEATES SINUS. Voiez GYTHIUM.
GYTHITES, Γυθίτης, Isle de l'Ethiopie sous l'Egypte, selon Ptolomée [m]. Elle est dans la Mer Rouge. Les Interpretes Latins lisent GYPSITIS; Ortelius, qui soupçonne que ce peut bien être la Gypseis d'Etienne, ajoute qu'on la nomme presentement GENAMANI.
GYTHIUM, Ville du Peloponnese dans la Laconie, selon Ptolomée [n]. Quelques-uns l'ont nommée *Gytheum* [o]. C'étoit le Port de Mer de Lacedemone [p] à trente Stades de cette Ville [q]. Pausanias [r] en nomme les habitans GYTHEATÆ, Pline dit GYTHEATES.

§ L'Auteur de Lacedemone ancienne & nouvelle taxe d'erreur Meursius pour avoir dit dans ses *Miscellanea Laconica* que Gytheon n'étoit eloigné de Lacedemone que de trente Stades, qui font environ cinq quarts de lieue Françoise. Il croit que son erreur vient d'un passage du V. Livre de Polybe qui parlant de la marche des Troupes de Philippe Roi de Macedoine : *Iter instituit ad Lacedæmoniorum Navale quod Gythium vocant, habet vero portum tuum, abestque ab Urbe stadiis triginta.* Meursius & quantité d'autres Savans ont cru qu'*ab Urbe* doit s'entendre de Lacedemone, & que la distance de cette Ville au Port étoit de trente Stades; cela ne se peut, puisque Lacedemone étoit à huit grandes lieues de la Mer. C'est la Ville même de Gythium qui étoit à cinq quarts de lieues du Mouillage. Voiez au mot COLOCHINE qui est le nom moderne.

GYTHONS. Voiez les GOTHS.
GYTTA, Ville bâtie en Afrique par le Carthaginois Hannon, selon le faux Periple qui porte son nom.
GYZANTES, Peuple d'Afrique qui faisoit du Miel avec les fleurs, selon Apollonius [s]. Eustathe [t] les nomme de même. Ce sont les ZYGANTES d'Herodote.
GYZIS, Γυζὶς, Port de la Marmarique, selon Ptolomée [v]. Castald croit que le nom moderne est *Golfo de gli Arabi*. Quelques Exemplaires portent ZYGIS.

FIN DE LA LETTRE G.

LE GRAND DICTIONNAIRE GEOGRAPHIQUE ET CRITIQUE,

Par M. BRUZEN LA MARTINIERE,

Géographe de Sa Majesté Catholique Philippe V. Roi des Espagnes et des Indes.

TOME QUATRIEME.
SECONDE PARTIE.
H. & I.

A la Haye, Chez C. VAN LOM, & P. DE HONDT.
A Amsterdam, Chez HERM. UITWERF & FRANÇ. CHANGUION.
A Rotterdam, Chez JEAN DANIEL BEMAN.

MDCCXXXII.

LE GRAND
DICTIONNAIRE
GEOGRAPHIQUE
ET
CRITIQUE.

Par M. BRUZEN LA MARTINIERE,

Géographe de Sa Majesté Catholique PHILIPPE
V. Roi des Espagnes et des Indes.

TOME QUATRIEME.

SECONDE PARTIE.

H & I.

A la Haye, Chez P. GOSSE, R. CHR. ALBERTS, & P. DE HONDT.
A Amsterdam, Chez HERM. UYTWERF & FRANÇ. CHANGUION.
A Rotterdam, Chez JEAN DANIEL BEMAN.

MDCCXXXII.

HAA.

HAADELERIA & HAADELOHA. } Voyez BOMENE.

1. HAAG, Bourgade d'Allemagne dans la Baviere. Mr. Baudrand dit *Haag* ou *Hag*; petite Ville sur une petite coline près de la Riviére d'Inn entre Burchausen & Freisingue, à neuf lieuës de l'une & de l'autre. Elle est Capitale d'un Comté qui a eu ses Comtes particuliers jusqu'en 1667. qu'elle fut réünie au Duché de Baviere par la mort de Ladislas dernier Comte de sa race. J'ajoute que les Cartes varient; les unes, comme celles de Sanson, en font un Village; d'autres, un Bourg, comme celles de Wit & de Zeyler; & que ce dernier en parle ainsi[a]: HAG est située assez près de l'Inn entre Oberndorff & Craybourg, & est Chef-lieu d'un Comté qui est venu à la Maison de Baviere depuis la mort de Ladislas dernier Comte de Hag, arrivée l'an 1567. & cette Maison en rend hommage à l'Empire, aussi bien que des annexes. C'est dans ce Comté que se trouve le Monastere de RAMSAW, occupé par des Religieux mandians qui suivent la Regle de St. Augustin. La faute de 1667. pour 1567. se retrouve dans MM. Maty & Corneille. Une preuve qu'ils se trompent tous, c'est que la chose est raportée dans le Livre de Zeyler imprimé en 1644.

2. HAAG, ou plutôt 's GRAVENHAAGE. Voyez la HAYE.

HAARLEM, ou HAERLEM. Voyez HARLEM.

HAB, Lac de Prusse le plus renommé de tous ceux que l'on y voit. Le Vulgaire le nomme *Nouvelle Mer*. Il est de quinze lieuës & large de deux entre les Villes de Mont-Royal & de Dantzick. J'épargne au Lecteur le reste de l'article. Il est de Mr. Corneille & tiré de Davity. Je me contente d'avertir que ce prétendu Lac est le *Golphe de Dantzig*, nommé le HAFF. Voyez sous ces deux noms.

1. HABAD, Ville de la Palestine, selon Guillaume de Tyr cité par Ortelius[b].

2. HABAD, Contrée d'Afrique au Royaume de Fez. Voyez HASBAT. On la nomme aussi ALGARVE.

1. HABAR, Ville d'Afrique dans le Royaume de Fez, & dans la Province de Fez, à deux lieuës de la Capitale du côté du Levant. Elle est bâtie sur la pente d'une haute montagne, d'où l'on découvre non seulement celle de Fez, mais tout le Païs d'alentour. Elle doit sa fondation à un Morabite de ces quartiers qui étoit premier Alfaqui de la grande Mosquée, mais elle a été détruite en la Guerre de Sayd, de sorte qu'il n'en restoit plus que les murailles & les Temples du temps de Marmol[c]. Sa Contrée est petite & terres en sont données à ferme tous les ans par l'Alfaqui de la grande Mosquée à qui elles appartiennent.

2. HABAR[d], Ville de Perse sur la route de Sultanie à Kom. Elle est ancienne & de grande étenduë, mais fort ruinée, & il y a plusieurs Armeniens. Comme ils sont de bon vin les Voyageurs ont soin de remplir leurs outres en cet endroit. Je crois que c'est la même Ville qui est nommée ABHER, ou EBHER, ou EBBEHER dans les Voyages de la Valle & sur les Cartes de Mr. de l'Isle & dans celle d'Olearius.

HABASSIA. HABESSIA. } Voyez ABISSINIE.

HABESSUS, Ville de la Lycie, selon Pline[e], qui dit que c'est l'ancien nom de la Ville que l'on nommoit de son temps ANTIPHELOS. Hermolaus Barbarus vouloit qu'on lût dans cet endroit de Pline *Edebessus* au lieu de *Habessus*. Voyez EDEBESSUS & ANTIPHELOS.

HABID, petite Riviére d'Afrique qui, selon quelques Géographes, separe la Province de Hascore de celle de Duquela, ce qui ne doit s'entendre que du lieu où elle se joint à la Riviére de Tensift. Elle a sa source à l'Occident de la Montagne Elgemuha, selon les Cartes de Sanson inserées dans la Traduction de Marmol.

HABOR[f], ou CHABOR, ou CHABORAS, Fleuve celebre dans la Mesopotamie. Il se dégorge dans l'Euphrate. Une partie des Israëlites des dix Tribus fut transportée sur le Habor. Ezechiel a intitulé ses Propheties de dessus le Chaboras qui est le même que le Habor.

HABRAN[g], petite Ville de l'Arabie heureuse. Elle est située en une plaine arrosée de plusieurs Ruisseaux qui la rendent très-fertile & abondante en diverses sortes de fruits. Les Habitans sont des Arabes venus des Villes de Sanaa & de Saada. Habran est à 48. milles de cette derniére & à trois journées de la premiére, selon Edrissi, dans la VI. partie de son I. Climat.

1. HABSBOURG, ou HAPSBOURG[h], ancien Château de Suisse au bas Argow, au Canton de Berne dans le Bailliage de Lentzbourg. Le Château de Habsbourg est plus considerable pour ce qu'il a été, que pour ce qu'il est présentement. Il y a quatre à cinq siécles qu'il sert de Résidence aux Comtes d'Habsbourg, qui sont la tige de l'auguste Maison d'Autriche. Rodolf, Comte de Habsbourg, dût son élevation à son mérite, quoiqu'il ne fût qu'un petit Seigneur, en comparaison de tant de grands Princes d'Allemagne, qui aspiroient à l'Empire, il fut élu Empereur l'an 1273. Ce fut lui qui rétablit les affaires d'Allemagne, & en calma les troubles, se faisant redouter par les plus puissans Princes de ce vaste Corps à cause de sa valeur. En travaillant pour le Public il ne s'oublia pas lui-même; il agrandit considerablement sa Maison, & lui donna de grandes Provinces, entr'autres l'Autriche, dont ses enfans prirent le nom. Et ce qui est bien glorieux pour lui, ses Descendans ont possedé successivement l'Empire d'Allemagne & la Monarchie d'Espagne durant deux siécles. Mais pour revenir au Château d'Habsbourg, il est à une petite lieuë au dessus de Broug, sur une hauteur, où (de quelque côté qu'on y veuille aller) la montée est fort rude.

[a] Topogr. Bavar. p. 76.

[b] Thesaur.

[c] T. 3. l. 4. c. 24.

[d] Tavernier Voyage de Perse l. 1. c. 6.

[e] l. 5. c. 27.

[f] D. Calmet Dict. de la Bible. Reg. l. 4. c. 17. v. 7. &c. 18. v. 11. & Paral. l. 1. c. 5. v. 26.

[g] D'Herbelot Bibl. Orient.

[h] Delices de la Suisse T. 1. p. 145. & seqq.

de. En y allant on y croit trouver un grand & vaste bâtiment, qui reponde à l'idée qu'on a de la puissance des anciens Comtes de Habsbourg : (car c'étoient les plus puissans Seigneurs qu'il y eut en Suisse, après les Ducs de Zeringen :) mais ce n'est point cela. Le bâtiment est petit & étroit, & tout y respire la frugalité & la simplicité. Il est vrai qu'il est à demi ruiné, mais par ce que l'on voit, on peut encore aisément juger de ce qu'il a été. Ce qu'il y a de plus beau, c'est un très-bel aspect qu'on y a de toutes parts. On voit delà l'Are, qui coule en serpentant, & se présente aux yeux de 3. côtez. On voit toute la plaine de Lentzbourg & le Château de Bruneck, les terres de Soleurre & de Bâle, la Ville de Broug, & bien loin au delà jusqu'à Klingenau. Les Bernois ont un Concierge dans ce Château, & ils entretiennent ce bâtiment plutôt pour son nom que pour l'usage qu'ils en tirent. On m'a dit que Mr. le Comte de Trautmansdorff, Ambassadeur de l'Empereur en Suisse, eut la curiosité d'aller voir ce Château, il y a quelques années ; & que dès qu'il fut à la porte, il se mit à genoux, & au milieu de quelques discours sur ce sujet il baisa dévotement cette terre benite, qui avoit nourri & porté les Peres de l'Empereur son Maître.

a Ibid. T. 2. p. 284.

2. HABSBOURG, ou HAPSBOURG ; [a] ancien Château de Suisse au Canton de Lucerne, à une lieue de la Ville, & au bord du Lac de Lucerne. Il ne faut pas le confondre avec l'autre Château de Habsbourg qui est dans le Canton de Berne, & dont il est question dans l'Article précedent. [b] Il fut ruiné par les Lucernois l'an 1352.

b Plantin Abregé de l'Hist. gener. de la Suisse p. 539.

1. HABUS, nom Latin que quelques-uns donnent au Golphe nommé le HAFF, auprès de Dantzig. Voyez HAFF.

2. HABUS, nom Latin de la Riviére d'Angleterre, dont le nom vulgaire est l'HUMBER. Voyez HUMBER.

HACA-CHAN, ou HANGI-CHAN, Province d'Asie dans l'Indoustan. Elle a la Riviére de l'Indus au Couchant, selon Mr. Corneille qui cite Mandeslo. Il ajoute que ce Païs qu'on apelle aussi Royaume de BALOCHI, n'a point de Villes considerables. Comme l'Auteur cité est soupçonné de n'avoir pas vû tous les lieux dont il est fait mention dans ses Voyages, & qu'Olearius son Editeur & Wiquefort le Traducteur de leurs Voyages y ont ajouté bien des choses tirée des autres Voyageurs & Ecrivains, rien n'oblige à compter sur lui comme sur un temoin oculaire. Rien n'empêche au contraire de croire, que Mandeslo, ou ceux qui ont enflé son Livre se sont trompez. En effet, ce Royaume de Balochi n'est point diferent des BALLUCHES, ou BULLOQUES, Peuple sur les Frontières de Perse & des Indes, vers la source de l'Ilmen & à l'Occident de l'Indus. Voyez BULLOQUES.

☞ HACHA. Ce mot en Espagnol veut dire *flambeau*, & entre dans la composition d'un nom de Riviére nommée par les Espagnols *Rio de la Hacha*, & d'une Ville qui porte le même nom que la Riviére. Voyez au mot RIO.

HACEL-DAMA, ou CHAKEL-DAM ;

c'est-à-dire, Heritage ou partage du sang. Voyez ACELDAMA.

HACHILA, Montagne de la Palestine où David se refugia lorsque Saül le persecutoit, & que les Habitans de Ziph offrirent au Roi de le lui livrer [c]. Eusebe parle d'ECHELA où se cacha David, ce qui peut s'entendre d'HACHILA, puisque David sortoit de Keila lorsqu'il s'y alla cacher. Voyez KEILA.

c Reg. l. 1. c. 23. v. 19.

HACOC, ou HUCAC, Ville de la Palestine dans la Tribu d'Aser [d]. D. Calmet croit que c'est la même que HUCUCA du Livre de Josué [e], ou Chuccoc, comme prononçoient les Hebreux. Dans Josué elle est attribuée à la Tribu de Nephtali.

d Paral. l. 1. c. 6. v. 75.
e c. 19. v. 34.

HACOTENA, ou HACOTINA, Ville d'Asie à L. milles de Samosate en venant de Satalie, selon Antonin [f]. Mr. Baudrand [g] lui impute d'avoir dit que c'est une Ville d'Armenie près de l'Euphrate, vers l'endroit où il arose le Taurus ; ce qu'il ne dit en aucune façon. Simler vouloit que l'on lût LOCOTENA. L'Exemplaire du Vatican porte HACOTENA. Zurita [h] lit LACOTENA ; en quoi il se fonde sur l'autorité d'Ammien Marcellin qui dit que Constantius ayant renyoié Arsace Roi d'Armenie, qui s'étoit venu trouver en Cappadoce, il prit sa route par Meliterne, petite Ville de la petite Armenie, par *Lacotene* & Samosate, & passant l'Euphrate se rendit à Edesse. Cette correction est fondée sur des Manuscrits dont un porte *Lacotina*. Ainsi Mr. Baudrand dit vrai sur la position de cette Ville, mais sa citation est fausse.

f Itiner.
g Edit. 1682.
h p. 371. L. 20. p. 186. Ed. Lindeb.

HACTARE, Ville de l'ancienne Espagne dans la Betique [i], à XXXII. mille pas d'Acci en venant de Castulon, selon Antonin [k].

k Itiner.

HACZAG, petit Païs de Transsilvanie, sur les Confins de la Walaquie, entre les montagnes qui en font la séparation, & la Riviére du Marosch qui au Nord de cette Contrée fait un coude pour couler vers l'Occident & se joindre à la Teisse. Mr. de l'Isle varie un peu sur l'Orthographe de nom, & écrit indiferemment HARZAG, HATZAG, & HACZAG. On l'apelle le COMTÉ ou la VALLÉE D'HACZAG. C'est dans ce District que sont les ruines de l'ancienne *Ulpia Trajana*, desquelles il y a apparence que s'est formée la Ville dont le Païs porte le nom, quoique l'ancienne Ville fût à quelque distance, au Couchant d'Eté de la nouvelle.

HADADREMMON, ou ADADREMMON, ancienne Ville de la Palestine. D. Calmet la place dans la Vallée de Jezrahel. Le P. Bonfrerius dans sa Carte la met hors de cette Vallée dans la Tribu de Manassé. C'est aussi la position qui lui est donnée dans l'Onomasticon des Villes & lieux de l'Ecriture Sainte [l], où il est dit qu'elle étoit dans la demie-tribu de Manassé d'en deçà du Jourdain auprès de Jezrahel, dans la Campagne de Magedo. C'est là que se donna la fatale bataille dans laquelle Josias Roi de Juda fut mis à mort par l'armée de Nechao Roi d'Egypte. St. Jérôme sur le XII. Chapitre de Zacharie nous aprend qu'elle fut ensuite nommée MAXIMIANOPOLIS, en l'honneur de l'Empereur Maximien. Elle étoit à dix-sept milles de Cesarée de Palestine, & à dix milles de Jezrahel, selon l'ancien Itinerai-

l p. 6.

HAD.

re de Jerusalem. Ce nom signifie un *Echo*, ou *le son de la Grenade*, selon l'Onomasticon cité. D. Calmet l'explique par cris de la Grenade du הרר *Hedad*, cris, clameurs, & de רמן *Rimmon* qui signifie un Grenadier, l'arbre qui porte la Grenade. C'étoit en même temps le nom d'un Dieu des Syriens, de sorte qu'הררמן pourroit signifier l'*invocation du Dieu Rimmon.*

HADAGIE, Ville d'Afrique au Royaume de Fez, dans la Province de Chaus[a]. Elle est petite & bâtie au confluent des Riviéres de Mullule & Muluye, qui l'entourent comme une Isle. Elle fut saccagée par les Arabes de Dara, & depuis pendant la Guerre de Teurrert elle fut tout-à-fait dépeuplée; mais les Turcs l'ont remise dans son premier lustre en y envoyant une Colonie d'Arabes de Mottigia. Voici ce qu'en dit Marmol[b]. C'est une grande Ville bâtie par les anciens Africains dans une Isle que font deux Riviéres qui ensuite se joignent. Elle est ceinte de bons murs garnis de tours, & étoit autrefois fort peuplée de Bereberes de la Tribu des Zenetes; mais quand les Arabes Mahometans occuperent les Provinces du Couchant & se repandirent par les Deserts, ils firent tant d'insultes aux Habitans, qui étoient aussi incommodez des Armées de Fez & de Tremecen, qu'ils abandonnerent la Ville pour se retirer ailleurs, de sorte que toutes les maisons en sont fonduës. Il ne reste que les murailles, & la Campagne est aux Arabes.

HADAMAR. C'est ainsi que les Allemands écrivent ce nom, & non pas HADEMAR, comme l'écrivent quelques François, & entre autres Mr. Baudrand: Ville d'Allemagne dans la Weteravie. [c]C'est la Residence d'une branche de la Maison de Nassau. Dans le partage qui se fit du Comté de Nassau-Dillenbourg l'an 1606. le 8. Octobre, par le decès du Comte Jean le vieux, Jean Loüis l'un de ses fils eut pour sa part la Seigneurie de Hadamar, Ellar, & quelques autres Bailliages & dépendances. Ce Comte s'étant fait Catholique fonda un College de Jesuites dans cette Ville qu'il choisit pour sa Residence, à quoi il fut autorisé par une Concession de l'Empereur Ferdinand, & par une confirmation du Pape. Il assigna pour l'entretien de ce College les Monasteres de Filles de Dierstein & Besselich, comme aussi l'Abbaye de Dietz, & la part que la Maison de Nassau avoit au Monastere de Thron. C'est ce qui lui a attiré un procès avec la Maison de Dillenbourg. Cette Ville a un beau Château, & est au Cercle du Haut Rhin, proche de la Riviére de Lohne. Mr. Baudrand[d] dit qu'elle est à quatre milles d'Allemagne à l'Est de Coblentz & à sept de Mayence vers le Nord.

HADDASA, ou CHADASSA, Ville de la Palestine. Il en est parlé au Livre de Josué[e]. Eusebe dit qu'*Adasa* étoit de la Tribu de Juda, & que de son temps c'étoit un Village auprès de *Taphnas.* St. Jerôme dans la Tribu de Juda. Il ajoute que ce Village subsistoit encore de son temps auprès de *Gusnæ*; ce qui marque qu'il lisoit *Gusnæ* & non pas *Taphna* dans Eusebe qu'il a traduit; mais il poursuit ainsi: Je m'étonne qu'il (*Eusebe*) ait mis le Païs de Gusnæ dans la Tribu de Juda

[a] Dapper Afrique p. 157.
[b] T. 2. l. 4. c. 108.
[c] Zeiler Topog. Hass. & Vicin. reg. p. 47.
[d] Ed. 1705.
[e] c. 15. v. 37.

HAD.

puisqu'il est clair par le Livre de Josué qu'elle fut donnée à la Tribu d'Ephraim. Le P. Bonfrerius observe que St. Jerôme corrige ici Eusebe, & il croit que l'Adasa dont il s'agit n'est pas differente des Villes d'Adarsa & Adazer. Mais il croit que l'Adasa d'Eusebe & de St. Jerôme, dont je viens de rapporter les sentimens & de laquelle j'ai parlé dans un Article particulier, n'est pas la même que la Hadassa de la Vulgate, nommée Adasa par les Septante, placée dans la Tribu de Juda, & mentionnée dans le 15. Chap. de Josué v. 37. D. Calmet tient au contraire que la Ville de Juda nommée *Hadassa*, est la même qu'Eusebe & St. Jerôme ont indiquée dans les Articles raportez au commencement de celui-ci. Il cite des Rabbins[f] qui disent que c'étoit une des plus petites Villes de Juda n'aiant que cinquante maisons.

HADDINGTON, ou HADDINGTOWN, en Latin *Hadina*, Ville de l'Ecosse Meridionale dans la Lothiane. On n'en fait qu'un Bourg dans l'Etat présent de la Grande Bretagne[g], où il est dit qu'on y tient marché, qu'il a été autrefois entre les mains des Anglois qui le fortifierent, & y soutinrent un long siége sous la minorité de la Reine Marie d'Ecosse; & qu'il donne le titre de Comte à une branche de la famille d'Hamilton. Cambden[h] dit de plus que cette Ville est située dans une grande plaine, qu'elle a un fossé large & profond avec un boulevard exterieur fait de gason accompagné de quatre bastions aux angles, & d'autant le mur interieur qui est de figure quarrée. Telle fut la fortification dont les Anglois l'entourerent.

LE BAILLIAGE DE HADDINGTON[i], Bailliage d'Ecosse dans la Province de Lothiane, à l'Orient du Bailliage d'Edimbourg. La Riviére de Tyne le coupe en deux parties, & bien qu'il n'ait pas la même étenduë que les deux autres Bailliages ou Sherifsdoms de la Province, il a les mêmes avantages par la fertilité de ses Campagnes & par le commerce de ses Habitans. Les principaux lieux, nommez Villes par les uns & Bourgs par les autres, sont

Dunbar,   Haddington,
               & Northbenwick.

HADELLAND, en Latin HADELIA, petit Païs d'Allemagne, au Nord du Païs de Brême, assez près de l'Elbe. On y trouve le Château d'OTTENDORFF. Ce Païs appartenoit autrefois aux Ducs de Saxe-Lawenbourg; mais après l'extinction de cette famille l'Empereur l'a pris en sequestre. L'Orthographe du nom du Château varie. Les uns écrivent *Oterendorf* & d'autres *Olterendorf*.

HADEMAR. Voyez HADAMAR.

HADEQUIS, petite Ville d'Afrique au Royaume de Maroc, dans la Province d'Hea. Marmol[l] la décrit ainsi: C'est une petite Ville fermée de hautes murailles & de Tours bâties de chaux & de moëlon. On tient qu'elle a été fondée par les naturels du Païs. Elle est dans une Plaine à trois lieües de Teculet du côté du Midi, & contient plus de mille maisons très-bien bâties. Il passe au milieu une Riviére mediocre qui descend des montagnes, & qui est

[f] In Eruvin. v. 6.
[g] T. 2. p. 245.
[h] Britan.
[i] D'Audifret Geogr. T. 1. p. 205.
Hubner Frag. auss Geogr. p. 525. & 551.
[l] T. 2. l. 3. c. 7.

Tome III.   A 2

est bordée de quelques arbres fruitiers & de quantité de treilles. A l'un des côtez de la Ville est le Quartier des Juifs où il y a plus de cent cinquante maisons, tant de Marchands que d'Artisans qui ont la liberté de conscience. Il s'y tient une Foire tous les ans qui dure quinze jours, où tous les Montagnards des environs amenent quantité de bétail avec de la laine, du beurre, de l'huile, de la cire, des draps non foulez & autres choses semblables. Il n'y a point de lieu dans la Province où les femmes soient plus belles, ni plus blanches, & de meilleure grace & où elles se piquent plus de gentillesse & de galanterie. Mais elles aiment fort les Etrangers & leurs maris sont bien jaloux. Quoiqu'ils soient assez propres à leur mode, & que quelques-uns aillent à cheval, ils sont néanmoins fort brutaux & s'entretuent pour la moindre occasion. Nugno Fernandez d'Ataide accompagné d'Yahaia prit cette Ville d'assaut l'an 1514. & en emmena les plus belles Esclaves qu'il y ait eu depuis long-temps en Portugal. Les Cherifs la repeuplerent depuis, & les Habitans sont fort riches depuis qu'ils ne sont plus inquietez par les courses des Chrétiens. Ils labourent & moissonnent en toute assurance. C'est cette grande securité qui fait qu'il n'y a aucune fortification à cette Ville qui d'ailleurs n'a aucun édifice considerable.

a Hermanides Dan. &c. Descript. p. 802.

HADERSLEB[a], ou HATERSLEBDAM, Lac du Dannemarc dans le Duché de Sleswig, auprès de la Ville de Haderslebe. Il a 1060. toises dans sa longueur prise de l'Occident Meridional à l'Orient Septentrional, & sa largeur qui est inégale est de deux cens en quelques endroits & de trois cens en d'autres.

b Ibid. 803.

HADERSLEBEN[b], ou HATERSLEBEN, Ville de Dannemarck au Duché de Sleswig. Les Géographes du Païs lui donnent 55. d. 15′. 30″. de latitude sur 42. d. 52′. 30″. de longitude. Mr. de l'Isle la fait plus Septentrionale d'un degré au moins. Quant à la longitude elle est excessive de plus de douze degrez à la prendre de l'Isle de Fer; & quand même on la prendroit aux Isles Açores, le Meridien du XL. degré passeroit à l'Orient de toute la Presqu'Isle de Sleswig & Jutland sans y toucher. Elle est à quatre milles d'Allemagne de Colding, à cinq de Ripen, à trois d'Appenrade, à sept de Flensbourg, à onze de Sleswig, à huit de Husum, & à quatorze de Rensbourg. Elle est arrosée à l'Occident par le Lac de Haderslebdam, & à l'Orient par le Canal nommé Haderslebsfoerd, qui a pourtant si peu de profondeur vers la Ville que les gros bâtimens sont obligez de mouiller à 2. milles de la Ville. La Campagne d'alentour est ou en terres labourables assez fertiles, ou en paturages excellens, ce qui fournit des grains & des bestiaux, à quoi il faut ajouter la pêche du poisson qui se prend en abondance tant dans le Lac que dans le Golphe ou Canal. Entre l'un & l'autre est une Isle où est située la nouvelle Ville avec une Citadelle, commencée par le Duc Jean le vieux & continuée par le Roi Frederic. Torstenson, General des Suedois qui commandoit dans ce Païs-là dans les années 1643. & 1644. flanqua de quatre bastions cette Citadelle qui venoit d'être incendiée & où il ne restoit presque plus rien que les murailles. Elle est au côté Oriental de la Ville neuve. La Ville neuve avoit ci-devant une belle & magnifique Eglise dediée sous l'invocation de la Ste. Vierge; & des maisons de pierres qui avec l'Eglise furent détruites par un incendie l'an 1627. Le Temple dont le feu avoit épargné les murailles fut rebâti peu après. L'ancienne Ville est hors de l'Isle au bord Septentrional du Lac. Les maisons en sont moins belles, & il y a une Eglise du nom de St. Severin & tout auprès sur un Côteau on voit les ruines de l'ancienne Citadelle que le Duc Jean le vieux détruisit; au lieu de laquelle il bâtit la nouvelle Citadelle au bord de la Ville neuve dont on vient de parler. L'an 1257. le Roi Eric étant en Guerre avec son Frere Abel, brûla Hadersleben qui étoit alors une Ville libre (*Municipium*) c'est-à-dire qui avoit droit de Bourgeoisie, & le Roi Eric & Glippin s'en rendit maître après en avoir chassé Eric Duc de Sleswig. Le Duc Woldemar II. l'un des Descendans d'Abel, lui donna droit de Cité l'an 1292. Après la mort de Woldemar V. du nom Duc de Sleswig, une querelle, arrivée entre les Habitans de Kiel & un Gentilhomme nommé Henneque Lembecke, causa de grands troubles. Quelques gens de ce Gentilhomme ayant été pris volant & pillant auprès de Kiel, on les pendit. Le Gentilhomme qui crut se devoir vanger massacra quelques Marchands qui alloient de Kiel à Eckerenfoerd, & en prit quelques autres. Il avoit sa Residence à Dorning dans le Sleswig, & la Veuve de Woldemar le protegeoit. Adolfe & Nicolas, Comtes de Holstein, lui déclarerent la Guerre. L'un prit Hadersleben & ne put prendre Dorning qu'il assiégea inutilement; l'autre se saisit de Tunder. Dans la Guerre qui s'éleva entre le jeune Duc de Sleswig & le Comte de Holstein, le Roi Eric de Dannemarc qui étoit intervenu dans cette querelle commença par se saisir d'Hadersleben qu'il garda. Le Roi Christophle de Baviere la rendit ensuite à Adolfe, Duc de Sleswig & Comte de Holstein. C'est présentement la Couronne de Dannemarc qui possede la Ville & le Bailliage de Hadersleben.

LA PREFECTURE DE HADERSLEBEN[c], grande Contrée du Royaume de Dannemarck au Duché de Sleswig, aux Frontiéres du Nord-Jutland qui la borne au Septentrion. Elle est bornée au Levant par le petit Belt; au Couchant par la Mer du Nord; & au Midi par la Prefecture d'Apenrade, Loemkloster & la Prefecture de Tunder. Sa longueur est de neuf milles Germaniques & plus entre les deux Mers; & sa largeur Nord & Sud est de quatre ou cinq de ces mêmes milles. On la divise en sept Districts qui sont

c Ibid. 795.

Herdersleberharde,	Froesharde,
Tusterupharde,	Kalslundharde,
Gramharde,	Guiddingharde,
& Norderrangstorpharde.	

Le mot HARDE qui fait la terminaison de tous ces noms, signifie un *District* où commande un Officier envoyé par le Roi ou par le Souverain. Le mot Danois HAERRIT ou HERRIT veut dire la même chose. Ce Bailliage est arrosé de plusieurs Riviéres, à savoir Kol-

Koldingaw, Nipsa,
Schotburgifchau, Daps.

Il y a outre cela un grand nombre de Ruiſſeaux. Ce Bailliage n'eſt preſque habité que par des Danois, ou par des Juthes qui parlent Danois.

LE DISTRICT DE HADERSLEBEN[a], petite Contrée du Royaume de Dannemarck au Duché de Sleſwig, dans la Prefecture de Haderſleben. Il eſt diviſé en deux parties, ſavoir la Septentrionale & la Meridionale par le Golphe ou bras de Mer qui s'étend depuis la Mer Baltique juſqu'au Lac de Haderſleben qui s'y décharge. Le terroir en eſt agréable & fertile, & devient d'autant plus beau qu'on approche plus de la Mer Baltique. Il produit du ſeigle, de l'orge & autres grains, & même du froment en quelques endroits; mais il n'a pas tant de Forêts ni de montagnes que Tuſterupherde. Il y a trois Lacs très-poiſſonneux. Celui de Haderſleben, ou Haterſlebdam, celui de Banckeldam, & celui de Hopdrupdam. Il y a douze Paroiſſes ou Egliſes dont deux ſont dans la Ville même de Haderſleben & les autres dans le Païs pour les Villages, Hameaux & Metairies qui en dépendent.

HADHRA, ou plutôt GESIRAT AL HADHRA, c'eſt-à-dire, l'ISLE VERTE. Voyez au mot GESIRAT.

1. HADHRAMOUT, Contrée de l'Arabie. Elle eſt compriſe dans la Province de l'Yemen, ou Arabie heureuſe. Mr. d'Herbelot[b] dit que les Anciens l'ont connuë ſous le nom d'HADRAMYTHENA. Il ajoute que ce nom eſt tiré de celui d'une Tribu deſcenduë de la famille de Hatſarmout ou Hatſarmavet, troiſiéme Fils de Joctan Fils de Heber, dont les enfans ont peuplé l'Arabie. Le Géographe de Nubie, dans la ſixieme partie du I. Climat[e], donne au Païs d'Hadhramout deux Villes nommées Sciabam & Tarim, à une ſtation de diſtance l'une de l'autre. Il ajoute que Mareb en étoit auſſi, mais qu'elle eſt détruite, & que c'étoit l'ancienne Saba d'où étoit originaire Belcqis femme de Salomon fils de David. Le même Auteur Arabe dit qu'il y a dans ce Canton de vaſtes plaines de ſable que l'on nomme AHCAF. L'Auteur du Livre des proprietez fauſſement attribué à Ariſtote & qui eſt l'ouvrage de quelque Arabe, cet Auteur, dis-je, fait mention de Hadramot, lieu où le vent a fait mourir bien des hommes; ce qui me paroit devoir être expliqué de cette Contrée de l'Arabie. Mr. d'Herbelot[d] pourſuit ainſi : La Ville de Saba qui a été autrefois le Siége des Tobais ou Rois de l'Yemen, appartient au Païs d'Hadhramout. La Ville qui porte le nom de Cabar-Houd à cauſe du ſepulchre de Houd ou de Heber le Patriarche, que les Arabes y reverent, en eſt auſſi. Les Campagnes ſablonneuſes que les Arabes appellent Ahcaf où l'on trouve de l'Aloes en abondance, ſont dans cette Province. Cette jespece d'Aloes porte le nom de Sabr-Alhadri pour le diſtinguer de celui que l'on appelle Soccotori qui le ſurpaſſe en bonté. Les Adites appellez dans l'Alcoran le Peuple de Houd, ont autrefois habité ce Païs. [e] Ces Adites deſcendoient d'Ad ou Aad fils d'Amlac ou Amalec, & petit-fils de Cham fils de Noé, ſelon quelques-uns. Selon d'autres, Ad étoit fils d'Aous ou de Hus, & petit-fils d'Aram ou Eram, fils de Sam, qui eſt Sem fils de Noé, & regnoit en la Province d'Hadhramout du temps de Heber le Patriarche que les Arabes appellent Houd. C'eſt de ce Prince que la Tribu des Adites prenoit ſon nom. Il y a auſſi dans le Pays d'Hadhramout une montagne nommée Schibam cultivée & couverte de pluſieurs belles Bourgades d'où l'on tire les plus belles onyces & agathes de tout l'Orient.

HADHRAMOUT, Ville de l'Arabie dans le Pays de même nom. Abdalmoal, Géographe Perſien cité par Mr. d'Herbelot[f], met la Ville d'Hadhramout dans la Province d'Yemen, & dit qu'elle n'eſt éloignée de la Mer d'Oman qui eſt l'Océan Arabique, que de quatre journées. Le Géographe de Nubie[g] compte d'Hadhramout à Saada CCXL. milles, & de la même Ville à Aden cinq ſtations.

HADHRAMI[h], ou HADHRI, ſurnom que les Arabes donnent à quelques hommes pour marquer qu'ils ſont natifs ou originaires d'Hadhramout.

HADRA, petite Riviére de France dans l'Iſle de France. Elle paſſe à Nonancourt au Meſnil de l'Etrée, & ſe jette dans la Riviére d'Eure près de Motel; ſi nous en croyons Papyre Maſſon qui cite ce Vers Latin :

Hadra licet parva Francorum dividit arva,

parce que cette Riviére ſeparoit la France de la Normandie. Les Cartes appellent AURE la Riviére qui paſſe à Nonancourt.

HADRAMOT, Lieu où le vent a fait mourir bien des hommes, ſelon l'Auteur du Livre *des proprietez* attribué fauſſement à Ariſtote, & qui eſt plutôt d'un Auteur Arabe.

HADRANUM. Voyez ADRANUM & ADERNO.

HADRIA. Voyez ADRIA.

1. HADRIANA, Ville de Lycie, ſelon une ancienne inſcription alleguée par Ortelius. Il trouve dans la Lycie une Ville marquée ſur les Tables Géographiques nommée ÆLIOPOLI. Il doute cependant que ce ſoit la même choſe, quoiqu'Elius ſoit un des noms d'Adrien.

2. HADRIANA. Voyez ADRIANA.

HADRIANOPOLIS. Voiez ANDRINOPLE.

HADRIANOTHERAS. Voiez ADRIANOTHERAS.

HADRIATICUS SINUS. Voiez ADRIATICUM MARE.

HADROGA, Ville Epiſcopale, ſelon la Notice du Patriarchat de Jeruſalem, dans le Recueil de Schelſtrate[i]. Elle étoit vers la Paleſtine, car la Notice nomme

Nazareth,	Kelis,
Thabor,	Faram,
Caraca, ou Petra,	Helenopolis,
Hadroga,	Mons Syna,
Affra,	

Une autre Notice du temps de Celeſtin troiſiéme dans le même Recueil[k] marque ce Siége avec

HAD. HÆM.

avec le même nom & dans les mêmes circonstances.

HADRUMETUM. Voiez ADRUMETE.

a Dict. Geog. des Païs-Bas.

HAEGHLAND[a]. On nomme ainsi le Païs qui s'étend depuis Louvain à l'Orient jusqu'au Païs de Liege, entre Tillemont & Sichem.

HÆMI-MONS &

b Thesaur.

HÆMIMONTUS, Contrée de Thrace, ainsi nommée à cause du Mont Hæmus. Ortelius[b] prétend que le premier de ces noms ne signifie pas la Province, mais la montagne même, & que le second qu'il écrit HÆMIMONTUM, désigne non la montagne mais la contrée où elle étoit. Il ajoute que faute de faire cette distinction plusieurs ont apliqué mal à propos à la Province une façon de parler qui ne convenoit qu'à la montagne. On nomma d'abord HÆMIMONTANI ceux qui habitoient le Mont Hæmus; & dans un siécle postérieur on en forma une Province nommée HÆMIMONTUS; mot qui se trouve dans *Sextus Rufus*[c] au nombre des six Provinces de Thrace que les Romains avoient conquises. La Province du Mont Hæmus s'étendoit beaucoup plus loin que la montagne[d]. Elle étoit entre la seconde Moesie & l'Europe Province particuliére, ayant la Thrace propre au Couchant, la Province de Rhodope au Midi, l'Europe propre au Levant, la seconde Moesie & la Scythie au Nord. Elle étoit gouvernée par un Président particulier. [e]Selon les Notices Ecclesiastiques elle a eu six Siéges Episcopaux, savoir

c C. 9.

d Carol. à S. Paulo Geog Sacr. p. 207.

e Ibid. p. 224.

Hadrianopolis, Metropole,	*Plotinopolis*,
Mesembria,	*Develtus*,
Sozopolis,	*Anchialus*.

f Schelstrate T. 2. p. 680.

Le Metropolitain prenoit la qualité d'Exarque. D'autres Notices[f] ne comptent que cinq Villes, savoir

Adrianopolis,	*Plutinopolis*,
Mesembria,	&
Sozopolis,	*Zoidum*.

g Ibid. p. 690.

D'autres[g] comptent celles-ci en pareil nombre,

Adrianopolis,	*Dibertus*,
Achialus,	*Plutinopolis*,
& *Tzoides*.	

La Metropole demeure toujours la même. On voit assez que *Dibertus* de la troisiéme Notice est le *Develtus* de la premiere, & qu'il manque dans la seconde. L'Anonyme de Ravenne[h] le nomme *Debellion*, & ce nom est écrit *Debelium* dans quelques exemplaires d'Antonin. *Plotinopolis* & *Plutinopolis* ne font point déguisez. La dificulté est plus grande en ce que chacune des deux Notices admet cinq Villes, retranche deux de la premiere & en fournit une nouvelle qui est *Zoidum* & *Tzoides*. Comme ce nom ne se trouve que là, on pourroit croire qu'il est dans la derniere Notice au lieu de *Sozopolis*. Mais la seconde détruit cette conjecture puisque *Mesembria* & *Sozopolis* s'y trouvent avec *Zoidum*. Il vaut

h l. 4. c. 6.

HÆM.

mieux dire que TZOIDES est inconnu, & que l'on n'en sait autre chose sinon qu'on a compté dans quelques Notices de l'Hæmi-mons. Mr. Baudrand[i] met mal à propos dans l'Hæmimont la Ville de Nicopolis qui étoit de la Thrace propre.

i Ed. 1682.

HÆMON, petite Riviere de Grece dans la Beocie. Elle se jette dans le Cephise auprès de la Ville de Cheronée. Plutarque[k] croit qu'il avoit été autrefois nommé THERMODON. Comme cet Auteur étoit de Cheronée où passoit cette Riviére, on peut l'en croire. Herodote[l] nomme une Riviére *Thermodon* dans la Beocie, & la fait couler à Glissa & à Tanagra. Il ne se peut pourtant pas que ce soit la même qui couloit à Cheronée & se jettoit dans la Cephisse, puisque pour y aller il faudroit qu'elle eût rencontré au travers de son chemin le Cephisse deja sorti du Lac Copaïs, au lieu que Cheronée étoit au-dessus. Quoiqu'il en soit, l'Hæmon n'étoit qu'un Ruisseau.

k In Demost. & Theseo.

l l. 9. c. 43.

HÆMONA. Voiez ÆMONIA.

HÆMONIA. Voiez HÆMI-MONS.

HÆMONIÆ, ancienne Ville d'Arcadie. Elle étoit déja presque reduite à rien du temps de *Pausanias*[m], & il n'en restoit presque plus qu'un Village de ce nom. Elle avoit été fondée par Hæmon, fils de Lycaon.

m l. 8. c. 44.

HÆMONIUS FONS, ou la *Fontaine Hemonienne*, auprès du mont Ossa. Elle prenoit ce nom de la Thessalie, qui a aussi été nommée *Hemonie* ou *Æmonie*.

HÆMUS; quelques-uns écrivent ÆMUS; haute montagne de la Thrace. Servius s'est trompé en la donnant à la Thessalie, & en y mettant la Vallée de Tempé qui étoit bien loin delà. Il n'a pas remarqué que Virgile voulant exprimer combien sont delicieux les Valons arrosez par des Riviéres, & où l'on respire la fraicheur à l'ombre des Forêts, nomme des lieux assez éloignez les uns des autres, à savoir le Sperchius, Riviére de Thessalie, le Taïgete Montagne de la Laconie au Peloponnese, & le Mont Hæmus dans la Thrace.

Rura mihi & rigui placeant in Vallibus amnes:
Flumina amem, Sylvasque inglorius. O ubi Campi,
Sperchiusque & Virginibus bacchata Lacænis Taygeta! ô qui me gelidis in Vallibus Hami Sistat, & ingenti ramorum protegat umbra!

Georg. l. 2. v. 485. & seq.

Une partie de cette montagne est nommée SCOMBROS par Aristote, selon le témoignage d'Ortelius[n]; & Thucydide[o] nomme Σκωμιος, Scomios, la montagne où sont les Sources du Strymon, de l'Oscie, l'Hebre & le Nesse. C'est, dit-il, une montagne haute & deserte, contigue au Mont Rhodope. Tous les autres Auteurs font descendre ces Riviéres du Mont Hæmus. Pline[p] dit que l'Hemus a six mille pas de hauteur. Solin[q] & Martianus[r] s'accordent avec Pline. Cette Montagne s'étend depuis le Mont Rhodope jusqu'à la Mer noire. Pline[s] dit qu'il y avoit eu autrefois au sommet de l'Hæmus une Ville nommée Aristée: ce qui s'accorde avec ce que Diodore de Sicile dit qu'Aristée, fils d'Apollon, alla trouver Bacchus qui étoit alors sur le Mont Hæmus. Il fut sans doute le Fondateur de cette Ville. Le P. Ric-

n Thesaur.
o L. 2. c. 41. de la Traduction d'Blancionti.
p l. 4. c. 11.
q c. 10. P. 27. Edit. Salmas.
r l. 6. c. de Thrac.
s l. c.

Riccioli forme une dificulté sur la hauteur du Mont Hæmus. Voici comment il la propose[a].

[a] Geogr. reform. l. 6. c. 18. §. 4.

Strabon au Livre IV. ayant dit qu'à peine peut-on franchir les Alpes de l'Italie en cinq jours, il ajoute ces mots : *au lieu que Rhodope, l'Olympe, Pelion, Æmus peuvent être franchis* en un jour par un homme qui n'est point chargé. Mais l'Olympe, à ce que dit Plutarque dans la Vie d'Emile, a du moins 1274. pas de hauteur, selon la mesure de Xenagoras. Pelion, à ce que dit Pline l. 2. c. 65. a selon la mesure de Dicæarque 1250. pas de hauteur : calcul qui ne peut gueres être exact, & qui péche plutôt par le défaut que par l'excès ; donc l'Hæmus n'est pas moins haut que d'environ 1250. pas. Or Tite-Live, Decade 4. l. 10. raporte que Philippe de Macedoine aiant ouï dire à un Temoin oculaire que du haut du Mont Hæmus on voyoit les Alpes d'Italie, il monta un jour sur cette premiere montagne, mais qu'il ne put les voir à cause des nuages. On doit conclure de leur éloignement que le Mont Hæmus doit être très-haut. Pline & Solin disent, que le Mont est haut de six mille pas. Cela n'est pas aisé à comprendre, car s'ils disent que tout le chemin en montant est de six mille pas, sa hauteur ne sera pas de plus de 1250. pas. De plus, il ne faudra pas tout un jour pour y monter, puisqu'un homme qui ne porte rien fera aisément ce chemin en six heures de temps. Si Pline a entendu par le mot *excelsitas* une hauteur perpendiculaire, comme le P. Petau l'entend dans son Uranologie l. 7. c. 10. il ne sufira pas d'un seul jour pour le monter, puisque 1250. pas demandent toute la journée d'un bon marcheur, selon Strabon. Peut-être que Pline n'a point parlé de toute la montée en commençant au niveau du Rivage voisin, mais seulement de la partie qui merite le nom de hauteur & où la pente commence à être plus roide. Il est certain que Pline n'a point entendu parler d'une hauteur de six milles ; car il auroit oposé cette preuve pour refuter Dicearque qui croioit que les plus hautes montagnes de la Macedoine & de la Thrace ne surpassoient pas 1250. qui, selon les Tables (que nous donnons au mot MONTAGNE) font près de dix heures. Le P. Riccioli croit pouvoir en conclure que l'Hæmus depuis l'endroit où l'on commence à le monter, a environ 1250. pas au moins, sans compter le reste de sa hauteur jusqu'au niveau de la Mer.

Les Modernes ne conviennent pas sur le nom que porte à présent cette montagne. Laonic la nomme PRASOVO. Si nous en croions Pinet dans sa Description des Villes, elle est nommée par les Italiens CADENA DEL MONDO, (c'est-à-dire LA CHAINE DU MONDE, & c'est le nom le plus usité par le grand nombre) & MONTE ARGENTARO ; BALKAN par les Turcs & CUMOWITZ par les Esclavons. Le même Pinet dans sa Traduction de Pline aux endroits citez la nomme MONTE DE COSTEGNAS. Cuspinien dit COSTEGNAZZO, & Lazius dit KRIVICZNE. Mais ces noms n'appartiennent pas à toute la chaine du Mont Hæmus : ils n'en désignent que des parties. Mr. de l'Isle nomme *Costegnaz* celles qui separent la Macedoine de la Romagne, & Mont *Balcan* celles qui sont entre la Bulgarie & la Romanie. Le Mont Argentaro pourroit bien être le même que la Clissura, l'une des parties de l'Hæmus, selon Edouard Brown. Nous fumes fort surpris, dit-il dans son Voyage de Vienne à Larisse[b], à la premiere vuë de cette montagne, car les Rochers & les pierres y paroissoient comme de l'argent. Le Soleil & la Lune la font si bien reluire qu'il n'y a personne qui ne s'imaginât qu'elle est toute couverte de verre de Moscovie. Nous descendimes dans un chemin fort étroit & tout couvert de pierres assez proche du Château de Colombotz, & nous avançames jusqu'à Urania qui est située au fond de cette Vallée. Il venoit de Lescoa ou Lescovia, Ville située sur la petite Riviere de Liperitza qui tombe un peu au-dessous dans la Morave. Tous les noms marquez par Brown se trouvent très-bien placez dans la Carte de Hongrie par Mr. de l'Isle en 1703. excepté celui de Clissura. Il semble que Clissura doit être plutôt du Mont Rhodope que de l'Hæmus. Mais Brown s'explique : il regarde toutes les montagnes qui sont entre la Servie & la Macedoine comme n'étant qu'une partie du Mont Hæmus. On croit, dit-il, que sous diferens noms il s'étend depuis la Mer Adriatique jusqu'au Pont Euxin. Il marque ensuite qu'il voulut éprouver s'il étoit vrai ce qu'on lui avoit dit que du haut du Mont Hæmus on peut voir en même temps la Mer Adriatique d'un côté & la Mer noire de l'autre. Il ajoute que s'étant trouvé sur ces hautes montagnes & un peu plus proche de la Mer Adriatique que de l'autre, il regarda tout autour de soi & remarqua que les montagnes d'Albanie bornoient la vuë de ce côté-là. Peut-être n'étoit-il pas sur la cime, d'où l'on peut voir ces deux Mers.

[b] p. 65.

HÆRE'E. C'est ainsi que le P. Lubin & Mr. Corneille écrivent ce nom d'une Ville de l'Arcadie, qui doit être HERÆ. Voiez HERE'E.

HAESBROUK[c], petite Ville des Païs-Bas de la Flandre Teutonne, à deux lieuës de Cassel.

[c] Dict. Geog. des Païs-Bas.

HAESS[d], Riviére d'Allemagne dans la Westphalie. Elle part de Belfeld, passe par la Ville d'Osnabruck, après quoi elle entre dans l'Ems près de Haslingen.

[d] Corn. Dict.

§ Cet Article n'est pas juste ; voyez au mot HASE qui est le vrai nom de cette Riviere.

HÆSTÆ. Cassiodore[e] nomme ainsi des Peuples sur les bords de l'Océan d'où l'on apportoit l'ambre. Ortelius[f] croit que ce sont les mêmes que les ÆSTIENS (*Æstii*) de Tacite. Il ajoute : Ce sont, si je ne me trompe, les ÆSTRI de Jornandes, nommez HELSTI par corruption dans Callimachus Experiens. Fabricius lit encore plus mal HESSI dans ses Commentaires sur les Poëtes Chrétiens, & attribué à Atalaric ce qui appartient à Theodoric, ayant été trompé, je pense, par un exemplaire fautif. Voiez ÆSTIÆI.

[e] Variar 5.
[f] Thesaur.

HÆSUSA, Riviére. Vibius Sequester[g], le seul des Anciens qui en fasse mention, dit *Hesusa Undea finibus Apolloniæ decurrens in sinum Ionicum*. Ce mot *Undea* a embarassé bien

[g] Vib. Sequest. Ed. Hessel. p. 51.

bien des Savans. Quelques Manuscrits portent *Itide* qui n'est pas plus intelligible. Quelques-uns ont crû qu'il faloit lire *Judæ*; mais quelle Riviére de la Judée passe auprès d'Apollonie & tombe dans la Mer Ionienne? Bocace[a] qui s'est atiré le nom de Plagiaire pour avoir copié cet Auteur sans le citer, dit *Adusa Epyrrhi Flumen est : a quibusdam Eas appellatum, Apolloniæ propinquus*. Il y a ici plusieurs choses à remarquer. 1. Le changement du nom *Hesusa* en *Adusa*; 2. le Païs où il coule, savoir l'*Epire*; & 3. que c'est la même chose que l'*Æas*; voiez ce mot. Mr. Baudrand[b] dit par conjecture (*forte*) que c'est présentement la VAIUSSA. Mr. Corneille l'affirme.

[a] Ibid.p.221.
[b] Ed. 1682.

HAFA, Lieu de la Sardaigne, selon quelques Exemplaires d'Antonin[c]. D'autres portent *Nasa*.

[c] Itiner.

HAFEN. Ce mot dans la Langue Allemande veut dire un Port, un Havre.

HAFF, ou plutôt FRISCHE HAFF, bras de Mer dans la Pologne, à l'embouchure des Riviéres la Vistule & la Pregel. Il est separé du Golphe de Dantzig par une longue pointe qui s'avance jusqu'auprès de Pilau; & c'est entre l'extrêmité de cette pointe nommée *Frische Nerung*, & cette Forteresse qu'est l'entrée de ce Golphe. Voyez FRISCHE HAFF. Davity le nomme très-mal *Lac de Hab*. Ce même Auteur dit aussi mal qu'il y a dans la Prusse Ducale un autre Lac nommé HAB avec le surnom de CURON. C'est le HAFF de CURLANDE. Voiez au mot CURLANDE CURISCHE HAFF.

HAFNIA, nom Latin de Copenhague, Ville Capitale du Royaume de Dannemarck.

HAG. Voiez HAAG.

HAGANAW. Mr. Corneille met en Allemagne dans la Misnie, au bord de l'Elbe, une Ville nommée ainsi. Elle est inconnue à Zeyler qui a décrit jusqu'aux Bourgades & aux Châteaux de ce Païs-là.

HAGANOA, nom Latin de HAIN, petite Ville d'Allemagne en Misnie.

HAGEMAU; Mr. Corneille écrit HAGETMAU; Bourg de France dans la Chalosse, au Nord de la Riviére du Lous, sur la route ordinaire de St. Sever à Orthès dans le Bearn. Le Dénombrement de la France[d] écrit HAYETMAN ou HAGETMAN, Ville, & compte qu'avec la Bastide il y a 636. feux. Mr. Corneille ajoute sur la garantie de Davity qu'elle a titre de Baronie.

[d] T.1.p.386.

HAGENOA. Voiez HAGUENAU.

HAGIA, Ville dans le voisinage de la Carie, selon Porphyrogenete cité par Ortelius. Elle doit avoir été vers les Frontiéres de la Lydie, selon Leunclavius, qui ajoute qu'elle est nommée AIALUNI par les Turcs. C'est la même Ville qu'EPHESE. Voiez ce mot. Ortelius avoit dit sagement *juxta Cariam*. Mr. Baudrand plus hasardeux & moins exact, dit *Urbs Cariæ*; ce qui n'est pas vrai.

HAGIBESTAGE, Lieu de la Natolie sur la route de Quicher à Avanos sur l'Ermac. Il est très-fameux par les pelerinages des Turcs. Voici ce qu'en dit le Sieur Paul Lucas dans son second Voiage[e]. Habibestage n'est à présent qu'un Village assez gros : mais autrefois c'étoit une fort grande Ville, comme la Tradition du Païs nous l'apprend, & comme on le reconnoît aux vastes ruines qui s'y trouvent par tout. On y loge dans une maison consacrée aux Voiageurs. Au fond de ce Palais (car c'en est un véritable) est la Mosquée où l'on voit la sepulture du Santon *Agibestage*. Tous les allans & venans y sont toujours parfaitement bien reçus. La Mosquée a des revenus pour les nourrir : leurs chevaux & le betail même y ont tout gratis, & n'y manquent jamais de rien.

[e] T.1.p.124.

Pour la maniere dont on est logé, ou traité, c'est quelque chose d'admirable à voir. Il y a par tout de belles alcoves bien garnies de tapis & de coussins. On y sert du ris, de la viande, du fromage & du pain. On y donne le caffé avant & après le repas. Enfin la magnificence & l'agrément se font remarquer jusque dans les écuries, où l'orge & la paille ne sont point épargnées. J'entrai dans la Mosquée du Santon : il est dans une Chapelle couvert d'un grand drap de velours tout bordé d'or & d'argent ; autour se voit un grand nombre de chandeliers & de lampes parfaitement bien travaillez, mais tout est de cuivre. La cuisine où l'on aprête à manger pour les allans & les venans, est, comme on le peut conjecturer, fort vaste & toujours fort pleine de Cuisiniers & de fourneaux. J'y vis une chaudiere d'une largeur & d'une profondeur prodigieuse. C'est assurément le plus grand vaisseau que j'aie vû de ma vie. L'on me dit que le jour de la Fête, l'on n'y faisoit jamais cuire moins de vingt-quatre bœufs à la fois pour donner à manger à tout le monde. Toutes ces dépenses se font des revenus de la Mosquée; on peut juger jusqu'où elles peuvent aller. Cette Mosquée est desservie par des Dervis, qui ont une Bibliotheque magnifique que le Santon leur a leguée. Ils ont eu soin de l'augmenter & l'augmentent encore tous les jours, soit des Livres qu'ils achetent, soit de ceux qu'ils composent eux-mêmes. C'est là qu'il y a de toutes sortes de Manuscrits, où l'on apprendroit sans doute bien des choses extrêmement curieuses dans toutes les Sciences; mais ce sont des dépôts sacrez que l'on ne vend point.

HAGINOIA, Contrée des Païs-Bas que l'on nomme présentement le Hainaut. Ce nom est moderne. Voiez HAINAUT.

HAGNAUS, nom d'une Riviére que l'on croit être la Haine. Il en est fait mention dans la Vie de St. Landelin.

HAGNO, Fontaine du Mont Lycée en Arcadie, selon Pausanias[f], qui dit que les Arcadiens avoient coutume d'y avoir recours dans les temps de secheresse. Lorsque faute de pluie les grains & les racines se sechoient, le Prêtre de Jupiter Lycéen se tournoit vers l'eau de la Fontaine en recitant des prieres ; & après avoir fait les sacrifices usitez en cette occasion, il étendoit un rameau de Chêne, non pas bien haut mais sur la surface de l'eau. Soudain l'eau commençoit à s'agiter ; il s'en élevoit une exhalaison noiratre, pareille à un brouillard, dont il se formoit bien-tôt une nuée qui étant d'abord jointe à d'autres couvroit tout le Ciel, & combloit les vœux des Arcadiens par une pluie abondante.

[f] L.8.c.38.

HAGNUS,

HAG.

HAGNUS. Voiez AGNOS.

HAGR [a], HAGIAR. Ce mot signifie en Arabe une *pierre*.

[a] *D'Herbelot Bibl.Orient.*
[b] *Ibid.*

HAGR [b], Ville de l'Arabie heureuse. Elle est située dans la Province de Higiaz, & est des dépendances de Jemamah, dont elle n'est éloignée que de vingt-quatre heures de chemin. C'est dans cette Ville que l'on voit les sépulcres des *Schoada*, ou Martyrs, qualité donnée à ceux qui furent tuez en combatant contre le faux Prophéte Muséilemah, lequel prétendit faire dans l'Yemen ce que Mahomet avoit fait dans l'Higiaz. Il publia en effet une nouvelle Loi, & eut pendant un temps beaucoup de sectateurs; de sorte qu'Abubeker successeur de Mahomet craignit que ce nouveau Prophéte ne l'emportât sur le sien, & ne causât la ruine du Musulmanisme : mais enfin Muséilemah fut défait & tué auprès de cette Ville qui est apparemment celle que Ptolomée & Strabon appellent PETRA DESERTI & les Hebreux, ARAC. Abdelmoal la met dans le second climat, & Nassireddin lui donne 83. degrez, 30. minutes de Longitude, & 25. degrez, 15. minutes de Latitude Septentrionale. Cette Ville selon nom a un Pays qui est selon Khondemir, & tous les Geographes Orientaux, entre la Syrie & l'Arabie, & c'est ce que nous appellons aujourd'hui l'*Arabie Pétrée*, où le Peuple de Saleh, c'est-à-dire, les Themudites habitoient autrefois, on voit encore, disent les Musulmans, en ce Pays-là les rochers & les cavernes où ils se retirerent pour se garantir des maux dont le Prophéte Saleh les menaçoit, & l'on y remarque aussi les terribles effets de la colere de Dieu. La Ville de Hagiar devint, à cause de sa situation avantageuse, la place qui servit de retraite, & de capitale aux Carmathes, d'où ces rebelles infesterent long-tems les Etats des Kalifes de Bagdat, & molesterent à un tel point les pelerins de la Mecque, que ce pelerinage cessa pendant plusieurs années. Abusaid y bâtit un palais ou Château nommé HAGIARAH, que son fils Abon-Thaher fortifia extrémement. Depuis ce tems-là Hagiar passa pour une place presque imprenable. Les Sultans de Syrie & d'Egypte l'ont possedée long-tems. Les Francs la prirent à leur tour, & changerent le nom de CRAKE qu'elle portoit alors, tiré de celui d'Arach, que les Juifs lui donnoient, en celui de MONTREAL. Plusieurs de nos Historiens l'appellent CRAKE d'où quelques Auteurs qui ont voulu faire les habiles, ont formé le nom de CYRIACOPOLIS, qu'ils lui donnent. On peut encore remarquer que cette Ville n'est point *Rabbat Moabitis*, ou *Rabba* des Moabites, car ces Peuples habitoient au delà du Jourdain, & un peu au dessus de la Mer morte. Il est vrai toutefois que la dignité de Metropole fut transferée de Rabbat à *Montreal*, qui a dépendu autrefois du Patriarche d'Alexandrie, & ensuite de celui de Jerusalem. Voiez PETRA.

HAGUE, (la) petite Contrée de France en Normandie dans le Cotentin. [c] Sa longueur est de dix ou douze lieues. Elle tire au Nord-Ouest & il n'y a aucune Ville, mais des Bourgs & des Villages. Mr. Huet de-

[c] *Corn.Dict.*
[d] *Origines & c. Caen. c. plut. 1.p. 451.*

HAG.

rive ce nom de l'Anglo-Saxon Hacg qui signifie lieu fermé & fortifié de pieux & de Hayes. Cette origine est commune aux lieux nommez la Haye en François, *Hag*, ou *Haage* en Allemand, *Hedge* en Anglois, *Haghe* en Flamand. Mr. de Longuerue [e] dit que le Pays où Cherbourg est situé est une Presqu'Isle que l'Ocean environe de trois côtez, savoir de l'Occident, du Septentrion & de l'Orient ; qu'on l'apelle *la Hague*. Il ajoute que les Anglois la nomment l'Isle de Costantin.

[e] *Desc. de la France. 1. part. p. 79.*

CAP DE LA HAGUE, (le) c'est la pointe la plus Septentrionale de ce Pays. Il est selon Mr. de l'Isle [f] par les 15. d. 50'. de Longitude & par les 49.d. 44'. de Latitude. Le Raz Blanchart est vis-à-vis.

[f] *Carte de Normandie.*

HAGUENAU [g], Ville de France en Alsace, entre les deux rideaux qui regnent le long des prairies qui sont à droite & à gauche de la Riviere de Motter, laquelle traverse cette Ville à-peu-près par le milieu & la separe en Ville vieille & Ville neuve [h]. Elle n'étoit [i] autrefois qu'un village entouré seulement d'une Haye dans une grande Bruyere. & son nom ne signifie que la *Haye des Bruyeres*. Cependant [k] elle étoit il y a cinq-cens ans le Siege de la Prefecture ou *Landvogtey* d'Alsace, sous l'Empereur Frederic II. Le Moine Richer Auteur de la Chronique de Senonne, & qui vivoit dans ce temps-là dit au VI. Chapitre du IV. Livre qu'un nommé Volsellus né Paysan exerçoit cette Prefecture & commandoit dans toute la Province d'Alsace où il bâtit plusieurs Villes. *Erat his diebus in Hagonoija Alsatia Præfectus.* Dans le même temps il y avoit un Comte Sigebert qui avoit la qualité de Landgrave d'Alsace comme le même Ecrivain dit au 8. Chapitre de ce livre. La Ville de Haguenau fut fondée l'an 1164. & fermée de murailles par l'Empereur Frederic Barberousse, qui y bâtit un Palais Imperial dans lequel il voulut que l'on gardât les ornemens Imperiaux comme la Couronne, le Sceptre, le Globe, & l'Epée de Charlemagne. Le même Empereur donna de grands privileges à cette Ville. Cet Empereur & ses Successeurs ordonnerent aussi que la chambre & la recepte des Finances d'Alsace y seroient établies & il voulut qu'elle fût gouvernée par douze Echevins desquels on choisissoit le Preteur. Richard Roi d'Angleterre lui accorda un privilege l'an 1257. qu'elle ne pourroit en aucune maniere être alienée & separée de l'Empire ; ce qui fut confirmé par Charles IV. l'an 1347. Cet Empereur voyant que les douze Echevins tyrannisoient les habitans, ordonna que l'on choisiroit du corps des Artisans XXIV. autres Echevins, parmi lesquels seroit pris le Maréchal qui gouverneroit avec le Preteur. Lors que les Empereurs établissoient un Preteur, *Landvogt*, ou il étoit obligé de quelque éminente qualité qu'il fût, de jurer de garder & conserver tous les privileges de la Ville.

[g] *Piganiol de la Force. desc. de la France. T. 6. p. 335.*
[h] *Baudrand Ed. 1705. Piganiol. l. c.*
[k] *Longuerue desc. de la France. 2. part. p. 230.*

Cette Prefecture Imperiale étoit membre de l'Empire, sujette à la jurisdiction de la Chambre Imperiale & du Conseil Aulique. Après la Paix de Westphalie les choses demeurerent au même état jusqu'à l'an 1658. que le Conseil

seil ou Tribunal superieur nouvellement établi à Ensisheim dans la haute Alsace, voulut étendre sa jurisdiction tant au civil qu'au criminel sur les dix Villes de la Prefecture de Haguenau ; à quoi ces Villes s'opposerent, soutenant que par le Traité de Paix le Roi de France ne pouvoit pretendre plus de droit & d'autorité en Alsace que la Maison d'Autriche n'en avoit eu ; & dans ce temps-là les plaintes ayant été portées aux Etats de l'Empire on mit dans la Capitulation de l'Empereur Léopold que l'on feroit en sorte que les dix Villes Imperiales ne reçussent aucun prejudice. L'an 1673. le Roi Louïs XIV. se saisit de Haguenau & comme la Place n'étoit pas forte, elle fut abandonnée & laissée toute ouverte à celui qui se trouveroit le maitre de la Campagne, desorte qu'elle souffrit beaucoup des armées des differens partis. Ainsi quoi qu'elle soit toujours chef de la Prefecture & du grand Bailliage elle est fort déchue de ce qu'elle a été autrefois. [a] Ce qui avoit contribué à la porter au point de grandeur où elle a été autrefois c'étoit le sejour des Archiducs qui y demeuroient souvent à cause de la chasse. Ils avoient pris à tâche de l'embellir & il y avoit en effet de beaux Edifices lorsque les Imperiaux y mirent le feu & en démolirent les fortifications en 1675. Elle n'a presentement qu'une simple muraille, & la plûpart des Maisons n'ont point été rétablies. Elle est toujours demeurée exempte de toute nouveauté en fait de Religion, & est restée attachée sans melange à la Religion Catholique. Les Imperiaux s'en emparérent en 1704. & elle fut assiégée & reprise par les François en 1706. On ne compte dans Haguenau que 350. Maisons & environ 2600. habitans. Ses murailles ont 15. 18. & 20. pieds de haut au dessus du rez de chaussée. Elles sont flanquées de quelques tours peu considerables & percées de quelques creneaux fort éloignez les uns des autres. Elles ont un chemin de coude en quelques endroits pour pouvoir servir de banquette & pouvoir tirer par les crenaux. Ce chemin de coude est pratiqué sur l'épaisseur des murailles aux endroits où l'épaisseur est diminuée, on a mis des planches maçonnées pour cet effet dans lesdittes murailles. Au pié de ce revêtement étoit autrefois une fausse braye de maçonnerie de deux piés d'épaisseur, sur six ou sept de hauteur, qui ne subsiste plus que par intervalles. Au devant de cette fausse braye, il y a un fossé de douze, quinze, & vingt toises en des endroits, revêtu presque partout, profond de dix à dix-huit piés, rempli en partie d'eau, & soutenu par des bâtardeaux qui subsistent encore & sont très-bons.

LE BAILLIAGE, OU LA PREFECTURE DE HAGUENAU, en Latin *Agenoensis Prefectura*, [b] Pays de France dans l'Alsace, qui étoit ci-devant partie de l'Allemagne, & que l'on appelle autrement *Landvogtei* de Haguenau, ou la *Prefecture Provinciale des dix Villes d'Alsace*. Il s'étend partie dans la haute Alsace & partie dans la basse, où il y a encore un espace de Pays vers Haguenau que l'on appelle Klein-Reich ou petit Royaume, ainsi nommé de la Ville de Haguenau la premiére de ces

[a] Piganiol l. c.

[b] Baudrand, Ed. 1705.

dix Villes. Les neuf autres sont Colmar, Schlestat, Weissembourg, Landau, Oberenheim, Rosheim, Munster en la Vallée St. Gregoire, Caisersberg & Turcheim, lesquelles avoient été autrefois Villes libres & Imperiales; mais elles avoient perdu leur liberté depuis long-tems, & avoient été soumises à ce Bailliage engagées en 1423. à Louïs IV. Electeur Palatin pour une somme de cinquante mille florins par l'Empereur Sigismond. L'Empereur Ferdinand I. retira ce Bailliage en 1558. & le céda après à la Maison d'Autriche. Les Princes puînés d'Autriche en ont joüi depuis comme d'un appanage & d'un Etat particulier jusqu'à la Paix faite à Munster en 1648. que ce Bailliage a été cédé à perpetuité avec toutes ses dependances par l'Empereur, l'Empire, & la Maison d'Autriche à la France qui en joüit paisiblement depuis ce tems-là. Il faut remarquer que ces dix Villes n'étoient plus libres, il y avoit plus de deux cens cinquante ans, & n'avoient plus de voix dans les Diètes; mais elles faisoient ferment de fidelité à leur Bailli, & lui obeïssoient en toutes choses comme à leurs Princes, quoiqu'ayent pû écrire au contraire quelques personnes mal informées. Ces Villes sont à present à la France. La Ville de Mulhause au Sundgau étoit aussi partie de ce Bailliage ; mais elle s'en separa en l'an 1515. & fit alliance avec les Suisses.

HAGUSTAN, Montagne d'Afrique au Royaume de Fez dans la Province d'Errif. Elle est haute & froide & il en sort plusieurs sources [c]. La pente de cette Montagne est couverte de figuiers qui produisent les meilleures figues de tout le Pays & au bas dans la plaine sont des vergers qui portent toutes sortes de beaux fruits, pommes, poires, coins, & pêches; & parmi les vignes il y a des oliviers dont on tire beaucoup d'huile. Les habitans sont riches à cause qu'ils ne payent au Roi que quelque reconnoissance. Ils ont un grand Bourg tout ouvert, où sont plusieurs Maisons d'Artisans & de Marchands qui vont trafiquer à Fez, d'où ils raportent du lin, de la laine, de la toile & des autres choses qui leur manquent. Ils sont trois mille hommes de combat bien équipez parmi lesquels il y a des Arquebusiers. C'est l'idée qu'en donne Marmol.

[c] Marmol J. l. 4. c. 87.

HAHARAT. Voyez HAMEN.

HAI [d], ancienne Ville de la Palestine près de Bethel [e] & à l'Occident de cette Ville [f]. Les Septante l'appellent AGAÏ & Josephe AINA; d'autres AIATH. Josué aiant envoyé contre la Ville d'Hai une troupe de trois mille hommes Dieu permit qu'ils furent repoussez à cause du péché d'Achan qui avoit violé l'Anathême de la Ville de Jericho, en prenant pour lui quelque chose du butin. Mais après l'expiation de ce crime Hai fut prise, brûlée & saccagée par les Hebreux. Voyez ANNA 1. qui est la même Ville.

[d] D. Calmet Dict. de la Bible.
[e] Josué c. 7.
[f] Genese c. 12. v. 8.

HAIA, Ville de la petite Armenie, selon quelques exemplaires d'Antonin sur la route de Cesarée à Satala à XXVI. mille pas de cette derniere. On lit Haia dans l'Antonin du Vatican & cependant Simler & Ortelius croioient ce mot corrompu & lisoient HASO, ou AZA.

Ce

HAJ. HAI.

Ce dernier se trouve dans Pline [a] & le R. P. Hardouin est persuadé que c'est ainsi qu'il faut lire dans Antonin.

HAJALON, lieu de la Palestine [b]. C'étoit une Ville dans le partage de la Tribu de Dan, & qui fut mise à part pour les Levites. St. Jerome [c] dit que de son temps il y avoit encore un village assez près de Nicopolis. Ses copistes lisent *Vicus alius*: c'est-à-dire un autre Village, au lieu que selon toutes les apparences ce Pere avoit mis ALUS; Eusebe qu'il traduit aiant mis Ἀλοὺς. L'un & l'autre remarquent que les Septante au lieu de traduire *Ajalon* (ou *Hajalon*) ont exprimé ce mot par ceux-ci *où étoient les ours*. Le P. Bonfrere pretend que c'est de cette Aialon qu'il faut entendre le commandement que Josué fit à la Lune de *s'arrêter vis-à-vis de la Vallée d'Ajalon*. Il ne convient pas avec ces deux Ecrivains Ecclesiastiques que la vallée & le precipice d'Ajalon où la Lune eut ordre de s'arrêter fût près de Bethel, encore moins à l'Orient de cette Ville. Quant à l'endroit où les Septante ont rendu Aialon par ces mots *où étoient les ours*, c'est au livre des Juges c. 1. v. 35.

Il semble qu'il y ait eu une seconde Aialon dans la Tribu de Zabulon ; du moins l'Hebreu [d] la nomme ainsi : mais la Version Latine n'exprime point ce nom, mais la Paraphraste Chaldéen & les Septante l'expriment fort bien, le premier par *Elon*, les autres par *Elim*, & *Eloim*. C'est la même Ville qu'ATALIN, d'Eusebe qui est corrompu en ATHALIM dans le Latin de St. Jerôme.

HAIATELAH [e], Peuples d'Asie entre les Indes & la Chine. Les Anciens les ont nommés INDOSCYTHÆ. On croit qu'ils habitent le Tombut, Tobut, ou Thebet. Ils ont eu autrefois un Roi fameux nommé Kaschnaovar, qui défit Firouz, fils d'Iezdegerd Roi de Perse & qui fut ensuite défait & tué par Nouschirwan quoi qu'il eût rétabli Cobad son pere. Ces Peuples faisoient leur Capitale de la Ville de Balke ; mais ils furent pour lors entierement chassez de Perse.

HAICHERLOCH. Voyez HAIGERLOCH.

HAIDENHEIM. Voyez HEYDENHEIM.

HAIDINGFELD. Voyez HEYDINGFELD.

1. HAIFO, Ville d'Asie au Royaume de Tonquin, dans l'Isle de Haifo.

2. HAIFO, Riviere du Tonquin. Elle entoure une Isle que l'on nomme aussi Haifo & où est la Ville de même nom, selon Tavernier dans la Carte qu'il a, dit-on, dressée sur les lieux, laquelle se trouve au troisieme Tome de ses voyages.

HAIGERLOCH, ou HAICHERLOCH, Mr. d'Audifret [f] dit que c'est un Bourg considerable d'Allemagne dans la Principauté de Hohen-Zollern, sur la petite Riviere de Zollern qui va se décharger dans le Necker, à trois heures au dessous entre les châteaux de Sutza & d'Eglistat. C'étoit, dit-il, un Comté qu'Eitel Frederic I. Comte de Zollern acquit des Archiducs d'Autriche en échange de la Baronie de Raetzuns qu'Adelaide de Furstemberg avoit apportée en dot à Frederic II. Comte de Zollern. Zeyler [g] fournit de quoi rectifier ce detail. *Haigerloch* est une petite Ville qui dependoit autrefois du Comté de Hohenberg, & qui dans la suite fut engagée aux Comtes de Zollern, à qui elle appartient encore. Elle est dans la Suabe proche de Sultz & de Jechingen sur la Riviere de *Teyah*, & a un Doyenné. Crusius [h] dit la même chose. Il est certain que Mr. d'Audifret se trompe pour le nom de la Riviere, que Mrs. Sanson nomment *Teyah*.

HAILBRON, ou HEILBRONN, Vil-le Imperiale d'Allemagne dans la Suabe sur le Necker, que l'on y passe sur un pont de pierre. Son nom qui ne signifie autre chose que *sources salutaires* lui vient des eaux medicinales qui y attiroient autrefois quantité de malades dont les uns étoient gueris en les buvant, d'autres en s'y baignant. Ce n'étoit en premier lieu qu'un Village qui devint ensuite un Bourg : on ne convient pas de l'époque à laquelle ce lieu eut la qualité de Ville. Les uns la mettent en 1082. d'autres en 1085. ou en 1129. Il y a plus d'apparence que ce fut vers l'an 1240 sous Frederic II. que cette Ville fut entourée de murailles, & declarée Ville Imperiale. Elle est dans une avantageuse situation quoi qu'elle n'ait rien par elle-même : mais elle a dans ses environs quatre villages qui la fournissent de tout en abondance, à savoir *Flein*, où croit le meilleur vin ; *Böckingen*, où l'on recueille beaucoup de Bleds ; *Necker-Gartach*, fameux par la pêche, que l'on y fait ; & *Franckenbach*, qui fournit le Gibier & la venaison abondamment. On compte dans ce territoire plus de deux cens sources dont la plus fameuse est sous la grande Eglise dediée sous l'invocation de St. Kilian & qui coule par sept tuyaux assez abondamment. On lit au dessus cette Inscription :

Fonte salutifero bullantes undique venæ
Monstrant æterni munera sancta Dei.

Il y a deux Moulins remarquables dont un fait tourner treize meules ; il y a trois portes à remarquer ; un pont de pierre sur le Necker lequel joint à la Ville Necker-Gestad qui est de l'autre côté à l'Ouest. Les Edifices publics & les Maisons des particuliers ont de la beauté quoique l'an 1634. cette Ville ait été incendiée lorsqu'elle fut prise. Les Rues sont nettes, le Marché est large, la Maison de Ville assez remarquable avec une horloge, qui ressemble en quelque chose à celle de Strasbourg. Il y a un Couvent de Carmes qui étoit autrefois fort decoré, & possedoit des gros revenus fondez sur le pelerinage qu'y attiroit une Image de bois qui representoit la sainte Vierge ; mais durant les guerres les Religionnaires briserent cette Image avec l'Eglise en 1525. Il y a aussi un Monastere des filles de sainte Claire & l'on dit que le Clocher est d'une fabrique singuliere qui merite d'être vu. Le Magistrat suit la Confession d'Augsbourg. On a tenu plusieurs Assemblées & Dietes en cette Ville ; mais comme les Archives ont été brulées avec la Maison de Ville ; Munster & Reusner n'ont pu y recueillir autant

autant d'antiquitez qu'ils auroient fouhaité. On trouve que l'an 1388. quelques Princes de l'Empire l'affiégerent, la prirent, pillerent tout excepté les biens des Ecclefiaftiques; mais à peine étoient-ils partis que les Bourgeois s'en emparerent afin de n'être pas feuls malheureux. Cependant Crufius dit que ce fiége fut inutile. Peu après une pefte en emporta fix cens perfonnes. L'an 1408. la Nobleffe de Suabe y fit un tournoi où fe trouverent des Princes, des Comtes & des Barons, &c. En 1631. les Suedois l'affiégerent, la prirent, & en 1634. les Imperiaux y rentrerent par compofition. Dans la guerre de 1688. les François étant entrez en Suabe, prirent Hailbron le 15. d'Octobre; mais ils l'abandonnerent peu après & en demolirent les fortifications que le Prince Louïs de Bade fit relever.

HAILDESHEIM, c'eft ainfi que Mr. Baudrand & fa famille Géographique écrivent le nom d'une petite Ville que les Allemands nomment HAIDELSHEIM, ou HEYDELSHEIM. Ce n'eft qu'une petite Ville au bas Palatinat du Rhin dans le Craichgow à deux milles de Brettheim & à un mille de Bruchfal. Elle eft fituée fur la petite Riviere de Saltz qui tombe dans le Rhin à Philipsbourg. Elle fut fort endommagée par le feu en 1622. & n'eft que très-peu de chofe à prefent.

HAIMBOURG, ou HAINBOURG, Ville d'Allemagne dans la baffe Autriche au bord Meridional du Danube, vis-à-vis de l'Embouchure de la Marave ou March dans cette Riviere [a], fur les Frontieres de Hongrie, à huit milles de Vienne par eau. Les Auteurs écrivent differemment HAIMBERG, ou HAINBOURG, ou HAYNBURG, & difent en Latin *Hamburgum Auftria*. On peut juger en voyant fes murailles qu'elle eft fort ancienne & qu'elle a été autrefois fort grande. Il y avoit auffi une Prevôté qui ne fubfifte plus. Sa decadence eft venue de ce que vers l'an 1200. Leopold VI. Duc d'Autriche en transfera le droit d'Etape & le Commerce à Vienne. Haimbourg a été la Refidence de plufieurs Princes de la Maifon d'Autriche. C'étoit même un entrepôt pour les Marchandifes que l'on tranfportoit de Suabe à Bude, après que dans l'Affemblée de 1050. à Nuremberg il fut reglé que la Ville de Haimbourg ruinée par le feu durant les guerres de l'Empereur Henri III. contre Ovon Roi de Hongrie feroit rebâtie, ce qui fut exécuté. [b] Mathias Corvin Roi de Hongrie affiégea & prit cette Ville l'an 1482. mais en 1490. la Ville & furtout le Château fe rendirent aux gens de Maximilien I. Gabriel Bethlem, que nous appellons Betlem-Gabor, Prince de Tranfilvanie l'affiegea inutilement, durant les troubles de Bohême. Les habitans ne fubfiftent plus que de la culture des terres & de leurs vignes. Il y a auffi des eaux minerales; mais qu'il faut faire chauffer pour s'y baigner. Au haut de la Montagne nommée Haynberg fe trouvent les meilleurs faucons, & facrés; il y a un vieux Château inhabité où le petit Peuple s'imagine que les Sorciers tiennent leur Sabat. [c] Quelques Auteurs pretendent que Haimbourg eft le *Comagenum* que les Anciens mettoient dans la Pannonie.

[a] *Zeyler Auftr. Topog. p. 21.*

[b] *Bonfin. Rer. Hungar. Decad. v. l. 1.*

[c] *Baudrand Ed. 1705.*

HAIN, AÏN, EN, ou ÉÏN, ces mots fignifient en Hebreu une Fontaine, & entreint dans la compofition de plufieurs noms des Villes de la Paleftine. Les Arabes les employent auffi dans le même fens.

HAIN-EL-GINUN. Voyez AAIN-EL-GINUN.

HAIN-SEMES. Voyez EN SEMES.

HAIN, ou HAYN, en Latin *Hayna*, Ville d'Allemagne dans la haute Saxe au Cercle de Mifnie, fur la petite Riviere de Reder, & à environ trois milles de Drefde. Drefferus cité par Zeyler [d] dit que chez les anciens Allemands & les Wendes HAYNA fignifie une *forêt détachée* & que le diminutif en eft *Hanichen*. Il y a des Ecrits qui font mention de HAN; ou GROSSEN-HAN & GROSSEN-HAIN en Mifnie, & comme cette place ne fe trouve, ni fur les Cartes ni dans les defcriptions de ce Pays Zeyler en conclut que ce doit être la même chofe que cette Ville. On trouve bien les HÄNISCHEN & Mercator marque dans fa defcription de la Haute-Saxe, de la Lufface & de la Mifnie, une HENISCHEN, ou HEINISCHEN, comme une petite Ville près de Freyberg en Mifnie. Collerus dans fon Calendrier perpetuel marque deux foires annuelles, l'une au Dimanche après la Pentecôte & l'autre à la fête de St. Michel à Henichen. D'ailleurs on trouve Henichen dans le Cercle Electoral de Saxe entre Wittenberg & Bitterfeld à deux milles de l'une & de l'autre de ces deux Villes. C'étoit ci-devant une jolie petite Ville & Zeyler dit l'avoir vûe deux fois en cet état, mais elle a été ruinée par le feu même de fon temps. Collerus y place auffi deux Foires, l'une le jour de la Trinité, l'autre à la St. Michel. La fituation de cette derniere entre Wittenberg & Bitterfeld, ne convient pas à Hain qui eft de l'autre côté de l'Elbe beaucoup plus vers le Midi & l'Orient. Pour revenir à Hain elle fut ravagée par les Huffites qui y exercerent de grandes cruautez & la brûlerent l'an 1429. [e] fi l'on en croit Peccenftein: mais une Chronique Manufcrite de Thuringe d'Adam Urfinus affure au contraire que les Bohemiens l'affiegerent en vain l'an 1430. en quoi elle s'accorde avec Boregk qui dans fa Chronique [f] de Bohême dit que l'an 1429. les Huffites perdirent leurs peines devant la Ville de Hain. Elle fut brûlée en 1538. avant cette perte elle avoit beaucoup d'ouvriers en drap. Peccenftein dit qu'elle a été autrefois la Refidence des Margraves de Mifnie, & il refte encore des ruines du Château où ils demeuroient. Cette Ville a eu auffi des Edifices affez beaux & des Monafteres que les guerres & le changement de Religion ont détruits en tout ou en partie.

[d] *Saxon. Mifn. &c. Topogr. p. 100.*

[e] *Theatr. Saxon. p. 3.*

[f] *Fol. 445.*

HAINAN [g], Ifle d'Afie au Nord du Golphe de la Cochinchine, & au Midi de la Chine, & de la Province de Quanton dont elle eft feparée par un bras de Mer de fept ou huit lieues communes de large. Elle s'etend par le 19. & 20'. degrez de Latitude Septentrionale. Elle eft prefque toute remplie de très-hautes Montagnes & couverte d'anciennes forêts, & produit tout ce qui eft neceffaire à la vie. Les Chinois n'en poffedent que les

[g] *P. Martini Atlas Sinenfis.*

les côtes; mais le milieu ou l'interieur du Pays est peuplé d'une Nation qui ne reçoit point les Officiers Chinois, qui se gouverne independamment & n'a de Commerce avec eux que pour en tirer des habits & du sel. Les Chinois assurent qu'il y a dans ces Montagnes des mines d'or & d'argent, mais soit politique soit paresse, on n'y travaille point, ils recueillent les paillettes d'or que les Rivieres entrainent. Il ne se trouve nulle part ailleurs des perles en si grande quantité que vers le Nord de l'Isle. Les Montagnes produisent du bois d'Aigle, de l'Ebene, du bois de Rose ou Rosart & du bois de Brésil que les Teinturiers employent à la Chine. On y trouve aussi des noix d'inde de la grande & de la petite espece, & le Jaque qui passe pour le plus gros de tous les fruits. L'Isle abonde de Cerfs, de divers oiseaux, d'animaux domestiques & aprivoisez. Vers la partie Meridionale de l'Isle les Chinois pêchent des balénes de la même maniere que les Hollandois en pêchent auprès du Groenland que le P. Martini transporte assez mal-à-propos dans la Mer Baltique. Il y croît une herbe qui seroit merveilleuse si elle avoit effectivement les vertus qu'on lui attribue. On la nomme *Chifung*, c'est-à-dire qui montre le vent. Les mariniers en l'examinant croient apprendre combien de tempêtes il y aura durant l'année & en quel mois. C'est en comptant les nœuds: moins il y en a, disent-ils, moins il y aura de tourmentes, & ils jugent selon l'intervale d'un nœud à un autre en quel mois chaque tempête arrivera.

Les Chinois disent que cette Isle a mille stades. — (Mr. Baudrand lui donne L lieues de long du Levant au Couchant & XL de large du Nord au Sud.) Les PP. Jesuites y ont des Eglises & un assez grand nombre de Chrétiens. Avant que les Chinois s'y fussent établis ce Pays s'appelloit GAO. Le nom d'Hainan ne signifie autre chose que sa situation Meridionale. La Capitale de l'Isle est KIUNCHEU, selon les Portugais, ou KIONTCHOU, selon notre prononciation. Elle a sous elle XII. autres Villes toutes situées dans l'Isle, à savoir:

Chingyu,	Chen,
Lincao,	Changhoa,
Tingan,	Van,
Venchang,	Lingxul,
Hoeitung,	Yai,
Lohoei,	Cangen.

Il y a auprès de Van une Montagne plus haute que les nues. Elle est dans l'Isle de Tocheu, qui a cent Stades de tour. Près d'Yai on voit une Montagne très-élevée nommée HOEIFUNG, de laquelle on dit ce que les Anciens ont écrit du Mont-Olympe, que les vens ni la pluye ne se font jamais sentir au sommet. Son nom de *Hoeifung* signifie doux, adoucit le vent, parce qu'en effet elle semble le briser. La Mer qui baigne les murs de la Ville de Kiûn a cela de remarquable, au raport des Geographes Chinois, à savoir que le flux & le reflux qui est generalement dans tous les environs ne s'y fait point sentir en même temps, mais le flux y va quinze jours vers l'Orient, & pendant les quinze autres jours vers l'Occident. Le Lac TUNG est à l'Orient de la Ville, & s'est formé d'une grande Ville qui a été abîmée, la terre s'étant ouverte.

HAINAUT, (le) l'une des Provinces Catholiques des Pays-bas. Quelques-uns ont autrefois écrit HENAULT [a], on dit en Latin *Hannonia*, & en Allemand HENEGOW. Ce Pays a été autrefois appellé PANNONIA du nom du Dieu *Pan* qui y étoit adoré si nous en croions quelques Chroniqueurs fabuleux. Lessabæus dans sa description du Hainaut, & Trithéme dans ses Annales des François, disent que ce Pays fut ensuite nommé la *Forêt du Charbonnier*. A l'égard du nom de Hainaut on n'en sait point l'origine. Il est marqué pour la premiere fois [b] par le Moine Angrade dans la Vie de St. Ansbert Archevêque de Rouen qui étoit Moine du Monastere d'Aumont dans le VII. Siécle, que cet Ecrivain appelle *Monasterium Altummontem situm in Territorio Hagnauvi juxta Sambra Fluvium*. Ce Pays est aussi appellé du même lieu *Territorium Hagnau*. On voit encore des traces de ce nom dans la Chronique de Sigebert où cet Ecrivain appelle Reinier Comte de Hainaut ; *Comitem Hagionensium*. Mais dans les Annales de St. Bertin le même Pays est appellé [c] *Hainoum*; de même que dans les Capitulaires de Charles le Chauve. Tous les anciens Actes nomment ainsi ce Pays & ce n'est que depuis environ 400. ans que l'on a changé ce nom *Hainoum* en *Hannonia*. Il a été nommé *Hainaut* de la Riviere de *Haine* qui le coupe par le milieu. Il est dit dans les anciens Capitulaires que le Hainaut est entre le Pays de Cambrai, *Pagum Camerachensem*, & le Pays de Lomme, *Pagum Lommensem, ou Lomacensem*. Ainsi non seulement l'*Ostervand*, qui est à l'Occident de l'Escaut, mais Valenciennes & le Pays voisin n'étoient pas du Hainaut ; & aujourd'hui dans le Diocése de Cambrai l'Archidiaconé de Valenciennes est distingué de celui de Hainaut.

Ce Pays contient la plus grande partie du Territoire des *Nerviens* dont la Capitale étoit *Bagacum*, marquée par Prolomée, comme la principale Ville de ces Peuples si célebres dans l'Histoire. Elle se trouve aussi dans l'Itineraire d'Antonin & dans la Carte de Peutinger. Plusieurs grands chemins Romains s'y rencontrent, dont on voit encore des restes aussi bien que de plusieurs monumens de l'Antiquité.

Le Hainaut fut possedé par les Rois d'Austrasie tant Merovingiens que Carlovingiens [d] qui établissoient des Gouverneurs ou Comtes dans le Hainaut. Ce fut le Comte Reinier sous le règne de Charles le simple Roi de France qui en fut le premier Comte hereditaire. Ses Successeurs pour être plus indépendans du Royaume de France, aimérent mieux se rendre feudataires de l'Empire. Il y eut même dans le onziéme siécle un Comte de Hainaut qui demanda du secours à l'Evêque de Liège pour reduire ses Sujets revoltez, & rendit, du consentement de l'Empéreur, foi & hommage à l'Eglise de Liège ; mais les Ducs

[a] Abrah. Ortelii Thesau. Geograph.

[b] Longueru. desc. de la France, parti. p. 97.

[c] Ad ann. 870.

[d] Piganiol de la Foret desc. de la France. Tom. VI. pag. 152.

Ducs de Bourgogne qui étoient devenus Comtes du Hainaut en 1436. par la mort de la Comtesse Jacqueline, obligerent l'Evêque de Liége en 1465. à renoncer à cette mouvance, & peu de temps après l'Empereur y renonça aussi en faveur de Charles le Hardi dernier Duc de Bourgogne.

Cette Province est entrée dans la Maison d'Autriche par le Mariage de Marie de Bourgogne avec Maximilien, dont les descendans ont joüi du Hainaut jusqu'au regne de Philippe IV. & à celui de Charles II. Rois d'Espagne qui cederent une partie du Pays à la France par les Traitez des Pyrenées & de Nimegue, ensorte que le Hainaut se trouve maintenant François & Espagnol, ou plutot Imperial parce que la portion qui appartenoit à l'Espagne a été conquise par les Alliés dans la paix d'Utrecht & la possession en a été donnée à l'Empereur par les Traitez de Bade & de Radstat & confirmée par le Traité de Vienne.

Le HAINAUT IMPERIAL [a], est la partie Septentrionale de ce Pays qui comprend la Ville de Mons qui en est la Capitale avec celles d'Ath, Binche, Lessines, St. Guillain, Halle, Enghien, & Braine le Comte, avec leurs Bailliages & Territoires; mais il n'y a que celles de Mons, & d'Ath qui soient des places de deffense.

[a] Baudrand Ed. 1705.

Le HAINAUT FRANÇOIS comprend les Villes de Valenciennes, de Bouchain, Condé, le Quesnoi, Landrecies, Avesnes, Maubeuge, Bavay, Beaumont, Chimay, Philippeville, Marienbourg & Fontaine-l'Evêque avec leurs Territoires, Bailliages, & dependances, & le Pays d'entre Sambre & Meuse qui est du Hainaut: tout cela ayant été cédé à la France par les Traitez des Pirenées & de Nimegue.

[b] Le Domaine du Roi est peu considerable dans le Hainaut François: il consiste principalement dans la Forêt de Mormall auprès du Quesnoy, & en quelques terres & prairies dependantes du Château de Loquinol, qui peuvent rapporter environ trois mille livres par an. Les trois quarts de la Forêt de Mormall sont de bois de hêtre, & l'autre quart de bois de chêne. L'humidité du Sol fait que ce bois n'est pas fort bon pour être employé aux bâtimens, ainsi il se debite presque tout pour le chauffage dans le Cambresis où il n'y en a point. On en met tous les ans cent cinquante arpens en coupe qui rapportent au Roi environ quatre mille florins.

[b] Piganiol de la Force desc. de la France l. c.

Les droits etablis pour le Roi dans cette Province, sont sur les fonds, ou sur les maisons, sur les boissons ou sur les entrées des denrées. L'Imposition qui se léve sur les fonds est appellée dans le Pays *vingtiéme*. Il fut établi en 1604. par l'Archiduc Albert qui gouvernoit pour lors les Pays-Bas, & il consistoit à payer le vingtiéme du revenu. L'Argent étant devenu plus commun qu'il n'étoit en 1604. le prix des fermes & des maisons est augmenté de moitié, & on léve aujourd'hui quatre vingtiémes au lieu d'un; quoique cette taille paroisse forte, néanmoins on compte que dans sa réalité elle ne fait qu'environ la treiziéme, ou la quatorziéme partie du revenu.

La taxe des cheminées fut établie en même tems que le vingtiéme & ne fut d'abord que de cinq patars par cheminée; mais elle a été depuis augmentée jusqu'à trente Patars pour chaque corps de cheminée, soit qu'il y ait plusieurs tuyaux ou qu'il n'y en ait qu'un.

Le droit de feu a été établi en 1635. pour fournir à l'étape des troupes qui passoient dans la Province. Les Bourgeois des Villes non plus que les Gentilshommes qui demeurent dans les Villages & les Ecclesiastiques n'y sont point sujets. Cette Taxe est de vingt patars pour chacun de ceux qui y sont sujets. Il y a aussi une espece de taxe sur les chevaux & sur les vaches. L'on paye par an pour chaque cheval trente Patars, & pour chaque vache ou bœuf on en paye quinze. La visite que l'on en fait deux fois l'année s'appelle *retrouve*.

On a aussi établi un droit sur les bestiaux lors de la consomption. On paye quarante Patars pour chaque bœuf que l'on tue, vingt pour chaque vache, huit pour un porc ou pour un mouton & quatre pour une brebis, un veau, ou un agneau.

Les Ecclesiastiques & les Nobles sont sujets à tous les droits qu'on léve sur les terres, sur les bestiaux & sur la consomption; ils ne joüissent à cet égard d'aucun Privilége.

Des impôts qu'on léve sur les boissons celui de la biére produit plus qu'aucun autre, parce que les eaux du Pays n'étant pas bonnes les habitans ne peuvent se passer de cette boisson. L'usage du Sel gris est defendu, afin d'empêcher qu'il passe du sel en fraude dans le Soissonnois, & dans la Picardie, où la Gabelle est établie.

Le Hainaut est un Pays entremêlé de terres labourables, de bois, & de prairies. Les terres qui sont du côté de la Flandre sont assez bonnes, mais celles de l'*entre-Sambre & Meuse* sont bien differentes; aussi bien que les dependances de Maubeuge. Il n'y croît presque point de blé & on y séme le seigle sur des terres dont les bois ont été nouvellement coupés. On brûle les restes de ce qui n'a pas été fagoté ou mis en corde, & l'on séme sur la cendre épandue sans aucune autre façon. Il croît beaucoup de houblon aux environs de Mons & on trouve dans cette Province des forêts considérables, dont celle de Mormall a dix-sept mille cinq cens soixante trois arpens de bois de hêtre & de chêne. Il y a des mines de Fer dans la partie du Hainaut qui joint l'entre-Sambre & Meuse, & des mines de charbon de terre depuis Keuvrin jusqu'à Marimont dans l'espace d'environ sept lieues de long, & deux de large.

Toutes les Villes du Hainaut François ont leur Gouverneur particulier & leur Etat-Major. Les troupes de garnison & celles de passage y vivent de leur solde; & le fourrage est fourni à la Cavalerie par des entrepreneurs.

Il y avoit dans le Hainaut une Loi fort singuliere. Les Juges subalternes ne jugeoient en matière civile qu'à la charge de l'appel, mais en matière criminelle lorsqu'il n'y avoit point de partie civile, leurs jugemens s'exécutoient sans appel; lors même qu'ils portoient condamnation de de mort. Il y a apparence qu'une pareille Loi n'avoit d'autre fondement que l'avarice du Prince qui l'avoit faite, & l'usage avoit apporté une modification assez inutile à cette Loi. Il avoit permis de se pourvoir contre les jugemens rendus par les Juges subalternes en portant au Conseil ordinaire une plainte qualifiée d'*excès*, & sur cette plainte le Conseil examinoit tout de nouveau le procès; mais ce moyen étoit très-souvent inutile, parce que la condamnation & principalement celle de mort, étoit presque toujours exécutée avant que le condamné eût obtenu une Ordonnance du Conseil ordinaire. Louis XIV. ayant conquis une partie du Hainaut ne jugea pas à propos de laisser un pouvoir si absolu aux Juges subalternes. Il ordonna que les jugemens qui portent peine afflictive ne s'y exécuteroient qu'après qu'ils auroient été confirmés par arrêt du Parlement pour lors séant à Tournai, & aujourd'hui à Douai.

Le Hainaut est situé au Nord de la Picardie, & a au Couchant la Flandre & le Cambrésis; au Levant le Comté de Namur & le Duché de Brabant. Sa longueur depuis la Capelle jusqu'à Hall est de vingt-lieues & sa largeur depuis Pecancourt jusqu'à Beaumont de dix-huit. Le Climat de cette Province est froid & pluvieux à cause du voisinage des Ardennes.

HAINE [a], ou HAISNE, (la) Riviere des Pays-Bas, elle coule dans le Hainaut qui en prend son nom. Elle a sa source au Midi d'Andrela qu'elle arrose, passe à Fontaine-l'Evêque d. reçoit deux Ruisseaux dont l'un vient de Binche & l'autre d'Estine; delà elle se rend à Havré g., d'où tournant vers le Nord-Ouest, elle recommence à Nimi à couler vers le Sud-Ouest où elle prend le Ruisseau de Trouillon & quelques autres qui se font assemblez dans les Marais de Mons. Delà elle traverse St. Guilain, arrose Bossut g. & va se mêler à l'Escaut qu'elle rencontre dans les fortifications de Condé. Mr. Baudrand [b] nomme en Latin cette Riviere *Hania* & *Henius*.

[a] De l'Isle Carte des Comtez de Hainaut &c.

[b] Ed. 1705.

HAIR, petite Ville d'Afrique dans le Zara ou desert, selon Mrs. Baudrand & Corneille. Le premier en parle ainsi. Le Desert de Hair Pays d'Afrique dans le Zaara. Il est ainsi nommé parce que ce n'est qu'un grand desert, au Royaume de Targa & en sa partie Meridionale. Il s'étend l'espace de près de cent lieues vers le Pays des Noirs entre le Royaume de Lempta à l'Orient & celui de Zueniziga à l'Occident, selon Jean Léon l'Africain. Le lieu le plus considerable & dont il prend le nom de la Ville de Haïr qui est environ à soixante lieues de la Ville de Targa du côté du Couchant. Mr. Corneille au contraire ne met que quinze lieues entre Hair & Targa. J'avois compté de concilier cette varieté par Jean Leon, lui-même mais voici tout ce qu'il dit [c]: de même Hair, quoique ce ne soit qu'un desert, est ainsi nommé à cause de la bonté de l'air qui y est fort temperé. Il dit ailleurs [d] qu'un certain desert habité par le peuple Zueniziga s'étend depuis Tegasa à l'Occident, jusqu'au desert d'Hair habité par le peuple Targa; mais je n'ai pu y trouver rien de ce que lui attribue Mr. Baudrand, qui selon l'apparence l'a cité en second. Jean Leon dit que dans le desert de Targa [e] on trouve assez de bonne eau surtout dans le voisinage d'Hair; mais il ne dit nulle part que Hair & Targa soient des Villes. L'un est le nom du desert. L'autre celui d'un peuple. Mr. de l'Isle, celui de nos Géographes qui est le plus vrai & le plus exactement attaché aux Memoires qu'il employe, s'est bien gardé de mettre un Royaume ni une Ville de Targa dans ce Pays, encore moins une Ville de Hair. Mais il met seulement *les Targa dont le Pays est fort temperé & produit beaucoup d'Herbes*. Et le* desert de Hair où il y a des puits de bonne eau*. L'interieur de l'Afrique sera toujours peu connu; & il vaut mieux avouer qu'on ne le connoît gueres que de le peupler d'imagination, comme on fait la plûpart des faiseurs de Cartes qui ne haïssent rien tant que des places blanches, & qui aiment mieux y tracer leurs chimeres par la fausse honte qu'ils se font d'ignorer ce que les autres ne savent pas.

[c] l. 1. c. 6.
[d] l. 6. c. 55.
[e] l. 6. c. 56.

HALAB. Voiez l'Article SYRIE.

1. HALABAS, Ville d'Asie dans l'Indoustan sur le Gange au confluent de la Riviere de Gemene & de ce Fleuve. Thevenot [f] en parle ainsi: elle a été long-temps un des Boulevards du Royaume des Patans & c'est la Ville que Pline a appellée CHRYSOBACRA. Elle tomba en la puissance du Grand Mogol Ecbar (Akebar) après qu'il eut subjugué le Royaume de Bengale; il y fit bâtir la forte Citadelle qui y est sur une langue de terre & il la fit entourer d'une triple muraille dont la derniere, c'est-à-dire, celle de dehors, étoit d'une Pierre rouge très-dure. Ce Château est orné d'un obelisque fort antique. Elle a plus de soixante pieds de haut depuis son rez-de chaussée & a plusieurs inscriptions, mais les lettres en sont si effacées qu'on n'en distingue pas même le caractere. Le Palais du Roi est aussi d'une belle structure; & l'on voit encore au dessous des lieux voutez où l'on conserve avec soin des Pagodes que les gens du Pays attribuent à Adam & à Eve dont ils pretendent suivre la Religion. On y voit en certains temps une affluence incroyable de peuple qui y vient en pelerinage de toutes les parties des Indes & ces gens-là y sont attirez par la croyance qu'ils ont qu'Adam & Eve y ont été creez. Mais avant que d'approcher de ce lieu qu'ils croient saint, ils se jettent tous nuds dans le Gange pour se purifier, & ils se rasent la barbe & les cheveux, afin de meriter l'honneur d'y être introduits. Cette Ville est la capitale d'une Province de même nom.

[f] Voyage des Indes c. 38.

2. HALABAS, Province de l'Indoustan sur le Gange. On la nommoit autrefois PUROP. On y comprenoit le Narvar & le Mevat qui ont au Midi le Bengale. Il y a beaucoup de bonnes Villes dans cette Province. L'Auteur cité n'en nomme que trois, savoir, HALABAS Capitale, NARVAR & GEHUD. Il pouvoit y joindre CANOVE, OUDE b, NARNOL & MINAPOUR. Le Mevat & le Narvar qui composent cette Province sont separez par le Gange; le premier est au delà de ce Fleuve & le second en deçà.

1. HALÆ [g], Ἁλαι, petite Ville de Grece dans la Béotie. Plutarque en fait mention dans la Vie de Silla.

[g] Ortel. Thes.

2. HA-

2. HALÆ, Ville de Cilicie, selon Etienne le Géographe. Elle donnoit le nom d'HALEJUS AGER à une Campagne.

3. HALÆ, Lieu à l'oposite de Masetes, selon le même, son Abreviateur distingue d'une autre *Hala* qu'Etienne dit être le nom d'une terre voisine du Pays d'Argos. Mais comme le remarque Berkelius, il y a lieu de soupçonner que l'Abreviateur se trompe & que c'est la même chose, car Masetes étoit dans le Pays d'Argos. Thucydide dit [a] : ils infestoient de leurs brigandages les Territoires de Troezene, de Hale, & d'Epidaure. Voiez HALICE.

[a] l. 4.

HALÆ ÆXONIDES, & HALÆ ARAPHENIDES. Voiez ÆXONE. Mr. Spon dans sa liste de l'Attique [b] écrit ALÆ à l'une & à l'autre & dit : *Alæ Æxonides* étoit proche du Bourg Æxone, de la Tribu Cecropide ; assez proche d'Athenes : *Alæ Arafenides* de la Tribu Egeïde n'étoient pas loin de Bauron & de Marathon, & on y voyoit un Temple & une Statue de Diane Taurique comme on le lit dans Euripide & dans Callimaque.

[b] p. 312.

HALALÆNUS, Riviere de l'Isle d'Albion, selon Ptolomée [c]: quelques Exemplaires portent ALAUNIUS. Ortelius [d] croit que c'est presentement l'AVON.

[c] l. 2. c. 3.
[d] Thesaur.

HALALE, Village d'Asie au pied du Mont Taurus. Jule Capitolin [e] dit que Faustine femme de Marc Aurele mourut en cet endroit, & qu'ensuite l'Empereur y envoya une Colonie. C'est aparemment cette Colonie qui devint ensuite une Ville Episcopale connue sous le nom de FAUSTINOPOLIS. Voyez ce mot.

[e] Hist. August.

HALANI, Peuple voisin des Perses, selon Ammien Marcellin [f]. Ce sont les Alains peuple Scythe qui étoient fort repandus en ce temps-là.

[f] l. 31.

HALAPO, Ville de l'Amerique. Voiez HALPO.

HALAR, ou HOLA, ou HOLEN, Bourg d'Islande dans sa partie Septentrionale sur le bord Oriental du Golphe de Skage, precisément sous le premier Meridien, par le 67. d. 25'. de Latitude. Mr. Baudrand en fait une Ville. La Peyrere dit [g] : il n'y a dans toute l'Islande que deux Villages dont le plus grand qui est celui de Hole, ne consiste qu'en fort peu de maisons contiguës : il ajoute, & comme il n'y a ni Ville ni Village dans l'Islande, il n'y a point aussi de grands Chemins. . . . Il y a un College à Hole, où les enfans étudient jusqu'à la Rhetorique & viennent ensuite à Copenhague faire leur cours de Philosophie & de Theologie. Ils ont une Imprimerie où ils ont imprimé autrefois l'ancien Testament en Islandois. Le nouveau ne fut point achevé faute de papier. Hole est néanmoins un des deux Evêchez de l'Isle. Il est Lutherien & reconnoît pour son Metropolitain l'Archevêque de Drontheim.

[g] Relation de l'Islande c. 29.

HALBERSTAT, Ville d'Allemagne dans la Basse Saxe où elle est la Capitale d'un Evêché secularisé & réduit en Principauté dont jouît la Maison de Brandebourg. Les Auteurs ne conviennent pas de l'origine de son nom. Gaspar Bruschius [h], Schopper, Bertius

[h] De Episc. Germ. c. 13. p. 224.
[i] p. 3. Chorog. c. 6. p. 786.

& quelques autres ont cru que son nom venoit du nom de l'Elbe & du nom de l'Ora qui s'y rencontroient autrefois, quoique cette derniere en soit presentement à sept milles. Dresser croit que cette Ville a été ainsi appellée d'un Albert son fondateur, Verdenhagen juge que ce nom d'Halberstadt signifie demie Ville, parce, dit-il, qu'elle étoit autrefois beaucoup plus grande, ce qu'il prouve par les ruines que l'on voit de son ancienne enceinte vers le Midi. Bertius [k] lui donne 33. d. 8'. de Longitude & 52. d. 8. de Latitude. Il ajoute : Irenicus s'est imaginé que c'étoit la Φεύγαρον de Ptolomée, mais il n'apuie d'aucune preuve son sentiment qui a été suivi par Appien qui étoit un savant homme. Ptolomée donne à sa Ville de *Pheugarum* 32. d. 40'. de Longitude & 52. d. 15. de Latitude : surquoi Bertius observe que cette position convient mieux à *Osterwick*. Il est certain, poursuit-il, que Charlemagne, non content de subjuguer les Saxons, voulant aussi les convertir fit bâtir l'an 780. à *Osterwick* une Eglise sous l'invocation de St. Etienne & y établit Evêque un François de Chaalons nommé Hildegrin & qu'il nomma ce lieu SELIGENSTADT, ce lieu ne s'étant pas trouvé commode, on transfera le Siége Episcopal au confluent de l'Elbe & de l'Ora, d'où se forma le nom d'*Alborestadium* dont s'est fait ensuite celui d'Halberstadt. Nous avons dejà fait remarquer l'inconvenient de cette opinion. Il se sert au reste de *Halberstadium* pour exprimer en Latin cette Ville. Zeiler [l] dit HEMIPOLIS, ce qui revient à l'opinion de ceux qui expliquent Halberstadt au sens de *demi-Ville*. Cette Ville est agréablement située dans un Terroir fertile, où le bled vient plus haut qu'un homme à cheval. Au milieu de la Ville est une hauteur au dessus de laquelle est une esplanade sur laquelle sont deux Eglises avec les maisons des Chanoines. La Cathedrale dediée sous le titre de St. Etienne est de pierre de taille avec deux tours. Elle n'est pas bien éclairée; mais par dehors elle est ornée de statues remarquables. Dans l'Eglise derriere le Chœur est l'image de la Vierge avec soixante & douze titres d'honneur. On a une fondation faite en 1489. dans cette Cathedrale suivant laquelle on doit tous les Vendredis à onze heures du matin sonner la grosse cloche nommée *Cantabona* pour servir de signal aux fidelles de dire un *Pater noster*, afin de remercier Jesus-Christ de la passion qu'il a soufferte pour nous. Il y avoit dans cette Eglise un usage particulier touchant la penitence publique, c'est Bertius qui le rapporte & qui cite Raphaël Volaterranus. Tous les ans, disent ces Auteurs, on choisit un homme du peuple qui doit representer un pecheur repentant. On l'amene donc à l'Eglise au commencement du Carême, dans un habit lugubre, & dans l'équipage qui convient à un penitent. Après la Messe on le chasse de l'Eglise. Il passe quarante jours à marcher nuds pieds dans les rues, à faire le tour des Eglises & il ne parle à personne. Les Chanoines le nourrissent ; il ne profere pas une parole, si ce n'est après minuit, & dans les places publiques, mais le Jeudi saint on le remene à l'Eglise, où le Prêtre après

[k] Com ment Rer. German. l. 3. p. 565.

[l] Saxon. Infer. Topog. p. 114.

[m] Milom. Chron. Riddagshu. p. 68.

après de longues ceremonies lui donne l'absolution & tout le Peuple lui fait des charitez. Ils l'appellent Adam. Cette coutume est fondée sur un Decret du Concile d'Agde rapporté par Gratien [a] dans son Decret en ces mots: au commencement du Carême que tous les penitens publics se presentent à l'Evêque du lieu, à la porte de l'Eglise, revêtus du sac, nuds-pieds, les yeux baissez vers la terre, & confessant par leur habillement & par leur posture qu'ils sont coupables. Là doivent se trouver les Doyens, c'est-à-dire les Archiprêtres, les Curez des Paroisses, & les Prêtres chargez de l'examen des penitens, & ils doivent en examiner soigneusement la conduite, afin d'imposer à chacun une penitence proportionnée à sa faute. Après cela que l'Evêque les fasse entrer dans l'Eglise où étant prosterné avec tout le Clergé, il chante avec larmes les sept Pseaumes de la penitence. L'Oraison finie qu'il se léve, qu'il leur impose les mains selon les Canons, qu'il jette sur eux de l'eau benite, qu'il couvre ensuite leur tête d'un cilice, & leur annonce avec des gemissemens & des soupirs que de même qu'Adam a été rejetté du Paradis, de même on les chasse de l'Eglise pour leurs pechez. Qu'il ordonne ensuite aux Ministres de les faire sortir de l'Eglise. Pendant cela le Chœur chantera le repons *in sudore vultus tui*. Afin que les pecheurs voyant combien l'Eglise est effrayée, & touchée de leurs pechez, ils en fassent plus de cas de la penitence. Le Jeudi saint qu'ils se presentent de nouveau avec les Doyens & les Prêtres à la porte de l'Eglise. Tel est le Canon du Concile d'Agde dont l'Eglise de Halberstadt a long-temps conservé la pratique.

Nous avons déja marqué l'origine & le premier établissement de cet Evêché. Les Successeurs de Hildegrin en étendirent le Domaine. Albert frere de Bernard second Prince d'Anhalt y unit le Comté d'Ascanie qu'il conserva à cette Eglise malgré tout ce que son frere mit en usage pour le retenir. Il mourut en 1327. après quarante-quatre ans d'Episcopat [b]. Albert de Brunswic qui lui succeda mourut en 1358. & fit place à Louïs Landgrave de Thuringe & Margrave de Misnie qui l'an 1366. fut transferé à l'Archevêché de Bamberg. Je passe les Prelats qui suivent jusqu'à Albert de Brandebourg Coadjuteur d'Ernest de Saxe, après la mort duquel il fut élu Evêque de Halberstadt l'an 1513. Il eut pour Successeur en 1548. son cousin Jean-Albert Marquis de Brandebourg fils de Frederic d'Anspach ; après lequel fut Evêque Frederic de Brandebourg fils de l'Electeur Joachim II. en 1552. mais ce Prince mourut la même année, de sorte que l'Evêché fut conferé à Sigismond son frere qui n'avoit que quatorze ans. Ce Prince commença d'abolir dans cet Evêché les ceremonies de l'Eglise & d'y introduire la Religion Protestante qu'il professoit. Il mourut en 1566. Henri-Jules fils de Jules Duc de Brunswic, enfant de deux ans, fut postulé à condition que la Regence demeureroit douze ans entre les mains du Chapitre, qu'on lui payeroit une pension & que le reste seroit employé aux usages que le Chapitre jugeroit necessaires ; [c] qu'il maintiendroit la Religion Catholique & soulageroit le Peuple que ses predecesseurs avoient chargez d'impôts. Mais lorsqu'il fut bien établi, il se fit Protestant à l'exemple de son pere. - Il unit à l'Evêché de Halberstadt le Comté de REINSTEIN devolu par la mort de Jean-George Comte de Blankenbourg & de Reinstein dernier Comte de la race. Il mourut en 1613. & eut pour Successeurs en cet Evêché ses trois fils, Henri, & Rodolphe moururent en bas âge en 1615. & 1616. Christian le troisieme fut fameux par ses exploits militaires tant en Allemagne que dans les Pays-bas. Après sa mort arrivée en 1626. l'Empereur Ferdinand II. engagea le Chapitre à élire l'Archiduc Leopold son fils ; mais au Traité de Westphalie cet Evêché fut converti en Principauté seculiere & cedé à l'Electeur de Brandebourg qui en jouït.

Pour revenir à la Ville de Halberstadt, Zeyler y decrit des orgues qui sont peut-être uniques dans leur espece. La facture en est fort antique. Il y a quelques tuyaux de plomb d'une extrême grosseur. Les touches sont plus larges que la main & en très-petit nombre, & creusées ; & si dures à abbaisser qu'il faut y employer toute la main ou même le coude, il y a quantité de petits soufflets. On assure qu'un homme ne sauroit rester vingt-quatre heures auprès de ces orgues, sans être étoufé par une vapeur d'arsenic qui en sort lorsqu'on en joue. On pretend qu'un Voyageur étranger l'éprouva en 1646. Les Maisons qui sont sur la hauteur, ou à l'entour sont ce qu'on appelle la Ville. Ce qui est au dessous est le Fauxbourg. Outre la Cathedrale il y avoit quatre Eglises collegiales, savoir Notre-Dame, St. Paul, St. Boniface, St. Maurice, avec quelques autres Eglises & Monasteres. La Paroisse de St. Martin a deux tours qui ont la vuë sur le Pays circonvoisin. Les rues sont assez belles ; la place qui est grande est devant la Maison de Ville : sous un petit toit, est la statue de Roland, moins grande que celle de Magdebourg. Voiez l'article IMPERIALES. La petite Riviere de Hotheim traverse la Ville. La Ville a six portes ; savoir *Harsleber Thor*, ou la porte de Harsleben, celle de St. Jean, la Porte de Kuhling, la Porte Large, celle de St. Burckhart, la *Croper Thor* & la Porte de l'Eau.

LA PRINCIPAUTE', ou ci-devant, EVÊCHÉ DE HALBERSTADT, petit Pays d'Allemagne dans le Cercle de Basse-Saxe, dans les Etats de l'Electeur de Brandebourg. Il est enfermé entre le Duché de Brunswig, le Duché de Magdebourg, & la Principauté d'Anhalt. Ses principaux lieux sont,

Halberstadt, Capitale | Schwaneberg,
Aschersleben, ou Ascanie, | Osterwick,
Hornburg, | Cropperstede,
| Gruningen.

Les Comtez de HOHENSTEIN & de REINSTEIN en sont des annexes. On remarque dans cette Principauté le Village de STRÖPKE dont les Paysans sont habiles au jeu des Echets, au raport de Mr. Hubner [d].

[a] *Can. In cap. Quadrag. 64. Dist. 50.*
[b] *Bert. l. c.*
[c] *D'Audifret Geogr. Hist. T. 3. p. 354.*
[d] *Géogr. p. 558.*

HAL. HAL.

a Plin. l. 4. c. 7.

1. **HALCYONE** [a], ancienne Ville de Grece dans la Locride sur le Golphe Maliaque. On trouve une Medaille de l'Empereur Severe en petit bronze sur laquelle on lit ΑΛΚΥΟΝΙΩΝ, des *Alcyoniens*. C'est la même qu'ALCYONE. Voiez ALCIONE.

b Ibid. l. 4. c. 10.

2. **HALCYONE** [b], Montagne de Grece dans la Macedoine dans le voisinage du Golphe Therméen.

HACYONIÆ INSULÆ, Ortelius croit que c'étoient des Isles de Grece aux environs de Pallene, & au mot PALLENE il cite Suidas. Cet Auteur au mot Pallene dit simplement : Pallene l'une des Alcyonides & renvoye au mot ALCYONIDES. Mais la Version Latine dit : PALLENE: *una ex Alcyonidibus*, & ajoute par maniere d'explication *vel ex Alcyoniis Insulis*. Mais cette explication est toute de l'Interprete. Au mot *Alcyonides*, Suidas parle des jours Alcyoniens, dit que l'on ne convient pas du nombre ; que Simonide dit onze, Aristote de même ; Demagoras de Samos sept, Philochore neuf : il ajoute Hegesander raconte ainsi la fable des Alcyons : Le Géant Alcyonée eut sept filles, savoir Phthonie, Anthe, Methone, Alcippe, Pallene, Drimo, & Asterie. Ces filles après la mort de leur pere se precipiterent du Promontoire Canasthé dans la Mer, Amphitrite les metamorphosa en oiseaux & elles furent appellées Alcyons du nom de leur Pere. Dans tout cela il n'y a point d'Isles & l'explication Latine a tout gâté, c'est elle qui a trompé Ortelius. Mr. Baudrand trouvant dans ce dernier Auteur des Isles Alcyoniennes avec un renvoi aux mots PALLENE & PHOSTONIA, dont le dernier est une faute de Copiste au lieu de *Phthonia* bâtit là-dessus ce savant article. *Halcyonia Insulæ*, dit-il [c], ce sont deux ,, Isles de la Macedoine, près de la Pres- ,, qu'Isle Pallene ; dont l'une est nommée ,, *Pallene* & l'autre *Phostonia* par Suidas & ,, par Etienne ; ou vers Halcyone Ville de ,, Thessalie au Golphe Maliaque ". La citation est doublement fausse, Etienne qui parle de Pallene ne dit pas un seul mot de ces Isles, Le nom de Phostonia lui est inconnu ; & il ne fait aucune mention du nom *Halcyoniæ* ; Suidas n'en dit que ce que j'ai rapporté ci-dessus. Mr. Baudrand ne devoit citer qu'Ortelius puis qu'il étoit le seul qu'il eût consulté. Il en auroit vû la méprise s'il eût consulté Suidas. Car pour Etienne il n'est nommé en cet endroit que pour faire parade de citation. Il n'y a rien de pareil dans son livre.

c Ed. 1682.

HALDE, Ville de Norwege au Gouvernement d'Aggerhus sur la côte de l'Océan & du Golphe d'Iddesfiord où il reçoit la Riviere de Testedatile-Elw aux frontieres de la Suede, selon Samuel Pufendorff, cité par Mr. Baudrand [d] qui ajoute : cette Ville est près de l'Isle d'Akerfund, à cinq milles de Fredericstadt, au Midi.

d Ed. 1705.

§ Cela ne se peut. Si elle est auprès d'Akerfund, elle ne sauroit être au Midi, mais elle doit être au Couchant de Fredericstadt.

HALDENSTEIN, Baronnie en Suisse [e], libre & independante avec un beau & fort Château, situé sur un rocher élevé, à un mille au-dessous de Coire ; on la voit facilement. Cette Baronnie a passé par plusieurs mains. Au milieu du XVI. Siécle elle appartenoit à Jean Jacques de Chastillon, Ambasadeur de France, qui y bâtit l'an 1547. le beau Château qu'on y voit aujourd'hui. Après lui elle est tombée entre les mains de Messieurs de Schauenstein, qui la possedent actuellement, & qui sont les plus riches Seigneurs de tous les Grisons. Ces Barons sont sous la protection des Grisons, mais du reste entierement libres & Souverains dans leur Terre, ayant le pouvoir de battre monnoye, & tous les autres droits qui appartiennent à la Souveraineté. Du reste la Baronnie est petite, & n'a pas beaucoup d'étendue ; & elle est dans un terroir sterile au pié des Alpes. L'an 1616. Thomas de Schauenstein, à qui l'Empereur Matthias donna le titre de Baron, introduisit la Religion Protestante dans cette Terre.

e Etat & delices de la Suisse. T. 4. p. 46.

HALE, lieu voisin d'Argos, selon Etienne le Géographe. Voiez HALÆ III.

HALEA, Ville d'Arcadie. Voiez ALEA.

HALEN, petite Ville ou Bourg des Pays-bas dans le Brabant Austrichien sur la petite Riviere de Géete entre Diest & Herck, à environ une lieue de l'une & de l'autre & à cinq lieues & demie de Louvain.

HALENTE, petite Riviere d'Italie au Royaume de Naples dans la Principauté citerieure. Elle a sa source entre Magliano Vetere & Magliano, coule quelque temps vers l'Occident, puis se recourbant vers le Midi, elle reçoit beaucoup de ruisseaux, passe au Nord de Castel a Mare de la Brucca ; & se perd enfin dans la Mer de Toscane, selon Magini. Voiez HALETES ; qui est l'ancien nom.

HALENTINA, Ville de Sicile, selon Ortelius qui cite Ciceron contre Verres [f]. C'est une faute de Copiste. Il faut lire HALUNTINA CIVITAS, c'est la même que HALUNTIUM.

f l. 3. c. 48.

1. **HALES**, Riviere de l'Asie Mineure près de Colophone ; c'est la Riviere la plus froide de toute l'Ionie, selon Pausanias [g], Pline la nomme HALESUS [h].

g l. 7. c. 5. & l. 8. c. 28.
h l. 5. c. 29.

2. **HALES**, lieu Maritime de la Grece dans l'Attique, où Timon le Misanthrope fut enterré, selon Plutarque [i].

i In Antonio.

3. **HALES**, Riviere. Voiez HALETES.

HALESA, & **HALESINA** [k]. Voiez ALESA. Phalaris, Strabon, & Ptolomée écrivent Ἄλαισα, ALÆSA ; Diodore de Sicile ALESA, Ἀλέσα, & Antonin ALESA. Mais Ciceron & la Carte de Peutinger preferent HALESA. De même Ciceron & Pline en nomment les Habitans HALESINI. La Riviere est plusieurs fois nommée ὁ Ἅλαισος Ποταμὸς, *Alæsus Fluvius* ; Columelle [l] la nomme HALESUS.

k Cluvier. Sicil. ant. l. 2. p. 287.
l De Re Rust. l. 10.

Et quæ Sicanii flores legistis Halesi
Cum Cereris proles, &c.

Cluvier trouvant dans Silius Italicus [m]:

m l. 14.

Venit ab amne trahens nomen, Gela ; venit
& Hesa
Et qui præsenti, &c.

corri-

HAL.   HAL.   19

corrige ainsi cet endroit, on ne trouve nulle   ce silence & personne ne la sait, si ce n'est
part, dit-il, une Ville de Sicile nommée   quelque temeraire discoureur. C'est un secret
Hesa: Silius aura sans doute écrit,   que la nature s'est reservé: du reste cette Ri-
                                                    viere separe le Territoire de Rhegio de celui
Venit ab amne trahens nomen, Gela ; venit   de Locre, & quoique les bords n'ayent pas un
Alesa.   arpent de distance, cependant les Cigales ne
                                                    volent jamais d'un côté à l'autre. Cette Ri-
Ou avec une aspiration *venit Halesa*, ou avec   viere conserve l'ancien nom & s'appelle pre-
une diphthongue *venit Ælæsa*. Sa correction   sentement ALECE. Voiez ce mot.
s'est trouvée conforme au Manuscrit de Co-   1. HALIA [b], Ville du Peloponnese dans   l. 8. c. 27.
logne qui porte HALÆSA : & on l'a sui-   l'Arcadie, selon Pausanias. Il la met dans le
vie.   nombre de celles qui formerent la Colonie de
   HALESIA, ou ALEXIA. Voiez ALISE   Megalopolis.
2.   2. HALIA [h], Ville Maritime du Pe- b l. 2. 2. & 4.
   2. HALESIÆ, ou ALESIÆ, Village de Gre-   loponnese dans l'Argie, selon Thucydide.
ce au Peloponnese dans la Laconie, entre The-   HALIACMON. Voiez ALIACMON, &
rapne, Ville, & le mont Taygete. Ce nom   PLATAMONA qui est le nom moderne de cet-
signifie les Moulins & seroit très-remarquable   te Riviere.
s'il étoit vrai ce que Pausanias [a] raconte   HALIACTER, lieu où les Siciliens s'as-
a l. 3. c. 20. comme une tradition, à savoir que Milet fils   sembloient, selon Hesyche.
de Lelege y enseigna le premier l'art de mou-   HALIARDI. Voiez ALIARDII.
dre le bled, & inventa le premier moulin.   1. HALIARTE, ancienne Ville de Gre-
   HALESINUS. Voiez HALESA & A-   ce dans la Béotie. Strabon [i] dit qu'elle ne   i l. 9.
LESA.   subsistoit plus de son temps. Elle fut detruite
   1. HALESIUS, & ALESUS, Montagne [b]   durant la seconde guerre des Romains con-
b Pausan l. de Grece au Peloponnese dans l'Arcadie Ἀ-   tre la Macedoine, ou, ce qui revient au mê-
8. c. 10.   λήσιος. Il étoit sur la route de Mantinée à   me, dans la guerre contre Persée. Tite-Live
Tegée. Il y avoit sur cette Montagne un   dit [k] : le Preteur Lucretius avoit vivement at-
bois consacré à la Déesse Cerès.   taqué la Ville d'Haliarte ; cette Ville fut ra-   k l. 42. c. 63.
   2. HALESIUS, & ALESIUS, Ville de   sée jusqu'aux fondemens.
l'Elide, selon Etienne le Géographe. Elle   2. HALIARTE, Ville du Peloponnese
prenoit son nom d'Alesius fils de Seillunte   dans l'interieur de la Messenie, selon Ptolo-
l'un des soupirants d'Hippodamie, d'autres   mée le seul qui en ait parlé. C'est la même
disent d'un fils de Gargettus, l'un de ceux   qu'ALIARTUS 2.
qui vinrent avec Pelops.   HALICA, ou HALICE, lieu de l'Argie,
   3. HALESIUS, ou ALESIUS, lieu de l'E-   selon Pausanias, qui dit à l'occasion du che-   l l. 2. c. 36.
pire où l'on faisoit beaucoup de sel, selon le   min de Halice : elle est deserte à present quoi-
même Auteur.   qu'elle ait été habitée l il est certain qu'il en
   HALESUS. Voiez ALESUS.   est fait mention dans un monument d'Epi-
   HALETES, Riviere d'Italie dans la Lu-   daure, où sont gravez les remedes qu'Escula-
canie. Ciceron [c] nous apprend qu'il couloit   pe a enseignez aux malades, mais hors cela,
c Famil. l. 7. auprès de Velia & l'appelle *nobilem amnem* : c'est   je n'ai jamais vû d'écrit digne de foi où il
Epist. 10. & la même Riviere que les HALES, HELE'ES,   soit fait mention ni de la Ville de Halice, ni
ad Attic. l. ou l'ELE'ES de Strabon, & l'ELEA d'Etien-   de quelque homme qui en fût. Il y a pour-
16. Epist. 7. ne. Il conserve encore son nom & s'appelle   tant un chemin qui y conduit ni il est au
le HALENTE. Voiez ce mot.   milieu entre la Colline PRONE, & la Colline
   HALEUS, Gen. HALENTOS, nom d'une   nommée anciennement THORNAX & ensuite
Riviere, selon Theocrite dans sa septieme I-   Coccygie depuis que Jupiter s'y changea en
dyle. Vinsemius son Interprete croit que c'est   Coucou.
une Riviere de l'Isle de Co.   HALICANUM, HÆCLITANUM, ou
   HALEWIN. Voiez HALLEWIN.   HILICANUM. Voiez ALICANUM.
   HALEX, les Grecs écrivent ce nom A-   HALICARCARA [m], gros Village   m Voyage
LEX sans aspiration. Riviere de la grande Gre-   d'Asie dans la Perse entre Cars & Eri-   de Perse. l. 1.
ce à son extrémité la plus Meridionale au   van. Tous les habitans sont Chrétiens & les   c. 2.
Pays des Brutiens. Elle servoit de bornes en-   Maisons y sont bâties sous terre comme des
tre le Territoire de Rhegio & celui de Lo-   caves. La deuxieme journée après qu'on a
d l. 6.   cre, & coule, dit Strabon [d], dans une profon-   passé ce Village on passe trois fois l'Araxe à
de Vallée. Il observe cette particularité que   gué, selon Tavernier.
les Cigales qui étoient le long de ce Fleuve   HALICARNASSE, ancienne Ville d'A-
du côté de Locre avoient de la voix & que   sie dans la Carie dont elle étoit la Capitale.
celles de l'autre côté étoient muettes. Pline [e]   On en raporte la fondation à des Grecs ve-
e l. 11. c. 27. dit la même chose. Elien raconte le fait tout   nus d'Argos. Elle avoit un port, d'excel-
autrement, voici ses paroles [f]. Ceux de Rhe-   lentes fortifications & de grandes richesses.
f Hist. Ani- gio & de Locre vivent en bonne union & pas-   Elle avoit été la residence des Rois de Carie
mal. l. 5. c. sent les uns chez les autres & y travaillent li-   & particulierement de Mausole dont le fa-
9.   brement à la Campagne. Les Cigales n'en   meux tombeau lui donna un nouvel éclat. Pli-
font pas de même, car celles de Locre sont   ne [n] en marque la situation entre deux Gol-   n l. 5. c. 27.
muettes dans le territoire de Rhegio & celles   phes, savoir le Jasien & le Ceramique. Stra-
de Rhegio sont aussi muettes dans le Terri-   bon dit [o] : Halicarnasse residence des Rois de   o l. 14.
toire de Locre. Je ne sais point la cause de   Carie, autrefois appellée ZEPHYRE. Pom-
                          C 2   ponius

HAL.

[a l.1.c.16.] Pónius Mela dit [a]. Halicarnasse Colonie des Argiens & memorable tant par ses Fondateurs que par le Mausolée tombeau du Roi Mausole, l'une des sept merveilles du monde & l'ouvrage d'Artemise. Strabon parlant des Fondateurs de cette Ville dit [*] : Ses Fondateurs furent entre autres, Anthes avec les Trœzeniens. Celle est conforme à ce que dit Pausanias [b]. Les descendans d'Ætius fils d'Antes furent envoyez pour fonder une Colonie, & ils fonderent Halicarnasse & Mynde. On peut voir dans Arrien [c] la difficulté qu'Alexandre trouva lorsqu'il l'assiegea. Scylax de Cariande [d] vante la bonté de ses ports, dont l'un étoit fermé, l'autre étoit au bord de l'Isle. A l'égard de ses Forteresses Strabon parle de celle devant laquelle étoit l'Isle Arconesos ; & Arrien dans la description du siége parle d'une autre qui étoit dans l'Isle & d'une autre nommée *Salmacis* du nom d'une Fontaine ainsi appellée parce qu'elle avoit l'infame proprieté de rendre voluptueux & effeminez ceux qui en buvoient. Cependant Strabon n'attribue pas ce vice à la Fontaine, mais aux richesses & à la bonne chere des habitans. Vitruve [e] nous apprend qu'auprès de cette Fontaine de Salmacis il y avoit un Temple de Mercure & un autre de Venus. Il ajoute : on croit faussement qu'elle infecte d'une ardeur impudique ceux qui en boivent : je veux bien expliquer pourquoi ce bruit mal fondé s'est repandu dans le monde, car ce que l'on dit que cette eau rend effeminez & impudiques ceux qui en usent, cela ne se peut. L'eau en est très-claire, & le gout excellent. Voici la raison qu'il en apporte. Les Grecs charmez de la bonté de cette Fontaine bâtirent des hutes tout à l'entour, & attirerent les barbares des Montagnes voisines ; ceux-ci s'apprivoiserent peu-à-peu, devinrent sociables & perdirent leur humeur sauvage, prirent des mœurs plus douces & plus humaines. Ovide saisissant le bruit commun a bâti la fable de Salmacis que l'on peut voir dans le IV. des Metamorphoses. Cette Ville a donné la naissance à deux fameux Historiens ; l'un est Herodote, l'autre Denys. Elle est nommée Metropole des Halicarnassiens, sur une Medaille de Severe ΑΛΙΚΑΡΝΑΣΣΕΩΝ ΜΗΤΡΟΠΟΛΕΩΣ. Cette prerogative de Metropole peut s'expliquer par le passage de Pline qui dit qu'Alexandre le Grand donna à la Ville d'Halicarnasse six autres Villes, savoir :

Theangela,	Euranium,
Sibde,	Pedasum,
Medmassa,	Telmessum.

La chose n'est pas fort croyable d'Alexandre le Grand qui ne voyoit pas cette Ville de bon œil. Strabon [f] dit que Mausole y avoit transporté les habitans de six Villes. Une autre Medaille frapée sous Geta a pour Legende ΑΛΙΚΑΡΝΑΣΣΕΩΝ ΑΤΤΟΝΟΜΩΝ, ce qui marque que sous les Romains cette Ville se gouverna par ses propres Loix, & jouït de sa liberté. Ses ruines s'appellent presentement TABIA, selon quelques-uns & BOUDRON, selon d'autres.

HALICUS, Ἅλικος, Montagne & Contrée de Cilicie, selon Etienne le Géographe.

HALICYÆ, Ville de Sicile, selon le même entre Lilybée & Entella. Thucydide la nomme [g] HALICÆ, Ἅλικαι, Ciceron & Pline [i] en nomment les habitans Halicyenses. Diodore [k] les nomme Ἁλικυαῖοι. Il y a presentement dans la même place le Bourg de SALEMI.

HALICYRNA. Voiez ALICYRNA.
HALIES. Voiez TIRYNS.
HALIFAX. Voiez HALLIFAX.
HALIMUSII, Village de Grece dans l'Attique, selon Strabon, & Plutarque, dans la Vie de Cimon. Voiez ALIMUS.
HALIOLA. Voiez HALLEIN.
HALIPEDO, lieu de l'Attique près du Pyrée. Xenophon en parle dans le second livre de son Histoire des Grecs vers la fin.
HALIPHTORUM, Ville de l'Arcadie. C'est la même qu'ALIPHERÆ. Voiez ce mot.
HALIS, Fleuve de l'Asie mineure. Voiez HALYS.
HALISARNE', ou HALISERNE. Voiez ALISARNA.
HALITÆA [m], Fontaine de l'Asie Mineure dans le Territoire d'Ephese, selon Pausanias.
HALIUSSA INSULA, petite Isle de l'Archipel sur la côte de l'Argolide près du Promontoire nommé Bucephalos. Il y a, dit Pausanias [n] un Port fort commode pour les Navires.
HALITZ [o], Ville de Pologne dans la Russie rouge & dans le Pays de Halitz, avec un Château sur la Riviere du Niester. Elle a été autrefois fort considerable & même Capitale de la Russie rouge & le Siége des Rois de Russie. Elle eut ensuite un Archevêché qui fut transferé à Léopol en 1414. selon Starowolski. Elle est presentement fort petite, à seize milles de Pologne de Léopol au Levant d'hyver.

LE TERRITOIRE DE HALITZ [p], petit Pays de Pologne dans la Russie Rouge, & l'une des quatre parties du Palatinat de Russie, plus étendue au Midi vers la Transilvanie qu'elle a au Couchant, comme elle a la Valachie au Midi. Elle est coupée en deux par le Niester, & prend son nom de la Capitale. Sa partie Meridionale s'appelle POKUCIE. Mr. Baudrand pour le franciser le deguise en *Pocouchè*.

HALIX, Ville d'Asie dans la Cilicie, selon Pline [q]. L'Edition du R. P. Hardouin porte ALE. Nous avons dit sous ce nom qu'elle étoit entre Selinus & Pedalie.

HALIZONES. Voiez HALYZONES.
HALE en Hainaut, }
HALL en Saxe, }
HALL en Suabe, } Voiez HALLE.
HALL au Tirol, }
HALL en Westphalie, }

HALLAEU, Village de Suisse au Canton de Schaffouse dans le Bailliage de Neukirck. Il est grand, & bâti comme un Bourg, à la tête d'une fort belle Vallée longue de quatre ou cinq lieues, sur une de largeur, & qui est très-fertile & très-peuplée. Ce Village a une

HAL.

une fontaine qui a la même propriété que celle du Mont Gouppen. Voiez ce mot.

HALLAND, Contrée de Suede dans la Sehone, le long de la Mer de Danemarck qui la borne au Couchant Meridional. Elle a la Schone proprement dite au Midi. La Westrogothie au Nord & au Nord-Est, & un peu de la Smalande ou Gothie Meridionale à l'Orient. Elle peut avoir de côtes vingt-sept lieues Marines; mais ce n'est qu'une lisiere le long de la Mer où l'on trouve en côtoyant du Nord-Nord-Ouest au Sud-Sud-Est,

Königsbacka,   Falkenberg,
Warberg,   Halmstad,
        & Laholm.

[a] *Baudrand Ed.* ^a Elle étoit autrefois à la Couronne de Danemarck, mais par le Traité de Bromsbroo, en 1645. elle fut cedée par engagement à la Suede pour trente ans; qui l'a ensuite gardée à titre de possession perpetuelle en vertu des Traitez de Roschild & de Copenhague.

1. HALLE, (LA) petite Riviere de Suisse dans l'Elsgaw; elle a sa source assez près du Doux & coulant vers le Nord, elle arrose Porentru résidence de l'Evêque de Basle & se mêle avec d'autres Ruisseaux, delà serpentant vers le Nord & vers l'Ouest elle arrose les Bourgs de Dattenreit & de Granvillers, passe à Montbeliart; & se recourbe vers le Sud pour aller tomber dans le Doux.

2. HALLE, petite Ville des Pays-Bas Autrichiens dans le Hainaut & sur les confins du Brabant. Elle est située dans un Pays très-fertile, & traversée par la petite Riviere de *Zinne* (Senne) qui descend à Bruxelles où elle commence à porter bâteau. Cette Ville prend son nom de l'Eglise de Nôtre Dame qui en est la Tutelaire, & qu'on appell vulgairement Nôtre Dame de *Hall*, ou de *Hau*. Quelques-uns veulent que ces grandes Halles où trafiquent les Marchands, ayent contribué à lui faire donner le nom qu'elle porte. Elle est à dix lieues de Mons, & seulement à trois de Bruxelles. L'image de la Vierge à laquelle chacun va rendre ses voeux est dans une Chapelle à main gauche de l'Eglise qui est très-belle, & desservie par des Jesuites: cette image est de bois doré, & couronnée de fin or. La Vierge porte son fils Jesus d'une main, & tient de l'autre une fleur de lys. Elle a sur son estomac six grosses perles avec un beau rubis au milieu, & est vetuë ordinairement de l'une des douze robes que les Deputez des douze Villes & Bourgades qui ont senti sa protection, lui apportent tous les ans le premier Dimanche de Septembre, pour lui en rendre graces publiquement. Ce jour-là il se fait une Procession solemnelle où l'image est portée dans toute la Ville & dans les Fauxbourgs, par les Deputez de ces douze lieux, qui sont Ath, Bruxelles, Tournai, Valenciennes, Condé, Namur, Lembec, Quievrain, Crépin, Braine, Bausiques & Sainctes. Ces six derniers ne sont que des Bourgades. Sur le même Autel sont les douze Apôtres, & aux deux côtez deux Anges qui tiennent des Chandeliers, le tout est d'argent. Philippe le Bon Duc de Bourgogne y fit plusieurs beaux presens, & l'on y voit deux figures aussi d'argent; l'une d'un Cavalier & l'autre d'un soldat; l'un & l'autre armé de toutes pieces. Charles fils de Philippe le Bon y donna un Faucon d'argent, & jamais on ne vit en aucun lieu un si grand nombre de Lampes, de côtes d'armes, d'étendards, de Croix, de Calices, & enfin de figures d'or & d'argent que les plus grands Princes & Seigneurs ont données. Juste Lipse qui en a écrit l'Histoire, pendit une plume d'argent devant l'autel. Cette Histoire rapporte que l'image de Nôtre Dame de Hall appartenoit autrefois à Sainte Elisabeth de Hongrie, & que sa fille Sophie seconde femme d'Henri II. Duc de Brabant l'ayant donnée à Mathilde Soeur du Duc· son Mari & femme de Florent Comte de Hollande, leur fille Adeleide la porta en Hainaut, en épousant Jean d'Avênes, Comte d'Ostrevant.

3. HALLE ^b, Ville d'Allemagne dans la Haute Saxe au Duché de Magdebourg sur la Riviere de Saale dans une agréable plaine à cinq milles de Leipsig, à huit de Wittenberg & à onze de Magdebourg. Son nom vient, dit-on, des Salines que les Hermandures y trouverent, & comme cette découverte étoit aussi precieuse qu'une mine d'or, les Cattes leur firent la guerre pour en jouïr & les en déposséderent. Ils nommerent ce lieu DOBREBORA, ou DOBRESALA, c'est-à-dire, *bon Sel*. L'an 806. Charlemagne attacha ce lieu au Comté de Vettin sur la Saale & le donna au Comte Wittikind le jeune qu'il avoit établi à Zerbig, & à qui il avoit soumis les Wendes. L'Empereur Otton le Grand gratifia de cette Ville & de ses Salines l'Archevêché de Magdebourg qu'il avoit fondé. Son fils Otton II. en 981. bâtit en cet endroit une Ville libre, abrogea l'ancien nom, & ordonna que celui de Halle feroit seul employé à l'avenir. L'an 1130. l'Empereur Lothaire II. l'assiégea & fit faire une justice exemplaire de quelques seditieux qui avoient fait mourir ses Deputez contre le droit des gens. Il y eut beaucoup de brouilleries entre cette Ville & les Archevêques de Magdebourg, surtout en 1264. 1426. & 1433. tant qu'enfin l'Archevêque Ernest, qui étoit de la maison de Saxe, prit le parti de bâtir pour toujours les habitans. Pour cet effet au lieu du Château qu'on appelloit auparavant le CHâTEAU NOIR il en fit bâtir un neuf en 1489. que l'on appella Moritzbourg, & qui étoit très-fort pour ce temps-là. Il étoit flanqué aux quatre angles d'autant de tours de pierre de taille. Il a subsisté jusqu'à l'année 1640. qu'il fut pour la plus grande partie brûlé par la negligence de la Garnison, & il n'en reste plus que de vieilles murailles. Cette Ville souffrit beaucoup durant les longues guerres d'Allemagne & fut prise successivement par les Imperiaux & par les Suedois. L'an 1637. l'Electeur de Saxe la prit par stratagême. Il y avoit autrefois à Halle le Palais de l'Evêque où les Archevêques de Magdebourg faisoient leur residence. Cette Ville reçut le Lutheranisme de bonne heure & Juste Jonas l'y établit publiquement dans l'Eglise l'an 1541. malgré les soins que

[b] *Memoires dressés sur les lieux & communiquez.*

C 3

le Cardinal Albert de Brandebourg se donna pour l'empêcher.

A la paix de Westphalie l'Archevêché de Magdebourg avec toutes ses dependances fut secularité & cédé à la Maison de Brandebourg comme nous le disons en son lieu. Mais à condition qu'Auguste de Saxe postulé Administrateur qui en étoit en possession en joüiroit jusqu'à sa mort qui arriva en 1680. Ce Prince qui étoit second fils de l'Electeur Jean George I. & tige de la branche de Saxe-Weissenfels residoit à Halle en qualité d'Administrateur de l'Archevêché de Magdebourg, mais après sa mort l'Archevêché fut évacué par les enfans & cedé pour toujours à titre de Duché hereditaire à la Maison Electorale de Brandebourg. Ainsi le Duché de Halle marqué sur la Carte de Saxe par Mrs. Sanson est une faute commise avant l'an 1680. La maniere dont Mr. d'Audifret en parle étoit vraye alors en l'expliquant un peu, mais Mess. Baudrand, Maty & Corneille qui ont écrit long-tems après ne devoient pas dire que Halle appartient à une branche de la Maison de Saxe, ni que cette branche s'appelle *Saxe-Hall*. Halle n'a jamais eu le titre de Duché & Auguste de Saxe n'y residoit qu'à titre d'Administrateur de Magdebourg ; la posterité de ce Prince ne s'appelle point *Saxe-Halle*, mais Saxe-Weissenfels.

Ce Prince étant mort, comme nous venons de dire, en 1680. Frederic Guillaume Electeur de Brandebourg en alla prendre possession & y fit une magnifique entrée, & y établit la regence du Pays de Magdebourg. L'an 1694. l'Electeur Frederic, le même qui a été le premier Roi de Prusse, y fonda une Université dont l'installation se fit le 1. Juillet avec de grandes solemnitez. Elle s'est considerablement distinguée en peu de temps par les grands hommes qu'elle a eus pour Professeurs ; on y a vu entre autres Mrs. Christian Thomasius, Ludwig, Stryck, &c. Il y a aussi à Halle des Salines, où l'on prepare le Sel de quatre sources salées. On les nomme ber Teutsche brunn, Gutjahr, Meteritz & Hackeborn; outre 150. petites Salines aux environs , desquelles quelques-unes sont au Roi, les autres hereditaires à des familles particulieres & le reste accordées à certaines personnes durant leur vie. La Ville est assez belle & bien bâtie ; on y parle le haut Allemand très-purement. Le Magistrat de Ville étoit considerable & le premier du Pays après celui de Magdebourg. Il y avoit aussi une Ecole assez fameuse avant l'érection de l'Université. Les Eglises sont assez belles. Celle du Marché est dediée sous l'invocation de Nôtre Dame ; c'est la plus remarquable. On y voit de belles peintures de Luc Cranach. On y garde aussi une Bibliotheque que l'on augmente de jour en jour. On a vu ici les paroisses de St. Ulrich & de St. Maurice. On gardoit autrefois dans cette derniere les Corps du B. Rhabanus Maurus que le Cardinal Albert Archevêque de Magdebourg y avoit déposé en 1515. mais il l'en retira pour le mettre avec d'autres reliques à Aschaffenbourg. Il y a ensuite l'Eglise Collegiale, où les Calvinistes s'assemblent ; & l'Eglise de l'Ecole. L'Eglise Françoise pour les Refugiez est au Moritzbourg. Aux Fauxbourgs sont les Eglises du Marché neuf & de Glauche. L'Administrateur Auguste y a fait construire un Palais avec des Jardins au bord de la Saale, près delà sont les auditoires, ou Sales de l'Université. Au marché est la tour rouge, bâtie de pierre de taille, haute de cent quarante aunes, & ornée de Cloches & d'une grosse horloge. Dans le Fauxbourg de Glauche est la fameuse maison des Orphelins, d'où le Docteur Francken a jetté les fondemens de la Secte des Piétistes qui fait consister la perfection du Christianisme dans un Fanatisme melancholique. Elle fit de grands progrès au commencement de ce siécle & derangea plusieurs cerveaux. La Regence du Duché de Magdebourg ayant été transferée à Halle, comme nous avons dit, fut rétablie à Magdebourg en 1714. La Ville de Halle est nommée en Latin HALA MAGDEBURGICA & l'Université *Academia Fridericiana* du nom de son fondateur.

4. HALLE [a], Ville d'Allemagne au Comté du Tirol, sur la Riviere de l'Inn, entre de hautes Montagnes : delà vient qu'on la nomme HALLE dans l'INNTHAL. Elle a eu ses Seigneurs particuliers. Ce n'étoit d'abord qu'un Bourg qui appartenoit aux Seigneurs de Wasserbourg. Le Duc Otton de Meran en fit une Ville l'an 1102. Il y a un beau Palais & tout auprès une fort belle Eglise, l'un & l'autre avec le Monastere de filles fut bâti par Ferdinand I. l'an 1532. à la priere de la Princesse Madelaine sa fille. A environ un mille de la Ville dans les Montagnes est une Saline d'où l'on tire le Sel fossile comme de la glace. On le jette dans des fosses, où l'on fait ensuite entrer de l'eau qu'on y laisse quelque temps, après quoi on la porte dans la Ville, où on la fait bouillir, ce qui produit un gros revenu tous les ans.

Les Memoires & Plans Geographiques ont donné lieu à Mr. Corneille de doubler cette Ville, parce que le nom y est écrit HALLA. Voici ce qu'on y en lit : avant un tremblement de terre qui l'a mise dans un état pitoyable, elle étoit assez bien fortifiée quoiqu'elle ne tirât ses deffenses que des ses tours à l'antique qui se flanquoient autant bien que leur figure imparfaite le permettoit. Ce qu'il y avoit de meilleur étoit une fausse braye à cinq ou six toises de la Muraille, bien flanquée de tours comme l'interieur, & d'espace en espace des Caponieres pour deffendre le fossé qui étoit bon & revêtu. Quoiqu'on ait porté fort loin les dommages qu'elle a soufferts, on croit qu'il n'y a eu que quelques dedans ruinez. On voit que l'Auteur ne parle pas en homme bien informé du dommage.

5. HALLE, en Baviere, dans l'Evêché de Saltzbourg. Voiez HALLEIN.

6. HALLE, Ville Imperiale d'Allemagne dans la Suabe, aux confins du Palatinat, de la Franconie & du Duché de Wurtemberg sur la Riviere de Kokher. Quelques-uns la prennent pour l'*Alisum* de Ptolomée, que d'autres cherchent à Hailbronn. Cette Ville, pour parler plus certainement, doit sa fondation aux sources salées. Zeyler [b] en parle ainsi : tous

[a] *Tirol Beschreibung p. 96.*

[b] *Suer. Topogr. p. 39.*

tous les anciens monumens de cette Ville perirent dans l'incendie de 1376. mais on fait suffisamment d'ailleurs que tous les environs étoient inhabitez & qu'à cause des bois il s'y commettoit beaucoup de meurtres & de vols; & qu'au lieu où sont presentement les Salines, il y a six ou sept cens ans, c'étoit un marais d'eaux croupies, où couroient les bêtes sauvages, & où l'eau salée se perdoit. Ces animaux ayant donné occasion de la découvrir, on bâtit quelques hutes dans ce bourbier & on commença à mettre cette eau salée à profit en la cuisant, sans beaucoup d'art. Avec le temps il s'y forma un Village & enfin une Ville. Il n'est pas si blanc ni si piquant que l'autre Sel, cependant on le porte à Nurenberg. Dès qu'on eut commencé à travailler aux Salines, on bâtit des maisons le long du bord de la Kocher, & il se forma un hameau qui avec le temps fut fermé de murailles, delà vient qu'une partie de ce Fauxbourg est encore nommée im Weyler, ou dans le Hameau; car la Kocher partage à present la Ville en deux, savoir la Ville & le Fauxbourg dont on vient de parler & on va de l'une à l'autre par un Pont. Du côté de la Ville est cette source salée qui a donné occasion de la bâtir: on en tire l'eau avec quinze seaux, & on la conduit par un Canal dans les Chaudieres qui sont environ au nombre de cent onze. La Ville ne manque pas pour cela d'eau douce, il y en a abondamment. Les premiers qui contribuerent le plus à bâtir cette Ville, ce furent des Gentils-hommes qui s'y vinrent établir. Ils y éleverent sept tours qu'on y voit encore en partie (d'autres pretendent que ces sept tours sont plus anciennes que la Ville même & que c'est un reste des Bourguignons). Quoi-qu'il en soit, cette Ville en fut appellée Sieben Burgen, Sieben Burgen, c'est-à-dire, Sept-forts. L'une de ces tours placée près de l'Eglise de St. Michel, est nommée Berlerhoff; on dit que Ste Brigitte allant de Suede à Rome, y logea en 1363. & comme ce même lieu a été ensuite habité par des Beguines, on le nomme presentement Nunnenhoff, ou la cour des Religieuses. Ce n'étoit pas seulement dans la Ville que les Nobles s'étoient établis, ils bâtirent des châteaux tout à l'entour & il y en a encore environ quarante qui subsistent. Il vint aussi des gens du Peuple qui s'habituerent à Halle & ils obtinrent non seulement le droit de Bourgeoisie; mais encore on leur donna quelque part au Gouvernement. On forma deux Conseils, savoir, celui de dedans & celui de dehors; dans le premier étoient les Nobles, & les Bourgeois étoient dans l'autre. Mais parce que les derniers étoient exclus des plus importantes affaires, ils prirent les armes. L'Empereur Louïs de Baviere fit appaiser cette émeute par Ulric Comte de Wurtenberg l'an 1340. La condition fut que les Bourgeois seroient admis au Conseil du dedans & peu après ils occupoient la moitié des places: cela degoûta la Noblesse qui leur quitta enfin la partie, & s'alla établir à Nurenberg, à Ulm, & à Augsbourg. Il y eut pour le même sujet une grosse dispute en 1512. entre la Noblesse & la Bourgeoisie. Les Nobles eurent le dessous & cederent enfin entierement le Gouvernement aux Bourgeois. Ceux-ci ont de grands Privileges. Entre autres celui de battre monnoye, on pretend que les *Haller*, ou *Hellers*, sorte de petite monnoie très-ancienne & très-commune en Allemagne, ont pris leur nom & leur origine dans cette Ville. Cette Ville étant libre & située aux Frontieres de plusieurs Pays est souvent nommée dans l'Histoire à cause que son Territoire a été le champ de bataille où la Noblesse voisine alloit vuider ses differens par des Duels.

7. HALLE, ou HALL, Village d'Allemagne dans la haute Autriche sur la Riviere de Krems. Cluvier *a* croit que c'est à peu près en cet endroit qu'étoit l'ERNOLATIA d'Antonin.

a Vindelic. & Noric. p. 30.

8. HALLE, ou HALL, petite Ville d'Allemagne au Cercle de Westphalie, au Comté de Ravensberg, à quatre lieues de la Ville d'Hervorden & à deux de Bilefeld, selon Mr. Maty qui ajoute que l'Electeur de Brandebourg y a fondé une Academie des débris de l'Université de Heidelberg.

§ HALLE en Westphalie au Comté de Ravensberg est un Village dont Zeiler n'a pas seulement daigné nous marquer le nom. Il confond mal-à-propos ce lieu avec HALLE en *Saxe*, ou HALLE 3. Cependant cette faute est copiée par Mr. Corneille & par l'Editeur François du Livre de Mr. Baudrand.

HALLEIN, ou HALLE, petite Ville d'Allemagne au Cercle de Baviere dans l'Evêché de Saltzbourg sur la Saltza, entre les Montagnes. Les Allemands écrivent HALLEIN, en Latin HALIOLA, ou HALLULA. Cette Ville qui est à deux milles au dessus, ou au Midi de Saltzbourg est la principale des Villes de l'Evêque. Un Voyageur François *b* qui la nomme HALLE dit c'est la richesse du Pays, puis qu'e c'est là qu'on tire & qu'on cuit le Sel dont le debit fait le plus grand commerce & le plus grand rapport des habitans. La plus grande partie de ce Sel étoit levée pour le passé au nom de l'Electeur de Baviere qui a encore d'autres Salines qui lui sont propres, peu éloignées de Halle, dans une de ses terres appellée REICHNOLL; & ces sels étoient transportez par la Baviere & par un coin du Tirol, dans la Suisse qui les payoit tout en monnoye de France, ce qui est cause, dit-on, qu'on ne voit presque que de cette monnoye dans la Baviere. Le sel se cuit à Halle dans de grandes Chaudieres comme en beaucoup d'autres lieux; mais la traite de l'eau salée est differente de toutes celles que je me souviens d'avoir vues ailleurs. Il y a une grande & haute Montagne à l'Occident de la Ville de Halle, dont la terre est en plusieurs lieux mêlée avec une espece d'Alun, ou de sel de Pierre qui sert à faire cette eau salée. Il y a des mineurs repandus dans les entrailles de cette Montagne, où s'étant fait diverses entrées par des trous percez en plusieurs endroits, ils vont cherchant ce mineral; & quand ils en ont trouvé ils font passer de l'eau claire par dessus, laquelle dans son cours detachant les parties de ce sel les entraine avec elle & devient ainsi salée. Quand ce mineral est abondant ils ne font qu'entourer l'espace où ils le trouvent de terre grasse &

b Remarq. Hist & Crit. faites dans un Voyage d'Italie en Holl. en 1704. T. 1. p. 44. & suiv.

& remplir cet espace d'eau douce. Elle n'y demeure pas long-temps sans prendre la Salure; on la fait écouler ensuite aussi bien que celle qui s'est salée en coulant sur un terrain mineral, hors de la Montagne par des Canaux de bois faits exprés & qui en reglent l'écoulement où l'on veut. Il faut aussi faire de grands Canaux pour avoir de l'eau douce, ce qui est cause que cette Montagne est comme celle du Potosi au Perou, percée en mille endroits qu'il a falu ouvrir ou pour chercher la mine de sel, ou pour la faire écouler hors de la Montagne. C'est pourquoi ceux qui y entrent par curiosité ont besoin de bons guides pour ne se pas perdre dans la quantité de routes qu'il y a de toutes parts.

Cette entrée se fait en ceremonie. Il y a une Eglise au dessus de la Montagne, où les curieux font leurs devotions avant que d'entrer & se recommandent à Dieu pour qu'il les garantisse de malheur. Ce n'est pas sans raison, car il est quelquefois arrivé que des gens s'y sont perdus, la terre s'étant écroulée & les ayant opprimez sous ses ruines, ou ayant fermé & comblé les passages par où ils devoient sortir, desorte qu'ils y sont morts avant qu'on ait pu les secourir ; la perplexité de ces sentiers souterrains fait qu'on ne peut que très-difficilement retrouver les routes que l'on a tenues, ou des issues pour s'en tirer.

La grande ouverture par où l'on entre dans cette Montagne est auprès de cette Eglise & ceux qui y veulent entrer après avoir bien dejeuné dans une auberge voisine & s'être pourvus de bouteilles de Rossolis, pour s'en servir au besoin, sont revêtus par leurs conducteurs d'habits de grosse toile. Le dos & le bras droit sont armez de certains cuirs dont on verra l'usage ci-après. Au lieu de Chapeau, on prend de gros bonnets qui ne laissent qu'une partie du visage découvert, & dont la chaleur puisse parer du froid qui regne dans ces antres souterrains. Chacun prend à sa main gauche une Chandelle, ou une torche allumée pour s'éclairer & les ouvriers, ou ceux qui sont destinez à accompagner les étrangers se mêlent avec eux les uns devant, les autres après, & d'autres parmi la troupe, car ordinairement on va par troupes pour encourager par le nombre, ceux qui seroient plus susceptibles de frayeur dans ces sombres & affreuses Cavernes. L'on parcourt ensuite de tous côtez, & l'on voit ou les endroits d'où l'on a déja tiré du sel, ou ceux où l'on travaille à le découvrir, ou enfin ceux d'où on le tire actuellement. Et parce qu'il y a des espaces hauts & bas par lesquels il faut passer, on descend par des trous quasi tous droits, fournis d'une espece de brancarts de haut en bas, & armez à côté d'une assez grosse perche; après que l'on s'est assis sur le brancart on embrasse cette perche avec le bras droit muni de cette manche de cuir dont on a parlé, aussi bien que le derriere l'est d'une espece de tablier de même cuir pour ne se point dechirer en se laissant couler comme on fait de haut en bas par ces brancarts.

Ces descentes se font avec une rapidité prodigieuse & les Chandelles s'éteignent souvent dans cette violente carriere, mais ou bien il en reste quelqu'une allumée qui rend la lumiere aux autres, ou bien les guides battent le feu promptement & les rallument. Ce qui est à craindre c'est de tomber l'un sur l'autre dans cette descente qu'il n'est pas facile de regler, quand on a pris la pente sur un declin très-rapide, quoique l'on ait mis les perches sur la droite pour cet effet afin que les tenant avec le bras on puisse se retenir ; mais comme le plus grand danger est en arrivant au bas, les guides qui sont arrivez les premiers ont soin de tirer les étrangers du brancart à mesure qu'ils arrivent depeur qu'ils ne soient écrasez, ou foulez aux pieds de ceux qui les suivent & qui leur tomberoient sur le corps.

On pourroit demander pourquoi ces montées sont si rapides & si on ne pourroit pas en menager qui eussent une pente plus commode. Entre autres raisons en voici une qui paroît satisfaisante ; c'est que ces passages étant faits pour l'usage des mineurs, ces descentes rapides ménagent un temps precieux ; outre cela entre les bois du brancart sur lequel on glisse il y a un Escalier fait dans la terre pour remonter. Ces dangereuses descentes sont en si grand nombre dans les mines de Halle qu'on descend ainsi du haut de la Montagne jusqu'au bas après s'être promené par mille detours que font les ouvriers en travaillant à la recherche de la matiere qui donne la salure à l'eau. Ces detours sont si grands & on fouille si loin que non seulement la Montagne en est toute percée, mais même les Montagnes voisines le sont aussi, desorte qu'on assure qu'il y a très-peu de distance entre les Ouvriers de Halle & ceux de Reichnoll qui en est à deux milles & qui appartient à l'Electeur de Baviere.

On employe cinq ou six heures à visiter ces curiositez souterraines & après avoir regalé les guides, on trouve un grand diner à Halle, où l'on fait bonne chere. La cuite du sel se fait là comme ailleurs. On voit bouillir de l'eau fort claire dans des Chaudieres de dix à douze pieds de diametre sur des brasiers épouvantables; l'eau étant évaporée laisse au fond le sel que l'on ramasse & qu'on jette dans de petits tonneaux de sapin qui n'ont ni fond ni couvercle, il s'y seche, s'y durcit & peut être transporté, sans craindre d'en rien perdre. La Saltze qui coule auprès de la Ville est continuellement chargée de bateaux qui le transportent à Saltzbourg d'où on le distribue ailleurs. [a] Le 30. Juin 1567. cette Riviere se deborda & fit un grand dégat tant dans les lieux où l'on cuit le sel que dans ceux où l'on le garde. L'an 1573. on trouva dans la mine à six mille trois cens pieds de profondeur sur une pierre très-dure un homme qui devoit avoir eu neuf empans de hauteur.

[b] Vis-à-vis de Hall, de l'autre côté de la Saltz il y a des forges, où l'on fond le cuivre que l'on tire des mines qui sont dans l'Etat de Saltzbourg.

HALLEWIN [c], Village des Pays-Bas dans la Châtellenie de l'Isle proche de Menin

[a] *Zeyler Bavar. Topogr. 24.*

[b] *Rem. Hist. & Crit. Ibid.*

[c] *Dict. Geogr. des Pays-Bas.*

nin sur la Riviere de Lis. Il donne son nom à l'une des plus anciennes familles du Pays.

HALLEVIONS. Voiez HILLEVIONES.

HALLIFAX [a], Ville d'Angleterre en Yorckshire. On la nommoit autrefois HORTON. C'est une assez grande Ville dont les maisons sont bâties de pierre. Elle est située sur le penchant d'une Colline & dans un terroir sterile. La Manufacture de Laine y tient le premier lieu, & l'on y punit rigoureusement les voleurs de Drap; delà vient cette priére que l'on attribue aux Vagabons & gens sans aveu, *From Hell, Hull, and Hallifax, Good Lord, Deliver us.* C'est-à-dire, Seigneur Dieu *delivre nous de l'enfer, de Hull & de Hallifax.* [b] Cette Ville donne le titre de Comte au Sieur George de Montaigu.

HALLIN, Peuple ancien de Scandinavie, selon Jornandes [c].

HALLUOS, Ἅλλυος, ce devoit être le nom d'un ruisseau, ou d'une Fontaine, car il est parlé de ses eaux dans un oracle rapporté par Pausanias [d].

HALLWYL [e], Château de Suisse au Canton de Berne, à l'issue d'un petit Lac qui se dégorge dans la petite Riviere d'Aa.

HALMATIA, Ἁλματία. Athenée [f] nomme ainsi un lieu où il dit que les raves naissent sans culture. Dalechamp rend ce nom par la Dalmatie.

HALMITES TAURICA, Ἁλμίτης, Lieu de la Chersonnese Taurique sur le Pont Euxin, selon Arrien [g].

HALMONES. Voiez ALMON & OLMONES.

HALMYDISSUS. Voiez ALMYDISSUS.

HALMYRÆ. Voiez ALMIRÆ.

1. HALMYRIS, Lac que forme le Danube dans la Scythie au dessus d'Istropolis, à peu de distance de la seconde Embouchure, selon Pline [h], qui lui donne soixante-trois mille pas de tour. Il y avoit tout auprès une Ville de même nom.

2. HALMYRIS, Ville de Scythie. Elle étoit Episcopale, selon la Notice de Hierocles. Philostorge dit [i], qu'Eunomius Chef des Ariens fut exilé à Halmyris lieu de la Mysie sur l'Ister. Nicephore Calliste dit la même chose [k]. C'est vraisemblablement la même que la SALMORUDIS d'Antonin dont les Copistes trouvant *Halmyridem*, en ont fait *Salmorudem.*

HALMYRIDES [l], Lieu de l'Attique au bord de la Mer, c'est où l'on jettoit les cadavres & une espece de Voirie.

HALMYRUS [m], Lieu vers la Thessalie, ou vers Larisse, selon Nicetas dans la Vie de Baudouin de Flandre.

HALONÆ [n], Ville de l'Asie Mineure près du Méandre, selon Nicetas. Leunclavius croit que les Turcs nomment ce lieu SOLBAZAR.

HALONE. Voiez ALONE 2. 3.

HALONESE, ou HALONNESE, (LA) petite Isle de la Mer Egée au Couchant de l'Isle de Lemnos, & à l'Orient de l'Embouchure du Golphe Therméen. Elle est accompagnée de deux petites Isles dont l'une est nommée *Piperi*, anciennement *Peparrethe*, & l'autre *Jura*. La Halonese est presentement apellée LANIS, ou PELAGISI. C'est la même dont il est question dans les Harangues d'Eschine & de Demosthéne. N. Gerbelius cité par Ortelius [o] dit qu'elle est nommée NESIDIUM, ou Νησίδιον par Harpocration, mais ce mot ne veut dire qu'une petite Isle; & Νησύδριον, NESYDRION par Suidas. Mr. Toureil dit qu'elle est près de Peparrethe & de Sciathe qui avec elle composoient une espece de Triangle. Il a été trompé par de mauvaises Cartes.

2. HALONESE [p], Isle fort petite de la Mer Egée sur la côte de Thrace entre l'Isle de Samothrace & la Chersonnese à quinze mille pas de l'une & de l'autre. Le R. P. Hardouin [q] croit que c'est la petite Isle dont parle Harpocration. Elle est differente de la precedente.

3. HALONESE, petite Isle d'Asie sur la côte de l'Ionie, selon Etienne le Géographe.

HALONNESI, Isles de la Mer Rouge, devant la Trogloditique, selon Pline [r].

HALOPE. Voiez ALOPE.

HALORUS. Voiez ALOROS 2.

HALORIUM, Lieu du Peloponnese, selon Strabon [s]. Il étoit dans l'Elée; il y avoit un Temple de Diane surnommée Eléenne dont la Prétrise dependoit des Arcadiens.

HALOS. Voiez ALOS 1 & 2.

HALOVER.[t], petit Isthme de l'Amerique dans la Province de Tabasco auprès de Ste Anne & de Rio Palmas. Il separe la Mer d'un grand Lac. Les Boucaniers Anglois qui y mettent leurs Canots à sec, lui ont donné ce nom comme nos Mariniers diroient *Halle à Terre*, du mot *Haller* qui veut dire tirer.

HALPILAME [v], Lieu Maritime de l'Isle de Ceïlan sur sa côte Meridionale dans le Pays de Maturé; à l'Orient & à six-lieues & demie de Maturé, au Couchant d'Estapo & à deux lieues & demie d'Ajalle.

HALPO [w], ou HALAPO, Ville de l'Amerique dans la Nouvelle Espagne dans la Province de Tabasco, & sur la Riviere de Tabasco, trois lieues au dessus d'Estapo. Elle est riche & la principale de ce Pays-là. Les Indiens qui l'habitent ne cultivent pas plus de terre qu'il ne leur en faut pour entretenir leurs familles & payer les Taxes. Ainsi la Campagne qui s'étend d'une Ville à l'autre demeure inculte. On nourrit dans ce Pays une grande quantité de Volailles comme de Coqs d'Indes, de Canards, de Poules, &c. Mais quelques-uns ont des allées de Cacao: la plûpart de celui qu'on recueille en ces quartiers est envoyé à Villa de Mose où l'on l'embarque pour être transporté ailleurs. Il y a peu de Commerce dans ce Pays-là.

HALS [x], Bourgade de Dannemarck à la pointe Septentrionale de l'Isle de Lessow sur la côte Orientale du Diocèse d'Alborg, au Nord de Jutland. Il y a un bon Ancrage au Nord de cette Bourgade.

HALTEREN [y], petite Ville d'Allemagne en Westphalie dans l'Evêché de Munster sur la Lippe, en approchant de Dulmen & de Koesfeld, dans la Seigneurie de Dulmen.

D   HAL-

HAL.

HALVA[a], Ville d'Afrique au Royaume de Fez à trois lieues de la Capitale du côté du Midi sur les bords du Cebu. Elle a été bâtie, dit-on, par un Roi des Zenetes; mais un autre de la Race des Benimerinis a construit tout proche un beau Palais sur un bain naturel qui met la Ville en grande reputation parce que les habitans de Fez s'y vont baigner au Mois d'Avril, & demeurent là à se rejouïr sept ou huit jours. Les habitans sont gens rustiques & barbares, vivent fort pauvrement de quelques terres qu'ils tiennent à rente de l'Alfaqui de la grande Mosquée de Fez.

HALUNTIUM, ou ALUNTIUM, Ville de Sicile, selon Denys d'Halicarnasse[b], Ciceron fait mention d'Archagathus Citoyen d'Haluntium, & nous apprend que cette Ville étoit située sur une hauteur dont l'accès étoit difficile[c]. Ptolomée la met sur la côte Occidentale[d]; assez près de l'Embouchure du Chydas; au bord de la Mer. Mais ce qu'il apelle côte Occidentale devroit plutôt être appellé côte Septentrionale. Car il suppose que l'extremité vraiment Occidentale est beaucoup plus au Midi qu'elle n'y est effectivement. Quoiqu'il en soit, Mr. de l'Isle croit qu'elle étoit à peu près au même lieu où est presentement SAN MARCO, au Midi de *Capo Orlando*. C'est ce qui resulte de la comparaison de la Sicile ancienne & de la moderne dont il a donné les Cartes. Fazel[e] croit que les ruines de cette Ville d'Aluntium, sont à cinq cens pas du Bourg de St. Philadelphe & que le *Chydas* est à present appellé *Rosmarino*. Cluvier qui rapporte ce sentiment ne s'en éloigne pas.

1. **HALUS.** Voiez ALOS 1 & 2.

2. **HALUS**, Ville d'Asie sous la domination des Parthes, selon Tacite[f].

3. **HALUS**, ALUS, ou ALLUS, Lieu de la Palestine. D. Calmet en parle ainsi[g]: *Alus*, ou *Allus*. Les Israëlites, poursuit-il, étant dans le desert de Sur partirent de *Dapha* pour venir à *Alus*[h]. Delà ils allérent à Raphidim. Dans le Livre de Judith[i], on met *Chelus*, ou *Chalus* & *Cadès* comme des lieux assez voisins. Eusébe & St. Jérôme mettent *Allus* dans l'Idumée vers la Gabalene, c'est-à-dire, aux environs de Petra Capitale de l'Arabie deserte, car Eusébe & St. Jérôme placent la Gabalene auprès de Petra. On donne aussi à *Allus* le nom d'ELUSA, ou CHALUSA. Elle est placée par les Notices dans la troisiéme Palestine & par Ptolomée entre les Villes d'Idumée. Le Targum de Jerusalem sur la Genese[k], & sur l'Exode[l] traduit le desert de *Sur*, par *Allus*.

HALUSIUM[m], Lieu de Grece dans l'Epire, selon Eustathe sur le second Livre de l'Iliade.

HALY, Ville de l'Arabie heureuse sur les confins du Yemen du côté de Hegias. Edrissi[n] la nomme Forteresse & petite Ville maritime, située au Nord d'Attu à cinq journées de chemin. Il compte une station depuis Haly jusqu'au fleuve SANCAN.

HALYCIA & **HALICIÆ.** Voiez HALYCUS 2.

HALYCIDON, Port de Mer dans les Gaules, selon quelques Editions de Pomponius Mela. Voiez LACYDON.

[a] Marmol l.4.c.26. p.196.
[b] l.1.
[c] Verr. De signis c.23. d l.3.c.4.
[e] Decad.1. l.9.c.4.
[f] Annal.l.6. c.41.
[g] Dict. de la Bible.
[h] Numer. c.33. v.13. i c.1. v.8. In Gr.2:0.
[k] c.25. v.18.
[l] c.16.v.22.
[m] Ortel Thes.
[n] Geogr. Nubiens. part. 5. secundi Clim.

HAL.

1. **HALYCUS**, Riviere de Sicile, selon Diodore[o], qui écrit aussi *Alycos*[p]. Il y avoit en Sicile deux Rivieres de ce nom; & toutes les deux avoient leur Embouchure sur la côte Meridionale. La plus Orientale des deux étoit aussi nommée *Camicus* du nom d'une Forteresse assez près de laquelle elle passoit : du moins Mr. de l'Isle croit que le *Camicus* & le *Halycus* sont une même Riviere. Cluvier les distingue & croit que le *Camicus* étoit le Ruisseau que Mr. de l'Isle nomme *Cena* & reserve le nom d'*Halycus* pour la Riviere qui avoit son Embouchure auprès & au Couchant d'Heraclée. Le *Halycus* de l'un & de l'autre devroit être presentement le *Platani* qui reçoit deux autres Rivieres, savoir le *Turbulo* du Couchant & le *Salso* du Levant. Le nom de *Salso* qui signifie Riviere *Salée* semble traduit de l'ancien nom Grec; Ἁλυκὸς dont l'étymologie vient du Sel.

2. **HALYCUS**, petite Riviere de Sicile. Cluvier[q] doute si ce n'est pas aujourd'hui *Fiume delle Arene*. Il trouve quelque raport entre le nom *Halycus* & celui de *Saleme* que cette Riviere, selon lui, porte dans sa partie superieure. Il ajoute que sur ses bords étoit le Bourg nommé *Halyciæ* par les Anciens. Mais la Riviere de *Salème* prend son nom d'une Ville moderne. Elle a d'ailleurs plusieurs autres noms, savoir DEHA, BILLIGERO & FIUME DI ARENA. M[r]. de l'Isle ne met pas le Bourg d'*Halycia* au bord de cette Riviere, mais sur l'*Hypsa* qui est le Belice. La cause de cette diversité d'opinions n'est autre que l'envie qu'ont eu les Modernes de placer à quelque prix que ce fût des lieux dont les Anciens n'ont pas marqué la position d'une maniere claire & satisfaisante.

HALYDIENSES, Peuple de l'Asie Mineure dans la Carie. Quelques Manuscrits de Pline[r] portent ALIDIENSES; & le R. P. Hardouin conjecture que ce sont les Habitans d'ALINDA Ville de Carie.

HALYS, Grande Riviere de l'Asie Mineure. Quinte Curse dit[s], qu'elle terminoit la Lydie. Et à pris cela d'Herodote, qui dit[t] que l'Halys separoit l'Empire des Medes de celui des Lydiens. Ce dernier paroit n'en avoir pas bien connu le cours, car il le fait venir du Midi, d'une Montagne d'Armenie, à travers la Cilicie. Il separe presque toute l'Asie inferieure depuis la Mer qui est vis-à-vis de Cypre jusqu'à la Mer Noire. Ce n'est point là le cours de l'Halys. Arrien qui avoit été sur les lieux par ordre de l'Empereur Hadrien, a très-bien relevé cette faute d'Herodote, & il est étonnant que les Modernes y ayent donné tête baissée après en avoir été si bien avertis. Strabon dont l'autorité doit être plus grande puis qu'étant Cappadocien il a dû mieux connoître que personne une Riviere de son Pays, Strabon, dis-je, décrivant le Fleuve Halys dit[v]: ses sources sont dans la grande Cappadoce, près de la Pontique, aux Confins de la Cambysene. Delà coulant dans un large lit vers le Couchant, il se recourbe par la Galatie & la Paphlagonie, separe celle-ci des Leuco-Syriens. Le Scholiaste d'Apollonius[w] nomme l'Halys un Fleuve de la Paphlagonie. Il a raison, parce que l'Halys bornoit cette Province; après

[o] l.16.
[p] l.19.23. & 24.
[q] Sicil.Ant. l.1.p.119.
[r] l.5.c.19.
[s] l.4. c.?li t l.1.c.72.
[v] l.12.p. 646.
[w] Ad l.1. v.366.

après avoir coulé dans la Cappadoce il couloit entre elle & la Paphlagonie. Herodote dit très-bien [a] : qu'il couloit entre la Paphlagonie & la Cappadoce ; il bornoit aussi la Galatie comme on a vu dans le passage de Strabon. Ce dernier Auteur ajoute que le nom d'Halys est tiré des Salines qui étoient le long de son cours. Mr. Tournefort qui a été sur les lieux confirme le cours de l'Halys tracé par Strabon, releve la faute d'Herodote & dit : il a pris son nom des terres salées au travers desquelles il passe ; en effet, poursuit-il, tous ces quartiers-là sont pleins de sel fossile ; on en trouve même sur les grands Chemins & dans les Champs labourables ; sa salure tire sur l'amertume. Mr. Baudrand met assez mal-à-propos la source de l'Halys dans la Galatie. Il n'y a peut-être point de Riviere au monde sur le cours de laquelle les Géographes s'accordent si peu. Mr. de l'Isle qui a eu occasion de la tracer dans un assez grand nombre de Cartes n'est pas uniforme. Dans son Théatre de l'Histoire d'Orient il suit Strabon, dans les Themes de Constantin Porphyrogenete , il suit davantage Herodote. Dans la Carte dressée sur les Memoires de Paul Lucas, cette Riviere est nommée Riviere d'Ermac, & vient non seulement du Midi, mais du Midi Oriental. *Ereigle*, *Qnichemet*, *Bore*, *Avanos* sont des lieux que ce Voyageur a parcourus le long de cette Riviere, desorte qu'Ereigle n'est pas loin de sa source. La Riviere de Chechenur la grossit, après quoi elle arrose Osmangioux & Castamone qui est presque à son Embouchure dans la Mer Noire. Pierre Gille dans une Lettre qui étoit entre les mains d'Ortelius dit que le nom moderne de l'Halys est *Casilirmar*. Mr. Baudrand cite Pierre Gilles, comme s'il eût trouvé cela dans quelqu'un de ses Ouvrages ; je ne nomme point Ortelius. Casilirmar ou plutôt le *Casalmac* n'est point l'Halys, mais l'Iris des Anciens. Voyez CASALMAC.

[a] l. c.

HALYZEA, Ville de Grece dans l'Acarnanie, selon Pline [b]. On trouve écrit *Alyzia*, & *Alyzea*. Strabon dit qu'elle étoit en deça de Leucade en allant de Patras vers l'Italie, à quinze Stades de la mer [c], c'est-à-dire, à près de deux mille pas. Ciceron dans une Epitre à Tiron [d] dit : le troisiéme jour après vous avoir quitez nous arrivames à Alyzia, lieu situé à cxx. Stades en deça de Leucade. Ptolomée lui donne la même position ; mais ce nom est estropié dans son livre par un renversement de lettres, car il nomme cette Ville Ἀχύλεια AZYLIA. Etienne le Géographe dit Ἀλύζια Ville d'Acarnanie. Sophien dit que le nom moderne est NATALICO.

[b] l. 4. c. 1.
[c] Strab. l. 10.
[d] l. 16. Ep. 2.

HALYZONES, ancien Peuple de la Scythie, selon Herodote [e] qui en parle ainsi : après la Ville où les Borysthenites tiennent leur marché, les premiers des Callipides qui sont des Scythes venus de Grece ; au dessus sont les Halyzones (les Exemplaires Grecs portent Ἀλαζόνες, *Alazones*) ces deux Nations ont tous les usages des Scythes , excepté qu'ils sement du bled & s'en nourrissent, & qu'ils mangent de l'oignon , de l'ail , des lentilles, & du millet : au dessus des Halyzons sont les Scythes *Aroteres* ou Laboureurs, qui sement aussi

[e] l. 4. c. 17.

du bled non pour le manger mais pour le vendre. Strabon [f] parle d'une Ville nommée ALAZONIUS, bâtie par les Allazones dans la Mysie sur la Propontide, sur la rive gauche du Fleuve Æsepus. Pline [g] parlant de la Bithynie dit qu'elle a été appellée *Cronia*, ensuite *Thessalie* , puis *Maliande* & *Strymonis*. Il ajoute qu'Homere en a appellé les Habitans *Halizones* parce que ce Peuple est environné par la Mer. Etienne le Géographe croit au contraire que les Halyzons d'Homere [h] sont les Chalybis Peuple voisin du Pont Euxin près du Thermodon ; mais dans un autre endroit il rapporte le sentiment d'Ephorus qui croit que les Halyzons de ce vers d'Homere [i] habitoient un Canton maritime entre la Mysie, la Carie & la Lydie.

[f] l. 13. p. 603.
[g] l. 5. c. 32.
[h] ad vocem Χάλυβες.
[i] ad vocem Ἀλαζῶνες.

1. HAM, petite Ville d'Allemagne dans la Haute Saxe au Duché de Saxe-Gotha. Voyez HAYN.

2. HAM [k], ou HAMM, en Latin HAMMONA, Ville d'Allemagne en Westphalie, au Comté de la Marck, entre Werne & Marck sur la Lippe, à trois milles de Soest & sur la Frontiere du Pays de Munster. C'est un passage considerable sur la Lippe , pour entrer dans l'Evêché de Munster. Le Ruisseau de DUNCKER y tombe dans la Lippe. Le Pays d'alentour est très-fertile. Elle est à l'Electeur de Brandebourg.

[k] Zeyler Westph. Topog. p. 69.

3. HAM-EN ARDENNES [l], Seigneurie des Pays-Bàs au Duché de Luxembourg sur la Riviere de Lêche. Le Seigneur étoit un des quatre Pairs du Comté de la Roche.

[l] Longuerus desc. de la France 2. part. p. 119.

4. HAM [m], en Latin *Hammus*, petite Ville de France en Picardie, au Diocèse de Noyon, d'où elle n'est éloignée que de quatre lieues. C'est la premiere Ville que l'on rencontre du Vermandois en quittant l'Isle de France. Elle est située de la Somme dans une plaine , au milieu d'un Marais sur lequel elle domine & qui pourroit contribuer à la rendre une des plus fortes places de la Province. Il y a Châtellenie, Vicomté, Gouvernement qui a plus de trente Villages qui en dépendent, Etat Major , un Bailliage qui est devenu Royal depuis l'avenement de Henri IV. à la Couronne, une Mairie établie avant l'an 1188. un Château bâti & fortifié par Louis de Luxembourg connu dans l'histoire sous le nom du Connestable de St. Paul, vers l'an 1470. il y a une tour ronde dont les murs ont trente-six pieds d'épaisseur & laquelle a en cent de Diamétre de de hauteur. On compte à Ham trois paroisses toutes trois Regulieres , savoir celle de St. Pierre , celle de St. Martin, & celle de St. Sulpice. [n] Il y a une Abbaye de l'Ordre de St. Augustin. C'étoit avant le douziéme siécle une Collegiale de Chanoines qui avoient été autrefois Reguliers, mais qui s'étoient secularisez. Baudry Evêque de Noyon y rétablit des Chanoines Reguliers en 1108. & le Pape Paschal II. l'érigea la même année en Abbaye. [o] Avant l'an 876. Ham étoit la Capitale d'un Pays appellé le Hamois. Cette Ville appartenoit en 932. à Hebrad Frere d'Herluin Comte de Montreuil. Hebert II. Comte de Vermandois & de Troyes la prit la même année ; mais Raoul Roi de France la reprit aussi-tôt sur lui. Elle fut encore reprise

[m] Piganiol de la Force desc. de la France T. 3. p. 200. Edit. 1722.
[n] Ibid. p. 18.
[o] p. 201.

prise en 933. par Eudes fils d'Hebert. Simon étoit Châtelain de Ham l'an 986. & il est regardé comme le Chef de l'ancienne maison des Seigneurs de Ham. Jean IV. le dernier de ses descendans mourut sans posterité avant l'an 1374. Depuis ce temps-là la Seigneurie de Ham a successivement passé dans les maisons de Couci, d'Enguien, de Luxembourg, de Rohan, de Vendôme, de Navarre, & a été réunie à la Couronne, lorsque Henri IV. devint Roi de France. Depuis l'an 1645. elle est par engagement dans la maison de Mazarin. Les Espagnols se rendirent maîtres de Ham après la bataille de St. Laurent en 1557. mais elle retourna sous la domination de la France deux ans après par le Traité de Cateau Cambresis. Elle fut encore assiégée durant la Ligue en 1595.

§ L'Abbé de Longuerüe raconte autrement la maniere dont cette Ville a changé de maîtres. Selon lui Ham étant réunie au Domaine du Roi St. Louis, il la vendit à un Gentilhomme nommé Guillaume de Longueval. Après avoir passé par plusieurs mains étant venüe à la maison d'Orleans elle fut réunie à la Couronne sous François I.

5. HAM [a], Abbaye de France en Artois au Diocèse de St. Omer au Midi Oriental & à une lieüe & demie d'Aire; au Nord Occidental & à une demie lieüe de Liller; d'où lui vient le surnom de HAM LEZ LILLER [b]. Elle est de l'Ordre de St. Benoit & fut fondée dans le XI. siécle par un Seigneur de Liller qui fit venir des Benedictins de l'Abbaye de Charoux dans le Poitou. Cette Abbaye est en regle.

§ Mr Dauchant dit qu'elle est à une lieüe & demie de Ham. C'est une faute, il faut dire d'Aire.

6. HAM, ou HEM, ou CHAM., Pays des ZUZIMS dont il est parlé dans la Genese [c]. L'Auteur de la Vulgate traduit : Codor Lahomor vainquit les Rephaïms d'Astaroth-Carnaïm & les Zuzims avec eux. Mais l'Hebreu porte : & les Zuzims dans HEM, ou dans HAM. D. Calmet de qui j'emprunte cette remarque dit : on ne sait quelle étoit la situation de ce Pays de Ham.

1. HAMA, Montagne de Grece dans la Laconie près du Bourg de Lah, selon Pausanias [d].

2. HAMA, Ville d'Asie dans la Syrie : c'est la même qu'APAMÉE 1.

HAMADAN, Ville d'Asie dans la Perse au Couhestan ; à 83. d. de Longitude & à 38. d. de Latitude. C'est la même Ville qu'AMADAN. Voyez ce mot. Voyez aussi ECBATANE, qui est l'ancien nom de cette Ville. En voici la preuve que j'ignorois quand je dressai cet article. Je la dois au savant Mr. de l'Isle qui parle ainsi dans ses remarques sur sa Carte pour la retraite des dix mille inserée dans les Memoires de l'Academie Royale des Sciences [e] : l'opinion commune est que la Ville d'Ecbatane repond à celle de Tauris qui est aujourd'hui très-considerable en Perse. Nos plus exacts Voyageurs, Chardin, Olearius, Herbert, & autres sont de cette opinion, qui a été aussi adoptée par les plus célébres Géographes. Mais elle ne peut subsister si l'on a egard à tout ce que les Anciens nous ont dit sur la situation de la Medie & aux distances qu'ils nous ont données de cette Capitale aux autres Villes de ce Pays. D'ailleurs si Ecbatane avoit été à la partie Septentrionale de la Medie comme est la Ville de Tauris, elle n'auroit pas été à portée d'envoyer du secours à Babylone, comme le dit Xenophon, & auroit été trop éloignée vers le Nord pour avoir été sur la route d'Alexandre qui alloit d'Opis aux portes Caspiennes, comme il paroît par les Historiens qui ont décrit ses expeditions de ce Prince. Ces particularitez reviennent parfaitement à la situation de la Ville d'Amadan qui est aujourd'hui la seconde Ville de Perse pour la grandeur, ce qui est d'autant plus vraisemblable que lorsque l'Ecriture Sainte parle d'Ecbatane, la Version Syriaque rend le nom de cette Ville par le nom d'AMATHAN, très-approchant du nom d'Amadan. D'ailleurs Ptolomée met Ecbatane au milieu de la Medie, ce qui ne peut convenir qu'à Amadan & il marque dans la partie Septentrionale de ce Pays une Ville nommée GABRIS, qui convient fort bien à la situation de Tauris que les Arabes appellent Tabris. Je remarque au mot TAURIS qu'il n'est pas sûr que Ptolomée n'ait pas écrit Tabris, les Copistes ont pu prendre un T, pour un Γ.

HAMÆ, ancienne Ville ou Bourg d'Italie dans la Campanie à trois milles de Cumes, selon Tite-Live [f]. Les habitans de la Campanie y avoient un Sacrifice reglé qui se faisoit la nuit & cette fête duroit trois jours.

HAMAH [g], Ville de Syrie à laquelle le Géographe Abulfeda donne 60. d. & 45'. de Longitude & 34. d. 45'. de Latitude. Cette Ville, selon quelques Historiens, est la même dont il est parlé dans le XXI. Chapitre de Josué sous le nom de HAMOTH. Elle échut à Mohammet fils d'Omar, dans le partage que les Enfans de Saladin firent des Etats de leur Pere, & fut renversée par un horrible tremblement de terre qui fit perir la plupart des habitans l'an 1157. ensorte qu'un maître d'école en étant sorti avant que ce tremblement arrivât trouva à son retour tous ses écoliers écrasez sous les ruines de sa maison sans que personne vînt s'informer de ce qu'ils étoient devenus. On l'a retablie depuis, & les Mogols ou Tartares ne la détruisirent point comme ils firent plusieurs autres Villes de la Syrie. Voyez HAMA & APAMÉE 1.

HAMAIGE [h], ou HAMAY, en Latin HAMATICUM, Abbaye des Pays-Bas dans le Hainaut sur les Limites de Flandres. A cinq cens pas du double Monastere de Marchiennes bâti par St. Amand & par Ste Rictrude, de l'autre côté de la Riviere de Scarpe, sur les confins de l'Ostrevant ou Flandre Vallone & du Hainaut, il y avoit un autre Monastere de filles appellé Hamay, ou Hamaige, bâti en l'honneur de St. Pierre par Gertrude premiere Abbesse du lieu, Grand-Mere du Bienheureux Adalbaud Mari de Ste Rictrude. Ces deux Monasteres furent brûlez par les Normands au IX. siécle. On tâcha de les rebatir, sous le regne de Charles le simple. Hamaige n'est plus aujourd'hui qu'un Prieuré dependant de Marchiennes.

HA-

HAMAMET, Ville d'Afrique en Barbarie, sur un Golphe auquel elle donne son nom. Les Rois de Tunis l'ont bâtie depuis peu (dit Marmol [a], c'est-à-dire, il y a environ deux cens ans). Quelques-uns disent par corruption *Mahamet* pour Hamamet. Elle est à dix-sept lieues de Tunis par terre du côté du Levant. Mais par Mer il y en a plus de soixante à compter de la Goulette, car delà jusqu'au Cap d'Apollon, aujourd'hui Açafran, la Mer forme un Cercle en forme de Croissant, & s'étend ensuite fort loin vers le Levant, sur le Golphe de Carthage jusqu'au Cap de Mercure ou de Pucro. Il y a là une forteresse d'où la Mer fait un grand Golphe sur lequel cette Ville est assise, ce qui fait qu'elle est si éloignée de Tunis par Mer & si proche par terre. Ses habitans sont de pauvres gens, Pescheurs, Blanchisseurs, ou Charbonniers qui ont bien de la peine à vivre à cause des impôts dont on les charge. Le R. P. Hardouin dit de l'ancienne Adrumete que c'est aujourd'hui **MAHOMETA**. Ce mot, comme on vient de voir, est corrompu de *Hamamet*. Mr. Baudrand écrit **HAMAMETHE** & ajoute ou **MAHOMETA** & donne pour noms Latins *Hamametha*, *Adrumetum* & *Hadrumetum*. Il prétend que c'est une ancienne Ville Episcopale Suffragante de Carthage. Cela est vrai d'Adrumete ; mais cela est faux d'Hamameth, Ville nouvelle, bâtie & possedée par un Peuple Mahometan long tems après la ruine entiere de Carthage.

[a] l.6.c.22.

HAMARAC. Voiez **HAMEM**.

HAMARAN, grande plaine d'Afrique au Royaume de Fez dans la Province de Cutz entre les Montagnes du grand Atlas. Il y a là, dit Marmol [b], de vastes plaines environnées de plusieurs bois de Chênes, de Hêtres & d'autres arbres & remplies de quantité d'Herbes pour les troupeaux ; mais il faut se donner de garde des Lions, & resserrer le bétail la nuit dans de grands parcs fermez d'épines. Quelques-uns nomment ces lieux les **PLAINES D'ONZAR**, les autres de **IUPET**, ou de **MOCIN**, mais le nom le plus commun est celui de Hamaran & d'Azgar.

[b] Marmol l.4.c.124.

1. **HAMAT**, **AMATH**, ou **EMATH**. Voyez **EPIPHANIE**.

2. **HAMAT**, **AMATIS**, ou **HEMATH**. Voyez **APAMÉE**.

3. **HAMAT**. Voyez **AMATHUS** 4.

4. **HAMAT**. Voyez **EMESE**.

HAMATHE'ENS. Château de Hambie ou Hambuis étoit l'ancien Patrimoine des Paisnels, l'une des plus considerables familles de la Province. La maison de Longueville Heritiere de celle d'Estouteville qui l'eut de Jeanne Paisnel par Mariage, en a esté depuis en possession. Ce Château a beaucoup de marques d'Antiquité, de grandes Salles avec de grandes Cheminées. Il est bâti sur la hauteur d'un Rocher & il y a un puits très-profond taillé dans le Roc. Voyez **AMBIE**.

HAMBOURG, grande Ville libre & Imperiale d'Allemagne dans la Basse Saxe sur le bord Septentrional de l'Elbe dans le Duché de Holstein dont elle est indépendante [o]. Elle doit son origine à Charlemagne qui pour arrêter les courses des Slaves ou Esclavons Septen-

[o] Lambet. Origin. Hamburgensis p.3. Eghinard. ad ann. 808.

D 3**HAMATHE'ENS.** Voyez **AMATHE'ENS**.

HAMATICUM. Voyez **HAMAIGE**.

HAMAXIA, Bourgade maritime d'Asie dans la Cilicie. Strabon dit [c] : après *Coracesium* suit la Ville de *Sydra*, ensuite *Hamaxia*, Bourgade, Κατοικία, sur une Colline, avec un Port où l'on transporte du bois à bâtir des Vaisseaux. C'est presque une espece de Cedre que ces lieux ont en abondance. C'est la même que l'**AMAXIE** d'Etienne le Géographe.

[c] l.14.p. 669.

HAMAXICI, Peuple de la Scythie entre le Tanaïs, le Borysthene, & le Palus Méotide, selon Strabon [d].

[d] l.2.p. 126.

HAMAXITUS, ou *Amaxitus* ; Ortelius dit : **HAMAXITIS**, Ἁμαξῖτις, Ville maritime aux environs de l'Æolie & cite Xenophon 3. l. de l'Histoire des Grecs & Thucydide l. 8. Il ne s'agit dans ces deux Auteurs citez que de Hamaxitos, Ἁμαξῖτός. Thucydide [e] dit qu'en allant de Lesbos à Rhœteum on trouve *Lectum*, *Larisse*, & *Hamaxitus*. Xenophon [f] dit de Manie femme de Zenis qu'elle reduisit quelques Villes Maritimes, savoir *Larisse*, *Hamaxitus*, & *Colone* ; on voit que l'un & l'autre parle d'une même Ville d'Hamaxitus. Elle n'étoit pas de l'Æolie mais de la Troade. Pline [g] dit qu'elle en étoit la premiere Ville , en venant du Promontoire *Lectum* qui separoit, selon lui, la Troade & l'Æolie. Delà vient que Strabon [h] dit, Hamaxite est immediatement au dessous de *Lectum*. Le petit Pays d'autour de cette Ville étoit nommé **HAMAXITIA** par le même Geographe [i]. Il y avoit auprès d'Hamaxitus la Saline de Tragesaion, où durant un certain temps de l'année le Sel se formoit de lui-même [k]. Athenée parle de cette Saline : les habitans de la Troade pouvoient se servir de ce sel librement. Lysimachus [l] y ayant mis un impôt, le sel ne s'y trouva plus , ce qui ayant étonné ce Prince l'obligea à le lever & le sel se retrouva comme auparavant. Hamaxitus fut le premier établissement des *Teucri* Peuple amené de Crete par Callinus Poëte Elegiaque. L'oracle leur avoit commandé de s'arrêter à l'endroit où les habitans les attaqueroient ; ce qui leur arriva à Hamaxitus. Ils n'y furent pas plutôt debarquez qu'une multitude de rats vint leur ronger durant la nuit tout ce qui étoit de cuir dans leur bagage & dans leurs armes ; ce qu'ils prirent pour l'accomplissement de l'Oracle. Ils s'établirent donc en cet endroit ; & nommerent la Montagne voisine *Ida* du nom d'une Montagne de Crete.

[e] l.8.p. 626.
[f] l.3.p. 482.
[g] l.5.c.30.
[h] l.13.p. 604.
[i] l.10.p.
[k] l.13.p. 605.
[l] Casaubon in Athen. Deipn. Animad.3.c.1. p.199.

HAMAXOBII, ancien Peuple de la Sarmatie , auprès du Palus Méotide. Pomponius Mela [m] dit, que les Agathyrses & Sauromates étoient nommez *Hamaxobii*, parce qu'au lieu de Maisons ils logeoient dans des Hutes portées sur des roues. *Agathyrsi & Sauromata. Quia pro sedibus plaustra habent dicti Hamaxobii*. Ainsi ce nom n'est pas celui d'un Pays, ou d'un peuple à proprement parler ; mais un adjectif qui designe une maniere de se loger.

[m] l.2.c.1.

HAMBIE [n], Bourg de France en Normandie au Diocèse de Coutances, à trois lieues de la Ville de ce nom. Il y a une Abbaye de Benedictins fondée par Guillaume Paisnel en 1015. comme il se voit par la charte de cette fondation. Le Château de Hambie ou Hambuis étoit l'ancien Patrimoine des Paisnels, ...

[n] Corn. Dict. And. Duchêne antiq. des Villes & Chât. de France.

HAM.

tentrionaux fit conſtruire par ſes Lieutenants deux Forts ſur l'Elbe l'an 808. Celui qui commandoit le Fort qui avec le temps eſt devenu la Ville de Hambourg s'appelloit Odon, & la garniſon que l'on y mit étoit une Compagnie de Saxons Orientaux. Albert de Staade dit [a] : que l'ancien nom de ce Château étoit HOCHBUCHI, ou HOCHBURI. Lambécius obſerve que ce Château avoit deux noms, un nom Saxon & un nom Vandalique; que ce dernier eſt fort diverſement écrit dans les anciens monuments où l'on trouve HUOBBUOCKI, HOBBOUCH, HOCHBUCH, HOCHBURI, BOCHBURI, BUCHBURI, BUCHBORG & BUCHBORCH; il fait voir que les Villes de ces Cantons avoient pareillement deux noms & raporte ceux de Sleſwic, d'Aldenbourg & de quelques autres. On derive la ſyllabe de *Buch*, du mot *Bog*, ou *Buh* qui ſignifie *Dieu*, le premier en Polonois, le ſecond en Bohemien. Cela s'accorde avec ce que dit l'Auteur de la Preface de l'ancien Droit Civil de Hambourg que cette Ville étoit nommée *Ville de Dieu*, en Langue Vandaliſque. Cela a conduit cet Auteur à imaginer qu'on y avoit adoré Jupiter Ammon comme ſi cette Divinité d'Afrique avoit pu avoir un culte dans une Ville commencée par un Empereur Chrétien. Cette ſotiſe n'a paſ laiſſé de trouver place dans des livres. Joachim Vaget [b] a été aſſez extravagant pour promettre un Volume entier en confirmation de cette opinion ridicule. Ce que diſent cet Auteur [c], Mathieu Dreſſer [d], & quelques autres qu'Hambourg a été autrefois appellée *Auguſta Gambrivorum*, ou *Gambrivia* eſt ſans aucun fondement. Tacite qui parle des Gambriviens ne dit point qu'ils euſſent une Ville nommée *Auguſta*. Il nomme ſeulement ce peuple ſans dire où il étoit ; & Althamer a été auſſi autoriſé à dire que c'étoit l'origine de *Cambrai*, qu'il derive de *Gambrew*. Ce ſont de pures badineries. Cluvier [e] s'eſt également trompé quand il a dit que HAMBOURG eſt preſentement la *Marionis*, Μαριωνις de Ptolomée. Il a tort de chicaner à cette occaſion Ptolomée de ce que ſa Latitude & ſa Longitude ne s'accordent point avec cette conjecture. *Marionis* n'eſt pas Hambourg où Lunebourg où Gerard Mercator l'a placée. Voyez MARIONIS.

Le Château qu'Odon avoit bâti étoit, à ce que juge Lambecius, au Midi de la Cathedrale & au même lieu où vers l'an 1036. l'Archevêque Bezelin éleva un Palais flanqué de tours & de baſtions. L'an 810. [f] les Wilſes Peuple d'entre les Slaves prirent ce Fort & le raſerent, & l'année ſuivante Charlemagne le releva, [g] y fit bâtir une Egliſe en l'honneur de Jeſus-Chriſt & de la Ste Vierge; la conſecrations'en fit par Amalius Fortunatus, Archevêque de Treves ; & il y établit un St. Prêtre nommé Heridag. Bertius dit [h] que l'Egliſe fut d'abord dediée à St. Pierre. Pontanus [i] dit la même choſe : c'eſt une erreur dementie par tous les anciens monumens. Ce dernier dit que Amalarius [k] Fortunat fut premier Evêque de Hambourg ; & qu'Heridag fut le ſecond ; c'eſt une double erreur. Louïs le Debonnaire fils & Succeſſeur de Charlemagne declare le

[a] Ad ann. 810.

[b] Pracidan. de Orbe Habitabili p. 259.
[c] p. 258.
[d] De Urb. German. p. 304.

[e] German. Ant. l. 3. c. 27. p. 605.

[f] Eghinard ad ann. 810. Albert Stad. Chronic. Eod. ann.
[g] Lambecius Rer. Hamb. p. 333.
[h] Rer. German. l. 3.
[i] Dan. Chorogr. deſcr. p. 666.
[k] Lambecius dict. loc.

HAM.

contraire dans le Diplome de la fondation de l'Evêché de Hambourg. Voici ſes termes : "Notre Pere de glorieuſe mémoire Charles "&c. ayant deſſein de faire ériger ici (à "Hambourg) un Siége Epiſcopal au delà de "l'Elbe, pour prevenir qu'aucun Evêque "voiſin ne s'attribuât ce Dioceſe, fit venir des "Gaules un Evêque nommé Amalarius pour "conſacrer la premiere Egliſe". Cet Evêque s'en retourna à Treves après la conſecration. Heridag demeura en qualité de Prêtre pour deſſervir cette Egliſe. Le Diplome dejà cité porte que Charlemagne avoit voulu faire ſacrer le Prêtre Heridag Archevêque de Hambourg, mais que ce projet n'ayant pas été exécuté, lui Empereur Louïs avoit établi St. Anſchaire premier Evêque & Archevêque de l'Egliſe de Hambourg. Le Prêtre Heridag vécut à peine deux ans après ſon inſtallation & mourut au plus tard l'an 813. La conſecration de St. Anſchaire le fit l'an 831. Les deux années ſuivantes Louïs fut trop occupé par la revolte impie de ſes enfans ; mais ayant recouvré ſa liberté & l'Empire il confirma l'érection de l'Archevêché par un Diplome du 15. Mai 834. l'Acte eſt daté d'Aix la Chapelle, & quelques-uns l'ont confondu avec l'Acte de fondation qui eſt anterieur de trois ans. La même année St. Anſchaire accompagné de deux Evêques & d'un Comte que l'Empereur lui avoit adjoints par honneur, alla à Rome demander la confirmation de ſon Siége, au Pape Gregoire IV. qui lui donna le Pallium & le Titre de Legat dans tous les Pays du Nord. Il s'étoit inſenſiblement formé une Ville auprès du Fort; elle ne devoit pas être fort conſiderable en 845. lorſqu'elle fut ſaccagée par les Pirates Normans, c'eſt-à-dire, par les peuples de Norwége. Ils prirent le temps que le Comte Bernard Gouverneur de la Ville étoit abſent & remontant l'Elbe, à la faveur de la nuit ils ſurprirent les habitans, mirent tout à feu & à ſang. St. Anſchaire échapa à peine & s'enfuyant du pouvoit, il s'arrêta dans l'Evêché de Ferden, où il obtint d'une Dame nommée Ikie la permiſſion de s'arrêter dans un bien de Campagne qu'elle avoit à *Rameſloe*, ou *Ramſol*; il y bâtit une Cellule & y recueillit ce qu'il put de ſon troupeau. Tel fut le ſecond ſac de Hambourg. L'an 849. Leon IV. Succeſſeur de Gregoire envoya à St. Anſchaire une Bulle par laquelle il lui accordoit comme ſon Predeceſſeur la Juriſdiction ſpirituelle ſur toutes les Nations Septentrionales qu'il pourroit convertir à la foi; on y nomme les Peuples *Wimodii*, *Nordalbingi*, *Dani*, *Norweni*, *Suevi*. &c. c'eſt-à-dire, les peuples qui habitoient un Canton du Pays de Breme vers l'Elbe, le Holſtein, le Danemarc, la Norwége & la Suede. L'an 857. le Pape Nicolas I. unit l'Evêché de Bréme à celui de Hambourg en faveur de St. Anſchaire, deſorte que la dignité de Metropole demeura attachée à l'Archevêché de Hambourg ; cela ſe fit du conſentement de Gunthier Archevêque de Cologne, duquel le Siége de Bréme relevoit comme Suffragant. Il n'eſt point vrai, comme le dit Mr. Corneille, que le Siége de Hambourg ait été transferé à Bréme. L'Acte du Pape Nicolas I. eſt du 1. Juin. Peu de temps après les Norwégiens ayant

HAM.

[a] *Helmold. Chron. l. 1. c. 5.*

ayant difcontinué ou porté ailleurs leurs pirateries, on commença à rebâtir Hambourg [a]. Pendant qu'on y travailloit, St. Anfchaire paffa en Danemarck où il fit de grandes converfions, entre autres celle du Roi Eric ennemi declaré du nom Chrétien; il paffa delà en Suede & après des travaux qui l'ont fait nommer l'Apôtre du Nord il revint mourir à Bréme l'an 865. Il étoit, François, Moine Benedictin de Corbie, d'où il avoit été tiré avec la Colonie qui fut envoyée à la nouvelle Corbie, ou Corwey. Il eut pour Succeffeur St. Rembert, Benedictin, le Cooperateur de fes travaux Apoftoliques qui a écrit la Vie de ce St. Prelat. Je ne fuivrai point la lifte des Archevêques qu'a eus Hambourg; je remarquerai feulement que l'Eglife s'étant étendue vers le Nord, les Archevêques de Cologne qui prétendoient n'avoir pas cédé entierement leur droit fur l'Eglife de Bréme, mais avoir feulement confenti à l'union pour fortifier l'Eglife de Hambourg, pour un temps, jugerent qu'elle pouvoit fe paffer de ce fecours, & demanderent à rentrer dans leurs droits. Adalgaire Archevêque de Hambourg defendit mal les fiens & perdit fa caufe au Concile tenu à Tribur, maifon Royale au delà du Rhin entre Openheim & Mayence l'an 895. Le Siége de Breme y fut declaré appartenir non à Adalgaire Archevêque de Hambourg, mais à Herman Archevêque de Cologne, & cette difpofition fut confirmée par un Acte du Pape Formofe qui en explique les raifons. Mais l'an 911. le Pape Sergius III. envoyant le *Pallium* à Hoger quatriéme Archevêque de Hambourg, annula la Sentence rendue au Concile de Tribur contre le Droit de l'Archevêché de Hambourg fur l'Eglife de Bréme, confirmé par les Papes Gregoire IV. & Nicolas I. Le Refcrit du Pape Sergius III. eft du 1. Juin 911. Quatre ans après l'Empire fut dans un extrême danger par les ravages qu'y firent les Hongrois qui s'avancérent jufques dans la Saxe. Pendant que l'Empereur n'avoit pas trop de toutes fes forces pour les reprimer les Danois & les Slaves prirent ce temps pour s'emparer du Nord de l'Elbe, & pillerent Hambourg qui, comme nous avons dit, avoit été rebâti les dernieres années de la vie de St. Anfchaire. Ce fut le troifiéme fac de Hambourg qu'Albert Stade met mal-à-propos à l'an 913. La Ville fe releva encore de fes ruines & les Ottons lui accorderent de beaux Privileges. Otton le Grand en 948. fit fon expedition du Dannemarc, & établit dans le Jutland trois Evêchez, favoir *Sleswig, Rypen & Arhus* qui furent foumis comme Suffragans au Siége de Hambourg. Baronius & Calvifius fe trompent lorfqu'ils mettent ces faits un an plus tard. Otton le Grand étant allé en Italie pour remedier aux fcandales qui affligeoient l'Eglife, y mena avec lui Adalgag feptiéme Archevêque de Hambourg. On y dépofa Benoît V. que les Romains avoient élu Pape en la place de Jean XII. qui avoit dépofé Léon VIII. Otton fit rétablir ce dernier & Benoît ayant été traité en ufurpateur fut confié à Adalgag qui l'amena à Hambourg en exil. Il étoit favant & vertueux, digne du Pontificat s'il y fût parvenu felon les Canons; Léon VIII. étant mort au Mois d'Avril 965. on demandoit Benoît pour l'élever canoniquement fur la chaire de St. Pierre; mais il mourut à Hambourg le 3. de Juillet fuivant, felon l'Epitaphe que l'on voit aujourd'hui fur fon tombeau dans la Cathedrale de Hambourg, ou le 5. felon Adam de Bréme. Son corps repofa dans cette Eglife jufqu'à l'an 999. qu'Otton III. le fit reporter à Rome; fon tombeau fe voit encore dans le Chœur.

La Ville fe rétabliffoit de plus en plus & Unwan, IX. Archevêque, y établit un Chapitre de douze Chanoines qui fubfifte encore, quoique la Religion Lutherienne y ait admis des gens mariez. Quelques années auparavant, c'eft-à-dire, l'an 1012. Miftiwoy & Mizzudrag Princes Vandales qui avoient embraffé la Religion Chrétienne fe voyant durement traitez par le Comte Bernard qui commandoit pour l'Empereur en ces quartiers-là, prirent les armes, abjurerent le Chriftianifme & profiterent de l'embaras où Bernard s'étoit mis lui-même en fe revoltant contre l'Empereur Henri II. Ils firent partout d'affreux ravages, furtout à Hambourg qui étoit la Metropole du Chriftianifme. Ils raferent l'Eglife de Notre-Dame, tuerent une partie des habitans & en emmenerent d'autres en efclavage. La Communauté des Benedictins que St. Anfchaire avoit tirez de Corbie & établis à Hambourg auprès de cette Eglife qu'ils defferviont, paffa alors en deça de l'Elbe & s'établit à Ramefloe où nous avons dit que St. Anfchaire avoit eu permiffion de fe bâtir une Cellule. Ils avoient formé une Ecole & tenoient lieu de Chapitre à la Cathedrale; ce fut pour les remplacer que l'Archevêque Unwan y mit douze Chanoines.

Après le quatriéme fac de Hambourg l'Eglife de Notre Dame n'avoit été rebâtie que de bois. Bezelin douziéme Archevêque commença à la bâtir de pierre de tailles & tout auprès, au Midi, du côté de l'Elbe il éleva un Palais muni de tours & de baftions & fortifié comme une Citadelle. Bernard Duc de Saxe craignant que l'Archevêque ne s'en fervît pour fe rendre le plus fort dans la Ville, fit bâtir au Nord de la même Eglife une autre Fortereffe dont il eft refté de notre temps quelques veftiges. C'eft prefentement où font les écuries du Senat. Ces deux Citadelles furent commencées vers l'an 1037. La derniere étoit fur l'Alfter petite Riviere qui fepare aujourd'hui l'ancienne Ville de la Ville Neuve. Mais l'an 1066. les Obotrites Nation d'entre les Slaves ayant martyrifé Gotfcalc leur Prince, fe replongerent dans le Paganifme, ravagerent toute la Saxe d'au delà de l'Elbe, prirent Hambourg & raferent de fond en comble le Fort que le Duc Bernard avoit élevé. Ce fut le cinquiéme defaftre que cette Ville foufrit à caufe de la Religion Chrétienne. Le fixiéme & le feptiéme arriverent en 1072. Les Payens prirent cette Ville, la pillerent & la brûlerent enfin de maniere qu'elle fut reduite en un miferable état. Adalbert I. fon XIII. Archevêque mourut la même année & eut pour Succeffeur Liemar, qui a qui Adam Chanoine de Bréme dedia fon Hiftoire Ecclefiaftique.

Depuis l'an 961. les Empereurs avoient confié

fié le soin de cette frontiere à des Gouverneurs qui defendoient la Saxe contre les courses des Barbares. Otton le Grand partant pour Rome avoit commis ce soin à Herman Billing qui étant mort en 973. eut pour Successeur le Duc Bennon son fils, celui-ci mourut l'an 1010. & son fils Bernard lui succeda au Duché de Saxe, qui en jouït jusqu'à sa mort, c'est-à-dire, jusqu'à l'an 1061. Ordolphe son fils eut pour Successeur son fils Magnus qui mourut sans posterité.

Le septiéme saccagement de Hambourg étant arrivé en 1072. comme j'ai dit, les Barbares qui l'avoient détruit s'emparerent de tout le Nord de l'Elbe & ce Pays resta quelque temps sous leur joug. Plus de six cens familles abandonnerent le Holstein & se refugierent dans la Forêt du Hartz. Enfin l'an 1100. Henri fils de Godscalc Prince des Obotrites, qui après le martyre de son Pere s'étoit réfugié chez les Saxons, s'accommoda avec Crucon qui avoit usurpé ses Etats, & ayant mis dans ses interêts la femme de ce Tyran en promettant de l'épouser, il vint à bout de le tuer & de reprendre son Pays. Il delivra aussi-tôt le Nord de l'Elbe, c'est-à-dire, le Holstein qu'il rendit à Magnus Duc de Saxe. Ce Duc y mit pour le gouverner un Gentilhomme nommé Gotfrid, à titre de Comte du Pays. Hambourg où ce Comte demeuroit, commençoit à se relever de ses ruines, quand en 1106. un gros de Slaves s'étant jetté sur le Stormar, se saisit d'une multitude d'hommes & de Bestiaux qu'il surprit près de Hambourg. Gotfrid accompagné de quelques Bourgeois armez precipitamment courut après le butin, & poursuivant l'ennemi avec trop peu de precaution il tomba dans une embuscade, il y fut taillé en pièces. Le Duc Magnus venoit de mourir, & son Duché fut donné par l'Empereur Henri IV. à Lothaire Comte de Supplenbourg qui après la mort de Gotfrid donna le Comté de Holstein, de Wagrie & de Stormar à Adolphe Comte de Schawenbourg. C'est ainsi que Hambourg Capitale du Stormar vint sous la domination des Comte de Schawenbourg, de maniere pourtant qu'elle étoit soumise à l'Empereur comme faisant partie du Fief du Duché de Saxe. Ce Lothaire dont on vient de parler est le même que Lothaire le Saxon qui fut Empereur après la mort d'Henri V.

Le Comte Adolphe s'appliqua à rétablir la Ville de Hambourg, à en rebâtir la Cathedrale, & sa femme releva une forte Citadelle sur les ruines de celle du Duc Bernard. Adolphe mourut en 1128. Adolphe II. son fils se mêla de la querelle d'Henri de Baviere & d'Albert l'Ours de Brandebourg qui se disputoient le Duché de Saxe, le parti du premier qu'il avoit suivi étant d'abord le plus foible, il fut depouillé de ses Etats qui furent donnez à Henri Comte de Badevid, qui ne comptant pas de les garder lui démolit plusieurs Forteresses, entre autres celle de Segeberg & celle de Hambourg. Il fut rétabli, & fit bâtir Lubec en 1140. il fut tué en 1164. dans la guerre de Pomeranie. Adolphe III. son fils étoit encore trop jeune pour gouverner, on lui donna un tuteur; & lorsqu'il fut grand, il mit tous ses soins à embellir Hambourg à l'exemple de son Pere & de son Ayeul. L'an 1181. la mesintelligence s'étant mise entre Henri & lui & quelques malintentionnez ayant soufflé le feu de la division, Henri le depouilla de ses Etats, mais le Duc Henri ayant été proscrit, attaqué, & mis en fuite par l'Empereur Frederic Barberousse en 1182. l'Empereur prit Lubec qui depuis ce temps-là est demeurée Ville libre & Imperiale, & rendit au Comte Adolphe le Holstein, la Wagrie & le Stormar. Il en jouït jusqu'à l'an 1189. qu'il suivit Frederic Barberousse à la terre Sainte. La Ville de Hambourg lui ayant fait de riches presens pour son Voyage, il l'en recompensa par des Privileges qu'il lui fit accorder par l'Empereur, comme d'être exempte de tous impôts pour les guerres que les Comtes de Schawenbourg entreprendroient, de ne payer aucune Douanne ni sur l'Elbe jusqu'à la Mer ni en aucun lieu de la dependance des Comtes; que personne ne pourroit élever ni Château fortifié, ni Citadelle à deux milles d'Allemagne de la Ville; il ajouta à cela le Droit de pêcher dans l'Elbe deux milles au dessus & au dessous de la Ville, & un mille dans la petite Riviere de Billa qui se perd dans l'Elbe auprès de la Ville &c. Après leur départ Henri le Lion qui étoit en Angleterre revint en Allemagne, reprit Lubec & Hambourg, rasa Bardevic qui lui avoit fait une longue resistance & en vendit les demolitions aux Hambourgeois qui les employerent à bâtir un port sur l'Elbe. Adolphe revint de la Croisade pour deffendre son Pays. On le reçut à Hambourg d'où il chassa la garnison étrangere & cette Ville lui aida à reconquerir le reste de son Pays. Mais les grands impôts qu'il mit sur son Peuple & les guerres qu'il eut contre Waldemar Duc de Slefwig Frere de Canut Roi de Danemarc & ensuite Successeur de ce Monarque, reduisirent, le Comte Adolphe à la simple qualité de Comte de Schawenbourg. Ce fut lui qui fit bâtir la Chapelle de St. Nicolas dans le quartier qu'on appelloit alors la Ville Neuve. Cette Chapelle est devenue ensuite une grande Eglise. L'abdication d'Adolphe III. arriva en 1203.

Il y avoit longtemps que les Chapitres de Hambourg & de Bréme ne s'accordoient pas sur le rang des deux Eglises. L'Archevêque Hartwic II. étant mort les Chanoines de l'Eglise de Bréme, sans y apeller ceux de Hambourg, élurent pour Archevêque Woldemar Evêque de Slefwig. Le Chapitre de Hambourg deja piqué de ce qu'on avoit enlevé à leur Eglise la dignité de Metropole appellerent Burchard Prevôt de l'Eglise de Bréme & l'ayant fait venir à Hambourg l'en firent Archevêque de leur propre autorité. Waldemar Roi de Dannemarck ne trouva rien à dire à cette élection. L'Elu de Bréme lui étoit odieux. Ce Prélat étant Evêque de Slefwig avoit cabalé contre le Roi Canut, & quoi qu'on l'eût fait prisonnier & ensuite relaché à condition qu'il sortiroit du Dannemarck & vivroit d'une maniere à ne point donner d'ombrage au Roi, il avoit contre son serment brigué l'Evêché de Bréme. Cette querelle entre les deux Eglises fut enfin assoupie par la mort de l'Empereur Philippe qui protegeoit Waldemar.

Ce-

Cependant l'Eglise de Bréme continua d'avoir ses Archevêques à part & independamment du Siége de Hambourg.

Cette querelle avoit commencé du temps de Hartwic I. ou au moins du temps de Baldewin qui lui succeda l'an 1169. Le Chapitre de Hambourg alleguoit de son côté son ancienne prééminence, les Lettres des Papes, les Diplomes des Empereurs & une prescription de trois siécles. Il pretendoit que bien loin que les pillages & autres desastres soufferts dussent priver la Ville d'un rang qui lui appartenoit, au contraire ces maux soufferts pour la Religion étoient un titre à le lui confirmer. Celui de Bréme comptant l'antiquité pour rien insistoit sur la situation presente & soutenoit que depuis la premiere destruction de Hambourg arrivée sous St. Anschaire la Dignité Metropolitaine n'avoit été qu'un titre & non pas une réalité pour cette Ville; il ajoutoit que tous les Archevêques avoient residé à Bréme & n'avoient fait à Hambourg que quelque séjour tout au plus, & comme en passant. Aprés cinquante ans cette querelle finit à l'avantage de l'Eglise de Bréme à qui celle de Hambourg ceda son droit de Metropole, prerogative dont elle jouïssoit depuis St. Anschaire. L'Eglise de Lubec avoit prété serment de fidelité à celle de Bréme comme à sa Metropole dès le 1. Decembre 1267. celle de Swerin fit la même reconnoissance au Mois de Juin suivant. On en a les Formulaires entre les Privileges de l'Eglise de Hambourg.

Les Danois possedoient tranquilement le Stormar & la Ville de Hambourg qui portoient impatiemment le joug de l'Etranger. Il se fit quelques demarches auprès d'Adolphe III. qui content de son exil refusa de tenter fortune de nouveau. L'Empereur Otton IV. étant venu en 1215. avec les troupes devant la Ville, les Bourgeois le reçurent à bras ouverts, & se liérent par serment à l'Empire dont ils avoient, disoient-ils, été arrachez par la force. C'est pour cela qu'ils se disent presentement immediatement Sujets de l'Empire. Mais l'Empereur ne fut pas plutôt parti que Waldemar Roi de Danemarck, assiégea la Ville, qui resista d'abord courageusement & se rendit enfin à composition. Il tint mal la Capitulation, satisfit sa vengeance avec bien de la cruauté, & vendit la Ville à perpetuité à Albert Comte d'Orlamunde pour sept cens marcs d'argent. Mais Waldemar ayant été fait prisonnier par Henri Comte de Swerin, Adolphe IV. fils d'Adolphe III. Comte de Schawenbourg travailla à regagner l'heritage de ses peres. Albert avoit commencé par se faire cherir de ses nouveaux Sujets en les gouvernant avec bonté & en les faisant jouïr de tous les Privileges que les Empereurs, les Ducs de Saxe, & les Comtes de Schawenbourg ses predecesseurs leur avoient accordez. Quand il vit qu'Adolphe étoit soutenu par Gerard Archevêque de Bréme & par Henri Comte de Swerin, il songea à tirer le meilleur parti d'un bien qu'il ne pouvoit pas garder; il vendit à la Ville de Hambourg pour quinze mille marcs d'argent tous les droits qu'il avoit sur elle en vertu de la vente que lui en avoit faite le Roi de Danemarc; & ayant reçu cette somme il

la déclara Ville libre & indépendante. Il marcha ensuite contre Adolphe, qui le fit prisonnier & se ressaisit du Holstein, de la Wagrie & du Stormar. Il rentra aussi dans Hambourg, à qui il confirma tous les Privileges accordez par ses predecesseurs; il commença par nétoyer les environs de Hambourg des Forts que le Roi de Danemarck y avoit construits pour brider la Bourgeoisie, entre autres le Fort de SCHIFBECK dont on voit encore les vestiges. La posterité de ce Comte jouït de la Ville & du Pays jusqu'à Adolphe VIII. dernier Comte de Holstein, de la Maison de Schawenbourg mort l'an 1459.

Adolphe VIII. avoit une Sœur Hedwige mariée à Theodoric Fortunat Comte d'Oldenbourg, & de ce mariage étoient nez trois fils dont l'ainé Christian devint Roi de Danemarck en 1448. de Norwegue en 1450. & de Suede en 1458. Il y avoit encore en Westphalie un Otton de Schawenbourg à qui la succession d'Adolphe appartenoit de droit, cependant celui du Roi de Danemarck l'emporta, en achetant ses pretentions pour une somme d'argent. Il se rendit à Hambourg qui lui promit l'obeïssance; il exigeoit le serment, mais on lui remontra que les Comtes à qui il succedoit ne l'avoient pas exigé & l'ancien usage l'emporta. Zeiler dit [b] : qu'on ne lui promit obeïssance qu'autant qu'il laisseroit jouïr la Ville de tous les Privileges anterieurement accordez & qu'il maintiendroit le Commerce par terre & par mer. Ses Successeurs exigerent comme lui l'hommage qu'on leur refusa & la Ville ne les reconnut que sauf le droit de l'Empereur & de l'Empire & les libertez obtenuës du trône Imperial. Du vivant du Roi Christian III. le Fiscal Imperial revendiqua la Ville de Hambourg comme Ville Imperiale & commença là-dessus un procès qui fut porté à la Chambre de l'Empire. Cela n'empêcha point que la Ville ne reconnût Christian IV. mais sans serment, l'an 1603. & ensuite le Duc Jean Adolphe de Sleswig de Holstein, & cette démarche fut excusée par l'Empereur Rodolphe II. & par l'Empire, quoique dès l'an 1510. à la Diéte d'Augsbourg, Maximilien I. eût déclaré que Hambourg étoit une Ville libre & Imperiale, & que la Maison de Holstein eût été renvoyée à la Chambre de Spire pour y debatre ses pretentions, selon le droit. La reception des Ducs de Holstein que cette Maison expliquoit comme une prestation de foi & hommage, n'est autre chose qu'une liaison de protection; & la Ville se gouverne independemment d'eux.

1. Les Magistrats de Hambourg ont le libre gouvernement dans les affaires Spirituelles & dans les Temporelles; 2. Ils établissent les Bourgmestres & les Conseillers par une libre Election sans qu'il faille demander le consentement, ni la confirmation de la Maison de Holstein. 3. Ils conferent les postes de Predicateur. 4. Ils font des Statuts & des Reglemens pour ce qui regarde la Police. 5. Ils exercent publiquement toute Jurisdiction Souveraine tant pour le civil que pour le criminel, jugent & font executer leurs Sentences, au dedans & au dehors de la Ville sans apel, revision, reduction ou reformation de la Cour de Holstein, & ne re-

[a] *Hubner Polit. Hist. T. 6. p. 356. & seq.*

[b] *Infer. Saxon. Topogr. p. 127.*

HAM.

connoissent pour cet article aucun Superieur que sa Majesté Imperiale & le Conseil Aulique & la Chambre Imperiale. 6. Ils reçoivent, & excluent des Bourgeois comme il leur plait. 7. Ils disposent des emplois & y attachent des Privileges. 8. Ils reglent & imposent les contributions & les taxes. 9. Ils levent des troupes & des milices dans leur district. 10. Ils font des Traitez & des alliances avec qui bon leur semble sans consulter la Cour de Holstein. 11. Ils ne reçoivent point ses troupes en temps de guerre. 12. Ils fortifient leur Ville, ont leur propre artillerie, & leurs Magazins, choisissent leurs Commandans & generalement tous leurs Militaires. 13. Ils ont le droit de sauf-conduit & de fisc, & ne rendent à la Maison de Holstein aucun devoir qui soit une reconnoissance de Souveraineté.

a l. 7. c. 23. Limneus [a] se trompe quand il dit que Hambourg est une Ville Vandalique & voisine du Stormar. Lambecius se moque d'un Jurisconsulte qui dit que les Historiens & les Géographes ne s'accordent point sur la question si Hambourg est dans le Stormar ou dans la Saxe. Cette question seroit ridicule, Hambourg est dans le Stormar Province de la Basse Saxe. C'est en vertu de cette qualité de Metropole du Stormar que le Duc de Holstein à qui le Stormar appartient excepté Hambourg & son Territoire, forme des pretensions sur cette Ville.

Les Droits que les Archevêques de Bréme avoient conservez sur le Siége de Hambourg ont été cedez à la Suede par le Traité d'Osnabrug comme une annexe de l'Archevêché de Bréme secularisé; & ont passé à la Maison de Brunswig-Hannover, qui jouït de ces droits. Les Rois de Dannemarck ont fait tous leurs efforts pour s'emparer de cette Ville, mais la protection des Puissances voisines la garantit de l'esclavage. Sa situation sur l'Elbe qui fait remonter de grands Vaisseaux lui est très-avantageuse pour le Commerce. Aussi est-elle très-riche & une des plus belles Villes du Nord. Elle a tenu un rang considerable entre les Villes Hanseatiques. On l'a fort agrandie & au lieu que l'Alster la bornoit autrefois on a bâti une Ville neuve de l'autre côté de cette Riviere. Il y a à Hambourg une banque dont le credit est fort grand. L'Ecole Illustre a eu de grans hommes qui y ont enseigné, je me contenterai d'en nommer deux, l'un est Mr. Hubner Auteur de plusieurs livres sur les Genealogies, sur l'Histoire & sur la Géographie. L'autre est le savant Mr. Fabricius connu par quantité d'Editions utiles & par ses Bibliothèques la Latine & la Grecque. Hambourg a eu depuis le commencement de ce siécle plusieurs allarmes qui ont troublé son repos. Les deux principales sont les factions qui s'éleverent en 1708. entre le Senat & la Bourgeoisie; Krumholtz Prêtre seditieux qui augmentoit le trouble par ses Sermons fut enlevé & condamné à une prison perpetuelle. Les Princes voisins envoyerent leurs troupes pour appaiser le desordre, & la Bourgeoisie fatiguée de les garder, s'en délivra par un accommodement. La peste ravagea cette Ville en 1713.

Le Territoire de Hambourg comprend peu de chose. Car au Couchant du côté d'Altena qui est au Roi de Danemarc, à peine a-t-

HAM.

elle assez de terrain pour ses fortifications, elle est moins resserrée au Nord & au Levant. Elle possede en commun avec la Ville de Lubec la petite Ville de Bergdorf & ce qu'on apelle Vier Länder, ou les quatre terres. Son Commerce qui est fort étendu & le grand abord d'étrangers & même des Princes voisins qui y ont souvent leurs rendez-vous, fait la plus grande ressource de cette Ville.

La Ville est assez belle au dehors & ses six tours font un bel effet quand on vient de Harbourg; elle a quatre portes, savoir,

Deich-Thor,   Dam-Thor,
Stein-Thor,   Millern-Thor.

Les remparts en sont propres & très-bien entretenus. Le Senat de la Ville consiste en quatre Bourgmestres & vingt Conseillers dont dix sont lettrez & dix autres gens de negoce; trois Syndics & un Secretaire. Ils s'assemblent ordinairement les Lundis, les Mercredis & les Vendredis, & extraordinairement quand il en est besoin. Le Chapitre qui, comme nous avons dit, est de la Confession d'Augsbourg consiste en un Prevôt, un Doyen & douze Chanoines. Le Ministere Ecclesiastique est composé de vingt-huit Predicateurs à la tête desquels il y en a un nommé par le Senat; on le prend entre les cinq principaux & on choisit ordinairement le plus ancien Pasteur en Chef, ou Curé. Il y a cinq paroisses, savoir,

St. Pierre,   Ste Catherine,
St. Nicolas,   St. Jacques,
   & St. Michel.

Outre cela il y a la Cathedrale & quelques autres Eglises, savoir,

St. Jean,   St. George,
Ste Marie-Magde-   Le St. Esprit.
leine,

La longueur de cet article ne me permet pas d'entrer dans le détail de ces Eglises: la Religion Lutherienne est la seule que l'on y exerce librement. La Romaine & la Calviniste n'y sont tolerées que dans des maisons privilegiées des Ministres publics. Les Juifs sont en grand nombre dans cette Ville & sont une partie considerable du Commerce.

Les places, les Edifices publics, comme la maison de Ville, la Bourse &c. ne répondent point par leur trop grande simplicité à la beauté de cette Ville, mais la Ville neuve est belle & bien bâtie.

HAMEAU, assemblage de quelques maisons, sans Eglises ni Jurisdiction locale: le Hameau depend à ces deux égards d'un Village, ou d'un Bourg. Il vient de *Hamellus* mot dont se sont servis les Auteurs de la Basse Latinité [b] & qui est un diminutif de HAM. Ce mot de Ham, qui signifie maison, habitation se trouve en forme de terminaison dans un grand nombre de noms propres Géographiques; surtout en Angleterre où l'on voit *Buckingham, Wickham, Agmondesham, Chesham, Nottingham, Waltham, Witham, Grandisham, Kirckham;*

[b] Du Cange Gloss.

HAM.

ham; & quantité d'autres; & quoique plusieurs de ces noms appartiennent aujourd'hui à des Bourgs, à des Villes, ou même à des Provinces, cela n'empêche pas que la premiere origine n'ait été un Hameau. De même en Allemagne cette Syllabe est changée ordinairement en *Heim*, comme dans *Manheim*, *Gemersheim*, *Spanheim*, *Hildesheim*, *Nordheim*, &c. quelquefois en *Hain* comme *Grunhain*. La Langue Flamande change cette Syllabe en *Hem*. Ce nom Ham est reconnoissable non seulement dans le mot François *Hameau*, mais encore dans plusieurs noms comme *Estreham* vient d'*Oistreham*, pour *Westerham*, qui veut dire *demeure Occidentale*, nom qui marque la situation de ce lieu qui est au Couchant de l'Embouchure de l'Orne. [a] En Normandie on change communément la Syllabe *Ham* en *Hom*, comme le *Hommet*, le *Homel*, *Robehomme*, *Brethomme*, *Suhomme*, ces trois derniers s'appellent en Latin *Roberti Villa*, *Britonica Villa*, *Meridionalis Villa*. Tel lieu qui n'étoit qu'un simple Hameau est devenu Bourg, ou Ville sans changer de nom.

[a] Huet Origines de Caen p. 452.

HAMEDANAGER, Ville des Indes dans le Decan; d'autres la nomment simplement DANAGER. C'est la même qu'ANDANAGAR. Voiez ce mot.

HAMEL. Voiez HAMEAU.

HAMEL, Riviere d'Allemagne. Voiez HAMELN.

HAMELA, nom Latin de la Riviere d'Arun qui coule en Angleterre auprès d'Arundel dans la Province de Sussex, selon Speed [b] Ed. 1681. cité par Mr. Baudrand [b].

[b] Ed. 1681.

HAMELBOURG, ou HAMMELBOURG, Ville d'Allemagne sur la Saal Riviere de Franconie, qui y reçoit un Ruisseau & va se perdre dans le Meyn à Gemund. Cette Ville de Hamelbourg est à trois milles de Schweinfurt, & peu loin de Reineck. [c] Ainsi elle est veritablement dans la Franconie, mais elle n'en est pas; parce qu'elle appartient à l'Abbé de Fulde dont le petit Etat est censé du Cercle du haut Rhin. Quelques-uns la nomment AMMALEY-BOURG du nom d'Ammaley Sœur de Charlemagne, laquelle, disent-ils, bâtit cette Ville, non dans l'endroit où elle est, mais à quelque distance delà, sur une Montagne assez haute, au Château de Saleck, où l'on voit encore à présent une Eglise, une tour & un fossé. Ils pretendent que son frere lui avoit donné ce lieu auprès de l'Abbaye de Fulde. Il paroît que ce lieu n'étoit qu'un Bourg lorsque Conrad Abbé de Fulde le fit fermer de murailles en 1220. ou 1221. En 1303. l'Empereur Albert [d] donna à cette Ville de grands Privileges, comme Munster le rapporte. Christophle Brower écrit dans ces Annales de Fulde [e] que Hamelbourg s'appelloit anciennement HAMALUNG-BOURG; que c'étoit un Village Royal; que le Roi Pepin le donna à l'Abbaye de Fulde & que Charlemagne son fils y ajouta la Douanne & le Territoire, que le Château de Saleck appartenoit aux Abbez de Fulde; que l'Abbé Conrad III. du nom & XLIV. Abbé de Fulde fit une Ville de Hamelbourg, ce qui est exprimé par ces deux vers.

[c] Zeyler Hass. & Finitimar. Region. Topogr. p. 49.

[d] Cosmograph.

[e] l. 1. c. 2. & l. 4. p. 304. 350. 315. 362. & 372.

HAM.

Abbas Conradus de Malkos nomine dictus,
Halmburg circumdat muris & mœnia fundat.

Cette Ville suivit la Confession d'Augsbourg dès le temps de Luther. Mais en 1603. Balthazar de Dermbach Abbé de Fulde y introduisit la Religion Catholique.

HAMELN, Ville d'Allemagne dans la Basse-Saxe, dans la Principauté de Calenberg, au confluent de la *Riviere* de HAMEL, avec le Weser. Cette Riviere de Hamel a sa source au Village de HAMELSPRING auprès de Munder, au Comté de Spiegelberg qu'elle arrose; coulant d'abord vers le Sud-Est, ensuite vers le Sud, & serpentant vers le Sud-Ouest jusqu'au Weser. La Ville est dans l'angle que forment ces deux Rivieres en se rencontrant. Elle doit sa fondation à un ancien Temple de Jupiter qui fut détruit par Bernard proche parent du fameux Witikind. Après leur conversion menagée par St. Boniface ils bâtirent dans le *Hamelaw*, sur les ruines de ce Temple une Eglise qui a été celle du Chapitre de St. Boniface qui subsiste encore avec un Doyen ou Prevôt & un College de Chanoines Lutheriens. Cette Eglise fut bâtie en 712. & donnée avec la metairie qui en dependoit à l'Abbaye de Fulde & la donation confirmée par Charlemagne. Cette metairie dans le Hamelowe se peupla de plus en plus avec le temps à cause de l'Eglise Collegiale, de maniere qu'il s'en forma la Ville de Hameln qui absorba dix Villages situez aux environs, & les proprietaires de ce temps-là lui accorderent diverses Franchises. Dans cette Eglise derriere l'autel on voit encore une pierre sur laquelle sont gravez ces mots. BERNARDUS COMES, CHRISTINA COMITISSA REGNI ANGARIÆ DE OSTEN, FUNDARUNT HANC ECCLESIAM; ce qui s'accorde avec ces deux vers.

Septingentenis annis Domini Duodenis
Conditur in densis Ecclesia tunc Hamelensis.

L'Abbé de Fulde à qui cette Ville avoit appartenu jusqu'à l'an 1259. voulut la vendre à Wedekind Evêque de Minden, sans avoir pris le consentement des Habitants; mais lorsque l'Evêque voulut en prendre possession la Ville s'y opposa, & pour se garantir de ses armes elle se donna à Albert Duc de Brunswig & de Luneburg qu'elle reconnut pour son Souverain Hereditaire, ce que le Duc accepta en lui confirmant ses Privileges. C'est en cette qualité que les descendans de ce Prince l'ont possedée, conformément à la confirmation des Privileges accordez par Albert. Elle est située à l'extrémité du Duché de Brunswig dont elle est une Clef; le Weser coule au Couchant; & de l'autre côté sont des Jardins, des Prairies, des terres labourables & des bois. La Riviere de Hamel qui lui donne le nom coule de l'autre côté, & devant la porte du Moulin elle se partage en deux branches dont l'une coule entre le mur de la Ville & les ouvrages exterieurs, & y fait tourner un beau Moulin, l'autre va tomber au Sud dans le Weser. De ce côté sont aussi d'assez beaux jardins, des pâturages, des ter-

E 2   res

HAM.

res à bled, & des Collines, de manière que l'Agriculture fournit une partie de la subsistance des habitans. Le Weser leur donne la commodité du Commerce. Cette place n'est pas mal fortifiée & passe pour une des meilleures du Duché à cet égard. Le mur intérieur garni de tours est ceint d'un bon fossé d'eau vive & accompagné d'un Chemin couvert, & d'ouvrages avancez, capables de soutenir un siége avec vigueur. La Ville qui est à peu près ronde a trois quarts d'heure de circuit: on y entre par quatre portes qui sont la porte du Pont, celle du Moulin, celle de l'Orient & enfin la porte neuve. Il y a deux Eglises principales, savoir celle de St. Boniface & celle de St. Nicolas; l'Eglise du St. Esprit est à l'endroit où est l'Hopital. En 1542. elle embrassa la Confession d'Augsbourg.

§ Rien n'est plus fameux que l'enlevement des Enfans de Hameln, selon une tradition populaire. Le Lecteur me permettra de la rapporter ici telle que le savant Wagenseil me la fournit [a]. En 1284. la Ville étoit tourmentée par une multitude de rats qui détruisoient tout le bled qui étoit dans les greniers. La desolation étoit d'autant plus grande que ni mort-aux-rats, ni machines, ni chats, rien enfin ne pouvoit en netoyer les maisons. Sur ces entrefaites arrive un homme plus grand que nature, habillé d'une robe de diverses couleurs, qui offrit de délivrer la Ville de ce malheur moyennant une recompense dont on convint. Alors il tira de sa manche une flute au son de laquelle tous les rats sortant de leurs trous se rangerent autour de lui & le suivirent. Il les mena à la Riviere où ils furent tous noyez. Cela fait, il vint demander la recompense qu'on lui avoit promise; mais on se mocqua de lui. Le lendemain qui étoit un jour de fête, il prit le temps que les Bourgeois étoient à l'Eglise, joua d'une autre flute & aussi-tôt tous les Enfans qui étoient au dessous de quatorze ans accoururent autour de lui au nombre de cent trente, il les mena au KOPPEL-BERG, Montagne qui sert de Voirie & où l'on exécute les criminels & ils y disparurent: une jeune fille qui suivoit de loin, vit la chose & en vint faire le recit. On montre encore dans cette Montagne un enfoncement où l'on dit qu'il les fit entrer; au coin est une pierre sur laquelle est une inscription si éfacée qu'on ne peut plus la lire. Les eaux de PYRMOND sont à un mille de Hameln.

HAMEM, & HAMARAC, Serapion nomme ainsi des Pays où il dit que l'on falsifie le [b] Thesaur. Musc. Ortelius croit qu'ils sont vers la Perse ou l'Arabie.

HAMERSBACH, Voiez ZELL en Suabe.

HAMI, (LA FORET DE) SELVA DE HAMI, petit bois d'Italie au Royaume de Naples dans la terre de Labour, à l'Embouchure du Gariglian. Il a conservé le nom de HAMA ancienne Ville qui, si nous en croions Mr. Baudrand [c], étoit en ce lieu-là. Mais il ne nous dit point quel Ancien a nommé cette Ville de Hama que les Géographes ne connoissent point.

HAMID. Voiez AMED & AMID.

HAMID-EILI, c'est-à-dire, le Pays d'Amid.

[a] Pera Libror. Juvenil. Locul. 2. p. 295.

[b] Thesaur.

[c] Ed. 1705.

HAM.

HAMILTON [d], Ville de l'Ecosse Meridionale dans la Province de Clydsdale, & l'une des plus considerables de la Province. Mr. Baudrand [e] en fait un Bourg de la Province de Lothian. Elle donne le nom & la qualité de Duc à une illustre famille qui y a un magnifique Palais avec un Parc. Jaques III. Roi d'Ecosse établit la grandeur de cette famille en donnant sa fille ainée avec le Comté d'Arran à Jacques chef de la Maison de Hamilton. Son petit-fils Jacques Comte d'Arran fut fait Viceroi d'Ecosse par le Parlement jusqu'à ce que la Reine Marie fût en âge, & Duc de Chatelleraut en France par Henri II. Il fut aussi déclaré la seconde personne du Royaume & le plus proche Heritier de la Couronne d'Ecosse si la Reine Marie mouroit sans Enfans. La naissance de Jaques VI. Roi d'Ecosse & I. en Angleterre, fils de cette Princesse, rendit cette disposition inutile. Les Comtes de Selkirk, d'Orkney, de Ruglen, d'Abercorn & d'Haddington, les Lords Bargeny & Belhaven &c. sont des branches de cette famille.

HAMINEA, ou HANUNEA. On lit dans l'Itineraire d'Antonin ce mot diversement écrit, sur la route de Dolica ou Doliche, à Seriane. L'Edition des Aldes & celle des Juntes portent

A Dolica Seriane	M. P. CXXXVIII. Sic.
Hanunea	M. P. XXV.
Cyrro	M. P. XXIV.
Minniza	M. P. XXIV.
Borea	M. P. XX.
Androna	M. P. XXVII.
Serianu	M. P. XXVIII.

Mais ces sommes font cent quarante huit milles, au lieu que le total exprimé d'abord n'en promet que 138. L'exemplaire du Vatican ne met point de nombre à *Hanunea* & ne met que XVIII. milles d'*Androna* à *Seriane*, desorte qu'en suposant que la distance de *Dolica* à *Hanunea* est de XXV. milles comme portent les Editions des Aldes, des Juntes & de Simler, le Calcul total repond aux sommes; & *Hanunea* se trouvera alors à XXV. M. P. de *Dolica* & à XXIV. milles de Cyrrhe. Surita & Bertius renversent toutes ces distances, & mettent le mot *Anunea* avant le Total.

Item a Doliche Serianem Anunea	M. CXXVIII. Sic.
Cyrrhon	M. P. XXIV.
Minnizam	M. P. XXIV.
Beroam	M. P. X.
Chalcida	M. P. XV.
Andronam	M. P. XXVII.
Serianem	M. P. XXVIII.

Il est vrai que le total est juste, mais *Chalcida* s'y trouve inseré qui ne se trouve point ni dans les trois Editions des Aldes, des Juntes, ni de Simler, ni dans l'exemplaire du Vatican: d'ailleurs ce total n'est que de cent vingt huit milles pas plus court que celui de ces quatre Editions. Surita avoue que dans le Manuscrit de la Bibliotheque Blandinienne le nom de Hanunea est accompagné du nombre de

[d] Etat pres. de la Gr. Bret. T. 3. p. 257.
[e] Ed. 1705.

de M. P. XXIIII. que le Manufcrit de la Bibliotheque Royale de Naples où ce nom eſt écrit *Haminea* met ce lieu à même diſtance de Cyrrhe. Cette diſtance ſe trouve auſſi dans l'Exemplaire de Chriſtophle Longueil publié par Henri Etienne à Paris 1512.

Ma penſée eſt que *Chalcidica* eſt un nom de Province qui a paſſé de la marge où il étoit dans le texte où il ne devoit pas être. Auſſi Surita dit-il ne l'avoir trouvé que dans un ſeul Exemplaire. Je le retranche donc & je retablis au mot *Hanunea* la ſomme de XXV. mille pas que lui donne le plus grand nombre des Exemplaires. Cela s'accorde avec la Table de Peutinger [a] où ce lieu eſt nommé CHANUNIA & eſt mis entre *Cyrro* & *Dolica* à XXVIII. mille pas de l'une & de l'autre, c'eſt-à-dire, à diſtance égale. Antonin qui met Hanunea à XXV. M. Pas de Doliche & à XXIV. M. P. de Cyrrhe ne s'en éloigne pas beaucoup.

[a] Segm. 7.

HAMIREI, ancien Peuple de l'Arabie heureuſe, ſelon Pline [b].

[b] l. 6. c. 28.

HAMIZ-METAGARA [c], Ville d'Afrique dans la Barbarie au Royaume de Fez, entre la Capitale & *Gemaa El Hamem*, à cinq lieues de l'une & de l'autre. Elle fut détruite pendant les guerres de Sayd, mais les Rois de Fez qui vouloient la repeupler la donnerent depuis à quelques Moriſques de Grenade qui firent plus de deux lieues de Jardins tout à l'entour, où ils nourriſſent des vers à Soye & plantent quantité de Cannes de Sucre. Ils furent fort mal-traitez durant les guerres des Cherifs, car Mahamet s'étant campé près de cette Ville en gâta les Jardinages & fit égorger la plûpart des habitans en ſa preſence pour intimider ceux de Fez. Il s'y tient un marché tous les Jeudis, & elle en a pris ſon nom qui ſignifie marché du Jeudi. Ibn Alraquiq dit qu'elle a été bâtie par les anciens Africains. Il y a de grandes breches aux murailles quoi qu'elle ait été reparée en quelques endroits par les Grenadins, mais la place n'eſt pas bonne, & un petit Château qui y étoit eſt tout ruiné.

[c] Marmol Afrique l. 4. c. 10.

HAMMA [d], Riviere d'Allemagne, elle a ſa ſource dans la Baſſe Saxe au Duché de Lunebourg, auprès du Village de Munſter, dans les Bruyeres de Soltow. Elle raſe l'extremité Septentrionale de la Principauté de Ferden, entre le Duché de Bréme, en reſſort auſſi-tôt & baigne une liſiere de cette Principauté: juſques-là elle porte le nom de LENZO, mais à la rencontre d'un ruiſſeau qu'elle reçoit elle prend le nom de Hamme, arroſe Rotenbourg où elle ſe groſſit d'un autre ruiſſeau, elle ſe recourbe vers Nord-Oueſt pour rentrer au Duché de Bréme où elle arroſe Otterſberg & ſe tournant vers l'Occident elle va en ſerpentant recevoir les eaux de la grande & de la petite Vumme qu'elle porte au Weſer.

[d] Cartes de la Baſſe Saxe & cours du Weſer.

HAMMABURGUM, ancien nom de HAMBOURG.

HAMMÆUM LITTUS, côte particuliere de l'Arabie heureuſe ſur la Mer des Indes, ſelon Pline [e] qui dit qu'il y a des mines d'Or. Le Promontoire AMMONIUM de Ptolomée étoit dans ce Canton-là.

[e] l. 6. c. 28.

HAMMANIENTES, Peuple de l'Ancienne Afrique, ſelon Pline [f]. Il dit : après les Naſamons ſont les Asbyſtes & les *Maca-*

[f] l. 5. c. 5.

& au delà de ceux-ci les *Hammanientes* à douze journées de chemin des grandes Syrtes, vers le Couchant. Ils ſont entourez de ſables de tous côtez. Ils ne laiſſent pas d'avoir aiſément des puits d'environ deux coudées de profondeur, les eaux de la Mauritanie ſe ramaſſent en cet endroit. Ils ſe bâtiſſent des maiſons avec du ſel qu'ils taillent dans les Montagnes comme de la Pierre. Entre eux & les Troglodites qui ſont au Couchant d'Hyver il y a quatre journées de chemin. On voit bien que ce ſont ces mêmes peuples que Solin appelle *Amantes*; mais Ortelius a eu tort de les confondre avec les Ammoniens, Bochart a fait la même faute aprés lui comme le R. P. Hardouin le leur reproche.

HAMME. Voiez HAMMA.

HAMMELBOURG. Voiez HAMELBOURG.

HAMMER, petite Ville de Norwége; c'eſt ainſi qu'écrit Mr. Baudrand. Mr. de l'Iſle écrit Hamar ; & met cette Ville ſur la côte Orientale d'un Lac fort long que forme une Riviere qu'il ne nomme point, mais qui tombe dans celle de Glammer au Gouvernement d'Agerhuys. Hammer n'eſt qu'à cinq lieues d'Allemagne des Montagnes qui ſéparent la Norwége d'avec le Wermeland Province de Suede. Cette Ville étoit le Siége d'un Evêché. Commanville dans ſa Liſte des Archevêchez dit que l'Evêché de Hammar, en Latin *Hammaria*, a été uni à celui d'Anſlo & qu'il eſt du XI. ſiécle. Hermanides [g] dit auſſi que l'Evêque d'Anſlo a la Juriſdiction Spirituelle ſur la grande Hammar & ſur la petite qui avoit ſon Evêque particulier & ſur les autres Pays qui ſont au Nord d'Anſlo. Mr. Baudrand dit que l'Evêché de Hammer a été uni il y a fort longtemps à celui de Bergues. Il ſe trompe [h], il faut dire à celui d'Anſlo ; mais il parle juſte quand il dit que le Siége étoit Suffragant de Drontheim. Aubert le Mire le dit auſſi.

[g] Dan. & Norweg. deſc. p. 1214.

[h] Not. Epiſcop. j. ſ. P. 336.

HAMMERSTEIN, Fortereſſe d'Allemagne ſur le Rhin, vis-à-vis d'Andernach. Elle eſt à l'Electeur de Treves, ſelon Zeyler [i].

[i] Anhang zu den Frtzbiſtumbern Maynutz, Trier, Coeln, &c

HAMMODARA, Ville de l'Ethiopie ſous l'Egypte, ſelon Pline [k].

[k] l. 6. c. 29.

HAMMODES, Hyginus [l] nomme ainſi un peuple d'Egypte, & Ortelius [m] croit que c'eſt l'AMMONII d'Etienne & l'AMMONIACA REGIO de Ptolomée. Voiez ce dernier article en ſon lieu.

[l] In Arietæ.
[m] Theſaur.

HAMMON. Voiez AMMON.

HAMMONA. Voiez HAM 2.

HAMMONII, Peuple de l'Arabie heureuſe. Voiez AMMONII.

HAMMONIS LACUS, Vibius Sequeſter nomme ainſi un Lac d'Afrique qui ſelon lui s'échaufe au lever & au coucher du Soleil, & eſt très-froid pendant les autres temps. Il a pris cela de Pline [n], mais d'une maniere peu exacte ; car ce dernier dit que l'Etang de Hammon, *Hammonis Stagnum*, étoit froid le jour & chaud la nuit. Quelques-uns ont mis mal à propos le mot de *Fontaine* pour *Etang*, qui eſt conforme aux Manuſcrits.

[n] l. 2. c. 103.

HAMMONITES. Voiez AMMONITES.

HAMON, ou CHAMON, Ville de la Paleſti-

HAM.

a Josué c. 19. v. 28.
b c. 6. v. 76.
c Dict. Geogr. des Pays-Bas.

lestine dans la Tribu d'Aser [a]. D. Calmet doute si ce n'est pas la même que Chamon attribuée à la Tribu de Nephtali au premier livre des Paralipomenes [b].

HAMONT [c], petite Ville d'Allemagne au Cercle de Westphalie, dans l'Evêché de Liége sur les Confins du Brabant Hollandois.

HAMOTH-DOR, Ville de Refuge dans la Palestine dans la Tribu de Nephtali [d]. D. Calmet dit : c'est peut-être HAMATH, ou CHAMATH de la même Tribu, dont il est parlé au livre de Josué [e], que l'on croit être la Ville de Tiberiade.

d Josué c. 21. v. 32.
e c. 19. v. 3.

☞ Le nom de HAMATH, ou CHAMATH se donne ordinairement aux lieux où il y a des bains d'eaux chaudes. Voiez AMATH 1.

HAMPTAB, Ville d'Asie vers la Syrie & l'Euphrate, selon Guillaume de Tyr cité par Ortelius [f].

f Thesaur.
g Etat pres. de la Gr. Bret. T. 1. p. 174.

HAMPTON-COURT [g], Maison Royale d'Angleterre dans la Province de Middlesex sur la Thamise à 11. milles de Londres. Ce Palais fut bâti par le Cardinal Wolsey sous le Regne de Henri VIII. Guillaume III. se plaisoit fort en ce lieu & fit de grandes dépenses pour l'embellir. Si on achevoit jamais de rendre ce bâtiment regulier & uniforme, l'Angleterre pourroit se vanter d'avoir un des plus beaux Palais de l'Europe. L'avenue qui y méne est magnifique & il a l'avantage d'avoir deux Parcs. Monconis [h] qui alla voir cette maison au Mois de Juin 1663. en parle ainsi : le paisage est beau à merveilles comme en toute l'Angleterre. La maison a le devant regulier, mais le dedans ne l'est point : ce n'est qu'une quantité de Tours Tourillons & autres Colifichets qui forment une confusion qui n'est pas desagreable & font paroître cela quelque chose de plus qu'il n'est ; car il n'y a ni Architecture, ni Sculpture, ni Taille. Tout est de brique, sans ornement, à un seul étage, les planchers fort bas; excepté une couple de sales & quelques chambres, la plupart ne sont que des trous. On voit pourtant un parterre assez beau, fait de gazon à la mode d'Angleterre : il a une fontaine au milieu, composée de quatre Sirenes de Bronze, assises comme à cheval sur des Poissons en forme de Dauphins, entre les deux une Coquille soutenue d'un pied de Chevre orné d'Architecture. Au dessus des Sirenes quatre petits Enfans assis, tenant un Poisson sur un second Ordre ; & par dessus le tout une fort grande figure de femme : le tout de Bronze pour les figures, mais le Corps de la Fontaine & le Bassin sont de marbre. D'un côté de parterre est un grand berceau fort toufu de Hêtre & vis-à-vis une Terrasse, au long de laquelle, de la clôture de brique sortent dans le Parc plusieurs petits Cabinets de diverses figures, ronds, quarrez, en croix, qui sont autant de petites tours. Il y a une Gallerie pleine de bois de Cerfs, entre lesquels est la peinture de celui, d'Amboise lequel a onze pieds de haut, neuf de largeur, & cinq & demi entre les deux branches. Dans le Logis il y a une grande quantité de Chambres, de Sales, & de Galleries où il y a un grand nombre de tableaux, entre autres dix ou douze du

h Voyage d'Angleterre p. 157.

HAM. HAN.

Mantéigne, du Triomphe de Cesar qui sont fort estimez. J'ai deja averti que Guillaume III. avoit embelli ce Palais depuis ce temps-là. Mr. Baudrand joint un Bourg à ce Palais.

HAMPTONWATER. Voiez SOUTHAMPTON.

HAMRON [i], Bourgade d'Afrique en Barbarie au Royaume de Tunis, au dedans du Pays & à deux lieues de Tripoli. Elle est ouverte de tous côtez. Il y a quantité de Jardins dont on recueille toutes sortes de fruits, que les habitans portoient vendre à Tripoli avec quelque bétail, lorsqu'elle étoit aux Chrétiens, mais il y a peu d'orge & de froment.

i Marmol l. 6. c. 32.

HAMSA, quelques-uns nomment ainsi la Ville d'EMESE. Voiez ce mot.

HAM-TCHEOU. Voiez HANGCHEU.

HAN, Riviere de la Chine.

HANAU, en Latin *Hanovia*, Ville d'Allemagne au Cercle du Haut Rhin dans la Veteravie sur la Riviere de Kuntz, Künß, à six bons milles d'Allemagne du Rhin & à deux de Francfort dans un Comté particulier dont elle est la Capitale. La Ville est bien située, bien bâtie, munie de remparts, de fossez, & de plusieurs ouvrages. On la divise en vieille Ville & en Ville neuve. Il y a un assez beau Château accompagné d'une tour fort élevée. L'Eglise Paroissiale est vers le milieu de la Ville, il y a une autre Eglise qui sert aux Vallons & aux François. Ce lieu a eu autrefois une Imprimerie célébre où il s'est fait de bonnes éditions des Auteurs Grecs & Latins.

LE COMTE' DE HANAU [k], petit Pays d'Allemagne dans la Weteravie. Il est borné par le Comté d'Isenbourg & par l'Abbaye de Fulde au Septentrion ; par le Comté de Reineck à l'Orient, par l'Archêveché de Mayence au Midi, & par la Weteravie au Couchant : il a beaucoup d'étendue en longueur & très-peu en largeur : outre Hanau sa Capitale, il y a

k d'Audifret Geogr. T. 3. p. 263. Fd. in 4. Partit.

| Schluchter & Steinaw | sur la même Riviere de Kuntz. | Biedberg & Bobenhausen | sur la Gernsplatz. |

& Muntzenberg aux Confins des Comtez de Solms & de Nidde.

La Maison de Hanau tient depuis long-temps un rang distingué entre les plus anciennes du haut Rhin. Elle étoit autrefois partagée en deux branches, savoir de Muntzenberg qui finit l'an 1642. & celle de Lichtenberg qui succeda en vertu d'une Confraternité établie en 1375. par Ulric V. & confirmée l'an 1610. par Jean Renaud & Philippe Louis Comtes de Hanau.

La Maison de Hanau possede outre ce Comté ceux de Lichtenberg, d'Ochsenstein, & de Bitsch.

l Hubner Geogr. p. 495.

HANCHUNG [m], Ville de la Chine dans la Province de Chensi ou Xensi dont elle est la troisième Metropole. Elle tire son nom des deux Rivieres auxquelles le nom de HAN est commun, & son Territoire est presque entierement entre le Han Oriental & le Han Occidental. Elle est de 9. d. 52'. plus Occi-

m Martini Atlas Sinensis.

cidentale que Pekin & fa latitude est de 34. d. 20'. son Territoire s'éleve partout en Montagnes qui sont fort hautes, elles environnent beaucoup de Vallées très-agréables où l'on peut trouver abondamment tout ce qui est necessaire pour vivre. Il y a surtout grande quantité de miel, beaucoup de Musc & de Cinabre. On rencontre souvent dans le chemin des troupeaux de Daims & des hardes de Cerfs, & quelques Ours qui leur font la guerre. Elle a été autrefois sous l'obéïssance des petits Rois de Cin & c'est par-là qu'ils commencerent à se rendre maîtres de l'Empire & ruiner la famille de Cheva. C'est encore là que Lieupang premier de la famille de Hana s'étant armé contre la famille de Cin quita le titre de General pour prendre la qualité de Roi. Ce fut lui qui le premier nomma cette Ville HANCHUNG. Les familles de Tanga & de Sunga changerent ce nom en celui de HINGYVEN, mais celle de Taiminga lui rendit son premier nom. Cette Ville est grande & peuplée; dans une situation extrêmement forte. Les Montagnes & les Forêts qui l'environnent lui servent de remparts. Les Chinois en ont toujours fait beaucoup de cas en temps de guerre. On y voit cinq Temples consacrez aux hommes Illustres. Il y en a un entre autres dedié à Chang-Leang à qui on doit le merveilleux Chemin qui conduit delà à la Capitale qui est Sigan. Le P. Martini a raison de dire que ce Chemin est unique dans son espece & il le décrit ainsi.

Ce Chemin, dit-il, étoit autrefois fort difficile à cause des Montagnes & des Vallées par où il passoit: il falloit avancer vers l'Orient jusqu'aux frontieres de la Province de Houquan & retourner après vers le Nord, & faire ainsi plus de deux mille stades, au lieu qu'en droiture il n'y en auroit pas huit cens. Dans la decadence des Empereurs de la famille de Cin, & dans le temps que Lieupang disputoit l'Empire à Hyangyu, Chang-Leang, homme prudent, & fidele à Lieupang dont il étoit le General fit applanir toutes ces Montagnes, ces detours & ces precipices, afin de prendre le devant sur les Ennemis qui meditoient la retraite. Ces Montagnes furent applanies avec une promtitude incroyable quoi qu'avec un très-grand travail; plusieurs centaines de milliers d'hommes y travaillerent. Chaque corps de l'armée eut sa portion de Montagne à applanir; on vit des murailles faites de la Montagne même qui s'élevoient à plomb des deux côtez, & si hautes qu'elles sembloient toucher jusqu'au Ciel & quoique la lumiere vînt d'enhaut, on avoit peine à y voir en marchant. Il fit faire en quelques endroits avec des poutres couvertes de planches des Ponts qui joignoient une Montagne à l'autre, on en fit d'autres aux endroits où les Torrents en tombant du haut des Montagnes les creusent & interrompent le Chemin ordinaire. Mais aux lieux où les Vallées étoient un peu larges il y fit mettre des Piliers, de façon que le tiers du Chemin se faisoit sur ces Ponts qui sont si hauts en quelques endroits qu'on ne sauroit voir le fond du precipice sans horreur. Quatre Cavaliers y peuvent marcher de front. On ne laisse pas à present de conserver & de reparer ce Chemin pour la commodité des Voyageurs. Il y a en certains lieux des Villages & des Hôtelleries pour loger. Tout ce Chemin est encore couvert de la terre qu'on y a portée avec des Gardefous de bois & de fer des deux côtez du Pont pour la sureté des passans. Sa longueur est depuis Hanchung jusqu'à la partie Occidentale de Sigan. Les Chinois appellent ce Pont CIENTAO, c'est-à-dire, le Chemin des appuis. Le Territoire de cette Ville en comprend seize, y compris la Capitale, savoir,

HANCHUNG,	Leoyang,
Paoching,	Hinggan, ☉
Ch'ingcu,	Pingli,
Yang,	Xeciuen,
Sihiang,	Sinyang,
Fung,	Hanyn,
Mien,	Peho,
Ningkiang, ☉	Cuyang.

Son département est grand, mais affreux par les Montagnes.

HANGCHEU [a], Ville de la Chine dans la Province de Chekiang dont elle est la premiere Metropole, & la Capitale de toute la Province. Elle est de 3. d. 10'. plus Orientale que Peckin & sa Latitude est de 30. d. 27'. cette Ville qui est très-grande est la même que Marco Paolo Venitien a decrite sous le nom de QUINSAY. Le P. Martini le prouve ainsi. Afin, dit-il, que les Géographes Europeans ne s'égarent pas en cherchant la Ville de Quinsaï de Marco Paolo dont ils ont tant de fois donné le dessein, je vais la representer telle qu'elle est. C'est la même Ville, car elle est éloignée de Singui, c'est-à-dire, de Sucheu de cinq journées de chemin de la marche d'une armée, autrement il y a à peine quatre journées. C'est dans Quinsaï où étoit de son temps la Cour de la Chine que les Lettrez entre les Chinois nomment KINGSU & le Vulgaire KINGSAY, c'est delà qu'est venue la Kinsay du Voyageur Venitien. Mais King fu en cet endroit est un nom de dignité commun à toutes les Villes Royales, aussi signifie-t-il une Ville vraiment Royale. Cette Ville de Hangcheu se nommoit autrefois LINGAN sous la famille de Sunga; parce que Caoçung dixiéme Empereur de cette famille y établit sa Cour comme il fuïoit devant les Tartares de Kin: c'est pourquoi du temps de Marco Paolo on la nommoit King-su, ce qui arriva l'an 1135. de Jesus-Christ. La famille de Sunga y a aussi tenu le siége de l'Empire jusqu'à ce que les Tartares Occidentaux du Grand Kan eurent chassé les Tartares Orientaux de Kin, hors du Catay, c'est-à-dire, des Provinces Septentrionales de la Chine; après les avoir défaits ils porterent leurs armes dans le Mangin, c'est-à-dire, dans les Provinces Meridionales de la Chine.

Cette Ville a une infinité de Ponts très-hauts; Marco Paolo en compte dix mille, & en cela il ne s'éloigne pas beaucoup de la verité s'il y comprend les Arcs de Triomphe qu'il a pu mettre au nombre des Ponts à cause de leurs Arcades; de même qu'il a donné le nom de Lions à des Tigres quoiqu'il ne se trouve point

[a] Atlas Sinensis.

HAN.

point de Lions dans toute la Chine: peut-être aussi que pour trouver le nombre de dix mille Ponts il y a mis ceux de la Ville, ceux des Fauxbourgs & de tout le Pays, & alors il pouvoit grossir le compte, tant la quantité en est grande.

Il y a le Lac de SIHU de quarante milles d'Italie, car bien qu'il ne soit pas dans l'enceinte des murailles, il ne laisse pas d'y toucher. C'est de ce Lac qu'on fait entrer nombre de Canaux dans la Ville, & dont les deux côtez sont tellement couverts & garnis de Temples, de Monasteres, de Colleges, de Palais, & de Maisons, qu'il n'y a personne qui ne croye être plûtôt dans la Ville qu'à la Campagne. De plus les bords du Lac sont partout revêtus & pavez de pierres de taille quarrées & il y a un Chemin fort spacieux pour s'y promener. Il y a aussi des Chemins & des Ponts qui le traversent, sous lesquels les Navires peuvent passer, de façon que ceux qui se promenent peuvent faire le tour de ce Lac sur ces Ponts: c'est pourquoi le Voyageur Venitien les a pu aisément mettre au nombre de ceux de la Ville.

Dans l'enceinte des murailles de Hangcheu il y a une Montagne nommée Ching-hoang, au Midi de la Ville, où l'on voit cette tour où les heures se marquent par le moyen d'une Clepsydre, ou horloge d'eau; il y a un Quadran qui les montre, dont les lettres sont dorées & ont bien un pied & demi de longueur. Et pour parcourir les autres marques auxquelles on peut reconnoître dans Hangcheu la Ville de Quinsay, c'est cette Ville dont toutes les rues sont pavées de pierres quarrées; c'est elle qui est située dans un lieu marécageux, divisée & partagée par plusieurs Canaux tous navigables; c'est elle enfin d'où l'Empereur s'enfuit vers la Mer sur cette grande Riviere de Cientang qui a plus d'une lieue d'Allemagne de largeur & passe près de la Ville au Midi, desorte qu'on trouve ici la Riviere que le Voyageur Venitien donne à sa Ville de Quinsay & qui delà coulant vers le Levant se va jetter dans la Mer, n'en étant pas davantage éloignée que le dit ce Voyageur. Il y a encore plus: c'est qu'elle a plus de cent milles d'Italie de circuit, si on y joint les Fauxbourgs qui sont fort grands & qui s'étendent fort loin de côté & d'autre. C'est pourquoi on peut fort bien faire cinquante Lis de la Chine en se promenant du Nord au Sud & passant toujours par des rues fort peuplées sans y trouver de place qui ne soit bâtie, ni de maison qui ne soit habitée. On peut faire le même chemin d'Occident en Orient. Puis donc que l'Histoire de la Chine, le temps, le nom, la description, la grandeur, & les autres circonstances font voir que Hangcheu est la veritable Quinsai de Marco Paolo, il n'y a plus lieu d'en douter.

Outre une infinité de très-grands Ponts on rencontre par tout des Arcs de Triomphe: dans la seule grande place de la Ville il y en a trois cens, qui sont comme autant de monumens de Magistrats qui ont fidélement exercé leur charge, ou des éloges publics en faveur des Citoyens qui ont été avancez aux honneurs & aux dignitez. L'Empereur en a aussi fait ériger d'autres, à la mémoire de ceux qui ont rendu quelque service notable au Pays. Ces monumens sont bâtis dans les places de plus grand abord, embellis de diverses sortes de gravure & de Sculpture. L'Architecture & l'ordonnance est presque entierement à l'antique. Ces Arcs ont toujours trois Arcades, la plus grande au milieu & de chaque côté une petite par où on entre comme par de grandes portes; de part & d'autre il y a des Lions ou autres embellissemens de marbre, & au dessus on voit des figures grotesques, des Oiseaux, des Fleurs & des Serpens admirablement bien taillez. L'entre-deux des figures où il n'y a rien est percé à jour, quelquefois orné de Sculptures qui semblent se soutenir en l'air. Je me suis souvent étonné, dit le P. Martini, comment ils pouvoient percer de la sorte de si grosses pierres, car ils en font comme si c'étoit une chaine de plusieurs anneaux. Ces Arcs ont d'ordinaire trois étages. Le devant & le derriere se ressemblent si fort que vous diriez que c'est la même face. Ces trois étages sont bien distinguez par leur Corniche & Architrave de Marbre. Tout au haut de l'Arc sur une pierre couverte & bleue est écrit en lettres d'or & coupée de long le nom de l'Empereur sous l'Empire duquel ce bâtiment a été construit. Au milieu il y a une fort grande pierre où se trouvent aussi en lettres d'or ou d'azur, le nom, le Pays, la dignité & l'éloge de celui à l'honneur de qui ce monument est consacré. Mais si ces ouvrages étoient aux Carrefours & que les rues repondissent aux faces, on ne pourroit rien imaginer de plus magnifique.

On compte dans la Ville quatre grandes tours à neuf étages; les Temples des Idoles y sont à l'infini tant dedans que hors la Ville, on dit qu'il y a bien près de quinze mille Bonzes. On compte aussi environ soixante mille tisserans en soye dans la Ville & dans les Fauxbourgs. Les autres Citez, Villes, Bourgs, Bourgades qui tirent vers le Nord en sont remplies. Il y a tant de peuple dans cette Ville qu'il s'y consume, dit-on, tous les jours, dix mille Sacs de Ris & chaque Sac en contient dequoi nourrir cent hommes en un jour. On y tue mille pourceaux par jour, sans compter les Vaches, les Chevres, les Brebis, les Oyes, les Canards & autres animaux & cependant il y a beaucoup d'Habitans qui ne mangent point de viande parce qu'ils sont d'une secte qui n'en permet pas l'usage. La quantité du Poisson n'y est pas moindre; on les porte vendre par la Ville tous vivans. Les Jesuites ont une Eglise magnifique dans la Ville & deux Chapelles aux Fauxbourgs. Telle est la description qu'en fait le Pere Martini qui y a demeuré quatre ans. Le P. le Comte[a] n'en parle gueres moins magnifiquement. Il nomme cette Ville HAMTCHEOU & la Province TCHE'QUIAM. C'est, dit-il, une des plus riches & des plus grandes Villes de l'Empire. Les Chinois lui donnent quatre lieues de tour & je crois qu'ils ne s'éloignent pas beaucoup de la verité. Il y paroît dans les rues autant de monde que dans celles de Paris & comme d'ailleurs les Fauxbourgs en sont immenses, & la multitude des bar-

[a] Memoires de la Chine l. 3. T. 1. p. 144.

barques qui couvrent les Canaux infinie ; je ne la crois pas moins peuplée que les plus grandes Villes de l'Europe. La garnison est de dix mille hommes parmi lesquels on compte trois mille Chinois. L'eau des Canaux n'en est pas belle, les rues sont étroites, mais les boutiques paroissent propres & les Marchands passent pour être extrêmement riches.

A l'Orient elle a une Riviere large d'un quart de lieue à cause du voisinage de la Mer, mais en effet peu considerable, car pour peu qu'on la remonte, ce n'est plus qu'un Torrent inutile qui coule au travers d'une infinité de rochers. Du côté de l'Ouest elle est resserrée par un étang dont le circuit est tout au plus de deux lieues, l'eau en est très-claire, mais peu profonde ; elle suffit néanmoins pour porter les grandes barques, que les Chinois y entretiennent comme autant d'Hôtelleries flotantes où les jeunes gens de qualité se regalent & se promenent. Après la Promenade ils se rendent ordinairement à une petite Isle qui est au milieu du Lac. Les Chinois y ont bâti un Temple, & quelques autres Maisons de divertissement. Les Relations font de cet étang un lieu enchanté. J'y ai lu que tout étoit bordé de superbes bâtimens & de Palais magnifiques. Cela pouvoit être autrefois, mais s'il est vrai ce qu'on en a écrit, il faut qu'on se soit bien attaché dans la suite à en abolir la mémoire, puis qu'à présent on n'y en remarque pas le moindre vestige, si ce n'est qu'on mette au rang des Palais, les maisons de bois & de torchis qui sont si ordinaires à la Chine & qui peuvent bien tomber d'elles-mêmes sans que le grand nombre des années soit nécessaire pour les détruire. Au reste si cette Ville ne se distingue pas par la magnificence de ses bâtimens, elle est du moins considerable par sa situation l'une des plus belles qui soit dans l'Empire, par le nombre prodigieux de ses habitans, par la commodité de ses Canaux & par le Commerce des plus belles soyes du monde. J'ai cru ce dernier détail nécessaire pour rectifier ce qui precede.

Ce Canton appartenoit anciennement aux Rois d'U, puis aux Rois de Jue & ensuite à ceux de çu. Chin le nomma CIENT'ANG, Suio fut le premier qui lui donna le nom de Hangcheu. La famille de Tanga l'appella IU-HANG, celle de Sunga LINGAN, la famille de Taiminga lui rendit le nom de *Hangcheu*. Elle comprend sept autres Villes dans son Territoire.

HANGCHEU,	Lingan,
Haining,	Yucien,
Fuyang,	Sinching,
Juhang,	Changhoa.

On trouve presque partout des Tigres, & Marco Paolo les appelle improprement des Lions.

HANEAC, Montagne de l'Inde, où croît le meilleur Nard, au raport de Serapion, cité par Ortelius [a].

[a] Thesaur.

HANNIBALIS. Voiez au mot ANNIBALIS.

HANNONIA, nom Latin du HAINAUT.

HANNONII MONTES, nom Latin de MONS, Ville du Hainaut.

HANNOVIA, nom Latin de HANAU.

HANNUYE, petite Ville des Pays-Bas Autrichiens dans le Brabant. Elle est nommée *Hannuye*, ou HANNUT dans le Dictionnaire Géographique des Pays-Bas ; & on la qualifie Mayerie ; on ajoute : on la nommoit autrefois le Comté de DABOR, à quatre lieues de Judoigne approchant des Confins de l'Evêché de Liége. Elle est sur la Ghéete assez près de sa Source, dans le quartier de Louvain, entre le Pays de Liege, le Namurois & les Mairies de Jaudrain, d'Orp & de Landen.

HANOVER, Ville d'Allemagne dans la Basse Saxe, dans l'Electorat de Brunswig sur la Riviere de Leyne, & Résidence de la Branche Electorale de la Maison de Brunswig avant qu'elle fût parvenue à la Couronne de la grande Bretagne ; delà vient que l'on dit improprement l'Electeur d'Hanover, pour dire l'Electeur de Brunswig, & le Pays d'Hanover pour dire l'Electorat de Brunswig, ou même la Principauté de Calenberg. La Ville d'Hanover est située dans une plaine sablonneuse ; qui ne laisse pas d'avoir de belles prairies & des bois d'Aunes. La Riviere partage la Ville en deux. A l'Ouest de la Ville il y avoit ci-devant le Château de Lawenrhode qui appartenoit à des Comtes de ce nom. Cette famille étant éteinte le Duc Henri le Lion en qualité de Seigneur Féodal s'empara de cette Comté & des environs & gratifia la Ville de Hanover de plusieurs Franchises & Privileges. La Ville est assez bien fortifiée & distinguée en Ville neuve & vieille Ville. On travailloit à bâtir la neuve lorsque Monconis y passa. [b] Il parle peu avantageusement du Palais & trouve qu'd'Allemace n'est pas si grande, dit-il, que celle de Hildesheim, mais les rues en sont plus larges : proche d'une des portes est un grand lieu où l'on court la bague & les têtes, & un grand Cimetière. On tient à Hanover quatre foires par an & il s'y rend des Marchands non seulement d'Allemagne, mais même des Pays étrangers. Il y a plusieurs Eglises assez belles, savoir la Paroisse de St. George & de St. Jacques, l'Eglise de Ste Croix, celle de St. Gilles. Outre cela l'Electrice Douairiere Sophie Mere de George I. Roi d'Angleterre a fait bâtir dans la Ville neuve une Eglise pour les François refugiez & le Roi Guillaume III. d'Angleterre y contribua. La Cour étoit autrefois un Monastere, mais les bâtimens ont été entierement changez. La Chapelle en est assez belle. Il y a outre cela une maison des Orphelins, un Hôpital dans la Ville & hors la Ville. Il y a aussi une Machine Hydraulique que fait mouvoir une roue qui plonge dans la Leyne & qui eleve l'eau jusqu'à une certaine hauteur d'où elle coule sous terre jusqu'au marché, c'est ce qui en fournit la belle fontaine dont parle Monconis. Il y a aussi des puits de reserve que l'on peut ouvrir en cas d'incendie.

On parle beaucoup de la biere d'Hanover. Un Brasseur nommé *Conrad Breyhan* du Village de Stöken au voisinage de Hanover étoit allé apprendre son métier à Hambourg ; étant revenu à Hanover, il voulut essayer son savoir-faire en 1526. & réussit à faire une biere beaucoup meilleure que celle de Hambourg.

[b] Voyage gne p. 45.

bourg. C'est en effet un breuvage fort agréable & qui surprend d'autant plus qu'on s'en deffie moins. Un homme qui l'avoit trouvée fort à son gré exprima sa satisfaction par ce distique.

*Gaudia si fierent, toto & convivia cœlo,
Breihanam superis Jupiter ipse daret.*

La Ville de Hanover a aquis un nouveau lustre depuis le commencement de ce siécle, depuis que le Chef de la Branche qui y residoit a eu rang entre les Electeurs & a ensuite succedé à la Couronne d'Angleterre & enfin par le fameux Traité qui y fut conclu l'an 1725. pour balancer le Traité de Vienne. A une lieuë d'Hanover on voit HERRENHAUSEN où est une maison de plaisance & d'assez beaux Jardins qui faisoient les delices de l'Electeur durant son séjour en Allemagne.

LE PAYS D'HANOVER, ce nom s'employe en deux sens fort differens. Quelquefois il comprend tous les Pays soumis à la Branche Royale qui residoit à Hanover. C'est-à-dire,

LE PAYS D'HANOVER proprement dit :
LE DUCHÉ DE ZELL, que possedoit la Branche de ce nom.
LE DUCHÉ DE SAXE-LAWENBOURG, sequestré entre les mains du dernier Duc de Zell.
LE DUCHÉ DE BREME.
LA PRINCIPAUTÉ DE FERDEN.

George Louïs qui unit en sa personne tous ces Etats dont il n'avoit d'abord que le premier, joignit ensuite à tant d'acquisitions celle de la GRANDE BRETAGNE ; ce qui le mit en peu de temps entre les plus puissans Monarques de l'Europe.

LE PAYS D'HANOVER, proprement dit. On a vû que ce n'étoit d'abord que le Comté de Lawenrode qui prenant son nom d'un Château où le Comte demeuroit, enfermoit dans son Territoire Hanover Ville alors petite & peu considerable ; que ces Comtes étant morts Henri le Lion se saisit de ce Comté au douziéme siécle. Dans le quinziéme, Henri Chef d'une Branche de la Maison de Brunsvig, qui portoit le Titre de Wolfenbutel, partagea ses Etats entre ses deux fils, Hanover & Göttingen furent le partage d'Eric qui étoit le second. Et comme Eric residoit dans un Château nommé Calenberg, on nomma son petit Etat la Principauté de Calenberg. Cette Branche s'éteignit en 1584. & cette Principauté revint à la branche aînée qui étoit celle de Wolfenbutel. Ernest de qui descend toute la Maison de Brunsvig d'aujourd'hui se fit Protestant, établit le Lutheranisme dans ses Etats, & mourut en 1546. laissant trois fils. L'aîné mourut jeune sans enfans, Henri forma la Branche de Danneberg, & Guillaume celle de Zell.

La Maison de Danneberg se partagea en trois branches principales, qui sont Wolfenbutel, Brunsvig & Bever. La Maison de Zell se divisa en deux branches, savoir celle de Zell, & celle de Calenberg ou d'Hanover. La Branche de Zell est éteinte depuis l'an 1705. & ce qu'elle possedoit est revenu avec toutes les acquisitions à la Branche d'Hanover. Voyez l'Article de LUNEBOURG.

L'Etat particulier d'Hanover, sans y comprendre le Lunebourg ni les autres acquisitions, comprend les Villes de

Hanover,   Neustadt,
Hameln,   Wunstorf.

Les Châteaux de,

Calenberg,   &   Herrenhausen.

& l'Abbaye de Lockum Abbaye occupée par un Abbé Lutherien.

La PRINCIPAUTÉ de GRUBENHAGEN où sont,

Grubenhagen Ville,   Elbingerode,
Eimbeck Ville,   Clausthal,
Grubenhagen Château,   St. Andreas-berg,
Osterode Ville,   Altenau,
Hertzberg Château,   Saltz der Helden.

La PRINCIPAUTÉ D'OBERWALD où sont,

Northeim,   Göttingen,
& Munden, qu'il ne faut pas confondre avec Minden en Westphalie.

Autrefois il y avoit dans ces Cantons plusieurs COMTEZ comme,

Woelpe, aux environs de Neustadt,
Lutterberg, auprès d'Osterode.
Eberstein, en partie auprès de Bodenwerder.
Hallermund, ce dernier a été retabli en faveur du Comte de Platen.

Auprès d'Elbingerode est la fameuse Montagne de BROCKSBERG, ou BLOXBERG où le Peuple s'imagine que les sorciers tiennent leur Sabbat.

HANOVERA, nom Latin d'HANOVER.
HANOVIA, nom Latin de HANAU.
HANSE, ce mot qui signifie une Société de Villes qu'un interêt commun avoit unies pour la protection de leur Commerce, vient d'un ancien mot Allemand *Hansen* qui veut dire *associer*. Hanse dans cette Langue signifie Ligue, Société. Les Allemans ont encore le mot HÄNSELEN qui vient delà & qui veut dire *initier*, *admettre dans une Société ou Compagnie*.

* La *Hanse Teutonique* tire son origine d'un Traité que firent entre elles les Villes de Hambourg & de Lubec en 1241. dont les conditions étoient que Hambourg nétoieroit de voleurs & de brigands le Pays d'entre la Trave Riviere qui coule à Lubec & la Ville de Hambourg, & depuis cette Ville jusqu'à l'Océan empêcheroit les pirates de venir faire des courses sur l'Elbe ; que Lubec payeroit la moitié des frais que couteroit cette entreprise; que ce qui concerneroit l'avantage de ces deux Villes seroit concerté en commun & qu'elles uniroient leurs forces pour maintenir leur liberté

Lambec. Orig. Hamburg. ad Ann. 1241.

berté & leurs Privileges. Il est vraisemblable, dit Lambecius, que quand on vit ces deux Villes s'accroître de jour en jour par le Commerce que cette union rendoit plus sûr & plus facile, les Villes voisines, savoir celles de la Saxe & de la Vandalie, demandèrent à s'associer avec elles pour jouïr des mêmes avantages. Telle est la conjecture du savant Lambecius sur l'origine de cette Société. Mr. Struve[a] ne la blâme pas, mais il dit que ce n'est qu'une alliance particuliere & il croit qu'il faut prendre l'Epoque de l'Interregne. Quoiqu'il en soit, les Villes voisines attirées par une prosperité si prompte demandèrent à être admises dans cette alliance & l'obtinrent. Cette Hanse devint si célèbre que quantité de Villes de tous Pays demandèrent à être admises au nombre des Hanseatiques. Comme les plus considerables étoient d'abord des Villes maritimes, ou ce qui revient au même, situées sur de grandes Rivières qui leur facilitoient la Navigation, quelques gens se sont imaginé que leur nom d'Hanseatiques venoit d'*An Zee*, c'est-à-dire au bord de la Mer. C'est une erreur, il vient de HANSA ancien mot, & a la même origine que le mot *Hansé* qui se trouve dans les anciens Statuts de Paris[b].

Ce Commerce s'étendit fort loin & cette Compagnie de Villes liées d'intérêts établit des Etapes en divers Royaumes[c], savoir Bruges en Flandres, Londres en Angleterre, Bergen en Norwege, Novogorod en Russie. C'étoient autant de Comptoirs generaux où s'amassoient les Marchandises des contrées voisines pour pouvoir être transportées plus commodement & distribuées partout où les interessez en avoient besoin. [d] Les Princes qui n'y consideroient d'abord qu'une Société lucrative furent les premiers à souhaiter que leurs Villes y entrassent & en effet il ne s'agissoit que de cela. La Protection mutuelle des libertez de chaque Ville n'étoit pas un engagement général qu'eût pris toute la Hanse, & si on trouve que quelques Villes en ont protegé quelques autres, il se trouve aussi un bon nombre d'occasions où l'on n'a rien fait pour celles qui étoient opprimées. La formule du renouvellement d'alliance proposée dans l'assemblée des Villes Anseatiques en 1579. a bien un Article de se maintenir respectivement contre la violence[e]. La formule de l'alliance de 1604. le porte aussi. Cependant on ne trouve pas une seule guerre que la Hanse ait entreprise pour la deffense d'une Ville Hanseatique.

Les Souverains de divers Pays charmez d'attirer chez eux le Commerce de la Hanse lui accordèrent divers Privileges. On a des Lettres Patentes des Rois de France en faveur des OSTERLINS, c'est ainsi que l'on nommoit les negocians des Villes Hanseatiques du mot *Ost* qui veut dire l'Orient d'où vient OSTSE'E qui signifie la Mer Baltique. Ces Lettres sont entre autres de Louïs XI. en 1464. & en 1483. peu avant sa mort, & de Charles VIII. en 1489.

Le fort de la Hanse étoit en Allemagne, où elle a commencé & où elle conserve encore une ombre de son ancien gouvernement: les quatre Metropoles étoient Lubec, Cologne,

[a] Syntagm. Jurispubl. German. P. 44.
[b] Voyez Ducange Glossar. Latin
[c] Krantzii Wandal. l. 9. c. 7.
[d] Conringius de Urb. Germ. 98.
[e] Chytraus Chron. l. 24.

Brunswig & Dantzig. Avec le temps Bruges ne fut pas seule dans les Pays-Bas. Dunkerque, Anvers, Ostende, Dordrecht, Rotterdam, Amsterdam, se trouvent aussi sur d'anciennes listes comme Villes Anseatiques; aussi bien que Calais, Rouen, St. Malo, Bourdeaux, Bayonne & Marseille, en France; Barcelone, Seville & Cadix, en Espagne; Lisbonne en Portugal; Livourne, Messine, & Naples, en Italie; Londres en Angleterre &c.

Plusieurs choses contribuerent à affoiblir cette Société. Divers Princes trouverent mieux leur compte à favoriser le Commerce particulier de leurs Sujets; il se forma dans leurs Etats des Compagnies qui firent non seulement le Commerce ordinaire, mais même des découvertes & des acquisitions en Afrique, & en Amérique. Cela ralentit le Commerce de la Mer Baltique, chaque Pays se detacha peu à peu de la Hanse & trafiqua en son particulier. D'un autre côté Charles V. ennemi de toute Société qui ne servoit pas à ses vues ambitieuses, vint à bout de reduire celle-ci à très-peu de chose. Plusieurs Souverains d'Allemagne éprouverent que les Privileges que leurs ancêtres avoient accordez pour encourager le Commerce, ne servoient qu'à rendre plus mutine la Bourgeoisie des Villes de leur dependance, & que ces Villes enrichies & enorgueillies cherchoient toutes les occasions de se soustraire à l'obeïssance du Souverain, ils prirent leur temps pour les subjuguer. Et enfin quelques Villes ne pouvant contribuer leur part des contributions se retirèrent d'une Société qui leur étoit onereuse. Ainsi la Hanse qui avoit vû jusqu'à LXXX. Villes sur sa liste & qui florissoit depuis quelques siécles commença à decheoir en 1500. Son pouvoir diminua peu à peu. On parla bien en 1560. de la rétablir, on fit même quelques projets pour cela en 1571. on proposa une formule de renouvellement en 1579. Cependant peu de Villes y souscrivirent: on recommença en 1604. un nouveau plan, mais après que l'on se fut donné bien des mouvemens cela se reduisit à conserver le nom d'Anseatique & une ombre de Société entre un fort petit nombre de Villes, qui ne soutinrent pas le Commerce sur l'ancien pied. Les Rois de France ne laisserent pas de faire de temps en temps des Traitez avec la Hanse, jusqu'à ces derniers temps; on a des Actes en sa faveur de l'an 1536. sous François I. de 1552. sous Henri II. de 1604. sous Henri IV. confirmez en 1655. par Louïs le Grand. Cependant il n'y avoit plus de Villes Anseatiques en France & les Villes principales que nous avons dit être de l'Allemagne avoient pris le parti de resserrer la Hanse dans la partie Septentrionale de l'Empire. Encore en a-t-on retranché pour ainsi dire certaines Villes. La Suede étant devenue maitresse de Riga en Livonie & de Wismar en Basse-Saxe, ces deux Villes qui étoient Hanseatiques sont devenues simplement des Villes de guerre, quoi que le Port de Riga ait toujours servi au Commerce. Lunebourg qui se gouvernoit autrefois par elle-même s'est soumise à la Maison de Brunswig, & l'ancien Gouvernement Hanseatique ne subsiste plus qu'à Lubec, à Ham-

Hambourg & à Bréme. Trois Villes qui conservent encore ce titre avec une liaison & des usages dont on peut voir les details dans l'Histoire de l'Empire par Heiss [a].

HANTSHIRE [b], Province maritime d'Angleterre sur la Manche entre Suffex à l'Est & Dorfetshire à l'Ouest au Diocèse de Winchester. Elle a cent milles de tour & 1312500. arpens & 26851. Maisons. C'est un Pays agréable, abondant & fertile en bled & en pâturage, en laine, en bois, & en fer; & il se distingue entre autres choses par l'excellence de son Miel & de ses jambons. Du côté de l'Ouest il est arrosé par l'Avon & la Stoure qui se rencontrent au voisinage de la Mer; & vers l'Est par la Tese, ou Test, & par l'Itchin qui se joignent près de Southampton. C'est dans cette Province que se trouve la nouvelle forêt *New-Forest* [c], Guillaume le Conquerant fut si charmé de la Forêt qui étoit alors bien plus petite que pour l'agrandir il fit démolir plusieurs Villes & Villages avec trente-six Eglises Paroissiales.

Cette Province s'appelle communément HANTSHIRE, ou HAMPSHIRE, ou PROVINCE DE SOUTHAMPTON, ses Villes & Bourgs où l'on tient marché sont,

* SOUTHAMPTON, Capitale
* Winchester,   * Withchurch,
* Portsmouth,   * Newton,
  Andover,   Alton,
  Christ-Church,   Farnham,
  Lymington,   Basingstoke,
  Petersfield,   Fordingbridge,
  Stockbridge,   Havant,
  Kingsklere,   Odiam,
  Kingwood,   Rumsay,
  Broding,   Waltham.

Ce qui rend cette Province remarquable, c'est son Port de Portsmouth, l'un des plus fameux de l'Angleterre. L'Isle de WIGTH fait partie de Hampshire.

HANYANG [d], Ville de la Chine dans la Province de Huquang, dont elle est la seconde Metropole. Elle est de 3.d. 43′. plus Occidentale que Peking à 30.d. 50′. de Latitude. Elle est pleine d'eaux dehors & dedans de sorte qu'on peut aller en bâteau par tout; & diverses Rivieres arrosent son Territoire. Quoi qu'il ne contienne que deux Villes, savoir,

HANYANG, & Hanchuen.

elle n'en doit rien aux meilleures Provinces pour la fertilité. Elle est proche de la Riviere de Han à l'endroit où elle se jette dans le Kiang. Le transport des Marchandises s'y fait commodément. On prend dans ce district quantité d'Oyes sauvages. Il y croit des oranges & des citrons de toute espece, il y a plusieurs édifices remarquables entre autres une haute tour nommée Xeleuhoa, que l'on dit avoir été construite à cette occasion. Une bru qui avoit pour sa belle-Mere sachant qu'elle devoit la venir voir prépara une Poule, pour la regaler. La belle-Mere n'en eut pas plutôt gouté qu'elle mourut.

On saisit la bru, on l'accusa d'avoir empoisonné sa belle-Mere. On la menoit au suplice quand trouvant un arbre qui porte la grenade, elle en saisit une branche qui étoit en fleur & prononça ces paroles. Si j'ai empoisonné ma belle-Mere, que la fleur de cette branche meure; mais si je suis innocente de ce crime, qu'elle porte d'abord du fruit. A peine avoit elle parlé que la branche parut couverte de grenades. Pour conserver la memoire de ce prodige on a élevé cette tour & on l'a nommée XELEUHOA, c'est-à-dire fleur de Grenade.

HANUNCA, ou
HANUNEA. Voyez HAMINEA.

HAOARES, ancien Peuple d'Afrique: Marmol [e] dit que les Benimerinis ayant chassé de la Province de Temecen au Royaume de Fez les Arabes qui y avoient été sous le Regne des Almohades, ils y mirent les Zenetes & les Haoares pour recompense des services qu'ils leur avoient rendus à leur établissement. Voyez TEME'CEN.

HAOAXE, ou AOAX, selon ⎫ Voyez
Mr. Baudrand.   ⎬ AOAXE
HAOUACHE, selon Mr. de   ⎪ &
l'Isle.   ⎭ HAWASH.

HAPHARAïM, ancienne Ville de la Palestine dans la Tribu d'Issachar, selon Josué [f]. Eusebe dit que de son temps il y avoit un lieu nommé Apharaïm à six milles de Legion, vers le Septentrion.

HAPON, Ἅπων. Voyez ASPONA.

HAPPING, ou APPING [g], Bourgade d'Allemagne en Baviere sur l'Inn aux confins du Tirol près du Bourg de Rosenheim: quelques-uns croient que c'est l'ABUDIACUM des anciens. Voyez ABUDIACUM.

HAPSAL, petite Ville maritime de Livonie dans l'Estonie au quartier de Wickeland, à l'Orient de l'Isle d'Ormso. Mr. Baudrand & quelques autres écrivent HAPSEL. Zeiler & Mr. de l'Isle écrivent HAPSAL. C'étoit le Siége d'un Evêché suffragant de Riga, érigé dans le XIII. Siécle. Il a été suprimé aussi bien que son Metropolitain. Cette Ville qui a été long-temps à la Suede est à l'Empire Russien avec toute la Livonie.

HARAD [h], ou HAROD, ou ARAD, nom d'une Fontaine de la Palestine dans le grand champ au pied du mont Gelboé.

HARAN, ou CHARAN, Ville de Mesopotamie, c'est, dit-on, la même que CARRHES. Voyez l'Article CHARRHÆ.

HARAX, Riviere d'Asie dans la Susiane, selon Ammien Marcellin [i].

HARAY, Mr. Corneille après Davity en fait une Isle contiguë à celle de Lewes, il falloit dire que la partie Meridionale de l'Isle de Lewis l'une des Hebrides ou Westernes s'appelle HARRIES. Voyez LEWIS.

HARBERT [k], Ville d'Asie dans le Diarbek proche d'Amid; sous la domination du Turc. Il y a un Archevêque Armenien qui reside au Monastere de Surbastuasazin ou de la Ste. Mere de Dieu; & un Archevêque Syrien.

HARBI, Bourg d'Asie dans la Mesopotamie entre Anna & Tecrite, selon le traducteur de l'Histoire de Timurbec [l].

HAR,

HAR. HAR. 45

HARBOURG[a], ou HAARBOURG, Ville d'Allemagne au Cercle de Basse-Saxe au Duché de Lunebourg, dans l'Electorat de Brunswig, vis-à-vis de Hambourg, sur l'Elbe, qui à cause des Isles dont elle est remplie en cet endroit met un mille de distance entre ces deux Villes. Harbourg est defendue par un Château très-bien fortifié ; c'est un Pentagone, capable d'une longue résistance. On ne trouve point quand ni par qui cette Forteresse a été commencée. Il y a dans la Citadelle un vieux bâtiment quarré à quatre étages dont les murailles sont fort épaisses & les souterrains fort profonds. Quoi que cette Ville eût d'assez grands Privileges on ne trouve point qu'elle se soit beaucoup augmentée avant la Regence du Duc Guillaume ; mais il s'appliqua à l'orner & à y attirer des Habitans, de sorte qu'il s'y forma une Ville neuve qui a une assez belle Eglise & des places. Harbourg est un grand passage pour ceux qui viennent de Hambourg, vers les Provinces Meridionales ; & on y prend les Chariots de poste.

HARCANUN[b], lieu d'Asie, Siége d'un Evêque Armenien sous le Patriarchat de Sis. On ne le connoît que par une Notice de l'Eglise Armenienne.

HARCHIES[c], Baronie de France dans le Hainaut à une lieue de Condé.

1. **HARCOURT**[d], Bourg de France en Normandie, dans le Diocèse d'Evreux, Château, titre de Comté, & haute Justice. Il est situé à dix lieues de Rouen, entre le Bec, Neubourg, & Beaumont-le-Roger, près de Brionne, & de Tibouville au milieu d'une belle Campagne à bleds qu'on débite à son marché qui est des plus frequentez. L'Eglise Paroissiale est dédiée à saint Ouën. Il y a un Monastere de Chanoinesses de saint Augustin qui gouvernent & qui servent l'Hôtel-Dieu, Hôpital pour les malades. Le Château bâti à l'antique avec des fossez profonds accompagné d'un Donjon & d'une chapelle, est très-logeable, & en bel air. Les appartemens y ont été rétablis à la moderne, avec un Jardin bien ordonné, & fort propre. Au pied de ce Château, & d'un parc, fermé de murailles, est un Prieuré Claustral de Chanoines Réguliers de saint Augustin de la Congregation de Ste Génevieve, sous le titre de NÔTRE DAME DU PARC. On y conserve des Réliques très-précieuses & anciennes. Les chaises du Chœur de leur Eglise sont à l'antique & assez belles, & l'on y voit un grand Candelabre de cuivre à sept branches, & les tombeaux des anciens Comtes d'Harcourt Fondateurs du Prieuré. Une grosse tour assez basse, bâtie hors de l'Eglise, renferme une bonne Sonnerie, dont on dit que la grosse cloche est du poids de six milliers. Les Religieux de cette Maison desservent les Cures d'Harcourt, de Rouge-Perier, de Bray, & d'Ecardanville qui sont dans le voisinage. Le Comté d'Harcourt comprend vingt Paroisses.

2. **HARCOURT**[e], Bourg de Normandie, situé sur la Riviere d'Orne, six lieues au dessus de Caën, dans le Diocèse de Baieux. Il étoit auparavant appellé THURY, & avoit titre de Marquisat, Château & haute Justice ; mais en 1700. au mois de Novembre Louis XIV. l'érigea en Duché sous le nom d'Harcourt en faveur d'Henri d'Harcourt de Beuvron, depuis Maréchal de France, & Capitaine des Gardes du Corps de Sa Majesté. Le Duché d'Harcourt comprend les bois & francs buissons de cinq Layes ; le Fief & la Seigneurie de saint Bernin, la Terre & la Seigneurie de Pont d'Ouilly ; le Fief ferme de Croisilles uni au Marquisat de Thury ; la Terre, Seigneurie & Marquisat de la Motte-Harcourt, avec le bois de la Motte & Grainbaut qui en dépendent ; les Terres & Seigneuries de S. Martin de Salons ; celles de Beauvoir, & de Châtelier, avec tous les droits, prérogatives, & mouvances qui leur appartiennent & qui ne composent plus à présent qu'une Terre & Dignité d'Harcourt.

§ Mr. Baudrand rend ce nom de Harcourt en Latin par HARCURTIUM ; Mr. Corneille dit *Harcursium* & *Harcurium* ; le vrai nom Latin est HARECORTIS, selon Mr. de Valois[f]. Dans des Lettres de 1198. on lit HARECORT, c'est-à-dire, selon lui *Harecortis*, ou *Harecurtis* ; car, dit-il, les modernes ont egalement appellé CORTEM, & CURTEM, ce que les Anciens avoient appellé *Cohortem*, & *Chortem*, pour signifier la basse-cour, où l'on nourrit le bétail & la volaille. L'usage vint d'appeller *Curtes*, ou *Cortes*, les Maisons de Campagne où les Rois de France avoient coutume de passer l'Hyver ; & de dire en Latin de ce temps là *cortem petere*, *in corte esse*, pour aller à la Cour, être à la Cour. On écrivoit autresfois *court* & non pas *cour* comme on fait aujourd'hui. Ce t se remarque dans les mots derivez de celui-ci *Courtier*, *Courtisans*, *Courtois*, *Courtoisie*, *Accort*, &c. Harecort étoit donc en premier lieu un lieu de Campagne. Philippe VI. Roi de France l'érigea en Comté en 1338. Les uns ont dit HERECORT, d'autres HERECURIA, plusieurs HARICURIA, Guillaume de Nangis dans l'Histoire de Philippe III. dit HARDICURIA. Il y en a même qui ont dit HARCURIA. Dans le Chartulaire de Fescamp des Lettres de 1207. font mention de *Richardus de Herecuria* qui dans d'autres est appellé Ricardus de Herecort. Les Auteurs Anglois écrivent HARECORT.

HARDAM, Ville Episcopale de Syrie sous la Metropole de Damas, selon Guillaume de Tyr cité par Ortelius[g].

HARDBERG, Village de la Basse Hongrie aux confins de la Rascie. Lazius croit que c'est l'HEORTA des Scordisques. Voyez HEORTA.

HARDEBY, Village d'Angleterre en Lincolnshire. Il n'est connu que parce que c'est là que mourut en 1298. Eleonor de Castille femme d'Edouard I. Roi d'Angleterre.

HARDERWYK, Ville des Provinces unies dans la Gueldre au Quartier d'Arnheim, sur le Zuyder-Zée, qui y gagne de temps en temps un nouveau terrain. Les Annales de Gueldres en mettent la fondation à l'an 1230. Elle doit être plus ancienne au sentiment d'Alting[h], & il en apporte pour preuve des Lettres de Gerard Comte de Holstein & des Bourgmestres de Hambourg datées de l'an 1230.

F 3   dans

dans lesquelles cette Ville est qualifiée *oppidum Felvæ in ora Australi Latus Flevonis transmarina navigatione inclitum* [a]. Elle a eu autrefois dans ses armes une barque de pêcheur & un droit d'étape pour le poisson. Ce droit que l'on nomme *ben Afflagh*, lui avoit, dit-on, été accordé par Arnold Duc de Gueldre. Elle a maintenant dans ses armes un Lion que lui accorda Othon VI. Comte de Nassau, qui florissoit l'an 1229. On croit que c'est en ce temps-là qu'elle fut environnée de murailles, comme Ruremonde, Bomel & autres Villes de la Gueldre. Durant les guerres contre l'Espagne on ajouta à ces murs quelques ouvrages. Un incendie la reduisit en cendres le 31. Juillet 1503. & il en resta à peine six ou sept Maisons entieres. On l'a rebâtie depuis avec soin. Entre les Edifices publics l'Eglise de Nôtre-Dame est belle, sa tour quarrée est fort haute & peut servir de phare aux Vaisseaux. Ses voutes sont dignes d'être vues avec attention. Il y a un Hopital pour les pauvres. Avant la revolution il y avoit six Monasteres, trois d'hommes & trois de femmes. L'un des premiers dedié sous l'invocation de St. Jean, étoit assez beau & hors de la Ville, on le nommoit *het Heeren soo/* il étoit situé dans un agréable endroit & fondé par Renauld Duc de Gueldre; on l'a entierement rasé. Les deux Couvens d'homme qui étoient dans la Ville appartenoient l'un aux Hieronimites & l'autre aux Franciscains. Ce dernier avoit été augmenté par le Duc d'Albe; on le pilla lors que la Ville fut prise en 1572. quelque temps après le feu prit à l'Eglise de ce Couvent & la ruina. Les trois autres Monasteres étoient dediez l'un sous le nom de St. Agnez, on y suivoit la regle de St. Augustin; il n'y avoit gueres que des filles de qualité; le second sous le nom de Ste. Catherine étoit sous la regle de St. François & le troisieme étoit de Sœurs grises. Ce qui reste de ces Monasteres est employé à d'autres usages. Les Orphelins sont dans une Maison bâtie sur le terrain qui étoit aux Franciscains. La Maison des Sœurs grises sert pour la monnoye. D'autres Couvens servent à la Bibliotheque publique & à l'Ecole. Cette Ecole a été fameuse de bonne heure; avant le milieu du dernier Siécle, on l'augmenta considerablement, on y établit des Professeurs pour les Langues, pour la Theologie, pour le Droit & le 12. d'Avril 1648. elle prit possession du titre & des droits d'une Université dans les formes. Harderwyk est à huit lieues d'Arnhem.

HARECORT, ou
HARECURIA. Voyez HARCOURT §.

HARENC, Forteresse de Syrie dans la Cassiotide à douze milles d'Antioche, selon Guillaume de Tyr & Mathieu Paris citez par Ortelius [b].

HARES, Montagne de la Palestine dans la Tribu de Dan, où les Danites furent resserrez par les Amorrhéens [c].

HARETE', Mr. Corneille nomme ainsi une Contrée de la Terre-Sainte dans la Syrie, dit-il, en Latin selon lui *Hartesia regio*: il ajoute: Elle est vers le Jourdain & on y compte à-peu-près cinquante Villages ou Hameaux que les Arabes habitent. Il ne cite point son Auteur. Je crois que par là il entend le même Pays que Philippe de la Rue dans sa Carte de Sourie appelle ARDEN, ou Royaume des Arabes, dont le Roi a, dit-il, sous son obeïssance ce qui est de la Terre-Sainte à l'Orient du Jourdain. Castald nomme Arden la Palmirene, comme nous le remarquons ailleurs.

HARETH, Forêt de la Palestine où David se retira suyant la persecution de Saül [d].

HARFLEUR, Ville de France en Normandie au Pays de Caux. Elle est nommée dans d'anciens titres HAREFLOT, & HAREFLOU comme nous le remarquons ailleurs: voyez l'Article FLEUR. Mr. Pigagniol de la Force [e] la nomme en Latin HAREFLOTUM, HAREFLUUM, HERIFLOIUM, HERIFLORIUM, & AURIFLORIUM. Mr. Corneille dit HARFLEVIUM, HAROFLETUM, & HARFLUTUM qu'il explique comme si elle arrêtoit les flôts; *quasi arcens fluctus*; de qui que ce soit que vienne cette Erymologie, elle est puerile. Harfleur [f] est située sur la LEZARDE, à trois quarts de lieue de Montivilliers, à deux lieues du Havre, à six de Fescamp, à neuf de Caudebec, & à seize de Rouen. Cette Ville est fort ancienne, & quoi qu'elle ait été jusqu'à la Fondation du Havre, frontiere maritime de France, on ne lit dans aucune Histoire, ni en quelle année elle fut bâtie ni qui en a jetté les premiers fondemens. On la trouve entre deux Montagnes, dont l'une est à l'Orient, & l'autre est à l'Occident. Du côté du Midi elle a un marais qui s'étend jusqu'à la Seine, & qui est souvent inondé par le reflux de la Mer, & du côté du Septentrion la vallée de Montivilliers d'où viennent des vents qui rendent son air assez sain. On y arrive de l'Islebonne par une chauffée qui a cinq ou six lieues de longueur, & qu'on assure avoir été faite par les ordres de Cesar. Cette chauffée est tirée à la ligne, & bordée d'arbres des deux côtez en plusieurs endroits. Depuis le Regne de François I. que le Havre est devenu une Ville considerable, Harfleur a perdu la plus grande partie de son lustre. Ses fortifications exterieures ont été rasées aussi bien que ses murailles, & son port s'est rempli de sable. Son grand Commerce est tombé, & ce n'est plus aujourd'hui qu'un port à Barques qu'on fait remonter avec six ou huit pieds d'eau du reflux de la Mer dans le Canal de la Lezarde. Cependant Harfleur joüit encore de ses anciennes prérogatives, avec exemption de tailles & de gabelles. Il y a un Lieutenant de Police, un Maire, & trois Echevins, & une Maison de Ville, Siége de Justice Royal, & Grenier à Sel. Les Fontaines y sont belles & abondantes, & viennent d'une Montagne voisine qui lui commande entierement, ce qui peut avoir causé sa ruine. Il n'y a qu'une seule Paroisse, appellée de saint Martin. La nef de l'Eglise qui est une grande Fabrique, est accompagnée d'un double Corridor; mais le Chœur n'a jamais été voûté ni couvert, & c'est avec déplaisir qu'on voit ce bel édifice demeuré imparfait, un cercle de Chapelles autour du Chœur, ornées au dehors d'une Balustrade & de jolies Pyramides de pierres abandonnées aux inju-

[a] Blaeu Theatr. urbium Belg.

[b] Thesaur.

[c] *Judic.* c. 1. v. 35.

[d] *d Reg.* l. 1. c. 22. v. 5.

[e] Desc. de la France.

[f] Memoires dressez sur les lieux en 1704.

injures du temps. On y remarque sept Autels de face. Les vitres sont peintes & chargées d'un nombre prodigieux de figures qui representent les Mysteres du Sauveur du monde & de la Vierge ; la Vie & le Martyre de plusieurs Saints. Le clocher est une Pyramide très-belle & très-haute portée sur une tour ornée d'une Balustrade, d'une Galerie, de petites Pyramides, & d'arcs-boutans, le tout de pierre & bien ouvragé, avec de bonnes cloches dans la Ville; il y a un Couvent de Capucins & un Hôpital, & hors la Ville est une Chapelle de sainte Anne au milieu du Cimetiere public. On a planté des arbres au pied du rempart, & des deux côtez du commencement du grand Canal. Le chemin qui conduit à Montivilliers, est à demi couvert aussi bien que celui par où l'on va à Nôtre-Dame de Consolation. Du haut des Montagnes entre lesquelles la Ville d'Harfleur est située, on decouvre le Havre, la Mer, & Honfleur qui est de l'autre côté de la Seine, large de trois lieues en cet endroit-là, & quelquefois si irritée qu'on ne peut la traverser qu'avec beaucoup de danger. On tient marché à Harfleur tous les Mecredis, & deux foires franches par an, l'une à la saint Martin d'Eté, & l'autre à la saint Martin d'Hiver. On y fait beaucoup de dentelles. L'on y brasse de la biere, & l'on fait moudre à ses moulins à eau presque tous les grains pour l'usage du Havre & des lieux voisins. Son Territoire produit des grains, des fruits & des chanvres, & l'on y blanchit quantité de toiles sur le pré. Les Anglois prirent d'assaut Harfleur en 1415. & saccagerent la place un peu avant la Bataille d'Azincourt.

[a] *Alting Notit. German. Infer. part. 2. p. 28.*

HARGA [a], ancien nom d'une petite Riviere de Hollande entre Schiedam & Vlaerdingen. On la nomme aujourd'hui *la Vieille Harc*, De Oude Harc. Theodoric V. dans un Diplome de l'an 1083. la nomme autrement TURLEDE; & Stockius écrit DURLEDE.

[b] *Desc. de l'Arab. Heur. n. 15.*

HARGIAH, Port de Mer de l'Arabie Heureuse ; Abulfeda [b] dit : il y a quelques Maisons la plupart fort petites & construites avec de la Terre & des Roseaux. Edrisi dit qu'il y a une journée de chemin entre Hargia & Hirdah.

HARIARTUS. Voyez ALIARTUS.

HARISTALLIUM. Voyez HERSTAL 1.

§ HARIZA, Mr. Corneille dit : Ville d'Espagne au Royaume d'Aragon : elle est sur la frontiere de Castille. C'est le Bourg d'ARIZA. Voyez ce mot.

[c] *Baudrand Ed. 1705.*

HARLAY [c], petite Ville de France dans la Franche-Comté, au bord de la petite Riviere de Seille.

[d] *Ibid.*

HARLEBEC [d], Bourg de la Flándre Austrichienne dans la Chatellenie de Courtray, sur la Riviere du Lis, à une lieue au dessous de Courtrai en allant à Gand. Il y a une Eglise collegiale.

[e] *Etat pret. de la Gr. Bret. T. 1. p. 139.*

HARLECH [e], Ville d'Angleterre dans la Principauté de Galles où elle est la Capitale de Merionetshire. Cette Ville qui étoit autrefois remarquable pour son magnifique Château est à 168. milles de Londres. On y tient marché toutes les Semaines.

HARLEM, Ville des Provinces Unies dans la Hollande. Quelques-uns écrivent *Haarlem* [f]. L'ancien nom est HARALHEM, nom que l'on derive de ce qu'elle est située dans un terrain plus sec & moins aquatique que la plupart des Villes de Hollande. On ne sait ni quand ni par qui elle fut commencée. La plus ancienne trace que l'on en trouve c'est dans un ancien inventaire des biens de l'Eglise d'Utrecht que l'on croit être du IX. Siécle. Mais on n'est pas bien sûr qu'il s'y agisse de cette Ville. Il y avoit autrefois un Château fortifié & un Bailliage assez ancien qui portoient ce nom qu'ils ont ensuite laissé à la Ville. Stockius raporte sur de bons titres que du temps de Thierri VI. en 1155. elle étoit deja bien peuplée, assez puissante & assez fortifiée & sur tout très-fidele à son Prince, Il est certain que les Bourgeois de Harlem accompagnerent Guillaume I. qui partoit pour la Terre-Sainte en 1217. On ne sauroit en douter ; mais on ne peut pas faire le même fond sur ce qu'une tradition populaire dit qu'ils firent à Damiéte. On peut faire plus de fond sur le temoignage de l'Empereur Guillaume qui par un Diplome du 23. Novembre 1245. reconnoît le courage & la fidelité des Harlemois & leur accorde plusieurs immunitez & franchises. Jean I. qui fut le dernier Comte de la race de Frise la choisit pour y passer les restes d'une vie languissante & pour y avoir sa sepulture. Il y mourut en 1299. Harlem est dans le Territoire des Marsatiens ancien Peuple, dont le Pays de KENNEMERLAND a pris son nom. Elle a été la Capitale de ce Pays qui est partagé entre plusieurs Villes, sa partie Occidentale est toujours de la Jurisdiction de Harlem. Autrefois la Ville étoit seulement au bord Meridional de la Spare Riviere qui se jette dans l'Y à Sparendam. Cela étoit encore vers l'an 1390. On a des Lettres de ce temps-là qui marquent que la Spare (*Spirnam*) couloit auprès de la Ville, ce fut vers l'an 1400. qu'on agrandit la Ville & qu'on l'étendit au delà de cette Riviere qui la traverse à present.

[f] *Alting Notit. German. Infer. part. 2. p. 81.*

En 1249. on amena du Levant en Europe les Religieux de Nôtre-Dame de Montcarmel que Blaeu dans son Théatre des Villes des Pays-bas prend pour une Montagne d'Egypte. *Carmelite etiam a Carmelo Ægypti monte è quo progressi sunt, dicti*; on les établit de bonne heure à Harlem & Simon de Harlem leur fit present d'une Maison à laquelle il ajouta de grands biens. Il mourut en 1280. il fut enterré dans leur Chapelle devant le grand Autel. L'an 1287. Florent V. fils de l'Empereur Guillaume donna aux Dominicains dans la Ville de Harlem un fonds, une Maison & une rente annuelle. En 1310. les Chevaliers de l'Hôpital de St. Jean de Jerusalem furent reçus à Harlem & les Templiers qui étoient auparavant dans le Fauxbourg se transporterent à l'Eglise de St. Jean qui est dans la Ville & lui donnerent tous leurs biens. En 1347. la Ville fut entierement brûlée ; quatorze personnes perirent dans les flammes. Elle commençoit à se rétablir en 1351. quand un second incendie en consuma la moitié. Cependant on la rebâtit avec chaleur puisqu'en 1400. l'ancienl'ancienne enceinte se trouvant trop petite, on fut obligé de l'agrandir au delà de la Riviere.

Ce fut environ vingt ans après cette époque que Laurent Coster Bourgeois de Harlem inventa l'Imprimerie. Quelques-uns retardent cette découverte de dix ans ou même de vingt, & la mettent en 1430. ou 40. mais cela ne se peut, car Rabbi Joseph dans sa Chronique dit que le plus ancien livre fut imprimé à Venise l'an Judaïque 5188. qui revient à l'an 1428. de l'Ere Vulgaire ; & l'on convient que Harlem eut le secret de l'Imprimerie avant Venise. Je sais que Mayence dispute cet honneur à Harlem. Ce n'est pas ici le lieu de discuter ce procès. On est si persuadé à Harlem que Laurent Coster est l'Inventeur de cet Art que la Ville a fait mettre sur la porte de sa maison qui est au milieu de la Ville cette Inscription.

 Memoriæ Sacrum
 Typographia
 Ars Artium Optima
 Conservatrix
 Hic primum inventa
 Circa Annum MCCCCXL.

On voit bien que cette Inscription a été mise long-temps après la mort de Coster on n'y auroit pas dit que l'Imprimerie cet Art qui conserve tous les autres, fut inventée dans cette maison vers l'an 1440. on y auroit marqué l'année au juste. A l'exemple du Magistrat un particulier érigea une Statue publique en l'honneur de Coster avec ces mots sur le Piedestal.

 M. S.

 Viro. Consulari.
 Laurentio. Costero.
 Harlemensi.
 Alteri. Cadmo. et Artis. Typo-
 graphicæ.
 Circa. Annum. Domini. M. CCCCXXX.
 Inventori. Primo.
 Bene. de. litteris. ac. toto. or-
 be. Merito.
 Hanc
 Q. L. C. Q.
 Statuam. quia. æream. non. ha-
 buit.
 Pro monumento posuit
 Civis gratissimus.

Dans la dispute sur la naissance de l'Imprimerie il me semble que l'on peut convenir avec les plus sages & les plus moderez, que Laurent Coster inventa l'Art de graver les Lettres sur le bois & d'imprimer ainsi toute une page plusieurs fois de suite, ce qui étoit un très-grand avantage par le temps que l'on gagnoit & par l'expression constante & fidele des mêmes mots dans un Exemplaire comme dans l'autre, & on peut convenir en même temps que Jean Fauste de Mayence inventa les Caractères de Metail dont on ne se sert presentement ; ainsi ces deux Villes auront également la gloire de l'invention. Harlem aura trouvé & ébauché l'Imprimerie, Mayence l'aura rendue plus commode & plus generalement utile.

Albert de Baviere fit bâtir en 1472. l'Eglise de St. Bavon, mais il n'est pas vrai, comme Bleau le dit dans l'ouvrage cité, qu'elle ait pû être solemnellement consacrée par le Pape Boniface IX. puisque ce Pontife étoit mort dès l'an 1404. soixante huit ans avant la fondation de cette Eglise. C'est l'Eglise qui est au marché. C'est un grand morceau d'Architecture. Elle devint Cathedrale en 1559. sous le Pontificat de Paul IV. qui érigea Harlem en Evêché. [a] La Bulle d'Erection assigne à ce Diocèse douze Villes ou Bourgs & tous les Villages compris dans cet espace. Le premier Evêque fut Nicolas Nieulant, qui avoit été Vicaire de l'Archevêque d'Utrecht, & ensuite XXXVIII. Abbé d'Egmond. Ce Prélat resigna quelque temps après du consentement du Pape & eut pour Successeur Godefroi Mirloo Religieux Dominicain, Prieur du Convent d'Utrecht & grand Predicateur ; mais la Ville ayant été reprise en 1578. par les troupes du Prince d'Orange, ce second & dernier Evêque d'Utrecht fut forcé de se retirer à Deventer où il mourut l'an 1587.

[a] Aub. Mirzi. Donat. Piar. p. 314.

La Ville de Harlem a eu un bon nombre d'hommes célèbres dans les Sciences, la plupart Ecclesiastiques & Theologiens ; les Bourgeois s'appliquoient beaucoup autrefois aux Manufactures de Laine, à present cette sorte de Commerce semble avoir passé à Leyden & les Harlemois s'appliquent davantage aux toiles. Celles qu'ils préparent sont d'une blancheur éblouïssante, & se transportent beaucoup dans les Pays étrangers. La Ville est grande & peuplée, mais elle ne paroit pas assez remplie d'habitans lorsque l'on vient d'Amsterdam & que l'on compare le fracas de cette Ville avec la tranquilité de l'autre. La Spare & le vieux Canal marquent l'ancienne enceinte, tout ce qui est à l'entour jusqu'à la muraille a été ajouté vers le commencement du xv. siécle. L'an 1587. la Ville fut en partie consumée par le feu. L'Eglise de St. Gangoul, l'Hôpital de Ste Elizabeth, le Couvent des Sœurs de l'Ordre de St. François, le Jardin de St. Martin & quelques autres lieux furent reduits en cendres. Ce fut en 1577. que les Harlemois lassez des mauvais traitemens qu'ils recevoient des Gouverneurs Espagnols se donnerent de nouveau au Prince d'Orange.

Au dehors de la Ville est un bois delicieux où l'on va se promener non seulement de Harlem, mais même d'Amsterdam, c'est dans ce bois que Laurent Coster imagina les premiers essais de l'Imprimerie & Florent V. Comte de Hollande y fit bâtir une maison de plaisance qu'il nomma Vogelsang, c'est-à-dire, le Ramage, ou le chant des Oiseaux, c'est où il venoit jouïr d'une agréable solitude & se delasser des soins & des embaras attachez à la grandeur.

J'ai marqué que l'on ne peut pas compter sur la certitude de ce que l'on dit des Harlemois au Siége de Damiete, on ne laisse pas d'y rapporter l'Origine des Armes de Harlem qui sont une Epée nue en pal accompagnée de quatre Etoiles avec ces mots : *Vicit vim virtus.*

HAR. HAR. 49

rus. Ces Etoiles signifient, dit-on, autant de Voyages en terre Sainte; il faudroit donner la même explication des Armes d'Edam & d'Enkhuysen qui ont un pareil nombre d'étoiles. On doit faire le même cas de la tradition populaire qui veut que l'on ait encore au haut de la Tour des Cloches rapportées de Damiéte.

LA MER DE HARLEM, on appelle ainsi une inondation entre la Ville de Harlem dont elle porte le nom, & celles d'Amsterdam & de Leyden. Elle se forme du concours de plusieurs Ruisseaux avec la Mer qui y entre par l'Y avec lequel elle a communication au moyen d'une écluse de forte massonnerie, ce qui fait que ses eaux participent à la salure de la Mer. Bien que cette Mer soit commune à ces trois Villes, cependant elle n'en approche que par le moyen de divers canaux qui aboutissent à quelqu'un de ses Golphes. Dans sa partie Orientale est un enfoncement long & étroit appellé DE NIEUWE MEER, qui par un Canal nommé le Schinckel aboutit au lieu d'Overtoom où commence le plus beau Faux-bourg d'Amsterdam. Par le moyen d'une roue & des rouleaux on fait entrer les barques toutes chargées dans le Canal qui va jusque dans les rues d'Amsterdam. Au Nord est un autre Golphe nommé le SPIERING-MEER, à l'extremité duquel est une écluse qui s'ouvre & se ferme d'elle-même par le poids des eaux qui la pressent. Comme ce lieu est à peu près à moitié chemin de Harlem & d'Amsterdam on y a bâti un Château nommé SWANEN-BOURG. Il appartient en commun aux Seigneurs de la Regence. Cette Ecluse acompagnée d'une forte digue de massonerie cause une interruption necessaire aux barques par lesquelles on va de Harlem à Amsterdam. Les barques demeurent en cet endroit & on en prend d'autres de l'autre côté de la Ville. Cette Ecluse dont nous venons de parler est la communication de la Mer de Harlem avec l'Ye, autre Mer formée par le mélange des eaux du Zuiderzee & de la Riviere de l'Ye. Les barques qui passent de l'Ye dans la Mer de Harlem vont chercher l'écluse qui est à l'Embouchure de la Spare, où est le Village de Sparendam, & par une coupure ménagée entrent de là dans la Mer de Harlem sans aller jusqu'à la Ville. La Ville elle-même communique à cette Mer par d'autres Canaux dont le plus remarquable est à Hemsteede. La partie de la Mer de Harlem qui est au Sud-Ouest communique au Rhin par divers Canaux dont un sert à conduire les barques qui viennent de Harlem ou d'Amsterdam. Comme le terrain est très-precieux en Hollande & que cette Mer en occupe beaucoup, on a parlé plusieurs fois de la dessecher, ce qui seroit facile; plusieurs particuliers ont offert d'en faire les frais si on vouloit leur abandonner la proprieté de ce terrain, mais des interêts oposez en ont empeché l'execution. Elle sert de décharge lorsque les vents du Nord poussent avec impetuosité les eaux de la Mer d'Allemagne dans le Zuiderzee & delà dans l'Ye, d'où ces eaux pouvant s'échaper dans la Mer de Harlem ont un grand espace pour s'étendre: au lieu que si par le dessechement de cette Mer, elles etoient resserrées au bassin de l'Ye la Ville d'Amsterdam seroit en risque d'être inondée lorsque les vents aident à grossir les hautes marées. D'ailleurs la Mer de Harlem fournit du Poisson, la commodité de la Navigation & plusieurs autres avantages aux Villages qui sont situez à l'entour; comment les dedommager d'une situation qui fait la subsistance des habitans? & enfin cette Mer est sur divers territoires dont les interêts n'étant pas les mêmes il ne seroit pas facile de les accorder. Il y a au moins trois siécles que cette mer étoit un Pays cultivé où l'on trouvoit plusieurs bons Villages.

HARLEPOLE [a], ou plutôt HARTLE-POLE [b], Bourg d'Angleterre dans la Province de Durham. [b] Il est situé sur une langue de terre qui avance dans la Mer dont il est tout environné, excepté du côté de l'Ouest. Mr. Baudrand le met à quatre vingt sept milles de Londres.

[a] *Baudrand, Maty, & Corn.*
[b] *Etat pres. de la Gr. Bret. T. 1. p. 61.*

HARLINGEN [c], Ville maritime des Provinces Unies dans la Province de Frise dont elle est après Leuwarde la plus grande, la plus peuplée & la plus riche. Ce n'étoit anciennement qu'un mauvais petit hameau situé entre deux maisons de briques qui appartenoient à deux Gentilshommes; & dont l'un s'appelloit HARLIGA & l'autre HARNS. De là vint qu'on ne savoit quel nom donner à ce Village de l'une ou de l'autre de ces deux maisons. Mais la maison de *Harliga* ayant été rasée par les Moines de Ludingkerke & le Village s'étant étendu sur les ruines de cette maison, le nom de *Harliga* prevalut. Il y a des Mémoires peu certains qui mettent la destruction de Harliga en l'année 1234, mais la mer rongeant peu à peu le rivage couvrit une partie du Territoire & même quelques maisons de ce Village; on en rebâtit d'autres plus à l'Orient & plus loin de la mer, ainsi le Village de Harlingen s'approcha de celui d'ALMEN & fut sous la Jurisdiction de Franecker. Il s'accrut avec le temps & devint si considerable qu'il aquit les droits de Ville quoiqu'il n'eût point encore de murailles. On ne sait pas au juste le temps qu'il commença d'être enfermé; on sait seulement que cette Ville fut fortifiée en 1496. par les habitans de Groningue qui y bâtirent au Midi une Citadelle qu'ils entourerent d'un mur de briques & d'un bon fossé. Trois ans après Albert de Saxe y aborda en venant de Hollande, & debarqua en cet endroit & l'année suivante, il y fit bâtir en son absence sous les ordres de son fils une autre Citadelle beaucoup plus forte & plus grande, au bord de la Mer; & on la nomma la Forteresse ou le Château, *Castellum*. Elle servoit à tenir la Ville dans le respect beaucoup plus qu'à la défendre. On y ajouta de temps en temps divers ouvrages & elle dura aussi longtemps que le gouvernement des Princes; mais durant la revolution le peuple commença par s'en saisir & la détruire. Les fortifications autour de la Ville ne sont pas si anciennes à beaucoup près, quoiqu'on ignore en quelle année on les a faites. Cette Ville qui s'étoit insensiblement augmentée reçut un accroissement considerable en 1543. & encore un autre en 1579. & l'année suivante par les soins de Guillaume Prince d'Orange qui vouloit faire de cette place une bonne Ville Marchande de

[c] *Blaeu Theat. Urb. Belg. ex Ubbone Emmio.*

G la

la Frise; & s'en servir comme d'un lien entre cette Province & celle de Hollande, pour le transport des troupes & des convois. On fit un grand Boulevart de terre avec un fossé large & profond & on y enferma tout le Village d'Almen dont nous avons dit que Harlingue s'étoit approchée. On ne s'en tint point là, le Commerce s'augmentant de plus en plus, la Ville s'accrut de nouveau & on en augmenta l'enceinte en 1597. & on en rendit le port plus commode. La Ville dans son état present est une espece de carré imparfait, elle est un peu moins grande que Leuwarde. Elle est flanquée de cinq grands bastions; & le terrain d'alentour peut être mis sous l'eau par le moyen des éclufes. Du reste le terroir en est bon, fertile en pâturages & en bleds: le territoire a de beaux Villages, & est deffendu contre les ravages de la mer par de bonnes digues au Nord & au Midi & entrecoupé de ruisseaux qui entrent dans la Ville. Ces ruisseaux sont ménagez de manière qu'ils sont couverts de passage de voiture & de bâteaux qui apportent à Harlingue les denrées des environs. Le port en est beau & commode, mais l'entrée en est embarassée par un assez grand banc qui ne permet pas aux gros Navires d'y entrer qu'après avoir été déchargez. Il y a quatre grandes portes, savoir *Zuyder Poort*, ou la porte du Midi, *Sneeker Poort*, *Franecker Poort*, & *Bildpoort*; près du Canal des barques de Franecker est aussi une cinquième porte, mais plus petite que les autres. Il n'y a qu'une Eglise bâtie au lieu où étoit le Village d'Almen. La Ville est gouvernée par un Senat de huit Bourgmestres. A la fin de chaque année ils choisissent un pareil nombre de citoyens & en envoyent les noms à Leuwarde, ensuite la Cour tant en son nom qu'en celui du Stathouder envoye à Harlingen un Deputé pour informer sur le merite & la capacité des huit élus & à son retour on choisit entre les seize proposez huit Bourgmestres pour l'année suivante; soit des anciens, soit des nouveaux, car cela est libre & il arrive quelquefois que l'on en joigne quatre nouveaux à quatre anciens, quelquefois plus, quelquefois moins; ou que l'on les change tous, ou que tous soient continuez; après cela celui qui étoit venu faire les informations vient recevoir le serment du nouveau Magistrat & l'instale dans l'exercice de ses fonctions. Hors la Ville sont des moulins à planches & à papier & des fours à chaux, à tuiles, & à Briques.

1. HARMA, HORMA, ou CHORMA, Ville de la Palestine. Elle étoit de la Tribu de Juda [a] & fut ensuite cedée à celle de Siméon. C'est la même, dit D. Calmet, ou le même lieu à qui les Hebreux donnerent le nom de HORMA, c'est-à-dire, *Anathême*, après avoir vaincu le Roi d'Arad [b]. Voiez HORMA. Elle est nommée ARAMA au premier livre des Rois [c], & elle s'appelloit SEPHAATH avant que les Israélites lui eussent donné le nom de *Horma*, ou *Harma*.

[a] D. Calmet Dict. Josué c. 15. v. 3. & c. 19. v. 4.
[b] Numer. c. 21. v. 3.
[c] c. 30. v. 30.

2. HARMA, Mr. Corneille dit: Stephanus fait mention d'une autre HARMA dans la Béotie; ce lieu, poursuit-il, étoit environné de Colomnes & fut dans une telle malediction depuis que la terre y eut englouti le devin Amphiaraüs qu'on tient qu'on n'en voyoit jamais approcher ni oiseau, ni bête. Mr. Corneille n'a point lu cela dans Stephanus. Cet Auteur que j'appelle Etienne le Géographe dit: Harma Ville de Béotie dans le Territoire de Tanagre, selon Pausanias l. IX. elle prend son nom de Ἅρματος, c'est-à-dire, du Chariot d'Amphiaraüs, car on dit que s'y étant rendu en Chariot il y trouva un azile & ne fut point rendu à ses persecuteurs par les habitans. Cet Auteur fournit une troisiéme *Harma*.

3. HARMA [d], Ville de Grece dans l'Attique proche de Phyle vers les Frontieres de la Bœotie. Elle étoit accompagnée d'une Forteresse sur un lieu élevé, semblable à celle de Bœotie qui portoit le même nom proche de Tanagre. On l'appelloit aussi les bains d'Amphiaraüs. Voilà, poursuit Mr. Spon à l'endroit cité, ce que Stephanus en dit au mot APMA. J'ai été surpris, ajoute-t-il, que Meursius n'ait pas pris garde à ce passage où Stephanus donne precisément le titre de peuple d'Attique à ce lieu, quoiqu'il ne marque point sa Tribu ἔςι καὶ τῆς Ἀττικῆς Ἅρμα &c. Strabon [e] en fait aussi mention en parlant de l'Harma de Bœotie.

[d] Spon Liste de l'Attique p. 318.
[e] l. 9.

HARMALA, Ville d'Asie sur le Méandre, selon Nicetas cité par Ortelius [f].

[f] Thesaur.

HARMASTIS, Ville d'Asie dans l'Iberie, selon Pline: c'est l'Armactica de Ptolomée dans lequel il faut peut-être lire Ἁρμαςίκα au lieu d'Ἁρμακτίκα, comme le conjecture très bien le R. P. Hardouin.

HARMATE, dans la Troade. Voiez HARMATUS.

HARMATELIA, Ville des Indes. Diodore de Sicile [g] en parle & dit que c'étoit la derniere Ville des Brachmanes & qu'Alexandre la prit après un siége où il eut beaucoup de peine à la reduire.

[g] l. 17. c.

HARMATOTROPHI, ancien peuple de la Scythie; Pline [h] les nomme avec les Ochani, les Chomari, les Berdrigei, & quantité d'autres peuples au delà de la Margiane.

[h] l. 6. c. 16.

HARMATUS, ancienne Ville de l'Asie Mineure vis-à-vis de Methymne dans le Continent [i]. C'est delà que prennent leur nom les HARMATOPOLITÆ de Pline [k]. Mais au lieu de ce mot le R. P. Hardouin met HERMOCAPELITÆ. Voiez ce mot.

[i] Thucyd. l. 8.
[k] l. 5. c. 30.

HARMENE, Lieu maritime de la Paphlagonie sur la côte Meridionale de la Mer-Noire, à une lieue & demie de Sinope, selon Xenophon [l].

[l] Retraite des dix mille. l. 6. c. 1.

HARMESIA. Voyez HERMESIA.

HARMI, ancien peuple de la Germanie, selon Procope [m]. Ortelius conjecture qu'ils étoient quelque part vers la Saxe.

[m] Goth. l. 2.

HARMONIÆ MONUMENTUM. Voiez CYLICES.

HARMOZICA. Voiez OSICA.

HARMUSIA. Voiez ARMUSA.

HARMUZ. Voiez ORMUS.

HARNDAL, petite contrée de Suede aux confins de la Norwège dans les Montagnes de Daarafield. Cette Vallée a été cedée à la Suede par le Traité de Bronsbro avec le Jempterland auquel elle confine; il n'y a ni Ville ni Bourg mais seulement des Villages [n].

[n] Baudrand Ed. 1705.

HARNLAND. Voiez HARRIE.

HARNSTEIN. Voiez ALISON.

HARO,

HAR.

HARO, Ville d'Espagne dans la vieille Castille au bord de l'Ebre. Jaillot dans sa grande Carte d'Espagne la met au dessous de & à l'Orient de Miranda, mais Rodrigue Mendes Silva [a] la met à trois lieues de Nagera. Ce qui change la situation. Son Territoire produit des grains, du vin, du Jardinage, on y a la pêche & la chasse. Les murailles en sont bonnes, & renferment six cens familles Bourgeoises & quelque Noblesse; trois Paroisses & un Couvent de Religieux de l'Ordre de St. Augustin. On y tient marché chaque semaine. Elle doit sa premiere fondation en 900. à Fernand Laynez fils aîné de Laincalvo Iuez de Castille. Elle deperit avec le temps & fut rebâtie en 1168. ou trois ans auparavant par D. Lope Diaz de Haro l'un des Seigneurs de Biscaye qui lui donna son nom. On ne sait comment on l'appelloit auparavant. Mariana le fait fondateur de cette Ville & il se trompe: Garibay & Navarre disent qu'il ne lui donna pas son nom, mais qu'il prit celui de la Ville qui passa à ses descendans. Ils mettent cette augmentation qu'il fit à la Ville en la rebâtissant à l'année 1140. Sandoval panche à croire que ce fut D. Diegue Lopez le blanc, en 1115. Chacun, dit Rodrigue Mendez, peut suivre l'opinion qui lui plaira le plus. Elle est le Chef-lieu d'un Comté érigé par le Roi D. Juan II. en faveur de D. Pedre Fernandez de Velasco, tige des Connétables de Castille; en la maison desquels elle est demeurée.

[a] Poblacion Gener. de España fol. 54.

HAROD [b], ancien lieu de la Palestine. C'est le lieu de la naissance de Semma & d'Helica, deux vaillans hommes de l'Armée de David [c]. Dans un autre endroit [d] Semma est surnommé Ararite & dans les Paralipomenes [e] Semma Arorites; & dans le même livre Samoth ou de Jezer [f].

[b] D. Calmet Dict.
[c] Reg. l. 2. c. 23. v. 25.
[d] Reg. l. 1.
[e] l. 1. c. 4 !. v. 27.
[f] ibid. c. 27. v. 8.

HAROSETH DES GENTILS, Ville de la Palestine sur le Lac de Semechon, lieu de la demeure de Sisara, General des troupes de Jabin Roi de Hazor [g].

[g] Judic. c. 4. v. 2.

HAROUC, Château de Turquie dans la Natolie près de Sebaste. Il fut pris, & saccagé par les troupes de Timur-Bec [h].

[h] Hist. de Timur-Bec l. 5. c. 55.

HARPADIUM. Voiez HIRPINUM.

HARPAGIA, ou HARPAGIUM, Lieu de l'Asie Mineure aux environs de Cyzique. Etienne le Geographe dit que ce fut dans cet endroit que Ganymede fut enlevé, & rapporte cela comme une tradition. Φασὶ, *on dit.*

HARPAGUS. Voiez HARPASUS 2.

HARPALYCIA, Ville d'Asie dans la Phrygie, selon le même, qui en attribue la fondation aux habitans de *Gordim Teichos*.

HARPASA, ancienne Ville d'Asie dans la Carie, selon le même qui dit qu'elle prenoit son nom de la Riviere nommée *Harpasus*. Pline dit [i]: Harpasa sur la Riviere de Harpasus qui arrosoit aussi la Ville de Trallicon lorsque cette Ville subsistoit.

[i] l. 5. c. 29.

HARPASOU. Voiez ARPA-SOU & HARPASUS 2.

1. HARPASUS, Riviere d'Asie dans la Carie. Les Villes de Trallicon & d'Harpasa étoient sur ses bords & elle tombe dans le Méandre. Tite-Live en parle ainsi [k]: le Consul étant parti d'Ephese pour se rendre à Magnesie rencontra Attale. .... après avoir

[k] l. 38. c. 13.

HAR.

loué ce jeune homme, il marcha vers le Méandre & campa. . . . . ayant passé ce Fleuve . . . on vint le deuxiéme jour de marche camper auprès de la Riviere d'Harpasus.

2. HARPASUS, Riviere de l'Asie Mineure entre le Pays des Calybes & celui des Scythoniens qu'elle divisoit. Xenophon [l] lui donne quatre cens pieds de large à l'endroit où les dix mille Grecs la traverserent à leur retour de l'expedition de Cyrus. C'est l'Harpagus de Diodore de Sicile [m].

[l] Retraite des dix mille l. 4. c. 6.
[m] l. 14.

HARPESSUS, ou ARPESSUS, Riviere de Thrace. Elle se perd dans l'Hebre, selon Appien [n].

[n] Civil. l. 4.

HARPINNA, Ville du Peloponnese dans l'Elide, selon Pausanias [o]. Elle étoit au bord d'une Riviere qui en prenoit le nom de Harpinnates. Elle ne subsistoit plus & il n'en restoit que des masures lorsque cet Auteur écrivoit.

[o] l. 6. c. 21.

HARPINNATES, Riviere de l'Elide. Voiez l'article précedent.

HARPIS, ancienne Ville de la Basse Mysie à l'une des Embouchures du Danube, selon Ptolomée [p]. Voiez ARPII.

[p] l. 3. c. 10.

HARPLIA, Lieu du Peloponnese auprès de *Derrhium* dans la Laconie, selon Pausanias [q].

[q] l. 3. c. 20.

HARPYIA, Bourg de l'Illyrie auprès d'Enchelées, selon Etienne le Geographe.

HARRAN. Voiez CARRHÆ.

HARRAY. Voiez HARRIES.

HARENLAND. Voiez l'article suivant.

HARRIE [r], (l') petite Province de la Livonie au Nord-Ouest, sur le Golphe de Finlande & en partie sur la Mer Baltique. On l'appelle en Allemand HARRENLAND. Cette contrée est bornée au Nord par le Golphe; au Levant en partie par la Wikie & en partie par la Jervie; au Midi par la Wikie; & au Couchant par le détroit qui est entre elle & l'Isle de Daghoe. Son unique Ville est Revel dont nous parlons en son lieu. A l'Orient de la Baye où est le Port de cette Ville étoit le Monastere de Ste Brigitte. Au Sud au Couchant de Revel sur la Riviere d'Assa assez près de son Embouchure la Forteresse de PATS, en Latin *Padis*, ou *Pades*, ou *Badis Arx*. On trouve le long de cette Province les petites Isles suivantes.

[r] De l'Isle Atlas.
Zeyler Sueciæ & Livon. desc.

| Odesholm, | Narghö, |
| Ragö, | Ulsö. |

HARRIES, c'est le nom de la partie Meridionale de l'Isle de LEWIS, l'une des Westernes. Voiez au mot ISLE l'article de L'ISLE LEWIS.

HARTENFELS, Château d'Allemagne. Voiez TORGAU.

HARTENSTEIN [s], Bailliage d'Allemagne dans la Haute Saxe au Voigtland. Le Chef-lieu dont il prend le nom est un Village entre Schneeberg & Stolberg.

[s] Merian Carte de la Haute Saxe.

1. HARTFORD, Ville & LE COMTÉ DE HARTFORD. Voiez HERTFORD & HERTFORDSHIRE.

2. HARTFORD, Colonie & Canton de l'Amerique Septentrionale dans la Nouvelle Angleterre. Cette Contrée avance beaucoup

dans

HAR.

dans les terres au Couchant de la Riviere de Connecticut [a]; & comprend les Villes de

Farmington, Simsbury,
Glastonbury, Waterbury,
Hadham, Weathersfield,
Hartford, Windsor,
Middletown, Farm,
& Windham.

La Capitale qui donne le nom à cette contrée le prend elle-même d'une Ville de l'Angleterre propre, & on voit par la Liste precedente que les Anglois ont voulu que dans la Nouvelle Angleterre on retrouvât des Villes qui portassent les mêmes noms que celles de leur ancienne patrie. Hartford est la plus considerable de cette Contrée, il y a deux Eglises, savoir, la vieille Eglise & l'Eglise neuve. Les Anglois les distinguent ainsi, parce qu'ils n'ont plus l'usage de donner des noms de Saints aux Eglises qu'ils bâtissent.

HARTHALS [b], Montagne de Dannemarck au Jutland dans le Diocèse d'Albourg, près de l'Océan où il fait une espece de Cap entre le grand banc de Jutland & un autre banc qui est plus à l'Orient.

HARTLAND POINT, Cap d'Angleterre sur la côte Septentrionale de Devonshire aux Confins du Comté de Cornouailles, à l'entrée du Golphe de la Saverne, vis-à-vis de la petite Isle de Lundye.

HARTZ, (LE) ce mot HART étoit anciennement un nom general dont les Germains se servoient pour signifier forêt, non pas un forêt particuliere, mais quelque forêt que ce fût. Ce nom se conserve encore en Allemagne dans celui de la forêt de Speshart, dans celui du Hartz dont il est question dans l'article suivant; dans celui de Neustadt an der Hart & en quelques autres. Les Romains entendant dire que depuis la Gaule Belgique jusqu'à la Scythie il y avoit quantité de forêts, & les Germains se servant du mot Hartzen, les Romains prirent ce nom pour celui d'une seule forêt qui couvroit cette vaste étendue de Pays & du nom Allemand ils formerent celui d'Hercinia Silva, ou Hercinius Saltus, si fameux dans leurs écrits. Voiez au mot Hercinia Silva. Ils ne laissoient pas de donner des noms particuliers à diverses parties de cette forêt comme nous le faisons voir en leur lieu.

LE HARTZ, n'est pas seulement une forêt, mais un amas de hautes Montagnes : les Anciens l'ont connue sous le nom de BACENIS. Le Mont MELIBOCUS que couvroit cette forêt étoit une chaine de Montagnes qui repond à celles du Hartz & son nom s'est conservé dans celui de BLOCKBERG. Le nom de Hartz étant devenu peu à peu hors d'usage & le nom particulier de ces forêts du Brunswig, on a dit également le Hartz & le Hartzwald. Ce dernier ne signifie que la forêt-forêt, de même qu'en Sicile on a nommé l'Ethna le Mont Gibel, qui n'est qu'une repetition du mot Mont. Les Montagnes & les forêts que l'on designe par le nom du Hartz sont dans la Basse Saxe dans la partie de la Principauté de Wolfenbutel qui est entre l'Evêché d'Hildesheim, la Principauté de Halberstad,

HAR.

& la Thuringe. Il y a dans le Hartz quatre Villes, nommées les quatre Villes des Montagnes, iv. Berg-Stadte, que les maisons de Hanover & de Brunswig possedent en commun. Ces Villes sont,

Zellerfeld, Grunde,
Wildeman, Lautenthal.

Il y a trois choses remarquables dans le Hartz. 1. Le Château de Hartzbourg dont nous parlerons ci-après; 2. les Salines, & 3. les Mines.

Pierre Albinus croit que la mine de Wildeman fut ouverte vers l'an 1045. & celle de Zellerfeld en 1070. & ainsi des autres. On en tire de l'argent, du cuivre, du borax, du plomb, du vitriol, & du soufre. On peut voir l'Histoire & les operations de ces mines dans le livre de Zeyler [c]. On trouva les Salines auprès du vieux Château de Hartzbourg du temps de Jules Duc de Brunswig & de Lunebourg, & comme il la fit mettre en état de fournir du sel, on la nomma JULIUS HALLE. J'ai remarqué ci-dessus que le nom de Halle est commun à bien des lieux qui ont des Salines.

HARTZBOURG, autrefois HARTESBURG, ancien Château d'Allemagne dans le Hartz; quoiqu'il soit demoli il y a longtemps, il merite bien que l'on en fasse mention. On ne sait pas le temps de sa fondation ; mais il étoit remarquable par le culte de Crodo Idole que Schedius [d] décrit ainsi. Crodo étoit representé comme un vieillard debout sur un Poisson de ceux que l'on nomme perche. Il étoit vêtu d'une chemise, nuds-pieds, avec une ceinture de lin. Il tenoit de la main droite une Corbeille remplie de fruits & de fleurs; & de l'autre une roue. Le Poisson sur le dos duquel il étoit debout avoit le ventre appuyé sur une Colomne. On croit assez communement que ce Dieu n'étoit que le Saturne des Latins. Sans copier les morales que Schedius tire des attributs de cette statue je remarquerai seulement que Saturne est la même chose que le temps. La Roue marque sa rapidité, & la Corbeille fait entendre que c'est le temps qui fait éclore les fleurs & meurir les fruits. Zeyler dit que ce Château s'appelloit autrefois SATURBOURG. Il ajoute: Charlemagne ayant fait la guerre en 780. contre les Saxons Orientaux & converti leur Roi Wittikind, se rendit maître de Saturbourg, où étoit un faux Dieu nommé Crodo, adoré par les Saxons; & vint à bout de détruire l'Idolatrie de ces peuples ce qui ne put pourtant se faire sans une grande effusion de sang. Pour mieux affermir la Religion Chrétienne en ces quartiers-là l'Empereur Charles fonda une Eglise dans la Vallée de SCHULENRODE, immediatement au dessous de Hartzbourg. Car c'est ainsi que Zeiler dit que Charlemagne nomma Saturbourg. Il met cette fondation en 916. cela fait une difficulté, car cet Empereur Charles ne peut être ni Charlemagne mort en 814. ni Charles le Chauve mort en 875. ni Charles le gros mort en 887. c'est encore moins Charles IV. qui ne commença de regner qu'en 1346. Je laisse aux Historiens d'Allemagne à éclaircir cette difficulté. Quoiqu'il en soit,
l'E-

l'Eglife fut bâtie en l'honneur de Dieu fous l'invocation de St. Mathieu. L'Empereur Henri III. tira delà le Chapitre & le transfera à Goflar en 1040. dans l'Eglife de St. Simon & St. Jude.

L'ancien Château de Hartzbourg qui eft demoli étoit au haut de la Montagne de Burgberg, on a bâti au bas de la Saline de *Julius Halle* dont nous avons parlé.

HARTZGERODE, petite Ville d'Allemagne dans la Haute Saxe, dans la Principauté d'Anhalt, & dans les Etats de la Branche de Bernbourg. Zeyler écrit ce nom HARTZ-KERODE & Mr. Baudrand HARTZERODE. Cette Ville eft fur le bord Meridional de la Selke entre Strasburg & Falkenftein, felon la Carte de Homan qui écrit ce nom HARZKE-RODE. Mr. Hubner écrit Hartzgerode, & dit qu'il y a une mine ouverte & que c'étoit ci-devant la Refidence du Prince.

HARUDES, (les) ancien Peuple de la Germanie. Ils vinrent trouver Ariovifte dans les Gaules. Cefar dit [a] que les Ædui & les Sequaniens fe difputant la fuperiorité, ces derniers appellerent Ariovifte à leur fecours, que ce Roi trouvant à fon gré le Pays des Sequaniens s'en fit donner la troifiéme partie, fur tout après l'arrivée de vingt quatre mille Harudes qui vinrent fortifier fon armée. Il dit plus loin [b], qu'après leur établiffement dans les Gaules ils fe mirent à harceler les *Ædui* & ailleurs [c] qu'ils étoient de l'armée d'Ariovifte avec les Marcomans, les Triboques, les Vangions, les Nemetes, les Sedufiens, & les Sueves, tous peuples de Germanie. Après cela il n'en eft plus parlé ni dans les autres livres de Cefar, ni dans Suetone, ni dans Tacite, ni dans aucun des autres Hiftoriens de Rome. On voit feulement dans Cefar que l'armée d'Ariovifte fut battuë & diffipée. Les autres peuples qui en étoient fe retrouvent enfuite dans leur patrie. Les Harudes & les Sedufiens ne fe retrouvent plus. Ce que Cefar nous apprend des Harudes ne fuffit pas pour leur affigner une demeure fixe & certaine en Germanie. C'eft pourtant ce que Cluvier [d] a tâché de faire. Il pretend que les Harudes occupoient une partie de la Franconie & du haut Palatinat avec le Territoire de Nurenberg & un peu de la Suabe. Cela s'appelle deviner. Cefar le feul qui ait parlé de ce peuple ne dit rien qui puiffe marquer leur ancien Pays. Ils vinrent de Germanie dans les Gaules. Cefar le dit. Mais de quelle partie de la Germanie? C'eft ce qu'il ne dit point, il faut fe refoudre à l'ignorer. Que devinrent-ils enfuite? Ariovifte les avoit fait venir, ils faifoient partie de fon armée qui fut défaite. Une bonne partie fut taillée en piéces, le refte repaffa à peine le Rhin & regagna le gros de fa Nation. Il fe peut que les Harudes & les Sebufiens trop affoiblis pour faire chacun un corps de Nation, fe perdirent dans quelque autre Nation dont ils porterent enfuite le nom. Cette conjecture eft, ce me femble, plus raifonnable que de les placer en Suiffe fans qu'aucun Auteur ancien fourniffe un feul mot qui puiffe faire croire que cela foit ainfi. Les Harudes s'étant ainfi fondus dans un autre peuple, il n'eft pas étonnant que leur nom ne fe retrouve plus dans l'Hiftoire.

[a] *De Bell. Gall.* l. 1. c. 31.
[b] l. 1. c. 37.
[c] l. 1. c. 51.
[d] *German. Ant.*

HARUM, ancien nom d'un Château d'Italie fur le Mont Caffin. Voiez CASINUM.

HARWICH [e], Ville maritime d'Angleterre au Comté d'Effex avec un Port de Mer à l'Embouchure de la Sture, fur les Frontieres de Suffolck. C'eft où font établis les Paquebots qui portent les Lettres de Harwich à Helvoet-fluys, ou à la Brille en Hollande & qui repaffent la Mer avec les Lettres de Hollande. Sa fituation eft fort avantageufe, étant environné de la Mer prefque de tous côtez; mais le Havre n'eft pas propre pour de gros Vaiffeaux.

HASART, Fortereffe & Principauté de Syrie, il en eft parlé dans l'Hiftoire des Croifades. La Chronique de Jerufalem [f] fait mention du Prince de Hafart & de fes guerres contre Brodoan Prince d'Alep. On voit dans la Lettre que ce Prince [g] écrivit à Godefroi Duc d'Antioche que Brodoan avoit amaffé diverfes troupes auxiliaires des Turcs & venoit affieger la Fortereffe de *Hafart*. Qu'il affiégea en effet & que Godefroi lui en fit lever le fiége. Il eft parlé du Pays & des Campagnes [h] de Hafart dans cette Chronique.

[e] Etat pref. de la Gr. Bret. T. 1. p. 64.
[f] l. 5. c. 5. 6. 7.
[g] c. 8. 11, & 12.
[h] c. 10.

HASAR-SUAL, ou HAZER-SUAL, Ville de la Paleftine [i] dans la Tribu de Siméon ou de Juda, felon D. Calmet [k]; HASAR, ou CHAZER SUAL, חצר שועל, peut fignifier *la demeure du Renard*.

[i] *Jofué* c. 15. v. 28. & *Efdr.* l. 2. c. 11. v. 27.
[k] Dict.

HASAR-SUSIM, ou HAZER-SUSIM, Ville de la Paleftine dans la Tribu de Siméon [l] CHAZER-SUSIM, חצר סוסים fignifie la demeure des Chevaux. Elle eft nommée dans Jofué [m] Hazer-Susa. Voiez HASERIM.

[l] *Paral.* l. 1. c. 4. v. 31.
[m] c. 19. v. 5.

HASBAIN, HASBAINE, HASPENGAW, ou HESBAYE; en Latin *Hasbania*, ou *Hafpinga*; Pays d'Allemagne, dans le Cercle de Weftphalie, dans l'Etat de l'Evêque de Liége dont il fait aujourd'hui la principale partie ou Province où eft fituée Liége Capitale de tout le Pays. Les Empereurs ont été très-longtemps fans aliéner ce Comté ou Pays de Hasbain, ou Haspengaw, & quoique les Evêques de Liége fuffent très-puiffans dans leur Ville & dans le Pays voifin ils n'en étoient pas les veritables Souverains. Ce qui a duré jufqu'à l'an 1040. Ce fut pour lors que l'Empereur Henri donna à Nitard Evêque de Liége & à fes Succeffeurs le Comté de Hafpinga, ou Hafpengau qui étoit tenu alors fous l'autorité de l'Empereur par un Comte nommé Arnold. La Patente Imperiale datée du 9. des Calendes de Février ou du 24. Janvier 1040. en la premiere année du Regne de Henri & donnée à Ulme, eft rapportée par Anfelme en fon Hiftoire des Evêques de Liége.

Liége, Tongres, Vifet, Borchworme, St. Tron & quelques autres lieux font de la Hasbain; & même Borch-worme paffe pour en être la Capitale, parce que les Comtes y faifoient leur Refidence & non pas à Liége qui fe gouvernoit par fes Magiftrats; & que Liége & fa Banlieue font un Territoire à part.

Du refte la *Hasbaye*, *Hasbain*, ou *Hasbanie* étoit autrefois de bien plus grande étenduë qu'elle n'eft à prefent; car outre qu'elle com-

comprenoit les Comtez de Loss & de Horn, il y a une partie du quartier de Louvain en Brabant & du Comté de Namur qui ont été de l'ancienne Hasbanie, & dans la moderne il y a des lieux enclavez qui sont du Brabant, comme Herstal. Voiez ce mot.

HASBAT, Province d'Afrique en Barbarie au Royaume de Fez [a]. Elle commence vers le Couchant aux Marais de la Province d'Asgar & s'étend vers le Levant jusqu'aux Montagnes d'Errif & comprend les autres qui sont sur le détroit de Gibraltar. La Riviere d'Erguile la borne au Midi & l'Océan au Septentrion. Elle a vingt-sept lieues du Couchant au Levant & plus de trente-cinq du Midi au Nord. Cette Province est une plaine qui foisonne en bleds & en troupeaux & est arrosée de plusieurs grandes Rivieres qui descendent des Montagnes & se rendent dans cette Mer. Les Historiens d'Afrique parlent fort de cette Province parce que ç'a été la plus illustre de tout le Pays & celle qu'on nommoit la Tingitane, & où il y avoit plus de Villes bâties par les Romains & par les Goths; mais depuis la fondation de Fez les meilleurs habitans de la Province s'y sont allez habituer, pour éviter les desordres de la Guerre, particulierement depuis que les Portugais conquirent les principales Villes de la côte.

Marmol semble croire que la Province dont il est question repond à la Tingitane des Anciens. Ce seroit une erreur, elle n'en comprend qu'une petite partie puisque pour former la Tingitane il faut prendre tout le Royaume de Fez & la plus grande partie de celui de Maroc; c'est-à-dire, tout ce qui est au Nord ou au Couchant de la grande chaîne du Mont Atlas qui s'étend depuis Ste Croix par Itala Gesula, & Garciluin jusqu'à l'Embouchure de la Meluya, la Malva ou Malvana des Anciens qui separoit la Tingitane de la Cesarienfe. Mais c'est dans cette Province qu'étoient *Tingis* qui donnoit le nom au Pays, *Septa*, & autres Villes possedées par les Romains.

Les Villes qui y sont aujourd'hui sont, selon Marmol,

Ezagen,	Bezat,
Beni-Teudi,	Homara,
Amergue,	Arzicle,
Tenzert,	Tanger,
Aquila,	Alcaçar-Ceguer,
Frixa,	Ceuta, aux Espagnols,
Egesire,	Tetuan.

Les Montagnes de cette Province sont,

Arhon,	Beni-Hascen,
Beni-Zéquer,	Amegara,
Beni-Aroz,	Huat-Idris,
Beni-Telit,	Beni-hued-fileh.

Quelques-uns nomment cette Province Habat & Marmol n'écrit pas autrement. Son nom dans les Cartes de Mr. l'Isle est l'Algarve. Voiez Algarve 2. & 3.

HASBISTÆ. Voiez Asbistæ.
HASBOURG. Voiez Hansbourg.
HASCORE, Province d'Afrique en Barbarie au Royaume de Maroc. Marmol la nomme Escure & dit qu'on la nommoit autrefois Dominet. Il la décrit ainsi : elle commence vers le Septentrion à la Montagne verte sur la Frontiere de Duquela où elle aboutit à la Riviere de Tancift & s'étend au Couchant près de la Riviere d'A-suir. Au Levant elle arrive au Fleuve des Negres qui la separe de la Province de Tedla & se rend dans celle d'Ommirabi. Elle a au Midi quelques Montagnes du grand Atlas, qu'elle enferme dans son enceinte, ces Montagnes sont remplies de vignes & d'Oliviers & de toutes sortes de fruits & en fournissent abondamment la Ville de Maroc qui en est à vingt lieues du côté du Couchant. Cette Province est habitée d'Africains sedentaires, d'une des branches de la Tribu de Muçamoda d'où elle a pris son nom d'Escure. Ils sont plus riches que ceux de Duquela parce qu'ils sont moins inquietez des Arabes & cultivent un bon Pays où il y a force bled & quantité de gros & de menu bétail. C'est là qu'on accommode les beaux Maroquins dont ils font des botines & des couvertures de selle à piquer & toutes sortes de belles chaussures. On y fait aussi plusieurs fins Draps, mais qui ne sont pas si beaux que ceux de l'Europe, & on y aborde de tous côtez pour le Trafic. Les habitans des Villes sont à peu près semblables à ceux de Maroc en habits, coutumes & façon de vivre, mais ceux de la Montagne sont brutaux & vivent comme des paysans. Il y a entre eux plusieurs Artisans & autres Marchands Juifs & ils portent les mêmes armes que les Bereberes des autres Montagnes de Hea. Mais depuis le regne des Cherifs ils ont quelques Arbaletes & Arquebuses, & l'on ne fait pas cas d'un Chec qui n'a pas avec lui quelques Arquebusiers pour écarter les Arabes. Ses Villes, selon Marmol, sont,

Almedine,	Isadagaz,
Elemedin,	Elgemuha,
Bizu.	

Ses Montagnes sont,

Tenendez,	Guigidime,
Tensit,	Tescevin.

Cette Province a été nommée *Hascore* du nom de la famille de Hascura, l'une des branches de la Tribu de Mucamoda [c]. Un Africain de cette Maison gouvernoit la Ville d'Isadagaz quand le Cherif se rendit maître du Pays.

1. HASEL, Ruisseau. Voyez Haselfeld.

2. HASEL, ou le Val-Hasel. Voyez Hasli.

HASELAC, ancienne Abbaye de France au Diocèse de Strasbourg, dans la Basse-Alsace, à deux lieues de Molsheim [d]. Elle fut fondée par Dagobert Roi d'Austrasie & ensuite changée en Collegiale. Jaillot écrit *Haslac* & Mr. Piganiol *Aslac*, dont ses Imprimeurs

HAS.

meurs ont fait ASTAC. Il dit que le Chapitre a été transferé à Molsheim. Haſelac n'eſt qu'un Village.

HASELFELD, ou comme on écrivoit anciennement HASZLEFELDE, petite Ville d'Allemagne dans la Baſſe-Saxe dans les Etats de la Maiſon de Brunſwig [a], au Comté de Blanckenbourg, Bailliage de Stiege. Quelques-uns derivent ſon nom du Haſel Ruiſſeau qui coule auprès de la Ville, d'autres des coudriers, qu'on nomme en Allemand Haſel, parce que dans les environs on trouve beaucoup de cette ſorte d'arbres & ce qui favoriſe cette opinion c'eſt que la Ville a une feuille de coudrier dans ſes armes. Elle eſt à deux milles de Blanckenberg, dans le Hartz & dans un Canton très-froid, auſſi n'y ſeme-t-on que les grains d'été. Elle eſt ancienne & ſes murailles & ſa Citadelle quoique demolies font voir encore qu'elle étoit autrefois plus grande & bien fortifiée. L'an 1559. le Mardi d'après le Dimanche de *Quaſimodo* le 4. Avril à quatre heures quand preſque tous les habitans étoient au bois ou à la Campagne, des enfans en ſe jouant mirent imprudemment le feu à la Ville qui fut reduite en cendres, l'Egliſe, la Maiſon de Ville, l'Ecole, tout fut conſumé. On l'a rebâtie depuis.

HASELINE, petite Iſle de la Mer de Danemarck au Nord de celle de Seelande & à l'Orient de celle de Syro.

HASENCALA. Voyez CALICALA.

HASFURTH. Voyez HASZBURTH.

HASLI, (LE PAÏS DE) [b] le VAL-HASEL, ou le HASLETHAL, petite Pays de Suiſſe au Canton de Berne dont il eſt la derniere partie & l'extremité la plus reculée faiſant front d'un côté au Canton d'Underwald; du côté d'Orient à celui d'Uri, & du côté du Midi au haut Vallais. C'eſt un Pays de vallons ſituez entre de hautes Montagnes: où il y a de bons paturages, beaucoup d'eau, pluſieurs Villages, & encore plus de Maiſons de Campagne, diſperſées çà & là. Les habitans ont beaucoup de Privilèges. Ils choiſiſſent eux-mêmes leur Chef qu'ils appellent *Amman*, & qui eſt toujours pris de leur Corps; il eſt confirmé à Berne où il rend compte de ſon adminiſtration. Là ſont les Monts Grimſel, Schrekhorn, Wetterhorn, & quelques autres ſemblables. [c] Il y a dans le même Pays quelques mines de fer, qu'on y a decouvertes il y a environ 200. ans, & qu'on fait valoir par le moyen des Forges. Il ſemble que, dans des lieux auſſi ſauvages que ceux-là, on ne devroit recueillir aucuns fruits: cependant en Eté la chaleur ſe concentre dans ces Vallons profonds, environnez de hautes Montagnes de toutes parts & meurit promptement les fruits de la terre. On y ſeme au Printems, & dans dix ſemaines ou trois mois au plus tard on moiſſonne.

HASNA [d], Ville d'Aſie, dans un Pays que d'Herbelot nomme JAGIOUGE. Il dit que les Arabes ont ainſi nommé ce lieu à cauſe de ſon aſſiete qui eſt très-forte & preſque inacceſſible; & que cette Ville eſt ſituée proche la muraille ou le rempart qui a été fait pour arrêter les courſes des Hyperboréens qui, dit-il, ſont les Scythes les plus Septentrionaux. Il ſemble

[a] Zeyler Brunſwic. Topogr. p. 109.

[b] Etat & Delices de la Suiſſe p. 221.

[c] p. 216.

[d] D'Herbelot Bibliot. Orient. aux mots IAGIOUGE & HASNA.

HAS. 55

qu'il faille chercher ce lieu aux confins de la Tartarie & de la Chine près de la grande muraille.

HASN-ELTAF, Ville de Perſe à 72. d. 32'. de Longitude & à 34d. 40'. de Latitude, ſelon Tavernier [e]. Ce nom ſignifie le *Centre de la beauté*. Quoique cette Ville ait un ſi beau & ſi nom elle eſt pourtant habitée par des gens groſſiers & tout à fait ruſtres. Elle eſt fort petite, mais elle a été autrefois beaucoup plus grande & a eu pour Fondateur le Kalife Mohteſſen. Aujourd'hui elle eſt preſque toute en ruine.

HASNON, Village & Abbaye des Pays-bas au Comté de Hainault, au Dioceſe d'Arras ſur la Scarpe à une lieue de St. Amand. L'Abbaye fut fondée par Jean & par Eulalie perſonnages d'une grande naiſſance qui fonderent deux Monaſteres, l'un pour les hommes qui fut gouverné par Jean & l'autre pour des filles dont Eulalie fut la premiere Abbeſſe & qui dans le IX. Siécle eut pour Abbeſſe Ermentrude fille de Charles le Chauve. Les Normands deſolerent ces deux Maiſons & mirent les Religieux & les Religieuſes en fuite. On mit en leur place des Chanoines, mais dans l'onziéme Siécle Baudouin Comte de Flandres retablit le Monaſtere & y mit des Moines qu'il tira de St. Amand. L'Abbaye jouït de cinquante mille livres de revenu. Elle eſt de l'Ordre de St. Benoît.

HASPAHAM. Voyez ISPAHAN.

HASPENGOW. }
HASPINGIA. } Voyez HASBAIN.

HASSARMAUETH, Arias Montanus dit que les Hebreux nomment ainſi la SARMATIE; il entend par-là les Juifs modernes.

HASSEBROUCK [g], petite Ville demantelée des Pays-bas dans la Châtellenie de Caſſel.

HASSEK, Ville de l'Arabie heureuſe, ſur la Mer vis-à-vis de Zocotora. L'ancien Peuple des ADITES demeuroit aux environs de Haſſek, ſelon d'Herbelot [h].

HASSELFELD, Bourg de la Baſſe-Saxe dans le Comté de Reinſtein, aux confins de la Principauté d'Anhalt entre les Villes de Northauſen & Halberſtadt à environ cinq lieues de la premiere & à ſept de la ſeconde.

1. HASSELT, petite Ville des Provinces Unies des Pays-bas dans l'Overiſſel ſur le Wecht, à deux lieues de Zwol & à quatre de Steenwyk. Son nom Latin eſt HASSELETUM; c'eſt une des huit Villes murées de la Province d'Overiſſel. Elle eſt petite, mais aſſez jolie. On ignore le temps de ſa Fondation. On ſait ſeulement qu'en 1242. Henri de Vienne Evêque d'Utrecht lui accorda le droit de Ville, une Juriſdiction ſans appel & le droit de condamner à mort. Tous les Evêques ſuivans juſqu'à Henri de Baviere confirmerent ces Privilèges & Charles V. Empereur & Seigneur d'Overiſſel les ratifia en 1527. L'Egliſe a été bâtie ſous l'Invocation de St. Etienne. La Ville eſt entourée de bons pâturages & le Wecht lui fournit du poiſſon abondamment.

2. HASSELT, petite Ville d'Allemagne au Pays de Liège, dans le Comté de Loſs, ſur

[e] Voyage de Perſe. l. 3. c. dern.

[f] Piganiol de la Force. deſc. de la France. T. 3. p. 153.

[g] Dict. Geogr. des Pays-bas.

[h] Biblioth. Orient.

[i] Blaew Theat. Urb Belg.

HAS. HAT.

sur le Demer & à cinq lieues de Maſtricht.

[a] l. 4. c. 17.
[b] Meyer An. Fland. l. 10.

1. HASSI, quelques modernes ayant cru voir ce nom dans Pline [a], ou BASSI, comme porte l'Edition de Veniſe, ſe ſont figurez [b] que c'étoit la BASSE'E Ville de Flandres, mais le mot *Haſſi* ne paroît plus dans les bonnes Editions de Pline.

2. HASSI, les modernes nomment ainſi en Latin les HESSOIS.

HASSIA, nom Latin de la HESSE.

§. Ces deux noms viennent du Peuple CHATTI, ou CATTI, ancêtres des Heſſois. Voyez HESSE, & CATTES.

[c] Sect. 21.

1. HASTA, ancienne Ville de la Paleſtine, ſelon la Notice de l'Empire [c].

2. HASTA, Ville d'Italie, ſelon Pline. Voyez BASTA. C'eſt ainſi que ce nom ſe trouve écrit dans les bonnes Editions.

[d] Etat preſ. de la Gr. Br. T. 1. p. 117.

HASTINGS [d], Ville maritime d'Angleterre dans la Province de Suſſex, c'eſt un des cinq ports, qui ont de grands Priviléges & dont les Deputez au Parlement ſont appellez Barons des cinq ports. La Ville eſt ancienne & étoit autrefois defendue par un Château qui eſt tombé en ruine. Il y a deux Paroiſſes. Ce fut près de cette Ville que ſe donna en 1263. la ſanglante Bataille entre le Roi Henri III. & les Barons, la Victoire ſe declara en faveur de ceux-ci & le Roi fut con-

[e] Ed. 1705.

traint de plier. Mr. Baudrand [e] n'en fait qu'un Bourg & dit que Guillaume le Conquerant debarqua au Port de Haſtings & que huit jours après il défit aux environs Harald Roi d'Angleterre qui y fut tué le 14. d'Octobre 1066. ce qui lui acquit le Royaume d'Angleterre qu'il a tranſmis à ſa poſterité. Mr.

[f] Geogr. Hiſt. T. 1.

d'Audifret [f] avouë que quelques uns y mettent le debarquement de Guillaume le Conquerant. Cependant il ajoute: d'autres juſtifient que ce fut à Preveneſey.

HASUNGA, Riviere de Suede dans la Geſtricie.

[g] Zeyler Francon. Topogr. p. 26.

HASZFURTH [g], petite Ville d'Allemagne en Franconie dans l'Evêché de Wurtzbourg ſur le Meyn, entre Bamberg & Schweinfurth à trois milles Germaniques au deſſus de la derniere. Il y a un Château & elle eſt le Chef-lieu d'un Bailliage de même nom.

HATIBONICO, Riviere de l'Amerique dans l'Iſle Hispaniola. Elle nourrit de fort bon poiſſon, arroſe des champs fertiles & beaucoup de Pâturages & s'étant accruë des eaux de pluſieurs ruiſſeaux elle ſe va rendre

[h] Ind. Occd. l. 1. c. 5.

dans la Mer, ſelon de Laet [h] cité par Mr. Corneille.

§ Cette Riviere eſt ſans doute la même que l'ARTIBONITE qui a ſa ſource au milieu de l'Iſle dans les Montagnes & coulant d'Orient en Occident arroſe le petit Pays auquel les François ont donné le nom de Mirebalais & ſe jette dans la Mer au fond d'une baye terminée au Midi par la Morne au Diable. Elle a plus de ſoixante lieuës de cours en n'ayant point d'égard à pluſieurs detours qu'elle fait.

[i] l. 25. c. 8. Ed. Valeſ.

HATRA, ancienne Ville d'Aſie dans la Meſopotamie, ſelon Ammien Marcellin [i]. Il dit: delivrez de cette inquietude, & marchant à grandes journées, nous vinmes à Hatra,

HAT.

Ville ancienne ſituée au milieu d'un deſert, & autrefois depeuplée. Trajan & Severe Princes guerriers ayant entrepris en divers temps de la detruire, faillirent eux mêmes à perir avec leurs Armées. Dion Caſſius [k] qui rapporte cette expedition de Trajan, ne nomme point cette Ville, mais il en fait la Capitale des Agareniens que l'Empereur vouloit ſubjuguer. Il la met en Arabie, c'eſt-à-dire dans l'Arabie qui eſt entre le Tigre & l'Euphrate. Voici ſes paroles: étant parti delà (c'eſt-à-dire de Cteſiphonte chez les Parthes à qui il venoit de donner un Roi,) & marchant vers l'Arabie, il attaqua les Agareniens qui avoient quitté le parti des Romains; & dont la Ville n'eſt ni grande ni riche: le Pays voiſin eſt en partie deſert, parce qu'on y manque d'eau & que le peu qu'on y en trouve eſt très-mauvais, & parce qu'on n'y peut avoir de bois ni de fourage; & là vient qu'un Peuple un peu nombreux ne ſauroit y ſubſiſter, tant par cette diſette qu'à cauſe des chaleurs violentes auxquelles elle eſt expoſée. Trajan donc ne put la prendre, ni Severe après lui, quoi qu'ils euſſent renverſé une partie de la muraille. On voit bien par ces circonſtances que la Capitale des Agareniens eſt la même que celle dont parle Ammien Marcellin. Mr. de Valois croit que ce nom des *Agareniens* eſt une faute du copiſte qui a mis Ἀγαρηνοὶ, pour Ἀτρηνοὶ, ce qui eſt très-vraiſemblable & alors les *Hatreniens*, ſeront un Peuple qui prenoit ſon nom de la Ville d'Hatra. Ce Peuple ſe trouve effectivement nommé ainſi par Herodien [l]. Voyez ATRÆ.

[k] l. 68. p. 785.

[l] l. 3.

HATRENI, Ἀτρηνοὶ, Peuple de la Meſopotamie. Ils habitoient la Ville d'HATRA. Voyez cet Article.

[m] Dict. Geogr. des Pays-bas.

HATTEM [m], en Latin *Hattemum*, petite Ville des Provinces Unies des Pays-bas au Duché de Gueldre ſur la Rive gauche de l'Iſſel, entre Deventer & Campen, à deux lieuës de Zwol. Il [n] y avoit autrefois une forte Citadelle bâtie par Reinald premier Duc de Gueldre & augmentée de divers ouvrages par Charles dernier Duc. Elle ſoutint les rudes attaques que George Schenk lui donna. Elle eſt maintenant detruite & il n'en reſte plus que les decombres. Hattem fut priſe en 1672. par les François, ils l'abandonnerent enſuite & en raſerent les murailles, ſelon Mr. Baudrand [o].

[n] Pontanus Hiſt. Gelric. l. 1. p. 40.

[o] Ed. 1705.

HATTINGEN, petite Ville d'Allemagne au Cercle de Weſtphalie, dans le Comté de la Marck ſur le Roer, aux confins du Pays de Berg. [p] Cette Ville fut priſe par les Imperiaux en 1636.

[p] Zeyler Weſtphal. Topogr. p. 85.

HATTON-CHâTEL, Bourg de France au Duché de Bar dans la Vaivre, entre la Meuſe & la Moſelle ſur une Montagne près du *Ruiſſeau* de HATTON d'où lui vient ſon nom. Il eſt de l'ancien Patrimoine de la Ville de Verdun. Cette Etymologie eſt de Mr. Baudrand qui dit *Hatton-Château*. Mr. de Longuerue en donne une autre & en même temps l'Hiſtoire abregée de ce lieu. Voici ce qu'il en dit: Hatton-Chaſtel [q] a pris ſon nom de ſon Fondateur Hatton Evêque de Verdun, qui vivoit ſous le jeune Lothaire vers l'an 860. & qui fit bâtir cette Forterſſe, qui étoit la meilleure

[q] Longuerue deſc. de la France. 1. part. p. 159.

HAT. HAT. HAV. 57

meilleure, & la plus importante de l'Evêché. Les Evêques la conserverent soigneusement; car Guillaume Evêque de Verdun sous Charles VII. ayant engagé à Jean de Luxembourg Comte de Ligni, cette Place pour une somme d'argent, dont il avoit un extrême besoin, la retira deux ans après, imitant en cela Hugues de Bar son prédécesseur, qui retira promptement Hatton-Chastel des mains de Robert Duc de Bar, & de sa Mere Yoland, pour quatre mille florins.

Jean Cardinal de Lorraine, engagea la Prevosté & Châtelenie de Hatton-Chastel à son neveu Antoine Duc de Lorraine pour la somme de six vingt mille francs l'an 1540. Le Duc declara l'année suivante que cet engagement étoit fait sans préjudice des Droits de Superiorité & de Ressort de l'Evêché, auquel on laissoit les Fiefs qui relevoient de cette Prevôté.

Les choses ne demeurérent pas longtems en cet état; car Chrétienne de Dannemarc, veuve du Duc François, & tutrice du Duc Charles II. fit un échange avec son beau-frere Nicolas de Lorraine, Evêque ou Administrateur de Verdun l'an 1546. L'Evêque céda au Duc son Neveu le plein Domaine & la propriété du Château, de la Ville, de la Terre & Seigneurie de Hatton-Chastel, & des Villes ou Villages qui en dépendent, à la reserve du Droit de l'Empereur; & la Duchesse céda les six vingt mille francs fournis par le Duc Antoine, & ce qui appartenoit à son fils le Duc Charles, à Rambercourt aux Pots (sur les confins du Bailliage de Bar le Duc;) ce qui fut confirmé l'année suivante par le Cardinal Jean de Lorraine à cause du droit de regrès qu'il s'étoit réservé sur cet Evêché, en le resignant à son neveu Nicolas.

Cette aliénation fut confirmée par une Transaction du 10. de Septembre 1564. passée entre Nicolas Pseaulme Evêque de Verdun, & Charles II. Duc de Lorraine, par laquelle il fut convenu que la Terre & Seigneurie de Hatton-Chastel demeureroit en toute propriété, Jurisdiction & dernier Ressort, & autres Droits, au Duc de Lorraine & à ses Successeurs; à quoi l'Evêque Pseaulme renonça.

Cette Transaction fut ratifiée le lendemain par le Cardinal Charles de Lorraine, à cause du droit de regrès qu'il avoit à cet Evêché. Enfin ces contracts furent de nouveau ratifiez par l'Evêque Pseaulme, & le Duc Charles de Lorraine le 29. Janvier 1566. L'année suivante 1567, le Duc Charles II. obtint l'investiture des Fiefs Imperiaux de l'Empereur Maximilien II. qui donna alors à Hatton-Chastel le titre de *Marquisat*; mais il mit cette condition, qu'il reservoit à l'Empire pour ce Marquisat tous les Droits Féodaux & ceux de Ressort, où les autres Fiefs de Lorraine n'étoient pas soûmis: ce que l'on voit par les Lettres d'investiture données par l'Empereur Rodolphe II. au Duc Henri l'an 1609. & confirmées par celles de Mathias de l'an 1613. données au même Duc, & par celles de Ferdinand II. données au Duc Charles III. l'an 1627.

Le Duc Charles fut rétabli sans difficulté l'an 1661. en possession du Marquisat de Hatton-Chastel, & il a été rendu au Duc Leopold par la même raison, en exécution du Traité de Ryswick, nonobstant l'Arrêt de la Chambre de Metz, rendu pour la réünion de Hatton-Chastel le 29. Mai 1680. lequel a été cassé comme tous les autres par le Traité de Ryswic.

HATUAN, ou HATWAN, en Latin *Haduanum*, Ville & Forteresse de Hongrie, au Comté de Novigrad entre cette Ville & Agria. Les Imperiaux la brûlerent & la ruinerent en 1685.

HATZFELD, gros Bourg & Château d'Allemagne, en Weteravie [a] dans le Cercle du haut Rhin. Il est le Chef-lieu d'un Comté qui donne le nom & le titre de Comte aux Comtes de Hatzfeld. Ce Comté est situé près de celui de Witgenstein, & les Comtes de Hatzfeld ont de grands biens en Thuringe [b], savoir GLEICHEN, & BLANCKENHEIM & en Silesie la Baronie de TRACHENBERG &c. [c]. Le Bourg de Hatzfeld est sur la Riviere d'Eder & le Comté n'est pas d'une grande étendue [d]. La Maison qui le possede est une des plus anciennes de la Hesse; Elle descend d'Everard qui assista au Tournoi de Schweinfurt sur la fin du XIII. Siécle. Melchior de Hatzfeld fut créé Comte de l'Empire par l'Empereur Ferdinand II. en recompense de ses services militaires.

[a] *Hubner Geogr. p. 496.*
[b] *p. 590.*
[c] *p. 626.*
[d] *d'Audifret Geogr. T. 3.*

1. HAVANA, ou HAVARIA, Ville de la Palestine, selon la Notice de l'Empire [e]. Mr. Reland [f] croit que c'est l'Avara de Ptolomée.

[e] *Sect. 21. Palest. p. 230.*
[f]

2. HAVANA [g], (LA) Ville dans l'Amerique Septentrionale. Elle est située sur la côte du Nord de l'Isle de Cuba vis-à-vis de la Floride, à vingt-trois degrez de Latitude. Son Port est très-renommé, & si bien fortifié par l'art & par la nature, que plusieurs le croyent imprenable. Il reçoit la Mer par une Embouchure fort étroite, mais assez profonde, & s'élargit au dedans en une grande baye, en rivages s'éloignant insensiblement l'un de l'autre & ensuite se courbant en un. Il peut contenir au moins mille navires, & les Montagnes qui l'environnent, le défendent contre l'incertitude des vents, & contre les soudaines tempêtes, en sorte que les vaisseaux y sont comme dans un Golphe sûr, sans avoir besoin de cables, ni d'ancres. Aux deux côtez de l'Embouchure il y a deux pointes avec deux Châteaux, assez bien fortifiez pour empêcher le passage à une très-grande Flote. On y a mis quantité de pieces de fonte, & l'on y tient une forte Garnison. Du côté de l'Est au dessous du Château, on voit une haute tour, dans laquelle il y a toujours des sentinelles, qui decouvrant les navires qui s'approchent, donnent un signal qui fait connoître leur nombre à la Garnison & aux habitans. La Ville est aussi défendué par un fort Château, mais elle n'est ceinte d'aucunes murailles. Ce troisiéme Château est beaucoup plus grand que les deux autres, & opposé de telle maniere au devant des navires qui entrent dans l'Embouchure étroite du Havre, qu'il leur peut briser la proüe, comme ceux des pointes peuvent leur briser les côtez. Toutes les Flotes d'Espagne qui viennent de la Terre-Ferme

[g] *Corn. Dict. & de Laet Ind. Occid. l. 1. c. 12.*

H

me de l'Amerique Meridionale, de la nouvelle Espagne, & des Isles, où elles se sont chargées de diverses Marchandises, ont accoûtumé de s'y retirer, & d'y demeurer pour se pourvoir d'eau, & des choses necessaires, jusqu'à ce qu'elles y soient toutes assemblées, ou au moins la plus grande partie, & de là au mois de Septembre, divisées en deux, ou toutes ensemble, elles gagnent la Mer du Nord par le Détroit de Bahama, & vont en Espagne. La Ville d'Havana, outre la Garnison qui doit être de mille hommes, a environ trois cens familles d'Espagnols, plusieurs Portugais & un grand nombre d'Esclaves. Le Gouverneur de toute l'Isle y demeure d'ordinaire, ainsi que les Officiers Royaux. Cette Ville surpasse non seulement toutes celles de l'Isle, mais aussi la plûpart des autres de l'Amerique, tant par la grandeur & par la sureté de son Port, qu'en richesses & en Commerce. Les forêts voisines fournissent une grande abondance de fort bon bois, dont on se sert à construire des navires. On a essayé de travailler à quelques mines de cuivre, qui ne sont pas bien loin de la Ville, maison là faite sans succès. Le P. Taillandier Missionnaire Jesuite dans sa Lettre du 20. Fevrier 1711. decrit ainsi le Port de la Havana. Nous entrames dans le Port de la Havane en rangeant le Fort du More à demie portée du Pistolet. Ce Château a plus de soixante Canons de fonte. L'autre passe est au milieu entre le Fort du More & un autre Fort qui a trente-six pieces de grosse Artillerie de fonte. Le Canon porte d'un Fort à l'autre. Quand on approche de la Ville, on se trouve à la portée d'un troisiéme Fort plus petit que les deux autres ; il ne peut passer qu'un seul Vaisseau dans chaque passe, le reste de l'entrée étant semé de rochers à fleur d'eau. Ce Port ou plutôt cette Baye s'enfonce une lieue au Sud, & forme comme divers bras à l'Ouest & à l'Est. Le mouillage en est bon & on y est en sureté contre les vents les plus violens. La Ville est bien fortifiée. Elle a du côté de la terre plusieurs Bastions avec leurs courtines : sa figure est presque ronde, & il faut environ une heure pour en faire le tour. Il y a trois Paroisses, six Maisons de differens Ordres & trois Monasteres de Religieuses.

HAUBERTINGA, *Ezelinga*, *Adalunga*, *Gamundia*, &c. ce sont des lieux nommez dans un Diplome de Charlemagne qui les nomme comme étant du Duché d'Allemagne. Beatus Rhenanus le raporte dans ses Antiquitez Germaniques [a]. Ce sont aujourd'hui des lieux de Suabe qui conservent encore leurs noms les uns sans aucun changement comme *Esselingen*, & *Gemund* ; & les autres avec un peu plus d'alteration. C'étoient alors de petits Monasteres que Volrad étant Chapelain de Charlemagne avoit fondez & qu'il avoit demandé de les unir lorsqu'il fut Abbé de St. Denis.

HAUBERT-WILLIERS, ou AUBERVILLIERS, la premiere Orthographe est de Mr. Corneille & la seconde est de Mr. Pigniol de la Force. Village de France au Nord Oriental de Paris, dans la plaine de St. Denys : on le nomme aussi *Nostre Dame des Vertus*, à cause de son Eglise qui porte ce nom & qui est desservie par des Peres de l'Oratoire. C'est un lieu où la devotion attire beaucoup de monde tant de Paris que des autres lieux. [b] L'an 1529. sous le Regne de François I. toutes les Paroisses de la Capitale du Royaume s'assemblerent dans la Cathedrale d'où elles allerent en procession à l'Eglise d'Haubertvilliers avec une si grande quantité de torches & de flambeaux que ceux qui étoient vers Montlheri crurent en voyant une si grande lumiere que le feu étoit dans la Ville.

HAUBTWYL [c], Bourg de Suisse dans le Haut Thurgow avec un Château appartenant à un particulier de St. Gal. Il s'y fabrique quantité de Toiles qu'on envoye dans les Pays étrangers.

HAVEL, Riviere d'Allemagne ; elle a sa source au Duché de Meckelbourg dans un Lac situé entre les Villages de Vogelsang, Eitberg, Feltborg, Furstenhagen Kiussel & Thomasdorff, & arrose Furstenberg derniere Ville du Pays, entre ensuite dans la Marche de Brandebourg, où elle reçoit divers Ruisseaux, se partage de temps en temps & forme plusieurs Isles ; coule à Botzow, à Orangebourg, & à Spandow, ensuite serpentant vers le Couchant & formant beaucoup d'Isles, elle passe à Postdam, au vieux Brandebourg reçoit plusieurs Rivieres dont les plus considerables sont la PLUN, l'Ile, rejoint au dessous de Ratenow une de ses branches & près de Rhinow la Riviere de Rhin, & enfin après avoir baigné les murs de Havelberg, elle se perd dans l'Elbe vis-à-vis de Werben. Un peu au dessous du vieux Brandebourg cette Riviere coule entre le Duché de Magdebourg, la moyenne Marche & au dessous de Rhinow entre ce méme Duché & Priegnitz.

Le HAVELLÂND, c'est-à-dire, le Pays de Havel, s'étend aux deux bords de cette Riviere aux environs de Havelberg & de Nawen.

HAVELBERG [d], Ville d'Allemagne dans la Basse Saxe dans l'Electorat de Brandebourg sur la Riviere de Havel qui l'entoure de ses eaux. Elle est dans le Havelberg ; mais l'Eglise Cathedrale & le Palais Episcopal est de l'autre côté de l'Havel dans le Pays de Priegnitz sur une hauteur. Durant les longues guerres d'Allemagne le Roi de Dannemarc s'empara de la Ville, fit de cette hauteur une Forteresse, & l'abandonna néanmoins en 1627. Les Imperiaux qui l'assiegerent s'en rendirent maîtres, les Suedois la reprirent en 1631. Les Imperiaux & les Saxons les en déposterent en 1636. mais ils y rentrerent l'année suivante ; & ne la garderent que jusqu'au Mois de Juillet. En 1639. ou 40. elle fut encore prise & reprise & est enfin demeurée à l'Electeur de Brandebourg.

L'Evêché de Havelberg fut fondé par l'Empereur Otton I. en 946. du vivant de Gero Comte d'Altenbourg & de Mersbourg, Burgrave de Magdebourg, Margrave de Lusace & second Margrave de Brandebourg. Le premier Evêque se nommoit Udo; en 1501. l'Evêque étoit Otton de Konigsmarc Gentilhomme, en 1523. c'étoit Busso d'Alvensleben Docteur ès Droits à qui succeda en 1548. Fre-

[a] *Rerum Germanic. l. 1. c. de Alemannis. p. 119.*

[b] *Duchêne Antiquitez des Villes de France.*

[c] *Etat & Delices de la Suisse T. 3. p. 166.*

[d] *Zeyler Brandeb. Topogr.*

Frederic Margrave de Brandebourg. Après lui Géorge de Blankenberg fut remplacé. Le Margrave Joachim-Frederic de Brandebourg, & depuis ce Prince la Maison de Brandebourg ne s'est point dessaisie de cet Evêché qui a été sécularisé en sa faveur aussi bien que l'Archevêché de Magdebourg dont le Siége de Havelberg étoit Suffragant. La Résidence de l'Evêque étoit à Witstock Ville du Preignitz; & quelque temps à Plattenberg.

HAVERBURG, Mr. Corneille dit: Haverburg Ville d'Angleterre dans le Comté de [*Leicester*]: on l'appelle vulgairement HARBORON; elle est située sur la Riviere de Welland; & cite Davity. Cet Auteur [a] met dans la Province de Leicester *Haverburg* nommé vulgairement HARBOROW. L'Auteur de l'Etat present de la Grande Bretagne [b] la nomme HARBOROUGH.

[a] T. 1. p. 304.
[b] T. 1. p. 82.

HAVERFORD-WEST [c], Ville de la Grande Bretagne dans la Principauté de Galles, en Pembrokeshire.

[c] Ibid. p. 145.

HAVIZA, Ville d'Asie dans le Couhestan sur la Riviere d'ABZAL, à 85. d. de Longitude & à 31. de Latitude. Ce mot Haviſa employé dans l'Histoire de Timur-Bec [d] est corrompu d'Ahouaz, selon la remarque du Traducteur.

[d] L. 3. c. 22.

HAVISCAS [e], grand Bassin qui fournit d'eau la Ville de Deli dans l'Indoustan.

[e] Ibid. l. 4. c. 19.

HAULTON, Village d'Angleterre en Cheshire entre Chester & Manchester. Mr. Baudrand dit qu'il passe pour un reste de la petite Ville de CONCANGIUM; ce lieu est nommé CONCANGIOS dans la Notice [f] de l'Empire; mais elle en determine si peu la situation qu'on ne sauroit dire s'il étoit là ou ailleurs.

[f] Sect. 63.

☞ HAVRE, ce mot que les Latins expriment par celui de *Portus*, étoit appellé par les Grecs Λιμην, Limné & Ὅρμος. Il ne repond pas au *Statio Navium* des Latins comme l'a cru le P. Lubin. Le Port ou le Havre, en Latin *Portus*, marque un lieu ou fermé ou capable d'être fermé. *Statio Navium* signifie au contraire une *rade*, un *abri*, un *mouillage*, où les Vaisseaux sont seulement à couvert de certains vents. Voiez au mot *Port* où je traite des Ports plus au long. Je remarquerai seulement ici l'usage du mot *Havre* dans quelques façons de parler qui en marquent les avantages ou les inconveniens.

On appelle HAVRE DE BARRE un Havre dont l'entrée est fermée par un banc de roches ou de sables & auquel on ne peut entrer que de pleine Mer.

Le HAVRE DE TOUTES MARÉES, est celui où l'on n'est pas obligé d'attendre pour entrer ou pour sortir, la commodité de la Marée.

Le HAVRE D'ENTRÉE, signifie la même chose; c'est un Havre où il y a toujours assez d'eau pour y entrer ou pour en sortir, même en Basse Marée.

Le HAVRE BRUTE, est celui que la nature seule a formé & auquel l'industrie des hommes n'a encore rien ajouté pour le rendre plus sûr ou plus commode. Les François qui naviguent en Amerique appellent CUL DE SAC un Havre de cette espece.

Quelquefois le Havre est resserré à son entrée par une longue *digue* qui s'avance dans la Mer, ou même par deux que l'on appelle des JETTÉES. Elles servent à plusieurs usages. 1. à arrêter le gros galet, ou le sable, ou la vase qui pourroit entrer dans le Port & le combler peu à peu. 2. à haller les Vaisseaux qui en entrant ne peuvent se servir de leurs voiles à cause des vents contraires. 3. à rompre les vagues & à procurer la tranquilité aux Vaisseaux qui sont dans le Port. 4. souvent aussi à resserrer le lit de la Riviere dont l'Embouchure forme le Port & à lui menager une profondeur d'eau suffisante pour tenir les Vaisseaux à flôt. 5. souvent aussi la tête de ces jettées est fortifiée d'une baterie de Canon pour proteger & la jettée & les Vaisseaux qui entrent dans le Port.

Quelquefois & surtout en Italie & dans la Grece au lieu de Jettées il y a un MOLE qui ferme le Port. Le MOLE est un ouvrage de maſsonerie que l'on avance dans la Mer, ou en ligne circulaire, ou à angles, selon la commodité du fonds sur lequel on le bâtit & on y laiſse seulement une entrée suffisante pour les Vaisseaux; & que l'on puiſse en cas de besoin, fermer avec une chaine, qui en empêche l'entrée ou la sortie. Ce Mole qui est ordinairement fortifié, sert à briser l'agitation de la Mer & à mettre en sureté les Vaisseaux qui n'y craignent ni l'ennemi ni les Tempêtes.

La CRIQUE est une espece de *Havre brute*, où des Barques & des Chaloupes se peuvent retirer.

HAVRE DE GRACE [g], (LE) autrefois FRANÇOIS-VILLE, en Latin *Franciſcopolis*; Ville de France en Normandie, au Pays de Caux, avec un Port de Mer. Elle est située à l'Embouchure de la Seine dans un lieu marécageux, & dans un terrain uni, à douze lieues de Caen, à dix-huit de Rouen & de Dieppe, à huit de Feſcamp & de l'Iſle-bonne, à sept de Quilbœuf, & à deux de Montivilliers & de Harfleur. Cette Ville considerable par la beauté & quantité de beaux Edifices doit son commencement au Roi Loüis XII. qui en jetta les fondemens en 1509. François I. la fit fortifier afin d'en faire un rempart contre les Anglois qui desoloient les Pêcheurs, & on y bâtit par son ordre une très-grosse Tour de guerre qui subsiste encore, & qui a un Commandant particulier avec Brevet de Sa Majesté; on y entretient garnison. Henri II. & ses Succeſseurs y ont aussi fait travailler. Loüis XIII. n'a rien épargné pour en faire une bonne Ville & une Clef du Royaume. Il y a fait faire une double enceinte flanquée de bons Bastions & autres ouvrages. C'est ce même Prince qui a fait bâtir la Citadelle dont Loüis le Grand a augmenté les dehors aussi bien que de la Ville, le tout avec une dépense somptueuse.

[g] Corn. Dict. Memoires dreſsez sur les lieux en 1705.

(L'Auteur de ce Memoire ne me paroit pas assez reconnoissant envers le Cardinal de Richelieu. Ce Ministre qui s'étoit fait donner le Gouvernement du Havre y fit travailler aux ouvrages que l'Auteur décrit ici. Outre le motif de la gloire qui animoit toutes ses entreprises, il y fut encore porté par le desir d'en faire une place capable d'arrêter les Anglois qui avant cela entroient dans la Seine & y enlevoient des Vais-

Vaisseaux Marchands. Il fit donc faire la Citadelle du Havre de ses propres deniers & c'est un des plus louables monumens de son Ministere dont il ne falloit pas lui ravir la gloire.)

La Ville est composée d'environ quarante rues toutes pavées dont plusieurs sont larges & spacieuses, & tirées à la ligne. Il y en a six qui la traversent depuis le Boulevard de la Porte d'Ingouville jusqu'au Port. Ses belles fontaines distribuées dans tous les quartiers & les Carrefours, y sont d'un grand ornement. On remarque entre autres celle de la grande Place, où se terminent quatre grandes rues. Sur cette fontaine qui jette l'eau par quatre côtez, ainsi que celle de la Place du Marché & de Saint François, est élevée une figure pedestre de Louïs XIV. représentée en pierre bronzée & vêtue à la Romaine. La Ville du Havre a trois portes, & à peu près vingt-quatre mille habitans. Outre un Intendant de Marine, il y a un Commissaire, un Controleur, un Capitaine, un Lieutenant de Port, & quantité d'Officiers de Departement pour les Vaisseaux du Roi; des Ecoles pour la Marine, pour les Mathematiques & pour l'exercice du Canon, & un College pour les Humanitez. Il y a aussi Bailliage, Vicomté, Amirauté, Grenier à Sel, un Lieutenant de Police, un Maire, quatre Echevins, une Compagnie Privilegiée, & quatre Compagnies de Bourgeois avec leurs Officiers. Les Eglises de Notre Dame, & de Saint François, & les Couvents des Capucins & des Ursulines sont dans l'enceinte de ses murailles; mais la Paroisse de Saint Michel, le Couvent des Penitens, l'Hôpital General, & la Chapelle de Saint Roch avec les maisons des Pestiferez sont dans le Fauxbourg au delà du Marais du côté du Nord, & au pied de la côte. Les Chapelles de la Citadelle & de l'Arsenal sont desservies par les Capucins qui ont aussi un Hospice du titre de Notre Dame des neiges derriere la Citadelle au delà des Thuilleries. M. le Prince de Conti comme Marquis de Grasville, presente à la Cure de Saint Michel d'Ingouville Fauxbourg du Havre, dont dépendent les Eglises de Notre Dame & de Saint François dans la Ville; desorte que le Curé de cette premiere Eglise gouverne toutes les trois, exerçant ses fonctions curiales dans celle de Notre Dame, & mettant des Vicaires pour desservir les deux autres avec un Clergé convenable. Notre Dame est une Eglise bâtie en Croix, grande, belle & ornée d'Architecture & de Sculpture. Un corridor & un rang de Chapelles regnent à l'entour, celle de la Vierge derriere le Chœur, y attire un grand concours de dévotion. Le grand portail est un beau morceau d'Architecture, qui presente trois portes sur la grande rue, pour entrer sous les Corridors & dans la Nef. Ce portail est accompagné d'une belle Tour, & avec d'assez bonnes cloches & une grosse Horloge. Les deux portes de la croisée sont aussi ornées d'Architecture & de Sculpture, & une belle Balustrade de pierre couronne en dehors toute cette Eglise. Le Seminaire de S. Charles est une grande Maison dans laquelle plusieurs Prêtres vivent en commun avec leur Pasteur, il y a une Chapelle avec trois Autels. L'Eglise de S. François a un air de proprété dans toute son étendue, mais elle n'est pas encore entierement achevée dans son dessein. La Maison de Ville fait face à l'entrée du Port. Elle est en bel air, assez jolie, très-logeable, & a une avantcour ornée d'un corridor ouvert des deux côtez, & au devant une grande place. La Ville est couverte d'un côté par la Citadelle, dont elle est separée par un double fossé à fond de cuve rempli d'eau; de l'autre côté, bordée de la Seine, & divisée de son Fauxbourg par une longue chaussée, aux deux côtez de laquelle on peut inonder tous les Marais par le moyen des Ecluses. Le Canon de la grosse Tour terrassée acompagnée d'une grande plateforme, défend les jettées du Canal d'entrée de la Mer, & la petite rade. Le gros Canon de ses Bastions & de ses Boulevards plantez d'arbres, & défendus par des demi-lunes & des Ravelins, fraisez & palissadez, pour foudroyer tout ce qui sort du Fauxbourg pour entrer dans la Ville. C'est tout le long de sa plus grande place que ce Port a son étendue. Il n'est separé du Canal de la Seine, qu'une basse muraille terrassée. Le Quay est aussi terrassé de pierre de taille, & assez large, pavé & bordé de maisons. La Marée entre tous les jours deux fois dans ce Port, où elle apporte jusqu'à dix huit pieds d'eau, quand elle est forte. En passant sur le Pont qui separe le Port Marchand d'avec le Bassin du Roi, & le quartier de Notre Dame de celui de S. François, on voit ce Bassin par lequel on entre par quatre grandes portes. Il est clos partout de murailles, excepté du côté du Pont, où il est fermé par un treillis de fer porté sur un mur d'appui, afin que ceux qui passent de ce côté-là puissent avoir la vue de voir ces Vaisseaux. Ce Bassin revêtu de pierre de taille, est de figure pyramidale, assez à l'abri des vents, avec un large Quai qui regne tout à l'entour. On y retient ordinairement avec le secours des Ecluses seize pieds d'eau, & il y peut contenir à flot une Escadre de Vaisseaux de guerre de differentes grandeurs. En 1690. on y fit entrer & séjourner onze Galeres du Roi. On rafraîchit les eaux de ce Bassin en ouvrant les Ecluses pour recevoir par le Canal du Port les eaux de la Marée, lorsqu'elle est dans son plein, & on les renferme quand elle commence à s'en retourner. Ces Ecluses sont deux grandes Portes doubles, dont l'une soûtient d'un côté les eaux du Bassin, & l'autre celles du Port. On les ouvre & on détourne le dessus du Pont, lorsqu'on veut y faire entrer & en faire sortir des Vaisseaux. A droite & à gauche sur les Quais de ce Bassin on voit quantité de canons & d'ancres, comme en Magazin les mats, les agreils & autres pièces de Vaisseaux desarmez. Au bout de ce Bassin il y a un grand espace de terrain qu'on nomme le *Chantier*, dans lequel on peut en même temps tirer trois Vaisseaux de soixante à quatre vingts canons, mais quand ces grands Vaisseaux bâtis au Havre en sont une fois sortis, ils n'y rentrent plus & sont du departement de quelqu'un des plus grands Ports de France, comme de Brest, de Port Louïs, de Toulon, & de Rochefort. L'Arsenal pour la Marine est toûjours en état de fournir tout ce qui est necessaire pour l'armement & l'équipement des Vaisseaux du Departement du Havre. Cet Arsenal consiste en une cour de bâtimens. Dans le bas sont la Chapelle, la Sainte Barbe où l'on tient l'Ecole pour le Canon, differens Bureaux pour les Officiers, & des Salles où l'on conserve les desarmemens des Vaisseaux. Au dessus des appartemens bas on tient la Jurisdiction de l'Amirauté, l'Ecole de la Marine, & celle des Mathematiques, dans d'autres Sales sont les Magasins pour les armes. La Corderie du Roi où l'on fait les Cordages pour les Vaisseaux de guerre est une longue Galerie construite le long de la muraille de la Ville du côté de la Mer. Sa longueur est de plus cent vingt-quatre toises. Elle est couverte & fermée de toutes parts, & a ses cours & ses Magazins particuliers où l'on conserve les Cordages. On y entre par trois grandes portes, dont celle qui est au bout paroît comme le Portail d'une Eglise. Lorsque l'on sort du Bassin par les portes de Fer qui sont aux côtez du Pont, on entre sur la Paroisse de Saint François. Ce quartier est entouré d'eau, & composé d'une vingtaine de rues tirées à la ligne, & dressées par compartimens comme les planches d'un parterre à fleurs. La plus spacieuse de ses rues est celle qu'il faut prendre pour aller à la Citadelle.

Cette Citadelle est très-forte, & des plus regulieres qu'on puisse voir. Elle a quatre Bastions Royaux, bâtis de brique à chaînes de pierre de taille. Ses larges fossez à fond de cuve, remplis d'eau sont revêtus de pierres & de brique, aussi bien que toutes les demi-lunes, & autres ouvrages de ses dehors. Il y a dans son enceinte cinq ou six Magasins considerables remplis de toute sorte de munitions. Les eaux de fontaine y sont très-abondantes, & l'on y conserve dans plusieurs citernes les eaux de pluye par précaution. Sa grande place d'armes & ses Boulevards sont plantez d'arbres qui forment de belles allées pour la promenade, & l'on découvre de dessus ses Bastions quantité d'objets qui forment des vûes charmantes, tant sur le Port & la Mer que sur la côte. La grande jettée ou Môle qui a cent soixante toises de longueur, & vingt-quatre à trente pieds de hauteur sur neuf ou environ de largeur entre les deux parapets, est très-solidement bâtie de grosses pieces de bois enclavées dans de fortes coulisses, arrêtées sur des Pilotis, & entierement revêtues de fortes planches des deux côtez. Elle est remplie de gros galets ou cailloux, & fermée par dessus en maniere de coffre. Au bout de cette jettée qu'on doit encore prolonger de quatre vingt toises, est une Tour de bois & une batterie de douze gros Canons, pour défendre les approches de la Ville, & les bords de la Mer & de la Seine qui sont aussi garnis de batteries de Canons & de Mortiers à Bombes. On a commencé une autre grande jettée de pierre pour soûtenir les eaux du Canal d'entrée.

Le Commerce du Havre consiste principalement dans la Navigation & dans la Manufacture des dentelles de fil qui sont fort recherchées. Ses habitans très-habiles & très-experimentez sur mer, montent des Vaisseaux pour aller negocier dans toutes les parties du monde. Plusieurs Compagnies de Commerce ont été établies en cette Ville. Celles d'Afrique, du Senega, de Guinée, des Isles Françoises, & plusieurs autres y ont leur département en temps de paix; mais la Navigation la plus commune, est celle de Terre-neuve où l'on va pêcher des Morues dans une cinquantaine de Vaisseaux de deux, de trois & de quatre cens tonneaux, bâtis & destinez uniquement pour cet usage.

Le Roi pour donner un rang distingué à la Ville du Havre, en a fait un Gouvernement en Chef qui comprend la partie Occidentale du Pays de Caux dans la Haute Normandie; savoir, la Ville & la Citadelle du Havre, Chef de Caux, la Ville & le Château de Fescamp, les Châteaux du Bec-Crespin, de l'Orcher, de Tancarville & autres. Ce Gouvernement qui s'étend plus de huit lieues à la côte de Caux, & sept à huit à la côte de Seine jusque dans les environs de l'Illebonne, a de circuit près de trente lieues, & est mis au nombre des Gouvernemens de Province.

§ L'Auteur du Memoire dit que le Marquisat de Grasville appartient au Prince de Conti; l'Abbé de Longuerue le donne au Duc de Bourbon & à la Maison de Condé. Mr. Pigāniol de la Force observe que les fortifications de la Ville sont du Chevalier de Ville, excepté quelques ouvrages qu'on y a ajoutez du côté de la Mer. Le Havre est la patrie de George de Scuderi & de Madelaine de Scuderi sa Sœur. Le premier dégrossit la Tragedie Françoise en attendant Corneille qui l'effaça entierement, il mourut en 1668. Madeleine de Scuderi sa sœur est fameuse par les Romans de Cyrus, de Clelie & quelques autres, & par plusieurs ouvrages de vers & de prose. On a d'elle quelques Madrigaux très-delicats. Elle mourut au commencement de ce siécle âgée de 94. ans. C'est la Sapho si célèbre dans les vers de Pelisson & de quantité d'autres beaux esprits.

HAUSTISUS, Pline *a* parlant de la Quersonnese Cimbrique dit que le Promontoire des Cimbres s'avançant dans la Mer fait une Presqu'Isle nommée *Haustisus*, selon les anciennes impressions & CARTRIS, selon les nouvelles. Voiez QUERSONNESE.

a l. 4. c. 13.

HAUT & HAUTE, ce mot en Géographie s'employe par opposition à celui de *Bas*, pour le SUPERIOR des Latins opposé de même à *Inferior*, afin de diviser un Pays plus commodément. Il se prend le plus communement du cours des Rivieres dont le haut est toujours le plus près de la source. C'est ainsi que la Haute Saxe, se distingue de la Basse Saxe, selon le cours de l'Elbe. Souvent aussi il se prend du voisinage des Montagnes comme la Haute Hongrie est entre le Mont Crapack & le Danube; le Haut Languedoc est plus du côté des Pyrennées. La Haute Egypte a quantité de Montagnes & la Basse Egypte n'en a point.

Ce mot de Haut, ou Haute sert donc à la division de plusieurs Provinces & nous en parlons aux noms propres de ces Provinces dans leurs articles particuliers. Outre cela il est

H 3   joint

HAUT-MONT [a], en Latin *Altus Mons*, ou *Altimontium*, Abbaye de France dans le Hainaut au Diocèse de Cambrai, Ordre de St. Benoît. Elle est sur la Sambre & fut bâtie vers l'an 650. par le Comte Vincent Madelgaire, dit St. Mauger, ou St. Vincent de Soignies, Mari de Ste Vaudru, lequel s'y retira pour s'y consacrer au service de Dieu. Il n'y mourut point parce que les importunitez de ceux qui venoient troubler sa solitude l'avoient fait passer à Soignies dont on croit qu'il fut Abbé.

[a] Baillet Topogr. des Saints & Hist. Abr. de l'Ordre de St. Benoît.

HAUTVILLIERS [b], en Latin *Altum Villare*, Abbaye de France en Champagne, au Diocèse de Rheims, de l'Ordre de St. Benoît & de la Congregation de S. Vanne, elle est située de l'autre côté de la Riviere de Marne vis-à-vis d'Epernay, sur la pente d'une Montagne, en un lieu néanmoins fort élevé, ayant au dessous de soi une belle plaine & une vûe charmante. Elle a été fondée par S. Nivard, Archevêque de Reims environ l'an 670. d'autres disent en 680. il s'y retiroit souvent & y fut inhumé. On prétend que Saint faisant les visites de son Diocèse à pied, suivant l'usage des Saints Evêques, qui étoient fort éloignez de vouloir réformer les mœurs de leurs Diocesains avec des équipages pompeux & magnifiques, étant las & fatigué, se reposa sous un arbre qui étoit au même endroit où est à présent cette Abbaye, il s'endormit ayant la tête appuyée sur les genoux de S. Berchaire qui l'accompagnoit, & que pendant son sommeil il vit une Colombe descendre des Cieux qui se reposa d'abord sur cet arbre, & ensuite par son vol marqua un circuit, & remonta vers le Ciel, que S. Berchaire qui ne dormoit point vit la même chose, & que ces deux Saints résolurent, fondez sur cette vision, de bâtir en cet endroit un Monastere, ce que Saint Nivard exécuta; & fit dresser un Autel au lieu même où étoit l'Arbre sur lequel cette Colombe s'étoit reposée. Quoiqu'il en soit, ce Monastere a été bâti dans ce tems-là par S. Nivard, qui y mit S. Berchaire avec un nombre de Religieux. S. Berchaire qui mourut en 685. étoit agréable aux Rois, aux Evêques & aux grands Seigneurs, desquels il obtint des Biens & des Privileges considérables pour cette Abbaye, qui dès ce tems-là avoit beaucoup de réputation. On voit dans son Eglise la Châsse où est le Corps de Sainte Helene. Elle a eu des Abbez Commendataires depuis le Concordat, & on y a mis la réforme le 26. Mai 1635. depuis lequel tems les Religieux l'ont entierement rebâtie. Elle vaut à l'Abbé plus de vingt mille livres de rente, & aux Religieux environ quatre mille livres, non compris leurs vignes dont ils tirent de grands avantages par leur travail continuel, ce qui leur fournit le moyen d'y entretenir vingt Religieux de Chœur. On voit dans l'Eglise de cette Abbaye qui est petite, quatre grandes châsses d'argent doré, dans l'une desquelles est le Corps de Sainte Helene qui fut apporté de Rome par Teutgisus Prêtre de Reims, en l'an 804. Dans la seconde est le Corps de S. Nivard son Fondateur. Dans la troisiéme le Corps de S. Sindulphe Patron du lieu; & la quatriéme enferme les Corps de Saint Polycarpe & de S. Madelou. On y voit aussi plusieurs autres Reliques & entre autres de Sainte Petronille, & de S. Urbain Pape. Ce fut dans ce Monastere que Gotescalc fut mis en pénitence : il étoit Allemand & Moine de l'Abbaye d'Orbais dans le Diocèse de Soissons, connu sous le nom de Fulgence, il apprit par cœur un grand nombre de passages des Peres de l'Eglise. Il alla à Rome & étant retourné en Allemagne environ l'an 846. il fut accusé auprès de Raban Archevêque de Mayence, d'avoir des sentimens sur la Prédestination contraires à la foi, il se défendit & expliqua ses sentimens. L'Archevêque de Mayence le condamna & le renvoya à Hincmar Archevêque de Reims, qui après l'avoir examiné de nouveau, le jugea hérétique & incorrigible, & le condamna à être fouetté & enfermé, ce qui fut exécuté en présence du Roi Charles le Chauve; il mourut dans sa prison à Hautvilliers, après avoir refusé de souscrire à la Profession de Foi qu'Hincmar lui avoit envoyée, & qui par cette raison lui fit refuser les Sacremens & la sepulture avec ses confreres.

[b] Baugier Memoires Hist. de la Champagne T. 2. p. 47.

HAUTE-COMBE [c], Abbaye du Duché de Savoye sur le Lac Occidental du Lac du Bourget, à quatre lieues de Chamberi. Elle est de l'Ordre de Cisteaux.

[c] Baudrand Ed. 1705.

HAUTE-FONTAINE [d], en Latin *Altus Fons*, Abbaye de France en Champagne au Diocèse de Chaalons avec un Village sur une Colline dont le pied est arrosé par la Riviere de Marne entre St. Dizier & Larzicourt. Elle est de l'Ordre reformé de Cisteaux dans un endroit des plus agréables de toute la Champagne & où la vûe trouve dequoi se contenter. On ne sait pas précisément en quel temps ni par qui elle a été fondée. On croit néanmoins que St. Bernard la fit bâtir pour servir de maison de santé à ses Religieux convalescens & qui avoient besoin d'un air plus pur. Feu l'Abbé le Roi a fait bâtir à neuf la maison Abbatiale & reparer le Couvent des Religieux & orner l'Eglise.

[d] Baugier Mem. Hist. de Champagne T. 2. p. 47. & 393.

1. **HAUTE-RIVE** [e], en Latin *Altaripa*, petite Ville de France dans le haut Languedoc sur l'Ariege, à quatre lieues de Toulouse au Midi en allant vers Pamiers.

[e] Baudrand Ed. 1705.

2. **HAUTE-RIVE**, Jaillot écrit AUTERIVE, Village de France dans le Bourbonnois Election de Gannat sur l'Allier à trois quarts de lieues au Midi de Vichi. On y voit une [f] source bouillonnante d'une eau aigrette qui ne difere en rien de l'eau du petit boulet de Vichi. A trente pas delà dans le lit même de l'Allier qui se trouve quelquefois à sec il y a deux sources d'une eau piquante & tiéde, & qui feroit une recherche de ces sources dans le Territoire de Vichi en pourroit trouver un grand nombre entre celles que l'on connoît déjà & dont on fait usage.

[f] Mem de l'Academie Royale des Sciences ann. 1707. p. 130.

3. **HAUTE-RIVE** [g], Abbaye de Suisse au Canton de Fribourg dans le Comté de Gruyere; elle est de l'Ordre de Cisteaux, & fut fondée en 1098. par un Comte de Glane qui y fut enseveli en 1142. ayant été tué à Payerne. L'Abbaye est fort riche & possede beaucoup de vignes au Bailliage de Lausanne.

[g] Etat & Delices de la Suisse T. 3. p. 162.

HAUTE Seille, Abbaye de Lorraine dans la Lorraine Allemande dans la Seigneurie de Châtillon, sur la Riviere de Vesouse qui coule ensuite à Blamont & à Luneville à deux lieues de Blamont. Elle est de l'Ordre de St. Benoît.

☞ **HAUTEUR**, ce mot qui signifie elevation a plusieurs usages dans la Géographie.

On dit qu'un Château est *sur la hauteur*, *sur une hauteur*, lorsqu'il est élevé sur une Colline, & commande une Ville ou un Bourg qui est au pied ou sur le penchant.

On dit en termes de Navigation : quand nous fûmes à *la hauteur d'un tel Port*, pour dire vis-à-vis.

On dit en termes de Géographie Astronomique la *hauteur*, ou *l'Elevation du Pole* pour dire *la Latitude*. Car quoi que la hauteur du Pole & la Latitude soient des espaces du Ciel dans des parties differentes, ces espaces sont pourtant tellement égaux que la determination de l'un ou de l'autre produit le même effet & la même connoissance. Car la hauteur du Pole est l'arc du Meridien compris entre le Pole & l'Horizon; & la latitude du lieu est l'arc de ce même Meridien compris entre le Zenith du lieu & l'Equateur. Or à mesure que le Pole dont on examine la hauteur s'éleve de l'Horizon, autant l'Equateur s'éloigne du Zenith du lieu puisqu'il y a toujours nonante degrez de l'un à l'autre. Ainsi l'Observatoire de Paris où la hauteur du Pole est de 48. d. 50'. 10". a son Zenith à pareille distance de l'Equateur. On dit *prendre hauteur*, pour dire mesurer la distance d'un Astre à l'Horison.

La Hauteur de l'Equateur est l'Arc du Meridien compris entre l'Horison & l'Equateur. Elle est toujours égale au complement de la hauteur du Pole, c'est-à-dire, à ce qui manque à la hauteur du Pole pour être de nonante degrez. La raison en est facile par le principe que nous avons établi que du Pole à l'Equateur la distance est invariablement de nonante degrez. Si le Pole s'éleve, l'Equateur s'abaisse, si le Pole s'abaisse, l'Equateur s'éleve à son tour. Plus le Pole est élevé, plus sa distance au Zenith est diminuée. Et de même l'Horison s'est abaissé & sa distance à l'Horizon est plus petite dans la même proportion.

La Hauteur de l'Equateur se peut connoitre de jour par le moyen de la hauteur du Soleil. On la trouve facilement avec un quart de Cercle bien divisé, ou avec quelque autre Instrument Astronomique & par le moyen de la declinaison que l'on peut aisément connoître par la Trigonometrie Spherique, après que l'on a supputé par le moyen des Tables Astronomiques le veritable lieu dans le Zodiaque. Car si cette declinaison est ajoutée à la hauteur Meridienne lorsque la declinaison sera Meridionale, ou étant ôtée de la hauteur Meridienne lorsque la Declinaison sera Septentrionale, on aura la hauteur de l'Equateur donnera la Latitude du lieu & la hauteur du Pole sur l'Horison.

HAUTHEM [a], Bourg de la Flandre Imperiale au Quartier d'Alost. Il est remarquable par le Martyre de St. Liwin Apôtre du Brabant.

HAUTS-LIEUX [b], (LES) en Hébreu במות, *Bamoth*, & en Latin *Excelsa*. Il en est souvent parlé dans l'Ecriture [c]. Les Prophetes ne reprochent rien avec plus de zèle aux Israélites, que d'aller adorer sur les *Hauts Lieux*. C'est une louange que l'Ecriture ne donne qu'à peu de bons Princes, d'avoir détruit les Hauts Lieux ; & plusieurs d'entr'eux, quoique zelez pour l'observance de la Loi, n'eurent pas le courage de ruiner ces hauteurs, & d'empêcher le peuple d'y aller sacrifier. Les Hauts Lieux, tandis que le Temple du Seigneur ne fut pas bâti, n'avoient rien de fort contraire aux loix du Seigneur, pourvû qu'on n'y adorât que lui, & qu'on n'y offrît ni encens, ni victimes aux idoles. Il semble que sous les Juges, ils étoient tolérez, & Samuel a offert des Sacrifices en plus d'un endroit, hors du Tabernacle, & de la présence de l'Arche. Sous David même on sacrifioit au Seigneur à Silo, à Jérusalem, & à Gabaon. Mais depuis que le Temple fut bâti, & que la demeure de l'Arche fut fixée, on ne permit plus de sacrifier hors de Jérusalem. Salomon au commencement de son regne, alla en pélerinage à Gabaon. Mais depuis ce tems on ne voit plus de sacrifice legitime hors du Temple. Les Hauts Lieux furent fort fréquentez dans le Royaume d'Israël. Le peuple superstitieux alloit quelquefois sur les Montagnes sanctifiées par la présence des Patriarches & des Prophétes & par les apparitions du Seigneur, pour y rendre son culte au vrai Dieu. Il ne manquoit à ce culte, pour le rendre légitime, que de le faire au lieu que le Seigneur avoit choisi. Mais souvent sur ces hauteurs on adoroit les Idoles, & on commettoit mille abominations dans les bois de futaye, dans les Cavernes, & dans des tentes consacrées à la prostitution. C'est ce qui allumoit le zèle des Saints Rois & des Prophétes, pour supprimer & détruire les Hauts Lieux.

HAWAS, Ville de Perse, selon Tavernier [d] ; il dit qu'elle est à 75. d. 40'. de Longitude & à 33. d. 15'. de Latitude. Il ajoute, le Terroir de cette Ville porte quantité de Dates & quelques autres fruits que l'on confit dans le Vinaigre & qu'on transporte en d'autres Pays.

§ Cette Ville est la même qu'**Ahuas** de Mr. d'Herbelot. Et la même qu'*Haviza* de l'Historien de Timur-Bec. La Latitude de Tavernier n'est pas exacte, Nassir Eddin [e] & Ulug-beig la mettent à 31. degrez. Mr. de l'Isle les a suivis. A l'égard de la Longitude je marque ailleurs le moyen de concilier cette difference de 75. à quatre-vingt cinq degrez. Elle vient de ce que les uns prennent leur premier Meridien dix degrez en deçà des autres.

HAWASCH, ou **Haouache**, ou **Aoaxe**, Riviere d'Abissinie. Mr. le Grand dans son Voyage historique de l'Abissinie [f] la décrit ainsi : l'Aoaxe n'est pas moins grand que le Nil dans ses commencemens. Il reçoit le Machy & le Lac Zoay, mais les peuples par où passe l'Aoaxe le partagent en tant de Canaux qu'il devient à rien ; on croit néanmoins qu'il va se rendre par plusieurs Souterrains dans la Mer des Indes. Il est bon de remarquer que le *Machi*, ou *Matshi*, n'est autre [g]

[a] Baillet Topogr. des Saints p. 605.
[b] D. Calmet Dict.
[c] Reg. l. 3. c. 3. v. 2. & c. 12. v. 31. & 32. c. 13. v. 2. c. 14. v. 23. &c.
[d] Voyage de Perse ch. dern.
[e] Edit. Oxon. p. 103. & 135.
[f] p. 213.
[g] Carte de l'Abissinie par Mr. Ludolfe.

tre que la décharge du Lac Zoay, ou Zawaya. Ce Lac & la source de l'Hawafch font dans le Royaume de Wed, l'Hawafch entre dans le Royaume d'Ifat & fe recourbant vers le Sud-Eft, il va fe joindre dans le Royaume de Fatagar avec le Maefchi qui vient du couchant. Ils paſſent enſemble au Royaume de Bali ; & delà au Royaume d'Adel ; là, comme dit Mr. Ludolfe [a], il fournit des eaux à ce Pays qui en manque abſolument. Les habitans charmez d'un ſecours ſi néceſſaire ont grand ſoin de le recevoir en une infinité de coupures pour fertiliſer leurs terres ; ainſi à force de ſaignées il ſe trouve enfin ſi peu de choſe qu'il ſe perd entierement dans les ſables comme s'il avoit honte de ne porter à la Mer qu'un Tribut indigne d'elle.

[a] Hiſt. Æthiop. l. 1. c. 8. n. 106.

1. HAYE [b], (LA) Lieu des Provinces Unies dans la Province de Hollande ; autrefois Reſidence des Comtes de Hollande, d'où lui vient ſon nom Flamand de 's GRAVENHAGEN que l'on exprime en Latin par HAGA COMITIS, ou COMITUM. C'eſt aujourd'hui le centre du Gouvernement de la Republique, la demeure des Etats Generaux des Provinces Unies, & des Ambaſſadeurs & Miniſtres étrangers ; c'eſt par cette raiſon que nous entrerons dans un détail particulier. Quoiqu'elle n'ait point de rang parmi les Villes de Hollande, elle a par ſon étendue, par le nombre & la beauté de ſes Palais, par la dignité de ſes habitans, par les Prerogatives de ſes Magiſtrats dequoi être miſe entre les belles Villes non ſeulement de la Hollande, mais même de l'Europe.

[b] Memoires dreſſez ſur les lieux.

La Haye, ſelon Alting [c], eſt un magnifique Bourg qui eſt comparable ou même preſcable à pluſieurs Villes qui paſſent pour belles. Ce n'étoit d'abord qu'un bois avec une ſimple maiſon de chaſſe où les Comtes de Hollande venoient quelquefois, Florent II. s'y rendoit de temps en temps, comme il paroît par un Diplôme de ce Prince, daté de l'an 1097. & rapporté par Boxhornius. Mais l'éclat où nous la voyons aujourd'hui ne commença qu'au milieu du XIII. ſiécle vers l'an 1250. Juſques-là les Comtes avoient eu leur Reſidence ordinaire à deux lieues de là dans une Ville qui en avoit pris le nom de 's Gravezande. Mais Guillaume II. Comte de Hollande, le même que les Etats de l'Empire avoient élu & couronné Empereur en 1248. tranſporta ſon ſéjour à la Haye, où il commença le Palais qui eſt aujourd'hui la Cour. Ce travail ne fut pas pouſſé fort loin, les guerres qu'il eut contre les Friſons & ſa mort arrivée en 1256. dans une bataille qu'il leur livra, ne permirent pas d'achever le bâtiment. Floris ou Florent V. ſon fils qui lui ſucceda, fit agrandir la Chapelle & tout l'édifice. Il commença à y ſéjourner regulierement ſurtout depuis l'an 1284. & ſix ans après il y établit l'Ordre de St. Jaques ; il faut en conclurre qu'il y avoit déjà outre la Cour aſſez de maiſons pour loger toute cette Nobleſſe avec ſon monde & ſes Equipages, car ſans cela il eût été plus naturel de preferer Leide ou Harlem. En 1296. la Comteſſe Epouſe de Florent V. mourut à la Haye au raport de Stokius. La Haye étoit déjà le Chef-lieu d'un Bailliage de même nom & il

[c] Notit. German. Infer. part. 2 p. 78.

eſt parlé de ce Bailliage dans un Acte de 1291.

Depuis Florent V. les Comtes de Hollande y firent leur Reſidence ordinaire & comme leur ſéjour avoit donné le nom de s' Gravezande au lieu où ils reſidoient auparavant, il donna à la Haye celui de s' Gravenhage par la même analogie. Ces Comtes ne conſidererent longtemps ce lieu que comme une Terre Seigneuriale. Avec le temps il fut qualifié Village. C'eſt ainſi qu'il eſt nommé dans un Octroi du Roi Philippe du 10. Janvier 1552. de même dans un autre Octroi de Philippe d'Autriche Comte de Hollande l'an 1485. & dans un autre Acte du 22. Mars 1439. D'un autre côté on ne manque point d'Actes où la Haye eſt qualifiée Ville ; entre autres un Mandement de Maximilien & de Marie du 1. Octobre 1481. & dans un grand nombre d'Actes émanez depuis le commencement de la Republique. Il faut pourtant avouer que cette qualification n'eſt pas deciſive, car dans l'Ordonnance du 14. Avril 1557. où il s'agiſſoit d'un Impôt ſur le vin, on lit ces mots ; Art. 17. *Dans toutes les Villes ci-devant mentionnées en comptant la Haye pour une Ville* ; cette explication fait voir qu'elle ne paſſoit pas pour en être une.

Guillaume de Baviere Comte de Hollande, IV. du nom ayant eu le malheur de devenir maniaque & de tuer dans un accès de fureur Gerard de Watering ; en expiation de ce meurtre il fonda une Vicairie dans la Chapelle de la Cour. Mais ſa maladie ayant empiré à tel point qu'on fut obligé de l'enfermer, Albert de Baviere ſon frere qu'on appella pour lui ſucceder, établit dans cette même Chapelle un Chapitre compoſé d'un Doyen & de douze Chanoines. Ce Chapitre avoit de beaux droits & de grands Priviléges.

Boxhornius attribue à ce même Albert de Baviere la fondation de la grande Egliſe ou de St. Jacques en 1399. Il ſe peut que ce Prince y ait fait travailler mais la Paroiſſe eſt plus ancienne que la venue de la Maiſon de Baviere en Hollande. Frere Hugue eſt nommé *Prochipape* ou Curé de la Haye dès l'an 1311. on a un Acte de Nicolas Abbé de Middelbourg de l'an 1326. concernant la fondation d'un Chapelain à l'autel de la Vierge dans la Paroiſſe de la Haye & un Diplome de Guillaume troiſiéme (ayeul de Guillaume IV. & d'Albert) pour autoriſer cette fondation. Il y a moins de riſque à lui attribuer la fondation du Monaſtere de St. Vincent Ferrier. On croit qu'il commença l'Edifice & que Marguerite de Cleves fille du Duc Adolphe & veuve de cet Albert le continua & acheva la fondation. L'Abbé de Middelbourg la confirma, & l'attacha à ſon Ordre qui étoit celui de St. Dominique, en y établiſſant une Communauté de Religieux. Cette Princeſſe & divers Seigneurs entre autres Guillaume VI. ſon fils en aſſurerent les revenus par leurs donations, & ce Prieuré ſubſiſta juſqu'à Pierre Bachier dernier Prieur, en 1578.

Ce fut le même Albert de Baviere qui fonda, à ce que l'on croit, l'Hopital de St. Nicolas dont l'Egliſe ſert aujourd'hui de Boucherie & il lui donna en 1385. le droit des poids & me-

mefures & de l'aunage. Dans cet Hopital étoit le BEJAART, ou BELLEARD. Ce nom qui fe rencontre dans la defcription de plufieurs Villes de Pays-Bas merite d'être expliqué. L'experience ayant appris quels defordres font dans une Ville les vagabons & gens fans aveu qui fous pretexte de mandier leur pain y fejournent fans neceffité, & arrachent fouvent d'une maniere criminelle les fecours qu'on leur refufe, on prit diverfes mefures, pour empêcher qu'ils ne couruffent dans les Villes ou du moins qu'ils n'y fejournaffent. Pour cet effet on deffendit aux Bourgeois de les loger ou retirer chez eux; & pour ne les pas laiffer expofez aux injures de l'air, on les recevoit à l'Hopital, où on leur donnoit le couvert un jour & une nuit. après quoi ils devoient pourfuivre leur chemin dès le lendemain, & arriver ainfi au lieu de leur domicile ou de leur naiffance. Après la revolution de l'Eglife de cet Hôpital ne fervant plus à fon premier ufage, on en fit une halle aux grains, & en 1615. le Magistrat de la Haye l'acheta & en fit une boucherie.

L'Ecole Latine eut part auffi aux bienfaits d'Albert. Il attacha la charge d'Ecolâtre au Chapitre de Notre Dame de la Cour, & voulut qu'il eût la direction de l'Ecole publique & que perfonne n'en pût tenir de particuliere fans la permiffion du Chapitre.

C'est une chofe remarquable que la Haye s'étant acrue de temps en temps & jouïffant de la préfence d'une Cour bien faifante envers les Ecclefiaftiques, il n'y ait eu qu'un feul Monaftere d'hommes qui s'y foit établi. En recompenfe il y avoit plufieurs v. Monafteres de filles. 1. Le Monaftere de Ste Barbe, (ou la Prevôté de Bethlehem ou les Sœurs grifes, Ordre de Premontré), étoit au Weft-einde au coin de la rue d'Affendelft ou le Loorenftraat. On ignore l'année de fa fondation; les Religieufes fe foumirent en 1496. à la direction de l'Abbé de Middelbourg. Dans les temps de troubles leur Monaftere qui étoit très-vafte fervit de Tribunal à l'Inquifiteur General. Après la revolution il fut vendu, l'Eglife demolie, & le terrain couvert avec le temps de maifons Bourgeoifes. 2. Le Couvent des Religieufes de Ste Agnès, du tiers Ordre de St. François étoit auffi dans le Weft-einde vis-à-vis de l'Hôtel d'Affendelft qui eft aujourd'hui l'Hôtel d'Efpagne. Il fut changé en 1576. en un Hopital pour les Orphelins. 3. Il y avoit un autre Monaftere de Ste Agnès, dans le Thoren-ftraat, qui aboutit au pied de la Tour de l'Eglife de St. Jaques. Ces Religieufes vivoient fous la regle de St. Auguftin. 4. Les Religieufes de Ste Elizabeth du Tiers Ordre de St. Auguftin étoient dans le Vlaming-ftraat, vis-à-vis du School-ftraat, au bas de la rue de la Poiffonnerie. Ce Couvent a été rafé, & l'emplacement a fervi à agrandir le marché verd, où fe tiennent les deux marchez du Lundi & du Vendredi. 5. Le Couvent de Ste Marie en Galilée étoit partie dans le Pooten, & partie fur le Spuy. Le Kalvermarck, le Turfmarck & le Houtmarck, c'eft-à-dire, les marchez aux veaux, aux tourbes & au bois, font prefentement fur le terrein qu'occupoient les jardins des Religieu-

fes. Le *Beginnen-ftraat* conferve encore dans fon nom les vestiges de ce Monaftere.

L'unique Eglife paroiffiale qu'il y eût à la Haye étoit celle de St. Jaques de laquelle j'ai parlé. Elle fut brûlée en 1402. & refta dans un état fort delabré jufqu'à l'an 1434. on voit un Diplôme de Philippe Comte de Hollande accordé la même année pour la reparer. L'an 1528. la Haye fe trouva mal de n'avoir point de murailles; Martin de Roffem la pilla & y commit de grands ravages; cette Eglife fut brûlée en cette occafion. Onze ans après le tonnerre la brûla de nouveau & au Mois de Mars de 1702. elle auroit eu le même fort fans quelques citoyens qui eurent le courage & l'habileté d'éteindre le feu. Les cloches qui y font aujourd'hui ne font plus les mêmes qu'autrefois; on prit les anciennes en 1575. pour fondre du Canon. Cette Eglife n'étoit dejà plus au pouvoir des Catholiques Romains, ils en avoient été privez & Pierre Gabriel Miniftre Proteftant y avoit été inftallé dès l'an 1566. Cette Eglife eft belle & affez grande. Philippe le Bon Duc de Bourgogne y tint en 1456. un Chapitre de l'Ordre de la Toifon d'Or, & on y voit encore les Armoiries des Chevaliers. Il y a des Vitrages peints que l'on conferve avec foin. Entre autres Tombeaux ceux de l'Amiral d'Opdam, de Gerard van Randerode, dit vander Aa; & du Prince Philippe de Heffe Philipfthal, meritent d'être remarquez.

Si cette Paroiffe étoit unique, il y avoit plufieurs Chapelles difperfées dans la Haye. La Chapelle de la Vierge fur le Pont du Spuy étoit petite. Il n'en refte plus que le nom de *Kapel-brugge*, que le Pont où elle étoit conferve encore aujourd'hui. Les revenus en ont été affignez à la Leproferie. La Chapelle de St. Jaques le mineur étoit entre le *Wageftraat* & le *Spuy* au bout de la Rue St. Jacques, l'Eglife neuve en occupe le terrain. La Chapelle de St. Corneille joignant la Leproferie eft à l'entrée de la Haye quand on vient de Delft. Elle fut bâtie vers le milieu du xv. fiécle & l'Autel fut confacré par Gerlac Evêque d'Hieropolis, Vicaire Général de Rodolphe Evêque d'Utrecht, fous l'invocation de la Ste. Vierge & des Saints Corneille, Sebaftien & George. L'Eglife a longtemps fervi de magazin & la Leproferie eft prefentement une maifon où des perfonnes qui aiment la vie tranquile & retirée, achettent, moyennant une fomme d'argent, une place qui leur procure le logement, la nourriture & les autres befoins jufqu'à leur mort. La Chapelle de la petite femme à la cruche dans le *Nord-einde* à l'Orient, n'étoit pas fort loin du Pont de Skeveling. Il n'en refte plus que le nom. Il y avoit enfin la Chapelle du St. Sacrement; elle appartenoit à une Confrairie qui portoit le même nom & qui avoit été confirmée par l'Abbé de Middelbourg le 29. Octobre 1440. Il y avoit attenant cette Chapelle une maifon où les pauvres Confreres étoient reçus, pourvû qu'ils euffent été de la Confrairie huit ou dix ans & euffent payé les charges auxquelles on s'obligeoit en y entrant. C'eft prefentement en partie une maifon où vivent de vieilles gens, & l'Eglife eft affectée aux Proteftans Anglois

I &

& aux Allemands de la Religion Reformée. La maison dont on vient de parler est derriere l'Eglise dans une allée qui perce dans le *Molestraat*. La Chapelle de St. Antoine de la Clochette étoit dans le *Fleer-steeg*, où est à present la maison où l'on enferme les insensez. Il y avoit dans le bois une autre Chapelle de St. Antoine, à peu près au même lieu où les Soldats font l'exercice. Elle est détruite jusqu'aux fondemens.

Charles V. Empereur, & Souverain des Pays-Bas, orna la Haye d'une charmante promenade que l'on appelle *Voorhout* (prononcez Foreaût.) Les arbres furent plantez vers l'an 1536. c'étoit alors la partie anterieure du bois & c'est ce que son nom signifie ; c'est presentement un cours magnifique dans une vaste enceinte de maisons. Il est fait en équierre, tout ce grand espace contient une Promenade couverte d'arbres parfaitement bien entretenus & qui font un delicieux ombrage durant l'Eté. C'est le rendez-vous des grands & du peuple qui viennent le soir y respirer la fraicheur. Dans la longueur de cette place est une longue allée jonchée de gravier & bordée d'une barriere dans laquelle de distance en distance sont menagez des entrées pour les personnes à pied ; c'est autour de cette barriere que se promenent les carosses, le reste de cette place est planté d'arbres en quinconce. Sur le Voorhout du côté de la mer est l'Eglise du Cloître. On l'appelle ainsi parce que c'est un reste du Monastere de St. Vincent Ferrier, dont j'ai parlé. Après la revolution cette Eglise servit d'Ecuries & d'Arsenal. Enfin en 1617. on s'en servit comme d'une Eglise Protestante, mais on l'a fort diminuée. Elle fut cedée au Magistrat en 1625. en toute proprieté. Pour ce qui est du Monastere, on y garda quelque temps les Privileges, les Chartes & autres Documens publics de l'Etat, & ils y étoient dans des Cofres & dans des Armoires ; en 1558. les Etats de Hollande y firent accommoder une Salle pour leurs assemblées ; mais durant les troubles qui suivirent, ils quitterent la Haye & s'assemblerent en differens lieux, selon l'occurrence, & la plupart du temps ce fut à Delft. Ils revinrent à la Haye en 1577. & tinrent leurs assemblées dans le refectoire du Cloître jusqu'à l'année 1583. Dès l'année 1576. ce Monastere avec tous les bâtimens & Jardins avoit été donné à l'Hôpital de St. Nicolas qui, dès que les Seigneurs Etats de Hollande l'eurent quité, en fit abatre une partie & en vendit les materiaux ; sur ces entrefaites il y eut deffense d'en achever la demolition.

Aujourd'hui les Etats Generaux composez des Députez de toutes les differentes parties de la Republique, les Etats de la Province de Hollande & de West-Frise composez des Députez des Villes de cette Province, le Conseil d'Etat, la Chambre des Comptes de la Generalité, la Chambre des finances de la Generalité, la Chambre des monnoyes de la Generalité, le Haut Conseil de Guerre, la Haute Cour de Justice, en un mot les divers Colleges qui concernent l'administration de la Guerre, des Finances, & des Loix, ont leurs seances ou leurs Tribunaux dans la Cour. Ce Palais, comme on a déja dit, étoit premierement une simple maison de chasse, ensuite un Château de plaisance, entouré d'un bon fossé & d'une muraille avec des portes & des Ponts Levis ; avec le temps on a bâti tout à l'entour, & au lieu de ces murailles ce sont d'un côté des maisons louées à divers particuliers, le côté qui suit est un long Edifice autrefois occupé par le Stathouder. Il est percé d'une porte sous laquelle est la grande garde. Le côté qui est bordé par le Vivier, a la Chapelle que l'on a fort agrandie. Le bas est occupé par divers Bureaux & le haut est distribué en diverses Sales où se tiennent les assemblées des Etats & des differens Colleges dont on a parlé. Plus loin est la Chatellenie ; prison civile où l'on met les debiteurs & même les personnes contre qui les presomptions sont assez fortes pour s'en assurer, mais quand le crime commence à se constater on les transfere dans les prisons de la Cour. Il y a apparence que ce lieu étoit anciennement la demeure des Chanoines de la Chapelle. C'a été ensuite la maison du Concierge ou Châtelain, d'où lui vient son nom de Châtellenie ou Conciergerie. Pour ce qui est de la Chapelle elle fut brûlée en 1642. on la rebâtit ensuite & comme en 1685. la revocation de l'Edit de Nantes attira en Hollande un grand nombre de refugiez François dont quantité s'établirent à la Haye ; cette Eglise se trouvant trop petite pour les contenir, on l'agrandit du double. On l'appelle presentement l'Eglise Françoise. La Grande Sale de la Cour est isolée de trois côtez & sert presentement à plusieurs usages. En premier lieu c'est le Vestibule des Chambres où sont les Tribunaux de la Cour. 2. Le long des murailles sont des boutiques de Libraires dont on se sert principalement pour les ventes publiques des Bibliotheques ; & 3. au milieu est un Théatre sur lequel on tire les Lotteries auxquelles l'Etat a donné son consentement. L'Assemblée generale des Etats se tint dans cette Sale en 1651. tout le haut de cet édifice est garni de Drapeaux, d'Etendars, & de Pavillons remportez sur les ennemis. Ce sont autant de monumens de la bravoure & des victoires de la Nation.

Outre la Jurisdiction de la Cour, le Magistrat de la Haye a la sienne en particulier. La maison de Ville fut bâtie en 1564. & 65. Elle n'est separée de la grande Eglise que par un terrain qui n'est pas fort grand, & dont même une partie est à l'Eglise & enfermée par une balustrade de fer, le reste est une place où s'executent les Sentences que le Magistrat a prononcées contre les criminels de son ressort.

Le Corps des Chirurgiens a un Professeur en Anatomie qui donne des Lecons publiques dans un bâtiment adossé à l'Eglise de St. Jaques.

La Haye a diverses places dont voici les plus considerables. Le *Buytenhoff* ou la *cour exterieure*, ainsi nommée pour la distinguer de la *Binnenhoff*, ou cour interieure qui est dans l'enceinte même de la Cour. C'est au Buytenhof que les Gardes à cheval montent la garde. De cette place on va par une porte d'une ancienne maçonnerie autour de laquelle sont les prisons de la Cour, dans une autre place nommée

mée la *place*; c'est où s'exécutent les Sentences que la Cour a prononcées contre les criminels, par un bout elle se termine en entonnoir dans le *Noord-einde*, au bout opposé elle est continuée par le *Vyver-berg*, lieu planté d'arbres, d'où l'on voit la Cour, de laquelle elle est séparée par une grande piece d'eau qui a une petite Isle quarrée au milieu, cette piéce d'eau est appellée le *Vivier* & donne le nom au *Vyver-berg*. La place que l'on nomme presentement le *Pleyn*, étoit autrefois le jardin du Stathouder. On en a fait une place où un enceinte de pieux enferme un grand quarré planté d'arbres & percé par une allée en croix pour accourcir le chemin de ceux qui sont à pied. C'est là que l'Infanterie fait la Parade, avant que de monter la garde.

Les autres places sont le Marché qui est devant la Boucherie, ensuite la Poissonnerie, par laquelle on descend à une autre place où se tient le Marché les Lundis & les Vendredis. Cette derniere place s'étend jusqu'au Prince-Graaft, ou Canal du Prince.

C'est sur ce Canal que l'on a bâti en dernier lieu un grand nombre de maisons superbes qui meritent le nom de Palais. On y trouve aussi le *Spin-huys*. Les Magistrats voulant arrêter les progrès du libertinage proposèrent de bâtir cette maison pour y enfermer les filles & les femmes convaincues de prostitution. On y fit contribuer les Hôpitaux & en particulier la Leproserie y fournit 2400. florins : la premiere pierre en fut posée le 16. Juin 1659. cette maison est contigüe à la Banque des emprunts, que l'on appelle communément le *Lombard*. Ce dernier édifice fut bâti en 1668. & a son entrée au *Varkenmark*, mais l'établissement de la Banque est plus ancien.

Depuis environ un siécle la Haye a été si augmentée qu'elle n'est presque plus reconnoissable sur les plans de ce temps-là. Ses principales augmentations se sont faites au Midi, si l'on regarde le grand nombre de maisons ; mais les plus superbes accroissemens sont le long du Canal de la Princesse, dans la partie Orientale le long du bois que l'on a reculé, pour tirer ce Canal. Il est bordé d'Hôtels magnifiques qui ont la vue sur le bois. Dans ce quartier sont deux bâtimens dignes d'être remarquez. L'un est la fonderie pour le Canon. L'autre est la Synagogue des Juifs Portugais. A l'extrémité Septentrionale de ce Canal est le Mail, promenade delicieuse durant la belle saison.

Le grand nombre d'Hôtels qu'on a bâtis à la Haye depuis quarante ans ne permet pas de les marquer en détail. Je me contenterai d'en nommer quelques-uns.

Entre la Cour, le Pleyn & le Vyver-berg est la Maison du Prince Maurice de Nassau qui la fit bâtir. vers l'an 1640. étant revenu de son Gouvernement du Bresil : toute la Charpente de ce Palais qui étoit de bois très-precieux, fut brûlée en 1704. on l'a reparé depuis, & il sert d'Hôtel des Ambassadeurs. La vieille Cour est dans le Nord-einde. C'étoit anciennement une maison particuliere que les Etats de Hollande achetèrent en 1595. Elle fut ensuite au Prince Frederic Henri qui la fit rebâtir & la mit dans l'état où elle est aujourd'hui. Elle passa à Guillaume II. son fils & à Guillaume III. Roi de la Grande Bretagne, son petit-fils qui en qualité de Stathouder occupa les appartemens de la Cour affectez à sa dignité, ainsi le nom de vieille Cour fut donné au Palais où il ne residoit plus. Il est presentement possedé par le Roi de Prusse qui y loge son Envoyé. Les Jardins étoient autrefois le rendez-vous du beau monde de la Haye qui alloit respirer le frais, dans des allées bien entretenues. Ces jardins ont été fort negligez depuis quelques années.

L'Hôtel d'Espagne est entre le *West-Einde* & le *Lahn-straat*. C'étoit autrefois l'Hôtel d'Assendelft. George Frederic de Renesse, Baron d'Elderen, Seigneur d'Assendelft le vendit en 1677. à D. Emanuel Francisco de Lyra qui l'acheta au nom du Roi d'Espagne dont il étoit Envoyé extraordinaire. C'est une grande & vieille masse de bâtimens, composée de cinq parties diferentes, où il n'y a ni goût, ni symetrie, mais l'emplacement est très-beau, le jardin est grand, mais trop bas, de maniere que l'hyver il est sous l'eau. La Chapelle est belle & haute, & Sa Majesté Catholique y entretient trois Chapelains. Ce sont les seules Puissances qui ayent en propre un Hôtel pour leurs Ministres publics. Les autres sont dans des Hôtels de louage. Il n'en est pas de même des Députez des Villes, chaque Ville de la Province de Hollande a son Hôtel particulier gardé par son Concierge, & où logent ses Députez. L'Amirauté & la Compagnie des Indes ont aussi leurs Hôtels en propre.

Quoique la Haye n'ait point de rang entre les Villes, il n'y en a gueres qui ait autant de maisons de charité. Celle des Orphelins fut fondée en 1564. dans le *Nobel-straat* d'où on les transfera au Couvent de Ste Agnès vis-à-vis de l'Hôtel d'Assendelft. Les Orphelins de la Diaconie sont à l'extrémité du *Spuy* & de l'*Uyleboom*, c'est un assez beau bâtiment autour d'une cour quarrée. L'Hôpital du St. Esprit fut bâti en 1616. sur le *Pavillons-Graaft*, vis-à-vis du *Veerkay*, mais le nom des Pauvres du St. Esprit étoit en usage à la Haye dès le XIV. siécle. La Maison de *Niewkoop* sur le Prince-graaft est un grand bâtiment en quarré long qui occupe un terrain de 400. pieds en longueur & de 158. en largeur fondé par Jean de Bruin de Buyten-wech, Seigneur de Niewkoop, Noorden & Achtinhoven. La Cour en autorisa la construction le 9. d'Août 1658. qui fut achevée en 1661. Sa destination étoit pour un certain nombre de pauvres familles Catholiques Romaines auxquelles on devoit fournir gratis le logement, les remedes en cas de maladie & autres secours. Les fonds assignez ayant été diminuez en partie par des nonvaleurs, ou mêmes dissipez par quelques Administrateurs, on a été forcé de louer les appartemens à des familles qui y sont assez bien & à meilleur marché qu'ailleurs & ce qu'on en tire sert à l'entretien des bâtimens. La Cour de Madame Cornelie van Wouw au côté Occidental du *Bree-straat* entre le *Prince-graaft* & le *Herderine-straat*, consiste en XVI. Maisonnettes sans le logis des Regens. Elle fut fondée en 1647. par cette Dame pour de vieilles femmes ou filles de la Religion Protestante. Elles ont le logement & quelque

ar-

HAY.

argent par mois & du chaufage tous les ans. La maison herite de ce qu'elles ont au temps de leur mort. Près delà Barthelemi van Wouw bâtit en 1649. une maison, mais comme elle ne contient que deux places, on la confond avec l'autre. L'Hôtel de Jean van Dam au côté Septentrional de la Rue nommée *Jufrow Ida-straat*, a eu pour Fondateur Florent van Dam dont le Testament du 5. Septembre 1563. porte que l'on bâtira douze chambres pour autant de pauvres personnes agées, & une pour un treiziéme pauvre. Cette maison s'appelle à present la Cour de St. Anneland. L'Hôtel de Hooghelande fondé en 1669. par Pierre de Hooghelande entre le *Warmoes-straat* & le *Boekhorst-straat* a seize logemens pour autant de Catholiques Romains. La *petite Cour de Bourgogne*, consiste en vingt logemens. On ne sait qui en fut le fondateur ; à la voir il ne paroît pas qu'il ait été fort riche. Faute de revenus pour l'entretenir, on l'a vendue à des particuliers qui en louent les chambres à des gens du bas peuple.

La longueur de cet article ne me permet pas d'ajouter ici les promenades & je les reserve aux Articles de Loosduyn, Scheveling, & Ryswyk : ce sont trois Villages de la Jurisdiction de la Haye ; je me contente de dire ici que le bois qui étoit autrefois contigu à la Cour est presentement au Nord-Est de la Haye. On y entre par trois belles allées. La plus Septentrionale est le Mail, la plus Meridionale est nommée par le peuple le chemin de la *roue de Fortune* à cause d'un cabaret où entre autres jeux il y a une grande roue de Charpente dans laquelle sont menagez des siéges qui quand on la tourne sont alternativement au haut ou au bas de cette roue, & toujours suspendus à plomb. C'est un des amusemens de la populace. L'allée du milieu est le chemin que prennent les chariots & les carosses qui vont à Leyden. Du côté de la Haye ces trois allées sont terminées par le magnifique Canal de la Princesse.

a Pigniol de la Force desc. de la France T.7. p. 67.
b Baudrand Ed. 1705.
c Pigniol Ibid.

2. HAYE [a], (LA) Ville de France en Touraine sur la Creuse aux Frontieres du Poitou, à deux lieues de la Guierche, à quatre de Chatelleraut & à dix de Tours & de Poitiers. [b] Elle a titre de Baronie. Il y a deux Paroisses dont l'une est sous l'invocation de St. George. On ne compte que cent soixante sept cens habitans dans cette petite Ville. Outre les Marchez ordinaires de la Ville on y tient quatre Foires par année. C'est la route ordinaire des gens de guerre qui vont en Poitou ou qui en viennent, & pendant la guerre d'Espagne, il y a passé tous les ans onze ou douze mille hommes tant d'Infanterie que de Cavalerie. C'est la patrie du fameux René Descartes. Il y naquit le 31. Mars 1596. & mourut à Stockholm le 11. Fevrier 1650.

d Corn. Dict. Memoires Manusc.

3. LA HAYE DU PUIS [d], Bourg de France en basse Normandie, au Diocèse de Coutance, entre Carentan, St. Sauveur-le-Vicomte, Barneville & Lessay près de la côte de la Mer. Il a titre de Marquisat, Château, & haute Justice.

e Ibid.

4. LA HAYE-PAISNEL [e], Bourg de France, dans la basse Normandie, au Dio-

HAY. HAZ. HEA.

cèse de Coutance, entre Ville-Dieu & la Luserne.

HAYHAM, c'est la même qu' ÆLANA. Voiez cet article & celui d' AILA.

1. HAYN [f], Ville d'Allemagne dans la Misnie au Cercle de Haute Saxe sur la petite Riviere de *Reder*, environ à trois milles de Dresden. Dresser dit que ce mot HAYNA, chez les Allemands & les Wendes signifie, une Forêt solitaire & écartée ; & que Hänischen en est le diminutif. Hayn fut saccagée & brûlée par les Hussites en 1429. elle fut encore consumée par le feu en 1538. Cette Ville avoit été autrefois assez florissante surtout lorsqu'elle étoit la residence des Margraves de Misnie. On voit encore des vestiges de leur Palais. Avant la longue guerre d'Allemagne, on y fabriquoit beaucoup de Draps. C'est la patrie de *Johannes ab Indagine*.

f Zeyler Saxon. Super. To. Dresden. Pogr. p. 100.

2. HAYN, quelques-uns disent Han ; mais mal, comme le remarque Zeyler [g], petite Ville de Bohéme au Duché de Silesie, au Duché de Lignits & à deux milles de la Ville de ce nom, à trois du Buntzel & auprès du Ruisseau de Deichsa. Elle a un petit Territoire où sont compris quelques Bourgs & Villages qui font un Cercle particulier. En 1427. les Hussites y égorgerent les enfans qui étoient à l'Ecole, les Prêtres dans les Eglises & les Bourgeois dans leurs maisons. En 1581. cette Ville fut incendiée par des scelerats, que l'on prit deux ans après.

g Silcs. To. pogr. p. 159.

HAYNA, Riviere de l'Amerique dans l'Isle Hispaniola. Elle a sa source vers l'Est de la Ville de St. Domingue & coule assez lentement. Il y a grand nombre de metairies sur ses bords & ses eaux sont estimées pour leur bonté.

HAYNAM, ou
HAYNAN. Voiez HAINAN.
HAYR. Voiez HAIR.
HAZA, pour HAIA. Voiez ce mot.
HAZAN-KEIF [h], c'est ainsi que l'on dit aujourd'hui par corruption, au lieu de HUSNI-KEIFA, qui est le nom d'une Ville d'Asie dans la Mesopotamie sur le bord du Tigre entre Amid & Mousul auprès de Merdin. On la trouve aussi nommée Hasni-Keifa.

h Hist. de Timur-Bec l.5.c.30.

H E.

HEA, Province d'Afrique, sur la côte de Barbarie, au bord de l'Océan au Royaume de Maroc dont elle est la partie la plus Occidentale. Elle occupe la pointe du grand Atlas que les Africains appellent AYTUACAL & a au Couchant & au Septentrion l'Océan ; au Midi les Montagnes du grand Atlas qui confinent avec la Province de Sus & au Levant le Fleuve d'ECIFELMEL qui la separe de celle de Maroc. Cette Riviere naît dans la Montagne de Henteta & court dans la plaine jusqu'à ce qu'elle entre dans la Riviere de *Tansift*, qui separe cette Province de celle de Duquela. Dans toute cette étendue, il y a de grandes montagnes escarpées & fort hautes & des rochers couverts d'arbres, d'où naissent des ruisseaux dont on arrose les terres des Vallons. Il y a par tout il y a force troupeaux de Chevres & d'ânes pour le service des habitans ; mais peu

d'autres

d'autres à cause de l'âpreté des Montagnes. Il y vient beaucoup d'orge, mais point de bled. Les mouches à miel font le plus grand Trafic, aussi bien que les Chevres, parce qu'on en tire quantité de Cire & de Maroquins dans Safié, où l'on vient d'Europe pour les acheter.

Le peuple de cette Province est belliqueux; mais brutal, vivant sans aucune police & sans cultiver ni vignes, ni jardins, quoiqu'il en pût avoir de fort bons dans les Vallées à cause des Ruisseaux qui y coulent. Il n'y a plante point aussi d'Oliviers, & l'huile dont il se sert vient des noyaux d'un certain fruit que portent des arbres épineux nommez Erquen; ce fruit est gros comme un gros abricot & quelquefois davantage & n'a que le noyau couvert d'une peau qui reluit la nuit comme une étoile quand il est mûr. Les Chevres mangent de ce fruit, & les Africains recueillent après les Noyaux dans leurs Bergeries, parce qu'ils sont si durs que les chevres ne les peuvent casser & les jettent tout entiers, & c'est de l'amande que l'on fait l'huile de Erquen, elle put & est de mauvais goût.

Ce peuple ne se pique point de lettres & personne n'y sait lire que quelques Alfaquis. Il n'y a ni Medecins, ni Chirurgiens, ni Apoticaires, ni Droguistes & les maladies se guerissent par les Diètes, ou en appliquant le feu à la partie. Il n'y a que quelques Barbiers pour circoncire les enfans & pour faire le Poil. Quoiqu'ils soient tous Mahometans ils ne savent ce que c'est que Mahomet & sa secte, mais ils font & disent à peu près ce qu'ils voyent faire ou entendent dire à leurs Alfaquis.

Leur plus commun habit est une espece de robe de laine non foulée dont ils s'enveloppent & qui est un peu moins grossière que des couvertures de lit, mais sur la chair ils ont un tablier de même étoffe qui les couvre depuis la ceinture jusqu'à mi-cuisse. Ils ne portent point de chapeaux, ni de bonnets, mais seulement des *Curfees*; ce sont des pieces de toile de quelque demi-pied de large qui font cinq ou six tours autour de leur tête, comme des Turbans & les plus belles sont de toile de Coton, rayez de rouge avec des Cordons qui pendent des deux côtez en forme de franges ou de houpes.

Les Alfaquis pour se distinguer des autres ont des bonnets rouges, ou de petits Turbans de grosse toile. Ils ne portent point de Chemise, parce qu'ils n'ont point de lin, & si quelqu'un en peut avoir, cela est fort estimé, car il n'y a que les gens de condition qui en ayent, & les femmes galantes, qui en sont venir à Maroc & à Safie. Ils portent aussi des *Haguysas*, qui est une espece de Casaque de Bure faite de grosse laine. Les jeunes gens se font raser les cheveux & la barbe, jusqu'à ce qu'ils se marient; mais lorsqu'ils sont mariez ils se laissent venir le poil de la barbe & un toupet de cheveux au haut de la tête par où les Arabes disent que les Mahometans seront connus au jour du Jugement. Ceux qui vivent dans les Villes, s'habillent plus poliment; car ils portent des Vestes de Draps de couleur, à longues basques & demi-manches avec force boutons par devant, & par dessus quelque Casaque un peu plus fine.

Les femmes ont des vestes ou des mantes qu'elles appellent des *Hayques*, & qui sont semblables aux vestes que portent les Turcs & les Maures par dessus leurs habits, quoiqu'elles ne soient pas si fines, & quelques Chemises de Toile fort longues & fort larges. Dans les maisons les femmes de condition s'enveloppent d'un Drap de Toile rayé de soye & attaché sur le sein avec une agraphe d'Argent ou de Léton, à la façon des boucles que l'on met au poitrail des Chevaux, mais elles portent au bras de gros brasselets d'Argent & de gros anneaux de même au dessus de la cheville du pied. Celles qui n'ont pas le moyen d'en avoir d'argent, les portent de Fer ou de Léton. Elles portent aussi aux Oreilles trois ou quatre grands anneaux d'Or, d'Argent, ou de Fer, chacune, selon sa qualité; où sont enfilez des grains de verre de couleur, avec de la Semence de Perles entremêlée. Les lits ordinaires des gens de condition, sont de ces Tapis à long poil pareils à ceux qui nous viennent d'Afrique, ils les mettent sous eux en plusieurs doubles & en laissent pendre un grand morceau qui leur sert de couverture. Au lieu de Draps ils se servent de *Hayques*, & pour chevet, d'oreillers longs & étroits faits de laine ou de grosse Toile. Le peuple n'a d'autre lit qu'une nate de jonc, ou quelques peaux de mouton & de chevre & se couvre de vestes & de casaques. Les femmes sont belles & ont le teint frais & blanc & les hommes robustes & fort jaloux & se portent à de grandes extremitez, quand ils savent qu'elles leur manquent de fidelité, car elles sont de complexion amoureuse.

Leur nourriture la plus ordinaire est de Farine d'Orge qu'ils accommodent en deux façons. Les uns en font du pain que l'on cuit au four comme en Europe, les autres de grandes Galettes fort deliées que l'on cuit au feu dans des terrines ou sur des tets de pots cassez & on les mange ainsi toutes chaudes avec du beurre ou du miel, ou avec de l'huile d'Erquen; quelquefois avec des étuvées de chair de Chevre hachée ou par morceaux, parce qu'ils n'ont point de vaches & que les Moutons sont fort rares & difficiles à élever dans ces Montagnes. Ils ont d'autres mets plus ordinaires comme le *Hacida*, qu'on fait d'un morceau de pâte cuite avec de l'eau & du sel. On met dans une terrine cette eau & cette pâte cuite, puis on y fait un trou au milieu, qu'on emplit de beurre ou d'huile & c'est la sauce où l'on trempe les morceaux, puis quand tout est mangé, on avale le bouillon. Il y a encore le *Hacua* qui est fait de Farine d'Orge cuite dans du Lait ou du beurre frais qu'ils mangent de même. La viande la plus ordinaire dont usent les Africains & les Arabes, est l'*Al-Cuzcuçu* (Mr. de St. Olon l'appelle Couscous.) Ils mangent plûtôt de la chair de chevre, ou de brebis que mouton ou de vache & ils disent qu'elle est plus saine; mais je crois, dit Marmol, que c'est à cause qu'elle est à meilleur marché. Ils ont quantité d'œufs & la poule n'y vaut que huit ou dix

Mara-

Maravedis; & la douzaine d'œufs environ la moitié. Quand ils veulent prendre leurs repas ils s'aſſéient par terre, auſſi bien les femmes que les hommes & ayant mis au milieu d'eux la terrine chacun y met la main de ſon côté; c'eſt-à-dire, la main droite, car ils tiennent que c'eſt un péché mortel que de manger avec la main gauche parce qu'ils s'en ſervent pour leurs ablutions avant la priere. Leur Religion ne leur permet pas de manger avec des Cuillers: quand ils ont fini, ils lechent leurs doigts, ſe frotent les mains l'une contre l'autre, ou autour des bras; c'eſt ainſi qu'ils s'eſſuyent. Ils ne ſe ſervent ni de Nappes, ni de Serviettes, ni même de Mouchoirs & quand ils ſe lavent les mains, ils ne les eſſuyent point, mais les tiennent en l'air juſqu'à ce qu'elles ſoient ſeches: ils ſont ſi groſſiers qu'ayant tant de Ruiſſeaux qui coulent des Montagnes dans les Vallées, où ils pourroient faire des Moulins ils occupent leurs femmes à moudre chaque jour à force de bras la farine dont ils ont beſoin, dans de petits Moulins de pierre qui ſe tournent avec une main. Ils n'ont point de Savon & ne ſavent ce que c'eſt, mais ils blanchiſſent avec une certaine Herbe qu'ils appellent Gazul.

Toute cette Province eſt fort peuplée & il y a de grands Villages & de gros Bourgs, pleins d'un peuple turbulent qui étoit dans une guerre perpetuelle avant l'Empire des Cherifs, parce que vivant à leur fantaiſie, ils n'obſervoient ni Loi ni Juſtice & ne vouloient ſouffrir aucune puiſſance pour les brider. Leurs armes ſont de gens ſauvages. Ils portent à la main trois ou quatre Dards dont la pointe eſt d'acier & fort aigue avec des Poignards courbez en faucilles, qui coupent en dedans & ſont fort pointus. Ils ont deux ou trois frondes dont ils ſe ceignent. Ils n'ont eu que fort tard connoiſſance des Arquebuſes & des Arbaletes. Ils ont auſſi peu de chevaux, encore ſont-ils fort petits, mais ſi legers que ſans être ferrez ils grimpent par les Montagnes comme des Chevres. Leurs Cavaliers portent des Lances avec de petites rondaches de cuir, & des Couteles faits comme leurs Poignards & ont des Selles à la Genette, car il n'y en a point d'autres dans toute l'Afrique. Ils combatent écartez & chacun donne où il veut, gagnant toûjours le haut des Montagnes & les paſſages les plus difficiles, d'où ils lancent des pierres & des Cailloux qui incommodent fort ceux qui montent. Ils attaquent avec de grands cris, deſorte qu'on diroit qu'ils ſont en grand nombre, & ceux qui ne les connoiſſent pas prennent quelquefois l'épouvante. Comme le Pays eſt âpre & rude & qu'ils n'ont ni mules ni bœufs, ils labourent les terres avec des ânes, qui ſont forts quoique petits. Il y a dans toute la Province quantité de Cerfs, de Chevreuils, de Sangliers & les plus grands liévres qu'il y ait en toute la Barbarie.

Voilà, conclut Marmol, tout ce qui ſe peut dire en peu de mots des mœurs & des façons de vivre de ceux d'Hea & generalement de tous les autres peuples de la Barbarie qui vivent dans les Montagnes; parce qu'il y a peu de difference, quoiqu'il y en ait de plus ſauvages les uns que les autres. J'ajoute qu'un ſiécle peut y avoir aporté bien du changement depuis ce temps-là. Les Villes de cette Province ſont:

Tedneſt, Capitale de la Province Teſegdelt,
Agobel, Tegteſa,
Alguel, Eitdevet,
Teculet, Culcyhat-Elmuhaydin,
Hadequis, Egue-Leguingil,
Euſugaguen, Teſtana,
Techevit, Amagor.

Les Principales Montagnes ſont:

Ayduacal, Tenzera,
& Giubelhadid.

HEADON [a], Ville d'Angleterre au Comté d'Yorc. Elle eſt preſque déchue de ſon ancienne réputation à cauſe de ſon port bouché & du voiſinage de Hull. [a] *Corn. Dict. Davity.*
Elle eſt nommée Heydon dans l'Etat preſent de la Grande Bretagne.

HEAN [b], Ville du Royaume d'Aſie au Tunquin. C'eſt la Capitale de la Province de l'Eſt & le Siége du Mandarin qui en eſt le Gouverneur. Il y a toûjours un grand nombre de Soldats & de bas Officiers qu'il occupe à ce qu'il veut, quand bon lui ſemble. Cette Ville eſt ſituée à quatre-vingt lieues de la Mer, & à l'Eſt d'une Riviere, qui ſe ſeparant en deux branches, dont l'une eſt appellée Domia & l'autre Rokbo, ſe rejoint en ce lieu-là. Hean peut avoir deux mille maiſons: mais les habitans ſont la plûpart bien pauvres. On y tient garniſon quoiqu'il n'y ait ni Forts, ni muraille, ni gros canon. Les Marchands Chinois y ont une rue, & portent de longs cheveux treſſez par derriere, comme c'étoit la mode de leur Pays avant que les Tartares en euſſent fait la conquête. Les François y ont auſſi un Comptoir, & le Palais de leur Evêque eſt le plus beau bâtiment de toute la Ville, au bout Septentrional de laquelle il eſt ſitué ſur le bord de la Riviere. C'eſt une maiſon baſſe & fort jolie enfermée par une muraille aſſez haute, où il y a une grande porte qui fait face à la rue, & on voit des maiſons de châque côté qui s'étendent juſqu'au Palais. Dans l'ouverture de la muraille eſt une petite cour qui fait le tour du Palais, & au bout de cette cour, on trouve de petites Chambres pour les Domeſtiques, & pour tous les Officiers neceſſaires. La maiſon n'eſt pas ſituée au milieu de la cour; mais elle approche plus de la porte qui demeure ouverte tout le jour, & ne ſe ferme que la nuit. L'appartement qui regarde la porte a une Chambre aſſez propre qui ſemble être deſtinée à recevoir les Etrangers, parce qu'elle n'a de communication avec aucune chambre de cette maiſon, quoiqu'elle en faſſe partie. La porte par où l'on y entre eſt viſ-à-viſ de la grande porte, & on la tient auſſi ouverte pendant tout le jour. Il n'eſt point permis à cet Evêque François d'aller demeurer à Cachao Capitale du Tonquin, & il ne peut même y aller en aucun temps ſans la permiſſion du Gouverneur [b] *Dampier Voyage autour du Monde T. 3. c. 1, & 5.*

neur ; encore faut-il obtenir ce Privilege par la faveur de quelqu'un des Mandarins qui y font leur Résidence, & pour qui l'Evêque ou tout autre Missionaire doit faire quelque sorte d'ouvrage. C'est pour cela que les Missionaires qui sont en ce Pays ont appris exprès à raccommoder les Montres, les Horloges & quelques instrumens de Mathematiques, ce que les Naturels du Pays ignorent entierement.

HEAYE, Ville d'Asie dans la Perse, à 74. d. 35′. de Longitude & à 31. d. 50′. de Latitude, selon Tavernier [a] qui dit que c'est une grande Villace.

[a] Voyage de Perse l. 1. c. dern.

HEBAL [b], Montagne célèbre dans la Palestine dans la Tribu d'Ephraïm, près la Ville de Sichem, vis-à-vis la Montagne de Garizim. Saint Jerôme, Eusebe & quelques autres après eux, ont crû que Garizim & Hébal étoient vis-à-vis de Jéricho & assez éloignée de Sichem, & de la Tribu d'Ephraïm : mais D. Calmet croit avoir montré le contraire, en parlant de Garizim. Voyez GARIZIM. Ces deux Montagnes sont si près l'une de l'autre, qu'il n'y a entre deux qu'une Vallée d'environ deux cens pas de largeur. Dans cette Vallée est la Ville de Sichem. Les deux Montagnes sont d'une longueur, d'une hauteur, & d'une forme semblables. Leur figure est en demi-cercle. Elles sont si escarpées du côté de Sichem, qu'elles n'ont aucun Talus. Leur longueur au plus est de demi-lieue [c]. Moyse avoit ordonné aux Israélites, qu'aussi-tôt après le passage du Jourdain [d], ils allassent à Sichem, & qu'ils partageassent toute leur multitude en deux Corps, composez chacun de six Tribus, dont les unes seroient placées sur Hébal & les autres sur Garizim. Les six Tribus qui étoient sur Garizim, devoient prononcer des bénédictions pour ceux qui seroient fideles à observer la Loi du Seigneur, & les six autres qui étoient sur Hébal, devoient prononcer des malédictions contre ceux qui la violeroient. Josué [e] étant entré dans la terre promise, exécuta fidélement ce que Moyse avoit commandé, & conduisit toutes les Tribus sur Hébal & sur Garizim. Moyse [f] avoit ordonné en particulier, que l'on érigeât sur le Mont Hébal un Autel de pierres brutes, enduites de chaux, afin qu'on y écrivît les paroles de la Loi de Dieu : mais les Samaritains au lieu d'Hébal lisent Garizim dans leur Pentateuque, parce que c'est sur le Garizim qu'est encore aujourd'hui leur Autel, & le lieu où ils font leurs exercices publics de Religion. Quant à la cérémonie de la consécration de la République des Hébreux, on croit qu'elle se passa de cette sorte : les Chefs des six premieres Tribus montérent sur le sommet du Mont Garizim, & les Chefs des six autres Tribus sur le haut du Mont Hébal. Les Prêtres avec l'Arche d'Alliance, & Josué à la tête des Anciens d'Israël, se placérent au milieu de la Vallée qui est entre ces deux Montagnes, les Lévites se rangérent en rond autour de l'Arche & des Anciens, & le peuple se plaça au pied des deux Montagnes, six Tribus de chaque côté. Etant ainsi rangez, les Prêtres se tournérent du côté du Mont Garizim, sur le sommet duquel étoient les six

[b] D. Calmet Dict.
[c] Morizon Voyage l. 2. c. 10.
[d] Deut. c. 11. v. 29.
& c. 27. v. 28.
[e] Josué c. 8. v. 30. & 31.
[f] Deut. c. 27. v. 4. & 5.

Chefs, dont les six Tribus étoient au pied de la même Montagne, & prononcérent par exemple ces paroles : *Beni soit celui qui ne fera point d'Idoles en Sculpture*. Les six Chefs qui étoient sur la Montagne, & les six Tribus qui étoient au pied répondirent, *Amen*. Ensuite les Prêtres se tournant vers la Montagne d'Hébal, sur laquelle étoient les Chefs des six autres Tribus, criérent à voix haute & intelligible : *Maudit soit celui qui fera des Idoles en Sculpture*. A quoi les six Chefs qui étoient sur la même Montagne, & les six Tribus qui étoient au bas, répondirent, *Amen*. L'Ecriture semble d'abord nous faire entendre qu'il y avoit six Tribus entieres sur une Montagne, & six sur l'autre, mais outre qu'il n'y a pas d'apparence que les Tribus qui étoient presque innombrables, eussent pû tenir sur le haut des deux Montagnes, c'est qu'elles n'eussent pû, ni voir la cérémonie, ni entendre les bénédictions & malédictions pour y répondre. De plus la particule Hébraïque qui est dans l'Original, signifie aussi bien, *auprès*, *tout contre*, que *dessus*. Josué VIII. 33. Suivant cela, on peut dire que ni Josué, ni les Prêtres, ni les Tribus ne montérent pas sur le sommet des Montagnes, comme notre Version l'insinue ; mais seulement les Chefs, qui pouvoient représenter en leurs personnes toutes les Tribus. A l'égard des grandes pierres qui furent dressées & enduites de chaux pour y écrire les paroles de la Loi, les Interpretes ne sont pas d'accord si ces pierres, ou ce monument, sont les mêmes que l'Autel sur lequel on immola des victimes pacifiques pour faire un festin à tout le peuple. Cependant en comparant les versets 2. & 3. avec le 5. du Chapitre XXVII. du Deuteronome, l'Autel est très-bien distingué des pierres en question, pour ne s'y pas tromper.

HEBATA, ancienne Ville d'Asie dans la Mesopotamie, selon Pline [g].

[g] l. 6. c. 16.

HEBDOMECONTACOMETÆ, ce mot est Grec & signifie *les habitans des soixante & dix Villages*. Pline [h] nomme ainsi un peuple de l'Ethiopie sous l'Egypte.

[h] l. 6. c. 29.

HEBDOMUM, Fauxbourg de l'ancienne Ville de Constantinople [i]. Ce nom est Latinisé & rendu par le mot *Septimum* dans la Topog. Chronique du Comte Marcellin & dans l'Histoire Mêlée [k]. Il étoit sur la sixiéme Colline qui est présentement dans la Ville. Ortelius [l] a cru qu'il étoit à sept milles de la Ville de Constantinople ; ce qui ne paroît gueres possible. Il est plus probable que ce nom lui est venu de ce qu'il étoit le septieme Fauxbourg.

[i] Gillius Topog. Constantinopol. l. 4. c. 4.
[k] Thesaur.
[l] Gillius Ibid.

HEBRAICA [m], Monastere aux environs de Constantinople ; on le nommoit aussi BRACA, selon Zonare. Il est mal nommé THEBRAICA dans l'Histoire Mêlée. On l'appelloit auparavant le Monastere de Staurace, à cause d'un homme de ce nom qui y étoit enterré.

[m] Ortel. Thes.

HEBRE, (L') Fleuve de Thrace. Quelques Grecs l'ont nommé Ἕβρος, Ebros, sans Aspiration. Plutarque le Géographe [n] est de ce nombre. Voici ce qu'il dit de ce Fleuve. L'Hebre, dit-il, Fleuve de Thrace prend son nom des tournans qu'il a dans son cours. Cassan-

[n] Collect. Oxon. T. 2. p. 6.

HEB.

Cassandre Roi de ce Pays-là eut de Crotonice sa femme un fils nommé Hebrus. Il la disgracia ensuite & donna à son fils pour belle-mere Damasippe fille d'Atrax laquelle étant devenue amoureuse d'Hebrus lui fit des positions criminelles, ce jeune Prince en eut horreur & pour ne la point voir étoit toujours à la chasse. Cette malheureuse voulant le perdre l'accusa auprès du Roi de l'avoir forcée. Cassandre la crut & entrant dans la forêt l'épée à la main poursuivit son fils, qui ne pouvant éviter la mort & voulant sauver à son pere l'horreur d'un parricide se jetta dans le fleuve RHOMBUS qui prit ensuite le nom d'Hebre; comme le raporte Timothée au livre XI. des rivieres... Dans ce fleuve, poursuit le même Géographe, il naît une Herbe semblable à de l'origan, les Thraces en cueillent les sommitez & les brûlent après le repas. Ils en respirent la fumée qui les enyvre & leur cause un profond sommeil. Pline *a* nomme l'Hebre entre les Rivieres qui avoient des paillettes d'or. Il dit ailleurs *b* que ce Fleuve descend du Pays des Odrysiens : Il n'y a gueres de rivieres dont les Anciens ayent tant parlé & dont ils ayent si peu dit de choses. Rien n'est plus maigre que ce qu'ils en disent de suite. Mr. de l'Isle rassemblant ce qu'il avoit trouvé dispersé, un mot d'un côté, un mot de l'autre, en decrit ainsi le cours.

a l. 33. c. 3.
b l. 4. c. 11.

L'Hebre a sa source au pied du Mont Scomius qui est à l'orient de Sardique. De là serpentant vers le Midi, l'Orient, le Septentrion, alternativement il coule auprès de Zyrma aujourd'hui Bazar-gik & fait presque le tour de la Ville de Philippopolis; delà prenant son cours vers le Sud-Est par le Pays des Celetes il reçoit divers ruisseaux & arrive à Olympiade qui est presentement Andrinople, auprès de cette Ville il se grossit de deux rivieres assez grosses. La premiere est le TONZUS ou le BURGUS qui vient de Tonzos au pied du Mont Hæmus à ORDIZA & à CARPUMÆMUM & se perd dans l'Hebre au dessus d'Andrinople. C'est aujourd'hui la TUNCIA; l'autre est le CONTADESDUS qui a sa source assez près de la Mer noire, reçoit le Tæarus & ensuite l'Agrianes, dont il prend le nom jusqu'à l'Hebre dans lequel il se perd au dessous d'Andrinople. L'Hebre coulant delà vers le midi à travers le Pays des Odrysiens, forme quantité de detours, passe auprès de Didymotychos, de Trajanopolis, de Dyme, & de Cypselum en prenant ensuite sa route vers le Midi Occidental, il entre dans la Mer Ægée par deux bouches entre Sala & le port d'Ænos; au Nord de l'Isle de Samothrace, à l'entrée du Golphe Melanis. A son embouchure il separoit les Cicones ou *c* Ciconiens, Dorisques, des Absynthiens. C'est pour cela que Virgile dit que les Femmes des Ciconiens irritées de son attachement pour Euridice le déchirerent & jetterent sa tête dans l'Hebre. Ce Fleuve a toujours eu la reputation d'être très-froid. Virgile dit : *d*

c Georg. l. 4.
d Eglo. 10. v. 65.

Nec si frigoribus mediis Hebrumque bibamus.

Et Horace n'en parle que comme s'il étoit couvert de neiges & de glaces. *e*

e l. Epist. 3. v. 3.

HEB.

Hebrusque nivali compede vinctus.

Il l'appelle le compagnon de l'Hyver *f*:

f Ode 25. l. 1.

Aridas frondes hyemis sodali
Dedicet Hebro.

Le nom moderne de l'Hebre est MARIZA. Voyez ce mot.

HEBREUX *g*, nom que l'on a donné à la posterité d'Heber, fils de Salé, & petit-fils d'Arphaxad, qui étoit fils de Sem & petit-fils de Noé. Heber fut pere de Phaleg dont le fils nommé Reü fut pere de Sarug & ayeul de Nachor dont le fils Tharé fut pere d'Abraham de qui descend le Peuple que l'on a appellé les Hebreux *h*. Ce que nous disons là de l'origine du mot Hebreu, est, l'opinion la plus generale : quelques-uns pretendent que c'est Abraham qui a été le premier appellé *Hebreu* & que les Chananéens le nommerent ainsi, parcequ'il venoit de delà l'Euphrate & que ce mot en Hebreu signifie un homme de *delà le fleuve*. Les Hebreux sont les mêmes que les Juifs. Appien les nomme ἑβραίοι *i*, les Italiens disent encore *un Ebreo* pour un Juif ; en François *les Hebreux*, ne se dit point des Juifs modernes, mais de ceux qui ont vécu avant l'établissement de la Loi nouvelle. A l'égard de la Langue Hebraique, voyez LANGUE.

g Genes. c. 11.
h Saci sur le c. 11. de la Genese.
i Civil. l. 2.

HEBRIDES. Voyez WESTERNES.
HEBRO. Voyez HOBRO.
HEBROMANI. Voyez EBROMAGUS.

HEBRON *k*, ou Chebron, ancienne Ville de la Palestine & même une des plus anciennes Villes du Monde, puis qu'elle fut bâtie sept ans avant Tanis, Capitale de la Basse Egypte *l*. Or comme les Egyptiens vantoient fort l'antiquité de leurs Villes, & que veritablement leur Pays avoit été peuplé des premiers après la dispersion de Babel, on en peut conclure que Hébron étoit très-ancienne. On croit qu'*Arbé*, un des plus anciens Géans de la Palestine, l'avoit fondée; ce qui lui fit donner le nom de CARIETHARBÉ, ou *Ville d'Arbé*, qui fut ensuite changé en celui d'HEBRON. Arbé fut le pere d'Enach *m* & Enach donna son nom aux géans Enacim, qui demeuroient encore à Hébron, lorsque Josué conquit la Terre de Chanaan. Dans la Traduction Latine de Josué *n*, on lit que le Grand Adam y est enterré : *Adam Maximus ibi inter Enacim situs est* ; & saint Jérôme dans plus d'un endroit *o*, témoigne que c'étoit l'opinion des Juifs, qu'Adam y avoit été enseveli. Mais on peut donner un autre sens à l'Hébreu, & traduire : *le nom ancien d'Hébron est Arbé. Cet homme (Arbé) est le plus Grand*, le Chef des Enacim. On ne sait pas bien quand elle commença à porter le nom d'Hébron. Il y en a qui croyent que ce ne fut que depuis que Caleb en eut fait la conquête ; & qu'il lui donna le nom d'Hébron à cause d'un de ses fils qui s'appelloit ainsi. Mais je crois, dit D. Calmet, que le nom d'Hébron est plus ancien, & que Caleb donna peut-être par honneur à son fils le nom de cette ancienne & célèbre place.

k Calmet, Dict.
l Num. c. 13. v. 23.
m Josué 14. v. 15.
n Josué 15. v. 13.
o c. 14. v. 15. Hieronym. in Epitaph. Paulæ & in Qu. Heb. in Genes. & in Locis Hebr. in Arbor. Comment. in Matt. 27.

Hé-

HEB.

a Euseb. ad vocem Arco.

Hébron étoit située sur une hauteur à vingt-deux milles de Jérusalem, vers le Midi ᵃ, & à vingt milles de Bersabée, vers le Nord. Abraham, Sara & Isaac furent enterrez près d'Hébron, dans la caverne de Macphela, ou dans la caverne double qu'Abraham avoit achetée auprès d'Ephron ᵇ. On voyoit près delà le chêne, ou le térébinthe d'Abraham, sous lequel il avoit reçû les trois Anges ᶜ. Eusebe ᵈ, Sozoméne ᵉ, & plusieurs autres Anciens parlent de la veneration que non seulement les Chrétiens, mais les Payens avoient pour ce térébinthe. On disoit qu'il étoit là dès le commencement du Monde, comme si ce n'eût pas été assez exageré ; que de dire qu'il y étoit depuis Abraham, c'est-à-dire, depuis plus de deux mille trois cens ans. D'autres disoient que c'étoit le bâton d'un des Anges, qui avoit pris racine en cet endroit. On y avoit établi une foire célèbre dans tout le païs, & on croyoit que ce térébinthe étoit incorruptible, parceque quelquefois il paroissoit tout en flammes par le feu que l'on faisoit autour, & qui ne le consumoit point.

b Genes. c. 33. v. 7-9.
c Genes. c. 18. v. 1.
d Demonstr. Evang. l. 5. c. 9.
e l. 1. c. 3. vel 4.

f Hieronym. & Euseb. in locis Joseph. Georg. Syncell. ex Julio Afric. p. 107. & Socrat. Hist. l. 1. c. 18.

Hébron étoit dans le partage de Juda. Le Seigneur l'assigna pour partage à son serviteur Caleb ᵍ. Josué prit d'abord Hébron, & en tua le Roi, nommé Oham ʰ. Mais ensuite Caleb en fit de nouveau la conquête, aidé par les troupes de sa Tribu ⁱ, & par la valeur d'Othoniel. Elle fut assignée aux Prêtres pour leur demeure, & fut déclarée Ville de refuge ᵏ. David y établit le siége de son Royaume, après la mort de Saül ˡ. Ce fut à Hébron qu'Absalon commença sa révolte *. Pendant la Captivité de Babylone, les Iduméens s'étant jettez dans la partie méridionale de Juda, s'emparérent d'Hébron, d'où vient que dans Joseph, elle est quelquefois attribuée à l'Idumée ᵐ. On croit que c'étoit la demeure de Zacharie & d'Elizabeth, & le lieu de la naissance de Saint Jean-Baptiste : Hébron subsiste encore aujourd'hui, mais fort déchûe de son ancien éclat.

g Josué c. 14. v. 13.
h Josué c. 10. v. 3. 23. & 37.
i Judic. c. 1. v. 12. & 13.
k Josué c. 21. v. 13.
l Reg. l. 2. c. 2. v. 2. 5.
★ Reg. l. 2. c. 15. v. 7. & seq.

m De Bell. l. 5. c. 7.

Le Pere Nau, dans son Voyage de la Terre sainte, avoue qu'il n'a pu voir Hébron, mais il en raporte les circonstances suivantes sur la foi d'un de ses amis qui y avoit long-tems séjourné ⁿ.

n Voyage de la Terre Sainte l. 4. c. 18.

En partant de Bethlehem on prend sa route par les Piscines de Salomon. On passe ensuite une montagne & une forêt, on arrive à une petite vallée qui est cultivée & semée ; après cela on trouve une plaine & un village nommé Ain *Halhoul*, & delà jusqu'à Hébron ce ne sont que vignes qui portent des raisins dont les grains sont gros comme le pouce, & des jardins qui fournissent presque toutes sortes de fruits. Hébron est une Ville dont la grandeur approche de celle de Jerusalem ; mais elle est sans remparts & sans murailles. Une partie est sur une petite montagne & l'autre partie dans la plaine qui est au bas. Les maisons y sont bâties de bonnes pierres. Ce qui est de plus remarquable, c'est la grande Mosquée, qui a autant d'étendue que l'Eglise du St. Sepulchre à Jerusalem & qui est tout-à-fait belle & ornée. Les Sepulchres d'Abraham & de Sara sont au milieu ; un peu se-

HEB. HEC.

parez l'un de l'autre & couverts de riches tapis ; la vaste & profonde grotte, où leurs corps ont été mis, est en cet endroit ; on n'y descend point, on la voit seulement par une ouverture. Les Mahometans y font des Pelerinages & ils y viennent d'Alep, de Damas & d'autres Pays, avec une ferveur admirable, sous la conduite de leurs Santons. Cette Mosquée est desservie par des gens savans dans la Loi & qui ont une pension reglée. A deux ou trois cens pas delà vers l'Occident il y a une belle Mosquée qu'on nomme des quarante Martyrs, *Elarbain Scheid*; auprès il y a un grand & vieux chêne. Dans cette Mosquée il y a aussi une cave & grotte profonde qu'on dit aboutir sous terre à celle d'Hébron. Passé cette Ville il n'y a plus à l'Orient & au Midi que des Arabes. Ils y viennent trafiquer, & y apportent entre autres choses une terre qu'ils prennent à sept ou huit lieues delà dont on fait du verre à Hébron. Cette Ville a environ douze Villages qui dependent delle & le Pays d'alentour est un Pays de Montagnes comme celui de Jerusalem, mais il est plus couvert de bois. Voyez Arbe'.

HECADEMIA ; Voyez Echedamie.

HECALE, Bourg de Grece dans l'Attique dans la Tribu Léontide selon Etienne le Geographe. Mr. Spon ᵒ le nomme Ecali selon la prononciation vicieuse de quelques écoles Εἰκάλη. On y adoroit Jupiter Ecalien.

o Liste de l'Attique.

HE'CATE, Divinité des Enfers dans le Paganisme. Rien n'est plus incertain que sa Mere selon les Poëtes. Ils l'appelloient *Triple Hecate* ou la *Déesse à trois têtes* ; ou même Trivia parce qu'elle presidoit aux carrefours. On croit que de la Lune ils avoient fait une Déesse qu'ils supposoient passer une partie de son temps sur la terre où elle étoit la Déesse de la chasse, une autre partie dans le Ciel, où elle étoit la Lune, & le reste du temps dans les enfers où elle étoit nommée Proserpine ou Hecate. Quoi qu'il en soit, cette Divinité avoit son culte & ses temples ; & la Géographie ancienne fournit certains lieux qui en avoient pris leur nom.

HECATES Insula, ou l'Isle d'Hecate ; Isle de l'Archipel, devant celle de Delos ; quelques-uns la nomment aussi Psammite, Ψαμμίτη, selon Suidas.

HECATES ; Lieu dans le voisinage de Lesbos selon Hesyche.

HECATESIA ; Voyez Idrias.

HECATIS Nemus, ou le *Bois d'Hecate*, Bois de la Sarmatie Européenne sur le Promontoire qui s'avance entre l'embouchure de l'Hypanis & l'Isthme de la Presqu'Isle nommée la *Course d'Achille*, selon Ptolomée ᵖ, qui nomme ce Promontoire, Ἄλσος Ἑκάτης ἄκρον. C'est le Trivia Lucus d'Ammien Marcellin. Strabon nomme dans ce quartier-là le Bois d'Achille ; peut-être le nom du Heros auroit-il passé de la Presqu'Isle au Bois à cause du voisinage.

p l. 3. c. 5.

HECATOMBE'E, en Latin *Hecatombæum*, lieu de Grece au Peloponnese dans l'Achaïe proprement dite, auprès de Dymé. Plutarque ᵠ & Polybe ʳ en font mention. Voyez Heræum.

q In Cleomen.
r l. 2.

HE-

HECATOMPEDUM, ancienne Ville de l'Epire, dans la Chaonie & dans l'interieur des terres, entre Phoenice & Omphalium; selon Ptolomée [a]. [a l. 3. c. 14.]

HECATOMPOLIS. Voyez Crète.

1. **HECATOMPYLUS**, ancienne Ville de la Parthie, & Capitale du Royaume des Parthes sous les Arsacides qui y faisoient leur residence. Polybe [b] dit : Le Roi (Antiochus) ayant traversé le desert, vint à la Ville nommée Hecatompyle. Elle est située au milieu de la Parthie; & comme c'est le centre d'un grand nombre de chemins qui delà se répandent dans tous les Pays voisins, elle a pris son nom de ses cent portes. Ptolomée [c] la nomme HECATOMPYLOS Ville Royale; & lui donne 96. d. de Longitude sur 37. d. 50'. de Latitude. Sa table des principales Villes publiée dans la Collection d'Oxford met 97. d. de Longitude & 37. d. 20'. de Latitude. Ne nous arrêtons ici qu'à la Latitude, ces trente minutes de difference ne sont rien, en comparaison de la difference qui doit être entre Hecatompylos à 37. d. 20'. de Latitude & Ispahan située à 32. d. 25'. & cette difference est si grande que ce ne sauroit être la même Ville comme le croit Oléarius. D'ailleurs la fondation d'Ispahan est bien plus nouvelle comme nous le faisons voir en son lieu. Diodore de Sicile dit [d] qu'Alexandre le Grand s'avançant vers l'Hyrcanie campa auprès d'une Ville nommée Hecatompyle & que comme c'étoit un canton fort riche où l'on trouvoit en abondance tous les besoins de la vie il s'y arrêta quelques jours avec son Armée, pour la remettre de ses fatigues. Ce passage fait voir que ce n'étoit pas une Ville Greque; puisqu'Alexandre la trouva fondée, quand les Grecs l'auroient-ils bâtie? Quinte Curse dit [e] : Hecatompyle Ville bâtie par les Grecs étoit alors une Ville celebre. où a-t-il pris cette circonstance? Pline dit [f] : La Parthie a pour capitale Hecatompyle Ville située à CXXXIII. mille pas des Portes Caspiennes. Il dit ailleurs [g] qu'elle étoit au milieu de la Parthie & la residence d'Arsace. Il est certain par la latitude qu'elle ne peut être ni Yesd., ni Ispahan.

2. **HECATOMPYLUS**, ancienne Ville de la Libye. Diodore de Sicile en parle ainsi [h] : Hercule après la mort d'Anthée, passa en Egypte où il fit mourir le Tyran Busiris qui souilloit ses mains du sang de ses hôtes. Pendant qu'il traversoit les deserts sablonneux de la Libye, il trouva un terrain frais & fertile où il bâtit une grande Ville qui fut nommée Hecatompyle à cause de ses cent portes. Cette Ville a été très-florissante jusqu'à ces derniers tems. Les Carthaginois l'ayant enfin attaquée avec un grand nombre de Troupes conduites par d'excellens Capitaines la soumirent à leur domination.

3. **HECATOMPYLUS.** Voyez Thebes en Egypte.

HECATONNESI, (orum) Ἑκατόννησοι, Isles situées dans le Detroit qui est entre l'Isle de Lesbos & le Continent de l'Asie mineure, selon Etienne le Géographe. Strabon dit [i] qu'elles étoient au nombre de vingt, & raporte le sentiment de Timosthene qui les met au nombre de quarante. Herodote [k] fait aussi mention de ces Isles.

HECATONTACHEIRIA, Ville nommée ensuite ORESTIADE, selon Palæphate cité par Ortelius [l]. Ce dernier soupçonne que ce pourroit être l'Orestis de Tite-Live dans la Macedoine.

HECHINGEN [m], petite Ville d'Allemagne dans la Suabe au Comté de Hohenzollern. Elle [n] a eu ses Comtes particuliers qui étoient Seigneurs d'un petit Canton dont Hechingen étoit le chef-lieu, avant qu'elle tombât dans la maison qui la possede aujourd'hui.

HECLA, Montagne & Volcan de l'Isle d'Islande, sous le 2. d. de Longitude & le 65. d. 30'. de Latitude. J'en parle plus au long à l'Article de l'Islande.

HECTODURUM [o], Ville de la Rhetie selon Ptolomée [p]. Lazius dit que c'est ECHTAL.

HECTORIS LUCUS, ou le BOIS D'HECTOR, Bois de l'Asie Mineure dans la Troade près d'Ophrynium selon Strabon [q].

HEDEMORA [r], Ville de Suede dans le Westerdal, sur le bord oriental de la Dala qui se recourbe en cet endroit & aux confins de la Gestricie, de l'Uplande & de la Westmanie.

HEDETA. Voyez EDETA.

HEDETANI, ancien Peuple de l'Espagne Tarragonoise selon Ptolomée [s]. Il le partage selon sa coutume générale en Contrée maritime & en Contrée mediterranée ou dans les terres. La partie maritime comprend

L'Embouchure de la Riviere de *Pallantia*, aujourd'hui le *Morviedro*.
L'Embouchure du Turulis:
Et la Ville de *Dianium*, presentement *Denia*.

La partie mediterranée située entre les Bastitains & les Celtiberiens au Couchant & les Ilercaons au Levant comprend, selon cet Auteur,

Cæsarea Augusta, aujourd'hui *Sarragoce*,
Barnama ou *Barnava*;
Ebora, aujourd'hui *Ixar*,
Belia aujourd'hui *Belchite*,
Arsi,
Damania,
Leonica, aujourd'hui *Oliete*,
Osicerda,
Etobesma,
Lassira,
Hedeta nommée aussi *Leria*, aujourd'hui *Liria*,
Saguntum, aujourd'hui *Morviedro*, c'est à dire vieux Murs.

Les noms modernes sont pris du P. Briet [t], qui dit que les *Edetani* repondent à une partie de l'Evêché de Sarragoce & à une partie du Royaume de Valence. Les Anciens écrivoient indifferemment EDETANI & HEDETANI. Ptolomée emploie l'un & l'autre, Strabon dit [v] SIDETANI, Σιδητανοί & Tite-Live [w] SEDETANI. Pline [x] dit EDETANIA pour le Pays qu'habitoit ce peuple; mais Ap-

HED. HEG.   HEG.

a p. 507. Appien [a] dit Σηδητανία, SEDETANIA. Pline en met l'étendue depuis le *Sucro*, aujourd'hui le Xucar, presque jusqu'à l'Ebre. D'autres la continuent jusqu'à ce Fleuve. Le Xucar est donné aux Edetains dans ces vers de Silius Italicus [b].
b l. 3. v. 371.

Hos inter clara Thoracis luce nitebat
Sedetana cohors, quam Sucro rigentibus undis
Atque altrix celsa mittebat Satabis arce.

HEDETANIA. Voyez l'Article precedent.

HEDIN. Voiez HESDIN.

HEDONACUM, Village de la Béotie; où étoit la Fontaine de Narcisse, selon Pausanias [c]. Quelques-uns lisent DONACUM, comme le remarque Sylburge.
c l. 9. c. 31.

HEDONES & HEDONI. Voiez EDONES.

HEDONIS. Voiez EDONIS.

HEDRUS, ou EDROS. Voiez ANDROS 3. & EDROS.

HEDUA, CIVITAS, Sidonius Apollinaris nomme ainsi dans sa Lettre à Attalus [d] la Ville d'AUTUN; *Augustodunum*, ou *Augusta Æduorum* en est le vrai nom Latin. Hericus [e] la nomme aussi HEDUA. Voiez ÆDUI & AUTUN.
d l. 5.
e Vita Germani. l. 1.

HEDYLIUM. Voiez EDYLIOS.

HEDYPHON, Riviere d'Asie dans l'Assyrie, selon Strabon [f]. Il couloit auprès de Seleucie Ville de l'Elimaïde, nommée auparavant Soloce. Ortelius trompé par le nom de Seleucie, a mis cette Riviere dans la Babylonie, au lieu qu'il est ici question d'une autre Seleucie. Pline [g] qui nomme cette Riviere HEDYPNUS, dit qu'elle tombe dans l'Eulée.
f l. 16. p. 744.
g l. 6. c. 27.

HEDYPNUS. Voyez l'Article precedent.

HEGALEOS, Mr. Baudrand [h] lit ainsi dans Stace [i]. L'Edition de l'Abbé de Marolles & celle de Jean Frederic Gronovius portent EGALEOS.
h Ed. 1682.
i Thebaid. l. 12. v. 620.

Dives & Egaleos nemorum, Parnesque benignus
Vitibus & pingui melior Lycabessos oliva.

Ce sont trois Montagnes de l'Attique. Le bon Abbé de Villeloin a jugé à propos d'en faire autant de Villes. Ces sortes de fondations ne lui coûtoient rien. L'Egalée de Stace étoit une Montagne couverte de bois.

HEGETMATIA, c'est ainsi qu'il faut lire & non pas *Hegetmasia* comme il y a dans les Editions Latines de Ptolomée [k], Ἡγητματία, ancienne Ville de la grande Germanie, selon Ptolomée. Quelques-uns croient y trouver la Ville de LIGNITZ en Silesie, pour cela ils ont recours à une Etymologie prise de l'ancien Allemand. Ils supposent que le nom Grec n'est autre chose que Ḥägte Matten qu'ils expliquent par gehägte Wiesen, c'est-à-dire, des prairies entourées de hayes. Ils assurent même qu'au bord de la Riviere qui coule à Lignitz il y a plusieurs lieux qui portent le nom de HAGE comme *Frawen-Hag*, *Glogawischer-Hag*, & *Breslawischer-Hag*. Cependant toute cette belle conjecture est flambée par deux objec-
k l. 2. c. 11.

tions auxquelles il n'y a rien à répondre. L'une est que la position de l'HEGETMATIA de Ptolomée ne s'accorde point avec celle de Lignitz, les voici l'une & l'autre.

	Longit.	Lat.
Hegetmatia	39d. 40'.	50d. 0'.
Lignitz [m]	33d. 50'.	52d. 0'.

m De l'Isle Allemagne.

La seconde objection est encore plus forte, c'est que du temps de Ptolomée, la grande Germanie, ou la Germanie d'au delà le Rhin n'avoit point encore de Villes. Il est vrai qu'il se sert du nom de *Ville* pour exprimer ces habitations, mais ce n'étoient que des Bourgades plus ou moins grandes.

HEGGENBACH [n], Abbaye de filles en Allemagne dans la Suabe assez près de Biberach, son Abbesse a rang entre les Princesses de l'Empire.
n Hubner Geogr. p. 432.

HEGGLINGEN [o], Village de Suisse dans les Francs Bailliages *Freyen Amptern*, qui sont entre les Cantons de Zurich & de Berne.
o Etat & delices de la Suisse T. 3. p. 145.

HEGOEW. Voyez HEGOW.

HEGONIS PROMONTORIUM [p], Ἡγωνὶς ἄκρα, Cap de la Macedoine dans le Golphe Thermée, au Couchant de l'Embouchure du Chabrius. Ce doit être cette pointe qui s'avance dans le Golphe, assez près & au Sud-Est de Thessalonique. Niger ne sait ce qu'il dit quand il brouille ce nom avec celui d'ÆGOS POTAMOS Riviere qui étoit bien loin de là & distante du Promontoire *Hegonis*, de toute la largeur de l'Archipel & de toute la longueur de l'Hellespont, jusques à l'entrée de la Propontide.
p Ptolom. l. 3. c. 13.

HEGOW, ou HEGOWE [q], Contrée d'Allemagne dans la Suabe. Bebelius en appelle les habitans HEGEJI & HEGANI. Dans le Testament de Charlemagne produit par Pithou, ou ce qui est la même chose dans le premier Capitulaire [r] de l'an 806. qui a pour titre *Charte de partage du Royaume de France entre Charles Pepin & Louïs fils de Charlemagne Empereur*, on lit [s] pour le partage de Pepin: *Italiam vero quæ & Langobardia dicitur & Baiovariam sicut Tassilo tenuit, excepto duabus Villis quarum nomina sunt Ingoldestat & Lutrahahof quas nos quondam Tassiloni beneficiavimus & pertinent ad pagum qui dicitur Northgow & de Allemania partem quæ in Australi ripa Danubii Fluminis est & de ipso Flumine Danubii, currente limite usque ad Rhenum Fluvium in Confinio Pagorum Chletgowe & Hegowe in locum qui dicitur Enge & inde per Rhenum Fluvium sursum versus, usque ad Apes quidquid inter hos terminos fuerit & Meridiem vel Orientem respicit, una cum Ducatu Curiensi & Pago Durgowe, Pippino Dilecto filio nostro.* On voit par ce détail que Charlemagne donnoit à son fils Pepin la Lombardie, & la Baviere telle que Tassillon l'avoit possedée, à l'exception d'Ingolstadt & de Lutrahof qui étoient alors des Seigneuries *Ville Dominicales*, comme elles sont nommées dans un Capitulaire de Louïs le debonnaire &) dependoient du Nortgow. Outre cela il lui donnoit une partie de l'Allemagne au Midi du Danube depuis ce Fleuve jusqu'au Rhin, les Limites passant aux Confins du Chletgow & du Hegow à un
q Paulin. de Pagis German. p. 90.
r Baluf. Capitular. T. 1. p. 439.
s p. 441. c. 2.

lieu

lieu nommé Enge & delà par le Rhin jusqu'aux Alpes comprenant dans son lot ce qui est au Midi & à l'Orient, & nommément le Turgow & le Duché de Coire. Engen dont il est parlé en cet Acte subsiste encore à quatre milles de Schafhouse dans le Hegow. Zeyler [a] parle ainsi du Hegow. Pfulendorf, dit-il, est placé dans le Hegow, HEGOIA & HEGOEA; qui est une partie de la Haute Suabe. Il est ainsi nommé comme qui diroit HEWENGEW, c'est-à-dire, le Gow, ou GEW de HEWEN à cause d'un Château nommé HOGENHEWEN, ou HEWEN le Haut; & est enfermé entre le Danube & le Rhin. Il est petit mais bien peuplé & extrêmement fertile. Il a six milles de long & autant de large, & dans ce petit espace on trouve plusieurs bons Châteaux, des vignobles, des grains & des fruits. Le Poisson & le Gibier n'y manquent point, delà vient qu'il s'y trouve assez de noblesse qui y a choisi son Domicile. [b] Ce petit Canton est partagé entre plusieurs Souverains. La Maison d'Autriche y possede le Landgraviat de Nellenbourg, le Duc de Wurtemberg est maitre de Hohentwil. L'Evêque de Constance y a Bellingen. Pfulendorf dont j'ai parlé est une Ville Imperiale. Le Canton de Schafhouse possede aussi une Lisiere du Hegow, & y a quelques Bailliages, savoir TENGEN, ou comme écrit Mr. Ruchat [c], Theyngen & BARGEN ou BARZHEIM & celui de BUCH. Ce dernier comprend le Village de Buesingen à une demie lieue de Schafhouse. Il y a huit ou neuf siécles que c'étoit un Village paroissial dont dependoit Schafhouse qui n'étoit alors qu'un Village; cela est changé & c'est presentement le contraire.

[a] Suev. Topogr. p. 62.
[b] d'Audifret Géogr. T. 2.
[c] Voyez Etat & del de la Suisse T. 3. p. 97.

HEGUÆ, dans l'Edition de Pline chez les Elzevirs 1635. & dans plusieurs autres on lit entre les noms de quantité de Villes d'Espagne dans la Betique: *Vesci quod Faventia, Singilia, Heguæ*. Ces derniers noms sont estropiez. On a pris l'*A* qui appartenoit au dernier pour le donner à *Singili* qui n'en a pas besoin, & de deux tt on a fait une H. Initiale; ainsi il faloit lire *Singili, Attegua*; alors cette derniere Ville est reconnoissable. Le nom de cette Ville a été malheureux pour être estropié non seulement par les Copistes de Pline mais par Strabon lui-même qui a écrit Ἄγουα. Ce nom dans cet Auteur a trompé le clairvoyant Casaubon, qui a cru y devoir lire *Escua* dont Pline parle dans le même livre [d]; mais la deroute des fils de Pompée auroit dû ramener ce Critique à Attegua, puisque cette defaite y est placée par Dion Cassius, par Hirtius, & par Valere Maxime.

[d] l. 3. c. 5.

HEIDEBA, Crantzius croit [e] que c'est l'ancien nom de Schleswig. Voiez SLESWIG.

[e] In Vandal.

HEIDELBERG [f], ou HAIDELBERG, ou HEYDELBERG, Ville d'Allemagne: on la donne au bas Palatinat dont elle est même la Capitale, quoiqu'elle soit dans le Craichgow & par conséquent dans la Suabe. Le Necker y separe en cet endroit la Franconie & la Suabe, desorte que l'une demeure à sa droite & l'autre à sa gauche. La derniere syllabe de son nom vient des Montagnes dont la Ville est environnée. On ne s'accorde pas de même sur l'origine des deux premieres syllabes. Quelques-uns les derivent du mot *Heyden* qui signifie les *Payens*, ou les *Bruyeres*; d'autres de *Heydel*, qui signifie le Myrtile ou l'Airelle, sorte d'Arbrisseau qui croît encore en quantité sur le Geisberg & derriere le Château. Cette Ville est située en très-bon air, parce que le vent qui coule entre la Montagne & la Vallée du Necker le rafraîchit & le purifie. De deux côtez, les Montagnes ont des vignes; vers le Couchant & le Midi il croît des bleds; au Levant & au Nord dans l'Oldenwald il y a du bois & du Gibier. Au Midi dans le Craichgow le Necker fournit du Poisson & les Pâturages voisins sont remplis de bétail. On ne sait ni quand ni par qui elle a été bâtie. Car ceux qui la prennent pour la BUDORIS de Ptolomée, le font par une conjecture sans fondement. On trouve seulement que Conrad Frere de Frederic I. qui lui avoit donné le Palatinat, faisoit sa Résidence à Heidelberg, qu'il mourut en 1192. & eut sa sepulture au Monastere de Schönaw à un mille de Heidelberg. Car avant ce temps-là les Comtes Palatins n'y séjournoient pas, mais à Bacharach, ou plus bas vers le Rhin & la Moselle. Agnès fille de Conrad épousa le Comte Palatin Henri fils de Henri le Lion Duc de Saxe qui mourut en 1213. & fut aussi enterré à Schönaw; leur fille aussi nommée Agnès épousa Otton fils du Duc Louïs de Baviere & porta à cette maison le Palatinat qui lui est demeuré depuis ce temps-là.

[f] Zeyler Palat. ad Rhen. Topogr. p. 23.

Heidelberg n'étoit pas encore une Ville, mais simplement un Château avec un Bourg, & dependoit de l'Evêque de Worms. On voit que l'an 1225. l'Evêque de Worms donna Heidelberg à titre de fief à Louïs Duc de Baviére Pere d'Otton & Beaupere de cette Agnès dont nous avons parlé; cette Investiture fut donnée dans les temps de leur Mariage, les termes de l'Investiture concernent ce Château & le Bourg de Heidelberg & le Comté de STALBUHEL, ou, comme porte le Latin, *Castrum in Heidelberg, cum burgo ipsius Castri, & Comitia Stalbohel*: de là vient que dans une courte Chronique de la Ville de Heidelberg inserée dans le Recueil de Freher [g] on lit que le Duc Henri de Baviere, fils du Comte Palatin Otton de Wittelsbach reçut de l'Empereur Frederic le Palatinat du Rhin & fut investi de nouveau par l'Evêque & le Chapitre de Worms du Château, & de la petite Ville de Heidelberg, tant pour lui que pour Othon son fils & pour Agnès Comtesse Palatine femme d'Othon. Le Comte Palatin Robert agrandit Heidelberg en 1392. & prit pour cela le Village de Bergheim qui subsistoit déja du temps de Charlemagne & dont il ne reste plus qu'un Moulin. Il en forma la Ville Neuve qui est aujourd'hui le Fauxbourg de Spire. L'Eglise Paroissiale de Bergheim fut transferée au lieu où est l'Eglise de St. Pierre, avec les Dîmes & autres revenus.

[g] Orig. Pelat. patt. l. c. 10.

Il y a le Couvent des Augustins qui subsistoit déjà dans le temps qu'Heidelberg n'étoit qu'un Village de Pêcheurs ou tout au plus un Bourg; & il fut nommé Notre Dame au desert. L'Electeur Robert établit dans cette Ville une Université à laquelle on attacha des revenus. Quelques-uns en mettent la fondation

tion en 1376. d'autres en 1387. d'autres disent qu'elle étoit déja commencée quarante ans auparavant. Quoiqu'il en soit, Robert se regla sur celle de Paris. Le premier Recteur & Professeur fut Marsile d'Ingen fameux Theologien & Philosophe que l'on fit venir de Paris. On ne s'accorde pas sur sa patrie, les uns le font Anglois, les autres François, les autres Italien & les autres Allemand; son nom semble favoriser les derniers. Il mourût le 15. d'Aout 1394. cette Université a eu entre ses Professeurs des hommes très-célèbres dans la Republique des Lettres, entre autres Rudolphe Agricola, Munster, Buschius, Jean Micylle, Xilander, Hartman d'Eppingen, Paul Cisner, Doneau, Pacius, Godefroi, François du Jon, ou Junius, Tremellius, Melissus, Posthius, Smetius, Erastе, Freher, Hippolyte de Colli, Jean Gruter & plusieurs autres. Les Electeurs Palatins s'appliquerent successivement à rendre cette Ecole florissante en y attirant de grands hommes & leur changement de Religion ayant banni la Religion Catholique de leurs Etats, l'Université de Heidelberg devint l'asyle de plusieurs Savans qui ne trouvoient pas en France la même liberté de penser & d'écrire. Deux choses contribuerent à la rendre célèbre; savoir la reputation de ses Professeurs & le secours qu'ils trouvoient dans la riche Bibliotheque qui durant les guerres pour la Succession de Bohême fut enlevée à la prise de Heidelberg par Maximilien Duc de Baviere & portée à Rome comme un present dont les vainqueurs regalerent le Pontife, desorte qu'elle est presentement fondue dans celle du Vatican. Un fait qui merite d'être remarqué c'est que la premiere chaire qu'il y ait eu pour enseigner publiquement le Droit de la nature & des gens fut fondée à Heidelberg pour le fameux Samuel Pufendorff qui y ébaucha son systême qu'il acheva en Suede.

Cette Bibliotheque qui au jugement de Joseph Scaliger [a] étoit plus riche que celle du Vatican, c'étoit l'assemblage d'un bon nombre de belles Bibliotheques. Elle étoit placée au dessus de l'Eglise du St. Esprit. Cette Eglise est devenue remarquable dans ces derniers temps par les querelles dont elle a été l'occasion. Elle avoit été bâtie sur la place par l'Empereur Robert, lorsqu'il n'étoit encore qu'Electeur & il y avoit attaché de bons revenus. Ce Prince & plusieurs autres ont leurs Tombeaux dans le Chœur & ce lieu devint avec le temps celui de la sepulture des Electeurs [b]. Otton Henri s'étant fait Protestant, & ayant établi sa Religion dans son Pays, donna aux Ecclesiastiques de sa Communion l'Eglise du St. Esprit, comme les autres Eglises de ses Etats. Avec le temps Wolfgang Guillaume de la branche de Neubourg étant rentré dans le sein de l'Eglise, un de ses derniers Successeurs voulut se ressaisir de l'Eglise du St. Esprit, offrant aux Protestans de leur en laisser bâtir une autre. Mais il s'agissoit des revenus dont ceux-ci pretendoient qu'on ne pouvoit les depouiller sans injustice. Cela a donné lieu à de longs demêlez.

Le Château Electoral n'est pas au même lieu où étoit l'ancien Château, celui-ci n'est presque plus rien. Le nouveau est plus haut que la Ville, mais moins haut que l'ancien. C'est une assez grosse masse avec quelques morceaux d'Architecture assez belle qui forment un tout fort irregulier; l'élévation y donne une parfaitement belle vûe sur la Ville & sur toute la plaine voisine. Les jardins sont soutenus en terrasse & ménagez par étage dans le penchant de la Montagne nommée Konigs-Sthul [c]. C'est dans le Château que l'on voit la fameuse tonne de Heidelberg de laquelle nous parlerons ci-après, dans les jardins il y a d'assez belles grotes, des Cabinets de Verdure, des Jets d'eau, un Labyrinthe & tous les autres ornemens qui conviennent non seulement à une Residence, mais encore à la maison de plaisance d'un Electeur. Cette Ville souffrit beaucoup durant la guerre pour la Succession de Bohême. Elle commencoit à oublier ses anciens malheurs, lorsque les François la prirent en 1688. Elle fut pillée & saccagée. Une des choses qui toucherent le plus les Allemands ce fut la cruauté avec laquelle les François vuiderent & creverent la fameuse tonne. L'Electeur Charle-Louïs ne se contenta point de la faire reparer & remplir, mais encore il en fit faire une nouvelle plus grande que la premiere. [d] Elle tient, selon Oldenbourg, deux cens quatre foudres, trois Tonneaux & quatre bariques.

Les dehors de Heidelberg [e] ont plusieurs choses remarquables. 1. Le Wolffsbrunn ou la Fontaine du Loup; une tradition populaire raporte que du temps du Paganisme une devineresse nommée Jetta (dont on pretend que le nom de Jetthenbuhel a été donné à l'endroit où est le nouveau Château) demeuroit en cet endroit-là, & que pour s'attirer du respect elle se montroit rarement: que d'une telle vile s'alla promener à l'endroit où est cette fontaine auprès du Village de Slirbach dont les environs étoient alors deserts, & qu'elle y trouva une louve avec ses petits & les dechira. Ce conte insipide a servi à donner le nom de cette fontaine. Ce lieu étoit fort agréable avant les guerres. 2. Vis-à-vis à demi mille de la Ville est le Furstenbrunn ou la Fontaine du Prince. C'est un ouvrage de maçonnerie dans un bocage. De dessous une assez belle voute fort une fort belle eau qui forme tout auprès deux viviers accompagnez d'une agréable Promenade, & de prairies où l'on blanchit des Toiles, avec quantité de ruisseaux & un bois aux environs. Il y avoit un Moulin à papier qui en fournissoit la Chancellerie de l'Electeur & l'Université de Heidelberg. 3. à un bon quart de mille de la Ville est l'Abbaye de Neubourg bâtie par Anselme Abbé de Lorsch en l'honneur de l'Apôtre St. Barthelemi sous la regle de St. Benoît. En 1195. au lieu des Moines on y mit des Religieuses. L'Empereur Conrad fit de grands biens à ce Monastere. Les deux Abbesses de ce lieu Catherine & Brigite, mortes en 1526. & 1562. y sont enterrées. Elles étoient Comtesses Palatines. 4. Un peu au delà de cette Abbaye de Neubourg est le Heilige Berg ou la Sainte Montagne; qui a pris son nom du culte que l'on y rendoit à Mercure. Aux environs dans le petit Village de Neuwenheim on a trouvé des Antiquitez Romaines, entre autres des medailles d'or du poids d'un double Ducat; & à l'endroit où étoit l'Eglise de St. Etienne

[a] l. 4. Epist. 431.
[b] Memoires du temps.
[c] Divers Mem. du temps.
[d] Thesaur. Rerumpubl. part. 4. p. 953.
[e] Zeyler Palat Totaine pag. p. 29.

Etienne sur cette Montagne on a deterré une pierre où étoient quatre figures en Sculpture, savoir un aigle couronné de Laurier avec une Inscription que Zeiler ne nous communique point; une figure nue & ailée sur un globe, Vulcain avec son marteau & ses tenailles, & enfin une femme vétue d'une robe. Il y eut ensuite deux Eglises sur cette Montagne. L'une plus haut sous l'invocation de St. Michel, l'autre un peu plus bas sous l'invocation de St. Etienne & de St. Laurent. Il y avoit aussi un petit Couvent & ces deux Eglises devinrent des lieux de Pelerinage. Cette Montagne a été nommée le *Mont* St. Michel, MICHELSBERG, à cause de l'Eglise de ce Saint. Quelques-uns l'ont aussi appellée ABRAHAMSBERG & par corruption ABRINS-BERG. 5. Autour de cette Montagne dans le voisinage du Necker se trouvent quantité de Herons qui nichent sur les arbres & qui ont une guerre naturelle avec les Autours. 6. Dans cette Montagne sont quantité de Cavernes fermées avec des murailles. Le peuple croit que c'est l'ouvrage des Romains, j'aimerois mieux croire que ce sont des Souterrains, où se sont autrefois refugiez les miserables dont il est parlé dans l'Article EGYPTIENS. Le HEYDENLOCK, c'est-à-dire, le trou des Payens, nom que l'on donne encore aujourd'hui aux Egyptiens, ou Bohémiens en Allemagne & en Hollande, m'en paroit une preuve. Il est dans cette Montagne. 7. A un quart de mille de Heidelberg est un petit Bourg nommé HANDSUSCHHEIM, au Berg-straat, il subsistoit déja il y a près de 1000. ans & a eu ses Seigneurs particuliers d'une famille ancienne & illustre qui portoit ce nom; le dernier fut tué à Heidelberg sous l'Empire de Frederic IV. 8. Le Village de DOSSENHEIM qui a un vignoble considerable & fameux depuis plusieurs siécles est à un demi mille de Heidelberg, au Berg-straat. 9. A un mille de la même Ville aussi sur le Berg-strat étoit SCHAWENBERG Château & Forteresse qui appartenoit à l'Electeur de Mayence. Les tours, les murailles & les fossez en faisoient une bonne place. Cependant Frederic le victorieux Electeur Palatin la prit en 1460. & la rasa jusqu'aux fondemens.

a Zeyler Palat. Topogr. p. 30.

HEIDELSHEIM[a], HAIDELSHEIM, ou HEYDELSHEIM, petite Ville d'Allemagne dans le bas Palatinat du Rhin dans le Craichgow, à deux milles de Brettheim & à un mille de Bruchsal: un incendie la mit presque entierement en cendres en 1621. & il en resta peu de chose. Mr. Baudrand la nomme HAYDELSHEIM. Voiez ce mot.

b Zeyler Suev. Topogr. p. 42.

1. HEIDENHEIM[b], ou HEYDENHEIM, Ville d'Allemagne dans la Suabe, sur la Brentz dans le Brentzthal; avec un beau Château nommé HELLENSTEIN sur une hauteur. Mr. d'Audifret nomme ce Château HELLAUSTER, en quoi il est suivi par Mr. Corneille. Cette Ville n'étoit encore qu'un Village en 1356. quand l'Empereur Charles IV. en fit un Bourg en faveur du Comte Ulric de HELFFENSTEIN. La Seigneurie de *Hellenstein* dont ce Château étoit le Chef-lieu avoit ses Barons particuliers, & ce même Empereur la donna avec toutes ses dependances en 1351. aux Comtes de Helffenstein pour la posseder à titre de Fief he-

reditaire à perpetuité. En 1434. l'Empereur Sigismond donna à ce lieu le droit de tenir marché. Il appartenoit encore alors à la Maison de Helffenstein. L'an 1450. le Comte Ulric de Wurtenberg acheta cette Ville & son district dont dependoient vingt-cinq Villages avec le Château de Hellenstein, trois Monasteres, savoir ANHUSEN, HERBRECHTINGEN & KÖNIGSBRUNN, & deux Châteaux brûlez, savoir GUSSENBERG & HURWANG, avec le Château d'UFFHUSEN pour la somme de soixante mille guldes. Ensuite durant la guerre des Princes & des Villes, Wurtenberg ayant pris le parti de l'Empereur contre le Duc de Baviere, ce dernier se rendit maître de cette Seigneurie en 1462. mais en 1504. dans la guerre de Baviere & du Palatinat, Albert Duc de Baviere la rendit à Ulric de Wurtenberg qui avoit suivi son parti. Dans la longue guerre qui desola l'Allemagne avant la paix de Westphalie, la Maison de Baviere se ressaisit de Heidenheim & le garda quelque temps, mais elle l'a rendu à la Maison de Wurtenberg. Il y a dans la Montagne sur laquelle est le Château une Caverne assez profonde nommée HEIDENLOCH. La Ville est à cinq milles d'Allemagne & au Nord Occidental d'Ulm.

2. HEIDENHEIM[c], ou HAIDNHAIM, Abbaye d'Allemagne auprès de la Ville de même nom qui lui doit vraisemblablement son origine. L'an 750. ou 752. St. *Wunebaud*, ou *Gombaud* bâtit un Monastere dans les bois de Haidenheim au Diocèse d'Aichstet en Baviere dont son frere St. Guillebaud étoit le premier Evêque. Quatre ans après, les deux freres en bâtirent un autre dans la même Forêt pour des filles & ils firent venir leur sœur pour de Bischoffsheim pour en prendre la conduite.

c Baillet Topogr. des Saints p. 116.

1. HEIDENLOCH. Voiez l'Article de HEIDELBERG.

2. HEIDENLOCH. Voiez AUGST.

3. HEIDENLOCH. Voiez HEIDENHEIM.

§ Nous avons remarqué ailleurs que le mot HEYDEN signifie non seulement des Payens, mais encore ces troupes de Vagabonds que nous appellons Egyptiens & Bohémiens; gens sans mœurs ni religion, dont nous avons rapporté l'origine aussi bien que celle de ces Cavernes au mot EGYPTIENS.

HEIDONS,

HEIDOUTS, &

HEIDUQUES, ou HEIDUCS, les Hongrois appellent leur Cavalerie HUSSARS & leur Infanterie HEIDUQUES. Quelques Hongrois s'étant attachez à des Seigneurs Allemands, & leur habit ayant paru propre à servir d'ornement au cortege des Grands, la mode est venue surtout dans quelques Cours d'Allemagne d'avoir quelques Heiduques autour d'un carosse. Ils sont vetus, chaussez & armez du sabre à la Hongroise, avec une sorte de bonnet sur les yeux qui les fait paroître encore plus grands qu'ils ne sont. Quelques Soldats Hongrois dans les malheurs de leur patrie étant devenus ce que nous appellons *parti bleu* dans nos troupes se sont rendus redoutables aux Voyageurs, surtout dans les passages difficiles que les Turcs appellent *Capi Dervent*. Ricaut[d] dans son Etat present de l'Empire Ottoman racontant son Voyage à travers le Mont Hæmus pour se 1677.

d T. 1 l. 1. c. 11. p. 606. Edit. de Bespier à Rouen

HEI.

se rendre à Sophie parle d'un Village de Bulgares, après quoi il ajoute: on descend de là par un chemin extrêmement étroit & couvert de hautes Montagnes & de bois des deux côtez. Ce Chemin est extrêmement sombre & melancolique, & dure environ deux heures. Les HEIDOUTS, ou HEIDUCS, comme les gens de ce lieu-là les appellent, s'assemblent fort souvent en grand nombre autour de ce passage, car ils viennent de Transsilvanie, de Moldavie, de Hongrie, & d'autres lieux afin de voler les passans, ce qu'ils font sans beaucoup de peine & de peril à cause de l'avantage des bois où ils se cachent, & d'où ils tirent sur les Caravannes les plus nombreuses, roulant sur elles aussi de grosses pierres qui écrasent tout ce qui se trouve à leur passage & qui font autant d'effet que du Canon. Mr. Bespier dans sa note sur ce mot HEIDOUTS, dit : c'est un nom de voleurs fameux dans la Hongrie & dans les Pays d'alentour ; c'est pourquoi, continue-t-il, Mr. du Puy met dans son Mémoire qu'il a communiqué à Mr. Menage, après avoir parlé de divers noms de Voleurs, selon leurs Pays : *in Hungariâ Heidônes*. En Hongrie les Heidons. Ce sont, poursuit Mr. Bespier, les mêmes que notre Auteur (Ricaut) apelle ici les HEIDOUTS ou les HEIDUCS.

J'aimerois mieux dire que les HEIDUQUES, les HEIDUCS & les HEIDOUTS, sont un nom diversement écrit & prononcé, qui change de signification, selon les occasions où l'on s'en sert. Un Heiduque dans une Armée de Hongrois est un fantassin ; dans l'Equipage & à la suite d'un grand Seigneur, c'est un Domestique & une espèce de Valet de pied ; dans les bois & en parti bleu, c'est un voleur de grands Chemins qui détrousse les passans.

HEIGERLOCH. Voiez HAIGERLOCH.

HEILA, selon Messieurs Baudrand [a], Maty, & Corneille, HEEL, selon Cluvier [b], HEELE, ou HELA, selon Zeyler [c], petite Ville ou Bourg de la Prusse dans la Cassubie ; dans une Presqu'Isle qui s'avance dans la Mer Baltique à l'Embouchure de la Vistule. Elle fut fort endommagée par le feu en 1572. Cluvier a eu une imagination singuliere sur cette Ville [d]. Il soupçonne que du nom de HEEL, ont été appellez les *Helers*, HELII, dont les Grecs ont fait 'Eλουροι, HÆLURI qu'ils ont derivé D'EAΗ, ELE mot qui signifie un Marais ; qu'ensuite par la transposition de lettres d'*Heluri* on a fait HERULI qui a prevalu dans les Historiens. Pour donner quelque aparence de fondement à cette conjecture, il faudroit être bien sûr que les Herules sont venus de ces Cantons-là, que le nom de *Heel*, *Hela*, ou *Heilá* est ancien & qu'enfin il y avoit là un Peuple nommé *Helers* ou à peu près ainsi longtemps avant Procope qui a parlé des HERULES. Voiez ce mot.

HEILBRON, HEYLBRON. Voiez HAILBRON.

HEILIGBEIL. Voiez HEILIGENBEIL.

HEILIGEBERG, ou la SAINTE MONTAGNE ; Montagne voisine de HEIDELBERG. Voiez HEIDELBERG.

HEILIGEDAM, ou la DIGUE SAINTE. Voyez l'article de DOBERAN.

[a] Dans leurs Dict.
[b] Antiq. German. l. 3. c. 35.
[c] Boruss. Topogr. p. 30.
[d] A l'endroit cité.

HEI.

HEILIGE-LAND, ou L'ISLE SAINTE, en Latin *Insula Sancta*, Isle de la Mer d'Alemagne entre l'Embouchure de l'Eider & celle de l'Elbe ; quoi qu'à la distance de neuf milles de cette derniere, selon Zeyler [e]. Pour moi qui y ai passé en 1715. j'ai trouvé que les habitans ne comptoient que six milles de là jusqu'à l'entrée de l'Elbe [f]. Cette Isle a été beaucoup plus grande qu'elle n'est à present ; les bourasques de la Mer en la diminuant peu-à-peu n'y ont laissé que ce qui n'étoit pas d'une nature à être emporté par les flots. Elle est presentement escarpée de tous côtez & a la forme d'un triangle irregulier dont la base est exposée partie au Sud-Ouest, & partie à l'Ouest-Sud-Ouest. Le côté qui est exposé au Nord-Ouest, est bordé d'un fond bas & pierreux qui s'avance en pointe vers le Nord-Ouest & dont l'extremité est nommée NORDER RIFF ; de ce côté le bord de l'Isle est élevé à plomb de la hauteur de trente brasses. Ce fond bas & pierreux, se retrecit peu-à-peu jusqu'à la pointe Orientale de l'Isle, où il court vers l'Orient & ensuite vers le Nord & le Nord-est, prenant la figure d'une côte de Baléne. Ces deux basses se découvrent quand la Mer baisse & surtout quand il souffle un vent d'est un peu violent, on peut aller un mille entier sur le sable. A la base de cette derniere pointe à l'Orient de l'Isle est un rocher, à peu près de la figure de l'Isle, on le nomme WITTE KLIPPE, & il y a au Midi des dunes qui se terminent en pointe vers le Midi, où un autre bas fond de Coquillage commence & se recourbe en demi-lune, vers le Nord-Ouest & l'Ouest, jusqu'à un rocher rond, & plat par le haut, au Couchant duquel avance le *Suder Rif*, c'est-à-dire, une autre basse qui vient de la pointe Meridionale de l'Isle vers le Midi. Le terrain qui est entre l'Isle & le *Witte Klippe* est bordé de quelques Cabanes & à deux Havres, l'un au Nord & l'autre au Midi. De ce terrain on monte à l'Isle par le seul passage qui y conduise ; aussi y a-t-il un retranchement de ce côté-là. La côte qui, comme nous avons dit, est exposée partie au Sud-Ouest & partie à l'Ouest-Sud-Ouest est toujours baignée par la Mer, mais elle est fort élevée & à trente-six brasses à plomb vers le Nord & quarante vers le Midi ; il y a sur cette côte quelques petites Montagnes, savoir du Nord au Sud FLAVENBERG, KIESBERG, BREDBERG ; & MODERBERG ; & à l'Orient RADELBERG au milieu de l'Isle est l'Eglise de St. Nicolas à l'Orient & au Midi de laquelle sont les maisons des habitans. Voyez les articles FOSETES & FOSI. Le Kiesberg dont je viens de parler a la vue sur toute la mer voisine & il y a toujours quelques-uns des Insulaires pour voir s'il n'y a point quelque Vaisseau étranger qui ait besoin de leur secours pour remonter l'Elbe ; aussi-tôt ils se jettent dans une Chaloupe, l'abordent & si on a besoin d'eux ils en laissent un que l'on tire au sort & qui moyennant vingt écus conduit le Vaisseau à Hambourg.

Cette Isle a été cause de plusieurs guerres entre les Rois de Danemarck & les Villes de Hambourg, de Brême & autres Hanséatiques. Ces Villes pretendoient faire de cette Isle

[e] Saxon. Infer. Topogr. p. 137.
[f] Memoires dressez sur les lieux.

79

nn Pays libre, & les Bremois y avoient élevé une maison que Frederic Duc de Sleswig & de Holstein fit brûler en 1496. L'année suivante les habitans de Hambourg, de Breme, de Stade & leurs alliez brûlerent la maison du Duc de Holstein avec quelques bâteaux pour la pêche du Harang. On en trouvoit alors beaucoup aux environs de cette Isle, mais on n'y en voit plus depuis longtemps. Ces Hostilitez durerent bien des années, mais enfin cette Isle est demeurée au Duc de Holstein. Au Mois de Mars 1713. le Roi de Danemarck tenta inutilement de s'en rendre maître.

1. HEILIGENBERG, Mr. Baudrand dit [a] : qu'on l'appelle aussi KNYTLINGER STAIG & ajoute que c'est une Montagne du Palatinat du Rhin près du Necre, vis-à-vis de la Ville de Heydelberg, qu'on y voit encore les ruines d'un Château & d'une Eglise qui sont les restes d'une ancienne Ville que l'on nommoit *Pyri Mons*. On peut voir dans l'Article de Heidelberg que ce que l'on prend pour un Château étoit une Eglise & qu'il y en avoit deux. A l'égard de la Ville de PYRI MONS, voyez cet article.

[a] Ed. 1705.

2. HEILIGENBERG [b], Château d'Allemagne en Suabe dans la Principauté de Furstenberg, sur le haut d'une Montagne à deux lieues de l'Abbaye de Salfmonweil. Il a donné son nom au Comté d'Heiligenberg qui confine avec l'Evêché de Constance. Les Reliques des S[ts]. Felix, Exuperance & Regule furent trouvées dans ce Comté sous l'Empire de Louïs II. qui les fit transporter à Zurich. Outre le Château il y a une petite Ville [c].

[b] d' Audifret Géogr. Hist. T. 3.
[c] Hubner Géogr. p. 418.

HEILIGEN-HAVE, Port d'Allemagne sur la Mer Baltique, dans la Basse Saxe & plus particulierement dans la Wagrie, vis-à-vis de l'Isle de Femeren, Regkman dans sa Chronique de Lubec [d] parle du Port & de la petite Ville de Heiligenhave à l'année 1419. mais dans une relation particuliere consultée par Zeyler [e] on sait arrivé en 1627. la Ville est nommée HEILIGENSTADT en Holstein. L'origine du nom de ce port est marquée dans ce Distique.

[d] Fol. 69.
[e] Saxon. Infer. Topogr. p. 138.

Dixit terra Sacrum *quondam me Cimbria* portum,
Commoditas ratio nominis estque loci.

1. HEILIGENSTADT. Voyez l'article precedent.

2. HEILIGENSTADT, Ville d'Allemagne dans l'Eichsfeldt dont elle est la Capitale au confluent de la Riviere de Geisled avec la Leine. Elle appartient à l'Electeur de Mayence. Zeyler [f] dit : sur la foi d'une Chronique manuscrite qu'il ne garantit pas qu'elle doit sa fondation à Dagobert. Ce Prince, dit-il, étoit devenu si lepreux qu'il fut obligé de quiter la France & de venir en Allemagne à l'endroit où est aujourd'hui Heiligenstadt, il y bâtit un Château que l'on apelle encore presentement die alte Burgk & il y demeura avec sa femme. Longtemps auparavant deux Freres Chrétiens nommez *Aureus* & *Justin*, allant en Pelerinage s'arrêterent dans une metairie nommée Russefeld & y logerent la nuit, le lendemain, ils continuerent leur rou-

[f] Elector. Mogunt. Topogr. p. 14.

te à travers la Forêt où ils trouverent des Payens qui les massacrerent, & les enterrerent. Dagobert quoiqu'affligé de la lepre ne laissoit pas de monter à cheval & de chasser, un jour d'été se trouvant de bon matin dans la Forêt, il descendit de cheval pour se delasser, se coucha dans la rosée & s'endormit. Il trouva à son reveil que les endroits de son Corps qui avoient été mouillez de la rosée étoient gueris, La Reine y retourna avec lui, il se deshabilla, se roula sur la rosée & fut gueri entierement de sa Lepre. Il dit alors : Diß ist ein heilige ftätte; *c'est ici un lieu saint*. On fouilla & l'on trouva les deux Corps Saints, frais & sans corruption. Il bâtit dessus une Eglise qui avec le temps est devenue une Ville nommée Heiligenstatt. Il bâtit ensuite Dagoberstatt qui est presentement Erfurt & s'en retourna à Paris. C'est ce que Zeyler raporte de cette Chronique Manuscrite & il laisse aux Lecteurs le soin de comparer cette anecdote avec l'Histoire de Dagobert & avec la Vie de St. Boniface. Mais c'est une chose remarquable que pas une des Eglises de cette Ville n'est dediée sous l'invocation des deux Saints dont parle cette Chronique. Au milieu de la Ville est l'Eglise de Notre Dame, celle de St. Gilles au Midi, au Couchant est celle de St. Martin. La Chapelle de St. Laurent n'en est pas loin. Celle de St. Nicolas est au Nord-Est de la Ville; la Chapelle de Ste Anne & le College des Jesuites sont auprès de Notre Dame; Celles de St. Jaques, de St. George, & de St. Liboire sont hors de la Ville.

HEILIGENPEIL, ou HEILIGPEIL, ou HEILGENBEIL, les deux premiers noms sont de Zeyler, le troisiéme est de Mr. Hubner [g]. Petite Ville du Royaume de Prusse dans la Province de Natangen [h], à peu de distance du Frischenhaff, entre Braunsberg & Brandebourg; on la nommoit autrefois SCHWANTOMEST, mot qui veut dire la *Ville Sainte*. Cette petite Ville fut consumée par le feu en 1519. & l'année suivante. En 1571. on y brûla huit femmes entre lesquelles étoit la femme d'un Bourgmestre.

[g] Geogr. p. 730.
[h] Zeyler Pruss. Topogr. p. 14.

HEILSBERG, ou HEILSPERG [i], Ville de la Prusse Polonoise avec un Château où l'Evêque de Warmie a sa Residence. Elle fut bâtie en 1240. & est située sur l'Alle entre Gutstatt & Bartenstein. En 1522. elle fut brûlée par un malheur; & en 1559. à l'occasion d'un bal que l'on donnoit au Château le feu y prit & le consuma. Ce lieu a été habité par plusieurs grands Prelats; entre autres par le fameux Cardinal Etienne Hosius de Cracovie qui mourut eu 1579. en Italie, il eut pour Successeur le célèbre Martin Cromer de qui nous avons une Histoire de Pologne. Il étoit Docteur en Droit & mourut à Table en 1589. Il étoit fort agé, fort pieux & fort savant. Le Cardinal André Batory qui lui succeda, étoit neveu d'Etienne Batory Roi de Pologne.

[i] Ibid.

HEINTZENBERG [k], Montagne de Suisse au Pays des Grisons dans la Communauté de Thusis. Elle a trois lieues de long & est une des meilleures & des plus fertiles du Pays; aussi est-elle peuplée de six gros Villages qui sont une Jurisdiction. Dans cette Montagne

[k] Etat & del. de la Suisse T. 4. p. 13.

tagne il y a un petit Lac nommé PASCHOLEN qui tient lieu de Baromètre aux habitans, car il annonce les Tempêtes par un grand bruit qui fait retentir la Montagne.

HEIONIS. Voiez EIONE.

1. HELA. Voiez HELIA.

2. HELA, Bourgade d'Asie sur le bord Occidental de l'Euphrate entre Anas & Kufa dans l'Irac-Arabi. Le P. Texeira[a] dans son retour des Indes en Italie fait mention de ce lieu. Il dit que c'est une ancienne Bourgade dans le lieu par où passèrent les Israëlites que l'on menoit Captifs à Babylone. Il ajoûte que les Campagnes qui sont dans la Mésopotamie sont entrecoupées de Ruisseaux bordez de quantité de Saules, & il y trouve à la lettre la Description Prophetique du Pseaume 136. *Super flumina Babylonis* voilà les Ruisseaux, *in salicibus in medio ejus suspendimus organa nostra*, voilà les Saules, dont leurs bords sont couverts.

[a] Viage de Pedro Texeira de la India Hasta Italia c.5.p.111.

HELÆA. Voiez HILEA.

HELAIS, Ville de la Syrie ou de la Palestine entre le Liban & le Mont Cassius selon Tzetzes[b]. Ortelius croit qu'il a voulu dire ÆLIA la même chose que JERUSALEM.

[b] Chiliad. XII.n.452.

HELAM, ancien nom d'un lieu de la Palestine celebré par la Bataille que David livra aux Syriens dans laquelle, il les tailla en pièces[c], & prit leurs Chevaux & Joüits Chariots. Dans le passage des Paralipomenes[d] où cette Histoire est racontée au lieu de *Helam* qui est une Ville inconnuë, on lit, AUXILIUM, c'est-à-dire, David vint fondre *sur eux*, ce qui est apparemment la bonne Leçon, au jugement de D. Calmet[e].

[c] Reg.l.2. c.10.v.17.
[d] l.1.c.19. v.17.
[e] Dict.

HELATH, Lieu dont il est parlé au Deuteronome[f]. La Vulgate le nomme Elath sans Aspiration. C'est la même chose qu'AILA.

[f] c.2.v.8.

HELATICI CAMPI, Plutarque nomme ainsi dans la Vie de Sylla les Campagnes d'Elatée.

HELA VERDE, Ville d'Asie dans la Perse à 91.d.30'. de Longitude, & à 35.d.15'. de Latitude, selon les Géographes du Pays citez par Tavernier[g]. Celui qui bâtit cette Ville fut Abdalla fils de Taher du temps que Maimon étoit Sultan de Babylone.

[g] Voyage de Perse l.3. c.dern.

HELBA, ou CHELBA, ancienne Ville de la Palestine dans la Tribu d'Aser[h]. D. Galmet doute si ce ne seroit pas la même Ville que CHELBON en Syrie[i], qui ne devoit pas être fort loin de Damas. Chelbon seroit célèbre par ses bons vins.

[h] Judic. c.1.v.31.
[i] Ezechiel c.27.v.18.

HELBO, Isle de la Mediterranée dans la Mer de Rhode, selon Pline[k]. On y lit comme deux noms *Helbo, Scepe*. Le R. P. Hardoüin nous apprend que cinq Manuscrits ne font qu'un seul mot de ces deux & portent HELIOSCOPE; & dit que c'est peut-être pour HELIOSCOPE.

[k] l.5.c.31.

HELCHATH, on par une tres-forte Aspiration, CHELCHATH, Ville de la Palestine dans la Tribu d'Aser[m]. Elle fut donnée aux Levites de la Tribu de Gerson.

[m] Josué c.21.v.31.

HELEA. Voiez ELEA.

HELECTRAS. Voiez ELECTRAS.

HELECTRIDES. Voiez ELECTRIDES.

HELEDUS, Rivière de la Gaule Narbonnoise, selon Festus Avienus[n].

[n] Ora Marit. p.16. Edit. Oxon.

At nunc Heledus, nunc & Orobis flumina Vacuos per agros, & ruinarum Aggeres Amoenitatis indices priscae, meant.

Les Critiques se sont apperçûs que ce nom Heledus devoit être corrompu, on a donc rétabli ainsi ce nom & le premier vers:

At nunc, Ledus, nunc & Orobis flumina.

Alors, on sait que le Lydus aujourd'hui le LES, ou le LEZ, est le même que LEDUM *Flumen* de Pomponius Mela[o]. Sidonius Apollinaris le nomme entre les Rivières de France dans ce vers:

Rhenus, Arar, Rhodanus, Mosa, Matrona, Sequana, Ledus.

Et Theodulphe dans celui-ci[p]:

Rura Mosella, Liger, Vulturnus, Matrona, Ledus.

[o] l.2.c.5.
[p] Paraneesi ad Judices.

Voyez LEZ.

HELELA, Ville d'Asie dans la Syrie ou dans l'Euphratense, selon les Notices de l'Empire.

[q] Sect.24.

HELEILUS, nom Latin de L'ILL Rivière.

1. HELEM, Siège Episcopal d'Asie quelque part vers la Syrie, selon Guillaume de Tyr cité par Ortelius[r].

[r] Thesaur.

2. HELEM, ou HELEN, Voyez MEGYRA.

HELENÆ SEPULCHRUM, c'est-à-dire, le *Sepulchre d'Helene*, situé au dessous de la Ville de Jerusalem[s]. Cette Helene étoit une Reine d'Adiabène Mère d'Izate qui se fit Juif. Elle se retira à Jérusalem où elle mourut.

[s] Joseph de Bello Judaic. l.6. c.6. ou Krassy. p.913.

1. HELENE, *Eleni*, Isle de la Mer Ægée, à cinq mille pas du Promontoire de Sunium, selon Pline[t]. C'est la même dont Pomponius Mela[u] dit: *in Attide Helene est nota, stupro Helena*; par où il fait entendre que ce fut en cet endroit qu'Helene accorda les dernières faveurs à Paris son ravisseur. C'est présentement MACRONISI, le nom moderne signifie l'Isle longue. Etienne le Géographe la nomme MACRIS. Ce n'est point la *Cranaë* d'Homère. Voyez CRANAE.

[t] l.4.c.12. Sect.19.
[u] l.2.c.7.

2. HELENE, Isle de Grèce entre les Sporades, selon Pline[w]. Le R. P. Hardoüin dit qu'on la nomme présentement PIRA.

[w] l.4.c.12. Sect.22.

3. HELENE, Isle de Grèce dans le Golphe Laconique à l'Embouchure de l'Eurotas, devant la Ville de Gytheum, selon Pausanias, qui la nomme CRANAE. Homere dit[y] que ce fut dans cette Isle que Paris conduisit d'abord Helene qu'il enlevoit de Lacedemone. Ainsi Pomponius Mela se trompe quand il dit que ce fut à l'Isle d'*Helene* dans l'Attique. Il n'y a guères d'apparence que Paris dont le premier soin devoit être de passer en Asie avec sa conquête, partant de Lacedemone au lieu de gagner au plus vite la rade ait été promener sa Maîtresse jusqu'aux côtes de l'Attique au hazard de rencontrer des Sujets d'Aga-memnon

[y] l.3.c.22. Iliad. Γ. v.445.

L

memnon Roi de Mycene & dont il venoit de deshonorer le Frere. Cependant si c'est une erreur il faut avouer qu'elle est très-ancienne. Euripide dans la Tragedie intitulée Helene dit [a]: cette Isle qui s'étend comme un Boulevart le long de l'Attique sera doresnavant nommée Helene, parce qu'elle vous a reçue lors qu'on vous y a amenée après votre enlevement. Voilà cette Isle de Cranaë nommée Helene, le fait détaillé, & la position marquée par un Poëte Grec. Strabon [b] dit précisément que la Cranaë d'Homere est l'Helene de l'Attique. Pausanias [c] dit la même chose, mais il ne se tient pas ferme dans cette opinion, & il remet ensuite cette Isle de Cranaë dans le Golphe de Laconie. Voyez l'article CRANAË. Quelques-uns ont cru que cette Isle de Cranaë ou d'Helene étoit l'Isle de Cythere aujourd'hui Cerigo, où l'on dit qu'Helene étoit née. Cellarius a eu raison de la distinguer & de la mettre plus avant dans le Golphe & plus près de l'Embouchure de l'Eurotas, mais il ne met pas assez près de la côte Occidentale du Golphe. La Guilletiere dans son Voyage d'Athenes [d] la nomme SPATARA & dit qu'elle est à demis-lieue de Pagana & à trois de Colochina. Il ajoute [e]: comme nous étions-là un de nos voyageurs se ressouvint que ce fut dans cette Isle de Cranaë ou de Spatara que la fameuse Helene accorda ses premieres faveurs à Paris, & il nous dit que sur le Rivage de la Terre ferme qui est vis-à-vis cet heureux amant avoit fait bâtir après cette agréable conquête, un Temple à Venus, pour marquer les transports de sa joye & de sa reconnoissance. Il donna à cette Venus le nom de Adigonitis, & nomma ce territoire Adigonium d'un mot qui signifioit l'Amoureux Mystère qui s'y étoit passé. Menelas le malheureux époux de cette Princesse dix-huit ans après qu'on la lui eût enlevée, vint visiter ce Temple dont le terrain avoit été le témoin de son malheur & de l'infidelité de sa femme, il ne le ruïna point; il fit mettre seulement aux deux côtez de Venus les images de deux autres Déesses, celle de Thetis & celle de la Déesse Praxidice, comme qui diroit la Déesse des châtimens, pour montrer qu'il ne laisseroit pas l'affront impuni. Ce Voyage avoit pris à peu près tous ces détails dans Pausanias, quoiqu'il ne le nomme point.

4. HELENE, ou HELENA. Voyez ELNA.

5. HELENE, Ville de Bithynie. Procope en parle ainsi [f]: il y a dans la Bithynie une Ville nommée du nom d'Helene Mere de Constantin. Ce n'étoit autrefois qu'un Village de nulle consideration; mais ce Prince voulant honorer comme par quelque sorte de reconnoissance de ce que sa mere y étoit née, lui donna le titre de Ville, sans lui en donner l'étendue ni la beauté. Ainsi elle demeura dans son premier état & ne laissa pas de changer de nom. Justinien pour purger la Memoire du Fondateur du nouvel Empire, du reproche qu'on lui pouvoit faire d'une negligence semblable, fit bâtir un magnifique Aqueduc dans cette Ville, par le moyen duquel il delivra les habitans de la soif dont ils étoient pressez auparavant. Il ne leur fournit pas seulement de l'eau pour boire, il leur en fournit aussi pour se baigner, & leur fit bâtir un bain tout neuf, & il en fit reparer un ancien qui avoit été negligé. Il y éleva des Hôtels pour les Magistrats, des Eglises, des Palais, des Galeries, & d'autres Edifices publics qui en font le principal ornement.

§ Cette Ville devint Episcopale & est nommée HELENOPOLIS dans les Notices. Voyez ce mot.

6. HELENE, ancienne Ville de la Palestine. Constantin la fit bâtir en l'honneur de sa Mere dont il lui donna le nom. Sozomene [g] dit en parlant de cette Princesse: son nom ne sauroit jamais être effacé de la memoire des hommes, puisqu'il y a deux Villes l'une en Bithynie & l'autre en Palestine, qui le conserveront à la Posterité: cet Auteur ne met qu'une Ville de ce nom en Bithynie. Voyez les deux articles d'HELENOPOLIS.

7. HELENE, en Latin HELENA, Vicus. Sidonius Apollinaris dit [h]:

Post tempore parvo
Pugnastis pariter Francus quâ Cloio patentes
Atrebatum terras pervaserat. Hic coeunti
Claudebant angusta vias, arcumque subactum
Vicum Helenam, flumenque simul, sub tramite longo,
Artus suppositis trabibus transmiserat agger.

Les Savans conviennent que cette Riviere est la Canche & qu'il est ici question de HEDIN ou HESDIN; non pas de la nouvelle Ville de ce nom, du vieil Hedin dont il reste plus haut des ruines, à cinq quarts de lieues de la nouvelle Ville & au côté gauche de la Canche. Vigenere, dans sa Bibliotheque Historiale assure que les anciens Manuscrits de Sidonius portent HEDENA. Voyez HESDIN.

8. HELENE, Fontaine de l'Isle de Chio. C'est où Helene se baignoit, dit Etienne le Geographe.

HELENIUM, Voyez ELENIUS.

HELENO, Lieu d'Isaurie sous l'Evêque d'Isauropolis; selon Balsamon sur Photius [i].

1. HELENOPOLIS, Ville Episcopale d'Asie dans la Bithynie, selon les Notices. C'est sans doute la même que la Ville d'Helene de Procope. Mais il y a une difficulté. Ortelius parlant de l'Helene de Palestine dit: Freculphe écrit qu'elle étoit assez près de Bethanie & que c'est l'endroit où fut enseveli Lucien Evêque d'Antioche. C'est une erreur; le Martyrologe Romain dit au 7. Janvier *Eodem Die Natalis beati Luciani Antiocheni Presbyteri & Martyris qui satis clarus doctrina & eloquentia passus est Nicomediae ob Christi Confessionem in persecutione Galerii Maximiani, sepultusque est Helenopoli in Bithynia: Cujus laudes Sanctus Johannes Chrysostomus celebravit.* Cette Helenopole que l'on appelloit autrefois DREPANUM fut une Ville Episcopale de Bithynie & avoit l'Archevêque de Nicomedie où ce Saint avoit souffert, pour Metropolitain. Elle étoit située sur le Golphe de Nicomedie, presque à distance égale entre Nicomedie & Nicée, selon le P. Lubin dans ses Notes sur le Martyrologe [k]. On

HEL. HEL.

On peut voir aussi Baronius dans ses Annales [a].

Drepane est donc l'ancien nom de cette Ville. Et comme dit Mr. Baillet [b], la celebrité du culte que l'on rendoit à St. Lucien Prêtre d'Antioche (& non pas Evêque, comme le dit Preculphe) martyrisé à Nicomedie l'an 312. dans le Bourg de Drepane, qui étoit sur la côte de Bithynie & où son corps avoit été jetté par les vagues, porta l'Empereur Constantin quinze ans après à rebâtir ce lieu en l'honneur de ce Martyr. Il l'aggrandit [c]. & l'embellit de telle sorte qu'il en fit une nouvelle Ville qu'il nomma Helenople du nom de sa Mere Helene qui avoit une devotion particuliere à St. Lucien & qui s'y plaisoit à cause des Reliques de ce Saint. Il voulut que la Ville avec son Territoire fût exempte des Tributs & des autres charges publiques, qu'elle eût le droit de Cité avec tous les Privileges qui y étoient joints, & que la posterité sût que c'étoit uniquement pour faire honneur à la memoire du St. Martyr. Ce lieu étoit celui de la naissance de l'Imperatrice Helene dont on vient de parler. Elle y mourut l'an 327. dans le temps que Constantin la faisoit bâtir, après y avoir fait dedier elle-même la principale Eglise sous le nom de St. Lucien & avoir fait promettre à l'Empereur par modestie que la Ville même seroit aussi dediée en l'honneur du même Saint & qui ne l'empêcha pas de lui donner le nom d'Helenople. Cette Ville n'est plus rien aujourd'hui. Le Corps de ce Saint a été apporté en France & deposé à Arles par Charlemagne dans une Eglise dediée sous le nom de St. Lucien au rapport de la Saussaye [d].

2. HELENOPOLIS, Ville Archiepiscopale de Palestine sous le Patriarchat de Jerusalem. Ce Siège n'avoit aucun Suffragant, selon la Notice de Doxapatrius.

3. HELENOPOLIS. Ce nom est employé dans la Notice de Hierocles pour HELENOPONTUS Province de l'Asie Mineure.

4. HELENOPOLIS. Voyez FRANCFORT 1.

HELENOPONTUS, Province de l'Asie Mineure sur le Pont Euxin. Je n'en trouve point les bornes marquées, mais bien les Villes Episcopales sont nommées dans les Notices, je remarquerai seulement que dans la seconde Notice *Saltum* & *Zalichen*, qui sont distinguez comme des noms differens, sont joints comme un seul mot dans le Manuscrit de la Bibliotheque Farnese.

La Province d'Helenopolis (ou plûtôt d'Helenopont) sous un homme consulaire a sept Villes, savoir

Selon Hierocles	Selon Leon le Sage
Amasia,	Amasea,
Ibyra,	Ibyrorum,
Zela,	Zelorum,
Saltum,	Zalichi, ou
Zalichen,	Leontopoleos,
Andrapa,	Andrapodum,
Amisus,	Amissi,
& Sinope,	Sinopes.

La seconde de ces deux Notices met le Siège d'EUCHAITA dans cette Province, entre les Evêques qui ne dependent d'aucun autre & de qui aucun ne releve. Et dans une autre Notice du même Léon où sont reglez les rangs entre les Metropoles *Euchaita* tient le 51ᵉᵐᵉ.

HELEPH, Ville de la Palestine dans la Tribu de Nephthali [e]. Elle est appellée MEHELEPH dans l'Hebreu, dans les LXX, & dans Eusebe.

HELEUTHERI, ou ELEUTHERI, anciens Peuples de la Gaule. Cesar fait mention des HELEUTHERI-CADURCI [f], & des HELEUTHERI SUESSIONES [g]; qu'il ne faut pas confondre. On convient assez parmi les Critiques que le mot *Heleutheri* a été fourré en cet endroit devant *Suessiones* pour quelque autre mot, par quelque Copiste ignorant; mais pour les *Heleutheri Cadurci*, c'est une autre affaire, Cesar les nomme bien distinctement & les Manuscrits ne varient point à leur égard. Nous avons dit au mot ELEUTHERIENS que Mr. d'Audifret les prend dans l'Albigeois. Il s'accorde en cela avec Nicolas Sanson dont voici la remarque [h]. J'ai expliqué ce Peuple *Heleutheri* pour le Diocèse d'Albi. J'entends l'ancien Diocèse qui comprenoit celui de Castres: & fais état que c'est le même Peuple que Pline appelle *Camboleĉtri*, les divisant en *Camboleĉtri*, qu'il place dans l'Aquitaine, & *Camboleĉtri Atlantici* qu'il place dans la Gaule Narbonnoise : ce qui m'a fait juger que ce Peuple est sur les Confins de l'Aquitaine & de la Gaule Narbonnoise, & de plus non loin de l'Auvergne puisqu'ils étoient sous le commandement de ceux d'Auvergne. Toutes ces raisons font que leur assiette ne se peut accommoder ailleurs, ni mieux que dans l'Albigeois. Tout le reste de cette frontiere étoit occupée par les Peuples *Cadurci*, le Querci, *Ruteni*, le Rouergue, *Gabali*, le Gevaudan, & *Velauni*, le Velay. Or l'Albigeois étant encore de la même Province comme sont ces autres Peuples, mais plus avancé vers la Gaule Narbonnoise, & son ancien Diocèse ayant été divisé en deux, en celui d'Albi qui est l'ancien, & celui de Castres qui est le nouveau, & qui a été tiré de celui d'Albi ; il semble que la partie où est le Diocèse de Castres aura été estimée in Narbonensi, sous le nom de *Cambolectri Atlantici*, parce qu'elle y est plus engagée que l'autre. Et la partie où est le Diocèse d'Albi, aura été estimée in *Aquitania*, sous le simple nom de *Cambolectri*. Or Cesar ayant mis ces peuples *Heleutheri* sous les ordres des Auvergnats, comme il met ceux du Querci, du Gevaudan & du Velay, ces *Heleutheri* ne sauroient être éloignez de l'Auvergne, ou du moins seront contigus à quelques-uns des autres. Nous n'avons rien de reste à donner à ces *Heleutheri* que l'Albigeois. C'est ce qui me fait concilier les *Heleutheri* de Cesar avec les *Cambolectri* de Pline, & qui me fait expliquer par l'Albigeois : autrement dans Cesar l'Albigeois n'auroit point de Peuples à qui il pût repondre.

HELFFENSCHWEIL, Village de Suisse dans le bas Toggenbourg.

HELGAS. Voyez GERMANICOPOLIS 1.

HEL-

HELHACER, Lieu fortifié avec garnison dans la Palestine au Territoire de Sidon, selon Guillaume de Tyr cité par Ortelius.

1. **HELIA**, si on s'en rapporte aux Editions communes de Pline, cet Auteur nomme [a] ainsi une Isle voisine de Drepanum en Sicile, où l'on pêchoit le Corail. On y lit *in Siculo (Mari) circa Heliam & Drepanum*. Fazel a cru qu'Helia étoit une Isle près de Trapani. Mr. Baudrand dit [b] : Helia Isle fort petite de l'Isle de Sicile dans sa côte Occidentale, selon Pline, devant la Ville de Trapani. J'ai raporté les mots de Pline. Il ne dit point qu'Helia soit une Isle, ni qu'elle soit sur la côte Occidentale de Sicile, ni qu'elle soit devant Trapani. Ce sont toutes choses que lui prête Mr. Baudrand. Aussi le R. P. Hardouin qui n'y voyoit rien de pareil & qui trouvoit au contraire *Circa Enlias* dans quelques Manuscrits a passé l'éponge sur cette pretendue Isle d'Helia & a substitué le mot ÆOLIAS. Ainsi le Corail, selon Pline, se trouvoit dans la Mer de Sicile aux environs des Isles Æoliennes & de la Ville de Trapani.

[a] l. 32. c. 2
[b] Ed. 1682.

2. **HELIA**, nom d'une Ville, dans la Chronique du Comte Marcellin. Il nomme ainsi la Ville de Jerusalem. Il faloit écrire ÆLIA.

3. **HELIA**. Voyez VELIA.

4. **HELIA**, nom Latin d'ELY, Isle, Monastere & Ville Episcopale d'Angleterre. Voyez ELY.

5. **HELIA**, nom Latin d'EYLE, ou HALY, petit Canton d'Irlande dans la Province de Munster au Comté de Taperari; c'est dans ce Canton qu'étoit la Ville Episcopale de Roscræa qui est détruite, selon Usserius.

HELIAS, Ville Episcopale d'Egypte dans la seconde Augustamnique, selon la Notice de Leon le Sage.

1. **HELICE**, ancienne Ville de Thrace dans la Sardique entre l'Oescus & les Montagnes sur la route de Sardique à Philippopoli. Antonin la decrit ainsi [c].

[c] Itiner.

Serdica	
Bagaraça	M. P. XVIII.
Helice	M. P. XXI.
Lissa	M. P. XXI.
Bessapara	M. P. XXII.
Philippopoli	M. P. XXII.

2. **HELICE**, ancienne Ville du Peloponnese dans l'Achaïe proprement dite, dont elle étoit une des douze Villes. Polybe dit [d] que de son temps il n'en restoit plus que dix, qu'*Olenus* & *Helice* avoient été englouties par la Mer peu avant la bataille de Leuctres. Pausanias [e] raporte non seulement cette destruction, mais aussi la cause & les détails de ce desastre. Il y avoit auprès d'Helice un Temple dedié à *Neptune Helicénien*. Des supplians s'y étoient refugiez, les Achéens les en arracherent & les massacrerent. Le Dieu pour punir ce crime détruisit son Temple & leur Ville. Pausanias raconte les presages qui precederent cette ruine. Il dit qu'on voyoit encore les débris rongez par les flots de la Mer. Strabon [f] parle aussi de ce châtiment de la Ville d'Helice & en met l'Epoque deux ans avant la bataille de Leuctres. Ainsi cette Ville ne subsistoit plus du temps de Strabon, pas même du temps de Polybe. Cependant Ptolomée [g] met une Ville d'Helice dans l'Achaïe à quelque distance de la Mer.

[d] l. 2. c. 41.
[e] l. 7. c. 24.
[f] l. 8. p. 385.
[g] l. 3. c. 16.

3. **HELICE**, Ville de Grece dans la Béotie, selon le Scholiaste de Callimaque.

4. **HELICE**, Ville de Grece dans la Thessalie, selon Strabon qui cite Hesiode, dont voici les vers:

Πᾶσα δὲ Μυρμιδόνων τε πόλις κλειτή τ'Ἰαωλκὸς,
Ἄρνη τ', ἠδ' Ἑλίκη.

C'est-à-dire:

Et toute la Ville des Myrmidons & la fameuse Iolcos, Arné & Helice.

5. **HELICE**, Lieu d'Asie sur le Pont Euxin vers la Cappadoce. Orphée en fait mention au rapport d'Ortelius.

6. **HELICE**, Marais ou Etang de la Gaule aux environs de la Riviere de l'Aude, selon Festus Avienus [h], il dit:

[h] Ora Marit. v. 588.

Hic salsum in æquor amnis Attagus ruit,
Heliceque rursus hic palus juxta.

Dès que l'*Atax*, ou l'*Attagus* est l'Aude il s'ensuit que le lac voisin est l'étang de Thau, puisqu'après avoir passé delà à l'Orient & dit que la Ville de *Besarum* avoit été en cet endroit, selon une vieille tradition, il nomme la Riviere de l'Orbe qui passe à Beziers & le Lez qui coule auprès de Montpelier.

HELICEUS AMNIS [i], Ruisseau dont il est parlé dans l'Histoire Mêlée, vers la Thrace & la Macedoine, au sentiment d'Ortelius [k].

[i] l. 17.
[k] Thesaur.

1. **HELICON**, Riviere de Grece dans la Macedoine: elle couloit auprès de Dium & après avoir parcouru un espace de soixante & quinze stades, elle se cachoit sous la terre & quittant son nom d'Helicon portoit celui de BAPHYRAS, ou BAPHYRUS, au raport de Pausanias [l]; qui ajoute que delà il est navigable jusqu'à la Mer. Il semble le nommer ailleurs BALYRAS [m] Βαλύρας. Ptolomée par un renversement de lettres le nomme PHARIBUS, Φαρύβος pour Βαφύρος.

[l] l. 8. c. 30.
[m] Messen. c. 33.

2. **HELICON**, Riviere de Sicile, selon Ptolomée, dans ce qu'il appelle sa côte Occidentale; mais pour parler plus juste la partie Orientale de la côte du Nord de cette Isle. Son nom moderne est OLIVERI nom qu'elle prend du Bourg d'Oliveri qui est à son Embouchure.

3. **HELICON**, Montagne de Grece dans la Béotie, à l'entrée & aux confins de la Phocide. Elle étoit consacrée aux Muses. Elle est remarquable, dit Pausanias [n], par la bonté du terroir & par la quantité des Arbres. Elle a beaucoup d'étendue dans sa longueur, dit Strabon [o], car elle touche à la Phocide par la partie Septentrionale de cette Province, & en partie aussi au Couchant, & avance jusqu'au Port Mycos, qui est le dernier de la Phocide. Il ajoute que sur cette Montagne il y avoit un Temple dedié aux Muses & la fontaine d'Hipocrene, & la grotte des Nymphes Libethrides: à l'égard de cette Grotte, elle n'étoit

[n] Bœot. c. 28.
[o] l. 8.

toit pas unique & il y en avoit en d'autres lieux qui portoient le même nom. Cette Montagne est devenue fameuse par l'honneur que les Poëtes lui ont fait de la célébrer dans leurs ouvrages.

Pandite nunc Helicona, Deæ, cantusque movete.

dit Virgile [a] priant les Muses de lui ouvrir toutes les routes de l'Helicon. Horace dit [b].

[a] Æneid. l. 7. v. 641.
[b] l. 2. Epist. 1. v. 217.

Et vatibus addere calcar,
Ut studio majore petant Helicona virentem.

Il veut animer les Poëtes à monter sur l'Helicon avec plus d'ardeur. Properce se fait bon gré d'avoir frequenté l'Helicon dans sa premiere jeunesse & d'y avoir dansé avec les Muses[*].

[*] l. 3. El. 5. v. 19.

Me juvat in prima coluisse Helicona Juventa,
Musarumque choris implicuisse manus.

Mr. Spon [c] dit qu'on la nomme presentement ZAGARA. Wheler [d] son Compagnon de Voyage s'étend davantage sur cette matiere. Les Turcs, dit-il, appellent aujourd'hui cette Montagne *Zagara* à cause de la grande quantité de Liévres qui s'y engendre, quoiqu'il y ait aussi beaucoup d'autre Gibier, surtout de Sangliers & de Cerfs. On peut savoir certainement par la description que Strabon fait de l'Helicon, que c'étoit cette même Montagne ; car elle étoit, selon lui, sur le Golphe Crisséen ou de Corinthe, bordant la Phocide, qu'elle regarde au Nord, inclinant un peu à l'Ouest. Il ajoute que ses hautes Croupes pendoient sur le dernier Port de la Phocide d'où il s'appelloit Mycus. Elle n'étoit pas fort éloignée du Parnasse & ne lui cedoit ni en hauteur ni en étendue : enfin c'étoient toutes deux des Montagnes de Rochers & leur Croupe étoit toujours couverte de neige. Le Mont Helicon étoit autrefois consacré aux Muses par les Thraces & ce fut le Pays natal du Poëte Hesiode. Voyez ASCRA. Je ne trouvai en ce lieu, ni les monumens d'Orphée, ou des Muses, ni ceux d'Hesiode que Pausanias dit y avoir vû de son temps & pour ce qui est de la fontaine d'Hippocrene elle étoit alors gelée. Ayant avancé une lieue & demie vers le haut jusqu'aux Neiges, il falut m'arrêter & me contenter de descendre de Cheval, & de tâcher de grimper sur quelque rocher plus haut d'où je pusse découvrir le Pays de dessous & le haut des Montagnes. Ensorte que l'espace qui y étoit renfermé me parut comme un Lac glacé & couvert de neiges. Mon guide me dit qu'en Eté on y voit une belle Vallée couverte de verdure & de fleurs avec une belle fontaine au milieu. Je me trouvai disposé à croire que c'étoit-là qu'étoit la fontaine d'Hippocrene & le bois delicieux des Muses.

[c] Voyage de Grece T. 2. p. 47.
[d] Voyages T. 2. p. 319.

HELII, ancien Peuple dont parle Cesaire, Frere de St. Gregoire de Nazianze, dans les Dialogues. Ortelius [e] dit qu'on ne sait rien du Pays où vivoit cette Nation.

[e] Thesaur.

HELIMNA, Village dont il est parlé dans la Vie de Thalassius écrite par Theodoret. Il étoit dans la Syrie & peut-être aux environs de la Ville de Cyr.

HELINGA, Ἡλίγγα, Ville de l'Espagne Tarragonoise. Polybe [f] & Appien en font mention. Morales & Xylander croïent que c'est la SILPIA de Tite-Live. Voïez ce mot. L'Edition de Polybe par Gronovius écrit ce nom sans Aspiration ELINGA.

[f] l. 11. p.

1. HELIOPOLIS, Ville ancienne de la Celesyrie, selon Ptolomée [g]. Elle étoit entre le Liban & l'Antiliban, entre Laodicée & Abila. Il y avoit un Temple consacré au Soleil d'où est venu à cette Ville le nom de Ville du Soleil & on y voit encore à present de magnifiques restes de ce Temple. Je crois, dit D. Calmet, que c'est cette Ville que le Prophéte Amos a voulu marquer en disant [h] : j'exterminerai les habitans du Camp de l'Idole. L'Hebreu porte : j'exterminerai les habitans de BEKATH-AVEN, ou de la Vallée d'Iniquité. Il donne le nom de *Bekath-aven* à la Ville que les Payens nommoient BEKATH-BAAL & que l'on nomme encore aujourd'hui BAALBECH, *la Vallée de Baal.* C'est ce que dit D. Calmet sur cette Ville d'Heliopolis, Maundrell dans son Voyage d'Alep à Jerusalem dit [i] : on suppose que Balbec est l'ancienne *Heliopolis, ou la Ville du Soleil*, veritable signification de ce mot-là : le nom Arabe qu'elle porte aujourd'hui & qui est peut-être son plus ancien nom, peut être pris dans le même sens; car bien que *Baal* signifie toutes les Idoles en general de quelque Sexe ou condition qu'elles puissent être, on l'attribue souvent au Soleil Idole Souveraine de ce Pays-là. Voyez BALBEC.

[g] l. 5. c. 15.
[h] c. 1. v. 5.
[i] p. 227.

2. HELIOPOLIS, ou la *Ville du Soleil*, Ville d'Egypte. Elle est très-ancienne & il en est parlé dans la Génese [k] où elle est nommée ON dans le Texte Hebreu, & *Heliopolis* dans la Vulgate. Il est dit que Pharaon Roi d'Egypte fit épouser à Joseph Azaneth fille de Putiphar, Prêtre d'Heliopolis. Quoiqu'il y ait eu plus d'une Ville de ce nom en Egypte, comme nous dirons ci aprés, celle-ci est reconnoissable par ses Temples & par les grandes maisons de ses Prêtres qu'on y voyoit encore du temps de Strabon quoiqu'elle fût abandonnée. Ces lieux, dit-il [l], approchent du sommet du Delta : c'est-là qu'est Bubaste & sa Prefecture, au dessus de laquelle est la Contrée (ou le Nôme) d'Heliopolis où se voit la Ville du Soleil, située sur une grande digue. Il y a un Temple consacré au Soleil & dans un certain enclos on nourrit le bœuf Mnevis que les habitans d'Heliopolis honorent comme un Dieu, de même qu'Apis est adoré par les habitans de Memphis : devant la Digue est un grand Lac où se déchargent les fossez voisins : la Ville est presentement deserte (c'est toujours Strabon qui parle) & il y a un Temple très ancien, bâti à la maniere d'Egypte & qui conserve des marques de la fureur & de l'impieté de Cambyse. Ce Prince ravagea partie par le feu partie par le fer les Temples & les Obelisques. Il décrit ensuite la forme des Temples d'Egypte : à l'entrée du Temple, dit-il, une cour pavée de la largeur d'un arpent & de la longueur de trois ou de quatre ou même davantage. Ce lieu s'apelle *Dromos*, en Grec, mot qui veut dire la course. Callimaque dit :

[k] c. 41. v.
[l] l. 17. p. 805.

Ὁ δρόμος ἱερὸς οὗτος Ἀνούβιδος.

Cette course est consacrée à Anubis.

Le long de cet espace, des deux côtez de la largeur sont posez des *Sphinx* de pierre à vingt coudées & même plus de distance l'un de l'autre, desorte qu'il y en a un rang à droite & un rang à gauche. Après les Sphings est un grand Vestibule, plus avant il y en a un second, puis un troisiéme. Mais ni le nombre des Vestibules ni celui des Sphings n'est point fixé; il y en a plus ou moins, à proportion de la longueur & de la largeur des *Dromes* ou *Courses*. Après les Vestibules est le Temple qui a un grand Parvis, mais le Temple même est petit. Il n'y a aucune figure, ou , s'il y en a, ce n'est point celle d'un homme, mais de quelque bête. Des deux côtez du Parvis s'étendent les *ailes*. (πτερά) Ce sont deux murs aussi hauts que le Temple. D'abord leur distance est un peu plus grande que toute la largeur du Temple, mais après cela, elles se raprochent l'une de l'autre jusqu'à cinquante ou soixante coudées. Ces murailles sont pleines de grandes figures sculptées pareilles aux ouvrages des Toscans ou des anciens Grecs. Il y a aussi un bâtiment sacré soutenu sur un grand nombre de Colomnes, comme à Memphis, d'une fabrique dans le goût barbare, car outre que les Colomnes sont grandes & en grand nombre & disposées en plusieurs rangs, il n'y a ni peinture, ni grace, c'est plutôt un amas de pierres qui a couté inutilement beaucoup de travail.

Strabon reprend ensuite la description d'Heliopolis : nous vîmes, dit-il , dans cette Ville de grandes maisons où logeoient les Prêtres ; car on dit que c'étoit la demeure des Prêtres qui s'appliquoient à la Philosophie & à l'Astronomie ; mais ce genre de vie & ces études n'y sont plus en usage. On ne nous montra personne qui s'y appliquât ; mais seulement des hommes dont l'emploi étoit de diriger les sacrifices & d'en apprendre les ceremoniés aux étrangers. Le General Ælius Gallus partant d'Alexandrie & remontant le Nil, avoit à sa suite un homme appellé Chercmon qui faisoit profession de cette Science. Mais son ignorance jointe à beaucoup d'orgueil le faisoit mepriser. On nous fit voir aussi des maisons des Prêtres & des appartemens où Eudoxe & Platon avoient logé ; car ils étoient venus ensemble dans cette Ville & avoient vécu l'un & l'autre treize ans avec les Prêtres. Ce qui est dans Strabon ne regarde que les études des Prêtres. Diodore de Sicile raconte l'origine de cette Ville sur la tradition des Grecs. Il suppose donc comme une verité[a] qu'au commencemement du Monde l'Isle de Rhode étant couverte d'une boue molle & detrempée le Soleil la secha & la rendit seconde & qu'il s'en forma sept hommes également *Aborigines* qui furent nommées les Heliades du nom du Soleil qu'ils reconnoissoient pour l'auteur de leur naissance. Leurs noms étoient *Ochim*, *Cercaphe*, *Macar*, *Actis*, *Tenages*, *Triopas* & *Candale*. Ils s'appliquerent tous à l'Astronomie[b], cultiverent la Navigation & déterminerent le cours des heures. Tenages avoit plus d'esprit que les autres ; par jalousie ils le tuerent ; le meurtre fut reconnu & ils furent reduits à prendre la fuite. Actis le quatriéme (pour ne parler que de celui-là) s'en alla en Egypte & y fonda la Ville qu'il nomma la Ville du Soleil en l'honneur de son Pere. Cet Historien suppose ensuite qu'un Deluge ayant fait perir dans la Grece la plûpart des hommes & tous les monumens des Sciences, les Egyptiens qui les avoient conservés profiterent de l'ignorance où les Grecs tomberent ensuite & se firent honneur d'une invention qui ne leur appartenoit pas. On voit dans ce recit que j'ai abregé qu'il n'est fait que pour diminuer la honte que les Grecs avoient de devoir les Sciences aux Egyptiens à qui leur ingratitude tâchoit d'en enlever l'honneur.

Avec le temps les Juifs eurent aussi un Temple à Jerusalem[c]. Onias, fils d'Onias III. s'étant retiré en Egypte, & ayant gagné les bonnes graces de Ptolomée Philometor & de Cleopatre sa femme, obtint permission de bâtir un Temple[d] semblable à celui de Jerusalem, à l'usage des Juifs qui étoient en Egypte. Ce Temple que l'on appella ONION subsista jusqu'au temps de Vespasien, qui le fit fermer par Lupus[e] Prefet d'Egypte. Paulin qui succèda quelque temps après à Lupus fit ôter tous les ornemens & toutes les richesses qui y étoient ; en fit fermer toutes les portes & ne permit pas qu'on y fit aucun exercice de Religion.

Le R. P. Hardouin se trompe, ce me semble, dans la note qu'il fait sur sur le mot *Heliopolites* qui est le nom du Nôme ou de la Province dont elle étoit la Capitale. Il dit que[f] la Ville d'Héliopolis où l'on croioit que le Phenix portoit son nid est attribuée par quelques-uns à l'Egypte & par quelques autres à l'Arabie. Delà vient, poursuit-il, l'erreur d'Etienne qui a cru qu'il y avoit deux Villes de ce nom, car, dit-il, elle étoit aux confins de l'Egypte & de l'Arabie ; comme Pline nous l'apprend[g]. Cet Auteur dit effectivement : *Unum præterea intus & Arabiæ conterminum claritatis magnæ Solis oppidum.* Mais cela ne dit pas qu'il n'y eût qu'une seule Ville d'Egypte nommée Heliopolis. Etienne a raison d'en mettre deux. Ptolomée[h] en met deux aussi & donne la position de l'une & de l'autre, & ce qui est remarquable elles étoient dans le même Nôme. Il apelle la premiere la Metropole du Soleil & c'est celle dont il est ici question ; il nomme l'autre Heliopolis.

[a] l. 5. c. 56.
[b] c. 57.
[c] D. Calmet, Dict.
[d] Joseph. Antiq. l. 12. &. 13. &l. 20. c. 8.
[e] De Bell. l. 7. c. 37.
[f] In Plin. l. 5. c. 9.
[g] l. 5. c. 10.
[h] l. 4. c. 5.

	Longit.	Latit.
Ἡλίου, c'est-à-dire ; du Soleil	61d. 30′.	30d. 10′.
Ἡλιούπολις, Heliopolis	62. 30.	29. 50.

La seconde étoit au Midi de la premiere, mais elle n'étoit pas sur le Nil comme elle. Ptolomée qui avoit passé une partie de sa vie à Alexandrie en Egypte est fort croyable sur ce chapitre. Le R. P. Hardouin nomme la premiere qu'il croit unique, BELHESA, & c'est, selon lui, le nom moderne. Antonin la nomme HELIU & la met à XXIV. M. P. de Mem-

Memphis. Elle est aussi nommée HELIU, Ville Episcopale dans la Notice de Hierocles.

3. HELIOPOLIS, Ville d'Egypte differente de la Metropole de même nom quoi que dans la même Province ; Voyez l'article précedent.

4. HELIOPOLIS, Ville d'Arabie au Pays des Aromates, selon Etienne qui avertit qu'elle étoit différente de celle d'Egypte. Il y a trois partis à prendre. Le premier est de dire avec de savans Critiques qu'Etienne se trompe & que c'est la même qui étoit aux confins de l'Egypte & de l'Arabie. Le second est de dire qu'il y avoit effectivement une Ville du Soleil dans l'Arabie heureuse & que c'est peut-être la même qu'Etienne nomme Βασάρμα, Basampsa qui étoit, dit-il, sur le Golphe Arabique vers la Mer Rouge, c'est à dire, vers la Mer qui est hors du Detroit de Bab-El-Mandel. Il avertit que ce nom signifie maison du Soleil. Le troisiéme parti est enfin de dire que cette Ville du Soleil est aussi imaginaire que le Bucher precieux que le Phenix s'y construit pour s'y brûler.

5. HELIOPOLIS, Ville de Thrace selon Etienne.

6. HELIOPOLIS, ancien nom de Corinthe qui fut d'abord nommée ainsi, puis PAGUS, puis Ephyra & enfin Corinthe, selon le même Etienne.

7. HELIOPOLIS, Ville Episcopale d'Asie dans la Galatie, selon la Notice de Leon le Sage & celle de Hierocles.

8. HELIOPOLIS. Voyez SOLTWEDER.

§ M.r Corneille met une Ville Episcopale de ce nom dans la Cilicie. Je ne trouve dans les anciennes Notices que trois Villes Episcopales de ce nom, l'une en Phoenicie, ou dans la Celesyrie, l'autre en Egypte, & la troisiéme en Galatie.

HELIOPOLITES NOMOS ; Nôme ou Province d'Egypte, à l'Orient du Nil, entre le Nôme Aphroditopolite au Nord ; la pointe de la Mer rouge & l'Arabie pétrée à l'Orient ; & le Nôme Bubastite au Midi. Il étoit traversé dans sa longueur par le Canal de Trajan qui communiquoit du Nil à la Mer rouge par Heroopolis, & Babylone. Ces deux Villes, & les deux Heliopolis sont les seules Villes que Ptolomée [a] y ait nommées.

HELIOTRAPEZA, Ἡλίου τράπεζα, c'est-à-dire, la Table du Soleil, en Latin mensa Solis. Pomponius Mela [b] parlant de l'Isle de Meroé & de l'Ethiopie décrit les singularitez des Peuples Macrobiens. Il y a, dit-il, chez eux un lieu toujours garni de viandes prêtes à manger, & comme il est permis, à quiconque le veut, d'en manger selon son appetit, on le nomme sa Table du Soleil ; & ils disent qu'à mesure que l'on mange il renaît d'une façon miraculeuse de nouvelles viandes. Solin [c] dit la même chose. Hérodote [d] dit plus simplement en parlant des Macrobiens : au Fauxbourg il y a une prairie, chargée de viandes rôties de toutes sortes d'Animaux à quatre pieds, toutes les nuits chaque Magistrat a soin de les faire servir & dès

[a] l.4.c.5.
[b] l.3.c.9.
[c] c.30. Edit. Salmas.
[d] l.3.c.18.

qu'il est jour il est permis à tout le monde d'y venir prendre sa nourriture. Pausanias parle aussi de cette Table [e] du Soleil.

HELIOTROPIUM, Lieu de Grece dans le voisinage de Thebes. Ortelius en fait une Ville ; mais Polybe, qu'il cite, ne dit pas que c'en fût une ; il dit seulement que Philippe approcha son camp de la Ville de Thebes, qu'il partagea son Armée en trois & se saisit des environs, qu'une partie se posta autour de SCOPIUM, une autour d'HELIOTROPIUM & que la troisiéme se plaça sur la colline qui commande la Ville, Scopium & Heliotropium étoient tout au plus des Fauxbourgs de Thebes.

HELIS, ou Elis. Ortelius a crû qu'Elim ou Helim qui est indeclinable étant à l'acusatif faisoit Helis ou Elis au nominatif ; c'est pourquoi il nomme de ce dernier nom le lieu où Moyse trouva douze Fontaines. Voyez ELIM.

HELISSON. Voyez ELASSUS 2, & 4.

HELIU, ou

HELIUPOLIS, ou HELIUS. Voyez Heliopolis.

HELIU, ou SOLIS DELUBRUM ou Lucus, c'est-à-dire, le Temple, ou le Bois du Soleil, (Ἤλιου) lieu sur le Pont Euxin, où Diodore de Sicile dit [g] que se cacha Medée lorsqu'elle fuioit la colere de ses parens, le mot dont se sert l'Historien veut dire un lieu sacré, comme un Temple, ou un Bois dedié à une Divinité.

HELIUM, Pline [h], après avoir nommé quelques Peuples, ajoute ces mots : ils sont situez entre le bras du Rhin surnommé Helium & celui de ce même Fleuve qui est appellé Flevum ; on appelle ainsi, dit-il, les Embouchures par lesquelles le Rhin se jette au Nord dans le Lac & au Couchant dans la Meuse, y ayant entre deux une embouchure qui conserve un petit Canal qui garde son nom. Ce passage est aisé à expliquer. L'embouchure nommée Flevum qui se jette dans les Lacs est le bras du Rhin qui tombe dans le Zuiderzée, Mer qui a absorbé ces Lacs ; ce petit Canal du milieu qui passe à Utrecht & à Leyden, mais son Embouchure a été bouchée par les Sables & il n'arrive point jusqu'à la mer. L'autre dont il est ici question est le Rhin qui tombe dans la Meuse, & Cluvier [i] conjecture assez raisonnablement que ce nom est apparemment celui de quelque Forteresse que les Romains avoient bâtie auprès de cette Embouchure. Voici sur quoi il se fonde. Pline est le seul Auteur qui fournisse ce nom. Les Romains avoient élevé des Forts aux principales Rivieres des Pays qu'ils avoient conquis. Ils en avoient mis sur les deux autres branches du Rhin, pourquoi n'en auroient-ils point mis à celle-là ? Florus semble l'insinuer quand il dit de Drusus ; Pour la conservation des Provinces, il rangea des Garnisons & établit des Forteresses par tout sur la Meuse, sur l'Elbe & sur le Weser ; il en bâtit plus de cinquante sur le Rhin. Comme Cluvier l'observe très bien les Gaules étoient soumises & paisibles, il ne faloit point de Forteresses au haut de la Meuse, mais bien

[e] l.1.c.33. & l.6.c.16.
[f] l.5.p.660.
[g] l.4.c.47.
[h] l.4.c.15.
[i] De Tribus Rhenialveis c.1.p. 16. & 17.

au bas de son cours pour se garantir des Menapiens & des Toxandriens ; & pour n'avoir rien à craindre des Frisons. Si donc on accorde qu'il y avoit une Forteresse à l'Embouchure de la Meuse il est question de voir de quel côté de cette Riviere elle étoit. Ce ne doit pas être sur l'Isle des Bataves, c'est-à-dire, sur la Rive droite. Car Tacite en auroit fait mention lorsqu'il [a] nommé les six Forts ou Châteaux situez dans l'Isle des Bataves sur le Rhin & attaquez par les Canenifates, les Frisons & les Bataves. Il ne parle point de celui-là ; & si ce Fort avoit été là, ces Peuples l'auroient attaqué comme les autres & Tacite en auroit parlé. Il falloit donc qu'il fût de l'autre côté, à la gauche de la Meuse chez les Toxandriens, à peu près au même endroit où est aujourd'hui la Briel ou même un peu plus bas. Cluvier croit même que le Village d'Helvoet qui est sur le rivage opposé à cette Isle, quatre mille pas au dessous de la Briel, pourroit bien avoir pris son nom d'*Helium*.

[a] Hist. l. 4.

HELIXUS. Voyez ELIXUS.

HELLAS ; ce nom a plusieurs significations differentes qu'il ne faut pas confondre ; tantôt il signifie une Ville particuliere ; tantôt un petit Canton de la Thessalie, tantôt une grande partie de la Grece distinguée de l'Epire, de la Macedoine, du Péloponnese, &c. Voyez les articles particuliers qui suivent.

1. HELLAS, Ville de Thessalie, selon Strabon [b]. Ce Géographe expliquant quelques passages où Homere parle de Hellas & de Phthie, raisonne de cette maniere. Homere, dit-il, les distingue, mais on ne sait s'il entend deux Villes ou deux lieux ; ceux qui tiennent pour la seconde opinion, entendent Hellas pour la Grece Pays & disent que Thebes de Phtiotide est une Ville distincte de l'ancienne Pharsale ; dans cette contrée est aussi un lieu nommé Thetidion voisin de la nouvelle & de l'ancienne Pharsale. Ils conjecturent qu'une partie de ce lieu Thetidion étoit sous la domination d'Achille. Ceux qui par Hellas entendent une Ville, poursuit Strabon [c], sont entre autres les habitans de Pharsale qui à soixante Stades de leur Ville, (c'est-à-dire, à deux lieues & demie) montrent les ruines d'une Ville qu'ils pretendent avoir été celle d'Hellas. Les Habitans de Melitæa de leur côté croient que la Ville d'Hellas étoit à environ dix stades (ou a douze cens cinquante pas) de leur Ville, au delà de l'Enipée ; dans le temps que leur Ville s'appelloit Pyrrha. Ils alleguent comme une preuve le tombeau de Pyrrha & de Deucalion qui est dans leur place publique, &c. Voilà ce que dit Strabon, en rapportant la tradition de deux Villes qui pretendoient qu'Hellas avoit été une Ville de leur voisinage. Dicearque dans son Etat de la Grece dit [d] Hellas étoit anciennement une Ville bâtie par Hellen pere d'Æole & nommée de son nom, elle étoit dans la Thessalie entre Pharsale & Melitée.

[b] l. 9. p. 431. & 432.
[c] Ibid.
[d] p. 11. Edit. Oxon.

2. HELLAS, Contrée de Grece dans la Thessalie. Nous avons vû dans le passage de Strabon cité dans l'article precedent que quelques-uns prenoient Hellas pour une Contrée ; & cette Contrée avec Phthie ou la Phthiotide étoit de la Thessalie. Dicearque à l'endroit cité dit la même chose : Les Hellenes, dit-il, sont ceux qui parlent la Langue Greque, selon la Dialecte des Hellenistes & descendent d'Hellen. Les Atheniens habitent l'Attique & parlent selon la Dialecte Attique & sont originaires de leur Pays. Les Doriens descendans de Dorus, ont le langage Dorique, comme les descendans d'Æolus ont l'Æolique ; de même l'Ionique est propre aux Ioniens qui descendent d'Ion fils de Xutus. Il y eut donc un temps autrefois Hellas qui étoit dans la Thessalie & non pas dans l'Achaïe. Car, comme dit le Poëte [e], on les nommoit les Myrmidons, les Hellenes & les Achéens. Il appelle les Myrmidons ceux qui habitoient Phthie en Thessalie, Hellenes ceux dont nous venons de parler & il les distingue des Achéens, qui habitent presentement Melitée & Larisse surnommée Cremaste &c. Il se sert ensuite de la difference de la veritable Langue Greque & de l'idiome des Atheniens, pour prouver que le Pays d'Hellas étoit different de l'Attique ; il cite un passage où Posidippe Comique Grec reprend les Atheniens de ce qu'ils croioient que leur Langue étoit la veritable Langue Greque & que leur Ville étoit proprement le Pays d'Hellas. Il n'y a, dit-il, qu'un Pays d'Hellas, vous parlez Athenien quand vous parlez votre Langue, pour nous qui sommes Grecs nous parlons Grec ; pourquoi tant trainer les syllabes & appuyer sur les lettres & devenir ennuyeux en affectant l'élegance ? Pausanias [f] dit que Hellas étoit anciennement le nom d'une Contrée de la Thessalie & qu'il est devenu ensuite celui de toute la Grece.

[e] Homere.
[f] l. 3. c. 10.

3. HELLAS, si nous en croyons Aristote [g] dans son Traité des Meteores, la Grece ou le Pays d'Hellas étoit dans les premiers temps le Pays qui est aux environs de Dodone & du Fleuve Acheloüs. Car parlant du Deluge de Deucalion, il dit : il arriva principalement autour de la Grece, & sur tout autour de cette partie que l'on appelle l'ancienne Hellas : or cette Contrée est celle qui est aux environs de Dodone & du Fleuve Acheloüs. Car, poursuit ce Philosophe, il a changé son cours en plusieurs endroits. C'est-à-dire, que selon lui Hellas étoit anciennement le nom particulier d'un Pays situé entre la Thesprotie, la Thessalie, & l'Acarnanie.

[g] Meteorol. l. 1. c. 14. De Cataclysmis & quæ alii perennes, alii non Fluviorum alii non.

4. HELLAS, ou la GRECE PROPREMENT dite. Ce nom ayant été quelque temps particulier à un Pays assez petit, soit qu'on le prenne dans la Thessalie avec Strabon & Dicearque dont nous avons rapporté ci-dessus les temoignages, soit qu'on le trouve avec Aristote au Midi de l'Epire & au Couchant de la Thessalie, signifia avec le temps un Pays plus étendu, comme le dit Pausanias dans le passage allegué ci-dessus. Dicearque dit que les Atheniens pretendoient que la veritable Grece ou Hellas se trouvoit chez eux & j'ai rapporté le passage du Comique qui les reprend de cette erreur. Tandis que la Macedoine, l'Epire, & la plus grande partie du Peloponese avoient leurs Rois particuliers, un assez bon nombre de peuples qui avoient
eu

eu aussi les leurs au commencement, s'étoient arrangez en Republiques, & conservoient leur liberté par leurs alliances contre l'oppression étrangere, & par la Police & les Loix contre l'usurpation & le trop grand credit des particuliers. C'est ce que l'on nomma long-tems la GRECE PROPRE, ou en un seul mot HELLAS. On y comprenoit

L'ACARNANIE,	LA PHOCIDE,
L'ÆTOLIE,	LA BEOTIE,
LA DORIDE,	L'ATTIQUE,
LA LOCRIDE,	LA MEGARIDE.

Les détails où je suis entré dans l'article général de la Grece & dans les articles particuliers de chacun de ces Pays, rendent inutile ce que j'en dirois ici : je remarquerai seulement deux choses. L'une que les noms d'*Hellas* & d'*Hellenes* qui signifient la GRECE & les GRECS ne se borneront point là & qu'ils ont été employez ensuite pour signifier non seulement la Grece propre, mais encore toutes ses augmentations comme la Macedoine & généralement tout ce que les Latins ont entendu par le mot de Grece. La seconde observation est que quand la Grece propre ou l'*Hellas* prit le nom d'*Achaïe* parce qu'elle étoit entrée dans la Ligue des Achéens, il faut en excepter l'Ætolie qui fit une Ligue à part dans laquelle entrerent les Acarnaniens qui furent aussi quelque temps sous la Domination de l'Epire.

1. HELLENES, nom que les Grecs se donnoient en leur propre Langue.

2. HELLENES, Ville de l'Espagne Tarragonoise au Pays des *Callaici*, selon Strabon [a]. Mariana croit que c'est presentement Ponte Vedra.

HELLENICUM MARE, quelques Anciens ont ainsi nommé l'Archipel.

HELLENISTES, (LES) nous avons remarqué que le mot *Hellenes* veut dire les Grecs, c'est le pluriel d'*Hellen*, un Grec. On appelloit Juifs Hellenistes ceux qui vivoient dans les Villes ou dans les Provinces où la Langue Greque étoit commune ; & qui n'ayant pas l'usage de la Langue Hebraïque, ou Syriaque, ne se servoient communement que de la Version Greque des Septante dans leur particulier, & même dans leur Assemblée ; ce qui étoit desaprouvé par plusieurs autres Juifs que l'on nommoit Hebraïsans parcequ'ils ne pouvoient souffrir qu'on lût l'Ecriture sainte en une autre Langue qu'en Hebreu. Les Hellenistes ne sont connus que depuis le Regne des Grecs en Orient. La raison en est fort naturelle ; la Bible ne fut traduite en Grec par les Septante que sous le Regne de Ptolomée Philadelphe Roi d'Egypte descendu de l'un des Capitaines d'Alexandre. Quelquefois ces Juifs Hellenistes sont appelez simplement HELLENES, c'est-à-dire, *Grecs* ; & quelquefois HELLENISTÆ dans le Nouveau Testament [b]. Dom Calmet de qui sont la plupart de ces remarques dit qu'il ne trouve point ce dernier terme dans les Machabées ni dans les autres Livres Grecs de l'Ancien Testament.

HELLENOPOLIS, pour HELONOPOLIS.

HELLENOPONTUS. Voyez HELENOPONTUS.

HELLENSTEIN. Voyez HEIDENHEIM.

HELLES, Riviere qui fait le tour de la Ville de Smyrne, selon Isidore cité par Ortelius [c]. Ce Géographe après avoir consulté Strabon, presume qu'il faut lire Meles.

HELLESPONT [d], fameux Détroit appellé ainsi du nom de Hellé, fille d'Athamas, qui en le passant pour s'enfuir dans la Colchide avec son frere Phryxus, chargez tous deux de la Toison d'or, tomba malheureusement dans cette mer où elle perit. On y arrive par diverses routes après avoir laissé derriere soi à droite & à gauche les Isles Cyclades & Sporades, qui composent dans la Mer Egée ce qu'on appelle l'Archipel. Ce Détroit qu'on nomme autrement BRAS DE SAINT GEORGE, est situé au 37. d. 42'. de latitude & environ au cinquante-cinquieme de longitude. Toute sa longueur n'est pas de plus de dix à douze lieües, il n'en a guere plus d'une de largeur dans son entrée, & dans toute la suite une demie tout au plus. A son Couchant que l'on a à gauche en y entrant, on voit la Thrace qui est une partie de l'Europe que ce Détroit separe d'avec la Troade, Province d'Asie qui est à son Orient. Il a la Propontide au Septentrion, & la Mer Egée avec tout l'Archipel au Midi. A l'entrée de ce passage à main droite, on trouve le Promontoire Sigée, appellé aujourd'hui Cap *Gianizzari*, proche duquel il y a un petit Village de Chrétiens Grecs, nommé par les Turcs *Giaourkioi*, c'est-à-dire, *Village d'Infideles*, nom qu'ils ont accoûtumé de donner à tous les lieux où il n'y a point de Mosquées. Il est proche de l'endroit où étoit autrefois la celebre Ville de Sigée, & ceux du Pays le nomment Trojaki, ou petite Troye. On trouve là toute sorte de bons rafraichissemens. L'eau y est très-bonne. L'excellent vin Muscat de l'Isle de Tenedos qui n'en est qu'à une lieüe, s'y donne presque pour rien. On découvre la plus grande partie de la belle Campagne de la Troade, avec le Xante & le Simois, Rivieres d'un nom fameux, mais si peu larges qu'elles tarissent souvent en été. Ces Rivieres qui descendent toutes deux du mont Ida, après s'être unies au dessous du lieu où étoit Troye, & avoir formé un grand marais, passent par dessous un pont de bois, appuyé sur quelques piliers de pierres d'où elles s'embouchent dans l'Hellespont environ une demie lieüe audessous de ce Cap, proche du nouveau Château d'Asie. Ce Château est placé sur une Langue de terre qui s'avance dans la Mer, & composé sur un terrain quarré, de quatre grands pans de murailles, flanquez aux quatre coins de Tours, dont les deux qui sont vers la Mer sont quarrées, avec une espece de redan d'un côté. Les deux autres vers la terre ferme sont rondes. Entre ces quatre Tours il y a cinq autres qui en appuyent les murs, savoir une ronde & quatre quarrées. Elles sont de grosseur, de grandeur & de distance inégales. Celles que lavent la Mer, ont à fleur d'eau quantité d'embrasures, aussi bien que

HEL.

que leurs courtines & redans. Cette place dont l'entrée est au Septentrion, aboutit par une grande ruë à une assez belle Mosquée, qui est à son Midi proche la Marine d'où l'on en découvre tout le dome & le minaret. Entre ce Château neuf nommé par les Turcs *Natoli Inghi-Issar*, & le Cap des Janissaires, il y a au Nord-Est un Bourg appellé *Inglia-Issar-Kioi* Bourg du château neuf. On n'y voit rien de recommandable que huit Moulins à vent, chaqu'un à huit ailes, qui sont tout de suite en allant vers le Promontoire Sigée, vis à vis du château neuf d'Asie. Il y en a un autre en Europe nommé par les Turcs *Roumeli-Inghi-Issar*. L'un & l'autre a été bâti par Mahomet IV. qui ayant connu à ses dépens en 1656. & en 1657. que les deux Châteaux des Dardanelles, quoique d'une situation très-avantageuse, ne rendoient pas impossible l'entrée de la Propontide, ni par conséquent Constantinople imprenable, puisque les Venitiens combattirent toute l'Armée Navale des Otomans sous le Canon de ces Forteresses, & en triompherent à leur vûë, fit construire les deux Châteaux neufs à l'entrée de l'Hellespont. Il y a de l'un à l'autre cinq bons quarts de lieuë, & ils sont tous deux commandez par des Collines, mais celui d'Europe l'est encore plus que celui d'Asie. Il est situé proche du Cap de Grece, & d'une forme tout à fait irreguliere. Il a dans son circuit quelques maisons de l'Aga & des Officiers, avec une Mosquée dont le dome & le minaret paroissent fort en dehors, aussi bien que les autres édifices, parce qu'ils sont posez la plûpart sur le haut de la place, d'où l'on descend par de grands degrez aux embrasures des Canons qui sont à fleur d'eau. Il y a près de ce Château un petit village qui n'a rien de remarquable, & cinq grands Pilastres qui servent à soûtenir des ventouses pour donner de l'air à quelques conduits soûterrains qui portent l'eau à la Forteresse. Quand on a passé ces deux Châteaux, on entre dans l'Hellespont dont ils sont les portes, & delà jusqu'aux Dardanelles, il n'y a aucun reste d'Antiquité considerable.

Cette Mer au reste a eu divers noms chez les Anciens & principalement chez les Poëtes auxquelles *Hellespontus* ne convenoit pas toujours. Virgile dit la Mer de Phrygie par-[a] ce qu'en effet la Phrygie resserre ce detroit à l'Orient [a].

[a] Æneid. l. 1. v. 385.

Bis senis Phrygium conscendi navibus æquor.

[b] l. 6. v. 55. J'avois douze Vaisseaux lorsque je fis voile de l'Hellespont. Lucain dit [b]

Tot potuere manus aut jungere Seston Abydo
Ingestoque solo Phryxæum elidere Pontum,
Aut Pelopis latis Ephyren abrumpere regnis.

Tant de bras auroient pû joindre Sestos à Abydos, & combler la Mer de Phryxus en remplissant de terres son Canal, ou separer Corinthe du [c] *Peloponnese*. Valerius Flaccus dit de même [c]:

[c] Argonaut. l. 2. v. 586.

Phryxea subibant:
Æquora.

Pour dire *ils entroient dans l'Hellespont*. Ces deux Poëtes nomment le frere pour la sœur, parce que selon la Fable Hellé étoit avec son frere Phryxus lorsqu'elle donna son nom à cette Mer. Leur Pere étoit *Athamas*, & delà elle fut nommée *Athamantis*, ou *Athamantide*. Apollonius nomme l'Hellespont *le Courant d'Athamantide*. Appien [d] le nomme *Detroit d'Abydos* parce qu'effectivement Abydos étoit au bord de cette Mer. Ausone employe trois expressions de suite pour signifier l'Hellespont.

[d] Civil. l. 4. p. 638.

Quis modo Sestiacum pelagus, Nepheleidos Helles [e]
Æquor, Abydeni freta quis miretur Ephebi?

[e] In Mosell. v. 287. & 288.

Il l'appelle en premier lieu la Mer de Sestos, cette Ville étoit sur le rivage du Detroit du côté de l'Europe; ensuite la Mer d'Hellé fille de Nephele & d'Athamas, & enfin le Detroit du jeune homme d'Abydos. Cette Ville étoit au Midi de Sestos; & le Poëte fait allusion à la Fable d'Ero & de Léandre. Ortelius dit que l'Hellespont est appellé par Lycophron *Virgicidum Mare*; & Canterus observe que St. Gregoire de Nazianze l'appelle *Virginium Mare*.

HELLESPONTIA Cherronesus, partie de la Cherfonnese de Thrace le long de l'Hellespont, selon Etienne le Geographe [f]. Il semble en lisant l'Article *Agoræus Mürus* [e], qu'il y eût en Europe un Canton nommé l'Hellespont, de même qu'il y en avoit un en Asie.

[f] In Voce Aharmærros.

HELLESPONTUS, Province d'Asie dans la Phrygie, au Nord de la Troade. Elle étoit déja distinguée de la Phrygie du temps d'Auguste, puis qu'elles sont nommées l'une & l'autre dans le partage de cet Empereur. Elle étoit aussi distinguée alors de la Proconsulaire. La Notice de l'Empire que l'on croit faite sous Constantin compte l'Hellespont entre les dix Provinces du Diocese d'Asie, savoir la Pamphylie, l'Hellespont, la Lydie, la Pisidie &c. Le Geographe Anonyme [g] de Godefroi après avoir parlé de l'Asie proprement dite ajoute: après cela est l'Hellespont Pays fertile, où l'on recueille du bled, du vin, & de l'huile en abondance. Les Villes qu'il y a sont les anciennes Villes Troye & Ilion & Cyzique qui est plus grande; Elle est belle, bien bâtie & ornée au delà de toute expression; Il parle ensuite de la beauté des femmes dont Venus l'avoit gratifiée. On voit par ce passage que l'Hellespont étoit la partie Septentrionale de la Troade, & qu'il comprenoit encore une partie de la petite Mysie. La Notice de Hierocles met pour XXI. Province de l'Empire d'Orient celle de l'Hellespont, gouvernée par un homme Consulaire & lui donne trente Villes, savoir.

[g] Expos. totius Mundi.

Cyzique, Metropole,		Molis,
Proeconese,		Germæ,
Exoria,		Aptaus,
Barispe,		Cergæ,
Parium,		Sagara,
Lampsaque,		Adriani & Theræ,
		Aby-

HEL.

Abydos,	Heræ,
Dardanum,	Pionia,
Ilion,	Coniofine,
Troas, (Alexandrie)	Argiza,
Scamandre,	Xius Tradus,
Polichna,	Manda Canda,
Poemanentos,	Ergasterion,
Artemée,	Mandræ,
Recita,	Hippi,
Bladus,	Cifideron,
Scelenta,	Scepfis.

Quoique le titre de cttte Province dans la Notice promette trente Villes, on y trouve néanmoins trente-quatre noms. La Notice de Leon le Grand reduit beaucoup ce nombre-là, puis qu'elle n'y met que XIII. Villes dans l'Hellespont.

Les voici.

Cyzici,	Lampfaci,
Germes,	Abydi,
Poemanii,	Dardani,
Oces,	Ilii,
Bareos,	Troadis,
Adriani Venatus,	Pionia.

Et Melitopoleos.

L'Archevêque de Cyzique étoit Exarque de tout l'Hellespont.

HELLEVIONES, Voyez HILLEVIONES.

HELLOPES, ancien peuple de l'Epire, selon Pline [a]. Etienne le Géographe, dit HELLOPIA ou ELLOPIA. Voyez ELLOPIA 3.

[a] l. 4. c. 1.

HELLOPIA; Voyez ELLOPIA.

HELLUM, HELLELUM, Village d'Allemagne sur le bord de l'Ill. C'est le même lieu qu'ELCEBUS. Voyez ce mot.

HELLUS, ou ELLUS, nom Latin de l'ILL, Riviere d'Allemagne.

HELLUSII, Tacite nomme ainsi le même Peuple que Pline appelle HILLEVIONES. Voyez ce mot.

HELMANDICA, Voyez SALMANTICA.

HELMODENES, Peuple d'Arabie, selon Pline [b]. Il avoit une Ville nommée EBODE.

[b] l. 6. c. 28.

HELMON-DEBLATHAÏM, Lieu de la Palestine sur le torrent d'Arnon [c]. Les Israëlites y camperent & delà ils allerent à la Montagne d'Abarim.

[c] Numer. c. 33. v. 46.

HELMONT [d], petite Ville des Pays-bas dans le Brabant Hollandois, & dans le quartier du Peelland, dont elle est la seule Ville. Elle est située sur l'Aa, Riviere qui prend sa source dans le Marais & qui abonde en poissons. C'est une Seigneurie assez considerable, qui releve du Conseil de Brabant à la Haye. Elle appartenoit autrefois aux Seigneurs de Berlair & Keerberghe & a passé dans la Famille de Cortenbac & appartient aujourd'hui à celle d'Arenberg. Il y a un fort beau Château près duquel étoit autrefois un Monastere de Chanoinesses regulieres, qui fut brûlé en 1543. par ordre ou du consentement du Sei-

[d] Janiçon Etat pres. des Provinces Unies T. 2. p. 138.

HEL. 91

gneur de Helmont, parce que ce Monastere servoit de retraite aux troupes de Martin de Rossem qui faisoient de grands ravages dans ce Pays-là. Le Comte de Hohenlo s'étant rendu maître de la Ville de Helmont en 1588, elle fut reduite en cendres excepté une seule maison & le Château. Depuis ce temps-là elle a été rebâtie, mais il s'en faut bien qu'elle soit aujourd'hui aussi considerable qu'elle l'étoit auparavant. Les Habitans de ce lieu pretendent être exempts des Peages dans tout le Brabant & d'avoir divers autres Privileges. La residence consiste en un Drossart, deux Bourgmestres, & sept Echevins qui sont établis par le Seigneur. Il y a une assez grande Eglise pour les Protestans dont le Ministre va aussi prêcher à Rixtel. Il se tient à Helmont un marché toutes les Semaines & quatre foires tous les ans, savoir le Samedi avant la fin de Mars, le Samedi après la St. Jean, le Samedi après le premier Septembre & le Samedi d'après le 25. Novembre.

1. HELMSTADT; quelques uns écrivent HELMESTADT, entre autres Herman Conringius [e]. D'autres ont écrit HALEMSTADT [f]; d'autres enfin, comme Zeyler [g], HELMSTETT, Ville d'Allemagne dans le Duché de Brunswig, auprès d'un agréable Bois nommé l'ELM d'où lui vient son nom. Elle est à quatre milles de Wolfenbutel; l'Empereur Charlemagne la bâtit & la fortifia en 782. à priére de Ludger, afin de servir d'asyle à la Religion Chrétienne que l'on prêchoit alors aux Sorabes & aux Wilhes qui venoient d'être subjuguez. C'est après Bardewick la plus ancienne Ville qui ait été fondée en Saxe. Ce Saint y établit un Monastere de Benedictins. Il étoit déja Evêque de Munster, & il soumit ce nouveau Monastere à celui de Werden ou Werthin, qui est dans le Diocèse de Cologne sur la Roer & qu'il ne faut pas confondre avec l'Evêché de Verden ou Ferden. Ces deux Monasteres furent long-tems unis sous un même Abbé. En 1489. Antoine Abbé de Werden & de Helmstadt, vendit la Ville de Helmstadt dont il étoit Seigneur à Guillaume de Brunswig Duc de Wolffenbuttel. (D'autres disent qu'il ne la lui donna qu'à titre de Fief.) Ce Prince en prit possession l'année suivante. Cette Ville avec son Fauxbourg nommé OSTENDORFF est assez belle, & entourée de murs, de fossez, & de remparts, & pouvoit passer autrefois pour une place assez forte. Il y a trois Eglises sous l'invocation de St. Etienne, de St. Augustin, & de Ste. Walburge. Hors la Ville il y a deux Monasteres, l'un à l'Orient est celui que St. Ludger fonda, on y voit encore la premiere Chapelle qu'il y bâtit. De l'autre côté ou au Couchant Wolffram Abbé de Helmstadt & de Werden, fonda en 1181. un Monastere de filles, sous l'invocation de Notre Dame où en 1235, il y avoit cinq Chapelains, quarante Religieuses de Chœur & dix Converses. Le principal ornement qu'ait à present cette Ville c'est son Université fondée par le Duc Jule de Brunswig, & installée le 15. Octobre 1576. Elle est nommée en Latin *Julia Academia*. On y donne les degrez dans les trois Facultez de Theologie,

[e] *De Antiquissimo Statu Helmestadii & Vicinia Conjectura.*
[f] Helmestadii 1665. Baillet Topogr. des Saints.
[g] Brunswic. Topogr. p. 112.

M 2

gie, de Droit & de Medecine ; les Professeurs sont de la Confession d'Augsbourg. Il y a un beau College nommé *Juleum Novum*; la Bibliotheque est assez belle.

2. HELMSTADT ; Ville de Suede dans la Province de Halland dont elle est la Capitale ; Mr. Baudrand [a] la nomme HELMSTEDE & Mr. Hubner [b] la nomme en Latin HELMOSTADIUM ; Elle est à neuf milles d'Helsingor & à cinq de Falckenbourg sur la côte. Christian IV. Roi de Dannemarc l'avoit fait fortifier, mais par le Traité de Bromsbro [c], il la ceda aux Suedois qui la possedent depuis l'an 1645.

HELODES, Ἑλώδες, Isles de la Mer Caspienne sur la côte d'Albanie, selon Ptolomée [d]. Mais ce nom est moins le nom propre de ces Isles qu'une Epithete qui signifie qu'elles étoient marécageuses, basses & humides. L'exemplaire de la Bibliotheque Palatine porte qu'il y avoit deux Isles.

HELON, Ville ancienne de la Palestine dans la Tribu de Juda. Elle fut donnée aux Levites; [e] D. Calmet conjecturé que c'est la même que CHOLON ou OLON, dont il est parlé dans le Livre de Josué [f].

HELORUM CASTELLUM. Voyez l'Article qui suit.

1. HELORUS, Riviere de Sicile sur la côte Orientale de l'Isle dans sa partie Meridionale. Elle avoit sa source auprès d'ACRÆ, d'où serpentant vers le Midi & recevant une autre Riviere comme si elle eût dû passer à Casmenes, elle se recourbe vers l'Orient Meridional, & se perd dans la Mer de Sicile. Son nom moderne est l'Ateliari. Assez près de son embouchure & vers le Nord, sur le chemin qui va de Pachinum le long de cette côte étoit la Ville d'ELORUM, ou HELORUM, de laquelle ce chemin prenoit le nom de VIA ELORIA ou HELORIA. Entre cette Ville & l'embouchure de cette Riviere étoit un Château nommé ELORUM ou HELORUM CASTELLUM. Entre *Casmenes* & l'embouchure de l'*Helorus* est un Canton delicieux [g] que l'on nommoit HELORIA TEMPE ; Ovide [h] le nomme ainsi. Virgile vante la bonté de son terroir dans son Eneide [i].

Præpingue solum stagnantis Helori.

Cette épithéte de *stagnans* qui signifie une Riviere qui coule lentement & que l'on prendroit pour un lac ne s'accorde gueres avec le *Clamosus Helorus* de Silius Italicus [k]. Vibius Sequester fait couler cette Riviere dans le Territoire de Syracuse. *Helorus Syracusarum a quo Civitas* ; ceci est bien obscur pour dire que cette Riviere donne son nom à une Ville. Etienne est plus clair. Il dit : Helorus Ville de Sicile, ainsi nommée de l'Helorus qui est vers le Promontoire *Pachinum*.

2. HELORUS, Ville de Sicile. Voyez l'Article precedent.

3. HELORUS, ancienne Riviere d'Italie dans la grande Grece entre Caulonia & Crotone, selon Diodore de Sicile cité par Ortelius. Mais je trouve dans l'Edition Latine de Rhodoman [l]. *Et jam bonam itineris partem emensi, ad Helorim Fluvium castra lo-*

cabant ; &c. ainsi cette Riviere auprès de laquelle Denys remporta une Victoire s'appelloit HELORIS & non pas HELORUS. Le même fait est raporté par Polybe [m] & il nomme cette Riviere, Ἐλλέποϱον ποταμὸν, ELLEPORUS, mais la Version Latine porte *ad Elorum amnem*.

1. HELOS, ancienne Ville de Grece au Peloponnese dans la Laconie. Elle étoit fort petite assez près de la Mer, & au fond du Golphe Laconique à trente Stades d'*Acriæ*, c'est-à-dire, à trois mille six cens pas. Homere l'appelle Maritime dans le second Livre de l'Iliade [a]. On n'en voioit plus que les [n] ruines du temps de Pausanias [o]. Les Lacedemoniens se rendirent maîtres d'Helos sous le regne de Soüs [p], & en rendirent les Habitans esclaves; & comme les vainqueurs les employoient à labourer les terres, & aux ouvrages les plus penibles & les plus meprisez avec le temps le nom des Helotes, Heilotes, ou Ilotes devint un nom général de tous les esclaves publics: on le donna aux Messeniens, après qu'on les eut depouillez de leur Pays, & privez de la liberté. On peut voir dans la Vie de Lycurgue avec combien de dureté & de mepris ils étoient traitez par leurs maîtres. Voyez l'Article ILOTES. Strabon [q] dit que la Ville de Sparte se soumit ses Voisins de maniere qu'ils joüissoient avec elle des mêmes loix & du même Gouvernement, qu'ils étoient également admis aux charges & qu'on les nommoit HEILOTES ; mais qu'Agis fils d'Eurysthene leur ôta ce droit & les força de payer tribut aux Lacedemoniens ; que les HELEIENS qui possedoient la Ville d'Helos furent les seuls qui s'opposerent à ce decret; qu'ils furent vaincus & reduits en un esclavage d'autant plus rigoureux qu'il n'étoit pas permis au maître d'un tel esclave de l'affranchir, ni de le vendre hors du Pays. Cette guerre fut appellée la guerre des Heilotes. Mais fut Agis qui régla l'état des Heilotes qui dura jusqu'à la conquête de Lacedemone par les Romains. Les Lacedemoniens s'en servirent comme d'Esclaves publics leur assignant des maisons particulieres & leur imposant des tâches & des corvées.

2. HELOS, ancien nom d'un lieu du Peloponnese dans la Messenie, selon Pline [r] Strabon rapportant un passage de l'Iliade où il est dit :

Ἕλος τ' ἔφαλον πτολίεθρον.

c'est-à-dire, Helos Voisine de la Mer, dit quelques-uns entendent par Helos un certain lieu auprès de l'Alphée : D'autres entendent Helos une Ville pareille à celle de Lacedemone. D'autres entendent Helos auprès de HALORIUM où est un Temple de Diane Éléërinè dont le Sacerdoce dependoit des Arcadiens. Le passage de Strabon est cité par le R. P. Hardoüin comme s'il y étoit question du même lieu, mais si l'Helos de Pline étoit dans la Messenie il ne pouvoit être auprès de l'Alphée. Il étoit dans l'Elée. De plus Halos dans le voisinage de *Halorium*, étoit certainement dans l'Elée ; & par consequent different de l'Helos que Pline nomme entre Methone & Asine.

3. § Il y avoit donc trois Helos au Peloponese. L'une dans la Laconie, l'autre dans la Messenie, & la troisieme dans l'Elée auprès de l'Alphée. Il n'y avoit que la premiere qui fût une Ville, la seconde étoit simplement un lieu sans autre qualification, & la troisiéme pouvoit avoir été une Ville, mais comme elle ne subsistoit plus on ne convenoit point de son ancien état.

4. HELOS, ancienne Ville d'Asie dans l'Ionie auprès d'Erythres. Elle ne subsistoit plus du temps de Pline qui en fait mention[a]. Il la nomme avec deux autres, savoir PTELEON & DORION. Etienne le Géographe dit de même & *Pteleon & Helus & Dorion*; & cela est écrit en forme de citation immediatement après ces mots Helos Ville de la Laconie. Cela a donné lieu à Ortelius de croire qu'Etienne avoit donné ces trois noms comme synonymes & ne signifiant qu'une même Ville; ce qui seroit une faute. Le passage de cet ancien Géographe a été estropié par son stupide Abbreviateur. Ce sont trois anciennes Villes.

[a] l, 5. c. 29.

5. Il y avoit aussi HELOS en Egypte, selon Etienne le Géographe.

HELOSENSIS, Siege Episcopal de la Gaule. Gregoire de Tours [b] nomme Laban *Helosensis*. Ortelius [c] conjecture que ce doit être le même Siege qu'*Elusanus*, aujourd'hui EAUSE, & sa conjecture a été suivie par D. Ruinart Moine Benedictin.

[b] Hist. Franc. l. 8. c. 22. p. 394.
[c] Thesaur.

HELPHA. Voyez PORPHYREUM.

HELPRA nom d'une Riviere de laquelle il est fait mention dans la Vie de St. Humbert. Elle doit être dans la Belgique, & même dans le Hainaut, au jugement d'Ortelius [d].

[d] Thesaur.

HELSINGBORG, Ville, Port, & Château de Suede dans la Schone [e], sur l'Oresund vis à vis de Cronenbourg. Les Danois [f] s'en rendirent maitres en 1709. mais ils la garderent peu.

[e] Baudrand. Edit. 1705.
[f] Hubner Geogr. p. 697.

HELSINGEN, ou la HELSINGIE. Voyez HELSINGIE.

HELSINGFORD, Ville de Finlande dans le Canton [g] de Nyland sur le Golphe de Finlande. Elle est fort petite & a un port assez commode.

[g] Hubner Geogr. p. 702.

HELSINGIE, Province de Suede, Mr. Hubner la nomme HELSINGEN, Mrs. Baudrand & Corneille disent HELSINGHLAND. Elle est bornée au Nord par l'Iempterland & par la Medelpadie. Au Couchant & au Sud-Ouest par la Dalecarlie, au Midi par la Gestricie, & à l'Orient par le Golphe de Bothnie. Elle est traversée dans toute sa longueur par la Riviere de Liusna qui reçoit la Riviere de Woxna un peu avant que de se perdre dans le Golphe de Bothnie, auprès de Soderham. Ce lieu & celui d'Hudwickswald qui est à l'embouchure de la Riviere d'Ecksund sont sur la côte & les principaux de la Province.

HELSINGOR, ou plutôt HELSINGOHR, quelques-uns disent ELSENEUR; en Latin *Helsingora*. Ville de Dannemarck sur l'Oresund dans l'Isle de Selande, au Nord de Copenhague. Elle est remarquable par l'obligation imposée à tous les Vaisseaux qui passent par ce Detroit de mouiller devant cette Ville & d'y declarer leur charge dont ils payent une Douane au Roi de Dannemarck [h]. Cette Ville fut revêtue de murailles sous le Regne de Christian IV. & est peuplée non seulement de Danois, mais de Citoyens de diverses Nations. Elle fut brûlée en 1288. par le Roi de Norwege, & les Habitans se refugierent dans la Forteresse de Flunderburg, ou Flundersbourg qui étoit au Midi. On bâtit ensuite le Port d'OREKRAGE dans le même lieu où est presentement Cronebourg. Eric de Pomeranie Roi de Dannemarck accorda en 1425 des Droits & des Privileges à la Ville, & les Franchises pour dix ans à ceux qui y bâtiroient des maisons de bois & de vingt ans pour ceux qui en bâtiroient de pierres. Sous Christian II. les Villes Hanseatiques la ruinerent de nouveau en 1522. mais elle se releva en peu de temps. Cette Ville souffrit beaucoup durant que les Suedois faisoient le siege de Cronebourg en 1658. Mais elle fut rendue au Roi de Dannemarck après la paix en 1660. Cette Ville est la patrie du fameux Jean Isaac Pontanus. Il y naquit quoique ses parens fussent de Harlem, il fut ensuite Docteur en Medecine & Professeur dans l'Université de Harderwyc en Gueldre; & joignit à cette qualité celle d'Historiographe du Roi de Dannemarck & de la Province de Gueldres: ses ouvrages sont souvent citez dans ce Dictionaire.

[h] Hermanld. Dan. Desc. p. 621.

HELSTON [i], Bourg d'Angleterre dans le Comté de Cornouailles, à deux lieues de Falmouth du côté du Couchant. C'est un des quatre Bourgs où l'on marque l'étain de Cornouailles. Ce Bourg envoye ses Deputez au Parlement.

[i] Baudrand Edit. 1705.

HELTA, Mr. Corneille [k] dit: Ville de Transsilvanie, habitée par les Saxons: elle est, dit-il, à une lieuë de Zeben, ou d'Hermanstad & rénommée par les faucilles qu'on y fait. C'est tout au plus une Bourgade.

[k] Dict. Geog.

HELTHECEM. Voiez ELTEKE.

HELTHOLAD. Voiez ELTOLAD.

HELVA. Voiez ELVIA.

HELVECONÆ, ancien Peuple de la Germanie. Il faisoit partie des Lygiens, selon Tacite [l].

[l] De Mor. Germ. c. 43.

HELVELDII. Voiez au mot SLAVES.

HELVETII, ce nom a une signification bien differente pour l'étenduë dans les anciens Auteurs & dans les Modernes. Ces derniers nomment ainsi la Republique des Suisses, avec toutes ses dependances & dans ce sens les treize Cantons & leurs alliez sont appellez le CORPS HELVETIQUE. Voyez au mot SUISSES.

Dans les Ecrits des Anciens c'est un Peuple particulier nommé les HELVETIENS qui faisoient partie de la Gaule, & étoient divisez en quatre Cantons. Ce Peuple merite bien que nous traitions un peu au long ce qui le regarde. Cesar nous apprend en même temps les bornes, & les qualitez de ce Peuple. Les Helvetiens, dit-il [m], sont enfermez de tous côtez par des bornes naturelles. D'une part ils ont le Rhin Fleuve très-large & très-profond qui les separe des Germains. D'une autre le Jura Montagne très-haute est entre eux & les Sequaniens. Troisiémement le Lac Leman

[m] l. 1. c. 2.

& le Rhône les separent de notre Province. Il ajoute : refferrez de la forte ils ne pouvoient ni s'étendre par des Courfes, ni faire aifément la guerre à leurs voifins. La quantité d'hommes dont le Pays étoit chargé & l'humeur guerriere de la Nation ne leur permettoit pas de fe contenter d'un Pays fi borné qui n'avoit que deux cens quarante mille pas de longueur & cent quatre-vingt mille de largeur [a]. Ce Général Romain raconte enfuite comment les Helvetiens prirent le parti d'entrer dans la Gaule qu'ils fe propofoient de conquerir. Ils étoient eux-mêmes Gaulois & même un des plus puiffans Peuples de la Gaule. La mort d'Orgetorix ne les empêcha point d'executer leur projet, ils commencerent par brûler douze Villes & quatre cens Villages qu'ils avoient & perfuaderent aux Rauraques, aux Tulinges, & aux Latobriges de faire la même chofe & de fe joindre à eux. Ils s'affurerent auffi des Boiens qui avoient paffé dans le Norique. [b]Il y avoit deux forties de leur Pays pour entrer dans la Gaule, l'un étroit par Geneve, l'autre par les Sequaniens & les Ædui. [c] Cefar n'ayant pas voulu leur laiffer le premier paffage libre ils tenterent le fecond [d], & pafferent même la Saone [e], un quart de leur armée étoit encore au-delà de cette Riviere quand Cefar fondit deffus, batit aifément des gens qui ne le croyoient pas fi proche & fe força de s'enfuir dans les Forêts voifines. Il dit que c'étoit le Canton de Zuric qui fut batu, *Tigurinus Pagus*; mais il avertit que les Helvetiens étoient partagez en quatre Cantons. Il n'en nomme que deux, favoir *Tigurinus*, dont il parle cent occafion, & *Urbigenus Pagus*[f], dont il dit : la nuit étant furvenüe fix mille hommes du Canton nommé *Urbigenus*, foit par la crainte qu'ils eurent qu'étant defarmez on ne les fît mourir, foit par l'efperance de pouvoir fe fauver & cacher leur fuite dans le grand nombre de ceux qui s'étoient rendus, fortirent du Camp des Helvetiens, & prirent la route du Rhin & des frontieres de la Germanie. Voyez *Urbigenus*. Cefar n'ayant nommé que ces deux Cantons des Helvetiens, on a cherché les deux autres dans les autres Auteurs anciens; & on a crû les trouver dans un paffage de Strabon [g] où il dit que Marius Vainqueur des Cimbres & de leurs alliez recompenfa les Maffiliens des bons fervices qu'ils avoient rendus contre les Ambrons & les *Tugeni*. Europe dit [h] : Marcus Manlius & Caius Cæpion furent vaincus auprès du Rhône par les Cimbres, les Teutons, les Zuriquois & les Ambrons qui étoient des Peuples de Germanie (favoir les deux premiers) & des Gaulois, (voila pour les deux derniers) Tite-Live [i] au commencement de la guerre des Cimbres ne fait mention que des Zuriquois : Lucius Caffius Conful fut, dit-il, batu avec fon armée, fur la frontiere des Allobroges, par les Zuriquois, Peuple Gaulois, d'un Canton des Helvetiens. Mais le même Auteur dit ailleurs [k], C. Marius Conful defendit le Camp que les Teutons & les Ambrons attaquerent vigoureufement; enfuite il les tailla en pieces dans deux batailles auprès d'Aix. Plutarque parle fouvent des Ambrons. Voiez leur Article particulier. Le Peuple TUGENI que l'on explique par le Can-

[a] c. 3.
[b] c. 6.
[c] c. 8.
[d] c. 9.
[e] c. 12.
[f] c. 27.
[g] l. 4.
[h] l. 5. c. 1.
[i] Epitom. l. 65.
[k] Epitom. l. 68.

ton de ZUG a fait moins de bruit que les Ambrons dans les Ecrits des Anciens, mais il fuffit qu'il fe trouve dans Strabon qui le nomme Τωΰγενοι. Voyons prefentement comment on diftribue entre ces quatre peuples ou Cantons, le Pays des Helvetiens entre le Mont Jura, le Rhône & le Rhin.

Le Canton de Zuric (*Tigurini*) étoient, dit-on [1], bornez par le Rhin, & la Linth & par une partie du Mont Jura vis-à-vis du confluent de la Linth & de l'Aar. Le Canton de Zug (*Tugeni*) étoit entre la Linth & la Russ & la Montagne où font leurs fources.

[1] *Cluver. German. ant. l. 1. c. 4 p. 13.*

Les *Urbigenes* avoient au Couchant le Mont Jura depuis Geneve jufqu'à la fource de la Byrfe qui fe perd dans le Rhin auprès de Bafle; au Midi tout le bord Septentrional du Lac Leman & à l'Orient la Saana & l'Aar, jufqu'au confluent de l'Orbe.

Les *Ambrons* avoient au Nord le Mont Jura, entre les deux confluents de l'Orbe & de la Linth ; au Midi la Chaine des Alpes qui eft entre les fources de la Saane & de la Linth ; au Couchant la Saane & l'Aar ; & à l'Orient la Linth.

Cette diftribution n'eft fondée à la verité que fur une conjecture, mais comme elle n'eft combatue par le temoignage d'aucun Ancien, qu'au contraire elle s'accorde avec ce que les Anciens nous apprennent de ces Peuples ; & qu'enfin Cefar ne nomme point deux des Cantons Helvetiques ; on peut s'y tenir en attendant que l'on produife quelque chofe de plus évident. On croit même trouver dans les Pays qui repondent aujourd'hui à ces quatre anciens Cantons des Helvetiens, des traces de l'ancien nom.

Le Canton des *Urbigenes* tire fon nom d'URBA, aujourd'hui ORBE, nom commun à une Riviere, à une Ville, & à un Bailliage. Le Canton des *Tigurini* a pu prendre fon nom de *Tigurum*, qui étoit apparemment une des douze anciennes Villes que les Helvetiens brûlerent. Le nom de *Zuric* qui en eft vrai-femblablement derivé, porte la marque de fon origine. Il en eft de même de *Zug*, en Latin *Tugenus Pagus*, qui prenoit fon nom de *Tugium* autre ancienne Ville. Pour les *Ambrons* il y a tout lieu de croire qu'ils prenoient leur nom de la Riviere d'*Emmen*, autour de laquelle ils habitoient, on les nommoit *Emmeren* en leur Langue, & les Romains en firent le mot *Ambrones*.

Ainfi à comparer les Cantons des Helvetiens avec ceux des Suiffes d'aujourd'hui, les *Tigurini* occupoient partie du Canton de Glaris entre la Linth & le Rhin, le Toggenbourg, le Canton d'Appenzel, les terres de l'Abbé de St. Gall, le Turgow, la plus grande partie du Canton de Zuric & le Comté de Bade.

Les *Tugeni* poffedoient l'autre partie du Canton de Glaris, le Canton de Schwitz, & la plus grande partie du Canton de Zug, une Lifiere de celui de Lucerne & plus de la moitié de celui d'Uri.

Les *Urbigenes* avoient une petite partie du Canton de Soleurre, favoir ce qui eft à l'Orient de l'Aar, la Principauté de Neuchâtel & de Valengin, la plus grande partie du Canton de Fribourg, avec le Pays de Vaux.

Les *Ambrons* avoient le refte du Canton de Soleurre, prefque tout celui de Lucerne; une Lifiere du Canton de Fribourg, prefque celui de de Berne, celui d'Underwald & partie de celui d'Uri.

Les Grisons, la Valteline & le Valais ne faisoient point partie des anciens Helvetiens, non plus que le Canton de Schafhouse qui est au delà du Rhin & par conséquent appartenoit à la Germanie. L'Evêché & le Canton de Bâle étoient aux *Rauraci* Peuple different des Helvetiens.

Il ne faut pas dissimuler ici que le sentiment que je viens d'expliquer n'est pas unique. Il y en a un autre que je vais y joindre, afin de laisser le choix au Lecteur. On convient avec Cluvier des deux Cantons nommez par Cesar, savoir, celui des *Tigurini* & celui des *Urbigenes*. On laisse au premier les mêmes bornes, excepté au Couchant & au Midi qu'on l'étend jusqu'au second, desorte qu'ils sont contigus l'un à l'autre. Il s'agit de trouver le nom & les bornes des deux Cantons qui restent & à la place des *Tugeni* & des *Ambrons* on substitue les AVENTICENSES & les ANTUATES. On veut que les *Aventicenses* ayent eu *Aventicum* (Avanches) pour leur Capitale & qu'ils s'étendoient jusqu'aux Alpes Pennines, c'est-à-dire, y compris tout le Valais. Le Canton des *Antuates* est placé, selon ceux qui sont de ce sentiment, aux deux bords du Lac Leman, desorte qu'au Midi il étoit separé des Salasses, des Centrons & des Allobroges par des Montagnes, que delà il s'étendoit au Couchant jusqu'au Mont Jura; que pour le reste il étoit borné par le Canton d'Avanches. On allegue pour preuve que les *Antuates* sont expressément nommez par Cesar & que plusieurs Exemplaires ont substitué mal à propos à ce nom celui de Nantuates. On convient que les mots d'*Aventicensis Pagus* ne se trouvent point dans les Ecrits des Anciens; mais on trouve dans Pline & sur les anciennes Pierres qu'il y est fait mention des *Aventici* & *Avantici*. On voit qu'Avanches (*Aventicum*) étoit une Ville très-ancienne & très-puissante & qu'elle fut ensuite la Capitale du Pays; & comme *Urba* & *Tigurum*, c'est-à-dire, Orbe & Zuric, donnerent chacune le nom à un Canton, il seroit étrange qu'*Aventicum* si fameuse n'eût pas aussi donné le sien à un autre Canton particulier. On trouve deux Evêques établis dans l'ancienne Helvetie, l'un à Avanche & l'autre à Windisch (*Vindomisse*.) & comme la Jurisdiction Ecclesiastique fut d'abord reglée sur la Jurisdiction civile, on peut en conclurre que ces deux Villes qui devinrent Episcopales étoient alors honorées du Siége de deux Presidens Romains, dont l'un residoit à Avanche & l'autre à Windisch. Le President & l'Evêque d'Avanche gouvernoient encore le Canton des Antuates. Ceux de Windisch avoyent sous leur Jurisdiction les Cantons des *Urbigenes* & des *Tigurini*. Il n'est pas incroyable que les quatre grands Cantons fussent divisez en d'autres petits au nombre desquels étoient les *Ambrons* & les *Tugeni*.

L'Auteur de l'Etat & des Delices de la Suisse a embrassé le premier sentiment: nous trouvons, dit-il, dans Cesar les limites anciennes de l'Helvetie. Il la borne d'un côté par le Rhin qui la separoit de la Germanie; de l'autre par le mont Jura qui la separoit des *Sequani*, & de l'autre par le Lac Leman & par le Rhône qui la separoient de l'Italie. Comme elle étoit en deça du Rhin, elle appartenoit à la Gaule; ce qui fait que Tacite appelle les *Helvetii*, Nation Gauloise. Jule Cesar, Strabon, Pline, & Ptolomée les ont placez dans la Gaule Celtique; mais Auguste pour rendre les Provinces à peu près égales mit les Helvetiens dans la Belgique. Cellarius avoit remarqué la même chose [b]; voila Pline & Ptolomée justifiez pour avoir mis les Helvetiens dans la Belgique. Nicolas Sanson leur avoit reproché dans ses Remarques sur la Carte de l'ancienne Gaule de n'avoir pas bien entendu Cesar, & avoit soutenu que Cesar ne les y place point, mais dans la Celtique. Toutes ses preuves deviennent inutiles puisque l'on convient que du temps de Cesar, ils étoient de la Celtique; mais, comme sous Auguste ils en furent detachez & unis à la Belgique, Pline & Ptolomée qui ont vêcu après ce changement ont dû suivre la nouvelle disposition. Revenons à l'Etat & aux Delices de la Suisse.

Il n'y avoit dans tout le Pays, poursuit cet Auteur, que douze Villes & quatre cens Villages; ils s'aviserent de brûler les uns & les autres du temps de Cesar pour aller chercher une nouvelle demeure dans les Gaules; mais la resistance de ce Général Romain les empêcha de s'y établir & les contraignit de retourner dans leur Pays & d'y rebâtir leurs Villes & leurs Villages.

Toute l'Helvetie comprise dans l'HELVETIA CIVITAS, étoit divisée en quatre Cantons qui, quoique compris sous le nom général des *Helvetii*, avoient cependant chacun un nom distingué & un territoire separé. Cesar nous apprend cette particularité mais il ne nomme que deux de ces Cantons, savoir *Tigurinus* & *Urbigenus pagus*. Strabon & les Historiens qui ont écrit la guerre des Cimbres, nous fournissent les noms des deux autres Cantons. En parlant de la victoire que C. Marius gagna sur les Cimbres, ils mettent au nombre de ses alliez les *Ambrons* & les *Tugeni* peuples de l'Helvetie: ainsi nous avons les noms des quatre Cantons qui composoient l'ancienne Helvetie, savoir

Pagus Urbigenus,   Pagus Tigurinus,
Pagus Ambronicus, Pagus Tugenus.

Les Urbigenes étoient les plus voisins de l'Italie, ils tiroient leur nom de la Ville *Urba* (Orbe) Ville ancienne, mais dont la splendeur ne fut pas de durée, car *Aventicum* (*Avenche*) lui enleva de bonne heure la gloire d'être non seulement la Capitale du Canton, mais même de toute l'Helvetie. Cette derniere dut son élevation aux Romains qui entre autres faveurs y établirent une Colonie. On comptoit aussi du temps des Romains plusieurs autres Villes considerables dans ce Canton, savoir *Colonia Equestris* ou *Noiodunum*, aujourd'hui *Nyon*; *Lausanna* ou *Lacus Lausonius*, à présent *Lausanne*; *Minnidunum* ou *Minodum*, presentement *Milden*, & en François *Mouldon*; *Penestica*, ou *Pe-*

tenifca, qui eſt *Biel* , & *Eburodunum* ou *Caſtrum Ebredunenſe* , qui eſt Yverdun.

Les Ambrons n'avoient, ſelon Cluvier, que deux Villes *Salodurum* & *Vindoniſſa*. On ne peut rien dire, ajoute-t-il , ſur l'ancienneté de la premiere car les deux plus vieux monumens qui en faſſent mention ſont la Table Theodoſienne (ou de Peutinger) & l'Itineraire qui porte le nom d'Antonin , qui peut être du même temps. On ne peut douter que Soleurre ne ſoit la même Ville que *Salodurum* , à l'égard de *Vindoniſſa* ſon ancienneté eſt encore plus conſtante, car Tacite en fait mention. Les Geographes pretendent que l'on trouve aujourd'hui des veſtiges de cette Ville dans le Village de Windiſch au Canton de Berne ; & ſi les noms ont aſſez de rapport, la poſition ne convient pas mal non plus à celle que lui donnent la Table de Peutinger & l'Itineraire.

Le *Pagus Tigurinus* tiroit ſon nom de la Ville de *Tigurum*, aujourd'hui Zuric. Il n'y a cependant pas un ancien Ecrivain qui faſſe mention de la Ville. Il eſt à croire qu'elle fut du nombre de celles que les Helvetiens brûlerent , lorſqu'ils formerent le deſſein de s'aller établir dans les Gaules. Les autres Villes de ce Canton étoient *Forum Tiberii* , *Arbor Felix* , *Ad fines* , *Vitodurum* , *Ganodurum*. On croit que les quatre premieres ſubſiſtent encore dans *Keyſerſtuhl* , *Arbon*, *Pfin* & *Winterthurn* , mais pour la derniere on ne ſait ni ſa ſituation ni le ſort qu'elle a eu.

Strabon eſt le ſeul des anciens Auteurs qui faſſe mention de *Pagus Tugenus*. Il eſt vraiſemblable qu'il tiroit ſon nom de la Ville *Tugum* ou *Tugium* , à preſent encore Capitale d'un Canton. On peut dire que le nom eſt abſolument le même , car dans pluſieurs noms de Villes qui chez les Romains commençoient par la lettre T. les Germains changeoient cette lettre en Z. de *Taberna* ils firent Zabern : de *Tolbiacum*, Zulpich & ainſi de *Tugum* ils ont fort bien pu faire Zug.

Nous avons dit que les Helvetiens furent de la Celtique du temps de Jule Ceſar ; & qu'Auguſte les rangea ſous la Belgique, ce ne fut pas immediatement car il les mit d'abord ſous la Lyonnoiſe [a] ; mais cet état dura peu & lui-même ou quelqu'un de ſes Succeſſeurs les mirent ſous la Belgique , & ils étoient cenſez de cette partie des Gaules du temps de Pline & de Ptolomée. Après Conſtantin ils ſe trouverent avec les Rauraques & les Sequaniens dans la Province nommée *Maxima Sequanorum* ; & peu à peu leur nom d'*Helvetiens* ſe perdit & fit place à celui de *Sequaniens*. Eutrope en fournit la preuve quand il dit : Ceſar vainquit en premier lieu les Helvetiens que l'on appelle preſentement Sequaniens. Depuis l'Empire de Conſtantin les Allemands, Nation differente des Germains, quoique demeurant dans la Germanie ſe jetterent dans l'Helvetie & en incommoderent fort les habitans. Ils couroient tout ce Pays-là, il falut pour les borner leur en ceder une partie , les Burgundions ou Bourguignons envahirent l'autre , de maniere que l'Helvetie ſe trouvant partagée entre ces deux peuples prit le nom d'Allemagne & de Bourgogne. Sous les Empereurs François la partie Allemande de l'Helvetie fut gouvernée par le Duc d'Allemagne & de Suabe ; l'autre obéiſſoit à des Comtes. Cette forme de Gouvernement ſubſiſta très-long-temps juſqu'à ce qu'après treize cens ans de ſujetion ce Pays recouvra ſon ancienne liberté & s'aſſociant divers Etats voiſins qui n'étoient point de l'ancienne Helvetie, mais qui ſont du Corps Helvetique d'aujourd'hui. Voyez SUISSES.

HELVETIORUM EREMUS, ces mots dans les Ecrivains modernes ſignifie EINSIDELN ; mais dans Ptolomée [b], il ſignifie [b] l. 1. c. 11. une grande Forêt que nous appellons aujourd'hui la FORET-NOIRE , en Allemand SCHWARDZWALD. Voyez MARTIANA SILVA.

HELVETUM , ancienne Ville de la Germanie premiere , ſelon Antonin , entre *Mons-Briſacius* & *Argemoratum*, à xxv. M. P. de la premiere & à xxx. M. P. de la ſeconde. Simler croit que c'eſt SCHLESTADT. Ce nom eſt écrit *Helvetum* dans l'Exemplaire du Vatican. D'autres portent ELCEBUS. Voyez ce mot.

HELVIA RICINA. Voyez RECANATI & RICINENSES.

HELVIENS (LES) en Latin HELVII, ancien Peuple de la Gaule. Sanſon en parle ainſi dans ſes Remarques ſur la Carte de l'Ancienne Gaule : Ceſar étant bien entendu place ce peuple *in Provincia Romanorum* , c'eſt-à-dire , dans la Gaule Narbonnoiſe : Strabon néanmoins les a mal eſtimez *in Aquitania*. Mais & Pline & Ptolomée & la Notice des Provinces & Citez de la Gaule & l'ordre que nous voyons à preſent dans l'Etat Eccleſiaſtique qui a été formé ſur le civil des Anciens font voir tout ouvertement que *Helvii* ont été de la Gaule Narbonnoiſe & il ne ſe diſpute plus qu'ils ne repondent au Vivarais ; dont l'Evêché de Viviers repond à Vienne en Dauphiné qui eſt l'une des Metropoles de la Gaule Narbonnoiſe. Belle-Forêt les prend pour les Albigeois. Voyez ALBA HELVIORUM.

HELVILLUM, Lieu d'Italie. L'Itineraire d'Antonin le met à xiv. M. P. de Calle en allant à Ancone. Cluvier [c] croit que [c] Ital. Ant. c'eſt preſentement SIGELLO Bourg de la Marche d'Ancone, aux confins du Duché d'Urbin, au pied de l'Apennin.

HELVINA , Fontaine d'Italie dans le territoire d'Aquino ; où l'on dit qu'elle eſt encore nommée ELVINO. Juvenal dit [d] : [d] Sat. 3. v. 318.

Et quoties te
Roma tuo refici properantem reddet Aquino ,
Me quoque ad Helvinam Cererem , veſtramque Dianam ,
Corvelle a Cumis.

Sur quoi l'ancien Commentateur obſerve qu'à Aquino on adoroit les mêmes Déeſſes que dans les Gaules. Cette explication eſt plus obſcure que le texte même. Cerès eſt nommée là *Elvina* ou *Helvina Ceres* parce qu'elle y avoit une Chapelle auſſi bien que Diane, & on pretend que l'on voit encore quekques reſtes de Temples auprès de la Fontaine

taine Elvino. Ortelius [a] cite là-dessus les Recueils de Scopa & ajoute: cet Auteur croit & Brodeau le croit aussi que ce surnom n'est qu'une Epithete tirée de la Langue Gréque & qu'elle signifie la même chose que le *Flava* des Latins: nous dirions la blonde Ceres.

HELVINUM, Ortelius [b] trompé par quelques Editions de Pline & par Niger fait couler en Italie dans le Pays des Samnites une Riviere de ce nom. En effet dans l'Edition de Dalechamp [c] on lit : *Flumina Alpulates, Suinum, Helvinum quo finitur Prætutiana regio & Picentium incipit*. Mais il y a bien du changement à faire dans ce passage pour le rendre raisonnable. Heureusement les Manuscrits le retablissent & le R. P. Hardouin y a trouvé *Flumen Albula, Tervium quo finitur Prætutiana Regio & Picentium incipit* : ainsi ces trois pretendues Rivieres *Alpulates*, *Suinum*, *Helvinum*, se reduisent à une seule nommée ALBULA, aujourd'hui la RAGNOLA, dans la Marche d'Ancone, & à l'embouchure de laquelle étoit Tervinum aux confins des Prætutiens & des Picentes. Un miserable Copiste aura joint la syllabe *ter*, de *Tervium*, au mot *Albula*, dont un autre aura fait *Albulates*, ou selon la prononciation Germanique *Alpulates*. Et de *Vium* qui restoit, les uns auront conjecturé que ce devoit être *Suinum*, & d'autres *Helvinum*, après quoi ces deux mots auront été fourrez dans le texte & obligé les Copistes posterieurs à changer *Flumen* in *Flumina*. Cluvier [d] trompé par le passage corrompu de Pline pretend trouver ces trois Rivieres. Selon lui l'*Albulates* est la *Liberata*, ou *Librata* ou *Librati*, mot qu'il croit s'être formé de l'ancien par degrez de cette maniere *Albulates*, *Aubulate*, *Aubrate*, par le retranchement d'un *u* & le changement d'une *l* en *r*, & enfin par l'addition de l'article *Laubrate*, *Laubrati* & enfin *Librati*. Cette Etymologie est fondée sur rien. Cet Auteur croit que *Suinum* est presentement le *Sino* ; il doute si le Salino à son embouchure n'a pas été autrefois nommé *Suinum*, & comme il trouve dans la Table de Peutinger une Riviere de ces quartiers-là nommée FL. SANNUM il n'ose decider si originairement il y avoit *Suinum* ou *Salinum*. A l'égard d'*Helvinum Flumen* il juge que ce ne peut être que le Salinello, & comme la Table de Peutinger met en ce Pays-là FL. *Nerninum*, il croit que c'est un mot corrompu de celui de *Helvinum*. Les Manuscrits consultez plutôt auroient épargné ces conjectures, qui lui ont coûté bien des recherches inutiles. Mr. Baudrand [e] cite sur le mot *Helvinum* Ptolomée aussi hardiment que s'il eût trouvé cette Riviere dans cet Auteur à qui elle est absolument inconnue.

HELURI. Voyez HELA & HERULI.

HELUSANI. Voyez ELUSA.

HEMA, Herodien nomme ainsi un lieu que Jule Capitolin appelle HÆMONA ; c'est l'EMONA de Ptolomée entre l'Italie & le Norique, & la même qu'ÆMONA qui est Laubach.

HEMASA, Ville de Syrie; c'est la même qu'EMESE.

HEMASINI, ancien Peuple de la Dalmatie, selon Pline [f]. Il en parle comme d'un Peuple qui ne subsistoit déja plus.

HEMATH. Voyez EPIPHANIE Ville de Syrie.

HEMBERG [g], Village de Suisse dans les montagnes au Pays de Tockenbourg. Les deux Religions y sont également professées.

HEMEROSCOPIUM, Ville d'Espagne, selon Avienus [h], qui dit:

Littus extendit dehinc,
Steriles Arenas. Hemeroscopium quoque
Habitata pridem hic civitas. Nunc jam solum
Vacuum incolarum languido stagno madet.

Strabon dit [i] *Hemeroscopium* est très-célébre, & il y a sur le Promontoire un Temple consacré à Diane d'Ephese ; cette remarque fait connoitre que c'est le même lieu qui fut ensuite nommé à cause de ce Temple DIANIUM, aujourd'hui DENIA. Le nom d'*Hemeroscopium* lui avoit été donné à cause d'une tour qui servoit à découvrir de loin, en Latin *Specula*. C'étoit, selon lui, une Colonie des Massiliens.

HEMERUM, lieu maritime dans le territoire de la Ville de Chalcedoine, selon Simeon Metaphraste dans la Vie de St. Auxence.

HEMERUS; C'est un des anciens noms de l'EUROTAS, si nous en croyons Plutarque le Géographe [k].

HEMERTE', Voyez LESBOS.

HEMESA, Voyez EMESE.

HEMICHARA, Ville de Sicile dans les Terres, selon Ptolomée. Voyez IMACARENSES.

HEMICYNES, Peuple voisin des Massagetes & des Hyperborées, selon Etienne le Géographe.

HEMIMONTUS; Voyez HÆMIMONTUS.

HEMINIÆ DYMNUS, montagne de l'Iberie Asiatique, selon Vibius Sequester.

HEMISA, Voyez EMESE.

HEMISPHERE, mot tiré du Grec & qui signifie la moitié d'un Globe. Mais comme tout Globe coupé par une ligne droite qui passe par le centre peut être coupé en bien des manieres differentes ; pour éviter toute équivoque on est convenu que en Geographie ce mot *Hemisphere* dit sans autre explication, signifie une moitié du Globe coupé selon la ligne de l'Equateur, de sorte que le centre soit precisément un des deux Poles. De là vient que les deux Hemispheres sont naturellement distinguez par le nom qui convient à chacun des Poles qui en est le centre. Ainsi l'Hemisphere qui est au Nord de l'Equateur est l'HEMISPHERE SEPTENTRIONAL, & l'Hemisphere qui est opposé s'appelle l'HEMISPHERE MERIDIONAL. Mr. de l'Isle a publié deux bonnes Cartes qui representent les deux Hemispheres dans le sens que nous lui donnons ici. Rien n'empêche qu'on ne se serve du mot Hemisphere pour signifier un Globe coupé autrement, pourvû que la section passe par le centre. Par exemple, on peut le couper de façon que le centre sera Tolede, ou Paris, ou Stockholm ; ou toute au-

autre Ville que l'on veut ; ce n'en sera pas moins un Hemisphere à parler à la rigueur, mais alors il faut l'expliquer.

Il est impossible de voir d'un seul coup d'oeil plus de la moitié d'un Globe. C'est ce qui a obligé les Géographes de partager les Mapemondes en deux côtez qui sont deux vrais Hemispheres ; les deux Poles n'y sont pas au centre, mais aux extremitez superieures & inferieures des deux Cercles.

[a] Etat & del. de Suisse T.3.p.97.

HEMMETHAL [a], (L.) petit Bailliage de Suisse au Canton de Schaffhouse.

[b] p. 102.

HEMODES, dans l'Edition de Pomponius Mela par Olivarius on lit [b] *Septem Hemodes contra Germaniam projecta in illo sinu quem Codanum diximus*, ce qui signifie que vis à vis de la Germanie dans le Golphe Codanus, (c'est à dire, à l'entrée de la Mer Baltique) il y a sept Isles nommées Hemodes. Cela s'accorde assez bien avec l'état present des Isles du Dannemarck qui, sans parler de quelques-unes moins importantes, sont au nombre de sept, savoir *Seeland, Funen, Langeland, Muen, Falster, Laland & Femeren*, & cependant cette convenance n'a pû assurer à ce passage l'honneur d'être conservé dans les nouvelles Editions. L'Edition de Gronovius change ainsi les paroles de Mela [c] *Septem Æmodæ. Contra Germaniam vectæ in illo sinu quem Codanum diximus, sex*. En premier lieu les Æmodes ou Hemodes ne sont plus les Isles du Golphe ; mais d'autres Isles au nombre de sept en quelque autre lieu qu'elles soient. Secondement elles sont differentes de six autres Isles qui sont dans ce Golphe & Gronovius conjecture que ce mot *sex* a été oublié par les Copistes, parceque la periode finissant par *diximus* & la periode suivante par ces mots *eæ iis*, le mot *sex* a paru ne repetition inutile de celui qui dictoit à des gens qui n'entendoient pas ce qu'ils écrivoient. Ce mot *vectæ* qui avoit paru si étrange à Olivarius & à d'autres Critiques qui l'avoient changé en *projecta* qui signifie la même chose, ce mot, dis-je, a engagé Isaac Vossius à le changer en *Vecta* qu'il prend pour l'Isle de Wight, & il insinüe à Mela une double impertinence, savoir, que l'Isle de Wight est à l'opposite de la Germanie & qu'elle est dans le Golphe *Codanus*. Si l'on détache ainsi les *Hemodes* ou *Æmodes* de ce Golphe, on ne peut plus savoir en quel endroit Mela a voulu les mettre. Voyez ÆMODES.

[c] l. 3. c. 6.

HEMODUS, Voyez EMODUS.

[d] Josué c. 18. v. 24.

HEMONA [d], ancienne Ville de la Palestine dans la Tribu de Benjamin.

HEMOPSONESTIA, au lieu de ce mot qu'on lit en quelques Editions de Procope [e], il faut lire MOPSUESTIA. Voyez MOPSUESTE.

[e] Ædific.l.5. c. 5.

HEMS. Voyez EMESE.

HEMUATÆ, ancien Peuple de l'Arabie heureuse, selon Pline [f].

[f] l. 6. c. 28

HENADDA [g], lieu de la Palestine ; les Septante le nomment ANNA.

[g] Josué c. 19.

HENAIM. Voyez ENAIM.

HENAN. Voyez ENAM.

HENARES, (L.) Riviere d'Espagne [h], elle a sa source dans la vieille Castille, au dessus de Siguenza qu'elle arrose ; d'où coulant dans la nouvelle Castille & au Pays d'Al-

[h] Baudrand Edit. 1705.

caria par Hita & Guadalajara, & à Alcala elle se jette un peu après dans le Xarama à Mejorada à quatre lieues au dessus de Tolede, après avoir reçu dans son cours les petites Rivieres de Hornova, Canamares, Salado, Dulce, Torete, Sorbe, & Vadiel.

HEND U SEND, & HIND VE SIND, c'est ce que nous appellons d'un mot genéral les Indes Orientales, qui sont partagées par les Orientaux en ces deux differens noms HEND & SEND. Le Pays de *Hend* est l'Orient de celui de *Send*, & a à son Couchant le Golfe de Perse, au Midi l'Océan Indien, à l'Orient de fort grands deserts qui le separent de la Chine, & au Septentrion le Pays des Azac, ou Tartares. Il paroît par cette position que le *Send* est seulement ce qui s'étend deçà & delà le long du Fleuve Indus, particulierement vers ses embouchures.

[i] D'Herbelot Bibliot. Orient.

Tout le Pays de *Hend* & de *Send* pris ensemble se divise en trois parties. La premiere s'appelle *Guzurat*, que nous appellons *Guzarate* ou *Decan*, elle confine avec le Pays de Gaznen, de Multan, & de Makhran, & est la plus Occidentale. La seconde porte le nom de *Manibar*, que nous appellons le MALABAR, elle est à l'Orient & au Midi du Guzerate, & on l'appelle encore *Beladal-fulful*, le Pays du poivre, parce que c'est là qu'il vient en abondance : l'arbre qui le porte s'attache aux autres, & les embrasse comme le lierre. La troisieme partie, & la plus Orientale s'appelle *Mabar* ou *Mebar*, mot qui signifie en Arabe le trajet & le passage, à cause que l'on passe de cette partie des Indes à la Chine : elle est tout entiere au delà du Golfe de Bengale, & a pour Capitale la grande Ville de CANACOR ou CANCANOR. C'est là que l'Empereur ou le plus grand Roi des Indes fait son séjour, selon l'Auteur du Messahet alardh, qui est une Géographie Persienne. Le titre des Rois de ce Pays-là est Birdaoul, dit le même Auteur qui vivoit avant que les successeurs de Tamerlan se fussent rendus les maîtres de la plus grande partie des Indes. Ebn-Alvardi écrit dans la premiere partie de sa Géographie Arabique que le Pays de *Hend* s'étend depuis le Send, & le Makran, jusqu'à la Ville de Kanoge de l'Occident à l'Orient, qui est un espace d'environ trois mois de chemin par terre & que depuis Kanoge, en tirant de l'Orient vers le Septentrion, on va jusqu'au Tonbut, ou Tebet, en quatre mois de chemin, à journées de Caravane. Le même Géographe dit que les Rois des Indes portent le nom de Raïan, nous les appellons Ragias (ou Rajas) mais que le plus puissant, & comme l'Empereur de tous s'appelle Belhar. Il marque entre les principales Villes de ce Pays-là, Kanbaiat, c'est Cambaya, Soumenat, Manfourat, ou Mahofurat, & Canoge ou Kennauge. Il écrit aussi que les Isles principales de la Mer Indienne sont Cameron qui est le Cap de Comorin, car les Isles & les Presqu'Isles chez les Orientaux s'appellent du même nom, Sila ou Sili ; Giamcout, Serandib qui est Zeilan, Lameri, Kala, ou Kalé, qui est peut-être Calecut, & Meherage.

HEND & SEND, ou les Indes, sont separées

rées de la Chine, selon les Auteurs Orientaux par le Cap de Comorin ; car les Anciens donnoient le nom de Sin en Arabe, & de Thcin en Persien, aux pays de Siam, de Pegu, du Tunquin, & de la Cochinchine. Les Orientaux ont quelquefois compris l'Ethiopie sous le nom des Indes, & les Persans appellent encore aujourd'hui un Ethiopien *Siah Hindou*, ou *Hindi*, un Indien noir. Leurs Histoires portent que les Indiens demanderent des Evéques à Simon le Syrien Patriarche Jacobite d'Alexandrie. Il ne faut point douter que ces Indiens ne soient les Abissins : car nos Histoires Grecques & Latines portent que Saint Frumentius qui passa en Ethiopie, fut envoyé par Saint Athanase aux Indiens. Une partie des Indes fut rendue tributaire aux Arabes sous le regne de Valid sixieme Khalife de la race des Ommiades ; mais elles ne furent subjuguées entierement que par Mahmoud fils de Sebekteghin lequel y penetra bien avant, & au moins jusqu'au Gange, ce que n'avoit fait encore aucun Prince étranger depuis Alexandre le Grand. C'est ce qui fait qu'Ebn Amid n'appelle jamais Mahmoud Roi de Gaznah, ou Sultan de Gaznin : mais toûjours Roi des Indes. Khosrou Schah dernier Sultan des Gaznévides fonda le Royaume de Lahaver, ou Lahor. Les Orientaux appellent BAHAR AL HEND, la Mer des Indes, & lui donnent aussi le nom de Herkend. Scherif-Al-Edrissi écrit que cette Mer s'étend depuis les côtes de la Chine, prise, comme nous avons vû ci-dessus, jusqu'à l'entrée du Golfe Arabique, ou Mer rouge. Les Anciens ont donné cette même étenduë à ce qu'ils appelloient *Mare Erythræum*, comme il paroît par le Periple d'Arrien, & y ont compris aussi-bien que les Arabes les deux Golphes Arabique & Persique.

HENDECAN [a], Ville de Perse dans la Province du Fars, ou dans la Perse proprement dite. Il y a un puits qui exhale une vapeur pestilente.

HENDMEND [b], Riviere d'Asie dans la Perse. Elle a sa source dans les Montagnes de Balck, traverse le pays de Candahar, passe delà au Couchant dans le Sablestan, arrose la Ville de Bost, entre dans le Segestan, dont elle baigne la Capitale & retournant aux Frontieres de l'Indoustan, elle forme le Lac de Zare ; on la nomme aussi HIRMEND. [c] Sur les Cartes elle est nommée ILMENT depuis le Lac de Zare jusqu'à la Mer.

HENDOUKECH [d], Montagnes d'Asie au Midi de la Tartarie & plus particulierement du Royaume de Balck & du Tocharestan au Nord de Caboul & de Cachemire. C'est une partie de l'Imaus des Anciens. Le Nilab qui est une des sources de l'Inde y a sa source.

HENDOWNS, Daviti nous donne ce mot pour le nom particulier d'un Peuple des Indes ; en quoi il est suivi par Mr. de l'Isle. Les Hendowns ont au Nord le Royaume de Jengapor ; au Nord-est celui de Deli ; au Sud-est celui d'Agra ; au midi celui d'Asmer ; au Couchant celui de Buchor & au Nord-est celui de Multan. Leur nom signifie simplement les Indiens.

[a] Ibid.
[b] De l'Isle Atlas.
[c] Hist. de Timur bec l. 2. c. 45. p. 379.
[d] De l'Isle Atlas.

HENESIOTIS, Ἡνησιῶτις, contrée de la Sarmatie Asiatique, selon Ptolomée. [e] Son Interprête Latin retranche la premiere Syllabe & lit Nesiotis. L'Edition de Bertius lit de même & prend l'H pour l'article du nom.

HENETA. Zenodote cité par Strabon [f] croyoit qu'au lieu d' Ἐξ Ἐνετῶν dans Homere [g] il faut lire Ἐξ Ἐνετῆς ; qu'il ne s'agit pas là d'un Peuple nommé *Heneti*, mais d'une Ville nommée *Heneta*, la même que l'on a appellée ensuite Amisus.

HENETES (LES) en Latin HENETI. Il y a eu divers Peuples de ce nom. Nous les traiterons separément.

LES HENETES, *en Asie* ; ancien Peuple de Paphlagonie. Strabon [h] dit qu'on n'en trouvoit plus de son temps. Il examine les traces que l'on croyoit en trouver & dit que quelques-uns cherchoient les Henetes d'Homere dans un Village au bord de la Mer à dix Schoenes d'Amastris ; il raporte le sentiment de Zenodote [i]. D'autres, dit-il, croient que c'étoit une Nation Limitrophe des Cappadociens qui ayant nommé une expedition avec les Cimmeriens allerent s'établir dans le Golphe Adriatique. On convient, poursuit-il, que les Henetes étoient la principale Nation entre les Paphlagoniens ; que Pylemene qui en étoit allant au siége de Troye, emmena beaucoup de monde avec lui, qu'après la ruine de cette Ville, le chef étant mort, les Henetes s'en allerent en Thrace, d'où après bien des courses ils arriverent dans la Venetie, & s'établirent au fond du Golphe. Il est vraisemblable, continue Strabon, que c'est la raison pour laquelle il ne se trouve plus de Henetes dans la Paphlagonie. Pline [k] parlant de la Paphlagonie n'a garde d'y mettre des Henetes puis qu'il n'y en avoit plus ; il dit seulement : Cornelius Nepos y ajoute les Henetes de qui il veut que l'on croye que sont descendus les Venetes d'Italie. Il ne paroit pas fort persuadé de la verité de cette origine. Solin [l] n'a pas été si sage que Pline qu'il copioit. Il falsifie en même tems le témoignage de Nepos & la citation de Pline. La Paphlagonie, dit-il, est remarquable par le lieu *Henetus*, d'où au raport de Cornelius Nepos les Paphlagoniens passerent en Italie & furent ensuite nommez *Veneti*. Il faut pourtant avouer que Solin n'est pas le seul qui ait parlé de ce lieu nommé *Henetus*. On le retrouve dans Etienne le Geographe qui cite Diogene Laerce. Il y a aussi, dit Etienne, une Ville nommée *Henetus*, de laquelle étoit Myrmex Philosophe Dialecticien, comme le dit Diogene dans le sixieme Livre de l'Histoire des Philosophes. Saumaise [m] qui a cherché dans le Livre de Diogene Laerce une Vie de Myrmex ne l'y trouvant pas & ne croyant pas qu'Etienne citoit un ouvrage perdu. On trouve pourtant dans la Vie de Stilpon le passage qui a trompé Etienne. On y lit qu'entre ceux dont Stilpon avoit gagné l'estime étoit Myrmex fils d'Exenete. Etienne aura malheureusement trouvé un exemplaire vicieux où au lieu de καὶ Μύρμηκα τὸν Ἐξαινέτου il y avoit καὶ Μύρμηκα τὸν ἐξ Ἐνέτου ; la difference est legere pour la prononciation ; mais le sens en est très-different. Ainsi trompé par une fausse maniere de lire il aura pris

[e] l. 5. c. 9.
[f] l. 12. p. 543.
[g] Iliade B. v. 851.
[h] l. 12. p. 543.
[i] Voyez HENETA.
[k] l. 6. c. 3.
[l] c. 44. Edit. Salmas.
[m] In Solin. p. 888.

HEN.

un homme pour une Ville & le pere de Myrmex pour la Patrie de ce Philosophe.

LES HENETES *en Italie* au fond du Golphe de Venise, ancien Peuple qui est le même que les VENETI. Ils venoient d'un Peuple des Gaules dont Vannes en Bretagne conserve encore le nom. Cette origine est moins fabuleuse que celle que fournissent Cornelius Nepos & Strabon. Voyez VENETI.

LES HENETES *dans le Nord*; quelques Ecrivains Septentrionaux ont placé des Henetes sur les côtes de Livonie & de Prusse & disent qu'ils s'emparerent du Pays des Wandales que ces derniers avoient degarni par leurs expeditions vers le Midi. Ces Henetes sont les mêmes que les VENDES ou VENEDES, Nation qu'il ne faut pas confondre avec les Vandales. Voyez VENDES.

a Atlas Sinens.
HENG [a], Montagne de la Chine dans la Province de Huquang.

b Ibid.
HENGCHEU [b], Ville de la Chine dans la Province de Huquang dont elle est la dixieme Metropole. Elle est de 5. d. 13′. plus Occidentale que Pekin, à 27. d. 48′. de Latitude. La Riviere de Ching en baigne les murs du côté du Midi, & le Siang autre Riviere fait une Presqu'Isle d'une partie de son territoire. Ce Canton ne manque pas de montagnes dont la plûpart sont belles & cultivées, & outre qu'il produit tous les besoins de la vie, il y a en abondance des Perdrix, du Papier, du Talc &c. Les mines d'argent l'enrichiroient s'il étoit permis de les ouvrir. Elle étoit autrefois du Royaume de çu. La famille de Hana la nomma QUEYIANG, elle porta ensuite les noms de SIANGTUNG, de HU-NAN & enfin celui de Hengcheu qu'on lui rendit & qu'elle avoit autrefois reçu des Rois de Leang. Elle a huit autres Villes sous son departement, savoir:

Hengxhan,	Ling,
Luyang,	Queyiang,
Changning,	Linuu,
Gangin,	Lanxam.

Le mont TACEU au Couchant de la Ville a la reputation d'être riche en mines d'argent qui ont, dit-on, été autrefois ouvertes. Le mont HENG commence auprès de Hengxan & occupe huit cens Stades de terrain. On y compte au delà de soixante & douze sommets, six grandes Cavernes, trente-huit sources de Fontaines & vingt-cinq torrens.

c Ibid.
HENGXAN [c], Ville de la Chine dans la Province de Huquang, dans le district de Hengcheu dixiéme Metropole, sur la rive droite de la Riviere de Siang, auprès de la Montagne de Heng. Elle est de 4. d. 50′. plus Occidentale que Pekin à 28. d. 3′. de Latitude.

1. HENIOCHI, ancien Peuple de la Sarmatie en Asie. Denys le Periégete nommant les Peuples qui occupoient la côte Septentrionale du Pont Euxin y met les Cercetiens, les Oretes & les braves Achéens qui furent emportez des rives du Xante & du Ximoïs par un Vent du Midi, à la suite d'un Roi vaillant & guerrier, après eux, dit-il, le

d v. 687.
voisinage [d] est habité par les Henioques &

HEN.

les Zygiens originaires de Grece. Mela [e] *e l. 1. c. 19.* nomme aussi de suite, mais dans un ordre opposé, c'est-à-dire, d'Orient en Occident, les Henioques, les Achéens, & les Cercetiens. Il met aux confins des Henioques la Ville de Dioscurias, ainsi nommée en l'honneur de Castor & de Pollux qui entrerent dans le Pont Euxin avec Jason. Scylax de Caryande dans son Periple [f] dit: après les Cercetes *f p. 31. Edit. Oxon.* sont les Achéens, après ceux-ci les Henioques, après les Henioques, les *Coraxi*. Ces derniers tiroient apparemment leur nom du Fleuve Corax ou du mont *Corax*; nommé l'un & l'autre par Ptolomée dans ces quartiers-là. Arrien [g] dans le detail des peuples qu'il *g Peripl. p. 11. Edit. Oxon.* côtoya depuis Trebisonde jusqu'à Sebastopolis ou Dioscurias dit: Ceux de Trebisonde ont pour voisins les Colques & les Drilles qui au raport de Xenophon sont très-belliqueux & ennemis jurez de Trebisonde: il me paroît, poursuit Arrien, que ce sont les *Sanni*, car ils sont encore à present très-guerriers & ennemis irreconciliables de cette Ville, ils habitent des lieux très-forts & n'ont point de Roi. Ils ont autrefois payé tribut aux Romains, mais à present ils s'adonnent au brigandage ne payant rien à personne. Il faudra pourtant qu'ils le payent dans la suite, ou nous les exterminerons. Ils touchent aux MACHELONS & aux Henioques, qui ont pour Roi Anchialé. Ceux-ci ont pour voisins les ZY-DRETES soumis à Pharasmane, & ces derniers sont voisins des Laziens qui obeissent au Roi Malassas. Ces Machelons d'Arrien sont les mêmes que le Peuple *Macrones* de Pline [h], *h l. 6. c. 7* & les *Zydreta* du Periple sont les mêmes que Pline appelle *Amprenta*. Ce dernier semble connoître plusieurs Peuples auxquels le nom d'Heniochi est commun, car en premier lieu il apelle une Nation *Sanni-Heniochi*, d'un nom composé de deux, & ensuite il nomme un Peuple simplement *Heniochi*. Voici le passage entier. [i] *i Ibid.*
In Ora ante Trapezunta Flumen Pyxites: ultra vero gens Sannorum Heniochorum. Flumen Absarum, cum Castello cognomine in faucibus, a Trapezunte CXL. *Mill. Passuum. Ejus loci a tergo montium Iberia est: in ora vero Heniochi, Amprenta, Lazi.* Voila donc les *Heniochi* bien nettement distinguez des *Sanni-Heniochi*, Peuple dont le nom est composé de deux comme celui d'*Armenochalibes*, de *Celtiberi* & autres. Le Fleuve Ampsarus les separoit. C'étoient sans doute ces Henoques dont les montagnes voisines prenoient le nom d'HENOCHII MONTES, Pline [k] qui dit que le Cyrus y *k l. 6. c. 9.* prend sa source nous apprend qu'on les nommoit aussi CORAXICI MONTES. C'est apparemment où il faut placer le Pays nommé HENOCHIA REGIO par Etienne le Géographe.

2. HENIOCHI, outre les Peuples dont nous venons de parler, il y avoit encore un autre Peuple de même nom à l'Orient de la Mer Caspienne vers l'Oxus & la Bactriane, selon Pline. [l] *l l. 6. c. 16.*

HENIOCHIA REGIO &
HENIOCHII MONTES; Voyez HE-NIOCHI.

HENLEY, petite Ville d'Angleterre au Comté d'Oxford sur la Tamise entre la Ville

HEN.

le d'Oxford & celle de Windsor à quatre ou cinq lieues de l'une & de l'autre. Ce lieu se distingue par son commerce de grains germez dont on fait de la biere.

HENNA. Voyez ENNA.

HENNEBERG, Château & Comté d'Allemagne entre la Thuringe, le Landgraviat de Hesse, l'Abbaye de Fulde & l'Evêché de Wurtzbourg. Le château de Henneberg qui donnoit ce nom au Comté étoit situé [a] sur une Montagne au dessus d'un Village de même nom, mais il est ruiné. Le Comté qui a été ensuite Principauté a eu autrefois ses Seigneurs particuliers qui possedoient encore d'autres biens aux environs de Wurtzbourg & du Meyn. Cette famille s'étant éteinte, les Ducs de Saxe en recueillirent la succession en vertu d'un Accord, & gouvernerent ce Pays en commun par une administration établie à Meinungen durant plus de soixante & dix ans; après quoi ces biens furent partagez entre les diverses Branches de la Maison de Saxe.

[a] *Cellarius Geogr. Nostri Tempor. p. 247. & suiv.*

Celle de Saxe-Naumbourg eut pour sa part ce qui est auprès de la forêt de Thuringe, savoir SCHLEUSINGEN, autrefois residence des Comtes & des Princes, à présent il y a une Ecole publique; SULA, celebre par les armes que l'on y fabrique, & KUNDORFF Forteresse avec un Bailliage & le Village de Benshits, qui a été autrefois un Bailliage.

Ce qui est auprès de la Werre Riviere qui après avoir reçu la Fulde prend le nom de Weser, savoir MEINUNGEN & la Forteresse de MASFELD avec quantité de Villages voisins, entre lesquels est *Henneberg* au pied de la montagne où sont les ruines du château de même nom. THEMAR, WASUNGEN, & BREITUNGEN qui à cause d'un Monastere de filles est surnommé Frauen-Breitungen appartient à la famille de Gotha depuis l'extinction de celle d'Altenbourg qui possedoit *Meinungen*, *Masfeld*, & *Themar*, & Meinungen fut la residence de Bernard troisieme fils d'Ernest Duc de Gotha; dont la branche en porte encore le nom; ce Prince avoit aussi SALZUNGEN Bourg important pour ses Salines, situé sur la Werre & censé autrefois entre les Comtez Saxons dans la Thuringe.

La seule Ville que les Comtes & Princes de Henneberg eussent en Thuringe au delà de la forêt étoit ILMENAU, elle fut devoluë aux Ducs de Weimar en vertu du Traité de partage. Mais les mines d'argent que l'on y remit en état furent toujours possedées en commun. Cette Maison eut aussi ce que possede celle d'Eisenach qui en est une branche, savoir ZILLBACH au delà de la Werre, maison de chasse avec les bois qui en dependent, & dans le même Canton NORDHEIM surnommé *le Froid Kalten Nordheim*, avec le château de LICHTENBERG qui est près delà & le Bourg d'OSTHEIM, qui quoiqu'enclavé dans la Franconie est de la Saxe. Le Bailliage d'EISCHBERG ou de FISCHBACH, aux confins de la Hesse & de Fulde, n'entra point dans le partage & il est destiné à l'Ecole de Schleusingen.

Il faut mettre aussi dans le Comté de Henneberg SMALCALDE qui est presentement du Cercle de Franconie, à l'entrée de la forêt de Thuringe. Cette Ville & son territoire divisée en plusieurs Bailliages est au Landgrave de Hesse Cassel.

HENNEBON [b], Ville de France en Bretagne, au Diocèse de Vannes, à six lieuës d'Auray, sur la Riviere de Blavet, à deux lieuës au dessus de son embouchure. On divise cette Ville en trois parties, savoir: La VILLE NEUVE, La VILLE MURE'E, & la vieille Ville. L'Eglise de Notre Dame du Chef est paroissiale & ornée d'un assez beau Clocher de pierre. On trouve dans cette Ville de riches Marchands & des gens de condition de très-bonne compagnie. [c] Près de Hennebon est LA JOYE Abbaye de filles, ordre de Citeaux, fondée par Blanche de Navarre femme de Jean I. Duc de Bretagne vers le milieu du XIII. siècle.

[b] *l'Iganiol de la Force desc. de la France T. 5. p. 235.*
[c] *Ibid. p. 248.*

HENNENBERG, ancien nom de la Montagne d'ENGELBERG en Suisse auprès du Monastere d'Engelberg. J'ai parlé de ce Monastere au mot ENGELBERG; mais voici des particularitez qui regardent la vallée & la montagne de même nom. C'est le docte Mr. Scheuchzer [d] qui le a fournies à l'Auteur de l'état & des delices de la Suisse [e]. La vallée d'Engelberg est située dans la partie Meridionale du Canton d'Appenzel & plus haute de sept cens pieds que la vallée d'Uri. Elle est de toutes parts environnée de Montagnes, couvertes d'une neige & d'une glace perpetuelle, il y souffle continuellement un Vent des plus froids & des plus âpres, ce qui a donné lieu au Proverbe *dans la vallée d'Engelberg l'hyver dure treize mois, le reste du temps, s'il y en a, est reservé pour l'été*. Au Sud-est du Monastere on voit la Montagne de TITTLISBERG dont le sommet est toujours couvert de neige & de glace. Il y en a qui prétendent que c'est la Montagne la plus haute de toute la Suisse. Du même côté se voit aussi le mont Engelberg ou la montagne des Anges, ainsi nommée parce qu'on assure qu'il y a eu une apparition d'Anges lorsqu'il fut question de fonder le Monastere. Cette Montagne s'appelloit autrefois le Hennenberg & son sommet retient encore le nom de HANEN.

[d] *Iter Alpin. Anno 1702.*
[e] *T. 2. p. 457.*

HENNON. Voyez GEHENNON.

HENNIN-BOSSUT; c'est le même que BOSSUT entre Condé & St. Guillain sur la Haisne.

HENNIN-LIETARD [f], Bourg de France en Artois avec titre de Comté; à deux lieues de Lens & à trois de Douay. Il y a une Abbaye de l'Ordre de St. Augustin.

[f] *Baudrand Edit. 1705.*

HENNUIN [g], Fort de France dans la Flandres à deux lieues de Gravelines, sur les confins de l'Artois, entre Bourbourg & Ardres. La France l'a laissé tomber en ruines.

[g] *Ibid.*

HENOTICTONTI, Ἑνοτικτοντοὶ, Tzetzes nomme ainsi une sorte d'hommes monstrueux, au raport d'Ortelius [h].

[h] *Thesaur.*

HENQUISE [i], Montagne d'Afrique au Royaume de Maroc, dans la Province de Sus, & l'une des branches du mont Atlas. La Ville de Messa est au pied de cette Montagne, qui a du Levant au Couchant douze lieues. Ses habitans sont plus braves que ceux de Hea parce qu'ils sont plus libres, & ils ont quelques arquebusiers, mais ils sont fort superbes, quoi qu'ils soient fort pauvres & qu'ils n'ayent point

[i] *Marmol l. 3. c. 29.*

point de bled & fort peu d'orge. Il est vrai qu'ils ont quantité de miel & de cire & quelques Troupeaux de chevres. Il neige la plûpart de l'année sur cette montagne, à quoi ils sont si accoutumez qu'ils ne s'habillent pas autrement l'hyver que l'été ; & les femmes y vont presque nues & sans chaussure aussi bien que les hommes. Ils étoient autrefois libres de même que les autres Peuples de la Province, parce que la montagne est fort roide, & les Cherifs eurent bien de la peine à les assujettir, encore fût-ce plus par amour que par force.

HENRICOPOLIS, nom Latin de la Ville de QUILLEBOEUF en Normandie.

a Marmol l. 3. c. 49.
HENTETE [a], montagne d'Afrique au Royaume de Maroc, dans le Maroc proprement dit. C'est, dit Marmol, la plus haute montagne du grand Atlas ; elle commence à celle de Guidimiva au Couchant & s'étend vers le Levant jusqu'à celle d'Animmey par l'espace de seize lieues. Elle est peuplée de Bereberes de la lignée des Hentetes de la Tribu de Muçamoda, Peuple riche & belliqueux, qui se pique d'être des plus nobles de l'Afrique & à quantité de Cavalerie & une Place forte bâtie par les principaux d'où ils faisoient la guerre aux Cherifs avant que ceux-ci fussent maitres de Maroc. Il y a sur cette montagne plusieurs Artisans Juifs qui sont tenus pour heretiques par les autres parce qu'ils sont de la Secte des Caraïtes. Le faîte de ce mont est couvert de neige la plus grande partie de l'année, de sorte qu'il n'y a ni Arbre, ni Herbe à cause du grand froid. On voit par tout de grands Piliers & des Bassins de Marbre blanc fort fin, pour de fontaines, qui semblent avoir été faits pendant la splendeur de la Ville de Maroc ; car il y en a plusieurs Carrieres à l'entour, mais les guerres ayant interrompu les desseins des Rois, elles sont demeurées là sans usage à cause de la barbarie des habitans.

§. Cette montagne est la même que l'ANTETE de Mr. de la Croix.

HENUS. Voyez OENUS.
HEORDÆA. Voyez EORDE'E.

1. HEORTA, ou EORTA Ville de l'Inde en deçà du Gange, selon Ptolomée [b].

b l. 7. c. 1.

1. HEORTA, Ville des Scordisques, selon Strabon [c]. Ce Peuple étoit de la Basse Pannonie, selon Ptolomée [d]. Lazius croit que c'est présentement Hardberg, Forteresse de la basse Autriche vers la Rascie.

c l. 7. p. 318.
d l. 2. c. 16.

HEPHAD ; Herman le petit, (H. Contractus) nomme ainsi la Ville où l'on trouva la Tunique de N. S. Jesus-Christ. Albert de Stade dit JAPHA ; Lichtenau & Sigebert nomment le même lieu ZAPHAD. Ortelius ajoute qu'elle n'étoit pas loin de Jerusalem ; cela convient à Japha qui est le Joppé des Anciens.

HEPHÆSTI, ancien Siège Episcopal d'Afrique. Voyez HEPHÆSTUS qui est le nominatif.

HEPHÆSTI TUMULUS, lieu d'Espagne auprès de Carthagene, selon Polybe cité par Ortelius [e].

e Thesaur.

1. HEPHÆSTIA, Village de Grece dans l'Attique dans la Tribu Acamantide, selon Pollux & Etienne. Diogene Laerce dans la Vie de Platon nomme dans ce même Canton *Hephastiadeus fundus*.

2. HEPHÆSTIA, Ville d'Asie dans la Lycie, selon Solin ; Pline l'appelle HEPHÆSTIUM : elle étoit près du mont la Chimere. Seneque la nomme HEPHÆSTION, mais il en fait une contrée. Dans la Lycie, dit ce Philosophe [f], est un Canton très-connu, nommé par les habitans Hephæstion ; le terrain y est percé en plusieurs endroits & entouré d'un feu qui ne fait aucun mal à personne. Pline dit [g] : Dans la Lycie est le mont de la Chimere qui brûle pendant la nuit : la Ville d'*Hephæstium*, bâtie sur des hauteurs remplies de feu. C'est sans doute de ce feu que Seneque a parlé. Le nom même d' Ἡφαίςιυμ signifie *Vulcanium* ; Pline dit ailleurs [h] que les monts Hephestiens (*Hephæstii montes*.) étant touchez par un flambeau allumé le feu y prend de maniere que les pierres & le sable des Ruisseaux s'enflament au fond de l'eau. Il ajoute que ce feu se nourrit par la pluye.

f Epist. 79.
g l. 5. c. 27.
h l. 2. c. 106.

HEPHÆSTIAS, Bourg ou petite Ville de l'Isle de Lemnos, selon Pline [i], Ptolomée [k] & Etienne : comme la fable mettoit les [l] Forges de Vulcain à Lemnos, il n'est pas étonnant qu'une Ville portât le nom de ce Dieu. Quelques-uns croient que c'est à present COCINO.

i l. 4. c. 12.
k l. 3. c. 13.

HEPHÆSTII MONTES} Voyez HEPHÆSTIUM } PHÆSTIA 2.

HEPHÆSTUS, Siége Episcopal d'Egypte dans la seconde Augustamnique, selon la Notice de Leon le sage & celle de Hierocles Elle reconnoissoit Rhinocorura pour sa Metropole.

HEPHELIA, HEFELIA ou NEPHELIA, Ville Episcopale du Patriarchat d'Antioche sous la Metropole de Seleucie suivant une ancienne Notice.

HEPHER. Voyez GETH-EPHER.

HEPPENHEIM [l], petite Ville d'Allemagne dans l'Electorat de Mayence au Bergstrat, entre Heidelberg & Darmstadt, avec un château.

l Hubner Geogr. 464.

HEPTA, ce mot en Grec signifie le nombre de sept, & entre dans la composition de plusieurs noms Geographiques.

HEPTABOLUS, ou EPTABOLUS, Lac de Mauritanie où tombe le Dyris Riviere qui vient du mont Atlas & qui prend ensuite le nom de Nigir, selon Vitruve [m], qui suppose que la source du Nil vient delà. Nous observons ailleurs que les Anciens ne connoissent presque point le Nil au dessus des Cataractes ; de là viennent toutes les derivations chimeriques qu'ils en font.

m l. 8. c. 2.

HEPTACOMETÆ, c'est à dire, les Habitans des *sept Villages*. Peuple ancien au bord du Pont-Euxin ; On le nommoit aussi MOSYNOECI, selon Strabon [n]. Ils étoient à l'extrémité du mont Scydisses, & surpassoient tous les autres Barbares en ferocité & demeuroient dans les arbres ou dans de petites tours ; Ils se nourrissoient d'animaux sauvages & de glands ; tendoient des embuches aux Voyageurs. Ils massacrerent trois Cohortes de Pompée qui passoient par leurs montagnes, ils leur firent boire d'un breuvage fait

n l. 12. p. 548.

HEP.

fait avec une sorte de Miel que l'on trouve dans les arbres de leurs montagnes, & les ayant ainsi rendus insensez, ils n'eurent pas de peine à les égorger. Quelques-uns de ces Barbares ont été aussi nommez BYZERES, ce sont les *Buzeri* de Pline. Denys le Periegete[a] parlant des Peuples Barbares qui habitent en ces Cantons nomme les *Byzeres*, & près de ceux-ci les *Bechires*, puis les *Macrons*, les *Philyres*[b], & ceux qui ont des tours de bois.

[a] vers 765.
[b] v. 768.

Φιλυρες τε καὶ οἱ Μοσσυνας ἔχουσι Δουρατέους.

Des tours nommées *Mossunes*, & du nom d'*Oicos*, Οἶκος, une maison, se forma leur nom de *Mosynoeci*, & du nombre de leurs Villages se forma celui d'*Heptacometa*. Pomponius Mela[c] les nomme MOSSYNI. Au delà des Chalibes, dit-il, les Mossyniens occupent des tours de bois, se font des marques sur tout le corps, mangent dans des lieux découverts de tous côtez, s'accouplent sans choix & en public. Ils choisissent leurs Rois, par voye de suffrage, les lient, & les gardent étroitement, & même s'il leur arrive de faire une faute en ordonnant quelque chose mal-à-propos, ils les punissent en les faisant jeûner tout un jour. Du reste ils sont feroces, grossiers & traitent fort mal ceux qui abordent dans leur Pays. Cet Auteur nomme ensuite les Macrocephales, les Bechires & les Buzeres, c'est-à-dire, les mêmes Peuples que Denys avoit nommez.

[c] l. 1. c. 19.

HEPTADELPHI, c'est-à-dire, les SEPT-FRERES, nom Grec de CEUTA Ville d'Afrique. Voyez au mot AD l'article AD SEPTEM FRATRES qui est le nom Latin.

HEPTAGONIAS, lieu du Peloponnese dans la Laconie, près de Lacedemone, selon Tite Live[d].

[d] l. 35.

HEPTANESIA, Isle de l'Inde en deçà du Gange, selon Ptolomée[e]. En réduisant l'idée qu'il avoit de la Presqu'Isle d'en deçà le Gange, aux idées que nous en ont données les frequentes Navigations des modernes, il paroît qu'il a entendu par là les Isles voisines de Goa, quoi qu'il éloigne trop les siennes du Continent.

[e] l. 7. c. 1.

HEPTANOMUS, ou HEPTANOMIA, Voyez HEPTAPOLIS.

HEPTAPAGUS, lieu ou champ d'Italie au bord du Tibre. Denys d'Halicarnasse[f] en fait mention.

[f] l. 2.

HEPTAPOLIS, ou *les Sept Villes*, ou l'HEPTAPOLE contrée d'Egypte, selon Denys le Periegete[g], & Eustathe son Commentateur nous apprend en premier lieu que l'Heptapole fut nommée l'*Arcadie* & qu'avant l'Empereur Arcadius on la nommoit HEPTANOMIE & HEPTANOMIE; en second lieu qu'il y avoit plus d'un sentiment sur les Villes dont l'Heptapole étoit composée; que quelques-uns entendoient par là Sept Villes situées le long du Nil, savoir Memphis, Diospolis, Memnonie, la petite Cataracte & la grande, & Syene, qui toutes, selon lui, étoient sur la rive gauche de ce Fleuve, & Babylone qui étoit sur la rive droite. D'autres comptoient au-

[g] v. 251.

HEP. 163

trement les Sept Villes de l'Heptapole, savoir,

IV. Dans la Thebaïde.

Panopolis,   Lycopolis,
Antinoï Civitas,   Hermopolis.

III. Dans l'Arcadie.

Heraclée,   Oxyryncus,
          Memphis.

Cette distinction de l'Arcadie qui ne comprenoit que trois Villes de l'Heptapole, marque que l'Heptapole & l'Arcadie en Egypte n'étoient pas des noms d'un même Pays. A examiner les vers de Denys le Periegete on voit qu'il fait trois parts de l'Egypte, savoir la Thebaïde: ceux, dit-il, *qui habitent la fameuse Ville de Thebes*, cette ancienne Cité *qui a cent portes, où la statuë de Memnon salue la naissante Aurore par des sons harmonieux*; L'Heptanôme c'est ce qu'il exprime par ces mots: *Et ceux qui occupent le milieu des terres* ou l'Heptapole, & enfin la basse Egypte, qu'il designe ainsi, & ceux qui vivent auprès de la Mer jusqu'au Lac Sirbon. On voit par-là que la premiere opinion rapportée par Eustathe n'y convient point, puis qu'elle va chercher une partie de ses Villes dans la Thebaïde, & tout au haut de l'Egypte, aulieu qu'il falloit se borner entre la Thebaïde & le Delta. Ptolomée[h] qui nomme précisement l'Heptanôme, dit que le Pays situé au Midi du grand Delta & de la basse Egypte est l'*Heptanômide* dont le premier nôme au Couchant du Fleuve est *Memphis*. Le second est le nôme d'*Heraclée*, HERACLEOTES NOMOS, au Couchant duquel est le nôme d'*Arsinoé* ARSINOÏTES NOMOS, & au Levant celui d'*Aphroditopolis* APHRODITOPOLITES NOMOS; au Couchant du Fleuve est celui d'*Oxyrinchos*, OXYRINCHITES NOMOS; ensuite celui de *Cynon*, ou de *Cynopolis*, CYNOPOLITES NOMOS, à l'Orient du Fleuve, celui d'*Hermopolis*, HERMOPOLITES NOMOS, & enfin le nôme d'*Antinoüpolis*, ANTINOÏTES. Sous ces nômes on rangeoit les deux OASITES: Ptolomée ajoute que le Pays qui est au Midi de l'Heptanôme s'appelle la Thebaïde. A compter pour rien les deux Oasites qui étoient annexez à d'autres nômes, Ptolomée nous donne ici huit nômes au lieu de sept, qu'il faut pour-répondre exactement au nom de ce Pays. Mais cela peut venir de ce, que le nom ayant été donné à ce Canton dans un temps qu'il ne renfermoit que sept nomes, avec le temps on y en joignit un autre; & nous allons voir que ce fut le nôme Antinoïte qui n'existoit pas du temps d'Auguste, puisque la Ville d'Antinoüs ne fut élevée que sous l'Empire d'Hadrien. Elle subsistoit bien auparavant sous le nom de BESA, mais ce n'étoit qu'un simple lieu sans departement ou nôme, elle ne devint celebre que par les honneurs qu'Adrien rendit à Antinoüs dont il lui donna le nom, ainsi elle fut ajoutée après coup à l'Heptanôme. Les deux Oasites étoient au Couchant des montagnes, & furent comptées aussi comme une annexe

[h] l. 4. c. 5.

nexe de l'Heptanome, qui avant l'Apothéose d'Antinoüs renfermoit, selon Ptolomée, sept Villes Capitales d'autant de nomes, savoir.

Villes.	Nomes.
Memphis,	Memphites,
Heraclée,	Heracleotes,
Arsinoé,	Arsinoïtes,
Aphroditopolis,	Aphroditopolites,
Oxyrinchos,	Oxyrinchites,
Cynon, ou Cynopolis,	Cynopolites,
Hermopolis,	Hermopolites.

Ainsi dans les sept Villes que fournit la seconde opinion rapportée par Eustathe, il faut retrancher Panopolis & Lycopolis qui n'étoient point de l'Heptanome, mais de la Thebaïde. Hermopolis au contraire qu'il donne à la Thebaïde n'en étoit pas, mais de l'Heptanôme ; & l'Antinoü polis ou *Antinoï Civitas* n'étoit point du temps de Denys qu'Eustathe expliquoit. Des deux sentimens qu'il rapporte il n'y en a aucun qui ne soit défectueux. Au reste c'est dans l'Heptanôme qu'il faut chercher les principales merveilles de l'Egypte, comme les Obélisques, les fameuses Pyramides, le Labyrinthe, le Lac de Mœris, &c.

HEPTAPORUS Riviere d'Asie dans la Troade, selon Homere [a] qui nomme de suite les Fleuves qui tombent du mont Ida dans la Mer ; savoir le *Rhesus*, l'*Heptaporus*, le *Caresus*, le *Rhodius*, le *Granique*, l'*Æsepe*, le *Scamandre* & le *Simoïs*. Pline dit que l'on ne trouvoit plus aucune trace des quatre premiers. Ortelius a cru que c'étoit le même que le Fleuve DRACO dont parle Procope [b]. Je ne sais sur quoi il fonde sa conjecture.

HEPTAPYLOS, nom qu'a eu la Ville de Thebes en Béotie. Voiez THEBES.

§ Ce nom qui signifie *sept portes* étoit plûtôt une Epithete que le nom de cette Ville.

HEPTA UDATA, c'est à dire les *sept eaux*, lieu d'Italie, à quarante stades de *Maruvium*, c'est à dire à cinq mille pas ; Ciceron [c] appelle ce même lieu SEPTEM AQUÆ. Cluvier [d] croit que c'est presentement le Lac de Ste Susanne à l'Orient de Rieti, au Duché de Spolete ; mais Holstenius [e] ajoute que pour trouver le nombre de sept il faut y ajouter les autres Lacs tant grands que petits qui sont à l'Orient du côté de Terni, jusqu'à la Nera. Magin les marque très-bien dans sa Carte.

HEQUESI, ancien Peuple d'Espagne dans le departement de Bragues selon Pline [g] ; il est nommé AEQUESILICI, par corruption dans quelques Editions, & EQUESI dans une ancienne inscription de Gruter.

☞ HERA, ce mot est le nom Grec de la Déesse JUNON. Outre les noms Geographiques que j'ai rapportez au mot JUNON, on peut ajouter ces deux-ci tirez de Pausanias.

1. HERA lieu de l'Eolide, surnommé *Mesate* parce qu'il étoit à moitié chemin entre Erythres & Chio, selon Pausanias [h] ; Silburge a voulu changer ce nom de *Hera* en *Acra* qui veut dire un Promontoire, mais comme Kuhnius l'observe très-bien, ce changement seroit une faute, il n'est point là question d'un Promontoire, mais d'une Isle deserte entre Erythres qui est du Continent de l'Eolie, & la ville de Chio située dans l'Isle de même nom. Pline qui ne la nomme que MESATE [i] dit que c'est une Isle deserte. Voyez MESATE. Ortelius en fait une Ville de l'Eolide, en quoi il se trompe. Sa conjecture que c'est peut-être l'*Argennum* de Ptolomée est sans fondement. D'Erythres à Chios il n'y avoit que la traverse du Detroit, quel besoin d'aller bien loin de là chercher le Promontoire *Argennum*, qui étoit au Nord & tout-à-fait hors du detroit.

2. HERA, Ortelius [k] trouve une Ville d'Hera en Arcadie dans le Livre de Pausanias. Je crois qu'il a pris HERÆA pour HERA.

3. HERA, Pausanias [l] nomme deux Villes, savoir Hera & Temessa, & en parle comme de Villes détruites, *Hera & Temessa urbes fuere*.

§ Voyez l'Article HYBLA PARVA. Voyez aussi HERÆA & HERÆUM.

HERACLES. Les Grecs nommoient ainsi HERCULE, Ἡρακλῆς, & comme son culte étoit fort étendu dans les temps du Paganisme & qu'il avoit un grand nombre de Temples, quantité de lieux qui lui étoient particulierement consacrez portoient son nom ; de là vient qu'il s'en trouve tant qui sont nommez où HERACLÉE, ou HERACLEOPOLIS, ou HERACLEUM, &c. & tous les autres dont les noms sont formez de celui d'Hercule. Voyez aussi au mot HERCULE.

HERACLÉE, Ville de la grande Grece entre Metaponte & Tarente selon Appien [m] ; elle étoit près de l'Embouchure de l'Aciris sur la rive droite de cette Riviere. Strabon dit [n] qu'elle étoit une Colonie des Tarentins & Ciceron la loue de l'équité de ses Loix & de la fidelité de son alliance *Civitas æquissimo Jure ac fædere*. Tite Live dit [p] : Heraclée colonie des Tarentins. Scylax [q] la nomme HERACLEION. Pline dit [*] : entre le Siris & l'Aciris est HERACLEE nommée autrefois SIRIS. Ces deux Rivieres sont presentement le Sino & l'Agri. Diodore de Sicile [r] nous apprend la difference de ces deux Villes. Il dit qu'en Italie les Tarentins forcerent les habitans de Siris petite ville d'aller s'etablir ailleurs & qu'ayant mis en cet endroit une colonie de leurs gens ils y bâtirent une Ville nommée Heraclée. Ce passage fait voir qu'il y eut deux Villes de Siris, l'une que les habitans cederent aux Tarentins & où fut placée une colonie venuë de Tarente. Cette Siris étoit auparavant une colonie de Troyens, l'autre fut l'endroit où les anciens Siris s'allerent établir. Strabon [s] ne dit pas qu'Heraclée ait été bâtie sur le terrein de Siris. Il dit au contraire que quand Heraclée eut été fondée par les Tarentins Siris en devint le port de Mer. Il ajoute qu'il y avoit XXIV. Stades de l'une à l'autre, c'est à dire une lieue, Il dit encore plus bas que cette Ville changea de lieu & de nom en même temps. Voyez SIRIS. Il est certain que Siris étoit un port de Mer d'Heraclée qui par consequent étoit un peu plus avant dans les terres & n'avoit pas la commodité de la Mer, comme le dit Strabon. *Heraclea paululum supra mare*. Pline, comme l'on voit, a confondu ces deux Villes & le R. P. Hardouin à son exemple dit que c'est presentement la *Tour de St. Basile*, TORRE DI S. BASILIO, cela ne se peut. La Tour de St. Basile est au Midj de l'embouchure du Sino, au lieu que Siris devoit être de l'autre côté selon Strabon. On croit que Pelicaro est presentement l'Heraclée dont Siris étoit le port. Ces Lieux sont dans la Basilicate au Royaume de Naples, dans le Golphe de Tarente.

2. HERACLE'E, ancien nom de CITA NOVA Ville située dans une petite Isle à l'embouchure de la Piave dans le territoire de Venise, selon Ortelius [a]. L'Abbé de Commanville dit beaucoup mieux, *Heraclée* Ville d'Istrie & du Vicariat d'Italie, dont les ruines sont dans la Marche Trevisane proche *Cita Nova* où l'on a transferé son Evêché. Ce Siege est du IV. Siecle.

[a] Ortel. Thes.

3. HERACLE'E, ancien nom de la Ville d'ODERSO, dans l'Etat de Venise. Merula écrit que cette Ville nommée OPITERGIUM par les Anciens ayant été assiegée & detruite par Rhotaire Roi des Lombards, l'Empereur Heraclius la releva, & lui donna son nom. Voyez OPITERGIUM.

4. HERACLE'E, Ville de la Sardaigne, selon Etienne le Geographe. C'est la V. de cet Auteur. Elle est nommée AD HERCULEM dans l'Itineraire d'Antonin. Voyez au mot AD à l'article AD HERCULEM 2.

5. HERACLE'E, Ville de Sicile & l'une des plus anciennes de l'Isle. On la nommoit aussi MINOA, mais son ancien nom étoit MACARA. Heraclide [b] dit MINDA Ville de Sicile étoit appellée auparavant *Macara*. Ensuite Minos ayant appris que Dedale s'y étoit refugié avec une nombreuse Flote, remonta le *Lycus* (Il faloit dire le Halycus) s'empara de cette Ville & ayant vaincu les barbares il lui donna son nom & y établit les Loix de Crete. Voyez MINOA.

[b] In politic.

6. HERACLE'E, dans la Tyrrhenie, selon Theophraste [c] qui dit qu'il y vient de l'Atonii sorte de poisson.

[c] Hist. plant. l. 8.

7. HERACLE'E, Bourg & ensuite Ville des Gaules à l'une des bouches du Rhône, selon Pline [d] qui en parle d'une maniere très incertaine; car il dit, il y a des gens qui assurent qu'il y a eu un Bourg d'Heraclée à l'embouchure du Rhône. C'est l'Heraclée Celtique d'Etienne le Geographe & la septiéme de cet Auteur. Une inscription trouvée dans le territoire du Bourg de St. Remi, Bourg & du Grau neuf sous le Regne de Charles V. Roi de France, nous apprend qu'Heraclée fut choisie par Ataulphe pour être la résidence des Rois. Bouche qui dans son Histoire de Provence raporte cette inscription entiere en conclut qu'Heraclée devoit être en cet endroit. Le R. P. Hardouin observant que Pline parle d'Heraclée immediatement après avoir nommé *Ostium Massaliticum* qui est le Gras d'Orgon, juge qu'elle en devoit être voisine & que le Bourg de St. Remi en est trop loin. Il a raison. Cependant l'inscription peut servir à retrouver Heraclée. Il n'y a pour cela qu'à la rapprocher de ce que disent Otton de Freisingen & Godefroi de Viterbe. Ces deux Chroniqueurs disent que dans les Gaules, joignant la Province de Narbonne, St. Giles appellé (c'est à dire fut cause

[d] l. 3. c. 4.

qu'on appella) de son nom la Metropole *Sancti Ægidii Villa*, à l'endroit qui est appellé le Palais de Goths jusqu'à ce jour, c'est à dire jusqu'au temps de ces Auteurs. La proximité de St. Giles au Gras d'Orgon; la residence Royale mise à Heraclée par Ataulphe, le Palais des Goths, nommé ensuite du nom de St. Giles, ces trois circonstances réunies me paroissent valoir une demonstration en faveur de ceux qui disent que cette Heraclée est presentement St. Giles.

8. HERACLE'E, ancien nom de CALPE Ville d'Espagne, sur le detroit, selon Timosthene cité par Strabon.

9. HERACLE'E, Ville de Grece dans la Macedoine, dans la Sintique, à l'Orient de la Ville de Scotusa. Elle est nommée HERACLEA SINTICA par Pline [e]. Tite Live la nomme [f] *Heraclea Sintice* & Jules-Cesar [g] dit *Heraclea Sentica*. Elle n'étoit pas loin du Strymon, de là vient que dans la Notice de Hierocles elle est nommée *Heraclea Strymni*, comme Ville Episcopale de la premiere Macedoine.

[e] l. 4. c. 10.
[f] l. 45. c. 29.
[g] civil. l. 3. c. 79.

10. HERACLE'E, autre lieu de Grece dans la Macedoine, dans la Pierie, sur la côte meridionale (du Golphe Thermeen) selon Pline [h]. Le R. P. Hardouin croit que c'est l'Heraclée de Macedoine ou la XXIII. d'Etienne le Geographe; il se trompe, c'est l'Heraclée de Pierie la XV. de cet Auteur. C'est la même que Scylax [i] nomme HERACLEION ou *Heraclenm*.

[h] l. 4. c. 10.
[i] Peripl.

11. HERACLE'E, autre Ville de Macedoine, dans la Lyncestide, selon Ptolomée [k].

[k] l. 3. c. 13.

12. HERACLE'E, autre Ville de Macedoine, sur la côte, au Nord de l'Isthme du Mont Athos, selon Pline [l], qui la nomme avec *Acanthe*, *Stagire* & *Sithone*, toutes Villes maritimes.

[l] l. 4. c. 10.

13. HERACLE'E, Ville de Thrace au pied du Mont Pangée, selon Pline [m]. Le R. P. Hardouin croit que c'est la même que l'Heraclée Sintique, mais il n'y a point d'apparence que Pline après avoir placé cette Ville dans la Macedoine, ou elle étoit effectivement puis qu'elle étoit au Couchant & à quelque distance du Strymon, l'eût été reprendre pour la mettre dans la Thrace, au Levant de ce même Fleuve. Il est donc question ici d'une autre Heraclée moins connuë, mais differente de la Sintique.

[m] l. 4. c. 11.

14. HERACLE'E, autre Ville de Thrace près de Calatis, vers les bouches du Danube selon Pline [n]. Elle ne subsistoit plus de son temps. Ælien en parle [o] dans son Histoire des Animaux.

[n] ibid.
[o] l. 6. c. 40. & l. 14. c. 25.

15. HERACLE'E, Ville de la Chersonese de Thrace, sur la Propontide, selon Ptolomée [p]. Elle étoit à l'embouchure de l'Erginus, & à l'Isthme de la Chersonese.

[p] l. 3. c. 11.

16. HERACLE'E, nommée aussi PERINTHE, autre Ville de Thrace sur la Propontide, selon Ptolomée [q]. Il ne faut pas la confondre avec la precedente. Voici leur position telle que ce Geographe la fournit.

[q] ibid.

	Longit.	Latit.
Perinthos sive *Heraclea*,	54. d. 50.	41. d. 20'.
Heraclea,	54. d. 20.	41. d. 50'.

Voyez PERINTHE.

17. HE-

17. HERACLE'E, Ville de Grece, en Thessalie, dans la Phtiotide & plus particulierement dans la Trachinie. C'est de cette Ville qu'il faut entendre ce que dit Tite Live[a] : Heraclée, dit-il, est située au pied du Mont Oeta, la Ville est dans une plaine, mais la forteresse est sur un lieu élevé & escarpé de tous côtez . . . Le Consul resolut d'attaquer la Ville par quatre côtez à la fois, du côté de la Riviere Asopus . . du côté du Golphe Maliaque par où l'accès n'est pas aisé ; du côté d'une autre ruisseau nommé Melana &c. Le R. P. Hardouin[b] s'est extrêmement trompé quand il a appliqué ce passage à notre dixiéme Heraclée que Pline met très-bien dans la Pierie & par consequent sur le Golphe Thermeén, au lieu que Tite Live met celle-ci dans le Golphe Maliaque, c'est à dire bien loin de la Macedoine dans la Thessalie. Pline[c] lui-même met dans la Thessalie la Ville dont il est ici question. Il parle du Pas des Thermopyles & ajoute qu'à cause de la difficulté des passages Heraclée située à quatre mille pas de là avoit été surnommée TRACHIN. *Thermopylarum Angustia, quo argumento IV Millia Passuum inde Heraclea Trachin dicta est.* Le même Pere trouvant que Tite Live nomme l'Asopus Riviere auprès de cette Heraclée & voulant appliquer le passage de cet Auteur à l'Heraclée de Pierie en Macedoine, où Pline met un Ruisseau nommé Apilas, a crû que l'Asopus de Tite Live & l'Apilas de Pline étoient la même chose. C'est encore une erreur. L'Apilas n'est qu'un ruisseau & l'Asopus est une Riviere grande & fameuse, entre cette Heraclée de la Trachinie & le Pas des Thermopyles. Ce Pere se trompe encore en ce qu'il croit que le nom de Trachin a été donné à cette Heraclée à cause de l'âpreté des chemins. Pline le dit aussi à l'endroit cité ci-dessus. Mais ce surnom venoit à la Ville & au pays voisin d'une autre Ville plus ancienne nommée TRACHIN, qui étoit à six stades, c'est à dire à trois quarts de Mille distante d'Heraclée, selon Strabon[d]. Cette ancienne TRACHIN ayant été detruite par quelque accident on la rebâtit six stades au dessous. Strabon dit : aux Thermopyles, joignant le passage est le Fort de Nicée sur la Mer, il appartient aux Locres ; ensuite est *Tichius*, & Heraclée au dessus de la Ville que l'on appelloit premierement Trachin ; c'est l'ouvrage des Lacedemoniens. Heraclée est éloignée de l'ancienne Trachin de près de six stades. Thucydide[e] dit que les Trachiniens se voyant sans cesse harcelez par les Montagnards habitans du Mont Oeta resolurent d'abord de se mettre sous la protection des Atheniens, mais que craignant que ceux-ci les negligeassent, ils s'adressèrent aux Lacedemoniens qui élurent trois chefs, sçavoir Leon, Alcidas & Damagon sous les ordres desquels ils firent partir une Colonie. Dès qu'ils furent arrivez ils rebâtirent la Ville, depuis les fondemens & l'entourerent de Murs ; c'est presentement Heraclée à environ quarante stades (c'est à dire à cinq milles) des Thermopyles & à vingt (c'est à dire à deux milles & demi) de la Mer. Parlant ailleurs d'un armement des Lacedemoniens, qui vers l'automne avoient mis en campagne trois mille hommes pesamment armez, il ajoute, de ce nombre étoient cinq cens d'Heraclée Ville nouvellement bâtie dans le territoire Trachinien. Diodore[f] de Sicile dit : Les Beotiens & les Argiens occupoient Heraclée qui est dans la Trachine.

[a] l.36.c.22
[b] In Plin. l.4.sect.17.
[c] l.4.c.7.
[d] l.9.p.428.
[e] l.3.p.235.
[f] l.14.c.83.

18. HERACLE'E[g], Ville de l'Acarnanie, au bord de la Mer & aux Confins de l'Etolie : je crois que c'est la même que Trallianus cité par Ortelius met dans l'Etolie.

[g] Plin.l.4. c.1.

19. HERACLE'E, Ville du Peloponnese dans[h] l'Arcadie, selon Theophraste qui dit qu'il y avoit de l'eau qui rendoit les femmes steriles & du vin qui rendoit insensez les hommes qui en buvoient.

[h] Ortel. Thes.

20. HERACLE'E, Ville du Peloponnese dans l'Elide, auprès de Salmone. C'étoit, selon Strabon[i], une des huit Villes de la Pisatide, à environ XL. Stades, (ou V. Milles) d'Olympie, sur le Fleuve Cytherius.

[i] l.8.p.356.

21. HERACLE'E, Ville maritime de Crete[k], sur la côte septentrionale de l'Isle au Nord de Gnossus, dont elle étoit le port de Mer, selon Strabon[l].

[k] Plin.l.4. c.12.
[l] l.10.p.476.

22. HERACLE'E, Ville chez les Cadusiens, dans la Sogdiane, au delà de la Mer Caspienne, selon Pline[m]. Il dit que cette Heraclée fut bâtie par Alexandre, qu'ayant été rensversée & ensuite rebâtie par Antiochus ce Prince lui donna le nom d'Achaïde. C'est la même qu'Etienne le Geographe place entre l'Inde & la Scythie, & la XI. de cet Auteur.

[m] l.6.c.16.

23. HERACLE'E, Ville d'Asie dans la Parthie, auprès de RAGÆ, selon Strabon[n].

[n] l.11.p.

24. HERACLE'E Ville de la Chersonese Taurique, selon Pline[n] qui dit que les Romains en firent une Ville libre, qu'on l'appelloit auparavant MEGARICE ; que c'étoit la Ville de tout le Canton qui avoit le mieux conservé son ancien éclat en conservant les mœurs de la Grece & qu'elle étoit environnée d'une muraille de cinq milles de longueur.

[n] l.4.c.12.

25. HERACLE'E, Ville d'Asie en Bithynie, surnommée en Latin *Pontica*; Scylax[pp] met chez le Peuple *Mariandyni* Heraclée Ville Grecque, le Fleuve Lycus, & l'Hyppius autre Riviere. Ptolomée la nomme Πουτοῦ Ἡράκλεια *Heraclée du Pont*. Des Medailles de Caracalla, de Geta & de Gordien portent HPAKΛEIAC EN ΠONTΩ. Pline[q] dit : la Ville d'Heraclée située sur le Fleuve Lycus. Il eût parlé plus exactement s'il se fût contenté de dire qu'elle en étoit voisine, car elle en étoit à vingt Stades, c'est à dire à deux Milles & demi de distance, selon[r] Arrien qui avoit parcouru cette côte avec soin. Xenophon dans sa retraite des dix Mille dit[s] : on arriva à Heraclée Ville Grecque, Colonie des Megariens, située aux confins des Mariandyniens, & on prit terre dans la Presqu'isle Acherusiade, où Hercule, dit-on, descendit aux enfers & en emmena par force le Cerbere. On y montre encore la Caverne par où il descendit & elle a plus de deux cens cinquante pas de profondeur. La campagne voisine est arrosée par le Fleuve Lycus qui a deux plethres de largeur. (Le plethre, selon Suidas, est une mesure de cent pieds) Cette fable de Cerbere tiré des enfers par Hercule est rapportée par bien des Auteurs. Denys le Periégete

[pp] In Peripl.
[q] l.5. c.ult.
[r] Peripl.Ponti Euxin.
[s] l.6.p.574 & 575.

gete dit ª: ensuite est le Territoire sacré des Mariandyniens où l'on dit que le grand chien du Saturne terrestre, malgré sa voix d'airain, fut emmené par force par le courageux Hercule, & jetta de sa gueule une bave noire que reçut la terre, & dont elle forma un poison mortel. Surquoi Eustathe dit qu'au pays des Mariandyniens, au bord du Pont, étoit Heraclée fondée par les Milesiens, selon le Geographe; mais poursuit-il, Xenophon dit qu'Heraclée du Pont étoit une Colonie des Megariens. Dans la note suivante ᵇ, il cite Diodore dont il copie les paroles suivantes. Heraclée colonie des Megariens, auprès de laquelle étoit Acherusia Presqu'isle, où l'on dit qu'Hercule tira le Cerbere des Enfers. Pomponius Mela ᶜ la raconte aussi. Sur la côte du Pont Euxin, dit-il, les *Mariandyni* habitent une Ville qui leur fut donnée, selon la tradition par Hercule l'Argien. On la nomme Heraclée. Ce bruit semble confirmé par une Caverne, qui est tout proche. On l'appelle Acherusia, & on y descend chez les morts, à ce qu'on dit, & ils croient que ce fut delà que le Cerbere fut entraîné. Le Geographe sur la foi duquel Eustathe dit qu'Heraclée fut fondée par les Milesiens, est Strabon ᵈ. Il le dit deux fois. Les Auteurs ne s'accordent pas tous sur les Mariandyniens & sur les Caucons. Ils conviennent bien qu'Heraclée fut bâtie par les Milesiens dans le pays des Mariandyniens, mais ils ne disent pas qui étoient ces derniers ni d'où ils étoient venus. Il ajoute un peu plus bas: on rapporte que les Milesiens qui avoient bâti Heraclée réduisirent à l'esclavage les Mariandyniens qui avoient auparavant habité ce pays & les vendirent sans pourtant les envoyer hors du pays. Telles sont les paroles de Strabon: après cela je m'étonne que Cellarius ait dit que generalement tous les Auteurs conviennent que c'étoit une colonie des Megariens. Strabon qui dit *des Milesiens* meritoit bien de faire une exception. Il y a apparence que les Milesiens en furent les premiers conquerans & les fondateurs & qu'ensuite les Megariens y envoyerent une Colonie. Pausanias ᵉ associe à ces derniers les Tanagréens. Mr. de Tournefort qui a vu cette Ville dans ces derniers temps en parle ainsi ᶠ. Heraclée s'appelle aujourd'hui Eregri, ou Penderaghi. Penderachi est une petite Ville bâtie sur les ruines de l'ancienne Ville d'Heraclée. Cette derniere devoit être une des plus belles Villes d'Orient, s'il en faut juger par les ruines, & sur tout par les vieilles murailles bâties de gros quartiers de pierres qui sont encore sur le bord de la Mer. Pour l'enceinte de la Ville qui est fortifiée d'espace en espace par des tours quarrées, elle ne paroit être que du temps des Empereurs Grecs. On decouvre de tous côtez des colomnes, des architraves & des inscriptions fort mal traitées... Cette Ville étoit bâtie sur une côte élevée qui domine sur la Mer & qui semble être faite pour commander tout le pays. Du côté de terre il reste encore une porte toute simple construite de grosses pièces de marbre. Du côté du Levant & au dessous de la Ville sont des Marais où apparemment croupissent les eaux du Lycus. On doute si Strabon a voulu dire que cette Ville eût un bon port; ou s'il faut laisser dans cet Auteur le mot qui exprime qu'elle n'en avoit point. Pour moi, dit Mr. de Tournefort, je crois que le vieux Mole, qui est entierement ruiné, & que l'on croit être l'ouvrage des Genois, avoit été bâti sur les fondemens de quelque autre Mole plus ancien qui mettoit à couvert du vent de Nord les Vaisseaux des Heracliens: Car la Rade qui forme la langue de terre, où la Presqu'isle d'Acherusias est trop découverte & n'est pas même d'un grand secours pour les Saïques, bien loin de pouvoir servir de port à des Vaisseaux de guerre. Cependant Arrien dit positivement que le port d'Heraclée étoit bon pour ces sortes de bâtimens. Xenophon assure que les Heracliens en avoient beaucoup & qu'ils en fournirent quelques-uns pour favoriser la retraite des dix Mille qui regardoient cette place comme une Ville Grecque, soit qu'elle eût été fondée par les Megariens, par les Bœotiens, par ceux de Milet, ou par Hercule même. La belle Medaille de Julia Domna qui est chez le Roi & dont le revers represente un Neptune, qui de la main droite tient un Dauphin & de la gauche un trident, marque bien la puissance que cette Ville avoit sur Mer; mais rien ne fait plus d'honneur à son ancienne Marine que la Flotte qu'elle envoya au secours de Ptolomée après la mort de Lysimachus l'un des successeurs d'Alexandre. Ce fut par ce secours que Ptolomée battit Antigonus, & Memnon remarque ᵍ qu'ils y trouvoit un Vaisseau nommé le Lion d'une beauté surprenante, & d'une grandeur si prodigieuse qu'il avoit plus de trois mille hommes d'équipage. Les Heracliens fournirent treize galeres à Antigonus fils de Demetrius pour s'opposer à Antiochus, & quarante aux Bysantins pour le même Prince avoit attaquée. On sait aussi que la Ville d'Heraclée entretint pendant onze ans, au service des Romains, deux galeres couvertes, lesquelles leur furent d'un grand secours contre leurs Voisins, & même contre ces peuples d'Afrique qu'on appelloit Marucins. L'histoire est remplie de traits qui marquent la puissance des Heracliens sur Mer & par consequent la bonté de leur port. Après que Mithridate eut fait piller Scio par Dorylaüs sous pretexte que cette Isle avoit favorisé les Rhodiens, il envoia par ordre de ce Prince les plus illustres Sciotes sur quelques Vaisseaux pour les disperser dans le Royaume du Pont; mais les Heracliens eurent la generosité de les arrêter, de les mener dans leur port & de renvoyer ces malheureux chargez de presens. Enfin les Heracliens eurent le malheur eux-mêmes quelques années après, d'être batus par Triarius General de la Flotte Romaine composée de quarante-trois Vaisseaux, laquelle surprit celle d'Heraclée forte seulement de trente Vaisseaux équipez à la hâte. Où mettre à couvert tant de Navires, si ce n'est dans le Mole dont on vient de parler, puisqu'il n'y a point de port aux environs de cette place? Si Lamachus General Athenien qui avoit été envoyé pour exiger les contributions des Heracliens avoit, en laissant à l'entrée de ce Mole, n'auroit pas perdu sa Flotte par la tempête dans le temps qu'il ravageoit la campagne avec les trou-

troupes qu'il avoit debarquées. Ne pouvant retourner à Athenes, ni par mer, ni par terre, il y fut renvoyé, comme dit Justin, par les peuples d'Heraclée qui se crurent dedommagez du degât que les Atheniens avoient fait sur leurs terres, en les obligeant à force d'honnêtetez à leur accorder leur amitié.

La Caverne par laquelle on a supposé qu'Hercule descendit aux enfers pour enlever le Cerbere & que l'on montroit encore du temps de Xenophon dans la Peninsule d'Acherusie est plus difficile à découvrir que l'ancien port d'Heraclée quoi qu'elle eût deux stades, (c'est à dire, 250. pas) de profondeur. Elle doit s'être abymée depuis ce temps-là, car il est certain qu'il y a eu une caverne de ce nom, laquelle a donné lieu à la fable du Cerbere representée sur plusieurs Medailles.

Si Hercule n'a pas été le fondateur d'Heraclée, il y a du moins été en grande veneration. Pausanias nous apprend qu'on y celebroit tous les travaux de ce Heros. Quand Cotta eut pris la Ville d'Heraclée, il y trouva dans le marché une statue d'Hercule dont tous les attributs étoient d'or pur. Pour marquer la fertilité de leurs campagnes, les Heracliens avoient fait fraper des Medailles avec des épics & des cornes d'abondance, & pour exprimer la bonté des plantes Medicinales que produisoient les environs de leur Ville, on avoit representé sur une Medaille de Diadumene, un Esculape appuyé sur un bâton autour duquel un serpent étoit tortillé.

Cette Ville ne fut pas seulement libre dans les premiers temps, mais recommandable par ses colonies. Cléarque un de ses citoyens, qui pendant son exil avoit étudié à Athenes la Philosophie de Platon, y fut rappellé pour appaiser le peuple qui demandoit de nouvelles loix & une nouvelle repartition des terres. Le Senat s'y opposoit, mais Cléarque appuyé par le peuple se rendit très-puissant & devint le tyran de sa patrie. Il fut tué la douziéme année de son regne pendant les Bacchanales. Diodore lui donne pour successeur Timothée son fils qui regna 15 ans, mais Justin lui fait succeder son frere Satyrus, qui surpassa les autres tyrans en cruauté. Une maladie incurable l'obligea de se decharger du soin des affaires sur son neveu qui par sa bonne conduite merita le nom de Bienfaiteur & de Sauveur de sa patrie. Avant sa mort il associa au gouvernement son frere Denys; ce dernier profitant de la retraite des Perses qu'Alexandre venoit de battre à la bataille du Granique, étendit assez loin sa domination. Après la mort d'Alexandre & de Perdiccas, Denys épousa Amastris fille d'Oxathre frere de Darius & cousine de Statira femme d'Alexandre. Denys prit la qualité de Roi & la soutint avec grandeur: il mourut après un regne de trente ans & laissa le gouvernement du Pays & la tutele de ses enfans à sa femme. Il avoit deux fils, savoir Cléarque, & Oxathre que Diodore nomme Zathras & une fille nommée Amastris comme la mere. Antigonus l'un des successeurs d'Alexandre prit

soin de la tutele des Enfans de Denys & des affaires d'Heraclée, mais Lysimachus ayant épousé Amastris veuve du feu Roi fut le maitre de la Ville, long-temps même après avoir abandonné cette Princesse, car s'étant retiré à Sardes, il épousa Arsinoé fille de Ptolomée Philadelphe. Cependant Clearque second regna avec son frere Oxathre. Leur cruauté alla jusqu'au parricide & ils firent mourir leur propre mere dans le Vaisseau où elle s'étoit embarquée pour se retirer à Amastris Ville qu'elle venoit de fonder. Lysimachus la vangea & les fit mourir. Il remit la Ville dans sa pleine liberté; mais Arsinoé sa femme lui en demanda la possession qu'il ne put lui refuser & elle y établit Gouverneur Heraclite qui en fut le septiéme Tyran.

Les Heracliens après la mort de Lysimachus, voulant secouer le joug de la Tyrannie sous lequel ils gemissoient depuis 75. ans, proposerent à Heraclite de se retirer avec ses richesses: irrité de cette proposition, il voulut parler en maître, mais on le prit, on demolit sa Citadelle jusqu'aux fondemens, on envoya une ambassade à Seleucus autre successeur d'Alexandre & enfin on proclama Phocrite administrateur d'Heraclée. Les Ambassadeurs ayant été mal reçus, les Heracliens firent une ligue avec Mithridate Roi du Pont, avec les Villes de Bysance & de Chalcedoine. Celle d'Heraclée se soutint avec honneur jusqu'au temps que les Romains se rendirent formidables en Asie. Pour s'assurer du Senat les Heracliens deputerent à Paul Emile & aux deux Scipions, & tâcherent de menager une paix entre les Romains & Antiochus. Enfin l'intelligence fut si bien établie entre Rome & Heraclée que ces deux Villes firent entre elles une ligue offensive & deffensive dont on écrivit les conditions sur des tables de cuivre à Rome dans le Temple de Jupiter Capitolin, & à Heraclée dans celui de ce même Dieu. Cependant Heraclée fut vigoureusement assiegée par Prusias Roi de Bithynie, qui l'auroit emportée sans une blessure qu'il reçut dans le temps qu'il alloit monter à l'escalade. Après cela les Galates inquieterent fort cette Ville, mais ils furent obligez de se retirer. Malgré son Alliance avec les Romains elle crut qu'il étoit de son interêt de garder la neutralité pendant la guerre que les Romains firent à Mithridate sous le commandement de Murena. Epouvantée d'un côté de leur formidable puissance, & allarmée du voisinage du Roi du Pont, Heraclée refusa d'abord l'entrée de son port à l'armée de ce Prince & ne lui fournit que des munitions de bouche. Ensuite à la persuasion d'Archelaüs General de la Flotte, les Heracliens lui donnerent cinq Galeres & couperent si secretement la gorge aux Romains qui se trouverent dans leur Ville pour exiger le Tribut, qu'on ne put jamais avoir aucun indice de leur mort. Enfin Mithridate lui-même fut reçu dans la place par le moyen de Lamachus son ancien ami qu'il gagna à force d'argent.

Ce Prince y laissa Cannacorix avec quatre mille hommes de Garnison. Mais Lucullus après avoir battu Mithridate fit assieger la Ville par Cotta qui l'ayant prise par trahison & entietierement pillée, la reduifit en cendres: il reçut le nom de Pontique à Rome; mais les richeffes qu'il avoit aquifes au fac d'Heraclée lui attirerent de cruelles affaires, & un Senateur dit à Cotta: nous t'avions ordonné de prendre Heraclée, mais non pas de la détruire. Le Senat renvoya tous les captifs & rétablit les habitans dans la poffeffion de leurs biens; on leur permit l'ufage de leur port & la faculté de commercer. Britagoras n'oublia rien pour la repeupler & fit long-temps fa Cour à Jules Cefar pour obtenir la premiere liberté de fes Citoyens.

Ce fut apparemment dans ce temps-là que les Romains y envoyerent la colonie dont parle Strabon & dont une partie fut reçue dans la Ville & l'autre dans la campagne. Avant la bataille d'Actium Marc-Antoine donna ce quartier d'Heraclée à Adiatorix fils de Demenecelius Roi des Galates, & celui-ci fit couper la gorge aux Romains qui s'y trouvérent, difant que c'étoit par la permiffion d'Antoine. Mais après la défaite de ce Général il fervit de triomphe & fut mis à mort avec fon fils. Après cette expedition Heraclée fut du departement de la Province du Pont laquelle fut jointe à la Bithynie. Voilà comment cette Ville fut incorporée dans l'Empire Romain fous lequel elle floriffoit encore.

Heraclée paffa enfuite dans l'Empire des Grecs & c'est dans la décadence de cet Empire qu'on lui donna le nom de PENDERACHI, lequel fuivant la prononciation femble un nom corrompu d'Heraclée du Pont. Elle fut poffedée par les Empereurs de Trebifonde, après que les François eurent occupé l'Empire de Conftantinople: mais Theodore Lafcaris l'enleva à David Comnéne Empereur de Trebifonde. Les Génois fe faifirent de Penderachi dans leurs conquêtes d'Orient & la garderent jufqu'à ce que Mahomet II. le plus grand Capitaine de fon temps, les en chaffa. Depuis ce temps-là elle eft reftée aux Turcs; ils l'appellent EREGRI qui paroit tenir encore quelque chofe d'Heraclée. Un feul Cadi y exerce la Juftice, un Waivode y exige la taille & la Capitation des Grecs; les Turcs y payent feulement les droits du Prince; trop heureux de fumer tranquilement parmi ces belles mafures fans s'embaraffer de ce qui s'y eft paffé autrefois.

Dans la Notice de Leon le fage Heraclée du Pont eft la feconde Ville Epifcopale de l'Honoriade & Claudiopolis eft la Metropole de la Province. Elle n'eft que la troifiéme Siege dans la Notice de Hierocles. Mais l'Expofition du vieux Andronic Paleologue porte que la Metropole d'Heraclée du Pont étoit auparavant le Siége de Claudiopolis, mais que cette derniere Ville étant occupée par les Infideles, Heraclée prit la qualité de Metropole & eut le XVII rang & enfuite le XIX entre les Thrones ou Archevêchez. Cet Empereur met Prufe pour le vingtieme.

26 HERACLE'E, Siege Epifcopal d'Afie, dans la Lydie, felon l'Abbé de Commanville & le P. Charles de St Paul. Ce dernier [a] cite Ptolomée comme s'il avoir parlé d'une Ville d'Heraclée dans la Lydie & ajoute que Jean Evêque d'HERACLIDE; *Epifcopus Ho-*

[a] Geog. facr. p. 235.

raclidis, foufcrivit à l'Epitre Synodique de cette Province. Ptolomée ne met point d'Heraclée dans la Lydie; & je ne trouve dans les Notices de Hierocles & de Léon le fage aucune trace de ce Siége de la Lydie. Peut-être ne fubfiftoit-il plus lors qu'elles ont été dreffées.

27. HERACLE'E, Village de l'Afie mineure dans la terre ferme, auprès du Golphe d'Adramitte, vis à vis de l'Ifle de Mitylene, aux habitans de laquelle Strabon [b] dit qu'il appartenoit.

[b] l. 13. p. 607.

28. HERACLE'E, Ville d'Afie dans la Carie. Il y en avoit deux de ce nom dans cette Province, favoir celle-ci qui étoit au bord de la Mer, & une autre plus avant dans les terres. La premiere dont il eft ici queftion eft appellée par Ptolomée [c] *Heraclea ad Latmum*. Pline [d] après avoir dit que le LATMUS eft une montagne fait mention de cette Heraclée: *Inde mons Latmus: oppida Heraclea montis ejus cognominis*. Surquoi le R. P. Hardouin [e] obferve que cette Ville étoit aufli nommée *Latmos*. Strabon [f] en parle comme d'une petite Ville au pied du mont Latmus & il ajoute qu'on l'appelloit aufli *Latmos* de même que la montagne au pied de laquelle elle étoit fituée. Hefyche dit de même: *Latmos* Ville & montagne. Cette Ville étoit Epifcopale & elle eft nommée telle dans les Notices de Léon le fage & de Hierocles. Ces deux Notices mettent deux Siéges d'Heraclée dans la Carie.

[c] l. 5. c. 2.
[d] l. 5. c. 29.
[e] *in Plin.*
[f] l. 14. p. 635.

29. HERACLE'E, autre Ville d'Afie dans la Carie. La Notice de Leon le fage la nomme *Heraclea Syalbaca*; Mr. de Commanville dit *Heraclea Salbaci*, qu'il a pris fans doute du P. Charles de St Paul [g]. Ce dernier cite Ptolomée comme s'il en eût parlé; Ptolomée [h] ne connoît que deux Heraclées dans la Carie. L'une Heraclée près du mont Latmus & l'autre Heraclée près de l'Albane, *Heraclea ad Albanum*. Voici les pofitions differentes qu'il leur donne.

[g] Geogr. facr. p. 296.
[h] l. 5. c. 2.

	Longit.	Latit.
Heraclea ad Latmum	57. d. 30'.	37. d. 10'.
Heraclea ad Albanum	59. 30.	37. 56.

Le nom de *Salbaci* ou *Syalbaca* ne s'y trouve point. Cependant les deux Heraclées de la Carie étoient Epifcopales; & entre les foufcriptions du Concile de Chalcedoine on trouve Menandre & Denys Evêques des deux Heraclées, felon le Pere Charles de St. Paul qui dit que Menandre étoit Evêque de l'Heraclée dont il eft queftion dans ce chapitre.

30. HERACLE'E, lieu de l'Afie mineure dans l'Eolide, auprès de Cumes ou de Cyme, felon Etienne le Geographe.

31. HERACLEE, Ville de la Syrie, felon Strabon [i], qui dit que cette Heraclée étoit à vingt ftades du Temple de Minerve Cyrrheftide. Cela s'accorde avec Ptolomée [k] qui met Heraclée dans la Cyrrheftique.

[i] l. 16. p. 751.
[k] l. 5. c. 15.

32. HERACLE'E, Ville d'Egypte entre Pelufe & Tmuis, felon Jofephe [l]. Voyez l'article HERACLEOPOLIS.

[l] *De bello l.* 4. *ad calcem.*

33. HERACLE'E, Ville de la Libye, felon Etienne le Geographe.

34. HE-

34. HERACLE'E, Isle de la Mer Mediterranée dans la Mer Carpathiene; c'est-à-dire aux environs de l'Isle de Scarpanto; selon le même.

35. HERACLE'E, Isle de la Mer Atlantique, selon le même.

36. HERACLE'E, Riviere d'Asie dans la Carie, selon Ortelius qui cite Strabon.

HERACLEOBUCOLI, Habitation d'Egypte, selon Etienne le Geographe, Voyez BUCOLIUM 2.

1. HERACLEOPOLIS, Ville d'Egypte, selon le même. C'étoit la Patrie du Philosophe Theophane.

2. HERACLEOPOLIS, autre Ville d'Egypte, auprès de Peluse, selon le même.

3. HERACLEOPOLIS, troisième Ville d'Egypte, selon le même. Il la met auprès de l'Embouchure Canobique.

§ Cet Auteur met ainsi trois Villes nommées HERACLEOPOLIS en Egypte. Ptolomée [a] n'y en met que deux & une Isle nommée HERACLEOTE: Il distingue ces deux par les surnoms de *grande* & de *petite*. Il place à l'Orient du Fleuve Bubastique dans le nôme Sethraïte Ἡρακλέους μικρὰ πόλις, *La petite Ville d'Hercule* ou la *petite Heracleopolis*; & assez près d'*Acantbon* au Couchant du Nil il met Ἡρακλέους πόλις μεγάλη, la *grande Ville d'Hercule*, ou la *grande Heracleopolis*. Etienne met sa troisième Ville de ce nom près de l'Embouchure Canobique: cette embouchure est nommée aussi HERACLEOTICUM OSTIUM par Ptolomée & elle prenoit indifferemment l'un de ces deux noms à cause de Canope & d'Heraclée, deux Villes qui en étoient voisines. Ainsi la *grande Heracleopolis* étoit voisine de Canope & de l'Embouchure à laquelle elle donnoit son nom. La petite est la seconde d'Etienne, c'est-à-dire, auprès de Peluse. La troisième n'est pas si aisée à trouver: Berkelius son Interprete soupçonne que dans l'Isle Heracléote nommée par Ptolomée il y avoit peut-être une Ville dont cette Isle prenoit le nom, aussi bien que le nôme qu'elle renfermoit.

[a] l. 4. c. 5.

1. HERACLEOTES, Isle d'Egypte sur le Nil; avec un nôme de même nom, selon Ptolomée [b].

[b] l. 4. c. 5.

2. HERACLEOTES, Isle de la Mediterrannée, entre l'Italie & la Sicile, selon Antonin.

HERACLEOTICUM OSTIUM; ancien nom d'une des Embouchures du Nil. C'est la même que *Canopicum Ostium*. Voyez CANOPE & HERACLEOPOLIS §.

1. HERACLEUM; lieu d'Afrique en Egypte. Strabon [c] le met entre Canope & l'Embouchure Canopique, ce doit être la même chose que la *grande Heracleopolis* de Ptolomée. Après Canope, dit Strabon, est HERACLEUM où est un Temple d'Hercule, & ensuite est l'Embouchure Canopique.

[c] l. 17. p. 801.

2. HERACLEUM PROMONTORIUM, Promontoire d'Afrique dans la Marmarique. Strabon [d] nomme de suite le long de cette côte *Zephyrium*, *Cherronesus*, *Heracleum*, le Village de Paliure, le port Menelas &c.

[d] l. 17. p. 838.

3. HERACLEUM PROMONTORIUM, Promontoire de la Mer noire au Couchant de l'Embouchure du Thermodoon; selon Ptolomée [e]. Voyez THEMISCYRE. Arrien [f] met le port HERACLEUM entre l'Iris & le Thermodon.

[e] l. 5. c. 6.
[f] Peripl. Pont. Eux.

4. HERACLEUM PROMONTORIUM, Promontoire de la Sarmatie Asiatique sur la Mer noire, auprès du Fleuve Nesis entre le Borgys & Masætica, selon Arrien dans son Periple du Pont Euxin [g].

[g] p. 12.

5. HERACLEUM, Ville du même Pays, selon Pline [h], au delà de Dioscuriade, & à LXX. M. P. de Sebastopolis.

[h] l. 6. c. 5.

6. HERACLEUM, Ville de la Chersonnese Taurique près du Palus Meotide, selon Ptolomée [i].

[i] l. 3. c. 6.

7. HERACLEUM, petit lieu de l'Attique, selon Ctesias, qui dit que Xerxès voulut commencer delà une digue qu'il devoit avancer jusqu'à l'Isle de Salamine.

8. HERACLEUM, Ville maritime de Crete, sur la côte Septentrionale [k]. C'étoit le port des Gnossiens, selon Strabon [l].

[k] Ptolom. l. 3. c. 17.
[l] l. 10.

HERACLIE [m], petite Ville d'Afrique à présent ruinée, à vingt-huit lieues de Tunis, sur la côte au haut d'une Colline entre Suse & Hamamet où l'on en voit les ruines. Les Historiens du Pays racontent qu'elle a été bâtie par les Romains, & ruinée par les Califes Successeurs de Mahomet à cause que c'étoit une de leurs Colonies. Elle se défendit vaillamment l'espace de quelques jours, mais à la fin l'ayant emportée, ils la détruisirent, après avoir tué tous les habitans sans qu'elle se soit repeuplée depuis. Quelques-uns, ajoute Marmol, la prennent pour l'ASPIS de Ptolomée. Voyez ASPIS.

[m] Marmol l. 6. c. 24.

HERACLITIUM [n], Plutarque dans son Traité de ceux que Dieu punit avec lenteur nomme ainsi une Riviere dans laquelle on dit que personne n'entre deux fois sans changer de nature. Il ne dit point où elle couloit.

[n] Ortel. Thes.

HERACLIUM. Voyez HERACLEUM.
HERACTUM. Voyez ERACTUM.
HERÆ MURUS, nom d'un lieu, selon Etienne le Geographe, Voyez HERÆUM.

Il faut remarquer que Ἥρα HERA est le nom Grec de la Déesse Junon, & que les lieux qui lui étoient consacrez portoient le nom d'HERÆA, HERÆUM ou HERAS, ou quelque autre pris du nom de cette Déesse. Voyez aussi l'Article JUNON & les suivans.

1. HERÆA, Ville du Péloponnèse dans l'Arcadie au bord de l'Alphée. Etienne le Geographe la met près de la Messenie, ce qui ne s'accorde pas avec la position que lui donnent Ptolomée & Pausanias. Ptolomée [o] la met plus au Nord aux confins de l'Elide. Et Pausanias dit [p]: les HERE'ENS ont pour fondateur *Heræus* fils de Lycaon: la Ville est située sur la rive droite de l'Alphée. Polybe dit de même: Philippe ayant passé sur un pont l'Alphée qui baigne la Ville des Heréens, vint à Aliphere. Ælien dit [q] que dans le territoire d'Herée en Arcadie il se fait un vin qui rend les hommes insensez & les femmes fecondes. Tite-Live [r] parle aussi de cette Ville. Etienne le Geographe dit de plus que cette Ville d'HERÆA étoit aussi nommée SOLOGORGOS.

[o] l. 3. c. 16.
[p] l. 8. c. 26.
[q] Var. Hist. l. 3. c. 6.
[r] l. 28. c. 7.

2. HE-

HER. HER. III

2. HERÆA, Promontoire, vis-à-vis de Chalcedoine, selon le même Etienne. Il observe que par un mauvais usage quelques-uns le nommoient HERIA & d'autres HERIUM, & qu'ils disoient qu'y ayant fouillé dans des Tombeaux ils y avoient trouvé des urnes & des ossemens. Il vaut mieux, dit-il, en[a] croire Demosthene de Bithynie qui dit dans son XIV. Livre: Il y a devant la fameuse Ville de Chalcedoine un Promontoire nommé Heræa, bordé de quantité de rochers: au dedans de ce Promontoire & autour d'un mur de pierre que la mer forme un Golphe qui à le voir semble être profond par-tout. Cependant il n'y a qu'autant d'eau qu'il en faut pour couvrir le terrain, sans aucune profondeur. Des gens de Mer le prenant pour un lieu d'abri & pour un havre fait par la nature y ont mené leurs Vaisseaux qui s'y sont perdus.

1. HERÆENSES, habitans de la Ville d'Herée en Arcadie.

2. HERÆENSES, Village de Grece dans la Megaride, selon Plutarque[*].

HERÆI MONTES, montagne de Sicile, Ἡραῖα ὄρη, selon Diodore de Sicile[b] qui en vante l'air salubre & la beauté. D'autres disent au singulier Heræus mons, & Vibius Sequester dit que la Chrysa y a sa source. C'est proprement une chaîne de montagnes qui s'étend dans la vallée de Demone. On les nomme presentement MONTI SORI, & la montagne où la Chrysa prend sa source s'appelle MONTE ARTESINO, selon Cluvier[c]. Mr. de l'Isle y est conforme, mais il donne une autre ligne d'inclinaison à cette chaîne. La belle description que Diodore de Sicile fait de ces montagnes[d], est confirmée par Fazel. Ces montagnes, dit ce moderne, sont les plus agréables de toute la Sicile. Car quoi qu'elles soient hautes, elles ont des sources en abondance qui rendent les lieux très-propres à être habitez & cultivez. Il y a des vignes, des rosiers, des oliviers, & toutes sortes d'arbres domestiques en quantité, qui y sont verds toute l'année, & ce qui fait tout en releve la beauté sur le sommet des côteaux voisins il y a beaucoup de jolis Bourgs. Presque toutes les autres montagnes de Sicile sont nues & degarnies, ou couvertes seulement de forêts & d'arbres sauvages, au lieu que celles-ci sont très-cultivées. C'est dans ce Canton dans une vallée couverte d'arbres qu'étoit le Bois des Nymphes, *Nympharum Lucus*, dont parle Diodore de Sicile. C'étoit là que Daphnis si célébre dans les Poësies Bucoliques étoit née des amours de Mercure & d'une Nymphe. On ne sçait à présent où étoit précisément ce Bois.

HERÆITIS, contrée du Péloponnèse, selon Pausanias[*]. C'étoit le territoire de la Ville d'Heræa.

HERÆUM, ou HERÆUS MURUS Ἡραῖον Τεῖχος, Ville de Thrace, selon Etienne le Géographe, auprès de Perinthe, selon Herodote[e]. L'Auteur du grand Etymologique dit qu'*Heræus Murus* est un lieu de Thrace bâti par les Samiens.

§. Dans un grand nombre de passages des Auteurs Grecs HERÆUM Ἡραῖον ne signifie qu'un Temple de Junon; & si nous avions voulu les recueillir il s'en seroit trouvé une liste très-longue & très-inutile.

HERÆUS PORTUS, port de l'Asie mineure sur le Bosphore. Procope dit[f] de l'Empereur Justinien: l'Empereur a élevé deux autres Palais, l'un à Heræum & l'autre à Jucundienne. Il fit faire un nouveau port dans le même endroit, comme l'ancien étoit exposé à la violence des vents & des tempêtes il y remedia de cette maniere. Il fit jetter quantité de Caisses des deux côtez dans le fond & il éleva par ce moyen deux Moles jusqu'à la surface de l'eau au dessus desquelles il posa des roches pour résister à l'impetuosité des vagues. Ainsi il rendit ce port sûr même pendant l'hyver & durant les plus furieuses tempêtes. Il construisit au même lieu des Eglises, des Galeries, des Bains, & d'autres Edifices qui ne cedent à ceux de Constantinople, ni en grandeur ni en beauté. Il fit encore près d'Heræum un autre port sur le rivage d'Europium. Pierre Gilles dit que ce port Herée est presentement nommé Nolo di St. Joan Calamolo. Voyez EUTROPIUM.

HERAGA, Voyez ERAGE.

HERAS-LUTRA, Pline[g] dit: Quelques-uns mettent une Isle de ce nom entre celles qui bordent la Sardaigne, mais il le dit d'une maniere qui ne marque point qu'il fit grand cas de ces Auteurs.

HERAS, Ἥρας, Ἥλιου, ἡ καὶ Αὐτολαλα νῆσος, c'est-à-dire *l'Isle de Junon, du Soleil, & qui est appellée aussi Autolala*; ce sont les paroles de Ptolomée[h] qui met cette Isle sur la côte de la Libye dans la Mer Atlantique. Voyez JUNONIS SACRUM.

§. HERAT: Mr. Corneille dit: Herat Ville de la Turquie en Asie qu'on appelle aussi KRAC & HAGIAR, en Latin *Heratum, Cariacopolis & mons regalis*. C'est, dit-il, l'ancienne PETRA qui a donné son nom à l'Arabie petrée dans laquelle elle se trouve. Elle a un Archevêché & dépend du Patriarche de Jerusalem. Il joint ensuite à cet article ce que d'Herbelot dit de la Ville de Herat en Perse qui est bien loin de là. A l'égard de cette Herat de l'Arabie petrée, voyez l'article HAGR.

HERAT, HERAH, ou HERI; Ville de Perse, c'est la Ville que les Anciens ont connuë sous le nom d'Aria, Capitale d'une Province nommée aussi Aria, laquelle jointe à la Drangiane & à la Bactriane fait presentement la grande Province que nous connoissons sous le nom de Khorassan. Cependant les Historiens Persans disent tous unanimement qu'Herat est une des Villes auxquelles Alexandre donna son nom en les bâtissant, mais ils le disent sans preuve, & l'esprit fabuleux qui les domine a été si loin qu'ils ont prétendu dire sous quelle constellation il en fit jetter les fondemens. Ce sont des rêveries de ces Ecrivains. Nassir Eddin, & Ulugbeig, écrivent Herah, selon l'Edition d'Oxford. Ces deux Géographes Persans sont conformes à la position que d'Herbelot donne à cette Ville; sçavoir 94. d. 20'. de Longitude & 34. d. 30'. de Latitude. Cela est fort different de ce que dit Tavernier[i]. Herat, dit-il, est à 85. de-

HER. HER.

degrez 30'. de Longitude & à 36. d. 56'. de Latitude. D'Herbelot parle ainsi de cette Ville [a]: Herat a toujours été une des principales Villes du Khorassan, & comme les Persans parlent, une de ses quatre Capitales. Son territoire ample & spacieux passe pour une Province particuliere que l'on nomme souvent Heri, où plusieurs Sultans de la race de Tamerlan ont fait leur sejour ordinaire. Khondemir qui étoit natif de cette Ville dont il a fait la description à la fin de son Histoire, rapporte que sous le regne d'Abdallah Prince de la Dynastie des Taherites, il y avoit auprès de Herat un Temple des Mages, ou Guebres, ou adorateurs du feu, qui étoit d'une structure magnifique, pour la conservation duquel ces Idolatres payoient tous les ans un fort gros tribut aux Musulmans, & que fort près de ce Temple étoit une Mosquée des Mahometans fort chetive. La magnificence de ce Temple faisoit un grand concours des Guebres qui y abordoient en foule de toutes parts. Un jour l'Iman qui desservoit la Mosquée, transporté de zèle pour sa Religion, dit en prêchant avec beaucoup de chaleur, qu'il ne falloit pas s'étonner si la Religion Musulmane languissoit & s'affoiblissoit tous les jours dans la Ville de Herat, puisque le Temple des Idolatres étoit si proche de celui des fideles, & qu'il ne se trouvoit aucun Musulman assez zélé, ou assez appuyé qui osât entreprendre de le renverser. Les auditeurs animez par ce discours & mirent le feu la nuit suivante. Il fut brûlé avec la Mosquée qui fut rebâtie beaucoup plus belle qu'elle n'étoit. Les Guebres ou Mages porterent leur plainte à Abdalla qui fit informer du fait. Quatre mille Musulmans citez pour deposer la verité, jurerent faussement qu'ils n'avoient jamais vû aucun Temple de Guebres en ce lieu, mais seulement une Mosquée. Sur ce temoignage les Guebres furent renvoyez sans obtenir la permission de rebâtir leur Temple. La Mosquée que Gaiath Eddin Sultan de la Dynastie des Gaourides y fit bâtir long-temps après passoit pour un des plus beaux edifices de l'Orient; cependant elle fut brûlée par les Tartares de Genghizcan qui saccagerent la Ville de Herat. Elle fut encore prise par Tamerlan. Mr. Reland dans sa Carte de Perse ne met point de Riviere à Herat. Il dit seulement qu'Hera est une des quatre Villes Royales des Usbecs & que les trois autres sont Balch, Nixabour & Merwa. Olearius qui a aussi donné une Carte de Perse met Herat à la source d'une Riviere qu'il nomme Nios qui passe à Nisabur & se perd dans un Golphe de la Mer Caspienne. Mr. de l'Isle nomme cette Riviere la Riviere d'Herat, selon lui elle a sa source à Buscheng, & son cours du Sud au Nord; mais comme il n'est pas fort certain & que l'on manque de descriptions, ce savant homme s'est contenté de le tracer par des points depuis un certain lieu jusqu'à Noesa où cette Riviere se replie vers le Nord-est pour s'aller perdre dans le Gihun.

HERATEMIS, Riviere de la Perse propre, selon Arrien [b]. Pline en parle aussi & dit qu'elle est navigable.

[a] Biblioth. Orient.
[b] De Indis.

HERBANUM, ancienne Ville d'Italie dans la Toscane. Voyez Oropitum & Orviete.

HERBEMONT [e], petite Ville du Pays bas, au Pays de Luxembourg dans le Comté de Chiny, avec un château sur une montagne près de la Riviere de Semoy, une lieue au dessous de Chiny & à quatre de Monmedy vers le Nord, entre Mouson & Neufchâteau. Les Espagnols l'avoient cedée à la France, mais on la leur rendit & elle appartient comme le Duché de Luxembourg à l'Empereur.

HERBESSUS, ancienne Ville de Sicile. Cluvier [d] en met deux de ce nom dans cette Isle. L'une au dessus d'Agrigente, l'autre aux sources de l'Anapus, qui se jette dans le grand port de Syracuse. Il prouve l'existence de l'une par un passage de Polybe [e]. Bochart y rapporte l'Ouessa, Οὐεσσα, Vessa de Polyen [f], qu'il derive de חרב & de בצע dont il retranche la Syllabe חר. Cette Herbessus ou Erbessus, ne laisse aucun doute, puisqu'elle servoit de Magazin aux Romains pendant qu'ils assiegeoient Agrigente.

L'autre Herbessus est plus sujette à caution. Cluvier ne la fonde que sur Tite-Live [g] qui ne dit autre chose sinon, que les Preteurs de Syracuse menerent les troupes à Megare; qu'ils prirent avec eux quelque Cavalerie & se rendirent à Herbessus; que n'ayant pu engager cette Ville à se rendre, ils decamperent de Megare, afin d'assieger Herbessus avec toutes leurs troupes. Ptolomée, Pline, & Etienne ne connoissent qu'une seule Ville d'Herbessus. Il n'est donc pas necessaire d'en faire deux, puisque la même pouvoit être entre Agrigente & Syracuse.

Je remarquerai ici que les origines Pheniciennes de Bochart sont spirituelles, mais peu solides. Un homme qui comme lui possede bien les Langues Orientales y trouve aisément quelque mot qui a un rapport frapant avec le nom qu'il veut à toute force en faire venir. Mr. Huet dans une de ses Dissertations [h] lui fait plaisamment ce reproche. Il y a, dit-il, quelque temps, qu'une Inscription trouvée en Bourgogne, où l'on lisoit le nom d'un Roi du Pays, vous ayant été proposée, vous ne balançates point à chercher ce nom dans la Langue Arabe & ne manquâtes pas de l'y trouver. N'avez-vous pas le même droit de soutenir que le nom de Rabelais vient de l'Hebreu רב לל, qui signifie maitre moqueur? Un savant homme parle ainsi de cet Art. Est invenire in omnibus Linguis similes, voces quarum alteram ab altera originem habuisse facile sibi persuadeant; qui levioribus conjecturis duci amant: at qui maturius judicium adhibent & harum rerum majorem usum, aliter judicant. C'est-à-dire, il se trouve dans toutes les Langues des mots dont l'un semble tirer son origine de l'autre, & cela paroit ainsi à ceux qui aiment à se livrer aux plus minces conjectures; mais ceux qui ont le jugement plus mûr & un plus grand usage de ces sortes d'étymologies en pensent tout autrement. Un autre Savant n'en fait gueres plus de cas. Voici comment il s'en explique. Innumerabiles occurrunt in linguis omnibus vocum similitudines, per fortuitam συνέμπ-

[c] Baudrand rectifié.
[d] Sicil. Ant.
[e] l. 1. c. 18.
[f] l. 5. c. 1.
[g] l. 24. c. 30. n. 4.
[h] T. 1. p. 181.

HER.

συνέμπτωσιν, *ex quibus tamen si quis efficiat unam igitur ex altera derivari, ne facit intelligendo, ut nihil intelligat.* C'est-à-dire, toutes les Langues ont certaines ressemblances de mots par une coincidence fortuite ; si pourtant quelqu'un en vouloit conclure qu'un de ces mots derive de l'autre ; avec tout son bel esprit il seroit voir qu'il n'y entend rien. On peut donc rapporter ces recherches de Bochart comme d'agréables curiositez & comme des amenitez de Grammaire ; mais elles ne suffisent pas pour faire preuve & on auroit tort de fonder l'existence d'une Ville sur une raison si legere, surtout lors que le silence, ou le temoignage contraire des Anciens Géographes fait un contrepoids : il n'y a plus à balancer.

HERBESSUS, Riviere de Sicile dans le territoire d'Egesta, selon Solin [a]. [a] Polyhist.

HERBATILIA ou HERBATILICUM, Ville de la Gaule dans la seconde Aquitaine, à deux lieues de la Loire sur la gauche [b]. Elle avoit été autrefois bâtie dans des Marecages par les habitans de Nantes après que Jules Cesar eut ruiné leur Ville. Elle s'etoit accrue & peuplée de ses debris & le rétablissement de Nantes ne lui avoit fait tort qu'en ce que les premiers Predicateurs de l'Evangile sembloient l'avoir negligée pour s'arrêter à Nantes. Ses habitans étoient encore Payens l'an 551. St. Martin Diacre & Prédicateur qui fut depuis Abbé de Vertou & fut envoyé par son Evêque St. Felix de Nantes pour les convertir. On fut sourd à sa predication ; & ce Saint s'étant retiré promptement avec son hôte, la Ville fut inondée & abismée dans les eaux qui formerent dans sa place même le Lac de GRAND LIEU, que l'on voit encore ; il ne resta que l'endroit le plus élevé de la Ville qui fut reduit en Village appellé HERBAUGE. Ceci arriva vers l'an 554 ; & trente-cinq ans après, on voyoit encore quelques toits des maisons ensevelies dans l'eau. [b] Baillet au 24. Octob. Vie de St. Martin de Vertou.

HERBAUGE. Voyez l'article precedent.

HERBIPOLIS, mot barbare dont peu d'Auteurs Ecclesiastiques se sont servis, mais qui avec le temps a été usité pour signifier la Ville de WURTZBOURG, Siége Episcopal d'Allemagne dans la Franconie.

HERBITA. Voyez ERBITA.

HERBORN [c], Ville d'Allemagne en Weteravie dans la Principauté de Nassau-Dillenbourg, à quatre milles de Marpourg & à trois de Giessen. Elle a une fameuse Ecole fondée en 1584. par le Comte Jean le vieux. Jean Piscator fameux Theologien Protestant en fut le premier Recteur. Elle a eu des hommes illustres entre ses Regents. Cette Ville est connue à cause de ses Manufactures d'Etoffes de laine dont elle fait un assez bon Commerce. [c] Zeyler Hassiæ &c. Topogr. p. 50.

HERBULENSES, nom d'un Peuple de Sicile, selon Pline [d]. Ortelius [e] doute si ce ne seroit point de chez eux que venoit l'ERBULUM VINUM dont parle Athénée. Le R. P. Hardouin conjecture qu'il faut lire HARBELENSES, & alors ce seroient les habitans d'ARBELE qu'Etienne le Géographe met dans la Sicile en citant Philiste dans son 8. Livre de l'Histoire de Sicile. [d] l. 3. c. 8. [e] Thesaur.

HERCABUM. Voyez ERCABUM.

HERCATES, ancien Peuple d'Italie en deça de l'Apennin, vers la Ligurie. Tite-Live [f] dit : *cis Apenninum Garuli & Lapicini & Hercates, trans Apenninum Briniates fuerant.* [f] l. 41. c. 23.

HERCINIA SILVA. Voyez HERCYNIA.

HERCLEMANNICUS PORTUS. Voyez MONOECI PORTUS, c'est presentement MONACO.

HERCULANEA VIA. Ciceron [g] en parle comme d'un Canton delicieux & fort riche : ce chemin étoit en Italie dans la Campanie entre le Lac Lucrin & la Mer. C'étoit une chaussée qui au raport de Strabon [h] passoit pour être l'ouvrage d'Hercule. Ce Heros la fit lors qu'il emmenoit les bœufs de Geryon. Silius Italicus [i] nomme ce chemin *Herculeum iter* par cette raison, & Properce dit [k] [g] Agrar. 2. c. 14. [h] l. 5. p. 245. [i] l. 12. v. 118. [k] l. 3. Eleg. 16. 3.

*Qua jacet & Troia tubicen Misenus arena,
Et sonat Herculeo structa labore Via.*

1. HERCULANEUM, ancienne Ville d'Italie au Pays des Samnites. Tite-Live dit : [l] *Carvilius avoit pris aux Samnites Volana, Palumbinum, & Herculaneum,* il s'étoit rendu maître de la premiere en fort peu de jours. La seconde ne lui avoit coûté que la peine de s'approcher des murailles. Il trouva plus de difficulté à Herculaneum. Il y eut deux actions fort vives & où il perdit plus de monde que les ennemis. Il campa auprès de la Ville qu'il y resserra ; il en fit le siège dans les formes & la prit : dans cette Ville il y eut dix mille hommes de tuez ou prisonniers. Cellarius [m] soupçonne que c'est ce même lieu qui dans la Carte de Peutinger est nommé *Herculi rani*. [l] l. 10. c. 45. [m] Geogr. Antiq. l. 2. c. 9. p. 870.

2. HERCULANEUM, ou HERCULANIUM ou HERCULEUM, ancienne Ville d'Italie dans la Campanie sur la côte vis-à-vis du Vesuve. La Carte de Peutinger la met à onze milles de Naples. Pline [n] la nomme entre Naples & *Pompeii*. Paterculus [o] dit qu'elle fut conquise durant la guerre des alliez. Florus [p] dit de même : Les Villes maritimes Formies, Cumes, Pouzzol, Naples, *Herculaneum*, & *Pompeii*. Seneque [q] parle des tremblemens de terre auxquels ces deux Villes avoient été exposées, de maniere qu'une partie d'*Herculaneum* [r] en avoit été renversée. Columelle parle des Salines de ce lieu-là & les nomme *Salines d'Hercule*. [f] [n] l. 3. c. 5. [o] l. 2. c. 6. [p] l. 1. c. 16. [q] Quæst. Nat. l. 6. c. 26. [r] Ibid. c. 1. [f] l. 10.

*Qua dulcis Pompeia palus vicina salinis
Herculeis.*

HERCULANEUS RIVUS, Ruisseau d'Italie : il a sa source dans le chemin de Sublaque à LXII. M. P. de Rome, selon Frontin.

HERCULEA VIA. Voyez HERCULANEA VIA.

HERCULEÆ SALINÆ. Voyez HERCULANEUM 2.

P   HER-

☞ HERCULE. Le même que les Payens nommoient en Grec HERACLES est appellé en Latin *Hercules*, delà vient qu'il y a tant de lieux qui dans cette derniere Langue portent son nom: quelquefois les Latins trouvant le nom déja imposé par les Grecs, l'ont conservé, comme nous avons vû dans le grand nombre de Villes nommées HERACLEÆ; quelquefois ils l'ont traduit en leur Langue. Il suffit ici de remarquer que tous ces lieux, soit en Grec soit en Latin, tirent leur nom d'une même origine qui est Hercule; soit que ces lieux fussent illustrez par quelqu'une de ses actions, soit qu'ils eussent seulement un Temple; une Chapelle ou quelque autre chose de consacrée à ce Dieu.

AD HERCULEM. Voyez au mot Ad les 4. Articles AD HERCULEM.

HERCULEUS LACUS: Diodore de Sicile *a* nomme ainsi un Lac de Sicile dans le territoire de Leontini. Il avoit quatre stades ou cinq cens pas de circuit & passoit pour avoir été creusé par Hercule.

a l. 4.

HERCULEUM. Voyez ERKELENS.

HERCULEUM FRETUM; ancien nom du DETROIT DE GIBRALTAR.

HERCULEUM ITER. Voyez HERCULANEA VIA.

HERCULIA, selon Antonin *b*, Ville de la Pannonie sur la route de *Sopianæ* à *Bregentio*; entre *Gurtiana* & *Floriana*, à vingt milles de la premiere, & à quinze de la seconde. Ortelius *c* croit que c'est la même qui est nommée dans la Notice AD HERCULEM, & Lazius conjecture que c'est presentement la Ville de Bude.

b Itiner.
c Thesaur.

HERCULIS ARA. Voyez ARA HERCULIS.

HERCULIS ARÆ ou LES AUTELS D'HERCULE, Ville de la Susiane près de la Mesopotamie, & du Tigre, à l'opposite d'Apamée, selon Ptolomée *d*.

d l. 6. c. 3.

HERCULIS ARENOSI CUMULI, ou HERCULIS ARENÆ, c'est-à-dire, les Monceaux de Sable, ou les Sables d'Hercule; Montagnes d'Afrique dans la Cyrenaïque, selon Ptolomée *e*.

e l. 4. c. 4.

HERCULIS CASTRA. Voyez CASTRA & ERKELENS.

HERCULIS CASTRUM, Lieu situé quelque part vers la Moesie entre Nessus & Ulpiana, selon Jornandes cité par Ortelius. Mais je trouve dans Jornandes même *f* ces paroles: *videns Theodemir undique sibi prospera provenire, Naissum primam urbem invadit Illyrici: filioque suo Theodorico consociatus adstat & in villam comites per* CASTRUM HERCULIS *transmittit Ulpianam*. On voit par ce passage & par celui qui le suit que *Naissus* étoit Ville frontiere de l'Illyrie, dont étoit aussi *Ulpiana* & que *Castrum Herculis* étoit entre deux. Theodemir & son fils Theodoric les prirent & s'ouvrirent par-là certains lieux de l'Illyrie qui avoient été jusqu'alors inaccessibles. *Qui venientes, tam eam* (Ulpianam) *quam & opes mox in deditionem accipiunt, nonnullaque loca Illyrici inaccessibilia sibi tunc primum pervia faciunt.*

f De Reb. Getic. c. 56.

HERCULIS COLUMNÆ, c'est-à-dire, les COLOMNES D'HERCULE. On entend presentement par ce nom deux Montagnes aux deux côtez du Detroit de Gibraltar, savoir CALPE en Espagne & ABILA en Afrique. Marcien d'Heraclée *g* dit dans son Periple que les Anciens ne s'accordoient pas entre eux sur le lieu où il falloit placer les Colomnes d'Hercule. Voici le passage entier: lors, dit-il, que l'on passe le Detroit & que l'on range le Temple de Junon que ceux qui sortent laissent à leur droite, on trouve l'Océan qui s'étend fort loin de chaque côté le long de l'Espagne & de la Libye, & qui du côté de l'Occident a une étendue indeterminée, que l'on ne connoît point. Premierement en côtoyant on trouve à droite l'Isle de Gades où l'on pretend que sont les Colomnes d'Hercule; car il y en a qui disent que ces Colomnes sont auprès du mont Calpé qui est dans le Detroit même; & d'autres les mettent auprès de l'Isle de Gades, comme Artemidore le Geographe. Rien n'empêche que nous commencions le Periple de l'Espagne au mont Calpé que la plûpart prennent pour une Colomne d'Hercule. Il nomme ensuite *h Calpé Montagne & Colomne*. Pomponius Mela *i* parlant de la Mauritanie & particulierement de la Ville de *Tingi* ajoute. Il y a ensuite une montagne très-haute, à l'opposite d'une autre qui est du côté de l'Espagne. On appelle l'une *Abyla* & l'autre *Calpé*; & toutes les deux *les Colomnes d'Hercule*. On fait un conte à cette occasion, savoir qu'Hercule trouva ces montagnes contiguës l'une à l'autre; qu'il les separa & fit entrer ainsi l'Océan dans les terres qu'il inonde aujourd'hui &c. Seneque l'un des Tragiques *k* dit la même chose de cette pretendue division.

g pag. 36. Edit. Oxon.
h Ibid. p. 39.
i l. 1. c. 5.
k Herc. fu- rens.

Utrinque Montes solvit abrupto obice
Et jam ruenti fecit Oceano viam.

Denys le Periegete parle de ces deux Colomnes d'Hercule *l* & dit qu'elles sont situées aux deux côtez du Détroit, l'une vers l'Europe, l'autre vers la Libye. Mais il ne dit pas que ce fussent deux montagnes. Après avoir invoqué les Muses qu'il prie de commencer sa Description à l'Océan occidental, il ajoute *m*: c'est là que sont les Colomnes d'Hercule, à l'extremité de l'Univers. Elles sont à Gades & au pied du mont Atlas dont les branches s'étendent fort loin. Là une Colomne d'airain très-haute s'éleve dans les nues qui la couvrent. Diodore de Sicile dit *n*: Hercule ayant parcouru une grande partie de l'Afrique arriva au bord de cette Océan de Gades, & éleva des Colomnes sur la côte de l'un & de l'autre Continent. Delà il passa en Espagne &c. Cet Historien reprend presque aussi-tôt la même matiere & rapporte les traditions de son têms. Puisque j'ai, dit-il *o*, commencé à parler des Colomnes d'Hercule il est bon d'en dire ici quelque chose. Hercule ayant couru toutes les côtes de l'un & de l'autre Continent, c'est-à-dire, de l'Afrique & de l'Europe, resolut de dresser ces Colomnes pour monument de son expedition. Afin donc d'eterniser la memoire de cet exploit, il allongea de chaque côté les Promontoires par des

l v. 72.
m v. 64.
n l. 4. c. 18.
o Ibid.

des terres qu'il y apporta & au lieu que l'Afrique & l'Europe étoient auparavant séparées par un large Détroit, il le retrécit tellement que les poissons d'une énorme grandeur ne pouvoient plus passer de l'Océan dans la Mediterranée; & cet ouvrage est tel que la gloire de celui qui l'a exécuté ne peut jamais s'effacer de la mémoire des hommes. Il y en a pourtant, continue Diodore, qui assurent le contraire; car selon aux les deux Continens étoient joints l'un à l'autre, & Hercule ayant creusé un Canal, & ouvert le passage, l'Océan se mêla par le Détroit avec notre Mer. Il laisse ensuite à chacun la liberté d'en juger ce qu'il lui plaira. Strabon le plus judicieux Géographe de l'antiquité parle ainsi de ces Colomnes. *l. 3. p. 169. & seq.* Les Gaditains assurent qu'un Oracle ordonna aux Tyriens de mener une Colonie aux Colomnes d'Hercule; que ceux qu'ils envoyerent étant arrivés aux Promontoires, près de Calpé s'imaginerent que ces Promontoires qui resserrent le Détroit étoient le bout de la terre habitée, & la fin de l'expedition d'Hercule, & en même temps ce que l'Oracle appelloit les Colomnes; ils entrerent dans le Détroit au lieu où est présentement la Ville des Axitains, & y ayant fait des sacrifices qui ne leur réussirent point, ils s'en retournerent dans leur Pays. Quelque temps après il en partit d'autres qui sortirent du Détroit la valeur de quinze cens stades, vinrent à une Isle consacrée à Hercule vis-à-vis d'Onoba Ville d'Espagne & croyant avoir trouvé les Colomnes, ils sacrifierent à ce Dieu; mais les victimes ne promettant pas un succès heureux, ils s'en revinrent dans leur patrie. Ceux qui partirent en troisième lieu avancerent jusqu'à l'Isle de Gades où ils bâtirent un Temple dans la partie Orientale de l'Isle & une Ville dans l'Occidentale. De-là vient que par le mot de *Colomnes d'Hercule*, les uns entendent ce qui resserre le Détroit, d'autres Gadès, d'autres enfin des lieux situés encore au delà de Gadès. Quelques-uns prennent pour les Colomnes Calpé & Abyla qui est une montagne située en Afrique vis-à-vis de Calpé. Eratosthene met Abyla chez les Metagoniens Peuple Nomade; d'autres croient que ce sont de petites Isles voisines de l'une, & de l'autre Montagne & dont l'une est appellée l'Isle de Junon. Artemidore parle bien de l'Isle, & du Temple de Junon, mais il les distingue d'Abyla, & selon lui ce n'est ni une montagne ni un lieu des Metagoniens. Quelques-uns transportent en ces quartiers-là les Roches Symplegades, & les *Planctes*, & croient que ces Colomnes sont ce que Pindare appelle les *portes de Gadès*. De plus Dicéarque, Eratosthene, & Polybe, & la plûpart des Grecs, assurent que ces Colomnes sont au Détroit. Mais les Espagnols & les Africains les placent à Gadès; & assurent qu'il n'y a rien auprès du détroit qui ressemble à des Colomnes. D'autres veulent que ces Colomnes d'Hercule ne soient autre chose sinon les Colomnes de bronze de huit coudées, qui sont à Gadès dans le Temple d'Hercule & sur lesquelles est gravée une Inscription qui marque combien le Temple a couté à bâtir. Ce sont, dit-on, celles que les Tyriens trouverent & ayant fini la leur Navigation & sacrifié à Hercule; ils eurent soin de publier que la Terre & la Mer ne s'étendoient pas plus loin. Posidonius tient ce sentiment pour le plus probable & regarde l'Oracle & les divers envois des Tyriens pour un conte forgé par les Pheniciens. A l'égard de ces envois, on ne peut rien dire de fort positif pour ou contre ce fait; mais il y a assez de raison en ce qu'on dit de ces Isles & de ces Montagnes qu'elles n'ont rien qui ressemble à des Colomnes; & que l'on cherche des Colomnes proprement dites qui soient & la borne de la Terre & la fin de l'expedition d'Hercule. C'est un ancien usage d'élever de pareils monumens. Les habitans de *Rhegium* au lieu de Colomne ont bâti une Tour sur le Détroit (de Sicile) à laquelle répond de l'autre côté la Tour du Pelore. De même il y a les Autels des Philenes au milieu du Canton qui est entre les deux Syrtes; Dans l'Isthme de Corinthe il y avoit autrefois, dit-on, une Colomne placée à frais communs par les Ioniens qui étant chassez du Peloponnese avoient envahi l'Attique & la Megaride & par ceux qui occupoient le Peloponnese. Sur la Colomne du côté de la Megaride on lisoit ces mots. CE N'EST PLUS ICI LE PELOPONNESE, MAIS L'IONIE. De l'autre côté il y avoit: C'EST ICI LE PELOPONNESE & NON PAS L'IONIE. Alexandre dans la conquête des Indes, étant arrivé au Pays le plus Oriental qu'il ait vû, dressa des autels pour la borne de sa course. Il suivit en cela l'exemple d'Hercule & de Bacchus. C'étoit la coutume. Or il est vraisemblable que ces lieux ayent pris leur nom de là & l'ayent conservé, quoique le tems ait détruit les monumens qui avoient fait donner ces noms. Aujourd'hui les autels des Philenes ne subsistent plus; le lieu ne laisse pas d'en porter encore le nom. On assure qu'on ne voit aux Indes ni les Colomnes d'Hercule, ni celles de Bacchus; cependant on montra aux Macedoniens certains lieux où ils crurent en voir quelques traces. Il n'est pas non plus incroyable que les premiers qui sont arrivez en des lieux qu'ils croyoient les derniers de l'Univers & qu'ils jugeoient dignes de remarque, y aient érigé ou des Autels, ou des Tours, ou des Colomnes; or les Détroits, les Montagnes qui les bordent, ou les Isles qui les accompagnent sont des objets assez remarquables & très-propres à marquer le commencement ou la fin des lieux. Ensuite ces monumens faits de main d'homme étant ruinez avec le tems le nom a pû demeurer au lieu même où ils étoient; soit qu'on dise, que c'étoient de petites Isles, soit l'on dise que c'étoient les Promontoires qui resserrent le Détroit. Il n'est pas facile de decider si c'est aux unes ou aux autres que cette denomination doit être appliquée, puis que le rapport avec une Colomne leur est commun. Je dis rapport, car les Colomnes se mettent en des endroits qui sont évidemment des extremités. De-là vient que ce détroit & les autres ont été appellez par les Grecs du nom de ϛόμα qui veut dire *bouche*. La bouche est le commencement pour ceux qui entrent, ce qu'il y a de dernier pour ceux qui sortent. Or ces pe-

petites Isles situées dans la bouche, pour me servir de ce mot, étant bornées à un très-petit espace & ressemblant en quelque façon à un point, on peut bien les comparer à une Colomne: de même les Montagnes qui bordent le Detroit de part & d'autre ont à cause de leur hauteur quelque rapport à une Colompé. Pindare n'a donc point eu tort de dire *les portes de Gadir*, si l'on entend que ces Colomnes étoient à la bouche (c'est-à-dire, au Detroit). Du reste Gades n'est point située dans un lieu qui soit à proprement parler une extrémité. Elle est au contraire au fond d'une espece de Golphe que forme la Mer en cet endroit. Il me paroit moins raisonnable de donner des Colomnes du Temple d'Hercule, comme l'origine du nom de Colomnes d'Hercule, car il est probable que ce nom n'a point été imposé d'abord par des Marchands, mais par des Capitaines & qu'ensuite il est devenu célèbre. De plus l'Inscription qu'elles portent ne contient pas la dedicace d'une Offrande religieuse, mais la somme totale de ce que le Temple a couté à bâtir. Cette circonstance seule est une preuve contraire; car il faut que les Colomnes d'Hercule soient un monument de sa magnificence & non pas des dépenses que les Pheniciens ont faites.

A ce long passage de Strabon, qui est ce que j'ai trouvé de plus sensé dans l'antiquité sur cette matiere, j'ajouterai le témoignage d'Hesyche. Rien ne prouve mieux l'incertitude où les Anciens ont été eux-mêmes sur le lieu où ils devoient placer ces Colomnes: quelques-uns, dit-il, disent que ce sont des Isles, d'autres que ce sont des jettées ou levées de terres, d'autres les extrémitez des deux Continents, d'autres des Villes. Les uns y en comptent une seule, d'autres deux, d'autres trois, d'autres quatre.

2. HERCULIS COLUMNÆ, ou les COLOMNES D'HERCULE. Tacite rapporte une ancienne tradition qui plaçoit d'autres Colomnes d'Hercule dans la Frise. Car parlant des Frisons distinguez en grands & en petits il ajoute: Ces deux Nations bordent le Rhin jusqu'à l'Océan & entourent des Lacs d'une grandeur immense où les Flottes Romaines ont pourtant penétré. Nous avons même essayé de naviguer sur l'Océan de ce côté-là, & la renommée a publié qu'il restoit encore des Colomnes d'Hercule; soit que ce Heros ait été effectivement dans ces Pays-là, soit qu'on lui attribue ordinairement tout ce qu'il y a de grand & de magnifique en quelque Pays que ce soit. Drusus voulut tenter cette avanture & ce ne fut pas faute de courage qu'il ne l'acheva point; l'Océan ne le lui permit pas & s'opposa aux recherches qu'il vouloit faire. Sur un si leger indice il y a eu des gens assez témeraires pour oser assurer que ces Colomnes d'Hercule sont aujourd'hui un lieu entre Groningue & Coeworde nommé en Flamand Duyvels Cutz, c'est-à-dire, *le C. du Diable*, ou comme Ortelius le rend en Latin *Cacodæmonis Cunnus*.

HERCULIS DELUBRUM ou
1. HERCULIS FANUM, en Grec Ἡρακλέους ἱερόν, le TEMPLE d'HERCULE. Il y en avoit dans un très-grand nombre de Villes, & il seroit ennuyeux d'en mettre ici une liste. Il faut chercher aux noms des Villes mêmes où étoient ces Temples comme ERYTHRES, HERCULIS COLUMNÆ & quantité d'autres. On peut mettre toutes les Heraclées au nombre des Villes qui avoient un Temple consacré à ce Heros. Nous distinguerons ici un lieu particulier dont parle Ptolomée parce qu'il étoit ainsi nommé independemment d'aucune Ville, quoi que ce Temple fût sans doute accompagné d'habitations pour loger ceux qui le desservoient. Ptolomée [a] le met en Toscane sur la côte entre le Promontoire & le Bois de Feronie d'un côté & l'Embouchure de l'Arne de l'autre. [a l. 3. c. 1.]

2. HERCULIS FANUM, Port de l'Isle de Malthe; c'est presentement la Marsa Siroco [b], ou, comme écrit Mr. de l'Isle, la Calle de Marsa Siroc, au Sud-est de l'Isle. [b Ortel. Thes.]

1. HERCULIS INSULA, ou L'ISLE D'HERCULE, selon Ptolomée [c], petite Isle sur la côte occidentale de Sardaigne. Ortelius croit que c'est presentement ASINARA. Pline [d] met dans cet endroit *deux Isles d'Hercule*, & le R. P. Hardouin observe qu'il y en a deux dont l'une est ASINARO ou LAVARA qui est la plus grande & que la plus petite est ISOLA PIANA. [c l. 3. c. 3.] [d l. 3. c. 7.]

2. HERCULIS INSULA, Isle d'Espagne. On la nommoit aussi SCOMBRARIA. Voyez ce mot.

HERCULIS LAVACRA, Ἡρακλέους λουτρά, ou les bains d'Hercule, Lieu de la Dryopide, selon Antoninus Liberalis cité par Ortelius [e]. [e Thesaur.]

2. HERCULIS LAVACRUM; Ausone remarque dans les vers sur la Ville de Milan qu'un des beaux quartiers de cette Ville s'appelloit ainsi [f]. [f Clar. Urb.]

Templa, Palatinæque arces, opulensque Moneta,
Et regio Herculei celebris sub honore lavacri.

HERCULIS MONOECI PORTUS. Voyez MONOECUS & MONACO.

HERCULIS OPPIDUM, Ville d'Egypte dans une Isle du Nil. Voyez HERACLEOPOLIS.

HERCULIS PAGUS, Cedrene & Curopalate citez par Ortelius nomment ainsi un lieu de l'Asie Mineure que ce Géographe croit avoir été quelque part vers la Cilicie [g]. [g Thesaur.]

HERCULIS PETRA, Roche d'Italie dans la Campanie, au bord de la Mer, dans le territoire de Stabies. Pline [h] place de certains poissons nommez *Melanuri* qui se jettent sur le pain qu'on leur jette dans la Mer, & qui ne gobent rien où il y ait un Hameçon. [h l. 32. c. 2.]

1. HERCULIS PORTUS, ou le Port d'Hercule, Port d'Italie, au Pays des Brutiens, auprès de la Ville de Vibo Valentia, selon Pline [i]. Ce Port étoit au dessous du lieu où l'on avoit érigé un trophée en l'honneur de la victoire de Sext. Pompée, & qui fut nommé à cause de cela AD TROPÆA, Πρὸς Τρόπαια [k]. [i l. 3. c. 5.] [k Cellar.]

2. HERCULIS PORTUS, Port de l'Isle de Sardaigne dans sa partie Meridionale, selon Ptolomée [l]. Antonin le nomme AD HERCULEM. [Geogr. Ant. T. 2. l. 2. c.] [l l. 3. c. 3.]

HER.   HER.

ZEM. Voyez au mot AD l'article AD HERCU-
LEM. 2.

3. HERCULIS PORTUS, nom Latin de PORTO HERCOLE. Voyez ce mot.

HERCULIS LABRONIS, ou LIBURNI PORTUS, ancien Port d'Italie. Antonin [a] dans la route de Rome par la Toscane & les Alpes maritimes le place à douze milles de Pise & le nomme *ad Herculem*. Ciceron [b] appelle un port de ces quartiers-là *Labro*: *Erat iturus a. d. III. id. apriles ut aut Labrone, aut Pisis conscenderet*. Zozime [c], parlant d'une sorte de navires appellez *Liburnes* par les Anciens, dit qu'on les appelloit ainsi du nom d'une certaine Ville d'Italie, où les premiers de cette espece ont été bâtis. Cellarius a cru que Zozime avoit voulu parler de ce port & que le nom de LABRO, supposé que ce mot soit bien exempt d'erreur dans la Lettre de Ciceron, a été changé avec le temps en LIBURNUM, d'où s'est fait le nom moderne qui est Livourne. Mais le témoignage de Zozime ne conclut rien & sa Ville de *Liburnum* ne vient qu'à la suite des Vaisseaux nommez *Liburnes* dont il cherchoit l'Etymologie; au lieu qu'Appien, Etienne le Géographe &c. nous apprennent que l'origine de ces navires se doit prendre de la Liburnie, contrée de la Dalmatie. Voyez LIVOURNE.

1. HERCULIS PROMONTORIUM, c'est-à-dire, le Cap, ou le Promontoire d'Hercule, Cap de la Mauritanie Tingitane sur l'Océan Atlantique entre l'Embouchure du Fleuve *Tuth*, & la Ville de *Tamufiga*, selon Ptolomée [d]. Mercator dit que c'est le Cap Cantin.

2. HERCULIS PROMONTORIUM, Cap d'Asie dans la Galatie près de Themiscyre, selon Ptolomée [e].

3. HERCULIS PROMONTORIUM, Cap de l'Isle de la Grande Bretagne, sur la côte occidentale, selon Ptolomée. Ses Interprètes le nomment aujourd'hui HARDT-LAND.

HERCULIS PYRGOS, ou la *tour d'Hercule*. Voyez HERCULIS TURRIS.

HERCULIS SALINÆ, ou les SALINES D'HERCULE. Voyez HERCULANEUM 2.

HERCULIS SPECULÆ, Florus [f] nomme ainsi les deux extrémitez de l'Europe & de l'Afrique qui resserrent le Détroit de Gibraltar. Ce mot semble faire entendre que c'étoient des tours élevées qui servoient à découvrir ce qui entroit dans le Détroit & ce qui en sortoit.

HERCULIS TURRIS, ou la TOUR D'HERCULE, Ville de la Cyrenaïque sur la Mer Mediterranée, selon Ptolomée [g]. Castald croit que c'est présentement CORCUERA & Marmol que c'est CAMERA TORRE.

HERCULIS VIA. Voyez HERCULANEA VIA.

HERCULIS VICUS, Village d'Asie dans la Cilicie, selon Curopalate cité par Ortelius.

HERCULIUS, Torrent de Grece dans la Phocide près de la Ville de Bulis, selon Paufanias [h].

HERCUNIATES; Voyez ERCUNIATES.

HERCYNIA SILVA & HERCYNIUS SALTUS. La forêt & la montagne d'Hercynie; forêt & montagne de la Germanie, selon les Historiens Grecs & les Latins. Les Grecs ayant ouï dire aux Germains que la Germanie avoit quantité de montagnes & de vastes forêts & remarquant qu'ils se servoient du mot HARTZEN pour les exprimer, se figurèrent que ce n'étoit qu'une seule forêt continuée dans toute la Germanie & une seule chaine de montagnes qui se repandoit dans tout ce Pays; & pour signifier cette forêt & cette chaine de montagnes, ils firent le mot Ἑρκύνιον, ou Ἀρκύνιον. A l'égard de cette chaine, Aristote [i] y met la source du Danube, & celles de la plûpart des Rivières qui coulent vers le Nord. Diodore de Sicile [l] qui regarde les montagnes d'Hercynie comme les plus hautes de toute l'Europe les avance jusqu'à l'Océan & les borde de plusieurs Isles dont la plus grande est la Bretagne. Pline, après avoir dit qu'il avoit vû les Peuples CHAUCI ajoute peu après [m], que tout le reste de la Germanie est couvert de forêts. Il dit ensuite; dans cette partie Septentrionale de la forêt Hercynie la grosseur des Chênes, aussi anciens que le Monde & que les Siécles ont épargnez, surpasse toutes les merveilles par leur destinée immortelle. Il rapporte [n] ensuite ce qu'on lui en a dit de plus croyable. Pomponius Mela que Pline copie souvent avoit dit avant lui [o] que la Germanie a plusieurs forêts dont la plus grande & la plus connue est la forêt Hercynie, qu'on ne parcourt qu'en soixante jours. Il entend sans doute la longueur. Jules César la fait encore plus longue. Ce dernier, après avoir dit que cette forêt a été connue à Eratosthene qui la nomme ORCINIA, la décrit ainsi [p]. Cette forêt d'Hercynie a douze journées de largeur; on ne peut la determiner autrement, car ces peuples ne connoissent point les mesures itineraires. Elle commence aux frontieres des Helvetiens, des Nemetes & des Rauraques & s'étend le long du Danube jusqu'aux confins des Daces & des Anartes. Delà elle tourne sur la gauche dans des contrées éloignées de ce Fleuve, & par sa vaste étendue touche aux Pays de divers Peuples; & il n'y a personne de ces Pays là qui dise en avoir trouvé le bout quoiqu'il ait marché soixante jours. Il parle ensuite des animaux sauvages qui s'y trouvent. Tout cela vient de l'erreur où étoient les Grecs & les Romains d'avoir cru que toutes les forêts auxquelles le nom de *Hartz* au singulier & *Hartzen* étoit commun, n'en faisoient qu'une seule dont c'étoit le nom propre, au lieu que ce nom signifie dans la Langue des anciens Germains toutes les forêts indistinctement en quelque Pays qu'elles se trouvent. Ainsi la longueur que donnent Cesar & Mela n'a rien d'exact. D'Ablancourt traduit *Hercynia Silva* dans le passage allegué de Jule Cesar par la Forêt noire qui n'y convient en aucune manière. La Forêt noire n'est pas si étenduë & répond à MARTIANA SILVA des Anciens. A l'égard des Montagnes d'Hercynie répandues dans toute l'Allemagne c'est une chimere qui a la même erreur pour fondement. Quelques Allemands n'ont

118 HER.

n'ont pas laissé de croire que c'étoit effectivement une forêt continue dont les restes portent presentement divers noms, savoir.

SCHWARTZWALDT ou la forêt noire près de Fribourg en Brisgow.

ODENWALDT près de Heidelberg.

STEYGERWALDT, près de Wurtzbourg & de Bamberg.

WESTERWALDT depuis le Meyn, jusqu'à la Riviere de Lohr.

SPESHART, peu loin du Meyn vers Francfort, Aschafenbourg & Mayence.

AUFF DEN HARTZ à l'entrée de la Saxe au Comté de Mansfeld.

THURINGERWALDT dans la Thuringe.

BEHEMERWALDT dans la Boheme.

HERCYNIUM, Etienne le Geographe nomme ainsi une Montagne d'Italie. Ortelius [a] soupçonne qu'il entend l'Apennin.

[a Ortel. Thes.]

HERCYNIUM JUGUM, chaîne de forêt dans la Germanie, quelques-uns l'expliquent [b] des Montagnes qui sont à la partie occidentale de la Bohême, c'est-à-dire, du FICHTELBERG où le Meyn, la Saala, l'Egre, & le Nab prennent leurs sources. D'autres entendent par ce nom, les Montagnes qui sont en la partie Orientale, appellées DER RIESENBERG, où sont les sources de l'Elbe. Ces deux sentimens s'accordent également avec celui de Ptolomée qui met les MONTS SUDITES depuis la source du Weser à l'Occident jusqu'à la source de l'Elbe à l'Orient. Or ces Monts Sudites faisoient partie d'HERCYNIUM JUGUM ou HERCYNII SALTUS.

[b Cluver. Germ. ant. l. 3. c. 48.]

HERDER, Village de Suisse dans le Thurgow. C'est une terre seigneuriale qui a ses Seigneurs particuliers.

[c Etat & del. de la Suisse T. 3. p. 154.]

HERDEREN, Village de Suisse au Comté de Bade. L'Evêque de Constance y a la basse jurisdiction.

[d Ibid. p. 143.]

HERDONIA Voyez ERDONIA.

HEREA, Héa, Ville de Macédoine, selon Appien [e] Alexandrin.

[e In Syriac.]

HERECHON ou ARECHON, ou ARECON, Ville de la Palestine dans la Tribu de Dan [f].

[f Josué c. 19. v. 46.]

HEREFORD [g] Ville d'Angleterre dans la Province qui en prend le nom d'Herefordshire dont elle est la Capitale, sur la Riviere de Wye, à cent cinq milles de Londres, dans un très-bon terroir. On prétend qu'elle a été bâtie des Ruines d'ARICONIUM qui étoit, à ce que l'on croit, au lieu où est aujourd'hui KENCHESTER qui n'en est pas éloigné. Elle avoit autrefois un château bâti par les Normands, mais qui est tombé en ruine. Il y a trois Marchez par semaine [h]: c'est le Siége d'un Evêque, dont le Diocèse comprend tout Herefordshire & partie de Shropshire.

[g Etat pres. de la Gr. Bretagne T. 1. p. 70.]

[h p. 277.]

HEREFORDSHIRE Province d'Angleterre dans l'interieur du Pays, au Diocèse de Hereford, vers le Pays de Galles. Elle a cent milles de tour, & contient 650000 Arpens de terrain & 15000 Maisons. Cette Province abonde en toutes choses necessaires à la vie, particulierement en blé, en bois, en laine, en saumons, & en cidre. Sa laine est la plus estimée d'Angleterre, de même que l'on cidre qui se fait d'une pomme appellée Red-

[i Ibid. p. 70.]

HER.

streak qui n'est pas bonne à manger, mais qui ne vient nulle part si bien qu'en cette Province. Ses Villes & Bourgs où l'on tient marché sont,

HEREFORD, Capitale,
Lempster, Pembridge,
Weobly, Ledbury,
Kyneton, Bromyard,
 & Rosi.

C'est dans cette Province que se trouve la fameuse COLLINE AMBULANTE nommée en Anglois MARSLEY-HILL. L'origine de ce nom vient d'un tremblement de terre arrivé au mois de Fevrier 1574, vingt-six Arpens de terre se mirent, pour ainsi dire, en marche avec un bruit effroyable, pendant trois jours consecutifs. Par ce transport un clocher & plusieurs arbres furent renversez, deux grands chemins changerent de place, celui de l'Est passa à l'Ouest & celui de l'Ouest vint à l'Est, des prez se trouverent, où il y avoit des champs, & des champs où il y avoit des prez. Ce prodige est attesté par les plus celebres Auteurs [k].

[k Ibid. p. 2.]

HEREN, Montagne de la Mauritanie Cesariense selon Ptolomée [l]. Ses Interpretes lisent BYREN.

[l l. 4. c. 2.]

HERENATIUM, Antonin dans son Itineraire, met HERENATIUM ancien lieu de la Belgique chez les Bataves, six mille pas au dessous de BURGINATIUM. La Table de Peutinger donne la même position à ARENATIUM, qui est, à vrai dire, le même nom moins deguisé. Alting croit que ces deux noms sont synonymes avec ARENACUM nommé par Tacite [m], & qu'ils ne signifient qu'un même village de la Batavie.

[m Hist. l. 5. c. 18.]

HERENOPOLIS. Voyez NERONIAS.

HERENTHALS, (ce nom signifie la Vallée des Seigneurs) autrefois Ville, aujourd'hui Bourgade des Pays bas Austrichiens dans le Brabant au quartier d'Anvers. Elle fut bâtie par Henri Duc de Brabant l'an 1212 sur la petite Riviere de Nethe. C'est le chef lieu d'une Mairie [n].

[n Bonguerus desc. de la France 2. part. p. 54. Ed. 1705. p. Dict. Geogr. des Pays-bas.]

HERETUM Voyez ERETUM.

HEREUS-MONS [o] montagne de Sicile où est la source du Fleuve CHRYSAS selon Vibius Sequester, Fazel la nomme l'ARTESINO & dans un autre endroit TAVIS.

[o Ortel. Thes.]

HEROD. Voyez HEREFORD.

HERFORDEN, HERWERDEN & HERVORDEN Ville d'Allemagne en Westphalie au Comté de Ravensberg. Elle a eu autrefois ses Seigneurs particuliers, dont le dernier étoit contemporain de Charlemagne. Il s'appelloit Wolder & ne se voyant point de fils, il demanda à Witikind qui s'étoit fait Chrétien depuis peu & étoit declaré Duc de Saxe la permission d'employer sa Maison & ses biens pour bâtir un Monastere, ce qui lui fut accordé. L'Eglise de Notre-Dame de Herforden fut fondée par Meinwerck dixième Evêque de Paderborn. Cette Ville est une des Villes Imperiales du Cercle de Westphalie & quoi qu'elle soit la Capitale du Comté de Ravensberg & qu'elle eût pris le Duc de Juliers pour Protecteur, elle a toujours pretendu être Ville Anseatique, & Impe-

[p Zeyler Westphal. Topogr. p. ...]

periale; elle a même voulu être exemptée de la jurisdiction de l'Abbesse. Elle a son rang entre les Villes libres & Imperiales du banc du Rhin. Elle est assez grande & passablement bien bâtie, à la jonction de plusieurs ruisseaux, savoir l'Aa qui vient de Bilefeld à deux lieues delà, & la Wehre qui venant de Diethmold au Comté de la Lippe se charge de l'Aa & se va perdre dans le Weser, un mille au dessus de Minden. Ces deux petites Riviéres traversent la Ville d'Herforden & la coupent en trois, dont l'une appellée la VILLE NEUVE a sa Maison de Ville & sa Jurisdiction particuliere, la seconde est nommée la VIEILLE Ville & la troisiéme RADEWICH; ces deux dernieres ont une Maison de Ville & une Jurisdiction en commun, quoique chacune ait son Eglise. Le terroir des environs est bon & fertile.

L'Abbaye a eu de grands Privileges des Papes & des Empereurs, & l'Abbesse a rang & voix de Sufrage à la Diète comme étant Princesse de l'Empire, quoiqu'elle soit de la Confession d'Augsbourg. Sa place aux Dietes est entre les Abbesses du banc du Rhin.

HERFORDSHIRE, Voyez HEREFORDSHIRE.

HERGENTUM, pour ERGETIUM. Voyez ce mot.

HERGISWALD ou HERGOTTSWALD.

HERGOTTSWALD ou HERGISWALD Bois, en Suisse, près du Mont Pilate dans le Canton de Lucerne [a], il y a une Chapelle qui renferme une Image de la Ste Vierge que l'on pretend miraculeuse & avoir été trouvée au milieu d'un rocher dans une pierre à fer l'an 1660.

HERI. Voyez HERAT.

HERIBATH, [b] Ville d'Asie dans l'Indoustan, à cinquante lieues d'Amadabath. Elle n'est pas fort grande & n'a ni portes, ni murailles, parce qu'elles ont été detruites par Tamerlan, aussi bien que son château dont l'on voit encore les ruines sur une haute montagne près de la Ville.

HERICOURT, [c] petite Ville & Seigneurie du Comté de Montbeliard, à une lieue de Montbeliard vers le Septentrion en tirant vers le Mont des faucilles.

HERIGEMI, [d] Ville Episcopale d'Asie, dans le Patriarchat d'Antioche. Emesse en étoit la Metropole.

1. HERISAW, gros Bourg ou Village de Suisse à une des extremités du Canton d'Appenzell [e], au bord d'une petite Riviere nommée BRULBACH. Il est des plus anciens du Pays & subsistoit avant le VI. Siécle. C'est l'endroit le plus peuplé & le plus considerable du Parti Protestant dans ce Canton. Il y a dans son voisinage une Fontaine d'eau soufrée & froide. Dans les montagnes qui séparent ce Pays d'avec le Rhinthal, il y a trois petits Lacs qui sont abondans en poissons. On dit dans le Pays qu'il y en a de si gros qu'on ne sauroit les tuer qu'avec de grosses arquebuses, qu'on n'y peut pas entrer. Ces Lacs se vuident par quelques canaux souterrains & inconnus.

2. HERISAW, Village de Suisse [f] & une des Communautez Exterieures & Reformées du Canton d'Appenzell, ce n'est pas le même que celui dont on vient de parler dans l'article precedent.

HERISSON, Ville de France en Bourbonnois sur le Torrent d'Oevil vers le Cher, à cinq [g] lieues de Bourbon l'Archambaut vers le Couchant.

HERISTALLUM Voyez HERSTAL.

HERIUS, nom d'une Riviere de la Gaule Lyonnoise, selon Ptolomée [h]. Les Interpretes soupçonnent que c'est presentement la VILLAINE.

1. HERMA. Voyez HORMA.

2. HERMA ancien lieu d'Espagne. Avienus ayant parlé de Malaga & ensuite du Port & de la montagne de Venus dit [i].

Porro in isto littore
Stetere crebræ civitates antea,
Phœnixque multos habuit hos pridem locos.
Inhospitales nunc Arenas porrigit
Deserta tellus. Orba cultorum sola
Squallent jacentque. Veneris abdito jugo
Spectatur Herma cespitis Labyci procul
Quod ante dixi; littus hic rursum patet
Vacuum incolarum nunc, & abjecti soli.

HERMACOPOLITÆ; Voyez HERMOCAPELITÆ.

HERMÆ, Ἑρμαί, lieu du Poloponnese aux confins du Pays d'Argos & de la Laconie, selon Pausanias [k]. Ce nom n'est pas celui du lieu, mais des bornes que l'on avoit mises sur une montagne entre les Lacedemoniens, les Argiens & les Tegeates, & Pausanias dit que cette petite contrée en prenoit le nom.

Le Dieu connu des Latins sous le nom de Mercure étoit nommé par les Grecs Ἑρμῆς. HERMES. Comme les Payens croioient qu'il presidoit au commerce, aux grands chemins &c, il avoit un culte fort étendu. Delà vient que beaucoup de noms Geographiques sont composez du sien.

HERMÆA ACRA Ἑρμαία Ἄκρα, en Latin *Promontorium Mercurii*. Cap d'Afrique dans l'Afrique proprement dite, selon Ptolomée [l]. Pline [m] dit qu'il est à l'oposite de la Sicile, & il y place *Clupea* Ville libre. C'est maintenant le CAP BON & la Ville de *Clupée* est presentement ZAFFARAN, selon Marmol.

2. HERMÆA ACRA, Promontoire de la Marmarique, selon Ptolomée [n].

3. HERMÆA ACRA, Promontoire de l'Isle de Crete dans sa partie meridionale, selon le même [o].

HERMÆA INSULA, petite Isle adjacente à la Sardaigne, selon Ptolomée.

1. HERMÆUM [p] Cap du Bosphore de Thrace, du coté de l'Europe, selon Sozomene cité par Pierre Gille qui dit que c'est presentement NEOCASTRO. Leunclavius dit [q] c'est GENICHISSAR. Le premier nom est Grec, le second est Turc.

2. HERMÆUM, Lieu d'Asie, selon Polyæn l. 6. entre Lampsaque & Parium à LXX stades de l'une & à deux cents de l'autre.

3. HERMÆUM, Cap de la Sardaigne dans sa partie Occidentale, selon Ptolomée [s].

4. HER-

4. HERMÆUM, Montagne de l'Isle de Lemnos, selon le Scholiaste de Sophocle [a].

5. HERMÆUM, Lieu de Grece dans la Béotie sur l'Euripe. On passoit delà dans l'Eubée, selon Tite Live [b].

6. HERMÆUM, Village du Peloponnese dans l'Arcadie, selon Pausanias [c].

HERMÆUS TUMULUS, Ἑρμαῖος λόφος nom de lieu, selon Etienne le Geographe [d] qui ne nous apprend point où il étoit.

HERMAGORA, Lieu voisin de Constantinople, selon Pierre Gille dans sa description du Bosphore.

HERMANDICA. Voyez SALMANTICA.

HERMANDURI. Voyez HERMUNDURI.

HERMANDUS, Fleuve de l'Arachosie; c'est ainsi qu'on lisoit dans quelques Editions vitieuses de Pline [e], au lieu d'Erymanthus, que le R. P. Hardouin a doctement rétabli.

HERMANES, ancien Bourg d'Espagne dans l'Andalousie, à trois lieues [f] de Seville vers le Couchant Meridional. Le nom Latin est GERMANI.

HERMANSTAD, Ville de Hongrie dans la Transsilvanie dont elle est la Capitale. Les Allemands lui donnent ce nom, mais les Habitans la nomment CEBEN, SRBEN ou ZEBEN, qui est aussi le nom de la Riviere qui la baigne & qui se rend peu après dans l'Alaut. Elle est grande & bien peuplée, dans une Plaine. C'est la residence ordinaire du Prince de Transsilvanie. Il y avoit un Evêché suffragant de Colocz, selon Mr. Baudrand. Je n'en trouve aucune trace dans les Notices. Il ajoute: ses Habitans sont Saxons d'origine & c'est delà que dependent les sept Sieges des Saxons qui sont dans cette Province. Elle est à l'Orient & à 8. Milles d'Allemagne de Weissenbourg, en allant vers les frontieres de la Moldavie, & à quinze de Clausenbourg.

HERMANSTEIN. Voyez EHRENBREITSTEIN.

HERMATOTROPHI, Peuple d'Asie vers la Margiane, selon Pline [g]. Quelques Editions, entre autres celle du R. P. Hardouin, portent HARMATOTROPHI qui vaut mieux. Ce nom signifie des gens *qui nourrissent des chevaux pour les chariots*.

HERMEDAI; l'Historien de Timur Bec nomme ainsi un Pays entre le Borysthène & le Danube [h].

HERMES OPPIDUM, Bourg d'Afrique au Promontoire de Mercure, selon Procope [i].

HERMESIA, ancienne Ville d'Asie, dans la Mœonie à quelque distance de la côte. Elle ne subsistoit déjà plus du temps de Pline. Quelques exemplaires portent *Harmesia*.

1. HERMETSCHWYL (*Hermetis Villa*) [k] Abbaye de filles, en Suisse, proche la Ville de Bremgarten dans le circuit du Comté de Bade & des Bailliages Libres. Il est environné de la Reuss, & est auprès d'un Village du même nom. L'an 1080 les Religieuses de ce Couvent furent envoyées à Muri d'où elles dependent. Mais l'an 1178. elles furent ré-

[a] *In Philoct.*
[b] *l. 35.*
[c] *l. 8. c. 35.*
[d] *in Voce* Ἀγάθη.
[e] *l. 6. c. 23.*
[f] *Baudrand Ed. 1705.*
[g] *l. 6. c. 16.*
[h] *l. 3. c. 60.*
[i] *Vandal. l. 3. c. 6.*
[k] Etat & Del. de la Suisse. p. 145. 149.

tablies dans leur Maison de Hermetschwyl, & font cependant demeurées sous l'inspection de l'Abbé de Muri.

2. HERMETSCHWYL, Village de Suisse [l] proche l'Abbaye du même nom ci-dessus.

HERMEUS SINUS. Voyez HERMUS.

HERMI CAMPUS; Ἕρμου πεδίον, Lieu d'Asie dans l'Eolide près de Cumes, selon Etienne le Géographe.

HERMIANENSIS SEDES, Siege Episcopal d'Afrique dans la Byzacene. La Notice Episcopale d'Afrique fournit *Donatus* ERMIANENSIS & dans la Conference de Carthage [m] on trouve *Secundianus* HERMIANENSIS. Entre les Evêques de la Byzacene qui souscrivirent au Concile de Latran tenu sous le Pape Martin on trouve *Benaldus Episcopus Hermianensis*. Procope [n] nous apprend le vrai nom & la situation de ce lieu, lors qu'il dit qu'Hermione est une Ville éloignée de quatre journées de la Mer.

HERMINIUS MONS Montagne d'Espagne dans la Lusitanie, selon Hirtius [o] & B. Alex. c. Dion [p]: on la nomme presentement [q] MONTE ARMINEO.

1. HERMIONE. Voyez l'Article HERMIANENSIS.

2. HERMIONE, ancienne Ville du Peloponnese au Royaume d'Argos. Pausanias [r] distingue deux Villes de même nom, savoir l'ancienne qui à la reserve de quelques Temples fut renversée de la nouvelle qui fut bâtie à quatre stades du Promontoire sur lequel étoit le Temple de Neptune. Le même Auteur & Thucydide [s] nomment *Hermionida* les environs de cette Ville.

3. HERMIONE. Etienne le Geographe fait mention d'une Ville de ce nom, que l'on appelloit aussi LACERIA; mais il ne dit point où elle étoit. Voyez LACERIA.

HERMIONIA, Ville située quelque part vers les monts Riphées [t], selon Orphée dans ses Argonautiques.

HEMIONICUS SINUS [v], Golphe du Peloponnese auprès de la Ville d'Hermione.

HERMIONIDE. Voyez HERMIONE 2.

§ HERMIONS, ancien Peuple de Germanie. Pline donne ce nom comme un nom collectif qui étoit commun à quatre grandes Nations, savoir les SUEVES, les HERMUNDURES, les CHATTES, les CHERUSQUES, comme je l'ai remarqué dans l'article GERMANIE. On y peut voir aussi que les noms de *Germains* & de *Hermions* ne sont que de differentes prononciations du même nom.

HERMISIUM, Ville de la Chersonese Taurique, selon Pomponius Mela [w] & Pline [x].

HERMITAGE, lieu Solitaire où demeure un Hermite ou Anachorete qui s'y est retiré pour mener une vie religieuse & retirée. Anciennement les Hermitages étoient dans un desert, ou au fond de quelque forêt inhabitée loin du commerce des hommes. L'Histoire Ecclesiastique est pleine d'exemples de Saints que l'amour de la contemplation & de l'abnegation de soi-même entrainoit dans des solitudes. La bonne odeur de leur Sainteté attiroit auprès d'eux des disciples dont ils formoient

[l] p. 149.
[m] p. 270. Edit. du Pin.
[n] Vandal. l. 1. c. 14.
[o] B. Alex. c.
[p] l. 37. p. 53.
[q] Ortel. Thes.
[r] l. 2. c. 34.
[s] l. 8.
[t] Ortel. Thes.
[v] Strab. l. 1.
[w] l. 2. c. 1.
[x] l. 4. c. 12.

un Monastere, qui souvent étoit cause que la Forêt se défrichoit & qu'il se bâtissoit un Bourg ou une Ville. Il y a en Europe beaucoup de lieux qui doivent leur origine à un Hermitage devenu célèbre par les vertus du Saint qui y demeuroit. EREMUS Ἔρημος, signifie une *solitude*, un *desert*, de ce mot on a fait EREMITÆ Ἐρημίται, pour signifier ceux qui s'y retiroient, comme du verbe ANACHOREIN Ἀναχωρεῖν qui veut dire *se retirer*, *s'éloigner*, on a fait le mot *Anachoretes* Ἀναχωρηταί. A présent que la ferveur est plus rare & qu'il y a moins de deserts qu'autrefois, les Hermitages sont éloignez des Villes. Ils consistent ordinairement en un petit bâtiment qui comprend une Chapelle & une habitation pour l'Hermite, avec un Jardin, qui avec les aumônes qu'il recueille fournit à sa nourriture. Il y a un assez grand nombre d'Hermitages en France & encore plus en Italie. Une liste des Hermitages seroit quelque chose de bien difficile à fournir pour un homme qui en est si éloigné. Je laisse ce soin à ceux qui sont à portée de la dresser. Je me contente d'en mettre ici quelques articles qui méritent d'être distinguez.

1. L'HERMITAGE DES HELVETIENS, *Eremus Helvetiorum*, desert de la Germanie, selon Ptolomée : il s'étendoit jusqu'aux Alpes.

2. L'HERMITAGE. Voyez EINSIDLEN.

3. L'HERMITAGE, Bourg de l'Ecosse méridionale dans la Province de Lidesdale, dont il est le chef-lieu ª. Il prend ce nom d'un Château nommé l'Hermitage qui est démoli. Il appartenoit aux Hepburns, Comtes de Bothwell, ensuite aux Stuarts de Coldingham.

4. L'HERMITAGE (le *Vin de*) c'est un Vin de France. ᵇ Il croît dans le Dauphiné proche de la ville de Thain, sur le Rivage du Rhône, vis-à-vis de Tournon. Sur ce côteau il y a un Hermitage qui a donné son nom au Territoire & au vin qui y vient.

HERMOCAPOLITÆ, Peuple d'Asie dans la Troade & sous la jurisdiction de Pergame, selon Pline. Le nom de ce Peuple signifie les *Cabaretiers* ou les *Aubergistes de Mercure*. Les Notices Episcopales mettent HERMOCAPELIA dans la Lydie.

1. HERMON, ᶜ ou CHERMON ou AERMON, ou Baal Hermon. Les Sidoniens lui donnoient le nom de SCHIRION, & les Amorrhéens celui de SANIR. St Jérôme dit que cette Montagne est au dessous de Paneade & que pendant l'Eté, on en portoit de la Neige à Tyr pour boire frais. Le Chaldéen & l'Interprete Samaritain lui donnent ᵈ le nom de *Montagne de la Neige*, parcequ'elle en est toujours chargée à cause de sa hauteur. Dans le Deuteronôme ᵉ il est parlé de Sion comme faisant partie du Mont Hermon. L'Ecriture ᶠ met le mont Hermon comme terminant le Pays de delà le Jourdain au Septentrion, de même que le torrent d'Arnon au Midi. Baal Gad étoit située dans la plaine du Liban, au pied du mont Hermon ᵍ, & les Hevéens au pied de la même Montagne dans la terre de Maspha

depuis Baal Hermon, jusqu'à l'entrée d'Hemath ʰ. Le mont Hermon appartenoit au Roi Og & étoit à l'extrémité Septentrionale de ses Etats avant que les Israëlites en fissent la conquête.ⁱ L'Auteur du Livre Apocryphe d'Enoch ᵐ dit que les Anges, qu'il nomme *Egregori*, c'est-à-dire, *les Veillans*, étant épris de l'amour des femmes s'assemblerent sur le mont Hermon du temps du Patriarche Jared & s'engagerent par serment & par des Anathêmes qu'ils prononcerent, de ne se séparer jamais, qu'ils n'eussent exécuté leur resolution, qui étoit de prendre des filles des Hommes pour femmes. Les Anathêmes auxquels ils se dévouerent, s'ils manquoient à cette promesse, firent donner à cette Montagne le nom d'Hermon, c'est-à-dire, *Anathême* ⁿ. Le Psalmiste dit que l'union des freres est aussi agréable que l'est la rosée du mont Hermon qui descend sur le mont de Sion º.

Hermon est comme le nom general d'une Montagne qui a plusieurs Côteaux, dont l'un est appellé SION, l'autre SANIR ou SCHIRION. Ainsi la rosée du mont Hermon descend sur le côteau de Sion qui lui est joint comme l'Huile descend de la Barbe d'Aaron sur le collet de sa tunique. Il est vrai que SION ou ZION du Pseaume CXXXII est écrit ציון &, celui du Deuteronome שיאן, mais comme ce sont des lettres du même son & d'un même organe on ne doit pas faire beaucoup de difficulté de les confondre.

Le Psalmiste dit ailleurs ᵖ *Vous avez créé l'Aquilon & la Mer*. *Thabor & Hermon feront retentir leur joye*. La situation de Thabor est connue. Cette Montagne est entre la Mer mediterranée à l'Occident & la Mer de Tiberiade à l'Orient, le mont Hermon est au Nord de l'une & de l'autre. L'Hebreu porte *vous avez créé l'Aquilon & la droite*, c'est-à-dire, le Nord & le Midi, *le Thabor au Midi, & le mont Hermon au Nord, feront retentir leur joye*. Les deux parties de ce Verset sont comme synonymes & s'expliquent l'une l'autre.

2. HERMON ᑫ ou HERMONIIM, Montagne de la Palestine au deça du Jourdain dans la Tribu d'Issachar au Midi du mont Thabor. Plusieurs croient qu'il en est parlé dans cet endroit des Pseaumes ʳ : *Je me souviendrai de vous dans le Pays du Jourdain, à Hermon, à la petite Montagne*. Comme si ce mont de deçà le Jourdain étoit appellé petite Montagne pour le distinguer du grand Hermon qui étoit au delà de ce Fleuve. Mais d'autres croient qu'il n'est fait mention du petit Hermon en aucun endroit de l'Ecriture & que cette Montagne qui étoit connue sous ce nom du temps de St Jérôme dans la Tribu d'Issachar au Midi du grand champ, n'a été nommée Hermon que dans les derniers temps. D'autres expliquent de cette Montagne d'Hermon de deçà le Jourdain, ce qui est dit au Pseaume 122. comme la Rosée du mont Hermon qui descend sur le mont Sion. Maundrell dit que la Rosée en cet endroit, est aussi abondante qu'une grosse pluye ; mais cela ne persuade pas que le Psalmiste parle du mont Hermon de deçà

deçà le Jourdain, puisque le mont Sion n'a aucune liaison avec lui, au lieu que nous trouvons un des côteaux du grand Hermon nommé Sion.

1. HERMONASSA, Ville du Bosphore Cimmerien, & l'une des quatre que Pomponius Mela [a] place dans la Presqu'Isle. Denys le Periégete dit [b] qu'elle est bien bâtie.

[a] l. 1. c. 19.
[b] v. 551.

2. HERMONASSA, Ville d'Asie dans le Pont Polemoniaque près de Cotyora, selon Ptolomée [c] & dans le même Golphe que Cerasonte. Strabon [d] dit que c'étoient deux Villes mediocres.

[c] l. 5. c. 6.
[d] l. 12. p. 548.

3. § Ortelius met une autre HERMONASSA dans la basse Moesie peu distante de l'Embouchure de l'Ister. Il cite Pline & Mela dans les ouvrages desquels je n'en trouve aucune trace. Mr. Baudrand dit que c'est une petite Ville de la basse Moesie & cite Pline & Mela comme s'il l'avoit trouvée dans ces deux Auteurs, quoi qu'il ne la cite que sur la foi d'Ortelius. Il ajoute qu'elle est nommée HERMONACTUS par Ptolomée. S'il avoit consulté ce dernier il auroit trouvé dans la Version Latine [e] ERMONACTIS VILLA dans le Grec Ἑρμώνακτος κώμη. C'est aussi le nom qu'employe Strabon [f], καὶ κώμη Ἑρμώνακτος λεγομένη. Hermonactis est le genitif d'Hermonax. Ortelius avoit mis fort fidelement en citant Ptolomée & Strabon, Hermonactis Vicus, dont Mr. Baudrand faute d'exactitude a fait le nom d'Hermonactus. Quoi qu'il en soit, Ortelius soupçonne que ce lieu est presentement Bialogrod, qui au raport de Leunclavius est appellé par les Turcs BELIGRADO & NESTAR ALBA.

[e] l. 3. c. 10.
[f] l. 7. p. 306.

HERMONIUS. Voyez THERMODON.

HERMONTHIS Ville d'Egypte dans le nôme qui en prenoit le nom d'HERMONTHITES & dont elle étoit la Metropole, selon Ptolomée [g] qui écrit ce nom par un υ Ἑρμωνθις au lieu qu'Etienne l'écrit par un ου Ἑρμούνθις. Strabon [h] écrit Hermuthis Ἑρμοῦθις & dit que l'on y adoroit Jupiter & Apollon, & qu'on y nourrissoit un bœuf sacré. Il la place entre Thebes & la Ville des Crocodiles. Antonin en fait aussi mention dans son Itineraire.

[g] l. 4. c. 5.
[h] l. 17. p. 817.

Diospolis.	
Tentyram	XII. M. P.
Papa	VIII. M. P.
Hermunthim	XXX. M. P.
Laton	XXIV. M. P.

Cette derniere est la même que Latopolis. Ortelius dit que ce nom est corrompu en celui de NARMUNTHUM dans la Notice de l'Empire. Si c'est de cette Ville que la Notice a voulu parler, le nom n'est pas seulement corrompu ; mais la Ville y est horriblement déplacée, puis qu'elle y est mise comme étant de l'Augustamnique qui étoit bien loin delà.

HERMONTHITES NOMOS, contrée d'Egypte au Couchant du Nil. Elle avoit, selon Ptolomée [i] le nôme de Memnon au Nord ; celui de Thebes & le Nil au Levant, les Dodecaschoenes au Midi & les montagnes de la Libye au Couchant. Ses Villes étoient.

[i] l. 4. c. 5.

Hermonthis Capitale.

Latopolis
La Grande Ville d'Apollon,
Ensuite un Village situé dans les terres, savoir *Phthontis*.
Et enfin l'Isle d'*Elephantine*.

1. HERMOPOLIS, Ville d'Asie dans l'Isaurie [k]. Elle étoit Episcopale, & Julien son Evêque est nommé dans la Lettre Synodique des Evêques de cette Province qui assisterent au Concile de Chalcedoine.

[k] Carol. a S. Paulo Geogr. Sacr. p. 291.

2. HERMOPOLIS. Voyez HERMUPOLIS.

3. HERMOPOLIS. Cuspinien [l] cité par Ortelius trouve dans Ammien Marcellin un lieu de ce nom vers les frontieres d'Epire & de Macedoine.

[l] Ad Cassiodor. Consul. An. Chr. 516.

HERMOSELLO [m] ou FERMOSELLO, Bourg fortifié d'Espagne, au Royaume de Léon au confluent des Rivieres de Duero & de Tormes, à trois lieues au dessous de Miranda de Duero. Ce lieu est inconnu à Rodrigo Mendes. On croit que c'est l'OCELUM DURII d'Antonin, voyez OCELUM.

[m] Baudrand.

HERMOTUM, lieu d'Asie au bord de la Propontide. Arrien dit [n] qu'Alexandre parti d'Ilium le rendit à Arisbe, à Percote, à Lampsaque, & campa auprés du Fleuve Practius qui tombant du mont Ida se jette dans la Mer entre l'Hellespont & le Pont Euxin, que delà il vint à *Hermotum*, ayant passé devant la Ville de Colones.

[n] Exped. Alex. l. 1. p. 28.

HERMUCHA ; l'Histoire mêlée [o] citée par Ortelius [p] nomme trois lieux où l'Armée Romaine fut defaite, savoir GABATHA, HERMUCHA & DEMITHARA. Ortelius croit que ces lieux étoient quelque part en Asie.

[o] l. 18.
[p] Thesaur.

HERMUNDULUS POPULUS ; Aulugelle [q] citant Cincius au troisiéme livre de son Traité de la guerre rapporte en quelle maniere on la déclaroit anciennement & tire de cet Auteur un formulaire des paroles que prononçoit le Herault du Peuple Romain qui faisoit la declaration de guerre aux ennemis ; voici les paroles. QUOD POPULUS HERMUNDULUS, HOMINESQUE POPULI HERMUNDULI ADVERSUS POPULUM ROMANUM BELLUM FECERE, DELIQUERUNTQUE. QUOD & POPULUS ROMANUS CUM POPULO HERMUNDULO HOMINIBUS QUE HERMUNDULIS BELLUM JUSSIT. OB EAM REM EGO POPULUSQUE ROMANUS POPULO HERMUNDULO HOMINIBUSQUE HERMUNDULIS, BELLUM INDICO, FACIOQUE. Comme ce passage n'est accompagné d'aucun éclaircissement on ne peut decider où étoit ce Peuple. Ce nom repeté jusqu'à six fois m'empêche d'y soupçonner un changement de l'r, en l, sans cela je serois porté à croire que ce sont les *Hermundures* de l'article qui suit.

[q] Noct. Attic. l. 16. c. 4.

HERMUNDURI ancien Peuple de la Germanie [r]. Pline le range sous les Hermions avec les Sueves, les Chattes, & les Cherusques. Tacite au contraire les range sous les Sueves & les étend jusqu'au Danube. Cluvier ayant recueilli les passages des Anciens touchant ce Peuple lui marque ainsi ses bornes ; mais, il faut avertir qu'il a été obligé d'y supléer par des conjectures, qui quoique savantes ne sont pas tout à fait certaines. Selon lui [s] les Hermundures

[r] l. 4. c. 14.
[s] Germon. ant. l. 3. c. 28.

HER.   HER.   123

dures étoient bornez au Couchant par la Saala Riviere jufqu'à Salefeld, delà par une ligne tirée jufqu'à la fource du Radach, enfuite par le Radach & le Meyn jufqu'à Bamberg ; delà par les Rivieres de Rednitz & d'Aifch, puis par une ligne imaginée depuis fa fource de cette Riviere jufqu'à Koenigfprun ou Koenigfbron, & enfin par la Riviere de Brentz qui y a fa fource & fe perd dans le Danube. Ces bornes feparoient le Pays des Hermundures de celui des *Alemanni*. Les bornes Orientales étoient, felon le même Auteur, une ligne tirée depuis Ingolftadt, jufqu'aux fources du Meyn & elle les feparoit des Narifques. Delà au Levant d'Hyver jufqu'à l'Elbe ils avoient les hautes Montagnes de la Bohême qui les feparoient des Marcomans, enfuite au Levant d'Eté l'Elbe jufqu'au confluent de la Saala les feparoit des Semnons. La borne Meridionale étoit le Danube depuis le confluent de la Brentz jufqu'à Ingolftadt. Ainfi leur Pays comprenoit la Principauté d'Anhalt, la partie du Duché de Saxe fituée entre la Saala & l'Elbe, prefque toute la Mifnie excepté la lifiere qui eft au delà de l'Elbe, tout le Voigtland, partie du Duché de Cobourg, partie de la Franconie fur la gauche du Meyn, un peu du haut Palatinat & enfin une petite portion de la Suabe. Tel eft, felon Cluvier, le Pays que les Hermundures habitoient. Tacite *a* en parle comme d'un Peuple fidelement attaché aux Romains. Il parle ailleurs *b* des guerres qu'ils eurent contre les Chattes pour des Salines qui étoient à la bienfeance de ces deux Peuples qui par confequent étoient voifins l'un de l'autre.

a German. c. 41.
b Annal. l. 13. c. 57.

HERMUNTHIS. Voyez HERMONTHIS.

1. HERMUPOLIS ou HERMOPOLIS Ville d'Egypte, dans le Delta, dans une Ifle *c* formée par le Fleuve de Thermuthis, c'eft-à-dire, par le bras du Nil qui paffant à *Thermutis* qui lui donnoit ce nom, prenoit enfuite celui de la Ville de *Sebennytus* qu'il portoit jufqu'à fon embouchure, nommée *Oftium Sebennyticum*.

c Strab. l. 17. p. 802.

2. HERMUPOLIS PARVA, ou la *petite Hermupolis* ou *Hermopolis*, Ville d'Egypte hors du Delta dans le nôme d'Alexandrie au couchant du bras occidental du Nil. Ptolomée *d* la fait Metropole du nôme Alexandrin. Elle étoit Epifcopale comme il paroît par les Notices Ecclefiaftiques.

d l. 4. c. 5.

3. HERMUPOLIS MAGNA, ou HERMOPOLIS LA GRANDE *e*, Ville d'Egypte, dans l'Heptanôme & plus particulierement dans le nôme qui en prenoit le nom d'*Hermopolites nomos* ; au Couchant & à quelque diftance du Nil, felon Ptolomée. Cette Ville eft nommée par Pline *f Mercurii oppidum*. Les Notices la mettent entre les Villes Epifcopales de la Thebaïde. Ammien Marcellin *g* la place aufli entre les plus celebres Villes de la Thebaïde avec Coptos & Antinou. On a des Medailles de cette Ville frappées du temps d'Hadrien avec l'effigie de Mercure ou d'Ofiris, avec cette legende ΕΡΜΟ pour *Hermopolitarum*.

e Ibid.
f l. 5. c. 9.
g l. 11. c. 40. Edit. Valef.

§. Toutes ces Villes prenoient leur nom de Mercure. Les deux dernieres font très-certaines ; mais je ne fais fi la premiere que Cellarius fonde fur quelques mots de Strabon, où ce Geographe s'explique peu, eft bien averée. Ptolomée qui a vécu longtems à Alexandrie n'en dit rien & fon filence a dequoi furprendre à l'égard d'une Ville qui en devoit être fi peu éloignée. Mais voici une autre difficulté, pas une de ces trois Hermopoles ne convient à une ancienne tradition rapportée par quelques Ecrivains Ecclefiaftiques. Ils *h* difent que Jefus-Chrift fe retira en cette Ville lors qu'il vint en Egypte avec Marie & Jofeph & qu'étant entré dans un temple d'Hermopole toutes les Idoles tomberent par terre & fe briferent. D. Calmet combat cette tradition en difant que le peu de temps que J. C. fut en Egypte ne femble pas permettre qu'il ait pouffé jufques dans la Thebaïde. Ce n'eft pas la difficulté, puis que cette Hermopole de la haute Egypte n'étoit pas la feule Ville de ce nom. On peut ajouter que D. Calmet à la verité ne met que cinq ou fix jours *i* entre le maffacre des Innocens & la mort d'Herode qui l'avoit ordonné ; mais d'autres comme Baronius, Sponde &c. ont fait voir qu'Herode n'eft mort que la huitième année de J. C. & par confequent J. C. aura été fept ans en Egypte, au lieu de quelques mois que D. Calmet deftine à ce Voyage. L'Ecriture dit fimplement que J. C. fut mené en Egypte & qu'après la mort d'Herode il en fut rappellé, elle ne dit point en quel endroit de l'Egypte Jofeph & Marie s'arrêterent. Il y a tout lieu de croire qu'ils n'avancerent qu'autant qu'il falloit pour être en fureté. D'ailleurs la tradition me paroit fi peu certaine qu'elle ne doit pas beaucoup embaraffer les Critiques. Un Auteur moins timide que moi croiroit une quatriéme Hermopole en Egypte pour y placer cette tradition, mais j'avoue que je n'en ai pas le courage. Je fais d'ailleurs que l'on a profité du filence de l'Ecriture pour bâtir des Hiftoires & des opinions fur le fejour du Sauveur en Egypte. Je n'ignore pas que l'on montre encore en Egypte des lieux que l'on pretend avoir été fanctifiez par fa prefence ; & les Voyageurs remarquent que ces lieux ne font pas feulement refpectez des Coptes ou Chrétiens d'Egypte, mais encore des Mahometans : mais je fais que la piété de ces Peuples n'attend pas toujours de fortes preuves pour attacher fa veneration à de certains lieux. La vraifemblance fuffit à beaucoup de perfonnes pour établir de pareilles traditions qui s'acreditent avec le temps.

h Vita P P. l. 2. c. 7. Sozomen. l. 5. c. 21. Nicephor. l. 10. c. 31.

i Hift. de la Vie J. C. p. 19.

4. HERMUPOLIS Ville d'Afie dans la Carmanie, felon Ammien Marcellin *k*. Mrs. de Valois jugent que c'eft la même que Ptolomée appelle *Armufa*, Ἄρμουζα πόλις.

k l. 23. c. 6.

HERMUPOLITES NOMOS, ou, comme les Latins écrivent, HERMOPOLITES NOMOS *l*, contrée d'Egypte dans l'Eptanome où elle tenoit le feptieme rang. Ce nôme étoit borné au Nord par le nôme Cynopolite, au Levant par le Nil, au Midi par le nôme Lycopolite & au Couchant par les Montagnes de la Libye. Il avoit pour Metropole Hermupolis furnommée la grande, de laquelle il prenoit fon nom.

l Ptolom. l. 4. c. 5.

HERMUS Ἕρμυς, c'eft-à-dire, *Mercu-*

cure, ce nom étoit propre à quelques Rivieres & à une Tribu de l'Attique.

1. HERMUS, Riviere d'Asie dans l'Æolide, selon Ptolomée. Elle avoit sa source dans la Phrygie près d'Eucarpia. D'où coulant vers le Couchant, meridional elle recevoit le HYLLUS, autrement nommé PHRYGIUS FLUVIUS[a], assez près de Philadelphie, ensuite le Cryon puis traversant le mont DRACO, ce Fleuve recevoit le Pactole qui venoit de Sardis, puis arrosoit les murs de Magnesie du mont Sipyle & se jettoit dans la mer entre *Hermesia* & *Leuca*. Martianus Capella[b] dit qu'il separoit la Phrygie, de la Carie: *Smyrnæos campos Hermus intersecat, qui ortus Dorilao Phrygiam Cariamque dispertit*. Pline[c] parlant de cette même Riviere dit: au delà de Smyrne (c'est-à-dire, audeçà par raport à nous) l'Hermus forme des plaines auxquelles il donne son nom. (Ces plaines sont l'*Hermi Campus* dans l'Æolide, selon Etienne.) Il a sa source, poursuit Pline, auprès de Dorylée Ville de Phrygie & recueille plusieurs Rivieres, entre autres le Phryx, (ou le Phrygius) qui donne son nom aux habitans du Pays & le separe de la Carie; l'Hyllus, & le Cryon, qui se sont déjà grossis des Rivieres de Phrygie, de Mysie & de Lydie. On voit qu'il distingue le Phryx de l'Hyllus que Strabon confond. Voyez HYLLUS. Il est étonnant qu'il n'ait point parlé du Pactole. L'Hermus est presentement nommé le SARABAT. L'Auteur de la Vie d'Homere attribuée à Herodote dit[d]: les Habitans de Cumes ou Cymes bâtissoient alors dans le fond du Golphe Hermeen, τοῦ Ἑρμείου κόλπου, une Ville à laquelle Thesée donna le nom de Smyrne qui étoit celui de sa femme dont il vouloit perpetuer la mémoire. On voit par ce passage que le Golphe de Smyrne, qui a pris le nom de la Ville que l'on y bâtissoit alors, portoit le nom de cette Riviere qui s'y perd & s'appelloit HERMÆUS SINUS.

2. HERMUS Riviere du Peloponnese dans l'Achaïe, selon Pausanias[e].

3. HERMUS Bourg de Grece dans l'Attique, dans la Tribu Acamantide, selon Etienne le Géographe. Il étoit entre Athénes & Eleusine[f].

HERNDAL, petit Pays de la Scandinavie, au pied des Montagnes de Norwege, entre le Solsiell au Nord[g], le Skarsfiell au Levant, le Dosresiel & le Runtsiel au Midi; c'est un Bailliage du Gouvernement de Drontheim; & ces Montagnes le separent de l'Iempterland qui est de la Suede. Il prend son nom de Herndal Bourgade située assez près de la Riviere qui coule à Drontheim & fut cedée à la Suede avec l'Iempterland[h] par la paix Edit. 1705. de Bromsbroo, en 1645.

HERNHAUSEN, Château & maison de Plaisance des Electeurs de Brunswig-Hanover, à un demi mille de Hanover.

HERNICI, ancien Peuple d'Italie dans le *Latium*. Ce Peuple n'est gueres connu que par les guerres qu'il eut contre les Romains qui le soumirent de bonne heure, encore n'en connoit-on que quatre ou cinq lieux plus remarquables que les autres, savoir

ANAGNI Ville Capitale, *Veruli*,

Alatri & *Ferentinum*.

A quoi il faut ajouter *Assile*, situé dans les Montagnes entre Sublaque & Anagni. Les quatre premieres Villes sont bien marquées dans ce passage de Tite-Live[i]. Les Herniques, dit-il, en furent très-mécontents; les Habitans d'Anagni firent une assemblée generale de tous les Peuples dans le Cirque appellé maritime; à la reserve de ceux d'*Alatri*, de *Ferentinum* & de *Veruli*, tous les Peuples compris sous le nom d'Herniques declarerent la guerre au Peuple Romain. Il dit encore[k]: On rendit à trois Peuples d'entre les Herniques, savoir d'Alatri, de Veruli, & de Ferentinum, la liberté de se gouverner par leurs propres Loix. On voit par ces deux passages que ces trois dernieres Villes ne voulurent point avoir de guerre contre les Romains; & c'est une preuve que celle d'Anagni se trouvoit assez forte avec le reste du Pays pour hazarder contre eux le sort des armes; d'où il est naturel de conclure que les Villes confederées avec elle, étoient puissantes & nombreuses, puis qu'ensemble elles osoient faire tête aux Romains & même leur declarer la guerre. Cependant nous ignorons absolument leurs noms. Il ne s'est conservé que celui de la Capitale qui les avoit mises en mouvement, & ceux des trois Villes qui ne voulurent point avoir part à cette guerre & qui en furent recompensées par les Romains. A l'égard de la cinquiéme qui est *Assile*, c'est Holstenius[l] qui la donne aux Herniciens. Frontin[m] avoit dit: *Assile oppidum lege Sempronia in centuriis & in lacinis ager ejus est assignatus*. Ce lieu est nommé EFFIDE dans les Dialogues de St. Gregoire où il traite de la vie de St. Benoît dont il rapporte un miracle operé en cet endroit[n]. Dans les premieres années de l'Histoire Romaine, ce Peuple est nommé comme faisant un corps à part & distingué des Latins, mais dans la suite, il se trouve confondu & se perd dans le *Latium*. Festus dit qu'il tiroit son nom *Hernici* des Roches que les Marses appelloient *Herna* en leur Langue. Et Virgile ayant dit[o],

Hernica saxa colunt quos dives Anagnia pascit;

Servius ajoute cette remarque: dans la Langue des Sabins les Rochers sont appellez *Herna*. Un certain chef puissant attira des Sabins hors de leur demeure, & les engagea à demeurer avec lui dans des Montagnes pleines de roches, d'où vinrent ces noms HERNICA LOCA & POPULI HERNICI.

HERNOSAND, Ville maritime de Suede, au Golphe de Bothnie dans l'Angermanie, dans une anse où une petite Isle forme un Havre assez commode, près des confins de la Medelpadie.

HERO, Ville d'Egypte, selon Antonin. Voyez HEROPOLIS.

HEROA; Voyez THURIUM Ville d'Italie au Golphe de Tarente.

1. HERODION, Château de la Palestine à soixante stades de Jerusalem. Josephe le nomme également P. *Herodia* Ἡρώδεια, *Herodion* & Ἡρώδιον ou Ἡρώδειον. Suidas en a pris

HER.

pris Ἡρώδειον, τόπος, Herodion, lieu ; Pline [a] dit *Herodium* avec une Ville célèbre de même nom. Joſephe dit que c'étoit une Forteresse & qu'Herode la bâtit en cet endroit où il battit ses ennemis lorsqu'il s'enfuïoit de Judée [b]. Elle étoit à ſoixante ſtades [c], c'eſt-à-dire, à deux lieues & demie de Jeruſalem, ſur une colline au pied de laquelle il y avoit dans la plaine un bon nombre de maiſons qui formoient une Ville [e]. Joſephe en fait ailleurs mention, ſurtout lorſqu'il met [d] entre les onze Toparchies de la Judée Engaddi, Herodion, Jericho, & lorſqu'il dit qu'*Herodion* n'étoit pas loin de *Thekoe*. C'eſt dans cette Herodion qu'il choiſit ſa ſepulture.

2. HERODION. Il y avoit encore un autre HERODION. Joſephe dit qu'Herode la bâtit [e] ſur une Montagne vers l'Arabie τῷ πρὸς Ἀραβίαν ὄρει. Ainſi il paroît, dit Mr. Reland [f], qu'elle étoit audelà du Jourdain ou de la Mer morte. Car Joſephe dit de même [g] que Machæronte étoit ſituée vers les Montagnes d'Arabie. Elle étoit differente d'Herodion qui n'étoit qu'à ſoixante ſtades de Jeruſalem. Car d'une Ville ſituée ainſi on ne ſauroit dire qu'elle eſt vers l'Arabie. On peut faire cette queſtion, dit Mr. Reland, dans quelle de ces deux Herodion le corps d'Herode fut enſeveli. [h] Joſephe raconte qu'on le porta de Jericho à Herodion l'eſpace de deux cens ſtades. Je crois, repond Mr. Reland, que ce fut à celle qui étoit à ſoixante ſtades de Jeruſalem, car ſi on joint ces ſoixante ſtades à cent cinquante, qui étoit la diſtance de Jericho à Jeruſalem, cela fait deux cens dix ſtades, qui peuvent avoir été reduits à 200 pour faire un nombre rond. Outre cela l'autre Herodion étant un lieu expoſé aux courſes des ennemis & ſi éloigné de la Capitale, il n'eſt pas croiable qu'Herode ait voulu y être enterré, au contraire l'Herodion voiſin de Jeruſalem avoit été non ſeulement fortifié par ce Roi, mais même orné, au lieu qu'on ne dit point qu'il eût embelli l'autre, il s'étoit contenté de le fortifier.

HERODIS AGER, maiſon de Campagne d'Italie dans la voye Appienne, à trois milles de Rome [i]. On la nommoit aussi HERODIS VILLA.

HERODIUM; Voyez HERODION.

HEROEADÆ, ou EROIADÆ, Bourg de l'Attique dans la Tribu Hippothoontide, ſelon le Lexique de Phavorin.

HERONA, Ἡρώνα, Ville de la Dalmatie, ſelon Ptolomée [k]. Elle étoit dans l'interieur du Pays.

HERONE, Ἡρώνη, Promontoire de l'Inde en deça du Gange, ſelon Arrien [l]. C'eſt une chaine de Roches heriſſées, à la droite du Golphe de Barygaza, auprès du Village de Cammoni.

HEROON, Ἡρώων πόλις, c'eſt-à-dire la Ville des Heros, ou HEROOPOLIS.

HEROOPOLIS; Ville d'Egypte au fond de la mer Rouge, ou ce qui revient au même, au fond du Golphe Arabique, pour parler comme les Anciens. Strabon dit [m] : près d'Arſinoé eſt la Ville des Heros & Cleopatride au fond du Golphe Arabique du côté de l'E-

HER.

gypte. Pline dit [n] : Outre le Golphe Elanitique, eſt un autre Golphe nommé ÆANT par les Arabes, dans lequel eſt la Ville des Heros *Heroum Oppidum*. Il appelle ailleurs [o] ce même Golphe HEROOPOLITIQUE du nom de la Ville. Mela [p] place la Ville de Berenice entre deux Promontoires, dont il nomme l'un Heroopolitique & l'autre Strobile. C'eſt en cette Ville que ſe terminoit le fameux Canal de Trajan, pour la communication du Nil & de la Mer Rouge. Voyez au mot CANAL les Articles CANAL DE PTOLOMÉE & Canal de Trajan. HEROOPOLIS donnoit son nom à un nôme d'Egypte dont elle étoit la Metropole. Ptolomée n'en parle point de ce nôme ; mais bien Pline [q] qui le nomme expreſſément HEROOPOLITES NOMOS. Cette Ville d'Heroopolis eſt ſimplement nommée HEROON par Antonin.

Vicum Judæorum		
Thou	XII.	M. P.
Heroon	XXIV.	M. P.
Serapiu	XVIII.	M. P.
Clysmon	L.	M. P.

HEROOPOLITICUM PROMONTORIUM, Promontoire d'Egypte dans le Golphe Arabique ſelon Pomponius Mela [r].

HEROSA. Voyez SAMOS.

HEROUM INSULA, ou l'Iſle des Heros. Voyez ACHILLE'E 2.

HEROUM OPPIDUM Voyez HEROOPOLIS.

HEROU [s] Bourg d'Egypte ſur la Mer Rouge, avec un Château près de sa partie la plus Septentrionale, vers Suez, à quatre-vingt dix mille pas de Damiete & autant de la Mer Mediterranée. C'eſt l'Heroopolis des Anciens.

HERPA, Ville d'Aſie dans la Cappadoce ſur la Riviere de Carmalus, dans la Prefecture de Sargauraſena, ſelon Ptolomée [t]. Strabon [v] la nomme une très-petite Ville, πολίχνιον.

HERPEDITANI, [w] Peuple de la Mauritanie Tingitane.

HERPHE, Ἥρφη, Ville de la grande Armenie ſelon Strabon cité par Ortelius [x]. Mais je trouve dans l'Auteur même [y] Ἡρφῶν πολύχνην & dans la Verſion Latine HERPHENSE OPPIDULUM ; une note marginale avertit que les manuſcrits portent Ἐρφῶν & Caſaubon obſerve qu'il faut lire Ἡρφῶν ; Il croit que c'eſt la même qu'*Herpa* de Cappadoce.

1. HERRADURA, port de l'Amerique Meridionale ſur la côte du Chili dans la Mer du Sud. De Laet [z] remarque qu'il eſt ſûr & commode que les Eſpagnols l'ont ainſi nommé parce qu'il a la figure d'un fer à cheval. Il eſt à une lieue audeſſus du vent de la pointe de Coquimbo & terminé de côté-là par une pointe nommée la pointe de Herraduza. C'eſt, dit l'Auteur du Suplement au Voyage de W. de Rogers [a], un très-bon port ſans aucun danger, le fond net.

2. HERRADURA, autre port de l'Amerique au Chili, entre le port de la Conception & la Riviere d'Itata [b]. C'eſt une baye avec un bon Havre à l'entrée duquel on voit trois ou quatre petits rochers qui paroiſſent audeſſus de l'eau.

3. HER-

3. HERRADURA, petite Baye de l'Amerique Meridionale, sur la côte du Perou, près des rochers de Guara [a]. C'est un bon Havre où l'on peut mouiller entre la pointe & le Continent, s'il n'y a pas moyen de doubler ces rochers. Dans la Baye on en voit un petit qui se nomme TAMBILLIO : on peut courir entre ce rocher & la terre, mais il vaut mieux le ranger du côté de la Mer.

[a] ibid. p. 46.

4. HERRADURA, Cap de l'Amerique dans la nouvelle Espagne sur la mer du Sud [b], dans la Province de Costa Ricca, à dix-huit lieues du Cap blanc (le Golphe de Maya est entre ces deux Caps,) & à onze lieues de Rio della Stella.

[b] ibid. p. 14.

HERREA, Ville du Peloponnese, selon Tite-Live [c]. Ortelius soupçonne qu'il faut lire HERDA en cet endroit.

[c] l. 33.

HERRNGRUND, petite Ville de la Haute Hongrie, à un mille de Newsol, selon Edouard Brown [d]. Elle est sur un terrain fort élevé quoi qu'elle soit située entre deux montagnes. Ce qu'elle a de plus remarquable ce sont ses mines où l'on descend par un creux sous terre qu'ils appellent TACHSTOLN. On n'y descend que par des Echelles, les eaux ne les incommodent point patce que la mine est si élevée sur la montagne que l'eau s'écoule facilement, mais ils sont fort tourmentez de la poussiere qui leur entre dans la bouche, aussi bien que de quantité de vapeurs dangereuses. La plus grande partie de cette mine est entourée de rochers. Les passages de cette mine ne sont pas si reguliers que ceux de Chremnitz ; & il y a dans cette mine de grands creux sous terre. Les veines en sont fort belles & ce qu'ils en tirent est fort riche, car de cent Livres ils en trouvent vingt Livres de cuivre, quelquefois trente, ou quarante & même quelquefois soixante Livres. La plus grande partie de ce metal est attachée au rocher. On a bien de la peine à l'en separer, & même dans plusieurs endroits on trouve que le metal & le rocher ne font ensemble qu'une grosse pierre, avec seulement cette difference qu'il y en a une petite dont on tire du cuivre & qu'on n'en tire point de l'autre. On les distingue par la couleur, car le cuivre est presque toujours jaune ou noir lors qu'on le tire de la mine : Le jaune est très-bon, mais il y a quelque peu d'argent dans le noir.

[d] Voyages p. 155.

On trouve aussi dans cette mine de plusieurs sortes de Vitriol, savoir du blanc, du verd, du bleu, & d'un rouge transparent. Il y a même une certaine terre verte nommée *Berg-Grun*, ou *verd mineral*, dont les Peintres se servent ; & des pierres d'une très-belle couleur verte & bleue. Ce sont ces pierres qui ont fait trouver les *Turquoises*, & c'est pour cela qu'on les nomme meres des Turquoises.

Cette mine a aussi deux sources d'eau vitrioliques qui ont la vertu de changer le fer en cuivre ; on les appelle ZIMENT l'une & l'autre, & on les distingue par les noms d'ancien & de nouveau. Ces sources sont bien avant dans la mine & on y laisse ordinairement le fer pendant quinze jours. Ces eaux apportent beaucoup de profit au maître de la mine, parce que tout le mechant fer, & celui dont on ne peut plus se servir se change d'abord en de très-bon cuivre. On l'estime même plus que l'autre parce qu'il n'est point si dur & qu'il se fond plus facilement. Ceux qui travaillent dans cette mine y ont formé une Ville souterraine assez étendue & le nombre des habitans en est très-grand, ils y observent un ordre admirable. Leurs veilles sont fort exactes, leur repos n'est point troublé, ils aiment autant à travailler qu'à se rafraichir & enfin ils se reposent pendant huit heures dans le creux d'un rocher après avoir employé autant de temps à travailler.

HERRY, Ville Episcopale, selon la Notice du Patriarchat d'Antioche. Elle étoit dans ce Patriarchat & reconnoissoit Bostra pour Metropole.

HERSTALL. Voyez HERSTELL.

HERSTAL Château & Village des Pays-bas au pays de Liége sur la rive gauche de la Meuse à une lieue au dessous de Liége [e]. C'étoit autrefois une Maison Royale des Rois de France. On dit que Pepin charmé de la situation de cet endroit y bâtit un château & y fit son sejour le plus ordinaire. C'est pour cela que plusieurs Historiens modernes le nomment Pepin de Herstal. Ce lieu est nommé dans les Actes écrits en Latin *Haristallium*; & *Aristallium cum foreste* est nommé dans les Capitulaires de Charles le Chauve & compté entre les Maisons Royales. Le Roi de France qui la fit bâtir la nomma *Haristallium*, ou *Heristallium* ou *Haristallium* qui dans la Langue vulgaire signifioit un logement Militaire. Quelques-uns expliquent ce nom par l'Ecurie du Roi, ou du Seigneur & le derivent de *Her Seigneur*, & de *Stal écurie*. Ce Château après avoir appartenu immediatement aux Rois Carlovingiens [f], vint au pouvoir des Ducs de Lothier ou de la basse Lorraine qui en ont toujours la Seigneurie directe ; car pour l'utile, elle fut donnée en partage par Henri I. Duc de Brabant à son fils puiné Godefroy, dont le fils Henri étoit Seigneur de Herstal, comme on le voit par une Patente du même Henri dit de Louvain & Seigneur de Herstal datée de l'an 1284. Son fils Jean Seigneur de Herstal, mourut sans posterité l'an 1324. Son heritiere fut sa sœur Béatrix qui mourut aussi sans enfans l'an 1337. Cette Seigneurie a passé aux Comtes de Nassau Princes d'Orange dont le dernier a été Guillaume III. Roi de la Grande Bretagne mort sans enfans l'an 1702. & cette Baronie d'Herstal fait partie de sa succession qui est contestée par plusieurs Princes.

[e] *Vales.* nos. p. 242.

[f] De Longuerue desc. de la France part. 2. p. 128.

HERSTEL Ville d'Allemagne en Westphalie dans l'Evêché de Paderborn [g], sur le Weser. Ce lieu doit son nom à Charlemagne, & est dans le pays des anciens Saxons, car, comme nous le remarquons ailleurs, du temps de ce Monarque la Saxe étoit où est aujourd'hui la Westphalie. L'Historien connu sous le nom de l'Astronome dans le Recueil de Reuber dit de Charlemagne [h] : pour achever la guerre contre les Saxons il prit le parti de passer l'hyver dans le pays même ; ayant pris son monde avec lui il partit pour la Saxe & ayant campé au bord du Weser, il ordonna que le lieu où il étoit campé seroit nommé HERISTELLI. L'Auteur de la Vie de Charlemagne dans le Recueil de

[g] Monum. Paderborn. p. 214.

[h] Ad ann. 797.

de Dithou parle à peu près dans les mêmes termes. Adelme après avoir copié les mêmes termes ajoute que ce lieu garde encore le même nom. Le Poëte anonyme dit de même

Wisurae positis in litore Castris,
Sedit, Herstelligue locum jussit vocitari;
Hactenus hoc & nomen habet.

Henri Meibom croit que ce nom fut donné à cet endroit à cause d'Herstal, Château Royal dont on a parlé dans l'Article precedent, & auquel il ressembloit assez tant par sa situation au bord d'une belle riviere que par les autres beautez. Il y fit venir ses fils Pepin & Louis qui revenoient l'un de son expedition d'Italie, l'autre de son expedition d'Espagne. Il y donna audience aux Ambassadeurs des Huns, & un Ambassadeur d'Adefonse Roi de Gallice, & d'Asturie qui lui apporta une rente parfaitement belle. Il y fonda même un Evêché qui dura peu; & c'est peut-être celui de Paderborn qu'il y avoit transferé & qui retourna en son premier lieu. La Maison de Falkenberg a longtemps possedé cette Ville de Herstel. Les Hessois la pillerent & brûlerent en 1465. le 24. Juillet jour de Ste. Christine. Ils la ravagerent de nouveau au mois d'Octobre 1632. & enfin ils la brûlerent encore au mois de Novembre 1637. Henri Duc de Saxe la retira de leurs mains, mais comme il survint des Procés qui furent enfin terminez Theodore de Furstenberg acheta les pretentions des Falkenberg & autres Creanciers & aquit cette Ville pour son Eglise; entre autres conditions de l'accord on convint que l'on choisiroit auprés d'Herstel un lieu que l'on cederoit à cette famille pour y bâtir un nouveau Château. C'est de cette Maison qu'étoit Theodore de Falkenberg Maréchal de la Cour de Gustave Adolphe Roi de Suede, qui deffendit pour ce Prince la Ville de Magdebourg assiégée par Tilli.

§ Comme HERSTEL & HERSTAL étoient également appellez HERISTALLUM par quelques-uns, & qu'ils étoient également fameux par des Actes donnez dans l'un ou dans l'autre, on les distinguoit chacun par un surnom. On appelloit HERSTAL *sur la Meuse* HERISTALLUM FRANCICUM, & HERSTEL *sur le Weser* HERISTALLUM SAXONICUM. Voici une inscription que le fameux Evêque de Paderborn Ferdinand de Furstenberg a composée pour la Ville d'Herstel.

SEU. TE. CAERULEUS. PLACIDO. VEHIT. AMNE. VISURGIS.
SIVE. PACIS. TERRA. CARE. VIATOR. ITER.
PARVA. MORA. EST. FAMAE. RELEGAS. MONUMENTA. VETUSTAE.
ET. PRECOR. HAEC. PAUCIS. CARMINA. SCRIPTA. NOTIS.
MAGNUS. HERISTALLO. CAROLUS. DUM. SAXONAS. URGET.
HIC. POSITIS. CASTRIS. NOMEN. HABERE. DEDIT.
LEGATOS. HIEMANS. HIC. REGIA. DONA. FERENTES.
AUDIIT. ET. NATOS. JUSSIT. ADESSE. SUOS.
HIC. COEPTAM. RETULIT. FATO. MELIORE. CATHEDRAM

AD. VITREAS. PADERAE. LENE. FLUENTIS. AQUAS
NON. TAMEN. OMNIS. HONOS. ABIIT. QUIN. AEMULA. FRANCO
CERTATI. HERISTALLI. GLORIA. SAXONICI.

Cette Inscription dit en abregé ce qu'il y a d'Historique dans cet article.

HERSZBRUCK, petite Ville d'Allemagne au Cercle de Franconie à deux milles de Lauffen & à trois de Sültzback sur la Riviere de Pegnitz dans le Nordgaw. Elle appartenoit autrefois aussi bien que Lauffen & quelques autres places voisines au haut Palatinat & ensuite à l'Empereur Charles IV, & à la Couronne de Boheme; puis de nouveau au haut Palatinat; mais en 1504. durant la guerre du Palatinat & de la Baviere, elles furent acquises par la Ville de Nurenberg, comme Fief mouvant de la Couronne de Boheme. Elle appartient encore à cette Ville elle souffrit beaucoup le siécle passé durant les longues guerres d'Allemagne.

HERTA: Jornandes nomme ainsi une tour située au bord du Danube, de laquelle un certain Mundon s'empara avec une bande de brigands qu'il avoit rassemblez & continuant ses vols dans le pays d'alentour il se fit donner le titre de Roi. Lazius croit en trouver des traces dans le Monastere d'ERDEWDI, qui est en Hongrie dans une Isle du Danube assez près des ruines de l'ancienne TEUTOBURGIUM.

HERTFELD, petite contrée d'Allemagne dans la Suabe, entre Awlen, Bopsingen, Koenigsbrun, Giengen & la Seigneurie de Graveneck, elle s'étend en long du Nord quart au Nord-Est, au Sud quart au Sud-Est. Ce sont des Montagnes & des forêts semées de quelques Villages.

HERTFORD, Ville d'Angleterre dans Herfordshire, sur la Riviere de Lea, à vingt milles de Londres. Elle est ancienne & a été autrefois plus considerable qu'elle n'est à present. La cause de sa decadence c'est qu'on en a détourné le grand chemin pour le faire passer à Ware. Hertford a un Château & trois Paroisses.

HERTFORDSHIRE, Province d'Angleterre dans l'interieur du pays, dans les Dioceses de Londres & de Lincoln; elle a cent trente milles de tour & contient environ 451020. arpents & 16569. Maisons. C'est une belle & agréable Province, voisine de Middlesex. L'air y est bon & le terroir y est fertile en bled, en pâturages, & en bois. La Lea & le Coln en sont les principales Rivieres. Le froment, l'orge, & les grains germez pour la biere font son plus grand négoce. Ses Villes & Bourgs où l'on tient marché sont,

* Hertford capitale,	Baldock,
* St. Albans,	Hitchin,
Barnet,	Hodsdon,
Ware,	Royston,
Berkhamsted,	Standon,
Rukmansworth,	Stevenidge,
Hatfield,	Stortford,
Buntingford,	Tring,
Barkway,	Watford.

HERTICEI, ancien Peuple de la Sarmatie Asiatique, selon Pline [a]. Il le met au nombre des Peuples qui étoient au bord du Tanaïs.

[a] l.6.c.7.

HERTOGENBOS. Voyez BOIS-LE-DUC.

'S HERTOGENDALE, Abbaye de filles en Brabant entre Louvain & Vavre.

1. **HERTZBERG**, Château d'Allemagne, dans la Principauté de Grubenhagen [b]. Il est affecté pour être la résidence des Princesses Douairieres.

[b] Hubner Geogr. p. 514.

2. **HERTZBERG**, Ville d'Allemagne dans l'Electorat de Saxe, aux confins de la Lusace [c]. Elle est passablement grande.

[c] ibid. p. 565.

☞ **HERTZOGTHUM**; ce mot sur les Cartes Geographiques Allemandes veut dire Duché.

HERTZOGENBUSCH, nom Allemand de BOIS-LE-DUC.

HERULES ancien Peuple, mêlé avec les autres Barbares qui renverserent l'Empire Romain. Il y avoit outre cela des Herules au Nord de l'Allemagne; mais on verra dans cet article que c'étoit le même Peuple. Nous commencerons par rapporter les principaux passages des Auteurs qui servent à faire connoître cette Nation. Zosime dit que sous l'Empire de Claudius [d], tout ce qui restoit de Scythes enflés de quelques succès se joignit aux Herules, aux Peuces, aux Goths & que s'étant assemblez au bord du Tyras Riviere qui se jette dans le Pont-Euxin & ayant construit six mille barques sur lesquelles ils embarquerent trois cents vingt mille hommes. Ils s'embarquerent & côtoyant le Pont-Euxin, ils manquerent les Villes de Tomes & de Marcianople & vinrent jusques dans la Propontide, où ne sachant gouverner leurs barques, ils se heurterent & se culbuterent les uns les autres, desorte qu'il en perit un grand nombre. Le reste gagna l'Hellespont, arriva de l'autre côté de l'Archipel, assiegea Cassandrie & Thessalonique & étoient sur le point de prendre ces Villes, lors qu'ayant sû que l'Empereur arrivoit avec des Troupes, ils entrerent dans la Macedoine, & penetrerent dans le pays jusqu'à ce qu'ils trouverent un corps de Cavalerie des Dalmates qui leur tua trois mille hommes. Malgré cette perte ils ne laisserent pas de faire tête à l'armée Imperiale qui les poursuivoit. Le combat fut sanglant & les Romains prirent la fuite, mais voyant leurs ennemis engagez dans des lieux où il n'y avoit aucune route marquée, ils les attaquerent & en taillerent en pieces quarante mille. Le reste courut les côtes de Thessalie, de Grece, de Crete, de Rhode où il ne fit rien de remarquable, & se retira: enfin la peste en fit crever beaucoup dans la Thessalie & dans la Macedoine; ceux qu'elle épargna prirent parti dans les Troupes Imperiales. Il y a deux choses à remarquer dans ce passage. 1. Tous les Herules ne partirent pas avec ces Scythes & le gros de la Nation demeura dans le pays qu'elle occupoit. 2. Ce pays étoit au bas du Danube puis qu'on le nomme avec les Peuces & les Goths qui habitoient au bord de ce fleuve. Procope est celui des Anciens qui a parlé de cette Nation avec plus d'étendue. Voici ce qu'il en dit dans son Histoire des Goths [e]. Je me serviraî de la traduction de Mr. Cousin, mais je substituerai le nom d'HERULES à celui d'Eruliens dont il lui a plu de se servir.

[d] l.1.c.42.

[e] l.2.c.14.

Je dirai en cet endroit, dit cet Historien, quels Peuples ce sont que les Herules & comment ils ont fait alliance avec les Romains. Ils habitoient autrefois au delà de l'Istre (du bas Danube) & ils adoroient plusieurs Dieux à qui ils sacrifioient des hommes. Ils se conduisoient par des loix toutes contraires à celles des autres Nations. Il ne leur étoit pas permis d'être malades ni de vieillir. Du moment que quelqu'un d'entre eux étoit attaqué par la maladie ou par la vieillesse, il étoit obligé de prier ses parens de l'ôter du nombre des hommes. Les parens dressoient un bucher au haut duquel ils le mettoient & lui envoyoient un Herule qui n'étoit pas de ses parens avec un poignard, car il n'étoit pas permis aux parens de le tuer. Quand celui qui l'avoit tué étoit descendu, ils mettoient le feu au bois, & après qu'il étoit éteint, ils ramassoient les os & les couvroient de terre. Après la mort d'un homme, sa femme étoit obligée, pour donner des preuves de sa vertu & pour acquerir de la reputation, de s'étrangler à son tombeau. Que si elle manquoit à le faire, elle se couvroit d'une confusion éternelle & elle s'attiroit la haine irreconciliable des parens de son mari. Voila quelles étoient les anciennes mœurs des Herules. Ayant augmenté par la suite du temps & leur nombre & leur puissance ils surmonterent leurs voisins & s'emparerent de leurs biens. Les Lombards furent les derniers qu'ils subjuguerent & à qui ils imposerent un tribut par un orgueil tout à fait insupportable, & contraire à la coutume des autres barbares.

Quand Anastase parvint à l'Empire, les Herules n'ayant plus d'ennemis à attaquer, ils mirent bas les armes & demeurerent en repos durant trois années. Ennuyez ensuite de ne rien faire, ils se souleverent contre leur Roi Rodolphe, lui reprochant sa lâcheté, l'appellant mol & effeminé & le chargeant d'autres pareilles injures. Rodolphe ne pouvant plus souffrir ces outrages fit la guerre aux Lombards sans sujet, sans pretexte, sans couleur, & par une pure violence. Les Lombards deputerent vers Rodolphe pour le prier de leur declarer pour quelle raison il leur faisoit la guerre; que s'ils avoient manqué à payer le tribut qu'ils lui devoient, ils étoient prêts d'y satisfaire & que si le tribut étoit trop petit, ils étoient d'accord de s'obliger à en payer un plus grand. Ce Prince ne repondit à ces propositions que par des menaces, & il continua sa marche. Les Lombards lui envoyerent une seconde Ambassade, qui fut méprisée comme la premiere. Enfin ils lui en envoyerent une troisième par laquelle ils protesterent que les Herules avoient tort de prendre les armes; que s'ils persistoient dans ce dessein, ils seroient contraints de se defendre; que Dieu, qui peut détruire par une foible vapeur toute la puissance des hommes seroit témoin qu'ils ne se defendoient qu'à regret; & qu'ils esperoient que ce Dieu seroit l'Arbitre d'une guerre que les Herules entreprenoient par une injustice toute visible. Ils avoient esperé d'attendrir

ces

ces aggresseurs par des considerations si puissantes ; mais ceux-ci n'en firent nul état, & persisterent dans le dessein d'en venir aux mains. Lors que les deux armées furent en présence, une nuée obscure couvrit celle des Lombards tandis que le Ciel paroissoit clair sur celle des Herules, ce qui passoit pour un signe de leur defaite, n'y ayant point de presage plus funeste que celui-là parmi les barbares. Les Herules qui meprisoient tout ne laisserent pas d'attaquer fort fierement leurs ennemis & de se promettre un succès égal à l'avantage de leur nombre. Cependant ils furent vaincus, presque tous taillez en piéces & entre autres leur Roi Rodolphe. Les autres oublierent leur fierté & prirent la fuite, dont quelques-uns se sauverent & les autres furent assommez.

Comme ils ne pouvoient plus demeurer dans leur pays après une defaite si honteuse, ils en sortirent, & coururent avec leurs femmes & leurs enfans sur les bords du Danube : ils s'arrêterent ensuite à une contrée qui avoit été habitée autrefois par les Rugiens lesquels étoient venus avec les Goths, s'établir en Italie ; mais comme cette contrée étoit deserte, ils en furent bientôt chassez par la faim & allerent dans le voisinage des Gepides qui leur permirent au commencement d'y demeurer ; mais qui ensuite prirent leurs troupeaux, enleverent leurs femmes & enfin leur firent la guerre. Ce que ne pouvant souffrir ils passerent le Danube & s'y établirent avec la permission de l'Empereur Anastase qui leur fit un accueil fort favorable. Mais depuis étant irrité des mauvais traitemens que ces Barbares faisoient aux Romains il envoya contre eux des Troupes, par lesquelles ils furent defaits, & eussent été entierement exterminez si les Chefs n'eussent eu la bonté de leur accorder la vie & de leur permettre de servir dans les Armées de l'Empereur. Anastase ayant ratifié cette grace, ces restes miserables des Herules furent conservez. Ils n'eurent pas néanmoins l'honneur d'être Alliez des Romains & ils ne leur rendirent aucun service.

Justinien étant parvenu à l'Empire leur donna un bon pays, leur fit des presens considerables, les honora de son Alliance & les obligea tous de se faire Chrétiens. Voila, poursuit toujours Procope, comme ils ont embrassé une maniere de vivre plus civile & plus polie. Ils ont depuis fait profession de la sainte Religion, & ont combatu sous nos enseignes. Nous ne trouvons pas neanmoins qu'ils soient tout-à-fait fidéles ; ils exercent sans honte des brigandages contre leurs voisins, ils se souillent par les plus abominables de toutes les conjonctions, mêmes par celles des bêtes. Enfin ce sont des scelerats dignes des plus cruels suplices, il y en a peu parmi eux qui soient demeurez fermes dans l'amitié des Romains, tous les autres s'en sont separez pour le sujet que je vais dire. Les Herules furent si brutaux & si enragez contre leur Roi qui se nommoit Ochon, qu'ils le massacrerent sans autre pretexte que de dire qu'ils ne vouloient plus avoir de Roi à l'avenir, bien que de son vivant, & auparavant même ils n'eussent un Roi que de nom, & qui n'avoit pas plus de pouvoir qu'un particulier. Chacun mangeoit & buvoit avec lui & disoit en sa présence tout ce qu'il avoit envie de dire. Cette Nation étant la plus imprudente & la plus incivile du monde. Ils se repentirent cependant de leur crime & dirent qu'ils ne pouvoient plus vivre sans Roi & sans Chef. Après plusieurs deliberations, ils trouverent qu'ils ne pouvoient faire mieux que d'envoyer en l'Isle de Thulé pour demander quelqu'un de la Maison Royale pour être leur Roi. Procope tâche [a] ensuite d'expliquer quel rapport avoient les Herules avec l'Isle de Thulé. Quand les Herules, dit-il, vaincus par les Lombards abandonnerent leur pays, une partie s'établit dans l'Illyrie (ce sont ceux dont il vient de rapporter la destinée) les autres ne voulant pas passer le Danube, allerent chercher des demeures jusqu'aux extremitez de la terre. Etant donc conduits par quelques-uns du sang Royal, ils traverserent tout le *Pays des Sclavons*, & ensuite une vaste solitude qui est audelà ; ils entrerent dans le *Pays des Warnes*, & dans le Danemarck & arriverent à l'Ocean où ils s'embarquerent & arriverent à l'Isle de Thulé.

[a] c. 15.

Procope décrit cette Isle & entre autres Peuples il y met les Scritifines & les Gautes, & dit que ces derniers sont une Nation nombreuse qui reçut les Herules lors qu'ils s'y allerent établir. Après quoi il poursuit ainsi.

Les Herules qui habitoient parmi les Romains & qui avoient tué leur Roi envoyerent des plus considerables d'entre eux à l'Isle de Thulé pour voir s'ils y trouveroient quelqu'un qui fût de la famille Royale. Ces Deputez en trouverent plusieurs, entre lesquels ils en choisirent un qui leur plut davantage que les autres ; mais comme il mourut de maladie dans le chemin, ils y retournerent & en prirent un autre qui se nommoit Todasius & qui emmena son frere nommé Aordus & deux cens jeunes hommes de l'Isle. Comme il se passa beaucoup de temps dans le Voyage de ces Deputez les Herules qui habitoient dans le voisinage de Singidone, s'aviserent que ce n'étoit pas faire prudemment leurs affaires que de choisir un Roi sans le consentement de l'Empereur. Ils envoyerent donc une Ambassade à Constantinople pour le prier de leur donner un Roi, il leur envoya incontinent un Herule qui étoit à sa Cour & qui se nommoit Suartuas. Ce nouveau Souverain fut d'abord bien reçu par les Herules, salué avec toutes sortes de respects & obéi avec une fidelité très-exacte. Peu de temps après on eut nouvelle de l'arrivée des Deputez de l'Isle de Thulé. A l'instant Suartuas commanda d'aller au devant d'eux & de les tuer, en quoi il fut suivi de ses Sujets ; mais lors qu'ils furent éloignez seulement d'une journée, il fut abandonné de tout son monde & contraint de s'enfuir seul à Constantinople. Comme l'Empereur souhaitoit avec passion de le retablir sur le trône, les Herules qui redoutoient sa puissance eurent recours aux Gepides & ce fut le sujet de leur desunion d'avec nous.

Paul Diacre abrége de beaucoup le Royaume des Herules, car il suppose qu'après leur defaite par les Lombards ils n'eurent plus de Rois & donne à entendre que cette Nation se fondit

dit dans celle de ses vainqueurs, comme il arrive souvent ; mais avant que d'aller plus loin il faut faire quelques remarques sur l'Histoire qu'en fait Procope. Elles serviront ou à le rectifier ou à mieux démêler qu'il n'a fait l'origine de cette Nation.

Procope ne leur connoît point d'établissement plus ancien que celui qu'ils avoient au-delà du Danube. Ils y étoient dès le temps de l'Empereur Claudius c'est-à-dire dès l'an 268. comme nous l'avons vû dans le passage de Zosime. Après leur defaite par les Lombards une partie passa le Danube & vint s'établir sur les terres de l'Empire où ils se firent Chrétiens, l'autre partie remonta le Danube & repassa au travers du Pays des Sclavons, les Sclavons ou Slaves, comme je le ferai voir en son lieu, occupoient alors le Pays d'entre l'Elbe & la Wistule, c'est-à-dire l'ancienne Vandalie. Quant à ce que dit Procope qu'ils traverserent le Danemarc & arriverent à Thulé qui est aujourd'hui l'Islande; c'est une exageration pardonnable à un homme qui étant né à Cesarée en Palestine passa une partie de sa vie à suivre Belisaire dans ses Voyages en qualité de Secretaire. Une preuve qu'il n'avoit qu'une idée fort peu correcte de l'Isle de Thulé c'est qu'il y met les Scritifinni, Peuple que les anciens Auteurs mettent tous dans la Scandinavie. Le Danemarc & Thulé sont de trop dans la narration de Procope. Les Herules n'allerent pas plus loin qu'au bord de la mer Baltique. Ils vinrent, dit-il très-bien, au Pays où demeuroient les Warnes. Ces Warnes, ou Warins prenoient leur nom du Warnow Riviere de la Basse-Saxe dans le Meckelbourg & qui coule à Rostock où elle est fort large. Nous verrons dans un moment que c'est de là qu'étoit la veritable demeure des Herules. Cluvier guidé par une ressemblance de son la cherche à Heel ou Heila. Voyez HEILA. Il seroit bien plus naturel de les chercher auprès des Warnes & des Rugiens avec qui on les trouve souvent nommés. Or il se trouve qu'à deux milles de Rostock il y avoit une ancienne Ville nommée WERLE, des ruines de laquelle Schwan a été bâtie. Son nom Latin étoit *Herula*, comme l'écrit le docte Bangert [a] dans ses notes sur la Chronique des Slaves par Helmold, & ce nom est un reste de ce Peuple, nom dont les Rois Wandals avoient soin de se parer autant que du nom général de la Nation, puis qu'ils se disoient *Rois des Herules & des Vandales*. Ce que dit Procope qu'ils trouverent dans l'Isle de Thulé une nombreuse Nation nommée Gautes, il faut entendre les Goths avec qui ils s'associerent quelquefois. Zonare [b] dit : il vainquit ensuite les Herules Peuple d'entre les Scythes & les Goths. Jornandes qui étant Goth lui-même auroit dû parler des Herules avec plus de connoissance de cause que des Grecs, les fait venir de la Scandinavie & dit [c] que les Danois avoient chassé les Herules de leur pays : Il ajoute en parlant de ces derniers qu'entre toutes les Nations de la Scandinavie, ce sont ceux qui font le plus de bruit à cause de leur haute stature. Il dit ailleurs [d] qu'Ermanaric Roi des Goths déja maître de bien des Peuples, ne fut point content qu'il n'eût assujeti le Peuple des Herules, après en avoir massacré une grande partie. Il nous apprend qu'ils avoient alors Alaric à leur tête & voulant ensuite nous donner l'origine de ce Peuple il a recours à l'autorité d'Ablavius Historien Goth cité quelquefois par l'Anonyme de Ravenne & dit sur la foi de cet Ablavius que cette Nation avoit été nommée *Eruli* parce qu'elle habitoit auprès des Palus Méotides dans des Marais que les Grecs appellent HELE. Il est certain que des Grecs les ont nommez Ἐλοῦροι, comme on le peut voir dans Etienne le Géographe & dans le grand Etymologique. Cependant on ne peut pas dire generalement, car Zonare dans l'endroit cité dit Αἰροῦλοι & Procope Ἐροῦλοι, qui est l'*Heruli* des Latins. Jornandes semble nous marquer comment cette Nation finit, au moins la partie qui étoit au voisinage des Goths vers l'Illyrie. Sidonius Apollinaris dit [e] : [e Carm. 7.]

Cursu Herulus, Hunnus jaculis, Francusque natatu.

Les Herules excelloient à la course, les Huns à lancer le Javelot, & les Francs à nager. Jornandes dit de même [f] qu'ils étoient très-legers à la course, qu'il n'y avoit point alors de Nation qui n'en voulût avoir dans son Armée, & que malgré cet avantage, ils ne laisserent pas d'être asservis par les Goths qui étoient plus pesants & plus fermes ; & qu'enfin ils furent reduits à obéir au Roi Ermanaric avec toutes les autres Nations des Getes. Nous avons remarqué ailleurs que dans ce temps-là on confondoit mal à propos les noms de Goths & de Getes. [f c. 23.]

Pour dire ici ce que je pense des Herules, je crois que leur premiere demeure étoit au voisinage du Warnau dans le Meckelbourg à peu près au lieu où a été ensuite la Ville de Werle, en Latin *Herula*; que si Tacite n'en a point fait mention c'est qu'ils étoient alors compris sous le nom general de Vandales, que dans les irruptions des Goths & des Vandales vers le Midi, ils eurent leur part à ces migrations & demeurérent quelque temps au-delà du Danube où abordoient les Nations Septentrionales ; qu'une partie passa le Danube après la bataille perdue contre les Lombards, s'établit dans l'Illyrie où elle eut tous les revers que nous avons marquez & se perdit enfin dans l'Armée des Goths. Que l'autre partie retourna dans la Wandalie auprès des Warnes ; que ce fut à ceux-ci que les autres envoyerent demander un Roi, & que ces Herules revenus dans leur Patrie y subsisterent long-temps dans l'Idolatrie, puis que ce ne fut que fort tard que la Foi Chrétienne leur fut annoncée, encore l'embrasserent-ils plus par force, que par persuasion, puis qu'à la moindre occasion, ils la quitoient & massacroient les Prêtres. Leur nom se perdit peu à peu dans celui de Slaves & enfin en celui de Meckelbourg.

L'Auteur Latin d'une Chronique Esclavone inserée dans le Recueil de Lindebrog & reimprimée dans celui de Fabricius, laquelle finit en 1487. dit [g] que les HERULES ou Eveldes, sont entre l'Oder & l'Elbe près de la Riviere de *Habola* qui est le Havel. Ainsi il les confond avec les habitans du Ha-vel-

[a In Helmodi Chronic. l. 1. c. 12. p. 35.]

[b In Gallieno.]

[c De Reb. Getic. c. 3.]

[d c. 23.]

[g Scriptores Septentrionales Hamburg. 1706.]

vellaud ª. Le favant Bangert n'eft pas tombé dans cette erreur. Car il dit IV. *Havelani, Holveldi, & Hevelli, ad Havelum Fluvium*, les Habitans de Havelberg. X. *Warnavi, Varini, Heruli, Werli & κατ᾽ ἐξοχὴν Wendi*, ceux de Roftoc, de Butzow, & de Guftrow; trois Villes fituées fur le Warnau. Voyez VANDALIE & SLAVES.

HERWORD; Voyez HERFORD.

HERY. Voyez HERAT.

HERZEGOVINE; (L') Pays de la Turquie en Europe dans la Bosnie dont elle eft la partie fuperieure, felon Mr. Baudrand. On le nomme aufli DUCHÉ DE ST. SABA; & anciennement on le nommoit ZACHULMI. Ce pays s'étend vers la Dalmatie qui le borne au Couchant & au Midi. Elle a pour Capitale la Ville de CASTEL NUOVO qui eft aux Venitiens; mais tout le refte eft aux Turcs qui y ont dix-huit Places, entre autres Moftar, Narenta & Trebigne. Cette Province faifoit autrefois partie de la Servie.

HESDIN; (l'S ne fe prononce point, c'eft pourquoi quelques-uns l'obmettent.) En Latin HESDINIUM, ou HISDINIUM, Ville de France dans l'Artois, fur la Canche. Il faut diftinguer le VIEIL HESDIN, & la Ville qui porte aujourd'hui le nom de Hesdin. Ce font deux Villes differentes.

La premiere étoit ancienne ᵇ. On croit même que c'eft le *Vicus Helene* ou *Hedene Vicus* de Sidonius Apollinaris. Voyez *Helene 7*. Quelques Savans difent qu'Helene Femme de Conftantius Chlorus & mere du grand Conftantin ayant été repudiée par fon mari fe retira en ce lieu & y fit bâtir un Château qu'elle nomma VICUS HELENÆ. D'autres foutiennent que *Vicus Helena* eft HOUDAN ou OTHAIN. Mr. l'Abbé de Longuerue n'a pas jugé que cette antiquité fût aflez vraye pour la rapporter. Mais en échange il marque les differens maîtres qu'a eus cette Place. Hesdin, dit-il, étoit une Forterefle qui appartenoit aux Comtes de Flandres & qui fut donnée pour Dot par Philippe d'Alface avec l'Artois à Ifabelle de Hainaut Femme de Philippe Augufte. Robert Comte d'Artois Frere de St. Loüis eut cette Place de Hesdin qu'il laifla à fes Succeffeurs. Elle fut prife par Loüis XI, fur Marie de Bourgogne & rendue par Charles VIII. à Philippe d'Autriche. La guerre ayant été déclarée entre Charles V. & François I. les François l'an 1521. fe rendirent maîtres de Hesdin dont on fut obligé de promettre la reftitution au Traité de Madrid. Ce Traité n'ayant point été exécuté, il fut accordé par la Paix conclue à Cambrai l'an 1529. que Hesdin feroit rendu à Charles V. Les François ayant enfuite repris cette Place, on en laifla la poffeffion à François I, par le Traité de Crespi. Hesdin fut pris par l'Armée de Charles V. l'an 1553. & les vainqueurs le raferent de fond en comble. Le lieu où il étoit conferve encore le nom de *Vieil-Hesdin*.

Le nouveau HESDIN, ou la Ville de Hesdin d'aujourd'hui, doit fa fondation à Philibert. Ce Prince, qui étoit General de l'Armée Imperiale dans les Pays-bas, non content d'avoir fignalé fon Generalat par la prife & par la deftruction de Hesdin voulut rendre à l'Empereur qu'il fervoit une autre Place qui ne lui fût pas conteftée ᶜ. Il fit aggrandir & fortifier en 1554. le Village de MESNIL fitué une lieue audeffous de Hesdin, & en ayant fait une Ville flanquée de fix baftions royaux il lui donna le nom de HESDIN FERT, nom compofé de celui de la Ville detruite & des quatre Lettres que les Ducs de Savoye portent & qui fignifient, dit-on, *fortitudo ejus Rhodum tenuit*. Cette Ville eft un hexagone regulier environée d'un bon foffé & d'une bonne Contrefcarpe, avec des demi-lunes, & autres ouvrages qui deffendent cette Place du côté où il n'y a point de marais. Elle fut prife en 1639. par Loüis XIII. qui l'affiégeoit en perfonne & qui y entra par la brêche, & fe tournant vers Puifegur prit fa canne qu'il donna à la Meilleraye en lui difant, *je vous fais Maréchal de France, voila le bâton que je vous en donne. Les fervices que vous m'avez rendus m'obligent à cela*. Hesdin fut enfuite cedée à la France par le Traité des Pyrenées en 1659. Les Frontieres de la France font fi reculées de ce côté-là que la France peut compter fur une poffeffion tranquile & durable.

Le Bailliage de Hesdin eft entre le Boulenois, le Bailliage de Montreuil, le Ponthieu, & les Bailliages d'Avenes & d'Aubigni. La partie du Bailliage de Hesdin qui eft au Midi de la Canche qui eft du Diocèfe d'Amiens, a fait partie du Territoire des Peuples *Ambiani* & non pas de celui des Morins.

HESDRIN Voyez ESDRIN.

HESEBON Voyez ESBUS.

HESER Ville de la Paleftine dans la Tribu de Juda. Salomon la fit bâtir ou fortifier ᵈ. Dom Calmet croit que c'eft apparemment la même Ville qu'ASOR, ou HASOR.

HESICHA; Palladius dans la Vie de faint Opien nomme ainfi un Monaftere qui étoit fitué près de la Mer. Ortelius croit qu'il étoit dans la Syrie. ᵉ

HESIDRU, Fleuve de l'Inde, felon Pline ᶠ. Il étoit à cent foixante mille de l'Hypanis & à pareille diftance du Jomanes.

HESION-GABER. Voyez ASIONGABER.

HESIS "Ἡσις, lieu de la Cilicie felon Jofephe ᵍ.

HESMUNTHIS, ce nom fe trouve ainfi dans l'Itineraire d'Antonin pour HERMONTHIS. Voyez ce mot.

HESN-MEDI. Ville de Perfe. Elle eft, felon Tavernier ʰ à 74. d. 45'. de Longitude & à 32. d. 5'. de Latitude. Il croit quantité de beaux fruits autour de cette Ville & on les tranfporte à Balfara & en divers autres lieux.

HESPERA, Ἑσπερα, Grande Ifle d'Afrique, felon Diodore de Sicile ⁱ. Il la place dans un Lac formé par le Fleuve Triton, mais il en parle à l'occafion d'une fable & ce qu'il en dit n'a rien de fort hiftorique.

HESPERIA. Voyez ESPAGNE & ITALIE. Ce mot vient de Hesper ou Vesper, qui marque le Couchant. Comme l'Italie eft plus Occidentale que la Grece, les Grecs la nommérent Hesperie & les Italiens donnerent ce même nom à l'Espagne parce qu'elle a la même fituation à leur égard. Virgile ᵏ nomme l'Italie *Hesperiam magnam*; & Horace ˡ apelle l'Espagne

Hes-

Hesperia ultima, furquoi Mr. Dacier remarque que toute la partie Occidentale de l'Europe étoit *Hesperia*, l'Italie, poursuit-il , *Hesperia proxima*, ou fimplement *Hesperia*, l'Espagne *Hesperia ultima* parce qu'elle est la plus éloignée. Il y avoit donc deux *Hesperies*, la grande qui est l'Italie, & la petite qui est l'Espagne, felon le P. de la Rue [a], ou l'*Hesperie voisine*, ou la plus proche qui est l'Italie, & l'Hesperie *derniere* ou la plus éloignée qui est l'Espagne, felon Mr. Dacier.

[a] In Æneid. l. 1. v. 534.

1. HESPERIDES (LES) Ville de la Pentapole & de la Cyrenaïque. Voyez HESPERIS.

2. HESPERIDES (LES JARDINS DES) Jardins fameux dans l'Antiquité fabuleuse. Comme ces Jardins ne subfistoient que dans l'imagination des Poëtes, plufieurs Auteurs les ont diverfement placez afin d'avoir la commodité de les trouver en fon chemin & de prendre occafion d'en tirer des images agreables. On a fuppofé que les Hesperides filles d'Hefper gardoient par l'ordre de Junon un Jardin où il croiffoit des Pommes d'or qu'Hercule enleva ayant tué le dragon qui en deffendoit l'entrée, rien n'eft moins décidé que l'endroit où étoient ces pretendus Jardins. Pline [b] dit qu'ils étoient vers la Ville de Lixus à deux cens pas de l'Océan près d'un Temple d'Hercule plus ancien que celui de l'Ifle de Gades. Ils étoient donc, felon lui, dans la Mauritanie Tingitane. Claudien les met bien loin de-là fur le Fleuve Triton. [c]

[b] l. 19. c. 4.
[c] De Laud. Stilic. l. 1.

Quos vagus humectat Cinyps, & proximus horrida
Hesperidum Triton

Ce voifinage du Fleuve Triton & de ces Jardins, pourroit bien venir de l'Ifle *Hespera* dont parle Diodore de Sicile. Voyez HESPERA. Strabon [d] fait bien mention d'un Lac des Hesperides, mais il dit que le Fleuve Ladon s'y jette. Parlant ailleurs des Jardins des Hesperides il les place à quatre petites journées de chemin du fond du Golphe de la grande Syrte. Il trouve ce lieu affez reffemblant à celui de Jupiter Ammon, & qu'il eft arrofé d'eaux, grand avantage au milieu d'un Pays de fables brulants & alterez [e]. Qu'une partie eft couverte d'Arbres, & que l'autre eft employée à femer des grains, &c. D'autres l'ont mis à la Ville qui a été fucceffivement appellée HESPERIS & BERENICE, & Pline exprime la raifon de cette diverfité par ces mots *Vagantibus Gracia Fabulis* [f], les Fables des Grecs n'ayant rien de fixe. En effet il n'appartient qu'aux lieux veritablement hiftoriques & exiftants d'avoir une fituation qui leur foit propre.

[d] l. 17. p. 836.
[e] p. 838.
[f] l. 5. c. 5.

HESPERIDES (LES ISLES DES) Ifles de la Mer Atlantique. Pline [g] n'en parle qu'avec un air d'incertitude, car après avoir nommé les deux Gorgones il ajoute ; on raconte qu'encore au delà il y a deux Ifles des Hesperides. Cela ne convient point aux Canaries & encore moins aux Açores. Ce qu'il dit enfuite y convient encore moins : tout cela, dit-il, eft fi peu certain que, fi nous en croions Statius Sebofus, des Ifles Gorgones, aux Ifles des Hesperides, il y a quarante jours

[g] l. 6. c. 31.

de Navigation le long de l'Atlas, & une journée depuis les Ifles Hesperides au Cap nommé, *Hesperu Ceras*. On voit bien que Pline met tout cela fur la côte Occidentale d'Afrique. Si Pline avoit parlé avec certitude & qu'il n'y eût aucun doute fur l'exactitude du calcul de Statius Sebofus il feroit naturel de dire : le Cap nommé *Hesperu Ceras* doit avoir reçu ce nom à caufe de fa fituation à l'Occident. Ce doit donc être le Cap verd le plus Occidental de toute l'Afrique, & de tout l'ancien Continent. Les Hesperides étoient à une journée en deçà, ce pouvoient être deux des Ifles du Senegal. Et ainfi du refte de cette courfe. Mais quel fonds peut-on faire fur des relations imparfaites, & dreffées dans des tems où ces lieux n'étoient connus que par une tradition obfcure & incertaine. Denys le Periegete ne parle point de ces Hesperides, lorfqu'il dit *dans les Ifles Hesperides, qui font fertiles en étain*. Ce mot Hesperides n'eft pas le nom propre de ces Ifles, mais une fimple Epithete qui defigne *Occidentales*, & cela eft fondé fur l'opinion fauffe de quelques anciens Géographes, qui ont cru que ces Ifles d'où on apportoit l'Etain en Efpagne, étoient au Couchant de ce Pays-là. Voyez CASSITERIDES. Cette fituation par raport à l'Espagne a engagé Mr. Hill Commentateur de Denys, à foupçonner que ces Hesperides de fon Auteur pouvoient bien être les Açores.

HESPERII ÆTHIOPES, ancien Peuple d'Ethiopie dont ils occupoient la partie plus Occidentale. Il en marque affez bien la fituation. Les Ethiopiens Ichthyophages, c'eft-à-dire, qui fe nourriffent de poiffon, occupent le grand Golphe de l'Océan Occidental. Les plus Meridionaux d'entre eux qui s'étendent jufqu'à une terre inconnue font appellez *Hesperii Æthiopes*, c'eft-à-dire Ethiopiens Occidentaux. Le grand Golphe eft celui de Guinée, & les plus Meridionaux de ce Golphe font les habitans du Congo. Peut-être n'étoient-ils point differens des *Hesperiens de Libye*, quoi que Maxime de Tyr place ceux-ci vers le Promontoire du mont Atlas [h]. Strabon parle des *Hesperii Æthiopes*, à l'occafion de quelques paffages d'Eratofthene relevez par Artemidore. Il parle dans un autre endroit [k] de divers Fleuves auxquels le nom de Lethé étoit commun & en met un chez *Hesperites Libyens* ἐν τοῖς Ἑσπερίταις Λίβυσι, la Verfion Latine porte *apud Hesperitas, feu occiduos Afros*, ce qui veut dire chez les Africains occidentaux. Cafaubon accufe ce paffage d'être corrompu & veut qu'au lieu de Λίβυσι, on life Ἰβήρσι, c'eft-à-dire, au lieu des *Libyens* les *Efpagnols*. Ortelius ne croit pas que la Critique de Cafaubon foit équitable, il lui oppofe l'autorité de Strabon, de Pline, de Lucain & de Martianus Capella. On vient de voir les paffages des deux premiers ; les deux derniers ne parlent fimplement que des Jardins des Hesperides que Martianus Capella met auprès du mont Atlas, dans la Mauritanie Tingitane. Le paffage de Lucain les place bien loin de-là, & découvre même la fource d'une meprife s'il y en a dans le paffage de Strabon. Voici le paffage entier qui merite bien

[h] Diff. 38.
[i] l. 17. p. 829.
[k] l. 14. p. 647.

HES. HES. 133

bien d'être inséré ici. Il parle de la Flotte de Caton qui après une rude tempête entra heureusement dans le Lac de Triton.

> *Pars ratium major regimen clavumque secuta est,*
> *Tuta fuga nautasque loci sortita peritos,*
> *Torpentem Tritonos adit illesa paludem,*
> *Hanc, ut fama, Deus quem toto littore pontus,*
> *Audit ventosa perflantem murmura concha,*
> *Hanc & Pallas amat, patrio que vertice nata*
> *Terrarum primam Libyen (nam proxima cœlo est ;)*
> *Ut probat ipse calor) tetigit, Stagnique quieta,*
> *Vultus vidit aqua, posuitque in margine plantas,*
> *Et se dilecta Tritonida dixit ab unda.*
> *Quam juxta Lethon tacitus præ labitur amnis*
> *Infernis, ut fama, trahens oblivia venis :*
> *Atque insopiti quondam tutela Draconis,*
> *Hesperidum pauper spoliatus frondibus hortus,*
> *Invidus annoso famam qui derogat ævo,*
> *Qui vates adversa vocat. Fuit aurea silva, &c.*

C'est-à-dire, la plus grande partie des Vaisseaux par la bonne manœuvre & l'habileté des Pilotes, échapa à ce danger, & arriva sans aucun malheur à l'Etang de Triton. On dit que ce marais est cheri du Dieu qui fait retentir la Mer du bruit de sa conque. Il est aussi aimé de Pallas qui étant éclose du cerveau de son pere, descendit d'abord dans la Libye, qui étant la terre la plus voisine du Ciel comme le prouvent les chaleurs qu'on y sent fut aussi la premiere terre qui s'offrit aux yeux de cette Déesse. Elle vit les eaux tranquiles de ce marais, prit terre sur ses bords & en prit le surnom de Tritonide. Auprès de ce marais coule le Lethon (ou Lethes, ou Lethos, ou Lathon) qui ne fait aucun bruit & qui, à ce qu'on dit, tire des conduits souterrains la qualité qu'il a de faire oublier. Auprès de ce marais, il y a aussi le Jardin des Hesperides autrefois gardé par un Dragon qui veilloit toujours ; mais il a perdu ces richesses depuis qu'il a été dépouillé de ses fruits & qu'on ne lui a laissé que ses feuilles. Car il y a de la malignité à vouloir démentir l'antiquité & à reduire les Poëtes à ne rien dire que de vrai.

Après cette reflexion on peut bien s'attendre que Lucain va se servir du Privilege qu'il a conservé à la Poësie & c'est sur ce pied-là qu'il faut prendre ce qu'il dit ensuite du Jardin des Hesperides. Il est donc placé près du marais de Triton ; ce marais est le même que Strabon appelle le Lac des Hesperides où il dit *a* que se jette le Fleuve Ladon. Ce Fleuve Ladon est le même que Lucain nomme *Lathon*, ou *Lethon*, ou *Lethes*, car ces trois manieres de lire ce nom sont autorisées par des Editions, ou par des Manuscrits. La ressemblance du nom avec le Fleuve Lethé si fameux par l'oubli que l'on puisoit avec ses eaux a donné occasion de les confondre, quoi que le vrai Fleuve de Lethé soit en Espagne. Voyez LETHÉ & HESPERIS.

HESPERIS, Ville de la Cyrenaïque. *b* Pomponius Mela dit *b* en nommant les cinq Villes de la Pentapole : Hesperis, Apollonie, Ptolemaïde, Arsinoé, & Cyrene qui don-

a l. 17. p. 836.

b l. 1. c. 8.

ne le nom au Pays. Pline *c* dit que la même Ville s'appelloit Berenice ; & que comme les fables des Grecs au sujet des Hesperides avoient été attribuées à divers Pays cette Ville en avoit anciennement porté le nom. Il ajoute à peu de distance de cette Ville coule le Fleuve Lethon : il y a un bois sacré où l'on dit que sont les Jardins des Hesperides. Ptolomée dit *d* Berenice que l'on appelle aussi Hesperides. Ammien Marcellin *e* joint aussi les deux noms. L'ancien nom étoit Hesperis. Elle prit l'autre de Berenice femme de Ptolomée Evergete. A l'égard du Fleuve *Lethon* que Pline nomme, c'est le même dont il est parlé dans le passage de Lucain cité dans l'article HESPERII ÆTHIOPES & que le Lethé dont parle Strabon dans le passage raporté au même endroit.

1. HESPERITÆ, ancien Peuple de la Libye. Voyez HESPERII ÆTHIOPES.

2. HESPERITÆ, ancien Peuple d'Asie vers le Phase, selon Xenophon dans sa retraite des dix mille *f*. Dans le denombrement des Satrapes qui commandoient dans les Provinces que l'Armée Greque traversa dans sa retraite il dit que Teribaze avoit pour son departement les Phasiens & les Hesperites. D'Ablancourt avec sa hardiesse accoutumée dit, que *Tyribaze*, gouvernoit le Phase & l'Armenie.

HESPERIUM CERAS, ou Ἑσπέρου κέρας, HESPERU CERAS, nom que les Anciens ont donné à un Cap d'Afrique fort avancé vers le Couchant. C'est Pline *g* qui le nomme ainsi, il dit que Statius Sebosus le plaçoit à une journée de Navigation au delà des Isles Hesperides. Il dit *h* un peu auparavant qu'au milieu de l'Etiopie une Montagne s'avance vers la Mer, qu'elle est fort haute & qu'elle y brule par des feux continuels, que les Grecs l'appellent THEON OCHEMA & qu'elle est à quatre journées de Navigation du Promontoire HESPERION CERAS, qui confine à l'Afrique, auprès des Æthiopiens Hesperiens ou Occidentaux. Cet *Hesperion Ceras*, selon Mercator, est la *Cap blanc*, selon Florian del Campo c'est le *Cap verd* ; le R. P. Hardouin croit que c'est SIERRA LIONA, en quoi il s'accorde avec le P. Briet & Mr. Sanson, & comme le THEON OKEMA, selon plusieurs Géographes très-habiles, entre lesquels est Mr. de l'Isle, ne peut être la Montagne de Sierra Liona & qu'il doit être à quatre jours de distance du Promontoire Hesperien, le R. P. Hardouin met le *Theon Ochema* à *Cabo das Palmas*, qui est sur la côte de Guinée. Il est certain que Ptolomée *i* nomme grand Golphe ou Golphe Hesperien un Golphe de l'Océan au Couchant de la Libye. La latitude de cinq degrez qu'il lui donne achève de déterminer pour le Golphe de Guinée. Il semble mettre dans ce Golphe son Promontoire Hesperien, mais les positions qu'il donne tant au *Theon Okema* qu'à l'autre Promontoire se sentent furieusement de l'ignorance où l'on étoit de son temps sur ce qui regarde cette côte de l'Afrique.

HESPERIUS MONS, Montagne d'Etiopie selon Pline *k*. Il dit que la Campagne voisine brille la nuit comme des étoiles.

HESPERIUS SINUS, ou SINUS MAGNUS;

c l. 5. c. 5.

d l. 4. c. 4.
e l. 22.

f l. 7. in fine.

g l. 6. p. 31.

h l. 6. c. 30.

i l. 4. c. 6.

k l. 2. c. 16.

GNUS ; nom que Ptolomée donne au Golphe que nous appellons presentement le Golphe de Guinée.

Thesaur. HESRON. Ortelius [a] trouve une Ville de Judée nommée ainsi dans le XI. Chapitre de Josué & dans le XV. des Juges. Ce mot pourtant ne s'y trouve en aucune façon. Il ajoute qu'on la nommoit aussi HASOR & que selon Brochard elle s'appelle aujourd'hui ANTIOP. Je ne sais où Ortelius a pris ce mot Hesron, car Brochard ne le fournit point. Voici [b] *Desc. Terr.* les propres paroles de ce Religieux [b] au Cha-
Sanct. c. 3. pitre qui a pour titre Voyage d'Acre vers le Nord. Après avoir parlé de *Thoron,* place forte à sept lieues de Tyr & bâtie par le Seigneur de Tiberiade , pour tenir les Tyriens dans le respect , ce Voyageur ajoute : Delà il y a quatre lieues jusqu'à *Antiopie,* Ville qui fut anciennement appellée *Assor,* c'est là que demeuroit autrefois le Roi Jabin qui étoit allié de vingt-quatre Rois contre lesquels Josué combatit par l'ordre de Dieu. (On cite en marge *Josué* 11.) c'est de cette Ville, poursuit le P. Brochard, qu'il est dit au septième Chapitre de Josué qu'il n'y eut que la Ville d'Assor place très-forte qui fut consumée par le feu. Ses ruines sont encore aujourd'hui des preuves de son ancienne magnificence. Elle est à huit lieues de Tyr vers l'Orient. Voilà ce que dit le Voyageur cité par Ortelius & il ne parle point d'Hesron. Voyez HASOR.

HESSE, (LA) Pays d'Allemagne avec titre de Landgraviat , dans le Cercle du Haut Rhin [c]. Ce Pays s'étend depuis le Meyn
[c] *Divers* jusqu'au Weser & confine à la Weteravie, à *Memoires.* la Turinge, à la Westphalie, à la Franconie, & au Pays de Brunswig. Le Pays de Hesse est partagé en Haute Hesse & en Basse. Cela joint à diverses Seigneuries , & Comtez , qui ont été acquises avec le temps forme un Etat partagé entre quatre branches de la Maison de Hesse, qui toutes prennent la qualité de *Landgraves* de Hesse.

La HAUTE HESSE est ce qu'on appelloit autrefois la Principauté sur la Lohn.

Les HESSOIS , en Latin moderne HASSI, tirent leur origine des CATTI, ou Cattes, ancien Peuple dont nous parlons en son lieu. Le C. a été changé en une Aspiration & les deux T en SS changement fort ordinaire sur tout dans la Langue Allemande. Les Cattes faisoient partie des Hermions , grand Peuple de la
[d] l. 4. c. 13. Germanie [d]. Pline les nomme avec les *Hermundures* & les *Cherusques.* Les *Bataves,* les *Canenifates,* &c. étoient, à ce qu'on pretend, des Colonies de ces *Cattes* de la Germanie. Ainsi la liaison qu'il y avoit entre les *Cattes* Germains & ceux de la Batavie ne fait aucune difficulté sur la raison que l'on pourroit chercher de tant de noms qui se trouvent encore dans les Pays bas & qui conservent celui de cette Nation.

Si les Cattes des Pays bas sont venus originairement de la Hesse , en échange la Maison qui est Souveraine de la Hesse aujourd'hui vient originairement des Pays-bas, & est une Branche de celle des anciens Ducs de Brabant. Elle est presentement partagée en IV. Branches , savoir deux principales qui sont HESSE-CASSEL , & HESSE-DARMSTADT ;

& deux autres qui sont des Branches de la seconde, savoir HESSE-RHINFELS & HESSE-HOMBOURG. Nous nous arrêterons à l'ordre de ces quatre Branches & nous marquerons ce que chacune possede , tant du Pays de Hesse que de ses acquisitions , & conquêtes , & ensuite nous y joindrons ce que d'autres Souverains possedent au Pays de Hesse.

La Branche de Cassel est de la Communion de Geneve. Celle de Darmstadt est de la Confession d'Augsbourg , celle de Rhinfels est Catholique & celle de Hombourg est Reformée comme celle de Cassel. Leurs Sujets suivent l'une ou l'autre de ces Religions avec liberté.

Les ETATS DE HESSE-CASSEL sont

I. La plus grande partie de la BASSE HESSE qui confine à la Franconie , à la Thuringe , au Brunswig & à la Westphalie. Les principaux lieux sont

Cassel *Capitale.*
Plesse *Seigneurie.*
Ziegenhaim , *Comté*; de laquelle dependent trois Villes , savoir
    Treiza, Neukirken, Schwartzenborn.
Homberg ,
Creutzberg ,
Spangenberg.

II. Quelque chose de la HAUTE HESSE, savoir,
Marpurg ,
Franckenberg ,
Kirchhayn ,
Wetter ,
Rauchenberg ,

III. La PRINCIPAUTÉ de HIRSCHFELD, Abbaye secularisée.

IV. La plus grande partie du COMTÉ de SCHAUMBOURG.

V. Les BAILLIAGES D'UCHT & de FREUDENBERG au Comté D'HOYA.

VI. Smalkalde *Ville* , avec la Seigneurie de FRANCKENSTEIN dans le Henneberg.

Le Landgrave de Hesse-Cassel est aujourd'hui le même que le Roi de SUEDE.

Les ETATS DE LA MAISON DE HESSE-DARMSTADT sont

I. La plus grande partie de la HAUTE HESSE , savoir
Giessen , *Ville* ,
Nidda , *Comté* ,
Itter , *Seigneurie* ,
Butzbach , *Ville.*

II. Le HAUT COMTÉ DE CATZEN-ELNBOGEN au Midi du Meyn , où est la Ville de Darmstadt qui donne le nom à cette Branche.

Les ETATS DE LA MAISON DE HESSE-RHINFELS sont

I. Le BAS COMTÉ DE CATZEN-ELNBOGEN où sont
Rhinfels , *Ville forte* ,
                      St. Ge-

St. Gever ou St. Goar
Le Catz *Forterefſe*
Catzenelnbogen *Ville* qui donne ſon nom, au Comté.
Schwalbach *Village* fameux par ſes eaux minerales.

II. Dans la BASSE HESSE quelques Villes, Bailliages, & Seigneuries. Les Villes ſont

| Rottenbourg | Eſchwege |
| Wanfried | Sontra. |

LES ETATS DE LA MAISON DE HESSE HOMBOURG ſe bornent au Bailliage de Hombourg. Elle poſſede auſſi quelque choſe au Comté de Nidda.

La Ville de WETZLAR eſt Libre & Imperiale.

L'ELECTEUR DE MAYENCE poſſede dans la Heſſe,

Fritzlar dans la Baſſe Heſſe.
Amoenebourg, Ohmebourg ou Amelbourg.
Trefurt, ſur la Werre. Cette Ville a trois Souverains, ſavoir le Landgrave de Heſſe-Caſſel, l'Electeur de Mayence & l'Electeur de Saxe.

HESSEM [a], Château de plaiſance d'Allemagne, & chef-lieu d'un Bailliage appartenant aux Ducs de Brunſwig-Wolfenbutel, à trois milles de Wolfenbutel ſur le chemin de Halberſtadt derriere HESSEMDAM. Ce lieu qui n'étoit qu'une ſimple maiſon fut fort orné par le Duc Henri Jules de Brunſwig qui y fit beaucoup de depenſes pour l'embellir, il y a des Jardins parfaitement beaux; ce Château eſt accompagné d'un Bourg, où paſſent les chemins de Leipſig, de Brunſwig, de Hambourg, & de Bréme.

[a] Zeyler Brunſwic. Topogr. p. 117.

HESSNE-EBNEAMADE [b], Ville d'Aſie dans la Perſe. Elle eſt, ſelon Tavernier, [b] à 70. d. 45. de Longitude & à 29. d. 20. de Latitude. Cette Ville eſt fermée de hautes Murailles & il ne s'y fait aucun commerce. Les habitans vivent aſſez à leur aiſe des fruits que la terre leur produit.

[b] Voyage de Perſe l. 3. c. dernier.

HESTAOL, ou comme écrit l'Auteur de la Vulgate, ESTAHOL, ancienne Ville de la Judée dans la Tribu de Dan [c]. Elle avoit auparavant appartenu à la Tribu de Juda [d]. Euſebe qui la nomme ESTAOU dit qu'elle étoit à dix milles d'Eleutheropolis, en allant vers Nicopolis.

[c] Joſué c. 19. v. 41. [d] c. 15. v. 33.

HESTIÆ. Voyez ESTIÆ.
HESTIÆA. Voyez OREUM.
HESTIÆOTIDE (L') *Heſtiæotis*, Contrée de l'Eubée, ſelon Strabon, Pline, & Plutarque, nommez par Ortelius. Mais je trouve que Pline ne dit point preciſement dans quelle Province étoit cette contrée. Il ſe contente de la nommer [e] en citant Eudicus qui dit que dans l'Heſtieotide étoient deux fontaines, l'une CERON, l'autre NELE'E, la premiere teignoit en noir la laine des brebis qui en buvoient, la ſeconde leur rendoit la laine blanche. Celles qui buvoient des deux avoient la laine mêlée des deux couleurs. Iſidore qui rapporte la même choſe [f] change le nom d'Heſtieotide en celui de Theſſalie. En effet l'Heſtieotide eſt la même choſe que la DORIDE Contrée de la Theſſalie. Voyez

[e] l. 31. c. 1.
[f] Origin. l. 13. c. 13.

l'Article ESTIOTÆ. On y verra la raiſon de ce changement de nom dans le paſſage de Strabon qui y eſt rapporté. Il y avoit donc deux ESTIOTIDES, ou HESTIÆOTIDES.

L'une étoit dans l'Iſle d'Eubée & prenoit ſon nom de l'ancienne ESTIÆA détruite par les Perrhebes, & l'autre étoit dans la Theſſalie, la même Contrée que la Doride.

HESTIONES. Voyez ESTIONS.
HETALON. Voyez HETHALON.
HETEROSCIENS; les Géographes Grecs qui partageoient la Terre, ſelon le cours de l'ombre du Soleil en plein Midi, nommoient ainſi les habitans des deux Zones temperées; dont les uns ont leur ombre au Nord & les autres au Midi. Les Heteroſciens, dit Ozanam [g], ſont les habitans des Zones temperées parce que leurs ombres Meridiennes tendent toujours vers une même partie du Monde, ſavoir vers le Septentrion à ceux qui ſont dans la Zone temperée Septentrionale comme nous, & vers le Midi à ceux qui demeurent entre le Tropique du Capricorne & le Cercle Polaire Antarctique. Ainſi les Heteroſciens de notre côté, c'eſt-à-dire, en deçà du Tropique du Cancer lorſqu'ils ſe tournent vers le Soleil à Midi ont l'Orient à gauche & l'Occident à droite. Au contraire les Heteroſciens de l'autre côté, c'eſt-à-dire, au delà du Tropique du Capricorne, lorſqu'ils ſe tournent vers le Soleil à Midi ont l'Occident à leur gauche & l'Orient à leur droite. C'eſt de cette oppoſition d'ombres que leur vient le nom d'Heteroſciens.

[g] Cours de Mathem. T. 5. p. 133.

1. HETH (L'ISLE DE) Voyez au mot ISLE.

2. HETH [h], Pere des Hethéens, étoit le premier fils de Chanaan & demeuroit au Midi de la Terre promiſe, à Hebron & aux environs. Ephron habitant d'Hebron étoit de la Race de Heth [i], & toute cette Ville du temps d'Abraham étoit peuplée des enfans de Heth. Il y en a qui veulent qu'il y ait eu une Ville de Heth, mais on n'en voit aucune trace dans l'Ecriture.

[h] D. Calmet Dict.
[i] Geneſ. c. 23. v. 3. & ſeq.

HETHALON [k], Ville marquée par Ezechiel comme bornant la Terre promiſe du côté du Septentrion [l]. C'eſt HETALON ou CHETALA ſur la Mediterranée ſur la côte de Syrie entre Poſidium & Laodicée.

[k] Ibid.
[l] c. 47. v. 15. c. 48. v. 1.

HETHE'ENS, ce ſont les enfans de HETH. Voyez ce mot.

HETOBEMA Ητοβάμα, ancienne Ville de l'Eſpagne Tarragonnoiſe dans le Pays des Hedetans, ſelon Ptolomée [m]. Ses Interpretes liſent ETOBEMA.

[m] l. 2. c. 6.

HETRICULUM, Ville de la Grande Grece au Pays des Brutiens, ſelon Tite-Live [n]. Holſtenius croit que c'eſt preſentement LATTARICO; dans la Calabre citerieure, au Royaume de Naples.

[n] l. 20. c. 19.

HETRURIE, ou ſans aſpiration ETRURIE, (L') ancien nom d'une Contrée de l'Italie qui répond pour la plus grande partie à la Toſcane. Elle étoit ſeparée de la Ligurie par la Riviere de Magra & s'étendoit delà juſqu'au Tibre. Les anciens Latins écrivoient ce nom ſans H. & le mot *Etruſci*, les *Etruſques* qui en eſt derivé. C'eſt ce qui ſe prouve par les anciennes Inſcriptions. Pline dit [o]

[o] l. 3. c. 5.

la

HET.

la septiéme Region où est l'Etrurie depuis le Fleuve Magra. Ce Pays a souvent changé de nom, les *Umbri* en furent chassez par les Pelasges, qui en furent depossedez à leur tour par les Lydiens, dont un Roi fit donner aux habitans d'Etrurie le nom de *Tyrrheniens* & ensuite à cause de leurs rites pour les sacrifices ils furent nommez dans la Langue des Grecs THUSCI. Nous en avons formé le nom moderne du Pays, la TOSCANE, & celui du Peuple, les TOSCANS. Ce nom des Tyrrheniens, pour l'expliquer davantage, est derivé de ce que Athys Roi de Lydie envoya en ce Pays-là une Colonie à la tête de laquelle il mit Tyrrhéne son fils. C'est delà que la Mer de cette côte a conservé le nom de *Mer Tyrrhene*. Les Grecs nommoient l'Hetrurie Τυῤῥηνία. A l'égard du nom de *Thusci* Servius [a] le derive ἀπὸ τοῦ θύειν, mot qui signifie *sacrifier*. Denys d'Halicarnasse [b] qui lui donne la même origine dit que le vrai nom est Θυόσκοοι, qui a été abregé en celui de *Thusci*. Mais Cellarius [c] doute que cette origine soit bien la vraie & elle lui paroit une allusion tirée de loin. Car si cela étoit, ce mot devroit s'écrire par *Th*, au lieu que les anciennes Inscriptions font voir qu'il s'écrivoit par un simple *T*. Il n'est pas sûr que le nom de *Tuscia* donné au Pays soit aussi ancien que celui de *Tusci* donné à la Nation. On trouve à la verité dans Gruter des Inscriptions [d] qui portent CORRECTORI TUSCIÆ, mais on sait d'ailleurs que cette charge n'eut lieu que sous le bas empire. Il est parlé au Code Theodosien de la TUSCIE SUBURBICAIRE [e]. Ammien Marcellin [f] fait mention de la TUSCIE ANNONAIRE. Mais tous ces temoignages ne sont pas du bon âge qui a toujours employé le mot d'Etrurie.

Anciennement, & avant la grande puissance des Romains l'Etrurie étoit partagée en douze Peuples. C'étoient autant de Villes

[a] *In Æneid.* l. 10. v. 164.
[b] *Antiq. Rom.* l. 1.
[c] *Geogr. Ant.* l. 2. c. 9.
[d] p. 387. 476. & 486.
[e] *Leg.* 12. *De immunigentiis debitor.*
[f] l. 27. c. 4.

HET.

que chacune avoit son territoire. Tite-Live parle [g] souvent de ces douze Peuples. Denys d'Halicarnasse dit de même que toute la Tyrrhenie étoit partagée en XII Prefectures εἰς δώδεκα ἡγεμονίας. Ces Villes, selon Cluvier & Holstenius, étoient

Clusium,	*Rusella*,
Perusia,	*Tarquinii*,
Cortona,	*Volsinii*,
Arretium,	*Cære*,
Volaterra,	*Falerii*,
Vetulonium,	*Veii*.

Avec le temps ces Villes furent conquises par les Romains, & sous les Cesars le nombre en fut augmenté. On voit dans les Inscriptions [h] ETRUR. XV. POPULOR. & ÆTRUR. XV. POPUL. Il est vrai que Reinesius, qui produit la seconde croit que le V. est une faute pour II. Mais comme la premiere fournie par Gruter y est conforme, il vaut mieux croire qu'en effet le nombre de ces Peuples de l'Hetrurie fut augmenté avec le temps, que de faire ainsi violence à deux Medailles qui se justifient reciproquement.

Quoiqu'il en soit, l'Hetrurie ancienne n'avoit que ces douze Peuples, dont chacun avoit son *Lucumon*, ou son Chef particulier, mais un de ces Chefs avoit une autorité plus grande que les autres & sa jurisdiction s'étendoit sur les onze autres Peuples. Ces Princes ou Chefs, portoient une couronne d'or avec un Sceptre au bout duquel étoit un aigle, leur tunique étoit de pourpre enrichie d'or ; & ils étoient precedez par douze Licteurs. Ils étoient assis dans une chaire d'yvoire. Nous joindrons ici la Table que le Pere Briet donne de [i] ces douze Peuples dans le detail, mais nous en changerons l'ordre pour le ramener à celui que nous avons déja donné à ces Villes en les nommant.

[g] l. 4. c. 23. l. 5. init. l. 6. c. 31.
[h] Gruter p. 385. n. 1. & Reines. Class. 6. n. 114.
[i] Denys d'Halic. Antiq. Rom. l. 3.

I. CLUSINI, partie du *Siennois* & de l'*Orvietan*.	*Clusium*, anciennement *Camers*, aujourd'hui *Chiusi*. *Clanis*, Riviere, aujourd'hui la Chiana & son marais *Clusina palus*. *Sena*, Colonie, aujourd'hui Sienne.
II. PERUSINI, bonne partie du *Perugin*.	*Perusia*, Colonie, aujourd'hui *Perouse*, en Italien *Perugia*. *Lacus Trasymenus*, aujourd'hui le *Lac de Perouse*. *Tusci*, Maison de plaisance de Pline le Jeune, aujourd'hui *Citta di Castello*.
III. CORTONENSES, partie du *Florentin* au dessus de Lac de Perouse.	*Cortona* Ville détruite.
IV. ARRETINI, une bonne partie du *Florentin* au dessus & au dessous de Florence & autour d'Arezzo.	*Arretium*, aujourd'hui *Arezzo*. *Fæsulæ*, à present *Fiesoli*. *Florentia*, en Italien *Fiorenza*, en François *Florence*. *Pistorium*, aujourd'hui *Pistoye*.
V. VOLATERRANI, la plus grande partie du *Pisan*.	*Volaterra*, aujourd'hui *Voltera*. *Herculis Labronis portus*, presentement *Liourne*. *Vada Volaterrana*, maintenant *Vadi*.
VI. VETULONII, partie du *Pisan* & de l'Etat de *Piombino*.	*Vetulonium*, Ville ruinée, au Village de *Capiglia*. *Populonium* & *Populonia*, Ville ruinée auprès de *Piombino*. *Manliana*, aujourd'hui *Scarlino*. *Massa Vetternensis*, aujourd'hui *Massa*.

VII. Ru=

HET. HET. 137

VII. RUSELLANI, *Maremma di qua è di là avec le Duché de Castro.*
- *Rusella*, aujourd'hui à *Moscoua* on en voit encore les ruines & auprès sont des eaux chaudes à trois mille pas de Grosseto, lesquelles conservent encore le nom de BAGNI DI ROSELLE.
- *Prilis Lacus*, à présent *Lago di Castiglione*.
- *Saturnia*, ce lieu garde son ancien nom.
- *Telamon portus*, présentement *Telamone*.
- *Portus Herculis*, à présent *Porto Ercole*.
- *Cosa* ou *Cossa*, aujourd'hui *Lancedonia*.
- *Mons Argentarius*, aujourd'hui *Monte Argentaro*.
- *Umbro*, Riviere aujourd'hui l'*Ombrone*.

VIII. TARQUINII, partie du *Patrimoine de St. Pierre* qui confine au Duché de Castro.
- *Tarquinii*, Ville ruinée, ses ruines s'appellent encore *Tarquino* audessus de Corneto.
- *Gravisca*, dont les ruines se voient au dessous de Cornetto.
- *Forum Aurelii*, aujourd'hui *Montalto*.
- *Regis Villa*, ainsi appellée, dit Strabon, parce qu'on croyoit que ç'avoit été la demeure de Maleote Roi des Pelasges.
- *Castrum Novum*;
- *Centum Cella*, aujourd'hui *Civita Vecchia*.

IX. VOLSINII, partie du *Patrimoine de St. Pierre* autour de *Bolsena* & de *Monte Fiascone*, & un peu du Siennois.
- *Volsinii* ou *Vulsinii*; aujourd'hui *Bolsena*.
- *Suana*, aujourd'hui *Soana*.
- *Trossulum*, à peu près *Montefiascone*.
- *Ferentinum*, aujourd'hui *Ferenti*.
- *Herbanum*, présentement *Orviete*.

X. CÆRETANI, partie du *Patrimoine de St. Pierre* depuis le *Lac Bracciano* jusqu'à la Mer.
- *Care*, aujourd'hui *Cerveteri*.
- *Pyrgi*, à présent *Sta. Severa*.
- *Alsium*, aujourd'hui *Palo* maison de plaisance de la Maison Farnese.
- *Lacus Sabbatius*, aujourd'hui le *Lac de Bracciano*.

XI. FALISCI, le Pays autour le Mont St. Silvestre & de civita Castellana.
- *Falerii*, Ville ruinée, on en montre la place sur une roche auprès de Civita Castellana.
- *Soracte* Montagne, le *Mont St. Sylvestre*.
- *Lacus Vadimonis*, aujourd'hui *Lago di Bassanello*.
- *Fescennium*, à présent *Galesio*.
- *Capena*, aujourd'hui *Civitella*.
- *Feronia Lucus*, aujourd'hui *Fiano*.

XII. VEIENTES, l'Etat du Duc de Parme (c'est-à-dire, ce Duché de Castro & Ronciglione) & la partie du Patrimoine de St. Pierre tirant vers Rome & vers la Ville de Porto.
- *Veii*, aujourd'hui *Strofano*.
- *Nepet*, ou *Nepis*, aujourd'hui *Nepi*.
- *Cremera* Riviere, aujourd'hui la *Varca*.
- *Massa Silva*, aujourd'hui le *Bois de Baccano*.
- *Fanum Voltumna*, aujourd'hui *Bagno d'Asinelli*.
- *Mons Ciminius*, Montagne aujourd'hui *Monti di Viterbo*.
- Le Lac de même nom est *Lago di Vico*, ou *Lago di Ronciglione*.
- La Forêt de même nom ne subsiste plus.
- *Baccana* ou *Buccana*, aujourd'hui *Baccano*.
- *Sutrium*, aujourd'hui *Sutri*.
- *Fregenna*, entierement détruite.
- *Portus Augusti*, aujourd'hui *Porto*.
- *Salina*, aujourd'hui *Campo di Saline*.

L'Hetrurie comprenoit donc entierement
1. Le Duché de Massa & ce qui est entre ce Duché & l'Apennin.
2. La Carfagnana.
3. L'Etat de la Republique de Luques.
4. Tout le grand Duché de Toscane.
5. Le Perusin,
6. L'Orvietan,
7. Le patrimoine de St. Pierre,
8. Le Duché de Castro & Ronciglione,
9. Lo Stato de gli Presidii.

Telle étoit l'Etrurie après que les Gaulois furent établis en Italie, car avant leur arrivée les Etrusques avoient des établissemens au delà de l'Apennin, mais ils en furent aisément depouillez par des Peuples guerriers à qui une Nation amollie par une longue paix n'étoit pas en état de faire longue resistance.

Par le détail que l'on vient de voir ce seroit se tromper bien grossierement que de traduire toujours l'Hetrurie, par la Toscane. Car quoi que la Toscane qui comprend le Florentin, le Pisan, & le Siennois, soit une partie considerable de l'ancienne Hetrurie, il faut y en ajouter huit autres pour faire l'Hetrurie entiere. Mr. Baudrand appelle *Hetrurie Circumpadane*, c'est-à-dire, l'Hetrurie autour du Pô, la partie que les Gaulois sub-

S

subjuguerent. Voyez les Articles TOSCANE & TUSCIA.

HETTÆI ; Voyez HETH.

HETTHIM, (LA TERRE DE) il en est parlé au Chapitre 1. des Juges[a] : *un homme sorti de Bethel (autrement Luza) alla dans la terre de Hettim & y bâtit la Ville de Luza.* D. Calmet croit que cet homme se retira dans le Pays des Héthéens, au Midi de la Tribu de Juda & qu'il y bâtit la Ville de LUZA, ELIZA ou LUSSA dont parle Ptolomée[b]. Mais Ptolomée distingue deux Villes[c] l'une dans l'Idumée *Elusa*, l'autre[d] dans l'Arabie petrée *Lusa*; & il les distingue non seulement par la differente maniere d'écrire leurs noms, & par les differentes Provinces où elles étoient, mais encore par les positions par raport aux Longitudes & aux Latitudes. Selon ce Géographe il y avoit

[a] v. 26.

[b] l. 5. c. 16. & 17.
[c] c. 16.
[d] c. 17.

	Longit.	Latit.
Dans l'*Idumée*		
Elusa	65ᵈ 10'	30ᵈ 50'
Dans l'Arabie Petrée		
Lusa	65 50	30 15.

D. Calmet auroit dû lire à laquelle il appliquoit le passage des Juges, car le passage de Josephe[e] qui dit que les Juifs prirent sur les Arabes la Ville de *Lussa*, doit s'entendre naturellement de la derniere qui étoit en Arabie. Ce fut, dit D. Calmet, en memoire de sa premiere patrie que cet homme donna à sa nouvelle Ville le nom de LUZA.

[e] *Antiq.* l. 14. c. 2.

HEVÆI, c'est-à-dire, les HEVÉENS, Peuple ancien de l'Asie. Il étoit descendu d'*Hevaus*, fils de Chanaan. Ce Peuple, dit D. Calmet[f], demeura d'abord dans le Pays qui fut depuis possedé par les Caphtorim, ou par les Philistins. L'Ecriture dit expressément que[g] *les Caphtorims chasserent les Hevéens qui demeuroient depuis Hasserim jusqu'à Gaza.* Il y avoit aussi des Hevéens à Sichem & à Gabaon, & par consequent au centre de la Terre Promise puisque ceux de Sichem, & les Gabaonites étoient Hevéens[h]. Enfin il y en avoit au delà du Jourdain au pied du mont Hermon[i]. Bochart croit que Cadmus, qui conduisoit une Colonie de Pheniciens, dans la Grece vient de l'Hebreu KEDEM, *l'Orient*, parce qu'il étoit de la partie orientale du Pays de Chanaan. Le nom de sa femme Hermione, vient du mont Hermon, au pied duquel les Hevéens avoient leur demeure. La metamorphose de Cadmus, & d'Hermione en Serpens est fondée sur la signification du nom d'Hevéens qui en Phenicien signifie des serpens.

[f] *Dict.*
[g] *Deuteron.* c. 2. v. 23. & *Josué* c. 13. v. 4.
[h] *Josué* c. 11. v. 19. & *Genes.* c. 34. v. 2.
[i] *Josué* c. 11. v. 3.

HEVELLI, Nation particuliere entre les anciens SLAVES. On les nommoit aussi *Heveldi* & *Havelani*, ils habitoient le HAVELLAND auprès de *Havelberg*, & de la Riviere de *Havel*. Voyez l'article HERULES.

HEVER[k] Baronie aux Pays-bas dans le Brabant, au voisinage de Louvain.

[k] *Dict. Geogr. des Pays-bas.*

HEVERLE[l] beau Château de Plaisance aux Pays-bas, près de Louvain entre la Deyle & la Ture. Il appartient au Duc d'Arschot. A cinq cens pas du Château est un Couvent de Celestins, de la fondation des Ducs d'Arschot, qui l'ont choisi pour le lieu de leur sepulture & qui ont fait peindre tous les Seigneurs d'Arschot, & de Croy depuis Adam, jusqu'à leur temps avec leurs noms & leurs armes. Ridicule monument d'une vanité qui va chercher dequoi se repaître, dans les tenebres d'une antiquité si reculée.

[l] *Ibid.*

HEVERSWERDE, petite Ville d'Allemagne, dans la Lusace sur l'Elster, à six lieues de Cotbus[m], & à cinq de Baudissen. On la nomme aussi HOJESWERDA.

[m] *Baudrand Edit.* 1705.

HEUFT, (LE FORT D') Forteresse de Pologne, dans la Prusse Royale, sur la Wistule[n], qui s'y partage en deux branches entre Dantzig & Marienbourg, à cinq lieues de l'une & de l'autre.

[n] *Ibid.*

HEVILA, HEVILATH, ou CHAVILATH. Pays d'Asie, qui prit son nom d'Hevila. D. Calmet distingue les deux Hevila, l'un fils de Chus, l'autre fils de Jectan ; & comme ils peuplerent chacun un Pays il distingue deux Pays d'Hevila. Selon lui il y avoit donc

1. HEVILA, fils de Chus[o] qui peupla, selon Bochart, cette partie de l'Arabie heureuse où l'Euphrate & le Tigre se réunissent pour se décharger ensemble dans le Golphe Persique. C'est, dit-il[p], apparemment ce Pays d'Hevila, dont il est parlé dans la Genese[q], & au premier Livre des Rois[r] qui s'étendoit jusques à Sur du côté de l'Egypte. C'étoit dans ce terrain qu'étoit le partage des fils d'Ismaël. *Ab Hevila, usque Sur quæ respicit Ægyptum introeuntibus Assyriis coram cunctis fratribus suis obiit.*

[o] *Genes.* c. 10. v. 7.
[p] *D. Calmet Dict.*
[q] c. 25. v. 18.
[r] c. 15. v. 7.

2. HEVILA, fils de Jectan[s] qui peupla apparemment la Colchide, & le Pays dans lequel tournoye le Fleuve Phison ou du Phasis[t]. On connoit dans l'Armenie, poursuit D. Calmet, & dans le Pays de Colchiens les Villes de CHOLVA, & CHOLVATA & la region CHOLOBOTENE marquée dans Haiton.

[s] *Genes.* c. 10. v. 29.
[t] c. 11. v. 11.

Mr. Huet[v] fait voir que rien n'est plus contesté entre les Savans que la situation de CHAVILA, car c'est ainsi qu'il écrit ce nom conformément à l'Hebreu. Les plus sûres marques, dit-il, pour reconnoître le Phison, sont celles que Moïse y a apposées lorsqu'il a dit qu'il arrose la terre de Chavilah ; qu'on trouve dans cette terre de bon or, des perles, du Bdellium & la Pierre d'Onyx. Si je sais donc voir que ces marques conviennent uniquement au Fleuve, que je pretends être le Phison, on ne pourra pas contester mon sentiment. C'étoit par là que devoient commencer ceux qui ont recherché la situation de cette Riviere. Si après avoir decouvert un Pays de Chavilah fertile en or, en perles, & en pierres precieuses, ils y eussent découvert un Fleuve, qui y eût eu quelque jonction avec le Gehon, le Tigre & l'Euphrate ils auroient raisonné conséquemment, en concluant que ce Fleuve, devoit être le Phison. Mais au lieu de cela ils ont placé le Phison, là où il leur a plu & quasi à l'avanture & ils ont ensuite choisi pour y mettre le Phison, qu'ils avoient choisi pour y mettre le Phison..... les deux plus communes opinions touchant Chavilah,

[v] *Situat. du Paradis terrestre.* c. 8.

vilah, font que c'est la partie des Indes, que parcourt le Gange comme la plûpart des Peres l'ont cru, ou que c'est la Susiane qui est à l'Orient du Canal Oriental, des deux qui partagent le Tigre *a* & l'Euphrate après leur jonction. Josephe suivi par St. Jerôme, & par plusieurs autres a imaginé un autre Chavilah en Afrique, du côté du Couchant & a donné ce nom à la Getulie, sans en apporter aucune raison. Je n'en vois point d'autre que la conformité qui se trouve, entre les mots de *Chavilah* & de *Getulie*, lors qu'on en transporte les lettres. Si cette preuve a lieu, il faut recevoir toutes les Anagrammes, comme des argumens sans replique.

Pour trouver Chavilah il falloit suivre les traces, que les Ecrivains Sacrez ont marquées dans la Genese *b* au x. Chapitre où la dispersion des Nations qui se fit après la confusion de Babel est très-exactement décrite & où les noms des Patriarches, & des fondateurs des Nations, qui sont presque tous les mêmes noms que ceux de ces Nations, on trouve deux Chavilah, l'un fils de Chus & l'autre fils de Jectan. Mr. Bochart qui a expliqué ce Chapitre dans son Phaleg, avec beaucoup d'érudition, montre que ce dernier Chavilah est fondateur de la Nation qui habite le Pays de CHAULAN, situé sur la côte Orientale du Golphe Arabique, à l'Occident de l'Arabie heureuse. Cette contrée n'a aucun rapport avec celle que nous cherchons, mais bien l'autre qui a pris son nom de Chavilah, fils de Chus, comme nous l'enseigne le même Mr. Bochart *c*. Moïse *d* & l'Auteur du Livre de Samuel *e* indiquent bien nettement la situation de ce Pays de Chavilah, lorsque pour exprimer les deux extremitez de l'Arabie, voisine de la Terre Sainte, ils nomment Chavilah & Sur. Sur étoit un desert, à l'entrée d'Egypte vers l'extremité du Golphe Persique, c'est-à-dire, commençant à l'Occident de l'embouchure du Canal, que je pretends être le Phison, & s'étendant vers le Midi, le long de la côte Occidentale de ce Golphe, jusques vers le Catif; & Josephe *f* rapportant les mêmes faits qui sont exposez, dans ces endroits de Moïse & de Samuel, & voulant marquer les mêmes bornes de cette distance, au lieu de *Sur* met *Peluse*, la premiere Ville qu'on rencontre en allant de la Palestine en Egypte, le long de la Mer. & au lieu de Chavilah, met la Mer Rouge ou Erythréenne, désignant clairement par ces paroles la situation de Chavilah.

Les habitans de ce Pays n'ont pas été inconnus aux Aureurs Prophanes. Ils les nomment CHAVLOTHÉENS, CHABLASIENS, CHAVLASIENS, CHAVELÉENS; noms manifestement derivez de *Chavilah*, ou *Chavilath* (ainsi que ce nom s'écrit quand il est en regime) & les placent entre les Nabathéens & les Agréens Peuples Ismaelites d'origine, habitans de l'Arabie deserte, assez près de l'extremité du Golphe Persique. Plusieurs savans hommes, entre autres Steuchus *g*, Beroalde *h*, Grotius *i* Hornius *k* & Bochart *l*, ont bien vû que ces Peuples, que je viens de nommer, en ont pris le nom & la situation. Peut-être CALATHUA, Ville de l'Arabie deserte que Ptolomée place vers les mêmes lieux, a-t-elle ici quelque rapport.

Mr. Huet repond ensuite à une objection. Un savant homme, dit-il, qui a depuis peu apporté de nouvelles lumieres à l'éclaircissement de la Genese, contredit la situation que je donne au Pays de Chavilah, par le passage du premier Livre des Rois qui dit que Saül poursuivit les Amalecites depuis Chavilah jusqu'en Sur; ce qui fait une longueur de cent cinquante lieues d'Allemagne, & passe toute créance. Mais, repond Mr. Huet, nous refusera-t-il la même liberté sur Chavila, qu'il s'est donnée sur les lieux de Syrie, nommez Eden & Paradis, lesquels, quoique de fort petite étenduë, il soupçonne sans aucune preuve avoir pû autrefois s'étendre depuis la Mer de Syrie jusqu'au Tigre ? Ne pouvons-nous pas lui dire à meilleur titre que les bornes du Pays de Chavila sont incertaines, & qu'autrefois elles ont pû s'étendre bien avant dans l'Arabie deserte & dans l'Arabie petrée, jusqu'aux confins de la Palestine?

HEUKELOM *m*, petite Ville des Provinces Unies des Pays-bas, dans la Hollande, sur la Riviere de Linge, au dessous de Leerdam, à deux petites lieues de Gorcum.

HEUPING *n*, Ville de la Chine, dans le Pekeli, au departement de Chinting, quatrieme Metropole de cette Province. Elle est de 2. d. 40.' plus Occidentale que Peking & à 39. d. 6'. de Latitude. Assez près de Heuping est un petit Lac formé par deux sources très-voisines & cependant l'une est très-chaude & l'autre très-froide.

HEUSAKAS *o*, Peuple d'Afrique, dans la Cafrerie. Ils different des autres Caffres, en ce qu'ils s'adonnent à l'Agriculture.

HEUSDEN *p*, Ville des Provinces Unies dans la Province de Hollande, sur la Rive gauche du Brabant, mais elle fut vendue aux Comtes de Hollande. Elle est à trois lieues de Bois-le-Duc & à deux de Bommel. Mr. de Longuerue en parle ainsi *q*. C'est une Ville forte sur les confins du Brabant, elle a eu autrefois ses Seigneurs particuliers, qui ne reconnoissoient ni le Duc de Brabant ni le Comte de Hollande; mais ils ont été durant quelque temps Vassaux des Comtes de Cleves, dont on prétend qu'ils descendoient. On tient que le premier Seigneur de Heusden se nommoit Robert & étoit fils d'un autre Robert Comte de Cleves, & que Baudouin possedoit cette Seigneurie l'an 1028. c'est de lui que descendoit Jean qui vendit l'an 1334. sa Seigneurie de Heusden, à Jean Duc de Brabant, au préjudice de sa sœur Sophie, qui avoit épousé le Comte de Saffenbourg. Ce Comte ne pouvant avoir aucune satisfaction du Duc de Brabant, vendit son droit & celui de sa femme à Guillaume le bon Comte de Hollande qui se rendit maître de Heusden & s'y maintint, comme ses Successeurs ont fait, malgré les pretentions contraires des Ducs de Brabant. Les Comtes de Hollande, se fondoient sur ce que Thierri Comte de Cleves avoit vendu à Florent Comte de Hollande, la Seigneurie directe de Heusden l'an 1282. avec le droit qui appartenoit à ce Comte sur Altena.

S 2 HEU-

HEUXER. Voyez HOXTER.

HEWECZ (LE COMTE' D')ᵃ, petit Pays de la haute Hongrie, entre la Teiſſe & le Zagiwa, il a au Septentrion le Comté de Zabolc, au Couchant celui de Peſt, & celui de Zolnoc au Midi. Outre la Ville de HEWECZ dont il prend le nom, il a encore celle de HATWAN.

a Baudrand Edit. 1705.

HEX. Voyez SEX.

HEXACOMIAS, Siege Epiſcopal d'Aſie, ſous la Metropole de Beryra en Arabie, ſelon une ancienne Notice.

HEXAMILIUM. Voyez LISYMACHIE.

HEXHAMᵇ, Bourg d'Angleterre dans le Northumberland à quatorze milles au Couchant de Newcaſtle. C'étoit autrefois une Ville Epiſcopale, mais ſon Siége fut annexé par Henri VIII. à l'Evêché de Durham. Sa Cathedrale étoit fort belle avant qu'elle eût été en partie ruinée par les Ecoſſois. C'eſt l'AXELODUNUM des Anciens.

b Etat preſ. de la Gr. Bret. T. 1. p. 97.

HEYDINGFELDᶜ, ou HETZFELD, Monaſtere d'Allemagne en Franconie ſur le Meyn. Il y a auprès une petite Ville, ou un Bourg qui appartient à l'Evêque de Wurtzbourg.

c Zeyler Francon. Topogr. p. 71.

HEYLIGENBERG,
Heyligenhaven,
Heyligenſtadt,
Heyligenpeil,
} Voyez {
Heiligenberg,
Heiligenhaven,
Heiligenſtadt,
Heiligenpeil,

HEYLON, Ville d'Arabie. C'étoit un Siege Epiſcopal ſous la Metropole de Boſtra, ſelon une ancienne Notice.

HEYPACH ou HEPPACHᵈ, Bourg & Abbaye d'Allemagne, dans le Cercle de Suabe, ſur la Riviere de Rottam, environ à deux lieues de Biberac, vers le Levant. Cette Abbaye fut fondée en 1233. par deux Dames, l'une de la Maiſon de Roſenbourg, l'autre de celle de Laudenbourg.

d Baudrand Edit. 1705.

HEZARE ou HIZAREC, Ville d'Aſie, elle eſt nommée ſous ce dernier nom dans l'Hiſtoire de Timur Becᵉ; & par une Note on avertit que c'eſt une Ville du Saganian, entre la porte de fer & la Riviere de Vacah, à 100. degrez 50'. de Longitude, & à 38. d. de Latitude. Elle eſt auſſi appellée HISAR CADUMAN, & eſt proche du Royaume de Catlan.

e l. 3. c. 2.

HEZAR EHBᶠ, Ville d'Aſie, dans le Khuareſm, à ſeize lieues de celle de Cal ſur le bord Occidental de la Riviere d'Oxus ou de Gehon. Burini la met ſur la Rive Orientale de cette Riviere, mais Abulfeda la place du côté Septentrional. Cette Ville paſſe pour la plus forte de tout le Pays.

f Corn. Dict.

H I.

HIABANDA, Ville Epiſcopale d'Aſie, ſous la Metropole de Damas, ſelon Guillaume de Tyr cité par Orteſius. Le même Siége eſt nommé YABRUDA, dans la Notice du Patriarchat d'Antioche publiée par Schelſtrate.

HIADERA. Voyez JADERA.

HIADES, Iſles dont parle Appienᵍ. Il les met dans la Mer Mediterrannée & nomme de ſuite les Cyclades, les Sporades, les Hiades, les Echinades. Le Traducteur Latin a oublié les Hiades.

g In proœmio p. 3.

HIAMUEN, Foreterreſſe de la Chine, dans la Province de Fokien. Elle eſt d'un degré 59'. plus Orientale que Pekin, à 24. d. 35'. de Latitude, ſelon le P. Martini dans ſon Atlas Chinois. Cette Forteresſe & celle de GANHAI, dit le même Auteur, ʰ ſurpaſſe pluſieurs Villes tant par la beauté des Edifices que par la multitude des habitans, & par le Commerce qui s'y fait. La Ville d'Hiamuen eſt ſur une Iſle aſſez près du Continent; au lieu que Ganhai eſt attachée à la Terre ferme. C'eſt de là que l'on embarque des Marchandiſes pour toutes les Indes, & c'eſt là qu'on y en apporte d'autres au retour. Ces lieux ont autrefois été poſſedez par Iquon fameux pirate, ſi connu des étrangers, & ſurtout des Eſpagnols, des Portugais & des Hollandois, qui s'eſt ſouvent vu une Flote de trois mille grands bâtimens de la Chine. Les Hollandois qui ont ſouvent été dans ces deux places les donnent pour de grandes Villes quoi qu'elles ne paſſent pas pour telles à beaucoup près à la Chine.

h p. 130.

HIANTIÆ AQUÆ. Martial dans une Epigramme ⁱ à ſon livre en fait mention,

i l. 12. Epig. 3.

Clarus Hiantia Stella ſititor aquæ.

Quelques exemplaires portent *Ianthea*; quoi qu'il ſoit; Martial decrit ailleurs ᵏ la même fontaine, mais ſans la nommer; on y voit ſeulement que cette fontaine étoit à une Maiſon de Campagne, qui appartenoit à Stella. Le vers cité veut que Stella aimoit fort cette retraite dont ſa dignité le privoit, & le Poëte exprime ce deſir par la ſoif qu'il avoit de boire de l'eau de la fontaine *Ianthis* ou *Ianthus*. Voyez ce qu'en dit Turnebe ˡ ſur ce ſujet.

k l. 6. E- pig. 47.

l Adverſar. l. 1. c. 23.

HIAOY, Ville de la Chine, dans la Province de Channſi ou Xanſi, au departement du Fuencheu cinquiéme Metropole de cette Province. Elle eſt de 6. d. 11'. plus Occidentale que Pekin, à 38. d. 6'. de Latitudeᵐ. Auprès de cette Ville eſt la Montagne de CASTANG, où l'on trouve quantité de ſources d'eaux chaudes & Minerales, & beaucoup de ces puits pleins de feu dont j'ai parlé dans l'article de Channſi: Ces fontaines bouillantes en font un Pays; aſſez ſemblable à celui de Pouzzol au Royaume de Naples. Si les Chinois ſe piquoient de ces ſortes de curioſitez, ils en tireroient les mêmes effets, car ces eaux ſont differentes de goût, & de couleur.

m Atlas Sinens. p. 40.

HIARCHAN. Voyez IRKEN.

HIASPISⁿ, lieu d'Aſie près du Tibre, ſelon Ammien Marcellin.

n l. 18.

HIATOSPOLIS, ou HASTOPOLIS, ou IMBRIPOLIS. Voyez RATISBONNE.

HIBERAᵒ, Iſle dont il eſt parlé, dans un paſſage de Lucille rapporté par Nonnius Marcellus.

o Ortel. Theſaur.

HIBERIA pour IBERIA, nom Latin de l'Eſpagne.

HIBERNIE, ancien nom de L'IRLANDE, que l'on appelle encore en Latin *Hibernia*, & les IRLANDOIS *Hiberni*. Mr. Baudrand grand dit en François les HIBERNIENS. L'usage est pour HIBERNOIS.

HIBERNOIS, ce mot ne signifie qu'Irlandois dans sa signification propre: mais l'attachement qu'ont les Irlandois qui étudient à Paris pour les Prolegomenes de Logique & autres inutilitez Philosophiques sur lesquelles ils disputent avec beaucoup de subtilité & de bruit, a attaché une espece de ridicule à ce nom d'*Hibernois*, & il veut dire un Ergoteur qui au lieu de s'attacher à ce que la Philosophie a de solide se contente d'étourdir son adversaire de puerilitez reduites en Syllogismes en forme. C'est dans ce sens que les Hibernois sont nommez dans l'Arrét Burlesque en faveur d'Aristote inseré dans les Oeuvres de Mr. Despreaux.

HIBERUS pour IBERUS, nom Latin de l'Ebre Riviere d'Espagne.

HIBITA place d'Asie dans l'Assyrie. Ammien Marcellin [a] fait dire à Sabinus que Constantius ayant été vaincu par les Perses, & mis en fuite s'étoit refugié à Hibita mauvaise place, où il avoit vécu du pain que lui donnoit une vieille Paysane. Mrs. Valois croient que ce lieu est le même que Thebeta marquée dans la Carte de Peutinger à XVIII. M. P. de Nisibe. Entre les Evêques de la Mesopotamie qui souscrivirent au Concile de Nicée on trouve *Jacobus Hebetensis*. Gennade & autres observent qu'il faut lire *Nisibitis* ou *Nisibitensis*. Sans cet avertissement on seroit porté à croire que ce Siége *Hebetensis* étoit le même que l'Hibita d'Ammien Marcellin.

[a] l. 25. c. 9.

HICCARA, ancienne Ville maritime de Sicile, selon le P. Lubin. Il faut écrire par y *Hyccara*. Ce n'étoit qu'un petit Bourg. Voyez HYCCARA.

HICESIUM. Voyez ICESIA.
HICTARIS. Voyez HIPPARIS.
HIDEKEL. Voyez le TIGRE.
HIDRIA. Voyez HYDRIA.

HIELM (L'ISLE DE) Isle de la Mer de Danemarck sur les côtes de Jutland, au Diocèse d'Arhus.

HIELMER, Lac du Royaume de Suede [b], partie dans la Nericie & partie dans la Sudermanie, Il est formé de plusieurs Rivieres, entre autres de la TROZA qui coule à Orebro Ville située au Couchant du Lac; à l'extremité Orientale est *Julesa*. Ce Lac a une decharge dans le grand Lac de Maeser qui s'étend jusqu'à Stockholm. Celui d'Hielmer a quelques Isles & s'étend neuf lieues Suedoises en longueur & près de quatre en largeur, selon Mr. Baudrand [c].

[b] De l'Isle Couronnes du Nord.
[c] Edit. 1705.

HIELTES (L') petite Riviere d'Espagne au Royaume de Léon, elle a sa source à la Montagne de Pegna di Francia & se jette dans la Riviere de Huebra qui va se perdre dans le Duero, entre Saucello & la Hinojosa, selon l'Atlas de Jaillot.

HIEMEN, ou YEMEN. Voyez au mot ARABIE ce que nous disons de l'Arabie heureuse.

HIEMES ou EXMES, en Latin *Oximus* ou *Oximum* [d], Bourg de France en Normandie, autrefois Chef-lieu d'un Comté de grande étenduë, & encore aujourd'hui d'un Archidiaconé & d'un Doyenné au Diocèse de Séez,

[d] Dict. de la France.

à quatre lieues de cette Ville. Son Eglise Paroissiale est sous l'invocation de St. André. L'Abbé de St. Vandrille présente à la Cure & a la meilleure part des dixmes par concession de Richard II. Duc de Normandie. Etienne le Boucher avoit au côté droit de cette Eglise une Chapelle de St. Michel qu'il fonda en 1272. de quinze mille Livres de rente à condition qu'on y diroit tous les jours la Messe, s'il n'y avoit empêchement & qu'on y prieroit pour lui & pour sa femme Alethie: que le Curé ne pourroit posseder cette fondation, qu'il en auroit, lui fondateur, la nomination pendant sa vie & que ce seroit ensuite à l'Evêque à y nommer. Il y avoit dans le Château, qui est depuis long-temps détruit, une Chapelle de St. Nicolas à la presentation du Roi, dont le titre peut avoir aussi été transferé dans cette Eglise, & il y a encore dans la paroisse une autre Chapelle appellée Ste. Magdelaine des Fougeais ou Ste. Veronique qu'on dit avoir été bâtie par ordre du Roi St. Louïs qui y avoit mis quatre Religieux du Val des Choux vers l'an 1257. mais sans leur donner d'autres fonds que douze acres de terres auxquelles un Seigneur du nom de Nonant en ajouta neuf autres pour y avoir sa sepulture, ce dont on ne voit point les actes. La leproserie de Ste. Marguerite qui étoit dans le Bourg & dont la Chapelle est aussi détruite, étoit au moins de la même antiquité. Les Bourgeois qui en étoient les Patrons la cederent à Dame Catherine du Boulonnay Religieuse d'Almeneches pour lui aider à bâtir une Maison de Religieuses Benedictines qu'elle établissoit chez eux & dont elle fut la premiere Prieure. Elles en jouïrent durant plusieurs années, mais elle leur fut enfin enlevée par les Chevaliers de l'Ordre de St. Lazare & lorsque Louïs XIV. jugea à propos de la retirer de ceux-ci, il l'unit pour toujours en faveur des malades à l'Hôpital de Trun par arrêt du Conseil de l'an 1695. L'Eglise des Religieuses est sous l'invocation de St. Benoît & de Ste. Opportune. Elles vinrent à Hiemes par la permission de Mr. Camus de Pont-Carré Evêque de Séez du 7. Novembre 1629. & à la priere des habitans qui leur accorderent la place où elles sont. Leur etablissement fut confirmé par Lettres Patentes de Louïs XIII. du Mois de Janvier 1631. verifiées au Parlement le 9. Novembre 1634. C'est l'Evêque qui nomme la Prieure. Elles n'avoient encore que deux mille Livres de rente en 1667. quoiqu'elles fussent dejà trente-six Religieuses de Chœur, elles sont mieux à présent & plus commodément logées.

Henri I. Duc de Normandie & Roi d'Angleterre avoit joint, selon Orderic Vital, à l'ancien Bourg d'Hiemes un nouveau Bourg avec une Eglise de la Sainte Vierge; mais dans la guerre qui survint après la mort de ce Prince en 1136. il fut brûlé & l'Eglise aussi par Gilbert de Claire, de maniere qu'il n'en paroît plus rien. On ne voit plus aussi que la place du Château. Il n'est pas même demeuré une pierre & c'est ce qui est pareillement arrivé à l'égard des murailles du Bourg, quoi qu'il eût encore soutenu un siège en 1449. quand le fameux Comte de Dunois, bâtard d'Orleans, le reprit sur les Anglois. Ainsi ce lieu si fameux

meux durant tant de Siécles ne seroit plus qu'un simple Village s'il n'avoit pas conservé une partie de son ressort, parce que sa situation au haut d'une Montagne aride & assez sterile en rend le séjour peu agréable. C'est dequoi ses habitans se plaignoient déjà beaucoup dans la Philippide de Guillaume le Breton au commencement du XIII. Siécle.

Oximiique sitos sterili se colle gementes.

Ni Juges, ni Avocats n'y demeurent & il ne reste plus que du menu Peuple. Le marché s'y tient le Jeudi avec la Jurisdiction, il s'y tient aussi plusieurs Foires.

Quelques Savans pretendent & Mr. Huet Evêque d'Avranches est même de ce nombre dans ses Origines de la Ville de Caen [a] que les *Osismii* dont parle Cesar, étoient les Peuples d'Hiémes qu'il écrit Hiesmes. Ce Prelat est même persuadé que les Evêques de Séez y avoient quelquefois établi leur Siége. Mais c'est ce qu'on ne trouve fondé que sur une mauvaise tradition, comme on le marque à l'Article de Séez, & ce qui a été rejetté par d'autres savans hommes. En effet il est évident que ces Osismiens étoient à l'extremité de la basse Bretagne & on n'a pas le moindre monument qui fasse foi qu'aucun Evêque de Séez ait demeuré à Hiémes depuis l'an 533. qu'on commence à les connoître par l'Histoire. Il est vrai que dans une Chartre de Guillaume Seigneur de La Ferté-Macé qui donna en 1053. à l'Abbaye de St. Julien de Tours les Eglises & les dixmes des Paroisses de Bellon ou Houlme, d'Habloville, & de Giel avec tous les droits Episcopaux qu'il disoit tenir de l'Evêque de Séez, cet Evêque, qui étoit Yves de Bellesme, y est qualifié Evêque des Peuples d'Hiémes, *Yvonis Oxismorum Præsulis*; son Diocèse y est nommé le Diocèse des Peuples d'Hiéme, *in Diœcesi Oxismorum*. Mais quand on supposeroit cet Acte bien sincere, quoi qu'il soit fort suspect de n'être que d'une seconde Edition, tant par l'affectation de son style & par sa fausse date qui joint avec l'an 1053. de J. C. la vingt-huitiéme année du Roi Henri I. qui étoit au plus alors dans sa vingt-septiéme, que par le nom de Maidelinde qui y est donné à Mathilde de Flandres femme du Duc Guillaume le bâtard, depuis Roi d'Angleterre; il s'ensuivroit seulement que le Diocèse de Séez étoit quelquefois appellé le Diocèse des Peuples d'Hiémes, & c'est ce dont on a encore d'autres preuves dans les Legendes de Ste. Ceronne & de Saint Serenie qui font bien plus anciennes que cette Chartre. Cela venoit de ce que ce Diocèse se trouvoit alors compris dans le Comté d'Hiémes. Et pour Yves de Bellesme, il est certain par un très-grand nombre d'Actes que son Siége fut toujours à Séez, où dès le commencement de son Episcopat il jetta les fondemens de la nouvelle Cathédrale d'aujourd'hui; aussi lui donne-t-on le titre d'Evêque de Séez avec celui des Peuples d'Hiémes dans la Chartre même de St. Julien de Tours où l'on marque sa signature en cette maniere: *Signum Yvonis Pontificis Sag. quod est Oxismorum.*

On verra dans l'Article suivant quelle étoit l'étendue de l'ancien Comté d'Hiémes. Il n'est fait aucune mention de ses Comtes avant la domination des Princes Normands quoi qu'il existât du moins dès le sixiéme Siécle. Car si on n'est pas obligé de croire avec Orderic Vital que le Château d'Hiémes étoit bâti avant Jules Cesar, il y a toujours bien de l'apparence que c'étoit un ouvrage des Romains, puis qu'il commandoit déjà à un grand Pays sous les fils de Clovis I.

On n'en connoît que deux Comtes sous les Normands, savoir Guillaume fils naturel de Richard I. qui fut ensuite privé du Comté par le Duc Richard II. contre qui il s'étoit revolté, & duquel il obtint depuis le Comté d'Eu ; & Robert fils de ce dernier Duc qui se souleva aussi contre Richard III. son Frere & qui est accusé avec bien de l'apparence, par les Historiens, de l'avoir fait empoisonner pour monter lui-même sur le trône Ducal. Il semble qu'après ces deux exemples les Ducs n'eussent plus voulu mettre ce Comté hors de leurs mains; car on n'y voit plus que des Vicomtes, mais qui étoient pourtant aussi de grands Seigneurs. Tels furent Toussaint surnommé Gois, Fils d'Anfrid le Danois & ayeul de Hugues Comte de Chester en Angleterre, les deux Roger de Montgommeri Pere & Fils, Robert de Bellesme Comte de Ponthieu, Fils du second Roger, Robert de l'Aigle Baron de Ste. Scolasse & Guigenalgazon qui quoi que de basse naissance étoit aussi Vicomte d'Argentan & de Domfront par la liberalité de Henri I. Roi d'Angleterre dont il étoit un des favoris.

Les Rois de France tinrent la même conduite quand ils furent maîtres de la Normandie. Philippe Auguste mit seulement à Hiémes un Chatelain nommé Aseulse à qui il donna en 1216. & à ses Fils nez en legitime Mariage tout ce que Guillaume de Pontcardon possedoit à Orville, Avernes, St. Germain de la Campagne & à la Roche Paroisse du même Pays. Robert de Cocherel Verdier de la forêt de Goferni étoit en la même qualité en 1348. pour le Roi Philippe de Valois. Mais en 1370. le Roi Charles V. desirant avoir la Ville de Château Possilin en Bretagne, qui appartenoit aux Princes de la Maison d'Alençon, il leur donna en la place le Domaine d'Hiémes, & celui de Caniel au Pays de Caux & par ce démembrement du Chef-lieu du Comté ce Comté fut éteint. Les Comtes & Ducs d'Alençon tinrent aussi des Chatelains à Hiémes, mais ils l'assujétirent à leurs Officiers d'Argentan qui y alloient aussi rendre la Justice, en se qualifiant également Juges de ces deux lieux. C'est ce qui a duré jusqu'au siécle dernier qu'on lui redonna des Officiers particuliers tant pour la Vicomté que pour le Bailliage; & le Bailliage a de plus dans son ressort la Vicomté de Trun. Le Domaine d'Hiémes & de Caniel ne fut pas si-tôt uni à l'apanage d'Alençon, puis qu'il fut donné pour Dot avec Caniel & St. Silvain à Catherine d'Alençon Sœur du Duc Jean I. & elle en eût aussi toute la Justice; mais cette Princesse morte en 1462. n'ayant point laissé d'Enfans de ses deux Maris Comtes de Mortain, il n'en fut plus séparé. Après le retour

tour de l'Apanage à la Couronne, il fut engagé avec les Domaines d'Argentan & de Trun à la Maison de Luxembourg, puis à celle de Vendôme de laquelle il a passé par donation du dernier Duc de Vendôme dans celle de Condé & il est aujourd'hui au Duc du Maine du Chef de la Duchesse qui est de la Maison de Condé. Il a aussi la nomination des Officiers de tous ces Siéges.

Il y avoit ci-devant proche d'Hiémes une forêt de haute futaye de quatorze à quinze cens Arpens, qui étoit très-estimée pour la beauté de ses Arbres & elle étoit appellée la HAYE D'HIÉMES parce que c'étoit le parc des anciens Comtes. Mais elle a été essartée au commencement de ce siécle pour y mettre le Haras du Roi qui y est presentement, au lieu qu'il étoit auparavant à St. Leger en Yveline. On l'a environné de grands fossez dans un lieu appellé le Haut-bois. On a fait des bâtimens magnifiques & commodes pour les Officiers du Haras & de très-belles écuries pour les Chevaux : on découvre ces édifices de cinq ou six lieues loin ; mais on dit que les fondations n'en sont pas assez solides.

HIEMOIS (LE) ou L'EXMOIS ou le PAYS D'HIÉMES [a], *Eximensis pagus*. Ce pays comprend aujourdhui deux Archidiaconez d'une assez grande étendue ; l'un appellé l'Archidiaconé d'*Hiémois* dans le Diocèse de Séez, contient soixante six Paroisses sous les Doyennez d'Hiémes, de Trun, de St. Pierre sur Dive, de Falaise, & d'Aubigny ; l'autre l'Archidiaconé d'Hiémes dans le Diocèse de Bayeux, renferme cent quarante six Paroisses sous les Doyennez de Cinglais, de Vaucelles & de Troarn & joint la Ville de Caen dont une des portes est par cette raison appellée la PORTE EXMOISE. Mais il est évident que ce Pays étoit encore beaucoup plus grand autrefois puisque Hiémes sa Capitale est presentement à une de ses extremitez & que l'autre extrémité qui va jusqu'à la Mer en est à dix-huit lieues : aussi a-t-on des preuves que l'autre Pays d'alentour étoit d'abord de sa dependance. On voit par la Vie de St. Serenie que la solitude de ce Saint qui étoit à dix lieues d'Hiémes sur la Riviere de Sarte au dessous d'Alençon & qui par corruption est depuis long-tems appellée St. Celerin, étoit au VII. Siécle dans le pays d'Hiémes. Yves de Bellesme vivant au X. Siécle declare dans une Donation rapportée par l'Historien des Comtes du Perche que St. Martin du Vieux Bellesme au Perche qui est à plus de douze lieues d'Hiémes étoit alors dans le même Pays. C'est ce qu'on trouve encore dans la Vie de Ste. Ceronne au VI. Siécle. Pour la Paroisse de son nom proche Mortagne aussi de la Province du Perche & qui est à dix lieues d'Hiémes, la Vie de St. Evrou fait voir pareillement le Pays d'Ouche où est le Monastere de ce Saint ,, & qui s'étend dans le Diocèse d'Evreux où il forme un Doyenné, étoit soumis à Hiémes, comme encore le Pays de Gacé qui donne le nom à un des Archidiaconez du Diocèse de Lisieux. Enfin on rent aussi dans sa mouvance le Pays d'Auge du même Diocèse, ce qui surpasse de beaucoup l'étendue qu'Adrien Valois & les autres Savans avoient jusqu'ici attribuée à l'ancien Hiémois. Cependant il n'y a point d'apparence que cette étendue fût déja telle, au temps des établissemens des Evêchez de la Province de Normandie au IV. ou au V. Siécle ; car Hiémes en cet état auroit naturellement été preferée pour y mettre un Siége Episcopal au lieu d'en partager les dependances entre quatre Diocèses. Ainsi, ou ces dependances auront été bien augmentées depuis la Domination des François sur la fin du V. Siécle, si Hiémes subsistoit avant eux ; ou bien il aura été bâti par eux, mais en ce cas ç'auroit été dès le temps de Clovis ; puis que Fortunat qui vivoit sous les Rois ses fils & petit-fils parle du Pays d'Hiémes, dans la Vie de St. Germain Evêque de Paris qui y rendit la vuë à une Femme aveugle en passant par Tassilli que les Bollandistes & Hadrien Valois ont mal appellé Taillac. On ne connoît point de lieu de ce nom en Normandie & l'usage n'y est pas de terminer en *iac*, mais en *y*, les noms des lieux qui en Latin sont terminez en *iacum*. Ainsi on y a fait de *Tassiliacum* Tassilli, de *Toriniacum* Torigni, d'*Albiniacum* Aubigni ; il faut passer la Loire pour trouver de ces terminaisons en *iac*. Ce TASSILLI est une Paroisse à deux lieues de Falaise & à dix d'Hiémes, ce qui montre que l'Hiémois étoit dès lors fort étendu. Il se prenoit quelquefois pour la principale partie & il est employé en ce sens dans les Capitulaires de Charles le Chauve de l'an 853. où il est joint au Pays de Séez & au CORBONNOIS qui est le Pays de Mortagne. *Oxmium*, *Sagilum*, *Corbenium*. Du reste ce Pays d'Hiémois, n'est pas des meilleurs de la Province, quoi qu'il y ait de bons Cantons où il fait bon vivre.

HIENIPA, ancien lieu de l'Espagne Betique [b], on croit que c'est presentement ALCALA DE GUADARIA, petite Ville de l'Andalousie.

HIENTO, lieu de l'Isle de Sardaigne dans la Province de Logudori. On y voit les ruines de l'ancienne Ville *Heræum*.

HIERA, ce mot est Grec & signifie SACRÉE ; & étoit commun à plusieurs lieux.

1. HIERA, Isle voisine de la Sicile, au Nord de cette Isle, entre les Eoliennes [c]. Pline la nomme THERASIA. Voyez ce mot. Le nom moderne est VULCANIA, selon Fazel.

2. HIERA, Isle voisine de la Sicile au midi de cette Isle, selon Ptolomée [d]. C'est presentement FAVAGNANA, selon Leandre. Ortelius croit que cette derniere est nommée *Maritima* dans l'Itineraire d'Antonin & dans Julius Obsequens, ensuite il renvoye à une note de Casaubon sur le VI. Livre de Strabon [e].

§. La premiere de ces Isles a été anciennement nommée *Vulcania*, ou *Hiera*, ou *Sacra*. Elle conserve encore le nom de VULCANO & est entre l'Isle de Lipari & la Sicile, mais beaucoup plus près de la premiere. Elle est deserte.

La seconde, n'est au midi de la Sicile au par l'ancienne erreur de ceux qui abaissoient beaucoup trop le côté Occidental de cette Isle. On l'appelloit *Hiera* ou SACRA, ou

MA-

a Ibid.

b Baudrand. Édit. 1682.

c Ortel. Thesaur.

d l. 3. c. 4.

e l. 6. pag. 276.

144 HIE. HIE.

Maritima, parce qu'elle est la plus avancée vers la mer d'Afrique. Elle conserve encore ce dernier nom dans celui de Maretamo. Celui de Favagnana repond beaucoup mieux à une autre Isle plus voisine de la Sicile, & que l'on appelloit Aponania, Ægusa & Capraria. Le second de ces noms est Grec & le troisiéme Latin. Le premier ne s'éloigne pas beaucoup du nom moderne.

3. HIERA, Riviere d'Asie, elle servoit de bornes entre la Galatie & la grande Phrygie, au raport de St. Jerôme [a]. Pline la nomme Hieras & dit qu'elle sépare la Galatie de la Bithynie [b].

a In locis Hebr.
b l. 5. in fin.

4. HIERA, Isle de la mer de Crete, selon Etienne le Géographe.

5. HIERA, Isle d'Egypte, selon le même.

6. HIERA, ancienne Ville de l'Isle de Lesbos. Elle ne subsistoit déja plus du temps de Pline [c].

c l. 5. c. 31.

7. HIERA Isle de l'Archipel l'une des Cyclades, entre Thera & Therasia. Pline [d] dit que de son temps il y avoit cent trente ans que cette Isle étoit sortie du fond de la mer. Justin [e] dit que l'Isle de Hiera se montra vers le temps que les Romains commencerent la guerre contre Philippe Roi de Macedoine. Plutarque [f] confirme la même chose. Ainsi, selon la remarque du P. Hardouin [g], il y a environ soixante & dix ans de plus que l'Epoque de Pline. On la nommoit aussi Automate, mot qui signifie qu'elle s'étoit formée d'elle-même.

d l. 2. c. 87.
e l. 30. c. 4.
f L. de Pythiæ Orac.
g In Plin. l. c.

8. HIERA. Voyez Mesola.

9. HIERA. Voyez Sphæria.

HIERA-BOLOS Ἱερὰ βῶλος, c'est-à-dire la *Motte Sacrée*, lieu d'Egypte, auprès d'Heliopolis selon Diodore de Sicile [h].

h l. 1.

HIERAC Voyez Irac.

HIERA-COME Ἱερὰ κώμη, c'est-à-dire le *Village Sacré*. Village d'Asie dans la Carie. Les Habitans sont nommés Hiera-Cometæ par Pline [i]. Tite-Live & Etienne le Géographe font mention de ce lieu.

i l. 5. c. 30.

HIERA-GERMA Ἱερὰ γέρμη, ou simplement Germa, Ville d'Asie. Etienne le Géographe dit Germa Ville de l'Hellespont près de Cyzique. Il a voulu dire qu'elle étoit de la Province de l'Hellespont car elle n'étoit pas sur le détroit de ce nom, puis que Cyzique est sur la Propontide, mais la Province de l'Hellespont dans le moyen âge s'étendoit jusques là & même plus loin. C'est dans ce sens qu'il faut entendre ce que dit Socrate [k] que sous l'Empire de Valens une grande partie de Germa dans la Province de l'Hellespont fut renversée par un tremblement de terre.

k Hist. Eccles. l. 4. c. 11.

1. HIERA-PETRA Ἱερὰ πέτρα, c'est-à-dire, *la roche Sacrée*, lieu particulier d'Italie au Pays des Messapiens, selon Antonius Liberalis cité par Ortelius [l].

l Thesaur.

2. HIERA-PETRA, selon Ptolomée [m], Hiera-Pytna, Ἱερὰ πύτνα, selon Strabon [n], ou Hiera-Pytna, selon Pline [o]; Ville de l'Isle de Crete sur la côte Meridionale. Dion Cassius [p] dit *Hiera-Pydna*. Etienne le Géographe dit *Hiera-Pytna* Ville de Crete. Elle s'appelloit anciennement Cyrba, ensuite Pytna, puis Camyrus & enfin Hiera-Pytna. Strabon à l'endroit cité dit que Pytna étoit une colline du mont Ida, laquelle donnoit son nom à *Hiera-Pytna*; le nom de Ἱερὰ ou *Sacrée* y fut ajouté parce qu'au raport des Auteurs Mythologiques on pretendoit que Jupiter avoit été nourri par une chevre dans un antre de cette Montagne. Ce lieu conserve encore le nom de *Hiera-Petra* avec le léger changement de l'H, en G, & s'appelle Gibra-Petra.

m l. 3. c. 17.
n l. 10. p. 472.
o l. 4. c. 12.
p l. 36.

HIERA-PITNA ou HIERA-PYDNA ou HIERA-PYTNA. Voyez l'Article precedent.

HIERACIA Isle de l'Archipel: on la nommoit aussi Onus, selon Pline [q].

q l. 4. c. 12.

HIERACON. Voyez Hieracum & Accipitrum.

HIERACOS CORYPHE, c'est-à-dire le sommet de l'Epervier, Château d'Asie dans la Pamphylie, selon Nicetas [r].

r Ortel. Thes.

1. HIERACUM, Ἱεράκων νῆσος, Isle de l'Arabie Heureuse, c'est-à-dire l'Isle des Eperviers. C'est la même qu'Accipitrum Insula.

2. HIERACUM, Isle d'Italie sur la côte de Sardaigne, selon Ptolomée [s].

s l. 3. c. 3.

3. HIERACUM, Ville de la Haute Egypte dans la Thebaïde, selon Antonin [t], mise entre *Isiu* & *Pesla*, à XX. M. P. de la premiere & à XXVIII. M. P. de l'autre.

t Itiner.

4. HIERACUM, Village de l'Arabie Heureuse, Ἱεράκων κώμη, c'est-à-dire le Village des Eperviers. Ptolomée [v] le met sur le Fleuve Lar, du moins il est ainsi dans les Cartes dressées sur cet Auteur.

v l. 6. c. 7.

HIERÆA, petite contrée de la Libye, selon Etienne le Géographe [w], Ortelius croit que c'est *Herea* Ἡραία de Cedrene.

w Thesaur.

HIERAMÆ, Ville d'Asie dans la Carie, selon Etienne le Géographe.

HIERAMELI. Voyez Terameel.

HIERANOPOLITANI [x]. Ce Peuple est nommé sur une Medaille d'Antinous raportée par Antoine Augustin.

x Ortel. Thes.

HIERAPHE Ἱεράφη, Isle de la Libye, selon Etienne le Géographe.

1. HIERAPLE; les Ecrivains Latins & les Grecs disent Hierapolis, Ville de la Phénicie dans la Cyrrhestique, selon Ptolomée [y]. Les Notices Episcopales la placent dans l'Euphratense. Etienne le Géographe la nomme Hieropolis.

y l. 5. c. 15.

2. HIERAPLE, *Hierapolis*, Ville d'Asie dans la Phrygie, selon Ptolomée [z]. Etienne la met entre la Phrygie & la Lydie. Pline [a] qui a connu cette Ville en nomme les Habitans Hierapolitæ. Elle étoit Episcopale & Sisinnius son Evêque est nommé au sixiéme Concile General. Elle avoit beaucoup d'eaux chaudes & quantité de Temples, selon Etienne.

z l. 5. c. 2.
a l. 3. c. 28.

3. HIERAPLE ou *Hierapolis*, Ville de l'Isle de Crete, selon Etienne, c'étoit une Ville Episcopale & elle est sûr ce pied-là dans les Notices Ecclesiastiques. Pline [b] en fait aussi mention.

b l. 4. c. 12.

4. HIERAPLE, *Hierapolis*; selon Etienne il y avoit une Ville de ce nom dans la Carie. Il entend peut-être le Village de Hieracome dont il fait un Peuple de cette Province.

5. HIERAPLE, *Hierapolis*, Ville Episcopale

HIE. HIE. 145

copale de l'Arabie sous la Metropole de Babba dans la Moabitide, selon une ancienne Notice du Patriarchat de Jerusalem.

6. HIERAPLE, *Hierapolis*, autre Ville Episcopale de l'Arabie sous la Metropole de Bostra, selon la même Notice qui distingue ces deux Sieges.

7. HIERAPLE, *Hierapolis*, Dorothée écrit que St. Mathieu mourut à Hierapole dans la Parthie. *Orel. Thef.*

HIERAS, Riviere de l'Asie mineure, Voyez HIERA 3.

2. HIERAS LACUS, c'est le même que le Lac de Cutilie. Voyez CUTILIE.

HIERASYCAMINOS, Voyez SYCAMINOS.

HIERASSON, ancienne Ville Episcopale d'Arabie sous la Metropole de Berzra, selon une ancienne Notice du Patriarchat de Jerusalem dans laquelle on lit *Andrason, Dias, Medauon, Jerasson, Nevi*. La Notice, dressée sous l'Empire de Leon le sage sous le Patriarche Photius nomme ainsi ces mêmes Lieux, *Bostra Metropole, Adrasus, Dia, Medava, Gerassa, Neve*, &c. celle de Hierocles porte *Gerasa*. Ainsi *Jerasson, Hierasson, Gerassa, & Gerasa*, c'est le nom d'un seul & même Siege.

HIERASUS, Riviere de la Dacie, selon Ptolomée [a]. Ammien Marcellin [c] l'appelle *Gerasus*, ce qui n'est qu'une difference peu sensible dans la prononciation. Mrs. Valois observent que cette Riviere étoit à l'Orient de la Dacie & que c'est aujourd'hui la Pruth, ce qui est le sentiment de Cluvier [d]. *a l.3.c.8. c l.31.c.3. d l.3.c.4.*

HIERATIS, Ville de la Perse propre sur le Golphe Persique, selon Arrien. *Indic.*

HIERAX, Ville d'Egypte dans le nomé Mareotide, selon Ptolomée [f]. *f l.4.c.5.*

2. HIERAX, Lieu du Peloponnese vers Monembase, selon Cedrene & Curopalate, cité par Ortelius [g]. *g Thesaur.*

HIERCON ou IERCON, Voyez JERCON.

HIERENSES, Voyez MELIENSES.

HIERES, en Latin *Olbia Arca*, Ville de France en Provence au Diocese de Toulon. Elle étoit autrefois considerable parce qu'elle avoit un port de Mer, où s'embarquoient les Pelerins de la Terre Sainte. Le port est comblé & la Mer s'est retirée plus de deux mille pas, son terroir est delicieux par la beauté & par l'excellence de ce qu'il produit. Son air étoit ci-devant très-mal sain par l'infection que causoient les eaux croupissantes d'un grand étang, qui est dans son Territoire; mais depuis quarante ou cinquante ans cet étang s'étant fait un Canal pour communiquer à la Mer, l'air y est beaucoup meilleur. Cette Ville a long-temps servi d'Apanage aux puinez des Vicomtes de Marseille de la Maison de Fosc; elle a même appartenu en propre à une branche de cette Maison depuis l'an 1140. jusqu'en 1257. que Roger & Bertrand de Fosc apres un long siege qu'ils soutinrent dans le Château d'Hieres furent obligez de remettre la Ville & les Isles d'Hieres à Charles d'Anjou Duc du Maine & Comté de Provence, Frere de St. Louis. Ce Prince leur donna en échange plusieurs autres terres considerables. On *Dict. de la France.*

fait d'assez bon Sel aux environs de cette Ville. Elle depute aux Assemblées de la Province, ses environs sont les plus beaux du Pays pour l'excellence & la beauté des fruits. Son Eglise Paroissiale a été érigée en Collegiale en 1571. Son Chapitre est composé d'un Prevôt, de six Chanoines, de quatre Beneficiers & de deux Curez. Il y a encore deux autres Paroisses, deux Couvents de Religieux Cordeliers & Recollects, des Filles Claristes & deux Monasteres de Filles Bernardines qui y ont été transferées de St. Pierre d'Almanari.

HIERES (LES ISLES D') *Insula Arcarum*, Isles de France sur la Côte de Provence avec titre de Marquisat. Elles sont au nombre de trois. Les Marseillois les ont habitées les premiers, ils les nommerent STŒCHADES. Les noms de ces trois Isles sont PORQUEROLLES, PORTE CROZ & l'Isle du TITAN. Cette derniere fut autrefois appellée CABAROS. On trouve dans ces Isles de toutes les especes de Plantes Medicinales les plus recherchées dans l'Italie, dans la Grece & même dans l'Egypte. *Ibid.*

HIERICHO. Voyez JERICHO.

HIERIMOTH. Voyez JARIMOTH & JARMUTH.

HIERNA pour HIBERNIA.

HIERNI pour HIBERNI.

HIEROCÆSAREA, Ville de l'Asie mineure dans la Meonie, selon Ptolomée [k]. Tacite en fait aussi mention au troisième Livre de ses Annales. Elle est comptée entre les Villes Episcopales de Lydie dans la Notice de Leon le sage, celle d'Hierocles la nomme HIEROCASTELLA, *Ιεροκαςτέλλα*. *k l.5.c.2.*

HIEROCASTELLIA. Voyez l'Article precedent.

HIEROCEPIA, *Ιεροκήπια*, Ville de l'Isle de Cypre, selon Strabon [l]. Pline [m] en fait une Isle, auprès de la nouvelle Paphos. Ce nom signifie le *Jardin Sacré*. Selon Lusignan c'est presentement le Bourg de HIEROCHIPO. *l l.14.p.684. m l.5.c.31.*

HIERODULUM Ville de la Libye, selon Suidas & Etienne le Geographe.

HIEROLOPHIENSES, Peuple de l'Asie mineure dans la Pergamene, selon Pline [n]. Ce nom vient de *Hieros Lophos*, *Ιερὸς Λόφος*, le *Sacré Coteau*. *n l.5.c.30.*

HIEROMIACE, Fleuve d'Asie dans la Decapole, il coule auprès de Gadara, selon Pline [o]. Le R. P. Hardouin observe que c'est le Jarmoch qui couloit des Montagnes de Galaad au Pays des Gergesséens où étoit Gadara. *o l.5.c.18.*

HIERON. Voyez SACRUM. Ptolomée nomme ainsi deux Promontoires, l'un de l'Irlande [p] & l'autre de la Sarmatie en Europe [q] à la Presqu'Isle nommée la Course d'Achille. *p l.2.c.2. q l.3.c.8.*

1. HIERON OROS, c'est-à-dire la *Montagne Sacrée*, Ville maritime de Crete sur la Côte Meridionale, selon Ptolomée [r]. Ses Interpretes le rendent par MONTE SACRO, mais il y a tout lieu de soupçonner avec Ortelius que ce ne soit plutôt la traduction Grammaticale de l'ancien nom que le nom moderne. *r l.3.c.17.*

2. HIERON OROS, *Ιερὸν Όρος*, Montagne de l'Asie mineure sur le Pont-Euxin, à cent cinquante stades de Coralle & à quarante de Cordyle port de Mer, selon Arrien dans son

T Peri-

146 HIE.

a p. 17.
Edit. Oxon.
b l. 4. p.
339. *Edit.*
Steph 1625.

Periplé *a* du Pont-Euxin. Xenophon dans sa retraite des dix mille *b* parle de cette Montagne, & nous la designe par le surnom de Montagne Sacrée ; mais outre cela il en marque le nom particulier sçavoir Θήχης Theches. Il y a en marge Ηχης Eches.

HIERONESOS, Isle de la Mediterranée, selon Pline *c*. Elle est entre la Sicile & l'Afrique.

c l. 3. c. 8.

1. HIERON Stoma, Ἱερὸν ϛόμα, c'est-à-dire la *bouche Sacrée*. Les Géographes Grecs ont donné ce nom à une des bouches du Danube. Voyez au mot Danube.

2. HIERON Stoma, lieu particulier sur le Bosphore de Thrace. Il en est fait mention par Eustathe *d* & par George l'Alexandrin dans la Vie de St. Jean Chrysostome.

d In Dionys.
Periegel.

HIEROPOLIS, Voyez Hierapolis.
HIEROSOLIMA, Voyez Jerusalem.
HIERPANENSIS, Siége Episcopal d'Afrique dans la Byzacéne, c'est le même qu'Irpinianensis. Voyez ce mot.

HIERRE ou Yerre ; en Latin Hedera ou Edera *e*, Abbaye de l'Isle de France au Diocèse & dans le Territoire de Paris, à quatre lieues de la Ville, au Midi sur la Riviere d'Yerre. Ce sont des Religieuses de l'Ordre de St. Benoît, sous le titre de la Ste. Vierge. Elle a été fondée du temps d'Etienne Evêque de Paris en 1122. par Eustathie Comtesse d'Estampes & de Corbeil, Sœur de Louïs le Gros.

e Dict. de
la France.

HIERRES ou Yerres & quelquefois, Almanarre ou Lamanarre, en Latin *Abbatia Sancti Petri de Almanarra* ou *de Almanaria* ou encore *Abbatia Marialium Olbiensium*, Abbaye de France en Provence au Diocèse de Toulon, ce sont des Religieuses de l'Ordre de Citeaux. Cette Abbaye étoit située dans la Provence à trois lieues de la Mer & avoit été fondée en 1243. Mais ayant été detruite dans les guerres, elle a été unie & transferée dans l'Eglise de St. Etienne du Pont au même Diocèse à l'instante sollicitation de l'Abbesse Saure de Glandeves. Ce fut Gautier Beraud, Prévôt de Pignau qui fit la ceremonie de cette transmigration en vertu d'une Commission Apostolique de Benoît XIII.

HIERVILLE *f*, Bourg de France en Normandie au Pays de Caux, dans le Diocèse de Rouen entre Ouville l'Abbaye, Englesqueville sur Sanne, Bourdinville, Hectot l'Auber & Hecqueville.

f Corn.
Dict.

1. HIERUS, ancien nom d'une Riviere de l'Isle de Corse dans sa partie Orientale *g* : ce nom veut être joint avec celui de *Potamos* & signifie *Riviere Sacrée*. On doute si ce n'est pas la même Riviere que l'on nomme aujourd'hui l'Orbe.

g Ptolam.
l. 3. c. 2.

2. HIERUS, autre Riviere de l'Isle de Sardaigne dans sa partie Occidentale *h* ; son embouchure étoit entre Usellis & Osæa.

h Ibid. c. 3.

3. HIERUS Sinus, ou le *Golphe Sacré*, Golphe près de la Ville d'Arade, selon Etienne le Géographe.

HIERUSALEM, Voyez Jerusalem.

HIERY, Ville d'Asie *i*, dans la Chorassane dont elle est la Capitale, selon Don Juan de Perse. Ce qui la fait estimer la principale de cette Province c'est sa grandeur extraordinaire

i Corn. Dict.
Davity.

HIE. HIG. HII. HIJ.

& le nombre de ses habitans qui passe celui de cent mille ; si l'on y comprend les Maisons de plaisance & les Jardins qui la joignent, elle a plus de six grandes lieues de circuit. Elle est située sur une hauteur au bord de la Riviere de Habin avec de bonnes murailles, des fossez d'eau vive & trois cens tours éloignées l'une de l'autre d'une mousquetade. Quelques-uns croient que c'est la Rhea de Ptolomée.

§. La Capitale de la Khorassane c'est Balck. Il y a bien de l'apparence que cette Hiery est la même Ville que Herat.

HIESME &
HIESMOIS. Voyez Hiesmes & Hiesmois.
HIGH, ce mot est Anglois & signifie Haut. Il entre dans la composition de quelques noms Géographiques.

HIGHCROSSE *k*, Village d'Angleterre dans Leicestershire, à quatre lieues de Leicester du côté du Midi. On croit que c'étoit anciennement une Ville des Coritains. Voyez Vennones.

k Baudrand
Edit. 1705.

HIGHAM-FERRERS, Ville d'Angleterre dans la Province de Northampton *l*. Outre que l'on y tient Marché, & qu'il y a une Ecole publique, elle envoye ses Deputez au Parlement.

l Etat. pres.
de la Gr.
Bret. T. I.
p. 93.

HIGHLAND, c'est-à-dire le Haut Pays. On appelle ainsi la partie de l'Ecosse qui est pleine de Montagnes ; & Highlanders, ceux qui habitent cette partie. C'est ce que nous appellons les Montagnards d'Ecosse.

HIGNATIA Via, *m* grand chemin public dans la Macedoine. Il avoit cinq cens trente milles de longueur, selon Strabon *n*. Il est nommé Egnatia dans l'Epitome de son Livre, mais il ne faut pas le confondre avec l'Egnatia Via qui étoit en Italie. Celui dont nous parlons ici menoit depuis la Mer Ionienne jusqu'à l'Hellespont. Ciceron en fait mention dans son Oraison touchant les Provinces Consulaires.

m Ortel.
Thes.

n l. 7.

HIGUERA *o*, Village dans l'Andalousie, à huit lieues de Lucar la Major du côté du Nord : on y voit les ruines de l'ancienne Nertobriga.

o Baudrand
Edit. 1705.

HII, Isle entre les Isles Britanniques, selon Bede, il en nomme les Habitans Hienses. Ortelius dit, elle est en Ecosse ; mais, selon Herman le petit (*Hermannus Contractus*) elle est attenant l'Irlande, & St. Colomban en étoit Abbé. Selon Camden on la nomme autrement Jona.

HIJAR, Terre & Baronie d'Espagne en Arragon sur une petite Riviere nommée Martin : l'Abbé de Vairac dit (*Marin*, mais Rodrigue Mendez Sylva *o* dit *Martin*) à douze lieues de Sarragoce. Il y a un bon Château, avec une Bourgade de cinq cens feux, une Paroisse & un Couvent de l'Ordre de St. François. Jaques I. Roi d'Arragon l'ayant reprise sur les Mores en gratifia D. Pedro Fernandes son fils naturel qui en prit le surnom. Elle fut érigée en Duché pour la premiere fois l'an 1483. par le Roi D. Ferdinand le Catholique *p* en faveur de Jean Fernandes II. du nom issu de ce D. Pedro Fernandes dont nous venons de parler, & une seconde fois en 1614. par Philippe III. Roi d'Espagne en faveur de D. Jean Christophe-Louïs Fernandez de Hijar Seigneur de Hijar & quatriéme Comte de Belchite,

o Poblacion
p. 1. fol.
verso.

p Voyez
Etat pres. de
l'Espagne
T. 3. p. 86.

chite, arriere-petit-fils du premier Duc; le nouveau Duc mourut la même année & ne laissa qu'une fille Doña Isabelle Marguerite Fernandes de Hijar qu'il eut de Doña Françoise de Castro & Pinos, Comtesse de Volsegona sa seconde Femme. Cette Heritiere porta le Duché de Hijar avec tous les autres Etats de son Pere & de sa Mere à D. Rodrigo Sarmiento de Silva & Villandrando Comte de Salinas & de Ribadeo, second Marquis d'Alenquer, issu de l'ancienne & illustre Maison de Silva, lequel ayant trempé dans la Conspiration de D. Charles de Padilla contre le Roi Philippe IV. fut pris & conduit comme criminel d'Etat au premier Chef, au Château de Léon où il finit miserablement ses jours. D. Diego François Victor Sarmiento de Silva son fils ainé succeda à ses Etats & fut V. Duc de Hijar, lequel eut plusieurs Enfans de trois Femmes qu'il épousa; mais les Mâles étant morts en bas âge le Duché tomba derechef en quenouille & échut à Doña Jeanne-Petronille de Silva-Arragon, Sarmiento &c. née en 1666. Elle épousa en premieres noces le 5. Decembre 1688. D. Frederic de Silva son Cousin & en secondes noces Ferdinand Pignatelli Neveu du Duc de Monteléon & fils puisné de D. Agnel Pignatelli Prince de Monte Corvino & Duc de St. Maur au Royaume de Naples; lequel porte le nom de Duc de Hijar.

[a p. 44. fol. vers. Edit. Olivarii.]

HILA, Ville d'Asie dans la Carie, selon quelques Editions de Pomponius Mela [a]. Celle de Vossius donne *Schoenus ambit Hylam.* C'est-à-dire le Schoene entoure *Hyla*.

HILARA, Riviere d'Allemagne. Il en est parlé dans la Vie de St. Uldalric, dans Surius. C'est l'ILLER.

HILARENSE OPPIDUM, Bourg d'Afrique auprès de Carthage. St. Augustin en fait mention [b].

[b Epist. 262.]

HILAS, petite Ville d'Espagne dans la Castille nouvelle [c]. Elle est située sur le penchant d'une Colline ronde au haut de laquelle est le Château. Il n'y a pas loin à Siguença [d].

[c Corn. Dict.]
[d Journal du Voyage d'Espagne.]

HILATIDES, Εἰλατίδες, forêt d'Asie dans la Bebrycie, selon Orphée cité par Ortelius [e].

[e Thesaur.]

HILDBURGHAUSEN. Voyez HILPERSHAUSEN.

1. HILDESHEIM, Ville libre, Imperiale, d'Allemagne dans la basse Saxe sur la Riviere d'Innerste dont Mr. Baudrand fait mal à propos un ruisseau, quoi que ce soit une Riviere qui reçoit plus d'une douzaine de Ruisseaux ou Rivieres. Elle a été Ville Hanseatique. Quelques-uns croient que Louïs le Debonnaire lui fit bâtir lui donna le nom de la Mere *Hildegarde*. Ce nom se prononçoit *Hilde* pour abreger, de même que les Allemands ont dit *Meita* pour Mathilde ou Mechtilde & *Ilse* pour Elisabeth, le mot qui termine ce nom a été expliqué à l'Article HAMEAU. Je ne rapporterai point les autres Etymologies d'Hildesheim. On peut les voir dans Zeyler [f] qui les a recueillies. Cette Ville, selon Bertius [g], est située à 31. d. 50′. de Longitude & à 52. d. 28′. de Latitude. [h] Au Levant il y a un Fauxbourg sur une hauteur, lequel a été autrefois fameux à cause d'une Eglise de St. Maurice. A l'égard de la Ville,

[f Instr. Saxon. Topog. p. 139.]
[g Comment. Rer. Germ. l. 3. p. 577.]
[h Zeyler. l. c.]

elle est plus grande qu'Halberstat, mais ce sont de vieilles Maisons; les rues y vont en montant & en descendant, & sont inégales & nullement droites. On la partage en vieille Ville & Ville-neuve. Dans la vieille Ville est la Cathedrale avec cinq ou six autres Eglises, sans compter Ste. Cecile qui est auprès de la Cathedrale, & deux autres Eglises qui sont dans la Ville-neuve. Ces Eglises sont partie aux Catholiques & partie aux Lutheriens. Le Magistrat de cette Ville admit la Confession d'Augsbourg en 1542. ou 43. & les deux Religions ont subsisté dans la Ville depuis ce temps-là. Cependant les Catholiques ont conservé la Cathedrale & ont un Evêque Catholique le seul qu'il y ait dans la Saxe entiere. Joseph Clement de Baviere Electeur de Cologne & Prince de Liége étoit en même temps Evêque de Hildesheim. Chaque Ville, la vieille & la neuve, a son Conseil particulier, composé pour la plûpart des Communautez & Corps de metiers dont les Membres sont changez tous les ans & sans le consentement duquel on ne peut établir rien de considerable à la charge du Peuple. La Ville a des Privileges assez beaux, entre autres celui de se gouverner par ses propres Loix, & quoi qu'elle reconnoisse son Evêque pour Superieur, il est pourtant obligé de respecter ces Privileges, parce qu'en cas de violence le Peuple de Hildesheim se jetteroit aussi-tôt sous la protection des Princes de la Maison de Brunswig, qui ne manquent jamais d'intervenir en cas qu'il y ait quelque mesintelligence dans la Ville, comme il arriva en 1711, que l'Electeur de Brunswig Hanover y mit ses Troupes qu'il retira dès que les differens furent assoupis. La Ville est grande, bien bâtie & bien fortifiée, a de belles fontaines & de riches Marchands. Il y a à Hildesheim deux choses singulieres à rémarquer.

La premiere est un ancien monument du Paganisme, savoir la fameuse IRMENSUL, comme écrit Zeyler; ou IRMINSAUL ou IRMENSAUL; c'est une Statue qui represente un homme armé de toutes pieces [i], tenant dans sa main droite une lance au haut de laquelle est un long étendard en pointe sur lequel on voit une rose, de la main gauche il tient une balance [k]. Sur sa poitrine est representé un Ours & son Ecu qui lui couvre le ventre porte un Lion au dessous d'une balance.

[i Schedii Syntagma de Diis German.]
[k Syngram. l. 3. c. 3.]

Les Savans ne conviennent pas du lieu où étoit cette Idole. Crantzius [l] dit qu'elle étoit à Herbourg en Westphalie, Gregoire de Tours [m] nomme ce lieu *Hermopolis*. D'autres qu'elle étoit à Mertzburg sur la Saale. Le nom d'*Hermopolis* employé par Gregoire de Tours est fondé sur ce que quelques-uns ont cru que le nom de cette Statue étoit *Hermetis Statua* & qu'elle representoit Mercure; ce qui n'est pas. C'est une Statue du fameux Herman, ou Irmin, Chef des Germains, Guerrier fameux que les Romains appelleroient Arminius en leur Langue & qui après sa mort fut honoré comme un Dieu à cause de sa valeur. C'est ainsi que les Vandales adoroient à Gadebusch [n] le Dieu Radagaste qui avoit été un de leurs Rois. Schedius rapporte une Inscription qui étoit sous cette Statue, on y lisoit ces mots:

[l Saxon. l. 2. c. 9.]
[m Sched. ibid.]
[n Voyez GADEBUSCH.]

Dux

DUX EGO GENTIS SAXONUM VICTO-
RIAM CERTAM
POLLICEOR ME VENERANTIBUS.

C'est-à-dire qu'on y lisoit en Langue Teutone l'équivalent de ces mots qui ne sont que la traduction de l'Inscription, car sans doute les anciens Germains ne se servoient pas de la Langue Latine. Schedius, il est vrai, cite Dithmar comme son garand & renvoye au Livre II. On lui reproche que Dithmar ne dit rien de pareil au Livre cité, en tout cas Schedius n'est pas le seul qui ait cité ce second Livre de Dithmar, & Meibom dans sa Dissertation intitulée *Irmynsula Saxonica* fait la même faute, si c'en est une. Du reste Rheginon dit *Hermansaul*, Sigebert de Gemblours dit *Hormensul*; on trouve dans d'autres Chroniques *Hermensuel*, *Hermensul*, *Adurmensul*, & *Armensul*. On peut voir sur ce sujet la Dissertation de Meibom au III. Tome de son Recueil des Historiens de l'Allemagne. On y trouvera qu'à l'égard de l'Inscription elle se trouve dans Crantzius au second Livre de son Histoire de Saxe.

a Wagenseil Synops. Geogr. p. 295. b Zeyler l.c.

Cette Statue est presentement [a] devant le chœur de la Cathedrale & aux Fêtes solemnelles, on la fait servir à porter des Cierges qu'on y allume. [b] Quand on la frape avec un Couteau elle rend un son fort clair. Dans les grandes chaleurs de l'Eté elle est très-froide, & cependant on diroit qu'elle sue.

c Mem. communiquez.

L'autre singularité est une coutume à laquelle les PP. Jesuites de Hildesheim sont obligez [c]. Ils jouïssent de quelques concessions à la charge de faire tous les ans à un jour marqué une soupe dans une très-grande Marmite. La qualité des viandes, & la quantité de chacune, les Herbes, les Racines, les Epiceries, tout doit être exactement compté ou pesé sans qu'il soit permis d'en rien obmettre. Il en resulte un jus très-fort dont ils doivent envoyer à chaque Magistrat, à chaque Chanoine, & enfin à ceux qui ont droit d'en recevoir. Ce jus est si fort qu'en mettant une cueillerée dans un plat d'eau chaude on fait un excellent plat de soupe; & cela se garde très-longtemps à cause des Epiceries qui le conservent. Cette fondation qui a quelque chose de petit & qui marque le caprice du Fondateur subsiste toujours. Les PP. ont voulu en rachetter l'obligation, mais ils n'ont pû en venir à bout; s'ils y manquoient une seule fois ils perdroient ce dont la jouïssance est attachée à cette bizarre institution.

L'EVECHÉ DE HILDESHEIM, comme on a vû dans l'Article d'AULICA, est une continuation de cet Evêché. L'Etat de l'Evêque est un petit Pays qui consiste en XV. Bailliages, & confine avec les Duchez de Lunebourg, & de Wolfenbutel & avec la Principauté de Halberstadt. L'Evêque est suffragant de Magdebourg. Les principaux Lieux de l'Evêché sont,

Himmelstbur, Château de plaisance près de Hildesheim.
Peina, petite Ville forte avec un Château dans un marais.
Wintzenbourg, autrefois Comté célèbre.
Dassel qui avoit autrefois ses Comtes particuliers.
Lampspring, Monastere où il n'y a que des Catholiques Anglois.
Ringelheim, Monastere dont les Comtes de Ringelheim prenoient leur nom.

Les Bailliages de *Coldingen, Luttern, Bahrenberg, & Westerhoff* ont été de cet Evêché & appartiennent presentement à la Maison de Brunswig par le Traité de Goslar en 1642. ratifié l'année suivante à Brunswig & confirmé par la Paix de Westphalie.

2. HILDESHEIM, [d] Bourg d'Allemagne dans l'Electorat de Treves, sur la Riviere de Kyll, à cinq lieues audessus de Kilburg. C'est le Chef-lieu d'un Bailliage de même nom, enclavé dans le Comté de Manderscheid.

d Baudrand Edit. 1705.

HILDINACUM, nom de lieu dans l'Asie proprement dite, selon la conjecture d'Ortelius [e]; qui soupçonne que ce nom est corrompu. Il se trouve au reste dans Frontin [f]; & quelques Manuscrits portent THIDIACUM, & l'Editeur de ce Livre chez Plantin 1607. ajoute qu'il faut peut-être lire *Rhindinacum*. Il s'agit dans Frontin d'un Stratagême de Fimbria.

e Thesaur. f Stratag. l. 3. c. 17.

HILEIA, Lieu d'Asie dans la Perse propre, selon Ammien Marcellin [g]. Il parle d'un combat qui s'étoit donné la nuit auprès d'Hileia & de Singara. Rufus Festus [h] semble appeler ce lieu ELEIA. *Nocturna vero Eleiensi prope Singaram viaris pugna*, dit cet Abreviateur de l'Histoire Romaine.

g l. 18. c. 3. h In Brev.

HILELA, Ville d'Afrique au Pays de Segelmesse dans la Province de Matagara dont elle est la principale, sur la Riviere de Zis. C'est la Residence de chaque Arabe qui a une famille ou branche de sa Tribu, dispersée par la Campagne sous des tentes & une autre en Garnison dans la Ville qui est forte. Personne ne peut passer par cette contrée sans sa permission, & si les soldats rencontrent quelque Caravane sans Passeport, ils la pillent & dépouillent ceux qu'ils trouvent. Le Cherif y tient aujourd'hui Garnison pour la sureté des chemins & des habitans depeur des Arabes de Ménébo qui tiennent en sujetion tous ces quartiers.

C'est ainsi qu'en parle Marmol [i]. Ce Cherif dont il parle a eu pour Successeur l'Empereur de Maroc. Ce lieu est nommé Helel par Mr. de l'Isle qui le marque comme un Village sur la Riviere de Zis, dans sa Carte de la Barbarie.

i l. 7. c. 25.

HILERDA, pour ILERDA. Voyez LERIDA.
HILICANUM. Voyez ALICANUM.
HILINONICUM BELLUM; Eghinard nomme ainsi dans la Vie de Charlemagne une des guerres que ce Monarque eut à soutenir. Ce mot veut dire la guerre que Charlemagne fit aux HILINONS. Le Peuple *Hilinones* est nommé dans les Annales écrites par l'Astronome [k]. On y lit que le Roi ayant partagé son armée en trois Corps en envoya un au delà de l'Elbe contre les Hilinons, qu'elle ravagea leur Pays & releva le Château de HUOBUCHI que les Wilses avoient détruit l'année precedente. Et ailleurs [l] que Charles fils de l'Empereur passa l'Elbe sur un Pont & mena l'Armée qu'il commandoit contre les Hilinons & les Smeldingues qui avoient quité son parti pour pren-

k Ad ann. 811. l Ad ann. 808.

prendre celui de Godefroi ; qu'après avoir ravagé leurs Terres il repaſſa le Fleuve & revint en Saxe. Dans tous ces deux paſſages il y a en marge Linones. Bangert dans ſes notes ſur la Chronique d'Helmold [a], prend ce Peuple pour le Lunebourg. Mais ce Pays ne convient point au recit des Annales. Pour aller chercher les Hilinons il falloit paſſer l'Elbe ; & le Pays de Lunebourg eſt en deçà de ce Fleuve aux environs de l'Aller. D'ailleurs les Wilſes qui avoient detruit le Château de Huobuchi étoient un Peuple d'entre les Slaves & occupoient partie de la Pomeranie vers la Pene. Il eſt pourtant vrai que les *Hilinons, Linons*, ou *Lini* ſont un même Peuple. Mr. Spener croit qu'ils étoient anciennement avec le Peuple *Ucri* aux environs du Weſer [b] & qu'ils prenoient leurs noms de l'Ihne, & de l'Ucker Rivieres qui tombent dans l'Aller & enſuite dans le Weſer, mais qu'enſuite ils paſſerent au delà de l'Elbe, où ils donnerent les mêmes noms à d'autres Rivieres. Celle d'*Ucker*, eſt d'autant plus fameuſe qu'elle donne ſon nom à une partie du Brandebourg qui en prend celui d'*Uckermarck*. Il en eſt de même des Wilſes. La Riviere de Vilſe les bornoit ; mais ils paſſerent l'Elbe & donnerent leur nom à la Welſe qui tombe dans l'Oder aux confins de l'Ucker-Marck, & de la Pomeranie. Wilsnach Bourg dans le Pregnitz, & Wilſen Village du Meckelbourg, ont auſſi pris leur nom de ce Peuple des Wilſes. J'ignore où eſt la Riviere à laquelle les Hilinons ou Linons donnerent leur nom au delà de l'Elbe ; cependant je crois qu'ils occupoient un Canton du Brandebourg.

HILISSUM CASTRUM, place forte de la Bulgarie & qui en étoit autrefois la Metropole. Calliſte dit qu'auprès de cette place le Drin ſe mêle avec l'*Orin*. L'Editeur a ſoupçonné qu'il falloit lire CLISSUM. Cette place eſt peut-être le Château d'Acroliſſus, auprès de Liſſus. Il ſe trouve nommé *Cliſſus* dans les Cartes de l'Empire d'Orient inſerées dans l'ouvrage du P. Banduri.

1. HILLE' [c], Ville d'Aſie dans l'Irac-Arabi, elle eſt dans la Babylonie à 79. d. 45'. de Longitude, & à 31. d. 50'. de Latitude, entre Bagdat & Couſa. C'eſt la même que HELA 2. Voyez ce mot. L'Auteur cité en Marge, dit qu'on la nomme auſſi HILLET BENI-MEZID. Elle eſt ſur l'Euphrate.

2. HILLE' [d], Ville d'Aſie dans l'Irac-Arabi près du Tigre entre Vaſet & Baſſora.

3. HILLE' [e], Ville de Perſe dans le Coureſtan auprès d'Ahouez.

4. HILLE' [f], Ville de la Turquie en Aſie, auprès de Moſul ou Mouſſel.

HILLEVIONS, ancien Peuple de la Scandinavie, ſelon Pline [g], qui en parle comme d'une Nation qui habitoit cinq-cens villages, c'étoit la premiere & peut-être la ſeule que les Romains connuſſent de ſon temps ; auſſi ne parle-t-il que de celle-là. Ils étoient donc dans la partie la plus Meridionale, de cette Presqu'Iſle dont les Anciens prenoient pour une Iſle ; & occupoient apparemment cette partie de la Suede, où ſont les Provinces de Schóne, de Blekingie, & de Haland. Ptolomée [h] les nomme LEVONI & les place plus au milieu de la Presqu'Iſle. Ce mot *Levoni* peut être une faute de Copiſtes qui ont obmis la premiere Syllabe & écrit ΑΕΤΩΝΟΙ pour ΙΛΛΕΤΩΝΟΙ *Levoni* pour *Hillevoni*. C'eſt ce que ſoupçonne le R. P. Hardouin [i].

HILO. Voyez ILO.

HILPERSHAUSEN, Ville d'Allemagne en Franconie, ſur la Werra près de ſa ſource au Comté de Henneberg entre la Ville de Coburg & celle de Smalcalde. On la nomme auſſi HILDBURGHAUSEN [k], en Latin HILPERSHUSIA. Elle eſt de la Principauté de Coburg qui appartient à une Branche de la Maiſon de Saxe Gotha. Zeyler écrit *Hilperhauſen*.

HILPOLDSTEIN, ſelon Zeyler [l], Château d'Allemagne en Franconie au territoire de Nurenberg ; au Midi & à cinq milles de cette Ville & à diſtance à peu près égale de celle d'Aichſtet, à la ſource d'une petite Riviere nommée le Rott dans les Cartes de Sanſon.

HILLIRICUM. Voyez ILLYRICUM.

HILTENSIS, Siége Epiſcopal d'Afrique, dans la Province Proconſulaire. On trouve dans la Conference de Carthage [m] Hilarien ſon Evêque. *Hilarianus Epiſcopus Plebis Hiltenſis*. Dans l'Epitre Synodique des Evêques de cette Province qui aſſiſterent au Concile de Latran, tenu ſous le Pape Martin, il eſt fait mention de ce Siége.

HILVARENBEEK, grand Village des Pays-bas en Brabant Hollandois, dans le quartier d'Oſterwyk. C'eſt, dit Mr. Janiçon [n], un grand & beau Village & une Seigneurie conſiderable qui comprend auſſi les Villages de DIESEN, WESTER-BEERSE & RYL. Tous ces Villages ne forment qu'un ſeul Tribunal, compoſé de cinq Echevins de Hilvarenbeek, deux de Dieſen & de ſept Jurez. Il y avoit autrefois une Egliſe Collegiale qui fut brûlée dans le ſiécle paſſé & rebâtie quelque temps après. Il n'y a plus qu'un Miniſtre Proteſtant pour cette Egliſe & pour celle de Dieſen. Cette Seigneurie appartient moitié à l'Etat & moitié à la famille de Cort.

HIMACUS, pour IMAÜS, Montagne des Indes.

HIMANTOPODES, ancien Peuple de l'Ethiopie, ſelon Pomponius Méla [o]. Il dit qu'ils habitoient un Pays peuplé d'animaux ſauvages, qu'ils avoient des jambes ſi foibles & ſi tortues qu'ils ſe trainoient plutôt qu'ils ne marchoient, Ἱμας veut dire une corde faite de courroies, & leur nom eſt exprimé en Latin par LORIPEDES. Pline [p] les nomme *Himantipodes* comme Méla. Ces Peuples d'Ethiopie étoient peu connus des Anciens qui leur donnoient ſouvent des noms au hazard.

HIMERA, Riviere de Sicile. Il y en avoit deux de ce nom. L'une dans la côte Septentrionale & l'autre dans la côte Meridionale ; ce qui ſe doit entendre de leurs Embouchures. Toutes deux ont leurs ſources dans les mêmes Montagnes, ſavoir dans cette chaine que les Anciens nommoient NEBRODES ou GEMELLI COLLES ; & leurs ſources ne ſont pas à une lieuë l'une de l'autre. La Riviere d'*Himera* qui coule vers le Midi, baignoit la Ville de Caulonia & ſe perd

dans

HIM.

dans la Mer d'Afrique entre deux places dont l'une située à l'Orient étoit *Phalarium Castellum* ; l'autre au Sud-Ouest étoit *Phintia*. C'est de cette *Himera* que parle Tite-Live [a], lorsqu'il dit : on convint par un Traité entre le Roi Hiéronyme & les Carthaginois, que la Riviere d'Himera qui coupe l'Isle de Sicile, & la divise presque entierement en deux parties, seroit désormais la borne de l'Empire des Carthaginois & du Royaume de Syracuse. C'est-à-dire, que ce qui est à l'Orient de cette Riviere seroit de ce Royaume & que ce qui est à l'Occident seroit sous la Domination de Carthage. Pomponius Méla [b] donne une fausse Description de l'*Himera*. Selon lui elle a sa source au milieu de l'Isle & prend deux routes opposées, partageant l'Isle de deux côtez, elle arrive par une embouchure dans la Mer d'Afrique, & par l'autre embouchure dans la Mer de Toscane. Silius Italicus [c] a été dans la même erreur & a cru faussement que ces deux Rivieres n'en étoient qu'une qui se partageoient ainsi.

[a] l. 24. c. 6.
[b] l. 2. c. 7.
[c] l. 14. v. 233.

Armavere suos, qua mergitur Himera ponto
Æolio. Nam dividuas se scindit in oras;
Nec minus occasus petit incita, quàm petit ortus,
Nebrodes gemini nutrit divortia fontis.

Il ne veut pas dire qu'elle eut deux sources, mais que les eaux de cette source se partageoient dès les Montagnes mêmes, où elles sortoient de Terre. Cette idée que ces deux Rivieres n'en fussent qu'une seule s'accorde assez avec le choix que l'on en faisoit pour séparer l'Isle d'un rivage à l'autre, outre que l'uniformité de nom la favorisoit. Cependant il n'est pas vrai qu'elles sortent d'une même source il y a environ 2500. ou 3000. pas d'une source à l'autre. Si l'on dit qu'elles viennent d'un même reservoir dans l'interieur de la Montagne qui les produit, je reponds que cela est assez vraisemblable ; mais cela n'empêche pas que ce ne soient des Rivieres différentes. Le Rhône, le Rhin, le Danube, l'Inn, la Drave, le Pô & quantité d'autres Fleuves ont peut-être un reservoir commun dans le sein des Alpes quoique leur cours soit très-différent, cependant personne ne s'est avisé de dire que ce ne fût qu'un seul Fleuve. Voyez le P. Kircher, dans son *Mundus Subterraneus* [d]. Cette *Himera* Meridionale est la même que le FIUME SALSO. Voyez SALSO.

[d] T. p. 70.

2. La Riviere D'HIMERA qui coule vers le Nord [e], comme nous venons de le dire, a sa source différente de celle de l'autre & à une distance que nous avons déjà marquée ; & se rendoit dans la Mer de Toscane, à l'Orient de la Ville d'Himera dont nous parlerons ci-après ; entre *Solus* ou *Soloentum* & *Cephalædis*. Son cours est beaucoup plus court que celui de l'autre Himera parce que les monts *Nebrodes*, d'où elles sortent toutes les deux sont beaucoup plus voisins de la Mer de Toscane que de la Mer d'Afrique. C'est presentement le FIUME GRANDE.

[e] De l'Isle Atlas.

3. HIMERA, ancienne Ville de Sicile sur la côte Septentrionale de l'Isle à la gauche, c'est-à-dire, au Couchant de la Riviere de même nom. Elle avoit été très-florissante, mais les Carthaginois la saccagerent. On peut voir les details de ce siége raportez par Diodore de Sicile [f]. Quelques-uns ont voulu mal à propos transporter cette Ville sur la côte Meridionale ; mais la preuve qu'il s'agissoit de celle-ci au Nord, c'est que, selon l'Historien cité, les Galeres de Syracuse qui faisoient route vers Himera étoient obligées de passer devant le port de Messine, detour qu'elles n'eussent pas fait si elles avoient été destinées pour la côte du Midi. Himere étoit fondée par les Zancléens. Thucydide le dit bien expressément [g]. Il nomme les chefs de cette Colonie Euclide, Simon & Sacon. Il ajoute que la plûpart des Chalcidiens vinrent s'y établir, avec ceux des Syracusains qui furent bannis, après avoir été chassez par la faction contraire. Leur Langue tenoit un milieu entre la Chalcidique & la Dorique. Mais les loix de Chalcide furent preferées. Scylax dit que c'étoit une Ville Grecque [h]; & Diodore de Sicile dit que [i] dans la crainte des Evenemens du siége les Habitans d'Himera avoient transporté à Zancle ce qu'ils avoient de plus cher. Méla dit [k], entre Lilybée & Peloride sont Palerme & Himera. Il ne nomme que ces deux comme les plus célèbres. Pline dit les Villes (de cette côte) sont Palerme, Solûs, Himera, avec une Riviere. Ciceron [l] dit, autrefois les Carthaginois avoient pris la Ville d'Himera qui avoit été une des plus fameuses de la Sicile.

[f] l. 13. c. 62.
[g] l. 6. p. 414.
[h] p. 4. Edit. Oxon.
[i] l. 13. c. 61.
[k] l. 2. c. 7.
[l] In Verr. L.

4. HIMERÆ THERMÆ, Bains & Ville, près de la Ville d'Himera. Cellarius croit qu'ils étoient de l'autre côté de la Riviere d'Himera, c'est-à-dire, à l'Orient de la Riviere & de la Ville de ce nom & il les place ainsi tant dans son livre que dans sa Carte de la Sicile. Il se trompe, ils étoient au Couchant de cette Ville & par consequent aussi au Couchant de la Riviere. Il rapporte l'autorité de Ptolomée [m] qui y place une Ville nommée Θερμαὶ Ἱμέρας πόλις, *Therma Himera Oppidum*. Il l'accuse à tort de s'être trompé & d'avoir mis cette Ville d'un côté de la Riviere, au lieu que selon lui ces bains sont aujourd'hui de l'autre côté. Il ajoute que Pindare [n] ayant nommé les bains chauds des Nymphes θερμὰ Νυμφᾶν λουτρὰ, le Scholiaste l'explique de la Ville d'Himere Ἐν Ἱμέρα parce qu'Ergotele à l'honneur de qui cette Ode est faite étoit de cette Ville. Ces bains devinrent une Ville & c'est sur ce pied-là que Ptolomée les nomme. Ciceron nous apprend comment cette nouvelle Ville se forma : Himera, dit-il [o], ayant été detruite les citoyens que les miseres de la guerre avoient épargnez se refugierent aux bains & s'établirent à l'extremité de ce territoire & à peu de distance de l'ancienne Ville. La Table de Peutinger & l'Itineraire d'Antonin nomment ce lieu simplement *Thermæ*; & comme Cellarius l'avoue lui même, ce lieu s'appelle encore aujourd'hui TERMINI. Ainsi donc voilà la difficulté levée. *Termini* qui répond à l'*Himera Thermæ* des Anciens est plus au Couchant que *Campo di San Nicolo*, où sont les ruines de l'ancienne Ville d'Himera, laquelle étoit située au Couchant de la Riviere de même nom aujourd'hui *Fiume grande*. Ainsi Ptolomée ne s'y est pas trompé ; & Cellarius n'est

[m] l. 3. c. 4.
[n] Olymp. 12. sub fin.
[o] In Verrem. l. 2. c. 35.

HIM. HIN.   HIN.

n'est tombé dans cette fausse Critique que faute d'avoir consulté une bonne Carte de la Sicile. Celle de Magin qui confond les Rivieres de ces quartiers-là est une de celles qui l'ont trompé. Car la Riviere de Termini y est marquée comme ayant une de ses sources assez près de celle de Rio Salso, au lieu que cette prétendue source du Termini est une Riviere differente qui étant accrue de plusieurs ruisseaux devient assez considerable pour meriter le nom de *Fiume grande*. Il y a même entre elle & le Termini les Rivieres d'Yhacatti & de Fiume torto qui se joignent & arrosent la Campagne qui étoit entre *Himera* & *Therma Himera*, c'est-à-dire, entre la vieille Ville & la nouvelle. La faute de Cellarius consiste à avoir cru que le Termini Riviere est l'Himera Septentrionale, au lieu qu'elle en est très-differente comme nous venons de voir. Cluvier avoit fait la même faute dans sa Sicile ancienne, aussi bien que le P. Briet dans ses Parallèles. Ainsi il n'est pas étonnant que Cellarius trompé par de si grandes autoritez ait donné dans la même erreur; ce qui soit dit pour sa justification. Mr. de l'Isle a très-bien rangé cela dans sa Sicile ancienne & dans la nouvelle.

3. HIMERA, Ville de la Libye, selon Etienne le Géographe.

HIMERIA, Ville Episcopale d'Asie, dans l'Osrhoëne sous la Metropole d'Edesse. Il en est parlé au Concile de Chalcedoine. Voyez IMERIENSIS.

HIMETTE, Montagne de Grece dans l'Attique. Voyez HYMETTE.

HIMIFFIN Riviere d'Afrique. Elle a sa source aux Montagnes du Royaume de Maroc propre, d'où serpentant vers le Midi, & ensuite vers l'Occident, elle arrose le Pays de Suz & se perd dans l'Océan auprès d'Anfulima, selon Mrs. Sanson dans les Cartes inserées au troisième Tome de Marmol.

HIMNAS. Voyez HYMNAS.

HINA, Colline de l'Amerique dans la nouvelle Espagne, dans la Baye de Campeche. Voyez au mot CAMPE'CHE l'article de la Baye de Campêche.

HINAGOA ou YNAGUA, Isle de la Mer du Nord, dans l'Amerique Septentrionale. C'est une des Lucayes, à vingt-cinq lieues d'Hispaniola vers le Nord, & de Cuba vers le Levant.

HINAMANES, Polyæn nomme ainsi un Fleuve d'Asie, qui terminoit à l'Orient l'Empire de Semiramis. Casaubon a averti que c'est le IOMANES de Pline.

HINATUS, Ἵνατος, Ville de l'Isle de Crete, selon Ptolomée. Voyez EINATUS.

HINDELOPEN, petite Ville des Pays-bas dans la Frise, au Westergoe, entre Staveren & Worcum sur le Zuiderzée. On dit en abregé HINLOPEN. Il y a un petit port peu frequenté. Les habitans s'occupent à la pêche, à conduire leurs Barques & aux travaux de la Campagne, quelques-uns font le Commerce. Cette Ville n'a point de Murailles & est gouvernée par cinq Bourgmestres qui se changent tous les ans comme dans les autres Villes. Les Stat-

houder & la Cour de Frise ont autrefois accordé de plus à la requête du Peuple six Jurez qui sont pris du corps des Bourgmestres.

1. HINDERLAPPEN, par corruption d'INTERLACHEN. Bailliage en Suisse dans le Canton de Berne. Il tire son nom d'une ancienne & riche Abbaye, ou plutôt d'un Monastere de Chartreux changé en Château, qui est situé vis-à-vis d'Underlewen, entre les Lacs de Thoun & de Brientz, du côté du Couchant, dans une Isle que fait l'Aare sortant du Lac de Brientz, avant que de se jetter dans celui de Thoun. Le Prevôt & les Religieux de ce Monastere le remirent volontairement entre les mains des Magistrats de Berne, en 1528, & se reserverent une pension viagere. On y établit d'abord un Bailli. Les habitans indignez de la cession que les Religieux avoient faite de leur Monastere, demanderent à être affranchis de toutes leurs redevances, envers cette Maison, & sur le refus qu'on leur en fit, ils se mutinerent & se mirent en devoir de s'affranchir eux-mêmes. Cette sedition fut enfin terminée par un accommodement, où les Seigneurs & les Sujets se relâcherent en quelque chose chacun de leur côté. Le nom d'INTERLACHEN est corrompu des mots Latins INTER LACUS, (Entre les Lacs) qui répondent à sa situation.

2. HINDERLAPPEN, Château en Suisse où étoit ci-devant un Monastere de Chartreux. Voyez l'Article precedent.

HINDER-RHEIN, Vallée, en Suisse, dans la Communauté de Schams au Pays des Grisons. Le Rhin y passe.

HINDOO, Ville des Indes sur la route d'Amadabat à Agra, à dix-neuf Cosses de Nuali & à dix de BANIANA. Cette derniere & Hindoo, dit Tavernier, sont deux Villes où comme dans le Pays circonvoisin se fait l'Indigo plat qui est rond, & comme c'est le meilleur de tous les Indigos, aussi est-il cher au double.

HINGGAN, Ville de la Chine, dans la Province de Quangsi, au departement de Queilin première Metropole de cette Province. Elle est de 7. d. 32′. plus Occidentale que Pekin; à 26. d. 12′. de Latitude. Auprès de cette Ville est la Montagne de HAIYANG qui s'étend jusqu'à *Lingchuan*. Dans cette Montagne est une Caverne remplie d'eau qui nourrit des poissons à quatre pieds, & qui frapent avec leurs cornes. Les Chinois superstitieux disent que ces poissons sont les delices du Dragon, ce qui fait qu'ils n'osent les tuer.

HINGHOA, Ville de la Chine, dans la Province de Fokien, dont elle est la septième Metropole. Elle est de 2. d. 35′. plus Orientale que Pekin; à 25. d. 27. de Latitude. Le territoire de cette Ville est le plus beau & le plus fertile de la Province. La Ville est belle, ornée & pleine de gens de Lettres. On y voit quantité d'Arcs de triomphe & dans les Collines d'alentour il y a de magnifiques tombeaux. On peut juger de sa fertilité par le Tribut annuel qu'elle paye à l'Empereur, car quoique son territoire ne renferme que deux Villes, savoir HINGHOA & SIENLIEU il paye cependant soixante & douze mil-

mille facs de ris pour fa contribution. Tout ce territoire est si peuplé de Bourgs & de Villages, qu'on diroit que ce n'est qu'une Ville. Les chemins sont payez de pierres de taille, l'espace de soixante lis, & une perche de largeur. La Ville a deux ponts magnifiques, l'un au Nord, l'autre au Midi. Tout le Pays a de la soye en abondance. Entre les Temples dediez aux hommes illustres, il y en a cinq de plus remarquables que les autres. Le Roi Sui nomma autrefois cette Ville *Putien*. La famille de Sunga lui donna le nom qu'elle porte aujourd'hui, & il signifie une fleur naissante. La même famille la nomma ensuite HINGAN, mais celle de Taiminga lui rendit celui de HINGHOA. La Montagne de HUCUNG est au Midi de la Ville. Les Chinois qui ont parlé des Montagnes, racontent beaucoup de merveilles de celle-ci, ils y distinguent huit faces, par lesquelles elles representent un Cube. La Montagne de GOCHING, se voit au Sud-est de la Ville, au bas est un Bourg habité par de riches & habiles Marchands qui trafiquent par toute la Chine. Ce Bourg pourroit être compté pour une Ville à cause de la beauté & de la grandeur des Edifices, mais il n'a ni Murailles, ni les Privileges, ni le titre de Ville. Au pied du Mont CHINGUEN au Nord de la Ville est le Lac de Chung au bord duquel on a bâti un fort grand Palais où il y a dix cours. Quand il doit y avoir ou Pluye ou tempête on y entend un son pareil à celui d'une Cloche. Au sommet du mont *Hucung* est un puits dont l'eau a son flux & reflux comme la Mer: on le nomme HIEN.

HINGO. Voyez NINGO.

HINGGUE, Ville de la Chine, dans la Province de Huquang, au departement de Vuchang premiere Metropole de cette Province. Elle est de 2. d. 22'. plus Occidentale que Pekin, à 30. d. 20'. de Latitude.

HINTERLAND, c'est-à-dire, le Pays de derriere; c'est la partie Septentrionale du Royaume de Prusse.

HINUS. Voyez OENUS.

HINWYL, Village de Suisse, dependant du Bailliage de Kybourg au Canton de Zurich. Dans la Paroisse il se trouve un bain d'eau minerale, au pied du mont ALIMAN, au milieu d'une agréable prairie. Ce bain s'appelle GEIRENBAD, c'est-à-dire, le Bain du Vautour.

HIO, Ville de Suede, dans la Westrogothie sur le bord Occidental du Lac de Vaeter, à l'Orient & à cinq lieues & demie Suedoises de Falkoping.

HIOROPI, Siége Episcopal d'Asie en Cilicie, selon Guillaume de Tyr cité par Ortelius. Il ajoute qu'elle avoit Seleucie pour Metropole. La Notice du Patriarchat d'Antioche met sous cette même Seleucie Oropi, que je crois être corrompu de Hierapolis, Ville d'Isaurie qui avoit cette même Seleucie pour Metropole, selon la Notice de Hierocles.

HIOS. Voyez Ios.

HIPANIS & CALLIPIDÆ, Jornandes semble en faire deux Villes entre lesquelles il dit que le Danube se jette dans la Mer. Mais CALLIPIDÆ est le nom d'un Peuple & HIPANIS, ou plutôt *Hypanis* celui d'un Fleuve. Le passage où cela se trouve est un pur Galimatias.

HIPNI, Ἵπνοι, Lieu de Grece, dans la Thessalie, dans le mont Pelion, selon Herodote cité par Ortelius, qui ne dit point en quel livre. Ce nom m'est suspect.

HIPPA. Voyez IPPA.

HIPPACRITA. Voyez HIPPAGRETA.

HIPPADIS PELAGUS, Ἱππάδος πέλαγος. Ptolomée n'ayant nommé les Isles des Aromates dit que la Mer qui est à l'Orient de ces Isles, s'appelle la Mer d'Hippade & qu'elle s'étend depuis là, jusqu'à la Mer des Indes.

HIPPADIS Pila, Lieu de Grece où Plutarque dit que l'Orateur Hyperide fut enterré.

HIPPAGRETA, Ἱππάγρετα, grande Ville d'Afrique, selon Appien. Il ajoute que c'étoit une grande Ville, defendue par des murailles & par une Citadelle, avec des Ports, un Arsenal & des chantiers qu'Agathocle Tyran de Syracuse y avoit établis. Elle étoit, moitié chemin entre Carthage & Utique. Gelenius qui a traduit cet Historien en Latin dit HIPPON ZARETUS au lieu de Hippagreta qui est dans le Grec. Polybe parlant de la même Ville la nomme HIPPACRITÆ, Ἱππακρῖται, au pluriel. Il dit même qu'elle avoit courageusement resisté à Agathocle. Nous parlerons de l'*Hippon Zaretus* ou *Zarytus* ou *Diarytus*, qui ne sauroit être cette Ville d'Hippagreta, puisque, selon Appien, cette derniere étoit entre Utique & Carthage à distance égale, au lieu que selon les Itineraires Utique est entre cette Hippone & Carthage à XXXVI. M. P. de la premiere, & à XXVII. M. P. de la seconde. Elle est appellée ἵππου ἄκρα par Diodore de Sicile, c'est-à-dire, la Forteresse du Cheval. Il dit qu'Agathocle ayant pris & pillé Utique, y ayant laissé une Garnison alla camper auprés d'*Hippouacra* place que la nature même avoit fortifiée par sa situation auprés d'un Lac, & qu'aprés une vigoureuse attaque il s'en rendit maitre aprés avoir vaincu par Mer les habitans de ce lieu. Il y avoit, selon Diodore, une autre place de même nom, mais bien plus avant dans les terres. Car aprés qu'Agathocle fut repassé en Sicile, son fils Archagate qu'il avoit laissé avec son Armée en Afrique pour garder & continuer ses conquêtes, envoya Eumachus un de ses Lieutenans Generaux avec un detachement contre les Numides. Il se rendit maitre de plusieurs Villes. L'Historien nomme entre autres *Hippon Acra*, Ἵππου ἄκρα, la Forteresse du Cheval, autre que la Ville de même nom qu'Agathocle avoit prise. Etienne le Geographe nous debrouille ceci en deux mots. HIPPUACRA, dit-il, Ἱππούακρα, Ville de Libye dont l'Habitant est nommé HIPPACRITA.

§. Ainsi *Hippacrita* dans Polybe est le nom des Habitans & non plus celui de la Ville, qui étoit Hippuacra ou Hippouacra que fournit Diodore de Sicile. L'*Hippagreta* d'Appien est un mot corrompu. Il y avoit deux Villes d'*Hipponacra*, que Rhodoman Editeur Latin de Diodore rend par *Arx Equi*, la Forteresse du Cheval. L'une maritime qui fut prise par Agathocle, & la même qu'Appien

pien a décrite; l'autre dans lés terres qui fut prise par Eumachus.

HIPPANA, ancienne Ville de Sicile, selon Polybe [a]. Il dit qu'après le combat Naval entre les Carthaginois & les Romains, Amilcar qui commandoit l'Infanterie Carthaginoise ayant appris à Palerme qu'il y avoit une sedition dans le camp des Romains, au sujet du rang que les Legions & les Troupes auxiliaires devoient avoir dans les Batailles, & étant bien informé que les alliez campoient à part entre Paropus & les bains d'Himera, il fondit tout à coup sur eux pendant qu'ils étoient encore dans le desordre du decampement & en tua près de quatre mille.... Les Romains furent quelque temps dans l'inaction en Sicile; mais après l'arrivée des nouveaux Consuls Aulus Attilius & Caius Sulpicius, on marcha vers Palerme où les Carthaginois avoient leurs quartiers d'hyver: lorsqu'on fut près de la Ville, on rangea l'Armée en Bataille; mais les ennemis ne se montrant point on partit delà & on rabbatit sur Hippana qui fut investie & prise d'assaut, ainsi aussi Mytistrate Ville naturellement forte dont par consequent le siege dura long temps. Palerme & *Mytistrate* aujourd'hui *Mistretta* sont assez loin l'une de l'autre, & comme *Hippana* étoit entre deux, il n'est pas aisé de conclurre de ce passage en quel lieu elle étoit. Mr. de l'Isle la met sur une Montagne à l'Orient de la Riviere d'Himera Septentrionale, à peu près au lieu où est aujourd'hui le Comté de Golisano. Etienne le Géographe qui avoit lu en courant le passage de Polybe, auquel il renvoye, remarquant seulement que cette Ville étoit aux Carthaginois la transporte de Sicile en Afrique, & la met aux environs de Carthage.

HIPPARCHIA. Voyez MARONE'E.

HIPPARENUM, Ville d'Asie, dans la Mesopotamie, sur le Fleuve *Narraga*, qui étoit un bras Occidental de l'Euphrate. Pline dit [b] qu'elle étoit fameuse par la doctrine des Chaldéens; & que les Perses en raserent les murailles. Le R. P. Hardouin croit que ce *Narraga* est le *Maarsarès* de Ptolomée; & qu'*Hipparenum* est BARSIPPA Ville que ce Géographe met sur les bords de ce Fleuve & que Strabon, selon lui, nomme beaucoup mieux BORSIPPA; d'où une des Sectes des Astronomes Chaldéens prit le nom de BORSIPPENIENS.

HIPPARIS, Riviere de Sicile, sur la côte Meridionale. Pindare [c] parle des Canaux qu'elle remplit & du bois qu'elle fournit pour bâtir. Elle traverse le Lac nommé par les Anciens *Camarina Palus*, & par les modernes *Lago di Camarana*. Cela fait voir que c'est presentement FIUME DI CAMARANA. Vibius Sequester estropie ce nom & dit HYPANIS [d], *quem & Hictarim vocant*; *ex quo Camerinis aqua inducta est*. Il faut lire HYPARIS *quem & Hipparim vocant*.

HIPPEMOLGI. Voyez HIPPOMOLGI.

HIPPENE, Canton de la Palestine. Il prenoit son nom D'HIPPOS qui en étoit le chef-lieu. Voyez HIPPOS 1.

HIPEPENE. Voyez HYPÆPA.

HIPPI, ou plutôt Hippu, Ἵππου, ce mot est le Genitif d'Ἵππος qui signifie un Cheval.

1. HIPPI, Promontoire d'Afrique, Ἵππου ἄκρα, dans l'Afrique proprement dite, entre le Port de Siur au Couchant & la Colonie d'Aphrodisium au Levant Meridional [e]. C'est presentement le Cap de Ferre, selon Berthelot, dans sa Carte de la Mer Mediterranée.

2. HIPPI [f], autre Promontoire d'Afrique, au fond du Golphe de la Grande Syrte; Marmol le nomme IL CAPO DI SORTA. Mr. de l'Isle y met une Bourgade nommée SERTE, au fond du Golphe de la Sidre.

3. HIPPI INSULÆ, Strabon nomme ainsi quatre Isles qui sont sur la côte d'Ionie devant la Ville d'Erythres.

4. HIPPI. Voyez HIPPAGRETA.

HIPPICOME, Ἵππου κώμη, c'est-à-dire, le *Village du Cheval*, Village d'Asie, dans la Lycie, selon Etienne le Géographe.

1. HIPPIA, Ville de Grece en Thessalie, dans la Perrhebie, selon le même Etienne. Il dit qu'Hécatée la nomme PHALANNA, Φάλαννα & Ephorus PHALANNUM.

2. HIPPIA, Campagne fertile & delicieuse auprès de l'Embouchure du Cephise. C'est où vient le meilleur Roseau, selon Theophraste [g]. Voyez ORTHE.

HIPPICI MONTES, Ἱππικὰ Ὄρη, Montagne de la Sarmatie en Asie, selon Ptolomée.

HIPPINI, Peuple de l'Asie mineure. Selon Pline c'étoit le même que les HALYDIENSES. Le R. P. Hardouin soupçonne qu'il faut lire HIPSINI de la Ville D'HIPSUS, Ἴψος, que les anciennes Notices Ecclesiastiques mettent dans la Phrygie Salutaire. Voyez HYPSUS 3. & IPSUS.

HIPPIOPROSOPI, Ἱππιοπρόσωποι, c'est-à-dire, *face de Cheval*, nom d'un Peuple d'Anthrophages ou mangeurs d'hommes, c'est-à-dire, peu frequentez & peu connus, qui habitoit dans l'Inde en deçà du Gange, selon Arrien [h].

HIPPO. Voyez HIPPONE.

HIPPO CARAUSIARUM, Ville d'Espagne, dans la Betique, au departement de Hispal, selon Pline [i] dans les anciennes Editions; mais le R. P. Hardouin fait trois Villes de ces deux noms, savoir ORIPPO, aujourd'hui *Villa de dos Hermanas*, à IX. M. P. de Seville, CAURA, & SIARUM, cette derniere est à present *Sarracatin*.

1. HIPPOBOTON, prairie de la Medie où l'on nourrissoit des Chevaux, on y passoit en allant de la Perside & de la Babylonie aux Portes Caspiennes, selon Strabon [k]. C'est delà que l'on prenoit les Chevaux nommez 525. *Nisæi*. Voyez *Nisæum*.

2. HIPPOBOTON ARGOS, la même Ville qu'ARGOS HIPPIUM. Voyez ARGOS.

3. HIPPOBOTON. Ælien dans ses histoires diverses [l] nomme ainsi une terre des Chalcidiens en Eubée, laquelle fut prise par les Atheniens, & partagée en quarante portions qui furent tirées au sort. Ce nom vient d'Ἵππος, Cheval, & de βόω paître, & signifie un lieu propre à nourrir des Chevaux.

HIPPOCEPHALUS, fauxbourg de la Vil-

HIP.

[a] l.21.c. 15. Ville d'Antioche de Syrie, à trois mille pas de la Ville, selon Ammien Marcellin [a].

HIPPOCORONA, Ἱπποκόρωνα, lieu d'Asie, dans la Mysie au territoire d'Adramytte, selon Strabon [b]. [b] l.10.p. 472.

HIPPOCORONIUM, Ἱπποκορώνιον, Lieu de l'Isle de Crete, selon le même [c]. [c] Ibid.

HIPPOCRENE, c'est-à-dire, la fontaine du Cheval. Perse dit en Latin *Caballinus fons* [d]. [d] Prolog.

Nec fonte labra prolui Caballino.

Fontaine de Grece dans la Boeotie ; Pline [e] nommant les Fontaines qui étoient dans cette Province dit : Oedipodie, Psamathé, Dircé, Epicrane, Aréthuse, Hippocrene, Aganippe, Gargaphie. L'Aganippe & l'Hippocrene étoient sur le mont Helicon. Ovide semble n'en faire qu'une dans ces vers pris du cinquieme livre des Fastes [f]. [e] l.4.c.7. [f] v.7. & 8.

Dicite, quae fontes Aganippidos Hippocrenes,
Grata Medusaei signa tenetis equi.

Solin [g] les distingue beaucoup mieux ; car après avoir nommé l'Aganippe & l'Hippocrene, il dit que Cadmus premier inventeur des lettres trouva ces deux Fontaines en courant à Cheval lors qu'il cherchoit un lieu pour s'y établir ; que delà les Poëtes ont pris la licence de dire que l'une d'elles avoit sorti de dessous les pieds du Cheval ailé (Pegase) & que les eaux de l'une & de l'autre étant bues inspiroient la Science. Saumaise soutient qu'il faudroit dire en Latin HIPPUCRENE & non pas HIPPOCRENE qui est venu de l'ignorance des Copistes, car, dit-il, les Grecs ne disent point en un seul mot Ἱπποκρήνη, mais en deux mots Ἵππου κρήνη, & de même que les Auteurs Latins on dit *Menandru Thais*, *Alexandru Stephanos*, que l'on trouve dans Pline, ils ont fait Mopsuestia de Μόψου ἑστία, & non pas *Mopsoestia*, *Heliu Trapeza*, & non pas *Helio Trapeza*. C'est par la même analogie que l'on trouve *Antinou*, genitif d'Antinous pour signifier la Ville d'Egypte que portoit le nom de ce Mignon d'Adrien. Quoiqu'il en soit, faute ou non, l'usage est presentement pour Hippocrene jusqu'à ce que les Savans accoutumé les yeux au mot *Hippucrene* dans les Auteurs Latins, car dans les François je crois que ce mot est fixé en notre Langue. Cette fontaine si vantée par les Poëtes de tous Pays & dont il suffit d'avoir bu pour faire d'excellens vers est sur le penchant de l'Helicon, cependant Pausanias qui a décrit avec un extreme détail jusqu'aux moindres Statues que les Anciens avoient érigées sur cette Montagne ne fait aucune mention de l'Hippocrene, quoiqu'il parle de l'Aganippe fontaine qui est à la gauche quand on va au Bois consacré aux Muses. Il dit aussi, que cette Aganippe étoit fille de Termessus Riviere qui coule autour de cette Montagne. [g] c.7.p.23. Edit.Salmas.

1. HIPPOCURA, Ἱππόκουρα, Ville de l'Inde, en deçà du Gange, au bord de la Mer, selon Ptolomée [h]. [h] l.7.c.1.

2. HIPPOCURA [i], autre Ville de l'Inde, en deçà du Gange, dans les Terres, selon le même ; il dit que c'étoit la residence de Baleocur, ou Baleocur. L'une & l'autre étoit dans l'Ariace. [i] Ibid.

HIPPODES & JAMNESIA, ce sont deux Isles de la Mer des Indes, si l'on en croit Jornandes ; Ortelius [k] croit que ces deux noms sont corrompus au lieu D'HIPPOPODES & PHANESII, peuples que l'on a mal à propos metamorphosez en Isles. [k] Thesaur.

HIPPODIUM ou HYPOPODIUM, Siége Episcopal au Pays des Sarasins. Il en est fait mention au Concile de Chalcedoine, selon Ortelius.

HIPPODROME, place destinée aux courses des Chevaux & au manege. Il y en avoit une à Rome, une à Constantinople, une à Carthage, une à Alexandrie d'Egypte & ailleurs.

HIPPOLA, Ville ancienne du Peloponnese, dans la Laconie, selon Pausanias [l]. Il dit qu'elle étoit detruite & qu'entre ses ruines on voyoit un petit Temple dedié à Minerve Hippolaïtide. [l] l.3.c.25

HIPPOLAI &
HIPPOLEON, Voyez IPPOLEUM.
HIPPOLOCHI VILLA [m], lieu de Grece. Hippocrate en fait mention. [m] De Morbis l.4.

HIPPOLITI LACUS. Voyez TRIVIA.

HIPPOMOLGI ; c'est moins le nom particulier d'une Nation qu'une Epithete qui signifie des gens qui se nourrissoient du lait des Cavales. Ce qui étoit commun à certains Peuples de Thrace, de Sarmatie & autres.

1. HIPPONE ; en Latin HIPPO & HIPPONIUM, Ville & Colonie de la grande Grece au Pays des Brutiens. On la nommoit aussi VIBO-VALENTIA. Voyez ce mot.

2. HIPPONE, en Latin HIPPO, Ville d'Espagne, selon Tite-Live [n] qui dit qu'il y eut une action entre les fourageurs assez près d'Hippone & de Tolede. [n] l.39.c. 30.

3. HIPPONE LA NEUVE, en Latin HIPPO NOVA, Ville d'Espagne entre le Guadalquivir & l'Océan, dans la Bétique, selon Pline [o] & par consequent differente de celle de Tite-Live qui étoit dans la Carpetanie. [o] l.3.c.1.

4. HIPPONE, en Latin HIPPO, Champ de l'Isle de Co ; c'est de là que l'on tiroit le vin appellé *Hippocoum Vinum*.

5. HIPPONE, en Latin HIPPO, Ville d'Egypte, selon la Notice de l'Empire [p]. C'est la même que celle qu'Antonin place dans la Marmarique ou la Cyrenaïque entre Darnide & Michera ; à XXVIII. M. P. de la premiere & à XXX. M. P. de la seconde. [p] Sect. 18.

6. HIPPONE, Ville de Palestine. Voyez HIPPOS.

7. HIPPONE, Ville de l'Afrique proprement dite, elle étoit nommée HIPPO & surnommée DIARRHYTUS pour la distinguer d'une autre *Hippone* aussi en Afrique, dans la Numidie, surnommée la Royale, *Hippo regius*. Pline dit : il y a la trois Caps, savoir le Cap blanc, puis le Cap d'Apollon opposé à la Sardaigne & celui de Mercure opposé à la Sicile. Ces trois Caps forment deux Golphes, savoir celui d'Hippone ainsi nommé d'une Ville *que l'on apelle Hippone detruite*, appellée Diarrhytum par les Grecs à cause des eaux dont elle est arrosée. Ces mots *Hippone detruite*, en Latin *ab oppi-*

do quod *Hipponem dirutum vocant*, font fufpects avec justice au R. Pere Hardouin qui croit qu'aulieu de *dirutum* il faut lire *Zarytum*, employé pour *Diarytum*, comme on a dit *Zabulus* pour *Diabolus*, *Zata* pour *Diata*. Ce qui fait voir que le mot *dirutum*, détruite, ne convient pas, c'est qu'Hippone n'étoit pas détruite du temps de Pline. C'étoit au contraire une Colonie florissante, comme on le peut recueillir d'une Lettre de Pline le jeune [a]. Il y avoit auprès de cette Ville un Lac navigable, d'où la marée fortoit comme une Riviere & où elle rentroit, felon le flux & le reflux de la Mer. Il raconte au fujet une Histoire d'un Dauphin fur lequel montoit un enfant qu'il promenoit fur fon dos & rapportoit au rivage. Pline fon oncle rapporte la même Histoire & en place la Scene à Hippone Diarrhyte. Dans la Notice Epifcopale d'Afrique, cette Ville étoit le Siége d'un Evêque, & l'on y trouve MARIANUS HIPPOZARITENSIS, de la Province Proconfulaire. Dans la Conference de Carthage il se trouve deux Evêques de cette Ville, l'un Catholique, l'autre Donatiste, favoir Florentin & Victor. Ce dernier est qualifié Evêque *Hipponenfium Zaritorum*, & *Hipponenfis-Diarrhitorum*. Cette Ville est nommée HIPPOZARRHYTO dans l'Itineraire d'Antonin & IPPONTE DIARITO dans la Carte de Peutinger. L'Anonyme de Ravenne [b] écrit HIPPONE ZARESTON & [c] *Hippone Zareftum*. Strabon donne le furnom de Royale à cette *Hippone* aussi bien qu'à l'autre, en quoi il se trompe. Dans le Concile de Carthage tenu fous St. Cyprien on trouve le Martyr Pierre Evêque de cette Hippone & dans la Lettre des Prelats de la Proconsulaire qui avoient assisté au Concile de Latran, est entre les soufcripteurs *Donat Dei gratia Episcopus Sanctæ Ecclefiæ* IPPONIZARITENSIS. C'est prefentement BISERTE.

8. HIPPONE LA ROYALE, en Latin *Hippo regius*; Ptolomée dit Ἵππου Βασίλικος, parce qu'elle étoit dans le Pays des Rois de Numidie; aulieu que l'autre qui étoit dans le territoire des Carthaginois n'étoit nullement Royale, quoique Strabon lui ait donné ce furnom. Procope [d] parlant de Belifaire dit; il vint à une forte place des Numides, fituée au bord de la Mer, éloignée de Carthage de dix journées de chemin, & nommée Hippone la Royale. On difpute si elle étoit Colonie Romaine & la queftion feroit decidée s'il étoit bien fûr que ces lettres C. G. I. H. P. A. fur une Medaille de Marc Antonin fignifiaffent COLONIA GEMELLA JULIA HIPPONENSIS PIA AUGUSTA, comme le pretend Mr. Vaillant [e]. Cette Ville étoit Epifcopale aussi bien que la precedente & elle tire fon plus grand luftre d'avoir eu pour fon Evêque St. Augustin l'une des plus grandes lumieres qui aient éclairé l'Eglife. C'est prefentement la Ville de BONE en Afrique.

HIPPON ACRA, pour HIPPOU ACRA. Voyez HIPPAGRETA.

1. HIPPONESUS, Ville d'Afie de la Carie, felon Etienne le Géographe.

2. HIPPONESUS, Ville de la Libye, felon le même.

§. Cet Auteur auroit dû dire plutôt que

c'étoient des Ifles, comme le marque leur nom qui fignifie l'Ifle du Cheval. Pline met la premiere dans le Golphe Ceramique.

1. HIPPONIATES SINUS, Golphe d'Afrique, c'est prefentement le Golphe qui est à l'Orient de Biserte. Voyez HIPPONE 7.

2. HIPPONIATES SINUS, Golphe de la Mer Tyrrhene fur la côte Occidentale du Royaume de Naples. C'est prefentement le GOLPHE DE STE. EUPHEMIE.

HIPPONICA REGIO, contrée de Grece dans l'Attique, felon Athénée [f]. Ortelius foupçonne qu'elle étoit dans l'Attique ou peutêtre l'Attique même.

HIPPONITIS LACUS, Lac d'Afrique, auprès de la Ville d'Hippone. Voyez HIPPONE 7.

HIPPONIUM. Voyez VIBO-VALENTIA.

HIPPONON, Ville d'Egypte entre Antinou & Aphrodité, felon l'Itineraire d'Antonin, qui marque ainfi cette route.

Antinou,	
Peos Artemidos,	VIII. M. P.
Mufon,	XXXIV. M. P.
Hipponon,	XXX. M. P.
Alyi,	XVI. M. P.
Timonepfi,	XVI. M. P.
Aphroditen.	XXIV. M. P.

Ortelius doute si ce n'est point la Ville d'Hippone que la Notice de l'Empire place en Egypte.

HIPPOPHAGI: ce nom est moins le nom propre d'un Peuple qu'une Epithete qui fignifie des Gens qui mangeoient des Chevaux. Les Grecs ont donné ce fobriquet à des Sarmates & à des Scythes & à d'autres peuples qui avoient cette coutume.

HIPPOPODES, anciens Peuples au Septentrion de l'Europe, felon Pomponius Mela [g]. Après avoir dit que dans certaines Isles vis-à-vis de la Sarmatie, (c'est-à-dire, dans la Mer Baltique) il y avoit un Peuple nommé les *Oæones* qui se nourriffoient d'Oeufs d'Oifeaux fauvages & d'avoine: il y ajoute qu'il y avoit des *Hippopodes* qui avoient des pieds de Cheval. Solin [h] parlant de ces mêmes Peuples les place d'une maniere plus obfcure: car il dit fur l'autorité de Xenophon de Lampfaque que du Rivage des Scythes en trois jours de Navigation on arrivoit à l'Isle d'Abalcia, (Saumaife dit l'Isle de Balthia) que cette Isle est d'une étendue immenfe & presque femblable à la Terre ferme (ceci reffemble bien à la Scandinavie) que peu loin delà étoient les Oæones, habitées par des Gens qui vivoient d'Oeufs d'Oifeaux de Mer & d'Avoines qui venoient fans culture; que des Isles voifines étoient habitées par des Hippopodes, gens qui reffembloient à des hommes en tout excepté leurs pieds qui étoient faits en pieds de Cheval. Cela vient fans doute d'une forte de chauffure mal examinée.

HIPPOREÆ, Peuple de l'Ethiopie fous l'Egypte, felon Pline [i].

HIPPORUM, ancienne Ville de la gran-

grande Grece au Pays des Brutiens. Antonin[a] la met sur la route d'*Equotuticam* à *Rhegium* entre *Scyllacium* & cette derniere Ville.

Scyllacium,	
Cocinthum,	XXII. M. P.
Succeianum,	XX. M. P.
Subcisivum,	XXIV. M. P.
Altanum,	XX. M. P.
Hipporum,	XXIV. M. P.
Decastadium,	XXII. M. P.
Rhegium,	XX. M. P.

C'est presentement FELD Bourg du Royaume de Naples dans la Calabre près de Rosarno.

1. HIPPOS, ancienne Ville de la Palestine; elle étoit célebre du temps de Josephe[b] & Capitale d'un petit Canton nommé HIPPENE. Cette Ville étoit au delà du Lac de Tiberiade à trente stades de la Ville de Tiberiade & à soixante de Gadara[c]. Les Campagnes d'Hippos & de Scythopolis étoient limitrophes. L'Hippene Gadare & la Gaulanite bornoient la Galilée du côté du Levant[d]. Cette Ville fut Episcopale & on trouve quelques-uns de ses Evêques dans les souscriptions des Conciles. Elle est nommée *Hippus* entre les onze Villes de la seconde Palestine dont la Metropole étoit Scythopolis dans la Notice de Hierocles. Celle de l'Abbé Milon place *Ippus* en Galilée sous Nazareth érigée en Metropole à cause du respect que l'on avoit pour la mémoire de la Nativité & de l'annonciation de la Ste Vierge. Dans l'Histoire Ecclesiastique de Socrate, lorsqu'il parle du Concile d'Antioche de l'an 363, on lit après Tyrus de Bostra Pierre de SIPPON; *Petrus Sippon*, Πέτρος Σίππων; c'est une faute du Copiste qui a joint une *S* au commencement de ce mot, à cause de l'*S* finale du mot précedent. Il faut lire *Petras Hippon*, Πέτρας Ἱππων, comme le remarque Mr. Reland[e]. Dans les Actes du Concile de Jerusalem tenu en 536, il est fait mention de Theodore Evêque des *Hippeniens*, ἐπισκόπος Ἱππηνῶν; c'est une faute; il faut lire Ἱππηνῶν. Pline nomme cette même Ville HIPPO[f].

2. HIPPOS, Montagne & Village de l'Arabie heureuse au Golphe d'Ælana, selon Ptolomée[g].

3. HIPPOS, Riviere de la Colchide. Pline[h] dit : entre les Villes célebres situées sur le Phase étoit *Aea*, environ à quinze mille pas de la Mer. C'est là que l'*Hippos* & le *Cyaneos*, grandes Rivieres qui viennent de deux côtez opposés commencent à couler dans un même lit & ne deviennent qu'un même Fleuve. Le R. P. Hardouin explique l'origine de ces deux noms. L'*Hippos* étoit ainsi appellé à cause de la rapidité de sa course; le *Cyaneos* à cause de la couleur bleue de ses eaux. Il ajoute que l'un & l'autre se perdoit dans le Phase. En ce cas il y avoit plusieurs Rivieres de ces deux noms sur cette côte. Car outre ces deux qui tomboient dans le Phase, on trouve plus au Nord, & en approchant de Dioscuriade deux autres Rivieres, aussi nommées, *Hippos* & *Cyaneos* qui avoient leurs embouchures separées & tomboient l'une & l'autre dans le Pont-Euxin. Voici comment Ptolomée[i] les place;

	Long.	Lat.
Dioscuriade la même		
que Sebastopolis,	71. d. 10'.	46. d. 45'.
L'Embouchure de		
l'Hippus,	71. 0.	46. 30.
Neapolis,	71. 30.	45. 30.
L'Embouchure du		
Cyaneos,	71. 30.	45. 15.

On voit que dans Ptolomée il s'agit ici de Rivieres qui avoient l'une & l'autre leur embouchure dans le Pont-Euxin, & par consequent elles étoient différentes de toutes celles qui tombent dans le Phase. Arrien[k] qui avoit visité toute cette côte avec un extrême soin pour en rendre compte à l'Empereur qui l'avoit chargé de cette visite, qu'il fit par Mer & en rasant le rivage par tout; met au Nord du Phase le Chariente à 90. stades, ensuite le Cobis, qui est à 90. autres stades; puis le Singamis éloigné du Cobus de 210 stades; il compte ensuite du Singamis au Tarsuras 100. stades; du Tarsura à l'Hippos 150. de d'Hippos à l'Astelephe 30. stades, de là à Sebastopolis 120. stades. Ainsi, selon ce détail, il y avoit de l'Embouchure du Phase, à celle d'Hippos 650. stades de côtes, ce qui revient à vingt-sept ou vingt-huit lieues. Il en faut conclure que l'Hippo d'Arrien dont Ptolomée fait mention est très-different de l'Hippos de Pline & que ce font deux Rivieres sur la même côte. Strabon parle[l] aussi de l'Hippos qui se perd dans le Phase, & ne connoit que celui-là.

4. HIPPOS, Riviere de la Colchide. Voyez l'Article précédent.

HIPPOPHOONTIA TRIBUS; Pausanias, Pollux, & Suidas nomment ainsi une Tribu de Grece dans l'Attique.

HIPPOTAMADÆ; partie de la Tribu Oeneïde dans l'Attique. Meursius croit qu'il faut écrire *Hippodameiada*, du nom d'Hippodamus Milesien qui avoit fait construire une place de marché au Pirée.

HIPPOTAS, Village de Grece près de l'Helicon, entre Thebes, & Coronée, selon Plutarque[m].

HIPPOTHOITIS, Tribu des Tégéates au Peloponnese, selon Pausanias. Elle prenoit ce nom d'*Hippothon*, au raport de Suidas.

HIPPOUACRA, ou HIPPUACRA. Voyez HIPPAGRETA.

HIPPUCRENE. Voyez HIPPOCRENE.

HIPPURIS, Isle de l'Archipel l'une des Cyclades, selon Pomponius Méla[o] & Pline[p].

HIPPURISCUS, Isle d'Asie sur la côte de Carie, selon Etienne le Géographe.

HIPPURISSURA, Isle de l'Archipel. Cette Isle n'a d'autre origine que l'erreur des Copistes qui ont repeté mal à propos le nom d'Hippuris & l'ont corrompu en le repétant.

HIPPUROS ou HIPPURI PORTUS, Port de la Taprobane, selon Pline[q]. Bochart croit que[r] ce nom conserve des traces de l'Ophir où où alloient les Flottes de Salomon. Voyez OPHIR.

HIPPUS. Voyez HIPPOS & HIPPI.

HIPZARITUM. Voyez HIPPONE 7.

HIR, עיר, ou comme écrit l'Interprête Caldéen, lieu de la Palestine aux confins du Pays de Moab [a]. *Numer. c. 21.*

HIRA, Montagne de la Messenie dans le Peloponnese, selon Etienne le Géographe & Suidas. Homere nomme [b] ce lieu HIRE, & Eustathe son Commentateur dit à cette occasion que c'est une Montagne & une Ville de la Messenie. *b Iliad. l. 2.*

HIRAH, petite Ville d'Arabie. Voyez l'Article de HISNOUDDAMOULA.

HIRCANIE. Voyez HYRCANIE.

1. HIRE. Voyez HIRA.

2. HIRE, Ville de l'Isle de Lesbos, selon Eustathe.

HIRENENSIS, Siége Episcopal d'Afrique, on trouve dans la Conference de Carthage [c] Tertullien qualifié *Episcopus Hirenensis.* L'Epitre Synodique des Evêques de la Byzacene, qui assisterent au Concile de Latran sous le Pape Martin est souscrite par Theodore *Episcopus Hirinensis.* Ce Siége étoit donc de la Byzacene; & c'est le même dont étoit Evêque Saturus, que la Notice d'Afrique [d] nomme *Saturus Irensis.* *c p. 289. Edit. Dupin.* *d p. 94.*

HIRIA. Voyez IRIA.

HIRLANDI. Voyez IRLANDE.

HIRMEN. Voyez HENDMEN.

HIRMINIUM ou HIRMINIUS, Riviere de Sicile, selon Pline [*]. Elle est dans sa partie Meridionale. C'est presentement *Fiume di Mauli;* vers son embouchure on la nomme aussi FIUME DI RAGUSA à cause d'une Ville de ce nom qu'elle arrose. Mais plus haut & en approchant de son embouchure, on l'appelle FIUME DI GIARATANA, à cause du Marquisat de ce nom où elle sort de terre. ** l. 3. c. 8.*

HIRPI, familles particulieres d'Italie. Pline dit [e]: à peu de distance de la Ville de Rome, au Territoire des Falisques, il y a un petit nombre de familles que l'on appelle HIRPI. Tous les ans dans un sacrifice qui se fait à Apollon au Mont Soracte, ils marchent sans se brûler pour un grand tas de bois allumé. C'est pour cela que par un Decret perpetuel du Senat ils sont exemts d'aller à la guerre & de toutes autres charges. Aruns qui étoit de cet ordre parle ainsi dans l'Eneïde [f] : *e l. 7. c. 2.* *f l. 11. v. 785.*

Summe Deûm , Sancti custos Soractis, Apollo,
Quem primi colimus, cui pineus ardor acervo
Pascitur, & medium freti pietate per ignem
Cultores multa premimus vestigia pruna.

Silius Italicus [g] dit aussi que ces Sacrifices se faisoient à Apollon; mais Strabon [h] dit qu'ils étoient en l'honneur de Feronia. Servius sur le passage de Virgile cite Varron & avertit que ces Prêtres ne marchoient ainsi sur des brasiers qu'après s'être froté les pieds avec quelque preparation. *g l. 5.* *h l. 5. p. 226.*

HIRPINI, les HIRPINS, ancien Peuple d'Italie, selon Ptolomée qui leur donne pour Villes

| Aquilonia, | Æculanum |
| Abellinum, | Fratuolum. |

Pline dit [†] : dans la seconde Region les Hirpins n'ont qu'une Colonie, savoir *Auseculani, Aquiloni, Abellinates cognomine Protropi, Compsani, Caudini, Ligures qui cognominantur Corneliani, & qui Bebiani, Vescellani, Æculani, Aletrini, Abellinates cognominati Marsi* &c. Le R. P. Hardouin croit que les Peuples nommez après les *Vescellani* n'étoient plus des Hirpins. Il se trompe, les *Æculani* en étoient : comme on le peut voir dans l'endroit cité de Ptolomée. Ainsi le Pays des Hirpins étoit où sont presentement la *Cedogna, Conza, Eclano, Mirabella,* &c. Strabon [l] les compte entre les Samnites. *† l. 3. c. 10.* *l l. 5. sub fin.*

HIRPINUM, ancienne Ville d'Italie au Pays des Hirpins, selon le Biondo [k]. Leandre dit que c'est presentement HARPAIA, & que les anciens l'ont nommée HARPADIUM. Cette Ville est inconnue aux Anciens. *k Ortel. Thes.*

HIRRENSES, Peuple d'Italie dans la Campanie [l]. Il en est fait mention au Livre des Limites. *l Ibid.*

HIRRI, ancien Peuple de la Sarmatie, quelque part vers la Courlande. Pline le nomme [‡] avec les Sciri, les Venedes & autres Sarmates. *‡ l. 4. c. 13.*

HIRSAUGE [m], Abbayee d'Allemagne au Diocèse de Spire, Ordre de St. Benoît, doit son origine à la translation des reliques d'un Saint qui furent apportées d'Italie. Erlafroi Comte de Calve eut un fils nommé Notinge qui fut fait Evêque de Verceil. Notinge, selon son devoir, residoit d'ordinaire dans son Diocèse, voulut un jour repasser en Allemagne pour voir son Pere, & crût qu'il devoit lui faire present du corps de S. Aurele Evêque Armenien, qui étoit en sa disposition. D'abord il eut scrupule de tirer ses reliques de son Diocèse, mais le Saint lui fit connoître en songe que son dessein lui étoit agréable, & qu'il souhaitoit qu'on bâtît un Monastere dans le lieu où Dieu rendroit la vûe à un Aveugle. Notinge alla donc visiter ses parens en Allemagne, & y transfera les reliques du Saint. Non loin du Château d'Erlafroi, il y avoit une Chappelle dediée à S. Nazarre où il jugea devoir mettre ce précieux depôt, & comme il l'y portoit il vint un Aveugle qui recouvra l'usage des yeux en presence de tout le monde. Un miracle si évident accrut extrémement la veneration qu'on avoit pour le Saint, & Notinge avant que de s'en retourner en Italie persuada à Erlafroi de fonder un Monastere dans le lieu même, où étoit arrivé le miracle. L'on en posa les fondemens en l'an 830. & il fut achevé sept ans après. Erlafroi pria Raban alors Abbé de Fulde de lui donner seize de ses disciples pour le peupler, & Raban qui en avoit alors 270. Religieux dans la Communauté, lui accorda aisément cette grace. Il y eût dans la suite à Hirsauge une Ecole célèbre. Entre les Abbez illustres qu'a eus cette Abbaye on peut mettre le fameux Tritheme qui en a écrit la Chronique. Cette Abbaye a été ruinée par les Lutheriens dans ces derniers Siécles. Elle étoit située de l'Est le Nagolt; Mr. Baudrand distingue mal à propos *Hirsauge* & *Hirschau,* comme si c'étoient deux Abbayes differentes. C'est la même; & c'est sous ce dernier nom qu'il est sti pu- *m Hist. de l'Ordre de St. Benoît. l. 5. c. 58.*

V 3

stipulé dans la Paix de Weftphalie que ce Monaftere doit être reftitué à la Maifon de Wurtenberg [a].

HIRSCHAU. Voyez HIRSAUGE.

HIRSCHBERG, Ville de Silefie dans la Principauté de Jauer fur le Hober [b]. Elle eft affez peuplée & eft connue principalement à caufe des bains qui en font à un mille & auxquels elle donne fon nom. Quelques-uns [c] rendent ce nom en Latin par *Cervimontium*.

HIRSCHFELD, autrefois Abbaye fameufe d'Allemagne fur la Riviere de Fulde, au Levant du Pays de Heffe du côté de la Thuringe. [d] Ce Monaftere fut bâti par St. Lul Evêque de Mayence, Difciple & Succeffeur de St. Boniface, au VIII. Siécle. St. Lul y tranfporta le corps de St. Wigbert premier Abbé de Fritzlar l'an 780. il y fut enterré lui-même & le B. Albawin Witta Evêque de Burabourg leur ami qui avoit été leur compagnon fous St. Boniface. Au Siécle fuivant Raban Archevêque de Mayence y dedia une Eglife en l'honneur de St. Wigbert. Cette Eglife fubfifte encore, avec le temps il fe forma une Ville auprès de l'Abbaye. L'Abbaye a été fécularifée par la Paix de Weftphalie, & la Ville de Hirfchfeld a [e] tout ce que l'Abbaye poffedoit eft devenu une Principauté feculiere que l'on a cedée à la Maifon de Heffe-Caffel. La Ville eft petite. & ne vaut gueres mieux qu'un Bourg. Le nom Latin eft *Herofelda*.

HISARCI. Voyez ISARCI.

HISARCHADUMAN. Voyez HISAREC.

HISAREC [f], Ville d'Afie au Saganian proche du Royaume de Catlan dans la Tartarie entre la porte de fer & la Riviere de Vacach; à 100. d. 50'. de Longitude & à 38. d. de Latitude. Elle eft auffi appellée HISARCHADUMAN.

HISCONIENSES, ancien Peuple d'Italie [g], felon une ancienne Infcription inferée au Thréfor de Goltzius. Lazius place ce Peuple en Italie dans le Ferentin. Jacobon dit que c'eft préfentement GUASTO. Voyez HISTONIUM.

HISINGE [h], petite Ifle de Suede à l'embouchure de la Riviere de Trolhete dans la Manche de Danemarc. Sa partie Meridionale où eft fituée la Ville de Gottenbourg eft du Weftrogothland, & fa partie Septentrionale eft en Norwege dans le Gouvernement de Bahus.

HISNOUDDAMOULA ou ALDEMLOW [i], Château de l'Arabie heureufe dans l'Yemen, dans les Montagnes au Nord d'Aden. C'eft où font gardez les trefors du Roi. Ibn Saïd dit que ce Château eft élevé fur une Montagne qui s'étend du Nord au Midi. La force & l'affiéte inacceffible de ce Château ont paffé en Proverbe & on dit: *Fort comme Aldemlow*. Il a au Nord Hirah petite Ville, fort connue & fituée fur la grande route des Montagnes.

HISORIS. Voyez HYPSILE.

HISPAHAN. Voyez ISPAHAN.

HISPAL, &

HISPALIS, ancienne Ville d'Efpagne dans la Betique fur le Fleuve Bætis, au Pays des Turdetains, felon Ptolomée. Philoftrate la nomme Ifpolon, Ἴσπολον. Elle eft appellée Spalis dans les Notices & dans les autres Monumens Eccléfiaftiques. Ifidore derive ce nom des Païs enfoncés dans un terrain marécageux. Arias Montanus plus favant que lui dit dans une Lettre addreffée à Ortelius [k]: *Hispalis* eft Thefaur. un nom Phenicien & vient de *Spila* ou *Spala* qui fignifie une plaine, ou un Pays couvert de verdure, & c'eft ce que l'on voit aux environs de Seville; les Grecs y ont ajouté l'afpiration; & comme les Arabes n'ont point la Lettre P, ils ne fauroient prononcer *Spala* ou *Spila*, ils ont dit *Sbilla* & enfuite les Chrétiens en ont fait SEVILLE qui eft le nom moderne de cette Ville. Voyez SEVILLE.

HISPANETA, lieu de la Pannonie, felon Antonin, fur la route de *Sirmium* à Salones entre *Budalia* & les Ormes; à VIII. M. P. de l'une & à X. M. P. des autres. L'Edition de Bertius porte SPANETA.

HISPANIA, Voyez ESPAGNE.

HISPANIENSE PRÆDIUM, nom d'une terre en Italie peu loin de Rome. Symmaque en fait mention dans une Lettre à Flavien [l].

HISPANIOLA. Voyez ESPAGNOLE, & au mot SAINT l'Article de ST. DOMINGUE.

HISPELLUM, Ville d'Italie en Ombrie, à l'Orient de la Ville d'Affife. Strabon [m] la nomme Ἱσπέλλον, & Ptolomée [n] Ἴσπελλον. Les Auteurs Latins écrivent *Hispellum*. C'étoit une Colonie furnommée JULIA. Cela fe voit non feulement dans le Livre des Limites d'Hyginus *Colonia Julia Hispellum*, mais encore dans une Infcription du Recueil de Gruter [o]. II. VIR QUIN. COL. JUL. HISPELLI. Les Habitans étoient nommez HISPELLATES [p] & HISPELLENSES. Ce dernier fe trouve dans une Infcription fournie par Mr. Spon [q]. C'eft préfentement SPELLO.

HISSA. Voyez ISSA.

HISTEMO, lieu de la Paleftine. La Vulgate lit ISTEMO; quelques nouvelles Verfions Latines portent *Eftemo*. Mr. Le Clerc lit *Efthemo*, & Schmidt ESCHTHEMOH. Au Livre de Jofué [r] elle eft nommée avec Hanab & Hanim, & au Chapitre 21. v. 14, on trouve nommées *Jether* & *Eftemo*, ou comme portent les nouvelles Verfions Latines, *Eftemoa* ou *Efthemoa* ou *Efchthemoa*. Quelques-uns diftinguent ces places, d'autres prétendent que c'eft une même Ville qui eft comptée entre les Villes de Juda parce qu'elle étoit en effet dans le partage de cette Tribu; qu'elle eft enfuite nommée entre les Villes Sacerdotales parce qu'elle appartenoit aux Levites de la famille d'Aaron.

1. HISTER, habitant de l'ISTRIE.
2. HISTER. Voyez DANUBE.
1. HISTI, Ἴσα, Havre de l'Ifle Icarie, felon Strabon [s].
2. HISTI, ancien Peuple entre les Scythes [t]. Ce font peut-être les IASTÆ de Ptolomée [v].

HISTIÆA, en François HISTIE'E, Ville [u] maritime de l'Ifle d'Eubée fous le mont Telethrius près de l'embouchure du Fleuve Callas. Elle étoit fituée fur un rocher & fut enfuite nommée *Oreum*, c'eft-à-dire Ville de Montagne. Voyez OREUM.

HISTO, ancien Bourg d'Efpagne dans la nouvelle Caftille, à neuf lieuës de Cuença vers le Midi Occidental, selon Mr. Baudrand.

HISTODIZO. Voyez OZIUDIZO.

HISTONIUM, ancien Bourg d'Italie dans la quatriéme region, selon Pline [a]. Dans le Trésor de Goltzius on lit MUNICIPES HISTONIENSES. Ptolomée [b] donne ISTONIUM au Peuple *Frentani* ; & Frontin [c] fait mention de la Colonie d'Iftonium dans le *Samnium*. Il est à croire que le Peuple nommé HISCONIENSES dans une Inscription de Gruter est le même que les *Histoniens* : C'est presentement GUASTO DI AMONE.

HISTORIUM. Voyez ISTROPOLIS.

HISTRIA. Voyez ISTRIE.

HISTRICA CIVITAS, ancien nom de CAPO D'ISTRIA. Capitolin dit dans la Vie de Maxime, *fuit Histria excisum eo tempore; ut autem Dexippus dicit, Histricæ Civitatis.* C'étoit la même Ville que l'on nommoit *Histria* & *Histrica Civitas*.

HIT, Ville d'Asie dans l'Irac Arabî, sur l'Euphrate entre Caufa & Kerbela, selon l'Historien de Timur bec [d].

HITA, petite place d'Espagne dans la nouvelle Castille, sur une Montagne près de la Riviere de Henares, à cinq lieues au-dessus de Guadalajara & presque au milieu entre Siguença & Alcala de Henarès, selon Mr. Baudrand [e].

HITAZUM. Voyez NITAZUM.

HITH, ou HYETH, Ville maritime d'Angleterre, c'est un des huit ports qui ont de grands Privileges & dont les Deputez au Parlement sont appellez *Barons des cinq ports*; parce qu'originairement il n'y en avoit que cinq, mais à présent il y en a huit. Celui de *Hith* ou *Hyeth* est dans la Province de Kent. Mr. d'Audifret dit qu'il est défendu par un bon Château. Les Anciens, dit-il [f], l'ont connu sous le nom de *Portus Lemanis*: il fut fort fréquenté des Romains, comme on le connoît par un grand chemin pavé ou voye militaire qui va delà à Cantorberi. Cependant ce port est presque abandonné parce que les sables l'ont presque rempli.

HITLAND, (LES ISLES DE) Voyez SHETLAND.

HITTOU ou ITTO, Isle de la Mer des Indes près de celles d'Amboine & de Ceram. Mr. de l'Isle la nomme Isou.

HITUS, Ville de la Comagéne entre Catamana & Nisus [g], selon Simler qui cite un manuscrit d'Antonin.

HIULCA PALUS, marais de la basse Pannonie auprès de Cibales, selon Aurelius Victor [h] dans la Vie de l'Empereur Constantin. Vinet veut qu'on life VULCA. Ortelius avoit cru d'abord que c'est le même Lac que les Hongrois appellent *Balaton* & les Allemands PLATSE'E. Mais il changea ensuite de sentiment.

HIZIRZADENSIS, Siége Episcopal d'Afrique dans la Numidie. Voyez IZIRIANENSIS.

H O.

1. HO [i], petite region d'Angleterre entre le Medway & la Tamise, à l'Orient de Gravesende, l'air y est mal sain. Cliffe en est le principal lieu.

2. HO, Ville de la Chine dans la Province de Suchuen [k], dans le département de Chungking cinquiéme Metropole de cette Province. Elle est de 10. d. 56'. plus Occidentale que Peking, à 30. d. 50'. de Latitude. Près de cette Ville est la Montagne de LUNG-MUEN sur laquelle étoit un très-riche Temple d'Idoles avec une Bibliothéque composée de trente mille volumes Chinois. On la nommoit la Bibliothéque de Siyuli du nom de celui qui l'avoit commencée.

3. HO [l], Montagne de la Chine dans la Province de Kiangnan, aux Confins de celle de Huquang près de la source de la Riviere de Hoai.

HOA [m], Ville de la Chine dans le Pekeli sous le département de Taming septiéme Metropole de cette Province. Elle est de 2. d. 43'. plus Occidentale que Peking, à 36. d. 20'. de Latitude.

HOAI, Riviere de la Chine dans la Province de Kiangnan [n], Elle a sa source aux confins de la Province de Huquang, d'où serpentant vers le Nord-Est elle reçoit en chemin diverses Rivieres, entre autres celles d'IN & d'ING, puis se recourbe vers l'Est Nord-Est passe auprès de Xeu, reçoit la Riviere qui vient de Lucheu, puis celle de CO, & de VI, & après avoir long-temps serpenté vers l'Est, elle se tourne vers le Nord, s'élargissant beaucoup; puis enfin elle va tomber dans la Riviere Jaune déja voisine de son embouchure, auprès de Hoaigan.

HOAIGAN [o], Ville de la Chine dans la Province de Kiangnan dont elle est la huitiéme Metropole. Elle est de 2. d. 12'. plus Orientale que Pekin à 34. d. 17'. de Latitude. Ce sont à proprement parler deux Villes contigues l'une à l'autre, la plus Meridionale s'appelle Hoaigan, l'autre s'appelle YENCHING, & ce qui les agrandit encore c'est un Fauxbourg d'un mille d'Allemagne de longueur qui s'étend le long du Canal qui aboutit à la Riviere Jaune. On y voit une si grande foule d'habitans & une telle abondance de Denrées, tant de Marchands qui vont & qui viennent que tout cela suffiroit pour faire plusieurs Villes. C'est le Siége d'un Viceroi chargé des Provisions pour la Cour & qui a l'Intendance sur les sept Provinces Meridionales, où il fait assembler tout ce qu'il faut pour la Cour & il le fait remonter à Peking par eau, après avoir examiné si tout est bien conditionné.

Il y a aussi deux Bureaux dans le Fauxbourg, dans l'un on paie l'Impôt des Marchandises, & dans l'autre, l'on paie les droits des Navires qui ne sont pas au Roi, selon ce qu'ils contiennent & selon leur grandeur; une partie est destinée pour entretenir le Canal, ses Chaussées & refaire les Ecluses : la Somme d'argent qui entre dans le Coffre de l'Empereur ne laisse pas d'être grande. Il y a trois chutes d'eau sur ce Canal au Septentrion de la Ville, mais la premiere, qui est la plus proche de la Riviere d'Hoai, est véritablement la plus difficile & malaisée de toutes ; car l'eau en tombe avec grande impetuosité, & descend d'une Riviere qui vient de fort haut ; or pour empêcher

pêcher qu'elle ne couvre & ne submerge tout le Païs d'alentour, on la retient par le moyen des grandes digues qu'on a élevées, & d'une Forteresse qu'on y a bâtie, qui se nomme Tiensi, c'est-à-dire qui vole du Ciel, entendans par ces mots ce grand nombre d'eaux, qui d'un lieu fort élevé se precipite en bas. Les Navires ont bien souvent, de la peine à surmonter ces dangereux passages ; c'est pourquoi on entretient quelques centaines d'hommes des Deniers du Roi, qui s'y trouvent quand il faut pour tirer les Navires avec des cables en tournant des rouës, & même difficilement viendroit-on à bout de la violence & impetuosité de l'eau, si on ne s'étoit avisé de la retenir par le moyen d'une autre Ecluse qu'on y a bâtie. Cette Ville est situëe dans un lieu marécageux, mais qui ne laisse pas de produire force ris & froment. La Ville est riche & embellie d'Ouvrages publics & particuliers, qui sont tout à fait magnifiques & superbes. Tout ce Païs est divisé par des Rivieres, & arrosé de ses Lacs. Il y a dix Villes dans le departement de celle-ci, savoir,

Hoaigan,	Haio,
Cingho,	Canyu,
Gantug,	Pio,
Taoyven,	Sociven,
Moyang,	Ciuning.

Sous l'Empereur Yvus ce Pays étoit de la Province d'Yangcheu. Il appartenoit premierement aux Rois d'U après ceux d'Iue & ensuite à ceux de çu, sous la famille de Cina. Hoaigan n'étoit encore qu'une Cité, ce qui est moins qu'une Ville à la Chine & on la nomma Hoaiyn. La famille de Hana la nomma LINHOAI. Celle de Sunga lui a donné le nom qu'elle porte aujourd'hui avec le rang & la qualité de Ville [a]. J'ai vu, dit le Pere Martini, plus de Cailles & de Faisans dans ce Pays qu'en aucun autre. Il y a aussi plusieurs Temples magnifiques & surtout quatre tours qui sont fort hautes.

[a] Atlas Sinens.

HOAIKING, Ville de la Chine dans la Province de Honan dont elle est la cinquieme Capitale. Elle est de 4. d. 35'. plus Occidentale que Pekin, à 36. d. 10'. de Latitude. Son Territoire est fort petit, d'ailleurs l'air y est sain & fort temperé, & le terroir très-fertile. Il est borné au Nord par des Montagnes & au Midi par la Riviere Jaune. Les Villes de son departement sont :

Hoaikin,	Vuche,
Ciyúen,	Meng,
Siyevúú,	Ven.

Dans le partage que fit l'Empereur Yvus, ce Pays appartenoit à la Province de Ki. La famille Imperiale de Xanga la nomma XINUI & celle de Cheva SANYVEN. Du temps des Rois elle s'appella tantôt GUEI, puis QUEI ; & ensuite CHING. La famille de Cina l'appella SANCHUEN ; celle de Hanae HONUI ; celle de Tanga HOAICHEU & la famille de Taiminga HOAIKING. Un Roi de cette famille y faisoit sa residence ordinaire. Elle n'a que trois Temples qui soient considerables. Elle produit de bons simples pour la Medecine dont elle fournit les autres Provinces. Au Nord de la Ville est le mont TAI ; qui s'ouvrit autrefois avec grand bruit, il s'y forma une caverne de trois cens toises d'où il sort une eau bitumineuse, épaisse & grasse ; on s'en sert au lieu d'huile en beaucoup de choses, le goût n'en est pas desagréable.

HOAMHO [b], Riviere de la Chine, son nom veut dire *la Riviere Jaune*, parce que les terres qu'elle entraîne, surtout au tems des pluïes, lui donnent cette couleur. J'en ai vû, plusieurs autres, dit le P. le Comte, dont les eaux en certain tems de l'année sont si épaisses, & si chargées de limon, qu'elles ressemblent plus à des torrens de boûe qu'à de veritables Rivieres. Le Hoamho prend sa source à l'extremité des montagnes qui bornent la Province de Soutchouen (*Suchuen*) à l'Occident ; delà il se jette dans la Tartarie, où il coule durant quelque tems le long de la grande muraille, par laquelle il rentre dans la Chine entre les Provinces de Chansi & de Chensi *Xansi* & *Xensi*. Il arrose ensuite celle de Honan, & après avoir traversé une partie de la Province de Nankin, & coulé plus de six cens lieuës dans les terres, il se jette enfin dans la Mer Orientale, non loin de l'Embouchure du Kiam. Je l'ai traversé, dit ce Pere, & côtoyé en plusieurs endroits, par tout il est fort large & fort rapide, mais peu profond & peu navigable. Ce Fleuve a fait autrefois de grands ravages dans la Chine, & on est encore obligé aujourd'hui d'en soûtenir les eaux en certains lieux par de longues & de fortes Digues. Ce qui n'empêche pas que les Villes d'alentour, n'en craignent encore les inondations. Aussi a-t-on eu soin dans la Province de Honan, dont les terres sont basses, d'entourer la plûpart des Villes à un demi quart de lieuë des murs, d'une bonne levée de terre revêtuë de gazon, pour se précautionner contre les accidens ; en cas que les Digues se rompent, comme il arriva il y a 52. ans, c'est-à-dire vers l'an 1643. Car l'Empereur voulant obliger un rebelle, qui tenoit depuis longtems la Ville de Honan étroitement assiegée, à se retirer ; il fit rompre une partie des Digues pour noyer l'Armée Ennemie. Mais le secours qu'il donna à la Ville ; lui fut plus funeste que n'auroit été la fureur des assiegeans ; presque toute la Province se trouva inondée avec plusieurs Villes, & un grand nombre de Villages ; plus de trois cens mille personnes furent submergées dans la Capitale, & quelques-uns de nos Missionnaires, qui y avoient alors une nombreuse Chrétienté y perdirent la vie & leur Eglise. Le plat Païs est depuis ce tems-là, devenu une espece d'étang ou de marais. Ce n'est pas qu'on n'ait dessein de reparer cette perte, mais l'entreprise est difficile, & d'une grande dépense. La Cour Souveraine qui prend soin des Ouvrages publics pressa plus d'une fois l'Empereur d'y envoïer le P. Verbiest, & peut-être qu'enfin ce Prince y auroit consenti ; mais il découvrit que les Mandarins se servoient de ce pretexte, pour éloigner ce Pere de la Cour, & que leur dessein étoit de l'engager dans une entreprise difficile, capable de le perdre, ou de laquelle au moins il ne sortiroit jamais avec honneur. Le Tra-

[b] Memoires sur l'Etat present de la Chine. T. 1. p. 191.

HOA. HOA. HOB. 161

Traducteur de l'Histoire Genealogique des Tatars met cette Riviere *Hoangso* & la trouvant nommée CARA MURAN, par son Auteur en explique ainsi le cours [a]. Cette Riviere que les Chinois appellent présentement HOANGSO, est une des plus grandes Rivieres du Monde; elle a sa source à 23. dégrez de Latitude sur les confins du Tangut & de la Chine dans un grand Lac, qui est enclavé dans les hautes Montagnes qui séparent ces deux Etats, & courant de-là vers le Nord, elle côtoye à-peu-près les Frontiéres de la Province de Xiensi & du Tangut jusques à 37. dégrez de Latitude; où elle se jette hors de la grande Muraille pour arroser le Tibet; elle continue ensuite de courir au Nord jusques vers les 39. dégrez, 30. minutes de Latitude, que revenant au Sud-Est elle passe derechef la grande Muraille vers les 38. dégrez de Latitude & rentre dans la Chine; puis elle poursuit toûjours le même cours au Sud-Est jusque vers les 34. dégrez 20. minutes de Latitude qu'elle tourne à l'Est, & continue toûjours de courir ensuite sur la même direction, jusqu'à ce qu'elle se dégorge dans l'Océan de la Chine à 34. dégrez de Latitude après un cours de plus de 500. lieües d'Allemagne. Les eaux de cette Riviere ne sont pas bonnes à boire, car elles sont fort troubles & argilleuses & tirent sur le jaune-brun; Elles prennent cette mauvaise qualité du Salpêtre dont les Montagnes, que cette Riviere baigne au dehors de la grande Muraille, sont extrémement remplies, car depuis sa source jusqu'à ce qu'elle se jette hors de la Muraille, ses eaux sont fort bonnes & claires. C'est à cause de cette couleur brune de ses eaux que les Chinois lui ont donné le nom d'Hoangso ou de la Riviere brune, & les Tartares celui de *Cara-Muran*, ou de la Riviere Noire; cependant les Chinois ont le secret de précipiter ce qu'il y a de sale dans ces eaux & de les rendre bonnes par le moyen de l'Alun. Comme cette Riviere ne fait pas moins de 200. lieües parmi des Montagnes & des rochers d'une hauteur excessive, il y vient tomber de tous côtez une si grande quantité d'eau dans le Printemps & dans l'Automne, qu'elle est très-sujette à se déborder, & à faire des ravages épouvantables dans les Provinces voisines, de quoi les Chinois n'ont eû que trop souvent de fort tristes expériences. Par cette même raison elle est encore si rapide qu'il est impossible de la remonter à la rame ou à la voile, mais il faut qu'on tire les bâteaux qu'on veut faire remonter la Riviere par des Chevaux ou par des hommes. Cependant quoique cette Riviere soit partout d'une grande largeur, elle n'est navigable qu'en fort peu d'endroits, à cause de la grande inégalité de son fond; elle n'est pas trop poissonneuse non plus, ce qui pourroit bien être un effet de la mauvaise qualité de ses eaux.

HOANG, haute Montagne de la Chine dans la Province de Kiangnan, au Territoire de Hoeicheu quatorziéme Metropole [b]. On y compte vingt-quatre petits ruisseaux & trente-deux sommets qui sont fort hauts & entre les Cavernes dix-huit qui sont fort obscures.

HOANGCHEU, Ville de la Chine dans la Province de Huquang dont elle est la cinquiéme Metropole [c]. Elle est de 2. d. 50'. plus Occidentale que Peking à 31. d. 23'. de Latitude. Cette Ville est située sur le bord Septentrional du Kiang, qui en baigne les Murailles. Elle est fort peuplée & fort riche & il y arrive sans cesse des Marchandises & des barques. Elle est devenuë fort célébre à cause qu'un Roi de la famille de Taiminga y a eu sa residence; & qu'il s'y trouve une sorte de Serpens dont on se sert pour guérir la lepre & la gale. Il y croît une sorte d'Absynte que les Medecins appellent *blanc* pour marquer son excellence. Les Chinois s'en servent contre la brûlure. Du temps des Rois ce Pays étoit du ROYAUME DE HOANG. Les Rois de çu s'en rendirent maîtres ensuite; la famille de Hane le nomma SILO, la Ville a reçu le nom qu'elle porte aujourd'hui de la famille de Tanga. Tout le terroir en est cultivé, excepté au Nord où les Montagnes commencent à être plus roides. Ce Territoire comprend neuf Villes, savoir,

Hoangcheu,	Hohanggan,
Lotsien,	Kixui,
Maching,	Ki,
Hoangpi,	Hoangmui,
Hoangci,	

Au Nord de la Ville est la Montagne de CUIPAO où l'on trouve des pierres qui étant exposées au Soleil deviennent rouges & d'autres jaunes & gardent quelque temps cette couleur peut-être comme les pierres de Bologne.

HOANGCI, Ville de la Chine dans la Province de Huquang [d], au departement de Hoangcheu cinquiéme Metropole de cette Province. Elle est de 2. d. 3'. plus Occidentale que Pekin à 30. d. 55'. de Latitude.

HOANGGAN, autre Ville de la même Province sous la même Metropole [e]. Elle est de 3. d. 10'. plus Occidentale que Pekin. Sa Latitude est de 31. d. 26'.

HOANGMUI, autre Ville de la Chine au même departement [f]. Elle est de 2. d. 2'. plus Occidentale que Pekin à 31. d. 30'. de Latitude.

HOANGNIEN [g], Ville de la Chine dans la Province de Chekiang, au departement de Taicheu dixiéme Metropole de cette Province. Elle est de 5, d. plus Orientale que Pekin à 28. d. 28'. de Latitude. Auprès de cette Ville est le Mont GUEIYU, qui a cela de singulier que toutes les pierres tant grandes que petites y sont quarrées. Les Chinois naturellement superstitieux regardent ces jeux de la nature comme quelque chose de merveilleux.

HOANGPI [h], Ville de la Chine dans la Province de Huquang, au departement de Hoangcheu cinquiéme Metropole de cette Province. Elle est de 3. d. 26'. plus Occidentale que Pekin à 31. d. 30'. de Latitude.

HOARACTA. Voyez ORGANA.
HOBA. Voyez CHOBA.
HOBORDENE, ce mot s'étoit glissé dans beaucoup d'exemplaires de Ptolomée [i] au lieu de BOLBENE, contrée de la grande Armenie.

a Baudrand. Edit. 1705.

HOBRO, ou **HEBRO** *a* Ville de Dannemarc, au Jutland, dans le Diocèse d'Arrhusen, entre la Ville d'Arrhusen & celle d'Alborg, à six lieuës de celle-ci & à dix de celle-là.

HOCCONIENSIS, Siége Episcopal d'Afrique dans la Numidie, selon Ortelius. Il faut lire BOCCONIENSIS ou BUCCONIENSIS. Voyez à ce dernier mot.

b d'Audifret Géogr. T.3.p.187.

HOCHBERG *b*, Marquisat, Château & petit Pays d'Allemagne au Cercle de Suabe. Le Marquisat de Hochberg est enclavé dans le Brisgaw, excepté vers l'Occident, qu'il confine avec la Seigneurie d'*Usenberg*, c'est l'ancien patrimoine de la Maison de Bade que Berthold I. Duc de Zeringen donna à Herman son fils puîné. Il ne portoit alors que le titre de Seigneurie qui consistoit seulement en trois Bourgs, & qui s'aggrandit considerablement par differentes acquisitions que firent les Marquis de Bade de la branche de Hochberg. Henri Frere d'Herman IV. Marquis de Bade eut cette Seigneurie en partage, & l'Empereur Friderie II. lui donna le Brisgaw, vacant par la mort de Berthold V. Duc de Zeringen; Philippe qui fut le dernier de la branche de Hochberg, fit l'an 1490. un Concordat de Succession mutuelle avec Christophle Marquis de Bade son Cousin. L'Empereur Maximilien I. confirma ce Concordat l'an 1499. & Philippe étant mort sans Enfans mâles quatre ans après, Christophle se mit en possession de ses Etats, malgré les pretentions de Loüis d'Orleans Duc de Longueville, qui ayant épousé Jeanne fille unique de Philippe, croyoit en être l'Heritier legitime; mais après de longues contestations, il renonça à ses pretentions moiennant deux cens cinquante mille Florins d'or, & le Comté de Neuf-Châtel. Ernest Marquis de Bade-Dourlac obtint de l'Empereur Charles-quint, que la Seigneurie de Hochberg auroit dorenavant le titre de Marquisat dans les Lettres d'Investiture, & qu'elle auroit voix & Séance dans le College des Princes, comme Principauté de l'Empire; ce Marquisat a été ainsi appellé du Château d'HOCHBERG, qui est aux confins du Brisgaw, il n'y a de Bourg remarquable qu'*Emertingen*.

HOCHELAGA; nom que Jacques Quartier donna à la grande Riviere de St. Laurent au Canada, après qu'il l'eut découverte. Il parle aussi d'une Ville de ce même nom dont Champlain & d'autres François qui ont voyagé plus loin que lui ne font point de mention. Voici ce que de Laët rapporte tant de cette Ville que du voyage de Quartier *c*. Etant monté jusqu'à l'*Isle de Bacchus*, presentement l'*Isle d'Orleans*, il s'avança un peu vers l'Oüest, & rencontra un port fort commode où il mouilla l'ancre, & qu'il appella de *Sainte Croix*. Les Sauvages y avoient une habitation & un Village, nommé STADACA ou STADACONA, l'approche de l'Automne l'ayant obligé de donner ses ordres pour y bâtir une Maison, afin d'y passer l'Hiver. Pendant que les Ouvriers travailloient, il entreprit le 19. de Septembre 1535. de visiter la Riviere plus avant. Les rivages d'un côté & d'autre étoient revêtus de Forêts & de Bocages remplis de

c Ind. Occid. l. 2. c. 19.

hauts Arbres & d'un grand nombre de vignes, mais qui ne portoient que de petits raisins aigres faute de culture. Le Fleuve couloit doucement par un Canal agréable, bordé à droite & à gauche de plusieurs Villages & habitations de Sauvages, qui vivoient principalement de poisson: à vingt-cinq lieuës au-dessus du Port de Sainte Croix le Fleuve s'étrecissoit, & contraint par un détroit, roidissoit son cours par dessus des pierres & des Rochers cachez sous l'eau, ce qui le rendoit difficile à naviger. Les Sauvages appelloient ce lieu *Achelaci* ou *Achelay*. Ayant ensuite monté pendant neuf journées, il entra dans un grand Lac où se repandoit le Fleuve. Ce Lac avoit douze lieuës de long, cinq ou six de large & deux brasses de profondeur en plusieurs endroits. Il reçoit l'eau de plusieurs Rivieres qui entrecoupent quelques petites Isles, & delà le Fleuve court par un propre & certain Canal, ensuite il se repand de nouveau dans un autre Lac, d'où jusqu'à *Hochelaga*, il y avoit quarante-cinq lieuës. Dans tout cet espace le Fleuve est fort plat, & seulement navigable avec de petits bâteaux. La Ville d'HOCHELAGA étoit située à six ou sept lieuës du rivage dans un Terroir fort bien cultivé, où il y avoit quantité de chênes & de sapins, & des Champs fort spacieux semez de Mahis, dont les naturels se servoient au lieu de Bled. Elle étoit fort munie en rond d'un rempart de bois, fait de traverses de sommiers, entravez l'un dans l'autre, avec des pieux pointus couverts de Planches dedans & dehors. L'entrée au haut étoit remparée d'ais, & l'on y montoit avec une échelle. Il y avoit un grand monceau de pierres & de cailloux, & delà les Habitans auroient pû en sûreté chasser l'ennemi du rempart avec ces pierres, s'il se fût efforcé d'entrer. La Ville n'avoit que quarante ou cinquante Maisons bâties de même matiere, couvertes d'écorces d'arbre, longues au plus de cinquante pas, & larges de quinze, chacune étoit divisée en petites chambres avec un foyer presqu'au milieu. Les Habitans avoient leurs provisions & autres choses en commun, leur pain étoit de Mahis qu'ils nommoient *Caracomi*, & ils avoient quantité de Féves, de Pois, de Melons & de Concombres, avec du Poisson seché au Soleil & au vent qu'ils gardoient pour leur Hiver. Ils s'habilloient de peaux de bêtes sauvages, & ils en faisoient leurs lits sur un plancher un peu relevé de terre. Ils ne voyageoient point pour trafiquer comme les autres Sauvages, mais contens de leurs limites, ils s'appliquoient uniquement à cultiver la terre, à chasser, & à pêcher. Ils plongeoient dans la Riviere les corps de leurs ènnemis ou des leurs mêmes, si on en faisoit mourir pour quelque forfait après les avoir decoupés en longues taillades aux parties les plus musculeuses. Ils les y laissoient pendant douze heures, & ensuite ils les en retiroient, formant des carcans de ces incisives. Ils honoroient beaucoup leur Cacique, qu'ils portoient partout sur leurs épaules, assis sur des peaux de bêtes sauvages.

HOCHSTAT, HOCHSTET *d*, Château & petite Ville ou Bourg d'Allemagne en Baviere sur le Danube à trois milles au-dessus de Donavert & à un mille au-dessous de Dillingen.

d Memoires du temps.

HOC. HOD. HOE.

gen. Le Duc de Baviére aidé de l'Armée de France y remporta une Victoire sur les Troupes Imperiales commandées par le Comte de Stirum le 20. Septembre 1703. & l'année suivante (le 13. Août 1704.) le mêmeDuc y fut defait par le Prince Eugéne & par le Duc de Marlborough, l'Armée Françoise commandée par le Maréchal de Tallard y fit une si grande perte tant par le nombre des morts que par celui des prisonniers, que les restes eurent bien de la peine à regagner le Rhin. Cette deroute fut le premier avantage considerable que les Alliez eussent remporté sur la France durant cette guerre.

HOCKELEN. Voyez HEUKELUM.

HOCKERLAND (l') contrée du Royaume de Prusse & l'un des trois Cercles du Pays [a]. On y comprend la POMESANIE qui en fait partie. Elle est presque entourée de tous côtez par la Prusse Polonoise & par la haute Pologne. Les principaux Lieux sont:

Marienwerder, Ville Frontiere vers la Pomerelle.
Holland, Ville & Château peu loin d'Elbing.
Gilgenbourg, aux Frontieres de Pologne.
Christbourg, Ville & Château.
Riesenbourg, Ville & Château, autrefois residence de l'Evêque de Pomesanie.
Osterode, Ville & Château.

HODACA. Voyez ODACA.

HODEN, Ville d'Afrique dans la Nigritie au Royaume de Gualata. C'est la même Ville que GUADEN. Voyez ce mot.

HODOMANTI, ancien Peuple de Thrace, parmi les Odryses, selon Pline [b]. Ils étoient auprès de l'Hebre, selon Solin. Voyez ODONTOMANTES.

§. Cet Article tiré d'Ortelius est defectueux en plusieurs choses. L'Edition de Pline du R. P. Hardouin porte simplement ODOMANTES, & ensuite un point. Ce qui suit (savoir *Odrysarum gens*) se raporte à l'Hebre qui a sa source chez les Odryses, & n'a aucun rapport avec les Odomantes. Solin parle des Odryses & ne dit rien des Odomantes. Ces Odomantes au reste étoient les Habitans de l'ODOMANTICE de Ptolomée. Voyez ce mot.

HOECHTS, Ville d'Allemagne au Pays de l'Electeur de Mayence, sur le Mayn, à une lieuë de Francfort. Elle est petite, mais fort jolie. Mr. Corneille qui n'en fait qu'un Bourg dit qu'il est fermé de murailles & que les Fortifications en sont remarquables. La Riviere de Middo y passe & remplit les fossez du Château qui en est separé par un fossé aussi large que profond. Ce Château passe pour un des plus beaux & des mieux bâtis d'Allemagne. Cette Ville appartient à l'Electeur de Mayence.

HOEFT, selon Mr. Corneille, ou HOVET ou HET HOOFT, selon André Cellarius Auteur d'une description de la Pologne [c]; Forteresse de la Prusse Polonoise sur la pointe où la Vistule se partageant envoye une partie de ses eaux dans le Frischhaff, & l'autre dans la Mer Baltique au-dessous de Dantzig. Cette place

[a] *Hubner Geogr. p. 730.*

[b] *l. 4. c. 11.*

[c] *p. 484.*

HOE.

a été plusieurs fois prise & reprise durant les guerres des Suedois & des Polonois.

1. HOEICHEU,[d] Ville de la Chine dans la Province de Kiangnan dont elle est la quatorziéme Métropole. Elle est de 55'. plus Orientale que Pekin; la hauteur du Pole y est de 30'. 18". C'est la Ville la plus Meridionale de la Province. Elle a reçu son nom de la famille de Sunga. Il y a beaucoup de Montagnes dans son Territoire qui comprend six Villes, savoir,

Hoeicheu,	Kimuen,
Hieuning,	In,
Vuyven,	Cieki.

[d] *Atlas Sinensis.*

Elle passe pour une des plus riches Villes de la Chine à cause de son grand Commerce. L'Air y est bon & temperé, les Habitans ont beaucoup d'industrie & de genie, & il n'y a point de Ville dans tout l'Empire, pour peu qu'elle soit Marchande, qu'on n'y trouve quelqu'un de Hoeicheu. Il n'y a même ni banque, ni change, ni lieu où l'on prête de l'argent où les Habitans de Hoeicheu ne soient entre les principaux interessez. Ils sont menagers, vivent de peu & de ce qui se trouve aisément; ils sont hardis & entreprenants dans les affaires du Négoce. C'est dans cette Ville que se fait la meilleure Encre de la Chine. On ne trouve point ailleurs de meilleur Thé. La Riviere de Singan passe auprès de Hoeicheu.

2. HOEICHEU[e], Ville de la Chine dans la Province de Quangtung, ou Canton, dont elle est la quatriéme Metropole: elle est de 2. d. 46'. plus Occidentale que Pekin, à 23. d. 9'. de Latitude. Son Territoire passe pour le meilleur Terroir de toute la Province. Il est très-bien exposé & fort agréable, le sol en est gras, & il y a quantité de sources & de fontaines. On y compte dix Villes, savoir,

[e] *Ibid.*

Hoeicheu,	Changlo,
Polo,	Hingning,
Haifung,	Hoping,
Hoiúen,	Changning,
Lungcheúen,	Junggan.

Leangho la nomma LEANGHOA, Siuu LUNGCHEU; la famille de Tanga HAIFUNG, mais celle de Sunga lui donna le nom qu'elle garde encore à present. Elle est proche de la Mer, aussi abonde-t-elle en Poisson, en Huitres, en Ecrevisses, en Crabes & autres Coquillages. Cette Mer produit des tortues si grosses, qu'à les voir de loin on diroit que ce sont des écueils ou des rochers. On dit plus; on assure en avoir vu qui portoient sur leur dos des Arbrisseaux & des Herbes. Les Chinois travaillent fort bien en écailles de tortue. On y pêche aussi l'Hoangcioyu qui est un Poisson jaune ou plutôt un Oiseau; car durant l'Eté il vole sur les Montagnes; après l'Automne il se jette dans la Mer & devient un Poisson qui ne se pêche qu'en Hiver & qui est fort delicat. Le P. Martini rapporte ce fait sans aucun correctif. On remarque à Hoeicheu trois Temples & deux Ponts, l'un qui est à l'Orient à quarante grandes Arcades & joint les bords des deux Rivieres qui s'y assemblent;

l'autre

HOE. HOF. HOG. HOG. HOH.

l'autre au Couchant fur le Lac de Fung eſt tout de pierre. Ce Lac eſt bordé tout à l'entour d'une Digue de pierre avec des Ecluſes pour en faire fortir autant d'eau qu'il en faut pour arrofer les terres femées de Ris. Ce Lac a dix Lis de circuit, avec deux Iſles où les Habitans ont fait bâtir quelques Maiſons de plaiſance. Le Lac eſt coupé par un Pont qui va d'une Iſle à l'autre & les joint au rivage qui eſt bordé d'Arbres avec des Jardins de plaiſance.

HOEN, lieu de la Libye habité par les Phœniciens, ſelon l'Hiſtoire mêlée [a] citée par Ortelius [b]. Le même lieu eſt nommé TINGIS par Procope [c].

[a] l. 16.
[b] Theſaur.
[c] Vandal. l. 2.

HOERNLIN, Montagne de Suiſſe dans le Thurgow [d].

[d] Etat & del. de la Suiſſe. T. 3. p. 169.

HOFALISE, petite Ville des Pays-Bas, ſelon Mr. Baudrand. L'Auteur du Dictionnaire Géographique des Pays-Bas dit HOMFALISE, & n'en fait qu'une Seigneurie dans le Luxembourg entre Baſtoigne & Salme, à deux lieuës & demie de l'une & de l'autre. L'Abbé de Longuerue [e] dit que le Seigneur de HOFFALISE, étoit un des quatre Pairs du Comte de la Roche.

[e] Deſc. de la France. 2. part. p. 119.

HOFF, Ville d'Allemagne en Franconie aux confins de la Boheme. Elle eſt aſſez belle & appartient aux Marggraves de Barreut. Il y a un fort beau College. Elle eſt auſſi bien que Wonſidel dans le Voigtland; dans lequel ces deux places doivent être comptées & par conſequent dans la Saxe & ne font attribuées à la Franconie qu'à cauſe de leur Souverain qui eſt du Cercle de Franconie.

HOGELANDE. Voyez HOGHLANDE.

HOG'R ou HADGRE, Ville de l'Arabie heureuſe differente de Hag'r dont nous avons parlé en ſon lieu. Celle-ci, comme le remarque Mr. de la Roque dans ſes notes ſur ſa Traduction de l'Arabie d'Abulfeda, eſt dans la Region d'Yamamah ou de Bahrain, preſque à l'extremité de l'Arabie du côté du Levant. Cette Ville, dit Abulfeda, eſt, ſelon Almoſhtarec, une Ville célèbre & la principale dans Yamamah, ayant la même Longitude & la même Latitude qu'Yamamah. (En ce cas ce ſeroit la même Ville.) Quelques Auteurs, pourſuit Abulfeda, diſent que ſa diſtance d'Yamamah eſt d'une journée & d'une nuit de chemin: On aſſure qu'Yamamah & Hog'r ſont la demeure de la Tribu de Hanifah & d'une partie de la Tribu de Maddar. C'eſt à Hog'r que ſont les tombeaux des Martyrs (Mahometans) qui reſterent dans le combat de Moſeilemah le faux Prophete, ſous le Califat d'Aboubekre le juſte. Hog'r eſt ſituée entre l'Occident & le Septentrion (c'eſt-à-dire au Nord-Oueſt) d'Yamamah à la diſtance de deux ſtations de l'une à l'autre. Allebab écrit que Hog'r eſt une Ville dans l'Yemen, qui a donné naiſſance à Ahmed fils d'Abdalah Alazbi fameux Poëte, lequel a été ſurnommé le Poëte de Hog'r. Mr. de la Roque reproche à Mr. d'Herbelot Auteur de la Bibliothéque Orientale de ne pas diſtinguer cette Ville de Hog'r & celle de Hag'r & d'attribuer à cette derniere ce qui ne convient manifeſtement qu'à l'autre.

1. HOGHLANDE (L'ISLE DE) Iſle du Golphe de Finlande par les ſoixante degrez de Latitude pour le milieu ou environ, & vers le 45. d. 30'. de Longitude. Elle eſt longue & s'étend du Sud-Eſt au Nord-Eſt. Cette Iſle, dit Olearius [f], tire ſon nom de la hauteur de ſon aſſiette qui paroit fort élevée dans la Mer; elle a trois lieuës de long & une de large. On n'y voit que des rochers, des ſapins & des broſſailles. Il y vit quelques liévres qui deviennent blancs l'Hiver, comme par tout ailleurs en Livonie. Tout le Pays eſt fort rude & couvert. Elle eſt à douze grandes lieuës de la terre ferme.

[f] Voyage de Perſe. T. 1. l. 2. p. 69.

§. Le Traducteur d'Olearius écrit HOGLANDE.

2. HOGHLANDE, Iſle de la Mer des Indes au Nord de la partie la plus Orientale que l'on connoiſſe de la terre des Papous, & au Nord-Eſt de la nouvelle Bretagne, à deux degrez de Latitude Meridionale & à 165. d. de Longitude.

3. Il y a une troiſième Iſle de ce nom à l'extremité Septentrionale de la Carpentarie au 150. d. de Longitude & au 10. de Latitude Meridionale. Mr. de l'Iſle écrit HOGELANDE.

HOGUE (LA) Voyez HOUGUE.

HOHENBERG [g], Château d'Allemagne dans le Comté de même nom dont il eſt le Chef-lieu, dans la Suabe Auſtrichienne vers la ſource du Neckre.

[g] D'Audifret. Géogr. T. 3.

Le COMTÉ DE HOHENBERG, petit Etat d'Allemagne en Suabe dans les Etats de la Maiſon d'Autriche, entre le Duché de Wurtenberg, & la Principauté de Furſtenberg. L'Empereur Rodolphe I. l'acquit par ſon Mariage avec Anne de Hohenberg. Il a environ cinq lieuës de long & quatre de large. Il conſiſtoit en quatre Bailliages, mais les Comtes de Zimmern vendirent ceux de Nagoltz & d'Oberndorf aux Ducs de Wurtenberg. WILLINGEN gros Bourg ſur la Birg, qui dependoit autrefois du Landgraviat de Bar, fut bâti par les Ducs de Zäringen & paſſa de la Maiſon de Furſtenberg en celle d'Autriche. Le Bailliage d'Orben eſt ſeparé & il eſt entre l'ancien Comté de Tubingen au Duché de Wurtenberg & la Principauté de Furſtenberg. Horenbourg qui eſt dans ce Bailliage eſt ſur le Neckre. Elle fut détruite par un tremblement de terre & rebâtie en 1271.

HOHENECK, Château d'Allemagne en Franconie auprès de Windsheim [h]. Il eſt ruiné, c'étoit le Chef-lieu d'un Bailliage dont le principal Bourg s'appelle APPSSHEIM. Il appartient à la Maiſon de Culmbach.

[h] Zeyler Francon. Topogr. p. 72.

HOHEN-EMS ou HOHEN-EMBS, petit Pays d'Allemagne aux confins de la Suiſſe [i]. Le Comté d'Hohen Ems, dit Mr. d'Audifret, eſt à l'extremité de la Suabe ſur la Frontiere du Canton d'Appenzel dont le Rhin le ſepare, entre le Cómté de Montfort & celui de Bregentz. C'eſt un Pays fort montagneux, mais aſſez fertile en grains. Il porte le nom d'un vieux Château qui ſervoit de réſidence aux Comtes de Hohen-Ems qui en ont depuis fait bâtir un autre. Ils poſſedent auſſi la Seigneurie de Wadutz ainſi appellée d'un Bourg qui eſt à un mille de Feldkirch ſur une Montagne au pied de laquelle le Rhin coule. Les Comtes d'Hohen-Ems ſont iſſus d'une ancienne Maiſon de Rhetie. Thierri Seigneur d'*Alten Ems*

[i] Géogr. T. 3. p. 175.

ſe

se trouva au Tournoi de Cologne l'an 1169. Ses descendans sont divisez en deux branches, savoir la Romaine dont est le Duc d'Altemps, & l'Allemande qui a eu pour Chef Jacques-Annibal fils puiné de Wolfgang-Thierri & de Claire de Medicis. Elle est sous-divisée en deux autres qui sont celle de Hohen-Ems qui a vendu le Comté de Galerata aux Visconti de Milan & celle de Waduz qui possede aussi les Seigneuries de SCHELLENBERG, de DORENBEURN & de LUSTENAU.

HOHEN-GEROLDS-ECK, Baronie d'Allemagne en Suabe [a]. Elle n'est point differente de GEROLDS-ECK ; Voyez ce mot. Mr. d'Audifret distingue pourtant deux Baronies de GEROLDS-ECK, l'une dans la Suabe qui est celle-ci & l'autre dans l'Alsace, vers les monts de Vauge. Il appelle la premiere HOHENGEROLDS-ECK, pour la distinguer de l'autre. Il dit en parlant de celle de Suabe, qu'elle est à l'entrée de la foret noire entre l'Ortnaw & les Seigneuries de Lahr & de Mahlberg. Il ajoute : les anciens Seigneurs de Gerolds-Eck, descendoient de Gerold fils de Hildebrand, Duc de Suabe. Jacques étant mort sans enfans mâles le 26. Juin 1634. l'Empereur Ferdinand II. donna cette Baronie, à Adam Philippe Comte de Cronberg, auquel il en avoit accordé l'expectative.

HOHEN-KOTTENHEIM [b], Bourg d'Allemagne dans la Franconie, dans la Baronie de Sainsheim qui fait partie de l'Etat du Prince de Schwartzenberg.

HOHENLOE [c], Château d'Allemagne en Franconie, au Comté dont il est le chef-lieu & auquel il donne son nom.

Le COMTÉ DE HOHENLOE [d], Pays d'Allemagne en Franconie, entre l'Archevêché de Mayence, l'Evêché de Wurtzbourg, le Margraviat d'Anspach, le Comté d'Oetingen, le territoire de Hall, le Comté de Loeuvenstein, le Duché de Wurtemberg, & l'Ordre Teutonique ; il a été ainsi nommé d'un Château situé dans l'Ottenvaldt, le Pays en est bon, & abonde en plusieurs choses, qui le rendroient plus riche, s'il y avoit plus de Commerce ; les principaux Bourgs sont,

Sinderingen sur le Kocher,
Waltenberg,
Eringen,
Langenbourg sur le Jakt.

Les Comtes de Hohenloé descendent de Craton qui vivoit vers l'an 897. dès la fin du neuvieme siécle, ils étoient autrefois très-puissans ; mais les partages qu'ils ont faits de leurs biens en faveur des diverses branches dont leur famille est composée, les ont affoiblis ; Louïs-Casimir & Everard fils de George, sont les chefs des branches principales de Nevenstein & de Waldenbourg ; la premiere a produit celles de WEICKERSHEIM & de LANGENBOURG & possede les Bailliages de WEICHERSHEIM, de SCHROZBERG, d'HOLLENBACH, de NEVENSTEIN, & de LANGENBOURG, & la belle Terre de Wilmersdorf ; la seconde a produit celles de PFOEDELBACH, & de SCHILLINGSPURT, & possede les Bailliages de MEINARD, d'UNTER-STEINBACH, de HEIM-BACH, de SINDRINGEN, de BARTENSTEIN, de WALDENBOURG, de PFOEDELBACH, & de SCHIBLINGSPURT. Ces Comtes possedent encore une partie du Comté de Gleichen dans la Turinge, dont ils ont herité par la mort de Philippe-Ernest dernier Comte de Gleichen, qui avoit épousé Marie-Agnés sœur de George-Frideric de Craton, & de Philipe-Ernest, Comte de Hohenloé, qu'il nomma ses heritiers, s'il mouroit sans enfans, ce qu'il confirma par un Concordat de succession mutuelle. Comme la plus grande partie du Comté de Gleichen relevoit des Ducs de Saxe, en qualité de Landgraves de Turinge, ils ne voulurent pas ratifier ce Concordat, mais après quelques sollicitations, ils le firent à la charge que les autres biens & même les Allodiaux releveroient aussi de leur domaine, de sorte que Philipe-Ernest étant mort sans enfans, les Comtes de Hohenloé en furent investis. Ils ont aussi des pretentions sur le Comté de Ziegenhain en qualité d'heritiers d'Elisabeth de Hanaw, petite fille de Jean dernier Comte de Ziegenhain, qui avoit épousé Ulric Comte de Hohenloé.

HOHEN-RECHBERG [e], petit Pays d'Allemagne dans la Suabe avec titre de Comté. Il est presque dans le RENSTHAL, ou Vallée de Rens entre le Duché de Wurtenberg, la Baronie de Limpourg, & les Territoires d'Ulm & de Gemund ; il porte le nom d'un ancien Château qui étoit possedé par les Maréchaux de Calatin. Hildebrand troisiéme fils d'Henri & d'Anne fille unique, & heritiere d'Albert, Seigneur de Biberbach, eut en partage la Seigneurie de Hohen-Rechberg. Albert un de ses descendans acheta les Seigneuries de Staufeneck, de Falckenstein, de Woschelbourg, & de Beurn, avec plusieurs autres Terres qui relevoient des Ducs d'Autriche ; Vit II. acquit l'an 1446. les Terres de Reichenbach, & de Denzdorf ; Conrad fut fait Baron de l'Empire par l'Empereur Maximilien II. Gebhard acheta les Seigneuries de Rechberghausen, & de Scharpfenberg ; & Gaspar Bernard fut élevé par l'Empereur Ferdinand II. à la dignité de Comte de l'Empire, mais comme son fils ne laissa qu'une fille, qui épousa Maximilien Guillaume Comte de Stirum, cette dignité passa à ses Cousins de la branche de Jean ; les Comtes de Rechberg sont de la même Maison que les Comtes de Papenheim ; ceux-ci viennent de Rodolphe, fils aîné de Henri Maréchal de Calatin, & ceux-là descendent de Hildebrand Frere de Rodolphe ; ils sont partagez en plusieurs branches ; Bernard Beron Comte Regent de Rechberg, étoit grand Maréchal de la Cour de l'Electeur de Baviere, & a élevé les enfans de Marie Jaqueline fille d'Antoine Comte Fugger.

HOHEN-SAX. Voyez ALT-SAX.

1. HOHENSTEIN [f], Bourg d'Allemagne, dans la Franconie, la Maison de Barreut le tient en fief du Roi de Bohême, avec le Château de HAUSECK.

2. HOHENSTEIN ou HOHNSTEIN [g], Bourg d'Allemagne au bas Comté de Catzenelnbogen.

3. HOHENSTEIN [h], Comté d'Allemagne

166   HOH. HOI. HOK.   HOL.

magne dans la Thuringe, aux frontieres de la Principauté d'Anhalt. Il a eu ſes Comtes particuliers dont la famille eſt éteinte. Les biens de ce Comté ſont venus en partie à l'Evêché d'Halberſtadt, en qualité d'arriere-fief, ſavoir les Bailliages de Kettenberg & de Lohre, qui ont été enſuite donnez par l'Electeur de Brandebourg, pour qui cet Evêché a été ſeculariſé, aux Comtes de Sayn & de Witgenſtein, comme fiefs relevans de cet Electeur qui ſe qualifie toujours Comte de Hohenſtein. Le Bailliage de Hohenſtein a paſſé aux Comtes de Schwartzenbourg.

a Ibid. p. 569.

4. HOHENSTEIN [a], vieux Château d'Allemagne dans la haute Saxe, au Cercle de Misnie, aux confins de la Bohéme. C'eſt le chef-lieu d'un Bailliage fort étendu.

b Etat & delic. de la Suiſſe T. 4. p. 21.

HOHEN-TRINS [b], Terre & Seigneurie de Suiſſe, au Pays des Griſons, dans la Communauté de Flims. Elle eſt ancienne & a eu ſes Seigneurs particuliers dès le temps de Charles Martel. Ils y bâtirent alors un beau Château. Après avoir paſſé par bien des mains les habitans acheterent leur liberté l'an 1616. pour le prix de 7000. Ecus d'or.

c d'Audifret Géogr. T. 3 p. 201.

HOHENTWIL [c], Forthereſſe d'Allemagne en Suabe, au Landgraviat de Nellenbourg, ſur un rocher preſque inacceſſible, à deux milles de Schafhouſe. Ulric de Wurtenberg l'acheta l'an 1520. d'Anne de Klingenberg. La Maiſon d'Autriche a pluſieurs fois tenté de s'en emparer; les François la prirent durant les vieilles guerres d'Allemagne; mais ils la rendirent par la paix de Weſtphalie.

d Ibid. p. 174.

HOHEN-VECKEN [d], Château d'Allemagne en Suabe, dans l'Etat des Comtes de Fugger.

HOHENWART ou HOCHENWART, Village d'Allemagne en Baviere, ſur la Riviere de Par, à trois ou quatre lieues d'Ingolſtadt. Voyez RIPA PRIMA.

HOHEN-ZOLLERN. Voyez ZOLLERN.

HOHNSTEIN. Voyez HOHENSTEIN.

§. Dans tous ces noms qui commencent par *Hohen*, ces deux premieres Syllabes ne ſignifient que *Haut*, *Elevé*. Ainſi c'eſt uniquement un adjectif qui marque la ſituation du lieu.

e De l'Iſle Carte de la Louiſiane.

HOIO, ou OYO, ou OHIO [e], Riviere de l'Amerique Septentrionale dans la nouvelle France. On la nomme auſſi la belle Riviere. Elle a ſa ſource à l'Orient du Lac Erié, d'où coulant quelque temps vers le Midi, le long des Montagnes des Apalaches elle ſe retourne vers l'Occident Meridional & tombe dans la Riviere d'Ouabache, ou de St. Jerôme avec laquelle elle va ſe perdre dans le Miſſiſſipi.

HOKIEN, Ville de la Chine au Pekeli, dont elle eſt la troiſiéme Metropole. Elle eſt de 30′. plus Occidentale que Pekin à 38. d. 50′. de Latitude. Son nom marque qu'elle eſt entre pluſieurs Rivieres, & répond au mot Latin *Interamna* & au François *Entragues*; en effet ſon territoire eſt coupé en forme d'Iſle. Sous la famille de Cheva on la nommoit TUNGYAM; ſous celle de Hana POIHAI; ſous celle de Tanga INGCHEU;

ſous celle de Sunga INGHAI. Sous le Roi Yvus elle dependoit de la Province de Kiche. Sous les Rois elle changea ſouvent de maîtres. Le territoire eſt gras & argilleux, & s'étend juſqu'à la Mer Orientale, il y a là de vaſtes plaines où l'on fait du Sel avec l'eau de la Mer. Il y a peu de Montagnes, encore ſont-elles petites. Les eaux y ſont fort poiſſonneuſes, & on y pêche d'excellentes écrevices. Il y a dans cette Ville quatre principaux Temples dediez aux hommes illuſtres. Il y a dix-huit Villes dans ſon departement, ſavoir,

Hokien,	Ningein,
Hien,	King, ⊙.
Heuching,	Ukiao,
Soning,	Tungquang,
Ginkieu,	Kuching,
Kiaoho,	çang, ⊙.
Cing,	Nampi,
Hingci,	Jenxan,
Cinghai,	Kingyun.

HOLABAS. Voyez HALABAS.

HOLACH (LE COMTÉ D') petit Pays d'Allemagne dans la Franconie aux Frontieres de la Suabe. C'eſt la même choſe que le Comté de HOHENLOE. Voyez cet article.

HOLANA. Voyez OLANE.

HOLBEC, Bourgade de Danemarc, dans l'Iſle de Seelande, ſur un petit Golphe qui fait partie de l'Iſefiord.

f Etat preſ. de la Gr. Bret. T. 1. p. 94.

HOLDENBY [f], Château d'Angleterre en Northamptonshire. Il eſt remarquable parce que le Roi Charles I. y fut détenu priſonnier pendant quelque temps.

g Blaeuw Atlas.

HOLDERNESS [g], petit Canton d'Angleterre, dans la partie Orientale de l'Yorckshire. Il a la figure d'un Triangle irregulier. Barmiſton Village ſur la côte de la Mer du Nord en eſt le premier lieu, cette même Mer lui ſert de borne juſqu'à l'embouchure de l'Humber, enſuite le Golphe que cette Riviere forme à ſon embouchure, puis la Riviere qui a la ſienne à l'Orient de Hull, en la remontant toujours vers le Nord, juſques auprès de Brighant; & enfin en ſuivant une des ſources qui coule entre Faſton & Bidford, & à l'Orient de Lyſſet juſqu'au Nord de Barmiſton. La pointe la plus Meridionale entre l'entrée de l'Humber & la Mer du Nord, s'apelle Spunhead. Le Canton de Holderneſſe a titre de Comté. Guillaume I. en gratifia Drogon de Buerer Seigneur Flamand à qui il avoit donné ſa niece en mariage. Drogon l'ayant empoiſonnée & s'étant enfui, eut pour ſucceſſeur Etienne fils d'Odon. Cet Etienne étoit Seigneur d'Albemarle en Normandie, & comme il étoit fils d'une ſœur de Guillaume I. ce Prince l'avoit créé Comte d'Albemarle, titre que ſa poſterité a conſervé en Angleterre quoi qu'Albemarle ſoit ſitué en Normandie. Etienne eut pour ſucceſſeur ſon fils Guillaume ſurnommé le gros dont la fille unique Haviſie eut trois Maris; ſavoir, Guillaume de Grandville Comte d'Eſſex, Baudouin Beton, & Guillaume des Forts. Les deux premiers mariages furent ſteriles, mais elle eut du troiſiéme Guillaume dont la fille unique Aveline, mariée à Edmond le Boſſu Com-

Comté de Lancaſtre, mourut ſans enfans, faute de quoi le Comté d'Albemarle & la Seigneurie de Holderneſſe furent devolus au Roi. Dans la ſuite Richard ſecond créa Duc d'Albemarle Edoüard Plantagenete, fils du Duc d'Yorc qui vivoit encore. Henri IV. conféra à Thomas le titre de Duc de Clarence & de Comte d'Albemarle, & ce même titre fut enſuite donné par Henri VI. à Richard de Campbel Comte de Warwic. Le Comte de Holderneſſ eſt preſentement Robert Darcie.

HOLE, Village de Suiſſe au Canton de Baſle, auprès de la Ville de ce nom. On y a deterré diverſes antiquitez qui marquent que ce lieu étoit autrefois conſiderable, ſelon Mr. Baudrand.

[a] Etat & ſol. de la Suiſſe T. 2. p. 433.

HOLE-GASS[a], c'eſt-à-dire, le chemin creux; Lieu de Suiſſe au Canton de Schwitz près du Bourg de Kuſnacht. Ce lieu eſt remarquable parce que c'eſt où Guillaume Tell tua d'un coup de fleche le Gouverneur que l'Empereur Albert d'Autriche avoit dans ce Pays-là & qui par ſa conduite tyrannique donna lieu à la revolte des habitans & à la naiſſance de la Republique. En mémoire de cet évenement on y a bâti une Chapelle où l'on lit cette Inſcription.

BRUTUS ERAT NOBIS, URO GUILLELMUS IN ARVO,
ASSERTOR PATRIÆ, VINDEX ULTORQUE TYRANNUM.

[b] Carte & Hiſt. de l'Éthiopie. l. 1. c. 3.

HOLECA, ou OLECA; ou comme écrit Mr. Ludolf[b], WALACHA, Province d'Ethiopie, dans l'Abiſſinie entre celles d'Amhara & de Sewa. Elle a celle d'Amhara au Nord & au Nord-eſt, celle de Sewa au Sud-eſt & au Sud, & celle de Goiam au Couchant. Elle eſt comme une Preſqu'Iſle entre le Keſem & le Samba Rivieres, & le Nil qui les reçoit l'une & l'autre. Quoi qu'il y ait un Viceroi les Cartes n'y marquent ni Ville ni Bourg ni habitation conſiderable.

[c] Zeyler Boruſſia Topog.

HOLLAND[c], petite Ville au Royaume de Pruſſe, dans le Hockerland du côté d'Elbing. On la nommoit anciennement WESELA. L'Ordre Teutonique la ſurprit en 1463, mais les Polonois conſerverent le Château & reprirent enſuite la Ville. L'an 1521. le Markgrave Albert Grand Maître de Pruſſe, ayant voulu ſurprendre Elbing, les habitans de cette derniere Ville irritez de cette entrepriſe tomberent ſur Holland, en raſerent le Château & emporterent chez eux l'Artillerie. Holland faillit à être entierement conſumée par un incendie l'an 1549. Elle appartient au Roi de Pruſſe.

HOLLANDE (LA), ce mot a pluſieurs ſignifications qu'il ne faut pas confondre, quelquefois il veut dire un Pays qui porte proprement ce nom, d'autres fois on l'étend davantage. Pour éviter la confuſion nous allons le diviſer en autant d'articles differens qu'il a de ſignifications équivoques.

Il y a la HOLLANDE PROPREMENT DITE; qui doit ſe diſtinguer en ANCIENNE & en MODERNE.

L'ANCIENNE HOLLANDE propre ne conſiſte qu'au Pays ſitué en deça & au Midi du vieux Canal du Rhin qui paſſe à Leyde. On la diviſe en SEPTENTRIONALE & MERIDIONALE.

La MODERNE HOLLANDE PROPREMENT DITE, entant qu'elle fait le COMTÉ DE HOLLANDE & l'une des ſept Provinces unies, ſe diſtingue en HOLLANDE SEPTENTRIONALE, ou WESTFRISE & en HOLLANDE MERIDIONALE ou SUYD HOLLANDE.

La HOLLANDE, ſignifie quelquefois toute la Republique des Provinces Unies avec leurs annexes & ſes aquiſitions.

Il y a eu la NOUVELLE HOLLANDE, dans l'Amerique Septentrionale.

Il y a encore la NOUVELLE HOLLANDE, dans les Terres Auſtrales.

Et une autre NOUVELLE HOLLANDE, près du détroit de Weigatz, dans le Nord.

[d] Memoires dreſſez ſur les lieux.

Le nom de HOLLANDE, eſt formé de deux mots, Hol qui veut dire creux & Land qui ſignifie Pays[d]; ſoit que par le mot de Creux on ait entendu un Pays-bas & enfoncé; ſoit qu'on ait voulu dire un Pays dont la Terre ſemble creuſe exterieurement, ces deux ſens conviennent également au Pays. Car outre que c'eſt où le Rhin, la Meuſe, & quantité d'autres Rivieres viennent porter leurs eaux dans la Mer, il y a des endroits où il ne ſauroit paſſer de cheval, ni de chariot, que l'on ne ſente trembler la terre comme ſi elle étoit creuſe en deſſous & qu'elle fût ſoutenuë ſur de l'eau. Ce nom ne ſe trouve point uſité avant le milieu de l'onziéme ſiécle. Quelques-uns ont voulu tirer le nom de Hollande du mot HOLT ou HOLTZ, c'eſt-à-dire Bois. Ils pretendent que de Holtland, on a fait par corruption Holland, parce qu'autrefois, diſent-ils, ce Pays étoit couvert de Bois. Cette Etymologie n'eſt appuyée que ſur une conjecture très-frivole. Le mot Holtland ne ſe trouve dans pas un Acte, ni dans aucun monument ancien, au lieu qu'on y voit toujours Holland, depuis qu'il a commencé à être en uſage. D'ailleurs il eſt certain que dans l'onziéme ſiécle où ce nom s'eſt accredité le Pays qui le porte aujourd'hui, n'étoit déja plus couvert de Bois & qu'il ne s'y en trouvoit preſque plus.

I. L'ANCIENNE HOLLANDE PROPREMENT DITE, eſt bornée au Nord par le vieux Canal du Rhin, & c'eſt ce qu'on peut appeller la vraye Hollande. Du temps des Romains elle faiſoit partie de la Gaule Belgique. Ses Peuples étoient les CANINEFATES, Peuple que les Anciens plaçoient dans la partie maritime & Occidentale de l'Iſle des BATAVES. Ces derniers n'étoient pas bornez par l'Iſle qui portoit leur nom, ils s'étendoient encore au Midi juſqu'à l'ancien Canal de la Meuſe auprès de Gertruydenberg. Tout ce qui eſt au Nord du vieux Canal du Rhin, (ou le Rhin mitoyen, j'appelle ainſi le Canal qui paſſe à Leyde, & qui avoit ſon embouchure à Catwyck;) tout ce qui eſt, dis-je, au Nord de ce Canal, s'appelloit la FRISE & étoit poſſedé par les MARSATIENS Peuple dont le KENNEMERLAND conſerve en partie le Pays &

& le nom & par les Frisons, qui occupoient partie du Rhinland, tout l'Amstelland, le Goyland, le Waterland, & tout ce qui est presentement de la Westfrise. Tout ce Pays aussi-bien que la veritable Frise d'aujourd'hui, s'appelloit encore Frise dans l'onziéme siécle, & le Pays d'Utrecht ne se nommoit pas autrement. On a vû dans l'article des Bataves qu'ils furent amis & alliez des Romains. Il n'en fut pas de même des Frisons. Les Romains firent plusieurs tentatives pour les soumettre & quoi qu'ils remportassent quelquefois des avantages sur cette Nation ils ne purent la domter. Sur le declin de l'Empire les Frisons se joignirent avec les autres Peuples qu'on appelloit Francs ; mais ces derniers s'étant établis dans les Gaules, les Frisons demeurerent libres & indépendans dans leur Pays. Les François s'étant fait un nouveau Royaume pretendirent les soumettre par les armes. Pepin de Herstal leur fit la guerre & conquit une partie de leur Pays. Ils avoient alors un Roi ou Duc nommé Adalgise auquel succeda le Duc Ratbod qui fut vaincu par Charles Martel ; après quoi sous les Regnes de Pepin, & de Charlemagne la Foi Chrétienne fut reçue par les Frisons, qui auparavant en avoient été les ennemis.

Peu après les Danois, connus alors sous le nom de Normands ou Nordalbingiens, attaquérent la Frise & y firent quelque établissement. Mais dans la suite ces Danois en furent entierement les maîtres jusqu'à l'an 900. Ce fut du temps de Charles le simple que les Frisons secouerent le joug de ces Barbares & le même Charles qui regna en Austrasie après la mort de Louis fils d'Arnoul, donna le titre de *Comte de Frise*, à Thierri que quelques-uns ont mis mal à propos sous le regne de Charles le chauve.

Ce Seigneur que l'on tient pour le premier Comte de Hollande, quoi que ce nom ne fût pas encore en usage, s'établit dans le pays voisin de la vieille embouchure du Rhin, ce fut là que commença le Marquisat de FLADIRTING ou FLARDING, qui est l'ancien nom de la véritable Hollande. Le Pays prenoit ce nom de *Vlaerding* Bourgade au dessous de Roterdam ; c'étoit autrefois une Ville, Capitale du Pays & residence des Marquis. On les nommoit aussi Comtes de Frise, mais ils ne la possedoient pas toute entiere à beaucoup près & il s'en falloit non seulement la Frise propre, ou delà la Flie, ou Vlie, c'est-à-dire, au delà du *Flevus* ou bras Septentrional du Rhin dont le lit est aujourd'hui submergé dans le Zuyderfée ; mais encore une grande partie de la Frise d'en deça. Ces peuples s'étoient mis en liberté, & reconnoissoient seulement la superiorité des Empereurs. *Hermannus Contractus*, Moine Benedictin de l'Abbaye de Richenoue, qui écrivoit l'an 1066. parle plusieurs fois de Thierri quatrieme, Comte de ce nom, & ne se sert pas une seule fois du mot HOLLANDE. Ce nom étoit encore inconnu alors. Il appelle toujours ce Pays FLADIRTINGA. Gerard de Nimegue assure que ce nom est très-ancien & il le change en *Vlardinga* & *Vlardingiacum*. Ce qui est à remarquer, c'est que par ce mot de *Fladirtinga* Herman n'entend pas une Ville ou un Bourg, mais le Pays même. La residence que les Comtes de Frise faisoient à *Vlaardingen*, fait voir que le Marquisat de ce nom étoit proprement leur vrai domaine.

Les premiers Comtes eurent au sujet de leur Marquisat de longues & vives querelles avec les Evêques d'Utrecht. Il s'agissoit de Donations faites par les Empereurs. L'Empereur Henri IV. donna l'an 1086. une partie considerable de la Frise à Conrad Evêque d'Utrecht, & cette donation fut confirmée par Henri V. qui par une patente avoit assuré le Droit sur la Frise, à l'Evêque Gondebaut, l'un des successeurs de Conrad. Mais d'un autre côté l'Empereur Lothaire fit une donation en 1132. à Florent Comte de Hollande, à quoi s'opposa André Evêque d'Utrecht. Il s'agissoit d'un Pays situé entre les deux Capitales, Vlaerding & Utrecht, & par consequent également à la bienséance de tous les deux. Ce Pays s'appelloit MEROWEDE ou MEROWE. Ces Donations causerent bien des troubles, & les Evêques soutinrent long-temps leurs droits à main armée. Mais enfin l'an 1176. l'Evêque ayant été vaincu en Bataille par Thierri Comte de Hollande, fut contraint de ceder au Comte toute la Merowede, & de renoncer à ses pretensions sur la Hollande, ainsi Thierri & ses successeurs meurerent en possession de la Hollande Meridionale qui est la veritable & la seule Hollande de ce temps-là.

Ce que nous appellons aujourd'hui la *Nord-Hollande*, habitée alors par les Frisons, conserva encore quelque temps son indépendance. Ce Pays separé d'abord de la vraie Frise d'aujourd'hui par le lit de la Vlie, avoit été retreci par les inondations de l'Océan qui au lieu d'un Fleuve ordinaire, y avoit creusé une Mer, qui est aujourd'hui le Zuidersée. La Frise située à l'Orient de la nouvelle Mer conserva son nom ; celle qui étoit demeurée au Couchant fut appellée FRISE OCCIDENTALE ou WESTFRISE ; on la nomma aussi la PETITE FRISE ; c'est la seule dont il soit question dans cet article. Elle perdit peu à peu ce qui étoit au Midi de l'Y & du Zuidersée. Les Comtes de Hollande ayant conquis ce Pays, on s'accoutuma de le nommer aussi la HOLLANDE. Ils firent de longs efforts pour conquerir aussi la WEST FRISE ; mais ils n'en purent être maîtres qu'en 1313. ce fut alors que Jean de Baviere Comte de Hollande prit enfin *Verona* ancienne Capitale des Frisons Occidentaux, & la ruina de fond en comble ; & ce Pays ayant depuis fait partie du Comté de Hollande, on s'accoutuma à le nommer *Nord-Hollande*, ou *Hollande Septentrionale* quoi que dans les Actes publics le nom de *Westfrise* se conserve toujours jusqu'à ce jour.

Avant l'érection des Comtes de Frise, c'est-à-dire, avant Thierri dont nous avons parlé, ce Pays avoit divers Seigneurs ; c'étoient de petits Etats separez qui avoient leurs Seigneurs particuliers, & nulle autre superiorité les uns sur les autres, que celle que leur force, leur genie ou leurs alliances pouvoient leur donner.

III. LE COMTE' DE HOLLANDE s'est ferformé peu-à-peu sur les ruines des Seigneurs particuliers comme tous les autres grands Etats de l'Europe. Voici en gros quelle fut la succession de ceux qui le possederent. Thierri I. Marquis de Fladirting, ou Vlaerding, créé Comté de Frise par Charles le simple, comme nous avons dit, étoit fils, à ce qu'on croit, de Sigebert Prince d'Aquitaine. Ses descendans jusqu'à la mort de Florent premier du nom & VII. Comte possederent successivement cet Etat. Ce dernier n'aiant laissé qu'une fille qui fut mariée à Philippe I. Roi de France & un fils qui fut Thierri VII., la Comtesse Douairiere épousa Robert qui fut Tuteur du jeune pupile & gouverna en son nom; Godefroi de Bossu Duc de Lorraine chassa le Tuteur & envahit la Hollande. Thierri fut instalé & gouverna avec le temps, & ses descendans lui succederent jusqu'à Florent IV. dix-septiéme Comte, dont la branche masculine s'étant éteinte avec Jean I. son petit-fils, la succession vint à Jean II. fils d'Adelaïde. Cette Princesse étoit fille de Florent IV. & mariée à Jean d'Avesnes Comte de Hainaut. Guillaume III. ou le Bon, fils de Jean second, eut une fille mariée à l'Empereur Louïs de Baviere; & un fils nommé Guillaume IV. qui mourut sans posterité; ainsi le Comté de Hollande passa à Guillaume de Baviere son neveu. C'est Guillaume V. à qui arriva le malheur que nous avons raconté à l'article de la Haye. Albert son frere gouverna d'abord en administrateur, & ensuite en veritable Comte, & laissa trois enfans; savoir Guillaume VI. Jean & Marguerite Comtesse de Hainaut laquelle épousa Jean Duc de Bourgogne. Jean de Baviere, fut d'abord pourvû de l'Evêché de Liége qu'il quita pour se marier, quand il vit que le Comte Guillaume son frere n'avoit qu'une fille; mais lui-même il n'eut point de lignée. Cette fille nommée Jaquette, Jaqueline, ou Jacobée n'ayant point d'enfans de son mariage avec Jean de Brabant, disposa de ses Etats en faveur de Philippe le Bon, son cousin germain, fils de Marguerite de Hainaut & de Jean de Bourgogne. Elle les lui ceda en 1433. & mourut deux ans après. Marie de Bourgogne fille de Charles le Hardi & petite-fille de Philippe le Bon, fut heritiere de tous les Etats de la Maison de Bourgogne, & épousa Maximilien d'Autriche. Leur fils Philippe herita de sa mere, fut Comte de Hollande, & Pere de Charles V. qui laissa ce Comté à son fils Philippe II. Roi d'Espagne. On peut voir à l'article PROVINCES UNIES de quelle maniere ce Roi perdit ce Comté & les autres Etats dont se forma la Republique.

Les premiers Comtes faisoient leur Capitale de Vlaerdingen. Elle fut ruinée en partie vers l'an 1200. par la Meuse qui se deborda & inonda beaucoup de terres. Les Comtes s'attacherent quelque temps à embellir Gravezande, comme nous le disons en son lieu, & ils se fixerent ensuite à la Haye. Voyez ces articles.

Dans les Archives de la Chambre des Comptes on trouve observée une division qui merite d'avoir ici sa place. Le Comté y est divisé en parties fort inégales. Les deux premieres comprennent l'ancienne & vraye Hollande, proprement dite, & en ce sens on la divise en HOLLANDE SEPTENTRIONALE, & HOLLANDE MERIDIONALE.

I. La premiere renferme divers territoires nommez DYCKGRAVIATS, en la Langue du Pays, 𝔚𝔞𝔱𝔢𝔯𝔰𝔠𝔥𝔞𝔭𝔭𝔢𝔫. Tels sont le RHINLAND, le DELFLAND, le SCHIELAND, & le territoire de Woerden. Les Villes sont

Delft,   Rotterdam,
Leiden,   Schiedam,
Gouda,   Oudewater.

& Woerden.

Quelques-uns y ajoutent Vlaerding, ancienne Ville & aujourd'hui Bourg, & la Haye où resident les Etats de la Province, & les Etats Generaux.

II. La seconde, comprend les Villes de

Dordrecht,   Schoonhove,
Gorcum,   Heusden,
Worcum,   Geervliet.

Cette derniere autrefois Capitale du Pays de Putten, est tombée en ruine & n'est plus qu'un Village.

Les deux autres parties sont des accessions de l'ancienne & vraye Hollande, l'une au Midi & l'autre au Nord.

III. Le Pays de Voorn, ou en la Langue du Pays, '𝔱 𝔩𝔞𝔫𝔡 𝔳𝔞𝔫 𝔙𝔬𝔬𝔯𝔫. C'est à-dire, le *Pays Anterieur*. L'Atlas de Blaeu n'y met que deux petites Villes (*Oppida*) savoir *la Brille* & *Goerée* Capitale de l'Isle de même nom; mais on y remarque qu'il y a quantité de très-beaux Villages & que c'est le terroir de la Hollande le plus fertile & le plus abondant en toutes sortes de fruits.

IV. La quatriéme partie du Comté de Hollande située au Nord des trois autres dont nous venons de parler, est la plus grande de toutes. Elle comprend divers Pays, savoir KENNEMERLAND, & la WEST-FRISE. On y trouve le KENNEMERLAND, L'AMSTELLAND, le GOYLAND, le WATERLAND, les Isles du TEXEL, de VIERINGE, de VLIELAND, &c. Les principales Villes sont *Harlem*, autrefois Capitale du Kennemerland. *Amsterdam* Capitale de l'Amstelland; *Alcmaer* premiere Ville de Westfrise, *Horne*, *Enckhuysen*, *Medenblick*, *Edam*, *Monickendam* Chef-lieu du Waterland, *Purmerend*, & dans le Goyland *Narden*, *Muyden* & *Wesop*.

On voit aisément que cette division est fort ancienne, puisque ce qu'on y apelle Hollande Septentrionale est tout au Midi de Harlem & d'Amsterdam. Aujourd'hui, dans l'usage commun la HOLLANDE SEPTENTRIONALE est très-differente. On la prend par raport à l'Ye petit Golphe qui est une extension du Zuidersée & separe la Hollande de la Westfrise. Ce qui est au Midi est la Hollande; ce qui est au Nord est la Nord-Hollande; & les deux ensemble ne font qu'une Province dont les Etats prennent

nent la qualité d'Etats de Hollande & de Westfrise.

Cette Assemblée des Etats de Hollande & de Westfrise, est composée des Deputez des Conseils de chaque Ville. Originairement il n'y avoit que la Noblesse laquelle fait un Corps & six Villes principales qui eussent voix & séance aux Etats. Ces six Villes étoient,

Dordrecht,   Leyden,
Harlem,   Amsterdam,
Delft,   Gouda.

Aujourd'hui, outre la Noblesse, il y entre des Deputez de dixhuit Villes. Les douze autres sont,

Rotterdam,   Horne,
Gorcum,   Enckhuysen,
Schiedam,   Edam,
Schoonhoven,   Monickendam,
La Brille,   Medenblick,
Alckmaer,   Purmerend.

La Noblesse a la premiere voix. L'Assemblée des Etats de Hollande & de Westfrise est fixée à la Haye, par une résolution de l'année 1581. On décida alors qu'on pourroit changer de lieu, s'il survenoit quelque raison importante qui obligeât à le faire, mais cela n'est point arrivé. Cette Assemblée se forme quatre fois par an; aux mois de Mars, de Juillet, de Septembre & de Novembre. Si les Nobles, ou quelques Villes trouvent qu'il soit nécessaire de convoquer extraordinairement les Etats, on s'addresse aux Conseillers deputez qui jugent de l'importance de la matiere & envoyent aux autres Villes le sujet qui doit être mis en deliberation, & fixent le jour de l'Assemblée. Si ces mêmes Conseillers deputez jugent qu'il soit nécessaire d'assembler les Etats, ils ont droit de les convoquer en avertissant les Nobles & les Villes. Les Deputez qui composent les Etats de Hollande n'en sont pas les Souverains. Ce droit réside dans le College des Nobles & le Conseil des Villes.

Quoique Dordrecht tienne le premier rang entre les Villes de la Province, Amsterdam est la plus riche & la plus puissante de toutes, par l'étendue de son Commerce qui y attire les plus gros Banquiers & les plus accreditez Negocians. Il y a une Academie, ou Université, savoir celle de Leyden, trois Colleges de l'Amirauté, savoir celui d'Amsterdam, celui de Rotterdam & celui de Horn & d'Enckhuysen lequel se tient alternativement dans une de ces deux Villes.

Les autres lieux remarquables, soit Villes soit Bourgs, de la Province qui ne jouïssent pas du droit d'envoyer leurs Députez aux Etats sont,

Goerée,   Leerdam,
Helvoetsluys,   Ysselstein,
Wilhelmstadt,   Viane,
Klundert,   Woerde,
Geertruydenberg,   Oudewater,
Heusden,   Delfshaven,

Worcum,   Naerden,
Hoeckelen,   Muyden,
Asperen,   Wesop.

& la Haye.

Cette Province n'a point de Ports sur l'Océan immediatement. Les siens sont ou dans la Meuse, ou dans le Zuydersée. Elle est bordée à l'Occident par des Dunes qui arrêtent l'impetuosité des flots de la Mer, & du côté des Rivieres & du Zuydersée par de fortes digues qui sont entretenues avec beaucoup de soin & à grands frais; sans quoi une partie de ce terrain seroit d'abord submergé. Le terrain est presque partout humide & marécageux. Il y en a peu où l'on puisse semer du grain. La plus grande partie est employée à nourrir des Vaches dont le lait fait une des principales richesses du Pays. Tout y est entrecoupé de Canaux qui servent 1. à dessecher les prairies; 2. à faciliter le transport des denrées d'un lieu à l'autre. Il y a peu de Pays où l'on voyage si sûrement, ni si commodement, soit de jour, soit de nuit, d'une Ville à l'autre. En partant d'une Ville on peut dire à quelques minutes près à quelle heure on arrivera au lieu où l'on va. Le Pays abonde en maisons de Campagne qui bien loin de raporter rien aux proprietaires, coûtent beaucoup d'entretien. Cependant il y en a telle qui revient à des sommes pour lesquelles on auroit ailleurs une Terre d'un bon revenu. Il n'y croît point de vin, les vignes y produisent des raisins qui quelquefois ne meurissent point. L'Automne & l'Hyver y apportent de violentes tempêtes & des vents très-rudes. Joseph Scaliger a rassemblé dans une Epigramme Latine plusieurs singularitez de la Hollande. Il n'y a point de troupeaux de brebis & on y fabrique autant & plus d'étoffes de laine qu'en quelque autre Pays que ce soit. Il n'y croît point de Bois de charpente; cependant tout y en est plein. Ce sont des pâturages & non pas des Terres à bled, cependant il y en a de riches magazins; on n'y a point de Vignobles & quantité de Caves y sont pleines de vin: on n'y cultive point de Lin & on ne laisse pas d'y faire beaucoup de Toiles. On y vit au milieu de l'eau & cependant on y manque de bonne eau la plûpart du temps; & on n'y en boit point, comme ailleurs, parce qu'en effet elle n'est pas bonne. Voici l'Epigramme.

Ignorata tua referam Miracula Terræ,
  Douza, Peregrinis non habitura fidem.
Omnia Lanitium lassat textrina Minervæ,
  Lanigeros tamen hinc scimus abesse greges.
Non capiunt operas fabriles oppida vestra,
  Nulla fabris tamen hæc ligna ministrat
    humus.
Horrea triticea rumpunt hic frugis acervi,
  Pascuus hic tamen est, non cerealis, ager.
Hic numerosa meri stipantur dolia cellis,
  Quæ vineta colat nulla putator habet.
Hic nulla aut certe seges est rarissima lini,
  Linifici tamen est copia major ubi?
Hic mediis habitamus aquis, quis credere possit?
  Et tamen hic nulla, Douza, bibuntur aqua.
                                            Les

Les Villes sont fort voisines les unes des autres ; & on peut appeller la Hollande le Pays des belles Villes. Il y a peu de Villages pareils à ceux que l'on voit en France & en Allemagne. Ce qu'on appelle ici Village sont de fort beaux Bourgs, presque tous ont leur Eglise, leurs Magistrats, leurs foires annuelles, leur Maison pour les Orphelins ; & beaucoup de droits & de commoditez que n'ont pas plusieurs Villes de France & d'Allemagne. Chacun est maître de son bien. La monnoye y est invariable ; le Commerce très-libre, & comme c'est le plus solide appui de la Republique, ceux qui gouvernent l'encouragent par tous les moyens possibles. Les impôts y sont fort grands, mais moindres qu'en beaucoup d'autres Provinces, & necessaires à cause des frais immenses qu'il en coute pour assurer le Pays contre la Mer & les Puissances voisines.

Le Hollandois est économe, attaché à son Commerce, amoureux de sa liberté. Les femmes y sont menageres, & generalement fort modestes, fort retirées, & fort appliquées à leur menage. La Religion Protestante y est la dominante. On y suit les sentimens du Synode de Dordrecht ; & il faut être de cette Religion pour être admis aux charges de la Magistrature & de l'Etat; mais on y tolere les Catholiques qui y ont un grand nombre de Chapelles publiques tant dans les Villes qu'aux Villages. Les Lutheriens, les Arminiens, ou Remontrans, les Anabaptistes &c. y ont des lieux où ils s'assemblent sans aucun obstacle.

IV. LA HOLLANDE, Republique dans les Pays-bas. Voyez PROVINCES UNIES.

V. 1. LA NOUVELLE HOLLANDE, petit Pays de l'Amerique Septentrionale, sur la côte Orientale, au Midi de la nouvelle Angleterre, peu loin des frontieres des nouveaux Pays-bas, sur la Mer du Nord, auprès de la nouvelle Suede. Les Hollandois y avoient commencé une nouvelle *Amsterdam*, mais ce Pays a changé de nom & de maîtres. Au lieu de la nouvelle Suede & de la nouvelle Hollande, c'est presentement le nouveau Gersey & la nouvelle Yorck, & ces lieux appartiennent à la Grande Bretagne qui a étendu sa domination le long de cette côte, & effacé les traces de possession que les autres Peuples y avoient laissées.

2. LA NOUVELLE HOLLANDE, Pays dans les Terres Australes, au Midi des Moluques, en deça du Tropique du Capricorne. Mr. Baudrand [a] dit que les Hollandois le decouvrirent en 1644, & qu'ils n'y ont point fait d'établissemens [b]. Ce que l'on en connoît est fort grand & s'étend depuis le 123. d. jusqu'au 160. de Longitude & depuis le 10. d. de Latitude jusqu'au 34. Il y a de grands Golphes ; tel est celui qui est bordé à l'Orient par la Carpentarie. Les Hollandois ont donné differens noms aux parties de ce Pays-là. Les principaux sont

La Carpentarie,	La Terre de Wit,
La Terre d'Arnheim,	La Terre d'Endracht ou de la Concorde,
La Terre de Diemen,	La Terre de la Lionne.

[a] Edit. 1705.
[b] De l'Isle Atlas.

& la Terre de Nuitz.

On n'a pas encore decouvert où aboutissent les côtes de ce Pays ; & on ignore si c'est une Isle, ou s'il tient à quelque Continent. Ce ne peut-être ni à celui de l'Asie, ni à celui de l'Afrique, ni à celui de l'Amerique. Dampier [c] qui y passa en 1700. fait un grand detail de ce qu'il vit aux lieux où il aborda. On peut le voir dans son Voyage aux Terres Australes.

[c] Voyages T. 5.

3. LA NOUVELLE HOLLANDE, petite Contrée au Nord de l'Europe, le long du Detroit de Weigats. Lorsque les Hollandois firent diverses tentatives pour chercher au Nord de l'Europe un chemin qui pût conduire leurs Flottes au Japon & dans l'Océan Oriental, ils prirent possession de divers Pays tant dans la nouvelle Zemble que dans le Continent. Ils appellerent nouvelle Hollande la côte Meridionale du Detroit. Mais avec le temps il se rencontra de si grands obstacles, que desesperant de trouver ce passage, on en abandonna le projet & le nom de *nouvelle Hollande*, en ces quartiers, ne se trouve plus que dans quelques anciennes Cartes. La Terre qu'ils nommoient ainsi, fait partie de la Russie, & plus particulierement du Pays des Samoyedes [d]. C'est un Pays herissé de Montagnes, borné au Nord par le Detroit de Weigats ou de Nassow, au Couchant par l'Embouchure de la Petzora & au Levant par le Golphe que forme l'Obi., avec quantité d'autres Rivieres.

[d] Nouvelle Carte de la Russie publiée à Leyde.

HOLLANDESBY, partie de l'Isle d'Amag. Elle prend ce nom d'une Colonie Hollandoise qu'on y a établie.

HOLLANDOIS (LES) ; Habitans de la Province de Hollande. On nomme aussi en general dans presque toute l'Europe les habitans des Provinces-unies sans distinction de Province. On dit même dans des Histoires d'ailleurs bien écrites les HOLLANDOIS, pour dire les Etats Generaux des Provinces unies ; comme dans cette phrase, *Les Hollandois firent proposer à l'Empereur* &c.

HOLM, ce nom dans la Langue Suedoise, signifie une Isle ; & toutes les fois qu'il se trouve composé avec d'autres Syllabes dans un nom Geographique, c'est une marque que ce lieu est une Isle. Bornholm, Gaasholm, Kastelholm, Stokholm, &c. sont de veritables Isles.

HOLMI, Strabon dit [e] au pluriel Ὅλμοι & Ὅλμος au singulier, Pline l'exprime par HOLMOE & HOLMIA ; Ville de la Cilicie Montagneuse. Etienne le Geographe dit *Olmi*, Ville de la Cilicie Montagneuse, où demeuroient ceux qu'on nomme presentement Seleuciens : il a pris cela de Strabon. Cela veut dire qu'*Holmi*, *Holmoe*, ou *Holmia* est l'ancienne Ville dont on prit les habitans pour peupler la nouvelle Ville que l'on appella Seleucie. Un passage de Pline [f] sert de preuve & d'éclaircissement à ce que dit Strabon. Seleucie, dit-il, sur la Riviere de Calycadnus, surnommée Tracheotide. On la transporta en cet endroit au lieu qu'au-

[e] l. 14. p. 663. & p. 660.
[f] l. 5. c. 27.

paravant elle étoit au bord de la Mer & s'appelloit alors *Holmia*.

1. HOLMIA. Voyez l'article precedent.
2. HOLMIA, nom Latin moderne de Stockholm, Capitale du Royaume de Suede.

HOLMIUS. Voyez OLMIUS.

HOLMONES. Voyez OLMONES.

HOLMUS. Voyez HOLMI.

HOLO, au Genitif *Holonis*, ancienne Ville d'Espagne. Elle fut prise par le Consul M. Fulvius, selon Tite-Live [a]. Elle n'étoit pas fort éloignée de Vescelia qu'il prit aussi.

[a] l. 35. c. 22.

HOLOCRUS, ou HOLOCRUM, Montagne de Grece dans la Macedoine. On dit aussi OLOCRE, je vois même ce dernier preferé par Mr. Dacier [b]. C'est auprès de cette Montagne que Paul Emile vainquit Persée Roi de Macedoine.

[b] Plutarque Vies des Hommes Illustres T. 3. p. 119.

HOLONNA, Lieu de l'Italie Cisalpine, comme parle Ortelius [c]. C'est où Luitprand Roi des Lombards bâtit un édifice en l'honneur de St. Anastase Martyr, selon * Paul le Diacre.

[c] *Thesaur.*
* Langobard. 6.

HOLOPHYXOS. Voyez OLOPHYXOS.

HOLOPIXOS, Ville de l'Isle de Crete, selon Pomponius Mela [d] & Pline [e].

[d] l. 2. c. 7.
[e] l. 4. c. 12.

HOLSACE; quelques-uns emploient ce mot pour dire le HOLSTEIN & le forment du nom de HOLSATIA, qui est du Latin moderne & signifie le HOLSTEIN. Voyez l'article de HOLSTEIN.

HOLSTEBRO [f], petite Ville de Danemarck au Jutland, dans l'Evêché de Ripen assez près de Lemwick.

[f] Hermanid. Dan. Norw. Desc. p. 778.

HOLSTEIN, en Latin HOLSATIA, Pays & Duché d'Allemagne, dans sa partie la plus Septentrionale, aux confins du Danemarck, dont le Roi y possede divers lieux. Il est situé entre la Mer du Nord au Couchant & la Mer Baltique au Levant. Il a au Nord le Sleswig, dont il est separé par des limites qui ne s'écartent gueres de la Riviere d'Eider. Il confine au Lauwenbourg & au Meckelbourg, au Sud-est & est terminé par la Riviere de Bille qui tombe dans les fossez de Hambourg; il a l'Elbe au Sud-ouest. Ce Pays est partagé principalement entre le Roi de Danemarck & le Duc de Holstein. Pour entendre la raison de ce partage il faut savoir que la famille Royale de Danemarck, est une branche de la Maison de Holstein, & comme avant que de parvenir au Trône, elle avoit son patrimoine comme l'autre branche & qu'elle l'a conservé, delà vient que ce Pays est divisé entre deux Gouvernemens. Il y a un peu plus d'un siécle qu'il y eut un Accord par lequel il fut reglé qu'il n'y auroit que deux Regences dans le Duché de Holstein, savoir,

La Regence Royale à Glucfstadt;
La Regence Ducale à Gottorp.

On s'en est tenu-là, car quoique les branches de la Maison se soient encore subdivisées, cela revient toujours aux deux principales, la Royale & la Ducale, & les biens appartiennent toujours à l'une, ou à l'autre Maison. Il est survenu des guerres qui ont pu troubler la possession de l'une ou de l'autre Branche; comme en 1715. les Danois occupoient tout le Duché; mais à l'égard du Holstein les conquêtes ont été rendues par les Traitez de Paix. Nous parlerons en un autre lieu du Sleswig que le Roi de Danemarck s'est approprié.

Les habitans de ce Pays-là sont designez dans l'Histoire de Charlemagne, & de Louis le Debonnaire sous les noms de *Saxons d'audelà de l'Elbe*, TRANSALBIANI SAXONES, & NORD-ALBINGII, leur Pays y est nommé NORD-ALBINGIA, & trois Nations principales l'habitoient, savoir *Stormarii*, *Holsati* & *Ditmarsi*. Ces Peuples sont appellez NORDMANNI par l'Astronome [g]. Il les nomme ailleurs [h] NORDLUIDI. Dithmar de Merseburg dans sa Chronique nomme les trois Peuples de la NORD-ALBINGIE THIETMARSGOI, OLCETÆ & STURMARI. Il faut y ajouter le Peuple WAGRI qui faisoient partie des Slaves & qui par consequent étoient une même Nation avec les Abotrités Peuple voisin qui habitoit dans le Meckelbourg. Ainsi OLCETÆ, HOLSATÆ, HOLSINGI, HOLSTATI signifie un seul Peuple dont le Pays est le Holstein proprement dit, duquel nous parlerons ci-après, & qui ne fait que la quatriéme partie du Duché de même nom.

[g] *Annales* ad ann. 798.
[h] Ad an. 799.

LE HOLSTEIN est partagé en quatre Cantons, savoir,

Le HOLSTEIN PROPRE,   Le STORMAR;
La WAGRIE;   Le DITHMARSE.

Nous ne parlerons ici que de la prémiere partie, on peut voir les trois autres à leurs Articles particuliers. Nous mettrons seulement ici un tableau des Villes qui appartiennent à l'une ou à l'autre des deux Puissances, le Roi de Danemarc & le Duc.

DANS LE HOLSTEIN PROPRE,

Le Roi possede,	Le Duc possede,
Rendsbourg,	Kiel,
Itzeho,	Bordisholm, Monastére.

DANS LA WAGRIE,

Ploen,	Oldenbourg,
Segeberg,	Ranzow,
Oldeslo,	Eutin.
Heiligenhafen,	
Travental,	

DANS LE STORMAR,

Gluckstadt,	Tritow,
Altena,	Rhinbeck,
Krempe,	Barmstadt.
Pinneberg.	

DANS LE DITMARSE,

Meisdorff,	Heyde,
Brunsbuttel.	Lunde.

Le Comté de Pinneberg dont nous parlons en son

son lieu, est du Holstein; les Villes de Hambourg & de Lubeck en sont aussi; mais elles sont libres & indépendantes comme nous disons dans leurs articles particuliers.

Le Duc de Holstein possedoit de même le Sleswig qui est la partie Meridionale du Jutland & il le partageoit de même avec le Roi de Danemarck. Mais lors que le Duc étoit mineur, l'Administrateur de ses Etats qui étoit l'Evêque de Lubeck, s'étant ingeré dans les guerres de la Suede contre le Danemarck; il reçut dans ses places les Suedois commandez par le Comte de Steinbock. Le Roi de Danemarck eut le bonheur de vaincre l'Armée Suedoise, de prendre le Sleswig & le Holstein. Il a gardé entierement cette premiere Province au Duc lorsqu'il a été Majeur & s'en est fait assurer la possession par la garantie de la France, de la Grande Bretagne, & des autres Puissances qui ont consenti de sacrifier à la Paix une protection que le Duc de Holstein leur demandoit.

HOLTHEIM ou HOLTZEMME, Ruisseau d'Allemagne, au Pays de Halberstadt. Il a sa source dans la forêt du Hartz; & se jettant dans la Riviere de Bode, se perd avec elle dans la Sala.

HOLWAN. Voyez HULVAN.

HOLY CROSSE, c'est-à-dire, SAINTE CROIX, Bourg & autrefois Monastere d'Irlande, dans la Province de Mommonie au Comté de Tiperari, selon Mr. Baudrand. Je trouve dans l'Etat de l'Irlande que *Tipperari* ou *Ste. Croix* est un même lieu qui porte ces deux noms. Voyez TIPPERARI.

HOLY-INEL, lieu d'Angleterre au Pays de Galles en Flintshire. Il est remarquable par la fontaine de Ste. Winifride Vierge qui y fut martyrisée. Mr. Corneille dit [a]: on pretend que la mousse de cette fontaine rend une très-bonne odeur, & qu'il en sort un ruisseau qui a quelque chose de sanglant, ce qu'on attribue à la recompense que Dieu a voulu donner à la pureté de sa vie & à la sainteté de sa mort: il y a une veine d'argent proche d'Holy-Inel. L'Auteur de l'Etat present de la Grande-Bretagne [b] n'a pu dissimuler, tout zelé Protestant qu'il est, que cette fontaine est fameuse pour la guérison des Rhumatismes; que les Catholiques vont en foule à ce lieu, où audessus de la source est une belle Chapelle de pierre de taille, & qu'ils regardent comme des miracles & attribuent à la Sainte les guérisons que produit cette fontaine.

HOLY-ISLAND, c'est-à-dire L'ISLE SAINTE [c], Isle sur la côte Orientale d'Angleterre auprès de Northumberland Province à laquelle elle appartient. Elle s'appelloit auparavant LINDISFARNE; & on lui donna le nom qu'elle porte à present à cause des Moines qui s'y étoient retirez. Il y avoit un Monastere de Benedictins dont l'Eglise étoit Episcopale. On y enseignoit les Saintes Lettres & toute l'Isle étoit peuplée de personnes consacrées à Dieu. St. Aidan Irlandois Abbé en fut le premier Evêque, le Roi St. Oswald la lui avoit donnée en 636. pour y bâtir un Monastere & y mettre le Siege Episcopal d'Yorck. Mr.

Baillet s'explique mal quand il le dit [d]: Lindisfarne est contigue à la terre-ferme; mais deux lieues plus avant dans la Mer étoit l'Isle de Farne, où St. Cutbert se pratiqua une solitude qui fut cultivée par ceux qui vinrent après lui. Holy-Island ou Lindisfarne est separée de la terre-ferme par un bras de Mer. L'Isle de Farne est aussi le long de la côte au Sud-Est de Holy-Island, elle subsiste & est encore au même endroit où elle étoit du temps de St. Cutbert. Ce Saint fut fait Evêque en 685. & eut en 688. St. Edberd pour Successeur. Le Monastere de Lindisfarne fut ruiné par les Danois vers l'an 874. Le Siege Episcopal fut transferé vers l'an 882. à Chester avec les reliques de Saint Cutbert que l'on n'avoit pas laissées à l'Isle de Farne; & de Chester l'Evêché fut encore transferé à Durham, où il est aujourdhui. Holy-Island n'est au fond qu'une petite Isle dont l'air n'est pas sain, ni le Terroir fertile. Delà vient qu'elle est mal peuplée. Il n'y a qu'un Bourg, un Château & une Eglise. Le Havre est assez bon & defendu par un Fort. Elle n'a ni prairies ni pâturages, ainsi sa plus grande ressource est la chasse & la pêche.

HOMAGUES, Peuple de l'Amerique Meridionale sur la Riviere des Amazones, à l'Orient du Perou & du Pays de los Paçamores. Mr. de l'Isle nomme leur Pays *Isles & Habitations des OMAGUAS ou AGUAS*; vers les 310. d. de Longitude & 3. d. 20'. de Latitude Meridionale. [e] Le Comte de Pagan dit que cette Province est la meilleure & la plus grande de toutes celles qui sont le long de la Riviere des Amazones. Sa longueur est de deux cens lieues & ses habitations sont si frequentes qu'à peine a-t-on perdu l'une de vue qu'on decouvre l'autre. Sa largeur semble petite parce qu'elle n'excede point l'étendue des bras de ce grand Fleuve. Tous les Bourgs & les Villages sont en des Isles fort grandes & le commencement de cette longue Province du côté de l'Occident est à trois cens dix - sept lieues des sources du Fleuve des Amazones. La plus grande & la meilleure habitation des Homagues est dans une Isle du côté du Midi à 3. d. de Latitude Australe & 312. d. 55'. de Longitude. Il y en a une autre composée d'une infinité de Maisons construites à leur mode & posées en un lieu avantageux. Elle est remplie d'Hommes très-vaillans & aguerris, & fournie de toutes sortes d'Armes & de Munitions de guerre. Comme cette place est la derniere de toute la Province du côté de l'Orient; elle est Frontiere de diverses Nations vaillantes contre lesquelles les Homagues combatent souvent. Ils ont des guerres continuelles de l'un & de l'autre côté de la Riviere avec les Sauvages. Ce sont les CURINES, du côté du Midi, Nation nombreuse qui se deffend contre les Peuples plus éloignez. Du côté du Nord sont les TECUNES aussi vaillans & aussi nombreux que les Curines. Voyez au mot OMAGUAS.

HOMALA. Voyez LYRNESSUS.

HOMAR, en Latin moderne HOMARUS, petite Riviere d'Afrique, sur la côte de Barbarie au Royaume de Fez dans la Province de Habat. Elle a sa source dans les Montagnes

& serpentant vers le Couchant, elle tombe dans l'Océan Atlantique à Taximuxa entre Arzile & Larache.

HOMARA, petite Ville d'Afrique au Royaume de Fez dans la Province de Habat; son assiéte, dit Marmol [a], est assez forte, car elle est sur un tertre au bord d'une petite Riviere (c'est le Homar) & il fait beau voir ses murs de loin. Elle est entre Arzile & Alcaçarquivir à cinq lieuës de l'une & de l'autre. Elle fut bâtie, à ce qu'on dit, par le petit-fils du Fondateur de Fez. Lors que les Portugais prirent les Villes de Tanger & d'Arzile en 1471. les Habitans se retirerent & ne revinrent point; mais quand Arzile fut abandonnée elle commença à se repeupler de Bereberes, parce que le Pays est beau & uni, abondant en bled & en pâturages. Il y a plusieurs Arbres fruitiers à l'entour & quelques vignes, & l'on recueille beaucoup de lin, dans la campagne à cause de la Riviere dont on l'arrose. Mais les Habitans y sont si tourmentez des Arabes, qu'ils sont fort pauvres. La plûpart sont tisserans.

[a] Afrique l. 4. c. 51. T. 2. p. 216.

§. De la Croix dans son Histoire d'Afrique [b] nomme cette Ville HOMAN, & Mr. Corneille copiant ce qu'il en dit, aussi bien que l'Article de Marmol, en fait deux Villes mal à propos.

[b] T. 1.

1. HOMBERG AN DER HOHN, Ville d'Allemagne dans le Landgraviat de Hesse à l'Orient d'Amenebourg & de Marpurg, à trois petites lieuës communes d'Allemagne de la derniere & à une lieue & demie de l'autre, elle est sur une colline au sommet de laquelle est une Forteresse. Mr. Baudrand en fait un Bourg & un Château qu'il nomme HOMBERG AN DER FLAUM. Ce lieu est sur un ruisseau qui tombe dans la Lohn. Jaillot n'en fait qu'un Village. On la nomme HOMBERG DANS LA HESSE.

[c] Ibid.

2. HOMBERG [c], Bourgade d'Allemagne en Westphalie. C'est une Seigneurie avec titre de Comté [d] entre le Duché de Berg & le Comté de la Marck.

[d] Baudrand Edit. 1705.

3. HOMBERG [e], Château d'Allemagne dans la Suabe, à Frickthal près du Rhin. Ce Château a eu ses anciens Comtes qui y résidoient & qui dans la suite bâtirent le Château de Hombourg en Suisse.

[e] Délices & Etat. de la Suisse. T. 3. p. 41.

HOMBLIERES, Abbaye de France en Picardie dans le Vermandois, au Diocèse de Noyon, à une lieue de St. Quentin sur le chemin de Guise. Il y a aussi un Village de même nom, l'Abbaye est de l'Ordre de St. Benoît, & [f] si ancienne qu'on ignore le temps de sa fondation. On sait seulement que Ste. Hunegonde y mourut l'an 690, & c'étoit pour lors un Monastere de filles auxquelles ont succédé des Religieux non reformez de St. Benoît. Quelques-uns écrivent Humblieres.

[f] Piganiol de la Force Desc. de la France. T. 3. p. 27.

1. HOMBOURG, Ville d'Allemagne dans les Pays réunis, & dans le Comté de Sarbrug, à deux lieues de Deux-Ponts & sur une petite Riviere qui se jette dans la Blise. Mr. de Longuerue parle ainsi de cette Ville. Hombourg est dans la Lorraine Allemande [g], & a été longtemps un Domaine de l'Eglise de Metz. Les Evêques de cette Ville avoient dans le VIII. Siécle du tems des Maires Pepin & Charles Martel en ce Pays un lieu nommé HILARIAC, où Sigebold Evêque de Metz fonda un Monastere pour Saint Fridelin Moine Ecossois ou Hibernois vers l'an 730. Crodegand ou Godegrand Evêque de Metz étant allé à Rome sous le Pontificat de Paul I. obtint de ce Pape le Corps de S. Nabor Martyr, qu'il mit dans l'Eglise d'Hilariac, laquelle prit le nom de ce Saint, ayant été dediée au commencement à l'Apôtre St. Paul. Il s'y forma à l'entour une Ville assez considerable, & dont les Evêques de Metz furent Seigneurs temporels. Il y avoit à deux lieuës de cette Ville une place nommée HOMBOURG, qui avoit été sous l'obéïssance de Folmare Comte de Metz. Il la donna à son fils Hugues, qui mourut sans laisser d'Heritiers, ce qui donna occasion aux voisins de se saisir de Hombourg; mais Estienne de Bar Evêque de Metz soûtint qu'elle devoit lui revenir au défaut d'Heritiers du dernier propriétaire. Ce Prelat se voyant alors dans les bonnes graces de l'Empereur Barberousse, assembla des Troupes, & prit Hombourg qu'il réunit au Domaine de son Eglise de Metz. Les Comtes de Sarbruck Vassaux de l'Eglise de Metz furent établis Avouëz Hereditaires de la Ville de Hombourg, & de la Ville & Abbaye de S. Nabor, que l'on appella par corruption S. Navau, & ensuite S. Avau & S. Avold, ce que Meurisse nous apprend dans l'Histoire des Evêques de Metz, dans les Vies de Sigebauld & d'Estienne de Bar. Les Evêques de Metz, établirent à Hombourg & S. Avod une Cour composée de vingt-quatre personnes qui avoient le nom d'Echevins, & qui étoient tirez de tous les Villages de la Châtellenie. On appelloit ce Tribunal la grande Cour, & l'Avoûerie dont étoit Chef le Comte de Sarbruck Avoué Hereditaire, & le Comte de Créange étoit l'arriere Voüé. Les Evêques donnerent des Privileges aux Habitans de la Châtellenie de Hombourg & de S. Avod, qui furent confirmez dans les années 1368 & 1383. par l'Evêque Theodoric de Boppart. Raoul de Couci ayant succedé à Theodoric de Boppart, confirma l'an 1389. aux Habitans de la Ville de S. Avod un Péage, qui leur avoit été accordé pour la garde de la Ville, mais six ans après il engagea à Charles Duc de Lorraine la moitié de Hombourg & de S. Avod, & de leurs dépendances pour s'acquitter envers le Duc de la somme de quatre mille francs de bon or, l'Evêque Raoul se réservant le droit de rachat avec les Hommages des Vassaux, & cet engagement duroit encore l'an 1470. Quelque tems après l'Evêque de Metz rentra dans la pleine joüissance de cette Châtelenie, dont Bernard de Sarbruck fut établi Châtelain & Receveur pour trois ans par le Primicier, & le Chapitre de Metz Administrateurs de l'Evêché. L'an 1551. le Cardinal Robert de Lenoncourt Evêque de Metz engagea avec le consentement de son Chapitre le Domaine de S. Avod & Hombourg à Philippe Comte de Nassau Sarbruck, à la réserve des Aides ordinaires & extraordinaires, des droits de Regale & de Souveraineté, moyennant quinze mille Florins d'or, avec permission des réparations jusqu'à la concurrence de trois mille Florins d'or, qui seroient ren-

[g] Longuerue descr. de la France. part. 2. p. 158.

rendus par l'Evêque avec le prix de l'engagement. L'Eglise de Metz se trouvant dans une grande nécessité quelques années après, le Chapitre donna son consentement l'an 1567. pour un engagement que le Cardinal de Lorraine leur Evêque prétendoit faire des revenus de l'Evêché, & mêmes des Salines jusqu'à la somme de trente mille Ecus. En vertu ou sous le prétexte de cet Acte, le Cardinal de Lorraine Administrateur perpetuel, & son Frere le Cardinal de Guise, titulaire de l'Evêché, en considération de ce que leur Neveu Henri de Lorraine Duc de Guise avoit fourni vingt mille Florins pour éteindre une rente de pareille somme hypothequée sur les deux Châtellenies de Vic & de Marsal, & constituée par le Cardinal de Lenoncourt l'an 1551. au profit du Comte de Nassau Sarbruck, & parce que le Duc avoit fourni dix-huit mille Florins pour retirer le Domaine de S. Avod & Hombourg engagé pour cette somme au Comte de Nassau; ces Cardinaux donnerent en Fief à perpetuité au Duc & à ses descendans Mâles & Femelles S. Avod & Hombourg, avec toute la vouërie & les dépendances, sans rien reserver que les Aides Imperiaux, à la charge de faire foi & hommage, aux Evêques de Metz. Ensuite le Duc de Guise donna des Actes l'an 1572 & 1576. pour reconnoître l'Evêque de Metz, & lui faire hommage, après quoi il prit possession de cette Châtellenie & de ses dépendances à la requisition du Chancelier de l'Evêché: les Habitans prêterent serment de fidelité au Duc l'an 1576. après avoir été délivrez par l'Evêque de celui qu'ils lui avoient fait. Le Duc ne jouït que cinq ou six ans de cette acquisition, car il vendit du consentement de Catherine de Cleves son épouse à Charles Duc de Lorraine la Seigneurie ou Châtelenie de Hombourg & de S. Avod, qu'il avoit acquise de l'Administrateur & de l'Evêque de Metz moyennant quatre-vingt seize mille Ecus d'or, qui furent payez comptant au Duc de Guise, qui renonça pour lui & ses Enfans à la substitution linéale & perpetuelle mise dans l'Inféodation par les deux Cardinaux de Lorraine & de Guise. Après cela le Procureur du Duc de Lorraine prit possession de Hombourg & de S. Avod le 27. d'Octobre 1582. Ce Contrat fut approuvé & ratifié l'an 1586. par le Cardinal Charles de Lorraine fils du Duc, qui fit hommage de S. Avod & Hombourg à son fils le Cardinal Evêque de Metz & de Strasbourg, & il en donna ses Lettres le 13. Septembre 1599. Après la mort du Duc Charles, son fils Henri rendit les mêmes devoirs l'an 1609. à Anne Descars Cardinal de Givri Evêque de Metz. Cet hommage fut suspendu dans la suite, à cause que la Lorraine fut occupée par les François. Au Traité de Paix de Westphalie le Fief Imperial de l'Evêché de Metz fut cedé & incorporé à la Couronne de France; mais après que le Duc Charles eut été en execution de la Paix des Pirennées remis en possession de Hombourg & de S. Avod, parce qu'il en étoit en possession l'an 1633, le Duc ne voulut rien changer à ce que ses Predecesseurs avoient fait, & ces differens n'ont été terminez que par le Traité de Paris 1718. Article XIV. par lequel le Roi cede à Leopold Duc de Lorraine tout le droit de Souveraineté qui appartenoit à la Couronne par le Traité de Munster, & lui a remis toutes ses pretentions.

2. HOMBOURG AN DER HOHE, c'est-à-dire. Château d'Allemagne dans le Landgraviat de Hesse & plus particulierement dans la haute Hesse, assez près de Francfort, à l'extremité Orientale de la Forêt & de la Montagne de Hohe. Ce [a] Château est la Residence d'une Branche de la Maison de Hesse qui en prend le nom de Hesse-Hombourg. C'est le Chef-lieu d'un Bailliage qui fait l'Apanage de cette Maison.

[a] Hubner Geogr.

3. HOMBOURG [b], Château de Suisse au Canton de Basle, sur un Rocher à la descente du Mont Jura, à l'Orient de Wallebourg. Il ne faut pas le confondre avec Homberg dans le Frickthal. Ce furent les anciens Comtes de Homberg qui bâtirent ce Château de Hombourg. Audessus de ce Château les Baslois ont un bain d'eau chaude Minerale nommé *Ramser-bad*, qui est bon contre la gale, les obstructions, la debilité des nerfs & autres maladies de cette nature.

[b] Etat & delices de la Suisse. T. 3. p. 41.

4. HOMBOURG [c], (LA JUSTICE DE) petite Contrée de Suisse dans le Tockenbourg, on y voit les restes de la Forteresse d'ALT-GLATTENBOURG possedée il y a plus de huit cens ans par des Nobles qui portoient le nom de Gielen de Glattenbourg. Les Habitans d'Appenzel & de St. Gall s'en rendirent maîtres en 1405. Les Nobles la reprirent presque aussi-tôt & elle fut enfin entierement détruite par les Habitans du Pays en 1485.

[c] Ibid. p. 323.

HOMEL [d], petite Ville de la Russie Polonoise au grand Duché de Lithuanie, aux confins du Duché & du Palatinat de Czernichow, au bord Occidental de la Riviere de Sosz qui tombe un peu plus bas dans le Nieper.

[d] De l'Isle Atlas.

HOMELEA, Riviere d'Angleterre dans sa partie Meridionale. Son nom moderne est l'HUMBLE. Voyez ce mot.

HOMERITÉS (LES) ancien Peuple de l'Arabie heureuse. Selon Ptolomée [e] ils occupoient la côte Meridionale de l'Arabie depuis le Détroit jusqu'aux Adramites. Les lieux considerables de leur pays étoient:

[e] l. 6. c. 13.

Madoce, Ville,
Marace ou *Madache*, Ville,
Dees, ou *Lees* Village,
Ammonius, Promontoire,
Arabiæ Emporium, port,
Armanisphe, Village,
Melan, Montagne.

Ils confinoient, selon cet Auteur, avec les Saphorites voisins des Sabéens. Pline [f] donne aux Homerites une seule Ville nommée MASSALA, & le R. P. Hardouin croit que c'est la MASTHALA de Ptolomée; mais Cellarius fait voir que cela ne se peut pas. Le R. P. Hardouin croit que les Homerites faisoient partie des Sabéens avec lesquels bien des Auteurs les ont confondus. Ortelius se trompe extrêmement quand il dit que les Homerites sont nommez Auxomites par Procope. Cet Auteur [g] ne dit pas que les Homerites & les Auxomites soient un même Peuple, au contraire

[f] l. 6. c. 28.

[g] Bell. Pers. l. 1. c. 19. n. 5. & 6.

il les distingue & met le Golphe Arabique entre deux. Les Ethiopiens, dit-il, habitent vis-à-vis des Homerites, de l'autre côté de la Mer : on les appelle Auxonites du nom de la principale de leur Ville. Ces mots *on les appelle* ne se rapportent pas aux Homerites, mais aux Ethiopiens situez au Couchant du Golphe. Aulieu d'*Auxonites* il faut lire *Auxomites* d'*Auxumá* Capitale de l'Ethiopie. Procope distingue encore mieux ces deux Peuples, le port des Homerites, dit-il, d'où l'on fait voile pour l'Ethiopie est appellé Bulicas & celui où l'on prend terre en Ethiopie est appellé le port des Adulites. Mr. l'Abbé le Grand dans une de ses Dissertations sur l'Ethiopie [a] rapporte un passage de Theodoret sur le troisiéme Livre des Rois [b] & dit : „ Theodoret ayant demandé ce que c'est que le Peuple de Saba; il „ repond c'est un Peuple d'Ethiopie. On dit „ que ces Peuples demeurent le long de la „ Mer des Indes; on les appelle Homerites ; „ ils sont vis-à-vis les Axumites, il n'y a que „ la Mer entre deux : ils ont eu pour Reine „ cette femme admirable dont le zele a été „ loué par Notre Seigneur Jesus-Christ. Philostorge place les Sabéens parmi les Peuples „ des Indes : les Sabéens Nation des Indes, „ sont ainsi nommez de la Ville de Saba, Capitale du Pays & ils sont les mêmes que les „ Homerites''. Ce passage de Theodoret renferme plusieurs fautes. En premier lieu l'Ethiopie étoit au Couchant du Golphe Arabique où elle est encore & les Homerites étoient au Levant de ce même Golphe. ils n'étoient donc point de l'Ethiopie, mais de l'Arabie. 2. Les Sabéens n'étoient dans les Indes que parce qu'on nommoit improprement l'Arabie les Indes. 3. Les Sabéens ne sont les mêmes que les Homerites, qu'en partie. C'est-à-dire que les Homerites étoient compris dans le Pays des Sabéens. Mais cette derniere Nation comprenoit encore d'autres Peuples que les Homerites, Le Pays des Homerites repond à peu près à ce que nous appellons aujourd'hui le Pays d'Aden.

HOMILÆ, Ὁμίλαι, Ville de Grece dans la Thessalie, selon Ptolomée [c].

HOMME ou HUMS [d], petite Ville de l'Ecosse Meridionale dans la Province de Merche à cinq lieues de la Ville de Berwich. Elle a eu autrefois ses Comtes particuliers dont elle étoit la Residence [e]. Leur Château est demoli.

HOMOLIUM & HOMOLIS, Bourg de Grece dans la Thessalie, entre le Penée & la Ville de Demetriade. Strabon [f], & Scylax de Caryande [g] en font mention. Etienne en fait une Ville de Macedoine [h]. C'est peut-être l'Homilæ de Ptolomée.

HOMOLUS. Voyez OMOLE.

HOMONA, Ville d'Asie près de l'Isaurie. Les Habitans sont nommez HOMONADES par Pline [i]. Tacite les nomme HOMONADENSES. Ils étoient entre l'Isaurie & la Cilicie. Pline le dit de la premiere que leur Pays lui étoit contigu & qu'ils avoient dans l'interieur du Pays une Ville nommée Homona. Tacite [k] dit du Consul Quirinius qu'il avoit merité l'honneur du Triomphe pour avoir pris les Forts de cette Nation dans la Cilicie, *mox expugnatis per Ciliciam Homonadensium Castellis*; il faut l'entendre de la Cilicie Montagneuse qui confinoit à l'Isaurie

[a] p. 199.
[b] Quæst. 33.
[c] l. 3. c. 13.
[d] Baudrand Edit. 1705.
[e] Etat pres. de la Gr. Bret. T. 2. p. 236.
[f] l. 4. c. 9.
[g] l. 9. p. 443.
[h] Peripl.
[i] l. 5. c. 27.
[k] Ann. l. 3. c. 46.

& à la Lycaonie. Delà vient que quelques Notices comme celles de Leon le Sage & de Hierocles mettent cette Ville dans la Lycaonie. Elle étoit Episcopale & son nom se trouve fort defiguré en quelques monumens Ecclesiastiques. Hierocles dit Οὐμονάδα, UMANADA, Leon le Sage dit ONOMADORUM, genitif d'*Onomada*. Ce renversement de lettres se trouve conforme à la maniere dont Strabon [l] écrit ce mot, car il le nomme ce Peuple Ὀνομαδεῖς, *Honomades*.

HOMONOEA, Ὁμόνοια, lieu de la Palestine. Il en est fait mention dans la Vie de l'Historien Josephe.

HOMOTYLES, port maritime de la Sicile, selon Polyen [m], qui dit que Denys le reçut d'Imilcon. C'est une faute d'écriture, il faut lire MOTYA. Voyez ce mot.

HOMOWARE [n], Bourgade des Indes dans l'Etat du Mogol, au Royaume de Visapour. Elle est sur la route d'Atteni à la Capitale, entre Talsenghe & Tricota, à trois lieües de l'une & de l'autre.

HON, Riviere des Pays-bas. Il en est parlé dans la Vie de St. Landelin. Ortelius croit que c'est le HONNEAU qui coule dans le Hainault. Voyez HONEAU.

1. HONAN, Contrée d'Asie, dans l'Empire de la Chine dont elle est la cinquième Province [o]. Elle prend nom de sa situation car il signifie, au bord Meridional du Fleuve, & elle est veritablement au Midi du Fleuve jaune, qui la separe en partie du Pekeli & en partie du Chansi, quoi qu'il y ait un espace où cette Province s'étend au Nord de ce Fleuve entre le Pekeli & le Chansi. Elle a les Provinces de Chantton & de Nankin au Levant, celle de Huquang au Midi & celles de Suchuen & de Chensi au Couchant.

Les Chinois assurent que cette Province est au milieu de l'Univers, ce qui est vrai de toutes en un certain sens, & faux de celle-là dans un autre. Ils fondent leur opinion sur l'idée qu'ils ont de la Chine hors de laquelle ils croyent avec peine qu'on trouve d'autres terres, & sur ce que cette Province est au milieu de la Chine dans les temps les plus anciens. Les Empereurs y ont fait leur demeure à cause des commoditez qu'y apporte le Fleuve jaune. Le Pays y est parfaitement beau & très-fertile ; ce sont des plaines & des montagnes sur tout vers le Couchant. Tout y est mis à profit excepté quelques Montagnes dont plusieurs sont même chargées de forêts en grand nombre. La campagne y abonde en froment, en ris, & autres grains, le bétail y est commun. Tout le Pays est rempli de Villes, de Citez, de Bourgs, de Châteaux. Il est arrosé de quantité de Rivieres & de ruisseaux, qui la plûpart y ont leurs sources. Il produit presque tous les fruits de l'Europe en telle quantité qu'on les y donne presque pour rien, en un mot on y trouve non seulement le necessaire, mais même les agrémens de la vie. C'est pourquoi il ne faut pas être surpris si les Chinois l'appellent le *Jardin*; car la partie Orientale en est si delicieuse, & si cultivée qu'on marche plusieurs jours dans des campagnes que l'on prendroit pour un Jardin bien entretenu. Le P. Martini dit que cette Province est l'Italie de la Chine.

Le Livre Chinois où se trouvent les calculs des

[l] l. 14.
[m] l. 5.
[n] De l'Isle Atlas.
[o] Atlas Sinensis.

HON. HON. 177

des revenus porte que dans cette Province il y a.589296. familles & 5106270. hommes Mâles; que le Tribut tant du froment que du ris est de 2414477. sacs; Elle fournit 23509. Livres de soye crue; 9959. piéces de soye travaillée & 341. piéces de coton, dont elle produit peu, & pour les Ecuries de l'Empereur elle livre 2288744. botes de foin. Voici la Liste de ses Villes avec leurs positions. Nous avertirons seulement que la Longitude se prend du premier Meridien Chinois qui est à Pekin, & on compte d'Orient en Occident. De sorte que pour reduire cette Longitude à la methode de nos Géographes il faut la retrancher de celle de Pekin qui est, selon les observations, 136. d. 46'. étant de 2. d. 54'. plus Occidental que Pekin, est à 133. d. 52'. de Longitude.

Noms.	Longitude.		Latitude.		Noms.	Longitude.		Latitude.	
I. *Ville Metropolitaine.*					IV. *Ville Metropolitaine.*				
Caifung	2.	54	35.	50 p.	Gueihoei	3.	20	36.	30 p.
Chinlieu	2.	40	35.	47 p.	Coching	3.	26	36.	21 p.
Ki	2.	33	35.	36 p.	Sinhiang	3.	39	36.	26 p.
Tunghiu	2.	50	35.	34 p.	Hoekia	3.	56	36.	27 p.
Taikang	2.	22	35.	13 p.	Ki	3.	17	36.	38 p.
Gueixi	3.	3	35.	36 p.	Hoei.	3.	38	36.	36 p.
Gueichuen	3.	12	35.	14 p.	V. *Ville.*				
Ienling	2.	52	35.	13 p.					
Fukeu		4	35.	6 p.					
Chungmen	3.	16	35.	42 p.	Hoaiking	4.	55	36.	10 p.
Iangúu	3.	16	36.	6 p.	Ciyuen	5.	8	36.	10 p.
Iuenúu	3.	30	35.	58 p.	Sieuúu	4.	6	36.	16 p.
Fungkieu	2.	32	36.	6 p.	Vuche	4.	12	36.	8 p.
Hienein	3.	30	36.	9 p.	Meng	4.	50	36.	4 p.
Laniang	2.	32	35.	57 p.	Veu.	23.	23	36.	7 p.
Chin ☉	2.	21	34.	48 p.	VI. *Ville.*				
Xangxui	2.	39	34.	41 p.					
Sihoa	2.	50	34.	51 p.					
Hiangching	2.	8	34.	30 p.	Honan	7.	5	35.	38 p.
Xinkieu	2.	0	34.	16 p.	Iensu	4.	42	35.	40 p.
Hiu ☉	3.	36	35.	6 p.	Cúng	4.	30	35.	50 p.
Linyú	3.	30	34.	52 p.	Mengein	4.	30	35.	50 p.
Siangching	3.	47	34.	53 p.	Yyang	5.	30	35.	2 p.
Ienching	3.	17	34.	46 p.	Tengfung	4.	34	35.	20 p.
Changco	3.	29	35.	19 p.	Iungning	6.	0	35.	17 p.
Iu ☉	3.	55	35.	24 p.	Singan	5.	24	35.	52 p.
Sinching	3.	40	35.	26 p.	Mienchi	5.	50	35.	48 p.
Ching ☉	3.	35	35.	46 p.	Cao	4.	46	35.	26 p.
Mie	4.	4	35.	26 p.	Xen	6.	30	35.	53 p.
Iungyang	3.	43	35.	52 p.	Lingpao	6.	50	35.	53 p.
Iungçe	3.	54	36.	0 p.	Xeuhiang	7.	20	35.	56 p.
Hoin	4.	14	35.	50 p.	Luxi.	6.	28	35.	4 p.
Súxdi	4.	8	35.	34 p.	VII. *Ville.*				
Ifung	2.	21	35.	56 p.					
					Nanyang	5.	15	33.	53 p.
II. *Ville.*					Chinp'ing	5.	25	33.	50 p.
Qveite	1.	32	35.	10 p.	Tang	4.	37	33.	50 p.
Ningling	1.	46	35.	11 p.	Pieyang	4.	15	33.	57 p.
Loye	1.	44	34.	45 p.	Tungpe	3.	55	33.	44 p.
Hiaye	0.	55	35.	17 p.	Nanchao	5.	35	34.	0 p.
Iungching	0.	46	31.	12 p.	Teng ☉	5.	42	33.	40 p.
Iuching	1.	20	35.	20 p.	Nuihiang	6.	27	34.	2 p.
Ciu ☉	2.	7	35.	34 p.	Sinye	5.	25	33.	55 p.
Hiaoching	2.	4	35.	51 p.	Chechuen	5.	54	33.	35 p.
Xeching.	2.	4	35.	12 p.	Yu ☉	4.	34	34.	20 p.
III. *Ville.*					Vuyang	3.	35	34.	23 p.
Changte	3.	26	37.	0 p.	Ye.	4.	12	34.	41 p.
Tanging	3.	20	36.	52 p.					
Linchang	3.	22	37.	18 p.	VIII. *Ville.*				
Lin	3.	40	37.	7 p.					
çu ☉	3.	27	37.	18 p.	Iuning	2.	56	33.	53 p.
Vugan	3.	42	37.	32 p.	Xangçai	2.	59	34.	13 p.
Xe.	4.	0	37.	40 p.	Siping	3.	29	34.	13 p.

Noms.	Longitude.	Latitude.		Noms.	Longitude.	Latitude.	
Sinçai	2. 29	33. 41	p.				
Suiping	3. 16	34. 3	p.				
Chinyang	2. 59	33. 33	p.	Grande Cité.			
Sinyang ☉	3. 22	33. 20	p.				
Loxan	3. 0	33. 21	p.	Iu ☉	4. 57	35. 5	p.
Kioxan	3. 17	33. 40	p.	Luxan	5. 35	34. 45	p.
Quang ☉	1. 50	33. 20	p.	Kia	4. 25	34. 50	p.
Quangxan	2. 2	33. 13	p.	Paofung	4. 46	34. 36	p.
Cuxi.	1. 20	33. 24	p.	Yyang.	5. 6	35. 13	p.
Sie	2. 15	33. 30	p.				
Xangching.	2. 0	33. 46	p.				

a Atlas Sinensis.

2. HONAN [a], Ville de la Chine dans la Province de même nom dont elle est la sixiéme Metropole. On vient d'en voir la Longitude & la Latitude, aussi bien que les noms des Villes qui sont de son departement. Elle est située sur la rive Septentrionale du Fleuve Co. C'est proprement de cette Ville que les Chinois assurent que c'est le centre de la terre. Le Pays circonvoisin a beaucoup de Montagnes & cependant il est fort agreable & fertile : la Ville est grande, bien peuplée, & a eu un Roi de la famille de Taiminga; cette Ville a de fameux Temples dediez aux hommes illustres, l'un est sur le Fleuve Co dans la partie Orientale de la Ville & le Fleuve passe par dessous comme sous un Pont. C'est la patrie du Prince qui a été tige de la famille de Sunga. L'Empereur Ivus annexa ce Canton à la Province d'Yu, & l'Empereur Vû lors qu'il se disposoit à faire la guerre à la famille de Xanga, fit préparer à Honan les armes & les autres choses necessaires pour son entreprise. La famille de Cin la nomma SANCHUEN parce qu'en effet elle est située entre trois Rivieres. La famille de Hana lui donna le nom qu'elle porte à present & y fixa la résidence Imperiale qui neanmoins n'y demeura point long-temps. Elle porta ensuite les noms de COCHEU, de TUNGSU, de SIKING, de KINCHANG & enfin on lui rendit celui de Honan.

HOND, Voyez HONT.

b Jaillot Atlas.

HONDARA [b], Bourg maritime d'Espagne dans la Biscaye aux Frontieres du Guipuscoa.

c Dapper Afrique. p. 253.

HONDO [c], contrée d'Afrique dans la Nigritie au Royaume de Quoja. Elle est à côté d'une grande Forêt, plus avant vers le Nord-Est que le Pays des Galaveis & renferme la contrée de Dogo. Les Hondos sont voisins des *Condé-Quojas*, c'est-à-dire des hauts Quojas.

HONDSCOTTE. Voyez HONSCOTTE.

HONDT, Voyez HONT.

d De l'Isle Carte du Mexique.

HONDURAS [d], Province de l'Amerique Septentrionale dans la nouvelle Espagne, le long de la Mer du Nord & d'un Golphe de même nom que la Province. Elle est bornée au Nord & au Nord-Est par la Mer, au Sud-Est & au Sud par la Riviere d'Yare qui la separe du Nicagara & elle a au Couchant le Pays de Comayagua. Elle est dans l'Audience de Guatimala. Mr. Baudrand, comprend dans le Honduras le Camayagua. En lui donnant cette étendue on peut dire que les principaux lieux sont :

Truxillo port de Mer,
Valladolid ou Camayagua, Evêché,
Gracias à Dios.
Sant Georgio d'Olancho.

Il y a plusieurs Rivieres remarquables, savoir XAQUA, GUAYAMO, RIO GRANDE & YARE. Entre les Caps il y en a trois qui meritent d'être observez. Celui de la pointe qui s'avance au Nord de Truxillo & forme un petit Golphe où est ce port, le Cap de CAMARON, & le Cap GRACIAS à DIOS. Voici la description que de Laet fait de ce Pays [e]. Le Honduras, dit-il, a pour limites vers l'Orient la Province de Taguzcalpa nommée aujourd'hui la nouvelle Estremadure; vers le Sud celle de Nicaragua; du côté du Sud & Sud-Ouest les Provinces du Gouvernement de Guatimala; à l'Occident, Verapaz & Golfo-dolce, & au Nord, la Mer du Nord. Sa longueur, suivant la côte de la même Mer, est de cent cinquante lieuës entre l'Est & l'Ouest, & sa largeur environ de quatre-vingt, depuis cette même Mer, jusqu'aux Provinces que lave la Mer du Sud. Ce Pays porte quantité de grosses courges. Ceux qui en découvrirent les premiers la côte, les voyant floter sur l'eau, nommerent cette Mer *Golfo di Hibueras*, c'est-à-dire le Golfe des Citrouilles, & le Pays même, *Province de Hibueras*, à cause que les Insulaires de l'Espagnole, appellent les courges *Hibueras*; mais depuis pour la profondeur de la Mer auprès du Cap principal, on donna le nom de Hondure à la Province, & celui de *Hibuera* fut aboli. Les anciens Habitans de ces Régions étoient extrêmement paresseux, & comme ils négligeoient de cultiver la terre, la faim faisoit manger diverses racines, & toutes sortes d'animaux, jusqu'aux plus immondes. Il n'étoit permis alors qu'aux principaux d'user du breuvage fait de Cacao. Aujourd'hui ils en boivent tous indifferemment. Ils divisoient leur année en dix-huit mois qu'ils appelloient *Joxlar*, comme si ou diroit chose mobile & qui passe, & vingt jours à chaque mois. Le terroir s'éleve en hautes Montagnes, où s'enfonce de vallées fertiles, qui étoient autrefois extrêmement peuplées de Sauvages; mais les guerres intestines en ont fait perir un très-grand nombre, de sorte qu'il y a presentement peu de Naturels qui habitent ces grandes Provinces. Ceux qui restent payent, tous tribut aux Espagnols, en coton, en miel qu'ils tirent des troncs des arbres; en chili ou axi & en Batates. Cette Province a aujourd'hui son Evê-

e Ind. Occid. l. 7. c. 15-18.

que & plusieurs Villes bâties par les Espagnols, dont la principale est Valladolid. Les autres sont Gracias à Dios, San Pedro, Puerto de Cavallos, Truxillo & San Jorge. La plus considerable Riviere du Pays se nomme *Haguaro*. Elle passe assez près de la Ville de Truxillo, & sur ses deux bords, il y a plusieurs bourgades. Les autres Rivieres sont plus petites. L'une appellée *Chamalucon*, coule auprès de *Commayagua*, & traverse le Territoire de San Pedro. L'autre qu'on appelle *Ulua*, après avoir couru vingt lieuës par un terroir fort bien cultivé, descend en la Mer du Nord. Comme toutes ces Rivieres surmontent leurs bords, en certaines saisons, l'eau qui se repand sur les champs voisins arrose & engraisse non seulement les prairies, mais aussi les Vergers & les Jardins. Toute la côte du gouvernement de Hondure, s'étend le long de la Mer du Nord & du Golfe qui porte son nom, Yucatan & le Cap de Hondure. Cette côte prend son commencement vers l'Oüest de l'embouchure du *Golfo Dolce*, & du Cap appellé vulgairement *Punta di Hibuera*. Delà vers l'Est, la côte se retire un peu, & avançant de nouveau un coude, elle fait un autre Cap, dit *Cabo de tres Puntas*, auprès duquel les Espagnols ont eu autrefois une Bourgade, nommée *San Gil de Bonavista*, qui fut de peu de durée. Du même côté suivent les Rivieres *Piche*, *Riobaxo*, *Ulua*, le port de Cavallos, & le rivage s'avançant delà encore en Mer, fait un Cap nommé *Triumpho de la Crux*, d'une Bourgade qu'on y a vûë autrefois. Ensuite la Côte court vers le Cap célèbre de Camaron, duquel s'avancent en Mer, jusqu'à près de vingt lieuës loin, des bancs de forme triangulaire, dont la base est tournée vers le Continent. Auprès de la mer quelques Isles separées par des Canaux qui, coulant entre deux, s'étendent vers la terre-ferme. Le côté Septentrional de ce grand banc est bordé des Isles de roches qu'on appelle *St. Milan*.

[a] Baudrand Edit. 1705.

2. HONDURAS, (LE GOLPHE DE) [a] Golphe de la Mer du Nord sur la côte de l'Amerique dans la nouvelle Espagne, entre la Province de Honduras au Midi & celle de Iucatan au Septentrion. Il est rempli de plusieurs Isles dont les plus considerables sont [b] :

[b] De l'Isle Carte du Mexique.

| Guanaia, | Utila, |
| Ruatan, | Quita Suono, |

& Cozumel.

Ce Golphe en comprend plusieurs autres plus petits qui ont leur nom, comme celui de *Truxillo* où est la Ville de même nom; *Golfo Dolce*, à l'embouchure de la Riviere d'Acasabatlan & la Baye de l'Ascension au Pays de Chetumal & quelques autres. Ce Golphe & les environs appartiennent au Roi d'Espagne, & a été nommé autrefois Golphe des Hibueras ou des citrouïlles comme on a vû dans l'Article precedent.

HONEAU, ou HONNEAU, ou HOSNEAU [c], petite Riviere des Pays-Bas dans le Hainaut. Elle a deux sources aux environs de Bavay; & ces deux sources assez voisines l'u-

[c] De l'Isle Carte de l'Artois.

ne de l'autre forment deux ruisseaux qui après s'être écartez enserment une espece d'Isle autour de cette Ville, après quoi ils se rejoignent auprès de Bellignies, reçoivent divers ruisseaux & passent ensemble à Kievrain, & au dessous de cette place le Honneau se grossit d'une autre Riviere qui vient du Bois de Mormal & va enfin se perdre dans la Haisne auprès de Condé.

HONECK, Village de Suisse au Canton de Zuric [d], à une lieuë de Zuric sur le chemin de Baden. Le terroir produit le meilleur vin de tout ce Canton.

[d] Etat & del. de la Suisse. T. 1. p. 39.

HONFLEUR [e], Ville de France en Normandie dans le Lieuvin, en Latin *Honflevius* & *Honflorium* [f]. Sigebert l'appelle *Juliobona*, que Turnebe interprête *Villebon*, il semble que ce doive être plûtôt Lillebonne. André du Chêne dit que la Ville de Honfleur a reçu peut-être ce nom *à cause que les eaux fluent, & s'écoulent par la dans la Mer*. Elle est située sur la rive gauche de la Seine, cinq lieuës au dessous de Quilbeuf, à trois de Pont-l'Evêque & de Touques, à sept de Lisieux, & à seize de Roüen, avec un bon Port, haute Justice & Amirauté. Elle n'est qu'à trois lieuës du Havre, où à la faveur du flux & du reflux de la Seine, les Barques de passage transportent tous les jours des hommes & des Marchandises. Cette Ville est ouverte presque de toutes parts, une partie des murailles de son enceinte, & un grand nombre de ses Maisons ayant été détruites par ordre du Roi, qui a fait creuser & bâtir au milieu de la même Ville, un Port ou Bassin entierement revêtu de belles pierres avec un quai assez large qui regne tout à l'entour. Les Vaisseaux de trois à quatre cens tonneaux y peuvent entrer, & ils y sont à l'abri des vents. On les y peut retenir à flot par le moyen des grandes portes ou écluses destinées à cet usage, comme on y retint une Escadre de Galeres du Roi en 1690. Deux jettées ou digues rendent l'entrée du Port plus facile & plus commode. A la tête de celle qui est la plus longue, on a établi une Batterie de Canon, ce qu'on a fait de même au pied de la Côte, pour en défendre les approches & le passage de la Seine. L'espace qui est entre les jettées, sert d'avant-Port. Huit grandes ruës pavées se terminent aux environs du bassin. Une partie de ces mêmes ruës s'eleve sur le penchant d'une Côte qui commande sur la Ville, les autres sont dans un terrain assez uni du côté de la Mer qui bat les terrasses des Maisons de la grande ruë, & la muraille du Château. Honfleur où l'on compte environ douze mille habitans, a deux Paroisses. L'une appellée *Saint Leonard*, & l'autre *Sainte Catherine* avec un Clergé nombreux. Ces deux Paroisses, qui ont chacune une bonne fonerie, ont pour Aides, ou Succursales, deux Eglises bien bâties, *Nôtre-Dame*, & *Saint Etienne*, où l'on fait le Service Divin. Il y a aussi un Convent de Capucins, un Monastere de Religieuses de la Congregation de Nôtre-Dame, un de Dominicaines qui gouvernent l'Hôpital, & au bout du Fauxbourg de Saint Leonard, une Chapelle de Saint Clair & un Hermitage. Il y a encore une Société de Filles, sous le titre de la Conception de la Vier-

[e] Corn. Dict.
[f] Memoires dressez sur les lieux en 1704.

ge, qui font des vœux simples. On trouve sur le haut de la Côte une Chapelle où est une grande devotion, qu'on appelle *Nôtre-Dame de Grace*. Elle est desservie par les Capucins qui ont là un petit Hospice. Du terrain planté d'Arbres devant cette Chapelle, on découvre six lieües du cours de la Seine, & audelà de cette Riviere, le Château de l'Orcher, les Villes de Harfleur & du Havre, & tous les Vaisseaux qui montent à Roüen & qui en descendent. Un petit ruisseau dont l'eau sert à faire moudre les Moulins de la Ville, coule au pied de la côte, & plusieurs sources d'eau vive en fournissent les fontaines, dont plusieurs sont assez jolies & à quatre jets. La Ville de Honfleur qui entretient plus de soixante Vaisseaux pour son Commerce, tant au grand banc de Terre-Neuve, qu'aux Isles Françoises, a un Gouverneur qui l'est aussi du Pont-l'Evêque & du Pays d'Auge; un Lieutenant de Roi, un Major, un Maire, trois Echevins, une Maison, & une Horloge de Ville, & quatre Compagnies bourgeoises formées des quatre quartiers de la Ville. Les Officiers de la Vicomté d'Auge y viennent de Pont-l'Evêque tenir leur Séance une fois en quinze jours, ce que fait de même toutes les quinzaines, le Vicomte de Roncheville, à l'alternative; mais on va à Pont-l'Evêque pour les affaires dont le Bailliage d'Auge doit prendre connoissance. Le sel de Brouage pour le département des Villes & Pays situez sur la Seine, arrive à Honfleur dans les Vaisseaux du parti, & il est déchargé & mis en grenier dans trois vastes Magasins. Cependant cette Ville n'a pas son franc Salé, mais elle est exempte de taille. On y fait force dentelles, ainsi que dans les Paroisses de la Campagne voisine.

Cette Ville s'appelle dans les anciens titres HONNEFLEU & HUNNEFLOTUM [a]. Elle étoit déja connuë dès l'an 1200. & depuis elle a été célebre par ses Navigateurs qui ont fait des Voyages & des découvertes dans le nouveau Monde & aux côtes les plus éloignées.

[a] *De Longuerue desc. de la France.* 1. part. p. 76.

HONGLOS, Riviere de la Sarmatie en Europe, selon l'Histoire mêlée [b].

[b] l. 19.

HONGRIE, ce nom signifie des Pays d'une étenduë & d'une situation bien differentes, selon le sens que lui donnent les Historiens de divers temps. C'est ce qu'il faut debroüiller pour éviter toute confusion.

Il y a eu la HONGRIE EN ASIE, & il y a la HONGRIE EN EUROPE.

La Hongrie en Europe a eu ses Rois particuliers qui par Conquêtes, par Successions, par Alliances, & enfin par d'autres moyens avoient joint à la Hongrie de vastes Provinces, & s'étoient formé une Monarchie très-étenduë. C'est ce que j'appelle le GRAND ROYAUME DE HONGRIE.

Cette Couronne a perdu de temps en temps quelqu'une de ses Annexes & a été réduite à la HONGRIE PROPRE.

La HONGRIE PROPREMENT DITE se divise de deux manieres : 1. par raport au niveau de son terrain & au cours du Danube on la partage en HAUTE-HONGRIE, & en BASSE-HONGRIE : 2. par raport aux Souverains qui la possedent, on y distingue la HONGRIE CHRETIENNE, & la HONGRIE TURQUE.

On divise aussi ce Royaume en Comtez & nous parlerons dans la suite de cette division. Parcourons à notre maniere ces diverses significations, en autant d'Articles.

1. La HONGRIE EN ASIE, ou la grande Hongrie ; Pays d'Asie où étoit l'ancienne patrie des Huns ou Hongrois qui passerent en Europe vers la decadence de l'Empire. Quelques-uns, entre autres le savant Conrad Samuel Schurzfleisch, distinguent les Huns d'avec les Hongrois & prétendent que ce sont des Peuples très-differens. Nous en parlerons au mot HUNS ; mais ici nous nous contentons de marquer les choses suivant le sentiment le plus reçu. Mr. Pétis de la Croix homme très-versé dans la lecture des Livres Orientaux dit en parlant du Pays de Capschac dans l'état où il étoit du temps de Genghizcan [c], quoique chaque Tribu ait son Prince ou Can, qui la gouverne, cette partie de Tartarie depuis que les Mogols l'ont subjuguée, a toujours eu un Roi ou grand Can, à qui tous les autres ont obéï. Ce Pays, poursuit-il, dans les siécles passez a été fort abondant en hommes & c'est d'où sortirent autrefois les Huns, les Getes, ou Goths, les Gepides, les Vandales, les Alains, &c. Il dit ensuite en parlant de son Heros [d] : ces Peuples mêmes se liguerent contre lui ; mais il les défit en plusieurs rencontres & surtout les Comans, les anciens Bulgares, Valaques & Hongrois qui avoient autrefois occupé le Pays des Huns, des Vandales & autres Nations qui depuis long-tems ne sont connuës que sous le nom de Tartares.

[c] *Histoire de Genghiscan.* p. 131.

[d] *Ibid.* p. 132.

Mr. De l'Isle qui a dressé une Carte de l'Asie, pour l'Histoire de Genghizcan, n'y a pas oublié cette Hongrie Asiatique. Il la nomme la GRANDE HONGRIE ; Elle est à l'Orient de la Bulgarie en Asie, & comme la Bulgarie est entre le Wolga & la Montagne de Caf qui est une branche de l'Imaüs des Anciens, la grande Hongrie est entre cette Montagne & l'Irtisch entre les 85. & les 109. d. de Longitude & entre le 50. d. & les 55. d. de Latitude. La Walaquie étoit au Sud-est de la Hongrie. Ainsi ces trois Nations, les Bulgares, les Hongrois & les Walaques étoient voisines en Asie, aussi-bien qu'ils le sont en Europe.

La HONGRIE EN EUROPE, grand Pays d'Europe sur le Danube ; soit que les Hongrois soient les descendans des Huns, soit qu'ils n'ayent rien de commun avec eux que de leur avoir succedé ; non contens des Terres qu'ils possedoient à l'Orient du Danube, ils le passerent & s'établirent dans les deux Pannonies. L'Evangile y avoit été prêché dès le troisiéme siécle, mais la Foi y fut d'abord obscurcie par l'Arianisme & ensuite presque éteinte par les Barbares qui y débordoient de delà le Danube. Geysa Duc des Hongrois, quatriéme Prince de cette Nation depuis qu'elle étoit dans les Pannonies, se convertit à la Foi avec sa femme Sarloth ; & mourut l'an 997. Il ne put venir à bout de convertir ses Sujets. Ce grand ouvrage étoit réservé à Etienne son fils & successeur. Ce Prince y travailla avec tant de zèle & de succès qu'il soumit son Royaume au Christianisme & merita le beau nom d'Apôtre de la Hongrie. Il n'étoit encore que Duc lorsqu'il divisa la Hon-

HON.

Hongrie en XI. Diocèses & comme Strigonie ou Gran étoit le lieu de sa naissance & de son séjour ordinaire, il destina cette Ville pour être le Siége Metropolitain du Pays. Il y avoit trois ans qu'il avoit succedé à la qualité de Duc que son Pere avoit portée lorsqu'il fut honoré du titre de Roi. L'an 1000., dit Mezerai, la Hongrie fut honorée du titre de Royaume, mais elle voulut le recevoir des mains du Pape. Le Prince Etienne fils de Geisa ayant embrassé le Christianisme lui envoya demander la Couronne Royale. C'est donc à l'an mille, que commence le Royaume de Hongrie. Ses successeurs profiterent de toutes les occasions qu'ils eurent de s'agrandir & firent si bien que leur domination s'étendoit depuis les Monts Crapac jusqu'à la Thrace. Ainsi dans ce sens la Hongrie étoit fort grande.

Elle comprenoit,

La Hongrie,	La Croatie,
La Transilvanie,	La Bosnie,
La Moldavie,	La Dalmatie,
La Valaquie,	La Servie.

& La Bulgarie.

Ce fut la quatriéme famille qui l'agrandit ainsi, car Charles Robert, fils de Charles Martel Roi de Sicile & de Marie fille d'Etienne V. étant demeuré Roi paisible & couronné en 1310. soumit au Royaume de Hongrie la Dalmatie, la Croatie, la Servie, la Bulgarie, la Rascie & la Bosnie. Mais les grands accroissemens de l'Empire Ottoman, favorisez par la mesintelligence des Chrétiens diminuerent peu à peu cette belle Monarchie. Avec le temps, elle s'affoiblit soit parce qu'il s'en detacha des Provinces entieres, soit parce que les Turcs en envahirent d'autres. La Servie & la Bosnie eurent des Rois particuliers qui furent assujetis par le Turc. La Dalmatie fut aussi la proye des Ottomans qui la prirent à la reserve des places maritimes dont les Venitiens se sont saisis le long du Golphe. La Valaquie & la Moldavie se donnerent des Vaivodes independans des Rois de Hongrie & la Transsilvanie s'en separa en 1541. de sorte qu'il n'est resté à la Hongrie que la Hongrie proprement dite avec la Croatie & l'Esclavonie. Encore a-t-on vu dans les années 1679. & 1680. les Turcs si avancez au Nord qu'ils assiégerent ensuite la Capitale de l'Empire. Le Wag & le Raab étoient alors les bornes des deux Empires. Mais ces progrès ressembloient à ceux de la Mer qui quelquefois s'enfle & sort de son lit pour y rentrer peu après ; comme nous verrons ci-dessous.

La petite Republique de Raguse est aussi un dememembrement de ce Royaume auquel elle appartenoit dans les temps florissants dont nous avons parlé.

C'est à cette grande Monarchie Hongroise qu'il faut rapporter les Notices suivantes. La premiere est une Notice Ecclesiastique qui regarde les Evêchez, l'autre concerne les Comtez. Il y a en Hongrie deux Archevêchez, savoir

HON. 181

1. Gran ou *Strigonie*. Son Prélat est Primat du Royaume, ses Suffragans sont,

Agria, *Agriensis*,
Cinq Eglises, *Quinque Ecclesiensis*,
Vesprin, *Vesprimensis*,
Javarin, *Javriensis*,
Vacia, *Vaciensis*,
Nitria, *Nitriensis*.

2. Colocz, ses Suffragans sont,

Agram, *Zagrabiensis*,
Weissenbourg, *Transsilvaniensis*,
Peterwaradin, *Varadiensis*,
Chonad, *Chanadiensis*,
          Suidniciensis,
Jaytza, *Bosznensis*,
Sirmisch, *Sirmiensis*.

Pour la Croatie & la Dalmatie est l'Archevêque de Zara, *Jadriensis*, ses Suffragans sont,

Ozero, *Ansarensis* ou *Absarensis*,
Veglia, *Vegliensis*,
Arbe, *Arbensis*.

L'Archevêque de Spalatro, *Spalatensis*, a pour Suffragans,

Trau, *Taguriensis*,
Scardone, *Scardoniensis*,
Tine, *Tininiensis*,
Nova, *Novensis*,
Sebenico, *Sibiniensis*,
Temne, *Temnensis*,
Segna, *Segniensis*,
Almissa, *Almissensis*,
Modruz, *Modrusiensis*,
Macarasca, *Macariensis*,
Lesina, *Pharensis*.

L'Archevêque de Raguse, *Ragusinus*, a pour Suffragans,

Stagno, *Stagnensis*,
Castronovo, *Rosonensis*,
Tribigno, *Tribunicensis*,
Cattaro, *Cathariensis*,
Labrazzo, *Bacensis*,
Budua, *Biduanensis*.

Cette Notice qui se trouve à la tête de l'Histoire de Hongrie d'Isthuansfi est très-differente de celles qui se lisent, dans les Recueils ordinaires & particulierement de celle du P. Briet.

On y trouve aussi la liste suivante des Comtez de Hongrie.

Sirmich,	Albe Royale,
Walko,	Vesprin,
Posga,	Somogy,
Verocze,	Szala,
Baranya,	Sarwar ou Castel Ferrat,
Bach,	Sopron,
Bodrog,	Moson,
Tholna,	Javarin,

Co-

Comorre,	Bihor,
Pilicz,	Kraszna,
Pest,	Ber,
Presbourg ou Poson,	Bekes,
	Zarand,
Nitria,	Chanad,
Bars,	Torontal,
Hont,	Themeswar,
Novigrad,	Gran ou Strigonie,
Zoll,	Zeuren,
Liptow,	Zemplin,
Arava,	Trinchin ou Tranczin,
Thurocz,	
Scepuz,	Solth,
Thorn,	Kis-heves,
	Nahi-heves,
Wyvar,	Saros,
Borsod,	Chongrad ou Chongrad,
Ghemer,	
Ung.	Haron,
Beregsaz,	Maczo,
Ugocz,	Orbacz,
Marmaros,	Krasso,
Szathmar,	Orod ou Arad,
Szolnoc, { Mitoyen, Exterieur.	Kovin, Ztebernic.

Outre ces soixante-quatre Comtez en Hongrie la même Notice en met trois en Esclavonie, savoir,

Creitz,	Zagrab ou Agram,

& Varásdin.

Et sept autres dans la Transilvanie, savoir,

Kolos,	Thorda,
Doboka,	Kikello,
Zolnoc interieur,	Abbe Julie.

& Hunyade.

La plûpart de ces Comtez subsistent, mais on y en a ajouté encore quelques autres, comme on verra dans les Chapitres suivans.

La Couronne de Hongrie a été long-temps élective & les Hongrois pretendent encore qu'elle doit l'être, mais la Maison d'Autriche ayant repris ce Royaume sur les Turcs s'est servi de cette raison de droit de conquête pour la rendre Hereditaire ; de sorte qu'elle est presentement possedée par l'Empereur comme les autres Etats de sa Maison. Elle consiste principalement en trois parties, savoir,

La Haute Hongrie,	La Basse Hongrie,

& l'Esclavonie.

III. La Haute Hongrie est la plus grande de ces trois parties, & repond au Pays des anciens Jazyges Metanastæ, avec une partie de la Dacie. Elle est bornée au Nord-Ouest par la Moravie, & au Nord & au Nord-est par la Pologne dont elle est separée par une longue Chaine de Montagnes ; à l'Orient par la Pokutie & la Transilvanie, au Midi & au Couchant par le Danube. On la divise en trente quatre Comtez dont voici les noms,

Comtez de la Haute Hongrie,

I. Poson ou Presbourg.	XVIII. Pest,
II. Tranczin ou Transchin,	XIX. Bath,
III. Arva ou Arava,	XX. Zolnock,
IV. Turocz,	XXI. Chege,
V. Neytra ou Nitria,	XXII. Zemplin,
VI. Bars,	XXIII. Abanvivar,
VII. Novigrad,	XXIV. Ungwar,
VIII. Sag,	XXV. Bereg-Saz,
IX. Sol, ou Newsoll,	XXVI. Maromaros.
X. Ghemer ou Goemer,	XXVII. Ugogh ou Ugocz,
XI. Liptow,	XXVIII. Zathmar,
XII. Czepuz ou Scepuz,	XXIX. Kalo,
XIII. Saros,	XXX. Thurtur,
XIV. Gwinar,	XXXI. Czongrad,
XV. Torna,	XXXII. Chonad,
XVI. Borsod,	XXXIII. Temeswar,
XVII. Hewez,	XXXIV. Bodrog.

Ces trente-quatre Comtez sont de la Hongrie située au Nord & à l'Orient du Danube. Car il y a deux manieres de distinguer la Haute Hongrie de la Basse. Les uns mettent dans la Haute tout ce qui est au delà de ce Fleuve, pour parler comme les Anciens qui entendoient ce mot *au delà* par raport à Rome & à l'Illyrie ; ainsi à la prendre de cette façon on pourroit l'appeller comme quelques-uns ont fait *trans Danubiana Hungaria*, & la Basse Hongrie contient en ce cas tout ce qui est au Midi ou au Couchant de ce Fleuve, & peut être nommée par la même raison Cisdanubiana Hungaria. Et alors la Basse Hongrie est bornée au Nord & à l'Orient par le Danube ; au Couchant par l'Autriche & par la Stirie, & au Midi par l'Esclavonie. Il y a quatorze Comtez.

I. Baran,	VIII. Gran ou Strigonie,
II. Tolna,	IX. Javarin ou Raab,
III. Sigeth,	X. Komore,
IV. Simig,	XI. Moson,
V. Pilicz,	XII. Sopron ou Oedenbourg,
VI. Albe Royale,	XIII. Sarwar,
VII. Vesprin,	XIV. Salawar.

L'Esclavonie dont nous parlons plus amplement en son rang Alphabetique comprend sept autres Comtez qui sont,

I. Va-

I. Varasdin, IV. Verocz,
II. Sago, V. Zagrab,
III. Creitz, VI. Possega,
VII. Valpo.

A quoi il faut ajouter le Duché de Sirmich.

Nous venons de remarquer qu'il y a deux manieres de partager la Hongrie en Haute & en Basse, en prenant l'une ou l'autre du Danube & l'autre de l'autre côté de ce Fleuve. Mr. de l'Isle ne le prend pas ainsi dans sa Carte de Hongrie publiée en 1717. il prend pour la Haute Hongrie la partie Septentrionale & pour la Basse Hongrie la partie Méridionale de quelque côté du Fleuve qu'elle soit placée & c'est une difference qu'il étoit bon de marquer ici. Mais il ne semble pas avoir défini sur sa Carte les bornes qui separent la Haute Hongrie de la Basse.

La Hongrie se divise en HONGRIE CHRE-TIENNE & en HONGRIE TURQUE, nous n'aurions jamais fait si nous voulions copier les diverses bornes qui les ont separées en divers temps. Il y a eu des changemens si frequens & si imprévus que les frontieres ont souvent été reculées & raprochées de part & d'autre en très-peu de mois, mais pour connoître celles de l'Etat present, il suffit de rapporter le reglement qui a été fait à ce sujet à la Paix de Passarowitz.

„ *Article* I. Les deux Empires seront bor-
„ nez comme ci-devant par les Montagnes du
„ côté de la Moldavie, & de la Walaquie,
„ aux frontieres de Pologne & de Transsilva-
„ nie, de sorte qu'on ne changera rien à cet
„ égard aux anciennes limites. La partie de
„ la Walaquie située en deçà de l'Aluat avec
„ les lieux & la Forteresse de Temeswar de-
„ meurera à l'Empereur ; de sorte que la ri-
„ ve Orientale de l'Aluat appartiendra à l'Em-
„ pire Ottoman & l'Occidentale à l'Empire
„ Romain. L'Aluat servira de borne aux
„ deux Empires depuis l'endroit où il sort de
„ Transsilvanie jusqu'à son Embouchure dans
„ le Danube, ensuite les bornes seront le Da-
„ nube même jusqu'à Orsova, vis-à-vis
„ de l'Embouchure du *Timock* dans le Da-
„ nube.

„ *Art.* II. A dix lieues au dessus de l'Em-
„ bouchure du *Timoc* seront continuées les
„ limites de maniere qu'*Isperleckbanea* avec
„ son ancien territoire sera à la PORTE & *Resso-*
„ *va* à l'Empereur. Delà en tirant entre les
„ Montagnes vers *Parakin*, de sorte que
„ *Parakin* soit à l'Empereur & *Rasna* aux
„ Turcs & passant à distance raisonnable entre
„ les deux, on avancera vers ISTOLATZ &
„ y passant la petite Morawe, le long de la
„ rive citerieure, on avancera jusqu'à *Scha-*
„ *back* & *Bilana* par terre jusqu'à *Bedka* ;
„ delà tournant autour du territoire de *Zokol*
„ on ira à *Bellina* située sur le *Drin* ; de sorte
„ que *Belgrade* & son territoire, *Parakin*,
„ *Istolatz*, *Schaback*, *Bodka* & *Bellina* avec
„ leurs anciens territoires seront à l'Empereur ;
„ *Zokol* & *Rasna* avec leurs anciens territoires
„ demeureront aux Ottomans. Le *Timock*
„ sera commun & la Navigation libre aux
„ deux Nations.

„ *Art.* III. Tout le cours de la *Save* de-
„ puis le Drin jusqu'à l'*Unna*, avec les pla-
„ ces soit ouvertes, soit fermées, sur l'une
„ & l'autre rive, avec leurs anciens territoi-
„ res, appartient à l'Empereur.

„ *Article* IV. Depuis le confluent de
„ l'*Unna* & de la *Save* jusqu'au territoire du
„ *Vieux Novi* qui est aux Turcs, *Jasseno-*
„ *witz* & *Dobize* sur la rive Orientale de
„ cette Riviere appartiendront à l'Empereur
„ avec leurs anciens domaines.

„ *Article* V. On lui rend aussi les terri-
„ toires du *Nouveau Novi*, sur la rive Oc-
„ cidentale de l'Unna du côté de la Croatie.

„ *Article* VI. Quant aux lieux de la *Croa-*
„ *tie* situés à quelque distance de la *Save*,
„ ils demeureront possedez de part & d'autre
„ comme ils l'étoient auparavant.

Par ce Traité l'Empereur a recouvré une partie de la Transsilvanie, de la Walaquie, de la Bulgarie, de la Servie, de la Bosnie & de la Croatie.

Il y a aussi la HONGRIE POLONOISE; on appelle ainsi une contrée du Comté de Scepus dans la Haute Hongrie. Elle consiste en une douzaine de Bourgs & Villages enfermez dans les monts Crapack, & qui appartiennent à la Couronne de Pologne.

La Hongrie est arrosée par un très-grand nombre de Rivieres. Le DANUBE, la SAVE, la DRAVE, la TEISSE, le MAROS, le RAAB, le WAAG, le GRAAN, la ZARWISE, & quantité d'autres y portent leurs eaux. Toutes ces Rivieres sont si poissonneuses que les Habitans donnent du poisson à manger à leurs Cochons, les Carpes y sont pour rien. Si l'on excepte le Danube, les eaux y sont mauvaises & mal saines. L'air n'y est pas fort salubre, mais la terre y est très-fertile en grains, en vins, en fruits & en pâturages. Les vins y sont forts & delicieux, la Hongrie en fournit l'Autriche & la Pologne; celui de *Tokai* est exquis. Les pâturages y nourrissent une très-grande quantité de Bœufs & de Chevaux. On fournit beaucoup de Bœufs à l'Autriche. Le gros Gibier & le menu y sont si communs que pour empêcher le degât qu'il feroit dans les Campagnes, on laisse la Chasse libre à tout le monde ; & les Paysans vivent souvent de Viandes de Cerf & de Sanglier. Il y a plusieurs fontaines d'eaux minerales dont on a fait des bains en plusieurs endroits. Je parle des mines ci-après.

Les Hongrois sont guerriers, mais on les accuse d'être cruels, superbes, vindicatifs, & si peu unis entre eux, qu'il ne faut pas s'étonner s'ils ont été la proie des Barbares. Les Gentilshommes y sont magnifiques, & tous aiment passionément les Chevaux, la chasse & la bonne chere. Les Hongrois n'aiment pas les Allemans; la Noblesse y est pourtant attachée en apparence à la Maison d'Autriche, pour se garantir de l'oppression des Turcs, qui considerent autant un Paysan qu'un Gentilhomme. La plus grande force du Pays consiste en Cavalerie legere. Les Cavaliers y sont appellez *Hussars*, & les Gens de pied *Heiduques*, comme nous le disons ailleurs.

Les Hongrois sont d'assez belle taille, la Langue Hongroise est une Dialecte de l'Esclavonvonne & par consequent elle a quelque raport avec les Langues de Bohême, de Pologne, & de Russie. La domination imperiale a rendu la Langue Allemande necessaire aux Hongrois. C'est une chose remarquable que presque toutes les Villes de Hongrie ont deux noms, l'un Hongrois, l'autre Allemand: ainsi *Posone* & *Presbourg*, *Sopron* & *Oedenbourg*, *Ofen* & *Bude* & quantité d'autres, ne sont que des synonymes, ce que des ignorans qui se mêloient de composer des Cartes Géographiques, n'ayant pas sçu, ils en ont fait bêtement des Villes differentes les unes des autres, quoique la difference ne soit que dans les noms. La Langue Latine est aussi très-familiere aux Hongrois. Il y a même des Gens qui pretendent, sans beaucoup de fondement, que de tous les Peuples de l'Europe, il n'y en a point qui prononce la Langue Latine d'une maniere si approchante de l'ancienne prononciation Romaine que les Hongrois. La Religion Catholique n'y est pas si généralement professée, qu'il n'y ait un grand nombre de Protestans de diverses Sectes, ils y sont non seulement tolerez, mais protegez par l'Empereur qui leur fait droit lorsqu'ils se plaignent des Ecclesiastiques zelez qui les oppriment.

Je finirai cet article par une liste Alphabetique des principales mines de Hongrie dressée par un Savant qui les avoit parcourues avec beaucoup de curiosité.

Mines de Hongrie.

[a] Tullii Epist. Itinirar,

ALT-ZOL [a] lieu éloigné de deux milles de Newzol sur la gauche du grand Fleuve ; Elle n'a à la verité aucune Mine : mais on y trouve des grains d'or qui s'engagent dans les racines du bled. Il y a eu autrefois dans le Pays des Mines d'or, d'argent, de cuivre, & d'argent vif.

AMGESCHEID, ce lieu éloigné d'un demi-mille de Newzol, a une Mine qui appartient à un particulier, qui n'a pas le moyen de la faire valoir.

ANDRASCHOW, ce lieu aussi éloigné, d'un demi-mille de Newzol, a une Mine de cuivre jaune ; elle est particuliere & appartient à Waldbourg.

BOINIK produisoit autrefois du fer, maintenant on n'y trouve qu'une terre rouge figelée qui est la mere du fer.

BOTZAR a des Mines d'or.

BRESNIZÇ est éloigné de deux milles de Newzol, & a des mines de fer qui appartiennent à l'Empereur.

BUDE ; Une tradition constante porte qu'il y a eû dans les Montagnes voisines de cette Ville des mines d'or.

SCEPUZIE a dans ses Montagnes une mine de plomb mêlée d'Antimoine.

DOBSCH, à deux milles de Rosenaw & à quinze de Newzol, produit du Vermillon : ce lieu appartient à Waldbourg.

FECKETIBAN, ou *Schwartzberg*, dans le Comté de Zathmar, a des mines d'argent parmi lequel il y a un peu d'or mêlé. On ne trouve guéres que trois grains d'or dans une demi-livre d'argent.

FELSCHEBAN ou OBERBERG dans le même Comté de Zathmar, a une mine fort abondante d'or, d'argent & de plomb. C'est un Marchand de ce lieu nommé Michel Fony, qui la possede. Dans une demi-livre d'argent on trouve jusqu'à quatre à cinq dragmes d'or.

GRAN. Voyez ci-après STRIGONIE.

HELLIAR, on trouve dans ses Montagnes, que l'on appelle Altgeburg, quelque peu d'argent mêlé avec du cuivre. Ce lieu appartient à des particuliers de Waldbourg. C'est en cet endroit qu'il y a une eau qui petrifie.

JEROB, cette mine est abandonnée.

JESENACH, en ce lieu l'on tire de la Terre cette matiere souffrée que les Allemans nomment Kies, & que l'on transporte à Schemniz après qu'on en a tiré l'argent par la fonte.

LIBETHEN, mines à deux milles de Newzol sont abondantes en Cuivre jaune. Elles sont au nombre de trois ; la premiere est possédée en commun par les Villes de Libethen & de Newzol ; la seconde, appartient à un Gentilhomme nommé RETHEN ; la troisiéme, appellée OBERBERG, appartient à la Ville de *Waldbourg*, & à celle de *Grondel*.

LIBSK a dans ses Montagnes des mines d'or & d'argent.

LUPSCENS, que l'on nomme aussi LUPSCHER SCIFFEN, à deux milles de Newzol, est une mine d'Airain, qui n'est encore pas ouverte, elle appartient en proprieté à Michel Sturian.

LUPZOW, autrement ROSENBERG, fournit de l'Antimoine.

MEDZIBROD, à deux milles de Newzol est une mine d'or qui n'est pas non plus encore ouverte, elle appartient à Maximilien Conrad Ruprecht.

NECBAN ou *Newberg*, dans le Comté de Zathmar, à deux milles de la Transsilvanie est une mine d'argent avec lequel il y a de l'or mêlé : On trouve dans une demi-livre d'argent quatre ou cinq dragmes d'or. On bat monnoie dans ce même lieu.

OBERBERG. Voyez FELSCHEBAN.

OFFEN. Voyez BUDE.

REDERISCH est une mine dont le fer est propre pour la fonte. Il y a dans ce lieu de la Marcassite, que l'on appelle Kies.

RICHTERGRUND ; on n'y trouve que du Cuivre, encore n'est-il pas du meilleur, il est éloigné de Newzol environ un mille. C'est une Mine particuliere qui appartient à la Ville de Waldbourg.

RONITSCH, est une Mine de fer à l'Empereur : Elle est éloignée de quatre milles de Newzol.

ROSNAVO, du côté d'*Erlam* ou *Agria*, à quinze milles de Newzol, produit l'or le plus pur qui soit en ces quartiers-là ; mais les differens qui sont entre les Magistrats & les Bourgeois de Waldbourg pour la possession de cette Mine, empêchent que l'on n'y travaille.

ROSENBERG. Voyez LUPKOW.

SANDBERG ; Mines abondantes en Cuivre, distantes tout au plus d'un mille de Newzol ; appartiennent aux habitans de cette Ville. Le metal que l'on en tire est en partie

HON.

tie noirâtre, en partie jaune & en partie verd. La couleur noire marque qu'il y a de l'argent mêlé, les autres sont des signes de l'Airain.

SCHALCKENDORF, du côté de ce lieu à un demi-mille de Newzol, il y a une Mine d'argent qui appartient à l'Empereur, mais elle est peu abondante & on n'y travaille peut-être point par cette raison.

SCHERTZENSTEINEN, Mine d'or à un demi-mille de Newzol, c'est un domaine particulier d'un Bourgeois de Waldbourg; & on n'y travaille pas encore.

SCHMOELNIZ, est une Mine de Cuivre à laquelle on travaille beaucoup; son eau vitriolique après avoir rongé le fer qu'on y met prend la forme de l'Airain. En quoi elle est semblable à celle de *Schemniz*, qualité qu'avoit aussi autrefois celle de *Libeth*.

SCHWARTZBERG. Voyez FECKETIBAN.

SENNIZEN, Mine tout au plus éloignée d'un mille de Newzol, elle produit à l'Empereur un Cuivre jaune & doux.

STRIGONIS ou GRAN, ses Mines d'Or en sont éloignées de trois milles; on les avoit abandonnées ci-devant par la crainte des Turcs, mais l'Empereur a envoyé des gens pour les reconnoître; & en reprendre le travail & ils y ont réüssi.

TEICHOLTZ, à trois milles de Newzol, a des pierres d'aimant.

Vers TEIOBA à un mille de Newzol, sur le chemin de Kremnitz auprès d'une Fontaine, on a decouvert quelques veines de vif-argent, qui ont été negligées jusques ici. Tout auprès il y a dans la Terre un souffre rouge.

TOKAI, Montagnes fertiles en or; les branches des vignes de ce Pays & les pampres mêmes contiennent souvent de petites pailles d'or; mais le profit certain que l'on trouve dans le vin de Tokai, qui est plus precieux que l'or, fait que l'on neglige l'esperance incertaine du gain que l'on pourroit faire en ouvrant ces Mines.

WEISCHOW, lieu distant de quatre milles de Newzol, produit un excellent antimoine qui croit entre quelques veines d'Or, qui par leur petitesse produisent peu de profit. On a en quelque sorte abandonné cette Mine à cause des voleurs qui rodent dans les Bois des environs; Elle appartient à Michel Sturian homme de consideration.

Enfin, on peut dire, que non seulement les Montagnes de la Hongrie produisent de l'or, mais encore que les Fleuves, les Rivieres, les Ruisseaux, & les Fontaines en portent; le Danube en est une preuve sensible: car on voit que les eaux y entrainent des Montagnes une partie de leurs tresors.

HONNEAU. Voyez HONEAU.

1. HONNECOURT [a], Abbaye de France aux confins de l'Artois, & du Cambresis sur l'Escaut à 4. lieues de Cambrai, & à une du Catelet. Elle fut fondée vers l'an 660. par Amalfride, ou Amalbert puissant Seigneur en Cambresis, & en Normandie, selon Balderic, Iperius & Malbranck. S. Aubert Evêque de Cambrai & son successeur Vindician favoriserent beaucoup ses desseins & y é-

[a] Le Carpentier: Hist. de Cambrai & du Cambresis. Part. II. c. 11.

HON. 185

tablirent des Religieuses de l'Ordre de St. Benoît, auxquelles ils donnerent pour Abbesse S. Austraberthe, descendue de Wagon Comte de Ponthieu & de Hesdin. Auriane ou Aure fille unique d'Amalbert, ayant méprisé les vanitez du monde fut choisie pour Abbesse aprês Austraberthe. Iperius rapporte qu'après la mort d'Amalbert, & de Chilbertine sa femme, & d'Auriane sa fille, les Abbez de St. Bertin, attristez des insolences & des dissolutions des Religieuses de ce lieu, y établirent en leur place des Moines de leur Ordre, & les assujettirent à leur obéissance. Du tems de Charlemagne cette Abbaye se trouva presque sans Moines & sans biens. Les Châtelains de Cambrai s'appliquerent au rétablissement de ce Monastere, & particulierement Eudes vers l'an 911. quoique Balderic semble donner à entendre que ce Monastere fut changé depuis en un Collége de Chanoines, quand il dit: *Monasterium S. Petri in villâ* HUNNULCURT, *olim Religione florens, & opibus, postquam viris militaribus beneficiatum est, ad paucos Canonicos derivatum*. Si ce n'est que cet Auteur entende *Monachos* sous le nom de *Canonicos* (il y a apparence que *Canonici* veut dire ici des Reguliers qui vivoient selon les Canons.) Quoiqu'il en soit, il est certain que les Seigneurs de Crevecœur sont regardez comme les principaux fondateurs de cette Abbaye, qui sans les guerres, dont les Frontieres sont le Theâtre, & sans la nonchalance de ses Administrateurs, & la violence de ses Advouez, & des Seigneurs voisins, seroit aujourd'hui une des plus opulentes du Pays. Gelic rapporte que sous le regne du Roi Philippe de Valois on trouva, sous un Marbre du vieux cloitre de cette Abbaye, une Casaque d'Armes garnie de tables ou lames d'or, & de pierres precieuses, une croix émaillée à l'antique, un Heaume d'or, & d'argent, avec une Tablette d'or à la tête du Cadavre, qui portoit ces mots: ODO KAST. KAMBR. H. A. REST. que l'on a renduë ainsi; *Odon Castellanus Cameracensis* (autrefois *Cambracensis*) *hujus Abbatiæ Restaurator*.

2. HONNECOURT, Bourg de France en Picardie au Diocèse de Noyon auprès de l'Abbaye de Honnecourt. Il y a environ 540. feux.

HONOLSTEIN [b], petite Ville d'Allemagne dans l'Electorat de Treves à une lieue & demie de Weldentz. Elle a un Château & c'est le Chef-lieu d'un Bailliage de l'Electorat de Treves.

[b] Baudrand Edit. 1705.

HONORATIANUM, lieu d'Italie; Antonin en fait mention dans son Itineraire & le met à XXVIII. M. P. de Venuse.

HONORIADE, en Latin HONORIAS, Contrée de l'Asie mineure. Elle fit long-temps partie de la Bithynie & n'étoit pas une Province particuliere, avant l'Empire d'Honorius successeur du Vieux Theodose; mais dans la suite elle devint la XI. partie du Royaume du Pont que les Romains avoient reduit en Province. Le P. Charles de St. Paul se trompe dans sa Géographie sacrée lorsqu'il dit que l'Empereur Theodose divi-

A a sa

HON.

sa le Pont en huit regions qu'il mit sous la Jurisdiction d'un President ; & cite Etienne de Byzance comme si cet Auteur eût dit que l'Honoriade en étoit une. Cela ne se peut, aussi Etienne ne l'a-t-il pas dit. L'Honoriade ne prit ce nom que sous Honorius successeur de Theodose à qui l'on attribue cette division en huit parties, au lieu qu'il y en avoit déjà dix lorsqu'elle fut ajoutée puisqu'elle n'étoit que l'XI. Les Notices Ecclesiastiques de Leon le Sage & de Hierocles, nous ont conservé l'étendue de cette Province, en nommant distinctement les Villes qui en étoient.

Il y avoit six Villes, savoir,

Claudiopolis,	Tios,
Heraclée du Pont,	Cratées,
Prusiade,	Adrianople.

C'est la trente-deuxiéme Province de l'Empire d'Orient, selon Hierocles. Il en est parlé dans les Novelles & dans les Conciles.

HONOSCA, Ville maritime de l'Espagne Tarragonnoise, entre l'Ebre & Carthagene, selon Tite-Live [a]. On soupçonne que c'est presentement VILLA JOYOSA, Bourgade au Royaume de Valence dans le Golphe d'Alicante. Je ne sais sur quoi Mr. Corneille se fonde pour dire que les Géographes en sont persuadez. Ortelius ne le dit qu'avec un *peut-être* & Mr. Baudrand qui vraisemblablement est le seul Géographe que Mr. Corneille ait consulté sur cette Ville repete le peut-être & dit que ce n'est qu'une conjecture, & une opinion d'Ortelius, *Forte ... ut credit Ortelius ex conjectura.*

HONSCOTTE, Ville des Pays-bas, dans la Flandre Flamingante, au Diocèse d'Ipres. Elle appartient à la France depuis l'an 1667.

HONSFELD [b], Seigneurie des Pays-bas dans le Luxembourg, à deux lieues & demie de Viande & à une & demie de Clervaux.

HONSLAERDYCK, ou HONSELAERDYCK [c], belle Maison de Campagne dans la Hollande proche de Naeldwyck, à deux lieues de Delft & de la Haye. Elle appartenoit à Guillaume III. Roi de la Grande Bretagne.

1. HONT (LE) ou le HONDT ; Mr. l'Abbé de Longuerue écrit LE HONTE, ce qui est une faute. Bras de Mer qui s'est introduit dans les Terres entre la Flandre & la Zelande par l'Embouchure Occidentale de l'Escaut. [d] On prétend que ce n'étoit autrefois qu'un Canal que l'Empereur Otton II. fit creuser en 980. pour la commodité du Commerce entre la Flandre & le Beveland, & cela demeura en cet état jusqu'en l'année 1377. qu'il survint une fort grande inondation laquelle submergea plusieurs Villages en cet endroit & forma ce bras de Mer tel qu'on le voit aujourd'hui. Voyez au mot ESCAUT.

2. HONT, (LE COMTE DE) [e] Contrée de la Haute Hongrie entre les Comtez de Borsod au Nord, de Zemplin à l'Orient, de Zabolcz au Sud-est ; de Hewecz au Sud-Ouest & de Novigrad au Couchant. Il y

[a] l. 22.

[b] Dict. Geogr. des Pays-bas.

[c] Ibid.

[d] Baudrand Edit. 1705.

[e] De l'Isle Carte de la Hongrie 1717.

HON. HOO. HOP. HOR.

a beaucoup de Rivieres qui l'arrosent ; il n'y a que des Bourgs & des Villages. Celui dont il prend le nom est au Nord-est du Comté & au Nord-Ouest de Tokai.

HONT-BOSCH ('T) [e], on nomme ainsi en Hollande une forte digue qu'on a élevée dans la Nordhollande, pour arrêter la Mer du Nord proche du Zype.

HONTON, Ville d'Angleterre en Devonshire, aux confins de Dorsethshire [f], à quatre lieues d'Exceter du côté de l'Orient. On y tient marché public & cette Ville envoye ses deputez au Parlement. L'Etat present de la Grande Bretagne nomme ce lieu HONITON.

HOOGSTRATE, gros Bourg ou petite Ville des Pays-bas dans le Brabant, à six lieues d'Anvers, & à trois de Breda avec titre de Comté [h]. Ce lieu n'a point de murailles, & à un quart de lieue delà est un Château remarquable sur la Riviere de Merke qui delà passe à Breda & se jette dans la Meuse. Le Comté de Hoogstrate comprend 17. ou 18. Villages.

HOORN. Voyez HORN 1.

HOPLIAS, & HOPLITES, Riviere de Grece dans la Béotie. Mr. Dacier dit OPLITE sans aspiration [i]. Voici comment il rend le passage, où Plutarque parle de cette Riviere. Pendant que l'Armée étoit campée en cet endroit, on rapporte qu'un Phocien racontant cette Bataille à un autre qui ne s'y étoit pas trouvé, lui dit, *que les Ennemis les avoient chargez, lorsque Lysandre avoit déjà passé l'Oplite.* Comme il en étoit fort étonné, il y eut un Spartiate, ami de Lysandre, qui l'ayant entendu, lui demanda quel étoit cet Oplite, car il ne connoissoit point ce nom. Le Phocien lui repondit, *c'est l'endroit où les ennemis ont renversé & tué sur la place nos gens les plus avancez car le ruisseau qui passe près des murailles de la Ville est appellé Oplite.* Ce que le Spartiate ayant entendu, il fondit en larmes & s'écria *qu'il est difficile à l'homme d'eviter sa destinée.* Car autrefois il avoit été rendu à Lysandre un Oracle qui portoit en propres termes. *Je t'ordonne d'eviter surtout le bruyant Oplite & le fils de la Terre, le Dragon rusé qui vient frauduleusement assaillir par derriere.* D'autres disent que l'Oplite n'est pas ce ruisseau qui passe près d'Haliarte ; mais que c'est un torrent qui va vers Cheronée & qui se jette dans le Fleuve Phliarus, près de la Ville. On l'appelloit autrefois OPLIAS, & aujourd'hui on le nomme ISOMANTUS. Or celui qui tua Lysandre étoit un Officier d'Haliarte qui s'appelloit Neochorus & qui portoit sur son Bouclier un Dragon & c'est ce qu'il semble que l'Oracle vouloit faire entendre. Ce passage de Plutarque est l'unique connoissance que nous avons de ce ruisseau & de ce torrent.

HOPLITES, Tribu de l'Attique, dont Herodote [k] & Pollux [l] font mention.

HOR, Montagne d'Asie dans l'Arabie petrée aux confins de l'Idumée [m]. C'est sur cette Montagne qu'Aaron eut ordre du Seigneur de monter pour se réunir à ses Péres [o]. Il y mourut & y fut enterré.

HORACITÆ, Ὁρακῖται, ancien Peuple v. 26. c. 27. v. 13.

[e] Dict. Géogr. des Pays-bas.

[f] Baudrand Edit. 1705.

[g] T. I. p. 55.

[h] Le P. Bonsfingant Illustre T. Voyage des Pays-bas.

[i] Hommes Illustres T. 4. p. 278. Vie de Lysandre.

[k] L. 5.

[l] l. 8.

[m] D. Calmet Dict.

[o] nom. c. 32. v. 50. Mer. c. 20.

ple de l'Illyrie, selon quelques Editions de Polybe. Il faut lire THORACITÆ.

HORÆ, Ville ancienne de la Calabre, selon Curopalate.

HORÆA, Ville & port de la Carmanie, selon Arrien dans son Periple. C'est peut-être l'ORA de Ptolomée.

HORAS, lieu d'Italie, au pied des Alpes sur le Pô, selon Cedrene & Curopalate.

HORATÆ, Peuple des Indes, selon Pline; ils avoient une Ville fort belle entourée de fossez & de marais.

HORBATII, ancien nom des habitans de la Croatie, les CRABATES, selon Lazius.

HORBOURG, Bourg de France dans la Haute Alsace au Diocèse de Basle, sur la Riviere d'Ill, à environ une lieue de Colmar. On soupçonne que c'est un reste de l'ancienne ARGENTARIA. Voyez ce mot. Le domaine utile de Horbourg appartient au Duc de Wurtemberg.

HORDAHA, Riviere de la Thuringe, selon Vignier dans la Bibliotheque Historiale. Il cite Fortunat, comme ayant fourni ce nom.

HORDONIENSES, Peuple d'Italie, dans l'ancienne Pouille, selon Pline; où plutôt, selon Ortelius qui y a trouvé ce nom. Il faut lire HERDONIENSES.

1. HOREB, Montagne d'Asie dans l'Arabie petrée, si proche du mont Sinaï, qu'Horeb & Sinaï ne semblent être que deux côteaux d'une même Montagne. Sinaï est à à l'Orient, & Horeb au Couchant; ensorte qu'au lever du Soleil, celle-ci est couverte de l'ombre de Sinaï. Horeb a deux ou trois belles sources, & quantité d'arbres fruitiers sur son sommet, au lieu que Sinaï n'a point d'autre eau que celle des pluyes. C'est à Horeb que Dieu apparut à Moïse dans le Buisson ardent. C'est au pied de la même Montagne que Moïse frapa le rocher & en tira de l'eau pour desalterer le Peuple. Enfin c'est au même lieu qu'Elie se retira, pour éviter la persecution de Jezabel. Il est dit assez souvent dans l'Ecriture, que Dieu donna sa Loi aux Hébreux à Horeb, quoiqu'ailleurs il soit marqué expressément que ce fut à Sinaï; parce que, comme nous l'avons dit, Horeb & Sinaï, ne faisoient en quelque sorte qu'une Montagne.

2. HOREB, (la Roche d') Roche dont Moïse fit sortir de l'eau pour desalterer les Israëlites. Voyez l'article precedent.

HOREM, Ville de Palestine dans la Tribu de Nephthali, selon Josué.

HORESTI, ancien Peuple de l'Isle de la Grande Bretagne. Tacite en fait mention; on croit qu'ils occupoient le Pays nommé aujourd'hui ESKEDAL, EUSDAL, & LIDDAL. C'est le sentiment du P. Briet qui marque ATTERICH Trimontium, & le GOLPHE DE SOLVAY, sinus Æstuarium, pour les principaux lieux de ce Peuple.

HORGEN, Bailliage de Suisse, au Canton de Zurich, dans la partie Orientale du Lac de Zurich; il est d'une fort grande étendue.

HORICI, on lit ce mot dans Etienne le Géographe au mot Βλιουδος. Ortelius remarque que c'est une faute pour NORICI.

HORISIUS, Riviere d'Asie dans la Mysie, quelque part vers la Troade, selon Pline. Il le nomme avant le Rhyndacus, qui est beaucoup plus connu.

HORISON, (L') ou L'HORIZON, c'est-à-dire, le borneur ou ce qui borne la vûe. C'est le nom que les Grecs ont donné à un Cercle qui nous environne, & dont notre œil est le centre; & dans le Ciel, ce Cercle sépare l'Hemisphere superieur d'avec l'inferieur; c'est-à-dire, la partie du Ciel que nous voyons, d'avec celle qui nous est cachée. L'Horizon est de deux sortes. Celui qui est appellé HORIZON SENSIBLE & HORIZON VISUEL, n'est pas un grand Cercle; & par-là on le distingue du veritable Horizon qui est un grand Cercle parce que son Plan passe par le centre de la Sphere, au lieu que le Plan de l'Horizon sensible passe par la surface du Globe. L'Horizon vrai est appellé HORIZON RATIONEL, ou INTELLIGIBLE, ou ASTRONOMIQUE. Il faut bien distinguer ces deux sortes d'Horizon.

L'HORIZON, VRAI, ou SENSIBLE, ou VISUEL n'est autre chose que l'étendue que nous pouvons découvrir de tous côtez sur Mer ou dans une plaine où la vûe n'est point bornée par quelque Montagne.

L'HORIZON RATIONNEL, ou INTELLIGIBLE ou ASTRONOMIQUE, est un grand Cercle dont le Diametre passe par le centre de la Terre, & ce Diametre est perpendiculaire à une ligne terminée par le Zenith & le Nadir, du lieu dont ce Cercle est l'Horizon. Nous expliquons ailleurs ce que c'est que ZENITH & NADIR. Cette definition suppose que la Terre occupe le milieu de la Sphere.

Ces deux Horizons à l'égard de la Terre ont une extrême difference. Celui que nous voyons effectivement ne renferme qu'un très petit espace; celui que nous concevons est bien plus grand puisqu'il coupe le Globe en deux parties égales.

Le Globe coupé par l'Horizon est divisé en Hemispheres; le superieur, par raport à nous est celui qui nous environne & où nous sommes. L'inferieur est occupé par nos Antipodes.

Quoique ces deux sortes d'Horizon, le Visuel ou l'Astronomique, soient si differens à l'égard de la Terre, ils ne le sont pas considerablement à l'égard du Ciel. Car quoique l'on ne voye pas entierement la moitié du Ciel; la difference est très-petite eu égard à la vaste étendue du Ciel.

Comme ce Cercle n'est appellé Horizon qu'à l'égard du point de la Terre qui lui sert lieu de centre, il s'ensuit qu'en prenant un autre point, l'Horison change aussi; & qu'il y a autant d'Horizons qu'il y a de points differens sur le Globe. Un Voyageur n'a jamais le même Horizon dans la rigueur mathematique. Il en change à chaque pas; car il est certain que s'il avance, par exemple, vers l'Orient il découvre de ce côté-là des parties du Ciel qu'il ne voyoit pas auparavant & qu'il en perd autant de vûe de l'aul'autre côté ; parce qu'il ne peut jamais voir plus de la moitié du Ciel.

L'Horizon étant un Cercle variable, on auroit dû, ce semble, le représenter sur la Sphere & sur les Globes par un Cercle que l'on pût mouvoir en tous les sens imaginables ; cependant pour plus de facilité on le représente toujours par un Cercle fixe. C'est un grand Cercle de Bois fort large, plat par dessus, avec deux entailles qui servent à y faire entrer le Meridien, qui est un grand Cercle de Cuivre. Ce Cercle large est de Bois posé sur les Colomnes qui soutiennent la Sphere ou le Globe ; & on y colle du papier, où sont représentez trois Cercles contigus & interieurs l'un à l'autre. Le plus interieur des trois est divisé en 360. degrez, ou parties égales, avec les figures des douze signes du Zodiaque ; le second Cercle, qui est celui du milieu, contient les douze mois avec leurs jours, les sept lettres de l'Alphabeth qui marquent le nombre d'Or, puis les principales fêtes. Il y a des Globes sur l'Horizon desquels il y a trois Calendriers differents, le premier est celui de Jule Cesar qui est l'ancien, le second celui de Gregoire XIII. qui a tâché de remettre les Equinoxes & les Solstices au même point où ils étoient au temps du Concile de Nicée ; le troisième Calendrier est celui de Scaliger qui reduit les Solstices & les Equinoxes aux mêmes points où ils étoient au temps de la naissance de Jesus-Christ. Le troisiéme Cercle, où le plus exterieur des trois, se divise en trente-deux parties égales pour le nombre des vents : distribution dont se servent les Navigateurs qui partagent leur Horizon en trente-deux vents.

L'usage de l'Horizon du Globe ou de la Sphere est de représenter quel est l'Horizon Rationnel de chaque partie de la Terre. L'Horizon *Visuel*, & l'*Horizon Rationnel* sont toujours paralleles l'un à l'autre. Le *Visuel* est plus ou moins grand, selon l'élévation du lieu où l'on est. Ce que l'œil peut découvrir de la Terre à la hauteur d'un homme de cinq pieds, quand il n'y a aucun empêchement, est d'environ deux lieues & demie communes ; lesquelles déterminent le demi-Diametre de l'Horizon sensible à cette hauteur. Ce demi-Diametre s'augmentera si on monte sur une tour. L'Horizon Rationnel est toujours de la même grandeur quoiqu'il change de place avec la personne dont il est l'Horizon ; mais à la distance de vingt ou vingt-cinq lieues, la difference n'est pas considerable à l'égard du Ciel.

Les differents rapports de l'Horizon avec la situation de la Sphere, lui font donner divers noms. On l'appelle HORIZON DROIT quand il passe par les Poles du Monde ; & coupe l'Equateur à angles droits ; HORIZON OBLIQUE quand un des Poles est autant élevé au-dessus de l'Horizon que l'autre est abbaissé au-dessous, & HORIZON PARALLELE quand l'Axe du Monde lui est perpendiculaire, car alors le Zenit étant l'un des Poles du Monde, l'Equateur & l'Horizon sont unis & ne font qu'un même Cercle ; & par cette raison toutes les revolutions du mouvement diurne se font parallèles à l'Horizon.

1. HORMA, Ville de la Macedoine, au Pays des ALBOTES, selon Ptolomée [a]. [a l.3.c.13.] Ce même Peuple est nommé Almopes dans quelques exemplaires.

2. HORMA, D. Calmet [b] dit : HORMA ou HERMA ou HARMA, ARAMA ; il faudroit écrire CHORMA ou CHERMA de חרמה *Anathème* ; cette Ville s'appelloit SEPHAAT avant que les Hebreux lui eussent donné le nom d'*Horma* qui signifie Anathême comme nous venons de dire. Voici ce qui donna lieu à cette denomination : Le Roi d'Arad [c] qui étoit Chananéen & habitoit au Midi de la Terre promise, ayant attaqué les Hebreux, les mit en fuite & prit sur eux de riches dépouilles. Alors les Israelites s'engagerent par vœu au Seigneur, de devouer à l'Anathême & d'exterminer entierement tout ce qui appartenoit au Roi d'Arad. Ce qui fit donner à cet endroit le nom d'*Horma* [d]. Il y a assez d'apparence que ce vœu ne fut exécuté, que depuis l'entrée de Josué dans la Terre promise. On trouve parmi les Rois qu'il vainquit un Roi d'Herma, ou d'Horma [e] & un Roi d'Arad ou Arad. *Horma* étoit dans la Palestine & dans la Tribu de Simeon [f].

[b Dict. de la Bible.]
[c Judic. c. 1. v. 17.]
[d Numer. c. 21. v. 3.]
[e Josué c. 12. v. 14.]
[f Josué c. 15. v. 30.]

HORMANUS. Voyez ORMANUS.

HORMENIUS. Voyez ORMENIUS.

HORMETIONI, Peuple Barbare au bord de la Mer ; ils avoient pour Roi Alcetus, selon l'Histoire Mêlée [g]. [g l. 16.]

HORMIÆ. Voyez SELEUCIE.

HORMIÆ, pour FORMIÆ.

HORMIÆ. Voyez HYRMINÆ.

HORMENIUS. Voyez HYPEA.

HORMIZA, Village de l'Arabie. Josephe en fait mention dans son Histoire de la guerre des Juifs [h]. [h l. 1. c. 14.]

HORMUS, lieu de la Thessalie assez près d'Ioleos, selon Diodore [i]. [i l. 4.]

HORN, ou HOORN, ou HORNE, Ville des Provinces-Unies, dans la West-Frise ou Hollande Septentrionale au bord Occidental du Zuiderzée, où elle a un assez bon Port, à deux lieues d'Edam. Comme son nom est le même dont les Hollandois se servent pour exprimer une *Corne*, quelques-uns en ont cherché l'origine dans la ressemblance de son ancien Port avec une Corne. D'autres la tirent de ce que le même mot signifie aussi un *Angle* ou un *Coin*, & cette Ville est située dans un coin ou dans un enfoncement du Zuyderzée, qui y forme un Golphe entre Edam & Enckhuyse. D'autres disent que ce nom de Horn vient de ce qu'au lieu nommé te *Cupl*, où l'on croit que la Ville a commencé, il y avoit anciennement trois cabarets dont le principal avoit une Corne pour enseigne. Quoiqu'il en soit de ces Etymologies & de quelques autres, la Ville commença vers l'an 1300. à être bâtie, c'est du moins vers ce temps-là que l'on commença à y transporter de Danemarck des bœufs maigres que l'on engraisse ensuite dans le Pays ; mais ce Commerce ne devint très-florissant que l'an 1589. Vers l'an 1323. on bâtit de bois l'Eglise Paroissiale dediée à St. Cyr, six ans après elle fut brûlée par le tonnerre & l'an 1369. on la rebâtit plus grande & plus belle, sous l'invocation de St. Jean Baptiste & de St. Cyr.

[Memoires communiquez.]

Cyr. En 1341. l'ancien Port ne suffisant point pour le Commerce de la Ville qui commençoit à y attirer de gros Navires; on en forma un nouveau en poussant une levée depuis la Digue de la Mer jusqu'à l'entrée de l'ancien Port, afin d'y retirer en sûreté les Navires qui ne pouvoient entrer dans la Ville. Ce Port s'appelle le *Vieux-Nouveau Port*, Oude Nieuwe Haven, pour le distinguer du nouveau Port que l'on a fait ensuite. Ce dernier est très-vaste & consiste en une grande enceinte de piliers enfoncez dans l'eau & liez ensemble par des poutres horizontales, avec trois entrées & deux separations. En 1356. Guillaume de Baviere Comte de Hollande, accorda aux Habitans de Horn pour recompense de leurs services divers Privileges, & sur tout ceux que Florent V avoit accordez en 1288. aux Habitans de Medenblick, y en ajoutant quelques-uns qui regardent la reception des Bourgeois. La même année le Comte Guillaume leur donna abolition de tout ce qui s'étoit passé durant les guerres qu'il y avoit euës entre sa Mere & lui. La Ville eut des Monasteres d'assez bonne heure; on y en fonda deux en 1385. savoir des Hieronimites, & de Ste. Agnes, & un troisiéme hors de la Ville pour les reguliers en 1388; il s'accrut si bien avec le temps qu'il fut compté entre les plus riches & les plus beaux des Pays-Bas. L'an 1400. & les deux années suivantes on en fonda trois autres, savoir Ste. Catherine, Ste. Cecile, & Ste. Gertrude, & huit ans après celui de Ste. Marie. Mais l'Eglise qui portoit ce nom ne fut commencée que l'an 1426. La Ville de Horne prenoit toujours un nouvel éclat. Albert de Baviere s'étant bien trouvé du service qu'elle lui avoit rendu contre les Frisons qui sont à l'Orient du Zuiderzée, accorda à ses Habitans une exemption de Péages aux Douanes de Sparendam & de Heusden; Guillaume de Baviere soumit en 1408. à la Jurisdiction du Magistrat de Horne quelques Villages qui étoient auparavant sous le du Bailli de Medenblick. Ces Villages sont *Berkhout, de Gooren, Avenhorn, Mysen, Oudendyk, de Beets, Grosthuysen, & Scharwonde*; outre quelques Hameaux: On conserve encore les Lettres qui contiennent cette attribution.

Quoique cette Ville conserve encore à present une partie de ses anciens avantages, il faut pourtant avouër qu'elle en a beaucoup perdu par le grand accroissement de la Ville d'Amsterdam dans le dernier Siécle. Amsterdam a fait à l'égard de Horne & des autres Villes du Zuiderzée comme certains Arbres dont l'ombre est mortelle aux plantes voisines; elle a attiré à soi le principal Commerce; les occasions de s'y enrichir étant plus frequentes qu'ailleurs, les autres Villes ont perdu beaucoup de Negocians qui leur ont preferé le séjour & la Bourgeoisie d'Amsterdam. Horne ne laisse pas d'être considerable par plusieurs avantages qui lui sont attachez. 1. C'est une des six Chambres de la Compagnie Hollandoise des Indes Orientales & elle est la cinquiéme rang & elle possede environ un vingt-cinquiéme du fonds total de la Compagnie. Elle est composée de sept Directeurs dont six sont de la Ville & un est d'Alckmaar. 2. C'est à Horn que reside la Chambre de Nord-Hollande de la Compagnie Hollandoise des Indes Occidentales; cette Chambre a six Directeurs & autres Officiers. 3. Elle prend beaucoup de part à la pêche de la Baleine. 4. C'est l'abord des Boeufs que l'on apporte de Dannemarc & de Holstein. 5. Un des cinq Colleges de l'Amirauté est alternativement à Horne & à Enckhuysen.

La Ville de Horne a cinq Portes, savoir la *Porte Occidentale* Wester-Poort, *la Porte de l'Eau* Water-Poort, *la Porte Orientale* Ooster-Poort, *la Porte aux Vaches* Koe-Poort, & *la Porte du Nord* Noorder-Poort.

Les Monasteres, comme dans toutes les autres Villes de Hollande, y ont changé de destination. Celui de Ste. Agnes est presentement *la Cour du Prince* 't Princen-Hoff, celui de Ste. Gertrude est le Lombard ou la banque des emprunts, celui de Ste. Catherine est la Monnoye, celui de Ste. Marie est la Maison des Orfelins, celui de Ste. Cecile est l'Ecole Latine.

Horne a produit plusieurs hommes célèbres dans la Republique des Lettres. Entre autres *Jaques de Horne* qui s'appella *Jacobus Ceratinus*, en traduisant son nom en Grec à la maniere des Savans de ce temps-là. Il étoit Professeur en Langue Greque dans l'Université de Louvain où il mourut en 1530. On a de lui un Dictionnaire Grec. *Pierre Junius*, Pere d'Hadrien Junius, avoit commencé une Histoire de Horne sa Patrie. Le fils mourut à Middelbourg en 1575. Jaques Dunius mort vers l'an 1566, & Pierre Hogerbat, Docteur en Medecine de l'Université de Padouë, ont fait des Poësies qui sont imprimées. Theodore Velius a fait une Chronique de Horne. Mais ce qui interesse davantage la Geographie, Horne est la Patrie de Guillaume Schouten, qui poussant au delà du Détroit de Magellan, trouva le passage qu'on a nommé le Détroit de le Maire, en 1616.

§. Mr. Corneille fait deux Articles de cette Ville, savoir, HOORN, *Ville de la Hollande dans la West-Frise*, sur les Mémoires du P. Boussingaut, & HORN, *Ville des Pays-Bas en Hollande*, Article tiré du Dictionnaire de Mr. Maty. Il n'en falloit qu'un, c'est la même Ville, qui est dans les Pays-Bas, & dans le Comté de Hollande, & dans le Pays de West-Frise.

2. HORN. (L'ISLE DE) Il y a deux Isles de ce nom. Voyez au mot ISLE les Articles L'ISLE DE HOORN.

3. HORN [a], petite Ville d'Allemagne dans la basse Autriche, vers les confins de la Moravie, sur un ruisseau nommé Teffer par les uns & Kamp par les autres, à neuf milles de Vienne & à quatre de Crembs. Elle a autrefois appartenu aux Seigneurs de Puechheim, & les Protestans de la basse Autriche y ont souvent tenu leurs Etats.

[a] Zeyler Austr. Topogr. p. 22.

4. HORN, petite Ville des Pays-Bas au Pays de Liége entre le Brabant Hollandois & la Meuse, à une lieuë de cette Riviere & de Ruremonde & à six de Mastricht. C'est le Chef-lieu d'un Comté de même nom. Mr. Baudrand n'en fait qu'un Bourg.

5. LE COMTÉ DE HORN [b] n'est pas compté entre les dix-sept Provinces des Pays-Bas, néanmoins il en fait partie, étant des dé-

[b] Longuerue Desc. de la France 2. part. p. 141.

pen-

HOR.

pendances de Brabant, & sujet aujourd'hui de la Maison d'Autriche, & de l'Empereur Charles VI, comme il l'étoit du feu Roi d'Espagne Charles II. Ce Comté est borné du côté du Nord par le marais de Peel & par la terre de Kessel, dépendante de Gueldres, & cédée au Roi de Prusse, & à la Maison de Brandebourg par la Paix d'Utrecht. A l'Orient la Meuse sépare ce Comté du Territoire de Ruremonde, qui est la Gueldre Austrichienne. Au Midi ce Comté est borné par l'Evêché de Liege; à l'Occident, il a le même Evêché & la Mairie de Bois-le-Duc. Ce Comté a sept lieues de long, sur cinq de large. Horn, qui lui donne le nom, n'est qu'un petit Bourg peu éloigné de la Meuse, On n'en trouve rien avant le commencement du XIII. Siécle. Alors Gerard de Limbourg fils du Duc Henri, étoit Seigneur de Horn, & à cause de cela, on le nommoit Gerard de Horn. Ce Comté vint ensuite au pouvoir de Jean I. du nom, Duc de Brabant, qui le donna en partage & en Fief à son fils puîné, Guillaume, qui fut Comte de Horn. La postérité masculine de Guillaume finit en la personne de Jean Comte de Horn, qui vivoit sous Charles-Quint. Ce Comte épousa Anne d'Egmond Mere de Philippe de Montmorenci, Seigneur de Nivelle. Ce Comte n'ayant point d'Enfans institua heritier Philippe fils de sa femme. Ainsi le même Philippe fut Comte de Horn, & Seigneur de Werth, & fit bâtre monnoye d'or & d'argent marquée de son nom & de ses armes, comme Seigneur libre de Werth, & parce qu'Herman de Nieunart Comte de Meurs prétendoit au Comté de Horn, à cause de Jeanne de Horn, tante du dernier Comte Jean de Horn, laquelle avoit été mariée à l'ayeul de Herman, Philippe de Montmorenci assoupit ce différend, en épousant Walburge de Nieunart Sœur du Comte Herman. Herman & Walburge avoient eu pour Pere Guillaume Seigneur de Werth, & par-là la Seigneurie de Werth fut unie au Comté de Horn. Quelques Prérogatives qu'eût Philippe dans ce Comté, il ne laissoit pas de reconnoître pour son Souverain Philippe II., & ce Comté étoit si certainement alors sujet du Roi d'Espagne, que le Pape Paul IV. en ôta la Jurisdiction spirituelle à l'Evêque de Liege, & l'attribua à l'Evêché de Ruremonde nouvellement érigé, en reconnoissant que ce Comté étoit sous la domination du Roi d'Espagne, de sorte que Philippe de Montmorenci, ayant été executé comme Criminel de Leze Majesté l'an 1568, le Comté de Horn fut réuni au Domaine du Roi Philippe II. & aujourd'hui l'Empereur Charles VI. en est en possession. Néanmoins les Evêques de Liege, qui prétendent que ce Comté a été un Fief de leur Evêché, prennent encore aujourd'hui le titre de Comtes de Horn, sur lequel, ils n'ont aucune autorité, ni temporelle, ni spirituelle.

6. HORN, (LE CAP DE) Voyez au mot CAP.

7. HORN [a], Village de Suisse, au voisinage de la Ville d'Arbon. Il dépend de l'Evêque de Constance.

[a] Etat & del. de la Suisse. T. 3. p. 157.

8. HORN, (LA) Riviere d'Allemagne dans le Cercle Electoral du Rhin [b]. Elle a plusieurs sources au Comté de Bische dans les Montagnes. Elle passe à Bische d'où serpentant vers le Nord, & se chargeant de divers ruisseaux, elle entre dans le Bailliage de Deux-Ponts, se recourbe vers le Couchant, passe à Hornbach, où elle reçoit la Schwalbe, retourne vers le Nord, reçoit le Picalt, & quand elle est arrivée au Couchant & à un bon quart de lieue de la Ville de Deux-Ponts, elle reçoit l'Erbach, elle court vers l'Ouest pour se joindre à une Riviere qui vient du Nord, avec laquelle elle va se perdre dans la Saare.

[b] Jaillot Atlas.

HORNACHOS, Bourgade d'Espagne dans l'Estremadure. Voyez PHORNACIS.

HORNBACH, ou HORRENBACH, Ville d'Allemagne dans le Cercle Electoral du Rhin au Duché de Deux-Ponts, au confluent de la Riviere de Horne avec la Schwalbe, à deux lieues de Deux-Ponts. Il y a une Abbaye de Benedictins fondée par St. Pirmin [c], dont le Corps y repose.

[c] Zeyler Palat. Infer. Topogr. p. 63.

HORNBERG [d], ancienne Ville & Baronie d'Allemagne dans la Forêt noire sur la Riviere de Gutach &, en tirant vers Schilrach, Wolffach & Schramberg, c'étoit autrefois une Baronie qui avoit ses Barons particuliers. La Ville appartient au Duc de Wurtemberg. Il y a, sur une hauteur, deux Forteresses dont l'une est habitée par le Bailli de Wurtemberg, c'est la nouvelle, car la vieille est abandonnée à cause de l'opinion que l'on a qu'il y revient des esprits. C'étoit néanmoins ci-devant l'Arsenal, le Magazin & la prison.

[d] Zeyler Suev. Topogr. p. 43.

HORNDIEP, petite Riviere des Pays-Bas aux Provinces-Unies. Elle a sa source dans le Pays de Drente & passe à Groningue où elle se jette dans l'Huntes.

[e] Baudrand Edit. 1705.

§. Ce n'est point le nom de cette Riviere. C'est le nom d'un Canal que l'on a creusé pour le rendre navigable depuis le Pays de Drente, jusqu'à Groningue. En sortant de ce Pays de Drente elle forme une Isle nommée *Hoylandt*, ou la *terre du Foin*. Le Village de Hooren est vers la moitié de la longueur du Canal entre cette Isle & Groningue, & de-là est venu le nom de *Hoorensdiep*, comme il est écrit sur les Cartes, & que Mr. Baudrand a pris pour le nom de cette Riviere; quoi qu'il ne signifie que le *Canal de Hooren*.

HORNENSIS, HORNANUS, ou HORNIUS, natif ou Habitant de Horn.

HORNOY, Bourg de France en Picardie dans l'Amiennois.

HORONÆ. Voyez ORONÆ.

HOROSSUS, lieu d'Asie. Plutarque le nomme dans la Vie de Demetrius. Ortelius le croit en Cilicie.

HORP, (LE) Bourg de France dans le Maine, Diocese & Election du Mans.

HORREA, au pluriel, & HORREUM au singulier. Voyez GRANGE.

HORRÉENS, ancien Peuple d'Asie près de la Palestine. [f] Ils habitoient au commencement dans les Montagnes de Seïr, au delà du Jourdain [g]. Ils avoient des Chefs & étoient déja puissans avant qu'Esaü eût fait la conquête de leur Pays [h]. D. Calmet dit. Il semble que les Horréens, les descendans de Seïr, & les

[f] D. Calmet Dict.
[g] Genes. c. 14. v. 6.
[h] c. 36. v. 20. & 30.

les Iduméens se confondirent dans la suite & ne composeroient qu'un seul Peuple. Il ajoute: On trouve le nom Hebreu CHORI ou CHORIM (חורי *Chorim* ou *Horim*) qui est traduit dans la Genese par HORRÆI, dans plusieurs endroits de l'Ecriture [a] en un sens apellatif, pour signifier des Grands, des Heros, des Hommes puissans; & il y a assez d'apparence que les Grecs ont pris de là leur mot *Heroes*, de même qu'ils ont pris *Anax*, un Roi, des fils d'Enach ou Anach fameux Heros de la Palestine.

HORREN, lieu d'Asie vers l'Assyrie, selon Ammien Marcellin [b].

HORREUM MARGI, Voyez ORREA.

HORREUM, petite place de Grece dans la Molosside, aux confins de l'Epire & de la Thessalie, selon Tite-Live [c]. Anicius la prit avec Phylace & autres places de ce Canton-là.

HORSARA. Voyez ORSARA.

HORSENA. Voyez ORSENA.

HORSENS [d], petite Ville de Dannemarck dans le Jutland, au Diocese d'Arhus, au fond d'un petit Golphe qui s'avance d'Orient en Occident dans les Terres pour recevoir quatre ruisseaux qui s'y jettent auprès de cette Ville, l'entrée de ce Golphe est entre l'Isle d'Endelo & le petit Belt ou Middelfart.

HORSHAM ou HORESHAM [e], Ville d'Angleterre au Comté de Sussex, aux confins de Surrey; on y tient marché public & ses Deputez ont voix en Parlement.

L'HORT-DIEU, en Latin HORTUS DEI, petit Canton de France dans les Cevenes vers L'AIGOUAL ou L'EPERON, qui en sont les plus hautes Montagnes. Il y croît naturellement toutes sortes de plantes & de fleurs, même des plus belles & des plus curieuses. C'est ce qui lui a fait donner ce nom qui signifie *Jardin de Dieu*.

1. HORTA, Ville d'Italie. Paul Diacre [f] dit que l'Exarque de Ravenne se rendit à Rome & qu'à son retour, il reprit possession des Villes que les Lombards occupoient, savoir *Sutrium*, *Polimartium*, *Horta*, *Tudertum*, *Ameria*, *Perusia*, *Luceoli* & autres Villes. C'est L'HORTANUM de Pline. Voyez ce mot.

2. HORTA, Isle d'Italie au Lac de Novare dans la Gaule Cisalpine, selon Sigonius [g]. C'est là que Berenger fut confiné par l'Empereur Otton.

3. HORTA, ancienne Ville d'Espagne dans la Betique. Petrus Marsus fonde l'existence de cette Ville sur ces paroles de Silius Italicus [h].

redimitaque sacra
Nebride & Hortano Manas nocturna Lyæo.

Cellarius meprise cette conjecture. Un Commentateur, dit-il, derive le mot *Hortanus* de *Horta* petite ville située près de Nebrissa, dont aucun autre n'a parlé. Il y en a, poursuit-il, qui le derivent des Oretains, *ab Oretanis littera & halitu abjectis*. On peut voir d'autres conjectures dans le Commentaire de Mr. Drakenborch.

HORTANUM, ancienne Ville d'Italie dans l'Etrurie, selon Pline [i]. On croit que c'est l'*Horta* de Paul le Diacre & l'HORTI de Léandre. C'est presentement un Evêché dependant immediatement du St. Siége. Voyez ORTI.

HORTENSES, ancien Peuple d'Italie dans le Latium, selon Pline.

HORTENSIS VICUS, Village de la Gaule auprès d'Arles. C'est où se tint l'onzième Synode, selon Ortelius [k].

HORTES. Voyez ORTEZ.

HORTIGA, petite Riviere d'Espagne dans l'Estremadure. Elle naît [l] près de Calamea & se rend dans la Guadiana près de Medelin.

HORTULUS, nom Latin du JARDINET, [m] Abbaye du Pays de Liége Ordre de Cisteaux.

HORTUS, ce mot ne signifie en Latin que *Jardin*, & signifie un lieu fleuri & charmant. On l'a donné par cette raison à un Canton de Sicile auprès de Palerme [n]; à un lieu des Cevenes nommé l'*Hort-Dieu*, & à quantité d'autres endroits, qui par leur beauté naturelle, meritent le nom de Jardin. Voyez JARDIN.

HOSAAS, (LES) Peuple de l'Afrique [o] dans la Cafrerie aux environs de la Baye de Saldañe. Ils nourrissent des troupeaux.

HOSÆA. Voyez OSÆA.

HOSI, Ville de la Chine dans la Province de Iunnan [p] au departement de Lingan troisiéme Metropole de cette Province. Elle est de 14. d. 29'. plus Occidentale que Pekin à 24. d. 10. de Latitude.

1. HOSPITAL, l's ne se prononce point en François, mais bien en Espagnol. Ce mot autrefois ne signifioit que d'HOTELLERIE, qui en est la traduction naturelle, & se prenoit pour une maison où les Voyageurs étrangers trouvoient les secours de l'Hospitalité en payant. On en fonda aussi pour y secourir les malades. Quelques-uns de ces Hospitaux étoient situés sur les grands chemins, comme on y voit encore quantité d'Hôtelleries. Les *stations* & les *mansions* des Anciens où l'on s'arrêtoit pour manger ou pour changer de chevaux, ou pour coucher, étoient proprement des Hôtelleries sur un passage. Plus ce passage étoit frequenté, plus il s'y établissoit de Maisons & il s'en formoit un Bourg, ou une Ville: il y en a qui n'ont pas commencé autrement, & elles sont fort exactement marquées dans l'Itineraire d'Antonin. Par exemple Spire a commencé par une Auberge qui n'ayant rien de plus remarquable qu'un poirier, en prit le nom *ad Pyrum*; il en est ainsi de quantité d'autres. L'Ordre de St. Jean de Jerusalem a commencé par un Hospital & est devenu un Etat souverain par raport à l'Isle de Malthe que cet Ordre possede. Avec le temps on a distingué par des noms particuliers les lieux où l'on paye, de ceux où l'on est reçu par charité. Nous appelons les premiers Hotellerie, *Auberge* &c. Les Espagnols les nomment VENTA, les Allemands Herberg / ou Wirtshaus / &c. Les Latins disoient *Diversorium*. Nous appellons les autres *Hospital*, les Espagnols de même, les Allemans Spital / & nous appellons HÔTEL-DIEU ceux qui sont desti-

destinez aux malades. Les Religieux donnent le nom d'Hospice à des Maisons qu'ils possedent, & qui servent de retraite aux Voyageurs de leur Ordre, ou aux Religieux dont le Monastere étant placé hors de la Ville est menacé de quelque danger. C'est ordinairement une Maison qu'ils n'habitent que dans les cas de necessité, ou dans laquelle ils sont encore en fort petit nombre. Quantité de Couvens aujourd'hui très-grands & très-bien fondez ont commencé par être un Hospice. Le Monastere de Port Royal au Fauxbourg St. Jacques à Paris n'étoit que l'Hospice de l'Abbaye de Port Royal des champs qui est detruite. Quelquefois aussi le nom d'Hospice signifie la partie d'un Monastere où l'on reçoit les Hôtes & les étrangers.

2. HOSPITAL, en Allemand *Spiral*; Village de Suisse proche le Mont St. Gothard, au Canton d'Uri. ^a Ce nom lui a été donné anciennement, parceque les Voyageurs qui vouloient passer le Mont St. Gothard, s'y arrêtoient, & l'on y prenoit soin des malades. Il y a aux environs de ce Village d'anciennes Forteresses. Ceux qui veulent voir, ou acheter des Cristaux en trouvent abondamment dans cet endroit.

^a Etat & Delices de la Suisse. T. 2. p. 418.

HOST, ou HOCHST ^b Ville d'Allemagne, entre Mayence & Francfort sur le Meyn, à un mille Germanique de cette derniere Ville, assez près du lieu où la Nidda se jette dans le Meyn. Elle appartient à l'Electeur de Mayence & fut bâtie en 1400. par l'Archevêque Jean Comte de Nassow. Nous en parlons déja ailleurs.

^b Zeyler Megunt. Topogr. p. 16.

HOSTERIA DE L'OSA, petit lieu d'Italie dans la Campagne de Rome, sur la petite Riviere d'Osa, à trois lieues de Rome vers Tivoli. Mr. Baudrand dit ^c qu'on y trouve des ruines de l'ancienne PEDA. Voyez ce mot.

^c Edit. 1705.

HOSTIÆ. Voyez OSTIE.

HOSTICUM, lieu d'Asie vers la Perse propre, selon Ammien Marcellin ^d.

^d l. 19.

HOSTILIA, ancien Village d'Italie entre Verone & Modene, selon Antonin ^e, à XXX. M. P. de la premiere & à L. M. P. de la seconde. Pline dit ^f qu'il étoit sur le Pô, & Tacite ^g qu'il dependoit de Verone. Il en parle comme d'un lieu voisin de Cremone. Voyez OSTIGLIA.

^e Itiner.
^f l. 21. c. 12.
^g Hist. l. 3. c. 9. c. 14. & 40.

HOSTUN, Terre & Seigneurie de France en Dauphiné ^h. Elle fut érigée en Duché simple en 1712. en faveur de Camille d'Hostun Comte de Tallart, Maréchal de France, & en Pairie par Lettres Patentes données à Versailles au Mois de Mars 1715. registrées le 2. d'Avril suivant en faveur de Marie Joseph Duc d'Hostun, fils du Maréchal de Tallart.

^h Piganiol de la Force desc. de la France. T. 4. p. 39.

HOSTUNIUM. Voyez OSTUNI.

HOTTENTOTS, (LES) ou HOTENTÔTS, ou HOTENTOTES, Peuples d'Afrique dans la Caffrerie, près du Cap de bonne Esperance. Nous en avons déja dit quelque chose à l'Article de CAP. Dampier dit que les originaires de ce Cap sont les HODMADODS, & il croit ce mot corrompu du mot HOTTENTOT; qui, selon lui, est le nom qu'ils se donnent les uns aux autres dans leurs danses. Ce mot qui signifie sans doute quelque chose dans leur langage est devenu leur nom parce qu'ils le repetent sans cesse lorsqu'ils dansent.

Les Hottentots, dit Dampier ⁱ, sont d'une taille mediocre, le corps petit & fluet, mais pleins d'activité. Leur visage est plat & ovale comme celui des Negres, ils ont les sourcils gros, mais le nez moins écrasé & les levres moins grosses que les Negres de Guinée; ils sont plus noirs que les Indiens. Leurs Cheveux sont aussi moins frisez. Ils se frotent de graisse, soit pour se rendre les jointures plus souples, soit pour se garantir le corps des injures de l'air en bouchant les pores. Après qu'ils se sont graissez ils se barbouillent de suie. L'odeur forte & la vue d'un fard si dégoutant est une de leurs delices. Ils vont presque nuds, & ont la tête découverte, mais ils ornent leurs Cheveux de Coquilles. Leur habillement consiste en une Peau de Mouton dont ils s'enveloppent les Epaules; & mettent la laine en dedans; outre ce manteau les hommes ont un petit tablier qui leur cache ce que la pudeur ne permet pas de voir, les femmes se ceignent les reins d'une guenille qui leur pend jusqu'aux genoux. Leurs jambes sont enveloppées d'intestins de Mouton jusqu'à l'épaisseur de trois ou de quatre pouces. Ils mettent ces intestins lors qu'ils sont frais. Ils durcissent sur la jambe & ils les y laissent jusqu'à ce qu'étant en voyage & n'ayant rien autre chose à manger ils trouvent cela comme une ressource. Ces intestins portez six ou huit mois ou même un an sont des mets exquis pour ce Peuple. Leurs Maisons n'ont que neuf à dix pieds de haut & dix à douze de large. Elles sont rondes & composées de pieux fichez en terre, qui se rejoignent par le haut: les côtez & le faîte sont des branches grossierement entrelacées avec les pieux, & le tout est couvert de longues herbes ou de jonc ou de peaux; à côté est un trou à la hauteur de trois ou quatre pieds; c'est par là que l'on y entre & que l'on en sort sur les pieds & sur les mains. Quand le vent vient du côté où est ce trou, ils le bouchent & en ouvrent un autre vis-à-vis. Ils font le feu au milieu & couchent à platte terre tout à l'entour. Leurs meubles consistent en un ou deux pôts de terre tout au plus. Ils peuvent, dit-on, être deux jours en voyage sans manger. Leur nourriture ordinaire est des herbes, de la viande, ou des coquillages qu'ils vont chercher au bord de la Mer. Ils n'ont ni Barques, ni instrumens pour pêcher. Ceux du plat-Pays vendent beaucoup de bétail aux Hollandois. Le Tabac est la Marchandise qu'ils aiment le mieux. La Compagnie Hollandoise s'est reservé le Commerce direct avec ce Peuple & l'interdit aux particuliers. Ceux des Hottentôts qui demeurent le plus près du Bourg en tirent leur principale subsistance, il n'y a point de Maison qui n'en ait quelqu'un & ils font le service le plus bas & le plus sale, heureux d'avoir à ce prix dequoi manger & de la graisse pour se barbouiller. Ils n'ont ni Temple, ni Idoles, ni culte marqué, si ce n'est qu'on veuille nommer ainsi les réjouïssances qu'ils font à la nouvelle & à la pleine Lune. Ils font alors des danses nocturnes. Ils sont extrémement paresseux & quoi que le Pays soit très-propre à être

ⁱ Voyages T. 2. p. 212.

être avantageusement cultivé, ils aiment mieux vivre comme leurs Ancêtres c'est-à-dire misérablement que de travailler pour se mettre dans un état plus abondant.

J'ai extrêmement abregé ce que dit Dampier, qui fait à ce sujet bien des digressions qui seroient inutiles ici. J'ajouterai ce qu'en rapporte le P. Tachard qui a traité ce sujet avec soin. La pointe Meridionale, dit-il [a], de l'Afrique n'est pas moins éloignée de l'Europe, que les mœurs de ses Habitans sont differentes des nôtres. Car ces Peuples ignorent la création du Monde, la redemption des hommes & le Mystére de la très-Sainte Trinité. Ils adorent pourtant un Dieu, mais la connoissance qu'ils en ont est très-confuse. Ils égorgent en son honneur des Vaches & des Brebis, dont ils lui offrent la chair & le lait en sacrifice, pour marquer leur reconnoissance envers cette Divinité qui leur accorde à ce qu'ils croyent, tantôt la pluye, tantôt le beau tems, selon leurs besoins. Ils n'attendent point d'autre vie après celle-ci. Avec tout cela, ils ne laissent point d'avoir quelques bonnes qualitez qui doivent nous empêcher de les mépriser. Car ils ont plus de charité & de fidelité les uns envers les autres, qu'il ne s'en trouve ordinairement parmi les Chrétiens. L'adultére & le larcin sont chez eux des crimes capitaux, & qui se punissent toujours de mort. Quoique chaque homme ait la liberté de prendre autant de femmes qu'il en peut nourrir, il ne s'en trouve pas un, même parmi les plus riches, qui en ait plus de trois. Ces Peuples sont partagez en diverses Nations, qui ont toutes la même forme de vivre. Leur nourriture ordinaire est le lait & la chair de troupeaux qu'ils nourrissent en grande quantité. Chacune de ses Nations a son Chef ou Capitaine auquel elle obéit. Cette Charge est héréditaire & passe des Peres aux Enfans. C'est aux aînés qu'appartient le droit de Succession, & pour leur conserver l'autorité & le respect, ils sont les seuls Héritiers de leurs Peres, les cadets n'ayant point d'autre Heritage, que l'obligation de servir leurs aînez. Leurs habits ne sont que de simples peaux de moutons avec la laine, préparées avec l'excrement de vaches, & une certaine graisse, qui les rend insupportables à la vûë & à l'odorat. La premiere Nation, en langage du Païs, s'appelle Sonquas, dont voici la representation naturelle. Les Européans appellent ces Peuples Hotentots, peut-être parce qu'ils ont continuellement ce mot à la bouche, lorsqu'ils rencontrent des Etrangers. Comme ils sont agiles, robustes, hardis & plus adroits que les autres à manier les armes, qui sont la Zagaye & les fléches, ils vont servir chez les autres Nations en qualité de Soldats, & ainsi il n'y a onc une, qui outre ses naturels, n'ait encore les Sonquas qui composent sa milice. Dans leur propre Païs, ils font leur demeure dans de profondes Cavernes, & quelquefois dans des Maisons comme les autres. Leur Chasse à laquelle ils sont fort adroits, fait une bonne partie de leur nourriture; ils tuent des Eléphans, des Rhinocéros, des Elans, des Cerfs, des Gazelles, des Chevreuils, & plusieurs autres sortes d'animaux dont il y a une prodigieuse quantité au Cap. Ils ramassent aussi en cer-

[a] Voyage de Siam. p. 94. Edit. Paris.

tain tems le miel que les Abeilles font dans les creux des arbres & des rochers. Les Hotentots étant persuadez qu'il n'y a point d'autre vie, ne travaillent, qu'autant qu'il faut pour passer doucement celle-ci. A les entendre parler, lors même qu'ils servent les Hollandois, pour avoir un peu de pain, de tabac ou d'eau de vie, ils les regardent comme des esclaves qui cultivent les terres de leur Païs, & comme des gens sans cœur, qui se renferment dans des Maisons & dans des Forts pour se garantir de leurs ennemis, tandis que leur Nation campe en sûreté par tout où il lui plaît, au milieu des campagnes & des plaines sans s'abaisser à labourer les champs. Ils prétendent par cette maniere de vie, faire voir qu'ils sont les maîtres de la terre & les plus heureux Peuples du monde, puisqu'ils sont les seuls qui vivent en liberté & en repos, en quoi ils font consister leur bonheur. Quelque bonne opinion qu'ils ayent d'eux-mêmes, ils ménent une vie miserable. Ils sont mal propres jusqu'à l'excès, & il semble qu'ils s'appliquent à se rendre affreux. Quand ils veulent se parer, ils se frottent la tête, le visage & les mains de la suie de leurs chaudiéres, & quand ils n'en ont pas, ils ont recours à une certaine graisse noire, qui les rend si puants & si hideux, qu'on ne les peut souffrir. Delà vient que leurs cheveux, qui d'ailleurs sont naturellement presqu'aussi cotonnez que ceux des Négres, se reduisent en petites boules, auxquelles ils attachent des piéces de cuivre ou de verre. Les plus considerables parmi eux ajoûtent à ces ornemens de grands cercles d'yvoire qu'ils passent dans leurs bras au dessus & au dessous du coude. Leur nourriture est encore plus surprenante: ils se font un mets delicieux de la vermine qui s'engendre dans les peaux dont ils sont revêtus. Les Peres Jesuites disent l'avoir vû plusieurs fois & que sans cela, ils n'auroient pû le croire. Les femmes, outre cet habit, s'entourent les jambes d'intestins d'animaux ou de petites peaux, qu'elles taillent pour cet usage: elles se font pour se garantir des piqueures d'épines, quand elles vont dans les bois, & pour avoir un remede toûjours prêt contre la faim en cas de besoin. Leurs atours sont plusieurs Chapelets de rassagues d'os de differentes couleurs, dont elles se font des colliers & des ceintures, & quelques gros anneaux de cuivre qu'elles portent aux bras. La barbarie n'a pourtant pas tellement effacé dans ces Peuples tous les traits de l'humanité, qu'il n'y reste quelques vestiges de vertu; ils sont fideles, & les Hollandois les laissent entrer librement dans leurs Maisons sans crainte d'en être volez. On dit néanmoins qu'ils n'ont pas cette retenuë à l'égard des étrangers, ou des Hollandois nouveaux venus, qui ne peuvent les reconnoître & les faire punir. Ils sont bien-faisans & secourables; ils n'ont presque rien à eux: Quand on leur donne quelque chose, si elle se peut diviser, ils en font part au premier de leurs compagnons qu'ils rencontrent, ils les cherchent même si cela n'étoit, & se reservent ordinairement la moindre partie de ce qu'ils ont. Quand quelqu'un est convaincu d'un crime capital parmi eux,

HOT. HOU. HOU.

comme de larcin ou d'adultere, le Capitaine & les principaux s'affemblent, & après avoir fait le Procès au Criminel, ils font eux-mêmes les exécuteurs de leur Sentence; ils le tuent de coups de bâtons, chacun venant par ordre, felon fon rang & fa qualité, lui donner le fien, après que le Capitaine par honneur a commencé, ou bien ils le percent avec leurs Zagaies. On dit qu'ils font Aftrologues & Herboriftes, & des gens dignes de foi nous affûrerent (difent ces Peres) qu'ils connoiffoient affez bien le Ciel, & qu'ils diftinguoient les Simples même durant la nuit au toucher & à l'odorat. Ils font jaloux de leur liberté jufques à l'excès. Ils font gais, vifs, brufques dans leurs paroles & paroiffent avoir de l'efprit.

Ils ont des coutumes très-bizarres. Quand une femme a perdu fon premier mari, elle doit dans la fuite fe couper autant de jointures de doigts en commençant par le petit, qu'elle fe remarie de fois. Les hommes fe font demi-Eunuques de jeuneffe, prétendant que cela fert beaucoup à conferver & augmenter l'agilité: ils font tous ou Chaffeurs ou Bergers; ceux-là habitent dans des cavernes & vivent de leur chaffe, ceux-ci fe nourriffent de leurs troupeaux & de leurs laitages; ils logent dans des cabanes faites de branches d'arbres, couvertes de peaux & de nattes en forme de tentes, la porte en eft fi baffe qu'on n'y peut entrer qu'à quatre pieds, & la couverture fi peu élevée qu'on ne peut s'y tenir debout. Quatre ou cinq familles logent dans une de ces Cafes qui n'a qu'environ cinq ou fix pas géométriques de tour, le feu s'y fait au milieu, & les appartemens ne font diftinguez que par des trous creufez en terre de deux pieds de profondeur.

Les autres Nations voifines du Cap font les NAMAQUAS, dont on découvrit le Pays en 1682. ils font, eftimez braves, guerriers & puiffans, quoique leurs plus grandes forces ne paffent pas deux mille hommes portant les Armes. Ils font tous de grande taille & robuftes. Ils ont un bon fens naturel & lors qu'on leur fait quelque queftion ils ne répondent qu'après avoir bien pefé leurs paroles. Toutes leurs reponfes font courtes & accompagnées de gravité. Ils rient rarement & parlent fort peu. Les femmes paroiffent artificieufes & ne font pas à beaucoup près fi graves que les hommes. La troifiéme Nation eft celle des UBIQUAS, larrons de profeffion, ils volent les Africains auffi bien que les Etrangers. Quoi qu'ils ne puiffent pas mettre cinq cens hommes fur pied, il n'eft pas aifé de les détruire, parce qu'ils fe retirent dans des Montagnes inacceffibles. Les GOURIQUAS font la quatriéme Nation qui eft pas fort étendue; les ILASSIQUAS font la cinquiéme. Ils font plus étendus, riches & puiffans & peu verfez dans le métier de la guerre. La fixiéme Nation eft des GOURIQUAS. Ce font de grands guerriers. La feptiéme eft celle des SOUSIQUAS & des ODIQUAS leurs alliez.

HOU, (LE CAP DE LA) Cap d'Afrique dans la Haute Guinée, fur la côte Meridionale entre Boutrou & Affiné. Mr. l'Ifle écrit CAP LA HOU. Le P. Labat en parle ainfi [a]. Ce Cap où commence la côte des Bonnes-gens,

[a] Labat. Voyage de Guinée. T. 1. p. 206.

avance affez peu à la Mer; il eft par les cinq degrés dix minutes de Latitude Septentrionale, c'eft environ la moitié de la diftance qu'il y a entre le Cap de Palmes & celui des Trois-pointes. Les Hollandois ont appellé les habitans de ce Pays, jufqu'au Cap de Sainte Apolline les QUAQUA, parce que ces Négres ont prefque toujours ces mots à la bouche, quand ils abordent les étrangers. Ils fignifient, bonjour, bien venu, ou tel autre compliment qu'on voudra s'imaginer. Les mêmes Hollandois ont auffi donné à ce Pays le nom de CÔTE DES SIX BANDES. Ils marquent ce Pays fur leurs Cartes indifferemment fous ces deux noms. La raifon de ce fecond nom vient de ce que ces Négres, qui recueillent chez eux une grande quantité de cotton, en fabriquent des Pagnes rayées de blanc & de bleu, compofées de fix bandes d'environ fix pouces de largeur chacune, ce qui fait une largeur de trois pieds, & d'environ trois aulnes de longueur. Leur teinture en bleu eft très-bonne, & ne s'efface point, auffi ont-ils chez eux de l'Indigo, qui fans être cultivé fait une excellente teinture, & d'une durée merveilleufe. Ces Pagnes fe vendent très-bien par toute la Côte d'Or.

HOUAL Royaume, d'Afrique dans la Nigritie au bord du Senegal. Mr. de l'Ifle écrit OUALLE, ou le Royaume de Brak. Le P. Labat écrit Hoval & dit [b]: Le Royaume d'Hoval a environ quarante-fix lieues d'étenduë de l'Eft à l'Oueft. Sa largeur ou hauteur au Nord de la Riviere n'eft pas confiderable; les Maures, quoi qu'ils ne foient rien moins que fedentaires, le preffent, & viennent affez fouvent camper fur les terres qu'il prétend avoir été anciennement du Domaine de ce Royaume. Il eft gouverné par un Prince qui fe fait appeller BRAC, c'eft-à-dire Roi ou Empereur des Rois. C'eft un nom de dignité, auquel il joint, quand bon lui femble, celui de fa famille, comme faifoient autrefois les Empereurs Romains. Ce Royaume eft beaucoup plus étendu au Sud de la Riviere.

[b] Labat. Afrique Occid. T. 2. p. 153.

HOUAT, Ifle de France fur l'Océan près les côtes de Bretagne, Diocèfe de Vannes, à quatre lieues de Bell'Ifle, elle n'a que quatre lieues & demie de circuit. Il y a un Village & une Tour. La Flote d'Angleterre l'attaqua inutilement en 1697. pendant plufieurs jours. L'air y eft fi fain qu'on n'y trouve aucune bête venimeufe.

HOUCOUAN, c'eft ainfi que l'on prononce & que l'on devroit écrire le nom de HUQUANG Province de la Chine. Voyez HUQUANG.

HOUDAN, petite Ville de France dans la Beauce, au Diocèfe de Chartres, dans l'Election de Monfort l'Amauri, fur la petite Riviere de Vegre, à douze lieuës de Paris, & à quatre de Dreux. C'eft un Gouvernement particulier du Gouvernement militaire de l'Ifle de France. Il y a une Manufacture de bas de laine. Le Prieuré de St. Jean de Houdan a été uni à l'Abbaye de Colombe. On trouve dans l'Hiftoire que le Roi Robert fit bâtir deux Eglifes dans cette Ville.

HOUGUE (LA) ou LA HOGUE; l'ufage du Pays, plufieurs Auteurs, entre autres l'Abbé de Longuerue, la Grande Carte de Norman-

HOU.

mandie, & celle du Diocèse de Coutance sont pour LA HOUGUE; Mrs. Huet, Foucault & M. Baudrand disent LA HOGUE; Quant à son nom Latin c'est *Ogas*, selon Orderic Vital: *Ogigia*, selon Cœnalis; *Ogigies*, selon Desruës; *Caput-Oga*, selon Mrs. Baudrand & Corneille, & *Oga*, selon la plûpart des Ecrivains. La Hougue est un Cap & Port de Mer dans la Normandie, au Diocèse de Coûtance, sur les côtes du Côtantin, à trois grandes lieuës de Vallogne, & près de la Ville de Cherbourg, vis-à-vis de l'Isle d'Aldernai, entre Barfleur & Isigni. Cependant il n'y a ni Ville ni Bourg: ce n'est qu'une partie d'une Paroisse qu'on appelle St. Vaast; mais c'est le lieu du monde le plus propre à y faire une place importante, soit pour le Commerce soit pour les Vaisseaux de guerre. La rade en est admirable, & tous ceux qui sont éclairez sur ce qui regarde la Marine & la Navigation, s'étonnent qu'on n'y ait pas travaillé & qu'on ait negligé les avantages de ce lieu. Au reste cette côte produit de bon poisson qu'on transporte en divers Pays. Le Cap de la Hougue joint presque la côte Septentrionale de la Normandie avec l'Occidentale. Le Port est défendu par un Fort nommé L'ISLE à MADAME. Ce Fort consiste en une Tour avec quelques accompagnemens. Et l'on y tient Garnison pour la sûreté des Vaisseaux, qui y sont retraite. On a établi sur la côte plusieurs batteries de Canon. On appelle ordinairement ce Port LA HOUGUE S. VAAST; il est memorable par le combat naval où les Anglois desirent la Flotte Françoise commandée par le Maréchal de Tourville en 1692.

HOUGUES, Bois de France en Normandie au Pays de Caux, à une lieue de Fescamp. Il a deux lieues de tour.

HOULET, (LE) Riviere de France dans l'Artois [a]. Elle descend jusqu'au Fort rouge, où elle se separe en deux branches dont l'une tirant vers l'Est se va rendre dans la Riviere de Polincove devant le Château Henin. L'autre branche traverse le Gouvernement de Calais jusques dans les fossez de cette Ville, après avoir pris le nom de LA MARCQ, qui est un des lieux où elle passe & où l'Oye se joint à cette branche du Houlet.

§. Le Canal de Calais a bien derangé le cours de cette Riviere.

HOULET-PANIAS, petit Lac de Judée. Il est formé par le Jourdain. Voyez MERON & SEMECHON.

HOULME, (LE) petit Pays de France dans la basse Normandie, entre Domfront & Falaise. Il est borné au Septentrion par la Riviere d'Orne qui le sepæ de la Campagne de Caën; à l'Orient, & au Midi par le Pays des Marches, & à l'Occident par le Pays de Bocage. Il n'a point de Villes; ses lieux les plus considerables sont Briouze, Pont-Ecrepin, & Carouge: le terrain est montueux & de mauvaise qualité, l'on n'y recueille que du bled Sarazin: il y a quelques pâturages dans les fonds; la principale récolte est en pommes dont on fait du cidre. On voit par tout ce Pays de grands plantis de pommiers qui en occupent presque tout le terrain. Il y a plusieurs mines de fer & plusieurs forges. Ce

HOU. HOW. HOX. HOY. 195

Pays comprend l'élection de Falaise, dont on a fait le titre d'un des cinq Archidiaconez du Diocèse de Séez. Quelques-uns pretendent que le vrai Pays de Houlme est aux environs de Rasne & de Briouze.

HOULOUVE, Vallée d'Afrique de l'Isle de Madagascar, vers la source de la Riviere de Sacalite qui l'arrose. Flacourt [b] parle ainsi de cette Vallée. Le Pays d'Houlouve est vers la terre à deux journées de l'Embouchure de cette Riviere. Il est riche en bétail ainsi que les Mahafalles. On tient qu'il s'y trouve beaucoup d'Aiguemarines & d'Amethistes de couleur de fleurs de pêcher & plusieurs beaux Crystaux.

[b] Hist. de Madagasc. c. 14. p. 41.

HOURS, Mr. Corneille dit: Vallée de France dans le Dauphiné près de Briançon. Voyez OULX.

HOUSSEL, (LE) Bourg de France dans le Maine au Diocèse du Mans. Il y a un Prieuré qui dépend de l'Abbaye de Marmoutier.

HOWDON, Bourg d'Angleterre en Yorckshire [c]. On y tient marché public.

[c] Etat pres. de la Gr. Bret. T. 1. p. 127.

HOXTER, l'ô se prononce comme *œu*; de là vient que quelques-uns écrivent *Heuxter*; petite Ville d'Allemagne dans la Westphalie sur le Weser, sur lequel elle a un Pont de pierre, aux confins du Duché de Brunswig. Le nom Latin est *Huxaria*, c'est peut-être ce qui a engagé Mr. Baudrand [d] à la nommer HEUXER. [e] Elle depend de Corwey ou de la nouvelle Corbie. Comme c'est l'unique Ville de son petit Etat l'Abbé pretend y être Souverain, la Ville de son côté prétend être libre, & avoir des Franchises particulieres. Et les Princes de la Maison de Brunswig à cause du voisinage prétendent y avoir le droit de protection & autres droits, ce qui donne lieu à des contestations qui ne sont pas décidées. Elle est à un demi-mille de Corwey & à sept milles de Paderborn. L'Empereur Louïs le debonnaire la donna à l'Abbaye en 822.

[d] Edit. 1705.
[e] Hubner Geogr. p. 503.

HOY. (L'ISLE DE) Voyez au mot ISLE.

1. HOYE. Voyez HUY.

2. HOYE, petite Ville d'Allemagne en Westphalie sur le Weser, au Comté de même nom avec un Château qui en étoit le Cheflieu.

LE COMTÉ DE HOYE, petit Etat d'Allemagne dans la Westphalie. Il a eu ses Comtes particuliers. Le dernier qui étoit Othon étant mort sans enfans, les Ducs de Brunswig & le Landgrave de Hesse-Cassel partagerent entre eux ce Duché qui est borné au Nord par le Duché de Brême, à l'Est par le Brunswig, au Midi par la Principauté de Minden, & au Couchant par le Comté de Diepholt.

La part du Duc de Zell fut

Hoye,   Liebenaw,
Nienbourg,   Le vieux & le nouveau Bruckhause.

Celle du Duc de Wolfenbutel fut

Stoltzenaw,   Sicke,
Ehrenbourg,   Stelgeberg,
Bährenbourg,   Siedenbourg.
  & Diepenaw,

B b 2   Le

HOY. HRA. HUA. HUB.

Le Landgrave de Hesse-Cassel eut
Ucht & Freudenberg.

L'Electeur de Hanover possede ce qui étoit au Duc de Zell dont il a herité. Mr. Hubner [a] lui donne aussi Stoltzenaw.

HOYERSWERDA, petite Ville, Château & Seigneurie d'Allemagne dans la haute Lusace [b].

[a] Geogr. p. 508.
[b] Hubner Geogr. p. 595.

H R.

HRADISCH, en Latin HRADISCA [c], Ville de Bohême en Moravie sur la Morawe, à six milles d'Allemagne d'Olmutz & à pareille distance de Brinn. Les guerres d'Allemagne & de Bohême l'ont fort endommagée & elle est presque reduite en Bourg. Cependant elle est passablement grande.

[c] Baudrand & Hubner p. 610.

H U.

HUAPE, Montagne de l'Amerique Meridionale, au Chili, dans la Cordillere des Andes dont elle fait partie. C'est un Volcan qui jette des flammes; & Mr. Baudrand dit qu'il est près de St. Juan de la Frontera.

HUARTE ARAQUIL, Bourg d'Espagne dans la Navarre. Voyez ARACILLUM & ARAQUIL.

HUAT-IDRIS, Montagne d'Afrique au Royaume de Fez. On la nomme aussi VATERES & GUADRES [d]. Elle est entre Ceuta & Tanger, & est fort haute & peuplée d'une Nation qui se signala dans les guerres d'Espagne. C'étoient les meilleurs Soldats qu'eussent les Rois de Grenade & en qui ils se fioient le plus. Ils en avoient ordinairement une garde de cinq cens qui logeoient dans la rue que l'on nomme encore à cause d'eux la rue des Gomeres; c'est la rue par laquelle on va de la place à l'Alahambra. Les Historiens d'Afrique disent que Bula-lul dont les Maures chantent les exploits en vers & en prose, comme on fait en Europe ceux de Renaud & de Roland, étoit de ce Pays & qu'après s'être signalé en divers combats il mourut dans la bataille des plaines de Tolofa Commandant l'Armée du Roi de Maroc, selon les Arabes l'an de l'Hegire 609. c'est-à-dire l'an de Jesus-Christ 1231.

[d] Marmol. Afrique. l. 1. c. 69.

HUBET, Ville d'Afrique au Royaume de Tremécen, sur une Montagne, au Midi & à demie lieue de la Capitale dont elle est comme un Fauxbourg [e]. Les Historiens disent qu'elle a été bâtie par les Romains & nommée Emmeniaria par Ptolomée, si nous en croyons Marmol; mais ce nom est inconnu à Ptolomée. On y trouve seulement [f] MNIARIA à 12. d. 50'. de Longitude, & à 33. d. de Latitude. Marmol n'en dit que 32. d. 10'. Il y a à Hubet, poursuit Marmol, un fameux Sepulcre où l'on dit qu'est enterré Cidi-bu-Median, Morabite fort reveré parmi les Maures. Il est dans une grande Mosquée & l'on y descend par plusieurs degrez. Près de cette Mosquée est un College & un Hospital pour les pauvres étrangers, & l'un & l'autre a été bâti par le quatriéme Roi de Fez Abul Hascen, comme on voit par l'Inscription en Lettres

[e] Marmol. Afrique. l. 5. c. 12.
[f] l. 3. c. 2.

HUC. HUD.

Arabesques, qui est sur le Portail en une table d'albâtre. Les Habitans sont comme ceux de Tremécen & vivent de même. Ils trafiquent dans la Montagne & il y a force Teinturiers, sans autre chose de remarque.

HUCAC, Ville de la Palestine dans la Tribu d'Aser. D. Calmet dit [g]; que c'est apparemment la même que HUCUCA qui est attribuée à la Tribu de Nephthali [h]. Elle fut cedée aux Levites & assignée pour servir de Ville de refuge [i]. Les Tribus d'Aser & de Nephthali étoient limitrophes; ainsi il n'est pas étonnant qu'on attribue une Ville qui est sur les Limites de deux Tribus, tantôt à l'une, tantôt à l'autre d'entre elles.

[g] Dict.
[h] Josué c. 29. v. 33.
[i] Paral. l. 1. c. 6. v. 75.

HUCHEU, Ville de la Chine dans la Province de Chekiang, dont elle est la troisiéme Metropole [k]. Elle est de 3. d. 3'. plus Orientale que Peking, à 30. d. 57'. de Latitude. Son nom signifie sa situation auprès d'un Lac, car Hu signifie, un Lac, & celui au bord duquel elle est placée s'appelle Tai. On la compte entre les plus grandes Villes, elle est riche & marchande, remarquable par la beauté des édifices, des campagnes, des eaux & des Montagnes qui l'environnent. On y fabrique quantité d'étoffes de soye. On y fait d'excellens pinceaux dont toute la Chine se sert pour écrire. On y recueille aussi du Thé. Il y a cinq Temples consacrez aux hommes illustres. Le principal qui est dans l'enceinte de la Ville, est dedié aux cinq premiers Empereurs Chinois. La contrée où est presentement Hucheu étoit autrefois un Royaume independant, nommé TUNG. Les Rois d'U, de Jue, & de Cu l'envahirent successivement. La famille de Cin nomma cette Ville UCHING, celle de Tanga la nomma HUCHEU; celle de Sunga l'appella CHAOKING; & celle de Taiminga lui rendit le nom de Hucheu. Elle a six Villes dans son departement, savoir,

[k] Atlas Sinens.

Hucheu,	Tecing,
Changhing,	Hiaofung,
Gankie, ☉	Uukang.

HUDGEAZ, lieu de l'Arabie. L'Historien de Timur-bec dit [l] que Seifeddin Berlas ayant pris aversion pour toutes les choses de ce monde demanda à l'Empereur Timur de se retirer pour passer le reste de sa vie à Hudgeas dans les lieux sacrez de la Mecque. Ainsi ce lieu est dans l'Arabie.

[l] l. 2. c. 18.

HUDICOURT [m], Bourg de France au Vexin-Normand, au Diocèse de Roüen, avec Haute Justice & Château, assez près de la Riviere d'Epte, à trois ou quatre lieues au dessous de Gournai, à une lieue d'Estrepagni & de Maineville. C'est le même qu'HEUDICOURT, Marquisat.

[m] Corn. Dict.

HUDISMENIL, Bourg de France en Normandie dans le Côtentin. La paroisse est très-grande & même trop à proportion du revenu de la Cure. Il y a une grande quantité de Pommiers, & quelques Bois Taillis.

HUDSON (la BAYE ou le DETROIT de) Voyez aux mots BAYE & DETROIT.

HUDSON [n], (LA RIVIERE DE) Riviere

[n] Baudrand Edit. 1705.

re de l'Amerique Septentrionale, dans la nouvelle Yorck.

HUDWICHWALD, Ville maritime de Suede, sur la côte Orientale du Golphe de Bothnie dans la Province d'Helsingie, au Nord de l'Embouchure de la Riviere d'Ecksund, entre les Isles d'Agan & de Holsoon. C'est la Capitale de l'Helsingie.

HUEBRA [a], petite Riviere d'Espagne dans la nouvelle Castille. Elle a sa source aux environs de l'Escurial & reçoit le Hieltes, puis se rend dans le Duero entre la Hinojosa & Frexo de Spada Ciuta.

[a] Baudrand Edit. 1705.

HUED-ABID, Riviere d'Afrique au Royaume de Maroc [b]. Ce mot signifie la Riviere des Negres, selon Dapper. Elle sourd de la Montagne d'Animmey à un mille de la Ville de Bzo entre Escure & Tedla; coule au milieu de profondes vallées & entre des Montagnes desertes & ayant reçu plusieurs autres Rivieres elle se decharge dans le Fleuve Ommirabi, près d'un grand chemin fort uni que les Africains appellent MAGERAT ESFA.

[b] Dapper Afrique p. 126.

Marmol [c] decrit ainsi cette Riviere qu'il nomme HUED-ALA-ABID. Ce nom, dit-il, veut dire en Langue du Pays Riviere des Negres ou des Esclaves. Il dit de même que sa source est dans l'Anim-mey, entre les Provinces d'Escure & de Tedla. De-là traversant d'âpres rochers & profondes & obscures Vallées, elle tire vers le Nord creusant son lit de telle sorte qu'on n'en peut tirer aucune eau pour arroser les Campagnes. De-là enflée du Técavin & d'autres moindres Rivieres, elle se décharge dans l'Ommirabi, près d'un Gué fort large & très-sûr, que les Africains appellent Megerat-Esfa, c'est-à-dire, Gué plat. Cette Riviere est extrêmement haute, principalement au mois de Mai lorsque les neiges se fondent dans les Montagnes.

[c] l. 1. c. 9.

HUED-EL-HARAX [d], Torrent d'Afrique au Royaume d'Alger.

[d] Dapper. p. 160.

HUED-EL-HAMIZ, autre Torrent du même Pays [e]. Ces deux Torrents grossissent extrêmement l'été, mais ils sont peu de chose en hiver, & tombent dans la Mer Mediterranée entre Alger & Ceffaye. Mr. Corneille n'en fait qu'un seul torrent qui a ces deux noms, Dapper les distingue formellement.

[e] Ibid.

HUED-EL-QUIBIR, Riviere d'Afrique au Pays de Tremécen [f]. Dapper dit que les Chrétiens l'appellent ZINGANOR; qu'elle sort du mont Atlas à l'endroit qui confine au Pays de Zeb; & que se precipitant d'entre de hautes Montagnes, elle se jette dans la Mer auprès de Bugie. Marmol [g] parlant de la Ville de Bugie dit: au Levant de la Ville est l'Embouchure d'une Riviere assez petite qui s'enfle extraordinairement quand les neiges fondent. Elle est à 22. d. 10'. de Longitude & à 32. d. 30'. de Latitude & se nomme NAZAAVA, selon Ptolomée, & NAVAR, selon Pline. On y pêche force poissons, mais il y en a tant sur la côte qu'on ne se soucie pas de celui-là. Quand Bugie étoit aux Chrétiens, il n'entroit point de Vaisseaux dans cette Riviere à cause du sable qui est à son Embouchure; mais l'an 1555. il plut

[f] Ibid.

[g] l. 5. c. 49.

tant que les eaux l'emporterent & il y entra depuis des Galeres & des Galiotes avec de gros Vaisseaux qui y sont à couvert pendant la tempête & ne sont incommodez que du vent du Nord. C'est cette Riviere qui passe entre les Montagnes de Cuco & de là à Abez, l'une au Septentrion & l'autre au Midi.

Ptolomée nomme NASAVA ou NASAVAT, Riviere de la Mauritanie Cesariense [h]. Pomponius Mela [i] met dans la Numidie NABAR ou VABAR, mais ce sont des Rivieres differentes. Cependant le Nabar de Pline [k] qui est certainement le même que celui de Méla, est marqué par le R. P. Hardouin pour être le Nasava de Ptolomée. Voyez NABAR.

[h] l. 4. c. 2.
[i] l. 1. c. 6.
[k] l. 5. c. 2.

HUED-HABRA [l], Riviere d'Afrique au Pays d'Alger: elle a sa source près de Mohositar Ville de Beni-Arax, & se perd dans le Fleuve Zis près des plaines de Cira, dans un lieu nommé Xamurra, alors ces deux Rivieres prennent le nom de CIRAT. Ses bords sont habitez par des Arabes guerriers qui tourmentoient beaucoup les Habitans d'Oran.

[l] Dapper Afrique p. 159.

HUED-ICER, grand Fleuve d'Afrique au Pays d'Alger [m]. Il a sa source au mont Atlas, sur les Frontieres du Biledulgerid, & après un long cours il se jette dans la Mer à l'Orient de Metafus près du Village de Beni-Abdala. On croit que c'est le SERBES de Ptolomée; Voyez SERBES. Marmol [n] dit de cette Riviere qu'elle est grosse & sa description s'accorde assez avec celle de Dapper.

[m] Ibid. p. 160.
[n] l. 1. c. 9.

HUED-NEFUSA [o] ou NIFTIS, Riviere d'Afrique au Royaume de Maroc; elle a sa source dans la montagne de Hantete au-dessus de Maroc, après avoir coulé autour de cette Montagne elle se promene le long des plaines & se perd dans le Tensift.

[o] Dapper Afrique p. 125.

HUED-YL-BARBAR, grand Fleuve d'Afrique [p]. Il tire sa source du grand Atlas près de la Ville de Lorbus, au Royaume de Tunis, & fait tant de tours & de retours par ces Montagnes, que les Voyageurs qui vont de Bone à Tunis le passent vingt-cinq fois, sans qu'en un si long cours il ait ni pont, ni barque. A la fin il se va rendre dans la Mer près du port de Taburc à six lieues de la Ville de Begge. C'est le RUBRICATUS de Ptolomée. Il se pêche quantité de Corail sur ses bords jusqu'à la Ville de Bone.

[p] Marmol l. 1. c. 9.

HUESCA, Ville d'Espagne au Royaume d'Aragon, sur le bord de la petite Riviere d'Isuela, dans une agréable plaine, environnée de collines dont l'aspect rend la Ville très-agréable. C'est le Siege d'un Evêché suffragant de Sarragoce & d'une Université assez recommandable. Cette Ville est ancienne & a eu autrefois une Academie établie par Sertorius, comme le rapporte Plutarque. Voyez l'Article OSCA qui est le nom de ce temps-là. On y respire un air fort doux & le terroir y produit abondamment toutes les choses necessaires à la vie & surtout d'excellent vin, au rapport de l'Abbé de Vairac [q]. On voit dans les Archives de l'Eglise de Huesca [r] une Histoire de St. Laurens assez mal-écrite qui dit que St. Valere fut Chanoine & Evê-

[q] Etat present de l'Espagne T. 1. p. 107.
[r] Ibid. T. 2. p. 366.

Bb 3   que

que d'Huesca ; mais elle est d'autant plus suspecte qu'elle assure que St. Laurens & St. Vincent furent élevez dans la Maison & par les soins de ce Prélat, ce qui est faux parce que ces deux Martyrs ne vivoient pas alors. Le premier Evêque que l'on trouve est un Moine appellé Vincent, Disciple de St. Victorin lequel vivoit en 553. La Ville de Huesca ayant été prise par les Mores, le Culte divin en fut entierement banni, desorte qu'il fallut que les fideles attendissent que D. Aznar premier Comte d'Aragon eût repris la Ville de Jaca en 795. où il transfera l'Evêché de Huesca ; en attendant que cette Ville fut recouvrée des mains des Infideles. Pendant que le Siége Episcopal étoit à Jaca, l'Evêque prenoit tantôt le titre d'*Evêque d'Aragon*, tantôt celui d'*Evêque de Jaca & de Huesca*, & quelquefois celui d'*Evêque de St. Pierre*. En 1096. Huesca étant repris sur les Mores, Pierre qui fut le dernier titulaire de l'Eglise de Jaca alla prendre possession de Huesca. Etienne II. qui succeda intenta un procès à St. Raimond Evêque de Balbastro pour faire unir son Eglise à celle de Huesca, en quoi il réussit ; desorte que les deux Eglises furent unies jusqu'en 1571. que Philippe II. fit ériger Balbastro en Evêché sous le Pontificat de Pie V.

Le Chapitre de Huesca est composé de neuf Dignitaires, de vingt-quatre Chanoines, de quatorze Prebendiers, de huit Beneficiers & de quarante Chapelains. Le Diocése s'étend sur cent quatre vingt seize Paroisses, 31. Hôpitaux, 335. Hermitages & sur 19. Couvens. L'Evêque jouït de treize mille ducats de revenu.

a Baudrand Edit. 1705. HUESCAR, *a* ou GUESCAR, Ville d'Espagne au Royaume de Grenade, dans une plaine avec un Château entre les deux petites Rivieres de Guadadar & de Branate, au pied du mont Sagra que l'on apelle souvent à cause de cela la *Sierra du Guescar*, ou *Huescar*. *b* Etat pres. Mr. l'Abbé de Vairac *b* nomme cette Ville de l'Espagne *Huesca*, & dit qu'elle fut donnée avec son territoire par les Rois Catholiques, à D. Frederic Alvarez de Tolede, second Duc d'Albe, & érigée en Duché l'an 1563. par Philippe II. en faveur de D. Ferdinand surnommé le Grand, troisiéme Duc d'Albe pour D. Frederic de Tolede, Grand Commandeur de Calatrava son fils & pour Dona Marie Pimentel sa seconde femme qu'il épousa en même temps.

HUESNE ; petite Isle de la Mer Baltique dans le Sund. Mrs. Baudrand & Maty la nomment WEEN ; elle n'a rien de remarquable que le lieu où étoit le fameux Observatoire de Ticho-Brahé. Voyez URANIBOURG. Elle est nommée HUENE par Mr. de l'Isle dans sa Carte de Danemarck & HUENA par Mr. Huet dans son Poëme intitulé *Iter Suecicum*. Voici comment il en parle.

Fluctibus in mediis angusta occurrit Huena,
Astris sacra olim & coelestibus inclyta curis ;
Nunc pisces tantum solers captare marinos ;
Huc ferar a viridi superato colle, Tychonis,
Dilapsas aedes veneror, pretiosaque fletu
Rudera conspergo & rursum do carbasa ventis.

HUESSEN *c*, Bourg d'Allemagne dans le Haut Bétuve, au Couchant & à une lieue du Rhin. Quoi que ce lieu soit dans le Bétuve, il est pourtant dans un petit Canton qui depend du Duché de Cleves, vis-à-vis du lieu où se fait la separation du Rhin & de l'Issel. A deux lieues communes & au Midi Oriental d'Arnheim. *c* Visscher Atlas.

HUETE. Voyez GUETE.

HUGES-HOSEN, autrement HONCOUR, en Latin *Abbatia Sancti Michaelis Hugonis Curia*, Abbaye d'Hommes Ordre de St. Benoît au Diocese de Strasbourg. Elle a été unie à un Monastére de filles à Andelaw.

HUI, ou HUY ou HOEY, Ville des Pays-bas dans l'Etat de l'Evêque de Liége, dans le Condros dont elle est la Capitale *d*. C'est une petite Ville commodément située à la droite de la Meuse, sur laquelle elle a voit un fort beau pont qui fut commencé en 1294. HUY, en Latin HOIUM, est une des anciennes possessions de l'Eglise de Tongres ou de Liége, comme l'Empereur Othon second le reconnoît dans sa Patente. Il y a eu néanmoins un Comte qui avoit quelque droit à Hui & dans le Pays voisin, jusqu'au temps d'Ansfrid, ou Aufride qui ayant été élu Evêque d'Utrecht l'an 994. remit ce Comté à l'Empereur Othon III. qui le donna à la priere du Prelat à Baldric ou Baudri Evêque de Liége & à son Eglise l'an 997. Theoduin Evêque de Liége fonda l'Eglise Collegiale de St. Domitien l'an 1066. Le Cardinal Erard, de la Marck Evêque de Liége, mort l'an 1538. a fait bâtir le Château Episcopal qui domine sur la Meuse. La Ville & le Château de Hui ont été plusieurs fois pris & repris durant les dernieres guerres. Les Hollandois qui s'en rendirent maîtres en 1704. y avoient fait faire de belles fortifications & ils vouloient y conserver une Garnison qui ne couteroit rien au Pays de Liége, mais ni l'Empereur, ni l'Empire, n'ayant pas voulu y consentir ils ont abandonné ce Poste après en avoir ruiné les fortifications. *d De Louguerue Desc. de la France 2. Part. p. 130.*

§. Quelques Critiques ont voulu chercher à Hui le JUHONUM CIVITAS de Tacite. Nous faisons voir au mot *Juhonum* que c'est une opinion chimerique & fondée uniquement sur une faute d'Orthographe.

HUICILOPUCHO, Bourgade de l'Amerique Septentrionale au Mexique *e*, & au bord du Lac de Mexico. Il y avoit autrefois de beaux Temples consacrez aux Idoles, les Espagnols en ont fait des Monastéres. Le plus grand trafic de ce lieu est de sel dont on se sert pour saler les provisions & qui d'ailleurs n'est pas d'un goût assez agréable pour l'assaisonnement. On ne laisse pas d'en transporter beaucoup dans le Pays d'alentour. Cette Bourgade a environ cinq-cens Maisons. *e De Laet Ind. Occid. l. 5. c. 7.*

HUINE *f*, (L') ou L'HUISNE, Riviere de France, où elle coule au Perche & dans le Maine. Elle est diversement nommée dans les anciens titres du Pays en Latin JOGNIA, HIOGINA, EUCANIUM & EUCANIA. Dans les Ecrits de Theodulfe Evêque d'Orleans IDONEA & par corruption dans Orderic Vital EGUENIA. Elle prend sa source dans la paroisse *f Piganiol de la Force Description de la France T. 5. p. 435.*

HUI. HUK. HUL.

roiſſe de St. Hilaire de Soizai au Perche du côté de Mortagne: paſſe à Remallart, à Nogent le Rotrou, où elle reçoit la Bonne, & enſuite enflée des eaux de la Riviere d'Erve, elle ſe rend à la Ferté-Bernard & ſe jette dans la Sarte au deſſous du Mans. On pourroit la rendre navigable juſqu'à la Ferté-Bernard. Theodulſe déja cité a remarqué qu'il eſt arrivé une fois à cette Riviere de ſe ſecher.

HUIONUM. Voyez JUHONUM.

HUISSEAU, Bourg de France dans l'Orleanois.

HUISSERIE, (L') Bourg de France dans le Maine, Election de Laval.

1. HUISTRE [a], (L') Riviere de France dans la Champagne pouilleuſe, où elle a deux ſources, l'une à Mailli, l'autre à Poivre. Ce ſont deux Villages de ce Pays-là. Elles ſe joignent au deſſous de Ste Suſane, d'où coulant enſemble vers le Midi juſqu'au Bourg de l'Huiſtre cette Riviere ſe tourne vers le Sud-oueſt pour tomber dans l'Aube au deſſus d'Arcis.

[a] De l'Iſle Atlas.

2. HUISTRE, (L') Bourg de France dans la Champagne, au Dioceſe de Langres, & dans l'Election de Bar ſur Aube.

HUKEU [b], Ville de la Chine dans la Province de Kiangſi au departement de Kieukiang, cinquiéme Metropole de cette Province, elle eſt d'1. d. 8′. plus Occidentale que Pekin, à 30. d. 26′. de Latitude. Près de cette Ville eſt une Montagne nommée XECHUNG; c'eſt-à-dire, la cloche de pierre, parce que les eaux agitées par le vent & pouſſées contre cette Montagne font un mugiſſement qui reſſemble aſſez au ſon des cloches.

[b] Atlas Sinens.

1. HULIN, ou MONT-HULIN, place de France en Picardie, dans le Boulenois, au deſſus du Bourg de Devre, à la ſource d'un petit Ruiſſeau qui baigne ce Bourg & ſe perd dans la Liane; à trois lieues de Boulogne en allant vers Aire. Il y avoit autrefois en ce lieu une Fortereſſe, lorſque ce lieu étoit aux Frontieres des Pays-bas Eſpagnols. Mais les Frontieres étant reculées cette Fortereſſe a été détruite comme inutile. Mr. de l'Iſle a marqué très-bien la place & la nomme en un ſeul mot *Monthulin*.

2. HULIN [c], petite Ville de Bohême dans la Moravie, aſſez près de la Ville de Cremſir. Elle appartient à l'Evêque d'Olmutz. Ottocare Roi de Bohême la donna à l'Evêque Brunon, avec les Villages qui en dépendent après la Bataille où il défit les Hongrois près de Laba.

[c] Zeyler Bohem. Topogr. p. 99.

HULL, Ville d'Angleterre en Yorkſhire [d]. On la nomme auſſi *Kingſton upon Hull*. C'eſt un bon port de Mer & une place bien fortifiée & d'une grande étendue quoiqu'il n'y ait que deux paroiſſes. Elle n'eſt pas plus ancienne que le regne d'Edouard I. Ce Prince qui en eſt le fondateur y fit faire un Havre & accorda de ſi grands Privileges à ceux qui s'y établiroient qu'elle devint floriſſante en peu d'années. Sa pêche ſur les côtes d'Iſlande n'y a pas peu contribué. Avant les guerres civiles du temps de Charles I. ce Monarque y établit de grands Magazins; mais quand il voulut s'en ſervir l'an 1642. Hotham qui étoit Gouverneur de Hull ferma les portes de cette Ville au Roi, & ſa conduite fut approuvée par le Parlement qui en profita.

[d] Etat preſ. de la Gr. Bret. T. 1. p. 128.

HULST [e], Ville des Pays-bas au Comté de Flandres & au quartier de Gand, aux Frontieres du Pays de Waes, à quatre lieues de Rupelmonde & à ſept de Gand. C'eſt la Capitale d'un Bailliage qui porte le même nom. La Ville eſt petite, mais très-forte tant par ſes ouvrages que par ſa ſituation dans une plaine qu'on peut inonder. Son rempart qui a environ demie lieue de circuit eſt flanqué de neuf baſtions & entouré d'un foſſé fort large & profond, outre une bonne contreſcarpe defendue par un foſſé exterieur du côté du Pays de Waes & de l'autre par une ligne & par deux petits Forts. Il y a quelques autres Forts qui en rendent l'approche très-difficile, ſavoir ceux de SANDBERG, le grand & le petit KYK-UYT, MOERSCHANS, le grand & le petit VERRE KYKER, & le HAVENFORT. Il y en avoit trois autres qu'on nommoit QUAADPEERDSGAT, ST. MARC & NASSAU, mais ils ſont détruits. Avant qu'on ſe ſoit rendu maître de ces Forts, les aſſiegez ont le temps de recevoir du ſecours par Mer. Il y a trois portes qui ſont celles de Gand, des Beguines, & la double porte.

[e] Janiçon Etat preſ. des Provinces Unies T. 2. p. 308. &c.

Lansberge [f] qui a fait une deſcription particuliere de cette Ville pretend qu'elle étoit connue dès le douzieme ſiécle, du temps de Philippe d'Alſace & qualifiée *Oppidum*, Bourg ou petite Ville. Il ajoute [g] qu'en 1413. elle obtint de Jean Duc de Bourgogne & Comte de Flandres le Privilege de s'enfermer de murailles, de foſſez & de portes. Alting [h] dit que ce n'étoit qu'un Bourg qui en 1350. obtint de Louïs Comte de Flandres les Privileges d'une Ville & qu'elle ne fut entourée de murailles qu'en 1426. Les Confederez ſe rendirent maîtres de cette place en 1578. mais le Duc de Parme la leur enleva en 1583. Le Prince Maurice la reprit en ſix jours de tranchée ouverte l'an 1591. L'Archiduc Albert s'en reſſaiſit en 1596. après ſix ſemaines d'attaque, mais avec perte de cinq mille hommes & de ſoixante Officiers de diſtinction. Cette importante place reſta au pouvoir des Eſpagnols juſqu'en 1645. que Frederic-Henri Prince d'Orange l'aſſiegea & la prit le 5. Novembre. Depuis ce temps-là les Etats Generaux en ſont demeurés les maîtres, & la poſſeſſion leur en a été aſſurée par la Paix de Weſtphalie. En 1702. le Marquis de Bedmar, Commandant Général des Pays-bas Eſpagnols, alla mettre le ſiége devant cette place; mais quoique le fameux Vauban, qui fut enſuite Maréchal de France, eût la direction de ce ſiége, il fut obligé de le lever, par la vigoureuſe défenſe du Major Général Dedem, après y avoir perdu plus mille hommes. Cette Ville eſt d'une figure ronde, percée de vingt-deux ruës, grandes ou petites, on y compte environ quatre-cens Maiſons, mais pour les Habitans, on n'en peut gueres fixer le nombre, parcequ'ils augmentent ou diminuent, ſuivant que la garniſon y eſt conſiderable. Elle eſt logée pour la plus grande partie dans les Caſernes, & c'eſt elle qui fait la prin-

[f] c. 2. p. 7.
[g] p. 8.
[h] Germaṇ Infer. Part. 2. p. 98.

principale reſſource du Commerce des Habitans. Il y a une aſſez belle place où eſt ſituée l'Egliſe, deſſervie par trois Miniſtres de la Claſſe de Zuid-Beveland en Zélande. Cette Egliſe étoit dédiée à St. Willebrod, & il y avoit ci-devant un Chapitre. C'eſt un très-beau bâtiment de pierres de taille bleuës en forme de croix, & le Chœur en eſt magnifique. La tour qui repoſe ſur quatre piliers de l'Egliſe n'eſt pas moins belle. Elle fut brûlée en 1663. par le feu du Ciel, avec une partie de l'Egliſe; mais elle a été rebâtie dans la ſuite & rendue plus belle qu'elle n'étoit auparavant. Il y a un très-beau carillon, la Paroiſſe de cette Egliſe comprend non ſeulement la Ville, mais auſſi environ douze mille Gemeeten dans le Bailliage de Hulſt, partagez en differens diſtricts, & dont les Habitans ſont obligez de payer à cette Egliſe les droits de mariage & d'enterrement. Le reſte du Bailliage de Hulſt a ſes propres Egliſes Paroiſſiales. Outre celle-ci, il y avoit ci-devant un Couvent de Récollets, & un autre de Sœurs-noires. Les Catholiques ſont bien les trois quarts des Habitans de la Ville, & ont une Chapelle privée deſſervie par deux Recollets du Couvent de S. Nicolas, Bourg Capital du Païs de Waes. On pouvoit autrefois aller à Gand par un beau Canal qui avoit été creuſé pour la commodité du Commerce entre ces deux Villes; mais depuis quelque tems, il a été ſi négligé, qu'il n'eſt plus navigable. Par un autre Canal, Hulſt a communication avec l'Eſcaut Occidental, & par conſequent avec la Mer. Le Commerce y étoit autrefois aſſez conſiderable, ſurtout pour le Sel qui s'y faiſoit en abondance, & pour les Manufactures de Draps; mais l'un & l'autre de ces négoces, n'y ont preſentement aucun cours. Le peu de trafic qui y reſte conſiſte en blé, dont les environs fourniſſent une grande quantité: l'air de ce Pays-là eſt ſi malſain, que les Etrangers n'oſent venir y fixer leur ſéjour. La Maiſon de Ville eſt un très-beau bâtiment de pierres bleuës, où il y a une fort belle tour, elle fut brûlée en 1485. par les Bourgeois, dans un combat qu'ils eurent contre la Garniſon qui s'y étoit retirée, mais en 1528. on la rebâtit. Elle eſt ſituée du côté meridional du grand marché, vis-à-vis de la grande garde, ce qui fait un très-bel aſpect. La Maiſon du Bailliage eſt auſſi un bel Edifice, qui fut conſtruit en 1655. ſur les fondemens de l'ancienne Maiſon. Elle eſt ſituée dans une des principales ruës de la Ville; il y a une petite tour, & quantité de fort beaux appartemens. Il y avoit autrefois un Hôpital qui fut fondé, il y a plus de trois cens ans, & dans lequel on retiroit & l'on nourriſſoit les pauvres Voyageurs pendant trois jours. Cet Hôpital étoit ſous la direction de quelques Religieuſes de l'Ordre de St. Auguſtin, mais après la reduction de la Ville, ſous la domination des Etats Généraux, on en a fait pluſieurs Maiſons, qui ont été données à divers particuliers, moyennant une certaine redevance annuelle à la Ville. La Maiſon des Orphelins eſt un bâtiment qui faiſoit partie du Couvent des Recollets,

& elle a une Gallerie qui fait face à une place qui étoit le cimetiére de ces Religieux. Cette Maiſon eſt ſous la direction de trois ou quatre Membres du Magiſtrat. Une autre partie de ce Couvent a ſervi en tems de guerre d'Hôpital pour les Militaires. La Maiſon du Commandant eſt un des plus beaux édifices qu'il y ait dans la Ville, & qui lui appartient en commun avec le Bailliage; mais les reparations ſont à la charge du Plat-Païs. Il n'y a point de Gouverneur ou Commandant dans toute la Flandre Hollandoiſe, qui ſoit mieux logé. L'autorité de ce Commandant, qui a ſous lui un Major de Place, s'étend ſur tous les Forts des environs. Sa Maiſon ſur la Place, vis-à-vis de la grande garde, & il y a de grandes écuries & un fort beau Jardin. Il y a pluſieurs Magazins dont le plus conſiderable eſt l'Egliſe des Recollets, qui a été deſtiné à cet uſage après la priſe de cette Ville en 1645. Les autres ſont ſituez dans les baſtions, & tous ces Magaſins ſont ſous la direction d'un Commis établi par le Conſeil d'Etat. Il y a trois priſons, l'une pour la Ville, la ſeconde pour le Bailliage, & la troiſiéme pour les gens de guerre. Les deux premieres ont chacune leur Géolier, & la troiſiéme eſt ſous la direction d'un Prévôt établi par le Conſeil d'Etat. La Regence eſt compoſée du Grand Bailli, d'un Bourguemaître & de ſix Echevins, avec un Greffier & un Tréſorier. Le Grand Bailli eſt établi à vie par les Etats Généraux, & il eſt le Chef du Gouvernement Politique & de la Juſtice; mais dans les affaires Criminelles, il n'a point de voix, parcequ'il fait alors la fonction de Fiſcal, comme cela ſe pratique par tout ailleurs, & il ne fait qu'exécuter les Sentences des Echevins. C'eſt auſſi lui qui fait publier & exécuter les Edits & Ordonnances des Etats-Généraux, & il eſt toujours preſent avec deux Echevins au moins, quand le Greffier en fait la lecture. Il a un Stadhouder, ou Subſtitut, qui fait ſes fonctions en ſon abſence, & dont l'Emploi eſt à ſa diſpoſition. Le Bourguemaître eſt changé tous les ans, & choiſi d'entre les Echevins qui ſont auſſi changez, ou continuez tous les ans, par les Députez des Etats-Généraux. Les Echevins jugent ſouverainement dans les cauſes criminelles; mais dans les civiles, leurs jugemens ſont ſujets à l'appel au Conſeil de Flandre, où l'on envoie les procès évangeliſez avec toutes les Pieces qui y ont rapport. On obſerve aujourd'hui dans cette Ville les loix & coutumes qui ſont en pratique en Hollande & en Zélande, à l'égard des contracts de mariage, Teſtamens &c. La Juriſdiction de la Ville ne comprend qu'environ deux cens Gemeeten hors des Fortifications. Le Greffier eſt établi à vie par les Magiſtrats & le Tréſorier par les Etats-Généraux. Le Conſeil d'Etat entretient à Hulſt un Receveur du Verponding des biens Eccleſiaſtiques &c. Et un autre Receveur des Droits de Conſomption, qui rendent leurs Comptes au Receveur-Général de la République à la Haye. L'Amirauté de Zélande y entretient auſſi un Receveur, un Controlleur & deux Commis de Recherches, pour la perception des droits d'entrée

HUL. HUM.

trée & de sortie. Le Bailliage de Hulst est borné au Nord par l'Escaut Occidental, à l'Orient par le Canal de Kieldrecht au Midi par le Pays de Waes, & à l'Occident par le Bailliage d'Axel. Il a environ quatre lieuës dans sa plus grande longueur du Nord au Sud, & trois de largeur d'Orient en Occident. Ce Bailliage renfermoit autrefois douze Villages, dont huit ont été submergez. Les quatre qui restent sont Offenisse, Hontenisse, Heynsdyk & Ter Pauwelspolder.

a d'Herbelot Bibliot. Orient. HULVAN ou HOLVAN [a], Ville d'Asie dans l'Assyrie ou la Chaldée dans les Montagnes qui separent l'Iraque Babylonienne, de l'Iraque Persienne; à 34. d. de Latitude Septentrionale. Les Califes y alloient prendre le frais pendant l'été. Cette Ville est à quatre ou cinq journées de Bagdet du côté du Nord. Le Sepulchre de Hamsah y est frequenté & visité. On tient que Gobab fils de Firouz Roi de Perse de la quatriéme Dynastie appellée des Chosroès ou des Sassanides fonda Hulvan & que les Tartares ou Mogols de Genghizkan la détruisirent. Les Musulmans croient que le Prophete Elie qui selon eux vit encore, fait sa demeure dans une Montagne près de cette Ville.

HUMAGO, Ville d'Italie dans l'Istrie. Voyez UMAGO.

b Baudrand Edit. 1705. HUMAN [b], Ville de Pologne, dans la basse Podolie environ à vingt-cinq lieuës de Braclau du côté du Levant.

c Ibid. HUMANA [c], (LA PIEVE DI) on appelle ainsi les ruines d'une Ville d'Italie, situées autrefois dans l'Etat de l'Eglise, & dans la Marche d'Ancone, vers la côte de la Mer Hadriatique. Le Pape Martin V. unit son Evêché à celui d'Ancone en 1422.

d Baudrand rectifié sur les Memoires des Anglois. HUMBER [d], (L') prononcez L'HOMBRE, les François écrivent communément L'HUMBRE conformement à leur prononciation, mais l'Humber est le vrai nom. Grande Riviere d'Angleterre dans la Province d'Yorck; à parler juste ce n'est point une Riviere particuliere puis qu'elle n'a point de source proprement dite. C'est pour mieux dire un Golphe où se rassemblent dans un même lit L'OUSE, la TRENTE, le DUN, le DARWENT, &c. elle est fort large & porte toutes ces eaux entre Spurn-Head & Grimsby. L'Humber peut avoir environ vingt-cinq milles de longueur de l'Ouest à l'Est, sans autre port remarquable que celui de Hull qui est à son embouchure. La partie qui est au Nord de cette Riviere en Angleterre jusqu'aux Frontieres d'Ecosse s'appelle *le Pays au Nord de l'Humber*, en Anglois *Northumberland*.

e Baudrand Edit. 1705. HUMBLE, (L') Riviere de la Grande Bretagne en Angleterre [e] dans le Hantshire, qu'elle arrose; elle se jette dans la Mer vis-à-vis de l'Isle de Wight.

HUMBLIERES. Voyez HOMBLIERES.

HUMBLIGNI, Bourg de France dans le Berry à la source de la petite Riviere de Saude. Le terroir des environs est ingrat, il y a quelques vignes, des prez & des Bois. On y fait de la tuille, de la brique, de la chaux & de la poterie qui se debite dans les Villes & paroisses voisines.

HUMBRE, Voyez HUMBER.

HUM. HUN.

HUMELEDEGI; Ville d'Afrique en Numidie, à dix-huit lieuës de Segelmesse [f]. *f Corn. Dict. & Davity Afrique.* La Campagne des environs produit quantité d'un certain fruit qui ressemble à des Asperges. Les Arabes qui ont bâti cette place sont fort attachez au Mahometisme.

HUMESEN, ancien lieu de la Palestine dans la Tribu de Juda. Les Septante en font deux mots Ἀυμ & Ἀσημ.

HUNDINGTHON. Voyez HUNTINGTHON.

HUNDRED, terme de Géographie, on ne l'employe que dans la Chorographie d'Angleterre. Le Royaume est divisé en SHIRES ou COMTEZ, les *Shires* en HUNDREDS ou centaines, les *Hundreds* en TITHINGS ou dixaines & les *Titinghs* en *Parish* ou Paroisses. Le P. Lubin [g] dit; Ce mot *Hundred* est traduit en Latin *Centuria*, *g Mercure Géogr. p. 408.* c'est-à-dire, un Pays où cent Hommes ou cent Chefs de familles étoient obligez d'être caution les uns pour les autres en Justice tant pour le criminel que pour le civil. Ils en ont fait un nom Latin *Hundredus*. Le Chef d'un Hundred est une espece de Centurion.

HUNDSFELD, ou HUNDESFELD [h], *h Zeyler Silef. Topogr. p. 152.* c'est-à-dire, *la Campagne du Chien*, petite Ville de Silesie dans la Principauté d'Oels sur la Weide, en tirant vers Breslaw. Elle appartient aux Ducs de Munsterberg. Les Ecrivains de Pologne disent qu'il s'y donna une Bataille entre l'Empereur Henri V. & Boleslas III. Roi de Pologne, & que ce dernier eût la Victoire; que quelques jours après il s'y assembla quantité de Chiens si furieux qu'ils dechiroient les Voyageurs, ce qui fit donner à cette place tant dans la Langue Polonoise que dans l'Allemande le nom qu'elle porte. Les Historiens Allemands ne disent rien de cette Bataille.

HUNDS-RUCK, petit Pays d'Allemagne entre le Rhin, la Moselle & le Nab; au bas Palatinat. Les Huns y firent autrefois des conquêtes & des Etablissemens, & le nom moderne vient delà. Ceux qui écrivent en Latin l'appellent HUNNORUM TRACTUS. La partie Septentrionale est à l'Electeur de Treves; & la partie Meridionale comprend le Comté Anterieur de Sponheim & le Duché de Simmeren qui sont à l'Orient & appartiennent à l'Electeur Palatin; partie du Bas Comté de Catzenelnbogen qui est au Landgrave de Hesse Rhinfels & le Comté de Sponheim ulterieur situé à l'Occident, qui appartient au Prince Palatin de Birckenfeld & au Marquis de Bade; selon Mr. Baudrand les Villes & places remarquables du Hundsruck, sont

Coblens, Boppart, Ober-Wesel,	A l'Electeur de Treves.
St. Gower,	Au Landgrave de Hesse-Rhinfels.
Baccarach, Creutzenach, Simmeren,	A l'Electeur Palatin.

Castel-

Caftelaun,
Trarbach,   } Au Prince de Birkenfeld.
Birkenfeld,

HUNGER-BRUNN, c'eſt-à-dire, *Fontaine de la Famine*, Fontaine de Suiſſe au Village de Wangen à deux lieues de Zurich. Son nom vient de ce que lorſqu'elle coule, on la regarde comme un préſage de Famine. Par des obſervations exactes, dit l'Auteur de l'Etat [a] & des délices de la Suiſſe [a], obſervations qui ont été faites depuis l'an 1686. juſqu'à nôtre temps, il paroît que dans les années d'abondance elle a toujours été à ſec quelque fortes & longues Pluyes qu'il ait fait, & qu'au contraire à meſure qu'elle a coulé la diſette eſt venue & que plus elle a coulé plus la diſette a été grande.

[a] T. 2. p. 50.

HUNGERFORD [b], Bourg d'Angleterre en Berkshire aux confins de Wiltſhire & de Hantſhire, à diſtance à peu près égale de Salisburi & de Winchester. On y tient marché public & [c] ce lieu ſe diſtingue par la bonté de ſes truites & par l'abondance de ſes Ecreviſſes.

[b] Baudrand Edit. 1705.
[c] Etat preſ. de la Gr. Bret. T. 1. p. 42.

HUNI. Voyez Huns.

HUNINGUE [d], Ville & Fortereſſe de France dans la Haute Alſace au Dioceſe de Baſle, ſur le Rhin dans le Suntgow, à deux lieues de Baſle & aux Frontieres de la Suiſſe. Elle eſt petite & n'eſt compoſée que d'environ quatre-vingt Maiſons & n'a tout au plus que 500. Habitans. Au milieu du Siécle paſſé ce n'étoit qu'un ſimple Village; on y ajouta vers l'an 1650. une redoute de maçonnerie où l'on tenoit un Sergent & quinze hommes, uniquement pour avoir des nouvelles de ce qui ſe paſſoit en Suiſſe. Après le Traité de Nimegue Loüis le Grand en fit une forte Ville afin de s'aſſurer de l'Alſace, & ſe faciliter un paſſage dans le Brisgow. Quoique Huningue ſoit très-petite elle ne laiſſe pas d'être une place très-importante. Ses fortifications ſont du Maréchal de Vauban. Elle n'a que deux portes & ſa figure eſt un pentagone régulier formé de cinq Baſtions bien revétus, deux deſquels ſont chargez de deux cavaliers. Les autres ſont retranchez & ces retranchemens couvrent un Magazin à poudre. Les quatre fronts du côté de la Terre ſont couverts d'autant de grandes demi-lunes, le tout entouré d'un foſſé plein d'eau & d'un chemin couvert. Au delà de ce premier chemin on a avancé du côté de la plaine deux grands ouvrages à Corne, dont la gorge eſt contournée en arc rentrant dans l'ouvrage. Leurs fronts ſont couverts d'une petite demi-lune. Tous ces ouvrages ſont coupez de traverſes pour empêcher l'enfilade des commandemens qui ſont à l'entour. Toute la place & ces ouvrages exterieurs ſont entourez d'un avant-foſſé & d'un chemin couvert. Le front de la place qui eſt ſur le bord du Rhin eſt couvert par un grand front de Fortification qui conſiſte en une grande courtine qui couvre les deux Baſtions qui ſont ſur le bord du Rhin & au milieu de laquelle eſt un grand Baſtion plat. Tout cet ouvrage a un parapet de Maçonnerie percé d'embraſures. A l'angle flanqué de ce Baſtion eſt le pont de bois qui traverſe le Rhin & dont la tête qui eſt du côté de la Suiſſe étoit couverte de deux grands ouvrages

[d] Piganiol de la Force deſc. de la France T. 6. p. 472. Edit. Paris.

à Corne, l'un conſtruit dans une Iſle du Rhin & l'autre ſur la Terre ferme. Ce dernier ouvrage étoit entouré de ſon foſſé & de ſon chemin couvert & fut rétabli après la Bataille de Friedlingue, mais par l'Article VIII. du Traité de Bade Loüis XIV. s'obligea de faire raſer les Fortifications conſtruites vis-à-vis Huningue ſur la Rive droite & dans l'Iſle du Rhin, de même que le pont conſtruit en cet endroit ſur ce Fleuve.

HUNNES ou **Schutten**, Riviere des Provinces unies, dans la Province de Groningue & des Ommelandes [e]. Elle prend ſa ſource au Pays de Drente, paſſe à Weſtroup, g. à Borger, g. à Drowe, g. à Bonnerveen, d. à Groningue; delà à Billinghweer & ſe perd dans la Mer d'Allemagne.

[e] Dict. Géogr. des Pays-bas.

HUNNIWAR, contrée de la Scythie en Europe auprès du Danube, ſelon Ortelius [f] qui cite Jornandes [g]. Cet Auteur dit: que les fils d'Attila ayant voulu attaquer Valemir, ce Prince quoique pris au dépourvû ſe battit, & que les fuyards ſe réfugierent dans la partie que les bras du Danube traverſent & qu'ils nomment en leur Langue Hunnivar.

[f] Theſaur.
[g] Jornand. l. 6. c. 24.

HUNNORUM Tractus, nom Latin du Hunsruck ou Hundsruck.

HUNNUM, ancienne Ville de la Grande Bretagne, ſelon le livre des Notices [h] de l'Empire. Camden croit que le nom moderne eſt Sewenſhalle au Northumberland.

[h] Sect. 63.

HUNS, (les) ancien Peuple que les Hiſtoriens tant Grecs que Latins ont nommé Huni, Hunni, ou par une aſpiration très-forte Chunni. Quelques Ecrivains Hongrois l'écrivent par une aſpiration Unni. Les Savans ne conviennent pas de l'origine de ce Peuple. Jean Magnus Hiſtorien de Suéde [i] les regarde comme une branche des Goths, d'autres les font venir de la Sarmatie; & comme une partie de la Sarmatie étoit en Europe & l'autre en Aſie, on a diſtingué les Huns en Européens & en Aſiatiques; ceux-ci dans la Scythie & ceux-là dans le Pays que nous appellons aujourd'hui la Hongrie. Cela revient aux deux Hongries, l'une en Aſie & l'autre en Europe dont nous parlons au mot Hongrie. Bonfinius & autres Hiſtoriens de Hongrie tiennent que les Huns ne different des Hongrois que comme les Ancêtres different de leur poſterité [k]. D'autres les diſtinguent & les prennent pour des Peuples differens qui ont habité la Hongrie l'un après l'autre. Les Huns Nation terrible & dont les ſuccès avoient enflé le courage, étant devenus la terreur des Romains chaſſerent les Goths de la Pannonie, comme les Goths en avoient chaſſé les Vandales. Les guerres civiles des Huns donnerent occaſion aux Goths de rentrer dans ce Pays, mais ils furent de nouveau chaſſez par les Lombards qui s'y jetterent. Les Lombards ayant trouvé jour à paſſer en Italie convinrent avec les Huns de leur laiſſer la Pannonie. Ils y revinrent donc & n'ayant plus rien à craindre des Lombards à cauſe du Traité qu'ils avoient fait, ils tâcherent non ſeulement de ſe rétablir de leurs pertes, mais encore de faire des conquêtes. Quelques Auteurs croient que les Avares, Abares, ou Abari, dont il eſt parlé ſi ſouvent dans

[i] l. 6. c. 24.
[k] Schurtfleiſch diſput. 12. quæ Hungarica.

HUN.

dans l'Histoire Byzantine ne font point differents des Huns, il eſt certain qu'ils en faiſoient partie. Leur nom étoit odieux aux Peuples de l'Empire Grec, & Conſtantin Copronyme fut fort blâmé d'avoir épouſé la fille de Chagan leur Roi. Maurice tâcha de les appaiſer par des largeſſes, & comme il ne put éviter une guerre avec eux, il tâcha de les mettre à la raiſon par les armes. Le Patrice Priſcus ſon Général remporta ſur eux quelques avantages. Mais les guerres civiles qui firent perir l'Empereur Maurice & ſa famille, lui en enleverent le fruit. Ainſi il ne put reprendre la Pannonie comme il s'en étoit flaté. Les Huns ſe jetterent enſuite ſur la Germanie & la France. Les Rois de France Carlovingiens leur porterent de ſi rudes coups que la Nation des Huns fut preſque entierement détruite au ſentiment de ceux qui diſtinguent les Huns des Hongrois. Ceux qui en font deux Peuples finiſſent ici la Domination des Huns & font venir de Scythie les Hongrois, *Ungari*, qui vinrent alors s'établir dans la Pannonie où ils ont formé le Royaume de Hongrie. Voyez HONGRIE & UNGARI.

HUNSINGO [a], Contrée des Provinces unies des Pays-bas. On nomme ainſi le quartier Septentrional de la Seigneurie de Groningue qui eſt près de la Mer entre la Riviere de Hunnes & l'embouchure de l'Embs.

HUNSRUCK. Voyez HUNDSRUCK.

HUNTINGTON, Ville d'Angleterre dans la Province de Huntingtonſhire dont elle eſt la Capitale [b]. Cette Ville eſt ſituée ſur l'Ouſe à cinquante milles de Londres, & eſt fort agréable. Elle avoit autrefois quinze Paroiſſes, qui ſont reduites à quatre. Elle a un pont de pierre qui lui ſert de communication avec Godmancheſter qui eſt de l'autre côté de la Riviere. Huntington a le titre de Comté. Il y a Marché public & une bonne Ecole; & elle envoye ſes Deputez au Parlement. Quelques-uns écrivent Hundington.

HUNTINGTONSHIRE, Province d'Angleterre au Dioceſe de Lincoln. Quelques-uns la nomment par dériſion *Willowſhire* parce qu'elle abonde en Saules. Elle a ſoixante ſept milles de tour, & contient environ 240000. Arpens & 8217. Maiſons. C'étoit autrefois un Pays couvert de Bois & par conſequent fort propre pour la chaſſe d'où lui vient le nom de Huntingtonſhire. Aujourd'hui le Pays eſt decouvert, marécageux au Nord-eſt; mais abondant en pâturages; au reſte fort agréable, diverſifié par des Collines produiſant beaucoup de bled & de bétail. Elle eſt arroſée par pluſieurs Rivieres dont l'Ouſe eſt la principale; ſes Villes & ſes Bourgs où l'on tient marché ſont.

HUN. 203

Huntington Capitale

St. Ives,	Ramſey,
Kimbolton,	&
St. Neots,	Yaxley.

HUNTWIEL [c], Village de Suiſſe au Canton d'Appenzel, c'eſt une des Communautez Interieures & Reformées.

HUQUANG; Prononcez Houquouan, Province de la Chine, dont elle eſt la VII. & ne le cede point aux autres en étenduë, en beauté & en fertilité. La plus grande partie eſt unie, entrecoupée de Lacs, & de Rivieres. Elle prend ſon nom du grand Lac HUNGTING, car *Hu* en Chinois veut dire *Lac* & *Quang* veut dire *étendu*.

Le grand Fleuve Kiang la traverſe par le milieu & la diviſe en Septentrionale & en Meridionale. Autrefois elle appartenoit aux Rois de çu & s'appelloit KING. Ces Rois qui étoient très-puiſſans & avoient choiſi leur ſejour, Ils s'étoient rendus redoutables aux Empereurs mêmes, & leur étoient égaux ou même ſuperieurs en force. On la nomme en Chinois par une eſpece d'éloge JUMICHITI; c'eſt-à-dire, le Pays des Poiſſons & du Ris; on le nomme auſſi le Grenier de la Chine, comme la Sicile a été nommée le Grenier de l'Italie; parce que le Huquang abonde en grains, & en fruits, de maniere qu'il en fournit beaucoup aux autres Provinces, on dit en Proverbe que le Kianſi peut donner le déjeuné, à la Chine, mais que le Huquang peut lui donner tous les repas & la raſſaſier. La fertilité y eſt en effet ſi grande qu'on ne peut rien ſouhaiter de plus; les Montagnes ſont chargées de forêts, & il y a partout quantité de ris & de bled, le poiſſon y eſt commun au delà de l'imagination. Ainſi il n'eſt pas ſurprenant qu'il ſe trouve dans cette Province quinze Villes Metropoles, cent-huit Citez, ſans un très-grand nombre de Bourgs & de Villages; ſans parler des Villes Militaires & des Foreteresſes.

Cette Province eſt bornée au Nord par le Honan, au Nord-Oueſt elle confine au Xenſi au Couchant elle a le Suchuen, au Midi le Quangſi, au Sud-Oueſt le Queicheu, au Sud-Eſt le Quantung, & à l'Orient le Kiangſi & le Kiangnan. Les Regiſtres de la Chine portent qu'il y a dans cette Province 531686. familles, faiſant 4833590. hommes, encore n'y comprend-on pas tous ceux qui ne s'écrivent point ſur ces rolles. Elle paye pour Tribut à l'Empereur 2167559. ſacs de ris; 17977. pieces de ſoye travaillée, &c. Voici une table des places de cette Province avec leur poſition.

Noms.	Longitude.		Latitude.			Noms.	Longitude.		Latitude.		
I. *Ville Metropolitaine.*											
Vuch'ang	3.	16	31.	0	p.	Puki	3.	42	29.	50	p.
Vuchang	2.	41	31.	0	p.	Hienning	3.	6	29.	46	p.
Kiayú	3.	51	30.	30	p.	çungyang	3.	29	29.	45	p.

Cc 2 Noms

HUN.　　　　　　　HUN.

Noms.	Longitude.		Latitude.			Noms.	Longitude.		Latitude.		
Tungching	4.	10	29.	39	p.	VIII. *Ville*.					
Hingque ☉	2.	22	30.	20	p.	Changxa	5.	6	28.	50	p.
Taye	2.	49	30.	45	p.	Siangt'an	5.	3	28.	30	p.
Tungxan	3.	10	30.	13	p.	Siangyn	5.	5	29.	13	p.
II. *Ville*.						Ninghiang	5.	22	29.	11	p.
						Lieuyang	4.	31	29.	3	p.
Hanyang	3.	43	30.	50	p.	Liling	4.	40	28.	35	p.
Hanchuen	4.	11	31.	4	p.	Ieyang	5.	40	29.	18	p.
III. *Ville*.						Sianghiang.	5.	19	28.	32	p.
						Xeu	4.	20	28.	38	p.
Siangyang	5.	33	32.	28	p.	Ganhoa	6.	10	28.	58	p.
Iching	5.	44	32.	30	p	Chaling ☉	4.	25	28.	0	p.
Manchang	5.	48	32.	9	p.	IX. *Ville*.					
çaoyang	5.	14	32.	12	p.						
Coching	6.	0	32.	36	p.	Paoking	6.	5	27.	43	p.
Quanghoa	6.	3	32.	58	p.	Sinhoa	6.	0	28.	23	p.
Kiun ☉	6.	30	33.	13	p.	Chingpu	6.	36	27.	33	p.
IV. *Ville*.						Vuchang ☉	7.	0	27.	10	p.
						Sinning	6.	28	27.	0	p.
Tegan	4.	10	31.	51	p.	X. *Ville*.					
Iunmung	3.	55	31.	40	p.						
Hiaocan	3.	53	31.	22	p.	Hengcheu	5.	13	27.	48	p.
Ingching	4.	20	31.	38	p.	Hengxan	4.	50	28.	3	p.
Sui ☉	4.	25	32.	5	p.	Liuyang	4.	47	27.	18	p.
Ingxan	3.	53	32.	10	p.	Changning	5.	8	27.	20	p.
V. *Ville*.						Gangin	4.	50	27.	45	p.
						Ling	4.	56	26.	52	p.
						Queiyang ☉	4.	53	26.	27	p.
Hoangcheu	2.	50	31.	23	p.	Linau	4.	50	25.	54	p.
Lotien	2.	25	31.	41	p.	Lanxan.	5.	14	25.	45	p.
Maching	3.	10	31.	38	p.	XI. *Ville*.					
Hoangpi	3.	26	31.	30	p.						
Hoanggan	3.	10	31.	26	p.	Changte	6.	8	29.	38	p.
Kixui	2.	30	31.	10	p.	Sa'oyuen	6.	30	29.	30	p.
Ki ☉	2.	26	30.	55	p.	Lungyang	5.	52	29.	32	p.
Hoangmui	2.	2	31.	30	p.	Iuenkiang	5.	50	29.	21	p.
Hoangei	2.	3	30.	55	p.	XII. *Ville*.					
VI. *Ville*.											
						Xincheu	6.	35	29.	6	p.
Kingcheu	5.	48	30.	50	p.	Luki	7.	40	28.	52	p.
Cunggan	5.	38	30.	43	p.	Xenki	8.	0	28.	38	p.
Xeuxeu	5.	30	30.	26	p.	Xopu	6.	26	28.	45	p.
Kienli	5.	6	30.	20	p.	Iuen ☉	8.	29	28.	0	p.
Sungki	5.	59	30.	40	p.	Kiuyang	8.	22	27.	50	p.
Chikiang	6.	10	30.	50	p.	Mayang	8.	18	28.	23	p.
Iling ☉	6.	50	31.	12	p.	XIII. *Ville*.					
Changyang	6.	50	31.	0	p.						
Itu	6.	25	30.	50	p.	Juncheu	6.	0	26.	42	p.
Iuengan	6.	26	31.	35	p.	Kiyang	5.	43	26.	0	p.
Quei ☉	7.	12	31.	0	p.	Fau ☉	5.	30	26.	5	p.
Hingxan	7.	0	31.	22	p.	Tunggan	6.	14	26.	35	p.
Patung	7.	30	30.	59	p.	Ningyven	5.	30	26.	5	p.
VII. *Ville*.						Tungming	6.	18	26.	3	p.
						Kianghoa	5.	48	25.	42	p.
Yocheu	4.	40	30.	7	p.	XIV. *Ville*.					
Linsiang	4.	17	30.	3	p.						
Hoayung	5.	26	29.	55	p.	Cingtien	5.	20	31.	35	p.
Pingkiang	4.	20	29.	15	p.	Kingxan	4.	46	31.	31	p.
Fung ☉	5.	15	30.	6	p.	Cienkien	5.	14	31.	10	p.
Xemuen	5.	56	30.	17	p.	Mienyang ☉	4.	56	30.	40	p.
çuli	6.	17	30.	35	p.						Noms
Ganhiang	5.	46	30.	2	p.						

Noms.	Longitude.	Latitude.	Noms	Longitude.	Latitude.
Kingling,	4. 40 30.	55 p.	II. *Grande Cité.*		
Kingmuen ☉	5. 48 31.	30 p.	Chincheu	4. 25 26.	30 p.
Tangyang	6. 6 31.	18 p.	Iunghing	4. 35 26.	40 p.
XV. *Ville.*			Ychang	4. 30 26.	10 p.
			Hingning	4. 20 27.	0 p.
Chingyang	6. 52 33.	0 p.	Queiyang	4. 6 27.	32 p.
Fang	7. 13 32.	14 p.	Queitung	4. 5 26.	29 p.
Choxan	7. 30 31.	49 p.	*Citez Militaires.*		
Xangcin	7. 9 33.	40 p.	Xi ☉	8. 0 29.	38 p.
Choki	7. 34 32.	28 p.	Iungxun	7. 52 29.	32 p.
Chingfi	6. 45 33.	40 p.	Paoeing	8. 8 29.	5 p.
Paokang	6. 26 32.	36 p.	Nanguei	7. 35 30.	10 p.
			Xiyung	7. 26 29.	45 p.
I. *Grande Cité.*			Xangki	7. 10 29.	50 p.
			Lankiang	7. 30 29.	20 p.
Chingchieu ☉	7. 14 18.	0 p.	Sanping	8. 27 29.	43 p.
Hoeitung.	7. 46 27.	40 p.	Iunting	6. 53 30.	20 p.
Tungtao	7. 16 27.	30 p.	Tienkia	7. 39 30.	26 p.
Suining	7. 0 27.	35 p.	Iungmui	6. 32 30.	10 p.

HUR, Ville de la Chaldée. Voyez UR.

HURDASPALENSE MONASTERIUM, ancien Monaftére dont parle le Prêtre Euloge dans fes Epitres [a] Morales ne doute point que ce ne foit aujourd'hui *Urdax* ; il eft fitué en deçà des Pyrénées peu loin de Bayonne. Mr. Baudrand [b] dit que c'eft URDACHE au pied des Pyrénées, à l'entrée de la Navarre & à une lieue des Frontieres d'Efpagne.

[a] *Ortel. Thef.*
[b] *Edit.1682.*

HUREPOIX, (LE) petite Contrée de France, dans le Gouvernement de l'Ifle de France dont on ne fait point les limites, de là vient que les Géographes varient extrémement fur les Villes qu'ils y mettent. Robbe n'y met que,

Melun,   La Ferté-Alais,
Corbeil, Fontaine-Bleau.

Mr. Baudrand dit que les places les plus remarquables de l'Hurepoix font

Montfort-l'Amauri, Mante,
Houdan, Dourdan,
         & Efpernon.

Mr. de l'Ifle y place,

Corbeil,   Châtres,
Mont-l'Heri, La Ferté Alais,
Chevreufe,   Palaifeau.

Il donne Melun au Gaftinois. Mr. Pigniol de la Force dit : pourquoi fe fatiguer inutilement pour tâcher de découvrir fi une Ville eft du Gaftinois ou du Hurepoix pourvû qu'on foit fûr qu'elle eft du Gouvernement de l'Ifle de France ?

1. HURIEL, petite Ville de France dans le Bourbonnois, Diocèfe de Bourges. Il y a Châtellenie Royale reffortiffante au Bailliage de Mâcon. Cette Ville eft fituée fur une hauteur à deux lieues de Mont-luçon. Les terres produifent des feigles ; mais peu de froment : il y a quelques vignes dont le vin eft d'une très-petite qualité. Il y a auffi quelque pacages, des Chanvres & des menus fruits ; il s'y tient deux Marchés par femaine & fix Foires par an affez fréquentées.

2. HURIEL, Ville de France dans le Bourbonnois, Diocèfe de Bourges, Election de Mont-luçon. Cette Ville eft ruinée par le paffage des gens de guerre.

HURMON, petite Ville de Perfe ; à 85. d. 15'. de Longitude & à 32. d. 30. de Latitude [c]. Elle eft petite, l'air n'y eft pas bon & les chaleurs y font exceffives. Son Territoire eft abondant en datés.

[c] *Tavernier Voyage de Perfe l. 3. c. dernier.*

HURONS, (LES) Peuples de l'Amérique Septentrionale dans la nouvelle France [d], aux environs d'un grand Lac qui porte le nom de ce Peuple. Leur Pays eft plein de Collines, de Campagnes & de très-belles & grandes prairies, qui portent quantité de bon foin & de froment, mais fauvage. Il y a auffi de belles Forêts peuplées de toutes fortes d'Arbres. Leurs Villages font fortifiez de grandes paliffades de bois à triple rang, entrelaffez les uns dans les autres, & redoublez par dedans avec de grandes & groffes écorces à la hauteur de huit ou neuf pieds. Par deffous font de grans Arbres pofez de leur long fur de fortes & courtes fourchettes de troncs d'Arbres. Au deffus de ces paliffades, il y a des galleries ou guerittes, qu'ils garniffent de pierres en tems de guerre pour les jetter fur les ennemis. Ils y tiennent auffi de l'eau, afin d'éteindre le feu, que l'on pourroit appliquer contre leurs paliffades. Ils montent à ces galeries par une échelle affez mal façonnée, & défendent leurs remparts avec beaucoup de courage. Les Villages qui font les plus proches de leurs ennemis, font les mieux fortifiez, tant en leurs enceintes & en leurs murailles hautes de deux lances ou environ, qu'en leurs portes & entrées qui ferment à barres & par lesquelles l'on ne peut paffer que de côté. Les Hurons favent d'ailleurs choifir des lieux d'une affiette favorable, proche de quelque ruiffeau, en tir-

[d] *Corn. Dict. le P. Bouffingaut, Theatre de l'Amerique.*

endroit peu élevé & environné d'un fossé, s'il se peut naturel, en sorte que les murailles soient bâties en rond. Ils laissent toujours un assez grand espace vuide entre les Cabanes & ces murailles, pour se pouvoir mieux deffendre en cas d'attaque, & font même des sorties dans l'occasion. Il y a des contrées, où ils changent leurs Villages au bout de quinze, de vingt ou trente ans, plus ou moins, lorsque les terres sont tellement travaillées qu'elles ne peuvent plus produire leur bled, ni si bon, ni en si grande quantité qu'à l'ordinaire. Ils le font aussi quand ils sont trop loin des forêts, & qu'il leur faut porter sur le dos le bois dont ils ont besoin, & attaché & lié avec un collier qui prend & tient sur le front. Leurs Cabanes sont faites en façon de berceaux de Jardins, couvertes d'écorces d'Arbres, de la longueur de vingt-cinq à trente toises, & de la largeur de six. Au milieu est une allée large de dix ou douze pieds, & qui va d'un bout à l'autre. Il y a plusieurs feux à chaque Cabane & deux menages à chaque feu; l'un d'un côté, & l'autre de l'autre. Comme ils sont assez sujets à voir leurs Cabanes embrasées, ou par malheur, ou faute de soin, ils serrent dans des Tonneaux ce qu'ils ont de plus précieux, & enterrent ces tonneaux qui leur tiennent lieu de coffre & d'armoire, dans des fosses profondes, qu'ils font dans leurs Cabanes, les couvrant ensuite de la même terre. Ils se mettent par là à couvert du feu & des Larrons. Tous ces Sauvages & sur tout les femmes & les filles prennent grand soin de tremper leurs cheveux dans l'huile. Les jeunes hommes s'appliquent des plumes tout autour du col, & quelques-uns ont des bandeaux de peaux de Serpens, qui leur pendent par derriere de la longueur de deux aulnes. Il y en a qui ont le visage ainsi que le corps gravé en compartimens avec des figures de Serpens, lezards, écureuils & semblables animaux, & particulierement ceux de la Nation du Petun, qui ont presque tout le corps ainsi figuré, ce qui les rend effroyables. Leur coutume en general est, de se peindre le visage & tout le reste du corps, quand ils doivent assister à quelque festin, ou à des assemblées publiques. La pêche, la chasse & la guerre sont les choses qui les occupent le plus. Ils vont à la traite & font des Cabanes & des Canots, ou des outils qui sont propres à cela. Le reste du tems ils le passent à dormir, à jouer, à danser, à chanter, à fumer ou en festins. Ils font des Voyages par Terre, par Mer & sur les Rivieres. Leurs Canots sont de huit à neuf pieds, & ont environ un pas & demi de large par le milieu. Quand ils sont pressez, ils font d'ordinaire chaque jour jusqu'à trente lieues dans ces Canots qui vont d'une vitesse admirable, pourvu qu'ils n'ayent point de Sauts à passer, & qu'ils aillent au gré du vent & de l'eau. Ils font quelquefois quarante lieues dans les bois, sans rencontrer ni Cabanes, ni sentiers battus. Ils portent un fusil & du Tabac ou Petun pour tous vivres, avec l'arc au poing & le carquois sur le dos. Quand ils ont soif, s'ils ne peuvent trouver d'eau, ils ont l'industrie de sucer les Arbres. Les femmes ont le soin de la cuisine & du ménage. Elles sement, cueillent, accommodent le chanvre & les écorces, & font la provision de bois necessaire. Comme leur ménage consiste en fort peu de choses, elles employent le tems qui leur reste à jouer & à danser. Elles font entre autres ouvrages une espece de sac à Tabac, ou avec du poil de porc-épi coloré de rouge, de noir, de blanc & de bleu, elles tracent des figures admirables. Ces couleurs sont si vives que les nôtres n'en approchent pas. Elles font aussi des écuelles d'écorce pour boire & manger, des écharpes, des colliers & des bracelets dont elles se parent. Ces Sauvages se peignent le visage de noir à la mort de leurs parens. Ils peignent aussi le visage du deffunt, & l'enjolivent de plumes, & des autres ornemens qui leur sont particuliers. S'il est mort en guerre, le Capitaine fait une maniere d'oraison funebre en presence du corps. Les Attivoindarons font des résurrections des morts, sur tout des personnes, qui par leur valeur ont bien merité de la Patrie; ils font pour cela des assemblées, & élisent l'un d'entre eux, qui ait à peu près les qualités de celui qu'ils veulent ressusciter. Cela fait, ils se levent tous de bout, à l'exception de celui qu'ils ont choisi, & auquel ils donnent le nom du mort. Ensuite baissant tous la main bien bas, ils feignent de l'élever de terre, voulant faire entendre qu'ils tirent du tombeau celui que la mort leur a ôté, & qu'ils lui rendent la vie en la personne de cet autre qui se leve debout comme eux, & qui reçoit les presens que les assistans lui offrent. Ce prétendu ressuscité est regalé de plusieurs festins, & tenu à l'avenir pour le mort qu'il represente. De dix en dix ans ou environ les Hurons & d'autres Sauvages font la grande fête des morts, en l'un de leurs Villages, selon ce qui a été conclu par un Conseil general de tous ceux du Pays, car les os des morts ne sont ensevelis en particulier que pour un tems. Cette fête est annoncée aux Nations circonvoisines, afin que ceux qui y ont élû la sepulture des os de leurs parens les y portent. Tout le monde y est bien venu, & pendant quelques jours que dure la ceremonie, on ne voit que festins, danses & chaudieres sur le feu. Les femmes qui veulent y apporter les os de ceux pour qui elles s'interessent, les vont prendre aux cimetieres. S'il y a encore de la chair, ils les nettoyent & les envelopent de beaux castors neufs, les environnent de coliers de Porcelaines. On les met dans un sac neuf, que ces Sauvages portent sur leur dos. Le dessus en est orné de coliers, de brasselets & autres parures. On porte aussi au lieu destiné, les Pelleteries, haches, chaudieres, & autres choses qui sont de prix parmi eux avec quantité de vivres. Là étant tous assemblés, ils pendent par les Cabanes de leurs hôtes, tous leurs Sacs & leurs Pelleteries, attendant le jour où ils doivent tout ensevelir. La fosse se fait hors du Village, fort grande & fort profonde, capable de contenir tous les os, meubles & Pelleteries destinées pour les défunts. On y dresse un échafaut fort élevé sur le bord, où l'on porte tous les sacs d'os. Après cela, on tend la fosse par tout, au fond & aux côtez, de robes de Peaux de Castor neuves; & ensuite on y fait un lit de haches, de chaudieres,

res, de coliers & de bracelets de Porcelaine, ce qui étant fait, les Capitaines versent du haut de l'échafaut tous les os des sacs dans la fosse, les couvrant encore d'autres peaux neuves & puis d'écorces. Ils rejettent la terre par dessus, avec de grosses pieces de Bois, & afin de leur faire plus d'honneur, ils fichent en terre des piliers de bois autour de la fosse, & font une couverture par dessus. La Fête se termine par un grand festin, après lequel chacun s'en retourne fort content de ce que les ames de leurs parens auront à partager ce jour-là un riche butin.

§. Les Hurons ont été ainsi appellez parce qu'ils avoient les cheveux herissez d'une telle maniere que leur tête ressembloit à une hure de sanglier. Les guerres qu'ils ont eu avec les Iroquois leurs ennemis mortels & d'un autre côté les Etablissemens François [a] faits dans le Canada les ont tellement diminuez qu'il n'en est presque plus question. Il en reste encore quelques-uns entre le Lac qui porte leur nom & le Lac de Frontenac.

[a] Carte de la nouvelle France.

LAC DES HURONS, ou MICHIGANE' [b], grand Lac de l'Amerique Septentrionale dans la nouvelle France. C'est où se rendent les eaux du Lac superieur, & du Lac des Ilinois; chacun de ces Lacs reçoit quantité de Ruisseaux. Ce Lac dont nous parlons, a les Outaouacs au Nord, & le Lac Erié au Midi auquel il envoye ses eaux par une décharge, & le Lac Erié a au Nord une communication avec le Lac de Frontenac ou Lac Ontario qui s'écoule par la Riviere des Iroquois dans le Fleuve de St. Laurent [c]. Le circuit du Lac des Hurons est de sept cens lieues pour deux cens de longueur, mais sa largeur est inégale. Il contient à l'Ouest plusieurs Isles assez grandes, du côté de son embouchure, & on le peut naviger par tout. Entre ce Lac, & celui des Illinois, on trouve un détroit qui se décharge dans celui-ci, & qui a une grande lieue de large & trois de long. Il court à l'Ouest-Nord-Ouest. Il y a un détroit ou Canal entre le Lac superieur qui se décharge dans celui des Hurons, & ce Canal a quinze lieues de longueur & cinq d'ouverture. Plusieurs Isles l'entrecoupent, & il se retressit peu à peu jusqu'au Saut de Sainte Marie. C'est un rapide rempli de rochers, par lequel les eaux du Lac superieur qui sont très-abondantes, se déchargent & se précipitent d'une maniere fort violente. On ne laisse pas d'y monter du même côté en Canot, pourvû que l'on perche fortement, mais il est plus sûr de porter le Canot & les Marchandises que les Canadiens ménent pour les troquer avec les Sauvages, qui font au Nord de ce Lac superieur, à l'embouchure duquel est le Saut de Sainte Marie, appellé *Missilimakinak*. Il y a des Villages de Sauvages en ces deux endroits. Ceux qui sont établis à la pointe de terre de Missilimakinak sont Hurons. Ils ont leurs Villages entourés de Palissades de vingt-cinq pieds de hauteur, & sont alliez avec les Outtaoüatz pour s'opposer en commun à la force des Iroquois leurs plus mortels ennemis, qui ont defait la plus grande partie de leur Nation. Ils cultivent du bled d'Inde, dont ils vivent toute l'année, aussi bien que du poisson qu'ils prennent. Ils

[b] La même Carte.

[c] Corneille Dict. & Hennepin nouvelles découvertes dans l'Amerique Septentrionale. c. 19. & 21.

en assaisonnent leur Saganite, qui est une espece de bouillie qu'ils font avec de l'eau & de la farine de ce bled d'Inde. Ils pilent ordinairement ce bled dans une espece de mortier, qu'ils font d'un tronc d'Arbre creusé par le feu.

HURST [d], Château d'Angleterre au Comté de Hant, sur une Presqu'Isle qui n'est séparée de l'Isle de Wight que par un Canal d'un mille de largeur. Ce Château est remarquable pour avoir été la premiere prison de Charles I. Roi d'Angleterre.

[d] Baudrand Edit. 1705.

HUS, le PAYS DE HUS, ancien Pays où demeuroit Job [e]. On est fort partagé sur le lieu où étoit la terre de Hus. Cela vient de ce qu'il y a eu plusieurs hommes de ce nom, mentionnez dans l'Ecriture sainte, savoir Hus fils de Nachor [f]; Hus ou Us fils d'Aram [g] qui, à ce que l'on dit, peupla la Trachonite. Et Hus fils de Disan de la race d'Esaü demeura dans l'Idumée. Chacun d'eux peut avoir donné son nom à un Pays different. Ceux qui font descendre Job, de Nachor ou d'Aram cherchent la terre de Hus ailleurs que ceux qui croient qu'il descend d'Esaü. Mais, comme dit D. Calmet, il faut avouer que sur tout cela on n'a rien d'entierement certain. Ainsi sans entrer dans l'examen de toutes les raisons que l'on apporte pour tous ces divers sentimens, nous tenons, dit ce docte Benedictin [h], que le vrai Pays de Hus où demeuroit Job étoit dans l'Idumée, à l'Orient du Jourdain, & du Pays de Galaad, aux environs de la Ville de Bosra dans une Province qui est connue des Anciens sous le nom d'Ausitide. Nous croions, poursuit-il, que c'est le même Pays que Jeremie appelle la Terre de Hus & qu'il met dans l'Idumée [i]. *Gaude & lætare, filia Edom, quæ habitas in terra Hus.*

[e] Job. c. 1.
[f] Genes. c. 22. v. 21.
[g] Ibid. c. 10. v. 23. &
Paral. l. 1. c. 1. v. 17.
[h] Voyez son Comment. sur Job. p. 2, 3. & 4.
[i] Thren. c. 4. v. 21.

HUSATH ou HUSATI, lieu d'Asie dans la Palestine. C'étoit la Patrie de Sobochai l'un des braves de l'Armée de David.

HUSINGO. Voyez HUNSINGO.

HUSNI KEÏFA, ou HASNI KEIFA, aujourd'hui par corruption HASAN KEIF; Ville d'Asie dans la Mesopotamie sur le bord du Tigre entre Amid & Moussel, auprès de Merdin.

HUSUM, Ville de Danemarck dans la partie Meridionale du Sleswig, au Bailliage de Husum dont elle est le Chef-lieu [k]; Elle est située à environ un mille & demi de la petite Riviere de l'Ow: les Geographes du Pays lui donnent 42. d. 33'. de Longitude sur 54. d. 22'. de Latitude; à quatre milles de Sleswig, à cinq de Flensbourg, à six de Tundern, à huit d'Apenrade, à dix de Ripen, à un de Friderichstadt, à deux de Tonningen, à cinq de Rensbourg, à seize de Hambourg, à dix-sept ou dix-huit de Lubeck. Il y a un Port où entrent de petites barques; & comme le Terroir des environs est plein de bons pâturages, on tient toutes les semaines un marché pour les bestiaux & on a remarqué qu'en temps de guerre il s'y est vendu jusqu'à quatre mille Chevaux en un an. On y trouve une grande quantité d'huitres que l'on pêche dans les Golphes du Couchant. Cette Ville n'est pas ancienne. La premiere fois que l'Histoire en fait mention c'est à l'occasion du malheur qu'elle

[k] Hermanid. Dan. descript. p. 894. & seq.

qu'elle eut en 1410. d'être pillée par Magnus Munck Amiral d'Eric Roi de Dannemarck qui fut dès le lendemain battu & tué par Adolphe Comte de Schaubourg & par les Frisons. Quatre ans après Husum fut encore saccagé par les Frisons. Ce n'étoit alors qu'un Village ou tout au plus un Bourg qui relevoit de la Paroisse de Milsted. Il s'en détacha en 1448. & bâtit pour soi une Chapelle qui devint une Paroisse particuliere. Vers l'an 1500. ce lieu commença de devenir florissant il s'en forma une Ville si riche & si puissante qu'en 1550. on commença d'y bâtir la belle Eglise qui passe à bon droit pour une des plus magnifiques de ces Cantons. Entre les années 1500 & 1520. les Habitans d'Husum fournirent à leur Prince devenu Roi de Dannemarck, jusqu'à quarante Navires sans compter les moindres barques. Cette prosperité fut arrêtée par deux incendies l'un en 1540. & l'autre en 1547. Ces deux malheurs réduisirent les Habitans à n'avoir plus d'autre Commerce, que celui du Maltz, c'est-à-dire d'une orge sechée au feu pour faire de la biere dont ils envoyoient tous les ans une quantité incroyable à Embden. Mais les Habitans de cette derniere Ville s'étant brouillés avec un Comte, gendre d'Adolphe Duc de Holstein, ce Duc crut se mortifier beaucoup en défendant à ses Sujets d'Husum de porter davantage de cet orge à Embden. Ceux-ci apprirent à se preparer eux-mêmes, & se passerent de celui de Husum qui perdit par là la seule ressource qui lui restoit. Le sejour que les Troupes Imperiales y firent en 1627. 28 & 29. épuisa les Bourgeois, ils commençoient à peine à se relever de ces malheurs, quand l'inondation de l'Isle de Nordstrand & des autres lieux voisins leur causa des pertes encore plus grandes en 1634. L'année suivante arriva l'invasion des Suedois, qui dura jusqu'à la Paix. Cette ville souffrit encore beaucoup en 1657. &. 58. & 59. & encore durant la derniere guerre des Suedois & des Danois. Ces derniers s'en font emparez & l'ont conservée avec tout le Sleswig. La grande Eglise est desservie par un *Superintendant* espece d'Evêque Lutherien & deux Pasteurs de la même Communion. La Citadelle a été bâtie par le Duc Adolphe au lieu où étoit autrefois un Monastere; elle est de l'an 1582. Il y a une belle Chapelle où l'on fait le Service divin, selon la Confession d'Augsbourg. Il y a aussi à Husum un Hôpital qui étoit ci-devant un Couvent.

Le Bailliage de Husum n'a que trois lieues de long & deux de large [a]. Il est borné au Couchant par l'Isle de Nordstrand & par la Riviere de Hever, au Nord par le Bailliage de Flensbourg, au Levant par celui de Gortorp & au Midi par le petit Canton de Stapelholm, & par Schwarsted, Eydersted & Lundenbourg; c'est un Pays partie enfoncé, & commode pour les pâturages, en partie aussi élevé & bon pour les bleds. Il y a aussi quelques bois & des bruyeres. Il comprend sept Paroisses, outre quelques biens qui appartiennent à la Noblesse du Pays.

HUSZ ou Huss, petite Ville de Moldavie sur la Riviere de Pruth aux confins de la Bessarabie, à six lieues au-dessus de Falesin [b]. On la prend

[a] Ibid.

[b] Baudrand Edit. 1705.

pour l'ancienne ZUDIDAVA Ville de la Dacie.

1. HUY. Voyez Hui.

2. HUY petite Riviere des Pays-Bas au Pays de Liége, où elle traverse le Condros, passe à Havelang, g. à Claviere, g. à Hoyoul, g. aux trois Maisons, d. à Marson, & se perd dans la Meuse à Huy.

HUYRON [c], Abbaye d'hommes en Champagne du Diocése de Chaalons Province de France. Elle est de l'Ordre de S. Benoît, de la Congregation de S. Vanne; & est située à une lieue de Vitry le François, sur le sommet d'une petite montagne qui en rend la vûe fort agréable. Les guerres & les foibles commencemens de ce Monastere nous ont ôté la connoissance de son origine & de son progrès jusqu'au tems de Roger III. du nom, Evêque de Chaalons qui succeda à Roger II. décédé en 1062., il choisit quelques Religieux de cet Ordre, ausquels il confia le soin Pastoral de tous les Habitans des Villages des Vallées qui environnent cette Montagne. Il dédia l'Eglise de ce Monastere sous le nom de S. Martin Evêque de Tours. Le fruit que firent ces Religieux sous la conduite de leur Superieur fut si grand & si prompt, que cette petite contrée devint bien-tôt l'exemple de tous les lieux circonvoisins; mais comme il est difficile d'être en même tems dans la retraite, & dans le tumulte des affaires du monde, ces Religieux engagés à la vie solitaire par l'observance de leur regle, s'addresserent à Goffridus ou Godefroi I. du nom, cinquante-unieme Evêque de Chaalons, environ l'an 1131. pour lui demander un Abbé, & les décharger du soin des ames, que Roger III. avoit commises à leur vigilance, comme contraire à leur état. Ce Prélat accorda à leurs instantes prieres plusieurs fois reïterées l'effet de leur demande. Il leur donna pour Abbé Evermarus, qui gouverna ce Monastere avec toute la pieté possible & une économie admirable pour le temporel. Son administration commença en 1134. Ce Prélat chargea néanmoins cet Abbé de veiller sur les Paroissiens de ces lieux, & voulut que la Paroisse fût construite tout joignant l'Abbaye, & sous le même toit que son Eglise de laquelle elle dépendoit, & seroit servie par les Religieux qui auroient toute Jurisdiction, sans être obligé de suivre les Loix prescrites aux autres Paroisses du Diocése. Ce fut du tems que les Religieux d'Huyron étoient encore chargés de la conduite des ames environ l'an 1078. que ses premiers & principaux fondateurs lui donnerent la plus grande partie des biens que cette Abbaye possedoit. Guy à la Barbe, dit en la Chartre de la fondation de cette Abbaye *Guido ad Barbam*, Hugues son Frere, & Egelinde leur Sœur, lui donnerent tout ce qu'ils possedoient en quatre Villages qui formoient la Vallée d'Huyron, dont ils étoient Seigneurs. Ils choisirent leur sepulture en l'Eglise de cette Abbaye, dans laquelle on voit une tombe de pierre de liais près du grand Autel qui est le seul monument qui reste du débris de tant d'autres que les guerres & peut-être le peu d'attention ont ravis à la posterité. L'abus de supprimer les tombeaux des morts n'est que trop fréquent: cela peut être permis lorsqu'il s'agit

[c] Baugier Memoires Hist. de la Champagne. T. 2. pagne. p. 149.

de

de faire quelque décoration importante dans une Eglise : mais il semble qu'on doit dans ces occasions transferer ces tombeaux en d'autres endroits des mêmes Eglises, pour ne pas en effacer la mémoire : ce qui sert souvent aux Historiens pour la Chronologie. Le Roi S. Louis fit placer les tombeaux de plusieurs Rois ses Prédécesseurs les uns auprès des autres des deux côtez dans le Chœur de l'Abbaye de S. Denis. On trouve encore parmi les anciens Memoires de l'Abbaye d'Huyron l'epitaphe de Guy à la Barbe qui suit,

Dicere formido de te nimis, inclyte Guido,
Vel quanti generis, vel quis homo fueris.
Monstrat in exemplum tamen hoc venerabile
  Templum,
Qua tua nobilitas, qua fuit & pietas.
Hoc tu fundasti, multisque opibus decorasti,
Unde Deus requiem det tibi perpetuam.
Qui legit hac dicat, in pace Guido quiescat,
Si tibi vita quies, quo sine nocte dies.

Entre les bienfaiteurs de cette Abbaye on reconnoit, 1. les Comtes de Champagne, 2. les Rois de France, 3. les Comtes de Bar, les Seigneurs d'Arziliers, de Saint Cheron, de Châtelroux, de Ville Mahieux, de Grandpré, de Rams, de Dampierre, & autres, & même Henri d'Angleterre, plusieurs desquels choisirent leur sepulture en ce lieu; mais il ne reste aucune marque de leurs tombeaux, dont on pourroit trouver des vestiges en creusant la terre, on trouveroit apparemment des pierres creuses couvertes d'autres toutes plattes qui enfermeroient les cendres de ces illustres bienfaiteurs; comme il est arrivé souvent d'en trouver en plusieurs Eglises. Nous avons vû de ces pierres creuses en différens endroits qu'on a tirées pour en faire du pavé lorsqu'elles étoient rompuës, ou pour servir de pierres à puits dans les Jardins lorsqu'elles n'étoient pas endommagées, à la honte de la veneration qu'on doit avoir pour les tombeaux des morts. Roger III. du nom, Evêque de Chaalons, dont nous venons de parler, donna des biens considerables à cette Abbaye, & lui acorda de beaux Privileges, & entr'autres le droit de présentation à plusieurs Cures de son Diocèse. Les Papes ont accordé des Privileges distingués à cette Abbaye & particulierement Urbain III. par une Bulle de l'an 1184. il y avoit autrefois un grand nombre de reliques: mais les châsses & reliquaires ayant été rompus pendant les guerres, plusieurs de ces reliques furent confonduës avec d'autres ossemens de morts; il en reste neanmoins encore quelques-unes. En 1536. cette Abbaye fut donnée en commende ce qui dura jusqu'en 1609. qu'elle fut donnée à un Religieux de Montieramey par Arrêt du Grand Conseil & en 1665. le Roi la donna en commende à l'Abbé du Mets, qui y mit les Religieux reformés de la Congregation de S. Vanne.

HUYS-te BRETTEN ou BRITTEN. Voyez BRITTIA, & ARMAMENTARIUM.

H Y.

HYAEA, Ville de Grece au Pays des Locres Ozoles, selon Etienne. Thucydide en fait aussi mention [a]. [a] l. 3.
HYAELA. Voyez HYELA.
HYALÆI, Ταλαῖοι, Peuple ou famille de Sicile. Il en est parlé dans la 148. Epître de Phalaris.
HYAMAN. Voyez YEMEN.
HYAMIA, Ville du Peloponnese dans la Messenie, selon Etienne le Geographe.
HYAMIUM, Ville Troyenne, selon le même. Je ne sais s'il veut dire Ville de la Troade ou Ville bâtie par les Troyens dans un autre Pays.
HYAMPEUS VERTEX, c'est-à-dire le sommet d'Hyampé. Herodote [b] nomme ainsi une Montagne qu'Ortelius [c] juge avoir été dans la Phocide & peut-être l'une des cimes du Parnasse, il paroît par le témoignage de Plutarque [d] qu'elle étoit près de Delphes.
 [b] l. 8. c. 39.
 [c] Thesaur.
 [d] De Tarda Dei Vindicta.
HYAMPOLIS, Ville de Grece dans la Phocide. Elle étoit située dans le defilé par où l'on passoit de Thessalie & de la Locride Epicnemidienne dans la Phocide [e]. Stace [f] marque sa situation sur un écueil escarpé.
 [e] Herodot. l. 8. c. 28.
 [f] Thebaid. l. 7. v. 345.

& Hyampolin acri
Subnixam scopulo.

Et Pausanias [g] dit : le chemin qui est sur la Montagne à la droite d'Elatée conduit à Abæ & à Hyampolis.
 [g] Phocic. c. 35.
HYANTES, ancien Peuple de Grece près d'Alalcomene dans la Beotie, selon Etienne le Geographe.
HYANTIA, Ville de Grece dans la Locride, selon le même, dans le Pays des Locres Ozoles, selon Plutarque [h].
 [h] Quæst. Græc.
HYASIS. Voyez OASIS.
HYBA, Bourg de Grece dans l'Attique, selon Etienne [i]. Mr. Spon dit HYBADÆ. Il étoit de la Tribu Léontide; & l'habitant étoit nommé HYBADES ou HYBADÆUS, comme il paroît par deux Inscriptions rapportées par ce Voyageur. Mais selon Etienne HYBODÆ est le nom des Habitans.
 [i] Liste de l'Attique. p. 392.
HYBANDA; Pline [k] parlant des Lieux que la Mer usurpe ou qu'elle abandonne met entre les exemples HYBANDA, autrefois Isle de la côte d'Ionie & dit que de son temps, elle étoit à deux cents stades de la Mer. Ce qui revient à vingt-cinq mille pas, ou cinq grands milles d'Allemagne.
 [k] l. 2. c. 39.
HYBELE, Ville au voisinage de Carchedon, selon Etienne qui cite Hécatée; Ortelius croit qu'elle étoit en Armenie. Ce qui l'a trompé c'est que dans Etienne on cite l'Asie d'Hécatée. C'est une faute que Berkelius a bien apperçue, il faloit citer la Libye de cet Auteur. Les Copistes ont aisément changé Λιβύη en Ασία. D'ailleurs *Carchedon* est Carthage, & Hybele qui en étoit voisine ne pouvoit être dans l'Armenie.
HYBERIA. Voyez IBERIA.
HYBLA, Ville de Sicile. Il y en avoit trois de ce nom, selon Etienne le Geographe qui

qui les distingue par les surnoms de GRANDE, MOINDRE, & PETITE.

1. HYBLA Major, ou HYBLA LA GRANDE, Ville de Sicile, assez près & au Midi du Mont Etna. Pausanias [a] qui n'a connu que deux Villes d'Hybla dit que l'une est surnommée la grande; & Paruta fournit une Medaille où il est fait mention de ΥΒΛΑΣ. Cette Ville formoit un triangle avec Catane & *Murgentium*; dans le milieu duquel étoit une plaine nommée CAMPUS PIORUM. Cette HYBLA étoit dans les terres, vers l'endroit où est la Baronie nommée LA MOTTA DI SANTA ANASTASIA, selon Mr. de l'Isle. Pausanias [b] dit qu'elle étoit dans le Territoire de Catane & entierement dépeuplée. Elle ne subsiste plus.

[a] Eliac. l. 1. c. 23.
[b] Ibid.

2. HYBLA MINOR ou MINIMA, ou HYBLA LA MOINDRE c'est-à-dire LA PLUS PETITE. On la nommoit aussi HERÆA. Ville de Sicile dans sa partie Meridionale dans les Terres. C'est de celle-là qu'il est question dans l'Itineraire d'Antonin où elle est mise sur la route d'Agrigente à Syracuse.

Agrigentum,		
Calvisiana,	XL.	M. P.
Hyblam,	XXIV.	M. P.
Acras,	XVIII.	M. P.
Syracusa.	XXIV.	M. P.

Dans un autre lieu de l'Itineraire elle est nommée *Plagereo sive Cymba* par la corruption que les Copistes ont faite de *Plaga Hæreæ sive Hyblæ*. Cluvier met cette Hybla à RAGUSA: en comparant les deux Siciles de Mr. de l'Isle, les ruines de cette Ville doivent se trouver entre la Vittoria & Chiaramonte.

3. HYBLA PARVA, ou HYBLA LA PETITE Ville maritime de Sicile sur sa côte Orientale. On la nommoit aussi GALEOTIS & plus souvent MEGARE. De là vient que le Golphe au Midi duquel elle étoit située prenoit le nom de MEGARENSIS SINUS; on le nommoit aussi *Xiphonius* à cause de *Xiphonia* Ville dont Augusta a pris la place. Quelques-uns ont cru que c'étoit presentement MILILLI; mais cette Baronie est plus éloignée de la Mer qu'Hybla qui étoit sur le rivage; ses ruines sont entre deux Ruisseaux, savoir *Cantaro Fiume*, & *Fiume San Cosmano*.

§. Une de ces trois Hybla étoit aussi nommée TIELLA. Etienne le Geographe le dit, mais il ne determine point laquelle.

4. HYBLA Ville d'Italie, selon le même.
5. HYBLA, lieu de Grece dans l'Attique, selon Servius [c], expliquant ce vers de Virgile,

[c] Eclog. 1. v. 55.

Hyblais apibus florem depasta saliēti.

Il fait cette Remarque : *Hybla*, dit-il, ou Hyblé petite Ville de Sicile presentement appellée *Megare*; ou bien c'est un lieu de l'Attique, où l'on recueille le meilleur miel. *Locus in Attica ubi optimum mel nascitur.* Le P. de la Rue dit sur ce même vers que l'Hybla de Virgile est une Ville de Sicile située près d'une Montagne & que ce lieu étoit remarquable à cause de l'excellent miel que l'on y amassoit.

HYB. HYC. HYD.

HYBRISTES, Riviere d'Asie entre le Caucase & le Peuple Chalybes. Eschyle en fait mention dans une de ses Tragedies, [d] Ὑβρίστης. Ortelius croit que c'est moins le nom d'une Riviere qu'une Epithete donnée à l'Araxe.

[d] In Prometheo.

HYBRIANES, Ὑβριάνες, Peuple vers la Thrace. Ils étoient fort inquietez par les Scordisques, selon Strabon [e]. Mais Casaubon veut qu'au lieu de *Hybrianes* on lise AGRIANES.

[e] l. 7. p. 318.

HYCCARA, ancienne Ville de Sicile. Ce nom est au pluriel, & fait le genitif HYCCARORUM. Elle étoit petite & maritime sur la côte Septentrionale, & ses ruines sont aujourd'hui nommées MURO DI CARINI. Antonin [f] la met entre *Parthenicum* & *Palerme*, sur la route de Lilybée à Tyndaride, à huit milles de la premiere & à seize de la seconde. Etienne le Geographe la nomme HYCCARON, HYCCARUM & cite Philiste, il dit aussi HYCCARA, & c'est de ce dernier que se sont servis Thucydide [h], Diodore de Sicile [i] & Plutarque [j]. Quelques-uns ont voulu distinguer *Hyccara* & *Hyccarum* comme si c'étoient deux Villes differentes. Synesius dit [k] que la fameuse Laïs Courtisane, étoit une esclave d'*Hyccara* qui ayant été achetée en Sicile avoit été emmenée & prostituée en Grece. Plutarque dit de même [m] qu'après le depart d'Alcibiade . . . . . Nicias se retira à Catane sans avoir fait d'autre exploit que de ruiner Hyccara petit Bourg des Barbares d'où l'on dit qu'étoit la Courtisane Laïs qui fort jeune encore alors, fut vendue parmi les autres prisonniers & menée dans le Peloponnese. Il dit encore, en parlant de la mort d'Alcibiade assassiné par les Barbares, Timandre sa maitresse ayant ramassé son corps, & l'ayant envelopé & couvert des plus belles robbes qu'elle eût elle lui fit des funerailles aussi magnifiques que l'état de sa fortune presente le permettoit. Plutarque ajoute: On pretend que Laïs cette celebre Courtisane qu'on appelloit la Corinthienne étoit fille de cette Timandre; mais qu'elle avoit été faite esclave dans Hyccara petite Ville maritime de la Sicile. Mr. Corneille dit que cette Ville étoit le Siége d'un Evêché du temps de St. Gregoire le Grand. Je ne sais d'où il tient cette remarque, mais ce Siége ne se trouve point dans les Notices que je connois.

[f] Itiner.
[g] l. 6.
[h] l. 13. c. 6.
[i] In Nicia, Alcibiade, &c.
[k] Corn. Dict.
[l] Epist. 3.
[m] In Nicia.

HYDA, lieu d'Asie dont parle Homere [n] Strabon [o] raportant ces trois vers de l'Iliade Mesthles & Antiphus fils de Pylæmenes & des deux plus vaillans Capitaines que le marais Gygée avoit portez, commandoient les Meoniens qui habitoient au pied du Mont Tmolus; Strabon, dis-je, poursuit ainsi: quelques-uns y ajoutent ce quatriéme vers: dans les Villages, de la fertile Hyda sous les roches du Tmolus Montagne couverte de neige. Cependant, comme l'observe le Geographe, il n'y a point d'Hyda dans la Lydie. D'autres disent que ce fut la patrie de Tychius dont Homere dit [p]: il étoit habitant d'Hyda. (Mad. Dacier lit la Ville d'HYLE.) Ils ajoutent, continue Strabon, que c'est un lieu couvert de forêts, & souvent frapé de la foudre & y placent les Arimes, suivant ce que dit Homere [q]. Derniere les Arimes, où l'on dit que Typhée a son lit, ils ajoutent: vers les Chênes de la fertile Hyda.

[n] Iliad. l. 2. v. 864.
[o] l. 13. p. 626.
[p] l. 7. v. 221.
[q] Iliad. l. 2. v. 783.

HYD.

Hyda. Strabon poursuit ainsi : quelques-uns mettent cette fable (de Typhœe) dans la Cilicie, d'autres, dans la Syrie : quelques-uns disent que Hyda est la Ville de Sardes, d'autres que c'en est la Citadelle. Voyez HYDE.

HYDARA, place forte de la grande Arménie, selon Strabon [a]. C'étoit une des LXXV. Forteresses que Mithridate Eupator avoit fait élever.

HYDARCÆ, ancien Peuple des Indes, selon Etienne le Geographe. Ils tinrent tête à Bacchus dans sa conquête des Indes, comme le rapporte Denys au troisiéme livre des Bassariques.

1. HYDASPES, les Septante nomment ainsi un Fleuve voisin du Tigre & de l'Euphrate [b], dans le premier Chapitre du Livre de Judith. St. Jérôme le nomme IADASON.

2. HYDASPE, grande Riviere des Indes. Strabon dit [c] qu'Alexandre coupa des Sapins & des Cedres dans une forêt sur les monts Emodes, & en bâtit une Flotte sur le Fleuve Hydaspe. Arrien [d] dit que l'Hydaspe reçoit le Sinare, & qu'il se perd lui-même dans l'Acésine avec lequel il va tomber dans l'Indus.

3. HYDASPE, Riviere d'Ethiopie, vis-à-vis de l'Isle de Meroé, selon le Philosophe Sextus [e].

§. Le premier de ces trois *Hydaspes*, doit être celui dont parle Quinte-Curse [f] & qui coule aux environs de la Ville de Suse. Mais dans cet Auteur, où Ortelius lisoit Hydaspe les Editions modernes lisent *Choaspe*. C'est de celui-là que Vaugelas dit que son eau étoit célèbre pour être exquise & délicieuse à boire. Virgile met l'Hydaspe dans la Medie.

Nec Populi Parthorum aut Medus Hydaspes [g].

Le Pére de la Rue semble croire que c'est le même Fleuve que quelques-uns ont mis dans la Medie, d'autres dans les Indes, faute de sçavoir où il étoit veritablement. Il explique même le *Fabulosus Hydaspes* d'Horace comme si cette Epithète vouloit dire que c'est un Fleuve dont on ne débite que des Fables. Ce n'est point cela. Le P. Catrou dit beaucoup mieux. L'Hydaspe (dont parle Virgile) étoit un Fleuve de Perse, pas éloigné de la Ville de Suse l'une des Capitales. Il ne faut pas confondre ce Fleuve Hydaspe avec un autre de même nom qui fut dans les Indes le terme des conquêtes d'Alexandre. Quant aux vers d'Horace [b], les voici.

*Sive per Syrtes iter æstuosas,
Sive facturus per inhospitalem,
Caucasum vel qua loca fabulosus
Lambit Hydaspes.*

Le mot *Fabulosus* ne signifie pas ici un Fleuve imaginaire, puis qu'il y avoit plusieurs Hydaspes ; mais *célèbre, renommé, fameux*, dont on a beaucoup parlé dans les Histoires. Mr. Dacier ne s'y est pas trompé.

HYDASPIENS, Peuple des Indes, selon Justin [i]. Au lieu d'*Hydaspii*, quelques Critiques lisent ADASPII. Si la premiere leçon est bonne, ce Peuple prenoit son nom de l'Hy-

daspe, & ce nom marque sa position sur les bords de ce Fleuve.

HYDATA, mot Grec qui répond au Latin AQUÆ.

HYDE, Ville de la Lydie, selon Etienne le Geographe, qui dit que c'est où demeuroit Omphale Reine des Lydiens & fille de Jordain, comme le dit Apollonius au quatriéme Livre de l'Histoire de Carie ; mais, poursuit cet Auteur, Léandre surnommé Nicanor la nomme SARDES. Voyez HYDA.

HYDESTINATUS, Isle adjacente à celle de la Grande-Bretagne dont elle est separée par un petit Détroit, vers le Pays des Pictes ; c'est-à-dire vers l'Ecosse, selon Bede cité par Ortelius [k].

HYDIA. Voyez HYDRA Ville de Sicile.

HYDISSUS, Ville de la Carie, selon Etienne le Geographe. Elle est nommée HYDISSA par Ptolomée [l] ; & designée dans Pline par le nom de ses Habitans HYDISSENSES [m]. Elle étoit dans les terres.

1. HYDRA, Isle d'Afrique au voisinage de Carthage, selon Etienne le Geographe. Ptolomée nomme HYDRAS, une Isle de [n] cette Côte, mais beaucoup plus à l'Occident en Numidie ; près du Promontoire *Tritum* ; ainsi ce ne peut être la même Isle si Etienne ne s'est point trompé.

2. HYDRA, ou HYDRÆ PROMONTORIUM, Cap de l'Asie mineure dans l'Æolide, à l'entrée du Golphe de Phocée ; aux confins de l'Ionie, selon Strabon [o] & Ptolomée. Le premier dit que ce Cap forme le Golphe Elaitique.

3. HYDRA, marais de Grece dans l'Etolie. Strabon dit [p] : dans le voisinage de Pleuron & de l'Aracynthe étoit Lysimachie. Ville détruite au bord du marais nommé présentement LYSIMACHIE & autrefois HYDRA.

4. HYDRA, petite Isle de Grece dans la Thessalie au Pays des Dolopes & apparemment dans le Penée, selon Favorin [q].

5. HYDRA, [r] Palæphate voulant expliquer historiquement ce que c'étoit que l'Hydre dont Hercule fut vainqueur, parle d'une petite Ville nommée Hydra défendue par Lernus petit Roi de ce temps-là & qu'Hercule subjugua. Ortelius [s] le soupçonne d'avoir entassé fable sur fable.

HYDRACA, Village d'Afrique dans la Pentapole, selon Synesius [t].

HYDRACÆ, ou

HYDRACES, ancien Peuple des Indes. Strabon dit [v] qu'ils furent appellez en Perse, comme Troupes auxiliaires.

HYDRALIS, petite Riviere de Thrace auprès de Constantinople [w]. Nicetas dit qu'elle se perd dans le Barbyse & Pierre Gylle dit qu'on l'appelle BELGRADO du nom d'un lieu où elle passe.

HYDRAMIA, Ville de l'Isle de Crete, selon Etienne le Geographe.

HYDRAOTÆ, contrée des Indes, selon Philostrate [x].

HYDRAOTES & HYDRAOTIS, Fleuve des Indes & l'un de ceux qui se perdent dans l'Acésine. Strabon le nomme HYAROTIS ; Vaugelas de même, quoi que l'Edition

HYD.

tion Latine de Quinte-Curse [a] que j'ai porté *Hydraotes*. Il paroit que c'est la même Riviere que l'ADRIS de Ptolomée [b]. Arrien [c] dit; L'*Hydraotes* tombe dans l'Indus au Pays des Cambistholes; il reçoit l'HYPHASIS, chez les ASTROBES; le SARANGE chez les MECBIENS; le NEUDRE chez les ATTACENES & se perd dans l'ACESINE. Ainsi il ne tombe pas immediatement dans l'Indus.

HYDRAS, Isle de la Mediterranée sur la Côte d'Afrique dans la Numidie, selon Ptolomée [d].

HYDRAX, Bourg d'Afrique dans la Pentapole, selon Ptolomée [e]. C'est le Village nommé *Hydraca* par Synesius.

HYDREA, ou Huidrea, petite Isle de l'Archipel sur la côte du Peloponnese auprès de Troezéne, selon Etienne le Geographe & Pausanias [f].

HYDRELA, Ville de Caries on la nomma ensuite NISA, selon Strabon [g]. Tite-Live parle du Territoire de cette Ville & dit qu'il s'étendoit vers la Phrygie [h].

HYDREUM. Voyez l'Article qui suit.

HYDREUMA. Pline met neuf divers Lieux de ce nom dans l'Ethiopie sous l'Egypte, au raport d'Ortelius; mais le premier est *Hydrium* dans les manuscrits comme le R. P. Hardouin en avertit. Ce mot signifie un lieu où l'on prend de l'eau; en Latin *Locus aquationis*, le lieu de l'Aiguade, ou l'Abreuvoir. J'en trouve dans Pline dont voici le passage. *A Copto Camelis itur aquationum ratione, mansionibus dispositis. Prima appellatur Hydreum XXXII. Mill. Secunda in Monte diei itinere. Tertia in altero Hydreumate a Copto XCV. Mill. deinde in Monte; mox ad Hydreum Apollinis, a Copto CLXXXIV. Mill. rursus in Monte. Mox ad novum Hydreum, a Copto CCXXXIII. Mill. pass. Est & aliud Hydreum vetus, Troglodyticum nominatur ubi præsidium excubat diverticulo duûm millium; distat à novo Hydreumate IV. Mill. pass. inde Berenice Oppidum &c.* C'est-à-dire : ,, De Coptos ,, on fait le chemin sur des Chameaux, & les ,, traites sont plus ou moins grandes, parce ,, qu'on se regle sur la commodité d'avoir de ,, l'eau. Le premier lieu où l'on fait alte ,, s'appelle *Hydreum* à 32. milles de Coptos. ,, Le second à une Montagne à une journée ,, de chemin delà; le troisiéme au second *Hy-* ,, *dreuma*, ou à la seconde Aiguade à 95. ,, milles de Coptos, ensuite à une Montagne; ,, puis à *Hydreum Apollinis* ou à l'Aiguade ,, d'Apollon à 184. Milles de Coptos; delà ,, à une Montagne, puis au nouvel *Hydreum*, ,, ou à la nouvelle Aiguade à 233. Milles de ,, Coptos. Il y a une autre Hydreum surnommée la vieille ou Troglodytique, où est ,, un corps de garde à deux milles de la route ,, ordinaire & cette *Hydreum* est à quatre mil- ,, les de la nouvelle Aiguade, delà on arrive ,, à Berenice, où est un port de la Mer Rou- ,, ge''. On voit par ce passage que Pline se sert indifferemment d'*Hydreum* & *Hydreuma*, pour signifier ces lieux où l'on s'arrêtoit à cause que l'on y trouvoit de l'eau tant pour les hommes que pour les Chameaux. Pinet rend ce mot par *Logis d'eau*. Cette nouvelle *Hydreum* est nommée par Antonin CENON

HYD.

YDREUMA & il appelle l'*Hydreum Apollinis* simplement APOLLONOS.

HYDRIA, Isle de la Mer Adriatique, selon Pomponius Mela [i], qui la nomme auprès des Electrides.

HYDRIACUS, Riviere de la Carmanie, selon Ptolomée [k]. Quelques exemplaires portent CAUDRIACUS; mais Ammien Marcellin [l] est pour le premier.

HYDRIAS, Contrée de l'Asie mineure aux environs du Fleuve Marsyas, selon Herodote [m], qui dit qu'il en vient & tombe dans le Méandre.

HYDRUNTUM, ou HYDRUS, genitif HYDRUNTIS; Ville maritime de la grande Grece d'où l'on passoit en Grece. Les Grecs la nommoient Ὑδροῦς; Lucain [n] a dit de même.

Et cunctas revocare rates, quas avius Hydrus,
Antiquusque Taras, secretaque Littora Leuca, &c.

Il faut sousentendre *recipiunt*. Ciceron [o] partant de la Ville de Cassiope dit : nous avions un vent fort doux, & le plus beau temps du monde, nous mîmes cette nuit & le jour suivant à gagner en nous jouant l'Italie où nous abordâmes à Hydrunte. Cette Ville est nommée ODRONTO, dans l'Itineraire de Bourdeaux à Jerusalem. Le nom moderne est OTRANTE.

HYDRUS MONS, Montagne ou Cap d'Italie près de la Ville d'Otrante, selon Pomponius Mela [p].

HYDRUSA, Isle de Grece sur la côte de l'Attique, devant les Æxonies, selon Strabon [q].

1. HYDRUSSA; Callimaque nomme ainsi l'Isle d'Andros, au raport d'Ortelius [r], ou plutôt au raport du même Pline dont il ne fait que redire les paroles [s].

2. HYDRUSSA; Pline dit [t] que les Grecs nommoient ainsi l'Isle de CE'os.

3. HYDRUSSA; Aristote au raport du même Pline [v], nomme ainsi l'Isle de TINE autrefois TENOS.

§. Ce nom ne signifie que l'abondance des eaux, dont ces Isles étoient arrosées.

1. HYELA, Riviere d'Asie dans la Bithynie. Voyez HYLA.

2. HYELA, ou HYÆLA Ville de l'Arabie heureuse, selon Ptolomée [w].

3. HYELA, Ville de la grande Grece, l'Oenotrie, selon Herodote [x]. Ceux des Phocéens, dit-il, qui s'étoient refugiez à Rhegium s'avancerent plus loin & possederent dans l'Oenotrie une Ville que l'on nomme presentement HYELA. Mr. Baudrand dit après Gabriel Barri que c'est presentement BONFATTI dans la Calabre Citerieure près de la Mer de Toscane au Royaume de Naples.

HYELLA, Ville maritime de la grande Grece dans la Lucanie, selon Strabon [y]. Voyez Velia.

HYELIUM, Ville d'Asie dans la Phrygie sur le Méandre, selon Nicetas cité par Ortelius [z].

1. HYETTOS, Village de la Bœotie. Ori le nommoit aussi ASPLEDON, selon Etienne le Geographe.

2. HYET-

HYE. HYG. HYL. HYL.   HYL.   213

2. HYETTOS, Fontaine & Montagne de la Carie.

3. HYETTOS, auprès de Milet, selon le Scholiaste de Theocrite. Mais il écrit ce nom par un simple T.

HYETUSSA, Isle sur la côte de Carie, selon Pline ª. Ce nom signifie *sujette aux pluyes.*

HYGASSUS, Ville de la Carie, selon Etienne le Géographe qui nomme aussi HYGASSIUS CAMPUS.

HYGENNENSES, ancien Peuple de l'Asie mineure, selon Herodote ᵇ qui le nomme avec les Mysiens, les Lydiens, les Alyzoniens & les Cabaliens.

HYGRIS, Ville de la Sarmatie en Europe, selon Ptolomée ᶜ. Villeneuve l'un de ses Commentateurs croit que c'est présentement SABARDI.

HYI, ancien Peuple de la Susiane, selon Pline ᵈ qui le range avec d'autres Peuples au dessus d'Élymaïde.

HYIDREA. Voyez HYDREA.

1. HYLA, Riviere de la Bithynie. Voyez HYLAS.

2. HYLA, Ville d'Asie dans la Carie. Le Schoenus l'entouroit de ses eaux, selon Pomponius Mela ᵉ.

3. HYLA, Lieu de l'Isle de Cypre, selon Lycophron cité par Ortelius.

HYLABI, ou HYLAMI, Ville de la Lycie, selon Etienne qui cite Alexandre le Polyhistor.

HYLACTES, HYSTRA, & TYRICHÆ. Avienus dit qu'il y avoit autrefois trois Villes nommées ainsi dans l'Espagne Tarragonoise ᶠ. Voici comme il en parle.

Fuere propter civitatet plurima
Quippe hic Hylactes, Hystra, Sarna, &
Nobiles
Tyricha stetere.

Elles ne subsistoient plus de son temps.

HYLACTUNTI, ancien Peuple d'Ethiopie, selon Philostrate ᵍ.

HYLÆA. Voyez HYLEA.

HYLÆI, Peuple de la Scythie, selon Pline ʰ. Il dit que l'Hypanis coule au travers des Nomades & des Hyléens; & qu'il se perd en partie dans le *Buges* par un Canal artificiel & dans le *Coretus*, par son lit naturel. Herodote fait mention de la Contrée de Hylée; & l'Auteur du Periple du Pont Euxin ⁱ, la met au delà du Borysthene vers l'Orient ᵏ. Pline parle d'une Contrée couverte de forêts qui donnoit le nom D'HYLÆUM MARE, à la Mer qui la baignoit.

HYLAMI. Voyez HYLABI.

HYLAS, Riviere, Fontaine & Lac d'Asie dans la Bithynie. La Riviere est nommée par Pline ˡ. Solin parle de la Riviere & du Lac qui baignoient la Ville de Prusiade ᵐ. Virgile fait mention de la Fontaine ⁿ.

HYLATÆ, Peuple de Syrie, selon Pline º.

1. HYLE, Ὕλη, ancienne Ville d'Italie. Voyez VELIA.

2. HYLE, Ville de Cypre, selon Etienne le Géographe; & Stace dans le septié-me Livre de la Thebaïde. C'est la même que l'*Hyla* de Lycophron.

3. HYLE, lieu des Locres Ozoles, selon Etienne le Géographe.

HYLEA Contrée du Pont, selon le même, il dit quelques-uns la nommoient ABICA Ἀβικη. Herodote la nomme Ὑλαίη. Par le *Pont* d'Etienne il ne faut pas entendre le Pays situé au Midi de la Mer noire, mais le Pont Euxin même. Ainsi cette HYLEA ne differe point du Pays dont les Habitans étoient nommez HYLÆI. Voyez ce mot.

HYLIAS, Riviere de la grande Grece. Thucydide ᵖ la fait couler dans le Territoire de Thurium & Barri dit que c'est présentement le TRIONTO.

HYLICA, Lac ou marais de Grece dans la Phocide, à l'Orient Meridional du Lac Copaïs, auquel il communiquoit par une coupure. Il prenoit ce nom d'une Ville nommée HYLA. Strabon parle de cette Ville ᵠ. Quant au Lac, on dit qu'il en disoit est gâté par des Lacunes. Wheler dans son Voyage en parle ainsi ʳ. Ce Lac s'appelle aujourd'hui τῆς Θήβας λίμνη, c'est-à-dire, le Lac de Thebes. Il est plus petit que celui de Copaïs & est environné de Montagnes. Il est separé de celui de Copaïs au Nord par le mont Cocino, & à l'Ouest par le mont PHOENICIUS, ou *Sphyngis*, entre lesquels les deux Lacs de Thebes & de Copaïs se communiquoient autrefois quoi que je n'aye pû trouver d'apparence qu'ils le fassent à présent. Le mont Ptoos est au Nord-est; le mont Hypatus, entre le Lac & Thebes, au Sud & au Sudest, à travers duquel il se fait chemin dans la Mer, au Nord de l'Euripe. Mais je ne puis dire si c'est absolument sur terre. On voit de cette Montagne comme les branches d'un Arbre dont le Canal qui coule à l'Est paroit comme la tige ou le tronc. Le Lac ne paroît pas plus long que large & il a plus de deux lieues de traverse. Il étoit alors presque tout couvert d'Oiseaux sauvages, & on dit qu'il n'est pas moins rempli de poisson quoi qu'on fasse une Histoire qu'il se seche tous les trente ou trente & un ans.

HYLIESSA. Voyez PAROS.

HYLIA. Voyez l'article qui suit.

HYLLAICUS ˢ, Port du Peloponnese. Thucydide en fait mention. Ortelius ᵗ dit qu'il ne devoit pas être loin de Messene. Voyez HYLLIS.

HYLLARIMA, Bourgade de la Carie, selon Etienne le Géographe. C'étoit la patrie du Philosophe Hierocles.

HYLLE,
HYLLI,   } Voyez HYLLIS.
HYLLICUS.

1. HYLLIS, Presqu'Isle que l'on appelloit aussi le Promontoire de Diomede; Cap de la Liburnie, sur la Mer Adriatique. Niger dit que c'est présentement CABO CISTA. Etienne le Géographe, & Eustathe disent qu'il y a vis-à-vis des Hylléens une Presqu'Isle pareille au Peloponnese & qui renferme quinze grandes Villes. Le même Etienne met entre les Illyriens un Peuple qu'il nomme Ὑλλεῖς, & cite le IV. Livre des Argonautiques d'Apollonius. Il fait aussi mention

Dd 3   d'a,

HYL.

d'une Ville nommée HYLLE sur la même garantie. Il ajoute ; au dessus du Peuple HILLI sont les Liburniens, & quelques Istriens appellez Thraces. Ortelius conjecture avec beaucoup de raison que cette Presqu'Isle n'est autre que L'ISTRIE. Apollonius connoit un port qu'il nomme HILLICUS PORTUS, mais il l'approche de Corfou, Thucydide nomme HYLLAICUS PORTUS.

2. HYLLIS, Village du Peloponnese dans l'Argie, selon Etienne le Géographe.

3. HYLLIS, Village de la Doride, selon le même.

4. HYLLIS, lieu de Grece dans la dependance de Trœzene, selon le même.

HYLLUALA, ou plutôt HYLLU-ALA, lieu de la Carie. On appella ainsi l'endroit où Hyllus étoit mort, on y bâtit une Chapelle à Apollon, & le Dieu & le Peuple en prirent le nom d'*Hyllu-Ala*. Le mot *Ala* dans la Langue des Cariens signifioit un Cheval, selon Etienne le Géographe. Son article est fort corrompu.

a Iliad.l.10. v.391.

HYLLUS [a], Riviere de l'Asie mineure, où elle tombe dans l'Hermus près de Philadelphie, dans la Lydie aux confins de la Phrygie. Homere lui donne le surnom de poissonneux.

Ὕλλου ἐπ᾽ ἰχθυόεντι.

b l.13.p. 626.

Strabon [b] dit que l'*Hyllus* & le *Paĉtole* tombent dans l'*Hermus*, & que ces trois Fleuves reçoivent quantité de Rivieres. Cela est

c l.5.c.29. conforme à ce que dit Pline [c] : que l'Hermus reçoit divers Fleuves, entre autres le Phryx qui donnant son nom à la Nation qu'il arrose la separe de la Carie ; l'Hyllus & le Cryos chargées déja des ruisseaux de la Phrygie, de la Mysie, & de la Lydie. Le PHRYX ici est le même que PHRYGIUS, c'est-à-dire, le Fleuve de Phrygie à laquelle il donne son nom & Pline le distingue ici de L'HYLLUS:

d l. 13. mais Strabon [d] dit bien expressément que l'Hyllus & le Phrygius sont deux noms d'une même Riviere.

HYLOBIENS, (LES) Voyez GERMANES.

HYLOGONES, (LES) c'est-à-dire, nez dans les forêts. Chasseurs d'Ethiopie, voi-

e l.3.c.25. sins des Hylophages. Diodore de Sicile [e] qui parle d'eux les decrit ainsi. Ils ne sont pas, dit-il, en grand nombre, mais leur maniere de vivre est singuliere, leur Pays ne nourrit aucuns animaux domestiques, & est très-mauvais, il a peu de sources, la peur qu'ils ont des bêtes féroces pendant la nuit fait qu'ils grimpent sur des Arbres pour y dormir. Le matin ils vont armez s'assembler en des lieux où les eaux s'amassent. Là cachez dans les feuillages, tout aux aguets, & lorsque la chaleur du jour oblige les Bœufs sauvages, les Pantheres, & autres animaux à venir s'abbreuver, les Hylogones attendent que ces animaux alterez ayent bu à proportion de leur soif qui est très-grande & quand ils les voyent bien gonflez & se remuant à peine, ils descendent des Arbres par bandes & avec des bâtons durcis au feu, avec des pierres, & des fleches, ils les attaquent & en viennent à bout sans diffi-

HYL. HYM.

culté. Ils se distribuent par troupes pour cette chasse & se regalent des chairs. Il arrive rarement qu'ils soient tuez eux-mêmes, car ils prennent si bien leurs mesures qu'ils ne manquent jamais les bêtes les plus puissantes. Si le Gibier leur manque, ils prennent les depouilles des chasses precedentes, en brûlent le poil, en partagent entre eux la peau & appaisent ainsi leur faim. Ils exercent les jeunes garçons à tirer juste, & ne donnent quelque bon morceau qu'à ceux qui frapent au but ; & par là ils en font d'excellens archers.

HYLOPHAGES, ou les MANGEURS DE BOIS, ancien Peuple de l'Ethiopie, selon le même, ils étoient voisins des Hylogones & des *Spermatophages*, c'est-à-dire, des mangeurs de graines. L'Historien cité [f] dit : les Hylophages allant chercher à manger avec leurs femmes & leurs enfans, montent sur des Arbres & en broutent les branches les plus tendres, & par une legereté qui est en eux un effet de l'habitude, ils grimpent tous jusqu'à la cime, avec une facilité qui paroît incroyable ; car ils sautent comme des Oiseaux d'un Arbre à l'autre & marchent sans risque sur des branches très menues. Comme ils sont très-minces & très-legers si le pied leur manque, ils se tiennent à leurs mains & tombant d'assez haut ils ne se font presque point de mal. Ils broyent aisement avec leurs dents & digerent sans aucune incommodité les branches tendres & pleines de suc. Ils sont toujours nuds, se servent des femmes sans choix & sans distinction, & possedent en commun les enfans qui naissent de ces Commerces. Ils se cantonnent & se font quelquefois la guerre, leurs armes qui consistent en des bâtons leur servent à repousser les ennemis & à les mettre en pieces après la victoire. La plupart d'entre eux perissent par la faim. Il leur vient aux yeux une maladie nommée *Glaucoma* ; c'est lorsque par trop de secheresse l'humeur crystalline devient de la couleur d'un verd de mer, & cela leur ôte l'usage de la vûë. Agatarchide fait aussi mention de ces peuples.

f Diodor. Sic.l.3.c. 24.

HYLUA. Voyez ILVA.

HYLICUS, Ruisseau du Peloponnese dans l'Argie entre Hermione & Trœzene. On le nommoit autrefois TAURIUS Ταυρίος, selon Pausanias [g]. Ce Ruisseau est nommé par Athenée TAURUS & HYOESSA Ὑόεσσα, comme l'observe Ortelius [h].

g In Corinthiac.

h Thesaur. Dict.

HYMAEA. Mr. Corneille [i] dit que les Anciens appelloient ainsi l'Isle de Pomegue qui est sur les côtes de la Provence. Il se trompe. Voyez HYPÆA.

i Dict.

HYMANI, Peuple de la Liburnie, selon Pline [k]. Le R. P. Hardouin commence par avouer que ce mot se trouve ainsi dans tous les exemplaires. Cependant il soupçonne qu'il devroit y avoir ISMENI & cite un passage de Scymnus de Chio qui met ce Peuple en cet endroit.

k l. 3. c. 21.

HYMESSUS. Voyez l'article qui suit.

HYMETTE, (LE MONT) en Latin HYMETTUS, Herodote dit HYMESSUS, Montagne de Grece dans l'Attique, près de la Ville d'Athenes, au Midi Oriental, sur la côte du Golphe Saronique. Cette Montagne qui est grande est fort célébre dans les

ou-

HYM.   HYM. 215

ouvrages des Anciens à cause de l'excellent miel, que l'on y recueilloit. Silius Italicus [a] dit :

Sparſa ſuper flores examina tollit Hymettos.

Et ailleurs [b] :

Tumque nectareis vocat ad certamen Hymettum,
Audax Hybla favis.

Martial dit [c] :

Paſcat & Hybla meas, paſcat Hymettus apes.

Horace [d] se moque d'un homme delicat qui refuſeroit de boire du Vin de Falerne s'il n'étoit adouci avec du Miel d'Hymette.

Niſi Hymettia mella Falerno
Ne biberis diluta.

Mais le même Poëte dit que dans ſa Maiſon on ne voit point des Colomnes taillées au fond de l'Afrique [e] porter des poutres d'Hymette.

Non trabes Hymettia,
Premunt reciſas ultima Columnas,
Africa.

Le vieux Commentateur & quantité d'autres qui l'ont ſuivi, ont cru que s'agiſſant ici de Colomnes de Marbre, ces poutres étoient auſſi de Marbre, comme ſi c'étoit un aſſortiment fort neceſſaire. Strabon [f] dit à la verité qu'auprès d'Athenes le mont Hymette avoit des Carrieres d'un très-beau Marbre, & Pline [g] fait mention des Colomnes de Marbre tiré du mont Hymette. Cependant Meurſius [h] l'entend de poutres de bois pris dans les forêts dont cette Montagne étoit couverte. Mr. Dacier l'entend [i] auſſi des poutres de charpente, & l'Interprête d'Horace à l'uſage du Dauphin panche vers le même ſentiment. Mr. Spon qui a viſité cette Montagne en parle ainſi dans ſon Voyage [k]. Le mont Hymette eſt à une petite lieuë d'Athenes, & n'a guere moins de ſept ou huit lieuës de tour. Le deſſus n'eſt ni habité ni cultivé. Le Couvent de *Cyriami* eſt au Nord de la Montagne. Les Turcs l'appellent *Cosbachi*, à cauſe d'une tête de mouton qui eſt à une Fontaine. Ce Couvent eſt aſſez beau pour le Pays, où les Grecs n'oſent ſe montrer ſuperbes en bâtimens. On y fait quantité de Miel qui eſt fort eſtimé à Conſtantinople, & quand on y en porte d'autre, pour le bien vendre, on le fait paſſer pour du Miel de Cosbachi, qu'on tient pour le meilleur. Il eſt moins acre & altere moins, que ne ſont d'ordinaire les autres ſortes de Miel. Auſſi les Anciens croyoient que les premieres Abeilles & le premier Miel tiroient leur origine du mont Hymette, & ce pourroit bien être en ce même endroit, puis qu'il y eſt en effet bien plus excellent qu'ailleurs. Il eſt d'une bonne conſiſtance & d'une belle couleur d'or, & porte plus d'eau qu'aucun autre,

quand on en veut faire du ſorbet, ou de l'Hydrommel. Les Caloyers s'étonnent que nôtre Miel de Narbonne ſoit le plus eſtimé en France, bien qu'il ſoit blanc, la blancheur étant, ſelon eux, une marque que le Miel n'eſt pas aſſez cuit & perfectionné par la nature, ou par les abeilles qui le recueillent des fleurs. Strabon dit que le meilleur Miel du mont Hymette étoit celui qui ſe faiſoit proche des Mines d'argent, qui ſont maintenant perduës. On l'appelloit, *Acapniſton*, parce qu'il étoit fait ſans fumée. Auſſi le fait-on de même à preſent, ſans étouffer les abeilles, pour vieilles qu'elles ſoient, avec la fumée du ſoufre, comme cela ſe pratique en quelques Pays. C'eſt la raiſon pourquoi elles y multiplient beaucoup, & qu'il ſe fait quantité de Miel, non ſeulement dans ce Couvent, mais dans les autres du mont Penteli. Leurs ruches ſont couvertes de cinq ou ſix petites planches, où les abeilles commencent d'attacher leurs rayons, avec un petit toit de paille par deſſus. Ainſi quand ils veulent partager leurs ruches, ils n'ont qu'à tirer la moitié des planches qui tiennent les rayons attachez, & les mettre dans une autre ruche. Pour les moins effaroucher ils attendent qu'il y en ait une partie en campagne, & alors ils mettent une ruche neuve au même endroit de la vieille bâtie de la même façon; deſorte qu'elles y viennent le ſoir, croyant que c'eſt leur ancien logis. Ne trouvant rien dedans, elles commencent à bâtir leurs cellules. Les herbes & les fleurs odoriferantes qui croiſſent au mont Hymette ne contribuent pas peu à l'admirable manufacture de ces petites ouvrieres. Ce Monaſtére ne paye pour tous droits qu'un ſequin au Vayvode, en voici l'origine. Lorſqu'Athenes fut priſe par Mahomet II. l'Abbé de ce Couvent lui vint preſenter les clefs au nom de la Ville, & ce Prince pour en temoigner ſa joie & ſa reconnoiſſance, voulut qu'il fut franc de toute ſorte de Caraſch & d'impoſitions. Le ſequin ne ſe donne que par maniere d'hommage. Les autres Monaſtéres du mont Hymette ſont *Agios Joannis o Carias*, *Agios Georgius o Couſtelas*, *Aſteri*, *Agios Joannis o Kyneos*, & *Agios Joannis o Theologos*. L'Abbé du *Carias*, l'eſt en même tems de l'*Aſomatos* au pied du mont St. George. Au Couchant de la Montagne à une petite lieuë d'Athenes, il y a un chetif Village d'Albanois appelé *Caramament*, au Midi un autre qui ſe nomme *Lambrica*, & auparavant *Lampra*, à cauſe de quoi ils donnent à ce côté du mont Hymette le nom de Lamprovouni, & au reſte *Telovouni*. Quelques Francs homment cette Montagne *Montematto* par corruption au lieu d'Hymetto.

HYMMAS, quartier d'Antioche en Syrie. Jornandes dit que Zenobie y fut defaite. Ortelius de qui eſt cet article ajoute : Je le trouve auſſi écrit avec une ſimple M. Marianus Scotus lit THUMAS, Platine THYME, la Chronique d'Euſebe THYMNAS & Vopiſcus EMESSE. Enſuite il conjecture que c'eſt L'IMMA de Ptolomée. Mr. de Tillemont Ecrivain exact dit après Zoſime, que Zenobie étoit dans Antioche avec de grandes for-

216 HYM. HYN. HYO. HYP.

forces qu'elle fit avancer jusqu'à un lieu nommé IMMES, peu éloigné de la Ville, selon quelques-uns, car d'autres y mettent onze grandes lieues. Ce fut-là, poursuit-il, que se donna la Bataille le long de la Riviere d'Oronte.

HYMOS, Isle d'Asie aux environs de celle de Rhode, selon Pline [a]. Le R. P. Hardouin dit que ce nom ne se trouve ainsi dans les Manuscrits, cependant il soupçonne qu'il faut lire IRMOS Ἴρμος.

[a] l. 5. c. 31.

HYNGHAM ou HINGHAM, petite Ville ou Bourg d'Angleterre dans la Province de Norfolck. On y tient Marché public.

HYNIDOS, Bourg de l'Asie mineure dans la Carie, selon Pline [b]. Le R. P. Hardouin soupçonne que c'est peut-être par un renversement de lettres L'IDUMOS Ἴδυμος, de Ptolomée, ou bien L'ENIANDOS Ἡνιανδός, que le Concile Quinisexte donne à la Lycie.

[b] l. 5. c. 29.

HYNILON, Siége Episcopal d'Asie, sous la Metropole Amida. La Notice du Patriarchat d'Antioche la nomme YNILOI. Ainsi HYNILON est un genitif pluriel dont Hyniloi ou Yniloi est le nominatif.

HYOESSA. Voyez HYLICUS.

HYOPE, Ὑόπη, Ville d'Asie au Pays des Mastiens, ou Matiens, Μαςιηνῶν ou Ματιηνῶν, près des Gordiens [c]. Hecatée dit que les hommes étoient vêtus comme les Paphlagoniens. Cette Ville ne devoit pas être fort éloignée de GORDIUM.

[c] Steph. Byzant.

HYOPS [d], Ville de l'Iberie dans le voisinage du Fleuve Lesyrus.

[d] Ibid.

HYPACARIS, Ὑπάκαρις ou HYPACYRIS, Ὑπάκυρις, Riviere de la Scythie. Herodote [e] la nomme des deux manieres & n'en parle que d'une maniere timide. Pomponius Mela [f] plus hardiment: dans le Golphe Carcinite est la Ville de Carcine qu'arrosent deux Fleuves Gerros & Hypacaris, qui partant de deux sources & venant de Pays differents ont une embouchure commune. Pline nomme mal cette Riviere HYPANIS.

[e] l. 4. c. 47. & 55.
[f] l. 2. c. 1. n. 27.

HYPACHAEI, ancien nom que portoient les Ciliciens, selon Herodote [g].

[g] l. 7. c. 91.

HYPAEA, Isle de la Mer de Marseille, c'est celle des trois qui est la plus proche de cette Ville. Quelques-uns ont crû que c'étoit POMEGUE. Dalechamp le dit, & Ortelius après lui. Mr. Corneille qui au mot HYPE'E a profité des lumieres de Mr. de Valois, fait un faux article sous le mot HYMÆA. L'Isle nommée Hypée par les Anciens étoit une des Stoechades. C'est la plus Orientale des trois. Mais ces trois ne sont pas les Isles d'Hieres comme Mr. Corneille le dit. Il y a bien loin des unes aux autres. Les Stoechades comme nous le disons en son lieu sont Pommegue, Ratonneau, & Château d'If. Cette derniere est l'Hypæa des Anciens. Elle n'a conservé que la premiere Syllabe de son nom en changeant le P. en F. changement commun dans notre Langue qui a fait de Caput CHEF, de Mespillum, NEFLES, de Colpus, GOLPHE, &c. Voyez STOECHADES, & IF article l'Isle d'IF.

HYPAELOCHI, Ὑπαίλοχοι, Peuple d'entre les Molosses, & par consequent dans l'E-

HYP.

pire. Etienne le Géographe cite Rhianus au quatriéme livre de l'Histoire de Thessalie.

HYPAEPA, pluriel, genitif *orum*, Ville de la Lydie entre le Tmolus & le Caïstre. Strabon dit [h] Hypæpa est une petite Ville où l'on passe quand on vient du Tmolus au Caïstre. Ovide dit dans ses Metamorphoses au sujet de la Fable de Midas [i].

[h] l. 13.
[i] l. 11. v. 150.

Nam freta prospiciens late riget arduus alto
Tmolus in adscensu, clivoque extensus utroque,
Sardibus hinc, illinc parvis finitur Hypæpis.

C'est-à-dire, que le mont Tmolus avoit au pied d'un côté la Ville de Sardes & de l'autre celle d'Hypepes. Cette Epithete de *Parvis*, petite, est repetée dans un autre vers d'Ovide qui est dans la Fable d'Arachné [k].

[k] l. 6. v. 10.

Lydas tamen illa per urbes
Quæsierat studio nomen memorabile; quamvis,
Orta domo parva, parvis habitabat Hypæpis.

Pline [l] en nomme les Habitans HYPAEPENI.

[l] l. 5. c. 29.

HYPAESIA, Contrée du Peloponnese dans la Triphylie. Strabon dit [m] des Minyens qui étoient de la posterité des Argonautes, étant chassez de Lemnos allerent à Lacedemone, delà dans la Triphylie, où ils s'établirent auprès de la Forteresse d'Arene qui est dans la contrée presentement nommée Hypæsie & qui ne conserve plus rien des fondations des Minyens. Casaubon doute si elle est differente d'Hypana que Strabon met aussi dans la Triphylie.

[m] l. 8. p. 347.

HYPANA, Ville du Peloponnese dans la Triphylie, selon Strabon, & Etienne le Géographe. Le premier dit [n] vers le Septentrion il y avoit assez près de Sylos deux Villes de la Triphylie, savoir HYPANA & CTYPANSA, on prit celle-ci pour former la Ville d'Elide lors qu'on la bâtissoit & l'autre est restée dans le voisinage: coulent deux ruisseaux, *Dalion* & *Acheron*, qui tous deux tombent dans l'Alphée.

[n] l. 8. p. 344.

HYPANIA, Ville du Peloponnese dans l'Elide, selon Ptolomée [o]. Voyez EPINA.

[o] l. 3. c. 16.

HYPANIS, Fleuve de la Scythie en Europe. Herodote [p] le compte pour le troisiéme en ordre après le Danube. Il vient, dit-il, de la Scythie, & sort d'un grand Lac autour duquel paissent des Chevaux sauvages qui sont blancs. Ce Lac est bien nommé la mere de l'Hypanis. Ce Fleuve en sortant de là est navigable & conserve ses eaux douces cinq journées de chemin, mais en approchant de la Mer à la distance de quatre jours, il prend une extreme amertume d'un Ruisseau qu'il reçoit dont les eaux sont si ameres que quoi qu'il soit petit, il gâte celles de l'Hypanis qui est très-grand. Pomponius Mela redit à peu-près les mêmes choses en moins de mots. Pline [q] parle bien de l'HYPANIS mais ou lui, ou ses Copistes se sont trompez en mettant le nom d'*Hypanis* au lieu de l'*Hypacaris*, & en copiant Mela il attribué au premier ce que ce Géographe a dit du second. Ptolomée [r] s'est aussi trompé en mettant l'*Hypanis* au delà du Borysthene, & donnant ce nom au Fleuve qui est le *Panticapes*.

[p] l. 4. c. 52.
[q] l. 4. c. 12.
[r] l. 3. c. 5.

Au

HYP. HYP.

Au reste l'*Hypanis* bornoit les Callipides. Son nom moderne est le Bog. Voyez HIPANIS.

2. HYPANIS. Vibius Sequester fournit encore un autre HYPANIS, qu'il dit être dans la Scythie & auquel il attribue ce vers de Gallus.

Uno tellures dividit amne duas.

Car, ajoute-t-il, il sépare, l'Asie de l'Europe. Ortelius [a] l'explique du Phase & dit que des Auteurs très-anciens lui ont donné ce nom & ont dit qu'il terminoit l'Europe & l'Asie.

3. HYPANIS, le même Vibius Sequester dit l'HYPANIS que l'on appelle aussi HYPARIS; il faut lire HYPARIS. Voyez HIPARIS.

4. HYPANIS, Fleuve des Indes. Voyez HYPHASIS.

HYPARCHUS. Voyez HYPOBARUM.

HYPARNA, Ville d'Asie dans la Lycie, selon Arrien [b].

HYPASII [c], ancien Peuple des Indes entre le Cophes & l'Hydaspe. Strabon dit qu'entre ces deux Fleuves étoient les peuples *Astacæni, Masiani, Nyssei*, & HYPASII. Il nomme le Canton de ces derniers *Hypasiorum terra*.

HYPASIS. Voyez HYPHASIS.

1. HYPATA, (pluriel genitif *orum*, ou singulier genitif [d]) Ville de Grece & l'une des principales de la Thessalie, selon Apulée [d] qui y mit la Scene de son Ane d'Or. Elle avoit autrefois apartenu aux Etoliens. Polybe [e] dit que Lucius Valerius Flaccus s'y trouva avec les Deputez des Etoliens pour recevoir leurs soumissions; Tite Live dit [f]: les Etoliens ayant convoqué une assemblée à *Hypata* envoyerent des Deputez à Antiochus. Il nous aprend [g] qu'elle étoit voisine du Sperchius. De Taumace le Consul arriva auprès du Sperchius le deuxième jour, & delà il ravagea les Terres des Hypatéens. Il fait connoître que c'étoit une Ville de conséquence puisque quatre-vingt de ses citoyens qui étoient exilez sont traitez d'Hommes Illustres par l'Historien Romain [h]. Etienne le Géographe la donne aux Æniames, Peuple de la Thessalie sur le Golphe Maliaque; & il est certain qu'elle étoit au pied du mont Oeta, par le témoignage d'Heliodore [i].

2. HYPATA, Contrée d'Asie sur le Fleuve Sangar, selon Etienne le Géographe.

HYPATIS, petite Riviere de Sicile. Silius Italicus [k] dit:

Et pauperis Alvei,
Hypatem, &c.

Elle étoit près de la Vagedrusa qui coule entre l'Achates & le Gela, c'est-à-dire, entre *Fiume di Dirillo*, & *Fiume di terra nova*.

1. HYPATUS, Ὕπατος, Montagne de Grece dans la Béotie au Territoire de Thebes, selon Strabon & Pausanias, citez par Ortelius [l]. Mais comme ce mot signifie haut, élevé, ce peut être aussi bien une Epithéte qu'un nom propre. Cependant rien n'empêche qu'il n'ait été le vrai nom d'une Montagne, comme Hoghberg en Allemagne & quantité d'autres en diverses Langues. Les modernes le nomment presentement la Montagne de *Thebes*, ou de *Thiva*.

2. HYPATUS, Riviere de Phœnicie, selon quelques Editions de Pomponius Méla, dans lesquelles on lit [m]: *Amnesque inter eas eunt Lycos*, & *Hypatos*, & *Orontes*. Pinto vouloit qu'on lut *Lycos* & *Labotas* & *Orontes*. Vossius lit [n] *Lycos* & *Paltos* & *Orontes*.

HYPEE. Voyez HYPÆA.

HYPELÆUS, ou HYPPELEUS, Fontaine d'Ephese près du Port sacré, selon Athenée [o].

HYPERASIA [p], Etienne nomme ainsi une Ville dont il ne marque point la situation. C'est peut-être la même qu'HYPERESIA, quoi qu'il semble les distinguer.

HYPERBOREE, adjectif qui est pris de la Langue Greque en laquelle il veut dire simplement *sous Borée*, & comme *Borée* est le vent de *Nord*, cet adjectif ne signifie que *Septentrional*. Les Peuples Hyperborées sont les Nations du Nord; les Montagnes Hyperborées sont des Montagnes Septentrionales. Pline dit [q]: derriere les monts Riphées & au delà (des lieux où se forme) l'Aquilon il y a un Peuple heureux, à ce que l'on dit; on le nomme les Hyperborées, & il vit fort long temps. Ces mots *derriere les monts Riphées* doivent s'entendre d'une grande distance. Car on trouve dans Pomponius Méla: les Hyperborées sont au delà de l'Aquilon & des monts Riphées sous le Pole même autour duquel tournent les Astres. Le Soleil n'y leve pas tous les jours comme il fait à notre égard; il ne se leve qu'à l'équinoxe du printemps & se couche à celui d'automne, desorte qu'il y a six mois de jour continuel & autant de nuit. Virgile dit [r]:

Talis Hyperboreo septem subjecta trioni,
Gens effrena virûm Riphæo tunditur Euro.

Stace [s] dit:

Sed jam temone supino,
Languet Hyperboreæ glacialis portitor Ursæ.

Claudien parlant de l'Islande [t] dit:

Hyperboreo damnatam Sidere Thulen.

Et ailleurs en parlant de Theodose pere du grand Theodose [v].

Fregit Hyperboreas remis audacibus undas.

Il s'agissoit là des Ecossois repoussez. Dans ces exemples, le mot *Hyperboreus* ne veut dire que Septentrional, sans être fixé proprement à aucun lieu dont ce soit le nom particulier. Les monts Hyperborées sont diversement placez par les Anciens. On croit assez communément que c'est la chaine de Montagnes appellée CAMENI-POIAS. Voyez ce mot. Cependant il faut avouer que le Climat où est cette Chaine n'étoit gueres connu des Anciens. Strabon même [w] parle des monts Riphées & des Hyperborées comme de lieux imaginaires,

res, & de l'existence desquels on n'avoit rien de certain, les peuples Hyperborées sont souvent nommez dans les livres des Anciens. Ils apelloient ainsi les peuples septentrionaux & plus particulierement ceux d'un Canton de la Sarmatie. Ptolomée met la source du Rha ou du Wolga dans les monts Hyperborées. Il ne connoissoit rien au delà de cette source qui est encore bien loin des monts Cameni-Poyas. Mais dans les Pays que les Anciens n'avoient pas occasion de parcourir, il ne faut pas exiger d'eux une grande justesse. Ce seroit agir contre l'équité.

HYPERDEXIUM, Contrée de l'Isle de Lesbos, selon Etienne le Geographe.

HYPERE. Voyez AMORGOS.

HYPEREA ou HYPERIA. Plutarque [a] dit que Calaurie Isle du Golphe Argolique prit les noms d'ANTHEDONIA & HYPEREA, Ὑπέρεια, après qu'*Anthus* & *Hyperes* s'y furent établis. Voyez l'Article CALAURIA 1.

[a] *In Quæst. Græcis.*

HYPERESIA, Ville de Grece dans l'Achaïe. Homere en fait mention au second Livre de l'Iliade [b]. Peut-être est-ce la même qu'*Hyperasia*. C'est Eustathe qui la met dans l'Achaie.

[b] vers 573.

1. HYPERIA, Fontaine de Grece dans la Thessalie près de la Ville d'Hellas [c]; en Grec Ὑπέρεια. Strabon dit [d] qu'elle étoit au milieu de la Ville de Pheres. Leonicerus expliquant Pindare dit que cette Hyperie dont parle le Poéte [e] étoit près de Pheres de Thessalie & s'appuie de l'autorité de Sophocle.

[c] Plin. l. 4. c. 8.
[d] l. 9. p. 432 & 439.
[e] *In Pythiis.*

2. HYPERIA. Voyez HYPEREA.

3. HYPERIA ou HYPEREIA, (LA FONTAINE) selon Homere [f]. Il parle de la même Fontaine de Thessalie dont il est question dans l'Article 1, mais Eustathe à l'occasion de ce nom nous apprend qu'il y avoit une Ville d'Hyperie en Sicile, & Ortelius croit que c'est la même dont parle Plutarque [g] qui dit qu'elle avoit les Cyclopes pour voisins.

[f] Iliad. β
[g] De Exilio.

HYPERIS, Riviere de Perse au milieu du Golphe Persique. Elle porte des batteaux Marchands, selon Pline [h].

[h] l. 6. c. 23.

HYPERNEIUM. Voyez NEIUM.

HYPERNOTII. Voyez au mot PILA l'Article PILA TERRÆ.

HYPERTELEATUM, Ὑπερτελέατον, petit Canton ainsi nommé au Peloponnese, dans la Laconie, selon Pausanias [i]. Il y avoit un Temple d'Esculape.

[i] l. 3. c. 22.

HYPHAEUS, Montagne d'Italie dans la Campanie, selon Plutarque dans la Vie de Sylla.

HYPHALI. Voyez MARITIMÆ.

HYPHANTEIUM, lieu de Grece, auprès du Lac Copaïde, à soixante stades de Daulium; & auprès d'Orchomene, selon Strabon [k].

[k] l. 9. p. 424.

HYPHASIS, ou HYPASIS, ou même HYPANIS, ces trois noms ont été employez pour designer un Fleuve des Indes. Arrien [l] l'appelle Ὕφασις, & dit qu'il tombe dans l'Indus au Pays des Astrobes. Diodore de Sicile [m] & Philostrate [n] le nomment aussi HYPHASIS. Pline [o] & Quintecurse [p] disent HYPASIS. Strabon [q], Diodore [r] & Denys le Periegete [s]. Strabon lui donne l'Epithéte d'Ὕ-

[l] l. 8.
[m] l. 17. c. 93.
[n] Apollon. Vit. l. 3.
[o] l. 6. c. 17.
[p] l. 9. c. 1.
[q] l. 15.
[r] l. 2. c. 37.
[s] vers. 1145.

ςατος; dernier. Cela est expliqué par ce que dit Arrien [t]: Alexandre, dit cet Historien, n'alla point au delà de l'Hypanis. Pline dit de même: l'Hypasis fut le terme des courses d'Alexandre; il passa pourtant ce Fleuve & érigea des autels de l'autre côté. Ptolomée le nomme mal BIBASIS. Il dit encore plus mal qu'il reçoit le Zadrade qui garde son nom jusqu'à sa jonction avec l'Indus. Philostrate se trompe aussi lorsqu'il dit [v] que l'Hyphasis a son embouchure dans la Mer. Tous les Anciens conviennent qu'il se perd dans l'Indus.

[t] *Indic. c. 4.*
[v] l. 2. &3.

HYPHETULA. Voyez SUFETULA.

1. HYPHORMUS, Ὕφορμος, port de Grece dans l'Achaïe, & plus particulierement dans l'Attique, selon Ptolomée [w].

[w] l. 3. c. 15.

2. HYPHORMUS, port d'Italie à l'embouchure de la Sture dans le Latium, selon Strabon [x]. C'étoit une petite Isle qui parce qu'elle est petite ne parut pas meriter un nom plus particulier que celui-là qui signifie un *abri*, un lieu où les barques peuvent mouiller. La Sture & cette Isle sont ce que Pline [y] apelle *Astura Flumen & Insula*. Servius expliquant ce vers de l'Eneïde [z],

[x] l. 5. p. 232.
[y] l. 3. c. 5.
[z] l. 7. v. 801.

Qua Saturæ jacet atra palus gelidusque per imas,
Quærit iter valles, atque in mare conditur Ufens;

dit que pour lui il l'entend simplement d'un marais nommé, *Satura*, mais que d'autres lisent *Asturiæ*. Ne que si cette Leçon est veritable le Poéte a mis un marais pour une Riviere, car, ajoute Servius, assez près de Terracine est le Bourg d'Asturia, avec une Riviere de même nom.

HYPIA Ville;

HYPII MONTES, Montagnes; &

HYPIUS Riviere. Voyez HYPPIUS.

HYPNUS, lieu de Grece dans la Thessalie auprès de Pelium, selon Ortelius [a] qui cite Strabon.

[a] *Thesaur.*

HYPOBARUS, Riviere des Indes. Pline dit [b]: Ctesias met dans les Indes un Fleuve nommé HYPOBARUS, nom qui signifie *porter toutes sortes de biens*; il dit qu'il coule du Nord vers l'Océan Oriental le long d'une Montagne couverte de forêts qui portent de l'ambre, que ces arbres sont apellez *Siptachores* nom qui signifie une *douceur delicieuse*. Comme Photius [c] nous a conservé le passage de Ctesias, nous le rapporterons ici parce qu'il y a une difference de nom. Il y a, dit-il, un Fleuve qui coule le long de l'Inde, qui n'est pas fort grand à la verité, mais qui a deux Stades de large. Il est apellé HYPARCHUS, Ὕπαρχος, par les Indiens; nom qui signifie *portant tous les biens*: tous les ans, durant trente jours, il porte de l'ambre. Il y a sur les Montagnes des arbres qui sortent de l'eau, car les Montagnes en sont arrosées; & ces Arbres en certaines Saisons de l'année jettent des larmes comme l'Amandier, le Pin & autres. Cela dure pendant trente-jours, & ces larmes tombant dans la Riviere se joignent en masse.

[b] l. 37. c. 2.
[c] *Biblioth. Cod. 73.* Pl. 149.

Ces

Ces Arbres sont nommez en Langage Indien SIPTACHORA mot qui signifie doux, d'un goût exquis, &c. Ainsi voilà deux noms pour un, mais nous n'en savons pas mieux pour cela où il faut chercher cette Riviere.

HYPOCHALCIS; c'est un des anciens noms de l'Isle d'Eubée, selon Sophien. Il se trompe, c'est la Ville de Chalcis elle-même, comme dit Strabon [a]. Car comme elle étoit à une Montagne de même nom, on la surnomma *Hypochalcis*, c'est-à-dire, sous le mont Chalcis.

HYPOCREMNUS; Strabon dit Μεταξὺ δὲ τῶν Ἐρυθρῶν, καὶ τοῦ Ὑποκρήμνου [b], c'est-à-dire, *entre Erythres & le precipice*, &c. Il se sert quelques lignes auparavant du même mot, Ἡ δ' ὑπέρβασις τοῦ Ἰσθμοῦ, τὸ ἀπὸ Ἀλεξανδρείου καὶ τῶν Χαλκιδέων μέχρι τοῦ Ὑποκρήμνου πεντήκοντα εἰσὶ στάδιοι [c]. C'est-à-dire, la traversée de l'Isthme depuis *Alexandrium* & Chalcides, jusqu'au precipice, il y a cinquante stades. Casaubon croit qu'il ne s'agit pas ici d'un precipice, mais d'un nom proprement nommé ainsi. Quoiqu'il en soit, il étoit dans l'Ionie, Contrée de l'Asie mineure.

HYPODROMUS ÆTHIOPIÆ; lieu maritime de la Libye interieure, selon Ptolomée.

HYPOGOTHI. Ce Peuple se trouve nommé dans l'Histoire mêlée [d].

HYPONEIUM. Voyez NEIUM.

HYPOPODIUM. Voyez HIPPODIUM.

HYPOTHEBAS, ὑπὸ Θήβας, en Latin SUB THEBIS. Homere nomme ainsi un lieu & le passage a été diversement entendu, comme l'observe Strabon [e]. Ce passage est dans l'Iliade,

Οἳ δ' ὑπὸ Θήβας εἶχον ἐϋκτίμενον πτολίεθρον.

La Version Latine porte

Quique sub Thebis habitabant bene ædificatam urbem.

Surquoi Strabon observe que quelques-uns l'entendent d'une Bourgade nommée ainsi; que d'autres l'entendent de Pothies, & qu'ils alleguent pour raison que Thebes ayant été détruite à cause de l'expedition des Epigones les Thebains n'eurent point de part à la guerre de Troye. D'autres, continue ce Géographe, veulent que les Thebains se trouverent à cette guerre, mais qu'alors ils demeuroient dans la plaine au dessous de Cadmée; parce qu'ils ne pouvoient pas la rebâtir après qu'elle avoit été saccagée après la sortie des Epigones, & comme Cadmée est la veritable Thebes, on appelloit alors les établissemens faits au bas de l'ancienne Ville, *Hypothebas*, c'est-à-dire, *Sous Thebes*. Et c'est le nom qu'Homere donne à la nouvelle Ville qui étoit au pied de l'ancienne. Mad. Dacier a donné dans ce dernier sens & dit: ceux qui habitoient la nouvelle Thebes qui a de si belles murailles.

HYPPASII. Voyez HYPASII.

HYPPELEUS. Voyez HYPELÆUS.

HYPPENÆ, Egesippe nomme ainsi une Ville de Phœnicie, c'est une faute. C'est l'Hippone de Josephe. Voyez HIPPOS 1.

HYPPIS, Ville de l'Asie mineure dans l'Ionie, selon Ortelius qui cite Méla. Ce mot se trouve en effet dans l'édition d'Olivarius. Mais dans les Editions modernes au lieu d'*Urbem Hyppin* on lit *Urbem Hippum*. Elle étoit dans une des Isles qui en prenoit le nom D'HIPPI INSULÆ.

HYPPIUS ou HYPIUS, Riviere d'Asie dans la Bithynie, c'est celle qui suit immediatement après le Sangar & elle baigne la Ville de Pruse. Pline donne le nom de Hypius à une Montagne au pied de laquelle étoit la Ville de Pruse [f]. Avant la correction du R. P. Hardouin on lisoit *Hippus mons*, ce qui étoit une faute. Comme il y avoit plus d'une Ville de Pruse celle-ci se distinguoit par ce surnom *Prusa sub Hypio*; ou *ad Hypium*. Dans les souscriptions des Actes Latins du Concile de Nicée on trouve Hesyche de Pruse *près de l'Hyppius*. Le Scholiaste d'Apollonius expliquant ce vers [g],

Aux bords marécageux du profond Hypius,

fait cette remarque: on dit que les Bebryces enleverent une Ville au Pays des Mariandyniens, & avancerent leurs Frontieres jusqu'à l'Hypius & l'on bâtit dans la Thynie une Ville près du Fleuve, laquelle fut nommée Hypia. Si cela est ainsi, les Frontieres furent reculées au delà du Sangaris jusqu'à l'Hypius.

§. Voila donc une Ville HYPIA, un mont HYPIUS & une Riviere de même nom.

HYPPORUM. Voyez HIPPORUM.

HYPPUROS. Voyez HIPPUROS.

1. HYPSA, Riviere de Sicile. Pline dit [h]: *Achates*, *Mazara*, *Hypsa*, *Selinus* Ville. L'*Hypsa* effectivement couloit auprès de Selinonte (*Selinus*). Une ancienne medaille porte ce mot ΣΕΛΙΝΟΝΤΙΩΝ, & de l'autre côté ce mot ΤΨΑΣ, comme étant la Riviere qui appartenoit à la Ville. Selinonte est presentement détruite & le lieu où elle étoit s'appelle *terra delle Pulici*. L'Hypsa est presentement le BELICE.

2. HYPSA. Ptolomée [i] place une Riviere de ce nom très-differemment, entre Heraclée & Agrigente, & il la fait tomber dans la Mer au Midi de cette derniere Ville. Cette Riviere est presentement le DRAGI, dont l'embouchure est au Midi de Girgenti. Polybe [k] nomme cette Riviere HYPSAS dans la description qu'il fait d'Agrigente.

§. Le R. P. Hardouin dit que l'Hypsa de Pline est presentement FIUME DI MARSALA; cela ne se peut. Vibius Sequester dit que l'Hypsa coule auprès d'Inycon Ville de Sicile *Hypsa secundum Inycon urbem Sicaniæ decurrit gratam Herculi*. Il est vrai que des Copistes ignorans ont fort défiguré cet Article en changeant deux mots qu'ils ne connoissoient pas & mettant *Irecon* pour, *Inycon*, & *Hispaniæ* pour *Sicania*; mais Cluvier a heureusement rétabli ce passage.

HYPSALTÆ, ancien Peuple de Thrace au bord de l'Hebre [l]. Etienne le Geographe le nomme HYPSELITÆ.

HYPSARNUS, Riviere de la Béotie, selon Lycophron & Isace son Commentateur citez par Ortelius [m].

HYPSELA, Ville de Cilicie auprès de Per-

HYP. HYR.

a Ibid.
b l. 14.
p. 667.

Perga ᵃ. C'est ainsi qu'Ortelius entend ce passage de Strabon ᵇ. Ἔστ᾽ ἐπὶ τῆς θαλάττης ὅσον τετταράκοντα σταδίοις, πόλις ἐστὶν Ὑψηλά, ὡς τοῖς ἐκ Πέργης ἔποπτος. C'est-à-dire, selon lui : delà vers la Mer, à quarante stades est la Ville d'HYPSELE, que l'on voit de Perge. L'Interprete Latin se contente de rendre le mot *Hypsele* non comme un nom propre de cette Ville, mais comme un adjectif qui en marque la situation, sans nous en apprendre le nom. Ce mot y est rendu par celui de *Celsus* qui veut dire *haut, élevé*. Ortelius croit que c'est le nom même de la Ville & Leunclave en est si persuadé qu'il dit que le nom moderne est ALASCEAR.

HYPSELE, Ville d'Egypte au Couchant du Nil, dans un Nôme dont elle étoit le chef-lieu & qui en prenoit le nom d'HYPSELITES NOMOS ᶜ. Elle étoit Episcopale ᵈ & Socrate, Caliste, & St. Athanase font mention d'un Evêque dont le titre étoit HYPSEPOLITANUS. Simler dans ce qu'il a fait sur l'Itineraire d'Antonin croit que c'est l'HISOPIS, ou HISORIS de cet Auteur.

c Ptolemai l.4.c.5.
d Ortel. Thes.

HYPSELIS, Village d'Egypte, selon Etienne le Geographe. C'est la même chose qu'HYPSELE, Ville.

HYPSELITÆ. Voyez HYPSALTÆ.

HYPSICRYMNOS, Ville aux environs du Caucase. Eschyle qui en fait mention dans son Promethée la peuple d'Arabes.

HYPSIPILEA. Voyez LEMNOS.

HYPSITANÆ (AQUÆ) ancienne Ville de l'Isle de Sardaigne dans l'interieur de l'Isle. Voyez FORDINGIANO.

HYPSIZORUS, Montagne de la Macedoine auprès de la Presqu'Isle de Pallene sur la côte, selon Pline ᵉ.

e l.4.c.10.

1. HYPSUS, Village du Peloponnese dans la Laconie aux Confins du Territoire de Sparte. Il étoit consacré à Esculape & à Diane, selon Pausanias ᶠ.

f l.3.c.24.

2. HYPSUS, genitif *untis*, ancienne Ville du Peloponese dans l'Arcadie. Pausanias dit ᵍ que de son temps on en voioit les debris sur une Montagne qui s'éleve au dessus d'une plaine. Il ajoute que la Montagne & la Ville portoient le même nom, que Thyrée autre Ville étoit dans le même état de decadence ; que le Pays d'entre ces deux Villes étoit coupé de Montagnes & plein de bêtes sauvages & qu'enfin ces deux Villes prenoient chacune son nom de Tyrée & de Hypsus fils de Lycaon.

g l.8. c.35.

3. HYPSUS. Leunclave trouve une Ville de ce nom dans la Phrygie, & prétend que le nom moderne que lui donnent les Turcs est UPSU. Ortelius ʰ soupçonne que c'est le même lieu qu'IPSUS. La preuve en est évidente. Leunclave cite l'Empereur Léon & dit que cette Ville d'Hypsus étoit soumise à celle de Synade, & dans la Notice de Léon le sage on trouve sous la Ville de Synade Metropole *Ipsi* dans la Phrygie salutaire. Dans la Notice de Hierocles cela change d'ordre. Eucarpie tient le premier rang dans cette même Phrygie, *Synade* y tient le dixiéme & HIPSOS le douziéme. *Ipsi*, & *Hipsos*, sont la même chose qu'IPSUS, à l'égard du nom moderne. Voyez ALACHEIR.

h Thesaur.

HYRCANIE ; grand Pays d'Asie, au Midi de la Mer Caspienne dont une partie en prenoit le nom de MER D'HYRCANIE, *Hyrcanum Mare*. Elle avoit la Medie au Couchant, la Parthie au Midi, elle étoit separée de cette derniere par le Mont Coronus. Ptolomée l'étend jusqu'à l'Oxus. Il lui donne deux Rivieres, savoir l'Oxus & la Maxera. Voici la description qu'il fait de tout le Pays, nous y joindrons quelques remarques. Mais nous commencerons par avertir que les Anciens avoient une fausse idée de l'Hyrcanie, car comme ils prenoient la longueur de la Mer Caspienne d'Occident en Orient, au lieu qu'elle est du Nord au Sud, cela faisoit une étendue très-opposée à la verité.

L'Hyrcanie de Ptolomée ⁱ.

i l.6. c.9.

                        Longit. Latit.

L'Hyrcanie est bornée au Septentrion par une partie de la Mer d'Hyrcanie qui s'étend depuis l'extrémité de la Medie jusqu'à l'embouchure de l'Oxus.   100 d. 0′ 43 d. 0.

Les Villes de ce côté sont

Saramanne,	94-45′:	40-30′.
L'embouchure de la Maxera,	97-20′:	41-30′.
Sa source,	98- 0′:	38-40′.
Socanaa, Ville	97-30′:	42 0′.
L'embouchure de l'Oxus.	100- 0′:	43- 6′.

Au Couchant elle confine à une partie de la Medie jusqu'au mont Coronus ; de ce côté est Saramanne,   94- 0′: 39-0′.

Au Midi elle est bornée par la Parthie le long du Coronus, à l'Orient par la Margiane le long des Montagnes. Les peuples qui habitent l'Hyrcanie le long de la Mer sont les MAXERÆ & les ASTABENI & sous les *Maxeræ* sont les CHRINDI; après lesquels est l'ARSITIDE qui touche au Coronus. Sous les Astabeni est la SYRACENE.

Les Villes qui sont dans les terres sont

Barange,	99- 0′:	42- 0′.
Adrapsa,	98-30:	41-30.
Casape,	99-30:	40-20.
Abarbina,	97- 0′:	40-10′.
Sorba ou Sarba,	98- 0′:	40-30′.
Sinaca,	100- 0′:	39-30′.
Amarua, ou Amarusa,	96- 0′:	39-50′.
Hyrcania, Metropole,	98-30′:	40- 0′.
Salé, ou Sace,	94-15′:	39-30′.
Asmura, ou Asmurna,	67-30′:	39-30′.
Mausoca,	99- 0′:	39-30′.
Outre une Isle voisine du Rivage nommée *Chalca* ou *Talca*,	95- 0′:	39-30.

Saramanné est nommée *Samariane* par Strabon & *Saramanna* par Ammien Marcellin. Socanaa est nommée *Socunda* par ce dernier. Asmurna est l'Asmorna du même Historien. *Adrapsa* est dans la Bactriane, si l'on en croit Strabon. Pline étend beaucoup l'Hyrcanie & semble lui donner plusieurs Peuples qui étoient de la Medie. Isidore de Charax distingue ᵏ l'Hyrca-

k Mansiones Parthic. p.7. Edit. Oxon.

nie de l'Astabene. Il donne à la premiere une étendue de soixante schoenes & onze Villages, où il y a des gîtes; & à la seconde, soixante schoenes, avec douze Villages où sont des gîtes; & de plus *Asaac*, Ville qui a été la premiere résidence d'Arsace & où l'on garde le feu perpetuel. Mr. Fabricius croit que cette *Asaac* est l'*Arsacie* que Ptolomée place dans la Medie. Il y a plus d'apparence à dire avec Holstenius, que cette Ville est la même que la Metropole que Ptolomée nomme *Hyrcania*. Les Anciens ne s'accordent pas sur le nom de cette Metropole de l'Hyrcanie. Strabon l'appelle TAPE, Τάπη. Ptolomée HYRCANIA, Τκανσία. Polybe dit: la plûpart, tant ceux qui s'étoient sauvez du combat, que ceux qui avoient abandonné le Pays d'alentour, s'étoient retirez dans une Ville nommée Syring; car ce lieu est plus fort & plus abondant en toutes sortes de commoditez, peu loin de Tambrace & c'est comme la Capitale de l'Hyrcanie. Il avoit dit quelques lignes auparavant que Tambrace étoit fort grande & mal-fortifiée quoique ce fût la résidence du Roi. Ainsi voilà *Tambrax*, où TAMBRACE autre Capitale de l'Hyrcanie. C'est apparemment la *Talabroca* de Strabon. Arrien parlant d'Alexandre dit: il mena l'Armée à ZEUDRACARTA la plus grande Ville de l'Hyrcanie & où étoit la résidence des Rois. On pourroit croire que ce sont differens noms d'une même Ville; mais à bien examiner les choses cela ne peut être. La *Zeudracarta* d'Arrien est la Carta de Strabon & il la distingue de *Talabroca* & de *Tape*. Voici le passage. L'Hyrcanie, dit-il, est grande, fertile & a des Villes remarquables, entre lesquelles sont *Talabroca*, *Samariana* & *Tape* Capitale. Il ajoute que l'on ne tire pas du terroir ni de la Mer d'Hyrcanie tout le parti qu'on en pourroit tirer; car, dit-il, la Mer devient inutile faute de Navigation, il y a des Isles qui pourroient être habitées & qui ne le sont point. On dit même qu'il y a de la terre mêlée d'or. C'est la faute des premiers qui y ont mené des Colonies, gens Barbares, comme Hyrcaniens, Medes, Perses, & les pires de tous, savoir les Parthes, outre que le voisinage étoit plein de brigans & de deserts. Les Macedoniens ne le possederent pas long-tems, d'ailleurs ils étoient uniquement occupez de leurs Guerres, & n'étoient pas gens à se soucier beaucoup de lieux si éloignez. Aristobule dit que l'Hyrcanie est couverte de forêts & que le chêne y est commun, mais que l'on n'y trouve ni sapin, ni pin, ni ces autres arbres dont l'Inde abonde.

2. HYRCANIE, Ville Capitale de l'Hyrcanie. Voyez l'Article précédent.

3. HYRCANIE, Pays d'Asie au Midi de la Babylonie & par consequent très-different de l'Hyrcanie SEPTENTRIONALE. On peut appeller celle-ci HYRCANIE MERIDIONALE. Comme Xenophon est le seul des Anciens qui nous la fasse connoître, on peut aussi la nommer l'Hyrcanie de Xenophon. On l'a blâmé d'avoir placé l'Hyrcanie au Midi de la Babylonie parce que l'on a supposé qu'il avoit voulu parler de l'Hyrcanie connue de tous les Geographes; mais Mr. Freret l'a justifié dans ses observations sur la Cyropedie. J'insère ici avec plaisir ses remarques.

L'Hyrcanie de Xénophon.

Xénophon, après avoir décrit dans son Livre quatrième, le premier combat entre les Medes & Assyriens, dans lequel le vieux Roi d'Assyrie fut tué, parle assez au long des Hyrcaniens. C'est, dit-il, une Nation voisine & tributaire des Assyriens; leur Cavalerie étoit fort estimée, & l'est encore aujourd'hui; mais comme ils sont en petit nombre, ils étoient exposez à la tyrannie des Assyriens, qui les traittoient avec la même dureté que les Lacedémoniens font les Ilotes leurs esclaves. Cette description ne peut convenir aux Hyrcaniens de la Mer Caspienne, Nation nombreuse & très-puissante, séparée des Assyriens par la Medie entiere, & habitant un Pays montagneux & impraticable à la Cavalerie; ce qui fait qu'Herodote ne leur donne que des Troupes d'Infanterie, dans la revûë de l'Armée de Xerxès.

Xénophon ajoute que Cyrus voulant engager les autres Nations tributaires des Assyriens, à entrer dans son parti, accorda de grands Privileges aux Hyrcaniens, & les naturalisa Persans; en sorte, dit-il, qu'encore aujourd'hui ils ne sont pas distinguez des Perses & des Medes, & peuvent remplir comme eux les premiers emplois. C'est ce qu'on ne peut dire des Hyrcaniens de la Mer Caspienne. Herodote les range au nombre des Nations tributaires, & les exclut par consequent des Charges & des Gouvernemens reservez aux Persans naturels, qui étoient, selon lui, les seuls exempts de tribut & d'imposition, c'est-à-dire, vraiement libres.

Ce que dit Xénophon des Privileges de ces Hyrcaniens, peut faire penser qu'ils composoient cette Colonie d'Hyrcaniens, établis par les Perses dans la Lydie, selon le témoignage de Strabon, & qui étoient entre Thyatire & Pergame. Apparemment que Cyrus les établit en ce lieu, pour contenir les Lydiens nouvellement assujettis. Aucun de ceux qui parlent de ces Hyrcaniens, ne fait mention de leurs mœurs Scythiques; & ce silence peut confirmer ma conjecture, & faire croire qu'ils étoient une Colonie des Hyrcaniens de la Babylonie, & non pas de ceux de la Mer Caspienne.

En examinant le Livre V. & suivant le détail des Campemens de Cyrus dans la Babylonie, on trouve que ces Hyrcaniens sont à quatre ou cinq journées au Midi de la Babylonie, dans le milieu du Pays nommé presentement IRAC ou *Irac Arabi*, pour le distinguer d'une grande Province du Royaume de Perse nommée *Irac Adgemi*, ou étrangere, qui comprend une partie de l'Hyrcanie voisine de la Mer Caspienne; ces deux *Irac* sont séparées par les hautes Montagnes du Curdistan & du Louristan.

De l'aveu de tous les Geographes, l'Hyrcanie d'Herodote étant comprise aujourd'hui, au moins en partie, dans l'*Irac Adgemi* ou étrangere, on doit penser qu'elle a donné son nom à cette Province sans aucun changement que celui de la terminaison. Je crois qu'il en est arrivé autant à l'*Irac Arabi*, & qu'elle a pris son nom des Hyrcaniens dont parle Xénophon. Je l'avance d'autant plus hardiment, que les Arabes nomment ce Pays IRACAIN, mot qui ne diffère pas du nom ancien, *Hyrcania*. Xénophon compare la dépendance des Hyrcaniens tributaires des Assyriens, avec l'esclavage des Ilotes, Sujets des Lacedémoniens. Peut-être pourroit-on pousser le parallèle plus loin, & dire que les Hyrcaniens étoient ainsi que les Ilotes, un reste des anciens habitans du Pays, exterminez par des Conquérans étrangers qui avoient réservé une partie des Peuples conquis, pour cultiver les terres & en faire des esclaves. Les Babyloniens étoient des Syriens mêlez de quelques Arabes qui s'étoient emparez de la Chaldée, après en avoir chassé les naturels ; ainsi que Moïse l'insinue dans la Genèse.

4. HYRCANIE, en Latin HYRCANUS CAMPUS, contrée de l'Asie mineure. Tite-Live [a] dit : Le Consul croyant que le Roi étoit aux environs de Thyatire, marcha à grandes journées & arriva le cinquième jour au *Champ Hyrcanien*; Strabon [b] dit la Campagne du Caïstre qui se trouve entre le Tmolus & l'intérieur du Pays, touche vers l'Orient à la *Campagne* nommée *Cilbienne*. Cette dernière est grande, très-propre à être habitée & a un terroir fertile. Suit le *Champ Hyrcanien* que les Perses ont ainsi nommé à cause des Hyrcaniens que Mr. Freret dans l'Article precedent dit qu'on les avoit tirez de l'Hyrcanie Babylonienne & non pas de l'Hyrcanie Septentrionale. Etienne le Geographe dit : Il y a aussi le Champ Hyrcanien dans la Lydie comme le raporte Eratosthène. Ces Hyrcaniens sont nommez MACEDONES HYRCANI dans les Auteurs Latins pour les distinguer des autres, Pline [c] les appelle ainsi quand il dit : c'est à Smyrne que s'assemble la plus grande partie de l'Eolie & outre cela les Macedoniens-Hyrcaniens, & les Magnesiens du Mont Sipyle. Tacite a dit [d] : On jugea à propos de retrancher les tributs que payoient les Temniens, les Philadelphiens, les Ægeates, les Apollinidiens, & ceux qu'on appelle *Mostenes*, ou Macedoniens-Hyrcaniens. Les anciens Geographes gardent tous un profond silence sur la Ville d'Hyrcanie qui devoit être le Chef-lieu de cette contrée. Il faut en chercher les preuves dans d'autres Monumens. Mr. Spon dans ses Voyages fournit une Medaille où est representée une tête de femme garnie de Tours avec ce mot ΤΡΚΑΝΗ ΗΥΡΚΑΝΕ, & sur le revers ΤΡΚΑΝΩΝ. Il explique ainsi ce dernier mot. Il ne faut pas, dit-il, entendre par-là les Peuples de l'Hyrcanie voisine de Perse, mais les Habitans d'un lieu de la Lydie, ainsi nommé, à qui Stephanus ne donne pas à la verité le nom de Ville, mais seulement d'une Campagne. La tête couronnée de Tours nous enseigne qu'il y a eu là une Ville. Cette Ville est nommée par les Historiens du bas empire. Caliste [e] parle de Mostene Ville & d'Hyrcanie Ville au même endroit. Elle est nommée Diahyrcania par Eusebe dans sa Chronique.

5. HYRCANIE, Ville de Thrace, selon Etienne le Geographe.

6. HYRCANIE, Village de la Palestine, selon le même. Il prenoit ce nom d'Hyrcan Exarque des Juifs. Voyez HYRCANIUM.

7. HYRCANIE, Forêt de l'Arabie, selon Servius expliquant ce vers de Virgile [f] :

Hyrcanaque admorunt ubera Tigres.

HYRCANIUM, Forteresse de la Palestine vers les Montagnes d'Arabie, selon Josephe [g]. Il y avoit un fort Château & une Bourgade. Josephe le nomme *Hyrcanion* Etienne le Geographe qui ne connoît que la Bourgade la nomme *Hyrcania*.

HYRCANIUS CAMPUS. Voyez HYRCANIE 4.

HYRCANUM MARE, la Mer d'HYRCANIE. Les Anciens nommoient ainsi la partie de la Mer Caspienne qui lavoit les côtes d'Hyrcanie.

HYRESEON, lieu de Grece sur la côte de Beotie, selon Pline [h]. Le R. P. Hardouin lit HYRIETICUM. Il l'explique de la Campagne qui étoit aux environs de la Ville d'HYRIE. Sylburge veut qu'on lise *Elieson* & cite Homere.

HYRGIS, Rivière de la Scythie, & l'une de celles qui tombent dans le Tanaïs, selon Herodote [i]. Mercator veut que le nom moderne soit SCOSNA.

1. HYRIA, petit Canton de Grece dans la Beotie près d'Aulide. Etienne le Geographe dit qu'il y avoit eu auparavant une petite Ville, qu'Hesiode dit qu'Antiope étoit née en cet endroit, mais qu'Euripide vouloit que ce fût en Hysia. Hyria, poursuit-il, est tout joignant l'Euripe. Voyez HYRIE 1.

2. HYRIA, lieu d'Asie dans l'Isaurie auprès de Séleucie, au bord du Calycadnus, selon Etienne le Geographe.

3. HYRIA, dans la Japygie. Elle avoit été bâtie par les Cretois, selon le même. C'est l'*Uria* de Pline. Voyez URIA, & HYRIUM.

1. HYRIE, petite Ville de Grece dans la Beotie, selon Pline [k]. C'est celle dont Etienne le Geographe parle à l'occasion du Canton d'Hyria. Voyez HYRIA 1.

2. HYRIE, ancien nom de l'Isle de Zante, selon Pline [l].

HYRIETICUM. Voyez HYRESEON.

HYRINI, Pline nomme ainsi les Habitans d'URIA. Voyez URIA.

HYRIS, Promontoire d'Asie dans la Propontide aux environs de Chalcedoine, selon Etienne le Geographe.

HYRIUM, Ville de la Pouille Daunienne en Italie, selon Ptolomée [m]. Voyez URIA. Celsus Citadinus pretend néanmoins que ce sont deux Villes différentes. Selon lui *Hyrium* est aujourd'hui RHODE & *Uria* est ORIA ; cette dernière est dans les terres entre Brindes & Tarente & l'autre est dans la Pouille Daunienne vers le Mont Gargan.

HYRMINE, Ville du Peloponnese dans l'Elide [n]. Homere la nomme dans l'Iliade. Il [o] n'en parle que comme d'un lieu dont il ne restoit plus que la place. Pausanias [p] en fait aussi mention, mais il ne dit pas qu'elle subsistât de son temps. Etienne dit Hyrmene.

HYR-

HYRNETHIUM, Campagne couverte d'Oliviers au Peloponnese dans l'Argie auprès d'Epidaure, selon Pausanias [a].

HYRTACUS, ou HYRTACINUS, Ville de Crete, selon Etienne le Geographe.

HYSÆIS, Isle des Ethiopiens, selon le même.

HYSBE, Ville de la Lydie, selon le même.

HYSEANA, Ville de l'Illyrie, selon le même.

HYSIA. Voyez HYSIÆ.

1. HYSIÆ, pluriel genitif *arum*; Ville de Grece dans la Beotie, au pied du Mont Cytheron. Herodote [b], Thucydide [c], Strabon [d], Pausanias [e], & Etienne le Geographe en font mention. Strabon dit : quelques-uns veulent que Hysies soit appellée *Hyria*, elle est sur l'Asopus au pied du Cytheron. Etienne dit *Hysia* au singulier. Elle étoit ruinée du temps de Pausanias.

2. HYSIÆ, Ville du Peloponnese dans l'Argie. Strabon [f] dit que ses Habitans étoient nommez HYSIATES. Thucydide [g], & Pausanias [h] en font aussi mention. Ce dernier ne fait mention que de ses Ruïnes. Pline [i] la nomme aussi.

3. HYSIÆ, Ville d'Arcadie, selon Etienne le Geographe qui cite Pherecyde. Mais il dit HYSIA au singulier.

4. HYSIÆ, ou plutôt HYSIA, Ville Capitale des Parthes, selon Artemidore cité par Etienne le Geographe.

HYSOPIS. Voyez HYPSELE.

HYSPA, pour HYPSA.

1. HYSSUS, port sur le Pont-Euxin, selon Ptolomée [k] qui le met auprès de Trebizonde, dans le Pont Capadocien entre Cera-

fonte & Pharnacie. Arrien [l] dit : les Rivieres que nous avons trouvées en notre chemin après avoir quité Trebizonde sont 1. L'Hyssus dont le port qui est à son embouchure porte le nom, il est à cent quatre-vingt stades de Trebizonde. 2. L'Ophis, qui est à quatre-vingt dix stades au plus du port d'Hyssus.

2. HYSSUS, Dorothée cité par Ortelius [m] nomme ainsi un port de l'Océan dans l'Ethiopie interieure, où il dit que l'Apôtre St. Mathias prêcha l'Evangile.

HYSTASPÆ, Nation d'entre les Perses [n], selon Etienne le Geographe. Il y a bien de l'apparence que c'est pour *Hydaspæ*, ceux qui habitoient au bord de l'Hydaspe. Cette conjecture est d'Ortellus.

HYSTOAS, Ville de Crete, selon Germanicus [o].

HYSTRA. Voyez HYLACTES.

HYTANIS, Riviere de la Carmanie, selon Pline [p] qui dit qu'elle a quelques ports & qu'elle est fertile en Or. *Flumen Carmaniæ Hytanis portuosum & auro fertile* [q]. Martianus Capella en parle aussi, si nous en croyons le R. P. Hardouin & même il l'appelle *Hypanis*. Ce Pere se trompe. Martianus Capella ne parle dans l'endroit cité que de l'Hypanis des Indes où se borna la course d'Alexandre le Grand. *Hypanis ibi amnis immodicus qui Alexandri Magni iter interclusit : sicut in ejus ripa locatæ testantur Aræ.* Cela n'a aucun rapport avec l'*Hytanis* de Pline. On doute si cette Riviere est differente de l'ANDANIS de Ptolomée.

HYTENNA, Ville de la Lycie, selon Etienne le Geographe.

HYTMITÆ, Peuple voisin de la Liburnie, selon le même.

HYTTENIA. Voyez TETRAPOLIS.

FIN DE LA LETTRE H.

LE GRAND DICTIONNAIRE GÉOGRAPHIQUE, ET CRITIQUE.

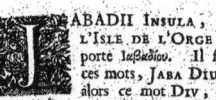

JAB.   JAB.

JABADII INSULA, c'est-à-dire L'ISLE DE L'ORGE, le Grec porte Ιαβαδίου. Il faut separer ces mots, JABA DIU ou DIV, alors ce mot DIV, qui dans la Langue des Indiens signifie une *Isle*, nous fait connoître que c'est L'ISLE DE JAVA qui portoit déja ce nom du temps de Ptolomée, & cela est très-remarquable. Si Gerard Mercator & quelques-autres avoient fait un peu d'attention à cela, ils n'auroient pas dit que c'est la NOUVELLE GUINE'E qui n'y convient en aucune façon. Il croît encore à present beaucoup d'Orge dans l'Isle de Java. Voiez JAVA. Ptolomée dit [a]: *Jabadii*, c'est-à-dire l'Isle de l'Orge; cette Isle est, dit-on, très-fertile, & produit beaucoup d'Or. Sa Ville Metropole située dans son extremité Occidentale est nommée *Argentea*, Αργυρη.

JABES, Ville de la Palestine dans la demie Tribu de Manassé, au delà du Jourdain. L'Ecriture lui donne ordinairement le nom de Jabes de Galaad parce qu'elle étoit dans le Pays & au pied des Montagnes de Galaad. Eusebe [b] la met à six milles de Pella vers Gerasa & par consequent elle devoit être à l'Orient de la Mer de Tiberiade. Procope de Gaza [c] met vingt milles de Gaza à Jabes. La Ville de Jabes de Galaad fut saccagée par les Israëlites, parce qu'elle n'avoit pas voulu joindre ses armes aux leurs dans la guerre contre ceux de Benjamin à l'occasion de l'outrage [d] fait à la femme du Levite dans la Ville de Gabaa. Quelques années après Naas Roi des Ammonites ayant assiégé Jabes [e], les habitans le priérent de le recevoir à composition, ce Prince leur repondit qu'ils n'avoient point d'autre composition à attendre que de se rendre à lui & de se laisser crever l'œil droit. Les habitans demanderent une trève de sept jours, promettant de se rendre à telle condition qu'il voudroit, si, dans ce temps, il ne leur venoit point de secours. Mais Saül étant informé de l'extremité où la Ville étoit reduite & accourut, tailla en pieces l'Armée de Naas & delivra ceux de Jabes. Ceux-ci conserverent toujours beaucoup de reconnoissance pour la Maison de Saül; & après la mort de ce Prince ils enleverent son corps [f] & ceux de ses fils que les Philistins avoient pendus aux murs de Bethsan & les ensevelirent honorablement, dans un bois qui étoit près de leur Ville.

JABI, petit Royaume d'Afrique, en Guinée, sur la côte d'Or, derriere le Fort de St. George de la Mine. Bosman dans sa Description de la Guinée en parle ainsi [h]. Le Pays de Jabi commence derriere nôtre Fort, & s'étend quelques lieues avant du côté de la Terre-Ferme; on n'en voit que ceci sur la côte. Il est presentement d'une petite étendue, & n'a presque point de forces, quoique ce soit un Royaume & même le premier que l'on rencontre en descendant; mais le Roi est un si petit Seigneur que j'aurois de la peine à lui donner à credit pour cent florins de marchandise, dans la crainte de n'en être pas payé, veu la pauvreté où il est; il est vrai que lui & ses Sujets (si au moins on leur peut don-

A

a l. 7. c. 2.

b Ad vocem Ariσθθ.
c In Judic.

d Judic. c. 21. v. 8.

e Reg. l. 1. c. 11. v. 1. & seq.

f Reg. l. 1. c. 31. v. 11; 12. &c.

h lett. p. 24.

ner ce nom) gagnent assez considerablement à planter & à vendre du *Milbio* & d'autres marchandises, ce qui pourroit les enrichir en peu de temps : mais les grands Seigneurs qui demeurent aux environs, & sur tout ceux d'Adom, leur ôtent quelquefois tout ce qu'ils ont & les tiennent dans une espece d'esclavage, sans qu'il soit en leur pouvoir de s'y opposer, n'ayant pas assez de forces pour cela. La Riviere de CHAMA, ou Rio de St. Joan, que les Négres appellent BOSSUMPRA, à cause qu'ils la tiennent pour un Dieu (car c'est ce que signifie le mot de *Bossum* dans leur langue) a son cours à côté de nôtre Fort, & coule le long du Pays de Jabi & d'Adom, & s'étend même au delà de Juffer, & si l'on en croit les Négres, elle s'étend plus de cent lieuës du côté de la Terre-Ferme, mais l'on n'en a aucune certitude. Cette Riviere est passablement large & assez belle; elle ne cede gueres ni en grandeur ni en beauté à celle d'Ancober, elle a même cet avantage sur elle, qu'on y peut entrer avec des Chalouppes ou des esquifs chargez en sortant de la Mer, pourvû qu'on ait la prudence d'éviter un Rocher, qui est à l'Embouchure, & que ceux qui entendent la navigation appellent *Suiger*, c'est-à-dire proprement *Suceur*; car sans cela on est en danger de se briser ou d'être renversé ; ce qui est arrivé plus d'une fois de mon temps, & quelques personnes y ont péri ; il y a particulierement à craindre lorsque la Mer est agitée. Cette Riviere est d'un très-grand usage ; car outre que les vaisseaux s'y peuvent pourvoir d'eau douce, ce qu'ils ont toûjours fait ci-devant ; elle leur fournit & à nous aussi dans nôtre Fort de très-bon bois à brûler, non seulement pour la Cuisine, mais aussi pour chauffer les fours où l'on fait cuire la chaux; outre quantité d'autres sortes de bois propres pour les petits vaisseaux, comme des bâtons de Pavillon, des mâts de Misaine, & autres pieces ; de sorte que cette Riviere nous est plus avantageuse, ou au moins plus commode que le Fort même, & sans cela je ne croi pas que nous y pussions tenir long-tems Garnison. Car outre qu'il n'y a point ici de negoce fort considerable, & que le Fort nous seroit plûtôt à charge qu'à profit, nous sommes incommodez par des Fripons de Négres, entre lesquels ceux d'Adom ne sont pas les moindres. J'ai déja dit que leur Pays s'étend quelques lieuës le long de la Riviere, outre cela ils possedent des Isles dans la Riviere, où il y a de très-beaux Villages, & ce qui m'a le plus surpris est l'étenduë du Pays d'Adom ; car il s'étend le long de la Riviere de Chama, & il a plus de seize lieuës delà le long de la Riviere d'Ancober sur la côte, & cependant ce Pays n'est pas fort grand. Ce qui me fait croire que sa situation est à peu près semblable à une équierre, c'est-à-dire, qu'il s'étend d'abord le long de la Riviere de Chama, & ensuite par une longue langue de Terre jusques à Rio Cobre. Mais nous n'avons aucun interêt à cela, il vaut mieux continuer & dire que ce Pays n'est pas gouverné par un Roi, mais par cinq ou six des principaux habitans, dont un seul seroit assez puissant pour conquerir le Royaume de Jabi.

JABIS, Ville, selon Etienne qui cite Josephe. C'est la même que JABES.

JABLI. Voïez JEBILE & GABALA.

JABLUNKA, Bourg de Silesie avec un bon Chateau dans la Principauté de Teschen, vers le Midi, au bord Oriental de la Riviere d'Elsa, encore voisine de sa source ; quatre milles au dessus de Teschen. *i Baudrand Ed. 1705.*

JABNA. Voïez JAMNA.

JABOCH, [k] *Iabsoc*, Torrent de la Palestine au delà du Jourdain. Il a sa source dans les Montagnes de Galaad, & tombe dans le Jourdain [l] assez près de la Mer de Tiberiade, au Midi de cette Mer. C'est sur le Jaboc que le Patriarche Jacob eut sa rencontre avec les Anges qui lutterent contre lui [m]. Le Jaboc separoit les Ammonites de la Gaulanite & du Pays d'Og Roi de Basan. *k D.Calmet Dict. l Joseph. Ant.l. 4. m Genese c. 32. v. 1. & seq.*

JABRI, Ville de l'Arabie heureuse, selon Ptolomée [n]. *n l. 6. c. 7.*

1. JABRUDA, Ville de Syrie dans le Canton de Laodicée, selon le même [o]. *o l. 5. c. 15.*

2. JABRUDA, Ville de l'Arabie, il en est fait mention au Concile de Nicée [p]. *p Ortel. Thes.*

JACATRA, ancienne Ville d'Asie dans l'Isle de la Grande Java. Elle étoit Capitale d'un Royaume de même nom voisin du Royaume de Bantam, lors que la Compagnie Hollandoise des Indes Orientales s'y établit. Elle y eut d'abord une loge qu'elle fortifia avec le temps pour mettre cet établissement à couvert de toute insulte, sur tout de la part des Anglois qui voyoient cet établissement avec jalousie. Ces derniers ayant soulevé les Javans contre les Hollandois & les ayant assiegez, ceux-ci eurent la constance de soutenir un long Siége. Le secours qui arriva ensuite les mit en état de chasser les Anglois de l'Isle & du Detroit ; après quoi ils assiégerent Jacatra qu'ils prirent & détruisirent. Ils en ont fait ensuite une des plus belles places des Indes & la Capitale de tous les Pays que possede la Compagnie au delà du Cap de Bonne Esperance. C'est la même Ville que nous appellons aujourd'hui BATAVIA. Voïez ce mot. Le Royaume de Jacatra s'appelle presentement *Terres de la Compagnie* & n'a point d'autre Souverain qu'elle.

Le nom de JACATRA seroit entierement aboli, sans un petit Fort situé à quelque distance de la Ville, dans la plaine ; ce n'est qu'une simple redoute entourée d'un fossé sec ; où l'on met trente ou quarante Soldats tirez de la Garnison de Batavia, & commandez par un Enseigne & deux Sergents. Voïez l'Article de JAVA.

JACCA [q], Ville d'Espagne au Royaume d'Arragon, au pied des Montagnes de Jacca qui font partie des Pyrénées, & sur la Riviere d'Arragon. Elle a un Evêché suffragant de l'Archevêché de Sarragosse ; & a été autrefois la Capitale de l'ancien Comté d'Arragon. Il y a une Forteresse bâtie en 1592. Cette Ville est à huit lieuës de Sarragosse au Septentrion & à huit de Huesca vers les Frontieres de France. *e Baudrand Ed. 1705.*

§ Cette Ville est ancienne & a conservé son nom sans aucun changement. Ptolomée la [r] met au Pays des Vascons dans les Terres. *r l. 2. c. 6.*

JAC-

JAC.

JACCETANI, ancien Peuple de l'Espagne Tarragonoise, selon Ptolomée. Voiez LACETANI.

JACENA, contrée d'Afrique; ce mot qu'Ortelius trouve dans Victor d'Utique, est corrompu & & estropié de BYZACENA.

JACHURA, ou CACHURA, selon les divers exemplaires de Ptolomée [*l.5. c.13.*], Ville de la Grande Armenie.

[*De l'Isle Sicile.*] 1. **JACI**, ou GIACI [*t*], Château de Sicile dans la Vallée Demona, sur la côte de la Mer, sur une Montagne, & il a titre de Duché; & prend ce nom de la petite Riviere de Jaci.

[*v Ibid.*] 2. **JACI** [*v*], petite Riviere de Sicile dans le Val Demona, assez près du mont Etna; c'est la même que les Anciens ont nommée ACIS. Voiez ce mot.

[*w Ibid.*] 3. **JACI D'AQUILA** [*w*], Ville maritime de Sicile sur la côte Orientale, entre le Golphe de Ste. Tecle, & Ponta Sicca, presqu'à moitié chemin de Catane à Tavormina. Entre le Château de Jaci & la Ville de Jaci d'Aquila est une Chapelle nommée JACI S. ANTONIO; & à l'Occident de Jaci, en allant vers l'Etna, est un Village nommé JACI CATINA.

JACIACUM. Voiez LAVIACUM.

[*x Baudrand.*] **JACO** [*x*], nom moderne d'Iolcos Ville de Thessalie. Ce n'est plus qu'un Village sur le Golphe de Volo près de Demetriade.

JACOB, fils d'Isac & petit-fils d'Abraham; son nom a été donné à quelques lieux de la Palestine.

FONTAINE (LA) DE JACOB; c'est la même chose que le PUITS DE JACOB. Voiez ci-après cet Article.

[*y D.Calmet Dict.*] **GUÉ (LE) DE JACOB**, Gué de la Palestine. On pretend [*y*] que le Gué de Jacob est au dessus de l'embouchure du Jourdain dans la Mer de Tiberiade & au dessous de Cesarée de Philippe, à l'endroit où il y a aujourd'hui un Pont. Mais il n'y a nulle apparence que Jacob ait passé le Jourdain en cet endroit. Il est bien plus vrai-semblable qu'il le passa à Betsan ou aux environs, puis qu'il est certain qu'à son retour de la Mesopotamie il passa le Jaboc à Mahanaïm & que delà il alla à Phanuel & à Socoth, qui sont près de Betsan, & bien éloignez de ce pretendu Gué de Jacob. Or il paroit qu'il avoit passé le Jourdain en allant à Haran au même lieu où il le passa au retour, puis qu'il dit: *J'ai passé ce Fleuve du Jourdain n'ayant que mon bâton, & à present je le passe avec deux grosses troupes*.

[*z D.Calmet Dict.*] [*a St. Jean.*] **PUITS (LE) DE JACOB** [*z*], Puits de la Palestine près de la Ville de Sichem; sur lequel Jesus Christ parla à la Samaritaine [*a*]. C'étoit près delà que Jacob avoit sa demeure avant que ses fils eussent mis à mort les habitans de Sichem. Les anciens Voyageurs parlent d'une Eglise dediée à St. Jean Baptiste bâtie en forme de Croix sur la Fontaine ou le Puits de Jacob. [*b*] Ce Puits étoit dans l'Eglise & devant les Balustres de l'Autel. On y montroit encore, dit-on, le seau dont la Samaritaine s'étoit servie & les malades y venoient pour y boire & pour y recevoir la santé.

[*b Roland Palæst. T. 2. p. 1008. & 1009.*]

JACOBÆA INSULA. Voiez ST. JAMES.

JAC. JAD. JAE.

JACOBIPOLIS. Voiez { JAMESTOWN, ST. JAGO.

JACQUEMONT, petit Village de Savoye, dans la Tarentaise; il n'est remarquable que parce que c'étoit, dit-on, autrefois une Ville nommée AXIMA. Voiez AXIMA 2.

JACQUEVILLE, ancien nom de BROUAGE. Voiez ce mot.

JACTERENSIS, Ortelius trouve un Evêché de ce nom en Numidie. Je crois qu'il faut lire ZATTARENSIS; du moins il y avoit en cette Province une Ville Episcopale nommée ZATTARA. Voiez ce mot.

[*c Jaillot Atlas.*] **JADA**, Ruisseau d'Allemagne en Westphalie, au Comté d'Oldenbourg, près du Château de JADA. Après un fort petit cours il se jette dans un Golphe formé de ses eaux & de celles de la Mer, qui a inondé beaucoup de marais en cet endroit. Ce Golphe qui n'a point de nom different de la Riviere, se resserre près de la Mer, où il se jette par une Embouchure assez étroite en comparaison de l'étendue du Pays inondé.

JADASON. Voiez HYDASPE.

[*d Coronelli Dalmat.*] **JADER**, [*d*] (LE) Riviere de la Dalmatie. Vibius Sequester dit qu'elle coule près de Salone & se jette dans la Mer Hadriatique. Cela étant, c'est la même que l'on appelle presentement FIUME DI SALONA.

[*e l.3. c.21. f l.2. c.17. g l.2. c.3.*] **JADERA**, Ville & Colonie dans la Liburnie, selon Pline [*e*] & Ptolomée [*f*]. Le premier dit qu'elle étoit à CLX. M. P. de Pola. Pomponius Mela [*g*] en fait aussi mention. Elle est appellée sur une Medaille de Claudius COL. CLAUDIA, AUGUSTA, FELIX, JADERA; & une autre Medaille de Domitien porte COL. AUGUSTA JADERA. C'est aujourd'hui ZARA VECCHIA. Voiez ZARA.

[*h l.6. c.7.*] **JADI**, ou RHADI, selon les divers exemplaires de Ptolomée [*h*], Village de l'Arabie heureuse. Ortelius en fait une Ville; le mot appellatif Κώμη fait voir que ce n'étoit qu'un Village.

[*i l.4. c.20.*] **JADONI**, ancien Peuple de l'Espagne Tarragonoise, selon Pline [*i*]. Ils étoient dans le departement de Lugo & voisins des Arrotrebes.

JADUA. Voiez GUTTALUS.

JAECKSA. Voiez JAKSA.

[*k Vayrac Etat pres. de l'Espagne T. 1. p. 200.*] 1. **JAËN** [*k*], Ville d'Espagne dans l'Andalousie & Capitale d'un petit Royaume du temps des Maures. Elle est située au pied d'une Montagne à une lieue du Guadilbelon, & à deux du Guadalquivir, dans le voisinage d'une vaste Campagne que les Espagnols appellent *Las Navas de Tolosa*, où le Roi Alphonse VIII. défit une Armée formidable de Mores. La Ville est ceinte de bonnes Murailles, & est deffendue par quelques remparts, par des tours & par un bon Château qui la commande. Elle est passablement grande, assez jolie, ornée d'une place publique spacieuse, bordée de belles Maisons: on y voit de somptueuses Eglises, de magnifiques Couvens, & de belles Fontaines, entre lesquelles il y en a une au bout de la Ville, dont la source sort d'un rocher avec tant d'abondance qu'elle forme un ruisseau. Elle est environnée d'un bel ouvrage de Maçonnerie, quarré, fermé de treil-

A 2

treillis & peint tout à l'entour. C'est une des Villes de toute l'Andaloufie où il y a le plus de gens de qualité. Elle est honorée d'un Siège Episcopal & celebre dans toute l'Espagne pour la devotion qu'ont les Espagnols pour la Ste. Veronique qu'on garde dans une chasse magnifique placée sur le grand Autel, au dessous de l'endroit où repose le St. Sacrement ; laquelle se ferme à sept clefs qui sont en dépot entre les mains de sept personnes differentes. La Sacristie où l'on fait voir cette precieuse relique est une des plus belles de toute l'Espagne. La Custode dont on se sert pour porter le St. Sacrement le jour de la Fête-Dieu est d'argent, d'une grandeur extraordinaire bien travaillée & ornée de quantité de petites Statues qui en rehaussent la beauté & le prix. Ferdinand III. Roi de Castille, conquit cette Ville sur les Maures l'an 1243. & l'orna de l'Evêché qu'il y transfera de Bäéça. Le Territoire où elle est située est fertile en bled, en vin & en huile, abondant en fruits exquis de toute espece, & très-riche en Soye. On y trouve aussi quantité de Gibier de toutes sortes & generalement tout ce qu'on peut souhaiter pour les besoins de la vie.

l T. 2. p. 340.

L'Evêché de Jaën fut établi du temps des Rois Goths à Bäéça comme nous avons dit, & il y subsista jusqu'à l'invasion des Mores. On ne sait precisement ni le temps de son érection, ni le nom des Evêques qui occuperent le Siége Episcopal pendant les quatre premiers Siécles. A la verité celui qui a écrit l'Histoire de ce Diocèse en rapporte plusieurs, mais sans beaucoup de preuves.

Lorsque le Roi St. Ferdinand eut conquis la Ville de Jaën sur les Infideles, il y transfera l'Evêché de Bäéça sous le Pontificat d'Innocent IV.

Le Chapitre est composé de huit Dignitaires, de vingt & un Chanoines, de vingt-quatre Prebendiers & de plusieurs Chapelains. Les Dignitaires sont le Doyen, les Archidiacres de Bäéça, de Jaen, & d'Ubeda, le Chantre, l'Ecolâtre & le Prieur. Lorsque quelque Dignitaire meurt après avoir fait son testament, l'Evêque ne recueille de sa dépouille qu'un certain droit qu'on appelle *la Luctuosa*, c'est-à-dire *la pleureuse* ou *le droit de Deuil* ; lequel se reduit à choisir parmi les meubles du defunt celui qui lui convient le mieux ; mais s'il meurt *ab intestat*, l'Evêque se met de plein droit en possession de tout ce qu'il laisse, tant meubles qu'immeubles, ce qui arrive assez souvent, parce que le Dignitaire ne peut tester que par une permission expresse du Pape qu'il n'accorde pas aisément.

Le Diocèse se divise en sept Archiprêtrez qui sont,

Jaën,   Bäéça,
Arjona,   Ubeda,
Anduxar,   Iznatorafe,
& Sant Estevan del Puerto.

Chaque Archiprêtre a son Vicaire. Il s'étend sur quatre vingt-quatre Paroisses, sur deux Eglises Collegiales qui sont Ubeda & Bäéça, sur trente cinq Couvens de Religieux & sur vingt-cinq de Religieuses, dont huit sont soumis à l'Evêque ; sur soixante & dix huit Hermitages, sur quarante-huit Hôpitaux, sans compter sept Bourgades qui dependent de l'Ordre de Calatrava & pretendent être exemtes de la jurisdiction de l'Evêque, quoiqu'il y ait un droit établi en vertu du Concordat qui fut fait sous l'Empereur Charles V. auquel les Chevaliers de cet Ordre ne veulent pas se conformer. L'Evêque jouit de 20000. Ducats de revenu.

Le Royaume de Jaën, petit Canton de l'Espagne dans l'Andaloufie ; c'est non seulement le plus petit des Royaumes qui obeïssent à Sa Majesté Catholique, mais même c'est la plus petite partie de celles dont la Monarchie Espagnole est composée ; & quoiqu'il soit à present compris dans le Gouvernement de l'Andaloufie, le Roi d'Espagne ne laisse pas d'exprimer dans ses titres celui de Roi de Jaen en particulier ; aussi bien que celui de Roi d'Arragon. Il n'y a que cinq Villes considerables, savoir,

m Tom. 1. P. 199.

Jaen Capitale,   Ubeda,
Bäéça,   Carçorla,
& Caslona.

2. JAEN[n], Ville de l'Amerique dans le Perou, près de la source de la Riviere de Chuquimayo, aux confins des Audiences de Quito & de Lima.

n Du P. Isle Atlas.

JAFA, Jaffa ou Japha ; Ville & Port de Mer de la Palestine sur la Mer Mediterranée. Les Anciens l'ont connue sous le nom de Joppe. Voiez ce mot.

Le P. Nau parle ainsi de cette Ville dans son Voyage de la Terre Sainte.

o Voyage de la Terre Sainte. p. 22.

°Jafa se nommoit autrefois Joppé, les Hébreux l'appellent Jafo, d'un nom qui signifie *beauté*, parce qu'en effet, c'étoit une fort belle Ville. Elle n'a plus rien de beau que sa situation, elle est sur une coline assez élevée & assez grande, d'où l'on découvre d'un côté la Mer, & de l'autre des Campagnes vastes & fertiles. On dit qu'anciennement elle s'étendoit davantage dans la plaine, jusqu'à près d'une demi lieuë, & l'on montre sur un Tertre des restes d'une Maison ou d'une Eglise, que l'on dit être le lieu où demeuroit la charitable Tabitha, que S. Pierre resuscita ; mais à present les ruines des belles Fortifications, qui s'y voient, entourent seulement la colline. Ce fut S. Louïs qui les fit bâtir l'an 1252. Elle en avoit eu auparavant d'autres. Godefroy de Bouillon voyant l'utilité de son port, en conserva soigneusement le Château, & y mit Garnison. Elle a été assiegée diverses fois par les Infideles, & a soûtenu pour le moins six siéges sans pouvoir être prise. Elle le fut enfin par Saladin, qui la ruina : mais quelques années après, saint Louïs la fit rétablir. Comme on exécutoit les ordres qu'il en avoit donnés, les Infideles surprirent les ouvriers, & les tuerent. A cette nouvelle le saint Roi vint de saint Jean d'Acre, où il étoit, & voyant les corps de ces pauvres Chrétiens sans sépulture, il commanda qu'on les mît en terre, & il eut le courage lui-même de donner

JAF.   JAF.   5

donner l'exemple, & de charger sur ses epaules de ces cadavres puants, & de les porter dans la fosse. Il n'y a pas fort long-tems que Jafa étoit presque sans maisons : on n'y voyoit que le petit Château qui est au haut de la Colline, & un autre auprès de la Mer qui ne merite pas ce nom. A peine y trouvoit-on quelques Magazins mal faits. Les Arabes qui les habitoient, demeuroient sous de méchantes huttes de boue. Aujourd'hui tout le bas vers le Port est bâti de bonnes maisons de pierres, le trafic s'y est trouvé bon, & l'on y fait un grand débit du Savon de Jerusalem & de Rame. On y apporte d'Egypte quantité de ris, & d'autres sortes de denrées y entrent, & en sortant, qui apportent au Bassa de Gaze un revenu considerable. Le port n'étoit pas mauvais autrefois. On avoit élevé un Mole pour le garantir des vents dangereux, mais tout cela est abatu, & les ruines de la Ville l'ont gâté, desorte que les Navires & les grandes Tartanes n'y peuvent entrer : mais la rade est assez commode & ils y mouillent. Ce Port fait particulierement penser à Jonas qui par une simplicité surprenante dans un Prophète, vint s'embarquer à Jopé s'enfuir de la presence de Dieu, qui le pressoit d'aller menacer Ninive de sa destruction. Il y a sur le bord de ce Port à l'Occident de la Ville, une source d'eau douce qui donne à boire aux habitans & aux passagers. Les Chrétiens Francs, & les Armeniens, y ont des Logis pour y recevoir les Pelerins de leur Nation. Il n'y a point d'autre Eglise qu'une seule qui est ruinée & decouverte, à quelques pas de la Ville, où les Grecs vont faire l'Office, elle est dediée à S. George. Jafa étoit un Evêché du tems de nos Rois de Jerusalem, c'est une Ville aimable aux Pelerins, puisque c'est à son Port qu'ils abordent. Le Sieur Paul Lucas qui dans son Voyage de l'Asie mineure *p*, vit Jafa au Mois d'Avril 1707. en parle ainsi. JAFA est le Port de Mer de la Palestine, & étoit autrefois une Ville fort considerable. On l'appelloit anciennement Joppé : mais il y a apparence que ce n'étoit que les étrangers; & que les Orientaux l'ont toûjours nommé Jafo ou Jaffa : puisque les Arabes ne connoissent point la lettre P. & qu'il est probable que les Juifs, qui tenoient ces Provinces, n'avoient que les mêmes lettres. Quoiqu'il en soit, Jaffa est à present aussi ruinée que toutes les autres anciennes Villes, qui sont sous la domination des Turcs. C'est le tout si elle a quatre cens habitans : ils sont revendeurs, & ne débitent que les provisions necessaires aux Pelerins de Jerusalem. Ils ont fait au dehors une espece de terrasse, sur laquelle ils tiennent toûjours plusieurs petites pieces de Canon. Cela empêche l'approche des Arabes, qui viennent quelquefois ravager le Païs. Il y a encore quatre Tours quarrées que l'Aga prend pour sa demeure. Il est mis là par le Grand Seigneur, pour exiger des Pelerins les *Caffars*, c'est-à-dire, pour chaque Pelerin quatorze Piastres Dabouguel : mais aussi pour cette somme il fait fournir de voiture jusqu'à Jerusalem. On sait que c'est à Joppé que Saint Pierre vit un drap qui descendoit du Ciel & étoit rempli de toutes sortes d'animaux. C'est aussi une

vieille opinion de quelques Chrétiens, que de cette Ville sortirent un jour la Magdelaine, Sainte Marthe & Lazare pour se mettre en mer sur un bâteau sans voile, sans rames & sans gouvernail. Comme la Palestine est devenue un pays de traditions populaires, j'en rapporterai une de Jaffa qui paroît plus ancienne que le Christianisme, & qui ressemble assez à la Fable de Persée & d'Andromede. Le bord de la Mer auprès de cette Ville est plein d'écueils, les gens du Pays disent qu'il y avoit autrefois, tantôt sous les antres, tantôt sur le haut des rochers, un monstre marin d'une figure hideuse, & épouvantable, qu'il paroissoit souvent sortant des antres, & s'avançant dans la Mer avec des bruits horribles. Ils ajoutent qu'ils étoient obligez de lui donner tous les jours, quelque malheureux à dévorer, pour éviter de plus grands ravages : mais qu'un homme qui avoit des ailes, devenu amoureux d'une Princesse qu'on étoit contraint d'exposer à ce monstre, le combattit, le tua, & ainsi délivra sa Maitresse du peril, & la Province de cette affliction publique. Je m'informai de quelques Turcs s'ils ne savoient pas le tems de cette Victoire : ils me répondirent, qu'elle étoit avant Mahomet, & du tems des anciens Payens.

JAFANAPATAN *q*, Ville de l'Inde dans la partie Septentrionale de l'Isle de Ceïlan & dans une contrée peuplée par les Malabares. Comme les Chingulais, ou naturels de l'Isle méprisent extraordinairement ces étrangers, ils regardent cette partie de leur Isle comme si elle n'en étoit pas. Cette Ville qui est grande a été bâtie & fortifiée par les Portugais lorsqu'ils étoient maîtres de ce Pays-là & avant que les Hollandois les en eussent chassez. Elle est située au Nord de la pointe de Calmoni à l'entrée d'un bras de Mer qui avançant dans les terres semble vouloir detacher le Pays de Jafanapatan du corps de l'Isle auquel il ne tient que par un Isthme. Cette Place est quarrée, & d'autant plus forte qu'elle est entourée de larges fossez & de murailles fort hautes. Les troupes de la Compagnie la prirent par Capitulation le 21. Juin 1658. Les Portugais possedoient ce Pays depuis environ quarante ans.

LE ROYAUME DE JAFANAPATAN, est une Presqu'Isle presque détachée de l'Isle de Ceïlan. Il est riche & bien peuplé ; à environ six milles de long & trois de large & cette langue de terre est bien garnie de Villages. On en compte environ 159. distribuez sous trente-quatre Eglises. Ce Royaume a au Nord le Golphe de Bengale & au Midi la Riviere qui forme un Golphe & se jette dans la Mer par deux Embouchures. Il est divisé en quatre Provinces, savoir BELLIGAMME, TENMARACHE, WADEMARACHE, & PATCHIARAPALE. (Ribeyro *r* écrit ces noms *Belligampato* qui est à la pointe & plus au Nord, *Teninarache*, *Wademarache*, & *Patiarapali*.) Le terrein est bas presque partout & très-fertile. Le Pays est bien peuplé & planté de beaux arbres.

s Outre cette Presqu'Isle qui fait partie de Ceïlan il y a plusieurs Isles qui, quoiqu'elles ne soient pas de grande étendue, font une partie considerable de ce Royaume. Ces Isles sont,

A 3   Oura-

q Baldaeus Beschreibung der Insel Zeylon.

r Hist. de Ceylon p. 100.

s Ibid. p. 187.

JAF. JAG.

Ourature, Dona Clara,
Caradive, Dos Bramines,
Pangardive, Das Vaccas,
& Paletiva.

La premiere porte aujourd'hui le nom de LEYDEN, la seconde celui d'AMSTERDAM, une huitiéme à laquelle les Portugais n'avoient point donné de nom est appellée DELFT par les Hollandois. L'Isle *das Vaccas*, ou des Vaches, s'appelle auſſi *das Cabras*, celle de DONNA CLARA a reçu ce nom d'une Dame appellée ainſi qui y demeuroit.

§ Le nom de cette Ville & de ce Royaume s'écrit diverſement JAFANAPATAN, JAFFANAPATNAM, JAFNAPATAN, & JAFFENEPATAN.

JAFNE. Voiez JAMNA.

1. JAGANAT, Ville d'Aſie dans l'Indouſtan dans la Province de Soret, au Nord de cette Province [t]. C'eſt ſans doute la même que Mrs. Baudrand, Maty & Corneille appellent JANAGAR.

[t] *De l'Isle Carte des Indes.*

2. JAGANAT, ſelon Thevenot [v]; c'eſt ainſi que les Indiens Idolâtres appellent la Province d'*Oulesser*, que nous appellons *Bengale*; & ils lui donnent ce nom à cauſe de la fameuſe Pagode de JAGANAT qui y eſt. Cette Pagode eſt ſans doute la même que Tavernier nomme JAGRENATE. Voiez ce mot.

[v] *Voyage des Indes c. 40.*

JAGATH, ancienne Ville d'Afrique dans la Mauritanie Tingitane, ſelon Ptolomée [w].

[w] *L. 4. c. 1.*

JAGERNDORFF, Ville & Château de Sileſie dans la Principauté de même nom [x]. Avant les longues guerres Civiles d'Allemagne, cette Principauté appartenoit au Marggrave de Brandebourg qui en fut dépouillé. Il ne ceſſa point de conſerver ſes pretentions juſqu'à l'Accord par lequel on lui donna dans la baſſe Sileſie le Cercle de Schwibus qu'il prit pour équivalent, moyennant quoi il ceda Jagerndorff à l'Empereur. C'eſt le Prince de Lichtenſtein qui le poſſede à titre de Fief.

[x] *Hubner Geogr.*

§ L'*a* dans la premiere Syllabe de ce nom eſt un a adouci comme diſent les Allemands (ä) & ſe prononce comme *e* ou comme un *é* clair. Il eſt de même dans l'Article qui ſuit. L'*i* dans l'un & dans l'autre eſt un I Voyelle.

JAGERSBURG [y], Maiſon de plaiſance du Roi de Danemarck dans l'Iſle de Seelande: ce nom veut dire *Maiſon de Chaſſe* [z]. Elle eſt à quatre lieues de Coppenhague.

[y] *Ibid.*
[z] *Baudrand Ed. 1705.*

JAGNIEVO [a], Ville de Turquie dans la Servie, dans une plaine entre les Montagnes, à demie-journée de chemin de Monte Novo.

[a] *Ibid.*

JAGODNA [b], Ville de Turquie dans la Servie en une très-belle plaine près de la Morave, à quarante mille pas du Danube au Midi en allant vers Novibazar.

[b] *Ibid.*

JAGOS [c], (LES) Peuple d'Afrique. Ils ſont errans & voleurs comme les Arabes. Ils ſe ſont repandus en pluſieurs endroits de la baſſe Ethiopie. Mais principalement dans le Royaume d'Anzico. Ils adorent le Soleil & la Lune. Ils ſont ſi feroces qu'ils ſe mangent les uns les autres dès qu'ils ſont morts. Ils ont pour armes une hache, un arc, & des fleches.

[c] *Ibid.*

JAGRENATE [d], Lieu des Indes ſitué à l'une des Embouchures du Gange, & celebre par une grande Pagode qu'on y a bâtie. C'eſt où le Grand Bramine, c'eſt-à-dire, le Grand Prêtre des Idolâtres fait ſa réſidence. Le Chœur ou Interieur de cette Pagode eſt fait en forme de Croix. La grande Idole qui eſt ſur l'Autel a deux Diamans qui tiennent la place des yeux, & un autre qui étant attaché à ſon cou, lui deſcend ſur l'eſtomac; le moindre de ces Diamans eſt d'environ quarante carats. Cette magnifique Idole nommée KESORA, porte au bras des braſſelets tantôt de perles, tantôt de rubis, & elle eſt couverte depuis le col juſqu'en bas d'un grand manteau pendant ſur l'Autel, ce manteau eſt de brocard d'or ou d'argent, ſelon les Solemnitez. Au commencement elle n'avoit ni pieds ni mains, & les Bramines content à ce ſujet qu'après qu'un de leurs Prophétes eût été enlevé au Ciel, cette perte leur cauſa à tous une douleur ſi ſenſible que Dieu pour les conſoler leur envoya un Ange avec ordre de leur faire une Statuë qui eût la reſſemblance du Prophete, afin qu'ils en euſſent toûjours l'image devant les yeux. Tandis que l'Ange travailloit à cette Idole, l'impatience les prit, enſorte qu'ils la lui ôterent pour la mettre dans la Pagode quoiqu'elle fût encore ſans pieds & ſans mains. Comme ce defaut la rendoit difforme, ils lui firent des mains de certaines petites perles, appellées perles à l'once. Quant aux pieds le manteau les cache, & on ne voit que le viſage & les mains. La tête & le corps ſont faits de bois de Sandal. Autour du Dôme ſous lequel a été miſe l'Idole, & qui eſt fort élevé, ce ne ſont depuis le bas juſqu'au haut que des niches remplies d'autres Idoles dont la plûpart repreſentent des monſtres hideux, & qui ſont de pierres de differentes couleurs. De chaque côté de la Pagode il y en a une autre beaucoup plus petite où les Pelerins font faire leurs moindres offrandes, & quelques-uns qui dans leurs maladies ou dans l'embarras de leurs affaires ſe ſont voüez à quelque Dieu, en apportent la reſſemblance dans ce lieu-là pour reconnoître le ſecours qu'ils croyent en avoir reçû. La Pagode de Jagrenate eſt la plus frequentée de toutes les Indes, à cauſe de ſa ſituation ſur le Gange dont les Idolâtres ſont perſuadés que les eaux ont une vertu particuliere pour les purger de leurs ſouilleures, quand ils s'y lavent. On y aborde de tous les côtez, & le revenu en eſt ſi conſiderable par les grandes aumônes qui s'y font, qu'il peut ſuffire à nourrir tous les jours quinze ou vingt mille Pelerins. Les ſommes qu'elles produiſent ne ſont pas tant à la diſcretion de ceux qui les font qu'à la diſpoſition du Grand Prêtre, qui avant que de donner permiſſion aux Pelerins de ſe raſer, de ſe laver dans le Gange, & de faire les autres choſes neceſſaires pour s'acquitter de leur vœu, taxe chacun, ſelon ſes moyens dont il s'eſt exactement informé, & le tout eſt appliqué à la nourriture des pauvres, & à l'entretien de la Pagode. On frote tous les jours la grande Idole avec des huiles de ſenteur qui la rendent toute noire, & ce Dieu a ſa ſœur nommée *Sotora*, à ſa main droite, & ſon frere appellé *Balhadar*, à ſa gauche. Ils ſont tous deux vêtus & debout. Devant cette même Idole

[d] *Tavernier Voyage des Indes l. 3. c. 41.*

en

JAG. JAH. JAI. JAK.   JAK.

en tirant un peu à gauche on voit sa femme qu'ils appellent la *Kemiu*. Cette derniere est toute d'or massif, & les deux autres de bois de Sandal comme la grande. Toutes ces Idoles sont sur une espece d'Autel entouré de grilles, n'y ayant personne qui puisse y toucher que certains Brathines destinez à cet office. Auprès de cette Pagode est le tombeau d'un de leurs Prophetes à qui les Indiens rendent de grands honneurs.

e De Laet Ind. Occid. l. 1. c. 7.

JAGUANA [e], Ville de l'Amerique dans l'Isle Hispaniola. Les Espagnols la nomment SANTA MARIA DEL PUERTO. Elle est située du côté de l'Ouest à cinquante ou soixante lieues de St. Domingue & à une lieue de la Mer, quoi qu'elle ait un port commode. Elle n'a que trois rues qui contiennent environ cent cinquante maisons. Les Anglois la surprirent l'an 1541. & la ruinerent presque entierement.

f c.15.v.21.

JAGUR, ou JADUR [f], Ville de la Palestine dans la Tribu de Juda. Il en est parlé au livre de Josué. On en ignore la situation; on sait seulement qu'elle étoit au Midi de Juda.

JAGUSA, Ruisseau de l'Empire Russien au Duché de Moscou, où elle arrose la Capitale & se perd dans la Mosca. Mr. de l'Isle la nomme YAOUSA.

JAHAT, ou JACASA. Voiez JASA.

JAÏCK, (le) Riviere de la Tartarie, à l'extrémité Orientale du Royaume qu'il separe du Turquestan. Ce sont les Russiens qui la nomment ainsi, car son nom est JAÏGIK.

g Hist. des Tatars p. 46.

[g] Elle a sa source dans cette partie du Mont Caucase que les Tartares appellent ARALL-TAG; à 53. d. de Latitude & à 85. d. de Longitude. Son cours est du Nord-Nord-Est au Sud-Sud-Ouest; & elle se décharge après un cours d'environ 80. lieues d'Allemagne dans la Mer Caspienne à quarante-cinq lieues à l'Est de l'Embouchure de la Riviere de Wolga. La Riviere de Jaïck fait à present la frontiere de ce côté entre l'Empire de Russie & les Etats du Contaïsch Grand Chan des Calmouks. Ses bords sont fort abondans en paturages ; mais ils sont fort dépourvûs de bois sur tout vers la Mer Caspienne. Elle est d'une abondance incroyable en toutes sortes d'excellens poissons & on assure qu'au commencement du printemps les poissons viennent en si grande quantité de la Mer Caspienne dont les eaux sont extrêmement salées chercher l'eau douce de cette Riviere qu'ils battent quasi le Courant de l'eau & qu'on en peut prendre de la main tant qu'on veut. C'est principalement de cette grande quantité de poissons qu'on prend dans le Jaïck & dans le Wolga, qu'on transporte les Oeufs salez par toute l'Europe sous le nom de *Caviar*; ce qui peut assez faire juger de la quantité qu'on en pêche annuellement. Au mot COSAQUES j'ai parlé amplement de ceux qui habitent le long de cette Riviere.

JAÏCZA. Voiez JAYSA.

JAINVILLE. Voiez JANVILLE.

JAÏR. Voiez AVOTH-JAÏR.

h Ed. 1705.

JAKOTIN, Mr. Baudrand [h] nomme ainsi un Bourg de l'Ukraine sur la Riviere de Supoi; Mr. de l'Isle l'appelle LAHOTIN.

JAKSA, ou JACKSIE, Ville de la grande Tartarie dans la Daurie, selon Mr. Baudrand [i]; il la met à dix lieues de la Riviere d'Amur & à quarante d'Albasin & cite la Carte de Mr. Witsen. Mr. de l'Isle [k] prétend au contraire que JAKSA & Albasin sont une même Ville au bord de l'Amour. La Nouvelle Carte de tout l'Empire de la Grande Russie publiée à Leyden ne fait aucune mention de Jaksa ; mais bien d'ALBASSINSKOI, Ville située au confluent de l'Albassin & de l'Amur. On y remarque que cette Ville des Russes a été ruinée par les Chinois & les Mongales.

i Ibid.
k Carte de la Tartarie.

JAKUTES [l], (les) Peuple d'Asie dans la Tartarie aux environs de la Riviere d'Amga & de la Ville de Jakutskoi. Ils s'habillent d'une maniere particuliere. Leurs Just'au-corps sont faits à peu près à l'Allemande & de fourrures de toutes sortes de couleurs cousues ensemble avec une bordure blanche de quatre doits, de poil de biche, & sont ouverts par derriere & par les côtez, mais ils ne portent pas de Chemise. Ils ont les cheveux longs & croient qu'il y a au Ciel un Dieu qui leur donne la vie, la nourriture, une femme & des enfans. Au reste ils celebrent une fois l'année une grande fête & lui offrent du Kunis & de l'Arack. Ils s'abstiennent même de boire pendant qu'elle dure & font de grands feux qu'ils arrosent continuellement de ces liqueurs-là à l'Est, en quoi consiste toute leur offrande. Lorsqu'un d'entre eux vient à mourir, ils font enterrer avec lui le plus proche de ses parens, coutume à peu près semblable à celle de quelques Indiens dont les femmes accompagnent le corps sur le bucher, & s'y font brûler avec lui pour n'en être pas separées en l'autre monde.

l Isbrand Ides Voyage.

Leur Langue est assez semblable à celle des Tartares Mahometans qui habitent aux environs de Tobol, & sont originaires du Pays de Bulgar, la Polygamie leur est permise. Leurs principales montures sont des Cerfs (des Rennes) dont ils se servent même pour leur monture & avec lesquels ils font beaucoup de chemin en peu de temps. Ils sont braves gens, ne manquent pas de genie & aiment la verité. Cependant lorsque le Gouverneur du Jakutskoi dont ils dependent, n'est pas ferme & rigide, ils commettent toutes sortes de violences, & font des coursés continuelles , mais lorsqu'il leur tient la bride haute, ils sont obeïssans & paisibles & ne commettent aucun desordre; au contraire ils l'estiment & seroient fachez de le perdre. Ils pretendent être issus des Mongales & des Kalmuques; & qu'ils ont été transferez au Nord par les Russiens. Le Scorbut est un mal fort ordinaire parmi eux, mais ils s'en guerissent facilement en mangeant du Poisson cru & du *Deugti* qui est une espece de Gaudron.

JAKUTSKOI, Ville de l'Empire Russien en Siberie, dans la Tartarie, sur la Riviere de Lena, au Pays des Jakutes qu'elle tient dans le respect; & dont elle prend son nom. C'est delà qu'il va en été des barques pour se rendre le long des côtes & par les ouvertures du Cap à Sabatzia, à Anadieskoi & à Kamsatka pour y prendre du Narwal & de l'huile de baleine. Les Tartares de ces quartiers-là servent pour cela de petites barques de cuir d'une legereté extraordinaire.

JA-

JALA, JAELE, ou YALE, petite Ville de l'Isle de Ceïlan environ à vingt lieues à l'Orient de la Ville de Mature; elle étoit autrefois bien peuplée & capitale d'un Royaume particulier; mais à present elle est depeuplée & négligée par les Hollandois à qui elle appartient. Elle est nommée AJALA sur la Carte de Ceylan par Mr. de l'Isle.

JALASAGAN, Ville de la Tartarie. Elle est appellée par les Moguls CHAMBALICK, ou la *bonne Ville*; *Cham* voulant dire en langage des Moguls *bon* & *balck* une *Ville*. Le Traducteur de l'Histoire des Tatars en parle ainsi dans une Note [m]. Cette Ville doit avoir été quelque part dans la petite Boucharie, vers les Confins de la grande Boucharie & des Etats du Contaïsch. Mais je ne puis pas dire précisément si elle subsiste encore sous le même nom quoi qu'on m'en ait voulu assurer positivement, & que même c'est maintenant un des principaux passages par où l'on entre de ce côté dans la grande Boucharie.

[m] p. 223.

JALIGNY [n], petite Ville de France dans le Bourbonnois sur la Riviere de Besbre qui se jette dans la Loire quatre lieues plus bas, à Bourbon-Lancy.

[n] Baudrand.

JALINES, Village de l'Isle de Cypre sur la côte Septentrionale, c'étoit, à ce que l'on croit, la Ville de MACARIA. Voiez ce mot.

JALOFES [o], (les) ou GELOFES, Peuple d'Afrique dans la Nigritie. Ils habitent depuis l'Embouchure du Senegal, allant au Sud, jusqu'environ six ou sept lieues du Cap verd; ce qui fait du Nord au Midi une étendue de quarante lieues de côte maritime, & de l'Est à l'Ouest cent lieues dans les terres.

[o] Voyage de le Maire.

JALYSUM, ancienne Ville de l'Isle de Rhode. C'étoit une des trois Villes de cette Isle que Strabon [p] & Pline appellent *Lindum*, *Camirum* & *Jalysum*. Homere [q] les nomme toutes trois en un même vers.

[p] l. 14. p. 653.
[q] Iliad. B. v. 656.

Λίνδον, Ἰηλυσσόν τε καὶ ἀργινόεντα Κάμειρον.

Mais Strabon [r] dit que ces trois Villes se fondirent dans celle de Rhode. Diodore de Sicile [s] dit que cela arriva la premiere année de la XCIII. Olympiade.

[r] l. 14. p. 655.
[s] l. 13.

JAM [t], Ville maritime d'Afrique sur la côte de l'Ocean dans la Nigritie à sept ou huit lieues de la Riviere de St. Domingue. Le flux & reflux de la Mer forme un petit ruisseau qui conduit à la Ville de Jam, où beaucoup de Portugais font quantité de Cire qu'ils vendent & trafiquent par terre à Gambie & à Cacheaux.

[t] Voyage de le Maire.

1. JAMA, Riviere de l'Empire Russien en Ingrie, à laquelle elle sert de bornes au Midi. Au dessous de la Ville de même nom [v] elle se partage en deux branches qui forment une Isle. L'un des bras va se perdre dans le Golphe de Finlande assez près de Coporie, & l'autre a son Embouchure auprès de celle de la Riviere de Narva.

[v] De l'Isle Carte de Moscovie.

2. JAMA, ou JAMAGOROD, Ville de l'Empire Russien dans l'Ingrie sur la Riviere de Jama; à l'Orient d'été de Narva, à environ dix Werstes de cette Ville, qui reviennent à deux milles Géographiques.

JAMAÏQUE [w], (LA) Isle de l'Amerique Septentrionale sous la domination des Anglois qui l'ont enlevée aux Espagnols. Elle est par les 17. d. 40′. de Latitude pour sa partie Meridionale, & par les 18. d. 45′. pour sa partie Septentrionale. Elle est au Midi de la partie Orientale de la grande Isle de Cuba dont elle est separée par un détroit d'environ quinze lieues de largeur. Un autre détroit d'environ vingt lieues la sepâre de l'Isle de St. Domingue qui est au Levant. Elle est à cent seize lieues & au Nord de Porto Belo, & à cent quatorze de Carthagene. Sa figure tient un peu de l'Ovale, c'est un sommet continu de hautes Montagnes courant de l'Est à l'Ouest qui s'étendent l'une après l'autre, & qui sont remplies de sources fraiches qui fournissent l'Isle d'une grande abondance de Rivieres agréables & utiles; la plupart du terroir est gras & fertile. C'est une terre noiratre & mêlée d'argile, excepté dans la partie du Sud-Ouest où la terre est generalement plus rouge; mais par tout elle est admirablement fertile, & propre à être avantageusement cultivée. Ce sont des sources perpetuelles & il y a des arbres & des plantes qui ne se depouillent jamais de leur verdure. Elle a environ cent soixante & dix milles de longueur & soixante & dix de largeur. Elle est entremélée de bois & de Montagnes, de Savanes ou de plaines que l'on suppose avoir été des champs de Maïz d'Inde ou de froment, mais lorsque les Espagnols se rendirent Maîtres de l'Isle, ils changerent ces champs en paturages pour des chevaux, des bœufs, des porcs, & autre bétail qu'ils avoient amené pour peupler & qui s'est tellement multiplié que l'on voit de grands troupeaux de chevaux & autres animaux qui sont devenus sauvages dans les bois. Ces Savanes que l'on regarde comme les terres les plus steriles de l'Isle & que l'on ne laboure point produisent une si grande quantité d'herbes que l'on est souvent obligé d'y mettre le feu.

[w] Amerique Angloise p. 1. & seq.

L'air est serain & clair & plus temperé que dans les Isles voisines; la chaleur y est mediocre & l'air y est continuellement rafraichi par le vent d'Est, & par des grains & de grandes rosées qui tombent la nuit. La verdure perpetuelle en rend le sejour très-agreable sur tout dans la partie Meridionale. L'Est & l'Ouest sont un peu plus sujets à la pluye & aux vents. Aucune partie n'est sujette aux Ouragans qui font tant de ravages dans d'autres Isles. On a observé que les Montagnes qui traversent l'Isle d'une extremité à l'autre sont plus froides qu'aucune autre partie ensorte qu'il y a quelquefois de petites gelées blanches le matin. Le beau temps est moins constant dans cette Isle que dans le reste des Isles Caribes; mais il faut attendre la belle saison en Mai & Novembre. Les vents soufflent constamment de l'Est, sans qu'il y ait aucune variation. Ils les appellent *Briézes*, ces vents se levent ordinairement vers les neuf heures du matin & soufflent plus fraichement lorsque le Soleil est plus haut que les Montagnes, ensorte que les Artisans & les Laboureurs peuvent travailler au milieu du jour. Les vents d'amont soufflent ordinairement jusqu'à six ou sept heures après midi. (On apelle ainsi les vens depuis le Nord à l'Est & depuis l'Est jusqu'au Sud.) Et quand ils changent

gent à l'Ouest que les habitans de l'Isle appellent la Terre des Briezes parce qu'ils soufflent des terres & qu'ils chassent leurs bâteaux & leurs vaisseaux de leurs Havres. Il n'y a point là d'Hyver apparent ; il y a seulement un peu plus de Pluye & de Tonnerres dans les Mois d'Hyver que dans les autres temps. La longueur des jours & des nuits n'y changent pas beaucoup ; mais ils sont à peu près d'égale longueur toute l'année, savoir le jour d'environ quatorze heures. Le flot ne monte que d'un pied. Les courants sont changeans & incertains ; personne n'en peut donner de raison, ni dire pourquoi les Ouragans & les Tremblemens de terre ne se font point sentir à la Jamaïque.

Les Rivieres de l'Isle ne sont pas belles d'elles-mêmes, ni navigables ; & comme l'Isle est pleine de Montagnes, ces Rivieres y ont leur source, & en tombent avec tant de rapidité qu'elles causent souvent des inondations, & ravagent tout comme des torrents. Il y en a plusieurs qui tarissent en certains temps, & en d'autres ont plus d'eau que la Tamise.

L'Isle n'a que trois Villes qui soient de quelque consideration. La Capitale est *Sant Jago de la Vega*. Les deux autres sont *Port Royal*, & *Passage*, *Seville*, *Melilla* & *Oristano*, qui étoient de quelque consideration du temps des Espagnols, sont à present peu de chose.

Outre ces Villes qui sont maritimes il y a divers Ports qui ont de la reputation, savoir le vieux Havre, ou *Old Harbourg*, *Port Morant*, *Port Negril*, & *Port-Antonio*. Il y a plusieurs autres bonnes Bayes & Havres le long des côtes de l'Isle qui ne sont pas si frequentez comme le *Pertuis St. Michel*, la Baye *Mucari*, la pointe *Alligador*, la pointe *Pedro*, la Baye *Pallate*, la Baye *Louvana*, la Baye *Blewsfields*, & la Baye des *Cabaritas*, qui sont au Sud & qui sont des Havres fort commodes pour les Navires. On trouve au Nord *Porto Maria*, *Ora Cabessa*, *Cold Harbourg*, *Rio Novo*, *Montega-bay*, *Orange-bay*, & beaucoup d'autres au Sud & qui ont tous leurs maisons.

Il y a aussi une Place appellée Withy-Wood, au Sud, d'environ quarante ou cinquante maisons, pour la commodité des vaisseaux qui frequentent cette rade en quantité.

Toute l'Isle est divisée en XIV. Paroisses ou Jurisdictions. Les Paroisses du Sud sont,

Port-Royal, St. André,
Ste. Catherine, St. David,
St. Jean, St. Thomas,
& Clarendon.

Celles du Nord sont,

St. George, Ste Anne,
Ste Marie, St. Jacques.

On trouve à l'Est la Paroisse de Ste. Elisabeth ; & deux autres Paroisses qui en sont fort proches, l'une à l'Est & l'autre au Nord.

Cette Isle produit du Sucre, du Cacao, de l'Indigo, du Coton, du Tabac. Les Ecailles des Tortues que l'on y pêche sont fort estimées en Angleterre où l'on en fait de beaux Ouvrages. Les Cuirs, les bois pour la teinture, le Sel, le Gingembre, le Piment, & autres épiceries, les Drogues comme le Gayac, les racines de Squine, la Salsepareille, la Casse &c. entrent dans le commerce des habitans.

Entre les bestiaux dont l'Isle abonde on remarque qu'il n'y a ni liévres ni Cerfs ; les Rivieres & la Mer sont fort poissonneuses. Il y a quantité de poules domestiques, de poules d'Inde, d'oyes, & de canards, mais il y a un nombre incroiable d'oiseaux sauvages, comme Canards, Sarcelles, Vignons, Oyes, Cocqs d'Inde, Pigeons, Pluviers, Flamingos, Moineaux, Becasses, Perroquets &c. Il y a fort peu d'animaux malfaisans, ou de plantes venimeuses. L'Animal le plus facheux de tous est l'Alligador. Il est gourmand, demeure dans les Rivieres & les Etangs, où il tâche de surprendre les bêtes & les oiseaux qui viennent boire. Il se tapit contre le rivage & on le prendroit pour une piéce de bois sec à quoi il ressemble un peu ; & trompe ainsi la proye qu'il attrape. Il y en a de dix pieds, de quinze & de vingt de longueur. Il a quatre pieds qui lui servent à marcher & à nager. Il se remue promptement & avec force ; mais il se tourne difficilement. Son dos & ses côtez sont couverts d'écailles impenetrables, & on peut mal aisément le blesser, si on n'adresse pas aux yeux ou au ventre ; il attaque rarement les hommes ; se multiplie comme les Oiseaux par des œufs gros comme ceux d'une poule d'Inde. Il les depose dans le sable près de l'eau, le Soleil les fait éclore, ils vont naturellement à l'eau, & prennent les alimens qui leur sont propres. La graisse de l'Alligador est un souverain baume contre les douleurs internes des jointures & des os. Il a des testicules de musc ; & cette odeur forte le fait decouvrir & fuir par les moindres bêtes qui le connoissent par un instinct naturel.

Les Jardins y sont garnis des herbes & des legumes que l'on a en Angleterre.

Les Loix de l'Isle y sont les mêmes que celles d'Angleterre.

Christophle Colomb qui découvrit en 1492. les Lucayes, St. Domingue & Cuba, s'en retournant en Espagne, voulut faire le tour de Cuba pour voir si c'étoit une Isle, ou partie du Continent. Il découvrit ainsi cette Isle où il demeura peu & la nomma SANT JAGO. Dans son troisieme voyage il fit naufrage sur cette côte, & échoua son navire à une terre du Nord de l'Isle à laquelle il donna le nom de SANTA GLORIA. S'y trouvant abandonné avec tout son monde il commença une Ville qui est METILLA ; mais avant qu'elle fût achevée, les Espagnols l'abandonnerent, & s'établirent dix lieues au delà vers l'Ouest, où ils rencontrerent une fort bonne Baye à laquelle ils donnerent le nom de STE ANNE. Près de cette Place ils bâtirent une belle grande Ville appellée SEVILLE, mais trouvant avec le temps que le Sud étoit plus fertile & plus agréable, environ l'an 1590. les Espagnols l'abandonnerent aussi & se retirerent à l'endroit où ils bâtirent SANT JAGO, dont ils joüirent paisiblement jusqu'à l'an 1658. que Jakson y arriva avec une Escadre Angloise équipée par des Armateurs particuliers. Il surprit la Ville, la pilla, & la rendit aux habitans qui la racheterent de l'incendie pour mille Castors. Ce succès amorça la Nation. Cromwel ayant usurpé la puissance Royale sous le titre de Protecteur, & fait la paix avec les Provinces Unies, étant d'ailleurs irrité contre les Espagnols, tâcha de faire quelques conquêtes sur eux en Amerique. Sa Flotte tenta de s'emparer de St. Domingue où elle ne réüssit point, & tournant tous ses efforts sur la Ville & l'Isle de St. Jago, les habitans abandonnerent la Ville à cette approche, & les Anglois s'y établirent si bien qu'ils n'en purent être chassez. Ils s'y formerent en corps & y établirent une Colonie qui est devenue très florissante. [x] Vers l'an 70. du dernier siécle on comptoit dans cette Isle plus de dix sept mille habitans partagez en douze Paroisses.

[x] Mem. Manusc.

	familles	habitans
Dans la Paroisse de Port Royal,	500	3500.
Ste Catherine,	658	6270.
St. John,	83	996.
St. Andrew,	194	1552.
St. David,	80	960.
St. Thomas,	59	590.
St. Clarendon,	143	1430.
St. George, Ste Mary Ste Anne, St. James, Ste Elisabeth.		2000.
		17298.

Le nombre en est presentement beaucoup plus grand; il s'est formé de nouvelles Paroisses, & les habitans se sont multipliez, outre que le succès des gens établis y en attire beaucoup d'autres. Il y a vingt ans que le nombre des Anglois y montoit à plus de soixante mille ames avec près de cent mille Negres. Comme cette Isle est très-importante pour la Nation Britannique, on n'en confie le Gouvernement qu'à des Seigneurs du premier rang.

JAMAISTERO, (LE) Pays du Japon dans la partie Occidentale de Niphon, dont il est environ la cinquieme partie. On y compte douze Provinces, sçavoir

Aqui,	Juvami,
Bingo,	Mimalaca,
Bitchu,	Nangate,
Foqui,	Suvo,
Itzu,	Tajima,
Inaba,	&c.

Voïez l'Article JAPON.
La Carte Japonnoise de Mr. Reland ne connoit point ce nom de *Jamaïstero*, elle écrit les noms de ces Provinces très-differemment & appelle JAMMASIRA une Province dont Méaco est la Capitale dans le Centre de Niphon. Il faut remarquer que Mr. Baudrand qui dit que le Jamaïstero est divisé en douze Provinces ou Etats qu'on appelle Royaumes n'en nomme que XI. dans son Dictionnaire Latin, & X. seulement dans son Dictionnaire François. Voici les noms des Provinces Occidentales de Niphon, selon la Carte Japonnoise.

Nagato,	} à l'Occident,
Iwami,	
Idsoemo,	
Foki,	} au Nord.
Inaba,	
Tasima,	

Soewo,	
Aki,	
Bingo,	
Bitsio,	} au Midi.
Biseen,	
Farrima,	

Mima Sacka est dans les terres entre Inaba & Biseen. Mais ces treize Provinces ne font point encore une étenduë qui joigne à la Province de Jamasira.

JAMAMA. Voïez YAMAMAK.
JAMAN, nom Moderne d'une partie de l'Arabie heureuse. Voïez YEMEN.
JAMATTO, Province du Japon. Voïez l'Article JAPON.
1. JAMBA, Ville de la Babylonie, selon Ptolomée [y]. Elle étoit du côté des Marais vers l'Arabie deserte. [y] l. 5. c. 20.
2. JAMBA [z], petit Royaume de l'Indoustan, sur le Gange qui le traverse du Nord au Sud. Il est borné au Nord par le Royaume de Siba, à l'Orient par celui de Gor; au Midi par celui de Bacar; & au Couchant par des Montagnes qui le separent des terres de Raja Decamperga. La seule Ville que nous y connoissions s'appelle aussi Jamba. Mr. Baudrand y met les terres de ce Raja où est la Ville de Calseri. [z] De l'Isle Carte des Indes
JAMBAL, Ortelius dit à l'Article *Rhenus* ces mots: *unum ostiorum Rheni, quo nempe per Barbaros fluat, Jambal vocari scribit Servius Honoratus.* C'est-à-dire: Servius Honoratus écrit que l'une des Embouchures du Rhin, sçavoir le Canal par lequel il coule entre les Barbares s'appelle *Jambal*. Ortelius a été trompé par un exemplaire vicieux de cet Auteur. Ce Savant Commentateur expliquant ces mots de Virgile [a]: [a] Æneïd. l. 8. v. 727.

Rhenusque bicornis.

dit: *per alterum quæ interluit Barbaros; ubi jam* Vahal *dicitur, & facit Insulam Batavorum.* C'est ainsi que l'Edition de Basle 1613. porte à la page 1327. quoique dans la table on lise *Jambal*. On voit que la branche du Rhin que nous appellons aujourd'hui le Wahal, portoit déja ce nom dès le temps de Servius Honoratus.

JAMBIA, Village de l'Arabie heureuse sur le Golphe Arabique, selon Ptolomée [b]. Il étoit près du Golphe Elanite. [b] l. 6. c. 7.
1. JAMBIS, Mr. de l'Isle écrit JAMBI; Royaume des Indes sur la côte de l'Isle de Sumatra, vers le milieu de cette Isle; entre celui d'Andragiri, & celui de Palinban: nous n'en savons pas les bornes.
2. JAMBIS, ou JAMBI, Ville du Royaume de même nom, dans l'Isle de Sumatra, sur une Riviere qui coulant d'abord d'Occident en Orient se tourne vers le Nord-Est, & forme un

JAM.

un assez beau Golphe. La Riviere & le Golphe n'ayant point de nom particulier qui nous soit connu, nous l'appellons la Riviere de *Jambi* & le Golphe de *Jambi*.

JAMBOL, Ville de la Turquie en Europe dans la Bulgarie, au pied des Montagnes: elle est presque ruinée, selon Mr. Baudrand [e].

[e] Ed. 1705.

1. JAMBOLI, Isle dont parle Diodore de Sicile [d], qui dit qu'elle fut trouvée par un certain Jambule ou Jambole après quatre mois de Navigation dans la Mer qui est au Midi de l'Ethiopie. Sur la description qu'il en fait quelques-uns ont cru que c'étoit l'Isle de Madagascar. On peut voir dans cet Auteur une relation assez étendue qu'il en fait.

[d] l. 2. c. 13.

2. JAMBOLI, (le) Contrée de la Macedoine d'aujourd'hui; aux confins de la Romanie, de la Bulgarie, & de la Macedoine propre. Elle a au Septentrion la Bulgarie, à l'Orient la Romanie & l'Archipel, qui y forme les Golphes de Contessa, d'Aiomama & celui de Salonique qui le borne au Midi; la Macedoine propre l'enferme à l'Occident. Les principaux lieux sont le long de la Mer,

La Cavalla,   Bolina ou Hieriffos,
Contessa,   Castel Rampo,
Les ruines d'Emboli, Aiomama,
                      & Cassandra.

Dans les terres sont,

Les ruines de Philippes, Tricala,
Marmara,   Ceres.

JAMBOS, Ville d'Asie près de Troye, selon Hesyche cité par Ortelius [e].

[e] Thesaur.

JAMBY, voyez JAMBIS.
JAMEN. Voiez YEMEN.

JAMES, Les Anglois appellent ainsi ceux que nous appellons *Jaques*, & comme ils ont eu plusieurs Rois de ce nom, ils l'ont donné à differens lieux; souvent même parce que ceux qui les decouvroient s'appelloient ainsi.

JAMES-BAY, c'est-à-dire, la *Baye de Jaques*; Baye de l'Amerique Septentrionale, ou plutôt c'est la partie Occidentale de la Baye de Hudson qui s'avance fort au Midi vers la Nouvelle France. Mr. Baudrand croit que ce Golphe fut ainsi nommé par Thomas James Anglois qui le découvrit en 1631. mais il ajoute qu'il est plus souvent confondu sous le nom de la Baye du Nord, comme on l'appelle presentement & il y a plusieurs Isles, entre autres celles de Charletown, de Damby, Roos, & d'Owestons, avec quelques Ports: en ce cas ce seroit non pas la partie Occidentale, mais la Meridionale de la Baye de Hudson.

JAMESBOROUGH [f], c'est-à-dire, le BOURG DE JACQUES, Bourg d'Irlande dans la Province de Leinster au Comté de West-Meath sur le Shannon, au dessus d'Atlone. C'est le même lieu que JAMES-TOWN 2.

[f] Corn.Dict.

JAMES-CAP [g], c'est-à-dire, le CAP DE JACQUES. Cap de l'Amerique Septentrionale; vis-à-vis de Plymouth dans la Nouvelle Angleterre. On l'a aussi nommé le CAP DES ETATS, lorsque ce Pays s'appelloit la Nouvelle Hollande. Les Cartes Angloises le nomment presentement KAAP CODD. C'est

[g] Baudrand rectifié.

JAM. 11

une pointe de terre qui forme à l'Orient un Golphe nommé Barnstable Bay.

JAMES-COUNTY. Voiez JAMES-TOWN 1.

JAMES-ISLE [h], ou l'Isle de Jacques grande Isle des Terres Arctiques, ou plutôt vaste Pays peu connu; mais que l'on a pris d'abord pour une seule Isle. Il est borné au Nord par la Mer Christiane; à l'Orient par le détroit de Davis, au Sud-Ouest par le détroit de Hudson & à l'Occident par un bras de Mer qui joint ce dernier détroit à la Baye de Baffin. On le croit partagé en trois Isles. Celle du Nord-Est est separée par la Baye de Cumberland, que l'on juge communiquer à la Mer Christiane du côté du Nord. L'Isle du Sud-Est est, dit-on, separée par un détroit qui est une communication de la Baye des Ours jusqu'à la Baye de Cumberland. Mais ce ne sont que des conjectures peu sures, il manque des relations bien certaines de Navigateurs qui ayent passé entre ces trois Isles.

[h] De l'Isle Atlas.

Celle qui est à l'Occident de la Baye des Ours & de celle de Cumberland a dans sa partie Septentrionale le STEPLAND; à l'extremité Meridionale est le Cap de la Roque Marie ou le Cap Charles; sur la côte Occidentale est la Baye de Smith & plus haut est le Cap Baffin. L'Interieur des terres est peu connu.

L'Isle qui est à l'Orient de la Baye des Ours, a sur sa côte Meridionale la Baye du Nord; à la pointe du Sud-Est sont les Isles de resolution; sur la côte Orientale est LUMLEZ INLET, c'est-à-dire, le Golphe de Lumlez.

L'Isle qui est au Nord-est de la Baye de Cumberland a au Midi le Cap de Walsingham, à l'Orient duquel est le Mont Ralegh. Plus haut est le Cap de Bedford.

JAMES-RIVER [i], (Mr. Baudrand dit *James Riviere*) Riviere de l'Amerique Septentrionale dans la Virginie; elle arrose divers Cantons, dont voici les noms, à commencer depuis sa source jusqu'à son Embouchure.

[i] Divers Mem. & Cartes.

Au Nord de cette Riviere Prince-George-County, Charles-County, James-County, Yorck-County, & Elizabeth-County.

Au Sud, Henrico-County, Surry-County, Eylant Wight County, Nansamond-County, & Princess'-Anna-County.

Au Midi de James-County la Riviere devient fort large. Elle en reçoit plusieurs autres dans son cours; la principale est celle de CHICAHAMIN. L'Embouchure de James-River est à l'entrée de la grande Baye de Chesapeack. Son entrée est resserrée au Nord par la pointe Meridionale d'une Isle longue & étroite, située à l'Orient d'Elizabeth-County & au Sud par des Sables, étendus au Nord de Princess'-Anna-County. Les Americains la nomment POUHATAN. Une nouvelle Carte de la nouvelle France la nomme POWHAVA; & Mr. de l'Isle, qui dans sa Carte de la Louisiane la nomme Riviere de James, lui donne un cours très-long depuis les Montagnes qui bornent la Virginie au Nord-Ouest, au travers de terres Marécageuses qu'elle arrose, près de soixante & dix lieues au dessus de Henrico-County.

JAMES-STAD, ou

B 2

JA-

JAM.

JAMESTOWN, quelques François l'appellent JACQUES, ou JACQUESVILLE. Ville de l'Amerique Septentrionale dans la Virginie, sur la Riviere de James ou de Powatan; dans une contrée nommée JAMES-COUNTY, ou JAMES-LAND. Elle passe pour la Capitale non seulement de la contrée, mais encore de toute la Virginie. Elle est sur une Presqu'Isle au Nord de la Riviere à environ quarante milles au dessus de son Embouchure. Cette Ville a quelques maisons de briques, entre autres des Hotelleries pour loger & des auberges où l'on mange, pour la commodité des Voyageurs; mais le nombre de ces maisons n'est pas grand & il ne passe guere soixante & dix, encore sont-elles dispersées & loin les unes des autres. Cette Ville a été sujette à plusieurs accidens qui l'ont empêché de se former comme quantité d'autres de l'Amerique.

La Contrée où elle est située, c'est-à-dire, James-County, contient une étendue de 108362. acres de terre distribuées en cinq Paroisses, savoir WALLINGFORD, WILMINGTON, JAMES-TOWN, MERCHANTSHUNDRED qui sont au Midi de la Riviere & BRUTON de l'autre côté.

JAMESTOUN, JAMESTOWN, ou JAMESBOROUG, Petite Ville d'Irlande dans la Province de Leinster. Mr. Baudrand dit qu'elle est dans le Comté du Roi, il se trompe, elle est dans celui d'Westmeath; sur le Shannon à six milles au dessus d'Atlone.

JAMETS [k], petite Ville de France au Barrois François sur les Frontieres du Luxenbourg & du Verdunois. Elle a été autrefois assez forte avec un Château; mais on en a rasé les fortifications. Elle est à deux lieues de Mont-Medi, au Midi, en allant vers Damvillers, & à un peu plus de Stenay, au Levant.

[k] *Baudrand Ed. 1705.*

LA SEIGNEURIE DE JAMETS [l] est toute enclavée dans le Verdunois. Elle faisoit partie du Patrimoine des Comtes d'Ardennie, & appartenoit à Godefroi le Bossu, premier Mari de la célébre Comtesse Mathilde. Ce fut lui qui par son Testament donna en pleine proprieté à l'Eglise de Verdun, Jamets, appellée par les Anciens en Latin GEMMATIUM.

[l] *Longuerue desc. de la France 2. part. Pag. 203.*

Laurent de Liége dans sa Chronique raporte ce fait en ces termes: *Dux* (Godefroi le Bossu) *moriens Gemmatium prædium sui juris Virdunensi Ecclesiæ contulit.*

Les Evêques de Verdun donnérent en Fief Jamets à des Chevaliers qui se rendirent Souverains. Marguerite, heritiére de ces Seigneurs, donna cette Souveraineté à sa Niéce Marguerite de Mainonville par laquelle elle vint à la Maison de la Mark. Elle échut en partage au Cardinal Erard de la Mark, Evêque de Liége, qui la donna à Catherine de Crouï, femme de son Frere Robert, Seigneur de Sedan. Cette Souveraineté demeura dans la Maison de la Mark, jusqu'à Guillaume Robert de la Mark, qui avoit par son Testament substitué son cousin le Duc de Montpensier pour Jamets, à sa sœur Charlotte, laquelle mourut sans enfans.

Le Duc de Montpensier vendit cette Souveraineté à Henri Duc de Lorraine, qui la laissa à ses filles & Heritieres. Le Duc Charles la céda à Loüis XIII. par le Traité de 1641. confirmé par ceux des Pirennées & de Vincennes; mais le feu Roi Loüis XIV. donna au Prince de Condé, Jamets, avec les mêmes droits que Clermont & Stenai; ce qui fut confirmé au Traité des Pirennées.

JAMFUENSIS, Ortelius [m] trouve dans Victor d'Utique un Siége Episcopal de ce nom. C'est sans doute un mot corrompu pour LAMASUENSIS dont la Conference de Carthage fait mention.

[m] *Thesaur.*

JAMI, peuple d'entre les Scythes.

JAMIGIENSIS, Ortelius [n] en fait un autre Siége Episcopal de Numidie. C'est encore un mot corrompu. Il faut lire LAMIGGIGENSIS.

[n] *Thesaur.*

JAMISSA. Voiez THAMESIS.

JAMMONA. Voiez JAMNE.

JAMNA, Ville ancienne de la petite Isle Baleare; c'est-à-dire, de l'Isle de Minorque. Ptolomée la nomme JAMNA, Ἰαμνα, Pline [o] Mela [p] écrivent *Jamno*. Elle est nommée JAMMONA dans une Lettre de St. Sever Evêque de cette Isle, rapportée par Baronius [q]. On croit communément que c'est CITADELLA, sur la côte Occidentale de l'Isle. Cela s'accorde avec le passage de St. Sever que l'on vient de citer. *In hac itaque Insula quæ omnium terrarum parvitate, ariditate, asperitate, postrema est, duo parva Oppida quibus à Pœnis indita nomina è regione, fundata sunt, Jammona ad occasum, Magona ad Orientem spectat.* C'est-à-dire: dans cette Isle la derniere de toutes par sa petitesse, sa sécheresse, & l'inégalité de son terrain, on a fondé deux petites Villes auxquelles les Carthaginois ont donné des noms tirez de leur situation, Jammona est du côté de l'Occident & Magona du côté de l'Orient. Je lie avec *indita sunt* les mots *è regione* qui sans cela n'ont aucun sens. Les Phéniciens appelloient le Couchant *Jamma*, comme le remarque très-bien Bochart [r].

[o] l. 3. c. 5.
[p] l. 2. c. 7.
[q] *Annal. t. 5. Ad ann. 418.*
[r] *Chanaan l. 1. c. 35. p. 704.*

JAMNE',
JAMNES, } Voiez l'Article suivant.
JAMNI,

1. **JAMNIA**, JEMNAA, ou JABNE', ou JAMNE', ou JAMNI, ou JAMNES, ancienne Ville maritime dans la Palestine, entre Azoth & Joppé. Elle a un assez bon port de Mer. Son nom ne se trouve pas dans le Texte Hebreu de Josué, mais seulement dans le Grec [s] où l'on met JAMNAI après Accaron, dans le nombre des Villes de Juda. Osias Roi de Juda, fils d'Amasias, la prit sur les Philistins [t]. Josephe [v] dit qu'elle fut donnée en partage à la Tribu de Dan. On lit dans les Maccabées [w] que le Port de Jamnia étoit à deux cens quarante Stades de Jerusalem. Elle est marquée comme un Siége Episcopal sous la Metropole Cesarée de la Mer; dans la Notice du Patriarchat de Jerusalem, & dans celle de l'Evêque de Catare.

[s] *Josué c. 15. v. 45.*
[t] *Paral. l. 2. c. 26. v. 6.*
[v] *Ant. l. 2.*
[w] *l. 2. c. 12. v. 9.*

2. **JAMNIA**, Bourg de la Palestine dans la haute Galilée, selon Josephe [x], on l'appelloit aussi JAMNITH. Le Pere Roger dans son Voyage de la Terre Sainte [y] parle de Jamni Ville de la Tribu de Manassé, & nommée JANIN par les Maures & par les Arabes. Ce fut, dit-il, en ce lieu que Notre Seigneur allant de Galilée en Samarie guerit dix lepreux en leur disant, allez, montrez-vous aux Prêtres. Il n'y a plus aucun vestige qui montre précisément le lieu où il fit ce miracle. Cette Ville est située

[x] *In Vita sua & de bello. l. 2. c. 25.*
[y] *l. 1. c. 132.*

située entre deux Montagnes sur le chemin qui conduit de Jerusalem à Damas; ce n'est plus qu'un Village avec un Château ou une petite Foresteresse commandée par un Soubachi dans laquelle on entretient quarante ou cinquante Soldats couverts ordinairement de Chemises de Mailles. Il n'y a ni fossé ni autre chose qui la deffende; tous les Chrétiens d'Europe & tous les Juifs qui passent en ce lieu-là sont obligez d'y payer un tribut.

JAMNITH, Voiez l'Article precedent.

JAMNO. Voiez JAMNA.

JAMPHORINA Urbs, ancienne Ville de Thrace dans la Medique dont elle étoit la Capitale, selon Tite-Live[a]. *a l.26.c.25.*

JAMPOLI, Ville de Grece dans la Livadie. Voiez HYAMPOLIS.

JAMSORTENSIS[a], Siége Episcopal d'Afrique en Numidie. C'est une faute, il faut lire LAMSORTENSIS. *a Ortel. Thes.*

JAMVIRITANUS de même; il faut lire LAMBIRITANUS, ou LAMBIRITENSIS.

JANAGAR, Ville dans l'Indoustan. Voyez JAGANAT I.

JANCOMA, ou JANGOMA, Contrée d'Asie dans les Etats du Roi de Pegu, vers les Frontieres des Royaumes de Siam & de Tonquin, le long du Mecon. Il y a une Ville de même nom.

§ Mr. Baudrand, de qui nous empruntons cet Article, l'a pris lui-même de quelques Cartes defectueuses; car il ne s'accorde nullement avec les bonnes Cartes & les Relations fidelles. Premierement, il y a toute la largeur des Royaumes de Laos & de Siam entre le Pegu & le Tonquin. Ainsi une Ville ni un Pays du Pegu ne sauroit être à la Frontiere du Tonquin. 2. La Riviere de Mecon coule aux Royaumes de Meng, de Laos & de Camboge, & n'a rien de commun avec les Etats du Roi de Pegu. Pigafet[b], dans son Voyage autour du Monde dit qu'au delà du Royaume de Siam on trouve celui de Jangoma & de Campaa où croît la Rhubarbe; mais outre qu'il n'en parle que par oüi dire, il n'en marque ni les limites ni la Capitale. *b Ramusio Delle Navigationi & Viaggi vol. 1. p. 569.*

JANDEURE[c], Abbaye de France, de l'Ordre de Premontré, dans le Duché de Bar, au Diocèse de Toul sur la Riviere de Sauls, à trois lieues de Bar-le-Duc, vers le Couchant d'Hyver. *c Baudrand Ed. 1705.*

JANGACAUNI, ou ANGAUCANI, ancien peuple de la Mauritanie Tingitaine, selon Ptolomée[d]. *d l.4.c.*

JANEIRO, (RIO) Riviere de l'Amerique Meridionale, au Bresil. Elle est assez grande si l'on considere sa largeur, mais fort petite si l'on regarde l'étenduë de son cours qui est du Nord au Sud, à l'Orient du Cap Frio. L'entrée de cette Riviere est defenduë par le Fort Ste Croix à l'Orient & par le Fort de St. Jean à l'Occident; plus haut & au Nord de ce dernier est le Fort de S. Jago, puis la Ville de St. Sebastien Capitale de la Capitainerie. St. Christophle est au Nord de cette Ville, à l'extremité de l'inondation que fait cette Riviere en s'élargissant. Jean de Leri dans son Voyage du Bresil[e] dit que les Bresiliens nomment cette Riviere GANABARA & que les Portugais la nomment GENEVRE, parce que *e Ch 5. p. 85. Edit. de 1594.*

(comme on dit) ils la decouvrirent le premier jour de Janvier qu'ils nomment ainsi. Comme cet Auteur ne savoit point la Langue des Portugalois, c'est ainsi qu'il nomme les Portugais; il a pris le nom de Janeiro, pour celui que les François lui ont donné par corruption. Ce mot le conduit à en faire une comparaison avec le Lac de Geneve. Selon lui cette Riviere est par les 23. degrez au delà de l'Equateur; elle a environ douze lieues de long (ce qui doit s'entendre du Lac ou de l'inondation qu'elle forme,) & en quelques endroits sept ou huit de large, quoique les Montagnes qui l'environnent de toutes parts ne soient pas si hautes que celles qui bornent le Lac de Geneve; neanmoins la terre ferme qui l'enferme de tous cotez, ressemble assez quant à la situation à celle qui est autour de ce Lac. Comme en quitant la grande Mer il faut cotoyer trois petites Isles inhabitables, contre lesquelles les Navires risquent de se briser, l'Embouchure en est difficile & dangereuse. Après cela il faut passer un détroit d'un quart de lieuë de largeur au plus, & qui est borné du côté gauche en entrant (c'est-à-dire, à l'Occident) d'une Montagne & roche Pyramidale d'une hauteur excessive, les François l'appellent LE POT DE BEURRE. Un peu plus avant dans la Riviere, il y a un rocher assez plat qui peut avoir 100. ou 120. pas de tour; les François le nomment LE RATIER. Une lieuë plus avant est une Isle d'environ demie lieuë Françoise de circuit, six fois plus longue que large, entourée de petits rochers à fleur d'eau, qui empêchent les vaisseaux d'en approcher plus près que de la portée du Canon, ainsi elle est naturellement très-forte. On n'y peut aborder même avec de petites barques, que du côté du Port qui est à l'oposite de l'avenue de la Mer. Il y a deux Montagnes aux deux bouts & un Rocher de 50. à 60. pieds de haut au milieu. C'est dans cette Isle que Villegagnon s'étoit établi avec environ quatre-vingt François, & il nomma cette habitation COLIGNI, du nom de Coligni Amiral de France son Patron & bienfaicteur. Leri rapporte un trait qui ne fait pas d'honneur à Thevet. Ce Cosmographe l'an 1558. & environ deux ans après son retour de l'Amerique voulant flater Henri II. qui regnoit alors en France dressa une Carte de cette Riviere de Ganabara & du Fort de Coligni & mit au Couchant en terre ferme une Ville qu'il nomma VILLE-HENRI. Il l'a mise encore dans sa Cosmographie, où il la nomme Henri-Ville. Cependant Leri qui ne partit du Bresil qu'un an & demi après Thevet assure qu'il n'y avoit aucune forme de batiment, encore moins ni Village ni Ville à l'endroit où Thevet place cette Ville imaginaire. Il avoüe neanmoins qu'il y a dans ce Pays-là une Montagne à laquelle les premiers François qui s'y établirent donnerent le nom de MONT-HENRI. Cette dispute entre Thevet & Leri pouvoit être interessante de leur temps; mais les Portugais qui sont presentement les maîtres du Bresil, ont changé tous ces noms qui ne servent plus qu'à entendre l'Histoire de cette Colonie qui subsista peu. Quatre ou cinq lieues plus avant que le Fort de Coligni il y a une autre Isle belle & fertile, d'environ six lieuës lieues de tour; & les François la nommerent la grande Isle; il y avoit plusieurs Villages peuplez de naturels du Pays avec qui les François étoient amis. Il y a beaucoup d'autres petites Isles inhabitables où entre autres choses on trouve des huitres. La Riviere dont on vient de parler jusqu'à present est plutôt un Golphe qu'une Riviere, puisque l'eau y est salée, & que l'on y trouve des poissons de Mer, des Requiens, des Rayes, des Marsouins & même jusqu'à des Baleines.

Au fond de ce Golphe que Leri appelle assez bien un Cul-de-sac, sont deux Embouchures de Rivieres qui s'y perdent. Ces Rivieres sont d'eau douce & Leri qui les a remontées environ vingt lieues dans les terres dit que les côtez en sont bordez de Villages habitez par les naturels du Pays.

La Ville de Rio Janeïro, Ville de l'Amerique au Bresil sur le Golphe nommé Rio Janeïro. C'est la même que St. Sebastien du nom de Sebastien Roi de Portugal, mais quelques Auteurs la nomment du nom de la Riviere. Le P. Jarric [f] dit: ,, la Ville ,, que les Portugais appellent du Fleuve Janvier est à 23. d. de Hauteur Australe, éloignée de la Baye (c'est-à-dire, de St. Salvador Ville de la Baye de Tous les Saints;) ,, quelques quatre-vingt lieues vers le Sud. ,, On l'a aussi nommée à cause d'une Riviere ,, qui coule contre icelle & s'embouche bientôt après dans la Mer, dont les habitans appellent Ganabara & nos François Geneyre, ,, mais les Portugais la nomment Janeïro ,, qui est aussi le nom qu'ils donnent au premier Mois de l'an que nous appellons Jan- ,, vier; .... les François voulans aller ,, aussi peupler le Brasil, abordérent ici conduits par Villegagnon l'an 1555. & bâtirent ,, une Forteresse en une petite Isle, demie ,, lieue plus loin de l'Embouchure de ce fleuve ,, (c'est l'établissement dont il est parlé dans ,, l'article precedent,) mais ils furent contraints ,, de la quiter bientôt après. .... En cette ,, Ville du Fleuve Janvier, il y a un College ,, de la Compagnie (de Jesus) fondé par le ,, Roi Sebastien comme sont aussi les autres ,, du Brasil. En cestui-ci il y a d'ordinaire ,, une cinquantaine de Religieux comprenant ,, ceux qui font leur demeure aux Residences qui en dépendent. .... Outre les occupations qu'ils ont à l'endroit des Portugais, ils s'employent à l'instruction de deux ,, gros Bourgs de Brasiliens qu'il y a tout ,, auprès de la dite Ville." L'an 1585. il s'éleva de la mesintelligence entre les Portugais de cette Ville & les Bresiliens leurs voisins plus avancez dans l'Interieur du Pays. Tout sembloit s'acheminer à une rupture, mais quelques Jesuites allerent trouver ces Americains & negocierent un Traité de paix. Quatre ans auparavant l'an 1581. le Commandant de la Ville étant sorti avec tout son monde pour aller mettre à la raison quelques Nations voisines qui le harceloient, la Ville étant ainsi degarnie, on vit paroitre trois vaisseaux François armez en guerre, qui venoient pour se remettre en possession de ce que les Portugais leur avoient enlevé. Dès qu'ils furent près de l'Embouchure de Rio Janeïro, ils tirerent quelques coups de Canon pour avertir les naturels du Pays de leur arrivée. Personne ne paroissant, ils allerent à pleines voiles droit vers la Ville. L'allarme y fut d'autant plus grande qu'on y eut une fausse nouvelle de la defaite du Commandant & de sa troupe. On ne laissa point de faire bonne contenance. L'Evêque qui commandoit en l'absence du Gouverneur, les femmes, les Religieux, seconderent si bien le peu de Soldats & d'habitans qui étoit demeuré dans la Ville que la Flote y fut trompée. Un coup de Canon qu'on lui tira des murailles, lui fit abbaisser les voiles, & demander la paix, elle envoya pour la conclure quelques hommes à qui on se garda bien de laisser voir la foiblesse d'une Place qui étoit hors d'état de leur resister. C'est ainsi que les François manquerent leur coup.

La Capitainerie de Rio Janeïro, Contrée de l'Amerique Meridionale au Bresil, dont elle occupe la côte depuis Cabo de St. Thomé, jusqu'au Cap qui est à l'Occident de la Baye d'Ubatuba. Outre la Riviere ou Golphe que nous venons de decrire elle contient à l'Orient le peuple des Guaitaiques; & à l'Occident les Vayanas. En suivant la côte d'Occident en Orient on trouve la Baye d'Ubatuba, dans laquelle tombe une Riviere; puis un Golphe dont la côte Occidentale court vers le Nord, jusqu'à la Bourgade de Los Reyes qui est à l'Embouchure d'une Riviere. La côte court ensuite vers le Levant jusqu'au Fort St. Jean qui est à l'Embouchure de Rio Janeïro. Entre Los Reyes & ce Fort de St. Jean est la Bourgade de la Conception. Ce Golphe est borné au Midi par une Isle dont la longueur est d'Occident en Orient qu'on appelle l'Isle Grande. Depuis l'entrée de Rio Janeïro, où est le Fort Ste. Croix vis-à-vis du Fort St. Jean une longue pointe s'avance vers l'Est en forme d'une Presqu'Isle longue & étroite nommée le Cap Frio. Au Nord de sa pointe Orientale est la Ville de *Sant Salvador*, très-differente de la Ville de même nom qui est à la Baye de tous les Saints. Le long de la côte qui court vers le Nord-Est on ne trouve que quelques Isles dont les principales sont l'Isle d'Ancora & l'Isle de Ste Anne. Outre les Rivieres dont nous venons de parler, la grande Riviere d'Aniembi qui se jette dans la Parana, prend dit-on sa source dans les Montagnes qui sont derriere Sant Salvador. La Capitainerie de Rio Janeïro est bornée par celles de Spiritu Santo & de St. Vincent.

Jangoma. Voiez Jancoma.

Janicula, ancien nom de la Toscane, selon Leandre Alberti.

Janiculensis Pons [g], Pont de la Ville de Rome, on le nomme presentement Ponte Sisto. L'ancien nom lui fut donné parcequ'il menoit au Janicule. Marliani & quelques autres croient qu'Antonin l'avoit fait de Marbre. Il fut rompu avec le temps & demeura en cet état jusqu'à ce que le Pape Sixte IV. le rebatit. De là lui vient le nom moderne.

Janicule, Montagne de la Ville de Rome, quoiqu'elle ne soit pas comprise dans le nombre des sept qui ont fait donner autrefois à cette Capitale le nom de la Ville aux sept

sept Montagnes, *Urbs Septicollis*. Cette Montagne avoit pris son nom de Janus qui y avoit tenu autrefois sa Cour, vis-à-vis du Capitole qui étoit alors occupé par Saturne. Ils avoient chacun une Ville, & quoique ni l'une ni l'autre ne subsistassent plus peu après la guerre de Troye, Virgile n'a pas laissé d'en conserver la tradition qui duroit encore de son temps. Evandre, dit-il dans son Eneïde h, fit remarquer à Enée les ruines de ces deux Villes. Voiez, dit ce Roi au Heros Troyen, ces deux Villes dont les murs sont renversez. Leurs ruines mêmes sont des marques du Regne de deux anciens Monarques; celle-ci fut bâtie par Janus, & celle-là par Saturne; l'une fut nommée Janicule & l'autre fut appellée Saturnie.

h l. 8. v. 355.

> *Hæc duo præterea disjectis oppida muris,*
> *Relliquias veterumque vides Monimenta Virorum.*
> *Hanc Janus Pater, Hanc Saturnus condidit urbem:*
> *Janiculum huic, illi fuerat Saturnia nomen.*

Cela s'accorde avec ce que Tertulien dit dans son Apologetique que Saturne étoit un homme venu de Crète en Italie où Janus le reçut. Chacun d'eux bâtit une Ville & l'appella de son nom. Cette opposition de deux Villes donna lieu au nom d'Antipolis dont Pline se sert pour marquer le Janicule. Voiez ANTIPOLIS 2. i Cette Montagne avoit beaucoup d'étendue, comprenoit sous elle le Vatican, & se terminoit auprès de l'Eglise de Santo Spiritu in Saxia, où commençoit le Vatican. Numa Pompilius y fut enterré, selon Denys d'Halicarnasse k & Pline l. Tite-Live & Solin disent que ce fut au pied de cette Montagne. Eusebe dans sa Chronique y met aussi la Sepulture du Poëte Stace. Victor place au Janicule les Jardins de Geta que le Nardini & le Donati croient avoir été près de la porte Septimienne. On posoit au Janicule un Corps de garde au temps des Comices & on y montoit la garde pour la sûreté de la Ville & de la Riviere qui coule au bas. Voiez ROME.

i Roma antica l. c. p. 39.

k l. 2. in fine.

l l. 13. c. 13.

JANINA, ou JOANINA. Voiez JANNINA.

JANINEA, Ville de l'Arabie heureuse, selon le faux Berose cité par Ortelius m.

m Thesaur.

JANIZI, TISBE', ou THISBE', Village de Grece dans la Livadie près du Golphe de Lepante & de l'Isthme de Corinthe. Mr. Baudrand n croit que c'étoit anciennement la *Thisbé* de Boeotie. Voiez THISBE'.

n Ed. 1705.

JANIZZA, Ville de la Turquie en Europe dans la Macedoine à huit lieues de Caravaria, selon Mr. Baudrand o. Mr. de Lisle p la nomme Jenizzar dans le Comenolitari. Elle est nouvelle comme son nom le signifie assez.

o Ibid.

p Carte de la Grece.

JANNA, (la) Contrée de la Turquie en Europe dans la Macedoine dont elle occupe la partie Meridionale; elle prend son nom de la Ville Janna ou Jannina, dont nous parlerons ci-après. Elle est bornée au Nord par le Mont Dragoniza; à l'Orient par l'Archipel; au Midi par le Golphe de Zeiton & par une ligne tirée du fond de ce Golphe jusqu'à la Carnia qui est de l'Albanie & ce dernier Pays termine la Janna au Sud-Ouest & à l'Ouest. La Janna repond à la Thessalie des Anciens. Ses principales Rivieres sont la Selampria, le Penée des Grecs, l'Epidene qui est leur Apidanus, & l'Agriomela qui est leur Sperchius. Les principaux lieux de cette Province sont,

La Janna ou Jannina,	
Tricala,	
Ternova,	sur la Selampria.
Larisse Capitale,	

Demetriade,	
Volo,	autour du Golphe de Volo.
L'Armiro,	

Acladi,	
Achinau,	Le long du Golphe de Zeyton.
Stallida,	
Zeyton,	

Farza,	
Jenizar,	dans les Terres.
Bodinitza,	

JANNINA, ou JANNA, Ville de la Turquie en Europe dans la Janna. Elle est située dans une Isle que forme la Selampria encore voisine de sa source; à peu près au même endroit où étoit Cassiope, capitale de la Cassiopée. Cette Ville est plus grande que celle d'Arta & est habitée par de riches Marchands Grecs. C'étoit autrefois un Evêché Suffragant de Naupacte; comme on lit dans la Notice d'Andronic Paléologue l'ancien N. 53. *Joanninorum cum Naupacti Episcopatui subdevetur honore Metropolitano honestata est*, Ὁ Ἰωαννίνων ἐπισκοπὴ οὖσα τοῦ Ναυπάκτου, ἐτιμήθη. On croit que ce fut ce même Empereur qui l'éleva à la Dignité de Metropole. La Notice de l'état present du Patriarchat de Constantinople met pour Suffragans de Jannina *Botrontus*, ou Butrinto, *Bella*, *Chimarra* & *Drynopolis*. On y remarque que Jannina étoit autrefois une Ville de l'Ætolie nommée CASSIOPE.

Mr. Spon q nomme autrement les quatre Evêchez que cette Metropole a sous elle, sa- voir *Argiro Castro*, Ville de mediocre grandeur; *Delbeno* qui n'est qu'une bicoque, *Butrinto* sous lequel sont les villages de la Chimere, *Glykeon* qui prend son nom d'une Riviere nommée Glyki & ce dernier Diocese s'étend depuis Paramythia jusqu'à Parga Forteresse des Venitiens, au bord de la Mer.

q Voyage T. 1. p. 83.

JANO. Voiez JANOE' 2.

JANOBA, Ville ancienne de la Gaule sur le Rhône, selon Gregoire de Tours cité par Ortelius r.

r Thesaur.

1. **JANOE'**. Lieu de la Palestine s. C'étoit, selon D. Calmet t une Ville de la Tribu d'Ephraïm, sur la Frontiere de la demi-tribu de Manassé. Voiez JANUM.

s Josué c. 16. v. 6.

t Dict. de la Bible.

2. **JANOE'** v, Eusebe met un Village de Jano, dans la Palestine, à douze milles de Sichem ou de Naplouse dans l'Acrabatène.

v Ibid.

3. **JANOE'**, ou JANUA, autre Ville de la Palestine, selon le même, à trois milles de Legion vers le Midi. Voiez JANUM.

4. **JANOE'**, Ville de la Palestine dans la Tribu de Nephthali, il en est fait mention au IV. Livre des Rois *. Toutes les Villes qui sont nommées en cet endroit étant de cette Tribu, il est

*** c. 15. v. 29.

est très-vrai-semblable qu'elle en étoit aussi. Eusebe dit de la premiere *Janoë* qu'il nomme *Janon* qu'elle fut prise par le Roi des Assyriens. Le P. Bonfrerius dans ses savantes Notes sur Eusebe aime mieux croire que ce fut celle dont il s'agit ici.

JANOKINSKO, Mr. Corneille dit : Ville de Siberie située sur la Riviere de *Jenska* le long de laquelle habite un grand Peuple. Cette Riviere est fort commode pour la navigation. La Nation des Ostiaques s'étend jusques là depuis la Ville de Tobosko qui est la Capitale de la Siberie. Il cite ensuite Adam Brand, Voyage de la Moscovie à la Chine. La Riviere est nommée JENISEA sur les Cartes récentes. Mr. de l'Isle nomme la Ville & la Riviere du même nom JENISCEA. La nouvelle Carte de l'Empire Russien nomme la Riviere *Jenisea* & la Ville *Jeniseiskoy* ; la Carte d'Isbrands Ides écrit de même *Jenisia* pour la Riviere & JENIZESKOY pour la Ville. Voiez JENISEA & JENISEISKOI.

JANOWITZ, petite Ville de Boheme, selon Zeyler *w*. Elle est au Cercle de Kaurschim ou *Caurſim*, *x* à six milles de Prague au Levant d'Hyver en allant vers la Moravie. L'Armée Imperiale y fut entierement défaite & taillée en piéces par le General Leonard Torstenson Suedois en 1645.

w Bohem. Topogr. p. 17. x Baudrand Ed. 1705.

JANTRA, (la) Riviere de la Turquie en Europe dans la Bulgarie. Elle a sa source dans la Montagne de Balkan sur la frontiere de la Romanie, d'où coulant vers le Nord elle arrose Ternovo, puis reçoit la Rossita avec laquelle elle va se perdre dans le Danube entre les Bourgades Zisto & Merlan, au dessus & au Couchant de Rotzig *y*. Les Anciens l'ont connue sous le nom de JATRUS ; & Nicopolis surnommée *ad Hæmum* étoit près de sa source.

y De l'Isle Atlas.

1. JANUA. Voiez JANUM.

2. JANUA, pour GENUA. Voiez GENES.

JANVILLE, petite Ville de France dans la haute Beausse, dans l'Election d'Orleans, au Couchant & à une lieue du Bourg de Thoury qui est sur la route d'Orleans à Estampes. Selon André Duchesne *z* quelques-uns écrivent GENVILLE, d'autres YENVILLE : elle ressortit au Siége presidial d'Orleans. Henri IV. ayant pris Estampes l'an 1589. en partit le Samedi 10. Novembre & arriva devant cette petite Ville le Dimanche. Le Commandant qui y étoit fit mine de la vouloir deffendre, mais ayant vû approcher le Canon, il la rendit & sortit avec ses deux cens Arquebusiers. S. M. y entra le lendemain & en partit après avoir laissé Garnison dans le Château. Ce Château étoit alors assez bon, mais on l'a laissé dépérir ; & on en voit encore de grands restes au raport de Mr. Corneille.

z Antiq. des Villes & Châteaux de France. p. 292.

JANUM, ancienne Ville de la Palestine dans la Tribu de Juda *a*. Eusebe *b* parlant de cette Ville dit qu'il y avoit un Village nommé JANUA à trois milles de Legion vers le Midi. Ce ne peut avoir été le même lieu, car Legion étoit près du Mont Thabor & par conséquent bien loin de la Tribu de Juda. L'Ecriture sainte ne fait aucune mention

a Josué c. 15. v. 53. b Onomast. p. 93.

d'un lieu nommé ainsi près de Legion & du Thabor.

JANUS, Athenée *c* appelle ainsi le Tibre, dans un passage, où il dit que l'on appelle Janus la Riviere & la Montagne, où Janus habitoit.

c l. 15.

JANUS-AUGUSTUS *d*, ancien lieu d'Espagne sur le Guadalquivir à LXIII. M. P. Thes. de l'Océan, selon une ancienne inscription que l'on conserve à Cordoüe. La distance fait juger ce lieu ne devoit pas être fort éloigné de cette Ville.

d Ortel. Thes.

JANUSSA, *e* ancien nom de la Thamise Riviere d'Angleterre.

e Corn. Dict.

JANXUATIS, ancienne Ville de Libye, selon Etienne le Géographe.

JAOCHEU ; Ville de la Chine dans la Province de Kiangsi dont elle est la seconde Metropole. Elle est, selon l'Atlas Chinois, plus Occidentale que Pekin de 32°. & à 29. d. 40'. de Latitude. Elle est située à l'Orient de Poyang, ou Pengly, & au Nord de la Riviere de Lagan qui se decharge dans ce Lac. Cette Ville, dit le P. Martini, est par le bord Septentrional du Fleuve Po. Elle est belle & située dans un Pays de plaines, arrosé par quantité de ruisseaux & de Rivieres qui le rendent très-fertile. Il y a sept Villes dans ce Departement. Savoir,

Jaocheu,	Feuléang,
Júkan,	Tehin,
Lopin,	Gangin,
Vannien.	

Cette Ville a été la résidence d'un Roi de la famille de Tahuluga, mais ce qui la rend plus célebre, c'est la fabrique des Porcelaines les plus belles de toute la Chine qui se font aux environs de Feuléang. Quoi qu'on ait ailleurs la terre dont on les fait, on ne peut réussir à leur donner la même beauté qu'ont celles de Feuleang : mais voici ce qui surprend. Cette terre ne se prend pas dans le territoire où elles se fabriquent, on l'apporte de Hoejcheu Ville de la Province de Kiangnan, où malgré l'abondance de cette terre, on ne sauroit faire de Porcelaine. On croit que cela vient des differentes proprietez des eaux. C'est donc le territoire de cette Ville qui fournit toute la Vaisselle dont se servent les Chinois, & même les Païsans & la populace. On en fait de diverses couleurs quoi que toutes soient d'une argile très-fine, & un peu transparente. Les jaunes ornées de diverses figures de Dragons sont pour l'usage du Palais Imperial *. Celles qui sont pour le peuple sont ornées de rouge, ou de bleu, & les Chinois y emploient de la Guede qui se trouve en abondance sur tout dans les Provinces du Midi, & dont ils se servent aussi pour teindre leurs habits. C'est une erreur de croire que la matiere de la Porcelaine se fasse de Coquilles d'œufs, ou de Coquillages de Mer, & qu'on la laisse reposer cent ans avant que d'en faire usage. C'est une terre qui se tire naturellement auprès d'une Ville voisine de Hoejcheu ; elle n'est pas grasse comme de la craye, mais comme un sable luisant qu'ils broyent & paitrissent en le mouillant. Ils réduisent aussi en poudre

f Voiez les Memoires du P. le Comte lett. VI.

poudre les Porcelaines cassées & en font de neuves ; mais elles ont rarement l'éclat & la beauté des premieres. Ce qui surprend c'est qu'on y peut faire bouillir le manger, & que les piéces cassées peuvent se rejoindre d'une telle maniere par de petits Clous de cuivre, ou par du fil qu'elles tiennent encore la liqueur. L'art de les recoudre ainsi, fait vivre un grand nombre de gens qui courent les Provinces de la Chine & n'ont point d'autre profession, ils font pour cela des trous presque imperceptibles avec un instrument dont la pointe est de Diamant.

Cette Contrée appartenoit autrefois aux Rois d'U. La famille de Cin la nomma PO-YANG, nom que le grand Lac voisin a conservé. Le nom qu'elle porte aujourd'hui lui a été donné par la famille de Sunga. Elle est enfermée au Nord & à l'Orient par des Montagnes.

JAOLCHUS, Ville de Grece dont il est parlé dans l'Iliade d'Homere [g]. C'est la même qu'IOLCHOS ancienne Ville de Thessalie. Voiez ce mot.

[g l. 2.]

JAON, Riviere du Peloponnese dans l'Arcadie, selon Denys & Callimaque. Voiez DIAGON.

JAONENSES, Ιάωνες, c'est ainsi qu'Homere a nommé les Atheniens au raport de Strabon [h]. Voiez IAS.

[h l. 9. p. 392.]

JAPARA, Ville des Indes dans la grande Isle de Java, sur la côte Septentrionale & sur une Riviere de même nom ; à cinq lieues de Caïaon sur une pointe qui s'étend trois lieues en Mer [i]. Voici la description qu'en fait Gautier Schouten dans son Voyage des Indes [k].

[i Voiages de la Comp. Holland. T. 1. p. 336.]
[k T. 1. p. 48.]

La Ville de Japare est passablement murée, sur-tout du côté de la Mer, & les Maisons sont bâties de pierre & de chaux. Elle est arrosée d'une riviére, qui descend des Montagnes, & va se jetter dans la Mer, son Embouchure étant un très-bon port, capable de recevoir toutes sortes de vaisseaux. Les ruës, les Remparts, les Places publiques, les Chemins, les Maisons de Campagne, tout est orné de beaux arbres, de jardinages & de fruits, de sorte que la promenade y est très-agréable.

Les Places où l'on tient le marché, fourmillent de Peuple, de toutes les Nations des Indes, Javanois, Persans, Arabes, Gusarattes, Chinois, habitans de Coromandel & d'Achin, Malais, Peguans &c. On y trouve presque toutes les sortes de Marchandises qui se trouvent dans l'Asie, & même dans tous les endroits du monde. Pour les toits, il y en a peu de belles, parce que les Maisons sont spacieuses & toutes isolées, sans aucun allignement, les unes avec les autres, & à-peu-près comme un Labyrinthe.

Il ne fait pas sûr pour les étrangers de s'engager dans ces détours. La jalousie des Chinois, aussi-bien que des Javanois, est trop à craindre. En effet il n'est pas possible aux femmes de se contenir, lorsqu'elles trouvent des hommes, & sur tout des Chrétiens, auprès de leurs Maisons, ou derriére ; & elles ne manquent jamais d'en venir jusqu'à l'extravagance, si l'on refuse de satisfaire leur passion. Cependant elles sont si désagréables &

si laides, que ceux qui ont le plus de penchant à la débauche, les rebutent souvent.

La plupart des habitans de Japare, sont Mahométans, & font circoncire leurs enfans, y étant induits par les Religieux & Prêtres Maures, qui courent les Indes, & marquent un grand zéle pour la Loi de Mahomet, il y a une Mosquée, où les Maures & les Javanois Mahométans font les exercices de leur Religion. Cette Mosquée est au milieu d'une belle cour, & enfermée d'une muraille de pierre.

L'accès d'un lieu si saint, selon le sentiment de ces gens-là, ne doit pas être permis aux Chrétiens : ils n'oseroient seulement entrer dans la cour qui l'environne. Si quelqu'un l'entreprend, les Prêtres Maures le poursuivent, soit que ce soit un Chrétien, ou un autre incirconcis qui ne soit pas de la Religion des Maures, & ils demandent qu'il soit brûlé, ou que du moins on lui ôte la vie. Ils veulent même que la Mosquée qui a été profanée, soit aussi détruite par le feu, à moins qu'elle ne soit de nouveau purifiée & consacrée par des cérémonies extraordinaires, par des prieres & des devotions publiques.

C'est un espace quarré, où il y avoit une chaire de Prédicateur, & des bancs tout à l'entour. L'édifice étoit aussi quarré par-dehors, s'élevant à-peu-près comme une tour, ou comme un clocher, & ayant d'espace en espace quatre ou cinq plateformes, les unes au dessus des autres.

Nous avons dit que Japare est à cinq lieues & à l'Ouest de Caïaon, nous ajouterons ici qu'à l'Ouest & à cinq lieues de Japare est là Ville de Pati ; & que de Japare à Mataran autrefois Ville Imperiale de Java il y a vingt-cinq lieues. Carta Soura aujourd'hui residence de l'Empereur en est moins éloignée. Le Pays de Japare est à lui, excepté les Forteresses que les Hollandois ont sur cette côte.

[l Voiages de la Comp. Holl. T. 1. p. 337.]

JAPETIA, quelques-uns ont donné ce nom à l'Europe, comme ayant été peuplée par la posterité de Japher.

JAPHA. Voiez JAFA.

JAPIS, Vallée de Grece dans l'Attique, elle conduisoit à Megare, selon Etienne le Géographe.

JAPODES, (les) selon Strabon [m], ou JAPYDES, selon Ptolomée, ancien Peuple de l'Illyrie. Strabon [m] en parle comme de la Nation distincte de la Liburnie & leur donne quatre Villes, savoir, *Metulum, Arupinum, Monetium, & Vendum*. Il les étend depuis les Montagnes jusqu'à la Mer. Il met leurs principales demeures au Mont Albius, le dernier des Alpes. Il leur donne mille stades de Rivage maritime. Mais les Anciens ne s'accordent pas à dire que les Japodes s'etendissent jusqu'à la Mer. [n] Pline dit : quelques-uns ont avancé la Japidie jusqu'au Golphe Flanatique. Strabon est de ceux-là comme on vient de voir. Dion Cassius [o] parlant de la conquête qu'Auguste fit de leur Pays dit : Il porta la guerre chez les Japydes il n'est pas beaucoup de peine à soumettre ceux qui étoient en deçà des monts, peu loin de la Mer. Mais ceux qui habitoient dans les Montagnes & au delà ne furent domtez qu'après d'extrêmes travaux. Cette description est precise, lès Japydes ou Japodes

[m l. 7.]
[n l. 3. c. 19.]
[o l. 49. p. 412.]

C

JAP.

podes s'étendoient en deçà & au delà des Montagnes, & jusqu'auprès de la Mer, mais ils n'en possedoient point le Rivage, si nous en croions cet Historien.

p l.4. p. 207. & 314. 315.

Strabon fait connoître que cette Nation étoit originaire ᵖ en partie des Gaules, & en partie de l'Illyrie; que la côte qu'elle possedoit avoit mille stades d'étendue; qu'elle vivoit pauvrement d'épeautre & de millet, mais qu'elle étoit très-belliqueuse : & qu'enfin le Pays qu'elle habitoit faisoit partie des Alpes. Comme ils s'étoient addonnez au Brigandage, Auguste lassé des plaintes que faisoient leurs voisins entreprit de les reduire & en vint à bout. En assiégeant *Metullum* l'une de leurs Villes, il fut lui-même blessé, & ce ne fut qu'à force de courage qu'il les reduisit à demander la paix; & comme on voulut leur imposer de trop dures conditions, plutôt que de les accepter ils aimerent mieux se brûler eux & leur Ville. Depuis ce temps-là ils demeurerent soumis aux Romains.

q Parall. 2. part.l.1.c. p. 167.

ᑫ Le P. Briet, qui suit le sentiment de Strabon & les étend jusqu'à la Mer, croit que leur Pays répond à la Croacie, & à une partie de l'Istrie & du Vindismarck; selon lui leurs Villes étoient :

Au bord de la Mer.
{ *Aulona*, aujourd'hui *Albona*.
Flanona, aujourd'hui *Fianona*.
Tersatica, aujourd'hui *Fiume*,
Senia, aujourd'hui *Segna*.
Lopsica, aujourd'hui *Lopsico*.
Theaulus, Riviere qui selon Pline bornoit les Japodes, on la nomme *Odria*.
Ortopola, ses ruines s'appellent *Ortopola la Veia*.
Vegia, aujourd'hui *Veza*.

Dans les Terres.
{ *Metulum*, aujourd'hui *Metling*.
Velsera, aujourd'hui. *Novigrad*.

Isles
{ *Absorus*, aujourd'hui *Cherso*.
Absyrtis, aujourd'hui *Ozero*.
Curiéta, aujourd'hui *Veglia*.
Gissa, aujourd'hui *Pago*.
Scardona, aujourd'hui *Scarda* & *Malconsiglio*.

JAPON, (le) grand Pays dans la Partie la plus Orientale d'Asie. On lui donne le Titre d'Empire, & il est composé de plusieurs Provinces qui ont titre de Royaumes, & qui sont subdivisées en d'autres Provinces. Ce sont les Européens qui l'appellent JAPON & même les Hollandois & quelques autres disent JAPAN; mais les habitans lui donnent differens noms & le designent par differens Caractéres. Le nom le plus commun & le plus usité dans leurs Ecrits & dans leurs conversations c'est NIPON (nous appellons en Europe NIPHON la grande Isle ou Presqu'isle qui en fait la plus considerable Partie) que l'on prononce quelquefois d'une maniere plus élegante & particuliere à cette Nation NIFON; & que les habitans de Nankin & des parties Meridionales de la Chine prononcent SYPPON. Il signifie le *Fondement du Soleil* : car il vient de NI qui veut dire FEU & dans un sens plus sublime le *Soleil* & de PON *Base* ou *Fondement* d'une chose.

Il a encore d'autres noms & Epithétes dont on se sert rarement dans la conversation, mais qui reviennent très-souvent dans les Ecrits; par exemple, 1. TENKA, c'est-à-dire l'Empire qui est sous le Ciel, comme si c'étoit le seul qui existât sous le Ciel : delà vient que l'Empereur est appellé TENKASUMA, c'est-à-dire le Monarque qui est sous le Ciel. Autrefois ce nom étoit propre & particulier à l'Empire du Japon; mais depuis que le commerce leur a fait connoître d'autres Pays, ils ont la condescendance de les honorer aussi de cette Epithéte, particulierement ceux dont les habitans sont reçus & tolerez chez eux. Ainsi ils appellent l'Empire de la Chine To SIN TENKA; & les Provinces unies des Pays-Bas qui leur sont connus sous le nom de Hollande, Hollanda Tenka. 2. FINO MOTTO qui est à-peu-près le même que *Nipon*, & signifie *la Racine du Soleil*; FI c'est le Soleil & MOTTO une *Racine*, No est une particule qui sert à lier ces deux mots. 3. AWADSISSIMA, c'est l'ancien nom de ce Pays qui veut dire *l'Isle de l'Ecume terrestre*. AWA signifie *l'Ecume*; DSI *la Terre*, & SSIMA *une Isle*. Ce nom est fondé sur une tradition fabuleuse qu'on trouve dans leurs Histoires touchant l'Origine & la Creation des differentes Isles qui composent ce grand Empire, que les habitans regardoient anciennement lorsqu'ils n'avoient aucune communication avec les autres Pays, comme la seule partie du Monde qui étoit habitée. Au commencement de la Création, disent-ils, le plus éminent des sept premiers Esprits celestes, remua le Cahos ou la Masse confuse de la Terre avec un Bâton, & lorsqu'il le retira, il en tomba une écume bourbeuse qui se ramassant, forma les Isles du Japon, dont une qui est de la quatriéme grandeur, conserve encore le nom, étant appellée AWADSISSIMA. 4. SIN KOKF ou CAMINO KUNI, c'est-à-dire *le Pays ou l'habitation des Dieux* car SIN & CAMI sont les noms des Dieux qui étoient particulierement & originairement adorez dans le Japon & COKF & KUNI signifient l'un & l'autre un Pays. 5. AKITSIMA ou, selon la prononciation ordinaire, AKITSUSSIMA est un autre nom qui étoit anciennement donné à ce Pays & on le trouve très-souvent dans leurs Chroniques & dans leurs Legendes. 6. TONTSIO, c'est-à-dire *le veritable Matin*. 7. SIO, c'est-à-dire *tout*, savoir toutes les Isles qui sont sous la Domination de l'Empereur du Japon. 8. JAMATTO qui est aussi le nom d'une de ses Provinces. Le Sr. Kaempfer, dont je me sers pour cet Article, rapporte encore quelques autres noms, comme ASSIJWARA, ASSIJWARA KOKF, QUA, ou WA, mais il ne les explique point.

r Disc. prelim. du Traducteur.

Son Traducteur Anglois dit ʳ : il ne paroit pas vrai-semblable que les Anciens ayent connu le Japon : du moins ils n'en avoient aucune connoissance du temps de Ptolomée. Il tâche de rendre douteuse l'opinion de Mr. de l'Isle qui croit les *Isles des Satyres* de cet Auteur sont les mêmes que le Japon d'aujourd'hui. Voiez à l'Article SATYRORUM INSULÆ.

JAP.

SULÆ. Marco Paolo Voyageur celebre du XIII. Siécle a connu le Japon sous le nom de ZIPANGRI ; & quoi qu'il avoue n'y avoir jamais été il en fait une description sur ce qu'il en avoit apris étant à la Chine. Il parle même d'une expedition entreprise par un Tartare qui s'étant rendu Maître de la Chine voulut encore subjuguer l'Isle de Zipangri. Or les Annales des Chinois & des Japonnois parlent de cette expedition. Le P. Couplet dans ses Tables Chronologiques de la Monarchie Chinoise la place sous le Regne de l'Empereur Xicu le premier Souverain de la Famille d'Yven qui est la xx. des Empereurs de la Chine. Il acheva la conquête de l'Empire Chinois l'an de l'Ere Vulgaire 1281. & il est le même que Cublai à la Cour duquel Marco Paolo demeura plusieurs années. La connoissance que l'on avoit du Japon fut assez inutile jusqu'à ce que les Portugais le découvrirent de nouveau. On ne convient pas de l'Epoque ; qui est selon les uns 1535. selon d'autres 1542. & selon d'autres 1548. il y en a même qui la rapprochent encore plus de notre temps. Diego de Couto Continuateur des Decades de Barros nous apprend [a] qu'en 1542. lors que Martin Alphonse de Sousa étoit Viceroi des Indes Orientales, trois Portugais, Antoine da Mota, François Zeimoto, & Antoine Peixota, furent jettez par une tempête sur les côtes du Japon étant à bord d'une Jonque chargée de cuir qui alloit de Siam à la Chine. C'est ainsi que le Japon fut decouvert en dernier lieu par les Portugais qui y planterent la foi.

[a] *Decada V. da Asia. P. 183.*

Le P. Martini dans l'Appendice qui est à la fin de l'Atlas Chinois, fournit trois autres noms que les Chinois employent, savoir GUEIQUE, VOÇU, & GEPUEN ; Le premier vient de ce que l'Amiral qui fut envoyé frauduleusement dans le Japon étoit de Guei famille Chinoise. VOÇU n'est pas le nom du Pays, mais un terme injurieux dont on se sert à l'égard des Japonois, pour marquer que ce sont des gens qui parlent une Langue Barbare & étrangere. Le nom de GEPUEN signifie l'endroit où le Soleil se leve ; Ce qui marque la situation du Japon par raport à la Chine. Le même Pere prétend que le nom de *Zipangri* de Marco Paolo est la même chose que GEPUYENGIN, en y ajoutant une R, à la maniere des Tartares ; selon lui GE signifie le *Soleil* ; HUEN *l'Origine* & GIN *Homme*.

[b] L'Empire du Japon est situé entre le 31. & le 42. degré de latitude Septentrionale, selon l'Historien du Japon [b]. Mr. de l'Isle fait passer le 30. d. de Lat. Sept. par le milieu de l'Isle de Tanacxima. Les Jesuites dans une Carte corrigée sur leurs observations Astronomiques le placent entre le 157. d. & le 175. d. 30'. de Longitude. Il s'étend au Nord-Est & à l'Est-Nord-Est : sa largeur est irréguliere, quoi qu'à tout prendre il soit assez étroit en comparaison de sa longueur qui depuis une des extremitez de la Province de Fisen jusqu'aux côtes Orientales de la Province d'Osiu, est censée avoir deux cens milles d'Allemagne en droite ligne, sans y comprendre toutes les côtes & les Isles plus éloignées quoi qu'elles soient sous la Domination de l'Empereur du Japon.

[b] *Kampfer Hist. du Japon, l. c.*

JAP. 19

On peut à divers égards le comparer aux Royaumes de la Grande Bretagne & de l'Irlande, étant haché & coupé de la même maniere, mais dans un plus haut degré par des Caps, des bras de Mer, des Anses, de grandes Bayes qui avancent beaucoup dans les Terres & forment plusieurs Isles & Peninsules, Golphes, & Havres. Comme le Roi de la Grande Bretagne est Souverain de trois Roiaumes, l'Angleterre, l'Ecosse & l'Irlande, de même l'Empereur du Japon commande à trois grandes Isles séparées. La plus grande s'appelle NIPON du nom de tout l'Empire. (Je suis ici le sentiment de l'Auteur cité. Je remets à la suite de cet Article à examiner si c'est une Isle ou une Presqu'Isle). Elle s'étend en longueur de l'Est à l'Ouest en forme de machoire dont la Partie recourbée est tournée au Nord. Un Canal étroit, ou Detroit plein de Rochers & d'Isles dont les unes sont habitées & les autres desertes, la sépare d'une autre Isle qui est la seconde en grandeur & qui par raport à sa situation étant au Sud-Ouest de Nipon, est appellée SAÏKOKF, c'est-à-dire le Pays de l'Ouest.

Elle est aussi nommée KIUSIU ou *le Pays des Neuf* parce qu'elle est divisée en neuf grandes Provinces. Elle a CXLVIII. milles d'Allemagne de circuit & les Japonnois lui donnent CXL. de leurs milles de longueur & XL. à L de largeur.

La troisième Isle est située entre la premiere & la seconde ; elle est presque quarrée, & comme elle est divisée en quatre Provinces les Japonnois l'appellent SIKOKF, c'est-à-dire *le Pays des quatre*. Ces trois grandes Isles sont entourées d'un nombre presque innombrable d'autres Isles dont quelques-unes sont petites, pleines de rochers & steriles, & les autres assez grandes, riches & fertiles, pour être gouvernées par de petits Princes.

Toutes ces Isles & ces Terres qui composent le puissant Empire du Japon ont été divisées par Siusium Monarque Hereditaire Ecclesiastique en GOKISITZIDOS, pour user du terme Japonnois, c'est-à-dire en VII. grandes contrées, l'an de Jesus-Christ 596. Ten Mu divisa l'an 681. ces sept principales contrées en LXVI. Provinces & en donna le Gouvernement à un pareil nombre de Seigneurs de sa Cour qui y commandoient comme Princes ou comme Lieutenans , & parce que deux autres Isles, IKI & TSUSSIMA, qui appartenoient autrefois au Royaume de Corée furent conquises, & réünies à l'Empire du Japon, les Provinces sont aujourd'hui au nombre de LXVIII. Quoi que ces deux divisions subsistent encore, il est néanmoins arrivé dans la suite que les soixante-huit Provinces de l'Empire ont été démembrées & subdivisées en DCIV. moindres parties ou Districts.

Dans les premiers & heureux Siécles de la Monarchie Japonnoise, chaque Prince vivoit paisiblement dans la Province dont l'Empereur lui avoit commis le Gouvernement ; mais les calamitez qui ont suivi les frequentes disputes & dissentions qu'il y a eu entre les principales branches de la famille Imperiale touchant la Succession à l'Empire, ont par degrez rempli l'Etat de trouble, de confusion

C 2

fusion & de carnage. Les Princes ou Gouverneurs épousoient des partis differens, & la voye des armes ne fut pas plutôt introduite parmi eux comme le moyen le plus efficace & le plus sûr de terminer leurs differens, que chacun s'en servit pour se maintenir dans la possession des Pays dont ils ne tenoient le gouvernement que de la pure liberalité de l'Empereur. Ceux à qui il n'en avoit point donné eurent soin de s'en pourvoir eux-mêmes. Les Princes partagerent leurs Terres hereditaires entre leurs enfans, & quoi que ceux-ci ne possedassent qu'une portion du bien de leur Pere ils ne voulurent pas leur ceder en pompe & en magnificence. Les Empereurs de la Famille régnante qui ont eux-mêmes usurpé la Couronne, ne regardent pas cette grande division des Provinces de l'Empire comme prejudiciable à leur autorité, mais plutôt comme avantageuse en ce qu'elle sert à leur faire mieux connoître le veritable état de leurs revenus: aussi, bien loin de les remettre sur l'ancien pied, ils les démembrent & les subdivisent encore de plus en plus, selon que la fantaisie leur en prend, ou que leur interêt le demande & il y en a des exemples dont la memoire est encore recente. Il n'y a pas long-temps que la Province de *Tsikusen* fut divisée en deux Gouvernemens, savoir, JANAGAWA & KURUME & le Prince de Tsikungo eut ordre de la Cour de ceder une partie de ses terres au Prince dés deux Isles Iki, & Tsussima qui jusqu'alors n'avoit rien possedé dans le Continent du Japon. L'Empire du Japon est borné par des côtes pleines de rochers & de Montagnes, & par une Mer orageuse qui n'ayant que très-peu de profondeur ne peut recevoir que de petits bâtimens; & ceux-là mêmes risquent beaucoup; la profondeur de ses Havres & de les Golphes, n'étant pas encore connue, & les Havres qui sont connus des Pilotes du Pays n'étant pas propres à recevoir les vaisseaux tant soit peu grands. Il semble que la Nature ait voulu que ces Isles formassent une espéce de petit Monde separé & indépendant de tout le reste, en les rendant d'un accès si difficile & les fournissant abondamment de tout ce qui est nécessaire pour faire vivre les habitans d'une maniere delicieuse sans avoir besoin du Commerce des Nations étrangeres.

Outre les Isles & les Provinces qu'on a deja marquées, il y a quelques autres Pays plus éloignez qui à proprement parler n'appartiennent pas à l'Empire du Japon, mais ils reconnoissent l'Empereur pour leur Souverain, ou vivent sous sa protection. Ces Pays sont:

I. Les Isles de RIUKU, ou LIQUEJO (entre le Japon & l'Isle de Formose, & qu'il ne faut pas confondre avec les Isles de Luçon ou les Philippines. Mr. de l'Isle écrit LEQUES) les Habitans se disent sujets non pas de l'Empereur du Japon, mais du Prince de Satsuma, qui est une Province de l'Isle de Saïkokf au Sud-Ouest de laquelle elles sont situées. Voyez RIUKU.

II. TSIOSIN qui est la troisiéme & la plus basse partie de la Corée, & est gouvernée au nom de l'Empereur par le Prince d'Iki & de Tsussima.

III. L'Isle d'IESO dont le Gouvernement a été donné par l'Empereur au Prince de Matsumai qui a ses propres Etats dans la Grande Province d'Osju.

Venons maintenant à une division plus particuliere de ce vaste Empire. J'ai deja dit qu'il fut divisé autrefois en VII. grandes contrées, & qu'elles furent subdivisées en LXVIII. Provinces qui furent encore partagées en DCIV. Districts. Il faut presentement parcourir ces Provinces dans le détail, en marquer la grandeur, l'étendüe, la fertilité, le produit & les revenus, & on suivra ce qu'en fournit une Description Japonnoise publiée au Japon sous le titre de *Sitzi Jossu*.

*Mais avant que d'entrer dans une description des sept grandes contrées & de leurs differentes Provinces il est juste de dire quelque chose des GOKINAI, ou GOKINAI GOKA KOKF, c'est-à-dire, des cinq Provinces des revenus imperiaux, ainsi appellées parce que tout le revenu de ces cinq Provinces est particulierement affecté pour l'entretien de la Cour Imperiale. Il se monte à CXLVIII. Mans & MCC. *Kokfs* de Ris. Au Japon tous les revenus sont reduits à ces deux mesures en ris. Un *Man* contient 10000. Kokfs & un *Kokf* 3000. bâles ou Sacs de ris.

v Ibid. c. 5. p. 61. & suiv.

Ces cinq Provinces Imperiales sont,

I. *JAMASIFRO*, autrement SANSJU. C'est un Pays fort étendu & très-fertile: sa longueur du Sud au Nord est de cent milles du Japon & il contient plusieurs bonnes Villes & autres Places considerables. Cette Province est divisée en huit Districts qui sont,

OTOKUNI,	UBII,
KADONO,	KUSSE,
OKONGI,	SAKANAKA,
KII,	TSUKUGI.

II. *JAMATTO*, ou WOSJU, c'est aussi un fort bon Pays, à peu près de la même grandeur que le premier; il s'étend du Nord au Sud. Il y avoit autrefois plusieurs Villes considerables, mais elles sont aujourd'hui en petit nombre. Il est divisé en XV. Districts qui sont,

SOONO CAMI,	UTZ,
SOONOSIMO,	JOSIMO,
FEGURI,	UDA,
FIROLE,	SIKINO SIMO,
KATZU-DSIAU,	SIKINO CAMI,
KATSUNGE,	TAKAIIDZ,
OKUNO UMI,	TOOIDZ,
& JAMMANOBE.	

III. *KAWATSII*, ou KASJU, c'est un pays passablement bon; il a environ deux journées de longueur & se divise en XV. Districts, savoir,

NISTORI,	SARARA,
ISIKAWA,	UMBARADA,
FUKAITZ,	KATANNO,
JASKABE,	WAKAJA,
OOKAKE,	SIBUKAJA,
TUKAJATZ,	SICK,
KAWATZ,	TANBORE,
& TANNAN.	

IV.

IV. *IDSUMI*, ou *Sensju*; c'est un fort grand Pays, mais qui n'est pas extrêmement fertile. Il a cent milles du Japon de longueur du Sud à l'Ouest. Il est borné d'un côté par la Mer & de l'autre par une chaîne de Montagnes fort hautes. La Mer lui fournit du poisson en abondance. Il produit du bled noir, des pois & des fèves, mais peu & qui ne sont pas des meilleures. Il n'a que trois Districts, savoir

OOTORI, IDSUME, & FINE.

V. *SITZU*, autrement TSINOKUNI & SISJU : cette Province a deux journées & demie de tour. C'est le Pays le plus avancé vers l'Ouest & sur un grand Golphe. Les parties Meridionales sont fort chaudes; mais celles du Nord sont plus froides, & plus abondantes en ce qu'ils appellent *Gokokfs* qui sont les cinq especes principales de pois que l'on mange dans ce Pays; on y trouve aussi du Poisson & du Sel, & à tout prendre c'est un fort bon Pays. Il est divisé en XIII. Districts, savoir

SIJ JOS, ou SAM- MIOS, SIMACAMI, KUTATZ, TESIIMA, FINGASSINAI, KAWANOBE, NASUNARI, MUKO, JATSAN, AWARA, SIMASEMO, ARIMA, & NOSJE.

DIVISION ET DESCRIPTION DES GOKISITZIDOS,

Ou des VII. grandes Contrées du Japon.

Ces *Gokisitzidos*, sont

TOOKAIDO, SANINDO, TOOSANDO, SANJODO, FKU ROKKUDO, SAIKAIDO, & NANKAIDO.

Entrons maintenant dans le détail de chacune, & des Provinces qui les composent. Cela est d'autant plus necessaire que les articles particuliers repandus dans le Dictionnaire, & qui concernent le Japon sont dressez sur les idées communes, mais confuses que l'on avoit du Japon, avant le livre de Mr. Kæmpfer qui ne fait que de paroitre. Cet Article servira à les rectifier. Il faut se rappeller ici ce qu'on a dit ci-dessus, savoir que ces sept Contrées avoient été divisées par l'Empereur Tenmu en 66. Provinces; y compris les cinq Provinces des revenus Imperiaux dont on a déja parlé; & que quelques siécles après on y en ajouta deux autres.

I. Le *TOOKAIDO* contient XV. de ces soixante huit Provinces, savoir

1. *Iga*, autrement *Isju*, qui est bornée au Midi & au Levant par la Mer. Au Nord elle est séparée des Provinces voisines par une longue chaîne de Montagnes. C'est un Pays chaud, mais qui n'est pas autrement fertile. On y trouve quelques plantes, quelques arbres & des Bambous. Il est divisé en IV. Districts.

AIJE, IGA, NAMAMDA, NABARI.

2. *Ise*, autrement *Seiju*, a trois journées de longueur, s'étendant du Sud au Nord. La Mer l'environne presque de tous côtez; c'est un Pays extrêmement fertile, entremêlé de Plaines & de Collines qui font une varieté très-agréable. Il est divisé en XV. Districts, savoir,

QUANA, GOSASUMA, ASAKI, INABE, SUSUNA, MYE, ITSISI, ANO, AANYI, ITAKA, T-AATO, WATAKEI, NISINISSIMA, INO, TAKI.

3. *Ssima*, ou *Sisio*, est une petite Province qu'on peut traverser en une demie journée; le Pays est fort sterile; mais la Mer voisine le fournit abondamment d'Huîtres, de Coquillages & autres choses semblables. Elle n'a que III. Districts, savoir,

TODSII, AKO, KANNESIMA.

4. *Owari*, autrement *Bisiu*, est une Province Mediterranée, entierement séparée de la Mer, & une des plus fertiles & des mieux peuplées de tout l'Empire. Elle a trois journées de long, s'étend du Nord au Sud & se divise en IX. Districts, savoir,

AMABE, KASSUNGALE, NAKASSIMA, JAMABA, KAQUURI, AITSI, NIRVA, TSITTA, TOOSUNOSSIMA.

5. *Mikawa*, autrement *Misiu*, est un très-méchant Pays, sterile, plein de Rivieres basses & d'Etangs, où par consequent le *Gokokf* ne peut pas bien venir. Il a une journée & demie de longueur de l'Est à l'Ouest, & est divisé en VIII. Districts, savoir,

AWOMI, FORI, KAMO, JANA, NUCADA, TSITARRA, BATZ, AKUMI.

6. *Tootomi*, autrement *Jensiu*, est un Pays très-bon & très-fertile & une des plus belles Provinces par l'agréable varieté de ses Collines, Rivieres, Plaines, Villes & Villages. On compte que sa longueur est de deux journées & demie de l'Ouest à l'Est. Elle se divise en XIV. Districts, savoir,

FAMMANA, JAMMANA, FUTZ, KIKOO, FUUSA, FAIFARA, ARATAMA, TOJOTA, NANGAKAMI, JAMAKA, NAGASSIMO, SANNO, SUTZ, IWATA,

7. *Surunga*, ou *Siusju*, se distingue aussi par la variété de ses Villes, Villages, Collines & Plaines fertiles. Elle a aussi la même longueur que Tootomi & s'étend de même du Couchant au Levant. Elle est divisée en VII. Districts, savoir

TSTA,   ISABE,
MASIASU,   ROFARRA,
UDO,   TUSII,
      SURINGA.

8. *Kai*, autrement *Kaisiu*, & *Kisoohu*, est un Pays plat & abondant en ris, en pâturages, en plantes & en arbres: on y trouve aussi du Bétail & particulierement des chevaux. Il a deux journées de longueur du Nord au Sud & est divisé en IV. Districts, qui sont,

JAMANASSIRO,   COMA,
JAATZSIRO,   TSUR.

9. *Idsiu*, autrement *Toosju*, est une longue Presqu'Isle, & cette Province est presque entierement entourée de la Mer. Elle produit une grande quantité de Sel & toute sorte de poisson & passe en general pour un assez bon Pays. Il y a beaucoup de Montagnes, peu de plat païs & quelques champs où le ris croît. Elle n'a que III. Districts sur le Continent de Nipon, savoir

TACATO,   NACA,
      CAMO.

On y ajoute deux Isles voisines,

OOSIMA,   & FIRAKASIMA.

10. *Sangami*, on *Soosiu*, a trois journées de long: c'est un Pays plat & sterile qui ne fournit presque point d'autre subsistance que des tortues, du poisson, & des Ecrevices de Mer; mais on tire une grande quantité de bois de ses Forêts. Il est divisé en huit Districts qui sont,

ASIKARANNO CA- AJIKOO TAKANGI,
  MI,
ASIKARANNO SI- KAMAKURA,
  MU,
OOSIMI,   MIJURA,
JURINGI,   JESIMA.

11. *Musasi*, ou *Busiu*, Grande Province qui a cinq journées & demie de circuit. C'est un Pays plat sans Bois, ni Montagnes, mais très-fertile, abondant en Ris, en Gokokf, en fruits de Jardin & en plantes. Il est divisé en XXI. Districts qui sont,

KURAGGI,   KODAMA,
TSUKUKI,   TSIBU SIMA,
TAMA,   TABARA,
TATSINBANA,   FASISAWA,
KAIKURA,   NAKA,
IRUMA,   KAMI,
TOSMA,   ADATS,
FIIKI,   TSITBUBU,
JOKOMI,   JEBARA,
SAITAMA,   TOTESIMA,
      OOSATO.

12. *Awa*, autrement *Foosiu*, est un assez bon Pays qui a des Montagnes, des Collines, des Rivieres & des Plaines qui produisent du Ris & du Bled. Il est passablement peuplé & la Mer voisine lui fournit abondamment du Poisson, & des Huîtres dont les Coquilles sont employées par les habitans à engraisser leurs terres. Cette Province n'a qu'une journée & demie de longueur du Nord au Sud, & est divisée en IV. Districts, savoir

FEKURI,   ASAIMA,
AWA,   NAKABA.

13. *Kadsusa*, autrement *Koosju*, a trois journées de long du Nord au Sud. Le Pays est assez bon quoiqu'il y ait plusieurs hautes Montagnes escarpées. Une grande partie des habitans gagne sa vie à faire des Toiles de Chanvres qu'ils travaillent très-proprement. Elle est divisée en XI. Districts, savoir

SSUSSU,   MOOKI,
AMAFA,   ISSIMI,
ITSUWARA,   FARINIB,
UMINGAMI,   NAGAWA,
TOIKO,   JAMMANOBE,
      & MUSSA.

14. *Simoosa*, autrement *Seosju*, est censée avoir trois journées de long, du Nord au Sud; c'est un Pays Montagneux, peu fertile, mais qui abonde en Volaille, & en Bestiaux. Il est divisé en douze districts, savoir,

KADDOSIKA,   TOODA,
TSIBBA,   KOOSA,
IMBA,   UNAGAMI,
SOOMA,   KATORI,
SASJUMA,   FANNIBU,
JUUKI,   OKANDA.

15. *Fitats*, ou *Sjoo*, est une fort grande Province. Un Auteur Japonois suivi par l'Auteur cité, la fait presque quarrée & dit qu'elle a trois journées de longueur de chaque côté. C'est un Pays mediocrement fertile, mais qui abonde en vers à soye & en soyes qu'on y travaille, y ayant plusieurs Manufactures d'étoffes de soye & d'autres choses; car les habitans ont beaucoup d'industrie. Ils font aussi commerce de Bétail. Cette Province a XI. Districts, savoir

NIJBARI,   UMBARAKI,
MAKAIJE,   NAMINGATA,
TSUKKUMBA,   NAKA,
KAWAATZ,   KUSSI,
SSIDA,   TAKA,
      & IENGOKO.

Ce dernier nom veut dire *Pays éloigné* & il y a apparence qu'on entend par là quelque Isle voisine à l'extremité du Pays.

Les revenus de ces XV. Provinces de la premiere grande Contrée appellée Tookaido se montent en tout à 494. Mankokfs.

II. *TOOSANDO*, c'est-à-dire, la *Contrée Orientale Montagneuse* comprend VIII. grandes Provinces, qui sont

1. Oo-

JAP.   JAP.

1. *Oomi*, Pays extrêmement bon & fertile, diversifié par des Montagnes, des Collines, des Rivieres, des Champs fertiles, qui produisent également du Ris & du Bled & récompensent le Laboureur de mille pour un, expression Japonnoise qui signifie seulement une grande fertilité. Cette Province a trois journées & demie de circuit & est divisée en XIII. Districts, savoir

Singa,	Sakatta,
Karimotto,	Jetz,
Jus,	Le haut & le bas Assai,
Cammoo,	Imito,
Kansaki,	Takassima,
Inungami,	Kooka,
Joositzumi.	

2. *Mino*, ou *Diosu*, ne céde à la Province d'Oomi, ni dans l'agréable variété des Collines & des Plaines, ni dans la fertilité de son terroir, elle produit en abondance du Ris, du Bled, du Kokokf, & toutes les autres necessitez de la vie. Elle a trois journées de longueur, du Nord au Sud & se divise en XVIII. Districts, savoir

Isijntsu,	Kakumi,
Fufa,	Iamangata,
Awadsi,	Muggi,
Ikenda,	Guundsjo,
Oono,	Camo,
Mottos,	Cako,
Mussijroda,	Tokki,
Katakata,	Ienna,
Atsumi,	Taki.

3. *Fida*, autrement *Fisju*, est fort au dessous des deux precedentes, tant en grandeur qu'en fertilité. Sa plus grande étenduë du Nord au Sud, n'est gueres que de deux journées de chemin. Elle est pleine de Bois & de Forêts qui fournissent en abondance du bois à brûler & à bâtir. Elle n'a que IV. Districts qui sont,

Ofarra,	Ammano,
Masijnda,	Araki.

4. *Sinano*, autrement *Sinsju*, est un Pays très-froid. Le Sel & le poisson y sont fort rares à cause qu'elle est trop éloignée de la Mer; & il n'y a presque point de bétail parce qu'il n'y a que peu de pâturages. Il est d'ailleurs assez fertile, & produit une grande quantité de Meuriers, & de Soye, & de Chanvre dont il y a plusieurs bonnes Manufactures. On dit qu'il a cinq journées de longueur du Nord au Sud: il se divise en XI. Districts, savoir

Midsutz,	Ina,
Takaij,	Ssuwa,
Fanissina,	Tsikumma,
Tsisagatta,	Atsumi,
Sacku,	Sara,
Syna.	

5. *Koodsuke*, autrement *Dsiosju* a quatre journées de longueur d'Orient en Occident. C'est un Pays chaud, passablement bon, qui produit une grande quantité de Meuriers & de vers à Soye; mais leur Soye n'est pas de la meilleure, & les étoffes que l'on tire de cette Province sont grossieres. Il est divisé en XIV. Districts, savoir

Ussui,	Soora,
Aassa,	Gumma,
Ssikanne,	Kanva,
Ssetta,	Tago,
Sai,	Midorino,
Nitta,	Naba,
Kattaoka,	Jammada.

6. *Simoodsuke*, ou *Jasjn* a trois journées & demie de longueur du Levant au Couchant. C'est un assez bon pays, plutôt plat que montagneux, où il y a beaucoup de prez & de champs qui produisent abondamment de l'Herbe, du Ris, du Bled & du Gokokf. Il a neuf Districts, savoir

Askara,	Taka,
Janada,	Sawingawa,
Aso,	Suwooja,
Tsuga,	Nasu,
Mukabe.	

7. *Mutsu*, ou *Oosju* est la plus grande Province du Japon, & a seize journées de longueur du Sud au Nord. C'est un Pays extrêmement bon & fertile & où il ne manque aucune des choses necessaires à la vie. Toute cette Province étoit autrefois sujette à un seul Prince, avec la Province voisine de Dewa, dont on parlera ci-dessous. Elle est divisée en LIV. ou selon d'autres en LV. Districts, savoir

Sijrakawa,	Kuriwara,
Kurokawa,	Jesan,
Juwasi,	Jeki,
Mijaki,	Misawa,
Aitz,	Nagaooka,
Nama,	Tojone,
Oda,	Monowara,
Asaka,	Oosika,
Adatz,	Gunki,
Sibatta,	Kaddono,
Karida,	Fasikani,
Tooda,	Tsungaru,
Natori,	Uda,
Sinnobu,	Iku,
Kikkunda,	Motojes,
Sibanne,	Isbara,
Assonusa,	Taidsi,
Namingata,	Sikamma,
Iwadewaga,	Inaga,
Kawatz,	Siwa,
Fitzungi,	Iwasaki,
Takano,	Kimbara,
Waltari,	Kadsinda,
Jamadsukuri,	Datte,
Oonato,	Socka,
Kami,	Fei,
Ssida,	Kisen,

8. *Dewa*, autrement *Usju*, a cinq journées de longueur, c'est un fort bon Pays abondant en pâturages, en plantes, & en arbres. On dit que le printemps y commence quinze

quinze jours plutôt que dans les autres Provinces. Elle faifoit autrefois partie de la Province d'Ofiu, mais c'eft aujourd'hui une Province féparée, & divifée en XII. Diftricts qui font,

AKUMI,	TANGAIRA,
KAWANOBE,	DIWA,
MURAJAMA,	AKINDATAURI,
OITAMA,	SENBOKU,
OOKATZ,	MOGUMI,
FIRAKA,	JAMAMOTTU.

Les Revenus de ces huit Provinces de la feconde grande Contrée montent à 563. *Mankokfs* fuivant les anciens comptes; mais à préfent ils font confidérablement augmentez.

III. *FOKU ROKKUDO*, c'eft-à-dire, la Contrée du Nord, contient fept Provinces, favoir,

1. *Wackafa*, autrement *Siakusju*, qui a une journée & demie de longueur du Nord au Sud. Elle eft bornée au Nord par la Mer qui lui fournit abondamment du Poiffon, des Ecreviffes, des Tortues, &c. Elle a quelques mines de fer & eft divifée en III. Diftricts favoir,

OONIBU,	OOI,
MICATA.	

2. *Jetfiffen*, autrement *Jeetsju*; fa longueur du Nord au Sud eft de trois journées de chemin. Elle eft fort montagneufe vers le Sud; mais au Nord c'eft un pays plat & fertile abondant en pâturages où l'on engraiffe une grande quantité de bétail. Il produit auffi du chanvre, des meuriers, de la Soye, & du Gokokf en abondance. Il eft divifé en XII. Diftricts qui font,

TSURUGA,	KURODA,
NIBU,	IKINGAMI,
IMADATZ,	TAKAKIDA,
ASYBA,	JOOSDIDA,
OONO,	SACAGITA,
SAKAI,	NAANDSJO.

3. *Kaga*, autrement *Kasju*, a deux journées & demie d'Orient en Occident. C'eft un Pays paffablement bon & qui produit affez de Gilokf pour la fubfiftance des habitans. Il y a auffi quelques Manufactures d'étoffes de Soye, d'excellent vinaigre, du *Sacki*, & du *Soja*, que l'on porte dans les autres Provinces. Elle a IV. Diftricts, favoir

JENNE,	ISIKAWA,
NOMI,	KANGA.

D'autres y en ajoutent un cinquiéme nommé KABOKU.

4. *Noto*, autrement *Seosju*, eft une efpece de Peninfule prefqu'entierement entourée de la Mer qui lui fournit en abondance du Poiffon & des Ecreviffes. Il y a plufieurs mines de fer, mais le terroir eft peu fertile & le Gokokf y meurit beaucoup plus tard que dans les autres Provinces. Cette Province a deux journées & demie de longueur, de l'Oueft à l'Eft & eft divifée en IV. Diftricts, favoir

BAGUI,	FUKEESUND,
NOTO,	SSUS.

5. *Jeetsju*, autrement *Jaefsju*, a trois journées de circuit : le Pays eft affez bon, & produit fuffifamment du Gokokf. On y fait une efpece de pots de terre particuliere. Il y a auffi quelque, peu de bois, dont on fe fert pour faire des ponts. Elle eft divifée en quatre Diftricts, favoir

TONAMI,	MEBU,
IMIDSU,	NIJKAWA.

6. *Jetfingo*, autrement *Jeetsju*, eft une grande Province qui a fix journées de circuit. Elle eft montagneufe vers le Sud, mais du refte affez fertile, & produit de la Soye, du Chanvre & du Gokokf qui n'eft pourtant pas du meilleur. Elle eft divifée en fept diftricts, favoir

KABIKI,	IWOODSI,
KOF,	CAMBARA,
MISSIMA,	NUTARI,
& IWAFUNE.	

7. *Sado*, ou *Sasju*, eft une Ifle de trois journées & demie de circuit, fituée au Nord du Japon vis-à-vis des Provinces de Jeetsju & de Jetfingo. Elle eft très-fertile, & abondante en Bled, en Ris, & en Gokokf. Il y a auffi des bois & de bons pâturages. La Mer la fournit de poiffon & d'écreviffes. Elle eft divifée en III. Diftricts qui font,

UMO,	SOOTA,
CAMO.	

Le Revenu annuel de ces fept Provinces de la troifieme grande contrée monte à 243. Mankokfs.

IV. *SANINDO*, c'eft-à-dire, *la Contrée Montagneufe du Nord*, ou froide, comprend VIII. Provinces.

1. *Tanba*, où *Tansju*, a deux journées de long. Elle eft paffablement bonne & produit beaucoup de Ris & plufieurs fortes de pois & d'autres Legumes. Il y a auffi du bois à brûler. Elle eft divifée en fix Diftricts, favoir,

KUWADA,	AMADA,
FUNAIJ,	FINGAMI,
TAKI,	IKARUNGA.

2. *Tango*, autrement *Tansju*, a une journée & demie de largeur du Nord au Sud, c'eft auffi un Pays paffablement bon, où l'on peut avoir de la foye & du chanvre à fort bon marché. La Mer le fournit abondamment de poiffon, d'écreviffes &c. Cette Province eft divifée en V. Diftricts, favoir

KAKI,	TANGO,
JOKI,	KATANO,
KUMANO.	

3. *Tafima*,

3. *Tasima*, autrement *Tansju*, a deux journées de longueur d'Orient en Occident. C'est un Pays mediocre comme les deux precedens. Il se divise en VIII. Districts qui sont,

ASAMI,   KINNOSAKI,
JABU,   FLANGAKA,
IDSU,   SITZUMI,
KETTA,   MIKUMMI.

4. *Imaba*, autrement *Insju*, est à peu près de la même longueur & de la même fertilité que Tasima. Elle est bornée au Nord par la Mer & au Sud par une chaine de Montagnes. Il y a plusieurs manufactures de Soyes grossieres. Elle se divise en VII. districts qui sont,

TOGOMI,   OOMI,
JAGAMI,   TAKAGUSO,
TSIDSU,   KETTA,
         KONNO.

5. *Fooki*, autrement *Fakusju*, a deux journées & demie de longueur du Nord au Sud. Le Pays est mediocrement bon; cependant il produit en abondance du Gokokf, du Chanvre & de la Soye; & il y a plusieurs bonnes Manufactures d'étoffe de Soye. Cette Province est divisée en VI. Districts, savoir

KAWAMURA,   ANERI,
KUME,   OOMI,
JAWATA,   FINO.

6. *Idsumo*, autrement *Unsju*, a deux journées & demie de longueur d'Orient en Occident. Elle est presque entierement entourée de la Mer de Corée en forme de Peninsule. C'est un Pays extrémement fertile qui produit une grande quantité d'Arbres, d'Herbe, & de Plantes. Il y a aussi quelques Manufactures d'étoffe de Soye grossiere. Elle est divisée en X. Districts, savoir

IJU,   JADSUMO,
NOMI,   KANTO,
SEMANE,   IJIS,
AKISIKA,   NINDA,
TATTENNI,   OOFARA.

7. *Iwami*, autrement *Sekisju*, a deux journées de longueur du Nord au Sud. C'est un Pays mediocrement bon qui produit en abondance du Chanvre, & quelque peu de Sel. Les habitans donnent tous les ans à leur Prince le double de ce qu'on donne dans les autres Provinces; elle est divisée en V. Districts, savoir

TSIKAMA,   OOTZ,
NAKA,   MINO,
         CANOAH.

8. *Oki*, autrement *Insju*, est une Isle érigée en Province & située dans la Mer de Corée, à l'opposite des côtes de cette Peninsule: c'est un Pays sterile qui ne produit que peu de Gokokf. Cette Isle a deux journées de circuit & se divise en V. Districts.

Tout le revenu annuel de ces VIII. Provinces de la quatrieme grande Contrée monte à 123. Mankokfs.

V. *SANJODO*, c'est-à-dire, CONTRE'E MONTAGNEUSE MERIDIONALE OU CHAUDE est composée de VIII. Provinces.

1. *Farima*, autrement *Bansju*, a trois journées & demie de circuit. C'est un Pays très-fertile qui produit en abondance tout ce qui est necessaire à la vie: il y a plusieurs Manufactures d'étoffes de Soye, de Draps & de Papier. Elle est divisée en XIV. Districts, savoir

AKAS,   SAIJO,
KATA,   SITZ,
KAMO,   KANSAKI,
INAMI,   TAKA,
SIKAMA,   MITZUBO,
IWO,   ISSAI,
AKATO,   ITTO.

2. *Mimasaka*, autrement *Sakusju*, a trois journées de longueur d'Occident en Orient. Ce Pays est mediocrement bon, & produit une quantité de fruits, de plantes, de vivres, & de Draps, suffisante pour l'entretien des habitans. On a remarqué comme une chose singuliere que cette Province est moins sujette aux vents que les autres Provinces de l'Empire. Elle est divisée en VII. Districts, savoir

AIDA,   TOMAFIGASI,
KATZUNDA,   KHUME,
TOMANIZI,   OOBA,
         MASUMA.

3. *Bidsen*, ou *Bisju*, a trois journées de circuit. C'est un Pays passablement bon, qui produit beaucoup de Soye, la terre y est chaude & on remarque que les fruits de la terre y meurissent plutôt que dans les autres Provinces. Elle est divisée en XI. Districts, savoir

KOSUMA,   KANDATZ,
WAKI,   MINNE,
IWANASI,   OOAS,
OOKU,   TSITAKA,
AKOSAKA,   TSINGOSIMA,
         KAMOSIMA.

4. *Bitsju*, autrement *Fisju*, a une journée de longueur du Couchant au Levant. C'est un fort bon Pays qui fournit abondamment toutes les choses necessaires à la vie. Le Gokokf & le Chanvre en particulier y sont à très-grand marché. Elle est divisée en IX. Districts, qui sont:

UTZ,   ASSANGUTZ,
KABOJA,   ODA,
KAIJA,   SITZUEI,
SIMOMITZ,   TETA,
         FANGA.

Auxquels on ajoute les Isles de Saborusima & Jorisima.

5. *Bingo*, autrement *Fisju*, a un peu plus de deux journées de longueur, du Nord au Sud, c'est un assez bon Pays où il croît abondamment du Ris & du Gokokf & on remarque qu'ils y meurissent beaucoup plutôt qu'ailleurs. Cette Province est divisée en XIV. Districts qui sont,

D   ABE,

Abe,	Kooni,
Futsitz,	Mikami,
Kamijsi,	Camidami,
Asuka,	Mitsuki,
Numasimi,	Jesso,
Bonitz,	Sirra,
Asijda,	Mijwara.

6. *Aki*, autrement *Gesju*, a deux journées & demie de longueur du Nord au Sud; elle est montagneuse & sterile. On fait du Sel sur les Côtes. Le Bled, le Ris, & le Gokokf n'y viennent que difficilement, mais il y a beaucoup de Bois & de Forêts qui produisent des Champignons en abondance. Elle est divisée en IX. Districts, savoir

Numada,	Cammo,
Takatta,	Sabaku,
Tojoda,	Aki,
Sada,	Takamija,
& Ikukussima.	

Ce dernier nom se donne aussi à un lieu très-célebre dans cette Province.

7. *Suwo*, autrement *Seosju*, a trois journées de longueur de l'Occident à l'Orient. C'est un Pays passablement bon qui abonde principalement en plantes & en bon pâturage. Les côtes fournissent du Poisson, des Ecrevisses, des Coquillages, & des choses semblables en aussi grande quantité qu'aucune autre Province. Elle est divisée en six Districts, savoir

Ossima,	Tsimo,
Kuka,	Sawa,
Kumade,	Jooski.

8. *Nagata*, autrement *Tsiosju*, a deux journées & demie de longueur du Couchant au Levant. C'est un Pays passablement bon, borné au Sud & à l'Ouest par la Mer, & au Nord par une chaine de Montagnes. Il produit du Gokokf, du Poisson, des Ecrevisses & les autres necessitez de la vie, au double de ce qu'il faut pour la subsistance des habitans. Elle est divisée en six Districts, savoir

Assa,	Ootz,
Tojora,	Amu,
Mine,	Misijma.

Le revenu annuel de ces huit Provinces de la cinquieme grande contrée monte à 270. Mankoks.

Toutes les Contrées, les Provinces, & les Districts, dont on a parlé jusqu'ici, appartiennent à la grande Isle de Niphon. Nous allons passer maintenant à la seconde Isle qui est la plus grande après celle-là; & que les Japonois apellent Kiusju, c'est-à-dire, le *Pays de l'Ouest*, & Saikokf, c'est-à-dire, le *Pays des Neuf*. Elle contient la sixieme grande Contrée, savoir

VI. *SAIKAIDO*, c'est-à-dire, la Contrée des côtes de l'Ouest, est composée de IX. grandes Provinces.

1. *Tsikudsen*, autrement *Tsikusju*, qui a quatre journées de longueur du Sud au Nord: c'est un Pays mediocrement bon qui produit du Bled & du Ris. Il y a plusieurs Manufactures de Porcelaines: cette Province est divisée en XXV. Districts, savoir

Sima,	Siaka,
Kama,	Musima,
Jassijka,	Ito,
Nosima,	Musijro,
Mikasa,	Vutz,
Monagatta,	Kurande,
Onka,	Nokosima,
Musiroda,	Sinotz,
Fonami,	Kasakura,
Sara,	Kamitzka,
Naka,	Sakura,
Cassija,	Kokuf,
Tassai.	

2. *Tsikungo*, autrement *Tsikusju*, a cinq journées de longueur du Nord au Sud. Le Pays est passablement bon & produit en très-grande abondance du Bled, du Ris & des Pois. Les côtes lui donnent du Poisson, des Ecrevices & des Coquillages. On y fait beaucoup de confitures que l'on porte dans les autres Provinces. Elle est divisée en X. Districts, savoir

Mijwara,	Kandsima,
Mij,	Simodsima,
Ikwa,	Jammakando,
Mi,	Jammaseta,
Mike,	Takeno.

3. *Budsen*, ou *Fosju*, a quatre journées de longueur du Nord au Sud. Le Pays est passablement bon, &, il est distingué par les excellentes plantes Medicinales qu'il produit: Il y a dans cette Province un grand nombre de Manufactures d'étoffes de Soye, dont le Prince prend une partie en payement de ses revenus. Elle est divisée en VIII. Districts qui sont,

Tangawa,	Tsuiki,
Sakku,	Kamitzki,
Mijako,	Simotzki,
Nakatz,	Usa.

4. *Bungo*, autrement *Toosju*, a trois journées de longueur, & est mediocrement fertile. Elle produit de la Soye, du Drap, du Chanvre, du Gokokf, & quelques plantes Medicinales rares. Elle est divisée en VIII. Districts, savoir

Fita,	Amabe,
Kees,	Oakata,
Nawori,	Faijami,
Oono,	Kunisaki.

5. *Fidsen*, autrement *Fisju*, a trois bonnes journées de longueur du Nord au Sud; elle est passablement fertile, & produit du Bled & du Ris, & beaucoup de Poisson & de Volaille. Il y a aussi quelques Manufactures de Draps. Elle se divise en XI. Districts, qui sont,

Kickij,	Saaga,

Jabu

Jabu,	Maatsura,
Mine,	Kissima,
Ooki,	Tusitz,
Kansoki,	Kadsuraki,
	Takaku.

6. *Figo*, autrement *Fisju*, a environ cinq journées de circuit. C'est un Pays assez fertile qui produit en abondance du Bois à brûler & à bâtir, aussi bien que du Bled, des Pois, & du Poisson, des Ecrevisses & les autres necessitez de la vie. Elle est divisée en XIV. Districts, qui sont

Tamana,	Aida,
Jamaga,	Masiki,
Jamamatto,	Udo,
Kikutz,	Jaadsito,
Aso,	Koos,
Takuma,	Aakusa,
Kuma,	Assita.

7. *Fingo*, autrement *Nisju*, a environ trois journées de longueur. C'est un Pays maigre, montagneux, & qui peut à peine produire assez de Bled, de Ris, & de fruits pour la subsistance de ses habitans. Il est divisée en V. Districts, savoir

Uski,	Naka,
Koiju,	Mijasaka,
	Morokata.

8. *Oosumi*, autrement *Cusju*, a deux journées de longueur, de l'Est à l'Ouest. Cette Province est petite, mais très-fertile & produit abondamment les besoins de la vie, particulierement ceux que la Mer peut fournir. On y fait une grande quantité de papier & quelques étoffes de Soye. Elle est divisée en VIII. Districts, qui sont

Oosumi,	Sijra,
Fisingari,	Kimodsuki,
Kuwabara,	Komadsii,
Soo,	Kumagge.

9. *Satzuma*, ou *Satsju*, est à peu près de la même longueur que la precedente : elle est mediocrement fertile, & produit principalement des Meuriers & du Chanvre. Il y a un petit nombre de Manufactures de Draps qui sont fort bons. Elle peut fournir de chanvre les autres Provinces. On la divise en XIV. Districts, qui sont

Idsum,	Jene,
Takaki,	Juumaki,
Satzuma,	Fire,
Teki,	Fani,
Isa,	Jamma,
Ala,	Okinokosima,
Kawanobe,	Kosskisima.

Le revenu annuel de ces IX. Provinces de la sixiéme grande Contrée monte à 344. Mankokfs.

Une Isle de la troisieme grandeur, située entre les deux precedentes, & nommée par les Japonnois SIKOKF, c'est-à-dire, le *Pays des Quatre* (Provinces); avec l'Isle voisine AWADSI située au Nord-Est de Sikokf, & la grande Province Kynokuni, qui avance dans le Continent de Nipon, forment la septieme grande Contrée que les Japonnois appellent *Nankaido*.

VII. *NANKAIDO*, c'est-à-dire, la contrée des côtes du Sud. Elle est composée des six Provinces suivantes :

1. *Kijnokuni*, autrement *Kisju*, à quatre journées & demie de longueur du Nord au Sud. C'est un Pays plat & sterile, entouré de la Mer de tous côtez & qui ne produit ni Bled, ni Ris, ni pois, ni autres legumes. Cette Province est divisée en VII. Districts, savoir

Ito,	Amabe,
Naka,	Arida,
Nagusa,	Fitaka,
	Muro.

2. *Awadsi*, est une Isle qui a environ une journée de longueur, quoiqu'elle soit en general fort sterile, elle produit néanmoins une quantité de Draps, de Poisson & de Sel, sufisante pour ses habitans. Elle n'a que II. Districts, savoir

Tsina,	& Mijwara,

auxquels on ajoute deux des principales Isles voisines, savoir,

Mussima,	& Jesima.

3. *Awa*, autrement *Asju*, a deux journées de Chemin. C'est un Pays mediocrement bon, un peu montagneux & qui produit abondamment du bétail, de la Volaille, du Poisson, des Ecrevisses & des Coquillages. Il se divise en IX. Districts, savoir

Miosi,	Katsura,
Oien,	Naka,
Nafingasi,	Itano,
Nanisi,	Iwa,
	Mima.

4. *Sanuki*, autrement *Sansju*, à trois journées de longueur de l'Orient à l'Occident. C'est un Pays passablement fertile, où il y a beaucoup de Montagnes, de Rivieres, & de Champs qui produisent du Ris, du Bled & des legumes. La Mer le fournit de Poisson & d'Ecrevisses. Cette Province est remarquable par le grand nombre de personnes celebres qui y sont nées. Elle est divisée en XI. Districts, qui sont

Owutsi,	Kanda,
Samingawa,	Ano,
Miki,	Utari,
Mino,	Naka,
Jamada,	Tado,
	Nako.

5. *Ijo*, autrement *Josju*, a deux journées de longueur. C'est un Pays mediocrement bon, montagneux en quelques endroits, plat en d'autres; il y a des champs qui sont sablonneux, d'autres qui produisent du Ris, du Chanvre, des Meuriers, de l'Herbe & des Plantes. On fait quelque peu de Sel sur les côtes.

côtes. Il eft divifé en XIV. Diftricts, favoir

Nij,	Otsumi,
Suckli,	Kume,
Kuwamira,	Fuke,
Ootz,	Jio,
Kasafaia,	Kita,
Nooma,	Uwa,
Tsike,	Uma.

6. *Tofa*, autrement *Tôsju*, a deux journées de longueur de l'Eft à l'Oueft. Ce Pays eft paffablement bon, produifant abondamment des Legumes, du bois, du fruit, & plufieurs autres chofes pour les befoins de la vie. On le divife en VIII. Diftricts, favoir

Tosa,	Fata,
Agawa,	Nanaoka,
Taka,	Katasima,
Oray	Kami.

Le Revenu annuel de ces fix Provinces de la feptieme & derniere grande contrée du Japon monte à 140. Mankokfs.

Il y a encore deux Ifles, dont nous n'avons point encore parlé, qui furent conquifes & annexées au Japon dans la guerre contre les habitans de la Corée. Elles font apellées Iki-Tsussima, leurs deux noms étant joints enfemble, & ont à préfent un Prince particulier, au lieu qu'elles étoient autrefois fous la domination du Prince ou Roi de Satzuma.

1. *Iki*, autrement *Isju*, la premiere de ces deux Ifles a une journée de longueur & deux Diftricts, favoir

Iki,	& Isijda.

2. *Tfuffima*, autrement *Taisju*, eft un peu plus grande que celle d'Iki, & fe divife auffi en deux Diftricts, qui font

Akata,	& Simoakata.

On ne parle pas fort avantageufement de la fertilité de ces Ifles, mais on dit qu'il y a plufieurs chofes curieufes à voir & elles font fameufes par le grand nombre des Idoles qu'on y adore.

Le revenu annuel de ces deux Ifles monte à 3. Mans & 5000. Kokfs.

Selon le compte que nous venons de donner le revenu de toutes les Ifles & Provinces qui appartiennent à l'Empire du Japon monte tous les ans à la fomme de 2328. Mans & 6200. Kokfs. Et cependant l'Auteur Japonnois fur les Memoires duquel Mr. Kaempfer a travaillé, ne le fait monter qu'à 2257. Mankokfs.

Tout l'Empire du Japon a deux Chefs ou deux Empereurs, favoir le *Dairo*, & le Kubo.

w Caron. Relat. du Japon dans le Recueil des Voyages au Nord. T. 3. p. 86. Le Dairo gouvernoit autrefois abfolument par droit de fucceffion. Les Peuples le reconnoiffoient pour leur Souverain & l'avoient en opinion de fainteté. Ils étoient perfuadez que c'étoit refifter à Dieu même que de s'oppofer aux commandemens de ce Prince. Quand un Roi particulier du Pays avoit quelque démêlé avec un autre, ce Souverain connoiffoit de leurs differens avec la même autorité que fi Dieu l'eût envoyé pour les gouverner fouverainement. Quand ce pretendu Saint marchoit il ne devoit point toucher à terre; il faloit empêcher que les rayons du Soleil, ou de quelque autre lumiere ne le touchaffent; c'eût été un crime de lui couper la barbe & les ongles; toutes les fois qu'il mangeoit on lui preparoit fes repas dans un nouveau fervice de cuifine qui n'étoit employé qu'une fois. Il avoit douze femmes qu'il époufoit toutes avec beaucoup de folemnité: ces femmes le fuivoient dans leurs caroffes, fur lefquels on voyoit leurs armes & leurs titres: il y avoit dans fon Château deux rangs de Maifons, fix de chaque côté. Sur chaque porte étoient les armes & les titres de celle d'entre les femmes qui habitoit la Maifon; il avoit de plus un Serrail pour fes Concubines. La même chofe fe pratique encore, on apprête tous les jours un magnifique fouper dans chacune de ces douze Maifons; l'on y prepare une Mufique fans favoir dans laquelle il plaira au Prince d'aller fouper: lorfqu'il en a choifi une & qu'il y eft entré, on y porte auffi tôt tout ce qui a été préparé dans les autres, & les onze Dames viennent avec leur fuite & leur Mufique pour fervir la Dame que le Dairo a choifie ce jour-là. Ce ne font alors que jeux, que Comedies, & que divertiffemens. Mais ce Prince ne jouït plus de la Souveraineté que les Generaux de la Couronne ont ufurpée. On lui a feulement confervé fes immenfes revenus, & on lui rend les refpects & les hommages les plus capables de flater fa vanité. C'eft à quoi fe bornent les reftes d'une autorité qu'il n'a plus. Le Dairo eft ce que Mr. Kæmpfer appelle le Monarque hereditaire Ecclefiaftique, parce qu'il eft toujours l'Oracle de la Religion.

x Hift. du Japon. T. 1. p. 70. Le Kubo ou Monarque feculier d'aprésent s'appelle Tfinajos. Il eft le quatrieme fucceffeur & arriere-petit-fils de Jejaffama premier Empereur de la famille aujourd'hui regnante & qui ravit la Couronne à l'Heritier legitime vers le commencement du XVI. Siécle. Il a un pouvoir illimité & abfolu fur tous fes Sujets depuis ceux de la plus baffe extraction jufqu'aux perfonnes du plus haut rang. Les plus grands Princes & les Seigneurs de l'Empire font tellement dans fa dépendance qu'il peut les difgracier, les exiler, les faire mourir, & les dépouiller de leurs Etats & de leurs terres quand il lui plaît, ou lors qu'il juge que la paix & le bien de l'Etat le demande, ou que leurs crimes le meritent.

Il y a certaines Provinces qui font gouvernées par des Princes Hereditaires appellez Daimio, qui fignifie *ceux d'un nom éminent*, c'eft-à-dire les Princes & les Seigneurs du premier rang. (Nos Hiftoriens & Géographes d'Europe les appellent Royaumes). Quelques-uns de ces Princes ont trouvé le moyen d'aggrandir leurs Etats à main armée. C'eft ainfi que le Prince de Satzuma s'eft emparé de deux Provinces voifines, Oofumi & Fiugo; & que le Prince de Canga eft devenu maître de la Province de Noto, & de là vient que l'on regarde ces deux Princes comme les plus puiffans de l'Empire.

Les

Les Seigneurs des Districts sont appellez Siomios ou bien nommez, c'est-à-dire Seigneurs, mais d'un rang inférieur à celui des Daimios. Nous avons donné une liste complette de ces Districts, & nous les avons rangez sous le nom de chaque Province dont ils sont partie. Ces Siomios sont dans une si grande dépendance de l'Empereur qu'il ne leur est pas permis de demeurer plus de six mois dans leurs biens Héréditaires. Il faut qu'ils passent les autres six mois dans la Ville Capitale de Jédo où l'on garde leurs femmes & leurs enfans toute l'année comme des gages de leur fidélité.

Quelques-uns de ces Districts sont des Domaines Impériaux ou des terres de la Couronne, soit parce qu'ils ont été anciennement destinez pour les besoins de la Couronne; soit que dans la suite, lorsque l'occasion s'en est présentée, on les ait ôtez à leurs possesseurs Héréditaires, pour les punir de quelque crime qu'ils avoient commis & on les a réunis au Domaine Impérial. Car c'a toujours été une des principales maximes politiques des Empereurs du Japon, de se maintenir dans une paisible possession du Trône, en divisant les Etats des plus grands Princes de l'Empire & les partageant en plusieurs Seigneuries indépendantes l'une de l'autre, & en affoiblissant par toutes sortes de voyes le pouvoir & l'autorité de ces Princes.

Les plus grandes Terres de la Couronne sont gouvernées par des Bugios, qui y font la fonction de Lieutenants, & les moindres Terres par des Dasquans ou Receveurs. Tous les revenus de ces terres doivent être portez dans les coffres de l'Empereur.

On croit communément en Europe que le Japon a été premièrement peuplé par des gens qui y ont passé du Continent de la Chine. On fonde cette opinion sur deux Histoires. La première a pour Auteur Linschoot qui ne dit point d'où ni de qui il le tient. Il suppose que sous un Empereur de la Chine il y eut une Conspiration qui se découvrit, que le nombre des coupables se trouva si grand, que pour ne pas répandre tant de sang, on se contenta de les exiler dans les Isles du Japon qui étoient alors incultes & inhabitées. L'autre Histoire est avérée par les Japonnois, on dit qu'un Empereur Chinois, vrai tyran, charmé de la vie délicieuse, qu'il menoit s'avisa de chercher un remède qui empêchât de mourir, qu'il envoya sous cô (?) d'habiles Médecins pour le chercher, qu'un d'entre eux lui persuada que les ingrédiens nécessaires se trouvoient dans les Isles voisines, mais que l'organisation en étoit si délicate qu'ils se flétriroient & perdroient leur vertu s'ils n'étoient cueillis par des mains chastes & pures; que pour mieux exécuter son dessein, il prit avec lui trois cens jeunes hommes & autant de jeunes filles; & que comme son unique but étoit de quitter avantageusement un Prince dont il craignoit les caprices, il s'établit avec eux dans ces Isles & y forma un nouveau Peuple. Les Japonnois ne disconviennent pas du gros de cette dernière Histoire. Ils montrent même dans Kiumano l'endroit où il aborda & où

il s'établit ensuite avec sa petite Colonie & les restes d'un Temple qui fut bâti en sa mémoire. On rapporte cet événement au Regne de l'Empereur Sikwo dans la Chine, & à la septième année du Regne de Koken dans le Japon, qui revient à l'an 209. avant l'Ere Vulgaire & 451. ans après Sinmu premier Empereur du Japon. Ainsi le Médecin ne fut pas le premier habitant du Japon puisqu'il y trouva un Empire déja formé.

Mr. Kaempfer croit que les Japonnois sont la postérité d'une des familles qui se dispersèrent immédiatement après l'entreprise de la Tour de Babel. Il juge qu'ils avancerent vers l'Orient en assez peu de temps sans s'arrêter avec les autres familles, & il appuye cette conjecture sur ce que la Langue des Isles du Japon est sans mélange de mots étrangers; ce qui ne pourroit pas être s'ils avoient séjourné quelque temps avec les Tartares ou avec les Chinois. Il se sert aussi d'une autre preuve de convenance. Il apporte divers exemples de Voyageurs qui n'ont mis que six mois pour aller des bords de la Mer Caspienne. Comme ces familles primitives ne marchoient pas aussi vite que des Voyageurs qui ont un but marqué, & qui trouvent des Ponts & des Chemins pour passer les Rivieres & les Forêts, on peut supposer que deux ou trois ans leur suffirent pour arriver dans la Presqu'isle de la Corée vis-à-vis de laquelle sont les Isles du Japon. Elle peut aussi avoir été peuplée par des Naufrages; la Mer orageuse & les écueils, dont ces Isles sont environnées, ont sans doute brisé beaucoup de Navires dont les équipages sauvez des flots se sont joints aux anciens habitans. Il n'y a que quelques siécles que les Japonois ayant découvert par hazard l'Isle de Genkaisima la trouvèrent peuplée d'Oni, c'est-à-dire des Diables noirs, ce nom de Diables est fondé sur ce que les Japonnois méprisent tous les Pays étrangers & les appellent Umakokf, c'est-à-dire *Pays du Diable*. Mr. Kaempfer prouve que c'étoient des Malayes d'origine. Ce qui confirme l'idée que le Japon a été peuplé par des Naufrages, c'est que la découverte par les Portugais s'en est faite à l'occasion d'un Vaisseau de cette Nation qui fut jetté par une tempête sur les côtes de ce Pays. Comme il étoit d'une construction plus forte que les navires d'Asie qui sont foibles & incapables de résister à un rude choc, il ne périt point, au lieu qu'un Vaisseau des Indes est mis absolument hors d'état de servir, après le Naufrage. Ce qui fait encore connoître que tous les Japonnois n'ont pas une même origine, c'est la différence qui se trouve entre les habitans de diverses Provinces. Car quoique les Japonnois en général, particulièrement le commun du Peuple, soient d'un aspect fort laid, étant petits, trapus, bazannez, ayant les jambes grosses, le nez plat, & les sourcils épais, quoi que leurs yeux ne soient pas si enfoncez que ceux des Chinois, cependant les descendans des plus anciennes & plus nobles familles, des Princes & des Grands de l'Empire, ont quelque chose de plus majestueux dans leur taille & dans leur contenance & ressemblent beaucoup aux Européens. Les habitans des Provinces de Satzuma,

Ibid. l. 1. c. 6.

Oosjmi & Fiuga sont de moyenne taille, forts, courageux, resolus, d'ailleurs civils & polis. On remarque la même chose dans les habitans de quelques-unes des Provinces Septentrionales de l'Isle de Nipon, excepté ceux de la grande Province d'Osju qu'on dit être plus inhumains & plus cruels que les autres. Les habitans de quelques Provinces de Saikokf, particulierement ceux de Fisen, sont petits, delicz, mais bien faits, d'un air agréable & extremement polis. Les habitans de l'Isle de Nipon, sur tout ceux des Provinces Orientales, se distinguent des autres par leurs grosses têtes, leurs nez plats, leur embonpoint & leur corpulence. Il paroît de tout ce que l'on vient de dire que les Japonnois en général sont une Nation primitive accrue à la verité par des Colonies, mais qui ne doit ni son être ni sa première origine aux Chinois ; que bien qu'ils ayent reçu d'eux plusieurs Arts & Sciences utiles, comme les Romains en reçurent des Grecs, ils n'ont pourtant jamais été subjuguez ou conquis ni par les Chinois ni par aucune Nation voisine.

z Ibid. c. 8. ² Les Japonnois se vantent de vivre sous un climat heureux & agréable. Le temps y est néanmoins fort inconstant & sujet à de frequens changemens : l'Hyver, l'air est chargé de neige & produit de grandes Gelées ; l'Eté au contraire, sur tout dans les jours Caniculaires, est d'une chaleur insupportable. Il pleut souvent pendant toute l'année, mais d'une maniere extraordinaire aux mois de Juin & de Juillet qu'on appelle pour cette raison *Satsuki*, ou les mois de l'eau. Cependant il s'en faut bien que la saison des pluyes n'ait au Japon la regularité qu'on remarque dans les contrées plus chaudes des Indes Orientales. Le tonnerre & les éclairs sont fort frequens.

La Mer qui environne le Japon est fort agitée & orageuse, ce qui joint au grand nombre de rochers, de bas fonds & d'écueils, qu'il y a au dessus & au dessous de l'eau, en rend la navigation très-perilleuse. Il y a deux tournans qui sont remarquables & dangereux. L'un est appellé FAISAKI, & on le trouve près de Simbara au dessous d'Amacusa. Il est dangereux, principalement quand la marée est basse ; car lors qu'elle est haute il devient au niveau de la surface de la Mer ; mais aussi tôt qu'elle commence à baisser, après quelques tournoiemens violens, il tombe tout à coup jusqu'à la profondeur de quinze brasses, comme on l'a assuré à l'Auteur que je ne fais ici que copier, & il engloutit avec une extrême force les Vaisseaux, Barques, & tout ce qui se trouve dans ce temps-là à portée d'en être saisi & le brise contre les rochers qui sont au fond. Le debris restent quelquefois sous l'eau, quelquefois ils sont rejettez à quelques milles Géographiques de distance. L'autre tournant est proche des côtes de la Province de Kijnokuni ; il est appellé NARROTO & à cause du voisinage de la Province d'Awa A-WANO NARROTO qui veut dire le *Bruissement d'Awa* parce qu'il se jette avec un bruit éclatant & impetueux autour d'une petite Isle de rochers qui tremble continuellement par la violence du mouvement. Quoi que l'aspect de celui-ci soit formidable, on le regarde pourtant comme le moins dangereux parce que le bruit qu'il fait étant entendu d'assez loin on peut aisément l'éviter. Les Auteurs Japonnois, particulierement les Poétes, font souvent allusion dans leurs Ecrits à la nature merveilleuse & au mouvement de ce Narroto & les Prêtres font la même chose dans leurs Sermons.

On voit aussi frequemment des trombes s'élever dans les Mers du Japon & s'approcher des côtes. Les Japonnois s'imaginent que c'est une espece de Dragons d'eau qui ont une longue queue de même & qui s'elevent en l'air d'un mouvement très-rapide & c'est la raison pourquoi ils les appellent Tatsmaki, c'est-à-dire des Dragons jaillissans.

Le terroir du Japon est en général montagneux, pierreux & sterile ; mais l'industrie & les soins infatigables des habitans l'ont rendu assez fertile pour leur fournir tout le necessaire. D'ailleurs la Mer voisine leur donne du Poisson, des Ecrevisses & des Coquillages. Les rochers mêmes & les lieux incultes produisent des Plantes, des fruits & des racines pour la subsistance des habitans : l'indigence de leurs ancêtres leur fit trouver le moyen de les apprêter & de les rendre mêmes agréables au goût. Si on ajoute à cela que les Japonnois en général vivent avec beaucoup de frugalité, on ne sera pas surpris qu'un Empire si vaste & si peuplé ait en telle abondance tout ce qui est necessaire à la vie ; ni que comme un Monde particulier que la nature semble avoir séparé exprès du reste du monde puisse facilement subsister de soi-même sans le secours d'aucun Pays voisin, aussi long-temps que l'Agriculture & les Arts y seront cultivez & perfectionnez par les habitans.

L'eau douce n'y manque pas ; car il y a un grand nombre de Rivieres, de Lacs & de Fontaines. Quelques Rivieres sont si grandes & si rapides, soit parce qu'elles tombent des hautes Montagnes & des Rochers ou à cause des grandes & frequentes pluyes, qu'il y a du danger à les passer ; il s'en trouve si impetueuses qu'on ne sauroit y bâtir des ponts. Les plus célèbres sont l'UJINGAVA, L'OOMI & L'ASKAGAVA.

L'UJINGAWA, c'est-à-dire la Riviere d'Ujin, a environ un quart de lieue de largeur, & comme elle n'a point de Pont, il faut la passer à gué. Elle descend des Montagnes avec tant de rapidité que lors même qu'elle est basse & que l'eau va à peine jusqu'au genou, il faut cinq hommes robustes & qui en connoissent bien le lit pour y faire passer un cheval ; ce qui joint aux grosses pierres qui sont au fond, en rend le passage également difficile & dangereux. De peur que ceux qui servent ainsi, de Guides pour passer cette Riviere & les autres de même nature ne negligent de prendre soin des personnes qui passent, les loix du Pays les rend responsables de leurs vies.

La Riviere d'OOMI est célèbre par son origine extraordinaire, car les Histoires du Japon rapportent qu'elle faillit tout d'un coup une nuit l'an 285. avant l'Ere Vulgaire. Elle tire son nom de la Province où est sa source.

La

La Riviere d'Askagava a cela de remarquable que la profondeur de son lit change continuellement, & par elle fournit des allusions aux Auteurs Japonnois, & principalement aux Poétes.

Le Japon est fort sujet aux tremblemens de terre : ils y sont si fréquens que les naturels du Pays s'en allarment aussi peu qu'on fait en Europe à l'égard des éclairs & du tonnerre. Ils en attribuent la cause à une grosse baleine qui se traine sous la terre & disent que ce n'est rien. Cependant les secousses sont quelquefois si violentes & durent si long-temps que des Villes entieres en ont été détruites, & plusieurs milliers d'habitans ensevelis sous les ruines. Cela arriva en 1586. comme nous l'apprend le P. Louis de Froes qui étoit alors au Japon. Voici comme il le raconte lui-même dans une Lettre datée de Simonoseki dans la Province de Nagatta le 15. Octobre 1586. & inserée dans le Recueil du Pere Hay *de rebus Japonicis*. L'an 1586, dit-il, il arriva un tremblement de terre si terrible qu'il n'y en eut jamais de semblable dans le Japon. Les secousses ne finirent qu'après quarante jours & s'étendirent depuis la Province de Sacaja jusqu'à Miaco. Il renversa soixante Maisons dans la Ville de Sacaja. Nagafama qui est une petite Ville d'environ mille Maisons dans le Royaume d'Oomi fut à moitié engloutie & l'autre moitié consumée d'un feu qui sortit de la terre. A Miaco plusieurs Maisons furent ruinées avec un fameux Temple d'Idoles. Dans la Province de Facata il y avoit une petite Ville fort frequentée par les Marchands & appellée aussi Nagafama par les habitans ; qui après avoir souffert d'horribles secousses l'espace de plusieurs jours, la Mer s'enfla tellement que l'impetuosité de ses Flots jetta les Maisons par terre & les entraina dans la Mer, engloutit tous les habitans & ne laissa pas la moindre trace d'une Ville si riche & si marchande ; hormis l'endroit où étoit le Château, encore étoit-il sous l'eau entierement.

Il y avoit dans le Royaume de Mino une Forteresse, située sur une haute Montagne ; après une violente secousse, la terre s'étant entr'ouverte engloutit la Montagne & la Forteresse, & un Lac parut au lieu où elle étoit. La même chose arriva dans la Province d'Ikeja. Il y eut en divers endroits du Japon des Goufres & des Ouvertures de terre si larges & si profondes qu'un Mousquet ne portoit pas d'un bout à l'autre & il sortoit une odeur si infectée que les Voyageurs n'osoient passer vers ces endroits-là. Lorsque ce tremblement commença, Quabacunduno (appellé ensuite Taicosama) étoit à *Sacomot* dans le Château d'Achec, mais la peur qu'il eut le fit retourner en poste à Osacca où il se croioit plus en sureté : ses Palais soufrirent de furieuses secousses ; mais ils ne furent pas néanmoins renversez. Telle est la relation du P. Froes.

Il est arrivé plusieurs accidens semblables depuis ce temps-là. En 1703. il y eut au Japon un tremblement de terre très-violent qui joint à un furieux incendie qui arriva en même temps abima presque entierement & reduisit en cendres la Ville d'Iedo, & même le Palais de l'Empereur & plus de 200000. habitans furent ensevelis sous les ruines.

On remarque comme une chose singuliere que quelques lieux particuliers du Japon ne sont point sujets aux tremblemens de terre. Les Japonnois raisonnent diversement sur ce Phénomene. Quelques-uns l'attribuent à la sainteté du Lieu & à la puissante protection de son Genie ou Dieu Tutelaire. D'autres croient que c'est parce que ces endroits-là portent immediatement sur le centre immobile de la Terre. Tous conviennent du fait & les lieux distinguez par cet avantage particulier sont les Isles de Gotho, la petite Isle de Sikubusima où les Bonzes ont un Temple magnifique & un des premiers qui ayent été bâtis dans le Pays. La grande Montagne de Kojasan près de Miaco, fameuse par le nombre qu'il y a de Couvens, de Monasteres & de Moines, & encore quelques autres.

La plus grande richesse du terroir du Japon & par où cet Empire surpasse la plûpart des Pays connus, consiste en toutes sortes de mineraux & de metaux, particulierement en or, en argent, & en cuivre. Le grand nombre de sources chaudes qu'on y trouve, & de Montagnes qui jettent de la fumée ou du feu, montre combien il doit y avoir de soufre qui est comme le fond des mineraux & des metaux, caché dans les entrailles de la terre, sans parler de la quantité prodigieuse de celui qu'on tire en plusieurs endroits.

Proche de Firando où les Hollandois avoient leurs Comptoirs & leurs Magazins, avant qu'on les transportât à Nagasaki, il y a une petite Isle de rochers, une de celles qui par raport à leur nombre sont appellées par les Japonnois Kiukiu Sima, c'est-à-dire *les Neuf-Isles*. Quoi que très-petite & entourée de la Mer elle a brulé & a été agitée par des secousses durant plusieurs siécles. Il y a une autre petite Isle vis-à-vis de Satzuma, appellée par les Japonnois Fuogo, nom qu'ils ont emprunté des Espagnols & qu'elle a conservé ; nos Cartes le nomment *Vulcanus* : il y a une Montagne qui jette du feu & qui en a jetté par intervalles durant plusieurs Siécles. On voit sur le sommet d'une Montagne qui est dans la Province de Figo une grande ouverture qui étoit autrefois la bouche d'un Volcan ; mais les flames ont cessé depuis quelque temps apparemment par l'épuisement de la matiere combustible. Dans la même Province il y a un autre endroit nommé Aso, fameux par un Temple qu'on appelle Asa no Gongen, ou le *Temple du Dieu Jaloux d'Aso* & assez près delà il sort presque continuellement des flames du sommet d'une Montagne qui sont plus visibles la nuit que le jour. Il y a un autre Volcan dans la Province de Tsikusen proche d'un lieu nommé Kujanoese. C'étoit autrefois une mine de Charbon qui par la negligence des mineurs prit feu accidentellement & elle a continué de brûler depuis ce temps-là. On a remarqué qu'il sort quelquefois une fumée noire & puante du sommet de la Montagne celebre de Fesi, dans la Province de Suruga qui ne cede en hauteur qu'au seul Pic de Tenerif & dont la figure & la beauté n'ont peut-être point de pareilles. Le sommet est perpetuellement couvert de neige qui

qui étant dispersée comme cela arrive souvent, & voltigeant en l'air par l'impetuosité du vent, ressemble en quelque maniere à un chapeau fumant. Les Histoires Japonnoises marquent que le sommet jettoit autrefois des flammes, mais qu'une ouverture s'étant faite au côté de la Montagne par la violence du feu les flammes cesserent peu après. UNSEN est une Montagne près de Simabara qui est grande & hideuse, mais pas fort haute. Son sommet est toujours nud, blanchâtre, couleur qui lui vient du souffre & ressemble au *Caput mortuum* des Chimistes, ou à une masse brûlée. Elle ne jette pas beaucoup de fumée, cependant Mr. Kaempfer dit avoir vu la fumée qui en sortoit quoi qu'il en fût eloigné de trois lieues. La terre est chaude & brûlante en plusieurs endroits & d'ailleurs si lâche & si spongieuse qu'à quelques morceaux près où il y a des arbres, on n'y sauroit marcher qu'en tremblant à cause du bruit qu'on entend continuellement sous ses pieds. L'odeur du souffre qu'elle exhale est si forte qu'à plusieurs milles à la ronde on ne voit pas un seul oiseau: l'eau de pluye qui y tombe bouillonne & alors on diroit que toute la Montagne bout. Il sort de cette Montagne & des environs plusieurs Fontaines, les unes froides, les autres chaudes. Il y a entre autres de fameux bains chauds qu'ils regardent comme un remede infaillible pour les maux Veneriens, pourvû que le malade s'y baigne pendant plusieurs jours & que chaque jour il y demeure quelques momens. Mais il faut qu'il commence par un autre bain qui n'est pas tout à fait si chaud, appellé Ohamma, à quelques lieues de là: tant qu'il fait usage des bains, il ne doit rien manger que de chaud & en sortant du bain, il faut qu'il se mette au lit & se couvre bien pour tâcher de suer. A quelque distance de ce bain chaud il y a un Monastere de la Secte de Tendai. Les Moines ont donné à chaque Fontaine des environs, des noms particuliers pris de leur qualité, de l'écume qui nage sur la surface, de leur fond & du bruit qu'elles font en sortant de la terre & les ont destinées comme autant de Purgatoires pour les Artisans & les Ouvriers dont la Profession semble avoir quelque rapport aux qualitez de ces eaux, par exemple, ils placent les Brasseurs de biere & de Sacki fourbes & trompeurs dans le fond d'une Fontaine bourbeuse; les Cuisiniers & les Patissiers dans une autre qui est remarquable par son écume blanche; les gens querelleurs & les Chicaneurs dans une autre qui sort de terre avec un bruit effroyable & ainsi des autres: c'est ainsi qu'ils trompent le Peuple aveugle & superstitieux, & en tirent de grosses sommes d'argent, en lui faisant accroire que par leurs prieres & leur intercession, il pourra être delivré de ces lieux de tourment après sa mort. Dans la cruelle persecution qui s'éleva au Japon contre la Religion Chrétienne & qui est la plus sanglante dont il soit parlé dans l'Histoire, parmi un nombre infini d'autres tourmens qu'on faisoit souffrir aux Chrétiens pour les ramener au Paganisme, on les conduisoit ici & on se servoit d'eaux chaudes pour les tourmenter. De tous les bains chauds du Japon celui qu'on appelle OBAMMA est un des plus distinguez & des plus salutaires. Il est éloigné d'environ trois milles de la Montagne d'Usen vers l'Ouest; & on assure qu'il a des vertus extraordinaires pour guerir plusieurs maladies *internes* & *externes*, comme entre autres le mal Venerien en s'y baignant & suant; mais il revient souvent, apparemment parce qu'ils ne sont pas assez habiles pour traiter cette maladie ou qu'ils n'entendent pas le veritable usage des bains en general. La Province de Figo a plusieurs Fontaines chaudes & il croît tout à l'entour des arbres qui produisent le Camfre & qui sont d'une grosseur extraordinaire, creux & pleins d'eau. Les bains chauds qui ne sont pas éloignez du Temple Asa no Gongen, dont nous avons deja parlé, surpassent tous les autres par leurs vertus. Il y a aussi plusieurs Fontaines chaudes dans la Province de Fisen: une, par exemple, dans le Village de *Takijo* & une autre dans celui d'URISINO. Elles seroient très-utiles pour la guerison de plusieurs maladies si les naturels du Pays savoient en profiter. Dans toutes les contrées de l'Asie où l'Auteur cité a voyagé, il a remarqué que les naturels du Pays ne prennent gueres les bains chauds que pendant trois ou tout au plus huit jours, & comme ils s'en trouvent bien, ils s'imaginent dès-lors qu'ils sont entierement gueris, de sorte que s'il arrive une rechute, ils en rejettent toute la faute sur les eaux.

Le Soufre vient principalement de la Province de SATZUMA, on le tire d'une petite Isle voisine, qui en produit une si grande quantité qu'elle est appellée IWOGASIMA ou *l'Isle du Soufre*. Il y a un peu plus d'un siécle qu'on s'est hazardé d'y aller. On la regardoit auparavant comme inaccessible & l'épaisse fumée qu'on en voyoit sortir continuellement, aussi bien que les spectres & les autres apparitions hideuses que le Peuple s'imaginoit d'y voir, sur tout pendant la nuit, leur faisoit croire que c'étoit un lieu habité par des Diables, jusqu'à ce qu'un homme hardi & courageux s'offrit d'y aller pour en examiner l'état & la situation & on le lui permit. Il choisit cinquante hommes resolus pour l'accompagner dans cette expedition & quand ils furent arrivez dans l'Isle, ils n'y trouverent ni Enfer, ni Diables, mais un grand terrain plat qui étoit tellement couvert de souffre que de quelque côté qu'ils marchassent, une épaisse fumée sortoit de dessous leurs pieds. Depuis ce temps-là cette Isle rapporte au Prince de Satzuma environ vingt caisses d'argent par du soufre qu'on y tire de la terre, outre ce que lui produisent les arbres qui croissent sur le rivage. Le Pays de SIMABARA, particulierement aux environs des bains chauds dont nous avons parlé, produit aussi d'excellent souffre, mais les habitans n'osent pas le tirer de la terre, de peur d'offenser le Genie tutelaire du lieu, ayant trouvé par experience qu'il n'en étoit pas content. Il y a encore d'autres souffrieres dans l'Empire.

L'OR se trouve dans plusieurs Provinces du Japon, la plus grande quantité se tire de son Mineral par la fonte. On en tire aussi en lavant le sable. Il s'en trouve encore un peu dans le cuivre. L'Empereur s'attribue un droit ab-

absolu sur toutes les Mines d'or & même sur toutes les autres Mines de l'Empire, puis qu'on n'en sauroit ouvrir aucune ni y travailler sans sa permission. Il se reserve les deux tiers du produit de celles qui sont ouvertes & laisse l'autre tiers au Seigneur de la Province où la Mine est située. Mais comme celui-ci se trouve sur les lieux, il fait si bien sa part qu'elle devient à peu près égale à celle de l'Empereur. Le Mineral d'or le plus riche & qui donne l'or le plus fin se tire de Sado une des Provinces Septentrionales de l'Isle de Nipon. Il y avoit autrefois des veines si riches qu'un *Catti* de mine produisoit un & quelquefois deux *Thails* d'or; mais on a assuré Mr. Kaempfer que depuis quelque temps les veines de cet endroit-là & de la plûpart des autres mines ne sont pas seulement en plus petit nombre, mais produisent beaucoup moins d'or qu'autrefois, & on dit que cette raison entre autres étoit cause des ordres rigoureux qu'on avoit donné depuis peu par raport au Commerce que les habitans ont avec les Hollandois & les Chinois. Il y a beaucoup de sable d'or dans cette Province; mais le Prince se l'approprie, & bien loin d'en faire part à l'Empereur il ne lui en donne seulement pas avis.

Après les Mines d'or de Sado celles de Suruga ont toujours été estimées les plus riches, car outre que cette Province a constamment produit une grande quantité de Mines d'or il s'en trouve même dans le Cuivre qu'on en tire. Parmi les Mines d'or de la Province de Satzuma, il y en a une si riche que sur l'essai qu'on en fit il se trouva qu'un Catti de mine produisoit depuis quatre jusqu'à six Thails d'or & c'est la raison pourquoi l'Empereur a deffendu très-expressément d'y travailler, de peur qu'un si grand Tresor ne fût trop tôt épuisé. Une Montagne située dans le Golphe d'Ookus, dans le District d'Omura qui avoit penché d'un côté pendant fort long-temps, tomba il y a quelque temps dans la Mer & on trouva dans l'endroit où elle étoit un Sable d'or si riche que la moitié étoit d'or pur. Il étoit à une profondeur assez grande & il faloit se servir de plongeurs pour le tirer. Mais cette riche moisson ne dura gueres; quelques années après dans une grande tempête & une haute marée extraordinaire, la Mer inonda ce morceau de terre & en même temps ces richesses furent couvertes de bourbe & de vase, de la hauteur de quelques brasses. Les pauvres du Voisinage travaillent encore à laver le sable des environs de cette Montagne & ils y trouvent de l'or, mais en si petite quantité qu'à peine & peuvent-ils gagner leur vie. Il y a une autre Mine d'or dans la Province de Tsikungo, près d'un Village appellé Tossino, mais elle est si pleine d'eau qu'on ne sauroit plus y travailler. Cependant elle est située de telle maniere que si on coupoit le rocher, & que l'on fît une ouverture au dessous de l'entrée de la mine l'eau pourroit aisément s'écouler; c'est aussi ce que l'on entreprit de faire; mais lors qu'on alloit y mettre la main il s'éleva tout à coup une si violente tempête accompagnée de tonnerre & d'éclairs que les Ouvriers furent obligez de s'enfuir; ce qui a fait croire à la Populace superstitieuse que le Dieu Tutelaire de ce lieu avoit excité cette tempête pour les détourner de leur entreprise. On n'y a pas touché depuis ce temps-là. Il arriva un pareil accident & qui eut le même effet lors qu'on ouvrit une Mine d'or dans l'Isle d'Amakusa: elle se remplit si subitement d'un torrent d'eau qui sortit de la Montagne & ruina tous les Ouvrages, que les Mineurs eurent à peine le temps de se sauver.

Il y a quelques Mines d'Argent dans la Province de Bingo. Il y en a encore d'autres plus riches à un lieu nommé Kattami dans une des Provinces Septentrionales. Il s'en trouve aussi en d'autres endroits. Les deux Isles de Ginsima, & Kinsima, c'est-à-dire les *Isles d'or* & *d'argent*, situées à l'Orient du Japon, meritent bien d'avoir place ici, si ce que les Japonnois disent de leurs Richesses, & que leurs noms & leurs Caractères semblent marquer est veritable.

Le Cuivre est le plus commun de tous les metaux qu'on tire du Japon & le produit des Mines de Cuivre enrichit plusieurs Provinces de cet Empire. Aujourd'hui on le tire principalement des Provinces de *Suruga*, *Atsingo*, & *Kijnokuni*. Celui de Kijnokuni est le plus fin, le plus malléable & le meilleur pour quelque sorte d'Ouvrage que ce soit. Celui d'Atsingo est grossier & il en faut mêler soixante & dix Catti avec trente Catti, de celui de Kijnokuni pour le rendre malléable & propre à être travaillé. Celui de Suruga n'est pas seulement très-fin & sans defaut, mais encore chargé de beaucoup d'or que les Japonnois separent & rafinent à present infiniment mieux qu'ils ne faisoient autrefois; ce qui chagrine extremement les Affineurs & les Bramines de la côte de Coromandel. Il y a aussi quelques Mines de Cuivre dans la Province de *Satzuma*, auxquelles l'Empereur a permis depuis peu de travailler. Tout le cuivre est porté à Saccai une des cinq Villes Imperiales où on le rafine & on en fait de petits Cylindres d'un Empan & demi de long & de la grosseur d'un doit. On prend autant de ces Cylindres qu'il en faut pour faire un *Pickel* ou 125. livres pesant & après avoir mis dans une boéte de bois quarrée, on les vend aux Hollandois à raison de douze ou treize *Maas* le Pickel. C'est une des principales Marchandises que les Hollandois achettent au Japon, & ils en font un grand Commerce. Il y a encore une espece de Cuivre plus grossier que l'on fond en gateaux ou en grandes masses plates & arrondies par dessous; & celui-ci se vend à bien meilleur marché que l'autre, comme étant aussi très-inferieur en beauté & en bonté. L'airain est très-rare au Japon & beaucoup plus cher que le Cuivre, parce que la calamine y est portée de Tonquin en gâteaux plats & qu'elle s'y vend à un prix fort haut.

La Province de Bungo produit quelque peu d'Etaim, qui est si fin & si blanc qu'il vaut presque l'Argent: on ne se sert pas beaucoup de ce Metal dans le Pays.

On ne trouve du Fer que sur les Confins des trois Provinces Mimasaka, Bitsju & Bisen; mais on y en trouve une très-grande quantité. Il est affiné sur les lieux & on en fait des Barres ou Cylindres de la longueur de

E deux

deux empats. Les Marchands Chinois l'y vont achetter & le transportent dans tout l'Empire. Il se vend presque autant que le Cuivre; les Outils de Fer étant aussi chers & même plus chers que ceux de Cuivre ou d'Airain. Les ustenciles, les Crochets, & les Crampons dont on se sert pour les Bâtimens ou pour les Navires, & tous les autres instrumens qui se font de Fer dans les autres Pays sont de Cuivre ou d'Airain dans le Japon. Ils ne cuisent pas leurs Viandes dans des Pots d'Airain; ceux dont ils se servent sont d'une composition de Fer & fort minces. Ceux de cette espece qui sont les plus vieux sont les plus estimez; & ils se vendent cherement parce qu'ils sont faits d'une certaine maniere qui ne se sauroit imiter à présent.

Le Sel se tire de l'eau de Mer dans plusieurs Provinces maritimes. Voici la maniere dont on le fait. Ils enferment un certain espace de terre & le remplissent de sable fin & net: ensuite ils y jettent de l'eau de Mer & le laissent secher. Ils réiterent la même chose plusieurs fois, jusqu'à ce qu'ils croient que le sable est suffisamment imprégné de Sel. Alors ils le tirent & le mettent dans un Cuveau qui a des trous au fond & jettant encore dessus de l'eau de la Mer, ils la laissent filtrer au travers du sable. On la fait ensuite bouillir jusqu'à une bonne consistence & le Sel qui en sort est calciné dans des Pots de terre, jusqu'à ce qu'il devienne blanc & propre aux usages.

On tire de la Montagne de TSUGAAR, des Agathes de differentes especes, quelques-unes extraordinairement belles, d'une couleur bleuâtre, assez semblables au Saphir. On en tire aussi des Cornalines & des Jaspes. Cette Montagne est à l'extremité Septentrionale de la Province d'Osju vis-à-vis du Pays de Jedso. On trouve des perles presque par tout aux environs de Saikokf dans les Huitres & dans plusieurs autres Coquillages de Mer. Les Japonhois les appellent *Kainotamma*, c'est-à-dire Joyaux de Coquilles. Autrefois les naturels du Pays n'en faisoient gueres de cas; mais les Chinois leur en ont fait connoître la valeur en les achetant à grand prix, car les femmes Chinoises aiment beaucoup à porter des colliers & autres ornemens de Perles. Les Perles les plus grosses & les plus belles se trouvent dans une espece de petite Huitre appellée *Akoja* qui ressemble à la Nacre de Perse, ayant à peu près la même figure. Les deux Coquilles de cette Huitre sont fort serrées; elle est large d'environ une main, extrêmement mince, frêle, unie & luisante en dehors, raboteuse & inegale en dedans, d'une couleur blanchâtre & éclatante comme la Nacre. On ne trouve de ces Coquilles de Perle que dans les Mers qui sont aux environs de Satzuma & dans le Golphe d'Omura. Les habitans des Isles de Riuku achetent la plus grande partie de celles qu'on trouve aux environs de Satzuma, parce qu'ils trafiquent dans cette Province; mais celles qu'on pêche dans le Golphe d'Omura se vendent principalement aux Chinois & aux Tonquinois & on compte qu'ils en achetent pour environ 3000. Thails par an. Un profit si considerable donna lieu aux deffenses expresses que les Princes de Satzuma & d'Omura firent il n'y a pas long-temps de ne plus vendre de ces Huitres au marché avec les autres Huitres, comme on faisoit auparavant.

Dans une Riviere de la Province de Jetsingo on trouve du Naphte d'une couleur rougeâtre que les Japonois appellent *Tsutsono-Abra*, c'est-à-dire terre rouge: on le tire des endroits où l'eau est presque dormante & on s'en sert dans les Lampes au lieu d'huile.

On trouve de l'Ambre gris sur les côtes de Satzuma & sur celles des Isles de Riuku. Il en vient une plus grande quantité des côtes de Khumano; c'est-à-dire des côtes Meridionales de Kijnokuni, d'Isje, & de quelques Provinces voisines. Il se trouve principalement dans les Intestins d'une Baleine qu'on prend souvent sur les côtes du Japon & que les naturels du Pays appellent *Fiakßro*, c'est-à-dire le poisson à cent brasses, à cause de la longueur de ses intestins qu'ils supposent avoir cent brasses. Il se trouve, comme on vient de dire, dans les intestins de cette Baleine, principalement dans les plus bas, mêlé avec les excremens qui sont comme de la Chaux & sont presque aussi durs qu'une pierre; & c'est de la dureté de ces excremens qu'ils conjecturent dans la dissection s'ils y trouveront de l'Ambre-gris. Les Japonnois donnent à cette precieuse drogue un nom très-meprisable, mais qui est pris de son origine, car ils l'appellent *Kufirano-Fa*, c'est-à-dire excrement de Baleine. Lorsque l'Ambregris est détaché du fond de la Mer par les vagues & jetté sur les côtes, sans avant qu'il ait été avalé par les Baleines, ce n'est qu'une substance difforme, plate & gluante, assez semblable à la bouse de vache & qui a une odeur très-desagréable. Ceux qui le trouvent ainsi flottant sur la surface de l'eau ou jetté sur les côtes, le prennent par petits morceaux qu'ils serrent & pressent en forme de boule, & à mesure qu'il durcit il devient plus solide & plus pesant. D'autres les mêlent & paitrissent avec de la farine de cosses de ris & par là ils n'en augmentent pas seulement la quantité, mais en relevent la couleur. Il est facile de connoître l'Ambregris qui a été ainsi falsifié, car si vous en prenez une certaine quantité & que vous la brûliez, il restera un Charbon d'une grosseur proportionnée au volume du Corps étranger qu'on y aura mêlé: d'ailleurs on remarque que les vers se mettent aisément dans cette espece de faux Ambre-gris. D'autres le sophistiquent en y mélant de la poudre d'une certaine resine qui a une odeur très-agréable; mais il est facile de découvrir aussi cette fourberie. Car si on en brûle un morceau, le mélange de la resine paroîtra évidemment par la couleur, l'odeur, & la qualité de la fumée. Les Chinois ont une autre maniere d'en faire l'épreuve, ils en raclent un peu fort menu & le jettent dans de l'eau de Thé bouillante; s'il est veritable, il se dissoudra & se répandra également, ce que ne fera pas celui qui est sophistiqué. Le seul usage que les Japonnois en font, c'est de le mêler avec d'autres corps odoriferans, afin, disent-ils, de fixer leur odeur vola-

volatile. Dans le fond ils l'estiment très-peu, & s'ils en connoissent aujourd'hui la valeur, ils en sont redevables aux Hollandois & aux Chinois qui ont voulu en avoir à quelque prix que ce fût. Et cependant chacun a la liberté de l'amasser par tout où il en trouve & de le vendre comme lui appartenant en propre.

On trouve dans les mers du Japon quantité de Plantes marines, des Arbrisseaux, des Coraux, des Pierres, des Eponges de Mer, des Coralines, des Fwi, des Algoe, & d'autres semblables, aussi bien que des Coquillages de toutes sortes qui ne cedent point en beauté à tout ce qu'on trouve auprès d'Amboine & dans les Isles Moluques. Mais les Japonnois en font si peu de cas qu'ils ne se donnent pas la peine de les chercher & si par hazard ils en pêchent avec d'autres choses, ils les portent au plus proche Temple, ou à la plus proche Chapelle de *Jebis* qui est le Neptune de leur Pays.

Il y a des Mineraux qu'on n'a point encore trouvez dans le Japon & qu'on y porte des Pays étrangers. Il n'y a absolument point d'Antimoine ni de Sel Armoniac, & les naturels du Pays ne connoissent ni les qualitez ni les usages de ces deux Mineraux. Le Vif argent & le Borax y sont portez par les Chinois. On trouve pourtant deux sortes de Borax qui croissent naturellement dans le Japon; mais ils sont tellement mêlez avec d'autres Corps héterogenes que les habitans ne veulent pas se donner la peine de les amasser. Le Mercure sublimé est très-récherché par quelques particuliers qui l'achetent à un prix excessif ils en font le principal ingredient d'une eau mercuriale qui est fort en vogue pour la guerison des ulceres, cancers & autres maladies de la peau. Ils donnent le Cinnabre naturel interieurement dans plusieurs maladies, ils employent l'artificiel comme une couleur. L'un & l'autre sont portez de la Chine, la vente & l'achat de cette Marchandise est entre les mains de quelques Marchands.

Je renvoye à l'Auteur même ceux qui veulent connoitre en détail ce qui regarde les Plantes, les Arbres, les Fleurs, les Animaux à quatre pieds, les Oiseaux, les Reptiles, les Insectes, les Poissons & les Coquillages du Japon. Ils peuvent consulter son Histoire du Japon & son Livre intitulé *Amoenitates Exoticae*. Mais comme il a été souvent parlé du GOKOKF dans la description des Provinces il est necessaire d'expliquer ici ce que c'est. Ce nom veut dire *les cinq fruits de la terre*.

Le GOKOKF comprend 1. le KOME ou le *Ris*. Il en croît de plusieurs sortes; la meilleure est infiniment preferable au bled des Indes. Elle est blanche comme la neige & si nourrissante que les Etrangers qui n'y sont pas accoutumez n'en sauroient manger qu'une trèspetite quantité à la fois. Après l'avoir fait bouillir jusqu'à une bonne consistance, ils en mangent au lieu de pain dans leurs repas. Ce qui reste au delà de leur provision annuelle, sert à faire une espece de biere forte qu'ils appellent *Sacki*; mais ils n'en font qu'autant qu'il en faut pour l'usage de leurs familles. Il n'est pas permis aux étrangers d'emporter plus de ris ou de biere que ce que le Magistrat ordonne. 2. L'OOMUGGI, qui veut dire le *grand bled*, est ce que nous appellons l'*Orge*. Ils en nourrissent le bêtail & les chevaux : quelques-uns se servent de la farine pour apprêter leurs Viandes, ou bien ils en font des gâteaux. Il vient dans le Japon une espece d'Orge dont les épis sont de couleur de pourpre, & offrent une vûe fort agréable dans les champs quand ils sont mûrs. 3. Le KOOMUGGI, c'est-à-dire, le *petit bled*, est ce que nous appellons *le Froment*. Il se vend à vil prix & je ne sache pas qu'ils s'en servent à autre chose qu'à faire une espece de gâteaux de sa farine. 4. Le DAIDSU, c'est-à-dire, les *féves Daid*, sont une espece de féves à peu près de la grosseur des pois de Turquie qui croissent de la même maniere que les Lupins : c'est après le Ris l'aliment le plus ordinaire & qu'ils estiment le plus. Ils font de la farine de ces féves, ce qu'ils appellent *Midsu*, espece de bouillie avec laquelle ils apprêtent leurs Viandes, comme nous faisons avec le beurre. Ils en font leur *Soeju* qu'ils mangent à leurs repas pour se mettre en apetit. 5. L'ADSUKI ou SODSU, c'est-à-dire, les féves So. Elle croissent aussi de la même maniere que les Lupins, sont blanches & ressemblent aux Lentilles ou au *Cajan* des Indes. De la Farine cuite avec du sucre on fait des *Mansje*, & autres gâteaux. Outre ces differentes especes de Gokokf, on comprend encore sous ce nom les grains nommez l'*Awa* ou le bled des Indes; le *Kibi* ou le millet; le *Tije* ou le bled Sarrasin, & en general toutes sortes de bled & de Legumes.

Depuis plus d'un siécle il y a eu dans le Japon quatre Religions principales dont voici les noms. 1. SINTO est l'ancienne Religion, ou l'ancien culte des Idoles des Japonnois. 2. BUDSO, est le Culte des Idoles étrangeres qui furent apportées au Japon du Royaume de Siam ou de la Chine. 3. SIUTO est la Doctrine de leurs Philosophes & de leurs Moralistes. 4. DEIVUS ou KIRISTANDO; c'est-à-dire, la voye de Dieu, ou de Jesus-Christ, par où il faut entendre la Religion Chrétienne. C'est par le zele louable & par les soins infatigables des Missionnaires Espagnols & Portugais & particulierement des Jesuites que la Religion Chrétienne fut connuë au Japon, & qu'elle y fit des progrès qui surpasserent infiniment leur attente. En effet depuis la premiere arrivée des Peres de la Compagnie dans la Province de Bongo vers l'an 1549. six ans après la decouverte du Japon jusqu'à l'an 1625. ou fort près de 1630. elle se repandit dans la plûpart des Provinces de l'Empire & plusieurs Princes & grands Seigneurs la professerent publiquement. Le progrès merveilleux qu'elle avoit fait jusqu'alors même au milieu des Orages & des Tempêtes où elle étoit exposée, donnoit lieu d'esperer que dans peu de temps tout l'Empire se feroit converti à la foi du Seigneur sans la triste revolution qui détruisit sans ressource de si belles esperances. Plusieurs & mon Auteur entre autres en attribuent la faute aux vûes ambitieuses des Missionaires & aux efforts prematurez qu'ils firent pour recueillir les fruits temporels de leurs soins & de leurs travaux.

Ils irriterent par-là, dit-on, la Majesté souveraine de l'Empire, & exciterent contre eux-mêmes & contre leurs Proselytes la plus cruelle persecution qu'on ait jamais vûë & qui causa en peu d'années l'extirpation totale de la Religion qu'ils prêchoient & de tous ceux qui l'avoient embrassée. Mr. Robbe [a] en donne une raison bien differente. Il prétend que le Diable ennemi de la Gloire de Dieu, insinua dans l'esprit d'un certain Flaman dont il tait le nom, le moyen de détruire en peu de temps l'Eglise que tant de Saints Martyrs avoient bâtie par leurs ardentes Predications & cimentée de leur sang pour la gloire de Jesus-Christ. Ce malheureux, dit Mr. Robbe, étoit natif de Bruxelles & de la Communion de Geneve, quoique Sujet du Roi d'Espagne. Ceux qui le connoissoient disent que de Garçon de cuisine dans un Vaisseau il étoit devenu Intendant du Commerce pour les Hollandois dans le Japon. Jaloux peut-être contre les Portugais qui faisoient bien là leurs affaires, & les regardant comme de facheux obstacles à l'avancement des siennes, il supposa une Lettre qu'il dit avoir été interceptée dans un de leurs Vaisseaux, par laquelle il fit voir à l'Empereur du Japon que ces mêmes Portugais conspiroient de se rendre maitres de son Pays par le moyen du grand nombre de Catholiques qui y étoient. Ce Prince cruel & defiant sans examiner la chose davantage donna des ordres secrets de massacrer tous les Chrétiens sans exception de Sexe ni d'Age, ce qui fut cruellement executé & plusieurs milliers de Martyrs furent mis à mort par cette fatale politique. Tellement que la Religion Chrétienne non seulement y est éteinte; mais cette Lettre a rendu le nom de Portugais si odieux aux peuples qu'ils ont arraché les Arbres, les Vignes, & les autres plantes que ceux-ci avoient apportez d'Europe afin de ne rien garder d'une Nation qu'ils croyoient très-perfide.

Celui qui avoit été cause d'un si funeste accident ayant été reconnu frauduleux & sans foi dans son Ministere fut privé de sa Commission, renvoyé en Hollande & interdit du Commerce. Mais après avoir été quelque temps au service du Roi de France dans les Indes, il revint du côté de France où n'osant paroitre avec les Richesses qu'il en rapportoit il voulut se decharger de quelques pierreries à Lisbonne, & après avoir vû rompre six Ancres les unes après les autres, quoi qu'il n'y eût ni vent ni tempête, son Vaisseau recula contre un rocher où il se fendit, & ce miserable y étant entré pour prendre une Cassette dans laquelle il avoit mis ses pierreries & ses perles, il coula à fond avec le Navire & reçut ainsi le premier châtiment de l'irreparable dommage qu'il avoit fait à l'Eglise.

Ce scelerat que Mr. Robbe ne nomme point est le même que Caron dont nous avons les reponses à diverses questions qu'on lui avoit faites touchant le Japon. Comme il étoit aux gages de la Compagnie Hollandoise, une jalousie de Commerce le porta à opprimer les Portugais & la Religion Chrétienne avec eux par une calomnie atroce. Puffendorff [b] qui ne le nomme pas dit en general que les Hollandois montrerent à l'Empereur du Japon une Carte Géographique par laquelle ils lui faisoient voir, jusqu'où le Roi d'Espagne (alors Roi de Portugal) avoit poussé ses conquêtes d'un côté jusqu'à Manille & de l'autre jusqu'à Macao : par où ils lui faisoient comprendre qu'il lui seroit ensuite très-facile de s'emparer du Japon. Il est certain que depuis cette affreuse persecution les Hollandois sont les seuls Europeens que l'on souffre au Japon, encore n'y sont-ils tolerez que parce qu'ils assurent qu'ils ne sont pas de la Religion des Portugais; ce qu'ils peuvent assurer avec verité; ils ont soin de n'y laisser paroitre aucun signe de culte exterieur qui puisse reveiller la haine de cette Nation contre la Religion Chrétienne. Caron ayant été atteint & convaincu de malversation envers la Compagnie Hollandoise se mit au service de la Compagnie Françoise qui s'appercevant de ses prevarications jugea à propos de l'attirer en Europe sous pretexte de concerter avec lui un plan pour l'accroissement de la Compagnie, mais en effet pour s'en assurer & lui faire rendre gorge; il partit en effet des Indes & perit à la vûë de Lisbonne, comme si Dieu avoit choisi cette Capitale, pour faire expier à ce politique impie le crime qu'il avoit commis en immolant tant de Portugais & tout le Christianisme entier du Japon, à ses interêts sous pretexte d'avancer ceux d'une Nation qui en profita sans l'approuver & qui fut la premiere à punir sa mauvaise foi. L'Histoire & le châtiment de cet homme se trouvent dans la Relation du Japon inserée au III. Tome des Voyages de Tavernier. Je ne sais pourquoi la plupart ont raporté le fait sans nommer ce miserable dont le nom merite une fletrissure éternelle.

Il est temps d'examiner si Nipon ou Niphon est isolée, ou si elle tient au Continent par son extremité Septentrionale. Mr. de l'Isle a donné sur cette matiere une Lettre qui merite de trouver ici sa place.

LETTRE DE MONSIEUR DE L'ISLE

sur la question,

SI LE JAPON EST UNE ISLE.

„ Je me suis engagé, Monsieur, à vous
„ justifier la maniere dont j'ai representé le
„ Japon sur mes Cartes & sur mes Globes;
„ & voici surquoi j'ai fondé mes conjectures
„ je dis mes conjectures, car je vous avoue
„ que je n'ai rien de bien positif sur ce cha-
„ pitre-là.

„ La question est de savoir si le Japon est
„ veritablement une Isle entierement separée
„ de la terre d'Ieço par un Détroit qui com-
„ munique les deux mers, c'est-à-dire, celle
„ qui est au Septentrion du Japon avec celle
„ qui est à l'Orient du même Pays. Il semble
„ que cela doive être de la sorte, puisque tou-
„ tes les Cartes qui ont paru du Japon, sans
„ en excepter aucune, en ont fait une Isle, &
„ qu'une personne vous a dit qu'il avoit navi-
„ gué tout autour; mais pour l'éclaircissement
„ de la chose je crois qu'il n'est pas hors de
„ propos de dire un mot de la decouverte du
„ Japon & de la terre d'Ieço.

„ On

[a] Methode pour apprendre la Geographie T. 2. p. 122.

[b] Introd. à l'Hist. T. 1. p. 166.

„ On n'a jamais bien sû qui a été le pre-
„ mier des Européens qui a ouvert aux au-
„ tres le chemin du Japon. Maffée prétend
„ que ce furent des Portugais qui s'en allant
„ à la Chine, furent jettez par la Tempête
„ sur les côtes de ce Pays environ l'an 1540.
„ & l'on voit dans une Lettre de St. Fran-
„ çois Xavier datée de Cochin l'an 1548. que
„ cette découverte n'étoit faite que depuis peu
„ de temps. Quoiqu'il en soit, les Portugais
„ ayant reconnu le grand profit qu'ils y pour-
„ roient faire continuerent d'y aller & dans
„ la suite il y alla reglement des Vaisseaux de
„ Malaca & de Macao.
„ Quand Philippe II. Roi d'Espagne eut
„ fait la conquête des Philippines, les Espa-
„ gnols commencerent aussi d'aller au Japon
„ & ce Voyage se fit encore avec plus d'assi-
„ duité lorsque ce même Prince se fut rendu
„ maitre du Portugal & de toutes les places
„ que les Portugais possedoient dans les Indes.
„ Long-temps après les Anglois y allerent
„ aussi & enfin les Hollandois qui y font au-
„ jourd'hui un Commerce qui les enrichit.
„ Dans le temps que les Portugais ne fai-
„ soient que commencer à y aller, un Japon-
„ nois qui avoit oüi parler à quelques-uns
„ d'entre eux de St. François Xavier, le vint
„ chercher jusques dans les Indes; & ce Saint
„ Missionnaire se resolut d'aller lui-même au
„ Japon & il y aborda le 15. d'Aout de l'an
„ 1549. Quoiqu'il n'eût travaillé dans ce Pays-
„ là qu'un peu plus d'un an, néanmoins il y
„ convertit plusieurs personnes & il y laissa les
„ affaires si bien disposées que ceux qu'il avoit
„ menez avec lui, & ceux que l'on y en-
„ voya dans la suite y firent des progrès con-
„ siderables, & qu'il s'y forma une Eglise très-
„ nombreuse & très-florissante qui fut soute-
„ nue principalement par les Jesuites; & com-
„ me le Japon n'étoit pas assez grand pour y
„ borner leur zele, ils passerent dans la terre
„ d'Iéço & furent les premiers qui donnerent
„ aux Européens la connoissance de ce Pays-
„ là. L'an 1565. le P. Loüis Froes en écri-
„ vit aux Jesuites de Goa. L'an 1615. le P.
„ Jerôme de *Angelis* c en envoya une Rela-
„ tion au P. Rodriguez Vice-Provincial au
„ Japon. L'an 1620. le P. Caravaglio y
„ passa & l'année suivante comme on temoi-
„ gna au même P. *de Angelis* que l'on sou-
„ haitoit de lui avoir une plus ample information
„ de ce Pays-là, il y fut & en écrivit une
„ seconde Relation.
„ On auroit apparemment plus de connois-
„ sance de ce Pays-là, sans la persécution qui
„ arriva au Japon l'an 1637. & qui continua
„ les années suivantes; car elle fit chasser non
„ seulement les Jesuites, & tous les autres Re-
„ ligieux, mais même tous les Marchands
„ Chrétiens, sur tout les Espagnols & les Por-
„ tugais. Il n'y a eu que les Hollandois qui
„ ont trouvé moyen de s'y maintenir & sont
„ aujourd'hui les seuls parmi les Européens
„ qui font le Commerce du Japon, mais ce
„ qu'on a perdu d'un côté a été en quelque
„ maniere reparé d'un autre par la découverte
„ qu'ils ont faite d'une partie de cette terre
„ d'Ieço qui nous étoit entierement inconnuë;
„ car en 1643. voulant reconnoître la partie

c Le P. Je-
rome des
Anges fut
martyrisé
au Japon &
brûlé vif
pour la foi
le 3. Decem-
bre 1623.
Voyez sa Vie
dans l'Hist.
de l'Eglise
du Japon.

„ Orientale du Japon ou de la Tartarie & la
„ Mer dont ces Pays sont arrosés, ils firent
„ partir deux Vaisseaux de Batavia, savoir le
„ Breskens & le Castricom, dont le premier
„ étoit commandé par le Capitaine Schaep,
„ qui étoit Amiral de cette petite Flote.
„ Ils avoient ordre de se joindre à la poin-
„ te la plus Septentrionale du Japon & de pous-
„ ser jusqu'au 36. degré d'élevation, mais à
„ 36. lieuës d'Yendo la Tempête les sepa-
„ ra & ils ne se revirent plus. Le Castricom
„ tint sa route & découvrit l'Isle des Etats,
„ la terre de la Compagnie & la partie Orien-
„ tale du Pays d'Iéço jusqu'au 48. d. & 50'.
„ d'élevation; mais le Breskens ayant relâché
„ à la côte du Japon & le Capitaine Schaep
„ en étant imprudemment sorti avec quelques-
„ uns de ses gens, se laissa amuser par quel-
„ ques Seigneurs du Pays qui le menerent à
„ Yendo avec ses Camarades, où il eut bien
„ de la peine à se tirer d'affaires.
„ L'année suivante les Hollandois envoye-
„ rent des Ambassadeurs à l'Empereur du Ja-
„ pon, savoir les Sieurs Blokhovius & Fri-
„ sius, & cette Ambassade a été magnifique-
„ ment imprimée en Hollande. Après cel-
„ la sont venuës les deux de Wagenaer en
„ 1656. & 1658. celle d'Indyck, en 1660.
„ celle de van Zelderen & autres qui ont été re-
„ cueillies & données au public par une personne
„ qui ne s'est pas nommée, mais qui dit
„ s'être trouvé à la plûpart de ces Ambassades.
„ Pour revenir à la terre d'Iéço le P. des
„ Anges dit qu'il n'y a point de Tensadon,
„ c'est-à-dire, de Seigneur general à qui tous
„ les autres obéïssent comme au Japon; ni
„ même de Seigneur particulier; & que cha-
„ cun y est maitre absolu chez soi, sans re-
„ connoître personne. Cependant les Hollan-
„ dois assurent que celui qui commande à
„ Matsmey, que les Japonnois appellent Mats-
„ mey-Sinadonne, va tous les ans à Yendo
„ (Iédo) pour y faire la reverence à l'Empe-
„ reur du Japon, & qu'il lui porte pour pre-
„ sent beaucoup d'argent & quantité de riches
„ & precieuses fourures.
„ Or quoique cela paroisse être très-verita-
„ ble à l'égard de Matsmey, néanmoins il
„ n'y a point d'apparence que tout le Pays
„ soit à l'Empereur du Japon, puisqu'il n'est
„ pas même entierement connu aux Japonnois.
„ On voit par les Relations Hollandoises qu'il
„ y a eu des Japonnois qui y sont entrez à
„ diverses fois pour tâcher d'en découvrir l'é-
„ tenduë, mais qu'ils l'ont fait inutilement;
„ que l'Empereur y a envoyé des hommes ex-
„ près; mais qu'après de longs Voyages dans
„ ces Montagnes & parmi des precipices af-
„ freux ils n'ont jamais pu venir à bout de
„ leur dessein. Il y a plus que cela, car le
„ Pays n'est pas même connu aux Jeçois de
„ Matsmey à qui le P. des Anges s'en est in-
„ formé, & il ne s'étoit pas non plus à ceux
„ que les Japonnois rencontrerent dans ces
„ Montagnes, lors qu'ils alloient à la decou-
„ verte.
„ Il est temps presentement de venir au point
„ qui est en question & de faire voir pour-
„ quoi je n'ai pas fait une Isle du Japon &
„ que je me suis en cela éloigné de toutes les

E 3   Cartes

„ Cartes qui ont paru de ce Pays-là, sur quoi
„ il faut remarquer :
„ I. Que nous n'avons point de Carte en
„ Europe faite par les Mathematiciens du Ja-
„ pon & qu'il n'y a que les Jesuites qui aient
„ pu nous en donner de ce Pays-là parcequ'ils
„ sont les seuls des Européens qui ont péné-
„ tré dans l'Interieur du Pays. Il est vrai
„ que les Hollandois ont fait plusieurs fois le
„ chemin de Nangasaki à Yendo (Iédo) mais
„ ç'a toujours été sur une même ligne & s'ils
„ nous donnent quelque autre chose que ce
„ qui se trouve sur cette route, ce sont des
„ choses qu'ils savent par ouï-dire & qu'ils ne
„ connoissent pas par eux-mêmes.
„ II. On voit que les Chinois ont des
„ Cartes du Japon : mais ces peuples sont fort
„ peu curieux de ce qui est hors de leur Em-
„ pire, & il faut bien que le P. Martinius ne
„ les ait pas cru bonnes, puisqu'il ne les a pas
„ données & qu'il a mieux aimé nous en don-
„ ner de faites sur les Memoires des PP. de sa
„ Compagnie. Le P. Briet en a fait une sur
„ les mêmes Memoires & peut-être sur de plus
„ amples encore & dans toutes les deux le Ja-
„ pon est entierement isolé.
„ III. Texeira Cosmographe du Roi de
„ Portugal a fait une Carte pour la Naviga-
„ tion des Indes Orientales, & Mr. Thevenot
„ assure qu'on la donne aux Pilotes qui vont
„ dans ce Pays-là. Cette Carte marque pa-
„ reillement le Japon comme une Isle, aussi
„ bien que celle de Dudley fameux Naviga-
„ teur Anglois qui a ramassé avec un grand
„ soin tout ce qu'il a pu recouvrer de bon,
„ dans son excellent livre de l'*Arcano del Mare.*
„ IV. Dans la Relation que Tavernier a
„ faite du Japon au III. Tome de ses Voya-
„ ges il y a une Carte qui fait une Isle du Ja-
„ pon & il y est dit qu'un Pilote Hollandois
„ qui a reconnu la côte d'Ieço, a raporté
„ qu'elle étoit separée du Japon par un petit
„ espace de Mer que ceux du Pays appellent
„ DETROIT DE SANGAAR. Mais il y a dans
„ cette Relation une autre Histoire qui est bien
„ plus positive pour faire voir que le Japon est
„ veritablement une Isle. Il y est dit que dans le
„ temps que Mr. Caron assez connu en Europe
„ & en Asie (le même dont il est parlé ci-des-
„ sus) étoit President du Comptoir que les
„ Hollandois ont au Japon, il manda au Ge-
„ neral de Batavia d'équiper deux Vaisseaux
„ pour reconnoître toutes les côtes du Japon,
„ & principalement celles qui sont proche des
„ mines d'Or & pour voir si on n'y trouve-
„ roit point quelque bon port & quelque lieu
„ propre à s'y fortifier : que ces deux vais-
„ seaux firent le tour des Isles, qu'ils s'avan-
„ cerent sur les côtes d'Ieço jusqu'au 47. de-
„ gré. Qu'ils trouverent une Isle qu'ils nom-
„ merent l'Isle des Etats; qu'ensuite ils tou-
„ cherent à une autre terre qu'ils appellerent
„ terre de la Compagnie & reconnurent être
„ un même Continent avec le Niewland & la
„ Corée & qu'après avoir erré long-temps sur
„ ces Mers, ils passerent le détroit de Sangaar
„ qui sépare la terre d'Ieço d'avec le Japon,
„ & revinrent le long des côtes à l'Est; mais
„ qu'ils furent surpris d'une Tempête, que
„ les deux Vaisseaux se briserent, & qu'il
„ ne s'échapa que l'Amiral & treize personnes
„ qui gagnerent la terre ; que les Japonois
„ les menerent à Yendo (Iedo), que l'Em-
„ pereur ayant interrogé l'Amiral, celui-ci lui
„ en fit beaucoup à croire & lui cacha le ve-
„ ritable sujet de sa Navigation, & que l'Em-
„ pereur le fit remener au Comptoir des Hol-
„ landois, où il raconta tout à loisir ses avan-
„ tures au Sieur Caron. Il ne se peut rien
„ de plus positif que cela pour faire voir que
„ le Japon est une Isle.
„ V. On dit que le Sieur Caron envoya
„ une Carte aux Directeurs de la Compagnie
„ des Indes où le Japon est marqué comme
„ une Isle, & qu'un Japonnois qui trafiquoit
„ tous les ans à Matsmey assura les Hollandois
„ que la terre d'Ieço étoit pareillement une
„ Isle & qu'il signa la Relation [d] qu'il leur *d* Cette Re-
„ en fit. Aussi les Cartes du Japon faites en lation est in-
„ Hollande ne manquent point de mettre une serée à l'Ar-
„ Mer entre la partie Septentrionale du Japon ticle Ieço.
„ & la terre d'Iéço. Enfin dans la Carte de
„ la Tartarie que l'on a depuis quelques an-
„ nées envoyée de la Chine, le Japon est aussi
„ marqué comme une Isle & par consequent
„ entierement separé de la terre d'Ieço.
„ Voilà bien des prejugez pour isoler le
„ Japon : mais je repons à toutes ces choses
„ qu'il n'est pas probable que les Etrangers
„ soient mieux instruits du Japon que les Ja-
„ ponnois mêmes & qu'encore aujourd'hui ils
„ sont incertains si leur Pays touche à celui
„ d'Iéço, ou s'il en est entierement separé,
„ parceque le Golphe qui est entre les deux
„ Pays est bordé de hautes Montagnes & de
„ precipices qui sont inaccessibles ; que les
„ Jeçois qui viennent en grand nombre au Ja-
„ pon y viennent veritablement par Mer &
„ même le Matsmey Sinnadone, quand il va
„ faire sa cour à l'Empereur & que les Japo-
„ ponnois d'Aquita & de Zungar qui vont à
„ Matsmey font aussi ce chemin par eau : mais
„ que c'est à cause des Montagnes qui font
„ que la route par Mer est plus courte ou au
„ moins plus aisée & qu'on a laissé la route
„ par terre qui est impratiquable, ce qui a fait
„ que l'on n'a pu reconnoître si ces Monta-
„ gnes font la jonction des deux Pays;que s'il
„ y a une Mer qui les sepa re entierement l'u-
„ ne de l'autre, Vossius dit qu'elle est si é-
„ troite & si embarassée de rochers que les
„ Japonnois assurent que l'on n'y sauroit passer.
„ Mais les Hollandois eux mêmes, au moins
„ ceux qui parlent avec le plus de précaution,
„ assurent qu'il n'y a point de passage ; car il
„ est dit dans la grande Relation de l'Ambas-
„ sade du Japon que le Païs d'Ochio *confine*
„ *à la Contrée deserte d'Iéço.* Que le Golphe
„ qui est entre Zungar & Iéço *n'a point de*
„ *sortie de l'autre côté* & qu'il s'étend seule-
„ ment environ 40. lieues vers les Montagnes
„ desertes qui couvrent Ochio & qui lui ser-
„ vent de bornes. Que les Hollandois qui furent
„ jettez vers la côte du Japon environ 42. d.
„ *n'ayant point trouvé de passage*, infererent
„ néanmoins qu'ils étoient à la côte d'Iéço, bien
„ que le Golphe *qui est* entre Zungar & Iéço
„ *n'ait point de sortie* : Ils disent même que
„ le P. Louïs Froes dans sa Lettre de 1565.
„ que je n'ai pas vûë, dit que la partie Sep-
ten-

"tentrionale du Japon *se joint à une fort gran-*
"*de terre*. Celui qui a fait le Recueil des der-
"nieres Ambassades dit la même chose. Il est
"*certain*, dit-il, *que Jesso est contigu au Ja-*
"*pon & que le Golphe qui le sepere du Royau-*
"*me de Zungar ne passe point au travers*,
"mais qu'il est borné après quarante lieues
"de longueur par les Montagnes desertes qui
"sont vers la Contrée d'Ochio par où *Jesso*
"tient au Japon: mais parce que le chemin
"qu'on pourroit prendre le long des Monta-
"gnes de ce Golphe est inaccessible, on a
"toujours fait le trajet de Zungar à Jesso dans
"de petites barques dont on se sert encore au-
"jourd'hui.

"Que repondroit à cela, Monsieur, celui
"qui vous a dit qu'il avoit fait le tour du
"Japon; il devoit bien vous dire aussi sur
"quel Vaisseau il étoit monté, de quelle Na-
"tion étoit ce Vaisseau & celui qui le com-
"mandoit, vous marquer l'année que cela est
"arrivé & à quelle occasion on faisoit cette
"Navigation. Je ne crois pas que les Hol-
"landois osent se hazarder à cela après ce qui
"est arrivé au Capitaine Schaep, ni choquer
"l'Empereur du Japon avec lequel ils ont tant
"d'interêt de vivre en bonne intelligence &
"qui a néanmoins defendu aux étrangers la
"Navigation d'Iéço. Peut-être étoit il sur
"quelque Vaisseau Espagnol qui faisant route
"des Philippines à la Nouvelle Espagne, fut
"jetté par quelque vent de ce côté-là, mais
"comment s'est-il retiré des mains des Espa-
"gnols, pourquoi faire le tour du Japon &
"ne pas reprendre sa route? J'aurois une grande
"curiosité d'entretenir un homme comme
"celui-là.

"Voilà ce que je sais de plus probable tou-
"chant la Mer qui est entre le Japon & la
"terre d'Ieço, que je crois n'être qu'un Gol-
"phe. Mais que repondre aux Cartes qui au
"lieu d'un Golphe marquent toutes un détroit?
"Il y a une reponse generale à cela, que les
"Cartes, quand elles ne sont pas accompa-
"gnées d'Instructions, ne doivent servir tout
"au plus qu'à nous donner quelque scrupule,
"si elles ne sont pas conformes à nos idées;
"que quand elles seroient les meilleures du
"monde, je ne pourrois les preferer aux plus
"mauvaises, si je n'avois des connoissances
"d'ailleurs, & qu'il faut plus que des Cartes
"pour établir une verité Géographique.

"La Carte de Dudley paroît de meilleur
"aloi; mais cet Auteur s'est étrangement me-
"pris dans l'étendue qu'il donne à la terre
"d'Iéço, trompé par les premieres Relations
"des Jesuites qui n'en ont parlé que sur le ra-
"port des Jeçois qui avouoient eux-mêmes ne
"le savoir pas. D'ailleurs nous avons vû que
"s'il y avoit un détroit entre le Japon & la
"terre d'Iéço, il étoit si serré & si embarassé
"de rochers qu'il étoit impratiquable, & ce-
"pendant Dudley en met un fort large qui
"dans l'endroit le plus étroit a au moins 16.
"lieues de largeur."

Monsieur de l'Isle parle dans cette Lettre
comme s'il n'y avoit en Europe aucune Carte
dressée par les Japonnois. Cependant il s'en
trouve presentement en Europe. Voici ce que
dit le Traducteur Anglois du Livre de Mr.
Kaempfer, dans son Discours préliminaire. La
question, dit-il, est tout-à-fait decidée par
les Cartes du Japon que les naturels ont dressées & par les dernieres découvertes des Russiens.
Les Japonnois representent toujours leur Empire, dans les Cartes, comme un composé d'u-
ne infinité d'Isles grandes & petites, dont la
principale, qu'ils appellent *Nipon*, est separée entierement d'une contrée Septentrionale voisine
qu'ils nomment JESOGASIMA ou l'Isle de Jeso,
& qui selon toute apparence est la même
où aborda le Pere Jerome des Anges en sortant
du Japon, & dont il fait une Isle dans sa seconde description, contre ce qu'il avoit dit
dans la premiere. Quelques Cartes placent entre le Japon & Jesogasima une autre petite Isle
appellée Matsumay. Plusieurs de ces Cartes
que Mr. Kaempfer avoit apportées du Japon
sont aujourd'hui entre les mains du Chevalier
Hans Sloane, & une autre a été gravée il y a
quelques années par le savant Mr. Reland qui
la tira de la Collection de Mr. Benjamin Du-
try. J'avoue que pour l'exactitude & la precision, ces Cartes sont fort au dessous de celles des Européens parce que les Géographes
Orientaux ne sont pas assez versez dans les Mathematiques & dans l'Astronomie; mais du
reste on ne sauroit supposer que les Japonnois
connoissant si bien la longueur, la largeur & les
divisions d'*Osju* (c'est l'Ochio de Mr. de l'Isle) la Province de leur Empire la plus Septentrionale & une des plus peuplées, ils ignorent
si la Mer en lave les côtes, jusqu'où elle les
lave, & si elle confine à quelques autres terres. Mais de plus: qu'il y ait un bras de Mer
entre les côtes les plus Septentrionales du Japon & un Continent voisin, c'est un fait confirmé par les découvertes recentes des Russiens.

J'ai déja dit que les Hollandois sont les seuls
Européens qui fassent le Commerce du Japon,
je reserve à l'Article *Nagasaki* à expliquer en
quoi consiste ce Commerce & comment il se
fait.

Quoi que le Japon ait un assez grand nombre de Villes, il n'y en a point on puisse donner une description, si ce n'est des deux Capitales MEAKO, ou MIAKO & JEDO, ou
YENDO. Chacune des Provinces dont nous
venons de parler a une Capitale qui est presque toujours de même nom que la Province. Celles qui sont les plus connues sont
celles qui se trouvent sur la route de Nangasaki à Yedo.

JAPYDES. Voiez JAPODES.
JAPYDIA. Voiez HISTRIA.
JAPYGIA, ancienne contrée d'Italie dans
la grande Grece. Si nous en croions [e] Antoi- [e] *De situ*
ne Galataeus Medecin qui a écrit un Livre ex- Japygiae.
près de la situation de la Japygie, ce Pays Basilicae
nommé Japygie par Aristote & par Herodote 1558.in 12.
est nommé SALENTINE par quelques-uns, p.30.
PEUCETIE par d'autres, MESSAPIE à cause
d'un Capitaine nommé Messapus; d'autres
l'ont appellé la GRANDE GRECE; d'autres la
POUILLE, & d'autres la CALABRE. Car,
dit-il, la Calabre d'aujourd'hui étoit nommée
Brutia par les Anciens. Cela s'accorde en partie avec ce que dit Isace Commentateur de Lycophron qui dit f: LA MESAPYGIE, Μεσαπυγιν, f: *Orat.*
au- *Thes.*

JAP. JAR.   JAR.

autrement nommée JAPYGIE, ensuite SALATIA, Σαλατία, & enfin CALABRE. Strabon parlant de cette Presqu'Isle qui est entre Brindes & Tarente & qu'il distingue de la Pouille, dit : elle est nommée par les Grecs *Messapie, Japygie, Calabre* & *Salentine*. D'autres y mettent de la différence, à ce qu'il ajoute. Mr. de l'Isle dans sa Carte de l'ancienne Italie compte pour la Japygie les deux parties de la Pouille, savoir la Daunienne & la Peucetienne ; & ne paroît pas y mettre les Calabrois & les Salentins, ou l'ancienne Calabre & la Messapie. Cependant c'est cette Presqu'Isle que Strabon appelle Japygie, & sa pointe la plus avancée au Midi s'appelloit JAPYGIA ACRA & JAPYGIUM, ou SALENTINUM PROMONTORIUM. C'est aujourd'hui le CAP DE SANTA MARIA DI LEUCA nom qu'il prend d'un Bourg voisin. Voiez l'article APULIA.

JAPYGIA ACRA, &
JAPYGIUM PROMONTORIUM. Voiez l'article precedent.

1. JAPYX, Riviere d'Italie. Le passage de Pline où il en est fait mention a été defiguré par les anciens Editeurs ; qui ont lû *Pediculorum Oppida Rhudia, Egnatia, Barion, antè Japyx a Dædali filio a quo & Japygia. Amnes Pactius, Aufidus* &c. ainsi le nom de *Japyx* qui donnoit le nom à la Japygie étoit l'ancien nom de la Ville de Barri. Mais le R. P. Hardouin lit tout differemment dans les Manuscrits dont les meilleurs, selon lui, portent : *Pediculorum Oppida, Rudia, Egnatia, Barium. Amnes : Japyx a Dædali filio rege, a quo & Japygia : Pactius, Aufidus.*

2. JAPYX, Vent qui servoit à passer d'Italie en Grece. Horace le nomme dans l'Ode adressée au vaisseau sur lequel Virgile devoit s'embarquer pour aller à Athenes.

*Ventorumque regat Pater
Obstrictis aliis præter Japyga.*

Mr. Dacier observe que ce même vent a été appellé par les Latins CORUS ou CAURUS, par les Grecs ARGESTES, par les Italiens *Ponente-Maestro*, & que c'est proprement l'Ouest-Nord-Ouest qui est opposé à l'Est-Sud-Est. Mr. Dacier se trompe en ce qu'il confond le Corus & le Caurus très-differens, selon Vitruve. Le *Maestro Ponante*, comme parle le Pere Briet, ne sauroit être le Caurus qui est le *Maestro* ou le Nord-Ouest. Le Corus & l'*Argestes* sont à peu près le même vent & repondent au *Circius* de Vitruve & beaucoup plus au *quarta di Maestro verso Ponante*, qui est nôtre *Nord-Ouest quart à l'Ouest*, qu'à nôtre *Maestro Ponante*. Voiez la figure que nous avons mise au mot VENT.

JARAH, Arias Montanus dans son *Apparatus Biblicus* cité par Ortelius, croit que les Ecrivains Sacrez comprennent sous ce nom l'ARIE & l'ARACHOSIE Provinces d'Asie.

1. JARAMOTH, ancienne Ville de la Palestine dans la Tribu d'Issachar. Elle fut donnée aux Levites fils de Gerson, & assignée pour Ville de Refuge. Comparez ce que le Livre de Josué dit de RAMETH, ou RAMOTH.

2. JARAMOTH, JARMUTH, ou JE-

RIMOTH, Ville de la Palestine dans la Tribu de Juda. Josué tua le Roi de *Jerimoth*. St. Jerôme met Jarmuth à quatre milles d'Eleutheropolis près d'Esthaol, & en parlant de JERMUS il dit que JARMUCHA, apparemment la même que JARMUTH & JERIMOTH, est à dix milles d'Eleutheropolis, en allant à Jerusalem. D'où le savant D. Calmet conclud qu'il faut qu'il y ait faute dans l'un ou l'autre passage. Voiez JARIM.

JARAVANA, Ville d'Asie dans la Tartarie Moscovite au Pays des Daouri, à la source de la Riviere d'Uda, sur la route de Selinga à Nipchou, aux Frontieres du Royaume de Calka.

JARCAN, Ville & Royaume de la Grande Tartarie au Couchant de la Chine, selon Mr. Baudrand, elle a été conquise depuis peu par le Roi d'Elout.

JARCHAN, YARKAN. Voiez IRKEN.

JARD, (le) ou le JARS, Abbaye de France dans la Brie au Diocése de Sens, à une lieue de Melun vers le Nord. Elle est de l'Ordre de St. Augustin.

1. JARDAN, Ἰαρδὰν, Village des Arabes, selon Josephe qui en fait mention dans l'Histoire de la Guerre des Juifs. Hegesippe nomme ce même lieu ARTHA, au raport d'Ortelius.

2. JARDAN. Les Hebreux nomment ainsi le Jourdain.

3. JARDAN, (le Cap) Cap de la Morée sur la côte Occidentale, où il separe le Golphe de l'Arcadia du Golphe de Zonchio. Les Anciens l'ont connu sous le nom de ICHTYS, selon Thevet. Il tire son nom d'un certain Jardan qui y avoit son Tombeau, & Mr. de l'Isle omet le nom Ichtys & met un lieu qu'il appelle JARDANI SEPULCHRUM.

1. JARDANUS, Riviere du Peloponnese dans l'Arcadie, selon Pausanias. C'est la même que l'ACIDAS ; elle couloit auprès de la Ville de Phigalie, selon le même.

2. JARDANUS, Riviere de l'Isle de Créte, voisine de la Ville de Cydonie, selon le même.

JARDES, ancienne Forêt de la Palestine dans la Judée, selon Josephe. Trois mille Juifs qui s'y étoient retirez de Jerusalem comme dans un asyle y furent massacrez par les Romains avec leur Capitaine Judas fils de Jaïr.

JARDIN. Lieu planté & cultivé pour les besoins & même pour les plaisirs de l'homme. Ce nom se prend souvent pour un Verger d'où vient le nom de JARDIN D'EDEN, ou Jardin de delices donné à celui où Dieu plaça nos premiers parens. Mais pour signifier un Verger, les Hebreux se servent plus souvent du mot פרדים d'où vient le Grec Παράδεισος, PARADIS, qui signifie un Jardin planté d'Arbres. Voiez les Articles EDEN & PARADIS.

Il est quelquefois parlé dans l'Ecriture des JARDINS DU ROI qui étoient ou dans la Ville, ou au pied des Murs de Jerusalem. C'est là qu'étoient les Tombeaux des Rois. Isaye reproche aux Juifs les abominations & les actes d'Idolatrie qu'ils commettoient dans leurs Jardins : *Erubescetis super hortis quos elegeratis.* Ces

Ces Jardins étoient consacrez à Venus & à Adonis. Ils y sacrifioient : *qui immolant in Hortis* [f]. Et après cela ils croyoient s'être bien purifiez quand ils s'étoient lavez dans l'eau [g].

Le nom de Jardin a été donné à divers lieux à cause de la quantité d'arbres qui y étoient plantez. C'est ainsi que dans Athenée le nom de Jardin est donné à une contrée de la Sicile auprès de Palerme. La Touraine est nommée le Jardin de la France par la même raison.

Chez les Turcs les Jardins sont de grands enclos plantez d'Arbres sans aucun ordre & dont la simple nature fait toute la beauté, & ils meprisent l'art qui regne dans les nôtres.

L'Antiquité a fort vanté les JARDINS DE SEMYRAMIS qui étoient soutenus en l'air sur des voutes, les JARDINS D'ALCINOUS dans l'Isle de Corfou, & les JARDINS D'ADONIS. Voiez ADONIS.

JARDINET [h c] (le) Abbaye du Pays de Liege au Diocèse de Namur, sur la Riviere de Heuse, à deux lieues de Philippeville, Ordre de Cisteaux. Elle fut fondée pour des filles qui y ont demeuré plus de cent ans; mais en 1450. on y mit des hommes.

JAREPHEL, ancienne Ville de la Palestine dans la Tribu de Benjamin, selon le Livre de Josué [i].

JARETTA [k], (LA) Riviere de Sicile, dans la Vallée de Noto. Ce sont plusieurs Rivieres, savoir la Trahina grossie par le Cerame qui se joint ensuite avec le Dictaino qui lui porte les eaux de la Gurgalonga & qui reçoit plus bas la Gabella. Toutes ces Rivieres réunies dans un même lit prennent le nom de la Jaretta. On la passe dans un bac nommé le bac de la Jaretta en allant de Lentini à Catania, & elle se perd dans le Golphe de Catane. Mr. Baudrand donne le nom de la Jaretta à la Trahina qui est le *Cyamosorus* des Anciens. Leur *Symathus* est le même que le *Dictaino* d'à present. Ces deux Rivieres après leur jonction forment ce que nous appellons la Jarretta. Quelques-uns, comme Mr. Baudrand écrivent la *Jareta*, Mr. de l'Isle écrit par deux rr. la *Jarretta*.

JAREZ [l], (LE) Petit Pays de France dans le Lyonnois aux Confins du Forez, entre le Mont Pila à l'Orient & la Loire à l'Occident au dessous de St. Etienne, mais il seroit difficile d'en bien designer les bornes. Il n'y a aucune place de consideration.

JARGANUM, Promontoire d'Asie dans la grande Phrygie, selon Ptolomée [m]. Ses Interprètes le nomment Cabo de Sta. Maria.

JARGEAU, Ville de France dans l'Orleanois. Quelques-uns la nomment GERGEAU & en Latin *Gargogilum*, *Jargogilum*, *Gargoilum*, *Jorgoilum*, *Gargolium*, *Jargolium*. Elle est située sur le bord Meridional de la Loire à quatre lieues d'Orleans. Quelques-uns croient que cette petite Ville est *Gergovia* dont il est parlé dans les Commentaires de Cesar [n]. Il est certain que ce lieu est ancien & connu sous le nom de *Gergosilum* dans le IX. siécle sous le Regne de Charles le chauve & dans le siécle suivant sous le Pontificat de Léon VI. [o] par les Lettres desquels on voit que cette Place appartenoit à l'Eglise d'Orleans. Il y a depuis long-temps un pont sur la Loire qui étoit un passage important durant les guerres civiles. L'Evêque d'Orleans en est encore Seigneur Temporel. Le Roi Charles VII. tint ses grands jours à Jargeau au Mois de Mars de l'an 1430. & le Roi Louis XI. y maria sa fille Jeanne de France avec Pierre de Bourbon Comte de Beaujeu le 3. de Novembre 1473. L'Eglise Paroissiale porte le nom de St. Etienne, & la Collegiale celui de St. Vrain. Cette Ville fut prise par les Anglois lorsqu'ils assiegerent Orleans en 1428. mais elle fut reprise le 12. de Juin 1429. par Jean Duc d'Alençon; Jeanne d'Arc surnommée la Pucelle &c.

1. JARIM, Ville des Gabaonites, selon St. Jerome [p], surquoi le P. Bonfrerius observe que *Jarim* seul ne signifie pas le nom particulier d'une Ville, s'il n'est joint avec CARIATH ; qui veut dire *Cité*, ou Ville; CARIATHJARIM semble signifier la Ville d'*Jarim*, car *Cariath* se prend pour *Ville*, ou *Cité*, & les Septante disent tantôt *Cariathjarim*, & tantôt *Civitas Jarim* ; mais ce n'est traduire qu'une partie du nom, pour rendre le tout il faut dire *Civitas Sylvarum*, la Ville des Forêts. *Jarim* n'est donc pas le nom propre d'une Ville. Elle est qualifiée Ville des Gabaonites parce qu'elle étoit sujette ou alliée de ce peuple, lorsque Josué les reçut comme Amis du peuple de Dieu.

2. JARIM [q], Montagne de la Palestine à l'extrémité Septentrionale de la Tribu de Juda. Nous venons de remarquer que ce mot signifie en Hebreu *Forêt*. Cette Montagne en étoit sans doute couverte.

3. JARIM [r], Riviere d'Afrique. Mr. de l'Isle écrit FARIM. Voiez ST. DOMINGUE, Riviere.

JARIMOT. Voicz JARAMOTH 2. & JERIMOT.

IARMOUTH, prononcez YERMOUTH, voiez YARMOUTH.

JARMUTH. Voiez JARAMUTH.

JARNAC, Bourg de France dans l'Angoumois, sur la Charente, presque au milieu entre Angouleme & Saintes & à deux lieues de Cognac. Il est remarquable par la Victoire qu'Henri Duc d'Anjou Frere de Charles IX. & depuis Roi de France, sous le nom d'Henri III. y remporta sur les Calvinistes au mois de Mars de l'an 1569. Le Prince de Condé qui les commandoit y fut tué par Montesquiou ; & l'Amiral de Coligni mis en fuite.

JAROMIR, selon Zeyler.

JAROMITZ, selon Mr. Baudrand, Ville de Bohême, entre le Château de Schmirchitz & la petite Ville de Nachodt, sur le Chemin de Prague à Breslau entre l'Elbe & l'Upawa qui joignent ensemble leurs eaux au dessous de la Ville, en approchant du Comté de Glatz. Cette Ville souffrit beaucoup durant les guerres de Religion. L'an 1420. le 26. Decembre & l'année suivante le 13. de Mai il s'y commit de grandes cruautez.

JARON [s], ou JARRON, Ville de Perse dans le Farsistan, sur la route de Schiras à Lars. C'est peu de chose & elle ressemble plus à un Village qu'à une Ville, toutes les maisons en sont de terre & separées les unes des autres. Il y a deux ou trois petites Mosquées. Comme elle

elle est remplie de Palmiers, elle ressemble de loin à un bois. Le fruit de ces Palmiers est le principal revenu des habitans qui n'ont point d'autre negoce. Elle est commandée par le Gouverneur de Schiras qui y entretient un Lieutenant. La Montagne au Sud-est de Jaron est fort élevée.

1. JAROSLAW [t], petite Ville de Pologne, au Palatinat de Russie sur la Riviere de Sane, au dessous & au Nord de Przemislie, au dessus & à l'Orient de Przeworsk. Elle est belle & marchande & la Sane arrose sa Citadelle située à l'Orient de la Ville. On y tient tous les ans à la fête de l'Assomption de la Vierge une fameuse foire, où il vient des Marchands de Perse, de Constantinople, de Venise, de Moscovie, d'Allemagne, de Hongrie & autres Pays voisins. Starovolski dit que de son temps on y amenoit plus de quarante mille bœufs & vingt mille chevaux. Les Jésuites ont un College dans la Ville & une Residence hors la Ville. Il y a à Jaroslaw un Monastere de Religieuses dont le bâtiment est d'une magnificence royale. L'an 1625. le jour de St. Barthelemi durant la nuit le feu prit en quatre endroits differens & consuma toute la Ville qui étoit bâtie de bois : plus de trois cens hommes perirent dans les flames, & la perte des Marchandises que la flame détruisit fut estimée de dix millions de florins. Cette Ville a été rétablie avec le temps. Les Suedois s'en rendirent maîtres en 1656.

2. JAROSLAW, de l'Empire Russien. Voiez JEROSLAWLE.

JAROUN [v], Ville d'Asie dans la Tartarie au Pays de Gété au delà de Seïram.

JAROW, en Latin GIRVIUM, selon Mr. Baudrand. Il dit que c'est une Ville d'Angleterre : & ajoute qu'elle n'est remarquable que parce que le venerable Bede y prit naissance. Mr. de Vallemont dans ses Elemens de l'Histoire dit [w] que Bede, dit le Venerable, naquit l'an 673. dans le petit Village de GIRVIC sur la Tine dans le Northumberland.

JARS [x], (LE) Abbaye de France en Poitou au bord de la Mer, au Diocèse de Luçon, à six lieues de Luçon au Couchant. Elle est de l'Ordre de St. Benoit. Elle est nommée le Jard sur la Carte du Poitou par Mr. Sanson.

JARSATH, Ἰαρσάθ, Ville de la Mauritanie Cesariense, selon Ptolomée [y]. Castald croit que c'est presentement TEDELET.

JARSEY. Voiez JERSEY.

JARSO. Voiez OEASO.

JARZETHA, Ἰάρζηθα, Ville de la Libye intérieure, selon Ptolomée [z]. Elle étoit maritime, sur le bord de l'Océan au Nord de l'Embouchure du fleuve Daradus.

1. JAS, Contrée qui faisoit partie de l'Illyrie, & que l'on appelle aussi *Ionica*, dit Etienne le Geographe. Les habitans étoient appellez IATÆ.

2. JAS, ancien nom de l'Attique, selon Strabon [a]. Ortelius se trompe à cette occasion, comme si Strabon avoit parlé d'un Canton de l'Illyrie le même dont parle Etienne, ce qui n'est pas.

3. JAS, Ville de la Walaquie. Voiez YASSY.

[z] Andreæ Cellar. Polon. desc. p. 325.

[v] Hist. de Timurbec l. 2. c. 14.

[w] T. 2. p. 99. Edit. Paris.

[x] Baudrand Ed. 1705.

[y] l. 4. c. 2.

[z] l. 4. c. 6.

[a] l. 8. p. 382.

JASA. Voiez JASSA.

JASÆA [b], ancienne Ville du Peloponnese dans l'Arcadie. C'est une des Villes dont les habitans se laisserent persuader d'abandonner leur patrie pour aller peupler la nouvelle Ville de Megalopolis.

JASAKKES, ou avec la terminaison Hollandoise du Pluriel, JASAKKEN. Peuple de la grande Tartarie en Asie, à l'Orient de la Riviere de Pisida dans le Pays de Mongal, le long de la côte de l'Océan Septentrional, selon la Nouvelle Carte de Witsen.

Cet Article est de Mr. Baudrand ; quoique la Carte citée ait de grandes imperfections que les nouvelles découvertes des Russiens ont rectifiées, peut-être pourroit-on la concilier avec les Cartes posterieures qui marquent le long de l'Océan Septentrional un peuple nommé *Tschalaski*, aussi feroce que les *Tschuktschi* dont il est allié. Ces peuples sont peu connus, car ils sont ennemis des Russiens qui seuls pourroient nous les faire connoître, & lorsqu'on en fait des prisonniers, ils se tuent eux-mêmes. La Riviere de *Pisida* est apparemment la *Pinsida* de Mr. de l'Isle & la *Pasna* des nouvelles Cartes. Elle est beaucoup plus près du Jenisea que de la Lena, & par consequent bien loin des *Tschalaski*.

JASENITZ [c], Petite Ville d'Allemagne dans la Haute Saxe en Pomeranie, au Duché de Stetin, sur la Rive gauche de l'Oder assez près de son Embouchure, au dessous de la Ville de Stetin.

JASER. Voiez JAZER.

JASI. Voiez JASSI.

JASIBELI, Riviere de Sicile, dans la Vallée de Noto, selon Mr. Baudrand : elle passe à Cassaro & se jette dans la Mer Ionienne entre la Ville de Noto & celle de Syracuse. Il croit que c'est l'ancienne CACYPARIS. Voiez ce mot.

JASIENS, (les) en Latin JASII, Pline [d] nomme ainsi les Habitans de Jasus Ville d'Asie dans la Carie.

JASLITEN, ou YASLITE. Mr. Corneille dit sur l'autorité de Davity : petit Pays d'Afrique dans la Numidie. Il est proche de la Mer Mediterranée entre Caphsa & Tripoli à 42. d. 50'. de Longitude & à 28. de Latitude & comprend trente Villages. Ce Pays produit quantité de Dates, & ses habitans sont riches, parce qu'étant voisins de la Mer, ils trafiquent avec les Egyptiens & ceux de Sicile. On croit que cette contrée est sujette au Bacha de Tripoli dans le Pays duquel elle est enfermée.

§ Cet Article n'est rien moins qu'exact, quoique Davity [e] cite Gramai pour son garant. Premierement il n'y a point aujourd'hui de Numidie, & celle des Anciens finissoit bien loin delà. En second lieu la longitude est fausse, puisque Caffa & Tripoli sont entre le 28. d. & le 31. La latitude ne l'est pas moins, car ces deux Villes sont au Nord du 33. d.

JASLOWIECZ [f], Petite Ville de Pologne au Palatinat de Podolie, sur le bord Oriental d'une Riviere qui tombe dans le Niester aux Confins de la Moldavie.

1. JASON, Lieu de la Palestine dont il est fait mention au Livre de Josué [g] dans la Version

[b] Pausan. l. 8. c. 27.

[c] Zeyler Carte de la Pomer.

[d] l. 36. c. 5.

[e] Afrique p. 366.

[f] De l'Isle Carte de Pologne & Tavernier Voyage de Perse l. 3. c. 19. v. 4.

Verſion des Septante. La Vulgate lit Asem. L'Hebreu eſt differemment exprimé dans les nouvelles Verſions. Mr. le Clerc lit Hatsem; Schmidius Ezem; la Verſion qui eſt jointe aux notes de Vatable lit Azen, l'Espagnole de Caſſiodore de Reina Asem, l'Allemande de Luther, & la nouvelle d'Angleterre liſent Azem. Voiez Asem & Azem 1.

2. JASON [b], Ville de la Paleſtine à deux lieues & demie de Jaffa vers l'Orient dans la Tribu de Dan proche du chemin qui conduit de Jaffa à Jeruſalem. Il y avoit anciennement un fort Château dont il ne paroît plus que les fondemens. Ce lieu n'eſt maintenant habité que par vingt-cinq familles de Maures qui cultivent les Jardins. Ces Jardins ſont arroſez de l'eau d'un beau puits qui ſe tire par une machine que font jouer des bœufs. On n'y voit qu'une Moſquée gardée par un Derviche ou Santon Turc.

Cette Ville eſt marquée dans la Carte de la Terre promiſe par D. Calmet, non pas, dans la Tribu de Dan, mais dans celle d'Ephraïm, au Midi, Oriental & non pas à l'Orient de Joppé.

JASONIA. Voiez Jasonium 2.

1. JASONIUM, Lieu voiſin de Conſtantinople. Les Grecs le nomment Diplocciana & les Turcs Bisitas, ſelon Pierre Gille cité par Ortelius.

2. JASONIUM, grande Montagne d'Aſie au deſſus des Portes Caſpiennes à gauche, ſelon Strabon [k]. Ptolomée la met entre les monts de la Medie [l]. Strabon en parle à l'occaſion d'une ancienne tradition qu'il rapporte en ces termes. Il y en a, dit-il, qui veulent que Medée qui poſſeda ces contrées avec Jaſon, inventa cette ſorte d'habit & que toutes les fois qu'elle ſortoit ſans le Roi elle ſe voiloit le viſage. On apporte pour preuve que Jaſon a été dans ce Pays les Chapelles conſacrées en ſon honneur ἸΑΣΟΝΕΙΑ Ἱερὰ pour leſquels les barbares ont une grande veneration. Il y a auſſi une haute Montagne au deſſus des portes Caſpiennes à gauche, que l'on appelle Jaſonium. Ils ajoutent que Medée laiſſa au Pays ſon nom & la maniere de s'habiller, que ſon fils Medus lui ſucceda & donna ſon nom à cette Province. Cela s'accorde, pourſuit Strabon, avec la Jaſonie qui eſt en Armenie, avec le nom du Pays & avec pluſieurs autres choſes, que je dirai ailleurs.

3. JASONIUM Promontorium, Promontoire d'Aſie dans la Cappadoce ſur le Pont Euxin, ſelon Ptolomée [m], qui le met dans le Pont Polemoniaque, entre les Villes de Polemonium, & Cyteorum. Strabon [n] & Arrien dans ſon Periple du Pont Euxin parlent de ce Cap. Ce dernier [o] compte de Polemonium juſques-là cent trente ſtades, & delà à l'Iſle des Ciliciens quinze ſtades; de cette Iſle à Boona où il y a un port ſoixante & quinze ſtades, & de ce port à Cotyora la même que Cyteorum de Ptolomée quatre vingt dix ſtades. Je ne ſais pourquoi Voſſius veut qu'on liſe Jaſonium, au lieu d'Aſineia [p], dans le paſſage de Scylax où il eſt dit dans l'Article des Chalybes qu'Aſineia étoit une Ville Grecque. Perſonne dans toute l'antiquité n'a dit qu'il y eut en ces quartiers une Ville nommée Jaſonium, mais bien une Riviere & un Cap.

4. JASONIUM Flumen, Riviere qui tombe dans le Pont Euxin, ſelon Pline. Il y a bien de l'apparence qu'elle étoit auprès du Promontoire & que l'un donnoit ſon nom à l'autre: comme on trouve que dans le même Canton à peu près il y avoit un fleuve & un Cap auxquels le nom d'Heracleum étoit commun.

5. JASONIUM, Ville d'Aſie dans la Margiane, ſelon Ptolomée [q].

JASONIUS. Voiez Taurus.

JASPIS, Ville de l'ancienne Eſpagne Tarragonoiſe au Pays des Contestani, ſelon Ptolomée [r]. Ortelius dit, on croit que c'eſt l'Aspis d'Antonin. Voiez Aspe 1. & Aspis 9.

JASQUE, ou Jasques, Ville maritime de Perſe dans la Province de Tuberan, ſur un Cap qui reſſerre le Golphe d'Ormus. Mr. Thevenot [s] le Voyageur en paroît ainſi à la mi-Decembre de 1665. Nous paſſames devant le Cap de Jaſques qui étoit anciennement nommé Carpella. Il a vingt-cinq degrez & demi d'élévation & eſt éloigné d'Ormus de trente lieues. Depuis ce Cap la terre s'étend vers l'Eſt quart au Sud-eſt juſques au fleuve Indus. Il y a au Cap de Jaſques à demi mille, ou à un mille avant en terre, une méchante petite forterſſe, avec environ quarante maiſons, où demeurent des gens fort pauvres, qui vivent d'Orge & ne boivent que de l'eau, encore eſt-elle fort Salniatre (Sommache). Ils ont deux Barques ou Taranquins, leſquels ils chargent de bois qu'ils vont vendre à Maſcate (en Arabie): ce miſerable lieu eſt nommé Jaſques & dépend du Gouverneur de Comron (Gomron) qui y envoye telle perſonne qu'il veut pour commander.

1. JASSA, Iſle de la Mer Adriatique ſur la côte de la Liburnie. Voiez Issa.

2. JASSA, ou Jasa, Ville de la Paleſtine dans la Tribu de Ruben, au delà du Jourdain, auprès de laquelle [t] le Roi Sehon fut défait par Moyſe. C'eſt apparemment la même que Jeſſa [u], ſituée au Nord & près d'Ar Capitale des Moabites. Elle fut cédée aux Levites [w].

3. § JASSA, ou Jasa, Lieu dont il eſt parlé dans la Prophetie d'Iſaye [x]. Clamabit Heſebon & Eleale, uſque Jaſa audita eſt vox eorum: ſuper hoc expediti Moab ululabunt, anima eorum ululabit ſibi: c'eſt-à-dire, Heſebon & Eléalé jetteront de grands cris: leur voix ſe fera entendre juſqu'à Jaſa: les plus vaillans de Moab s'écrieront de douleur & la vie leur ſera à charge. Il s'agit dans ce paſſage de deux Villes des Moabites. Jaſſa étoit comme on vient de voir une Ville voiſine de leur Capitale, ainſi cette Jaſa eſt la même. Les nouvelles Verſions ſur l'Hebreu portent Jahaz.

JASSII, ancien peuple de la haute Pannonie vers l'Orient, ſelon Ptolomée [y]. Pline [z] les appelle Jasi & les met au nombre des Peuples au travers deſquels coule la Drayev.

1. JASSUS, Ville de la petite Armenie dans la Melitene, ſelon Ptolomée [a].

2. JASSUS, Ville d'Aſie dans la Carie,

Po-

Polybe b dit qu'elle étoit située sur la côte d'Asie dans le Golphe qui est terminé d'un côté par le Temple de Neptune qui est sur le territoire des Milésiens ; & de l'autre côté par la Ville des Myndiens. Il raporte selon une opinion qui s'étoit repanduë il y avoit une Statue de Vesta sur laquelle il ne tomboit jamais ni Neige, ni Pluye, quoi qu'elle fût à decouvert. Il se moque de cette badinerie. Pline c parle de Jassus à l'occasion d'un jeune garçon dont un Dauphin devint si amoureux que voyant qu'il s'éloignoit du rivage, il s'y jetta pour le suivre & mourut sur le sable. Alexandre choisit ensuite ce même garçon & l'établit à Babylone Prêtre du Temple de Neptune parce qu'il jugea que cet amour étoit une marque qu'il étoit très-agréable à ce Dieu. Solin raconte la même Histoire, mais les exemplaires qui ont le moins passé par les mains des Critiques changent bien le lieu de la Scene. L'Edition des Juntes d porte *apud Assum Urbem Babyloniæ puerum Delphinus adamavit*, &c. la même sotise se trouve dans l'édition des Aldes 1518. celle de Pesaro chez Jerome Soncin, lit *apud Jassum Urbem Babyloniæ puerum*, &c. celle de Delrio porte *apud Jassum, Urbem Babyloniæ puerum Delphinus adamavit*. Ce dernier observe que dans les Manuscrits le mot *Urbem* ne se trouve pas, & que les anciens exemplaires portent *Babylonem* & non pas *Babyloniæ*. Saumaise avoit lû rapidement cette observation qui est conçuë en ces termes par Delrio : *Legitur vulgo apud Jassum Urbem (MS deest hac vox) Babylonia (Vet. Lib. Babylonem) puerum Delphinus adamavit*, &c. là dessus il s'emporte contre Delrio à qui il donne un démenti cruel. *Delrius vir bonus asserit Manuscriptis deesse hoc loco vocem Babylonem. Quam verè id affirmet, viderint ceteri, nos sæpe eum mentiri scimus*. Le plaisant de l'affaire c'est que tout le mensonge est de Saumaise, Delrio dit positivement que *Babylonem* se trouve dans les Manuscrits ; & non pas *Babylonia*. Il est humiliant pour un aussi grand homme que Saumaise d'avoir lû étourdiment le passage d'un Auteur qu'il vouloit reprendre, ou d'avoir eu la mauvaise foi de mettre sur son compte une faute qu'il n'a point faite ; pour avoir occasion d'en faire une censure pleine d'aigreur & de mepris. C'est dommage que les livres des Savans du premier ordre fournissent de nombreux exemples de ces sortes de chicanes deraisonnables. Mais Saumaise étoit en colere en faisant cette nôte. Il n'a pas vû qu'il n'est pas permis à un Editeur de fourrer des Paraphrases dans le texte, & qu'il ne devoit pas lui même y mettre *Babylonem nomine* en depit de tous les Manuscrits qui n'ont rien de pareil. Il n'est pas vrai que le nom du jeune garçon qui fut aimé du Dauphin & ensuite Prêtre de Neptune fut Babylo, ni Babylon, ni Babylas. Athenée e dit qu'il s'appelloit Denys. Le passage de Pline est clair, celui de Solin ne l'est pas : pourquoi Saumaise veut-il corriger Pline par Solin ? Ce dernier ne se trompe-t-il jamais sur les noms ? En transcrivant Pline il lui est arrivé de prendre une Ville de la Locride pour un Cheval. Comparez Pline l. 8. c. 42. & Solin c. 45. Edition de Saumaise qui convient lui-même de cette bevûë & avoue qu'il y en a bien d'autres & même plus grandes dans cet Auteur.

Jassus n'avoit pas pour une Histoire dans ce goût-là. Hegesidéme cité par Pline f dit qu'en cette même Ville un autre enfant nommé Hermias montoit sur un Dauphin comme sur un Cheval & se promenoit sur la Mer ; qu'une tempête qui survint tout à coup ayant fait perir ce jeune garçon le Dauphin comme s'il eût reconnu qu'il avoit causé sa mort s'échoua sur le rivage où il mourut. Pline écrit ailleurs JASUS par une simple S. & nomme *Sinus Jasius* le Golphe où elle étoit située. La Notice de Hierocles qui la met entre les Villes Episcopales de la Carie la nomme Ἰασός, Jasus ; celle de Léon le Sage l'appelle JASSI, au genitif. C'est presentement ASKEM-KALESI. Voiez ce mot.

JASTÆ. Voiez SCYTHES.

JASTUS, Riviere de la Scythie en deçà de l'Imaüs, selon Ptolomée g. Elle coule entre le Jaxarte & l'Oxus bien plus près de la premiere que de la seconde, & a son embouchure dans la Mer Caspienne. La nouvelle Carte de cette Mer publiée par Ottens la nomme MARA, ou KIVAC des noms de deux Villes de la Tartarie qu'elle baigne.

1. JASUS, Voiez JASSUS 2.

2. JASUS, ancienne petite Ville, ou Bourg du Peloponnése. Il étoit enclavé dans la Laconie quoi qu'il dependît des Achéens, selon Pausanias h.

JATÆ, ancien Peuple de l'Illyrie, selon Etienne le Géographe qui nomme Ἴας la Pays qu'il habitoit. Il dit que l'on appelloit aussi Ionie le même Pays. Il se trompe ou du moins il n'explique pas assez clairement son sentiment qu'il a pris dans Strabon. Ce dernier parlant de l'Attique dit qu'anciennement on la nommoit *Ionia* & *Ias*, il ajoûte que quand Homere dit :

Βοιωτοί και Ἰάονες

c'est-à-dire les Boeotiens & les Jaons, il entend les Atheniens. Voiez le mot IONIE.

JATHRIPPA, Ville de l'Arabie, auprès d'Egres, selon Etienne le Géographe.

JATI i, petite Riviere de Sicile dans la vallée de Mazare. On donne le nom d'IATI ou JATO, à une Riviere formée de quatre Ruisseaux, savoir la GINESTA, la CLUSE, le BISALO & la CANAVERA : ces trois dernieres se joignent ensemble en un même lit au Midi de la Montagne sur laquelle sont les ruines d'IATO Château dont vrai-semblablement la Riviere a pris le nom. Elles se mêlent ensuite avec la Ginesta. C'est à cette jonction qu'elles prennent le nom d'Iati. Elle reçoit ensuite la Riviere de Ballecti & va se perdre dans le Golphe de Castel à Mare. Cette même Riviere d'Iati a aussi le nom de TAY-HURO qui est celui d'un Château ruiné sur la gauche. A-peu-près à distance égale de ce Château à la Mer on passe la Riviere quand on va de Mazare à Palerme par la grande route. C'est le Bathys des Anciens & le Château & le Bourg d'Iato tiennent la place de l'ancien-

JAT. JAV.   JAV.   45

l'ancienne JETÆ, ou JETAS. Voiez ce mot.

JATII, Peuple d'Asie, selon Pline [k]. Ptolomée [l] les nomme JATAI, ou JATII, selon les divers exemplaires & les place vers le Nord de la Sogdiane.

JATINA, petite Ville de la grande Isle Baleare, selon Pline [m]; ou plutôt selon Ortelius qui le cite sur un exemplaire vicieux. Mais Jatina n'est rien moins qu'un nom propre. C'est une faute pour *Latina*, mot qui signifie que les deux Villes nommées ensuite, savoir *Cinium* & *Cunici*, jouïssoient des mêmes droits que le Latium. Le mot *Latina* est relatif à *Oppida* qui precede.

JATINUM, ancien nom propre de la Ville de Meaux, avant qu'elle eût pris le nom du peuple auquel elle appartenoit. Ptolomée [n] met entre les Peuples de la Gaule Lyonnoise *Melda* qui est la Nation, & *Jatinum* qui étoit leur Ville. Elle a été ensuite nommée *Civitas Meldorum*, *Urbs Meldi* & *Urbs Meldensis*. Voiez MEAUX.

1. JATRUS, Isle de la Propontide. Il en est fait mention dans les Constitutions de l'Empereur Emanuel Comnéne, selon Ortelius [o].

2. JATRUS, Riviere de la Mysie en Europe. C'est sur le bord de cette Riviere que Jornandes [p] place la Ville de Nicopolis que Trajan fit bâtir après avoir vaincu les Sarmates & qu'il nomma la Ville de la Victoire. C'est ce que signifie le nom Grec de Nicopolis.

JATUR, Ἰατοὺρ, Ville de l'Inde en deça du Gange.

JAVA, (l'Isle de) il y a deux Isles de ce nom dans la Mer des Indes. On les distingue par ces noms : LA GRANDE JAVA, & LA PETITE JAVA. Nous commencerons par la premiere.

LA GRANDE JAVA, quelques-uns disent JAVE, OU LA GRANDE JAVE par une terminaison Françoise. Grande Isle d'Asie dans la Mer des Indes. Elle gît Est quart de Sud-Est proche de l'Isle de Sumatra entre les 123. d. & le 134. d. de Longitude, & entre le 6. d. de Latitude Sud pour sa partie la plus Septentrionale & 8. d. 30'. pour sa partie la plus Meridionale. Elle a au Nord-Ouest l'Isle de Sumatra dont elle est separée par le Detroit de la Sonde, au Nord les Isles de Banca & de Borneo, au Nord-Est l'Isle de Madura, à l'Orient celle de Baly, & au Midi la Mer des Indes; qui la separe de la Terre d'Endraght ou de la Concorde.

Les Anciens ont connu l'Isle de Java & ce qui est remarquable elle avoit déjà ce nom du temps de Ptolomée. Il parle de l'Isle nommée Jabadiu. On sait que l'V consonne & le B. des Grecs ont été équivalens, delà vient *Jaba* pour *Java*. DIU, ou DIV signifie une Ville dans la langue des Indiens. Diu Ville Indienne des Portugais n'a point d'autre origine de son nom que sa situation dans une Isle. Les Maldives ne sont ainsi nommées que parce que ce sont des Isles opposées au Malabar. Ainsi ce que les Grecs ont pris pour le genitif d'un nom n'étoit qu'un nom indeclinable & les Traducteurs Latins ont dit *Jabadii Insula*, par un Pléonasme, faute de savoir que *Div* signifie une Isle. De même nous disons le *Mont Gibel*, faute de savoir que *Gibal* signifie la même chose que le mot François *Mont*.

Ptolomée ajoute que *Jabadiu* signifie l'Isle de l'Orge. J'ai interrogé sur cela plusieurs personnes. Entre autres Mr. le Capitaine Thonar, qui a long-temps servi la Compagnie des Indes Orientales dans l'Isle de Java, m'a assuré que l'Orge y vient très-bien, mais que les naturels du Pays s'atachent particulierement au ris nourriture à laquelle ils se sont accoutumez; & dont les Européens qu'on y envoye s'accommodent aussi très-bien, de sorte qu'on neglige la culture du bled & de l'Orge dont l'Isle seroit très-abondante, si on se donnoit la peine d'y en semer.

Cette Isle est à l'égard des Européens au pouvoir des Hollandois qui y ont établi le centre de leur Commerce à Batavia; mais ils n'y sont pas les uniques Souverains. Elle a ses Rois & ses Peuples qui sont alliez de la Compagnie.

Le Ministre Valentyn qui a écrit une ample description de Java dans son grand Recueil sur les Indes [q] composé en Hollandois, observe que l'on ne devroit pas dire *Java* ni *Jacatra*, mais *Djava* & *Djacatra*, en prononçant à la maniere des Arabes & des Malais le *Dj* comme si c'étoit une seule lettre & non pas comme nous prononçons *Di*, mais l'usage est pour Java, & lui-même après cette remarque écrit partout ailleurs Java.

[r] Java tire son nom d'un Grain nommé *Djava* & non pas *Java*, dont le gout ressemble à celui de l'Orge. Ce Grain y vient parfaitement bien de lui-même. D'autres ont cru que le grain même prenoit le nom de l'Isle, mais outre que la premiere opinion est la plus aprouvée des Javans mêmes, Ptolomée decide la question & explique le nom de *Jaba Diu* par l'Isle de l'Orge.

Il semble que les habitans de Borneo ayent été les premiers qui aient decouvert cette Isle au sentiment de l'Auteur cité. Il en apporte pour preuve que dans le Golphe de Rembang, au Levant de Japare, les habitans de Borneo ont eu un Hameau qui leur appartenoit, où ils debarquoient, & ils y demeuroient tant que duroit leur trafic, on y transportoit de tous les Cantons de l'Isle, ce grain qu'ils troquoient contre des habits. Ce Hameau prit son nom de ce grain *Djawana*, & fut ensuite nommé *Javana*, *Djava*, & *Java*. Ce lieu qui peut avoir donné le nom à toute l'Isle est devenu avec le temps une Ville nommée *Javana*. L'an 1697. les Javans comptoient 1621. ans depuis que leur Isle a été peuplée. Mais on ne peut faire aucun fond sur leur Calcul dont ils n'ont aucune preuve.

Ceux qui ont parlé de l'Isle de Java l'ont fait avec tant de confusion, sans en excepter même le Ministre Valentyn, que je suis obligé d'abandonner leurs Divisions pour en suivre une plus naturelle.

On peut partager cette Isle de plusieurs manieres. I. Selon les Côtes. II. Selon l'interieur du Pays.

La côte du Nord, est sous la Domination de la

la Compagnie Hollandoise qui y a établi des Forts & y entretient des Garnisons, selon que le demande la sûreté de son Commerce.

La côte Méridionale est presque entièrement occupée par le Sourapati & autres Princes indomtez qui sont retirez entre une longue Chaîne de Montagnes qui court de l'Occident à l'Orient, & le Rivage qui est bordé de Dangers & de Roches. Ce sont ces écueils qui font regarder cette côte du Sud comme très-dangereuse aux vaisseaux d'Europe, & c'est pour cela que la Compagnie défend à ses vaisseaux de prendre ce Chemin-là depeur du Naufrage. Un Capitaine qui y contreviendroit seroit puni par une suspension d'emploi, ou par quelque autre châtiment, supposé qu'il fût assez heureux pour n'y pas périr entre les Roches.

L'interieur du Pays est sous la Domination d'un Empereur, que l'on appelle communément le *Madarm* mot corrompu de celui de MATARAM qui est le nom d'une Ville autrefois Capitale de l'Empire ; & présentement si déchue de son ancienne splendeur qu'elle tombe presque en ruine ; le Siége de l'Empire ayant été transferé à CARTASOERA, comme l'écrivent les Hollandois, nous dirions CARTASOURA. Outre le Mataram, il y avoit autrefois plusieurs Rois dans l'Isle ; tous étoient indépendans les uns des autres.

On y comptoit les Rois de

BANTAM, JAPARA,
JAGATRA, GRESSIK,
TSIERIBON, MADION,
TAHAL, MADJAPAT,
& quelques autres.

Mais la plupart de ces Royaumes ont disparu, & ont été envahis par le Mataram qui à l'occasion de quelques guerres, se les a rendu tributaires, & y a mis des Princes ses créatures qui y vivent sous sa Domination : la Compagnie elle-même lui a aidé à se les conserver, en trouvant bon que les Princes qui descoupent lui rendent les honneurs de soumission, & reconnoissent qu'il a la plenitude de la Souveraineté. Comme il ne la peut conserver qu'autant que la Compagnie y consent à l'égard de la plupart de ces Souverains subalternes, & qu'ils se dégageroient aisément de cette subordination pour peu que les Hollandois voulussent les protéger ; cet Empereur a d'autant plus de ménagement à garder avec la Compagnie, qu'il a sur la côte Meridionale des ennemis puissans qui cherchent à le renverser de son Trône comme je dirai-ci après.

Il faut excepter des Princes subordonnez au Mataram, le Sourapati & ses alliez ; les Rois de Bantam, & de Tsieribon. Le Royaume de Jacatra ne subsiste plus : entrons maintenant dans un plus grand détail de ces differens Etats.

Le Royaume de Bantam contient la partie la plus Occidentale de l'Isle, jusqu'à la Riviere de Tangerang qui le séparoit autrefois du Royaume de Jacara & présentement des terres de la Compagnie. Il n'y a point d'autres Villes que celle de Bantam qui en est la Capitale.

Depuis le premier coin situé vis-à-vis de l'Isle du Prince laquelle est aux Hollandois jusqu'à la pointe la plus Septentrionale de cette côte, le Pays est garni de Bourgades & bordé de Montagnes en quelques endroits ; outre une autre chaîne de Montagnes parallèles à ces côtes, l'interieur du Royaume consiste en des Plaines couvertes de ris à la réserve de quelques espaces qui sont couverts de Forêts. Outre le Pays que le Roi de Bantam possede dans l'Isle de Java il est maître d'une partie de l'Isle de Sumatra d'où il tire quantité de poivre. Le Pays & le Golphe de Lampons, & quelques Isles qui y sont situées lui obeïssent. Outre cela les Provinces de Bandong & de Sidammer qui sont au Midi du Royaume de Jacatra, sont soumises à des Princes de la famille qu'il y place & sur lesquels il domine absolument. Ce Roi est indépendant & ne doit ni Tribut ni soumissions à l'Empereur, il est ami de la Compagnie avec laquelle il vit dans une parfaite intelligence.

Le Royaume de Jacatra ne subsiste plus, & le titre en est entierement éteint. La Ville de Jacatra a fait place à celle de Batavia le centre de la Domination Hollandoise dans les Indes Orientales ; & cet Etat s'appelle presentement les terres de la Compagnie. Elles s'étendent depuis la Riviere de Tangerang, jusqu'à une autre Riviere que les Hollandois appellent de SCHEY RIVIER, ou Riviere de séparation parce qu'elle les separe du Royaume de Tsieribon.

La Riviere de Tangerang la plus Occidentale de toutes celles de ce Pays de la Compagnie, a sa source au Midi dans les Montagnes de Salak, & serpentant vers le Nord, elle reçoit divers ruisseaux, savoir ceux de SIBERONG, de SIBOTANG & de SANDALI, qui se joignent dans un même lit avant que d'entrer dans le sien. Elle est bordée de quantité d'habitations à l'Orient & arrose la Forteresse de SAMPOERA & celle de TANGERANG dont elle porte le nom. Au dessous elle forme une grande Isle triangulaire par un bras qui avançant vers l'Orient se perd dans la Riviere d'Ankée. La Riviere d'ANKÉE a sa source au Midi, assez près de la Montagne de PANGERANGO, puis coulant vers le Nord, elle s'approche de la Riviere de Tangerang, reçoit une Riviere qui coule à l'Orient de Sampoera, puis les ruisseaux de SILO, de SORPA, & de TSIPOETAT, & enfin la Riviere de PASSANGARANG, & la branche de la Riviere de Tangerang dont j'ai parlé. Au dessous d'ANKÉE Forteresse dont elle porte le nom, elle se separe en deux branches dont l'une va directement à la Mer & l'autre se chargeant en passant d'une petite Riviere, porte ses eaux vers l'Orient dans les fossez de Batavia.

La Riviere de BATAVIA prend sa source dans la Montagne de Pangerango, que les Hollandois appellent les MONTAGNES BLEUES, & se grossissant de quelques ruisseaux qu'elle trouve sur sa route elle passe au Fort de TANJONG, surnommé le grand Tanjong, pour le distinguer d'un autre nommé TANJONG POERA qui est sur une autre Riviere. Elle s'approche du Fort de NORTWYK, & vis-à-vis

du

du Fort de Ryswyk, elle se divise en deux branches avant que de tomber dans les fossez de Batavia, d'où elle sort en partie par le port même de cette Place & en partie par une coupure à l'Orient qui se grossissant de plusieurs ruisseaux forme diverses Isles au bord de la Mer.

La Riviere de Tsikais a sa source dans la contrée de Tikondang au Nord des Montagnes Bleues, & après avoir long-temps coulé vers le Nord, elle reçoit la petite Riviere de Tsiarap & forme ensuite trois Isles à ses Embouchures. La principale est munie d'un Fort nommé Bacassie, nom que prend aussi la Riviere en cet endroit.

La Province de Karavang appartient aussi en propre à la Compagnie. Elle prend ce nom d'une Riviere qui la traverse, & qui a sa source dans la Province de Paroka Moetjang, aux confins de la Province de Priangan. Après avoir coulé un peu vers le Nord, elle se tourne vers l'Ouest, & lorsqu'elle est entrée dans le Pays auquel elle donne son nom, elle reprend son cours vers le Nord jusqu'à Tanjong Poera, où elle reçoit une autre Riviere, puis elle se rend dans la Mer par 9. Embouchures, où elle forme diverses Isles. C'est dans cette Province, douze lieues au dessus de Tanjong-Poera, que l'on a trouvé des Mines d'or auxquelles on travaille avec plus d'espérance que de succès jusqu'à present.

Le Royaume de Tsieribon commence à la Rivière de Seheby, mot qui comme nous l'avons dit signifie separation. Il est borné au Midi par le mont Tamponus & par les Vattas, hautes Montagnes. (Le mot Vattas signifie dans la Langue Javane Limites, Bornes;) Il comprend les Provinces de Tsieribon propre, de Tsiassem, de Pamanoekan & de Gabbang.

Les Provinces de Tsiassem & de Pamanoekan sont arrosées, chacune par une Riviere de même nom. La Province de Tsieribon entre autres Rivieres est arrosée par le grand Fleuve d'Indramaia. Il a sa source dans les Montagnes de la Province de Priangan; il la traverse aussibien que celle de Sammadang & après avoir long-temps serpenté vers le Nord-Est jusqu'à l'Orient du Fort de Tsieribon il se recourbe vers le Nord où il se jette dans la Mer par deux Embouchures: les bords de ce Fleuve sont fort peuplés dans l'étendue de cette Province. Le Fort de Tsjeribon appartient à la Compagnie & à peu de distance du Fort vers le Septentrion est un lieu où la Cour fait sa résidence.

Ce Roi ne dépend point du Mataram, & vit tranquilement en ménageant l'amitié de la Compagnie. La Province de Gabang est arrosée par trois Rivieres, savoir Soengi Japoere qui la sépare du Tsjeribon propre, la petite Riviere Tiberus & la Riviere de Lassari.

On trouve ensuite le Pays de *Tagal*, où sont de vastes Campagnes de Ris, la Compagnie y a un Fort nommé Tagal, au Couchant d'une Riviere, qui a sa source au mont Tagal & passe à Cartanagara. Cette Montagne de Tagal a un Volcan qui jette quelquefois des cendres en si grande abondance qu'il y a quelques années que la terre en étoit couverte de l'épaisseur d'un pouce à Samarang Forteresse que la Compagnie a sur cette côte à douze lieues de là vers l'Orient. Ce n'est pas le seul Volcan qu'il y ait dans l'Isle de Java. L'an 1712. la Montagne bleue commença de jetter des flammes & de la fumée.

A l'Orient de *Samarang* que j'ai dit être un Fort de la Compagnie on trouve en suivant la côte, Torabaja, & en la quitant à l'Orient, la Ville de Damack où la Compagnie a ses Comptoirs & des Magazins, au bord Occidental d'une Riviere qui en se separant forme deux Isles dans l'une desquelles sont les Villes de Japara & de Jawana. Cette derniere dont j'ai déjà parlé donne son nom au bras de cette Riviere qui l'arrose.

La premiere Place importante que l'on trouve ensuite, c'est la Forteresse de Rembang qui est à la Compagnie, puis la Riviere de Lassem qui vient du Midi & qui se detache du grand Fleuve Samangi. En remontant cette Riviere, on voit à l'Orient & à quelque distance la Ville de Priprin entourée de Plaines chargées de Ris. Toeban & Cidajoe & quelques Temples sont les seuls lieux remarquables de la côte jusqu'à l'Embouchure de la Riviere Zandapoera. Elle est formée de la Riviere de Samangi & de quelques autres.

La Riviere de Samangi a ses sources près des Montagnes de *Soedara-Soedara*, c'est-à-dire des deux freres au Sud-Est de Mataran. Elle passe à Jatin Tackan; à Grompol; elle reçoit une autre Riviere qui vient du Kadoewang & traverse le Pays de Jagaraga, d'où elle envoye une partie de ses eaux vers Damack: le reste prenant sa course vers le Nord-Est le long des limites de Jagaraga se joint à la Riviere d'Assim qui vient de la Principauté de Madion dont elle arrose la Capitale; de là elle passe assez près de Trietrepoe, & par deux coupures de traverse se decharge d'une partie de ses eaux dans la Riviere qui borde le Royaume de Gressie au Nord.

La Principauté de Madion dont on vient de parler par occasion, étoit une Souveraineté autrefois très-puissante; mais son Prince ayant été vaincu par le Mataram avec qui il étoit en guerre, il a perdu son premier Etat & est réduit à la qualité de Vassal, avec un pouvoir fort borné; elle est entre les Provinces de Jagaraga & de Cadiri.

La Riviere qui coule au Nord du Royaume de Gressic a sa source dans la Principauté de Madion qu'elle borne du côté de la Province de Cadiri; au Nord de laquelle elle est grossie par un bras qui se détache de la Riviere de Cadiri & coulant vers le Nord elle communique par deux Coupures à la Riviere de Zandapoera, & se perd par quatre Embouchures le detroit qui separe l'Isle de Java de celle de Madura.

Le petit Royaume de Gressic a son Roi particulier qui est le meilleur ami qu'ait la Compagnie dans tout le Pays. Il prend son nom de sa Capitale située sur le detroit. La
Ri-

Riviere dont nous venons de marquer le cours l'enferme au Couchant & au Nord, il a la Mer à l'Orient & au Midi la Principauté de SOERABAJA dont il est separé par des Montagnes.

La PRINCIPAUTE' DE SOERABAJA est bornée à l'Ouest par la même Riviere dont on a parlé, au Nord par le Royaume de Greffic, au Levant par la Mer & au Midi par la Riviere de Cadiri.

Cette derniere Riviere de Cadiri a sa source auprès de Brindjock, ensuite traversant de belles Campagnes fertiles en ris, elle passe de la Province de BRINDJOCK dans celle de Cadiri, coule assez près de la Capitale, & de Sinkal, & entre Bagoesan & Jalon qui sont deux Villages elle se partage en deux branches dont l'Occidentale va le long de la Principauté de Soerabaja & du Greffic qu'elle borne comme il a été dit, l'autre qui est la plus considerable va le long du Royaume de MADJAPAIT qu'elle separe de la Principauté de Soerabaja. A l'Orient Septentrional de la Ville de Madjapait elle se divise en deux branches dont l'une qui conserve le nom de Cadiri va former plusieurs Isles par ses Embouchures à l'Orient de la Ville de Soerabaja; l'autre branche prend le nom de Toroufan, se subdivise en quatre branches principales, & forme trois Isles assez grandes sans compter quelques petites qui sont à son Embouchure, tout le Terrein que cette Riviere embrasse au dessous de Madjapait est de la Principauté de Soerabaja.

Le Pays de DJAPAN prend ce nom de sa Capitale. Il n'est point different du Royaume de Madjapait & avoir un Roi particulier, absolu & Souverain dans ses Etats ; mais ce Prince s'étant engagé dans les Guerres civiles de l'Isle contre le parti que les Hollandois avoient pris sous leur protection, la Compagnie l'a vaincu & a remis son Pays au Mataram qui le fait gouverner par une de ses creatures.

A l'Orient de cet Etat, au bord de la Mer on trouve la Province de PASSAROEWAN, ainsi nommée d'une Ville de même nom sur la petite Riviere de GOMBONG, au bord de laquelle la Compagnie a bâti une Forteresse. Cette Province est bornée au Midi par de hautes Montagnes nommées BRAME. La côte Orientale de l'Isle est divisée en deux parties très-inegales. La plus petite qui est au Nord contient le ROYAUME DE PANAROEKAN, l'autre plus grande qui est au Midi comprend la PROVINCE DE BALAMBOANG. Cette derniere Province est vis-à-vis de l'Isle de Baly autrement la petite Java. Elle est pleine de Forêts & de Plaines semées de Ris. Il y a aussi de hautes Montagnes qui n'ont point d'autre nom sur les Cartes que celui de la Province.

Presque toute la côte Meridionale est bordée de Montagnes, du côté de la Mer & au Sud de la Ville de Mataram il s'en detache une Chaine qui s'avançant dans l'Isle devient parallele à celles du Rivage de la Mer, & enferme un Pays presque inaccessible. C'est entré cette Chaine & la Mer que se trouve le Pays de KADOEWANG qui est soumis au Soesoechoenan, c'est-à-dire à l'Empereur & les Provinces de PANARAGA, de LOEDAJA, de POEGAR, & autres qui obeïssent au *Soerapati*, Souverain qui ne reconnoît l'autorité ni de l'Empereur, ni de la Compagnie Hollandoise ; & ses Etats sont une retraite pour les mecontens qui sont reduits à s'y refugier.

Après avoir parcouru les differens Etats dont cette Isle est composée, je donnerai ici une Histoire abregée de la grande revolution arrivée dans l'Empire du Mataram & qui a fait de très-grands changemens dans les Souverainetez, qui en dependent. Je ne dirai rien que sur les Mémoires de Mr. le Capitaine Thonar qui a servi long-temps la Compagnie Hollandoise & qui les a dressez sur les lieux.

Vers le milieu du siécle passé Tangal Vangy Empereur de Mataram ayant une fille assez belle & quelques fils, oublia les bornes que la nature a mises à la tendresse paternelle & brûla pour elle d'un amour incestueux. Après avoir fait la premiere faute d'en abuser, il en fit une seconde en la mariant au Prince de Madura qui en l'épousant crut s'affermir sur le Trône de cette Isle par une protection avantageuse. Ce Prince ne tarda gueres à s'appercevoir de son malheur. La Princesse lui avoua qu'elle étoit enceinte & que c'étoit un fruit des criminelles faveurs que l'Empereur son pere avoit exigé d'elle. Il dissimula son ressentiment ; elle accoucha d'un fils qu'il fit élever & nommer Trounayjaga. Lors qu'il le vit en âge de porter les Armes & de se prêter aux vues de vengeance qu'il conservoit depuis tant d'années, il appella, & lui decouvrit le secret de sa naissance. Il accompagna ce recit de tout ce qui pouvoit l'animer contre l'Empereur & n'oublia point de lui faire connoître les obligations qu'il lui avoit de l'avoir élevé avec autant de tendresse que s'il eût été son fils ; au lieu que l'Empereur son pere après lui avoir fait l'injustice de le deshonorer avant sa naissance l'avoit abandonné entierement. Il lui offrit les secours necessaires pour entrer dans l'Isle de Java & s'y former un Etat digne de lui.

La proposition fut acceptée. Le Prince partit avec une armée de quatorze mille hommes, dont quatre mille étoient de Madura, & le reste de Macassars commandez par un homme de leur Nation nommé Amarou, homme de tête & de main. L'attaque étoit imprevue, personne n'étoit sur ses gardes. Il prit d'abord Soerabaja, & parcourut comme un torrent les Pays de Madjapait, de Djapan, de Cadiri, de Madion, de Jagaraga & de Panaraga ; & arriva enfin dans le Kadouwang.

Tangalwangy étoit trop agé pour se mettre à la tête de ses Troupes & repousser un ennemi dont les rapides progrès lui faisoient tout craindre pour sa Couronne. Il assembla trois fils legitimes qu'il avoit. L'ainé s'appelloit Amankourat, le second Poeker & le troisiéme Pannoularer. Il leur declara qu'il se retiroit à Takal, & cedoit la Couronne & la Residence de Cartafoura à celui d'entre eux qui auroit assez de courage pour les garantir de l'invasion de Trounajjaga.

Les trois freres étans à deliberer sur les me-
sures

sures qu'il faloit prendre dans ce peril commun, l'ainé Amancourat s'excusa de prendre les armes, sur ce que n'ayant aucune inclination pour la guerre, il étoit resolu d'accompagner son pere dans sa retraite à Tagal. En vain Poeker son puîné lui represata son droit d'aînesse qui l'appelloit à l'Empire; en vain il l'exhorta de prendre courage avec promesse de le seconder de tout son pouvoir; Amancourat ne changea point de resolution & suivit le vieil Empereur. Le troisiéme n'étoit ni en droit, ni dans la disposition de disputer la Couronne qui resta à Poeker qui demeura seul à Cartasoera.

Tangal-Wangi partit de sa Capitale accompagné de son fils ainé & d'une foule de Courtisans & de peuple, éfrayez par l'approche de Trounaijaga. Ce dernier fut bientôt averti de la fuite de la vieille Cour, & s'approcha de jour en jour du centre de l'Empire. Le Prince Poeker nouvel Empereur ne voyant autour de soi qu'une poignée de monde incapable de resister à son Ennemi s'en alla vers le Sud de l'Isle, où il rassembla une petite armée. Trounaijaga prit ce temps, s'avança vers la Capitale avec un détachement de trois ou quatre cens hommes & y fit un riche butin. Le Mataram a dans ses Etats une mine d'or, à laquelle il fait travailler. Mais une maxime de politique ne permet pas de l'épuiser, & lui borne la quantité, de laquelle il faut que l'on se contente tous les ans. Il fait tous les ans ce Voyage avec un grand appareil & en rapporte la quantité d'or qui est prescrite par cet usage qui tient lieu de Loi. On conservoit dans le Palais quantité de Lingots d'Or. Le Prince Trounaijaga en fit emporter la charge de vingt Chariots & se retiroit avec ces richesses vers le gros de son armée, lorsque Poeker tomba sur lui, & l'obligea de sortir du Pays de Mataram. Le vaincu se retiroit en bon ordre & sa défaite entiere eût été très-difficile sans l'inconstance d'Amancourat frere aîné de l'Empereur.

Ce Prince qui avoit renoncé à la Couronne parce qu'il voyoit trop de peril à s'en charger, encouragé sans doute par son pere qui lui reprochoit sa lâcheté, ne vit pas plutôt son frere prêt à s'affermir sur un Trône qu'il lui avoit cedé volontairement, qu'il se repentit de la renonciation. Il s'adressa au Commandant Coeper, (Kouper) qui étoit au service de la Compagnie Hollandoise, lui representa son droit d'ainesse, & offrit que, si la Nation vouloit lui aider à reprendre une Couronne qui lui appartenoit, il feroit avec elle un Traité duquel elle tireroit de grands avantages.

La Compagnie n'avoit alors aucune habitude dans l'interieur du Pays qu'elle ne connoissoit gueres. Elle ordonna à Coeper de traiter avec Amancourat & lui donna des troupes pour le soutenir. Avec cette protection il alla à Cartasoera dont il prit possession, tandis que Poeker étoit occupé à faire la guerre à leur ennemi commun. Il fut bien surpris quand il vit que son frere venoit s'emparer du fruit de ses travaux, après une renonciation à laquelle il avoit eu la generosité de s'opposer. Heureusement pour lui Amrou le Chef des Macassars avoit peri dans une des batailles que Trounaijaga avoit perdues. Il ne perdit point courage & essaya de faire tête à son frere, & à ses autres ennemis. Mais Amancourat fut si bien servi par ses Alliez qu'il eut l'avantage sur Poeker; d'un autre côté Trounaijaga, profitant de cette diversion reprit la superiorité qu'avoient euë sur lui les armes de l'Empereur. Ce Prince dans cette extremité demanda un Armistice de deux jours aux Hollandois, & engagea une negociation avec la Compagnie. Il representa son droit à la Couronne; il convint que comme elle avoit déja établi son frere, ç'auroit été trop exiger d'elle qu'elle le destituât en sa faveur, mais il demanda qu'après la mort de ce frere, elle le reconnût pour Successeur, soit qu'Amancourat eût des fils, soit qu'il n'en eût point, il offrit à cette condition de perpetuer à la Compagnie le Traité avantageux que son frere avoit fait avec elle. Cela lui ayant été accordé, il mit bas les armes, se rangea sous l'obeïssance de son ainé & resta sous la protection de la Compagnie. Après cela il ne fut pas difficile de donner la chasse à Trounaijaga; qui selon les Memoires manuscrits fut tué auprès de Soerabaja.

Amancourat étant mort l'an 1682. laissa un fils unique qui prit possession du Trône sans aucun obstacle. Son premier soin fut de rendre les derniers devoirs à son pere dont il fit porter le Corps à Mataram pour être mis dans le Tombeau de ses Ancêtres. Poeker son oncle fut chargé de cette fonction & suivit le convoi avec les Princes ses fils.

Quelques Courtisans prirent le temps de l'absence de ce Prince pour le perdre. Ils firent entendre au jeune Empereur que Poeker avoit un Traité avec les Hollandois, qu'il ne manqueroit pas de cabaler pour avoir une Couronne qu'il n'avoit cedée à son frere que durant sa vie. Poeker étant de retour l'Empereur le fit appeller & lui demanda où étoit son fils Lourapasser, ce Prince avoit quité son pere qui s'en retourna sans lui à Cartasoera. L'Empereur n'étant pas satisfait des reponses que le Prince son oncle lui donna, ayant d'ailleurs l'esprit prevenu, & le mit sous la garde de deux Grands Officiers qui par bonheur pour le Prince étoient ses amis secrets. Ils eurent horreur des desseins que leur maître avoit sur cette famille, & comme le lendemain étoit destiné à la faire perir, ils profiterent de l'obscurité de la nuit & menerent les prisonniers à Samarang. Pour mieux assurer leur fuite ils briserent un pont qu'ils avoient passé, & arrêterent ainsi ceux qu'on avoit envoyez à leur poursuite. La Compagnie reçut le Prince avec de grandes marques d'amitié, lui donna pour sa sureté une garde de deux Compagnies & après l'avoir gardé environ un an elle le fit conduire à Cartasoera. Le neveu n'eut pas le courage d'attendre Poeker. Il s'enfuit de la Capitale; & après s'être defendu environ deux ans il fut obligé de se rendre à la Compagnie qui l'envoya à Ceilan où il étoit encore en 1725.

Le fameux Soerapati perit en le defendant. J'ai parlé des Etats de ce Prince. La maniere dont il les avoit acquis merite d'être inserée ici.

L'an 1678. un des Vassaux du Roi de Bantam, n'ayant pû s'accommoder avec ceux de sa Nation, se jetta dans la Montagne bleue qui est au Sud de Batavia: il avoit rassemblé une centaine d'hommes avec lesquels il fourageoit tout le Pays voisin. La Compagnie avertie de ce desordre envoya divers detachemens pour s'en saisir, mais soit que l'on n'envoyât pas assez de monde, soit que ceux qui commandoient ces detachemens s'y prissent mal, on ne gagna rien & il continua ses ravages de plus en plus. Un Capitaine Balien s'offrit de l'amener mort ou vif si on lui vouloit donner cent hommes. Il les choisit parmi les Soldats de sa Nation qui sont au service de la Compagnie. Il prit effectivement le rebelle, & l'emmena jusqu'à Tanjong Poera où commandoit alors l'Enseigne Kuffelaer avec une garnison d'environ 40. hommes. Soerapati, c'est le nom du Capitaine Balien, voyant que son monde étoit fatigué & avoit besoin de repos, pria cet Officier de vouloir lui garder son prisonnier quelques jours, pour donner à ses Soldats le temps de se rafraichir sans inquietude, parce qu'il n'avoit ni fers, ni chaines pour s'assurer de sa capture. L'Enseigne accepta la proposition avec joye. Mais lorsque le Capitaine voulut reprendre le prisonnier, pour le mener à Batavia & recevoir la recompense qu'il croioit avoir meritée, on le lui refusa. Cette conduite l'irrita de telle sorte qu'il voulut le reprendre en attaquant le Fort durant la nuit. L'Officier qui avoit prévû cet assaut le repoussa avantageusement. Le Capitaine ayant perdu toute esperance & n'osant plus retourner à Batavia, après avoir insulté un des Forts de la Compagnie, prit la resolution de retourner à Bali ou de tenter fortune ailleurs sa troupe, qui ayant été complice de son attentat promit de s'attacher à sa fortune. Il la mena à Cartasoera où regnoit Amancourat qui l'arrêta à son service, mit cette Compagnie entre ses gardes, quoi qu'il eût déja pour sa garde cent Européens. Soerapati fut à cette Cour environ trois ans que la Compagnie sût, ou fit semblant de savoir qu'il y étoit, il profita de ce temps & se mit si avant dans les bonnes graces de l'Empereur qu'il en obtint une de ses filles en Mariage. La Compagnie étant enfin informée de la destinée de ses deserteurs envoya un Officier nommé Tact en qualité de Commissaire à Cartasoera. Il prit avec lui soixante hommes, dans l'esperance que cela suffiroit pour emmener le Balien. Ce dernier averti de l'arrivée & du dessein du Commissaire, jura sa mort. Envain on avertit l'infortuné Tact du malheur dont il étoit menacé s'il se risquoit, il se rendit sur la place accompagné de quarante-huit hommes: le Balien qui l'attendoit avec sa troupe essuya le premier feu qui eut peu d'effet & tua l'Officier & tout son monde avec ses piques. Le Balien ne s'en tint pas là, il alla égorger la Garde Hollandoise qui étoit à la porte du Palais; & après tous ces meurtres il fut trouver l'Empereur pour lui demander ses ordres. Ce Prince qui craignoit le ressentiment de la Compagnie, n'osa le garder davantage auprès de sa personne; ni le mécontenter; il le congedia en lui ordonnant d'aller prendre possession des Provinces de Pasaroewan, Madjapait & de quelques autres dont il lui permit de joüir à condition de le servir lorsqu'il l'appelleroit à son secours. A ces conditions le Balien Soerapati devint Souverain de plusieurs Provinces, quoique Vassal du Soesoehoenam; c'est-à-dire, de l'Empereur. Les Hollandois retirerent les gardes qu'ils lui avoient donnez & qui se retirerent à Japare. Après la mort d'Amancourat, son fils qui voulut lui succeder éprouva la reconnoissance du Soerapati qui se devoua pour le maintenir contre Poeker instalé Empereur par la Compagnie. Il perit même en le deffendant. Mais Soerapati avoit des Enfans, qui lui succederent & qui se voyant obligez de ceder à la Compagnie se retirerent au delà de la chaine de Montagnes dont il a été parlé & s'établirent un Etat au bord Meridional de l'Isle. Delà vient que les Hollandois les appellent les rebelles d'au delà des Montagnes.

On peut voir par ce peu de détails que la Compagnie Hollandoise a la superiorité territoriale dans toute l'Isle de Java, que l'Empereur lui-même ne regne que par la protection qu'elle lui donne & qu'à plus forte raison elle peut compter sur le respect des Princes Vassaux de cet Empereur. Elle n'a rien à craindre des peuples qui sont entre la Mer & les Montagnes au Midi de l'Isle; mais ce qui lui assure la possession de la Grande Java, c'est la conquête qu'elle a faite depuis peu de l'Isle de Madura. Le Souverain de cette Isle étant en guerre contre la Compagnie, les Hollandois commencerent l'an 1721. à le resserrer dans son Pays, & le reduisirent à leur ceder la Souveraineté de toute l'Isle: le Traité en fut conclu & exécuté l'an 1725.

Outre l'espece d'orge dont j'ai parlé & qui a fait donner à l'Isle le nom qu'elle porte, elle produit beaucoup de Ris, & en fourniroit bien davantage si les habitans moins paresseux cultivoient les terres avec plus de soin. On y recueille du Poivre, du Gingembre, des oignons, de l'ail. L'Isle de Java abonde en fruits, on y a quantité d'excellentes drogues, d'épiceries, & de Gommes, de Cocos, de Mangues, de Citrons, de Concombres & de Citrouilles, de Bananes, de Pommes d'Or &c.

Le Gibier n'y manque point, & on y a abondamment des bêtes domestiques & sauvages, des bœufs, des vaches, des brebis, des chevres, & même des chevaux. La Volaille comme les Poules, les Oyes, les Canards, les Perdrix, les Paons, les Pigeons, les Perroquets y multiplient à souhait.

Les lieux inhabitez sont peuplez de Tigres, de Rinoceros, de Cerfs, de Buffles, de Sangliers, de Fouines, de Chats Sauvages, de Civettes, de Serpens, de Cameléons, & les Rivieres ont des Crocodiles très-dangereux pour ceux qui s'y baignent ou qui se promenent sur le rivage sans precaution.

J'ai rassemblé dans cet Article les connoissances, que m'a fourni le Ministre Valentyn qui a publié en Hollandois un gros Ouvrage sur les Indes où il a demeuré: c'est dommage que son ouvrage soit très-diffus & chargé d'inutilitez qui jettent un grand desordre dans ce qu'il dit de plus utile. J'y ai joint les instructions que m'ont donné Mr. le Capitaine Thonar qui a servi quatorze ans la Compagnie principalement à Java, & celles que j'ai pu rece-

recevoir de Mr. Villette qui après un pareil séjour dans l'Isle de Java est revenu en Europe cette année (1729.)

La Religion des Javans est la Mahometane que leur a portée un Arabe dont le Tombeau est en grande veneration parmi eux. Les Européans y professent comme en Hollande la Religion Reformée & quoi que dans leurs troupes il y ait des Soldats Catholiques Romains, ils n'ont aucun exercice public de leur Religion.

2. LA PETITE JAVA, on appelle ainsi l'Isle de BALI située à l'Orient de la grande Isle de Java. Voyez BALI.

JAVAN, LES FILS DE JAVAN, Javan fut quatrieme fils de Japhet & fut pere des IONIENS, ou des Grecs tant de ceux qui étoient dans la Grece propre que de ceux qui étoient dans les Isles & dans le Continent de l'Asie mineure qui s'appelloient proprement Ioniens. Mais anciennement les peuples de Macedoine, de l'Attique, de la Béotie portoient le nom d'IONIENS. Voiez ce mot.

JAVARIN, Ville de la basse Hongrie; c'est la même que RAB, & ce dernier nom lui est commun avec une Riviere qui la baigne.

JAVARIN. Voiez NAVARIN.

JAVATES, ancien peuple de la Pannonie, selon Pline, cité par Ortelius. Je crois que ce Géographe s'est trompé pour la citation ou qu'il a eu quelque Exemplaire different de ceux que nous avons. Car je ne trouve ce mot dans aucune des Editions que j'ai.

JAVE. Voyez JAVA.

☞ JAVEAU, Isle nouvellement faite dans une Riviere par alluvion, ou par un amas de limon, ou de sable.

JAUER [s], Ville du Royaume de Boheme en Silesie dans la Principauté de même nom dont elle est la Capitale. Charles IV. Empereur épousa Anne fille de Henri II. Duc de Jauer, lequel après la mort de Bolcon son frere Duc de Schweidnitz mort sans enfans, herita de cet autre Duché, desorte que ces deux Etats furent acquis l'an 1368. à la Couronne de Bohême par le decès de Henri II. La Ville de Jauer est à quatre milles de Schweidnitz & à huit de Breslau dans la basse Silesie dans une belle plaine vis-à-vis des Montagnes de Bohême. Elle est moins grande & plus serrée que Schweidnitz ; il n'y passe aucune Riviere, mais il y a de fortes murailles, un bon air & une belle Eglise paroissiale, un Monastere de Bernardins avec une grande Citadelle où demeure le Bailli des deux Principautez de Jauer & de Schweidnitz. A l'entrée de la Chancellerie il y avoit sur une porte ces deux vers. qu'on lit aussi à Delft en Hollande.

Hic locus Odit, Amat, Punit, Conservat, Honorat,
Nequitiam, Pacem, Crimina, Jura, Probos.

La Maison de Ville est assez belle entourée d'une grande place dont les Maisons sont bâties avec des Galeries sous lesquelles on peut aller toujours à couvert des injures du temps.

JAUER, (LA PRINCIPAUTÉ DE) Con-

[s] Zeyler Boh. Topog.

trée du Royaume de Bohême dans la Basse Silesie. Elle touche à la Bohême au Midi & a la Haute Lusace au Couchant ; les Principautez de Sagan & de Glogaw au Nord ; les Principautez de Lignitz & de Schweidnitz à l'Orient. La Riviere de Bober qui y a sa source la traverse du Sud au Nord. Ses principaux lieux sont,

Jauer Capitale,	Lahn,
Lemberg,	Fridberg,
Schoenau,	Lubenthal,
Greiffenberg,	Schmideberg,
Buntzel,	Hirschberg,
Naumbourg,	Kupferberg.

JAVOROW, Lieu de plaisance des Rois de Pologne dans la Russie rouge.

JAULA, Contrée de l'Isle de Ceilan dans sa partie Orientale, Mr. de l'Isle écrit JALA, ou YALA. L'I doit se prononcer comme Voyelle. Voyez YALA.

JAUNE, (LA RIVIERE) Quelques-uns appellent ainsi en François une Riviere de la Chine dont le nom HOANG signifie cette couleur. Voyez HOANG.

JAUNSTEIN, Bourg d'Allemagne dans la Basse Carinthie, vers les confins de la Carniole. Il y a un château sur une Montagne assez près de la source d'une petite Riviere qui courant vers le Nord se jette dans la Drave. Ce nom a la même origine que le suivant.

JAUNTHAL [t], Vallée d'Allemagne dans la Carinthie & la Carniole au Midi de la Drave. On tient que ce mot ne signifie que la Vallée des Japodes, *Japodum Vallis*. Jerôme Megisser Auteur Allemand dans sa Chronique de Carinthie [v] dit que les JAPODES sont les JAUNTHALERS ; que les *Arupeni* ont fondé *Auersperg* à peu de distance de Loybach. Les *Monetii*, Mansperg situé vers la Carinthie ; les *Metulli*, la Ville de Troja vers le Comté de Cilly dans la Vallée de Medling, ou Mednick, ou Mednitz, & qu'enfin les *Vendi* ont fondé Windisch-gratz. Comme encore à present la Vallée en allant de Windisch-gratz vers Mansperg est appellée Jaunthal ou la Vallée des Japodes. Il s'accorde en cela avec Jean Melchior Maderus qui dans son petit livre intitulé *Equestria* qui est un Traité du Manege dit que les Japodes, ou Japyges, sont aussi nommez Jaunthalers & sont les habitans de la Carniole. Il ajoute qu'ils avoient quatre Villes, savoir *Metullum*, *Anruponum* d'où viennent ceux d'Auersperg ; *Monetium* delà ceux de Mansperg & *Vendum* d'où sont venus ceux de Windisch-gratz. *Troja* ou *Metullum* étoit la même Ville. Voyez METULLUM. Voyez aussi JAPODES.

JAVOUX, autrefois Ville de France & presentement Village, dans le Gevaudan dont elle étoit la Capitale, selon Mr. Corneille. Il croit qu'elle s'appelloit anciennement GABALUS, GABALI, GABALUM, ou ANDERITUM & ANDERIDUM & qu'elle étoit Episcopale. Mr. Baudrand parle aussi de cet Evêché qui a été transferé à Mende. Voiez l'Article ANDERIDUM ; voiez aussi GABALI. Quelques-uns ont écrit autrefois JAVOLS &

[t] Zeyler Styriæ Topogr. p. 80.

[v] Feuillet 50.

JAVOULS. Ce lieu est dans les Sevennes, à quatre lieues de Mende.

JAVRON [w], en Latin *Gabro* ou *Gabronium*, Lieu de France dans le Pays du Maine au Nord. Canton autrefois desert, plein de bois & d'Hermitages qui s'étendoit sur les Limites de la Normandie entre les Rivieres de Mayenne & de Sarte, où plusieurs Saints Solitaires se retirerent aux v. vi. & vii. siécles. Le Monastere de St. Constantien y a été changé en un Prieuré dependant de l'Abbaye de St. Julien de Tours.

[w] Baillet Topogr. des Saints p. 610.

JAWER, voiez JAUER.

JAXAMATÆ, Peuple ancien de la Sarmatie vers l'Embouchure du Tanaïs, selon Pomponius Mela, tel que l'avoit Ortelius. C'est ainsi qu'on lit dans l'Edition [x] d'Olivorius. Hermolaus Barbarus lisoit IAXAMATHÆ. Pintianus a corrigé JAXAMATÆ. On lisoit autrefois *Proximi* XAMATÆ & Gronovius assure que cette leçon est conforme à trois Manuscrits qu'il a vus. Holstenius dans ses notes marginales sur Etienne le Géographe après avoir avoué que les Manuscrits portent *Xamatæ* croit que l'I initial de ce mot a été absorbé par l'I final du mot precedent qui est *Proximi*; & qu'il faut lire *Proximi Ixamatæ*; cette conjecture a paru si raisonnable à Gronovius qu'il l'a adoptée dans son Edition. Mais Vossius pour le contrecarrer a soutenu que par cette même raison il falloit lire *Examatæ* parce que les meilleurs Manuscrits portoient *Proximi Xamatæ*; de-là vient qu'il veut qu'on lise *Proximi Examatæ*. Il faut convenir que XAMATÆ est une faute des Copistes. Mais il n'est pas si certain lequel des trois autres noms est le veritable. Ptolomée [y], Etienne le Géographe [z], & Ammien Marcellin [a] appellent ce peuple JAXAMATÆ. Mrs. de Valois assurent que tous les Manuscrits & l'Edition de Rome ont IXOMATÆ. Valerius Flaccus dans son Poëme des Argonautes dit [a]:

[x] c. 20. p. 50. fol. verso.

[y] l. 5. c. 9.
[z] l. 22. c. 8. p. 314. Edit. Valef.

[a] l. 6. v. 143.

Sua signa secuti
Exomatæ, Torinique & flavi crine Satarcha.

Il designe ainsi la maniere de vivre de ces trois peuples. Les Torins vivoient de la recolte du miel qu'ils avoient en abondance; les Satarques se nourrissoient du lait de leurs troupeaux & les Exomates subsistoient de la chasse [b].

[b] Ibid. v. 145.

Mellis honos Torinis; ditant sua Mulctra Satarchen;
Exomatas venatus alit.

Ils avoient d'excellens chevaux avec lesquels ils couroient jusqu'à Hypanis, emportant avec eux les petits d'une tigresse, ou d'une Lionne dont ils évitoient la furie en traversant la Riviere à la nage [c]:

[c] Ibid. v. 146.

Nec clarior ullis
Arctos equis: abeunt Hypanim, fragilemque per undam,
Tigridis aut sævæ profugi cum prole Leænæ,
Maestaque suspecta mater stupet aggere ripa.

Ptolomée donne trois Villes aux Jaxamates, savoir

Exopolis,   Navarins,
& Tanaïs.

Le nom d'Exopolis, qui étoit la principale des trois, semble favoriser ceux qui preferent le nom d'*Exomatæ* pour exprimer cette Nation.

JAXARTÆ, ancien peuple de la Scythie en deça de l'Imaus; c'est, dit Ptolomée [d], un grand peuple qui habite le long d'une Riviere de même nom. Voyez JAXARTES.

[d] l. 6. c. 14.

JAXARTES, Riviere d'Asie, dans la Sogdiane, selon Ptolomée [e], parce qu'elle bornoit ce Pays au Nord, mais on auroit pu également la mettre dans la Scythie qu'elle bornoit au Midi. Strabon [f] parlant de la Sogdiane dit qu'elle étoit separée de la Bactriane par l'Oxus & des Nomades par le Jaxarte. Pline dit que le Jaxarte étoit nommé SILIS par les Scythes. Il ajoute qu'Alexandre & ses Soldats le prirent pour le Tanaïs. L'erreur est grande, car ils en étoient bien loin, mais si est excusable dans des gens de guerre qui étoient desorientez elle n'est point pardonnable à Quinte Curse [g] qui appelle toujours TANAÏS, cette Riviere. Il est vrai qu'Arrien fait la même faute; mais ce dernier distingue deux Tanaïs en parlant de celui dont il est ici question il dit que les Barbares l'appellent ORXANTE, qu'il a sa source dans le Mont Caucase & se perd dans la Mer d'Hircanie. C'est la même que nous appellons la Mer Caspienne & ces marques ne conviennent point au vrai Tanaïs qui est le Don. On peut voir le cours de cette Riviere au mot SIHUN qui est le nom moderne que les Historiens lui donnent.

[e] l. 6. c. 12.
[f] l. 11.
[g] l. 6. & 7. & ailleurs.
[h] l. 3. in fine.

JAYCK, voyez JAÏCK, Riviere d'Asie dans la Tartarie.

JAYCZA, Ville de la Turquie en Europe au Royaume de Bosnie dont elle est la Capitale. Mr. de l'Isle écrit JAÏCZA. Elle est peu éloignée des Confins de la Croatie, en un lieu où les Rivieres de PLENA, BOCZUTA & WORWACZ se joignent ensemble dans un même lit, & de-là elles vont se perdre dans la Save. Jaycza est au Midi & à cinq milles communs de Hongrie de Gradisch; au Nord Occidental & à neuf de ces mêmes milles, de Bagnaluch qui est la Residence du Beglierbey de Bosnie. Mr. Baudrand ne compte que cinq milles d'Allemagne de Jaycza à Bagnaluch. C'est une erreur, la distance est au moins de onze milles communs d'Allemagne. Il ajoute qu'elle n'est qu'à huit milles de la Drave. Il se trompe encore de plus de la moitié, sa entendre des milles d'Allemagne il y en a au moins seize ou dix sept. D'ailleurs la Save étant entre la Drave & Jaycza, il étoit plus naturel de compter la distance à la Save qui est de cinq petits milles d'Allemagne. Selon cet Auteur elle est sur une Montagne escarpée avec un fort Château proche de la Riviere de Varba.

§. Mr. de l'Isle dont j'ai suivi la Carte de la Hongrie publiée en 1703. change bien la situation de cette Ville dans sa Carte particuliere de la Hongrie publiée en 1717. Jaïcza y est placé bien differemment. On voit en effet cette place sur une Montagne à l'Orient de
la

JAY. JAZ.

la Riviere de Pliva qui va delà en serpentant se grossir des eaux de la Verbanja Riviere qu'elle reçoit avant que de passer à *Bagnaluca*, ou *Banjaluca*. Elles coulent ensemble sous le nom de Verbas jusqu'à la Save dans laquelle elles se perdent vis-à-vis de Swiniar. Dans la premiere de ces Cartes Jaicza est entre Gradisk & Bagnaluch & dans la derniere Carte c'est cette derniere Ville qui est entre les deux autres; & Jaicza se trouve à près de six lieues communes d'Allemagne au Midi de Banjaluca; & à douze de la Save.

JAZABATÆ, ancien nom des Sarmates, selon Ephorus cité par Etienne le Géographe, les mêmes peut-être que les *Ixamates*, *Jaxamates*, ou *Exomates*. Voiez l'Article JAXAMATÆ.

1. JAZER, Torrent de la Palestine près des Montagnes de Galaad. Il se décharge dans le Jourdain.

2. JAZER, Ville de la Palestine au pied des Montagnes de Galaad & près du Torrent de Jazer; au delà du Jourdain; elle fut donnée à la Tribu de Gad, puis cédée aux Levires[i]. On la nommoit aussi JASER & JEZER.

[i] *Josué* c. 21. v. 36. & c. 13. v. 25.

JAZIS. Voyez JAZYGES.

JAZITHA, Ville de la Libye Interieure, selon Ptolomée[k]. Quelques Exemplaires portent JARZITHA d'autres JARZETHA, Ἰαρζηθα πόλις. C'étoit une Ville maritime sur l'Océan & voisine du fleuve Darate.

[k] l. 4. c. 6.

JAZYGES, Peuple de la Sarmatie, en Europe au delà de la Germanie à l'Orient. Ptolomée dit[l]: La Sarmatie contient de grandes Nations. Les Venedes s'étendent tout le long du Golphe Venedique, au dessus de la Dacie sont les Peucins, & les Bastarnes; & les Jazyges sont le long du Palus Méotide. Il ne faut pas confondre ces Jazyges avec ceux de l'Article qui suit.

[l] l. 3. c. 5.

JAZYGES METANASTÆ, ancien Peuple voisin de la Dacie. Il demeuroit entre la Theisse & le Danube. Le Surnom de *Metanasta* les distinguoit des autres Jazyges situez près du Palus Méotide & qui étoient dans la vraye Sarmatie. Pline[m] parlant de ces Jazyges voisins des Daces, les nomme Sarmates. *Jazyges Sarmatæ*, Strabon[n] dit les *Jazyges Sarmates*, mais comme Casaubon l'a fort bien remarqué, il parle des Jazyges voisins des Palus Méotides; & le R. P. Hardouin qui entend par les Jazyges Sarmates de Strabon, les Jazyges Sarmates de Pline, s'est trompé sans doute. Strabon parle aussi des Jazyges surnommez BASILII dont nous parlerons après. Pour ce qui est de ceux dont il est ici question, ils sont aussi qualifiez Sarmates par Tacite[o] qui parle de ceux qui n'étoient pas éloignez du Danube; c'est aussi de cette même Nation que parle Marcien d'Heraclée dans son Periple[p].

[m] l. 4. c. 12.
[n] l. 7. p. 306.
[o] *Annal.* l. 12.
[p] *Edit. Oxon.* p. 55.

JAZYGES, surnommez *Basilii*, c'est-à-dire *Royaux*; ancien Peuple de la Sarmatie; selon Strabon[q] qui les joint aux Jazyges voisins du Pont Euxin. Il est vraisemblable qu'ils ne different point des BASILISCÆ Peuple de la Sarmatie Asiatique, selon Ptolomée[r]. *Βασιλικοί*; Pline[s] les nomme BASILIDÆ & dit que le Gerrus les separoit des Nomades. Appien[t] les appelle Βασιλεῖοι Σαυρομάται. Pomponius Mela[v] avoit dit avant Pline que les Basilides & les Nomades sont separez par le Gerrus.

[q] l. 7. p. 306.
[r] l. 5. c. 9.
[s] l. 4. c. 12.
[t] *Bell. Mithridat.*
[v] l. 1. c. 1.

§ Mr. Baudrand dit que les Rois de Pologne ayant défait les Jazyges, ils se retirerent au delà du Mont Crapax entre la Theisse & le Danube & ceux-là, ajoute-t-il, s'appelloient *Jazyges Metanastes*. Mr. Corneille nous apprend que Cromer l. 9. & 10. & Michovius l. 3. nous apprennent que les Jazyges furent abolis presqu'entierement en 1264. par Boleslas surnommé le Chaste, Roi de Pologne & en 1282. par Lescus. (Il devoit dire Lecho VI.) & que plusieurs d'entre-eux se retirerent dans la Haute Hongrie. Il avoit puisé dans de mauvaises sources. Mr. Baudrand & lui se trompent; car dès le temps de Ptolomée, bien des siécles avant que la Pologne eût des Rois, les Jazyges Metanastes étoient auprès de la Theisse & du Danube. Ptolomée qui fait pour eux un Chapitre[w] exprès le dit bien formellement. Voici une Traduction Litterale de ce Chapitre.

[w] l. 3. c. 7.

,, Les Jazyges Metanastes sont bornez au
,, Nord par la partie de la Sarmatie que l'on a
,, expliquée en parlant de l'Europe.
,, Au Midi par les Monts Sarmates, jus-
,, qu'au Mont Krapack.
,, Au Couchant & au Midi par la partie de la
,, Germanie qui s'étend depuis les Monts Sarma-
,, tes jusqu'au détour du Danube auprès de Car-
,, pis, & delà par une partie de ce fleuve jus-
,, qu'au détour de la Theisse qui prend son
,, cours vers le Nord. Ce détour est par les
    Longitude Latitude
    46. d. 0: 44. d. 15.

,, A l'Orient par la Dacie & par la Theisse,
,, qui les borne du côté du Levant jusqu'au pied
,, du Mont Krapack, à 46. 0:   48. 30.

Les Villes des Jazyges Metanastes sont,

Uscenum	43. 15:	48. 20.
Bormanum	43. 40:	48. 15.
Abieta, ou *Abitta*	43. 20:	48. 0.
Trissum	44. 10:	47. 45.
Candanum	44. 0:	47. 20.
Parca	43. 30:	47. 40.
Pessium	44. 40:	47. 0.
Partiscum	45. 0:	46. 40.

Vers la decadence de l'Empire ce Pays fut occupé par les Vandales, & fut ensuite de l'Empire que les Goths se formerent dans ces quartiers-là vers l'an 350. ils en furent chassez par les Huns. Tous ces changemens ont precedé l'érection du Royaume de Pologne qui n'a été faite qu'en 999.

Les *Jazyges* dont parle Ovide[x]:

[x] *De Ponto* l. 1. *Epist.* 2. v. 79.

Aut quid Sauromata faciant, quid Jazyges acres,
Cultaque Oresteæ Taurica terra Deæ.

Et[y]:

[y] l. 4. *Eleg.* 7. v. 9.

Ipse vides onerata ferox ut ducat Iazyx
Per medias Istri Plaustra bubulcus aquas.

Et [a]:

*Jazyges & Colchi Metereaque turba, Getæque
Danubii mediis vix prohibentur aquis.*

Et [b]:

*Pugnabunt jaculis dum Thraces, Jazyges arcu
Dum tepidus Ganges, frigidus Ister erit.*

Ces Jazyges, dis-je, ne sont pas assez determinez pour décider qui sont ceux dont il a voulu parler. L'Abbé de Marolcs semble croire que ce peuple s'étendoit depuis le Danube jusqu'aux Palus Méotides; mais, ce bon homme n'y regardoit pas de fort près. On pourroit croire que le premier distique cité regarde les Jazyges voisins de la Chersonnese Taurique & que le second se raporte à ceux qui étoient bornez par le Danube.

I B.

IBAEI, Ιβαίοι, peuple ancien de la Celtique. On le nommoit aussi *Ibeni*, selon Etienne le Géographe, le seul qui en ait parlé.

1. IBALIA, Montagne de la Dalmatie, vers la Ville de Scutari & le Lac de même nom. On la nomme presentement IL MONTE NEGRO, selon Mr. Baudrand [c].

2. IBALIA, Ortelius cite ce vers de Corippus

Arce sub Ibalia Laertia lumina servans.

mais il n'explique point en quel Pays étoit cette Citadelle.

IBAN, Ville de l'Armenie dans la Province de Baafpracan dont elle étoit la Metropole, selon Curopalate & Cedrene. Leunclavius [d] croit que les Turcs l'appellent WAN.

1. IBAR, Ville de la Turquie en Europe dans la Servie sur la Riviere d'Ibar. Mr. de l'Isle écrit HIBAR le nom de la Ville & celui de la Riviere. Elle est petite, située au Midi Oriental de Novi-Basar à la distance de trois lieues communes d'Allemagne.

2. IBAR [e], (L') ou HIBAR, Riviere de la Turquie en Europe: elle a deux sources dans les Montagnes qui séparent l'Hertzegovine d'avec la Servie. Elles joignent leurs eaux dans un Lac d'où sortant vers l'Orient & circulant ensuite vers le Nord cette Riviere passe à Ibar g. à Vendeniz g. à Vivetarone d. & va se perdre dans la Rafca qui vient de Novi-Basar avec laquelle elle va se jetter dans la Morave auprès de Jallichifar ou Crufcowaz.

IBAYCAVAL, (L') Riviere d'Espagne dans la Biscaye. C'est la même que le NERVIO, selon Mr. Baudrand [f]. Elle [g] a sa source à l'extremité Meridionale de la Biscaye près de la Puebla aux confins d'Allava & de la vieille Castille, auprès de la Puebla. De là serpentant vers le Nord-Est elle arrose Meffana, d. Horozzo, g. Reta. d. reçoit un autre ruisseau d., puis un autre d. au dessus de Bilbao qu'elle baigne, après quoi elle se jette dans la Mer de Basque, formant à son Embouchure un port nommé PUERTO GALETTE.

IBE.

IBE, Ville & Principauté d'Espagne dont parle Tite-Live [h] à l'occasion de Corbis & Orsua deux Princes Cousins Germains qui se la disputerent par un Duel.

IBEDA, ou selon quelques Exemplaires, IBIDA Ville de la Scythie, selon Procope [i]. Justinien en fit reparer les Murailles, & fit bâtir au delà un Fort nommé EGISTE.

1. IBENI, ancien Peuple de Lydie, selon Etienne le Géographe, qui les nomme aussi IAONITÆ.

2. IBENI, ancien Peuple de la Gaule, selon le même, on les appelloit aussi IBAEI.

1. IBER, nom Latin de l'EBRE Riviere d'Espagne, on disoit plus communément IBERUS.

2. IBER, nom Latin pour lequel on exprime un Espagnol, sur tout dans les vers, où la mesure amène ce mot, pour la commodité de la Poésie.

IBERA, ancienne Ville d'Espagne sur l'Ebre, selon Tite-Live [k] qui en parle comme d'une Ville très-riche lorsque les Romains la prirent. On n'en connoit plus la situation. Quelques-uns ont cru que c'étoit DERTOSA; mais Mr. de Marca [l] a prouvé que cela ne peut être. Avienus dans sa description des côtes de la Mer en vers Latins parle aussi de cette Ville si nous en croions Ortelius; mais je ne trouve dans Avienus que le nom d'HERBI, Ortelius lisoit HIBERA [m].

*Quin & Herbi Civitas
Stetisse fertur his locis prisca die:
Quæ præliorum absumpta tempestatibus
Famam suumque nomen sola liquit Cespiti.
Iberus inde manat amnis, & locos
Foecundat undâ.*

Antoine Augustin dans son troisiéme Dialogue lit sur une ancienne Medaille MUN. HIBERA SETIA, par laquelle on entend cette Ville.

1. IBERIA, nom Latin de l'Espagne; elle étoit ainsi nommée à cause de l'Ebre, nommé en Latin *Iber*, ou *Iberus* qui la separoit en deux parties, l'une aux Carthaginois, & l'autre aux Romains avant que ces derniers l'eussent conquise entierement. Voyez l'Article ESPAGNE.

2. IBERIA, nom Latin d'une Contrée de l'Asie entre la Mer Noire & la Mer Caspienne. Ptolomée en marque ainsi les bornes. Elle étoit terminée au Nord par une partie de la Sarmatie, à l'Orient par l'Albanie, au Midi par la grande Armenie & au Couchant par la Colchide. Voici les Villes & les Bourgs qu'il y met.

Nubium, ou Lubium Village		Sura,
Aginna,		Artanissa,
Vafeda,		Mestleta,
Varica,		Zalissa,
& Armactica.		

Sozoméne raconte dans son Histoire Ecclesiastique [n] de quelle maniere ce peuple reçut la lumiere de l'Evangile sous l'Empire de Constantin le Grand. Voici comment il commence son recit : on dit que sous le regne du même

---

[a] Trist. l. 2. Eleg. 1. v. 191.
[b] In Ibim v. 37.
[c] Ed 1682.
[d] Ortel. Thes.
[e] De l'Isle Carte de Hongrie.
[f] Ed. 1705.
[g] Jaillot Atlas.
[h] 28. c. 21.
[i] Ædific. l. 4. c. 7.
[k] l. 23. c. 28.
[l] Marca Hispan. l. 2. c. 8. p. 127.
[m] Ora Marit. v. 244. & suiv.
[n] l. 2. c. 7. de la Traduct. de Mr. Cousin.

IBE.

me Constantin les Iberes arriverent à la connoissance de Jesus-Christ. C'est une Nation fort nombreuse & fort guerriere qui habite au delà de l'Armenie du côté du Septentrion. Une Chrétienne qui étoit captive parmi eux fut cause qu'ils renoncerent à la superstition de leurs Peres. Il raporte ensuite les détails de cette conversion. Rufin [o] raconte la même Histoire, & dit l'avoir aprise de Bacurius Roi des Iberes dont il semble qu'Ammien Marcellin [p] a fait mention, & le même à qui sont addressées quelques Lettres de Libanius, savoir la 91e. & 95e. Zozime dit que Bacurius rendit de grands services à Théodose contre Eugene le Tyran; & Rufin nous apprend qu'il eut de grands emplois, comme de Commandant general des Frontieres de la Palestine, (*Palestini Limitis Dux ac deinde Domesticorum Comes*,) Quelques-uns disent que ce fut sous l'Empereur Constantin; mais il est difficile de croire que le même Bacurius, qui auroit eu ces charges sous Constantin eut ces charges pour servir sous Théodose puisqu'il y a cinquante cinq ans d'intervalle entre la mort de Constantin & l'empire de Théodose. Ce n'est pourtant qu'un même homme dont parlent Rufin, Ammien Marcellin, Zosime, & Libanius, en voici la preuve. Rufin qui dit avoir apris ce fait de la conversion des Iberes du Roi Bacurius fleurissoit depuis l'an 370. qu'il partit pour l'Orient qu'il quitta l'an 397. pour revenir à Rome, jusqu'à l'an 410. qui fut celui de sa mort. Théodose regna depuis l'an 391. jusqu'à l'an 395. Rufin n'a donc pu voir que le Bacurius qui vivoit sous Théodose. Libanius & Rufin étoient contemporains, ainsi c'est le même Bacurius qu'ils ont connu. C'est aussi apparemment celui dont parle Ammien Marcellin à l'occasion d'une bataille dont il causa la perte sous le Consulat de Valens & de Valentinien qui revient à l'an 378. Quant à Zosime il est clair qu'il parle de Bacurius qui vivoit sous Théodose. C'est donc une faute que ce qu'on lit dans l'Abreviateur de Baronius [q] le P. Jean Gabriel Bisciola Jésuite, que Bacurius dont parle Rufin avoit eu sous Constantin les charges dont nous avons parlé ci-dessus.

L'Iberie dont nous parlons ici est surnommée *Asiatique* pour la distinguer de l'Espagne qui est l'Iberie d'Europe. Les Editeurs de Ptolomée se sont étrangement égarez quand à la marge du Chapitre déja cité ils ont ajouté cette remarque ridicule. *Iberia Eou quondam Pania dicta, postea Spaniam vocat Plutarchus*. Ce n'est pas que Plutarque ait jamais rien dit de pareil. Mais un autre Plutarque qui s'appelle le Géographe parlant de Bacchus dit qu'il assembla une armée de Pans & de Satyres, & qu'il subjugua les Indiens. Il ajoute qu'ayant soumis l'Iberie, il laissa Pan pour y commander; que celui-ci lui donna son nom & l'appella PANIA, d'où est venu ensuite le nom de SPANIA. Il est visible que Plutarque parle ici de l'Espagne ou *Iberie Européenne* & non point de l'*Iberie Asiatique*. Cette derniere est presentement comprise dans la Géorgie.

IBERICUM MARE, ou IBERUM MARE, nom Latin de la Mer d'Espagne.

IBERINGÆ, Ἰβηρίγγαι, Ville de l'In-

IBE. IBI. IBL. 53

de au delà du Gange, selon Ptolomée [r].

IBERIUM, nom Latin d'IVRY.

IBERTA. Voyez IBROS.

1. IBERUS, nom Latin de l'EBRE. Voyez ce mot.

2. IBERUS, Petite Riviere d'Espagne dans la Bétique. On l'appelle RIO TINTO. Voyez ce mot. Florez del Campo dit de *Rio Tinto* qu'on le nommoit autrefois *Iberus* & c'est de cette petite Riviere qu'Ortelius entend ces vers de Festus Avienus [s].

*Iberus inde manat amnis, & locos
Foecundat unda. Plurimi ab ipso ferunt
Dictos Iberos; non ab illo flumine
Quod inquietos Vascones prælabitur.*

Ce fleuve qui coule chez les Vascons est l'Ebre. N'en déplaise à Avienus: il a beau dire que c'est l'opinion du plus grand nombre que les Espagnols prenoient leur nom *Iberi* de cette petite Riviere qui coule dans l'Andalousie, il ne le persuadera point à ceux qui font usage de leur raison.

3. IBERUS, Petite Riviere dans l'Iberie Asiatique. Pline [t] dit qu'elle se perd dans le Cyrus.

§ IBERUS, Nonius dit sur l'autorité de Caton qu'une Riviere nommée ainsi avoit sa source chez les Catinates. Mais ce dernier nom est inconnu d'ailleurs.

IBETTES, Riviere de l'Isle de Samos, selon Pline [v].

IBI, Peuple des Indes. Diodore de Sicile [u] raporte une ancienne Tradition, selon laquelle ce peuple tiroit son Origine d'Hercule qui l'avoit laissé là après la vaine tentative qu'il fit pour se rendre maître d'Aorne [x]. Orose le nomme SIBI, ou SYBI. Justin l'appelle ASYBI; & Quinte Curse SOBII, selon Ortelius qui croit que le nom *Ibi* est le vrai & que l's n'est entrée dans ce mot que par l'erreur des Copistes qui l'ont prise du mot precedent qu'elle finissoit pour la mettre au commencement du mot suivant. On en a quantité d'exemples.

IBIONES, ou VIBIONES, ancien peuple de la Sarmatie en Europe, selon Ptolomée [y]. ils étoient entre les NASCI & les IDRÆ.

IBIRTHA, Ville de l'Arabie heureuse, selon Ptolomée [z]. Elle étoit dans les Terres.

IBIS. Voyez OASIS.

IBITTI. Voyez VITÆ.

IBIU, Lieu d'Egypte, entre Oxyrinchon & Hermupolis à xxx. M. P. de la premiere & à xxiv. M. P. de la seconde. Ortelius en fait une Ville; ce n'étoit qu'une *mansion* ou *un gîte*, comme le dit beaucoup mieux Surita. Platon dans un de ses Dialogues dit faire à Socrate: J'ai oui dire qu'auprès de Naucratis d'Egypte il y avoit eu un des anciens Dieux à qui étoit consacré l'oiseau *Ibis*, & que ce Genie s'appelloit Theuth. Surita croit que ce passage regarde l'*Ibiu* d'Antonin; mais Platon ne parle que d'un Dieu & d'un Oiseau nommé Ibis; il ne dit point que le lieu portât ce nom.

IBLIODURUM, ancien lieu de la Gaule Belgique, selon l'Itinéraire d'Antonin, sur la route

IBL. IBO. IBR. IBS. IBY. ICA.

route de *Durocortorum* qui est Reims, à *Divodurum* qui est *Metz*; entre *Fines* & *Divodurum* à VI. milles de l'une & à VIII. de l'autre, ainsi ce lieu doit être à huit milles de Mets en allant à Verdun.

IBORA, Ἴβωρα, Ville d'Asie dans la Cappadoce, selon Porphyrogenete cité par Ortelius [b]. On lit dans la Notice de Hierocles entre les sept Villes Episcopales de la Province d'Helenopont IBYRA, Ἴβυρα.

IBORG, IBURG, Petite Ville d'Allemagne, au Cercle de Westphalie dans l'Evêché d'Osnabrug, à trois lieues de la Capitale. Les Evêques d'Osnabrug y ont souvent fait leur Résidence [e]. Cette Ville fut prise [d] l'an 1553. par Philippe Magnus fils de Henri le Jeune Duc de Brunfwig, qui y fit un riche butin.

IBRIONES, ancien peuple d'entre les Germains, selon Jornandes. Lichtenaw, Freculphe, Paul le Diacre, lisent BRIONES, OLIBRIONES, & LABRONES, Ortelius [e] de qui j'emprunte cet Article croit que ce sont les BREONES dont parle Cassiodore [f], & que Fortunat [g] les nomme BREI. Velser les met entre le Lech & l'Inn. Voyez BRIONUM REGIO.

IBRAHIMLIC [h], Lieu de Perse à vingt sept lieues de Bagdat, vers le Courdistan, il est remarquable d'un Mausolée d'un Santon mort en odeur de sainteté dans l'opinion des Mahometans. C'est pour le moins une Bourgade.

IBROS, Mr. Baudrand avoit dit dans son Dictionnaire Latin qu'*Iberia* petite Ville de l'Espagne Betique est presentement un petit Village de l'Andalousie distant à peine d'une lieue de Baeça & qu'on l'apelle presentement IBROS. Il cite pour garant Martin Ximenes. On lui fait dire dans le Dictionnaire François qui porte son nom qu'IBROS s'apelle en Latin *Iberta*, & qu'il est à une lieue de BARCA du côté du Nord. Ce sont apparemment deux fautes des Imprimeurs.

IBS, Voyez YBS, 1. & 2.

IBYLLA, Ville de la Tartesie, où se trouvent des mines d'Or & d'Argent, au raport d'Etienne le Géographe. On doute s'il ne faut pas lire ILIPA.

I C.

ICAMPENSES, ancien peuple de la Mauritanie, selon la Table de Peutinger [i].

ICANONA. Voyez TICANONA.

ICANUM, &

ICANUS, Riviere de *Dyrrachium* ainsi appellée à cause d'une Forteresse, ou d'un Château de même nom, selon [k] Vibius Sequester. Quelques Exemplaires portent *Isamnus Dirrachi*, d'autres *Icaminus*. Les Manuscrits nomment aussi differemment le château *Idano*, *Icano* & *Isano*.

ICAR, Montagne de la Scythie en Asie, selon Calliste qui semble la nommer aussi le MONT D'OR, *Mons Aureus*.

1. ICARIA, Ἰκαρία, selon Ptolomée [l], ICAROS, selon Solin [m], & Etienne qui la nomme aussi DOLICHE, Δολίχη, MACRIS, Μάκρις, & ICHTIOESSA. Pline [n] dit de même & Ortelius y ajoute Apollodore, Heraclide & Athenée. Cette Isle a pris son nom d'Icare, selon les Poëtes.

Icarus Icarias nomine fecit aquas.

Pausanias [o] dit qu'avant la chute d'Icare, elle étoit nommée PERGAME. Son nom moderne est NICARIE. Il est formé de l'ancien nom & de la préposition ἐν, qui répond à notre préposition *en*.

2. ICARIA. Voyez ICARIUS.

ICARIUM, Isle du Golphe Persique, vis-à-vis de l'Embouchure de l'Euphrate. Strabon [p] dit qu'en partant de Teredon & côtoyant le Continent à main droite on voit l'Isle d'Icarium, où étoit un Temple & un Oracle d'Apollon. Arrien dans l'Histoire d'Alexandre [q] la nomme Icaros, Pline [r] l'appelle ICHARA; & Ptolomée [s] qui la met sur la côte de l'Arabie heureuse la nomme ICHARA & ICAROS, selon les divers Exemplaires. Priscien dans sa Périégèse en parle ainsi [t]:

Persicus inde sinus penetratur & Icaron offert
Insula quæ fertur nimium placare Dianam.

Denys le Periegete [v] dit la même chose de ce culte rendu à Diane dans cette Isle qu'il nomme aussi Ἰκαρός. Le Géographe de Nubie [w] l'appelle COMAR. Quelques-uns croient que c'est presentement l'Isle de BAHRAIN.

ICARIUM MARE, les Anciens ont appellé ainsi cette partie de l'Archipel qui est aux environs de la Mer de Nicaria.

ICARIUS, Montagne de Grece dans l'Attique, selon Pline [x] & Solin [y] & Strabon qui nomme les autres Montagnes de même que Pline ne fait point mention de celle-ci, cependant Ortelius le cite comme s'il l'avoit aussi nommée. Cette même Montagne est nommée ICARIA par Etienne, ou plutôt il appelle ainsi le peuple qui l'habitoit. *Icaria*, dit-il, est un peuple de la Tribu Ægeïde qui tire son nom d'Icarius Pere d'Erigone. Le nom national est *Icarien*, Ἰκαριεύς. Mr. Spon dans sa savante liste de l'Attique dit de même: ICARIA de la Tribu Egeïde, étoit une petite Montagne de l'Attique, parmi les peuples de laquelle avoit été premierement sacrifiée la chevre pour avoir ravagé les Vignes & ce fut aussi chez eux que fut inventée la Comedie. Il renvoye ensuite à Athenes ancienne & moderne pag. 278. & aux Marbres d'Oxford pag. 203.

ICARTA, Ἰκάρτα, Ville de l'Inde en deçà du Gange, selon Ptolomée [z]; il la met au Pays des *Arvarni*, dans les Terres.

1. ICARUS, Fleuve d'Asie dans la Scythie. C'est un de ceux qui grossissent l'Oxus; selon Pline [a]. Ptolomée [b] qui nomme sept Rivieres qui tombent dans l'Oxus ne fait point mention de l'Icarus; d'où le R. P. Hardouin conclut qu'il l'a oublié ou qu'il l'a designé sous un autre nom.

2. ICARUS. Voyez ICARIUM.

3. ICARUS, nom Latin de l'EIGUEZ, Riviere de France dans le Dauphiné.

ICARUSA, Riviere de la Sarmatie en Asie, au Pays des Cercetes, selon Pline [e].

ICA-

ICATALÆ, Peuple d'Asie dans la Sarmatie, selon Pline [d], qui les étend jusqu'au Caucase.

ICAUNA, nom Latin de l'YONNE, Riviere de France. L'Auteur de la Vie de St. Germain dit en parlant de cette Riviere.

Cui primum Icaunæ nomen largita vetustas.

Voyez le nom François.

ICCIUM. Voyez Icium.

ICCIUS PORTUS, ou ITIUS PORTUS; ancien Port de la Gaule, sur la Manche. On varie sur l'Orthographe de ce mot. Cesar en fait mention [e], & écrit *Itius Portus*. Fulvius Ursinus atteste que tous les anciens Manuscrits portent constamment *ad Portum Itium*, & que toutes les Medailles d'argent ont le nom *Itius* ainsi écrit. Strabon [f] écrit de même ITIUM, Ἴτιον, & le met chez les Morins, ajoutant que Cesar passa de là en Angleterre. Il semble que le Traducteur Grec des Commentaires de Cesar n'ait sû laquelle preferer de ces deux Orthographes & qu'il ait voulu les réünir en écrivant Ἴκτιον. Cesar passa deux fois des Gaules en Angleterre [g] & il est dit au premier passage, qu'il se rendit chez les Morins, & que c'étoit l'endroit où le trajet est le plus court pour arriver en Angleterre. [h] *In Morinos proficiscitur, quod inde erat brevissimum in Britanniam transjectus.* Il mit à la voile presque à la troisiéme veille, c'est-à-dire, vers les deux ou trois heures après minuit, & ayant le vent & la marée favorable, il arriva aux côtes d'Angleterre avec ses vaisseaux vers la quatrième heure du jour, c'est-à-dire, vers les dix heures. Ainsi il fit le trajet, en huit heures tout au plus; ce qui est à remarquer. Il y a bien de l'apparence qu'il partit du même Port lorsqu'il passa la Mer pour la seconde fois; & le Port y est expressément nommé. On voit qu'ayant fait tous les apprêts il fut retardé par le vent *Caurus*; qui est le Nord-Ouest. Je passe le temps qu'il mit à cette seconde traversée, car étant parti à Soleil couchant il eut à minuit un changement de vent qui le retarda. Les Savans ne s'accordent point sur le veritable lieu où étoit ce Port.

Les uns comme Mr. de Thou, Vigenere, Marlien, & quelques autres pretendent que c'étoit le port où l'on a bâti depuis la Ville de CALAIS. Cluvier, Joseph Scaliger, Sanson, & quantité d'autres pretendent que c'est BOULOGNE. Ce dernier s'est donné la peine de composer un Traité où il soutient cette opinion. Il parle lui-même ainsi de cet Ouvrage dans ses remarques sur la Carte de l'ancienne Gaule [i].

Nous avons fait, dit-il, un beau Traité de ce Port; & dans ce Traité après avoir fait voir les differens noms que les Anciens ont donné au port des Morins; & les differentes explications que les Modernes leur donnent; après encore avoir fait voir que les trois principales parties de la Gaule Chevelue ont été divisées en *Civitates*, en Citez ou grands Peuples, & ces Citez ou Peuples en *Pagos*, en Pays ou petits peuples & que suivant cet ordre les Morins, où est le Port Iccius, ont été divisez *in plures Pagos*, en plusieurs Pays; nous montrons que la diversité des noms n'empêche point que ce Port ne soit toujours un même, savoir *Boulogne*; & le verifions par l'antiquité de la Place, & par la distinction des Peuples Morins *in plures Pagos*; Cesar n'ayant encore que le Pays Boulenois (qui n'est que la sixieme partie des Morins) en son obéïssance, lorsqu'il se prépare pour traverser dans la Grande Bretagne; par les deux Ports qui sont au dessus & au dessous de *Portus Iccius*; par le Promontoire voisin qui porte même nom; & la façon que Cesar aborde en la Grande Bretagne, par le vent qui lui sert en son trajet, & par le vent qui empêche quelques-uns de ses Vaisseaux d'y aborder; par la distance qu'il y a dans ce trajet; par la qualité & bonté du port, par les grands chemins Romains qui aboutissent à Boulogne, par la Tour d'ordre qui est le Phare de Caligula; &c. Nous verifions, dis-je, que *Iccius Portus*, que *Portus Morinus*, que *Portus Morinorum Britannicus*, & que *Gesoriacus Portus*, *Gesoriacum Navale*, & *Bononia*, &c. ne sont que les noms differens d'une même Place; ces noms se trouvant en differens Auteurs & qui ont écrit en divers temps.

Sans entreprendre une refutation methodique du Traité de Sanson nous remarquerons que toutes ses preuves ne determinent point qu'*Itius* ou *Iccius Portus* ait été Boulogne. 1. Les distinctions des trois principales parties de la Gaule Chevelue en *Civitates*, puis en *Pagi* ou petits Peuples ne prouvent rien puisqu'en supposant les Morins divisez en six de ces *Pagi*; Cesar ne dit point precisement combien il en possedoit. Que Boulogne soit ancienne, on ne s'avise point de le contester; les Savans s'accordent assez que c'est la *Gesoriacum*, ou *Gisoriacum Navale* de Ptolomée. Mais ce Geographe se trompe en la mettant au delà, & au Couchant du Promontoire *Icium*, entre ce Promontoire & l'Embouchure de l'Escaut qu'il appelle *Tabuda*. Les deux Ports, l'un au dessus, l'autre au dessous de *Portus Iccius*, n'étant point nommez ne peuvent rien determiner, puisqu'ils sont eux-mêmes matiere à conjectures. Le vent qui retarda le trajet, de la Flotte de Cesar ne peut rien fixer puisqu'il étoit également contraire pour partir de Calais & de Boulogne. Les grands Chemins, le Phare de Caligula, les antiquitez que l'on voit à Boulogne prouvent que cette Ville étoit déja du temps des Romains; on y pouvoit ajouter son Siége Episcopal; mais ce n'est pas l'ancienneté de cette Ville qui est en question, il s'agit de savoir si cette ancienne Ville connue sous le nom de *Gessoriacus Portus* est le même Port qu'*Iccius Portus*. Il paroit que non; parce qu'elle ne convient pas à l'un des passages ci-dessus alleguez où Cesar dit expressément que c'est l'endroit d'où le trajet est le plus court pour arriver en Angleterre.

Le P. Malbrancq Jesuite dans son Histoire des Morins veut que le port en question ait été un lieu que l'on appelloit *Sithu*. Outre la ressemblance de *Portus Itius* avec ce nom, il trouve que la mer faisoit alors un Golphe dans les terres, depuis la pointe du Village de Sangate au couchant de Calais jusqu'au château de Sithiu aujourd'hui St. Omer, où l'on a trouvé des Ancres & des restes de Navire & où

ICC.

sont restez des crocs de fer auxquels on attachoit les vaisseaux. Tout ce pays-là, dit-il, porte encore des marques de son ancienne inondation. Ce sentiment a été refuté par Cluvier : je doute même qu'il eût besoin de l'être.

Comme Cesar parle de trois Ports, dont l'un étoit au dessus & l'autre au dessous d'*Itius Portus* qui étoit au milieu ; ceux qui font pour Boulogne veulent que le Port au dessous ait été le PORTET ; ce qui n'est gueres vraisemblable. Il y a plus d'apparence à dire avec Mr. Ducange * que Boulogne étoit le premier de ces trois Ports, que le troisième étoit au même lieu où l'on a depuis bâti Calais, & que c'est entre Boulogne & Calais qu'il faut chercher l'*Itius*. *Whissand*, *Wissan*, ou *Whissant* est situé à quatre lieues (près de cinq) d'Artois au Nord de Boulogne à l'endroit où le Detroit qu'on nomme le pas de Calais est le plus resserré & d'où le trajet pour passer en Angleterre est le plus court. Son nom signifie originairement *Sable blanc*, WITSAND, les Romains n'ayant point de double W l'ont obmis & avec une terminaison Latine en ont fait *Itius*, *Iccius*, ou même *Itcius*. C'est presentement un Bourg assis sur le Rivage de la Mer entre Boulogne & Calais , composé d'environ quatre-vingt feux , sans compter trois ou quatre hameaux qui en dépendent. Il n'y a ni porte, ni fossez , ni rien qui ferme ce Bourg, ni même aucun reste de vieilles murailles qui marquent qu'il ait été autrefois fermé. On trouve une Chapelle au bout du Bourg du côté de Boulogne, mais l'Eglise paroissiale est au hameau de Sombres , distant environ de deux ou trois cents pas. Entre cette Eglise & le Bourg est ce qu'on appelle la *Motte du Châtel* , qui peut avoir en longueur quarante toises & dont la figure est ovale. Il y a au bout du Bourg quelques restes de vieux bâtimens que l'on dit avoir servi de magazin pour l'Etape des Laines qu'on y apportoit d'Angleterre & de plusieurs autres endroits, ce qui justifie que le Bourg a été de plus grande étendue. En effet Froissard lui donne le titre de *grosse Ville* , & les Historiens nous font assez voir qu'il étoit considerable par son Port qui étoit le lieu où l'on s'embarquoit ordinairement pour passer en Angleterre , quoi qu'aujourd'hui il n'en reste aucune marque. La Coutume du Boulenois lui donne aussi le titre de Ville , & ce lieu a encore un Maire & des Echevins, qui ont la police & la connoissance des crimes qui se commettent dans le Bourg & dans la Banlieue. Ils ont aussi l'administration de l'Hopital. Le Comte de Boulogne de qui ce lieu dépendoit y avoit un Bailli , & depuis que ce Comté a été annexé à la Couronne , on a établi à Whissand un Bailliage Royal possedé par le Bailli de Boulogne qui y va rendre la Justice une fois par semaine. Un petit ruisseau dont la source est près de l'Eglise de Sombres passe dans le Bourg.

Mr. Ducange de qui cette description est empruntée , ayant été sur les lieux , a remarqué que les grands Chemins, que l'on nomme *chaussées de Brunehaut* , aboutissent à Whissand aussi bien qu'à Boulogne. Il montre en-

* Dissert. sur la Vie de St. Louis.

ICE.

suite par le temoignage de plus de trente Auteurs qu'avant que les Anglois se fussent emparez de Calais , Whissand étoit le lieu où l'on s'embarquoit ordinairement pour passer à Douvres & où l'on abordoit en venant d'Angleterre en France. Quand Ptolomée marque Ικιον ἄκρον, le Promontoire d'*Icium* & qu'il le distingue de *Gessoriac* qui est Boulogne, il fait assez connoître que ce n'est point l'endroit où est Calais , puis qu'il n'y a ni pointe ni promontoire auprès de Calais. Mais Whissand n'est pas éloigné de deux pointes dont la plus Meridionale s'appelle le Griznez , & la plus Septentrionale le Blancnez ; outre une pointe moins remarquable qui est immediatement auprès du Bourg.

ICENI *, ancien Peuple de l'Isle de la Grande Bretagne. C'étoient , à proprement parler, ceux qui habitoient les bords de l'Ouse , que d'autres appellent IKEN , YKEN , & YCIN , & dans ces quartiers, là on trouve des lieux qui conservent encore des traces de l'ancien, comme IKENTORP , IKENWORTH , ICENILD-STREET , &c. & la petite Riviere qui tombe dans le Port d'Oxford , s'appelle IKE.

* Gale in Anton. Itiner. p. 109.

Il y avoit encore d'autres *Iceni* dans la Province de Hanton , ou Hampshire , auprès de la Riviere d'IKEN nommée aujourd'hui ICHING. Camden k donne aux *Iceni* le Pays voisin des Trinobantes qui a été ensuite appellé EAST-ANGLIE , & il y comprend les Pays de SUFFOLC , NORTFOLC , CAMBRIDGE & HUNTINGTONSHIRE. Il croit que ce sont les *Ceni-Magni* de Cesar. Il derive le nom d'ICENI , du mot *Iken* qui dans la Langue Bretonne signifie un *Coin* , parce que leur Pays avance dans la Mer en forme de Coin. Il donne ainsi l'Histoire de ce Peuple.

k Britann.

Cette Nation, dit Tacite, étoit puissante, & même après s'être mise sous la protection des Romains, elle fut inébranlable jusqu'au temps de Claudius. Car alors le Propreteur Ostorius voulant établir des Forts le long des Rivieres, & ôter les Armes aux Bretons, ils assemblerent des Troupes pour s'opposer à leur dessein, mais les Romains ayant forcé leurs retranchemens les vainquirent & en firent un grand carnage. Cette guerre étant assoupie, treize ans après Prasutage Roi des Iceniens voulant prevenir les malheurs de sa Nation , ou par d'autres interêts, institua l'Empereur Neron pour son Heritier , croyant que cette démarche mettroit sa Couronne & sa Maison à couvert de tout évenement fâcheux. Ce fut le contraire. Ce fut ce qui mit le Royaume & sa Maison au pillage. Cela servit de signal à une funeste guerre, & l'avarice de Seneque qui entassa des biens immenses par ses usures acheva de mettre le comble à la misere des Iceniens. Durant cette guerre Boodicie femme de Prasutage fit perir quatre-vingt mille hommes tant des Romains que de leurs alliez ; demolit *Camalodunum* & *Verulamum* , mit en deroute la IX. Legion & força Catus Decianus de prendre la fuite, elle fut enfin vaincuë en un combat par Paulinus Suetonius , & conservant toûjours une ame invincible, comme dit Tacite , elle se fit mourir par le poison, comme le rapor-

ICE. ICH.

raporte Dion Cassius. Après cela les anciens Auteurs ne disent plus rien des *Iceni*.

Mais lors que les Saxons eurent affermi leur Heptarchie, le Pays des Iceniens devint le Royaume des Anglois Orientaux, qui à cause de sa situation à l'Orient fut appellé EAST-ANGLE-RYK; & eut pour premier Roi Uffa dont les successeurs prirent long-temps le nom d'Uskines. Leur race s'éteignit dans la personne de St. Edouard & les Danois s'emparerent du Pays qu'ils ravagerent environ cinquante ans jusqu'à ce qu'Edouard l'aîné l'ajouta enfin à son Royaume des Saxons Occidentaux.

l Parall. 2. part. l. 2. p. 182.

Le Pere Briet [l] donne aux Iceniens les Villes suivantes,

Venta Icenorum, Caster.
Durobrivæ, Donnehan, ou Dormecaster.
Garionomum, Yarmouth.
Extensio, Ἐξοχή, Easton.
Combretonium, Breteham.
Sittomagus, Thetford.
Villa Faustini, Edmond-Bury.
Camboritum, Cambridge.
Metaris Æstuarium, The Washes, en Breton Maltraith.

Ce Peuple est mal nommé SIMENI dans Ptolomée qui n'y connoît qu'une Ville nommée VENTA.

ICESIA, Ἰκεσία, Isle de la Mediterranée dans la Mer de Sicile, selon Ptolomée [m]. Fazel la nomme PANARIA & NIGER SALINE. C'est une des Isles de LIPARI.

m l. 3. c. 4.

ICHANA, Ἴχανα, petite Ville de Sicile. Pline [n] la designe par le nom de ses habitans ICHANENSES. C'est Etienne le Géographe qui la nomme ICHANA.

n l. 3. c. 8.

ICHAR, ou ISCHAR, Riviere de la Turquie en Europe dans la Bulgarie. Elle a sa source dans les Montagnes d'Argentaro & se décharge dans le Danube. C'est l'ISCA. Voïez ce mot.

ICHARA. Voïez ICARIUM.

ICHBOROUG, ou ICHBARAW, Village d'Angleterre au Comté de Norfolc. Mr. Gale écrit ICHBURROW & y trouve l'ICIANI de l'Itineraire d'Antonin.

ICHIUM, Ville ancienne d'Afrique sur le Nil à soixante & cinq milles du Caire. Les Mahometans la detruisirent lorsqu'ils commencerent à regner en Egypte, & en transporterent les pierres au delà du Nil, dont ils bâtirent la Ville de MUNSTA, ou MUNSIA.

o Dapper Afrique p. 77.

§ Dapper dans cet Article cite Leon p. 8. Je trouve que Leon l. 8. c. 52. parlant d'ICHMIN, dit que c'est la Ville la plus ancienne de toute l'Egypte, qu'elle fut bâtie par Ichmin fils de Misraïm qui descendoit de Chus fils de Hen; qu'elle est sur le Nil du côté où ce Fleuve arrose l'Asie à trois cens mille pas du Caire, à l'Orient. Il seroit étonnant qu'une Ville qui auroit subsisté depuis Misraïm jusqu'à l'arrivée des Mahometans en Egypte ne fût pas connue des Auteurs Grecs & des Latins. Ce qu'il dit du Nil qui arrose l'Asie ne doit point faire de peine, puisque

ICH. ICI. ICM. ICO.

bien des Auteurs ont appellé Asie, Arabie, Indes, le Pays qui est entre le Nil & la Mer rouge.

ICHMIAZIN. Voïez ECHMIAZIN, & au mot EGLISE l'Article TROIS EGLISES.

1. ICHNÆ, ancienne Ville de Gréce dans la Macedoine, dans la Bottiée. Pline [p] met *Ichnes* sur la côte de la Mer près de l'Axius. C'est la même qu'ACHNÆ.

p l. 4. c. 10.

2. ICHNÆ, Bourgade de la Thessalie dans la Phtiotide au Nord-est de Lamia. Etienne le Géographe en fait mention & Mr. de l'Isle la met très-bien dans sa Carte de l'ancienne Grece.

3. ICHNÆ, Ville d'Asie dans la Mesopotamie, elle étoit dans le parti des Romains lors que Crassus fut défait par les Parthes. Appien [q] la nomme ICHNÆ. Plutarque qui a écrit la même Histoire avec les mêmes circonstances dans la Vie de Crassus nomme cette Ville ISCHNES, selon la traduction de Mr. Dacier [r]. Dion Cassius l'appelle ICHNIA, & dit que c'étoit une Forteresse. C'est le même que l'ICHNÆ qu'Etienne le Géographe met vers l'Orient.

q In Parth. ibid.
r T. 5. p. 144.
s l. 40. p. 126.

ICHNIA. Voïez ICHNÆ 3.
ICHNUSA. Voïez SARDAIGNE.
ICHTHYOESSA, l'un des noms de l'Isle de NICARIA. Voïez ICARIA.

ICHTHYOPHAGI, c'est-à-dire Mangeurs de poissons. Les Anciens ont ainsi nommé des Nations qui habitant au bord de la Mer vivoient principalement de la pêche lors qu'ils n'en savoient point les vrais noms. Ptolomée trouve des Ichthyophagès dans la Chine; Agatarchide en met vers la Carmanie & la Gedrosie; Pausanias en décrit sur la Mer Rouge, & Pline en peuple plusieurs Isles à l'Orient de l'Arabie heureuse.

ICHTHYS, Promontoire du Peloponnese, selon Ptolomée [t]. On croit que c'est presentement le Cap JARDAN sur la côte Occidentale de la Morée. Voïez JARDAN.

t l. 3. c. 16.

ICIANI. Voïez ICHBOROUG.

1. ICIODORUM, ICIODORUM, ICCIODORUM & ICIODORENSIS VICUS ARVERNORUM, noms Latins de la Ville d'ISSOIRE. Voïez ce mot.

2. ICIODORUM TURONUM, Village de France en Touraine aux confins du Berri sur la Creuse. Son nom moderne est ISERRE, ou ISBURE.

ICIUM PROMONTORIUM, Promontoire de la Gaule Belgique, selon Ptolomée. Mais il en renverse la situation, comme je le remarque à l'Article ICCIUS PORTUS. On croit que c'est le Cap nommé BLANCNESS, ou BLANCNEZ. Mr. Baudrand dit que ce sont les Anglois qui l'appellent ainsi & que les François le nomment les MOTTES NOIRES; il se trompe, les Navigateurs François & Mr. de l'Isle l'appellent *Blancness*; les MOTTES NOIRES est le nom d'un endroit voisin sur la côte, au Nord de l'Abbaye de l'Escale.

1. ICIUS PORTUS. Voïez ICCIUS.
2. ICIUS. Voïez ICUS.

ICMIN, ou plutôt ICHMIN. Voïez l'Article ICHIUM.

ICOLLO, Province d'Afrique au Royaume

v Dapper Afrique p. 302.

ICO.

yaume d'Angola. Elle commence au Nord-Ouest & à l'Ouest-Nord-Ouest de la Province d'Ilamba.

ICONDRE [w], petit Pays d'Afrique dans l'Isle de Madagascar ; il est fort montagneux & fertile en sucre, en bons Plantages & Pâturages, par la hauteur de 22. d. 30′. Il est separé à l'Est & à l'Est-Nord-Est du Pays d'Itomampo par de hautes Montagnes. Il a au Sud la terre de Vattemanahon, & le Pays des Machicores au Nord & au Nord-Ouest la Terre de Manamboule & au Nord les mêmes Montagnes qui sont entre Jonghaïuou & Itomampo. La Riviere d'Jonghaïuou, c'est-à-dire la Riviere du milieu y a sa source.

[w] Flacourt Hist. de Madagascar c. 5. p. 13.

ICONII, ancien Peuple de la Gaule Narbonnoise dans le voisinage des Cavares, selon Strabon [x].

[x] l. 4. p. 185.

ICONIUM, ancienne Ville de la Cappadoce dans le departement de la Lycaonie, selon Ptolomée [y]. Strabon [z] contemporain d'Auguste & de Tibere en parle comme d'une Ville petite, mais bien bâtie. Comme le mot *Iconium* se raporte assez au mot Grec Ἰϰὼν Εἰϰὼν qui veut dire une *Image*, les Grecs derivoient le nom de cette Ville d'une Image de Meduse que Persée, disoient-ils, y avoit suspenduë à une Colomne. Etienne le Géographe donne une autre Etymologie plus fabuleuse encore, mais également fondée sur le mot *Icon* une *Image*. Elle s'agrandit sans doute peu après, car dans les Actes des Apôtres [a] nous lisons qu'il y avoit une grande multitude de Juifs & de Grecs. Cela s'accorde avec ce que dit Pline [b] *qua a'etoit de son temps une Ville celebre*. Elle fut Episcopale de bonne heure. Hierocles & les autres Auteurs des Notices Episcopales la nomment Metropole. Xenophon dans la Cyropædie [c] la met dans la Phrygie à l'extremité & aux confins de la Lycaonie. Elle a été la conquête des Turcs & la Capitale de leur empire avant qu'ils eussent passé en Europe. C'est presentement la Capitale d'un très-grand Gouvernement. Voiez Cogni qui est le nom moderne.

[y] l. 5. c. 6.
[z] l. 12. p. 568.
[a] c. 14. v. 1.
[b] l. 5. c. 27.
[c] l. 1.

ICOSIUM, ancienne Ville de la Mauritanie Cesariense, selon Ptolomée [d]. Pline [e] dit que Vespasien donna à cette Ville le droit de Ville Latine. Antonin [f] la met entre *Casa Calventi*, & *Rusgunia* Colonie à xxxii. M. P. de la premiere & à xv. M. P. de la seconde. Cet Auteur la traite de Colonie aussi bien que Martianus Capella [g]. Elle étoit Episcopale & son Evêque Laurent Deputé de la Province au Concile de Carthage tenu l'an 419. y est qualifié *Laurentius, Icositanus, Legatus Mauritaniæ Cæsariensis*. On voit aussi dans la Notice d'Afrique Victor *Icositanus*, car c'est ainsi qu'il faut lire & non pas *Leositanus*, comme portent quelques exemplaires vicieux. Solin [h] derive ce nom du nombre de ses fondateurs. Il dit que comme Hercule passoit par le vingt hommes de sa suite qui l'avoient quité, choisirent ce lieu, y bâtirent une Ville & afin de ne point causer de jalousie en lui donnant le nom de quelqu'un d'entre eux, ils convinrent de l'appeller d'un mot qui signifie le nombre de vingt. En effet Εἰϰοσι veut dire vingt. Mais l'Etymologie n'en est pas

[d] l. 4. c. 2.
[e] l. 5. c. 2.
[f] Itiner.
[g] l. 6. c. de Africa.
[h] c. 25. p. 48. Edit. Salmas.

ICT. ICU. IDA.

moins fabuleuse pour cela & le R. P. Hardouin a raison de s'en moquer ; il ajoute que c'est presentement Alger ou quelque autre lieu voisin.

ICTA. Voiez Vectis & Wight.

ICTOMULUM & Ictumulum. Voiez Laumellum.

ICULISMA, nom Latin d'Angoulême, pour Inculisma. Voiez Angoulême.

ICUS, Isle de l'Archipel, & l'une des Cyclades, auprès de l'Euboée, selon Etienne, vis-à-vis de la Magnesie, selon Strabon [i]. Tite Live [k] & Appien en font aussi mention. Elle est la plus Orientale des trois Isles qui sont auprès de Sciatta, au Nord de Negrepont. Phanodeme la nomme Icius au raport d'Etienne le Géographe.

[i] l. 9. p. 436.
[k] l. 31. c. 45.

ID.

1. IDA, Montagne d'Asie dans la Troade & la plus haute de tout l'Hellespont, au raport de Diodore de Sicile. Ce n'est pas une seule Montagne, mais un amas, une Chaine de Montagnes qui s'étendoit depuis Zeleia qui étoit du territoire de Cyzique jusqu'au Promontoire *Lectum* à l'autre extremité de la Troade. Ida avoit plusieurs sommets, de là vient qu'Homere se sert souvent de cette expression, les Montagnes d'Ida [l]. Virgile [*] de même,

[l] Iliad. Θ. v. 170. M. v. 19. & 153. Λ. v. 196. O. v. 79. & passim.
[*] Æn. l. 3.

Classemque sub ipsa
Antandro & Phrygiæ molimur Montibus Idæ.

Et Strabon [m] qui trouve que le mont Ida regardé à vol d'oiseau a la figure d'une scolopendre, regarde comme autant de pieds les Montagnes contiguës qu'il a d'un côté & de l'autre.

[m] l. 13. post init.

Chacune des parties de ces Montagnes, outre le nom general d'Ida avoit un nom particulier, comme *Gargara* qui, selon Hesyche, signifie un des sommets de l'Ida ; & qui étoit voisin de la Ville de Gargara & de celle d'Antandre sur le Golphe d'Adramytte. *Phalacra* en étoit une autre partie, selon Etienne qui ajoute que *Phalacra* étoit un nom commun à toutes les Montagnes élevées. Le Scholiasten de Lycophron dit beaucoup mieux que le mont Ida s'avance par quatre branches vers la Mer & que de ces quatre Promontoires il y en avoit un nommé *Phalacra*. La principale partie du mont Ida est comme au milieu de ces diverses branches & c'est le mont Ida proprement dit. Diodore [o] de Sicile dit : l'Ida est sans contredit la plus haute Montagne qui soit auprès de l'Hellespont, & a au milieu un antre qui semble fait exprès pour y recevoir des Divinitez ; & où l'on dit que Paris jugea les trois Déesses qui disputoient entre elles le prix de la beauté. On croit que dans cet endroit étoient nez les Dactyles d'Ida, qui furent les premiers à forger le Fer, ayant apris de la mere des Dieux ce secret si utile aux hommes. Mais ce que l'on a peine à croire & qui est très-rare, c'est une chose qui est ordinaire à cette Montagne. Vers le lever de la Canicule, sur son sommet l'air est si parfaite-

[n] Isacius.
[o] Bibliothec. l. 17.

IDA.

faitement tranquille que de tous côtez aux environs on ne sent pas la moindre haleine de vent. Là, lors qu'il est encore nuit, on voit déja le Soleil qui envoye ses rayons, non pas en une forme circulaire, mais plutôt comme une clarté qui s'étend de plusieurs côtez, comme si l'Horizon de la terre étoit en feu. Peu après toute cette clarté se rassemble & n'occupe plus que la moitié de ce qu'elle occupoit auparavant, & le jour venant à paroître, le Soleil se montrant dans toute son étendue répand la lumiere du jour.

Le mont Ida pris dans toute son étendue, est un de ces grands reservoirs d'eau que la nature a formez pour fournir les eaux aux Rivieres. De celles-là quelques-unes tombent dans la Propontide, comme l'Æsepe & le Granique; d'autres dans l'Hellespont, comme les deux entre lesquelles la Ville d'Abydos étoit située, le Ximoïs, le Xante, qui se joint avec l'Andrius; d'autres enfin vont se perdre au Midi dans le Golphe d'Adramytre, comme le Satnioeis & le Cilée. Ainsi Horace a eu raison d'appeler l'Ida *Aquatique*, lorsqu'il dit de Ganymede,

p l. 3. od. 20. vers. ult.

Aquosa p
Raptus ab Ida.

2. IDA, Montagne de Crete; au milieu de l'Isle. Virgile q l'appelle *mons Idæus*.

q Æneid. l. 3. v. 104.

Creta Jovis magni medio jacet Insula Ponto,
Mons Idæus ubi, & gentis cunabula nostra.

Ces derniers mots sont fondez sur une ancienne opinion, selon laquelle les Cretois du mont Ida passerent en Phrygie & donnerent le nom d'Ida aux Montagnes qu'ils y trouverent. Ce devroit être tout le contraire & il est à croire que le Continent a été peuplé avant les Isles. Cet Ida de Crete est presentement nommé MONTE GIOVE. Pomponius Mela r dit que cette Montagne est plus fameuse que les autres de l'Isle à cause de la tradition, selon laquelle Jupiter y étoit né. Strabon parlant de la même Montagne s dit: au milieu de l'Isle qui est très-large il y a le mont Ida le plus haut de tous ceux qui sont dans l'Isle & qui a soixante Stades de tour. Il est environné de Villes fameuses. Nous avons vu dans l'Article precedent que Diodore de Sicile attribue à l'Ida de l'Asie mineure l'invention du Fer. Hesiode l'attribue à l'Ida de Crete, au raport de Pline t.

r l. b. c. 7.

s l. 10.

t l. 7. c. 56. raport de Pline.

§ Le nom IDA vient du Grec ἰδῶ qui vient lui-même d'ἰδεῖν; qui signifie voir, parce que de dessus ces Montagnes qui sont fort élevées la vûe s'étend fort loin.

IDACENSIS. Voicez IDASSENSIS.

IDACUS, en François *Idaque* lieu de la Chersonnese de Thrace sur l'Hellespont, selon Thucydide v, qui dit que les Atheniens voulant donner un combat Naval s'étendirent le long de la Chersonnese depuis Idaous jusqu'aux Arrhianes avec quatre-vingt six Galeres, & les Peloponnesiens depuis Abydos jusqu'à Dardanus.

v l. 8. vers la fin.

IDA. 61

IDÆUS SINUS, le GOLPHE D'IDA; c'est le même que le Golphe d'Adramytte.
IDALIS TELLUS, Lucain appelle ainsi la Troade.

Mysiaque & gelido tellus perfusa Caico w
Idalis & nimium glebis exilis Arisbe.

w Pharsal. l. 3.

Comme le Caïque est dans la Mysie & plus particulierement dans l'Æolide quelques Auteurs & entre autres Ortelius se sont soulevez contre ce mot Idalis & ont cru qu'il falloit lire *Æolis*, & le nouvel Editeur de Lucain x ne condamne pas ce sentiment quoi qu'il n'ait fait aucun changement dans le texte. *Idalis* veut dire le Pays du mont Ida.

x Cortius Ed. Lipf. 1716.

IDALIUM, Ville de l'Isle de Cypre. Elle avoit été consacrée à la Deesse Venus & ne subsistoit déja plus du temps de Pline y, y l. 5. c. 31. Virgile parle aussi de cette Ville & fait dire à Venus.

z *Hunc ego sopitum somno, super alta Cythera,*
Aut super Idalium, sacrata sede recondam.

z Æneid. l. 1. v. 684.

Il y avoit une Ville & un Bois de même nom consacrez à la même Divinité. Les Grammairiens, comme le remarque Bochart a, se sont divertis à trouver une Etymologie Historique de ce nom. Ils ont suposé qu'il vient d'un mot qui signifie *J'ai vu* & d'un autre qui signifie le *Soleil*. Si on s'en croit, un Oracle ordonna à Chalcenor de bâtir une Ville au lieu où il verroit le Soleil Levant & qu'un de ses Compagnons s'étant écrié *J'ai vu le Soleil*, conformément à ce nom on bâtit & on nomma la Ville. Bochart trouve cette Etymologie defectueuse. La seconde Syllabe devroit être longue, si elle avoit cette origine, & elle est breve. Il aime mieux croire, que le mot Idalium est Phenicien & vient de אלה יד *Iidala* ou *Idala*; il y avoit une Ville de ce nom b dans la Tribu de Zabulon. St. Jerome c écrit JADELA comme si ce mot étoit formé de deux, savoir יד *Jad* & אלה *Ela* JAD-ELA; le mot à mot le *lieu de la Déesse*, c'est-à-dire le lieu consacré à Venus.

a Geogr. sacr. 2. part. l. 1. c. 3. p. 373. Ed. Cadom.

b Josué c. 19. v. 15.

c in Locis Hebr.

Cette Ville detruite dès le temps de Pline comment peut-elle subsister aujourd'hui sous le nom de *Bourg-Dalim* comme le veut Lusignan dans son Histoire de Cypre.

1. IDANHA VELHA, c'est-à-dire *Idanha la Vieille*; Ville de Portugal sur la Riviere de Ponsul dans la Province de Beira à l'Orient des Montagnes qui separent cette Province du Royaume de Leon. Elle avoit autrefois un Evêché dont le Siége a été transferé à Guarda.

2. IDANHA LA NUEVA, c'est-à-dire *Idanha la Neuve*, petite Ville de Portugal dans la Province de Beira, au Sud-Ouest de la Vieille & à deux lieuës de distance. Sur une côte au pied de laquelle coule la même Riviere qui passe à la Vieille Ville.

1. IDARA, Ville de la Celesyrie, selon Ptolomée d. Ses Interpretes lisent Gadara.

d l. 5. c. 47.

2. IDARA, Ville de l'Arabie heureuse, selon le même. D'autres Exemplaires portent IRALA.

IDAS=

IDASSENSIS, Siège Episcopal d'Afrique dans la Numidie. La Notice Episcopale d'Afrique fournit *Adeodatus Idassensis*. Il est fait mention de cette Eglise dans la Conference de Carthage. Il n'y avoit point alors d'Evêque, & celui de Macomada y entretenoit un Prêtre nommé Florentin, ce qui montre que ces deux Eglises étoient voisines.

IDEA, petite Ville d'Asie sur le mont Sipyle. Elle fut abimée par un tremblement de terre, & en sa place il se forma un Lac que l'on nomma SALOE, selon Pausanias [f]. Strabon nomme cette Ville IDÆA. Voiez SALE.

[f l. 7.]

IDESSA, Ville aux confins de l'Iberie & de la Colchide. C'est la même que la Ville de Phrixus. Voiez PHRIXIUM.

1. & 2. **IDENSIS**, il y avoit en Afrique dans la Mauritanie Cesariense deux Villes de ce nom & toutes deux Episcopales. La Notice d'Afrique fournit pour Evêques contemporains *Subitanus Idensis & Felicianus Idensis*. Il ne faut pas confondre ces deux Siéges avec un troisiéme de la même Province nommé Itensis dont l'Evêque Lucius est nommé dans la même Province.

IDEONNITERRA, contrée du Peuple *Taurini* [h] qui faisoit partie de la Ligurie. Elle étoit voisine du Pays nommé *Cottii Terra*, & par consequent des Alpes Cottiennes.

[h Strab. l. 4. p. 204.]

1. **IDETES**, ancien Peuple de l'Iberie, selon Etienne le Géographe Εἰδῆτις.

2. **IDETES**. Voiez GLETES.

1. **IDICARA**, Ville de la Babylonie, selon Ptolomée [i]. Elle étoit auprès de l'Euphrate.

[i l. 5. c. 20.]

2. **IDICARA**, ou **ADICARA**, Ville de l'Arabie deserte, selon Ptolomée [k].

[k l. 5. c. 19.]

IDICRA, ancienne Ville d'Afrique dans la Numidie entre *Mileum* & *Cuiculi*, à vingt-cinq mille pas de l'une & de l'autre, selon l'Itineraire d'Antonin [l]. Simler, Bertius [m] & Ortelius [n] ont cru qu'elle étoit de la Mauritanie Cesariense; mais c'est une erreur. Cuiculi étoit de la Numidie, & ce qui decide la question, c'est que la Notice Episcopale d'Afrique met entre les Evêques de la Numidie *Victor Cuiculitanus* & *Palladius Idicrensis*. Cela est sans replique. On trouve de même dans la Conference de Carthage *Martianus Episcopus Idicrensis*. St. [o] Optat dit formellement qu'*Idicra* étoit en Numidie. *Quid commemorem Tipasam Cesariensis Mauritaniae civitatem, ad quam de Numidia Urbanus Formiensis & Felix Idicrensis, duae faculae incensae livoribus concurrerunt?*

[l In Antonin. m Antonin. n Thesaur.]
[o De Schism. Donat. l. 2. p. 42. Ed. Dupin.]

IDIENSIS. Voiez SACILERNUSI.

IDII [p], Ville d'Afrique, selon l'Auteur de la Vie de St. Fulgence cité par Ortelius.

[p Thesaur.]

IDIS [q], Ville dont Euphrates étoit Evêque au Concile de Chalcedoine, selon le même.

[q Ibid.]

IDISTAVISUS, Campagne de la Germanie entre le Weser & les Collines, selon Tacite [r].

[r Annal. l. 2.]

IDITHYA, Ville d'Egypte où Plutarque [s] écrit, que l'on bruloit autrefois des hommes tous vifs; Ortelius croit qu'il faut lire ILITHYIA.

[s In Iside.]

IDOMENÆ, Ville de Grece dans la Macedoine, selon Thucydide [t] & Etienne le Géographe. Pline [v] en nomme les habitans IDOMENENSES. Ptolomée place IDOMENE, Ἰδομένη, dans l'Emathie contrée de la Macedoine, & la Notice de Hierocles la met entre les Villes Episcopales de la Macedoine Ἰδομένη.

[t l. 2. v l. 4. c. 10.]

IDOTHEÆ SPECULA. Voiez PHAROS.

IDRA, Bourg de Suede dans la Dalecarlie à l'Orient du Dala Occidental, près de l'endroit où il reçoit les eaux du Lac FAMUNN; il a au Couchant & au Midi de hautes Montagnes. Mr. Baudrand [w] dit que c'est une Ville sans murailles, Capitale de la Dalecarlie. Cette Province n'a point de Villes, mais quelques simples Bourgs & des Villages.

[w Ed. 1705.]

IDRAE, Peuple ancien de la Sarmatie en Europe, selon Ptolomée [x]. Il les fait voisins des Ibions, ou Ubions.

[x l. 3. c. 5.]

IDRIA, Ville d'Allemagne dans le Frioul au Comté de Goritz, dans les terres de l'Empereur. Voici de quelle maniere en parle Edouard Brown Voyageur Anglois qui y a passé.

La Ville d'Idria est entourée de tous côtez de Montagnes. Il y a une Riviere de même nom qui en passe tout proche, & que Léandre appelle, *superbissimo fiume d'Idria*; quoi qu'il en dise, je la trouvai fort petite, mais tout cela n'est rien, il est seulement constant que si tôt qu'il fait la moindre pluye elle s'augmente considerablement, & qu'elle a assez d'eau pour emporter les sapins & toutes sortes d'autres bois, dont on a besoin pour bâtir les Mines, & pour faire le feu qui y est necessaire. C'est pourquoi on en a mis dans la Riviere un monceau presque de même que celui j'ai vu dans la Riviere de Gran à Neuhausel, dans la haute Hongrie, pour arrêter les arbres qu'on coupe & qu'on jette dans la Riviere au dessus de cette Place. Ce qu'il y a de plus beau à voir dans cette Ville ce sont les *Mines de Vif-argent*. Tous les Pays voisins aussi bien que les plus éloignez en reçoivent beaucoup de profit.

[y Edouard Brown Voyage de Venue. p. 86. & suiv.]

L'entrée de cette Mine n'est point élevée, ni sur une Montagne; elle est dans la Ville même & c'est ce qui fait qu'ils sont si fort incommodez d'eau. Ils ont cependant trouvé moyen d'y remedier, & se sont servis pour cela de plusieurs machines admirables & de plusieurs très-bons instrumens, & ils n'en sont à present pas plus incommodez que dans les autres Mines. Elle n'a pas plus de cent vingt ou cent trente brasses de profondeur.

On tire de cette Mine de deux sortes de Vif-argent. La premiere s'appelle *Jungfrau*, c'est-à-dire du Vif-argent vierge, & l'autre du simple Vif-argent. Ils appellent Mercure Virginal, ce qui se decouvre de soi-même sans passer par le feu, & ce qu'on reconnoît très-bien dans la terre; ou ce qui tombe à petites goutes dans la Mine, ou qui coule même quelquefois, & fait comme de petits ruisseaux. On en trouva il y a environ sept ans quelques petits ruisseaux, qui étoient au commencement aussi menus que du fil, & qui devinrent dans la suite aussi gros qu'une petite corde, mais qui ne durerent que trois ou quatre jours. On

IDR.

On appelle donc Vif-argent Virginal, celui qu'il n'est point necessaire de faire passer par le feu, & que l'eau seule est capable de separer par le moyen premierement d'un crible, & ensuite d'un grand augé, au bout duquel il y a quelques petits trous ; de sorte qu'il y a en quelque maniere de deux sortes de Mercure Virginal ; l'un qui se decouvre soi-même sans aucune peine, & l'autre qu'il faut un peu nettoyer & purifier, quoi qu'il n'y faille pas tant de travail que si on le mettoit dans le feu.

Ils appellent Vif-argent simple, celui qu'on ne peut point connoître au commencement, sans le faire passer par le feu. C'est celui qu'ils ont la peine de tirer de la Mine ou du Cinnabre naturel du Mercure. Ce qu'ils tirent de la Mine est d'une couleur brune, un peu rouge, mais le meilleur est une pierre assez dure ; qu'ils ne mettent pas aussitôt dans le feu, mais qu'ils reduisent premierement en poudre ; & qu'ils font ensuite passer par un crible, afin que s'il y a par hazard quelque peu de Vif-argent Virginal, il puisse par ce moyen se separer du reste. Mais ce qui ne passe point au travers du crible, il le faut mettre dans le feu dans des Fournaises de Fer, & le separer ou plûtôt le purifier de cette maniere.

Le Vif-argent qu'on tire de cette Mine est le plus riche de tous les metaux que j'aye jamais vûs, car il y a ordinairement la moitié de Vif-argent ; c'est-à-dire de deux livres une, quelquefois même, lors qu'on en tire un morceau qui pese trois livres, on en trouve encore deux, après qu'il est rafiné.

Je descendis dans cette Mine par le puits de sainte Agathe, & remontai par celui de sainte Barbe, & ce fut par des échelles. Je montai par une qui avoit quatre-vingts-neuf brasses de long. Le Pere Kirker fait une description si épouvantable de cette Mine dans son *Mundus Subterraneus*, que cela est capable de faire perdre courage à ceux qui auroient envie d'y descendre, ce qui me fait douter s'il y a jamais entré dans quelqu'autre Mine que ce soit, dans laquelle il falût descendre par des échelles.

Dans un endroit où l'on travailloit à purifier le Vif-argent par le moyen du feu, je vis seize mille barres de Fer, qu'on avoit achetées un écu la piece dans les meilleures Forges de la Carinthie. On se sert aussi dans cette Mine quelquefois de huit cens barres de Fer tout à la fois pour accommoder le Vif-argent dans seize Fournaises ; & on en met cinquante dans chaque Fournaise, vingt-cinq de chaque côté, douze dessus & treize au dessous.

Ils emporterent pendant que j'étois dans ce Pays, c'est-à-dire le douziéme de Juin 1669. quarante sacs de Vif-argent dans les Pays étrangers. Chaque sac pesoit trois cens quinze livres, qui vallent quarante mille Ducats ; & quoi qu'on ait de la peine à porter ces sortes de Marchandises parce qu'on est obligé de les mettre sur des chevaux, deux petits barils sur chacun, cependant on en envoye jusqu'à Chremnitz en Hongrie, pour s'en servir dans cette Mine d'or ; & on en porte aussi quelquefois en Suede, aussi bien que dans tous les Pays les plus éloignez.

IDR. IDS. IDU.

Je vis dans le Château trois mille sacs de Vif-argent purifié, & il y en avoit encore dans une autre Maison, autant qu'ils en avoient pû purifier pendant deux ans. La pluye leur est fort incommode, parce qu'ils ne peuvent pas avoir autant de bois qu'il leur en faut pour travailler, mais comme les Montagnes qui sont aux environs sont fort élevées, il y neige sur le haut bien plus souvent qu'il n'y pleut. On écrit sur un Registre le nom de tous les Etrangers, qui entrent & qui viennent voir le Château d'Idria, avec le Pays dont ils sont nez. Le nombre en est fort grand, mais il y a fort peu d'Anglois. Cette Ville paroît fort agréable aux étrangers, parce qu'étant frontiere, & située sur les confins de plusieurs Royaumes, on y parle plusieurs Langues. Je remarquai que les Officiers & tout ce qu'il y a des gens un peu au dessus du commun, croyent que ce leur est un grand honneur de parler Schlavon, Allemand, Latin, Italien, & même le François, quoi que cette Langue n'y soit pas si estimée ni si recherchée que toutes les autres.

IDRIAS, Ville de la Carie ; Etienne qui la nomme ailleurs Adrias, dit qu'on la nommoit anciennement CHRYSAORIS. Le même assure encore ailleurs qu'HECATESIE en Carie étoit appellée *Idrias*. En supposant qu'il n'y a rien de corrompu dans ces passages, & on leur joint ce que dit Pausanias que la Ville & le Pays de Stratonicée *z* avoient eu le nom de Chrysaoris, il en resultera que IDRIAS, HECATESIE, STRATONICÉE & CHRYSAORIS sont des synonymes & signifient une même Ville.

z l. 5. c. 21.

IDRINUM, en Latin, ou IDRO *a*, en Italien, petite Ville d'Italie, dans l'Etat de la Republique de Venise au Bressan sur le Lac d'Idro & vers les frontieres du Tirol.

a Baudrand Ed. 1705.

LAC D'IDRO, (le) petit Lac d'Italie dans le Territoire du Bressan, proche d'Idro qui lui donne le nom, sur la frontiere du Tirol qui le borde même au Nord. Il est traversé par la Riviere de Chiese & n'a que quatre à cinq milles d'étenduë.

IDSTEIN, Bourg d'Allemagne dans la Weteravie, dans l'Etat de la Maison de Nassau dont une des Branches y fait sa Résidence & en porte le nom.

IDSU, Province du Japon dans la partie de Tookaido. Voiez l'Article du Japon.

IDSUMI, Province du Japon dans les Revenus Imperiaux. Voiez l'Article du Japon.

IDSUMO, Province du Japon dans la contrée de Sanindo. Voiez l'Article du Japon.

IDUACAL. Voiez AIDUACAL.

1. IDUBEDA, Montagne d'Espagne, selon Strabon *b*, mais ce qu'il en dit est très-obscur & n'est guères propre à déterminer l'étenduë & la situation de cette Montagne. Ptoloméé l'étend du Nord au Sud, à l'Occident & à quelque distance de l'Ebre. Cela s'accorde avec ce que dit Mariana *c*, que l'Idubeda empêche l'Ebre de couler vers l'Occident. Un peu au dessous de Moncaio, ajoute cet Historien, l'Arospeda sortant de l'Idubeda a d'abord peu de hauteur, mais ensuite il s'éleve ;

b l. 3. p. 161.

c Hist. l. 1. c. 3.

leve, &c. Je ne poursuis point le reste de la description, parce qu'elle regarde l'Orospeda ; dont je parle en son lieu.

Mr. Baudrand donne une étendue bien différente à l'Idubeda ; puisqu'il le conduit depuis les Pyrénées jusqu'au Portugal, au travers de la Biscaye, de l'Alaba, de la Castille Vieille, de la Castille Neuve, du Royaume de Leon & enfin de celui de Portugal. Selon lui, il prend divers noms. Selon les Pays où il est & il comprend *Los Montes Segura, Los Montes de Alcessua, Los Montes d'Occa, la Sierra la Hez, la Sierra d'Urbion, la Sierra d'Atienza & Somosierra, la Sierra d'Avila, Los Montes de Toledo, la Sierra de Pico, la Sierra de Tornavaccas, & la Sierra de Gatta.* Mr. Baudrand ne fait en cela que suivre le sentiment d'Olivarius Commentateur de Pomponius Mela qui donne à peu près cette suite de la chaine qu'il comprend sous le nom d'Idubeda ; & qui selon lui commence aux Pyrénées & finit au Cap de Portugal nommé *Monte della Strella.* Mais ce n'est point là l'Idubeda de Ptolomée ni celui de Strabon.

2. IDUBEDA, Riviere d'Espagne dans l'Edetanie, selon quelques Editions de Pline [d]. Celle du R. P. Hardouin retablit UBUBA. Pintianus avoit déja averti qu'on lisoit ainsi dans les Manuscrits. Le R. P. Hardouin dit que c'est MORVEDRO qui passe à Segorbe. Tarapha cité par Ortelius prend ce nom pour une Ville qu'il croit être la Ville d'Ubeda. Pline parle d'une Riviere & non d'une Ville. *Flumen Vdubeda.*

[d] l. 3. c. 3.

IDUMANIA, Riviere d'Angleterre. Ἐδυμανίου, Ptolomée la met dans sa partie Orientale ; Ortelius a cru que c'étoit la STONE, mais Camden croit que c'est la même que BLACKWATER [e].

[e] Britann.

IDUMEE, Pays d'Asie aux Confins de la Palestine & de l'Arabie. Elle tire son nom d'EDOM ou Esaü, qui y établit sa demeure [f]. Il s'établit d'abord dans les Montagnes de Seïr, dans le Païs des Horréens, à l'Orient & au Midi de la Mer-Morte, & ses descendans dans la suite se répandirent dans l'Arabie Petrée, & dans le Païs qui est au Midi de la Palestine, entre la Mer-Morte & la Mediterranée. Il arriva même que durant la Captivité de Babylone, & dans le tems où la Judée étoit presque abandonnée, ils se jetterent dans les terres du Midi de Juda, & s'avancérent jusqu'à Hébron. Ainsi en parlant de l'Idumée, il faut exactement distinguer les tems. Du tems de Moïse, & de Josué, & même sous les Rois de Juda, les Iduméens étoient resserrez à l'Orient & au Midi de la Mer Morte, dans le Païs de Seïr, tirant vers le Golphe Elanitique. Dans la suite l'Idumée s'étendit plus au Midi de Juda. La Ville Capitale de l'Idumée Orientale étoit *Bosra,* située vers Edraï, & la Capitale de l'Idumée Méridionale étoit *Pétra* ou *Jectaël.* Nous ne sommes, dit D. Calmet, ni les seuls, ni les premiers, qui ayons distingué ces deux Païs d'Idumée, l'un Oriental & l'autre Meridional, par rapport à la Palestine, Strabon, Brocard, & Bonfrere, Adrichomius, Torniel & quelques autres les ont de même fort bien distinguez. Voiez SEÏR.

[f] D. Calmet Dict.

IDUMEENS, Peuples descendus d'Edom ou d'Esaü fils d'Isaac, & frere aîné de Jacob. Les Iduméens eurent des Rois assez long-tems avant que les Juifs en eussent [g]. Ils furent premierement gouvernez par des Chefs ou Princes, & ensuite par des Rois. Ils demeurerent indépendans jusqu'au tems de David, qui les assujettit, & qui fit voir le parfait accomplissement de la prediction d'Isaac, qui avoit dit que Jacob domineroit Esaü [h]. Les Iduméens supporterent très-impatiemment le joug des Rois de Juda ; & dès la fin du Regne de Salomon, Adad Iduméen, qui avoit été porté en Egypte, étant encore enfant, revint dans son Païs & s'y fit reconnoître pour Roi [i]. Mais apparemment il ne regna que dans l'Idumée Orientale, car les autres Iduméens, qui étoient au Midi de la Judée, demeurérent dans l'obéïssance des Rois de Juda, jusqu'au regne de Joram fils de Josaphat, contre lequel ils se révoltérent [k]. Joram leur fit la guerre, mais il ne pût les assujettir. Amasias fils de Joas Roi de Juda, remporta aussi sur eux quelques avantages. Il se rendit Maître de Pétra, leur tua dix mille hommes, & en fit sauter autres dix mille en bas du rocher sur lequel étoit bâtie la Ville de Pétra [l]. Mais ces conquêtes n'eurent point de suite considerable.

[g] Genes. c. 34. v. 31.
[h] Genes. c. 27. v. 29. 30.
[i] 3. Reg. c. 11. v. 22.
[k] 2. Par. c. 21.
[l] 2. Par. c. 25.

Ozias Roi de Juda, prit sur eux la Ville d'Elat, sur la Mer Rouge [m]. Mais Razin Roi de Syrie, la reprit sur Ozias, & en chassa les Juifs. On croit qu'Assaradon Roi de Syrie, ravagea leur pays [n]. Holofernes les subjugua, de même que les autres peuples d'autour de la Judée [o]. Lorsque Nabuchodonosor assiégea Jerusalem, les Iduméens se joignirent à lui, & l'animerent à ruiner cette Ville de fond en comble, & à en arracher jusqu'aux fondemens [p]. Cette cruauté ne demeura pas long-tems impunie. Nabuchodonosor cinq ans après la prise de Jerusalem, abattit toutes les Puissances voisines de la Judée, & en particulier les Iduméens [q]. Judas Maccabée les attaqua & les battit en plus d'une rencontre [r]. Mais Jean Hircan les dompta, & les obligea à recevoir la circoncision, & à se soumettre aux autres observances de la Loi des Juifs. Ils demeurerent assujettis aux derniers Rois de la Judée, jusqu'à la Ruine de Jerusalem par les Romains. Ils vinrent même au secours de cette Ville assiégée [s], & ils y entrérent pour la défendre : mais ils n'y demeurerent pas jusqu'à la fin, ils en sortirent, & s'en retournerent dans l'Idumée chargez de butin.

[m] 4. Reg. c. 14.
[n] Isai. c. 21. 11. 12. 13. c. 24. V. 1. Judith. c. 3. 14
[p] Psalm 136. V. 7. Thren. IV. 21. 22. Abdias V. 7. Jerem. XII. 6. L IX.
[q] Ezech. XXV. 12.
[r] Abdias V. 1. Jerem. c. 57. v. 7. 10. 20. 7. Joseph Antiq. l. 10. c. 11. 1. Macc. c. 3. & 4. & 2. Macc. c. 10. 16. Joseph Antiq. l. 11. c. 11.
[s] Antiq. lib. 13. c. 14.

IDUNUM, Ville du Norique, selon Ptolomée, Lazius assure que c'est presentement UDINE. Ortelius dit que les Allemands l'appellent *Weiden,* Meyden en Baviere. Aventin l'explique par IDENAW près de Dietmaning à deux lieues au dessus de BURCKHAUSEN.

[t] Joseph. l. 4. de Bello. c. 6. p. 877.

IDURENSIS, Siége Episcopal d'Afrique, selon Ortelius qui cite la Conference de Carthage. Je crois qu'il a voulu dire *Idicrensis.*

IDYMA, Ἴδυμα, ancienne Ville d'Asie dans la Carie, selon Etienne. Ptolomée la nommé IDYMUS.

IDYMUS, Ville de la Carie, selon Ptolomée. Etienne la nomme IDYMA & donne le nom d'IDYMUS à une Riviere voisine.

IDY-

IDY. IDZ. JEA. JEB. JEC.

IDYRUS, Ville & Riviere d'Asie dans la Pamphylie, selon Etienne qui suit Hecatée.

IDZU, ou IDSU,
IDZUMI, ou IDSUMI,
IDZUMO, ou IDSUMO, } Provinces du Japon. Voyez l'article du JAPON.

J E.

a D. Calmet Dict.
JE'-ABARIM [a], c'est-à-dire les *defilez d'Abarim*, ou les *defilez des Paffans*. L'Ecriture nomme ainsi un des Campemens des Ifraëlites dans le Pays de Moab, après leur sortie d'Egypte. Moyſe [b] dit que le lieu eſt à l'Orient de Moab. C'eſt dans le même Pays que ſont les Monts Abarim. Jeremie parle d'un lieu nommé Haï ou Gaï qui eſt le même que JE' ou JAÏ, dans le Pays de Moab. L'Hebreu exprime ainſi ce nom עיי העברים & les Septante le rendent par Γαὶ ἐν τῷ πέραν.

b Numer. c. 21. v. 11.

JEBBA, ancienne Ville de la Phœnicie, ſelon Pline [c], le ſeul qui en ait parlé.

c l. 5. c. 19.

JEBELLE'E, ou
JEBILE'E, Ville maritime de la Paleſtine; la même que l'Ecriture appelle GABALA. Voyez ce mot. Quelques Voyageurs François la nomment JARLI.

d D. Calmet Dict.
JEBLAAM, ou JIBLEAM [d], ancienne Ville de la Paleſtine dans la demie-tribu de Manaſſé [e], qui demeuroit au deçà du Jourdain. C'eſt apparemment la même que BALAAM marquée au premier livre des Paralipomenes [f], & qui fut cedée aux Levites de la Maiſon de Caath. On ne ſait pas bien la ſituation de Jeblaam.

e Jofué c. 17. v. 11.

f c. 6. v. 70.

JEBNAEL, ou
1. JEBNE'EL, Ville de la Paleſtine ſur les Frontieres de Nephtali [g]. On la nommoit auſſi Jabnéel. Euſebe [h] la nomme JAMNEN. Elle étoit dans la Tribu de Nephtali.

g Jofué c. 19. v. 33.
h Onomaſt.

2. JEBNE'EL, Ville de la Paleſtine dans la Tribu de Juda, ſur les Confins vers la Mer [i]. On peut croire, dit St. Jerôme [k] que ces Confins ont appartenu enſuite à la Tribu de Dan, quoiqu'elle ne lui ait jamais poſſedez parce que les Philiſtins étoient les plus forts.

i Jofué c. 15. v. 11.
k De Locis.

JEBOC. Voyez JABOC.

l Jofué c. 18. v. 28. Judic. c. 19. v. 10. 1. Paral. c. 11. v. 4.
m Geneſ. c. 10. v. 16.
& Jofué c. 15. v. 63.
JEBUS [l], ancien nom de la Ville de Jeruſalem, avant que les Iſraëlites l'euſſent conquiſe. Elle étoit ainſi appellée à cauſe de ſon fondateur Jebus ou Jebuſée fils de Chanaan [m] & Pere des Jebuſéens. Ce peuple étoit de la Ville de Jebus & aux environs dans les Montagnes. Il étoit fort belliqueux & demeura dans Jeruſalem juſqu'au temps de David [n].

n 2. Reg. c. 5. v. 6. &c.
c. 8.

JECBAA, ancien lieu de la Paleſtine. Il en eſt parlé au livre des Juges [o]. La Vulgate lit JEGBAA, & quelques Nouvelles verſions JAGBEHA.

1. JECMAAM, Ville de la Paleſtine dans la Tribu d'Ephraïm. Elle fut enſuite cedée [p] aux Levites de la famille de Caath.

p 1. Paral. c. 6. v. 68.

2. JECMAAM, autre Ville de la Paleſtine dans la Tribu de Juda [q].

q 3. Reg. c. 4. v. 12.

JECNAM, ou JECNAAM. Voyez JECONAM.

JE'ÇO. Voyez IESO.

JECONAM, Ville de la Paleſtine dans la Tribu de Zabulon. Elle fut donnée aux Levites de la famille de Merari [r]. C'eſt la même que JECHANAM *du Carmel* [s] elle eſt ſurnommée du Carmel à cauſe du voiſinage de cette Montagne.

r Jofué c. 21. v. 34. &c. c. 19. v. 11.
s Jofué 12. v. 22.

1. JECTEHEL, ou JECTHEL, Ville de la Paleſtine dans la Tribu de Juda [t]; peut-être eſt-elle la même que Jecabſéel de la même Tribu [v]; mais cette derniere ſelon D. Calmet eſt plutôt CABSE'EL [w].

t Jofué c. 15. v. 39.
v 2. Eſdras. c. 11. v. 25.
w Jofué 15. v. 21. &c.

2. JECTEHEL, Rocher que prit Amaſias Roi de Juda ſur les Iduméens & du haut duquel il precipita dix mille Iduméens qu'il avoit pris dans le Combat [x]. Euſebe croit que ce Rocher n'eſt autre que la Ville de Petra Capitale de l'Arabie Petrée. Le Combat où les Iduméens furent deffaits ſe donna dans la Vallée des Salines que l'on place entre Palmyre & Bozra. Pline [y] dit que les Solitudes de Palmyre s'étendent juſqu'à la Ville de Petra. Il eſt donc très-probable qu'Amaſias pouſſa ſa conquête juſqu'à cette Ville & qu'il lui donna le nom de JECTAËL, c'eſt-à-dire, l'obéiſſance au Seigneur, pour marquer qu'il tenoit de l'obéïſſance qu'il avoit renduë à Dieu la victoire qu'il avoit remportée ſur les Iduméens.

x 4. Reg. c. 14. v. 7. & 2. Paral. c. 25. v. 5. 6. &c.

y l. 5. c. 24.

JEDALA, Ville de la Paleſtine [z] dans la Tribu de Zabulon [a]. Quelques-uns la nomment JETALA, mais l'Hebreu lit JADALA, les LXX. NALAL; & le Syriaque ARAL.

z Jofué c. 19. v. 15.
a D. Calmet Dict.

JEDO, Ville d'Aſie dans l'Iſle de Niphon dont eſt la Capitale auſſi bien que de l'Empire du Japon, c'eſt l'une des cinq grandes Villes de Commerce qui appartiennent au Domaine de l'Empereur, ou aux Terres de la Couronne. Elle eſt comptée comme la premiere, la plus conſiderable & la plus grande de tout l'Empire à cauſe du grand nombre de Princes & de Seigneurs qui avec toutes leurs familles & une grande ſuite de Domeſtiques groſſiſſent la Cour Imperiale, & à cauſe de la multitude des habitans qui eſt preſque incroyable. Elle eſt dans la Province de Muſaſi ſous le 35. d. 32'. de latitude Septentrionale, ſelon les obſervations de Mr. Kaempfer [b]. Jedo eſt ſituée dans une grande plaine, au bout d'une Baye poiſſonneuſe, abondante en Cancres & en Coquillages. Ce Golphe a Kamakura & la Province d'Idſu à la droite, en ſortant d'Iédo pour aller en Mer & les deux Provinces d'Awa & de Kudſu à la gauche; la Baye eſt baſſe, fond de vaſe, ou d'argile vaſeuſe, deſorte que des Navires d'une charge un peu conſiderable ne ſauroient juſqu'à la Ville : on les decharge à une lieuë ou deux au deſſous.

b Hiſtoire du Japon l. 5. c. 12.

Du côté de la Mer Jédo a la figure d'un Croiſſant, & les Japonnois pretendent qu'elle a ſept lieuës de long, cinq de large & vingt de circonference. Elle n'eſt point entourée d'une muraille non plus que les autres Villes du Japon; mais elle eſt coupée par pluſieurs foſſez ou Canaux avec de hauts remparts elevez des deux côtez, à la plateforme deſquels on a planté des rangées d'Arbres. Cela a été fait moins pour la deffenſe de la Ville que pour prevenir les Incendies qui n'y arrivent que trop ſouvent & qui y feroient ſans cela d'étranges ravages. Néanmoins du côté du Château ces remparts ſont fermez avec des Portes capables de reſiſtance & qui, ſelon toute apparence ſervent à

I les

JED.

les deffendre. Une grande Riviere qui a sa source du côté du Couchant de la Ville la traverse & se jette dans le port par cinq Embouchures. Chacune a son nom particulier & un magnifique pont. Le principal de ces Ponts & le plus renommé pour sa grandeur & sa structure est appellé NIPONBAS, ou le *Pont du Japon*. Il a quarante deux brasses de longueur. C'est de ce pont, comme d'un centre commun que l'on mesure les Chemins & la distance des lieux de toute l'étendue de l'Empire. Un autre Pont est nommé IE'DO BASCHI, c'est-à-dire, le *Pont d'Iedo*. Cette Ville est extrêmement peuplée. On ne sauroit marquer jusqu'où va le nombre de ses habitans, des Etrangers, & des Ecclesiastiques, cela ne sauroit être autrement si l'on considere la multitude des Officiers de tout rang & de toute condition qui occupent divers postes à la Cour Imperiale. Mais encore plus particulierement si l'on fait attention que les familles de tous les Princes de l'Empire y demeurent toute l'année avec une suite nombreuse de Domestiques, selon leur qualité; tandis que les Princes eux-mêmes n'ont que six mois de congé pour s'absenter de la Cour & veiller au gouvernement de leurs Etats Hereditaires: après quoi ils retournent à Iédo.

Iédo n'est point bâtie avec la regularité que l'on remarque dans la plupart des autres Villes du Japon, sur tout à Miaco. Cela vient de ce qu'elle n'est parvenue que par dégrez à la grandeur qu'elle a aujourd'hui. Avec tout cela, on voit plusieurs quartiers dans la Ville dont les rues sont assez regulieres & se coupent à angles droits. On doit cette regularité aux malheurs causez par le feu, qui réduisent des centaines de maisons en cendres à la fois; cela arrive assez souvent. Les nouvelles rues peuvent être disposées, selon le plan prescrit aux proprietaires des maisons. Plusieurs des endroits ravagez par les Incendies sont encore deserts; les maisons ne pouvant y être bâties avec la diligence que l'on voit à Moscou, où l'on vend des maisons toutes faites, & où l'on n'a qu'à les transporter à leur place sans mortier, argile, ni clouds. Les Maisons à Iédo sont petites & basses, comme dans tout le reste de l'Empire, bâties de bois de sapin, avec un leger enduit d'argile; en dedans elles sont ornées, & divisées en appartemens, avec des paravens de papier, les fenêtres sont fermées avec des jalousies. Les Planchers sont couverts de nates fines, & les toits avec des bardeaux ou des coupeaux de bois; enfin le tout est construit d'une telle maniere qu'il ne faut pas s'étonner si le feu fait de grands ravages dans le Pays. Chaque maison a un endroit sous le toit ou dessus: c'est là que l'on tient toujours une cuve pleine d'eau avec une paire d'escouvillons; on y peut aller aisément, même par le dehors de la maison à l'aide des échelles: avec cette precaution ils éteignent souvent le feu qui se met dans une maison; mais elle ne suffit pas sans doute pour arrêter les incendies qui ont déja fait du progrès & consumé déja plusieurs maisons; à quoi ils ne savent pas de meilleur remede que d'abbattre les maisons voisines que le feu n'a pas encore touchées. Pour cet effet des Compagnies entieres d'hommes nommez pour éteindre le feu font des patrouilles dans les rues de jour & de nuit. Ils ont des habits de cuir brun pour les deffendre du feu; les uns portent de longues piques, les autres des harpons à feu sur leurs épaules.

La Ville est bien fournie de Temples & de Monasteres (si l'on doit donner ce nom à des maisons d'Idolâtres) & d'autres bâtimens Religieux qui sont situez dans les plus beaux endroits de la Ville. Les maisons où demeurent les Moines particuliers ne different de la demeure des Laïques qu'en ce qu'elles sont situées sur quelque endroit élevé & remarquable, avec des marches par où l'on y monte & un petit Temple ou Chapelle tout auprès ou bien une grande Sale ou Chambre ornée de quelques autels sur lesquels sont élevées plusieurs de leurs Idoles. Il y a outre cela plusieurs Temples superbes consacrez à Amida, Siaka, Quanwon, & à plusieurs autres de leurs Dieux de toutes les Sectes & Religions établies dans le Japon. Mais comme ils ne different pas ni en figure ni en construction, de ceux qui sont bâtis pour les mêmes Dieux à Miaco & que nous en parlons dans cet article; il seroit inutile de le repeter ici.

Il y a à Iédo un grand nombre de superbes Palais, comme on peut se l'imaginer aisément d'une Ville qui est la Residence d'un puissant Monarque, & la demeure de tous les Princes & des Grands de ce puissant Empire. Ils sont separez & distinguez des maisons des simples particuliers par de grandes cours & de magnifiques portés auxquelles on monte par des Escaliers embellis & vernissez qui n'ont que peu de marche; les Palais sont divisez en plusieurs magnifiques appartemens de plein pied, à cause qu'ils n'ont qu'un étage. Ils ne sont point accompagnez de tours comme sont les Châteaux & les Palais, où les Princes & les Grands de l'Empire resident dans leurs Etats hereditaires.

La Ville d'Iédo est un seminaire d'Artistes, d'Artisans, & de Marchands. Cependant tout s'y vend plus cher qu'en aucun autre endroit de l'Empire, à cause du grand concours de peuple, de nombre de Moines faineans & de Courtisans, comme aussi à cause du transport difficile des provisions de bouche & des autres commoditez.

Le gouvernement Politique de cette Ville est le même que celui de Nangazaki & d'Osacca. Voyez ces Articles. Deux Gouverneurs ont le commandement de la Ville tour à tour pendant l'espace d'un an. Les principaux Officiers Subalternes sont comme les Magistrats que les Hollandois nomment Bourguemestres. Ils ont le droit de commandement dans leurs differens quartiers & les Ottona qui ont l'inspection & le commandement subordonné d'une seule rue.

Le Château où reside l'Empereur est situé presque au milieu de la Ville. Il est d'une figure irreguliere tirant sur la ronde & a environ cinq lieues du Japon de circuit. Il consiste en deux enceintes, ou Châteaux exterieurs si l'on veut les appeler ainsi: Le troisième qui est au centre est proprement le lieu de la demeure de l'Empereur; il est flanqué de deux autres Châteaux bien fortifiez, mais plus petits avec de grands Jardins derriere le Palais Imperial.

JED.

rial. J'appelle ces differentes divisions des Châteaux à cause qu'ils sont, chacun separément, entourez de fossez & de Murailles. Le premier ou le plus exterieur occupe un grand terrain; il entoure le second & une partie du Palais Imperial; & il est entouré de Murailles & de fossez avec des portes de resistance bien gardées. Il contient tant de rues, de fossez & de Canaux qu'il est difficile à un Européen d'en lever le plan.

C'est dans ce Château exterieur que demeurent les Princes de l'Empire avec leurs familles: ils habitent des Palais magnifiques & commodes, bâtis sur des Rues avec des cours spacieuses & sont fermez par de bonnes & grosses portes. Le second Château occupe un moindre terrain: il fait face au troisième qui est la demeure de l'Empereur, & est entouré du premier; mais il est separé des deux autres par des murs, des fossez, des Ponts Levis & de grosses portes. La garde de ce second Château est beaucoup plus nombreuse que celle du premier: il contient les superbes Palais de quelques-uns des plus puissans Princes de l'Empire, des Conseillers d'Etat & des premiers Officiers de la Couronne & en general de toutes les personnes dont la fonction est d'approcher le plus de la personne de l'Empereur.

Le Château où demeure l'Empereur lui même est situé sur un terrain un peu plus haut que les autres, sur le haut d'une Colline applanie exprès pour y bâtir le Palais de l'Empereur. Il est entouré d'une muraille forte & épaisse de Pierre de Taille, flanquée de bastions à peu près à la maniere de l'Europe. On a élevé un rempart de terre du côté interieur de la muraille & au dessus on a mis pour ornement & pour défense plusieurs bâtimens en quarré long, des guerites bâties en forme de tours qui ont plusieurs étages. Mais les bâtimens du côté où demeure l'Empereur sont sur tout d'une solidité extraordinaire tous de Pierre de Taille d'une grandeur énorme. Elles sont posées l'une sur l'autre sans être assurées avec du mortier ou avec des crampons de fer, afin, dit-on, qu'en cas de tremblement de terre, ce qui arrive frequemment dans le Pays, les pierres cedant au choc, la muraille n'en reçoive aucun dommage. Dans l'Interieur du Palais il s'eleve une tour quarrée plus haute que tous les autres Edifices. Elle a plusieurs étages ornez de toits & d'autres embellissemens curieux qui de loin font paroître le Château superbe au delà de ce qu'on peut dire, ensorte que les Spectateurs en sont étonnez. Le grand nombre de toits recourbez avec des dragons dorez au haut & aux angles qui couvrent tous les autres bâtimens renfermez dans le château font le même effet. Le second Château est fort petit & ressemble davantage à une Citadelle sans aucun ornement exterieur. Il n'a qu'une porte & un seul passage pour y aller du côté du Palais de l'Empereur, sur un pont long & fort haut. Le troisieme Château est à côté du second & approche fort de sa structure: ces deux derniers sont entourez de murs hauts & forts, & pour une plus grande défense ils sont environnez de fossez larges & profonds remplis d'eau qui y passe de la grande Riviere. C'est dans ces deux Châteaux que l'on

JED. 67

nourrit & qu'on éleve les enfans de l'Empereur de l'un & de l'autre sexe, s'il y en a. Derriere les appartemens de l'Empereur il y a encore un terrain élevé, embelli à la maniere du Pays par des Jardins curieux, & des Vergers terminez par un agréable bosquet qui est au haut de la Colline; il est composé de deux especes particulieres de planes dont les feuilles étoilées, mêlées de verd, de jaune & de rouge flatent beaucoup la vûë. Ce qu'on dit de ces Arbres est fort digne de remarque, c'est qu'une espece est dans toute sa beauté au printemps & l'autre en automne. Le Palais n'a qu'un étage & ne laisse pas d'être assez haut. Il occupe un grand terrain & a plusieurs longues galeries, de grandes Chambres, que l'on peut agrandir ou diminuer avec des Paravens. Elles sont disposées desorte qu'elles reçoivent toujours autant de jour qu'il en faut. Les principaux appartemens ont chacun leur nom; tels sont, par exemple, l'Antichambre où toutes les personnes que l'on doit admettre à l'audience soit de l'Empereur, soit de ses premiers Ministres d'Etat & les Conseillers privez s'assemblent pour des affaires; la salle de mille nattes où l'Empereur reçoit l'hommage & les presens accoutumez des Princes de l'Empire, où il reçoit aussi les Ambassadeurs des Puissances étrangeres; diverses Sales d'audience, les appartemens de la famille Imperiale & autres. La structure de tous ces divers appartemens est d'une beauté exquise, selon le goût d'Architecture du Pays. Les Plafonds, les Solives, & les Piliers, sont de Cedre ou de Camphre ou de bois de Jeseri dont les veines forment naturellement des fleurs & d'autres figures curieuses. Dans plusieurs appartemens on y met une simple couche de Vernis fort mince, en d'autres on le vernit, ou bien on le cisele: les bas-reliefs sont des Oiseaux, ou des branches que l'on dore proprement. Le plancher est couvert des plus belles nattes blanches avec un bord ou une frange d'or. Ce sont là tous les ameublemens que l'on voit dans les Palais de l'Empereur & des Princes de l'Empire. On dit qu'il y a un appartement caché & souterrain qui au lieu de Plafond a un grand reservoir d'eau, que c'est là que l'Empereur se retire lorsqu'il tonne, parce qu'ils croient que la force du tonnerre est rompue par l'eau: mais Mr. Kaempfer ne donne ceci que comme une chose qu'il a seulement ouï dire. Il y a encore deux Chambres fortes, où l'on tient les Tresors de l'Empereur; elles sont assurées contre le feu & les voleurs avec de fortes portes de fer & des toits de cuivre. C'est dans ce Château que residoient les Successeurs de l'Empereur Jejas le premier de cette famille qui regna sur le Japon.

a Les Palais des Grands ont cela de singulier qu'ils ont plusieurs portes magnifiques & la principale est nommée la porte de l'Empereur. La coutume est que quand les Grands font bâtir un Palais neuf, si-tôt qu'il est en état d'être habité l'Empereur y vient prendre un regale que le proprietaire lui fait preparer. Après qu'il en est sorti, on condamne par respect la porte afin que personne n'y puisse jamais passer après lui.

La Riviere de Tonkaw passe par Iédo dont

a Ambassade des Hollandois au Japon.

I 2 elle

68 JED. JEG.

elle remplit les Canaux. On peut juger de cette Ville par la partie que vit Mr. Kaempfer le jour de son entrée dans cette Capitale. Nous entrames, dit-il [a], aux Fauxbourgs d'Iédo qui ne sont qu'une continuation du Fauxbourg de Sinigawa, n'y ayant rien qui se sepáre qu'un petit corps de garde. La Mer en cet endroit s'approche si fort de la Colline qu'il n'y a qu'un rang de maisonnettes bâties entre la Colline & le Chemin qui regne pendant quelque temps le long de la côte & s'élargit ensuite formant plusieurs Rues irrégulieres d'une longueur considerable. Après une demie-heure de marche ces Rues deviennent plus larges, plus uniformes, belles & regulieres. Cela & la grande foule de monde que nous vîmes nous fit comprendre que nous étions entrez dans la Ville. Justement à l'entrée nous traversames un marché au Poisson, où l'on vend plusieurs sortes de plantes marines, de Coquillages, de Petoncles, des écumes de Mer, & du Poisson: on mange au Japon de tout cela. Nous allames par la grande Rue du milieu qui coupe toute la Ville du Sud au Nord, un peu irregulierement: nous passames sur plusieurs ponts magnifiques bâtis fur de petites Rivières & des Canaux pleins de vase qui couloient à notre gauche vers le Château & à notre droite du côté de la Mer. Nous vîmes aussi plusieurs Rues qui aboutissent à la grande. La principale qui coupe la Ville par le milieu vers le Nord faisant une ligne un peu courbe & qui a cinquante pas de largeur, contient une foule incroyable de monde. Nous y trouvames sur notre Chemin plusieurs trains des Princes de l'Empire & des Grands de la Cour, des Dames richement mises portées dans des chaises ou dans des Palanquins, parmi ces sortes de personnes nous vimes une Compagnie de gens à pied nommez pour éteindre le feu. Ils étoient environ cent & marchoient dans le même ordre militaire que les nôtres en Europe. Leur Capitaine marchoit au milieu.

Aux deux côtez des Rues il y a une grande quantité de boutiques bien garnies, de Marchands, d'Artisans, de Vendeurs de Drap, de Soye, de Droguistes, de Vendeurs d'Idoles, de Libraires, d'Emailleurs, d'Apoticaires, & d'autres. Un Drap Noir suspendu couvre une moitié de la Boutique, les Ouvriers sont un peu avancez du côté de la Rue & l'on voit étalé de fort beaux échantillons ou modelles de ce que l'on vend, que l'on fait dans les Boutiques. Après avoir fait une lieue le long de cette grande Rue & passé près de cinquante autres qui la coupent à droite & à gauche, nous fimes un detour pour aller à notre Hotellerie.

JEDSO. Voyez JESO.

JEGAS, Lieu voisin de Syracuse dans la Sicile. Thucydide [b] en parle à l'occasion de Gilippe qui s'en rendit maître.

JEGERNDORF. Voyez IAGERNDORFF.

JEGUN, Bourg de France dans le haut Armagnac, sur une petite Riviere qui peu après se jette dans l'Auloux, avec laquelle elle va se perdre à Clarance dans la Blaise qui coule ensuite à Condom & à Nerac. Il est à trois lieues d'Auch au Nord Occidental de cette Ville.

[a] p. 227.

[b] l. 7.

JEH. JEL. JEM.

JEHAN-ABAD, Ville de l'Indoustan. La même que Dehli. Quelques-uns écrivent GEHAN-ABAD. Voiez DEHLI.

JEHYBUM, Lieu du departement du Commandant de la Palestine. La seconde Cohorte de Gratien y avoit ses quartiers d'hyver, selon la Notice de l'Empire [c].

JELEA, ELEA, ou IHELEA, Ville maritime quelque part vers l'Isle de Cythere, selon quelques Manuscrits de Darès le Phrygien. Ortelius observe que les Imprimez portent HELENA.

JELLEIA, Ville imaginaire qui n'a d'autre existence que dans la corruption d'un passage de Strabon. Voiez DIACUISTÆ. Marius Niger qui ne savoit pas que ce passage fût corrompu n'a pas laissé de dire de bonne foi que c'est presentement STRADELLA.

JEMENA. Voyez IMMA.

1. JEMINI. Voyez IMMA.

2. JEMINI. Schouten apelle ainsi la Riviere d'Asie qui coule dans l'Indoustan & qui passe à Agra, & se jette à Halabas dans le Gange. C'est la même que Mr. de l'Isle appelle GEMENE. D'autres l'appellent GEMMA. Voyez ce mot. C'est le JOMANES de Pline. Voiez aussi cet Article.

JEMNAA, ancien lieu de la côte de Palestine, selon le livre de Josué dans l'Edition Grecque [d], car dans la Latine ce nom & les autres qui l'accompagnent ne sont point exprimez.

JEMPTERLAND, (LE) ou JEMPTELAND, en Latin Jemptia, contrée de Suede dans sa partie Septentrionale. Elle est bornée au Nord-est par la Laponie; à l'Orient par l'Angermanie; au Midi par la Medelpadie, l'Helsingie & la Dalecarlie, & au Couchant par les hautes Montagnes qui separent la Suede, de la Norwege à laquelle elle a autrefois appartenu [e]. Il n'y a aucune Ville, mais bien quelques Bourgs & Villages: les Bourgs sont,

Undeshager,	Bergh,
Altzen,	Ressund,
Doere,	Klossio.

Deux Rivieres assez considerables traversent ce Pays, sçavoir l'INDAL qui forme un grand Lac qui a plusieurs lieues d'étendue, & l'HAMERDAL qui coule du Nord-Ouest au Sud-Est. Mais je crois que ces deux noms d'Indal & Hamerdal sont plûtôt ceux des Vallées que ces Rivieres arrosent que ceux des Rivieres mêmes. Zeiler [f] dit que ce Pays est riche. Cependant il nous apprend que ci-devant les habitans de la Fin-marchie Danoise avoient tous les ans deux foires solennelles, l'une le 25. Novembre au jour de Ste. Catherine au côté Meridional de Hamerdal, & l'autre le Dimanche des Rameaux au côté Septentrional; qu'ils y troquoient contre les Suedois des Pelleteries de toute espece contre de l'eau de vie, de la farine, des Draps, & autres choses necessaires à la vie. Olaus Magnus dit, que de son temps le Pays de Jempterland étoit soumis à l'Archevêque d'Upsal.

L'Origine de ce nom est fondée sur un trait d'Histoire qui merite bien d'être raporté ici [g]. Ce Pays aussi bien que la Helsingie faisoient partie

[c] Sect. 21.

[d] c. 2. v. 16.

[e] Hubner Geogr. p. 698.

[f] Sueciæ desc. p. 46.

[g] Ibid. p. 8.

JEM. JEN.   JEN.

partie de la Norwege lorsque Ketill Iampte & Thor Helfing Pere & Fils s'enfuirent de ce Royaume pour se souftraire à la Tyrannie de Harald à la belle chevelure. Si on en croit les Historiens de Norwege Kitill Iampte craignant Oistenus Roi de Suede qui avoit envahi le Pays de Drontheim, s'établit dans le Pays qui porta ensuite son nom, & qui, à en juger par la maniere dont il est à present peuplé, ne devoit gueres l'être en ce temps-là.

IEMSSE'E, Bourg de Finlande dans la Tavaftie au bord Occidental du Lac de Iende.

JENA. Voyez IENE.

IENCOPING. Voyez IENKOPING.

IENDE, grand Lac de Finlande. On l'appelle auffi PEIENDE & c'est fous ce dernier nom qu'il est marqué dans la Carte des Couronnes du Nord par Mr. de l'Isle. Il est dans la Tavastie d'où il reçoit plusieurs Rivieres & ruisseaux, outre quelques autres de la Province de Savolax qui viennent s'y perdre, ensuite il se decharge dans le Golphe de Finlande par la Riviere de Kimen au Couchant de la Carelie Finoise.

IENDO, la même qu'IEDO. Voyez ce mot.

1. IENE, *Æstuarium* [a], ancien nom d'un Golphe de la grande Bretagne. On croit que c'est presentement le Golphe de KRAY [b].

[a] Ptolem. l. 2. c.
[b] Ortel. Thes.

2. IENE [c], Ville d'Allemagne dans la Thuringe sur la Sala dans les Etats de la Maison de Saxe de la Branche d'Eisenach. Quelques-uns ont voulu deriver son nom de ses Vignobles & ont pretendu que les Juifs l'ont ainsi nommée, parce qu'en Hebreu ןיי *Iain*, veut dire du *vin*, mais pour ajouter foi à cette Etymologie, il faudroit être bien assuré qu'il y avoit anciennement des Juifs, & des Vignobles en cet endroit-là. Ce qui est plus certain, c'est que le Comté de Gleisberg s'étendoit à l'entour de cette Ville & qu'elle vint à Frederic le Fort par un Mariage. Laurent Guillaume dans sa description de la Ville de Zwikaw dit [d] que la seconde femme de Frederic le Mordu, nommée Elizabeth Comtesse d'Arnshaug & la derniere de cette famille lui apporta Marlsheim, Iene & Eysenach.

[c] Zeyler Thuringiæ Topogr. p. 106.
[d] p. 33.

Cette Ville d'Iene située à trois milles de Naumbourg, a des tours & des murailles & passablement fortifiée, & a un Pont de pierre sur la Sala, Riviere qui a sa source dans le Fichtelberg & se jette dans l'Elbe. Le Couvent des Dominicains y fut fondé l'an 1286. & doté ensuite par la liberalité de plusieurs particuliers, mais principalement par les bienfaits d'Albrecht Landgrave de Thuringe, & Comte Palatin de Saxe, comme l'écrit Dresserus [e]. La Ville est assez bien bâtie; mais elle tire son principal lustre de son Université. Jean-Frederic Duc de Saxe se donna de grands mouvemens auprès de Charles V. qui étoit alors à Bruxelles pour en obtenir les Privileges necessaires à cette Université; mais il n'en put voir l'exécution. En mourant il chargea son fils d'y travailler & ce Prince obtint ces Privileges l'an 1558. de l'Empereur Ferdinand. L'installation solemnelle s'en fit le 2. de Fevrier. Il lui fit present d'une belle Bibliotheque, y plaça des Professeurs habiles sur tout pour le Droit. Bertius met l'introduction de l'U-

[e] p. 331.

niversité au 25. de Janvier 1655. les grands hommes qu'on y avoit placez y attirerent bientôt une foule d'Etudians; outre l'agrément qu'ils y trouvoient en y vivant à très-bon marché. Juste Lipse avoit enseigné dans cette Université & il y prononça l'Oraison funebre du Duc de Saxe. Dès le temps de Bertius elle étoit dechue de cette grande celebrité. Elle ne laisse pas de conserver encore un rang honorable entre les Universitez d'Allemagne, & elle a encore à present des Professeurs du premier ordre.

3. IENE, ou IENO, Ville de la Haute Hongrie vers les Confins de la Transilvanie. Mr. de l'Isle la nomme BOROS-JENO, c'est une Forteresse sur le Keres Riviére qui de là coule à Giula. Au dessous de Boros-Jeno, on trouve un Village nommé le petit Jeno. Ces lieux sont dans le Comté d'Arad. Mr. Baudrand confond Iene avec *Desna* Château qu'il apelle DENE. Ce Château est dans un autre Comté. Mrs Mati & Corneille font la même faute.

JENE'EN [f], grande & vieille Ville de la Palestine aux Confins de la Plaine d'Esdraleon en allant de Jerusalem à Nazareth. Elle a un vieux Château & deux Mosquées, & c'est le lieu de la Residence d'un Emir qui leve un Caphar sur tous ceux qui font cette route. On seroit tenté de croire que c'est la Naïm de l'Ecriture; mais le Ministre Mawndrel la distingue [g].

[f] Mawndrell Voyage d'Alep à Jerusalem p. 187.
[g] p. 193.

JENGAN, Ville de la Chine dans la Province de *Chensi* ou *Xensi* dont elle est la huitieme Metropole. Elle est de 8. d. 20'. plus Occidentale que Pékin & compte 37. d. 37'. de Latitude [h]. Cette contrée n'étoit pas anciennement comprise dans l'Empire de la Chine. Ce fut l'Empereur XI qui s'en rendit maître & qui l'enferma dans la grande Muraille. La Ville est située au bord Septentrional du Lac LIEU, dans un champ agréable & fertile; elle tire un grand agrément de la Montagne qui est enfermée dans ses Murs, & qui est occupée par divers bâtimens tant publics que particuliers. Le Territoire de Jengan renferme ix. Villes, savoir,

[h] Martin Atlas Sinenfis.

Jengan,	Feu, ☉
Ganfai,	Cochuen,
Canciven,	Chung-pu,
Ganting,	Ykiun,
Paogan,	Suite, ☉
Ychuen,	Miche,
Jenchuen,	Kia, ☉
Jenchang,	Upao,
Cingkien,	Xinmo,
& Fuco.	

Il coule dans les Montagnes de cette liqueur Bitumineuse qu'on nomme *Petrole*; ils s'en servent dans leurs Lampes & pour guerir la galle. Le Pays fournit quantité de Pelleteries precieuses entre autres des Zibelines. Il y a divers marbres en quantité; & on y trouve particulierement la fleur *Meutan*, c'est-à-dire, la Reine des fleurs. Elle ressemble un peu à nos roses, mais ses feuilles sont plus épanouïes, elle a moins d'odeur & plus de beauté, elle est sans épines, sa couleur est un mélange de blanc &

de pourpre ; il y en a aussi de rouges & de jaunes, elle est portée par un Arbuste qui ne ressemble pas mal à notre sureau. Dans toute la Chine cette fleur est cultivée dans les Vergers des Grands avec d'autant plus de soin qu'il faut la garantir des grandes chaleurs de l'été. Il n'y a à Jengan que deux Temples consacrez aux Heros.

a De l'Isle Carte des Indes.

JENGAPOUR [a], Ville de l'Indoustan dans les Etats du grand Mogol, sur la Riviere de Chaul, dans une petite contrée à laquelle cette Ville donne son nom. Au Nord-Est de Dehly, & au Sud-Sud-Est de Lahor. C'est la même que Mr. Baudrand appelle GENUPAR.

1. JENISCEA, JENISIA, grande Riviere d'Asie dans la Tartarie. Elle a sa source en divers Lacs, auprès des Montagnes qui sont au Midi de la Siberie, ensuite coulant vers le Nord Occidental, elle traverse le Pays des Kirgisses où elle reçoit divers Ruisseaux, entre autres l'Upsa d. le Karatan, g. Sida, d. Mana, d. Bazaiga, d. Lagotina d. vis-à-vis de Crasnojar Ville g. la Spolofanka, Velika, Vitova, & Kan, d. Husim, & Podienbolta, g. Elle se grossit ensuite de la grande Riviere d'Angara qui vient du Lac de Baikal, après quoi elle passe à Jeniscea Ville au Pays des Tartares Tonguses, & qui est nommée par des Voyageurs Jenizeskoi. Les ruisseaux qu'elle reçoit au dessous de cette Ville sont Pitopa, Karosi, d. Sin, g. & vis-à-vis elle est accrue par la Podkamena Tonguska grande Riviere, au dessous de laquelle elle reçoit divers ruisseaux dont nous ignorons les noms, excepté le Tugulan g. & Mira, d. Elle entre ensuite au Pays des Samoyedes à l'entrée duquel elle absorbe les eaux de la Riviere Nisnaia Tonguska, qui coule au Pays des Tonguses. Au dessous de leur jonction est sur la droite le Monastere de Troitskogo, & plus bas de l'autre côté est Turuganskoi, à l'endroit où la Riviere de Turugan tombe dans le Jeniscea. Elle reçoit encore les eaux des Ruisseaux suivans. Schoriga, d. Koresiga, g. Gataka, & Ubo, d. presque vis-à-vis de cette derniere elle reçoit une branche de la Gusina dont une autre branche la joint plus bas après avoir formé une Isle. Sur la droite les Ruisseaux Dudina Veignaia, Dudina Nisnaia, & Ubonia s'y rendent, de l'extremité Septentrionale de la même chaine de Montagnes où elle a pris sa source & qui la côtoye à l'Orient ; puis formant l'Isle de GANSKO à son Embouchure elle se jette dans la Mer glaciale au Midi de la Nouvelle Zemble. Entre cette Riviere & celles de Nisnaia Tonguska, & de Podkamena Tonguska sont des Montagnes brûlantes ou Volcans.

a Voyage d'Isbrand Isseré dans les Voyages de le Brun p.116.

2. JENISCEA, JENIZESKOI [a] ou JENISEISKOI, Ville de l'Empire Russien, dans la Tartarie, au Royaume de Siberie aux Confins des Ostiaques & des Tonguses. Elle tire son nom de la Riviere qui la baigne & qui a plus d'un grand quart de lieue de large devant la Ville. Vers la fin du Siécle passé, les habitans de cette Ville équipperent un vaisseau pour aller à la pêche de la baleine, mais il n'en est jamais revenu & même ils n'en ont eu aucune nouvelle : cependant ceux de FUGUNIA, Ville située sur la même Riviere en descendant, ne laissent pas d'y en envoyer tous les ans, mais ils prennent mieux leur temps, lorsque le vent pousse la Glace en Mer & font ainsi cette pêche sans peril. La Ville de Jeniscea est assez grande, bien fortifiée & fort peuplée. Le bled, la viande de boucherie & la volaille y abondent. Sa jurisdiction s'étend sur un grand nombre de Tonguses Payens, lesquels habitent le long de la Riviere & de quelques autres du voisinage. Ils payent à l'Empereur de Russie un Tribut de toutes sortes de pelleteries. Le froid y est si violent que les arbres fruitiers n'y produisent aucun fruit. Il n'y croît que des groseilles rouges & noires & quelques fraises.

Le Journal Allemand d'un voyage de Laurent Lange à la Chine raporte une circonstance remarquable. C'est qu'aux environs de cette Ville & même assez loin en allant vers Mangasca on trouve dans la terre une espece d'os fort surprenante au bord de la Riviere & dans d'autres fonds. Ces os ressemblent à de l'Ivoire, & les Naturels du Pays les prennent effectivement pour cela, & on croit que c'est le Deluge qui les y a amenez. D'autres croyent que ce ne sont ni des os, ni des dents, mais une yvoire fossile qui se produit dans la terre. D'autres assurent qu'il y a sous terre un animal excessivement gros nommé *Maman*, qui ne peut supporter le jour, ni la lumiere, ils ajoutent qu'il a une corne qui lui sert à écarter devant lui la terre dans laquelle il vit ; que cette corne ressemble à une dent d'Elephant, & que cet animal est le même que le Behemot decrit au chap. 40. de Job. [b] Les dents de ses machoires sont d'une matiere qui extérieurement ressemble à l'os, mais intérieurement elle ressemble à un metal & est dure comme de la pierre. L'inclination que le Behemot a de se cacher convient à l'animal dont on parle, en ce que l'on ne trouve de ses os que dans les endroits de Siberie qui sont bas, marécageux & couverts de broussailles, il ne peut voir la lumiere sans mourir. Lange ajoute qu'on lui a dit que l'on trouve encore à present des os de cet animal comme des cornes, des dents, des côtes, où l'on voit encore du sang tout frais & de la chair, & que si on s'en vouloit donner la peine on en pourroit former un squelette entier.

§ Un Allemand qui a formé un Etat de la Siberie imprimé à Nurenberg l'an 1720. [b Cap. 9. p. 80.] qu'il a recueilli de tous les Auteurs qu'il a pu trouver ; dit qu'un des côtez de la Riviere JENIZA, JENISEA, GENESSAI ou JELISSE, est bordé par de hautes Montagnes ; que l'autre est une large plaine qui vers le printemps est inondée par ce Fleuve qui se deborde comme le Nil l'espace de 70. milles, & engraisse les terres qu'il rend très-fertiles. Tant que dure cette inondation les Tonguses se retirent de l'autre côté sur les Montagnes, après quoi, lors que le Fleuve est rentré dans son lit, ils reviennent dans la plaine avec leurs troupeaux. Le Jénifcea ne peut être navigué fort loin à cause de neuf poroges, ou chutes d'eau qui étant à quelques milles de distance les unes des autres interrompent la Navigation.

1. JE-

| | JEN. | JEP. JER. | 71 |

a De l'Isle Atlas.

1. JENIZZAR *a*, Ville de Grece dans la Macedoine au fond du Golphe de Salonique entre cette Ville & Caraveria, dans le Comenolitari ; peu loin des ruines de l'ancienne Pella.

b Ibid.

2. JENIZZAR *b*, ou JENIZAR, petite Ville de Grece dans la Janna, sur une petite Riviere qui tombe dans le Golphe de Volo, entre ce Golphe & Larisse. C'est l'ancienne PHERÆ de Thessalie. Cette Riviere est l'AMPHYSUS des Anciens.

JENKOPING, JENEKOEPING, ou JONEKOPING, Ville de Suede dans la Province de Smaland, au bord Occidental de la pointe Meridionale du Lac Väter ou Vether ; Olaus Magnus la nomme en Latin JANOCOPIA & dit que les Rois y ont tenu des assemblées celebres. La Ville est ouverte de tous côtez &

c Suec. desc. p. 108.

n'a ni murs ni fossez au raport de Zeyler *c*, mais la Citadelle est enfermée dans un rampart. C'est dans cette Ville que mourut subitement l'an 1503. Stenon Sture Administrateur du

d Meursius l. 2.

Royaume de Suede *d*. L'an 1612. comme Christian IV. Roi de Danemarc venoit attaquer cette Ville, les Suedois mirent eux-mêmes le feu à la Ville & deffendirent la Citadelle.

JENO. Voiez IENE 2.

e Atlas Sinensis.

JENPING *e*, Ville de la Chine dans la Province de Fokien dont elle est la v. Metropole. Elle n'est plus Orientale que Pekin que de 57'. sous les 26. d. 34. de Latitude. Cette Ville est arrosée par la Riviere Min, & s'eleve depuis le rivage en forme d'Amphitheatre jusqu'au haut de la Colline, de maniere qu'en navigeant sur la Riviere on la voit presque entierement. Du côté de la porte qui est à l'Orient il y a deux Rivieres qui se joignent, savoir, le MIN & le SI & forment un Lac, où abordent des barques de presque toute la Province. La Ville n'est pas fort grande, mais elle n'en est pas moins jolie, & ses murailles s'élevent jusques sur les Montagnes qui sont très-hautes & presque inaccessibles du côté de dehors ; c'est ce qui fait passer Jenping pour une place très-forte & pour une Clef de la Province. Elle a cela de particulier que la langue des Lettrez y est la langue ordinaire du Peuple ; ce qu'on attribue à une Colonie qui y est venue de Nanquin. Une autre chose qui lui est singuliere c'est qu'il y a peu de Maisons qui ne soient fournies d'eau par des canaux qui descendent de la Montagne. Il y a trois Temples distinguez, & deux ponts de bateaux amarez ensemble ; un sur chaque Riviere.

Cina fut le premier qui la nomma Jenping. La famille de Tanga la nomma KIENCHEU, celle de Sunga NANKIEN, & enfin celle de Taiminga lui rendit son premier nom de Jenping. Son territoire comprend sept Villes, savoir

Jenping,   Yeuki,
Cianglo,   Xunchang,
Xa,   Junggan,
       & Tacien.

JENUPAR. Voiez JENGAPOR.

JENYSUS, Ἰήνυσος, Ville Frontiere de l'Arabie & de la Syrie ; aux confins de l'Egypte, selon Herodote *f*. Il dit que l'espa- *f l. 3. c. 5.* ce qui est entre la Ville Jenysus, & le mont Casius & le Lac Serbon n'est pas petit & qu'il a une étendue de trois journées de Chemin.

JEPHLETI, ou JAPHLET, comme lit Ortelius ; ou plûtot JEPHET comme on lit dans la Vulgate *g*, ancienne Ville de la Pales- *g Josué.* tine aux confins des Tribus de Benjamin & *16. v. 3.* d'Ephraim.

JEPHTA *h*, Ville de la Palestine dans la *h Ibid. c. 15.* Tribu de Juda. *v. 43.*

JEPHTAEL *i*, Ville de la Palestine dans *i Ibid. c. 19.* la Tribu de Zabulon. *v. 14.*

IERA, petite Isle deserte de l'Archipel, au Levant de l'Isle de Namfio, en allant vers celle de Stampalie.

IERABRICA, ancien lieu d'Espagne, selon Antonin, entre Lisbonne & Scalabis à xxx. M. P. de la premiere & à xxxii. M. P. de la seconde, sur la route de Lisbonne à Merida. L'Edition de Zurita porte HIERABRIGA, l'exemplaire du Vatican porte IERABRICA, d'où est venu dans quelques Manuscrits *Lerabrica*: il y en a d'autres où l'I est changé en G, ce qui a été facile en prononçant mal l'I, qui est voyelle & dont on a fait un J consonne. Resendius, Vasæus, Morales & autres croient que c'est ALANGUER. Voiez ce mot.

C'est peut-être l'Arabrica de Ptolomée.

JERACON. Voiez PHOBARUM.

JERALA, Ville de la Palestine dans la Tribu de Zabulon *k*. Elle est aussi nommée *k Josué c.* JEDALA, il a été aisé en lisant l'Hebreu de *19. v. 15.* confondre le D & l'R, **ד & ר**.

JERAMEEL, Canton de la Palestine, dans le Partage de la Tribu de Juda vers le Midi de cette Tribu *l*. Il fut possedé par *l 1 Reg c. 27.* les descendans de Jerameel fils d'Hesron. David disoit à Achis qu'il faisoit des courses dans *30. v. 29.* le Pays de Jerameel pendant qu'il ravageoit le Pays des Amalecites, des Gessurites, & des Gerzites.

JERBEY *m*, ou IREBEY, autrefois Ville, *m Baudrand* presentement village d'Angleterre, au Comté *Ed. 1705.* de Cumberland à cinq lieues de la Ville de Carlisle vers le Couchant.

C'est apparemment IRBY, Bourg où l'on tient marché.

1. JERIA, contrée de l'Inde. St. Jerome en parle *n* & dit qu'elle étoit près du Fleu- *n Quæst. in* ve Cophene. Ortelius croit que ce nom, pris *Genes.* de Josephe, est corrompu & ajoute que dans l'endroit dont il est question *o* on lit dans Jo- *o Antiq. l.* sephe même SYRIÆ. *1. c. 1.*

2. JERIA, lieu de Thrace hors la Ville de Constantinople, selon l'Histoire mêlée *p*, *p l. 18.* qui le nomme ailleurs HIERIA *q*. *q l. 21.*

JERICHO *r*, Ville de la Palestine dans *r D. Calmet* la Tribu de Benjamin, environ à sept heues *Dict.* de Jerusalem, & à deux lieues du Jourdain. *s Josué. c.* Moïse *s* l'appelle la VILLE DES PALMIERS, *18. v. 21.* à cause qu'il y avoit grand nombre de ces ar- *t Deut. c.* bres dans la plaine de Jericho. Josephe *v* dit *34. v. 3.* qu'il y avoit dans le territoire de cette Ville, *v Antiq. l.* non-seulement beaucoup de Palmiers, mais *4. c. 5.* aussi l'arbre du beaume qui produisoit cette liqueur si précieuse, & si estimée des Anciens ; la vallée de Jericho étoit arrosée par un ruisseau, qui étoit autrefois salé & amer ;

mais

JER.

[a] *4. Reg. c. 2. v. 19.* mais qui dans la suite fut adouci par le Prophete Elisée, en sorte que ces eaux rendirent la plaine de Jéricho,[b] non-seulement une des plus agréables, mais même une des plus fertiles du Pays. Jéricho fut la premiere Ville du Pays de Chanaan, que Josué prit[c]. Il y envoia d'abord des espions, qui furent reçus par une femme nommée Rahab, qui les logea chez elle, & les sauva de la main du Roi de la Ville, qui avoit envoyé pour les faire arrêter. Elle leur fit promettre qu'ils la conserveroient, elle & toute sa famille, lorsqu'ils auroient pris la Ville.

[b] *Joseph. de Bello. l. 5. c. 4.*
[c] *Josué, 11. 1. 2. & seq.*

[d] *Josué, c. 6. v. 1. & seq.* Josué reçut ordre du Seigneur d'assiéger Jéricho, peu de jours après le passage du Jourdain, & peut-être la veille ou le jour de la premiere Pâque que les Hébreux célébrerent dans la terre de Chanaan. La maniere dont se devoit faire le siége est toute extraordinaire. Dieu leur ordonna de faire pendant 7. jours, & chaque jour une fois le tour de la Ville. Les gens de guerre marchoient à la tête, apparemment hors de la portée des traits des ennemis. Après eux suivoient les Prêtres qui sonnoient de la Trompette; puis ceux qui portoient le coffre sacré, qui renfermoit les tables de la Loi; & enfin tout le Peuple, disposez dans le même ordre qu'ils gardoient dans la marche du désert. On observa cette cérémonie jusqu'au septieme jour. Ce jour-là on tourna sept fois autour de la Ville; & à la septiéme, au bruit des trompettes & des cris de tout le Peuple, les murs tomberent d'eux-mêmes. Le premier jour étoit un Dimanche, disent les Rabbins, & le septieme un jour de Sabbat. Tout le peuple demeura dans un profond silence pendant les six premiers jours: mais le septiéme jour, Josué leur ayant dit de crier, ils éleverent leurs voix de toute part; & les murs étant renversez ils entrérent tous dans la Ville, chacun par l'endroit qui étoit vis-à-vis de lui. Or le Seigneur avoit ordonné que la Ville fût dévoüée à l'Anathême, & que nul ne touchât à quoi que ce fût de ce qu'on y trouveroit; & qu'on n'y épargnât ni hommes, ni bêtes; qu'on mît tout à mort, sans distinction ni d'âge, ni de condition; que la seule Rahab & sa famille seroient exceptées de cette loi générale. Tout cela fut exécuté. On mit le feu à la Ville, & on consacra au Seigneur tout l'or & l'argent & le cuivre qui s'y trouverent. Alors Josué fit cette imprécation, & il dit: Maudit soit devant le Seigneur l'homme qui relevera & rebâtira Jéricho: Que son premier né meure, lorsqu'il en jettera les fondemens; & qu'il perde le dernier de ses enfans, lorsqu'il en mettra les portes. Cette imprécation de Josué ne fut pas vaine[e]. Hiel de Béthel environ cinq cens trente sept ans après ceci, entreprit de rebâtir Jéricho. Il perdit Abiram son fils ainé, lorsqu'il en jetta les fondemens; & Ségub le dernier de ses fils, lorsqu'il en mettra les portes. Au reste on ne doit pas s'imaginer que jusqu'au tems de Hiel de Béthel, il n'y ait point eu de Ville de Jéricho dans ce Canton-là. Nous y voïons une Ville des Palmiers, apparemment la même que Jéricho, du tems des Juges[f], sous Eglon Roi des Moabites. Les Ambassadeurs de David, qui a-

[e] *3. Reg. c. 16. v. 34.*
[f] *Judic. c. 2. v. 13.*

voient été outragez par les Ammonites[g], demeurérent à Jéricho, jusqu'à ce que leur barbe fût revenüe. Il y avoit donc dès lors une Ville de Jéricho; mais elle n'étoit pas sur les fondemens de l'ancienne; elle étoit au voisinage de cette prémiere Jéricho. Josephe distingue[h] assez ces deux lieux lorsqu'il dit qu'encore de son tems, on voyoit près l'ancienne Jéricho détruite autrefois par Josué, la source d'une Fontaine très-abondante, qui suffisoit pour arroser toute la plaine. Mais depuis que Hiel de Béthel eut réparé l'ancienne Jéricho, nul ne fit scrupule d'y aller demeurer. On sait de quelle maniere le Prophète Elisée adoucit les eaux de cette Fontaine. Hérode avoit fait bâtir à Jéricho un fort beau Palais. C'est là qu'il fit noyer le Grand-Prêtre Aristobule son beau-frere, & où il mourut lui-même. Notre Sauveur a fait quelques Miracles à Jéricho, & c'est où il s'invita à demeurer chez Zachée, dont la foi est si fort loüée dans l'Evangile.

[g] *2. Reg. c. 10. v. 4. 5.*
[h] *Doubdan Voyage de la Terre Sainte c. 37. Joseph de Bello. l. 5. c. 4.*

La rose de Jéricho est loüée dans l'Ecriture[i], & dans les voyageurs; quoiqu'il y ait lieu de douter que ce que l'Ecriture appelle rose de Jéricho[k], soit la même chose que ce que les modernes entendent sous ce nom. Quoiqu'il en soit, voici ce qui est connu sous le nom de rose de Jéricho. C'est une plante qui a la forme de sureau. Sa fleur vient en bouquet, composé de plusieurs petites fleurs assez semblables à celles du sureau. D'abord elle est rouge, elle devient ensuite blanchâtre. La Campagne de Jéricho est toute couverte de cette espèce d'arbuste. Il en vient aussi dans quelques endroits de l'Arabie. La fleur est incorruptible; elle se séche, & se referme à-peu-près comme la fleur de sureau, avant qu'elle s'ouvre & s'épanoüisse. On lui attribuë plusieurs vertus sans aucun fondement. Quand on la laisse quelque tems dans l'eau, elle s'ouvre & s'épanoüit. Dès qu'on la laisse quelque tems hors de l'eau, elle se reserre, & cela en toutes les saisons de l'année.

[i] *Ecclesiastic. c. 24. v. 18.*
[k] *Quasi plantatio rosa in Jericho.*

Quoi que Josephe dise que les environs de Jericho ressembloient au Paradis terrestre, cependant il y avoit quantité de serpens, & même Suidas dit qu'on s'en servoit pour la Theriaque. Strabon[l] fait mention de deux Forts Thrax & Taurus, situez à l'entrée de Jéricho, & que Pompée détruisit. Josephe parle aussi des Forts placez autour de cette Ville, celui de Dagon, Δαγῶν, étoit de ce nombre[m]. Kupros étoit aussi une Citadelle bâtie au dessus de Jéricho par Herode[n]. Vespasien[o] détruisit Jéricho, Hadrien la rebâtit. Mr. Baillet pretend que l'ancienne Ville de Jéricho détruite par Josué étoit dans la Tribu de Juda & la nouvelle Jéricho étoit de la Tribu de Benjamin[p]. Cette Ville fut encore relevée sous les Empereurs Chrétiens & Procope dit[q] que Justinien y fit reparer l'Hopital & l'Eglise de la Mere de Dieu. On y établit même un Siége Episcopal & elle est nommée Regium Yericho dans la Notice du Patriarchat de Jerusalem; mais les guerres des Sarrazins dans la Terre Sainte ont tout détruit. Jéricho[r] n'est rien à présent, qu'un amas de méchantes huttes faites de cannes & de boüe

[l] *l. 16.*
[m] *Ant. l. 13. c. 15. & de Bello. l. 1. c. 2.*
[n] *Ant. l. 16. & Bell. l. 1. c. 20.*
[o] *Le P. Nau Voyage de la Terre Sainte.*
[p] *Topogr. des Saints p. 243.*
[q] *Ædific. l. 5. c. 9.*
[r] *Le P. Nau Voyage de la Terre Sainte.*

où

JER.

où demeurent de méchans Arabes si gueux, qu'à peine ont-ils dequoi couvrir leur nudité. Beaucoup de leurs enfans y marchent tout nuds, Il n'y a plus ni remparts, ni murailles, on y voit tout au plus quelques restes de ses ruines. Ce qu'il y a de plus entier est la Maison de Zachée, ou plutôt la Maison qu'on a bâtie en la place, où étoit la sienne, proche des anciennes murailles de la Ville & du torrent, qui leur servoit de fossé. C'est un édifice quarré, dont l'étage d'enhaut est presque tout abbatu, celui de dessous, qui est bien voûté, subsiste, mais il ne sert plus que d'étable.

JERICON, ou JERCON, ou plutôt JARKON, Ville de la Palestine dans la Tribu de Dan [a]. MEJARCON, ou plutôt ME-JARCON signifie les *eaux de Jarcon*. Ces lieux étoient aux environs de Joppé.

[a] *Josué*, c. 19. v. 46.

JERIMOTH, Ville de la Palestine dans la partie Meridionale de la Tribu de Juda. Voiez JARIMOTH & JARMUTH.

JERIMUTH, c'est la même chose que JERIMOTH.

JERNA, Riviere d'Espagne près du Promontoire Celtique, selon quelques Editions de Mela [b] & nommément celle d'Olivarius. L'Edition d'Alde que les nouvelles ont suivie dit beaucoup mieux LÆRON le nom de cette Riviere.

[b] l. 3. c. 1.

IERNIS, nom que quelques-uns ont donné à l'Irlande.

IERNUS, Riviere d'Irlande dans sa partie Occidentale, selon Ptolomée [c]. Voiez l'Article JUERNIS.

[c] l. 2. c. 2.

1. IERON [d], c'étoit anciennement le nom d'un lieu de l'Asie mineure en Bithynie, c'est aujourd'hui un Fort de l'Anatolie sur le detroit de Constantinople près de Scutari.

[d] *Baudrand Ed.* 1705.

2. IERON, Ville de la Palestine dans la Tribu de Nephtali, selon Josué [e].

[e] c. 19. v. 38.
[f] *Baudrand*.

3. IERON DE ROMELIE [f], Bourg de la Turquie en Europe dans la Romelie près de la Ville de Constantinople.

JEROSLAW, Ville de l'Empire Russien, quelques-uns écrivent Jaroslaw, & d'autres, comme Mr. de l'Isle, YEROSLAWLE. Cette Ville est située sur le bord Meridional du Wolga, dans le Duché auquel elle donne son nom, & près des confins du Duché de Rostow; à environ quarante Werstes de la Ville de Rostow.

[g] *Carte de la Moscovie*.

Le Duché de Jeroslaw est un Canton de l'Empire Russien traversé par le Wolga. Il est borné au Nord par la Province de Wologda; à l'Orient par la Principauté de Galicz, & par le Duché de Susdal; au Midi par le Duché de Rostow, & enfin au Couchant par le Duché de Belosero. On le traverse du Sud au Nord lorsque l'on va de Moscou à Wologda.

JEROVILLA, ou ANFILOCA, Ville de Grece, dans la basse Albanie à l'Orient du Golphe & de la Ville de l'Arta sur une petite Riviere qui tombe dans ce Golphe. C'est l'ARGOS AMPHILOCHICUM des Grecs. Voiez ARGOS 3.

IERRE, (L') petite Riviere de France dans la Brie. Voiez YERRES.

JERSEY, Isle sur les côtes de France quoique sous la Domination Angloise; cette Nation ayant conservé cette Isle & quelques

JER. 73

autres domaines pour tout reste des possessions qu'elle avoit autrefois dans ce Royaume [h]. Jersey est située vers la côte de Normandie & dependoit pour le spirituel de l'Evêché de Coutance. Mais, les Anglois y ont introduit la Religion Protestante dont ils font profession; elle a précisement sept lieues de circuit, & est à dix lieues de la côte de Bretagne & à cinq de celle de Normandie.

[h] *Memoires communiquez*.

Le Chef-lieu s'appelle ST. ELIS, au Sud de l'Isle, où est un port abrié par une chaussée de pierre & JOUEGANT est un Château qui bat sur le port.

On compte dans l'Isle douze paroisses, on prétend qu'il y a bien trente-cinq mille habitans & qu'ils peuvent armer au besoin dix mille hommes. Le terroir est très-fertile, & le cidre qui est la boisson ordinaire s'y donne à vil prix. Le commerce des habitans consiste principalement à introduire du Tabac en France d'une maniere frauduleuse, & elle en tire des vins & des eaux de vie qu'elle fait entrer de même en Angleterre: & comme en temps de guerre ce commerce ne peut avoir lieu sur les côtes de France, les habitans de Jersey s'addonnent à faire la course, & se cachant derriere les Roches ou les Isles, ils ne manquent point de surprendre quelques-unes des Barques Françoises qui reviennent de Bourdeaux chargées de vin ou d'Eau de vie.

Les crapauds se sont multipliez à l'infini dans cette Isle & y sont très-incommodes quelques precautions que l'on prenne, ils entrent toujours dans les chambres qui sont au rez de chaussée. Ce qu'il y a d'étonnant c'est que dans l'Isle de Garnezai qui est voisine, on n'en voit pas un & si on y en porte de Jersey, ils y meurent en arrivant. On croiroit aisément que ces animaux doivent causer de la corruption dans l'air de l'Isle où ils sont si frequents. C'est cependant tout le contraire & l'air est beaucoup plus sain à Jersey qu'à Garnesai.

JERVENLAND, petit Canton de Livonie, dans l'Estonie, au Nord du Lac Wortzi. On le nomme en Latin JERVIA & Mr. de l'Isle ne le nomme point autrement en Latin que Jervie. Il n'y a aucune Ville, mais seulement le Château de Wittenstein, le Bourg d'Oberbalen & quelques Villages. Ce Canton comme tout le reste de la Livonie appartient à l'Empire Russien.

JERUSALEM, Ville d'Asie dans la Palestine dont elle étoit la Capitale sous les Regnes de David & de Salomon, & le fut ensuite du Royaume de Juda. On la nommoit auparavant JEBUS [k], ou SALEM. Quelques-uns l'expriment par SOLYMA, JEROSOLYMA, les Hebreux par JERUSCHALAÏM, ou JERUSCHELEM. Ce nom peut signifier ou la vision de Paix, ou la possession l'Heritage de Paix. Josué la donna à la Tribu de Benjamin [m]. Il prit & fit mourir le Roi de Jerusalem dans la fameuse journée de Gabaon [n]; & il y a toute sorte d'apparence qu'il ne laissa pas cette seule Ville au milieu du Pays sans la reduire comme il avoit fait les autres. Il faut toutefois avouer qu'il n'est dit, en aucun endroit qu'il l'ait prise. Il paroît même par d'autres passages qu'elle demeura aux Jebu-

[i] *D. Calmet Dict.*
[k] *Josué*, c. 18. v. 28.
[l] *Genes.* c. 14. v. 18. & *Hebr.* c. 7. v. 1. & *Psal.* 75. v. 3. dans l'Hebreu.
[m] c. 18. v. 28.
[n] c. 10. v. 23-40. &c. 12. v. 10.

séens jusqu'au temps de David [a]; & il est dit expressément que les enfans de Benjamin ne chassèrent point les Jebuséens de Jerusalem [b].

D'un autre côté cette Ville paroît avoir été dans le Partage de la Tribu de Juda. Il est dit dans Josué [c] que les enfans de Juda ne purent exterminer les Jebuséens qui habitoient à Jerusalem ; & dans le livre des Juges [d], on lit que les enfans de Juda prirent & brûlèrent Jerusalem. Enfin David qui étoit de la Tribu de Juda n'eut pas plûtôt été reconnu Roi de tout Israel qu'il marcha contre Jerusalem [e] & la reduisit à son obeissance, en chassa les Jebuséens & y établit le Siege de son Royaume. Enfin le Pseaumiste [f] attribue assez clairement Jerusalem à Juda, lors qu'il dit que le Seigneur n'a pas choisi Ephraïm, mais la Tribu de Juda & le Mont de Sion. Pour concilier ces differens textes, on peut dire que Jerusalem étant sur la Frontiere des deux Tribus, elle est tantôt attribuée à l'une & tantôt à l'autre ; que Benjamin y avoit plus de droit par le partage que Josué avoit fait du Pays ; & Juda par le droit de Conquête qu'il en avoit faite jusqu'à deux fois ; premierement sous les Juges & ensuite sous David. Depuis que le Seigneur eut declaré que Jerusalem étoit le lieu qu'il avoit choisi pour sa demeure & pour son Temple, elle fut regardée comme la Metropole de toute la Nation & comme étant à tous les Israelites en commun [g]. Elle n'appartenoit donc proprement ni à Benjamin ni à Juda.

La Ville de Jerusalem étoit bâtie sur une ou deux Collines & elle étoit environnée de Montagnes : *Montes in circuitu ejus* [h] & dans un Terrain pierreux & assez sterile à la longueur de soixante Stades, selon Strabon [i], le terroir & les environs de Jerusalem étoient assez arrosez ayant les Fontaines de Géon & de Siloé & le torrent de Cedron au pied de ses murailles ; & outre cela les eaux d'Etham que Pilate avoit conduites dans la Ville par des Aqueducs [k]. L'ancienne Ville de Jerusalem ou Jebus que David prit sur les Jebuséens n'étoit pas bien grande. Elle étoit assise sur une Montagne au Midi du Temple. La Montagne opposée qui étoit au Septentrion est celle de SION, où David bâtit une nouvelle Ville que l'on appella la CITÉ DE DAVID ; dans laquelle étoient le Palais Royal & le Temple du Seigneur. Ce Temple étoit construit sur la Colline de MORIA qui étoit un des côteaux du Mont de Sion [l].

Entre ces deux Montagnes étoit la Vallée de MELLO qui separoit autrefois l'ancienne Jebus de la Cité de David, mais elle fut ensuite comblée par David & par Salomon pour joindre les deux Villes [m]. Depuis le Regne de Manassé il est parlé d'une nouvelle Ville appellée la seconde qui fut fermée de murailles par ce Prince [n]. Les Maccabées y firent encore quelques augmentations & aggrandirent considerablement la Ville de Jerusalem du côté du Nord, en y enfermant une troisième Colline. Josephe [o] parle encore d'une quatrième Colline nommée BEZETA, qu'Agrippa avoit joint à la Ville & qu'il avoit commencé à fermer de murailles. Cette nouvelle Ville étoit au Nord du Temple le long du torrent de Cedron. Ainsi la Ville de Jerusalem n'avoit jamais été si grande que lors qu'elle fut attaquée par les Romains. Elle avoit alors trente trois Stades de tour qui sont quatre mille cent vingt-cinq pas, ou une lieue & presque & demie à trois mille pas la lieue. Ce qui se confirme encore par ce que dit le même Josephe que le mur de circonvallation que Titus fit faire autour de la Ville, avoit trente-neuf Stades qui font quatre mille huit cens soixante & quinze pas ou un peu plus d'une lieue & demie. D'autres lui donnent une bien plus grande étendue. Il faut voir Villalpand pour l'affirmative & Mr. Reland pour la negative.

Le sentiment le plus commun est que Melchisedec étoit Roi de Jerusalem, quoi qu'il y ait sur cela quelque difficulté. St. Jerome [p] croit que cette Ville de Salem dont l'Ecriture dit que Melchisedech étoit Roi, étoit une Bourgade près de Scythopolis, où l'on voyoit encore de son temps les ruines du Palais de ce Prince, lesquelles par leur grandeur montroient assez quelle avoit été autrefois la magnificence de cet édifice. L'Auteur de la Chronique Paschale dit aussi qu'il a vû le Village où étoit autrefois la demeure de Melchisedech. Mr. Reland [q] de même ne veut pas croire que Melchisedech ait regné à Salem. D. Calmet aime mieux croire le sentiment commun des Peres & des Interpretes puisqu'il n'a rien de contraire à l'Ecriture qui donne quelquefois à Jerusalem le nom de Salem ; & puis que l'opinion contraire n'est point d'accord sur la situation de la Ville de Salem qu'elle donne pour demeure à Melchisedech.

Les Jebuséens en étoient les Maîtres, tandis que les Israelites étoient sous Moïse, sous Josué, sous les Juges & jusqu'au commencement du Regne de David. On conjecture que Josué la prit sur eux, comme nous l'avons dejà remarqué. Les enfans de Juda s'en rendirent maîtres après la mort de Josué. On lit au livre des Juges [r] : les enfans de Juda attaquant Jerusalem, la prirent, firent main basse sur les habitans, & mirent le feu à la Ville. Mais ou ils ne purent la conserver ou ils ne prirent que la Ville basse, la Citadelle étant demeurée au pouvoir des Jebuséens ; & c'est la premiere prise de cette Ville qui soit bien marquée dans le texte sacré. La seconde est celle qui se fit au commencement du Regne de David. Ce Prince ne se vit pas plûtôt affermi sur le Trône d'Israel qu'il marcha contre Jerusalem [s]. La Ville étoit si forte que les Jebuséens qui l'occupoient, se vantoient de la deffendre avec des aveugles & des boiteux. Mais David la força, en chassa les Jebuséens, & la choisit pour Capitale de son Royaume. Depuis ce temps-là Jerusalem fut le Théatre d'une infinité d'actions importantes ; & l'Histoire de Jerusalem devient l'Histoire de toute la Nation des Juifs.

David l'embellit & l'augmenta considerablement ; mais Salomon y fit tant de beaux ouvrages qu'il la rendit une des plus belles Villes de l'Orient. Sous le Regne de Roboam fils & successeur de Salomon, elle fut prise & pillée par Sesac Roi d'Egypte. Ce Prince enleva

JER.

enleva tous les Tresors du Temple & du Palais Royal.

Hazael Roi de Syrie étant venu contre Jerusalem & menaçant de la prendre, Joas Roi de Juda racheta la Ville, par une grande somme d'argent qu'il envoya au Roi de Syrie, pour l'engager à lever le Siége [a]. Il épuisa pour cela les Tresors de la Maison de Dieu & ceux du Palais pour contenter l'avidité d'Hazael qui ne laissa pas d'envoyer contre lui l'année suivante une armée qui défit celle de Juda, prit plusieurs Princes, les fit mourir & laissa Joas lui-même dans d'extrêmes langueurs.

[a] 4. Reg. c. 12. v. 17. 2. Paral. c. 24. v. 24. 25.

Quelque temps après Joas Roi de Juda, ayant temerairement déclaré la guerre à Amasias Roi d'Israel [b], ce dernier défit l'armée de Juda prit Joas prisonnier, & étant entré dans Jerusalem, enleva tous les Tresors qui étoient tant dans le Temple que dans le Palais Royal, fit demolir quatre cens coudées des murailles de la Ville depuis la porte d'Ephraïm jusqu'à la porte de l'Angle, puis s'en retourna à Samarie.

[b] 4. Reg. c. 14. v. 13. 2. Paral. c. 25. v. 23.

Néchao Roi d'Egypte, au retour de son expedition de Carchemise sur l'Euphrate, entra dans Jerusalem, prit Joachaz que le Peuple de Juda avoit établi sur le Trône de Josias, mit en sa place Eliakim ou Joakim & emmena Joachaz en Egypte, où il mourut [c]. On ne lit pas dans l'Ecriture que Néchao ait pillé le Temple ou la Ville, mais il imposa sur tout le Pays une taxe de cent talens d'argent & de dix talens d'or que Joakim fut obligé de payer, en imposant sur tout le Peuple une taxe réelle à proportion de leurs biens. Il paroit par Ezechiel [d] que Joachaz avoit attaqué Néchao, ou du moins qu'il lui avoit fait une forte resistance avant que de se rendre à lui.

[c] 4. Reg. c. 23. v. 30. & 2. Paral. c. 36. v. 1. 2. 3.
[d] c. 19. v. 2.

Nabuchodonosor étant venu dans la Judée la quatriéme année du Regne de Joakim Roi de Juda, assiégea Jerusalem [e], qui étoit alors tributaire aux Rois d'Egypte, & l'ayant assujetie à la Domination des Chaldéens, il y laissa Joakim qu'il avoit d'abord eu dessein de mener chargé de chaines à Babylone. C'est ainsi, dit D. Calmet, que l'on concilie les differens passages, où il est parlé de cet evenement ; & dont les uns portent que Joakim fut mené à Babylone & d'autres qu'il régna à Jerusalem. Il y regna dans la dependance de Nabuchodonosor, ainsi qu'il y regnoit auparavant sous le bon plaisir des Rois d'Egypte. Au bout de trois ans il se lassa de cette soumission & se souleva contre Nabuchodonosor. Le Roi de Chaldée occupé à d'autres affaires ne put sitôt reduire Joachim, il envoya seulement contre lui des troupes de Chaldéens, de Syriens, de Moabites, & d'Ammonites, qui ravagerent la Judée & amenerent à Babylone trois mille vingt trois Juifs. Ils entrerent dans Jerusalem, prirent & mirent à mort ce Prince & jetterent son corps à la voirie. Jeconias son fils lui succeda ; mais après un Regne de trois mois & dix jours, Nabuchodonosor vint assiéger Jerusalem & obligea Jeconias de se rendre [f], la Ville fut prise par les Chaldéens, & les Tresors du Temple & du Palais Royal enlevez & emportez à Babylone.

[e] 4. Reg. c. 25. v. 1. 1. & seq. Daniel c. 1. & Jer. c. 25. v. 1. & 2. Paral. c. 36. v. 6.
[f] 4. Reg. c. 24. v. 14.

JER. 75

Enfin Nabuchodonosor prit Jerusalem pour la quatrieme & derniere fois, il fit brûler & ruiner tant la Ville que le Temple la onziéme année du regne de Sedecias & emmena les Princes & le Peuple en captivité. Ainsi l'on peut compter avant la captivité de Babylone neuf prises de la Ville de Jerusalem.

Après la captivité de Babylone, la Ville de Jerusalem fut rebâtie & repeuplée de nouveau la premiere année du Regne de Cyrus à Babylone, mais on ne rebâtit ses murs & ses portes qu'après le retour de Nehemie environ 82. ans après. Alexandre le Grand entra dans Jerusalem après la prise de Tyr. Après la mort de ce Conquerant Jerusalem demeura en la puissance des Rois d'Egypte & Ptolomée fils de Lagus prit Jerusalem par artifice si l'on s'en raporte à Aristée, & à Josephe [g], & emmena captifs dans l'Egypte environ cent mille hommes qu'il avoit pris dans la Judée. Le même Josephe [h] dit que Ptolomée Evergetes Roi d'Egypte vint aussi à Jerusalem & y offrit plusieurs sacrifices d'actions de graces. Enfin Ptolomée Philopator après la victoire qu'il avoit remportée sur Antiochus le Grand, près la Ville de Raphia, vint à Jerusalem, alla au Temple & y offrit des sacrifices ; mais les Prêtres l'empêcherent d'entrer dans le sanctuaire, ce qui l'irrita de telle sorte qu'il resolut de faire perir tous les Juifs qui étoient en Egypte : ce qu'il auroit exécuté si Dieu n'avoit protegé son Peuple d'une maniere toute miraculeuse, qui est rapportée au long dans le troisieme livre des Maccabées.

[g] Antiq. l. 12. c. 1.
[h] Contra Appion. l. 2.

Antiochus le Grand ayant repris la Celesyrie & la Judée sur le Roi d'Egypte vint à Jerusalem, où il fut fort bien reçu par les Juifs qui nourrirent son armée & ses Elephants & lui donnerent du secours pour reduire la Garnison que Scopas avoit laissée dans la Citadelle de Jerusalem [i]. Pour reconnoître ces bons services Antiochus n'oublia rien pour rétablir Jerusalem dans sa premiere splendeur, accorda de grands Privileges aux Juifs & donna de grandes sommes pour les sacrifices du Temple. Seleucus fils & successeur d'Antiochus le Grand ne fut pas aussi favorable aux Juifs que l'avoit été Antiochus. Il envoya Heliodore au Temple de Jerusalem pour en enlever les Tresors [k], mais il fut obligé de s'en retourner sans rien faire après avoir été fort maltraité par des Anges qui lui apparurent dans le Temple même. Antiochus Epiphanès frere & successeur de Seleucus, vint à Jerusalem & y fut reçu par Jason, usurpateur de la Souveraine Sacrificature, avec de très-grands honneurs [l], à la lumiere des Flambeaux & au bruit des acclamations publiques. Pour cette fois il n'y fit aucun mal, mais deux ans après ayant apris que ceux de Jerusalem avoient témoigné quelque joye à la fausse nouvelle qui vint qu'il étoit mort en Egypte, il en conçut tant d'indignation [m] qu'à son retour il assiégea la Ville, la pilla, enleva tout l'or & les vases les plus precieux du Temple & y fit mourir plus de quatre-vingt mille hommes. Deux ans après il envoya à Jerusalem un nommé Apollonius, Intendant des Tributs, avec des ordres secrets de piller & de brûler la Ville. Cet homme vint d'abord en apparence avec un

[i] Joseph. Antiq. l. 12. c. 3.
[k] 2. Maccab. c. 3.
[l] Ibid. c. 4. v. 21. 22.
[m] 2. Maccab. c. 5. 1. Maccab. c. 1.

JER.

un esprit de paix ; mais tout d'un coup il se jetta sur la Ville, en fit un grand carnage, prit des dépouilles, & mit le feu à la Ville, ruina la plus grande partie des Maisons & ne réserva que ce qu'il fit enfermer de murailles au haut de la Cité, près le Temple du Seigneur, où il fit bâtir une Citadelle & où il laissa une forte Garnison. Alors Jerusalem fut abandonnée de ses propres Citoyens & livrée aux Gentils. L'année suivante les Sacrifices furent interrompus dans le Temple ; la Statue de Jupiter Olympien fut placée sur l'Autel & on vit dans la Maison de Dieu l'abomination de la désolation [a]. Les choses demeurerent en cet état pendant trois ans. Judas Maccabée ayant batu Nicanor, Gorgias, & Lysias, monta à Jerusalem, y netoya le Temple & y rétablit les sacrifices [b].

L'année suivante Antiochus Eupator fut reçu dans Jerusalem par Judas Maccabée ensuite d'une paix qui avoit été conclue entre eux. Ce Prince honora le Temple & y fit des presens. Mais avant que de sortir de la Ville il fit abbatre le mur qui étoit entre le Temple & la Citadelle & qui mettoit à couvert le lieu saint contre les entreprises des Syriens [c]. Cette Citadelle qui tenoit toujours Jerusalem dans la dépendance des Rois de Syrie subsista pendant vingt-six ans, après quoi elle fut prise & ruinée par Simon Maccabée.

Antiochus Sidétès outré de dépit des maux que lui avoit faits Simon Maccabée, fit la guerre à Jean-Hircan son fils & son successeur & l'assiégea dans Jerusalem. Pendant le siége la fête des Tabernacles étant arrivée Jean-Hircan demanda au Roi une trève de sept jours pour pouvoir celebrer la fête dans le repos que requeroient les ceremonies de sa Religion. Antiochus non seulement accorda ce qu'on lui demandoit, mais envoya encore des Victimes & des Aromates, pour les Sacrifices ; ce qui toucha tellement Jean-Hircan & les Juifs qu'ils se rendirent au Roi, le reçurent dans leur Ville & accepterent les conditions qu'il leur offrit, excepté celle de recevoir Garnison dans Jerusalem. Ils aimérent mieux donner une grosse somme & des Otages au Roi. Antiochus s'en contenta & fit seulement abbatre le parapet qui regnoit au dessus des murailles.

La Ville de Jerusalem jouït d'une assez grande paix, jusqu'au Regne d'Hircan & d'Aristobule, fils d'Alexandre Roi des Juifs. Hircan comme l'ainé avoit été reconnu pour Roi ; mais comme sa stupidité & sa lenteur le rendoient peu propre à régner, Aristobule son frere s'empara du Royaume & trois ans après qu'Hircan fut monté sur le Trône, il l'obligea d'en descendre, l'ayant vaincu dans une bataille près de Jericho, & l'ayant forcé dans le Temple [d]. Aretas Roi des Arabes ayant entrepris de rétablir Hircan dans ses Etats & assiégeant Aristobule dans Jerusalem, les deux freres eurent recours à Pompée qui étoit dans l'Orient, & lui demanderent sa protection. Pompée entreprit de rétablir Hircan à l'exclusion d'Aristobule. Il attaqua Jerusalem, la prit, entra dans le Temple, & penetra jusques dans le Sanctuaire ; mais il eut la modestie de ne toucher à rien de ce qui

JER.

étoit dans ce St. Lieu. Il y laissa de très-grands Tresors & admira sur tout l'attachement des Prêtres à leurs Ceremonies qu'ils n'interrompirent pas même au milieu des alarmes du siége & des épées des Victorieux. [e] Le jour qui suivit la prise du Temple il le fit purifier & ordonna que l'on y offrît des Sacrifices.

Antigone fils d'Aristobule soutenu du secours des Parthes attaqua quelques années après Jerusalem. Herode & Phasael deffendoient la Ville, mais en étant sortis tous deux pour aller traiter avec Pacore fils du Roi des Parthes, on les arrêta & on les chargea de chaines. Herode [f] fut obligé d'abandonner la Ville & de se sauver. Il alla à Rome où par le credit de Marc-Antoine & de Cesar, il obtint du Senat le titre de Roi. Etant de retour dans la Palestine & aidé de Sosius qui commandoit l'armée Romaine dans la Syrie, il assiégea Antigone dans Jerusalem. Après un siége de cinq mois Antigone se rendit & se vint jetter aux genoux de Sosius qui insulta encore à son malheur en l'appellant *Antigona* comme pour marquer sa lâcheté & sa foiblesse [g].

Après qu'Archelaus fils & Successeur du grand Herode eût été envoyé en exil, la Judée fut reduite en Province sous l'obéissance du Gouverneur de Syrie. Les Empereurs entretinrent toujours une garnison dans la Citadelle Antonia jusqu'à la derniere revolution qui commença par une revolte des Juifs. Ils assiégerent cette Forteresse, forcerent, & passerent au fil de l'épée la Garnison Romaine qui y étoit ; l'année suivante Tite assiégea la Ville, l'emporta, la brûla, & la réduisit en solitude.

Les Savans ne conviennent pas du Plan de l'ancienne Jerusalem. Si l'on s'en raporte à celui de Villalpand, elle consistoit en deux grandes enceintes principales qui en renfermoient d'autres moindres.

La grande enceinte Meridionale, qui faisoit à peu près la moitié de toute la Ville, étoit séparée de l'autre moitié par la Vallée de *Tyropæon*, & par une longue muraille qui regnoit le long de cette Vallée depuis le Mont Golgotha jusqu'à la porte des Eaux. Cette muraille étoit percée par plusieurs portes de communication. Cette partie renfermoit la Montagne de Sion, & la Cité de David qui avoit ses Murs particuliers, & qui étant isolée occupoit le centre de la partie Occidentale de cette grande enceinte. On y voioit au Nord le Palais d'Agrippa & celui de Manassé aux deux extremitez de la Vallée de *Tyropæon*.

La grande enceinte Septentrionale étoit divisée en quatre parties principales. Celle du Nord-Ouest étoit occupée par la Montagne d'Acra que l'Auteur suppose avoir été la Ville de Salem de Melchisedech, & sur laquelle on voyoit la Citadelle d'Antiochus, & le Theatre; Celle du Nord-est étoit la Ville neuve. Entre elle & la Vallée de *Tyropæon* étoit le Temple au Couchant duquel étoit le Pretoire & le Palais de Pilate ; au Nord du Temple étoit la Tour ou Forteresse Antonia qui y communiquoit par un Pont. Au Nord du Temple étoit une autre enceinte au milieu de laquelle étoit le marché au bois & près du Temple la Piscine probatique & le marché aux bêtes. L'espace

[a] 1. Maccab. c.1.
[b] 1. Maccab. c.4.
[c] 1. Maccab. c.6. & 2. Maccab. c. 13.
[d] Joseph. Ant. l. 14. c. 1.
[e] Ibid. c. 8. & de Bello l. 1. c. 5.
[f] Antiq. l.14. c. 24. & de Bello l. 1. c. 11.
[g] Antiq. l. 14. c. ult.

pace compris entre la Vallée de Tyropæon, la Montagne d'Acra & le Palais de Pilate étoit une autre partie de la Ville à laquelle Villalpand ne donne point de nom particulier.

Le Plan de D. Calmet est plus simple. Il divise Jerusalem en quatre grandes parties qui chacune avoient leur enceinte. La premiere qui est au Midi est une espece d'Ovale dont la longueur est du Sud-Est au Nord-Ouest. C'est selon lui Jebus ou l'ancienne Jerusalem. Au Nord & au Nord-est de cette Ville est la Cité de David qui renferme le Temple, & le Palais du Roi. Au Couchant de l'une & de l'autre il place la seconde Ville bâtie sous Manassé; & au Nord de la Cité de David la nouvelle Ville bâtie depuis les Maccabées.

La description du Temple meriteroit de trouver ici sa place; mais cette matiere est si vaste qu'il vaut mieux ne la point entamer que d'en dire peu de choses. D'ailleurs les Savans ne s'accordent pas sur sa structure. On peut comparer ce qu'en ont dit Villalpand, Lighfoot, le P. Lami, & D. Calmet qui ont presque épuisé cette matiere.

Ce Temple bâti par Salomon dura 424. ans jusqu'à la prise de la Ville par Nabuchodonosor qui détruisit l'une & l'autre par le feu. Après la captivité de Babylone le Temple fut rebâti par Zorobabel. Ce dernier Temple fut profané & brûlé en partie par les Syriens & par les Gentils sous Antiochus Epiphane. Judas Maccabée le rétablit & le purifia.

Herode rebâtit le Temple avec une très-grande magnificence, mais moindre que celle du premier Temple. Il n'y avoit que quatre ou cinq ans qu'il étoit achevé lorsque Jesus-Christ vint au Monde. Il en predit la ruine entiere qui arriva sous Titus l'an de l'ere vulgaire 70. environ 38. ans après la prediction.

[a] L'Empereur Adrien fit bâtir une nouvelle Ville de Jerusalem près des ruines de l'ancienne & la nomma de son nom ÆLIA CAPITOLINA. Elle reprit son vrai nom sous Constantin premier Empereur Chrétien; & au Concile de Nicée tenu par les soins & par l'autorité de ce Monarque l'Evêque de Jerusalem obtint le premier rang des Evêques de Palestine après celui de Cesarée qui étoit Metropolitain. Je remets à l'Article PATRIARCHAT, ce qu'il y a à dire de Géographique sur le Siége & le Diocèse de Jerusalem & sur l'étendue de la Jurisdiction de son Patriarche.

Lorsque l'on rebâtit la Nouvelle Ville le Calvaire se trouva renfermé dans l'enceinte & la Montagne de Sion & la Cité de David en étoit éloignée d'un grand quart de lieue, & par consequent les ruines du Temple de Salomon en étoient à une distance plus grande encore. Après que la Sainte Croix eût été trouvée Constantin fit bâtir une magnifique Basilique sur le Calvaire & l'on en fit la dedicace sous le nom d'*Anastasis*, mot Grec qui veut dire Resurrection. L'Eglise qui occupe à present le Calvaire porte le nom du St. Sepulchre. Le Ministre Mawndrell [b] dit: l'Eglise du St. Sepulchre est fondée sur le Mont Calvaire petite éminence sur le Mont Moriah qui est plus grand. Ce lieu servoit autrefois à l'éxécution des criminels & à cause de cela il étoit hors de la Ville comme un lieu exécrable & souillé; mais depuis que l'on en a fait l'autel sur lequel a été offert le precieux Sacrifice propitiatoire pour les pechez du Genre humain il a été purifié, & tous les Chrétiens en approchent avec un respect & une devotion qui l'a fait environner de toute la Ville, desorte qu'il est presentement au milieu de Jerusalem & que l'on a mis une partie considerable du Mont de Sion pour faire place au Calvaire. A dessein de rendre cette Montagne propre à y bâtir une Eglise les premiers fondateurs furent obligez de la reduire à un rez de chaussée en applanissant plusieurs parties du rocher & en élevant d'autres. Cependant on a pris soin de ne rien changer ou diminuer à la Montagne aux endroits où l'on a cru que s'étoit passé quelque acte de la passion de notre Seigneur. C'est pourquoi on a laissé en son entier l'endroit du Calvaire où l'on dit que Jesus-Christ fut attaché & élevé sur la croix, desorte qu'il est aujourd'hui élevé de dix-huit degrez au dessus du rez de chaussée de l'Eglise, & le St. Sepulchre qui étoit autrefois une voute taillée dans le rocher sous terre est presentement comme une grotte sur terre, le rocher ayant été coupé tout à l'entour.

La Ville de Jerusalem fut prise & brûlée l'an 614. par les Perses, & le Patriarche Zacharie emmené prisonnier avec beaucoup d'autres. Elle tomba l'an 636. sous la puissance des Sarazins. Tout le monde sait que le but des Croisades étoit de rendre aux Chrétiens cette Ville & le Pays que le Sauveur du Monde a arrosé de ses sueurs & de son sang; on en étoit venu à bout. Les François & les autres Latins y fonderent un nouveau Royaume l'an 1099.; mais il ne dura que 88. ans sous neuf Rois. Les Successeurs de Godefroi de Bouillon se brouillerent; Saladin Soudan d'Egypte & de Syrie profitant de leurs divisions fondit sur eux & les chassa l'an 1187. de Jerusalem & ensuite de la Terre Sainte. Les Sarazins garderent ce Pays jusqu'à l'an 1517. qu'il tomba sous la domination des Turcs qui le possedent encore.

2. JERUSALEM, ce nom a été donné à une Abbaye de France, savoir l'Abbaye de Rebais en Brie au Diocèse de Meaux. Voiez REBAIS.

JESANA, ancienne Ville de la Palestine dans la Tribu d'Ephraïm [c]. D. Calmet soupçonne que c'est peut-être la même que SENNA [d]. Voyez ce mot.

IESD, Ville de Perse, voyez YESD.

JESAN. Voyez JIOSAN.

1. JESI [e], Ville d'Italie dans l'Etat de l'Eglise, & dans la Marche d'Ancone avec un Evêché qui ne releve que du St. Siége, sur une Montagne près de la Riviere d'Esino. Elle est fort ancienne, mais petite à six milles des Frontieres du Duché d'Urbin & de Sinigaglia au Midi, à quinze d'Osimo au Couchant & à vingt-trois d'Ancone. Voyez ÆSIUM.

2. JESI [f], Ville du Japon dans l'Isle de Niphon, & dans le voisinage de Méaco d'où l'on va par une route fort agréable toujours entre de hautes Montagnes qui ont de fort belles maisons des deux cotez. La Ville est environnée de bons remparts, & on y entre par une for-

K 3

---

[a] Baillet Topogr. des Saints.

[b] Voyage d'Alep à Jerusalem p. 184.

[c] 2. Paral. c. 13. v. 19.

[d] Num. c. 34. v. 4.

[e] Baudrand Ed. 1705.

[f] Corn. Dict. Ambass. des Holland. au Japon.

fort belle allée d'arbres au commencement de laquelle est un Village arrosé d'une Riviere qui a deux bras, l'un couvert d'un petit pont de bois & l'autre d'un plus grand, long de deux cens trente pas.

JESIMA [a], Petite Isle d'Asie, l'une de celles du Japon.

[a] Ibid.

JESIMON, ancienne Ville de la Palestine. D. Calmet dit : c'est aparemment la même qu'HESMONA, ASEMONA, ESEM, ESEMON, & ESEMONA, Ville dans le desert de Maon, de la Tribu de Simeon, très-avant dans la partie Meridionale de la Palestine & même de l'Arabie Petrée. Voyez au premier livre des Rois [b]. Josephe dit le desert de Simeon au lieu du desert de Maon, où étoit Jesimon.

[b] c. 23. v. 24.

JESO, ou JESOGASIMA, c'est-à-dire, L'ISLE DE JESO, quelques-uns écrivent JEÇO, JESSO, JEDSO, YEZO, ESO, ou YECO; grand Pays d'Asie mal placé dans toutes les anciennes Cartes : celles sur tout de Mr. de l'Isle, le mettent entre les 200. d. & les 230. d. de Longitude au lieu qu'il est au Nord de la partie Septentrionale de Niphon, soixante degrez au moins plus à l'Occident que ne le met Mr. Sanson. Le nom de *Jesogasima* que lui donnent les Japonnois est une preuve qu'ils le croient une Isle à moins qu'on ne veuille dire qu'il en est de leur langue comme de celle des Arabes qui n'ayant point de nom pour exprimer une Presqu'Isle se sert du nom d'Isle improprement. Mr. Kaempfer dit [c] : que le Jeso est l'Isle la plus Septentrionale que les Japonnois possedent hors les limites du Japon. Elle fut envahie & conquise par Joritomo, le premier Cubo ou Monarque Seculier, qui en commit le soin au Prince de Matsumai, Isle voisine appartenante à la grande Province d'Osiu. Quelque temps après les habitans las d'un gouvernement étranger, massacrerent la garnison que le Prince de Matsumai y avoit laissée & il n'en échapa pas un seul homme. Aussi-tôt que ce Prince eut apris cet acte d'hostilité, il y envoya une bonne armée avec trois cens chevaux pour en demander satisfaction, & en cas de refus, pour se faire justice lui-même & châtier ces rebelles. Mais le Prince de Jesso pour prevenir les suites fâcheuses de cette affaire envoya une Ambassade à Matsumai & afin qu'on ne soupçonnât pas qu'il étoit d'intelligence avec ces gens-là, il lui livra vingt des Chefs du complot, qui furent exécutez & leurs têtes furent exposées sur les côtes de Jesso. Cette soumission lui regagna les bonnes graces de ses Superieurs : mais les habitans ayant été regardez depuis ce temps-là comme des gens revêches & seditieux, on tient toujours de fortes garnisons sur les côtes Meridionales de cette Isle pour les mettre hors d'état d'entreprendre jamais rien de semblable ; & le Prince est obligé d'envoyer tous les ans une Ambassade à Matsumai, avec des presens de la valeur d'un Mangokf. Cette Isle est à quarante deux degrez de latitude Septentrionale au Nord-Nord-Est, justement vis-à-vis de la grande Province d'Osiu, où ses deux Promontoires Sugar & Taajasaki, s'avançant fort avant dans la Mer, forment un Golphe qui lui fait face. On dit qu'il faut un jour entier pour passer à cette Isle & on ne peut pas y aller en tout temps, à cause des courants qui sont très-rapides, portant quelquefois à l'Est & quelquefois à l'Ouest; quoique d'ailleurs ce passage ne soit que de quarante lieues de Mer Japonnoises; & qu'en quelques endroits les côtes du Japon ne soient éloignées que de cinq ou six milles d'Allemagne. On pretend qu'elle est aussi grande que l'Isle Kiusiu, mais si pleine de bois & de Forêts qu'elle ne produit rien qui puisse être d'usage aux Japonnois, excepté quelques peaux & quelques fourures dont les habitans des parties Meridionales du Japon n'ont pas besoin : aussi n'apportent-ils autre chose que cela & le fameux poisson Karasaki que l'on pêche en grande abondance autour de l'Isle & que les Japonnois regardent comme un Mets exquis, le faisant bouillir & le mangeant comme la Morue. Pour ce qui est de la figure de cette Isle, poursuit Mr. Kaempfer je ne sais ici que copier, je n'en ai pu rien savoir de positif ni par le rapport que m'en ont fait les Japonnois eux-mêmes, ni par leurs Cartes qui sont très-differentes les unes des autres. Quelques-unes la representent presque ronde, d'autres lui donnent une figure très-irréguliere avec des Promontoires, des Golphes, des Bayes, & font avancer la Mer si avant dans les terres, on diroit qu'elle est composée de plusieurs differentes Isles. Je m'imagine que le Pays que de Vries découvrit au Nord du Japon, étoit une partie de cette Isle. J'ai remarqué que dans quelques Cartes Japonnoises la partie du Sud-Ouest ou la plus grande partie de l'Isle étoit nommée MATSUKI, mais elle étoit si mal dessinée que j'aurois bien de la peine à déterminer, si c'est une Isle séparée, ou si elle est jointe au reste. Suivant la description que les Japonnois font des habitans ce sont des gens forts & robustes, mais sauvages, qui portent les cheveux longs, & de longues barbes & sont fort experts à tirer de l'arc, aussi bien qu'à la pêche, la plupart ne vivant que de Poisson. Ils les representent aussi comme des gens sales & mal-propres : mais il ne faut pas les en croire legérement sur cet article ; car ils se piquent eux-mêmes d'une si grande propreté & se lavent si souvent le corps qu'ils ont trouvé le même defaut dans les Hollandois. On dit que le Langage de Jedso tient quelque chose de celui qu'on parle dans la Corée.

[c] Histoire du Japon. T. 1. p. 56.

Derriere cette Isle, vers le Nord, est le Continent d'OKUJESO comme l'appellent les Japonnois, c'est-à-dire, du *Haut Jeso*. Les Géographes conviennent que qu'il y a là un grand Pays. Ce que l'Auteur cité ajoute, se reduit à ceci : qu'on ne sait ce que c'est que ce grand pays, ni s'il touche la Tartarie ou à l'Amerique : qu'étant au Japon il a fait de vains efforts pour s'en instruire. Il parle ensuite de quelques tentatives faites du côté de la Moscovie pour decouvrir ce Pays-là mais comme elles sont toutes avant la fin du siécle passé, il ne faut pas s'étonner si l'Auteur met au nombre des choses ignorées ce que l'on croit savoir à present. Je finirai cet article par quelques remarques.

1. Mr. Kaempfer employe comme synonymes les noms de JESO, JESOGASIMA, JESSO, & JEDSO. 2. Il est presentement certain que ce

ce Pays est une Isle. Le Pere Jerôme des Anges qui y passa du Japon en parle comme d'une Isle dans sa seconde Relation ; quoiqu'il eût dit le contraire dans sa premiere, ce qui doit être regardé comme la reformation d'une erreur. 3. Il faut joindre à cet article plusieurs details inserez dans la Lettre de Mr. de l'Isle que j'ai jointe à l'article du JAPON. Voyez aussi l'article KAMTSCHATKA, & celui d'O-KU-JESO.

JESOLOLO, Lieu d'Italie dans la Marche Trevisane, dans l'Etat des Venitiens, à cinq lieues de Venise. Il est remarquable par les ruines de l'ancienne EQUILIUM qui, selon Mr. Baudrand [a], étoit une Ville Episcopale qui fut détruite par les Huns, & dont le Siège fut transferé à CITTA-NUOVA. Les Cartes marquent cette derniere Ville comme détruite. [b] *Citta Nuova distrutta*.

[a] *Ed. 1705.*
[b] *Jaillot Atlas.*

JESPUS, Ville ancienne de l'Espagne Tarragonoise, selon Ptolomée [c], qui la met au Pays des Jaccetains. Quelques exemplaires la nomment JEPUS.

[c] *l. 2. c. 6.*

JESRAB, ancien nom de MEDINE, Ville d'Arabie patrie de Mahomet, selon Postel dans son Histoire Orientale citée par Ortelius.

JESRAËL, JEZRAEL, JIZRAEL, ou JEZRAHEL, ou ESDRAEL, ou STRADELE [d] ancienne Ville de la Palestine, située dans le grand champ entre Legion au Couchant & Scythopolis à l'Orient [e]. Elle étoit à la Tribu d'Issachar [f]. Achab y avoit un Palais & cette Ville est devenuë fameuse par la vigne de Naboth & par la vengeance que Dieu tira d'Achab à Jesraël [g]. St. Jerôme dit [h] que Jesraël étoit assez prés de Maximianopolis & qu'auprés étoit une longue Vallée ayant plus de dix mille pas de long. Josephe appelle la Ville de Jesraël AZARE, ou AZARES & du temps de Guillaume de Tyr on l'appelloit le PETIT GERIN [i].

[d] *J.D. Calmet Dict.*
[e] *Euseb. in Locis.*
[f] *Josué c. 19. v. 18.*
[g] *3. Reg. c. 21. & 4. Reg. c. 9. v. 10. & seq.*
[h] *In Osee c. 1.*
[i] *l. 22. c. 16.*

JESRON, Ortelius met ce lieu dans la Palestine & cite le livre de Josué c. 15. où se trouve HESRON [k]. Les Septante lisent ASERON, Ἀσερῶν. Le verset même avertit que c'est ASOR.

[k] *v. 25.*

JESSA, c'est la même chose que JASA, ou JASSA.

JESSALENI, du JESSALENSES, ancien peuple de la Mauritanie, selon Ammien Marcellin. C'est Ortelius qui écrit ce nom deux. 58. Car les Editions de Lindebrog [l], & de Mrs. Valois [m] disent *Jesaliensium gens*, le peuple des Jesaliens, & en parle comme d'une Nation Sauvage, qui pourtant s'étoit accommodée avec les Romains.

[l] *l. 29. p. 434.*
[m] *l. 29. c. 5. p. 576.*

JESSEINS, Village de France en Champagne sur l'Aube, deux lieues au dessous de Bar sur Aube. Mr. Baudrand dit que c'étoit anciennement un gros Bourg de la Gaule Lyonnoise.

JESSELMERE [n], Ville de l'Indoustan dans les Etats du Grand Mogol, dans une Province de même nom. Cette Province est bornée à l'Orient par celle d'Asmer, au Sud-Est par la Riviere de Paddar ; au Sud-Ouest par la Province de Soret ; au Couchant par des Montagnes qui la separent du Sinde, & au Nord par le Pays de Poukor. C'est au Nord de la Province qu'est située la Capitale dont cette contrée porte le nom. Ce Pays auquel Mr. Baudrand donne le nom de Royaume obéit immediatement au Grand Mogol.

[n] *De l'Isle Carte des Indes.*

JESUAT, Province de l'Indoustan dans les Etats du Grand Mogol, sur la Riviere de Gadet qui vient de Patan & se perd dans le Gange. Elle a au Nord le Royaume de Necbal, où est la Ville de Patan dont on vient de parler ; à l'Orient le Royaume d'Asem ou d'Acham ; au Midi le Royaume de Bengale propre, & delà le Pays de Patna acheve de l'enfermer au Couchant. GORROCHEPOUR, ou RAJAPOUR est la seule Ville que nous y connoissions. Mr. Thevenot ne considere Jesuat que comme un simple Pays compris dans la Province de Becar, il met RADEAPOUR entre les bonnes Villes de la Province.

JESUÉ, Ville de la Palestine dans la Tribu de Juda [o].

[o] *Esdr. l. 11. c. 11. v. 26.*

JESUPOL, Petite Ville de la petite Pologne sur la rive gauche de la Riviere de Bistritz qui se jette dans le Niester [p]. Elle est fortifiée & a une Citadelle. Elle est tout auprès de Halicz. Starovolski la met dans la Podolie. C'est une erreur, car elle est dans la Pokucie.

[p] *Andr. Cellar. Polon. Desc. p. 335.*

JETÆ, Ville ancienne de Sicile, selon Etienne qui en nomme les habitans IETÆI. Silius Italicus [q] dit :

[q] *l. 14. v. 272.*

& *Celsas Ietas.*

Pline [r] en nomme les habitans IETENSES, c'est presentement IATO. Voyez ce mot.

[r] *l. 3. c. 8.*

JETCHU, Province du Japon. On écrit aussi JEETSJO, & c'est sous ce nom qu'elle est décrite dans l'Article du Japon, dans la troisième Contrée.

JETEBA, Ville de la Palestine dans la Tribu de Juda. C'étoit la Patrie de Messelemeth Mere d'Ammon [s].

[s] *4. Reg. c. 21. v. 19.*

JETEBATHA, Campement des Israëlites dans le Desert entre Gadgad, & Hebrona [t]. D. Calmet conjecture que ce peut être le même Campement que les Sepulchres de concupiscence. IE-TAABATA, עי התאבה signifie le tas de concupiscence. *Acervus Concupiscentiæ*.

[t] *Num. c. 33. v. 34.*

JETERUS, Riviere de la Moesie, & qui a sa source au Mont Hæmus, selon Pline : c'est la même que l'HATRUS de Jornandes. Voyez ce mot.

JETHEBATHAL Voiez JETEBATHA.

JETHELA, Ville de la Palestine dans la Tribu de Dan [v].

[v] *Josué c. 19. v. 41.*

JETHER, autre Ville de la Palestine dans la Tribu de Dan [w]. Elle fut ensuite cedée aux Levites de la famille de Caath [x]. Eusebe dit que *Jether* autrement JETHIRA est située dans le Canton nommé Daroma, vers la Ville de Malatha, à vingt milles d'Eleutheropolis. On conjecture que c'est la même qu'ETHER ou ATHAR.

[w] *Ibid.*
[x] *c. 15. v. 48. & c. 21. 14.*

JETSENGEN, Province du Japon dans la troisième grande Contrée. C'est la même que JETSINGO.

JETSINGO, Province du Japon. Voiez JAPON.

JETSISSEN, autre Province du Japon. Voiez JAPON.

JET-

JETSON, Ville de la Palestine dans la Tribu de Ruben. Elle fut cédée aux Levites de la Tribu de Merari [a]. L'Hebreu au lieu de JETSON porte CADEMOTH dans Josué & dans les Paralipomenes [b]. On ne trouve point Jetson dans aucun autre dénombrement des Villes de Ruben.

[a] Josué c. 21. v. 36.
[b] 1. 1. c. 6. v. 78. 79.

JETTA. Voiez JOTA.

JETTAN [c], Eusebe dit qu'il y a un gros lieu nommé Jettan à dix-huit milles d'Eleutheropolis dans le Canton nommé Daroma.

[c] De Nomin. Hebr.

JEVER [d], Petite Ville d'Allemagne, en Westphalie, au Pays de Jeverland, & plus particulierement dans l'Ostring. Elle a une Citadelle & est le Chef-lieu d'un petit Pays auquel elle donne le nom de Jeverland. Elle est située dans un terroir assez sterile à dix mille pas d'Esens, à quatre mille de Witmund, & à trois milles d'Allemagne d'Auric. Elle a à l'Orient la Riviere du Jade qui tombe dans le Weser; au Midi le Comté d'Oldenbourg, au Nord les deux Isles de VANGEROGA & SPIKEROGA, & la Mer d'Allemagne; au Couchant les Seigneuries d'Esens & Witmund.

[d] Zeyler Westph. Topogr. p. 36.

Le JEVERLAND dont on vient de marquer les bornes comprend trois petits Pays savoir le WANGERLAND, L'OSTRINGEN, & le RUSTRINGEN; & s'étend en long & en large l'espace de trois milles, où sont plusieurs Châteaux, Monasteres, Eglises, & Maisons de Gentils-hommes. On y compte dix-huit paroisses. Les habitans de ce lieu avoient vécu dans l'indépendance jusqu'à l'an 1359. qu'ils choisirent pour leur Seigneur Edon Wimecken Pepinga l'ancien de qui descendirent les Seigneurs de Jever, ou Jevern. Un de ceux-là Edon Wimecken le jeune étant mort l'an 1511. & son fils Christophle en 1513. ce dernier eut pour succeder sa sœur qui mourut l'an 1575. comme elle étoit fille d'une Comtesse d'Oldenbourg, elle avoit institué son Heritier Jean Comte d'Oldenbourg. Le Comte d'Oostfrise s'y opposa, delà vint un procès qui fut porté devant l'Empereur Charles V. à Bruxelles dès l'an 1532. ce Prince prononça en faveur du Comte d'Oldenbourg à qui la succession fut confirmée par une Sentence de revision l'an 1591. Ainsi ce Pays est devenu une annexe du Comté d'Oldenbourg [e]. Mais comme c'est un fief feminin, voici comment il est sorti de la Maison d'Oldenbourg. Jean XVI. Comte d'Oldenbourg à qui il étoit tombé en partage mourut l'an 1603. & ne laissa qu'un fils nommé Antoine Gontier, & une fille nommée Madelaine qui fut mariée à Rodolphe Prince d'Anhalt. Antoine Gontier, n'ayant laissé qu'un fils naturel qui ne pouvoit pas succeder à ce Fief, le Jeverland passa à Jean Prince d'Anhalt-Zerbst, fils de Madeleine d'Oldenbourg dans la maison duquel il est demeuré.

[e] Hubner Genealog. Tabell.

JESSEY [f], Bourg de France en Bretagne, à six lieues de Rennes du côté du Midi Occidental.

[f] Baudrand Ed. 1705.

JEZARÆ FONS [g], Fontaine de la Palestine, auprès de laquelle Josephe dit que les chiens lechoient le Cadavre d'Achab. Elle ne devoit pas être éloignée de Samarie.

[g] Antiq. l. 8. ad finem.

JEZD. Voiez YEZD.

JEZER, ou JAZER, ou JASER, Ville de la Palestine dans la Tribu de Gad [h], laquelle fut cédée aux Levites [i] de la famille de Merari.

[h] Josué c. 13. v. 28.
[i] 1 Paral. c. 6. v. 81.

1. JEZRAEL, Ville de la Palestine dans la Tribu de Juda [k].

[k] Josué c. 15. v. 56.

2. JEZRAEL, Ville de la Palestine dans la Tribu d'Issachar; elle étoit située dans le Grand-Champ. C'est la même que JESRAEL.

IF.

IF, (L'ISLE D') ou l'Isle du CHATEAU D'IF, Isle de France en Provence, & la plus Orientale des trois Isles qui sont devant le port de Marseille, les deux autres sont *Ratonneau* & *Pomegues*. On appelle quelquefois ces trois Isles, LES ISLES DE MARSEILLE [l]. Louis II. les donna en 1424. à Jaques d'Ysia pour recompense de ses services. En 1529. François premier fit fortifier la premiere pour la sureté du Port de Marseille; ce n'étoit auparavant qu'un Plan d'Ifs, desquels elle a gardé le nom. Les rochers qui l'environnent sont escarpez, & élevez d'environ cinquante pieds au dessus de la superficie de la Mer. On y a pratiqué de bonnes Fortifications qui en occupent entierement toutes les sinuositez. La longueur de ces Rochers est de cent quarante toises & la largeur d'environ cinquante, ou cinquante cinq. Il y a dans le centre un Donjon de figure quarrée avec des tours aux Angles qui commandent la premiere enceinte, garnis d'une grosse Artillerie. Ce Fort passe pour un des meilleurs de la Mer Mediterranée. L'accès en est impraticable, parceque même pendant le calme, il est batu de Lames d'apport qui en rendent les approches inutiles.

[l] d'Audifret Geogr. T. 2. p. 303. Ed. de Paris in 4.

IFRAN, ou UFARAN, selon Dapper, ou OFIN, ou IFREN, ou UFAREN, Canton d'Afrique sur la côte de l'Ocean au Sud-Ouest du Royaume de Maroc & plus particulierement de la Province de Dras entre les Rivieres d'Albach & de Belta, au Pays de Ludaya ou des Ludayes. Dapper [m] qui comme quantité d'autres étend le Biledulgerid jusqu'à l'Océan, les y met. Ce sont, dit-il, quatre Villes qui regardent le Midi, fermées de Murailles & bâties par les anciens Numides, à une lieue l'une de l'autre, sur une petite Riviére qui ne coule qu'en Hyver. On trouve entre ces places voisines plusieurs Villages & des contrées de Palmiers. On y observe quelque Police à cause du Commerce des Marchands Chrétiens qui vont au Port de Carguesse trafiquer des Draps, des Toiles & autres Marchandises que ces gens-ci portent vendre à Gualata & à Tombut & en rapportent des Cuirs, de la Cire, du Ris, & du Sucre. Le Terroir produit beaucoup de Dates & renferme quelques mines de Cuivre. On y connoît des affaires civiles & criminelles; mais quelque crime qu'on ait commis la punition la plus severe parmi eux est le bannissement & ils ne font mourir personne, encore qu'ils soient tous Mahometans.

[m] Afrique p. 206.

IG.

IGEDITÆ [n], ancienne Ville d'Espagne dans la Lusitanie, selon quelques anciennes Ins-

[n] Gruter. p. 31. Insc. 8.

IGÆ. IGA. IGG. IGI.

Inscriptions. D'autres comme celle-ci porte *Icædita* par un C.

P. POPILIUS. AVITUS. P. F. INDUL.
GENTIA. PONTIFI. ICEDITA.
NOR. LOCUM. SEPUL.
ACCEPI. ANTE. ÆD. DEAE.
MAGNÆ. CYBELES QUAM.
IRATAM. MORTE.
SENSI.

[a p.162. n.3.] Voiez la seconde Inscription raportée à l'Article d'Alcantara ; où au lieu d'*Igoeditani*, Gruter [a] met ICÆDITANI. On voit dans une autre Inscription [b].
[b Ibid. n. 1.]

C. JULIUS. LACER. H. S. F. ET. DEDI-
CAVIT. AMICO. CURIO. LACONE. ICÆ-
DITANO.

Mais celle-ci que l'on dit être à Alcantara favorise la lettre G.

IMP. CÆS. AUG.
PONT. MAX. TRIB.
POT. XXI. COS. XIII.
PAT. PATR.
TERM. AUG. INTER.
LANC. OPP. ET.
IGÆDIT.

Cette Inscription doit avoir été une borne qui separoit le Territoire d'*Icædita*, ou *Igædita* de celui des *Lancienses* surnommez *Oppidani*. C'étoient deux petites Villes voisines, ou Municipes de la Lusitanie qui contribuerent à la fabrique du Pont d'Alcantara. Aussi sont-elles nommées les premieres dans l'Inscription de ce Pont. On croit que cette *Igædita* est IDANHA la vieille.

IGÆDITANI. Voiez l'article precedent.
IGALENSE MONASTERIUM, Monastere d'Espagne dont parle Euloge cité par Ortelius.

[c Jaillot Atlas.] 1. IGG [c], petite Ville d'Allemagne dans la basse Carniole, sur une Riviere de même nom à deux milles & demi d'Allemagne & au Midi Oriental de Laubach.

[d Ibid.] 2. IGG [d], petite Riviere d'Allemagne dans la Carniole. Elle a sa source aux Confins de Vindisch Marck, d'où serpentant vers l'Occident & ensuite vers le Nord elle passe à Igg ; puis circulant vers l'Ouest, elle va se perdre dans la Riviere de Laubach, au Midi de la Ville de ce nom.

IGILGILI, Ville de la Mauritanie Cesariense, selon Ptolomée [e]. Pline [f] & Antonin [g] la nomment Colonie. La Notice Ecclesiastique d'Afrique met entre les Evêques de la Mauritanie Sitifense *Domitianus Igilgitanus*. Ce même Siége est nommé dans la Conference de Carthage [h] EGUILGUILITANA, ce qui est une faute des Copistes qui ont estropié ce nom. La Table de Peutinger & l'Anonyme de Ravenne en font aussi mention. C'est presentement GIGERI. Voiez ce mot.
[e l.4. c.2.]
[f l. 5. c. 3.]
[g Itiner.]
[h p.262. Edit.Dupin.]

IGILIUM. Voyez IGINIUM.
IGILLIONES, ancien Peuple de la Sarmatie d'Europe, selon Ptolomée [i].
[i l. 3. c. 5.]

IGINIUM, c'est ainsi qu'Hermolaus veut

IGI. IGL.

qu'on lise le nom d'une petite Isle de la Mer Tyrrhene, que d'autres Exemplaires nomment IGILIUM. Pintianus croit qu'il faut lire ÆGILIUM, ou ÆGILION ; il est certain que c'est la même Isle. Voyez ÆGILIUM.

IGIS [k], Bourg de Suisse dans la Caddée & dans la Communauté des IV. Villages. On y voit un beau & magnifique Château nommé MARSCHLING qui appartient à Mrs. de Salis. Il est bâti dans une plaine agréable & fertile & environné d'une Eglise & de beaux Vergers. Ils y ont un Cabinet de raretez & une Bibliotheque.
[k Delices de la Suisse T. 3. p. 614.]

IGLA [l], Riviere du Royaume de Bohéme. On l'appelle aussi Giglava. Elle a sa source dans le Cercle de Bechin, assez près & au Midi du Village de Scheliff, d'où serpentant vers le Sud-Est, elle arrose la Ville d'Iglaw, à l'entrée de la Moravie ; après avoir traversé la pointe du Cercle de Czaslaw ; puis se chargeant de divers ruisseaux, elle se mêle avec la Riviere d'Ostawa, & ensuite à celle de Zuitta qui coule à Brinn, avec laquelle elle va se perdre dans la Teya au Pont de Mussow.
[l Jaillot Atlas.]

IGLAW [m], ou GIHLAWA, Ville du Royaume de Bohéme dans la Moravie aux Confins de la Bohéme propre, sur la Riviere d'Igla, entre Polna & Teltsch. Elle est environnée de Montagnes & de bois. On y brasse d'excellente biére & l'on y fait de bons Draps. L'an 1458. cette Ville fut assez hardie pour resister à George Roi de Hongrie parce qu'il étoit du parti des Hussites, quoique les Villes de Brinn & d'Olmutz se fussent accordées avec lui. Cela fut cause d'un siége qu'elle soutint durant quatre mois. L'an 1522. Louïs Roi de Hongrie & de Bohéme fit venir à Olmutz les habitans d'Iglaw & leur aiant reproché en des termes très-vifs qu'ils s'étoient laissé seduire par Speratus & avoient changé de Religion, il les menaça de faire un exemple des principaux d'entre-eux. Speratus lui-même fut enlevé & mis en prison. Avec le temps il n'y a plus eu que l'exercice de la Religion Catholique qui y soit permis & les Jesuites y ont un College dans la Ville pour lequel l'Empereur Ferdinand II. donna l'an 1626. quelques maisons & des revenus. Cette Ville a été plusieurs fois prise & reprise durant les guerres civiles de Bohéme & d'Allemagne.
[m Zeyler Morav. Topogr. p. 99.]

IGLESIAS, Ville du Royaume & de l'Isle de Sardaigne dans la partie Meridionale de l'Isle, à l'Occident & au fond d'un Golphe auquel elle donna le nom de GOLFO D'IGLESIAS, & vis-à-vis duquel l'Isle de St. Pierre est située. Cette Ville a profité de la chute de SULCI ancienne Ville de ce Canton-là qui a été ruinée & dont le Siége Episcopal a été transferé à Iglesias, qui est demeurée Ville Episcopale depuis ce temps-là. Le P. Coronelli [n] se trompe au sujet de cet Evêché, lorsqu'il dit que l'Evêché de Sulci fut fondé dans le treizieme siécle, il est bien plus ancien, puisqu'Antiochus son Evêque souffrit le Martyre sous l'Empereur Adrien ; & que l'on trouve *Vitalis Sulcitanus* dans la Notice des Evêques qui furent obligez de se rendre à Carthage pour rendre compte de leur foi sous le Regne de Hunneric. Ce Siege fut transporté à Iglesias l'an 1504.
[n Isolario part. 1.]

L par

par le Pape Jule II. & on étendit ce Diocèse à l'Isle de Saint Antioco. Cet Evêché est suffragant de Cagliari. Mr. Baudrand qui dit (dans la Liste inserée au mot ARCHEVECHE) qu'il lui est uni s'est trompé en prenant *Sulcitensis* pour *Sulcitanus*. Ce sont deux Siéges differens. Le premier a été effectivement uni à l'Archevêché de Cagliari le 20. Mars 1420. par le Pape Martin V. mais le second *Sulcitanus* subsiste à Iglesias. Leandre [b] & quelques autres Italiens la nomment VILLA DI CHIESA.

[a] *Sardigna* p.22.

IGLETÆ, Ἰγλῆται, ancien nom des Espagnols, selon Strabon [b] : ce n'étoit qu'un Peuple particulier qui ne cultivoit qu'un Canton fort borné.

[b] l.3.p.166.

IGMANUS, ou SIGMANUS, selon les divers Exemplaires de Ptolomée [c], Riviere de la Gaule Aquitanique. Elle doit être l'Adour & la Garonne & avoir son Embouchure dans la Mer. On croit ou plutôt on conjecture que c'est l'Eyre qui se perd dans le Bassin d'Arcachon ; mais comme il y a plusieurs Rivieres entre l'Adour & la Garonne, celle de l'Eyre convient moins qu'aucune à l'Igmanus de Ptolomée. Car il étoit entre l'Adour & le Promontoire *Curianum* que l'on prend pour la Tête de Buch. Il seroit plus naturel de croire qu'il nomme Sigmanus le Boucaut de Mémisan, où se décharge la Riviere de la Molasse ou d'Escourse ; celle de Bielsa ou de Borne & plusieurs autres ; qui à leur Embouchure commune font une Riviere considerable. Cela convient mieux à l'Igmanus que l'Eyre dont l'Embouchure est entre la Tête de Buch & la Garonne.

[c] l.2.c.7.

IGNAMINA, petit Pays d'Afrique dans la Nigritie ; assez avant dans les terres au Midi de la Riviere de Gambie, selon Mr. Baudrand. C'est sans doute le Village de *Gniamia* que Mr. de l'Isle met entre la Riviere de Gambie & le Fleuve de Senegal.

IGNE, Ville voisine de Priape, selon Etienne le Géographe. On peut mettre hardiment cet Article au rang de ceux où le pédant Hermolaus a fait des siennes. Où étoit ce Priape & qu'étoit-ce ? Etoit-ce la Ville, ou l'Isle, ou la Riviere de ce nom ; étoit-ce dans la Carie, dans l'Ionie, dans l'Hellespont ? C'est de quoi ne s'embarassoit pas le sot Grammairien, mais c'étoit assez pour lui de remarquer que d'*Igne* se formoit l'adjectif *Ignans* & *Ignea*. La belle science ! Il remarque encore qu'on en formoit *Ignetes*, dont en retranchant l'I, il restoit *Gnetes*. Le beau secret ! Voiez GNES.

IGNI, Bourg [d] & Abbaye de France en Champagne dans le Tardenois, environ à cinq lieues du côté du Couchant [e] & à deux de Fismes. L'Abbaye est de l'Ordre de Cîteaux, & a été fondée par Rainault Archevêque de Rheims l'an 1126. il a choisit pour le lieu de sa sepulture aussi bien que Samson son Successeur. Il y établit des Moines qu'il tira de l'Ordre de Clervaux. Le fameux Gueric, Disciple de St. Bernard, célébre par les Ouvrages de pieté qu'il a composez, en a été le IV. Abbé Regulier vers l'an 1150. & il y est enterré. D'autres attribuent la fondation de ce Monastere à Henri le Large Comte de Champagne en 1178. mais il y a lieu de croire que

[d] *Baugier Mem. de Champagne* T.2.p.393.
[e] Ibid.p.43.

ce Prince en augmenta seulement la fondation. Tous les anciens lieux Reguliers subsistent encore aujourd'hui. L'Eglise & le Dortoir ne sont que lambrissez. Le Cloître, le Refectoire, le Chapitre, & Noviciat sont voutez. Les Abbez ont été electifs jusqu'au Concordat. Cette Abbaye vaut à l'Abbé environ dix mille livres de rente, & aux Religieux qui sont au nombre de dix, sept à huit mille livres. Ils sont de l'ancienne Observance. Le P. Sirmond cite souvent la Bibliotheque de cette Abbaye. Il n'y a d'ailleurs rien de remarquable que la sepulture de Gauchet de Nanteüil mort en 1126. Il en étoit le bienfaicteur.

1. IGORANDIS, nom Latin d'AIGURANDE dans le Berri.

2. IGORANDIS, nom Latin d'INGRANDE dans le Poitou.

IGSAC, Bourg de France, dans l'Albigeois à six lieues d'Albi, vers le Nord du côté du Couchant, selon Mr. Baudrand [f].

[f] Ed.1705.

IGUALADA, Ville d'Espagne dans la Catalogne. Voiez YGUALADA.

IGUIDI. Mr. de l'Isle écrit : Desert d'IGHIDI, Canton d'Afrique au Pays des Bereberes, entre le Peuple les Lemta ou Lemptunes, le Pays de Caour & le Desert de Hayr. Ces Pays n'étant frequentez par les Européens sont très-peu connus.

IGUVIUM, ancienne Ville d'Italie dans l'Ombrie en deçà de l'Apennin. La Table de Peutinger l'appelle AGUBIUM. Jules Cesar [g] la nomme *Iguvium* & fait connoître que c'étoit une ancien lieu municipal. Silius Italicus dit [h]:

[g] *Bell. Civil.* l.1. c.12.
[h] l.8.v.459.

Nurria & insisitis tributis humilibus urbes Iguvium.

Cesar [i] & Pline [k] en nomment les habitans IGUVINI. C'est à present EUGUBIO ou plutôt GUBIO dans le Duché d'Urbin. Augustin Steuchus qui étoit de cette Ville a fait un Traité particulier sur le nom de cette Ville. Il est dans le troisiéme Tome de ses Oeuvres. Voyez GUBIO.

[i] l.c.
[k] l.3.c.14.

IGWIRA, c'est, selon Dapper [l], un Royaume d'Afrique au Nord d'Assyn & du petit Incassia, au Sud du grand Incassia & au Couchant de Monpa. Selon Mr. de l'Isle c'est EGUIRA Canton au Midi du grand Incassia au Nord de Monpa, au Couchant de Vasa, & au Levant des Adom. Ce Pays est de la Guinée, dans la côte d'Or. Si nous en croions Dapper, on dit que c'est un Pays dont on tire beaucoup d'or, & tout celui que l'on trouve à Abiné & à Assiné de vingt lieues par delà Cabo das tres Puntas tirant vers l'Occident vient de ce Royaume. Les Portugais y avoient une Forteresse, mais depuis que les Hollandois furent connus sur cette côte, ils en attirerent à eux le plus grand Commerce, & les Portugais abandonnerent ce poste.

[l] *Afrique* p.288.

I H.

IHOR [m], Royaume des Indes dans la Presqu'Isle de la Gange. Il est situé dans le Continent de Malaca, & consiste en l'extremité ou pointe où l'on double ce Cap. Il est fertile en poivre & autres bonnes denrées. Sa Capi-

[m] *Dampier Suplement* 1. part. c.1.

IHO.   JIO. IKK. IKO. ILA. 83

Capitale auſſi appellée IHOR, par laquelle paſſe une Riviere de même nom, eſt environ à cinquante lieues de Malaca. Les habitans ſont Mahometans & ont beaucoup de bravoure, & une extrême paſſion pour le Commerce. Ils ſe font un grand plaiſir d'aller ſur Mer. Toutes les Iſles voiſines étant en quelque maniere des Colonies de ce petit Royaume, & dépendantes de ſon Gouvernement, ils trafiquent dans leurs propres vaiſſeaux le long des côtes, & vont en divers endroits de Sumatra, Malaca & autres lieux. Leurs vaiſſeaux ſont petits, mais fort commodes; & les Hollandois en achetent une grande quantité à un prix modique, & en font enſuite de fort bons vaiſſeaux Marchands, mais ils les ajuſtent auparavant, ſelon leur uſage, & y mettent un gouvernail dont ceux d'Ihor ne ſe ſervent point, quoiqu'ils entendent très-bien la marine à leur maniere. Ceuxci font les leurs pointus aux deux bouts, quoiqu'ils n'en faſſent ſervir qu'un pour la prouë, & au lieu d'un gouvernail, ils ont à chaque côté de la poupe une eſpece de rame fort large. Ils en laiſſent tomber une dans l'eau à leur gré, ſelon qu'il faut aller d'un côté ou d'autre, & laiſſent toûjours abattuë celle qui eſt oppoſée au vent. Ils ont des barques qu'ils appellent Proes, très-bien travaillées & d'une grande propreté. Les Européens les appellent Demilunes, parcequ'elles s'élevent de chaque bout au deſſus de l'eau d'une telle ſorte, qu'elles reſſemblent beaucoup à une Demi-lune qui a les Cornes en haut. Elles vont bien à la voile, & ils s'en ſervent ſouvent dans leurs guerres.

Ce Royaume eſt fort petit & eſt nommé JOR, dans quelques Relations Hollandoiſes[a]; JOHOR dans quelques autres[b]. Mr. Kaempfer dans ſon Hiſtoire du Japon[c] écrit JEHOOR & Mr. Gervaiſe[d] dans ſon Hiſtoire de Siam JEOR. La Relation d'un Voyage pour la Compagnie d'Octroi aux Indes Orientales[e] dit que le Roi de Jor tient ſa Cour à Batwſaber ſituée à ſix lieues ſur la Riviere. Cette Riviere y eſt nommée la Riviere de Johor qui ſort par les deux degrez & deux tiers de latitude Nord; c'eſt-à-dire, 2. d. 40'. Le nom de cette Ville nommée IHOR par Dampier eſt diverſement écrit, BATUSABAR, BATWSABER, & BATUSAUWER. Ce petit Royaume eſt fort diminué, car les Portugais y ayant bâti & fortifié la Ville de Malaca qui a enſuite été conquiſe par les Hollandois; il eſt fort reſſerré de ce côté-là: d'ailleurs ce petit Etat eſt diviſé en pluſieurs Royaumes qui ſont Queda, Patani, Pera & Paha; deſorte que ce qui reſte au Roi d'Ihor eſt très-peu de choſe. Mr. Kaempfer dit que le Roi de Siam Petraatja prenoit le titre de Protecteur de Cambodia, Jehoor, Patany & Queda. Mr. Gervaiſe qui a vû le Royaume de Siam ſous le regne precedent dit: JEOR, Jambi, Queda & Patani qui ſont de fort petits Royaumes payent encore chacun tous les ans au Roi de Siam une fleur d'or qui peut valoir cinquante écus ou deux cens francs. Quand ils manquent à lui payer ce tribut il ſe met en état de ſe faire rendre juſtice & de les reduire à leur devoir; car comme ces Royaumes n'ont pas chacun plus de cinquante ou ſoixante lieues de Pays, ils ſont trop foibles pour pouvoir lui reſiſter.

[a] Voyages de la Compagnie T. 2. p. 253.
[b] Ibid. p. 580. & T. 3. p. 213.
[c] T. 1. p. 10.
[d] p. 115.
[e] Voyages de la Comp. T. 1. p. 253.

J. I.

JIOSAN, ou JESAN, Montagne du Japon dans l'Iſle de Niphon, aſſez près du Lac d'Oitz qui eſt dans la Province d'Oomi, ſur la gauche en allant à Jedo. Cette Montagne fameuſe eſt haute, mais pourtant charmante, & ſon nom ſignifie beau Mont. On y voit un nombre infini de grands & beaux arbres qui croiſſent juſqu'au ſommet; & l'on aſſure qu'elle ne contient pas moins de trois mille temples dans ſon enceinte, outre pluſieurs Villages & par conſequent un grand nombre de Moines (Payens) & de payſans. La ſituation de cette Montagne; mais encore plus la ſainteté du lieu en firent un Sanctuaire & un Aſyle pour les habitans de Meaco pendant les Guerres inteſtines qui deſoloient toujours cette Ville. Cependant Nobunanga Monarque Seculier du Japon & Predeceſſeur du grand Empereur Taico pouſſé par la haine univerſelle qu'il portoit à toutes ſortes de Prêtres & de Moines, autant que pour vanger quelques inſultes particulieres qu'il avoit eſſuyées de ceux qui habitoient cette fameuſe Montagne, s'en empara à la tête d'une nombreuſe armée, détruiſit tous les Temples & les Bâtimens où il mit le feu; fit maſſacrer toute cette vermine de Prêtres, comme il les appelloit avec tous les autres habitans.

I K.

IKKERY[f]; Royaume d'Aſie dans la Preſqu'Iſle d'en deçà le Gange. Le Pere de la Lane Jeſuite le nomme ainſi. Les principaux Etats que j'y connois (dans la Miſſion de Carnate) ſont les Royaumes de Carnate, de Viſapour, de Bijnagaran, d'Ikkery & de Golconde. Il ne nous apprend d'ailleurs aucune particulieré de ce Royaume.

[f] Lettres édifiantes T. 10. p. 4.

IKOVIRINIOUCKS, Peuple de l'Amerique Septentrionale dans la Baye de Hudſon. Le P. Gabriel Mareſt[g] Jeſuite en parle ainſi: outres les Nations qui viennent en traite à la Riviere de Ste Thereſe, il y en a encore d'autres qui ſont plus au Nord, dans un Climat encore plus froid que celui-ci, comme les Ikoviriniouċks qui ſont environ à cent lieues d'ici, mais ils ont guerre avec les Sauvages du Pays & n'ont point de Commerce avec le Pere. Plus loin on trouve les ESQUIMAUX & à côté des Ikoviriniouċks une autre grande Nation qui leur eſt alliée: on les appelle les ALIMOUSPIGUI. C'eſt une Nation nombreuſe; elle a des Villages & s'étend juſques derriere les Aſſiniboëls avec qui elle eſt preſque toujours en guerre.

[g] Ibid. p. 323.

§ Juſqu'ici les Relations n'ont point fourni d'autres ESQUIMAUX que ceux qui ſont dans la Terre de Labrador à l'Orient de la Baye de Hudſon. En voilà d'autres à l'Occident de cette Baye.

I L.

1. ILA, Lieu de la Perſe ſur le Golphe Perſique, ſelon Arrien[h]. Il dit qu'il eſt vis-à-vis de l'Iſle Caycandrus & qu'il y a un Port.

[h] In Indicis. p. 353.

2. ILA,

2. ILA, Riviere de la Grande Bretagne. Ptolomée en marque l'Embouchure entre *Ripa alta* & le Promontoire *Verurium*. Ce doit être une des Rivieres de la partie la plus Septentrionale de l'Ecosse à l'Orient, & Camden croit que c'est VIFLE.

3. ILA, Isle d'Ecosse entre les Hebrides. Elle est située au Midi de Jura & à l'Ouest de Cantire, & a environ vingt milles de long & seize de large dans sa plus grande largeur. Elle nourrit beaucoup de Bétail & de bêtes fauves. Ses Lacs & ses Rivieres abondent en Saumons, en Truites, en Anguilles, &c. Il y a entre autres, une source Medicinale, où les Insulaires vont pour se guerir de plusieurs sortes de maladies. On y trouve d'ailleurs des mines de plomb, & une grande quantité de pierre à chaux. Cette Isle a plusieurs souterrains. Il y en a un capable de contenir deux cens personnes. On y compte quatre Eglises & une Chapelle. La principale Eglise est celle de St. Colomban qui donne le titre de Comte à un des fils de la Maison d'Argyle, mais Campbel de Caddel est proprement le Seigneur de l'Isle.

C'est là que Macdonald, Roi des Isles tenoit autrefois sa Cour & l'on voit encore les ruines de son Palais.

ILACA. Voiez ILAK.

ILACIACUM, pour LAVIACUM. Voyez ce mot.

1. ILAK [a], Pays d'Asie dans la grande Tartarie au Turkestan, & contigu à la Province de Schasche. Sa principale Ville nommée TONKAT ou selon quelques-uns NOBACHT est située au pied d'une Montagne appellée SHABALIGH, sur une Riviere qui arrose ses Jardins. Les habitans du Pays ont bâti un mur depuis le pied de leur Montagne jusqu'à la Riviere de Schasche qui est le Sihon, pour arrêter les courses que les Turcs plus Septentrionaux qu'eux pourroient faire dans ce Pays.

[a] d'Herbelot Bibliot. Orient.

Le Pays d'Ilak a une Riviere qui porte son nom, & il comprend tout le terroir qui s'étend depuis Tonkat jusqu'à Schasche en tirant du Midi au Septentrion, desorte qu'il est tout entier dans le sixieme Climat sous la longitude de 89. d. 10′. & 43. d. 20′. de Latitude Septentrionale, selon la supputation d'Abulfeda. Al Bergendi écrit que le Pays d'Ilac est, selon quelques-uns, des dépendances de la Ville de Bokharah, & selon les autres de celle de Schasche & qu'il est situé dans le V. Climat.

2. ILAK [b], Ville d'Asie, dans la grande Tartarie, & dans les dependances de celle de Nichabour, une des quatre Capitales de la grande Province de Khorassan. Selon Al Bergendi qui lui donne aussi le nom d'ILAKI. C'est peut-être une des Colonies des Turcs qui ayant passé le Gihon, se sont établis en ces quartiers-là, comme ils ont fait plusieurs fois dans le même Pays.

[b] Le même.

3. ILAK [c], ou JALAK, Ville d'Afrique dans la Nubie, entre deux bras du Nil. Elle est distante de Galowah de dix journées, & l'on en compte jusqu'à Marcathah en Ethiopie. Cette Ville a un Prince particulier & ses habitans font leur commerce avec l'Egypte par le Nil qu'ils descendent jusqu'à la Montagne de GENADEL où est la grande Cataracte de ce fleuve : c'est en ce lieu qu'ils sont obligez de décharger leurs Marchandises & de les faire porter par terre jusques à ASOVANA (Assuana) qui est l'ancienne Ville de Syéne située aussi sur le Nil. Le Prince d'Ilak qui étend sa jurisdiction dans toute l'Isle que le Nil enferme dans ses deux bras, reconnoît pour Souverain le Roi de Nubie.

[c] Le même.

ILAL [d], Château d'Asie, dans le Mazanderan Province de Perse. C'est où la Mere de Mohammed Khowarem Schah se retira avec tous les Tresors qu'elle avoit sauvez de la deroute de son fils poursuivi par Genghizkhan. Ce Château fut contraint de se rendre faute d'eau aux Tartares qui l'assiégeoient.

[d] Le même.

ILALEM [e], Montagne d'Afrique au Royaume de Maroc dans la Province de Sus. Elle commence où finit la Montagne de Henquise, s'étend à l'Orient jusqu'au Pays de Gezule, & finit au Midi dans les plaines de Sus. On la nomme aussi LAALEM GEZULE.

[e] Dapper Afrique, p. 135.

ILAMBA [f], Province d'Afrique dans la Basse Ethiopie au Royaume d'Angola. Dapper dit : ILAMBA, ou ELAUMA est une si grande Province qu'on dit qu'elle a plus de trois cens lieues de circuit & près de cent lieues d'étendue. Elle est située au Sud-Ouest de Lovando S. Paulo sur les bords des fleuves Quansa & Bengo en remontant le Bengo jusqu'au Sud-est de la Province d'Icollo ; & le Quansa depuis Massingan jusqu'à Cambamba. A mesure qu'on s'éloigne de la côte, ces deux Fleuves s'éloignent aussi l'un de l'autre ; ce qui fait que de trente ou quarante lieues qu'elle a près du Rivage de la Mer, elle va jusques à cent dans les extremitez de la Province, & comme on trouve presque de trois en trois lieues un Village, il s'y est élevé quarante deux Seigneuries dont chacune a son Sova qui commande aux Villages de son ressort. Le nom des principales sont,

[f] Ibid. p. 362.

Chonso,	Cahango,
Namboa,	Cavanga-Pose,
Qualomba,	Guenca-Atombe,
Bamba,	Hiangonga,
Golungo,	Quilambe,
Macao,	Quapanga,
Combi,	Cabanga,
Quitendelle,	Cabuto,
Ziombe,	Candalla,
Quitalla,	Gougue,
Cambacaite,	Cahonda,
Andalladongo,	Cunangonga,
Quianbatta,	Mossungoa-Pose,
Nambaquiajamba,	Camanga,
Cangola,	Calunga,
Quihairo,	Bagolungo,
Chombe,	Quibillaca-Pose,
Angolome,	Nambua,
Gumbia,	Callahanga,
Caoulo,	

& Nimesolo.

On y peut joindre Massingan qui, selon quelques autres, fait une Province à part. Il y a encore quelques Fiefs, mais parce qu'ils sont peu considerables & qu'ils relevent des precedens, on ne les compte pas. Les principaux So-

ILA. ILC. ILD.   ILD. ILE.   85

Sovas ont grand soin de conserver leurs droits & les Limites de leurs terres. On ne trouve dans la Province d'Ilamba ni Forêts, ni Citadelles pour fermer le passage à l'ennemi, comme dans celle d'Enfaca. Il n'y a qu'une seule Forterelle & quelques côteaux couverts d'Arbres, mais le grand nombre des habitans & leur addresse à tirer de l'Arc les défend assez des attaques de leurs voisins.

ILANA, pour ÆLANA.

ILANJOUC [a], Riviere de la Tartarie dans le Capchac où il se décharge dans le Tic.

[a] Hist. de Timur-Bec l.3.c.10.
[b] Delices de la Suisse p.591.

ILANTZ [b], Ville de Suisse dans la Ligue grise & dans la Communauté à laquelle cette Ville donne son nom. C'est la premiere qui se trouve sur le Rhin. Elle est remarquable parce qu'elle a à son tour les Assemblées des trois Ligues du Pays. Les Assemblées de la Jurisdiction de la fosse s'y tiennent ordinairement, & celles de la Ligue grise s'y tiennent souvent. On voit autour d'Ilants les ruines de trois Châteaux.

La COMMUNAUTÉ D'ILANTZ est la quatriéme de la Ligue grise. On l'appelle aussi la COMMUNAUTÉ DE LA FOSSE, à cause d'une plaine ronde & creuse qui s'y trouve. Elle est composée de trois Jurisdictions, savoir de la Fosse ou d'Ilantz, de *Schlowis* & de *Tenna*.

De la premiere Jurisdiction dependent VALENDAS (*Valendaunum*), CASTRIS, tous deux au bord Oriental du bas Rhin, SEGENS, (*Segaunum*) vis-à-vis de Castris, de l'autre côté du Rhin, FALERA &c. Il y a aussi quantité de Châteaux antiques qui sont en ruine. Il y a près de Valendas une Fontaine d'eau bitumineuse.

ILARCURIS, ancienne Ville de l'Espagne Tarragonoise au Pays des Carpetaniens, selon Ptolomée [c].

[c] l.2.c.6.

ILARIS, Ville de la Lycie, selon Etienne le Géographe.

ILAS, Fleuve d'Asie, selon Isidore [d], Ortelius soupçonne que c'est une faute d'écriture & qu'il faut lire HYLAS.

[d] Origin.

ILATIDES. Voiez HILATIDES.

ILATTIA, Ville de Crete, selon Etienne le Géographe, qui cite le 13. Livre de Polybe que nous n'avons plus.

ILCE. Voiez ILLICI.

ILCHESTER, Ville d'Angleterre, en Sommersethshire. Elle est située sur l'ILL dont elle tire son nom qui veut dire la Forteresse de l'Ill. Elle est ancienne, on croit que c'est l'Ischalis Ἰσχαλις de Ptolomée [e]. Elle tient un Marché public & envoye ses Deputez au Parlement.

[e] l.2.c.3.

ILDUM, ancienne Ville d'Espagne, selon Antonin, sur la Route de *Dertosa*, (Tortose) à *Saguntum* (Morvedro.)

Dertosam,	
Intibili,	M. P. XXVII.
Ildum,	M. P. XXIV.
Sepelacim,	M. P. XXIV.
Saguntum,	M. P. XXII.

Simler trouve dans quelques Exemplaires IDUM & dans d'autres IDUNI. On croit que c'est presentement SALSADELLA Village dans la partie Septentrionale du Royaume de Valence.

ILE. Voyez ISLE.

ILEBERNIS. Voyez ILYBIRRIS.

ILEGIUM, Ville de Grece dans la Pelasgiotide, Contrée de la Macedoine, selon Ptolomée. Voyez ILETIA.

ILEI. Voyez EILEI.

ILENIA. Voyez EILENIA.

ILEOSCA. Voyez OSCA.

ILER. Voyez ILLER.

ILERCAONES [f]; ancien Peuple d'Espagne Tarragonoise, vers l'Embouchure de l'Ebre, selon Ptolomée qui met chez ce peuple le Promontoire *Tenebrium*, le Port *Tenebrius*, & l'Embouchure de l'Ebre. Ce Peuple n'étoit pas confiné au bord de la Mer, il s'avançoit aussi dans les terres, & le même Géographe y place pour Villes,

[f] l.2.c.6.

CARTHAGO VETUS,	Adeba,
Biscargis,	Tiarulia,
Theana,	Sigarra,
Dertosa.	

Pline [g] nomme ce Pays ILERGAONUM REGIO & y fait couler l'Ebre. L'ILDUM & l'INTIBILI d'Antonin [h] étoient sans doute dans le Territoire des Ilercaons, comme le remarque Cellarius [i]. Cesar [k] appelle ce peuple ILLURGAVONENSES. Et Tite-Live [l] nomme le Pays ILERCAONENSIUM AGRUM. Quelques Auteurs qui n'étendent ce Peuple que jusqu'à l'Ebre en retranchent *Dertosa* qui est en deça, mais c'est une erreur, car outre l'autorité de Ptolomée, on a d'anciennes Medailles où *Dertosa* est nommée comme étant aux Ilercaons.

[g] l.3.c.3.
[h] Itiner.
[i] Geogr. Ant.l.2.c.1.
[k] Bell. Civ. Bell. c.60.
[l] l.22.c.21.

Ce Peuple occupoit partie de la côte de Catalogne jusqu'à celle de Valence.

1. ILERDA, ancienne Ville de l'Espagne Tarragonnoise au Pays des Ilergetes, selon Ptolomée [m]. Le nom moderne est LERIDA.

[m] l.2.c.6.

2. ILERDA, Riviere d'Espagne, selon Vibius Sequester qui nomme peut-être ainsi la petite Riviere qui tombe dans la Segre au dessus de Lerida.

ILERGETES, ancien peuple de l'Espagne Tarraconnoise sur la Segre. Ptolomée [n] les place auprès des Vascons; & y met pour Villes,

[n] l.2.c.6.

Bergusia,	Osca,
Celsa,	Burtina,
Bergidum,	Gallica Flavia,
Erga,	Orgia ou Orcia,
Succosa,	Ilerda.

Tite-Live les nomme de même ILERGETES, mais une Inscription [o] porte *Contra Ilergetas*. Ptolomée ne fait aucune mention d'Octogesa Ville de leur Pays dont parle Cesar [p] ni d'ATHANAGIA qui selon Tite-Live [q] étoit la Capitale de leur Nation; quelques-uns ont cru que c'étoit TARRAGA, d'autres MANRESA; j'aime mieux croire avec Mr. de Marca que ce nom signifie la même Ville que Lerida, puisque nul Auteur ne parle de la destruction d'Athangia, & qu'il n'est pas vraisemblable qu'une Capitale qui auroit été détruite par un siége,

[o] Gruter. P.519.n.9.
[p] Bell.Civ. l.1.c.61.
[q] l.21.c.61.

86 ILE. ILH.

siége, ou par quelque autre revolution éclatante eût échapé aux Historiens. Il y a plus d'apparence que ce mot est un nom donné par les Grecs, à la Ville que les Espagnols nommoient *Lerida*, ou plutôt *Ilerda*, d'où le nom moderne s'est formé par la transposition d'une seule lettre.

[a] *Paris Orient. Antiq. Hispan.*

[a] Le P. Briet borne les Ilergetes par les Pyrenées au Nord ; par les *Jacetani* à l'Orient, les Ilercaons au Midi ; par l'Ebre au Sud-Ouest jusqu'auprès de Saragosse ; & par les Vascons à l'Ouest & au Nord-Ouest. Il y met ILLITURGIS, que Ptolomée n'y met pas.

ILERGAONUM REGIO. Voiez ILERCAONES.

ILESIUM, pour EILESIUM. Voiez ce mot.

[b] *l. 4. c. 8.*
[c] *l. 3. c. 13.*
[d] *Thesaur.*

ILETHIA, Ville de Grece dans la Thessalie, selon Pline [b]. Le R. P. Hardouin écrit ILETIA & observe que c'est la même que Ptolomée [c] apelle Ἰλήγιον, pour Ἰλήτιον, ILEGIUM au lieu d'ILETIUM. Elle étoit dans la Pelasgiotide contrée de la Thessalie. Ortelius [d] & Sylburgius dans ses notes sur Pausanias avoient remarqué que cette Ville nommée diversement par Pline & Ptolomée étoit la même.

[e] *Dapper Afrique. p. 133.*

ILEUSUGAGUEN [e], ou LEUSUGAGUEN, Ville d'Afrique au Royaume de Maroc dans la Province de Hea, à trois lieues de Hadequis vers le Midi, elle est forte & située en forme de Citadelle sur une haute Montagne dont le pied est baigné par une petite Riviere. Sanson dans sa Carte de Maroc nomme cette Riviere Tesethna. Elle s'augmente beaucoup dans son cours. C'est la même qu'EUSUGAGUEN de Marmol, quoi que Mr. Corneille semble les distinguer.

ILHA, mot Portugais qui signifie *Isle*, & par lequel commencent les noms de plusieurs Isles nommées par les Portugais. Voiez les differens Articles au mot ISLE.

ILHEOS, Ville maritime de l'Amerique Meridionale au Bresil dans la Capitainie dont elle est la Capitale & qui porte le même nom.

[f] *Indes Occident. l. 15. c. 21.*

Selon de Laet [f] cette Ville *dos Ilheos* est à trente lieues de Porto Seguro vers le Nord-est & à la même distance de la Baye de Tous les Saints vers le Sud ; à 15. d. & 40'. de la ligne. Elle tire son nom des Isles qui sont devant la Baye où elle est située. Cette Colonie est d'environ deux cens familles de Portugais ; il y a une Riviere qui la baigne. Quelques Relations portent que cette Ville est fort petite & n'a que cinquante Maisons & quelques Moulins à sucre. Les Peres Jesuites y ont une Maison. Ils enseignent la Jeunesse, & donnent leurs soins à l'instruction des Sauvages. Les habitans s'appliquent principalement à cultiver les Campagnes & ont des barques dans lesquelles ils transportent leurs fruits à Pernambouc & aux autres Gouvernemens voisins.

A sept lieues de cette Ville, au dedans du Pays est un Lac d'eau douce qui a environ trois lieues de long & autant de large & plus de quinze brasses de profondeur : il en sort une Riviere, mais l'Embouchure en est si étroite qu'à peine les petits bateaux y peuvent passer. Ce Lac est fort poissonneux & nourrit sur tout des Manatis, la plupart si gros qu'ils pe-

ILH. ILI.

sent jusqu'à vingt huit livres. Il y a aussi des Crocodiles & de ces grands poissons que les Espagnols appellent *Tuberones*.

LA CAPITAINERIE DE RIO DOS ILHEOS [g], Contrée de l'Amerique Meridionale au Bresil. Elle est bornée au Nord par la petite Riviere de Sirintacin qui la separe de la Capitainerie de la Baye, & au Midi de laquelle demeurent les VAYMORES Nation Americaine. Elle a au Levant l'Océan & au Midi la petite Riviere de Sant Antonio ; au Nord de laquelle sont les TUCANUCES, autre Nation d'Americains. Elle a au Couchant les QUIRIGUGES & les MARIBUCES ; ses Rivieres sont du Nord au Sud RIO DAS CONTAS, RIO DOS ILHEOS, RIO GRANDE, & divers Ruisseaux dont les noms sont ignorez. N. S. da Vittoria, Sainte Anne, & St. George sont trois Bourgades situées auprès de la Ville Capitale. Nous n'y connoissons point d'autres habitations. De Laet dit [h]: Antoine Herrera a écrit qu'en un quartier proche de ce Gouvernement il est venu des Sauvages chassez de leur contrée par leurs Ennemis, Ils sont plus blancs que les autres, & ont une taille de Géant, Nation errante & vagabonde qui n'ayant aucunes Maisons, couche sur la terre à la maniere des bêtes dans les Forêts & dans les Campagnes. Leurs arcs sont roides, & ils font beaucoup de meurtres avec leurs longues fléches, quand ils surprennent les naturels du Pays ou les Portugais. Ils ne vont jamais par Troupes, mais separez, il est difficile de se garantir de leurs Embûches, & on ne les rencontre qu'avec grand danger. Proche de ce même Gouvernement habitent les Aymures ou Guaymures, les plus cruels Sauvages de tout le Pays. Ils chassent les hommes, comme nous chassons les bêtes sauvages, & les dévorent quand ils les ont pris, ils mangent aussi leurs propres enfans, & ouvrant le ventre des femmes grosses, ils en tirent le fruit qui est pour eux un mets délicat. Ces Barbares avoient détruit presque entierement la Ville dos Ilheos, & on avoit été obligé d'abandonner les Campagnes, quoique fort fertiles, mais enfin on les a vaincus, en plusieurs combats.

[g] *De l'Isle Carte du Bresil.*
[h] *l. c.*

ILI, mot qui sert de terminaison à plusieurs noms de Provinces dans la Langue Turque ; par exemple les Turcs appellent ROUM-ILI, c'est-à-dire Pays des Romains, ce que les Romains ont nommé la Thrace, & nous en avons fait le mot corrompu de ROMELIE, & ils se servent souvent de ce nom pour signifier l'Europe, comme de celui d'Anadoli qui signifie proprement la Natolie, pour designer l'Asie en general. Ainsi chez eux ARNAUD-ILI est l'Albanie ; MAGIAR-ILI, la Hongrie ; ERDER-ILI, la Transilvanie. Ils ont aussi une façon de parler Proverbiale, dont ils se servent quand on leur demande des nouvelles, & ils repondent à celui qui les interroge *Begler, Sagler, Iller Amanler*, c'est-à-dire *les Seigneurs se portent bien & les Provinces sont en paix*. Cela veut dire : il n'y a rien de nouveau.

ILIBERI, ancienne Ville d'Espagne. Voiez ELIBERIS.

ILICA. Voiez ELICA.

ILIEN-

ILIENSES, ancien Peuple de l'Isle de Sardaigne. Pline [a] les met entre les fameuses Nations de cette Isle. Pomponius Mela [b], dit que c'en étoit la plus ancienne. Pausanias [c] dit au contraire qu'après le Sac de Troye une partie des Troyens qui suivoient Enée, étant emportez en Sardaigne par les tempêtes, se méla avec les Grecs qui s'y étoient établis auparavant. Ce sont les mêmes que les *Ilienses* de Sardaigne dont parlent Pline, Mela, & Titelive [d], & qui lors que les Africains vinrent pour détruire les Grecs, se réfugierent dans les Montagnes de l'Isle, où ils garderent ce nom d'*Ilienses* jusqu'au temps de Pausanias, qui les nomme *Troyens Tibes*. Je doute s'il faut les confondre avec les *Jolaenses* de Strabon, comme le veut Hermolaüs. Voïez l'Article JOLAENSES. Voïez aussi ILION, & TROYE.

ILINGÆ, ancien Peuple de la Germanie, selon Ptolomée [h]. Peucer croit que ce sont les Elysiens de Tacite. Ortelius trouve que la Ville de LIGNITZ ne differe pas beaucoup de ce nom, soit par le son du mot soit par sa situation.

1. **ILION**, Ville de Grèce dans la Macedoine. Tite Live [f] en parle comme d'une petite Place qui fut prise par les Romains qui étoient sous les ordres de L. Ampustius Lieutenant du Consul P. Sulpicius. Il ajoute que le nom de ce lieu étoit beaucoup plus connu à cause d'une autre Ville d'Asie qu'à cause de celle ci.

2. **ILION**, nom de l'ancienne Ville de Troye dans l'Asie mineure. Les Grecs ont écrit *Ilion* & les Latins *Ilium*. Servius pretend que *Troia* étoit le nom de la contrée & *Ilium* le nom de la Ville. Cependant on s'est accoutumé à nommer *Troja* la Ville même; & le nom de *Troye* est plus souvent employé que celui d'Ilion pour signifier l'ancienne *Troye*. Les Poëtes s'en sont pourtant servis. Virgile dit : *Ilium in Italiam portans* au commencement de l'Enéide. Horace qui a plus de peine chant pour les terminaisons Grecques dit :

Ilion, Ilion,
Fatalis incestusque judex
Et mulier peregrina vertit.

Il est là question de l'ancienne Troye demolie par l'Armée d'Agamemnon. Voïez son Article particulier au mot TROYE.

3. **ILION**, ou **ILIUM**, Ville de l'Asie mineure differente de la précédente puisqu'il y avoit entre deux une difference de trente Stades ; [g] c'est-à-dire de trois-mille sept cens cinquante pas ; & qu'elles ont subsisté successivement. Pour ne parler ici que de cette derniere Ville, l'autre étoit détruite depuis longtemps & la nouvelle n'étoit encore qu'un Village où étoit un Temple de Minerve lorsqu'Alexandre après le passage du Granique s'y rendit pour sacrifier à la Déesse. La Chronologie met environ 850. ans entre la destruction de l'ancienne Troye & l'arrivée d'Alexandre dans la Troade. Ce Prince fit de riches présens à ce Village, lui donna le titre de Ville, & laissa des ordres pour l'aggrandir : ses Successeurs témoignerent de la devotion pour ce lieu. Après sa mort Lysimachus l'amplifia & l'environna d'un mur de quarante Stades. Titelive [b] parlant du Roi Antiochus dit : il débarqua, & monta à *Ilium* pour sacrifier à Minerve, & parlant du General des Romains, [i] il dit : delà il monta à *Ilium* & ayant fait un sacrifice à Minerve il écouta favorablement les Ambassadeurs, d'Eleüs, de Dardanus & de Rhœteus qui mettoient leurs Villes sous sa protection. Justin parlant de la même guerre d'Antiochus dit [j] ; les Romains entrez en Asie étant venus à *Ilium*, ce ne furent que felicitations mutuelles entre eux & les habitans d'*Ilium*. Cette Ville n'avoit déja plus rien de l'éclat que lui avoit donné Lysimachus. Strabon [d] dit expressément que quand les Romains passerent en Asie, la nouvelle Ilium qui subsistoit de son temps ressembloit plus à un Village qu'à une Ville. Il ajoute que Demetrius le Scepsien disoit y avoir été étant jeune vers ce même temps & n'y avoir trouvé les Maisons si delabrées qu'elles n'avoient pas même des toits de tuiles. Hegesianax cité par Strabon écrit que quand les Gaulois passerent en Asie, comme ils avoient besoin d'une place forte ils vinrent à *Ilium*, mais qu'ils l'abandonnerent parce qu'il n'y avoit point de murailles. Elle fut pourtant remise en un meilleur état, & elle étoit fermée de nouveau puisque Fimbria fut obligé de l'assiéger parce que les habitans refusoient de le laisser entrer, il la prit & la saccagea. Sylla qui défit Fimbria consola les habitans & leur fit du bien, leurs affaires allerent ensin de mieux en mieux jusqu'à ce que Jules Cesar qui se regardoit comme un des descendans d'Enée s'affectionna entierement à eux, leur donna des champs, la liberté, & l'exemption des travaux publics. Titelive [m] raporte que par le Traité de paix entre le Roi Antiochus & les Romains on avoit cedé Rhœæ & Gergithe aux habitans d'*Ilium*. Ce fut Jules Cesar qui mit le comble aux bienfaits des Romains ; on le soupçonna même, dit Suetone, d'avoir voulu quitter Rome pour s'y établir & y transporter les Richesses de l'Empire. Mess. le Fevre & Dacier assurent que l'on eut à Rome la même frayeur sous l'Empire d'Auguste qui en qualité d'Heritier de Jules Cesar auroit pû executer ce projet, & que ce fut pour l'en détourner en mots couverts qu'Horace composa l'Ode [n],

Justum & tenacem propositi virum &c.

Cette Ville subsista encore sous les Empereurs, comme on le voit par les temoignages de Tacite [o] & de Pline [p]. On a des Medailles frapées au nom de ses habitans, l'une de Marc Aurele, represente Hector sur un char à deux chevaux avec cette legende ΙΛΙΕΩΝ ΕΚΤΩΡ ; d'autres de Commode, & d'Antonin fils de Severe, sur lesquelles la legende est la même, mais le char est à quatre chevaux. On en a encore à deux chevaux, frapées sous Severe & d'autres sous Gordien.

C'est de cette Ville d'Ilion que les Voyageurs disent avoir vû les ruines & non pas de l'ancienne Troye. Ainsi c'est badiner d'y chercher les debris du Palais de Priam & autres antiquitez qui ne sauroient être en cet endroit.

ILIO-

ILI.

ILIONENSES[a], ancien Peuple d'Italie. Le R. P. Hardouin veut que de ce nom & de celui qui suit, favoir LAVINII, on n'en fasse qu'un, qui signifie un Peuple descendu des Troyens établis à *Lavinium* Ville fondée par Enée & appelée du nom de Lavinie. Voiez LAVINIUM.

[a] Plin. l. 3. c. 5.

ILIOPOLIS, Ville d'Egypte, si l'on s'en rapporte à Hilduin qui dans la Vie de St. Denys l'Aréopagite dit que ce Saint s'y rendit pour étudier l'Astrologie. Ortelius observe qu'il faut lire HELIOPOLIS, comme écrit St. Jerome dans la Vie de ce même Denys & l'Aréopagite lui-même dans sa Lettre à Polycarpe.

ILIOTES. Voiez ILOTES.

1. **ILIPA**, ancienne Ville d'Espagne aux confins de la Lusitanie chez les Turdetains. Ptolomée [b] la nomme ILLIPULA. C'est Titelive [b] qui la nomme ILIPA, au sujet d'une Victoire que P. Scipion y remporta sur les Lusitaniens. Il ne faut pas la confondre avec *Ilipa* de l'Article qui suit.

[b] l. 35. c. 1.

2. **ILIPA**, ancienne Ville d'Espagne dans la Baetique, felon Strabon [c]. Ce nom lui étoit commun avec d'autres Villes & est pris de la Langue Punique, comme l'a remarqué Bochart : עילִיר פּאָר veut dire *plaine élevée*. Pour la distinguer des autres on la furnommoit ILIA. Pline [d] nous l'apprend, mais comme quelques Manuscrits par l'ignorance des Copistes portoient *Ilipa cognomine illa Italica*, Froben croyant le mot *illa* inutile, au lieu de le corriger, l'avoit efacé dans fon Edition. Cela a fait croire à des personnes mêmes très-savantes que le mot *Italica* étoit le furnom de la Ville *Ilipa*. Bochart a bien vû que ce ne pouvoit être & qu'*Ilipa* & *Italica* étoient deux Villes très-differentes. Le R. P. Hardouin [e] est venu ensuite & trouvant dans une Inscription de Gruter IMMUNES, ILIENSES, ILIPONENSES; qui dans une autre Inscription font simplement nommez MUNICIPIUM INLIPENSE sans autre furnom, il a deviné juste & rétabli heureusement le passage de Pline en remettant ILIA au lieu d'*Illa Ilipa, cognomine Ilia*; *Italica*, pour lors c'est Ilia qui est le furnom & non point *Italica* qui est une Ville à part. Antonin met Ilipa fur la route de Gades à Cordoue, entre *Carula* & *Ostippo*, à XVIII. M. P. de la première & à XIV. mille pas de la seconde. Il y avoit des Mines d'argent auprès de cette Ville, felon Strabon [f]. Ptolomée [g] la nomme ILLIPULA MAGNA.

[c] l. 3. p. 141.
[d] l. 3. c. 1.
[e] p. 351. n. 5.
[f] l. 3. c. 142.
[g] l. 2. c. 5.

ILIPLA, ou **ELEPLA**, Ville Episcopale de l'ancienne Espagne dans la Baetique. Il n'en est fait aucune mention dans la division des Diocèses faite fous le Roi Vamba, mais une Notice conservée dans le Cartulaire de l'Eglise d'Oviedo met fous la Metropole d'Hispalis qui est Seville ELEPLA, comme troisième Siége suffragant. Une autre Notice trouvée à St. Laurent de Seville & écrite l'an 962. met au second rang fous la même ELIPA qui est le même Siége. Je ne trouve nulle part ailleurs que dans le livre de Mr. Baudrand le nom d'ILIPLA. Mr. Baillet dit [h]: *Elepla, Illipulis* & *Illipula*, NIEBLA Ville d'Espagne dans la Bétique qui donna quelques

[h] Topograph. des Saints. p. 588.

ILI. ILK.

Martyrs durant la persecution des Sarrazins à Cordoue. Mr. Baudrand dit de même que *Niebla*, Ville de l'Andaloufie, est presentement la même qu'*Ilipla*, ou *Elepla*, en quoi il a raison, mais il croit que c'est aussi *Ilipa*, en quoi il se trompe s'il l'entend de la première *Ilipa*. Car c'est *Ilipa* 2. il est vrai qu'il n'en connoît qu'une seule, mais cela étant il ne devoit pas dire qu'*Ilipla* & *Ilipa* étant la même Ville, l'une étoit *Niebla* & l'autre *Zalamea de la Serena*. Il y a en cela une contradiction manifeste.

ILIPULA. Voiez ILLIPULA.

ILISANITÆ, Peuple de l'Arabie heureuse, felon Pline [i].

[i] l. 6. c. 28.

1. **ILISSUS**, Ville de Grece dans l'Attique, felon Etienne le Géographe. C'est ce que Pline [k] appelle *locus* ILISSOS, parce qu'apparemment la Ville d'Iliffus n'y subsistoit plus & qu'on n'en voioit plus que les ruines.

[k] l. 4. c. 7.

2. **ILISSUS**, Riviere de Grece dans l'Attique près d'Athénes. Paufanias [l] dit : les Atheniens ont pour Rivieres l'Iliffus & l'Eridan qui porte le même nom que celle qui est dans la Gaule Cifalpine. Il ajoute peu après : les Atheniens croient que l'Iliffus est consacré aux Muses & aux autres Divinitez, il y a fur ses bords un Autel consacré aux Muses Iliffiades. Polyen [m] parlant de cette Riviere dit : auprès de l'Iliffus, où se fait la lustration dans les petits Mystères. Stace en parle aussi dans sa Thebaïde [n]:

[l] Attic. c. 19.
[m] l. 5. c. 17.
[n] l. 8. circa fin.

Ilissos multa purgavit lumina flamma.

3. **ILISSUS**, Riviere de Grece au Peloponnefe. Voiez ELISSUS 4. qui est la même.

4. **ILISSUS**, Riviere de l'Isle d'Imbros dans l'Archipel, felon Pline [n].

[o] l. 4. c. 12.

ILIUM. Voiez ILION & TROYE.

ILKER, (LA HORDE D') Nation Tartare en Afie parmi les Mogols. Il en est parlé dans l'Histoire de Timurbec [p].

[p] l. 3. c. 6.

ILKUSCH, en Latin ILCUSSUM & ILCUSSIA, Ville Royale de Pologne, fur la route de Cracovie à Varfovie, à fix lieues de la première; ou felon André Cellarius [q] à cinq milles. Cette Ville qui est située dans le Duché de Severie reconnoît pour le spirituel la jurisdiction de l'Evêque de Cracovie. Il y a des Mines d'argent mêlé avec le plomb. Cette Ville est nommée *Olkus* par Mr. le Laboureur qui en parle ainsi [r]: Olkus est renommé pour les Mines d'argent & de plomb qui font en grande quantité autour de cette Ville qui elle-même est une miniere avec tout fon terroir dans l'étendue de plus d'une lieue. Il y a perpetuellement plus de cent personnes qui y travaillent, qui fe dévouent librement à cette peine; laquelle de toute antiquité passe pour un supplice plus cruel que la déportation & les Galeres parmi les autres Nations & ils se contentent d'un Richdale par femaine. Ils ont pour tout habit un miferable Pantalon d'un simple Canevas si bien peint de la couleur de cette terre Metallique qu'il sembleroit qu'ils fortent d'une teinture jaune; & vont nuds-pieds à travers des petites pierres, dans les saifons les plus rudes.

[q] Defc. Pol. on. p. 165.
[r] Retour de la Maréchal & de Guebriant. p. 26.

des. Auprès des Mines sont les fourneaux pour separer & pour affiner les metaux, où l'on fond continuellement : c'est ce qui a fait bâtir & croître insensiblement cette Ville, dans un Pays ingrat, & au pied de tant de Montagnes infertiles & malaisées. Les Mines ne sont point absolument du droit Royal en Pologne, elles appartiennent au Seigneur sur la terre duquel elles se rencontrent, qui en fait quelque reconnoissance, & celles qui sont sur les terres de la Couronne comme celles d'Olkus, se partagent entre le Roi & le Palatin & l'Evêque.

ILL, (l') Riviere de France en Alsace. Elle a sa source à l'extrêmité du Suntgau, à une lieue de Ferrette. C'est une Riviere considerable qui traverse l'Alsace presque dans toute sa longueur & qui est navigable dès Schlestad, mais non pas pour de grands bâteaux, parce qu'en plusieurs endroits elle est resserrée par des Isles qu'elle forme. Les debordemens de l'Ill sont presque aussi nuisibles que ceux du Rhin. Enfin cette Riviere se joint à celle de Brusch à Strasbourg, & ainsi jointes ensemble, elles se jettent dans le Rhin, à deux lieues au dessous du Pont de cette Ville. L'Ill arrose plusieurs Villes & reçoit plusieurs Rivieres considerables. Elle passe au Couchant & au Nord d'Altkirch, au dessous elle se grossit de la Riviere de Larg; à Mulhausen il se detache un bras qui forme une longue Isle & traverse Einsisheim au dessous de laquelle ce bras se rejoint à la Riviere deja acrue par la Thur. Entre Einsisheim & Schlestadt, elle reçoit diverses petites Rivieres qui viennent du côté de Colmar. Elle n'arrive à Schlestad que partagée par une longue Isle qui s'étend assez loin au dessus & au dessous de cette Ville. Plus loin elle en forme quantité de petites, puis de plus grandes au Pont de Kogenew, un peu au dessus d'Ernstein, elle envoye une partie de ses eaux dans la Riviere de Blind qui tombe dans le Rhin en approchant de Strasbourg, elle reçoit l'Andlau & l'Ergers, puis la Brusch dans la Ville même de Strasbourg, au dessous de laquelle elle forme quelques Isles entre elle & le Rhin où elle se perd enfin au dessous de Wantzenau.

ILLE [a], petite Ville de France dans le Roussillon, au bout de la plaine, à quatre lieues de Perpignan & à [d]roite de la Tet; ayant de hautes Montagnes vis-à-vis d'elle à la gauche de cette Riviere. Elle est fort jolie, bien bâtie & habitée par beaucoup d'honnêtes gens. Son Eglise est belle & large sans piliers. Ses murs étoient garnis au dehors de belles Palissades de Charmille, mais l'hyver de 1709. les fit mourir & on fut obligé de les couper. A un quart de lieue en allant vers le Conflent est un Couvent de Cordeliers fort joli, sur tout pour le Jardin, à cause des Canaux tirez de la Tet & qui arrosent toute la plaine de Roussillon, passent au travers.

ILLEC, Ville d'Afrique au Royaume de Maroc dans la Province de Sus vers la côte de l'Océan au Pays de Schel, selon Mouette cité par Mr. Baudrand [b].

ILLERIS. Voiez ILYBIRRIS.

ILLER [c], (l') Riviere d'Allemagne. Elle a sa source dans les Montagnes qui termi-

[a] Piganiol de la Force desc. de la France. T. 6. p. 449.

[b] Ed. 1705.

[c] Jaillot de l'Isle Atlas.

nent l'Evêché d'Augsbourg au Midi aux Frontieres du Tirol d'où coulant vers le Nord & recevant les eaux d'un grand nombre de ruisseaux, elle reçoit aussi celles du Lac appellé ALB-SEE passe à Kempten, d'où se tournant au Nord-Ouest & ensuite vers le Nord, elle coule à l'Abbaye de Buxheim qui est au Couchant de Memmingen, puis reprenant son cours vers le Nord-Nord-Ouest, elle se perd dans le Danube au Midi de la Ville d'Ulme, après avoir traversé une grande partie de la Suabe.

ILLESCAS, Bourg d'Espagne dans la Castille neuve sur la route de Madrid à Tolede, à moitié chemin.

ILLIBERIS, ancienne Ville d'Espagne. C'est la même qu'ELIBERIS 3.

ILLICI, selon Pline [d], ou ILLICE, selon Pomponius Mela [e], ou

ILLICIAS, selon Ptolomée [f], ancienne Ville maritime de l'Espagne Tarragonnoise sur le Golphe nommé à cause d'elle par les Anciens ILLICITANUS SINUS, à present Golphe d'Alicante du nom d'une autre Ville qui y est située aussi. Pline la qualifie Colonie exempte. On croit que la Ville d'Elche lui a succedé, il faut dire qu'elle a profité de son nom & de ses ruines car elle n'est point sur la Mer comme Illici, mais à quelque distance; comme elle est plus éloignée du Golphe d'Alicant que d'un autre Golphe à l'Embouchure de la Segura je serois disposé à croire que ce dernier Golphe est plus propre à être le Sinus Illicitanus des Latins, que le Golphe d'Alicante.

[d] l. 3. c. 3.
[e] l. 2. c. 6.
[f] l. 2. c. 6.

ILLIERS [g], Bourg de France dans le Perche sur le Loir, près de sa source & à la jonction du Tiron.

[g] Baudrand Ed. 1705.

ILLINOIS [h], ou ISTINOIS, Peuples de l'Amerique Septentrionale dans la nouvelle France, le long de la Riviere qui porte leur nom; cette Riviere prend sa source d'une éminence à six lieues du Lac Dauphin, & va se jetter après deux cens lieues de cours dans le Fleuve de Mississipi. Elle s'élargit en certains endroits jusques à un quart de lieuë, & on la voit bordée de côtaux, dont la pente est couverte de grands arbres. Ces côtaux sont éloignez d'une demi lieue les uns des autres, & laissent entre eux un terrain souvent inondé, sur tout en Automne & au Printemps. Quand on est dessus, on découvre de belles prairies à perte de vûë, garnies d'espace en espace de petits bois de haute futaye, qui semblent être plantez exprès. Le courant de la Riviere n'est sensible que dans le temps des grandes pluyes. Elle peut, pendant environ cent lieues, porter en tout temps de grandes barques depuis son Embouchure jusques aux Villages des Illinois. Son cours va presque toûjours au Sud-quart Sud-Ouest. L'Etymologie du mot Illinois, vient de celui d'Illini, qui dans la langue de cette Nation, signifie un homme fait ou achevé. Les Illinois sont dispersez dans des Villages situez en une plaine un peu marécageuse sur la rive droite de leur Riviere, où l'Embouchure est entre le trente-cinq & le trente-six degrez de Latitude & par consequent à six vingt ou cent trente lieues du Golphe de Mexique. Leurs Cabanes sont faites comme de longs berceaux,

[h] Corn. Dict. & nouv. relat. de l'Amer. Septemtent. 1677.

M &

& couvertes de nates de joncs plats, si bien cousuës, qu'elles sont impenetrables aux vents, à la neige & à la pluye. Chaque Cabane a cinq ou six feux, & chaque feu, une ou deux familles. Tous ceux qui y habitent, vivent ensemble en fort bonne intelligence. Si tôt qu'ils ont fait la recolte du bled d'Inde, leur coûtume est de l'enfermer dans des creux sous terre, afin de le garder pour l'été, pendant lequel la viande se corrompt facilement. Cela fait, ils s'en vont passer l'Hyver loin de leurs habitations à la chasse des bœufs ou taureaux sauvages & des castors, & ils n'y portent que fort peu de grain. Le plus grand de leurs Villages est composé de quatre ou cinq cens Cabanes, chacune de cinq ou six feux. Il y en a un qu'on appelle *Pontdalamia*, M. de la Salle y étant arrivé sur la fin de Decembre 1679. le trouva abandonné. Toutes les Maisons en étoient ouvertes & à la discrétion des passans. Les bâtimens n'étoient que d'une charpente malfaite, grossiere avec de grosses branches d'arbres, recouvertes de diverses pieces d'écorce. Ce dedans étoit assez proprement natté, chaque Maison contenoit deux appartemens capables de loger diverses familles. Au dessous il y avoit des caves, dans lesquelles il trouva quantité de bled d'Inde renfermé. Delà M. de la Salle, & quarante personnes qui l'accompagnoient, ayant poursuivi leur voyage dans leurs Canots, ils se virent tout d'un coup au milieu d'un étang d'environ sept lieuës de tour, où ils pêcherent de très-bon poisson. Se laissant ensuite conduire insensiblement au courant de l'eau, ils retomberent bien tôt dans le lit de la Riviere des Illinois où ils s'étoient embarquez d'abord. Ils n'y furent pas plutôt rentrez, qu'ils se trouverent comme entre deux camps, tous les Sauvages s'étant partagez en deux corps d'Armées, campez d'un & d'autre côté du rivage. Si tôt que les Sauvages eurent decouvert cette troupe de François, ils renvoyerent leurs femmes dans les bois, coururent aux armes, & se rangerent en bataille, comme s'ils eussent formé le dessein de l'attaquer. Les François de leur côté se mirent en disposition de se bien défendre, ce qui étonna les Illinois, qui plus portez à repousser la guerre qu'à la commencer, se contenterent de leur demander qui ils étoient ce qu'ayant apris, ils reçurent les assûrances que leur donna M. de la Salle, de leur prêter du secours contre les insultes de leurs ennemis, non comme des Sauvages, mais comme des hommes tout à fait civilisez. Ils lui presenterent le Calumet, qui est le signal de Paix parmi tous les Peuples, qui se servent des termes de chanter ou danser le Calumet. Ils le chantent, lors qu'au pied d'un pieu ou d'un bâton fiché en terre, chacun vient apporter les depouilles de ses ennemis en maniere de trophée, & ils le dansent quand après toutes ces harangues ils font des danses tout à l'entour. Les Illinois sont caressans, flatteurs, complaisans au dernier point, mais en même temps adroits, vifs, prompts, & souples à toutes sortes d'exercices. Ce sont la plûpart des gens fort bien faits, robustes, & de belle taille, & d'un teint basané. Leur passion pour la chasse & pour les bois, les rend extrêmement libertins & indociles, ils sont fort ardens pour les femmes, encore plus pour les garçons, & cette grande molesse & leur abandonnement au plaisir, les font devenir presque effeminez. Malgré le penchant qu'ils ont pour ce vice infame, ils le punissent très-severement. Si tôt qu'un jeune homme s'est prostitué, il est degradé de sa qualité d'homme. On lui défend d'en porter l'habit, & d'en faire aucune fonction. La chasse même lui est défenduë, on les renferme dans les occupations des femmes, qui le haïssent autant que les hommes les méprisent. C'est ainsi que reconnoissant eux-mêmes leur brutalité naturelle, tout independans qu'ils sont, ils se servent de leur Raison pour y mettre un frein. Ils prennent d'ordinaire plusieurs femmes, & afin d'entretenir la paix dans leurs familles, ils épousent les sœurs ou les parentes. Ils en sont jaloux jusqu'à la fureur, & quand ils les surprennent dans la moindre infidelité, ils les défigurent, & les punissent fort cruellement. Il y a parmi eux quantité d'Hermaphrodites. Les femmes & les garçons effeminez font une natte très-belle & très-fine, dont ils tapissent le dedans de leurs Cabanes. Les hommes ont divers emplois, les uns vont à la chasse, les autres défrichent la terre, la cultivent pour y semer du bled d'Inde, & ils en recueillent de fort bons fruits.

A cet article que Mr. Corneille a tiré des voyages du Pere Hennepin j'ajouterai diverses remarques extraites de la Lettre du P. Gabriel Marest Jesuite Missionnaire chez les Illinois en 1712. Nos Illinois, dit ce Pere, habitent un Pays fort agréable. Il n'est pas néanmoins aussi enchanté que nous le represente l'Auteur de la nouvelle Relation de l'Amerique Meridionale qui a paru sous le nom de Mr. le Chevalier de Tonti. J'ai ouï dire à Mr. de Tonti lui-même qu'il desavouoit cet ouvrage & qu'il n'y reconnoissoit que son nom qui est à la tête. Il faut avouer pourtant que le Pays est très-beau : de grandes Rivieres qui l'arrosent, de vastes & épaisses forêts, des prairies agréables, des Collines chargées de bois fort toufus, tout cela fait une varieté charmante. Quoi que ce Pays soit plus au Sud que la Provence, l'Hyver y est plus grand : les froids y sont pourtant assez moderez. Pendant l'Eté la chaleur y est moins grande : l'air est rafraîchi par les Forêts & par la quantité de Rivieres, de Lacs & d'Etangs dont le Pays est coupé.

La RIVIERE DES ILLINOIS, se décharge dans le Mississipi vers le 39. degré de Latitude, elle a environ cent cinquante lieuës de longueur, & ce n'est gueres que vers le printemps qu'elle est bien navigable. Elle court au Sud-Ouest, & vient du Nord-Est ou Est-Nord-Est. La Campagne & les pairies sont toutes couvertes de Bœufs, de Chevreuils, de Biches, de Cerfs, & d'autres Bêtes fauves. Le Gibier y est encore en plus grande abondance : On y trouve sur tout quantité de Cignes, de Grues, d'Outardes, & de Canards ; les folles avoines qui croissent naturellement dans les Campagnes les engraissent de telle sorte, qu'il en meurt très-souvent que la graisse étoufe ; les poules d'Inde y sont pareillement en grand nombre

a Lettres édifiantes. T. 11. p. 308.

bre & elles sont aussi bonnes qu'en France.

Ce Pays ne se borne pas à la Riviere des Illinois, il s'étend encore le long du Mississipi de l'un & de l'autre côté & a environ deux cens lieues de longueur & plus de cent de largeur. Sept lieues au dessous de l'Embouchure de la Riviere des Illinois dans le Mississipi se trouve une grande Riviere nommée le MISSOURI, ou plus communément PEKITANOUI, c'est-à-dire *Eau* bourbeuse qui se decharge dans le Mississipi du côté de l'Ouest : elle est extrémement rapide, & elle salit les belles eaux du Mississipi qui coulent delà jusqu'à la Mer. Elle vient du Nord-Ouest assez près des Mines que les Espagnols ont dans le Mexique & est fort commode aux François qui voyagent en ce Pays-là. Environ quatre-vingt lieues au dessous du côté de la Riviere des Illinois, c'est-à-dire du côté de l'Est (car le Mississipi court ordinairement du Nord au Sud) se decharge encore une autre belle Riviere appellée Ouabache. Elle vient de l'Est-Nord-Est. Elle a trois bras, dont l'un va jusqu'aux Iroquois, l'autre s'étend vers la Caroline & la Virginie, & le troisiéme jusqu'aux Miamis. On pretend qu'il s'y trouve des Mines d'argent : ce qu'il y a de certain c'est qu'il y a dans ce Pays-ci des Mines de Plomb & d'Etaim, & que si des Mineurs de profession venoient creuser cette terre, ils y trouveroient peut-être des Mines de cuivre & d'autre metal.

Outre ces grands fleuves qui arrosent un Pays si étendu, il y a encore un grand nombre de petites Rivieres. C'est sur une de ces Rivieres, qu'est situé le Village Cascaskias, où est une Eglise Chrétienne, du côté de l'Est, entre le Fleuve Ouabache & le Pekitanoui, par le 38. degré. On voit quantité de bœufs & d'ours qui paissent sur les bords du Fleuve Ouabache. La chair des jeunes ours est un mets très-delicat.

Les marais sont remplis de racines dont quelques-unes sont excellentes, comme sont les pommes de terre, & d'autres dont il est inutile de marquer ici les noms barbares. Les arbres y sont fort hauts & fort beaux. Il y en a un auquel on a donné le nom de Cedre du Liban : c'est un grand arbre fort droit, qui ne pousse ses branches qu'en haut, où elles forment une espéce de Couronne. Le *Copal* est un autre arbre dont il sort de la gomme qui repand une odeur aussi agréable que celle de l'encens. Les arbres fruitiers n'y sont pas en grande quantité. On y trouve des Pommiers & des Pruniers sauvages qui produiroient peut-être de bons fruits s'ils étoient greffez ; beaucoup de meuriers dont le fruit n'est pas si gros qu'en France, & differentes espéces de Noyers. Les *Pacanes*, c'est ainsi qu'on apelle le fruit d'un de ces Noyers, sont de meilleur gout que nos noix de France : On nous a apporté des Pêchers du Mississipi qui viennent fort bien. Mais parmi les fruits du Pays, ceux qui me paroissent les meilleurs, & qui seroient certainement estimez en France, ce sont les *Piakimina*, & les *Racemina*. Ceux-ci sont longs deux fois à-peu-près comme le doigt & gros environ comme le bras d'un enfant : Ceux-là ressemblent assez aux Nesles,

à la reserve que la couronne en est plus petite. Nous avons aussi du raisin, mais il n'est que mediocrement bon & c'est au haut des arbres qu'il faut le cueillir. Nos Sauvages ne sont pas accoutumez à cueillir le fruit aux arbres, ils croyent mieux faire d'abbatre les arbres mêmes ; ce qui est cause qu'il n'y a presque aucun arbre fruitier aux environs des Villages.

Il semble qu'un Pays aussi beau & aussi étendu que celui-ci devroit être semé de Villages bien peuplez. Cependant il n'y en a que trois en comptant celui de CASCASKIAS, un des deux autres en est à plus de cent lieues & il y a huit à neuf cens Sauvages. Le troisieme est sur le Mississipi à vingt-cinq lieues du premier. Ce dernier s'apelle le *Village des* TAMAROUAS, & le plus éloigné est le Village des PEOUARIAS. Presque tous les habitans de Cascaskias sont Chrétiens.

Les hommes sont communément d'une taille haute, fort lestes, & bons coureurs, étant accoutumez dès leur plus tendre jeunesse à courir dans les forêts après les bêtes. Ils ne se couvrent qu'à la ceinture ayant le reste du corps tout nud : pour les femmes, elles se couvrent encore le sein d'une peau de Chevreuil, mais les uns & les autres sont vêtus modestement quand ils viennent à l'Eglise ; ils s'envelopent le corps d'une grande peau, ou bien ils s'habillent d'une robbe faite de plusieurs peaux cousues ensemble. Les Illinois sont beaucoup moins barbares que les autres Sauvages : le Christianisme & le commerce des François les ont peu-à-peu civilisez. Ces Sauvages ne manquent pas d'esprit ; ils sont naturellement curieux & tournent une raillerie d'une maniere assez ingenieuse. La chasse & la guerre, sont toute l'occupation des hommes : le reste du travail regarde les femmes & les filles : ce sont elles qui preparent la terre que l'on doit ensemencer, qui font la Cuisine, qui pilent le bled, qui construisent les Cabanes, & qui les portent sur les épaules dans les voyages. Ces Cabanes se fabriquent avec des Nates faites de jonc plat, qu'elles ont l'addresse de coudre les unes aux autres de telle sorte que la pluye ne peut y penetrer, quand elles sont neuves. Outre cela elles s'occupent à mettre en œuvre le Poil de bœuf, & à en faire des Jarretieres, des Ceintures & des Sacs ; car les bœufs sont ici bien differens de ceux d'Europe : outre qu'ils ont une grosse bosse sur le dos vers les épaules, ils sont encore tous couverts d'une laine très-fine, qui tient lieu à nos Sauvages de celle qu'ils tireroient des Moutons, s'il y en avoit dans le Pays.

Les femmes ainsi occupées & humiliées par le travail, en sont plus dociles aux veritez de l'Evangile. Il n'en est pas de même vers le bas du Mississipi, où l'oisiveté qui regne parmi les personnes du sexe, donne lieu aux plus affreux deréglemens, & les éloignent entierement de la voye du salut.

Il seroit dificile de dire quelle est la *Religion* de nos Sauvages. Elle consiste uniquement dans quelques superstitions dont on amuse leur credulité. Comme toute leur connoissance se borne à celle des bêtes & aux besoins de la *vie*, c'est aussi à ces choses que se borne tout leur culte. Des Charlatans qui ont un peu plus d'esprit que les autres s'atirent leur respect par leur habileté à les tromper. Ils leur persuadent qu'ils honorent une espece de Genie auquel ils donnent le nom de *Manitou*; & à les entendre, c'est ce Genie qui gouverne toutes choses & qui est le maître de la vie & de la mort. Un Oiseau, un Bœuf, un Ours, ou plutôt le plumage des Oiseaux & la peau de ces bêtes, voilà quel est leur *Manitou* : ils l'exposent dans leurs cabanes & ils lui font des Sacrifices de Chiens ou d'autres animaux.

Comme nos Sauvages ne vivent guères que de la chair boucanée des animaux qu'ils tuent à la chasse, il y a des temps pendant l'année, où tout le monde quitte le Village & se disperse dans les Forêts pour courir après les bêtes. Il y a sur tout deux grandes *chasses*; celle d'Eté qui ne dure guères que trois semaines & celle qui se fait pendant l'Hiver qui dure quatre ou cinq mois. Quoique la chasse d'été soit la plus courte, elle est cependant la plus penible. Le Village de Cascaskias est le seul où il soit permis à quelques Sauvages d'y demeurer pendant toutes les courses : plusieurs y élevent des Poules & des Cochons à l'exemple des François qui y sont établis, & ceux-là se dispensent pour la plupart de ces sortes de chasses.

Les *Voyages* qu'on fait en ce Pays-ci ne doivent pas se comparer à ceux que vous faites en Europe. Vous trouvez de temps en temps des Bourgs, & des Villages, des maisons pour vous retirer, des ponts ou des bâteaux pour passer les Rivieres, des sentiers batus qui vous conduisent à votre terme, des personnes qui vous remettent dans le droit chemin, si vous vous égarez. Ici rien de tout cela. On marche douze jours sans rencontrer une seule ame ; tantôt on traverse des prairies à perte de vûe coupées de ruisseaux & de Rivieres sans trouver aucun sentier qui guide ; tantôt il faut s'ouvrir un passage à travers des Forêts épaisses, au milieu des brossailles remplies de ronces & d'épines ; d'autres fois on a à passer des Marais pleins de fange, où l'on enfonce quelquefois jusqu'à la ceinture. Après avoir bien fatigué pendant le jour, il faut prendre le repos de la nuit sur l'Herbe, ou sur quelques feuillages, exposé au vent, à la pluye, & aux injures de l'air : heureux encore quand on se trouve auprès de quelque ruisseau ; autrement, quelque alteré qu'on soit, la nuit se passe sans pouvoir éteindre sa soif. On allume du feu & quand on a tué quelque bête en chemin faisant, on en fait griller des morceaux qu'on mange avec quelques épics de bled d'Inde si l'on en a.

Le Lac de MICHIGAN est nommé dans les Cartes LAC DES ILLINOIS ; mais c'est une erreur qui n'a aucun fondement puisqu'il n'y a point d'Illinois qui demeure aux environs. Cette Carte se trouve sur la Carte du P. Hennepin, d'où elle a passé dans celles de Mrs Sanson & autres Auteurs. Elle se trouve même dans une Nouvelle Carte que l'on dit être dressée sur les Memoires les plus nouveaux recueillis pour l'établissement de la Compagnie Françoise Occidentale. Mr. de l'Isle qui l'avoit faite comme les autres dans sa Carte du Canada en 1703. l'a corrigée dans sa Carte de la Floride en 1718. Ce Lac est le même que l'Auteur de la premiere Relation citée appelle *Lac Dauphin*.

1. ILLIPULA, ancienne Ville d'Espagne chez le Peuple *Turdetani*, dans les Terres, selon Ptolomée [a]. C'est la même qu'ILIPA dont parle Tite-Live. Voiez ILIPA 1.

[a] l.2.c.5.

2. ILLIPULA MAGNA, ou *la grande Illipula*, selon Ptolomée [b]. C'est la même qu'Ilipa dont parle Strabon. Voiez ILIPA 2. C'est aussi la même qu'ELEPLA, voiez ILIPLA.

[b] Ibid.

§ Il est certain par les positions que donne Ptolomée que la plus Occidentale de ces deux Illipula, étoit celle à laquelle il ne donne point de surnom ; & par consequent c'étoit celle qui étoit aux frontieres de la Lusitanie. Il s'ensuit que c'est l'Ilipa de Tite-Live. L'autre à laquelle Ptolomée donne le surnom de grande étant la plus Orientale, étoit plus près de Cordoue, entre cette derniere Ville & Italica ; & par consequent, c'est la même qu'*Ilipa Ilia* de Pline, voisine d'Italica, & la même aussi qu'Elepla dont les fidelles furent martyrisez à Cordoue durant la persecution d'Abderame. C'est aussi l'Ilipa d'Antonin qui étoit entre Seville & Cordoue.

ILLISTRUS. Voiez ELISTRUS.

1. ILLITURGIS, ancienne Ville d'Espagne dans la Tarragonnoise en deça de l'Ebre comme on peut juger par ces paroles de Tite-Live : le siége d'Illiturgis étant levé les troupes Carthaginoises allerent attaquer INCIBILI. On ne doute point qu'*Incibili* ne soit l'*Intibili* d'Antonin qui en marque la position & qui n'étoit qu'à nuvi. mille pas de Dartosa. Ainsi l'Illiturgis de l'Historien Romain ne devoit pas être fort éloigné de ce Canton-là, & par consequent ce ne peut être l'Illiturgis de Pline, qui doit se trouver dans l'Andalousie bien loin d'Intibilis. Appien [c] qui parle de ce siége & d'un autre après lequel cette Ville fut détruite parle de Castax comme d'une Ville qui n'en devoit pas être éloignée. Mais cela ne détermine rien parce que l'on ne sait pas d'ailleurs où étoit Castax.

[c] De Bell. Hisp. p.321.

D'un autre côté un passage de Tite-Live éloigne beaucoup Illiturgis du Canton où étoit l'*Intibili* d'Antonin. Car il dit [d] qu'Asdrubal étoit campé aux Pierres Noires dans les Ausetains entre les Villes *Illiturgis* & *Mentissa*. Or les Ausetains de Tite-Live étoient près de l'Ebre. Il le dit lui-même : *inde in Ausetanos prope Iberum socios & ipsos Pænorum* &c. Cette Illiturgis doit donc être differente d'ILLITURGIS dont il est question dans le Chapitre suivant.

[d] l.26.c.17.

2. ILLITURGIS, ancienne Ville d'Espagne dans la Bætique, selon Pline. Il la nomme aussi *Forum Julium*. Le R.P. Hardouin attribue à celle-ci ce qui est dit dans Tite-Live & dans Appien de l'Illiturgis détruite par Scipion. Il se trompe. Je viens de faire voir qu'ils ont parlé d'une autre Ville. Ptolomée fait mention de cette derniere & la nomme ILURGIS ; mais il n'a point connu la premiere qui fut détruite par Scipion & ne se releva plus, au lieu que celle de la Betique subsistoit de son temps. Cette derniere est presentement le lieu d'ANDUJAR *El Vejo*, sur le Guadalqui-

ILL.   ILL.   93

quivir au dessus de Cordoue. Voiez Andujar.

ILLOCK, Petite Ville de la Basse Hongrie sur le Danube, à deux lieues au dessus de Peterwaradin.

ILLURCIS, ancienne Ville d'Espagne. On l'appella ensuite Graccuris. Voiez Graccuris.

ILLURCO. Voiez Ilurgis.

ILLURGAVONENSES. Voiez Ilercaones.

ILLURGETES. Voiez Ilergetes.

1. ILLURGIA. Voiez Ilurgis.

2. ILLURGIA, Ville d'Espagne, selon Etienne le Géographe qui cite Polybe au Livre XI. que nous n'avons plus. Berkelius dans ces notes observe qu'Appien appelle cette même Ville Ilurgia ; mais c'est la même qu'Illiturgis 1. & l'Edition Latine d'Appien [a] chez Antoine Gryphe à Lyon 1588. porte Illiturga urbs.

a p.921.

ILLYRIE, (l') en Latin Illyricum, selon Pline; en Grec Illyris, selon Ptolomée, & Illyria, selon Etienne le Géographe; contrée de l'Europe qui a eu diverses bornes en divers temps. Le premier de ces noms, savoir Illyricum, est adjectif & on sousentend le mot Solum. Herodien dit Illyricum & Illyrica Provincia[b]. L'Auteur Sacré de l'Epitre aux Romains [c] dit μέχρι τοῦ Ἰλλυρικοῦ, les Latins ont aussi employé Illyris & Illyria. Pomponius Mela [d] dit Illyris, & Properce [e],

b l.6.c.7.
c c.15.v.7.
d l.2.c.3.
e l.1.Eleg.8.

An tibi sum gelida vilior Illyria?

Les bornes de l'Illyrie sont marquées bien differemment par les anciens Géographes & il y faut faire une distinction très-necessaire. Car il y avoit l'Illyrie nom commun à plusieurs Pays entre lesquels on comprenoit la Liburnie & la Dalmatie ; & l'Illyrie propre qui faisoit elle-même partie de la grande Illyrie. Pomponius Mela [f] : les Taulantiens, les Enchelies, les Phæaciens : Ensuite ceux que l'on appelle proprement les Illyriens ; puis les Pyrées, & les Liburniens & l'Istrie. Pline [g] dit : *Labeata, Enderoduni, Sassei, Grabei, proprieque dicti Illyrii, & Taulantii & Pyrai.* Les Illyriens étoient donc au milieu de ces Nations, & c'étoient les Illyriens proprement ainsi nommez ; & comme l'explique le R. P. Hardouin ils étoient entre le Narenta & le Drin. Scylax [h] étend davantage les Illyriens, mais sans y comprendre les Liburniens. Après la Liburnie, dit-il, suivent les Illyriens qui habitent le long de la Mer jusqu'à la Chaonie. Mais Pline dit ailleurs [i]. La longueur de l'Illyrie, depuis le fleuve Arsia jusqu'au Drin, est de DCCC M. ou comme portent les Manuscrits IƆXXX M. & ainsi elle comprend la Liburnie & la Dalmatie. C'est aussi le sentiment de Ptolomée qui prend les bornes de l'Illyrie depuis le Mont Scardus & la Haute Moesie au Levant jusqu'à l'Istrie au Couchant ; & quand ce vient à l'exposition il comprend comme parties la Liburnie & la Dalmatie quoiqu'il les traite distinctement. Pomponius Mela [k] dit que l'Illyrie finit à Tergeste au fond du Golphe Adriatique : mais il vaut mieux suivre le sentiment de Pline qui laisse à l'Italie la plus grande partie de l'Istrie jusqu'à la Riviere d'Arsia.

f l.2.c.3.
g l.3.c.23.
h Peripl.
i l.3.c.26.
k l.2.c.3.

Outre cette division le P. Briet en fournit quatre autres, que voici. Premierement il prend le nom d'Illyrie dans un sens très-étendu. Elle commence, dit-il, depuis la Gaule, & le Lac de Constance & de là jusqu'au Pont Euxin, & depuis la Mer superieure (ou Adriatique) jusqu'au Danube. Dans ces bornes se trouvent enfermées l'Istrie & la Carniole, & depuis le Mont Hæmus au haut de la Thrace jusqu'aux bouches du Danube. Cette division est fondée sur l'autorité de Strabon. Le P. Briet consent encore qu'on y ajoute la Dacie, après que Trajan l'eut reduite en Province Romaine ; & ainsi l'Illyrie prise en ce sens s'étendra depuis le Mont Hæmus jusqu'au Mont Carpathe qui bornoit la Sarmatie.

En second lieu il diminue l'Illyrie & en détache la Dacie & la Mysie & dit que cette notion se peut tirer de Ptolomée. Nous exposerons ci-après l'Illyrie de ce Géographe.

En troisieme lieu Suetone semble retrecir l'Illyrie en lui donnant le Norique pour voisin. Le P. Briet en separe non seulement le Norique, mais aussi la Rhetie, & la Vindelicie, de maniere qu'elle ne contient que l'Illyrie & les Pannonies.

Enfin en quatrieme lieu le même Pere dit que l'Illyrie dans un sens étroit se prend pour le Pays situé sur la Mer Adriatique & que l'on divise en Liburnie & en Dalmatie.

Strabon [l] dit que les Illyriens étoient braves, mais ils étoient fort adonnez au brigandage. Le grand nombre d'Isles dont leurs côtes sont bordées les favorisoient, & ils se servoient pour leurs pirateries de barques très-legeres qui dans la suite furent appellées Liburniennes. Mais lorsque les Empereurs eurent subjugué ce Pays-là ce furent leurs meilleures Legions. Les Illyriens étoient yvrognes, & quoique leur Pays soit fort fertile & bon pour les vignes, ils aimoient mieux en Corsaires que de cultiver la terre. Ils faisoient avec de l'orge une sorte de biére qu'ils nommoient *Sabaia*, & c'est de là que l'Empereur Valens qui étoit Illyrien fut nommé *Sabaiarius* par sobriquet, selon Ammien Marcellin.

l l.7.

Les Romains ne les subjuguerent pas facilement. Ils avoient alors pour Roi Agro qui étoit maître d'Epidamne & d'une partie de l'Epire. Coruncanus General Romain ayant été massacré fut cause d'une rude guerre. Mais ce Roi étant mort, la Reine Teuta sa femme s'accorda avec les Romains. L'Isle de Corfou & la Ville d'Apollonie devinrent libres ; & Demetrius de la trahison duquel les Romains avoient profité fut d'abord comblé de biens, puis mis à mort parcequ'il se revolta. Du temps de Persée, Gentius Roi des Illyriens gagné à force d'argent declara la guerre aux Romains, mais il fut vaincu & prisonnier & Scodra sa Capitale demolie par Anicius Propreteur, qui mena en triomphe ce Roi & ses fils. Du temps de Jules Cesar les Illyriens se revolterent, batirent les Romains en plusieurs rencontres, mirent Gabinius en deroute, & après avoir vaincu Pompée firent leur paix. Mais après la mort de Cesar, ils en revinrent aux hostilitez jusqu'à ce qu'enfin Auguste

M 3   les

les soumit entierement & triompha d'eux après la defaite d'Antoine. Je renvoye aux articles particuliers ce qui concerne les differens peuples réunis sous le nom d'Illyriens.

On voit par la Notice des Provinces Romaines sous Auguste que l'Illyrie propre étoit partagée en deux, car on trouve dans la portion du Senat & du Peuple l'Illyrie & une partie de l'Epire; cette partie étoit gouvernée par un Preteur. On trouve dans le partage de l'Empereur, la Dalmatie & une partie de l'Illyrie; aparemment celle dont il avoit fait luimême la conquête.

La Notice de l'Empire sous Hadrien met dans l'Illyrie XVII. Provinces, savoir,

II. Du Norique, La Macedoine,
II. Des Pannonies, La Thessalie,
La Valerie, L'Achaïe,
La Savie, La Premiere Epire,
La Dalmatie, La Seconde Epire,
La Premiere Moesie, La Prevalitane,
II. De la Dacie, L'Isle de Crète.

La Notice de l'Empire depuis Constantin le Grand jusqu'à Arcadius & Honorius partage l'Illyrie en III. DIOCESES, savoir celui de *Macedoine*, celui de la *Dacie*, & celui de l'*Illyrie-propre*. Le Prefet du Pretoire d'Illyrie n'avoit sous lui que les deux premiers Diocèses. Le troisième étoit sous les ordres du Prefet du Pretoire d'Italie. Ce dernier Diocèse comprenoit seulement

La II. Pannonie,
La Savie,
La Dalmatie,
La I. Pannonie,
Le Norique Mediterranée,
Le Norique Ripense.

La connoissance de l'Illyrie prise dans toute cette étendue est necessaire pour l'intelligence de l'Histoire Ecclesiastique, car sans cela on seroit embarassé à concevoir quel raport il y avoit de la Thessalie, de l'Achaïe & de l'Isle de Crète avec l'Illyrie, si on se figuroit un petit Canton tel que Ptolomée le represente dans un Coin du Golphe Adriatique.

Deux autres anciennes Notices divisent l'Illyrie en XIX. Provinces, & comme elles s'accordent dans le fond, il suffit d'en rapporter une ici.

La Dalmatie sur la Mer,
La I. Pannonie où est *Sirmium*,
La II. Pannonie,
La Valerie,
La Prevalese,
La Haute Mysie,
L'Ancienne Epire,
La Nouvelle Epire,
Le Norique Ripense sur le Danube,
Le Norique Mediterranée,
La Savie,
La Dardanie,
La Dacie,
La Scythie,
L'Isle de Crète,
L'Achaïe,

Là Macedoine,
La Thessalie.

J'ai déja dit que ces Provinces avoient été partagées en trois Diocèses, savoir l'Illyrie proprement dite qui étoit sous le Prefet du Pretoire d'Italie, la Macedoine & la Dacie. Ces trois Diocèses furent du partage de l'Empereur d'Occident, jusqu'à celui d'Arcadius & d'Honorius. Alors Arcadius rétint pour soi tout ce qui étoit soumis au Prefet du Pretoire d'Illyrie, c'est-à-dire, les deux Diocèses de Macedoine & de Dacie; & l'Empire d'Occident ne garda que le Diocèse d'Illyrie qui comme je viens de dire étoit sous le Prefet du Pretoire d'Italie.

Pour les affaires de l'Eglise chacun de ces trois Diocèses avoit son Metropolitain ou Primat. Celui de l'Illyrie propre ou Occidentale étoit l'Evêque de Sirmich. Au Concile d'Aquilée tenu l'an 381. par les soins de St. Ambroise Metropolitain du Vicariat d'Italie comme Archevêque de Milan, on voit après lui Anemius Evêque de Sirmich. Cette Ville étoit la Capitale de l'Illyrie tant pour le civil que pour les affaires de l'Eglise. Justinien le dit [a] & se sert du mot *anciennement*, parce que cette Ville avoit été ruinée par Attila. Son autorité de Metropole fut partagée entre les Villes de Lauriac, d'Achride, & de Salone.

[a] Novell. 11.

Le second Diocèse, ou la Dacie, comprenoit les Pays situez entre la Macedoine & le Danube; & avoit pour Metropole Sardique. Theodoret [b] parlant du Concile des Evêques d'Orient & d'Occident tenu en cette Ville ajoute: Sardique est une Ville de l'Illyrie, Metropole de la Province de Dacie.

[b] Theodoret. Hist. Ecclef. l. 2 c. 4.

Le troisième Diocèse qui portoit le nom de Macedoine, ou d'Illyrie Orientale, comprenoit toute la Grece & avoit pour Metropolitain l'Evêque de Thessalonique.

Cette Division par raport aux deux Empires n'avoit rien changé dans le gouvernement Ecclesiastique; & les Papes avoient conservé la Jurisdiction suprême sur toute l'Illyrie. Ils confioient le dépôt de leur autorité à l'Archevêque de Thessalonique qui l'exerçoit jusque dans la Morée. En vain Theodose le Jeune voulut donner atteinte à ce droit par une Constitution contre l'autorité du Pape en Illyrie à l'occasion de Perigene Corinthien installé sur le Siége de Patras par l'Evêque de Corinthe. Les Corinthiens eux-mêmes eurent recours à Rome peu de temps après pour avoir l'approbation d'un Evêque qu'ils avoient élu pour remplir leur siége. En vain sous pretexte des anciens Canons les Evêques jaloux de l'autorité du Pape tâcherent de transporter au Siége de Constantinople les droits du Siége de Rome, comme si la primauté de l'Eglise eût dû subir les mêmes changemens que l'Empire, l'Evêque Boniface soutint la primauté de son Siége & conserva à Rufus de Thessalonique l'exercice d'une autorité dont cette Eglise avoit joui sous les Papes Damase, Sirice, & Innocent. Le Pape Sixte la conserva de même & donna à Anastase Evêque de Thessalonique [c] la même autorité que les Papes precedens avoient donnée à ses Predecesseurs. Cependant à la fin les Grecs ôterent au Pape la Jurisdiction de cette par-

[c] Holsten. Concil. T. 4.

ILL. ILM.

partie de l'Illyrie & ce fut une des mauvaises suites du Schisme, & dans la Lettre du Pape Nicolas I. à l'Empereur Michel sur la déposition d'Ignace par le Concile de Constantinople, il demande entre autres choses le rétablissement de la jurisdiction du St. Siège par l'Evêque de Thessalonique comme son Vicaire sur l'Epire, l'Illyrie, la Macédoine, la Thessalie, l'Achaïe, la Dacie, la Mésie, la Dardanie & la Prévalèse.

J'ai promis de marquer dans cet article ce que c'est que l'Illyrie de Ptolomée [a]. Il a pour borne au Nord par les deux Pannonies; au Couchant par l'Istrie, au Levant par la Haute Mysie & par le Mont Scardus, au Midi par la Macédoine. Il semble la diviser en deux parties qui sont la Liburnie & la Dalmatie. D'ailleurs il ne nomme pas une seule Ville de l'Illyrie qui ne soit de l'une de ces deux contrées. Il en détache le Norique, les Pannonies, l'Istrie, la Dacie, la Haute & la Basse Mysie. On voit par d'anciens monumens & entre autres par une Inscription rapportée au Recueil de Gruter que du temps d'Auguste on séparoit l'Illyrie en Haute & en Basse. Je crois que c'étoit par raport aux Montagnes & au tours des Rivieres. Les Japodes ou Japydes qui en occupoient les Montagnes de la Haute Illyrie. Voiez les Articles DALMATIE, & LIBURNIE.

1. ILLYRIS, nom Latin de l'ILLYRIE.
2. ILLYRIS, Isle d'Asie sur la côte de Lycie, selon Etienne le Géographe.

ILLYRISSUS, Riviere de l'Illyrie, selon Laonic [b] cité par Ortelius [c].

ILMA-COUROUC, Bourg d'Asie dans le Kouhestan près de Hamadan.

ILMEN, (Lac d') Lac de l'Empire Russien dans le Duché de la grande Novogorod; il se forme par la rencontre des Rivieres de Lovat qui y entre au Midi Oriental & de Salona qui y entre au Midi Occidental. A l'Embouchure du Lovat est la Ville STARAIA RUSSA, ou la Vieille Russa, & à l'Embouchure de la Salona est NOVA RUSSA, ou la Nouvelle Russa. A la sortie & au Nord de ce Lac est la grande Novogorod dont le Duché porte le nom. Ce Lac a près de soixante Werstes ou lieues Russiennes dans sa longueur du Sud au Nord, & environ quarante dans sa largeur qui est assez égale si ce n'est vers le Nord où il se termine comme une cornue à distiler. Je ne trouve point dans les Nouvelles Cartes qu'il y ait sur ses bords une Ville de même nom comme le dit Mr. Baudrand; & Isaac Massa qu'il cite ne met rien de pareil dans sa Carte. Ses eaux en sortant du Lac forment la Riviere de Wolchova qui se grossissant de la Riviere de Msta & de quelques autres va tomber dans le Lac de Ladoga.

ILMENT [e], (l') Riviere d'Asie dans la Perse aux Confins de l'Indoustan. Elle a sa source dans le Lac de Zaré formé par la Riviere de Hindmend, ou plutôt c'est une continuation de cette Riviere au dessous du Lac de Zaré jusqu'à la Mer. Cette Riviere prise dans toute son étendue a sa source au Pays de Candahar d'où coulant au Sud-Ouest dans le Sablestan, elle partage ses eaux dans le Segestan en plusieurs coupures, après avoir arrosé la

ILM. ILO.

Ville de Bost aux Frontieres de ces deux Provinces; ensuite elle se tourne vers le Sud-Est & entre dans le Lac de Zaré qu'elle forme. De là coulant vers le Midi, elle traverse la Province de Mekran, où elle baigne Arabia, lieu situé à l'Orient de son Embouchure. Le nom de ce lieu a beaucoup de raport avec l'ancien nom de cette Riviere qui est ARABIUS. Voyez ARABIA 2.

ILMITZ, Village d'Autriche, aux Confins de Hongrie, près du Lac nommé Newsidler-See. On croit que c'est ULMI Ville de la Haute Pannonie. Voiez ULMI.

ILORCIS, ancienne Ville de l'Espagne Tarragonoise, sur le Tader, aujourd'hui la Segura, au détour de cette Riviere. Pline parlant du Tader dit [f] qu'à Ilorcis il se détourne du bucher de Scipion; il nomme ensuite [g] le Peuple Ilorcitani, qui étoient les habitans de cette Ville. C'est présentement Lorbui Village d'Espagne sur le bord Septentrional de la Segura, à l'Orient de Murcie, Capitale du Royaume de même nom.

ILOTÆ, EILOTÆ, HILOTÆ. Voiez l'Article qui suit.

ILOTES, ou HILOTES (LES) on nommoit ainsi les habitans de Helos Ville maritime du Peloponnese dans la Laconie. Cette Ville ayant été subjuguée par les Spartiates ou habitans de Lacedemone sous le regne de Lycurgue & le peuple réduit à l'esclavage, le nom d'Ilotes fut donné aux Esclaves, comme un nom général, quoi qu'ils fussent de quelque autre Pays. Ces Ilotes étoient braves, & comme on les occupa aux plus vils emplois, on apprehenda qu'enfin ils se revoltassent. Pour exercer les jeunes gens de Lacedemone à faire le coup de main avec l'ennemi, on les laissoit essayer leur valeur contre les plus courageux d'entre ces Ilotes, comme Plutarque le raconte [h]. Thucydide [i] dit que les Lacedemoniens craignant le grand nombre des Ilotes firent semblant de vouloir les affranchir pour lever une armée & que pour cet effet ils publiérent que les plus vaillans n'avoient qu'à se présenter & qu'on les affranchiroit, car ils jugeoient bien que les plus vaillans leur devoient être les plus suspects, comme les plus capables de quelque grande entreprise. Il y en eût environ deux mille de choisis. On les couronna: on les mena dans tous les Temples & peu de temps après ils disparurent sans qu'on ait jamais sû ce qu'ils étoient devenus. Selon Plutarque [k], Aristote écrit que les Ephores n'étoient pas plutôt en charge qu'ils déclaroient la guerre aux Ilotes afin qu'on pût les tuer sans crime. Il est certain, ajoute Plutarque, qu'on leur faisoit toutes sortes de mauvais traitemens. Ainsi il ne faut pas être surpris si ces pauvres gens voyant Sparte affligée par un tremblement de terre, conspirerent contre leurs Tyrans, commirent de très-grands maux dans la Laconie & mirent la Ville dans le plus grand danger, où elle ait été. On [l] les avoit envoyés à la campagne où ils labouroient les terres, & en rendoient un certain revenû. [m] Ils accoururent de toutes parts pour achever de détruire ceux que le tremblement de terre avoit épargnez; mais les ayant trouvez armez & en bataille ils se retirerent dans les Villes voisines, & commen-

ILO. ILS. ILU.

mencerent dès ce jour-là à leur faire une guerre ouverte, ayant attiré dans leur Ligue plusieurs de leurs voisins & se sentant fortifiez par les Messeniens qui étoient en guerre avec les Spartiates. Delà vint le siége d'Ithome dont je parle ailleurs & qu'ils soutinrent contre toutes les forces des Spartiates. Les Ilotes après la prise de cette Ville furent transportez hors du Peloponnese avec defense d'y jamais rentrer. Ainsi ceux qui demeurerent languirent dans l'esclavage reduits à l'Agriculture. Tite-Live [a] parle des Ilotes au temps de la prise de Lacedemone par les Romains.

[a] l.34.c. 27.

§ D'Ablancourt dans sa Traduction de Thucydide les nomme Hilotes, Cornelius Nepos dans la Vie de Pausanias dit Helotes, Tite-Live dit Ilotæ; Pausanias dit Helotes; c'est aussi le nom le plus conforme à leur Origine. Voiez Helos.

ILS [b], Riviere d'Allemagne au Couchant de la Baviere, au Nord du Danube. Elle a sa source dans un Lac aux Montagnes qui séparent la Baviere de la Bohême, delà coulant par Spieglau vers le Midi, elle se charge de plusieurs autres Rivieres au dessus de Hauss, puis joignant les terres de l'Evêque de Passau, qu'elle borne un bon espace de chemin, elle rentre dans la Baviere & tombe dans le Danube à Ilstadt, vis-à-vis de Passau.

[b] Jaillot Atlas.

Cette Riviere d'Ils au raport de Wagenseil [c], produit des Perles, moins belles à la verité que les Perles d'Orient, mais il y en a pourtant qui sont grosses & très-rondes & qui se vendent jusqu'à cent florins la piéce.

[c] Geogr. Synopl. p.343.

ILST, Ville des Provinces Unies en Frise dans le Westergoo près de Succ, à deux petites lieues du Zuyderzée; & à quatre de Leuwarde, vers le Midi.

ILSTADT, ou Ils-Stadt, Ville d'Allemagne en Baviere au Confluent du Danube & de l'Ils, vis-à-vis de Passau. Voiez Passau.

ILUA. Voiez Æthalia qui est la même.

ILUATES, ancien peuple d'Italie dans la Ligurie, selon Tite-Live [d]. Ortelius demande si ce nom ne viendroit point de celui d'*Ilua*? Cellarius dit qu'on ne sait où les placer.

[d] l.32.c. 29.&l.31. c.10.

ILUCIA, ancienne Ville de l'Espagne citerieure, chez les Oretains, selon Tite-Live [e] qui dit que C. Flaminius la prit.

[e] l.35.c.7.

ILUMBERITANI. Voiez Lumberitani.

ILUNUM, ancienne Ville de l'Espagne Tarraçonoise, chez les Bastitains, selon Ptolomée [f].

[f] l.2.c.6.

ILURATUM, Ville de la Scythie dans la Chersonnese Taurique, du côté du Palus Meotide, selon Ptolomée [g].

[g] l.3.c.6.

ILURBIDA, Ville de l'Espagne Tarragonoise chez les Carpetaniens, selon Ptolomée.

ILURCIS. Voiez Graccuris.

ILURCO, ou Illurco, ancienne Ville d'Espagne, selon Pline [h]. Le R. P. Hardouin traite de fausse & de nouvelle une Inscription du Recueil de Gruter [i] dans laquelle on lit Ordinis Illurconensis; & qui a été trouvée au Village de Pinos dans le Royaume de Grenade.

[h] l.3.c.1.
[i] p. 406.

ILU. ILY. ILZ. IMA.

ILURGIA, &

ILURGIS, Ville d'Espagne dans la Betique, selon Ptolomée. C'est la même qu'Illiturgis; à présent Andujar-el-Vejo.

1. ILURO, ou Illuro, ancienne Ville de l'Espagne Tarragonoise, selon Pline [k]. Le P. Hardouin dit que c'est la même qui est nommée Dilurum, Διλουρὸν, pour Αἰλουρὸν par Ptolomée. Il ajoute que c'est présentement Pineda. Mela [l] la nomme Eluro, dans cet ordre, *Blanda*, *Eluro*, *Batullo*, *Barcino*. Pline dit que c'étoit une Ville de Citoyens Romains; elle étoit à xv. M. P. de Bætullo. Nuñez a très-bien remarqué que c'est présentement Mataro, dont l'enceinte & le nombre des habitans repondent assez bien à la dignité d'une ancienne Ville de Citoyens Romains [m]. Cette Ville fut autrefois détruite par les Mores, comme le prouvent d'anciens monumens que l'on y conserve; & fut ensuite rétablie & bâtie au même lieu & non pas sur un autre terrain comme quelques-uns l'ont faussement assuré. On y trouve des debris d'anciennes pierres avec des Inscriptions, & on en a tiré quantité de medailles d'or & d'argent, aux noms de Vespasien & de Titus. On peut voir le reste des preuves en faveur de ce dernier sentiment dans le Livre de Mr. de Marca cité en marge [n].

[k] l.c.
[l] l.2.c.6.
[m] Marca Hispan.l.2. c.15.§5.
[n] Ibid.

2. ILURO, nom Latin d'Oleron. Voyez ce mot.

ILUZA, ancienne Ville d'Asie. Elle est marquée comme Ville Episcopale de la Phrygie Capatienne dans la Notice de Hierocles.

1. ILYBYRRIS, Riviere de la Gaule Narbonnoise, selon Strabon [o]; qui dit, du Mont Pyrené coulent les Rivieres *Ruscino* & *Ilybirris*. Ptolomée [p] nomme cette même Riviere Illeris; Athenée Ilebernis. Son nom moderne est le Tec.

[o] l.4.
[p] l.2.c.10.

2. ILYBIRRIS, Ville de la Gaule Narbonnoise. Voiez Eliberis 1.

ILYRGIA. La même qu'Ilurgia.

ILZ [q], Petite Ville de Pologne au Palatinat de Sandomir; avec un ancien Château sur une hauteur. Le commerce de cette Ville qui appartient à l'Evêque de Cracovie consiste en de la vaisselle de terre qui se repand dans tout le Royaume.

[q] And. Cellar. Polon. p.190.

I M.

IMACARENSES, ancien peuple de Sicile, selon Pline [r]. Ciceron fait mention d'*Ager Imacarensis*; qui est le même. L'Edition de Gronovius [s] porte *Macharensis*, quoiqu'il avertisse qu'il faut dire *Imacharensis*. Ptolomée [t] nomme ce lieu Imichara, Ἰμιχάρα, d'autres Exemplaires portent Hemichara, Ἡμιχάρα. Etienne le Géographe le nomme Ἰκκαρον, ce qui s'accorde avec l'Hiccara d'Antonin [v], à xvi. M. P. de Palerme. Ce lieu s'appelle présentement Muro d'Iccarini.

[r] l.3.c.8.
[s] 3. Verr. c.47.
[t] l.3.c.4.
[v] Itiner.

IMAD, Riviere d'Asie dans l'Indoustan près du Sinde, ce nom est écrit Jamad dans l'Histoire de Timur-Bec [w] & on y dit que c'est une suite de la Dendara Riviere qui vient de Cachemire.

[w] l.4.c.10.

IMADUCHI, Peuple d'Asie dans la Sarma-

IMA. IMÆ.

[a l.6. c.7.] matie auprès du Caucase, selon Pline [a].

IMALA. Voiez HIMELLA.

IMAUS, longue Chaîne de Montagnes qui traverse l'Asie au Nord de ce que les Anciens appelloient proprement l'Inde ; & qui envoye une de ses branches au Septentrion vers la Mer Glaciale. Cette longue chaîne, avoit [b l.6. c.17.] quantité de noms particuliers ; Pline [b] nous en fournit ceux-ci, d'Occident en Orient, comme des Montagnes liées l'une à l'autre, le Caucase, le Paropamise, l'Emode & l'Imaüs. Il dit que de ces Montagnes l'Inde s'abbaisse en une plaine immense qui ressemble à l'Egypte. Il explique le mot *Imaus* par couvert de neige, *Nivosum*. L'Imaüs séparoit l'Inde de la Scythie, comme elle sépare encore aujourd'hui l'Indoustan de la Tartarie. Une branche qui s'avance dans le Nord coupoit la Scythie en deux, & en faisoit deux parties, savoir la Scythie en deçà de l'Imaüs & la Scythie d'au delà. Ptolomée qui fait deux Chapitres de ces deux Scythies les borne au Nord par une terre inconnue. C'est dire en même temps qu'on ne savoit point jusqu'où alloit cette Montagne. Nous savons présentement que la longue chaine de Montagnes qui borne les Indes au Nord des Royaumes de Caboul & de Cachemire & qui traverse le Royaume du Grand Tibet ne court du Sud au Nord, selon la ligne méridienne, comme Ptolomée [c] le dit de [c l.6. c.14.] l'Imaus, que jusqu'au 47. d. de Latitude ; après quoi elle se tourne vers l'Orient, puis vers le Nord, & enfin vers le Nord-Nord-Ouest jusqu'à l'Embouchure du Jenisçea, Fleuve de la Siberie. Cette Chaîne de Montagnes a quantité de noms particuliers que lui donnent les Peuples voisins. Nous raportons dans leurs articles particuliers ceux qui nous sont connus. Je ne m'arrête pas beaucoup aux noms Modernes que les Géographes du XVI. siècle ont donnés à cette Montagne. Ils ne connoissoient gueres la Tartarie ; & ce qu'Ortelius en a recueilli, a été assez inutilement copié par Mr. Baudrand. Voiez l'Article CAF.

[d In Indic. p.314.] Arrien [d] qui fait commencer cette Chaîne dès le Mont Taurus vers la Pamphylie, la Lycie & la Cilicie & qui l'amene de là jusques aux Indes dit qu'elle prend divers noms en divers lieux, savoir *Paropamisus*, *Emodus* & EMAON. Il ajoute qu'elle peut bien avoir encore d'autres noms en d'autres endroits. On voit que l'*Emaon* de cet Auteur est l'Imaüs de Pline & de Ptolomée.

Lorsque l'Imaüs se tourne au Nord, il envoye une branche vers l'Orient & cette branche est ce que les Anciens ont nommé *Damasi Montes*. Voiez ce mot.

§ Il est surprenant que Mr. Corneille ayant donné sous le titre d'Imaüs ce que Davity dit de cette Montagne, il en fasse un second sous le titre d'*Imaus* Montagne de la Tartarie qui est la même quoiqu'il n'en avertisse pas. Mais il y avoit IMÆUS MONS en Italie dont il ne parle pas.

IMÆUS, ou IMEUS MONS, lieu particulier d'Italie entre *Corfinium* & *Cirfenna* ; ou *Cerfennia* ; il étoit à cinq milles de la derniere, selon la Table de Peutinger. Cluvier [e] [e Ital. Ant. l.2. p.769.] croit que c'étoit une Bourgade au bord Orien-

IMB. IME. IMI.

tal du Lac Fucin, en allant vers la Riviere d'Aterne. Elle étoit sur une Montagne ; les habitans nomment présentement ce lieu COLLE ARMEO & quelquefois ARMELO.

IMBARUS, Montagne d'Asie vers l'Armenie Majeure, selon Strabon [f]. Pline [g] la [f l.11. p.] met à l'extremité de la Cilicie. Strabon à [531.] l'endroit cité dit que c'est une portion du [g l.5. c.27.] Mont Taurus.

IMBO, Ville de l'Arabie heureuse. Voiez YAMBO.

IMBRASIA. Voiez SAMOS.

IMBRASUS, Riviere de l'Isle de Samos, selon Callimaque cité par Ortelius [h]. [h Thesaur.]

IMBRINIUM, ancien lieu de l'Italie au Pays des Samnites, selon Tite-Live [i]. Quel- [i l.8.] ques Savans l'ont confondu mal à propos avec *Simbruini Colles* de Tacite. Erreur où Juste Lipse est tombé & qu'Ortelius & Cellarius ont très-bien remarqué. Voiez SIMBRUINI.

IMBRIPOLIS, quelques-uns ont nommé ainsi en Latin la Ville de RATISBONNE. C'est une Traduction de REGENSBOURG qui en est le nom Allemand.

IMBRITIA, Lieu d'Italie aux environs de la Ville Locri. Il en est fait mention dans la Vie des douze freres Martyrs écrite par Alphane de Salerne citée par Ortelius.

1. IMBROS, Isle de l'Archipel. Favorin dans son Lexique y met une Riviere de même nom, & Etienne y place une Ville appellée de même & dit qu'elle étoit consacrée à Cerès & à Mercure. C'est aujourd'hui l'Isle de LEMBRO. Voiez ce mot.

2. IMBROS, Forteresse au dessus de la Ville de Caunus, dans le Pays que les Rhodiens avoient dans le Continent, selon Strabon.

IMERIENSIS, Siége Episcopal d'Asie dans la Mesopotamie. Il en est fait mention dans le Concile de Constantinople. C'est peut-être le même Siége que HEMERIUS de la Province d'Osrhoene dans la Notice de Léon le Sage.

IMIFFETE [k], Riviere d'Afrique au Ro- [k Corn. Dict.] yaume de Maroc, elle a son Embouchure près du Cap de Non.

IMILICENSIS [l], nom Latin d'un Siége [l Notit. Episcopal d'Irlande dont le nom moderne est Episc. EMLY. C'est des cinq Suffragants que Cathar.] l'on a laissez à l'Archevêché de Cashel, Emly est dans la Province de Munster, au Comté de Tipperary, à sept milles & environ à l'Ouest de la Ville de Tipperary, près des Frontieres de Limerick. Cette Ville étoit autrefois considerable, mais elle est fort déchûe.

IMIRETTE [m], petit Royaume d'Asie [m Chardin entre les Montagnes qui séparent la Mer Cas- Voyage pienne & la Mer Noire. Il est enfermé entre T.1. p.250.] le Mont Caucase, la Colchide, la Mer Noire, la Principauté de Guriel, & la Georgie. Sa longueur est de six vingt milles, sa largeur de soixante. Les Peuples du Mont Caucase, avec qui il confine, sont les Georgiens & les Turcs au Midi, & au Septentrion les Ossi, & les Caracioles, que les Turcs appellent Caracherkes, c'est-à-dire, Circassiens Noirs, pour les raisons que j'ai dites. Ce sont ces Caracioles, ou Circassiens Noirs, que les Europeans

N

peans ont appellez Huns, & qui firent tous ces ravages en Italie & dans les Gaules, dont parlent les Historiens, & entr'autres Cedrenus. La Langue qu'ils parlent est mêlée de Turc. L'Imirette est un Pays de Bois & de Montagnes comme la Mingrelie; mais il y a de plus belles vallées, & de plus délicieuses plaines. On y trouve plus facilement du pain, de la viande, & des légumes. Il y a des minières de fer. L'Argent y a cours. On y bat monnoye. On y trouve des Bourgs. Quant aux mœurs, & aux coutumes, c'est aussi la même chose qu'en Mingrelie. Le Roi a trois bonnes Forteresses, une appellée Scander, située sur le bord d'une vallée, & deux dans le Mont Caucase, nommées Regia & Scorgia; toutes deux de très-difficile accès, & étant bâties en des lieux que la nature a ingenieusement fortifiez. Le Phase passe devant. Le Prince avoit, il n'y a pas long-tems, une autre Forteresse bien plus importante appellée Cotatis, du même nom que tout le Pays d'alentour, qui est peut-être celui que Ptolomée appelle la Region Cotatene. Les Turcs en sont à présent les maîtres. Le Royaume d'Imirette a long-tems tenu sous lui les Abcas, les Mingreliens, & les Peuples de Guriel, après qu'ils eurent tous quatre ensemble secoué le joug des Empereurs de Constantinople premierement, & puis des Empereurs de Trebisonde, dont l'Histoire remarque qu'ils se faisoient honneur du titre de Rois du fleuve de Phase. Ces Peuples se defunirent le siécle passé, & depuis leur revolte ils ont toûjours fait la guerre entr'eux. Les plus proches du Turc ont recherché son assistance. Il les a d'abord protegez, & enfin il les a tous rendus tributaires l'un après l'autre. Le tribut du Roi d'Imirette est de quatre-vingts enfans, filles & garçons, âgez de dix à vingt ans. Celui du Prince du Guriel est de quarante-six enfans de même sorte. Celui du Prince de Mingrelie est de soixante mille brasses de toile de Lin faite dans le Pays. Les Abcas avoient aussi été sous le tribut, mais ils l'ont payé peu de fois, & à présent ils ne le payent point. Le Roi d'Imirette, & le Prince de Guriel envoyent eux-mêmes leur tribut au Pacha d'Akalzike. Un Chaoux vient prendre celui du Prince de Mingrelie. Lorsque je passai à Akalzike, on disoit que les Turcs vouloient se mettre en possession de ces Pays-là, & y mettre un Pacha : ne sachant point d'autre moyen de remedier aux guerres continuelles qui les détruisent & les depeuplent notablement. Les Turcs ne se sont pas souciez auparavant d'en prendre possession, parce qu'il est comme impossible d'y observer le Mahometisme, par la raison que ces Pays n'ont rien de meilleur que le vin & le Cochon, dont la Loi Mahometane défend l'usage, joint que l'air y est mauvais, qu'il n'y a point de pain, & que le peuple y est épars, de façon qu'en quelque lieu qu'on pût bâtir des Forteresses, chacune ne pourroit contenir dans le devoir que sept ou huit maisons. C'est pour ces considerations qu'ils ont laissé ces Provinces en leur ancien état, & qu'ils se sont contentez qu'elles leur servissent de pepinière d'Esclaves. Ils en tirent sept ou huit mille chaque année. Des égards & des obstacles à peu près semblables, empêchent apparemment les Turcs d'incorporer à leur Empire les vastes plaines de Tartarie & de Scythie & les Pays immenses du Mont Caucase. Si les peuples qui les habitent étoient ramassez dans des Villes & en des lieux forts, on auroit bien-tôt trouvé la voye de les reduire, & de les tenir sous le joug : mais le moyen d'y tenir des gens qui changent de lieu tous les mois, & qui courent leur Pays toute leur vie? Je ne dois pas oublier que tous ces Pays-là, qui ne payent aujourd'hui tribut qu'au Turc, le payent de tems en tems à la Perse, selon que les Monarques Persans savent se faire craindre en y envoyant des armées. Abas le Grand tira ce tribut exactement, & même sans peine, durant tout son regne, qui parvint jusqu'à l'an 1627. Et ce tribut consistoit aussi en enfans d'un & d'autre Sexe, de même que la Colchide le payoit à la Perse dans les premiers âges du Monde. Chose fort remarquable que dans tous les siécles, ces régions maritimes de la Mer Noire ayent produit de si beau sang & en si grande quantité.

La Mingrelie a été sous la domination d'Imirette, mais elle s'en est affranchie par une revolte. Du tems que l'Auteur cité écrivoit, c'étoit le huitième Prince de Mingrelie, depuis la separation de ces deux Etats. Ces Princes s'appellent tous DADIAN comme qui diroit Chef de la Justice, de *Dad* mot Persien qui signifie Justice, d'où la première race des Rois de Perse a été appellée Pich-Dadian, c'est-à-dire, la premiere Justice ; pour nous marquer que ce furent les premiers hommes que les peuples de ce grand Pays établirent pour leur administrer la Justice, & maintenir chacun en la joüissance de son bien. Le Roi d'Imirette se donne le titre de Meppe, c'est-à-dire, Roi en Georgien. Le Meppe & le Dadian se disent tous deux descendus du Roi & Prophete David. Les anciens Rois de Georgie s'en disoient descendus aussi, & le Kan de Georgie en ses Titres se dit de même issu de ce grand Roi par Salomon son fils. Le Roi d'Imirette se donne un autre Titre encore bien plus fastueux, dans les Lettres qu'il fait expedier. Il se qualifie Roi des Rois.

IMISIMIS [a], Ville ancienne d'Afrique, au Royaume de Maroc & dans la Province particuliere de Maroc. Elle a été bâtie par les Africains, sur la pente de la Montagne de Guidimiva du côté qui regarde le Levant & près du grand Chemin qui traverse le Mont Atlas pour aller de Maroc dans la Province de Jesula. Ce Chemin est perpetuellement couvert de Neiges & s'appelle à cause de cela Barrix. Du côté du Septentrion, il y a d'onze lieues de plaines jusqu'à la Ville de Maroc, où croît le meilleur bled qui soit dans la Barbarie aussi bien que l'orge & le millet, le tout en si grande abondance que si le Pays étoit bien cultivé, il y en auroit pour toute la Province. Devant que les Cherifs prissent Maroc, cette Ville étoit à demi-depeuplée par les Arabes quoi qu'elle appartînt à Muley Idris; maintenant elle est fort peuplée, & les habitans ont été bien traitez à cause d'un Morabite appellé Cidi Canon, qui en étoit.

[a] *Marmol Afrique l. 3. c. 38.*

IMITYI, ancien Peuple de la Sarmatie Asia-

IMI. IMM. IMO.   IMO. IMP.

Asiatique, près de la source d'un fleuve nommé de même IMITYIS, selon Pline [a].

[a] l. 6. c. 8.

IMMA, Ville de Syrie, selon Ptolomée [b], qui la met dans la Seleucide.

[b] l. 5. c. 15.

IMMADRIS, Port de la Gaule Narbonnoise, selon l'Itineraire d'Antonin, c'est-à-dire, selon l'Itineraire maritime different du grand que nous citons ordinairement. On y voit :

A portu Æminis Immadras. Posit. M. P. XII.
Ab Immadris Massiliam Græcorum. Port. M. P. XII.

☞ IMMEDIAT, FIEFS IMMEDIATS; on appelle ainsi en Allemagne les Fiefs que la Noblesse ne tient que de l'Empereur & de l'Empire. La Noblesse qui possede de tels Fiefs est nommée NOBLESSE IMMEDIATE, par opposition aux Fiefs qui relevent des Princes & Etats particuliers de l'Empire, ce que l'on nomme FIEFS MEDIATS; ce qui revient au mot d'*Arriere-Fief.*

IMMERETI. Voiez IMIRETTE.

IMMIRENIENS, ancien Peuple d'Asie, à l'extremité de l'Arabie & tributaire de la Perse. Theodore le Lecteur dans ses Recueils imprimez entre les Auteurs de la Bibliotheque des Peres, raconte leur conversion. Mr. l'Abbé Fleuri qui cite cet Auteur la rapporte ainsi. Sous l'Empereur Anastase les Immireniens sujets des Perses se convertirent à la foi. Ils habitoient à l'extremité de l'Arabie, au Midi, & on croit que ce sont les mêmes que les Homerites. La Reine de Saba les avoit autrefois rendu Juifs : depuis ils étoient redevenus payens, & alors ils se firent Chrétiens & reçurent un Evêque.

IMMITENSIS. Voiez JOMMITENSIS.

IMMOS [e], Campagne, selon Cedréne, qui dit que les Juifs y crucifierent un enfant Chrétien qu'ils avoient pris.

[e] Ortel. Thes.

IMOLA, Ville d'Italie dans l'Etat de l'Eglise dans la Romagne sur le Santerno. Cette Ville est ancienne & Ciceron [d] en parle dans une de ses Lettres. Strabon [e] l'appelle Φόρον [e.l.s.p.216. Κορνήλιου : Ptolomée Φόρος Κορνηλίου. Le Poëte Martial [f] y fit quelque sejour comme il paroît par ces vers:

[d] l. 12. Epist. 5.
[e] l. s. p. 216. Κορνήλιου
[f] l. 3. epig. 4.

Romam vade, liber. Si veneris unde requiret,
Æmilia dices de regione via.
Si quibus in terris, quâ simus in urbe, rogabit,
Corneli referas me, licet, esse Foro.

Prudence dans son Hymne sur le Martyre [g] de St. Cassien Maître d'École, nous apprend que cette Ville avoit eu pour Fondateur Cornelius Sulla.

[g] Peristephanon 9. v. 1.

Sulla Forum statuit Cornelius ; hoc Itali urbem,
Vocitant ab ipso Conditoris nomine.

[h] Cette Ville a donné la naissance à plusieurs Saints ; outre St. Cassien qui en est le Patron, & sous l'invocation duquel la Cathedrale est dediée, St. Pierre Chrysologue Evêque de Ravenne y naquit & y fut élevé sous la Discipline de St. Corneille Evêque d'Imola. Il y

[h] Baillet Topogr. des Saints p. 238.

mourut aussi l'an 457. & son corps y demeura hors un bras qui fut porté à Marseille.

Vers la decadence de l'Empire, on y bâtit une Citadelle nommée Imola, nom qui est resté à la Ville. Le Diacre Paul Warnefrid le dit expressément & la met entre les cinq riches Villes de l'Emilie. *Æmilia*, dit-il [i], *locupletibus Urbibus decoratur, Placentia scilicet, Parmaque, Regio & Bononia, Corneliique Foro cujus Castrum* IMOLAS *adpellatur.* [k] Cette Ville fut ruinée par Narsès, mais reparée par Ivon II. Roi des Lombards. Ensuite les Bolonois & les Manfredi en ont été les Maitres ; comme aussi Galeaz Sforce qui la donna en dot à Hierome Riario (Mari de Catherine Sforce) peu après elle fut prise par Cesar Borgia qui la soumit au St. Siége qui en est demeuré en possession. Cette Ville est gardée par une bonne Forteresse & son Evêque est Suffragant de Ravenne. [l] Imola est à dix milles de Faenza, à cinq de Castello Bolognese, à sept du Château St. Pierre & à douze de Boulogne.

[i] Langobard. l. 2. c. 18.
[k] Journal d'un Voyage de France p. 773.
[l] p. 810.

IMPERATORIA URBS. Voiez SALACIA.

IMPERIALE, Ville de l'Amerique Meridionale au Royaume de Chili, à quatre lieues de la Mer du Sud au bord de la Riviere de Cauten. Le P. Douaglie Jesuite né au Chili dans la Relation Historique qu'il a faite de son Pays, dit [m] que le Gouverneur Pierre de Valdivia s'étant avancé l'an 1551. dans ces quartiers-là arriva jusqu'à l'agréable Riviere de Cauten. Il y trouva beaucoup de Peuplades d'Indiens & y fonda la Ville nommée Imperiale. Ce lieu est un des plus charmans de tout le Pays, à trois ou quatre lieues de la Mer, à trente-neuf de la Conception, à cent neuf de Sant Jago, à cent soixante de la Ville de Sirene, sous le 38. d. de Latitude Sud. Les Campagnes aux environs de cette Ville sont fertiles en bleds & en fruits, mais le raisin noir n'y vient pas si bien que le blanc. Il y a abondance de Pâturages pour les troupeaux. Ces Pâturages ne s'étendent pas continuellement en plaines, mais souvent ils s'élevent en des côteaux très-agréables, qu'une abondante rosée rend très-feconds. La Ville est bâtie sur une roche escarpée au pied de laquelle se joignent deux Rivieres navigables. Il manque à cette Ville d'avoir un bon port, ce qui n'est point à cause de quantité de bancs de sable dont la Mer est remplie en cet endroit.

[m] c. 16. p. 183.

Le Gouverneur trouva en ce Canton quatre vingt mille habitans Indiens ou même plus, au raport de quelques Auteurs, tous conviennent que ce sont les peuples les plus sociables & qu'ils n'ont pas la ferocité des Arauques. Cette Ville a son Evêque, & de riches mines d'Or dans son District. C'est la quatrième Ville qui ait été fondée dans le Royaume. Après la mort du Fondateur, Imperiale fut assiégée par les Indiens. Le P. Douaglie en rapporte la delivrance miraculeuse [n]. Elle fut pourtant détruite une fois, mais on l'a relevée : sans ce malheur, dit l'Auteur cité, ce seroit à present une grande & riche Ville.

[n] c. 15. p. 192.

Mr. Fresier [o] marque que l'Evêque de cette Ville depuis qu'elle a été prise par les Indiens, s'est retiré à la Conception.

[o] Voyage T. 1. p. 94.

IMPERIALES, on appelle en Allemagne Vil-

Villes libres & Imperiales, certaines Villes qui ne reconnoissant point de Souverain particulier sont immediatement soumises à l'Empire & à son Chef qui est l'Empereur. Ces Villes nommées en Allemand *Reichs-Städte*, sont celles qui étant exemptes de la Jurisdiction du Souverain dans les Etats de qui elles sont situées, ont séance & droit de Suffrage à la Diete de l'Empire, comme en étant des Etats Immediats. Autrefois les Villes mediates y avoient aussi le même droit, mais elles en sont exclues, & c'est pour celà que Breme & Hambourg n'en jouïssent point.

On ne convient pas de l'origine des Villes Imperiales. [a] Quelques-uns prétendent en faire remonter l'origine jusqu'au temps de Charlemagne & que ce Prince fit poser des Statues de Roland dans toutes les Villes qu'il déclara Imperiales. Mais c'est une fable ridicule & on ne s'est avisé que dans le XI. siécle de donner à ces Statues le nom de Roland. Il y a des Villes qui ont de ces Statues & n'ont jamais été immediates, & ces figures ne representent autre chose que la haute Justice pour les affaires criminelles ; c'est ce que signifie l'épée que porte la Statue, [b] & l'usage où l'on est dans plusieurs Villes de rendre & d'éxecuter les Sentences criminelles auprès de ces statues.

Il est prouvé que dans toute la grande Germanie au delà du Rhin, avant Charlemagne, il n'y avoit point ce que les Latins appelloient *Urbs*, c'est-à-dire, de Villes fermées de murailles. Il n'y avoit que des Villages, des Bourgades & quelques Châteaux. Ils avoient bien le droit de Cité, & on les nommoit *Civitates* ; on y faisoit commerce. Telles étoient Erfort, Magdebourg, & Bardevic, comme il paroît par les Capitulaires de Charlemagne. Le Concile de Vernon tenu l'an 755. la quatriéme année de Pepin [c] entre autres Decrets ordonne que les Evêques demeurent dans des Citez & non dans la Campagne, ou dans des Hameaux *in Civitatibus non in Villulis vel agris*. Ces Citez étoient ou mediates, c'est-à-dire, situées dans des Duchez & dependances des Ducs, ou immediates, dans les terres qui dependoient immediatement du Souverain & elles étoient qualifiées *Villa Regia*, Maisons Royales. Les Bourgs, ou lieux fortifiez furent ensuite construits pour la défense de l'Empire. Tels étoient *Burgscheydingen*, Residence des Rois de Thuringe ; Sigebert & Ehresberg Forteresses des Saxons. Après que les Romains se furent établis le long du Rhin & qu'ils eurent entamé la Germanie, à mesure des progrès qu'ils y firent, ils y élevoient des Villes à leur maniere. Telles furent les deux auxquelles ils donnerent le nom d'AUGUSTA, savoir *Augusta Trevirorum*, Treves, *Vindelicorum*, Augsbourg, & *Colonia Agrippina* Cologne, dans lesquelles ils établirent des Colonies. On y en ajouta d'autres sous les Rois Carlovingiens, comme Aix la Chapelle, Francfort, & quantité d'autres situées près du Rhin. Il semble que Charlemagne ait le premier donné lieu à murer les Villes en Allemagne. On commença par murer les Monasteres, afin de garantir des Religieux désarmez & des Religieuses, contre les insultes des Barbares. On fit le même chose pour les Citez où demeuroient les Evêques à qui on permit de faire murer leurs Residences. Mais Henri l'Oiseleur acheva d'établir l'usage des Villes. Pour reprimer les courses que les Barbares faisoient dans l'Empire, cet Empereur établit des MARCHES (Voiez ce mot) & fortifia des Villes qui pussent servir d'asyle en cas de danger. Il ordonna que huit Laboureurs demeureroient pour cultiver les Champs & que le neuviéme demeureroit dans la Ville & que l'on y garderoit le tiers des biens de la terre, afin qu'en cas de besoin les Villes fussent pourvues d'hommes & de munitions de bouche. [d] Il éleva ensuite plusieurs Villes pour la défense de l'Empire. *Misna*, ou Meissen, Quedlinbourg & Mersebourg sont les principales.

Le nombre des Evêques & des Ducs s'augmentant de jour en jour fit multiplier aussi les Villes, les Empereurs qui seuls avoient droit de donner les Droits Municipaux à une nouvelle Ville, accorderent aux Evêques & aux Ducs les permissions d'en bâtir. C'est l'origine de la distinction des Villes en *Mediates & Immediates*. Dans les Terres Immediates, telles qu'étoient le Pays du Rhin & le Pays Palatin, les Villes étoient Immediates & Imperiales, au lieu que dans les Duchez, elles étoient Mediates. Tant qu'il n'y eut point de Villes situées ailleurs que dans le Pays Palatin, toutes les Villes étoient Imperiales, mais lorsqu'il y eut d'autres Villes, on vit des Citez & des Bourgades dont les unes furent immediates, c'est-à-dire, exemptes de la Jurisdiction des Ducs & des Comtes ; & que l'on appelloit *Dominicata*, & les autres étoient Mediates, sous le pouvoir des Ducs & des Comtes. Mais le pouvoir des Ducs & des Comtes s'étant accru sous les Empereurs Saxons, il n'y eut plus d'autres Villes immediates que celles qui étoient situées dans les terres immediates & qui étoient exemptes de la Jurisdiction de ces Ducs & de ces Comtes.

L'abus que plusieurs Ducs & Comtes firent de leur autorité, & l'oppression qu'ils faisoient à certaines Villes puissantes, ayant souvent causé des desordres dans l'Empire donnerent quelquefois occasion aux Empereurs de soustraire ces Villes à la Jurisdiction de ces Seigneurs. Les Evêques n'eurent pas d'abord la Souveraineté de leurs Metropoles qui ne reconnoissoient que les Empereurs & leurs Officiers ; mais ces Prélats ayant ensuite obtenu des Etats en Souveraineté, voulurent l'exercer aussi sur leurs Metropoles, delà tant de querelles entre les Evêques & les Villes Metropolitaines, & qui ont été differemment terminées les unes, comme Cologne, Lubec, Wormes, Spire, Augsbourg, ont conservé leur Liberté ; d'autres comme Munster, Osnabrug, Treves, Magdebourg, ont été obligées de reconnoître la Jurisdiction de leurs Evêques pour le Temporel.

Il faut ajouter à cela les Ligues auxquelles ont donné occasion les Interregnes, les troubles & la mesintelligence des Etats de l'Empire. La premiere de ces Ligues est celle du Rhin. Les Villes du Rhin n'ayant point d'Empereur qui les défendît s'associerent ensemble, se choisirent un Capitaine, suprimerent les Impôts qu'on avoit mis & augmentez sur le Rhin ; en-

---

[a] Voiez *Gryphiander de Weichbildis Saxon c. 1. Kaipschild de Jure civit. Imp. l. 1. c. 12. n. 46.*

[b] *Gryphiander l. c. Conringius de Urb. German.* §71. *Johan. Frid. Rhetius & Jo. Henr. Eggeling de Statuis Rulandinis.*

[c] *Capit. l. 1. c. 17.*

[d] *Wittikind. Annal. l. 1.*

engagerent les Princes voisins & les Comtes à entrer dans leur societé, & établirent dans leur ressort une tranquilité dont on n'avoit point eu d'exemple, [a] Mayence, Wormes, Spire, Francfort, Bing, & Oppenheim commencerent. Leur Accord s'étant fait en 1254. plusieurs autres Villes qui n'étoient pas toutes Imperiales y accederent au nombre de soixante. En vain les Princes & les Marchands trouverent qu'il ne convenoit pas à des Marchands d'avoir la superiorité Domaniale sur la Noblesse, il falut en passer par-là & cette confederation dura au moins neuf ans.

Une autre Ligue est la Hanse Teutonique dont je parle au mot HANSE.

[b] La troisiéme est la Confederation de Suabe. Elle se forma, à l'occasion de la Paix que l'Empereur Frideric III. conclut à Francfort l'an 1486. Le Cercle de Suabe se ligua pour la maintenir ; quelques Princes & des Villes voisines souscrivirent à cette association qui dura jusqu'à Charles V. qui ne s'accommodant pas de ces Associations détruisit celle-là, l'Anse Teutonique & quelques autres.

Ces Ligues furent cause que les Villes se voyant appuyées par cette Alliance, en profiterent au prejudice de leurs Souverains, de l'autorité desquels elles s'affranchirent, & devinrent independantes. Quoi qu'avec le temps la plûpart ayent été contraintes de rentrer dans le devoir, à mesure que le pouvoir des Princes croissoit. Il s'en trouve néanmoins, qui ont tenu tête aux Princes qui vouloient les reduire & qui ont conservé malgré eux leur liberté. D'autres ont trouvé le moyen de se maintenir dans la possession de plusieurs grands Privileges. Telles sont les Villes de Brunswig, Rostock, Wismar, Strahlsunde, Osnabrug, & Herford.

Une autre raison est l'extinction des familles illustres. Par exemple, la Suabe ayant perdu Conradin son Duc fut devolue à l'Empire, à quoi contribua le fatal Interregne. Les Villes de ce Duché furent soumises immediatement à l'Empire. La Ville même d'Uberlingen, qui étoit la residence des Ducs, eut le même sort. Ce Duché tomba dans une si grande decadence, que même encore aujourd'hui la Maison d'Autriche n'y possede que quelques Comtez & Seigneuries, à titre de Prince. Il en est de même de la Ville de Buchorn, qui aprés la mort de ses Comtes particuliers vint aux Comtes d'Altdorf & de Ravensbourg, & qui aprés l'extinction de cette famille fut devolue à l'Empire. C'est aussi par là que le dernier Comte de Kaufbeuren ayant été tué par un mari dont il debauchoit la femme, cette Ville devint Imperiale.

Il est arrivé que durant les Guerres civiles, des Villes se sont attachées au parti de l'Empereur qui, pour les en recompenser, les a honorées des Privileges de Villes Imperiales. [c] C'est par cette politique que Henri IV. & Henri V. Frederic I. & Frederic II. se rendirent puissans. Lubec [d] fut redevable de sa liberté à la proscription de Henri le Lion. Il se trouva aussi des Villes qui étant extrémement riches & voyant leurs Souverains dans d'extrêmes necessitez portez d'inclination pour elles ont racheté leur liberté , & acquis leur independance à beaux deniers comptans. C'est ce qu'a fait la Ville de Lindau qui s'est ainsi degagée des Comtes de Bregents [e]. Ulme en a usé de même envers l'Abbaye de Reichenaw, à laquelle elle a payé de l'argent pour sa liberté , & moyennant quoi Loüis de Baviere la declara Ville Imperiale. Les Moines ont tâché en vain de se ressaisir de leur ancien droit ; Charles IV. & Frideric III. ont confirmé [f] à Ulme l'independance qu'elle avoit acquise.

Ces Villes Imperiales ont été sujettes à diverses revolutions. Il y a eu des Villes qui quoi qu'Imperiales, ont été forcées de se soumettre à leurs Evêques , d'autres ont été engagées par les Empereurs. Ainsi Loüis de Baviere engagea la Ville d'Egre qui étoit Imperiale à Jean Roi de Bohême pour vingt mille Marcs d'argent ; Rhinfeld & d'autres Villes à Otton d'Autriche [g]. Henri VII. engagea Boppart à son frere Baudouin Evêque de Treves. La plûpart des Villes Imperiales ont obtenu le privilege de ne pouvoir être engagées.

Plusieurs de ces Villes s'étant trouvées plus foibles que les Princes contre lesquels elles étoient en guerre , sont restées sous la Domination des vainqueurs, telles sont Altenbourg, Chemnitz, Zuickau , autrefois Villes Imperiales, & subjuguées par Frederic Margrave de Misnie. Constance ayant refusé de recevoir l'Interim a été mise au banc de l'Empire par Charles quint & forcée de se soumettre.

D'autres Villes Imperiales ont été absolument perdues pour l'Empire , comme Basle , Berne , Zuric, jadis Villes Imperiales sont presentement du Corps de la Republique des Suisses, Mets , Toul, & Verdun par la Paix de Munster & Strasbourg par la Paix de Ryswyck ont été cedées à la France.

On partage presentement les Villes Imperiales d'Allemagne en deux Bancs , desquels on peut voir le détail au mot ALLEMAGNE. Ceux qui veulent voir cette matiere plus amplement traitée peuvent consulter la XXI. Dissertation de Mr. Struwe [h].

IMPHES, Ἴμφης, Peuple voisin des Perrhebes , selon Etienne le Géographe qui cite Hecatée.

IMUNCINA, (L') Riviere de l'Amerique Meridionale dans le Paraguay aux confins du Bresil [i]. Elle se jette dans le Fleuve de Parana & vient du côté du Sud. Des Portugais qui la remonterent pendant huit jours ne firent que des demies journées de chemin & arriverent vers la Ville de Xeres ; Mr. de l'Isle ne marque point cette Riviere dans sa Carte du Bresil, mais bien sur sa nouvelle Carte de l'Amerique.

IMYRA, Ville de la Phoenicie , selon Etienne le Géographe. Voiez SIMYRA.

§ N.

IN, quelques-uns nomment ainsi en François l'AIN, Riviere de la Franche-Comté. Voiez Ain.

1. INA, ancienne Ville de Sicile dans sa partie

---

[a] Trithem. Chron. Hirsaug. & Sponh. ad ann. 1254.

[b] Gerard a Roo ann. Austr. l. 10. p. 504.

[c] Lehman. l. 4. c. 3. & 4. & Conringius de urb. German. §. 119.

[d] Chronic. Schauenb. apud Meibom. T. I. p. 501.

[e] Trutzelius Vindic. Lindav. p. 280.

[f] Zeyler Chronic. Suev. p. 297. & Knipschild l. 3. c. 54.

[g] Godast. de Regno Bohemiæ. l. 1. c. 17. Gerard a Roo ann. Austr. l. 3. p. 89.

[h] Burchard Gotthelfsi Struvii Syntagma Juris publici in 4to. Jenæ 1711.

[i] Lettres édifiantes. T. 12. P. 35.

partie Meridionale. Ptolomée *a* la nomme entre *Elorus* & *Eleethium*.

2. INA, ancienne Ville d'Asie dans la Celesyrie *b*, selon le même qui la met à l'Orient de Damas & au Nord d'*Abida*.

3. INA, Mr. Corneille qui ne connoît que cette troisiéme *Ina* la met dans l'Italie & dit qu'on la nommoit aussi IXIAS. Voiez ce mot.

INABA, Mr. Baudrand nomme ainsi un Royaume du Japon. Mr. Kaempfer l'appelle IMABA & en fait la quatrieme Province de la grande Contrée de Sanido. On la nomme aussi INSJU.

INACCESSIBLE, surnom d'une Montagne de Dauphiné. Voiez MONTAGNE INACCESSIBLE.

INACHIA, l'un des anciens noms que l'on a donnez à la Morée. Il vient d'Inachus Fondateur du Royaume d'Argos le plus ancien Royaume connu de la Vieille Grece. On croit que cet Inachus étoit contemporain du Patriarche Isaac, & Phenicien de Nation. Dans l'antiquité la plus reculée on voit que les Phéniciens étoient habiles dans la navigation & qu'ils étoient assez hardis pour aller par Mer en des Pays éloignez. Leur nom se tire de l'Hebreu ענק, & on les appella בני ענק, *Bene-Anac*; c'est-à-dire *les fils d'Anac*, comme le prouve amplement le savant Bochart. Il n'est pas étonnant que ceux qui s'établirent dans le Peloponnese ayent été de ces fils d'Anac, ou du moins commandez par quelqu'un de cette famille, de sorte que les premiers colons ayent été appellez ענקי *Anachi*, dont les Grecs auront fait le nom d'Inachus, de là vient aussi le nom Ἄναξτες, *Anactes*, commun aux Dieux & aux Rois, parce que les premiers Rois de la famille d'Anac furent mis au nombre des Dieux, & que les Rois postérieurs se disoient descendus d'eux.

INACHIUM, surnom d'une Ville d'ARGOS, qui étoit aussi surnommée DIPSIUM. Voiez ARGOS 1.

INACHO, Riviere de Grece dans la basse Albanie, elle a sa source aux Montagnes qui bornent l'Alradine au Nord, & coulant par Anfiloca, elle se jette dans le Golphe de l'Arta, au Midi de la partie Orientale de ce Golphe. Voiez l'Article INACHUS 2.

INACHORIUM, ancienne Ville de l'Isle de Crete dans sa partie Occidentale, selon Ptolomée *c*.

1. INACHUS, Riviere du Poloponnese au Royaume d'Argos, selon Pomponius Mela *d*, & Pline *e* & Strabon *f*. Il en arrosoit Argos la Capitale; comme nous l'avons remarqué dans l'Article d'Argos 1. Strabon en marque ainsi le cours. Cette Riviere, dit-il, coule dans plusieurs vallons, & a sa source près du mont Lurcius qui est voisin de Cynuria dans l'Arcadie. C'est ce que signifie le Grec de Strabon, que Xylander a mal rendu par ces mots. *In Lyrico apud Cynuriam*, *Arcadia montem*. Il falloit dire: *in Lurcio apud Cynuriam*, *monte Arcadia*. Lyrcius, ou Lurcius est le nom de la Montagne & Cynuria celui d'un Village voisin. On croit que son nom moderne est PLANIZZA.

Mais Ortelius après avoir rapporté le sentiment de ceux qui disent que c'est aujourd'hui Planitza ajoute: Il est surprenant que cette Riviere qui n'est plus depuis long-temps ait pourtant un nom, car enfin les Anciens assurent qu'elle étoit desséchée de leur temps. Lucien dit dans le Dialogue intitulé Charon ou le Contemplateur *g*, Les Villes ont leur destin aussi bien que les hommes, & ce qui est de plus étrange, les Fleuves mêmes comme celui d'Inachus dont on ne voit pas seulement les vestiges dans Argos. Apollodore *h* dit que Neptune le mit à sec. Mr. de l'Isle qui a bien senti cette difficulté, a accordé dans ses deux Cartes de la Grece ancienne & de la moderne, les remarques des Anciens avec l'état present de cette Riviere. Car il fait couler à Argos deux Rivieres réunies dans un même lit au dessus de cette Ville. L'une qui vient du Nord auprès de Cleories & qui coule vers le Midi, & l'autre qui vient des Montagnes qui sont à l'Occident de l'Argie vers l'Arcadie, & coule vers l'Orient où elle trouve l'autre Riviere qui vient du Nord & à laquelle elle se joint au dessus d'Argos. C'est cette Riviere qui vient du Couchant que les Anciens ont nommée Inachus, la même qui est desséchée, selon Lucien & Apollodore citez ci dessus. Ainsi on ne la trouve point dans la Grece moderne de Mr. de l'Isle qui n'y marque que celle qui vient du Septentrion, & c'est celle qu'il nomme PLANIZZA.

2. INACHUS, Riviere d'Epire dans l'Amphilochie. Les Argiens du Peloponnese s'étant établis en cet endroit y bâtirent une nouvelle Ville d'Argos; & donnerent le nom d'*Inachus* à la Riviere qui l'arrosoit. Voiez INACHO.

3. INACHUS, Riviere de Grece dans la Boeotie auprès de la Ville d'Eleone. *i* Plutarque dit qu'on l'appella ensuite Scamandre.

4. INACHUS, Riviere de Thessalie, selon Vibius Sequester *k*, *Inachus Thessaliæ*. Ovide *l* met aussi une Riviere de ce nom dans la Thessalie. C'est lorsqu'il parle de la malheureuse Io deshonorée par Jupiter; & fille du Fleuve Inachus.

INALIÆ. Voiez SCYATHUS.

INALPINI, nom Latin que l'on donnoit aux Peuples qui demeuroient entre les Montagnes des Alpes.

INAPHA, ancienne Ville de l'Arabie heureuse dans les Terres, selon Ptolomée *m*.

INARIACIUM, nom d'une des Bouches du Danube, selon Ptolomée *n*. C'est la même que d'autres Auteurs ont appellée NARACUSTOMA.

INARIME, nom Latin de l'Isle d'ISCHIA, cette Isle avoit plusieurs noms & étoit située vis-à-vis de Cumes dans le Golphe. Pline dit *o*: Elle est nommée ÆNARIA parce que les vaisseaux d'Enée y furent à l'ancre, Homere l'appelle INARIME & les Grecs PITHECUSA. Mais Mela *p* distingue *Ænaria*, de *Pithecusa*. Titelive *q* les regarde aussi pour deux Isles differentes; mais Appien *r* parle comme Pline. Libon, dit-il, aborda à l'Isle de *Pithecuses* qui est presentement *Ænaria* Strabon *s* nomme Pithecuses l'Isle qu'Auguste donna aux Napolitains en échange de celle de Caprées & Suetone *t* dit que ce fut Ænaria.

Joi-

INA. INC.

Joignez à cela, selon la remarque de Cellarius[a] que Strabon & Ptolomée qui nomment *Pithecusa*, ne font mention ni d'*Ænaria*, ni d'*Inarime*. Au contraire l'Itineraire d'Antonin qui met *Ænaria* entre l'Italie & la Sicile à 45. Stades de Cumes ne connoît point Pithecuses.

Il n'est pas vrai, quoi que Pline[b] le dise qu'Homere ait nommé cette Isle *Inarime*. Il dit seulement au second livre de l'Iliade[c].

Εἰν Ἀρίμοις, in Arimis,

Voiez l'Article ARIMA 2. Les Latins ont transporté la Fable de Tiphoée que les Grecs avoient placée en Asie, & en ont gratifié cette Isle à laquelle ils ont fait un nom qui ressemble un peu à celui des Montagnes de Syrie ou de Cilicie. Outre le vers de Virgile rapporté au mot ARIMA, on a ce même nom d'*Inarime* dans Ovide qui dit au XIV. livre des Metamorphoses[d] :

*Orbataque præside Pinus
Inarimen Prochytenque legit, sterilique locatas
Colle Pythecusas, habitantum nomine dictas.*

Silius Italicus dit[e] :

*Non Prochyte, non ardentem sortita Tiphoea
Inarime.*

Les vers citez d'Ovide semblent dire que l'Isle de Pythecuses étoit ainsi nommée parce qu'elle étoit peuplée de Singes. Πίθηκος veut dire un singe dans la Langue Grecque. Pline dit qu'elle ne tire point son nom de cet animal, mais des Boutiques où l'on faisoit des pots de terre à garder le vin. Pline a été savamment refuté par Saumaise[f]. Il y en a, dit-il, qui écrivent *Enaria*, qu'il derive d'*Enarii*, mot qui, selon lui, signifie des Singes, car *Enaris* veut dire sans narines, & le Singe n'est appellé en Latin *Simius*, qu'à cause qu'il est Camus, *Simus*. *Enaris* se peut dire comme *Escaudis*, *Elinguis*, qui n'a point de queue, qui est sans langue. Le nom d'*Ænaria*, seroit *Æneuria* s'il étoit dérivé d'Enée, & si celui de Pithecusa venoit ἀπὸ πίθου de ces pots de terre, on diroit Πιθοῦσσα plutôt que Πιθηκοῦσσα qui est pour Πιθηκοῦσσα. Bochart qui est du même sentiment que Saumaise, se sert des mêmes preuves pour le soutenir, & allegue les mêmes difficultez, à quoi il ajoute sa literature favorite, je veux dire des Etymologies tirées de l'Hebreu & du Phénicien. Je renvoye à son livre ceux qui seront curieux de les lire.

INCARUS, l'Itineraire maritime d'Antonin marque ce lieu comme étant de la Gaule Narbonnoise, dans cette position,

A Massilia Græcorum Incarum Posit. M. P. XII.
Ab Incaro Dilium, Posit. M. P. VIII.
A Dili Gossas Marianas, port. M. P. XX.

INC.

On voit que ce n'étoit pas un port comme Marseille, & *Fossa Mariana* que l'Itineraire appelle ports, *Port*, mais simplement *positio*, un lieu où l'on pouvoit mettre pied à terre & mouiller pour prendre des rafraichissemens, le nom & la distance avertissent que c'est presentement le PORT DE CARRI. Le même Itineraire des Editions des Aldes & des Juntes porte *In Caro* pour, *in Carum*.

INCASSAN, petite Contrée d'Afrique dans la Guinée, sur la Côte d'or. Il faut distinguer le grand & le petit Incassan.

LE GRAND INCASSAN, dans l'Interieur des terres, a le petit Incassan au Nord, le Wanqui au Levant, l'Ægwira au Midi & Rio Suero de Costa au Couchant. LE PETIT INCASSAN est au Septentrion du grand. L'un & l'autre sont peu connus des Européens.

INCHADES. Voiez WESTERNES.

INCIBILI, ancienne Ville d'Espagne, selon Titelive[g] ; la même sans doute que l'*Indibile* de Frontin & l'INTIBILI d'Antonin. Voiez INTIBILI.

INCILIENSES, Ortelius trouvant ce mot dans la III. Oraison de Ciceron contre Verres doute si le passage n'est point corrompu, il remarque qu'on lit ailleurs *Icilienses* & que ce nom ne se trouve en aucun autre endroit, & il ajoute qu'à la marge de son Manuscrit il y avoit *Gelensium* au lieu d'*Inciliensium*. Il avoit soupçonné ailleurs que le nom *Icilienses* étoit une faute pour *Sicilienses*.

INCITARIA, port de Mer d'Italie sur la côte de Toscane, selon l'Itineraire maritime d'Antonin. Mais ce nom est diversement écrit. L'Edition des Juntes met,

A portu Herculis in Citaria Portus M. P. IX.
Ab Incitaria Domitiana, Positio M. P. III.

Celle de Surita lit :

A portu Herculis in Cetarias Domitianas Posit. M. P. III.
A Domitianis Almina Fluvius, &c.

Mais cet Auteur n'a pas vû qu'il brouilloit tout en ôtant ce poste, puisque la distance de trois mille ne suffit pas pour faire le tour de Monte Argentaro par Mer ; Mr. de l'Isle a[h] très-bien placé le Port *Incitaria* dans la partie Occidentale de cette Presqu'Isle.

INCLICA, Gesner[i] qui cite Eustathe, nomme ainsi un Pays de Pygmées, vis-à-vis de Thule. Il est certain que les Peuples des Pays très-froids dans le Nord sont courts & trapus, comme on le peut voir dans les Lapons & autres Peuples de ce Climat.

INCULISMA, nom Latin d'ANGOULÊME.

INCUNINGUM, Contrée d'Angleterre dans le Northumberland, selon Bede[k] cité par Ortelius.

INCURSACES, Peuples voisins du Danube, selon Sidonius[l] cité par Ortelius[m].

IN-

INDA, Ville de l'Inde en deçà du Gange *Ινδα*, selon Ptolomée *. [*l.7.c.1.]

INDABARA, autre Ville de l'Inde en deçà du Gange au Pays des Caspyréens, selon le même. [Ibid.]

1. **INDAL**, Riviere de Suede. [De l'Isle Atlas.] Elle a sa source dans les Montagnes de la Norwege aux confins de ce Royaume, d'où prenant son cours vers le Sud-Est, elle passe à Undersager dans l'Iempterland, & forme dans cette Province un grand Lac d'où elle sort par deux bras qui se réunissent auprès de Ressund. De-là elle entre dans la Medelpadie, où elle s'élargit beaucoup, arrose Fors, g. Lydh, & Indal, g. & se perd dans le Golphe de Bothnie entre Hasio, au Nord & Anas au Sud.

2. **INDAL**, Bourg de Suede dans la Medelpadie, sur la Rive gauche de la Riviere nommée aussi INDAL. [Ibid.]

INDAPRATÆ, Peuple de l'Inde en deçà du Gange, selon Ptolomée. [*l.7.c.2.] Ils étoient voisins des Aminaches & des Iberinges.

INDARA, Ville de la Sicanie, selon Etienne le Géographe qui cite Theopompe.

1. **INDE**, ou ST. CORNELIS D'INDE. Voiez ST. CORNELIS D'INDE.

2. **INDE**, (L') ce nom a été donné à divers Pays très-differents tant par leur position que par leur étendue. Il est donc nécessaire de bien distinguer les significations qu'il a eues afin de ne s'en point faire une fausse idée.

On le donna d'abord au Pays situé aux environs du grand Fleuve Indus en Asie & c'est la seule INDE PROPREMENT DITE.

On y ajouta ensuite la Presqu'isle, qui est au Midi de l'Indoustan, & on étendit l'Inde jusques bien au delà du Gange. Delà vint la division de l'INDE EN DEÇA LE GANGE & l'INDE AU DELÀ. Bornons-nous d'abord à cette notion de l'Inde, prise aux environs de l'Indus & du Gange. Nous viendrons ensuite aux autres Pays auxquels on a donné le même nom, pour quelque ressemblance, ou par un usage abusif fondé sur quelque erreur.

DE L'INDE PROPREMENT DITE.

L'Inde proprement dite a été divisée par les Anciens en INDE CITERIEURE, OU EN DEÇA LE GANGE; *India intra Gangem*, & INDE ULTERIEURE, OU AU DELÀ DU GANGE; *India extra Gangem*.

1. **L'INDE, EN DEÇA LE GANGE**, H εντος Γαγγου Ινδικη, selon Ptolomée avoit pour Bornes au Couchant les Paropanisades, l'Arachosie & la Gedrosie; au Nord le mont Imaüs; à l'Orient le Gange: & au Midi l'Océan. Ainsi elle renfermoit toute la grande Presqu'isle qui est en deçà du Gange.

Pline au contraire borne l'Inde à l'Occident par l'Indus, Arrien a suivi le même systeme quand il a dit qu'Alexandre passant le Fleuve Indus entra dans le Pays des Indiens. Mais il ne faut pas prendre les paroles de ces deux Auteurs à la rigueur. Pline lui-même dit ailleurs: la plupart ne la terminent pas précisément par le Fleuve Indus à l'Occident, mais ils y ajoutent quatre Satrapies, savoir la [*l.6.c.17.* *l.5.c.4.* *l.6.c.20.*] Gedrosie, l'Arachosie, l'Arie, & le Paropamise, jusqu'au Fleuve Cophes qui est la derniere borne; d'autres pretendent que tout cela appartient aux Ariens. La plupart attribuent aussi à l'Inde la Ville de Nise, le mont Merus dedié au Dieu Bacchus, & le Peuple *Astacani*. Ce que Pline dit-là des quatre Satrapies, est excessif & donne une trop vaste étendue à l'Inde. Ce qu'il ajoute de la Ville de Nise, du mont Merus, & du Peuple *Astacani*, y convient mieux & lui est attribué par ceux qui ont écrit l'Histoire d'Alexandre, comme le remarque Cellarius. [Geogr. ant. l.3.c. 23. p.856.]

Denys le Periegéte dit que les Scythes Meridionaux habitent jusqu'au Fleuve Indus. Ce sont les mêmes Scythes qu'Eustathe apelle INDOSCYTHES & que plusieurs Savans mettent dans l'Indoscythie de Ptolomée. Ils étoient Septentrionaux par raport à l'Indus, & Meridionaux par raport aux autres Scythes. Je reserve ce que j'ai à dire de l'INDUS, du GANGE & des Rivieres qui s'y jettent, aux Articles particuliers de ces Fleuves. [v. 1088.]

Je n'ai garde d'entrer dans un long détail de tous les Peuples, & de toutes les Villes que Ptolomée & les autres Geographes anciens mettent dans les deux Indes; ce détail seroit d'autant plus inutile qu'ils n'en avoient qu'une idée très-confuse, & que les Cartes dressées exactement sur les positions de Ptolomée nous montrent cette partie du Monde très-differemment de son veritable état. Je me contenterai de joindre l'abregé que Cellarius nous a donné de ce que les anciens ont connu dans les deux Indes. [Descript. Orbis Antiq. p 117.]

Aux confins des Paropamisades étoit la CAPISSENE contrée ainsi nommée de *Capissa* Ville que Cyrus ruina. La BUBACENE qu'Alexandre fit subjuguer par Polypercon, n'étoit pas loin delà. Ce Monarque lui-même partant de la Bactriane vint premierement à Nicée, ensuite au Fleuve Cophéne; au delà est le mont *Meros* au pied duquel étoit la Ville de *Nyse* bâtie par Bacchus, à ce que l'on croyoit, & appellée *Dædala*. Le Choaspe autre Fleuve tombe dans le Cophéne. Près delà étoient les ASSACENI dont la Capitale étoit *Massaca*, *Mazaga*, ou *Masoga*, Alexandre en avançant toujours prit la Ville d'Ora, & la Forteresse d'Aorna assiégée autrefois inutilement par Hercule, au pied de laquelle coule le Fleuve Indus. Au Couchant d'Hyver près du Cophéne avant sa jonction avec l'Indus étoit Ecbolimes qu'Alexandre prit encore. Vers les sources de l'Indus étoit la PEUCELAOTIDE Contrée qui prenoit son nom de Peucela Ville dont Hephestion fit la conquête. Les ASPIENS, les THYRE'ENS, & les ARSACES étoient des Peuples voisins. Entre l'Indus & l'Hydaspe étoit la Ville de Taxile, & au delà de ce dernier Fleuve le Royaume de Porus, après la defaite de ce Roi, Alexandre bâtit deux Villes sur l'Hydaspe, savoir Nicée & Bucephale; la premiere en memoire de sa Victoire & l'autre de son Cheval. Derriere l'Hydaspe étoient l'Acesine & l'Hydraotes, Rivieres. On trouvoit ensuite les Gangarides & les Parrhasiens, Peuples, & le Royaume de Phegele, sur l'Hyphase Riviere, où se terminérent les Conquêtes d'Alexandre

joigner à cela, selon la remarque de Cellarius[a] que Strabon & Ptolomée qui nomment *Pithecuse*, ne font mention ni d'*Ænaria*, ni d'*Inarime*. Au contraire l'Itineraire d'Antonin qui met *Ænaria* entre l'Italie & la Sicile à 45. Stades de Cumes ne connoît point Pithecuses.

[a] *Geogr. Ant. l. 2. c. 10. p. 951.*

Il n'est pas vrai, quoi que Pline[b] le dise qu'Homere ait nommé cette Isle *Inarime*. Il dit seulement au second livre de l'Iliade[c].

[b] *l. c.*
[c] *v. 290.*

Ἐν Ἀρίμοις, *in Arimis*,

Voiez l'Article ARIMA 2. Les Latins ont transporté la Fable de Tiphoëe que les Grecs avoient placée en Asie, & en ont gratifié cette Isle à laquelle ils ont fait un nom qui ressemble un peu à celui des Montagnes de Syrie ou de Cilicie. Outre les vers de Virgile rapporté au mot ARIMA, on a ce même nom d'*Inarimé* dans Ovide qui dit au XIV. livre des Metamorphoses[d] :

[d] *v. 88.*

*Orbataque preside Pinus
Inarimen Prochytenque legit, sterilique locatas
Colle Pythecusas, habitantum nomine dictas.*

Silius Italicus dit[e] :

[e] *l. 8. v. 541.*

*Non Prochyte, non ex dentem sortita Tiphoea
Inarime*

Les vers citez d'Ovide semblent dire que l'Isle de Pythecuses étoit ainsi nommée parce qu'elle étoit peuplée de Singes. Πίθηκος veut dire un singe dans la Langue Grecque. Pline dit qu'elle ne tire point son nom de cet animal, mais des Boutiques où l'on faisoit des pots de terre à garder le vin. Pline a été savamment refuté par Saumaise[f]. Il y a, dit-il, qui écrivent *Enaria*, qu'il dérive d'*Enarii*, mot qui, selon lui, signifie des Singes, car *Enaris* veut dire sans narines, & le Singe n'est appellé en Latin *Simius*, qu'à cause qu'il est Camus, *Simus*. *Enaris* se peut dire comme *Ecaudis*, *Elinguis*, qui n'a point de queue, qui est sans langue. Le nom d'*Ænaria*, seroit *Ænaria* s'il étoit derivé d'Enée, & si celui de Pithecusa venoit ἀπὸ τῶν πίθων de ces pots de terre, on diroit Πιθοῦσσα plutôt que Πιθηκοῦσσα qui est pour Πιθηκιοῦσσα. Bochart qui est du même sentiment que Saumaise, se sert des mêmes preuves pour le soutenir & allegue les mêmes difficultez, à quoi il ajoute sa literature favorite, je veux dire des Etymologies tirées de l'Hebreu & du Phénicien. Je renvoye à son livre ceux qui seront curieux de les lire.

[f] *Plini. Exercit. in Solin. p. 68.*

INCARUS, l'Itinéraire maritime d'Antonin marque ce lieu comme étant de la Gaule Narbonnoise, dans cette position,

A Massilia Græcorum Incarum Posit. M. P. XII.
Ab Incaro Dilim, Posit. M. P. VIII.
A Dili Gossas Marianas, port. M. P. XX.

On voit que ce n'étoit pas un port comme Marseille, & *Fosse Marianæ* que l'Itineraire appelle ports, *Port*, mais simplement *positio*, un lieu où l'on pouvoit mettre pied à terre & mouiller pour prendre des rafraichissemens, le nom & la distance avertissent que c'est presentement le PORT DE CARRI. Le même Itineraire des Editions des Aldes & des Juntes porte *In Caro* pour, *in Carum*.

INCASSAN, petite Contrée d'Afrique dans la Guinée, sur la Côte d'or. Il faut distinguer le grand & le petit Incassan.

LE GRAND INCASSAN, dans l'Interieur des terres, a le petit Incassan au Nord, le Wanqui au Levant, l'Egwira au Midi & Rio Suero de Costa au Couchant. LE PETIT INCASSAN est au Septentrion du grand. L'un & l'autre sont peu connus des Européens.

INCHADES. Voirz WESTERNES.

INCIBILI, ancienne Ville d'Espagne, selon Titelive[g] ; la même sans doute que l'*Indibile* de Frontin & l'INTIBILI d'Antonin. Voiez INTIBILI.

[g] *l. 23.*

INCILIENSES, Ortelius trouvant ce mot dans la III. Oraison de Ciceron contre Verres doute si le passage n'est point corrompu, il remarque qu'on lit ailleurs *Icilienses* & que ce nom ne se trouve en aucun autre endroit, & il ajoute qu'à la marge de son Manuscrit il y avoit *Gelensium* au lieu d'*Iciliensium*. Il avoit soupçonné ailleurs que le nom *Icilienses* étoit une faute pour *Siciliensies*.

INCITARIA, port de Mer d'Italie sur la côte de Toscane, selon l'Itineraire maritime d'Antonin. Mais ce nom est diversement écrit. L'Edition des Juntes met,

A portu Herculis in Citaria Portus M. P. IX.
Ab Incitaria Domitiana, Positio M. P. III.

Celle de Surita lit :

A portu Herculis in Cetarias Domitianas Posit. M. P. III.
A Domitianis Almina Fluvius, &c.

Mais cet Auteur n'a pas vû qu'il brouilloit tout en ôtant ce nom, puisque la distance de trois mille pas ne suffit point pour faire le tour de Monte Argentaro par Mer ; Mr. de l'Isle a[h] très-bien placé le Port *Incitaria* dans la partie Occidentale de cette Presqu'Isle.

[h] *Region. Ital. Mediar. Tab. i De Gruib.*

INCLICA, Gesner[i] qui cite Eustathe nomme ainsi un Pays de Pygmées, vis-à-vis de Thule. Il est certain que les Peuples des Pays très-froids dans le Nord sont courts & trapus, comme on le voir dans les Lapons & autres Peuples de ce Climat.

INCULISMA, nom Latin d'ANGOULÊME.

INCUNINGUM, Contrée d'Angleterre dans le Northumberland, selon Bede[k] cité par Ortelius.

[k] *Hist. Ecclesi. f. 5. c. 13.*

INCURSACES, Peuples voisins du Danube, selon Sidonius[l] cité par Ortelius[m].

[l] *l. 8. ad Trigetium.*
[m] *Thesaur.*

IN-

ne peut être attribuée à l'ardeur du Soleil ; & sachant par une Tradition confuse, que ces Peuples avoient une même origine, ils confondirent leurs noms, & les employérent presque comme synonymes, nommant Indiens les Peuples des l'Ethiopie, ainsi que je l'ai prouvé ci-dessus, & Ethiopiens les Noirs de l'Inde, ainsi que fait Hérodote qui les appelle ἀφ' Ἠλίου ἀνατολέων Αἰθίοπες. Il paroît même par un endroit des Scholies d'Eustathe sur Denys de Charax, que l'on avoit étendu cet usage jusqu'à la haute Egypte, & qu'on lui donnoit quelquefois le nom d'Inde, aussi bien que celui d'Ethiopie, qu'elle porte souvent, de l'aveu de tout le monde.

II. Des Indes de Xenophon, vers la Colchide

a Ibid. p. 350.

Xenophon [a] parlant dans son premier livre de la Cyropedie des preparatifs du Roi d'Assyrie, pour faire la guerre aux Medes, dit qu'il sollicita les Rois de Lydie, de Phrygie, de Paphlagonie & celui des Indes, à joindre leurs armes aux siennes contre Cyaxare, Roi des Médes ; ce dernier appella les Perses à son secours, qui lui envoyérent Cyrus à la tête d'une Armée de trente mille hommes. A peine Cyrus fut-il dans la Médie, qu'il arriva à la Cour de Cyaxare des Ambassadeurs du Roi des Indiens, chargez de s'informer du sujet de la guerre, & d'offrir le secours du Roi leur maître, à celui des deux partis dont la cause seroit la plus juste. Cyrus au nom de Cyaxare, offre de s'en rapporter au Roi des Indes, & accepte sa Médiation. Pendant que ces Ambassadeurs vont à la Cour d'Assyrie s'acquitter de leur commission, Cyrus marche contre le Roi d'Armenie, & l'oblige de se soumettre à Cyaxare, dont il avoit toûjours été tributaire. Il s'engage à distribuer les terres incultes de ses Etats aux Chaldéens, Montagnars féroces, que la stérilité de leur Pays obligeoit de faire des courses sur les terres de leurs voisins. Là, Cyrus apprend que ces Chaldéens accoûtumez à la guerre, dont ils s'étoient fait une profession, servoient souvent dans les troupes du Roi des Indes, Prince riche en or, le même qui avoit envoyé des Ambassadeurs en Médie. Cyrus instruit de ce détail, envoye aussi une Ambassade à ce Prince, sous prétexte de lui emprunter de l'argent ; mais au fond dans le dessein de lui apprendre ses nouveaux succès, & peut-être de négocier une alliance avec lui. Il propose aux Arméniens & aux Chalybes, de lui donner des Guides & des Interprétes pour accompagner ses Ambassadeurs ; & leur déclare que si le Roi des Indes refuse ses offres, il ne gardera plus de mesures avec lui, & ne suivra que ses interêts, c'est-à-dire qu'il lui fera la guerre. Les Ambassadeurs de Cyrus partent avec des Arméniens & des Chalybes ; cependant il marche contre le Roi d'Assyrie, & à la fin de la Campagne, c'est-à-dire, quatre mois au plus après leur départ, les Ambassadeurs de Cyrus reviennent avec ceux du Roi des Indiens, qui apportent de l'argent, & le Traité conclu. Avant que cette nouvelle éclate, les Ambassadeurs des Indiens vont à la Cour de Lydie examiner les préparatifs de Crœsus, & reviennent avant l'ouverture de la Campagne en rendre compte à Cyrus. On avoit connu jusqu'à ce jour deux Nations que les Anciens ont nommées Indiens. Ceux de l'Inde Orientale proprement dite, qui habitoient entre l'Indus & le Gange, & les Peuples de l'Ethiopie, nommés quelquefois Indiens, comme dans Virgile, en parlant du Nil, *septem discurrit in ora, usque coloratis amnis devexus ab Indis.* Il est clair que Xenophon ne parle ni des uns, ni des autres, & qu'il faut chercher les Indiens dans le voisinage de l'Arménie & du Pays des Chaldéens ou Chalybes. 1°. Parce que ces derniers, voisins des Arméniens & des Médes, servoient souvent dans l'Armée du Roi des Indiens. 2°. Parce que c'est chez ces Peuples que Cyrus prend des Guides & des Interprêtes pour aller dans l'Inde. 3°. Parce que quatre mois au plus suffisent pour aller d'Armenie dans l'Inde, y négocier un Traité, le conclure, en apporter la nouvelle en Médie, ce qui suppose que ces Pays n'étoient pas fort éloignez. J'ai vû des personnes qui croyoient que ces Ambassadeurs de Cyrus avoient été dans l'Inde proprement dite, par le Nord de la Mer Caspienne en traversant l'Ibérie, le Pays des Sauromates, les vastes plaines arrosées par le Rha, le Rhymnicus, le Daix, & les Jaxartes, & qu'ils étoient entrez dans l'Inde par la Sogdiane, & les Montagnes où le Fleuve Indus prend sa source. Mais pour dire que le chemin est trop long, & que ces Pays qui ne sont pas même fort praticables aujourd'hui, étoient habitez par des Nations barbares, par des Scythes féroces, ennemis des Médes & des Persans, & qui eussent refusé le passage à leurs Ambassadeurs ; quelle apparence qu'un Prince éloigné de la Médie & de l'Assyrie de plus de six cens Parasanges ou huit cens lieuës, séparé de ces Royaumes par des Pays immenses, menace ces Princes de leur faire la guerre, s'ils refusent sa mediation. C'est à-peu-près comme si le Roi de Perse offroit la sienne aux Rois de Suede & de Dannemark, & menaçoit de se déclarer contre l'un d'entr'eux. Nous ne voyons rien dans l'Histoire de Xenophon, qui le puisse faire soupçonner d'une telle façon de raisonner. Il faut donc supposer que ces Indiens sont des Peuples connus sous un autre nom ; & après avoir examiné la chose avec attention, je n'en vois point dont la situation convienne mieux avec les circonstances du récit de Xenophon, que les habitans de Colchos & de l'Ibérie.

Voici les raisons que ce savant homme apporte pour appuyer son sentiment. Il faut se rapeller ici ce que nous avons déjà dit des Indes dans l'Ethiopie, il continue ainsi [b] : après *b* Ibid. p. 357. avoir établi que les noms d'Inde & d'Ethiopie étoient quelquefois synonymes chez les Anciens, je passe à une seconde proposition, dont Bochart me fournit les preuves. C'est que l'on donnoit le nom d'Ethiopie à la Colchide ; & de là je conclus qu'on a pû lui donner celui d'Inde, synonyme du premier. Bochart rapporte deux exemples de cet usage. Le premier est tiré de saint Jerome, qui dit que saint Mathias a préché, xandre de ce côté-là, au bord de ce Fleuve étoient les autels d'Alexandre le dernier monument de ses Victoires. En deçà vivoient les OXYDRAQUES, chez qui ce Prince courut un extrême danger, pour avoir temerairement sauté sur le rempart de leur Ville. *Sangale*, Ville, appartenoit aux Cathéens & fut rasée. Le Peuple MALLI étoit puissant & s'étendoit au bord de l'Indus. On trouvoit le long de ce Fleuve diverses Nations dont on sait à peine les noms barbares. Sur le bord Oriental de l'Indus au dessus des Isles qu'il forme à son Embouchure étoit Alexandrie & dans une de ces Isles la Ville de Patale. Sur la côte de la Mer en deçà de l'Indus étoient les ORITES & les ARABIENS, Nations Indiennes, quoique mêlées avec les Gedrosiens & autres Peuples qui étoient sous la Domination des Perses.

Comme les Macedoniens n'allerent point le long des côtes qui sont au delà de l'Indus, les anciens Auteurs n'en ont gueres parlé : j'ai déjà dit ailleurs que c'est à leurs Conquêtes que les Grecs ont été redevables de la connoissance plus particuliere qu'ils eurent de ces Pays-là. Arrien vante deux Villes Marchandes, sçavoir *Minnagora* & *Barygaxa*. C'est en vain que j'ajouterois ici une liste obscure de quantité de Peuples que Ptolomée place dans cette partie de l'Inde en deçà du Gange. Leur nom est tout ce que l'on en sait & j'ai eu soin de les nommer en leur rang sous les lettres auxquelles ils appartiennent.

II. L'INDE, AU DELÀ DU GANGE, a été encore moins connue des Anciens. Ptolomée qui en a le plus écrit fait assez voir que l'on n'en savoit que peu de choses de son temps par les noms qu'il donne aux Pays & aux habitans. Il met au delà du Golphe du Gange le *Pays d'Argent*, ensuite les ANTHROPOPHAGES, les PADE'ENS, & les LESTES, ou les VOLEURS. J'ai remarqué ailleurs que ce mot Anthropophages n'est souvent qu'un nom donné à une Nation peu connue dont on ignore le veritable nom. Il place ensuite la CHERSONNE'SE D'OR où étoit *Tacola* Ville Marchande & le Fleuve *Chrysoana*. C'est dans ce dernier Pays que quelques Géographes cherchent le Pays d'OPHIR. Voyez ce mot. Ptolomée borne l'Inde au delà du Gange par ce Fleuve à l'Occident, par la Scythie & la Serique au Septentrion ; par le Pays des Sines au Levant, & par l'Ocean au Midi.

DES AUTRES INDES.

I. DE L'INDE EN AFRIQUE.

Il est certain, comme l'observe très-bien Mr. Freret [a] dans ses observations sur la Cyropedie, que les Anciens ont donné quelquefois le nom d'Indiens aux Peuples de l'Ethiopie,

Usque coloratis amnis devexus ab Indis

dit Virgile [b] en parlant du Nil.

ULTRA GARAMANTAS ET INDOS,
Proferet Imperium;

dit-il ailleurs [c], en parlant d'Auguste, qui avoit effectivement conquis quelques Villes d'Ethiopie & obligé ces Peuples à lui demander la paix par des Ambassadeurs. Ælien [d] met des Indiens auprès des Garamantes dans la Libye, & en conferant ce passage avec un autre d'Herodote, on voit qu'il s'agit là de l'Ethiopie. Dans Procope, l'Ethiopie est nommée Inde, & je pourrois montrer, par un grand nombre de passages des anciens Historiens Ecclesiastiques, qu'on ne lui donnoit point alors d'autre nom. On peut apporter plusieurs raisons de cette expression. 1°. La ressemblance qui étoit anciennement entre les Ethiopiens & plusieurs Nations Indiennes. Herodote [e] distingue deux sortes d'Ethiopiens ; les uns Orientaux qui habitoient au milieu des Indiens, & servoient avec eux dans les Troupes de Darius & de Xerxès ; les autres Occidentaux qui demeuroient au Midi & à l'Occident de l'Egypte. Les uns & les autres étoient également noirs, & differoient seulement par le langage & la forme de leurs cheveux ; les Ethiopiens d'Afrique les ayant extrémément crêpez comme les Négres ; au lieu que ceux de l'Inde les avoient noirs, longs & rudes comme du crin. 2°. L'origine des Ethiopiens voisins de l'Egypte. Car les Indiens croyoient, sur une ancienne tradition, que les Noirs ou Ethiopiens de l'Inde avoient abandonné leur Pays pour passer en Afrique, où ils avoient peuplé l'Ethiopie, après en avoir chassé les Egyptiens ; c'est Jarchas Philosophe Indien, qui l'assure à Apollonius dans Philostrate, & ce Philosophe Pythagoricien en paroit si persuadé, que dans la suite il parle aux Ethiopiens sur ce principe.

Eusebe & George le Syncelle, après d'anciens Historiens, font mention de cette migration des Ethiopiens, & en placent le temps sous le Régne d'Aménophis, pere du fameux Sesostris, c'est-à-dire, dans les premiers temps héroïques de la Grece. Cette migration des Ethiopiens de l'Inde dans l'Afrique, n'est peut-être pas tout à fait à rejetter. Car les Ethiopiens, ou Abyssins, different des Negres par leur Langue, par leur chevelure, & même par la couleur de leur teint, & les traits de leur visage, quand on les examine de près. Les Abyssins ont des cheveux, & non de la laine ; ont le teint brun olivâtre avec des taches noires, & non entiérement noir comme les Negres. Il est vrai qu'aujourd'hui on ne trouve plus de véritables Noirs dans la Presqu'Isle de l'Inde, la seule partie de ce Pays qui ait été connue des Grecs : mais outre que le témoignage d'Hérodote est précis, les nouvelles découvertes nous ont appris, que presque toutes les Isles Méridionales de l'Inde sont remplies de Noirs, ce qui a fait croire à de très-habiles gens, que ces Noirs à longs cheveux sont les premiers & naturels habitans de l'Inde. Les Portugais donnent le nom de Noirs aux Canarins, voisins de Goa ; & il semble que les ancêtres de ces Canarins ont été de véritables Noirs, dont le mélange avec les Arabes & les Indiens blancs ont alteré la couleur. Les Anciens voyant donc que les Ethiopiens d'Afrique, & plusieurs Nations de l'Inde se ressembloient dans un point aussi essentiel que cette noirceur radicale, qui se remarquant dans les enfans quelques instans après leur naissance,

des Peuples noirs, les crurent Indiens, car dans leur Systême de Géographie, les Indes & le Caucase étoient inséparables. Il arriva alors aux Grecs, ce qui est arrivé depuis à Colomb & aux Espagnols. Ces derniers convenoient que la Terre étoit ronde; mais ils ne connoissoient d'autre Continent sur notre Globe, que celui qui a été connu des Anciens. En s'embarquant sur l'Océan Atlantique, ils songeoient moins à découvrir de nouvelles Terres, qu'à se faire une nouvelle route pour aller aux Indes. Et lorsque Colomb eut découvert les Isles de l'Amerique, il crût & le persuada aux Espagnols, que ces Isles faisoient partie des Indes. Car quel autre Pays auroient-ils pû trouver à l'Occident de l'Afrique. Ils leur en donnerent donc le nom : & ce nom est resté en usage parmi les Espagnols, qui n'en connoissent pas d'autres. Ainsi les Grecs de Trébisonde & des Colonies voisines, donnerent le nom d'Inde à la Colchide. Mais le reste de la Gréce étant accoutumé au nom qu'employoient les Perses & les Syriens, l'usage ne s'en est pas répandu, & Xénophon est quasi le seul qui ait employé dans sa Cyropédie. Je dis quasi le seul qui s'en soit servi, parceque dans Hérodote, on trouve le nom d'Indiens donné aux peuples du Bosphore Cimmérien; nommez Σίνδοι par les autres Ecrivains. Au Chap. 28. du Livre IV. en parlant du froid qui régne pendant huit mois dans la Scythie, il s'exprime ainsi; la Mer se géle dans ce Pays-là, aussi bien que le Bosphore Cimmérien; ensorte que les Scythes qui sont en deçà du fossé, c'est-à-dire, dans la Chersonnée Taurique, font passer leurs armées & leurs Chariots sur la glace, de l'autre côté de la Mer, dans le Pays des Indiens : καὶ τὰς ἁμάξας ἐπελαύνουσι πέρην ὡς τοὺς ΙΝΔΟΥΣ. On pourroit soupçonner qu'il faut lire dans ce passage, τοὺς Σίνδους, à cause des *Sindi* établis dans ce Pays, & qui avoient donné leur nom au Canton appellé *Regio Sindica*. Mais comme Eustathe cite ce passage dans ses Scholies sur Denys le Géographe, comme il se trouve maintenant dans les Editions ordinaires, il y a quelque apparence qu'Hérodote avoit écrit ΙΝΔΟΥΣ & que ce nom étoit synonyme de ΣΙΝΔΟΥΣ, de même que l'on nomme aujourd'hui SIND, le Pays qui est à l'Embouchure de l'*Indus*, & qui étoit nommé proprement *India*, par les Indiens.

III. INDES dont parle NEPOS.

Pline ayant avancé que la Terre que nous habitons est environnée de l'Océan qui coule tout à l'entour, allegue en preuve [a] l'autorité de Nepos qui parlant du tour du Monde par la Mer du Nord, dit que Q. Metellus Celer qui avoit été Consul avec L. Afranius, étant alors Proconsul des Gaules, le Roi des Sueves lui envoya en present des Indiens qui ayant fait voile de leur Pays pour aller commercer, furent emportez par une tempête qui les jetta sur les côtes de Germanie.

En supposant ce fait veritable, il est plaisant de voir la torture que quelques Savans ont donnée au texte de Pline & à leur esprit pour deviner assez inutilement comment ces Indiens ont pu être jettez sur les côtes de la Germa-

[a] l. 2. c. 67.

nie. Vossius,[b] qui apparemment ne connoissoit point d'autres Sueves que ceux qui habitoient dans l'Interieur du Pays, change ce nom & au lieu de *Suevorum Rege* veut qu'on lise à *Rege Batorum* & suppose gratuitement que *Batorum* doit être changé à son tour en *Batavorum*. Le R. P. Hardouin [c] a raison de dire que ces Indiens après leur Naufrage sur la côte avoient pu être menez par terre au Roi des Sueves. Outre les Sueves voisins des Gaules, il y avoit d'autres Sueves sur la mer Baltique, mais cela n'est bon qu'à montrer l'inutilité de la conjecture de Vossius. Il n'en est pas moins difficile de savoir comment de veritables Indiens ont pu échouer sur quelque côte que ce soit de la Germanie.

[b] *In Melam.*
[c] *In Plin. h. c.*

Mr. d'Audifret raille plaisamment ceux qui les font passer par le Détroit d'Anian. Mais comment vinrent-ils du Détroit d'Anian ; & quand ils furent dans la Mer Pacifique par où se trouverent-ils en deçà de l'Amerique ? fut-ce par le Détroit de Magellan, ou par le Midi de la Terre du Feu ? il faut n'avoir jamais vû de Cartes pour dire de pareilles sornettes.

Mr. Huet trace deux routes differentes. Ils purent, dit-il, descendre l'Oxus, entrer dans la Mer Caspienne, remonter le Wolga, passer dans la Dwina qui en est proche & qui va tomber dans la Mer Baltique. Avec le respect dû à Mr. Huet cette route qui a été praticable au feu Czar, ne l'étoit pas pour des Indiens. Elle est impossible. Une Tempête ne pouvoit point faire faire ce chemin à un Vaisseau d'Indiens. Ce qu'il ajoute est un peu plus croiable : ou bien, dit-il, ils purent venir de la Mer Septentrionale de Tartarie qui est au dessus de la Chine, traverser le détroit de Waigats & venir dans la Mer d'Allemagne. Cette supposition n'est qu'un peu plus croyable que la premiere, car enfin les glaces & le froid mortel qui ont rendu ce Détroit impenetrable à nos Navigateurs d'Europe, croit-on de bonne foi que des Indiens auroient pû y resister, qu'ils n'auroient point été gelez de froid & leur vaisseau brisé contre ces affreux écueils de glaces avec lesquels les Samoyedes ont coûtume de se familiariser ? Il faut donc se resoudre à nier le fait, ou à adopter la pensée que Mr. Huet propose enfin comme la sienne. La voici dans ses propres termes [d].

On donnoit le nom d'Indiens aux Etrangers venus des Regions éloignées & inconnues. Sur une pareille erreur, on a donné à l'Amerique le nom d'Inde Occidentale. Comment peut-on connoître le Pays de ces gens, dont on n'entendoit point la Langue ? Il me paroit assez vrai-semblable que c'étoient des Norvegiens, ou des Scritfinniens Occidentaux, que nous appellons aujourd'hui Lappons, qui voisins de la Mer, & pêchans dans les petits bâteaux, dont ils ont coûtume de se servir, furent surpris de ces vents violens, à quoi leur côte est sujette, & emportez vers le Midi, & jettez sur la côte d'Allemagne. Leur couleur basanée, la grossiéreté des Allemans, chez qui ils abordérent, & l'extrême ignorance où l'on étoit alors de la Géographie, & particuliérement de celle du Nord, & du Levant pûrent bien les faire passer pour Indiens. Ce ne fut que sous les auspices d'Auguste, que l'on poussa

[d] *Hist. du Commerce* p. 352.

in alterâ Ethiopiâ ubi est irruptio Absari & Hyssi Portus. Le fleuve Absarus & le Port d'Hyssus sont auprès du Phase dans la Larique, Province de l'ancienne Colchide. Le second exemple est tiré de Sophronius. Il dit dans la Vie de Saint André, que vers l'Embouchure du fleuve Apsarus, & sur les bords du Phase, habitent des Ethiopiens. Je sais que ces deux Ecrivains sont bien posterieurs à Xénophon; mais outre qu'ils paroissent avoir suivi des Mémoires plus anciens qu'eux, il est contant que longtemps avant eux, & même avant Xénophon, des peuples Ethiopiens, c'est-à-dire, Noirs, ou extrêmement bazanez, ont habité ce Pays. L'Auteur des Argonautiques attribuées à Orphée, soit Onomacrite, ou un Ecrivain plus récent, place au fond du Pont Euxin, au Nord des Mossyvæques & des Mariandouriens, & au Midi du Phase, une Nation de Noirs ou de Maures, Μαῦροι. Pindare en parlant des Colches, le nomme Κελαινωπεῖς, aux visages bruns; surquoi le Scholiaste observe que ces peuples étant Originaires d'Egypte, sont Μελανόχροες, Noirs de visage. Herodote assure que les peuples de Colchos étoient une Colonie Egyptienne; qu'ils observoient la Circoncision, avoient les cheveux frisez, le teint bazané, & olivâtre, la même Physionomie, la même maniere de cultiver & de façonner le lin; observoient tous les mêmes usages, & ce qui est décisif, parloient la même Langue que les Egyptiens. Καὶ ἡ ζωὴ πᾶσα καὶ ἡ γλῶσσα ἐμφερής ἐστιν ἀλλήλοισι. Hérodote surpris de cette ressemblance, avoit éxaminé la chose avec soin, & s'étoit informé aux Colches & aux Egyptiens, du temps où cette Colonie Egyptienne s'étoit établie à Colchos; mais il n'avoit pû l'apprendre; les Egyptiens soupçonnoient que c'étoit une partie des troupes de Sésostris, que ce Prince avoit laissée en cet endroit, pour défendre son Empire, contre les invasions des Peuples Septentrionaux; car ils ne trouvoient aucune mention de cette Colonie dans leurs Histoires. Ce sentiment a été embrassé par tous les Ecrivains qui sont venus après Hérodote, & quelques-uns ajoûtant de nouvelles conjectures à celles des Prêtres Egyptiens, assûrent, comme Apollonius de Rhodes & son Scholiaste qui cite Dicéarque & Théopompe, que Sésostris bâtit la Ville d'Æa sur le Confluent du Phase & de l'Hippus, aujourd'hui Skeniscari, fleuve Cheval, à trois cens Stades de la Mer. Valerius Flaccus va encore plus loin; car il assûre que Sésostris vaincu par les Gétes, laissa une partie de ses troupes en cet endroit pour assûrer sa retraite.

Cunabula gentis
Colchidos hic, ortusque tuens, ut prima Sesostris
Intulerit Rex bella Getis, ut clade suorum
Territus, hos Thebas, Patriumque reducat ad amnem,
Phasidis hos imponat agris, Colchosque vocari Imperet.

Eustathe, dans sa Préface sur Denys de Charax, assûre que Sésostris avoit laissé aux Scythes des Tables Géographiques, sur lesquelles étoient gravées ses expeditions & ses Voyages. Apollonius de Rhodes dit que la Terre & la Mer étoient representées sur ces Tables avec beaucoup d'exactitude, aussi bien que les differents chemins, & que les habitans d'Æa les conservoient avec soin. Pline parlant des Métaux au Livre 33. Chap. 3. dit: *jam regnaverat in Colchis Salauces & Esubopes, qui terram virginem nactus, plurimum argenti aurique eruisse dicitur in Samnorum gente & alioquin velleribus aureis inclito regno; sed & illius aurea camera & argentea trabes atque Parastata, victo Sesostre Ægypti Rege tam superbo.* Ce passage de Pline confirme les circonstances de la défaite de Sésostris par les Iberiens, & nous apprend que la tradition des Grecs, sur l'abondance & la richesse de ce Pays, étoit fort ancienne; ce qui fournit une nouvelle convenance entre la Colchide & l'Inde de Xénophon, dont le Roi étoit riche en or. La réputation des richesses de ce Pays dura toujours, & nous voyons par la Relation Italienne du P. Lamberti, que sans la barbarie où ses habitans sont ensevelis, on pourroit tirer un grand profit des mines d'or & d'argent, qui sont en plusieurs endroits de ce Pays, mais sur tout aux environs d'Aradan, & dans la Mengrelie. En résumant ce que je viens d'observer, il résulte, 1°. Que les Anciens donnoient le nom d'Ethiopiens aux Indiens, & d'Indiens aux Ethiopiens; en un mot, que ces deux noms étoient presque synonymes. 2°. Que les Peuples de Colchos passoient pour Ethiopiens, parce qu'ils étoient noirs, ou du moins bazanez, ce qui devoit être très-sensible dans un Pays où les autres habitans étoient extrêmement blancs. 3°. Qu'ils étoient Egyptiens, & peut-être même Ethiopiens proprement dits; car Sesostris ayant commencé par la conquête d'Ethiopie avoit emmené avec lui les troupes de cette Nation, & en avoit peut-être laissé une partie à Colchos; d'où je conclus que sans absurdité, on peut supposer les Colches Indiens d'origine, & par consequent que Xénophon a pû les nommer ainsi. On peut dire encore, que les Grecs établis sur les bords du Pont Euxin, & assez près de la Colchide, ayant trouvé en ce Pays une Nation de gens noirs ou bazanez, belliqueux, ayant une Langue & une Religion differente de celle des peuples voisins, habitant un Pays riche en mines d'or & d'argent, ne douterent pas que des Peuples qui avoient tant de rapport avec les Indiens, par la couleur de leur visage, & par la richesse de leurs mines, ne fussent une Nation Indienne. Les Indes passoient pour le Pays de l'or; & les Grecs fort ignorants sur la Géographie des Pays barbares, savoient seulement que les Indes étoient habitées par des hommes bazanez, qu'elles étoient fertiles en or, & à l'extrémité Orientale de l'Asie. Le Caucase & le Tanaïs étoient regardez alors comme le bout du Monde. On croyoit si bien qu'ils touchoient aux Indes, que quand Alexandre se trouva vers les Frontieres Septentrionales de ce Pays, ses Soldats voulurent à toute force y trouver un Mont Caucase & un Tanaïs, quoi qu'il n'y eût ni Fleuve, ni Montagne de ce nom. Les Grecs du Pont Euxin, au contraire, ayant un Caucase & un Tanaïs dans leur voisinage, & trouvant

depuis sous la domination du Mogol. Une partie considérable du Royaume de Decan reconnoissoit encore l'Empereur de Bisnagar, lorsque les Portugais arrivèrent aux Indes. Le Gouverneur qui commandoit dans la Ville de Goa, lorsqu'elle fut prise par Albuquerque, étoit un Officier qui avoit secoué le joug des anciens Rois de Bisnagar. C'est ce qui paroît par les Lames de cuivre trouvées à Goa, qui font foi qu'un de ces Empereurs avoit accordé certains Priviléges à quelques Temples des environs de la Ville. Pour ce qui est des Rois de Malabar, il y avoit encore plus long-tems qu'ils s'étoient affranchis de la domination des Empereurs Indiens. Ainsi les Etats de l'Empereur de Bisnagar s'étendoient encore, il n'y a pas deux cens ans, depuis Orixa jusqu'au Cap de Comorin. Il possedoit toutes les terres qui sont sur la côte de Coromandel, & plusieurs Places maritimes sur la côte Occidentale des Indes. Les Patanes venus du Nord le dépouillérent d'une partie de ses Etats: une autre partie lui fut enlevée par les Mogols qui avançoient toujours vers les parties Meridionales. Mais voici ce qui contribua plus que tout le reste à la destruction de cet Empire. Le dernier Empereur de Bisnagar avoit confié le commandement de ses armées à quatre Généraux qui faisoient profession du Mahometisme: chacun d'eux commandoit un corps de troupes considerable, dont ils se servirent pour envahir les Etats de ce malheureux Prince. Le plus puissant de ces Généraux demeura à Golconde, & y fonda le Royaume de ce nom. Le second fixa sa demeure à Visapour, & se fit nommer le Roi de Decan. Les deux autres leverent pareillement l'étendart de la revolte, & se rendirent maîtres de deux Places importantes. Depuis ce tems-là le Mogol a tout englouti. A la verité les Princes de la partie Méridionale n'ont pas encore été tout-à-fait subjuguez: mais le Nababe les inquiete de tems en tems, & exige d'eux de grosses sommes qu'ils sont forcez de lui payer; desorte qu'à proprement parler, il n'y a que les Princes de Malabar qui ne soient pas encore tombez sous la Domination Mogole.

Parmi plusieurs choses importantes qui se trouvent dans ce détail, il est remarquable que les Indiens donnent encore au Mont Imaüs de Ptolomée le nom de Mont IMA. Ce qu'il dit des Mogols sera plus clair, si on y ajoute ce que nous disons d'eux aux Articles INDOUSTAN & MOGOL. La longue chaine de Montagnes de Gate a du moins quatre cens lieues de long en droite ligne s'il est vrai, comme le dit [a] le P. du Jarric, qu'il y ait cette distance entre le Cap de Comorin & le Mont Imaüs. Ces Montagnes de Gate sont admirables en ce qu'on y voit dans le même tems une diversité de Saisons. Il est difficile de dire pourquoi & comment il se peut faire que sous un même Climat & au même degré de Latitude Septentrionale lorsqu'au Couchant de ces Montagnes il fait un rude Hyver, & plein d'Orages, dans le même tems, on jouïsse à l'Orient du Printemps & de l'Eté & que la Mer y soit calme, & propre à la Navigation. C'est ce que nous expliquons plus au long au mot GATE.

[a] Hist. des Ind. Orient. l. 1. c. 2. p. 30.

C'est dans cette partie des Indes que l'on prétend que l'Apôtre St. Thomas a porté la lumière de l'Evangile & qu'il y a planté la foi. On y trouve à présent une Eglise Chrétienne, soumise au Patriarche Nestorien de Babylone, & dont les Membres se disent Chrétiens de St. Thomas. Voiez CALAMINA & MELIAPOUR.

LA PRESQU'ISLE AU DELA DU GANGE, comprend les Royaumes d'AVA, de LAOS, de COCHINCHINE, de SIAM, & la Presqu'Isle de MALACA. Voiez ces Articles en particulier.

LES ISLES de la Mer sont en trop grand nombre pour en donner ici une liste complette. Il y en a d'assez grandes, comme celles de CEILAN, de SUMATRA, de JAVA, de BORNEO, des Celèbes: plusieurs autres sont remarquables par le grand nombre, comme les MALDIVES, les MOLUQUES, les PHILIPPINES, les Nouvelles PHILIPPINES, & les Isles MARIANES. Lorsqu'il n'est question que de Commerce, ou des Intérets des Compagnies établies en Europe pour le trafic des Indes; on comprend sous le nom d'Indes Orientales, quoiqu'improprement, le TONQUIN, la CHINE, & le JAPON. Mais à parler juste, ces Pays ni les Philippines, ni encore moins les Isles Marianes ne sont point des Indes; mais au delà.

Dans une si grande étendue de Pays, où les productions de la nature & les moeurs des habitans sont si differentes, il seroit ridicule d'entasser ici des remarques sur les inclinations, la Religion, les Animaux, les Plantes, les Mineraux de ce Pays-là. Ce qui seroit vrai ne le seroit que pour des contrées particulières & il vaut mieux pour plus de sureté distribuer ces remarques dans les Articles particuliers auxquels elles conviennent.

Le Commerce des Indes Orientales n'est pas nouveau, & Mr. Huet a très-bien refuté Strabon qui a avancé que les Indes étoient inconnues à Homere. Ses raisons & ce qu'il ajoute de ce Commerce tant pour les temps anciens que pour le moyen âge est traité si methodiquement & dans un si grand détail dans son Histoire du Commerce & de la Navigation[b], que j'aime mieux renvoyer le Lecteur à cet ouvrage qui est facile à trouver, que d'en copier ici ce qui convient à mon sujet. Je ne repeterai pas non plus le détail des Voyages que les Portugais ont faits dans ces derniers siécles, par lesquels ils ont trouvé une nouvelle route pour aller aux Indes. Je traite amplement cette matiere dans l'Histoire de la Géographie que j'espere de publier si-tôt que mon loisir me permettra d'y mettre la derniere main. Barthelemy Dias, sous le Regne de D. Jouan II. Roi de Portugal, étant arrivé enfin jusqu'au fameux Cap dont on ignoroit la situation & le nom y fut accueilli d'une furieuse bourasque. Par cette raison il l'appella *Cabo Tormentoso*, ou le Cap des Tempêtes. Le Roi de Portugal charmé d'une si belle découverte, ne se rebuta point du mauvais état des Vaisseaux que Dias en ramena avec bien de la peine. Ce Prince par un augure heureux nomma ce Cap, *Cap de Bonne Esperance*, persuadé que l'on avoit trouvé la route pour aller aux Indes. Il ne se trompa point, mais ce ne fut qu'après

[b] c. 51. & suiv.

pouffa la Navigation vers le Nord, jufqu'à la Cimbrique Cherfonefe, qui eft le Jutland. L'on fe figuroit que les mers, qui s'approchoient davantage du Nord, n'étoient point navigables, foit pour les glaces, foit pour la pefanteur des eaux deftituées de chaleur. On peut conjecturer la même chofe de ces autres prétendus Indiens, qu'on dit qui abordérent vers la côte de Lubec, du temps de l'Empereur Frederic Barberouffe. Il eft aifé de comprendre, que des Lappons, navigeant fur le Golfe Botnique, pour la pêche, ou pour le trafic, furent pouffés par le vent dans la Mer Balthique, vers la côte Meridionale.

DES INDES

Dans leur Etat present.

A l'imitation des Anciens nous appellons aujourd'hui du nom d'Indes des Pays auxquels on ne le donne qu'improprement. Nous divifons les Indes en Orientales & en Occidentales.

Les Indes Orientales comprennent proprement le vafte Pays connu fous le nom d'Indoustan. On y ajoute les Ifles fituées au Midi des côtes qui s'étendent depuis la Perfe jufqu'à la Chine. On peut les divifer en quatre grandes parties, favoir,

L'Indoustan,
La Presqu'Isle en deça du Gange,
La Presqu'Isle au dela du Gange,
Les Isles de la Mer des Indes.

Je traite de l'Indoustan dans un Article particulier.

La Presqu'Isle en deça du Gange, eft cette longue terre qui s'avance vers le Midi & finit au Cap Comorin. Sa côte Occidentale nommée *côte de Malabar*, & fa côte Orientale eft appellée *côte de Coromandel*. En allant du Nord-Nord-Oueft de cette Prefqu'Ifle vers le Sud-Sud-Eft, on trouve le Pays de Concan, les Royaumes de Vifapour, & de Canara, les Etats du Samorin & de Travancor; dela en retournant vers le Nord Occidental on côtoye le Royaume de Maduré, le Marava, les Royaumes de Tanjaour, de Gingi, de Carnate, de Golconde, de Cicocicol & le Pays de Jagrenat. Le petit Roiaume de Maiffour eft dans l'Interieur du Pays. Le Grand Mogol a conquis une grande partie de cette Prefqu'Ifle & plufieurs Rois n'y font en quelque maniere que fes fermiers. Le P. Bouchet [a] nous donne une idée generale des Indes qui s'écarte quant à l'Hiftoire des notions que nous en avions avant lui. Je joindrai ici ce qu'il en dit & j'y ajouterai quelques remarques.

Tous les Géographes conviennent que les Indes Orientales font divifées en deux parties: la premiere qui eft en deça du Gange, la feconde qui eft au delà du même fleuve. Celle-là fe trouve renfermée entre les fleuves célèbres de l'Indus & du Gange, & entre différentes Mers qui en font une Peninfule. Elle eft bornée du côté de l'Oueft par l'Indus, & par la Mer Occidentale des Indes; du côté de l'Orient par le Gange, & par les côtes d'Orixa & de Coromandel; du côté du Sud par le Cap de Comorin & par la Mer Meridionale des Indes; & enfin du côté du Nord par les Montagnes d'Ima, qui font une fuite du Mont Caucafe. Les anciens Géographes ont reprefenté cette partie de l'Inde fous la figure d'une lofange, dont les côtez étoient égaux, & les angles inégaux. Suivant cette defcription qui eft affez imparfaite, les côtez égaux font d'une part les rivages du Gauge & de l'Indus jufqu'à leur Embouchure, & les côtes de la Mer Occidentale des Indes depuis l'Embouchure du fleuve Indus jufqu'au Cap de Comorin; & de l'autre part les côtes d'Orixa & de Coromandel jufqu'au même Cap. Les deux angles du Sud au Nord font le Cap de Comorin & la fameufe Montagne d'Ima: les deux autres de l'Orient à l'Occident font les deux Embouchures de l'Indus, & du Gange. Les Indes Orientales, telles que je viens de les décrire, font partagées naturellement par cette chaîne des Montagnes de Gate qui s'étendent depuis l'extrémité de la Mer Meridionale, jufqu'à la partie la plus Septentrionale. Elles commencent au Cap de Comorin, & fe terminent au Mont Ima, que Ptolomée appelle Imao. Quelques nouveaux Géographes ont changé ce nom: il eft pourtant certain que c'eft ainfi que les Indiens l'appellent, & qu'il n'eft point nommé autrement dans leurs anciens livres. Ils difent que c'eft fur cette Montagne que le Gange prend fa fource. Comme le fleuve Indus étoit le plus connu des anciens Géographes, ils ont appellé de ce nom tous les peuples qui étoient au delà de ce fleuve jufqu'à la Mer Orientale, & parce que Delhi a été long-têms le féjour des Souverains, on l'a regardé comme la Capitale des Indes. Aujourd'hui on donne le nom d'Indouftan à ce vafte Pays qui eft renfermé entre l'Indus & le Gange. Les Indiens prétendent que les divers Royaumes qui étoient compris dans toute l'étendue de ces terres, formoient autrefois un vafte Empire, & que le Souverain de cet Empire avoit fous lui plufieurs autres Princes qui lui payoient un Tribut annuel. Cet Empire étoit abfolu, & avoit dans fa dépendance cinquante petits Royaumes. Tous ces Rois ne pouvoient fe maintenir dans la poffeffion paifible de leurs Etats, qu'après avoir reçu les marques de leur dignité de la main du Roi des Rois; c'eft ainfi qu'ils appelloient cet Empereur, qu'ils regardoient comme le Maître du Monde, & qui dans la fuite fut nommé Empereur de Bifnagar. De tous ces Royaumes, il n'y en a que dix ou douze dont les noms fe foient confervez: on connoit maintenant les autres fous des noms très-differens de ceux qu'ils portoient autrefois. Le dernier des Empereurs de Bifnagar mourut l'an 1659. C'eft du débris de fon Empire que fe font formez tant de divers Etats, & fur tout celui du Mogol, qui n'a pas pourtant fubjugué encore les terres les plus Meridionales: un des premiers Royaumes qui fe fépara de l'ancien Empereur des Indes fut celui de Guzarate, ou de Cambaye fitué à l'Embouchure de l'Indus. Il fut gouverné quelque temps par des Princes particuliers, dont l'autorité étoit abfolue: mais il eft entré depuis

[a] Lettres édifiantes T. 15. p. 3. & fuiv.

Andrapana,	*Banagara,*
& *Codrana.*	

Sur le Fleuve même,

Embolima,	*Paradabathra,*
Pentagramma,	*Pisca,*
Asigramma,	*Pasipeda,*
Tiauspa,	*Susicana,*
Aristobathra,	*Bonis,*
Axica,	*Colaca.*

Mais c'est trop étendre l'Indoscythie que de l'avancer jusqu'à la Mer des Indes. Il y comprend encore les Isles & plusieurs Villes autour de l'Indus, & borne l'Indoscythie par le Pays de Larice auprès de la Mer, à l'Orient.

INDOUSTAN, quelques-uns écrivent INDOSTAN, d'autres HINDOUSTAN. J'ai déjà dit ailleurs que les Orientaux ont une Aspiration très-forte en prononçant ces sortes de mots, & qu'un Persan qui parloit assez François pour s'expliquer en cette Langue ne pouvoit jamais dire les *Indes*, mais les *Hindes*. Nous avons pris le nom d'Indoustan pour dire le Pays des Indes [a], des livres des Turcs & des Persans.

[a] *d'Herbelot Biblioth. Oriental.*

Les Géographes Persans le divisent en deux parties, savoir le SIND, ou le SEND qui est aux environs du fleuve *Indus* dont le nom moderne est le *Sinde* & le HIND ou le HEND, qui est aux environs du Gange. Voiez les Articles HEND & SEND; où l'on donne les bornes & l'étendue de chacune de ces parties.

TOUT LE PAYS de HEND & de SEND pris ensemble se divise en trois parties.

I. La premiere s'apelle GUZERATE ou DECAN. Elle confine avec les Pays de Gaznen, de Multan & de Makhran & est la plus Occidentale des trois.

II. La seconde porte le nom de MANIBAR, que nous appellons le MALABAR. Elle est à l'Orient & au Midi du Guzerate & on l'appelle encore BELAD-AL-FULFUL, c'est-à-dire, le Pays du Poivre, parce que c'est là qu'il vient en abondance. L'Arbre qui le porte s'attache aux autres, & les embrasse comme le Lierre.

III. La troisiéme partie & la plus Orientale s'appelle MABAR, ou MEBAR, mot signifie en Arabe le trajet & le passage, à cause que l'on passe de cette partie des Indes à la Chine. Elle est toute entiere au delà du Golphe de Bengale & a pour Capitale la Ville de CANACOR, ou CANCANOR. C'est là que l'Empereur ou le plus grand Roi des Indes fait son séjour, selon l'Auteur du Messahet al ârdh, qui est une Géographie Persienne.

Les anciens Géographes Orientaux donnoient le nom de SIN en Arabe & de TSCHIN en Persan aux Pays de Pegu, de Siam, du Tonquin, & de la Cochinchine. Ainsi ils les joignoient à la Chine & non pas à l'Indoustan.

L'INDOUSTAN PROPREMENT DIT est la même chose que l'Empire du Grand Mogol. Voiez ce mot.

§ On peut considerer dans l'Indoustan plusieurs grands Empires, & cette reflexion est necessaire pour l'intelligence de l'Histoire des Indes, tant dans le Moyen âge que dans ces derniers siécles. Nouh-ben-Mansor, ou Noé fils de Mansor, VII. Roi ou Prince de la Dynastie des Samanides succeda à son Pere l'an 358. de l'Hegire. Ce fut la même année que l'Emir Alpteghin Gouverneur de la Ville & de la Province de Gazna étant mort; Sebekteghin qui avoit été Esclave de cet Emir, & qui à force de s'en faire aimer en avoit obtenu la liberté fut déclaré l'Heritier de tous ses biens. Il avoit passé par toutes les grandes charges de la Milice, & il trouva le moyen de succeder à son maître dans la dignité de Gouverneur de la Ville de Gazna. La Sultan Nouh fut obligé de la lui confirmer. Il ne s'en tint pointlà, il gagna si bien l'affection des peuples & de l'Armée qu'il se rendit en peu de temps, absolu dans les Etats du Sultan. L'an 367. de l'Hegire, il entama la conquête de l'Indoustan, soumit plusieurs Rajas ou Princes des Indes qu'il contraignit d'embrasser le Mahometisme. Les Victoires qu'il avoit remportées dans les Indes lui acquirent un si grand nom que le Sultan Nouh le laissoit agir en Souverain dans tous ses Etats & le regarda plutôt comme un allié necessaire que comme un Gouverneur de Province. Ce fut l'origine de la Dynastie des GAZNEVIDES. Nouh partagea même avec Sebekteghin le Pays de Khorassan; & après la mort de ce dernier, Mahmoud son fils refusa de reconnoître Nouh pour Souverain; & même il le fit deposer. Mahmoud fit de grandes conquêtes dans l'Indoustan dont il attaqua le plus puissant Roi, le prit & le dethrona. Il prit le titre de Sultan & mourut l'an 421. de l'Hegire, après un regne de 31. ans. Il s'étoit rendu maitre de la Perse & d'une grande partie des Indes, où il trouva des richesses immenses, ce Pays n'ayant point été la proye d'aucun Conquérant depuis bien des siécles.

La Dynastie des Gaznevides regna sur la Perse & sur une partie des Indes environ deux cens treize ans, & fit place à celle des Gaurides qui leur succeda l'an de l'Hegire 547. Schehab Eddin-Ben-Sam, Frere de Gaiath Eddin troisieme Sultan de cette Dynastie qui s'associa à l'Empire & auquel il succeda, conquit du vivant même de ce Frere, l'an 571. de l'Hegire les Royaumes de Dehli, de Multan, de Souran & plusieurs autres de l'Indoustan situez tant en deçà qu'au delà de l'Indus & s'avança même jusqu'au Gange. Après la mort de Schehabeddin les Esclaves qu'il avoit tirez du Turkestan, & élevé aux plus grandes charges de son Etat s'emparerent de la plupart des Pays de sa domination, & particulierement de ceux de l'Indoustan.

Cothbeddin Ibek fut celui qui d'abord y fut le plus puissant; car il étendit fort loin sa domination par de nouvelles conquêtes; mais Aramschah son fils qui lui succeda ne se trouvant pas capable de soutenir le poids d'un si grand Empire, Iletmische surnommé Schamseddin Esclave Turc de son Pere en prit le gouvernement & ensuite s'en rendit le maître, joignant au Royaume de Dehli celui de Multan dont il deposseda Nasser Eddin Cobah qui étoit aussi du nombre des Esclaves Turcs du Sultan Schehab Eddin.

Iletmische ou Schamseddin regna avec autorité 26. ans & mourut l'an de l'Hegire 633.

qu'après sa mort & sous le regne d'Emanuel son Successeur que la Nation Portugaise s'établit aux Indes où elle penetra, & fit des conquêtes très-rapides. On ne parloit alors que des Indes qui attiroient toute l'attention de l'Europe par la nouveauté des Marchandises que l'on en apportoit. Ce fut sous le même regne que les Portugais découvrirent le Bresil, on ne connoissoit pas alors assez distinctement le raport qu'il avoit avec les Indes dont on lui donna le nom. On employa seulement pour le distinguer le surnom d'Occidentales, parce qu'on prenoit la route de l'Orient en allant aux veritables Indes & la route d'Occident pour aller au Bresil. Delà vint l'usage d'appeller INDES ORIENTALES ce qui est à l'Orient du *Cap de Bonne Esperance*, & INDES OCCIDENTALES ce qui est à l'Occident de ce Cap. On a ensuite étendu ce dernier nom à toute l'Amerique, & on se sert dans les Relations du nom d'*Indiens* pour dire les Americains.

Le P. du Jarric déjà cité fournit une nouvelle division de l'Inde, savoir l'INDE BASSE qui est la même que l'Indoustan, & l'INDE HAUTE, qui est le reste depuis le Gange jusques à Malaca ou à la Chine.

Le Peuple a encore une division qui n'est rien moins que Géographique & qui ne laisse pas d'avoir quelque usage dans le discours; on appelle les GRANDES INDES, les *Indes Orientales*, & les PETITES INDES, les *Indes Occidentales*.

INDIACUM, ou

INDICIACUM CASTRUM, nom Latin de ST. FLOUR, Ville Episcopale de France en Auvergne. Voiez ST. FLOUR, au mot SAINT.

INDIBILIS, ancienne Ville d'Espagne, selon Frontin cité par Ortelius [a]. Ce fut là que Hannon fut mis en fuite par Cn. Scipion. Antonin [b] met INTIBILI entre *Dertosa* & *Ildum*, à XXVII. M. P. de l'une & à XXIV. M. P. de l'autre. Tite-Live [c] parle d'une Ville nommée INCIBILIS, selon quelques Editions, d'autres portent INTIBILI *ad Intibili oppugnandum*. Cela resout le doute d'Ortelius qui demande si l'*Intibili* d'Antonin est le même que l'*Incibilis* de Tite-Live. Mr. de Marca [d] croit que c'est presentement le Bourg de SAN-MATTHEO qui est sur la route de Tortose à Valence.

INDICA, Ἰνδική, ancienne Ville d'Espagne près des Pyrénées, selon Etienne le Géographe, qui dit que le peuple *Indigetes* prenoit son nom de cette Ville *Indica* qui étoit la capitale de la Nation. Surquoi Mr. de Marca [e] observe qu'*Ampuries Emporiæ* a toujours été la place la plus connue de ce Canton, & il en tire cette conjecture qu'elle n'est point differente d'*Ampuries* & que ce dernier nom a fait perdre l'autre. Cette pensée s'accorde très-bien avec le temoignage de Strabon [f] qui parlant d'*Emporiæ* dit : elle est divisée en deux Villes par une Muraille tirée autrefois lorsque quelques Indigetes demeuroient tout auprès. Quoiqu'ils eussent une forme particuliere de gouvernement, cependant ils voulurent pour leur sureté être enfermez avec les Grecs dans une même enceinte de Murailles, quoiqu'ils en fussent interieurement separez par un autre Mur. Avec le temps, ils ne firent plus qu'une Ville ensemble & il se forma un mélange de Loix Grecques & Barbares, ce qui est arrivé encore à d'autres Villes. Ainsi ce nom étoit celui d'une partie de la Ville d'Ampuries avant que les Marseillois eussent fait prevaloir ce dernier.

INDICETÆ. Voiez INDIGETES.

INDICIACUM. Voiez INDIACUM.

INDICOMORDANA, Ville d'Asie dans la Sogdiane, selon Ptolomée [g]. [g l.6.c.12]

INDIGENÆ, on appelloit ainsi chez les anciens Latins, les premiers habitans d'un Pays, que l'on croioit n'être point venus s'y établir d'un autre lieu. Ce mot s'exprime en Grec par αὐτόχθων, qui a été engendré là. Le nom Latin est formé d'*Indu* employé anciennement pour *in*, comme on le voit souvent dans Lucrece, de *Geno*, au lieu duquel on dit *Gigno*, mais d'où *Genus* & *Genitus* sont formez. Les anciens Payens ayant perdu les traces de l'Histoire de la Création se firent des Fables ridicules & impies & se figurerent que les hommes avoient été engendrez par la Terre. A mesure qu'ils s'eloignerent de leur premiere Patrie, ils oublierent peu-à-peu leur veritable Origine. L'ignorance de quelques-uns devint si grossiere qu'ils se crurent une production de la terre qu'ils habitoient. Les Allemands ne donnoient à leur Dieu Tuiscon Pere de Mannus, l'un & l'autre Fondateurs de leur Nation, qu'une origine commune avec les Arbres de leurs Forêts. Les Atheniens qui affectoient de se dire Αὐτόχθονες, ou nez d'eux-mêmes, ne l'entendoient pas dans un sens plus raisonnable. Mais en écartant toute fiction le mot *Indigena* signifie les naturels d'un Pays, ceux qui y sont nez pour les distinguer de ceux qui viennent ensuite s'y établir. C'est ainsi que les Hotentots étoient *Indigene*, par raport aux Hollandois qui ont commencé la Colonie au Cap de Bonne Esperance; & la posterité de ces mêmes Hollandois, est devenue *Indigena*, par raport aux nouvelles familles qui iront l'augmenter. Voiez l'Article ABORIGENES.

1. INDIGETES, a été dit dans un sens assez semblable. Il vient d'*Indu* & d'*Ago* & signifie *ceux qui demeurent dans un Pays*; ou simplement *ses habitans* : delà vient que les Payens appelloient de ce nom les Divinitez particulieres qu'on adoroit dans une contrée.

2. INDIGETES, l'usage ayant rendu ce nom commun, la ressemblance du son fit qu'on le dit pour signifier un Peuple particulier d'Espagne dont le vrai nom auroit dû être INDICETÆ d'*Indica* leur Capitale. On nomma aussi ce peuple ENDIGETI. Voiez ce mot, & l'Article d'INDICA.

INDOSCYTHE, ancien Peuple d'Asie aux Confins de la Scythie & de l'Inde vers le confluent du Cophene & de l'Indus. Ce sont les Scythes que Denys le Periegete apelle Meridionaux. En effet ils l'étoient par raport à la Scythie, mais ils étoient Septentrionaux par raport aux Indiens. Ptolomée y met les Villes suivantes, au Couchant du Fleuve.

Artoarta, *Nasbana,* *Andra-*

regardent le veritable Delta d'Egypte arrosé par le Nil, & qu'il faut expliquer du Delta Indien, voisin de la Perse les vers suivans que voici.

Quaque pharetratæ vicinia Persidis urget,
Et viridem Ægyptum nigra fœcundat arena,
Et diversa ruens septem discurris in ora
Usque coloratis amnis devexus ab Indis;
Omnis in hac certam regio jacit arte salutem.

Ce sens est clair & je suis surpris que cette explication n'ait pas été generalement reçue. La raison est que divers Savans avoient entendu le tout du Nil, & rendu les Indiens de ces vers par les Ethiopiens.

On pourroit objecter que l'Indus ne peut y être decrit, parce qu'il n'avoit que deux Embouchures, selon le passage d'Arrien que nous avons déja cité; mais il est aisé de repondre à cela qu'Arrien ne parle que des grandes Embouchures par lesquelles le fleuve étoit navigable. Ptolomée lui en donne sept dont il marque les noms que voici en allant d'Occident en Orient. SAGAPA, SINTHUM, AUREUM, CARIPHI, SAPARAGES, SABALASSA & LONIBARE. Ainsi voila sept Embouchures bien specifiées. Il me paroit que la seconde étoit la principale, qu'elle subsiste aujourd'hui, & que son nom n'est autre que celui du fleuve même nommé *Indus* & *Sindus*, aujourd'hui le *Sinde*. Le R. P. Hardouin dit que *Vicinia Persidis* ne doit pas s'entendre, comme si la Perse étoit voisine de ce Delta Indien, *Vicinia Persidis* signifie le Pays voisin de la Perse & de l'Indus, entre l'une & l'autre. Je reserve au mot SINDE la Géographie de ce fleuve, selon son état present.

2. INDUS, Fleuve de la Carie. Voiez CALBIS.

INDUSTRIA, ancienne Ville, ou gros Bourg d'Italie, selon Pline [a]. C'est aujourd'hui CASAL. Voiez BODINCOMAGUS.

[a l. 3. c. 5. & 16.]

INER-EYRA. Voiez INNERARA.

INESCHI, Montagne de l'Ethiopie Interieure, selon Ptolomée [b]; mais d'autres Manuscrits lisent MESCHE; MÉΣχη, au lieu d'Ίνεϛχι.

[b l. 4. in fine.]

1. INESSA, ou selon quelques Manuscrits INOSSA Fontaine de l'Isle de Rhode. Vibius Sequester dit qu'Inessa Ville de Sicile vient de là.

[c p. 102. Edit. Hessel.]

2. INESSA, Ville ancienne de Sicile. Voiez ÆTNA 3.

INFANTADO, Contrée d'Espagne avec titre de Duché. [d] Elle est composée des Villes d'ALCOZER, SALMERON & VALDEOLIVAS & de plusieurs Bourgades qui en dépendent. L'Infantado fut ainsi nommé, parce que plusieurs Infants fils de Rois, l'avoient possédé. Don Alfonse surnommé le Sage, le donna à Doña Major Guillen de Guzman, sa Maîtresse, qui le laissa en mourant à Doña Béatrix de Castille, leur fille, & femme de Don Alfonse III. Roi de Portugal, laquelle en fit don à Doña Blanche de Portugal sa fille & Abbesse d'un célèbre Monastére appellé Las Huelgas de Burgos. Cette Abbesse le vendit à l'Infant Don Manuel; mais n'en ayant pas pû retirer le payement, elle le revendit à l'Infant Don Pedro de Castille, Seigneur de Los Cameros, fils du Roi Don Sanche IV. à la charge que si dans un certain tems il ne lui en comptoit pas le payement, elle pourroit le revendre à d'autres.

[d Vayrac, Etat pres. de l'Espagne. T. 3. p. 88.]

Cette vente fit naître entre les Infants Don Manuel & Don Pedro un grand Procès, qui après une très-longue discussion, qui occupa tous les Jurisconsultes d'Espagne, fut décidé en faveur de Don Manuel, auquel l'Etat de l'Infantado demeura.

Doña Constance, sa petite-fille, le porta en Mariage à Don Micer Gomez Garsia d'Albornoz, neveu du fameux Cardinal d'Albornoz, qui le laissa en mourant à Don Jean d'Albornoz, son fils, lequel étant mort sans enfans mâles, Doña Marie, sa fille, le porta en Mariage à Don Henri de Villena, surnommé l'Astrologue, issu de la Maison Royale d'Aragon, Grand Maître de l'Ordre Militaire de Calatrava, Comte de Cangas & de Tinco; mais ce Seigneur étant mort sans enfans, il échût à Don Alvare de Luna, Grand Maître de l'Ordre de S. Jâques, & Connétable de Castille, petit-fils de Doña Thérèse d'Albornoz, sœur de Micer-Gomez, laquelle avoit épousé Don Jean Martinez de Luna, Seigneur de Gotor & Illueca, qui fut Pere de Don Alvare de Luna, Seigneur d'Alfaro, Cornago & Cañete, Pere du Connétable Don Alvare.

Don Jean de Luna, Comte de Sant Estevan, son fils, le posseda ensuite, & après lui Doña Jeanne, sa fille, le porta en Mariage à Don Diego Lopez Pacheco, Marquis de Villena.

Henri IV. surnommé l'Impuissant, retira en 1470. cet Etat des mains de Doña Jeanne de Luna, & de Don Diego Lopez Pacheco, & leur donna en échange la Ville d'ALCARAZ; & peu de tems après il fit don des Villes d'ALCOZER, SALMERON & VALDEOLIVAS à Don Diego-Hurtado de Mendoza, qui furent érigées le 21. Juillet 1475. en Duché sous le nom d'Infantado, par les Rois Don Ferdinand & Doña Isabelle, pour récompenser les services de Don Diego-Hurtado.

Doña Anne de Mendoza, fille aînée de Don Inigo Lopez de Mendoza, cinquième Duc de l'Infantado, mort en 1601. sans enfans mâles, devint Heritiére de ce Duché & des autres Etats de sa Maison, & épousa Don Roderic de Mendoza, son oncle; mais n'ayant eû de lui que des filles, ses Etats passerent à la Maison de Sandoval, avec Doña Louïse de Mendoza, sa fille aînée, laquelle épousa Don Diego Gomez de Sandoval Grand Commandeur de Calatrava, fils puîné du Cardinal Duc de Lerma. De ce mariage nâquirent Don Roderic Deas de Vivar-Hurtado de Mendoza, Sandoval de la Vega & Luna, septième Duc de l'Infantado, mort sans enfans le 17. Janvier 1657. & Doña Catherine de Mendoza & Sandoval, qui devint huitième Duchesse par succession après la mort de son Frere, se maria avec Don Roderic de Silva, cinquième Prince de Melito & d'Evoli, quatrième Duc de Pastrana. Elle mourut en 1686. laissant pour Héritier de ses Etats Don Gregoire-Marie-Dominique de Silva Mendoza & Sandoval, cinquième Duc de Pastrana, & neuvième de l'Infantado, qui vécut jusques à l'an

IND. IND. 113

de Jesus-Christ 1235. son fils Firouz-Schah surnommé Rocneddin qui lui succeda, s'abandonnant à la debauche fût deposé & enfermé après un regne de sept mois. On mit sur le Throne sa sœur Radiath-Eddin qui avoit de grandes qualitez, elle domta les rebelles de ses Etats & mit à la raison ceux d'entre ses voisins qui vouloient l'inquieter. Cependant sa severité & un Mariage mal concerté lui alienerent les cœurs & l'an 637. quelques Seigneurs se saisirent d'elle & l'enfermerent. Baramscha son Frere qui étoit à leur tête regna dans le Dehli & fût tué au bout de deux ans dans une revolte de ses Sujets. Je passe cette succession pour venir à Firouz qui ayant fait assassiner Ala Eddin son neveu demeura seul en possession du Royaume de Dehli jusqu'à l'année de l'Hegire 717. & de Jesus-Christ 1317.

Mr. d'Herbelot dans sa Bibliotheque Orientale fournit les faits que j'ai rassemblez dans cet Article, & ajoute que ni Kondemir, ni les autres Historiens ne portent pas plus avant cette Dynastie des Rois du Dehli; ils ne rapportent point non plus de quelle maniere elle finit. Mais je trouve dans la Vie de Timur-Bec [a] que cet Empereur trouva dans le Royaume de Dehli Sultan Mahmoud Can petit-fils de Firouz Cah Empereur des Indes, aparemment de ce Firouz, dont nous avons parlé en dernier lieu & qui fit assassiner son neveu pour regner seul. L'Epoque s'y rapporte assez, car Timur-Bec, ou, pour parler comme le peuple, Tamerlan vainquit ce Prince l'an 1409. & soumit l'Indoustan depuis l'Indus jusqu'au Gange.

De tout ceci il faut conclure que les Gaznevides furent les premiers conquerans des Indes, qu'ils eurent pour Successeurs les Gaurides, qui firent place aux Esclaves Turcs & que la posterité de ceux-ci possedoit l'Empire de l'Indoustan, entre l'Indus & le Gange lorsque les Mogols Successeurs de Tamerlan y formerent le nouvel Empire que l'on appelle le Mogol. Cela n'est point incompatible avec ce que nous avons dit d'un autre Empire de l'Inde établi dans la partie Meridionale de la Losange, ou, ce qui revient au même, dans la Presqu'Isle dont Bisnagar étoit la Capitale. Voiez ce que j'en dis après le P. Bouchet, à l'endroit où je traite de la Presqu'Isle en deçà du Gange. Voiez aussi l'Article Mogol.

INDRE [b], (l') Riviere de France, elle a sa source en Berri, au Village de St. Prier la Marche, d'où coulant vers le Nord-Ouest, elle coule à la Chastre, reçoit plusieurs ruisseaux, jusqu'à Déols, où se recourbant vers le Midi, elle baigne Châteauroux, au dessous duquel elle serpente vers le Sud-Ouest, puis vers l'Ouest & reprenant son cours vers le Nord-Ouest elle passe auprès de Châtillon où elle commence à porter bâteaux. Elle entre dans la Touraine où elle passe à Loche, & à l'Abbaye de Cormeri; ensuite serpentant vers le Couchant, elle se jette dans la Loire deux lieues au dessous de l'Embouchure du Cher.

INDROIS [c], autre Riviere de France en Touraine, elle a sa source au Village d'Ecueillé, aux Confins du Berri, d'où circulant vers le Nord-Ouest, elle passe auprès de l'Abbaye de Villeloin, puis entre Beaumont & Montresor, & après avoir serpenté jusqu'aux Villages de St. Quentin & de Chedigni, elle va vers le Sud-Ouest se perdre dans l'Indre. Cette Riviere ne sort point de l'Election de Loches où elle a sa source.

1. INDUS, grande Riviere d'Asie, au Pays qui en prend le nom d'*India* en Latin & d'*Inde* en François. Pline [d] dit que les habitans le nommoient Sindus & c'est ce dernier nom qui est presentement employé sur les Cartes, où le nom moderne est écrit le Sinde. Il a, dit le même Auteur, sa source dans une des Montagnes du Caucase nommée *Paropamisus*. Et Ptolomée [e] nomme Imaus la Montagne où ce fleuve a sa source aussi bien que les autres Rivieres qui le grossissent. Sa source n'est pas fort éloignée de celle du Gange, & leur cours est parallele durant un espace assez long, mais ensuite ils s'écartent l'un de l'autre, le Gange prend son cours vers le Midi Oriental, & l'Indus poursuit le sien vers le Midi Occidental. Pline [f] dit qu'il reçoit dix-neuf Rivieres, dont les plus célèbres sont l'Hydaspe fleuve qui lui apporte les eaux de quatre autres. La *Cantabra* qui est grossie de trois autres Rivieres, & deux fleuves qui sont navigables par eux-mêmes, savoir l'Acesine & l'Hypasis. Le nom du fleuve Cantabra qui ne se trouve dans aucun autre passage est un peu suspect à Cellarius [g]. Strabon [h] nomme dans cet ordre les Rivieres qu'Alexandre traversa en son expedition des Indes; le Cophes, l'Indus, l'Hydaspe, l'Acesine, l'Hyarotis, & enfin l'Hypanis. On peut voir les détails de ces Fleuves dans leurs Articles particuliers.

Il y a plus de difficultez sur les Embouchures de ce Fleuve. Arrien [i] n'en compte que deux & le nomme à cause de cela Δίστομος. Il dit qu'il forme par ces deux bras une Isle assez semblable au Delta d'Egypte; & que cette Isle se nomme Patala & Patalena. Pline [k] assure que ce fleuve n'a nulle part plus de cinquante Stades de largeur, ni plus de xv. pas de profondeur, en quoi il ne s'accorde point avec Ctesias [l] qui dit que sa moindre largeur est de xl. Stades & sa plus grande est de cc. qui font douze mille cinq cens pas. Pline à l'endroit cité met deux Isles à l'Embouchure de l'Indus, savoir une grande nommée Prasiana & une petite nommée Patale. Le nom de la premiere Isle vient des Prasiens peuple qui habitoit au bord de l'Inde. La resemblance de cette Isle avec le Delta, & du mot *Prasiane*, avec le mot Grec Πράσιον, qui veut dire verd, a donné occasion à Virgile [m] de la nommer *la verte Egypte*.

Quaque pharetratæ vicinia Persidis urget,
Et viridem Ægyptum nigra fœcundat arena.

Car c'est le sens que le R. P. Hardouin donne à ces vers sur le sens desquels les Savans ne s'accordent point. Il pretend que ces vers

Nam qua Pellæi gens fortunata Canopi
Accolit effuso stagnantem flumine Nilum,
Et circum pictis vehitur sua rura Phaselis:

P

[a] l. 4. c. 19. & l. iv.
[b] Jaillot Atlas.
[c] Ibid.
[d] l. 6. c. 20.
[e] l. 7. c. 1.
[f] l. c.
[g] Geogr. Ant. l. 3. c. 33.
[h] l. 15.
[i] l. 5. c. 3.
[k] l. c.
[l] Apud Photium Cod. 73.
[m] Georg. l. 4. v. 290.

Premierement, que les Ingevons habitoient vers la Mer, c'est-à-dire, au Nord de l'Allemagne; en second lieu, que les noms des Ingevons, des Hermions, & des Istevons, étoient venus des Heros qui avoient été les premiers chefs des familles qui en se multipliant avoient formé ces trois Peuples.

A l'égard du premier, Pline [a] y est conforme. Cet excellent Géographe divise les Germains en cinq grandes Nations, qu'il subdivise en plusieurs Peuples. Selon lui les Ingevons comprenoient sous eux les Cimbres, les Teutons & les divers Peuples à qui le nom de *Cauchi* étoit commun; toutes ces Nations étoient voisines de la Mer. Les Ingevons ne comprenoient pas seulement la terre ferme, mais encore ces Isles entre lesquelles on comptoit alors la Scandinavie [b], parce qu'on n'en connoissoit que la partie Meridionale. Æthicus dans sa Cosmographie estropie miserablement ce nom & dit *Ingeonici*, au lieu d'*Ingævones*.

Pour ce qui est du second; Tacite nous fait voir l'inutilité des tortures que divers Savans se sont données pour trouver la signification de ces noms. Beatus Rhenanus [c] veut qu'on lise VIGEVONES & le derive de *Wik* & de *Wonen*. Le premier selon lui signifie *Golphe* & le second *demeurer*; parce qu'ils habitoient près du Golphe. Villichius [d] le derive de *Wig*, ou *Wog*, qui veut dire *Flot* ou de la Mer ou d'une Riviere, & de *Wonen*. Goropius [e] aime mieux changer ce nom en HINGEZEWONER, parce que selon lui *Hinge*, ou *Heugen* signifie *auprès*, & *Hingeze* auprès de la Mer. *Woner* signifie *les habitans*. André Althamer a poussé le badinage [f] jusqu'à faire faire un testament à Mannus dont voici un Article. *Maximo natu Ingævones seu potius Vigevones. Hoc est Littorales insularesque populi parento.* Il ajoute qu'*Ingevon* regnoit en Allemagne au temps de Zamée V. Roi des Babyloniens, & du temps du Patriarche Isaac. Il croit qu'*Ingevon* est la même chose que dit Innwoner / mais ce mot qui ne signifie qu'*habitant*, *inhabitator*, ne seroit pas plus propre aux Allemands qu'à quelque autre Nation ce soit. Il vaut mieux s'en tenir à Tacite qui dit formellement que ces noms *Ingævones, Hermiones*, & *Istævones* viennent de trois fils anciens Chefs de famille qui étoient les plus fameux dans la Tradition conservée par les Poësies des Germains. Voiez HERMIONS.

INGAUNI LIGURES, Peuple particulier de la Ligurie. Strabon [g] dit: comme quelques-uns des Liguriens sont *Ingauni* & d'autres *Intemelii*; il étoit raisonnable d'appeller leurs Colonies maritimes, l'une ALBIUM INTEMELIUM, c'est-à-dire, *Intemelium* des Alpes, l'autre d'une maniere plus concise ALBINGAUNUM, c'est-à-dire, en retranchant la fin du mot *Albium*, pour n'en faire qu'un mot avec *Ingaunum*. Ce nom on a fait Albenga nom moderne de cette Colonie. Nous avons remarqué ailleurs, que les Anciens disoient *Alpium*, & *Albium*, en parlant des Alpes.

INGELHEIM, Ville d'Allemagne au Palatinat du Rhin, sur la Rive Orientale de la Riviere de Sala qui va au Nord Occidental se perdre dans le Rhin. Cette Ville est dans le Nahegow, & presque enclavée dans l'Ar-

[a] l.4. c. 14.

[b] c. 13.

[c] Rer. German. l. 3. p. 217.

[d] Comment. in Tacit. German. p. 425.

[e] Etymolog. Cimbric. p. 294.

[f] Comment. German. p. 88.

[g] l.4.p.202.

chevêché de Mayence; entre cette derniere Ville à l'Orient & la Ville de Bing au Couchant à deux milles de l'une & de l'autre. Les habitans croient que Charlemagne y naquit, aussi bien que son fils Louïs le Debonnaire. Voici comment en parle Munster qui étoit natif de ce lieu. Il ne le traite que de Bourg Flåften. Il y a, dit-il [b] un château nommé Ingelheimer Sal / ou la Sale d'Ingelheim, qui appartenoit il y a huit cens ans à l'Empereur Charlemagne, & il y faisoit sa residence ordinaire lorsqu'il étoit dans la haute Allemagne. Il y a beaucoup d'Auteurs qui écrivent qu'il y étoit né, mais d'autres veulent qu'il fût né à Liége sur la Meuse.

Je ne puis m'empêcher d'interrompre ici ce que dit Munster, pour inserer l'opinion d'Aventin. Cet Historien dit [i] : Charles naquit l'an du Salut 742. quelques-uns ont cru que c'étoit (*Angilensis*) à Ingelheim, peu loin de Mayence; mais ils suivent une legere conjecture, parce qu'il y a des vestiges d'un Pretoire & qu'on y montre le lieu où il fut élevé; comme si les Auteurs ne convenoient pas que Charles étoit déja Empereur lorsqu'il bâtit ce Palais. On en trouve qui pensent qu'il étoit né en Brabant, trompez par l'affinité des noms; car les Annalistes s'accordent à dire que les Carlomans y regneront & y étoient nez. Mais les personnes les mieux instruites assurent qu'il étoit né à CARLSBOURG Château de la haute Baviere, qui en a pris son nom. Reprenons la suite interrompue d'Ingelheim.

Le même Empereur indiqua une Assemblée generale de l'Empire à Ingelheim pour y juger Tassillon de Baviere contre lequel il y avoit des plaintes tres-graves. L'Assemblée le condamna à mort, mais Charlemagne adoucit cette peine, & l'enferma dans un Monastere, où il se santifia. C'est à ce jugement qu'il faut rapporter le Concile d'Ingelheim tenu en 788. *Ingilenheimense Concilium*. Louis le Debonnaire fils de Charlemagne y sejourna aussi & il y tint une Diète generale, où se trouverent des Deputez de Rome, du Danemarc & de quantité d'autres Etats. L'an 840. ce Monarque mourut dans l'Isle, ou sur l'Aw qui est dans le Rhin vis-à-vis d'Ingelheim. L'an 948. on tint en cette Ville un Concile où se trouverent trente-quatre Evêques. L'Empereur Otton le Grand y assista & le Pape y envoya pour Legat l'Evêque Marin. Ce fut à Ingelheim que l'Empereur Henri III. épousa Agnès fille de Guillaume Duc d'Aquitaine, & l'an 1106. Henri IV. y fut dépouillé par les Evêques des ornemens de l'Empire. L'Empereur Frideric I. fit rebâtir le Palais Imperial d'Ingelheim qui tomboit en ruine. En 1360. ou environ Charles Roi de Bohême & Empereur, en memoire de Charlemagne fit renouveller cette Sale, & y fonda une Collegiale de Clercs Reguliers & soumit ce Cloître à celui de Prague en Bohême. Quoiqu'il n'y ait plus de Chanoines, la dependance subsiste encore. Tous les anciens bâtimens sont tombez à la reserve de l'Eglise de la Croix. Les murs de la Ville se sont assez bien conservez. Je me souviens, poursuit Munster, d'avoir encore vû cinq ou six Colomnes que Charlemagne avoit fait venir de Ravenne avec d'autres Colomnes qu'il envoya à Aix

[b] Cosmographey Germanicæ Edit. Basiliæ 1514.

[i] l.4.p.186.

INF. INF. ING.

l'an 1693. & laissant pour Héritier de ses Etats Don Jean de Dieu de Silva, Mendoza & Sandoval, son fils.

INFANTE, (Rio do) Riviere d'Afrique dans la Cafrerie, au Pays des Sonquas au Midi de la Terre de Natal. La Carte d'Afrique faite par le P. Coronelli, corrigée & augmentée par Mr. de Tillemont [a], donne le nom de Rio do Infante à une grande Riviere qui borne le Pays de Natal au Sud-Ouest & qu'on fait venir du Monomotapa. Mr. Baudrand [b] qui parle conformément à cette Carte fait deux Articles, savoir : 1. *Infantis Caput* qu'il explique *Capo do Infante* & dit que c'est un Promontoire d'Afrique dans la partie Meridionale de la Cafrerie au Levant du Cap de Bonne Esperance, & qu'il a été nommé ainsi de l'Infant D. Juan. 2. *Infantis Fluvius*; qu'il explique *El Rio do Infante*. C'est, dit-il, la plus grande Riviere d'Afrique. Elle a sa source au Royaume de Monomotapa & après une longue course, elle se decharge dans l'Océan Ethiopien. Il ajoute : cette Riviere a été ainsi nommée par D. Juan Infant de Portugal qui le premier la découvrit l'an 1487.

§ [c] En premier lieu ni dans la Terre de Natal, ni encore moins au Midi de cette Terre, il n'y a aucune Riviere qui vienne du Monomotapa. Au Midi de la Riviere de Laurent Marquez qui est à près de cent cinquante lieues au Nord de Rio Infante, il n'y a aucune Riviere qui merite le nom de grande, si ce n'est la Riviere sans fin & la Riviere large qui se joignent au Midi de la Terre de Natal, & forment ce qu'on appelle la Riviere de St. Christophle. Elles ne viennent point du Nord comme il faudroit que cela fût pour venir du Moriomotapa; mais du Couchant Meridional. Rio do Infante n'est qu'un ruisseau, dont le cours est à peine de vingt lieues marines. Le Cap dont parle Mr. Baudrand n'est pas auprès de la Riviere de même nom, mais auprès de la Baye de St. Sebastien.

☞ INFERIOR, ce mot dans la Langue Latine signifie la même chose que *Bas* & s'employe dans les divisions des Pays qui se distinguent en hauts & en bas, & cette distinction se prend ordinairement, selon le cours des Rivieres. C'est ainsi que la Pannonie étoit divisée en Haute & en Basse. *Pannonia Superior* & *Pannonia Inferior*, & ainsi des autres Pays.

☞ INFERNATES. Voiez l'Article qui suit.

INFERUM MARE. Les Anciens voyant l'Italie entourée de la Mer excepté du côté des Alpes, distinguerent cette Mer par raport à l'Italie en Haute & en Basse. Ils appellerent INFERUM MARE, celle qui est aux côtes Occidentales de cette Presqu'Isle & SUPERUM MARE par opposition celle qui en lave l'autre côté. La Mer Inferieure s'étendoit depuis la Mer Ligustique, c'est-à-dire, depuis la côte de Genes jusqu'à la Sicile. C'est la même Mer que quelques Grecs appelloient Norion, ou Meridionale & Tyrrhene, selon Pline [d]. Cette distinction en a produit une autre que les anciens Latins ont employée pour les Arbres qui croissoient sur les Montagnes de l'Appennin. Car comme cette Chaine de Montagnes partage l'Italie en deux du Nord au Sud, &

qu'un des côtez de l'Appennin envoye ses Rivieres dans la Mer Superieure & l'autre les siennes dans la Mer Inferieure; & qu'elle porte du bois à bâtir, ils ont distingué les Arbres qui croissent du côté de la Mer Adriatique par le nom de *Supernas* & ceux qui croissent du côté de la Mer de Toscane par le nom d'*Infernas*. Pline [e] dit que le Sapin de ce dernier côté, étoit preferé à celui de l'autre côté. *Roma Infernas Abies Supernati prafertur*. Vitruve employe la même expression & dit [f] *In-fernates, qua ex apricis locis apportantur, meliores sunt quam qua ab opacis de Supernatibus advehuntur*.

INFLASTE, ou EUPHRASTE, Contrée de la Sarmatie vers l'Océan Septentrional où abordent les Germains & les Daces, selon Laonic [g] cité par Ortelius [h]. Ce dernier ajoute : je crois qu'il a voulu marquer par-là St. Nicolas sur la Mer Blanche. Leunclavius l'explique par le *Lysland* qui est la Livonie & croit qu'il faut lire dans cet Auteur EIFLANTE. Il est certain que par les Daces nommez dans ce passage, il faut entendre les habitans, non pas de la Dacie qui est sur le Danube, mais du Danemarck qui a été nommé par abus *Dacia*.

§ INFULO, ancienne Ville de Cilicie, selon St. Epiphane : c'étoit la Patrie de George Evêque Arien. Ortelius [i] qui me fournit ceci, cite encore Ammien Marcellin l. 22. & ajoute que Baronius dans le IV. Livre de ses Annales lit *in Fullio* en deux mots; je ne sais sur quelle autorité dit Ortelius. Ce savant homme a été trompé. Ammien Marcellin parlant de George faux Evêque d'Alexandrie, au sujet des troubles qui furent excitez à son occasion dit [k] : *In Fullonio natus, ut ferebatur, apud Epiphaniam Cilicia Oppidum, auctusque in damna complurium, contra utilitatem suam reique communis Episcopus Alexandria est ordinatus*. On voit par ce passage que George intrus sur le Siege d'Alexandrie par les Ariens étoit né in *Fullonio*; dans la maison d'un *Foulon*, auprès d'Epiphanie qui étoit une Ville de Cilicie. St. Epiphane parle de cet Evêque [l]. Il n'est donc point question de chercher en Cilicie INFULO ni IN FULIO, encore moins d'en faire une Ville. Mr. l'Abbé Fleuri [m] ne s'y est pas trompé. Il dit très-bien, George qu'ils avoient ordonné Evêque d'Alexandrie étoit de Cappadoce, homme de basse naissance fils d'un *Foulon*. C'est ce que signifie *in fullonio natus* d'Ammien Marcellin. A l'égard de la difference des noms de Cilicie & de Cappadoce, j'ai marqué ailleurs que leurs Limites n'ont jamais été bien brouillées.

INGÆVONES, ancien Peuple d'Allemagne, vers la Mer Baltique. Tacite [n] dit dans sa Germanie, en parlant des anciens Germains : ils ont d'anciennes Poésies, le seul genre d'Histoires & d'Annales connu parmi eux. On y raconte que Tuiscon leur Dieu produit par la Terre, & son fils Mannus sont l'Origine & les Fondateurs de leur Nation. Ils donnent à Mannus trois fils, des noms desquels ont été appellez trois grands Peuples, savoir les Ingevons, qui habitent le plus proche de l'Océan, les Hermions qui sont au milieu des Terres & les Istevons qui sont tous les autres. Ce passage de Tacite nous apprend deux choses. Pre-

P 2

118 ING. INH.

Igorandis; de même que le nom d'Ingrande de Poitou. Il remarque au même endroit que Mr. de Valois a oublié de parler dans sa Notice des Gaules de la Ville d'Ingrande en Anjou. Cette Ville ne renferme qu'environ cent dix-sept feux & relève du Roi à cause du Château d'Angers. On remarque au milieu d'Ingrande une grosse pierre qui fait la séparation de l'Anjou & de la Bretagne.

2. INGRANDE [a], Village de France dans le Poitou sur la Rive droite de la Vienne, aux confins de la Touraine. Ce lieu est nommé *Igorandis* dans la Vie de St. Leger Evêque d'Autun.

[a] *Valef.* Notit. Gall.

3. INGRANDE, Bourg de France [b] dans le Berry, aux confins du Poitou, sur la Rive Occidentale de la Riviere d'Anglin, au Couchant Meridional de le Blanc. Mr. Baudrand la donne au Poitou.

[b] *Faillot* Carte du Poitou.

INGRIE [c], Province de l'Empire Russien depuis que Pierre le Grand l'a conquise sur la Suede. Elle est bornée au Nord par le fond du Golphe de Finlande, la Riviere de Neva & le Lac de Ladoga; au Levant par une ligne imaginée depuis Laba jusqu'à la Riviere de Luga qui la termine en partie vers le Midi : de cette Riviere auprès de Maraneina on imagine une autre ligne qui s'étend jusqu'au Lac Peipus. L'Estonie acheve de l'enfermer au Couchant. Ce Pays est fertile; les eaux y sont poissonneuses & les Forêts bien fournies de Gibier. On y fait la chasse des Elans qui y viennent par troupe de Finlande & traversent la Neva deux fois l'an, au Printemps & en Automne. On y comptoit autrefois plusieurs Villes fortes, entre autres :

[c] *Memoires particuliers.*

Notebourg, ou Oresca, Jamagorod,
Ivanogorod,   Nyenschantz,
Capurie,

Mais présentement Notebourg a été détruite & en sa place est une Forteresse nommée Sleutelbourg. La Capitale de ce Pays est St. Petersbourg Ville bâtie à l'Embouchure de la Neva depuis le commencement de ce Siécle.

INGRIONES, ancien Peuple de la grande Germanie, selon Ptolomée [d], le Grec ordinaire porte Ἰγγρίωνες, des Manuscrits portent Ἰγγριῶνες. Ptolomée place ce Peuple entre le Rhin & les monts Abnobes. Mr. Spener juge qu'il a voulu mettre Ἰγγέωνες INGÆONES; & le reprend de les avoir placez vers le mont Abnobe comme d'avoir porté les *Fennes* dans le milieu de la Sarmatie. Voiez INGÆVONES.

[d] L. 2, c. 11.

INGTAK, ou
INGTE, Ville de la Chine dans la Province de Canton, entre cette Ville & celle de Xaocheu; elle est la sixiéme Ville du departement de Xaocheu seconde Metropole de la Province de Canton [e]. Elle est petite & on en peut faire le tour en un quart d'heure. Sa situation est sur la Riviere *Tao* [f], mot qui veut dire un *pêcher*, & dont on a donné le nom à cette Riviere parce qu'elle est bordée de cette espece d'arbres [g]. L'afreuse Montagne de Zang-won-hab est sur la Ville, qui est éloignée de cent vingt Lys de Sanxiu. Les murail-

[e] *Nieuhof* Legat. Batav. p. 59.
[f] Atlas Sinensis.
[g] *Nieuhof* Ibid.

les sont hautes & solides; la Ville a de belles Maisons & des Pagodes; le Fauxbourg est d'une grandeur passable, il y a un port où l'on est à l'abri de la violence de la Riviere qui est fort rapide, & c'est le refuge où se retirent les barques qui craignent d'être maltraitées par les mauvais temps; sur le Port même il y a à droite une haute tour à neuf étages. L'Atlas Chinois fait cette Ville de 3. d. 46'. plus Occidentale que Pekin & lui donne 24. d. 2'. de Latitude.

INHAMBANE, Royaume de la Basse Ethiopie dans la Cafrerie, sur la côte Orientale, sous la ligne [h], qui le divise en deux parties à-peu-près égales sur le Golphe de Sophala. Il est borné au Nord-est par la Riviere d'Inhambane qui le separe du Royaume de Sabia, la Mer le borne à l'Orient & au Midi. La Riviere d'Aroé ou de Manica, avec une ligne tirée de cette Riviere jusqu'à la source de la Riviere d'Inhambane le terminent au Couchant. L'Interieur du Pays est peu connu; mais sur la côte on connoît le Port d'Inhambane, le Cap des Courans, les Rivieres d'INHANGA & d'INHAPURA qui ont très-peu de cours & celle de Ouro. Dapper [i] dit que la Ville Capitale s'appelle Tongue. Elle est dans les Terres au Midi de la Riviere d'Inhambane. Il ajoute : la chaleur est excessive dans ces quartiers-là & les Marchands Portugais y peuvent à peine ferir. La plupart des habitans sont encore Idolatres, & les Jesuites n'en ont converti que fort peu. On dit pourtant que l'an 1660. Gonsalve Silveira baptisa le Roi & toute sa famille.

[h] De l'Isle Carte du Congo & de la Cafrerie.
[i] Afrique p. 393.

INHAMIOR, Contrée de la Basse Ethiopie. C'est, selon Dapper [k], un Royaume qui releve du Monomotapa. Il est situé près du Fleuve Cuama. La principale habitation où le Prince demeure n'est qu'à une lieue de Sena & plusieurs Portugais y font leur sejour. Sena est au confluent de la Cuama & de la Riviere de Suabo, & Inhamior est au Midi Occidental de Sena. Ce Royaume a été détruit par le Monomotapa.

[k] Ibid.

INHANGA [l], Riviere d'Ethiopie. Elle coule au Royaume d'Inhambane & se perd à l'Orient Meridional du Cap des courants.

[l] De l'Isle Cafrerie.

INHANPURA [m], Riviere du même Royaume: elle est petite quoique plus grande que la precedente,

[m] Ibid.

1. INHAQUA [n], petite Isle d'Ethiopie, sur la côte Orientale à l'Embouchure de la Riviere de Laurent Marquez, au Midi du Royaume d'Inhambane.

[n] Ibid.

2. INHAQUA [o], petite Ville d'Ethiopie en terre ferme & près de l'Isle de même nom au bord de la Mer, entre la Mer & un Lac. C'est où commence le Gouvernement de Mozambique.

[o] Ibid.

INJAMBI, Riviere de l'Amerique Meridionale au Bresil. Elle a sa source dans des Montagnes qui sont à l'Orient de St. Paul. De Laet [p] dit qu'elle est assez large & capable de porter de petites barques, qu'elle est poissonneuse & se déborde quelquefois dans le temps des pluyes. C'est apparemment la même Riviere qui est nommée ANEMBY dans le Memoire du P. François Burges [q]; & ANIEMBI par Mr. de l'Isle [r]. Elle a effectivement

[p] Ind. Occid. l. 15. c. 17.
[q] Lett. édif. T. 12. p. 53.
[r] Nouv. Carte de sa l'Ameriq.

INI. INN.

sa source dans les Montagnes voisines de St. Paul & coulant vers l'Occident Septentrional elle tombe dans la Parana.

INICERUM, ancien lieu de Pannonie. Antonin [a] le met sur la route d'*Hemonia* à *Sirmium* en passant par *Siscia*, & compte ainsi les distances depuis cette derniere Ville,

[a] *Itiner.*

Siscia,
Varianis, M. P. xxiii.
Menneianis, M. P. xxvi.
Incero, M. P. xxviii.

C'est ainsi que l'exemplaire du Vatican donne ce nom, les Editions modernes ont *Initerum*. Ortelius [b] en fait une Ville. Antonin ne dit pas que c'en fut une.

[b] *Thesaur.*

INICUM. Voiez INYCUM.

INIESTA, Bourg d'Espagne dans la nouvelle Castille & non pas dans la vieille, comme le dit Mr. Corneille [c], dans la Sierra, entre le Xucar & le Cabriel, mais beaucoup plus près de la premiere. Voiez SEGOBRIGA.

[c] *Dict.*

INISHCORTHY [d], Ville d'Irlande dans la Province de Leinster, au Comté de Wexford, à huit milles presque au Sud de Fearnes sur l'Urrin, ou Slany & à quinze milles au Nord-est de Ross. Elle envoye deux Deputez au Parlement.

[d] Etat pres. de l'Irlande p. 46.

INISKILLING. Voiez ENISKILLING.

INIS-OWEN, petit Pays d'Irlande dans la Province d'Ulster au Comté de Londonderri. C'est une petite Presqu'isle sur la côte Septentrionale de l'Isle. Elle est jointe au Continent de l'Isle par un petit Isthme & c'est en ce lieu-là qu'est la Ville de Londonderri.

INN, Riviere d'Allemagne. Les Anciens l'ont nommée ÆNUS & OENUS. Elle a sa source en Suisse, chez les Grisons, au pied de la Montagne nommée Septimer-berg, ou Monte de Sett. Cette Montagne produit deux sources qui prennent chacune un cours bien different. L'une est le petit Rhin; l'autre appellée *Aqua di Pila* fait un petit Lac au sommet de la Montagne, nommé *Lagetto di Lungin*, & se précipitant en bas de la Montagne il fait le petit Lac de *Sils*, ou *Silio*, près du Village de Maloja & forme la Riviere de l'Inn. C'est là la premiere source de cette Riviere. Elle coule ensuite en serpentant vers le Nord-est dans la Ligue de Maison-Dieu où elle reçoit plusieurs ruisseaux & donne le nom d'ENGADINE à la vallée où elle coule; de là vient que quelques-uns la nomment INGADINE. Elle entre dans le Tirol à Furstermuntz & après avoir serpenté tantôt vers le Nord , & tantôt vers le Nord-Nord-Est , elle se tourne vers l'Orient depuis Landeck jusqu'à Inspruck qu'elle arrose. Cette Capitale du Tirol en prend son nom, elle passe à Hall qui n'en est pas loin, puis prenant son cours vers le Nord-est elle passe à Kuffstein. Là elle commence à couler entre la Baviere & le Tirol auquel elle sert de borne quelque espace, après quoi ne coulant plus que pour la Baviere elle y baigne Rosenhaim, Rot, & Wasserbourg, elle prend alors un cours circulaire comme pour se joindre à la Riviere de Saltz. Ensuite elle serpente vers l'Orient Septentrional & enfin vers le Nord jusqu'à ce qu'elle rencontre le Danube

INN.

dans lequel elle se perd entre Passau & Instat. On appelle INNTHAL la vallée où elle coule.

1. INNA, Fontaine ou Ruisseau qui se trouvoit entre deux Peuples de Thrace, les *Madi* & les *Peones*, selon Athenée [e]. Dalechamp traduit mal ce nom *Ἴννα*, par *Oena*, comme le remarque Ortelius [f].

[e] l. 2. c. 2.
[f] Thesaur.

2. INNA, ancien lieu d'Asie dans la Drangiane, selon Ptolomée [g], qui laisse douter si c'étoit une Ville ou un Village; car sa liste comprend les Villages & les Villes sans distinction [h].

[g] l. 6. c. 19.
[h] Etat pres. de la Gr. Bret. T. 2.

INNEKEN. Voiez INNICHEN.

INNERARA [i], Ville d'Ecosse dans la Province d'Argyle dont elle est la Capitale: elle est située presqu'au bout du Lac Gilb qui a communication avec la baye qu'on appelle Lochsin. Le nom de cette Ville est cause que quelques-uns nomment la Province même THE SHIRE OF INNERARA. Mr. Baudrand n'en fait qu'un Bourg. & dit qu'il a seance au Parlement.

[i] p. 261.

INNERKITHING [j], Port de Mer de l'Ecosse Meridionale dans la Province de Fise, dans le Golphe de Forth, à l'Orient d'Abirdour [k]. Cette petite Ville envoyoit ses Deputez au Parlement d'Ecosse avant l'union de ce Parlement avec celui d'Angleterre.

[j] Allard Atlas.
[k] Etat pres. de la Gr. Bret. T. 2. p. 250.

INNERLOTH, Bourg d'Ecosse dans la Province de Lochabir. Quelques-uns écrivent ce nom differemment. Car comme il est situé au bord d'un grand Lac dont il prend le nom, les uns appellent ce Lac Loch [l], & le Bourg Innerloch. Quelques-autres nomment le Lac Lothe [m] & le Bourg Innerlothe. L'Etat present de la Grande Bretagne dit [n] en parlant de la Province de Lochabir, sa Ville la plus considerable est celle d'INVERLOCHY qui a été autrefois une Place d'importance tant par sa force que par son commerce, jusqu'à ce qu'elle fut ruinée par les Danois & les Norvegiens. Guillaume III. la fit fortifier, & il y a bonne Garnison.

[l] Allard Atlas.
[m] De l'Isle Atlas.
[n] D'Audifret. T. 1. p. 218.
[o] T. 2. p. 263.

INNERNAVERN, Bourg de l'Ecosse Septentrionale dans la Province de Strathnavern sur la côte, à l'Embouchure de la Riviere de Navern, de laquelle elle prend le nom.

1. INNERNESS, Province d'Ecosse dans presque toute sa largeur; l'Etat present en parle ainsi [p] : *Inverness* au Nord de Badenoch & à l'Ouest de Murray regarde les deux Mers, & s'appelle ainsi du nom de sa Capitale. L'Atlas d'Allard étend par tout là la Province de Murray & ne connoit point d'autre Innerness que la Ville de son nom située à l'Embouchure de la Riviere de Ness qui sort du Lac de Ness & dont elle tire son nom. D'ailleurs en supposant qu'Innerness soit une Province detachée de Murrai, je ne vois pas comment elle peut regarder les deux Mers. Mr. de l'Isle nomme INVERNESS la Ville d'Innerness & il n'est pas le seul qui l'appelle ainsi.

[p] Ibid. T. 2. p. 276.

2. INNERNESS, Ville d'Ecosse à l'Embouchure de la Riviere qui sort du Lac de Ness [q]. Il y a un Havre pour de petits bâtimens. Les Rois d'Ecosse y ont fait autrefois leur residence dans le Château qui est bâti sur une agréable Colline. Il est certain que Buchanan qui devoit bien connoître son propre

[q] Ibid. T. 2. p. 277.

pre Pays dont il a écrit l'Histoire, appelle [a] cette Ville NESSUM *ad cognominem Fluvium*. En parlant de la Province de Murray il y met deux Villes considérables. Celle-ci en est une, l'autre est Elgin. Au delà de l'Embouchure du Ness, dans la Mer d'Allemagne, il met immediatement [b] la Province de Ross; & ne dit pas un mot de la Province d'Innerness, ou Inverness, que je crois n'être qu'une contrée qui comprend les environs de la Ville, de la Riviere & du Lac de Ness ; bien loin de regarder les deux Mers. Mais voici peut-être ce que cet Auteur a voulu dire, peut-être a-t-il voulu parler du Gouvernement d'Innerness, qui est fort étendu & qui empiéte sur plusieurs Provinces. Mr. d'Audifret dans sa Géographie Historique [c] dit que la contrée de Badenoch est incorporée dans ce Gouvernement qui outre cela comprend aussi la Province de Lochabir & partie de ce Gouvernement. C'est apparemment à cet égard que dans l'Etat present de la Grande Bretagne Innerness est mise au rang des Provinces quoique ce n'en soit pas une. Mr. d'Audifret dit que l'importance de la situation d'Innerness obligea Cromwel d'y faire bâtir une Citadelle pour tenir en bride les Ecossois Septentrionaux & s'assurer du port. Cette Ville envoyoit ses Deputez au Parlement d'Ecosse.

[a] Rer. Scotic l. 1. p. 20.
[b] p. 21.
[c] T. 1. p. 217.

INNERURI, les François écrivent *Inner-Ouri*, Bourg d'Ecosse dans la Province de Buchan ; à l'Embouchure de la Riviere d'Uri, ou Ouri dans le Don. [d] Ce lieu est fameux par la Victoire que Robert Bruce y gagna contre Jean Cumin & ses adherens qui tenoient le Royaume en sujetion à Edouard I. Roi d'Angleterre ; & ce qui est remarquable, c'est que Robert Bruce étant malade, se fit porter dans une Litiere au champ de Bataille.

[d] Etat pres. de la Gr. Bret. T. 2. p. 179.

INNICUS. Voiez INYCUM.

INNIKEN, ou INNEKEN [e], petite Ville, selon quelques-uns, & selon d'autres Bourg d'Allemagne dans le Tirol assez près de la source de la Drave. Quelques Auteurs l'appellent en Latin *Aguntum*, ancien nom qui a été connu à Pline, à Ptolomée & à Antonin : d'autres veulent qu'*Aguntum* soit DOBLACH. Elle est aux Frontieres de la Carinthie de laquelle elle dépendoit autrefois, puisque d'anciens Ducs de Carinthie y ont tenu leur Cour ; comme le rapporte Megiser dans sa Chronique de Carinthie. Mais elle est presentement du Tirol.

[e] Zeyler Province. Austriac. Topogr. p. 152.

INNTHAL, ou INTHAL, c'est-à-dire la Vallée de l'INN ; Contrée d'Allemagne dans le Tirol, & l'une des parties considérables de cette Province le long de cette Rivière. Inspruck en est la Capitale aussi bien que de tout le Comté.

INOPUS, Ἰνωπὸς, Riviere de l'Isle de Delos. Les Anciens ont cru que par un Canal caché elle se détachoit du Nil [f]. Pline [g] dit seulement que c'étoit une Fontaine qui s'enfloit & décroissoit comme le Nil. Le R. P. Hardouin observe qu'il n'y en reste pas le moindre vestige.

[f] Strabo l. 10. p. 458.
[g] l. 2. c. 103.

INOWLADISLOW, Ville de Pologne dans le Palatinat auquel elle donne son nom, au bord Meridional de la Vistule. Quelques-uns écrivent INOWLOCZ, par abreviation. C'est la même Ville que Wladislaw, où Mr. Hubner [h] dit qu'est un Château où reside l'Evêque de Cujavie. André Cellarius [i] dit de même Wladislow principale Ville de Cujavie. La Cathedrale est antique, mais riche en ornemens & en vases sacrez. Elle est environnée de Maisons affectées aux Chanoines & aux Ecoles, la Ville & le Château placez dans un marais près de la Vistule sont bâtis de briques, & le bois y manque. L'Evêque qui residoit à Cruswic transporta en cette Ville sa residence l'an 1173. Après l'an 1259. Suantopole Duc de Pomerelle détruisit Inowladislow qui étoit alors possedée par Conrad Duc de Mazovie & s'étant emparé du Château de Nakel la fortifia [k]. L'an 1328. l'Armée de l'Ordre Teutonique passa la Vistule, prit cette Place, la brûla. On sauva la vie aux Prêtres, mais on leur deffendit de bâtir des Maisons en cet endroit. A quelque temps delà l'Evêque ne laissa pas de rebâtir sous la Forteresse une autre Cathedrale semblable à la premiere, & une autre Eglise sous l'invocation de St. Vital Martyr. Il bâtit aussi la Citadelle de la Ville, de même que le Fort de Racianzi, car il y a deux Forteresses de ce nom, l'une en Cujavie dont il s'agit ici & l'autre en Masovie. Quelques-uns ont nommé cette Ville CUJAVIE, & ont ainsi confondu le nom du Pays & celui de sa Metropole.

[h] Geogr. p. 715.
[i] Nov. desc. Polon. p. 241.
[k] Micral. Pomer. l. 2. p. 278.

LE PALATINAT D'INOWLADISLOW, est une contrée de Pologne & fait partie de la Cujavie. Il est au Nord du Palatinat de Brzescie. Il n'a point d'autre lieu remarquable que sa Capitale.

INOWLOCZ. Voiez INOWLADISLOW.

INSANI MONTES. Voiez MONTES INSANI.

INSANUS LACUS, Pline dit sur les Memoires de Juba [l] : que dans la Troglodytique il y avoit un Lac ainsi nommé à cause que ses eaux étoient malfaisantes. Ce mot veut dire *Mal-sain*.

[l] l. 31. c. 2.

INSOCO, Contrée d'Afrique dans la haute Guinée sur la côte d'or, dans les Terres, au Couchant du Royaume du grand Akanis. Ce Pays est très-peu connu de ses voisins, encore moins des Européens.

INSPRUCK, Ville d'Allemagne au Comté de Tirol, dans l'Innthal, sur le bord de l'Inn. Selon Mr. Baudrand elle est à quatre-vingt milles d'Allemagne de Trente vers le Nord, & à trente de Saltzbourg vers le Couchant. C'étoit autrefois la Residence d'un Archiduc de la Maison d'Autriche ; mais cette branche s'étant éteinte en 1665, cette Ville & le Tirol entier appartiennent au seul Prince qui reste de toute cette Maison, savoir, l'Empereur d'aujourd'hui. Monconis qui passa à Inspruck l'an 1664. la décrit ainsi [m]. Cette Ville est située au milieu du Vallon, la Riviere d'Inn baigne ses murs, ou plutôt ceux des Maisons ; car il n'y a ni Fortifications, ni murailles que les Maisons, qui paroissent toutes des murailles avec des fenêtres, parce qu'à cause des vents les toits en sont couverts par les murailles qu'on hausse beaucoup plus, & qui les cachent entierement ; si bien qu'on diroit qu'il n'y en a point, & que c'est

[m] T. 3. F. 373.

INS.

c'est une Ville qui a été brûlée : elle est extrêmement petite, les ruës étroites, & outre cela encore rétressies par plusieurs Cabinets, qui sont jettez en dehors des Maisons. Les plus beaux appartemens de toutes les Maisons de cette Ville sont au troisième étage. L'Eglise des Recolets a un assez beau Portail, au devant duquel il y a un porche soutenu de deux Colomnes de marbre jaspé ; la Nef est fermée par quatre Colomnes de marbre d'un côté, & autant de l'autre qui supportent les Arcades. Entre chacune de ces Colomnes il y a quatre Statuës plus grandes que nature, qui sont de bronze fort bien travaillées, de plusieurs Archiducs, Rois, & Empereurs, & quelques Princes, entre autres celles de Clovis, Godefroy de Bouillon, Ferdinand Roi d'Aragon, Philippe le Bon, & Charles Comte de Charollois ; il y a douze de ces Statues d'un côté, & douze d'un autre, les unes armées, les autres vêtuës à la Royale, debout sur des piés d'estail, qui sont tout du long entre ces Colomnes, & quatre contre la clôture qui sépare le Chœur de la Nef, qui sont en tout 28. lesquelles semblent servir d'ornement au tombeau de Maximilien, qui est au milieu de la Nef, il est représenté de bronze, priant à genoux sur le haut d'un monument de marbre, composé de deux ordres de panneaux ou quarrés, huit à chacun des côtez, & quatre à chaque fond, dans lesquels sont en Bas-reliefs de marbre en petites figures, les plus remarquables actions de cet Empereur. Sur le haut de ce monument il y a encore quatre petites vertus de bronze. L'Eglise des Jésuites est sur le même modéle que celle de St. Louïs à Paris, mais beaucoup plus petite : il y a des Pilastres de marbre à la séparation de deux Chapelles qu'il y a de châque côté ; les bancs qui sont de menuiserie dans le milieu de la Nef avec leurs Prié-Dieu, sont percés si reguliérement, que c'est une fort agréable perspective que de regarder par ces trous, mais un treillis, qui sépare la Nef de la porte, & qui est de bois simplement, mais découpé en perspective qui y est peinte, & represente des portiques, des voûtes, & des portes treillissées, est une des plus galantes choses qu'il y ait. Dans le Château, il y a une assez grande Sale, mais elle n'est pas réguliére, & pour cacher le défaut du degré, dont la voûte entre dans la Sale, on y a fait un Perron qui n'aboutit à rien, & outre cela il y a encore une grande avance comme un tambour de jeu de paume : c'est tout ce qu'il y a à voir dans ce Palais où la cour n'est pas considérable, & les degrés en sont vilains & de bois ; mais on y a fait nouvellement un des plus beaux Salons qui se puisse voir pour les Comédies, & pour le Manége : ce lieu qui est à rez de chaussée a 436. piés dans œuvre de longueur, & 102. de large, & est divisé en une grande Sale de 350. piés de long, & 80. de large, & en une Galerie qui regne aux deux côtez de la longueur & au fond, laquelle avec l'épaisseur des pilastres, qui la forment, a 11. piés de large, & au fond est la place du Théatre qui a 75. piés de profondeur & autant de largeur que la Sale, laquelle a son plat-fond tout vuide de charpente comme celle d'un jeu de pau-

me, qui est peinte. A côté de ce bâtiment sont les écuries, & au delà un fort beau jeu de Paume ; & après est un fort grand jardin sans parterre, au milieu duquel il y a deux réservoirs proche l'un de l'autre, dans chacun desquels tombent 10. Tuïaux de Fontaine, dont l'eau est si claire qu'on y voit plusieurs Truites, Carpes & Brochets ; le fond n'est pourtant pavé que de Caillous comme une ruë : au delà de ce Jardin il y a encore deux ou trois autres Enclos où il y avoit autrefois des Cerfs. La place est peu de chose, le devant de l'Hôtel de Ville, n'a rien de remarquable, qu'un couvert de bronze doré fait en écailles, qui est sur un Balcon placé sur la porte ; & il est si bien doré, que plusieurs croyent qu'il est d'or pur.

INSTADT [a], petite Ville d'Allemagne sur le Danube auprès de Passau, dont elle est séparée par l'Inn à son Embouchure. J'ai remarqué à l'article d'ILSTADT, qu'il y a à la rencontre de l'Ill qui vient du Nord, de l'Inn qui vient du Midi & du Danube qui vient du Couchant & qui se charge de leurs eaux trois Villes, savoir *Ilstadt* au Nord du Danube, *Instadt* à l'Orient de l'Inn & *Passau* à l'Occident de cette même Riviere : ces trois Villes seroient contiguës l'une à l'autre si elles n'étoient pas séparées, les deux dernieres par l'Inn, & la premiere par le Danube. La Ville d'Instadt est nommée en Latin OENISTADIUM. Voiez PASSAW.

[a] Memoires particuliers.

INSUBRES, ancien Peuple d'Italie dans la Gaule Cisalpine ; ce nom est diversement écrit par les Anciens. Pline [b] les nomme INSUBRES, & dit qu'ils fondérent Milan [c]. Ptolomée [d] les nomme Ἴνσουβροι, Insubri. Tite-Live [e] dit *Insuber eques* pour dire un Cavalier de cette Nation au singulier, *Insubres Galli*, pour nommer la Nation. Etienne le Géographe dit INSOBARES, pour marquer un Peuple qui habitoit sur le Po. Il nomme ailleurs INSOBRI un Peuple d'Italie qui est apparemment le même. Polybe [f] dit Isombres, Ἴσομβρες, Strabon [g] dit qu'entre les Gaulois les Peuples *Boii*, *Insubres*, & *Senones* étoient les plus puissans. Ils étoient voisins des *Cenomani*, selon Polybe qui en parle aussi comme d'une Nation puissante. Milan étoit leur Capitale. Ils n'occupoient du Milanez, selon le Pere Briet, que les Villes de Milan, de Lodi, de Creme, de Gherra, & Ponte San-Pietro. Les Orobiens, les Lepontiens, &c. avoient aussi leur part du Pays qui porte aujourd'hui le nom de la Capitale des Insubriens.

[b] l. 3. c. 17.
[c] l. 3. c. 1.
[d] l. 22. c. 6.
[e] l. 30. c. 18.
[f] l. 2. c. 17.
[g] l. 5. post Init.

1. INSULA, mot Latin qui signifie une Isle. Voiez ce mot.

2. INSULA. Voiez ISOLA, Ville d'Italie.

3. INSULA, au singulier &,
INSULÆ, au pluriel, nom Latin de LILLE Ville des Pays-Bas. Voiez LILLE.

INSULÆ ACUTÆ. Voiez OXIÆ.

INSULA ADÆ. Voiez au mot ISLE, l'Article l'ISLE ADAM.

INSULA ALBIORUM. Voiez L'ISLE en Albigeois.

INSULA ARABUM. Voiez GEZIRET EL ARAB.

INSULA ARPINAS. Voiez ARPINAS.

Q

IN-

INSULA ATLANTIS. Voiez ATLANTIDE.

INSULA BARBARA. Voiez L'ISLE BARBE, au mot ISLE.

INSULÆ BEATORUM. Voiez au mot ISLES, l'Article ISLES FORTUNE'ES.

INSULA BOCARDI. Voiez L'ISLE BOUCHARD.

INSULA DEI. Voiez L'ISLE-DIEU.

INSULA HISPANA. Voiez l'ESPAGNOLE.

INSULA IGNITA, Aimon de Halberstat nomme ainsi un lieu d'Egypte fameux par les Miracles de St. Macaire. Caliste & l'Histoire Tripartite en font aussi mention, au raport d'Ortelius [a]. [a Thesaur.]

INSULA JORDANIS. Voiez L'ISLE EN JOURDAIN.

INSULA PHASIANORUM. Voiez L'ISLE DES FAISANS, au mot FAISANS.

INSULA SACRA, à l'Embouchure du Tibre, c'est presentement Ilola grande.

INSULA SACRA. Voiez HOLY-LAND.

INSULA SANCTA. Voiez HEILIGE LAND.

INTA, ou ASIANTA, Royaume d'Afrique, en haute Guinée, dans la côte d'or assez loin de la Mer, & dans les Terres. Il est puissant, riche & fort peuplé, fournit beaucoup d'or, & n'est guéres connû des Européens que sur la relation des Negres. C'est à quoi se reduit ce qu'en dit Bosman dans sa VI. Lettre [b]. [b Relat. de Guinée p. 84.]

INTEMELIUM NEBIUM, Ville maritime d'Italie dans la Ligurie, selon Pline [c]. Antonin dans son Itineraire met ces deux mots en un & dit ALBINTEMELIUM, & la Table de Peutinger porte ALBENTIMILLO: en retranchant la premiere Syllabe on en a fait VINTIMIGLIA. Voiez VINTIMILLE. [c l. 3. c. 5.]

1. INTERAMNA, Ville d'Italie en Ombrie, selon Pline [d] & Strabon [e]: ce dernier la met sur la route d'Ocriculum à Rimini. Elle étoit à l'Orient de Narni en allant à Spolete. Tacite [f] dit: on donna ordre qu'une partie s'arrêtât à Narni & l'autre à Interamna. Il en nomme [g] les habitans INTERAMNATES. Ils s'opposerent au dessein que l'on avoit de partager la Riviere du Nar, aujourd'hui la Nera & de la faire couler dans les Campagnes par des coupures. C'est à cause de cette Riviere que pour distinguer cette Ville des autres de même nom Pline nomme les habitans Interamnates surnommés NARTES. Le nom moderne est TERNI. [d l. 18. c. 26.] [e l. 5. p. 227.] [f Hist. l. 3. c. 63.] [g Annal. l. 1. c. 79.]

§ Ce nom, comme Varron le remarque, signifie un lieu enfermé dans une ou plusieurs Rivieres. *Oppidum* INTERAMNA, *quod inter amnes est constitutum*. Cela convient à toutes les Villes de ce nom.

2. INTERAMNA, Ville d'Italie au Pays des Volsques auprès du confluent des Fleuves Liris & Casinus, selon Strabon [h], c'est-à-dire du Gariglan & du Succo. Ce nom moderne a beaucoup de rapport avec le surnom que Pline [i] donne aux Interamnates habitans de cette Ville; *Interamnates Succasini qui & Lirinates vocantur*; & il y a bien de l'apparence que ces deux surnoms venoient des deux Ri- [h l. 5. p. 227. 237.] [i l. c.]

vieres au confluent desquelles ce lieu étoit situé. Quoi qu'il soit très-probable que c'étoit le lieu nommé aujourd'hui l'ISOLETA, Holstenius aime mieux croire que c'est TORRE DI TERMINE.

3. INTERAMNA [k], Ville d'Italie au Pays des Prægutiens (ou Prætutiens.) C'est presentement TERAMO. Ptolomée écrit INTERAMNIA. [k Ptolom. l. 3. c. 1.]

4. INTERAMNA, ou
1. INTERAMNIS, nom Latin d'Entraigues, selon Mr. de Thou. Par la même analogie il nomme Balzac Sieur d'Entraigues, *Interamnæ Balzacus*.

2. INTERAMNIS, nom Latin d'Antrain Ville de France au Donziois. Voiez ENTRAIN. Cette Ville est nommée dans l'Histoire des Evêques d'Auxerre INTERANIS par corruption. Robert d'Auxerre dans sa Chronique la nomme de même INTERANNUS, quand il dit que Peregrinus vint du temps de Valerien à Auxerre qu'il nomme *Autricum*; qu'y ayant élevé une petite Eglise & détruit toute la superstition Payenne il se rendit à Entrain *Interannum*, où tous les Gentils couroient en foule pour celebrer les Fêtes de Jupiter.

3. INTERAMNIS, nom Latin d'une Ville & d'une Abbaye de Bretagne nommées Antrain. Voiez ANTRAIN 1. Les Annales de St. Bertin en font mention [l], & portent que le Roi Charles se rendit au Mans & delà s'avança jusqu'à un Monastere *quod Interamnis dicitur*, où Salomon Duc de Bretagne accompagné de tous les Grands de sa Cour le vint trouver. [l Ad ann. 863.]

INTERAMNIUM FLAVIUM [m], ancienne Ville d'Espagne. Antonin la met sur la route de Brague à Astorga à xxx. M. P. de la derniere. Ptolomée en parle aussi & met *Interamnium Flavium* auprès de *Bergidum* aussi bien qu'Antonin qui ne met entre elles que xx. M. P. de distance. Mais Ptolomée place cette INTERAMNIUM FLAVIUM d'une autre INTERAMNIUM qu'il nomme ainsi simplement & qui étoit differente de la premiere. Ses Interpretes disent qu'*Interamnium* est presentement PONFERRADA & *Interamnium Flavium*, FUENTE ENCELADA. [m Itiner.]

INTERANIESIA, Ἰντερανιησία, ancienne Ville d'Espagne dans la Lusitanie, selon Phlegon [n]. Ortelius croit que ce mot est corrompu. Le R. P. Harduoin croit au contraire qu'il est bien & que cette Ville est la même dont les habitans sont nommez INTERANNIENSES par Pline [o]. Il est vrai que les Editions ordinaires portent *Interanienses* & Ortelius n'a pas lû autrement, mais plusieurs Manuscrits portent *Interaniesses*, & une Inscription au Recueil de Gruter [p] fait connoître qu'il faut lire dans Pline *Interanienses*, comme dans l'Inscription. [n De Longævis. c. 1.] [o l. 4. c. 22.] [p P. 162.]

INTERANNIENSES. ⎫ Voiez l'Article
INTERAUSENSES. ⎭ precedent.

INTERBROMIUM, lieu d'Italie, Antonin le met sur la route de Rome à Hadria, & compte ainsi les distances.

Cersinia,
Corsinium, XVII. M. P.

Inter-

INT.

Interbromium, XI. M. P.
Theate Marucinum, XVII. M. P.
Hadriam, XIV. M. P.

La Table de Peutinger le nomme *Interprimum*. C'étoit un Village dont on ne fait rien autre chose.

1. INTERCATIA, ancienne Ville d'Espagne. Ptolomée la met chez les Vaccéens. L'Epitome du 48. livre de Tite-Live raconte comme tous les Peuples de la Celtiberie sembloient insulter à Claudius Marcellus, son successeur L. Lucullus domta les Vaccéens & les Cantabres Nations Espagnoles que l'on ne connoissoit pas auparavant. Là, poursuit-il, P. Cornelius l'Africain, Scipion Æmilien fils de Paulus petit-fils par adoption de Scipion l'Africain n'étant que Tribun des Soldats, tua un barbare qui défioit les Romains au combat ; & il courut un plus grand danger à l'attaque d'Intercatia, car il sauta le premier sur la muraille. Aurelius Victor [a] parlant de Scipion Æmilien dit qu'il vainquit en combat singulier un Guerrier auprès de la Ville d'Intercatia. On voit dans le Recueil de Gruter une Inscription [b] qui porte MODESTUS, INTERCAT. EX GENTE VACCÆORUM UXORI PIENTISSIMÆ. C'est la même qu'Antonin met sur la route d'Astorga à Sarragoce.

[a] *De Viris Illustr.*
[b] p. 324. n. 10.

Asturica,
Brigæcum, XL. M. P.
Intercatiam, XX. M. P.

2. INTERCATIA, autre Ville d'Espagne au Pays des Orniaques, selon Ptolomée [e]. Cet Auteur distingue cette Ville de celle des Vaccéens par la differente position qu'il leur donne,

[e] l. 2. c. 6.

	Long.	Lat.
Orniacorum Intercatia,	11 d. 10'.	44 d. 15'.
Vaccæorum Intercatia,	10 15.	43 26.

Pline parle deux fois des Intercatiens, l'une [d] en nommant les XVIII. Peuples compris sous les Vaccéens ; l'autre à l'occasion d'un cachet où le combat singulier de Scipion étoit gravé [e] ; & par consequent c'est la même Intercatia. Le R. P. Hardouin la met dans l'Espagne citerieure, Ortelius de même. Cela ne doit pas s'entendre de l'Espagne citerieure par raport à l'Ebre, mais par raport à une autre division qui mettoit sept grands Departemens, ou rendez-vous juridiques avec tous leurs Peuples dans l'Espagne citerieure quoi que plusieurs fussent bien au delà de l'Ebre. Voiez Pline au livre III [f].

[d] l. 3. c. 3.
[e] l. 37. c. 1.
[f] c. 3.

INTERCISA, ancien lieu de la basse Pannonie. Antonin [g] la met à moitié chemin entre *Lussonium*, & *Anamatia*, à XII. M. P. de l'une & de l'autre. La Notice de l'Empire [h] y met en Garnison une Brigade de Cavalerie Dalmate, *Cuneus equitum Dalmatarum Intercisa*. On vient de voir qu'*Intercisa*, & *Lussonium*, étoient à XII. M. P. de distance l'une de l'autre. Cependant la Notice met im-

[g] *Itiner.*
[h] Sect. 57.

INT.   123

mediatement après une Garnison differente à *Lussonium* qui est à present *Intercisa*. *Cuneus equitum Constantianorum Lussonio nunc Intercisa*. L'une & l'autre Garnison étoit du Departement de la Valerie Ripense. Simler dit que c'est presentement RACHZKEWI, Village de Stirie aux confins de la Hongrie.

INTERDOCO, quelques-uns la nomment ANTERDOCO. Bourg d'Italie au Royaume de Naples dans l'Abbruzze ulterieure, dans un detour que forme la Riviere de Velino pour se rendre à Rieti, au Levant & à quatorze milles de cette Ville ; au Couchant d'Eté & à dix milles & demi d'Aquila, selon Collenutius qui a écrit l'Histoire de Naples : c'est l'ancienne INTEROCRIA. Voiez ce mot.

INTER DUOS LUCOS, c'est-à-dire entre deux bois, lieu particulier de la Ville de Rome. C'est là, dit Tite-Live, que Romulus ouvrit un Azyle [i]. Denys d'Halicarnasse [k] dit : Il fit une place qui retient aujourd'hui le nom des deux chênayes qu'elle portoit autrefois, parce que les deux extrémitez qui joignoient les deux Collines, étoient couvertes d'un bois fort épais.

[i] l. 1. c. 8.
[k] l. 2. c. 15.

INTERFRURINI, ancien Peuple de l'Ilyrie, selon Appien [l].

[l] *In Illyr.*

INTERIEUR, ce nom se donne en Géographie par opposition au mot *Exterieur*. Ainsi nous disons l'*Interieur d'un Pays* pour signifier les parties qui vont en s'éloignant de la Mer ou des Frontieres. Dans ce sens les Anciens ont appelé la *Libye interieure*, cette partie de la Nigritie qui est vers le centre de l'Afrique. Ils ont appelé de même *Mer interieure* la Mediterranée qui s'enfonce dans les terres, & *Mer exterieure* l'Océan qui lave, pour ainsi dire, les dehors du Continent que nous habitons.

INTEROCREA, ou INTEROCRIUM, ancienne Ville d'Italie. Strabon [m] parlant des Sabins dit : ils ont peu de Villes ; encore sont-elles fort endommagées par les guerres continuelles. Amiternum, Reate, Interocrea qui en est proche, &c. Antonin traçant la route de Rome à Atri met ainsi :

[m] l. 5. p. 228.

Reate,
Cutilias, XVIII. M. P.
Interocrium, VI. M. P.
Falacrinum, XVI. M. P.

Ce n'est que l'Edition Latine de Strabon qui s'exprime si nettement ; car le Grec de l'Edition d'Amsterdam 1707. de laquelle je me sers est très-imparfait en cet endroit & je n'y trouve point ces mots que cite Cluvier [n] κώμη Ίντεροκρέα par lesquels Interocrea ne seroit mis que pour un Village. Il est marqué sur la Table de Peutinger comme une Ville importante. Cluvier donne pour noms modernes INTERDOIO, INTERDOCO, ANTERDOIO, ANTERDOCO, ANTREDOIO, & ANTREDOCO.

[n] *Ital. Ant.* p. 687.

INTESTINUM MARE ; quelques Auteurs ont ainsi nommé en Latin la Mer Mediterranée.

INTIBILI. Voiez INDIBILI.

Q 2   IN-

INTIMELIUM. Voiez INTEMELIUM.
INT-SAND. Voiez SABLONES.
INTUERGI, Ἰντούεργοι, ancien Peuple [a] de la grande Germanie, selon Ptolomée [a]. Paucer les met dans le Palatinat aux environs de Heidelberg.

[a] l. 2. c. 11.

INVALIDES, (LES) ou l'Hôtel des Invalides, grand Château à l'extremité de Paris, où le Roi loge & entretient les Officiers & Soldats estropiez qui ne sont plus en état de servir. Ce Palais l'un des plus magnifiques non seulement de France, mais de toute l'Europe, est une des belles institutions du Regne de Loüis le Grand: ce fut en 1671. le 30. Novembre que l'on en jetta les premieres fondations, dans la plaine de Grenelle assez près de la Rivière.

[b] Piganiol de la Force, desc. de la France. T. 2. p. 188.

[b] C'est un bâtiment quarré qui occupe un terrain de dix-sept arpens, où l'on trouve quatre grandes cours d'une même forme entourées de bâtimens reguliers à quatre étages. Au milieu de ces cours il y en a une cinquiéme aussi grande que les quatre autres ensemble: elle est enfermée par deux rangs d'Arcades l'un sur l'autre qui forment des Galeries fort étroites pour aller à couvert tout autour. Il y a encore des cours au delà de celles-ci qui servent d'un côté de Jardin à Messieurs de Saint Lazare qui desservent la Chapelle; & de l'autre à l'infirmerie, & aux autres besoins de cette Maison. Les combles des édifices sont enrichis de divers trophées d'Armes qui produisent un bel effet. La porte de la Chapelle distinguée par un Corps d'Architecture, & un vestibule, se trouve au fond de la grande cour, & vis-à-vis la principale entrée; c'est par là que l'on entre dans la partie de l'Eglise destinée pour ceux de la Maison. Cette partie fait une espece de longue Nef décorée d'un ordre Corinthien en pilastres avec des bas côtez, & des Galeries au dessus, d'où l'on voit en perspective une partie de la nouvelle Eglise.

L'Autel est magnifique, & d'un dessein très-correct. Six grosses Colomnes torses groupées trois à trois, & entourées de pampres, d'épis de Blé, de Feüillages &c. soûtiennent sur leurs entablemens quatre faisceaux de Palmes qui s'élevent, & se réünissent ensemble pour porter un Baldaquin garni de Campanes qui couvre le grand Autel, & qui est terminé par un Globe surmonté d'une croix qui en fait l'amortissement. Tout cet Autel avec ses accompagnemens, & ses ornemens est doré avec une profusion, & une recherche qu'on ne sauroit assez exprimer. La voute du Sanctuaire est décorée de deux grands morceaux de peinture faits par Noël Coypel, où le mystere de la Sainte Trinité, & l'Assomption de la Sainte Vierge sont représentez. Le Dome a 30. Toises depuis le pavé jusqu'à la Clef de sa voute, & son ouverture circulaire est de 50. pieds de Diametre. Il est éclairé par douze fenêtres. Les douze Apôtres avec les instrumens de leur Martyre peints sur la premiere voute sont de Jean Jouvenet; & la Gloire qui est peinte dans la seconde voute est de Charles la Fosse, aussi-bien que les quatre Evangelistes qui sont entre les Arcs doubleaux qui portent la masse du Dome. Les six Chapelles ont chacune en marbre, la Statuë du Saint ou de la Sainte à qui elles sont dediées.

Celles de la Chapelle de la sainte Vierge & de sainte Therese qui sont dans la croisée sont de Corneille van Cleve, & de Phil. Maniere. Les quatre autres Chapelles sont dédiées aux quatre Peres de l'Eglise Latine. Les voutes de ces Chapelles sont divisées en six cartouches dans lesquels on a representé les principales actions de la vie du Saint dont l'enlevement au Ciel est representé dans le fond de la voute. Celles de saint Jerôme & de saint Ambroise ont été peintes par Boulogne l'aîné. Celle de saint Augustin par son frere, & celle de saint Gregoire Pape par Corneille. Toutes ces peintures sont à fraisque d'une grande correction de dessein & d'une beauté surprenante. Les Statues qui remplissent les niches sont des morceaux bien travaillez; les bas reliefs, & cette quantité prodigieuse d'ornemens de toutes les façons, & en général toutes les sculptures, sont d'une invention ingenieuse & nouvelle, & d'un fini qui va au delà de tout ce qu'on voit ailleurs.

Le pavé est de marbre blanc, divisé par des compartimens de diverses couleurs parfaitement bien rapportées. La principale porte de cette Eglise est du côté de la Campagne, & a quelque chose de bien noble. Sa Façade est de vingt-huit Toises d'étenduë. Elle est élevée sur un perron de plusieurs marches, & ornée d'un grand ordre dorique avec un Corinthien au dessus. La forme exterieure de l'édifice, est un quarré sur les angles duquel on a placé les Peres de l'Eglise, groupez deux à deux. Au milieu s'éleve la tour qui forme le dôme. Elle est ornée de deux ordres de Colonnes, de fenêtres, & de diverses sculptures; & autour regne une balustrade accompagnée de seize Statuës de Saints. Le Dôme élevé qui couronne l'édifice, & qui a environ cinquante toises depuis le rez de chaussée jusqu'à l'extrémité de la croix, est couvert de plomb, & décoré de sculptures & de dorures qui brillent, & dont l'éclat surprend. Au reste le tout ensemble fait un effet magnifique, & on découvre de fort loin ce superbe édifice.

La Maison est vaste & remplie d'Officiers ou de Soldats estropiez. On y admire principalement le grand ordre & l'éxacte discipline qui s'y observent.

INUCENSIS, Ortelius nomme ainsi un Siége Episcopal d'Afrique & cite la Conference de Carthage. C'est une faute de Copistes qui devoient mettre JUNCENSIS. Voiez ce mot.

INVERLOTHE. Voiez INNERLOTHE.

INVERNESS. Voiez INNERNESS.

INUICASTRUM. Voiez l'Article CASTRUM INUI, au mot CASTRUM.

INUS [c], petit Etang du Peloponnese dans la Laconie, selon Pausanias qui dit qu'il étoit près d'Epidaure surnommé Limera. Son nom n'est autre chose que le genitif d'Ino, & aux fêtes de cette Maitresse de Jupiter, on y faisoit des ceremonies superstitieuses.

[c] l. 3. c. 23.

INUTRIUM, ancienne Ville de la Vindelicie, selon Ptolomée [d]. Aventin dans son Histoi-

[d] l. 2. c. 13.

INY. JO. JOA.

Histoire de Baviere croit *a* que c'est presentement Mittenwald, Village de Baviere, en deçà des Alpes, peu éloigné de la source de l'Isser. Il en parle ailleurs *b* comme d'une place qui avoit été forte.

a Ann. Boior. l. 2. p. 58.
b l. 3. p. 150. ser.

INYCTUM, c'est ainsi qu'on lisoit dans Etienne le Géographe. Cluvier *c* a fait voir qu'il faloit lire INYCUM.

c Sicil. Ant. l. 1. in fine.

INYCUM, ancienne Ville de Sicile sur la Riviere d'Hypsa. Vibius Sequester dans sa liste des Rivieres dit : *Hypsa: secundum Irecum Urbem Hispaniæ decurrit gratam Herculi.* C'est un effet de l'ignorance des Copistes qui ont barbouillé cet Auteur rempli de mots qu'ils n'entendoient pas. Il n'y a en Espagne, ni Riviere de Hypsa, ni Ville ni Bourg d'Irecon. Il doit y avoir dans cet Auteur *Hypsa secundum Inycum Urbem Sicaniæ decurrit g.* & alors tout est juste. D'anciens Auteurs comme Pausanias ont dit qu'*Inicum* étoit la residence de Cocale Roi des Sicaniens. Dedale, dit cet Auteur *d*, ayant été condamné par Minos pour une malversation qui meritoit la mort & s'étant échapé de la prison avec son fils, se sauva à Inicum Ville des Sicaniens chez Cocale & fut le sujet d'une guerre entre Minos qui l'envoya reclamer, & le Roi qui refusa de le rendre. C'est à cause de cela que l'Abreviateur d'Etienne dit au mot Κάμικος, *Camicus*, Ville de Sicile dans laquelle regna Cocale hôte de Dedale. Mais Charax pretend que c'étoit *Inycum*. Charax ne veut pas dire que *Camicus* & *Inicum* fussent une même Ville ; mais il disoit que Cocale avoit fait son sejour à *Inicum*, au lieu que d'autres soutenoient que c'étoit à Camicus. Herodote *e* dit INICUM au neutre & INYX au feminin. Le passage d'Etienne, & un autre d'Hesyche nous apprennent que le vin d'*Inicum* étoit fort vanté. Cluvier avoue que le vin de Partanna est en reputation ; mais *Partanna* est selon lui, à deux milles de l'Hypsa aujourd'hui le Belici ; & *Inicum* étoit au bord de cette Riviere. Par consequent ce ne peut être ni la Partanna d'aujourd'hui, ni la Pintia de Ptolomée, qui y convient encore moins. Mais *Inycum*, étoit sur le Belice de maniere pourtant que les environs de Partanna étoient de son territoire, ce qui est très-facile à croire.

d In Achaic.
e l. 6.

INYSSUS, Ville d'Egypte près du mont Casius, selon Etienne le Géographe qui cite pour garant Herodote. Mais cet Auteur cité dit Ienysus, Ἰήνυσος, en plusieurs passages du III. Livre.

JO.

JO, Ἰώ, c'est-à-dire *la Lune*, dit Suidas, Ville fondée par Inachus Roi d'Argos. Il ne dit pas où.

JOACHIMS-THAL, c'est-à-dire la Vallée de St. Joachim, Ville & Vallée du Royaume de Bohême, dans le Cercle d'Einbogen, joignant les Frontieres du Voigtland. Au commencement du XVI. Siécle, on y découvrit de riches Mines d'argent & l'an 1519. on commença d'y frapper des écus d'argent du poids d'une once. D'un côté on y voioit l'image de St. Joachim & sur le revers celle du Comte Etienne de Schlick qui étoit alors

f Mem. commun.

JOA. JOB. JOC. 225

Seigneur de ce lieu. Comme cette monnoye se repandit dans toute l'Allemagne, on l'appella JOCHIMS-THALER, c'est-à-dire écus de la Vallée de St. Joachim, & en Latin *Joachimici nummi*, par abreviation on a dit THALER, & ceux qui ont été frapez ensuite, selon les loix Monetaires de l'Empire, ont été apellez Reichs Thaler, Ecus de l'Empire, que les François nomment par corruption *Risdale*.

JOANNINA, Mr. Corneille dit Ville d'Epire avec un port d'eau douce : Chalcondyle la prend pour Cassiope & la met en Etolie ; mais peu de personnes sont de son opinion. Mr. Corneille confond bien des choses dans ce peu de Lignes. Il y a eu trois Cassiopes très-remarquables ; deux étoient des ports de Mer & pas une des deux n'est la Janina qui est loin de la Mer. Voiez CASSIOPE 3. & JANINA.

JOANNIPOLIS. Voiez PARASTLABA.

JOB, Fontaine de l'Idumée. Isidore cité par Ortelius dit qu'elle change de couleur quatre fois l'an, & qu'elle est successivement bourbeuse, de couleur de sang, verte & limpide.

JOBACCHI, Ἰοβάκχοι, Peuple d'Afrique dans la Marmarique, selon Ptolomée. Ils étoient voisins des Anagombres & des Ruadites.

JOBAB, Moïse nomme ainsi un des fils de Jectan *g*, & dit positivement qu'ils habitoient tous entre Messa & Sephar Montagne Orientale. Bochart *h* observe que JEBAB יבאב en Arabe signifie un *desert* tel qu'est celui de la côte du Golphe Sachalite, où Ptolomée place un Peuple qu'il nomme JOBARITÆ : au lieu de quoi il faut lire JOBABITÆ. Il a été facile à des Copistes ignorans de mettre un P. pour un B. le même Bochart prend *Messa*, pour *Musa*, ou *Muza* port de la Mer rouge, où Pline *i* dit que les Marchands alloient acheter de l'encens & des parfums d'Arabie.

g Genes. c. 10. v. 29.
h Phaleg. l. 2. c. 29.
i l. 6. c. 23.

JOBANUS, le livre des Limites nomme ainsi une ancienne Bourgade d'Italie, dans le Pays des Samnites, selon Ortelius *k*.

k Thesaur.

JOBARITÆ, Ἰοβαρῖται, ancien Peuple de l'Arabie heureuse, selon Ptolomée *l*. Voiez l'Article JOBAB. Ils étoient voisins des Sachalites.

l l. 6. c. 7.

JOBULA *m*, ancienne Ville d'Asie dans l'Albanie, selon Ptolomée.

m l. 5. c. 12.

JOCAPATA, Mr. Corneille decrit sous ce nom une Ville de Palestine & cite du Verdier. Il devoit écrire JOTAPATA. Voiez ce mot.

JOCELIN *n*, ou JOSSELIN, petite Ville de France en Bretagne dans l'Evêché de St. Malo. Aux confins de l'Evêché de Vannes, sur un ruisseau qui y tombe dans l'Ouste, entre la Trinité, Ploermel, Malestroit, Lociné, & la Chèze. Cette Ville, quoi que petite, envoye ses Deputez aux Etats de Bretagne.

n Jaillot Atlas.

1. JOCUNDIACUM, Village de France en Touraine près de Tours. Gregoire de Tours dit dans son Histoire *o*, en parlant de Meroüée & de Guntchramne Boson qui s'étoient refugiez dans l'Eglise de St. Martin de Tours : qu'étant sortis de la Basilique ils s'en alle-

o l. 5. c. 14.

Q 3

JOC. JOD. JOE.

allerent à la maison de *Jocundiacum, ad Jocundiacensem domum* qui étoit près de la Ville, avec des Chiens & des Eperviers, pour y chasser. Mr. de Valois [a] a dit que le nom moderne est JOUAY sur le Cher près de Tours.

[a] Notit. Gall.

2. **JOCUNDIACUM** PALATIUM, ancienne Maison des Rois de France dans le Territoire de Limoges, un Auteur contemporain de Louis le Debonnaire dont il a écrit les Annales écrit ce nom *Andiacum*, dans un passage [b], mais c'est en l'estropiant, car ailleurs [c] il dit *Jocundiacum*. Il dit que c'étoit une des quatre Maisons Royales où Louis alors Roi d'Aquitaine alloit passer l'Hyver. Ce même lieu est nommé *Joquntium Palatium* dans la Vie de St. Genoul. Le nom moderne est JOAC.

[b] Ad ann. 796.
[c] Ad ann. 832.

JOCURA, selon quelques Exemplaires de Ptolomée [d], les Manuscrits portent JUCARA, Ἰουκάρα, ancienne Ville de l'Arabie deserte.

[d] l. 5. c. 19.

JODO [e], Ville du Japon dans l'Isle de Niphon sur la Route d'Osacca à Méaco. Quoique petite elle est celèbre & est entourée d'eau & outre cela plusieurs Canaux qui coupent la Ville & qui sont derivez de la Riviere qui l'entoure. Les Fauxbourgs consistent en une rue longue par laquelle on arrive à un magnifique pont de bois nommé JODO OBAS. Il a quatre cens pas de longueur & est supporté par quarante Arches auxquelles repond un pareil nombre de Balustrades ornées au haut avec des boules de cuivre jaune ; tout cela fait un très-bel effet. Au bout du Pont, il y a une porte simple bien gardée par où l'on entre dans la Ville. Elle est agréable & commodément située : elle a des maisons bien bâties, le peu de ruës qui se coupent l'une l'autre sont à angles droits, & vont les unes à l'Est & les autres au Sud. Il y a un grand nombre d'Artisans & d'Ouvriers à Jodo. Au côté Occidental de la Ville est le Château, bâti de briques au milieu de la Riviere. Il a à chaque angle des tours magnifiques qui ont plusieurs étages, de même qu'au milieu des Murs, ce qui donne un aspect magnifique & agréable à tout le bâtiment. La place qui est devant le Château est enfermée par une forte muraille de briques qui va jusques dans la Ville. Ce Château est la demeure du Prince Fondaisiono. De l'autre côté de la Ville est un pont de deux cens pas de long soutenu par vingt Arches ; il méne à un autre Fauxbourg au bout duquel il y a un bon corps de garde.

[e] Kaempfer Hist. du Japon. l. 5. T. 2. p. 192.

JODOGAWA, Riviere du Japon dans l'Isle de Niphon, elle a son Embouchure dans le Golphe d'Osacca, & coule à Jodo, dont elle porte le nom, le sien ne signifiant autre chose que Riviere d'Jodo. Assez près de cette Riviere est UDSII gros Village ou petite Ville ouverte, celebre dans tout le Japon parce qu'elle produit le meilleur thé, qui à cause de sa bonté naturelle est cultivé avec soin & envoyé à Jédo pour l'usage propre de l'Empereur.

JOESWOE, (prononcez IOUSWOU) Ville de la Chine & la huitiéme du departement de Pekin sur le bord du Canal nommé Chaoléang, à cent quatre vingt lis de Tiencin. Elle a une demie-heure de circuit, & est fortifiée & bien peuplée : il y a un Bureau où les barques

JOG. JOH. JOI.

payent en passant & en repassant. C'est ce qu'en dit Niewhowe [f] dans sa Relation de l'Ambassade des Hollandois à la Chine. Le P. Martini n'en dit rien dans son Atlas Chinois.

[f] p. 138.

JOGANA, ancienne Ville de l'Isle de Taprobane, selon Ptolomée. Elle étoit vers le Nord de l'Isle.

JOHANINORUM EPISCOPUS. C'est le titre Latin que donnent certains Actes & Monumens Historiques à l'Evêque de la JANINA.

JOHANSBERG [g], ou plutôt JOHANSBURG, Ville de Pologne, dans la Sudavie Canton de la Prusse Ducale sur la Riviere de Pysch, assez près du Lac de Spirding. Cette Ville qui a une assez bonne Citadelle, est nommée PYSCH par les Polonois du nom de la Riviere qui l'arrose.

[g] Ant. Celsarius, Nov. desc. Polen. P. 552.

JOIGNI, Ville de France en Champagne, au Diocèse de Sens ; en Latin *Joviniacum*. Ce lieu qui est fort ancien a eu ses Comtes particuliers il y a environ sept cens ans, & a été demembré de l'ancien Comté ou Territoire de Sens. Cette [h] petite Ville est bien située sur l'Yonne à six ou sept lieues de Sens. Elle porte le titre de Comté. Il y croît de bons vins. Alberic [i] Moine des trois Fontaines dit dans sa Chronique à l'année 1055. qu'en ce temps-là le Comte de Braine sur Aube étoit Engelbert qui épousa la Comtesse de Joigni, *Comitissam Joviniaci* ; laquelle avoit une fille unique ; que par l'adresse d'Engelbert la Demoiselle fut mariée à un brave Cavalier nommé Etienne des Vaux auprès de l'Abbaye de St. Urbain ; qu'Etienne après la mort de la Comtesse fut Comte de Joigni & fut le premier qui bâtit le Château de Joinville (*Castrum de Jove Villa,*) & qu'enfin cet Etienne eut un fils nommé Gaufrid, ou Géofroi qui fut Comte de Joigni & second Seigneur de Joinville. Ainsi ces deux titres furent unis appartenant à la même personne. Cet Auteur au reste ne dit point, comme Mr. de Longuerue [k] qui le cite qu'Etienne avoit de grandes terres en Champagne, ni que le nom Latin de Joinville soit *Joignivilla* & ait été donné à ce Château à cause qu'il a été bâti par un Comte de Joigni. Le Moine Alberic dit bien formellement qu'un Comte de Joigni bâtit le premier le Château de Joinville qu'il nomme *Castrum de Jovevilla.*

[h] Baugier Mem. Hist. de Champagne T. 1. p. 361.
[i] Leibnitz access. Hist. T. 2. p. 92.
[k] Desc. de la France p. 1. pag. 34.

Ce Comté & cette Seigneurie demeurerent ainsi dans la même maison jusqu'à l'an 1110. Géofroi Comte de Joigni & Seigneur de Joinville laissa deux fils qui separerent ces biens. Reinaut eut le Comté de Joigni, & Roger fut Seigneur de Joinville.

Le Comté de Joigni étant venu à la maison de Ste Maure, Charles de Ste Maure, Comte de Joigni, & Marquis de Nesle étant mort sans posterité l'an 1576. il eut pour Heritier son Cousin-Germain Jean de Laval fils de Louise de Ste Maure, Tante de ce Marquis. Jean de Laval eut pour Heritier son fils Gui de Laval qui étant mort sans enfans l'an 1590. eut pour Heritier son Cousin-Germain René de Laval aux Epaules qui fut Marquis de Nesle. Mais la terre de Joigni fut acquise par le Cardinal Pierre de Gondi Frere du Marechal réchal de Retz, duquel descendoit la Duchesse Douairiére de Lesdiguieres Comtesse de Joigni morte en 1716. C'est le Duc de Villeroi qui en a herité. Nous marquons ailleurs le fort de la Seigneurie de Joinville.

JOINVILLE, Ville de France en Champagne dans le Vallage, contrée ainsi nommée à cause des Vallées dont elle est remplie, & dont elle est le chef-lieu, sur la Marne à six lieues de St. Dizier en remontant, au pied d'une haute Montagne sur l'angle de laquelle est un grand & magnifique château où les Ducs de Guise, Princes de Joinville, de la Maison de Lorraine venoient assez souvent prendre l'air dans la belle saison. Ce fut dans ce Château (si nous en croyons Belleforêt & du Chêne) qu'en l'année 1587. fut conclue cette fameuse Ligue qui fit tant de bruit dans la suite.

Cette Ville est, dit-on, aussi ancienne que le Dieu Janus : ce qui lui a fait donner par quelques-uns le nom de *Jani Villa*, d'autres ont crû qu'elle étoit redevable de sa fondation à Junon & à cause de cela l'ont nommée *Junonis Villa*, ou *Junopolis*. Enfin d'autres marquent le tems qu'elle a été bâtie dans un siécle bien plus proche de celui où nous vivons, puisqu'ils l'attribuent à Etienne de Broyes, Seigneur Champenois, qui vivoit dans l'onziéme siécle, & qui avoit fait bâtir (à ce qu'ils assurent) ce Château en l'année 1000. Ils disent que l'avantage de sa situation attira des habitans au pied de la Montagne, où il se forma un Bourg, que l'on dit avoir été fermé de murailles par les ordres du Roi Loüis le Gros, & que dans la suite ce Bourg est devenu une Ville d'une assez raisonnable étenduë : ç'a été le sentiment du Cardinal de Lorraine. Ce Prince qui avoit pris naissance en ce Château, l'a nommé *Joannis Villa*, comme il se voit dans les Bulles & Chartres qu'il a obtenues en faveur de Joinville : mais sans vouloir combattre le sentiment d'un si grand homme, il semble que l'opinion la mieux fondée est celle de ceux qui en donnent l'établissement à Jovin, Colonel Général de la Cavalerie & de l'Infanterie Romaine, & Lieutenant de Valentinien, Empereur d'Occident, (dont nous avons parlé dans la description de la Ville de Reims) qui fit bâtir en cet endroit l'an 369. une Tour ou Forteresse, à laquelle il donna son nom, & de laquelle on voit encore aujourd'hui les ruines : ce qui a fait que plusieurs Auteurs lui ont donné le nom de *Jovini Villa*. Et quoique les habitans du Pays croyent par tradition que l'Eglise de Notre-Dame de Joinville a été autrefois consacrée à Jupiter, & qu'ils appellent à cause de cela cette Ville *Jovis Villa* : il y a néanmoins apparence que l'on a confondu ces deux noms de Jovin & de Jupiter qui a au genitif *Jovis*, y ayant assez de rapport entre ces deux mots ; & que cette Eglise avoit été véritablement consacrée à l'honneur de Jovin même, que S. Remy qualifie Saint dans son Testament, & dont on voit la Statuë & celle de sa femme au grand portail avec les ornemens imperiaux dont il fut honoré, suivant le sentiment de plusieurs Auteurs. Quoi qu'il en soit, ce qui est de certain, c'est que Joinville fut une ancienne Baronnie érigée par Eustache de Boulogne,

qui épousa Ida, sœur de Godefroy de Boulogne, Eustache qui fut Comte du Boulonnois, & Guillaume qui eût la Seigneurie de Joinville, pour lors érigée en Baronnie.

Selon ce même Historien de Champagne que j'ai cité en marge, Guillaume eut pour fils Etienne qui avoit épousé Marie Comtesse de Joigni, apparemment la même dont parle Alberic dans l'article precedent. Je ne suivrai point les longs détails de Mr. Baugier, je passe tout d'un coup à Geofroi II. petit-fils de cet Etienne. J'ai déja dit qu'il eut deux fils, savoir Reinaut qui fut Comte de Joigni & Roger qui fut Seigneur de Joinville. Après la mort de Geofroi II. arrivée en 1100. Roger mourut en 1130. Géofroi III. son fils Senéchal de Champagne fut Pere de Géofroi IV. aussi Senéchal de Champagne ; ses autres Successeurs furent Simon, & ensuite Jean, connu sous le nom de Sire de Joinville de qui nous avons une Histoire de St. Louis ; il vivoit en l'an 1206. & mourut l'an 1318. son fils Anceau de Joinville & de Rinel Senéchal de Champagne épousa en secondes noces Marguerite de Vaudemont. De ce Mariage vint Henri Sire de Joinville Comte de Vaudemont & Senéchal de Champagne, qui ayant vécu jusqu'à l'an 1361. ne laissa que deux filles. L'ainée nommée Marguerite épousa Ferri de Lorraine Seigneur de Guise fils puîsné de Charles Duc de Lorraine. Ferri fut tué à la Bataille d'Azincourt & laissa un fils Antoine Comte de Vaudemont & Sire de Joinville qui fut Pere de Ferri II. ce dernier eût pour fils René qui fut Duc de Lorraine par sa Mere.

Le Duc René eut entre autres enfans Claude Duc de Guise qui fut pere de François aussi Duc de Guise, pour lequel Henri II. Roi de France érigea la Seigneurie de Joinville en Principauté par Lettres vérifiées au Parlement le 9. Mai l'an 1552. François laissa cette Principauté à son fils Henri tué à Blois l'an 1588. Claude de Lorraine, troisiéme fils d'Henri eut cette terre en partage & comme il fut contraint de la vendre pour payer ses dettes, elle fut achetée par le Cardinal de Joyeuse qui la donna en dot à sa Niéce Henriette Catherine, lorsqu'elle épousa Charles Duc de Guise Frere ainé de Claude, Prince de Joinville, qui porta le titre de Chevreuse après la vente de sa Principauté. Mais Joinville étant un propre de la Duchesse de Guise, est retourné à Mademoiselle de Montpensier sa petite-fille après la mort de la Demoiselle de Guise arrivée l'an 1688. Cette Princesse de Montpensier ayant donné par Testament tous les biens qui lui restoient à Philippe fils de France, Duc d'Orleans, la Principauté de Joinville est presentement possedée par le Duc d'Orleans, petit-fils de Philippe.

JOKAITZ, Ville du Japon dans l'Isle de Niphon sur la Route de Miaco à Fammamatz à deux lieues de Tsitsuki & à trois de Quano. Elle est assez grande, d'environ mille maisons. Elle a plusieurs bonnes Hôtelleries, où les voyageurs sont très-commodément, car les habitans sont obligez de gagner leur vie en partie par le moyen des allans & des venans, & en partie par ce qu'ils tirent de la Mer voisine qui baigne les côtes Meridionales & sur la-

128 JOK. JOL. JOM.

laquelle la Ville est située. Elle leur fournit du Poisson, des Cancres, des Herbes Marines & des choses semblables.

b Baudrand Ed. 1705.
JOKULS-AA [b], Riviere d'Islande dans sa partie Septentrionale. Elle coule dans le quartier de Reikiahversi & se jette dans le Golphe d'Oxar, selon Theodore Thorlac Islandois.

JOL, ancienne Ville de la Mauritanie. On la nommoit aussi CESARE'E & c'est la 8. Ville de ce nom dans ce Dictionnaire.

IOLAENSES, Strabon parlant des incommoditez de l'Isle de Sardaigne, dit qu'elle étoit souvent ravagée par les Montagnards appellez DIAGEBRES, nommez anciennement *c l. 5. p. 225.* Jolaenses. On raconte, dit ce Géographe [c], qu'Iolaus y amena quelques fils d'Hercule qui habiterent avec les Barbares qui cultivoient l'Isle. Ils se retirerent sans doute dans les Montagnes après la conquête de l'Isle par les Carthaginois, & subsisterent encore sous les Romains qui enleverent l'Isle à ces Africains. Strabon remarque que cet Iolaus & ceux qui le suivoient étoient Tyrrheniens.

IOLAI LUCUS, ou *le Bois d'Iolaus*, Bois de Grece dans la Béotie près de Thebes, selon Arrien. Alexandre y vint camper venant d'Onchestos.

JOLCITIS, l'Interprete d'Apollonius nomme ainsi l'Estiotide.

d l. 4. c. 9.
e l. 9. p. 436.
IOLCOS, ancienne Ville de Grece dans la Magnesie, selon Pline [d]. Strabon [e] dit qu'elle étoit à sept Stades, c'est-à-dire, environ un quart de lieue de Demetriade. Il ajoute qu'il y avoit déja long-temps qu'elle *f l. 7. c. 57.* avoit été démolie. Pline [f] observe que ce fut à Iolcos qu'Acaste inventa les jeux Funebres. Elle étoit maritime, & Tite-Live [g] parle d'u-
g l. 44. c. 13. ne flotte qui y aborda. Homere la nomme *Iaolcus* dans le second Livre de l'Iliade.

IOLCUS, Ville de Grece dans la Molosside, selon Athenée [h]. Ortelius n'ose assurer
h l. 11. que ce soit la même que l'*Iolchos* de Magnesie.

JOLUM, Montagne de Macedoine dans la Perrhebie, selon Etienne le Géographe.

JOLYSITÆ, ancien peuple de l'Arabie heureuse, selon Ptolomée [i], ils étoient au Nord
i l. 6. c. 7. des Catanites.

JOMANES, Riviere des Indes. Pline dit
k l. 6. c. 19. la Riviere de Jomanes [k] traversant le Pays des Palibothres coule entre les Villes de Methore & Clisobore, & va se perdre dans le Gange. Le R. P. Hardouin doute si ce n'est pas la
l In Indic. même Riviere qu'Arrien [l] nomme OMALIS, Ὅμαλις pour Ἰόμανις.

JOMMITENSIS, pour JOMNITENSIS. Voiez l'Article qui suit.

JOMNIUM, ancienne Ville de la Mauritanie Cesariense, selon Ptolomée [m]. Elle est
m l. 4. c. 2. nommée LOMINIO & traitée de Municipe
n Segment. dans la Carte de Peutinger [n]. Antonia [o] la
1. met entre *Rusucurrum* Colonie & *Rusazis* Mu-
o Itiner. nicipe à XVIII. M. P. de la premiere, & à XXXVIII. M. P. de la derniere. Elle fut Episcopale & Honorat son Evêque assista à la Conference de Carthage; *Honoratus*, *Jommitensis Episcopus*. Mr. Dupin aime mieux *Jomnitensis*. Il faut *Jomnitensis*. La Notice Episcopale d'Afrique ne fait aucune mention de ce Siège.

JON.

1. ION, Riviere de Grece, où elle se perd dans le Penée, selon Strabon [p]. C'étoit au
p l. 7. p. 327. bord de cette Ville que la Ville d'OXINEIA étoit située.

2. ION, Montagne de l'Ethiopie interieure, selon Ptolomée [q].
q l. 4. c. 9.

JONACA, Ville de la Perse proprement dite, selon le même [r].
r l. 6. c. 4.

JONÆ PORTUS, c'est-à-dire, le *Port de Jonas*. St. Jerôme parle de ce port dans une Lettre à la Vierge Eustochium [s]. Ortelius
s Epist. 37. croit que c'est le port de Joppé, où Jonas s'embarqua pour aller à Tharsis.

JONAN, Lieu de la Palestine, selon Ortelius, qui dit que St. Jerôme écrit JETHAM. Il cite le XV. Chapitre de Josué, où Jonam, ni Jetham ne se trouvent ni dans l'ancienne Version Latine, ni dans l'Hebreu. Ce dernier porte JITHNAM, la Vulgate *Jethnan*. Les Septante au lieu de ces trois Villes, *Et Cedes & Asor & Jethnan* portent καὶ Κεδὴς καὶ Ἀσοριωναὶν, καὶ Μαινάν. Ortelius a sans doute separé ce nom Ἀσορ, *Asor* des Syllabes suivantes *Ionain* & en a fait les noms de deux Villes differentes. La difference qui se trouve entre le texte Hebreu & les anciennes Versions, la Greque & la Latine, sur les vingt-neuf Villes de la Tribu de Juda, met dans la Chorographie de cette Tribu des obscuritez dont il est très-difficile de sortir.

IONCOPING, c'est la même Ville que IENCOPING.

IONDA, ancien Bourg d'Asie près d'Ephese, selon Diodore de Sicile [t].
t l. 14.

JONDO, Ville du Japon. Voiez IODO.

1. JONE, Etienne le Géographe donne ce nom à la Ville D'ANTIOCHE de Syrie sur l'Oronte.

2. JONE, le même Auteur donne aussi ce nom à GAZA Ville de Palestine.

3. JONE, ou IONA [v], Petite Isle du Ro-
v Etat. pres. yaume d'Ecosse au Sud-Ouest de l'Isle de *de la G.* Mull. Elle a deux milles de long, & un de *Bret. T. 2.* large. Elle produit tout ce que le Climat *p. 290.* est capable de produire. St. Colomban y établit deux Monasteres, l'un d'hommes & l'autre de femmes, qui ont subsisté jusqu'à ce qu'on appelle en Angleterre la Réformation. C'étoit le lieu de la Résidence des Evêques des Isles. On y voit encore des ruines du lieu où étoient inhumez les Rois d'Ecosse & les Chefs des Isles Occidentales dont il n'est resté que trois Inscriptions lisibles. Celle du milieu est en ces termes TUMULUS REGUM SCOTIÆ. L'Inscription qui est à la droite, marque que c'étoit le Tombeau des Rois d'Irlande & celle qui est à la gauche porte que c'étoit le Tombeau des Rois de Norwege. On compte XL. Rois d'Ecosse, IV. d'Irlande & autant de Norwege enterrez dans ce lieu. Il y a aussi le Tombeau de Macdonald d'Ila & du côté du Couchant ceux des deux anciennes Tribus des Macdonalds & du Chef des Macléans.

L'Eglise de Ste Marie dans cette Isle est bâtie en forme de Croix, le Chœur a 18. verges en longueur & le Dome est de 21. pieds en quarré. Il y a deux Chapelles à chaque côté du Chœur dont l'entrée a de gros Piliers en Bas-relief. Le Clocher est grand, les portes & les fenêtres artistement travaillées, l'autel

ION.

tel est de très-beau Marbre. Au Midi de cette Eglise, il y en a une autre qu'on appelle St. Ouran du nom d'un Saint qui y est, dit-on, enterré.

L'Histoire dit que cette Isle étoit un Seminaire d'Ecclesiastiques & que son Eglise étoit comme la Metropole de tous les Etats des Ecossois & des Pictes; & quoique l'Abbé ne fût que simple Prêtre, cependant tout le Clergé & de la Province & même les Evêques étoient sous sa Jurisdiction, comme le venerable Bede le remarque.

1. IONES, ancien peuple qui demeuroit en Egypte au dessous de Bubaste, près de la Mer, selon Herodote [a]. Ces Ioniens étoient un détachement des Ioniens Asiatiques, comme cet Auteur le raconte & Psammitichus leur donna des terres pour les recompenser du secours qu'ils lui avoient donné contre ses Ennemis. Voiez IONIE.

[a] l. 2. c. 154.

2. IONES. Voiez JAONES, & IAS.

IONGHAIVOU [b], Riviere de l'Isle de Madagascar. Son nom signifie Riviere du Milieu parce qu'elle coule entre celles d'Itomampo & de Mangharac. Elle descend des Montagnes du Pays d'Icondre, traverse le Pays de Manamboulé & la Province des Anachimoussi, courant droit au Nord-quart-Nord-Ouest, étant à l'Ouest à une journée de celle d'Itomampo. Après avoir couru ainsi environ 4. à 5. journées, elle se détourne & court à l'Est une journée, pour se joindre à la Riviere de Manharac; & une lieue au dessous elles se joignent à Itohampo, & forment la Riviere de Mananghare qui court à l'Est-Sud-Est, environ six bonnes journées pour se rendre à la Mer se divisant en sept bouches.

[b] Flacourt Hist. de Madagascar 1 part. c. 5. p. 12.

IONICA, Contrée d'Italie, selon Solin [c]. Il dit que cette Contrée nommée Ionica prit ce nom d'Ione fille de Naulochus laquelle voloit sur les grands Chemins & qui fut tuée par Hercule. Martianus Capella copie Solin. Saumaise [d] qui ne trouve point d'autre Auteur qui ait ainsi nommé cette Contrée, doute s'il ne faudroit pas lire CHONICA de la Ville de CHONE.

[c] l. 2. Edit. Salmas.
[d] In Solin. p. 10.

IONIDÆ, Ἰωνίδαι, Municipe du Grece dans l'Attique dans la Tribu Ægeïde, selon Etienne le Geographe.

1. IONIDES, Denys d'Afrique [e] ou le Periegete nomme ainsi les Isles de l'Asie Mineure près de l'Ionie. Il nomme entre autres Samos, Caunus & Chio.

[e] v. 533-535.

2. IONIDES, Peuples qui habitoient en Europe, selon Herodote [f] cité par Ortelius mais au VII. Livre [g] qu'il marque ici trouve que les Ioniens, Ἰωνες, avoient demeuré dans le Peloponese appellé ensuite Achaïe & qu'avant l'arrivée de Danaus & de Xuthus dans le Péloponnese ils étoient nommez PELASGES ÆGIALEENS; ce dernier surnom signifie qu'ils habitoient le Rivage de la Mer; Herodote ajoute qu'ils furent nommez Ioniens d'Ion fils de Xuthus. Voiez IONIE 1.

[f] l. 7.
[g] c. 94.

1. IONIE, partie du Peloponnese, où les Ioniens s'étoient établis sous le nom de Pelasges Ægialéens comme il est dit dans l'Article precedent. Ce que dit Herodote que le Peloponnese avoit été ensuite nommé Achaïe est expliqué par ce passage de Denys d'Halicarnasse [h]: plusieurs Provinces de la Grece firent la même chose, (c'est-à-dire changerent de nom) & celle entre autres qui s'appelle aujourd'hui le Peloponnese; C'est ainsi que l'Achaïe donna son nom à toute la Peninsule qui renferme l'Arcadie, l'Ionie & quantité d'autres peuples qui l'habitent. Ainsi l'Ionie étoit une partie de la Presqu'Isle que nous appellons presentement la Morée. Le même Denys parlant des Ioniens Asiatiques dit [i]: les Ioniens, qui de l'Europe étoient venus habiter les parties Maritimes de la Carie & les Doriens qui y avoient construit des Villes, suivirent l'exemple d'Amphyction & ils bâtirent des Temples à frais communs, les Ioniens en éleverent un à Ephese en l'honneur de Diane & les Doriens en consacrerent un autre à Apollon dans Triopion.

[h] l. 1. c. 17.
[i] l. 4. c. 25.

2. IONIE PROPREMENT DITE, Contrée Maritime de l'Asie Mineure sur la côte Occidentale. On ne convient pas de ses bornes. Cependant Strabon [k] lui assigne douze Villes. Ælien [l] qui lui en attribue autant les nomme ainsi.

[k] l. 14.
[l] Variar. Hist. l. 8. c. 5.

Milet,	Lebede,
Ephese,	Teon,
Erythres,	Colophone,
Clazomenes,	Myus,
Priene,	Phocée.

Ces dix étoient en terre ferme, les deux autres étoient chacune dans une Isle de même nom

Samos, & Chio.

Ainsi Milet au Midi & Phocée au Nord étoient les dernieres Villes de l'Ionie, selon Ælien. Pline [m] le dit aussi & met Phocée dans l'Ionie & Ascanius Portus dans l'Æolide qui terminoit au Nord l'Ionie. Il dit ailleurs, mais dans le même Chapitre, que Milet étoit à l'autre extremité. Herodote [n] partage ainsi les Villes des Ioniens: Milet est la premiere au Midi, ensuite sont Myus & Priene; ces Villes sont dans la Carie & ont un même langage. Celles-ci sont dans la Lydie, Ephese, Colophon, Lebedus, Teos, Clazomene & Phocée, ces Villes ont une même Langue entre elles. Les trois autres Villes sont Ioniques, deux dans les Isles de Samos & de Chio, & la troisieme qui est Erythres est en terre ferme. Voilà les Villes bien comptées.

[m] l. 5. c. 29.
[n] l. 1. c. 142.

De ces détails nous devons conclurre, que l'Ionie n'étoit pas l'ancien nom du Pays qu'occuperent les Ioniens venus de Grece; mais que l'on donna leur nom aux parties de la Carie, & de la Lydie où ils s'établirent; & qu'Herodote dans le passage cité appelle de leur veritable nom.

Ptolomée racourcit l'Ionie du côté du Nord, & en retranche la Riviere d'Hermus & Phocée pour les donner à l'Æolide. Il l'accourcit aussi au Midi, & en ôte Pyrrha, Milet & Heraclée qu'il place dans la Carie. Ainsi il borne l'Ionie au Nord par l'Hermus & au Midi par le Meandre. Mais ces Limites ne conviennent point avec celles que marquent les Auteurs citez ci-dessus. Strabon nous apprend l'Origine & les Migrations des Ioniens, dans un un passage que j'ai raporté fort au long à l'Article ACHAÏE, où l'on peut voir ce qu'il en dit. Cette Province reçut de fort bonne heure les Lumieres de l'Evangile, & dès le temps des Apôtres. Elle eut des Villes Episcopales entre lesquelles Ephese semble avoir tenu le premier lieu. Cependant elle ne fit point une Province particuliere, & dans les Notices les Evêchez de l'Ionie sont partagez entre diverses Provinces. La Province d'Asie proprement dite renfermoit

Smyrne,   Erythres,
Ephese,   Priéne,
Teon,   Colophon,
Phocée,   Clazomenes.

La Notice de l'Empereur Léon le Sage où les rangs des Siéges sont reglez, donne le premier rang entre ceux de l'Asie à l'Evêque de Smyrne. La Carie comprenoit les Evêchez d'Heraclée & de Milet; & les deux Siéges de Samos & de Chio étoient d'une Province particuliere que l'on appella la Province des Isles Cyclades, selon la Notice de Hierocles.

a Thesaur. Ortelius [a] dit que l'Ionie étoit nommée aussi *Panionia*. Il se trompe, cela n'est vrai que d'un petit Canton particulier. Voiez PANIONIA.

IONII ECCLESIA, nom Latin de ST. YON Village de France dans le Diocèse de Paris. Voiez au mot SAINT, l'Article ST. YON.

IONIUM MARE, c'est-à-dire, *la Mer Ionienne*, voiez MER.

IONKERAD, ou IONGKERAD. Voiez EGORIGIUM.

JONOCH, la même que JANOE.

1. JONOPOLIS, ancienne Ville d'Asie dans la Paphlagonie. Il en est parlé dans les Authentiques & dans Constantin Porphyrogenete, selon Ortelius.

b l. 5. c. 4.
c Peripl. Pont. Eux.
d Pseudomant.

2. JONOPOLIS, ancienne Ville d'Asie dans la Galatie, selon Ptolomée [b] & Arrien [c]. Elle s'appelloit. ABONI TEICHOS, Ἀβώνου Τεῖχος, c'est-à-dire, le *Mur d'Abonus*. Lucien [d] raporte dans un de ses Ouvrages qu'un certain Imposteur nommé Alexandre demanda à l'Empereur que cette Ville quitât son nom pour prendre celui de Jonopolis.

§ Je doute que ces deux Villes soient differentes l'une de l'autre.

JONQUERE, en Latin JUNCARIA, Ville d'Espagne en Catalogne, dans l'Ampourdan au pied des Monts Pyrénées sur la Frontiere du Roussillon, à trois lieues de la côte & à cinq de Perpignan, en allant vers Figuere & Gironne. Voiez l'Article JUNCARIA.

JONQUIERES, Petite Ville de France, en Provence, dans l'Archevêché d'Arles, au Midi de l'Etang de Berre, à cinq lieues d'Aix & de Marseille.

e De l'Isle Atlas. JONSAC [e], ou JONZAC, Bourgade de France en Saintonge auprès de la Sevigne qui tombe dans la Charente. Mr. Corneille en fait une Ville.

f l. 4. c. 3. JONTII, ancien peuple de l'Afrique propre, selon Ptolomée [f].

g Ortel. Thes. JOPILIA & VILLA, Village sur la Meuse près de Liége. Il en est parlé dans la Vie de St. Lambert. C'est presentement JUPILLE au bord Oriental de la Meuse au dessous de Liége.

JOPIS, Contrée du Peloponnese dans la Laconie, selon Etienne le Géographe qui cite Herodien. Ortelius [h] croit que cet Herodien [h Ibid.] doit être different de celui qui a écrit la Vie de quelques Empereurs.

1. JOPOLIS [i], Ἰώπολις, Ville d'Asie dans [i Ibid.] la Syrie sur le Mont Sylpius, & près de l'Oronte, selon Cedrene. Eustathe la nomme Iupolis, Ἰούπολις & la place près d'Antioche.

2. JOPOLIS [k], Ville d'Asie quelque part [k Ibid.] vers la Galatie, si l'on en croit Metaphraste dans la Vie de St. Théodore Abbé.

JOPPE [l], Ville & port de Mer de la Palestine, sur la Mediterrannée elle est nommée [l D. Calmet Dict.] Jaffa, ou Japha dans les Auteurs du moyen âge, & dans les Modernes. C'étoit le seul port que les Hébreux possédassent sur la Méditerranée. Les Profanes croyent qu'elle tire son nom de Jopé fille d'Eolus, [m] & femme [m Stephani.] de Cephée, qui en est le Fondateur. On y in Jope. voyoit encore du tems de Saint Jérôme [n], des [n Hieronymi.] marques de la Chaine à laquelle Androméde in cap. 1. avoit été exposée, lorsqu'on l'exposa au Jona & in Epitaphio Monstre marin pour être devorée. Il y a Paula. Joquelque apparence que la fable d'Androméde a seph. de Belété forgée sur l'avanture de Jonas, qui s'étant lo l. 3. c. 15. embarqué à Joppé, fut jetté dans la Mer, & englouti par un Monstre marin. Voiez Jonas. Joppé étoit situé dans une belle plaine, entre Jamnia au Midi, & Césarée de Palestine au Nord, & Rama, ou Ramula à l'Orient. Le Port de Joppé n'est nullement bon, à cause des rochers qui s'avancent dans la Mer [o]. Il est [o Joseph.] souvent fait mention de Joppé, tant dans les de Bell. l. 3. Livres de l'ancien Testament écrits en Hé- c. 15. breu, que dans les Livres des Maccabées, & dans le Nouveau Testament. Tabitha, que Saint Pierre ressuscita, demeuroit à Joppé [p Act. c. 9.] Le même Apôtre étoit à Joppé [q], lorsque v. 36. 37. Dieu lui fit voir un linge plein de reptiles, [q Ibid. c. 10.] pour lui marquer qu'il ne devoit plus faire de v. 5. & seq. distinction entre le Juif & le Gentil, lorsqu'il trouvoit des gens disposez à recevoir la parole de la verité.

JOR. Voiez IHOR.
JORC. Voiez YORCK.

JORDANE, (la) Riviere de France en Auvergne; elle passe à Aurillac & tombe dans la Cere.

JORDANIS, nom Latin du Jourdain, voiez ce mot.

JORDANI VICUS, Village de la Palestine; c'est où commençoit le Pays de Samarie, selon Egesipe [r].

JORDEA, ancienne Contrée de l'Inde, si [r l. 3. c. 6.] nous nous fions à une Lettre d'Aristote à Alexandre, mais Ortelius [s] juge qu'elle est sup- [s Thesaur.] posée.

JORDII, Peuple ancien de la Scythie en deçà de l'Imaus, selon Ptolomée [t]. [t l. 6. c. 14.]

1. JORGIANE [v], Riviere d'Asie dans [v Hist. de la Perse. Elle donne son nom à une Ville Timur-Bec qu'elle arrose dans la Province de Mazanderan, l. 3. c. 18. Frontiere de Ghilan & se decharge dans la Mer Caspienne à 89. d. de Longitude & à 38. de Latitude, selon les Géographes Arabes.

2. JOR-

JOR. JOS.

2. JORGIANE[a], Ville d'Asie dans la Corassane sur la Riviere de même nom. Les Arabes lui donnent 90. d. de longitude, & 37. de latitude.

JORI, Peuple ancien de Grece dans la Macedoine. Leur Ville s'appelloit JORUM, selon Ptolomée[b].

JOS, Isle de la Mer Egée près de l'Isle de Thera, selon Strabon[c]. Pline[d] dit qu'elle est à xxiv. M. P. de Naxie, qu'elle est celébre parce qu'Homere y est enterré, qu'elle a xxv. M. P. de long, & qu'on la nommoit autrefois PHOENICE. Scylax dit de même qu'Homere y reposoit. Etienne le Géographe la met au nombre des Cyclades. C'est presentement NIO.

1. JOSAPHAT[f], Abbaye de France, Ordre de St. Benoît, dans un Village à une lieue de Chartres. Elle est dediée à la Ste Vierge.

2. JOSAPHAT, (LA VALLÉE DE) Vallée de la Palestine, selon quelques-uns, & selon d'autres ce n'est qu'une expression metaphorique. D. Calmet[g] en parle ainsi : Joël[h] dit que le Seigneur assemblera toutes les Nations dans la Vallée de Josaphat, & qu'il entrera en jugement avec elles dans cet endroit. Abenezra croit que cette Vallée est celle où le Roi Josaphat remporta une si grande victoire, & avec tant de facilité, sur les Moabites, les Ammonites & les Méonites de l'Arabie Pétrée. 2. Par. xx. 1. 2. 3. & suivans. Cette Vallée étoit vers la Mer Morte, & au-delà du désert de Thécué; & depuis cet événement, elle porta le nom de VALLÉE DE BENEDICTION. 2. Par. xx. 26. D'autres croyent que la Vallée de Josaphat est entre les murs de Jérusalem, & le Mont des Oliviers, & qu'elle est arrosée du torrent de Cédron, qui coule au milieu de cette Vallée. Saint Cyrille d'Aléxandrie[k] sans s'expliquer davantage, dit que cette Vallée n'est éloignée que de quelques Stades de Jérusalem. Enfin il y en a qui soutiennent que les anciens Hébreux, n'ayant connu aucun lieu distinct sous le nom de Vallée de Josaphat, Joël a voulu sous ce nom marquer en général, le lieu où le Seigneur doit exercer son jugement contre les Nations, & celui où il doit paroître au jugement dernier avec tout l'éclat de sa Majesté. Josaphat en Hébreu[l], signifie le jugement de Dieu. Voyez les Commentateurs sur Joël, III. 2. Il y a assez d'apparence que dans Joël, la Vallée de Josaphat, ou du jugement de Dieu, est symbolique, aussi bien que dans le même Prophéte, & au même Chapitre, la Vallée du Carnage, Vallis Concisionis. Joël III. 14. C'est sur cet endroit que les Juifs & plusieurs Chrétiens ont crû que le dernier Jugement se feroit dans la Vallée de Josaphat.

Cependant tous les Voyageurs de la Terre Sainte y visitent la Vallée de Josaphat. Thevenot[m] a nommé cette Vallée de Josaphat entre Jerusalem & le Mont des Oliviers; selon lui elle est longue d'environ une lieue, mais elle n'est pas fort large & elle sert comme de fossé à la Ville de Jerusalem. Doubdan[n] en fait une description assez ample que nous abregerons ici. Cette Vallée est, dit-il, entre les Montagnes de Moria & Sion, sur lesquelles la Ville est bâtie à l'Occident, & le Mont Olivet & d'Offension à l'Orient, & s'étend quelques deux milles pas en longueur du Septentrion au Midi, autant que la Ville, à laquelle elle sert de fossé. Elle a encore au moins deux cens cinquante pas de profondeur au regard de la Ville, & cinq à six cens du côté du Mont Olivet, qui est plus d'une fois plus haut. Il est vrai qu'elle a été remplie & rehaussée à son bout d'enhaut, vers le Septentrion, & vis-à-vis de la porte de Saint Estienne, comme on peut voir par la profondeur de l'Eglise du Sépulchre de Nôtre-Dame; mais non en son milieu, ni plus bas à sa fin, comme il est aisé de juger par les vestiges de N. S. qui sont gravez dans la roche du fond du torrent, & la Fontaine de Siloé, lesquels lieux ne pourroient pas paroître à découvert, & à fleur de terre, comme ils sont encore, mais plûtôt seroient ensevelis dessous les ruines, comme étoit ce sacré monument. Le fond de la Vallée est étroit au bout d'enhaut, n'ayant presque que le lit du Torrent de Cédron, mais elle s'élargit peu-à-peu, à mesure que les deux Montagnes s'élevent de part & d'autre, & du côté du Midi elle paroît beaucoup plus platte, notamment au pied des Monts de Sion & d'Offension, où elle a bien deux ou trois cens pas de largeur, & est semée & cultivée de Grains & d'Herbes Potageres. Il y a deux petits ponts de pierres d'une seule Arcade sur le Torrent de Cédron, comme nous avons vû ci-dessus, un desquels est à la descente de la porte Saint Etienne, & l'autre environ le milieu de la Vallée, & un peu au dessous sont les Sépulchres des Juifs.

Il lui donne une grande étendue & pour y trouver son compte il appelle Vallée de Josaphat, plusieurs Vallées connues sous divers noms. Elle est, dit-il[o], appellée Vallée de Josaphat à cause, comme on croit, que ce bon Roi y fit bâtir sa sepulture. Le P. Nau[p] fait voir que Josaphat n'y fut pas enterré. Doubdan continue ainsi: ou bien à cause que ce mot Josaphat signifie le jugement du Seigneur & que dans cette Vallée se doit faire le jugement universel. Elle est aussi appellée Vallée de Concision, à cause selon lui que les méchans y seront retranchez & separez de la Compagnie des bons. Mais ce nom signifie proprement Vallée du Carnage.

Elle est encore appellée Vallée du Roi dans l'Ecriture[q] au sujet d'Absalon qui y fit faire un monument, car il mourut bien loin delà, & Vallée de Cedron[r] à cause du Torrent qui y passe; & VALLÉE DE SILOÉ par Josephe[s].

§ La question n'est pas de savoir s'il y a une Vallée nommée de Josaphat, le fait est constant; elle consiste à être bien sûr que c'est de celle-là que le Prophete Joël a parlé. Il y a plus d'apparence à dire que ce Prophete a nommé ainsi d'une maniere Prophetique le lieu où Dieu jugera les Nations, & que des personnes simples cherchant un lieu auquel elles pussent appliquer ce nom, l'ont donné après coup à une Vallée que le Sauveur du Monde a traversée en portant sa Croix. Ce raport à la plus grande humiliation & de la plus grande gloire dans le Juge, la vûe d'un lieu, où il a tant

tant souffert pour les hommes qui en auront meprisé le fruit, & diverses autres considerations de cette nature, ont pu rendre vraisemblable ce sentiment, qui se perpetuant ensuite par la Tradition de tous les Pelerins à qui on dit les mêmes choses, est devenu une espece de verité Historique.

JOSAS [a], (le) petit Canton de l'Isle de France, entre la Seine & la Beauce : il est difficile d'en marquer à present les bornes. On ne se sert plus de ce nom que dans les affaires Ecclesiastiques, & pour designer la partie du Diocese de Paris qui s'étend au Midi jusqu'au Diocese de Chartres. C'est-à-dire à cinq ou six lieues loin de Paris.

[a] *Baudrand Ed. 1705.*

JOSEDUM. Voiez METIOSEDUM.

JOSINIANA. Voiez DIONYSIANA.

JOSIJDA, Ville du Japon sur la Route de Meaco à Famamatz à trois lieues d'Akasaka. On la nomme aussi JOSTSIJDA. On entre dans ses Fauxbourgs par un pont de 350. pas de long. C'est la même qui est nommée JOSINDA dans l'Ambassade des Hollandois au Japon.

[b] La Ville de Josijda est bâtie sur une éminence : elle a des portes, & des Corps de Garde, avec une petite Garnison, plûtot pour la parade que pour la défense ; on y compte mille Maisons, ou, pour parler plus proprement, mille huttes habitées par de pauvres gens, & bâties aux deux côtez d'une ruë qui coupe la Ville en longueur, & de quelques autres petites ruës qui y aboutissent. Il y a deux Fauxbourgs : on trouve l'un en entrant, & l'autre en sortant de la Ville. On compte au premier cent Maisons, & à l'autre 250. elles sont bâties aux deux côtez du grand Chemin, ce qui fait une grande heure de marche depuis le commencement du premier Fauxbourg jusqu'au bout de celui que l'on trouve après avoir traversé la Ville. Le Château est au côté Septentrional de la Ville, c'est un bâtiment quarré à l'ordinaire, trois de ses côtez sont fermez par des murailles & des fossez, & le quatriéme par la Riviere, qui coule auprès. Les murailles sont hautes, blanches, & propres ; d'ailleurs sans Corps de Garde, ni aucune autre défense ; le Château n'ayant été bâti que pour loger les Princes de l'Empire pendant les Voyages qu'ils font à la Cour. On fait & l'on vend dans cette Ville beaucoup d'ouvrages d'acier. Je remarquai que les Paysans y avoient apporté au marché quantité de bois, de feuilles, de foin, de poix, & d'autres productions naturelles du Pays : apparemment c'étoit le jour du marché. Pour aller de là à Array, qui en est à près de cinq lieues, nous traversâmes des Villages peu considérables, si l'on excepte seulement Sijrosaka, qui contient environ 200. Maisons bâties sur le rivage de la Mer. Nous commençâmes à découvrir en cet endroit le sommet de la haute Montagne de Foosi, ou Fusino-Jama, qui n'a peut-être pas sa pareille au Monde pour sa beauté.

[b] *Kaempfer Hist. du Jap. liv. V. T. 2. p. 210.*

JOSSELIN. Voiez JOCELIN.

IOTA [c], Ville de la Palestine dans la Tribu de Juda, selon le livre de Josué. Le P. Bonfrerius croit que c'est la même qu'ASAN dont il est parlé dans le même livre [d], & au premier livre des Paralipomenes [e]. D. Cal-

[c] *c. 15. v. 54.*
[d] *c. 19. v. 17.*
[e] *c. 6. v. 59.*

met trouve plus d'apparence que c'est la même que JETA [f], & JETHNAM [g] de Josué. Il ajoute qu'Eusebe met Jethnam à huit milles d'Hebron vers l'Orient.

[f] *Josué, c. 11. v. 5.*
[g] *Ibid. c. 15. v. 23.*

JOTABIS, Isle de la Mer Rouge à mille Stades de la Ville d'Aila, selon Procope [h].

[h] *Porfic. l. 2.*

JOTÆ, ou ASIOTÆ, selon les divers exemplaires de Ptolomée [i] ; Peuple de la Scythie en deça de l'Imaus.

[i] *l. 6. c. 14.*

JOTAPATE, Ville de la Palestine dans la Galilée [k]. Elle est celebre par le Siége que Josephe l'Historien des Juifs y soutint contre Vespasien alors General de l'Armée Romaine & depuis Empereur. Josephe [l] dit qu'elle étoit à quarante Stades de Gabara ; peut-être de Gadara. Cette Place la plus forte de la Galilée étoit sur une Montagne & sur des rochers inaccessibles de tous côtez hors la partie Septentrionale par où l'on y pouvoit monter. Elle fut prise & ruinée l'an 67. de l'Ere Vulgaire. Plusieurs croyent que c'est la même que GETH-EPHER patrie du Prophete Jonas, ce qui n'est nullement certain. On trouve dans un Concile de Jerusalem tenu l'an 536. la souscription d'un Evêque de JOTABE, dans la Palestine ; mais on n'ose assurer que ce Siége soit le même lieu que la Ville de Jotapate.

[k] *D. Calm. Dict.*
[l] *In Vita sua.*

JOTAPE, Ville de Cilicie dans la Selentide, selon Ptolomée [m].

[m] *l. 5. c. 8.*

JOTHE. Voiez IOTA.

JOTRUM, nom Latin de JOUARE. Voiez l'Article qui suit.

JOUARE [n], Bourg de France dans la Brie inferieure avec une fameuse & magnifique Abbaye de Benedictines ; en Latin *Jotrum* : il est situé sur une Colline dont le pied est arrosé de la Riviere du petit Morin, à une demie lieue de la Marne & de la Ferté sous Jouare, à trois de Colomiers, à quatre de Meaux & de Faremontier, & à quatorze de Paris. Son Eglise Paroissiale est aussi Collegiale & desservie par douze Chanoines, dont le Curé a la premiere place. Ces douze Chanoines sont à la presentation de l'Abbesse, & les Chapelains semainiers de l'Eglise de l'Abbaye à laquelle appartient la Seigneurie de Jouare. On dit que cette Abbaye a été autrefois à sainte Agathe de Crespi qui est à present un Prieuré & Cure. L'Eglise des Religieuses est longue & étroite, & l'Autel orné de plusieurs Colomnes de marbre. Dans un Cimetiere qui est proche, il y a une petite Chapelle basse, en forme de Grotte ou de Caverne que les anciens Chrétiens appeloient *Crypte*, comme qui diroit cache ou cachette. C'est où ils s'assembloient en secret pour entendre prêcher l'Evangile. On tient que plusieurs Chrétiens y ont souffert le Martyre, & où y voit encore quelques-uns de leurs tombeaux. La commune tradition porte que les Payens avoient adoré autrefois en ce lieu-là une Statue de Jupiter, ce qui a fait appeller ce Bourg en Latin *Jovis Antrum*, ou *Jovis Ara*, d'où est venu le nom de JOUARE. Le Commerce qu'on y fait consiste en grains, & il y a plusieurs Etangs dans son voisinage.

[n] *Memoires dressez sur les lieux en 1706.*

§ Mr. Baudrand n'en fait qu'un Village.

JOUG-DIEU, Abbaye de France dans le Beaujolois au Diocese de Lyon, près de Ville-

JOV. JOU.   JOU.   133

Ville-Franche. Elle a été fondée l'an 1132. par Guichard de Beaujeu. Ce sont des Benedictins.

JOVIACUM, ancienne Ville du Norique. Antonin *a* la met, entre *Ovilabis & Stanacis* à XXXII. M. P. de la première & à XXVIII. M. P. de la seconde. Lazius conjecture que c'est Saltzbourg.

a Itiner.

JOVILLE, Abbaye de France dans le Diocèse de Toul à quatre lieues de Barleduc : ce sont des Premontrez qui l'occupent.

JOVIS. Voiez JUPITER.

JOVISURA, Ville du Norique. Antonin la met entre *Turum* & *ad Castra* à LXIV. M. P. de la première & à XXII. M. P. de la seconde.

JOURA, (la) Isle de l'Archipel, elle est petite & deserte. C'est la GIAROS des Anciens.

JOURDAIN, (le) Riviere de la Palestine. Les Latins le nomment *Jordanis b*, les Grecs Ἰορδάνης, *Jordanes*. Pausanias l'appelle *c* Ἰορδάνου, ce qui est conforme à l'Hebreu *Jarden*. יַרְדֵּן

b Plin. l. 5. c. 15.
c In Eliacis

Ce Fleuve est très-célèbre dans les livres sacrez. On prétend qu'il tire son nom de l'Hébreu JOR, יאר qui signifie un ruisseau, & DAN, דן qui est une petite Ville près la source de ce Fleuve ; ou, selon d'autres, qu'il tire son Origine de deux ruisseaux, dont l'un s'appelle Jor, & l'autre Dan. Mais ces Etymologies sont très-douteuses.

1°. Il n'est pas vrai que le Jourdain soit formé de deux ruisseaux, ni qu'il y en ait un qui s'appelle Dan, quoique la plûpart des Cartes Géographiques le marquent ainsi. L'origine visible du Jourdain est un petit ruisseau, qui a sa source dans le Mont Liban, & sur lequel est située la petite Ville de Dan, quatre lieues plus haut que Césarée de Philippes, où commence proprement le Jourdain, (si nous en croyons D. Calmet *d*.) L'autre source du Jourdain, qui est la plus considérable, quoique la moins apparente, est le Lac Phiala, environ à quatre lieues au Midi de Césarée de Philippes. Ce Lac a une communication par dessous terre avec le Jourdain, & il lui fournit assez d'eaux à Césarée, pour passer déja pour un Fleuve. Voiez Josephe, de la Guerre des Juifs, l. 1. c. 13. & l. 3. c. 18.

d Dict.

2°. Le nom de Dan est certainement beaucoup plus nouveau que celui du Jourdain. Nous savons qu'une Colonie de la Tribu de Dan, *e* s'étant emparée de la Ville de Laïs, lui donna le nom de Dan à cause du Chef de sa Tribu. Cela n'arriva qu'après la mort de Josué, & pendant l'Anarchie, qui suivit la mort des anciens d'Israël, qui avoient vû les merveilles du Seigneur. Or avant ce tems, le Jourdain étoit fort connu ; & on ne voit pas qu'il ait jamais porté un autre nom. On pourroit peut-être avec plus de raison dériver le nom de *Jardén*, de l'Hébreu *Jarad*, descendre, à cause de la chûte, & du cours rapide de ce Fleuve.

e Judic. XVIII. 1. 2. 3....29.

Jusqu'ici nous avons principalement employé l'Article de D. Calmet ; nous l'interromprons ici pour rapporter une Etymologie qui nous paroit plus vraisemblable. C'est celle que fournit le R. P. Hardouin dans son nouveau Traité sur la situation du Paradis Terrestre *f* Le nom du Fleuve du Jourdain est dérivé de יוֹר־עֵדֶן *Jor-Eden*, c'est-à-dire Fleuve de Délices, car il seroit ridicule, dit ce Pere, de vouloir le dériver יור־דן, puisque ce mot Dan ne commença à être en usage dans cette contrée que du tems de Josué *g*, & des Juges *h* au lieu que celui de Jourdain est infiniment plus ancien, & que de plus ce Fleuve ne tire sa naissance que de la seule source de Paneas & non de deux ; comme les Auteurs de cette Etymologie l'avoient faussement deviné.

f Traitez Géograph. & Hist. T. 1. p. 46.
g c. 19. v. 47.
h c. 8. v. 29.

Pline décrit ainsi *i* les commencemens du Jourdain. La Riviere du Jourdain sort de la Fontaine Paneas, qui a donné son nom à la Ville de Césarée. Cette Riviere est très-agréable & autant que la situation des lieux voisins le lui permet, elle forme mille détours, comme pour se prêter aux besoins des habitans & semble ne se rendre qu'à regret dans le Lac Asphaltite. Ainsi donc elle se répand dans la premiere Vallée qu'elle rencontre & y forme un Lac que plusieurs nomment le Lac de Genesareth autour duquel se voyent plusieurs belles Villes.

i l. 5. c. 15.

Le R. P. Hardouin *k* se moque de deux opinions qu'il apelle de faussetez ; la premiere que cette Fontaine Paneas sortoit par des conduits souterrains d'un Lac beaucoup plus éloigné nommé *Phiala* & l'autre en voulant que ce Fleuve tirât sa naissance de deux sources imaginaires dont ils apellent l'une JOR, & l'autre DAN. Reprenons la suite de l'Article de D. Calmet.

k Traité du Paradis Terrestre. p. 8.

Le Jourdain depuis sa source, que nous prenons à Césarée de Philippe, coule dans l'espace d'environ cinquante lieues, jusqu'à son Embouchure dans la Mer morte, autrement appellée le Lac Asphaltite, où il se perd. Il forme dans son cours le Lac Séméchon, à cinq ou six lieues de sa source. De là il entre dans le Lac de Tibériade ; & passe tout au travers. Il se déborde vers le tems de la Moisson des Orges, ou de la Fête de Pâque. Les bords du Jourdain sont couverts de Joncs, de Roseaux, de Cannes, de Saules & d'autres arbres, qui font pendant l'été on a assez de peine de voir l'eau de ce Fleuve *m*. On dit qu'il y a, pour ainsi dire, deux lits & deux bords du Jourdain distinguez l'un de l'autre : le premier est celui où ce Fleuve coule, lorsqu'il est dans son état naturel, le second est celui qu'il remplit lorsqu'il se déborde.

l Josué. 3. v. 15. Ecceli. c. XXIV. v. 39.
m Pietro della Valle. Maundrell.

Les Voyageurs remarquent que les lions se retirent pendant l'été dans les arbres & les roseaux qui croissent le long de ce Fleuve, & qu'ils sont obligez d'en sortir, lorsque ce Fleuve commence à s'enfler. C'est à quoi le Prophéte Jérémie fait allusion, lorsqu'il compare les ennemis qui viennent attaquer Jérusalem *n* ou Babylone *o*, à des lions qui sortent de l'orgueil, ou l'inondation du Jourdain ; qui sont chassez de leurs forts par l'inondation de Fleuve. Zacharie *p* nous représente les Princes de Juda affligez de se voir éloignez de Jérusalem, comme des lions qui rugissent en voyant l'orgueil, ou la hauteur du Jourdain ravagée. Maundrell dans son Voyage, dit que la largeur du Jourdain à l'endroit de Jéricho,

n Jerem. c. XXIV. v. 19.
o Jerem. c. v. v. 44.
p c. XI. v. 3.

JOU.

au tems qu'il le vit, étoit d'environ soixante pieds, & que sa rapidité étoit telle, qu'un homme n'auroit pû le passer à la nage.

Le long du Jourdain, il y a aux deux cotez une grande plaine, qui s'étend depuis le Lac de Tibériade, jusqu'à la Mer morte [a]. Josephe dit que cette plaine est longue de douze cens Stades, large de six vingts. Il ajoute que cette plaine est extrêmement aride pendant l'été, & que l'air en est mal sain, à cause de l'excessive chaleur. Il n'y a proprement que les bords du Jourdain qui soient arrosez, tout le reste est désert [b]. On sait par l'Ecriture les Miracles qui se firent dans le Jourdain, lorsque ce Fleuve se partagea, pour laisser un passage libre aux Hébreux, sous la conduite de Josué [c]; lorsqu'Elie & Elisée le passerent en marchant sur ses eaux [d]; lorsqu'Elisée fit nager le fer de la coignée qui étoit tombé dans ce Fleuve [e]; lorsque le Sauveur du monde fut baptisé dans le même Fleuve [f], que le Ciel s'ouvrit, & que le Saint Esprit descendit sur lui.

Cette derniere circonstance du Baptême de Jesus-Christ dans le Jourdain, a donné aux Chrétiens une grande veneration pour ce Fleuve [g]. Lorsque Constantin le Grand se sentant près de sa fin demanda la grace du Baptême aux Evêques il leur dit pour excuser le delai qu'il avoit apporté jusqu'alors: J'avois eu dessein de le recevoir dans le Fleuve du Jourdain, où le Sauveur l'a reçu lui-même pour nous montrer l'exemple; mais Dieu qui connoît ce qui nous est le plus utile, veut me faire ici cette faveur. L'Historien cité ajoute: c'étoit une devotion ordinaire en ces premiers temps de se faire baptiser dans le Jourdain; ou du moins de s'y baigner, comme font encore les Pelerins.

Le PETIT JOURDAIN n'est autre que le Jourdain quand il est plus près de sa source, & avant qu'il soit grossi par les eaux des Fontaines & des ruisseaux qui s'y déchargent [h]. Joseph [i] dit que les marais du Lac Séméchon s'étendent jusqu'à la delicieuse Campagne de Daphné, dont les Fontaines nourrissent le petit Jourdain, & le conduisent dans le grand Jourdain, au dessous du Temple du bœuf d'or, ou du veau d'or. D. Calmet croit qu'au lieu de Daphné, il faudroit lire Dan, & que Dan doit être placée beaucoup plus près du Lac de Séméchon, qu'on ne la met ordinairement.

C'est à la source du Jourdain que beaucoup de Savans mettent le Paradis terrestre. Le R. P. Hardouin a donné un grand jour à ce sentiment dans le Traité particulier qu'il a écrit sur cette matiere & que j'ai deja cité dans cet Article.

JOURKEND, Mr. Corneille dit que c'est une Ville où le Roi de Kachequer fait sa residence. Elle est un peu plus vers le Septentrion que Kachequer dont elle est éloignée de dix Journées.

Quoique Mr. Corneille ne dise pas en quelle partie du Monde est cette Ville & que les noms de Jourkend & de Kachequer soient deguisez, on ne laisse pas de voir qu'il a voulu parler d'IRKEN, YAPKAN, ou JERKE'EN, Capitale de la petite Boucharie au Nord de Cach-

[a] l. 5. de bello, c. 4.
[b] Josephe. l. 3. de bello. c. 18.
[c] c. 3. v. 13. & seq.
[d] 4 Reg. c. 11. v. b. &
[e] 4. Reg. c. 6. v. 6. 7.
[f] Matth. c. 3. v. 16.
[g] Fleuri Hist. Eccles. T. 9. à l'année 337.
[h] l. 5. c. 2. & l. 8. c. 3. & Reland. Palæstin. T. 1. p. 273.
[i] De Bello, l. 4. c. 1. initio, p. 863.

JOU. JOX. JOY. JUY. IPA. IPE.

gar. Voiez IRKEN.

1. JOUX, (LE LAC DE) Lac de France dans la Franche-Comté au Bailliage de Pontarlier, aux confins de la Suisse dont il est separé par le mont Jura.

2. JOUX, Village & Abbaye, se trouve à l'Orient de ce Lac.

3. JOUX, petite Ville de France dans la Franche-Comté, au Bailliage de Pontarlier à une lieue & au Midi Oriental de la Ville de ce nom, sur une Montagne à l'Orient de la Riviere du Doux.

JOUYEM [k], Village d'Asie en Perse près de Schiraz.

JOXIDES, Peuple d'Asie dans la Carie. Plutarque parle d'eux dans la Vie de Thesée.

JOYELA [l], Abbaye de France en Bretagne au Diocése de Vannes près de Hennebon. Ce sont des filles de l'Ordre de Cisteaux. Elle fut fondée l'an 1250. par Blanche de Navarre femme de Jean I. Duc de Bretagne.

JOYENVAL [m], Abbaye de France au Diocése de Chartres, Ordre de Premontré, deux lieues de St. Germain en Laye. Elle fut fondée vers l'an 1221. par Barthelemi Seigneur de Roye, Chambellan de France; l'Eglise en fut dediée l'an 1224. Philippe Auguste & quelques autres Rois sont les principaux bien-faicteurs de cette Abbaye.

JOYEUSE, petite Ville de France dans le Bas Vivarais sur la Riviere de Beaune qui se jette peu après dans l'Ardéche, au pied des Sevennes, aux confins du Gevaudan & du Bas Languedoc. Elle n'avoit que titre de Vicomté & fut érigée en Duché-Pairie par Henri III. en faveur d'Anne Vicomte de Joyeuse, Chambellan ordinaire du Roi, par Lettres patentes du mois d'Aout 1581. registrées au Parlement le 7. Septembre de même année. par ces Lettres Patentes le Roi Henri III. ordonna que le Duc de Joyeuse auroit séance immediatement après les Princes du sang & avant tous les autres Ducs & Pairs. Cette Pairie est demeurée éteinte par la mort de François-Joseph de Lorraine Duc d'Alençon, de Guise & de Joyeuse arrivée le 16. Mars 1675.

JUYOSA. Voiez VILLA-JUYOSA.

[k] Hist. de Timurbec. T. 3. c. 25.
[l] Piganiol de la Forse, desc. de la France. T. 4. p. 297.
[m] Ibid. T. 5. p. 166.

I P.

IPA, ancienne Ville de la Palestine, selon Josephe [n].

IPAGRUM. Voiez PAGRUM.

IPANA, Ἰπάνα, Ville des Carthaginois. Etienne la met auprès de Carthage & cite Polybe. Mais cet Historien dit HIPPANA, & la met dans la Sicile, néanmoins sous la Domination Carthaginoise. Voiez HIPPANA.

IPASTURGI, ancienne Ville d'Espagne dans la Bætique. Pline [o] observe qu'elle étoit surnommée TRIOMPHALE.

IPEPA, Ville de la Turquie en Asie dans la Natolie, sur le Sarabat à quelques lieues au dessus de Smirne. C'est l'ancienne HYPEPA de Lydie.

IPER [p], ou YPER, petite Riviere des Pays-Bas; de laquelle la Ville d'Ipres a pris son nom. Ce n'est proprement qu'un gros ruisseau qui tarit pendant les grandes Chaleurs,

[n] Antiq. l. 8. c. 3. Edit. Galen.
[o] l. 3. c. 1.
[p] Corn. Dict. Mem. Manusc.

IPE. IPO. IPP. IPR. IPS.   IPS. IR. IRA.

& qui est considerable en Hyver par les Egouts des eaux des environs d'Ipres, qui tombent dedans & passent au travers de la Ville. Elles coulent delà dans un Canal qu'on a creusé jusqu'à la Mer & qui est entretenu pendant l'été des eaux de deux Etangs qu'on a faits au dessus d'Ipres, au bas des Villages de Zellebeques & de Dinbus. Ces deux Etangs lui fournissent au besoin la nourriture que la secheresse de son ruisseau lui refuse en ce temps-là & entretiennent le Sas de Boussingue qui est à cinq quarts de lieuë de la Ville & qui fait monter & descendre les bâtimens de la hauteur de vingt à vingt-cinq pieds. Il est d'une grande utilité pour les habitans, qui par son moyen ont la communication libre & facile avec Bruges, Furnes, Bergues, Bourbourg, Dunkerque, Ostende, & Nieuport, où il se decharge dans l'Océan.

IPEREN. Voiez YPRES.

IPERLE'E [a], Riviere de Flandres. Elle commence à IPRES, à Dixmude d. à Nieuport où elle se rend dans la Mer d'Allemagne. C'est la même qu'IPER.

IPHISTIADÆ, Tribu d'Atheniens, selon Hesyche cité par Ortelius.

IPNEA, ou

IPNOS, Ville des Locres Ozoliens, selon Etienne le Géographe. Elle étoit nommée *Ipnea* par quelques-uns, selon même.

IPNUS, & IPNUSA, petit Canton de l'Isle de Samos, selon le même.

IPORCENSE MUNICIPIUM [b], Morales trouvant ce nom dans une ancienne Inscription croit que c'étoit une Ville de la Baeturie, au Pays des Turdules & que son nom moderne est CONSTANTIA.

IPORUS. Voiez HIPPARIS.

IPPA, Ville de la Mauritanie Cesarienne, selon Ptolomée [c].

IPPARIS. Voiez HIPPARIS.

IPPASINI, Nation de l'Illyrie, selon Appien cité par Ortelius.

IPPOLEUM, Ἱππώλιον, Promontoire de la Scythie en Europe. Herodote dit qu'il y avoit un Temple de Ceres & qu'il est entre le Fleuve Hypanis & le Borysthéne. Il est nommé HIPPOLAI *Promontorium*, Ἱππωλαίου par Dion de Pruse [d]. L'Edition d'Herodote par Gronovius porte HIPPOLÉON.

IPRES, Ville des Pays-Bas. Voiez YPRES.

1. IPS [e], (L') Riviere d'Allemagne en Autriche, dans le quartier du haut Wiennerwald qu'elle arrose, du Midi au Septentrion. Elle a sa source, aux confins du quartier de Traun, au pied d'une Montagne au Midi de laquelle l'Ens se recourbe vers le Couchant; delà l'Ips reçoit à Waidhöven le ruisseau de Worckpach; ensuite l'Urepach, & le Grasnich, & un troisiéme ruisseau qui vient d'Ampsletten & enfin se jette à Ips dans le Danube.

2. IPS [f], Bourg d'Allemagne dans l'Autriche, au Quartier du Haut Wiennerwald, à la rencontre de la Riviere d'Ips, & du Danube.

§ Quelques-uns écrivent IBS par un b. Mr. Baudrand est de ce nombre.

IPSA. Voiez IPSUS.

IPSALA, Ville de la Turquie en Europe, dans la Romanie, sur la Riviere de Larisse, vers les Montagnes à vingt-neuf milles de Trajanopoli, & à quatorze d'Apri, avec un Archevêché Grec, selon Mr. Baudrand [g]. Voiez CYPSELLA.

IPSICURI [h], ancien Peuple de la Ligurie, selon Etienne qui dit qu'on les appelloit aussi ARBASANES, Ἀρβασάνες. Il écrit ailleurs ce nom ainsi ARBAXANES, Ἀρβαξάνες, par un ξ.

IPSUS, ancien lieu de Phrygie, selon Appien [i]. Plutarque [k] dit: à la bataille qui fut donnée dans les plaines d'Ipsus & où tous les Rois de la Terre combatirent &c. Le Concile de Chalcedoine fait mention d'un Siége Episcopal nommé Ipsa en Phrygie. La Notice de Leon le Sage nomme ce même Siége IPSI & celle de Hierocles l'appelle HIPSUS, HYPSUS. [3]

IPSWICH [l], Ville d'Angleterre dans la Province de Suffolc dont elle est la Capitale. Elle est située sur la Riviere de Stoure à 55. milles de Londres & à environ vingt de la Mer. Cette Ville a été autrefois une des plus importantes de l'Angleterre, jusqu'au temps où les Danois s'en rendirent maitres l'an 991. & en firent un tas de Masures. Elle se rétablit du temps des Normands, de sorte qu'on y compte encore aujourd'hui jusqu'à xiv. Paroisses, selon l'Etat present de la Grande Bretagne. Il y a un College fondé par le Cardinal Wolsey du temps de Henri VIII. [m] Camden parlant de cette Ville dit qu'on l'appelloit autrefois Gippewich, nous l'avons vue, dit-il, qu'elle n'étoit qu'une Villette (*Urbecula*); C'est presentement l'endroit le plus riant du Comté. Elle a un port commode, abonde en Marchandises, & est remplie d'une grande multitude d'habitans, avec quatorze Eglises, & de belles & magnifiques Maisons. Elle a marché public & envoye ses Deputez au Parlement. Le Cardinal Wolsey dont on vient de parler étoit né à Ipswich, c'est pourquoi il releva cette Ville qui après avoir été detruite par les Danois, reparée avec le temps par les Normands, étoit retombée en decadence.

I R.

IRAC. Il y a en Perse deux Pays de ce nom & qu'il est important de ne pas confondre. Pour les distinguer, on leur ajoute les noms d'ARABI, & AGEMI. Mais lors qu'on dit ce nom d'*Irac* sans cette distinction, c'est ordinairement la derniere que l'on entend, qui est l'IRAQUE proprement dite; alors on écrit l'IRAQUE. C'est l'usage de nos bons Ecrivains tels que Mr. Huet Evêque d'Avranches & autres. Quelques-uns comme Olearius écrivent ERAC pour toutes les deux. Mr. Corneille en donne deux Articles, l'un au mot HIERACH, & l'autre au mot YERACH. Mr. Huet raporte l'Origine du nom de l'Iraque au Pays d'*Erec*, nous l'avons marqué son sentiment dans cet Article. Mais il faut remarquer ici que ce Prélat ne parle que de l'Iraque Babylonienne, & non pas de l'Iraque Persane. Nous distinguerons donc ici deux Iraques.

1. IRAC-ARABI, l'IRAQUE BABYLONIENNE est l'IRAQUE proprement dite. Ce Pays

IRA.

Pays qui est arrosé par le Tigre & l'Euphrate avant & après leur jonction & est borné au Nord par le Curdistan, à l'Orient par le Laurestan & le Chusistan ; au Sud-est par le Golphe Persique, au Midi par l'Isle de Choeder & qui avec le Diarbek acheve de l'enfermer au Couchant. Son nom d'*Irac-Arabi* vient de ce que l'Arabie deserte s'étend jusques là ; & les Arabes lui ont donné ce nom pour le distinguer de l'autre Iraque. Dans les extraits de Chrysococcas publiez par Ismael Bouillaud & inserez dans la collection des petits Géographes, à Oxford [a], on ne donne que deux Villes à l'Iraque, savoir Kufa & Wasit, que l'on marque ainsi,

[a] T. 3. p. 4.

Kupha,	69d.	30'.	31d. 0.
Wasit,	71	30.	32 20.

[b] p. 133. Edit. Oxon. p. 101. Edit. Oxon.

Ulug-Beig & Nassir-Eddin [b] y mettent trois Villes de plus dans cet ordre,

Sarman-Rai,	79d.	30.	34d. 0.
Kufah,	79	30.	31 30.
Madain,	72	0.	33 10.
Bagdat,	80	0.	33 21.
Waset,	81	30.	32 20.

On voit que ces deux Géographes ne s'accordent pas avec le premier pour la position de ces Villes ; & de plus ils comprent encore à part le Pays de BASRA, ou BASSORA qui contient trois lieux & est rangé dans l'Iraque par d'habiles Géographes. Ces trois lieux sont,

Basrah,	84d.	0.	30d. 0.
Abolla,	84	0.	30 15.
Abbadan,	84	20.	23 20.

[c] p. 120.

Le Géographe de Nubie [c] nomme cette Iraque *Dominium* AARAQ. Il y met HIRACADESIA, KUFA, SURA, CATTAR, NAHR ALMALEC, c'est-à-dire le Fleuve Royal, KUTHARIA, WASET, BATAYEH, FAM-ALTSOLH, MADAR, MANBEG, BAYAN, SOLAIMANAN, OBOLLA, BASRA, ABADAN, & GIARGIARAI.

[d] Atlas.

Selon Mr. de l'Isle [d] TECRIT Ville située sur le Tigre dans la Mesopotamie est à l'entrée de l'Iraque en venant de Mosul. Il observe que Kufa est une Ville ruinée.

2. L'IRAC-AGEMI, ou L'IRAQUE PERSIENNE, est ainsi nommée par opposition à l'Iraque Arabique [e]. De même que les Hebreux disoient pour toute distinction les Juifs & les Nations, & que les Grecs disoient les Grecs & les Barbares, de même les Arabes disent dans l'Orient *Arab u Agem*, les Arabes & les Persans, par opposition. Ils appellent *Moulouc Agem*, les anciens Rois de Perse. Mr. Reland dans sa Carte de Perse fait toucher les deux Iraques l'une à l'autre. Mais comme cette Carte est très-imparfaite & que ce n'étoit qu'une ébauche fort éloignée de l'exactitude où ce savant homme auroit pu la laisser s'il eût vécu davantage, son sentiment ne doit faire aucun prejugé contre le sentiment de Mr. de l'Isle qui met le Laurestan entre deux. Ce dernier Géographe borne l'Irac Agemi, par le Ghilan & le Tabristan au Nord,

[e] D'Herbelot Biblioth. Orient.

par le Pays d'Heri, ou d'Herat & le Sablestan au Levant ; par le Farsistan au Midi ; par le Laurestan & les Turcomans au Couchant. Il met dans ce Pays,

Au Nord { Sultanie, Ebher, CASBIN, Chowar.

Au Midi { ISPAHAN, Irabad, Yesd, Gulpaigan.

Au Couchant { Le Mont Ehvend, HAMADAN, Saua, Kom, Kachan.

Au Levant { Le Mont Joilak Perjan, & le Desert plein de Sel.

Le Traducteur François de l'Histoire de Timurbec croit qu'Irac est l'ancienne Hircanie de Quinte Curse. Il auroit moins risqué à dire que c'étoit le Pays des Parthes ; & quoi que je sois persuadé qu'Ispahan n'est pas l'Hecatompyle de cet Auteur je fais voir ailleurs que l'Hircanie des Anciens & de Quinte Curse comme des autres étoit au Nord du Pays d'Heri, ou d'Herat. La partie Orientale de l'Irac-Agemi avec une partie de ce Pays d'Heri repondent à l'ancien Royaume des Parthes. Peut-être y faudroit-il ajouter une partie de la Corassane. La partie Occidentale de l'Iraque étoit autrefois de la Medie, aussi bien que la Septentrionale. Le territoire de *Kom* pourroit bien être la *Comisene* des Anciens.

L'IRAC-AGEMI, est appellée JEBAL par Nassir-Eddin [f] ; & par Ulug-Beig [g] ; & comme ils s'accordent ensemble tant sur le nombre, que sur l'ordre des Villes, & sur leur position il suffira de mettre ici ce qu'en fournit le premier de ces deux Géographes. Les Villes de la contrée de Jebal sont,

[f] p. 103. Edit. Oxon.
[g] p. 137. Edit. Oxon.

	Longit.	Latitude.	Clim.
Schabrozur,	82 d. 20'.	34 d. 30.	3.
Halwan,	82 15'.	34 0.	4.
Kermasin,	83 0.	34 30.	4.
Dainawarmah			
Alkufah,	83 0.	35 0.	4.
Sohraward mah			
Albakarah,	83 20.	36 0.	4.
Nohawand mah			
Albasrah,	83 45.	34 20.	4.
Zanjan,	83 40.	36 30.	4.
Soltaniah,	84 5.	36 29.	4.
Abhar,	84 30.	36 45.	4.
Hamadan,	83 0.	35 10.	4.
Karag,	84 45.	34 0.	4.
Savah,	85 0.	36 0.	4.
Kasvin,	85 0.	37 0.	4.
Abah,	85 10.	34 40.	4.
Jarbadkhan,	85 25.	24 0.	4.
Semiram,	85 40.	30 15.	3.
Esfahan, (Ispahan)			
	86 40.	32 25.	3.
Caschan,			

Caschan,	86	0.	34	0. 4.
Komm,	83	40.	34	45. 4.
Rai,	86	20.	35	35. 4.
Chowar,	87	10.	35	40. 4.

Je crois qu'il vaut mieux s'en tenir à ce detail en y changeant toutefois ce que le temps y a rendu different, car il est certain que depuis le milieu du XV. Siécle il s'est formé de nouveaux établissemens, comme les grands Fauxbourgs d'Ispahan ; & quelques-uns des anciens lieux sont fort dechus de l'état où ils étoient alors.

Les troubles dont la Perse est agitée n'étant pas encore terminez, il n'est pas aisé de deviner à qui demeureront les deux Iraques. Cependant l'Irac-Arabi est presque entierement conquise depuis longues années par les Empereurs Turcs. Pour l'Irac-Agemi, elle est presentement la proye de l'Usurpateur Eschreff Successeur de Meriweis qui a jetté toute la Perse dans l'horrible confusion, où elle est. Mais les efforts du Prince Thamas fils du dernier Roi de Perse pourroient bien avoir quelque succés & le retablir sur un Trône qui étoit à ses ancêtres.

Quoi que l'Irac-Agemi ne soit pas la Perse propre, elle est comme le centre de l'Empire Persan d'aujourd'hui, puisque c'est dans cette contrée qu'est la Capitale de toute la Nation & la Résidence ordinaire de la Cour. Je veux dire Ispahan.

IRAN, ce mot est pris dans deux significations très-differentes, l'une très-étenduë & l'autre se borne à une Province particuliere [a]. Ce que nous appellons le Royaume de Perse, c'est-à-dire tout le Pays compris entre l'Euphrate, le Tigre, le Gihon, & l'Indus Fleuves si renommez & les deux mers Caspienne & Indienne, ce Pays, dis-je, où sont les Provinces de Fars, ou Perse proprement dite, l'Iraák-Agemi, ou l'ancienne Parthe, le Schirvan & l'Adherbigian, qui sont la Medie, le Khorassan, qui comprend la Bactrienne, & l'Hircanie &c. Toutes ces Provinces jointes ensemble portent le nom général d'Iran, de même que ce qui s'étend au delà du Gihon en tirant vers l'Orient Septentrional, & le Nord, porte celui de Turán, ou Touràn.

IRAN v TOURAN, le Pays des Persans, & celui des Turcs, la Perse & la Turquie Orientale. C'est ainsi que les Historiens Orientaux parlent quand ils veulent signifier tout ce qui est compris dans la haute Asie, à la réserve des Indes & de la Chine.

Ils ne laissent pas néanmoins d'entendre quelquefois par cette façon de parler toutes les Nations de la Terre, comme font les Arabes quand ils disent Arab v Agem, Arabes & Persans, ou si vous voulez, Arabes & Barbares.

C'est de la même façon que les Hebreux divisoient tous les Peuples de la terre en Hebreux & en Gentils, saint Paul en Juifs, en Grecs & en Barbares.

Quoique le grand Fleuve nommé par les Arabes & par les Persans Gihon & Amou & par les Grecs & les Latins Bactrus & Oxus servît de borne & de séparation entre ces deux grands Pays ou Empires de l'Iran & du Tu-

[a] D'Herbelot Bibliot. Orientale.

ran, l'on trouve cependant que Kischtasb fils de Lohorasb cinquiéme Roi de Perse, de la race des Kaianides, fit bâtir un mur ou rempart long de six vingt Parasanges qui sont deux cens quarante lieuës Françoises pour servir de barriere à ces deux Etats.

L'Auteur du Lebtarikh dit que ce mur commençoit dans le Khorassan à la Ville de Beidha en Perse & finissoit à celle de Samarcand, qui est aujourd'hui la Ville Capitale des Uzbeks, dans le Zagathai.

IRAN [b], Province particuliere d'Asie entre l'Aras & le Kur. Elle est bornée au Nord par le Carduel, au Nord-est par le Schirwan, au Sud-Est par l'Adirbeitzan & au Couchant par les Turcomans. Ses principaux lieux sont

[b] De l'Isle Atlas.

Erivan,	Eczmiazin,
Nachschivan,	Berde,
Julfa,	Bilagan.

Ce n'est là que l'Iran de Perse, car auparavant elle s'étendoit beaucoup plus au Couchant. Olearius [c] dit que ceux du Pays l'appellent le plus souvent KARABAG, & la subdivise en plusieurs autres petites Provinces, savoir,

[c] Voyage T. 1. l. 4. p. 361.

KAPPAN,	AGHTAWA,
TZULFA,	ABERAN,
SCABUS,	SCORGEL,
SISIAN,	SASCHAT,
KESCHTAS,	INTZE,
SARSEBIL,	THABAK-MELEK,
ERVAN, ou IRVAN,	THUMANIS,
KERGBULAG,	ALGET,
& TZILDER.	

il y met pour principales Villes,

Berde,	Ordebad,
Bilagan,	Baiesied,
Schemkur,	Maku,
Kentze,	Magasburt,
Berkuschat,	Tiflis,
Nachschivan,	Tzilder.

On voit par ce détail qu'il y ajoute tout le Carduel & une partie considerable de la Georgie. Mr. Corneille met dans la Province d'Iran pour principales Villes celles d'Erivan, Cars, Nacsivan, Zulfa & Van sur un Lac de même nom. Surquoi il cite Tavernier. Ce Voyageur ne dit point que Cars & Van soient dans la Province d'Iran ; mais parlant de l'Armenie où il met ces Villes, il dit par occasion: en particulier la partie (de l'Armenie) qui est située entre l'Araz & le Kur est appellée Iran dans le Pays & plus souvent Carabag qui est un des plus beaux & des plus riches endroits de la Perse.

IRANIME, ancienne Ville d'Italie vers la côte du Frioul. Pline [d] dit qu'elle subsistoit déjà plus de son temps.

[d] l. 3. c. 19.

IRASA, & IRASSA. Voiez HIRASA.

IRATH, Ville de la Mauritanie Cesariense dans les terres, selon Ptolomée [e].

[e] l. 4. c. 2.

IRCAOUON, Nation d'Asie, en Georgie, près de Taous Forteresse, où elle s'étoit refugiée à l'approche de Timur-Bec [f].

[f] Hist. de Timurbec. l. 3. c. 58.

S.   IRC-

IRCTA, Εἴρκτα, lieu maritime de la Sicile entre Palerme & Eryx, selon Polybe [a]. [a l.1.]

1. IRE, Ville de l'Isle de Lesbos, selon Eustathe [b]; qui expliquant ce vers d'Homere [b], [b Iliad. l.9.]

Καρδαμύλην, Ἐνόπην τε καὶ Ἱρήν,

c'est-à-dire Cardamyle, Enope & Ire; dit qu'il y avoit trois Villes de ce nom & qu'elle étoit dans l'Isle de Lesbos.

2. IRE, Ville dont parle Homere dans le passage qu'on vient de citer. Etienne le Géographe & Eustathe croient qu'elle étoit dans la Messenie au Peloponnése. Pausanias [c] parlant de cette même Ville dit que de son temps on l'appelloit ABIAS & qu'elle étoit une de sept Villes qu'Agamemnon promet dans l'Iliade qu'il donnera à Achille. Strabon [d] est d'un sentiment different; car il dit qu'on lui avoit montré la Ville d'Ire près d'une Montagne située dans le Chemin qui conduit de Megalopolis Ville d'Arcadie à Andanie. Il ajoute que d'autres croient qu'Hira étoit la même que la Ville nommée de son temps Messola. Mais Eustathe [e] dit qu'Ire étoit le nom d'une Ville & d'une Montagne de Messenie. [c l.4.] [d l.8.] [e Ad Iliad. l.IX. v.150.]

3. IRE, la troisième Ville de ce nom appartenoit aux Maliens, selon le même Eustathe [f]. [f Ibid.]

IRECOS. Voiez INYCUM.

IREGUE, petite Riviere d'Espagne, selon Mr. Baudrand [g], elle a sa source dans les Montagnes de la Vieille Castille vers la Merindade de Soria, d'où elle court dans la Province de Rivogia & se jette dans l'Ebre au dessous de Logrogno près du Village de la Fuente de Madrès. [g Ed.1705.]

IRELAND, Isle de l'Amerique dans la Mer du Nord, l'une des Bermudes, elle est petite.

IRENÆUM, lieu de la Bithynie, vis-à-vis de Sosthéne. Metaphraste dans la Vie de St. Marcel dit qu'on le nomma ensuite ACOEMETUM. Ἀκοιμήτων, c'est-à-dire *de ceux qui ne dorment point*. Dans le Code il est parlé du Monastere *Aucumetense*, au raport d'Ortelius [h]. Evagre [i] nomme ce même Monastere; le Monastere des ACEMYTES en parlant de Jean qui y ayant vécu en solitaire fut ensuite élevé sur le Siége de Jerusalem. [h Thesaur.] [i Hist. Ecclef.l.5.c. 14.]

IRENE, Etienne le Géographe dit que l'Isle de Calaurie fut nommée Iréne à cause d'une femme appellée ainsi. Pline [k] qui écrit ce nom IRINE distingue cette Isle de celle de Calaurie, quoi qu'il la mette dans le Golphe Argolique. [k l.4.c.12.]

1. IRENOPOLIS, ancienne Ville d'Asie dans la Cilicie, selon Ptolomée [l] qui la donne comme la seule Ville de la Lacanitide. Elle est placée dans la seconde Cilicie, entre les Villes Episcopales dans la Notice de Hierocles. [l l.5.c.8.]

2. IRENOPOLIS, Cedrene cité par Ortelius [m], dit que l'on donna ce nom à Berrhoée Ville de Syrie après que l'Imperatrice Iréne l'eût fait réparer. [m Thesaur.]

IRENSIS, Siége Episcopal d'Afrique dans la Byzacene. C'est le même qu'HIRENENSIS.

IRESIA, Εἰρησία, & AGELASTOS, Ἀγε-

λαςὸς, Suidas nomme ainsi deux roches près de la Ville d'Eleusine.

IRESIÆ, ou EIRESIÆ, ancienne Ville de Grece dans la Thessalie. Tite-Live [n] dit qu'elle fut ravagée par Philippe. [n l.32.c.13.]

IR-HAMMELACH [o], ancienne Ville de la Palestine dans la Tribu de Juda au desert, עִיר הַמֶּלַח quelques-uns croient que la Mer morte en a pris le nom de יָם הַמֶּלַח. [o Reland Palæst.p. 868.]

IR-HATTEMARIM, הַתְּמָרִים, c'est-à-dire la Ville des Palmes. C'est un des noms de la Ville de Jericho.

1. IRIA, Riviere d'Italie, où elle arrosoit la Ville de Dertona, selon Ortelius qui cite Jornandes [p] & Paul Diacre. Je trouve dans le premier *Majoranus... Dertona juxta Fluvium Ira cognomento occiditur*. George Merula dans sa description du Montferrat dit que le nom moderne est la Scrivia. [p De Reb. Getic. p.13. Edit. Boxav. Vulcanii.]

2. IRIA, ancienne Ville d'Italie, selon Pline [q]. Ptolomée [r] l'appelle Εἴρα, & la place chez le Peuple *Taurini*. Antonin met Iria entre *Camillomagum* & *Dertona* à XVI. M. P. de la premiere & à X. M. P. de la seconde. Elle étoit sur la Voye Clodienne. C'est presentement *Vogera* dans la Lombardie. [q l.3.c.5.] [r l.3.c.1.]

IRIA FLAVIA, Ville ancienne d'Espagne chez le Peuple *Capori*, selon Ptolomée [s]. Mariana [t] parlant de la translation du Corps de l'Apotre St. Jacques en Espagne dit: son Corps enlevé par ses disciples, étant mis sur un vaisseau s'arrêta à Iria Flavia à l'extrémité de la Galice: ce lieu s'appelle aujourd'hui PADRON. Il y en a d'autres qui croient que c'est SANTA MARIA DE FINISTERRE. Clusius & Moralès parlent comme Mariana. [s l.2.c.6.] [t Hist. Hisp. l.4.c.2.]

IRINE. Voiez IRENE.

IRINUS SINUS, Golphe de la Mer des Indes, selon Arrien [v]. Il dit dans son Periple de la Mer Erythrée: après le Sinthe, (ou l'Indus) il y a un autre Golphe vers le Nord, on le nomme Irin. Il n'est pas aisé de le voir il est grand d'un côté & petit de l'autre. [v p.22. Ed. Oxon.]

1. IRIS, Riviere d'Asie dans la Cappadoce, selon Ptolomée [w]. Voiez Casalmach qui en est le nom moderne. [w l.5.c.6.]

2. IRIS, Diodore de Sicile [x] nomme ainsi une partie de l'Isle Britannique dont les habitans vivoient de chair humaine. Ortelius croit qu'il a voulu parler de l'Irlande. [x l.5.]

IRIVAN. Voiez ERIVAN.

IRKEN, JERKE'EN, ou YARKAN, Ville de la Tartarie dans la petite Bucharie dont elle est la Capitale [y]. Elle est située à 42. dégrez 40. minutes de Latitude, au Nord de la Ville de Caschgar, sur les bords d'une petite Riviere dont les eaux passent pour n'être pas trop saines. Cette Ville est grande & assez bien bâtie à la maniere des Orientaux, quoique la plûpart de ses Maisons soient bâties de Briques cuites au Soleil. Il y a un Château où le Contaïsch vient de temps en temps loger pour quelques mois, lorsque les affaires demandent sa présence de ce côté-là; ce qui fait que quelques-uns la croyent être la résidence ordinaire du Grand Chan des Calmouks. [y Hist. des Tartar.p. 408.]

Comme cette Ville est le depôt de tout le Commerce qui se fait à présent entre les Indes & le Nord de l'Asie, de même que de celui qui se fait d'un côté entre le Tangut & la Sibérie,

IRK. IRL.

bérie, & de l'autre entre la Grande Bucharie & la Chine, il est hors de doute qu'elle doit être riche & bien peuplée ; sur tout si on se represente que ce n'est que par l'entremise des Buchares ses habitans, que ces différents Pays ont communication ensemble ; & que par cette raison tout le profit du Commerce doit rester entre leurs mains. Les environs de cette Ville sont fertiles, & produisent en abondance toutes sortes de fruits & de légumes.

Le Mahometisme est la Religion dominante dans Jerkeen, de même que dans toutes les autres Villes & Villages de la petite Bucharie : néanmoins toutes sortes de Religions y jouïssent d'une entiere liberté, parce que les Calmoucks, qui sont les maîtres de ce Pays, se font une affaire de conscience de souffrir qu'on inquiete personne chez eux par raport à sa Religion.

Si le feu Empereur de Russie eût encore vécu quelque-temps, on alloit travailler incessamment à l'établissement d'un Commerce réglé entre ses Etats & la Ville de Jerkeen, par la Riviere d'Irtis : Ce qui auroit pû avoir des suites très-avantageuses pour les Russiens.

IRKUTSKOI, c'est ainsi que ce nom se trouve écrit dans les nouvelles Cartes de la Tartarie, & cependant on lit Jekutskoi dans le Voyage de la Chine inseré dans celui de Corneille le Brun a en Moscovie & aux Indes. A cela près voici ce qu'on nous y en apprend.

Jekutskoi, (Ville de la Tartarie dans la Siberie, chez les Kumi-Tongusi) est située sur la Riviere d'Angara qui a sa source dans le Lac de Baikal environ à huit lieues de là. Cette Ville qui est bâtie depuis peu d'années, est flanquée de bonnes tours. Les Fauxbourgs en sont fort grands, & le bled, le sel, la chair & le poisson y sont à grand marché puisqu'on n'y donne que sept sols de cent livres de Segle, poids d'Allemagne. Le Pays en est très-fertile & abonde en grains jusqu'à Wergolenskoi qui n'en est qu'à quelques lieues. Les Russiens y occupent quelques centaines de Villages & y cultivent la terre avec soin.

On voit à l'est vis-à-vis de cette Ville, une caverne brûlante qui a poussé des flammes avec assez de violence depuis quelques années, mais à present il n'en sort plus qu'un peu de fumée. Le feu sortoit par une grande fente, où l'on trouve encore de la chaleur en y enfonçant un grand bâton. Il y a aussi un beau Monastere à côté de cette Ville, à l'endroit où la Riviere de Jakut d'où elle tire son nom se décharge dans l'Angara. On ressent de grands tremblemens de terre en ces Quartiers-là en Automne, mais ils ne font point de mal.

Cet Auteur est repris par un Voyageur plus recent b d'avoir nommé cette Ville Jekutskoi. Ce Voyageur la nomme Irkutskoi & dit que ce nom vient de la Riviere Irkut qui y tombe dans l'Angara. Il ajoute que la caverne brûlante ne se voit plus.

IRLANDE, l'une des Isles Britanniques & la plus grande après celle de la Grande Bretagne, au Couchant de laquelle elle est située. Sa partie la plus Septentrionale est par les 55. d. 20'. de Latitude & sa partie Meridionale par les 51. d. 20'. sa Longitude est depuis 7. d. 10'. jusqu'à 12. d. 5. selon les observations employées par Mr. de l'Isle. Mais l'Auteur de cet Article l'étrecit davantage.

c La plûpart des Auteurs Latins appellent l'Irlande, HIBERNIA ; Orphée, Aristote, Strabon & d'autres la nomment JERNA ; Mela, Juvenal & Solin, JUVERNA ; Ptolomée, IVERNIA, & quelquefois BRITANNIA MINOR ; Martianus Capella la nomme JOYEPNIA, & VERNIA ; d'autres l'appellent BERNIA, & Plutarque lui donne le nom d'OGYGIA. Les Bardes ou les Poëtes Irlandois l'appelloient anciennement TIVOLAS, TOTDANAN, & BANNO. Dans les derniers Siécles elle portoit le nom de SCOTIA, ou SCOTIA MINOR, pour la distinguer de l'autre Ecosse. Les naturels du Pays l'appellent Eryn, & quelquefois GWYDHILL ; les Gallois, YVERDON, & YWERDHON ; & le Peuple qui l'habite GWYDHELON ; les Allemans, IRLANDT ; les Italiens *Irlanda* ; & les François, *Irlande*. Il y a grande apparence que ce dernier nom est venu d'*Erinlande*, qui signifie en Irlandois, une Terre Occidentale, ou un Pays situé à l'Ouest. Avec tout cela je ne dois pas omettre ici l'Etymologie qu'en donne Bochart, qui veut qu'elle soit appellée *Hibernia* du mot Phénicien *Iberne*, qui signifie l'Habitation la plus éloignée ; parce que les Anciens ne connoissoient point d'autre Pays à l'Ouest au delà de l'Irlande.

C'est une Isle sujette à la Couronne de la Grande Bretagne, & que l'Ocean envelope de toutes parts. Elle est bornée à l'Est par une Mer dangereuse, qu'on appelle la MER D'IRLANDE, ou le *Canal de Saint George*, qui la sépare de l'Angleterre & du Pays de Galles, aussi-bien que de l'Ecosse, ou de la Bretagne Septentrionale au Nord-Est ; elle est bornée à l'Ouest par le vaste Océan Atlantique, qui la sépare du Continent de l'Amerique ; au Nord par l'Océan Septentrional, ou la Mer Deucaledonienne, ou Caledonienne ; & au Sud & Sud-Ouest par l'Océan Virginien.

Quoique l'Irlande soit une Isle environnée de tous côtez par la Mer, elle n'est pas fort éloignée de quelques endroits de la Grande Bretagne : par exemple, il n'y a qu'un Trajet de 45. Milles de Holy-Head, situé sur l'Isle d'Anglesea dans le Pays de Galles, à Dublin, & ce passage est plus court que celui des parties Orientales d'Wexford à S. David. Elle est encore plus près de l'Ecosse, puisqu'à traverser du Cap Red Boy, dans le Comté d'Antrim, à Cantire, qui est dans la partie Meridionale de ce Pays-là, il n'y a qu'environ 15. Milles. Mais de la partie Orientale du Comté de Down à St. Bee's-Head, ou la Tête de S. Bee dans la Province de Cumberland, il y a 84. Milles. Située au Nord-Ouest & Sud-Est de la France, elle en est à 220. Milles ; au Nord & Sud à l'égard de l'Espagne, elle en est à 440. Milles ; & exactement à l'Ouest de la Nouvelle France, la partie de l'Amerique la plus voisine, elle en est à environ 1440. Milles.

Si nous la considerons à l'égard des Corps Celestes, elle est entre le 5. degré 58. minutes, & le 10. degré 45. minutes de Longitude, à compter depuis Londres; mais à compter depuis l'Isle de Teneriffe, elle est entre le 8. & le 12. degré 55. minutes de Longitude, comme la plus grande partie de Galice & des Asturies en Espagne; & entre le 31. degré a 15. minutes de Latitude Septentrionale, comme le Pays de Galles & la plus grande partie de l'Angleterre. On voit ainsi qu'elle est entiérement sous le 9. & le 10. Climats, & un peu sous le 8.; desorte que le plus long jour, dans les endroits les plus meridionaux est de 16. heures & environ 25. minutes, & que, dans les endroits les plus Septentrionaux, il est de 17. heures & 12. minutes. Elle est dans une des Zones temperées vers ses parties Septentrionales, à environ 5. degrez du milieu; desorte qu'eu égard à cette situation, l'intemperie de l'air n'y sauroit être fort grande ni en Eté ni en Hyver; aussi ne l'est-elle pas.

a L'Auteur se trompe visiblement en cet endroit puisque si l'Irlande avoit cette latitude qu'il dit, elle seroit vis-à-vis de l'Afrique & du Royaume de Maroc.

Elle est presque aussi longue que large, d'une figure oblongue, qui aproche de celle d'un œuf, auquel plusieurs Ecrivains l'ont comparée; mais si l'on observe les tours & les retours de ses côtes en divers endroits; à peine peut-on rien voir d'une forme plus irréguliere. C'est une Isle du troisiéme rang, grande à-peu-près comme la moitié de l'Angleterre: sa longueur, depuis Fair-Head, la pointe Septentrionale d'Antrim, jusques à Missen-Head la pointe Meridionale de Cork, est d'environ 285. Milles: sa largeur dans l'endroit le plus étendu, depuis les parties Orientales de Down jusques aux parties Occidentales de May, est d'environ 160. Milles: A compter depuis l'Est de Wexford, dans la Province de Leinster, jusques à l'Ouest de Kerry, dans celle de Munster, il y a 152. Milles: Mais à la prendre au milieu depuis l'Est de Dublin jusques à l'Ouest de Galloway, il y a 146. Milles: A compter les tours & les détours, elle a en tout environ 1400. Milles de circuit.

L'Irlande, si nous en croyons ses Ecrivains, étoit connue dans les tems les plus reculez. Ils nous disent qu'elle fut habitée, avant le Déluge, par *Cesaria*, qui étoit Niéce de Noé; qu'environ 300. ans après le Déluge, *Bartholanus*, Scythe de Nation, s'y rendit, & qu'il livra plusieurs Batailles fameuses à des Géans; que, bien des années après, Nemethius, autre Scythe, y passa, & qu'il en fut bientôt chassé par les Géans; qu'ensuite Dela, avec quelques Grecs, occupa cette Isle; que, bientôt après, c'est-à-dire, vers le tems que les Israëlites sortirent d'Egypte, Gaothel, accompagné de sa femme Scota, fille de Pharaon Roi d'Egypte, y aborda, & qu'il l'appella Scotia du nom de son Epouse; qu'enfin, peu de siécles après, Hiberus & Hermion, fils de Milesius, Roi d'Espagne, établirent des Colonies en Irlande, que la peste avoit ravagée, avec la permission de Gurguntius, Roi des Bretons. On voit bien que ce ne sont que de pures fables inventées par les Irlandois. Il est certain que ceux-ci, qui tiroient leur origine des Bretons, furent les premiers habitans de cette Isle, suivant les Auteurs les plus dignes de foi; car il étoit aisé de s'y rendre de la Bretagne, comme de la terre la plus voisine. Aussi les plus anciens Ecrivains l'appellent-ils une Isle Brétonne, & Tacite, dans la Vie d'Agricola, Chap. 24., nous en parle en ces termes: *Solum cœlumque & ingenia cultusque hominum haud multum à Britannia differunt.* C'est-à-dire, ,, Le Terroir, le Climat, le Naturel, & les ajustemens des hommes ne different pas beaucoup de ce qu'on voit en ,, Bretagne". C'étoit un peuple grossier & barbare, dont les actions ne sont guéres connuës, & qui n'ayant pas été conquis par les Romains, n'en avoit pu recevoir ni les Sciences ni de la politesse. Vers la décadence de l'Empire Romain, ils s'appelloient Ecossois; mais on ne sait pas trop bien pour quelle raison. Quoiqu'il en soit, ils subjuguérent les Isles Occidentales, ou Hebrides, les Pictes qui étoient dans leur voisinage & les Caledoniens, & ils donnerent le nom d'Ecosse aux parties Septentrionales du Continent Britannique. Peu de tems après ils ne voulurent plus s'appeller Ecossois, & ils reprirent leur ancien nom d'Irlandois. Ils vivoient d'ailleurs sous le gouvernement de divers petits Princes.

Il y eût en différentes occasions des Danois, des Suedois, & des Normands qui se mêlerent avec eux; mais on n'y voit aujourd'hui que des Anglois & des Irlandois. A l'égard des Anglois, il n'est pas nécessaire d'en parler ici; non plus que de la meilleure sorte des Irlandois civilisez, qui suivent les Loix & les coûtumes d'Angleterre: mais pour les Kernes, les Rapperis, & tous ces autres Irlandois Sauvages, qui ne sont pas encore fort polis, ils sont d'une Taille moyenne, robustes, & vigoureux, d'un tempérament plus chaud & plus humide que bien d'autres Nations; ont la peau très douce, & les muscles si tendres, qu'ils sont d'une souplesse, & d'une agilité merveilleuse: on dit qu'ils ont l'esprit vif, qu'ils sont prodigues de leur vie, qu'ils peuvent endurer le travail, le froid & la faim, qu'ils sont adonnez aux plaisirs de la Chair, crédules, civils, & honnêtes envers les étrangers, incapables de souffrir les injures, d'une grande violence dans toutes leurs passions, fidéles dans leur amitié, & qu'ils ne pardonnent jamais à leurs ennemis. Ils se plaisent beaucoup à jouer de la Cornemuse & de la Harpe, en quoi plusieurs d'entre eux excellent.

Leur Langue naturelle étoit anciennement la Brétonne, ou du moins une Dialecte de cette Langue; mais elle s'en est fort éloignée depuis, à cause du mélange des Etrangers, dont elle a retenu divers mots; quoique, si nous en croyons un Savant qui en a écrit en dernier lieu, elle soit composée en gros du Breton & du vieux Cantabrien ou Espagnol, tel que le parloient les naturels de l'Espagne Tarraconoise, avant que les Romains, ou même les Goths, les Wandales & les Sarrasins connussent ce Royaume-là, & qui est peut-être un idiome de l'ancien Celtique: d'ailleurs les noms des Lacs, des Riviéres, des Isles, des Montagnes, des Bourgs, &c. sont encore presque tous Bretons. A l'égard de ceux que les hommes portent, la lettre O toute seule commence d'ordinaire les noms des principaux d'entr'eux, comme O *Neal*, O *Rorck*, &c., ou bien Mac, qui veut dire *fils*, comme *Mac-Decan*, *Mac-Cannon*, *Mac-Carty*, &c. Mais lorsqu'on les bâtise, on y ajoute un nom profane, tiré

tiré de quelque événement, quoi qu'on ne leur donne jamais le nom du Pere, ni d'aucune autre personne de la famille, qui sont alors en vie, dans la crainte que cela ne hâtât leur mort. Du reste lorsque le Pere est décédé, le fils prend d'ordinaire son nom.

Ils vivent d'Herbes & de Racines, de laitage, de Gruau d'Avoine, qu'ils aiment beaucoup mêlé avec du Beurre, de Bouillon de Bœuf, & ils mangent souvent la viande sans pain; ensorte qu'ils gardent le Blé pour leurs chevaux. Lorsque les vivres sont chers, & qu'ils ont faim, ils ne dédaignent pas de manger de la chair toute cruë, après en avoir exprimé le sang; & là dessus ils boivent de grands traits d'Eau de vie, ou d'*Usquebaugh*. Ils portent de petites vestes de Laine, des Culotes à pli de leurs cuisses, & par-dessus une Mantelinc, ou une couverture à long poil avec de grandes franges autour. Ils vont presque toujours tête nue, & ils regardent une longue chevelure, comme un de leurs plus beaux ornemens. Les femmes n'estiment pas moins leurs cheveux, surtout lorsqu'ils sont rougeâtres ou de couleur d'Or.

Le gros & le menu Bétail sont leur principale richesse. L'air y est en général doux & tempéré, ensorte qu'en Eté il n'est pas si chaud, ni en Hyver si froid qu'en Angleterre; mais il n'est pas non plus si pur, ni si serein; ni par conséquent si propre à meurir le Blé & les fruits, quoique les Anglois, qui les cultivent, y ayent déja remédié en quelque sorte, par leur industrie à dessecher les eaux & par leur grande vigilance. Les vents, les brouillards & la pluye y régnent plus en Hyver, que la Gelée & la Neige. L'Humidité y est si extraordinaire, qu'on y est fort sujet à la Diarrhée, à la Dyssenterie, & aux Rhumes. Les Etrangers sur tout n'évitent guéres de tomber dans ces maladies, dont les Irlandois se guérissent en beuvant de l'Usquebaugh.

Le Terroir y est très-fertile, quoique plus propre naturellement pour les pâturages que pour le Grain: l'Herbe y est si longue & si bonne en quelques endroits, que le gros Bétail se créveroit à force d'en manger, si l'on n'avoit soin de l'en retirer de tems-en-tems. Il y a même des Quartiers, comme dans la Province d'Armagh, où l'on s'entendroit fort mal à cultiver la Terre, si l'on s'avisoit d'y mettre du fumier, puisque bien loin d'en augmenter la fertilité, il ne serviroit qu'à la diminuer. On y trouve d'ailleurs de vastes Marécages, qui rendent l'air mal sain, des Lacs, & de grandes Forêts; quoique, depuis quelques années, on y ait desseché plusieurs de ces Marais, & abatu quantité de bois.

Mais ce qu'il y a de merveilleux dans ce Pays, est qu'il ne produit aucune bête vénimeuse, & que même elles n'y sauroient vivre, si l'on y en apportoit d'ailleurs. Ce n'est pas tout, le bois de ses Forêts n'admet ni vers, ni Araignées, du moins si l'on en croit un Poëte, qui fait parler l'Irlande en ces termes:

Illa ego sum Graiis glacialis Hibernia dicta,
Cui Deus & melior rerum nascentium Origo
Jus commune dedit cum Creta, altrice Tonantis,
Angues ne nostris diffundant sibila mortis.

C'est-à-dire, „Je suis cette Isle, que les Grecs „ont nommé l'Hibernie Glaciale, à qui Dieu, „par un effet de sa bienveillance, a donné le „même droit qu'à l'Isle de Crete, nourrice „de Jupiter; puisqu'on ne voit chez moi „aucun serpent qui menace mes Habitans de „la mort.

Du reste s'il n'y a point de bêtes vénimeuses en Irlande, & qu'à cet égard elle soit préférable à la Grande Bretagne; on peut dire d'un autre côté qu'elle est plus infestée d'Animaux voraces, & en particulier de Loups, dont l'Angleterre & l'Ecosse sont délivrées depuis bien des siécles.

Elle nourrit quantité de grands Troupeaux de Brebis, qu'on y tond deux fois l'année. On y voit de très-bons chevaux, qui ont un amble tout particulier & fort commode. Les Bêtes à corne y sont la principale richesse du Pays; mais je ne saurois croire ce qu'on en dit, que les vâches n'y donnent point de lait, si leurs veaux ne sont auprès d'elles, ou du moins leurs peaux remplies de foin ou de paille. Il y a tant d'Abeilles, qu'elles font leurs Essains, non seulement dans des Ruches, mais dans les creux des Arbres & dans les trous de la Terre. On n'y manque pas non plus de Renards, de Liévres, de Lapins & de toute sorte de Gibier; mais les Gentils-hommes du Pays ne sont pas si grands chasseurs que les nôtres. Il y a des Oiseaux, sauvages & domestiques, de toutes les sortes; & quantité de Poisson, sur tout de Saumons & de Harengs.

Les principales Denrées du Pays consistent en gros & menu Bétail, en Cuirs, en Suif, Sain-doux, quantité de Beurre & de Fromage; en Sel, Bois, Miel, Cire, Fourrures, Chanvre, Toiles, Douves, Laines, dont on fait du Drap, de la Frize, & de ces grosses Couvertures, ou Mantelines à long poil, qu'on vend dans les Pays Etrangers. On y trouve d'ailleurs divers Métaux, comme du Plomb, de l'Etain & du Fer. En un mot, tout ce qui peut être utile ou agréable y est en abondance & à grand marché. Il semble même que, dans ces derniers tems, les naturels du Pays ayent aquis de l'industrie; & que par leur grande fréquentation avec les Anglois, ils soient plus civilisez qu'ils ne l'étoient autrefois; desorte qu'avec le temps cette Isle pourroit devenir aussi florissante qu'aucun autre Pays qu'il y ait en Europe. L'on observe que les Animaux n'y sont pas si gros qu'en Angleterre, à l'exception des hommes, des femmes & des Lévriers.

Il y a partout des sources & des Fontaines, non seulement sur les Montagnes & les Rochers, mais aussi dans les Plaines, d'où elles coulent sans bruit, & presque sans aucun bouillonnement; du moins on y en voit très-peu qui sortent avec impétuosité des Rochers, ou qui forment des Jets en l'air.

Depuis soixante années ou environ, l'on a découvert, assez près de Dublin, des Eaux minérales & purgatives, qu'on peut comparer à celles de Spa. D'ailleurs, on y trouve en divers endroits quantité d'autres sources, que les Irlandois appellent des Puits Sacrez, & dont les Eaux, à ce qu'ils prétendent, servent à guérir de diverses Maladies, quoi qu'elles ne différent point de l'Eau commune ni pour le goût, ni pour l'odeur, ni pour toute autre qualité sensible. Aussi les Catholiques n'attribuoient-ils la vertu de ces eaux qu'à l'intercession de quelques Saints.

Une petite Isle située sur un Lac nommé LOUGH DIRG a été fameuse pendant quelques siécles à l'occasion du Purgatoire de St. Patrice. Voiez au mot PURGATOIRE l'idée que l'on en avoit, & ce qu'on y a trouvé lorsqu'on y a fait une exacte recherche.

Il y a un Lac, qu'on appelle LOUGH-NEAUGH, auquel on attribue la proprieté de changer le bois en pierre; mais ce n'est que le long de ses côtes en fort peu d'endroits, sur tout à celui, où la Riviere Black-water, ou de l'eau noire, se décharge. Quelques-uns mêmes ont prétendu qu'il convertissoit le bois en fer, quoique cela ne soit pas vrai.

En Irlande, aussi bien qu'en divers endroits de la Grande Bretagne, on trouve souvent des Arbres entiers, soit Coudriers ou autres, dans les fondrieres, & dans les Marais sablonneux. On y voit même quelquefois quantité de Noisettes, qui n'en ont que la figure, & qui sont reduites en limon. On n'y avoit découvert aucune Mine avant que les Anglois s'y fussent établis sous le régne d'Elizabeth. Quelques-uns ont avancé qu'on y trouvoit des Mines d'Or; mais cela ne s'est pas vérifié jusques ici. Pour les Mines de Fer, il y en a de trois sortes. La premiere, qu'on peut appeller marécageuse, se trouve dans les endroits bas, & près de la surface de la terre; le fer en est aigre, jaunâtre & d'une substance un peu argileuse, qu'il faut mêler avec quelqu'autre. La seconde est la Mine de Roche, d'une substance dure & pierreuse, comme le Roc d'où on la tire, & d'une couleur sombre ou de rouille: on n'a pas grand' peine à la tirer; mais elle n'est pas si abondante que la marécageuse, & ne donne qu'un fer très-cassant. La troisiéme est la mine blanche, ou des Epingles, dont la substance tient le milieu entre celle des deux autres. On la tire en masses, & le fer qui en revient n'est pas si cassant que celui de la Mine de Roche, mais en divers endroits il est aussi bon que le fer d'Espagne. Il y a d'ailleurs quelques Mines d'argent & de plomb; mais qui ne sont pas aujourd'hui d'un grand revenu.

Si l'Angleterre l'emporte sur l'Irlande pour la beauté de sa Pierre de Taille, on peut dire que l'Irlande surpasse l'Angleterre à l'égard du Marbre, qu'on y trouve en divers endroits. Il y en a de rouge, raïé de blanc & d'autres couleurs, qu'on y appelle de Porphyre, pour n'être mêlé de blanc avec beaucoup de régularité, & d'autre, qui est tout d'une seule couleur. Les deux premieres sortes ne s'y trouvent qu'en petite quantité, sur tout la seconde; mais la troisiéme y est fort commune en quelques endroits, sur tout aux environs de Kilkenny, dont les Ruës en sont pavées. Lorsque ce dernier Marbre est tiré de la carriére, il paroît grisâtre; mais après qu'il est poli, il devient d'une couleur bleuâtre, qui tourne un peu vers le noir.

L'Irlande est divisée en quatre Provinces qui sont à-peu-près dans cette disposition

La Province d'ULSTER,
ou L'ULTONIE.

La Province de CONNAUGHT, ou la CONNACIE.   La Province de LEINSTER, ou la LAGENIE.

La Province de MUNSTER,
ou la MOMMONIE.

On peut voir aux mots CONNAUGHT, LEINSTER, MUNSTER, & ULSTER ce qui est particulier à ces Provinces, & leurs sou-divisions.

Les principaux Lacs de Royaume sont *Lough-Erne, Lough-Nea-gh, Lough-Ree, Lough-Derg*, *Lough-Cerrib*, *Lough-Conn*, *Lough-Care*, *Lough-Cilly*, *Lough-Allyn*, & *Lough-Hamel*.

Les plus considérables Bayes d'Irlande sont la *Baye de Galway*, qui est fort vaste & sûre, capable de recevoir une grande Flotte de vaisseaux, & qui est défenduë à l'Ouest par les Isles d'Arran; elle est située entre les Comtez de Gallway & de Thomond: La *Baye de Dingle*, dans le Comté de Kerry, qui est aussi vaste & spacieuse: la *Baye de Bantry*, dans le Comté de Cork, qui est pleine de petites Isles: la *Baye de Donnegal*, située entre les Comtez de Donnegal, de Slego, & de Letrim, à l'entrée du Lough-Erne. Celle *de Londondavry*, qui est une espèce de Lac, entre les Comtez de Donnegal, & de Londonderry, & qui à cause de cela même porte le nom de *Lough-Foyle*. La *Baye de Carrickfergus*, située entre les Comtez d'Antrim, & de Down: Celle *de Carlingford*, qui est entre les Comtez de Down & de Louth: Celle *de Dublin*, qui est dans le Comté de Dublin: Celle *d'Wexford*, qui est dans le Comté de même nom: Celle *de Kingsale*, qui est dans le Comté de Cork. Il y en a plusieurs autres moins dignes d'être remarquées.

On voit quelques Promontoires, ou Caps en Irlande, qui meritent d'être spécifiez. Tels sont celui qu'on appelle *Fair-head*, c'est-à-dire, belle tête, qui est dans le Comté d'Antrim, la pointe la plus Septentrionale du Royaume, & à dix-sept Milles ou environ de l'Ecosse: la *pointe de S. Jean*, dans le Comté de Down, à huit Milles ou environ au Sud de Down: la *vieille Tête*, dans le Comté de Cork, à sept milles ou environ au Sud de Kingsale: *Missen-Head*, qui est la pointe la plus Meridionale du même Comté: *Lean*, dans le Comté de Thomond, & à l'Embouchure du Shannon: le *Cap de S. Jean* dans le Comté de Donnegal, à près de treize Milles Ouest de la Ville qui porte le même nom: le *Cap du Nord*, qui est dans les parties Septentrionales du même Comté, & *Dog-Head*, ou la *Tête du Chien*, qui est dans les parties Occidentales de Gallway.

Les Havres de ce Royaume sont en grand nombre, & fort commodes. Peut-être même n'y a-t-il aucun Pays au Monde, où l'on en trouve de si bons à tous égards. Les plus re-

mar-

IRL. IRL. 143

marquables font celui de *Waterford*, qui eft à l'Embouchure de la Shure ; celui de *Cork*, qui eft à l'Embouchure de la *Lee* ; celui de *Toughall*, qui eft à l'Embouchure de la Riviére Black-water ; mais celui de *Kingfale*, depuis le nouveau Fort qu'on y a bâti fous le Règne de Charles II., & furtout fous la direction de Roger Comte d'Orrery, femble l'emporter fur tous les autres.

Quoiqu'il n'y ait pas beaucoup de grandes Riviéres dans ce Royaume, on y en voit quelques-unes, qui font fort avantageufes au Pays. La plus confidérable de toutes eft le *Shannon*, ou *Shennon*. Les autres font la *Swift*, c'eft-à-dire, rapide, l'*Awiduff* ou *Black-water*, la *Baleful*, la *Shurewoody*, la *Barrow*, la *Liffe*, la *Boyne*, la *Lee*, &c. dont le fameux Spencer a parlé, & à chacune defquelles il donne l'Epithete qui lui convient, dans fon Poëme intitulé, la Reine des Fées, lorfqu'il s'agit du Mariage de la Thamife avec le Medway.

Les Montagnes les plus remarquables font *Knock-Patrick*, ou celle de S. Patrice, dans le Comté de Limerick à l'Oueft, qui eft fort haute, & du fommet de laquelle on voit la Mer, auffi bien que l'endroit où le Shannon s'y dégorge ; Celle de *Sliew-Bloemy*, dans le Comté de la Reine, qui eft d'une hauteur prodigieufe, d'où fortent les Riviéres Shure, Nuer & Barrow. Celles d'*Evagh* & de *Mowrne* forment une chaine affez près de la Mer, dans le Comté de Down ; & celles de *Sliew-Gallen* feparent en deux le Comté de Tyrone. Celles de *Cirtew* font dans le Comté de Rofcommon, & celles de *Gualty* dans le Comté de Tipperary, près des Comtez de Limerick & de Cork.

Le Gouvernement Civil de l'Irlande reffemble affez à celui d'Angleterre. Le Roi & le Parlement y concourent de même ; quoique le plus grand nombre des Irlandois foit de la Religion Catholique, les Rois de la Grande Bretagne ont pris toutes les mefures pour l'y éteindre entierement. L'une a été de n'admettre aux Evêchez que l'on a confervez que des Miniftres Proteftans & d'en remplir tous les Benefices. L'autre a été d'y envoyer de nombreufes Colonies de Refugiez de France pour remplacer la multitude d'Irlandois qui en étoient fortis pour la caufe du Roi Jacques II.

Le Gouvernement Ecclefiaftique d'Irlande eft donc fous iv. Archevêques Proteftans qui font,

ARMAGH, Primat de toute l'Irlande,
DUBLIN, qui prend le titre de Primat d'Irlande,
CASHEL,
& TUAM.

On a vû dans la Lifte des Archevêchez quels Suffragans ils avoient, mais les Proteftans ont diminué le nombre de ces Evêchez & l'Irlande n'a que XIX. Evêques, favoir,

Sous l'Archevêque d'ARMAGH
{ LONDONDERRY,
  CONNOR,
  DROMORE,
  CLOGHER,
  KILMORE,
  DUNDALK.

Sous l'Archevêque de DUBLIN
{ KILKENNY,
  KILDARE,
  FEARNS.

Sous l'Archevêque de CASHEL
{ WATERFORD,
  LIMERICK,
  CORK,
  ARDFEARD,
  EMLY.

Sous l'Archevêque de TUAM
{ GALLWAY,
  ATHLONE,
  KILLALA,
  CLOMFORT,
  KILLALOW.

L'Eglife Proteftante d'Irlande eft à peu de chofes près la même pour le dogme & pour la Difcipline que l'Anglicane.

L'Irlande eft gouvernée par un Vice-Roi, quoiqu'on ne lui donne pas ce titre en Anglois. On l'appelloit autrefois *Gardien d'Irlande* ; enfuite on le nomma Jufticier d'Irlande, & on l'appelle aujourd'hui *Lord Lieutenant* ou *Député d'Irlande*. Son pouvoir eft d'une vafte étenduë, puifqu'il peut faire la Guerre ou la Paix ; qu'il diftribue toutes les Charges & tous les Emplois, à la réferve d'un fort petit nombre ; qu'il a droit de pardonner toutes fortes de crimes excepté ceux de Léze-Majefté, de faire des Chevaliers, &c. En un mot il n'y a point de Vice-Roi en Europe, qui aproche tant que celui-ci de la Majefté Royale, foit qu'on ait égard à fa jurifdiction, à fon pouvoir, à fon train, ou à fes Revenus. Il a pour fon Confeil le Lord Chancelier & le Tréforier du Royaume, avec quelques Comtes, Evêques, Barons & Juges, qui font Membres du Confeil privé, formé à-peu-près fous le Plan de celui d'Angleterre.

Lorfqu'on l'inftalle dans fa Charge, on lit d'abord en public les Lettres Patentes qu'il a obtenuës du Roi, enfuite il prête Serment entre les mains du Chancelier, felon un Formulaire prefcrit ; on lui délivre l'Epée Royale qu'on doit porter devant lui ; enfin on le place dans un fauteuil de parade, où fe tiennent autour de lui le Chancelier du Royaume, les Membres du Confeil Privé, les Seigneurs & Pairs du Royaume, avec un Roi d'Armes, ou Sergent d'Armes, & autres Officiers.

Dans les Provinces éloignées il y avoit autrefois des Gouverneurs Subalternes pour adminiftrer la Juftice ; tels étoient un principal Commiffaire dans la Province de Connaught, & un Préfident dans celle de Munfter, qui avoient pour Affeffeurs certains Gentils-hommes & Jurifconfultes dirigez par le Vice-Roi. A l'égard des différentes conditions ou dégrez de Nobleffe, il y a, de même qu'en Angleterre, des Ducs, des Marquis, des Comtes, des Vicomtes, des Barons, des Chevaliers, & des Ecuyers.

On y voit auffi les mêmes Cours de Juftice qu'en Angleterre ; le Parlement, que le Lord Lieutenant, ou fon Député, convoque & qu'il diffout fuivant le bon plaifir du Roi, la Chancelerie, le Banc du Roi, la Cour des Plaidoyers communs & celle de l'Echiquier.

On

On y a de même quatre termes dans l'Année, pendant lesquels on adminiftre la Juftice dans toutes ces Cours-là. Il y a d'ailleurs des Juges nommez pour tenir les Affifes, d'autres établis en certains cas, par un ordre judiciaire, écrit en Latin, qui commence par les mots, *Nifi prius*, & qui à caufe de cela même en porte le nom; d'autres déléguez pour décider les affaires criminelles, par une Commiffion fpéciale, qu'on appelle, en termes de Droit, d'*oyer & terminer*, c'eft-à-dire, d'ouïr & terminer, & des Juges de paix dans châque Comté. A l'égard du Droit Coûtumier, il eft en Irlande le même qu'en Angleterre.

La force de ce Royaume confifte en partie dans fa fituation, puifqu'il eft environné d'une Mer dificile & dangereufe; & en partie dans les divers Châteaux que les Anglois y ont bâti depuis qu'ils en ont fait la conquête. Les Naturels du Pays n'avoient jamais eû d'Armée nombreufe jufques à la derniere Guerre civile: mais leurs Soldats ont toûjours été fi mal difciplinez & fi lâches, du moins dans l'Ifle même, qu'un ennemi pourroit les fubjuger à peu de fraix, s'ils n'étoient munis de Places fortes & de Marais inacceffibles.

Les *Armes* de ce Royaume font d'Azur à la Harpe d'Or, que le Roi Jaques I. fit joindre à l'Ecu de la Grande Bretagne, pour faire voir qu'il étoit Monarque abfolu de l'Irlande, & que l'on a toûjours retenues depuis fur les Monnoies d'Or & d'Argent. D'ailleurs, il n'y a qu'un Roi d'Armes, qu'on appelle *Ulſter*, & qu'un Pourfuivant, qui porte le nom d'Athlone.

Il y eût d'abord en Irlande, auffi bien que dans la plûpart des autres Pays, tant de petits Princes qui fe donnoient le titre de Rois, qu'il feroit difficile, ou plûtôt impoffible, d'en rendre un compte exact. Cependant quelques bons Auteurs ont pris la peine de nous donner un Catalogue de ces Rois depuis Legeirus, fils de Néal, qui fut tué en 463., jufques à Henri II., qui foûmit cette Ifle à la Couronne d'Angleterre vers l'an 1167. Mais ce qu'ils nous en difent, eft fi confus & fi mêlé de Fables, que, fans m'y arrêter un moment, je pafferai aux Révolutions furvenües à cet Etat par l'invafion des Etrangers.

Les avantages qu'Egfrid, Roi de Northumberland, y remporta en 693., ne meritent pas d'être mis en ligne de compte, quoiqu'il y employa le fer & le feu, & qu'il y ruina bien des places. Mais quelques-uns des Monarques Anglois-Saxons fe rendirent maîtres de Dublin, & de divers autres lieux confiderables. Le Roi Egdar fut du nombre de ces vainqueurs. Témoin la Charte qu'il publia à Glocefter en 966., & qu'on nomma la *Loi d'Ofwald*, Archevêque d'Yorck, qui en avoit donné le plan, par laquelle il dépoffédoit tous les Prêtres mariez & introduifoit des Moines à leur place. D'un autre côté les Anglois, attaquez vigoureufement chez eux par les Danois, furent obligez d'abandonner leur conquête, & d'aller défendre leur propre Pays. Deforte que l'Irlande recouvra bien-tôt fa liberté, & fe vit de nouveau fous des Princes de fa Nation.

Les Danois, les Suedois, & les Normans, réunis fous le nom de Norvegiens, l'envahirent enfuite. En l'année 795. ils ravagerent fes côtes, & fur tout l'Ifle de Recream. Trois années après, les Normans haraffèrent Ulfter & les Ifles Hebrides, ou Occidentales: d'ailleurs ils ruïnerent Rofcommon & le Pays voifin en 807. Vers l'an 812. les Ecoffois les bâtirent une ou deux fois en Irlande.

En 835. Turgefius y aborda avec une grande Flote & une puiffante Armée, qui le mit en état de ruïner prefque toute la Province de Connaught, une partie de Leinfter, & de Meath. Environ trois années après, ces Infidéles fubjuguérent une partie d'Ulfter, où ils exercerent mille cruautez contre les Chrétiens. Ce fut ce Turgefius qui bâtit toutes ces Forterefles rondes, qu'on appelle communément *Danes Rachs*, & qu'on voit jufques à ce jour en divers endroits de l'Irlande. En 845. ces Norvegiens pillerent & brûlerent Clonmacnors, Clonford, Loghram & Tirdaglafs; mais Turgefius, à ce que rapporte Hiraldus Cambrenfis, devint amoureux de la fille de Melachlin, Roi de Meath, qui eût l'adreffe de le furprendre par quelque Stratagême, & de le faire périr avec tous ceux qui l'accompagnoient. Ceci donna occafion aux Irlandois de fe délivrer de prefque tout le refte de ces Barbares, & de fe mettre pour quelque tems à l'abri de leurs infultes.

Quelque tems après la mort de Turgefius, c'eft-à-dire, en 863. Amlavus, ou Amalcus, fe rendit en Irlande, avec de fi grandes forces, qu'il y eût une cruelle guerre, plufieurs années de fuite, entre les Norvegiens, & les Naturels du Pays. Les uns & les autres y éprouverent divers fuccès, tantôt batus, & tantôt vainqueurs; & les Ducs de Dublin y aquirent beaucoup de réputation.

En 1014. Brian Boro engagea la plûpart des petits Rois d'Irlande à joindre toutes leurs forces avec les fiennes, pour chaffer les Danois, leurs ennemis communs. Sitricus de fon côté fit toutes les alliances poffibles, & tous les préparatifs néceffaires pour foutenir leurs attaques. Enfin le 23. d'Avril il y eût une fanglante Bataille, qui fe donna à Coutarf, près de Dublin. Les Auteurs varient à l'égard du fuccès; mais ils conviennent tous que Boro y fut bleffé mortellement, que fon fils Murchard & fon petit-fils Ardeval y perdirent la vie, avec quantité de perfonnes de diftinction, outre fept mille Soldats, & même felon quelques-uns, onze mille. Quoiqu'il en foit, les Danois y foufrirent beaucoup, & fe retirérent à Dublin avec les débris de leur Armée. Bientôt après Melachlin, Roi de Meath, qui, par un principe d'inimitié contre Brian, s'étoit joint à Sitricus, fut proclamé Roi d'Irlande par la populace.

Il y eût une infinité de querelles & de Combats entre les Irlandois, & ces Peuples Septentrionaux durant plus d'un fiécle entier, quoique l'animofité ne parût pas fi féroce depuis que les derniers eûrent embraffé le Chriftianifme.

Il arriva dans la fuite que Dermont, Roi de Leinfter, forcé à s'enfuir en Angleterre, pour avoir enlevé la femme d'O-Rork, Roi de Breane, ou du Comté de Cavan, paffa delà en Aquitaine, où étoit alors Henri II., auquel

quel il offrit de se soumettre lui & son Royaume, pourvû qu'il l'aidât à le recouvrer. Henri y donna les mains, & y envoya quelques Troupes. Richard Strongbow, Comte de Strigul, ou de Pembroke, & Fitz-Stevens & les Fitz-Geralds aiderent à l'éxécution de ce projet. Quoiqu'ils n'eussent, pour ainsi dire, qu'une poignée de monde, ils furent bientôt Maîtres de Wexford, de Dublin, & de Waterford. Strongbow, qui avoit conquis cette derniere Place, & qui épousa la fille de Dermont, auroit bien voulu devenir Roi d'Irlande, si Henri II. ne s'y étoit opposé, & ne l'eût réduit à se contenter de la Province de Leinster. En 1172., le Clergé du Royaume, assemblé à Cashel, reconnut ce Monarque pour Roi légitime de tout le Pays, & le Pape le confirma dans la suite. Cela n'empécha pas que Roderick Connor, Roi de Connaught, ne s'arrogeât le même titre, & qu'il ne donnât beaucoup de peine à Henri, jusqu'à ce qu'il se fût soumis. De retour en Angleterre, Henri assembla un Parlement à Windsor, où il fit passer un Acte, par lequel il permettoit à Roderick d'être Roi de Connaught, à condition qu'il lui seroit toûjours fidéle, qu'il le serviroit en qualité de son Vassal, qu'il lui rendroit hommage, lui payeroit Tribut &c. Malgré cet Accord, Roderick se révolta de nouveau; mais Jean Courcy le défit & conquit une grande partie d'Ulster pour les Anglois.

Dans un Parlement tenu à Oxford vers l'année 1177. Henri déclara son fils Jean Roi d'Irlande; où il se rendit lui-même en 1185. Ce fut alors que les Irlandois, maltraitez par les gens de sa suite, se révolterent; mais bientôt après on les obligea de rentrer dans leur devoir. Pour la Royauté de Jean, Comte de Morton, elle ne fut pas de longue durée, puisque son frere aîné, Richard I., en voulut joüir lui-même, dès qu'il eût obtenu la Couronne d'Angleterre. Ses Successeurs en userent de même, & ils y envoyoient des Lords Justiciers pour gouverner ce Royaume à leur place, à moins qu'ils n'y allassent eux-mêmes en personne, comme fit le Roi Jean, après être parvenu au Thrône d'Angleterre. Sous Edouard I., lorsque ce Prince étoit en guerre avec les Ecossois, un certain Doneval-Oneval prit les armes, & non content de s'appeller Roi d'Ulster, il se donna le titre de Successeur légitime à la Couronne d'Irlande; mais il fut bien-tôt mis à la raison.

Pendant que Richard II. étoit en Irlande avec une Armée, pour y regler toutes choses sur le pié de la Monarchie d'Angleterre, Henri, Duc de Lancastre, s'empara de celle-ci, & Richard ne revint de son expédition que pour se voir détrôner. Henri IV. envoya son fils Thomas, ensuite Duc de Clarence, en Irlande, avec le titre de Lord-Lieutenant. Les guerres qu'Henri V. eût à soutenir en France & les conquêtes qu'il y fit, l'empêcherent de songer aux affaires d'Irlande; & la Guerre civile, qui survint entre son Successeur & la Maison d'York, n'en détourna pas moins l'attention des Anglois.

Edouard IV. affermi sur le Trône d'Angleterre, nomma son Frere George, Duc de Clarence, Lord-Lieutenant d'Irlande pour toute sa vie. Celui-ci choisit Thomas, Comte de Desmond, pour son Lord Député. Mais, dans un Parlement tenu en 1467., Jean Tiptoft, Comte de Worcester, alors Député, y accusa Desmond, & le Comte de Kildare, & Edouard Plunket, du Crime de Léze-Majesté, pour avoir entretenu correspondance avec les ennemis du Roi. Desmond fut condamné à perdre la tête; Kildare obtint sa grace, & fut même dans la suite Lord Député du Duc de Clarence, aussi bien que du Lord Lieutenant Jean de la Pole, Comte de Lincoln, sous le Régne de Richard III.

Henri VII. le confirma dans cet Emploi, dont il joüissoit lorsque Lambert Simnel se fit couronner à Dublin, & qu'il passa en Angleterre, où son Armée fut mise en déroute, & lui-même fait prisonnier. A cette nouvelle, les Irlandois mirent bas les armes, & le Comte de Kildare se rendit à Londres, avec les principaux Seigneurs du Royaume, pour solliciter leur pardon auprès du Roi, qui se laissa fléchir à leurs instances.

L'an 1491. fut nommé la funeste année en Irlande, à cause des pluïes continuelles qu'il y eût durant tout l'Eté & l'Automne; ce qui produisit une grande disette de grains par tout le Royaume. L'arrivée de Perkin-Warbeek, autre prétendant à la Couronne, y causa de nouvelles agitations l'année suivante. Le Roi qui soupçonna le Comte de Kildare de les favoriser, lui ôta son Emploi de Lord Député, & mit bien-tôt après à sa place le Chevalier Edouard Poyning. En 1494., celui-ci fut un des principaux Auteurs de cet Acte mémorable, qu'on nomma pour cet effet la *Loi de Poyning*, par lequel tous les Statuts reçûs en Angleterre devoient être admis en Irlande. On y résolut vers le même tems, qu'on n'y assembleroit à l'avenir aucun Parlement qu'après en avoir déduit les raisons, adressées au Roi, & à son Conseil, sous le grand Sceau du Royaume, & en avoir obtenu la permission de Sa Majesté sous le grand Sceau d'Angleterre, & qu'aucun de leurs Actes ne seroit valable qu'avec la même approbation.

Le Comte de Kildare, quoique déclaré traître, se tira non seulement d'affaires, mais en 1496. il devint Lord-Lieutenant. Il y eut ensuite une grande mortalité parmi le Bétail, & la peste affligea le Royaume. Les malheurs de l'Irlande ne se bornerent pas là, puisque les Clanrickards & les Thomonds se liguérent contre les Anglois; mais le Vice-Roi leur livra Bataille, les mit en déroute, & leur tua deux mille hommes, sans qu'un seul Anglois y fût blessé.

Le Vice-Roi, Comte de Kildare, mourut vers la fin du Régne d'Henri VII. & il eut pour Successeur à ses titres & à son Emploi son fils Gerard. Celui-ci remporta des Victoires signalées sur les Irlandois rebelles; mais accusé par ses ennemis, auprès de Henri VIII., de plusieurs crimes & malversations, quoiqu'il se justifiât pleinement, il perdit son poste, & le Comte de Surrey fut envoyé à sa place, avec une Armée. O-Neal, qui étoit alors en armes, n'en eût pas plutôt avis, qu'il songea de bonne heure à faire sa paix, quoi qu'il eût quatre

quatre mille chevaux, & douze mille hommes d'Infanterie. D'ailleurs le Comte de Surrey batit les Troupes des Oberns, il assembla un Parlement, &, après divers autres Exploits, il demanda son rapel, sur ce qu'on ne lui fournissoit point d'Argent pour subvenir aux besoins de son Armée. Pierre Butler, Comte d'Ormond, fut choisi Lord-Député à sa place; il jouït environ trois années de ce poste; mais des Commissaires envoyez de Londres n'eurent pas plutôt vuidé le diférent qu'il y avoit entre lui & le Comte de Kildare, que le dernier obtint de nouveau la Vice-Royauté en 1524.

Cependant le Cardinal Wolsey, qui étoit son Ennemi mortel, le fit rappeller en Angleterre, où l'on instruisit son procès & où il fut condamné : mais le Roi lui pardonna, & au bout de quelques années le rétablit dans tous ses honneurs & dans la Charge de Lord Député. En 1534. il eut ordre de passer en Angleterre, où il ne fut pas plutôt arrivé, qu'on le mit à la Tour. Un de ses fils, qui gouvernoit à sa place, & qui avoit à peine ateint l'âge de vingt & un ans, excité par les ruses, les mensonges & les intrigues de ses Ennemis, prit les armes & causa une Guerre civile, qui, après bien des revers, aboutit à la ruine de toute sa famille. Il n'y eut qu'un jeune Garçon de treize ans, qui en fut garanti par les soins de sa Nourrice, & dont la postérité s'est conservée jusqu'à ce jour.

Le Duc de Richmond, fils naturel de Henri VIII. & Lord Lieutenant d'Irlande, mourut en 1536. son Député qui étoit le Lord Grey, essuia de terribles embarras à l'occasion des révoltes d'O-Neal & d'O-Connel & enfin en 1541. il fut condamné pour crime de Leze-Majesté, & eut la tête tranchée. A l'exemple de ce qui se passoit en Angleterre on avoit déja supprimé divers Monasteres en Irlande. Dans un Parlement tenu à Dublin l'an 33. du Regne de Henri VIII. sous l'administration du Lord Député St. Leger, ce Monarque y fut déclaré Roi d'Irlande & cette Isle traitée de *Royaume*, au lieu qu'auparavant les Rois d'Angleterre ne se disoient que les *Seigneurs de ce Pays-là*.

Les Irlandois ne purent vivre en paix sous le Regne d'Edouard VI. Ils étoient toujours en guerre avec les Anglois, ou entre eux-mêmes. Les changemens que ce Prince y voulut introduire en matiere de Religion ne contribuerent pas peu à y exciter des troubles. Après son regne qui fut court, sa sœur Marie qui lui succeda voulut remettre les choses sur l'ancien pied. Malgré ses efforts, les Protestans Anglois y trouverent un azile plus assuré que dans leur patrie. Il y eut aussi des Ecossois qui s'habituerent au Nord du Royaume, & qui en vinrent aux prises tantôt avec les Anglois, tantôt avec les Irlandois.

La Reine Elizabeth ne manqua pas d'introduire de nouveau sa Réformation dans ce Royaume; mais cela joint à d'autres motifs y causa plus de Révoltes qu'il n'y en avoit eu sous ses prédécesseurs. En 1563. Shane O-Neal, qui s'étoit déja soulevé une autre fois & qui avoit obtenu sa grace, reprit les armes, brûla l'Eglise Cathedrale d'Armagh, & mit le siége devant Dundalk, qu'il fut contraint d'abandonner. Deux années après le Chevalier Henri Sydley, Lord Député, le battit à plate couture; desorte que réduit à s'enfuir parmi les Ecossois, qu'il avoit harcelé en d'autres occasions, il y fut assassiné de sang froid. On tint ensuite un Parlement, qui flétrit sa mémoire, & qui dégrada toute sa famille.

On jouït d'une espéce de tranquillité jusques à l'année 1579. que le Comte de Desmond invita les Espagnols de venir à son secours. Ceux-ci se rendirent d'abord maîtres de diverses Places; mais enfin ils furent chassez du Royaume, & le Comte se trouva réduit à une si grande extrémité, qu'il ne pensa plus qu'à enlever du Bétail à la sourdine. Le Gouverneur de Castle-Mauge, à qui l'on en fit des plaintes, envoya un parti à ses trousses, qui découvrit le Bois où il se tenoit caché, & qui en occupa les avenues. Dès qu'il fut nuit, l'Irlandois, nommé Kelly, qui commandoit ce parti, s'achemina vers une lumière qu'il y aperçut, entra dans la Cabane où elle étoit, & donna deux coups d'Epée à un vieillard qui se chaufoit auprès du feu, quoiqu'il lui criât, *Sauve-moi, je suis le Comte de Desmond*. Cela ne servit qu'à hâter sa mort, & c'est ainsi que se termina cette Révolte, dont un autre des Chefs, nommé Baltinglass, se retira en Espagne, où il mourut bientôt après.

Au bout de quelques années les Burks y exciterent de nouveaux troubles; mais ce ne fut rien en comparaison de la guerre qu'y alluma Hugue-O-Neal, Comte de Tyrone, qui après bien des intrigues éclata en 1595. Dès que ses affaires alloient mal, il sollicitoit son pardon, & il l'obtint sous peu. Il battit les Anglois près de la Rivière Black-Water; mais il ne put se rendre Maître du Fort. En 1597. il obligea le Comte d'Essex de traiter avec lui : En 1601. il eût le secret d'engager les Espagnols à passer en Irlande, où ils prirent Kingsale & y mirent garnison. Cette cruelle guerre dura huit années; jusqu'à ce que Kingsale fut repris en 1603. & que les Espagnols furent obligez d'abandonner le Royaume. Là-dessus le Comte de Tyrone se soûmit, & il alla en Angleterre avec le Lord Lieutenant, qui le présenta à Jaques I.

Ce Prince lui pardonna & consentit un Acte d'Amnistie en faveur de tous les Irlandois rebelles, qu'il tira des Bois, des Marécages & des Montagnes, où ils s'étoient réfugiez, avec ordre de payer tous les ans aux Maîtres des fonds une certaine Rente fixe, au lieu des taxes arbitraires auxquelles ils étoient assujettis. Ce nouveau Règlement, qui les encouragea à réparer leurs Maisons, & à cultiver les terres, servit à bien augmenter les revenus du public & des particuliers. Le Royaume fut alors divisé en Comtez, & il y eût des Juges ambulans établis pour y aller administrer la Justice en certaines saisons de l'année. Les Irlandois sensibles aux avantages qui leur revenoient des Loix d'Angleterre, envoyérent leurs enfans à l'Ecole, pour y aprendre l'Anglois, & vécurent en paix dans leurs différentes habitations. D'un autre côté, les Ecossois se multiplierent au Nord, & en 1612. quelques Corps de Métiers de la Ville de Londres envoyévoyérent une Colonie à Derry, sous le gouvernement & la direction du Colonel Dockwra, vieux Officier Anglois d'une grande expérience.

Tout continua sur un pied assez tranquille en Irlande jusques à l'année 1641. lorsque, par une conspiration générale des anciens Naturels du Pays, tous les Anglois devoient être massacrez à la même heure. Le 23. d'Octobre, jour marqué pour l'éxécution, ils avoient résolu de surprendre le Château de Dublin, avec tous les autres Forts, & les Magasins du Royaume. Cette Capitale en fut avertie la veille de ce jour fatal, par la découverte qu'en fit Owen O Connelly, d'origine Irlandoise, mais qui étoit devenu Protestant, & qui l'avoit apris de Hugue-Mac-Mahon. Malgré tout cela on ne put generalement prevenir le Massacre, & plusieurs milliers d'Anglois furent immolez. Les Irlandois se rendirent maîtres de toute la Province d'Ulster à la reserve de Derry, de Colerain, & d'Inniskilling qui tinrent bon & qu'ils n'oserent attaquer dans les formes de peur de s'attirer à dos les Ecossois habituez en grand nombre dans ces quartiers-là. La Guerre civile qui affligea l'Angleterre bientôt après, ne permit pas de travailler à éteindre celle qui étoit allumée en Irlande, où elle continua avec plus ou moins de force, jusqu'à ce que le Parlement d'Angleterre ayant détruit le Monarque & la Monarchie & usurpé l'autorité Souveraine, y envoya une puissante armée en 1649. sous les ordres du Lieutenant General Cromwel.

Il mit le siège devant Drogheda qu'il emporta d'assaut, & où il passa tout au fil de l'Epée. Il ne trouva presque plus rien qui lui resistât & tout le Royaume fut de nouveau soumis à l'obéïssance des Anglois en moins d'un an soit par lui-même, soit par Ireton & Ludlow qui lui succederent. On compta pour un acte de clemence de ce qu'on n'égorgeoit pas tous les habitans, & de ce que l'on se contentoit de donner une partie de leurs terres aux Anglois, Soldats & autres, qui avoient servi dans cette expedition.

Lorsque Charles II. fut rétabli sur le trône de ses Ancêtres, il temoigna quelque faveur aux Irlandois & érigea une Cour de Justice pour remedier aux Griefs de ceux qui se croyoient lezez. Il y en eut quelques-uns de ceux qui étoient demeuré fidelles au Gouvernement Royal qui obtinrent la restitution de leurs biens; mais l'Acte Parlementaire qui servit à regler toutes choses en Irlande les dépouilla presque tous de leur ancien Patrimoine & confirma dans la possession de leurs terres les Officiers & les Soldats de Cromwel. Malgré tout cela, ils furent tranquiles durant l'espace de quinze ans.

Le Regne de Jaques II. releva d'abord les esperances des Irlandois. Il leur accorda le libre exercice de la Religion Catholique & nomma pour leur Viceroi Tyrconnel qui travailla à restituer à ses compatriotes les biens dont ils avoient été dépouillez. Mais la revolution de 1688. remit les choses dans un état pire que le premier. Le Roi Jaques II. étant passé de France en Irlande au commencement de 1689. les trouva fidelles &

prêts à soutenir sa cause, mais Iniskilling & Londonderri ne purent être reduites la même année, & les Anglois qui soutinrent un long siége dans cette derniere eurent le temps d'être soutenus par le Roi Guillaume III. à qui leur Nation s'étoit donnée. Le Duc de Schomberg qui aborda bientôt après au Nord de l'Isle, avec les troupes de ce Prince prit Carricfergus, s'affermit à Dundalk pendant que les milices d'Inniskilling défirent un Corps d'Irlandois près de Sligo, & que le Colonel Woosley en batit un autre près de Cavan, la prise de Charlemont par Schomberg en 1690. & la bataille de la Boyne que le Roi Guillaume gagna après son arrivée en Irlande, affoiblirent extrémement le parti du Roi. Elle fut suivie de la reddition de Drogheda & de toutes les autres Places du Royaume, si on en excepte Athlone, Gallway & Limerick qui se rendirent au Prince l'an 1691. tous les autres Forts & Châteaux que les Irlandois tenoient encore furent compris dans la Capitulation de cette derniere Place.

Depuis le Regne de Jaques II. la Religion Catholique n'a pu se relever en ce Royaume, quantité d'Irlandois Catholiques sortirent après lui. Les terres furent remplies de familles Françoises sorties de France à cause de la Religion Protestante. Vers la fin du Regne de Guillaume III. on fit un Acte en vertu duquel les biens des Catholiques doivent être partagez également entre les enfans, à moins qu'il n'y en ait un qui soit Protestant. En ce cas c'est celui-là qui herite seul. L'effet de cette disposition est d'affoiblir les familles, desorte qu'après un demi siécle il ne peut y en avoir aucune qui soit riche & en état de rien entreprendre.

IR-NACHASCH [a], Ville de la Palestine dans la Tribu de Juda.

[a] 1. Paralip. c. 4. v. 12.

IROIS. Mr. Baudrand dit que sur les côtes de France & dans les Colonies Angloises & Françoises de l'Amerique on appelle ainsi les IRLANDOIS. Ce nom m'étoit inconnu, quoique sur les côtes de France j'aye vu des Navigateurs toute ma vie.

IROQUOIS, Grande Nation de l'Amerique Septentrionale dans la Nouvelle France, autour du Lac Ontario, ou de Frontenac, & le long de la Riviere qui porte les eaux de ce Lac dans la Riviere de St. Laurent, & que l'on appelle à cause de cela la Riviere des Iroquois. Ils sont bornez au Nord par les Algonquins, & par les François établis au Fort de Montreal, à l'Orient ils ont la Nouvelle Angleterre & la Nouvelle Yorck au Midi le nouveau Jersey & la Pensilvanie. Au Couchant le Lac Erié & sa decharge par le saut de Niagara. Entre ce Canal, le Lac Michigané & le Lac Ontario, ils avoient autrefois pour voisins trois Nations, savoir la Nation neutre, la Nation du Petun, & celle des Hurons; mais ils les ont détruites. Ils ont aussi détruit la Nation du chat qui étoit entre eux, le Lac Erié & la Pensilvanie. On voit par là qu'ils sont placez entre les François & les Anglois, dont ils épousent les interets à proportion des avantages qu'ils y trouvent. Le Baron de la Hontan en parloit ainsi en 1684.

[a] Voyages. T. 1. p. 31.

[a] Ces Barbares composent cinq Cantons, à-peu-près comme les Suisses ; sous des noms differens, quoique de même Nation & liez de mêmes interêts ; savoir les Tsonantouans, les Goyogoans, les Onnotagues, les Onoyouts, & les Agnié's. Le langage est presque égal dans les cinq Villages éloignez de trente lieuës les uns des autres, & situez près de la côte Meridionale du Lac Ontario ou de Frontenac. Ils appellent ces cinq Villages les cinq Cabanes, qui tous les ans s'envoyent réciproquement des Députez pour faire le Festin d'Union & fumer dans le grand Calumet des cinq Nations. Chaque Village contient environ quatorze mille ames, à savoir 1500. Guerriers, 2000. Vieillards, 4000. femmes, 2000. filles & 4000. enfans. Quoique plusieurs ne fassent monter ce nombre des habitans de chaque Village qu'à dix ou onze mille. Ces Peuples sont alliez des Anglois depuis long-tems ; & par le Commerce de Peleteries qu'ils font avec les gens de la nouvelle Yorc, ils ont des armes, des munitions & tout ce qui leur est necessaire, à meilleur marché qu'ils ne l'auroient des François. Ils ne considerent que deux Nations que par raport au besoin qu'ils ont de leurs marchandises ; quoi qu'elles leur coûtent bon ; car ils les payent quatre fois plus qu'elles ne valent. Ils se moquent des menaces de nos Rois & de nos Gouverneurs, ne connoissent en aucune maniere le terme de dépendance ; ils ne peuvent pas même supporter ce terrible mot. Ils se regardent comme des Souverains qui ne relévent d'autre Maître que de Dieu seul qu'ils nomment le Grand Esprit. Ils nous ont presque toûjours fait la guerre depuis l'établissement des Colonies de Canada, jusqu'aux premieres années du Gouvernement du Comte de Frontenac. Messieurs de Courselles & de Traci, Gouverneurs Généraux firent quelques Campagnes l'Hyver & l'Eté par le Lac Champlain contre les Agniés, avec peu de succès. On ne fit que brûler leurs Villages, & enlever quelques centaines d'enfans, d'où sont sortis les Iroquois Chrétiens, dont on parlera dans la suite de cet article. Il est vrai qu'on défit quatre vingt-dix ou cent guerriers, mais il en coûta bien des membres, & la vie même à plusieurs Canadiens & Soldats du Regiment de Carignan, qui ne s'étoient pas assez munis contre l'horrible froid qui regne dans le Canada. Le Comte de Frontenac qui releva Mr. de Courselle, ayant connu les avantages que ces Barbares ont sur les Européens en ce qui regarde la guerre de ce Pays-là, ne voulut pas faire à son tour des entreprises inutiles, & fort onereuses au Roi. Au contraire il travailla autant qu'il pût à les disposer à faire une Paix sincére & durable. Il avoit en vuë trois choses judicieuses. La premiere de rassûrer la plûpart des habitans François, qui étoient sur le point d'abandonner & de s'en retourner en France, si la guerre eût duré ; la deuxiéme d'encourager par cette Paix un nombre infini de gens à se marier, & à défricher des terres, afin de peupler & d'augmenter les Colonies ; la troisiéme de travailler à la Découverte des Lacs & des Nations sauvages qui habitent ces côtes, afin d'y établir le Commerce, & en même tems les attirer dans nôtre parti, par de bonnes alliances, en cas de rupture avec ces Iroquois. Ces trois raisons l'engagerent principalement à envoyer en forme d'Ambassade quelques Canadiens à leurs Villages, pour les assûrer que le Roi ayant été informé qu'on leur faisoit la guerre sans cause, l'avoit fait partir de France pour faire la Paix, & leur procurer en même tems toutes sortes d'avantages touchant le Commerce. Ils écouterent ces propositions avec plaisir ; car le Roi Charles II. d'Angleterre avoit donné ordre à son Gouverneur de la nouvelle Yorc de leur faire entendre, que s'ils continuoient à faire la guerre aux François, ils étoient perdus, & qu'ils se verroient accablez par des forces considerables qui devoient partir de France. Ils renvoyerent ces Canadiens contents à Mr. de Frontenac, après leur avoir donné parole de se trouver au nombre de quatre cens, au lieu où est à present le Fort qui porte son nom, & où ils consentoient que ce Gouverneur parût, avec le même nombre de gens. Quelques mois après les uns & les autres s'y trouverent & la Paix se fit.

[b] Voici de quelle maniere le St. de la Potherie parle de ce Peuple au commencement de ce Siécle : l'opinion commune est qu'il n'y a jamais eû parmi eux plus de cinq Nations quoi qu'il s'en soit trouvé une dans la Virginie, qui parloit leur Langue, & qui leur étoit auparavant inconnuë ; ils ne la découvrirent qu'après qu'ils eûrent porté la guerre bien loin hors de leurs limites, & ils se servirent de la conformité du langage pour les attirer à eux.

[b] Hist. de l'Amerique Septentr. T. 3. P. 3. &c suiv.

Ceux qui sont plus proche des Anglois sont les *Aniez*, à vingt lieuës delà ou environ (car les Géometres n'ont pas encore mesuré cette terre) sont les Annegouts, & à deux journées plus loin sont les Onontagues, qui ont pour voisins les Goyagouins : enfin les derniers sont les Tsonnontouans, qui sont à cent lieuës des Anglois.

Si l'on ne consideroit que le Ciel, leur Climat devroit être fort doux, la neige y fond dès la fin de Février ; mais faisant réflexion sur la situation du lieu, il y fait aussi froid qu'à Quebec. C'est un Pays montagneux, quoi qu'il n'y ait pas de Neiges au Printemps, cependant la terre ne pousse point, il faut avouër qu'il y a quelque difference entre ce Pays-là, & ceux qui sont plus au Nord. Ceux qui voyagent au mois de Mai sur le Lac Ontario, autrement Frontenac, s'apperçoivent aisément de cette difference, car la côte du Nord est nuë & stérile ; au lieu que celle du Sud est parée d'arbres verds, cependant il n'y a que deux lieuës de distance de l'un à l'autre. Les Iroquois ne sement leur bled d'Inde qu'au mois de Mai, il y gele quelquefois tous les mois de l'année, mais cela n'est pas ordinaire : le bled y est beau & les épics longs, les Citrouilles & les Melons d'eau fort sucrez, d'une grosseur extraordinaire : ils y en ont semé de la graine qu'ils avoient apporté des Isles neuves, & les Melons en sont fort gros, charnus & bien rouges.

Il n'y a rien de plus sauvage que ces Peuples en matiere de Religion : quand on leur deman-

demande ce qu'ils entendent quand ils invoquent *Agriskoué*, ou *Tharonhiaouagon*, ils ne donnent aucunes idées distinctes de ce qu'ils pensent. Ils jettent du Tabac dans le feu ou dans l'eau, en passant devant une roche, mais quand on leur demande la raison pour laquelle ils font cela ils ne disent que des fables, ou bien ils répondent que nous n'entendons pas l'affaire : ils disent aussi que puisqu'ils nous écoutent sans nous interrompre lorsque nous leur parlons de nôtre Religion, nous devons aussi les écouter de même.

La crainte du mal ou l'espérance du bien les engagent dans ces pratiques superstitieuses. Ils ont des Sorciers qui sont sans sortileges, ce sont plûtôt des joueurs de passe passe. Ils ont des Médecins qu'ils appellent *Jongleurs*, qui n'entendent rien aux maladies internes, mais qui font des cures admirables pour les playes, avec des herbes ou de l'écorce d'arbre.

S'il se rencontre quelqu'un parmi eux qui ne tienne pas l'immortalité de l'ame, il n'est pas suivi, on le laisse faire, & on le laisse dire ; mais le commun est d'un autre sentiment. Ils ont un Paradis qu'ils appellent le *Pays des Ames*, ils se le representent comme un beau Pays, où tout est materiel, ils croyent qu'elles ne souffrent point, & que si ce sont les Ames de leurs Esclaves, elles sont aussi leurs Esclaves ; mais ils ne reconnoissent pas de peines pour les crimes.

Toutes leurs connoissances touchant la Création du Monde, & l'autre vie ne sont que des idées confuses & mêlées de fables, dont les Missionnaires ne laissent pas de se servir pour les instruire, les éclairer, & leur faire reconnoître la verité qui s'est éclipsée parmi eux.

Pour conserver ce Phantôme de Religion ils ont établi une coûtume de s'assembler de trois en trois ans, & traitent de plusieurs affaires dans ces Assemblées, entr'autres de la Religion ; ils prient le Soleil de leur donner des jours heureux sans dire si c'est un Dieu, & on ne remarque pas qu'ils en lui attribuent aucune qualité divine. Ils rêvent beaucoup & l'on diroit que le Songe seroit leur Dieu. Le Songe n'est autre chose, à les entendre, que leur Ame qui sort de leur corps, pendant le sommeil ; mais cette sortie ne se fait pas pour toûjours. Cette Ame va chercher quelque chose qui lui soit agréable ; quand elle l'a trouvé, elle veut l'avoir. Quand l'homme pense à avoir cela, & qu'il ne s'en met pas en peine, l'Ame s'afflige & elle menace le corps de sortir pour toûjours : c'est pour cela qu'ils honorent le songe, & font ce qu'ils peuvent pour le contenter. Ils appellent les Jongleurs, quand ils sont malades, afin qu'ils devinent ce que l'Ame demande ; ils font jeûner les enfans afin de les faire rêver, & de savoir par là ce que leur Ame demande, si c'est un oiseau ou un fruit, ou une robe, ou un soulier ; & quand ils croyent avoir rencontré quelque chose de semblable, ils en portent les marques sur le visage, sur leur corps, sur leurs mains, & ils appellent cela mon *Agiaron*, ou le Maître de la vie. On ne remarque pas qu'ils offrent rien au Songe en forme de sacrifice.

Il s'en est trouvé qui ayant faim dans les bois l'Hyver à la chasse, ont dit : *Toi qui as tout fait, donne-moi une de tes bêtes, afin que je vive*. Ils ont répondu aux Anglois qui prétendoient être maîtres de leur Pays, que celui qui avoit fait la terre, leur avoit donné ce Pays-là.

Ils ont aussi des superstitions dans certains Festins. Ce sont les Vieillards qui la plûpart du tems n'ont rien à manger, ou quelques paresseux, qui se font Jongleurs pour vivre aux dépens d'autrui, ils font quelquefois ces Festins par manière de divertissement, tantôt pour se régaler les uns les autres l'Hyver, & tantôt sous prétexte de Religion. Ils font quelques Cérémonies Diaboliques pour guerir les malades, comme font les Danseurs nuds. Tout cela a été introduit chez les Iroquois par les Hurons ou par les Nations du Sud, que les Iroquois ont emmené dans leur Pays. La Boisson & le libertinage y ont mêlé plusieurs sortes de superstitions. Ce qui me fait dire que les Iroquois sont devenus les Esclaves de leurs Esclaves touchant la Religion, car ils ont pris les superstitions des autres Nations, n'en ayant que fort peu d'eux-mêmes. On a remarqué que cette Nation avoit plus de disposition au Christianisme que les autres.

Les Iroquois ont grand soin de leurs morts, soit que leurs gens meurent dans les Villages, soit qu'ils meurent dans les bois, soit qu'ils soient tuez à la guerre. Les gens de guerre se jurent une amitié inviolable pour ne s'abandonner jamais. S'ils ont quelqu'un de leurs Camarades tuez, ils s'exposent pour enlever le corps, & pour lui donner la sépulture ; & s'ils ont le loisir, ils font les mêmes Cérémonies que l'on a coûtume de faire dans le Village. S'ils sont morts à la chasse l'Hyver, ils attachent le corps à des arbres, enveloppé dans leur couverture pour le faire geler, & ils l'apportent le printemps au Village pour l'enterrer. S'ils sont morts dans le Village, ils observent certaines Cérémonies. Ce sont les femmes qui ont plus de superstition que les hommes. Ils mettent dans la fosse d'un mort tout ce qui lui a servi pendant la vie & tout ce qu'ils croyent lui devoir servir dans le Pays des Ames, ayant égard au sexe, à la qualité, à l'âge, en quoi ils suivent beaucoup le caprice de leur imagination. Ils jettent dehors autour de la Cabane le bled que le mort auroit mangé dans l'année, & ce bled sert la plûpart du tems à nourrir leurs cochons. Ils font des Festins dans le Cimetière, mais c'est plûtôt pour se régaler de tems en tems. Les vieilles sont fort superstitieuses, elles mêlent des pleurs feints, & ils ont leur tems reglé pour ces pleurs. La femme dont le mari est mort demeure cachée dans la Cabane, elle est échevelée & garde d'autres coûtumes. A présent le desordre de la boisson & de l'impureté a changé une passion en une autre, ainsi l'envie de se marier qui étoit fort modérée parmi les Iroquois anciens, fait que le deuil est bien-tôt passé. Les parens du mari défunt font un Festin & on habille la veuve, on lui raccommode ses che-

cheveux, & alors elle peut se marier à qui elle voudra.

Leurs Mausolées sont de petites Cabanes de planches qu'ils font sur les fosses. Ils peignent le Genie que le défunt avoit choisi, & font d'autres figures sans autre dessein ; ces planches empêchent que les Chiens n'entrent dans les fosses, car ce ne sont que des écorces qui couvrent le corps sur lequel ils mettent des pierres & un peu de terre, de sorte que l'écorce étant bien tôt pourrie, il se fait de grands trous par lesquels la puanteur sort ; les animaux attirez par cette odeur pourroient entrer parlà, s'ils n'y apportoient pas remede ; ils ont bien soin que leurs morts ne soient pas dans l'eau ; ils visitent de tems en tems dans la fosse, ils peignent ces cadavres à demi pourris, ils les changent d'habits, & ils racommodent la fosse : mais lorsqu'ils meurent par quelque accident extraordinaire, on les met avec tout ce qu'ils ont de précieux dans un cercueil, que l'on éleve sur quatre pilliers de douze à quinze pieds l'espace d'un an, & on les remet en terre après ce tems expiré.

C'est un usage de pleurer les morts tous les deux ans, la Nation qui veut pleurer ceux qui ont été tuez à la guerre envoye aux quatre autres des colliers pour avertir les anciens de se trouver en un lieu limité. Dès qu'ils s'y sont assemblez, l'on fait un grand feu, autour duquel ils se mettent à fumer. Quelques jeunes Guerriers s'y trouvent aussi qui se tiennent un peu plus loin par respect. Après cette entrevûë, l'on fait loger tous ces anciens chez les familles de ceux qui ont été tuez. Les Guerriers vont à la chasse pendant ce tems pour régaler ces nouveaux affligez. On tient deux jours après un Conseil général pour pleurer les morts. On fait donc *Chaudiere* ce jour-là en attendant les pleurs, & lorsqu'ils viennent à pleurer effectivement ce sont des paroles très-touchantes qu'ils prononcent avec douleur. Le fiel & l'amertume qui leur rongent le cœur dans ce moment, leur inspire un esprit de vengeance qui n'est déja que trop enracinée. Ceux qui ont eû leurs parens tuez donnent quelquefois des colliers ; c'est alors que les pleurs se renouvellent, & que les cris ou plutôt les hurlemens se font entendre pour compâtir avec la personne affligée.

Ces parens finis, on fait le Festin d'un grand sens froid, après lequel chacun se retire avec son Ouragan, qui est un plat d'écorce, & dit en même tems Niochen, qui signifie je vous remercie.

Les Iroquois sont fort injustes envers leurs Chefs, car si un pauvre Vieillard, après avoir été toute sa vie au service de la Nation, vient à n'en être plus capable, il faut qu'il se fasse pêcheur, & s'il tombe malade on n'a pas plus de soin de lui que d'un autre. Il peut y avoir quelque exception, le Vieillard qui est Chef dans le Village ne profite pas des presens qu'on lui fait, la coûtume veut qu'il donne tout à la jeunesse, comme sont les hardes dont on lui fait present, & autre chose. Si l'on donne des colliers, il les met dans la masse commune, si c'est de la viande il en fait Festin. Les Onnontaguez l'emportent sur les autres, ils ont un certain serieux & un Phlegme propre pour le Conseil : mais à present leur Gouvernement est bien changé, la jeunesse fait ce qu'elle veut, & l'eau de vie a changé la maniere de vivre. Ils prennent Conseil tantôt des Anglois, tantôt des François ; mais principalement des Anglois, sur tout depuis la guerre, c'est ce qui me fait dire que le Gouvernement est entierement changé. L'ancien Gouvernement régloit les affaires de Paix, ou celles de la Guerre. Pendant la Paix c'étoit aux Vieillards de deliberer sur les changemens de village, sur les assemblées qu'ils appellent *Porter le Sac*. Ils deliberoient aussi sur quelques travaux publics, sur les guerres qu'il falloit entreprendre, & sur plusieurs petites affaires, comme quand il falloit aller aux Tourtres. Leur politique étoit de tenir toûjours la jeunesse hors du Village & dans le travail. S'ils avoient des Nations à detruire, ils délibéroient sur les dissentions qu'il falloit mettre entre ces Nations-là pour les attaquer les unes après les autres ; pour faire trainer la guerre en longueur, afin d'avoir toûjours de l'occupation. Les Onnontaguez ont soin de faire venir dans les Conseils quelques jeunes gens de bon esprit, ou de leur communiquer les affaires. Quelques jeunes gens s'assembloient le matin chez l'Ancien, où quelques Vieillards venoient aussi, & ils s'entretenoient ensemble en fumant. Le sujet de l'entretien étoit ordinairement des affaires du tems.

L'eau de vie ayant corrompu les mœurs des Iroquois, ce qui a achevé de les perdre, a été la multitude des esclaves qu'ils ont emmenez dans leur Pays pour réparer la perte qu'ils faisoient en guerre. Ils se plaignent eux-mêmes de ce que leurs filles ne sont plus que des coureuses, & recherchent les jeunes gens. Leurs mariages sont ou comme de simples Accords que deux familles font ensemble, & alors on marie les Enfans dès le berceau, ou ce sont des mariages d'interet : pour lors le Gendre est obligé de demeurer avec la femme avec sa Mere, qui est pour ainsi dire Maîtresse de toute sa chasse jusqu'à ce qu'il ait des enfans. Il lui est permis pour lors d'avoir une Cabane à part pour sa famille. Mais la Mere qui ne connoît que trop l'utilité de l'avoir auprès d'elle, ménage insensiblement son esprit, & il arrive souvent qu'il ne la quitte pas.

Quand ces parens ont consenti de part & d'autre au mariage la fille porte le pain de mariage, qui est comme le Contract, elle le fait cuire chez elle dans de l'eau bouillante, envelopé de feuilles de bled d'Inde, noué par le milieu d'un filet, qui lui donne la forme d'une Calebasse. Elle envoye tous ces pains par une femme dans la Cabanne de son Amant ; elle apporte auparavant le bois du mariage, qui est un bois coupé à plat, elle s'ajuste le mieux qu'elle peut. On lui graisse les cheveux avec de l'huile d'Ours, on lui met du Vermillon dessus, on lui trace différentes couleurs sur le visage, elle attache de la Porcelaine aux oreilles, elle en fait des bracelets, & elle se rend dans la Cabane de son mari.

Enfin les mariages se font par débauche, & cela se fait en deux manieres ; ou pour toûjours, autant que ces sortes de mariages peuvent tenir, ou pour un tems, c'est-à-dire pour un parti de chasse ou de guerre, ce qui dure peut-être

être plus ou moins. Il n'y a pas trente ans que les Iroquois gardoient les degrez de parenté & d'affinité, ainsi les parens & les alliez ne se marioient pas. Cela est si vrai que quand on propose une fille à marier, & que l'on nomme le Garçon, ils répondent: le Mariage ne se peut faire, parce qu'ils sont parens. Plusieurs s'étant mariez ne changeoient pas de femmes. Quand on marioit en face d'Eglise des Vieillards avec des Vieilles, qui étoient déjà ensemble depuis long-tems, & que l'on leur demandoit si c'est pour toujours? il y en a qui ont fait réponse: Nous sommes ensemble depuis l'âge de huit ans sans nous être séparez, pourrions-nous à present le faire? Ces exemples ont été, comme on dit, parmi les Iroquois, mais à présent ils sont rares, & on auroit peine à dire comme leurs mariages se font, ils imitent les autres Sauvages leurs voisins, & ils sont devenus aussi débauchez qu'eux: il n'y a pas de châtiment parmi eux que la honte & la pudeur; & l'ivrognerie ayant ôté ce frein, on ne sauroit dire les maux qui se commettent parmi cette Nation, ainsi les meres qui ont été mieux élevées n'osent reprendre leurs filles, & les jeunes gens se plaignent de ce que les filles sont les premieres à les solliciter au mal. Cette Nation a toujours été habillée, les femmes étoient couvertes, & les hommes cachoient leur nudité. Quand on brûle un prisonnier de guerre, c'est le plus grand dépit qu'on puisse lui faire que de l'exposer nud. On a crû avec raison que Dieu avoit rendu l'Iroquois supérieur à toutes les Nations voisines qu'il a détruites, à cause qu'il étoit plus honnête que les autres Sauvages, mais à présent il tend à sa ruine, Dieu l'a abandonné aux François qui ont brûlé ses Villages, pris ou tué les Vieillards, & par conséquent détruit les conseils, après quoi le désordre s'est mis dans la Nation.

On ne voit pas de femme ou fille sauvage avancée en âge, qui ne soit grosse, ou qui n'ait un enfant à la Mamelle, ou qui n'en porte un derriere son dos. Elles nourrissent elles-mêmes leurs enfans, & elles les allaitent ordinairement deux ans ou un an & demi; pendant ce tems-là le mari ne couche pas avec sa femme; c'étoit l'ancienne coûtume qu'ils n'observent plus. Elles laissent leurs enfans tout nuds jusqu'à l'âge de cinq ans, elles couvrent les filles dès qu'elles les sévrent.

Les Meres élevoient assez bien leurs enfans, sur tout les filles, mais aujourd'hui il n'y a que celles qui ont un bon naturel qui agissent de la sorte. Les filles d'Onnontagüez ont été reprises par leurs Meres, mangent de la Ciguë pour s'empoisonner, les enfans se tuent avec leur fusil, ou avec leur coûteau. Toute l'instruction que les Meres donnent à leurs filles consiste à leur aprendre à porter du bois, & elles les y accoûtument dès leur bas âge, en leur faisant porter de petites chargés. Leur maniere d'instruire est par des termes engageans, en disant, aye pitié de moi, ne me charge pas de honte, ni toi aussi; ou bien la Mere se met à pleurer afin d'être interrogée, & elle répond quelquefois, ou elle ne dit rien, mais on voit bien ce qui la fait pleurer, & c'est par là qu'elles réüssissent pour corriger

leurs enfans: ils ne savent ce que c'est que leur refuser le boire & le manger. La seule chose où les enfans paroissent plus obeïssants, c'est à aller chercher de l'eau & du bois pour mettre au feu; il faut en un mot que l'enfant veuille de lui-même ce que l'on veut qu'il fasse, leur phlegme naturel est ce qui contribuë le plus à leur éducation, ils ne laissent pas de tirer beaucoup de service de leurs enfans par la patience qu'ils ont de souffrir, & en les gouvernant avec beaucoup de douceur. Dès lors que les enfans commencent à avoir de la raison, le pere leur raconte les belles actions de ses ancêtres, ou de la Nation, cela fait tant d'impression sur leur esprit, qu'ils goûtent insensiblement ce qu'ils entendent. Si par hazard quelqu'un des parens avoit fait une action indigne, il leur en inspire du mépris, & ils les élevent par là à une grandeur d'ame qui leur est naturelle.

Quand l'homme & la femme s'aiment bien, ils ne partagent pas leurs emplois, mais ordinairement l'un ne se mêle point de ce qui est du devoir de l'autre, leurs emplois sont, ou dans le Village ou dans les Bois. C'est à l'homme à faire la Cabane, & les Canots, à passer les peaux, à faire les Caisses, à accommoder l'endroit où ils couchent: ils se mêlent quelquefois de faire les Chaudronniers, les Armuriers, les Forgerons: ils font les Calumets, les Raquettes, les Palissades autour des Jardins, les Parcs, s'ils ont des bestiaux, à ranger les traises de bled d'Inde pour les faire sécher. Dans les champs l'homme abat les arbres, il les ébranche, & pour cela il fait de grosses cordes de bois blanc, avec lesquelles il monte dans les arbres comme des couvreurs sur les toits; voici comme ils s'y prennent. Ils jettent un bout de cette corde qui a plusieurs brasses de long, & qui a trois pouces d'épaisseur, ou environ; ils jettent, dis-je, le bout de cette corde en haut, qui s'entrelasse dans les branches, & ils l'attirent à eux lors qu'elle résiste, ils s'en servent pour monter. C'est aux hommes à brûler les champs, ils ont de gros crochets de bois avec lesquels ils traînent sur la terre des buches embrasées, & ils brûlent des racines, des herbes pour semer ensuite. L'endroit où ils ont semé des féves, sert l'année suivante pour y semer du bled d'Inde. L'homme fait les instrumens du labourage qui sont de bois. Quand ils n'avoient pas de pioches de fer, ils en faisoient de bois, qui ressembloient à une crosse. Ils en font d'une autre espece pour ramasser la terre au pied du bled d'Inde. L'emploi de l'homme dans le bois l'Hyver, est de faire la Cabane, qu'ils font d'écorce de bois blanc, longue & étroite, qu'ils arrangent comme nous faisons les tuiles sur les toits. C'est à lui à chercher les bêtes & à les tuer: il passe les peaux, il en ôte le poil en les raclant avec une lame d'une vieille épée, ou avec un coûteau, il les fait boucaner à la fumée, & il les rend mollasses avec de la cervelle d'Orignac, ou avec sa moëlle.

Quand les femmes sont dans le Village, elles font les farines leur mortier est un tronc d'Arbre qu'elles creusent avec le feu, le Pilon est une perche de bois dur, mince par le milieu

lieu & gros par les deux bouts : quelquefois elles ont une pierre faite comme un oignon, & jettant le bled grain à grain, elles l'écrasent : elles font le bois de chauffage, & l'apportent, elles font des colliers pour porter le bagage, elles font mieux les souliers que les hommes, elles cousent quelquefois, elles égrennent le bled. Les jeunes filles aiment fort à se parer, se poudrer, se laver, & se graisser : ce dernier ornement fait que leur linge sortant de la lessive n'est pas plus blanc qu'auparavant : elles boucanent la viande dans les bois, elles fondent les graisses & les conservent dans des tresses ou dans de petites boëtes rondes de bois de bouleau, elles vont chercher les fruits dans les Campagnes, elles font sécher les framboises, les Bluetes, les Chataignes, dont elles font une provision pour l'Hiver : elles font des Trapes pour prendre les Martes. Les enfans chassent aux oiseaux : les hommes croiroient s'abaisser de faire cette petite chasse sans nécessité. Les femmes sément, sarclent, & chauffent le bled d'Inde, elles en font des tresses, le mettent dans des manieres de grands tonneaux de bois de bouleau. Un homme ne veut se marier qu'à une bonne travailleuse, pour ainsi dire, & la femme ne veut se marier qu'à un bon chasseur.

Il y a des femmes sauvages qui sont fort têtuës, on accuse sur tout les Onnontagueses & les Onneyoutes, si elles n'ont pas rencontré un bon mari, elles le quittent quelquefois les premieres, elles font mourir leurs enfans de langueur, ou par des breuvages empoisonnez, la ciguë est ordinairement la derniere ressource dans leur desespoir. Les filles croyent faire un grand tort à leurs meres en se tuant, & leur disent, hé bien tu n'auras plus de filles, & elles se font mourir, elles se mettent un collier au col & s'étranglent, ou elles aiguisent un morceau de bois dont elles se percent la gorge. Leur colere & leur Mélancolie dure long-tems, ils n'ont pas de juremens, mais ils ont le Blasphémé ; ils se plaignent de la Providence & disent elle me hait. Cela arrive sur tout aux jeunes gens, principalement aux filles : on a vû de ces sortes d'exemples, mais le commun des Sauvages souffre plus long-tems, & avec plus de plaintes, du moins qui paroissent. Les jeunes mariées font gloire de ne pas crier en accouchant, si elles se défient de leur courage, elles vont acoucher dans des buissons ou dans les champs. Si elles sont dans la Cabane elles s'empêchent de crier. Comme c'est une injure parmi les Guerriers de dire, tu as fui, de même c'est une injure parmi les femmes de dire, tu as crié quand tu étois en travail d'enfant.

Il y a une grande fête qu'ils appellent la folie, qui se fait au mois de Février, à-peu-près comme nôtre Carnaval, ils s'habillent quelquefois à la mode des François, les hommes prennent des hauts de chausses & les femmes des Coëfes, ils font des Festins à la Françoise, l'ame du Festin est de jargonner en mangeant, sans savoir ce qu'ils se disent ; cela arrive quelquefois, mais le principal consiste à demander ce qu'ils ont songé. Quand ils entrent dans la Cabane on leur dit, tu as songé cela ; si on ne devine pas juste, ils rompent & renversent tout ce qu'ils trouvent.

La fête des morts est célèbre, les vieilles y ont plus d'attache, & font des Festins dans les Cimetières.

Les Iroquois sont aussi ardens pour le jeu que les Européens, ils y passent les jours & les nuits ; ce n'est pas seulement le divertissement qui les tient, mais c'est quelquefois l'intérêt. Il y a des jeux d'Hyver & des jeux d'Eté, ceux de tout tems sont les noyaux & les pailles, ceux d'Hyver sont les fuseaux pour les enfans, ceux-ci y mettent une longue queüe de deux pieds & demi : ceux des filles sont de véritables fuseaux. Les uns & les autres les mouillent avec la salive ou ils les mettent dans l'eau quand il gele bien fort, afin qu'il se fasse une croute comme un verni, & ils les poussent sur quelque penchant d'une côte bien glacée, afin qu'ils aillent plus loin. Ils font couler aussi de petits bâtons plats & longs, ils peignent tous ces fuseaux, & ces bâtons.

La jeunesse est fort libre en paroles, ils raillent sur leurs amours ou sur leurs faits de guerre, ils disent des paroles à double entendre, ils se divertissent aussi à jouer de la flute, ils chantent toujours sur le même air, ils chantent souvent ce qu'ils appellent la chanson de guerre ou la chanson de mort, ils batent la mesure avec le pouce ou un autre doigt, en le pliant ou le dépliant avec justesse, frapant aussi sur quelque chose de resonnant, ils mettent une peau bien tenduë sur une chaudiere, qui forme ainsi une maniere de timbale, autour de laquelle ils se mettent acroupis, chantant & frapant dessus en mesure avec un petit marteau de bois, les femmes n'ont pas d'autre divertissement que le jeu. Tout le monde se baigne en été, les enfans & les filles y vont plus que les femmes, ou si elles y vont, c'est à l'ecart le soir, on n'en voit jamais le jour se baigner, ou cela est rare. Les enfans jouent à se cacher & à faire deviner aux autres où ils sont, ou bien les jeunes gens à luter & à courir, ils sont naturellement railleurs, & le font quelquefois avec esprit : leurs railleries tombent ou sur la mine, ou sur la posture, ou sur quelques avantures. Un François jouoit des gobelets devant un Iroquois, ce Sauvage, voyant que ce François tiroit des Rubans de sa bouche, l'imita, il avoit une perdrix morte, il la mit derriere son épaule & la tira par dessus, disant j'ai tiré cela de mon épaule. On dit un jour à un Iroquois que les Soldats étoient considerez du Roi, le Sauvage répondit, parlant de deux Soldats qu'il avoit vû garder les vaches, & dit, je porte compassion à ces deux Soldats qui gardent les vaches, que ne vont-ils en France, ils seroient les Camarades du Roi.

Ils ont des nôces & des danses superstitieuses ; la Danse des hommes consiste à avoir une couverture sur l'épaule, & à fraper du pied en tournant en rond. Les femmes & les filles qui dansent en plus grand nombre que les hommes & les garçons, font des postures, des contorsions, des tours à droit & à gauche, en tournant en rond, & se lassant jusqu'à n'en pouvoir plus. Elles n'épargnent rien pour se rendre belles, & leurs filles aussi, elles mettent pour cet effet des huiles d'Ours à leurs cheveux,

veux, elles se barbouillent le visage, ce que l'on appelle *se mattacher*, elles se peignent même toute la tête de plusieurs de couleurs, elles ont des pendans d'Oreilles, des colliers à plusieurs tours qui leur pendent sur le sein, des bracelets & une ceinture par dessus leur chemise. Le joueur d'instrumens est au milieu, assis sur un banc, autour duquel on danse en rond, il bat avec un squelete de tortuë dans lequel il y a des pois, ou bien ils ont une petite gourde dans laquelle ils ont mis des pois ou de petites pierres; ils chantent & battent la mesure avec l'instrument, & à chaque Chanson on lui donne le payement en Porcelaine ou en quelqu'autre espéce.

Quand il y a des Festins, il n'y a pas d'autres Cuisiniers que quelques jeunes gens qui sont nommez pour faire la marmite, ils portent une manne de bled d'Inde par le Village, & les femmes pilent le bled dont elles portent la farine dans la Cabane où le Festin se doit faire. Quand la viande est cuite, on la tire pour mettre la farine; quelques Anciens qui se trouvent autour du feu où ils s'entretiennent de ce que l'on doit faire ou dire dans le Festin, ôtent les os & les rongent.

Chaque Nation a son caractere particulier, l'Anié & l'Onneyout sont généreux, francs autant que des Sauvages le peuvent être: l'on peut dire qu'ils n'ont qu'un même esprit. L'Onnontagué est fier, fourbe, moins généreux que l'Anié, car l'Anié lui a reproché souvent ses lâchetez, lorsqu'ils alloient en guerre ensemble. Il y avoit toûjours plus d'Aniez tuez sur la place, tandis que les Onnontaguez retournoient toûjours chez eux. Le Goyogouin est bon guerrier, ses mœurs tiennent plus du sauvage, il est aussi fin & aussi rusé que les Tsonnontouans, l'Onnontagué, l'Anié & l'Onneyout. L'extérieur de ces deux Nations & leur Langage est plus barbare qu'ils ne le sont en effet; car l'on a remarqué qu'ils avoient le naturel assez bon, facile à gouverner, & fort accommodant.

L'Iroquois en général aime l'Hospitalité, & il est bon ami ou ennemi juré; ils n'ont pas de Lettres, & ils sont accoutumez à juger des choses par les sens & ont l'imagination fort vive. Un vice général des Iroquois qui est la paresse, & de n'avoir aucun métier pour s'occuper, est cause qu'ils passent le tems sur leurs nattes couchez, sur laquelle ils sont plusieurs songes creux, & quand leur imagination est échauffée, ils prennent tout ce qu'ils se sont représentez pour des veritez. Je vous ai rapporté d'où vient l'estime qu'ils font du songe.

Quoi qu'ils ayent des sentimens de colere très-violents ils savent les cacher, ils se disent froidement les injures les plus atroces, & ceux qui n'entendent pas la Langue ne sauroient connoître s'ils se fâchent, ils conservent dans leurs cœurs les desirs de vengeance, & ils ont beaucoup de peine à pardonner, c'est ce qui est le premier mobile de toute leur conduite. Les particuliers ne veulent pas avoir affaire à un autre particulier, ils se craignent les uns les autres. Une sœur employe un étranger pour demander quelque chose à sa sœur, & ainsi des autres. Cela peut venir d'orgueil, & parce qu'ils ne veulent pas être refusez. Il n'y a pas de procès entr'eux, les Vieillards les terminent bien-tôt, & l'on en vient promptement à l'exécution, car l'on fait casser la tête à celui qui a tort, & pour cela on l'accuse de sortilege, ou quelqu'un fait semblant d'être ivre pour le tuer. Quand on surprend un larron de profession, on s'en défait bien-tôt, les parens sont les premiers à l'accuser, & à lui faire casser la tête.

Tous les Iroquois sont partagez par famille; il y en a trois principales qu'ils appellent la famille de l'Ours, celle de la Tortuë, & celle du Loup. Ce ne sont pas de simples noms, mais ils ont des fables là-dessus, c'est de quoi ils s'entretiennent de trois ans en trois ans, dans des Assemblées générales. Chaque Village est composé de ces trois familles, & chaque famille a son Chef. Chaque Chef assemble sa famille pour déliberer sur les affaires qui se presentent, & les Chefs eux-mêmes s'assemblent ensuite pour prendre les dernieres résolutions, c'est ce qui fait que les affaires trainent en longueur, car il faut que toutes les Nations soient de même sentiment. Les Onnontaguez ont voulu se rendre les maîtres des affaires, mais les autres Nations leur ont fait voir de tems en tems qu'ils ne l'étoient pas: il y a un ordre parmi les Aniez qu'ils appellent l'Ordre des Nobles. Les femmes en sont, & en ont voix délibérative dans les affaires; mais elles font de la dépense pour être de cet ordre-là.

Quoiqu'ils n'ayent pas de Roi ni de Chef qui leur prescrivent des Loix, cependant lorsqu'il s'agit de quelques affaires qui regardent la Nation, il se trouve une union si grande entr'eux qu'ils agissent tous de concert en ce moment avec une déférence particuliére que les jeunes gens ont pour les Vieillards ou les Anciens. Ces Chefs qu'ils appellent Odianez, ou Odisthems, sont les plus considérables: ce mot même le porte.

Avant de tenir un Conseil, un Ancien qui aura la meilleure voix crîe à pleine tête, faisant le tour du Village, & dit Assemblez-vous, nous allumons le feu: & lorsqu'il s'agit d'un Conseil de guerre, il y a quelquefois deux considérables, qui crient par tout le Village de toutes leurs forces, avec précipitation, une parole n'attendant pas l'autre, & disent, Entrez, de Guerriers, entrez, Guerriers.

Les Anciens ou les considérables étant assemblez, celui chez qui l'on est, ou un Orateur que l'on choisit, prend la parole qui explique le motif qui les a tous amenez. Les déliberations faites, quelques-uns des Anciens vont dans chaque famille avertir la jeunesse de se trouver en un lieu prescrit, dans lequel ils leur communiquent ce qui s'est passé au Conseil, & si c'en étoit un de guerre. L'Orateur ayant sû le sentiment des Anciens, fait savoir à la jeunesse qu'il seroit à propos de faire telle chose. Voiez, leur dit-il, jeunesse, ce que vous avez à repondre. C'est donc là, cette politique qui les unit si bien, à-peu-près comme tous les ressorts d'une horloge, qui par une liaison admirable de toutes les parties qui les composent, contribuent toutes unanimement au merveilleux effet qui en résulte.

V Ou-

Outre ces Anciens il y a des Chefs de guerre. Ceux ci qui entrent dans les Conseils font quelquefois assembler le lendemain toute la jeunesse, & lui font le récit de tout ce qui a été proposé, lui demandant la réponse. Nous vous en laissons les maîtres, leur disent les Guerriers. Et la jeunesse, par une déférence reciproque leur répond, vous en êtes les maîtres vous-mêmes.

Les Anciens qui ont déliberé sur leurs affaires de guerre proposent aux Guerriers si ceux-ci en sont contents, ils chantent ou font un cri d'une commune voix, prononçant ce mot de Ho, qu'ils expriment du fond de la gorge, & s'il y en a quelqu'un qui n'est pas content, il ne chante pas.

Quand les jeunes gens qui ont été déja avertis se sont trouvez au lieu qu'ils ont choisi, ils s'assemblent en rond un peu à l'écart de ceux qui leur sont venus parler de la part des Anciens, & déliberent entr'eux sur la réponse qu'ils doivent faire. La décision faite, la jeunesse qui a consenti à ce qui lui a été communiqué, l'aplaudit par le cri de Ho.

Il n'y a pas de Négoce ni de Commerce parmi eux, parce qu'ils ne veulent point avoir d'affaires les uns avec les autres, la plus grande traite est l'eau de vie, ce sont les femmes qui en traitent ordinairement en échange du Castor. Ils n'ont pas d'autre marché que les Cabanes, ils se payent fidellement, leur mesure n'est autre chose que la cueillere avec laquelle ils mangent leur Sagamité. Ils mesurent leur Porcelaine dans le creux de la main, ils n'achetent pas de terre, mais les héritages passent aux parens du défunt, ils ont leurs limites pour leurs champs, ils font des marques aux arbres avec la hache, en tirant une ligne à vûë & sans méthode. Celui qui a découvert un Lac, ou un endroit de pêche, ou des Maisons de Castor, en est le maître, il marque l'endroit & personne ne lui en dispute la propriété. Les Vieillards & ceux qui ne peuvent ou ne veulent rien faire à la guerre & à la chasse, font des nasses, & se font pêcheurs, c'est un métier roturier parmi eux. Leurs nasses se font de fil, ou d'orties, ou de bois blanc, dont ils réduisent l'ecorce en filet par le moyen de la lessive qui le rend fort & maniable. Les femmes filent sur leurs genoux en tordant le fil avec la paume de la main, elles mettent ce fil qu'on pourroit plûtôt appeler de la ficelle en peloton. Ils ne savent ce que c'est que de pêcher avec des filets à flotter, ils prennent beaucoup de Saumons.

Ils appellent Colliers des grains de Porcelaine enfilez que les François nomment corde de Porcelaine, ils font avec ces cordes une maniere de hosa long & large, où ils representent plusieurs figures. Ils s'en servent pour traiter la Paix, pour faire leurs Ambassades, pour déclarer leurs pensées, pour apaiser les procès, pour faire quelques entreprises. Pour juger, condamner, ou absoudre, c'est encore leur principal ornement & leur argent : les jeunes Guerriers allant en guerre s'en servent comme de bracelets, & de ceintures sur leurs chemises, & couvrent tout cela d'une belle couverture rouge, ils vont à une lieuë ou deux du Village, accompagnez de leurs femmes, & en se séparant ils leur donnent leurs Colliers. Les femmes en font d'autres qui servent à porter du bois & à lier les esclaves, elles font ceci d'écorce de bois blanc, d'Orties & de Cotonniers. Ces Porcelaines viennent de la côte de Manathe ; ce sont des Bourgos ou maniere de Limaçons de Mer qui sont blancs ou violets, tirant sur le noir.

L'Auteur qui fournit tous ces details que j'ai abrégez autant qu'il m'a été possible, raconte une infinité de circonstances des guerres que les Iroquois ont faites jusqu'à la mort du Comte de Frontenac. Il avoit ébauché avec cette Nation une Paix que le Chevalier de Caillieres son Successeur a terminée après la Paix d'Utrecht.

Il paroit par les autres Relations que j'ai consultées que les habitations des Iroquois ne se bornent pas aux cinq Villages que j'ai nommez. Ces cinq Villages ne sont pour ainsi dire que les Capitales des cinq Nations ; & dans la Lettre du Pere Cholenec inserée au XII. Tome des Lettres édifiantes on lit [a] que Mr. de Thracy ayant été envoyé de la Cour de France pour mettre à la raison les Nations Iroquoises qui desoloient les Colonies porta la guerre dans leur Pays & y brûla trois Villages des Agniez. Quelque temps avant la derniere Paix dont nous venons de parler, il s'étoit formé parmi les François une Colonie d'Iroquois. La bonne intelligence qui étoit entre les deux Nations donnoit la liberté à ces Sauvages de venir chasser sur les terres des François [b] : plusieurs d'entre eux s'étoient arrêtez vers la prairie de la Madeleine, vis-à-vis de Mont-Real. Des Missionnaires Jesuites qui y demeuroient les rencontrerent & travaillerent utilement à leur conversion, l'exemple & la pieté de ces nouveaux fidelles y attirerent plusieurs Compatriotes & en peu d'années la Mission de St. François du Saut, c'est ainsi qu'elle s'appelloit, devint celebre par le grand nombre & par la ferveur des Neophytes. Mr. de la Potherie [c] parle de deux Missions ou Colonies d'Iroquois Chrétiens établis parmi les François, l'une à la Montagne de Mont-Real qui est à une portée de Canon de la Ville, & l'autre est au Saut de St. Louïs qui en est à trois lieues. Il ajoute : la Religion Chrétienne & le Commerce que cette Nation a eu avec nous par la conduite judicieuse des Jesuites, les a un peu humanisez depuis trente ans. Ces Iroquois convertis ont fait voir des marques d'humanité & quand ils ont vû que les Iroquois leurs ennemis en abusoient ils ont fait voir que le Christianisme n'est point opposé à la veritable valeur.

Les Iroquois Chrétiens n'ont rien changé dans leurs mœurs que ce qui étoit contraire au Christianisme. Ils gardent encore le même ordre de police, mais ils ne determinent rien sans l'agrement du Gouverneur Général auquel ils viennent dire ce qu'ils ont conclu dans leurs Conseils. S'il l'approuve, l'affaire est décidée, s'il ne l'approuve pas, ils font ce qu'il leur ordonne. Cela s'entend des affaires publiques, car pour le reste ils se gouvernent à leur maniere. Cela facilite la conversion des Anciens qui veulent se faire Chrétiens.

[a] p. 126.

[b] p. 147.

[c] T. 3. p. 35.

Les

IRO.

Les Iroquois n'apprennent point de métiers; moins par incapacité que par coutume: plusieurs parmi les Chrétiens s'occupent à abbattre du bois, & à travailler aux Champs: tout leur argent & leur Monnoye consiste en grains de Porcelaine. C'est une sorte de Coquillage qui se trouve dans la Virginie au bord de la Mer. Ils la commercent avec les François lorsqu'ils viennent à Montreal. Ils aiment beaucoup le Vermillon, on en fait un grand Commerce en Canada; les femmes s'en *mattachent* le visage. *Mattacher* c'est se peindre. Pour se *mattacher* elles mettent plusieurs couleurs sur leurs visages comme du Noir, du Blanc, du Jaune, du Bleu, & du Vermillon; les hommes se font des serpens depuis le front jusqu'au nez. La plupart se piquent tout le Corps aussi bien que les Canadiens, avec une aiguille, jusqu'au sang. De la poudre à fusil écrasée fait la premiere couche pour recevoir les autres couleurs, dont ils se font des figures telles qu'ils les jugent à propos & jamais elles ne s'effacent.

C'est une maxime parmi eux, lorsqu'ils vont à la guerre de se mattacher le visage avant que de livrer un Combat. Ils avouent que n'étant pas toujours maitres des premiers mouvemens de la nature; leurs ennemis pourroient appercevoir sur leur visage quelque air de pâleur & de crainte, ils se sentent par là fortifiez & ils se batent avec une intrepidité surprenante. Cette Nation en a détruit plusieurs autres, comme nous l'avons déjà dit, mais elle en a été elle-même fort diminuée, & quoi que les Mariages des Iroquois avec leurs prisonniers ait aidé à repeupler le Pays, tout ce que les cinq Nations peuvent mettre presentement sur pied ne passe pas quinze cens Guerriers. Malgré cette diminution, ils tiennent encore toute l'Amerique Septentrionale en suspens. Les Anglois les menagent d'un côté & les François les apprehendent. Leur maniere de faire la guerre est si particuliere qu'un François n'est pas en sureté à la portée d'un pistolet de sa maison, quand il est dans son habitation.

Lorsque la resolution est prise dans leur Conseil de guerre d'aller vanger leurs freres, ils sont en même temps plusieurs partis. Ils prennent quelque peu de bled d'Inde pour vivre en chemin, s'embarassant peu du reste, parce qu'ils chassent toujours marchant dans les bois, où ils trouvent de quoi subsister.

Ils ignorent la maniere de se battre en pleine Campagne de bled, d'où ils découvriront ce qui s'y passe. Ils y font des irruptions subites, entrent dans les maisons, tâchent de prendre quelqu'un, font des prisonniers & enlevent des Chevelures. Ce ne sont proprement que des coups de main & par ce genre de guerre ils ont porté plus de terreur chez leurs ennemis qu'en auroit pu faire une armée reglée: les François ne l'ont que trop ressenti. On ne peut lire sans horreur les barbaries qu'ils exercent sur les miserables qui tombent entre leurs mains.

IROS, ancienne Ville de Grece dans la Thessalie, selon Etienne le Géographe, qui cite pour garant un vers de Lycophron.

Ἴροντε καὶ τραχῖνα, καὶ Περραιβικήν.

IRO. IRP. IRS. IRT. 155

Ortelius infere de ce passage qu'il y avoit trois Ville d'*Iros*, l'une en Thessalie, l'autre dans la Trachinie, & la troisiéme dans la Perrhebie. Mais ni Etienne ni Lycophron ne le disent pas.

IRPIANENSIS. Voiez IRPINIANENSIS.
IRPINI. Voiez HIRPINI.
IRPINIANENSIS, ancien Siége Episcopal d'Afrique. On trouve dans la Conference de Carthage [a], *Barbarus Episcopus Plebis Hierpinianensis* & la Notice Episcopale d'Afrique nomme entre les Evêques de la Byzacene [b], *Felix Irpinianensis*, c'étoit le même Siége.

[a] p. 270. Edit. Dupin.
[b] n. 53.

IRPINUM. Voiez HIRPINUM.
IRRHESIA, Isle de l'Archipel, dans le Golphe Therméen, selon Pline [c].

[c] l. 4. c. 12.

IR-SCHEMESCH, ancienne Ville de la Palestine dans la Tribu de Dan. Il en est parlé dans le Livre de Josué [d].

[d] c. 19. v. 41.

IRSINGEN, Abbaye d'Allemagne dans la Suabe auprès de Kaufbeuren Ville Imperiale. Son Abbé est Prince immediat de l'Empire [e].

[e] Hubner Geogr.

IRSON, Ville de Perse, selon Tavernier qui lui donne 80. d. 35. de Longitude & 36. d. 50. de Latitude. Il ajoute que l'air de cette Ville est très-bon & qu'il y a des vivres en abondance.

[f] Voyage de Perse, l. 3. c. dern. p. 429.

1. IRTICH, IRTIS, ou IRTISCH, Riviere d'Asie dans la Tartarie; elle a deux sources vers les 47. d. de Latitude au Nord du Royaume d'Eluth, selon Mr. de l'Isle, ou au Nord des Confins des deux Bucharies, selon le Traducteur de l'Histoire des Tatars. La source qui est au Nord forme une Riviere qui court au Nord-Ouest appellée CHOR-IRTIS & celle qui est au Sud en forme une autre qui court au Nord-Ouest appellée CHAR-IRTIS. Chacune de ces deux Rivieres a sa source d'un Lac & après avoir arrosé une assez grande étendue de Pays en courant separément, elles viennent se joindre, vers les 47. d. 30'. de Latitude & ne continuent plus qu'une Riviere appellée Irtis, laquelle continue toujours de courir au Nord-Ouest: à cinquante lieues environ de l'endroit où ses deux sources se joignent ensemble elle forme le Lac de SAYSSAN qui peut avoir vingt-cinq lieues dans sa plus grande longueur et dix lieues dans sa plus grande largeur. Au sortir de ce Lac la Riviere d'Irtis qui n'étoit jusques là qu'une Riviere mediocre, commence à devenir considerable & court encore au Nord-Ouest, vers les 50. d. de Latitude elle se jette à travers cette branche du Mont Caucase appellée par les Tartares sur la Rive gauche ULUG-TAG, & sur sa Rive droite TUGRA TUBUSLIC & après avoir été grossie en parcourant une fort vaste étendue de Pays, par les eaux d'un grand nombre de Rivieres qui s'y jettent tant de la droite que de la gauche, elle passe devant la Ville de Tobolskoi Capitale de la Siberie à 58. d. de Latitude. En cet endroit elle a déja un bon quart de lieue de largeur, & se tournant ensuite au Nord, elle va s'unir au Nord-Nord-Est à 60. d. 40'. de Latitude, au fleuve d'Oby, au dessous de la Ville de Samaroff après avoir fait en tout plus de quatre cens lieues de chemin.

Les bords de cette Riviere depuis ses sources jusques vers Tobolskoi sont fort fertiles quoiqu'ils soient non cultivez, parce que les Calmouch qui en sont les Maîtres jusques vers les 55. d. de Latitude, où la Riviere d'Om vient s'y jetter de l'Est, ne cultivent point les terres & ne vivent que de leur bétail, mais depuis Tobolskoi jusqu'à son Embouchure dans l'Oby, ses bords ne peuvent plus produire grand chose à cause du grand froid qu'il fait de ce côté. Pierre le Grand, Empereur de Russie, considerant que cette Riviere lui pouvoit être d'une grande utilité pour établir un commerce utile entre ses Etats & les autres Pays de l'Orient fit faire l'an 1715. des établissemens de distance en distance le long de cette Riviere en remontant vers le Lac Saissan dont le plus avancé fut appellé Uskameen, il est à vingt cinq lieues de ce Lac, au Sud du pied de la branche Septentrionale du Caucase appellé par les Tartares Tugra Tubusluc.

Voici les noms des autres Forts qui sont tous bâtis sur la Rive Orientale de l'Irtis. En descendant la Riviere d'Uskameen on trouve au Nord du pied desdites Montagnes Ubinska environ à vingt lieues de ce Fort; puis à vingt autres lieues de là Sem-Palat, c'est-à-dire, en Russien *Sept Maisons de Briques*, à cause qu'on y trouve effectivement sept maisons de Briques le long du bord de la Riviere qui est fort élevé en cet endroit, sans pouvoir juger par aucune marque qu'il y en eût jamais eu d'autres aux environs ni à cinquante lieues à la ronde ; à trente lieues de Sem-Palat on trouve Dolonika, & à quarante lieues de la Jamischa, auprès de sort il y a un Lac salé d'environ 3. Werstes de Diametre, d'où l'on tire le plus beau Sel du monde, que le Soleil fait coaguler au plus fort de l'Eté, sur la surface de l'eau, comme une croûte de deux bons pouces d'épaisseur. En cet endroit les Russiens trouvérent beaucoup de résistance de la part des Calmouch qui tirant en grande partie leur Sel de ce Lac, ne vouloient pas permettre que les Russiens s'en rendissent maîtres par l'élévation de ce Fort : pour cet effet le Contaïsch y ayant envoyé un Corps de quinze mille hommes, les Russes furent obligez la premiere fois de s'en retourner sans y pouvoir réussir ; mais ce Prince s'étant trouvé peu après dans la nécessité de rappeller ce Corps pour s'en servir contre les Mongales & les Chinois, les Russiens profiterent de cette occasion & vinrent à bout de leur dessein, & ils ont même bâti depuis une Ville en cet endroit.

A vingt-cinq lieues de Jamischa on trouve Schelesinska ; & à trente lieues delà Omskoy près de l'endroit où la Riviere d'Om, venant de l'Est se décharger dans l'Irtis, fait la frontiere de ce côté, entre les Etats du Contaïsch & la Siberie ; ensorte que toutes les Places qui sont presentement sur les bords de cette Riviere, appartiennent à la Russie quoique les Calmoucks soient en possession de tout le Pays qu'elle arrose depuis ses sources jusqu'à l'Embouchure de la Riviere d'Om.

Les Eaux de la Riviere d'Irtis sont fort blanches & legeres. Elle est d'une abondance merveilleuse en toutes sortes de bons Poissons. Surtout les Esturgeons & les Saumons de cette Riviere sont delicieux, & ont tant de graisse que les habitans du Pays sont accoutumez de la ramasser, & de la garder pour les usages de la cuisine, comme nous faisons de la graisse de nos viandes.

2. IRTICH, ou ARTICH, Ville d'Asie dans la Tartarie, au Mogolistan. Le Traducteur de Timur-Bec lui donne 130. d. de Longitude & 56. d. 40'. de Latitude.

1. IRUS. Voiez Iros.

2. IRUS, Montagne de l'Inde, au delà de Crocales & vis-à-vis d'une Isle, selon Arrien [a]. *a* In Indicis

1. IRWIN, Riviere de l'Ecosse Meridionale dans la Province de Cuningham, à laquelle elle sert de bornes du côté du Midi. Elle coule d'Orient en Occident & arrose la capitale de cette Province & donne son nom à cette Ville.

2. IRWIN, Ville d'Ecosse dans la Province de Cuningham, sur la Rive Septentrionale de la Riviere de même nom & assez près de son Embouchure dans le Golphe de Clyd. Elle est la Capitale de cette Province & a un Pont de pierre. Elle est bien située pour le Commerce, & son Port est bon pour des barques. A deux milles d'Irwin il y avoit autrefois un Monastere magnifique nommé Kilwinning.

IS.

1. IS, ancien nom d'une Riviere & d'une Ville de Perse. Herodote en parle ainsi [b] : à [b] l. 1. c. 179. distance de huit journées de chemin du Babylone, il y a une Ville nommée Is & au même endroit coule une Riviere de même nom qui n'est pas fort grande & se jette dans l'Euphrate. Cette Riviere d'Is, jette avec ses eaux des Masses de bitume ; & c'est delà qu'on a pris le bitume employé dans les murs de Babylone. Etienne le Géographe dit aussi que c'étoit une Ville & une Riviere de même nom.

2. IS. Voiez Isis & Tamise.

3. IS [c] *Sur-Tille*, Ville de France en [c] Corn. Dict. Bourgogne, à quatre lieues de Dijon, à huit Mem. dressez en de Langres, avec haute Justice & Grenier à Sel. 1704. Elle a plusieurs Eglises & un Couvent de Capucins. On y tient marché deux fois la Semaine & quatre Foires par année. Le principal trafic des habitans est en Draperies & en chapeaux. Il y a grand nombre de Teinturiers & la Riviere de Tille lui est d'une grande commodité pour les Manufactures, son Territoire produit des vins & des bleds.

ISA, Ville, selon le Lexique de Phavorin. Il ne dit point en quel Pays.

1. ISABELLE, (le Fort) Petite Forteresse des Pays-Bas, dans la Flandre Hollandoise à demie lieue de l'Ecluse & à une lieue de la Mer. Ce nom lui vient de l'Infante Isabelle Gouvernante des Pays-Bas.

2. ISABELLE, (le Fort) Forteresse des Pays-Bas, près de Bois-le-Duc.

3. ISABELLE, petite Ville de l'Amerique dans l'Isle Espagnole sur la côte Septentrionale, au quartier des Espagnols, au Couchant de la Iahia Riviere qui vient de St. Jago de Los Cavalleros, selon la Carte du P. [d] Voyages Labbat. Christophle Colomb abordant en aux Isles de l'Amerique cette T. 2. l. 5. c. 3.

ISA.

cette Isle, en venant des Lucayes, au Royaume de MARIEN qui étoit alors à la bande du Nort & à l'Est de Monte Christo, il y fit un petit Fort de bois qu'il nomma la NAVIDAD & y laissa trente hommes avec un Commandant pendant qu'il retourna en Espagne porter la nouvelle de sa decouverte. Mais ces hommes ayant eu querelle avec les Indiens qui les tuerent, le Fort fut brûlé. Colomb étant retourné l'année suivante 1493. bâtit une Ville plus forte qu'il nomma Isabelle au bord d'une Riviere & dans un endroit plus sûr & plus commode pour l'abord de ses vaisseaux [a]. Le terroir de cette Ville est très-bon & l'air y est extrêmement sain.

[a] De Laet. Ind. Occid. l. 1. c. 6.

ISABOS. Voiez ISAMUS.

ISACA, Riviere de l'Isle d'Albion au Pays des Dumniens, dans la partie Meridionale de l'Isle, selon Ptolomée [b]. On croit que c'est aujourd'hui l'Ex; & Camden [c] juge qu'il faut lire ISCA & non point Isaca. Ptolomée nomme ISCA la Ville du même Pays sur cette Riviere. Ortelius [d] croit que la Ville & la Riviere portoient le même nom, ou d'ISCA, ou d'ISACA; & se fonde sur ce qu'il est ordinaire de trouver des Villes nommées comme la Riviere qui les arrose. Voiez l'Article d'ISCA.

[b] l. 2. c. 3.
[c] Britann.
[d] Thesaur.

ISADAGAS [e], Ville ancienne d'Afrique en Barbarie au Royaume de Maroc dans la Province d'Escure. On lui donne aussi le nom de TAGODASS. Elle a été bâtie par les Africains sur la cime d'une haute Montagne, qui est environnée de quatre autres, entre lesquelles & les Rivieres qui passent près d'Isadagaz, il y a beaucoup d'Arbres qui rapportent toute sorte de bons fruits comme en Europe. Sur ces Arbres rampent de grands seps qui portent des raisins noirs dont les grains sont nommez des œufs de poule, à cause de leur grosseur. La Ville n'est forte ni par art ni par nature, & contient environ mille habitans, la plûpart Marchands & Artisans, parmi lesquels il se trouve quelques Juifs qui ont liberté de conscience. On y voit beaucoup de Noblesse qui vivoit en liberté sur le declin de l'Empire des Benimerinis, mais elle a obéi depuis au Cherif. Lorsqu'il s'en rendit le maître, elle étoit gouvernée par un Africain d'une des branches de la Tribu de Muçamoda, sans qu'il pût rien entreprendre s'il n'avoit l'avis des principaux qui composoient une espece de Senat. De puissantes factions s'étoient élevées, mais il agit avec tant d'adresse, que s'étant défait des Chefs du parti contraire, il se raccommoda avec les autres, desorte qu'on lui obéissoit volontairement. Il y a dans Isadagaz des Juges & des Alfaquis, qui ont l'intendance du spirituel & du temporel. Les habitans sont francs & honnêtes, & se plaisent à loger les Etrangers, leur faisant toute sorte de bon traitement, sans rien demander. Ils font cela, disent-ils, pour l'amour de Dieu, & pour suivre les coûtumes de leurs Ancêtres. Ils imitent ceux de Maroc & de Fez dans leurs habits & dans leur façon de vivre. Les femmes sont belles ordinairement & aiment fort à être parées. Elles portent force joyaux d'or & d'argent aux bras, & aux oreilles, au cou, & au sein. Les hommes n'y sont pas jaloux à proportion des autres de ces Montagnes, d'où sourdent plusieurs

[e] Marmol. Afrique l. 3. c. 62.

ISA. 157

fontaines, qui font moudre des Moulins en bas & arrosent les Jardins, & les terres qui sont devant la Ville une plaine de trois lieues, où l'on recueille beaucoup d'orge, de froment, & de légumes. On voit de grands troupeaux de menu bétail, qui errent par ces Montagnes, ensorte qu'il y a des habitans qui en ont plus de trente ou quarante mille piéces, tant les pâturages y sont abondans. D'autres recueillent par an vingt ou trente mille mesures de bled. Le lait & le beurre y sont à si grand marché, qu'on n'y profite que de la laine & du cuir. Un gros mouton ne s'y vend que deux réales, qui font quinze sols de notre monnoye. Il y a par tout le Pays un grand nombre d'Oliviers qui fournissent de l'huile en abondance. Il y a aussi quantité de ruches dont on tire beaucoup de miel & de cire, qu'on porte vendre aux Villes voisines. Ce miel est fort estimé. Outre sa blancheur quand on le garde un an il devient dur comme un pain de sucre. La plûpart des habitans ont un grand commerce avec ceux de Numidie & de Getulie qui sont de l'autre côté du Mont Atlas. Ils vont aussi trafiquer aux Villes de Fez, de Mequinez & de Maroc, d'où ils rapportent des étofes de Laine, de Lin, de Soye, avec des ouvrages d'argent & autres choses, qu'ils vendent à leurs voisins & aux Bereberes de la Contrée.

ISADENI, Nation entre les Huns, selon Procope [f].

[f] Persic. l. 1.

ISAFLENSIUM GENS [g], ancien peuple d'Afrique dans la Mauritanie; Firmus se refugia chez cette Nation & l'entraina dans son malheur, car elle fut vaincue, & fort maltraitée après la Victoire.

[g] Ammien Marcellin l. 29. c. 5.

ISAGO [h], Royaume d'Afrique dans la Guinée au Couchant du Royaume de Benin avec lequel il relève. Les habitans de ce Pays ayant voulu subjuguer ceux de Benin furent batus, & si affoiblis, qu'ils furent reduits à obeïr à ceux qu'ils se proposoient de soumettre.

[h] De la Croix Relat. de l'Atrique T. 3.

ISAGURUS, Ἰσάγουρος, Ville de l'Inde en deçà du Gange, selon Ptolomée [i].

[i] l. 7. c. 1.

ISALA, nom Latin de l'ISSEL. Voiez ce mot.

ISALÆCUS, Ἰσαλαικὸς, ancienne Ville de la Lusitanie, selon Ptolomée [k].

[k] l. 2. c. 5.

ISAMNIUM [l], Promontoire de l'Isle d'Irlande. Camden [m] croit que c'est le même Cap que S. Johans Foreland, mais il lit Isanium.

[l] Ptol. l. 2. c. 2.
[m] Britan.

1. ISAMUS, Riviere de l'Inde, selon Strabon [n].

2. ISAMUS [o], Colline de l'Asie mineure, quelque part entre le Mont Argée & Nicomedie, selon Cedrène & Zonare. Curopalate la nomme ISABOS.

[n] l. 11. p. 516.
[o] Ortel. Thes.

1. ISANA, Village de la Palestine, selon Josephe [p]; qui dit que Pappus y étoit campé.

[p] Antiq. l. 14. c. 27.

2. ISANA, Ville de la Palestine. Josephe [q] dit que les Fils de Juda l'enleva au Roi d'Israël. Elle est appellée JESCHANA dans les Paralipomenes [r].

[q] Antiq. l. 8. c. 5.
[r] l. 2. c. 13. v. 19.

ISANAVATIA, ancien lieu de la Grande Bretagne. Antonin [s] nomme cet endroit differemment en deux Voyages. Dans celui de Lon-

[s] Itiner.

V 3

158 ISA.

Londres à *Lindum*, il compte ainsi.

Verolamum	M. P. XXI.	Verulam,
Durocobrivium	M. P. XII.	Hertford,
Magiovinium	M. P. XII.	Dunstable,
Lactodorum	M. P. XVI.	Stony Stratford,
Isannavatia	M. P. XII.	Weedon,
Tripontium	M. P. XII.	Dowbridge,
Vennonim	M. P. IX.	Cleybrook.

Cette route est ainsi renversée dans la route d'Yorc à Londres,

Vennonim		Cleybrook,
Bannavantum	M. P. XVIII.	Weedon,
Magiovinium	M. P. XXVIII.	Dunstable,
Durocobrivium	M. P. XII.	Hertford,
Verolamum	M. P. XII.	Verulam,
Londinium	M. P. XXI.	Londres.

Ce même lieu semble encore nommé *Bennavenna*, & *Bennaventa* dans la route qui a pour titre *a Vallo ad portum Ritupas*. A l'égard de BENNAVENNA, voiez ce que j'en dis à son article particulier. Pour ce qui est de *Bannavantum*, les Géographes croient que c'est la même chose que *Isanavatia*, & ces deux routes en sont la preuve. Il est vrai que dans l'une la distance de *Vennonis* à *Isannavatia* est de XXI. M. P. mais c'est en se detournant & passant par *Tripontium* au lieu qu'en droiture on gagne III. M. P. & il n'y a plus que XVIII. M. P. La distance de *Magiovinium* à *Isavannatia* par *Lactodorum*, est la même que celle de *Bannavantum* à *Adagiovinium*, savoir XXVIII. M. P.

ISANGRINI. Voiez BLOETINI.

ISANUS. Voiez ICANUS.

ISAPIS, Riviere d'Italie dans la Flaminie auprès de Rimini, selon Strabon [a]. C'est apparemment le SAPIS de Ptolomée. [a l.5.p.217]

ISAR, Riviere de la Gaule Narbonnoise, selon Ptolomée [b]. [b l.2.c.10.]

1. ISARA, nom Latin de l'OISE. On la distingue de la suivante par le surnom de *Belgica* parce qu'elle coule dans l'ancienne Belgique.

2. ISARA, nom Latin de l'ISERE, on la surnomme *Alpina* parce qu'elle vient des Alpes & se perd dans le Rhône.

ISARA Y ACA [c]. Les Arabes nomment ainsi une grande plage d'Asie du côté de l'Europe. On la nomme autrement le Detroit d'Alexandre. [c Hist. de Timur-Bec l.5.c.50.]

ISARCI, ancien Peuple d'Italie dans les Alpes & l'un de ceux qu'Auguste soumit à l'Empire Romain, selon Pline [d]. Le R. P. Hardouin dit que c'est presentement VAL DE SARRA, ou DE SARCHA près de la Vallée de Camonica; & cite l'Historien Bouché [*]. [d l.3. c.20.] [* l.3.c.1. p.100.]

ISARI, ancien Peuple des Indes près des Monts Emodes, selon Pline [e]. [e l.6. c.17.]

ISATICHÆ, Ισάτιχκε, ancien Peuple de la Carmanie deserte, selon Ptolomée [f]. [f l.6. c.6.]

ISAURIA, Contrée d'Asie aux confins de la Pamphylie & de la Cilicie. C'est un Pays de Montagnes, situé pour la plus grande partie dans le Mont Taurus. Quelques-uns en étendent une Lisiere jusqu'à la Mer. Zosime [g] dit : le peuple des Isauriens qui est situé [g l.5.c.25.] au dessus de la Pamphylie & de la Cilicie, demeure toujours entre les Montagnes escarpées & inaccessibles du Mont Taurus. Ptolomée [h] qui parle de l'Isaurie ne dit rien de ce qu'elle possedoit sur le rivage de la Mer. Mais Pline [i] dit : tout le monde joint immediatement la Pamphylie à la Cilicie, sans avoir égard à la Nation Isaurique. Ses Villes dans les terres sont Isaure, Clibanus, Lalasis. Elle s'avance jusqu'à la Mer près d'Anemurium dont nous avons parlé ci-dessus. Il ne dit pas qu'Anemurium fût de l'Isaurie, mais qu'auprès de cette Ville, l'Isaurie touchoit à la Mer ; il ne nomme ni Ville ni Bourg maritime de l'Isaurie, ce qui fait voir que ce n'étoit qu'un terrain fort petit & moins remarquable que le reste de cette contrée. On ne peut tirer beaucoup de lumieres de ce que Strabon dit que Servilius surnommé l'Isaurique detruisit plusieurs Forteresses des Pirates qui étoient auprès de la Mer ; car il ne decide point si elles étoient dans l'Isaurie propre, ou sur les côtes voisines dans la Pamphylie, la Lycie, la Cilicie &c. Florus [k] & Eutrope [l] entre les Villes que Servilius renversa nomment *Phaselide*, *Olympe* & *Corycus*. On sait d'ailleurs à n'en point douter que les deux premieres étoient des places maritimes de la Lycie ; & le P. Noris [m] l'a prouvé de la troisiéme. Quelques-uns donnent *Phaselide* à la Pamphylie comme nous le disons ailleurs, mais personne ne l'a placée dans l'Isaurie. Cette contrée tiroit son nom d'*Isaura* ou *Isaurus* sa Capitale. Strabon [n] regarde l'Isaurie comme une partie de la Lycaonie & la met dans le Mont Taurus, où elle étoit effectivement comme on a deja vû. [h l.5. c.4.] [i l.5.c.27.] [k l.3. c.6.] [l l.6. c.3.] [m Cenotaph. Pisan. p.216.] [n l.12. p.568.]

Il dit que l'Isaurie avoit deux Villages de même nom qu'elle. C'est-à-dire, nommez l'un & l'autre ISAURA au pluriel. Que l'ancien étoit surnommé EUERCE. Ces deux Villages, dit-il, en avoient sous eux plusieurs autres, tous peuples de brigands. Ils donnerent bien de la peine aux Romains, & à Publius Servilius qui en raporta le surnom d'Isaurique, & que nous avons encore vû. Il conquit l'Isaurie pour les Romains & détruisit la plupart des Forts des Pirates qui étoient sur la Mer. A côté de l'Isaurie est Derbe, Residence d'Antipater Derbéen laquelle est contigue à la Cappadoce. Il possedoit aussi Laranda. De mon temps Amintas a possedé Isaures & Derbe, après qu'il eut surpris & tué Antipater le Derbéen. Il reçut aussi Isaurus des Romains. Il en fit une Ville Royale après avoir renversé l'ancienne Isaures. Il commença même une nouvelle enceinte de murailles, mais il ne put l'achever ayant peri dans une entreprise qu'il fit contre les Homonadiens. Ptolomée ne met que trois Villes dans l'Isaurie. Il les nomme *Sauatra*, *Austra* & *Isaura*. Casaubon [o] croit que les deux dernieres sont les Villages dont parle Strabon, qui dit qu'ils portoient le même nom. En effet ce sont les mêmes Lettres, & il n'y a qu'un renversement à faire en forme d'Anagramme. [o In Strab.]

Sous les Empereurs Grecs l'Isaurie s'accrut aux depends des Provinces voisines. Dans la Notice de Hierocles on y compte 23. Villes, savoir,

Seleu-

ISA.

Seleucie, Metropole,	*Olbe*,
Celesdere,	*Claudiopolis*,
Anemorium,	*Hierapolis*,
Titiopolis,	*Dalifande*,
Lamus,	*Germanicopolis*,
Antioche,	*Irenopolis*,
Juliosebaste,	*Philadelphie*,
Cestri,	*Moloe Darassus*,
Selinus,	*Zeede*,
Jotape,	*Neapolis*,
Diocesarée,	*Lausadus*.

Outre ces Villes qui étoient Episcopales sous la Metropole de Seleucie, il y avoit d'autres Sièges independans dans l'Isaurie. La Notice de Leon le Sage y met celui de Leontopolis & celui de Cotiada. Quant aux Villes que nous venons de nommer auparavant, voici comment elle ne nomme, outre qu'elle en met vingt-neuf toutes Episcopales.

Seleucie, Metropole,	*Dalisandus*,
Cilendres,	*Claudiopolis*,
Anemorium,	*Irenopolis*,
Titiopolis,	*Germanicopolis*,
Lamus,	*Zenopolis*,
Antioche,	*Sbide*,
Eliosebaste,	*Philadelphia*,
Sestra,	*Adrasus*,
Selenuntes,	*Meloe*,
Jotape,	*Domitiopolis*,
Diocesarée,	*Naufadaa*,
Olya,	*Climata Cassarum*,
Hierapolis,	*Banakorum*,
Neapolis,	*Bolbos*,
Costradis.	

a Concil. Chalced.

ISAUROPOLIS[a], selon les Histoires Ecclesiastiques, ISAURA, *orum*, au neutre, selon le plus grand nombre des anciens Grecs & Romains, Ville d'Asie dans l'Isaurie. Etienne le Géographe en parle comme d'une Ville qui avoit été grande, bien fortifiée, & remplie d'hommes courageux. Il ajoute qu'elle étoit depuis long temps une Ville florissante. Elle fut deux fois détruite, premierement sous Perdiccas; les assiegez au desespoir se brûlerent eux & leur Ville plutôt que de se rendre au vainqueur, au raport de Diodore de Sicile[b]. L'autre fois ce fut par Servilius. On en peut voir les détails dans Strabon, Florus, & autres Ecrivains. Cette Ville se rebâtit à la verité, mais elle n'eut jamais son premier éclat. Pline la nomme simplement, il est vrai qu'il la nomme en premier lieu mais Ptolomée ne lui donne que la troisième, Cellarius croit que les deux Villages de Strabon, distinguez par les surnoms d'ancienne & de nouvelle Isaure, étoient voisins & contigus, desorte que tous les autres Ecrivains n'en ont fait qu'une seule Ville. Il est remarquable que l'Isaurie, à laquelle cette Ville avoit donné le nom, ayant aquis vers le declin de l'Empire une si grande étendue, cette Ville ne s'y trouve pas néanmoins dans aucune des deux Notices. Cependant elle subsistoit & Ætius Evêque d'Isauropolis assista au Concile de Chalcedoine & Iluaire autre Evêque de ce même Siège fut au premier Con-

b l.18.c.22.

ISA. ISB. ISC. 159

cile de Constantinople. Mais elle étoit alors de la Province de Lycaonie. C'est aussi dans cette Province que la place Hierocles dans la Notice dejà citée. Son nom moderne est SAURA.

ISAURUS, Riviere d'Italie. Voiez PISAURUS.

ISBOS, ancienne Ville d'Italie dans l'Isaurie, selon Etienne le Géographe.

ISBURUS, Riviere de Sicile dans sa partie Meridionale, selon Ptolomée[c] qui la fait couler entre Heraclée & Pintia. Cluvier[d] croit que c'est la même Riviere qu'on appelle aujourd'hui FIUME DI CALTA BELLOTTA. Fazel l'explique de MAYHASOLI & Leandre dit que c'est *Garbe*; mais il l'appelle mal à propos IBRUCUS.

c l.3.c.4.
Ital. Ant. l.1.p.229.
e Ortel. Thes.

ISC[f], Village des Pays-Bas, dans le Brabant près de Bruxelles. Il n'est remarquable que par ce qu'il est la patrie de Juste Lipse qui y naquit le 18. Octobre de l'an 1547. il devint très-fameux par son savoir & mourut le 23. de Mars 1606.

f Corn.Dict.

1. **ISCA**, Ville ancienne de l'Isle d'Albion au Pays des Dumniens, selon Ptolomée[g]. C'est presentement EXCESTER sur la Riviere d'Ex. Voiez ces articles. Dans l'Itineraire d'Antonin elle est nommée *Isca Dumniorum* dont quelques Copistes ignorans ont fait ICADUM & SCADUM NUNNIORUM.

g l.2.c.3.

2. **ISCA**, Riviere de la Turquie en Europe dans la Bulgarie. Elle a sa source au pied du Mont Rhodope près des Ruines de l'ancienne Sardique, ensuite coulant à l'Orient de Sophie dont elle traverse la plaine, elle passe à Urazza, & continuant de serpenter vers le Nord-Nord-Est elle arrive enfin dans le Danube entre Rohova & Silauna. Mr. Corneille en cite plusieurs Rivieres sous les noms d'ISCH & ISCHAR.

3. **ISCA LEG. II. AUGUSTI**, ancienne Ville de la Grande Bretagne, selon l'Itineraire d'Antonin. C'est presentement Carleon. Les Bretons l'appellerent *Caer-Leon-Ar-Usk*, c'est-à-dire la Ville de la Legion sur la Riviere d'Usk, ou d'Isca. On y a trouvé des briques avec ces Lettres LEG. II. AUG. La seconde Legion eut si long-temps ses quartiers en cet endroit, à Londres & à *Rutupa* qu'on lui donna le nom de seconde Britannique, selon la remarque de Mr. Gale[h]. Les Copistes au lieu de ces mots abregez *Isca Leg. II. Aug.* avoient forgé le nom monstrueux d'ISCELEGUA. Il a eu la gloire de retrouver le veritable. Mais il distingue *Isca* de *Legio II. Augusta*; & cite pour garant Ptolomée qui les distingue aussi. Camden & Mr. Gale n'en font qu'un, fondez sur l'Itineraire d'Antonin.

h In Anton. Itiner. p. 125.

ISCADIA, la même qu'EISCADIA. C'étoit une Ville de la Lusitanie.

ISCALMUS. Voiez HEDISCUM.

ISCELEGUA AUGUSTI; c'est ainsi que ce nom étoit defiguré dans l'Itineraire d'Antonin: Simler le corrige ainsi ISCAL. LEG.II. AUGUSTA. Voiez ISCA 3.

ISCHALIS, ancienne Ville de l'Isle d'Albion au Pays des Belges[i]. Lhuyd croit que c'est presentement ILCHESTER. Voiez ce mot.

i Ptol.l.2. c.3.

ISCHARIOTH, ou ISCARIOTH, Isidore

ISCHEBOLI [a], Ville de Turquie dans la Romanie au pied du Mont Coſtegnaf & ſur les Frontieres de la Bulgarie. C'eſt la même qu'ESCHIBABA. Voyez auſſi SCOPELUS.

[a] Baudrand Ed. 1705.

ISCHEL [b], Bourgade d'Allemagne dans la Haute Auſtriche ſur la Riviere de Traum, un peu au deſſus de ſon Embouchure dans le Lac nommé Traumſée. On ne ſait ſi c'eſt là où LEONPACH Village voiſin qu'il faut chercher l'ancienne TUATEO.

[b] Le même.

ISCHER [c], petite Riviere de France en Alſace, entre le cours de l'Ill, & celui du Rhin. Elle a ſa ſource au Village d'Artzenheim, d'où coulant vers le Nord dans un lit preſque parallele à celui du Rhin, elle paſſe au Levant du Bourg de Markelsheim & étant arrivée à celui de Rheinen, elle ſe mêle aux eaux du Rhin.

[c] Henri ſengre Carte de la Baſſe Alſace.

ISCHERE, Ville de la Libye intérieure, ſelon Ptolomée [d].

[d] l. 4. c. 6.

ISCHIA, Iſle du Royaume de Naples ſur la côte de la Terre de Labour dont elle fait partie, & de laquelle elle n'eſt éloignée que par un trajet de Mer de deux milles vers le Cap de Miſene [e]. Elle a l'Iſle de Vento-tiene, ou Bentitiene au Couchant, celle de Capri au Sud-Eſt; celles de Procida & Vivaro au Levant; la terre ferme où ſont les Ruines de Cumes au Nord, & l'Afrique au Midi. Elle eſt à vingt milles de diſtance de l'Iſle de Parthenope, ou Vento-tiene, de Santo Stephano, d'Allabotté & de San Martino; à dix huit de celle de Capri; à trois du Cap de Socciario de Procida, à un peu moins de deux milles de Vivaro; à ſix de *torre del fumo* qui eſt en terre ferme; & à dix de Cume. Les Anciens l'ont connue ſous les noms d'ÆNARIA & d'INARIME. Voyez ces mots. Son circuit eſt de dix-huit mille ſept cens cinquante pas, en prenant au dehors des Golphes & des Bayes car en faiſant le tour de l'Iſle ſans entrer dans les Bayes & dans les Golphes on ne trouveroit gueres plus de ſeize mille cinq cens pas. Dans cette petite étendue on ne laiſſe pas de trouver beaucoup de Caps, d'agréables Vallées, de Montagnes delicieuſes, de belles Fontaines, de Rivieres, & de jolis Jardins. Elle abonde en fruits delicats & produit des vins exquis tels que les vins de Sarlingo, le vin Grec, le vin Latin, & le Coda-Cavallo, & autres que l'on vante extrêmement. Elle a des mines d'or ou-ja connues du temps de Strabon.

[e] Coronelli, Iſolar. T. 1. p. 117.

L'Iſle ſe diviſe en quatre parties; la premiere commence à la Ville, au Levant de l'Iſle & s'étend juſqu'au Bourg Baſano, & à Campagnano; c'eſt un terrain tout riant orné de Jardins, de Vignes & de Chataigniers. La Mer eſt bordée de roches très-hautes, de Montagnes inacceſſibles qui deffendent l'Iſle comme un retranchement naturel. Vers le Nord & le Nord-Eſt de l'Iſle les Campagnes ſont de la même beauté que la côte Orientale juſqu'à l'Egliſe de Ste Reſtitute, où l'on conſerve les Reliques de cette Sainte; à côté de Villa di Pontano on voit les horribles cavernes nommées *le Cremate*, ou les brulées; deſquelles en 1301. il ſortit des Torrens de flamme ſulfureuſe qui dans l'eſpace de trois milles ruinerent le Pays ſans remede. Les frequents tremblemens de terre dont ce Territoire eſt agité, ont donné lieu aux Poëtes de dire que Typhoée le Titan foudroyé par Jupiter eſt renverſé ſous cet endroit, & que ſes ſecouſſes cauſent celles de la Terre. Il y a un Canton de l'Iſle auquel on a donné le nom de *Negro Ponte*; peut-être à cauſe de quelque Colonie Grecque venue de là. L'air y eſt ſi temperé que le printemps y ſemble continuel; le murmure des Ruiſſeaux dont ce lieu eſt arroſé en augmente les delices. Tout ce qui eſt depuis Ste Reſtitute juſqu'à San Pietro Patanello eſt abondamment pourvû d'eaux excellentes pour les bains, & pour la gueriſon de diverſes maladies. Cette belle partie de l'Iſle ſe termine à Monte Vico. Il y a là une groſſe pierre d'où il ſort continuellement par une fente un petit vent frais. On trouve enſuite le Promontoire della Cornacchia, d'où l'on voit les Ecueils des FORMICHELLE que l'on appelle par corruption *Foranicole*; on arrive enſuite au Cap CAROSO qui ſert de guide aux Mariniers. A l'opoſite eſt Monte FALCONARIA, ainſi nommé à cauſe de la multitude de faucons qui y nichent, de même que dans une autre Montagne appellée Maronti. Entre celle-ci & celle della *Guardia* s'avance le Promontoire dell' Imperatore. C'eſt ſur la Montagne della Guardia qu'il y a jour & nuit des Sentinelles poſtez pour decouvrir ſur la Mer & n'être point ſurpris par les Corſaires. Au milieu de l'Iſle eſt une très-haute Montagne en pain de ſucre nommée EPOMEO. Il y a dans l'Iſle des mines d'Or & de Fer, & du Sable de Calamite; on y voit divers Couvens, comme des Franciſcains, des Dominicains, & des Auguſtins. Le nombre des bains y eſt très-grand. Les familles les plus illuſtres ſont les Albani, Aſſanti, Boneni, Coſſa, Gallicano, Meluſſi Monti &c.

ISCHO. Voyez ISCA 2.

ISCHOPOLIS, Ville d'Aſie, en Cappadoce dans le Pont, ſelon Strabon [f] & Ptolomée [g]. Les Interprétes de ce dernier diſent que c'eſt preſentement TRIPOLI ſur la Mer Noire.

[f] l. 12. p. 548.
[g] l. 5. c. 6.

1. ISCIA. Voyez ISCHIA.

2. ISCIA, Ville d'Italie Capitale de l'Iſle de même nom. C'eſt un Siége Epiſcopal. La Foreterreſſe eſt ſur un rocher iſolé de tous côtez excepté par un pont qui communique à l'Iſle, & eſt deffendue par des Soldats Italiens qui preſque tous y ſont établis. Alphonſe fils de Ferdinand, Roi de Naples, étant privé de la Couronne ſe refugia en ce lieu l'an 1493. il mit tous ſes ſoins à rendre cette Foreterreſſe imprenable, par les Foſſez, les Murailles, les Boulevards, & autres ouvrages qu'il y fit faire.

L'Evêque d'Iſchia eſt Suffragant de l'Archevêché de Naples, ſelon Aubert le Mire, & eſt nommé ISOLANUS, ou ISCLANUS, ou ÆNARIUS dans les Notices [h]. Le même Auteur nommé l'Iſle ISCLA ou ISCHIA.

[h] Notit. Epiſcopat. l. 4. c. 2.

ISCINA, ancienne Ville de l'Afrique propre, ſelon Ptolomée [i]. Antonin la met à XXXIII. M. P. de Macomades. L'Exemplaire du Vatican porte.

[i] l. 4. c. 3. p. 163.

Macomadibus Sirtis,

Iſcina,

ISC. ISD. ISE.

Iscina, M. P. xxxIII.
Tramariciolo, M. P. xxxI.

Zurita avoue que trois autres Manuscrits portent *Iscina*, M. P. xxxIIII. & que celui de Naples porte *Istina* M. P. xxxIIII. cependant il retranche mal à propos la Lettre I. & ne met que xxx. milles de Macomades à ce lieu-là. Les Editions des Juntes 1519. & des Aldes 1518. s'accordent avec le Manuscrit du Vatican.

ISCONIENSES. Voiez HISCONIENSES.

ISDICÆA, Ἰσδίκαια, Fort de la Thrace, l'un de ceux que Justinien fit élever, selon Procope [a]. [a *Ædific.* l.4.c.11.]

ISEGHEM. Voiez ISENGHIEN.

ISEL. Voiez ISSEL.

ISELMONDE. Voiez ISSELMONDE.

ISELSTEIN, petite Ville des Pays-Bas sur l'Issel. On écrit aussi YSSELSTEYN & cette Orthographe est la plus usitée par les Ecrivains Flamands. Anciennement on a écrit ISSELSTEIN, ISLESTEIN & en Latin Barbare ISSELSTADIUM [b]. Elle prend son nom de la Riviere qui l'arrose. On ignore le temps de sa fondation, mais les Chroniques Nationales en font mention dès le XIII. siécle l'an 1250. Gisbert d'Amstel épousant Bertrande Heritiere d'Iselstein aquit cette Seigneurie, Guidine d'Amstel la porta dans la Maison d'Egmont & Anne d'Egmont la porta en dot à Guillaume I. Prince d'Orange. Le Domaine Territorial de cette Ville a causé de longues disputes entre les Comtes de Hollande & les Evêques d'Utrecht. Iselstein n'a commencé à avoir des Murs & des Portes qu'en 1390. & ce fut Arent Seigneur d'Egmont & d'Iselstein qui commença à les élever. Son Territoire est dans un lieu fertile & commode entre le Leck & l'Issel. Il y a une belle Eglise bâtie vers l'an 1307. ou 1308. & dediée l'an 1309. sous l'invocation de St. Nicolas. L'an 1390. Arnold d'Iselstein & d'Egmont le même qui en commença les Murs & les Portes, fit un Monastere de Chanoines Reguliers de St. Augustin. L'an 1417. Jean d'Egmont étant poursuivi pour trahison commise envers le Comte, se refugia chez son Frere Guillaume d'Iselstein. Le Comte Guillaume de Hollande alla aussitôt assieger la Ville; mais les amis des deux Freres s'étant entremis pour interceder auprès du Comte de Hollande, on convint qu'on lui livreroit Iselstein & qu'il payeroit à Guillaume une pension de deux mille écus & une autre à la Mere. Après la mort du Comte ceux d'Egmont voulurent rentrer dans Iselstein & ils s'en ressaisirent en effet, mais ceux d'Utrecht raserent les Murs, la Citadelle & la Tour de fond en comble & brulerent la Ville n'y laissant que l'Eglise & le Monastere. L'an 1466. ceux de Gueldres brulerent Iselstein que l'on avoit rebâti, & la Ville demeura dans ce pitoyable état jusqu'au temps de Frederic d'Iselstein qui obtint de Charles Duc de Bourgogne la permission d'y faire une enceinte de Murailles. Elle est située à une lieue & demie d'Utrecht, & étoit du domaine du feu Roi Guillaume III.

[b *Memoires communiquez.*]

ISENACUM. Voiez EISENACH.

1. ISENBOURG, gros Bourg d'Allemagne dans la Weteravie au Comté d'Isenbourg, sur la Riviere de Seyn, à trois lieues de Coblents; avec un beau Château. C'est le Chef-lieu du Comté.

LE COMTÉ D'ISENBOURG [c], petit Canton d'Allemagne dans la Weteravie. On le divise en haut & en bas, celui-ci est le veritable Comté d'Isenbourg, & confine avec les Comtez de Wied & de Sayn & le Bailliage de Monthabor qui dépend de l'Archevêché de Tréves; l'étendue en est petite, le Domaine en est partagé entre l'Electeur de Tréves qui réunit à son Domaine l'an 1664. après la mort d'Ernest qui ne laissa point d'Enfans, les fiefs qui relevoient de son Eglise malgré l'investiture simultanée qu'en avoient obtenu les Comtes de Wied; & le Prince de Chimay dont le Pere avoit herité des biens allodiaux. Isenbourg est un gros Bourg avec un bon Château: le haut Comté d'Isenbourg est entre les Comtez de Nidde, de Solms & de Hanau, c'est proprement le Comté de Budingen; il renferme plusieurs Bourgs, dont les plus remarquables sont ceux de Budingen sur la Riviere de Seme, orné d'un beau Château, d'Offenbach & de Rennebourg.

[c *d'Audifret Geogr. T.2. p.282.*]

Les Comtes d'Isenbourg sont d'une des meilleures maisons de Wetteravie, Henri étoit Comte d'Isenbourg dès le douziéme siécle, il eût trois fils, Gerlac, Louis & Everard, ces deux derniers ont fait les branches de Budingen, & du bas Isenbourg; celle-ci a duré jusqu'à Ernest Gouverneur des Comtez d'Artois & de Namur & Chevalier de la Toison d'or qui mourut l'an 1664. sans avoir eû d'enfans de Charlote d'Arenberg ni d'Anne-Marie de Hohen-Zollern: la branche de Budingen dont Louïs fut le Chef, est sous-divisée en celle d'Offenbach & de Budingen.

2. ISENBOURG [d], Bourg d'Allemagne dans la Thuringe au Comté de Stolberg. [d *Ibid. p.295.*]

ISENDICK. Voiez YSENDYCK.

ISENGHIEN [e], Bourg des Pays-Bas avec titre de Principauté. Quelques-uns écrivent ISEGHEM. Il est dans la Flandre Autrichienne, à une grande lieue de Rousselaer & à deux de Courtrai sur la petite Riviere de Mandere. [e *Dict. des Pays-Bas.*]

1. ISEO, Bourg d'Italie, au Pays des Venitiens, au Bressan, sur le bord Meridional d'un Lac auquel il donne son nom. Il y a une Eglise Collegiale, selon Leandre [f]. [f *Descrit. di tutta l'Italia. p.403. fol. verso.*]

2. ISEO, (le Lac d') Lac d'Italie, dans l'Etat de Venise entre le Bressan & le Bergamasque. Il peut avoir treize ou quatorze milles d'Italie dans sa longueur, mais il n'est pas large à proportion. Au Nord de ce Lac est Lower dans le Bergamasque & au Midi est Iseo dans le Bressan. Ce Lac est formé des eaux de l'Oglio qui en sort au Sud-Ouest. Leandre [g] dit que c'est le *Sebinus Lacus* de Pline [h]; en quoi il a raison. Pline dit que le Lac Sebinus reçoit l'Oglio, *Ollium Sebinus*. [g *Ibid.*] [h *l.3.c.19.*]

ISEPUS, ancien Peuple de la Scythie, selon Etienne qui cite Hecatée.

1. ISER, (l') Mr. Baudrand le nomme l'I-SERE. Riviere d'Allemagne dans la Baviere; elle a plusieurs sources qui toutes sont aux Confins du Tirol & de la Baviere. L'une est le Ruisseau de Ries qui se grossissant de quel-

162 ISE. ISG ISI.

ques autres se joint ensuite au Ruisseau d'Aben puis reçoit la décharge du Valgensée ou Lac de Valgen, ensuite coulant vers le Nord, il se rend au Village de Schoffarn, après s'être grossi de la Riviere de Loyosa. L'Iser commence alors à devenir une Riviere importante & coulant vers le Nord Oriental, baigne la Ville de Munick, reçoit les eaux du Mosach qui coule à Freisingen que l'Iser laisse à sa gauche; puis à Mosbourg la Riviere d'Amber; passe à Landshutt Ville, & va enfin se perdre dans le Danube entre Straubing & Passau.

2. ISER, ou YSER, petite Riviere des Pays-Bas. Elle a sa source au dessus du Village de Lerdrezelles, passe ensuite à Segers, g. à Wilder, g. à Haringen, g. à l'Abbaye de Rosebrug, d. à Stavelo, d. à Eversham, d. & tombe ensuite dans l'Iperlée, qui coule à Ypres.

ISERAN, Montagne de Savoye aux Confins de la Savoye & du Piémont. C'est où l'Isere a sa source.

ISERE, Riviere de Savoye & de France. Elle a sa source aux Confins du Piémont dans la Savoye, assez près des sources de l'Arche; & coulant vers le Couchant & ensuite vers le Nord-Ouest, elle arrive à St. Morice, & se repliant vers le Sud-Ouest, elle passe à St. Esne, & à Montiers en Tarentaise. Les Montagnes qu'elle y trouve la renvoyent vers le Nord à Conflans où elle reçoit les Rivieres de Flon, d'Arli, du Doron, & autres déja rassemblées dans un même lit. Elle retourne ensuite au Sud-Ouest, se grossit des eaux de l'Arche, arrive à Montmellian, où elle commence à porter de petits bateaux, entre en Dauphiné, passe au Fort de Barraux, arrive ensuite à Grenoble, y reçoit le Drac, devient navigable pour de grands bateaux, & à quinze lieues au dessous de cette Ville elle se jette dans le Rhône, à une lieue & demie au dessus de Valence. Papyre Masson s'est trompé quand il a dit que le Guyer se jettoit dans l'Isere, il devoit dire dans le Rhone.

ISERNIA[a], Ville d'Italie au Royaume de Naples, dans le Comté de Molisse, avec un Evêché Suffragant de l'Archevêché de Capoue. Elle est située au pied du Mont Apennin, à environ quatre milles des Confins de la Province de Labour & autant de la Riviere du Volturne, entre Sulmone au Septentrion & Telese au Midi & à dix milles de Venafre au Levant d'été. C'est la Patrie du St. Pape Pierre Celestin.

[a] Baudrand Ed. 1705.

ISERNLOHN, petite Ville de Westphalie au Comté de la Marck sur la Riviere de Baren, environ à sept lieues de Ham.[b] C'est le Chef-lieu d'un des XV. Bailliages dont le Comté de Ham est composé. La Riviere de Baren tombe dans la Roer, au Midi de Swiert; & n'arrose aucun autre lieu remarquable que la petite Ville d'Isernlohn. Mrs. Sanson & Baudrand écrivent ISERLOHN.

[b] Zeyler Westph. Topog. p. 69.

ISGIPERA, Forteresse de Thrace l'une de celles que Justinien fit bâtir, selon Procope.[c]

[c] Ædific. l. 4. c. 11.

ISIACORUM PORTUS, Port de Mer du Pont Euxin. Arrien[d] le met à douze cens pas d'une des bouches du Danube qu'il nomme Psilum; & ajoute que l'intervale qui est entre ces deux lieux est deserte, & même sans aucun nom.

[d] Peripl. Edit. Oxon.

ISIÆ[e], il semble par un fragment du Livre 37. de Diodore de Sicile qu'il y avoit une Ville de ce nom au Pays des Brutiens.

[e] Ortel. Thes.

ISICHI, ancien peuple d'Asie vers la grande Armenie, selon Tacite[f], quelques Exemplaires portent INSEGHI.

[f] Annal. l. 13.

ISIDIS, ce mot est le genitif d'ISIS, nom d'une Déesse fameuse chez les Payens qui lui avoient consacré divers lieux. Ainsi il n'est pas étonnant de trouver dans l'ancienne Géographie des noms de Ports, de Villes, d'Isles &c. qui commencent par ce mot Isidis. J'en vais marquer les principaux.

ISIDIS BACCA. Voiez SOSTHENIUM.

ISIDIS FONS, ou la FONTAINE D'ISIS, Antigonus[g] la met quelque part vers l'Ethiopie.

[g] Mirabil.

1. ISIDIS INSULA, ou L'ISLE D'ISIS, Isle du Golphe Arabique, selon Ptolomée[h] qui la met assez près de l'Isle de Diodore. Agatharchide[i] place en cet endroit trois Isles voisines, savoir la premiere consacrée à Isis, l'autre nommée SUCCABA & la troisiéme SALYDO. Il ajoute: elles sont toutes desertes, couvertes d'Oliviers, non pas tels que les nôtres, mais tels que le Terroir les peut nourrir.

[h] l. 4. c. 8.
[i] De Mari rubro p. 58. Edit. Oxon.

2. ISIDIS INSULA, ou plutôt ISIDI SACRA INSULA, Pline[k] dit qu'en Egypte sur le Nil auprès de Coptos il y avoit une Isle consacrée à la Déesse Isis. Cette Isle du Nil n'avoit rien de commun avec l'Isle de la Mer Rouge.

[k] l. 10. c. 33.

ISIDIS OPPIDUM, c'est-à-dire, LE BOURG D'ISIS, lieu d'Egypte dans le Delta, selon Pline[l]. Il le nomme entre Athribis & Busiris. C'est peut-être l'ISEION d'Etienne le Géographe; mais ce ne sauroit être l'ISIU d'Antonin, lieu situé dans les terres bien au delà de Memphis.

[l] l. 5. c. 10.

ISIDIS PORTUS, ou LE PORT D'ISIS, Port de la Troglodytique sur la côte Occidentale de la Mer Rouge. Pline[m] dit que de ce Port au Bourg des Adulites il y a dix journées pour une barque qui va à la rame. Ce Port n'est pas l'Isle d'Isis de Ptolomée, comme Villanovanus l'a cru, car Pline nomme peu après l'Isle de Diodore & autres Isles desertes, sous lesquelles étoit comprise celle d'Isis comme il paroit par le passage d'Agatharchide cité ci-dessus.

[m] l. 6. c. 29.

ISIDIS REGIO, ou LE PAYS D'ISIS, contrée de l'Ethiopie sous l'Egypte. On y recueille de l'encens au raport de Strabon cité par Ortelius[n].

[n] Thesaur.

ISIDIS TEMPLUM, ou LE TEMPLE D'ISIS, Lieu particulier situé sur une Montagne d'Ethiopie sur la côte du Golphe Arabique, selon Strabon[o], qui dit que Sesostris l'avoit fondé.

[o] l. 16. p. 770.

§ La Déesse Isis étoit la même que Cerès.

ISIGNI[p], gros Bourg de France dans la Basse Normandie, au Diocèse de Bayeux à six lieues de la Ville de ce nom à l'Embouchure de la Vire dans l'Océan. Ce Bourg est un petit Port de Mer avec Siège de l'Amirauté, & est fort connu dans cette Province, à cause de ses Salines, & des grandes Salaisons de beurre qu'on y fait, & qu'on y charge sur des

[p] Corn. Dict. Mem. dressez par les lieux.

des barques pour Rouen, & pour Paris où il est fort estimé aussi bien que le Cidre de son Territoire.

ISIGUS. Voiez Esigus.

ISIMON, pour Isimoth. Voiez Beth-Simoth.

ISIN, Mr. Corneille dit que c'est une Riviere d'Allemagne dans la Baviere; & qu'elle entre dans celle d'Inn proche d'Oetingen.

ISINDI, Ville Episcopale d'Asie dans la Pamphylie, selon la Notice de Leon le Sage, ce même lieu est nommé Sinda au Pluriel dans la Notice de Hierocles. Voiez Side.

ISINDUS, ou Isinda, Ville d'Asie dans l'Ionie, selon Etienne le Géographe.

ISINISCA, ancien lieu de la Vindelicie. Antonin [a] le met entre Oenipons & Ambré à xx. M. P. de la première & à xxxii. M. P. de la seconde. Cellarius parlant de l'*Isargus* Riviere qui reçoit les eaux de l'Amber, ajoute ceux qui en habitent les bords sont les *Isarci* dont parle Pline [b] dans l'Inscription des Alpes au sujet des Victoires d'Auguste. On ne sait s'ils étoient sur la droite ou sur la gauche de la Riviere. Il semble, poursuit ce savant homme, que c'est l'*Isinisca*, ou *Isunisca* d'Antonin & de la Table de Peutinger. Antonin dispose ainsi sa route de *Lauriacum* (Lorch), à *Brigantia* Bregentz.

[a] Itiner.

[b] l.3. c.20.

Jovavo, (*Jovavim*)	
Bidaium	M. P. xxxiii.
Pontem Æni	M. P. xviii.
Isiniscam	M. P. xx.
Ambram	M. P. xxxii.
Augustam Vindelicum	M. P. xxxvii.

Si l'on partage bien ces distances le long du chemin public, Isinisca, selon Cluvier, se trouvera à peu près à l'endroit où est Munich. Il semble même que Munich ne soit-elle-même autre chose que cette Ville nommée *Isarisca* autrefois Capitale des Isarciens, si cela est il faut ramener Isinisca sur la Rive gauche. Velser au contraire fait un autre arrangement & comme il explique le Pont de l'Inn *Ænipons* par Oetingen en Baviere, il nomme Isinisca la Riviere qui tombe dans l'Inn du côté du Couchant au dessous d'Oetingen, & place sur ses bords entre l'Inn & l'*Isargus* une Ville surnommée Isinisca. Cela s'accorde assez bien avec la Table de Peutinger dont voici le calcul.

Isinisca	
Ad Enum	xx.
Bedaio	xiii.
Antobrige	xvi.
Ivavo	xvi.

Cellarius laisse au Lecteur à juger des raisons de ces deux grands hommes; en quoi je dois l'imiter.

ISIODORUM, ou Iciodorum Arvernorum, ou Issiodorum, ou même Ixidorum; noms Latins d'Issoire, Ville de France en Auvergne.

ISIODORUM, ou Iciodorum Turonum, Iseure Bourg de France en Touraine sur la Rivière de Creuse, vers les Confins du Berri. St. Eustoche Evêque de Tours y établit une Paroisse.

1. ISIS, Voiez Isidis.

2. ISIS, Riviere d'Asie dans la Colchide; Arrien [c] dit qu'elle est navigable & la met entre l'Embouchure de l'Acinasis & celle du Mogre à xc. Stades de l'une & de l'autre Riviere. Scylax [d] de Caryande met aussi cette Riviere dans la Colchide.

[c] Peripl. Ponti Eux. p. 7. Edit. Oxon.

[d] p. 32. Edit. Oxon.

ISITHEA, Lieu dont il est parlé dans les Oracles des Sibylles [e]. Ortelius [f] doute si ce n'est pas la même chose qu'*Isidis Oppidum* dont Pline a parlé & qui étoit dans le Delta d'Egypte.

[e] fol. 204.

[f] Thesaur.

ISIUM, ou Ision, Ville de la haute Egypte, selon Etienne le Géographe. Antonin [g] la nomme Isiu & la met entre *Mithu* & *Hieracon* à xxiv. M. P. de l'une & à xx. M. P. de l'autre.

[g] Itiner.

ISLA, la Vie de St. Ludger nomme ainsi une Riviere de l'ancienne Frise avec quelques autres, savoir *Arnapa*, *Lada*, & *Rura*. Ortelius soupçonne que ce sont aujourd'hui l'Issel, Horndiep, Iada, & la Roer.

ISLANDE, (l') grande Isle de l'Europe, que l'on croit être la Thule des Anciens qui la regardoient comme la derniere borne de la Terre habitable, quoi qu'il y ait des Savans qui mettent ailleurs cette Thule. Voiez ce que nous en disons dans son Article particulier. Voici ce que nous en apprend la Peyrere dans sa Relation de l'Islande. L'Islande est une Isle de l'Océan Deucaledonien à 13. d. 30'. de longitude, & à 65. d. 44'. de latitude. Cette situation est prise, sur l'Evêché Septentrional de l'Isle, nommé, Hole, qu'Arngrimus Jonas rapporte dans sa Crimogée Islandique; où il dit, qu'il la tient de l'Evêque même de Hole, Gundebrand de Thorlac, son Compatriote, & intime ami, Auditeur de Ticho-Brahé, & grand Astrologue. Les Limites de l'Islande sont; au Levant, la Mer Hyperborée; au Midi, l'Océan Deucaledonien; le Couchant regarde le Groenland, vers le Cap Ferwel; & le Nord est exposé à la Mer glacée du même Groenland. La longueur de l'Isle s'étend du Levant au Couchant, en autant de chemin qu'un homme en peut faire en cinquante jours; & sa largeur du Midi au Nord, à l'endroit le plus large, en autant de Pays, qu'un homme en peut traverser en quatre jours. Le même Arngrim de qui je tiens cette mesure, ne sait si ces journées sont d'un homme à cheval, ou à pied.

Pour bien juger de l'étendue de l'Islande, on croit qu'elle est deux fois plus grande que la Sicile. On connoîtra aussi par la Sphère, & par l'élévation que j'ai rapportée de cette Isle, que ce que l'on en dit est véritable; qu'au Solstice d'Eté, & tant que le Soleil est dans les signes des Gemeaux, & de l'Ecrevisse, c'est-à-dire, deux mois durant, le Soleil ne se couche pas tout entier sous l'Horison de l'Islande Septentrionale; que l'on en voit toûjours quelque peu, & la moitié aux jours les plus longs, depuis les dix heures du soir, jusques à deux heures du matin, qu'il se léve tout-à-fait. D'où il s'ensuit, qu'au Solstice d'Hyver, & tant que le Soleil est dans les signes du Sagittaire, & du Capricorne, c'est-à-dire,

deux

deux mois durant ; le Soleil ne se léve pas tout entier sur le même Horison, & qu'il n'en paroît que la moitié, aux jours les plus courts, depuis les dix heures du matin, jusques à deux heures après Midi, qu'il se couche tout-à-fait.

Cette Isle est nommée Islande, à cause de la blancheur de ses glaces. On dit qu'elle a été fertile autrefois; qu'elle a porté de beaux Bleds, & qu'elle a été couverte de grands bois, dont les Islandois bâtissoient de beaux & grands Navires ; & dont il se trouve encore aujourd'hui de grandes & profondes Racines, aux mêmes lieux où étoient jadis leurs Forêts, mais brûlées & noires comme de l'Ebêne. L'Islande est maintenant si sterile, que le bled n'y sauroit naître. Et il n'y croît pas un Arbre, quel qu'il soit, que du petit & méchant bouleau : si bien que l'on y mouriroit de faim & de froid, si l'on n'y apportoit des farines des Provinces voisines, & si les glaces, qui se détachent au Mois de Mai des terres qui sont encore plus proches du Pole, ne leur portoient une si grande quantité de bois, qu'ils en ont suffisamment pour se chauffer, & pour se faire des maisons, à la mode des autres Peuples du Nord. Ils se servent outre cela, pour l'un & pour l'autre, d'os de Baleine, & d'autres grands Poissons, comme aussi de deux sortes de tourbes pour se chauffer ; l'une faite de gazons, qui est le *Cespes bituminosus* ; & l'autre que l'on tire de la terre, comme d'une carriere, que Arngrimus Jonas appelle *Glebam fossilem*, que l'on fait cuire au Soleil, & qui brûle, quand elle est séche, comme le Gazon. L'une & l'autre espéce de tourbe témoigne assez le vice de la terre, qui la rend incapable de porter ni Bled, ni Arbre. Ces glaces qui abordent en Islande dés terres plus Septentrionales, sont quelquefois chargées d'Arbres prodigieusement grands. Et les Annales Islandiques font mention d'un entr'autres, qui avoit soixante trois coudées de longueur, & sept de grosseur.

Lorsque ces glaces détachées du Nord, sont jointes à celles de l'Islande, les habitans de l'Isle courent à la quête du bois, & à la chasse de quantité de bêtes, qui s'étant trop avant engagées dans la Mer glacée, voguent dessus, & abordent où les glaces les portent : comme des Renards roux & blancs, des Loups Cerviers, des Ours blancs & noirs, & des Licornes. La grande & précieuse corne que le Roi de Dannemark garde à Fredericsbourg, qui est son Fontaine-Bleu, est (à ce que l'on m'a dit) d'une Licorne prise sur les glaces d'Islande. Elle est plus longue & plus grosse, que celle de Saint-Denis. Le Comte d'Ulfeld, Grand Maître de Danemark, en a une entiere & petite, de deux pieds de long, prise sur les mêmes glaces. Il m'a dit, que lorsqu'on la lui donna, il y avoit encore à la racine, de la chair & du poil de la bête.

L'Islande est montagneuse, & pierreuse. Les pâturages y sont si excellens, qu'il en faut chasser le bétail, de peur qu'il ne créve. L'Herbe y sent si bon, que les Etrangers la recueillent & la font secher, pour la mettre parmi leur Linge. On dit néanmoins que la chair de Boeuf n'y est pas bonne, & que leur mouton sent le bouc. Les Islandois y sont accoûtumez. Ils durcissent & conservent leurs viandes, en les exposant au vent & au Soleil. Ce qui les rend & de meilleur goût & de meilleure garde, que si on les avoit salées. Ils font quantité de beurre, qu'ils serrent dans des vaisseaux ; & au défaut de vaisseaux, ils l'amoncélent dans leurs maisons, comme des piles de chaux. Leur breuvage ordinaire est de Lait, & de petit Lait, qu'ils boivent pur, ou mêlé avec de l'eau. L'Isle porte de bons chevaux, que l'on nourrit en Hyver, de Poissons secs, aussi bien que les boeufs, & les moutons, quand le foin leur a manqué. Les hommes mêmes en font de la farine, & du pain, quand ils n'ont plus de farine de bled, & quand les rigueurs d'un long Hyver empêchent l'abord de leur Isle, aux Etrangers qui ont Commerce avec eux. Si bien que l'on peut dire des bêtes de ce Pays-là, qu'elles sont *Ichthyofages*, aussi bien que les hommes.

Il y dans l'Islande quantité de Fontaines froides, dont les eaux sont claires, & agréables à boire ; d'autres, qui sont saines & nourrissantes comme de la biére, quantité de sources chaudes & salutaires pour les bains ; quantité de beaux & grands Etangs poissonneux ; quantité de belles & grandes Rivieres navigables, dont je ne vous écrirai pas les noms, non plus que des Ports, & des Promontoires, parce qu'ils sont imprimez dans les Livres.

Blefkenius raconte, qu'il y a dans la partie Occidentale de l'Islande, un Lac qui fume toûjours, & qui est néanmoins si froid, qu'il petrifie tout ce que l'on y jette. Si l'on y fiche un bâton, le bâton devient fer à l'endroit par où il est fiché dans la terre; ce qui touche l'eau, se pétrifie ; & ce qui est au dessus de l'eau demeure bois. Blefkenius dit l'avoir éprouvé deux fois ; il ajoûte qu'ayant mis au feu ce qui lui sembloit fer, ce fer brûla comme du Charbon. Il dit aussi, qu'au milieu de l'Islande, il y a un autre Lac, qui exhale une vapeur si dangereuse, qu'elle tue les Oiseaux, qui volent par dessus. Ce Lac est comme l'Averne des Grecs, dont Virgile parle au 6. de l'Eneïde,

Quem super haud ulla poterant impune volantes
Tendere iter permis, talis sese halitus atris
Faucibus effundens, supera ad convexa ferebat.
Unde locum Graii dixerunt nomine Aornon.

Blefkenius ajoûte, à ce qu'a dit Arngrimus des Fontaines chaudes de l'Islande, qu'il y en a de si chaudes en quelques endroits, que qui les touche s'y brûle. Quand cette eau se refroidit, elle laisse du souffre au dessus de sa superficie ; de même qu'aux Marais salans, l'eau de la Mer y laisse du Sel. On voit sur ces eaux des plongeons rouges que l'on perd de vûë, si-tôt que l'on s'en aproche, & qui remontent sur l'eau pour peu que l'on s'en éloigne. Le même dit encore, qu'en un endroit de l'Isle, que l'on appelle *Turloskhaven*, il y a deux Fontaines, l'une froide & l'autre chaude, que l'on fait venir par divers canaux dans un même bassin. Et que les eaux de ces deux Fontaines mêlées ensemble, composent un bain très-

très-excellent. Assez près delà, dit-il, il y a une autre Fontaine, dont l'eau a le goût du bled, & a cette vertu de guérir les maux vénériens, que Blefkenius assure être fort ordinaires dans cette Isle.

Il n'y a dans toute l'Islande aucune miniere de quelque métal ou minéral que ce soit, si ce n'est de soufre, qui est très-commun dans toute l'Isle; mais que l'on tire en plus grande abondance d'une Montagne nommée HECLA, qui est l'Etna de l'Islande; car elle jette des flammes qui causent de grands embrasemens aux environs. Cette Montagne est du côté de la partie Orientale, déclinant à la Meridionale, & assez proche de la Mer. Blefkenius dit, que ce Mont ne jette pas seulement des flammes, mais des torrens d'eau, qui brûlent comme l'eau de vie. Il jette quelquefois aussi des Cendres noires, & une quantité prodigieuse de pierres-ponces. La tempête qui agite ce Mont, cesse au vent d'Ouest, qui est le Zephire des anciens. Tant que ce vent souffle, ceux qui connoissent ce Mont, & qui en savent les Chemins sûrs, montent hardiment à son plus haut sommet, & à l'endroit par où il vomit des flames; où ils jettent de grosses pierres, que le Mont rejette avec furie, & comme une Mine fait voler les éclats d'un mur qu'elle emporte. Il est très-dangereux d'en approcher, à ceux qui n'en connoissent pas les avenues: parce que la terre qui brûle au dessous, venant à fondre, a bien souvent englouti des hommes vivans, dans ces fournaises ardentes.

Les habitans de l'Isle croyent que cette Montagne est le lieu où les Ames des damnez sont tourmentées. De quoi ils font de plaisans contes. Car ils voyent quelquefois, à ce qu'ils disent, des fourmillieres de Diables, qui entrent dans la gueule de ce mont, chargez d'Ames damnées, & qui ressortent ensuite, pour en aller chercher d'autres. Blefkenius raporte, que lorsque cela a parû, on a remarqué qu'il s'est donné une sanglante Bataille en quelque endroit. Les Islandois croyent aussi, que le bruit que font les glaces, quand elles heurtent leur côte, & s'attachent à leurs rivages, sont les cris & les gemissemens des damnez, pour le grand froid qu'ils endurent. Et ils croyent qu'il y a des Ames condamnées à geler éternellement, comme il y en a qui brûlent éternellement. Peut-être le suplice seroit-il égal; puisque, *Penetrabile frigus adurit*; & qu'il est vrai, qu'un grand froid brûle comme du feu.

Le même Blefkenius dit, qu'étant en Islande, sur la fin du Mois de Novembre, & à minuit, on vit un grand feu sur la Mer aux environs du Mont Hecla, & que ce feu éclaira toute l'Isle: ce qui étonna tous les habitans. Les plus expérimentez & les plus sensez assûroient, que cette lueur venoit du Mont Hecla. Une heure après l'Isle trembla; & ce tremblement fut suivi d'un éclat de Tonnerre si épouventable, que tous ceux qui l'entendirent, crûrent que ce devoit être la chûte du Monde. On sût peu de jours après, que la Mer s'étoit tarie à l'endroit où le feu avoit parû, & qu'elle s'étoit retirée à deux lieues de là.

Les Islandois ne vendent, & n'achêtent quoi que ce soit, car il n'y a pas d'argent monnoyé parmi-eux. On leur aporte de la farine, de la biere, du vin, de l'eau de vie, du Fer, du Drap, & du Linge. Ils donnent en échange ce qu'ils ont, c'est-à-dire, des Poissons secs, du beurre, du suif, des draps grossiers, du soufre, & des peaux de Renards, d'Ours, & de Loups Cerviers. Blefkenius dit, que les Allemands qui trafiquent en Islande, dressent des tentes près des Havres, où ils ont abordé, & y étalent leurs marchandises, qui sont des Manteaux, des Souliers, des Miroirs, des Couteaux, & quantité de bagatelles qu'ils échangent avec ce que les Islandois leur aportent. Les filles qui sont fort belles dans cette Isle, mais fort mal vêtues, vont voir ces Allemands & offrent à ceux qui n'ont pas de femmes, de coucher avec eux, pour du pain, pour du biscuit, & pour quelqu'autre chose de peu de valeur. Les Peres mêmes, dit-on, presentent leurs filles aux Etrangers. Et si leurs filles deviennent grosses, ce leur est un grand honneur: car elles sont plus considerées, & plus recherchées par les Islandois, que les autres: il y a même de la presse à les avoir.

L'ancienne Islande étoit divisée en quatre Provinces, selon les quatres parties du monde. Chaque Province étoit divisée en trois Bailliages, que les Islandois appellent REPES: excepté la Province Septentrionale, qui comme la plus grande & la plus importante en avoit quatre. Chaque Bailliage étoit subdivisé en six, sept, ou huit, ou dix Judicatures, selon son étendue. Chaque Province assembloit ses Bailliages une fois l'année & la convocation se faisoit par de petites croix de bois, que le Gouverneur de la Province envoyoit à ses Baillifs, que les Baillifs distribuoient à leurs Juges, & que les Juges faisoient courir par les familles de ceux qui se devoient trouver à ces assemblées. Le Chef de la Justice, qui présidoit aux quatre Provinces, & qui étoit comme le Souverain de l'Islande, son *Nomophylax*, ou le conservateur de ses Loix, assembloit aussi en certains temps les Etats généraux de l'Isle. La convocation s'en faisoit par quatre haches de bois, que ce Chef envoyoit aux Gouverneurs des quatre Princes.

Il y avoit dans chaque Bailliage trois Temples principaux, pour la Justice, & pour le culte de leurs Dieux; à cause de quoi la charge de Bailiff s'appelloit GODORP, qui signifie divine. Leur principal soin étoit, de pourvoir à la necessité des pauvres, qui est très-grande dans un Pays pauvre; d'empêcher que les pauvres d'une Repe ou Bailliage ne courussent à l'autre; & d'arrêter la licence des Mandians volontaires, contre lesquels les Loix étoient très-rigoureuses. Car on permettoit de les tuer, ou de les châtrer, depeur qu'ils ne multipliassent, & ne fissent d'autres Coquins comme eux. Il étoit même défendu, sur peine de l'éxil, à un homme pauvre de se marier avec une femme pauvre comme lui. On défendoit sous la même peine, à celui qui n'avoit dequoi vivre que pour lui seul de prendre une femme qui n'eût pas dequoi s'entretenir elle-même.

Ce Gouvernement Aristocratique, & cet ordre

ordre de Justice, durerent parmi les Islandois, jusques à l'an 1263. que les Rois de Norvége se rendant maîtres de l'Isle la rendirent tributaire, par la mauvaise intelligence des Islandois, qui briguoient entr'eux & excitoient des seditions pour le Gouvernement. Les Rois de Dannemark, ayant ensuite réduit le Royaume de Norvége en Province, donnérent des Vicerois à ces peuples, qui n'ont retenu depuis ce temps-là, qu'une ombre legére de leur ancienne forme d'Etat. La demeure de ces Vicerois est à la partie Occidentale de l'Islande, dans un Château, nommé BESESTAT. Ils ne sont pourtant obligez à résider actuellement dans l'Isle, qu'en cas de necessité; & ils n'y vont qu'une fois l'année, pour en recevoir les tributs, qui consistent en ces mêmes choses, que les Islandois échangent avec les Etrangers, & dont le Roi de Danemark pourvoit une bonne partie de ses Navires, soit pour nourrir, soit pour habiller ses Matelots. Le dernier Viceroi d'Islande, étoit Monsieur Prosmont, Amiral de la derniére flote Danoise, que les Suedois défirent sur cette Mer. Il se batit vaillamment, & mourut sur son bord l'Epée à la main, ayant refusé le quartier, que les Ennemis de son Roi vouloient lui donner.

Arngrim Jonas ne fait l'Islande Chrétienne qu'en l'an 1000. de nôtre Salut. Ce n'est pas qu'il n'y ait eû des Chrétiens long-temps auparavant dans cette Isle: mais il dit que le Paganisme n'en fût absolument banni qu'alors. Les Islandois Payens adoroient entr'autres Dieux, *Thor*, & *Odin*. Thor, étoit comme le Jupiter, & Odin, comme le Mercure des anciens Grecs & Latins. Ils nomment encore leur Jeudi, *Thorsdag*, & le Mercredi, *Odensdag*, les Autels consacrez à ces Dieux étoient revêtus de fer, un feu perpetuel y brûloit, il y avoit sur cet Autel un vase d'Airain, dans lequel on versoit le sang des Sacrifices, & dont on arrosoit les assistans. Au côté de ce vase, il y avoit un anneau d'argent, du poids de vingt onces, qu'ils frottoient du sang de la Victime, & qu'ils empoignoient quand ils vouloient faire quelque serment solemnel. Leurs Annales portent, qu'ils ont sacrifié des hommes à leurs Idoles. Ils les écrasoient sur des Rochers, ou les jettoient dans des puits profonds, creusez, & destinez pour cela, à l'entrée de leurs Temples. Dans la suite, comme les Islandois Payens avoient bâti deux principaux Temples, à l'honneur de leurs faux Dieux, au Nord & au Midi de leur Isle: de même les Islandois Chrétiens ont établi les deux seuls Evêchez qu'ils ont, aux mêmes endroits de l'Isle. Ces deux Evêchez sont *Hole*, au Nord; & *Schalhold*, au Midi. Ils sont Lutheriens de la Confession d'Ausbourg, de même que tout le Dannemark.

Les Islandois retiennent, comme je l'ai déja dit, quelqu'ombre legére de leur ancien Gouvernement: mais leurs Loix sont à present mêlées de tant d'autres Loix, de Norvége & de Dannemark, qu'étant forcez d'observer celles-ci, & voulant garder les premiéres, ils s'engagent dans mille chicanes sur l'explication, & sur l'accord de leur Droit, avec celui de Dannemark. C'est ce qui a obligé le bon Arngrim à dire de fort bonne grace, qu'il n'y a pas moins de Pantinomies dans le Droit Islandois, qu'il y a d'Antinomies dans le Droit Romain.

Les Islandois d'à present habitent leur Isle, comme leurs Peres l'habitoient, dans des maisons dispersées çà & là depeur du feu, parce qu'elles sont bâties de bois. Leurs fenêtres sont d'ordinaire des trous sur les toits, à cause que leurs maisons sont fort basses, & qu'il y en a même plusieurs d'enfoncées dans la terre, afin de se mieux garantir du vent & du froid. Leurs toits ainsi que ceux de Suede, sont couverts d'écorces de Bouleau, comblez de Gazons. Telle étoit la Cabane de Tityre, dans les Bucoliques de Virgile.

Pauperis & tuguri congestum cespite culmen.

Les Islandois sont cachez comme des Blereaux dans ces maisons, où ils vivent au delà de cent ans, sans se servir ni de Medecins, ni de Medecines.

Il n'y a dans toute l'Islande que deux Villages aux deux Evêchez de Hole, & de Schalholt; dont le plus grand, qui est celui de Hole, ne consiste qu'en fort peu de maisons contigues. Et comme il n'y a ni Villes, ni Villages dans l'Islande, il n'y a point aussi de grands Chemins. Ce qui oblige ceux qui voyagent dans cette Isle, à se servir de Boussoles, pour aller d'un lieu à l'autre, & à planter des Balises aux endroits où il y a des Goufres de néges, & où l'on tomberoit, si l'on n'y mettoit ces marques. Les Islandois n'habitent d'ordinaire, que sur les rivages de la Mer, ou près des Riviéres, à cause de la pêche, & des pâturages: Ainsi le milieu de l'Isle est comme désert. Il y a un Collége à Hole, où les enfans étudient jusques à la Rhétorique & viennent ensuite à Copenhague, faire leur cours de Philosophie & de Théologie. Ils ont une Imprimerie, où depuis peu l'on a imprimé le vieux Testament en Islandois. Le nouveau n'est pas achevé, faute de papier.

L'Evêché de Hole a été pourvû de grands Evêques, dont le Catalogue se trouve dans la Crimogée d'Arngrim Jonas.

Les Islandois sont tous joueurs d'Echecs, & il n'est point de si chetif Paysan en Islande, qui n'ait chez lui son jeu d'Echecs, faits de sa main, & d'os de Poisson, taillé à la pointe de son Couteau. La différence qu'il y a de leurs piéces aux nôtres, c'est que nos Fous sont des Evêques parmi eux, & qu'ils tiennent que les Ecclesiastiques doivent être près de la personne des Rois. Leurs Rocs sont de petits Capitaines, que les Etudians Islandois, appellent, *Centuriones*. Ils sont representez, l'Epée au côté, les joües enflées, & sonnant du Cor, qu'ils tiennent des deux mains.

La *Langue Islandoise* est une Dialecte de l'ancienne Langue Runique, & le Docteur Wormius assuroit que l'Islandois est le plus pur Runique que nous ayons. Les Caractéres Islandois dont Blefkenius a donné un Alphabet dans sa Relation, sont Runiques & il dit que parmi ces Caractéres il y en a de Hieroglyphiques qui signifient des mots entiers. On dispute beaucoup du temps auquel l'Islande a été habitée. On peut voir les divers sentimens raportez dans la Relation de l'Islande écrite par

la

la Peyrere, & inserée au premier volume des Voyages au Nord. C'est de cet ouvrage que nous avons tiré cet article.

La Longitude & la Latitude de cette Isle ne sont pas assez déterminées par l'Auteur que nous venons de citer. Duval fait passer par le milieu de l'Isle le premier Meridien, mais Mr. de l'Isle met la plus grande partie de l'Isle au Couchant de ce premier Meridien & n'en laisse qu'une petite partie au Levant. Cela est ainsi dans la Mappemonde qu'il a publiée en dernier lieu, car dans son Hemisphere Septentrional il avoit suivi l'opinion de Duval. L'extremité Boreale de l'Isle est sous le cercle Polaire & sa partie Meridionale commence au 64. d. de Latitude. Duval au contraire étend cette Isle depuis 64. d. 45'. de latitude jusqu'à 68. d. 15'. & pour la longitude il compte celle de l'Isle il lui donne six ou sept degrez de chaque côté du premier Meridien. Duval en a fait une Carte particuliere qui est devant la Relation de la Peyrere. Les Atlas d'Ortelius & de Mercator lui en avoient fourni l'ébauche.

ISLE, (l's ne se prononce point.) Ce mot a diverses significations que j'expliquerai ensuite. Les Grecs l'appelloient Νῆσος, les Latins INSULA, les Italiens ISOLA, les Espagnols ISLA, les François ISLE; les Allemans Insul, les Hollandois EYLAND; les Anglois ISLAND, ou ISLE; les Russiens OSTROF; les Suedois HOLM, les Arabes GEZIRAH; les Hebreux אי, les Indiens DIV, ou DIVE, ou PULO, &c.

J'ai dit que les mot Isle a plusieurs significations, cependant l'Academie Françoise n'en reconnoît qu'une seule. Selon son Dictionaire l'Isle est un espace de terre entouré d'eau de tous côtez.

Outre cette signification il en a une autre où il n'est point question d'eau; dans la Topographie on se sert de ce nom pour designer un nombre de maisons dans une Ville jointes les unes aux autres, & dont une suite de Rues fait le tour. Je conviens que la premiere signification est vraye & propre & que la seconde n'est que metaphorique.

Les Isles proprement dites different ou par leur situation, ou par leur grandeur. A l'égard de leur situation, il y en a dans l'Océan, il y en a dans les Fleuves & les Rivieres, & dans les Lacs & les Etangs.

Pour ce qui est de leur grandeur, elles different extrêmement les unes des autres. Quelques Isles sont assez grandes pour contenir plusieurs Royaumes, comme la Grande Bretagne, Ceylan, Sumatra, Java, & plusieurs autres; quelques-unes n'en contiennent qu'un seul comme l'Irlande, la Sicile, la Sardaigne, &c. d'autres ne contiennent qu'une Ville avec un Territoire mediocre, comme quantité d'Isles de l'Archipel, de la Dalmatie &c. d'autres n'ont qu'un petit nombre d'habitations dispersées. D'autres enfin sont sans habitants; plusieurs ne consistent qu'en une roche & on les appelle écueils; ou bien la sterilité de leur Terroir a degouté les habitans qui auroient voulu y demeurer; ou bien c'est quelquefois la situation trop basse de leur terrain que la Mer couvre dans les grandes Marées.

Il y a des Isles qui paroissent avoir été telles depuis la creation du Monde ou du moins depuis le Deluge. Il y en a d'autres qui ont commencé à paroitre dans des lieux de la Mer où elles n'étoient pas auparavant; d'autres qui ont été detachées du Continent soit par des tremblemens de terre, soit par des orages & par les grands efforts de la Mer, soit enfin par l'industrie & par le travail des hommes.

On est presentement assuré que le Continent que nous habitons & où se trouvent l'Europe, l'Asie & l'Afrique est une grande Isle que la Mer environne de toutes parts. On pourra dire sans doute la même chose de celui qu'on appelle le Nouveau Monde, lorsque l'on aura penetré au Nord, & à l'Ouest de la Baye de Hudson, jusques là on ignore quelles sont les Limites Septentrionales de ce Continent. L'Ecriture Sainte employe souvent le nom d'Isles pour signifier des parties du Continent de l'Europe. Voiez l'Article EUROPE. Les Arabes faute d'avoir un mot particulier pour exprimer une Presqu'Isle donnent le nom d'Isle à toutes les Peninsules.

Les Terres Arctiques que l'on croyoit être un Pays continu sont vraisemblablement de grandes Isles dont on ne sait pas encore assez ni le nombre ni l'étendue. La Californie que l'on prenoit au contraire pour une Isle est une partie du Continent.

Ce que l'on avoit cru être le commencement d'un grand Continent au Midi de l'Amerique, s'est trouvé n'être qu'une Isle assez vaste environnée d'un bon nombre de petites.

On compte ordinairement dix Isles de la premiere grandeur, savoir

La Bretagne, L'Islande, La nouvelle Zemble,	} en Europe.
Madagascar,	} en Afrique.
Niphon, Manille ou Luçon, Borneo, Sumatra,	} en Asie.
Terre Neuve, La Terre de feu,	} en Amerique.

On en compte x. autres de moyenne grandeur, savoir

La Sardaigne, La Sicile, Candie,	} dans la Mer Mediterranée	} en Europe.
L'Irlande,		} dans l'Océan.
Java, Ceïlan, Mindanao, Celebes,		} en Asie.
Cuba, St. Domingue,		} en Amerique.

Il y a dix autres Isles auxquelles on peut donner le surnom de moindres; parcequ'elles qu'elles ne sont pas si grandes que les precedentes.

L'Isle de Seland, en Danemark,
La Corse,
Negrepont,   } Dans la Mer   } en Europe.
Majorque,   } Mediterrannée,
Cypre,

Gilolo,
Amboine, } en Asie.
Timor,

La Jamaïque, en Amerique, dans la Mer du Nord.

L'Isle Isabelle l'une des Isles de Salomon dans la Mer du Sud.

Le nombre des petites Isles est presque infini, on peut dire qu'elles sont innombrables avec d'autant plus de verité que l'on est encore bien éloigné de connoître toutes les Mers. Il y reste à découvrir beaucoup de côtes dont nous ignorons les détails, pour ne point parler de celles qui nous sont inconnues. On peut faire trois classes de ces petites Isles. La premiere sera de celles qui quoique seules & independamment des autres ne laissent pas d'avoir de la celebrité : telles sont,

Dans la Mer Baltique.

Aland,   Bornholm,
Osel,   Falster,
Gotland,   Laland,
  & Fune ; &c.

Dans la Mediterrannée.

Rhode,   Chios,
Malthe,   Cephalonie,
Iviça,   Corfou,
Minorque,   Cerigo,
  & un grand nombre d'autres.

Dans l'Océan Atlantique entre l'Afrique & le Bresil.

Ste Helene,   l'Ascension,
  & St. Thomé.

Près du détroit de Gibraltar.

Madere.

En Afrique à l'entrée de la Mer Rouge.

Zocotora.

La seconde classe comprend les Isles que l'on connoit sous un nom general qui est commun à toutes celles d'un certain espace de la Mer, quoi que la plupart ayent chacune un nom particulier. Les principales sont,

Les Westernes, au Couchant de l'Ecosse.
Les Orcades, au Nord de l'Ecosse.
Les Isles de Schetland, au Nord-est des Orcades.

Les Açores dans la Mer du Nord.

Les Canaries,   } Dans la Mer At-
Les Isles du Cap verd, } lantique.

Les Isles de l'Archipel, dans la Mediterranée.

Les Lucayes ou de Bahama, } Dans la Mer
Les Antilles,   } du Nord.

Les Maldives,
Les Moluques,   } Dans la Mer
Les Philippines,   } des Indes &
Le Japon,   } dans l'Océan
Les Nouvelles Philippines, } Oriental.
Les Isles Mariannes,

Les Isles de Salomon dans la Mer du Sud, &c.

La troisiéme classe comprend les Isles des Fleuves & des Rivieres, comme celles du Nil, du Niger, de Gambie & autres en Afrique, de l'Indus, du Gange & autres en Asie ; du Fleuve de St. Laurent, du Mississipi, de l'Orenoque, de l'Amazonne & autres de l'Amerique, & enfin celles de nos Rivieres d'Europe dans le Pô, le Danube, le Rhone, la Seine &c. Les Lacs d'Irlande ont quantité d'Isles. Le Lac de Dambée en Ethiopie en a aussi plusieurs, & il en est ainsi d'une multitude d'autres.

Il y a des Isles artificielles ; & presque toutes les Places fortes dont les fossez sont remplis des eaux d'une Riviere sont de veritables Isles. Amsterdam & la plupart des Villes de Hollande ne sont pas seulement des Isles, mais chaque Ville est composée d'un certain nombre d'Isles plus ou moins grand selon son étendue. La seule Ville de Venise n'est autre chose qu'une fourmillere d'Isles jointes ensemble par des Ponts.

J'ai dit qu'il y a des Isles peu anciennes, l'experience le prouve ; & on conviendra aisément qu'il peut s'en former de nouvelles de plus d'une maniere. S'il arrive qu'une Riviere étant enflée extraordinairement par de longues pluyes, ou par la fonte des Neges, & ne pouvant plus être renfermée dans son premier lit, trouve à droite ou à gauche quelque terrain bas qu'elle affaisse encore en coulant dessus & en enlevant la superficie qu'elle détrempe, elle se fait un nouveau bras, & la Terre qui est entre celui-là & l'ancien lit est une nouvelle Isle. Il n'arrive que trop souvent que la Mer dans de hautes Marées, aidée par un grand vent, force ses limites qui la resserrent & se répand dans un Pays inégal, elle couvre les endroits bas, mais si un côteau, ou un tertre reste à sec au milieu de l'inondation, ce sera naturellement une Isle. Il y a bien de l'apparence que la plupart des Isles qui sont le long de la Norvege & sur les côtes de l'un & de l'autre Continent, aussi bien que toutes celles des Lacs, des Etangs, & des Rivieres se sont formées de la maniere que je viens d'expliquer. Mais voici un autre principe de la formation des Isles.

Tout le monde sait qu'il y a dans la Mer des amas de Roches, ou de sable, ou même de de terre beaucoup plus élevez que son lit or-dinaire. C'est ce qu'on appelle des Bancs. Si les matieres de sable ou d'argile ou de limon dont la Mer se charge sur tout à peu de distance des terres, viennent à prendre leur cours vers cette élévation & s'y arrêtent, ce dépôt s'accroît & l'éleve comme par degrez, quand elle sera au dessus du niveau de la Mer ce sera une Isle dans toutes les formes. On voit des changemens surprenant arrives dans un terrain par les tremblemens de terre. Une langue de terre joint une Contrée au Continent, une secousse violente l'abbaisse, la Mer trouvant un nouveau chemin s'en saisit d'abord & separe pour toujours cette Contrée de la Terre Ferme & en fait une Isle. Les Anciens ont cru que la Sicile s'étoit ainsi détachée de l'Italie. Il est certain par l'Histoire que Leucade a été successivement Peninsule & Isle.

Les Chingulais croient par une ancienne tradition que leur Isle de Ceïlan tenoit autrefois à la Terre Ferme. Les Indiens ont la même tradition des Maldives qu'ils croyent avoir été partie de la Presqu'Isle en deçà du Gange. Si cela est, il faut qu'elles en fussent déjà separées du temps de Ptolomée qui fait mention de ces Isles & les met avant l'Isle de Ceïlan *ante Taprobanem*. J'ai parlé ailleurs du Deluge qui fit de grands changemens dans les Isles de l'Archipel. Des Auteurs anciens ont assuré que l'Isle d'Eubée étoit contigue à la Grece, avant que l'Euripe l'en eût détachée. Voiez les Articles ATLANTIDE & AÇORES.

Les Isles formées à l'Embouchure des grands Fleuves sont sujettes à être accrues par Alluvion, ou rongées par la rapidité d'un courant qui aura changé de direction. Les Fleuves sur tout qui charient beaucoup de limon dans leurs debordemens le portent à la Mer qui le repousse vers le rivage. Souvent il s'y accumule, & s'éleve enfin jusqu'à arrêter en partie la Riviere qui l'a apporté; l'amas se formant de plus en plus la Riviere est forcée de se creuser un nouveau Canal à côté de l'ancien. Les Isles des Bouches du Nil, du Danube, du Rhône &c. ne sont plus dans l'état où les Grecs & les Romains les ont vues. Le cours du Rhin est different dans les Pays-Bas de l'état où il étoit du temps des Druses. Nous expliquons ces détails aux Articles particuliers de ces Rivieres & de leurs Isles.

On ne peut pas douter qu'il n'y ait des Isles flotantes. Les Anciens l'ont dit de Delos, de Therasie, des Calamines: des Isles du Lac de Cutilie, & de quantité d'autres. Quelques-uns se croient en droit de traiter ce fait comme une fable sous pretexte que la plupart de ces Isles sont fixées presentement. Il est pourtant aisé de concevoir qu'une portion de terre spongieuse, legere & sulphureuse surnage de soi-même, qu'étant soutenue sur l'eau & y ayant quelque distance entre cette Masse & le fond du Bassin où elle nage, la moindre impression lui donne le mouvement. Mais le fond du Bassin n'est pas égal; si cette Masse vient à toucher une hauteur, elle s'y pose, & s'y fixe avec le temps, les parties de l'une s'engagent avec celles de l'autre & il s'y fait une liaison solide. Voiez l'Article de ST. OMER. Boxthius Auteur qui a écrit touchant l'Ecos-

se dit que dans le Lac de Loumond, il y a une Isle qui nage, & va comme le vent la mène quoi qu'on y puisse faire paître du bétail.

Le Lecteur n'attend pas sans doute que je lui donne une liste complette de toutes les Isles de l'Univers. C'est bien assez de donner ici une liste des principales. Je dirai quelque chose de celles dont je ne parle point dans l'ordre Alphabetique.

A

1. L'ISLE D'AARON, Isle de l'Océan Occidental, au Couchant de l'Irlande sur la côte du Connaught entre la Baye de Galloway & le Shannon. Il y en a deux qui portent le même nom, savoir la petite & la grande. Leur situation avec celle de St. Gregoire qui est entre-deux est Sud-est & Nord-Ouest.

2. L'ISLE D'AARON. Voiez ST. MALO.

L'ISLE D'ABRICK, petite Isle de la Mer Baltique dans le Golphe de Livonie au Midi d'Arensbourg Capitale de l'Isle d'Osel.

L'ISLE D'ABY-JAAN, petite Isle de Suede au Golphe de Bothnie sur la côte Occidentale, par les 60d. 47'. de Latitude, près de l'Embouchure de la Riviere d'ABY, & du Bourg d'ABY.

L'ISLE ACHER, petite Isle d'Irlande dans le lit de la Riviere du Shannon à l'Embouchure de la Riviere de Clare.

L'ISLE ADAM[a], Bourg de l'Isle de France, avec titre de Baronnie & Châtellenie. Il est situé sur la Riviere d'Oyse, vers les confins de Beauvoisis, une lieue au dessous de Beaumont, & à sept ou huit de Paris. On y voit un Château fort agréable, appartenant au Prince de Conty. Sa situation en fait la principale beauté, il est bâti au pied d'un Côteau, sur deux Isles qui forment la Riviere d'Oyse. Ce Bourg a été fondé par Adam surnommé de l'Isle, Seigneur de Villiers, Village situé à une lieue de l'Isle Adam. C'est de cet Adam de l'Isle qu'étoit descendu Philippe de Villiers de l'Isle Adam Grand-Maître de Rhodes. Il n'y a qu'une Paroisse à l'Isle Adam, dont l'Eglise qui est assez belle, fut bâtie en 1562. par le Connétable de Montmorency. Cette Paroisse est desservie par une Communauté de Prêtres établie par Armand de Bourbon Prince de Conty. Ces Prêtres sont tirez des Missionnaires de Saint Joseph de Lyon, desquels ils dépendent. On voit encore dans le Bourg de l'Isle Adam un Prieuré de l'Ordre de saint Benoît.

[a] Memoires dressez sur les lieux en 1704.

L'ISLE D'ADAM, petite Isle d'Ecosse, l'une des Westernes. Elle est situé à l'Orient de celle de Lewis.

LES ISLES D'ADDOU. Voiez ADDOU.

L'ISLE DE L'ADMIRAL. Voiez ADMIRAELS EYLANDT, & AMIRANTE.

L'ISLE D'AGAMESKE, ou l'ISLE AUX OURS BLANCS, petite Isle de la nouvelle France à l'extremité Meridionale & la Baye de Hudson.

L'ISLE D'AGOT, petite Isle de France en

en Bretagne sur la côte de St. Malo, au Couchant de la Rade de ce Port.

L'ISLE D'AINET, petite Isle de France sur la côte d'Aunis entre l'Isle d'Aix & le Continent.

L'ISLE D'AIX, petite Isle de France sur la côte du Pays d'Aunis, entre cette Province & l'Isle d'Oleron au Nord de l'Embouchure de la Charente.

L'ISLE D'ALANDT. Voiez ALANDT.

L'ISLE D'ALBENGUE, petite Isle de la Mer Mediterranée sur la côte de Genes devant la Ville d'Albengue, elle est petite & a à peine un mille de circuit. On la nomme autrement GALLINARA; elle joint presque la côte.

ISLAS D'ALCATRACES, Isles de la Mer du Sud à l'Embouchure de la petite Riviere de Massia au Sud-est d'Acapulco.

L'ISLE D'ALCMAER, petite Isle des Indes sur la côte Septentrionale de l'Isle de Java dans la Baye de Batavia au Nord Oriental de cette Ville & presqu'au Nord-est de l'Isle d'Enkhuyse.

L'ISLE D'ALSEN. Voiez ALSEN.

L'ISLE D'ALVON, petite Isle de Suede au Golphe de Bothnie sur son rivage Occidental près du Bourg de Sundfwal.

L'ISLE D'AMAX, Isle du Danemarck. Voiez AMAG.

L'ISLE D'AMBOINE. Voiez AMBOINE.

L'ISLE D'AMELAND. Voi. AMELAND.

L'ISLE DE L'AMIRANTE. Voiez l'AMIRANTE.

L'ISLE D'AMIVAN, ou

L'ISLE D'AMJUAN. Voiez ANJOUAN.

L'ISLE D'AMONT, on appelle ainsi la plus grande des deux Isles de St. Marcou, sur la côte de Normandie au Coutantin.

L'ISLE D'AMRON. Voiez AMRON.

L'ISLE D'AMSTERDAM, petite Isle des Indes, au Nord de Java, à l'entrée du Golphe de Batavia auprès de celle de Middelbourg. Il y en a cinq autres de même nom. Voiez au mot AMSTERDAM.

L'ISLE D'ANGLESEY. Voiez ANGLESEY.

L'ISLE D'ANICAM, petite Isle de la Chine sur la côte de la Province de Quanton.

L'ISLE D'ANJOUAN. Voiez ANJOUAN.

L'ISLE D'ANNOBON. Voiez ANNOBON.

L'ISLE D'ANTICOSTI. Voiez ANTICOSTI.

1. L'ISLE D'ARAN, Isle d'Irlande sur la côte Occidentale de la Province d'Ulster, elle est accompagnée d'écueils nommez Estocs d'Aran. Elle est differente de celle qui suit.

2. L'ISLE D'ARAN, d'ARRAN, d'ARREN, ou d'AREN, Isle d'Ecosse. Voiez ARAN 1.

L'ISLE D'ARBOUZE, Isle de France sur la côte de Bretagne à l'Occident du Port de St. Malo, à côté du lit de l'Embouchure de la Riviere qui arrose cette Ville.

LES ISLES DE L'ARCHIPEL. Voiez-en la liste au mot ARCHIPEL. Il seroit inutile de la repeter dans celle-ci.

1. L'ISLE DES ARECIFES, c'est-à-dire l'Isle DES ROCHERS; petite Isle de l'Océan Oriental, l'une des Isles Marianes.

2. L'ISLE DES ARECIFES, ou ARACIFES, Isle de la Mer du Sud, l'une des Isles de Salomon.

L'ISLE D'AREN. Voiez l'ISLE D'ARAN 2.

L'ISLA DAS ARENAS, c'est-à-dire l'Isle des Sables. Isle de l'Amerique dans le Golphe du Mexique au Nord-Ouest du Cap Deconosido & de la Presqu'Isle de Jucatan, les Anglois ont fort defiguré ce mot & appellent cette Isle DESATS, ou DESARCUSSES.

L'ISLE D'ARIMOA. Voiez ARIMOA.

L'ISLE D'ARROE. Voiez ARROE.

L'ISLE D'ARS, Isle de France sur la côte de Bretagne à l'entrée de la Riviere de Vannes.

L'ISLE D'ARTUS, Isle d'Angleterre, l'une des Sorlingues.

L'ISLE DE L'ASCENSION, il y en a deux. Voiez ASCENSION.

L'ISLE D'ASINARA, Isle auprès de la Sardaigne. Voiez ASINARA.

1. L'ISLE DE L'ASSOMPTION, la même Isle qu'ANTICOSTI. Voiez ce mot.

2. L'ISLE DE L'ASSOMPTION, l'une des Isles Marianes. Voiez ASSOMPTION 4.

L'ISLE D'ATOQUE, petite Isle de l'Amerique dans la Mer du Sud, dans la Baye de Panama: elle n'est pas habitée.

L'ISLE D'AVAL, on appelle ainsi la plus petite des deux Isles de St. Marcou sur la côte de Normandie près du Coutantin.

L'ISLE D'AUDUC, petite Isle d'Irlande, à l'entrée de la Baye de Gallowai près de l'Isle de Maes & au Sud-est.

L'ISLE D'AVES. Voiez diverses ISLES de ce nom au mot AVES.

B

L'ISLE DE BACALAO, petite Isle de l'Amerique sur la côte Orientale de Terre Neuve entre la Baye de la Trinité & la Baye de la Conception.

LES ISLES DE BACALAOS. Voiez BACALAOS.

L'ISLE DE BACCHUS, Isle de l'Amerique dans la nouvelle Angleterre dans la Riviere de CHOUACOUET. Voiez cet Article.

L'ISLE DE BAGUENAUT, Isle de France en Bretagne au Nord de l'Embouchure de la Loire.

L'ISLE DE BALANEC, Isle de France en Bretagne, entre l'Isle d'Ouessant & celle de Molene, vers l'Orient Meridional.

L'ISLE DE BALICOTTON, Isle d'Irlande sur la côte Meridionale au Levant de l'entrée de la Rivière de Leo que l'on remonte pour aller à Corck.

L'ISLE DE BALTA, petite Isle ou Ecueil entre les Isles de Schetland, à l'Orient de l'Isle d'UNST.

L'ISLE DE BALTRUM, petite Isle de la Mer d'Allemagne sur la côte d'Oostfrise entre le Dolaert & le Weser.

L'ISLE DE BALY. Voiez BALY.

L'IS-

L'ISLE DE BANC, Isle de Suede dans la Mer Baltique, sur la côte de Smaland, vis-à-vis de Wetterwyck.

L'ISLE DE BANCA, Isle de la Mer des Indes. Voiez BANCA.

L'ISLE DE BANEC, petite Isle de France sur la côte de Bretagne, entre l'Isle d'Ouessant & l'Isle de Balanec.

L'ISLE DE BARACO, petite Isle de France en Bretagne dans la Loire auprès & au dessus de Belle-Isle, vis-à-vis du Village de St. Etienne au dessous de Nantes.

L'ISLE-BARBE, petite Isle de France, dans le milieu de la Riviere de Saone au Diocèse de Lyon avec une ancienne Abbaye qui est vrai-semblablement le plus ancien Monastere de ce Diocèse [a]. On en attribue le commencement à deux Chrétiens dont l'un s'appelloit Estienne & l'autre Peregrin, qui s'étant retirez vers l'an 202. dans cette Isle pour se mettre à couvert de la persecution d'un Empereur Payen, elle fut ensuite habitée par ces Solitaires. Ils eurent des Successeurs, qui bâtirent une petite Eglise par la liberalité d'un Seigneur du Pays nommé Longin & formerent ainsi entre eux une société d'Hermites sous la conduite du venerable Dorothée. Il est certain que ce Monastere subsistoit dès l'an 400. Il fut d'abord dedié à St. André, mais depuis, c'est-à-dire dans le IX. Siécle, il porta le nom de St. Martin. On dit que le sixiéme Abbé nommé Martin fut établi Archevéque de Lyon. Aigobert & Maxime gouvernerent après lui ce Monastere, & on tient pour certain que ce Maxime est le même que Maxime Disciple de St. Martin de Tours. Cette Abbaye, dit Mr. Baillet [b], est près des Fauxbourgs de Lyon. Elle étoit autrefois sous la Regle de St. Benoît. Elle est maintenant secularisée. Il pretend que ce n'étoit encore au VI. Siécle qu'un Hermitage de Cellules éparses où se retiroient des Solitaires qui se choisissoient un Inspecteur & qu'ils changeoient de temps en temps. C'est ainsi, dit-il, qu'en fut Abbé ou Superieur St. Loup que l'on fit Evêque de Lyon vers l'an 523.

[a] Hist. de l'Ordre de St. Benoît. l. 1. c. 4. n. 22.

[b] Topogr. des Saints. p. 240.

L'ISLE DE BARNEWELD. Voiez au mot BARNEVELDT deux Isles de ce nom.

L'ISLE DE BAROU, ou Barro, Isle au Nord de l'Ecosse, au Couchant des Orcades & au Nord de l'Isle de Skie.

L'ISLE DE BARRA, Isle de l'Ecosse entre les Westernes au Midi de South-Wist dont elle est separée par un détroit. Voiez BARRA 2.

L'ISLE DE BARREY, petite Isle d'Angleterre dans la Province de Glamorgan, au Pays de Galles à l'Embouchure de la Severne.

L'ISLE DE BAS, Isle de France en Bretagne. Voiez BAS.

L'ISLE DE LA BARTHELASSE, Isle de France dans le Rhosne à une lieue au dessus d'Avignon, vis-à-vis de Villeneuve lez Avignon, elle est remarquable par un grand nombre de jolies Maisons de Campagne & par sa grande fertilité. Elle a environ trois lieues de circuit.

L'ISLE DE BASILAN, petite Isle de l'Océan Oriental au Sud-Ouest de Mindanao.

LES ISLES DE BAYONNE. Voiez au mot BAYONNE.

L'ISLE DE BEKIA, en Amerique. Voicz BEKIA.

L'ISLE DE BELAO, Isle de l'Océan Oriental près de l'Isle de Burro.

L'ISLE-BELLE, petite Isle de France au milieu de la Seine dans le Vexin au dessous des Ponts de Meulan; elle a plus de demie lieue de long, & s'étend jusqu'au delà du Village de Mezy, elle contient un beau Château & de vastes Jardins. L'Abbé Bignon, homme encore plus illustre par son savoir que par sa naissance, en a fait un sejour delicieux, où il aime à joüir de la belle saison avec une société choisie de personnes de merite qui s'y rassemblent auprès de lui. Ce lieu charmant a été souvent celebré dans les ouvrages des beaux esprits de France, & a été quelquefois nommé l'Isle de Delos.

L'ISLE DE BENARON, Isle de France en Bretagne auprès de l'Isle d'Ars, à l'entrée de la Riviere de Vannes. Elle est très-petite.

L'ISLE DE BENIGUET, Isle de France en Bretagne, au Couchant du Port le Conquet.

L'ISLE DE BENIS, petite Isle d'Irlande au Comté de Galloway, au Midi de celle de Molin, entre cette Isle & la Terre Ferme.

L'ISLE DE BERE, petite Isle d'Irlande au même Comté au Nord-Ouest de l'Isle de Molin, à l'entrée de la Bayé de Galloway.

1. **L'ISLE DE BERNERE**, petite Isle d'Ecosse, l'une des Westernes proche la Baye de Carlway au Couchant de Lewis.

2. **L'ISLE DE BERNERE**, autre Isle des Westernes, c'est une des quatre qui sont au Midi de celle de Barra.

L'ISLE DE BERVIL, petite Isle de Bretagne dans l'Evêché de St. Paul au Nord-est de l'entrée du Havre d'Abrevrach, ou d'Aberache.

LES ISLES DE BEVELAND, dans les Provinces Unies. Voiez BEVELAND. Ce sont à present deux Isles détachées l'une de l'autre.

L'ISLE DE BEYERLAND, dans les Provinces Unies. Voiez BEYERLAND.

L'ISLE DE BICCARA, sur la côte Occidentale de l'Italie, tout joignant l'Isle de Procida. Elle a un mille de tour, est assez bien cultivée & abonde en Faisans & en Lapins.

L'ISLE DE BIDIMA, ou l'Isle de SAAVEDRA. Isle d'Asie dans l'Océan Oriental. Voiez BIDIMA.

L'ISLE BINAR, petite Isle de France en Bretagne au Levant d'Eté de St. Malo à l'Embouchure de la petite Riviere de St. Coulon.

L'ISLE DE BIORCK, Isle de Suede. Voiez BIORKA.

LES ISLES DES BISAGOS. Voiez BISAGOS.

L'ISLE DE BISENTINA, petite Isle d'Italie dans l'Etat de l'Eglise au Duché de Castro dans le Lac de Bolsene près du Château de Bisenzo duquel elle prend son nom.

L'ISLE DE BISSEAUX, Isle d'Afrique dans l'Océan sur la côte de Nigritie proche du Village de Cazelut & de la Riviere de St. Domingue, environ deux lieues de Mer de distance.

ISL.

tance. Elle peut avoir quarante lieues de tour. Les Négres Papels qui l'habitent sont aussi tous Payens. Il y a dans cette Isle neuf Rois dont un est superieur aux huit autres, qui ne sont proprement que des Gouverneurs de Provinces. Quand il meurt quelqu'un des Rois, l'on a soin d'étrangler plus de trente personnes, sur tout des jeunes filles, & les esclaves qui ont été les plus fidéles au deffunt, que l'on enterre avec lui. L'on met dans sa tombe toutes ses richesses, comme or, argent, ambre gris, étoffes, &c. Quand ils veulent en élire un autre, ils le font de cette maniére. Ce sont ordinairement les Géagres qui y prétendent, qui sont, comme on pourroit dire, les Ducs & Pairs de France.

Ils s'assemblent en rond, au milieu duquel est le Roi défunt dans une tombe faite de Roseau, & de bois extrémement leger, soutenu en l'air par plusieurs Négres, qui la sont sauter, & celui sur qui elle tombe, est reconnu pour Roi à la place du défunt. Ils sacrifient souvent à leurs Dieux, des Boeufs, des Chapons, & des Cabrettes.

Il y a plusieurs Ports dans cette Isle, dont le meilleur porte le nom de l'Isle, & s'appelle Port de Bisseaux. Les Navires de soixante dix pièces de Canon peuvent facilement y mouiller.

La demeure du Roi n'en est éloignée que d'une demie lieue. Il y a une Paroisse, un Couvent de Capucins, & beaucoup de Portugais mariez à des Négresses du Pays. Il y a beaucoup de fils de Gentils qui ont reçu le Baptême, & qui exercent la Religion Catholique. Le Roi a ses Gardes, ses Soldats & plusieurs femmes de tous les âges. Il peut bien avoir 50. Canots de guerre, dans lesquels peuvent tenir 30. hommes. Ils n'ont pour armes qu'un sabre pendu au bras, & pour habit qu'une peau de Cabrette, qui pend par derriére, & qui s'attache sur devant entre les Jambes, pour cacher seulement leur nudité. Ils vont deux ou trois fois à la guerre par an contre les Biaffares, qui sont d'autres Négres en Terre-Ferme.

Les Portugais y avoient autrefois fait bâtir un Fort de 8. pièces de Canon, afin d'empêcher les Etrangers d'y faire le Commerce, voulant le faire eux seuls; mais les Négres ne l'ont pas souffert. Ils ont toûjours aimé la liberté de leur Pays. C'est ce qui fait que toutes les Nations étrangéres sont bien vénuës dans leurs Ports, & peuvent négocier en toute sûreté dans l'Isle, sans craindre aucune insulte, pourvû que l'on ne leur en fasse point. Lorsqu'on est arrivé au Port, il n'est point permis de prendre terre qu'après que le Roi a fait tuer un boeuf, & qu'il a sacrifié: quand il a fini, on a la liberté de débarquer.

L'ISLE DE BYTTE, petite Isle du Danemarc dans la Mer Baltique, elle est à l'Orient de la pointe Meridionale de l'Isle de Falster.

1. L'ISLE BLANCHE, Isle de l'Amerique Meridionale dans la Mer du Nord & l'une des Isles de *Sottovento*, ou sous le vent, vers la côte de Venezuela, à huit lieues de la Marguerite & à quarante de la Grenade. Elle est deserte. Il y a au Couchant & près de cette Isle sept autres petites Isles que l'on appelle les SEPT JOURS.

2. L'ISLE BLANCHE, petite Isle de France en Bretagne dans le Diocèse de St. Brieuc au Nord de l'Abbaye de Bonport.

3. L'ISLE BLANCHE, Isle de l'Amerique Meridionale. Voiez BLANCA.

4. L'ISLE BLANCHE, l'une des Isles du Cap Verd.

5. L'ISLE BLANCHE, petite Isle de la Mer des Indes près du Detroit de Bantam à douze lieues de distance de sa basse pointe.

L'ISLE DE BLANECK, c'est la même que l'Isle de Balanec.

LES ISLES BLASQUES, Isles d'Irlande sur la côte Occidentale du Comté de Keri dans la Province de Munster, au Couchant de la Ville de Dingle, & à l'entrée de la Baye de même nom; Il y en a quatre & quelques écueils.

L'ISLE DE BLINDSUND, petite Isle sur la côte Meridionale de Norwege dans le Gouvernement d'Aggerhuys, entre les Isles de Flecher & de Mardoe.

L'ISLE DE BLOUY, petite Isle d'Irlande au Comté de Galloway à l'entrée de la Baye de Beterbuy.

L'ISLE DE BOAVISTA, l'une des Isles de Salomon dans la Mer du Sud. Voiez l'Article BOAVISTA.

L'ISLE DE BOCHE, sur la côte Occidentale d'Irlande dans la Province de Connaught. Elle a l'Isle de Clere au Nord & celle de Horshe au Midi.

L'ISLE AUX BOEUFS *c*, Isle de l'Amerique au Golphe du Mexique dans la Baye de Campêche à l'Embouchure du Lac de Trist. Elle est separée de l'Isle de même nom par un Canal. Cette Isle a sept lieues de long & trois ou quatre de large. Sa longueur s'étend de l'Est à l'Ouest. La partie Orientale regarde l'Isle de Trist: c'est un terrein bas & inondé, qui ne produit qu'auprès de la Mer que des Mangles blancs & noirs. Le côté du Nord donne sur la haute Mer, & s'étend tout droit de l'Est à l'Ouest. La partie la plus avancée de l'Est vers Trist, est un Pays-Bas & couvert de Mangles durant l'espace d'environ trois lieues; & l'on trouve au bout une petite Crique salée, qui est assez profonde en haute marée pour porter des Bateaux.

Depuis cette Crique jusqu'à la partie Occidentale, il y a quatre lieues; la Baye est par tout sablonneuse, & fermée sur le derriere d'un petit banc de sable, couvert de Buissons épais & piquants, comme l'Aubépine, qui portent un fruit à Coquille, dur & blanchâtre, aussi gros qu'une prune sauvage, & à-peu-près de la figure d'une Calebasse. Cette partie Occidentale est lavée par la Riviere de St. Pierre & de St. Paul, & couverte de Mangles rouges. A trois lieues au dessus de l'Embouchure de cette Riviere, il y a une petite branche, qui coule vers l'Est, sépare l'Isle des Boeufs du Continent au Sud, & fait ensuite un grand Lac d'eau douce, qui porte ce même nom. Il se jette après dans un Lac salé, qu'on nomme le Lac des Guerriers, & celui-ci se décharge à son tour dans Laguna Termina, à deux

c Dampier Voyages à la Baye de Campêche, p. 141.

lieues

lieues de la pointe Sud-Est de l'Isle.

Le milieu de cette Isle est une Savana, bordée autour d'arbres, dont la plûpart sont des Mangles noirs, blancs, ou rouges, avec quelques arbres de bois de Campêche. La partie Meridionale entre les Savanas & les Mangles, est très-fertile ; & il y a en quelques endroits des rangées de Collines, qui sont plus hautes que les Savanas. Ces Prairies produisent quantité d'herbe longue, & les Collines portent de très-beaux arbres de différentes sortes & d'une hauteur considérable.

Les fruits de cette Isle sont, les Penguins rouges & jaunes, les Guavers, Sapadillos, Limons, Oranges, &c. Ces dernieres n'y ont été plantées que depuis peu par une Colonie d'Indiens, qui s'y établirent, après avoir secoué la Domination des Espagnols. Les Anglois qui y trouvoient des bœufs en quantité y alloient chasser : un Espagnol proprietaire de l'Isle s'étoit accommodé avec eux pour leur en fournir, mais le Gouvernement ayant desaprouvé ce Commerce, l'Isle demeura à la discretion des Anglois qui l'ont fort dégarnie de bêtes à cornes à force d'en tuer.

1. L'ISLE DU BOIS, dans l'Océan Atlantique : c'est la même que l'Isle de Madere.

2. L'ISLE AU BOIS, petite Isle de France en Bretagne à l'Orient des Isles de Brehtet & de la Riviere de Trieu.

L'ISLE DE BOLSÖON, petite Isle de Suede dans le Golphe de Bothnie, sur la côte de Helsingie, près de la pointe de Hudwickswald.

L'ISLE DE BOMMEL, ou BOMMEL HOOFT, Isle de Norvege, au Gouvernement de Bergen sur la côte Occidentale ; à l'entrée du Liet de Bergen.

L'ISLE DE BON AIR. Voiez BUENOS AYRES.

L'ISLE DE BON AIRE. Voiez BON AIR 2.

a La Potherie Hist. de l'Amer. Sept. p. 287.
LES ISLES BONAVENTURE ª, dans l'Amerique Septentrionale. Elles sont dans le Detroit d'Hudson auprès des côtes du Nord à 63. degrés 6′. par estime, 43. degrés de variation Nord-Ouest, à 55. ou 56. lieues de l'Isle de Salisbury, ou Salsbre. On les voit à l'entrée d'un grand enfoncement dont on ne voit pas le bout. Elles portent le nom d'un Canadien, Capitaine de Fregate legere.

L'ISLE DE BONA VISTA. Voiez BONAVISTA.

L'ISLE DE BONNE ESPERANCE, Isle de la Mer du Sud, les Hollandois l'appellent 'T EYLAND VAN GOEDE HOOP.

L'ISLE DE BONNE FORTUNE. Voiez BONNE FORTUNE 1. & 2.

L'ISLE DE LA BONNE JUSTICE, petite Isle de l'Amerique Meridionale dans le Port de St. Julien. Voiez ST. JULIEN.

L'ISLE DE BORCUM. Voiez BORCUM.

L'ISLE DE BORDO, l'une des Isles de Fero au Nord de l'Ecosse. Voiez FERO.

L'ISLE DU BORGNE, petite Isle de l'Amerique Septentrionale du Canada sur la Riviere des Ontaouach qui se jette dans la Riviere des Iroquois, & au Pays des Algonquins.

L'ISLE DE BORIN, Isle d'Irlande dans la Baye de Galloway au Midi de cette Ville.

L'ISLE DE BORNEO. Voiez BORNEO.

L'ISLE DE BORNHOLM. Voiez BORNHOLM.

L'ISLE DE BOSA, petite Isle d'Italie sur la Côte Occidentale de l'Isle de Sardaigne dans le port de la Ville de Bosa.

L'ISLE DE BOSCH. Voiez l'ISLE DE BOCHE.

LES ISLES DE BOTTON, ou PULO BOTTON, ou BOUTO, ce sont plusieurs Isles de la Mer des Indes sur la côte Occidentale de la Presqu'Isle de Malaca devant la Ville de Queda. Matelief *b en parle ainsi : Pulo Boton contient plusieurs Isles & particulierement deux grandes, le Canal qui les separe s'étend Sud & Nord. L'Isle qui est à l'Est de ce Canal a une Baye de Sable qui forme un grand enfoncement qui est pourtant plus grand au bout Septentrional de la Baye qu'au bout Meridional. Outre cela il y a un haut Cap que forment des rochers, de sorte que dans la Baye on est à l'abri des vents de Nord & de Nord-Est qui soufflent continuellement dans ces Parages ; & des courans qui sont si extraordinaires & si variables entre ces Isles ; qu'on ne peut compter sur rien à cet égard.

b Voyages de la Comp. Holland. aux Indes Orient. T. 3. p. 302.

De plus il n'y a dans cette Baye qu'une espéce de ras de marée, & lorsque par un vent frais, ou forcé, du Nord, on vient de dehors, on se trouve pris de calme, dès qu'on aproche du Cap des rochers qui y est, ce qui est causé par la grande hauteur de ces rochers, & l'on dérive malgré qu'on en ait, du côté où le ras de marée vous porte, sans pouvoir gouverner.

Mais lorsqu'on passe plus avant dans l'enfoncement de la Baye, on y trouve un vent de terre ; qui vient d'une valée, si bien que ceux qui se sont avantageusement postez vers les terres, y sont toûjours au lof.

L'ISLE BOUCHART, petite Isle & Ville de France en Touraine, aux Frontieres de Poitou, dans la Riviere de Vienne d'où vient le nom de Bas. Elle a deux Ponts de bois, & est à sept lieues de Tours, en allant à Mirebeau. Elle est unie au Duché de Richelieu : ce lieu est la patrie du fameux André du Chêne, Historiographe de France.

L'ISLE BOUIN, Isle de France sur la côte du bas Poitou dont elle n'est separée que par un Canal près de Beauvoir & du Port de la Roche. Sa partie Septentrionale est censée de la Bretagne & du Pays de Retz. Elle represente un triangle dont la base est du côté de Terre-Ferme. Elle n'a que deux lieues de long avec un Bourg de même nom. Elle est entourée d'un fond de vase au Nord & au Couchant.

La Jurisdiction s'y exerçoit autrefois par indivis entre la Bretagne & le Poitou, mais cette Isle ayant passé de la Maison de Clerambaut à celle de Pontchartrain, le Chancelier de ce nom fit ordonner par Edit du 26. Septembre 1714. qu'elle seroit de la jurisdiction de Poitou. Les habitans n'y payent point de taille.

Y 3   L'IS-

L'ISLE DE BOURBON. Voiez Mascaregne.

L'ISLE DE BOURHIC, petit écueil sur la côte Meridionale de Bell'Isle, sur les côtes de Bretagne.

L'ISLE DE BOUTO. Voiez l'Isle de Botton.

L'ISLE DE BOUTON. Voiez Bouton.

ISLES BOUTONNES [a], dans l'Amerique Septentrionale à l'entrée du Détroit d'Hudson dont elles forment l'Embouchure du côté du Midi. Elles sont à l'opposite de l'Isle de Resolution qui forme l'autre côté de l'Embouchure du Détroit. On les peut voir de 13. à 14. lieues. Elles paroissent beaucoup plus hautes que celle de la Resolution & on les voit au nombre de huit. Elles sont à deux lieues de la Terre-Ferme entre laquelle & ces Isles il y a un bon passage dont le Cap s'appelle le Cap Fleuri. Les Courans portent au Nord.

[a] La Pothérie Hist. de l'Amer. Sept.

L'ISLE DE BRADESEY, Isle d'Angleterre dans la Mer d'Irlande à la pointe de Caernarvan au Midi.

L'ISLE DE BRAN, petite Isle d'Irlande dans la Riviere du Shannon; au dessus de la Baye de Clare.

L'ISLE DE BRANKSEY, petite Isle d'Angleterre dans le Comté de Dorset, à l'entrée du Havre de la Pôle.

L'ISLE DE BRASNON, Isle de Suede dans le Golphe de Bothnie; à l'Embouchure de Niurund qui coule en Suede dans la Province de Medelpadie.

L'ISLE DE BRAVA. Voiez Brava.

L'ISLE DE BRAZZA. Voiez Brazza.

L'ISLE DE BREDE, petite Isle de France en Bretagne à l'entrée de la Riviere de Vannes à l'Orient de l'Isle aux Moines.

LES ISLES DE BREHAT, Isles de France en Bretagne. Quelques-uns écrivent Brehac. C'est une assez grande Isle accompagnée de plusieurs petites, à l'Embouchure de la Riviere de Trieu, à l'extrémité Occidentale de l'Evêché de St. Brieu.

L'ISLE DE BRESAM, petite Isle d'Angleterre près du Cap de Cornouailles.

L'ISLE DE BRESSA, l'une des Isles de Schetland; à l'Orient de celle de Mainland, & presque vis-à-vis de la Baye de Laxford. Elle est fort petite.

L'ISLE DE BREU, petite Isle de France en Bretagne; à l'entrée du Havre d'Abbrevrak sur la gauche en entrant, dans l'Evêché de St. Paul.

L'ISLE DE BRION, petite Isle de l'Amerique dans le Golphe de St. Laurent, au Nord de l'Isle de St. Jean.

L'ISLE BRULANTE [b], Dampier en marque plusieurs de ce nom. Ce sont des Isles qui ont des Volcans. Il en decrit ainsi une près de la nouvelle Guinée. Cette Isle vomit du feu & de la fumée toute la nuit d'une maniere surprenante ; à chaque secousse nous entendions un bruit terrible, comme celui du tonnerre & nous voyions ensuite paroitre la flamme qui étoit la plus épouvantable que j'aye jamais vû : les intervalles entre les secousses étoient à-peu-près d'une demi minute, les unes plus, les autres moins. D'ailleurs les secousses n'étoient pas toutes de la même force. Il y en avoit de foibles en comparaison des plus violentes, quoique les premieres jettassent quantité de feu ; mais les dernieres causoient un mugissement horrible & poussoient une grosse flamme de la hauteur de trente verges. On voyoit alors une grande trainée de feu qui couroit jusques au pied de l'Isle, & même jusques au Rivage. Ce Volcan selon lui est à 5. d. 33'. de Latitude Meridionale.

[b] Suite du Voyage de la N. Hollande.

§ Le nom d'Isle Brulante est commun à toutes celles qui ont des Volcans, & le Voyageur cité en a vû plusieurs dans ces Mers-là.

L'ISLE BRULE'E, petite Isle de France en Bretagne, dans l'Evêché de Treguer sur la côte au Nord de l'Isle de Molene.

L'ISLE DE BUA. Voiez Bua.

L'ISLE DE BUADE, Isle de l'Amerique dans la nouvelle France & dans le Lac de Frontenac, à l'endroit où le Fleuve de St. Laurent en sort, du côté Oriental de ce Lac, & près du Fort de Frontenac.

L'ISLE D'UN BUISSON [c], petite Isle de l'Amerique dans la Baye de Campêche, peu loin de Trist. Elle n'a pas plus de quarante pas de long & cinq ou six de large. Il n'y a qu'un seul petit arbre tortu qui lui a fait donner ce nom. On diroit à la voir que ce n'est qu'un monceau de Coquillage dont l'Isle est presque couverte sur tout d'écailles d'Huitres. Elle est éloignée de près d'un mille du Rivage; & il y a vis-à-vis une petite Crique qui s'etend un mille plus loin & qui se forme ensuite en un grand bras de Mer. C'est par cette crique qu'on porte le bois de Campêche dans les vaisseaux qui sont à l'ancre devant la petite Isle.

[c] Dampier Voyages à la Baye de Campêche. p. 27.

L'ISLE DE BURRA. Voiez Burra.

L'ISLE DE BURRO. Voiez Burro.

L'ISLE DE BURSEY, Isle d'Angleterre au Comté de Dorset dans le Havre de la Pole ; au Midi Occidental de l'Isle de Branksey.

L'ISLE DE BUS. Voiez Bus.

L'ISLE DE BUSI, écueil près de l'Isle de Lissa en Dalmatie, dans le Golphe de Venise.

L'ISLE DE BUZAR, petite Isle de France en Bretagne, sur la Loire, un peu au dessous de Nantes vis-à-vis de St. Pierre de Bouguenay.

C

LES ISLES DE CABINCOS, petites Isles de la Mer des Indes assez près de l'Isle Bouton, vers les Moluques.

L'ISLE DE CABONNE, petite Isle de la Mer des Indes au delà de l'Isle Celebes, à huit ou neuf lieues au Nord-est de Bouton.

L'ISLE DE CACAN, petite Isle de Dalmatie dans la Mer Adriatique, dans le Golphe de Sebenico, près des Isles Coronata & Zuri.

L'ISLE DE CACKIAN, Isle de la Chine à une lieue & demie de Macao.

L'ISLE DE CANO, ou CAGNO. Voiez Cayno.

L'IS-

L'ISLE DE CAIMAN, Isle de l'Amerique Septentrionale dans la Mer du Nord vers le Midi de l'Isle de Cuba, dont elle est à près de quarante lieues.

§ Mr. de l'Isle distingue trois Isles de ce nom au Midi de l'Isle de Cuba & au Couchant du Canal qui sepáre Cuba de la Jamaïque. Savoir le grand Cayman vers le 96. d. 40′. de Longitude ; & le petit Cayman qui consiste en deux autres Isles au Levant l'une de l'autre, & toutes deux à l'Orient Septentrional du grand. Le petit Cayman est à-peu-près à trente-trois lieues communes de France de l'Isle de Cuba & le grand en est à environ cinquante-cinq.

L'ISLE DE CALABRE, petite Isle de France sur la côte de Bretagne, au Midi Oriental de l'Isle des Saints.

L'ISLE DE CALAMINA. Voiez CALAMO.

L'ISLE DE CALAMO. Voiez CALAMO.

L'ISLE DE CALAMOTA, c'est l'une des petites Isles qui sont autour de Raguse.

L'ISLE LE CALDY, petite Isle d'Angleterre au Pays de Galles dans la Province de Penbrock sur la côte Occidentale de l'Anse.

L'ISLE DE CALLAO. Voiez CALLAO.

L'ISLE DE CALOYER, ou DU CALOYER. Voiez CALOYER.

L'ISLE DE CALOT, Isle de France en Bretagne à l'Orient de l'Embouchure de la Riviere de St. Paul de Léon. Elle est presque toute en longueur, & borde le lit de la Riviere.

L'ISLE DE CALSOE, l'une des Isles de Fero au Nord de celle d'Ostroe, & au Couchant de celles de Cunse & de Bordo.

L'ISLE DE CAMEU, petite Isle de l'Océan Septentrional, dans la Laponie Danoise entre Nord Kyn, & Slettenefs.

LES ISLES CANARIES. Voiez ce mot.

L'ISLE DE CANDIE. Voiez CANDIE.

L'ISLE DE CANO, c'est la même que CAYNO. Voiez ce mot.

L'ISLE DU CAP BRETON. Voiez au mot CAP.

LES ISLES DU CAP VERD, Isles de l'Océan Atlantique sur la côte Occidentale de l'Afrique au Couchant du Cap dont elles portent le nom. Pour la Longitude elles sont entre les 352. d. & le 355. & pour la Latitude depuis le 14. d. 30′. & le 19. d. selon la Carte de la Barbarie, Nigritie & Guinée par Mr. de l'Isle. Elles sont très-differentes pour la grandeur. Celle de sant Jago est la plus grande. Elle a à l'Orient l'Isle de MAY qui est beaucoup plus petite, & au Couchant de sa partie Meridionale est l'Isle de FOGO, & un peu plus loin l'Isle de BRAVA. Au Nord Oriental de l'Isle de May est BONAVISTA plus grande que cette derniere, & au Nord Occidental de Bonavista est l'ISLE DE VEL; à l'Occident de celle-ci est l'Isle de ST. NICOLAS après laquelle on trouve de suite ST. VINCENT, STE. LUCIE, & ST. ANTOINE la plus Occidentale de toutes. Au Midi de St. Vincent il y en a deux autres petites, savoir l'ISLE RONDE, & l'ISLE CHAON. Cela fait le nombre de douze. Si on y ajoute quelques écueils, on fera monter ce nombre jusqu'à vingt. Les Anciens les ont connues, & quelques Géographes croyent qu'on les a nommées HESPERIDES. Il est bien plus vrai-semblable que ce sont les GORGADES de Pline. On en avoit perdu la connoissance avec le temps ; & ce sont les Portugais qui les ont retrouvées. L'an 1460. Antoine Noli Genois de Nation, au service du Roi de Portugal, les decouvrit au profit de cette Couronne qui les a conservées. L'air y est generalement chaud & peu sain en quelques-unes. Les Portugais y ont un Vice-Roi qui fait son sejour dans celle de sant Jago. Elles sont peuplées d'Europeans, ou de familles originaires d'Europe qui y professent la Religion Catholique comme en Portugal. Ils y ont aussi quelques Negres. Je parle de la plupart de ces Isles dans des Articles separez.

L'ISLE-CAPEI., petite Isle d'Irlande, dans la Province de Munster à l'entrée du Havre de Dungarvan.

L'ISLE DE CAPRE'ES. Voiez CAPRE'ES.

L'ISLE DE CAPRI, c'est la même.

L'ISLE DE CARAQUET, petite Isle de l'Amerique Septentrionale dans le Golphe de St. Laurent au Midi de l'entrée de la Baye des Chaleurs, près de l'Isle de Miscou.

L'ISLE DE CARLOON, Isle de Suede dans le Golphe de Bothnie sur la côte Orientale auprès d'Ulaborg.

L'ISLE DE CATAON, selon Hagenaer [a], PULO CANTON, selon Mr. de l'Isle petite Isle de l'Océan Oriental sur la côte de la Cochinchine, assez près du Continent. Hagenaer observe qu'elle est posée dans les Cartes par les 15. d. 40′. & que selon son estime, elle doit être par les 15. d. 14′.

[a] Voyages de la Compagnie des Ind. Orient. Hollandoise. T. 5. p. 308

L'ISLE DE CAULI, écueil sur la côte Orientale de Sardaigne dans la partie Septentrionale du Golphe de Cagliari.

L'ISLE DE CEFALONIE. Voiez CEPHALONIE.

L'ISLE DE CERAM. Voiez CERAM.

L'ISLE DE CERF, Isle de France en Bretagne sur la côte de l'Evêché de Treguier. C'est la plus Meridionale & la plus Occidentale des sept Isles.

L'ISLE DE CERIGO. Voiez CERIGO.

L'ISLE DE CERIGOTO. Voiez CERIGOTO.

L'ISLE DES CERS, Isle de la Grande Bretagne sur la côte de Normandie entre l'Isle de Grenezey & le Côtentin.

L'ISLE DE CESAMBRE, Isle de France sur la côte de Bretagne, à l'Embouchure de la Riviere de St. Malo.

L'ISLE DES CHALOUPES, Isle des Indes à l'entrée du Golphe de la Sonde ; du côté du Midi. Elle est nommée de Gallapas dans quelques Cartes.

LE L'ISLES DE CHAMETLI. Voiez CHAMETLI.

L'ISLE DE CHAMPION, Isle de France dans la Seine près de Mante. Elle est bordée des deux côtez par la Riviere, & ornée par les soins de la Ville d'un plan d'Ormes

mes qui forme une avenue d'une beauté singuliere.

L'ISLE DE CHARLESTOWN, Isle de l'Amerique Septentrionale dans le fond Meridional de la Baye de Hudson.

L'SLE DU CHATELIER, ou CATELIER, petite Isle de France en Bretagne, à l'Orient de la Ville de Cancale.

L'ISLE DE CHEPELIO, ou de CHEPILLO. Voiez CHEPILLO.

L'ISLE DES CHEVAUX, Isle d'Afrique sur la côte de Guinée, assez près du Rio de Gabon.

L'ISLE DES CHIENS, Isle de la Mer du Sud ; Elle fut découverte en 1616. par Jacques le Maire. C'est la même que l'Isle des Tiburons, elle est par les 236. d. de Longitude & par le 15. d. de Latitude Meridionale.

L'ISLE DES CHIENS MARINS, petite Isle d'Afrique dans la Baye du Cap de Bonne-Esperance.

L'ISLE DE CHILOE'. Voiez CHILOE'.

LES ISLES DE CHOZE, Isles de France sur la côte de Normandie au Couchant Septentrional de Granville. Ce sont, je pense, les mêmes Isles que Taslin dans sa description des côtes de France appelle Ecueils de Sausssée. Il en fait deux Isles. Le Neptune François en fait plus de vingt dont la plupart ont leurs noms particuliers, sans compter quelques pointes de roches qui sont entre ces Isles & le Continent.

a Dampier Voyages T. 1. p. 226. L'ISLE DE CHUCHE,*a* petite Isle de la Mer du Sud, elle est petite, basse, ronde, pleine de bois, déserte, & à quatre lieues de Pacheque du côté du Sud-Sud-Ouest.

L'ISLE DE CIAMPELLO. Voiez CHAMPELLO.

L'ISLE DE CIGLIA, petite Isle sur la côte Orientale de l'Isle de Corse ; à l'entrée & au Nord de Porto Vecchio.

L'ISLE CLARE, Isle d'Irlande sur la côte Occidentale, dans la Province de Connaught, à l'entrée du Golphe de Burishol ou Bressel, au Nord de l'Isle Boche.

L'ISLE DE CLOMKILL, petite Isle entre les Westernes, au Couchant de Mul & au Nord de Jura.

L'ISLE DE COB, petite Isle d'Angleterre au Comté de Dorchester à l'entrée de la Baye de Culliton.

L'ISLE DE COCAGNE, petite Isle de l'Amerique Septentrionale dans le Golphe de St. Laurent & la Gaspesie.

§ Ce nom est employé par raillerie pour signifier un Pays abondant, où l'on trouve tout ce qui peut contribuer aux plaisirs de la vie, desorte qu'il n'en coute que la peine de le souhaiter. On dit d'un Canton où l'on vit à bon marché & dans l'abondance de tout ce qui sert à la bonne chere : *c'est un Pays de Cocagne.* Il se peut faire que ceux qui se sont interessez aux premiers établissemens du Canada, ayent extrêmement vanté ce Pays pour y atirer des Colons & des Artisans, & qu'exagerant la facilité qu'il y avoit d'y vivre presque pour rien, ils ayent assuré qu'on y trouvoit tout à foison même dans l'Isle de Cocagne qui n'est qu'un fort petit morceau de terre, & que cela ait passé en proverbe.

L'ISLE DE COCINA, petite Isle sur la côte de Sardaigne au Nord-Ouest, & au Nord de Castel Arragonese.

1. L'ISLE DES COCOS, Isle de la Mer du Sud, au Nord de l'Isle des traîtres, vers les 196. d. de Longitude & le 16. d. de Latitude Meridionale. Elle est au Sud-Ouest des Isles de Salomon & non pas à l'Est de celles de Salomon, comme le dit Mr. Baudrand.

2. L'ISLE DES COCOS, autre Isle de la Mer du Sud à l'Orient du Golphe de Panama par les 289. d. de Longitude & par les 5. d. de Latitude Septentrionale.

3. LES ISLES DES COCOS, Isles de la Mer des Indes, entre l'Isle de Java, la nouvelle Hollande & les Maldives ; par le 113. d. de Longitude & les 16. & 17. d. de Latitude Meridionale.

L'ISLE COKET, petite Isle d'Angleterre sur la côte Orientale dans la Province de Northumberland, au Midi de l'Isle Farne, & au Nord de l'Embouchure de la Tine.

L'ISLE DE COLINET, petite Isle de France en Bretagne, ou plutôt roche toujours decouverte, dans la Baye de Douarnez au Midi & à l'entrée du Port de Poldavid.

L'ISLE DE COLLOUSA, ou COLONSAY, l'une des Westernes au Couchant de l'Isle de Jura, elle a cinq ou six milles d'étendue, & n'est pas si fertile que l'Isle d'Oronsay dont elle n'est séparée que par un petit Detroit. Suivant la tradition de ses habitans les Pygmées y ont autrefois demeuré.

L'ISLE DE COLONI, entre les Isles de Schetland au Couchant de la partie Meridionale de la grande Isle de Mainland. Elle est petite.

L'ISLE DE COLSTER, entre les Isles de Fero, au Midi de celle de Wage.

L'ISLE DE COMORE, Isle de la Mer des Indes entre la partie Septentrionale de Madagascar & le Continent. Voiez COMORE 2.

LES ISLES DE COPLAND, en Irlande, au Nord de la côte Orientale de cette Isle, & au Midi de l'Embouchure de la Riviere de Logan.

L'ISLE DE COQUET. Voiez ci-dessus l'Isle de COKET.

LES ISLES DES CORAILS, Isles de la Mer Pacifique, à l'Orient des nouvelles Philippines elles sont au nombre de trois dans l'11. d. 2'. de Latitude Meridionale. La Longitude est par les 182. d.

L'ISLE DE CORBEAU. Voiez l'ISLE DE CORVO.

L'ISLE DE CORFOU. Voiez CORFOU.

L'ISLE DE CORSE. Voiez CORSE.

L'ISLE DE CORVO, l'une des Açores, c'est la plus Septentrionale de toutes, elle est au Nord de l'Isle Flores, le 40. d. de Latitude Septentrionale les separe. Elle n'a que deux au trois lieues de tour. Ces deux Isles sont sous un même Gouverneur. J'ai remarqué au mot AÇORES ce qui lui est commun avec les autres Isles comprises sous ce nom. Elle
n'a

n'a que quelques Villages avec un Port & un Château vers l'Isle de Flores.

L'ISLE DE COSAKI, ou l'ISLE DE COSIQUE, petite Isle du Japon, au Midi de celle de Kabasina, au Sud-Ouest de l'Isle d'Amakusa.

L'ISLE DE CORTELAZZA, petite Isle sur la côte Orientale de Sardaigne, à l'Orient de la Ville de Cagliari, au Sud-Ouest de l'Isle de Serpentara.

L'SLE DES COUDRES, Isle de l'Amerique Septentrionale, dans le Canada, dans la Riviere de St. Laurent, au dessous de Quebec.

L'ISLE COURONNE'E, en Italien ISOLA CORONATA, Isle du Golphe de Venise sur la côte de Dalmatie vis-à-vis de Sebenico. Elle est ainsi nommée à cause d'un grand nombre d'Isles & d'Ecueils qui la bordent au Sud-Ouest.

L'ISLE DE CRAC, petite Isle de France sur la côte de Bretagne, dans l'Evêché de Vanne au Couchant de l'Embouchure de la Riviere de Crac.

L'ISLE DE CRAGUENET, petite Isle de France sur la côte de Bretagne dans l'Evêché de Quimper au Sud-Ouest de l'Embouchure de Pont d'Avène.

L'ISLE DE CRAKATAU, l'une des Isles du Detroit de la Sonde.

L'ISLE DE CRESIC, petite Isle de France en Bretagne, dans la Riviere de Vannes à l'Occident de l'Isle aux Moines.

L'ISLE DE CRO, petite Isle de France en Bretagne à l'entrée du Havre d'Abbrevak, sur la droite dans l'Evêché de St. Paul.

L'ISLE DE CUBA. Voiez CUBA.

L'ISLE DE CUCHE. Voiez L'ISLE DE CHUCHE.

L'ISLE DE CUNSE, l'une des Isles de Fero, entre les Isles de Bordo, & de Calsoé.

L'ISLE DE CURAÇAO. Voiez CURAÇAO.

L'ISLE DE CURZOLA. Voiez CURZOLA.

D

L'ISLE DAGNA, petite Isle de la Dalmatie dans le Golphe de Venise. Elle est entre l'Isle Coronata & celle de Suth.

L'ISLE AUX DAIMS, Isle d'Irlande dans la Baye de Galloway au Midi.

L'ISLE DARU, c'est un amas de petites Isles dans la Mer des Indes dans le Detroit & sur la côte de Malaca, à l'Embouchure de la Riviere de Solongor.

L'ISLE DAUPHINE. Voiez MADAGASCAR.

L'ISLE DE DERNERICK, petite Isle d'Irlande dans le Shannon au dessus de la Baye de Clare.

L'ISLE DE DERIG, Isle d'Irlande sur la côte Occidentale, à l'extrémité de la Province de Connaught, près de la Province d'Ulster & à l'entrée de la Baye de Dungal.

1. L'ISLE DESERTE, petite Isle d'Afrique dans l'Océan Atlantique vers l'Isle de Madere d'où elle n'est éloignée que de sept lieues.

2. L'ISLE DESERTE, Isle de la Mer du Sud, proche de l'Isle de Ste. Croix vers la Terre Australe avec le Port de la Gracieuse.

§ On a trouvé ensuite que cette Isle étoit habitée. Le Port de la Gracieuse est dans l'Isle de Ste. Croix.

Il y a un si grand nombre d'Isles Desertes qu'il seroit impossible d'en tracer ici une liste. Voiez l'Article DESERTE.

L'ISLE LA DESIRADE. Voiez DESIRADE.

1. L'ISLE DE DIEGO RODRIGUE, ou DIEGO ROIZ, par abreviation, en Latin DIDACI RODERICI INSULA, elle gît par les 19. d. 45'. de Latitude Meridionale, il y a flux & reflux. Elle est environnée d'une Chaine de rochers. Du côté de l'Est, il y a un petit banc étroit qui court en Mer à l'Est. Du côté de l'Ouest il y a un autre banc long & étroit qui court en Mer une lieue & demie à l'Ouest & au milieu de ce banc est une petite Isle. Du côté du Nord un banc de roches qui s'étend jusqu'au Rivage & y court tout le long & empêche les Vaisseaux d'en approcher. Au côté Septentrional par le travers du milieu de l'Isle on trouve une ouverture dans ce banc par où un vaisseau peut passer, ou qui n'est gueres plus large. Au delà du banc proche de l'ouverture il y a bon mouillage sur 25, 15, & 12. brasses.

§ Ce que je viens de dire de cette Isle est pris du Voyage de Wolphert Hermansen inseré au 1. Tome des Voyages de la Compagnie. Cependant il y a erreur. Cette Isle est simplement l'Isle Rodrigue, la même où François Leguat & ses Compagnons ont demeuré, & dont il a eu tout le temps de faire la description. L'Isle de Diego Rodrigue est bien loin de là comme nous le verrons dans l'Article suivant. Celui qui a fait la Table du Volume déja cité dit que l'Isle Maurice est la même, c'est une erreur. Il y a environ trois degrez de difference pour la Longitude. Mr. Baudrand qui la nomme en Latin *Didaci Roii Insula*, en François DIEGO ROIZ, ou DIGAROIS, la confond aussi avec l'Isle RODRIGUE.

2. L'ISLE DE DIEGO RODRIGUE, Isle de la Mer des Indes, sous le premier degré de Latitude Sud, à l'Orient & à quatre degrez & demi des Maldives, c'est-à-dire par le 91. degré de Longitude.

L'ISLE DIEU, ou L'ISLE D'YEU, Isle de France sur la côte de Poitou au Midi Occidental de l'Isle de Noirmoutier. Elle est à près de neuf mille toises du Continent. Il y a un Bourg, & une ance dans la côte Septentrionale qui sert de Port à l'Isle, & qui est accompagnée de quelques Maisons. Elle a 4500. toises de longueur.

LES ISLES DIGUE, ce sont trois petites Isles de l'Amerique Septentrionale à l'Ouest du Cap de Digue au 62. d. 45'. de Latitude. Chacune a environ une lieue ou deux de tour, & la premiere n'est qu'à une lieue du Cap.

L'ISLE DIOU, ou L'ISLE DE DIU. Voiez DIU 1.

L'IS-

L'ISLE DE LA DIVE, petite Isle de France, sur la côte de Poitou, dans l'Evêché de Luçon, au Midi de St. Michel en l'Herme.

L'ISLE DE LA DOMINIQUE. Voiez DOMINIQUE.

L'ISLE DE DONA CLARA, petite Isle.

L'ISLE DONZE, Riviere d'Espagne dans la Galice, à l'Embouchure de la Riviere de Ponte Vedre.

L'ISLE DE DORAN, Isle de France sur la côte de Bretagne, au Nord de St. Mandé & à l'Orient de la pointe du Sillon.

L'ISLE DOREE, Isle de l'Amerique dans le Golphe de Darien.

L'ISLE DUMET, ou DU MAIZ, Isle de France sur la côte de Bretagne à l'entrée du Golphe où est l'Embouchure de la Villaine, à une bonne lieue au Nord-Ouest de la pointe de Piriac.

E.

L'ISLE D'EBIHENS, Riviere de France en Bretagne, à l'Embouchure de la Riviere de Plancaet au Couchant du Port de St. Malo.

L'ISLE DES ECREVICES, Isle de la Mer des Indes par les 90. d. de Longitude. Les Portugais la nomment BASSE DE CHAGAS.

L'ISLE D'EDA. Voiez l'ISLE DE HETH.

L'ISLE D'EDAM, Isle de la Mer des Indes au Nord de la Rade de Batavia, & plus particulierement au Nord de l'Isle d'Alcmaer.

L'ISLE D'EDDI, Riviere d'Irlande dans la Baye de Galloway, à l'Embouchure de la Riviere de Quilcolquin.

Ovington Voyages. Tom. 1. ISLE DE L'ELEPHANT, Isle de l'Indoustan sur la côte de Malabar à trois lieues de l'Isle de Bombain. Elle est ainsi appellée, à cause d'une figure d'Elephant que l'on y voit taillée en pierre, & grande comme le naturel. Elle est placée au milieu d'une Campagne, où tous ceux qui entrent dans l'Isle, par le côté où elle est, ne manquent pas de la voir. Il y a aussi dans le même endroit un cheval de pierre, representé si naturellement, qu'à une certaine distance, on s'imagine que c'est plutôt un animal vivant qu'une simple representation. Ces figures n'ont pas tant été faites pour montrer l'adresse & l'habileté de l'ouvrier, que pour être l'objet du culte des Payens qui en approcheroient.

Il y a encore dans cette Isle une Pagode célèbre dont les Historiens, & Voyageurs Portugais ont dit beaucoup choses curieuses. On appelle Pagode un Temple Payen, ou un lieu destiné au culte des Idoles; ce nom tire son origine du mot Persan *Pont* qui signifie une Idole & de *Gheda* un Temple; & de ces deux mots *Pont Gheda* on a formé celui de Pagode.

La Pagode de l'Isle de l'Elephant est sur le penchant d'une haute Montagne, où elle est taillée dans le roc même, qui est très-dur. Elle a environ cent-vingt pieds en quarré, & quatre vingt en hauteur. Entre plusieurs autres pièces qui y sont jointes, il y a 16. pilliers de pierre, éloignez de 16. pieds l'un de l'autre, qui ont chacun trois pieds de Diametre; ils sont taillez avec beaucoup d'adresse, & semblent être destinez à soutenir cet édifice massif, dont la voute n'est qu'un grand rocher. Aux deux côtez de la Pagode, il y a quarante, ou cinquante figures d'hommes, qui ont chacun douze ou quinze pieds de haut, & sont dans une exacte symmétrie les unes avec les autres. Quelques-unes de ces figures Gigantesques ont six bras; d'autres ont trois têtes; d'autres sont si monstrueuses, qu'elles ont des doigts aussi grands que la jambe d'un homme. Il y en a qui portent sur leurs têtes des Couronnes très-bien travaillées; on en voit aussi qui ont des sceptres dans leurs mains; quelques-unes ont au dessus de leurs têtes plusieurs autres petites figures, qui sont en posture dévote, ou s'appuyent sur des femmes ou sur la tête d'une vache qui est un animal fort respecté dans les Indes; on en voit qui prennent une jolie fille par le Menton, & d'autres qui dechirent en pièces de petits enfans. Cette variété de figures agréables, & monstrueuses peut être regardée comme de differens objets du culte des Idolatres, parmi lesquelles ils choisissoient celles qui leur plaisoient le plus selon les tems & les occasions. Les figures de ces Géants que les Payens revetoient comme des demi-dieux sont des representations des premiers hommes qui suivant les Chroniques des Indiens, étoient tous Géants, mais dont la taille a diminué par degré, & s'est enfin reduite à l'état où elle est maintenant par la corruption des mœurs qui a causé une diminution universelle dans la nature humaine.

L'ISLE D'EKHOLM, petite Isle de Russie sur la côte Septentrionale de l'Estonie dans la Vittie par le 44. d. de Longitude.

L'ISLE D'ELBE. Voiez ELBE 1.

L'ISLE ENCHANTEE, l'une des Isles Gallapes dans la Mer du Sud. Le Capitaine Cowley qui lui a donné ce nom dit qu'après l'avoir consideré sous differens points de la Boussole, elle avoit toujours de nouveaux aspects, & que sous un point elle paroissoit comme une fortification ruinée, sous un autre comme une grande Ville, &c.

Il dit des Isles Gallapes que les Espagnols les appellent GALLAPAGOS, ou Isles Enchantées.

L'ISLE ENCUBIERTA. Voiez ENCUBIERTA.

L'ISLE D'ENEFUEIN, petite Isle de France en Bretagne, sur la côte du Sud-Est de l'Isle d'Ouessant dont elle est une annexe.

L'ISLE D'ENESCRON, c'est la même Isle.

L'ISLE D'ENESKELEE, ou ENESQUELEE, petite Isle de Bretagne, à l'entrée de la Riviere de Treguier; au Midi de la Riviere d'Er qui est à l'autre bord de cette Riviere.

L'ISLE D'ENESTERHUL, petite Isle à la pointe Septentrionale d'Irlande, au Nord de Londonderry.

L'ISLE D'ENESVER, petite Isle de Bretagne à l'Orient de l'Isle de Bas.

L'IS-

ISL.

L'ISLE D'ENGAÑO, c'est selon Mr. Baudrand la plus Meridionale des Isles des Larrons; ou Isles Marianes. Voiez GUAN.

L'ISLE D'ENISKERRY, petite Isle de l'Océan Occidental sur la côte d'Irlande au Comté de Clare, entre la Baye de Galloway & le Shannon.

L'ISLE D'ENISNIC, Isle d'Irlande, au Comté de Galloway à l'entrée de la Baye de Peterbuy.

L'ISLE D'ENISPERE, Isle d'Irlande au Comté de Galloway, dans la Baye de Concachin, entre l'Isle Gormene & le Continent.

L'ISLE D'ENKHUYSEN, Isle de la Mer des Indes à la rade de Batavia, au Nord de l'Isle de Java vers le Sud-Ouest de l'Isle d'Alcmar, & au Nord-Ouest de l'Isle de Leyden. Elle est entourée d'écueils de roche.

L'ISLE D'ER, ou D'ERC, Isle de France en Bretagne à l'Embouchure de la Riviere de Treguier sur la droite en entrant.

L'ISLE ESPAGNOLE. Voiez ST. DOMINGUE.

L'ISLE D'ESSO, Isle du Golphe de Venise dans la Dalmatie au Nord de l'Isle Grossa, entre cette Isle & celle d'Ugliano.

L'ISLE D'ESTATA. Voiez ESTATA.

1. L'ISLE DES ESTATS, Isle au Midi de l'Amerique Meridionale, à l'Orient de la Terre de Feu, dont elle est separée par le Détroit de le Maire.

2. L'ISLE DES ESTATS, Petite Isle d'Asie au Nord entre la Terre d'Iesso & la terre de la Compagnie au Détroit de Vries.

L'ISLE D'ESTON, Isle d'Angleterre en Devonshire devant l'entrée du Havre de Plymouth.

L'ISLE D'ESTRO, ou plutôt d'ESTÒ, Isle de la Dalmatie au Couchant de l'Isle Melada.

L'ISLE D'EVISSE. Voiez IVICA.

L'ISLE D'EURILAND, Bourg & Isle de Norvege au Nord de l'entrée du Golphe de Drontheim.

F.

L'ISLE DE FAIRE, Petite Isle au Nord de l'Ecosse entre les Isles de Schetland & les Orcades. François Voiez FAIRE.

L'ISLE DES FAISANS. Voiez FAISANS.

L'ISLE DE FAITZINCHIMA. Voiez FAITZINCHIMA.

L'ISLE DE FALCONARA, } Voiez { FALCONARA. FALSTER.
L'ISLE DE FALSTER,

L'ISLE DE FALUGA, Petite Isle sur la côte Occidentale de Sardaigne près du Cap della Cacca. C'est la même que Feluga.

L'ISLE DE FANOE, Petite Isle de Dannemarc sur la côte Occidentale du Jutland, au Couchant Septentrional du Port de Rypen.

L'ISLE DE FANU. Voiez FANU.

L'ISLE DE FARE. Voiez PHARUS.

L'ISLE DE FARNASIA. Voiez FARNASIO.

L'ISLE DE FARNE. Voiez FARNE.

LES ISLES DE FARO, ou FERO. Voyez FERO.

ISL.

L'ISLE DE FAREWEL. Voiez FARWEL.

L'ISLE DE FAVAGNANA, FAVIGLIANA, ou FAVOGNANA. Voiez FAVAGNANA.

L'ISLE DE FAYEREL, la même que l'Isle de FAIRE.

L'ISLE DE FEMEREN. Voiez FEMEREN.

1. Les ISLES DES FEMMES, Isles de l'Amerique Septentrionale, ou plutôt des Terres Arctiques; les Anglois disent WOMANS ISLES, ce qui est la même chose. Elles sont à l'extremité Septentrionale du Détroit de Davis sur la côte Occidentale du Groenland.

2. L'ISLE DES FEMMES, Isle de la Mer Mediterrannée sur la côte Septentrionale de Sicile dans le Val de Mazare, à l'Orient de Capo del Ursa, & au Couchant de Capo di Gallo, les Italiens disent ISOLA DELLE FEMINE. Il y a une tour, elle n'est qu'à mille pas de la côte & à sept milles de Palerme.

L'ISLE DE FENNO, Petite Isle de Dannemarc, au Midi de l'Isle de Zelande, au Nord de l'Isle de Laland; à l'entrée du Guldborg Sond; ou du passage qui est entre l'Isle de Guldborg & l'Isle de Falster.

L'ISLE DE FEO, autre Isle de Dannemarc, au Couchant de l'Isle de Fenno au Nord de l'Isle de Falster.

L'ISLE DE FER, ou FERRO, Isle d'Afrique l'une des Canaries, la plus Occidentale de toutes. Comme les premiers Géographes ne connoissoient point de terres à l'Occident de ces Isles, ceux qui commencerent à faire usage de la ligne Meridienne, compterent leurs longitudes depuis le Meridien de ces Isles. Ils s'étoient figuré qu'elles étoient toutes rangées sur une ligne du Nord au Sud; les Modernes y ayant navigué, remarquerent ce defaut; qui consistoit en ce que le Meridien des Canaries n'étoit pas un seul & unique Meridien, chaque partie de chaque Isle ayant son Meridien particulier. On voulut alors en fixer un; & il est facheux qu'on ne soit pas generalement convenu de prendre le même. Les Cartes Hollandoises pour la plupart mettent le leur au Pic de Tenerif l'une des Canaries; le Pere Riccioli met le sien à l'Isle de Palma; les Géographes François placent le leur à l'extremité Occidentale de l'Isle de Fer. On remedie à cette diversité par une conciliation des divers Meridiens. Je l'ai mise dans l'Article MERIDIEN. L'Isle de Fer n'est gueres remarquable que par ce seul endroit. Les Espagnols à qui elle appartient la nomment la ISLA DE HIERRO. Son circuit est d'environ vingt-deux lieues; sa longueur de sept & sa largeur de six, & a un Bourg de même nom & peu d'habitans. Elle est à dix-huit lieues de celle de Tenerif. On avoit debité au sujet de cette Isle une circonstance singuliere dont Mr. Baudrand a desabusé le Public. On disoit qu'il y avoit un arbre merveilleux des feuilles duquel il distilloit tant d'eau la nuit que cela suffisoit pour pourvoir l'Isle d'eau fort abondamment; mais m'en étant informé à des naturels Canariens ils ont tous dit qu'ils n'en avoient point ouï parler; & Mr. Baudrand en ayant écrit ensuite aux Canaries mêmes, diverses personnes ont consulté les plus

Z z   ha=

habiles du Pays qui n'en ont jamais ouï parler, non plus que quelques habitans de cette Isle qui tous assurent qu'il n'est rien du tout de cet Arbre & de cette eau qu'on dit qu'il distile.

L'ISLE DE FERNAND DE NORONHA, Petite Isle de l'Amerique Meridionale; environ à soixante lieues & à l'Orient de la côte du Bresil; environ à soixante & dix lieues. Elle fut découverte par les Portugais qui l'avoient fortifiée mais ils l'ont ensuite abandonnée & il n'y est demeuré que très-peu d'habitans. L'ISLE DES FEUX qui en est proche est encore plus petite.

L'ISLE DE FERNAND PAO, Petite Isle d'Afrique sur la côte de Guinée dans le Golphe de St. Thomas. Les François la nomment quelquefois L'ISLE DE FERNAND DU PORT. Elle a le nom d'un Portugais qui la découvrit en 1472. Elle est toute environnée de Rochers & il n'y a aucun lieu considerable.

L'ISLE DE FERNANDES, dans la Mer du Sud. C'est la même que l'Isle de JEAN FERNANDES.

L'ISLE DE FETLAR, l'une des Isles de Schetland; au Midi & à l'Orient de l'Isle d'Yell.

L'ISLE DE FEU, voiez les Articles FUEGO.

L'ISLE DE FIELWER, Petite Isle de la côte Occidentale de Norvege à l'entrée du Golphe de Drontheim, au Nord-Ouest d'Euriland.

L'ISLE DE FIGO, Petite Isle entre la Corse & la Sardaigne, Voiez FIGO.

L'ISLE DE FLACKE. Voiez OVER-FLACKEE.

L'ISLE DE FLADA, l'une des Westernes, entre celle de Skye & celle de Lewis. Elle n'a que deux milles de tour; mais elle est remarquable par la grande pêche qui s'y fait & par les grosses baleines qui poursuivent les Poissons sur ses côtes. Les Pluviers viennent de Skye dans cette Isle en grand nombre au commencement de Septembre & s'en retournent en Avril; on y trouve aussi quantité d'oiseaux de Mer qu'on appelle *Coulternebs*. Autour de cette Isle il y a plusieurs rochers qu'on appelle la TABLE RONDE à un mille de circonference; on n'y peut monter que par un seul endroit un à un; desorte qu'on en peut faire une Forteresse imprenable: il y a au sommet une source d'eau douce. Voiez FLADDE, c'est la même Isle.

L'ISLE DE FLANENA, Isle, ou plutôt ce sont plusieurs écueils au Couchant de l'Isle de Lewis la plus Septentrionale des Westernes.

L'ISLE DE FLECHER, c'est la même que l'Isle de FLECKEREN.

L'ISLE DES FLEURS. Voiez FLORES 2.

L'ISLE DE FLIE. Voiez VLIE.

L'ISLE DE FLORES. Voiez les Articles FLORES.

L'ISLE DE FLOTTA, petite Isle entre les Orcades au Nord de l'Ecosse, au Couchant de Burra; elle a cinq milles de long & trois & demi de large. Elle est environnée de Rochers & abonde sur tout en oiseaux de terre.

L'ISLE DE FORA. Voiez FORE 2.

L'ISLE DE EORMOSA. Voiez FORMOSA 3.

LES ISLES FORNIGUES. Voiez FORNIGUES.

L'ISLE DE FORTAVENTURE. Voyez FORTEVENTURA.

L'ISLE DE FOUGERAY, Isle de la Mer des Indes, au Sud-Sud-Ouest & environ à soixante lieues de l'Isle de Java. Elle fut découverte l'an 1720. par Jean Baptiste Garnier de Fougerai, Chevalier de l'Ordre de Christ, Capitaine du Vaisseau le Triton de St. Malo lorsqu'il revenoit de la Chine. J'en parle plus particulierement à l'article de la Mer des Indes.

L'ISLE DE FOUIN, Riviere d'Irlande dans le Shannon, au dessous de Limerik.

L'ISLE DE FOULNESS, Isle d'Angleterre au Comté d'Essex à l'Embouchure de la Riviere de Chrouche.

1. L'ISLE DE FRANCE, Province du Royaume de même nom. Comme ce n'est pas une veritable Isle, nous renvoyons cet article, après la liste des Isles.

2. L'ISLE DE FRANCE. Les Hollandois l'avoient nommée l'Isle Maurice & c'est le nom qu'elle a dans toutes les Cartes même dans celles de Mr. de l'Isle. Mais en 1721. le Chevalier de Fougeray la trouvant à la bienseance de la Compagnie Françoise des Indes Orientales, en prit possession, y dressa un poteau sur lequel étoit elevée une perche de quarante pieds avec un Pavillon blanc. Il y ajouta cette Inscription Latine.

VIVAT LUDOVICUS XV. REX GALLIARUM ET NAVARRÆ.
IN ÆTERNUM VIVAT.
HANC IPSE INSULAM SUIS DITIONIBUS VOLUIT ADJUNGI, ILLAMQUE JURE VINDICATAM, IN POSTERUM, INSULAM FRANCICAM NUNCUPARI.
IN GRATIAM HONOREMQUE TANTI PRINCIPIS, ISTUD VEXILLUM NIVEUM EXTULIT JOANNES BAPTISTA GARNIER DE FOUGERAY, DUX NAVIS DICTÆ, LE TRITON; EX URBE SAN-MACLOVIO ORIUNDUS, IN MINORI BRITANNIA; CUM IPSE HUC APPULERIT DIE 23. SEPTEMBRIS ANNO 1721. UNDE 3ª. NOVEMBRIS, EODEM ANNO, IN GALLIAM NAVIGATURUS, DEO FAVENTE, ANCHORAS SOLVIT.

à une portée de Canon delà il planta une croix sur un côté de laquelle, il y avoit sur les deux bras *Garnier de Fougeray* & sur le montant *de St. Malo C: le Triton* & les armes de France : de l'autre côté sur les deux bras,

Lilia fixa crucis capiti mirare sacrata
Ne stupeas : jubet hic Gallia stare crucem.

& sur le montant *anno* 1721. Voiez L'ISLE MAURICE.

L'ISLE DES FRANÇOIS, ou ISOLA DELLI FRANCESI, Petite Isle d'Italie près de la côte Meridionale de Sardaigne, au Couchant de l'Isle de St. Antioco, au Golphe de Palma.

ISL.

L'ISLE DE FRIESLANDE. Voyez FRIESLANDE.

L'ISLE DE FUERA, Isle voisine de l'Isle de Jean Fernando dans la Mer du Sud.

L'ISLE DE FULE, ou FULO, l'une des Isles de Schetland, la plus Occidentale de toutes.

L'ISLE DE FULOE, l'une des Isles de Fero; au Nord de l'Isle de Suinoé & à l'Orient de celle de Vidro.

L'ISLE DE FYREGGE, Isle de Suede sur la côte Occidentale du Golphe de Bothnie, dans la Province de Bothnie, à l'Embouchure de la Riviere de Teftä.

G.

L'ISLE DE GAASHOLM, petite Isle de Suede, sur la côte Occidentale de Bothnie dans l'Uplande, à l'Embouchure de la Riviere de Dala.

L'ISLE DE LA GALERA, petite Isle de la Mer du Sud à l'entrée de la Baye de Panama, ou plutôt de la Baye de St. Michel qui est au Levant de celle de Panama : cette Isle est entre les Isles des Perles & la pointe de Garachina dont elle est à cinq lieues Est-Sud-Est & Ouest-Nord-Ouest. Elle est basse, plate, & sterile.

L'ISLE DE LA GALITE, petite Isle d'Afrique sur les côtes de Barbarie. Voiez GALITE.

LES ISLES DE GALLAPAGOS. Voyez GALLAPAGOS.

L'ISLE DE GALLINARA. Voiez l'Isle d'Albengue.

L'ISLE DE GALLO, petite Isle de l'Amerique dans la Mer du Sud à trois degrez de Latitude Septentrionale, elle n'est pas habitée, & gît dans une grande Baye à environ trois lieues de l'Embouchure de la Riviere de Tomaco & à quatre lieues & demie d'un petit Village des Indiens qui porte le nom de la Riviere : cette Isle est passablement élevée. Il y a de fort bon bois de Charpente, aussi est-elle souvent visitée par les barques qui viennent de Guayaquil & d'ailleurs, car c'est de Gallo qu'on tire la plupart du bois de charpente qu'on transporte de Guayaquil à Lima. Au Nord-est de l'Isle il y a une Fontaine dont l'eau est bonne. Il y a là même une jolie petite Baye sablonneuse où l'on peut seurement faire descente; la rade est contre cette Baye; on y peut mouiller surement à six ou sept brasses d'eau tout autour de l'Isle. Cependant le Canal par où l'on y va n'a pas moins de quatre brasses de profondeur. Il faut entrer quand la marée monte & sortir quand elle descend, mais toujours la sonde à la main.

L'ISLE DU GAMEY, petite Isle de France sur la Dordogne, au dessus du Bec d'Ambez : & presque vis-à-vis de Nasque.

L'ISLE DE GANISMA, petite Isle de l'Océan Oriental sur la côte de Camboge, à une portée de mousquet de cette Isle on a trois brasses & demie, ou même quatre brasses & demie d'un fond de bonne tenue. Elle est à l'entrée de la Riviere de Camboge, on la nomme aussi l'Isle des Ecrevices.

L'ISLE DE GARO, petite Isle de Bretagne dans l'Evêché de St. Paul à l'entrée de Porsal; au Levant de l'Isle de Trevors & au Midi de celle de Jariec.

L'ISLE DE GASPIS, petite Isle de France dans la même Province, & dans le même Evêché dans l'anse de Tremeneac.

L'ISLE DE GATO, Isle de France en Bretagne dans l'Evêché de Treguier, au Nord-Nord-Est de l'Isle de Molene, à l'Orient de l'Isle brûlée, & au Couchant de l'Isle grande.

L'ISLE DE GATS, c'est la même Isle qui est ainsi nommée sur quelques Cartes.

L'ISLE DE GEGA, les Anglois prononcent GIGAY, & l'Auteur de l'Etat present de la Grande Bretagne qui écrit comme l'on prononce, dit Gigay, au Couchant de Kintyre, à six milles de long & un mille & demi de large. Il y a une Eglise, où sont inhumez les Mac-Neils proprietaires de l'Isle. Il y a une source d'eau Medicinale. Cette Isle est entre Cantyr Presqu'Isle de l'Ecosse & l'Isle d'Ila. C'est une des Westernes.

L'ISLE DES GERBES. Voiez GERBES.

L'ISLE DE GIANUTI. Voiez GIANUTI.

L'ISLE DE GIDDEROE, Isle de Suede dans la Province de Halland, à l'entrée du Port de Varberg.

L'ISLE DE GIGLIO. Voiez GIGLIO.

.ISLE DE GLENAN, Isle de France en Bretagne vis-à-vis de la Riviere de Quimpercorentin. C'est un amas de petites Isles & d'écueils. La plus considerable est celle DU LOUC qui est au milieu. Celles de GUIRIDON, de Penfert, & de Brinlivic sont à l'Orient, le PRINEMOU, le MENLIONE, & le MEMBREIN sont au Midi; l'Isle GUINEVET & quantité d'écueils sont au Couchant; l'Isle DRONEC, St. NICOLAS & autres Islets sont au Nord.

L'ISLE DE GODEC, petite Isle de France en Bretagne à l'entrée de la Riviere de Vannes au Midi de l'Isle d'Ars.

L'ISLE DE GOE'RE'E. Voiez GOERE'E I & 3.

L'ISLE GORGONNE, Isle de la Mer du Sud au Popayan sous le 3. d. de Latitude Septentrionale à 38. lieues Nort-Quart au Nord-Est, & Sud-Quart au Sud-Ouest, du Cap Corrientes. Elle est à cinq lieues du Continent à l'Embouchure de la Riviere Gorgone. Il croît sur ses bords quantité d'Arbres, bons pour faire des mats, ou des Vergues, & au Sud-est il y a un excellent port & une très-bonne Aiguade. Il faut mouiller près du Rivage & y amarer le Vaisseau avec un Cable. Mais ce détail regarde la Riviere & non pas l'Isle que Dampier [a] qui la nomme GORGONIA, decrit ainsi. Gorgonia est une Isle qui n'est pas habitée, à 3. dégrez de latitude Septentrionale. Elle est passablement élevée, & fort remarquable à cause des deux Colines, ou hauteurs & pentes faites en selles qui sont au sommet. Elle a environ deux lieues de long, & une de large; & est à environ quatre lieues de la terre ferme. A l'Occident il y a une autre petite Isle. Le Pays près du lieu où l'on mouille est bas. Il y a une petite Baye sablonneuse & bonne à faire descente. La terre est noire & profonde dans ce bas, mais dedans

[a] Voyages T. 1. p. 185.

le haut c'est une espece de glaise rouge. Cette Isle est très-bien pourvûe de diverses sortes d'arbres qui sont toute l'année verds & fleuris. Elle est fort bien arrosée de petits Ruisseaux qui sortent des hauteurs. Il y a grande quantité de petits Singes noirs, quelques Lapins des Indes & peu de Couleuvres. Je n'y connois pas d'autres animaux terrestres. On dit qu'il y pleut tous les jours de l'année, les uns plus, les autres moins, mais c'est ce que je puis nier. Quoiqu'il en soit, la côte est extrémement humide, & il y pleut beaucoup tout le long de l'année. Il n'y a que peu de beaux jours, & très-peu de différence dans les saisons de l'année entre l'humide & le sec. Tout ce que j'y ai remarqué, c'est que durant la saison séche les pluyes sont moins fréquentes, & plus modérées que durant la saison pluvieuse, où l'eau tombe comme si on la jettoit par un Crible. Il y a beaucoup d'eau & l'on ne peut ancrer autour de l'Isle qu'à ce seul endroit vers l'Occident. La Marée hausse & baisse sept à huit pieds. On y trouve quand l'eau est basse quantité de Moules, & autres Coquillages. C'est en ce temps-là que les Singes viennent les prendre sur le rivage, & savent fort bien les ouvrir avec leurs pates.

Il y a aussi beaucoup d'huitres où il y a des Perles dedans. Elles croissent sur les Rochers à 4. 5. ou 6. brasses d'eau, attachées par de petites racines comme les Moules. Elles sont d'ordinaire plus plates & plus menues que les autres; mais fort semblables à cela près. Ce Poisson n'est ni de fort bon goût, ni fort sain. Elles sentent beaucoup le cuivre quand on les mange crues, & valent beaucoup mieux cuites. Les Indiens qui les amassent pour les Espagnols, en pendent la chair & la séchent avant que de la manger. La perle se trouve à la tête de l'huitre entre la chair & l'écaille. Il y en a qui ont 20. à 30. petites Perles; d'autres n'en ont point du tout, & d'autres en ont une ou deux assez grosses. Le dedans de la Coquille est plus brillant que la perle même c'est le seul endroit de la Mer du Sud où j'en aye vû.

L'ISLE DE GORGONILLA, petite Isle de la Mer du Sud, sur les côtes du Popayan, au Couchant du Cap Manglares ou pointe des Mangles. Il y a une Riviere où l'on peut faire de l'eau & mouiller dans un fonds net.

L'ISLE DE GORMENE, Isle d'Irlande au Comté de Galloway au Nord de l'Isle d'Aaron.

L'ISLE DE GORTOBAND. Voiez GOTHLAND.

LES ISLES GOTHO, Isles du Japon à l'Orient de celle de Bongo. Elles sont habitées par des Laboureurs; on les trouve devant le Port de Nangasaki.

L'ISLE DE GOUDEU, Isle de Norvege dans la Prefecture de Sudmer, au Midi Occidental des Isles de Romsdal.

L'ISLE DE GRAAGHT, Riviere d'Irlande dans le Shannon au dessus de la Baye de Clare, au dessous du Village d'Obryen.

L'ISLE DE GRACE, petit Pays de France au Duché de Normandie entre les Rivieres de Seine & d'Eure depuis Verdun & Pacy jusques auprès du Pont de l'Arche où l'Eure se jette dans la Seine.

L'ISLE GRACIEUSE. Voiez GRACIEUSE.

L'ISLE DU GRAND VILLAGE, petite Isle de France en Bretagne au Midi de Belle Isle & du Village de Borinor.

1. L'ISLE GRANDE, Isle de la Mer Mediterrannée, à l'Embouchure du Tibre, dans l'Etat de l'Eglise entre les Villes d'Ostie & de Porto. On la nomme *Isola Grande* pour la distinguer d'une Isle voisine qui est plus petite. On l'appelle aussi l'Isle des PANTANI à cause des Marais qui sont sur la côte. Elle n'a pas plus de deux milles d'étendue entre la Tour de St. Michel & celle de Fiumentino.

2. L'ISLE GRANDE, ou L'ISLE DE ST. SAUVEUR, Isle de France en Bretagne dans l'Evéché de Treguier, entre l'Isle de Gato & le Continent.

L'ISLE GREANE, Isle d'Angleterre, au confluent des Rivieres de Medway & de la Tamise. Il y a au Nord-est de l'Isle un Village nommé St. Jacques.

L'ISLE DE GRENADE. Voiez GRENADE.

L'ISLE DE GRENESEY. Voiez GRENESEY.

L'ISLE DE GRINNE, petite Isle d'Irlande dans la Province d'Ulster sur la côte Orientale près de Strangford.

L'ISLE DE GRIP, Isle de Norwege sur la côte Occidentale au Gouvernement de Drontheim, à l'entrée du Golphe où cette Ville est située. On appelle GRIPSOND le passage qui est au Levant de cette Isle.

L'ISLE DE GRISS, petite Isle d'Irlande dans le Shannon, vis-à-vis du Château de Bon-Ratty.

L'ISLE DE GROAIS. Voiez GROAIS.

L'ISLE DE GUDEGUEJOT, petite Isle de France en Bretagne; au Nord de St. Pol de Leon, près du Continent au Midi de l'Isle de Bas, auprès de l'Isle de Ledanet.

L'ISLE DE GUIET, petite Isle de France sur la côte de Bretagne dans l'Evéché de St. Pol de Léon, au Nord de l'Isle de St. Laurent près du Continent.

L'ISLE DE GUILLANGO, petite Isle de France en Bretagne entre celles de Brehat. C'est une des plus Meridionales.

L'ISLE DE GUILLAUME SCHOUTEN. Voiez l'Isle de SCHOUTEN.

L'ISLE DE GUIRIDEN, Isle de France en Bretagne, l'une des Isles de Glenan.

L'ISLE DE GULL, petite Isle d'Angleterre au Comté de Cornouailles, au Levant de la pointe du Lezard.

H.

LES ISLES DE HAEKLUIT, Isles des terres Arctiques dans la Baye de Baffin, & plus particulierement dans la Baye de Thomas Smith, à l'entrée d'une troisième Baye dont le fond n'est gueres connu.

L'ISLE DE HAGOT. Voiez L'ISLE D'AGOT.

LES ISLES DE HALES, Isles des Terres Australes au Midi & sur la côte Orientale
du

du Nouveau Groenland; vers la pointe de Warwick Forland.

L'ISLE DE HAMPEHOAO, Isle de la Chine; les Portugais y avoient leur établissement avant qu'ils eussent obtenu la permission de s'établir à Macao qui en est à peu de distance.

L'ISLE DE HARLEE, Isle sur la côte Occidentale de Norwege, au Nord de la grande Isle qui est devant le Port de Bergen. L'Isle de Harlée est fort longue.

L'ISLE DE HARLEM, Isle de la Mer des Indes, au Nord de l'Isle de Java, au Nord Oriental de la Rade de Batavia. Elle est toute entourée d'écueils & de roches.

L'ISLE DE HARLEY, Isle d'Angleterre à l'Orient de Shepey, à l'Embouchure de la Tamise.

L'ISLE DE HASELIN, Isle de Danemarck au Nord de l'Isle de Zeland; devant l'entrée du Golphe de Roschild.

L'ISLE DE HASOO, Isle de Finlande sur la côte Occidentale du Golphe de Bothnie, devant le Port de Wasa.

L'ISLE DE HEDIC, Isle de France en Bretagne à l'Orient de Belle-Isle, au Midi de St. Gildas. Elle est entourée d'écueils, sur tout du côté de l'Isle de Houat qui est au Nord-Ouest.

L'ISLE DE HERMS, Isle de l'Océan dans la Manche, sur les côtes de France à l'Orient de l'Isle de Grenesey. Elle a près de demie lieue de longueur, mais elle n'est guéres peuplée.

L'ISLE HERPIN, petite Isle de France en Bretagne, au Nord-Nord-Est de l'Isle des Landes qui est à l'extremité du Groüin de Cancale.

L'ISLE DE HERTZHOLM, petite Isle du Danemarc sur la côte Orientale du Jutland, au Midi de la pointe de Schagen.

L'ISLE DE HESNES, Isle de Norwege sur la côte Meridionale, auprès d'un Bourgade de même nom au Sud-Ouest de l'Isle de Mardöe.

L'ISLE DE HESSEN, Isle de Norwege dans le Gouvernement de Bergen sur la côte Occidentale à l'Orient Septentrional du Nord Hoeck. On l'appelle aussi l'Isle de Flowach.

L'ISLE DE HETH, le Neptune François nomme ainsi l'une des Orcades entre les Isles de Sanda, de Strooms & de Siaping; l'Auteur de l'Etat present de la Grande Bretagne qui nomme & range ces Isles autrement, met Shapinsha au Nord de Pomona, Stronza au Nord-Est de Shapinsha, & Eda au Nord-Ouest de Stronza. Il dit qu'Eda a vingt milles de long, & cinq de large en quelques endroits; que cette Isle abonde en Gibier & en Poisson plus qu'en bled & en pâturage; qu'il s'y fait de bon sel & qu'elle fournit de Chauffage l'Isle de Sanda.

LES ISLES D'HIERES. Voiez au mot Hieres l'article des Isles d'Hieres.

L'ISLE DE HIGUIGNET, Isle de France sur la côte de Bretagne, entre les Roches de Porsal & le Havre d'Abbrevrak.

LES ISLES DE HILBRE, Isles d'Angleterre à l'Embouchure de la Dée Riviere qui coule à Chester. Elles sont trois & on les laisse à gauche en remontant la Riviere.

L'ISLE DE HISINGS, Isle de Suéde à l'embouchure de la Riviere de Lochelia, qu'elle separe en deux branches, aux Frontieres de la Norwege auprès de Gothebourg.

L'ISLE DE HITTEROE, Isle de la Norwege sur la côte Occidentale de la Province de Stavanger, par le 58. d. de Latitude.

1. L'ISLE DE HOLY HEAD, Isle qui s'avance en forme de Cap, au Couchant de l'Isle d'Anglesey.

2. L'ISLE HOLY ILAND. Voiez L'ISLE SAINTE, & Holy.

L'ISLE DE HONSEY, Isle d'Angleterre, au Comté d'Essex, sur la côte, au Midi de Harwich & de l'Embouchure de la Stoure.

1. L'ISLE DE HOORN, petite Isle de la Mer du Sud, vers les 15. d. de Latitude Sud, à l'Orient du Port de la VeraCruz qui est de la Terre Australe du St. Esprit; & au Couchant de l'Isle de Cocos. Jaques le Maire la découvrit en 1616.

2. L'ISLE DE HOORN, Isle de la Mer des Indes au Nord de l'Isle de Java, entre les Isles de Roterdam & d'Enckhuysen, au Septentrion de la Rade de Batavia.

L'ISLE DE HORSH, Isle d'Irlande sur la côte Occidentale, au Midi de l'Isle Boche & au Nord Oriental de Dogg Heat.

L'ISLE DE HOSPIC, Isle de France en Bretagne près de la côte au Midi Oriental des Isles de Brehat & auprès de l'Isle de Queméno.

L'ISLE DE HOUSU, entre les Isles de Schetland, à l'Ouest de l'Isle de Mainland.

L'ISLE DE HOY, entre les Isles Orcades au Midi de Pomona. Elle a douze milles en longueur & se divise en deux parties, l'une s'apelle proprement Hoy, & l'autre Waes; cette Isle est montagneuse, mais la partie nommée Waes est fertile, & bien habitée. Entre ses Havres, celui qu'on appelle North-hope est un des meilleurs Havres de l'Europe, & très-commode pour la pêche.

La partie nommée proprement Hoy a les plus hautes Montagnes & les plus profondes Vallées qu'il y ait dans les Orcades. Elles font fremir d'horreur tous les Etrangers qui y passent. Il y a sur ces Montagnes beaucoup de Brebis sauvages, que l'on n'attrape qu'avec bien de la peine.

Sur un Cap nommé Rom-head on trouve un Oiseau fort singulier, qu'on appelle Lyer; il est d'environ de la grandeur d'un Canard, mais presque tout rond de graisse. C'est un manger fort délicat, avec du Vinaigre & du Poivre. Au sommet d'une Montagne de cette Isle, on trouve une source d'eau douce, claire, & excellente à boire. Elle est si legere que quelque quantité qu'on en boive, on ne s'en trouve point chargé. Au solstice d'été il fait clair toute la nuit au sommet de ces Montagnes.

Dans une Vallée qui est entre deux Montagnes, il y a une pierre que les habitans appellent Dwarfy-stone. Elle a 36. pieds de long, 8. pieds de large, & 9. d'épaisseur. Elle est creuse; & en la creusant, on a ménagé un trou quarré de deux pieds de hauteur pour y entrer; & tout auprès il y a une pierre de la même

a Etat pref. de la G. Bret. T. 2. p. 300.

même grandeur pour servir de porte. Dans la cavité on trouve un lit, taillé dans la pierre, avec un oreiller. Il peut y coucher deux hommes, tout de leur long. Au milieu il y a un foyer, & un trou en haut pour faire sortir la fumée. On croit que ç'a été la Cellule d'un Hermite. Elle est environnée d'une Bruyere, & il n'y a point de maison dans le voisinage qui n'en soit éloignée d'un mille.

Enfin cette Isle a plusieurs Lacs, remplis de Poisson, & principalement de Truites. Il y a une Eglise au Nord, quelques maisons de Noblesse, & plusieurs Metairies.

LES ISLES DE HUDEN, Isle de Suede sur la côte Occidentale du Golphe de Bothnie aux Confins de l'Angermanie & de la Bothnie; à l'Embouchure de la Riviere d'Angera.

L'ISLE D'HUESNE. Voiez HUESNE.

L'ISLE DE HUNA, petite Isle ou Ecueil entre les Isles de Schetland, au Nord de Baltha & à l'Orient de l'Isle d'Unst.

L'ISLE DE HYNG, c'est la même que L'ISLE DE HISSINGEN.

I.

LES ISLES DU JAPON. Voiez l'Article JAPON.

L'ISLE DE JAVA. Voiez JAVA.

L'ISLE JAUNE, Ecueil entre les Isles de Breat sur la côte de Bretagne.

L'ISLE DE JAUX, Isle de France, à l'entrée de la Gironde sur la droite en remontant la Riviere vis-à-vis de l'Espare.

L'ISLE D'IBIDON, Isle de France en Bretagne, à l'entrée de la Riviere de Vannes au Midi de l'Isle d'Ars.

L'ISLE DE JEAN FERNANDO, ou de JUAN FERNANDES. Mr. de l'Isle dit simplement L'ISLE DE FERNANDEZ; Isle de la Mer du Sud à quelque distance de la côte du Chili. Le Journal de l'expedition du Capitaine Sharp imprimé au quatriéme Tome des Voyages de Dampier *, en donne ces connoissances. Elle est sous le 33. Degré 40. de Latitude Meridionale, fort haute vers le Nord & basse du côté du Sud, avec une petite Isle dans le voisinage où l'on mouille à 14. brasses d'eau. Cet endroit est commode & bien propre pour rafraichir, tant à cause de la quantité de Chevres qu'il y a qu'à cause de la bonne eau qu'on y trouve. Le vent du Sud donne tout droit dans cette Rade, & la fait devenir quelquefois dangereuse. Mais il faut tâcher de gagner le veritable port de cette Isle qui est une Baye ronde, longue d'un demi-mille & enclavée dans les terres à l'Est-Sud-Est, jusqu'au Nord-Quart au Nord-Ouest. On y trouve d'ailleurs quantité de poisson, surtout d'Ecrevisses, & trois sources de bonne eau. Dampier [b] ne s'accorde pas sur la Latitude de cette Isle. Il dit qu'elle est à 34. d. 15. de Latitude à environ cent vingt lieues de la terre ferme. Elle a environ douze lieues de circuit, & est pleine de hautes Montagnes, & de petites Vallées agréables qui produiroient, selon les apparences, si elles étoient cultivées, tout ce que le Climat est capable de produire. Les côtez des Montagnes sont en partie des pâturages ou pâcages, & en partie pleins de bois. On n'appelle pas pâcage les lieux que l'art & que le travail ont nettoyez de bois; mais ceux qu'on trouve sans bois dans les lieux inhabitez de l'Amérique. Telle est l'Isle de Jean Fernando, ou autres Pays originairement sans bois.

L'Herbe qui croît dans ces pâturages de Jean Fernando n'est ni longue ni ferme, comme elle est d'ordinaire dans ceux des Indes Occidentales; mais c'est une espece d'Herbe épaisse qui fleurit durant presque toute l'année. Les bois sont composez de diverses sortes d'arbres. Il y en a de gros & bons pour bâtir, mais il n'y en a point de propres à faire des mâts. Les arbres à Chou de cette Isle sont petits & bas, & portent neanmoins une bonne tête, & du fruit de fort bon goût.

Les pâturages sont fournis de grands troupeaux de Chévres. Mais celles de l'Orient de l'Isle ne sont pas si grosses que celles de l'Occident, car quoiqu'il y ait beaucoup plus d'Herbe, & abondance d'eau dans chaque Vallée, elles n'y profitent néanmoins pas si bien que du côté d'Occident, où elles ont moins de nourriture. Avec tout cela on y en trouve en plus grande abondance, & des plus grosses & des plus délicates. L'Occident de l'Isle est un Pays haut & plat sans aucun valon. On ne peut y mettre pied à terre que d'un côté. Il n'y a ni bois ni eau douce, & l'Herbe y est courte & séche.

Les premieres Chévres qu'il y eut dans l'Isle, y furent mises par Jean Fernando, qui en fit le premier la découverte en allant de Lima à Baldivia. Il découvrit aussi une autre Isle à peu près de la même grandeur, & à vingt lieues de celle-ci du côté de l'Occident: on la nomme l'Isle de Fuera. Des premieres Chévres que Fernando laissa dans l'Isle qui porte son nom, sont venues toutes celles qui y sont à present. Fernando étant de retour à Lima après la découverte de son Isle, demanda qu'on la lui assurât par une Patente, résolu de s'y établir; & ce fut à son second Voyage qu'il y mit trois ou quatre Chévres, qui ont si bien multiplié, qu'elles ont peuplé toute l'Isle. Mais il ne pût jamais obtenir la Patente qu'il demandoit; delà vient que l'Isle est encore sans habitans, quoiqu'elle puisse incontestablement faire subsister quatre ou cinq cens familles, des seules denrées qu'elle pourroit produire. Je ne dis rien de trop; car les pacages pourroient à l'heure qu'il est, nourrir 1000. pieces de bétail sans compter les Chévres. Il y a de l'aparence que si la terre étoit cultivée, elle produiroit du grain, & même du froment, de bons pois, des Yames & des batates, car dans les Vallées & à côté des Montagnes le terroir est noir & fertile. La Mer n'y est pas moins fertile que la terre. Il y a autour de cette Isle une aussi prodigieuse quantité de veaux marins, que s'il n'y avoit point d'autres lieux au monde, où ils pussent vivre: en effet il n'y a point de Baye, point de rocher sur lequel on puisse mettre le pied, qui n'en soit plein. Les Lions marins y sont par grosses troupes, les Poissons aussi, & surtout les Snappers, & les Tatonneurs y sont en si grande abondance, que deux pêcheurs à la ligne en prendront en deux heures de tems pour regaler

regaler cent hommes, avec chacun une ligne seulement.

Les veaux marins sont de la grosseur de nos veaux ordinaires. Leur tête est faite comme celle d'un chien : aussi les Hollandois les appellent chiens marins. Ils ont de chaque côté deux grosses & longues nageoires. Elles leur servent à nager, car s'élevant par un bout à la faveur de ces nageoires, & tirant leur derriere sous eux, ils se rebondissent par maniére de dire, & jettent le corps en avant, trainant leur derriere après eux : se relevant ensuite & sautant encore du devant alternativement, ils vont & viennent de cette maniere pendant qu'ils sont à terre. Depuis les épaules jusques à la queuë ils vont en diminuant comme un autre Poisson & ont deux petites nageoires à chaque côté du croupion qui est ordinairement couvert de leurs Nageoires. Quand ils sont en Mer, elles leur servent de queuë, & à terre de siége quand ils donnent à téter à leurs petits. Leur Poil est de diverses couleurs comme noir, gris, brun, tacheté, paroissant fort lissé & fort agréable d'abord qu'ils sortent de la Mer. Ceux de l'Isle de Jean Fernando ont une fourure si fine & si épaisse & si courte que je n'en ai pas vu de pareille ailleurs. Il y en a toujours autour de l'Isle par milliers, je pourrois peut-être dire par millions. Ils sont ou assis dans les bayes, ou vont & viennent à la Mer. A un mille ou deux de terre l'Isle en paroit toute couverte, & on les voit qui se jouent sur la surface de l'eau, ou sur la terre au Soleil. Quand ils sortent de la Mer, ils appellent leurs petits, & bêlent comme les brebis, & quoiqu'ils passent auprès d'une infinité d'autres petits avant que de venir aux leurs, ils ne se laissent néanmoins téter qu'aux leurs propres. Les jeunes ressemblent à de petits Chiens, & aiment fort la terre ; mais quand ils sont batus ils gagnent la Mer aussi bien que les vieux, & quoiqu'à terre ils soient très-paresseux, dès qu'ils sont à l'eau ils nagent fort vite & fort legerement. Ils ne s'ôtent du chemin qu'après qu'on les a battus, & se jettent sur ceux qui les frapent : un coup sur le nez les tuë d'abord.

L'Isle de Jean Fernando, n'a que deux Bayes où les Vaisseaux puissent ancrer. Elles sont toutes deux du côté d'Orient & il y a dans l'une & dans l'autre un petit ruisseau de bonne eau douce. On pourroit les fortifier avec peu de depense ensorte que cinquante hommes dans chacune pourroient empêcher mille d'en approcher. On ne peut entrer dans ces Bayes du côté de l'Occident qu'avec beaucoup de peine & en traversant des Montagnes où trois hommes peuvent empêcher de monter tout ce qui se presente. C'est une verité confirmée par l'experience de cinq Anglois que le Capitaine David y laissa & qui par l'avantage du lieu firent tête à un Corps d'Espagnols qui ne put les y forcer.

ISLE DE JEAN MAYEN, Isle de l'Océan Septentrional au Nord des Isles de Fero, au Levant du Groenland vers le 71. d. de Latitude, & le 13. d. de Longitude. Elle fut découverte en 1614. par Jansz Mayen. Elle s'étend en long l'espace de dix lieuës. Il y a une haute Montagne que l'on voit de loin.

L'ISLE DE JEAN DE NOVA, Isle d'Afrique, dans la Mer des Cafres, entre le Pays de Mosambique & l'Isle de Madagascar. Elle porte le nom d'un Portugais qui la découvrit en 1502.

L'ISLE DE JENDZIMO, Isle de Finlande sur la côte Orientale du Golphe de Bothnie à l'entrée du Port de Carleby.

L'ISLE DE JERSEY. Voiez JERSEY.

L'ISLE DE JESUS, Isle de l'Amerique Septentrionale dans la Nouvelle France ; au confluent de la Riviere des Ontouacs & de celle des Iroquois, auprès de l'Isle de Montréal dont elle n'est separée que par la Riviere des Prairies.

L'ISLE DE JETTESHOLMAN, Isle de Suede dans le Golphe de Bothnie sur la côte de la Helsingie devant le Bourg de Jettendal.

L'ISLE D'INCHKEITH, Isle d'Ecosse dans le Golphe de Forth à quelques milles au Nord d'Edimbourg [a]. Elle a un mille & demi de long & environ un demi mille de large. Le terroir de cette Isle est gras & produit de très-bonne herbe. Il y croît aussi quantité de simples. Elle a quatre sources d'eau douce & autant de Havres, l'un à l'Est, l'autre à l'Ouest & les deux autres au Nord & au Sud. Le milieu de l'Isle est la partie la plus élevée où la Reine Marie fit faire une Forteresse. On trouve dans cette Isle une Carriere qui exhale une vapeur sulphureuse quand on l'entame, mais la pierre en est fort bonne pour bâtir. Les côtes sont remplies de Poissons, & les Huitres y sont en abondance tout l'Hyver. Elle s'appelle Inchkeith du nom de la noble famille de Keith, dont le fondateur fut fait Seigneur de cette Isle avec le titre de Baron de Keith, & Grand Maréchal d'Ecosse par Malcom III. en 1010. pour s'être signalé contre les Danois à la bataille de Bar en Angus. Cette Isle fut ensuite réunie à la Couronne & donnée par Robert II. au Lord Jean Lyon de Glames, Chef de cette famille, avec la Baronie de King-horn lorsqu'il épousa la Princesse fille de Robert.

[a] Etat pres. de la G. Bret. T. 2. p. 309.

L'ISLE D'INCH-GARVY, autre Isle d'Ecosse dans le même Golphe, vis-à-vis de Quensferry, entre deux Promontoires. Elle étoit autrefois fortifiée & les Canons de ses Forts portoient aux deux côtez de la Riviere, desorte qu'aucun navire ne pouvoit passer sans permission.

L'ISLE D'IORD-SAND, Petite Isle de la Mer d'Allemagne sur la côte Occidentale du Sleswig, entre l'Isle de Sylt & le Continent.

1. L'ISLE-JOURDAIN, Ville de France dans le Poitou, elle occupe une Isle dans le lit de la Riviere de Vienne qui l'entoure de tous côtez.

2. L'ISLE-JOURDAIN, Ville de France dans le Bas Armagnac avec titre de Comté. Mr. l'Abbé de Longuerue [b] en parle ainsi : le Comté de l'Isle de Jourdain, qui est à l'Orient de l'Armagnac, est une Seigneurie fort ancienne ; on nomme ainsi cette Ville, parce qu'elle est située dans une Isle que forme la petite Riviere de Save : on y ajoute le nom de Jourdain, parce qu'il étoit quasi héréditaire à ses Seigneurs ; leurs terres s'étendoient jusqu'au-

[b] Desc. de la France 1. part. p. 197.

qu'auprès de la Ville de Toulouse, & ce qu'ils possédoient à l'Occident de la Garonne, dans le Diocèse de Toulouse, relevoit des Comtes de cette Ville. Les Seigneurs de l'Isle-Jourdain ne prétendirent reconnoître au dessus d'eux que le Roi de France depuis Philippe-Auguste, qui avoit conquis une partie de la Guyenne.

Philippe de Valois érigea la Seigneurie de l'Isle-Jourdain en Comté en faveur de Bertrand, à qui elle appartenoit, & qu'il avoit créé son Lieutenant Général en tous les Pays de la Langue-Doc. Ce Comte qui fut tué au siége de Bergerac l'an 1345. descendoit en ligne directe d'Aton-Raymond, qui vivoit dans l'onziéme siécle, & ayant épousé une fille de Guillaume Taillefer Comte de Toulouse, avoit été le premier Seigneur de l'Isle.

Le dernier Comte de l'Isle-Jourdain, & qui s'appelloit Jourdain comme ses prédécesseurs, mourut sans enfans l'an 1410. après avoir vendu tous ses biens à Jean Duc de Bourbon, qui les revendit à Bernard Comte d'Armagnac, par où le Comté de l'Isle-Jourdain fut annexé à celui d'Armagnac, quoique les deux Comtez ayent leurs bornes distinguées.

On voit par d'anciens monumens, que cette Ville de l'Isle s'appelloit CASTELLUM ICTIUM ; elle appartenoit à la Gascogne Toulousaine, comme elle est encore aujourd'hui du ressort du Parlement de Toulouse, dont les Comtes ont été reconnus par les Seigneurs de cette partie de la Gascogne : & quoique les Anglois se soient fait ceder par le Traité de Bretigny la Souveraineté de ces Comtez & de ces Seigneuries, néanmoins ils ne pûrent y établir paisiblement leur domination, & Charles V. après la mort du Roi Jean son Pere, remit en ce Pays-là toutes choses au même état où elles étoient auparavant.

L'ISLE DE JULGUEDEC, petit écueil de France sur la côte de Bretagne, assez près du Continent, au Midi Occidental des sept Isles.

L'ISLE DE JUIST, Isle de la Mer d'Allemagne sur la côte de la Frise Orientale à l'Orient de l'Isle de Borcum, & à l'entrée du Dollaert.

K.

L'ISLE DE KANNEY, petite Isle d'Ecosse, l'une des Westernes, au Midi de l'Isle de Skie & au Couchant de l'Isle de Rum. Elle est nommée CANNEY dans l'Etat present de la Grande Bretagne [a]. Elle a deux milles de long & un de large. Elle est fertile en bled & en pâturage & ses côtes abondent en morue. Du côté du Nord elle a un rocher où l'on croit qu'il y a un aiman parce-que quand des Vaisseaux en approchent on remarque un grand changement dans l'Aiguille de la Boussole. Un des Mac-Donals est le Seigneur de cette Isle.

[a] T. 2. p. 291.

L'ISLE DE KASKO, petite Isle de Finlande sur la côte Orientale du Golphe de Bothnie, vis-à-vis du Port de Christine Stadt.

L'ISLE DE KEA, petite Isle d'Irlande dans le Shannon, vis-à-vis du Château de Bonratti & à l'Embouchure de la Riviere de même nom.

L'ISLE DE KEMELOC, Isle de la Laponie Moscovite dans la Mer Blanche à l'Embouchure de la Riviere fraîche ou Versche Rivier, au Levant de la Ville de Keretti.

L'ISLE DE KERIC, Isle d'Irlande dans la Riviere du Shannon à l'Embouchure de la Riviere de Salin, vis-à-vis du Château de Keric.

L'ISLE DE KIMITO, Isle de la Finlande Meridionale, au Midi du Port de Wirmo ; au Levant des Isles d'Aland près de la terre ferme.

L'ISLE DE KOL, l'une des Westernes. L'Etat de la Grande Bretagne la nomme COLL [b]. Elle est au Nord-Ouest de l'Isle de Mull. Elle a huit ou dix milles de long ; & est très-fertile. Elle a des Rivieres qui abondent en Saumon & un Lac qui fournit une grande quantité de Truites. On pêche sur ses côtes de plus grosse morue qu'autour des autres Isles ou du Continent. Le proprietaire de cette Isle est de la famille de Macklean.

[b] T. 2. p. 287.

LES ISLES DE KONUGZOYER, petites Isles de la Laponie Danoise sur la côte Septentrionale au Nord-Ouest de Wardhus.

LES ISLES DE KUMBRA, Isles d'Ecosse dans la Mer d'Irlande sur la côte de la Province de Cuningham, à l'Orient de l'Isle d'Arren.

L'ISLE DE KUYPER, ou KUYPERS JILAND, Petite Isle d'Asie au Nord de l'Isle de Java au Midi de l'Isle d'Unrust & au Sud-Ouest de l'Isle de Purmerend.

L'ISLE DE KYN, petite Isle du Golphe de Livonie, à l'Embouchure de la Riviere de Pernau.

L.

L'ISLE DE LADARA, petite Isle de la Dalmatie près d'Ugliano.

L'ISLE DE LALAND, Isle de Danemarck. Voiez LALAND.

L'ISLE DE LAMBAY, petite Isle d'Irlande sur sa côte Orientale au Nord-est de Dublin & vis-à-vis de Mallehid.

L'ISLE DE LAN, Isle de France sur côte de Bretagne, au Levant de l'Isle d'Ouessant dont elle est une Annexe.

L'ISLE DE LANDES, petite Isle de France en Bretagne près du Groin de Cancale entre l'Isle Herpin & la terre ferme.

L'ISLE DE LANGELAND. Voiez LANGELAND.

L'ISLE DE LANGEROOGH, Isle de la Mer d'Allemagne, sur la côte d'Oostfrise, au Nord de l'Isle de Baltrum.

L'ISLE DE LARECA, Isle du Golphe Persique, à cinq lieues de Gamron au Sud-Sud-Est. On dit aussi LAREKE.

L'ISLE DE LARRON, Isle de France en Bretagne, au Morbian à l'entrée de la Riviere de Vannes, au Couchant de l'Isle longue.

L'ISLE DES LARRONS. Voiez MARIANNES.

L'ISLE DE LAVEN, Isle de France en Bretagne à l'entrée de la Riviere de Treguier, au Sud-Ouest de l'Isle d'Erc.

L'ISLE DE LAURET, Isle de France sur

ISL.

sur la côte de Bretagne à l'Orient de l'Isle de Brehat.

L'ISLE DE LEDANET, petite Isle de Bretagne, au Nord de St. Paul de Léon au Midi de l'Isle de Bas & au Couchant de Roscou.

L'ISLE DE LEESMOIR, Isle d'Ecosse l'une des Westernes, à l'Orient de l'Isle de Mull, dans le Golphe qui separe les Provinces de Lorn & de Lochaber.

L'ISLE DE LEHMANKURKU; Isle de Finlande sur la côte Orientale du Golphe de Bothnie, au Nord-est des Isles d'Aland.

L'ISLE DE LEQUEO.

LES ISLES DE LERINS. Voiez LERINS.

L'ISLE DE LERO. Voiez LERO.

L'ISLE DE LESBOS. Voiez LESBOS & METELIN.

L'ISLE DE LESINA. Voiez LESINA.

L'ISLE DE LESOU. Voiez LESOU.

L'ISLE DE LEU, Isle de la Mediterranée dans le Détroit entre la Sardaigne & la Corse.

L'ISLE DU LEVANT, Isle de France sur la côte de Provence, la plus Orientale des Isles d'Hieres. Voiez HIERES.

L'ISLE DE LEURS, Isle de France sur la côte de Bretagne, au Midi de l'Isle d'Ars.

L'ISLE DE LEWIS [a], Isle d'Ecosse entre les Westernes dont elle est la plus grande au Nord-Ouest de l'Isle de Skie. On la divise en deux parties, l'une Septentrionale, qu'on appelle proprement Lewis; & l'autre Méridionale, qui porte le nom de Harries. Elle est fertile en grains $\frac{2}{3}$ & sur tout en Seigle, Orge & Avoine. Le chanvre & le lin y viennent aussi fort bien. Le bétail y est petit, mais la viande en est excellente. Les chevaux y sont plus petits que dans le Continent, mais on peut les employer utilement aux usages domestiques, & ils coutent peu à entretenir. Cette Isle nourrit aussi quantité de bêtes fauves. Ses Bayes & ses Havres fournissent du Poisson en abondance. Celle de Carlvay, entr'autres, est beaucoup fréquentée par les baleines. Le Corail, & les Coquilles à Perles, se trouvent aussi dans cette Isle. Les Lacs y abondent en Truites & Anguilles, & les Rivieres en Saumons. Sur les côtes il y a plusieurs soûterrains, frequentez par les outres, les chiens & les oiseaux de Mer. On trouve aussi sur les côtes plusieurs places fortes par leur situation & par l'art. Au Village de Classernis il y a 39. pierres élevées sur terre, chaque pierre ayant 6. ou 7. pieds de hauteur, & deux pieds de largeur. Elles sont comme une avenue, large de 8. pieds, & la distance entre chaque pierre est de 6. pieds; au bout du côté du Midi on voit un cercle de 12. pierres, de la même hauteur que les autres, & de la même distance; avec une autre pierre au centre de 13. pieds de hauteur, en forme de Gouvernail. Hors de ce Cercle il y a quatre pierres érigées comme les autres, l'une au Nord, l'autre au Midi, & les deux autres à l'Orient & à l'Occident. Les habitans disent, que c'étoit un Temple Payen, & que le Chef des Druides, se tenant auprès de la pierre du centre, instruisoit ses Auditeurs.

[a] Etat pres. de la Gr. Bret. T. 2. p. 182.

ISL.

1. L'ISLE DE LEYDEN, petite Isle d'Asie au Nord de Java, au Sud-Ouest de l'Isle d'Enckhuysen devant la Rade de Batavia.

2. L'ISLE DE LEYDEN, Isle au Nord de la côte Occidentale de l'Isle de Ceylan entre Jasnapatan & l'Isle de Delft. On la nomme aussi l'Isle d'Ourature.

L'ISLE LIBRUSIA, petite Isle de l'Isle de Corse, au Midi du Village d'Elissa, & des rochers Munike qui bordent cette côte Meridionale au Couchant.

L'ISLE DE LICOSA. Voiez LICOSA.

L'ISLE AUX LIEVRES, petite Isle du Canada dans la Riviere de St. Laurent au dessous de Quebec; entre l'Isle verte & l'Isle aux Coudres.

L'ISLE DE LIMA. Voiez CALLAO 1. & 2.

L'ISLE DE LINGA, petite Isle de l'Océan Oriental sur la côte de l'Est du Royaume de Johor (ou Ihor). [b] Le Roi de Johor à qui elle appartient y entretient un Gouverneur. Il y croît beaucoup de Sagu, mais point de Ris & il y a environ trois cens habitans.

[b] Voyage de vander Hagen, dans les Voyages de la Comp. Holl. T. 3. p. 100.

L'ISLE DU LION D'OR, Isle de l'Océan Oriental auprès de l'Isle Formose dont elle n'est qu'à trois lieues. Les Indiens la nomment TUGIN, & les Hollandois lui donnent le nom d'un de leurs Vaisseaux qui y aborda pour y prendre des rafraîchissemens & dont le Commis, le Maître & quelques autres furent massacrez par les habitans.

LES ISLES DE LIQUESOS, Hagenaar dans son Voyage aux Indes Orientales, les met au nombre de XIII. ce sont les Isles de LEQUEOS. Voiez LEQUEOS.

L'ISLE DE LITIRI, petite Isle de France en Bretagne à l'Orient de l'Isle de Quemenes.

L'ISLE DE LOBOS, petite Isle de l'Amerique Meridionale sur la côte du Bresil, à vingt lieues de l'Embouchure de la Riviere de la Plata, vers le Cap de Ste Marie.

LES ISLES DE LOBOS, dans la Mer du Sud. Il y en a plus d'une, savoir [c],

L'ISLE DE LOBOS DE LA MER, est à 6. d. 24'. de latitude Meridionale, à cinq lieues de la terre ferme du Perou. Cette Isle est composée de deux petites Isles, d'environ un mille de circuit chacune. Elles sont assez hautes & separées par un petit Canal qui n'est bon que pour des barques; du côté du Nord & assez près de la terre il y a divers rochers. A l'Occident du côté le plus Oriental de l'Isle il y a une petite Baye à couvert des Vents & bonne pour carener les Vaisseaux. Le reste de la côte tant à l'entour qu'entre les deux Isles, n'est que rochers à petites pentes. Le dedans de l'Isle est en partie pierreux, & en partie sablonneux, le Terroir sterile, sans eau douce, sans arbres soit grands soit petits, sans herbes, & sans animaux terrestres; car les Veaux & les Lions marins y viennent à terre. Mais il y a quantité d'Oiseaux comme des Boubies; & principalement des Pinguins. La rade est bonne entre l'Isle la plus Orientale & les rochers, y ayant 10. 12. à 14. brasses d'eau. Comme le vent est ordinairement Sud & Sud-Sud-Est, l'Isle la plus Orientale qui est à l'Est & à l'Ouest, met cette Rade à couvert.

[c] Dampier Voyages T. 1. p. 105.

A a 2 L'ISLE

L'ISLE DE LOBOS DE LA TERRE, n'est pas éloignée du Lobos de la Mer, & est plus proche du Continent.

§ Le nom de Lobos ne veut pas dire des *Loups*, comme Mr. Baudrand le traduit, puisque le Loup est un Animal inconnu dans ces Isles. *Lobos* ou *Lovos* est le nom que les Espagnols donnent aux Veaux marins, qui sont en quantité dans ces Isles, qui n'ont rien de remarquable d'ailleurs que d'être remplies d'Animaux de cette espèce.

L'ISLE DE LOGODEC, petite Isle de France en Bretagne au Nord-Ouest de l'Isle d'Ars, au Midi du Village d'Aradon.

L'ISLE DE LONDEY, petite Isle de la côte Occidentale d'Angleterre dans le Canal de Bristol.

1. L'ISLE LONGUE, Isle de l'Amerique Septentrionale sur la côte de la Nouvelle Yorck. Elle est aux Anglois aussi bien que la terre ferme au Midi de laquelle elle est située. Il y a deux Bourgades, savoir Bedford au Couchant & Southampton au Levant. Elle s'étend de l'Ouest à l'Est environ cent milles Anglois, & en plusieurs endroits huit, douze, & quatorze milles en large. Elle est habitée d'un bout à l'autre ; son terroir est bon, & produit des grains, des herbes, & des legumes & a des Arbres fruitiers. On y voit au Mois de Mai les bois & les champs aussi ornez de roses & de diverses autres fleurs qu'ils égalent s'ils ne surpassent pas plusieurs Jardins d'Angleterre.

2. L'ISLE LONGUE, petite Isle de l'Amerique Septentrionale dans l'Acadie, sur la côte Orientale de la Baye Françoise.

3. L'ISLE LONGUE, Isle de France en Bretagne, dans la Rade & au Midi de la Ville de Brest.

L'ISLE LOPPEN, Isle de la Laponie Danoise dans le Gouvernement de Wardhus à l'entrée du Suyersund; à l'Orient Meridional de l'Isle de Suroy. Il y a au Sud-Ouest une Isle plus petite, nommée LOPPENCALF.

L'ISLE DE LORVOS, petite Isle de France en Bretagne devant Argenton dans l'Evêché de St. Pol, entre Aberilduc & Porsal.

L'ISLE DE LOSINEM, petite Isle de Suede sur la côte Occidentale du Golphe de Bothnie, à l'Orient du Port de Nora dans l'Angermanie.

L'ISLE LOU, Isle d'Angleterre sur la côte Meridionale de Cornouaille, au Couchant du Port de Plimouth.

L'ISLE DU LOUC, Isle de France sur la côte de Bretagne; c'est l'une des Isles de Glenan.

L'ISLE DE LUÇON. Voiez LUÇON.

L'ISLE DE LUNGON, petite Isle de Suede, dans le Golphe de Bothnie, à l'Embouchure de la Riviere d'Angerman dans l'Angermanie.

L'ISLE DU LYS. Voiez GIGLIO.

M.

LES ISLES DE MACANA, Rechteren dans son Voyage aux Isles Orientales nomme ainsi quelques Isles, dont il ne marque point la position. Elles doivent être à l'Orient de la Chine.

L'ISLE DE MACAO, ou de MACAU. Voiez MACAÔ.

L'ISLE DE MACAU, Isle de France en Guienne dans la Gironde au Midi du Bec d'Ambes.

L'ISLE DE MADAGASCAR. Voiez MADAGASCAR.

L'ISLE MADAME, Isle de France en Saintonge à l'entrée de la Charente, près du Bec de la Roche.

1. L'ISLE DE LA MADELAINE, Isle de la Mer du Sud, entre les Marquises de Mendoce. Elle est au Levant Meridional de la Dominique.

2. LES ISLES DE LA MADELAINE, Isles de l'Amerique Septentrionale dans le Golphe de St. Laurent au Nord de l'Isle de St. Jean.

L'ISLE DE MADERE. Voiez MADERE.

L'ISLE MADON, Isle de France en Bretagne, au Nord de l'Isle Melon, au Nord-Nord-Ouest d'Aberilduc.

L'ISLE DE MAES, Isle sur la côte Occidentale d'Irlande au Midi de la pointe qui forme la Baye de Peterbuy au Comté de Galloway.

L'ISLE DE MAGELLAN. Voiez TERRE DE FEU.

1. L'ISLE DE MAINLAND, Isle d'Ecosse l'une des Isles de Schetland. Voiez MAINLAND.

2. L'ISLE DE MAINLAND, Isle d'Ecosse entre les Orcades. Voiez POMONA.

L'ISLE DU MAIT. Voiez L'ISLE DUMET.

LES ISLES MALOUINES, Isles de l'Océan à l'Orient du Détroit de Gibraltar, entre les Isles Sebaldes & les Isles d'Anicon.

LES ISLES MAMALE. Voiez MAMALE.

L'ISLE DE MAN, Isle de la Mer d'Irlande. Voiez MAN.

L'ISLE MAN, petite Isle des Indes au Golphe de Bengale. C'est la même que PULO MAON.

L'ISLE DE MANDOE, Isle de Danemarck sur la côte Occidentale du Slefwig, à l'entrée du Port de Rypen.

L'ISLE DE MANGERA [a], Isle de la Mer du Sud dans la Nouvelle Espagne au Golphe d'Amapalla. Elle est ronde d'environ deux lieues de circuit & paroît comme un grand bois. Elle est toute entourée de rochers & n'a qu'une petite Baye sablonneuse du côté du Nord-est. La terre en est noire, peu profonde & mêlée de pierres, produisant néanmoins de fort gros arbres propres à la Charpente. Au milieu de l'Isle il y a une Ville d'Indiens & une jolie Eglise Espagnole. Les Indiens ont autour de la Ville des Plantations de Mahis & quelques Plantains. Ils ont quelques Coqs & quelques Poules sans autre sorte de volaille; ils n'ont aussi aucune autre bête à quatre pieds que des Chiens & des Chats. On vient de la Ville à la Baye par un petit chemin escarpé & pierreux. Il y a toujours dans cette Baye dix ou douze Canots sur le sec & qu'on ne met à l'eau que quand on en a besoin.

[a] Dampier, Voyages T. 1. p. 133.

L'ISLE

L'ISLE DES MANGHISI, Presqu'Isle sur la côte Orientale de Sicile, entre Augusta au Septentrion & Siracuse au Midi. Elle est liée à la Sicile par un Isthme fort étroit au Midi duquel est un ancrage assez bon qui forme le Port de Targia.

L'ISLE DE MANIPE, Isle entre les Moluques près de l'Isle de Burro, on passe entre ces deux Isles pour aller d'Amboine à Ternate.

L'ISLE DE MANITOUALIN, Isle de l'Amerique Septentrionale dans la Nouvelle France; dans le Lac Huron, ou de Michigané; au Midi des Outaouacs.

L'ISLE DE MANO, petite Isle du Golphe de Livonie à l'entrée de la Riviere de Pernau.

L'ISLE DE MANSFELD, petite Isle de la Terre Arctique dans la Baye de Hudson, près du Détroit. Les François lui ont donné le nom de PHELYPEAUX.

L'ISLE DE MARAGNAN. Voiez MARAGNAN.

LES ISLES DES MARCHANDS, Isles des Terres Arctiques dans le Détroit de Davis sur la côte de Londres qui est du Groenland, près de l'Embouchure de la Riviere de Fisce.

L'ISLE DE LA MARGUERITE. Voyez MARGUERITE.

LES ISLES MARIANNES. Voiez MARIANNE.

L'ISLE DE MARDOÉ, Isle de Norwegue dans la Mer de Danémarck, au Gouvernement d'Aggerhus, à l'entrée du Port de Mardoé.

LES ISLES MARIE [a], Isles de la Mer du Sud, situées à vingt & un dégrez quarante minutes de latitude. Ce sont trois Isles inhabitées, éloignées du Cap *San Lucar* en Californie de quarante lieues à l'Ouest-Sud-Ouest, & de vingt du Cap *Corriente* du même côté que le Cap San Lucar. Elles ont environ quatorze lieues d'étendue Nord-Ouest, & Sud-Ouest. Fort près de ces Isles sont deux ou trois petits Rochers élevez. La plus Occidentale est la plus grande des trois, & elles sont toutes passablement hautes. Le terroir est pierreux & aride. La plus grande partie de la contrée est couverte d'arbrisseaux, & de broussailles si épaisses qu'on a de la peine à traverser. Il y a en quelques endroits quantité de Cedres grands & élevez. Tout le long de la côte, le terroir est sablonneux. Il y croît une plante piquante & verte, dont les feuilles sont fort semblables à celles du Pengouïn, & ses racines, aux racines de l'Herbe qu'on nomme *semper viva*. On tient que les Indiens de Californie de subsistent la plûpart en les faisant cuire au four. On y voit grand nombre de Lapins des Indes, & quantité de Pigeons & de tourterelles d'une grandeur qui n'est pas commune. La Mer y abonde aussi en Poissons, en Tortues & en Veaux marins. On a observé à l'égard des Veaux marins, que l'on n'en voit, si ce n'est fort rarement que dans les lieux où il y a beaucoup de Poisson. On mouille à l'Est de l'Isle qui est au milieu des deux autres, à huit brasses d'eau, sur un fond bon & sablonneux.

L'ISLE MARTEAU, petite Isle de France en Saintonge à une lieue de Saintes; elle a près de deux lieues de circuit, & est formée par les Rivieres de Seugue & de Charante. Il y a deux hameaux.

LES ISLES DE MARTIN VAES, Isles de l'Océan entre l'Isle de l'Ascension qui est sur la côte du Bréfil & l'Isle de Ste Helene. Mr. Baudrand la donne à l'Afrique & se trompe; les deux Isles de Martin Vaes sont separées par les 20. d. de latitude Meridionale vers les 358. d. de longitude. Mr. de l'Isle écrit MARTIN VAZ.

L'ISLE DE MARTIN WINYARD, Isle de l'Amerique Septentrionale au Midi de la Nouvelle Angleterre à l'Orient de l'Isle Longue.

L'ISLE DE LA MARTINIERE, Isle de France en Bretagne dans la Loire au dessous de Nantes, vis-à-vis du Village nommé aussi LA MARTINIERE. Il y a plusieurs Villages de ce nom en France.

L'ISLE DE MARUPTINGE, petite Isle de Suede dans la Province de Halland, près de Valkenberg.

L'ISLE DE MASCAREGNE. Voiez MASCAREGNE.

L'ISLE DE MASCARIN, petite Isle de la Mer du Sud, entre les Isles Galapes & la plus Meridionale de toutes.

L'ISLE DES MATELOTS, petite Isle d'Asie dans l'Océan Oriental & dans l'Archipel de St. Lazare vers les Isles Mariannes.

L'ISLE DE LA MATÔTE, Isle de France sur la côte de Gascogne dans le Bassin d'Arcasson, à l'entrée. La passe qui est au Midi de l'Isle est plus profonde que celle qui est au Levant.

1. L'ISLE MAURICE [b], Isle de l'Afrique. Les Hollandois l'ont nommée ainsi, du nom du Prince d'Orange qui étoit Amiral des Provinces-Unies, quand ils arriverent le 18. de Septembre 1598. dans la seconde Navigation qu'ils firent aux Indes Orientales sous l'Amiral Jacob Cornelis van Nek. Les Portugais l'appellent *Ilha do Cerno*, & quelques-uns veulent croire sans raison que ce soit l'Isle de CERNE dont Pline fait mention. Cela est cause qu'ils la placent à dix-huit degrez trente minutes de latitude Meridionale où Canche prétend qu'est située l'Isle appellée *Sainte Apollonie*, mais ce sentiment ne sauroit se soûtenir, puisque l'on sait que sa véritable situation est sous le vingt & uniéme degré de latitude Méridionale, près de l'Isle de Mascarenhas. Mandeslo dans son Voyage des Indes, *l*. 3. dit qu'elle a environ quinze lieues de circuit, & que le Havre y est fort bon, tant parce qu'il a du moins cent brasses d'eau à l'entrée, que parce qu'il peut contenir plus de cinquante grands navires qui s'y trouvent à couvert de tous les vents. Elle a des Montagnes que leurs pointes élevées font paroître de fort loin, & qui sont très-agréables, étant revêtues d'un vert perpétuel, quoique à la réserve de quelques Palmites & Cocos, qui portent un peu de fruit, tous les autres arbres soient sauvages. Il y en a dans les vallées qui ont une écorce verte, & le bois en dedans aussi noir que de la Poix. Il est pris par quelques-uns pour la véritable Ebéne. On y trouve d'autres Ar-

a Dampier Voyages T. 1. p. 291.

Dampier page 14. 111.

b Corn. Dict.

bres

bres dont le bois est d'un rouge haut en couleur, ou jaune comme de la cire. Le Poisson tant de Mer que de Riviere y est en telle abondance, que d'un seul coup de filet on y pêche de quoi en saler deux ou trois tonneaux. Il y en a d'une espéce, qui est presque semblable à la Bréme; mais ce poisson est si venimeux, qu'il cause à ceux qui en mangent une très-grande douleur pendant plusieurs jours. Il y a des tortues de Mer & de terre en quantité. Les derniéres n'ont pas si bon goût que celles de Mer, dont quelques-unes ont plus de trois cens œufs dans le corps aussi gros que ceux de poule. Leurs écailles ou coquilles sont si grandes que dix ou douze hommes se pourroient mettre dedans. Quand elles sont vivantes, elles en portent jusqu'à quatre sur le dos, & marchent avec la même facilité, que si elles n'étoient chargées d'aucun poids. On trouve encore dans la Mer au dessous de l'Isle, des hayes d'une grosseur extraordinaire, ensorte qu'une seule suffit pour deux repas à tout l'Equipage d'un Vaisseau. Il y a aussi des vaches, & des veaux marins, dont la chair a le goût du veau, & qui sont longs de dix, douze & quatorze pieds, & gros à proportion. Quant aux Oiseaux, on y en trouve grand nombre de toutes sortes qui se laissent presque prendre avec la main, pigeons, tourterelles, herons, perroquets gris, entremêlez d'autres couleurs, & surtout certains Oiseaux aussi gros qu'un Cigne, qui n'ont ni aîles ni queue. Ils ont seulement trois ou quatre plumes noires qui leur couvrent les côtez, & par derriere quatre ou cinq petites plumes entortillées, & un peu relevées par dessus les autres. Leur pied est large & épais, leurs yeux sont gros & vilains, ainsi que leur bec, & ils ont une grosse tête couverte de peaux qui semblent être des morceaux de Drap. On leur trouve ordinairement une pierre dans l'estomac aussi grosse que le poing. Leur chair est si dure, qu'il n'y a aucune chaleur qui la puisse cuire. On ne voit point d'animaux à quatre pieds dans toute l'Isle qui est fort propre pour tous les autres rafraichissemens, & pour y faire de l'eau. Il y a quantité de Chauvesouris qui ont la tête comme un singe, & qui sont plus grosses qu'un pigeon. Elles pendent & s'attachent aux branches des arbres, & font beaucoup de mal aux Oiseaux. Cette Isle n'est point habitée. L'air en est fort sain, & une Riviere qui l'arrose, prend sa source des Montagnes. Le Pays est plein de côteaux au bord de la Mer, & l'on trouve au milieu de belles plaines. Cette Isle est nommée aussi L'ISLE DE FRANCE. Voiez ce titre.

2. L'ISLE MAURICE, Isle de la Mer Glaciale au Nord de la Moscovie. Les Hollandois lui ont donné ce nom, lorsqu'ils cherchoient dans cette Mer un passage pour aller au Japon.

1. L'ISLE DE MAY, Isle d'Ecosse à l'Embouchure du Forth, à sept milles des côtes de la Province de Fife. C'est la plus considérable des Isles qui sont dans ce Golphe.[a] Elle a un mille en longueur du Nord au Sud, & un quart de mille en largeur. Cette Isle ne produit point de bled, mais seulement du pâturage. Il y a une source d'eau douce, &

[a] Etat prés. de la Gr. Bret. T. 2. p. 308.

un petit Lac. Ses Rochers au Couchant la rendent inaccessible, ce qu'elle n'est pas à l'Orient, où elle est unie, & où elle a quatre ports pour les bateaux, & un bon havre pour mettre les Vaisseaux à couvert du vent d'Ouest. Cette Isle abonde en poisson, & gibier. C'est ici proprement qu'on trouve le Kittawax, Oiseau de la grosseur d'un Pigeon, qui au Mois de Juillet est préféré à la Perdrix. Le Scout, est plus petit qu'un Canard, mais ses œufs sont plus gros que ceux d'une Oye, & étant bouillis durs, se mangent avec du vinaigre & du Persil, & ont fort bon goût.

Il y a un fanal pour les Vaisseaux qui passent près delà. C'est une tour de 40. pieds de hauteur, où l'on fait du feu chaque nuit, & pour l'entretenir chaque Navire paye deux sols par tonneau. Celui qui a bâti cette tour, eut le malheur d'être noyé comme il s'en retournoit chez lui dans la Province de Fife, ayant été surpris par une tempête, que des sorciers causerent par le secours du Prince de l'air, selon leur confession, lorsqu'ils vinrent au lieu de supplice.

Ce qu'il y a encore de remarquable dans cette Isle, c'est qu'elle étoit autrefois dédiée à St. Adrien, & qu'il y avoit un Convent & une Chapelle. Les femmes steriles y alloient en Pelerinage, & on étoit si persuadé qu'elles y obtenoient la fecondité par l'intercession du Saint que Wood de Largo fameux Capitaine de Mer obtint plusieurs terres en fief du Roi Jacques IV. pour être prêt en tout temps à le transporter dans cette Isle avec la Reine, pour visiter l'Eglise de St. Adrien.

2. L'ISLE DE MAY, voiez MAYO, c'est l'une des Isles du Cap Verd.

L'ISLE DE MELEL, Isle du Golphe de Venise, sur la côte de Dalmatie au Nord-Ouest de Raguse.

L'ISLE DE MELHAM, Isle de France en Bretagne, l'une des sept Isles.

L'ISLE DE MENANE, petite Isle de l'Amerique Septentrionale dans l'Acadie sur la côte Occidentale de la Baye Françoise, vis-à-vis de l'Isle Longue.

L'ISLE DE MENDU, Isle de France en Bretagne. C'est un écueil près de la pointe la plus Septentrionale de l'Isle d'Ouessant.

L'ISLE DE MENOSOU, Petite Isle de France en Bretagne près du Havre d'Abrevrack & de l'Isle de Bervil.

1. L'ISLE DE MIDDELBOURG, Isle d'Asie dans le détroit, qui sépare l'Isle de Leyden d'avec l'Isle de Delft au Couchant de Jasnapatan Royaume de l'Isle de Ceylan.

2. L'ISLE DE MIDDELBOURG, Isle d'Asie au Nord de l'Isle de Java, au Couchant de l'Isle d'Amsterdam au Nord de la pointe qui est auprès de l'Embouchure de la Riviere de Tangerang.

3. L'ISLE DE MIDDELBOURG, petite Isle de la Mer du Sud, auprès des Isles d'Amsterdam & de Rotterdam vers le 22. d. de Latitude Méridionale, au Midi des Isles de Salomon.

L'ISLE DE MILHAU, MILIAU, ou MILIO, petite Isle de France en Bretagne, près du Continent au Nord du Port de Lanion.

L'ISLE

ISL.   ISL. 191

L'ISLE DE MINDANAO. Voiez MINDANAO.

L'ISLE DE MINDORA. Voiez MINDORA.

L'ISLE MINONG, Isle de l'Amerique Septentrionale dans la Nouvelle France, & dans le Lac Superieur.

L'ISLE MISCOU, Isle de l'Amerique Septentrionale dans le Golphe de St. Laurent entre l'Isle de St. Jean & la Baye des Chaleurs.

L'ISLE DE MISSILIMAKINAC, Isle & habitation de l'Amerique Septentrionale au Canada, entre le Lac des Ilinois, & le Lac Huron ou Michigané.

LES ISLES DU MOINE, petites Isles de la Norvege au Gouvernement d'Aggerhus au Midi & à l'entrée du Golfe d'Anslo.

L'ISLE DU MOINE, Isle de France en Bretagne, l'une des sept Isles.

L'ISLE AUX MOINES, Isle de France en Bretagne, dans le Morbian, à l'Orient de l'Isle d'Ars, elle est longue & habitée.

L'ISLE MOLENE, Isle de France en Bretagne, entre le Conquet & les Isles d'Ouessant. Elle est habitée, & accompagnée surtout à l'Est & au Sud-est d'un grand banc qui s'étend jusqu'à l'Isle de Trielen.

L'ISLE DE MOLIN, Isle sur la côte Occidentale d'Irlande, au Comté de Galloway; au Midi de la Baye de Concachin; & à l'Occident de l'Isle Gormene.

LES ISLES MOLUQUES. Voiez MOLUQUES.

L'ISLE MONICHE, Isle de la côte Occidentale d'Irlande au Midi de la Baye de Peterbuy entre l'Isle de Maes & l'Isle de Finiche.

L'ISLE DE MONTREAL, Isle de l'Amerique Septentrionale, dans la Nouvelle France au Confluent de la Riviere des Outaouacs & de celles des Iroquois. Voiez MONT REAL.

L'ISLE DU MONTREAL, autre Isle du Canada dans le Lac superieur à l'Embouchure de la petite Riviere de Batchiaron; au Pays des Outaouacs.

L'ISLE DE MORGOL, petite Isle accompagnée de quelques écueils sur la côte de France en Bretagne entre les Isles de Quemenes, de Litiri & de Beniguet.

L'ISLE DE MOROTAY, petite Isle de l'Océan Oriental entre les Moluques au Nord de Gilolo.

L'ISLE DE MORVIL, petite Isle de France en Bretagne entre l'Isle du Grand St. Sauveur & la terre ferme.

L'ISLE DE MOSGRET, petite Isle d'Irlande au Comté de Galloway à l'entrée de la Baye de Concachin.

L'ISLE DE MOTTON, Isle d'Irlande dans la Baye de Galloway, & à l'entrée de la Riviere de Galloway.

L'ISLE DES MOUCHES, Mr. de l'Isle & autres Géographes François appellent ainsi l'Isle que les Hollandois nomment *Vliegen Eyland*. Elle est dans la Mer du Sud, à l'Occident Meridional de l'Isle d'eau vers le 224. d. de longitude & par les 15. d. 20'. de latitude Meridionale.

L'ISLE DE MOUSA, petite Isle de l'Océan Septentrional entre les Isles de Schetland, à l'Orient de l'Isle de Mainland.

L'ISLE AUX MOUTONS, Isle de France sur la côte de Bretagne entre les Isles de Glenan & la terre ferme.

L'ISLE DE MUCK [a], petite Isle d'Ecosse entre les Westernes, à l'Orient de l'Isle de Rum. Elle a quatre milles de tour, & est environnée de rochers. Elle est fertile en bled & en pâturage, & se distingue par la beauté de ses Faucons.

[a] Etat pres. de la G. Bret. T. 2. p. 191.

L'ISLE DE MULL [b], autre Isle des Westernes. Elle a environ vingt quatre milles de largeur & de longueur, & contient deux Paroisses. Elle est située auprès du Continent de Lochaber & de Lorn. Elle abonde en Orges, en Avoines, en bétail, en bêtes fauves, en volailles & en Gibier. Les chevaux y sont petits, mais vifs. La chair du bétail y est très-bonne. On y trouve aussi de très-beaux Faucons. Ses Lacs & ses Rivieres, aussi bien que la Mer, fournissent quantité de Poissons; ceux-là des Truites & des Anguilles & celles-ci du Saumon. La Baye de LEFFAN est pleine de Harangs & de Poissons à Coquilles. Le Duc d'Argyle est Seigneur de l'Isle.

[b] Ibid. p. 284.

L'ISLE DE MULSOE', l'une des Isles de Fero, au Levant de celle de Stromo. Elle est longue & étroite.

L'ISLE DE MUM [c], Isle entre les Westernes, au Midi de l'Isle de Skie; elle est Montagneuse & peu habitée. Sa longueur est d'environ cinq milles. Ses côtes sont la partie la plus fertile de l'Isle. On pêche beaucoup de Saumons dans ses Rivieres, & ses Montagnes abondent en bêtes fauves. Il y a aussi grand nombre d'Oiseaux de terre & de mer.

[c] Etat pres. de la G. Bret. T. 2. p. 288.

N.

L'ISLE DE NAOS, ou ILHA DAS NAOS, Isle de la Mer des Indes, tout auprès de Malacca. Elle n'est pas plus grande que deux fois le Dam d'Amsterdam. Voiez MALACCA.

L'ISLE DE NAROHO, Isle du Golphe de Finlande au Nord-Ouest du Port de Revel, dans l'Estonie.

L'ISLE DE NASSAU, Isle de la Mer des Indes, au Couchant de l'Isle de Sumatra, à 3. d. 20'. de Latitude Meridionale. Elle est assez grande, mais deserte & pleine de grands Arbres. Environ à un mille de cette Isle, il y en a une autre petite, pleine de Cacaotiers.

L'ISLE DE NAXIE. Voiez NAXIE.

L'ISLE DE NAZARETH, petite Isle de la Mer des Indes, à l'Orient de la Baye d'Antongil qui est de l'Isle de Madagascar, par le 80. d. de Longitude & le 16. d. 40'. de Latitude Meridionale.

L'ISLE DE NEGREPONT. Voiez NEGREPONT.

L'ISLE DE NEMSON, Isle de Suede dans le Golphe de Bothnie à l'Embouchure de la Riviere d'Angerman, qui sépare l'Angermanie d'avec la Medelpadie.

L'ISLE DE NERA, ou PULO NERA, Isle de la Mer des Indes entre les Isles de Banda parmi les Moluques; quoique petite, elle est importante à cause des Epiceries qu'elle produit. Elle est entre les Isles de Banda, de Gumanapi, & de Ceram.

L'ISLE DE NERFWO, petite Isle du Golphe de Finlande, au Couchant de l'Embouchure de la Nieva à l'Orient de l'Isle de Hoghland, & au Nord-Nord-Est de Rutensari.

L'ISLE DE NERMOUSTIER. Voiez Noirmoustier.

L'ISLE DE NERNOT, Isle de France en Bretagne, au Nord-Est & assez près de l'Isle des Saints.

LES ISLES DE NICOBAR. Voiez Nicobar.

L'ISLE DE NIEVES. Voiez Nieves.

L'ISLE DE NIVEAU, petite Isle de France en Bretagne sur la côte Meridionale de la Baye de Douarnez.

L'ISLE DE NOIRMOUSTIER. Voyez Noirmoustier.

L'ISLE DE NONAN, Isle de France sur la côte de Bretagne, au Couchant des Roches de Penmarck.

L'ISLE DE NORDERNY, Isle de la Mer d'Allemagne dans la Frise Orientale, entre l'Isle de Baltrum & celle de Juist.

L'ISLE DE NORD-STRAND. Voiez Nord-Strand.

L'ISLE DE NOTINGHAM [a], dans l'Amerique Septentrionale à l'extrémité interieure du Détroit d'Hudson environ à 12. ou 13. lieues au Nord du Cap de Diegues [b]. Cette Isle est à 3. lieues à l'Ouest-Nord-Ouest de l'Isle de Salisbury. La Mer y baisse sept heures & en monte six. Les Courans paroissent Sud-Est, Nord-Ouest.

L'ISLE DE NOTRE-DAME, Riviere de France en Bretagne dans la Riviere de St. Malo au dessus de cette Ville.

[a] La Potherie Hist. de l'Amer. Sept. p. 73.
[b] Ibid. p. 70.

O.

L'ISLE D'ODENSHOLM, petite Isle de l'Estonie à l'entrée du Golphe de Finlande.

L'ISLE D'OLERON. Voiez Oleron.

L'ISLE D'OMBA [c], Isle de l'Océan Oriental, à cinq ou six lieues au plus du Nord-Est de l'Isle de Timor l'une des Moluques, à 8. d. 20′. de Latitude. Elle a environ treize à quatorze lieues de long & cinq ou six de large.

L'ISLE D'ONRUST. Voiez Onrust.

L'ISLE D'OR [d], Isle de l'Amerique. C'est la plus Orientale des trois qui occupent l'ouverture du Havre de Darien, à l'entrée de la Riviere de Darien. Il y a un beau Canal bien profond entre cette Isle & la Haute Mer. On n'y voit que des rochers escarpez tout à l'entour, ce qui lui sert de fortification naturelle & il n'y a qu'un seul endroit par où l'on y puisse aborder, qui est une petite Baye sablonneuse au Sud vers le Havre; d'où le terrain s'eleve insensiblement. Elle est d'une hauteur mediocre & couverte de petits Arbres ou buissons. Le terroir opposé de l'Isthme au Sud-Est, paroît très-fertile, de couleur noirâtre, mêlé de sable & assez uni l'espace de quatre ou cinq milles jusqu'à ce qu'on vienne au pied des Montagnes.

[c] Dampier Voyages T. 2. p. 136.
[d] Vafer Voyages p. 44.

L'ISLE ORAGEUSE [e], Isle de la Mer Australe, vers la Nouvelle Guinée, à sept ou huit lieues à l'Est de celle de Mathias. Elle est basse, unie, & chargée de bois dont les Arbres paroissent hauts, gros & verdoyans & fort près les uns des autres. Elle peut avoir deux ou trois lieues de long. Vers sa pointe Sud-Ouest & à un mille ou environ, il y en a une autre petite, basse, pleine de Forêts & d'un mille à peu près de circuit. Entre ces deux Isles, il y a une chaîne de rochers, qui les joint ensemble. Dampier qui y essuya de rudes tourbillons donna à la plus grande le nom d'Isle Orageuse.

[e] Dampier Voyages T. 4. p. 77.

1. L'ISLE D'ORANGE, les Hollandois qui voyageoient avec Dampier nommerent ainsi la plus grande & la plus Occidentale des cinq Isles sans nom, qui se trouvent marquées sur les Cartes entre l'Isle de Formosa & l'Isle de Luçon. Isles de Bashe'e est le nom général qu'il donne à ces Isles.

2. L'ISLE D'ORANGE, Isle de la Mer Septentrionale à l'extrémité de la Nouvelle Zemble près du Cap glacé; par les 77. d. de Latitude.

L'ISLE D'ORLEANS [f], Isle de l'Amerique Septentrionale au Canada, dans la Riviere de St. Laurent à une lieue de Quebec & à deux du Cap de la Tourmente. Elle est à une lieue & demie de la côte du Sud & à demie lieue de la côte du Nord; sa longueur est de six lieues, & sa largeur de lieue ou d'une lieue & demie. Elle a été érigée en Comté sous le nom de St. Laurent en 1676. en faveur de Berthelot Commissaire Général de l'Artillerie, des poudres & Salpétres de France. Il y a haute, moyenne, & basse Justice. Les habitations qui sont tout à l'entour sur les bords sont d'agréables points de vue avec les bois & les Campagnes qui vont insensiblement en montant. Les terres y sont bonnes. Il y en a sur lesquelles on a recueilli ces dernieres années près de douze mille minots de bled.

[f] Champlain Voyages p. 122.

L'ISLE D'ORMSO, petite Isle de la Mer Baltique dans le Moonsund, ou détroit entre l'Isle de Dagho & l'Estonie par le travers de Hapsal.

L'ISLE D'ORONSA, ou Oronsay, petite Isle d'Ecosse entre les Westernes. L'Etat present de la Grande Bretagne porte [g] Oronsay & Colonsay, deux Isles au Couchant de Jura & qui ne sont separées l'une de l'autre que par un petit Détroit. Elles sont à peu près de même étendue, savoir cinq ou six milles de circonference, la premiere est fertile en bled & en pâturage. Il y a une Eglise & une Chapelle & il y avoit autrefois un Couvent.

[g] T. 2. p. 289.

L'ISLE D'OUESSANT. Voiez Ouessant.

1. L'ISLE AUX OURS, en Flamand Beeren Eyland, petite Isle de l'Océan Septentrional, entre le Spitzberg & le Cap de Nord qui est de la Norwege. Elle est deserte & inhabitée.

2. L'ISLE AUX OURS, ou Beeren ou Hogs. Ce sont cinq petites Isles sur la côte Occidentale d'Irlande dans la Province de Munster au Comté de Kery devant le Port d'Ardart.

L'ISLE

ISL.

L'ISLE AUX OURS BLANCS, Isle de l'Amerique au fond de la Baye de Hudson. C'est la même que l'Isle AGAMESKE.

L'ISLE D'OVERFLAKE'E. Voiez OVERFLAKE'E.

L'ISLE DE L'OYE, petite Isle de France au Pays d'Aunis au Nord de l'Isle de Ré, dont elle n'est separée que par un Canal fort étroit.

P.

L'ISLE DE PACHECA, Isle de la Mer du Sud, entre les Isles Royales ou des Perles. C'est la plus Septentrionale de toutes; elle est petite, & gît à onze ou douze lieues de Panama. Je crois qu'elle est nommée PACHEIRA dans les Suplemens au Voyage de Wood Rogers.

LES ISLES DE PALAOS, ou LES NOUVELLES PHILIPPINES. Voiez PALAOS.

1. L'ISLE DE PALMA, Isle de l'Océan Atlantique, l'une des Canaries; c'est celle du milieu, elle est remarquable à cause que quelques Géographes l'ont choisie pour compter delà leur premier Meridien. Voiez au mot MERIDIEN. Voiez aussi PALMA.

2. L'ISLE DE PALMA. Voiez au mot SANT l'Article SANT ANTIOCO.

L'ISLE DE PANAY, l'une des Philippines. Voiez PANAY.

L'ISLE DE PANTALARE'E. Voiez PANTALARE'E.

L'ISLE DE PAPA, l'une des Isles de Schetland, entre l'Isle de Mainland, à l'Orient de celle de Fulo. Elle est nommée PAPA & PAPASTOUR dans les Cartes du Neptune François.

L'ISLE DE PAPA STRONZA, petite Isle entre les Orcades au Nord de Stronza. Elle est fertile & bien peuplée.

L'ISLE DE PAPA WESTRA, petite Isle entre les Orcades au Nord de Westra. Elle a trois milles en longueur & un mille & demi de largeur. Elle a un bon Havre & est assez bien peuplée.

L'ISLE DU PARISIEN, petite Isle de l'Amerique Septentrionale, sur la côte Meridionale du Lac Superieur.

L'ISLE DU PATRIARCHE, petite Isle de la Mediterranée sur la côte d'Afrique, & plus particulierement sur la côte de Derne au Royaume de Tripoli, auprès du Port nommé de même PATRIARCHA. Mr. de l'Isle l'obmet sur sa Carte[a], quoiqu'il y marque le Port de même nom. Mais il met plus à l'Orient l'Isle de Bomba par le travers du Port de Trabuch. Mr. Berthelot dans sa Carte de la Mediterranée ne met ni l'Isle ni le Port de Patriarcha; mais bien l'Isle de Bomba accompagnée de quatre petits écueils au Midi. Mais ces deux derniers Géographes la placent un peu diversement.

[a] Carte de l'Egypte &c.

L'ISLE DE PAXAROS, Isle de la Mer du Sud sur la côte Occidentale de la Californie près du Cap de St. Augustin, par le 30. d. de Latitude Septentrionale.

L'ISLE DE LA PAZ, ou de la Paix, Isle de la Mer Vermeille sur la côte

ISL. 193

Orientale de Californie auprès du Port de la Paix.

L'ISLE DE PEDRA, Isle des Indes dans le Port de Malaca, au Nord-Ouest. On en tire de la pierre pour les Edifices de la Ville, delà vient le nom que les Portugais lui ont donné d'ILHA DE PEDRA.

L'ISLE PELE'E, petite Isle de France sur la côte de Normandie au Cotentin; au Nord-est de l'Embouchure de la Divete à la Rade de Cherbourg.

L'ISLE DE PENIBIHAN, petite Isle de France en Bretagne au Sud-Sud-Est de l'Isle Brani dans le Morbian, elle est fort petite en comparaison de l'Isle aux Moines au Midi de laquelle elle est située.

L'ISLE DE PENTARE[b], petite Isle des Indes entre les Moluques, environ à sept lieues de l'Ouest de l'Isle d'Omba. Elle est assez grande; du côté du Septentrion il y a une grande Ville qui n'est pas éloignée de la Mer. Entre les Isles d'Omba & de Pentare & au milieu du Canal, il y a une petite Isle basse & sablonneuse, avec des bancs de chaque côté, mais près de Pentare il y a un bon Canal, entre ce banc & ceux des environs de la petite Isle.

[b] Dampier Voyages T. 2. p. 136.

ISLE PERCE'E[c], Isle de l'Amerique Septentrionale, dans le Golfe de St. Laurent entre la pointe la plus Meridionale de l'Isle d'Anticosti & la Baye de Gaspé à l'Embouchure de la Riviere. Cette Isle est une grande roche qui peut avoir cinquante à soixante brasses de hauteur à pied droit des deux côtez & trois ou quatre brasses de largeur. De basse Mer on y va de Terre-Ferme à pied sec tout à l'entour. Sa longueur peut être de trois cens cinquante à quatre cens pas. Elle a été bien plus longue autrefois puisqu'elle alloit jusqu'à l'Isle de Bonne-Avanture, mais la Mer l'a mangée par le pied, ce qui la fait tomber. On a vû qu'il n'y avoit qu'un trou en forme d'Arcade par où une Chaloupe passoit à la voile & c'est ce qui lui avoit fait donner le nom d'Isle Percée. Il s'est fait depuis d'autres Trous semblables & il y a apparence qu'il s'en fera tant que ces trous affoiblissant son fondement seront cause à la fin de sa chûte entiere, après quoi les navires n'y pourront plus demeurer. Tous ceux qui viennent faire leur pêche mouillent l'ancre à l'abri de cette Isle à la longueur d'un ou de deux cables. Ils y trouvent trois ou quatre brasses d'eau & en s'éloignant il y a plus de profondeur. A la longueur de quatre à cinq cables de cette Isle, il y a trois roches qui couvrent de pleine Mer & la plus au large est à deux ou trois longueurs de cable de la terre : ces rochers-là rompent encore la Mer, ce qui fait qu'elle n'est pas si rude. La pêche y est très-abondante & on y prend grand nombre de Maquereaux & de Harangs.

[c] Denis: descr. de l'Amer. Septent. Tom. 1.c 9.

LES ISLES DE PERICON, ce sont trois petites Isles steriles & pleines de Rochers, dans la Mer du Sud, auprès de Panama dans la Baye.

LES ISLES DES PERLES, dans le Golphe de Panama. On les nomme aussi LES ISLES ROYALES, voiez sous ce nom.

B b   L'IS-

L'ISLE DES PESCHEURS. Voiez l'Isle de Piscadores.

LES ISLES DE PESIGUIER, Isles de Portugal sur la côte d'Alentejo, au Nord de Villa Nova de Milfontes. Elles sont nommées Ilhas de Pesqueira dans la grande Carte de Jaillot, & sont au Midi de Sines. Mr. de l'Isle les appelle Isles de Preigueira.

LES ISLES DE PESQUEIRA. Voiez l'Article precedent.

L'ISLE PHELYPEAUX, nommée L'Isle Mansfeld[a], par les Anglois; elle est dans l'Amerique Septentrionale, à l'Ouest du Cap de Diegues. C'est proprement la premiere terre que l'on trouve dans la Baye d'Hudson pour faire la veritable route du Fort Nelson; sçavoir en prenant au bout du Nord au 62. degré 56'. à vingt-neuf lieues du Cap de Diegues, faisant l'Ouest quart Sud-Ouest.

[a] La Potherie Hist. de l'Amer. Sept. p. 86.

LES ISLES DES PHILIPPINES. Voyez Philippines.

LES ISLES DES NOUVELLES PHILIPPINES, voiez l'Article Palaos.

L'ISLE PIANA, petite Isle de la Mer Mediterranée au Midi de la Sardaigne, au Levant de l'Isle de St. Pierre & au Couchant de l'Isle des François.

L'ISLE DE PIANO, petite Isle de la Mer Mediterranée, au Nord de la côte Occidentale de la Sardaigne au Couchant du Golphe d'Arragonese entre l'Isle d'Hercule & les Salines qui sont dans la grande Isle de Sardaigne.

L'ISLE DE PICO, Isle de l'Océan Occidental & l'une des Açores, proche de celles de Fayal & St. George. Voiez Pico.

L'ISLE DES PINS, Isle de l'Amerique Septentrionale, au Midi de la partie Occidentale de Cuba dont elle est separée par un Canal de trois ou quatre lieues de largeur par le 295. d. de Longitude qui la coupe en deux parties inegales dont la plus grande est à l'Orient.

[b] Le Cap Corrientes dans Cuba est à cinq ou six lieues à l'Ouest de l'Isle des Pins, entre laquelle & Cuba, il y en a plusieurs autres fort petites, couvertes de Forêts, & dispersées d'un côté & d'autre, mais on y trouve des canaux entre deux par où les vaisseaux peuvent passer, & l'ancrage est bon auprès de chacune. Les petits bâtimens de la Jamaïque passent quelquefois entre l'Isle de Cuba & l'Isle des Pins, lorsqu'ils vont contre le vent, parce que la Mer y est toûjours calme. Cette Isle des Pins a onze ou douze lieues de longueur, & trois ou quatre de largeur. Son Ouest est un pays bas & rempli de Mangles. Il y a un Lac de trois ou quatre milles Anglois de large qui s'étend du côté de l'Est, avec une petite crique de deux ou trois pieds d'eau qui se rend dans la Mer. Ce Lac a si peu de profondeur, surtout auprès de l'Isle, qu'on n'y sauroit conduire un Canot à vingt ou trente pas du rivage. Le Sud de l'Isle est bas, plat & pierreux. Les Rochers sont escarpez, & perpendiculaires du côté de la Mer. Ainsi l'on ne peut mouiller de ce côté-là, mais il y a un fort bon ancrage à l'Ouest sur un fond de sable. Le Corps de l'Isle est un Pays élevé, & l'on y voit plusieurs petites Collines tout autour d'une haute Montagne qui est au milieu. Il croît-là plusieurs arbres de differentes espéces, dont la plupart sont inconnus en Europe. Les Mangles rouges viennent dans le Pays bas & marécageux auprès de la Mer, mais les Collines sont presque toutes couvertes de Pins & il y en a même des Forêts entieres où ils sont d'une hauteur considerable, fort droits & assez gros pour servir de grands mâts sur les petits bâtimens. On trouve à l'Ouest une Riviere d'eau douce assez large, mais on n'en peut approcher du côté de la Mer, à cause des Mangles rouges qui sont si près les uns des autres sur ses bords, qu'on n'y sauroit pénétrer. Les animaux de terre sont les daims, les taureaux & les cochons. Il y a assez de fruit dans les bois pour ces derniers, & les autres paissent dans de petites Savanes. On voit encore là une sorte de Lapins des Indes, & on trouve en quelques endroits des Tortues de terre en abondance, & deux sortes de Cancres de terre, des blancs & des noirs. Les uns & les autres font des trous dans la terre comme les Lapins. Ils s'y tiennent enfermez pendant le jour, & ils en sortent la nuit pour chercher à paître. Ils vivent de verdure, d'herbages ou de fruits qu'ils trouvent sous les arbres. Ils dévorent même avidement le fruit qu'on appelle Mançanille, sans qu'ils en reçoivent aucun mal, quoiqu'il n'y ait ni Oiseaux ni bêtes qui en veuillent goûter. Aussi ces Cancres qui se nourrissent de Mançanille, sont-ils venimeux tant pour les hommes que pour les bêtes à quatre pieds qui en mangent. Les autres Cancres sont fort bons & sains. Il y en a parmi les blancs qui sont aussi gros que les deux poings mis ensemble. Ils ont la figure des écrevisses de Mer, & deux bras avec lesquels ils pincent si fortement, qu'on ne les peut obliger à lâcher prise, quand même on les mettroit en piéces, à moins qu'on ne leur rompe un des bras. Si par hazard ils vous attrapent les doigts, le plus court est de mettre d'abord la main toute plate contre terre avec le Cancre, & aussi-tôt il quitte les doigts, & prend la fuite. Ces Cancres blancs font leurs trous dans les endroits sablonneux, auprès de la Mer, desorte que la Marée y entre & les lave. Les noirs sont beaucoup plus propres. Ils aiment un terrain sec & sablonneux, & c'est où ils bâtissent leurs nids. Ils sont d'ordinaire gras & pleins d'œufs. On trouve encore quantité d'Alligators & de Crocodiles qui rodent autour de cette Isle. On tient que ce sont les plus hardis d'entre tous ceux des Indes Occidentales. Les Espagnols de Cuba ont dans l'Isle des Pins des troupeaux de Cochons & quelques Indiens ou Mulâtres pour les garder. Il y a de plus des chasseurs qui gagnent leur vie à tuer des Cochons sauvages & des bœufs.

[b] Dampier, Suplement des Voyages, 2. part. Chap. 1.

LES ISLES DE PISCADORES, ou les Isles des Pescheurs, ce sont, dit Dampier, plusieurs grandes Isles desertes situées près de l'Isle de Formosa entre cette Isle & la Chine à 23. d. ou environ de latitude Septentrionale & presque à la même Elevation que le Tropique du Cancer. Les Isles Piscadores sont d'une raisonnable hauteur & ont beaucoup de l'air

ISL.

l'air des Dunes de Dorsetshire & de Wiltshire en Angleterre. Elles produisent de grosse Herbe courte & quelques arbres. Elles sont passablement arrosées, & nourrissent quantité de chevres & quelque gros bétail. Il y a beaucoup de hauteurs sur lesquelles on voit d'anciennes fortifications; mais elles ne servent de rien à present, quel qu'en ait été autrefois l'usage. Entre les deux Isles les plus Orientales il y a un bon Havre qui n'est jamais sans Vaisseaux. A l'Occident de la plus Orientale, il y a une grande Ville & un Fort qui commande ce Havre. Les maisons en sont basses, mais bien bâties, & la place fait une belle perspective. Il y a une garnison de trois ou quatre cens Tartares qui après trois ans de sejour sont envoyez dans une autre place. A l'Occident du Havre de cette Isle, tout proche de la Mer, il y a une petite Ville de Chinois, & la plupart des autres Isles ont des habitans Chinois, les unes plus les autres moins.

L'ISLE DE PITOMARA, petite Isle d'Italie sur la côte Orientale de l'Isle de Corse, entre le Golphe d'Arsano, & celui de Porto Vecchio.

a Rogers Suplement. p. 30.

L'ISLE DE LA PLATA [a], Isle de la Mer du Sud, sur la côte du Perou, près de Puerto Vejo, sous le 1. d. 10'. de Latitude Meridionale. Dans le parage sous le vent de cette Isle le fonds est très-net & il n'y a pas le moindre danger autour de l'Isle. Elle a quelques petites roches au Sud. Lorsque vous la découvrez, elle paroît haute & ronde, & à mesure qu'on s'en approche, on diroit qu'elle forme deux Isles quoi qu'il n'y en ait qu'une. Elle est à quatre lieues au Sud-Sud-Ouest du Cap de S. Lorenzo; à dix-huit lieues de la pointe Sainte Helene Nord & Sud & Salango en est à six lieues Nord-Nord-Ouest.

L'ISLE PLEINE, petite Isle de l'Amerique Septentrionale dans un Lac à la source d'une Riviere qui se perd dans un autre Lac vers les sources du Mississipi, au Pays des Sious de l'Ouest & des Tintons.

L'ISLE PLES, Isle de l'Amerique Septentrionale, au fond de la Baye de Hudson, entre le Cap Henriette-Marie, & l'Isle Agameske.

L'ISLE DU PLESSIS-MARAIL, petite Isle de France dans la Loire au dessous de Nantes, entre le Banc de Painbeuf & Belle-Isle.

LES ISLES DU POINT DU JOUR, petites Isles de l'Amerique Septentrionale dans la Baye de Hudson, au Midi de l'Isle de Phelypeaux.

L'ISLE DE POLLO, ou PULLO, Isle sur la côte Orientale de Sardaigne près du Cap de Saroch, à l'entrée du Golphe de Cagliari.

L'ISLE DE POLVEREN, Isle de la Mer des Indes au Détroit de Malaca; à peu de distance des Isles de LAS JARRAS, qui sont devant le Port de Pera.

LES ISLES DE PONTIQUE, deux petites Isles de l'Amerique Septentrionale dans la Mer du Sud à une lieue à l'Ouest du Cap Corrientes, dans la Province de Xalisco au Mexique: elles sont steriles.

L'ISLE DE PORTO RICCO. Voiez PORTO RICCO.

ISL. 195

L'ISLE DE PORTO SANTO, Isle de l'Océan Atlantique près de l'Isle de Madere. Voiez l'Article Porto Santo.

L'ISLE DE PORT ROYAL [b], petite Isle de l'Amerique Septentrionale dans la Baye de Campêche, à l'Ouest du Havre de Port Royal & qui fait un côté de l'Embouchure, de même que le Continent fait l'autre. La partie Orientale de cette Isle est sablonneuse; il n'y a presque point de bois; mais on y trouve une espece de Bardane qui porte de petits boutons de la grosseur d'un pois gris, qui sont fort incommodes pour ceux qui marchent nuds pieds, comme il arrive souvent à ceux qui demeurent dans la Baye. Il y a quelques buissons de bois de *Burton*, & un peu plus avant vers l'Ouest de grands Sapadillos dont le fruit est long & fort agréable. Le reste de l'Isle est plus garni d'arbres, surtout au Nord où le Pays est couvert de Mangles blancs jusques au Rivage; à l'Ouest de cette Isle est l'Isle de Trist. Une crique salée les separe, mais elle est si étroite qu'à peine un Canot y peut-il nager.

b Dampier Suplem. T. 3. p. 74.

LES ISLES DE PORTRUS, Isles de la côte Septentrionale d'Irlande à l'entrée de la Riviere de Band qui forme le Port de Coleraine.

LES ISLES DE POTERIEU [c], Isles de France sur la côte de Bretagne au Diocèse de St. Brieu à la Rade de Bigni. Le Neptune nomme une pointe de ce Canton la pointe de Porterieu près de St. Quai Village dont il donne le nom à quelques Isles voisines.

c Tassin côtes de France.

L'ISLE DE LA POTHERIE [d], Isle de l'Amerique Septentrionale à l'Embouchure du Détroit de Hudson, à trois lieues de l'Isle de la Resolution & dans l'Est de l'Isle de la Sale. Elle a environ quatre lieues de tour. Les bords de cette Isle sont à pic, & d'une élevation prodigieuse, ainsi que toutes celles de ce Détroit.

d La Potherie Hist. de l'Amer. Sept. p. 60.

L'ISLE AUX POURCEAUX, petite Isle de la Mer des Indes auprès de la Grande Isle de Java, à trois lieues de Bantam.

L'ISLE DES POUTOUATAMIS, Isle de l'Amerique Septentrionale, dans le Canada, au Nord du Lac des Ilinois à l'entrée de la Baye des Puants.

L'ISLE DE PRATA [e], petite Isle de l'Océan Oriental sur la côte de la Chine; environ à 20. d. 40'. de latitude Septentrionale. Elle est basse, toute environnée de Rochers entre Manila & Quangtung, ou Canton.

e Dampier Voyage T. 2. p. 81.

L'ISLE DE PRESTEGRUNDE, petite Isle de Suede, sur la côte de Helsingie par le travers du Port de Soderham, au Golfe de Bothnie.

1. L'ISLE DU PRINCE, petite Isle d'Asie au Détroit de la Sonde, près de la côte Occidentale de l'Isle de Java. Les Hollandois en sont les Maîtres.

2. L'ISLE DU PRINCE, les Portugais disent ILHA DO PRINCIPE. Isle d'Afrique dans le Golphe de Guinée à la hauteur du Cap St. Jean, entre l'Isle de Fernand Po & l'Isle de St. Thomas. Il y a un Village vers la pointe du Nord. Elle est aux Portugais, qui y entretiennent une petite garnison. Le Port est au Septentrion où j'ai dit qu'étoit le

Bb 2 Vil-

Village. Il y a outre cela quelques hameaux; & l'Isle est cultivée.

L'ISLE DE PRINCENTA, ou PULO LANGUIVI, Isle de la Mer Orientale près de l'Isle Bouton.

L'ISLE DE LA PROVIDENCE, Isle de l'Amerique dans la Mer du Nord. C'est la même que l'ISLE DE STE CATHERINE.

L'ISLE DE PUGNA. Voiez PUGNA.

L'ISLE DE PULO BAOY, BOSTOC, CONDOR &c. Voiez au mot PULO. Le nom de PULO signifie une *Isle*; ainsi pour parler François on devroit dire l'Isle de BAOY, BOSTOC, & CONDOR &c. mais comme l'usage établi dans les Relations des Voyageurs nous a accoutumez à voir PULO VAY & non pas *l'Isle de Vay*; PULO *Coffin*, & non l'Isle de Coffin, & ainsi des petites Isles qui sont autour de l'Isle de Sumatra & de la Presqu'Isle de Malaca; nous suivrons cet usage & renvoyons ces Isles au mot PULO.

L'ISLE DE PURMEREND, petite Isle au Nord de Java, au Nord Occidental de la Rade de Batavia, au Midi d'Onrust Kerkhoff; & au Levant de l'Isle d'Onrust.

Q

L'ISLE DE QUELPAERTS, Isle de l'Orient Oriental, au Midi de la Corée, à l'Orient de l'Embouchure de la Jaune qui coule dans la Chine. On nomme aussi cette Isle FUNGMA. Il y a au milieu un lieu nommé EITCHEOU; & Mr. de l'Isle n'en marque point d'autre; mais Mr. Baudrand dit qu'elle a quinze lieues de circuit & qu'elle a pour place principale MOGGAN, ou MOCKO où demeure le Gouverneur & cite Henri Hamel. Il ajoute qu'on y remarque encore la petite Ville de Tadiam.

LES ISLES QUEMADAS, ou en François les Isles Brûlées; Isles des Indes, sur la côte de Malabar, au Royaume de Visapour au Nord de Goa entre Valdepatan, & le Fort de Vingrela qui sont aux Hollandois.

L'ISLE DE QUEMENES, Isle de France sur la côte de Bretagne entre l'Isle de Molene & celle de Beniguet; au Levant de l'Isle de Trielen, & au Couchant de l'Isle de Litiri.

L'ISLE DE QUIBO, on la nomme aussi l'Isle de Caboya; selon Dampier. Les Cartes dressées pour le Suplément de Wood Rogers portent COYBA. Elle est dans la Mer du Sud; sur la côte de la Veragua. Le Suplément cité [a] nomme les Isles de Coyba plusieurs Isles voisines entre lesquelles sont l'Isle de QUIBO, ou COYBA & celle de Quicaro. Voici comme il les decrit : la plus grande des Isles de Coyba, ou Quibo, situées sous le 7. deg. 30. Minutes de Lat. Septentrionale, est basse & peut avoir 7. lieues de long & 4. de large. Il y a quantité de gros arbres de plusieurs sortes, & très-bonne eau à son Nord-Est ; on y trouve aussi, de même qu'à l'Est, des Bêtes fauves, des Singes noirs & des Guanos verds qui sont tous un bon manger. A la hauteur de la pointe Sud-Est, il y a un bas-fond, qui s'étend une demi lieue en Mer, & dont une partie se découvre au dessus de l'eau vers la fin de l'Ebbe. Il n'y a point d'autre

[a] p. 15.

danger ; de sorte qu'un vaisseau peut s'aprocher à un quart de mille du rivage, & mouiller à 6. 7. 8. 10. ou 12. brasses d'eau, dans un fond de sable pur. Cette Isle est à 10. lieues ou environ du Continent ; l'air y est temperé ; il y a quantité de gros Bêtail, de volaille, d'excellentes Huitres, dont quelques-unes renferment des Perles, des Tortues vertes, qui ne sont pas si bonnes que celles de la Mer du Nord, & du bois de charpente. Voici ce qu'en dit Dampier [b]. L'Isle de Quibo ou de Caboya est à 7. dégrez quatorze Minutes de Latitude Septentrionale, d'environ 6. ou 7. lieues de long & 3. ou 4. de large. Les terres sont basses à la réserve de celles qui sont au bout du côté du Nord-Est. Il y a quantité de plusieurs sortes de grands arbres fleuris, & de bonne eau à l'Est, & au Nord-Est de l'Isle. Il y a quelques Bêtes fauves, & force gros Singes noirs, dont la chair est bonne & saine. Il y a aussi quelques Guanos & Serpens, je ne sache pas qu'il y ait d'autre sorte d'animaux. Au Sud-Est de la pointe de l'Isle il y a un fonds bas qui s'étend demi-lieue en Mer ; & à une lieue au Nord de ce fonds bas du côté de l'Est, il y a un rocher à environ un mille de la côte, qui sur la fin de la Marée paroit au dessus de l'eau. A ces deux endroits près, il n'y a aucun danger de ce côté-là. Les vaisseaux peuvent aller à un quart de mille de la côte & mouiller à six, huit, dix, ou douze brasses d'eau, & sur un sable bon & clair.

Il y a plusieurs autres Isles, les unes au Sud-Ouest, les autres au Nord, & Nord-Est de celle-ci, comme l'Isle de QUICARO, qui est une assez grande Isle, & au Sud-Ouest de Quibo. Au Nord de la même Isle il y a une petite Isle nommée ANCHERIA, où il y a quantité d'arbres de Palme Marie. Cet arbre est grand & droit, il a la tête petite ; il est fort différent du Palmier nonobstant la réssemblance des noms. Il est fort estimé pour faire des Mâts, parce qu'il est fort & de bonne longueur. Les veines de ce bois ne vont pas droit tout le long de l'arbre comme aux autres arbres, mais elles circulent tout autour. Ces arbres croissent en plusieurs lieux des Indes Occidentales, & les Anglois aussi bien que les Espagnols s'en servent beaucoup aux usages qu'on vient de dire. Les Isles Canales & de Cantarras sont de petites Isles au Nord-Est de Rancheria. Elles sont toutes séparées par des Canaux & on peut ancrer tout autour. Elles ne sont pas moins riches que Quibo en arbres & en eau. A les voir sur la route il semble qu'elles fassent partie de la Terre-Ferme. Quibo est la plus grande & la plus rémarquable ; car quoique les autres ayent des noms, on ne s'en sert néanmoins presque jamais, que pour les distinguer ; ces Isles & les autres de cette espéce étant toutes comprises sous le nom général d'Isles de Quibo.

L'ISLE DE QUICARO. Voiez l'Article precedent.

R.

L'ISLE DE RABENEC, petite Isle de France sur la côte de Bretagne, au voisinage

[b] Voyages T. 1. p. 227.

finage de Lanion & au Midi de l'Isle de Gato.

L'ISLE DE RADENES, petite Isle de France en Bretagne, l'une des Isles de Bréat, entre le Berniguet & l'Isle de Guillango.

L'ISLE DE RAFFIÖ, Isle du Golphe de Bothnie, sur la côte Orientale, au Couchant de Biorneborg.

L'ISLE DE RAGHLING, petite Isle sur la côte Septentrionale d'Irlande auprès de Faireforland.

L'ISLE DE RAIGLENBORN, petite Isle au Nord-Ouest d'Irlande, près du Cap Telling, à l'entrée du Golphe de Dunghal.

L'ISLE DE RAMSEY, petite Isle d'Angleterre dans la Mer d'Irlande au Midi du Cap de St. David.

L'ISLE DE RAMSFIORD, petite Isle de Norwege au Gouvernement de Drontheim, on la laisse à gauche lorsque l'on entre dans le Port de la Capitale de cette Province.

L'ISLE DE RANCHERIA. Voiez l'article de QUIBO.

L'ISLE DE RASAY, Isle d'Ecosse l'une des Westernes au Nord de l'Isle de Skie; sa longueur est d'environ cinq milles, il y a beaucoup de bois, & elle est plus propre au pâturage qu'à produire du bled. Du côté d'Orient une source sort d'un Rocher, dont l'eau se petrifie en fort belle pierre à chaux, qu'elle produit en abondance. Il y a aussi une Carriere de très-bonne pierre de taille, & au Couchant il y a quantité de souterrains, où logent ceux qui vont l'été dans cette Isle, soit pour la pêche, soit pour engraisser le Bétail. On y trouve aussi des Forts. Le Seigneur de cette Isle est un Cadet de la famille de Maccleod, qui est respecté comme un Prince par ses habitans.

L'ISLE DE RE'. Voiez RE'.

L'ISLE DE REPARO, petite Isle de l'Amerique Meridionale sur la côte du Bresil vers le 29. d. de Latitude Meridionale, au Midi Occidental de l'Isle de Ste Catherine.

L'ISLE DES REQUIENS, Isle de la Mer du Sud: Mr. de l'Isle la marque sur la Route de le Maire & sur celle de Magellan qui s'y coupent; & il la nomme L'ISLE DES TIBURONS, OU DES CHIENS. Elle est vers le 15. d. de Latitude Meridionale, & par les 237. de Longitude.

a La Potherie Hist. de l'Amer. Sep. p. 59.

L'ISLE DE RESOLUTION [a], dans l'Amerique Septentrionale. Elle est au 62. degré 33'. à 34. de variation Nord-Ouest. Elle forme l'Embouchure du Détroit de la Baye de Hudson avec les Isles Boutonnes, qui sont au 61. degré 10'. Elles sont Nord & Sud distantes les unes des autres d'environ 14. à 15. lieues. L'Isle de Resolution peut avoir huit lieues de longueur Est & Ouest. Quand on est du côté de l'Ouest elle paroit avoir la figure d'un Croissant. Elle est éloignée de la terre ferme du Nord d'environ six à sept lieues. Il y a deux petites Isles à deux lieues de distance du côté du bout de l'Est. Les côtes de cette Isle ainsi que celles de tout le Détroit sont à pic & d'une élevation prodigieuse.

L'ISLE DE RHODE. Voiez RHODE.

L'ISLE DE RIA LEXA. Voiez RIA LEXA.

L'ISLE DE RIG, petite Isle du Golphe de Terranuova sur la côte Orientale de l'Isle de Sardaigne. On trouve cet écueil à gauche en entrant.

L'ISLE DE RIOUSIC, petite Isle de France en Bretagne; c'est la plus Septentrionale & en même temps, la plus Occidentale des sept Isles.

L'ISLE ROBIN, petite Isle voisine de la pointe la plus Septentrionale d'Irlande au Sud-Ouest de l'Isle d'Enesterhul, près de la côte.

LES ISLES DE ROCA, ou selon Mr. de l'Isle LES ROQUES, Isles d'Amerique sur la côte de Venezuela par le travers du Golphe triste. Dampier dit [b]: les Isles de Roca sont une partie des petites Isles qui ne sont pas habitées, situées à environ onze degrez 40. de Latitude, à quinze ou seize lieues de la Terre-Ferme; à environ vingt lieues de la Tortue du côté du Nord-Ouest-Quart-d'Ouest, & à environ six ou sept de l'Occident d'Orchilla autre Isle située à la même distance de la Terre-Ferme. Les Isles de Roca ont environ cinq lieues d'étendue & trois de large. La partie la plus Septentrionale de ces Isles est la plus remarquable à cause d'une haute Montagne blanche pleine de Rochers du côté de l'Occident & qu'on peut voir de fort loin. Près de la Mer au Midi de cette haute Montagne il y a de l'eau douce qui vient des rochers; mais qui coule avec tant de lenteur qu'on n'en sauroit amasser plus de quarante Galons, (ou cent soixante pintes mesure de Paris) en vingt-quatre heures. Mais cette eau a si fort le goût du cuivre, ou pour mieux dire de l'Alun, & choque si fort le palais, qu'on la trouve très-désagréable en la buvant. Mais après en avoir bu deux ou trois jours on ne trouve plus de goût à l'autre eau. Le milieu de l'Isle est un terroir bas & uni tout couvert d'herbe longue, où il y a quantité d'oiseaux gris de la grosseur d'un merle. La partie Orientale de l'Isle est couverte de Mangles noirs. Le terroir de cette partie Orientale est d'un sable leger que la Mer inonde quelquefois quand elle monte. La rade des vaisseaux est au Midi, au plus près du milieu de l'Isle.

[b] Voyages T 1. p. 59. & suiv.

Les autres Isles de Roca sont basses. La premiere qu'on trouve du côté du Midi est petite, basse & unie sans arbres & ne produit que de l'herbe. Au Midi de cette Isle il y a un vivier dont l'eau a un petit goût de sel. Les Avanturiers s'en servent quelquefois faute de meilleure. Il y a aussi près de cette Isle une rade où l'on peut commodément mouiller. A environ une lieue de cette Isle, il y en a deux autres qui ne sont pas éloignées de deux cens Verges l'une de l'autre. Il y a un profond Canal par où passent les Vaisseaux. L'une & l'autre de ces deux Isles sont toutes pleines de Mangles rouges, qui contre l'ordinaire des autres viennent mieux dans un terroir inondé comme celui de ces deux Isles. Il n'y a de terre séche que la pointe Orientale du côté de la partie la plus Occidentale; mais il n'y a ni arbres ni buissons. Les autres Isles sont basses & ont des Mangles rouges & autres arbres. Les Vaisseaux y peuvent aussi mouiller. Entre ces Isles en dedans, on peut mouiller en divers lieux; mais non pas en dehors si ce n'est du côté de l'Ouest, ou du Sud-Ouest; car du côté de l'Est & du Nord-Est un vent alizé souffle & grossit la Mer, & du côté du Sud il n'y a pas moins de 70. 80. ou 100. brasses d'eau fort près de terre.

L'ISLE RODE, petite Isle de l'Amerique Septentrionale sur la côte de la Nouvelle Angleterre au Nord-Ouest de l'Isle de Martin Wingard.

L'ISLE RODRIGUE, Isle de la Mer des Indes à l'Orient de l'Isle Maurice & par le 20. d. de Latitude Meridionale. On a tâché de la peupler. Voiez RODRIGUE.

L'ISLE DE ROKOL, Isle de la Mer du Nord, au Couchant de l'Isle de St. Kildas. Sa côte Occidentale est par les 5. d. de Longitude, & elle s'étend du Nord au Sud depuis les 57. d. 55'. presque jusqu'au 58. d. de Latitude.

L'ISLE DE ROLLES [a], petite Isle d'Afrique, proche de la pointe du Sud-Ouest de St. Thomas, dans le grand Golphe de Guinée: on y trouve beaucoup d'Oranges: on y a 7. 6. 5. & quatre brasses & demie de profondeur fond de roches & mauvais mouillage.

L'ISLE DE ROM, Isle de Danemarck au Sleswig, au Nord de l'Isle de Sylt, & au Midi de l'Isle de Manoé. Il n'y a qu'une habitation nommée St. Clement.

LES ISLES DE ROMSDAL, Isles de la côte Occidentale de Norwege, à l'entrée de la Riviere de même nom, où elles sont rangées Sud-Ouest & Nord-Est & sont une même ligne avec les Roches de Romsdal qui sont au Nord-Est.

L'ISLE DE RONA, petite Isle d'Ecosse entre les Westernes, au Nord de la partie Orientale de l'Isle de Skie.

L'ISLE DE RON, voiez au mot PULO l'article PULO RON.

L'ISLE DE RONSA [b], Isle d'Ecosse entre les Orcades au Midi de l'Isle de Westra. Elle a huit milles en longueur & six en largeur. Elle a beaucoup de Montagnes & de Caps, mais ses côtes sont fertiles & bien peuplées; il y a beaucoup de Gibier, de Lapins & de Poisson. Ce nom est écrit ROUSA dans le Livre cité en marge.

1. L'ISLE DE ROQUEPIRE, petite Isle de la Mer des Indes par les 10. degrez de Latitude Meridionale, & vers les 87. 30. de Longitude.

2. L'ISLE DE ROQUEPIRE, petite Isle de la même mer par les 5. d. 30'. de Latitude Meridionale au Sud-Est des Sept Freres.

L'ISLE DE ROSENBOURG, petite Isle des Pays-Bas à l'Embouchure de la Meuse entre l'Isle de Voorn au Midi & le Continent de Hollande.

L'ISLE DE ROSSA, petite Isle sur la côte Septentrionale de Sardaigne près du Cap de Ste Lucie.

1. L'ISLE DE ROTTERDAM, petite Isle de la Mer du Sud, par le 19. d. de Latitude Meridionale au Nord-Ouest de l'Isle d'Amsterdam.

2. L'ISLE DE ROTTERDAM, petite Isle d'Asie au Nord de l'Isle de Java à

[a] Voyages de la Compagn. Holland. T. 5. p. 20.

[b] Etat pres. de la Gr. Bret. T. 2. p. 302.

l'Orient de l'Isle de Schiedam. Elle est accompagnée de deux bancs de sable au Levant & d'un banc de sable & de Roches au Midi.

L'ISLE DE ROTTUM, petite Isle de la Mer d'Allemagne dans la Seigneurie de Groningue entre Bosch au Couchant & Borcum au Couchant.

L'ISLE ROUGE, c'est la même que l'Isle Rossa au Nord de Sardaigne.

L'ISLE DE ROWANES, petite Isle d'Ecosse entre les Westernes, à la pointe du Nord-Ouest de l'Isle de Lewis.

L'ISLE ROYALE, Isle de la côte Meridionale de Norwege entre Sundfiord & Langesund.

LES ISLES ROYALES, ou LES ISLES DE LA PERLE, ou LES ISLES DES PERLES, Isles de l'Amerique dans la Mer du Sud, & dans la Baye de Panama, ce sont, dit Dampier [c], plusieurs Isles basses & pleines de bois, & situées au Nord-Nord-Ouest quart de Nord, & au Sud-Est quart de Sud. Elles sont à environ 7. lieues de la Terre ferme. Elles ont 14. lieues de longueur, éloignées de Panama d'environ 12. Je ne sai pourquoi on les appelle Isles Royales. Elles sont quelquefois, & presque toûjours, nommées dans les Cartes les Isles de la Perle. Je ne saurois m'imaginer pourquoi on leur donne ce nom, car je n'y ai jamais vû d'huitres, où l'on y trouvât des Perles, non pas même des Coquilles de ces huitres-là: pour les autres j'y en ai souvent mangé. L'Isle la plus Septentrionale de toutes se nomme Pacheca ou Pacheque. C'est une petite Isle, éloignée de Panama de 11. ou 12. lieues. La plus Meridionale s'appelle l'Isle de Saint Paul. Je ne connois que ces deux-là qui ayent des noms particuliers, quoique j'en connoisse plusieurs qui les surpassent en étendue. Il y a dans les unes des Plantains & des Bananes qu'on y cultive, & dans d'autres des Champs de Ris. Messieurs de Panama auxquels elles appartiennent, y tiennent des Negres pour cultiver les plantations ou pour en défricher de nouvelles. La plûpart de ces Isles, & surtout les plus grandes, sont entierement incultes; cependant le terroir en est bon & gras, & plein de grands arbres. C'est dans ces Isles incultes que se réfugient plusieurs Negres déserteurs qu'on appelle Marons. Ils sont tout le jour cachez dans les bois, & la nuit ils sortent & vont piller les plantations. Entre ces Isles & la Terre ferme il y a un Canal de 7. à 8. lieues de large raisonnablement profond, & où l'on peut ancrer partout. Les Isles sont assez proches les unes des autres, cependant il y a dans les espaces qui les separent plusieurs Canaux serrez & profonds, dans la plûpart desquels il n'y a que des bâteaux qui puissent passer. Du côté du Sud-Est à environ une lieue de l'Isle Saint-Paul, il y a un bon endroit à carener, & on y va par un bon & profond Canal qui est du côté du Nord. Le Flux y monte perpendiculairement jusqu'à près de dix pieds.

L'ISLE DE ROYELLAN, Isle de France en Bretagne sur la côte au Midi de l'Embouchure de la Riviere d'Etel.

L'ISLE DE RUGEN, Voiez RUGEN.

L'ISLE DE RUNEN, petite Isle de France

[c] Voyages T. 1. p. 189.

France en Bretagne près du Port de Cancale.

L'ISLE DE RUSCO, petite Isle d'Angleterre l'une des Sorlingues, à trois lieues de Lands-End. Ce n'est qu'une Montagne entre des Rochers.

L'ISLE DE RUSE, petite Isle de Suede dans le Golphe de Bothnie, aux Confins de la Helsingie & de la Gestricie, à l'Embouchure de la Tynnea qui separe ces deux Provinces.

L'ISLE DE RUTTENSARI. Voiez RUTTENSARY.

L'ISLE DE RUYGH, petite Isle de la Mer Baltique, dans la Pomeranie Suedoise au Nord de l'Isle d'Usedom.

S.

L'ISLE DE SABA. Voiez SABA.

[a] *Denis descr. de l'Amer. Septent. Tom. I. c. 8.*

L'ISLE DE SABLE [a], Isle de l'Amerique Septentrionale, à quinze lieues de l'Isle du Cap Breton en tirant vers le Midi & dans le milieu de la Baye de Camseaux. Cette Isle étoit autrefois remplie de vaches, mais les Anglois detruisirent tout pendant le sejour qu'ils y firent. Il y a dans le milieu un étang d'eau douce, & quelque peu d'Herbes qui poussent au travers du sable. Sa longueur Nord & Sud peut être de vingt-cinq lieues, mais elle n'a qu'une portée de Canon de largeur. Elle est dangereuse à cause des battures qu'elle a du côté de la Mer, qui mettent trois ou quatre lieues hors, parce qu'elles sont toutes plates, & assechent de basse mer plus d'une lieue. Il n'y a plus dans cette Isle que l'Etang, le sable & quelque peu d'Herbe, n'y étant resté aucune vache, les Anglois les ayant toutes tuées pour en avoir les peaux.

[b] *Dampier Voyages T. I. p. 253.*

L'ISLE DE SACRIFICIO [b], petite Isle de la Mer du Sud sur la côte de l'Amerique. c'est une petite Isle verte d'environ demi mille de longueur. Elle est située environ demi mille de la Terre ferme, & à une lieue à l'Ouest de Guatulco. Il sembloit qu'il y a une belle Baye à l'Ouest de l'Isle, mais elle est pleine de rochers: la Rade est entre l'Isle & la Terre ferme, où il y a cinq ou six brasses d'eau. La Marée y est assez forte & la Mer hausse & baisse cinq ou six pieds.

L'ISLE DE ST. AMBROISE, Isle de la Mer du Sud, au Couchant Septentrional de Copiapo, & au Midi de l'Isle de St. Felix.

L'ISLE DE SAINT ANTIOCHE, ou ST. ANTIOCO, Isle de la Mer Mediterranée au Midi de la Sardaigne & du Golphe de Palma. C'est l'Enosis des Anciens.

L'ISLE DE ST. ANTOINE, Isle d'Afrique, l'une des Isles du Cap-Verd, la plus Septentrionale de toutes. Voiez au mot SAINT l'Article ST. ANTOINE.

L'ISLE DE ST. AUBIN, petite Isle de la Manche au Midi de l'Isle de Jersey. Il y a un Fort qui porte le nom du même Saint.

L'ISLE DE ST. BARNABÉ, Isle d'Amerique, dans la Mer du Sud, l'une des Isles Galapes.

L'ISLE DE ST. BARTHELEMI, Isle de l'Amerique entre les Antilles, près de l'Anguille qui est aux Anglois. L'Isle de St. Barthelemi est aux François.

L'ISLE DE SAINT BORONDON, Isle fabuleuse que quelques-uns placent au Couchant des Canaries.

L'ISLE DE ST. BRANDON, Isle de la Mer des Indes à l'Orient de l'Isle de Nazareth au Midi Oriental de l'Isle de Rodrigue vers le 16. d. 40'. de Latitude Meridionale.

L'ISLE ST. CLEMENT, petite Isle de la Mer du Sud, au Midi Oriental de l'Isle de Ste. Catherine près du Port de la conversion sur la côte Occidentale de Californie.

L'ISLE DE ST. CRESPIN, Isle de la Mer du Sud entre les Marquises de Mendoce. Elle est au 10. d. de Latitude Meridionale, par les 247. d. 30'. de Longitude. C'est la plus Meridionale des quatre.

1. L'ISLE DE ST. CHRISTOPHLE, Isle de la Mer du Sud, & la plus Meridionale des Isles de Salomon.

2. L'ISLE DE ST. CHRISTOPHLE, Isle de l'Amerique entre les Antilles, voiez au mot SAINT l'Article ST. CHRISTOPHLE.

LES ISLES DE ST. CYPRIEN, Isles de l'Ocean sur la côte Septentrionale d'Espagne dans la Galice à l'Orient du Cap de même nom, & au Nord du Cap Bourcel, entre Ribadeo & Vivero.

L'ISLE DE ST. DOMINGUE. Voiez au mot SAINT d'Article DE SAINT DOMINGUE.

L'ISLE DE ST. EUSTACHE, petite Isle de l'Amerique. Voiez au mot SAINT l'Article ST. EUSTACHE.

L'ISLE DE ST. FELIX, Isle de la Mer du Sud sur la côte de l'Amerique au Nord de l'Isle de St. Ambroise, vis-à-vis de la separation du Chili & du Perou.

1. L'ISLE DE ST. GEORGE, petite Isle de la Mer du Sud entre les Isles de Salomon, au Midi de l'Isle Isabelle.

2. L'ISLE DE ST. GEORGE, Isle d'Afrique auprès de MOSAMBIQUE. Voiez MOSAMBIQUE.

L'ISLE DE ST. GREGOIRE, Isle de l'Ocean Occidental sur la côte d'Irlande entre la grande Isle d'Aaron & la petite, à l'entrée du Golphe de Galloway. Le passage qui est entre cette Isle & la grande Isle est nommé PASSE DE ST. GREGOIRE.

L'ISLE DE ST. HELIER, petite Isle de la Manche, au Midi de l'Isle de Jersey. Il y a un Fort qui porte le nom du même Saint.

L'ISLE DE ST. HONORAT. Voiez LERINS.

1. L'ISLE DE ST. JAQUES, petite Isle d'Afrique près de l'Isle de Mosambique. Voiez ce mot.

2. L'ISLE DE ST. JAQUES, ou de ST. JAGO, petite Isle d'Afrique, l'une de celles du Cap Verd, entre l'Isle de Brava & celle de Fogo.

1. L'ISLE DE ST. JEAN, petite Isle de l'Ocean Oriental, l'une des Philippines à l'Orient de Mindanao, à trois ou quatre lieues de distance & à sept ou huit degrez de Latitude Septentrionale. Cette Isle a environ trente-huit lieues de longueur, & s'étend du Nord-Nord-Ouest au Sud-Sud-Est. Le milieu de l'Isle a environ vingt-quatre lieues de large. Le côté Septentrional est plus large & le Me-

ri-

ISL.

...idional plus étroit. L'Isle est assez élevée, & pleine de petites Montagnes. Le côté du Sud-Est est un terroir gras & noir. Il semble que l'Isle en général à sa part de cette graisse; ce qui se remarque par le grand nombre de gros arbres qu'elle produit; car de quelque côté qu'on la regarde elle paroît un grand bois.

2. L'ISLE DE ST. JEAN, Isle de l'Amerique Septentrionale dans le Golphe de St. Laurent au Nord de l'Acadie.[a] Cette Isle est sur la route de l'Isle Percée; On en passe à la vue, selon la rencontre des vents. Il ne faut cependant pas en approcher de près car toute la côte du côté de la Baye n'est que sable avec des battures à plus d'une lieue au large. Cette Isle a bien 25. ou 30. lieues de longueur sur une lieue de largeur au milieu. Elle est à-peu-près de la figure d'un Croissant & pointue des deux bouts. Le côté qui regarde la Terre ferme est bordé de rochers & forme deux anses, où deux ruisseaux viennent se decharger dans la Mer. Des barques y peuvent entrer y ayant dedans des especes de petits Havres. De ce côté-là les bois y sont très-beaux & ce qu'il y a de terre y paroît bon. Du côté qui regarde la grande Baye, il y a aussi deux Havres d'où sortent deux petits ruisseaux, mais les entrées sont fort plattes quoiqu'il y ait assez d'eau dedans. L'on y est entré autrefois avec des vaisseaux assez grands, mais il falloit tout décharger en rade, porter tout à terre & ne laisser de l'Est que pour soutenir les Vaisseaux, ensuite on les couchoit sur le côté comme pour leur donner carène, & on les remorquoit dedans avec des Chaloupes. On n'y peut plus entrer à present, les entrées étant bouchées; ce qui les obligeoit d'aller là étoit l'abondance du poisson qui est à cette côte. La Marée entre bien avant dans certains endroits de cette Isle, ce qui fait de grandes prairies & plusieurs étangs. En tous ces lieux-là le gibier y abonde, il s'y trouve force pâturages. Il y a des Caribous qui sont une espece d'Orignaux. Ils n'ont pas de bois si puissant, le poil en est plus fourni & plus long & est presque tout blancs. Le goût en est excellent; la chair en est plus blanche que celle de l'Orignac, mais il y en a peu. Les Sauvages les trouvent trop bons pour les laisser croître. Cet Animal a la cervelle partagée en deux par une toile qui forme comme deux cervelles.

3. L'ISLE ST. JEAN, Voiez POMEGUES.

L'ISLE DE ST. JUST, Isle des Pays-Bas dans la Province de Zelande, à l'Orient Meridional de l'Isle de Walcheren, devant le Canal de Middelbourg.

L'ISLE DE ST. LAURENT. Voiez MADAGASCAR.

L'ISLE DE ST. MANDÉ, Isle de France sur la côte de Bretagne, au Couchant des Isles de Brest.

LES ISLES DE ST. MARCOU, Isles de France en Normandie, sur la côte Orientale du Coutantin. Il y en a deux dont la plus Occidentale est nommée l'Isle d'Amont & la plus proche du Continent s'apelle l'Isle d'Aval. Cette dernière est fort petite.

L'ISLE DE ST. MARTIN, Isle de l'Amerique, entre les Antilles, & l'une des Isles sous le vent au Sud-Ouest de l'Isle de St. Barthelemi. Elle est partagée entre les François & les Hollandois, selon le P. Labat[b] Mr. de l'Isle y met les François seulement.

L'ISLE DE ST. MATHIEU, Isle d'Afrique par le 10. degré de Longitude & par le 2. d. de Latitude Meridionale. Elle est deserte & inhabitée.

1. L'ISLE DE ST. MICHEL, petite Isle de l'Amerique Septentrionale, dans la partie Occidentale du Lac Superieur, au Canada.

2. L'ISLE DE ST. MICHEL. Voiez au mot MONT l'Article le MONT ST. MICHEL.

L'ISLE DE ST. MICHEL DU VERDELET, petite Isle de France en Bretagne, dans l'Evêché de St. Brieu, près du Bourg de Pleneuf.

1. L'ISLE DE ST. NICOLAS, Isle de France en Bretagne, dans la Loire, au dessous de l'Isle Martiniere vis-à-vis de Buzay.

2. L'ISLE DE ST. NICOLAS, Isle d'Afrique, l'une des Isles du Cap Verd au Couchant de l'Isle de Sel.

L'ISLE DE ST. PAUL, Isle de la Mer du Sud, vers le 262. d. de Longitude & sous le 15. d. de Latitude Meridionale.

L'ISLE DE ST. PHILIPPE, Isle des Pays-Bas, dans la Province de Zelande, au Nord de l'Isle de Tolen, au Sud-Ouest de l'Isle de Duyveland & au Midi d'Overflakée.

1. L'ISLE DE ST. PIERRE, Isle de la Mer du Sud. Magellan la découvrit en 1520. & quatre-vingt-dix ans après Fernand de Quiros en découvrit plusieurs autres qui sont rangées sur une espece de ligne de l'Ouest-Nord-Ouest à l'Est-Sud-Est.

2. L'ISLE DE ST. PIERRE, Isle de la Mer du Sud l'une des Marquises de Mendoce, au Midi de la Dominique, & au Couchant Septentrional de St. Crespin.

3. L'ISLE DE ST. PIERRE, ou ST. PEDRO, Isle de la Mer Mediterranée, au Midi de la Sardaigne devant le Golphe d'Iglesias. Du côté de la grande Isle, au Nord-Est il y a des Havres où l'ancrage est bon.

LES ISLES ST. QUAY, Isles de France en Bretagne près d'un Village de même nom dans le Golphe de St. Brieu. La principale se nomme L'ISLE ARDOUZE.

L'ISLE DE ST. RIOU, petite Isle de France en Bretagne, près de Plempol, au Midi des Isles de Brest.

L'ISLE DE ST. SAUVEUR, ou l'ISLE DU GRAND ST. SAUVEUR, Isle de France en Bretagne, dans un enfoncement où sont plusieurs autres Isles, savoir l'Isle Blanche, l'Isle de Morvil, l'Isle de Rabenec, l'Isle Brulée & autres qui entourent celle-ci qui est la plus grande & sur laquelle il y a le Château de Lan.

L'ISLE DE ST. SEBASTIEN[c], petite Isle de d'Amerique sur la côte Meridionale du Bresil, entre l'Isle Grande & Los Santos presque sous le Tropique. Entre l'Isle & la terre ferme, il y a une grande Rade qui est à l'abri de tous les vents parce qu'elle est close & renfermée par l'Isle. Elle est remplie d'arbres sauvages.

1. L'ISLE DE ST. VINCENT[d], en Afrique l'une des Isles du Cap Verd entre l'Isle

[a] Denis descr. de l'Amer. Sept. T. 1. c. 8.

[b] Voyages aux Isles de l'Amerique T. 2. p. 293.

[c] Voyages de la Comp. Holl. T. 2. p. 9.

[d] Voyages de la Comp. Holl. T. 5. p. 12.

l'Isle de Ste Lucie & celle de St. Nicolas c'est une Isle sterile, inculte, semée de Rochers, & il y a peu d'eau douce. On y trouve pourtant, au côté du Sud-Sud-Ouest de la Baye une petite source qui peut fournir de l'eau à 2. ou 3. vaisseaux tout au plus ; ce qui n'ayant pas été suffisant pour tous ceux qui y étoient, on creusa des puits, dont l'eau étant un peu somache, ne pouvoit pas être tout-à-fait saine, & l'on ne douta point dans la suite, qu'elle ne fût la cause du flux de sang qui regna parmi la flote. Les Boucs qu'on prend dans cette Isle, sont fort gras & de meilleur goût que partout ailleurs. On les atrape difficilement, à cause de l'incommodité du terrein, qui est presque par tout traversé de roches assez aigues. Cependant quand on connoît les chemins, on en a plus facilement, pourvû qu'on aille en troupe, & qu'on soit 25. ou 30. hommes ensemble. On y trouve quantité de tortues de 2. ou 3. pieds de long, dans la saison où elles viennent la nuit à terre faire leurs œufs & les enterrer dans le sable, afin que le Soleil les y échaufe, comme s'ils étoient couvez; ce qui arrive depuis le Mois d'Aoust jusques au Mois de Février : ensuite elles demeurent dans la Mer. C'est un fort bon mets, & qui a plus le goût de chair que de poisson. Il y a aussi quantité de beau poisson, qu'on prend à l'hameçon, proche des rochers en si grande abondance, que quand on vouloit pêcher, on en avoit suffisamment pour toute la flote. L'Isle est deserte: une fois l'année les habitans de Sainte Lucie y viennent prendre des tortues, pour en tirer de l'huile, & chasser aux boucs, afin d'envoyer les peaux en Portugal. On porte la viande à St. Jago, où l'on en fait des Salaisons, qui vont au Bresil. Il n'y a point d'autres arbres fruitiers que quelques figuiers sauvages, qui se trouvent par endroits, quand on avance dans l'Isle. Il y a aussi des plantes de Coloquinte, d'ailleurs il y fait une sécheresse extrême quand ce n'est pas la Saison des pluyes, qui commencent ordinairement en Aoust & finissent en Février, quoique cela ne soit pas toûjours réglé.

[a] Voyages aux Isles par Labat T. 2. p. 148.

2. L'ISLE DE ST. VINCENT [a], Isle de l'Amerique entre les Antilles entre Ste Alousie & la Grenade. Cette Isle paroît avoir 18. à 20. lieues de tour, elle est par les 13. dégrez de Latitude Nord. Son aspect n'a rien que de sauvage & de désagréable. Elle est fort hachée, pleine de hautes Montagnes, couvertes de bois. On voit à la verité de petits valons où il y a des défrichez de peu d'étendue autour des Rivieres qui y sont en bon nombre. C'est là le centre de la Republique Caraïbe : c'est l'endroit où les Sauvages sont en plus grand nombre, la Dominique n'en aproche pas. Outre les Sauvages, cette Isle est encore peuplée d'un très-grand nombre de Négres fugitifs, pour la plûpart de la Barbade, qui étant au vent de St. Vincent, donne aux fuyars toute la commodité possible de se sauver des habitations de leurs Maîtres dans des Canots ou sur des piperis ou radeaux, & de se retirer parmi les Sauvages, les Caraïbes les ramenoient autrefois à leurs Maîtres lorsqu'ils étoient en paix avec eux, ou bien ils les portoient aux François ou aux Espagnols, à qui ils les vendoient.

Je ne sai par quelle raison ils ont changé de méthode, & ce qui les a portez à les recevoir parmi eux & à les regarder comme ne faisant qu'un même peuple. Ils s'en repentent à present très-fort, & très-inutilement : car le nombre des Négres s'est tellement accrû, ou par ceux qui les sont venus joindre de la Barbade, ou qui sont nez dans le Pays, qu'il surpasse de beaucoup celui des Caraïbes, desorte qu'ils les ont contraints de partager l'Isle avec eux, & de leur ceder la Cabesterre. Mais ce n'est pas encore cela qui chagrine le plus les Sauvages; c'est l'enlevement frequent de leurs femmes, & de leurs filles, dont les Négres se saisissent quand ils en ont besoin, & qu'il n'est pas possible de retirer de leurs mains, parce qu'étant plus braves & en plus grand nombre; ils se mocquent des Caraïbes, les maltraitent, & les obligeront peut-être un jour d'aller chercher une autre Isle, si tant est qu'ils veulent bien leur laisser la liberté, & ne les faire pas travailler pour eux comme leurs esclaves, ce qui pourroit bien arriver ; il semble qu'ils le prévoyent, & qu'ils en ont peur. Ils souffrent impatiemment les outrages des Négres, ils se plaignent hautement de leur ingratitude, & sollicitent souvent les François, & les Anglois de les délivrer de ces Hôtes dangereux, mais ils n'ont osé jusqu'à present prendre les armes, & se joindre aux Européens, qui ayant autant d'intérêt qu'eux, de détruire cet asile de leurs Esclaves fugitifs, les auroient puissamment aidez à se délivrer de ces mauvais voisins.

L'ISLE SAINTE. Voiez HEILIGELAND.

L'ISLE DE SAINTE AGNES, Isle d'Angleterre entre les Sorlingues. Voiez SORLINGUES.

L'ISLE DE STE ALOUSIE. Voiez au mot SAINTE l'Article STE ALOUSIE.

L'ISLE SAINTE ANNE, Isle de la Mer du Sud, sur la côte Occidentale de la Californie, au Midi du Cap de St. Augustin.

1. L'ISLE DE SAINTE CATHERINE, petite Isle de l'Amerique sur la côte du Bresil, au Nord Oriental de l'Isle de Reparo.

2. L'ISLE DE SAINTE CATHERINE, Isle de la Mer du Sud sur la côte Occidentale de la Californie près du Port de la Conversion.

1. L'ISLE DE SAINTE CLAIRE, Isle de l'Océan en Espagne au Port de St. Sebastien.

2. L'ISLE DE SAINTE CLAIRE, Isle de l'Océan sur la côte du Bresil. Elle est deserte & il n'y a que des Palmiers & peu d'autres arbres. Elle n'a pas plus d'une lieue de tour & n'est qu'à une lieue de la Terre ferme: les Portugais en sont les Maîtres.

L'ISLE DE SAINTE CROIX, Isle de la Mer du Sud, entre les Isles de Salomon & la Terre Australe du St. Esprit, elle s'étend depuis le 197. d. & quelques minutes jusqu'au delà du 200. & est sous l'onziéme degré de Latitude Meridionale : au Sud-Ouest est le Port de la Gracieuse.

L'ISLE DE STE HELENE [b], Isle de l'Océan, entre le Bresil & la Cafrerie. Sa situa-

[b] Voyage de Jean Ovington T. 1. p. 89.

situation est très-commode pour rafraichir les Vaisseaux qui font le Voyage des Indes. Cette Isle est située vers le 16. degré de Latitude Meridionale & par les 11, d. de Latitude Meridionale, le Pays est montagneux, & on y voit des montagnes si hautes, qu'on les découvre en Mer de 25. lieues. L'air y est si serein & si pur que le Ciel n'y est jamais couvert de nuages, & quoique l'Isle soit proche de la ligne, & le Soleil dans le Zenith, la chaleur y est si fort temperée par des vents frais qui soufflent le long de l'Isle, que dans les parties les plus Septentrionales, on est quelquefois obligé de se chauffer, principalement après le coucher du Soleil. La douceur de l'air exempte les habitans de Ste Helene des maladies les plus communes, & même de la petite vérole, & leur donne une bonne complexion. On peut aussi regarder comme une chose qui contribue à leur santé, la pauvreté du lieu. On n'y a gueres de commerce avec les étrangers; on n'y a d'habits que ceux qu'on y porte d'Europe, cette disette & cette pauvreté diminuent bien le plaisir que produit la bonne santé dont on y jouit, surtout à l'égard de ceux, qui dégoutez du Pays, manquent d'occasion pour en sortir. Cette Isle est fort peuplée de personnes des deux sexes, dont les familles nombreuses se ressentent peu de la stérilité du lieu. La maniere dont on la peupla est particuliere, l'Angleterre ayant resolu d'envoyer dans cette Isle une Colonie de filles & de femmes, on fit courir le bruit, que tous les hommes à marier qui y demeuroient, étoient commandans ou fils de Seigneurs, & qu'elles auroient à choisir à leur arrivée. Cela en engagea un grand nombre à s'embarquer, & le vaisseau en fut rempli en peu de tems. On mit à la voile pour gagner cette Isle éloignée, & qui l'étoit encore plus qu'on ne le disoit. Chacune étoit dans l'impatience d'y voir ces aimables Gentilshommes qui attendoient leur arrivée, la pensée de leurs doux embrassemens les tint pendant tout le voyage dans la joye, & leur imagination fut continuellement occupée de l'espérance de s'élever au dessus de leur naissance, de devenir de grandes Dames, & de trouver auprès d'eux, toute sorte de plaisirs & d'honneurs. On reconnut enfin cette Isle si désirée, toutes faisant éclater leur joye, se chargerent alors de tous les ornemens qu'elles avoient apporté avec elles, celles qui n'en avoient point, mirent en œuvre tous les agrémens que la nature leur avoit donnez, afin de mieux plaire; elles debarquérent ainsi, remplies des idées de la réception éclatante qu'on leur alloit faire, & de la grandeur de ces Seigneurs, dont on leur avoit tant parlé. Mais toutes ces imaginations agréables qui leur avoient adouci les peines du Voyage, s'évanouïrent tout d'un coup; car au lieu d'être reçuës magnifiquement par des personnes riches & puissantes, elles furent seulement saluées par des hommes employez à l'Agriculture, & aux Arts mécaniques. Au reste, les pensées agréables dont elles s'entretinrent dans le Voyage, eurent du moins l'avantage de leur rendre moins ennuyeux & de leur faire souffrir avec moins de peine, les dangers auxquels elles étoient exposées.

Le terrain y peut produire au centuple le bled d'Inde que l'on y séme, mais il faut alors que chaque tige soit éloignée de quelques pouces des autres. On ne profite cependant gueres de cette abondance, car les rats & d'autres insectes le mangent souvent avant qu'il soit venu en maturité. Ce qui oblige les habitans d'avoir recours à leur derniere ressource qui sont les Yams, & les Patates; ce sont les seules choses, que l'Isle ne manque point de produire, pour la nourriture des hommes.

La Compagnie des Indes a eu dessein d'y faire planter des vignes, ce qui seroit fort utile aux habitans & à ceux qui y abordent. La terre y seroit assez propre, mais il seroit difficile de les garantir des Insectes qui rongent tout ce qu'ils trouvent de tendre & de délicat. Cet inconvenient fait que les arbres fruitiers y conviennent mieux, parce que leur hauteur les met à couvert des insultes de ces animaux voraces, & que ce n'est pas une nourriture qui leur soit bonne. L'Auteur cité a remarqué une chose singuliere sur ces arbres fruitiers, & principalement sur un pommier qui avoit été porté d'Angleterre. On y voyoit en même tems des pommes mûres, d'autres vertes, & d'autres en fleurs. Les fruits ne sont pas longtems à meurir, les rayons du Soleil qui frappent toûjours dessus en hâtant la maturité. On n'y voit point dans les Campagnes d'Herbes semblables à celles qui sont dans les nôtres; elles sont couvertes de Mente, & de pourpier, & les bestiaux s'en nourrissent, ce qui rend leur chair plus délicate. Toute l'Isle est à cet égard comme un grand Jardin potager.

Toutes les affaires sont entre les mains d'un Gouverneur, d'un Lieutenant & d'un Garde de Magasins, qui tous ont des gages convenables de la Compagnie & de plus une pension pour entretenir une table ouverte, où tous les Commandans & les Maîtres des Vaisseaux, aussi bien que les passagers de distinction sont admis. Ces trois personnes disposent de tout ce qui regarde l'Isle, & sont dirigez dans leurs Conseils par les ordres qu'ils reçoivent de leurs Maîtres qui sont en Angleterre. Le résultat de leurs consultations est appellé par les gens du Pays *imposition*, & on le met en éxécution avec la derniere rigueur, surtout, si c'est une chose qui ne paroisse pas fort favorable au bien & à l'utilité du public. Si quelqu'un en appelle à la Compagnie, le temps considerable qu'il faut pour faire réformer ce qui a été ordonné, fait qu'il n'en retire souvent que du chagrin & de l'embarras. Si ce n'étoit sa situation qui paroît assez commode pour les Vaisseaux qui vont aux Indes Orientales, & plus encore pour ceux qui en reviennent, les dépenses qu'il faut faire pour cette Isle, & qui passent les utilitez & les avantages qu'on en tire, engageroient la Compagnie à renoncer à sa propriété, & à tous les droits qu'ils ont dessus, & à la rendre à ses premiers Maîtres. Car quoiqu'elle soit fournie de toutes les choses necessaires à la vie, elle n'a cependant rien de propre pour le Commerce. C'est pour cela que comme les Rois de Portugal ordonnérent autrefois que personne ne pourroit rester dans l'Isle pour l'habiter, si ce n'étoit quelques personnes malades pour s'y rétablir, afin que les flottés y pus-

puſſent trouver plus aiſément dequoi ſe rafraichir; ... la Compagnie lui en rendroit la poſſeſſion dans la même vûë, ſi elle ne conſultoit plûtôt la commodité de ſes vaiſſeaux, qu'aucun intérêt particulier.

Cette Iſle fut découverte la premiére fois par un Portugais, nommé *Jean da Nova*, le jour de Ste Helene 21. Mai 1502. ſes compatriotes la peuplérent en peu de tems de Cochons & de toute ſorte de beſtiaux qui purent ſouffrir un long Voyage ſur mer, ils y apportérent auſſi des oyes, des poules, des perdrix, des faiſans, des coqs d'Inde, ces derniers ont tellement multiplié, & ſont devenus par ce moyen à ſi bon marché, qu'on ne ſe donne pas la peine de les garder.

Les bois ſont remplis d'Ebeniers, de Cedres, & d'une infinité d'Orangers, de Citroniers, de Limoniers, & d'autres arbres ſemblables; on voit maintenant dans le Jardin du Gouverneur, & de quelques autres perſonnes des bananes, & d'autres fruits délicieux qu'on y a apportez de l'Orient. La terre eſt rougeâtre & friable en quelques endroits, où elle reſſemble à des cendres, elle eſt en pluſieurs lieux ſterile & inutile. L'eſprit des habitans y eſt auſſi peu cultivé que leurs campagnes, & leur mauvais naturel fait qu'on les peut comparer à ces méchantes terres, qui ne portent que de mauvaiſes Herbes, & auxquelles la culture n'eſt pas capable de faire porter quelque choſe de bon; car quoique la Compagnie y ait envoyé un Miniſtre à qui elle donne cent livres ſterlin par an, outre ce qu'il doit recevoir des habitans, tous ſes efforts & ſes exhortations n'ont pû les corriger, ni les obliger à vivre d'une maniére plus ſage & plus réglée.

1. L'ISLE DE SAINTE LUCIE, dans l'Amerique. Les Eſpagnols la nomment SANTA LUCIA, en prononçant *lu* comme *ou*, & les François en ont fait *Sainte Alouſie*. Voiez au mot SAINTE l'Article SAINTE-ALOUSIE.

2. L'ISLE DE SAINTE LUCIE, Iſle d'Afrique, l'une des Iſles du Cap Verd. Elle eſt à l'Orient de l'Iſle de St. Antoine, & au Couchant de celle de St. Vincent.

L'ISLE DE SAINTE MARGUERITE, Iſle de France en Provence dans la Mediterranée. Voiez LERINS.

L'ISLE DE SAINTE MARIE, petite Iſle de la Mer du Sud ſur la côte du Chili au Midi du Port de la Conception.

☞ Il y a pluſieurs Iſles que l'on nomme les SAINTS & les SAINTES. Voyez ſous ces noms leurs Articles dans le Corps de cet Ouvrage.

LES ISLES DE SAISY, petites Iſles de France ſur la côte Meridionale de l'Iſle de Groais près de la pointe de Saiſy.

L'ISLE DO SALE. Voiez L'ISLE DU SEL.

a La Potherie Hiſt. de l'Amer. Septent. p. 60.

L'ISLE LA SALE [a], Iſle de l'Amerique Septentrionale à l'Embouchure du Détroit d'Hudſon. Cette Iſle peut avoir environ trois lieues de tour & forme une Embouchure pour entrer dans le Détroit. Elle eſt éloignée de trois lieues de l'Iſle de la Reſolution. Les côtes de cette Iſle ainſi que celles de tout le Détroit ſont à pic & d'une élevation prodigieuſe.

L'ISLE DE SALGREN, petite Iſle de France en Bretagne ſur la côte Orientale de la Baye du Douarnez près de la pointe de Salgren.

L'ISLE DE SALISBURY [b], nommée par quelques Voyageurs François L'ISLE SALSBRE, eſt dans l'Embouchure interieure du Détroit d'Hudſon & à trois lieues à l'Eſt-Sud-Eſt de l'Iſle de Notingham. La Mer y eſt baſſe ſept heures & en monte ſix. Les Courans paroiſſent Sud-Eſt Nord-Oueſt.

b La Potherie Hiſt. de l'Amer. Sept. p. 70.

LES ISLES SALTES, Iſles de la Mer d'Irlande ſur la côte du Comté d'Wexford entre le Cap Carnarot & l'entrée d'Waterford.

LES ISLES SALURE, Iſles de l'Océan ſur la côte Occidentale d'Eſpagne, à l'Embouchure de Rio Roxo dans la Galice.

L'ISLE DE SANDA [c], Iſle d'Ecoſſe l'une des Orcades au Nord de Stronza. Elle a douze milles de long & huit de large. Cette Iſle abonde en bétail & en Poiſſon, mais le chauffage y vient d'ailleurs. Il y a deux bons Havres.

c Etat preſ. de la G. Bret. T. 2. p. 302.

L'ISLE DE SANGUINARA, petite Iſle de la Mer Mediterranée ſur la côte Orientale de la Sardaigne entre le Cap de Sant Pedro & le Cap Carbonera.

L'ISLE DE SANTE', Iſle de la Mer du Sud entre les Iſles Galapes, elle eſt au Sud-Eſt de l'Iſle au Diable & à l'Oueſt Nord-Oueſt de l'Iſle Maſcarin.

L'ISLE DE SARC, petite Iſle de France ſur la côte de Normandie, à deux petites lieues de l'Iſle de Garneſey en allant vers celle de Jerſey. Elle n'a qu'un village & appartient aux Anglois.

LES ISLES SAUVAGES [d], dans l'Amerique Septentrionale à la côte du Nord du Détroit d'Hudſon. Elles ſont à une ou deux lieues de la Terre ferme qui forme en cet endroit un grand enfoncement dont l'Embouchure peut avoir quatre à cinq lieues.

d La Potherie Hiſt. de l'Amer. Sept. p. 187.

L'ISLE DE SCALINE, petite Iſle d'Angleterre au Pays de Galles dans la Mer d'Irlande à l'entrée du Havre de Milfort.

L'ISLE DE SCALPA, petite Iſle d'Ecoſſe entre les Weſternes au Nord de Skie, elle a cinq milles de circuit & eſt fertile en bois, en bled, & en pâturage.

L'ISLE DE SCATRIX, Riviere d'Irlande dans le Shannon à l'Orient de la pointe d'Alvaron au Nord de l'Iſle Derig.

L'ISLE DE SCEPPEY. Voiez l'Iſle de SCHEPPEY.

LES ISLES DE SCHAEPS, Iſles ou plûtôt Ecueils au Nord de la côte Orientale d'Irlande près de l'Iſle de Raghling.

L'ISLE DE SCHELLING, Iſle de la Mer d'Allemagne au Nord du Zuider-Zee, entre l'Iſle de Vlieland & l'Iſle d'Ameland. Il n'y a qu'un Village & quelques hameaux.

L'ISLE DE SCHANI, Iſle de l'Ecoſſe, l'une des Weſternes, au Midi de Flada.

L'ISLE DE SCHEPPEY, Iſle ſur la côte Orientale d'Angleterre, au Midi de l'entrée de la Tamiſe à l'Orient de l'Iſle Harly. Cette Iſle dont les Anglois écrivent le nom Sheppey, eſt ainſi appellée du mot *Sheep* qui ſignifie *Brebis*, & elle en nourrit beaucoup.

C c 2

C'eſt

C'est la TOLIAPIS des Anciens. QUEENBOROUG, c'est-à-dire, le Bourg de la Reine en est le Chef-lieu & a le Privilege d'envoyer deux Deputez au Parlement.

LES ISLES DE SCHETLAND. Voiez SCHETLAND.

L'ISLE DE SCHIEDAM, Isle d'Asie, au Nord de Java, à l'Orient de la pointe Septentrionale de Java & au Couchant de l'Isle de Roterdam.

L'ISLE DE SCHIERMONIGOOG, Isle de la Mer d'Allemagne, au Nord de Dokum, entre l'Isle d'Ameland, & l'Isle Bosch.

L'ISLE DE SCHOUTEN, Isle de la Mer du Sud, au Nord de la Nouvelle Guinée, à un degré de Latitude Meridionale. Elle est ainsi appellée du nom d'un Navigateur Hollandois qui la découvrit en 1616. Prononcez SCAUTE.

LES XV. ISLES DE SCHOUTEN, petites Isles de la même Mer, à l'Orient de la Nouvelle Bretagne à l'Est-Nord-Ouest des vingt Isles d'Ohong-Java. Leur nom a la même origine.

L'ISLE DE SCHOWEN, Isles des Provinces-Unies dans la Province de Zelande. Voiez SCHOWEN.

L'ISLE DE SCHVRITENES, Isle de Norvege sur la côte, à l'entrée du Golphe Bukenfiord. Elle est longue & a deux Villages à ses deux extremitez, savoir Notu au Nord & Grot Warder au Midi. Mr. de l'Isle nomme cette Isle SCHUTENES.

L'ISLE DE SCHUT, Isle de Hongrie dans le Danube qui la partage encore en plusieurs autres Isles. Voiez les Articles SCHUT.

LES ISLES SEBALDES, Isles de l'Océan au Midi de la Terre Magellanique assez près du Détroit de Magellan, à l'Orient d'une terre que l'on n'a pas achevé de découvrir. Sebald de Weert Hollandois qui les découvrit en 1590. y essuya une Tempête, & on crut qu'elles étoient seules, & ce n'est que dans ces dernieres années depuis le commencement de ce siécle qu'on a découvert au 51. d. d'autres Isles que Mr. Fresier appelle NOUVELLES ISLES & Mr. de l'Isle ISLES MALOUINES, parce qu'elles ont été trouvées par des Navigateurs de St. Malo. Elles accompagnent une Isle beaucoup plus grande, de laquelle on n'a pas encore parcouru les côtes. Mr. Fresier dit [a] : ces Isles sont sans doute les mêmes que celles que le Chevalier Richard Hawkins découvrit en 1593. étant à l'Est de la côte deserte par les 50. d. Il fut jetté par la Tempête sur une côte inconnuë. Il courut le long de cette Isle environ soixante lieues & vit des feux qui lui firent juger qu'elle étoit habitée. Jusqu'ici, poursuit cet Auteur, on a appellé ces Terres les ISLES SEBALDES, parce qu'on croioit que les trois qui portent ce nom dans les Cartes, étoient ainsi marquées à volonté, faute d'une connoissance plus parfaite; mais le vaisseau l'Incarnation, commandé par le Sr. Brignon de St. Malo, les a reconnu de près par un beau temps en 1711. à la sortie de Rio Janeiro. Ce sont effectivement trois petites Isles d'environ demie-lieuë de long, rangées en triangle & separées des Isles Nouvelles au moins de sept à huit lieues.

[a] Voyages T. 2. p. 512.

L'ISLE DE SEGLE, petite Isle de France en Bretagne, sur la côte, au Midi de l'entrée du Havre d'Aberilduc, à l'Orient du Village de St. Sebastien, & au Couchant des Isles d'Ouessant.

L'ISLE DE SEL, en Portugais ILHA DO SALE, le Traducteur de Dampier la nomme ISLE DE SALE[a], par un mélange de François & de Portugais. Isle d'Afrique entre les Isles du Cap-Verd [b]. Elle est de 16. d. 33'. de Longitude plus Occidentale que la pointe du Lezard en Angleterre. Elle s'étend du Nord au Sud huit ou neuf lieues; sa largeur est d'une lieue & demie, ou de deux lieues tout au plus. Elle tire son nom de la grande quantité de Sel qui s'y forme naturellement; & toute l'Isle est pleine de grands marais salants, le terroir y est fort sterile, & ne nourrit que quelques miserables chevres fort maigres, & quelques Oiseaux sauvages, entre autres des Flamingos [c]. Le Roi de Portugal à qui elle appartient, comme toutes les autres du Cap-Verd, n'y entretient que quelques habitans noirs comme des Négres qui ont pourtant l'ambition de vouloir être appellez blancs. Les Salines ont à peu près deux milles de longueur.

[b] Dampier Voyages T. 1. p. 77.
[c] Cowley Voyages c. 1.

1. LES SEPT ISLES, Isles de France en Bretagne sur la côte de l'Evêché de Treguier, elles sont entourées de rochers & d'écueils très-dangereux. L'Isle de Riouzic est la plus Septentrionale & la plus Orientale de toutes, celle de MELHAN au Couchant Meridional est à distance à peu près égale entre elle & L'ISLE BONNE. Assez près & au Couchant de cette derniere est L'ISLE DU MOINE, au Nord-Ouest de laquelle est L'ISLE PLATE. L'ISLE DU CERF est la plus Occidentale & la plus Meridionale de toutes. Le Neptune François ne marque ni le nom ni la position de la septiéme.

2. LES SEPT ISLES, Isles de l'Amerique Septentrionale, au Canada, dans la Riviere de St. Laurent à l'Ouest-Nord-Ouest d'Anticosti.

1. LES SEPT FRERES, Isles de la Mer des Indes au Nord-Ouest de l'Isle de Banca, & à l'Orient de l'Isle de Sumatra.

2. LES SEPT FRERES, ou 7. IRMAOS, petites Isles de la Mer des Indes vers le 86. d. de Longitude & vers le 3. ou le 4. d. de Latitude Meridionale.

LES SEPT SOEURS, sont sept autres Isles de la même mer situées au Couchant de ces dernieres.

L'ISLE DE SERMOY, petite Isle de la côte Occidentale d'Irlande, à l'entrée de la Baye de Kilmare dans la Province de Munster.

L'ISLE DE SERPENTERA, Isle de la Mediterranée sur la côte Orientale de Sardaigne au Sud-Sud-Est du Cap de Carbonera.

LES ISLES DE SERRANA, ou les ISLES DES PERLES, ce sont trois Isles de la Mer du Nord, entre la Jamaïque & le Golphe de Darien, à une distance à peu près égale. Jean de Serrane Espagnol qui y fit naufrage & y séjourna quelque temps leur a donné son nom. Elles ne sont pas habitées, & sont à l'Espagne.

ISL.

L'ISLE DE SEVENBERGE, Isle de la Mer Baltique aux Confins de la Curlande & de la Samogitie à l'Embouchure de la Riviere d'Upiſſa.

L'ISLE DE SHAPINSHA, ou SCIAPINS, petite Isle d'Ecoſſe, l'une des Orcades au Nord de Pomona. Elle a cinq milles de longueur & trois de large, il y a un fort bon Havre & une Egliſe Paroiſſiale.

L'ISLE DE SHEPPEY. Voiez L'ISLE DE SCHEPPEY.

L'ISLE DE SHERKE, Iſle de l'Océan à la pointe Meridionale d'Irlande, près du Cap Clare.

L'ISLE DE SIAPINS. Voiez l'Iſle de SHAPINSHA.

LES ISLES DE SIBBLE, Dampier appelle ainſi à ſa maniere les ISLES SEBALDES. Voiez leur Article.

L'ISLE DE SILIE', petite Iſle d'Angleterre au Canal de Briſtol, à l'entrée de la Severne près de l'Iſle de Barrey.

L'ISLE DE SILMARSUND, petite Iſle du Golphe de Bothnie ſur la côte de Finland, au Nord-Oueſt du Port de Chriſtine-Stadt, au Midi des Iſles Querken.

LES ISLES DE SIZARGA, Iſle de la côte Septentrionale d'Eſpagne, vis-à-vis du Village de Malpies, entre la Corogne & la pointe de Couarmes. Il y en a deux, la plus Occidentale eſt la plus grande.

L'ISLE DE SKAGEN, petite Iſle de Suede dans l'Angermanie ſur la côte Occidentale du Golphe de Bothnie, vis-à-vis de Grunſund.

L'ISLE DE SKARFUER, petite Iſle de la côte Occidentale du Golphe de Bothnie ſur la côte de la Caianie au Sud-Sud-Oueſt du Port de Chriſtine-Stadt.

L'ISLE DE SKAROA, Iſle d'Ecoſſe, l'une des Weſternes, au Nord de la pointe Orientale de Jura.

L'ISLE DE SMULLEN, petite Iſle ſur la côte Occidentale de Norwege au Nord de Ramsfiord.

L'ISLE DU SOLEIL, petite Iſle de l'Amerique Meridionale dans la Mer du Nord à l'Embouchure de la Riviere des Amazones, à quatorze lieues au deſſous de Pava. Elle en dix de circuit.

L'ISLE DE SOLOR. Voyez SOLOR.

LES ISLES DE SOMMER. Voiez SOMMER, & BERMUDES.

L'ISLE DE SORGHOLM, Iſle du Golphe de Livonie au Couchant de l'Embouchure de la Riviere de Pernau; au Nord Oriental de l'Iſle de Mano.

L'ISLE DE SOULISKER[a], Iſle d'Ecoſſe, l'une des Weſternes, à quelques milles de Rona ; c'eſt un rocher dans la Mer, qui eſt plein d'oiſeaux de Mer, & ſurtout de ces Oyes qu'on appelle SOLAN GOOSE ; ce qu'il y a de plus remarquable, c'eſt l'oiſeau qu'on appelle Colk qui s'y trouve. Il eſt plus petit qu'une Oye, ſes plumes ſont de differentes couleurs. Il a ſur la tête une touffe comme celle d'un Paon & ſa queue eſt plus longue que celle d'un Cocq.

L'ISLE SOURIS, petite Iſle de France

[a] Etat preſ. de la G. Bret. T. 2. p. 292.

ISL. 205

en Bretagne, au Levant de la Grande Iſle de Bréat.

L'ISLE DE SOUTH RONALSA[b] ou la RONALSA DU SUD, pour la diſtinguer d'une autre Iſle de Ronalſa qui eſt plus au Nord; Iſle d'Ecoſſe entre les Orcades. Elle eſt au Midi de l'Iſle de Pomona & a ſix milles de long & cinq de large; & eſt fertile en bled & en pâturage & il y a deux Paroiſſes. Vers le Nord elle a un bon Havre, mais au Midi on trouve les Pentland Skerries qui ſont des rochers dangereux.

L'ISLE DE SOUTHOLM, Iſle de Danemarck dans le Détroit du Sond, entre l'Iſle d'Amack qui eſt voiſine de Copenhague & Malmut qui eſt dans la Schoone.

L'ISLE DE SPIKEROOGH, petite Iſle de la Mer d'Allemagne dans la Friſe Orientale à l'Embouchure du Weſer au Levant de Langeroogh, & au Couchant de Wangeroogh.

L'ISLE DE SPRO, petite Iſle du Danemarc, au Couchant de l'Iſle de Seland, au Levant de l'Iſle de Fune & au Nord de Langeland.

L'ISLE DE STOKFUND, Iſle de Norwege. Iſle ſur la côte Occidentale de Norvege au Nord de l'Euriland, & au Sud-Oueſt des Iſles de Nomendal.

L'ISLE DE STRENSKAREN, Iſle de Suede ſur la côte Occidentale du Golphe de Bothnie à l'Embouchure de la Riviere de Jeverä.

L'ISLE DE STREOMS. Voiez L'ISLE DE STRONZA.

L'ISLE DE STROMO, Iſle entre les Iſles de Fero dont elle eſt la plus grande. Elle eſt au Nord de l'Iſle de Sandoe, & au Sud-Oueſt de l'Iſle d'Oſtroé.

L'ISLE DE STREONES[c], ou STRONZA, Iſle d'Ecoſſe entre les Orcades; à l'Orient de l'Iſle de Sand, & au Nord de l'Iſle de Het & de Shapinsha. Elle a ſix milles de long & trois de large. Elle eſt très-fertile & bien peuplée & a pluſieurs bons Havres. La pêche y eſt fort bonne particulierement vers le Rocher appellé Outkerrie.

L'ISLE SUBUI, petite Iſle de Suede ſur la côte de la Gothie, à l'entrée du Port de Weſterwic.

L'ISLE SUDEROE, l'une des Iſles de Fero, & la plus grande de celles qui ſont au Midi : elle eſt fort hachée, & pleine de Golphes ; & gît au Midi de l'Iſle de Sandoe. Le milieu de cette Iſle eſt par les 11. d. 45'. de Longitude, & par les 61. d. 30'. de Latitude.

L'ISLE DE SUNTE[d], en Anglois THE SUNTE ISLAND, Iſle d'Angleterre dans la Riviere de l'Humbre. Il y a des perſonnes fort âgées, qui ſe ſouviennent d'avoir vû ſortir de la Mer l'Iſle dont il s'agit ici. Ce n'étoit d'abord qu'une grande étendue de ſable, qui ne paroiſſoit que lorſque la Marée étoit baſſe. Enfin l'an 1666., il ſe forma une Iſle qui fut en état de reſiſter à la violence des flots. Le Colonel Gilby, à qui le Roi la donna, eût ſoin de la faire environner de Digues ; & elle produiſit en peu de tems de bons pâturages pour les Beſtiaux. On a fait de grandes dépenſes pour conſerver cette Iſle ;

[b] Etat preſ. de la G. Bret. T. 2. p. 301.

[c] Etat preſ. de la G. Bret. T. 2. p. 301.

[d] Mem. Liter. de la G. Bret. T. 2. pag. 400.

Cc 3   car

car outre les Digues, on y a creusé des Canaux profonds par où l'eau de la Mer entre & sort.

Cette Isle a neuf milles de circuit. Elle est située à deux milles de la Province d'York, & à quatre milles du Comté de Lincoln. Le terroir en est gras & fertile, & produit de bonne Herbe, du bled & du foin. On y voit de grands Troupeaux de gros Moutons, dont la laine est plus fine que celle des Moutons du Pays voisin. On y voit aussi beaucoup de Gibier, & une infinité de Lapins: leurs peaux passent pour les plus belles d'Angleterre.

Il n'y a que trois familles dans cette Isle; mais les habitans ne sont jamais trop solitaires, car ils y voyent un grand nombre d'Ouvriers & de Laboureurs, qui y vont continuellement. Mr. Gilby est le proprietaire de cette Isle: il en tire un revenu annuel de plus de huit cens livres sterlin. Si elle étoit érigée en Paroisse, la Dîme des Agneaux, de la Laine, des Lapins, &c. seroit un assez bon Benefice. Elle n'a été unie à aucune Paroisse.

L'ISLE DE SWEDERO, Isle de Suede sur la côte Occidentale dans la Province de Halland, auprès de Torekoua.

L'ISLE DE SWINOE, Isle entre les Isles de Fero au Nord-Est; au Levant de Widro & de Bordo, & au Midi de Fuloe.

L'ISLE DE SYLO, petite Isle de Danemarck dans le Détroit du Belt au Couchant de l'Isle de Wedero.

L'ISLE DE SYLT, Isle de la côte d'Allemagne sur la côte du Slefwig au Midi de l'Isle de Rom, au Nord de l'Isle d'Amron & au Couchant d'Iorsand. L'ancrage est au Nord de la côte Orientale de cette Isle.

T.

L'ISLE DE TABAGO, Isle de l'Amerique dans la Mer du Nord, entre les Antilles. Mr. Pourchot dit dans son Cours de Philosophie que c'est de cette Isle que les Portugais ont apporté le Tabac en Europe. Il se trompe, cette Isle n'a jamais été aux Portugais ni n'a été cultivée avant l'an 1632. qu'une Compagnie Hollandoise y établit une Colonie qui la nomma la Nouvelle WALCHEREN, & non pas la Nouvelle Ovacre, comme le dit le P. Labat [a], qui reprend Mr. Pourchot sans faute & en fait lui même une autre. L'Isle de Walcheren est comme on fait une des Isles de la Zelande & les Hollandois qui s'établirent dans l'Isle de Tabago étoient de cette Province. Quoiqu'il en soit, cette Colonie fut détruite en 1678., par le Maréchal d'Estrées; & depuis ce temps-là l'Isle est demeurée deserte. La France l'acquit par le Traité de Nimegue, mais elle n'en fait aucun usage, quoiqu'elle soit assez grande puisqu'elle a huit lieues de long & autant de large, selon Mr. Baudrand. Elle est aussi très-fertile. Elle est à 316. d. 30'. de longitude & par les 11. d. & 11. d. 30'. de Latitude Nord, au Septentrion de l'Isle de la Trinité. Il ne faut pas la confondre avec l'Isle qui suit. Mr. Baudrand apelle l'Isle de Tabago Nicotiana en Latin. Cela est ridicule. La plante du Tabac fut apportée en France par Nicot qui revenoit de son Ambassade de la Cour de Portugal; delà vient que cette plante fut nommée l'Herbe de Nicot, Herba Nicotiana; mais ce Ministre n'a jamais eu aucun raport avec l'Isle de Tabago.

[a] Voyages aux Isles de l'Amerique T. 2. p. 159.

L'ISLE DE TABOGA, petite Isle de la Mer du Sud assez près de Panama. Dampier dans son Voyage autour du Monde [b], ou du moins son Traducteur, l'appelle mal TABACO. C'est, dit-il, une des Isles Caribes. Elle est dans la Baye à environ six lieues de Panama du côté du Sud. Elle a environ trois milles de long & deux de large & est élevée & montueuse. Du côté du Nord elle forme une agréable Colline dont la pente s'étend jusqu'à la Mer. Le Terroir près de la mer est noir & profond, mais tirant vers le sommet de la Montagne, il est sec & aride. Le Septentrion de cette Isle presente une très-agréable perspective. On diroit que c'est un Jardin fruitier enfermé de plusieurs grands Arbres. Les principaux fruits sont des Plantains & des Bananes. Ces fruits y croissent fort bien depuis le bas jusqu'au milieu de la pente, mais au delà ils deviennent petits parce qu'ils manquent d'humidité. Tout proche de la Mer, il y a quantité d'Arbres à Cacao, qui font un effet fort agréable à la vue; parmi les Arbres à Cacao, il croît force Mammets. C'est un Arbre large, grand, droit, & sans nœuds & sans branches, il a soixante & dix pieds de haut, ou même plus. La tête s'élargit en plusieurs petites branches qui croissent près à près, & sont fort entrelacées. L'Ecorce est d'un gris enfoncé, épaisse, rude & pleine d'élevures. Le fruit est plus gros que le coing, il est rond & couvert d'une peau épaisse de couleur grise. Lorsqu'il est mûr, la peau est jaune, & dure, & s'écorche comme le cuir: mais avant qu'il soit mûr elle est cassante. Le jus est alors blanc & visqueux. Ce n'est pas la même chose quand il est mûr. Quand cela est & qu'il est pelé, il est fort jaune, & a au milieu deux gros noyaux plats, chacun beaucoup plus gros qu'une amande. Ce fruit a fort bonne odeur, & le goût répond à l'odeur. Le Sud-Ouest de l'Isle n'a jamais été défriché. Il est plein de bois à brûler, & de diverses sortes d'arbres, il y a un fort beau ruisseau d'eau douce qui sort de la Montagne, passe au travers du bois d'arbres fruitiers, & se jette dans la Mer du côté du Nord. Il y avoit près de la Mer une petite Ville avec une Eglise à un bout; mais à présent ce n'est plus rien, les Avanturiers ayant presque tout ruiné. L'ancrage est bon vis-à-vis de la Ville & environ un mille de la côte, & il y a un bon fonds & environ 16. à 18. brasses d'eau.

[b] T. 1. p 201.

L'ISLE DE TABOGILLA [c], ou de TABOGILÇA, petite Isle de la Mer du Sud, au Nord-Ouest de Taboga, dont elle est separée par un petit Canal [d]. On peut passer entre deux en cas de besoin, mais on doit l'éviter, s'il est possible, parce qu'il y a des bancs à l'entour qui sont même souvent à sec; & si vous trouvez que le courant vous y entraine soit qu'il fasse calme ou non, il faut laisser tomber l'ancre.

[c] Ibid. p. 202.
[d] Suplem. du Voyage de Wodes Rogers. p. 18.

§ Dampier ajoute: Il y a une autre petite Isle pleine de bois à environ un mille au Nord-Ouest

ISL.   ISL. 207

Oueſt de Taboga & un bon Canal qui les ſepare; je n'ai jamais ſu que cette Iſle ait eu de nom. C'eſt ſans doute la même que le Supplément cité ici en marge appelle OTOQUE.

L'ISLE DE TALAO, Iſle d'Aſie dans l'Océan Oriental, au Midi de l'Iſle de Mindanao, au Levant de l'Iſle Sanguin, & au Nord-Nord-Oueſt de l'Iſle de Gilolo.

L'ISLE DE TANGOLA [a], petite Iſle de la Mer du Sud ſur la côte de Guaxaca dans la Nouvelle Eſpagne, à une lieuë ou environ de Guatulco. Elle eſt haute & l'ancrage y eſt bon. Cette Iſle eſt paſſablement pourvuë de bois & d'eau & eſt environ à une lieuë de la terre. Les terres qui ſont vis-à-vis de l'Iſle ſont aſſez hautes près de la Mer. C'eſt un Païs plat, à pâturages; mais deux ou trois lieuës plus avant il eſt plus exhauſſé & plein de bois.

[a] Dampier Voyages T. 1. p. 248.

L'ISLE DE TARIFFA, Iſle d'Eſpagne à l'entrée du Détroit de Gibraltar. Michelot dans ſon Portulan de la Mediterranée la décrit ainſi [b]: environ dix milles au Sud-Eſt quart d'Eſt du Cap de la Plata gît l'Iſle de Tariffe qui s'avance beaucoup en Mer, ſur laquelle il y a une tour ronde. Environ par le milieu de cette diſtance vous voïez une groſſe pointe avec quelques taches blanches qu'on appelle Cap d'Aroye ou de Royo del Puerco. Du côté de l'Oueſt de ce Cap il y a une plage de ſable un peu enfoncée qu'on appelle BOULLOGNIA devant laquelle on peut mouiller avec le vent de Nord-Oueſt Nord, & Nord-Eſt, à huit & neuf braſſes d'eau fond de ſable fin. Droit au Sud du Cap de Royo del Puerco, environ ſix milles, & trois milles à l'Eſt de l'Iſle de Tariffe il y a un petit banc de Roches ſous l'eau, fort dangereux qui gît Nord & Sud de l'étenduë d'environ un mille. Les gens du Païs le nomment LAHAS DEL ROYO. Il n'y reſte que cinq pieds d'eau de baſſe Mer ſur le bout du banc du côté du Sud, & les courans d'Eſt près de ce banc vous y attirent, c'eſt pourquoi il y faut prendre garde. On peut paſſer à terre de ces Roches; c'eſt-à-dire, entre elles & l'Iſle Tariffe, rangeant la côte d'Eſpagne & l'Iſle Tariffe à diſcrétion, car il y a quinze à vingt braſſes d'eau, à trois ou quatre cens toiſes de l'Iſle, & lorſqu'on vient du côté de l'Oueſt, il faut ranger la côte, mettant la prouë ou gouvernant ſur la Ville de Tariffe, continuant cette route juſqu'à ce que vous ſoyez bien à l'Eſt du Cap del Royo del Puerco; alors on ſera auſſi à l'Eſt des Dangers. Enſuite vous irez ranger à diſcrétion la pointe de l'Iſle Tariffe; mais ſurtout il faut obſerver les différens courants qu'il y a le long de cette côte. C'eſt pourquoi il ne convient guéres de paſſer à terre de ces Dangers avec un gros Vaiſſeau, à moins d'avoir le vent ou la marée favorable. Cela eſt plus propre pour des Galeres que pour des Vaiſſeaux. Il vaut mieux paſſer à mi-Canal, rangeant un peu plus la Barbarie, ou la Mer qui entre continuellement dans le Détroit & après avoir paſſé ce Danger il faut ſe raprocher de la côte de Tariffe, principalement venant dans la Mediterranée.

[b] p. 7.

L'ISLE DE TASCON, petite Iſle de France en Bretagne, dans le Morbian, au Dioceſe de Vannes, à l'Embouchure de la Riviere de Noyalo.

L'ISLE DE TATIHOU, Iſle de France en Normandie, au Nord-Oueſt des Iſles de St. Marcou près de la côte, & du Port de la Hougue.

L'ISLE DE TAVEC, ou TAVE'E, Iſle de France ſur la côte de Bretagne, à l'entrée du Port de Penouë, ſelon les côtes de France par Taſſin & la Bretagne de Meſſ. Sanſon. Le Neptune François n'en parle point.

L'ISLE DE TENERIFE. Voiez TENERIFE, c'eſt une des Canaries.

L'ISLE DU TERRAY, Iſle de France en Gaſcogne ſur la gauche en entrant dans la Baye d'Arcaſſon.

L'ISLE DE TERRE NEUVE. Voiez TERRE-NEUVE.

L'ISLE DE TERTHALTENS [c], petite Iſle de l'Océan près du Cap de Horne ſur la côte Orientale de la Terre de Feu.

[c] Voyages de la Compag. Holland. T. 5. pag. 34.

L'ISLE DE TEUHIEC, petite Iſle de France en Bretagne, au Levant de l'Iſthme qui joint la Preſqu'Iſle de Quiberon au Continent.

L'ISLE DE TEXEL, petite Iſle des Païs-Bas dans la Mer du Nord. Elle eſt très-fameuſe à cauſe de ſa ſituation & de ſa rade. Comme elle eſt à l'Embouchure du Zuyder-Zée à dix-huit lieuës d'Amſterdam, c'eſt là que les Vaiſſeaux chargez pour Amſterdam attendent le vent ou la marée pour entrer dans cette petite Mer au fond de laquelle Amſterdam eſt ſituée; & les Vaiſſeaux qui partent de ce fameux Port attendent au Texel que les vents leur permettent de partir, ſoit pour les Indes ſoit pour les autres Païs auxquels ils ſont deſtinez. Voiez-en une deſcription plus étenduë au mot TEXEL.

L'ISLE DE THANET, Iſle de la côte Orientale d'Angleterre dans la Province de Kent au Midi de l'entrée de la Tamiſe. Elle a titre de Comté, & Stonar en eſt le Port de Mer & le Chef-lieu. C'eſt là que les Saxons prirent terre, lorſqu'ils s'établirent dans ce Païs. Elle a environ huit milles de longueur & ſix ou ſept milles de largeur.

L'ISLE DE THORNAY, Iſle de la côte Meridionale d'Angleterre dans la Province de Suſſex, à l'Orient de l'Iſle de Haling & au Couchant de l'entrée du Port de Chicheſter.

L'ISLE DE TIMOR, l'une des Moluques. Voiez TIMOR.

L'ISLE DE TIRE-JY [d], Iſle d'Ecoſſe entre les Weſternes du ſecond rang, au Sud-Oueſt de l'Iſle de Coll dont elle eſt ſeparée par un petit Détroit. Elle eſt très-fertile & abonde en toutes les choſes neceſſaires à la vie humaine. Sa longueur n'eſt que de ſept milles & ſa largeur de trois. Il y a un Lac & une Iſle dans ce Lac & un vieux Château dans cette Iſle.

[d] Etat preſ. de la Gr. Bret. T. 2. p. 287.

L'ISLE DE TITAN, la même que L'ISLE DE LEVANT, la plus Orientale des Iſles d'Hieres. Voiez HIERES.

LES ISLES DE TITELIS, petites Iſles d'Amerique au fond de la Baye de Hudſon au Nord de l'Iſle de Charleſtown.

L'ISLE DE TOBASCO [e], Iſle de l'Ame-

[e] Dampier Voyages T. 3. p. 161a

merique dans la Baye de Campêche, où elle est formée par la branche Orientale de la Riviere de St. Pierre & de St. Paul qui va se perdre dans la Riviere de Tobasco. Elle a douze lieues de long & quatre de large au Septentrion, du moins on compte quatre lieues depuis la Riviere de St. Pierre & de St. Paul jusqu'à l'Embouchure de celle de Tobasco, & le Rivage s'étend à l'Est & à l'Ouest.

L'ISLE DE TOLARE, ou TAVOLARO, Isle de la Mer Mediterranée sur la côte Orientale de Sardaigne au Midi de l'entrée du Golphe de Terra Nova.

L'ISLE TOLBER, petite Isle de France en Bretagne, dans l'Evêché de St. Brieu à l'extremité du Sillon, & au Nord-Ouest de St. Mandé.

L'ISLE DE TOLEN, ou TER TOLEN, Isle des Provinces-Unies dans la Province de Zelande au Couchant de Berg-op-Zoom; elle est formée par deux bras de l'Escaut Oriental, elle a au Nord l'Isle de St. Philippe, & au Couchant de l'Isle de Nord-Beveland. Il y a une petite Ville de même nom que l'Isle, & qui est située à une lieue & demie de Berg-op-Zoom.

L'ISLE DE TOME', Isle de France sur la côte de Bretagne dans l'Evêché de Treguier, au Couchant, & à une petite lieue & demie de St. Guéltas.

L'ISLE DES TONNELIERS, c'est la même que l'Isle de KUYPER.

L'ISLE TORO, Ecueil au Midi de la Sardaigne, voisin d'une petite Isle nommée la VACCA, c'est-à-dire, le TAUREAU & la VACHE. Voiez au mot TAUREAU.

L'ISLE DE LA TORTUE. Voiez TORTUE.

LES ISLES DE TOUSQUET[a], dans l'Amerique Septentrionale sous le Golphe de St. Laurent entre l'Isle de Miscou & la Baye des Chaleurs. Ces Isles sont au nombre de deux, l'une grande & l'autre petite. Ce ne sont, à proprement parler, que des Platins ou bancs de sable dont une partie asseiche de basse Mer. A la grande Isle il y a cependant deux endroits où les Navires pêcheurs peuvent mouiller. Il faut entrer par la Baye des Chaleurs pour y aller & l'on trouve deux canaux dont l'un va à un bout de l'Isle & l'autre à l'autre. Les vaisseaux y mouillent afourchez sur des cables. Cette grande Isle a quatre à cinq lieues de tour. Elle a deux grandes ances où les Vaisseaux mouillent, ils sont proches de leurs échafauts, ils ont de la grave & des vigneaux pour faire secher leur poisson. La pêche y est très-bonne, le harang surtout & le maquereau y donnent à foison. Il s'en prend quantité aux échafauts, quoique la plupart de la côte ne soit que sable & petits cailloux que la mer roule au bord, & qui forme ce qu'on appelle la grave propre à sécher le poisson : en quelques endroits le tout est roches. Pour les bois la plus grande partie sont Sapins, & dans le milieu de l'Isle il se trouve de beaux Arbres.

La petite Isle Tousquet n'est pas si grande pour l'étendue de la terre & le bois, mais pour le reste, c'est presque la même chose. La chasse est bonne dans toutes ces Isles qui sont environnées d'ances & de prairies, où le gibier trouve force pâture. Les côtes sont bordées de rosiers, pois & framboises sauvages.

L'ISLE DES TRAÎTRES, Isles de la Mer du Sud, au Levant de la Terre Australe du Saint Esprit entre l'Isle de bonne Esperance & les vingt Isles. Elle est habitée par une Nation qu'un Roi gouverne.

LES ISLES DU TREPIED, Isles de la Mer du Sud par le 283. d. de Longitude & par les 19. d. de Latitude Meridionale : elles sont au nombre de trois, placées en triangle, comme les trois Jambes d'un trépied.

L'ISLE DE TREVORS, Isle de France en Bretagne, à l'Occident de l'Isle de Garo, & au Sud-est des Roches de Portsal, près du Port de même nom.

L'ISLE DE TRIELEN, Isle de France sur la côte de Bretagne entre l'Isle Molene & l'Isle de Beniguet, au Couchant de l'Isle Quemenes.

L'ISLE DE LA TRINITE', Isle de l'Amerique Meridionale au Nord des bouches de la Riviere d'Orenoque. Son milieu est vers le 316. d. de Longitude & le 10. d. de Latitude Nord. Elle est separée de la côte de Comana par un petit Détroit.

L'ISLE DE TRISTAN, petite Isle de France en Bretagne, dans la Baye de Douarnez au Midi, à l'entrée du Port de Poldavid.

1. L'ISLE TRISTE, Isle de la Mer des Indes, selon l'observation de Dampier[b], elle est à quatre degrez de Latitude Meridionale; environ 14. ou 15. lieues de l'Occident de l'Isle de Sumatra. Elle n'a pas un mille de circuit & est si basse que le flux la couvre entierement. Le terroir est sablonneux & plein de Cocotiers. Les noix sont petites & cependant d'assez bon gout, pleines, & très-pesantes pour leur grosseur.

2. L'ISLE TRISTE[c], ou L'ISLE TRIST, Isle de l'Amerique dans la Baye de Campêche, à l'Ouest de l'Isle de Port Royal, dont une crique salée la sepàre. Elle est petite & basse, & en quelques endroits elle est large de trois milles & longue de près de quatre & s'étend vers l'Est & l'Ouest. Sa partie Orientale est marêcageuse & pleine de Mangles blancs. Son Sud-est à peu près de même. L'Ouest est sec & sablonneux, & produit une sorte d'Herbe longue qui vient en touffes assez minces. C'est une espece de Savana, où il croît quelques petits palmiers fort gros. Le Nord de l'Ouest est rempli de buissons de prunes de Coco, & de quelques arbres qui portent des raisins. Les Animaux qu'on trouve dans cette Isle sont des Lezards, des Guanos, des Serpens, & des Daims. Outre les petits Lezards ordinaires il y en a une autre espece de gros qu'on appelle Lezards-Lions. Ils sont faits à peu près comme les autres, mais presque aussi gros que le bras d'un homme ; ils ont une grande crête sur la tête qu'ils dressent lorsqu'on les attaque, mais autrement elle est abbatue. A l'Ouest de l'Isle tout contre la mer on peut creuser cinq ou six pieds dans le sable & trouver de très-bonne eau douce. Il y a d'ordinaire

[a] Denis. descr. de l'Amer. Sept. T. 1. c. 8.

[b] Voyages T. 2. p. 150.

[c] Dampier Voyages T. 3. p. 74.

naire des puits tout faits, que les Mariniers ont creusé pour faire aiguade ; mais ils sont bientôt comblez si on n'a pas le soin de les netoyer. On trouve même l'eau salée si l'on creuse trop avant. Il y avoit toujours quelques personnes qui resdoient dans cette Isle, lorsque les Anglois frequentoient la Baye pour en tirer du bois de teinture. Les plus gros Vaisseaux mouilloient à six ou sept brasses de fonds, tout auprès du Rivage, mais ceux qui étoient plus petits poussoient trois lieues plus haut jusqu'à l'Isle d'un Buisson dons nous parlons en son lieu.

L'ISLE DE TROMÖ, petite Isle de Norwege au Gouvernement d'Agerhus, au Nord de l'Isle de Mardoé.

L'ISLE DE TUDY, Isle de France en Bretagne, au Diocèse de Quimper, & au Nord Oriental du Village de Tudy à l'Embouchure de la Riviere de Pont Labbé.

L'ISLE TUGIN, petite Isle d'Asie dans l'Océan Oriental, à trois lieues de l'Isle Formose. Les Hollandois la nomment L'ISLE DU LION D'OR à cause que l'Equipage d'un de leurs Vaisseaux ainsi nommé, y fut massacré par les Insulaires.

a La Potherie Hist. de l'Amer. Sept. p. 73.

LES ISLES TURBES [a], appellées par les Anglois ISLES VERTES, sont des Isles de l'Amerique Septentrionale dans le Détroit d'Hudson. Elles se trouvent à l'Est du Cap de Diegues, à 17. lieues en dedans à 62. degré 55'. & 40. degrés 8'. de Variation Nord-Ouest.

L'ISLE TURRIF, Isle d'Ecosse, l'une des Westernes, au Nord-Nord-Est d'Ila, au Couchant de Mull & au Sud-Ouest de Kol; c'est la même que l'Isle de Tire-iy dans l'Etat present de la Grande Bretagne.

L'ISLE DE TUSELET, petite Isle de France en Bretagne au Sud-Ouest de l'Isle de St. Mandé.

L'ISLE DE TUTOVERA, Isle de France en Bretagne dans la Riviere de St. Paul de Léon au Sud-est de la pointe de Pempoul.

L'ISLE DE TYLO, petite Isle sur la côte Occidentale de Suede au Couchant de la Ville de Holmstad qui est de la Province de Halland, & au Nord de l'Isle de Swidero.

V.

L'ISLE DE LA VACCA, & L'ISLE DE TORO. J'ai remarqué ailleurs qu'au Midi de l'Isle de Sardaigne, il y a deux petites Isles que l'on appelle le Taureau & la Vache.

L'ISLE à VACHE, petite Isle de l'Amerique dans la Mer du Nord, & sur la côte Meridionale de l'Isle de St. Domingue du côté du Couchant. Il y a quelques habitations de François. Voiez au mot VACHE.

L'ISLE DE VACQUES, petite Isle au Monomotapa par le travers du Cap de Ste Marie qui est par les 26. d. de Latitude. La Relation du Voyage de G. Spilberg aux Indes Orientales observe avec raison qu'elle n'est point marquée sur les Cartes.

L'ISLE DE VADER SMITH, Isle d'Asie au Nord de l'Isle de Java, au Nord-Est de Batavia, au Midi Oriental de l'Isle de Leyden.

L'ISLE DE VALABREGUE, Isle de France sur le Rhône à trois lieues au dessous d'Avignon, il y a un Village appellé de même, elle a environ trois lieues de circuit.

L'ISLE DE VALLOT, Isle d'Angleterre dans la Province d'Essex, au Couchant de Foulness.

L'ISLE DE VARELLA. Voiez au mot PULO, l'article PULO VERELLA.

L'ISLE DE VAY. Voiez au mot PULO, l'article PULO-VAY.

L'ISLE UBI [b], Isle des Indes à quarante lieues à l'Ouest de Pulo Condor, precisément à l'entrée de la Baye de Siam à une pointe de terre du côté du Sud-Ouest qui forme la Baye; c'est-à-dire, la pointe de Cambodia. Elle a environ sept ou huit lieues de circuit & le Pays en est plus élevé que de toutes les autres Isles de Pulo Condor. Vis-à-vis de la partie Meridionale de cette Isle il y en a une autre petite éloignée de la grande de la longueur d'un Cable. L'Isle d'Ubi est pleine de bois & a de bonnes eaux au Septentrion où l'on peut mouiller; mais le meilleur Ancrage est du côté de l'Orient vis-à-vis d'une petite Baye; après quoi vous avez la grande Isle à votre Midi.

b Dampier Voyages T. 2. p. 75.

L'ISLE DE VENISE, Ville du Comtat Venaissin, à trois lieues & demie d'Avignon & à trois lieues de la fameuse Fontaine de Vaucluse, considerable pour la beauté de ses dehors arrosés par sept branches de cette fontaine qui forment autant de petites Rivieres de la largeur de 30. à 35. pieds, dans lesquelles on pêche une si grande quantité de Truites, d'Anguilles, & surtout d'Ecrevisses qu'on en fournit à vingt lieues à la ronde.

LES ISLES DU VENT, & les ISLES SOUS LE VENT. Voiez ANTILLES.

L'ISLE DE VERON, petit quartier de France en Touraine entre Chinon & Cande & la Riviere de Loire qui y reçoit celle de Vienne : il n'y a aucune place remarquable.

1. L'ISLE VERTE, petite Isle de l'Océan Oriental aux Philippines, selon Mr. Baudrand.

2. L'ISLE VERTE, petite Isle de France en Bretagne, au Levant de la grande Isle de Brehat au Midi de St. Mandé.

LES ISLES VERTES. Voiez les ISLES DU CAP-VERD.

L'ISLE DE VEUVRE, Tassin dans ses Cartes des côtes de France nomme ainsi une Isle de Bretagne à l'Embouchure de la Charente. Le Neptune François la nomme l'Isle Madame.

LES ISLES D'ULIASSER, petites Isles voisines de l'Isle d'Amboine entre les Moluques. Chacune a un nom particulier, savoir,

HATUA, TUAHA,
IHEMAHO, & NEUSELAO.

Les Noirs de ces quatre Isles portent le nom de Chrétiens & mangent pourtant de la chair de leurs ennemis quand ils les peuvent prendre. Ils sont sous la dependance de la Compagnie Hollandoise, & obligez comme tous ses autres Vassaux de venir servir & se rendre sous le Fort d'Amboine avec toutes leurs Caracores lorsqu'ils sont mandez par le Gouverneur. Les

Dd

habitans de ces Isles sont divisez en Olisivas & Olilimas. Ce sont des noms de Factions comme ont été autrefois en Italie les Guelphes & les Gibelins, (& comme à present en Angleterre les Wighs & les Toris. Les Olilimas sont Mahometans, les Olisivas sont Chrétiens, Mahometans & Idolatres.

A *Hatua* il y a quatre races d'Olilimas qui peuvent mettre sur pied 950. hommes tous Mahométans. Il y a quatre races d'Olisivas, deux Chrétiennes & deux Idolatres qui peuvent mettre sur pied cinq cens hommes.

2. A *Tuaha*, il y a deux races d'Olisivas qui sont 220. hommes, tous Idolatres.

3. A *Ihemaho*, il y a quatre races d'Olilimas qui sont 1400. hommes, tous Mahométans, & trois races d'Olisivas qui sont 280. hommes, tous Idolatres.

4. A *Neuselaho*, il y a quatre races d'Olisivas qui sont 600. hommes, tous Idolatres.

[a] C'est ce qu'en dit Matelief dans son Voyage imprimé entre ceux de la Compagnie Hollandoise.

[a] T. 3. p. 329. & seq.

L'ISLE DE VLIELAND, ou simplement Vlie, prononcez Flie, Isle des Provinces-Unies dans la Mer du Nord, à l'Embouchure du Zuyder-Zee, entre l'Isle de Texel & celle de Schelling.

LES ISLES D'ULFFÖN, Isles de Suede sur la côte Occidentale du Golphe de Bothnie, dans la Province d'Angermanie au Sud-Ouest de l'Embouchure de la Riviere de Bygdö.

L'ISLE D'UNST, Isle d'Ecosse, & l'une des Isles de Schetland; elle est au Nord-Est de toutes; & [b] en même temps la plus agréable. Elle a huit milles de longueur, a trois Eglises & autant de Havres. Les habitans disent que les Chats n'y peuvent vivre.

[b] Etat pres. de la Gr. Bret. T. 2. p. 307.

L'ISLE DE VOORN, Isle des Provinces Unies sur la Rive gauche de la Meuse. Voiez Voorn.

L'ISLE DE VOREN, petite Isle de la Mer d'Allemagne sur la côte Occidentale du Duché de Sleswig; au Sud-Est de l'Isle de Sylt, c'est la même que l'Isle de Fora.

L'ISLE D'URCK, petite Isle des Provinces Unies dans le Zuider-Zée, à trois lieues des côtes de Frise.

L'ISLE D'USEDOM, Isle de la Mer Baltique dans la Pomeranie à l'Embouchure des Rivieres de la Pene & de l'Oder.

L'ISLE DE VULCAIN, ou l'Isle des Volcans, Isle de la Mer des Indes vers la côte de la Nouvelle Guinée. Les Hollandois qui l'ont découverte l'ont nommée Montagne brûlante en leur langue Brandenberg, parce qu'il y a quatre Montagnes qui jettent souvent des flammes. J'ai remarqué à l'Article l'Isle Brulante qu'il y a dans cette Mer plusieurs Isles qui ont des Volcans.

W.

L'ISLE DE WAGE, l'une des Isles de Fero, au Couchant de l'Isle de Stromo.

L'ISLE DE WALNEY, Allard écrit Falney, Isle d'Angleterre dans la Mer d'Irlande à l'entrée de la Baye de Lancastre. Elle est longue & s'étend le long de la pointe qui enferme cette Baye au Nord-Ouest.

L'ISLE DE WANGEROOGH, petite Isle de la Mer du Nord, sur la côte d'Oostfrise à l'Embouchure de la Riviere de Jade, auprès de l'Isle de Spikeroogh.

L'ISLE DE WASTRA, Isle d'Ecosse entre les Orcades au Sud-Ouest de Sanda. L'Etat present de la Grande Bretagne [c] la met au Couchant & la nomme Westra. Elle à bien huit milles en longueur & cinq en sa plus grande largeur. Elle est fertile & très-peuplée. Il y a un assez bon Havre.

[c] T. 2. p. 302.

L'ISLE DE WEDDY, petite Isle sur la côte d'Irlande au Sud-Ouest, dans la Baye de Bantry, devant le Port de Bantry.

L'ISLE DE WEDERO, Isle de la Mer de Danemarck, au Nord du grand Belt entre les Isles de Samsoe & de Syro.

LES ISLES WESTERNES. Voiez Westernes.

L'ISLE DE WEYRO, petite Isle du Danemarck, au Nord de l'Isle de Laland, & au Couchant de celle de Feo.

L'ISLE DE WIDRO, l'une des Isles de Fero. Elle est située au Nord & à l'Est de l'Isle Bordo, de laquelle un Canal fait en équierre la separe.

L'ISLE DE WIERINGEN, ou Vieringen, petite Isle des Provinces Unies dans le Zuyder-Zee au Nord de Medenblick.

L'ISLE DE WIGHT. Voiez Wight.

L'ISLE DE WOLFSUND, petite Isle de Norwége au Gouvernement d'Aggerhus, Nord-Ouest du Port & de l'Isle de Fleckeren.

L'ISLE DE WOLLIN, petite Isle de la Mer Baltique dans la Pomeranie à l'Embouchure de l'Oder.

L'ISLE DE WROUWENBERG, petite Isle de Suede dans la Mer Baltique, près de la côte de Smaland, & du Port de Westerwyck.

L'ISLE DE WIST, il y a deux Isles de ce nom entre les Westernes. On les distingue par leur situation. La plus Septentrionale s'apelle North Wist, & la plus Meridionale Southwist. Elles sont toutes deux au Midi de l'Isle de Lewis.

North-Wist [d], qui en est la plus proche, a environ 9. milles de long du Nord au Sud, & 30. milles de circonference. Ses Montagnes à l'Orient sont bonnes pour le pâturage, & sa partie Occidentale pour le bled. Elle a plusieurs Lacs, remplis de truites & d'anguilles, & même de poissons de Mer, qui y sont portez par les grandes marées. Ces Lacs ont plusieurs petites Isles, qui abondent en Oiseaux de terre & de mer. Entre les Bayes de cette Isle, celle de Maddy est la plus considerable, où l'on a chargé de Harangs dans une saison jusqu'à 400. Vaisseaux. Dans cette Baye il y a une petite Isle, où le Roi Charles I. établit un Magazin pour la pêche. Elle produit aussi de fort grosses huitres.

[d] Etat pres. de la Gr. Bret. T. 2. p. 283.

South-Wist a 21. milles de long, & 4. de large. Elle produit à peu près les mêmes choses que North-Wist. Il y a un Lac de la longueur de 3. miles, où la Mer s'est fait un passage, quelques efforts que les habitans

ISL. ISM.   ISM.   211

tans ayent fait pour l'empêcher. Ce Lac est remarquable par une sorte de poisson qu'il y a, lequel ressemble tout-à-fait à un saumon, hormis que son dos est noir, & le ventre blanc. Les habitans de ces deux Isles sont généralement bien faits, robustes, & civils aux étrangers. Il y en a plusieurs, qui vivent jusqu'à un grand âge. Ils parlent Irlandois, & sont presque tous Catholiques Romains.

Y.

L'ISLE D'YELL, Isle entre celles de Schetland, au Nord-Est de Mainland. Elle a dix-huit milles de long & neuf de large. Il y a trois Eglises & diverses Chapelles.

Z.

L'ISLE DE ZEBU, l'une des Philippines. Voiez ZEBU.

☞ Je ne donne pas cette liste comme un Catalogue complet de toutes les principales Isles de l'Univers. Ce n'est qu'une ébauche à laquelle il faut joindre quantité de détails qui se trouvent repandus dans un grand nombre d'articles & que je n'ai pas voulu repeter inutilement. On peut consulter les Articles de l'ARCHIPEL, des ISLES AÇORES, des ISLES ANTILLES, des CANARIES, des ISLES DES LARRONS, ou Isles MARIANNES, des Isles du JAPON, des PHILIPPINES, des MOLUQUES, des Isles de SALOMON, & beaucoup d'autres inserez dans leur lieu. Ces noms collectifs renferment de grands détails auxquels nous renvoyons.

L'ISLE DE FRANCE, Contrée & Province de France, où est Paris Capitale du Royaume. Ce n'est pas une Isle proprement dite. C'est un District qui a plus ou moins d'étendue, selon les divers sens dans lesquels il se prend. Voiez au mot FRANCE l'Article l'Isle de France.

ISLEBE. Voiez EISSLEBEN.

ISLET, ou ISLOT, on nomme ainsi les Isles qui sont très-petites. La plupart n'ont point de nom.

L'ISLET AUX ANGLOIS[a], petite Isle d'Afrique, en Nigritie, dans la Riviere de Gambie, à douze lieues au dessus de son Embouchure dans l'Océan. Les Anglois y ont élevé un Fort en forme de fer à cheval pour la sûreté de leur Commerce.

[a] Baudrand Ed. 1705.

ISM[b], ou ISEN, ancien Bourg d'Allemagne en Baviere, entre Freisingen & Wasserbourg sur un Ruisseau de même nom que ce Bourg. On le nomme en Latin ISINISCA, ou YSENISCO. Il y a une Collegiale, & une Prevôté.

[b] Zeyler Bavar. Topogr. p. 77.

ISMAEDA, Ortelius lit ainsi dans Etienne le Géographe. L'Edition de Bertius porte ISMAELA, Ἰσμαήλα. C'étoit une petite Contrée de l'Arabie. Il est clair que ce nom vient d'ISMAEL, fils d'Abraham & d'Agar.

ISMAELITES, on appelle ainsi dans les Histoires tant anciennes que modernes les Arabes qui sont la posterité d'Ismaël. [c] Sara épouse d'Abraham, voyant que Dieu ne lui avoit point donné d'enfans, [d] pria son Mari de prendre Agar sa servante, afin qu'au moins

[c] D. Calmet Dict.
[d] Genes. XVI. 1. 2. 3. &c.

par son moyen elle put avoir des Enfans. C'étoit une maniere d'adoption, dont on voit encore des exemples dans la conduite de Rachel & de Lia, qui donnérent aussi leurs Servantes pour femmes à Jacob leur Mari, afin qu'elles leur donnassent des Enfans. [e] Agar ayant donc conçû, commença à mépriser Sara sa Maitresse. Celle-ci s'en plaignit à Abraham, & Abraham lui dit qu'elle pouvoit traiter sa servante comme elle jugeroit à propos. Sara l'ayant donc maltraitée, Agar s'enfuit. L'Ange du Seigneur lui apparut dans le désert, & lui dit: retournez à votre Maîtresse & humiliez-vous sous sa main; vous avez conçû & vous enfanterez un fils que vous nommerez Ismaël, c'est-à-dire, le Seigneur a écouté; parce que le Seigneur vous a exaucée dans votre affliction. Ce sera un homme fier & farouche, dont la main sera élevée contre tous, & contre qui tout le monde aura la main levée. Il dressera ses tentes vis-à-vis ses freres, & il occupera le Pays voisin du leur. Agar revint donc à la maison d'Abraham, & elle enfanta un fils, qui fut appellé Ismaël.

[e] Genes. XXX. 3. & 9.

Quatorze ans après, le Seigneur ayant visité Sara & Isaac étant né à Abraham, qui jusqu'alors s'étoit regardé comme l'unique Heritier d'Abraham, se vit déchû de ses espérances. Un jour Isaac étant âgé d'environ cinq ou six ans, Ismaël se jouoit avec lui d'une maniere qui déplût à Sara; & elle dit à Abraham: chassez cette servante avec son fils: car Ismaël ne sera point heritier avec mon fils Isaac. Abraham trouva cela dur. Mais le Seigneur lui ayant dit d'écouter Sara, il renvoya Agar avec son fils, en leur donnant quelques provisions pour leurs voyages. Agar étant partie avec son fils, alloit errant dans le désert de Bersabée, & l'eau qui étoit dans le Vaisseau qu'elle portoit, ayant manqué, elle mit son fils sous un Arbre qui étoit là, & s'éloigna de lui à la longueur d'un trait d'arc, disant : je ne verrai point mourir mon enfant. Alors Agar ouït une voix du Ciel, qui lui dit : ne craignez point, le Seigneur a écouté la voix de l'enfant du lieu où il est. Levez-vous, prenez-le; car je le rendrai Pere d'un grand Peuple. Elle se leva; & Dieu lui ayant fait voir un puits, elle en tira de l'eau, en donna à son fils, & le mena plus avant dans le désert de Pharan, où il demeura. Il devint habile à tirer de l'arc, & sa mere lui fit épouser une femme Egyptienne, dont il eut douze fils[f], savoir

[f] Genes. XXV. 13. 14.

Nahajoth,	Massa,
Cédar,	Hadad, ou Hadar,
Abdéel,	Thema,
Mahsam,	Jethur,
Masma,	Naphis, &
Duma,	Cedma.

Il eut aussi une fille nommée Maheleth, ou Basemath, Genes. XXXVI. 3. qui épousa Esaü, Genes. XXVIII. 9. Nous avons parlé de chacun des fils d'Ismaël sous leurs Articles. Des douze fils d'Ismaël, sont sorties les douze Tribus des Arabes, qui subsistent encore aujourd'hui. Saint Jerôme[g] dit que de son tems les Arabes nommoient les Cantons de l'Ara-

[g] Hieronym. qu. Hebr. in Genes.

Dd 2

ISM.

l'Arabie des noms des diverses Tribus qui les habitoient. Les Historiens Profanes donnent aux Chefs des Tribus des Arabes, le nom de *Phylarques*, & les Arabes leur donnent le nom de *Scheich-Elkebir* [a]. Les descendans d'Ismaël habiterent le Pays qui est depuis Hevila, jusqu'à Sur. Hévila est vers la jonction de l'Euphrate & du Tigre ; & Sur est du côté de l'Isthme, qui sépare l'Egypte de l'Arabie. On connoît dans l'Histoire les descendans d'Ismaël sous le nom général d'Arabes & d'Ismaelites. On en connoît en particulier les Nabathéens, les Cedaréniens, les Agaréniens, &c. Depuis le septième siécle, ils ont presque tous embrassé la Religion de Mahomet, & nous les appellons *Turcs*, ou *Musulmans*. Voiez aux mots BEDOUINS, SARAZINS, &c.

ISMANING [b], Bourg d'Allemagne en Baviere, sur la Rive droite de l'Iser, à deux milles & un quart au dessous de Munick & à trois milles & demi au dessus de Freisingen. Il est dans cet Evêché.

1. ISMARA, Ville d'Asie dans la petite Armenie auprès de l'Euphrate, selon Ptolomée : mais les Manuscrits portent SISMARA. Voiez SISMARA.

2. ISMARA, ancienne Ville de Thrace. Virgile dit [c] :

Et tres quos Idas Pater & Patria Ismara mittit.

Sur quoi Servius observe que cette Ville prenoit ce nom du Mont Ismarus. Le mot Ismara est ici au Feminin ; il est neutre dans ces vers-ci [d] :

Juvat Ismara Baccho Conserere.

Mais on y parle de la Montagne & non pas de la Ville. Etienne le Géographe nomme cette même Ville ISMAROS & dit qu'elle appartenoit aux Ciconiens. Voiez le passage de l'Odyssée rapporté à l'Article *Ciconum Flumen*.

1. ISMARUS, ou ISMARA, au pluriel Montagne de Thrace, selon Virgile & Servius citez dans l'article précedent. La Description de l'Univers écrite par Scymnus de Chio, & citée mal à propos sous le nom de Marcien d'Heraclée porte [e] que les Ciconiens qui demeuroient alors dans l'Ismarus avoient autrefois habité à Maronée. Il paroît cependant que les Ciconiens occupoient déjà cette Montagne dès le temps d'Homere. Hesyche a sans doute été trompé par cette description lue trop negligemment, lorsqu'il a assuré que Maronée & Ismarus étoient une même Ville. Pline [f] les distingue très-bien, & après avoir nommé Ismaros & quelques autres Villes, il dit que *Maronée* étoit nommée auparavant *Ortagurea*. La Ville, ou peut-être la Montagne prit son nom d'Ismarus fils de Mars & de Thrassa, selon le grand Etymologique.

2. ISMARUS, Ville de Thrace. Voiez ISMARA.

ISMENE, Village de Bœotie, selon Etienne le Géographe. Ælien [g] nomme ISMENUS une Ville voisine de la Fontaine Dircé.

ISMENIUS. Voiez ISMENUS 2.

ISMENIUS COLLIS, Colline de Grece dans la Bœotie, selon Pausanias [h], qui dit qu'elle étoit consacrée à Apollon qui en prenoit le surnom d'Ismenien.

ISMENIUS FLUVIUS [i], Le même Auteur nomme ainsi le Fleuve ISMENUS. Voiez ISMENUS 2.

ISMENIUS LUCUS [k], Bois de la Bœotie près de la source de l'ISMENUS. Voiez cet Article.

ISMENUS, Riviere de Grece dans la Bœotie ; où elle coule auprès de l'ancienne Thebes. Plutarque le Géographe [l] dit qu'on l'appelloit autrefois le *pied de Cadmus*, Κάδμου πούς, & là-dessus il raconte à son ordinaire une petite Historiette que voici. Cadmus ayant tué à coups de fléches le Dragon qui gardoit la Fontaine, craignant que l'eau n'en fût empoisonnée, il parcourut le Pays pour en chercher une autre dont il pût boire sans danger. Etant arrivé à l'antre Corycéen par le secours de Pallas, il enfonça le pied droit dans le limon, & quand il l'en eut retiré, il en sourdit une Riviere, & après qu'il eut sacrifié, on l'appella le pied de Cadmus. (Il n'y a pas grand miracle en cela, & le pied du Cheval de Charlemagne fit sourdre de même une Fontaine à Aix la Chapelle.) Plutarque continue ainsi : peu de temps après cela, Ismenus fils d'Amphion & de Niobé étant blessé par une des fléches d'Apollon, & souffrant une douleur violente se precipita dans cette Riviere qui en prit le nom. Pausanias en donne une autre origine. Vous voyez, dit-il, la source qui est consacrée au Dieu Mars qui en avoit confié la garde au Dragon. Tout auprès est le Tombeau de Caanthe qui passe pour avoir été Frere de Melie & fils de l'Océan. On pretend que son Pere l'envoya chercher sa sœur Melie qui avoit été enlevée, il apprit qu'elle étoit au pouvoir d'Apollon, mais n'ayant pû l'en tirer il mit le feu au bois d'Ismene & les Thebains assurent que ce fut cette action qu'Apollon punit en le perçant de fléches. Il a donc pour tombeau en cet endroit. Pour ce qui est de Melie Apollon son ravisseur en eut deux fils, savoir Tener & Ismenius. Il donna à celui-ci le don de deviner, & la Riviere prit le nom d'Ismenius, quoiqu'elle en eut un autre auparavant ; car avant qu'Ismenius fils d'Apollon fût né, la Riviere s'appelloit LADON. Ortelius croit que la même Riviere est nommée KNOPUS, Κνῶπος, par Strabon & par Nicandre. La Fontaine de Dircé se jettoit dans l'Ismenus. Cette Riviere est une de celles qui coulant vers le Nord de Thebes entrent dans le Lac nommé autrefois Halica dans la Livadie & se perdent par une Embouchure commune dans l'Euripe au Nord-Ouest de Negrepont. Mr. Baudrand dit que le nom moderne est Ismeno.

ISMID, ISCHMIT, ou ISCHMET, quelques Modernes écrivent ainsi différemment le nom que porte aujourd'hui la Ville de Nicomedie en Bithynie. Le Sr. Paul Lucas écrit SCHEMIT. Voiez NICOMEDIE.

ISMUC, petite Ville d'Afrique à vingt mille pas de Zama. Son Territoire ne peut souffrir rien d'empoisonné.

ISN.   ISN. 213

[marginal note: *l.8.c.3.]

né. C'est du moins ce que dit Vitruve [a].

ISNY, ISNE, ou EISNÆ, Ville Imperiale d'Allemagne en Suabe dans l'Algow, elle touche au petit Pays de Buchenberg qui appartient à l'Abbé de Kempt; elle est située sur le ruisseau nommé de même Isna, selon Zeyler [b]. Mr. de l'Isle n'y en marque point. L'an 1106. le Comte Mangold de Weringen y fonda une Abbaye qui prit le nom d'Isna du Ruisseau. Après sa mort les Gentilshommes de Walbourg en furent Seigneurs. Il est certain que la premiere fondation étoit encore plus ancienne, & les Lettres Imperiales qui la confirment sont de l'an 1096. mais l'établissement s'en fit l'an que nous avons dit. La Ville d'Isne fut brûlée l'an 1284. & ensuite rebâtie, & l'Abbaye fut comptée quelque temps entre les Etats de l'Empire jusqu'à ce qu'en 1591. le 15. Septembre les Seigneurs de Walbourg reconnurent devant la Chambre de Spire qu'elle étoit exempte de toutes charges; ils en furent ensuite les Patrons. Cependant l'an 1641. Jean Abbé d'Isne se trouva à la Diéte de l'Empire. L'an 1350. un crapaut ou autre bête venimeuse s'étant glissé dans la Marmite empoisonna si bien les viandes qui y bouilloient que l'Abbé Henri II. & tous les Moines en moururent. Dans la Cave du Monastere on a trouvé un marbre sur lequel il est fait mention des Empereurs Septime Severe & Aurele Antonin, & il y est dit qu'ils ont fait racommoder les Chemins & les Ponts de ce Pays-là depuis Kempten jusqu'à Isne. Car la route de l'Italie au Rhin passoit par Isne. L'Abbaye donna lieu à la Ville de s'agrandir avec le temps, après que l'ancienne Ville qui étoit un peu plus loin vers le Couchant & plus près de l'Arg, eut été détruite. On a voulu deriver son nom de la Déesse Isis qui y avoit, dit-on, un Temple. Elle a dans ses armes un fer à cheval, & les Allemands appellent Eisen le fer, & Zeyler dit que ce lieu a été appellé ISENAW; & ajoute comme une autre raison qu'il y a eu en ce même endroit des forges où l'on travailloit le fer: mais il en revient aux raison à la premiere origine qui est le nom du Ruisseau *Isna* dont la Ville a tiré le sien. Son Territoire ne produit ni vin, ni bled; mais seulement des Avoines, des Navets, des Féves, du Lin, & des Jardinages. On tire les vins du Lac de Constance, du Rhin, & du Necker; les grains, d'Ulme, de Memmingen, de Waldsée & de Leutkirch; la Riviere de l'Arg & les Lacs voisins fournissent quantité de Poisson. Le Commerce des Toiles étoit autrefois si florissant qu'on y en fabriquoit pour cent cinquante mille florins. L'an 1630. une Compagnie d'Infanterie d'Imperiaux étant venue à Isne, & en étant partie pour Kempten assez mécontente, le feu y prit la nuit suivante, & consuma près de 400. maisons, la paroisse, les Ecoles, la Maison de Ville, l'Abbaye, & autres Edifices publics. Elle s'est rétablie, & quoique petite elle se maintient dans la qualité de Ville Imperiale qu'elle acquit sous Charles IV.

ISNIC, ISNIQ, ou ISNICH, Ville de la Turquie en Asie dans la Natolie, où elle occupe la place de l'ancienne Nicée. Tavernier en parle ainsi [c]. Une partie de la Ville est bâtie sur la pente d'une Colline, & l'autre dans une plaine qui va jusqu'à la Mer, qui fait dans cet endroit-là un Cul-de Sac que l'on appelle le Golphe d'Isnich. Il y a au port deux Moles de grandes pierres de Taille, & trois grands clos fermez de murailles, qui sont comme autant d'Arsenaux, dans lesquels sous de longues Galeries on voit quantité de bois degrossi pour bâtir des maisons & des Galeres. La chasse étant belle aux environs de la Ville, & son terroir portant toutes sortes d'excellens fruits & de très-bon vin, Sultan Amurat fit bâtir un Serrail au lieu le plus éminent, d'où l'on découvre à la fois & la Mer & la Campagne. Les Juifs occupent la plus grande partie de la Ville, & les bleds avec le bois à bâtir font leur principal negoce. Quand le vent est favorable, on peut aller par mer de Constantinople à Isnich en sept ou huit heures, & le trajet n'est pas dangereux. Voici ce qu'en dit le Sr. Paul Lucas dans son *Voyage de l'Asie Mineure* [d]: je suis persuadé que son nom est bien moins changé que sa figure; c'est quelque chose de pitoyable que de voir les ruines de cette Ville célebre. Elle est située sur le bord d'un Lac, qui a plus de quarante milles de tour; son Territoire s'étend dans une plaine entourée de Montagnes; elle a encore deux enceintes de murailles, qui sont munies de Tours très-fortes, faites de briques cuites, mais la plûpart ruinées; il y en a quelques-unes quarrées, distinguées même par la matiere, dont elles ont été bâties, celles-ci sont de Pierre de Taille, & des plus grosses. La Ville a en tout environ six milles de circuit; l'Eglise des Grecs a été des plus superbes, on y voit encore de beaux Ouvrages à la Mosaïque, & ce fut là, à ce que disent les habitans du lieu, que se tint le fameux Concile de Nicée, où l'Empereur Constantin assista en personne. L'on y montre encore les restes du lieu, où s'en faisoient les assemblées; ils composent une espéce de demi-lune ruinée, qui a des bancs les uns sur les autres bâtis de pierres & des plus belles; mais tout s'en va & tombe presque en ruine. Outre cette Eglise qui étoit la premiere de la Ville, les Armeniens en ont auprès une petite où ils font le service: les autres qui étoient aussi assez magnifiques, ont toutes été changées en Mosquées ou abbatues par la longueur du temps & la barbarie des guerres. Nicée est parsemée d'un prodigieux nombre de Colomnes de pierre granite & de Marbre d'une belle grandeur [e]. Isnich est très-bien fournie de Fontaines. Elles sont toutes bâties de Marbres & l'eau de la plûpart est salutaire. Il y a auprès un Aqueduc magnifique qui conduit l'eau d'une des Montagnes voisines. Il y en avoit autrefois plusieurs autres, mais ils sont à présent demolis & l'on ne voit plus hors de la Ville que de tristes restes de ces beaux Edifices qui en faisoient autrefois l'ornement. Les murailles de la Ville sont presque toutes raccommodées de pieds d'estaux de marbre & de pierre granite: on en a arrangé tous les morceaux les uns sur les autres, & dans l'espace de trois cens pas, l'Auteur cité y en compta cent quatre-vingt-deux. [f] Ces murailles ont trois cens soixante & dix tours, c'est-à-dire, plus qu'il n'y a de maisons dans la Ville, car il n'y en a

[marginal notes: b Zeyler Suev. Topogr. p. 43.; c Voyage de Perse T.1.c.2.; d T.1.p. 65.; e p. 66.; f p. 72.]

Dd 3   pas

pas plus de trois cens. Ce Pays est abondant particulierement en bon Poisson. Il s'en pêche dans le Lac voisin de toute espece, & on le donne à bon marché.

ISNIGIMIT est, selon Mr. Baudrand, le nom moderne de Nicomedie. Voiez NICOMEDIE.

ISOLA, ce mot en Italien signifie *une Isle*; c'est outre cela le nom propre de divers lieux.

1. ISOLA [a], petite Ville d'Italie du Royaume de Naples dans la Calabre ulterieure avec un Evêché Suffragant de l'Archevêché de Ste Severine. On l'a ceinte de murailles, après qu'elle a été deux fois sacagée par les Turcs. Elle a peu d'habitans, & est à quatre milles de la côte Orientale de cette Province & du Golphe de Castelli, à six du Camp de Rissuto, & à dix-huit de Sainte Severine au Midi.

[a] Baudrand Ed. 1705.

2. ISOLA [b], Bourg d'Italie au Royaume de Naples, dans la terre de Labour, sur une petite Isle du Garigliano; à une lieue de Sora & à quatre d'Aquino.

[b] Ibid.

3. ISOLA [c], Bourg d'Italie en Istrie sur la côte du Golphe de Trieste, à cinq milles de Capo d'Istria au Couchant. Il est aux Venitiens, & s'apelle en Latin ALIETUM, ou HALIETI CASTRUM, & CASTRUM AQUILÆ.

[c] Ibid.

4. ISOLA DELLA SCALA [d], gros Bourg d'Italie dans l'Etat des Venitiens, au Veronois, à dix-sept milles de Verone. Il est riche & peuplé comme une Ville, & il s'y fait un très-grand Commerce de Soye.

[d] Corn. Dict.

5. ISOLA GRANDE, Isle d'Italie entre les deux bouches du Tibre, entre la Ville de Porto & celle d'Ostie.

ISOMANTUS, Riviere de Grece dans la Béotie. Voiez HOPLIAS.

ISOMBRI. Voiez INSUBRES.

ISONA [e], petite Ville de Catalogne dans la Viguerie de Lerida, près des Montagnes, & de la source d'un Ruisseau qui tombe dans la Noguera Pallavesa. Elle est au Sud-Est & à une heure de Chemin d'Orcau. Les Romains l'appelloient ÆSONA comme il paroit par cette Inscription:

[e] Marca Marca Hispanica l. 2, p. 217.

FULVIO. FILIO. F. RESTITUTI
FILIO. CATULÆ. P. ÆSONENSI.

Le P. signifie PATRIA. On y trouve quantité de pierres avec des Inscriptions. Elle a été aussi appellée JESSONIA, & ensuite ISAUNA & l'Histoire du x. siécle porte que les Sarazins la saccagerent l'an 964.

ISONDÆ, ancien peuple de la Sarmatie d'Asie, selon Ptolomée [f]. Ils étoient vers la Mer Caspienne.

[f] l. 5. c. 9.

ISONOE, Ἰσονόη, ancienne Ville d'Assyrie, selon Ptolomée [g]. Les Manuscrits portent, ISONE, Ἰσόνη.

[g] l. 6. c. 1.

ISONTIUS, nom d'un lieu aux Confins de l'Italie. La Chronique de Cassiodore porte qu'Odoacre y fut mis en fuite par Theodoric. Ortelius croit qu'il s'agit de la Riviere nommée Natison par les Anciens, & que l'on appelle presentement LISONTIO. Le nom est LIZONZO.

ISORIA, Bourg d'Epire dans le Territoire d'Eurée, selon Sozomene [h].

[h] Hist. Eccl. l. 7. c. 26.

ISOU, Ville des Indes dans l'Isle d'Amboine dont elle est la Capitale, selon Mr. Corneille [i]. Un Voyage des Hollandois nomme ITOU, ou ITON, HITOU, ou HITTOU une petite Ville maritime de la même Isle.

[i] Dict.

ISPA, Ville de la petite Armenie, selon Ptolomée [k] qui la met vers les Montagnes.

[k] l. 5. c. 7.

ISPAHAN, Ville de Perse dont elle est la Capitale. Les Arabes la nomment ESFAHAN: Nassir Eddin la nomme ainsi & la met à 86. d. 40'. de Longitude & à 32. 25'. de Latitude dans le troisieme Climat. Ulug-beig l'appelle de même & lui donne la même position. Les Observations nouvelles confirment la latitude d'Ispahan, & pour la longitude elles font cette Ville de 50. d. 30'. plus Orientale que l'Observatoire de Paris. Chardin qui a employé tout son huitieme Volume à la decrire, la nomme en Persan SEPHAON. Les Persans disent pour exalter sa grandeur que cette Ville est la moitié du Monde. Plusieurs font monter le nombre de ses habitans à onze cens mille ames. Ceux qui y en mettent le moins assurent qu'il y en a six cens mille. Le nombre des Edifices est prodigieux; on en compte vingt-neuf mille quatre cens soixante neuf dans l'enceinte de la Ville & huit mille sept cens quatre vingt au dehors, tout compris, les Palais, les Mosquées, les Bains, les Bazars, les Caravanserais & les Boutiques; car les boutiques, surtout les grandes & bien fournies, sont au cœur de la Ville, séparées des Maisons où l'on demeure. On y trouve toujours une telle foule dans les Bazars, que les gens qui vont à Cheval sont marcher devant eux des valets de pied pour fendre la presse & se faire faire passage, parce qu'en cent endroits on y est les uns sur les autres. Il est vrai que ce n'est qu'en ce lieu-là qu'il se trouve une si grande affluence de peuple & qu'on va fort à l'aise dans les autres endroits de la Ville. Cependant si l'on fait reflexion que les femmes en Perse, hors celles des pauvres gens, sont recluses & ne sortent que pour affaires, on trouvera que cette Ville doit être effectivement des plus peuplées.

Elle est bâtie le long du fleuve de Zenderoud sur lequel il y a trois beaux ponts que nous décrirons ci-après. L'un qui repond au milieu de la Ville & les deux autres aux deux bouts, à droite & à gauche. Quoique l'eau en soit fort legere & fort douce partout, on ne se donne pas la peine à Ispahan d'en aller querir quoique tout le monde, generalement parlant, ne boive que de l'eau pure, parceque chacun boit l'eau de son puits qui est également douce & legere. Assurément, dit Chardin, on n'en sauroit boire nulle part de plus excellente.

Les Murs de la Ville d'Ispahan ont environ vingt mille pas de tour. Ils sont de terre assez mal entretenus, & ils sont tellement couverts par les maisons & par les Jardins qui y touchent, tant au dedans, qu'au dehors qu'il faut en plusieurs endroits les chercher pour les appercevoir. Il en est de même dans les autres Villes du Royaume & c'est ce qui a trompé quelques Voyageurs qui ont rapporté que les Villes de Perse n'ont point de Murailles; c'est tout le contraire & il y en a peu qui n'en ayent;

ayent ; Ispahan a de plus un Château & un fossé. La beauté de cette Ville consiste particulierement dans un grand nombre de Palais magnifiques, de Maisons gayes & riantes, de Caravansérais spacieux, de fort beaux Bazars, de Canaux & de Rues, dont les côtez sont couverts de hauts platanes : mais les autres rues sont generalement parlant étroites, mal unies & tortues ; tellement que bien loin de voir d'un bout à l'autre, on ne sauroit du milieu en voir les bouts, ni deux cens pas devant soi. Ces rues sont aussi entrecoupées par des Bazars ou Marchez couverts. Le pis est qu'elles ne sont point pavées non plus que les rues des autres Villes de Perse. Mais comme d'un côté l'air y est sec & que de l'autre chacun arrose devant sa porte matin & soir, il n'y a ni tant de crote ni tant de poussière qu'en nos Pays, mais il y a trois autres incommoditez assez considerables. L'une des rues étant voutées & creuses à cause des canaux souterrains qui passent par tous les endroits de la Ville, il y arrive quelquefois des écroulemens, où les gens qui vont à cheval courent risque de se rompre le cou. L'autre qu'il y a dans les Rues des puits à fleur de terre où l'on court le même risque, si l'on ne regarde bien devant soi. La troisième incommodité qui est fort désagréable, c'est que les égouts des maisons sont tous dans les Rues sous le mur de l'édifice dans de grands trous où l'on jette toutes les ordures du Logis & qui quelquefois servent de lieux communs. Cependant les Rues n'en sont point empuanties, soit à cause que la sécheresse de l'air l'empêche, soit à cause que ces égouts sont nétoyés tous les jours par les paysans qui apportent les fruits & les autres denrées à la Ville, & qui au retour chargent leurs bêtes de ces ordures-là, pour fumer leurs Jardins.

La construction d'Ispahan est fort irreguliere. De quelque côté qu'on la regarde elle paroit comme un bois, où l'on ne peut discerner que quelques dômes, avec des Tourelles fort hautes qui y sont attachées & qui servent de Clochers aux Mahometans.

La Ville d'Ispahan est divisée en deux quartiers ; l'un nommé JOUBARÉ-NEAMET-OLAHI qui regarde l'Orient ; & l'autre nommé DEREDECHTE-HEYDERI, qui regarde l'Occident. Elle a huit portes, mais qui ne se ferment jamais, quoique les battans qui sont couverts de Lames de Fer sont toujours bien entretenus. Elle en avoit autrefois douze : diverses superstitions en ont fait fermer & murer quatre. De ces huit portes qui restent quatre regardent l'Orient & le Midi ; savoir 1. Celle de *Hassen-Abad* ; 2. Celle de *Joubaré* qu'on nomme aussi la porte d'Abas ; 3. Celle de *Kerron* ; 4. Celle de *Seidahmedion* ; & quatre font face à l'Occident & au Septentrion ; 5. La Porte Imperiale ou *Dervaze Deulet*, comme ils parlent ; 6. La Porte de *Lombon*, la Porte de *Tokchi*, & la Porte de DEREDECHTE ; il y a encore six fausses portes ou ouvertures dont la plupart n'ont point de nom. Ces deux quartiers entre lesquels la Ville est divisée sont proprement deux Factions qui engagent avec elles les Fauxbourgs & le territoire de la Ville. Le quartier de *Joubaré* renferme tout ce qu'il y a du côté Oriental de la porte de Tokchi. Le Quartier de *Deredechte* renferme le reste. On dit que les noms de *Heyder*, & de *Neamet Olahi*, que portent les deux moitiez d'Ispahan, sont les noms des deux Princes qui mirent autrefois le peuple Persan en deux partis. D'autres disent que deux Villages voisins étoient ennemis & partagez parce que l'un tenoit pour une secte & l'autre pour une autre ; & que s'étant agrandis & joints il s'en est formé la Ville d'Ispahan, où cette ancienne animosité subsiste si bien que les deux partis en viennent souvent à de vrais combats, à coups de batons & de pierres ; & il y en a toujours quelques-uns qui restent sur le Champ de Bataille & beaucoup de blessez.

Pour l'intelligence de la Description qui suit, il faut savoir que le mot de *Bazar* signifie marché & qu'on appelle ainsi de grandes Rues couvertes où il n'y a que des Boutiques. Les plus spacieux sont larges de quatorze à quinze pas. Il y en a de très-beaux. La plupart sont bâtis de briques, couverts en voute ; quelques-uns sont couverts de Domes. Le jour y entre par de grands Soupiraux qui sont à la couverture & par les Rues de traverse. On peut ainsi en tout temps traverser Ispahan d'un bout à l'autre à pied sec, & à couvert. Ce qu'il y a d'incommode, c'est que dans le grand nombre de ces Bazars, on en rencontre de si étroits, que l'on a bien de la peine à y passer à cause de la foule des gens qui s'y trouvent toujours. Venons maintenant à la Description du Sr. Chardin que nous abregeons.

J'entrerai, dit-il [a], dans la Description de la Ville par les quatre portes qui font face à l'Orient en rapportant ce qu'il y a de plus remarquable entre ces portes & la grande place Royale ; & je commencerai par la porte de Hassen-Abad en tournant premierement de l'Occident à l'Orient & puis de l'Occident au Septentrion.

A vingt pas de cette porte on trouve deux Rues qui aboutissent à un grand College. L'une est appelée la rue du *Mouchi el Memalec*, c'est-à-dire, du Secretaire d'Etat ; parce qu'un côté entier de cette rue a été bâti par *Mirza Rezi* qui avoit cette dignité : c'étoit un grand Cimetiere au siécle passé, mais le peuple se multipliant à Ispahan le Roi le donna à ce Seigneur pour y bâtir. [b] Il y a fait construire un Bazar, un Caravanserai, une Mosquée, un Bain, & une Maison de Caffé. [c] Son Hôtel est assez petit, mais fort propre & fort égayé de Peintures & d'Inscriptions. [d] Delà on entre dans une de ces grandes rues couvertes qu'on appelle Bazar, qui mene droit à la place Royale, en allant d'Occident en Orient. A moitié chemin sur la gauche est un large Palais qu'on nomme le Palais de *Saroutaki* premier Ministre de deux Rois de Perse, Sephi I. & Abas II. [e] C'est le Logement des *Daroga*, ou Gouverneurs de la Ville à qui on l'a affecté. [f] Joignant ce Palais il y a une petite Mosquée & de l'autre côté de la rue un peu plus haut est le tombeau de Cha-Ahmed, un des douze fils d'Iman Mouza-Cazem qui est un des douze premiers Califes qui pouvoient succeder legitimement à Mahomet, selon

[a] T.S. p.14.

[b] p.15.
[c] p.17.
[d] p.20.

[e] p.32.

[f] p.33.

lon les Persans. Au delà de ce tombeau on trouve un grand College qui a quarante chambres. On l'appelle le College des *Anes*; terme de mépris par lequel on designe les Arabes qui comme les Grecs, après avoir été les maîtres des Sciences, sont devenus des peuples très-ignorans. ᵃ Tirant vers la place Royale on trouve sur la gauche un des beaux Caravanserais d'Ispahan. C'est un grand bâtiment quarré à double étage, chacun de quelque vingt pieds de haut, & de quelque soixante dix toises de Diametre. On y entre par un Portique assez long, sous lequel il y a des Boutiques d'un & d'autre côté. Chaque face a vingt-quatre logemens en bas, & autant en haut, comme un dortoir de Couvent, au milieu desquels il y en a un plus grand que les autres, bâti sous un haut Portique semblable à celui où est l'entrée, lequel est fait en demi-dôme, plat sur le devant, orné de Mosaïque. Les chambres d'en bas sont le long d'une Galerie, ou Relais, ou Parapet, comme on voudra l'appeller, haut de terre d'environ cinq pieds, & profond de dix-huit à vingt pieds, large de quinze à seize, & élevée de deux doigts sur la Gallerie. Les Persans appellent ces Galleries, ou rebords de pierre, qui regnent autour des Caravanserais, *Maatab*, c'est-à-dire, place de la Lune, parce que c'est où on couche environ huit mois de l'année, pour être plus fraichement, & où on prend le frais à l'ombre durant le jour. Chaque chambre a de plus une place sur le devant, de la largeur de la chambre même, profonde de la moitié, & couverte d'une arcade. Les chambres d'enhaut ont chacune une antichambre, & un Balcon, & c'est d'ordinaire, où les Marchands logent avec leurs femmes, lorsqu'ils en ménent, le bas étage leur servant communément de Boutique, ou de Magazin: sur le derriere du Caravanserai, il y a encore de grands Magazins. Au milieu de la cour, qui est fort bien pavée, il y a un grand Bassin d'eau, avec un jet, & des Puits aux coins. C'est-là à peu près la structure & la forme de tous les grands Caravanserais d'Ispahan, qui sont bâtis de pierre ou de brique, si ce n'est que les uns ont un grand Relais quarré de quatre à cinq pieds de hauteur au milieu de la cour, au lieu de Bassin d'eau. Les logemens qui sont séparez l'un de l'autre par un mur de deux à trois pieds d'épaisseur, consistent en une anti-chambre de quelque huit pieds de profondeur, toute ouverte par devant, avec une cheminée à côté pratiquée dans le mur de séparation, & en une chambre qui est de moitié, ou d'une fois plus profonde que l'antichambre, dont la cheminée est au fond, ou à côté. Les chambres ont toutes leurs Portes, quoiqu'assez foibles, mais elles n'ont point de fenêtres, recevant le jour par la Porte & non autrement, ce qui rend le logement incommode. Derriere le Caravanserai, & tout autour, sont des Ecuries, & dans quelques-uns, il y a un côté des Ecuries accommodé en arcades, de quatre pieds de hauteur, avec des cheminées d'espace en espace, pour placer commodement les Pallefreniers & les autres valets, & pour faire la cuisine. Il ne demeure d'ordinaire dans ces grands Caravanserais que

des Marchands en Magazin. Celui dont je viens de faire la description rend seize mille livres par an au Proprietaire. On nomme ce Caravanserai *Mac-Soud-Assar*, c'est-à-dire, le Caravanserai de *Mac-Soud* l'huillier, parce qu'il a été bâti du temps d'Abas le Grand, par un Epicier qui avoit fait sa Boutique vis-à-vis, laquelle subsiste encore. ᵇ Proche de ce Caravanserai il y en a un autre appellé d'abord Caravanserai des gens de Nachchivan qui est une Ville d'Armenie, & depuis le Caravanserai des vendeurs de Ris, parce qu'on y en vendoit en gros. A present c'est un Magazin de Cotton.

Prenant delà à gauche, on arrive aux ruës qui sont derriere la grande Mosquée, & l'on trouve en chemin le Palais de *Mirzachefi*, chef des Astrologues: celui du *Nazir* à present en charge: celui du chef des cuisines, c'est ainsi qu'ils appellent le premier Maître l'Hôtel du Roi, parce qu'il est préposé principalement sur la cuisine, & celui de Mahamed Alybec, qui étoit Grand Maître d'hôtel sous les Rois Abas premier, Sefi premier, & Abas second; ce qu'on remarque comme un bonheur extraordinaire, parce que la fortune est plus changeante en Perse que dans un autre Pays. Après, on entre dans une grande place appellée *Embargoulemon*, c'est-à-dire, le Magazin des Esclaves, par la raison que c'est le Magazin des denrées comestibles & combustibles, qu'on débite aux Ouvriers, & aux Officiers du Roi qui ont pension & bouche à cour. Plus loin il y a une grande place, qu'on appelle le marché de *Lelebec*, du nom d'un Seigneur qui ayant été Marchand longues années, devint Sur-Intendant des Bâtimens. Il en a fait construire plusieurs pour le Roi à Ispahan, en Hyrcanie, & en d'autres lieux.

Le *Serrail* est à main gauche, & quand on a fait mille pas le long de ses murs, on parvient à la Porte qui est la plus fréquentée de toutes celles de ce Palais, qu'on appelle la *Porte des Cuisines*, parce que les Cuisines sont de l'autre côté, un peu plus bas.

Joignant cette porte, il y a un bain fort grand & fort beau, qu'on appelle le *Bain Royal*. Le grand Abas le fit bâtir, & il ordonna que le public s'en serviroit certains jours de la Semaine. Les Eunuques, les Huissiers, & les Gardes du Serrail y vont tous, & il y a une Porte qui y méne de dedans le Palais. Vis-à-vis, est le Gebbé Khané, ou Maison des Armes. Le Roi de Perse entretient un grand nombre de Maîtres de toute sorte de Métiers. Chaque Métier a son attelier particulier & propre, dont les ouvriers dépendent, & où ils ont chacun leur Boutique pour travailler, à moins que par faveur on n'obtienne la permission de travailler à part, chez soi, ou ailleurs. Ces lieux s'appellent *Karkane* en Persan, c'est-à-dire, Maison d'ouvrage, & chacune a son nom particulier pris du métier qu'on y exerce; comme par exemple, la maison dont je parle, qui est appellée Maison des Armes, parce que les Armuriers gagez du Roi y ont leurs Boutiques. Chacune de ces Maisons d'ouvrage est sous la direction d'un Intendant qu'on appelle Chef du métier qui s'y fait; d'un Syndic, qui est le plus ancien ouvrier de la la maison; d'un Intendant, qu'on appelle *Mothref*, ou Ecrivain, parce qu'il tient compte des ouvriers, & des ouvrages, donnant les matieres par compte, & les recevant de même, & d'un Huissier.

Le Roi a trente-deux *Maisons d'ouvrages*, ou Atteliers, en chacun desquels il y a bien cent cinquante Artisans; toutefois aux uns plus, & aux autres moins. Les Peintres, par exemple, n'étoient de mon temps que soixante-douze, & les Tailleurs étoient cent quatre-vingt. Autrefois, il y avoit encore plus d'Atteliers. On a retranché entr'autres, les Teinturiers & les Ouvriers en soye. On donne la toile à teindre & à peindre à la Ville, & l'on en paye la façon. On donne de même la soye & le fil trait pour toutes sortes d'étoffes, de brocard & de tapis, & l'on en paye aussi la façon à un taux toûjours égal. On fait faire les tapis à la Campagne par des Ouvriers qui ont des terres du Roi, dont ils payent la rente de la façon des tapis. Un Officier, qu'on appelle *Erbad Tahvil*, comme qui diroit Seigneur de la Mise, ou de l'emplette, est le Directeur Général de toutes ces Maisons d'ouvrage, & des Intendans de ce qui se fait pour le Roi en Ville, & à la Campagne, comme je viens de le dire, & le *Nazir*, qui est le Chef suprême de tous les biens du Roi, en est le Surintendant. Il en fait la revûe une fois l'année, & d'ordinaire c'est l'été, ensuite il fait dresser l'expédition pour le payement des Ouvriers. On ne peut dire au vrai la dépense de ces trente-deux Maisons. Je l'ai recherchée avec grand soin; ce que j'en ai pû trouver de plus sûr, est que cela va à cinq millions. Quoiqu'il en soit, cette dépense est tout à fait Royale, & digne d'un Grand Monarque. Il y a des ouvriers qui ont huit cens écus de gages & leur nourriture. Il y en a d'autres qui n'ont que soixante & dix, & quatre-vingt francs, sans nourriture. C'est la coûtume qu'on hausse les gages, ou qu'on fasse un présent aux Ouvriers tous les trois ans, ce qui dépend pourtant de la générosité du Prince, du naturel du premier Ministre, & de la bonne intention du *Nazir*, ou Surintendant Général; car il faut que tout cela y concoure, & ce présent vaut toûjours autant qu'une année de gages. On accorde la même grace à tous ceux qui ont fait quelque ouvrage pour le Roi, qu'on trouve bien fait, ou dont il est content, & à ceux qui font un présent au Roi de quelque piéce excellente de leur Art. La nourriture se donne, ou par plat, ou par demi-plat, ou par quart de plat, & s'appelle *Giré*, c'est-à-dire, un ordinaire. C'est un tant de chaque chose nécessaire à la vie. Un plat peut nourrir aisément six à sept personnes, & vaut, quand les vivres sont chers, huit à neuf cens livres par an. On a la liberté de prendre les denrées en nature ou la valeur en argent. Chaque Ouvrier reçoit en entrant en service un Acte ou Brevet enregistré dans toutes les chambres des Comptes, & authentiqué du sceau du Roi, & de ceux de ses Ministres, & particulierement du Grand Maître. On lui paye ses gages du jour de son entrée au service, jusqu'au jour que l'année recommence à son attelier, & après on le paye d'an en an avec ses Camarades. Ce qu'il y a de magnifique & de très-louable dans cet établissement, c'est que ces ouvriers sont entretenus toute leur vie sans qu'on les casse jamais, & que quand la maladie, ou quelqu'autre accident en réduit quelqu'un à ne pouvoir travailler, non seulement on ne lui diminue rien de ses apointemens; mais même par une merveilleuse humanité, le *Nazir*, ou Grand Maître, sur la moindre Requête, qu'on lui présente en faveur du malade, le recommande au Medecin, & à l'Apotiquaire de la Cour, avec quoi il est traité sans qu'il lui en coûte rien. On presse si peu au travail les Ouvriers du Roi, qu'ils peuvent faire toûjours quatre fois plus d'ouvrage pour eux-mêmes. Ils travaillent tous aussi pour quiconque les employe. Ces Corps d'Ouvriers sont obligez de suivre la Cour; & pour cela, lorsqu'elle est en voyage, on fournit à chaque attelier tant de chameaux pour leur service. On donne aussi des chevaux aux Ouvriers qui en demandent, & à plusieurs on donne pareillement l'entretien des chevaux soit en argent, soit en orge, & en paille. Ceux qui aiment mieux demeurer chez eux que de suivre la Cour, en obtiennent aisément la permission, sur tout les Ouvriers étrangers; & pour ceux qu'on oblige de la suivre, ils obtiennent congé au bout de six mois, ou d'un an au plus, d'en aller passer autant dans leur Maison. Les fils des Ouvriers sont reçûs en service, quelquefois de l'âge de douze ou quinze ans, & quand le Pere meurt, on donne ses appointemens à son fils, s'il est de même métier.

Les Horlogers Européans n'ont point d'attelier particulier : Ils sont du Corps des Armuriers; mais comme ils sont un bon nombre, on en a mis une partie dans une Place, qui est joignant le derriere du Palais Royal, nommée *Tcharhaous*, c'est-à-dire, quatre Bassins.

A cent pas de-là, on entre dans la Place Royale, ou *Maindan-chae*, comme les Persans l'appellent. C'est une des plus belles places du monde.

Le Corps de la Place est un quarré long de quatre cens quarante pas, sur cent-soixante de large, enfermé par un Canal bâti de brique, enduite d'un plâtre, qu'ils appellent *Ahac-sia*, ou chaux noire, qui est plus dur que la pierre. Ce Canal est large de six pieds, avec des rebords de pierre noire reluisante, élevez d'un pied sur le rez de chaussée, & si larges que quatre hommes de front s'y peuvent aisément promener. Entre ce Canal & les Maisons dont la Place est environnée, il y a un espace de vingt pas de largeur, terminé par un rebord de pierre de la hauteur du Canal, mais pas si large, qui marque le pied des Maisons. Le tour de la Place en contient deux cens, toutes au niveau, & toutes de même structure, comme on le peut voir dans les figures, en sorte qu'il n'y a rien de plus régulier. Chaque Maison qui a de face seize pieds de Roi, est double. Le bas contient deux Boutiques, dont l'une ouvre sur la Place en dedans, & l'autre sur le Bazar, qui regne tout autour de cette Place en dehors, & qui est un des plus larges d'Ispahan. Le haut contient quatre petites cham-

E e

chambres, deux sur la Place & deux sur le derriere. Celles de la Place ont chacune un petit Balcon, dont le Balustre est de briques à jour, enduit de plâtre, le tout peint de rouge & de vert, & fort agréable à la vûë. Ces Maisons sont couvertes en terrasse, au niveau de la couverture du Bazar. Durant l'Eté, on prend le frais sur ces terrasses, chacun devant sa Maison.

Ce tour de Maisons de la Place est entrecoupé par les grands édifices qu'on voit dans le plan, qui sont le Portail du Palais Royal, & la Porte du Serrail à l'Occident : la Mosquée du Cédre vis-à-vis, & un Pavillon de Machines qu'on appelle l'Horlogerie : la Mosquée Royale au bout Meridional de la Place, & le Marché Imperial à l'autre bout. Je ferai la Description de ces grands édifices, après après avoir achevé celle de la Place. Elle a douze entrées principales, & plusieurs petites : Le centre en est marqué par un grand Mât, haut de quelques six-vingts pieds, qui sert à tirer à la tasse, comme cela se fait ordinairement dans les solemnitez. Aux bouts de la Place à trente-cinq pas du Canal, il y a deux grosses Colomnes de Marbre de huit pieds de hauteur, distantes de quinze pas, qui servent de passe pour l'exercice du Mail à cheval, tous les exercices des Persans se font à cheval, comme ceux des Parthes leurs ancêtres, & tout le monde parmi eux va à cheval, aussi bien les femmes que les hommes ; ce qui fait voir qu'en Orient, les tems, ni la Religion, n'apportent point de changement dans les principales habitudes & les inclinations naturelles.

La Mosquée Royale & le Marché Imperial, qui marquent les bouts de la Place, forment une grande demi-lune de la maniere qu'on peut le voir dans le plan, ayant au devant un Bassin d'eau de soixante & dix pas de tour, & de dix pieds de profondeur, fait à Angles, dont les rebords sont de Porphyre. Comme la fraicheur est la plus douce volupté des Pays chauds, on y conduit & on y entretient l'eau par tout, tant qu'on peut. Il y a autour de ces magnifiques édifices des Echafaudages de Perches minces qui montent jusqu'au haut, & qui sont faits pour porter de petites lampes de terre, dont on fait les illuminations dans les réjouïssances publiques. Les Maisons de la Place en sont toutes couvertes sur le devant, depuis le premier étage jusqu'à la Terrasse. Il y en a bien six vingt à chaque arcade. Ces lampes sont toutes si petites, qu'on ne s'en apperçoit pas à moins que d'y prendre bien garde ; mais quand elles sont allumées, c'est la plus belle illumination du monde : Car ces lampes montent toutes ensemble à environ cinquante mille. Abas le Grand aimoit fort ce pompeux spectacle, & il s'en donnoit souvent le plaisir, comme on le peut voir dans Pietro della Valle. Son Successeur, Sefi premier, s'en soucioit beaucoup moins, & les deux Rois derniers moins encore, Abas second & Soliman IV. n'ont gueres fait faire de ces illuminations que pour en régaler de grands Ambassadeurs.

Le long du Portail du Palais, à cent dix pas de chaque côté, regne une balustrade de bois peint, qui enferme cent dix pieces de Canon de fonte verte, la plûpart étant de petites pieces de Campagne, excepté les deux pieces les plus proches du Portail, qui sont de fort gros mortiers. Les Persans les appellent des chameaux. Ces pieces qui sont toutes bien montées sur leurs affuts, sont marquées aux armes d'Espagne, & ce sont des dépoüilles de la Forteresse d'Ormus, où les Persans trouverent tant d'Artillerie, qu'ils en ont transporté dans toutes les parties de leur Empire. Au coin de la Porte du Serrail, il y a deux bases de Colomnes, faites de Marbre, d'ouvrage excellent & fort antique, qui sont des pieces tirées des ruines de Persepolis ; & au côté du Marché Imperial, il y a tout en haut deux grandes Galleries couvertes, qu'on appelle *Nakare Khone*, c'est-à-dire, Maison des Instrumens de Musique, où vers la brune & à minuit, on fait retentir de longues trompettes, & de grosses tymbales, qui ont trois fois plus de diamétre que les nôtres, & qui font un furieux bruit.

J'oubliois à dire que le tour de la Place, entre le Canal & les Maisons, est garni de Platanes, qui est un arbre qui jette ses branches fort haut, ce qui fait que les Maisons en sont couvertes comme d'un parasol, sans en être cachées. Cela augmente considerablement la beauté de la Place, laquelle en Eté, & surtout quand il n'y a rien d'étalé, qu'elle est arrosée, & que l'eau court dans le Canal jusqu'aux bords, est, à ce que je crois, la plus belle Place du monde, & où la promenade est la plus agréable ; car il y a toûjours quelque endroit où l'on se peut retirer à l'ombre. Cette grande Place se vuide dans les Fêtes & dans les Solemnitez, comme aux Audiences des Ambassadeurs, mais en d'autres temps elle est pleine de Quincaliers, de Fripiers, de Revendeurs, de petits Artisans, en un mot d'une infinité de petites Boutiques, où l'on trouve les denrées les plus communes & les plus nécessaires. Ces Marchands étalent à terre sur une nate, ou sur un tapis, se couvrant d'un parasol de natte, ou de laine, qui pirouette à leur gré sur un haut pivot. Ils n'emportent jamais leurs Marchandises de la Place, mais ils l'enferment la nuit dans des coffres qu'ils attachent l'un à l'autre, ou bien ils en font des ballots legerement attachez ensemble par une grosse corde, qui passe à l'entour, & ils laissent tomber dessus leur petit Pavillon, & s'en vont sans laisser personne à la garde. Cependant il n'en arrive jamais d'accident, par la severe justice qu'on fait des voleurs en ce pays-là. Les Gardes du Chevalier du Guet y passent de tems en tems durant la nuit, & comme leur Maître est caution de tout ce qui se perd la nuit, c'est proprement à eux d'en répondre, parce que c'est à eux qu'il s'en prend. Le soir on voit dans cette Place des Charlatans, des Marionnettes, des Joüeurs de Gobelets, des Conteurs de Romans, en vers & en prose, des Prédicateurs même, & enfin des tentes pleines de femmes débauchées, où l'on va en choisir à son gré. Abas second avoit défendu toutes ces Boutiques quatre ans avant sa mort, sur ce que l'envie lui ayant pris un jour de passer au travers de la Place, sans en avoir averti la veille, il y trouva une telle foule & un tel embarras, causé par

par tout cet étalage, que ſes Gardes & ſon train ne lui pouvoient faire faire place; mais étant parti peu après pour l'Hyrcanie, il donna permiſſion d'en faire un Marché comme auparavant, à cauſe du profit qu'on en tire; car cette Place rend par jour environ cent francs, qu'on léve ſur tous ceux qui y étalent, quoiqu'il y ait des Boutiques qui ne donnent qu'un ſol par jour. Cette rente appartient à l'Egliſe. On la léve journellement, ou tout au plus par Semaine, parce qu'on ne ſe fie pas à tout ce menu Peuple qui y fait ſon trafic. Chaque ſorte d'art & chaque ſorte de denrée y a ſon Quartier à part, & les gens du Pays ſavent où y trouver chaque choſe, comme dans les autres lieux de la Ville. On dit que du tems d'Abas le Grand & de ſon Succeſſeur, la Place donnoit de rente cinquante Ecus par jour. Je crois qu'il ne ſera pas mal à propos d'entrer un peu plus dans le détail de ce grand Marché, qui eſt le plus univerſel que j'aye vû, & une vraye foire. Abas le Grand marqua l'endroit où ſe vendroit chaque denrée. D'abord on trouve près de la Moſquée Royale, le Marché aux Anes, & au gros Bétail, & à côté celui aux chevaux, aux chameaux & aux Mules. Ce Marché ne ſe tient que le matin, l'après-midi ce ſont les Menuiſiers, & les Charpentiers, qui étalent à la même place. Ils vendent entr'autres choſes tout ce qu'il faut de charpenterie & de menuiſerie pour une Maiſon, des portes, des fenêtres, des goutieres, des ſerrures de bois, avec des clefs de bois ou de fer. Après, on trouve une Poullaillerie; enſuite les Vendeurs de fruits ſecs, dont il y a de beaucoup de ſortes en Perſe: puis les Vendeurs de Cotton filé; après des Quincaliers, & des Cordiers, qui débitent des Licols & des Harnois de revente; après ce trouvent les Vendeurs de bonnets fourrez; les Vendeurs de gros feutres, pour couvrir les chevaux & les autres montures: les Vendeurs de Harnois neufs; les fourreurs, qui ſont ſéparez en deux Quartiers, celui des Mahometans & celui des Chrétiens: c'eſt parce que les Perſans tiennent dans leur Religion que la laine entre toutes les autres choſes contracte de l'impureté en paſſant par la main des Infidéles, parce qu'elle s'imbibe à la maniere d'une éponge de ce qui tranſpire continuellement du Corps: ainſi il ne faut pas que les Mahométans puiſſent ſe méprendre, en achetant de ces Marchandiſes-là de la main des Chrétiens ſans le ſavoir. Enſuite on trouve les Marchez de gros Cuir, & ceux de Cuir fin; les Fripiers de groſſes hardes; les Vendeurs de groſſes toiles; les batteurs de Cotton pour la doublure des habits, les Chaudronniers, les Changeurs, leſquels ſont ſur de petits établis de trois à quatre pieds en quarré, ayant de petits Coffres de fer à côté d'eux, & un Cuir au devant pour compter; les Médecins, qui ont leur étalage ſur de petits échafauts ſemblables. Le bout de la Place eſt occupé par des Vendeurs de fruits & de légumes, par des Bouchers, & par des Cuiſiniers à juſte prix. Il y en a qui portent vendre le manger, & des fruitiers auſſi qui portent vendre le melon en pièces, & en donnent pour ce qu'on veut, juſqu'à un denier. Enfin, il y a parmi tout cela des revendeurs, chargez de toute ſorte de nippes, qu'ils offrent à tous les paſſans. Il faut obſerver encore, qu'entre le Canal & les Galleries, il y a des Artiſans étalez, qui ſont & qui raccomodent les mêmes Ouvrages qui ſe vendent dans la Place, à l'oppoſite de leurs Boutiques.

Voilà l'aſpect du dedans de la Place. Il faut préſentement décrire les grands Edifices qui ſont bâtis deſſus, comme je l'ai dit, & qui en font le plus bel ornement, ſavoir la *Moſquée Royale*, & la *Moſquée du grand Pontife*, le *Pavillon de l'Horloge*, & le *Marché Imperial*; car pour le Pavillon qui eſt ſur le grand Portail du Palais Royal, il entrera dans la Deſcription de ce Palais.

La *Moſquée Royale* eſt ſituée au Midi, ayant au devant un Parvis en Polygone. La face de l'édifice eſt Pentagone, & vous y voiez des deux côtez un baluſtre de pierre polie, à hauteur d'appui, qui s'étend juſques vis-à-vis de l'entrée. Les deux premieres faces ſont ouvertes en Arcade, qui donnent ſous les Bazars, & elles ſont traverſées d'une chaine, pour empêcher les chevaux d'y paſſer. Les deux autres au-deſſus ſont de grandes Boutiques d'Apotiquaires & de Médecins; car à préſent en Orient, comme autrefois en Gréce, la plûpart des Médecins ſont auſſi Apotiquaires & Droguiſtes, & vendent les Drogues, comme je l'ai obſervé. Les étages ſuperieurs, qui ſont à quelque vingt pieds du bas, ont des Galleries qui reſſemblent à des Balcons. La face intérieure, qui forme le Portail, eſt en demi-lune, enfoncée de treize pieds environ, fort élevée, & toute revêtuë de Jaſpe du rez de chauſſée à dix pieds en haut, avec des Perrons de même ouvrage. L'ornement en eſt merveilleux & inconnu dans nôtre Architecture Européane: ce ſont des Niches de mille figures, où l'or & l'azur ſe trouvent en abondance, avec de la Parqueterie faite de carreaux d'émail & une Friſe plate autour, de même matiere, qui porte des paſſages de l'Alcoran, en lettres proportionnées à la hauteur de l'édifice. Ce Portail eſt orné d'une Gallerie comme celle des côtez. Les linteaux ſont de Jaſpe. La Porte eſt de quelque douze pieds de large, fermée de deux valves, ou battans, revêtus de lames d'argent maſſif, couvertes de larges pièces de rapport à jour, ciſelé & doré, fort maſſives. Joignant le Portail, en dedans, il y a deux hautes Eguilles, ou Tourelles, avec des Loges ou Galleries, couvertes au-deſſus des Chapiteaux, le tout de même ouvrage que le contour du Portail.

En entrant par ce beau Portail, on détourne tant ſoit peu vers l'Occident, & ayant fait quinze pas, on trouve au milieu un beau Baſſin de Jaſpe, à Godrons, de ſix pieds de diametre, ſoutenu ſur un pied d'eſtal de même matiere, de huit pieds de haut, avec des marches. C'eſt pour donner à boire aux paſſans; car dans les Pays où l'on eſt ſouvent altéré, & où l'on ne boit que de l'eau, c'eſt une des charitez les plus ordinaires, & qu'on croit les plus méritoires, que de donner à boire aux paſſans; & c'eſt pour cela, que dans toutes les bonnes Villes, on trouve non-ſeulement de grandes urnes de terre pleines d'eau, à divers coins de ruë; mais qu'auſſi il y a des hom-

hommes gagez, qu'ils appellent *Sacah*, ou porteurs d'eau, qui vont dans les ruës, sur tout en été, un gros outre plein d'eau sur le dos, & une tasse à la main, présentans à boire à tous les passans.

En tirant de ce Bassin, vers le Corps de la Mosquée, par une Allée découverte, qui va en élargissant, & qui est formée de quatre grands Portiques de chaque côté en Arcades, on entre dans une spacieuse Cour de quatre vingt-quatorze pas de profondeur, & de soixante & dix-huit de largeur, qui a au milieu un Bassin à bords de Jaspe de vingt-six pas en quarré, & qui est terminée par cinq grands Portiques en Arcades, couverts chacun d'un comble rond supporté par de gros pilastres ; le Portique du milieu étant de vingt-six pas de large, ceux des côtez de quinze pas chacun, & les deux autres de dix chacun. Le Portique du milieu est profond de soixante pas. Son Dôme, surmonté d'un Croissant doré, est un des beaux morceaux de l'Architecture moderne des Persans. Il est si haut qu'on le voit de quatre grandes lieuës, en venant de Cachan. Ce vaste Portique qui est comme le Chœur du Temple, est séparé en deux parties inégales, l'une de quarante pas, l'autre de seize, par un mur de dix pieds de haut, qui cependant ne paroît pas plus haut qu'un Balustre, à cause de la hauteur du Portique. Il y a au milieu de ce mur une large Porte qui méne dans l'interieur du Portique. La partie antérieure, qui a quarante-quatre pas de profondeur, comme je l'ai dit, & qui est élevée de deux marches au-dessus de l'autre, est revêtuë de Marbre aux côtez. Le fond du Portique est marqué par un entablement de Jaspe, en forme de Porte, incrusté dans le mur, de dix pieds de haut, & de trois de large. Cela s'appelle le *Mahrab* ; & c'est une espéce de Jubé. Il sert aux Mahometans à marquer où il faut tourner le visage & les regards, pour être justement dans le cercle vertical de la Mecque vers laquelle, selon la Doctrine des Mahometans, il faut être tourné en faisant sa priére, sans quoi la priére est vaine & de nul effet, à moins qu'il ne soit impossible de se tourner ou remuer. Il y a de ces Jubez dans toutes les principales Mosquées. Les gens dévots ont toûjours sur eux pour plus de précaution un Cadran & des Tables, pour leur faire connoître plus précisément en tous lieux le Méridien de la Mecque. Mahomet laissoit du commencement ses Disciples se tourner vers Jérusalem en faisant leurs priéres, comme ils faisoient avant son apparition ; mais dans la suite, voulant les séparer davantage d'avec les Juifs qui se tournoient de ce côté-là, & d'avec les Chrétiens qui se tournoient à l'Orient, il leur annonça ces paroles, qui font un verset de l'Alcoran : *tourne ta face vers le S. Temple en faisant tes priéres*. C'est le côté du Midi, c'est ce qu'on appelle communement *Keblak*, c'est-à-dire l'aspect, ou l'objet local du culte. Ce n'est pas que les Mahometans ne croyent comme nous faisons, que Dieu est également proche, & present en tous lieux, mais c'est parce que leur Legislateur leur a commandé d'avoir toûjours les yeux du côté de la Mecque en s'adressant à Dieu, afin de se

mieux souvenir que c'est la premiere Maison qui ait été bâtie à son honneur. Contre le pilastre gauche du Portique, il y a une Chaire de Porphyre, élevée de quatorze marches faite en maniere de Thrône, dont la quatorziéme marche est plus large que la treiziéme, parce qu'elle sert de siége. C'est où l'on prêche en Hyver, ou dans les mauvais tems, car il y a une autre Chaire à l'entrée du Portique, où l'on prêche quand l'air, ou le Soleil le permettent, parce que là on est à découvert. On y fait des Prônes ou Sermons, les jours de culte public, comme le jour du repos, qui est le Vendredi & les Fêtes, & c'est d'ordinaire après la priére de Midi, dans les grandes Mosquées. Il s'en fait aussi ailleurs, mais personne ne se fait un devoir capital d'y assister comme parmi les Chrétiens. Mahomet & ses premiers Successeurs faisoient réguliérement ces Prônes, & c'étoit leur droit de régale incommunicable, c'est qu'ils s'arrogeoient les deux glaives, le spirituel, & le temporel. Ils faisoient premiérement la priére, & puis ils montoient en Chaire pour faire le Prône, où ils annonçoient au Peuple ce qu'ils trouvoient convenable. Les Califes de Bagdad continuerent la même fonction, & jusqu'à la fin de leur regne, on faisoit aussi ce jour-là, dans tout leur Empire, une priére pour eux nommément & pour leur présomptif héritier ou Successeur désigné ; mais quand ce regne eût pris fin, par les Conquêtes des Tartares, cette pratique s'abolit peu-à-peu. Les Princes regnans n'étoient pas Prédicateurs, la fonction de prêcher devint particuliére & propre aux gens d'Eglise, comme cela se pratique aujourd'hui dans tous les Etats Mahométans. Au-dessus du *Mahrab*, ou Jubé, il y a une Armoire faite dans le mur, de trois pieds de haut, & de deux de large, de bois d'Aloës, ornée de lames d'or, & garnie d'or massif jusqu'aux pentures, fermée d'un Cadenat d'or. C'est où l'on garde deux Reliques fort précieuses au Peuple Persan, l'Alcoran écrit de la main d'Iman Réza, il y a plus de mille ans, & la chemise d'Iman Hassein, teinte du sang des blessures dont il mourut. On ne montre jamais cette Relique, & on ne la doit tirer dehors, qu'en cas d'invasion, tel que le Royaume soit en danger ; car alors les Persans assurent que mettant cette chemise au bout d'une pique, & la faisant voir à l'Ennemi, la seule exposition de cette Relique le met surement en déroute.

Les côtez de la Cour consistent chacun en neuf Portiques, celui du milieu plus large & plus haut que les autres ; & joignant cette Cour, il y en a une autre de soixante-quatorze pas de long, & de trente de large, qui a aussi un grand Bassin de Marbre au milieu, & est aussi entourée de beaux & profonds Portiques, élevez de terre de trois pieds & demi. Les Cours & tout le fond de la Mosquée, est construit de grandes & massives pierres, & tout l'ouvrage est revêtu de briques vernissées d'un émail merveilleusement beau & vif d'ouvrage Mosaïque, qui contiennent des passages de l'Alcoran, presqu'en tous les endroits.

L'autre Mosquée qui donne sur la place,

&

& qu'on appelle la Mosquée du grand Pontife, & aussi *Fathé Alla*, comme qui diroit l'ouverture du Ciel, n'est pas si grande à beaucoup près. L'entrée en est pourtant large de vingt pas, & profonde de quinze, faite en demi-lune, composée de Portiques dont les deux premiers touchent le Bazar qui regne autour de la Place. Le bas de l'édifice à la hauteur de sept à huit pieds est revêtu de Tables de Jaspe, tant dedans que dehors, le haut l'est de briques émaillées, comme la grande Mosquée; ce haut consiste en Galleries, en Balcons, en Niches de mille figures. On entre dans l'Eglise par un Perron haut de douze marches, & par une Gallerie voûtée, qui conduit aux Corps de l'édifice, lequel est couvert d'un gros Dôme. A l'entour sont des Cours, avec des Bassins & des Urnes d'eau pour les Purifications. La Chaire en est portative. Le *Mahrab*, qu'on peut appeller en quelque sorte, l'Autel Mahometan, est de Jaspe, supporté par des Pilastres d'émail verd, d'ordre Ionique. Du reste cette Mosquée est sombre & peu fréquentée. Il y a un Palais qui y joint, lequel appartenoit au grand Pontife du tems d'Abas premier & de Sefi premier.

Le *Pavillon de l'Horloge* est un bâtiment jetté hors d'œuvre, qui fut fait pour la récréation d'Abas second à son avenement à la Couronne, un vrai jeu d'Enfant, où d'homme qui n'a rien vû, comme sont les Rois de Perse, à leur avenement à la Couronne. C'est un mouvement d'Horloge, qui fait remuer beaucoup de grandes Marionnettes, des têtes, des bras, & des mains qui sont attachées à des figures peintes contre le mur, & qui tiennent des Instrumens de Musique, des oiseaux & d'autres bêtes de bois peint, & qui carillone à chaque heure du jour. Les Persans regardent cette piéce avec bien plus d'admiration que nous ne regardons l'Horloge de Strasbourg, ou d'Anvers, & comme un Chef-d'œuvre de forces mouvantes, quoique ce soit un méchant carillon, & que les figures soient des plus grossieres.

Le *Marché Imperial*, situé au Nord de la Place, en fait la plus grande & plus belle entrée. J'ai dit qu'il a la forme d'une demi-lune enfoncée, & c'est ce qu'on peut voir dans le plan. Le Portail est un grand demi-Dôme, fait de carreaux de Porcelaine, peints de Moresques de diverses couleurs, où aboutissent deux grands Parapets, ou rebords, qui regnent tout autour de l'édifice, élevez de trois à quatre pieds sur le rez de chaussée, & profonds de quinze à seize, lesquels sont revêtus de Tables de Jaspe & de Porphyre, à quelques coudées de haut, aussi bien que le mur de l'édifice. Ce beau Perron ou rebord, sert pour l'étalage des Jouailliers & des Orfévres qui vendent là des ouvrages d'or, des bijoux, des monnoyes curieuses, & aussi pour des vendeurs de riches hardes qui sont toûjours fournis de quantité de fort beaux habits, & de fort beaux Harnois. Le Portail est peint & on y a représenté une Bataille donnée par Abas le Grand contre les Usbecs, & il y a au-dessus & au dessous des représentations d'Européans qui sont à table le verre à la main, hommes & femmes en posture de débauchez; & tout cela fort mal peint, selon le peu de capacité des Persans dans cet Art. Au haut est une grosse Horloge de trois pieds en quarré, laquelle est à présent démontée, soit faute d'Horloger pour l'entretenir, soit à cause que toute sorte de sonnerie est abominable aux Persans; à qui la Religion interdit le son des cloches: il y en a pourtant une grosse élevée tout au haut du Portail, & qui en fait la cime; mais elle ne sonne jamais. Elle est du poids d'environ huit à neuf cens livres. Le bord a un liston de lettres moulées, contenant ces mots, *Sancta Maria, ora pro nobis Mulieribus*: ce qui donne lieu de croire que cette cloche étoit à quelque Couvent de Religieuses de la Ville d'Ormus, d'où elle a été apportée. Ormus fut prise peu après qu'on eut bâti cette Place, & Abas le Grand, qui étoit un fin politique, & qui cherchoit à plaire à toutes les Nations, & aux Europeans particulierement, à cause de leur industrie, & de leur riche Commerce, lequel il vouloit attirer en ses Etats, ne se soucioit pas de choquer les devoirs de sa Religion, au prix de gagner le cœur des Peuples, qu'il croyoit utiles à l'enrichissement de son Etat.

Les Persans appellent ce Marché *Kayserié*, du mot de *Kayser*, qui chez eux signifie César, soit qu'ils ayent ainsi changé le nom de César, soit qu'ils ayent pris des Allemans celui de Kayser. Leurs Livres appellent Cesarée *Kayserié*; & Abas le Grand donna ce nom à ce Portail, parce, disoit-il, qu'il l'avoit fait faire sur le modelle d'un Portique de Césarée. Il mene dans le plus grand & le plus somptueux Bazar d'Ispahan, & où l'on vend les plus riches étoffes. Ce Bazar est couvert en voute. Le milieu, qui est un grand rond, couvert d'un Dôme de Moresque fort élevé, de même que la voute du Bazar, donne entrée du côté droit à la Maison de la Monnoye, & de l'autre à un magnifique Caravanserai, appellé le Caravanserai Royal, parce qu'il est du Domaine du Roi. Il est bâti à deux Etages autour d'une spacieuse Cour, & contient plus de cent quarante Chambres. Ces deux édifices ont de grands Portails, de même structure que le Portail Imperial. Celui de la Monnoye est peint d'une representation d'Aly, Successeur de Mahomet, qui délivre une belle personne des mains d'un Lion. On reconnoît ce Héros des Mahometans, tant à son Sabre à deux pointes, qu'au voile verd qui lui couvre le visage. Les Persans couvrent ainsi de verd le visage d'Aly, mais ils couvrent d'un voile blanc celui de tous leurs Prophétes, & de leurs Saints, pour dire que le visage des Saints est incomparable, & qu'on n'en peut representer les traits merveilleux. Faisant quelques pas plus outre, il se trouve entouré de cinq ou six Caravanserais les plus grands & les plus riches de la Ville. On les appelle le Caravanserai de *Mollaien-bec*; le Caravanserai de *l'Ecurie*; le Caravanserai de *Cachan*, qui est une Ville de la Parthide; le Caravanserai du *Peuple de Lar*, qui est une partie de la Caramanie déserte, & ce Caravanserai-ci est rempli de de Droguiſtes en gros. Le dernier s'appelle le Caravanſerai des *Multaniens.* Il eſt ſitué à côté d'un beau Bazar, qui porte ce même nom de Multaniens, qui ſont les Indiens de Multan, la premiere Ville des Indes, du côté de la Forteresse de Candahar, qui eſt ſur la Frontiere de la Perſe, vers le Nord. Tout le Commerce des Indes en Perſe ſe faiſoit communément par-là, avant la navigation des Européans au Sein Perſique.

Après la Deſcription de tout le dedans de la Place, & du Marché Imperial, je viens à celle des *Bazars* qui l'environnent tout à l'entour, où on vend de toute ſorte de denrées, comme on fait dans la Place, mais de plus fines & de plus cheres. Abas le Grand, le Fondateur de cette Place Royale, avoit ordonné les choſes de telle maniere pour la commodité du Commerce, qu'on pût trouver dans la Place même les choſes les plus communes, & les plus rares dans les Bazars qui ſont à l'entour, & que les Ouvriers fuſſent placez entre le Marché & les Bazars. Il avoit ordonné auſſi que les Marchands de mêmes denrées fuſſent tous enſemble à part & par Canton. J'ai déja obſervé pluſieurs fois que ces Bazars ſont des Galleries couvertes. Celles-ci ſont de huit à neuf pas de largeur, fort hautes, couvertes en voute, avec un double rang de Boutiques. Les Boutiques les plus proches de la Moſquée Royale, après les Sales de Caffé, ſont les *Sahefon,* qui ſont des Relieurs de Livres, qui vendent en ce Pays-là ancre, Canifs, Plumes, Papier, écritoires. Ils ont cette coûtume parmi eux de tirer au ſort le Jeudi au ſoir, qui d'eux tous étallera le Vendredi, qui eſt le jour du repos chez les Mahometans. Il n'y a que l'heureux qui ouvre Boutique ce jour-là parce qu'il eſt Fête, & il vend plus en ce jour conſacré, qu'en un mois d'autres, à cauſe du concours du Peuple à la Moſquée.

Enſuite en prenant à gauche vers le Palais Royal, on paſſe le Canton des Bahutiers qui va juſqu'au Coin, où on trouve deux très-grands Caravanſerais, qu'on appelle la *Cuiſine,* parce que l'un contient les Cuiſines du Roi, l'autre la *Boucherie,* où l'on égorge les bêtes, & où ſe tient la poullaillerie pour la Maiſon du Roi, & pour tous ceux à qui le Roi donne des ordinaires. En tirant à droite au ſortir de la Moſquée, on trouve le Quartier des Selliers qui vendent & qui accommodent tous les gros & les menus Harnois, qui ſont fort bien travaillez en Perſe: ce Quartier-là tire juſqu'au coin de la Place, où eſt le beau Caravanſerai de *Macſoud Aſſar,* dont j'ai parlé.

Proche de ce Caravanſerai, il y en a un autre, qu'on appelle des *Vendeurs de Ris,* où les Etrangers de Babylone ont accoûtumé de ſe loger; & de là on paſſe la Gallerie des *Cordiers,* qui eſt terminée par un Caravanſerai, la Gallerie des *Tourneurs,* qui aboutit au Pavillon de l'Horloge, celle des *Batteurs de Cotton,* qui finit à la Moſquée du cedre. On voit à côté de cette Moſquée les entrées de deux grands Caravanſerais nommez de *Gulpegon,* Ville de la Parthide, & des Cardeurs de Cotton; & au bout il y a un Poids Royal pour le Cotton, fondé par Abas le Grand, en faveur des Payſans qui l'aportent vendre: joignant la Moſquée, eſt le Portail du Palais de *Mahamed Megdy,* premier Miniſtre, & du *Cheic-El-Iſlam* ſon frere. Le même Portail ſert pour les deux Palais, & plus avant il y a un grand Collége qui porte le même nom que la Moſquée, ayant été bâti en même tems & par le même Fondateur.

On laiſſe à côté du Collége un paſſage ſous terre qui méne vers la Forteresse, par de petites ruës ſales, dans leſquelles il y a cinq ou ſix Caravanſerais, qui, comme les Maiſons d'alentour, ne ſont habitées que par des femmes débauchées qui ſervent pour le plus commun peuple. Puis on entre dans le Canton des Marchands de Souliers plats & ſans talon. Les ſouliers des hommes & des femmes ſont tout ſemblables en Perſe: il n'y a aucune difference. Au bout on trouve les entrées d'un Bain, & d'un Caravanſerai, qui ſont ſur le derriere, car les Galleries ne ſont interrompuës d'aucun édifice. Après il y a une Gallerie de revendeurs, & enſuite un Portail qui méne à trois Caravanſerais l'un contre l'autre, qui portent le nom d'*Aly Coulikan.* C'eſt où ſe tiennent les plus riches Indiens, qui ſont les Banquiers & les Changeurs de la Perſe. Après, on paſſe le Quartier des faiſeurs de Dentelles, & de Boutons d'or & d'argent, lequel finit à une des grandes avenuës de la Place Royale: celle par où l'on va au Quartier où eſt le *Bureau de la Compagnie Hollandoiſe,* & *l'Hoſpice des Capucins.* Le Palais du fameux *Iman-Coulican* en eſt proche, qui étoit le Généraliſſime des Armées de Perſe ſous Abas le Grand; le principal inſtrument de ſes Conquêtes, & ſon plus ancien Compagnon de guerre.

En continuant d'aller le long de ces Galleries, on trouve celle où d'un côté ſont des *Epiciers,* des *Confituriers,* & des *Droguiſtes,* & de l'autre des revendeurs de riches nippes. Leurs Boutiques aboutiſſent à un Collége, qu'on appelle de *Abdalla,* au delà duquel la Gallerie eſt occupée par des Cuiſiniers qui vendent maigre tous les jours pour qui en veut. L'abſtinence eſt fort connuë & fort pratiquée parmi les Mahometans, comme un remede, mais non pas comme une mortification. Leurs Carêmes & leurs Jeûnes ſe gardent en ne mangeant ni ne bûvant rien du tout, depuis le point du jour juſqu'au Soleil couché; il en eſt de même parmi les Gentils; & pour ce qui eſt des Chrétiens Orientaux, ils ne connoiſſent point la difference qu'on met parmi nous entre abſtinence & jeûne. Lorſqu'ils s'abſtiennent de viande, c'eſt qu'il eſt jour de jeûne, & ce jour-là ils ne mangent ni ne boivent qu'à vêpres, & ils ne mangent rien en général qui ait eû vie, ni qui ſorte d'animal vivant, comme œufs, beurre, fromage & lait. Après ces Cuiſiniers on trouve des Libraires, & enſuite des Fondeurs, au milieu deſquels eſt l'entrée d'un beau Caravanſerai, conſtruit aux dépends de *Sefi Mirza,* fils aîné d'Abas le Grand, celui que ce Prince fit mourir. Il y en a un autre tout proche qui méne au Bazar, où l'on imprime d'or & d'argent, ou de couleurs, les étoffes de ſoye, de même que

que la toile. Cela se fait en Perse fort proprement & si épais, qu'on le prend pour du tissu ou de la broderie. Après on trouve les Vendeurs de Pipes à la Persane, dont le Canton aboutit proche le Marché Impérial, à un endroit où il y a les plus belles & les plus fameuses Maisons à Caffé, de toute la ville. Ce sont de grands Sallons, haut élevez, ouverts de haut en bas, avec des Echaffauds au dedans faits comme les établis des Tailleurs, où l'on est assis & appuyé à l'aise. On trouve ensuite le Canton des Bonnetiers de peaux de Mouton frisées, & de Martre, lequel dure jusqu'au coin de la Gallerie, ou à son Carrefour, comme parlent les Persans, qui appellent les Coins de ruës Carrefours; & allant plus outre, on passe devant les Droguistes, plus par devant les Vendeurs d'arcs & de flèches, après quoi on rencontre l'entrée du Caravansérai Gedd, du nom de la mère de Sefi premier, qui le fit bâtir: c'est un fort grand bâtiment & fort rempli. Il y a des côtez quatre autres Caravansérais plus petits, qui portent le même nom. On les appelle tous cinq aussi *Londra Frouch*, c'est-à-dire Vendeurs de Londres, parce que ce sont les Magazins des principaux Marchands de Drap, qu'on appelle Londres, à cause que c'est des Anglois que les Persans ont eu le premier Drap, & qu'ils continuent de le tirer. Ces Caravansérais sont remplis d'Arméniens, qui font le négoce de Drap plus que les autres, & qui le faisoient seuls jusqu'au regne de Soliman. Il n'y a presque pas un Marchand de cette nation, qui n'ait là son Magazin. Les Vendeurs de bas se tiennent autour du Portail qui sert d'entrée à ces Caravansérais. Les bas sont de Drap en Perse; on n'y en porte point d'autres. Après on trouve la Gallerie des Fourbisseurs, ensuite celle des Vendeurs de souliers de chagrin, & à haut talon, dont les Boutiques s'étendent jusqu'au grand Portail du Palais Royal, autour duquel vous voyez nombre de Mollas, chacun sur un petit tapis, avec un petit pupitre, leur papier & leur écritoire à côté. C'est pour le service des Paysans, & de tous ceux qui ne savent pas écrire qui font faire là leurs comptes, leurs lettres, leurs requêtes. Entre ce Portail & la Porte du Serrail, se tiennent des Orfévres & des Lapidaires, & au-delà des Miroitiers, des Quincailliers, & des Merciers.

* p. 63.

Le Palais Royal est sans doute un des plus grands Palais qui se voye dans une Ville Capitale, car il n'a guères moins d'une lieuë & demie de tour. Le grand Portail donne sur la Place Royale. On l'appelle *Aly Capi*, c'est-à-dire, la *Porte haute*, ou la *Porte sacrée*, & non pas la Porte d'Aly, comme quelques-uns pensent, trompez par la conformité du mot. Elle est toute de Porphyre, & fort exhaussée. Le seuil est aussi de Porphyre de couleur verte, haut de cinq à six poûces, fait & en mi-rond. Les Persans le révèrent comme sacré, & qui marcheroit dessus, seroit puni; il faut donc enjamber par dessus. Toute la Porte même est sacrée. Les gens qui ont reçû quelque grace du Roi vont la baiser, en pompe & ceremonie en mettant pied à terre, & se tenant debout contre, ils prient Dieu à haute voix pour la prospérité du Prince. Le Roi par respect ne la passe jamais à cheval. Au devant à cinq ou six pas du Portail, sont deux grandes Sales, en l'une desquelles le Président du Divan administre la Justice, & expedie les requêtes présentées au Roi, & dans l'autre le Grand-Maître d'Hôtel, qu'on appelle en Perse Chef des Maîtres de la Porte, tient son Bureau public. A côté, il y a deux autres Sales plus petites, qu'on appelle Sales des Gardes, parce qu'elles sont destinées pour un Corps de Gardes; mais la personne du Souverain est si sacrée en Perse, qu'on néglige cette Garde, de sorte qu'il n'y a jamais la personne durant le jour, & ceux qu'on y met en faction la nuit, y dorment dans leurs lits comme dans leur propre Maison, sans fermer non plus le grand Portail, par où chacun entre, & sort comme il veut, sans qu'on crie qui va là, ni qu'Ame vivante y soit au guet. Ce Portail est un asyle sacré & inviolable, & dont il n'y a que le Souverain en personne qui puisse tirer un homme. Tous les Banqueroutiers, & les Malfaiteurs s'y retirent pendant qu'on accommode leurs affaires, les hommes & les femmes à part, dans deux grands Jardins séparez, qui ont chacun un Pavillon contenant une Sale & plusieurs petites chambres, & cabinets à l'entour. Les Mosquées ne sont point des asyles en Perse, ni les autres lieux sacrez. On n'y connoît d'autre asyle que les tombeaux des grands Saints, cette Porte Impériale, les Cuisines, & les Ecuries du Roi, & ces derniers lieux sont des asyles par tout, soit à la ville, soit à la campagne. Le Roi seul n'en peut tirer, où sans ordre spécial; mais quand le Roi donne cet ordre, ce n'est pas directement, mais en défendant de porter à manger au fugitif dans le lieu où il est, & ce qui le réduit enfin à en sortir. Les *Sofis* qui ont la Garde de la Porte Impériale, ont l'intendance de l'asyle, & ils savent bien en tirer du profit. Les Sofis sont les Gardes du Corps du Roi, lorsqu'il sort du Palais, à moins qu'il ne sorte avec ses femmes; car alors, ce sont les Eunuques seulement qui gardent sa personne, de même qu'ils font dans tout le Palais, soit aux lieux où les hommes entrent, soit en ceux où ils n'entrent pas. C'est par une ancienne constitution que les Sofis sont les Gardes de la personne du Roi, & du dehors de son Palais, sans qu'il puisse entrer aucun dans leur Corps, que de leur sang ou de leur race. Ces Sofis ont leur logement dans la grande Allée où conduit le Portail. Ils y ont aussi une petite Mosquée dans laquelle ils s'assemblent tous les Vendredis, qu'on appelle *Taats-Cané*, comme qui diroit Maison de culte, ou d'obéissance. Vis-à-vis de ces Jardins, à main gauche, est le Pavillon qu'on appelle *Talaar Tavileh*, c'est-à-dire le Salon de l'Ecurie, qui est bâti au milieu d'un Jardin, dont les allées sont couvertes de Platanes des plus hauts, & des plus gros qu'on puisse voir. Dans celle du milieu, qui fait face au Salon, il y a de chaque côté neuf Mangeoires de chevaux, auxquelles les jours des solemnités, comme à des Audiences d'Ambassadeurs, on attache avec des chaînes d'or autant de chevaux des plus beaux de l'Ecurie du Roi, couverts & harnachez de Pierreries,

&

& l'on met auprès tous les ustanciles d'écurie, qui sont aussi d'or fin, jusqu'aux cloux & aux marteaux. C'est par cette Allée qu'on fait passer les Ambassadeurs pour aller à l'Audience, & les autres Etrangers de qualité aussi, afin qu'ils voyent cette pompe merveilleuse. Ce Salon de l'Ecurie a cent quatre pas de face, vingt-six de profondeur, & vingt-cinq pieds de hauteur : il est couvert d'un plat-fonds de Mosaïque, assis sur des Colomnes de bois peint & doré ; & il est séparé en trois Sales, dont celle du milieu est élevée de neuf pieds du rez de chaussée, & celles des côtez de trois pieds seulement : les séparations sont faites de chassis de Crystal de Venise de toutes couleurs, & le Salon entier est garni de courtines tout à l'entour, doublées des plus fines Indiennes, qu'on étend du côté du Soleil jusqu'à huit pieds de terre seulement, sans que cela empêche la vûë. Un grand Bassin de marbre avec des jets d'eau à l'entour, & au centre, occupe le milieu de la grande Sale. C'est celle où le successeur d'A-bas second a été couronné.

Quand on passe droit par l'Allée où conduit le Portail, on parvient à un grand Perron, au haut duquel on trouve de grands Corps de Logis de tous côtez, qui sont de ces Magazins du Roi, ou Galleries, qu'on appelle *Karkhone*, c'est-à-dire Maison d'ouvrage, parce qu'on y travaille pour le Roi & pour sa Maison. Celui qui est à droite, renferme la Bibliothéque & les Relieurs de Livres. La Sale de la Bibliothéque est bien petite pour un tel usage, car elle n'a que vingt-deux pas de long, sur douze de large. Les Murs de bas en haut sont percez de Niches de quinze à seize pouces de profondeur, qui servent d'ais. Les livres y sont couchez à plat, les uns sur les autres, en pile, selon leur grandeur, ou leur volume, sans aucune distinction des matieres qu'ils traitent, comme on l'observe si bien dans nos Bibliothéques. Les noms des Auteurs sont écrits pour la plûpart sur la tranche du livre. De grands rideaux doubles, attachez au plat-fonds, couvrent toutes ces niches, en sorte qu'on ne voit pas un livre en entrant dans la Sale, mais seulement ces rideaux, & un double rang de coffres, hauts de quatre pieds, le long des murs, qui sont aussi pleins de livres. Ceux de cette Bibliothéque Royale sont Persans, Arabes, Turquesques, & Cophtes.

a p. 72. ª A côté de ces Magazins des livres & des Relieurs, est le Magazin qu'on appelle la grande Garderobe, parce qu'on y renferme ces habits, ou *Calaat*, comme on les appelle, que le Roi donne pour faire honneur. Elle consiste en plusieurs grandes Sales, les unes où l'on fait les habits, les autres où on les garde ; & en celles-ci, chaque espèce de vétement & celle de chaque prix a sa chambre à part : le Roi donne tous les ans plus de huit mille *Calaat*, & on assure que la dépense en va à plus d'un million d'écus. Tout proche est le Magazin des coffres, & celui qu'on appelle la petite Garderobe, où l'on ne travaille que pour la personne du Roi. Ensuite on trouve le Magazin du Caffé, le Magazin des Pipes, celui des Flambeaux, qu'on appelle la Maison du Suif, parce que la plus commune lumière dont les Persans se servent dans leurs Maisons, est

faite avec des lampes nourries de suif rafiné, lequel est blanc & ferme comme la cire vierge ; suit le Magazin du vin. Comme les Magazins sont presque tous faits d'une même symmetrie, je ferai la description de celui-ci, pour donner une idée de tous les autres. C'est une maniere de Salon haut de six à sept toises, élevé de deux pieds sur le rez de chaussée, construit au milieu d'un Jardin, dont l'entrée est étroite, & cachée par un petit mur bâti au devant, à deux pas de distance, afin qu'on ne puisse pas voir ce qui se fait au dedans. Quand on y est entré, on trouve à la gauche du Salon des Offices, ou Magazins, & à droite une grande Sale. Le Salon qui est couvert en voute, a la forme d'un quarré long, ou d'une croix Grecque, au moyen de deux Portiques, ou Arcades profondes de seize pieds qui sont aux côtez. Le milieu de la Sale est orné d'un grand Bassin d'eau, à bords de Porphyre. Les murailles sont revêtuës de Tables de Jaspe tout à l'entour, à huit pieds de hauteur ; & au dessus, jusqu'au centre de la voûte, on ne voit de toutes parts que niches de mille sortes de figures qui sont remplies de vases de toutes les façons, & de toutes les matieres qu'on sauroit s'imaginer. Il n'y a rien de plus riant & de plus gai que cette infinité de vases, de coupes, de bouteilles de toutes sortes de formes, de façons & de matieres, comme de Crystal, de Cornaline, d'Agathe, d'Onyces, de Jaspe, d'Ambre, de Corail, de Porcelaine, de Pierres fines, d'or, d'argent, d'émail, &c. mêlez l'un parmi l'autre, qui semblent incrustez le long des murs, & qui tiennent si peu, qu'on diroit qu'ils vont tomber de la voûte. Les Offices ou Magazins qu'il y a à côté de cette magnifique Sale, sont remplis de caisses de vin, hautes de quatre pieds, & larges de deux.

Proche de ces Magazins est le plus grand & le plus somptueux Corps de Logis de tout le Palais Royal. On l'appelle *Tchehel-Seton*, c'est-à-dire, les quarante-pilliers, quoiqu'il ne soit supporté que sur dix-huit ; mais c'est la Phrase Persane de mettre le nombre de quarante pour un grand nombre : ainsi ils appellent nos lustres quarante lampes, parce qu'ils ont beaucoup de branches, & le vieux Temple de *Persepolis* quarante Colomnes, quoiqu'il n'y en ait à présent que la moitié. Ce Corps de logis qui est bâti au milieu d'un Jardin, comme les autres, est un Pavillon qui consiste en une Sale élevée de cinq pieds sur le Jardin, large de cinquante-deux pas de face, & de huit de profondeur, à trois étages hauts de deux pieds, l'un sur l'autre, dont le plat-fonds fait d'ouvrage Mosaïque, est porté sur dix-huit pilliers, ou Colomnes de trente pieds de haut, tournées & dorées. Il consiste de plus en deux chambres qui sont à côté, & grandes à proportion, & en une autre Sale, au dos de la grande, de trente pas de face & de quinze pas de profondeur, lambrissée de même que la grande, avec de petits Cabinets aux Coins. Les murs sont revêtus de marbre blanc, peint & doré, jusqu'à moitié de la hauteur, & le reste est fait de chassis de Crystal, de toutes couleurs. Au milieu du Salon, il y a trois Bassins de marbre blanc l'un sur l'autre, qui
vont

vont en diminuant, le premier étant fait en quarré de dix pieds de diametre, & les autres étant de figure octogône. Le Trône du Roi est sur une quatriéme estrade, longue de douze pas, & large de huit. Il y a quatre cheminées dans le Salon, deux à droite & deux à gauche, au-dessus desquelles il y a de grandes peintures qui tiennent tous les côtez, dont l'une représente une Bataille d'Abas le Grand contre les Usbecs, & les trois autres des Fêtes Royales. Les autres endroits sont peints, ou de figures dont la plupart sont lascives, ou de Moresques d'or & d'azur appliquez fort épais. On n'y voit nul vuide, tout est couvert de cette maniere-là. Au haut du Salon, tout à l'entour sont attachez des rideaux de fin coutil, doublez de brocard d'or à fleurs, qu'on tire du côté du Soleil, en les étendant jusqu'à huit pieds de terre comme une tente, ce qui rend le Salon très-frais. On ne sauroit voir de plus pompeuse audience que celle que le Roi de Perse donne dans ce Salon. Le Trône du Roi, qui est comme un petit lit de repos, est garni de quatre gros coussins brodez de perles & de pierreries. De petits Eunuques blancs, merveilleusement beaux, font un demi cercle autour de lui, & quatre ou cinq autres plus grands Eunuques sont derriere, tenant ses armes, tout-à-fait riches & brillantes. Les plus grands Seigneurs de l'Etat sont sur les côtez de l'Estrade où est le Trône. Les Seigneurs inférieurs sont sur la seconde Estrade. La jeune Noblesse & tous ceux qui n'ont pas droit de séance, sont debout au bas *Placitre*, avec la Musique, & les Officiers servans sont debout dans le Jardin à quelques pas du Placitre, sous les yeux du Roi.

Dans le même enclos, où est ce superbe Salon, il y en a deux autres, l'un composé de cinq étages octogônes, ouverts l'un sur l'autre en perspective, ou en étrecissant, chacun soutenu sur quatre pilliers tournez & dorez, & orné d'un Bassin au milieu. L'autre Salon est fait en quarré avec plusieurs chambres & Cabinets à côté.

Il y a encore deux autres grands appartemens pareils dans le Palais du Roi, qui sont chacun dans un Jardin séparé. L'un est presque fait comme les précedens : l'autre est à deux étages, dont le premier est divisé en Salles, & le second en Chambres, en Galleries, en Cabinets, en Balcons, avec des Bassins & des jets d'eau dans toutes les chambres. Ce sont les appartemens du Palais, où le Roi tient ses Assemblées. Chacun est ou au milieu d'un Jardin, ou ouvert sur un Jardin. Les murs, dont les Jardins sont enfermez, sont faits de terre la plûpart de la hauteur accoûtumée de dix à douze pieds, couverts de haut en bas de petites Lampes incrustées pour les illuminations, & surmontez d'un Corridor dont le Roi seul a l'usage, & par lequel il va par tout sans être apperçû.

Le reste du Palais Royal contient des Magazins, des Galleries d'ouvrage, & le Quartier des femmes, que nous appellons le Serrail, & que les Persans appellent *Harani*, ou lieu sacré. Ce Serrail contient près d'une lieuë de tour.

Tout le Serrail est enfermé de murs si hauts, qu'il n'y a aucun Monastére en Europe qui en ait de semblables. Il y a trois grandes avenuës, une dans la Place Royale; une autre vis-à-vis le petit Arsenal ; la troisiéme qui est la principale, qu'on appelle la porte des Cuisines ; & il y en a une autre à demi-lieuë de là, par laquelle il n'y a que le Roi seul qui puisse passer. La premiere avenuë est fermée d'un haut Portail, contre lequel il y a trois grandes Sâles, chacune avec deux Cabinets, qui sont des manieres de Corps de Garde. Les Officiers de l'Etat & ceux qui ont affaire au Roi, peuvent entrer dans les deux premieres Sâles ; mais les seuls Eunuques entrent dans la troisiéme. Le Portail est caché dans un détour, à côté d'une grande & haute tour ; de maniere qu'on ne le sauroit voir qu'en mettant le pied dessus. Il est large & haut, fait en voute, revêtu à dix pieds de terre de Tables de marbre peint & doré, avec un Perron tout autour, sur lequel les Eunuques de garde se tiennent assis, pour recevoir les Messages des Eunuques de dehors, & les porter au dedans; car les Eunuques ne vont pas tous indifféremment dans l'interieur du Serrail. Les jeunes y vont rarement ; & s'ils sont blancs, ils n'y vont point du tout, à moins que d'être mandez expressément pour le Roi. Ces Eunuques qui servent dans le Serrail, ont leurs logemens sur les dehors, & loin des femmes, & il n'y a que les Eunuques vieux & noirs qui les fréquentent, & qui les servent à faire leurs Messages. Quand on a passé le Portail, on découvre des jardins à perte de vuë, couverts d'arbres de haute futaye, & quand on a fait environ six vingt pas de chemin, on trouve quatre grands Corps de Logis qui ne sont point entourez de Murs, parce qu'ils sont à cent cinquante pas de distance l'un de l'autre. L'un s'appelle *Mehéemancané*, c'est-à-dire, le Palais des Hôtes ; parce que c'est où on reçoit, & où on loge les Hôtesses ; comme les femmes de qualité qui rendent visite, les Princesses du sang Royal qui sont mariées, & les femmes & les filles qu'on fait voir au Roi pour leur beauté. Un autre s'appelle *Amarath Ferdous*, comme qui diroit le Paradis, le troisiéme *Divan Hainé*, la Sâle des Miroirs, parce que le Salon de ce troisiéme Corps de Logis est tout revêtu de miroirs, & même la voûte. Le quatriéme se nomme *Amarath Deria cha*, la Mer Royale, parce qu'il est bâti au devant d'un Etang de vingt pieds de Diametre. Les Persans appellent Mer Royale les Etangs & les Bassins d'eau, qui sont d'une grandeur extraordinaire, comme est celui-ci, qu'on voit couvert de toutes sortes d'oiseaux de riviere, & au milieu duquel on voit un Parterre verd d'environ trente pieds de Diametre, à six poutes seulement au-dessus de l'eau, entouré d'un balustre doré. Les bords de l'Etang, à la largeur de quatre toises tout à l'entour, sont couverts de grands carreaux de marbre. On y voit un petit bateau attaché, qui est garni d'écarlate en dedans, pour se promener sur l'Etang, & pour aller au Parterre. Les quatre Rois qui ont regné avant le dernier, ont fait bâtir chacun de ces Palais, ou Corps de Logis. Ils sont à deux étages, le bas consistant en sallons, avec des chambres & des cabinets à l'entour, & le haut en chambres qui sont plus petites, en Cabinets, en Galleries, en niches de cent sortes de figures & de grandeurs avec de petits degrez çà & là dans les murs. Ce sont de vrais Labyrinthes que ces sortes d'édifices. Ces Palais sont peints, dorez & azurez partout, excepté où le plat-fonds sont de raport, & où la boiserie est de senteur. On voit dans l'un de ces Palais un Salon à trois étages, soutenu sur des Colomnes de bois doré, qu'on pourroit appeller une Grotte; car l'eau y est partout, coulant autour des étages dans un Canal étroit qui la fait tomber en forme de Nape ou Cascade, de maniere qu'en quelqu'endroit du Salon que l'on se trouve, on voit & on sent l'eau tout autour de soi. On y fait aller l'eau par une Machine qui en est proche, & y communique par un Tuyau. Au delà de ces grands Corps de Logis, on trouve en face un long édifice qui contient un grand Apartement, au milieu de trente autres plus petits, tous sur une ligne, à double étage, consistant chacun en deux chambres, & un Cabinet, avec un Perron sur le devant de dix pieds de profondeur, & de quatre pieds de hauteur. Ces Logis sont doubles, ouverts derriere & devant, sur des Jardins, l'un exposé au Nord, l'autre au Midi pour les différentes Saisons de l'année.

Le Palais Royal a cinq principales entrées. La premiere & la plus éminente, est celle qu'on appelle la *Porte haute*, ou glorieuse, au dessus de laquelle est le magnifique Pavillon, qui est si haut élevé, qu'en regardant de là dans la Place, on ne reconnoît pas les gens qui passent, & ils ne paroissent pas grands de deux pieds. Ce beau Pavillon est soutenu sur trois rangs de hautes Colomnes, & est orné au milieu d'un Bassin de Jaspe, à trois jets d'eau. Des bœufs y font monter l'eau par trois Machines, qui sont élevées l'une sur l'autre par étages. On n'est pas peu surpris de voir des jets d'eau dans un lieu si élevé. La seconde entrée du Palais Royal est celle qui mène à la Porte du Serrail. La troisiéme est au Nord, appellée la *Porte des quatre Bassins*. La quatriéme est à l'Occident vers la Porte de la Ville, qu'on appelle *Impériale*. La cinquième est vis-à-vis le petit Arsenal, qu'on appelle la *Porte de la Cuisine*, parce que les Cuisines du Roi en sont proches. La Boulangerie en est proche aussi, qui est divisée en quatre Magazins différens pour les différentes sortes de pain. Le pain en feuille qui est mince comme du parchemin; le pain cuit sur les cailloux, qui est grand comme un grand Bassin d'argent, & est très-blanc & très-bon; le petit pain qui est au lait & aux œufs, & le pain ordinaire, qui, comme les autres, n'est pas si épais que le petit doigt. Il y a encore, du côté de cette Porte de la Cuisine, divers Magazins du Roi, celui des Napes, où l'on garde tout le service de Table, celui des provisions de bouche, celui de la Porcelaine, où l'on comprend toute la Vaisselle qui n'est pas d'or, parce que la Vaisselle d'or a son office particulier, celui qu'on appelle le Magazin des valets de pied, parce qu'on y distribue la ration aux petits Officiers du Palais.

De ce même côté-là, il y a encore plusieurs Offices, ou Magazins, comme les Persans les appellent, situez autour d'une Cour si spacieuse, qu'elle a plus de sept cens pas de long, & cent cinquante de large. On y voit entr'autres le Magazin des Esclaves, qui est l'Office, où tous les gens d'épée, lesquels sont à la paye du Roi, sans charge ni emploi particulier, logent, où passent une partie du jour: le Magazin des fruits: l'Office des Sorbets: celui des Drogues: le Magazin du Bois: les Galleries des Ouvriers en broderie d'or, & des Taillandiers du Roi. Ces Ouvriers non seulement travaillent sans cesse toute sorte de Vaisselle de cuivre pour l'usage du Palais, mais ils fondent & ils forgent aussi ces grands Plats, ces grands Bassins, & ces autres ustencilles d'or & d'argent qui pésent des soixante & quatre-vingt marcs la piece.

Le *Bazar* ou Marché Impérial est fermé la nuit & aussi le jour du Vendredi & les grandes Fêtes, comme tous les autres grands Bazars de la Ville, de sorte qu'on n'y peut entrer que par les guichets. Ce marché-là aboutit à celui du bois & du charbon, où les Vendredis, le Peuple de la Campagne apporte à vendre de la grosse toille. Tout joignant est l'Hôpital qu'on appelle *Darelchafa*, l'habitation de la Santé; qui ne ressemble en rien à nos Hôpitaux, car c'est un Cloître, autour d'un Jardin, composé de petites chambres basses à deux étages assez jolies, au nombre d'environ quatre-vingt en tout. L'Hôpital est fort pauvrement fondé, n'ayant pas deux mille écus de rente pour la nourriture des Malades, & même mal assignez: outre dix-huit cens écus pour les Gages des Officiers, dont le fonds est plus solide; car c'est le revenu d'un fort grand Caravanserai, qui est tout joignant, qu'on appelle le Caravanserai des Potiers de cuivre, parce qu'il s'y vend toute sorte de chaudronnerie. Abas le Grand fit bâtir l'Hôpital, & le Caravanserai tout à la fois, afin que le revenu du Caravanserai entretint les Officiers de l'Hôpital. Ils consistent en un Medecin, un Droguiste, un Prêtre ou Molla, un Cuisinier, un Portier, un Balayeur. On trouvera étrange qu'il n'y ait point de Chirurgien parmi les Officiers, mais la Chirurgie n'est pas une profession particuliere en Orient, & même elle y est peu connue. Les Barisiers sont ceux qui saignent, & quant aux autres operations de Chirurgie on s'en passe en Orient. La bonne constitution du climat guérit les playes, qui n'étant d'ordinaire que des coups de sabre & de lance, il suffit de les tenir nettes, & d'y mettre une emplâtre sans autre façon. On ne sait point dans ce Pays-là ce que c'est que trépaner, couper des bras & des jambes, scier des membres, tailler de la pierre, faire des incisions dans les chairs, & toutes ces autres operations à quoi nôtre humeur bouillante, aussi bien que la mauvaise constitution de nôtre climat, nous rend sujets. Le Medecin de l'Hôpital se tient à la porte depuis huit heures jusqu'à Midi, sur un petit échafaut portatif de trente-cinq à quarante pouces de diametre, & y donne ses avis & ses ordonnances gratis à qui le vient consulter. Les Drogues & la nourriture des malades sont payées des

des deniers léguez ; mais il y a toujours si peu de malades, que ce qu'on se fait payer pour eux, est autant d'argent volé. Les raisons sont premierement qu'on ne voit pas à beaucoup près en ce pays-là tant de sortes de maladies que dans les nôtres, ni de si longues, & enracinées, à cause de la bonté de l'air ; secondement qu'on n'a pas dans cet Hôpital la charité qu'il seroit à souhaiter. Les foux & les malades y sont extrémement mal entretenus, & perissent de misere : ce qui fait dire aux Persans par Ironie, en parlant des Hôpitaux qu'on appelle habitation de santé, *l'habitation de la Santé est l'habitation de la Mort.* La troisiéme raison est qu'on n'accoutume pas les gueux en Orient par les aumônes, comme nous faisons en Occident. Comme le Corps n'y est pas sujet à tant de besoins, il n'y a pas tant de nécessiteux, & par conséquent les hommes ne sont pas tant émus à compassion, de sorte qu'on attrape bien peu de chose en gueusant.

En avançant plus loin, on entre dans un Bazar fort large, & fort haut, qui est le plus long de toute la Ville, car il a bien six cens pas Géométriques. La premiere partie est tenuë par des *Ahenqueron,* qui sont des Taillandiers. La partie suivante l'est par des *Tchelonqueron,* c'est-à-dire, des faiseurs d'Ouvrages blancs. On appelle ainsi ceux qui font tous les Outils de l'Agriculture & des autres Arts Méchaniques, les Chaînes, les grandes Platines sur lesquelles l'on fait cuire le pain en feuille, & les fours de Campagne. C'est le plus effroyable bruit du monde que celui de tous ces Ouvriers ensemble. Cependant à la moitié du Bazar, on n'entend plus ce bruit, tant il est long, & parce aussi que le bruit se perd dans la voute, qui est fort haute. La partie la plus éloignée de ce Bazar est occupée par les Teinturiers. On trouve au bout une des plus belles Hôtelleries de la Ville, qu'on appelle le Caravanserai des *Corasaniens,* parce que les Voyageurs & les Marchands de Corassan y viennent loger. Les Caravanserais & les Bazars dans les grandes Villes de Perse sont destinez chacun pour les gens d'une profession particuliere, ou pour les gens d'un même endroit. Quand on cherche quelque homme d'un Pays éloigné, on n'a qu'à aller au Caravanserai qui porte le nom de sa Ville, ou de son Pays, on l'y trouve sûrement, ou bien on apprend où il se peut trouver ; car il est toujours libre à chacun de loger où il veut. Il en est de même à l'égard de toutes les choses qui servent aux besoins de la vie, & qui entrent dans le Commerce. Il y a des Bazars de tous métiers & de toutes Marchandises ; Il y a Caravanserai pour toutes choses, & pour toutes les Nations du monde, qui fréquentent la Perse. Proche du Caravanserai des Corasaniens, est un Palais appartenant à *Macsud-Bec,* qui étoit Grand Maître de la Maison du Roi.

[a] p. 88. [a] A quelques deux cens pas, en tirant vers la Porte qu'on appelle Impériale, on trouve une grande Place quarrée, laquelle est au devant du Palais du *Cedre Mokoufat,* qui est le Pontife général, ou le Surintendant de tous les biens d'Eglise dans tout le Royaume, lesquels ne sont pas de Fondation Royale. Ce Palais est le plus vaste de tout Ispahan, contenant des cours très-spacieuses, de grands Jardins, des Sales de quatre-vingt-pieds de face, & beaucoup d'Offices. C'est un Bâtiment moderne.

[b] En rentrant dans ce long Bazar des Teinturiers, on trouve au milieu un grand Carrefour. Il est couvert d'un haut Dôme, dont le centre est un haut Soupirail pour donner du jour. Tous les Bazars sont éclairez ainsi par des soupiraux aux voûtes. Ce Carrefour mene, en prenant à droite, dans une Place qui est aussi grande que la Place Royale à Paris, mais qui n'a rien de beau d'ailleurs. On l'appelle *Maidonneu,* c'est-à-dire, la place nouvelle, & aussi *Maidan, Nakche Guion,* Place des vitres peintes, parce que pour la faire, on abatit un grand Palais, qu'on appelloit le Palais des vitres peintes, parce que les vitres en étoient de Cryftal peint. D'autres écrivent *Nakchegeon,* & non pas Nakche Guion, qui veut dire Portrait du monde, à cause de la beauté du Palais, Abas second avoit fait faire cette Place pour y retirer tous les Boutiquiers & Marchands de la Place Royale. Un des cotez de cette Place nouvelle est terminé par le plus grand Caravanserai *Halal,* c'est-à-dire, permis ou licite, & pour entendre la raison de ce nom, il faudroit expliquer ici un grand point de superstition parmi les Mahometans, que l'on peut voir dans l'Auteur même [c]. Les Logemens de ce Caravanserai sont à un prix fort modique, de peur que si le loyer étoit trop haut, ce ne fut plus du bien licite : cependant comme la rente en étoit fort diminuée l'an 1669. par manque d'hôtes, on y fit aller loger des Marchands Indiens, afin que les Marchandises des Indes y abordassent, & que cela fit hausser le revenu ; car chaque bale paye quatre francs de droit en entrant dans le Caravanserai, sans examiner ce qu'elle contient.

[b] p. 89.

[c] p. 90.

Au sortir de la Place nouvelle, en tirant vers le Palais Royal, l'on passe entre deux grands Corps de Logis qui ont de beaux Jardins derriere, dont l'un s'appelle *Amarat Mahamed Mehdy,* qui est le nom de celui qui étoit premier Ministre à la mort d'Abas second ; l'autre *Amarat-cha Tahmas* qui étoit Roi de Perse avant Abas le Grand son fils. *Amarat* signifie proprement Maison de plaisance, & c'est ce que les Italiens appellent *Villa.* Ces Maisons sont présentement changées en deux atteliers ou Galleries pour les Manufactures du Roi, l'une à faire les tentes & Pavillons, l'autre pour les Orfévres & les Jouailliers. On y voit dans un appartement séparé les Moulins d'un Diamantaire Européan, qu'Abas second avoit fait venir à l'instigation des Jouailliers Armeniens pour tailler un Diamant de plus de deux cens mille écus ; car quoique les Orientaux ayent les mines des Diamans dans leur pays, ils n'ont pas l'art de les tailler au degré que nous l'avons. Leurs Diamantaires tiennent leurs pierres à la main sur la roüe, comme les pierres tendres : ce qui rend leur Ouvrage fort défectueux & imparfait ; aussi tout ce qui est taillé en Orient, est taillé de nouveau chez nous, lorsqu'il y arrive.

[d] En avançant vers le Palais Royal, on [d] p. 93.

passe sous un grand Portique, qui tient toute la ruë, & qui est couvert d'un Pavillon, lequel on appelle la Maison de Crystal, parce que tous les chassis sont faits de grands carreaux de Crystal de roche, parfaitement beaux. Ensuite on traverse la Place des quatre Bassins, qui est une grande Place quarrée, entourée d'arbres, où il y avoit autrefois quatre Bassins d'eau, qui sont à présent comblez. On laisse à droite la Porte du Palais Royal, qu'on appelle la Porte des quatre Bassins, qui est celle qui méne à ce grand Salon nommé les quarante Colomnes, & à gauche un édifice imparfait, qu'on appelle l'Attelier de la miniere, parce qu'il avoit été commencé par les ordres de Mahamed Bec, premier Ministre d'Abas second, homme d'un esprit vaste & ingenieux, qui s'étoit mis en tête de tirer de l'or & de l'argent des mineraux de Perse, où il y a en effet de l'or & de l'argent ; mais la dépense qu'il faut faire pour les tirer, excéde le profit. La mort de ce Ministre, arrivée peu après, fut cause qu'on laissa là l'édifice & le dessein. A quelques pas au delà, on voit un grand Palais, où loge présentement *Manoutcher Can* Gouverneur du Pays des Lours, qui est une grande Province Frontiere de la Parthide.

Voilà tout le côté gauche de la Place Royale ; venons à la droite, en commençant par l'Hôpital. On entre d'abord dans un beau & riche Bazar, qui porte le nom de *Lelebec*, celui qui l'a fondé, lequel étoit grand Surintendant du tems d'Abas premier. Il y a sur le côté de ce Bazar deux Caravanserais, aussi grands qu'aucun autre rapporté ci-dessus. L'un s'appelle le Caravanserai du Roi, parce qu'il est de Fondation Royale, de même qu'un Bain, qui est tout joignant. On y vend de la Porcelaine de Kirman & de Metehed, deux grandes Villes de Perse, où l'on fait de la Porcelaine si fine, qu'elle peut passer pour être du Japon ou de la Chine ; car la matiere en est d'émail dedans comme dehors ; aussi les Hollandois, à ce qu'on assûre, la mêlent & la font passer avec de la Porcelaine de la Chine, qu'ils débitent en Europe. L'autre Caravanserai est surnommé de *Lelebec*, comme le Bazar, & il est rempli d'Indiens, & de riches Marchandises des Indes. Le Bazar en est aussi rempli. On n'y voit que brocards & qu'habits de brocard & de broderie. Le Bazar aboutit à la Maison de la Compagnie Angloise, qui est un grand & spacieux Palais, ayant trois Corps de Logis, avec un beau Jardin & de beaux Bassins d'eau ; mais tout cela tombe en ruine, la Compagnie n'ayant plus à présent à beaucoup près, ni le même négoce, ni le même monde à Ispahan, que lorsque ce Palais lui fut donné, ce beau Logis ne sert plus à la Compagnie que de Maison de Campagne, où quelques Facteurs viennent passer quatre ou cinq mois de l'année tout au plus, & puis ils s'en retournent à Gamron, sur le Golfe Persique à un mois de chemin d'Ispahan, où est leur négoce. C'est dommage qu'on laisse ruiner ce Palais, car les Platfonds, la Dorure, & la Peinture en étoient admirables. Il fut bâti par un *Tartchi Bachi*, c'est-à-dire, Chef des Crieurs pu-

blics, qui est une charge considérable, lequel étant tombé dans la disgrace d'Abas le Grand, à la fin du 16. Siécle, ses biens furent confisquez à la maniere Orientale ; & comme la Compagnie Angloise envoya peu de tems après les Deputez à la Cour, & demanda un établissement dans la Ville Capitale, dans un des Palais du Roi, on leur donna à choisir entre plusieurs, & la Compagnie choisit celuici, parce qu'il étoit dans le lieu le plus Marchand de la Ville, & le plus proche de la Cour. Le Roi a une infinité de Palais dans son Empire & lorsque la Relation que nous abregeons fut faite, on en comptoit cent trente sept dans la seule Ville d'Ispahan. Ils proviennent des confiscations ; les Grands y tombent facilement dans la disgrace, & leurs biens avec leurs Palais reviennent au Roi qui n'en tire gueres de profit. Un premier Ministre d'Abad II. vouloit les vendre tous à la fois ; mais il n'eut pas trouvé d'acheteurs. Les Persans ont l'imagination trop tendre pour habiter un Palais dont on auroit fait mourir le Maître. Le Roi possede un grand nombre de Bazars qui lui appartiennent au même titre, & il en avoit 241. à Ispahan la derniere fois que Chardin y fut.

[a] Traversant le Caravanserai de Lelebec, on entre dans un Bazar, où il y a un Caravanserai, aussi grand que les précédens. L'un & l'autre est surnommé des Vendeurs de Grenades, parce que durant neuf mois de l'année, on y en apporte de divers endroits de la Perse une prodigieuse quantité. On conserve ce fruit dans du Cotton, & on le transporte dans des Caisses de quatre pieds de haut, & de deux pieds de large : c'est un des plus excellens fruits du Pays. Nous ne le connoissons presque point en Europe, les Grenades que nous avons n'approchant point de celles de Perse, soit pour la grosseur, soit pour la beauté, & la bonté. J'entends par la beauté des Grenades la vive couleur du grain, qui est du plus beau rouge qu'on puisse voir. Les grains en sont gros & moëleux, n'ayant qu'un Pepin fort petit & tendre, qu'on ne sent presque pas à la bouche. Au bout de ce Bazar, en tirant à gauche, vers la Place qu'on appelle la *Tour de Cornes*, on passe le Collége de *Geddé*, ainsi nommé d'une femme du Roi Sefi, laquelle le fonda ; puis on se trouve dans un long Bazar, appellé le Bazar de *Saroutaki*, qui est ce premier Ministre Eunuque dont on a parlé. Il y a en ce Bazar un Bain d'un côté, & un Caravanserai de l'autre, qui portent le même nom, parce que ce Ministre les fit tous deux construire. Le Caravanserai est plus grand que tous ceux dont j'ai fait mention, & cependant il n'est pas encore si grand qu'il devoit l'être, parce que Saroutaki ayant été assassiné durant qu'on le bâtissoit, l'édifice demeura imparfait. Il n'y a que le bas d'entier, qui est fort beau & bien habité. On trouve à la sortie de ce Bazar la petite Ecurie du Roi, appellée *Javile Khassé*, Ecurie particuliere, pour la distinguer de la grande, qui est dans l'enceinte du Palais Royal.

C'est-là ce qu'il y a de remarquable du côté de la Porte de *Hassen Abad*, en tirant de l'Occident vers l'Orient ; il faut voir de suite

[a] p. 96.

suite ce qui merite d'être remarqué de ce même côté, en tirant de l'Occident au Septentrion. On y trouve d'abord les Palais de *Mirza Echref*, fameux Médecin & quand on les a passez, on se trouve au détour de deux longues rues, dont celle qui tire à gauche, méne au Château d'Ispahan, qu'on appelle le *Château de la Benediction*, & celle qui tire à droite, aboutit après un long chemin à la Place Royale. Passant outre, on trouve deux autres Palais, dont l'un appartient à *Dilem Chi Can*, grand Seigneur qui a fait bâtir une belle Mosquée tout contre, & l'autre appartient au Roi.

Sur la main gauche de ce Palais, il y a un autre grand chemin en ligne collaterale, par des rues assez belles, qui sont entrecoupées de Bazars. On y passe le Caravanserai surnommé du Général des *Courtches*, qui est le plus ancien Corps de milices de Perse; celui qui est nommé *Abergamié*, & le Palais de *Sia-houchkan*, autrefois *Koullar Agasi*, ou Général des Esclaves, qui est un Corps de troupes estimé en Perse, comme celui des Janissaires en Turquie.

Ces deux Chemins se rencontrent à la Place Royale & en continuant sa route on entre dans une belle rue qu'on appelle la rue de *Gueda Alibec* qui étoit Prevôt de la chambre des Comptes, son Palais est au milieu & tout joignant est celui d'un Gouverneur de Province nommé *Rustan Kan*, avec un Bain & une Mosquée qui en dépendent. Delà on passe un Bazar qui aboutit à une grande maison bâtie par un riche Marchand des Indes nommé *Mirza-Moain*, joignant laquelle il y a une Mosquée où dans l'enclos on voit un Arbre très-vieux sous lequel les devots aiment mieux prier & mediter que dans la Mosquée. Les Mahométans reverent les vieux Arbres, par cette raison que de Saints hommes sont venus faire leurs prieres sous ces Arbres & s'y sont retirez à l'ombre pour mediter. Cette Mosquée est près d'un Carrefour d'où tournant à l'Orient, on rencontre d'abord la fameuse maison de la *Douze Tomans*. C'étoit une Courtisane qui avoit beaucoup d'esprit & de beauté & qui avoit mis ce prix à ses faveurs. Douze Tomans valent environ cinquante Pistoles. *a* A cent cinquante pas de cette maison est le Palais de *Soliman-Can*, & tout joignant est celui de la Compagnie Hollandoise qui est un beau Logis avec un grand Jardin orné de Pavillons de Bassins d'eau courante. Le Portail en est grand & élevé surmonté des armes & de la devise de la Compagnie. Il appartenoit autrefois à *Ali-Mirzabek*, contre qui Abas le Grand s'étant mis en colere, il le tua de sa propre main & confisqua ses biens, dont il donna cette maison à la Compagnie Hollandoise qui avoit envoyé alors un Député à Ispahan. Cette maison étoit plus grande alors, mais on en a vendu la moitié par une œconomie dont on a eu lieu de se repentir.

b En passant derriere ces Palais on trouve un College qu'on appelle *Medrezé Sephivie*, c'est-à-dire, College de Pureté. Il est pourtant à l'entrée du plus infame quartier d'Ispahan, consistant en trois rues & sept grands Caravanserais nommez les Caravanserais des découvertes,

a p. 103.

b p. 104.

on appelle ainsi les femmes prostituées. Tout ce quartier est rempli des plus communes. On compte douze mille femmes publiques à Ispahan qui sont couchées sur l'état en cette qualité, sans y comprendre celles qui ne sont pas profession ouverte de cet infame Commerce. Au sortir de ce sale Canton on passe sous une grande voute qui porte la belle Mosquée de *Pharahalla* qu'on appelle aussi la Mosquée du Cedre ou grand Pontife, parce que le grand Pontife du temps de Sephi I. vint demeurer dans un Palais qui est tout joignant. C'est un des plus grands de la Ville. *c* Il faut presentement retourner au Carrefour de *Mirza Moain* pour voir ce qui est à l'Occident.

c p. 105.

On trouve d'abord le Bazar de Toktikan fils d'un Grand Prevôt d'Ispahan du temps d'Abas le Grand. Au bout de ce Bazar on rencontre plusieurs grandes Maisons, entre autres celle de *Mirza Maassoum* fils du premier Ministre du temps d'Abas II.; celle d'un grand Marchand de Turquie nommé *Ghelebi Stamboli*, ou le Gentilhomme de Constantinople; celle du Zindar-Bachi qui est Intendant sur tous les Equipages des chevaux; & celle des *Lours* qui est le nom d'un Peuple qui habite à l'Occident de la Parthide. Entre ces maisons on remarque le Caravanserai d'*Emir-Bec* qui est proche du Château. On laisse à gauche en avançant plus loin, un vieux Cimetiére, à un coin duquel on voit un gros orme tout courbé de vieillesse sous lequel on assure qu'est la Sepulture de *Seljouge* un ancien Roi de Perse. Les Persans disent que Dieu conserve cet Arbre, depuis tant de siécles pour orner ou pour marquer la Sepulture de ce bon Roi. En allant encore plus loin on passe devant les Palais d'Ismael-Bec & devant celui de l'*Asa-Bachi*, c'est-à-dire, le Chef des Esclaves du Roi qui ne sont pas encore mariez. On donne ce titre aux jeunes gens ou qui sont envoyez & donnez au Roi en qualité d'Esclaves ou qui sont enfans de ces sortes de gens-là, lesquels sont couchez sur l'état & tirent la paye dès leur bas âge. Plus avant on trouve le *Bazar du Grand Maître de l'Artillerie* contigu à un autre qui porte le nom de *Mahamet Emin* & à trente pas delà est la maison des Capucins assez spacieuse avec un grand Jardin qui donne sur un Cimetiere qu'on nomme *Cheik Sulton Mahamed* du nom d'un Seigneur qui y est enterré sous un tombeau de pierre. Cette maison des Capucins n'est pas une maison du Roi comme celle des Augustins, ou celle des Carmes. Elle est aux Capucins en propre, ayant été bâtie & le fonds acheté de leurs deniers. Ils vinrent en Perse au commencement du Regne de Sephi I. & ils y furent reçus à la recommandation du Roi de France. Le Cardinal de Richelieu son premier Ministre accorda au fameux Pere Joseph Capucin, son ami, cette recommandation en faveur de son Ordre qui fit les frais de l'établissement. Le Roi de Perse leur offrit une Maison; mais ils crurent qu'il leur seroit plus avantageux de faire dans une maison qui leur appartient la dépense d'accommoder une Eglise & des Logemens à leur maniere.

De la maison des Capucins, tirant au Midi on ne trouve que de petits Bazars beaucoup de de maisons Bourgeoises, des Tuileries qui aboutissent au fossé du Château du côté des Champs, mais si on tire du côté du Nord on trouve un College qui porte le nom d'un grand Eunuque du Serrail nommé Aga Kafour qui le fit bâtir. Cet Eunuque étoit Tresorier du Serrail, & par consequent Gardien des pierreries & de tout le Tresor Royal.

Ce que l'on trouve de remarquable au delà de ce College, est le Palais de *Tuz Bachi*, ou Capitaine de cent Gardes, qu'on nomme *Agellon*, c'est-à-dire, Montagnards, pour donner à entendre qu'ils sont fiers & intrepides; le Palais de *Mirza Rezi* Intendant d'Ispahan; celui d'*Aga Cherif esti fatchi*, qui aboutit à un Bazar où est un Hopital ruiné. Puis on rencontre deux grandes Galeries vis-à-vis desquelles est une Maison que les Europeans appellent l'*Evêché*, parce qu'elle a appartenu à un Evêque de Babylone, Suffragant de l'Evêché d'Ispahan. C'étoit un Carme François nommé le Pere Bernard, qui n'ayant pû trouver de quoi occuper son Evêque se retira & retourna en France, laissant la Maison en bon état, l'Eglise, la Bibliothéque, les Ornemens & l'argenterie. Etant à Paris il vendit tout cela à un Orfévre.

^a p. 108. ^a Ce que nous venons de décrire, depuis la Maison de la Douze Tomans, est dans le quartier, qu'on nomme de *Kerron*, ou des sourds. Celui qui en est le plus proche porte le nom d'*Ahmed Abad*, & il s'appelloit autrefois *Bague Toout*, c'est-à-dire, Jardin de Meures, parce que c'étoient plusieurs Jardins de Meuriers. On trouve en ce quartier la ruë de *Paet-Chenar*, les Bains de *Cojé Seif Eldin*, & de *Mirza rouh-alla*, une petite Mosquée, couverte en terrasse: un petit Collége, nommé *Turbet nezour el Moulk*, terme qui signifie le tombeau de l'Intelligence de l'Empire. On appelloit ainsi le grand Vizir de ce Roi Hassen, le fondateur de la partie d'Ispahan qui porte son nom, lequel est enterré dans ce Collége. Il est traversé par un grand Canal d'eau: On voit tout proche l'Hôtel d'un Seigneur, nommé *Hakim Mahamed*, avec un Bazar, un Bain & un Caravanserai de même nom. On y voit aussi une belle Mosquée neuve.

On entre delà au quartier de YESD, comme ils le surnomment, où ce que l'on voit de plus remarquable, est le Palais du Gendre de Calife Sulton, Grand Vizir; le Logis de *Hakim abd-Alla*, celebre Médecin; la Mosquée de *Houloucan*; le Cimetiere d'*Iman Zade-Ismaël*, où il y a un grand & vieux Platane tout herissé de cloubs & de pointes, où les Dervichs qui sont des mendians de profession, viennent faire leurs dévotions, & pendre les guenilles par'voeu. De ce quartier on entre dans la ruë de Mehvadion, où on voit la Maison de *Janikan*, Général des Courtches, qui étoit le Chef de la Conjuration contre le grand Vizir Saroutaki. Proche de cette ruë est le Palais de *Taimurascan* dernier Roi de Georgie. Delà tirant vers la Place Royale, on trouve le Palais de *Mechel dar bachi*, ou Chef des porte-flambeaux, qui est une Charge considerable. Il y a un Bain & un Caravanserai joignant, qui porte le même nom. Abas second logea dans ce Palais un Ambassadeur de la Compagnie Hollandoise, nommé Jean Cuneus, qui vint en Perse l'an 1651. Plus avant on trouve le Palais de *Mirza Sahid Naini*, qui est des plus spacieux & des plus beaux de la Ville; le Bain du *Cheic el Islam*, & un peu au dessous le Palais de *Coja Maharram Eunuque*, qui étoit *Mehter* ou Chambellan du Roi Sefi, & de plus son grand favori. Le Palais est beau & bien entretenu, situé à la droite d'une grande & belle Mosquée, qui porte le nom de *Macsoud bec*, & qui est fondée sur les ruines d'une autre Mosquée fort ancienne, où il y avoit un Tombeau révéré à cause d'une vieille tradition, quoi qu'on ne puisse dire pour qui il avoit été fait. On conserve ce Tombeau dans la Mosquée nouvelle, proche de laquelle il y a un Cloître pour recevoir ces sortes de gens que les Mahometans appellent Derviches, ils prétendent quitter le Monde par principe de dévotion, & professer une pauvreté & une mendicité voluntaire. Proche le Palais de *Coja Maharram*, il y a un Collége & un Caravanserai, qui portent aussi son nom, parce qu'il les a fait bâtir, & que le Caravanserai a été construit, afin que du louage des Chambres on entretînt les Ecoliers de ce Collége. Comme la proprieté est fort mal-assurée en Orient, sur-tout pour les gens de Cour, à qui le Souverain ôte la vie & les biens à son gré, & souvent sur le plus leger sujet, on prend cette voye-là pour faire des fondations plus assurées; c'est-à-dire, qu'on bâtit des Bains, des Bazars, des Caravanserais, dont on affecte son revenu à l'entretien de la Mosquée, ou du Collége qu'on a fondé, ce qui n'est pas de fort longue durée; parce que lorsque le Caravanserai, ou le Bazar deviennent si vieux qu'on n'y veut plus habiter, & que par conséquent il ne rend plus de profit, la Mosquée n'est plus entretenuë, ou le Collége se déserte, & l'on en va chercher quelqu'autre de plus nouvelle fondation. Continuant de tirer vers la Place Royale, on trouve tout proche un Caravanserai, nommé *Pere Compagnon*, & le Palais de *Sephy Mirza*, au devant duquel est une Place quarrée.

^b Je décrirai presentement le quartier de *Darbetic*, qui est vers le bout de la Ville, & un des plus peuplés & des plus connus. On le nomme aussi *Maidon Emir*, ou Place du Prince, parce qu'il y a au milieu une grande Place, qui porte ce nom. On y entre par une rue nommée *Gulchende*, & d'abord on y trouve une haute & ancienne Tour, appellée la Tour de vinaigre, proche de laquelle est le Palais d'*Atembec*, qui étoit Grand Prévôt d'Ispahan, homme célebre pour sa grande application à maintenir la tranquillité de la Ville, & en chasser les gens inutiles & les vagabonds. On rencontre au delà, la Mosquée de *Mirza Ismaël* avec un Bain & un Cimetiere du même nom, puis deux autres Bains, nommez l'un le *Bain de la Princesse*, l'autre le *Bain du Prevôt*. Ce dernier est contigu à un grand Tombeau sous lequel est enterrée une fille du Roi Hassen, nommée Bibi-beg-Nogon. Après, on rencontre le Collége nommé *Sapherié*, qui bien que fort ancien, est toûjours encore fort beau, les principaux endroits étant revêtus, les uns de marbre, les autres de tuilles vernissées: p. 112.

fées : le Palais de *Haſſen le Cuiſinier*, ainſi dit, pour avoir été bâti par un homme qui n'étoit que Cuiſinier au commencement de ſa fortune, & la Moſquée Paroiſſiale, qu'on appelle la Moſquée de Darbetik du nom du quartier. Il y a tout proche un Bain & un Collége qu'on nomme *Medreze gueguez*, c'eſt-à-dire, Collége de la fleur longue d'une aulne. On va de ce Collége, en deſcendant par la ruë neuve, aux Glacieres, qui portent le nom d'*Ahmed Abad*, parce qu'elles ſont joignant le quartier ainſi nommé.

Delà, revenant ſur ſes pas, en tirant du Septentrion à l'Occident, on paſſe par devant la Maiſon des Carmes. C'eſt un grand Hôtel appartenant au Roi, & il leur a été donné pour y habiter en qualité d'Hôtes du Roi, qui eſt le nom qu'on donne en Perſe à tous les Etrangers de conſideration. C'étoit le Palais d'un Grand-Maître de l'Artillerie qu'Abas le Grand détruiſit avec toute ſa famille, au commencement du ſiécle paſſé.

[a p.118.] On trouve proche de cette Maiſon, un grand Palais bien doré au dedans par tout, & bien entretenu, où logeoit *Mirza Cheſi*, célébre Hiſtoriographe, & delà en retournant au quartier de Derbetic, on trouve une belle Maiſon, & un Collége qui porte le nom de *Mirza Can*, qui étoit un Gouverneur de Province du tems d'Abas le Grand, lequel pour des vexations extraordinaires, & diverſes fois reïterées, fut attaché vif au mât qui eſt au milieu de la Place Royale, où on le perça de coups de fléches, ſon corps y ayant été laiſſé juſqu'à ce que le Soleil l'eût tout-à-fait deſſeché, & comme réduit à rien : un peu plus loin, on deſcend dans un fonds qu'on appelle la *Vallée de Mac Soud-bec*, qui aboutit à la ruë de *Sulton Zenguin*, où il y a un Cimetiere de même nom, à l'entrée duquel on voit deux tours de pierre.

Il y a quatre autres ruës aſſez grandes proche de celles-là, la ruë des Diſtillateurs, la ruë des Chaudroniers, la ruë du Sel, & celle des deux freres. Il y a divers Bains dans toutes ces ruës-là, dont les principaux ſont le Bain blanc, & le Bain du Paradis & au delà on trouve, le Palais du Chef des Architectes, le Bazar de l'Oye, & divers Bains, dont le plus fameux eſt celui de Coje-alem, mot qui ſignifie le vieux Savant, à cauſe de ſon Fondateur qui paſſe parmi les gens doctes du Pays pour le plus ſavant homme de ſon ſiécle. Deux Caravanſerais & deux Colléges ſont proches, l'un nommé *Guech Conion*, l'autre *Macſoud Aſſar*, & un Bain qu'on appelle le Bain de Jeudi, parce que ce jour-là qui eſt la veille du jour du repos chez les Mahometans, on y trouve toûjours un grand concours de Monde qui ſe prépare par la purification à la célébration de la Fête.

Il y a près de ce quartier une autre Vallée qui porte le nom de *Leutſer*, laquelle eſt de grande réputation, parce que c'eſt une grande Poullaillerie, & un grand paſſage. Au bas de cette Vallée, on voit entr'autres édifices remarquables deux hautes Tours, à quoi perſonne ne manque de prendre garde ; car on diroit toûjours qu'elles vont tomber ſur la tête, étant inclinées de vieilleſſe ſix ou ſept dégrez

ſur l'Horiſon. Delà on entre en la ruë des Arabes, qui en eſt tout proche. Elle aboutit à la vieille Kaiſſerie, ou le vieux Marché Imperial, & à un vieux & haut Pavillon où on jouoit des Inſtrumens au ſoir & à minuit avant Abas le Grand, ou, pour mieux dire, avant qu'il eût fait bâtir la Place Royale, où on les a tranſportez. Ce quartier a divers Colléges, & divers Caravanſerais, dont le principal eſt celui du Peuple d'Ardeſton. Il y a encore une ruë nommée la ruë des Juifs, où eſt leur principale Synagogue. Les Juifs ſont en petit nombre dans cette Ville, & tous pauvres, comme ils le ſont généralement par tout ce Royaume ; cependant, ils y ont trois Synagogues, celle-ci & deux autres, mais qui ne ſont proprement que de petites Chapelles. Au delà de cette ruë, on trouve un Cimetiere, que le peuple d'Iſpahan vénére fort, à cauſe de la ſépulture d'*Iſmaël Kemal*, qui eſt un de leurs Saints les plus révérez. Quelques pas au delà de ce Cimetiere, on trouve un autre Tombeau célébre d'un nommé *Dioutat Byaboni*, un Heros du Mahometiſme, dans le quatriéme ſiécle de leur Epoque, qui par zèle couroit ſur les Sunnys, qui ſont les ennemis de la Secte des Perſans, & les tuoit ſans quartier, avec une maſſuë qui eſt proche le Tombeau à demi enterrée, c'eſt une véritable poutre que nul homme ne pourroit ſeulement ſoulever. Proche de ce Tombeau, on voit une Tour renommée & fort haute, appellée la Tour du Chamelier.

Je décrirai à préſent le quartier de *Seid Ahmedion*, dont j'ai dit que la porte regarde le Levant, avec celles de *Haſſen Abad* & de *Kherron*. Le premier Edifice qu'on y remarque eſt la Tour de *Coja Alem*, qui porte le nom de *Gulbar*, c'eſt-à-dire, chargé de fleurs, à cauſe de ſa beauté. C'eſt une Tour ancienne & recommandable pour ſon Architecture qui paroît meilleure que la Gothique. Enſuite on trouve la Moſquée du quartier, laquelle auſſi en porte le nom : elle eſt célébre dans le Pays, bâtie depuis ſept ou huit cens ans. La Tour de la Moſquée s'appelle la *Tour à fonds de Leton*, parce qu'elle eſt couverte de faux or en pluſieurs endroits. Dans ce quartier, il y a trois autres petites Moſquées, dont l'une renferme le Tombeau de *Seid Ahmed Zemchi*, l'autre celui de *Emin Teddy Haſſen* Grand Vizir du fameux *Sulton Melek Cha*, Roi de Perſe, & l'autre celui du Preux Babylonien. Le mot de Preux en Perſan, eſt *Divone*, & en Turc, *Dely* : mots ſynonymes, qui ſignifient également fou, & brave : ils donnent auſſi ce nom aux volontaires. Les principales ruës du quartier ſont la ruë d'*Emin Teddy Haſſen*, la ruë de *Harom Velaied*, la ruë de *Gulbar*, la ruë de *Nakchion*, & la ruë de *Takga*, & les principaux Bains, ſont le Bain des Saffraniers, & le Bain des Tailleurs de pierre. La ruë de *Takga* mene à une Place qui porte le même nom de Takga, ou Taktga, c'eſt-à-dire, lieu de Trône, qui eſt un endroit des plus fameux de la Ville. Il y a une infinité de Cabarets à Caffé & à *Kokenaer*, qui eſt une infuſion de Pavot, dont l'on boit pour s'échauffer & ſe récréer, comme nous beuvons le vin, & qui enyvre de même que le vin,

vin, si l'on en prend par excès. Il y a toûjours là une prodigieuse affluence de monde à boire, à discourir, à prendre le frais, ou bien qui va en dévotion au sépulcre de *Haram Velaied*, qui est fort proche delà, & qui est un des Pélerinages des Persans, où l'on prétend qu'il se fait des miracles, & où le monde, & surtout les femmes, vont en foule. C'est un grand Mausolée, fort bien bâti, selon l'Architecture Persane. Il sert de Mosquée, ayant des Tourelles à côté, comme les grandes Mosquées en ont. *Haram Velaied* signifie corps Saint, ou, comme d'autres l'interprétent, le St. du Pays. Il n'a point de nom particulier, parce qu'on ne sait point qui étoit précisément ce prétendu Saint. Les Turcs qui au jugement des Persans sont des Mahométans Hérétiques, les Juifs & les Chrétiens, de quelque secte qu'ils soient, disent tous qu'il étoit de leur Religion. Les Armeniens ont une autre tradition touchant ce lieu-là, c'est que les Mahometans, lorsqu'ils envahirent la Perse [a], y jetterent dans un Puits toutes les Reliques des Eglises Chrétiennes de cette Ville, ce qui l'ayant rendu vénérable aux Chrétiens restez dans le Pays, ils mirent des pierres dessus en monceau pour servir d'enseigne. Les Mahometans à leur exemple, se mirent à révérer cet endroit, & enfin ils y bâtirent des Mausolées. C'est ce que la commune tradition rapporte de ce sépulcre. [b] Tout auprès il y a deux puits remarquables, le premier à cause qu'il sert de Sepulture à un brave, nommé *Hatem*, qui étoit un des robustes, & des plus forts hommes de son tems. L'autre puits est grand & fort beau. On l'appelle le puits de *Heyder Indi*, du nom de celui qui l'a fait faire, lequel étoit un grand Marchand des Indes qui dans une dangereuse tempête fit vœu au Saint d'*Haram Velaied*, que s'il en échapoit, il bâtiroit un puits large & profond, proche de sa Mosquée, où un homme seroit entretenu pour donner à boire aux passans; & à côté une Estrade, de pierre, haute, entourée de Balustres, pour la commodité de ceux qui viennent là, soit par dévotion, soit par divertissement.

[a] p. 127.

[b] p. 128.

En tirant de *Takiga* vers la Place Royale, par une grande rue qui s'appelle la rue du Trône, on trouve sur sa route le Palais du petit Prince. C'étoit le grand Pontife du tems d'*Abas* second, & le frere de *Kalife Sulton*, premier Ministre. On rencontre encore le Palais de *Gelandar Bachi*, qui est le Grand Ecuyer. C'est un des plus beaux & des plus spacieux Palais de la Ville. Après on passe les rues de *Fereidon Medecin*, & de *Mehter Dachtemour*, ainsi nommées parce que ces Seigneurs y avoient des Hôtels. On laisse à gauche celui du *Moustophy el Memalek*, qui est le premier Secretaire d'Etat, & le Caravanserai des peuples de *Dergezân*, & ensuite on trouve des Ecuries Royales, qu'on appelle les Ecuries du Maître des tems, parce que le Roi les a léguées au douzième & dernier Iman, ou vrai Calife, Successeur de *Mahamed*, nommé *Mahamed Mehdy*, que les Persans appellent Maître des tems, pour dire qu'il n'est pas mort, & n'a pas cédé au tems, comme les autres hommes. Ils croyent en effet qu'il n'est pas mort, mais qu'on le garde dans quelque endroit inconnu, d'où il reviendra un jour faire la guerre aux ennemis de la Loi; & pour cet effet on tient toujours là nuit & jour des chevaux sellez & richement haranachez, dont il y en a toûjours deux de bridez, afin que le Calife monte dessus au moment qu'il paroitra. Après on passe la rue de *Mir Ismaël*, où il y a un Hôtel & un Caravanserai de ce nom & un Bazar, au bout qui joint le Bazar du *Ashordar Kochon*, le Garde des Sceaux de la guerre, lequel Bazar se rend au Caravanserai nommé *Beguni*, ou de la Reine, parce qu'il a été fondé par la Mere de *Sephy* premier. On voit tout proche un autre Caravanserai & un Bain, qui portent tous deux le nom de *Payder*.

[c] Quand on a passé ce quartier-là, on entre dans celui de *Nimaourde*, qui est un des plus fameux & des plus peuplés d'Ispahan. Ce qu'il y a de remarquable est la rue *Choumalou*: la Mosquée de *Zoulfogar*, qui est le nom du Sabre d'*Aly*: un Bain & un Hôtel, qui porte le nom de *Kussé-tracho*, c'est-à-dire, le Barbier du Corps, qui est celui qui fait le Poil au Roi, ce qui est un Office considérable : le Logis de *Cheib Mirza* Vizir du Pays de Karaolous : la rue neuve, où est une maniere de Couvent pour les Derviches de la Socte de Souphis. On l'appelle le Reposoir des Derviches Soufis : le Bain lavandié : la rue des Juifs, où on montre une de leurs Synagogues : le Bazar d'*Armigni*, & le Caravanserai d'*Abas*: c'est le Prince premier du nom, qui fit construire, & c'est un des beaux Caravanserais de la Ville. Au milieu de ce quartier de *Nimaourde*, il y a une assez grande Vallée qui en porte le nom, au delà de laquelle on trouve le Caravanserai de l'*Eléphant* : la rue de *Montabon*, où est la Mosquée dite de la *Violence* : le Palais & le Collége de *Mirza Casiy*, qui étoit *Cheic el Islam* : le Palais d'*Ibrahim Sulton*, Grand Panétier, & après on vient à la Mosquée de *Hakim Daoud*, qui est une des plus belles & des plus spacieuses d'Ispahan, occupant près de quatre arpens de terre, & ayant coûté plus de cent cinquante mille écus. C'est aussi la derniere grande Mosquée qui ait été bâtie dans cette Ville. Le fonds étoit auparavant un grand Cimetiere.

[c] p. 134.

De cette Mosquée, on entre dans la rue de *Baba Hassein*, & ensuite dans celle de *Baba Kemalou*, où il y a de fort belles maisons, & qu'on peut appeler des Palais, comme celle de *Hakim Massenai*, celle de *Mirza Gelal*, Gendre d'*Abas le Grand*, & trois autres, qui portent chacune le nom de *Mahamed Baguer*, qui sont trois grands hommes de Lettres, chacun dans leur Science, tous trois appellez *Mahamed Baguer*. Le premier surnommé le Coraffonien, étoit le principal du Collége d'*Abdala*, le plus grand & le plus riche Collége d'Ispahan. Ce *Mahamed Baguer* passoit pour le plus savant homme de son siècle, surtout pour la Théologie, & être digne de la qualité de Mouchtehed, ou Vicaire d'Iman. Le second *Mahamed Baguer* étoit surnommé *Tacdy*, du lieu de sa naissance : c'étoit un autre Savant qu'on estimoit le plus habile Mathématicien du Royaume. Le troisième fur surnommé l'Astrologue ; & étoit le Chef des Astrologues

gues du Roi. Le Palais de ce dernier Mahamed Baguer joint le Jardin de Baba Haffein. Proche delà, il y en a un autre, nommé *Aegbare*, à cause du Tombeau de *Sulton Melkcha*, qui est au milieu dans une Chapelle couverte d'un beau Dôme, & de cet endroit à la Place Royale, il n'y a que peu de chemin, & rien de confidérable.

ᵃ p. 137. ᵃ De la Porte de *Lombon* à cette Place, qui est une autre ligne de notre grande circonference, on trouve ceci à confidérer : Premierement, l'Edifice joignant la Porte, qui est le Palais d'*Ougour Libec*, *Divan Bequi*, ou Préfident du Tribunal Civil & Criminel: le Bain des Juifs, & l'Hôtel qu'on appelle le grand Chenil, parce que c'est pour loger les chiens du Roi, & tous ceux qui en ont la charge. Enfuite on fe trouve aux entrées de plufieurs rues, dont les principales font la rue des Potiers, la rue des Poivriers, celle des Papetiers, celle des Gardes-fceaux de la guerre, & celle des Fermiers & du Bandeau Royal de la Loi, ainfi nommée du premier Medecin du Sultan Meleccha, qui y fit bâtir un Palais, ayant été élevé à une haute fortune par la faveur de fon Maître, fur qui il avoit fait une cure merveilleufe.

Quand on a paffé cette Mofquée, on entre dans la rue dite *Baba Kafem*, à caufe du Tombeau d'un Saint de ce nom, qui y eft conftruit. Il eft renommé pour un des plus ardens Suppôts du Mahométifme. Les Perfans affurent que fi on mene un faux témoin fur la foffe, & qu'il y faffe un faux ferment en préfence du Magiftrat, il crève fubitement, & fes entrailles lui fortent du Corps. On entre de cette rue dans une autre appellée la rue de *Moumen Kazy*, où on voit au bout une grande Mofquée, nommée la Mofquée verte. C'eft le dernier édifice confidérable de cette moitié de Ville, qui porte le nom de *Joubaré*.

Dans le quartier de *Deredechte*, il y a une vieille Tour qu'on appelle la Tour des Cornes. Elle eft fituée au milieu d'une Place, entourée de Boutiques, hautes de trois pieds de terre. La groffeur de la Tour n'eft que de vingt pieds, à prendre fa mefure au deffus du pied d'eftal, & fa hauteur d'environ foixante. Le Corps eft conftruit de tuiles de mortier & elle eft revêtue par tout de haut en bas de cranes de bêtes fauves avec leurs Cornes. Il y a une Gallerie, aux trois quarts de la Tour, qui fait comme un Chapiteau, & où ces Cornes font comme un Baluftre. Là proche, eft un Tombeau, haut de trois pieds revêtu de pierres, appellé le Tombeau de la Gazelle, parce qu'il couvre la foffe d'un cheval fameux qu'avoit Abas le Grand, & qu'à caufe de fon extrême viteffe, on appelloit la Gazelle.

Tirant de là vers la vieille place d'Ifpahan, on trouve le Palais & le Bain de *Mirza Sedre Gehoon*, qui étoit *Mouftophy el Memelek*, c'eft-à-dire, le Secretaire de l'Empire. Sedre Gehoon, qui étoit fon nom, fignifie le Pontife de l'Univers. On trouve enfuite le Palais du *Mechel dar Bachi*, c'eft-à-dire, le Chef des porte-flambeaux, avec la Mofquée & le Bazar, qui portent fon nom : le Palais de *Vely yart chi Bachi*, le Chef des Crieurs publics, qui eft une charge importante en Perfe : le Caravanferai du Peuple de *Dergezin*, qui eft une Ville & un Pays fur les Confins de la Georgie : le Palais de *Mirza Koudchek*, où du petit Prince, qui eft le Pontife des biens légués par les Rois, avec un Bain & un Marché, qui portent fon nom : le Bain du grand Ecuyer, & le Palais d'*Abas Couli Bec Moordar*, ou Garde des Sceaux. Ce Palais fait le coin d'un Carrefour, où l'on trouve deux rues en face, l'une appellée la rue de *Zulfegar*, qui eft le nom du Sabre d'Aly, & l'autre la rue du Medecin *Fereidon*. Les autres rues principales de ce quartier font, la rue du grand Chambellan *Dechteour*, celle de *Nafchion*, celle de *Mirza Feffieh*, en chacune defquelles il y a un Bain de même nom, & puis la rue des Bonnetiers, où on vifite le Cloître, ou l'Hofpice de *Neamed Alla*, qui eft au milieu d'un Jardin, dont les murs font de briques, pofées à jour, enforte que de dehors on peut voir aifément ce qui fe paffe au dedans, de même que fi on y étoit.

Proche de cet Hofpice, il y a le Caravanferai de *Mirza Ifmaël Kavetchy*, ou Caffetier du Roi, celui de *Mirza Koudchec*, le Pontife, & quatre autres. Dès qu'on les a paffez, on fe trouve à un lieu célèbre, dit le *pied du Platane brûlé*. C'eft un vieux tronc d'Arbre, joignant lequel il y a encore une Hôtellerie de Derviches, à peu près comme la précedente. On remarque tout proche un grand Palais qui porte le nom de *Mir Ifmaël*, un Canton qui porte celui de Jardin des Pêches & des Pavis, parce que ce n'étoit qu'un fort grand Jardin rempli de ces fortes de fruits, vers le commencement du fiécle paffé lorfque la Ville étoit moins peuplée. Une partie de ce Jardin eft devenue une Place, fur un des bords de laquelle eft le Bain Lavendié, & fur un autre la Mofquée d'Iman Couli Can. Plus outre, on paffe la Valée des faifeurs de Chagrin, la Mofquée de *Molla Zamon*, la rue d'*Aly Sulton* Chef des Hérauts, ou Crieurs publics, celle de *Molla Haffen-Chater*, ou valet de pied du Roi, & celle des *Chebbaze*, ou coureurs de nuit ; ce qui revient à nôtre terme de Filou.

Continuant de parcourir le Quartier de *Deredechte*, on entre dans la rue *Bagraion* tirant vers *Takga* & *Harom Velaied*. On trouve enfuite le Carrefour dit *Gulbar*, ou *Gulbahar*, c'eft-à-dire, fleur de Printemps. Ce quartier-là a de remarquable le Palais de *Califé Sulton*, Gendre d'Abas le Grand & premier Miniftre d'Etat, & le Caravanferai joignant, qui porte le même nom, auffi bien qu'un Bazar, auffi joignant, & un Cabaret de Coquenar, qui eft une décoction de Pavot, dont on a déja parlé. Le Peuple & furtout les gens qui font fur le retour, viennent en boire pour fe mettre en belle humeur, & quelquefois en d'agréables rêveries, comme des gens endormis. On apperçoit delà la vieille Place d'Ifpahan, & l'on y arrive en paffant par devant le Bain dit le *Bain du Trône*, & par devant un vieux Palais, qui eft fort grand & fort ancien, appellé la Maifon des Chiens, parce qu'il appartenoit à un grand Veneur. Il eft tout de brique, bâti

Gg

à l'Europeane, en ce qu'il y a de grosses Tours aux quatre Coins. Abas le Grand y logea plusieurs années durant, & jusqu'à ce que son Palais fut bâti. Proche de cette Maison des Chiens, on voit le Caravanserai d'Aly l'Epicier & celui des *Kaulys*, nom, qui dans l'usage veut dire tout homme exécrable, & particulierement un incestueux. On les appelle aussi *Korbetis*, & *Koboalis* : termes qui dans leur étymologie, signifient le crime contre nature, qui est encore plus detestable.

Le long de la vieille Place, on voit plusieurs Cabarets de Pavot, une vieille Tour qui porte le nom de *Coja Alem*, qui étoit joignant le Palais Royal d'Ispahan, lequel est à present si ruiné que les ruines mêmes ne se voyent presque plus. On y rencontre après la vieille Maison des Instrumens de Musique, où l'on sonnoit autréfois au Coucher du Soleil, & à minuit, comme j'ai dit que l'on faisoit à present dans la Place Royale, un Bain & un Caravanserai, qu'on appelle des Potiers de terre : un College qui porte le nom du Roi *Tahmas* : la Gallerie des faiseurs de Maroquin, lequel on fait là de toutes couleurs plus vives & plus belles qu'en aucun lieu du monde : puis la vieille *Kaiserié*, ou le vieux Marché Impérial, qui étoit le bel abord & le riche endroit de la Ville, avant qu'Abas le Grand eût bâti sa nouvelle Ispahan. Cet endroit est fort détruit : on en a fait de grandes Etables pour les Mulets du Roi, & il y en a toûjours six-vingt, à cent cinquante. Au delà on trouve un Bain, un Caravanserai & une Mosquée, qui portent le nom de *Kemarzerin*, & les rues suivantes, savoir la rue des *deux Freres*, qui est une des plus infames de la Ville, n'étant habitée que par des femmes publiques : la rue de *Molla Moumen*, où est la Mosquée de *Molla Negmé* : la Vallée des Soulliers de Toille , ainsi dite , de ce qu'il y demeure nombre de ces Cordonniers, qui font des Soulliers à Semelle de Toille , dont les Paysans se servent : la Semelle qui est faite de vieilles guenilles dure trois fois plus de tems, qu'aucune Semelle de cuir. Cette rue aboutit à la Maison de l'*Ahtas*, qui est le Chevalier du Guet, à qui appartient la garde & le Gouvernement de la Ville durant la nuit. Delà tirant aux Portes de *Tokehi* & de *Deredechte*, on passe les rues suivantes , celle de *Hakim Chafai*, c'est-à-dire, du Medecin *Donne-Santé*, celle des Confituriers, où est le Caravanserai, qui porte le nom des *Ardestoniens*, peuple de la Parthide, celle des Herboristes, & celle de *Malgmoud Cha*, qui est la derniere.

^a p. 147. Ce quartier est ce qu'on appelle la VIEILLE VILLE. Il n'y a rien de beau ni de fort remarquable. Les Maisons en sont petites, basses, entassées l'une sur l'autre, n'y ayant point de Jardins , comme aux autres quartiers de la Ville ; les ruelles sombres & petites , l'air étouffé, le peuple pauvre & de la plus basse condition. C'est aussi un vrai Labyrinthe, où on a besoin de Guides. Les Villes de la Province de la Parthide, qui ont été bâties du tems de cette vieille Ville d'Ispahan, sont toutes de même maniere : c'est parce que durant quatre à cinq cens ans le Pays étoit ravagé continuellement par divers ennemis, ce qui réduisoit le peuple à fuir dans les Forteresses, à chaque allarme, en abandonnant leurs maisons. Celles de ce quartier se rebâtissent peu à peu, grandes & spacieuses, comme aux autres quartiers de la Ville, & avec le tems il n'y aura plus de traces de cette vieille Ville.

Revenant de ces Portes, vers les autres Quartiers de la Ville, on trouve d'abord la FORTERESSE, que les Persans appellent *Cala Teberrouk*, le Château de la Bénédiction, laquelle joint les Murs de la Ville à la partie Septentrionale. Cette Forteresse est de figure quarrée irréguliere, d'environ mille pas de Diametre, toute bâtie de terre, enduite de plâtre au dehors. Le Mur en est fort haut à creneaux, muni d'un grand Parapet, flanqué de Tours rondes par espaces, épais de douze à quatorze pieds, ayant un fossé tout à l'entour, bordé d'un rempart de plus de trente pieds d'épaisseur & de bonne défense, & d'un avantmur , beaucoup plus bas que l'autre. Cette Forteresse a aussi une Courtine ; mais tout cela est si antique, & d'une Architecture & d'une fortification si differente de celle dont on se sert dans nos Pays, que ce Château de la Bénédiction nous paroit bien plus une prison, qu'une Forteresse. Chaque Tour a son nom particulier. Je ne rapporterai que le nom de quatre principales. Celle de l'entrée, laquelle est la plus grosse, s'appelle la *Maison des Chaines*, & c'est ainsi que les Persans appellent une Prison : celle qui est à l'Occident, s'appelle *Prince à venin de Serpent* ; celle qui est à l'Orient, est nommée *Arechlou*, & l'autre qui est au Midi, s'appelle la *Tour des quarante filles*, parce qu'on croit qu'il y revient des esprits en forme de jeunes filles, à cause de quoi cette Tour n'est pas habitée comme les autres ; personne n'y ose coucher. L'entrée de la Forteresse est à quinze pieds de terre, faite en talus, étroite & basse, entre deux Tours regardant le Septentrion. Le haut est peint de signes du Zodiaque, sous lesquels Ispahan fut bâti. Il faut passer deux autres Portes semblables, avant que d'être à droite. Cette Forteresse renferme à peu près trois cens soixante dix Maisons, avec la Place d'Armes, une Mosquée, un Bain, le Logement du Vizir & le Donjon, qui en est la principale pièce. Les Maisons sont habitées par des Soldats Persans, qui ont de paye depuis trois cens jusqu'à cinq cens Francs : il y en a mille d'entretenus, dont la moitié doit toûjours être en garnison. La Place d'Armes est assez grande : on y compte au dessus de quarante piéces d'Artillerie de bonne fonte, conquises sur les Turcs, & sur les Espagnols, dans le Sein Persique. Le Logement du Vizir, ou Gouverneur de la Place, qui est toûjours le Gouverneur de la Province, est grand, mais on l'entretient mal, depuis que le Vizir n'est plus obligé à la résidence. Ce fut Sephi premier qui le dispensa de cette obligation : il y avoit auparavant habité de tout tems, depuis la construction de la Place, sans oser en découcher : ce qui se faisoit, non pas tant pour la garde de la Place même, que pour celle du Trésor Royal qui est au Donjon de ce Château, qu'on appelle à cause de cela, *Nazin Khoné*, ou Magazin à garder, comme ils parlent. On n'entre que très-rarement,

ment, & par grande faveur dans ce Donjon, parce que les clefs en sont en différentes mains. Le Grand-Maître en a une, dont son Vizir est le Gardien : le Vizir de la Ville en a une autre, & le Gouverneur du petit Arsenal une autre. [a] Chacun y appose son Seau, de plus, ce qui fait que sans eux trois ensemble, il n'y a pas moyen de voir ce lieu.

[b] Je décrirai présentement ce qu'il y a de remarquable en venant de la Porte de *Derdechte*, au dedans de la Ville. Le premier édifice est le Bazar, qu'on appelle *des Arabes*, accompagné d'un grand College qui porte le même nom. Il y a ensuite un autre Bazar, avec un Caravansérai qui porte le nom de *Bouanotion*, où l'on vend les plus beaux fruits secs du Pays, & les meilleures eaux de fruits, comme des jus de Citron, & de Grenade. On ne trouve rien de considérable en deçà, jusqu'au quartier de *Heussenie*, qui est l'un des plus fameux d'Ispahan. C'est là qu'est la vieille Mosquée, qui étoit comme la Cathédrale, avant qu'Abas le Grand eût fait construire la Mosquée Royale. On l'appelle la vieille Mosquée de la Congrégation, qui est le terme dont les Mahométans appellent la principale Mosquée d'une Ville. C'est la plus grande de la Perse, & où il paroit plus de majesté. Le terrain qu'elle occupe est de plus de quatre arpens. Elle est de figure quarrée, consistant en un grand Dôme, en deux autres plus petits à ses côtez, qui regardent le Midi & le Septentrion, & en quatre Dômes encore plus petits, dans les quatre Coins. Ces Dômes sont bas & plats, en maniere de four, tous soûtenus par quarante Pilastres : l'ouvrage est revêtu dedans & dehors de carreaux d'émail, peints de Moresques vifs, & luisans, excepté le bas à huit pieds de hauteur, qui est revêtu de belles tables de Porphyre, ondé & marbré, qui sont celles qu'Abas le Grand vouloit faire enlever pour servir à la Mosquée Royale.

Le Diametre du grand Dôme est de plus de cent pieds. Au devant de ce Dôme qui fait comme le Chœur du Temple, il y a une fort spacieuse cour entourée de Cloîtres, dont le devant est en Arcades, soûtenues par de gros Pilastres de même ouvrage que les Dômes. Des gens d'Eglise, des Professeurs, & des Etudians en Théologie logent sous ces Arcades-là, qui sont fermées de chassis sur le devant. Cette Mosquée a deux Tourelles ou Aiguilles, hautes & menues de brique d'émail, & sept Portes principales, que les Persans disent être pareillement l'ouvrage de sept Rois, chacune ayant son nom particulier, & les fausses Portes de même, il y a un Bassin d'eau quarré au milieu de la cour, lequel est fort grand, & dans lequel on a bâti un Jubé ou *Placitre* de bois, à trois pieds de l'eau, où vingt personnes peuvent tenir, & c'est où l'on va faire ses prieres, après s'être purifié. Il y a encore un autre Bassin fort grand sous un des Dômes, & quelques petits sur les côtez de l'édifice, & particulierement proche le *Gossel Khone*, c'est-à-dire, le lieu où l'on administre aux Morts la Purification legale. Il y en avoit autrefois bien davantage, mais comme on a reconnu que tant de Canaux souterrains minoient l'édifice, on les a bouchez, & l'on a comblé les Bassins. Les deux principales Portes de la Mosquée sont élevées de quatre marches, & tiennent à des allées assez étroites qui introduisent dans la Mosquée. Celle qu'on appelle des Libraires, est bordée de chambres, où l'on garde les piéces des convois funébres. L'une s'appelle la Maison des cercueils, parce qu'on y garde quantité de cercueils pour les Paroissiens décédez ; car il faut observer qu'en Perse, comme dans le reste de l'Orient, on n'enterre point les corps enfermez dans des bieres, mais on les porte en terre dans une biere commune que la Mosquée fournit. On y met le corps au moment qu'on veut l'emporter, & quand le convoi est arrivé à la fosse, on tire le corps de la biere, & on l'enterre envelopé dans le drap mortuaire. Les Persans disent que la biere empêche le corps de se réduire assez tôt en poudre, selon que Dieu a ordonné qu'il y retournât. Une autre chambre contient les Enseignes & les Etendarts des Imans, qu'on porte aux convois funébres. Une autre le *Siparé* ou Alcoran en trente volumes, qu'on y fait porter par trente Ecoliers ou Etudians. Une autre le *Tchar-Chadoni*, ou quatre voiles, qui sont de petites tentes, dont on environne la fosse lorsqu'on enterre des femmes. Les Sacristies, où l'on garde les Livres, les Lampes, les Tapis, & les autres meubles de la Mosquée, sont du côté du Couchant, ainsi qu'une Sale à Dôme, qu'on appelle la voûte suspenduë ; & proche delà est une Chapelle souterraine, où l'on s'assemble, & où l'on fait la priere publique durant l'Hyver. La Chaire du Predicateur & l'Oratoire, sont sous le grand Dôme.

[c] Le quartier de *Hossenie*, où cette grande Mosquée est bâtie est ainsi nommée d'une célébre famille qui se dit originaire de Hossein, fils d'Aly, & petit-fils de Mahamed, laquelle y demeure de tems immémorial. Les Palais qu'elle y a fait construire sont le plus bel endroit du quartier. Il y en a quatre aux coins d'une grande Place, dont celui qui est au coin septentrional, est à la verité desert & presque tout ruiné, mais les trois autres sont beaux & bien entretenus. Le plus grand & le principal est possedé par *Senger Mirza Padcharez*, ou issu du sang Royal, ce qui s'entend, parce que ce Seigneur est ici descendu de Hossein, qui en qualité d'Iman étoit Roi legitime de tout le monde, selon la créance des Persans. Une petite Place quarrée se presente devant le Palais, dont le Portail élevé de sept marches, qui est un des plus grands & des plus apparens de la Ville, méne à une fort large cour de figure quarrée, où il y a un grand Bassin d'eau & un Tombeau de pierre, haut de quatre pieds sur une Baze de dix-huit pouces. C'est le sépulcre d'un des hommes éminens de cette ancienne famille que l'on appelloit le Roi des Rois, Prince des Hossenites, & qui en étoit le chef du tems d'Abas le Grand.

[d] Les autres lieux considérables de ce quartier sont la Mosquée *Sengerié*, où l'on voit une Inscription en lettres d'or au nom du Roi Ismaël le Grand, ce qui fait croire qu'il a fondé cet Edifice, aussi bien que le Logis des Augustins, qui sont une Mission de Portugal. C'est un grand Palais Royal, où il y a beau-

coup

coup de jardins, avec des Bassins de marbre & des logemens dorez & assurez assez vastes pour une Communauté de cent personnes. La plus grande partie de ce Palais est inhabitée, à cause qu'il n'y a plus que trois ou quatre Religieux, avec sept ou huit Domestiques. Ils étoient en beaucoup plus grand nombre, lorsqu'ils vinrent s'établir à Ispahan.

a p.164. ^a En sortant du quartier de Hossenié, on rencontre la Maison de *Mirza Jafer*, Juge ou Lieutenant Civil. De cette Maison-là, on passe devant le Collége nommé *Bazil*, & devant le Logis qu'on nomme du *Kelonter*, parce qu'un Kelonter, qui est ce qu'on nomme chez nous, le Prévôt des Marchands, l'a fait bâtir. Après, on trouve la Mosquée d'*Aga Nur Joula*, où l'on montre au fond du Chœur ou au *Mahrab*, comme parlent les Mahometans, c'est-à-dire, l'endroit où il faut tourner ses regards en faisant ses prieres, deux grandes pierres de marbre polies, dont l'une est blanche, & l'autre est jaspée, sur lesquelles on prétend que les marques des pieds d'*Aly* sont empreintes, & que l'endroit a l'odeur de l'ambre : & si quelque Chrétien leur dit qu'il ne le sent pas, ils répondent hardiment que c'est parce qu'il est infidele ; mais que s'il veut embrasser leur Religion, il sentira cette odeur.

Cette Mosquée d'*Aganur Joula*, qui étoit un pauvre Tisseran Persan que la misere avoit réduit à fuir aux Indes, où il avoit fait une grande fortune : cette Mosquée, dis-je, est belle & somptueuse, ayant deux Portes, l'une qui méne au Palais de *Mirza Taki*, Intendant des Courtches, qui étoit l'ancien Corps de milice de Perse, & l'autre à la ruë d'*Ismaël Beck*, qui étoit Sécrétaire d'Etat. Il y a un Palais au milieu qui porte le même nom, & au bout le Bain de *Kesanâjat*, qui étoit le Bouffon d'*Abas* le Grand, fameux pour son esprit & par ses reparties. Delà on va à la ruë des Chartiers, qui aboutit au Bain de *Molla Chams* & au Bain de *Jugi*. On entre ensuite dans une ruë qu'on appelle la ruë des Juifs de *Deredechte*, où l'on montre le Logis d'un fameux Lutteur, qui à cause de sa force & de son adresse étant insolent, & s'étant mis à enfoncer les maisons la nuit, *Abas* second le fit éventrer. Les autres ruës principales de ce quartier sont la ruë des Tailleurs d'Anneaux d'albâtre, qui sont ces Anneaux qu'on met au pouce, pour bander l'arc avec plus de force : la ruë du *Bain du Vizir* : la ruë *Chamalou*, où il y a un Tombeau d'un Saint dont on ignore le nom : la ruë du *Chemzé Zeminé-Alem*, qui est le nom du plus riche habitant du quartier. On y trouve une Mosquée & le logis du Moupty, qui est le Pontife de la Loi Mahométane. C'est chez les Turcs le premier Officier de la Justice civile ; mais chez les Persans il n'a gueres de rang, & encore moins d'autorité. On voit encore dans cette ruë la Maison du Chevalier du Guet, avec sa prison à l'entrée : car ce Magistrat en Perse a le Gouvernement de la Ville durant la nuit, & juge de tout ce qui arrive durant ce tems-là. Quand on est sorti de cette ruë, on entre en prenant à gauche dans la ruë d'*Aga Chamahlou*, où l'on trouve un grand Collége, dont le Portail est orné de deux hautes Aiguilles ou Tourelles, & un Palais fort beau, & des plus grands de la Ville, qui porte le nom de *Zamoon Braby*. On dit que dans cette ruë logent les plus belles Courtisanes de la Ville.

Il ne me reste plus qu'à parcourir deux Cantons du Quartier de *Deredechte*, pour en avoir achevé la description. Le premier est sur le Chemin qui méne de la Porte de Deredechte à celle d'Abas, qui est à l'autre partie de la Ville dite Joubaré, & le second est le Canton nommé *Café Boulagni*. ^b Les ruës principales du premier Canton, sont la ruë *Choura*, où il y a un Bain en porte le nom : la ruë des *quarante filles* : la ruë *éternelle* : la ruë des *Verriers*, celle de *Cheic Bahedy Mahamed*, qui a composé ce fameux Abregé de la Théologie pratique, & cérémonielle, qu'on nomme la Somme d'Abas, lequel y avoit son Palais. Il y a deux Bains dans cette ruë, dont le plus grand s'appelle le *Bain de Cheik* : après on voit la ruë d'*Aga Chir-Aly*, où il y a un Bain, une Mosquée, & un Collége, qui portent ce même nom, & un autre Collége qu'on appelle le Collége du *Vizir des biens leguez*, qui sont les biens d'Eglise, & deux beaux Caravanserais, l'un des faiseurs de Tapis, & l'autre dit *Malation*. Au delà de ces ruës, l'on en traverse une autre fort longue, nommée la *queuë de la Poële*, qui aboutit à un grand Jardin, qu'on appelle le *Jardin du Vizir*. Au delà est la ruë neuve, où il y a un beau Palais, bâti par un très-riche Jouaillier, qu'on appelle *Agyphatah*, vendeur de Perles. Il n'y a pas moins de magnificence, d'ordre & de Domestiques dans cette Maison-là, que chez un Officier de l'Etat. Delà à la porte d'Abas, on passe par diverses autres ruës, où l'on trouve par tout des Bains & des Caravanserais, comme dans tout le reste de la Ville, & deux Palais dont le plus remarquable est celui d'*Aga Zamon*, Vizir de Ghilan.

^c Le Canton de *Café Boulagni* est ainsi nommé d'un Palais de ce nom, qui est un grand Edifice, où le Roi met souvent loger les Ambassadeurs. Il y a tout proche un autre Palais fameux, qui porte le nom de *Mirza Hassib Mouchtebed*, c'est-à-dire, Lieutenant de l'Iman, ou Successeur de Mahamed. Les Théologiens enseignent en Perse, qu'un *Monich-Tehed* doit avoir éminemment ces trois qualitez, la science, l'austerité de vie, la douceur des mœurs. Ce que l'on voit encore de considérable dans ce quartier, est la ruë des Tailleurs de pierre, qui est longue & bien bâtie, la Mosquée d'*Iman Zadé Zeinel Abedin* qui est un des douze premiers Imans, laquelle a un grand Jardin dans son enclos, où il y a du couvert, comme dans le milieu d'un bois, & de grands Bassins d'eau, & enfin le Cimetiere *Chamalon*. C'est le plus grand qu'il y ait dans la Ville, & il est fort ancien.

Aprés avoir décrit l'enceinte d'Ispahan je resserrerai davantage ce que j'ai à dire de ses Fauxbourgs.

Les dehors d'Ispahan & ses annexes, ont une grande étenduë. Il y a un *Cours* où la *grande allée* est longue de trois mille deux cens pas & large de cent dix: au milieu coule un Canal d'un bout à l'autre, dont les rebords sont faits de pierre de taille, sont élevez de neuf

b p.166.

c p.167.

neuf pouces & si larges que deux hommes à cheval peuvent se promener dessus de chaque côté. Ce Canal est distingué dans sa longueur par des Bassins bordez de même, les uns quarrez, les autres octogones successivement. Les ailes de cette allée sont de vastes Jardins dont chacun a deux Pavillons, l'un fort grand situé au milieu du Jardin consistant en une sale ouverte de tous côtez & en des chambres & des Cabinets aux angles, l'autre élevé sur le portail du Jardin ouvert au devant & aux côtez afin de voir plus aisément tous ceux qui vont & viennent dans l'allée. Les murailles de ces Jardins sont pour la plupart percées à jour ensorte que de dehors on peut voir ce qui s'y passe. Les rues qui la traversent en plusieurs endroits sont de larges Canaux d'eau accompagnez de hauts platanes à double rang, l'un près des maisons, l'autre sur le bord du Canal. Elle est aussi coupée par une Riviere, sur laquelle elle est continuée par un pont. Elle aboutit à une maison de plaisance du Roi que l'on appelle *Mille arpens* à cause de son étenduë, le pont de cette allée est un Chef-d'œuvre dans ce genre.

Cette grande allée a deux portails, l'un même au Fauxbourg d'*Abas-Abad*, l'autre au Palais du Roi. La Colonie d'Abas, ou ABAS-ABAD est à la droite de la grande allée & le Fauxbourg de CADJOUC est à gauche.

^a p. 186. ^a Le FAUXBOURG DE CADJOUC commence à la porte de Hassein-Abad, on y trouve d'abord les ruines du Palais du Roi Hassein parmi lesquelles il n'y a rien d'entier, un College qui porte son nom & où l'on voit son tombeau qui n'est pas ruiné comme le Palais, mais entier & bien entretenu : une Mosquée, un bain ; un Hôpital de Derviches qu'on dit tous de la fondation du Roi Hassein, quoiqu'ils paroissent renouvelez depuis un siecle ou deux ; & un Bazar qui porte aussi le même nom. Au delà de ce Bazar on trouve la rue la plus longue & la plus large qui soit à Ispahan. Sa largeur est de trente pas & sa longueur d'un quart de lieue. Elle mene à un endroit fameux nommé Bavaroue, & on y voit plusieurs grands Hôtels avec de beaux Jardins sur la gauche. On observe particulierement dans cette grande rue & à l'entour le College de *Cheic Yousouf Benna*, le Bazar, le Bain, & le Caravanserai d'*Aytemour-bec*, un Jardin spacieux qui porte le nom de Mourad, deux grands Cimetieres, un Palais appellé *Kaylouc*, un Hermitage fondé par *Mircassem-bec* Gouverneur d'Ispahan avec un bain tout joignant & delà en allant plus loin, on arrive au Canton de *Chazeid* ainsi nommé d'un fils de l'Iman Hassein en l'honneur duquel il y a un Hermitage fondé & entretenu dans ce Canton.

^b p. 188. ^b Le Fauxbourg de Cadjouc se divise en grand & en petit : le petit est le premier que l'on rencontre en sortant de la Porte. Les plus considérables Edifices qu'on trouve en y entrant sont le Palais de Cazi Moheze : le Cazi est le Juge civil, & celui-ci vivoit du tems d'Abas le Grand, & étoit fameux pour son équité, & pour son intégrité, le Palais d'Aly-bec, fils d'Aly Merdom Kan, qui livra au Roi des Indes la Forteresse de Candahar, dont il étoit Gouverneur. C'est un grand Palais, dont la partie qui est pour les hommes, consiste en deux grands corps de Logis, un au Midi, l'autre au Nord, separez par un Jardin qui est entre deux.

Joignant le Palais de Mirza Rezi, il y a une Mosquée qu'il a fait bâtir, & qui porte son nom. Elle est grande & belle, contenant plusieurs logemens à doubles étages, qui servent à des gens d'Eglise, & à des gens de Lettres. On y voit un grand Bassin dans la Cour, au devant du Chœur de la Mosquée, qui est l'endroit où l'on fait d'ordinaire la priere publique. Le Portail est grand & beau, fermé d'une chaîne, comme plusieurs autres Mosquées, la chaine pend à cinq pieds du bas, & est soulevée par le milieu avec une autre chaîne pendue au sommet du Portail. On met ainsi des chaines aux Portes des Mosquées de peur que par méprise il n'y entre quelque bête de charge, comme cela peut arriver facilement dans un Pays où tout se voiture sur le dos des animaux, & où l'on n'a presque pas l'usage des charettes. On releve la chaine par le milieu, afin que les hommes y passent plus aisément. A quelques pas delà il y a une grande rue des plus droites de la Ville, qui est terminée aux deux bouts par deux grands Carrefours couverts chacun d'un Dôme, soutenu sur de gros Pilastres de brique, l'un s'appelle le Carrefour du bois, l'autre le Carrefour d'Effendiar-bec. A la gauche de cette rue est un Canton qu'on appelle Saleh Abad, qui contient entre les rues de traverse cinq ou six rues principales, lesquelles aboutissent à la Riviere. Les Jardiniers du Roi qu'on appelle en Perse les Bêcheurs du Roi, demeurent dans ce quartier-là, & ce qu'il y a de plus considérable, c'est le Palais de *Kazi Can*, & trois grands Caravanserais, où logeoient tous les Corassoniens, qui sont ceux qu'on appelloit autrefois Bactriens. La dévotion, plutôt que les affaires du monde, les amene à Ispahan, où ils viennent à centaines une fois l'année, sous la conduite d'un Chef pour aller en Pélerinage à *Kerbela*, place d'Arabie, où Aly est enterré.

Le reste du Quartier de Cadjouc s'étend au côté gauche de la grande Allée ci-dessus décrite, qu'on peut appeller le Cours d'Ispahan. Les rues en sont traversées par de larges canaux d'eau, bordez de grands arbres d'un & d'autre côté, comme dans les Villes de Hollande. Il n'y demeure gueres que des gens de qualité, on n'y voit presque que de grands Hôtels, avec des Jardins très-spacieux. On y voit, entre autres, le Palais du *Vakanewvis*, ou l'Ecrivain des choses casuelles, qui est un Sécrétaire d'Etat : celui des Musiciens Indiens, où logent tous ces Joueurs de cor, & d'autres gros Instrumens, qui sont natifs des Indes. Abas second, à la prise de Candahar, sur le grand Mogol, en amena un grand nombre, qu'il logea dans ce Palais lequel étoit vuide. On voit tout proche celui de *Mirza-jaher*, Controlleur du Nazir, ou Grand Surintendant : c'est un Officier qui sert de second au Nazir, & qui est établi pour veiller sur sa conduite, de peur qu'il ne fasse tort au Roi, ou qu'il n'oprime ses serviteurs

Gg 3 &

& ses Ouvriers. Il y a encore dans ce Quartier le Palais de *Mirkechi-bec*, qui étoit Surintendant de toutes les Maisons Royales : le Palais d'*Aly Coulican*, qui est mort Généralissime des Armées du Roi. Ce Palais n'a pas été achevé, autrement ce seroit le plus grand Palais de Perse, excepté celui du Roi. Ce Palais est au bout de la ruë des *Chartiers*, qui sont tous ramassez en cet endroit : Car on retire là les Charettes dans le Fauxbourg, parce qu'elles sont trop larges pour tourner commodément dans les ruës de la Ville, dont la plûpart sont étroites. Il y a un Bain dans cette ruë des Chartiers, qu'on appelle le Bain du *Porte-Pavillon*, c'est qu'il a été construit par un homme qui gagna un fort grand bien à louer de petites tentes aux Revendeurs dans les Places de la Ville : il n'en prenoit que deux Liards de louage par jour, & il y gagna plus d'un million.

C'est-là ce qu'il y a de plus remarquable dans le Quartier appellé le *petit Cadjoue* : celui qu'on appelle le *grand Cadjoue* est au-delà, & s'étend jusqu'à la Campagne. On y voit le Palais d'un Général des Mousquetaires du tems d'Abas le Grand. Il eut la tête tranchée, ses biens furent confisquez. On logea les *Capucins* dans ce Palais à leur arrivée à Ispahan ; le Roi les traitant en Ambassadeurs de France. Il est joignant le Bazar qu'on nomme de *Moustophy*, qui aboutit à une Mosquée de même nom, derriere laquelle il y a des Moulins à eau. Il n'y a point de Moulins à vent à Ispahan, ni en aucun endroit de Perse ; les Moulins sont à eau, ou à bras, ou tirez par des Animaux. Proche ces Moulins est le *Kassal-Khoné*, ou le *Lavoir mortuaire*, auquel une moitié de la Ville va laver les Corps morts du commun Peuple, avant que de les ensevelir. On voit encore dans ce Quartier le Palais de *Cheic-Baahdin Mahamed Gebed Amely*, c'est-à-dire, l'ancien, la gloire de la Religion, Mahamed, l'entasseur de Montagnes, qui est ce fameux Docteur Persan, lequel composa l'abrégé du Droit Civil & du Droit Canon en vingt livres ; on appelle la Somme d'Abas, parce que ce fut par ordre d'Abas le Grand qu'il le composa. On lui a donné ce surnom pompeux pour marquer l'excellence de ses Ouvrages sur la Théologie Pratique, parmi lesquels on estime singulierement cette Somme. Ce Palais est le dernier édifice de ce Fauxbourg. Il n'y a que des Campagnes au-delà, jusqu'au Village de *Cheherestoou* d'un côté, & jusqu'au Bocage de *Mahamed Aly-bec* de l'autre, que les Européans appellent l'*Isle*, parce que la Riviere y fait en serpentant plusieurs petites Isles, où l'on va se divertir à la pêche & à la chasse. Entre les Arbrisseaux de ce Bocage, il y en a qui portent un fruit, comme les Lambruches vertes, qui étant meuries crévent, & donnent une maniere d'ouatte, ou soye, & il y en a d'autres qui ont l'écorce très-fine & luisante, dont les feuilles découlent durant l'été une Manne bâtarde, douce & fort agréable au goût. Le Village de *Cheherestoon* est un des plus grands qu'on puisse rencontrer dans aucun pays du monde. Il a près d'une lieuë de long, consistant en Jardins fruitiers. Il est à l'Orient de la Ville, bâti sur le Fleuve qu'on passe sur un Pont haut & étroit, à l'endroit duquel on voit grand nombre de ruines, ce qui donne lieu de croire qu'il y a eû anciennement beaucoup d'édifices en ce lieu, & que c'étoit une Ville, comme l'Histoire le porte. On y montre entre les autres la Maison où naquit l'Emir *Gemla*, qui devint un des plus grands & plus fameux Princes des Indes.

Le Fauxbourg d'Abas-Abad, ou la Colonie d'Abas, commence à la Porte Imperiale. On l'appelle aussi le Quartier des gens de Tauris, parce qu'il a été premierement peuplé d'une Colonie que ce grand Prince amena de Tauris, Ville Capitale de la Medie. C'est le plus grand Fauxbourg d'Ispahan, s'étendant depuis le Pont d'Ispahan, jusqu'au Pont de *Marenon*, qui en est à une grande demie lieuë à l'Occident : c'est aussi le plus bel endroit de la Ville ; car comme il est bâti de nouveau, les édifices en sont plus magnifiques & les ruës en sont larges & droites, au lieu que celles de la Ville sont la plûpart tortues. Les principales ruës de ce Fauxbourg ont au milieu des Canaux larges & profonds d'un bout à l'autre, & un double rang d'arbres, l'un contre les Maisons, l'autre sur le bord du Canal. Il n'y a point aussi d'endroit dans la Ville, où il demeure tant de gens riches & de gens de qualité.

La premiere ruë qu'on rencontre, en entrant dans ce Fauxbourg par la Porte Imperiale, est longue d'environ douze cens pas en droite ligne, aboutissant à la Riviére. Les plus grandes Maisons, sont le Palais de *Mahamed Taher*, un des Astrologues du Roi ; le Palais de *Saroutaki*, ce premier Ministre Eunuque dont on a deja parlé, avec un Bain & un Bazar qui portent son nom ; & par delà on arrive à une ruë de traverse qu'on appelle le Canal Royal, à cause de la largeur & de la profondeur du Canal qui coule au milieu. On le passe sur deux petits ponts, & l'on trouve au-delà une Mosquée qui porte le nom de *Melec-bec* le Taurisien, qui en est le Fondateur : le Palais de *Mohamed Moumen Baagbon Bachi*, qui est l'Office qu'on appelle en Turquie, Bostangibachi, c'est-à-dire, Capitaine des Gardes des Jardins du Roi, par où l'on entend tout le Palais : le Palais de *Chelebi-Stamboli*, comme qui diroit le Gentilhomme Constantinopolitain, qui est un gros Marchand qui négocie en ce pays-là, lequel a fait bâtir joignant son Hôtel, un Bain, un Bazar, & une Mosquée, qui portent son nom.

Joignant ce Palais, il y a un beau & magnifique édifice qu'on appelle la Maison du fils de *Azys-alla*, qui étoit un grand Jouaillier, qui mourut aux Indes en faisant son négoce. Il y a à cet édifice, de même qu'à plusieurs autres de ce Fauxbourg, des Tours à vent, faites pour rafraichir le Logis durant l'été. Les Persans les appellent *Bad-guir*, c'est-à-dire, *Preneur de vent*. Ce sont des Tuyaux qui sortent hors du toit, comme les Tuyaux de cheminées, mais beaucoup plus hauts & plus gros. Ils sont quarrez d'ordinaire, conduisant l'air dans la chambre, au dessus du toit de laquelle ils s'élevent, & si peu qu'il y ait d'air, un lieu en est tout rafraichi. Ces Tuyaux sont fermez l'Hyver, en telle sorte qu'on ne s'apperçoit en aucun endroit du Logis qu'il y ait. On ne voit point de bonne Maison dans la Caramanie déserte, sans un ou deux de ces Tuyaux à vent.

Ce Palais est près de la grande Place du Fauxbourg, où se tient le Marché. C'est une Place ronde, couverte d'un seul Dôme, qui tient aux quatre ruës qui y aboutissent. On voit à l'un des côtez de cette Place un haut Pavillon quarré, au sommet duquel on jouë des Instrumens au coucher du Soleil & à minuit, comme dans la Place Royale, ce qui est le privilége des grandes Villes seulement. Abas premier le donna à ce Fauxbourg pour y attirer plus d'habitans, & il vouloit donner ce même privilége à Julfa, Bourg des Chrétiens, qui se bâtissoit en même tems que ce Fauxbourg, & vis-à-vis ; mais les Armeniens le refusérent, par la crainte de la dépense que cela leur pourroit causer. Près de la Place est un cimetiere nommé *cha Chamion*, où l'on voit une Chapelle bâtie sur le Tombeau d'un Saint dont le nom est inconnu. Plus loin, on trouve le Collége qui porte le nom de la Mere du Roi, à cause que la Mere d'Abas second en est la fondatrice. C'est le plus grand Collége de ce Fauxbourg. Il sert aussi de Mosquée, la Chapelle, qui est à côté, étant fort grande. On trouve ensuite le Palais d'un Seigneur aveugle, qu'on nomme le fils de *Daoudcan*, à qui le Roi Sephi premier envoya arracher les yeux hors de la tête, parce que ce Roi s'étant emporté de fureur contre lui, & l'ayant fait mourir, sans que pour cela son courroux fut appaisé, il commanda d'arracher les yeux à tous ses enfans mâles. Puis l'on trouve la Mosquée de *Lombon*, le Palais de *Mir Massoum*, où l'on voit des Portes de Talc, tout d'une piéce, hautes de dix pieds, & larges de six. Ce Mir Massoum étoit le *Douadar* ou le Garde-écritoire du Grand Vizir *Calife Sulton* ; cet Office est comme celui de premier Sécretaire dans nôtre pays ; car il presente les Papiers à sceller, en même tems que l'Ecritoire pour frotter le Seau d'encre, afin de l'apliquer, & ainsi toutes les affaires lui passent par les mains. Vers le bout de la ruë, il y a deux Bains proches l'un de l'autre, & le Palais du *Melec el Toujar*, c'est-à-dire le Roi des Marchands, dont l'Office est pareil à celui des Consuls dans les Villes où il y en a d'établis. Comme on ne connoit point d'autre grandeur en Orient, que celle qui naît de la puissance des emplois, ou de celle des richesses, on donne le nom de Palais à toutes les grandes Maisons de quelque qualité que soient les gens à qui elles appartiennent.

Les autres principales ruës du Fauxbourg d'Abas-Abad, sont la ruë du pied de l'Ormeau, qui aboutit au Cimetiere dit *Setti Fatmé* ; celle des Briquiers, où se voit le Palais d'*Ogour Loubec*, premier Président du Divan, à qui Abas second ôta la vuë par la Faction de Mahamed Bec, son Grand Vizir ; le Palais de *Negef Coulibec*. On trouve encore dans cette ruë le Palais de *Mirza-can-bec*, grand Marchand qu'Abas premier employoit souvent en des affaires sécrettes dans les Pays Etrangers, où il alloit pour son Commerce ; le Palais d'un autre Négociant en Pierreries, nommé *Kémalbec* ; & enfin la ruë de *Baguer Divoné*, où le fou, où il y a un grand Hôtel, & une Mosquée de même nom. *Divoné* veut dire aussi le téméraire, l'intrépide. Il y a encore dans cette ruë un fort grand Palais divisé en plusieurs Corps de Logis, & en plusieurs Jardins, où Abas premier relégua l'an vingtiéme du Siécle passé grand nombre d'Eunuques inutiles à son service, & qui accabloient le Serrail. Ce Fauxbourg est le plus grand & le plus beau.

Le Fauxbourg de Chems Abad s'étend aussi le long de la Riviere. Ce nom signifie le sejour du Soleil ; il contient six cens onze Maisons & est situé à la gauche d'Abas-Abad. On le divise en vieux & en nouveau, il ne demeure presque pas un homme de distinction dans le premier Canton parce qu'il est trop éloigné du Commerce du monde & du Palais Royal. L'autre est un nouveau Quartier bâti au siécle precedent, les ruës en sont ornées d'arbres & de canaux : on n'y voit cependant rien de remarquable que deux cimetieres & la maison de plaisance d'*Ogourli-bec* premier Président de Justice sous le regne d'Abas II. Les Jardins en sont larges & spacieux.

Le Fauxbourg de Cheic Sabana, commence, pour ainsi dire, au cœur de la Ville, étant situé à la gauche du Fauxbourg de Cadjouc, tirant à l'Orient : il a pris son nom de *Cheic Joussouf Benna*, c'est-à-dire l'ancien Joseph Maçon, qui y est enterré dans un beau sépulcre. C'étoit le fameux Architecte, qui conduisit le Bâtiment de la Vieille Mosquée d'Ispahan, lequel vint finir ses jours dans ce Quartier qui étoit alors peu habité, & un vrai lieu de retraite, & y mourut en odeur de sainteté, & à ce que porte l'Histoire d'Ispahan. Abas le Grand mit dans ce Fauxbourg les Chrétiens qu'il transporta de la haute Armenie & de la Medie. Ils y habiterent durant quelques soixante ans, au bout desquels Abas second les envoya loger tous au Bourg de Julfa au delà de la Riviere d'Ispahan avec les autres Chrétiens, parce que les Mahometans alloient jour & nuit s'enyvrer chez eux, d'où naissoient de continuels desordres. Ce Fauxbourg de Cheic Sabana contient deux cens sept Maisons, deux Mosquées, trois Caravanserais, deux Bazars & deux Colléges, l'un nommé la gloire du Pays, l'autre *Mahamed Saleh-Bec*, chacun ayant un Bain tout joignant, qui en dépend. Au bout du Fauxbourg est un Cimetiere des Juifs sur le bord de l'eau, proche d'un Moulin nommé les quatre Meules, parce qu'une rouë y fait aller quatre Meules. Les Meules de Moulin ne sont pas grandes en Perse, comme en nos pays. Elles n'ont que deux pieds ou deux pieds & demi de diametre. Parmi les grands édifices de ce Fauxbourg, on remarque le Mausolée du fameux *Sarontaki*, ce Grand Vizir qui étoit Eunuque ; le Palais d'un Vieillard célébre pour sa science, pour sa sagesse & pour son intégrité, nommé *Mirza Achref*, Vizir de Mahamed Mehdy, qui étoit Grand-Vizir à

la

la mort d'Abas second ; & un autre Palais où le Roi avoit logé l'Ambassade de Holstein l'an 1637, dont Olearius qui en étoit le Sécrétaire a fait la Relation.

Près de ce Fauxbourg est le Pont de Babarouc qui est très-beau. Ce Pont a cent soixante six pas de long, & vingt-quatre de large avec des chaussées au bout, en Talus, de vingt-cinq pas, flanquées de Murs de pierre & terminées par deux gros pilliers de marbre brute. Le Pont est bâti sur un fondement de grandes pierres de taille, lequel est une fois plus large que le Pont, & si haut que durant tout l'été, l'eau ne sauroit monter au-dessus pour couler sous les Arches, mais passe par de grands soupiraux faits à ce fondement, d'où elle tombe en Cascade dans son lit accoutumé ; ce qui surprend merveilleusement, & produit un murmure tout à fait agréable, sur tout lorsque l'on se promene sur ce fondement, d'où l'on voit & l'on entend l'eau couler sous ses pieds. Les Arches sont percées en long, d'un bout à l'autre du Pont, à six pieds au dessus du fondement, & entre les Arches il y a des pierres de six pieds de haut, de maniere qu'on peut traverser le Pont par dessous, même quand l'eau coule à six pieds de hauteur sur le fondement. Le dessus du Pont n'est pas moins beau que le dessous. Les Murs ou Parapets qui sont hauts de douze pieds sont bâtis en Arcades, & sont percez d'un bout à l'autre dans leur longueur, par une couverture assez large, pour qu'un homme s'y puisse promener fort à l'aise. Ces Murs sont revêtus de carreaux d'émail dedans & dehors. Le dessus est en terrasse munie d'un double Parapet, façonné en jalousies & si large aussi, que trois hommes s'y peuvent promener fort aisément. Aux bouts du Pont, il y a quatre beaux Pavillons, & au milieu il y en a deux plus grands qui forment une place hexagone, couverte d'un riche Plafond ; le dessus étant fait en Terrasse, par laquelle on va d'un côté du Pont à l'autre.

Le nom de Babarouc, qu'on donne à ce Pont-là, est le nom d'un Cimetiere, & des plus fameux d'Ispahan, & ce nom vient d'un ancien Derviche réputé Saint, qui est enterré dans un beau Mausolée de Marbre élevé dans ce Cimetiere. Ce Mausolée est couvert d'un Dôme qu'on a revêtu dedans & dehors de carreaux d'émail : on l'appelle *Babarouceldin*, c'est-à-dire Pere Angle de la Loi. Abas premier fit bâtir ce tombeau pour plaire au Peuple d'Ispahan, qui a toûjours été fort affectionné pour ce Saint. Il paroît de fort loin comme un grand Cône, quand on vient de Schiraz à Ispahan. Tirant delà à gauche, vers le Bourg de *Cheher-Estoon*, on trouve le cimetiere des Gentils Indiens, si l'on peut appeller ainsi la place où ils brûlent les morts, laquelle est toûjours sur le bord de l'eau ; afin de pouvoir plus aisément les laver, selon que leur Religion le prescrit, & afin que le vent en jette à la fin les cendres en l'eau. En revenant sur ses pas, on rencontre deux Maisons Royales, qu'on nomme le Palais des Esclaves du Roi, & le Palais des vignes, avec des Caravanserais, des Bains, un Bazar & une Mosquée qui en dépendent. On assure que tous ces édifices furent construits dans huit jours aux fraix &

par les soins d'*Effendiar-Bec*, Favori d'Abas le Grand, & un de ses plus braves Généraux. Son Prince prenant garde qu'il ne faisoit point bâtir d'édifice public, comme les autres Seigneurs de la Cour, pour l'ornement de la Ville Capitale, il lui en dit un mot, sur quoi le Favori ayant assemblé autant de Maçons & de Jardiniers qu'il pût en leur donnant double salaire, il leur fit faire ce Quartier, où il traita le Roi huit jours après lui avoir parlé. Le Roi avoit peine à croire ce qu'il voyoit. On fait remarquer dans l'un de ces Jardins un gros sapin, qu'on dit être vieux de plusieurs centaines d'années, qu'on appelle Kal-Arack, comme qui diroit Enseigne, ou Montre de la Province des Parthes. Au delà sont des Campagnes qui portent le nom de Hassen-Abad & des Esclaves du Roi.

[a] On voit à la droite du cimetiere de Babarouc une Maison de plaisance appellée le Jardin de *Goucheron* ; elle a été bâtie par un premier Ministre. C'est un des plus beaux Jardins & des mieux entretenus du pays. Assez près de là sont quelques Hermitages fondez. L'un est une maniere d'Hôpital pour les Derviches. Ils sont au delà des Fauxbourgs & de la Riviere, tirant delà aux Montagnes qui n'en sont qu'à demie lieuë, on passe par devant le *Mil des Chaters*, c'est-à-dire la Tour des Valets de pied ; parce que les *Chaters* qui aspirent à entrer au service du Roi doivent pour Chef-d'œuvre aller de la porte du Palais prendre douze fleches à cette Tour l'une après l'autre entre deux Soleils. On compte une lieuë & demie du Palais à la Tour de maniere que ce sont trente-six lieuës Persanes qu'ils doivent faire en quatorze heures, mais par grace on les laisse commencer à l'aube du jour. A la gauche de cette Tour est un grand Sepulchre sous un haut Dôme rond nommé *Gombeze-lala*, c'est-à-dire le Dôme élevé. Là on apperçoit de loin le Cimetiere des Guebres, que les Perses appellent *Dakme Guebron* [b]. Il y a divers bâtimens considerables au dehors d'Ispahan de ce côté-là ; entre autres la belle Maison Royale qu'Abas II. fit bâtir & qu'on appelle le petit *Mille Arpens* à cause de sa ressemblance à cette autre maison de plaisance qui est au bout de la longue Allée. Cette maison a quatre entrées principales, chacune par un grand Portail. C'étoit auparavant le lieu où l'on égorgeoit toutes les bêtes qu'on vend à la boucherie. Il y a ensuite le Tombeau d'*Allaverdi-Bec*, Favori d'Abas second, avec une fondation destinée à donner à dîner tous les jours à cent pauvres passans. La dépense se tire du revenu des Bains, des Moulins, & des Marchez qui sont proches du Mausolée. Après on trouve le Tombeau de *Mahamed Aly Bec*, Nazir, ou Sur-Intendant Général de la Maison du Roi, célèbre pour avoir éxercé cet office durant le regne des trois Rois précédens. Ce Tombeau joint la Mosquée & le Bazar qu'il avoit fait bâtir, & il est situé comme l'autre Tombeau au milieu d'un grand Jardin, avec des Logemens à l'entour, pour les Derviches, qui sont des gens retirez du monde, qui passent leur vie au culte de Dieu. Il y a tout autour de ces Tombeaux divers Hôtels & divers Jardins, & deux grandes Glacieres, au delà desquelles on

on entre dans le Canton de *Takte Poulad*, comme qui diroit le Trône d'Airain, ou d'Acier, à cause d'un célèbre Capitaine que ses exploits firent nommer Bras d'Acier, qui y faisoit sa demeure. Ce Canton finit à l'endroit qu'on appelle *Moselle*, & aussi *Corban Gate*, la place du Sacrifice, parce que c'est où l'on immole un chameau tous les ans, en memoire du Sacrifice d'Abraham. On voit sur les côtez deux grandes Maisons qui sont bien remplies de peuple durant l'action de ce Sacrifice, & une Chaire de bois au devant de chacune, haute de huit pieds, où l'on prêche à certains jours de fête. Il passe là un petit Fleuve qu'on appelle l'eau de deux cens & cinquante, parce qu'on tient cette eau plus legere que celle de la Riviere, & celle des puits, à la proportion d'un sur cinq. Au delà est la plaine de *Hazarderré*, comme qui diroit mille fentes. Cette plaine, selon la Legende fabuleuse, est le Théatre des événemens Héroïques des premiers tems, qui font la matiere des Romans Persans.

Les deux autres Fauxbourgs qui suivent, savoir *Scadet Abas* & *Julfa*, sont de l'autre côté de la Riviere & bâtis sur ses bords & tiennent à la Ville par des ponts.

[a] p. 227.

LE FAUXBOURG DE SCADET ABAS[a], c'est-à-dire, le séjour de la felicité étoit auparavant le Bourg des Guebres qui y étoient tous ramassez. On les en a ôtez pour faire de ce Bourg un lieu de plaisance, car outre les Bazars, les Bains necessaires, & une Mosquée on n'y voit que les Palais de grands Seigneurs. Celui du Roi est d'une merveilleuse grandeur, car il a avec les Jardins plus d'une lieue de tour. La Riviere le traverse; le quartier des hommes est d'un côté de l'eau & celui des femmes de l'autre, un pont de bois en fait la communication.

Je parle du FAUXBOURG DE JULFA au mot JULFA parce qu'il est une Colonie transportée de la Ville de ce nom dans le voisinage d'Ispahan. Voiez JULFA 2.

[b] p. 238.

LE FAUXBOURG DE KHERRON[b], comprend deux Mosquées, un Hermitage tout joignant, qu'on appelle le bon homme loup, deux Caravanserais, deux Cimetieres &vingt-huit maisons, parmi lesquelles on voit des Papeteries bâties sur un gros ruisseau qu'on appelle pierre chaude. Le nom de Kherron signifie *Sourds*. Les Legendes Persanes racontent à ce sujet une fable qu'on peut voir dans l'Auteur même.

LE FAUXBOURG DU SEYD-AHMEDION, c'est-à-dire, d'Ahmed le noble, est de cent cinquante-huit maisons, entre lesquelles il y a quatre Bazars & deux Mosquées dont l'une est grande & belle & entourée de Jardins avec deux grands Logis pour les passans & un beau puits souterrain, où l'on descend pour prendre le frais: au delà on trouve un Cimetiere fort spacieux.

Le FAUXBOURG DE TOKCHI, contient quatre-vingt maisons & quatre Bazars. On aperçoit au delà, à quelques cinq cens pas, une Maison du Roi qu'on appelle le Jardin des Oiseaux de Proye, parce que l'on y en entretient un grand nombre. A côté est un Hermitage qui porte le nom de *Hagi Mirza Can*,

qui l'avoit fondé pour les gens retirez du monde; car de ces Hermitages de Perse, les uns sont faits pour la retraite du Fondateur même, d'autres sont destinez au public. On voit à l'entour plusieurs Caravanserais; & un entr'autres qui n'est pas achevé, & qui devoit servir pour les Pélerins qui vont d'Ispahan à *Metched*, en attendant la Caravanne. De ce Fauxbourg on entre dans un gros Canton qu'on appelle la contrée de *Fulsutchi*, & aussi la source de *Niliguer*, à cause d'un petit Fleuve ainsi nommé sur les bords duquel ce Canton est bâti. Il est gros de cent cinquante Maisons parmi lesquelles on voit deux Mosquées, quatre Bazars & un grand Logis, appartenant à ce *Hagi Hadayet*, Colonel fameux, pour le bon ordre qu'il aporta l'an 1669. sur toute la Milice, dans le tems d'une si grande cherté, qu'on pouvoit l'appeller une famine.

LE FAUXBOURG DE DEREDECHTE ne contient que quatre-vingt-cinq maisons, deux Bazars & deux Mosquées. Il est terminé par un grand Cimetiere, qui porte le nom de *Cheit Massaoud*, un Saint des Mahometans, lequel y est enterré sous un grand Mausolée, qui a deux Tours faites comme des Clochers. Il y a tout proche un autre Tombeau dans un grand Jardin, entouré de hautes Murailles, avec de petits Corps de Logis en trois endroits, & une Cave souterraine, qu'on appelle la fosse des Prieres, où les Dames de qualité Mahometanes vont pleurer & gemir en particulier, sans être vûës des passans. Tout proche encore, il y a un autre Tombeau de marbre dans un lieu séparé aussi & clos de Murs, qu'on appelle le Tombeau d'*Aphese*, un de leurs anciens Auteurs, des plus doctes & célèbres, surtout pour la Poësie.

On montre particulierement dans ce Fauxbourg la Maison de *Kel Anayet*, comme d'un personnage fort fameux. C'étoit le Bouffon d'Abas le Grand. Proche de la porte d'Abas qui est au bout de ce Fauxbourg, on trouve une autre porte nommée *Dervaze Deulet*, c'est-à-dire, la porte imperiale ou la porte de la grandeur & des richesses. C'est la même porte par où l'on va à cette belle allée d'Ispahan dont on a parlé. A la gauche est le Palais d'*Ahmed-Bec* Yusbachi, ou Capitaine des Eunuques blancs, & un grand Portail, qui fait une des entrées du Serrail du Roi, par une longue allée d'Arbres, qui aboutit à un des Jardins du Palais, qu'on appelle le Jardin des Amandiers. On y voit toûjours une garde d'Eunuques blancs, qui sont Mousquetaires & la Garde du Corps. Ils ont là leur quartier, & dans les Logis à l'entour du Jardin des Amandiers. Il n'y a que le Roi seul qui puisse passer par cet endroit à cheval, tout le monde y va à pied. J'entends ceux qui ont affaire au Serrail, & c'est une fort belle promenade. Ces Eunuques blancs sont la principale Garde du Roi hors du Serrail, mais ils n'entrent point dedans. On ne veut pas qu'il y entre d'autres Eunuques que des Noirs, & encore des plus laids & des plus affreux pour ne pas faire naître de mauvais desirs dans le cœur des belles femmes qui y sont renfermées.

LA VILLE D'ISPAHAN, est la plus grande

Hh

& la plus belle Ville de tout l'Orient; il y a en cette grande Ville des habitans de toutes Religions, Chrétiens, Juifs, Mahometans, Gentils, Adorateurs du feu & l'on y voit des Negocians de toute la Terre. C'est aussi la plus docte Ville de tout l'Orient & d'où la Science se répand particulierement dans les Indes. Les Memoires de Chardin [a] portent qu'il y a dans l'enceinte de ses Murailles,

[a] p. 248.

    162. Mosquées,   1802. Caravanserais,
     48. Colleges,   273. Bains,
     12. Cimetieres.

Sur quoi il faut remarquer qu'en Perse les Cimetieres sont pour la plûpart hors de la Ville. Ils portent aussi qu'il se tuë tous les jours deux mille Moutons dans la Ville, & quinze cens dans les Fauxbourgs; non compris ce qu'on en tuë pour la Cuisine du Roi, qui va à quatre-vingt-dix par jour, ce qui n'est pas beaucoup pour un Pays où l'on ne mange pas d'autre grosse viande que le Mouton.

Le Climat en est le plus sain qu'en aucun endroit du monde; d'où l'on dit en commun proverbe, que qui vient sain à Ispahan, n'y sauroit tomber malade; mais que qui y vient malade, ne sauroit y recouvrer la santé. C'est à cause de l'air qui y est sec, & subtil au dernier degré. Il est sec, même la nuit, aussi bien que le jour, que si l'on met le soir une feuille de papier à l'air, on la retrouve le matin tout aussi séche qu'on l'y a mise. Le froid & le chaud y sont rudes & perçans dans leurs saisons; mais le froid n'y dure pas plus de trois mois. Il y neige & il y pleut peu. La pluye la plus abondante est en Mars & en Avril, produite des vapeurs des neiges fondues. Un vent d'Occident y regne doucement tout l'Eté. Il se leve au Coucher du Soleil, & est si frais la nuit, qu'on prend souvent la robe fourrée, & qu'il se faut toûjours bien couvrir. Le printemps y commence au mois de Février, qui rend l'air fort serain, & la terre admirablement belle; car dès la fin du mois, tous les Jardins sont couverts de fleurs, les arbres sont en fleurs, particulierement les Amandiers. La seicheresse de l'air de ce Pays se remarque particulierement en ce qui arrive tant aux hommes, qu'aux bêtes, une heure après la mort. L'air entrant dans ces Corps repousse l'humidité, qui se resserre entre cuir & chair, & fait enfler le corps excessivement. Il en naît encore un autre accident fort commun; c'est qu'à la fin des maladies, il vient une ensure aux jambes, qui ne se dissipe qu'au bout de quelques semaines; mais en général le climat est excellent, & les maladies qu'on y contracte, ne sont ni doulòureuses, ni longues. Celle qu'on appelle Vénerienne, qui y est fort répandue, ne s'y apperçoit pas sur la peau, l'air dissipant tous les épanchemens de ce venin, qui en sont les signes dans les autres Pays. La rouille non plus ne gâte jamais rien à Ispahan, elle n'y est pas même connue. Cette Ville est encore à couvert d'un autre grand fleau qui est le feu. Comme ses Edifices sont de terre, on n'entend jamais dire que le feu s'y mette, & quand il seroit dans une maison, le voisin n'auroit pas peur, car le feu s'arrêtant après

avoir brûlé la boiserie, les murs qui sont tous de terre mettent la maison voisine à couvert de l'incendie. Ce qu'il y a de fort admirable dans une si grande Ville, & si peuplée, c'est qu'elle subsiste avec abondance & opulence, sans Mer & sans Rivieres. Tout sans exception y est apporté sur le corps des bêtes, & il n'y a rien qui ne s'y apporte, les chameaux portant des fardeaux de huit cens pesant. Les Persans appellent ces animaux les Navires de terre; mais ce qui paroît incroyable, c'est que cette Ville tire la plûpart de ses vivres, excepté le bétail, de dix lieuës à l'entour. On compte dans cet espace quinze cens Villages, & la plûpart de ses environs sont incomparables en beauté & en fertilité.

§ Je me suis conformé dans cet article à l'Orthographe la plus reçuë pour le mot ISPAHAN quoi que l'usage des Orientaux soit pour Hispahan dans la prononciation par la raison que j'ai dite à l'article INDE. Cette Ville est ancienne, mais ne peut être l'HECATOMPOLIS des Historiens Grecs. Il y a bien plus d'apparence qu'elle a succedé à l'ASPADANA de Ptolomée [b] qui la met dans l'interieur de la Perside. Elle est nommée sans doute ASPACHAN par Cedrene & ASPADA par l'Anonyme de Ravenne [c]. Niger s'abuse étrangement quand il met Ispahan à la place d'Ecbatane qui est Amadan. J'ai déja averti que les Géographes Nassir Eddin & Ulug Beig la nomment ESFAHAN.

[b] l. 6. c 4.
[c] l. 2. c. 2.

Les Géographes Persiens, dit d'Herbelot [d], écrivent qu'il y a un autre Ispahan appellé Jehoudiah, c'est-à-dire, le Juif, pour le distinguer de celui-ci. L'un & l'autre, dit-il, sont dans la même Province. Abulfarage cité par Chardin [e], & qui étoit d'Ispahan explique la chose beaucoup mieux dans son Histoire des Arabes. Il dit qu'autrefois Ispahan se divisoit en VIEILLE & NOUVELLE Ville. La vieille nommée HAY, dont Alexandre le Grand étoit le fondateur, la Nouvelle appellée ELYE HOUDIE, comme qui diroit la Judée, parce qu'elle avoit été fondée par les Juifs que Nabuchodonozor emmena Captifs en Perse. Les Juifs, dit cet Auteur Arabe, étoient la plûpart des Artisans qui ayant trouvé l'air, l'eau, & le Terroir de cette Ville fort semblables à ce qu'ils laissoient dans la Judée, s'y arrêterent & bâtirent une Ville qu'ils appellerent du nom de leur Pays. La plus commune opinion, selon Chardin, est qu'Ispahan s'est formé de deux Villages, qui en croissant se joignirent & devinrent enfin une grande Ville.

[d] Biblioth. Orient.
[e] p. 252.

La plûpart des Historiens de Perse attribuent la fondation d'Ispahan à Houschenk, ou à Tahmurath Rois de Perse de la premiere Dynastie nommée des Pischdadiens.

[f] d'Herbelot Biblioth. Orient.

Feridoun donna cette Ville en appanage à Gao le Forgeron qui en étoit natif, pour récompense de ce qu'il avoit délivré la Perse de la Tyrannie de Zohak. Cette Ville ayant perdu son titre de Capitale de Perse par la translation du Siége de l'Empire, que les Khosroès firent en la Ville de Suse, puis à Istekhar, qui est l'ancienne Persepolis, & delà à Madain sur le Tigre, où étoit l'ancienne Ctesiphon, le recouvra par la suite des tems sous le regne des Selgiucides, car Gelaleddin Malek Schah quit-

quitta le Khorassan & l'Yraque Arabique, où ses prédecesseurs avoient fait leur séjour, pour y fixer sa demeure. Elle fut cependant encore obligée depuis la décadence de la Dynastie des Selgiucides de ceder cet honneur à la Ville de Schiraz où étoit encore le Siége Royal des Modhafferiens Sultans de la Perse du tems de Tamerlan.

Ces Rois de Perse sont nommez Sultans de Carisme dans l'Histoire de Genghiscan [a]. Et je marque à l'article de Perse quelle étoit l'étendue de leurs Etats. L'ancienne Perse, la Parthie & la Medie en étoient. L'an 1392. les troupes de Timur-Bec [b] ayant pris Ispahan; & les habitans ayant reglé qu'ils payeroient une Capitation pour racheter leurs vies, les Commissaires étoient déjà distribuez dans les quartiers pour la recevoir lorsque de jeunes étourdis commencerent une émeute, les Bourgeois prirent les armes contre la garnison, tuérent quelques Tartares, & mirent Timur dans une si violente colere qu'il ordonna que l'on en fit un massacre général. Le Château de la Ville étoit nommé TABARRUK. Schiraz étoit alors la Capitale. Cet honneur fut ensuite transporté à la Ville de Casbin, jusqu'au Regne d'Abas le Grand qui choisit Ispahan pour la Capitale de son Empire; il fit des frais immenses pour l'embellir, jusqu'à percer une Montagne pour amener une Riviere dans le Zenderoud. Il lui ajouta plusieurs Fauxbourgs, entre autres celui de Julfa ou Zulfa, & celui qui porte son nom d'*Abas-Abad* que l'Auteur de l'Histoire de la derniere Revolution de Perse nomme mal *Abusabad*.

Cette Ville a beaucoup souffert durant le dernier siége de 1722. par la famine beaucoup plus que par la guerre. Des Armeniens de Zulfa ont écrit qu'il étoit mort à Ispahan durant le siége un million quarante mille personnes; ce qui n'est vraisemblable qu'en ajoutant aux habitans un grand concours de peuple du voisinage effrayé par les Agwans peuples venus du Candahar qui ont causé l'étrange revolution que nous marquons à l'article PERSE.

ISPALIS. Voiez HISPALIS.
ISPALUCA. Voiez ASPALUCA.
ISPANIA. Voiez ESPAGNE.
ISPELLUM. Voiez HISPELLUM.
ISPERATH, Riviere de Perse, dans le Kilan, selon Davity [c], qui appelle ainsi la Riviere de Kisilosein dejà grossie d'une autre Riviere.

ISPINUM, ancienne Ville de l'Espagne Tarragonoise dans la Carpetanie, selon Ptolomée [d]. Molet l'un de ses Interpretes croit que c'est SPINARIO Village de la Nouvelle Castille; d'autres croyent [e] que c'est YEPES dans le même Royaume à six lieues de Toledo en allant vers Cuença.

ISPOLUM. Voiez HISPALIS.
ISPORIS. Voiez OESPORIS.
ISQUI-ISSER, Wheler écrit ainsi à l'Angloise le nom Moderne de LAODICE'E. Voiez ce mot.

ISRAEL. Le Patriarche Jacob ayant luté toute la nuit contre un Ange en reçut de lui le nom d'ISRAEL, d'où sa posterité a été nommée les Israëlites ou le Peuple d'Israël; sans distinction de Tribus. Avant la mort de Salomon les Enfans d'Israël & les Juifs sont un même peuple, mais après le Schisme de Jeroboam la Nation se trouve partagée en deux Peuples qui ont chacun un Royaume, le premier composé de deux Tribus prend le nom de la principale & s'apelle le Royaume de Juda. L'autre est appellé le Royaume d'Israël; les Rois de Juda conserverent Jerusalem où étoit le Temple, & les dix autres Tribus dont les Rois s'établirent à Samarie, donnerent dans l'Idolatrie & dans le culte des veaux d'or. Voiez l'article JUDE'E.

1. ISSA, ancienne Ville de l'Isle de Lesbos. Etienne le Géographe dit qu'on la nommoit premierement HIMERA, & ensuite PELASGIA & ESSA. Entre les anciens Géographes qui nous restent peu font mention de cette Ville; mais bien d'ANTISSA; dont le nom fait voir qu'elle étoit bâtie à l'opposite d'Issa. Pline parlant des Villes de l'Isle de Lesbos qui ne subsistoient plus, nomme *Agamede* & *Hiera*. Berkelius veut qu'on lise *Himera* au lieu d'*Hiera*. A l'égard du nom de *Pelasgia*, il avoit été commun à cette Ville & à l'Isle.

2. ISSA, Isle de l'Illyrie dans le Golphe Adriatique, avec une Ville de même nom sur la côte de Dalmatie. Strabon [f] en parle comme d'une Isle très-célebre. Pomponius Mela [g] en fait aussi mention. Pline [h] parlant du departement de Salone & met le peuple ISSÆI qui étoient les habitans de cette Isle. Il dit ailleurs: [i] Issa est peuplée de Citoyens Romains, & il la distingue très-bien de Lissa, Isle que quelques-uns ont mal-à-propos confondue avec elle. Antonin les distingue aussi. Tite-Live [k] parle d'Issa.

3. ISSA, Ville dans l'Isle de même nom, sur la côte de Dalmatie. Hirtius [l] en parle comme d'une des principales Villes de ce Canton & dit qu'elle étoit fort attachée au parti d'Octave.

§ Pline [m] dit formellement *Contra Iader est Lissa*; l'Isle de Lissa est vis-à-vis de Zara. Cette *Lissa* est presentement nommée ISOLA GROSSA. Il dit au contraire *Issa Civium Romanorum & cum Oppido Pharia*. Issa appartient à des Citoyens Romains & Pharia qui a un Bourg. Il nomme ces deux Isles *Issa* & *Pharia* comme voisines. Ptolomée [n] nomme comme voisines Issa, *Tragurium*, Pharia &c. Scylax [o] pour marquer la position de quelques peuples d'Illyrie dit qu'ils étoient près de Pharos & d'Issa. PHARIA ou PHAROS est presentement la *Liesina*; & la veritable ISSA qui en est voisine est presentement l'Isle de LISSA. Monsieur de l'Isle range fort bien ces deux Isles dans sa Carte Latine & dans sa Carte Françoise. Il les nomme par leurs vrais noms dans la derniere, mais dans la Carte Latine de l'ancienne Italie, il prend l'une pour l'autre & met Issa vis-à-vis de Zara & Lissa devant Pharus. Ce devoit être tout le contraire; & c'est peut-être une faute de ses Graveurs.

4. ISSA, Isle d'Italie. Denys d'Halicarnasse la décrit ainsi [p]. A quatre vingt stades de Rieti en marchant par la voye Juric proche du Mont Corete est Cursule qu'on a ruinée depuis quelque temps: on y montre une Isle nommée Issa, environnée d'un marais qui for-

mé des eaux bourbeuses qu'y jette la mer servoit de rempart à ceux qui l'habitoient. Proche cette Isle dans l'endroit le plus reculé du Marais est *Maruvium* éloigné de quarante stades du lieu qu'on appelle les SEPT EAUX.

ISSACHAR, l'une des douze Tribus du Peuple de Dieu. Elle étoit venue d'Issachar cinquiéme fils de Jacob. Il eut quatre fils, savoir Thola, Phua, Jobab & Semrom. Cette Tribu eut son partage dans un des meilleurs endroits de la terre de Chanaan, le long du grand Champ ou de la Vallée de Jesrael, ayant au Midi la demie Tribu de Manassé, au Septentrion celle de Zabulon, à l'Occident la Mediterranée & à l'Orient le Jourdain & l'extremité de la Mer de Tiberiade. Le Livre de Josué décrit ainsi cette Tribu. [a] Le IV. partage échu par sort fut celui de la Tribu d'Issachar distribuée en ses familles; & il comprenoit Jesrael, Casaloth, Sunem, Hapharaim, Séon, Anaharat, Cesion, Abes, Rameth, Engannim, Enhadda, Bethpheses, & sa frontiere venoit jusqu'à Tabor, Sehesima, & Bethsamès, & se terminoit au Jourdain, & tout son Pays comprenoit seize Villes avec leurs Villages. C'est là l'Heritage des Enfans d'Issachar distribuez par leurs familles avec leurs Villes & leurs Villages.

[a] c.19. v.17.

ISSÆI, nom Latin des Habitans d'ISSA.

[b] Dict.

ISSAN, Mr. Corneille [b] dit sur l'autorité de Davity que c'est le nom moderne de l'Issonoe de Ptolomée, qui étoit une Ville d'Assyrie.

ISSATIS, Pline dit de deux Villes des Parthes que l'on avoit autrefois élevées pour s'opposer aux Medes, que l'une s'appelloit Calliope, & que l'autre qui étoit sur un autre Rocher s'appelloit Issatis, mais qu'elle ne subsistoit plus [c]. Cette destination fait voir qu'elles étoient aux Frontieres des Parthes & des Medes.

[c] l.6.c.15.

1. ISSEDON, ancienne Ville de la Scythie au delà de l'Imaus, selon Ptolomée [d]. Etienne le Géographe la nomme ESSEDON; Ἐσσηδὼν. C'est, dit Ortelius, ce Pays-là qui fournit la Rhubarbe à toute la terre. Selon les Tables de Ptolomée elle devoit être quelque part dans le Pays que nous appellons le Royaume de Kalka. On l'appelloit du surnom de Scythique Σκυθικὴ pour la distinguer d'une autre Ville de même nom.

[d] l.6.c.15.

2. ISSEDON, Ville de la Scythie; [e] on la surnommoit Issedon la Serique Σηρικὴ pour la distinguer de l'autre à l'Est Nord-Est de laquelle elle étoit située, quoiqu'à peu de distance l'une de l'autre.

[e] Ibid. l.6. c.16.

§ Ces deux Villes étoient très differentes des Essedons desquels il est parlé au mot ESSEDONES.

ISSEL. Voiez YSSEL 1, & YSSEL 2.

ISSELBOURG. Voiez YSSELBOURG.

ISSELMONDE. Voiez YSSELMONDE.

ISSELSTEIN. Voiez YSSELSTEIN.

ISSENSES, habitans d'ISSA. Voiez ISSA.

ISSI, ancien Peuple de la Scythie au delà du Tanaïs, selon Pline [f].

[f] l.6.c.7.

ISSI, ou ISSY, Village de France dans l'Isle de France près de Paris. [g] On dit qu'il doit son nom à la Déesse Isis qui y avoit un Temple du temps des Payens. Il est remarquable par les belles & magnifiques maisons de Campagne qui y sont. Celle du Prince de Conti a été bâtie en premier lieu par Bazin de la Baziniere Thresorier de l'Epargne & un des plus riches hommes de son temps. Elle passa ensuite à Mr. Talon Avocat General & enfin au Prince de Conti qui y fit faire des embellissemens si considerables qu'on la doit regarder comme une des plus belles maisons qui soient aux environs de Paris. Les dedans sont enrichis de meubles precieux & le Jardin est riant & d'un beau dessein, mais il est étroit & même un peu serré. La Paroisse n'a rien de remarquable que la Sepulture des Vaudetars. L'Abbaye (des Benedictines) est petite & l'on voit dans son Eglise les Tombeaux du premier President de Novion & d'un bon Evêque Irlandois qui mourut en 1702. Le Jardin du Seminaire (de St. Sulpice) est spacieux & en bon air: on y remarque une Chapelle qui a été bâtie sur le modele de celle qui est à Lorete. On peut encore y voir la belle maison de Vanholles.

[g] Piganiol de la Force desc. de la France T. 2. p. 249.

ISSI-L'EVEQUE, Bourg de France en Bourgogne au Diocèse d'Autun, & dans l'Intendance de Dijon. Il a titre de Baronie, & a autour de sept cens habitans.

ISSICUS SINUS, nom Latin du GOLPHE D'AIAZZO, en Asie dans la Mer Mediterranée. Il prenoit ce nom d'ISSUS. Voiez ISSUS.

ISSIGNAUX, ou ISSIGEAU, ou ISSENGEAUX, petite Ville de France au bas Languedoc, dans le Velay, à une lieue de la Loire & à quatre du Puy.

ISSIGNI, Bourg de France, en Basse Normandie au Diocèse de Bayeux. C'est le même qu'ISIGNI. Voiez ce mot.

ISSIGHEUL [h], Lac d'Asie dans la Tartarie au Pays de Geté auprès de Berket à 100. d. de longitude & à 45. de latitude.

[h] Hist. de Timur-Bec l.3.c.9.

ISSINA, le même qu'ESSINA. Voiez ce mot.

ISSOIRE, petite Ville de France dans la Basse Auvergne sur la petite Riviere de Couze qui se jette un peu au dessous dans l'Allier. [i] Elle est ancienne, & Grégoire de Tours qui en fait mention n'en parle que comme d'un Village (*Vicus*.) Il dit que St. Austremoine Apôtre des Auvergnats y avoit été enterré. Cette Ville par le partage fait entre les Comtes & les Dauphins d'Auvergne demeura aux Dauphins; mais ils n'en jouïrent pas paisiblement, car comme elle est située dans un bon Pays gras & fertile, les Comtes la voulurent reprendre; & enfin les Rois ayant conquis l'Auvergne, ils ont reüni à leur Domaine Issoire dont les Ducs d'Auvergne qui étoient de la Maison de Bourbon ont joüi. L'Eglise de l'Abbaye des Benedictins de cette Ville a été dediée à St. Austremoine. Ce Monastere est fort ancien, car il y avoit une Ecole pour les Sciences où fut instruit & élevé dans le VII. siécle St. Prix Evêque d'Auvergne, comme le marque l'Auteur de sa Vie. [k] L'Abbé est Seigneur de la Ville, & la Justice lui appartient. Cette Ville a soutenu deux siéges, l'un en 1577. & l'autre en 1590. Le Cardinal Antoine Boyer en étoit Originaire & en a fait construire l'Hôtel de Ville & l'Horloge. Le fameux Car-

[i] Longuerue desc. de la France part. 1. p. 135.

[k] Pignnio de la Force desc. de la France T. 5. p. 346.

Cardinal du Prat Chancelier de France & fils d'une sœur du Cardinal Boyer étoit aussi Originaire d'Issoire.

1. ISSOLE, (l') petite Riviere de France en Provence, où elle se jette dans le Verdon près de la Mure. Elle est fort abondante en Truites.

2. ISSOLE, (l') petite Riviere de France, où elle se jette dans l'Argens.

ISSORIUM, quartier de la Ville de Sparte au Pays de Lacedemone. Il y avoit un Temple de Diane, & ce lieu étoit fort d'assiette & dificile à forcer, selon Plutarque dans la Vie d'Agesilas. Etienne le Géographe dit que c'étoit une Montagne. Hesyche [a] & Polyen [b] en font mention.

[a] *In Voce Ἰσσώριον.*
[b] *l. 2. Stratagem.*
[c] *Memoires envoyez.*

1. ISSOUDUN [c], en Latin *Exoldunum*, *Issoldunum*, ou *Exilidunum*, Ville de France dans le Berry, Diocèse de Bourges, Parlement de Paris, Intendance de Bourges, Chef-lieu d'une Election à 13000. à 14000. habitans. Il y a de plus un Grenier à Sel, un Bailliage Royal regi par la Coûtume de Berry avec une Prévôté Royale ressortissante au Bailliage. C'est la seconde Ville du Berry. Elle est située en Pays plat & découvert à sept lieues de Bourges, sur la petite Riviere de Theols, dans une belle & agréable plaine, avec un Château, quatre Paroisses, S. Cyr, S. Jean, S. Denis, & S. Paterne: quatre Fauxbourgs, celui appellé de Rome, celui de S. Jean, celui de Villatte & celui de S. Paterne; deux Collegiales fondées l'an 1000. S. Cyr & S. Denys; une Abbaye: des Couvens de Cordeliers, de Capucins, de Minimes, d'Ursulines, de filles de la Visitation, & deux Hôpitaux, l'un pour les incurables, l'autre pour les maladies passageres, dont Raoul, le dernier des anciens Seigneurs d'Issoudun, est un des principaux bienfaiteurs.

La Riviere de Theols, qui est si petite qu'à peine est-elle connue hors de cette Province, divise cette Ville en deux parties séparées l'une de l'autre par des murailles. Le Château est comme la haute Ville, séparé de la Ville, par des murailles, des Tours, & des fossez. C'est dans l'enceinte de ce Château que sont, l'Auditoire Royal, la Maison du Roi, une Tour antique bâtie en cœur, & l'Abbaye de Notre-Dame, dont on parlera ci-après à l'occasion du Fauxbourg de S. Paterne. Les Officiers de Justice, & les personnes les plus distinguées de la Ville ont aussi leur demeure dans cette enceinte.

La Ville basse est fermée par de bonnes murailles & de bons fossez. Elle est principalement habitée par les Marchands & les Artisans. On y voit l'Eglise de S. Cyr qui est Collegiale, dont les Canonicats ne valent que cent cinquante livres, & celle de S. Jean qui est Paroisse. Cette partie est entourée de quatre Fauxbourgs: celui appellé de Rome est du côté du Septentrion, & renferme l'Eglise de S. Denys, qui est Collegiale & Paroissiale. Celui de S. Jean est à l'Orient; les Cordeliers y ont un Couvent, comme aussi les Filles de la Visitation; celui de Villatte est du côté du Midi, & celui de S. Paterne du côté de l'Occident. Ce dernier a pris son nom, à ce qu'on prétend, d'une Maison de Bénédictins qui y fut d'abord fondée environ l'an 977. par les anciens Princes d'Issoudun. Il se nommoit auparavant de S. Martin. Cette Abbaye ayant été ruinée par les Anglois sous le Regne de Charles VII. elle fut transferée dans la Ville, puis dans le Château où elle est encore sous le titre de Notre Dame d'Issoudun. On y voit le Tombeau de Marie de Luxembourg Reine de France. Son Abbé jouît de deux mille livres de rente: il est Doyen né du Chapitre de S. Denys d'Issoudun. Cette Ville a souffert trois incendies, qui lui ont fait beaucoup de tort, l'une en 1135. la seconde en 1504. & la derniere en 1651.

Les habitans font un grand Commerce de bois, qui occupe une grande partie du Terroir de l'Election qui est moins fertile & moins cultivée que celui de Bourges qui y confine. Le vin qu'on y recueille est d'une très-petite qualité, & ne mérite pas d'être transporté. Le Commerce des Bestiaux & les Manufactures des Draps, des Serges Drapées, des bas au tricot & à l'éguille a encore beaucoup de succès dans cette Election. Les chapeaux de la Manufacture d'Issoudun sont d'un très-bon usage pour les Soldats & les Cavaliers: mais le Commerce du bois est le plus considérable. Les Marchands de cette Ville achetent celui qui est aux environs de la Riviere de Cher, ils le font façonner en merain, le jettent en cette Riviere à bois perdu, le ramassent à Vierzon, où elle commence à être navigable, & là le mettent en trains pour être conduit & debité dans les Cantons voisins. Il y a en cette Ville huit Foires par an: sçavoir à la mi-Carême, au premier Mai, à la S. Jean Baptiste, à la Magdeleine, au huit Septembre, à la S. Denys, à la S^{te}. Catherine & à la S. Paul; on y tient aussi marché tous les Samedis.

A l'égard de l'Histoire de cette Ville, elle est particulierement recommandable par le zèle & l'attachement qu'elle a toujours fait paroître pour le service des Rois de France, qui lui ont accordé plusieurs beaux Privilèges & Franchises de toutes servitudes, même avant ceux que lui donna l'an 1423. le Roi Charles VII. Tous ces Privileges ont été maintenus & confirmez par tous les Rois suivans, même par Sa Majesté actuellement regnante. Ils consistent en l'exemption de Ban, Arriere-ban, Tailles, Ustencilles, dont on prétend qu'elle fut la seule exempte pendant la derniere Guerre, fourages, logemens de gens de guerre, & francs-fiefs, sans parler des Octrois & autres Droits que les Rois leur ont encore accordez. Une des principales actions de vigueur que cette Ville a fait paroître pour le service du Roi fut en l'année 1589. le 14. Juillet, durant les Guerres civiles de la Ligue, pendant lesquelles M. de la Chastre, qui commandoit pour le parti de cette Ligue, dans la Province ayant tenté inutilement de s'en rendre maître par la force, pratiqua quelque intelligence dans la Ville, par le moyen de quelques nouveaux venus, à la faveur desquels il y fit entrer des troupes, y établit une forte garnison, & fit conduire prisonniers en la Ville de Bourges, ceux qu'il crut plus affectionnez aux intérêts du Roi, & dont le credit & l'autorité pouvoient être contraires à ses desseins; de ce nombre étoient les Sieurs

Sieurs Prévôt, Thoreau, Joulin & Delestang fils. Non content de cette expédition, & craignant que les fidelles serviteurs du Roi, qui restoient en grand nombre, ne donnassent lieu à des mouvemens, il dressa un rôle de plusieurs personnes, dont il demanda l'exil aux habitans; ce qu'ils lui accorderent; en consequence de quoi furent chassez de la Ville, Claude Dorsanne, Lieutenant Général de la Ville, François Arrhuis Procureur du Roi, Guillaume Delestang Pere, François Roi, Claude Arrrus, Mathurin Chapus, & Claude Foucheret, qui voulurent avoir, avant que de sortir, le consentement du Roi qui étoit à Tours; & l'ayant obtenu, les prisonniers se retirerent à Argenton la Châtre, & ceux qui étoient détenus à Bourges furent délivrez par rançon, & exilez comme les autres.

Nonobstant les soins du Sieur de la Châtre, il demeura toujours dans la Ville quelques serviteurs du Roi cachez à ceux de la Ligue & entr'autres, Jacques Bernard Sieur de Marandé pour lors Echevin, qui ne pouvant souffrir cette nouvelle tyrannie, complota avec ceux qui tenoient le parti du Roi, de s'en délivrer, & donna avis de leur résolution au Procureur du Roi, & à Guillaume Delestang qui étoient à Argenton, & du jour pris pour l'exécution de leur dessein au 14. Juillet 1589. En effet au jour destiné, sur les trois heures du matin, les Royaux s'emparerent des principales avenues, allerent droit au Logis du Roi, où logeoit le nommé Marslon, qui en étoit Gouverneur & commandoit dans la Place, qui étant averti de l'entreprise voulut se mettre en défense, & pour cela s'étant armé d'une hallebarde, en porta un coup à Bernard, dont il le blessa; aussi-tôt un des Royaux lui tira un coup de pistolet dont il le renversa. Il fut tiré quelques coups de part & d'autre, mais le Capitaine du Château étant mort, le reste de la Garnison fit peu de résistance.

Pendant ce qui se passoit au Logis du Roi, le Corps de Garde mis à la porte du Château donna entrée au Procureur du Roi Arrhuis, & à Guillaume Delestang, qui étoient venus toute la nuit avec les amis qu'ils avoient pû rassembler pour se trouver à la fête; ils s'avancerent du côté de la Place publique, où les Ligueurs & le reste de la garnison s'étoient assemblez; on s'escarmoucha de part & d'autre assez longtems & assez de vigueur; mais enfin les Royaux eurent l'avantage, & chasserent à leur tour les Ligueurs de la Ville, qui par ce moyen fut remise à l'obéissance du Roi.

C'est en mémoire d'une si célèbre action que tous les ans au 14. Juillet, les habitans font une réjouïssance publique, qui commence par un *Te Deum*, chanté dans l'Eglise Collégiale de S. Cyr, ensuite duquel se fait un feu de joye dans une Place hors la Ville, où le Corps de Ville en habit de Cérémonie & tous les Corps de la Justice assistent.

Sous la minorité de Louïs XIV. cette Ville fit encore paroître son zèle pour son service, en l'année 1651. que n'ayant pas voulu se rendre à ceux qui tenoient le parti opposé, elle fut presque entierement ruinée par l'incendie de plus de douze cens Maisons, dans lesquelles plusieurs personnes périrent avec leurs biens; & ce qui est de plus remarquable, c'est que dans le tems que les flames causoient le plus de ravage, les ennemis ayant fait une attaque, & se présentant devant les murailles, les habitans abandonnerent le secours de leurs Maisons pour défendre leurs murs, & repousser les ennemis qui ne leur causerent d'autre mal que celui de l'incendie. Louïs XIV. qui passa quelques jours après dans leur Ville, en vit encore les Maisons fumantes, & le Comte de S. Agnan, qui en avoit pour lors le Gouvernement, rendit un compte éxact à Sa Majesté de tout ce que leur zèle leur avoit fait faire pour elle: ce grand Monarque s'en est toujours ressouvenu, & en conséquence lui a donné en toutes occasions des marques honorables de sa bienveillance. Il leur avoit accordé outre les exemptions dont on a parlé, le droit d'élire un Maire tous les ans, auquel sa Majesté accordoit en même tems l'honneur d'être annobli; mais les Bourgeois ont laissé cette faveur sans exécution, ayant remarqué que ce Privilege pourroit d'un autre côté nuire à leur Commerce.

ISSOUDUN a eû des Seigneurs particuliers de renom dès le douzième siécle. Ils étoient Cadets de l'illustre Maison des Princes de Deols & Vassaux des Comtes de Poitiers. Elle a été fort long-tems sous la Domination des Anglois, lorsqu'ils se rendirent les maîtres d'une partie du Royaume. Philippe Auguste la reprit sur eux, & la confisqua sur le Seigneur utile, qui étoit de la Maison de Chauvigny, & la réunit au Domaine de la Couronne. Néanmoins la Thaumassiere veut qu'elle n'ait point été confisquée, mais acquise par ce Prince des heritiers de Mahaud d'Issoudun, vers l'an 1220. ou 1221.

2. ISSOUDUN, Bourg de France dans la Marche, au Diocèse de Limoge, Election de Gueret.

ISSURTILLE, Ville ou Bourg de France en Bourgogne au Diocèse de Langres, à quatre lieues de Dijon au bord de la Riviere d'Oigne. On trouve dans son territoire des Carrieres de Pierres blanches qui ne sont point sujettes à la Gelée.

ISSUS, ancienne Ville d'Asie dans la Cilicie. Elle est remarquable à cause de la Victoire qu'Alexandre y remporta. Les Grecs l'ont nommée comme les Latins Ισσος. Xenophon pourtant l'appelle Ισσοι au pluriel. De-là, dit-il [a], (c'est-à-dire depuis la Riviere du Pyrame,) on fit quinze lieues en deux jours de marche pour venir à Issi qui est une grande & riche Ville sur la côte. & la derniere de la Cilicie. Strabon [b] en donne une idée bien diferente: après Ægæ, dit-il, est Issus petite Ville avec un Port & la Riviere Pinarus. Ce fut là qu'Alexandre combatit contre Darius, & c'est de cette Ville que le Golphe prend son nom. Pomponius Mela [c] dit avec le style fleuri qui lui est familier; dans l'enfoncement est un lieu qui fut autrefois le spectateur & le témoin de la defaite des Perses par l'Armée d'Alexandre & de la fuite de Darius. Ce lieu qui n'est à présent d'aucune reputation étoit autrefois célèbre à cause de la grande Ville d'Issus. Cette decadence concilie la pre-

[a] Retraite des dix mille l. 1.
[b] l. 14.
[c] l. 1. c13.

tendue contradiction de Xenophon & de Strabon. Diodore de Sicile [a] dit aussi que du temps d'Alexandre cette Ville étoit considerable ; car selon lui Alexandre se rendit Maître d'Issus, Ville fameuse, où la frayeur s'étoit repandue. Il dit encore que Darius étant rentré dans la Cilicie prit cette Ville, & égorgea sans quartier les Macedoniens qu'on y avoit laissez, ce qu'Arrien remarque aussi. Etienne le Geographe se trompe en parlant d'Issus ; car il dit qu'après la Victoire des Macedoniens elle fut nommée Nicopolis. Strabon & Ptolomée en font des Villes très-differentes. Le nom moderne est AIAZZO, ou LA JASSO, & le Golphe en prend encore le nom de Golphe de l'AIAZZO.

[a] l. 17.

ISSICUS SINUS, ancien nom du Golphe de l'Ajazzo. Il a été appellé aussi SINUS SIDONIUS & PAMPHYLIUS, à cause de la Ville & du Pays qui en étoient voisins.

ISTACHAR, c'est, selon Mr. Baudrand [b], un Village de Perse, dans la Province de Fars, à mille pas de la Riviere de Bendemir. Il ajoute que c'étoit autrefois une des plus grandes Villes de tout ce Royaume & même souvent le sejour de ses Rois, & enfin qu'il est près de la Ville de Schiraz qui s'est accruë de ses ruines. Mr. d'Herbelot [c] qui la nomme ESTEKHAR, & ISTEKHAR, croit que c'est l'ancienne PERSEPOLIS, Capitale de la Perse proprement dite, sous les Rois des trois premieres races ; car, dit-il, ceux de la quatriéme qui sont les Cosroës avoyent établi leur Siége Royal dans celle de Madain. Il ajoute : elle est située à 88. 30. degrez de Longitude, & à 30. de Latitude, selon le calcul des Tables Arabiques.

[b] Rd. 1705.

[c] Biblioth. Orient.

L'Auteur du Lebtarik écrit que Kischtasb fils de Lohorasb cinquiéme Roi de la race des Caïanides & établit sa demeure, qu'il y fit bâtir plusieurs de ces Temples dediez au Feu, que les Grecs appellent *Pyrea* & *Pyrateria*, les Persans *Atesch-Khan* & *Atesch-Gheda*, & que fort près de cette Ville dans la Montagne qui la joint, il fit tailler dans le roc des sepulcres pour lui & pour ses successeurs : l'on en voit encore aujourd'hui les ruines avec des restes de figures & de Colomnes, lesquelles quoiqu'effacées par la longueur du tems, marquent assez que ces anciens Rois avoient choisi leur sepulture en ce lieu.

Il ne faut pas confondre ces monumens avec un superbe Palais que la Reine Homai fille de Bahaman fit bâtir au milieu de la Ville d'Estekhar : on le nomme aujourd'hui en Langue Persienne Gihil ou Tchilminar, les quarante Phares ou Colomnes. Les Musulmans en firent autrefois une Mosquée ; mais la Ville s'étant entierement ruinée, on s'est servi de ses décombremens pour bâtir celle de Schiraz qui n'en est éloignée que de douze Parasanges, & qui a pris la place de Capitale de la Province proprement dite Fars ou Perse.

Ce que le même Auteur écrit de la grandeur ancienne de cette Ville, paroit fabuleux ; car il lui donne douze Parasanges de long & dix de large, de sorte que la Ville de Schiraz y auroit été comprise ; mais il est certain que tous les Historiens de Perse en parlent comme de la plus ancienne, & de la plus magnifique Ville de toute l'Asie.

Ils écrivent que ce fut *Giamschid* qui en fut le premier Fondateur, & que quelques-uns font remonter son ancienneté jusqu'à Houschenk, & même jusqu'à Caiumarath premier Fondateur de la Monarchie de Perse. Il est vrai cependant qu'elle a tiré son principal lustre de la seconde Dynastie des Rois qui abandonnerent le sejour de la Ville de Balkhe en Khorassan, pour demeurer à Estekhar.

On peut ajouter ici que le superbe Palais de la Ville d'Estekhar que la Reine Homai fit bâtir, pourroit bien être un de ces Ouvrages tant vantez de Semiramis, laquelle n'est pas inconnuë aux Orientaux, puisqu'ils font mention de deux Semirem dans leurs Histoires, dont la seconde qui pourroit avoir été la même que notre Homai, n'est pas entierement ignorée des Grecs.

Je finis ce titre en disant que la tradition fabuleuse des Persans porte que cette Ville a été bâtie par les Peri, c'est-à-dire, par les Fées du tems que le Monarque Gian Ben Gian gouvernoit le monde long-tems avant le siécle d'Adam, ce qui n'est attribué à aucune autre Ville d'Asie qu'à Estekhar, & à Baalbek.

§ Cette Ville est la même dont il est fait mention à l'Article d'ESTARKE.

ISTECHIA [d], petite Ville de la Morée au Pays des Mainotes près du Golphe de Coron, à deux lieues de Chialisa du côté du Midi. Quelques Auteurs y placent l'ancienne LEUCTRA, ou LECTRUM.

[d] Baudrand Ed. 1705.

ISTEON, Ville de l'Isle de Cythere, selon le Scholiaste de Thucydide cité par Ortelius [e] : ce dernier croit plutôt qu'elle étoit sur la côte du Peloponnese dans la Laconie, mais dependante de l'Isle.

[e] Thesaur.

1. ISTER, nom que les Anciens donnoient au bas Danube. Voiez DANUBE.

2. ISTER, Riviere de l'Istrie, selon les Anciens ; quantité d'Auteurs ont pretendu que l'Istrie prenoit son nom de cette Riviere qui y couloit ; que cet Ister avoit son embouchure à l'oposite de celle du Po ; & que la rencontre de ces deux Rivieres rendoit douce l'eau de la Mer en cet endroit. Paul Diacre [f] dans son Histoire des Lombards fait mention de cette Riviere & dit qu'elle avoit été plus grande qu'elle n'étoit de son tems. Des Auteurs ont été jusqu'à en chercher le nom moderne, & à assurer que c'est le QUIETO ; & le même que le *Nauportus* de Pline [g]. Mais cet Auteur traite cette Riviere de pure imagination *plerique dixere falsò* ; & reprend Nepos de l'avoir dit comme les autres, quoi qu'il demeurât au bord du Pô & fût à portée de savoir la fausseté d'une opinion qu'il suivoit.

[f] l. 2.

[g] l. 3. c. 18.

3. ISTER [h], Riviere de Thessalie, selon Lycophron, ou plutôt, selon *Canterus* sur cet Thes. Auteur.

[h] Ortel.

ISTHÆVONES, ancien Peuple de la Germanie, & l'une des cinq grandes Nations qui étoient sous-divisées en d'autres Peuples. Pline [i] dit dans les Editions ordinaires : *proximi autem Rheno Isthævones, quorum pars Cimbri Mediterranei : Hermiones quorum Suevi, Hermunduri, Chatti, Cherusci*. C'est-à-dire, les plus proches du Rhin sont les Isthævons sous

[i] l. 4. c. 14.

sous lesquels sont compris les Cimbres qui sont dans le milieu des Terres; les Hermions à qui appartiennent les Sueves, les Hermundures, les Chattes, les Cherusques. Les Savans, les mieux instruits de l'ancien état de l'Allemagne reconnoissent que ces mots, *quorum pars Cimbri Mediterranei*, sont corrompus. Cluvier [a] prétend qu'au lieu de *Cimbri* il faut lire *Sicambri*; & sa conjecture est trouvée si bonne par le docte Mr. Spener [b] qu'il l'approuve hautement. Ils detachent du mot *Cimbri*, ou *Sicambri* le mot *Mediterranei*. qu'ils joignent au nom *Hermiones* & lisent *quorum pars Sicambri Mediterranei Hermiones quorum Suevi*, &c. En ce cas cette Epithete qui embarasse, étant jointe aux Cimbres, n'embarasse plus quand il appartient aux Hermions. Mr. Spener croit que ces Isthævons occupoient la partie Occidentale de la Germanie. Il paroît par une citation de Strabon [c], que Pytheas nommoit ce même Peuple Ὠςιαιοι, OSTIÆI ; Etienne le Géographe qui cite le même Pytheas le nomme Ὠςιωνες, OSTIONES & ajoute que cette Nation habitoit vers l'Océan Occidental. Mr. Spener croit qu'ils étoient séparez par le Rhin. Il met en deçà de ce Fleuve les Peuples,

[a] German. Antiq.
[b] Notit. German. Ant. l. 4. c. I.
[c] l. I.

TRIBOCCI, CONDRUSI,
NEMETES, PÆMANI,
VANGIONES, EBURONES,
CÆRESI, ADUATICI,
SEGNI, MENAPII,
& BATAVI.

au delà du Rhin les Pays qui du temps de Cesar étoit connus sous le nom de,

MARCOMANNI, TUBANTES,
HARUDES, DULGIBINI,
SEDUSII, AMSIVARII,
UBII, CHAMAVI,
SICAMBRI, BRUCTERI,
MARSI, FRISII,
&c.

[d] In Plin. l. c.

Le R. P. Hardouin [d] prétend que ces Istævons de Pline n'étoient que les Peuples le long du Rhin depuis ses Embouchures jusqu'à Cologne, avec la Frise Occidentale. Il ne change rien au texte & lit *quorum pars Cimbri Mediterranei*. Il ajoute que les Cimbres dont il s'agit ici avoient le Pays où sont à présent le Comté de la Marck, le Duché de Berg, & la partie du Pays de Cleves au delà le Rhin: mais il ne dit point quel autre Auteur ancien a mis des Cimbres dans ce pays-là ni comment il trouve dans Pline que ces Cimbres avoient toute cette étendue.

Le P. Briet dans ses Parallèles distribue ainsi les Istævons.

Les Istævons ou Isthævons comprenoient sous eux les Peuples.

FRISII.		Partie de la *Hollande*. de l'*Overyssel*. & la *Frise Orientale*.
DULGIBINI.		une grande partie de l'Evêché de *Munster*, *Oldenbourg*, *Lingen*, *Hoye*, & *Minden*.
ANGRIVARII.		Partie d'*Over-Yssel*, *Bentheim*, partie de l'Evêché de *Paderborn*.
MARSACI.		Partie d'*Utrecht* & de *Gueldre*.
CHASSUARII.		Parties de l'Evêché de *Munster*, d'*Osnabrug*, de *Ravensperg*, & de *Lemgow*.
CHAMAVI.		Parties des Evêchez de *Munster*, *Paderborn*, & quelques Comtez entre ces deux Evêchez.
MARSI.		Parties de l'Evêché de *Paderborn*, & du Duché de *Westphalie*.
USIPETES.		*Rechlinghusen* & partie de la *Marck*.
SICAMBRI.	TENCTERI.	Partie des Duchez de *Berg* & de *Westphalie* & du Comté de la *Mark*.
	BRUCTERI.	Partie du Duché de *Berg*, de l'Archevêché de *Treves*, & de *Witeravie*.
MATTIACI.		Une grande partie de la *Weteravie*, de la *Hesse*, d'*Issembourg*, & de *Fulde*.
SEDUSII.		Partie des Terres de *Mayence*, de *Wurtzbourg*, de *Wertheim*, & d'*Hohenlo*.

Voici un sentiment que Mr. Spener propose sans en designer l'Auteur que par ces mots *un certain Savant*; *eruditissimus aliquis Vir*. Voici en quoi il consiste. Il transporte les Istævons à l'Orient de la Germanie & croit que ce nom leur a été donné de leur d'*Estevones*. *Est* signifie l'Orient & *Wonen* habiter. En ce cas Pline les auroit deplacez. L'Auteur de la nouvelle conjecture borne les Hermions à l'Elbe, & met les Istævons dans tout le pays d'au delà. On voit bien que ce qui le détermine à ce parti, c'est pour placer au deçà du Rhin une partie des Hermions, & tirer delà l'Origine du nom de Germains donné à toutes les Nations Teutones. Nous faisons voir ailleurs qu'*Hermiones*, *Hermanni*, *Germani* & autres noms ne sont que des Dialectes d'un même mot. Voiez au mot GERMANIE. Mr. Spener ajoute comme pour confirmer la conjecture qu'il se peut faire qu'y ayant eu anciennement cinq classes des Peuples Germains, deux Classes, savoir les Peucins & les Wandales, étant dechues de leur ancien éclat, il ne fut plus question que de trois Classes, sous lesquelles on distribuoit ainsi toute la Germanie du temps de Tacite [e]. Selon ce plan les *Ingevons* occupoient la Germanie Septentrionale; les Hermions

[e] De Mor. German. c. 2.

mions l'Occidentale, l'Elbe separant ces deux Peuples ; & les Istævons occupoient la Germanie Orientale de maniere qu'ils comprenoient sous eux les Vandales & les Peucins. Mr. Spener en rapportant ce sentiment que j'ai un peu éclairci en faveur de mes Lecteurs, le trouve ingenieux & bien imaginé ; mais il avoue que l'autorité des Anciens dont il n'ose s'écarter ne permet pas de s'en accommoder. Mr. d'Audifret [a] met les Istævons entre le Rhin & le Weser. Mr. Baudrand dans son Edition Latine de 1682. avoit dit de même qu'ils étoient bornez par ces deux Rivieres ; Mr. Maty y a ajouté qu'ils possedoient une partie de la Suabe, une partie de la Franconie, tout ce qu'on trouve à la droite du Rhin, des Cercles du haut & du bas Rhin & de celui de Westphalie & des Pays-Bas & d'une petite partie de la Saxe. L'Editeur François de Mr. Baudrand lui a prêté ces mots : *Ils occupoient ce qu'on appelle aujourd'hui la Souabe & une partie de la Franconie &c.* Cet &c. signifie beaucoup trop dans une explication de cette nature. La Suabe de cet Editeur, & la Saxe de Mr. Maty sont je crois de trop, dans cette description des Istævons.

§ Il est plaisant que les Modernes prononcent si precisément sur des partages que l'antiquité nous a laissez d'une maniere si obscure. Quelques Géographes de ces derniers temps font la distribution de ces Peuples avec autant d'assurance que s'ils avoient vû des monumens authentiques qui en marquassent les bornes avec évidence. D'un côté les uns fixent leurs divisions avec des détails où tout semble rangé avec netteté ; mais ses divisions ne s'accordent point ; premier inconvenient. Il vient aprés cela des Savans qui derangent toutes ces idées, & cela se termine par convenir que l'on ne sait si ce même Peuple étoit à l'Orient ou au Couchant de la Germanie. Je ne laisse pas de raporter les sentimens differens. Il y a des Lecteurs qui sont bien aises qu'on les en instruise. Mais je dois avertir que ce ne sont que des conjectures. Ce qu'il y a de sûr touchant les Isthævons, c'est que dans un temps où la Germanie étoit divisée en cinq Classes, les Isthævons en étoient une ; & que dans un autre temps la Germanie étant comprise en trois parties, une des trois s'appelloit les Isthævons. Mais où étoient-ils ? Les Anciens ne sont pas assez déterminé pour en rien dire de bien positif ; encore moins nous apprennent-ils quels Peuples ont été compris sous ce nom. Ce que les Modernes disent-là dessus peut être vrai & peut aussi ne l'être pas.

ISTARBA, Ville d'Asie dans le Korcan. Chrysococca [b] lui donne 79. d. de Longitude & 37. 5'. de Latitude.

ISTHME, en Latin Isthmus, langue de terre entre deux Mers, ou deux Golphes, laquelle joint une Presqu'Isle au Continent de la même maniere que le cou joint la tête au tronc du Corps. Les plus considerables entre les *Isthmes* sont,

L'ISTHME DE CORINTHE, qui joint la Morée au reste de la Grece, & est situé entre le Golphe de Lépante & le Golphe d'Engia.

L'ISTHME D'ERISSO, qui joint le mont Athos au reste de la Macedoine.

L'ISTHME DE MALACA, qui joint la Presqu'Isle de ce nom au Royaume de Siam entre le Detroit de Malaca & le Golphe de Siam.

L'ISTHME DE PANAMA, qui joint l'Amerique Septentrionale avec l'Amerique Meridionale, & est situé entre la Mer du Nord & la Mer du Sud.

L'ISTHME DE ROMANIE, qui joint la Presqu'Isle de Romanie au reste de cette Province & est entre le Golphe de Megarisse & la Mer de Marmora.

L'ISTHME DE SUEZ, qui joint l'Afrique avec l'Asie entre la Mediterranée & la Mer Rouge.

L'ISTHME DE ZACALA, qui joint la Tartarie Crimée, ou Chersonnese Taurique avec la Tartarie Precopite ; entre la Mer noire & le Palus Méotide.

ISTIÆA. Voiez ORCUM.

ISTIÆOTIS, c'est le même pays que l'Estiotide.

ISTIGIAS, petite Ville d'Asie dans la grande Tartarie, dans la Transoxane. Mr. Baudrand dit [c] : quelques Auteurs la prennent pour l'ancienne CHARIASPA, ZARIASPA, & BACTRA Capitale de la Bactriane que d'autres mettent à Balch. J'ai deja fait voir que *Charispa*, ou *Zarispa*, car c'est ainsi qu'on lit dans Ptolomée, ne sauroit être la même Ville que la Zariaspa ou Bactres-de Pline ; parce que Charispa ou Zarispa étoit au delà de l'Oxus, & Zariaspa ou Bactra étoit au deça de ce Fleuve, ce ne sauroit être Balk par la même raison.

ISTIMON, lieu de la Palestine, selon Ortelius qui cite Josué c. 21 [d]. Je trouve dans la Vulgate Estemo. D. Calmet dit ISTHEMO Ville de la Tribu de Juda & cite Josué c. 15. v. 50. Il ajoute : elle est appellée autrement ESTHAMO, ou ESTHE'MO ; Eusebe & St. Jerome disent qu'elle étoit dans le Canton d'Eleutheropolis.

ISTO, Montagne dont parle Thucydide [e]. Ortelius croit qu'elle est dans l'Isle de Corfou. Les habitans de cette Montagne sont nommez ISTONES par Polyen.

ISTOB, ou IS-TOB, ou ISCH-TOB, ce mot se trouve au second livre des Rois où il est dit [f] ; qu'entre autres Troupes auxiliaires des Ammonites il y avoit dix mille hommes d'*Istob*. Une note de Vatable l'explique ainsi ; c'est le Pays que l'on appelle TOB & d'où l'on fit venir Jephté. D. Calmet dit qu'Istob signifie un *habitant de Tob*, ou *Bon-homme*, ou Maître du Pays des Tubieniens : ce Pays, ajoute-t-il, étoit à l'extremité Septentrionale des Montagnes de Galaad, vers le mont Liban. Jephté [g] se retira dans le Pays de Tob, & ce Canton est appellé Tubin dans les Maccabées [h].

ISTONIA, Riviere de l'Isle de Candie. Elle a son embouchure à dix milles de Spina Longa. Son eau est bonne, mais en été elle est dangereuse à cause que ses bords sont revêtus d'une plante boiseuse que les Grecs appellent *Rododaphné* & que les Italiens nomment *Leandro*. Cette plante la rend malsaine, on a vu des gens mourir pour avoir mangé du pain

cuit

[a] Geogr. T. 3. p. 4.

[b] Excerpta ex Chrysococea Syntaxi. p. 5. Edit. Oxon.

[c] Ed. 1705

[d] v. 14.

[e] l. 3. & 4.

[f] c. 10. v. 6.

[g] Judic. c. 10. v. 3.

[h] l. 1. c. 5. v. 13.

cuit avec ce bois, ou de la chair que l'on avoit fait rotir avec une broche faite de de même bois.

1. ISTONIUM, ancienne Ville de l'Espagne Tarragonoise dans la Celtiberie, selon Ptolomée [a].

[a] l. 2. c. 6.

2. ISTONIUM, en Italie. Voiez HISTONIUM.

ISTRES, Bourg de France en Provence, au Couchant de l'Etang de Berre, à l'endroit où il reçoit la Crapone, à une lieue & demie de Martigues, en allant vers Salon, dans une grande Plaine. Mr. Baudrand [b] dit que c'est l'*Aſtromela* des Anciens. Cela ne se peut, car *Aſtromela* n'étoit ni une Ville, ni un Bourg, mais un Etang, comme on peut voir au mot ASTROMELA.

[b] Ed. 1705.

ISTRI, Peuplé d'Italie en Iſtrie.

ISTRIA, nom Latin & Italien de l'ISTRIE. Voiez ce mot.

CAPO D'ISTRIA, Ville d'Italie, dans l'Etat des Venitiens, & dans la Province d'Iſtrie ſur une petite Iſle nommée ÆGIDA par les Anciens. Voiez ÆGIDA. Cette Iſle a environ trois milles de tour & eſt ſelon le P. Coronelli à 36. d. 36'. de Longitude & à 45. d. 31'. de Latitude Septentrionale. Après avoir été quelque temps abandonnée [c] elle commença d'être habitée de nouveau environ dix-huit ans avant l'Ere Vulgaire ; vers l'an 44. le Peuple ayant embraſſé le Chriſtianiſme bâtit l'Egliſe qui eſt aujourd'hui la Cathedrale ; on croit qu'il ne fit que conſacrer avec quelques changemens un Temple dedié à Cybele ; car à la grande Porte vers le Midi on voit qu'on y a employé les pierres du tombeau d'un grand Prêtre de cette Déeſſe. Les Colomnes ſont poſées ſur deux lions avec une tête de vache & on y lit ces paroles L. PUBLIUS SYNTROPUS ARCHIGALLUS V. F. SIBI H. M. H. N. S. ce qui ſignifie LUCIUS PUBLIUS SYNTROPUS ARCHIGALLUS VIVENS FECIT SIBI HOC MONUMENTUM HÆREDIBUS NON SUIS. L'an 210. les habitans de l'Iſle voulant ſe faciliter le trajet au Continent qui étoit à 1520. pas de diſtance ſongerent à former la chauſſée que l'on y voit, mais dans le même temps, ils travaillerent à ſe mettre à couvert des incurſions des Barbares qui commençoient à fourager les Provinces de l'Empire. Pour cet effet ils éleverent ſur un autre petit écueil qui eſt dans cette chauſſée un Fort nommé Caſtel-Leone. Cette Iſle eut le ſort des Provinces voiſines lorſque les Huns, les Goths & les Wandales s'y jetterent ; mais Juſtin premier l'ayant rétablie elle quita le nom d'Ægida & celui de *Copra*, ou *Copraria* qu'elle avoit eu enſuite & prit celui de JUSTINOPOLIS qu'elle garde encore dans les Actes écrits en Latin ; mais lorſque les Venitiens furent les Maîtres, ils la nommerent CAPO D'ISTRIA, parce qu'elle eſt devenue la Capitale de l'Iſtrie. Quoi qu'elle fût ſoumiſe à la Juriſdiction du Patriarche d'Aquilée, elle ne laiſſoit pas de ſe gouverner par ſes propres Loix, & étoit en état de tenir tête à ſes voiſins, cependant le Doge Pietro Candiano II. l'aſſiégea en 932. & la ſoumit à la Republique. Il paroit qu'elle en ſecoua encore le joug, car elle ſe ſoumit volontairement aux Venitiens le 5. Fevrier 1278.

[c] Coronelli Iſolario. T. I. p. 339.

en vertu de quoi on lui conſerva beaucoup de Privileges. Les Génois la prirent en 1380, & la ſaccagerent encore à une autre repriſe parce qu'elle n'étoit pas encore entierement fermée de murailles ; mais on y pourvut & le Senat les fit achever l'an 1478. L'Evêché de Capo d'Iſtria fut fondé, ſelon quelques-uns par Jean I. à la ſollicitation de l'Empereur Juſtin. Mais il eſt plus vrai-ſemblable que ce ne fut qu'en 756. du temps de Galla cinquieme Doge de Veniſe. Il fut confirmé enſuite par Honorius, & l'an 1221. on y établit le Chapitre de douze Chanoines qui eſt preſentement de treize, entre leſquels ſont trois Dignitaires, ſavoir le Doyen, l'Archidiacre & l'Ecolâtre. La Cathedrale eſt d'une ancienne Architecture, à trois nefs ſoutenues ſur dixhuit Colomnes de très-beau marbre & eſt conſacrée ſous l'invocation de la ſainte Vierge ſous le titre de Ste. Marie Majeure. L'an 1490. elle fut aggrandie & la façade revêtue de Marbre blanc. Elle eſt ornée de belles Chapelles, entre autres Reliques on y venere celles du Pape St. Alexandre & du bien-heureux Nazaire Protecteur de la Ville. Elles avoient été enlevées par les Genois & tranſportées à Génes, mais en 1422. on les rendit. L'Egliſe des Servites eſt d'une grande beauté. Celle des Dominicains fut rebâtie après avoir été ravagée & detruite par les Génois. C'eſt un des trois Monaſteres fondez par St. Dominique. L'Inquiſition a ſon Tribunal chez les Franciſcains. Je paſſe les autres Egliſes de Ste. Anne, de St. Gregoire, & de Sainte Claire ; l'Hôpital de St. Baſſo pour les hommes, celui de St. Marc pour les femmes, & autres édifices publics. La Maiſon de Ville eſt un vieux bâtiment que l'on croit avoir été autrefois un Temple de la Déeſſe Pallas. On aſſure que la figure qui repreſente la Juſtice & qui eſt poſée entre deux tours dans la façade étoit la Statue de Pallas & c'eſt ce qu'on a voulu exprimer par ce vers qu'on y lit en Lettres Gothiques,

Palladis Ætlea fuit hoc memorabile Saxum.

Le Gouvernement conſiſte en un Podeſta & un Capitaine qui y ſont envoyez de Veniſe, auſquels deux Nobles Venitiens ſont adjoints en qualité de Conſeillers. Cette petite Iſle jouit d'un air ſalubre & temperé, la Mer lui fournit du poiſſon en abondance ; & la Terre Ferme d'alentour eſt toute couverte d'Oliviers ou de vignes qui produiſent tous les ans juſqu'à 28000. ornes d'excellent vin. On compte cinquante cinq Villages dans ſon territoire. Mais le principal revenu de la Ville conſiſte dans ſes Salines. Il y a au Levant & au Midi près de trois mille marais ſalans qui donnent chaque année plus de ſept mille Muids de ſel ; & après que la Republique en a pris ce dont elle a beſoin, elle permet de vendre le reſte.

ISTRIANA, Ἰσριάνα Πόλις, Ville de l'Arabie heureuſe, ſelon Ptolomée [d]. Qui la met au Pays du Peuple *Thæmi*.

[d] l. 6. c. 7.

ISTRIANORUM PORTUS, le même qu'ISTROPOLIS.

ISTRIANUS, Ἰσριανος, ancien nom d'une Riviere de la Cherſonneſe Taurique, ſelon Ptolomée [e]. Ses Interpretes doutent ſi

[e] l. 3. c. 6.

ce

IST.

ce n'est point présentement CALAMITA.

ISTRICI, Peuple de la Sarmatie en Europe. Ils étoient voisins du Peuple *Axiace* dont ils étoient séparez par le Fleuve Tyras, selon Pomponius Mela [a]. [a l.2.c.2. n. 50.]

ISTRICUS VICUS, lieu d'Italie. Tite-Live fait mention de ce lieu à l'occasion d'un prodige qu'il raconte [b]. [b l.24.c.10.]

ISTRIE, (l') Contrée d'Italie dans l'Etat des Venitiens, au Couchant du Golphe de Venise. C'est une Presqu'Isle renfermée entre deux grands Golphes de la Mer Adriatique, savoir le Golphe de Trieste & le Golphe de Quarner. Les Montagnes de la Vena, qui font partie des Alpes la separent de la Carniole & de la Morlaquie. Les Allemands l'appellent Histerreich; tout ce pays est fort mal sain, de là vient qu'il est assez mal peuplé en quelques endroits & presque desert en d'autres.

L'Istrie est partagée entre les Venitiens & la Maison d'Autriche, qui en possede quelque chose au Nord, savoir la Principauté & le Port de Trieste; Mr. Baudrand lui donne la partie Orientale de ce pays, où sont Pedena, Pisin, Cosliac & quelques autres lieux. Il est vrai qu'ils sont à la Maison d'Autriche, mais on ne les compte pas dans l'Istrie. L'Istrie Venitiene a le long de la côte en commençant au Nord,

Muglia,	Parenzo,
CAPO D'ISTRIA,	Orsera,
Isola,	ROVIGNO,
Pirano,	POLA,
Umago,	Albona,
Citta Nuova,	Fianona.

Capo d'Istria & Trieste sont en meilleur air & mieux peuplées que les autres. Magin de qui j'ai tiré la plus grande partie de cet Article supose que l'Istrie répond à la Japidie des Anciens. Cela n'est vrai que d'une partie de l'Istrie & de la Japidie. Voiez HISTRIA.

ISTRIUM, Ville de la Mesopotamie, selon Ortelius [c] qui cite Nicetas. [c Thesaur.]

ISTRO. Voiez ISTROS.

ISTRONA. Voiez ISTROS 2.

ISTROPOLIS, selon Pline [d], ancienne Ville sur la Mer Noire à l'Embouchure du Danube. C'étoit une peuplade des Milesiens. L'Auteur du Periple imparfait du Pont-Euxin [e], Ptolomée & Etienne le Géographe la nomment Istros. Le premier dit comme Pline qu'elle étoit l'ouvrage des Milesiens, qui l'éleverent lorsque l'Armée des Scythes Barbares passa en Asie en poursuivant les habitans du Bosphore Cimmerien: il compte de cette Ville à Tomi trois cens Stades, ou quarante milles. Ptolomée la met à la basse Mysie. Herodote [f] & Justin [g] en nomment les habitans ISTRIANI. Antonin la nomme *Ister* & la met à XXXVI. milles de Tomi, ce qui revient beaucoup mieux que les quarante milles du Periple cité, aux trois cens Stades que ce même Periple compte pour la distance de ces deux Villes, car trois cens Stades doivent faire 37500. pas. Arrien dans son Periple du Pont-Euxin [h], fait bien mention d'un Port qu'il appelle ISTRIANORUM PORTUS; mais il étoit different d'Istropolis. Le Periple impar- [d l.4.c.11.] [e Oxon Ed. p. 12.] [f l.2.c.33.] [g l.9.c.2.] [h p.21.]

IST. ISU. ISY. ITA. 251

fait déjà cité parle aussi de l'un & de l'autre & les distingue. Ce Port étoit plus avant vers la Riviere de Tyras, & le Nord.

1. ISTROS. Voiez ISTROPOLIS.

2. ISTROS, Ville de Crete, selon Etienne le Géographe. Il dit qu'Artemidore la nomme ISTRONA.

3. ISTROS [i], Ville d'Asie dans le Pont. Eusebe la nomme HISTRUS. [i Chronic.]

4. ISTROS, Ville de la Japygie, selon Etienne le Géographe. Le Grec cite Ephorus comme en ayant parlé, & le Latin cite Hecatée.

5. ISTROS, Isle d'Asie avec une Ville de même nom, auprès de Triopium.

ISTRUNS, lieu de la Mesopotamie de Syrie. L'Auteur du Livre des Merveilles [k] dit qu'il y naît de petits serpents qui ne font point de mal aux gens du lieu, mais qui tourmentent fort les étrangers. [k Aristotel.]

ISTUS, Isle d'Afrique. Etienne le Géographe dit qu'elle a la figure d'un vaisseau, que les Africains le nomment UDONOE & les Pheniciens CELLARHARSATH.

ISUBRIGANTUM. Voiez ISURIUM.

ISUELI, ancien Peuple de l'Ethiopie, selon Pline [l]. [l l.6. c. 30.]

ISURA, Isle voisine de l'Arabie heureuse sur la côte Orientale, selon Pline [m]. [m l.6.c.28.]

ISURIUM, Ville de l'Isle d'Albion au pays des Brigantes, selon Ptolomée [n]. On ne doute point que ce ne soit la même que l'*Isubrigantum* d'Antonin [o] mot corrompu d'ISURIUM BRIGANTUM. Il le met entre *Eboracum* Yorck & *Cataractonium*, Cattarick, à XVII. M. P. de la premiere & à XXIV. M. P. de la seconde. C'est présentement ALDBROUGH. Ce nom se trouve aussi écrit ALDBURROUGH. [n l.2.c.3.] [o Itiner.]

1. ISUS, Ville de Grèce dans la Béotie près d'Antedon, selon Strabon [p]. Elle ne subsistoit déjà plus de son temps, ce n'étoit qu'un lieu qui conservoit les traces d'une ancienne Ville. Voiez NISA. [p l. 9.p.405.]

2. ISUS, nom d'une Riviere, à ce que dit le Lexique de Phavorin qui ne marque point en quel pays.

ISUVIUM, c'est la même qu'IGUVIUM. Voiez ce mot.

ISUUM. Voiez USUI.

ISYROS, nom de lieu, selon Pollux. On ne sait en quel pays.

IT.

ITA, Bourg d'Espagne dans la nouvelle Castille, au pays d'Algarria, sur une hauteur près de la Riviere de Henares à cinq lieues au dessus de Guadalaxara en allant vers Siguença.

ITABURIUS, ou ITABURIM, c'est le nom que Josephe [q] donne au mont Thabor. [q De Bello. l.4.c.2.]

ITADOU [r], Isle d'Asie dans la Mer des Indes entre les Maldives, au Sud de l'Isle de Male, selon Davity [s]. [r Corn.Dict.] [s Asie.]

ITALA, Bourg de Sicile, le même qu'ATALA. Voiez ce mot.

ITALICA, ancienne Ville d'Espagne dans la Betique, aujourd'hui dans l'Andalousie.

Ii 2   Cette

Cette Ville connue des anciens Géographes est devenue très-fameuse par les grands hommes dont elle a été la patrie : trois ont été Empereurs de Rome, savoir Trajan [a], Adrien * son Cousin & son Successeur, & Theodose le vieux. L'autre est moins célèbre par les honneurs de son Consulat qui tombe à l'année 68. de l'ere Vulgaire que par son Poëme sur la seconde guerre Punique. On a douté quelque temps du nom moderne de cette Ville. Alphonse Ciacconus dit dans l'explication de la Colomne Trajane qu'Italica n'étoit pas loin du Bourg d'ALCALA DEL RIO. Mais Morales dit que c'est SEVILLA LA VEJA ; Mr. Maty croit que ces deux noms ne signifient qu'un même lieu. Le P. Briet [b], Mr. Baudrand [c], le R. P. Hardouin & quantité d'autres Savans s'accordent à dire que ce dernier nom est celui que porte la Ville d'Italica. Appien [d] nous en apprend l'Origine lorsqu'il dit que Scipion laissa les Invalides qu'il avoit dans son armée en une Ville qui en prit le nom d'Italica. Ce n'étoit d'abord qu'un Bourg, & elle n'est qualifiée que Municipe sur les Medailles frapées sous l'Empire d'Auguste. Elle devint ensuite Colonie comme on peut voir dans un passage où Aulugelle dit que l'Empereur Adrien s'étonnoit qu'ayant les Droits municipaux elle sollicitât les droits de Colonie. J'éclaircis ce passage au mot MUNICIPE. Mr. Baudrand dit que *Sevilla la Veja* a beaucoup de marques d'avoir été une grande Ville; qu'elle est à peine éloignée de quatre milles de Seville; que c'est un petit Village situé sur le Guadalquivir, qu'il demeura inculte jusqu'à l'an 1595., que le Village de Santiponce étant abandonné par ses habitans, ils vinrent s'établir en ce lieu. Ajoutez, poursuit-il, que la Campagne des environs est appellée LOS CAMPOS DE TALCA. Les Notices d'Espagne donnent à la Ville d'Italica le premier rang après le Siège de *Spalis* qui est aujourd'hui Seville. Voiez au mot ILIPA 2. une erreur où l'on étoit tombé au sujet de cette Ville dont on a cru faussement qu'Italica étoit un surnom. Mr. Baudrand y a donné avec plusieurs autres Auteurs célèbres.

2. ITALICA, ancienne Ville de l'Isle d'Euboée, selon Antigonus [e]. Elle étoit voisine de Chalcide.

3. ITALICA, Strabon [f] dit qu'on a appellé ainsi la Ville de CORFINIUM. Velleius Paterculus [g] la nomme ITALICUM.

1. ITALICUM, voiez l'article precedent.

2. ITALICUM, Lieu particulier de la Sicile, selon Etienne le Géographe.

ITALICUS CLIVUS, Montagne entre les Alpes Cottiennes, selon Ammien Marcellin [h].

ITALIE, Grand Pays de l'Europe, entre les Alpes & la mer, où il s'étend en forme de Presqu'Isle. Outre cela, on comprend encore sous ce nom plusieurs Isles, dont quelques-unes sont assez grandes, comme la Sicile, la Sardaigne, & la Corse, quelques autres plus petites, savoir l'Isle d'Elve & autres de la Mer de Toscane, les Isles de Lipari au Nord de la Sicile. Les Isles de Tremiti & autres au Couchant & au Nord du Golphe de Venise. Bien que ces Isles appartiennent à l'Italie, je les renvoye à leurs Articles particuliers & ne traite en celui-ci que de ce qui est en terre ferme, & c'est ce que j'appelle l'Italie proprement dite.

Pline [i] & Solin [k] la comparent pour la figure à une feuille de Chêne beaucoup plus longue que large. D'autres [l] l'ont comparée à une feuille de lierre. Mais c'est en n'y considerant que ce qui est au delà de l'Arne & du Rubicon ; bornes dont je parlerai ci-après. Magin la compare à une jambe d'homme. Mais il y a plus de justesse à la comparer à une botte dont la Genouillere comprenda la Republique de Gènes ; le Piémont ; le Milanez ; la Republique de Venise ; les Etats de Mantoue, de Ferrare, de Parme & de Modene. La Marche d'Ancone & l'Abruzze Ulterieure sont le gras de jambe ; la Capitanate l'Eperon ; la Terre d'Otrante le Talon ; la Basilicate & la Calabre forment la plante du pied ; la Ville de Naples avec les Isles de Procita & d'Ischia en est la boucle ; le Duché de Toscane & l'Etat de l'Eglise representent le devant de la Jambe. Cette botte est dans l'attitude d'une Jambe retirée en arriere pour donner un coup de pied à la Sicile, qui est au bout comme une roche triangulaire. Les anciennes Cartes de nos Géographes Modernes lui courbent trop le Jarret & ne la font pas assez droite ni assez unie.

La longueur de l'Italie, selon Pline [m], est depuis Aoste à l'extremité des Alpes, en passant par Rome & Capoue jusqu'à Regio un million & vingt mille pas ; c'est-à-dire, vingt de ces milles Romains qui étoient en usage de son temps. Solin & Martianus Capella qui le copient souvent, l'ont aussi copié en cela. Rutilius dans son Itineraire retranche vingt de ces milles [n].

Millia per longum decies centena teruntur
A Ligurum terris ad freta Sicaniæ.

Je dirois que ç'a été pour la mesure de son vers qu'il a fait ce retranchement si Strabon n'avoit pas aussi obmis ces vingt Milles, pour faire un compte rond.

Quant à la largeur de l'Italie il faut distinguer, car elle n'est pas égale partout. Pline [o] dit que sa plus grande largeur à la prendre à Vadi, Turin, Come, Verone, Vicenze, Oderzo, Aquilée, Trieste, & Pola jusqu'à l'Arza, est de DCCIII. Milles. Cluvier [p] a très-bien averti que les Exemplaires varient sur le Chifre ; les uns portent DCCXIII. d'autres DCCXLII. & quelques-uns DCCXLV. C'est à ce dernier nombre que le R. P. Hardouin s'est déterminé. En suivant les sommets des Alpes qui bornent l'Italie dans sa plus grande largeur on trouvera DCCC. Milles , dit Cluvier qui à une grande érudition joignoit l'avantage d'avoir vû & parcouru l'Italie. Le même Pline dit [q] sa largeur est différente. Si on la prend entre les deux mers (savoir la Mer de Toscane & la Mer Adriatique) & les Rivieres le Var & l'Arsia, elle est de CCCCX. milles. Vers le milieu, c'est-à-dire, vers la Ville de Rome, depuis l'Embouchure du Tibre, elle est de CXXXVI. Il y a, dit-il, un peu moins de *Castrum Novum* sur la Mer Adriatique, à Alsium qui est sur la Mer de Toscane. C'est apparemment
de là

delà que Rutilius dit que sa largeur est de cent trente mille pas

*Qua tamen est juncti maris angustissima tellus,
Triginta & centum millia sola patet.*

Cluvier supposant que les milles des Anciens étoient les milles d'aujourd'hui dont soixante font un degré s'est donné bien de la peine pour rajuster les pretendues fautes de Calcul qu'il trouvoit dans Pline; mais Mr. de l'Isle a très-bien prouvé que le Calcul de Pline est juste & que Cluvier s'est trompé lui-même en faisant les milles des Anciens d'un cinquiéme plus grands qu'ils n'étoient.

L'Italie n'a pas toujours eu les mêmes bornes. Il y a même bien de l'apparence que ce nom ne signifioit d'abord qu'un Canton particulier vers le centre de la Presqu'Isle. Quelques-uns le derivent d'un certain Italus personnage fabuleux. Le Docte Bochart croit en avoir trouvé la veritable Origine & le fait venir de la Langue Phœnicienne, selon lui c'étoit en premier lieu de cette extrémité qui est entre les Golphes de Squillaci & de Ste. Euphemie & delà vers la Sicile ne rapporterai point ici l'érudition grammaticale qu'il prodigue sur la poix que l'on recueilloit dans cette contrée & de laquelle il derive le nom d'Italie. On peut voir ces remarques dans son livre. Aussi bien je ne les rapporterois qu'en avertissant que je les trouve plus subtiles que solides.

Ce que j'ai dit de l'Italie se peut dire de la plupart des autres noms qu'elle a eus aussi. Les plus considerables sont raportez par Servius, qui expliquant ce vers de Virgile:

Sæpius & nomen posuit Saturnia tellus,

qui signifie que l'Italie a souvent changé de nom, ajoute, qu'elle a été appellée HESPERIE, AUSONIE, SATURNIE, VITALIE. Le Scholiaste de Lycophron parlant d'Enée dit: il vint de Macedoine en *Italie* qu'on appelloit auparavant ARGESSA; ensuite *Saturnia*, ensuite à cause d'un certain Ausone, *Ausonie* & après du nom d'Italus *Italie*. Ce nom d'ARGESSA est suspect à Cluvier [a] & il s'étonne qu'Isace soit le seul qui l'ait trouvé. Macrobe [b] fait mention d'un certain Camese qui regna conjointement avec Janus & dit que leur puissance étoit si partagée que le Pays en prit le nom de CAMESENE & la Ville celui de *Janiculum*. Il ajoute que Janus resta seul Souverain, qu'ayant reçu Saturne qui abordoit avec une flote & ayant apris de lui l'art de cultiver la terre, & de se procurer une meilleure nourriture, il l'en recompensa en l'associant à la Souveraineté. Voilà en même temps l'Origine du nom de SATURNIE. On voit assez que ni Janus, ni Saturne ne regnerent point sur l'Italie entiere telle que nous la connoissons, mais sur une partie aux environs de Tibre. On peut voir dans le premier livre des Antiquitez de Denys d'Halicarnasse ce qui a pu donner lieu à la créance du Peuple qui établissoit le regne de Saturne en Italie. On derive le nom de LATIUM que porta la contrée qui lui servit, dit-on, de retraite, du Verbe *Lateo*, se cacher. Denys d'Halicarnasse raporte l'arrivée de divers Peuples en Italie, surtout des Grecs.

[a] Ital. Ant. l. 1. c. 1.
[b] Saturnal. l. 1. c. 7.

Cette Nation avoit envoyé quantité de Colonies dans l'Asie mineure, & les Villes qu'elle y forma envoyerent à leur tour des Colonies en Italie & même jusque dans les Gaules. C'est ainsi que les Phocéens, qui n'étoient que des Atheniens établis en Asie fonderent Marseille. Mais pour me borner ici ce qui regarde l'Italie, les Grecs firent tant de descentes & d'établissemens dans ce Pays que la partie Meridionale en prit le nom de la grande Grece. Et Pline se sert de ce nom pour faire voir l'avantage de l'Italie sur la Grece, puis qu'une portion de l'Italie avoit paru assez considerable pour être appellée la grande Grece au prejudice de la Grece proprement dite.

Les noms d'AUSONIE, de THYRRHENIE & d'ŒNOTRIE, ne signifient originairement que des contrées particulieres comme je l'explique à chacun de ces articles. Le nom d'HESPERIE lui fut donné par les Grecs, à cause de sa situation Occidentale à leur égard; & est tiré du nom qu'ils donnoient à l'étoile du soir. Les Latins donnerent aussi le nom d'Hesperie à l'Espagne pour la même raison.

L'Italie n'a pas toujours eu les mêmes bornes; car dans les anciens temps, ce nom ne convenoit gueres qu'au milieu. Outre que la grande Grece en faisoit une partie qui en détachoit à peu près tout le soulier de la botte, on appelloit Gaule tout ce qui est entre les Alpes, l'Arne & l'Iesi, ou l'Æsis des Anciens. Et c'est ce qu'on appelloit la Gaule Cisalpine, mais après que les Romains eurent subjugué cette Gaule, ils reculerent les Frontieres de l'Italie jusqu'aux Alpes. Ainsi de l'Italie de ces anciens temps il falloit encore retrancher de la botte toute la Genouillere jusqu'au dessous du Jarret.

Ce Pays changea souvent d'état & de divisions. Nous rassemblerons seulement les plus importantes dont les Historiens de Rome ayent fait mention.

La premiere division regarde les anciennes Nations qui peuplerent l'Italie. Il y en avoit de deux sortes: les unes se disoient Αὐτόχθονες, *Indigenæ*, mots qui signifient les *naturels* d'un Pays, ceux dont on ignore le premier établissement. Les autres étoient des étrangers qui attirez par la bonté de la terre, & des eaux vinrent s'établir en Italie. Le Peuple UMBRI passoit pour le plus ancien de tous [c]. Les SICULES étoient aussi d'entre ces anciennes Nations. Les Oenotriens qui se qualifioient *Aborigenes* les chasserent de la Sabine & du *Latium*, & ensuite les *Ausones*, ou les Sabins les ayant acculez au bas de l'Italie les forcerent de passer dans l'Isle à laquelle ils donnerent leur nom qui est reconnoissable en celui de Sicile qu'elle porte encore. Les EUGANÉENS étoient aussi d'anciens habitans de l'Italie, mais leur Pays fut envahi partie par les Venetes, partie par les Carnes. Les autres étoient appellez OPICI, OSCI, AUSONES, & SABINI, & ce furent leurs descendants qui occuperent presque tout le Midi de l'Italie.

[c] Florus l. 1. c. 13. & Plin. l. 3. c. 14.

Les Etrangers étoient ou Asiatiques, ou Arcadiens, ou Celtes. Les Etrusques étoient venus d'Asie & plus particulierement de la Lydie comme nous l'enseignent tous les Anciens qui en ont parlé, excepté le seul Denys d'Halicarnasse. Quelques-uns ont cru & le P. Briet est

est de ce nombre que les Venetes vinrent de la Troade & de la Paphlagonie sous la conduite d'Antenor. Qu'Antenor ait amené des hommes de ce Pays-là à la bonne heure, mais je suis persuadé que les Venetes venoient des Gaules : mais poursuivons. De Grece & d'Arcadie vinrent les Pelasges, les Oenotriens, les Japyges, ou Peucetiens, ou Apuliens. Les Rhetes étoient un detachement des Etrusques qui chassez de leur Territoire se retirerent dans les Alpes. Les Oenotriens qui se nommerent ensuite Aborigines eurent pour descendans les Latins, dont les Rutules faisoient partie. Les Volsques sortoient peut-être aussi des Oenotriens, ou pour mieux dire on ne sait d'où ils étoient venus. Mais il vaut mieux renvoyer ces détails à leurs articles particuliers. Voici une Table qui montre d'un coup d'œil ces anciens Peuples, leur Origine & leurs raports. On y trouve les Venetes au nombre des Asiatiques, mais il faut entendre par ces Venetes non le Peuple nommé ainsi, mais les anciens habitans du Pays que les Venetes Peuple venu des Gaules sournit ensuite & appella de son nom.

PREMIERE DIVISION DE L'ITALIE.
Table des premiers Peuples de L'ITALIE.

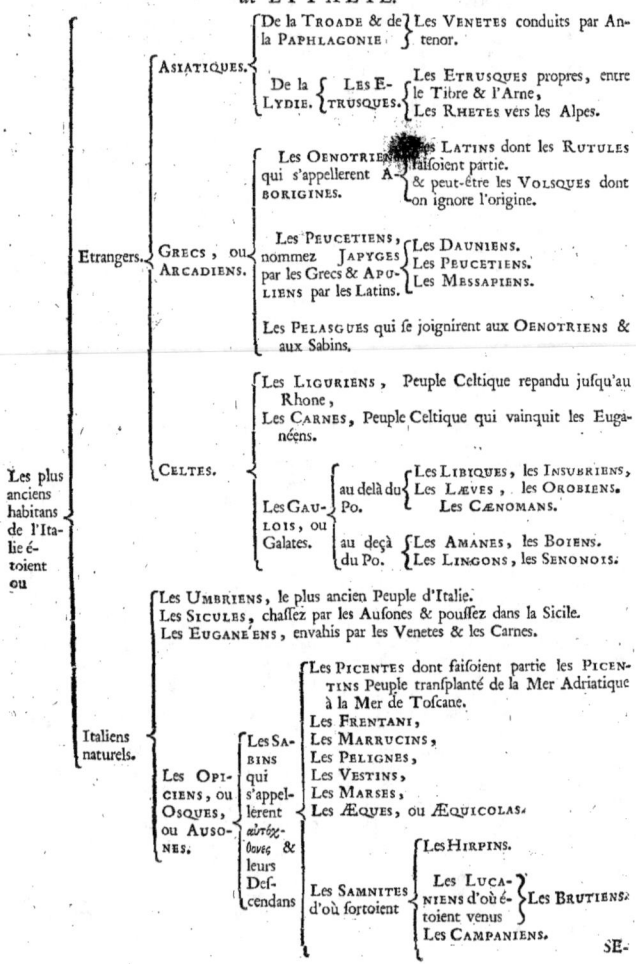

SE-

SECONDE DIVISION DE L'ITALIE.

On peut commodément diviser l'ancienne Italie en quatre grandes parties. Savoir la GAULE CISALPINE, qui est au Nord, l'ITALIE proprement dite qui est au Midi de celle-là; la GRANDE GRECE qui est au Midi des deux premieres & les ISLES. En voici une Table qui est du Pere Briet.

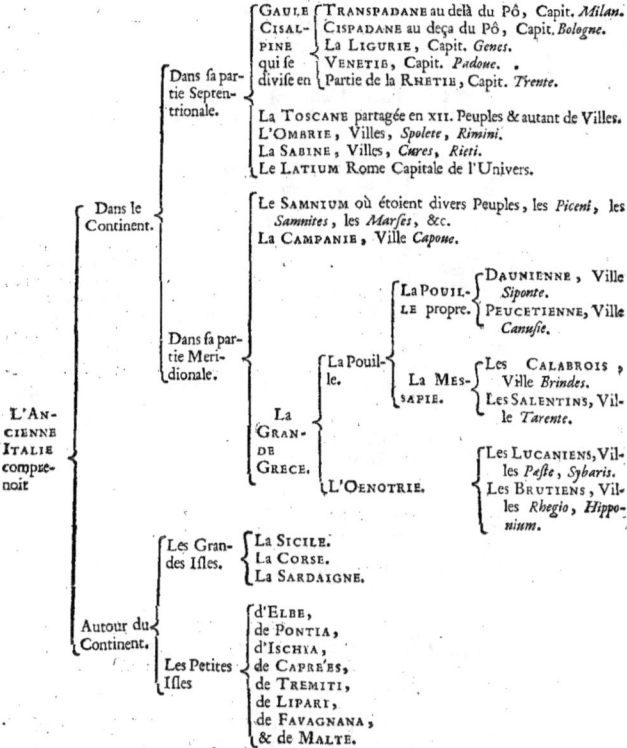

L'Isle de Malte est presentement censée de l'Afrique & non pas de l'Italie.

Voici cette même division mise dans un plus grand jour & dans un détail plus instructif par le même Géographe. Mais nous laisserons les noms des Peuples avec leur terminaison Latine, c'est proprement un Tableau de l'Italie telle qu'elle étoit durant la Republique Romaine & avant Auguste. Il faut bien observer que les mots *au deçà* & *au delà* doivent s'entendre par raport à la Ville de Rome.

TROISIE'ME DIVISION DE L'ITALIE.

Division de L'ITALIE SEPTENTRIONALE.

La VENETIE où étoient les Peuples
- ISTRI, *Pola*, Pola,
- CARNI, *Aquileia*, Aquilée,
- VENETI, *Patavium*, Padoue.

ITA.   ITA.

- Partie des RHETES. *Tridentum*, Trente.
- LA GAULE TRANSALPINE par raport à la Gaule propre; CISALPINE par raport aux Romains.
  - La Gaule au delà du Pô.
    - CÆNOMANI, Cremone & Mantoue.
    - EUGANEI, *Tusculanum*, Tusculano.
    - INSUBRES, *Mediolanum*, Milan.
    - OROBII, *Bergomon*: Bergame.
    - LEPONTII, *Oscela*, Domo d'Oscela.
    - SALASSI, *Augusta Prætoria*, Aoste.
    - LIBICII, *Vercellæ*, Verceil.
    - LÆVI, *Ticinum*, Pavie.
    - TAURINI, *Augusta Taurinorum*, Turin.
    - SEGUSINI, *Segusio*, Suze.
  - La Gaule d'en deçà le Pô.
    - ANAMANI, *Placentia*, Plaisance.
    - BOII, *Mutina*, Modene.
    - LINGONES, *Forum Cornelii*, Imola.
    - SENONES, *Ravenna*, Ravenne.
- LA LIGURIE.
  - CAPILLATI, *Genua*, Genes.
  - MONTANI, *Dertona*, Tortone.
- LA TOSCANE, ou l'ETRURIE.
  - Au delà de l'Arne APUANI *Pisa*, Pise.
  - Au deçà de l'Arne XII. Peuples.
    - 1 VOLATERANI,
    - 2 VETULONII,
    - 3 RUSSELANI,
    - 4 TARQUINII,
    - 5 CÆRETANI,
    - 6 VEIENTES,
    - 7 VOLSINII,
    - 8 FALISCI,
    - 9 CLUSINI,
    - 10 ARETINI,
    - 11 CORTONENSES,
    - 12 PERUSINI.
- L'OMBRIE.
  - VILLUMBRI qui étoient au delà de l'Apennin; leur Ville *Ariminum*, Rimini.
  - OLUMBRI qui étoient en deçà de l'Apennin; leur Ville *Spoletium*, Spolette.
- LA SABINE.
  - Au deçà du Velino, *Cures*.
  - Au delà de cette Riviere, *Reate*, Rieti.

LATINI, Rome.
RUTILI, *Ardea*, Ardea.
ÆQUICOLI, *Algidum*, qui ne subsiste plus,
HERNICI, *Anagnia*, Anagni,
VOLSCI, *Antium*, Ville ruinée.
AURUNCI, *Caieta*, Caiete.

Division de L'ITALIE MERIDIONALE.

- PICENTES nommez aussi PITINI.
  - Le PICENUM proprement dit : *Ancona*, Ancone.
  - Le Picenum ajouté
    - AGER PALMENSIS, *Asculum Picenum*, Ascoli.
    - AGER PRÆTUTIUS, *Castrum Novum*, Flaviano.
    - AGER HADRIANUS, *Hadria*, Atri.
- LE SAMNIUM
  - VESTINI, *Amiternum*, Ville ruinée.
  - MARRUCINI, *Teatea*, Chiéti.
  - FRENTANI, *Ortona*, Ortona.
  - PELIGNI, *Corsinium*, Ville ruinée.
  - MARSI, *Marrubium*, Mornea, ou Marno.
  - Les SAMNITES propres, *Beneventum*, Benevent.
  - HIRPINI, *Abellinum*, Avellino.
- LA CAMPANIE
  - CAMPANI, *Capua*, Capoue.
  - PICENTINI, *Salernum*, Salerne.
- LA POUILLE
  - La Pouille proprement dite
    - DAUNIENNE, *Sipontum*, Siponto.
    - PEUCETIENNE, *Canusium*, Canosa.
  - La Messapie
    - CALABRI, *Brundusium*, Brindes.
    - SALENTINI, *Tarentum*, Tarente.

ITA. ITA. 257

La Grande Grece. { L'Oenotrie { Lucani { En deçà de l'Appennin où étoient les Posidoniates, { Pæstum, ou Posidonium, Ville ruinée.
Au delà de l'Appennin où étoient les Sybarites, { Sybaris, Ville ruinée.
Brutii { En deçà de l'Appennin { Hipponienses, Hipponium, aujourd'hui Monte Leone. Rhegini, Rhegium, Reggio.
Au delà de l'Appennin { Crotoniatæ, Crotona, Cortona. Locri, Locri, Gierazzo.

J'ai dit que cette division est vicieuse; & cela saute aux yeux dès qu'on l'examine sur une Carte bien faite, comme l'Italie ancienne de Mr. de l'Isle. Car alors on voit que le Picenum, qui est selon le P. Briet de l'Italie Meridionale, est pourtant au Nord des Peuples *Hernici*, *Volsci* &c. qui sont de la Septentrionale. Mais sans toucher à sa distribution il n'y a qu'à changer les noms & appeller ITALIE OCCIDENTALE ce qu'il nomme Septentrionale, & ORIENTALE ce qui est selon lui l'Italie Meridionale. Alors tout se trouve juste. Il est vrai que l'Istrie qui est presentement de l'Italie se trouvera aussi Orientale que le *Picenum*, mais il n'est point question d'elle dans l'ancienne Italie dont il s'agit ici puisqu'elle ne fut conquise par les Romains que long-temps après. Je ne m'arrêterai gueres ici à la GAULE CISALPINE, ni à la GRANDE GRECE, qu'on peut voir aux mots GAULE & GRECE. Je ne parlerai point non plus des autres peuples que je traite à leurs articles particuliers; aussi bien que l'APPENNIN & les ALPES. Je passe aux autres divisions de l'Italie, nécessaires pour l'intelligence de l'Histoire.

Nous commencerons par la Division d'Auguste que Pline a suivie. Cet Empereur partagea l'Italie en XI. Regions ou Provinces.

QUATRIE'ME DIVISION DE L'ITALIE

SOUS AUGUSTE.

La I. comprenoit le LATIUM ancien & le nouveau avec toute la Campanie, où étoient Rome & Capoue, comme Capitales. Cela repond à la Campagne de Rome & à la plus grande partie de la terre de Labour.

La II. Partie comprenoit les PICENTINS, transportez du *Picenum* dans une partie de la Campanie & les HIRPINS, parens des Samnites. Cela repond à une partie de la Principauté Citerieure où est Salerne & à toute la Principauté Ulterieure.

La III. comprenoit les APULIENS, *Dauniens*, *Peucetiens* & *Messapiens*; les SALENTINS, & les CALABROIS, les LUCANIENS, & les BRUTIENS. Tout cela fait une partie de la Principauté Citerieure, une partie de la Capitanate, les Terres d'Otrante & de Barri, la Basilicate, la Haute & la Basse Calabre.

La IV. comprenoit les Peuples FRENTANI, MARRUCINI, PELIGNI, MARSI, VESTINI, SAMNITES & SABINI, qui occupoient une grande partie de l'Abbruzze Ulterieure, toute la Citerieure; une partie de la Capitanate, le Comté de Molisse, quelque peu de la terre de Labour, une partie du Duché de Spolette & la Sabine.

La V. comprenoit le PICENUM où étoit le peuple *Picentes* duquel avoient été tirez les PICENTINS dont on a parlé ci-dessus. Ils s'étendoient depuis la Riviere d'Æsis aujourd'hui l'Iesi, jusqu'à la Riviere *Matrinus* aujourd'hui la Piomba ; cela fait la plus grande partie de la Marche d'Ancone & une partie de l'Abbruzze Ulterieure.

La VI. comprenoit l'ancienne OMBRIE, qui repond à une partie de la Marche d'Ancone, à une partie de la Romagne Florentine, au Duché d'Urbin, à une partie du Territoire de Peruse, au Comté de Citta Castellana & à la plus grande partie du Duché de Spolette.

La VII. comprenoit l'ETRURIE où étoient les Toscans & les Etrusques. Leur Pays est à present, l'Etat du Grand Duc de Toscane, l'Etat de la Republique de Luques, partie de la Carfagnane, quelque peu de l'Etat de Genes, l'Etat de Massa & de Carrera, le Duché de Castro, le Patrimoine de St. Pierre, le Comté de Ronciglione, partie du Territoire de Peruse & tout celui d'Orviette.

La VIII. comprenoit la GAULE CISPADANE, c'est-à-dire, la Gaule en deçà du Pô; où sont presentement les Etats des Ducs de Parme & de Modene, partie du Mantouan, le Duché de la Mirandole &c. le Bolognese: partie du Ferrarois: une bonne partie de la Romagne, & la meilleure part de la Romagne Florentine.

La IX. comprenoit la LIGURIE; c'est aujourd'hui la côte de Génes, une partie du Piemont; le Marquisat de Saluces: le Comté de Nice; la plus grande partie du Montferrat: la partie du Duché de Milan qui est au delà du Pô.

La X. comprenoit la VENETIE où étoient les peuples *Veneti*, *Carni*, *Istri*, *Japydes*. C'est

Kk preprésentement toute l'Istrie (& peut-être y faut-il joindre partie de la Croatie & de la Carniole.) le Frioul, le Bellunese, le Cadorin, une partie du Trentin, le Vicentin, la Marche Trevisane, une partie du Veronois, le Dogat, la Polesine de Rovigo & la plus grande partie du Ferrarois.

La XI. enfin comprenoit la Gaule Transpadane, c'est-à-dire, d'au delà le Pô; ce qui renferme maintenant une partie du Veronois, la plus grande partie du Mantouan, le Bressan, le Cremoneze, une partie du Trentin, le Bergamasque, la Valteline; le Cremasque, tout le Duché de Milan en deça du Pô; les Sujets des Suisses en Italie; la Seigneurie de Verceil, quelque peu du Montferrat, partie du Piémont: le Val d'Aoste & quelque lisiere du Dauphiné.

On voit que le P. Briet étend l'Italie sous Auguste jusqu'à la Liburnie & y comprend les Japydes en leur entier, mais il est de bonne composition là-dessus & il avertit que si on veut terminer l'Italie au fleuve Arsia, il n'y apportera aucun obstacle.

V. DIVISION DE L'ITALIE SOUS TIBERE.

Strabon qui vit la fin d'Auguste & presque tout le regne de Tibere, ne fait que VIII. parts de l'Italie, savoir

La VENETIE,	Le PICENUM,
La TOSCANE,	La CAMPANIE,
La LIGURIE,	La POUILLE,
ROME ou le LATIUM,	La LUCANIE.

Il semble qu'il en retranche une grande partie de la Gaule Cisalpine. Les Samnites sont ou obmis, ou rangez sous le *Picenum*.

VI. DIVISION DE L'ITALIE SOUS TRAJAN.

L'Empereur Trajan fit une nouvelle Division des Provinces de l'Empire. Il partagea l'Italie en deux especes de Dioceses. La premiere contenoit les Provinces Suburbicaires depuis le *Picenum* que les anciennes Notices appellent, *Picenum Suburbicarium*, jusqu'à la Sicile qui devint elle-même Suburbicaire, ou comme parle Sextus Rufus [a] *Suburbana. Cum jam Sicilia Suburbana esset Populi Romani Provincia.* J'explique au mot SUBURBICARIUS en quel sens ce mot se prenoit. La seconde partie comprenoit les Provinces au delà & au deça du Pô, avec les Provinces adjacentes qui s'étendent depuis les Alpes jusqu'aux Montagnes de l'Apennin, savoir la Ligurie, l'Æmilie, les Alpes Cottiennes, les deux Rheties, la Venetie & l'Istrie. Nous ne mettrons point ici la Table des Provinces telles qu'elles furent reglées alors au nombre de XVII. parce que c'est presque la même que celle de Constantin dont je parlerai ci-après.

[a] Breviar.

VII. DIVISION DE L'ITALIE SELON PTOLOMÉE.

Ptolomée contemporain de Trajan divise l'Italie entre quarante-cinq Peuples qui sont, selon lui

	MASSILIENSES,	SABINI,
	VEDIONTII,	25 LATINI,
	SUCTRII,	ÆQUICULI,
	NERUSII,	MARSI,
5	SEGUSIANI,	PRÆTUTII,
	CATURIGES,	PICENI,
	LEPONTINI,	30 VESTINI,
	CENTRONES,	MARRUCINI,
	BECUNI,	PELIGNI,
10	SALASSI,	CARACENI,
	INSUBRES,	SAMNITES,
	LIBICI,	35 FERENTANI,
	CENOMANI,	CAMPANI,
	VENETI,	PICENTINI,
15	CARNI,	HIRPINI,
	ISTRI,	LUCANI,
	GALLI-BOII,	40 BRUTII,
	Incolæ GALLIÆ TOGATÆ.	Incolæ MAGNÆ GRÆCIÆ,
	SEMNONES,	SALENTINI,
20	TAURINI,	CALABRI,
	LIGURES,	APULI PEUCETII,
	THUSCI,	45 APULI DAUNII.
	UMBRI,	

VIII. DIVISION DE L'ITALIE SOUS CONSTANTIN.

L'Empereur Constantin ayant fait quelque changement dans la repartition des Provinces de l'Empire le divisa en trois Dioceses ou parties dont la principale étoit l'Italie. Il la soumit à deux Vicaires, dont l'un avoit la qualité de Vicaire de Rome, & l'autre celle de Vicaire d'Italie. Du reste il n'y changea rien. Voici comment les Notices representent l'Italie.

X. PROVINCES

Sous le Vicaire de Rome.

I. Le LATIUM & la CAMPANIE sous un Consul.
- *Roma*, Rome.
- *Capua*, Capoue.
- *Neapolis*, Naples.

II. La TOSCANE & l'OMBRIE sous un Consul.
- *Florentia*, Florence,
- *Sena*, Sienne,
- *Pisa*, Pise,
- *Spoletum*, Spolete,
- *Narnia*, Narni.

III. Le PICENUM Suburbicaire sous un Consul.
- *Ancona*, Ancone,
- *Asculum*, Ascoli,
- *Firmum*, Fermo,
- *Auximum*, Osmo.

IV.

ITA. ITA.

IV.	La Valerie sous un President.	Valeria, Amiternum, Tibur, Tivoli, Tusculum, Frascati.	detruites.
V.	Le Samnium sous un President.	Corsinium, Ville detruite, Sulmo, Sermoneta.	
VI.	La Pouille & la Calabre sous un Correcteur.	Sipontum, Siponto; Canusium, Canosa; Brundusium, Brindes, Tarentum, Tarento.	
VII.	La Lucanie & les Brutiens sous un Correcteur.	Metapontum, Torre di Mare, Consentia, Consenza, Rhegium, Reggio.	
VIII.	La Sicile sous un President.	Syracusa, Syracule, Messana, Messine.	
IX.	La Sardaigne sous un President.	Calaris, Cagliari, Olbia, detruite.	
X.	La Corse sous un President.	Mariana Colonia, Aleria Colonia,	detruites.

VII. PROVINCES

Sous le Vicaire de l'Italie.

I.	La Venetie & l'Istrie sous un Consul.	Patavium, Padoue, Aquileia, Aquilée, Tergeste, Trieste, Pola, Pola.	
II.	L'Æmilie sous un Consul.	Placentia, Plaisance, Mutina, Modene.	
III.	La Flaminie & le Picenum *Annonaire* sous un Consul.	Ravenna, Ravenne, Bononia, Bologne, Senogallia, Senigaglia.	
IV.	La Ligurie [a] sous un Consul.	Mediolanum, Milan alors Capitale de la Ligurie, Cremona, Cremone.	
V.	Les Alpes Cottiennes sous un President.	Segusio, Suse, Comum, Come, Tridentum, Trente.	
VI.	La premiere Rhetie sous un President.	Curia, Coire, Verona, Verone, Brigantium, Bregentz.	
VII.	La seconde Rhetie sous un President.	Augusta Vindelicorum, Augsbourg.	

[a] Quelques-uns y ajoutent la Toscane & Pombrie *Annonaires*.

Les Latins appelloient *Annona*, les provisions de Grain que l'on faisoit à Rome & ailleurs pour les besoins journaliers de la multitude presque innombrable de ses habitans. Auguste surtout eut un soin extrême de l'Annone, c'est-à-dire, que les grains ne manquassent point. La qualité de Prefect de l'Annone étoit une Charge très-importante. Les Provinces qui étoient très-fertiles en grains, en fournissoient à la Capitale, cela est certain du *Picenum*. On le distinguoit en deux parties. Celle qui étoit sous le Vicaire de Rome étoit nommée *Suburbicaire*; Celle qui étoit sous le Vicaire d'Italie, étoit appellée *Annonaire* à cause de la destination de ses grains. Quelques savans modernes ont prétendu que la Toscane & l'Ombrie étoient aussi partagées chacune en deux parties distinguées par les mêmes surnoms de Suburbicaires & d'Annonaires, mais ils ne montrent aucun Auteur ancien qui l'ait dit.

Il faut aussi remarquer que ce Vicariat d'Italie affecta plus particulierement aux Pays qui en dépendoient le nom d'Italie qu'on leur donna par distinction, & par opposition aux autres Provinces qui étoient du Vicariat de la Ville, ce que signifie leur nom de Suburbicaires. Ainsi il est aisé d'entendre ce que veut dire le Concile de Sardique dans sa Lettre à l'Eglise d'Alexandrie conservée dans les Oeuvres de St. Athanase. On y lit que ce Concile fut assemblé de Rome, d'Italie, de la Campanie, de la Calabre, de la Pouille. Et St. Athanase lui-même dans sa Lettre aux Solitaires y ajoute les Brutiens. Rome est nommée là pour une Province entiere dont les Evêques avoient assisté à ce Concile aussi bien que les Députés du St. Siége. Et *l'Italie* pour tout le Vicariat d'Italie duquel étoient Protais de Milan, Severe de Ravenne, Lucille de Verone: & l'Italie y est très-bien distinguée de la Campanie & des autres Provinces Suburbicaires, qui n'étoient pas du Vicariat d'Italie. C'est aussi dans ce sens qu'il faut entendre ce nom d'Italie dont se sert Symmaque dans la 121. Lettre du VII. Livre. C'est aussi ce qui a determiné à donner long-temps après le nom de Royaume d'Italie à cette partie seulement. J'ai marqué sous les titres Exarchat, Lombardie, & Naples de quelle maniere après la chûte de l'Empire d'Occident, celui d'Orient trop foible pour resister à des ennemis qui l'accabloient de toutes parts perdit ce qu'il avoit encore conservé de l'Italie, où il se forma quantité de Republiques & de petites Souverainetez particulieres.

IX. DIVISION DE L'ITALIE,

SELON PAUL DIACRE.

[b] Paul Varnefrid Historien qui a écrit sous la Domination des Lombards partage l'Italie entiere en XVIII. Provinces qu'il nomme

[b] *Paul. Diac. de Gestis Langobard. l. 2. c. 14. & seq.*

1. La

I. La Venetie avec l'*Istrie* & le *Frioul*,
II. La Ligurie.
III. La Rhetie premiere,
IV. La Rhetie seconde,
V. Les Alpes Cottiennes,
VI. La Toscane avec l'*Aurelie* & partie de l'*Ombrie*,
VII. La Campanie,
VIII. La Lucanie, avec la *Brutie*,
IX. Les Alpes Apennines,
X. L'Æmilie,
XI. La Flaminie,
XII. Le Picenum,
XIII. La Valerie avec la *Nursie* & le Pays des Marses,
XIV. Le Samnium,
XV. La Pouille, avec la *Calabre* & la *Salentine*,
XVI. La Sicile,
XVII. La Corse,
XVIII. La Sardaigne.

Il y a encore d'autres divisions de l'Italie qui ne sont plus à present d'aucun usage que pour l'Histoire. Telle est celle de l'Empereur Justinien employée dans le Code, recueillie par Volaterran & par le P. Briet.

X. DIVISION DE L'ITALIE, SELON LE CODE.

I. La Marche Trevisane, ou la Venetie,
II. L'Istrie, avec le *Frioul*,
III. La Lombardie, ou Gaule au delà du Pô,
IV. La Ligurie,
IV. La Romandiole, ou la Gaule d'en deçà le Pô,
V. Le Duché de Spolete, qui est l'Ombrie,
VI. L'Abbruzze, qui est le *Samnium*,
VII. La Campagne de Rome, qui est le *Latium*,
VIII. La Terre de Labour, qui est la Campanie propre,
IX. La Calabre, qui est la Lucanie,
X. La Pouille,
XI. La Terre d'Otrante, qui est le Pays des Salentins.

XI. DIVISION DE L'ITALIE, SELON FLAVIUS BLONDUS.

Flavius Blondus distingue dix-huit Provinces qu'il nomme ainsi en Latin.

I. Liguria,
II. Etruria,
III. Latina, ou la Campagne vers la Mer.
IV. Umbria, qui est le Duché de Spolete.
V. Picenum, qui est la Marche d'Ancone.
VI. Romandiola, autrefois la Flaminie,
VII. Æmilia,
VIII. Gallia Cisalpina, ou la Lombardie,
IX. Venetia,
X. Italia Transpadana, où est la Marche Trevisane, ou d'Aquilée, ou du Frioul,
XI. Istria,
XII. Samnium,
XIII. Terra Laboris, qui est l'ancienne Campanie,
XIV. Lucania,
XV. Apulia,
XVI. Salentini, ou la Terre d'Otrante,
XVII. Calabria,
XVIII. Brutii.

Leandre Alberti Religieux Dominicain qui a écrit une ample & riche description de toute l'Italie la divise en xix. Provinces dont il explique ainsi les noms Latins.

XII. DIVISION DE L'ITALIE, SELON LEANDRE.

I. Liguria, la côte de Genes.
II. Etruria, la *Toscane*.
III. Umbria, le Duché de Spolete.
IV. Latium, la *Campagne de Rome*.
V. Campania Felix, la terre de Labour.
VI. Lucania, la *Basilicate*.
VII. Brutii, la *basse Calabre*.
VIII. Magna Græcia, la *haute Calabre*.
IX. Salentini, la *terre d'Otrante*.
X. Apulia Peucetia, la *terre de Bari*.
XI. Apulia Daunia, les *plaines de la Pouille*.
XII. Samnites, l'*Abbruzze*.
XIII. Picenum, la *Marche d'Ancone*.
XIV. Flaminia, la *Romandiole*.
XV. Æmilia, la *Lombardie d'en deçà le Pô*.
XVI. Gallia Transpadana, la *Lombardie d'au delà le Pô*.
XVII. Venetia, la *Marche Trevisane*.
XVIII. Forum-Julii, Patria, c'est le Frioul.
XIX. Istria.

Ceux qui ont examiné attentivement les raports que le P. Briet met entre les anciens & les nouveaux noms que portent les Provinces d'Italie dans les Historiens, tels que ces raports sont marquez dans la troisiéme division, n'ont pas besoin d'être avertis qu'il ne faut pas prendre à la rigueur les explications de Leandre. On se tromperoit fort si l'on croioit que le *Picenum* par exemple étoit renfermé dans les mêmes bornes que la Marche d'Ancone d'aujourd'hui. Cela n'est pas vrai. Si la grande Grece n'avoit contenu que la haute Calabre elle n'auroit pas merité le nom de grande puisqu'elle auroit été bien plus petite que la Grece propre ; au lieu qu'elle étoit veritablement plus grande comme Mr. de l'Isle l'a prouvé invinciblement dans sa justification de la mesure des Anciens [a].

A toutes ces divisions j'ajouterai celle de Mess. Sanson qui represente l'Italie telle qu'elle étoit avant la revolution d'Espagne. Elle est precieuse, en ce qu'elle peut servir pour entendre tous les Historiens du dernier siécle qui ne l'ont pas connue autrement. Mais comme les dernieres Guerres & les Traitez qui les ont terminées y ont apporté des changemens assez considerables, je marquerai par des Asterisques les Provinces ou Etats dont la disposition n'est plus la même & j'y joindrai les remarques necessaires pour expliquer ces changemens. Avec ces remarques cette Table sera plus utile que si je l'avois rajeunie, comme il étoit très-facile de le faire. Car elle montrera l'Italie telle qu'elle étoit & telle qu'elle est presentement.

J'espere que l'on me pardonnera d'avoir retabli l'Orthographe de quelques noms qui étoient écrits d'une maniere éloignée de l'usage present. Peut-être aussi trouvera-t-on que j'ai usé trop sobrement de cette permission.

[a] Mem. de l'Acad. R. des Sciences ann. 1714.

Divi-

ITA.

Divisions Géographiques des Principaux États qui composent L'ITALIE.

DIVISION GENERALE.

L'Italie comprend :
- Les Etats de : L'Eglise.
- Les Etats du Roi Catholique :
  - Le R. de Naples*,
  - Le R. de Sicile*,
  - Le R. de Sardaigne*,
  - Le Duché de Milan*.
- Les Etats de la République de : Venise.
- Les Etats du Duc de Savoye : Savoye, Piémont.
- Les Etats du Grand Duc de : Toscane*.
- Les Etats de la République de : Genes, L'Isle de Corse.
- Les Etats du Duc de Mantoue : Mantoue*, Monferrat*.
- Les Etats du Duc de Modene : Modene, Regge.
- Les Etats du Duc de Parme : Parme*, Plaisance.
- Les Etats du Duc de Massa : Massa.
- Les Etats Duc de la Mirandole : Mirandole.
- Les Etats de la République de : Lucque.
- Les Etats de l'Evêque de : Trente.
- Les Etats des Princes de : Monaco, Piombino, Massèran.

DIVISIONS PARTICULIERES.

L'Etat de l'Eglise comprend les Provinces :

- Sur la Mer de Toscane :
  - La Campagne de Rome : Roma, Ostia, Terracina, Sezza, Veroli, Frosinone, Alatri, Subiaco, Segni, Velletri, Palestrina, Tivoli, Frascati, Castel Gandolfe, Albano, Ardea, Astura, Anagni.
  - Le Patrimoine de St. Pierre : Viterbo, Civita Vecchia, Porto, Bracciano, Sutri, Orto, Mte. Fiascone, Bolsena, Corneto, Nepi, S. Severa.
  - L'Orvietan : Orvieto, Aquapendente, Onano.

- Dans les Terres :
  - Le Perusin : Perugia, Fratta, Castiglione, Campignano.
  - Citta di Castello : Citta di Castello.
  - L'Ombrie : Spoleto, Terni, Narni, Rieti, Norcia, Serravalle, Nocera, Assisio, Fuligno, Todi, Amelia, Mte. Falco, Otricoli.
  - La Terre Sabine : Citta Castillana, Vicouaro, Magliano.

- Vers le Golphe de Venise :
  - La Marche d'Ancone : Ancona, Loreto, Macerata, Fermo, Recanati, Osimo, Jesi, S. Severino, Camerino, Tolentino, Ascoli, Mte. Alto, Ripa, Offida, Arquata, Mandola, M. Monico, Dignano, Fabriano, Poluerigo.
  - Le Duché d'Urbin : Urbino, Pesaro, Fano, Sinigaglia, Fossombrone, Cagli, Euggubbio, S. Leo, C. Durante, Carda, Amolao, Urbanea, Macerata, Cotogna, Gradara, Novilara.
  - La Romagne : Ravenna, Rimini, Cervia, Imola, Faenza, Forli, Bertinoro, Cesena, Sarsina, Longiano, S. Saviona.
  - Le Bolognese : Bologna, C. Franco, Crevalcore, Bentivoglio, Budrio, Pianora, Monzorie, Castiglione Delle-Gatti, Casio.
  - Ferrara, Comachio, Mesola, Ariano,

ITA.

- **Le Ferrarese**
  - Francolino,
  - Mezzogoro,
  - Pompoia,
  - Migliarmo,
  - Belriguardo,
  - Buondeno.

- **Le Duché de Castro**
  - Castro,
  - Farnese,
  - Marta,
  - Borghetto.

- **Le Comté de Ronciglione**
  - Ronciglione.

- **Le Royaume de Naples a :**
  - **Sur la Mer de Toscane**
    - **La Terre de Labour**
      - Napoli,
      - Capua,
      - Sorrento,
      - Pozzuolo,
      - Gaeta,
      - Seſſa,
      - Calvi,
      - Nola,
      - Vico,
      - Averſa,
      - Tiano,
      - Fundi,
      - Venafro,
      - M. Caſſino,
      - Aquino,
      - Cuma.
    - **La Principauté Citerieure**
      - Salerno,
      - Amalfi,
      - Policaſtro,
      - Nocera,
      - Minuri,
      - Acerno,
      - Marſico,
      - Cangiano.
  - **Dans les Terres**
    - **La Principauté Ulterieure**
      - Benevento,
      - Conza,
      - Volturara,
      - Avelino.
  - **Entre la Mer de Toscane & le Golphe de Tarente**
    - **La Calabre Citerieure**
      - Cosenza,
      - L'Amantea,
      - Biſſignano,
      - Strongoli,
      - Caſſano,
      - Roſſano,
      - Paula.
    - **La Calabre Ulterieure**
      - Regio,
      - S. Severina,
      - Squillace,
      - Taverna,
      - Tropea,
      - Cantazaro,
      - Girace.
  - **Sur le Golphe de Tarente**
    - **La Basilicate**
      - Cirenza,
      - Melfi,
      - Turſi,
      - Ferrandina,
      - Potenza,
      - Stigliano.
  - **Entre les Golphes de Tarente & de Venise**
    - **La Terre d'Otrante**
      - Otranto,
      - Taranto,
      - Brindiſi,
      - Leccie,
      - Gallipoli,
      - Caſtro,
      - Matera,
      - Motola.
    - **La Terre de Bari**
      - Bari,
      - Trani,
      - Barletta,
      - Bitetto,
      - Converſano,
      - Minorbino,
      - Gravina,
      - Aquaviva.
      - Manfredonia,

ITA.

- **Le Royaume de Naples a : Sur le Golphe de Venise.**
  - **La Capitanate**
    - M. S. Angelo,
    - Leſina,
    - Termine,
    - Aſcoli,
    - Monopoli,
    - Andria.
  - **Le Comtat de Molise**
    - Moliſe,
    - Bojano,
    - Trivento.
  - **L'Abruzze Citerieure**
    - Civita di Chieti,
    - Lanciano,
    - Ortona à Mare,
    - Solmona.
  - **L'Abruzze Ulterieure**
    - Aquila,
    - Civita di Penna.
    - Atri,
    - Campoli.
  - **Auxquelles on peut ajouter**
    - **Sur la Côte de Toscane**
      - Orbitello*.
    - **Dans l'Iſle d'Elbe**
      - Porto Longone*.

- **L'Iſle de Sicile se divise en trois Vallées, ſavoir,**
  - **Vallée de Mazara**
    - Palermo,
    - Monreale,
    - Mazara,
    - Girgenti,
    - Trapano del Monte,
    - Trapano del Valle,
    - Caſtro Nuovo,
    - Sojanto,
    - C. à Mare.
  - **La Vallée de Demona**
    - Meſſina,
    - Catania,
    - Patta,
    - Milazzo,
    - Cefaledi,
    - Taormina.
  - **La Vallée de Noto**
    - Siracuſa,
    - Noto,
    - Leontini,
    - Augusta,
    - Calatagirone,
    - Alicata,
    - Terra Nuova.

- **Entre le Royaume de Naples & l'Iſle de Sicile ſont Les Isles de Lipari, ſavoir les Iſles de**
  - Lipara,
  - Feniccſa,
  - Didimo,
  - Strongoli,
  - Ericuſa,
  - Uſtica.

- **L'Iſle de Sardaigne dont**
  - **Les Places les plus conſiderables ſont**
    - Cagliari,
    - Villa d'Igleſia,
    - Oriſtagni,
    - Algeri,
    - Boſa Citta,
    - Saſſari,
    - C. Aragoneſe,
    - Toralba,
    - M. Reale.
  - **Les Places les moins conſiderables ſont**
    - Sarda,
    - C. Ranone,
    - Terra - Nuova,
    - Carignano,
    - C. Deſen,
    - Lode,
    - Tortolin,
    - C. de Chiara,
    - Servi,
    - S. Michiele,
    - Saroco,
    - Peringiano,
    - Salori,
    - Trancaca,
    - Porticovolo,
    - Gavino,
    - C. Doria,
    - Oſcari,
    - Orani.

ITA.

Le Duché de Milan comprend:
- Le Milanese: Milano, Marignano, Melzi, Monza, Legnano, Binasco.
- Le Lodesan: Lodi, Cadogno.
- Le Cremonese: Cremona, Picighitone, Casal Magiore, Soncino.
- Le Pavesan: Pavia, Voghera, Bobbio.
- Le Tortonese: Tortona.
- L'Alexandrin: Alexandria de la Paglia, Feliciano.
- La Laumeline: Laumello, Mortara.
- Le Vigevanasc: Vigevano.
- Le Novarese: Novara, Oleggio.
- L'Ugognese: Ugona, Domo d'Osula, Devedro.
- Le Comesan: Como, Gravedona.

La République de Venise à plusieurs Provinces,

Dont celles qui touchent à la Mer sont:
- Le Dogado: Venetia, Torcello, Caorla, Chiozza, Maestre.
- La Marche Trevisane: Treviggio, Ceneda, Barzano, C. Franco, Citta Nuova.
- Le Frioul: Friuli, Ud.na, Palma la Nuova, Concordia, Solambergo, Tolmezo, Gemona, Marano.
- L'Istrie: Capo d'Istria, Citta Nuova, Parenzo, Pola, Colonne, Rovigno, Albona, Umago, Pirano, Maglia.

A l'Orient du Lac de Garde:
- Le Cadorin: Pieve di Cadore.
- Le Bellunese: Bellune.
- Le Feltrin: Feltre.
- Le Padouan: Padoua, Montagnana, Balda, Citadella.
- Le Polesin de Rovigo: Rovigo, Adria, Loredo.

Celles qui ne touchent point à la Mer sont:
- Le Vicentin: Vicenza, Montechio, Lonigo.
- Le Veronese: Verona, Peschiera, Sermione, Garda.

A l'Occident du Lac de Garde sont:
- Le Bressan: Brescia, Salo, Idra, Orci, Lleo.
- Le Cremasc: Crema.
- Le Bergamasc: Bergamo, Martinengo, Romano, Sovero, Olmo.

Les Etats du Duc de Savoye, se divisent en:

Le Piémont:
- Le Piémont: Turin, Suze, Ast, Yvrée, Fossan, Mondovi, Ceve, Tende, Coni, Spigno, Chierasco, Saviliano, Luserne, Angrogne, Quiers, Verue, Aveillana, Novaleze, Chivasso, Crescentino.
- Le Vercellese: Verceil, Biela.
- Le Val d'Aoste: Aoste, Bard.
- Le Marquisat de Saluces: Saluces, Carmagnole, Cental, Demonte, S. Damian.
- Le Comté de Nice: Nice, Ville-Franche, Barcelonette, S. Esteve, S. Salvador, Utelle.
- Le Comté de Bueil: Beuil, Gillette.
- Sur la côte de Gènes: Oneglia, Maro.
- Dans le Montferrat: Trin, Livorno, Albe.

La Savoye qui comprend:
- La Savoye: Chambery, Montmelian, Yenne, Pont-Beauvoisin.
- Le Génevois: Annecy, Pommier.
- Le Chablais: Thonon, Evian.
- Le Faussigni: Cluse, Bonneville, le Chastellet.

264 ITA.   ITA.

- La Tarantaise: Monstiers, S. Morice.
- La Morienne: S. Jean de Morienne, la Chambre.
- Les Etats du Grand Duc de Toscane, comprennent:
  - Le Florentyn: Fiorenza, Pistoia, Wall'ombrosa, Borgo di S. Sepulchro, Arezzo, Cortona, M. Pulciano, Serravalle, Barberino, Dicomano, Camalduli.
  - Le Pisan: Pisa, Livorno, Volterra, Colle, Orciano, Vada, Lestiguano, S. Miniato.
  - Le Sienois: Siena, Mussa, Grossetto, Pitigliano, Suana, Chiusi, Pienza, M. Alcino.
  - Sur la côte de Gênes: Pontremoli, Pietra Santa.
  - Dans l'Isle d'Elbe: P. Ferrato & Cosmopoli.
- La Republique de Gênes est composée de:
  - La côte de Gênes:
    - Côte du Ponent: Gênes, Savona, Noli, Albengue, Vintimiglia, Zucarello, Feltri, Gavi.
    - Côte du Levant: Ripallo, Sestri, Spezza, Sarzana, Brugneto, Pto. Venere, Lavagna.
  - L'Isle de Corse:
    - Sur la côte: Bastia, Calvi, Adiazzo, Bonifacio, S. Fiorenzo.
    - Dans les Terres: Corte, Moriani.

- Les Etats des Ducs de Mantoue à diverses Branches de la Maison de Mantoue:
  - Au Duc de Mantoue: Le Duché de Mantoue — Mantoua, Ostiglia, Borgoforte, Canello.
  - Le Duché de Montferrat — Casal, Aqui, Nizza della Paglia.
  - Bozolo — Bozolo.
  - Guastalla — Guastalla.
  - Castiglione — Castiglione delle Stivere.
  - Solfara — Solfarin.
  - Novellara — Novellara.
- Les Etats du Duc de Modene:
  - Le Duché de Modene — Modena, Carpi, Saffuolo, Carfagna, Frignano.
  - Le Duché de Regge — Reggio, Corregio, Bersello.
- Les Etats du Duc de Parme:
  - Le Duché de Parme — Parma, Borgo S. Donino, Borgo di Val di Taro, Bardi, Rossena, Fornovo.
  - Le Duché de Plaisance — Piacenza, C. S. Giovani, Pte. Nura, Nibiano.
- Les Etats du Duc de Massa:
  - Le Duché de Massa — Massa.
  - La Principauté de Carrare — Carrara.
- Les Etats du Duc de la Mirandole:
  - Le Duché de la Mirandole — Mirandola.
- L'Etat du Duc de Sabionette:
  - Le Duché de Sabionette — Sabioneta.
- La Republique de Luques — Luca, Borgo à Mozzano, Minuciano.
- L'Etat de l'Evêque de Trente — Trento, Bolsano, Rovereido.
- Etats des Princes de:
  - Monaco — Monaco.
  - Piombino — Piombino, Porto Longone.
  - Masseran — Masseran.

Les

Les Royaumes de NAPLES & de SICILE ne font plus à l'Espagne, mais à l'Empereur à qui Sa Majesté Catholique les a cedez. Il en est de même du MILANEZ.

Le Royaume de SARDAIGNE détaché de la Couronne d'Espagne, fait presentement un Royaume à part & le Duc de Savoye à qui il a été cedé, en porte le titre de Roi de Sardaigne.

Le Duché de TOSCANE étant possedé presentement par un Prince infirme, sans esperance de posterité, les derniers Traitez en ont assuré la succession à D. Carlos fils de leurs Majestez Catholiques. On a pris les mêmes mesures pour la succession aux Duchez de Parme & de Plaisance; ce qui lui formera après l'extinction de ces deux Familles un Etat très-florissant dans le cœur de l'Italie.

A parler selon l'état present, l'Espagne ne possede plus en Italie que l'Etat de GLI PRESIDII. Voiez au mot PRESIDII.

Le Duc de Mantoue Charles IV. s'étant declaré pour les deux Couronnes durant la guerre pour la succession d'Espagne, l'Empereur Joseph le mit au ban de l'Empire & le priva de ses Etats. La Maison de Savoye de laquelle il avoit besoin prit ce temps pour se faire donner l'investiture du Montferrat, comme une depouille qu'elle poursuivoit depuis long-temps, & ce pays lui a été confirmé par la Paix d'Utrecht: ainsi le Montferrat est devenu une annexe de la Savoye & du Piémont, ce qui joint au Royaume de Sardaigne, forme un Etat très-considerable.

L'Empereur a gardé pour soi le MANTOUAN, que les Ducs de Guastalla & de Lorraine se disputoient assez inutilement; & le fait administrer par un Gouverneur Imperial. Le Duc de Mantoue mourut sans autres enfans que deux filles qui ont pris le voile de Religieuses & un fils naturel à qui l'on fait une pension sur les revenus de Mantoue.

Il faut joindre à l'Etat de la Republique de Genes le Marquisat de FINAL que l'Empereur lui a vendu.

Le DUCHÉ DE CASTRO possedé par l'Eglise appartient au Duc de Parme, comme on peut voir au mot CASTRO.

Je finirai cet Article par quelques remarques generales, renvoyant aux Articles particuliers les détails qui sont propres à chaque Province ou Canton. L'air y est generalement sain & pur, excepté dans l'Etat de l'Eglise où il est plus grossier & dangereux principalement pour les Etrangers. Les saisons y sont très-temperées. L'Hyver ni aussi rigoureux, ni aussi long que dans les Contrées plus Septentrionales. Les neiges durent peu dans les plaines; le Soleil ou le vent du Midi les fait bientôt disparoître. Le Printems y est delicieux par les fleurs qui parfument l'air & par la beauté des arbres. Les chaleurs de l'Eté y sont supportables; l'Automne y est parfaitement belle, & les vignes & les grains y enrichiroient le Laboureur & le Vigneron, si bien souvent l'abondance de la Moisson & de la Vendange ne leur étoit pas à charge par la difficulté qu'ont les Provinces du milieu de trouver un debit avantageux de leurs grains & de leurs vins.

On peut regarder la plus grande partie de l'Italie comme un Jardin tout riant & où l'on trouve à foison non seulement ce qui est necessaire pour la vie, mais même tout ce qui peut la rendre delicieuse. Vous ne voiez presque par tout qu'une alternative de plaines ou de colines, toujours cultivées, ou couvertes de bois, ou de forêts, de vallées, & de prairies émaillées de mille fleurs. Les bestiaux, les bêtes fauves, le Gibier, rien n'y manque. Bleds, vins, huiles, bois, lins, chanvres, laines, herbages, legumes, fruits, tout y est exquis. Quoique toutes les contrées de l'Italie produisent assez de froment, la Pouille, la côte de Toscane, la Romagne, la Lombardie, & la Marche Trevisane en recueillent bien au delà de leurs besoins & en peuvent fournir à leurs besoins. On y fait des vins de plusieurs sortes. Il y en a qui ont de la force comme les Chiarelli, les vins Grecs, le Lacrima & autres vins du Royaume de Naples, les Muscats de Monte Fiascone & autres lieux. On peut appeller bons vins ceux de la Riviere de Genes, de Montferrat, du Frioul, du Vicentin, du Bolognese & autres lieux où les vins sont doux & piquants en même temps. Les fruits exquis sont de plus d'une espece; & particulierement les Rivieres de Genes, les environs du Lac de Garde, le milieu du Royaume de Naples qui s'étend depuis Gaëte jusqu'à Reggio dans la Calabre sont des lieux d'une beauté extrême, il y regne un éternel Printems, on y voit une si grande quantité de Citrons, de Limons, & d'Oranges que l'Italie en abonde toute l'année: la Riviere de Genes, la Toscane, la Pouille, la Terre d'Otrante sont chargées d'Oliviers qui donnent des Olives & de l'Huile. Le miel, la cire, le sucre, le saffran, & les aromates de plusieurs sortes se trouvent au Royaume de Naples où l'on recueille aussi de la Manne. La Calabre fournit de la soye, aussi bien que la Toscane, la Lombardie, la Marche Trevisane, le Bolognese & autres lieux voisins. L'Italie ne manque point de bois à brûler, ni de bois à bâtir des Maisons, des Navires, des Galeres, &c. Il s'y trouve des Carrieres d'où l'on tire des pierres, des marbres, il y en a d'Albâtre dans le territoire de Volterre & dans le Bressan; de marbres blancs dans la Lunigiane, & de pierres de taille à Tivoli. Toutes les Montagnes de l'Italie ont des pierres fines & même des pierres precieuses comme des Agathes, Calcedoines, des Sardoines, des Cornalines, des Crystaux. Ses Mers ont du Corail. Les Alpes, l'Apennin & autres Montagnes ont des Mines. La Calabre en a d'or & d'argent de même que la Toscane. Celles de fer se trouvent dans le Bressan, le Bellunese, le Cadorin & autres lieux de l'Etat de Venise, dans le Montferrat, l'Etat de Genes, dans l'Isle d'Elbe & ailleurs. On tire du vif-argent dans le Frioul. Le pays de Volterra abonde en Vitriol, en alun & autres mineraux. On en trouve aussi dans l'Etat de l'Eglise & au Royaume de Naples.

L'Italie est arrosée d'un grand nombre de Rivieres. Les principales sont le Po qui en reçoit un très-grand nombre, l'Adige, l'Adda, le Tesin, l'Arne, le Tibre, la Trebia, le Taro, le Reno, le Gariglian, le Volturne, la Silaro, l'Offante, &c. Le nombre des ruis-

L l   seaux

ITA.

seaux qui la baignent est immense. Les eaux minerales & les bains y sont très-communs, sur tout au Royaume de Naples.

Entre ses *Lacs* on en compte quinze ou seize principaux, savoir

De Come,	Fucin,
d'Iseo,	de Fundi,
Lugano,	de Castel-Gandolfe,
de Garda,	de Celano,
de Perugia,	d'Andore,
Vulsin,	de Varun,
Bracciano,	de Lesina,
de Bolsena.	

Il n'y a gueres de pays au monde où il y ait tant de Villes magnifiques & bien bâties. Les principales ont une Epithéte, qui marque leur qualité assez remarquable. On dit par une espece de Proverbe,

Rome la Sainte,	Ravenne l'Ancienne,
Naples la Noble,	Padoue la Docte,
Florence la Belle,	Bologne la Grasse,
Venise la Riche,	Livourne la Marchande,
Génes la Superbe,	Verone la Charmante,
Milan la Grande,	Luques la Jolie,
& Casal la Forte.	

L'Italie fut éclairée de bonne heure des Lumieres de l'Evangile que les Apôtres St. Pierre & St. Paul y porterent. L'un & l'autre y scellérent de leur sang leur confession, le premier y fonda le premier Siége de l'Eglise en dignité & en autorité. C'est par ce Siége que Rome a acquis le titre d'*Eternelle* que la vanité des Payens lui avoit donné. L'Italie tire à présent de la Religion dont elle possede la Capitale, le même lustre qu'elle recevoit de l'Empire, lorsque ses Empereurs voyoient le Monde entier soumis à leurs Loix. La Religion Catholique Apostolique & Romaine est la seule Religion Chrétienne qu'il soit permis d'exercer en Italie, & l'Inquisition veille pour que les sentimens des Protestans n'y ayent point entrée. Quoi qu'on leur permette d'y voyager & d'y faire quelque séjour, soit pour leur plaisir, soit pour les affaires, elle leur interdit l'exercice de leur Religion, l'entrée de leurs livres, & leur deffend de dogmatiser. Elle souffre néanmoins les Juifs, persuadée qu'il ne leur est pas si aisé qu'aux Protestans de faire des Proselytes. Rien n'est plus superbe, ni plus riche que les Eglises & les Monasteres. Les Evêchez y sont en grand nombre. On en peut voir la liste au mot ARCHEVECHÉ.

La Langue Italienne est une de celles qui se sont formées de la Latine. Cette derniere Langue qui avoit été d'abord particuliere aux habitans du *Latinum* s'étendit avec leurs conquêtes, s'enrichit comme eux des depouilles des Nations vaincues, & devint la Langue de tout l'Univers. Mais elle éprouva les mêmes vicissitudes que l'Empire. Après s'être repandue chez toutes les Nations soumises à la puissance Romaine, elle fut corrompue par le mélange des Langues que parloient les peuples Barbares qui inonderent l'Italie en divers temps. De ce mélange il se forma une nouvelle Langue

ITA.

qui ayant été cultivée par des hommes pleins d'esprit est devenue une des plus belles de l'Europe. Elle a beaucoup de douceur, de delicatesse & d'énergie & est très-propre pour le chant. Elle est admirable dans la bouche des Dames. L'Italien le plus pur est le Toscan, mais cela ne doit s'entendre que du style, & du choix & de l'arrangement des expressions; car la prononciation Toscane n'est pas si belle que la prononciation que l'on a à Rome, aussi, dit-on proverbialement, que la Langue Toscane est charmante dans une bouche Romaine.

Le Climat de l'Italie contribue extrémement au caractere d'esprit de ses habitans: ils sont, à parler en general, polis, prudens, spirituels, sobres; leur esprit est naturellement tourné à la Politique & les Cours d'Italie sont une excellente Ecole pour les Negociateurs. Ils ont assez communément assez de disposition à ce que nous appellons bel esprit, & quoi qu'on ait reproché à quelques-uns qu'ils tombent dans un excès vicieux par le rafinement, il y en a eu beaucoup qui se sont garantis de ce deffaut. L'ancienne Italie a produit des grands hommes qui ont été & sont encore les plus parfaits modeles du genre d'écrire qu'ils avoient choisi. Tite-Live pour l'Histoire, Ciceron pour l'Eloquence, Virgile pour le Poéme épique, Horace pour le Lyrique & la Satire, Ovide Tibulle & Properce pour l'Elegie, & quelques autres sont des modéles qu'on n'a point encore égalez.

C'est à l'Italie que nous devons la renaissance des Lettres en Europe où plusieurs siécles de Barbarie les avoient fait presque entierement oublier. Quelques Grecs qui s'y refugierent après la perte de Constantinople y porterent avec eux le goût de l'antiquité que les Italiens reprirent avec vigueur & c'est delà qu'il s'est repandu dans les Pays Septentrionaux. Les Italiens sont très-capables des Sciences les plus abstraites quand ils font tant que de s'y appliquer. Mr. Cassini a poussé l'Astronomie aussi loin qu'il étoit possible, l'Architecture & les Arts qui y ont un grand raport comme la Peinture, la Statuaire, la Sculpture &c. nous sont venues d'Italie; & les Italiens qui embrassent l'Art Militaire deviennent assez souvent de grands Capitaines, dignes d'être comptez avec les Heros de l'ancienne Rome. La Poésie & la Musique y sont cultivées avec succès.

Mais on impute à cette Nation plusieurs défauts; il n'y a point de peuple qui n'ait les siens. On accuse les Italiens d'être soupçonneux, vindicatifs, dissimulez sur tout dans leur haine, afin de mieux assûrer leur vangeance. Ils pardonnent rarement, & ne font point difficulté d'abuser des choses sacrées pour arriver à leurs fins & tromper leur ennemi. Ils sont fort jaloux de leurs femmes qui sont bien faites, vives, spirituelles, & ils leur donnent peu de liberté.

ITALIOTÆ [a], on appelloit ainsi les Etrangers qui étoient venus s'établir en Italie comme les Grecs, qui s'y formerent une nouvelle Grece; & par ce nom on les distinguoit des Italiens originaires du Pays même. C'est ce que dit un Historien de Tarente [b]. C'est ainsi, poursuit-il que les *Siciliotæ* & les *Phthiotæ* étoient reut,

[a] Ortel. Thes.
[b] Joan. Juvenis in Hist. Tarent.

ITA.   ITA.   267

étoient différens des Sicules & des Phthiens.

[a] l. 20. ITALIUM, Ἰταλίου, Lieu particulier d'Italie. Diodore[a] de Sicile dit que les Samnites y perdirent une Bataille contre les Romains.

[b] De Reb. Getic. c. 23. ITAMARI, Jornandes[b] nomme ainsi une des Nations qui furent vaincues par les Huns. Il nomme de suite les ALIPZURES, les ALCIDZURES, les ITAMARES, les TUNCASSES, les BOISCES. C'étoient des Scythes voisins des Alains.

[c] l. 6. c. 7. ITAMUS, Port de l'Arabie heureuse, selon Ptolomée[c]. Il étoit sur la côte Orientale dans le Golphe Persique, au Pays des Læanites.

ITANCESTER, ou ITHANCESTER, ancienne Ville d'Angleterre, au Comté d'Essex.
[d] Britann. Camden[d] qui en fait mention croit que ç'avoit été la Ville d'Othona; où les Notices de
[e] Sect. 52. l'Empire[e] mettent un Commandant & une Garnison *Præpositus numeri Fortensium Othona*. Cette Othona étoit du département du Comte qui commandoit le Rivage Saxon dans la Bretagne. Mr. Baudrand dit: ITANCHESTER, *Itanchestria Othonia ad Ansam*, Village d'Angleterre au Comté d'Essex sur un petit Golphe, à demie lieue de Maldon à l'Orient: c'étoit anciennement une petite Ville des Trinobantes. *Othonia* & *ad Ansam* ne se trouvent point ensemble dans les Anciens comme s'ils signifioient un même lieu. La Notice de l'Empire qui nomme Othona, ne dit rien des Tri-
[f] l. 2. c. 3. nobantes; & Ptolomée[f] qui nomme ce Peuple ne dit rien d'Othona.

[g] l. 3. c. 3. ITANI, ancien Peuple d'Espagne, selon quelques Editions de Pline[g], dans lesquelles on lit *Ausetani, Itani, Lacetani*, comme trois Peuples differens. Le R. P. Hardouin efface le nom d'*Itani* & croit, qu'il est venu de la répetition des dernieres syllabes du nom precedent. Ce nom ne se trouve point ailleurs.

ITANUM PROMONTORIUM, Cap de l'Isle de Crète. Le R. Pere Hardouin dit que c'est le Cap Oriental de Candie, où la côte commence à tourner vers le Midi & que les Mariniers appellent Capo Xacro. Il est certain que ce Promontoire avoit aussi une petite Ville nommée Itanus dont Ptolomée fait mention, mais cette Ville ne sauroit être PALEO CASTRO près de Candie, car Candie & Paleo Castro sont vers le milieu de la côte Septentrionale de l'Isle, au lieu que le Promontoire *Itanum* & la Ville *Itanus* doivent être au Levant de cette même côte. Cette Ville ITANUS est nommée comme Siége d'un Evêché dans la Notice de Hierocles.

ITANUS. Voiez l'Article precedent.

[h] Flacourt Hist. de Madagascar. c. 2. p. 7. ITAPERE[h], Cap de l'Isle de Madagascar, avec une grande anse de ce même nom ainsi appellée d'une Riviere qui entre là dans la Mer. Cette anse est bonne pour des Navires & des Barques qui y mouillent commodement, mais l'entrée en est dangereuse à cause des roches qui sont sous l'eau. Il y a un Islet que l'on nomme STE. CLAIRE à l'abri duquel on se met. La Riviere qui est à la hauteur de 25. degrez, à l'extremité de l'anse, vient des Montagnes prochaines & une Chaloupe y peut entrer. L'anse d'Itapere se nomme aussi l'ANSE DE LOUCAR.

[i] De l'Isle Paraguai. ITAPOA[i], Bourgade de l'Amerique Meridionale, au Paraguay, dans la Contrée de Parana, sur la rive droite de la Riviere de Parana, entre la Conception & l'Assomption. On la nomme aussi l'INCARNATION; les Espagnols y ont une Colonie.

[k] Baudrand Ed. 1705. ITAPUAMA[k], petite contrée de l'Amerique Meridionale au Bresil dans la Capitainerie de Serégippe.

[l] Ortel. Thes. ITARGIS[l], Scaliger a fait voir que ce mot qui se lisoit ainsi dans Ovide doit se lire *Isurgis*. Voiez VISURGIS.

1. ITATA, Riviere de l'Amerique Meridionale au Chili. Elle a son Embouchure sous le 36. d. de Latitude ou environ. Mr. de l'Isle écrit Ytata. Voiez YTATA.

[m] Ed. 1705. 2. ITATA, Montagne d'Afrique, en Barbarie, elle est considerable vers le Royaume de Maroc & fait partie du mont Atlas, selon G. Mouette cité par Mr. Baudrand[m].

ITATINS, ou ITATINES, (les) Peuple de l'Amerique Meridionale dans le Paraguai aux confins du Perou au dessus de la jonction de la Riviere des Payaguas, avec le Fleuve de Paraguai; des deux côtez de ce Fleuve. Au Nord de l'Angle que forme leur rencontre & au Couchant du Fleuve est une haute Montagne nommée SIERRA ITATIN. Le Peuple s'étend dans un pays assez grand arrosé de plusieurs ruisseaux qui vont se rendre dans le Paraguai. Voici ce que Davity écrit de ce Peuple. Ils sont sauvages à demi, n'estimant aucune Nation à l'exception des Espagnols dont ils se disent descendus. Ils n'oublient jamais les injures qu'ils ont reçues & ce qui les rend cruels, c'est le voisinage des TOUES qui vivent de chair humaine. Ils sont fort adroits à tirer de l'arc & n'usent d'aucuns habits; mais les femmes se couvrent le Corps de feuilles & d'écorces d'Arbres. Ils ne portent pas les cheveux longs; mais aussi ils ne se les coupent pas entierement comme on fait dans le Perou, les uns se rasent le devant de la tête avec des Coquilles tranchantes, les autres le derriere. Quelques-uns se rasent le côté droit & d'autres le gauche & il y en a qui se coupant seulement les bords, laissent paroître une Couronne de cheveux sur le sommet de la tête. Ils prennent autant de femmes qu'ils en peuvent entretenir, & l'arriere-fille peut épouser son ayeul. Quand une fille a un an, ses parens lui choisissent un mari & c'est d'ordinaire celui qui la touche de plus près, à la reserve du second degré. Ils le vont trouver & lui portent un arc, des fleches, & un hoyau pour marques de Fiançailles. S'il les reçoit il est conduit comme Gendre à la maison du Beaupere afin de prendre soin des affaires jusqu'à ce que la fille soit nubile. Si quelque jeune homme veut choisir une fille par lui-même, il va trouver le pere & la mere, & leur presente un Fagot de gros bois. Quand ils le reçoivent, le parti est accepté & il a tout accès dans la Maison. Aussitôt qu'une femme est grosse, elle ne mange plus ni chair ni poisson & s'abstient même de coucher avec son mari. Si c'est un garçon qu'elle met au monde & que l'ayeul soit vivant c'est lui qui le nomme & à son defaut, c'est son plus proche parent. Il s'acquite de cette Ceremonie en presentant à l'en-

Ll 2

l'enfant un arc & un carquois plein de fleches. Si c'est une fille sa grand' mere lui lie le gras des jambes avec de certains filets, & le peré garde le lit pendant quelques jours, sans oser coucher avec sa femme qu'après que l'enfant a commencé de marcher.

ITCHMAS ALAGHEUL [a], plaine d'Asie dans la Tartarie au pays de Gété près du fleuve Irtisch. Il y a dans cette plaine un Lac salé.

[a] Hist. de Timurbec. l. 3. c. 5.

ITCHNA BOUTCHNA [b], Bourg d'Asie dans la Tartarie au Turquestan, les Géographes Orientaux lui donnent 107. d. de Longitude & 47. d. de Latitude.

[b] Ibid. c. 9.

ITEA, Etienne nomme ainsi un Peuple de l'Acamantide dans la grande Phrygie. Ortelius ajoute : Il semble que ce soit le Village de Soguta, car, dit-il, cet Auteur met le Village de Soguta auprès de la Mysie qui confinoit à la Phrygie, à deux cens quarante Stades du Pont-Euxin, & dit qu'il abondoit en toutes sortes de biens : C'est delà, poursuit-il, que la famille des Otrœans tire son Origine & on peut l'appeller le Village Itea. Ce n'est qu'une conjecture de Laonic.

ITEMESTI, Nation paisible qui habitoit près de la Mer, vers l'Embouchure de la Wistule, selon Jornandes [c]. Il dit que le pays où sont les trois bouches de la Wistule, étoit occupé par les Vidiuariens, gens ramassez de diverses Nations ; qu'après eux, le long du rivage de la Mer, habitoient les Itemestes Peuple pacifique qui avoit au Midi les Agazires Peuple courageux, qui ne connoissoit pas l'Agriculture & qui tiroit sa nourriture de ses bestiaux & de la chasse. § Les noms de ces Peuples ont disparu depuis long-temps.

[c] De reb. Getic. c. 5.

ITENSIS, Siége Episcopal dans la Mauritanie Cesarienne, selon la Notice Episcopale d'Afrique. Ortelius doute si ce Siége ne seroit pas le même que le Siége nommé ailleurs IDENSIS. Il n'auroit pas fait cette question s'il avoit vû la Notice que je viens de citer. Il y auroit vû que outre le Siége Itensis, il y en avoit deux autres nommez également Idensis. La preuve en est claire, car cette Notice nomme les Prelats qui occupoient ces trois Siéges, Sçavoir,

N. 5. Lucius Itensis.
14. Subitanus Idensis.
&. 16. Felicianus Idensis.

tous trois étoient de la même Mauritanie.

ITESUI, on trouve ce nom comme étant celui d'un Peuple de l'ancienne Gaule dans les anciennes éditions de Pline [d]. Dalechamp vouloit qu'on lût ATESUI ; & le R. P. Hardouin dit avoir trouvé Acesui generalement dans tous les Manuscrits. Mais, ajoute-t-il, comme je ne trouve nulle part ailleurs ni Atesui, ni Itesui ; je ne les approuve, ni l'un, ni l'autre. Il voudroit changer ce mot en celui d'Item.

[d] l. 4. c. 18.

ITHABIRIUS. Voiez THABOR.

ITHAQUE, Isle de Grece, fameuse pour avoir été la patrie d'Ulysse. Elle étoit voisine de Dulichium, Ptolomée dit qu'il y avoit une Ville de même nom, & Scylax dit qu'il y avoit une Ville & un Port. Homere dans son Odyssée [e], nous apprend que la Ville étoit au pied d'une Montagne nommée Neius Mons, nous venons d'Ithaque au pied du Neios. Le mont Neritus étoit aussi fameux dans la même Isle. Le même Poëte dit, j'habite la fameuse Isle d'Ithaque dans laquelle est le mont Nerite ombragé d'arbres. Eustathe expliquant ce passage dit que Neius, & Neritus sont deux noms de la même Montagne, mais, comme le dit Cellarius, il vaut mieux les distinguer. Strabon [g] laisse la chose douteuse. Il est, dit-il, incertain si par le nom de Nerite il n'entend pas le mont Neius, ou quelqu'autre Montagne ou lieu. Mela [h] croit que Neritus est une Isle differente de celle d'Ithaque. Dans la Mer Ionienne, dit-il, sont Proté, Hyria, Cephalenie, Neritos, Samé, Zazynthos, Dulichium & entre les Isles qui ont quelque reputation on peut compter Ithaque connue à cause d'Ulysse. Il semble que Virgile l'ait autorisé à faire de Neritus une Isle à part dans ce vers.

[e] l. 1. v. 81.
[f] Odyss. 1. v. 21.
[g] l. 10.
[h] l. 2. c. 7.

Dulichiumque, Sameque, & Neritos ardua Saxis. [i]

[i] Æneid. l. 3. p. 271.

Mais comme Mela distingue Same de Cephalonie, quoi qu'Homere n'en fasse qu'une Isle, & Hyria de Zacynthe quoique, selon Pline, ce soit la même Isle, il se peut bien qu'il se soit trompé. Le consentement de tous les autres Auteurs doit l'emporter sur son autorité. Servius expliquant ce vers de Virgile dit que Neritos est une Montagne d'Ithaque, & Strabon expliquant le 139. vers du II. livre de l'Iliade dit : Il est manifeste que c'est une Montagne dont parle Homere par l'Epithete qu'il y joint ; & d'ailleurs il l'appelle ailleurs bien expressément une Montagne. Pline [k] dit : à xv. M. Pas de Cephalonie est Ithaque où est le mont Neritus. Elle a xxv. mille pas de circuit, vis-à-vis de cette Isle vers la Mer sont Asteris & Proté. On voit que cette Proté est la même qui est nommée dans le passage de Mela cité ci-dessus. A l'égard du circuit il ne s'accorde nullement avec Strabon qui ne le fait que de LXXX. Stades, c'est-à-dire de x. Milles. Les Modernes ne conviennent pas du nom moderne de cette Isle. Voici quelques sentimens qu'Ortelius a recueillis : Sophien & d'autres la nomment VALLE DI COMPARE, Porcacci l'appelle TEACHI. Leunclave dit que les Turcs la nomment PHIACHI. Denis d'Alexandrie dit NERICIE. Mr. Baudrand raporte ces sentimens autrement, selon lui ce sont les Italiens qui la nomment Val di Compare au raport de Sophien ; Les Grecs Thiachi & les Turcs Phiachi, au raport de Leunclave. Il ajoute, d'autres croyent que c'est IATACO petite Isle deserte qui a environ huit milles de circuit, Mr. Spon qui a visité ces Isles, parlant de celle de Thiaki dit que c'est Dulichium ; & qu'Ithaque est un autre Ecueil éloigné de sept ou huit milles delà appellé encore IATHACO, qui est bien plus petit que Thiaki. Voiez l'Article Dulichium, où ce passage est rapporté. Mr. de l'Isle dans ses Cartes de la Grece ancienne & de la moderne s'est conformé à la pensée de Mr. Spon ; & met Teaki entre

[k] l. 4. c. 12.

ITH. ITI. ITO.   ITO. ITR. ITT.   269

entre Ithaque (*Jotaco*) & Cephalonie. Cela est très-conforme à la saine Géographie, comme je le prouve au mot TEAKI.

ITHACESIAE, petites Isles d'Italie, selon Pline [a], qui ses place à l'oposite de Vibo. Solin & Marcien d'Heraclée en ont aussi fait mention. Ce sont presentement trois écueils nommez TORICELLA, PRACA, & BRACE au raport de Barri. Ces écueils sont auprès de Monte Léone dans la Calabre ultérieure.

[a] l. 3. c. 7.

ITHAGURI. Voiez ETHAGURI.

ITHAGURUS, ou ISAGURUS, Ville de l'Inde en deçà du Gange, selon Ptolomée.

ITHOME, Ville du Peloponnese dans la Messenie. Strabon [b] n'en fait qu'une Forteresse qui servoit de Citadelle à la Ville de Messene comme l'Acrocorinthe à la Ville de Corinthe. D'autres en font une Ville separée & indépendante & la decrivent sur ce pied-là. Pline dit: au dedans sont Messene, Ithome, Oechalie [c]. Elle étoit située sur une Montagne, car Pausanias raporte que les habitans de l'interieur de la Messenie, se trouvant les plus foibles dans la guerre de Lacedemone abandonnerent les autres petites Villes & se refugierent sur le mont Ithome; sur lequel il y avoit une très-petite Ville, dont ils agrandirent l'enceinte & en firent une place capable de les deffendre tous. Avec le temps, on bâtit Messene au pied de la Montagne, & on la joignit enfin à Ithome par un Mur [d]. Jupiter y avoit un culte particulier qui lui fit donner le nom de Ζεὺς Ἰθωμήτας, Jupiter Ithomate, & la fête que l'on célebroit à son honneur s'appelloit Ἑορτὴ Ἰθωμαία, la fête Ithomée.

[b] l. 8.
[c] Messeniac. c. 9.
[d] Cellar. Geogr. Ant.

ITHON, Ville ancienne de Grece dans la Thessalie, selon Hesyche. Ortelius croit que c'est une faute & qu'il faut lire ITON. Voiez ITONA.

ITI Arx, Leandre guidé par Annius dans ses Commentaires sur Caton croit que cet Ancien a nommé ainsi Falere Ville des Falisques.

ITINA, Siége Episcopal d'Afrique. Voiez UTINENSIS.

ITIUS PORTUS. Voiez ICIUS PORTUS.

ITOMAMPO, petite contrée d'Afrique dans l'Isle de Madagascar. Elle prend le nom d'une Riviere qui descend des Montagnes d'Aviboule, où est sa source, dans la même Montagne d'où sort le Sandravinangha. Elle court au Nord-Ouest traversant le pays auquel elle donne son nom. Le pays qu'elle arrose est une Vallée bordée de hautes Montagnes laquelle a bien quatre lieues de large & est très-fertile en ris, en Ignames, en Cannes de sucre, en legumes & en Bestiaux. Les habitans en avoient été ruinez par les guerres lorsque Flacourt [e] en partoit. Delà cette Riviere va se rendre en une contrée nommée Houdra, au dessus du pays Ivonthon.

[e] Hist. de l'Isle de Madagascar. c. 5. p. 12.

ITON [f], petite Riviere de France dans la haute Normandie. Elle a sa source dans le Perche, un peu au dessous de Bonmoulins. Une lieue au dessous elle se grossit du petit ruisseau qui sort de l'Abbaye de la Trappe. Ensuite étant entrée dans le Diocèse d'Evreux qu'elle traverse, elle arrose Breteuil, Condé,

[f] Corn. Dict. Mem. dreff. sur les lieux.

Damville & Evreux où elle reçoit la Conche, après quoi coulant par Normanville, elle tombe dans la Riviere d'Eure à Aquigni entre Heudreville & Louviers.

1. ITONA, Ville de l'Epire, selon Etienne le Géographe.

2. ITONA, Ville d'Italie, selon le même.

3. ITONA, Ville d'Asie dans la Lydie, selon le même.

4. ITONA, Ville de la Beotie, selon le même: surquoi Berkelius observe que cette Ville pourroit bien n'être fondée que sur le surnom d'Itonia donné à Minerve dont le Temple étoit à Coronée au raport de Polybe [g], de Strabon [h], de Plutarque [i], & du Scholiaste d'Apollonius [k].

[g] l. 4.
[h] l. 9.
[i] In Amat. narrat.
[k] ad Lib. 1.

5. ITONA, Ville de Thessalie, selon le même Etienne, qui ajoute, quelques-uns la nomment Sitone, parce qu'elle abonde en froment. Eustathe dit de même sur le second livre de l'Iliade que quelques-uns l'appelloient Sitona & il paroit par le témoignage de Berkelius que Minerve prenoit également le nom d'Itonia, & de Sitonia. C'est pourquoi le savant Valois n'avoit pas raison, lorsque trouvant dans les extraits de Polybe Σιτωνίας Ἀθηνᾶς, que portent les Manuscrits, il a jugé qu'il falloit corriger ce mot & mettre Ἰτωνίας Ἀθηνᾶς, ce qui n'étoit pas necessaire: au reste l'Itone de Bœotie & celle de Thessalie quoique distinguées par Etienne ont bien l'air d'être la même Ville.

ITORUM URBS, Ἴτωρον, ancienne Ville d'Italie sur la Route d'Otricoli à Rimini. Près des Montagnes & à la gauche, selon Strabon. L'Edition de Casaubon porte Ἴτωρον.

[l] l. 5. p. 227.

ITRI, ou ITRO, en Latin *Iterum*; petite Ville d'Italie au Royaume de Naples dans la Province de Labour, entre des Montagnes, presqu'au milieu entre Fondi au Couchant & Mole de Gayette au Levant & à quelques milles de la côte de la Mer. Mr. Baudrand qui declare y avoir passé ajoute: On voit près de cette Ville les Ruines de l'ancienne *Mamura*.

ITTATA [m], Isle de la Mer du Sud sur les côtes de l'Amerique assez près de Guatulco au Mexique à sept lieues plus au Sud & à trois lieues du Cap de Bamba.

[m] Rogers Voyages Supplément. p. 5.

ITTER [n], Bourg d'Allemagne dans le Landgraviat de Hesse Cassel. Il tire son nom d'une petite Riviere qui se jette dans l'Eder. Il a eu autrefois ses Seigneurs particuliers, & conserve encore le titre de Seigneurie. Il vint à la Maison de Hesse vers l'an 1361. du temps du Landgrave Henri, parce que le dernier Seigneur d'Itter qui avoit assassiné un de ses cousins fut vaincu par ce Landgrave assisté de l'Evêque de Mayence; & enfermé dans le Monastere de Haina. L'Agriculture n'y est pas fort avantageuse à cause que les Montagnes en sont couvertes de bois. Mais la petite Riviere de l'Itter y est fort poissonneuse. Le Château qui appartenoit ci-devant aux Seigneurs est bâti sur une roche. Ce lieu est à deux ou trois lieues de Waldeck.

[n] Zeyler Hassiæ Topogr. p. 56.

ITTILLENATIUM, lieu particulier d'Italie dans la Campanie. Hygin en fait mention dans le livre des Limites.

ITUC-

270 ITU. ITU.

ITUCCI, ancienne Ville d'Espagne, selon Pline [a] qui dit qu'on la nommoit aussi *Virtus Julia*. Appien [b] la nomme *Ituca*, Ἰτύκη.

[a] l. 3. c. 1.
[b] In Iberi-cis.

ITUNA, Golphe de l'Isle d'Albion, selon Ptolomée. Ortelius doute si ce n'est pas Solwey, mais Camden marque que les Anciens ont nommé *Ituna* la Riviere d'*Eden* & *Ituna Æstuarium* le Golphe de Solwey, où elle entre dans la Mer.

ITURE'E, (l') Pays d'au delà du Jourdain. Il étoit habité par une Tribu descendue de Jetur [c], un des descendans d'Ismaël [c]. Les Tribus de Ruben & de Gad, & la demie Tribu de Manassé s'établirent auprès. Les Ituréens se rendirent fameux par leur habileté à tirer une flêche, & Ciceron dans sa seconde Philippique, en parle comme des plus barbares de tous les hommes, & se plaint [d] qu'Antoine les eût introduits dans la Place & en eût investi le Sénat. Sanson [e] dit: l'Iturée étoit un Pays au delà du Jourdain & entre Samarie & l'Arabie. Les Ituréens étoient un Peuple mêlé avec les Tribus de Dan & de Ruben de-là vient qu'au 1. livre des Paralipomenes [f], on lit qu'ils donnerent du secours aux enfans de Gad & à ceux de Ruben contre les Agaréens, c'est-à-dire, contre les Arabes. Du moins c'est ainsi que Sanson entend ce passage; que d'autres expliquent très-differemment. St. Luc [g] nous apprend que Philippe frere d'Herode étoit Tetrarque de l'Iturée & de la Trachonitide. Ce sont les deux seuls passages de l'Ecriture sainte où il soit fait mention de l'Iturée & des Ituréens. St. Jerôme après Eusebe avoir dit que la Trachonitide étoit le Pays situé attenant le desert qui confine à Bosra en Arabie. Le P. Bonfrerius fournit les remarques suivantes sur ces Pays.

[c] Genes. c. 25. v. 15.
[d] c. 8.
[e] Index. Geogr.
[f] c. 5. v. 19. & 20.
[g] c. 3. v. 1.

On ne sauroit dire bien surement en quel lieu étoit l'Iturée & la Trachonitide; ni si ces deux noms marquent deux Pays distincts l'un de l'autre; ni s'ils étoient dans les bornes qui renfermoient les Israélites. Il y a des Auteurs qui ne distinguent point ces Pays, de ce nombre est Ortelius qui croit que [h] l'Iturée & la Trachonitide étoit la même que la Perée. Eusebe aux mots ITURE'A & TRACHONITIS est du même sentiment. Cependant il vaut mieux distinguer l'Iturée de la Trachonitide & ces deux de la Perée. Qu'elles fussent differentes de la Perée, cela se prouve par le témoignage de Josephe [i] qui étend toute la Perée depuis Pella jusqu'au Pays des Moabites qui étoit tout ce que les Israélites possedoient au delà du Jourdain. Or il n'y a personne qui étende l'Iturée & la Trachonitide jusqu'aux Moabites. Ajoutons que toute l'Iturée & la Trachonitide étoient hors des limites des Israélites. Josephe [k] nous apprend que les Trachonites étoient étrangers, lorsqu'il dit que les habitans de la Trachonitide descendoient de Hus ou Uses fils d'Aram. Il dit ailleurs [l] que les Trachonites étoient un peuple accoutumé au brigandage qui n'avoit ni Ville, ni terres labourées, mais qui demeuroit dans des Cavernes à la maniere des bêtes: c'est ce que personne ne dira des Israélites. L'Iturée n'étoit pas non plus de leurs Limites; comme on le conclut du passage des Paralipomenes rapporté ci-dessus. Le voici en Latin. *Filii Ruben & Gad & dimidia Tribus Manasse, viri bellatores, scuta portantes & gladios, & tendentes arcum, eruditique ad prælia quadraginta quatuor millia & septingenti sexaginta procedentes ad pugnam dimicaverunt contra Agarenos: Iturei vero & Naphis & Nodah præbuerunt eis auxilium.* Toute la difficulté du passage consiste dans un équivoque qui se trouvera également dans la traduction que voici. Les enfans de Ruben, de Gad & de la demie Tribu de Manassé, tous gens de guerre, portant le bouclier & l'épée, tirant de l'arc, & dressez au combat, au nombre de quarante-quatre mille sept cens soixante s'avancerent en ordre de bataille & firent la guerre aux Agaréens. Les Ituréens, ceux de Naphis & de Nodah leur donnerent du secours. Ce mot *eis* en Latin, ou *de leur* en François est équivoque & semble laisser incertain si c'est aux enfans d'Israël, ou aux Agaréens que les Ituréens donnerent du secours. Sanson l'entend des premiers, mais Mr. de Saci, le P. Bonfrerius, Mr. le Clerc & quantité d'autres Savans l'entendent des Agaréens à qui ces Ituréens étoient joints. Et cela est non seulement plus conforme à ce qui suit ce passage, mais même à leur Origine; car ils descendoient d'Ismaël aussi bien que les Agaréens; & il étoit naturel qu'ils les assistassent contre les Israélites. Mais ce qui prouve invinciblement que les Ituréens n'étoient pas compris dans le peuple d'Israël c'est qu'au raport de Josephe [m], Aristobule Roi des Juifs porta la guerre chez les Ituréens & les força de recevoir la circoncision & les autres Ceremonies Judaïques.

[h] Thesaur.
[i] Bell. Jud. l. 3. c. 2.
[k] Antiq. Jud. l. 1. c. 7.
[l] Ibid. l. 15. c. 13.
[m] Antiq. Jud. l. 13. c. 19.

L'Iturée & la Trachonitide étoient deux Pays differents l'un de l'autre au jugement du P. Bonfrerius. St. Luc les distingue assez en disant que Philippe étoit Tetrarque de l'Iturée & de la Trachonitide. Outre cela Strabon [n] les distingue aussi en disant que le nom de Trachonitide venoit de celui des Montagnes où ses peuples habitoient *à Trachonibus montibus quos inhabitant*, & il place ces Montagnes au delà de Damas & des extremitez du Liban & de l'Antiliban. Et ensuite parlant des Ituréens il ajoute: le Pays des Montagnes est occupé par les Ituréens & les Arabes. Adrichome distingue aussi ces Pays, mais il se trompe en ce qu'il met les Ituréens en deçà du Jourdain, au lieu que l'un & l'autre peuple semble avoir demeuré dans les Montagnes au delà de Damas.

[n] l. 16.

ITURGIS. Voïez VISURGIS.

ITURICENSES, ancien Peuple de l'Espagne Tarragonoise, selon Pline [o]; l'Edition de Dalechamp porte ITURISENSES; & Ortelius soupçonne que ce nom vient d'ITURISSA. Mais le R. P. Hardouin le change en LURSENSES. Sa raison est que dans la suite de noms que Pline fournit dans cet endroit il suit l'ordre Alphabetique pour la premiere Lettre. Or voici ces noms dans l'ancienne Edition. *Arcobricenses, Andologenses, Arocelitani, Bursaonenses, Calagurritani qui Eibularenses cognominantur, Complutenses, Carenses, Cincenses, Cortonenses, Dammanitani, Larnenses, Iturisenses, Ispalenses, Ilumberitani, Lacetani, Vibienses, Pompelonenses, Segienses.* On voit bien que ces trois noms qui commencent par I. viennent trop tard après *Larnenses*. Les Manuscrits de la Bibliotheque du Roi portent *Larnenses, Lur-*

[o] l. 3. c. 3.

Lurſenſes, *Lumberitani* ; & ne font aucune mention de *Iſpalenſes*. Le R. P. Hardouin a raiſon de dire qu'il ne ſait d'où il eſt venu. Cependant Hermolaus derivoit ce nom d'*Iluron* Ville dont Pline a parlé auparavant & dont il ne s'agiſſoit plus dans ce paſſage, & Dalechamp le faiſoit venir d'Iturisa Ville des Vaſcons. Ces Etymologies deviennent inutiles par la reſtitution du R. P. Hardouin. Le mot de *Vibienſes* qui derange auſſi l'ordre Alphabetique eſt changé par ce Pere en *Lubienſes*.

ITURISSA, ancienne Ville d'Eſpagne au Pays des Vaſcons, ſelon Ptolomée [a]. Pomponius la nomme auſſi [b]. Antonin [c] qui la nomme Jurissa, ou Turissa, ſelon les divers exemplaires la met à XXII. M. P. de Pampelune & à XVIII. M. P. de la haute Pyrenée. Il faut pourtant remarquer que je ne fais que ſuivre le gros des Geographes qui croient que la *Turiſſa* d'Antonin eſt l'*Ituriſſa* de Mela & de Ptolomée ; mais je dois avertir que Mr. de Marca [d] les diſtingue. Il pretend que la *Turiſſa* d'Antonin eſt preſentement le Village de Subiri, entre *Burguete* & Pampelune & que Burguete répond au *ſummum Pyrenæum* de cet Auteur. Mais il ajoute que l'*Ituriſſa* de Pomponius Mela eſt preſentement Toloſa dans le Guipuſcoa.

1. ITYCA, Ville de la Libye, ſelon Etienne le Geographe, qui dit que c'étoit une Colonie des Tyriens. Ortelius [e] a raiſon de ſoupçonner que cet Auteur a voulu parler d'Utique Ville d'Afrique.

2. ITYCA, Ville d'Eſpagne, ſelon Appien. C'eſt la même qu'Itucci. Voiez ce mot.

ITYS, Lieu particulier de la Phocide ; il étoit célèbre par la Fable d'Itys, ſelon Ortelius [e] qui cite le ſecond livre de Thucydide. Mais dans la Traduction de d'Ablancourt on ne trouve rien de pareil. Voici comment il tourne ce paſſage [f]. Ce Terès n'a rien de commun avec Terée qui épouſa Progné fille de Pandion & qui demeuroit dans la Phocide en une contrée nommée Daulie habitée alors par les Thraces, où ſe paſſa l'avanture d'Itys, & delà les Poëtes apellent le Roſſignol Daulien. Il n'y a point dans ce paſſage de Pays nommé Itys.

ITZEHOA [g], Ville d'Allemagne au Duché de Holſtein ſur la Rive Septentrionale de la Riviere de Stoer, à un petit millé de Krempe, à deux de Gluckſtadt, à ſix de Rensbourg, à ſept de Hambourg, à huit de Kiel, à neuf de Huſum & de Gottorp, & à zont de Lubec. Cette Ville eſt ancienne & dans le temps que les Danois & les Vandales encore Payens faiſoient partout d'affreux ravages, cette place ſervoit d'aſyle aux Chrétiens du Holſtein qui s'y refugioient. Ce fut Charlemagne qui la fit bâtir par Egbert Comte de Saxe, contre Godfried Roi de Danemarck en 809. afin d'arrêter les incurſions des Danois ; car auparavant Charlemagne n'avoit qu'une ou deux Forteresses sur l'Elbe. Ceci eſt autoriſé par ce paſſage de Reginon. *Imperator cum ei multa de jactatione & ſuperbia Regis Danorum nunciarentur, ſtatuit trans Albim civitatem ædificare Francorumque in ea ponere præſidium, cumque ad hoc per Galliam atque Germaniam homines congregaſſet armis ac cæteris ad uſum neceſſariis rebus inſtructos ad locum deſtinatum per Friſiam ducere juſſit. Imperator, poſtquam locus Civitatis conſtituenda fuerat exploratus, Egebertum comitem huic negocio exequendo præficiens, Albiam trajicere & locum juſſit occupare. Eſt autem locus ſuper ripam Sturie Fluminis, vocabulo Eſſelfeldt, (d'autres liſent Eſſefeld) occupatus eſt. Itaque ab Egeberto & comitibus Saxonibus & circa idus Martii muniri cæptus anno 809.*

C'eſt de ce nom d'Esselfelde que s'eſt formé le nom d'Esseho, ou Eszeho, & enfin Itzeho. On voit par un Diplome de Louis le Debonnaire en faveur de l'Egliſe de Hambourg que les gens que Charlemagne y fit venir de France & d'Allemagne étoient des habitans mêmes du Holſtein qu'il rappella de l'exil auquel il les avoit condamnez à cauſe de leurs mutineries & qu'il laiſſa pendant ſept ans diſperſez, afin de les fortifier dans la Religion Chrétienne, après quoi il les renvoya dans leur Pays pour peupler ſa nouvelle Ville. Helmold parlant des ravages que fit Godefcalc, dit qu'il ne laiſſa rien d'entier dans le Holſtein, le Stormar, & la Ditmarſe que les Forteresses d'Etzeho & Bokeldeborg. Dans la ſuite la Ville de Hambourg ayant été raſée, Adolphe II. & Adolphe III. Comtes de Holſtein établirent leur reſidence à Itzeho. Adolphe IV. y établit en 1233. le droit de Lubec qu'on y obſerve encore. Cette Ville tient le troiſième rang entre les Villes du Holſtein. Le Comte Gerard fils d'Adolphe IV. fonda une Abbaye de Benedictins à Itzeho ; dans laquelle lui & ſa poſterité choiſirent leur Sepulture. Il y avoit auſſi un Monaſtere de filles nobles, les Lutheriens l'ont conſervé, mais ſans les vœux, ni autres pratiques de la vie Monaſtique ; & ce n'eſt qu'une retraite pour des filles de qualité. Cette Ville eſt aſſez bien bâtie ſurtout la Ville neuve qui eſt entierement entourée de la Riviere. Elle eſt au Roi de Danemarck ; & eſt gouvernée par deux Bourgmeſtres, ſelon l'uſage du Holſtein. Il y a deux Egliſes, la principale eſt dans la vieille Ville, auprès de l'Abbaye ; l'autre qui eſt petite eſt dans la Ville neuve. De l'Egliſe de la Ville relevent deux Villages Suy & Schlotfelde.

ITZIRALLUM. Voiez Iziralla.

J U.

1. JU, Ville de la Chine dans la Province de Honan, au departement de Caifung premiere Metropole. Sa latitude eſt de 35. d. 24'. & elle eſt de 3. d. 55'. plus Occidentale que Pekin [h], ſelon l'Atlas Chinois.

2. JU [i], petite Riviere de la Chine dans la Province de Honan. C'eſt un des ruiſſeaux qui arroſent le Territoire de la Capitale ; elle ſe perd dans la Riviere Jaune.

3. JU, Grande Ville de la Chine dans la [k] même Province, differente de l'autre Ville de même nom. La latitude de celle-ci eſt de 35. d. 5'. & elle eſt de 4. d. 57'. plus Occidentale que Pekin. Quoiqu'elle n'ait pas la dignité de Metropole elle eſt pourtant très-recommandable par la bonté de ſon Terroir, &

a cinq

a cinq Villes sous son Departement, savoir

Ju,	Kia,
Luxan,	Paofung,
& Yyang.	

Elle est située à l'Orient de la Riviere de Sienul qui se perd dans la Riviere de Ju, au Midi Occidental de la Ville. La famille de Tanga la nomma LINJU, & la famille de Taiming la déclara libre & la nomma Ju.

4. JU [a], Riviere de la Chine dans la Province de Itonan. Elle a sa source dans le Lac de Quangching au Couchant de la Ville de Ju au Midi de laquelle elle passe, elle y reçoit la Riviére de Sienul, g. passe auprès de Kia, g. reçoit la Riviere de Xeleang & le Ruisseau d'In, après quoi se courbant vers le Midi elle trouve en chemin la Chaya, vis-à-vis de Xançai, passe auprès de Iuning, d. se recourbe vers l'Orient, reçoit le ruisseau de Tung, se detourne vers le Midi au delà de Xangching, se mêle près de Quang, avec la Riviere d'Hoai, vis-à-vis du Ruisseau Palu qui s'y vient joindre aussi. C'est là que la Riviere de Ju perd son nom.

[a] Ibid.

JUALE, JOUALE, ou JOALE, Village d'Afrique [b] dans la Nigritie entre le Cap verd & la Riviere de Gambie. Il est situé sur le bord de la Mer & habité par quelques Mulâtres Portugais. Les habitans quoique brutaux & insolens aiment le Commerce & quand on est fait à leur maniere on ne laisse pas de traiter avec eux, avec un avantage considerable. La Compagnie Françoise du Senegal y a une Case ou Comptoir fixe, & en peut tirer tous les ans deux cens esclaves, plus de trois mille cuirs en poil, douze à quinze cens Livres de Morsil, & quatre à cinq cens Livres de Cire jaune. On est toujours assuré d'y trouver des vivres dont l'Isle de Goerée & les vaisseaux de la Compagnie Françoise ont besoin. On y trouve des bœufs en quantité & des Poules tant qu'on en veut. On peut aussi en tirer tous les ans six cens bariques de mil du poids de deux cens livres chacune qui coutent pour l'ordinaire une barre la piéce. On en enleve aussi cinquante à soixante bariques de Ris. La barique pese ordinairement quatre cens livres & coute quatre barres, quand il est net & la moitié quand il est casqué. Le Village est situé à l'Embouchure d'une petite Riviere.

[b] Le Maire Voyages p. 189.

[*] Labat desc. de l'Afrique T. 4. p. 242.

JUAMI, Royaume du Japon, selon Cardin cité par Mr. Baudrand. C'est la même chose que IWAMI, ou SEKISJU septiéme Province de la grande contrée de Sanindo. Voiez l'Article du Japon.

JUANNI. Voiez ANJOUAN qui est le nom de cette Isle.

JUANOGOROD. Voiez IWANOGOROD.

JUBALENA NATIO, ancien Peuple d'Afrique; où il habitoit un Pays d'un accès difficile à cause des Montagnes, selon Ammien Marcellin [c].

[c] l. 29. c. 5.

JUBALIDIENSIS, Siége Episcopal d'Afrique. Restitute est qualifié Evêque *Jubedidiensis* dans la Lettre des Evêques de Bizacene. Mais le Manuscrit de Beauvais porte *Jubalidiensis*; & Mr. Dupin croit que c'est le même Siége que *Jubaltianensis*. Voiez l'article qui suit.

JUBALCIANENSIS, Siége Episcopal d'Afrique dans la Bizacene. On trouve dans la Notice d'Afrique, Eusebe *Jubalcianensis*; & entre les Peres de la Conference de Carthage [d], Geta *Jubaltianensis*. Ce même Getad assista au Concile de Carthage l'an 403. comme on lit au Canon 90. du Recueil des Canons de l'Eglise d'Afrique.

[d] p. 265. Edit. Dupin.

JUBAYE, Ville Maritime de Sourie à quatre lieues de Patron, selon Mr. Carré [e]. Elle n'est pas, dit-il, si ruinée que Patron. Elle a eu anciennement de belles Eglises dont on voit encore les restes. Ce que chacune a de plus beau, c'est un Portail soutenu de six grosses colomnes extrememement hautes & travaillées avec bien de l'art. Elle a eu aussi un Port defendu par les batteries de trois Forteresses qui le gardoient. J'y comptai jusqu'à cent colomnes partie entieres partie renversées. De ces ruines l'Aga des Janissaires qui commandoit dans la Place s'étoit bâti une jolie maison, le reste des habitans étoient de pauvres Chrétiens Grecs, Maronites & Nestoriens.

[e] Voyages T. 1. p. 366.

§ Cette Ville est la même que celle qui est nommée GEBAIL par Mr. de la Roque [f] & GIBYLE par le Ministre Mawndrell [g]. Et par consequent c'est la même que BYBLUS fameuse par le Temple d'Adonis. Voiez aussi GABAL.

[f] Voyage de Syrie & du Mont Liban T. 1. p. 209.

JUBEL-HADRA, Montagne d'Afrique, au Royaume de Maroc dans la Province de Duquela [h]. On l'appelle communement la Montagne verte. Elle a le fleuve d'Ommirabi au Levant, & au Couchant le Mont d'Escure qui divise ces deux Provinces avec une partie de celle de Tedla. Il y a partout de grandes Forêts, Pins, Cedres, & Jujubiers où demeurent plusieurs Hermites qui ne vivent que d'Herbes & de fruits sauvages & s'éloignent d'ordinaire de dix ou douze lieues des endroits habitez. Cette Montagne étoit fort peuplée du temps des Almohades; mais les Benimerinis en ruinérent toutes les habitations. Il y a encore plusieurs vieux bâtimens de reste, & plusieurs Hermitages avec des lieux relevez en autel à la façon des Mahometans; où couchoient les Hermites; les Arabes & les Bereberes de la contrée y vont en pelerinage. La multitude des sources qui sortent des rochers forme au pied un grand Lac où il y a force anguilles, truites, barbeaux, & de grands poissons blancs nommez *bogues* qui sont de fort bon goût. C'est une chose admirable de voir la multitude & la diversité d'oiseaux qui sont sur cette Montagne, & la quantité de Gibier & de Venaison, desorte qu'il n'y a point de plus beau lieu pour la chasse dans toute l'Afrique. Quand les Portugais furent maîtres de Safie & d'Azamor Aben-Haddu étoit maître de cette Montagne & demeuroit dans ces bois comme un Hermite; desorte qu'à la faveur de quelques Arabes de Charquie qui le suivoient & de son frere Mulei-Ferez, il prit le titre de Roi, & eut plusieurs démélez avec Buchentuf Roi de Maroc, & avec les Cherifs; mais ils furent contraints à la fin, son frere & lui de reconnoître le Cherif Hamed pour Souverain.

[h] Voyage d'Alep à Jerusalem p. 55.

[h] Marmol. Afrique T. 2. p. 116. l. 3. c. 68.

Il

Il y a autour du Lac beaucoup de Bruyeres où l'on voit de grandes bandes de Grives, & les Tourterelles y sont aussi grosses que des Ramiers. Comme on n'y chasse pas beaucoup tout y est plein de Gibier. Les Sangliers, les Cerfs, les Chevreuils, les Daims, les Vaches Sauvages, les Gazelles, les Perdrix, les Oyes Sauvages, les Herons &c. se trouvent en abondance dans cette Montagne.

JUBELDA, Montagne d'Espagne ainsi nommée de Jubelda fils d'Iberus, selon le faux Berose, cité par Ortelius.

JUBERI. Voiez VIBERI.

JUBERNI, Voiez UTERNI.

JUBERUS MONS, nom Latin du Mont de la Fourche dans les Alpes.

JUCADAM, ancien lieu de la Palestine [a], D. Calmet [b] dit que c'est une Ville de la Tribu de Juda.

[a] Josué c. 15. v. 56.
[b] Dict.

JUCARA. Voiez JOCURA.

JUCATAN, quelques-uns disent YUCATAN, grande Province de l'Amerique dans la Nouvelle Espagne. Ce nom se donne à deux étendues de Pays bien differentes l'une de l'autre.

Il signifie en premier lieu tout le Pays qui se divise en trois parties, savoir le JUCATAN PROPRE, le GUATIMALA, & l'ACASAMIL, qui est l'Isle de Santa-Cruz. C'est dans cette signification étendue que Thomas Gage [c] en parle ainsi. Le troisiéme Royaume qui dépend de la Mexicane ou de la partie Septentrionale de l'Amerique est le Jucatan qui fut découvert par Ferdinand de Cordoue en 1517. On l'appelle Jucatan non pas à cause de Joctan fils de Heber, comme quelques-uns se sont imaginez, qui croyent qu'il partit d'Orient où l'Ecriture Sainte établit sa demeure [d], pour venir habiter en ce Pays ; mais de Jucatan, qui dans la Langue Indienne signifie *que dites-vous?* parce que la premiere fois que les Espagnols y aborderent & demanderent aux Indiens le nom du Pays, les Indiens qui ne les entendoient pas, leur répondirent Jucatan, qui signifie *que dites-vous?* ce qui fit que les Espagnols le nommerent Jucatan; & qu'ils l'ont toujours ainsi appellé depuis.

[c] Relat. des Indes Occident. 2. part. p. 31.

[d] Genes. c. 12.

Ce Pays est fait en forme de Peninsule & a pour le moins trois cens lieues de tour. Il est situé vis-à-vis de l'Isle de Cuba & est divisé en trois parties.

La premiere est le JUCATAN PROPREMENT DIT, dont les Villes les plus considerables sont Campêche, Vailladolid, Merida, Simancas, & une autre qu'ils appellent le Caire pour sa grandeur, & sa beauté. Les Espagnols regardent ce pays-là comme un Pays pauvre, parce qu'il n'y a point de mines d'Argent, & que l'on n'y recueille point d'Indigo ni de Cochenille. Les principales Marchandises qui s'y trouvent sont du Miel, de la Cire, des Cuirs, du Sucre, quelques Drogues pour les Apothicaires, de la Casse, de la Salsepareille & grande quantité de Mahiz. Il y a aussi quantité de bois propre à bâtir des Navires, dont les Espagnols font des Vaisseaux qui leur servent fort bien à faire le Voyage d'Espagne, & à en retourner. En 1632. les habitans de ce Pays furent sur le point de se rebeller contre leur Gouverneur, parce qu'il les obligeoit de lui apporter leurs Cocqs d'Inde & leurs Volailles, leur Miel, & leur Cire qu'il leur payoit au prix qu'il vouloit, & ensuite les revendoit bien cher, s'enrichissant ainsi à leurs dépens. Ne pouvant plus souffrir ce traitement qui les reduisoit à l'extrémité, ils prirent le parti de la revolte, & résolurent de s'enfuir dans les bois & sur les Montagnes. Ils l'éxecuterent, & y demeurerent quelque temps, jusqu'à ce que les Religieux de St. François qui ont un grand pouvoir sur eux les persuaderent & les engagerent à retourner dans leurs maisons ; & le Gouverneur, depeur de causer un soulevement general dans le Pays, non seulement leur accorda une Amnistie generale, mais leur promit aussi de les traiter plus doucement à l'avenir.

Wafer dans son Voyage [e] dit que le Yucatan a Evêché, Gouvernement & Capitainerie Generale ; que Merida en est la Capitale. Cette Province, dit-il, est moins connue par ce nom que par celui de Campêche, port dangereux à la verité, & si rempli de bancs & d'écueils qu'on est obligé de mouiller à quatre lieues avant en mer; mais fameux par son bois qui est necessaire aux belles teintures. Le Yucatan est des plus abondans en Cire, Coton, Pastel & autres Marchandises dont on fait trafic par toute l'Amerique.

[e] p. 223.

Coréal dans son Voyage [f] aux Indes Orientales traite cette matiere avec plus d'étendue. Voici ce qu'il nous en apprend : approchant du Continent à soixante-six lieues de la pointe de St. Antoine qui est au côté Occidental de l'Isle de Cuba, on vient à la pointe de Jucatan qui s'avance en mer comme une Presqu'Isle. Il explique ainsi l'Origine de ce nom. *Tetletan* en Langue Indienne signifie *je ne t'entends pas*, & c'est la reponse qu'on donna aux Espagnols lorsqu'ils aborderent au Havre de St. Antoine pour chercher de nouvelles terres. Car se trouvant là, ils firent signe aux habitans pour leur demander le nom du Pays où ils se trouvoient : à quoi les Indiens repondirent *O Tetletan*, ce qui veut dire : *nous ne vous entendons pas.* Les Espagnols prirent cela pour le nom de cette côte. Depuis ils en ont fait par corruption Jucatan, bien que la pointe de cette côte soit appellée Eccampi par les Indiens. Cette pointe de Jucatan gît à 21. degrez de hauteur. Elle est de grande étendue, & plus elle avance en mer plus elle est large. Sa moindre largeur est de 85. à 90. de nos lieues, elle est éloignée de Xicalanco à-peu-près d'autant. Il y a des Cartes étrangeres qui representent mal-à-propos cette pointe de Jucatan plus étroite, mais il est sûr qu'elle a de l'Est à l'Ouest deux cens lieues de longueur.

[f] T. 1. p. 69. & suiv.

Elle fut découverte en 1517. par Hernandes de Cordoua, mais seulement en partie. Hernandes étant parti de San Jago de Cuba pour chercher de nouvelles terres, ou pour prendre des travailleurs pour les mines & venant à l'Isle de Guanaxos ou Caguanaxa près du Cap des Honduras, y trouva un Peuple benin, doux & simple, n'ayant point d'armes & paroissant ennemi de la guerre. Ces gens n'avoient d'autre occupation que la pêche. Hernandes poussa plus loin & arriva à une pointe

pointe inconnue où il trouva des Chaudieres à Sel & de petites tours de pierre avec des degrez, des Chapelles couvertes de bois & de chaume où il y avoit des Idoles de femmes. Les habitans de cette pointe étoient vêtus richement & portoient des Mantelines très-fines de Coton blanc & de Coton de couleur, des Joyaux d'Or & d'Argent & des pendans de pierreries. Les femmes y étoient couvertes depuis le milieu du corps jusqu'aux Talons, ainsi que sur la tête & sur le sein, des mêmes étoffes de Coton. Delà les Espagnols passerent à une autre pointe qu'ils nommerent pointe de COTOCHE, parce qu'y ayant rencontré quelques pêcheurs qui de crainte se mirent à crier en fuiant du côté de la terre *Cotoche, Cotoche*, c'est-à-dire, à la Maison, à la Maison ; ils crurent que les pêcheurs leur disoient le nom du Pays. Depuis cela cette pointe a retenu le nom de Cotoche. Ils y trouverent au bord de la Mer une grande & belle Ville, où ils furent parfaitement bien reçus des habitans. Ils y virent de beaux édifices, avec de hautes tours, des Temples assez magnifiques, des rues pavées & beaucoup de Commerce. Les maisons y étoient bien bâties de pierres & de chaux, mais simplement couvertes de chaume. Les Chambres étoient hautes de dix ou douze degrez.

L'Auteur cité n'a pas une idée avantageuse de la conversion de ces peuples : selon lui, les Indiens de ce Pays-là servent leurs Idoles tant qu'ils peuvent, ils leur sacrifioient autrefois des Victimes humaines. Tous ceux qui sont sous la domination Espagnole exercent encore leur Idolatrie le plus secretement qu'ils peuvent. Ils ont bien pour la plus grande partie le nom de Chrétiens & la reputation de l'être, mais aussi-tôt que les Ecclesiastiques qu'on leur envoye sont éloignez, ils se moquent du Baptême & des instructions. La haine qu'ils ont pour nous, à cause des injustices & des cruautez qu'on a exercées contre eux contribue beaucoup à l'aversion qu'ils ont pour notre Religion, cependant la crainte d'être châtiez & pris pour Esclaves les rend exacts à l'exterieur, & ils affectent de jeûner, d'aller à Confesse, & de porter les annates autant que le meilleur Chrétien d'Espagne : mais avec tout cela les châtimens ont incomparablement été plus efficaces que les Sermons ni les Catéchismes. Cependant ils ne manquent ni de bon sens ni de penetration. On assûre que les Idolâtres de Jucatan & de Cotoche pratiquent la Circoncision sans qu'on puisse savoir d'où peut venir cette coûtume. Ces Indiens m'ont toujours paru assez droits dans le negoce. Ils ont quantité d'Abeilles, de Miel, & de Cire, dont ils ignoroient, dit-on, l'usage avant la venue des Espagnols. Il ne semble pas que cette terre ait des mines d'Or ou d'Argent & quoique le Pays soit rude & pierreux il ne laisse pas d'être fertile en mahis. On a fort détruit les habitans de ce Canton. Le Pays est presque desert, il s'en est sauvé grand nombre dans les bois & dans les lieux non conquis, où ils se sont joints aux autres Indiens. Le reste vit dans l'Esclavage & dans l'oppression.

Je parle des deux autres parties du Jucatan dans les Articles de GUATIMALA & de SANTA-CRUZ.

JUCUNDIANENSIS, Siége Episcopal d'Afrique dans la Numidie. La Notice Episcopale ne le nomme pas. Mais on trouve dans la Conference de Carthage [a] *Secundinus Jucundianensis*, & le même Evêque est nommé ailleurs *Secundus Jocundianensis*, du nom d'une Bourgade de Numidie, *cujusdam Villa Numidia*.

[a] p. 79. Edit. Dupinian.

JUD, ou JUDI, Ville de la Palestine dans la Tribu de Dan [b].

[b] Josué c. 29. v. 45

JUDA, c'est originairement le nom d'un des XII. Patriarches fils de Jacob & de Lia. Mais dans la suite ce nom signifia la Tribu de Juda, c'est-à-dire, la posterité de ce Patriarche, dont voici quel fut le Pays.

Le lot de la Tribu de Juda occupoit toute la partie Meridionale de la Palestine, & les Tribus de Simeon & de Dan occuperent plusieurs Villes qui d'abord avoient été attribuées à Juda. Cette Tribu étoit si nombreuse, qu'au sortir de l'Egypte, elle étoit composée de soixante & quatorze mille six cens hommes capables de porter les armes [c]. La Royauté passa de la Tribu de Benjamin d'où étoient Saül & Isboseth dans celle de Juda, qui étoit la Tribu de David & de ses Successeurs Rois jusqu'à la Captivité de Babylone ; & depuis le retour de la Captivité quoique cette Tribu ne regnât pas, elle occupa toujours néanmoins la premiere place. Elle donnoit le Sceptre à ceux qui regnoient. Elle réunissoit en quelque sorte toute la Nation des Hebreux dans elle-même & on ne les connoissoit que sous le nom de *Judei*, les Juifs, descendans de Juda.

[c] Numer. c. 1. v. 26. 27.

Quand *Juda* est opposé à Israël, il designe le Royaume de Juda, c'est-à-dire, la partie qui demeura fidelle à David & à ses Successeurs ; au lieu qu'Israel signifie les x. Tribus rebelles qui commencerent par leur division le Royaume de Samarie. Une des principales prerogatives de la Tribu de Juda est d'avoir conservé le dépôt de la vraye Religion, & l'exercice public du Sacerdoce & des Ceremonies de la Loi dans le Temple de Jerusalem, pendant que les dix Tribus s'abandonnoient au culte des veaux d'or & à l'Idolatrie. Voyez l'article JUDE'E.

2. JUDA [d], (LE ROYAUME DE) petit Pays d'Afrique dans la Guinée entre le Royaume du grand Ardre au Levant & la Riviere de Volte au Couchant. Les François & les Anglois y ont chacun un Fort.

[d] De l'Isle Atlas.

JUDE'E, Pays d'Asie sur les bords de la Mediterranée, entre cette mer au Couchant, la Syrie au Nord, les Montagnes qui sont au delà du Jourdain à l'Orient & l'Arabie au Midi.

On l'a appellée anciennement PAYS DE CHANAAN du nom de Chanaan fils de Cham dont les descendans l'occuperent en premier lieu. On lui donna ensuite le nom de PALESTINE, à cause des Philistins que les Grecs & les Romains appelloient *Palestins*. Comme ces peuples demeuroient le long des côtes, ils furent connus les premiers & le reste du Pays a porté leur nom. On l'a aussi appellée JUDE'E de la plus considerable de ses Tribus. On lui a donné le nom de TERRE PROMISE par raport aux promesses que Dieu fit plusieurs fois aux Patriarches de la donner à leur posterité ;

rité; de Terre d'Israel, à cause que les enfans de Jacob ou d'Israel s'y établirent, & de la Terre Sainte parce qu'elle a été santifiée par la presence, & par les Mysteres de Jesus-Christ.

La Judée étoit une partie de la grande Syrie, delà vient que Ptolomée après avoir traité de la Syrie a dans un Chapitre employe le suivant à traiter *de la Syrie Palestine*, qui s'appelle b *aussi Judée*. Sa longueur se prend depuis la Syrie Antiochienne jusqu'à l'Egypte, & l'Arabie, sa largeur depuis la Mer Mediterranée, ou la grande Mer jusqu'à la Celesyrie & l'Arabie Petrée. Le Jourdain qui prend sa source au Mont Liban la traverse; les Valées où il coule le portent dans le Lac de Genesareth, qui dans l'ancien Testament s'appelle *Mer de Ceneroth*, & dans le Nouveau *Mer de Tiberiade*. Au sortir de ce Lac son Canal est large & tranquile; il arrose presque toutes les Tribus & va se perdre dans le Lac Asphaltide nommé autrement Mer Morte. Nous marquons ailleurs comment ce Lac submergea les Villes de Sodome &c. Outre le Jourdain on compte d'autres Rivieres dans la Judée, le Jarmac au Pays des Gerséens. Il prend sa source aux Montagnes de Galaad, le Kirmion, près de Damas nommé autrement Amach, ou Abana. On y ajoute le Pharphar qui descend du Mont Hermon; le Cison qui coule dans les Tribus d'Issachar & de Zabulon. L'Arnon qui vient de la Montagne du même nom & qui se jette dans la Mer Morte, & le Jabboc qui se jette dans le Jourdain; mais tous ces Fleuves, excepté le Jourdain, ne sont à proprement parler que des Torrens ou des Ruisseaux.

Ce Pays a plusieurs Montagnes. Les plus celebres sont le Liban, & l'Anti-Liban au Septentrion. Les Montagnes de Galaad, d'Hermon, d'Arnon, & celles des Moabites à l'Orient; les Montagnes du desert au Midi; le Carmel, les Montagnes d'Ephraïm & des Philistins au Couchant. Il y en a quelques autres au milieu de la Judée, comme le Tabor, Garizim, Hebal, Sion, Moria, Hebron, & ce que l'Evangile appelle *Montana Judaea*.

c Les Philistins étoient étrangers dans le Pays de Canaan & étoient venus de Caphtor. Voiez ce mot. Les Pheniciens étoient un reste des anciens Cananéens dont Josué avoit détruit & chassé la plus grande partie. Ces deux peuples, les Philistins au Midi & les Pheniciens au Nord, occupoient presque toutes les côtes de la Mediterranée. Les Juifs étoient donc resserrez par ces peuples; ils avoient le Liban & la Syrie au Nord, l'Arabie Petrée au Midi, l'Idumée Meridionale au Midi. Les Montagnes de Galaad, l'Idumée Orientale, l'Arabie deserte, les Ammonites & les Moabites à l'Orient, les Philistins, les Pheniciens, & la Mediterranée au Couchant. Le Jourdain, comme nous avons dit, coupoit ce Pays en deux parts presque égales.

La Judée avant l'arrivée des Hebreux étoit gouvernée par des Rois Chananéens qui exerçoient une puissance absolue chacun dans sa Ville. Lorsque Josué en eût fait la conquête, il la gouverna comme Lieutenant du Seigneur & Executeur de ses ordres. A Josué succederent les Anciens pendant environ quinze ans. Après cela les Israélites tomberent dans une espece d'Anarchie qui dura sept ou huit ans. Ensuite ils furent gouvernez par des Juges pendant trois cens 17. ans, & enfin par des Rois depuis Saül jusqu'à la Captivité de Babylone pendant cinq cens sept ans. Depuis le retour de la Captivité la Judée demeura soumise aux Rois de Perse, puis à Alexandre le Grand & ensuite à ses Successeurs; tantôt aux Rois de Syrie & tantôt aux Rois d'Egypte, ayant cependant beaucoup de deference dans le Gouvernement particulier pour le Grand Prêtre, & les Chefs de la famille de David. Cet état dura environ 369. ans, depuis le retour de la Captivité l'an du Monde 3468. jusqu'au Gouvernement de Judas Maccabée en 3837. Depuis que les Maccabées eurent maintenu la Religion & rétabli les affaires des Juifs, ils demeurerent en possession de la Souveraine autorité jusqu'au Regne d'Herode le Grand pendant environ cent trente-cinq ans; c'est-à-dire, depuis l'an du Monde qui est l'année du Gouvernement de Judas Maccabée jusqu'en 3965. qui est l'année dans laquelle Herode fut declaré Roi des Juifs dans le Senat. J'entrerai presentement en quelque détail sur ces divers Gouvernemens.

Du Gouvernement des Juges.

On donne le nom de Juges à ceux qui gouvernerent les Israélites depuis Josué jusqu'à Saül. Les Carthaginois, Colonie des Tyriens, avoient aussi des Magistrats, ou Gouverneurs qu'ils appelloient *Suffetes*, ou *Sophetim*, & qui avoient comme ceux des Hebreux une autorité presque égale à celle des Rois.

Quelques-uns croyent que les Archontes chez les Atheniens, & les Dictateurs chez les Romains étoient à-peu-près la même chose que les Juges chez les Hebreux. Grotius compare le Gouvernement des Hebreux sous les Juges, à celui qu'on voyoit sous les Gaules, dans l'Allemagne, & dans la Bretagne, avant que les Romains l'eussent changé. La charge de Juges n'étoit pas héréditaire chez les Israélites. Ces Gouverneurs n'étoient que les Lieutenans de Dieu, qui en étoit le seul vrai Monarque; c'étoit lui qui suscitoit les Juges, & qui leur donnoit toute leur autorité. Lorsque les Hebreux demanderent un Roi, comme en avoient les autres Peuples des environs, Dieu dit à Samuel, d ce n'est point vous qu'ils ont rejetté, c'est moi, puisqu'ils ne veulent plus que je regne sur eux. Quand on offrit la Royauté à Gédéon, & à sa posterité après lui, il répondit : e je ne vous dominerai point, ni moi, ni mon fils après moi; ce sera le Seigneur qui sera vôtre Roi.

La dignité de Juges étoit à vie, mais leur succession ne fut pas toujours suivie, & sans interruption. Il y eut de tems en tems des Anarchies, ou des intervalles pendant lesquels la Republique étoit sans Chefs & sans Juges. Il y eut aussi d'assez longs intervalles de servitude & d'opression, durant lesquels les Hebreux gemissant sous la Domination des étrangers, n'avoient ni Juges, ni Gouverneurs. Quoique regulierement Dieu suscitât lui-même d'une maniere particuliere & par une déclaration

ration expresse de sa volonté, ceux qu'il vouloit donner pour Juges aux Israëlites, toutefois dans quelques occasions, sans attendre une révélation particuliere, le Peuple choisissoit celui qui lui paroissoit le plus propre à le tirer de l'oppression ; par exemple, quand les Israëlites de-là le Jourdain choisirent Jephté pour les conduire dans la guerre contre les Ammonites. Comme assez souvent les oppressions qui faisoient recourir au secours des Juges, ne se faisoient pas sentir sur tout Israël, aussi le pouvoir des Juges choisis, ou suscitez pour procurer la délivrance de ces servitudes, ne s'étendoit pas sur tout le peuple, mais seulement sur le Pays qu'ils avoient délivré. Par exemple, nous ne voyons pas que Jephté ait exercé son autorité au deçà du Jourdain, ni que Barac, par exemple, ait exercé la sienne au-delà de ce Fleuve. L'autorité des Juges n'étoit pas inférieure à celle des Rois. Elle s'étendoit sur les affaires de la guerre & de la paix, ils jugeoient les procès avec une autorité absolue, mais ils n'avoient aucun pouvoir de faire de nouvelles Loix, ni d'imposer de nouvelles charges au peuple. Ils étoient protecteurs des Loix, défenseurs de la Religion, & les vengeurs des crimes, surtout de l'Idolâtrie, au reste sans éclat, sans pompe, sans gardes, sans suite, sans équipage; à moins que leurs richesses ne les missent en état de se donner un train conforme à leur dignité. Le revenu de leur Charge consistoit en présens qu'on leur faisoit ; ils n'avoient aucun émolument réglé & ne levoient rien sur le peuple. La durée du tems des Juges depuis la mort de Josué, jusqu'au commencement du regne de Saül, est de trois cens trente neuf ans. Voici l'ordre Chronologique des Juges & des servitudes qui ont été dans le Pays durant cet intervalle.

Ordre Chronologique

Des Juges.

Ans du Monde
2570. Mort de Josué.
2585. Gouvernement des Anciens pendant environ quinze ans.
2592. Anarchie d'environ sept ans jusqu'en 2592.
C'est à ce tems qu'on rapporte l'Histoire de Micha, la conquête de la Ville de Laïs par une partie de la Tribu de Dan & la guerre des onze Tribus contre Benjamin.
2591. Premiere servitude sous Chusan Rasathaïm Roi de Mésopotamie : elle commença en 2591. & dura huit ans jusqu'en 2599.
2599. Othoniel délivra Israël, la quarantiéme année après la paix donnée au Pays par Josué.
2662. Paix d'environ soixante-deux ans, depuis la délivrance procurée par Othoniel en 2599. jusqu'en 2662. qu'arriva la seconde servitude sous Eglon Roi des Moabites. Elle dura dix-huit-ans.
2679. Aod délivre Israël.
Après lui, Samgar gouverna & le Pays fut en paix jusqu'à la quatre-vingtiéme année depuis la premiere délivrance procurée par Othoniel.
2699. Troisiéme servitude sous les Chananéens, qui dura vingt ans, depuis 2699. jusqu'en 2719.
2719. Debora & Barac délivrent les Israëlites. Depuis la délivrance procurée par Aod, jusqu'à la fin du Gouvernement de Débora & de Barac, il y a quarante ans.
2752. Quatriéme servitude sous les Madianites, qui dura sept ans, depuis 2752. jusqu'en 2759.
2759. Gedéon remet les Israëlites en liberté. Depuis la délivrance procurée par Barac & Débora, jusqu'à celle que procura Gedeon, il y a quarante ans.
2768. Abimelech fils naturel de Gedeon, est reconnu pour Roi par ceux de Sichem. Il fait mourir soixante & dix de ses freres : il regne trois ans, depuis 2768 jusqu'en 2771.
2771. Il mourut au Siége de Thébes en Palestine.
2772. Thola gouverne après Abimelech pendant vingt-trois ans, depuis 2772. jusqu'en 2795.
2795. Jaïr succéde à Thola, & gouverne pendant vingt-deux ans, depuis 2795. jusqu'en 2816.
2799. Cinquiéme servitude sous les Philistins, qui dura dix-huit ans, depuis 2799. jusqu'en 2817.
2817. Mort de Jaïr.
2817. Jephté est choisi chef des Israëlites de delà le Jourdain ; il défait les Ammonites, qui les oprimoient. Jephté gouverne six ans, depuis 2817. jusqu'en 2823.
2823. Mort de Jephté.
2830. Abesan gouverne sept ans ; depuis 2823. jusqu'en 2830.
2840. Ahialon succede à Abésan ; il gouverne depuis 2830. jusqu'en 2840.
2848. Abdon juge Israël pendant huit ans, depuis 2840. jusqu'en 2848.
2848. Sixiéme servitude sous les Philistins, qui dura quarante ans, depuis 2848. jusqu'en 2888.
2848. Heli Grand Prêtre, de la race d'Ithamar, gouverna pendant quarante ans, tout le tems de la servitude sous les Philistins.
2849. Naissance de Samson.
2887. Mort de Samson, qui fut Juge d'Israël pendant la judicature du Grand-Prêtre Héli.
2888. Mort de Héli, & commencement de Samuël, qui lui succèda.
2909. Election & Onction de Saül, premier Roi des Hébreux.

Liste Chronologique des Rois des Hébreux.

SAUL, premier Roi des Israëlites regna depuis l'an du Monde 2909. jusqu'en 2949. pendant quarante ans entiers.

ISBOSETH son fils, lui succeda & regna sur

JUD.

sur une partie d'Ifraël pendant fix ou fept ans; depuis 2949. jufqu'en 2956.

DAVID avoit été facré Roi par Samuël l'an du Monde 2934. Mais il ne jouït de la Royauté qu'à la mort de Saül, en 2949. & ne fut reconnu Roi de tout Ifraël qu'après la mort d'Isbofeth en 2956. il mourut en 2990. âgé de foixante-dix ans.

SALOMON fon fils lui fuccèda. Il reçût l'onction Royale dès l'an 2989. il regna feul après la mort de David, en 2990. il mourut en 3029. après quarante ans de regne.

Après fa mort le Royaume fut partagé; & les dix Tribus ayant choifi Jeroboam pour leur Roi, Roboam fils de Salomon, ne regna que fur les Tribus de Juda & de Benjamin.

Rois de Juda.

ROBOAM, fils & Succeffeur de Salomon, regna dix-fept ans; depuis l'an 3029. jufques en 3046.

ABIA, trois ans, depuis 3046. jufqu'en 3049.

ASA, quarante & un an; depuis 3049. jufqu'en 3090.

JOSAPHAT, vingt-cinq ans; depuis 3090. jufqu'en 3115.

JORAM, cinq ans; depuis 3115. jufqu'en 3119.

OCHOSIAS, un an; depuis 3119. jufqu'en 3120.

ATHALIE, fa Mere, regna fix ans; depuis 3120. jufqu'en 3126.

JOAS eft mis fur le trône par le Grand Prêtre Joïada, en 3126. il regna pendant quarante ans, jufqu'en 3165.

AMASIAS, trente-neuf ans; depuis 3165. jufqu'en 3194.

OZIAS, autrement nommé Azarias, regna pendant vingt-fept ans, jufqu'en 3221. Alors ayant entrepris d'offrir l'encens dans le Temple, il fut frappé de lépre & obligé de quitter le gouvernement; il vêcut encore vingt-cinq ans, & mourut en 3246.

JOATHAN fon fils, prit le gouvernement dès l'an du Monde 3221. il regna feul en 3246. & mourut en 3262.

ACHAZ fuccéda à Joathan l'an du Monde 3262. il regna feize ans, jufqu'en 3278.

EZECHIAS, vingt-huit ans; depuis 3278. jufqu'en 3306.

MANASSÉ, cinquante-cinq ans; depuis l'an du Monde 3306. jufqu'en 3361.

AMON, deux ans; depuis 3361. jufqu'en 3363.

JOSIAS, vingt-neuf ans; depuis 3363. jufqu'en 3397.

JOACHAS, trois mois.

ELIACIM, ou JOAKIM, onze ans; depuis l'an 3397. jufqu'en 3405.

JOACHIN, ou JECHONIAS, regne trois mois & dix jours, dans l'année 3405.

Matthanias, ou Sédécias, regne onze ans; depuis 3405. jufqu'en 3416. La derniere année de fon régne, Jerufalem fut prife, le Temple brûlé, & Juda emmené captif au-delà de l'Euphrate.

JUD. 277

Rois d'Ifraël.

Jéroboam, regna vingt-deux ans; depuis 3030. jufqu'en 3051.

Nadab, un an. Mort en 3052.

Bafa, 22. ans; depuis 3052. jufqu'en 3074.

Ela, deux ans. Mort en 3075.

Zamri, fept jours.

Amri, onze ans; depuis 3075. jufqu'en 3086. il eut pour competiteur Thebni qui fuccomba, & mourut, on ne fait quelle année.

Achab, vingt & un ans; depuis l'an 3086. jufqu'en 3107.

Ochofias, deux ans; depuis 3106. jufqu'en 3108. il fut affocié au Royaume dès l'an 3106.

Joram fils d'Achab, lui fuccèda en 3108. il regna douze ans. Mort en 3120.

Jehu ufurpe le Royaume en 3120. regne vingt-huit ans, & meurt en 3148.

Joachas regne dix-fept ans; depuis 3148. jufqu'en 3165.

Joas regne quatorze ans; depuis 3165. jufqu'en 3179.

Jéroboam II. regne quarante un ans; depuis 3179. jufqu'en 3220.

Zacharie, douze ans; depuis 3220. jufqu'en 3232.

Sellum regne un mois; il eft tué en 3233.

Manahem, dix ans; depuis 3233. jufqu'en 3243.

Phaceia, deux ans; depuis 3243. jufqu'en 3245.

Phacée, vingt ans; depuis 3245. jufqu'en 3265.

Ofée, dix-huit ans; depuis 3265. jufqu'en 3283.

Fin du Royaume d'Ifraël, qui a duré deux cens cinquante-trois ans.

Après le retour de la Captivité, arrivé en 3468. les Juifs vécurent fous la domination des Perfes pendant cent quatre ans, jufqu'au regne d'Aléxandre le Grand qui vint à Jérufalem l'an du Monde 3672. Après fa mort, arrivée en 3681. la Judée obéït d'abord aux Rois d'Egypte, puis aux Rois de Syrie; jufqu'à ce qu'enfin Antiochus Epiphanès ayant forcé les Juifs de prendre les armes pour la défenfe de leur Religion, l'an du Monde 3836. les Maccabées recouvrèrent peu-à-peu leur ancienne liberté, & vécurent dans l'indépendance depuis le gouvernement de Jean Hircan, en l'an du Monde 3874. jufqu'à ce que la Judée fut réduite en Province par les Romains.

Lifte des Maccabées, ou des Princes Afmonéens, qui ont gouverné la République des Juifs, en qualité de Princes & de Grands-Prêtres, jufqu'au regne d'Hérode le Grand.

Mattathias, Pere de Judas Maccabée, mourut en 3838. au commencement de la perfécution d'Antiochus Epiphanès.

Judas Maccabée gouverna cinq ans; depuis l'an 3838. jufqu'à fa mort, arrivée en 3843.

Jonathas Maccabée gouverna dix-sept ans; depuis 3843. jusqu'en 3860.

Simon Maccabée gouverna neuf ans; depuis 3860. jusqu'en 3869.

Jean Hircan gouverna vingt-neuf ans; depuis 3869. jusqu'en 3898. Il se mit en parfaite liberté après la mort d'Antiochus Sidétés Roi de Syrie en 3874.

Aristobule prend le titre de Roi, & regne un an, mort en 3895.

Alexandre Jannée regne vingt-sept ans; depuis 3899. jusqu'en 3926.

Salomé, ou *Alexandra*, femme d'Alexandre Jannée, gouverna neuf ans, pendant que Hircan son fils aîné exerçoit la charge de Grand-Prêtre. Elle mourut en 3935.

Hircan Roi & Grand-Prêtre des Juifs, commença à regner après la mort de sa Mere en 3935. Mais il ne regna paisiblement que trois mois.

Aristobule, frere d'Hircan, s'empara du Royaume & de la grande Sacrificature, dont il jouït trois ans & trois mois, jusqu'en l'an 3940. alors Pompée prit Jérusalem, & rendit la Grande-Sacrificature à Hircan avec la qualité de Roi, mais sans lui accorder l'usage du Diadême. Aristobule fut pris dans Jérusalem, & conduit à Rome par Pompée.

Hircan ne jouït pas paisiblement des honneurs & des dignitez que Pompée lui avoit rendues. Antigone son neveu, fils d'Aristobule, fit venir les Parthes à Jérusalem, s'empara de la Royauté, & de la Grande-Sacrificature en l'an du Monde 3964. Hircan fut pris, on lui coupa les oreilles, pour le rendre incapable d'exercer à l'avenir les fonctions du Sacerdoce, & on le mena à Babylone, d'où il ne revint qu'en 3968. Il fut mis à mort par Hérode en 3974. quarante-huit ans après la mort de son Pere Alexandre Jannée, & trente-neuf ans après celle de sa Mere Salomé, ou Alexandra.

Antigone, son neveu, qui s'étoit emparé de la Royauté & de la Grande-Sacrificature, n'en jouït qu'environ deux ans & sept mois. Il fut pris dans Jérusalem par Sosius, en 3967. & ensuite décapité la même année à Antioche, par l'ordre de Marc Antoine.

Hérode le Grand, fils d'Antipater, & Iduméen d'Origine, fut déclaré Roi des Juifs par le Senat Romain, l'an du Monde 3964. Il mourut après trente-six ou trente-sept ans de regne, étant âgé de soixante & dix ans, l'an du Monde 4001. & l'an premier de J. C. trois ans avant l'Ere Vulgaire.

Partage de la Judée après Hérode.

Ses Etats furent partagez entre ses trois fils, Archélaüs, Hérode-Antipas, & Philippe.

Hérode-Antipas eût la Galilée & la Pérée. Il fut relégué à Lyon l'an 43. de J. C. 39. de l'Ere Vulgaire. Delà il fut envoyé en exil en Espagne, où il mourut. Il regna quarante-deux ans; depuis l'an du Monde 4001. jusqu'en 4042. de J. C. 42. de l'Ere Vulgaire 39. L'Empereur Caïus donna sa Tétrarchie à Agrippa I. dont on parlera ci-après.

Philippe eût pour partage la Batanée, la Trachonite & l'Auranite. Il mourut l'an 37. de J. C. 33. de l'Ere Vulgaire. Sa Tétrarchie fut alors réduite en Province.

Archélaüs posséda le Royaume de Judée sous le titre d'*Ethnarchie*, depuis l'an du Monde 4001. qui est la premiere année de J. C. & trois ans avant l'Ere Vulgaire. Il fut relégué à Vienne dans les Gaules l'an 9. de J. C. de l'Ere Vulgaire 6.

Alors la Judée fut réduite en Province, & soumise à des Gouverneurs jusqu'à l'an de J. C. 40. qui est l'an 37. de l'Ere Vulgaire. Ces Gouverneurs sont quelquefois nommez *Præses*, Président ; *Procurator*, Intendant ; *Prætor* Commandant. Ils étoient soumis aux Empereurs & même aux Gouverneurs de Syrie dont la Judée faisoit partie.

Liste Chronologique des Gouverneurs Romains.

Le premier Gouverneur envoyé en Judée après le bannissement d'Archelaüs fut *Coponius*, Chevalier Romain qui la gouverna jusqu'à l'an 10. de l'Ere Vulgaire. Dans le même temps P. Sulpicius Quirinius étoit Gouverneur de Syrie. C'est ce Quirinius dont parle St. Luc [a]. *a Luc 2. v. 2.*

Marcus Ambibucus, ou *Ambivius*, succeda à Coponius vers l'an 10. de l'Ere Vulgaire : il gouverna peut-être trois ans jusques vers l'an 13. de l'Ere Vulgaire, car le temps de son Gouvernement n'est pas exprimé dans Josephe [b]. *b Antiq. l. 18. c. 3.*

Annius Rufus succeda vers l'an 13. de l'Ere Vulgaire & gouverna un an ou deux.

Valerius Gratus succeda à Rufus, & gouverna depuis l'an 15. ou 16. de l'Ere Vulgaire pendant onze ans.

PONCE PILATE succeda à Gratus vers l'an 27. de l'Ere Vulgaire & gouverna la Judée jusqu'à la fin de l'an 36.

Marcel fut envoyé en sa place par Vitellius Gouverneur de Syrie.

L'année suivante, 37. de l'Ere Vulgaire & la premiere année de Caïus Caligula, la Judée retourna à son ancien Etat & fut donnée sous le titre de Royaume à AGRIPPA. Mais après sa mort arrivée l'an 44. de l'Ere Vulgaire, la Judée fut de nouveau reduite en Province & l'Empereur Claude envoya *Cuspius Fadus*, en qualité de Gouverneur ou d'Intendant. Il la gouverna environ deux ans jusques vers l'an 46. de l'Ere Vulgaire.

Tibere Alexandre, fils d'Alexandre, Alabarque des Juifs d'Alexandrie, & neveu de Philon, abandonna sa Religion & fut fait Gouverneur de Judée l'an 46. de l'Ere Vulgaire. Il gouverna environ deux ans.

Ventidius Cumanus lui succeda & gouverna la Judée jusqu'en 52. de l'Ere Vulgaire.

Felix, Affranchi de l'Empereur Claude, fut envoyé dans la Judée qu'il gouverna jusqu'à l'an 60.

Porcius Festus fut envoyé en sa place la même année, & mourut en Judée l'an 62. de l'Ere Vulgaire.

Albin lui succeda & arriva en Judée, où il commanda deux ans.

Gessius Florus succeda sur la fin de l'an 64.

ou

ou au commencement de 65. de l'Ere Vulgaire ; & fut le dernier Gouverneur particulier qu'ait eu la Judée. Il y alluma la guerre par sa mauvaise conduite. On ne sait ce qu'il devint depuis l'an 66. de l'Ere Vulgaire. La Ville de Jérusalem fut prise & ruinée l'an 70. La révolte des Juifs commença l'an 66.

Strabon, Tacite, Justin, & quantité d'Auteurs Payens se sont ingerez de raconter les Origines du Peuple Juif, & ont fait voir qu'ils en étoient eux-mêmes très-mal instruits : nous ne nous arrêterons donc point à ce qu'ils en ont dit puisqu'il n'y a guéres de Chrétiens qui ne soient plus savans sur cette matiere que ces Auteurs si estimables quand ils parlent de matieres dont ils étoient plus à portée de s'informer. L'Ecriture nous parle de la Judée ou de la terre de Chanaan, comme d'un Pays excellent & abondant en toutes les choses necessaires à la vie. On ne peut rien ajouter à la peinture qu'elle nous en fait. Elle decrit comme une terre la plus belle & la plus fertile qui soit au monde, un pays où coulent des Ruisseaux de lait & de miel [a].

Josephe en parle à-peu-près de même [b]. Quelques Voyageurs modernes, voyant ce Pays mal cultivé, sous la Tyrannie des Turcs qui en devorent les habitans, ont donné sans y penser, une occasion aux Incredules de nier que cette Terre promise possédast les avantages que les Auteurs sacrez ont vantez. Les impies ont saisi avec joye ce pretexte pour decrier la veracité de l'Écriture, comme si elle étoit dementie par le témoignage de ces Voyageurs. C'est une des impietez qui hâterent la perte du fameux Servet Editeur de Ptolomée sous le nom de Villanovanus. Cependant il n'est pas vrai que cette terre soit à present sterile, ni que les Voyageurs qui l'ont vûe en parlent tous ainsi [c]. Ils avoüent quil y a des endroits arides & pierreux ; & qu'en general le Pays est aujourd'hui assez sterile. Mais cela ne vient pas d'une qualité naturelle du terroir, mais du manque d'habitans qui sont en trop petit nombre & trop miserables par la cruauté du Gouvernement pour faire valoir ce Pays. L'importance de cette matiere par raport à l'usage qu'en font les mauvais Chrétiens, merite bien que je m'y arrête & que je prouve que la Terre Sainte a toujours été & est encore à proportion de la culture un des plus excellens Pays qu'il y ait au monde.

Je dis en premier lieu que la Palestine a toujours produit abondamment ce qui est necessaire à la vie de l'homme. Cela se voit par le témoignage même des Auteurs Payens qui s'accordent en cela avec les Auteurs sacrez. Je commence par les Liquides. On ne peut pas douter que les Rivieres & les Ruisseaux, les Puits & les Citernes ne fournissent abondamment de l'eau à tout ce Peuple. Cela n'a pas besoin que je m'y arrête. Elle avoit ces trois avantages sur l'Egypte d'avoir des pluyes qui rafraichissent la terre, des Oliviers, & des Vignes. Il est vrai que l'Egypte, qui manquoit de pluye, avoit des Oliviers, mais ses olives n'étoient pas de la bonté de celles de la Palestine [d]. En recompense le territoire de Samarie étoit abondamment pourvû d'huile d'olive, & l'Egypte n'en avoit point de plus excellente que celle que lui envoyoit la Tribu d'Ephraïm. On voit au troisième livre [e] des Rois que Salomon envoyoit tous les ans vingt cores d'huile d'Olive au Roi de Tyr son ami. Les Egyptiens n'avoient ni vignes ni raisin & c'est pour cela qu'ils avoient l'usage de la biére [f], *utuntur vino ex hordeo facto : non enim ipsis vites sunt* [g]. Il ne faut donc pas s'étonner que les Hébreux qui venoient d'Egypte où ils n'avoient jamais vû de raisin aient temoigné tant d'admiration pour les grapes que leur apporterent du Pays de Chanaan les espions qu'ils y avoient envoyez. Ce Pays est appellé le Pays des Vignes & des Olives par Rabsacé au IV. livre des Rois, & on voit au I. livre des Paralipomenes que David établit des Intendans sur ceux qui cultivoient les Vignes & les Oliviers. Ces Nations très-éloignées ont vanté les vins d'Ascalon, de Gaza, & de Sarepta.

Elle ne pouvoit manquer de sel, le Lac Asphaltite lui en fournissoit quantité d'excellent. Galien qui étoit homme à en pouvoir juger sainement dit qu'il valoit mieux que les autres sels pour la digestion.

Le froment, l'orge & les autres grains y croissoient en abondance. Cela se voit par le Deuteronome [i], où le Pays de Chanaan est appellé une terre de bled & d'orge, & par le 3. livre des Rois où nous lisons que Salomon envoyoit tous les ans au Roi de Tyr vingt mille cores de blé.

On peut juger de la grande quantité de bétail que le Pays nourrissoit, par l'immense consomption qui s'en faisoit journellement pour les sacrifices ; & par la beauté des Pâturages tant au delà du Jourdain où les deux Tribus & demie s'établirent, que dans les Campagnes aux environs de Lydda, de Jamnia, & ailleurs.

Le Jourdain & le Lac de Tiberiade fournissoient du poisson. Cela se connoît par le rapport de l'Ecriture sainte, & par celui des Voyageurs modernes. La Mer Mediterranée en donnoit non seulement pour les côtes, mais même pour la Ville de Jérusalem, qui avoit une porte nommée particulierement la porte des poissons ; ou comme nous dirions aujourd'hui la porte de la poissonnerie.

Le miel n'y manquoit pas, car outre celui que forment les abeilles, il y en avoit qui découloit des arbres dans les forêts, & c'est ce miel sauvage dont St. Jean Baptiste se nourrissoit. Dioscoride [k] le nomme ELAEOMELI. Pline [l] dit de même *Elaeomeli in Syria ex ipsis oleis manat*. Il couloit des Oliviers, & c'est delà que vient son nom. Il dit ailleurs [m] *Sponte nascitur in Syria maritimis quod Elaeomeli vocant : manat ex arboribus pingue, crassius melle, resina tenuius, sapore dulci*. Et c'est peut-être delà que venoit cette odeur de miel que le Ministre Maundrell dit avoir senti sur la côte de Palestine.

Ce Pays avoit aussi des palmiers dont le fruit étoit très-bon à manger, selon Pausanias [n]; à la difference de ceux d'Egypte dont le fruit étois mauvais, selon Strabon [o], ce sont ces bois de palmiers dont parle Horace,

Praeferat Herodis, palmetis pinguibus [p].
Theo-

[a] Exod. c. 3. v. 2. Ezechiel c. 20. v. 6. Numer. c. 13. v. 28. Deuter. c. 8. v. 7. Isaye. c. 36. v. 17.
[b] Antiq. l. 15. c. 5. & l. 8. c. 2. de Bello. l. 3. c. 2. 18. 26. & contra Apion. l. 1.
[c] D. Calmet Dict.
[d] Theophrast. de causis Plantar. l. 6. c. 11.
[e] c. 5. v. 11.
[f] Herodot. L. 2. c. 77.
[g] Theophrast. de caus. Plant. l. 6. c. 15.
[h] c. 18.
[i] c. 8.
[k] l. 1. de re Medica, c. 37.
[l] l. 23. c. 4.
[m] l. 15. c. 7.
[n] l. 9. c. 19.
[o] l. 17.
[p] Epist. l. 2. in fine.

Theophraste dit qu'il n'y avoit que les fruits des palmiers qui croissoient en Syrie dans le grand Champ (*in Aulone*) qui fussent de nature à pouvoir se garder ; & afin qu'on ne croye pas que dans ce passage il parloit de la Vallée d'entre le Liban & l'Antiliban, on n'a qu'à voir ce qui precede. Il dit qu'il n'y avoit que trois lieux sablonneux où les fruits de Palmiers fussent bons à garder. Ces lieux étoient Jericho, Phasaelis, Archelaïs, & Livias ; que Pline appelle des Vallées des Juifs. La Vallée de Jericho & celle de Phasaelis étoient contigues & n'en faisoient qu'une.

[a] l. 9. c. 6.

Theophraste dans son Histoire des plantes [a] parle du baume qui croissoit près de Jericho. Justin nomme & décrit le lieu qui le produisoit. Strabon & Josephe en parlent aussi & toute l'antiquité est d'accord sur la production & l'excellence du baume de Jericho. Il est vrai que Pierre Bellon & quelque autre Voyageur ont taxé d'erreur les Anciens sur ce qu'à present il n'y vient de baume que celui que l'on cultive avec beaucoup de soin, comme si en un si grand nombre de Siécles le terroir ne pouvoit pas degenerer. Pour le dire en passant, personne ne peut douter que le Liban n'ait produit quantité de Cedres & n'en ait eu des forêts entieres, le temoignage de toute l'antiquité y est formel. Cependant les Voyageurs des derniers temps n'y en ont trouvé qu'un petit nombre que l'on conserve avec tant de soin que l'on employe l'excommunication pour detourner ceux qui voudroient couper la moindre branche. La nature épuisée en cet endroit ne reproduit plus de quoi reparer ces pertes.

L'abondance de brebis prouve celle des laines ; outre les lins, le Coton vient en quantité sur tout aux environs de Lidda & dans la plaine d'Esdrelon. Cela suffit pour faire voir que la Palestine n'est rien moins qu'un Pays sterile par soi-même. Un plus grand detail me meneroit trop loin. Mais peut-on dire qu'un Pays qui a fourni à un Peuple très-nombreux non seulement une subsistance aisée, mais mêmes d'immenses richesses que les Nations étrangeres pilloient de temps en temps, peut-on dire qu'un tel Pays fut sterile ? Tacite en parloit mieux [b]. Les Juifs ont, dit-il, le corps sain & robuste ; leur Pays est fort abondant quoi qu'il y pleuve fort peu. Il porte les mêmes choses que l'Italie & outre cela le baume & la palme dont le dernier est un arbre haut & beau & l'autre petit, mais d'un grand usage dans la Medecine. On peut voir ce qu'en disent Ammien Marcellin [c], & St. Jerôme qui y demeura long-temps [d]. Theophraste observe que la terre n'y devoit pas être profondement labourée, parce, dit-il [e], qu'étant pierreuse en dedans la chaleur la brûleroit & en emporteroit toute l'humidité. Ajoutons pour derniere preuve de la fertilité de la terre promise ce qui seul devroit suffire, quand tous les Auteurs anciens & modernes diroient le contraire. C'est que Dieu l'a dit. On a beau alleguer le fameux passage de Strabon [f]. Ceux qui l'alleguerent en preuve doivent remarquer deux choses. 1. Que son recit est rempli de choses que l'on sait être très-contraires à la verité. Car, si on l'en croit, Moyse conduisit les Israelites jusqu'à Jerusalem, & il obtint sans peine le Canton de Jerusalem. Ce sont deux faussetez. Moïse mourut au delà du Jourdain, ce ne fut qu'après sa mort & du temps de David que Jerusalem fut conquise & non pas cedée. 2. Que quand même il auroit dit vrai en tout il ne parle que du lieu où étoit Jerusalem & des environs quand il dit que c'étoit un terrain de pierres & de Roches. Cela est excellent pour bâtir une Ville forte & qui devoit être la Metropole de tout un grand Peuple. Quand on accorderoit à Strabon que les environs de Jerusalem étoient un terrain pierreux à soixante Stades de distance ; qu'est-ce que trois lieues & demie de terrain en comparaison d'un pays si étendu ? Le Ministre Maundrell, qui dans son Voyage d'Alep à Jerusalem temoigne peu de disposition à la credulité, parle ainsi des changemens arrivez dans la Terre Sainte [g]. Pendant tout le chemin du Kanleban jusqu'à Beer & autant que la vûe pouvoit s'étendre, le Pays nous parut entierement different de ce qu'il avoit fait jusques là, nous ne vimes que rochers nuds, que Montagnes & que precipices dans la plupart des lieux. Cela surprend d'abord les Pelerins qui s'en étoient formé une si belle idée par la description que la Parole de Dieu en donne. Cette vue est capable d'ebranler leur foi. Ils ne sauroient s'imaginer qu'un Pays comme celui-là ait pu subvenir aux necessitez d'un aussi grand nombre d'habitans que celui qu'on dit qui y fut compté dans les XII. Tribus ; en même temps & que Joab fait monter [h] à treize cens mille combatans, outre les femmes & les enfans. Cependant il est certain que ceux qui n'ont point de prejugez en faveur de l'infidelité, trouvent en passant assez de raisons pour soutenir leur foi contre de pareils scrupules.

[b] Hist. l. 5. c. 6.

[c] l. 14.
[d] ad Cap. 20. Ezechiel.
[e] De causis Plant. l. 3. c. 25.

[f] l. 16.

[g] p. 107. & suiv.

[h] 2. Reg. c. 24.

Il est visible à ceux qui se veulent donner la peine d'observer les choses qu'il faut que ces rochers & ces Montagnes ayent autrefois été couvertes de terre & cultivées pour contribuer à l'entretien des habitans, autant que si ce Pays eût été uni & même peut-être davantage, parce que les Montagnes & les surfaces inégales ont une plus grande étendue de terrain à cultiver, qu'n'auroit ce même Pays s'il étoit reduit à un terrain egal.

Ils avoient accoutumé pour la culture de ces Montagnes d'amasser toutes les pierres & de les placer en lignes differentes sur les côtes des Montagnes en forme de murailles. Ces bordures empêchoient la terre de s'ébouler ou d'être emportée par la pluye. Ils formoient de cette maniere plusieurs couches de terre admirable (des terrasses) les unes au dessus des autres depuis le bas jusqu'au haut de la Montagne. L'on voit encore des traces évidentes de cette forme de culture partout où l'on passe dans les Montagnes de la Palestine. Par ce moyen, ils rendoient les rochers mêmes fertiles, & peut-être qu'il n'y a pas un pouce de terre dans ce Pays-là dont on ne se servit autrefois pour la production de quelque chose d'utile à l'entretien de la vie humaine. Car il n'y a rien au monde de plus fertile que les plaines & les Vallées pour la production des bleds & du bétail. Les Montagnes disposées en couches (en terrasses) comme il a été dit produiduisoient du bled, bien qu'elles ne fussent pas propres pour le bétail. Les parties les plus pierreuses qui n'étoient pas bonnes à la production des bleds servoient à planter des Vignes & des Oliviers qui se plaisent dans les lieux secs & pierreux; & les grandes plaines le long de la côte de la Mer, qui à cause du Sel de cet Element n'étoient pas propres ni pour le bétail, ni pour les bleds, ni pour les Oliviers, ni pour les Vignes, ne laissoient pas de servir, pour la nourriture des abeilles, comme le marque Josephe [a]. Pourquoi donc ce Pays-là n'auroit-il pû subvenir aux necessitez d'un grand nombre de ses habitans, puisqu'il produisoit partout du lait, des bleds, des vins, de l'huile, & du miel, qui sont la principale nourriture des Nations Orientales, car la constitution de leurs Corps, & la nature de leur Climat, les portent à une maniere de vivre plus sobre qu'en Angleterre & dans d'autres Pays froids.

[a] De Bello. l. 5. c. 4.

De la Judée dans l'Etat present.

Aujourd'hui la Terre Sainte est divisée en autant de parties qu'il y a de Gouvernemens. Le nombre n'en sauroit être fixe; car le Turc partage quelquefois un Gouvernement en deux, & quelquefois il en unit deux en un. Voici ceux qui étoient lorsque le P. Nau [b] voyagea dans ce Pays-là.

[b] l. 1. c. 1.

Si nous voulons commencer à les compter du côté du Midi, nous y trouverons le Pays de GAZE & au dessus celui de Khalil, c'est-à-dire de l'*Ami de Dieu*, Abraham. Les Mahometans donnent ce nom illustre à ce Patriarche & souvent ils le nomment simplement l'*Ami*, sous-entendant le nom de Dieu. Nous avons ensuite le Pays d'ELKODS, c'est-à-dire du Sanctuaire, ou de la Ville Sainte qui est Jerusalem. Suit celui de NAPLOS (NAPLOUSE) qu'on appelloit autrefois le Pays de Samarie. On marque après celui de HARETE', celui de IOURET KAFRE KANNA; celui de SAPHET; & en descendant vers la Mer celui de SEYDE, de TYR, & de ST. JEAN D'ACRE. Entrons presentement dans le détail de ces Pays.

Le PAYS DE GAZE est commandé par un Bassa hereditaire, qui eut en 1675. la Bachelie de Jerusalem, & le Gouvernement de Naplouse avec ordre de conduire les Pelerins à la Méque & de les garantir des insultes & de la persecution des Arabes. Ce Pays a pour bornes à son Occident tirant vers l'Egypte la Mer Mediterranée jusqu'au Khan *Iosuas*, c'est-à-dire le Khan de Jonas, qui est comme une hôtellerie publique, sur le grand chemin par où l'on va par terre au Caire, à une petite journée de Gaze. *Ouadi Esserar*, c'est-à-dire la Vallée des Mysteres, & le Château GEBRIN en sont loin environ de sept ou huit lieues, & ils le bornent du côté de l'Orient. Il est terminé du côté du Septentrion par le Château de RAS ELAYN qui est à la source d'une petite Riviere nommée *Elaouge* comme qui diroit Riviere Tortue, & par la Ville & les dependances de Rame. A son Midi il a les deserts d'Arabie par où l'on va au Mont Sinaï. Tout ce Pays n'a de Villes que Gaze & Rame, mais Villes qui sont sans portes & sans murailles & qui ne passeroient en France que pour de gros Bourgs. On n'y voit presque point de Montagnes. Il s'étend en vastes & fertiles plaines dans lesquelles il renferme environ trois cens Villages, & toute la Tribu de Simeon & celle de Dan.

Le PAYS D'ELKHALIL, ou d'HEBRON, qui est des dependances de la Bachelie de Jerusalem n'a gueres que quinze ou seize Villages; mais Hebron est une Ville considerable. Ce Pays qui est la plus grande partie de la Tribu de Juda est borné à l'Occident & separé de la Bachelie de Gaze par l'*Ouadi Esserar* dont j'ai parlé. Il a à son Orient la Mer morte qu'on nomme le Lac de Loth *Bahharet Louth*; au Midi le desert du Mont Sinaï & au Septentrion la Fontaine scellée de Salomon, & les grands reservoirs où les eaux se dechargent à deux lieues de Jerusalem.

Le PAYS D'ELKODS ou de Jerusalem, qui tient une partie de la Tribu de Juda & toute celle de Benjamin, a le Jourdain à son Orient à huit ou neuf lieues de la sainte Ville, & il finit vers l'Occident à cinq lieues d'elle à *Ouadi Ali*, c'est-à-dire la Vallée d'Ali, qui est le commencement des Montagnes de Judée. Le Village d'ELBIRE le termine à trois ou quatre lieues de Jerusalem du côté du Septentrion, & au Midi les reservoirs d'eau de la Fontaine scellée de Salomon. On y compte environ deux cens Villages, dont cent sont ruinez & deserts. Jerusalem est l'unique Ville qui y soit.

Le PAYS DE NAPLOUSE, qui est celui de Samarie, & de la Tribu d'Ephraïm renferme à-peu-près une centaine de Villages avec la Ville qui lui donne son nom. Il s'étend du Midi au Septentrion depuis Elbiré jusqu'à un grand Village nommé ARRABE'. Le Jourdain qu'on nomme aujourd'hui SCHERIAH, c'est-à-dire loi, le borne du côté d'Orient, & le Village de Kakoun du côté d'Occident à trois lieues de la Mer. Tout ce Pays étoit en 1675. de la Bachelie de Jerusalem parce qu'il est affecté à l'*Emir Hage*, c'est-à-dire au Seigneur qui escorte la Caravane des Pelerins de la Meque; & c'étoit alors le Bassa de Jerusalem qui avoit cette charge.

Le PAYS DE HARETE', que l'on trouve ensuite est un Pays où les Princes Arabes de la Maison de Terbayé commandent. Il a à son Orient une petite Riviere nommée ELBISE' éloignée du Jourdain, où elle se decharge, d'environ deux lieues. Il est borné du côté de l'Occident par la Mer Mediterranée & il se termine au Tabor du côté du Septentrion. On y compte près de cinquante Villages. Il y a vers la Riviere que j'ai marquée, un Château nommé ELBEYSAN bâti sur les ruines d'une Ville qui avoit ce nom, & qui, à juger des restes qu'on voit, étoit beaucoup plus grande que Jerusalem. Cette Ville est, à ce que je crois, Bethsan. Le nom me le persuade autant que la situation du lieu, car les Arabes nomment *Beyt*, ce que les Hébreux appelloient *Beth*, de sorte qu'Elbeysan & le Bethsan est la même chose. De ce Château jusqu'au Jourdain on voit s'étendre une belle Vallée nommée Seyseban, où l'on sème du Ris, du Tabac & de toutes sortes de grains. Les Arabes y viennent hyverner. On dit qu'autrefois il y eut un grand combat entre Mahomet & les

& les Chrétiens qui le traiterent rudement & dont il eût été tout à fait vaincu, si le vaillant Ali que les Mahometans appellent l'Epée du Prophète, Seif-Elnabi, ne fût venu à son secours. On sème là en abondance une herbe nommée Nilé, dont la graine sert à faire une teinture bleue & est transportée en Egypte pour cet usage. Ce Pays occupe cette moitié de la Tribu de Manassé qui étoit en deça du Jourdain & toute celle d'Issachar, où est cette grande & fameuse plaine d'Esdrelon, ou Maggedo qu'on appelle aujourd'hui MARGE EBN HAMER. C'est-à-dire le pré du fils d'Aamer.

Le PAYS DE NAZARETH commence-là. On le nomme IOURET CAFRE KANNA, c'est-à-dire le creux du desert de Cana, parce que celui qui gouvernoit autrefois ce District faisoit sa demeure à Cana de Galilée. La Mer de Tiberiade borde ce Pays du côté d'Orient, & la plaine de St. Jean d'Acre de celui d'Occident. Il a au Septentrion le Pays de Saphet & il renferme la plus grande partie de la Tribu de Zabulon & contient à-peu-près vingt ou vingt-cinq Villages.

Le PAYS DE SAPHET, où l'on monte ensuite, occupe la Tribu de Nephthali, & une bonne partie des Villes de la Decapole. On voit à sa descente une vaste & longue Campagne, vers la fin de laquelle est Cesarée de Philippe, & c'est ce qui se nommoit autrefois la Trachonitide. Le Jourdain se forme-là de deux sources *a*, qui unissent leurs eaux & coulant par cette Campagne il va se jetter dans un fonds où il forme le Lac Samachonite, autrement dit les Eaux de Meron, & qu'on apelle aujourd'hui HOULET PANIAS, à cause de Cesarée de Philippe qui a repris son ancien nom de Paneas.

a Voiez l'Article JOURDAIN.

Enfin le Pays de la Terre Sainte qui est au dessus du Jourdain, & qu'on ne visite guéres, parce qu'il est dangereux de voyager parmi les Arabes, est divisé en trois parties. Celle qui est la plus Meridionale & qui occupe la Tribu de Ruben & le Pays des Moabites s'appelle le PAYS DE SALTH, du nom d'un grand Village, où il y a un Château & quantité de Chrétiens du rite Grec. Les Arabes qui l'habitent sont nommez BENI-AUBAYD, c'est-à-dire enfans d'Aubayd: Leur Chef prend le Pays à ferme du Bassa de Damas. Celui où étoit la Tribu de Gad est peuplé d'autres Arabes, appellez BENI-KENANE, & leur Chef en paye une rente au même Bassa. Il est presque coupé au milieu par une petite Riviere, nommée SCHERIATH-MANDOUR, qui va se jetter dans le Jourdain à environ trois lieues de sa source. Cette source est apparemment ce petit Etang qui est marqué dans les Cartes par le nom de Mer de Jazer. Il n'y a pourtant point là d'Etang, mais on y voit un grand nombre de petites sources qui percent la Terre & qui sont toutes d'eau chaude. Il y en a une si bouillante qu'on n'y sauroit tenir la main. Elle part d'un bain nommé HUMMET EL-SCHEYKH, c'est-à-dire le bain chaud du Vieillard ou du Seigneur du lieu, ou du Saint ; car tous les gens considerables ou par leur naissance, ou par leur autorité, ou par l'opinion de sainteté, prennent ce nom de Scheik qui signifie Vieillard, & ils le prennent quand ils ne seroient encore qu'enfans, parce qu'ils doivent avoir dans leur bas âge la sagesse que les autres hommes n'ont qu'en un âge plus avancé. Les Auteurs anciens qui ont écrit des Croisades n'entendant pas assez la signification de ce nom Arabe Scheik, ont appellé *Vieillard de la Montagne*, ce Prince fameux des assassins dont ils font mention. Ils auroient dû l'appeller le Seigneur qui gouvernoit la Montagne, car c'est ce que veut dire *Scheik-El-Iabal*. Au lieu où nos Géographes placent la terre de HOM, il y a un grand Château abandonné qu'on appelle KALAAT NEMROUD, ou le Château de Nemrod. Enfin le Pays où étoit autrefois une moitié de la Tribu de Manassé, & le Royaume de Bazan est habité encore par des Arabes nommez GOUÂYR.

Voila, dit le P. Nau, ce que j'ai pu apprendre de l'Etat present de la Terre Sainte de diverses personnes, mais principalement d'un homme d'Esprit qui a long-temps demeuré parmi les Turcs & les Arabes, & qui a parcouru avec eux tous ces Pays-là. Dans cet Article où j'ai emprunté beaucoup de choses du docte Livre de la Palestine de Mr. Reland, je ne me suis pas étendu sur chaque Tribu, parce que j'en parle assez à leurs Articles particuliers. Je n'ai pas non plus raconté les differens Maîtres qu'a eus la Judée depuis les Romains, parce que je reprends cette matiere aux titres JERUSALEM & TERRE SAINTE. On peut y joindre celui de CHANAAN.

MER DE JUDÉE, ou Mer de Syrie. Voiez MER.

JUDENBOURG *b*, Ville d'Allemagne, dans la haute Stirie dont elle est la Capitale ; elle est située sur la Muer, à quatorze milles de Gratz, savoir six de Judenbourg à Leubm, & de là huit à Gratz. On va de l'une à l'autre de ces deux premieres Villes par la Riviere de la Muer. Mais quand en allant de Judenbourg à Gratz, on prend la route des Montagnes il n'y a en tout que huit milles. La Ville est belle, bien bâtie, & a trois côtez sur une hauteur commode. Elle a entre autres huit rues, deux principales qui coupent la Ville de deux côtez, & par le travers desquelles coulent le long de la place deux ruisseaux. Cette place est belle, grande, large & longue ; & l'on y tient deux Foires par an, savoir à l'Ascension & à la Fête de Ste. Ursule. La Ville a cinq portes, outre une petite. Il y a un beau Château nommé le Bourg, die Burg, où les Souverains venoient passer quelque temps. Près delà est le Couvent des Franciscains, auquel il y a une communication du Château, afin qu'on puisse se rendre dans l'Eglise par une Galerie faite exprès. Les Jesuites possedent le Couvent des Dominicains & quelques belles Maisons voisines dont ils ont fait un beau College. Il y a d'belles Maisons qui appartiennent à des Gentilshommes du Pays, entre autres celle des Seigneurs de Zahen, nommée *Zahenbourg*, près des murs de la Ville & vis-à-vis est un Palais magnifique. L'Eglise de St. Martin où autrefois les Lutheriens ont eu l'exercice de leur Religion, est redevenue une Eglise Catholique. La paroisse est un grand & beau bâtiment, où plusieurs Seigneurs ont leurs tombeaux ornez d'Epitaphes. Il y a aussi dans la Ville un Hôpital nommé du St. Esprit

b Zeyler Stiriæ Toëpogr. p. 71.

JUD. JUE. IVE.

Esprit, & au deſſous de la Ville près de la Muer un Monaſtere de filles de Ste. Claire. L'Hôtel de Ville merite d'être vû. Le Magiſtrat a cela de ſingulier qu'il ne juge point à mort, pour les cauſes criminelles on s'adreſſe à Gratz. Les executions ne ſe font pas en pleine rue devant la Maiſon de Ville comme dans d'autres Villes, mais dans la Maiſon de Ville même ſur un large Perron, où le criminel eſt conduit & ſubit la peine portée par la Sentence. Le Gouvernement de la Ville conſiſte en un Bourgmeſtre, un Juge, & le Conſeil. Il y a quatre Fontaines dans la Ville. Il y a un Fauxbourg du côté du Bourg de Weiſſenkirken par où l'on paſſe quand on prend le plus court chemin de Gratz. Le Fauxbourg s'étend le long de la Muer, qu'on y paſſe ſur un pont au de là duquel eſt une Egliſe & un autre petit Fauxbourg. Le territoire de Judenbourg s'étend juſqu'à Knitelfeld, c'eſt un agréable Canton, où il y a beaucoup de beaux Châteaux & de bons Villages. Lazius [a] croit que Judenbourg eſt ancien.

[a R.R.l.12. ſect. 6. c. 4.]

1. JUDIA. Voiez JUTHIA, Capitale du Royaume de Siam.

2. JUDIA. (BASSES DE LA) Voiez BASSES.

JUDICELLO, (le) petite Riviere de Sicile dans le Val de Demona, ſelon Mr. Baudrand, & dans le Val de Noto, ſelon Mr. de l'Iſle [b]. Elle a ſa ſource auprès de la Motta di Sta. Anaſtaſia, d'où ſerpentant vers le Levant elle coupe en deux la Ville de Catane & ſe perd dans la Mer. C'eſt l'Amenanus des Anciens.

[b Carte de la Sicile.]

JUDOIGNE, en Flamand Geldenaken, petite Ville des Pays-Bas dans le Brabant au Quartier de Louvain ſur la petite Riviere de Gete, avec un vieux Château & une Mairie. Elle eſt à deux lieues de Tillemont, à quatre de Gemblours & à cinq de Louvain.

LA JUE'E, ou MAINE LA JUELLE, Ville de France. Voiez l'Article de LAVAL.

JUEKIANG, ou ſelon l'Atlas Chinois du P. Martini, JUENKIANG, Ville de la Chine dans la Province de Iunnan, dont elle eſt la VII. dans l'ordre des Villes militaires. Elle eſt à 23. d. 54'. de Latitude & de 15. d. 33'. plus Occidentale que Peking. Elle étoit anciennement de la Chine. Sous la famille de Sunga elle fut envahie & détachée de cet Empire par Nungchica. La famille d'Iuen la reprit, & la nomma Juenkiang, mais parce qu'elle eſt voiſine du Tonkin & du Royaume de Laos, elle a une Foréteresse nommée Lopié. Elle a beaucoup de Soye, d'Ebene, de Palmiers, d'Arec que les habitans auſſi bien que le reſte des Indiens, mâchent avec la feuille de Betel. Les Paons y ſont fort communs. Du côté du Levant d'été, eſt le mont LEUKIA. Le mont YOTAI qui eſt à l'Orient eſt très-grand & éleve vingt-cinq pointes ou ſommets. Il eſt ſi beau qu'on lui a donné le nom de Tour precieuſe.

IVELINE, (LA FORÊT D') Forêt de France. Mr. de l'Iſle la nomme le BOIS DES IVELINES. Elle eſt dans l'Iſle de France entre Chevreuſe, Rochefort, St. Arnoul & Epernon. Elle s'étendoit autrefois davantage, & l'on y comprenoit le Bois de Rambouillet qui en faiſoit partie; ſelon Hadrien de Valois [c] on la nommoit en Latin *Aquilina Silva*, *Silva Evelina*, ou *Eulina*, dans les anciens titres.

[c Notit. Galliar.]

IVE. JUE. 283

Mr. Baudrand dit qu'elle eſt preſque toute défrichée: il ſeroit plus naturel de dire, ce me ſemble que d'une ſeule Forêt, on a éclairci divers endroits, de maniere que pluſieurs parties détachées, ont preſentement des noms particuliers, comme le Bois des Ivelines qui conſerve l'ancien nom, le Bois de Rochefort, la Forêt de Dourdans, le Bois de Batonneau, le Bois de Rambouillet, les Tailles d'Epernon, & la Forêt de St. Leger. Il y a lieu de croire que tout cela enſemble faiſoit une Forêt continue lorſque la France étoit moins peuplée qu'elle n'eſt preſentement; & cette Forêt étoit nommée AQUILINA SILVA.

IVELMOUTH, petit Golphe d'Angleterre à l'Embouchure de la Riviere d'IVEL, en Sommerſetſhire. Voiez VEXALA.

JUENCHEU [d], Ville de la Chine dans la Province de Kianſi, dont elle eſt la onzieme Metropole. Elle eſt à 28. d. 25'. de Latitude & de 3. d. 12'. plus Occidentale que Pekin. Son département qui eſt fertile & agréable renferme quatre Villes, ſavoir

[d Atlas Sinenſis.]

| Juencheu, | Pinghiang, |
| Fueni, | Vançay. |

La famille de Han la nomma YCHUEN, la famille de Tanga lui donna le nom qu'elle porte aujourd'hui. Elle a des mines d'Alun & de Vitriol & quatre Temples dediez aux Heros. Le mont NIANG eſt au Midi de la Ville. Ce nom veut dire *viſible*, & eſt fondé ſur ce qu'étant heriſſé de roches eſcarpées, & entouré de precipices, il eſt inacceſſible. On n'y ſauroit monter, & il faut ſe contenter de le voir. Il a trois cens Stades de tour, ce qui fait un peu plus de douze lieues. Il en ſort une Fontaine dont l'eau eſt ſi froide toute l'année, qu'il n'eſt pas poſſible d'en boire à moins qu'on ne l'expoſe quelque temps au Soleil pour la dégourdir.

§ Il paroit par la Carte du P. Martini que cette Ville tire ſon nom d'une Riviere nommée JUEN, qui a ſa ſource dans les Montagnes de Kinki aux confins de la Province de Huquang & qui ſerpentant vers l'Orient va ſe perdre dans la Riviere de Can.

JUENNA, ancien lieu du Norique, ſelon la Table de Peutinger [e], à XXIII. M. P. de *Varunum*, ou *Virunum*, & à XX. M. P. de Colacion. Cluvier croit que c'eſt JAUNSTEIN en Carinthie.

[e Segm. 3;]

JUERNA, c'eſt ainſi que Pomponius Mela [f] appelle l'IRLANDE.

[f l. 9. c. 0;]

JUERNE, on liſoit dans Etienne le Géographe, Ἰουέρνη Πόλις ἐν τῷ ποταμῷ τῷ Πρετανικῷ. C'eſt un Galimatias horrible. Où a-t-on jamais entendu parler d'une Riviere nommée Pretanicus? Berkelius a bien vû qu'il faloit lire ἐν τῷ Ὠκεανῷ, dans l'Océan. En effet Juerne ſe trouvera alors une Ville de l'Océan Britannique; ſans doute dans l'Irlande, qu'Etienne nomme *Juernia*, *Iſle Britannique*. Il y a dans cet Auteur trois Articles de ſuite ſavoir.

Juernia, Iſle Britannique, la plus petite des deux, le nom national eſt JUERNIATES. *Juerne* Ville de l'Océan Britannique. *Juernia* Iſle, le nom national eſt *Juerni*.

Il n'y a point de difficulté au premier, c'eſt conſtamment l'Irlande qui eſt moindre que la

Gran-

Grande Bretagne, où font l'Angleterre & l'Ecoffe. Le troifiéme n'eft qu'une addition faite par un Grammairien qui aura trouvé quelque part le mot *Juerni*, pour defigner les habitans de l'Ifle, & aura voulu ajouter cette remarque à celle d'Etienne qui les nomme *Juerniates*. Le fecond regarde une Ville de cette Ifle ; & il eft conforme à Ptolomée qui met une Ville nommée *Juernis* dans l'Irlande qu'il nomme aussi Juernia. L'Edition de Bertius porte Ἰουέρνις, & avertit que le Manufcrit Palatin a Ἱερνις. Celui de la Bibliotheque Seguier a Ἰουέρνις ; qui eft beaucoup mieux. De même l'Edition de Bertius nomme un peu plus haut un Peuple UTERNI, ΟΤΤΕΡΝΟΙ, & ajoute comme une variante JUERNI, Ἰουέρνοι, c'eft ce dernier qu'il falloit mettre dans la veritable leçon & ne donner *Uterni* que comme variante. Le Manufcrit de la Bibliotheque Seguier porte *Juernii*, Ἰουέρνιοι. Cette JUVERNE d'Etienne eft la même que la JUERNIS de Ptolomée [a], dont les Interpretes difent après Camden que c'eft prefentement DUNKEREN en Irlande.

[a] l. 2. c. 2.

IVETOT. Voiez YVETOT.

JUFICUM, ou JUPHICUM, Ptolomée [b] de l'Edition de Bertius met cette Ville dans l'Ombrie. On n'en trouve aucune trace dans le Manufcrit de Seguier. Cependant Ortelius [c] dit que quelqu'un trouve SASSO FERRATO au même endroit. Voiez TUFICUM.

[b] l. 3. c. 1.
[c] Thefaur.

JUFITENSIS, Siége Epifcopal d'Afrique dans la Mauritanie Sitifenfe. La Conference de Carthage [d] fournit, *Victor Epifcopus plebis Juftenfis*, & l'on doute fi ce n'eft pas le même Siége dont étoit Evêque *Victor Jerafitanus* nommé dans la Notice d'Afrique.

[d] p. 263.

§ JUGA. Voiez JUGUM.

JUGANTES, on trouve ce nom dans Tacite [e], comme fi c'étoit le nom d'un Peuple de la Grande Bretagne. Il parle d'un certain Venufius qui étoit *ex civitate Jugantum*. Ce paffage qui eft unique fert peu à defigner où étoit ce Peuple. Camden qui a cherché ce que ce pouvoit être n'a rien trouvé qui le fixât. En un endroit il doute s'il ne faut pas lire *Brigantum*, au lieu de *Jugantum* ; ailleurs il femble infinuer que ce pourroient bien être les Cantiens qu'on appelloit communément Y-Gaint.

[e] Annal. l. 12. c. 40.

JUGARIA. Voiez JUNCARIA.

JUGARIE, Olearius [f] dans le denombrement des Provinces de Mofcovie, nomme une des Provinces de cet Etat. Jugarie, & ajoute : le Baron d'Herbeftein dit que la Province de Jugarie eft celle dont les Hongrois font fortis pour occuper le Pays qu'ils poffedent aujourd'hui. Mr. Corneille copie cét article. Ils fe trompent tous les trois. La Province de Jugora, ou Jugorie eft tout au Nord de la Moscovie. Voiez JUGORA, & l'ancienne Hongrie Afiatique étoit près des fources de l'Irtifch. Voiez HONGRIE.

[f] L. 3.

JUGATUM, en François JUGATE, Lieu d'Afie quelque part aux environs d'Edeffe. Sozomene [g] dit : Le Solitaire Paul étoit natif du Bourg de Telmifon. Il forma plufieurs Congrégations de Moines, & une entre autres dans un lieu nommé Jugate qui eft la plus nombreufe & la plus célebre où il mourut &

[g] Hift. Ecclefiaft. L. 6. c. 34. page 379. de la Traduct. de Mr. Coufin.

fut enterré après avoir vécu fort long-temps dans une grande fainteté.

JUGON, petite Ville de France en Bretagne dans l'Evêché de St. Brieu fur la petite Riviere d'Arquenon, à fept lieues de St. Brieu au Levant, en allant vers Rennes, & feulement à cinq de la Mer.

JUGORA, JUGORIE, quelques-uns difent JUGARIE, & d'autres JUHORSKI. Le Baron d'Herbeftein a cru que c'étoit l'ancienne Hongrie, c'eft une erreur, comme je le prouve au mot HONGRIE. Le Pays de *Jugora*, ou *Jugorie*, eft partagé en deux parties inégales par le Cercle Polaire, & la plus étendue eft en deçà. Il eft borné au Nord par la Mer ; au Nord-eft & à l'Eft par le Petzora ; au Midi par la Permie, & la Ziranie ; au Sud-Oueft par la Dwina ; & au Nord-Oueft par l'Ifle de Candenoes. Le Baron de Mayerberg parle ainfi de cette Province dans la Relation de fon Voyage en Mofcovie [h] : la Province de JUGORIA, ou JUGRA, ou Juhra eft un Pays de peu d'étendue joint à la Siberie, dont les habitans qui font Tartares & qui menent une vie miferable & fauvage reconnoiffent la Domination des Mofcovites depuis le temps de l'ancien Jean Bafilide par un tribut de peaux precieufes. On dit que c'eft delà qu'eft fortie cette Nation qui ayant entierement exterminé les Avares & les Huns, a poffedé la Dacie, les Pannonies & le Noric qu'ils occupoient & qui a été connue dans tout le monde par les grands exploits qu'elle a faits. On voit que cet Ambaffadeur adopte l'erreur d'Olearius. Voici ce qu'il ajoute à ce fujet : la preuve qu'on en a, eft que l'on dit qu'ils ont le même langage, dont j'aurois bien voulu faire l'experience étant à Mofcou, fi j'euffe pu trouver quelqu'un de ce Pays-là dont je me fuis fouvent mis en peine. Je n'en ai rien appris que par un Allemand qui ayant été exilé en Siberie a été quelquefois obligé d'aller jufqu'en Jugorie & qui m'a dit que ces Peuples avoient un langage different de ceux de Siberie & que les Tartares n'entendent point, & qu'ils ont le vifage plus beau qu'eux ; n'ayant point la tête fi groffe, ni le vifage fi ferré.

[h] p. 261.

Mr. de l'Ifle met dans la partie Septentrionale de Jugora le Pays de Teefca, où font les Rivieres de TITZA, GOLOEBINTZA, GOLOEBEICA, OTMA, OIMITZA, PEISA, PISITZA, VOLOINGA, & l'INDEGA, qui étant formée de deux Ruiffeaux BELA & BARSAGUNE, coule à Gorodiffe ; ces Rivieres tombent dans le Golphe de Teefca, ou TEESCAIA GOUBA ; au Midi Occidental le Pays de Mezzen, où coule une Riviere de même nom qui paffe à Vuie, à Slobotka, à Lampazenkaya à Mezzen ; près de cette Ville elle reçoit la Riviere de Piezza, déjà groffie par la Piezkoya qui vient de Vaasgorta. A l'Eft-Sud-Eft de cette derniere Ville eft Golotina ; & vers les confins du Petzora eft Vosgora affez près de la Riviere de Zerka. Vers le milieu du Pays eft la contrée de Vaconitza, ou Vaconitza Voloft peuplée de quelques Bourgades. Au Midi vers la fource de la Pinega qui va fe perdre dans la Dwina font les Montagnes de Jugorie, & fur les confins de Ziranie eft la Ville de Tidera.

La

La nouvelle Carte de tout l'Empire de la Grande Russie ne nomme point le Pays de Jugorie, mais elle met Mezzen & Golotina au Pays des Samoyedes. Le Brun dans son Voyage de Moscovie [a], parlant des Samoyedes dit: Il y a une autre Nation vers les côtes de la Mer qu'on nomme JABCOGERIE, ou JOEGRA: ceux-ci ressemblent en toutes choses aux Samoyedes, s'habillent de même, & habitent dans les deserts. Ils mangent comme les Chiens les boyaux & autres intestins de toutes sortes de bêtes sans les cuire, & tous ces Peuples ont des Langues différentes.

[a] p. 13.

JUGUM, ce mot a été en usage parmi les Latins pour signifier le sommet d'une Montagne. Virgile nomme *Juga Cynthi*, la Montagne du Cynthe, qui étoit dans l'Isle de Delos,

Qualis in Eurotæ ripis, aut per Juga Cynthi
Exercet Diana Choros.

JUGUM CERETANORUM, ancienne Ville de l'Espagne citerieure; Mr. Baudrand [b], qui dit que c'est presentement PUYCERDA, ne marque point quel ancien Auteur a dit que c'étoit une Ville.

[b] Ed. 1682.

JUGUM SILLARUM [c], le même Auteur dit, que le nom moderne a été OTERO DE SILLAS. Que c'est une Ville d'Espagne au Royaume de Léon sur le Duero, à quinze mille pas au dessous de Valladolid, & que cette Ville est la même que Tordesillas, *Turris Sillana*. Il cite Vadingue pour son Auteur.

[c] Ibid.

JUGURENSIS, Siége Episcopal d'Afrique, selon Ortelius qui le met dans la Numidie; mais la Notice d'Afrique [d] publiée par Schelstrate porte *Donatus* LUGURENSIS.

[d] n. 82.

JUHONES, peuple imaginaire que l'on a forgé sur ce passage de Tacite [e] mal entendu. *Sed bellum Hermunduris prosperum, Cattis exitiosius fuit. Quia victores diversam aciem Marti ac Mercurio sacravere. Quo voto viri, equi, cuncta victa, occidioni dantur. Et minæ quidem hostiles in ipsos vertebantur.* SED CIVITAS JUHONUM, SOCIA NOBIS, MALO IMPROVISO AFFLICTA EST. *Nam ignes terra editi villas, arva, vicos passim corripiebant,* FEREBANTURQUE IN IPSA CONDITÆ NUPER COLONIÆ MOENIA: *neque extingui poterant, non si imbres caderent, non si fluvialibus aquis aut quo alio humore niterentur; donec inopia remedii, & ira cladis agrestes quidam eminus saxa jacere, dein residentibus flammis propius suggressi, ictu fustium, aliisque verberibus ut feras absterrebant. Postremo tegmina corpori direpta injiciunt, quanto magis profana & usu polluta tanto magis oppressura ignes.* C'est-à-dire: Les Hermundures furent heureux dans cette guerre, & les Cattes s'en trouverent mal; car les vainqueurs vouerent l'armée ennemie à Mars & à Mercure. Par ce voeu on fait main basse sur les hommes, sur les chevaux, & sur tout ce qui est au vaincu. Ces menaces ennemies tournerent à leur perte. Mais L'ETAT DES JUHONS, NOTRE ALLIE', FUT AFFLIGE' D'UNE CALAMITE' IMPREVUE, car des feux qui sortoient de terre s'attachoient çà & là aux metairies, aux campagnes, aux villages, & gagnoient jusqu'aux murs de la Colonie bâtie de-

[e] Annal. l. 13. c. 57.

puis peu. Ils ne s'éteignoient ni par une forte pluye, ni par l'eau de Riviere, ni par quelque liqueur que ce fût. Cela dura jusqu'à ce que des Paysans ne trouvant point de remede à cet embrasement & desesperez de voir les ravages qu'il faisoit s'aviserent d'y jetter des pierres d'assez loin. Ayant remarqué que la flamme s'abaissoit ils s'approcherent & commencerent à batre le feu avec des bâtons & à le chasser devant eux à grands coups, comme on chasseroit des animaux. Enfin ils jetterent dessus leurs habits, qui l'éteignoient d'autant plus qu'ils étoient plus mal propres.

Beatus Rhenanus voulant expliquer ces mots, *Civitas Juhonum*, y raporte ce qu'on lit ailleurs dans Tacite *reductus in Juhiona miles*, & en fait une Ville de la Frise nommée *Juhiona*, auprès de la Mer. Mais il se trompe. Le mot *Civitas* ne sauroit signifier en cet endroit une Ville. Tacite fait assez connoître que c'est d'un Canton, d'un Pays habité par un peuple dispersé dans des maisons & des Villages que le mot *Civitas* doit s'entendre, car il ne parle que de Paysans, de Campagnes, de Villages & de Metairies. La Frise n'approchoit point assez de Cologne, pour qu'un feu pût s'étendre delà jusqu'à cette Ville; encore moins si cette pretendue *Juhonia* étoit auprès de la Mer. Le Territoire de la Frise n'est nullement propre à produire un tel Phenomene. Les deux passages de Tacite ne regardent point un même endroit, dans celui où il dit [f] *reductus in Juhiona miles*, il n'y a point de nom propre, & *Juhiona* que Beatus Rhenanus a tâché d'y trouver, n'en est pas un, quand au lieu de ce nom monstrueux on lit *in Hiberna*, comme il faut lire. Car alors il ne veut dire autre chose sinon que Germanicus remena les troupes dans leurs quartiers d'Hyver.

[f] Annal. l. 2. c. 26.

Pighius au raport de Juste Lipse, croioit que ce *Juhonum Civitas* étoit la Ville de *Huy* sur la Meuse. Il y a dans ces quartiers-là des veines de Charbon de Terre & cette matiere lui a paru propre à allumer ce feu dont parle Tacite. Mais comme le soupçonne très-bien Juste Lipse il faut chercher la scene de cet évenement dans la Germanie & non dans la Belgique. Cluvier a raison de dire qu'il n'est pas croyable qu'un pareil feu ait pû gagner depuis Hui jusqu'à Cologne.

Mais ce qu'il y a de plus fâcheux contre toutes ces belles conjectures c'est que le nom même de *Juhonum Civitas*, n'est pas fort certain. Quelques exemplaires de Tacite ont VIBONUM CIVITAS. Que deviennent alors ces *Juhons*; & les soins que l'on s'est donné pour les placer? Il s'est pourtant trouvé des Savans qui ont pretendu leur marquer un Canton. Outre la Ville de Hui où Pighius les met; un homme de distinction qui a publié un plan de la Ville de Groningue en a chargé les marges de remarques où il pretend que c'est la *Juhonum Civitas* de Tacite. Le Docte Alting refute pleinement cette erreur & corrige ainsi le passage de l'Historien Romain. Pour convenir de la justesse de la correction, il faut faire attention au tissu de son recit. Le voici.

Tacite après avoir raporté ce qui s'est passé dans l'Empire durant l'année, vient enfin à ce ce qui est arrivé en Germanie, & raconte deux prodiges vus en des lieux éloignez l'un de l'autre, cela est ordinaire à tous les Historiens qui à la fin d'une année raportent de suite certains évenemens publics. Tacite en trouve un qui lui paroit un présent de la fortune en faveur des Romains, savoir la discorde survenue entre les Hermundures & les Cattes, revoltez contre les Romains. Il parle de la defaite de ceux-ci comme d'une agréable nouvelle, mais la joye en est diminuée par le malheur arrivé à un Etat ami & allié. C'est comme s'il disoit : *Cette année fut heureuse pour les Romains dans la Germanie, par la defaite des Cattes; mais elle fut malheureuse par l'incendie d'un Etat allié.* Il fait assez voir que cet Etat allié devoit être dans la Germanie. Or il n'y a que trois peuples connus pour avoir été alliez des Romains du temps de Tacite [a], savoir les UBIENS, les BATAVES & les MATTIAQUES. Il traite les Ubiens d'Alliez [b], & César [c] en parle sur ce pied-là. De ces trois peuples il faut necessairement choisir celui où se trouvoit alors une Colonie nouvellement fondée. Il n'y avoit alors aucune Colonie ni chez les *Bataves*, ni chez les *Mattiaques*. Pas même dans la basse Germanie, en deçà, ni au delà du Rhin si ce n'est au Pays des Ubiens, où Cologne venoit d'être fondée. Il faut donc revenir necessairement chez les Ubiens. Et c'est ainsi qu'il faut lire dans Tacite UBIORUM *Civitas*. J'ai déja dit que quelques exemplaires, entre autres celui de Florence, ont VIBONUM. Un Copiste ignorant ou negligent aura écrit *ib* pour *bi*; cette transposition peut facilement arriver. Alors de *Ubionum*, se fait *Vibonum* qui acheve de rendre le mot meconnoissable. Quant à la derniere Syllabe, où l'*r* est changée en *n*, il est aisé de comprendre comment une *r* allongée, & mal formée, a pû être prise pour une *n*. Ainsi la negligence du Copiste, en transposant un *i*, & formant une *n* équivoque a mis les Commentateurs aux champs & a produit un peuple qu'ils n'ont sû où placer. Avant que de lui chercher un Pays ne devoient-ils point s'assurer de son existence ? Voyez ce que j'ai remarqué au mot BIBONUM CIVITAS. La correction de Tacite fait voir l'inutilité de la conjecture qui cherche à Bebelingen *Bibonum Civitas* dont cet Auteur n'a jamais parlé. Onuphre a cherché folement à prouver que JUHONUM étoit un des anciens noms de Cologne. Il pretend qu'elle est ainsi appellée dans une Inscription, c'est une des impostures qui coutoient si peu à cet Auteur & qui l'ont perdu de reputation. Il étoit savant, mais il avoit le defaut de n'oser dire qu'il ignoroit une chose ; pour paroître avoir des lumieres que les autres n'avoient pas, il inventoit des inscriptions & des monumens dont il se servoit à autoriser ses réveries. Cette fraude ayant été une fois découverte, a decrié ses Ouvrages ; qui auroient été très-estimables s'il eût eu plus de bonne foi, & moins d'imagination.

JUHORSKI. Voyez JUGORA.

JUI, LE MONT JUI, c'est le même que MONT JOUI dans l'Article de Barcelone.

IVIA, ancien nom d'une Riviere d'Espagne, selon Pomponius Mela [d]. Les exem-

[a] *German. c. 28. & 29.*
[b] *Annal. l. 12. c. 16.*
[c] *De Bello Gallic. l. 4.*
[d] *l. 3. c. 1.*

plaires varient beaucoup sur ce nom. Vossius qui lit *Ivia* dit que c'est la Riviere de Juvia qui coule auprès de Ferol, ou Ferrol dans la Gallice.

IVIÇA, Isle de la Mer Mediterranée, connue des Anciens sous le nom d'EBUSUS. Elle est située entre le Royaume de Valence en Espagne, & l'Isle de Majorque, à distance à peu près égale, c'est-à-dire, à environ quinze lieues. Le milieu de l'Isle est à 39. d. de Latitude & sa partie Occidentale est sous le même Meridien que Tarragone. Dès le temps de Pomponius Mela [e] elle avoit une Ville de même nom qu'elle. Il n'y a, dit-il, que le *in fine*, bled qu'elle ne produit pas abondamment, elle est plus fertile en d'autres choses. Elle n'a aucun animal nuisible, & si on y en porte elle ne les souffre point : il n'en est pas de même de l'Isle Colubraria dont elle me fait souvenir, car comme cette derniere est remplie de diverses sortes de serpens qui la rendent inhabitable, cependant ceux qui y descendent sont à couvert de tout danger dans une enceinte qu'ils forment avec de la terre de l'Isle d'Iviça, parce que ces serpens si âpres à s'élancer sur ceux qu'ils rencontrent, prennent la fuite à la vûë de cette terre qu'ils craignent comme un poison dont ils n'osent approcher. C'est ce que Mela nous apprend de cette Isle d'Iviça. Ces mots *elle est plus fertile* en d'autres choses, peuvent être expliquez par ce passage de Diodore. Elle est assez fertile ; elle a un petit Canton propre au vignoble, & a des Oliviers sauvages qui produisent des Olives. Ajoutons-y le témoignage de Pline qui dit que les figues de cette Isle sont très-grosses & excellentes. On les faisoit bouillir & secher & on les envoyoit à Rome dans des Caisses. Leur suc qui est comme du lait quand elles commencent à meurir, devient comme du miel en cuisant. On les laisse vieillir à l'arbre & il en degoute une espece de gomme & elles se sechent. Les figues séches étoient nommées *Cauna* de la Ville de Caunus en Carie d'où l'on en apportoit. C'est assez l'usage dans toutes les Langues de donner aux fruits le nom des lieux qui les produisent, c'est ainsi que nous appellons des Brignoles certaines prunes, & des Calvilles certaines pommes, parce que ces prunes se trouvent aux environs de Brignoles Ville de Provence, & ces Pommes au Village de Calville au Pays de Caux. C'est par raport à ce nom de *Cauna* que Stace [f] dit dans ses Saturnales,

[e] *l. 2. c. 7.*
[f] *l. 1. Silvya 6.*

Et quas præcoquit Ebosea Caunas,

faute d'avoir sû que *Cauna* étoient des figues séches, quelques-uns ont lu *Canna* & ont cru que l'Isle d'Iviça produisoit autrefois des Cannes de Sucre. Louis Nugnès (Nonnius) a été de ce nombre. Cela donne occasion au Docte Bochart [g] de trouver une Etymologie Phenicienne du nom de cette Isle. Il le derive d'יבושה, *Iebuso*, ou *Ibuso*; & ce mot signifie *sechées*, en sous-entendant *des figues*. Silius Italicus dit [h] :

[g] *Chanaan. l. 1. c. 35.*
[h] *l. 3. v. 362.*

Jamque Ebusus Phænissa movet, jamque Artabrus arma,

d'où

d'où l'on conclud que la Ville de cette Isle avoit été bâtie par les Phéniciens. Mela, comme on a vû, dit que l'Isle & la Ville portoient le même nom. Diodore dit : il y a une Ville nommée ERESUS, Colonie des Carthaginois, accompagnée d'un port commode. Les murs en sont assez grands ; & il y a beaucoup de maisons bien bâties. Elle est habitée par un ramas de Barbares. La plupart sont des Phéniciens, dont la Colonie y fut conduite cent quatre-vingt ans après la fondation de Carthage. Cette Epoque tombe vers le regne de Romulus ou de Numa tout au plus tard. Quelques-uns ont voulu changer dans Diodore le nom d'*Eresus* en *Ebusus*, Mais Bochart [a] s'y oppose par cette raison. Il ne doute point que l'Isle & la Ville n'eussent un nom Phénicien. Ce nom, poursuit-il, repondoit apparemment à celui de PITYUSA qui lui étoit commun avec l'Isle Colubraria, & comme elle étoit la plus grande des deux, elle est nommée PITYUSA par excellence, par Tite-Live, Plutarque, Dioscoride & autres. Ce nom lui fut donné ἀπὸ πιτύων, à cause des Pins. Or les Hebreux comprenoient les Pins comme une espece du genre d'Arbre qu'ils nommoient ארן, *Erez*; ainsi ce nom repond au Grec Pityusa, & n'est pas une faute qu'il faille corriger dans l'Historien Grec qui a parlé fort juste. Assez d'Auteurs ont parlé des Pins de cette Isle, comme je le marque au mot de PITYUSA. [b] L'Archevêque de Tarragone qui est Seigneur d'Iviça tire un bon parti des Salines. L'Isle est plus longue que large & est entourée d'écueils. Ceux qui sont vers la partie Orientale sont *Isolette Negre*, de *Los Aborcados*, de la *Esponja*, de *Los Ratones*, de *Los Poros*, de l'*Escollo Negro*, de *Bixate*, de *Los Dados*, *El Escollo Dorado*, de *Bota Fuego*, de *Los Cornejos*, del *Cabo Librel*, de la *Punta dell' Arabi*, del *Tago-Mago*, *Las dos Hormigas*, de *Balancet*, la *Murada*, & les quatre écueils nommez *Las Bladas*. Les autres s'appellent la *Conejera*, la *Borchla del Espartar*, la *Barquilla*, *Las Dos del Vadra* & les deux du *Cap Falcon*. Cette Isle faisoit partie du Royaume de Majorque qui étant devenu une annexe de celui d'Arragon, fait presentement partie de la Monarchie Espagnole.

[a] Ibid.

[b] Coronelli Isolario p. 506.

JUIFS, ancien peuple descendu des Patriarches Abraham, Isac & Jacob, les douze fils de ce dernier furent les tiges des douze Tribus dont ce peuple étoit composé. J'ai donné ailleurs les principaux Evenemens de cette Nation aux articles JUDÉE & JERUSALEM. Tant que ce peuple fut fidelle à Dieu qui le gouvernoit avec une tendresse paternelle, il en reçut en toute occasion des marques d'une protection visible & miraculeuse, mais lors que se partageant en plusieurs Royaumes, il abandonna le Culte établi à Jerusalem & courut après des Dieux étrangers, Dieu le livra aux Nations dont il avoit imité les égaremens. Le nom de Juifs (JUDÆI) ne fut gueres en usage qu'après la captivité de Babylone. Les Etrangers voyant que la Tribu de Juda étoit presque la seule qui fît quelque figure dans le Pays appellerent toute la Nation du nom de cette Tribu. Ils s'étoient si bien rétablis depuis le retour de la Captivité jusqu'au temps de la venue du Seigneur Jesus-Christ qu'ils étoient devenus l'un des plus puissants peuples de l'Orient; mais les Propheties dont ils étoient les depositaires ayant été accomplies à la mort du Messie qu'ils méconnurent & qu'ils condamnerent eux-mêmes à un suplice ignominieux, Dieu permit qu'ils outrageassent les Romains leurs maîtres : leurs frequentes revoltes attirerent les armes des Romains qui mirent à feu, & à sang cette malheureuse Nation dont il se fit à diverses reprises de sanglantes boucheries. Leur Temple & le Culte qu'ils rendoient à Dieu n'étant qu'une figure de l'Eglise Chrétienne perirent avec la Ville de Jerusalem. Il y a quelque chose de singulier dans ce Peuple ; au lieu que toutes les autres Nations qui après avoir paru quelque temps avec éclat ont été vaincues & saccagées comme les Juifs, ont enfin disparu sans qu'il en reste que le nom ; les Juifs au contraire subsistent & font un Peuple à part qui sans avoir ni Pays, ni Prêtres, ni Magistrats en propre, vit dispersé chez les autres Peuples Chrétiens ou Mahometans qui veulent bien en souffrir quelques-uns, moyennant qu'ils observent les Loix nationales. Ils ont d'anciennes Loix qu'ils pratiquent scrupuleusement, comme l'abstinence des animaux deffendus par la Loi de Moyse, la Circoncision, & autres usages de l'ancienne Loi, & c'est ce qui les separe des autres hommes, auxquels ils ne s'allient jamais. C'est une des raisons qui fait que leur Nation ne se confond point avec celles au milieu de qui elle vit. D'un autre côté privez du fruit de leurs Sacrifices qu'il ne leur est plus permis d'offrir, n'ayant plus de Temple ni d'Autel, & ce qui est de plus déplorable privez des avantages de la venue du Messie qu'ils s'obstinent à ne pas vouloir reconnoître, ils n'ont plus qu'une ombre de Religion. Rigides observateurs des minuciés, ils en rejettent l'essentiel, & nous voyons dans leur opiniâtreté l'accomplissement du souhait impie que leurs aveugles ancêtres firent autrefois, lors qu'ils demandoient la mort de notre Sauveur, que son sang soit sur nous & sur nos enfans.

JUILLY, Bourg de l'Isle de France à trois lieues de Meaux dans l'Evêché duquel il est situé. Il y avoit une Abbaye de l'Ordre de St. Augustin. Il y a presentement des P. P. de l'Oratoire qui y ont un College très-florissant, où enseignent des Professeurs du premier ordre.

JUINE, (la) Riviere de France au Gatinois. Tout le monde convient que c'est la même que la *Riviere d'Essone*, qui se jette dans la Seine à Corbeil. Coulon dit [c] que c'est la même qu'on nomme la Riviere d'Estampes qui ayant sa source dans la Beausse vient à *Estampes, couverte*, dit-il, *d'une si prodigieuse quantité d'Ecrevices ; que tant plus on en pesche, plus il en croît. Son eau est si froide qu'elle gele & engourdit les pieds des chevaux qu'on y abreuve. Chargée du Louet qui lui vient de St. Mors, elle dessent à Villeroi, & à Essone & se joint avec la Seine à Corbeil.*

Il est certain que cette Riviere qui passe à Villeroi, à Essone, & à Corbeil s'appelle la Juine. On la nomme aussi la RIVIERE D'ESSONE. Mais cette Riviere est formée de deux autres. L'une qui vient de la Ferté-Alais, & l'autre,

[c] Rivieres de France 1. part. p. 91.

l'autre d'Estampes ; & la difficulté est de savoir quelle de ces deux Rivieres est la Juine. La raison voudroit que ce fût celle qui vient de la Ferté-Alais. Elle est formée de deux ruisseaux qui tous deux prennent leur source dans la Forêt d'Orleans, savoir l'Oeuf qui coule à Pithiviers & la Rimarde dans laquelle il tombe. Ensuite coulant dans un même lit elle passe à Briares, g. à Soisy Malherbes, à Messe g. & à la Ferté-Alais après quoi elle se mêle avec la Riviere qui vient d'Estampes. C'est cette Riviere de la Ferté-Alais que Mr. de l'Isle [a] appelle *la Juine*, il nomme l'autre *Riviere d'Estampes*, & lorsqu'elles sont jointes il les appelle la *Riviere d'Essone*.

[a] Carte des Environs de Paris.

Mr. Maty dit de la Juine qu'elle reçoit l'Yone ou la Riviere d'Estampes. Cette Riviere ne s'appelle point l'Yone, mais la Juine. On vient de voir que Coulon appelle la Juine la Riviere où tombe le Louet, c'est la Riviere d'Estampes qui reçoit ce Ruisseau. Il vient de Challou-la-Reine, passe à Challou St. Mars, & tombe à Estampes après avoir formé une Isle assez longue. On s'accorde à dire qu'Estampes est sur la Juine, la Riviere d'Estampes & la Juine sont donc la même Riviere. Mr. de l'Isle apelle la Juine la Riviere qui vient de la Ferté-Alais. Mr. Baudrand place aussi cette Ville sur la Juine ; & il suffit de voir la Carte le cours de ces deux Rivieres avant leur jonction pour juger que la véritable Juine est celle qui vient de la Ferté-Alais, elle est plus droite & vient de bien plus loin. On a sans doute donné le nom de Juine à ces deux Rivieres, comme on a donné le nom commun de Rhin aux differentes sources qui en s'unissant forment ce Fleuve.

JUKAGIR, Mr. Maty dit [b] : c'est une contrée de la grande Tartarie. Elle est placée dans la Carte de Mr. Witsen au Nord de la Daurie, & au Levant de la Riviere de Lena qui la separe de la Tungoesie : les Moscovites n'y ont point encore penetré & les Tartares qui l'habitent n'ont point de Villes, ni de Villages. Ce Peuple, selon Mr. de l'Isle [c], est nommé ZUCZARI ; & habite les bords de la Riviere d'Urack dont l'Embouchure est voisine de la chaine de Montagnes nommée le Noofs.

[b] Dict.
[c] Carte de la Tartarie.

JULA, Ἰούλα, Ville de l'Arabie Heureuse, selon Ptolomée [d].

[d] l. 6.

JULFA. Voiez ZULFA.

JULIA. Il y avoit dans la Palestine deux Villes de ce nom, voyez JULIAS.

☞ JULIA. Jules Cesar ayant détruit la Liberté Romaine & usurpé l'autorité des Consuls & du Senat on vit un grand nombre de Villes joindre son nom à celui qu'elles avoient déja, soit parce qu'il y envoya des Colonies pour les repeupler, soit parce qu'elles avoient reçu d'autres marques de sa bienveillance. Plusieurs ne furent nommées ainsi que sous Auguste qui étant fils adoptif de Jules Cesar fut charmé de donner à plusieurs Villes le nom d'un Prince qui lui avoit frayé le chemin à l'Empire.

JULIA AUGUSTA, Colonie Romaine, Hygin dans son Livre des Limites nous donne un Plan de cette Colonie. Elle étoit entre les Villes *Hasta* & *Opulentia* & separée de la premiere par le Fleuve *Axinum*. Elle étoit sans doute en Italie, mais il n'est pas aisé de dire en quel Canton.

JULIA AUGUSTA VINDELICORUM. Voiez AUGUSTA VINDELICORUM.

JULIA AUGUSTA BARBA. Voyez BARBA 1.

JULIA AUGUSTA TAURINORUM. Voyez AUGUSTA TAURINORUM.

JULIA CÆSAREA. Voyez CESAREE 8.

JULIA CALAG. Voyez CALAGURIS.

JULIA CAMPESTRIS, ancienne Ville d'Afrique dans la Mauritanie Tingitane dans les terres, à XL. M. Pas de Lixus, selon Pline [e]. C'étoit une Colonie fondée par Auguste, son nom étoit Babba. Et *Julia Campestris* fut le nom qu'on lui ajouta lorsqu'on la repeupla.

[e] l. 5. c. 1.

JULIA CLARITAS. Voyez CLARITAS JULIA.

JULIA CLAUSTRA [f], Lieu d'Italie dans les Alpes Juliennes par lequel on passe de chez le peuple *Carni*, dans le Norique. C'est Pacatus qui en fait mention & quelques Modernes croient que c'est *la Chiusa* Village du Frioul, aux Confins de l'Allemagne & de la haute Carinthie dans l'Etat de Venise.

[f] Baudrand Ed. 1682.

JULIA CONCORDIA, ancienne Ville d'Espagne dans la Betique. Voyez NERTOBRICA.

1. JULIA CONSTANTIA, ancienne Ville de la Mauritanie Tingitane. Son nom étoit ZILIS. Auguste [g], qui y établit une Colonie lui ajouta le nom de JULIA CONSTANTIA.

[g] Plin. l. 5. c. 1.

2. JULIA CONSTANTIA [h], ancienne Colonie d'Espagne dans la Betique à l'opposite de Seville: avant la Colonie qui fit donner au lieu ce nouveau nom sous Auguste on le nommoit OSSET.

[h] Ibid. l. 3. c. 1.

JULIA CONTRIBUTA, ancienne Ville d'Espagne dans la Betique, selon Pline [i]. Antonin [k] la met sur la route d'Italica à Merida, à XXXXIV. M. P. de la derniere, Perceiana entre deux, étoit à XXIV. milles Pas de Merida.

[i] Ibid.
[k] Itiner.

JULIA CRYSOPOLIS [l], ancien lieu d'Italie sur la voye Claudienne à quinze milles de Rome, selon les Actes du Martyre de St. Domnin.

[l] Ortel. Thesaur.

JULIA FAMA, Colonie Romaine en Espagne. Pline [m] dit que ce nom avoit été donné à un lieu déja nommé SERIA. C'est presentement Feria dans l'Estremadure, à neuf lieues de Badajoz.

[m] l. 3. c. 1.

JULIA FELICITAS, ancien nom de LISBONNE. Voiez LISBONNE.

JULIA FELIX. Voiez BEROOT.

1. JULIA FIDENTIA, la même que FIDENTIA. Voiez ce mot.

2. JULIA FIDENTIA, ancienne Ville d'Espagne dans la Betique, entre le Fleuve Bætis & l'Océan, selon Pline [n].

[n] l. 3. c. 1.

JULIA GADITANA AUGUSTA. Voiez GADES.

JULIA GERMANICIA. Voiez GERMANICIA.

JULIA JOSÆ. Voiez CESAREE 8.

JULIA JOZA. Voiez JULIA TRADUCTA 1.

JULIA LIBERALITAS, Pline [o] dit que

[o] l. 4. c. 22.

JUL.

ce fut le surnom donné à la Ville d'Ebora en Lusitanie. C'est presentement Evora.

JULIA LIBYCA, ancienne Ville de l'Espagne Tarragonnoise; dans la Cerretanie, selon Ptolomée [a]. C'est presentement LIVIA, petit lieu de la Cerdaigne.

[a] l. 2. c. 6.

JULIA MIRTYLIS, selon Ptolomée [b], ou Mirtylis simplement, selon Mela [b] & Pline [c], ancienne Ville de la Lusitanie. C'est presentement MERTOLA en Portugal.

[b] l. 2. c. 5.
[c] l. 4. c. 22.

JULIA NASICA, la même que CALAGURRIS, selon Mr. Baudrand [d].

[d] Ed. 1682.

JULIA NOVA. Voiez GIULIA NOVA.

JULIA PIETAS, surnom que l'on donna à la Ville de Pola en Istrie. Voiez POLA.

JULIA RESTITUTA, ancienne Ville d'Espagne dans la Betique. Pline [e] nous apprend que l'on donna ce nom à la Ville de SEGIDA. Voiez SEGIDA 1.

[e] l. 3. c. 1.

JULIA ROMULEA. Voiez HISPALIS.

JULIA SCARABANTIA, ancienne Ville du Norique, selon Pline [f]. Antonin la met à XXXIV. M. P. de Sabaria, on croit que c'est presentement SCAPRING, d'autres disent que c'est SOPRON que l'on nomme aussi OEDENBOURG.

[f] l. 3. c. 24.

JULIA SEGISAMA, Colonie Romaine établie en Espagne sous l'Empire de Claudius. Ptolomée [g] la nomme SEGISAMA JULIA. Pline la nomme ses habitans SEGISAMEJULIENSES. Le R. P. Hardouin ayant examiné la position de Ptolomée croit qu'elle occupoit la place où est presentement SIERRA D'OCCA assez près de l'Ebre aux Confins de la Vieille Castille.

[g] l. 2. c. 6.

JULIA SENA, ancienne Ville d'Italie dans l'Etrurie. Voiez SIENNE.

JULIA COLONIA SUTRIUM. Voyez SUTRIUM.

1. JULIA TRADUCTA [h], ancienne Ville d'Espagne dans la Betique. Les anciens Géographes la placent sur la côte, à l'Occident de Carteia. L'Itineraire d'Antonin n'en fait aucune mention & Pline la met sur la côte d'Afrique: pour éclaircir cette contrarieté apparente voyez l'Article suivant. Strabon [i] appelle cette Ville Julia Joza, mais Bochart [k] a remarqué que ce dernier mot signifie la même chose dans la Langue Phenicienne que celui de Traducta en Latin, c'est-à-dire, Transportée. Ptolomée [l] la nomme Τρανσδουκτα, & la met chez les Bastules. On a trouvé en Espagne deux medailles de Julia Traducta, qui font croire que Julia Traducta étoit située dans le même lieu où l'on voit aujourd'hui TARIFA.

[h] Memoires Litter. de la Gr. Bret. T. 1. p. 110.
[i] l. 3. p. 140.
[k] Lib. III. c. 24.
[l] l. 2. c. 4.

2. JULIA TRADUCTA [i], ou COLONIA JULIA TRADUCTA, ancienne Ville de la Mauritanie & la même que TINGIS. Une Medaille de l'Empereur Claude rapportée dans le Tresor de Goltzius [m], & par Mezzobarba [n], porte cette Inscription COLONIA JULIA TRADUCTA. Les autres Géographes ne la connoissent que sous le nom de Τιγγις της Μαυρουσιας; c'est-à-dire, Tingis de Mauritanie. Pline cependant lui donne les deux noms [o], en ces termes; Tingi a Claudio Cæsare, cum Coloniam faceret, appellatum Traducta Julia. C'est ce passage de Pline qui a embarassé tant d'habiles Géographes & qui a été un écueil où

[i] J. Hard. Nummi illustrati p. 77.
[m] pag. 240.
[n] p. 45.
[o] Lib. V. Sect. 1.

ils ont échoué. Quoique tous les Manuscrits disent que ce fut l'Empereur Claude qui transporta cette Colonie, Vossius [p] a soutenu qu'il falloit lire a C. J. Cæsare au lieu de a Claudio; par la raison que Strabon qui étoit mort sous le regne de Tibere & par consequent long tems avant celui de Claude avoit fait mention de Julia Josia. Le P. Noris [q] ne sait quel parti prendre par rapport à ce passage de Pline. Saumaise [r] accuse Pline d'erreur, ou tout au moins d'obscurité, lorsqu'il met Julia Traducta dans la Mauritanie, où il nie qu'il y ait jamais eû une Ville de ce nom; & Patin [s], s'étant imaginé trouver des Medailles qui donnoient le nom de Julia Traducta à la Ville de Tingis, dès le tems d'Auguste, n'a point balancé à soupçonner une erreur dans le passage de Pline. Mais le Pere Hardouin pretend qu'aucun de ces Auteurs n'a bien pris le sens de Pline, & qu'ils sont tombez eux-mêmes dans l'erreur qu'ils attribuent à ce Géographe. Il convient que le nom de Julia Traducta fut donné à une Ville de la Betique située sur la côte opposée à celle d'Afrique, lorsque sous le regne d'Auguste les Tingitains & les Zelitains y furent transportez, ainsi que l'a remarqué Strabon : mais il dit que ce fut sous l'Empereur Claude que ces mêmes Tingitains furent de nouveau transportez de la Betique dans leur ancienne demeure, qu'ils devinrent ainsi une Colonie & que conservant le nom de leur premiere Ville, appellée Tingis, ils porterent encore celui de Colonia Julia Traducta, different de Julia Traducta de la Betique, par la nouvelle prerogative du nom de Colonie qui n'avoit pas été donnée à celle-ci. Le Pere Hardouin dit en premier lieu, que le silence de Pline, qui ne fait aucune mention de Julia Traducta dans la Betique, est une des preuves du sentiment qu'il avance; en ce que ce Géographe dont on connoit l'exactitude scrupuleuse à décrire les Villes dont il avoit eû le Gouvernement, n'ayant point parlé de celle-ci; c'est une marque qu'elle ne subsistoit plus, depuis que les habitans avoient été transportez en Afrique; & il ajoute que si Strabon, Ptolomée & Marcian d'Heraclée ont connu Julia Traducta, ou Julia Joza, qui est la même chose; c'est que l'usage de ces Géographes étoit de rapporter également les noms des Villes qui avoient existé, quoique detruites, & ceux des Villes qui subsistoient actuellement & dont ils trouvoient que les anciens Auteurs avoient parlé. Le même Auteur rapporte une seconde preuve de son sentiment: elle est tirée des paroles mêmes de Pline qui dit que l'Empereur Claude faisant l'établissement de cette Colonie, [cum Coloniam faceret] donna à Tingis le nom de Julia Traducta; ce qui fait voir clairement que cet Empereur transporta dans la Mauritanie les habitans de Julia Traducta de la Betique pour en faire une Colonie, & qu'il donna à Tingis le nom & le droit de Colonie qui n'avoit pas eû la Julia Traducta de la Betique.

Le nom de Julia que porta cette Colonie n'a pas dû faire croire qu'elle ait été un établissement de Jules-Cesar, puisque ce surnom [v] a été donné, même dans la Betique, à plusieurs Villes dont on ne peut pas dire que Ju-

[p] Lib. I. Observ. in Melam. p. 168.
[q] In Cenotaph. Pisan. p. 91.
[r] In Solin. p. 288.
[s] In Sueton. p. 115.
[t] Nummi Illustrati loco citato.
[v] Pline L. III. Sect. 3.

JUL.

les-Cesar ait été le fondateur, ni qu'il y ait fait aucun établissement. Telles sont *Julia Fidenti* ; *Forum Julium* ; la Ville d'Osset surnommée *Julia Constantia*, & Seria, dite *Fama Julia* : *Restituta Julia* , *Contributa Julia* , *Concordia Julia*, *Urgia* surnommée *Castrum Julium* &c. On trouve en Portugal la Ville Municipale Olisipo appellée *Felicitas Julia* ; celle d'Ebora, *Liberalitas Julia* &c. Et quoique selon le même Pline il y eût neuf Colonies dans la Betique & cinq dans la Lusitanie, aucune des Villes qui viennent d'être nommées ne sont cependant de ce nombre. Il est bon de remarquer que l'on ne trouve le nom de Colonie sur aucune des Medailles pour la Ville de *Julia Traducta* de la Betique, avant le Regne de l'Empereur Claude, soit que ces Medailles soient frappées du tems d'Auguste, soit qu'elles soient du tems de ses enfans. Au lieu que ce titre se trouve marqué sur celle de l'Empereur Claude rapportée au commencement de cet article. Desorte qu'il y auroit de l'injustice à accuser dorénavant le passage de Pline en question d'obscurité ou d'erreur ; & de demander des preuves plus claires du droit de Colonie donné à *Tingis* aussi bien que du surnom de *Traducta*.

JULIA VALERIA. Voiez VALERIA.
JULIA UNDA, Virgile dit Georg. II. 163.

Julia qua Ponto longe sonat unda refuso.

C'est la même chose que *Portus Julius*. Voiez cet article au mot PORTUS.

1. JULIACUM, nom Latin de JULIERS.
2. JULIACUM, nom Latin de JUILLI. Voiez ce mot.

§ JULIADE, en Latin JULIAS, ou LIVIAS, car, comme le remarque D. Calmet [a], Josephe donne ordinairement le nom de Julie à l'Imperatrice Livie femme d'Auguste. On connoît deux Villes de Juliade dans la Judée.

1. JULIADE, Ville de la Palestine à l'Embouchure du Jourdain dans le Lac de Tiberiade. Cette Ville est la même que Bethzaïde, & on ne la nomme pas autrement dans l'Evangile. D. Calmet [b] croit qu'elle étoit au delà du Jourdain [c] dans la Gaulanite. Voiez BETHZAÏDA 1.

2. JULIADE, autre Ville de la Palestine à l'Embouchure du Jourdain dans la Mer Morte. [d] Elle fut bâtie au même lieu où étoit auparavant BETHARAN, ou BETHARAMPTHA. Elle fut augmentée & nommée *Juliade* par Herode surnommé Philippe.

JULIÆ ALPES, les Alpes Juliennes. Voyez ALPES.

JULIANI, ancien peuple de la Cerretanie en Espagne. Ce sont les habitans de *Julia Libyca*, aujourd'hui LIVIA dans la Cerdaigne.

JULIANI, ou SANCTI JULII INSULA ; Isle d'Italie où commandoit Menulphe qui fut tué par Agilulfe, selon Paul Varnefrid [e]. Vignier dans sa Bibliotheque Historiale dit que cette Isle étoit dans le Lac Majeur. Mais Paul le Diacre ne dit point où étoit cette Isle. Il dit seulement que Menulphe y commandoit : *His diebus Agilulfus rex occidit Minulfum Ducem de Insula Sancti Juliani eo quod se superiori tempore Francorum Ducibus tradidisset*. D'autres Exemplaires portent *Menulfum* au lieu de *Minulfum* & *Sancti Julii* au lieu de *Sancti Juliani*. On ne sait gueres où étoit cette Isle. Car celle du Lac Majeur que Vignier avoit en vue ne s'appelle pas *Juliana*, mais VITALIANA *Insula*.

JULIAS. Voiez JULIADE 1 & 2.
JULIENSE CASTRUM, c'est aujourd'hui CITTA DI FRIULI.

1. JULIENSES [f], ancien peuple d'entre les Carnes. C'étoient les habitans de la Ville de Friuli dans le Frioul qui en prend le nom.

2. JULIENSES, ancien peuple de l'Asie Mineure vers la grande Phrygie, selon Pline cité par Ortelius [g].

§ Voiez les Articles ARTIGI, ARETINI, ROMANI, TEARI, & FOROJULIENSES.

JULIENSIS VICUS. Gregoire de Tours fait souvent mention d'un Village de ce nom dans la Gaule. Ortelius croit que ce lieu étoit dans l'Aquitaine.

JULIERS [h], Ville d'Allemagne dans le Cercle de Westphalie dans un petit Pays qui porte le titre de Duché de Juliers. Les Allemands écrivent *Julich*, Zeyler écrit *Gülch*. Elle est située à la portée d'une pierre de la Riviere de Roer. La ressemblance de son nom avec celui de Jules Cesar a fait croire à quelques-uns qu'il en avoit été le fondateur : d'autres en font honneur à Agrippine femme de Claudius & Mere de Neron. Il est certain qu'elle est ancienne. Elle est nommée *Juliacum* dans l'Itineraire d'Antonin, il la met à XII. M. P. [i] de Coriovallum, à VIII. M. P. de Tiberiacum & à XVIII. M. P. de Cologne. Elle étoit bâtie au Pays des Ripuaires. Ammien Marcellin en fait aussi mention [k], comme d'une Ville entre Cologne & Rheims. Le livre des merveilles de St. Bernard [l] dit : *Venimus Juliacum quod a Julio Cæsare Castrum ædificatum & ejus nomine est insignitum*. C'étoit alors une Forteresse, & elle avoit son Avoué. Elle a une grande & bonne Citadelle dont les murs épais sont bâtis sur Pilotis, & par consequent peu propres à être minez, selon le raport de Zeyler [m]. Cette place ne laissa pas d'être prise en 1610. par le Prince Maurice de Nassau au nom des Heritiers qui en disputoient la Succession ; en 1622. par les Espagnols commandez par Henri Comte de Berg. Ils la garderent jusqu'à la paix des Pyrénées, par laquelle ils s'en desisterent en faveur du Duc de Neubourg & depuis ce tems-là les Electeurs Palatins en ont joui. Elle est [n] à quatre milles d'Allemagne d'Aix la Chapelle & presque au milieu entre Cologne & Mastricht.

LE DUCHÉ DE JULIERS petit Pays d'Allemagne dans la Westphalie, avec titre de Duché. [o] Il est borné par la Gueldre au Septentrion ; par l'Archevêché de Cologne à l'Orient ; par le Pays d'Eiffel & le Duché de Luxembourg au Midi, & par le Pays d'Outremeuse à l'Occident. Ce n'étoit autrefois qu'une Seigneurie possedée par une Maison fort ancienne. Gerard II. Comte de Juliers laissa deux fils, Guillaume III. qui eut en partage le Comté de Juliers, & Adolphe qui eut celui de Berg. Gerard III. fils de Guillaume fut ayeul de Guillaume IV. à qui l'Empereur Louïs de Baviere donna le titre

JUL.

titre de Marquis l'an 1339. & qui enfuite fut créé Duc de Juliers par l'Empereur Charles IV. l'an 1356. Guillaume V. fon fils étant mort fans enfans l'an 1402. laiffa fes Etats à fon Frere Renaud dont la fille unique époufa Jean d'Egmont ; Adolphe de la branche de Berg lui fucceda malgré les prétentions d'Arnould d'Egmont dont le petit-fils nommé Charles ceda fes droits l'an 1467. à Guillaume Comte de Ravensberg Frere d'Adolphe Duc de Berg ; & Pere de Gerard qui eut de Dorothée de Brunfvic Guillaume VI. Marie fa fille unique porta les Duchez de Juliers & de Berg dans la Maifon de la Marck par fon Mariage avec Jean III. dit le Pacifique Duc de Cleves.

Les principaux lieux de ce Duché font,

Juliers Capitale,
Duren,   } Villes.
Aix la Chapelle,

St. Corneille,
Burfcheid,   } Abbayes.

JULIN, ancienne Ville de la Wandalie, dans l'Ifle que forment la Suine & le Divenow qui portent les eaux de l'Oder dans la Mer, c'eft-à-dire, dans l'Ifle de Vollin qui eft de la Pomeranie. Albert Krantz [a] en parle ainfi : la Ville de Julin étoit autrefois une très-belle Ville ; c'eft prefentement à peine une miferable Bourgade. On dit qu'elle reçut ce nom de Jules Cefar fon fondateur, de même que Wolgaft étoit nommée autrefois *Julia Augufta*, que *Demyn* vient de ces mots Latins *Domina Mundi* & *Tribuzefz* de ceux-ci *Tributum Cæfaris* & qu'enfin *Robel* vient du mot Rebellion. Mais ce fage Hiftorien ne rapporte ces étymologies que pour les reduire à leur jufte valeur. Ce font, dit-il, des Confonances qui fe font trouvées par hazard entre les Langues Latine & Wandalique, comme il s'en trouve dans toutes les autres. Certainement, pourfuit-il, Jules Cefar ne peut lui avoir donné ce nom, car après avoir paffé deux fois le Rhin & mis le pied dans l'Allemagne, il fit d'abord repaffer fes troupes dans les Gaules fur les ponts qu'il avoit fait dreffer. C'eft ce qu'il rapporte lui-même dans fes Commentaires. Après lui les Generaux des Armées Romaines ne paferent jamais au delà de l'Elbe qu'Augufte donna pour borne à l'Empire. Si pourtant on veut à toute force que ces noms ayent une Origine Latine, il faudra fuppofer que des Seigneurs entre les Wandales voulant voyager virent en deçà de l'Elbe, & fervirent quelque temps en Allemagne, fous Drufus, ou fous Germanicus, ou fous quelques autres Capitaines ; qu'enfuite étant retourné dans leur patrie pleins d'admiration pour ce qu'ils avoient vû, ils donnerent des noms Latins à leurs Forterefles. Strabon, Corneille Tacite & les Ecrivains de l'Hiftoire Augufte, font mention de plufieurs Princes Etrangers qui vinrent voir les Romains. Quoiqu'il en foit, du temps des Vandales Julin étoit une Ville très-marchande & le commerce y étoit fi floriffant qu'à la referve de Conftantinople qui étoit alors la principale Ville du Monde, il eût été difficile d'en trouver une qui fût égale à Julin. On y voyoit des Ruffiens, des Danois, des Sembes, des Saxons. Chaque Nation y avoit fes rues & fes places publiques. Pas un peuple n'en étoit exclus, finon ceux qui auroient pû parler de Chriftianifme. C'étoit une condition que l'on impofoit à ceux qui y venoient foit par terre, foit par mer, de ne pas dire un feul mot touchant la Religion Chrétienne. Cette Ville étoit fituée du côté de la Suine ; comme il paroit par ce paffage de cet Hiftorien [b]. *Pons illic amni Znina fuperpofitus, Oppidum conjungit adverfa ripæ.* C'étoit la plus importante place des Wandales qui à la faveur de leur Marine infeftoient les côtes de la Mer Baltique de leurs Pirateries. Tous les Bandits & les Scelerats qui s'enfuioient du Danemarck pour éviter le châtiment de quelques crimes, venoient y chercher un azyle qu'on ne leur refufoit pas. Cela fit que les Rois de Danemarck firent fouvent tous leurs efforts pour la détruire. La Pomeranie ayant enfin fes Ducs, ils travaillerent à la converfion de cette Ville. [c] Boleflas II. réuffit à celle des deux Freres Wratiflas & Ratibor Princes de la Pomeranie Citerieure ; Othon VIII. Evêque de Bamberg qui poffedoit parfaitement la Langue des Henetes fut appellé pour annoncer l'Evangile aux Pomeraniens. Il eut le bonheur de convertir Wratiflas & fes fils Cafimir & Bogiflas à qui il conferal le Baptême. Ce fut par fon confeil que Wratiflas établit un Evêché à Julin qui étoit alors très-peuplée & d'un grand Commerce. Comme on parloit alors avec beaucoup d'admiration des prodiges que Dieu operoit par St. Adelbert Evêque de Prague martyrifé près de Fifchaufen en Pruffe par les Barbares à qui il étoit allé prêcher la foi ; on bâtit le premier Temple à Julin fous l'invocation de ce Saint. Albert en fut le premier Evêque & mourut l'an 1158. Le Chapitre lui donna pour Succeffeur Conrad fous lequel Waldemar Roi de Dannemarck fit perpétuellement la guerre aux Wandales, fans parler de Henri le Lion qui attaqua la Pomeranie du côté de la terre. Durant ces guerres les habitans de Julin ayant pris la fuite les Danois fe rendirent maîtres de la Ville & la brûlerent. Elle avoit effuyé de temps en temps de facheux defaftres, mais elle s'étoit toujours rétablie. Elle ne put jamais fe relever de ce coup-là ; & ce qui acheva de l'obfcurcir, ce fut la translation du Siége Epifcopal qui fut transferé à CAMMIN (Voiez cet Article) & la fondation de quelques nouvelles Villes [d], que les Saxons bâtirent fur cette côte, fur tout la Ville de Lubec, qui s'étant beaucoup accrue en peu de temps obfcurcit les anciennes Villes de la Wandalie.

1. JULIOBONA, Ἰουλιόβονα, ancienne Ville de la Gaule Lyonnoife dans le Pays des Caletes, felon Ptolomée [e]. Antonin en fait [e] mention en plufieurs Routes differentes. Dans celle de Carocotinum à Auguftobona, c'eft-à-dire du Crotoy port de Mer à Troyes en Champagne, en paffant par Rouen & par Paris, il compte X. M. Pas de Carocotinum à Juliobona.

Carocotino,

Juliobonam X. M. P.
Lotum, VI. M. P.
Latomagum, XIII. M. P.
Rothomagum, IX. M. P.

En supposant que Carocotinum est le Crotoy, comme le pense Hadrien de Valois il y auroit de ce Port de Mer à Juliobona X. M. P. & de Juliobona à Rouen XXVII. ce ne sauroit être DIEPPE, car il y a au moins onze lieues de distance du Crotoy à Dieppe, ce qui est bien different de x. M. P. De Dieppe à Rouen il y a douze petites lieues, & l'Itineraire ne marque que XXVIII. M. P. autre preuve que Juliobona ne sauroit être Dieppe. Les distances conviennent encore moins à la Ville de HONFLEUR, qui est trop loin de *Carocotinum* pour les x. M. P. d'Antonin. Sigebert dans sa Chronique dit: *Juliabona in Caletensi pago regione inter Sequanam & Mare sita, juxta Sequanam est sedes regia*. C'est-à-dire : Juliobona dans le Pays de Caux situé entre la Seine & la Mer, est une demeure Royale auprès de la Seine. Il a pris Juliobona pour l'ISLEBONNE, & il n'est pas le seul qui soit tombé dans cette erreur. Orderic Vital [a] dit: il y a un Village qui appartient au Roi, auprès de la Seine, où étoit une ancienne Ville nommée CALETUS de laquelle le Pays voisin avoit pris le nom de *Calegius Pagus*. Jules-Cesar l'assiegea & la détruisit. Mais ayant ensuite consideré l'avantage du lieu il y mit une Garnison & l'appella de son nom *Juliobona*. C'est elle que les Barbares appellent presentement l'Islebonne. Le même Auteur dit ailleurs [b] que Jules-Cesar assiégea la Ville *Caletus*, que l'ayant prise il la détruisit, mais qu'afin que la Province ne fût pas entierement sans Garnison il fortifia une Place qu'il nomma *Juliabona*, & que le Patois barbare en a fait l'Islebonne par corruption. Hadrien de Valois a raison de dire que cette Ville *Caletus* a été inconnuë aux Anciens & qu'elle n'a jamais existé ni là ni ailleurs. Le nom de *Caletensis Pagus* donné au Pays ne vient pas d'une Ville nommée *Caletus*, mais du Peuple même nommé *Caleta*, ou *Caletes*. La ressemblance de nom a trompé ces deux Auteurs & plusieurs autres, savoir Turnebe, Papire Masson &c. Il est certain que Dieppe n'est pas une Ville assez ancienne pour avoir été du temps de Jules Cesar quoi que c'ait été un Port de Mer depuis long-temps. Nous avons auprès de cette Ville un ancien lieu nommé la Cité de Limes qui donneroit lieu à mes conjectures si les distances d'Antonin y convenoient. Mais elles ne s'y accordent pas.

2. On cherche une autre JULIOBONA qui doit avoir été une Ville Episcopale. Dans le Concile de Challon sous Clovis le Jeune on trouve entre les Prélats qui souscrivirent Betton Evêque de Juliobona *Betto Episcopus Ecclesiæ de Juliobona*. On voit assez que cette Juliobona ne sauroit être celle du Pays de Caux puisque ce Pays n'a jamais eu d'Evêque particulier & a toujours été du Diocèse de Rouen, comme il en est encore aujourd'hui. Il y a trois sentimens pour expliquer cette difficulté. 1. Le savant P. Sirmond dit bien à la verité que ce n'a jamais été un Evêché fixe, mais que cependant on avoit donné ce lieu à l'Evêque Betton, de même que l'on donna à Austrapius & à Munderic Evêques des lieux qui n'étoient pas des Evêchez. Mais ces Evêques étoient designez successeurs l'un au Diocèse de Langres, l'autre à celui de Poitiers. Ce n'étoient pas des Diocèses, mais des residences qu'on leur assignoit en attendant que les Siéges auxquels ils étoient destinez fussent vacants. Mais ici il n'est point question de cela. L'Evêque Betton ne succeda point au Diocèse de Rouen & il n'y a jamais eu à Rouen d'Archevêque de ce nom. 2. Hadrien de Valois juge que ce peut bien être la Ville de Troye qui étoit alors & est encore Episcopale. Octavius, dit-il, ayant été adopté par Jules Cesar, prit le nom de Jules, & reçut ensuite le surnom d'Auguste, il se peut faire que la Ville de Troyes ait été aussi bien appellée *Juliobona*, qu' *Augustobona*, nom que quelques anciens lui ont donné, & il se rencontre assez juste que dans le Concile de Challon il n'est fait aucune mention d'un Evêque de ce Diocèse sous le nom de *Ecclesia Tricassina*. Cela fait croire qu'il pourroit bien être designé par le nom de *Juliobona*. 3. Le troisiéme sentiment est fondé sur ce qu'à ce Concile il ne paroît point non plus d'Evêque d'Angers sous le nom d'*Ecclesia Andecavensis*. On sait qu'Angers a été nommé par les Anciens *Juliomagus*. Peut-être a-t-on mis *Juliobona* pour *Julio Magus*, & que Betton étoit Evêque d'Angers & non pas de Troyes.

§ 4. J'ajouterai un quatrième sentiment, qui seroit le plus vrai-semblable, si je trouvois dans quelque Ancien que BAYEUX Ville Episcopale a été autrefois nommée JULIOBONA BIDUCASSIUM; mais c'est Mr. d'Audifret qui le dit [c], & j'ignore sur quelle autorité il s'appuye, & supposé que Bayeux ait été ainsi nommé autrefois, il est surprenant que ce nom ait échapé à Ortelius, à Hadrien de Valois, & à tant d'autres Géographes.

3. JULIOBONA, ancienne Ville de la Haute Pannonie sur le Danube, selon Ptolomée [d]. On croit que c'est presentement la Ville de Vienne.

JULIOBRICA, ancienne Colonie d'Espagne, selon Pline. Il dit que l'Ebre a sa source dans la Cantabrie assez près de la Ville de Juliobrica. C'est presentement FUENTE d'IVERO, le nom moderne veut dire la source de l'Ebre. Morales [e] fournit une inscription dans laquelle on lit JULIOBRIGENSI EX GENTE CANTABRORUM.

§ JULIOBRIGA, Ville de l'Espagne Tarragonoise dans la Cantabrie sur la côte de l'Océan. Quoique les Anciens n'ayent point marqué d'autre *Juliobriga*, ou *Juliobrica* dans la Cantabrie que celle dont on vient de parler, Mr. Baudrand cite Gregoire de Argaiz qui dit que c'est presentement El Puerto de SANTOÑA dans la Biscaye; & qu'il est ainsi nommé à cause de St. Ananie qui y fut martyrisé d'où est venu le nom de Santoña. Voiez PORTUS VICTORIÆ JULIOBRIGENSIUM.

JULIODUNUM, nom Latin de LOUDUN, les Anciens n'en ont point usé.

JULIOGORDUS. Voiez JULIOPOLIS.

JULIOLA, ancienne Ville de l'Isle de Sardaigne, selon Ptolomée [f]. Elle étoit dans sa

[a] l. 5.
[b] l. 12.
[c] Geogr. Hist. T. 2 p. 193.
[d] l. 2. c. 15.
[e] Fol. 67.
[f] l. 3. c. 3.

sa partie Septentrionale. Cluvier a cru que c'étoit *Castro Doria*, mais François de Vico juge que ce doit être Vignola, & Mr. Baudrand [a Ed. 1682.] a jugé que ce dernier sentiment est le plus vrai-semblable.

1. JULIOMAGUS, nom Latin d'Angers. Dans la suite cette Ville quitta son nom pour prendre celui du Peuple dont elle étoit la Capitale & qu'elle conserve.

2. JULIOMAGUS, ancienne Ville de la Germanie, entre Tenedone & Brigobanne à XIV. M. P. de l'une & à XI. M. P. de l'autre, selon la Table de Peutinger. Beatus Rhenanus croit que c'est Pfullendorff dans la Suabe. Cluvier croit que c'est Dutlingen.

1. JULIOPOLIS, ancienne Ville de l'Asie mineure. On l'appelloit auparavant [b l.5.c.32.] Gordiu Come, selon Pline [b]. Elle étoit près de Dadastane & du mont Olympe. [c l.12.p. 574.] Strabon [c] nous apprend le sens du nom de Gordiu Come, & dit qu'un nommé Cleon Chef de Voleurs fit une Ville du Village Gordus, ou Gordius & la nomma Ju- [d l.38.c.13.] liopolis. Tite-Live [d] nomme ce lieu Gordiutichos ; le nom est Grec Γορδίου τεῖχος, & signifie le mur de Gordius ; il compte trois jours de marche de Gordiutichos à Tabæ Ville aux confins de la Pisidie. Cette Ville fut Episcopale. Dans le Concile *Quinisexte* il est fait mention de l'Evêque Isidore. *Isidorus Episcopus Gordoservorum Civitatis, Bithynorum Provinciæ.* Ptolomée nomme une [e l.5.c.2.] Ville de l'Asie [e], Juliagordus, ou Juliogordus. Ce nom marque assez que ce doit être Juliopolis, ou Gordiu Come ; ce qui fait la difficulté c'est qu'il la met dans la Lydie ou la Meonie, or Gordiu Come étoit dans la Bithynie & le même Ptolomée place [f Ibid.c.1.] en Bithynie une autre Juliopolis [f], & c'est cette derniere qui étoit sur la route marquée par Antonin de Constantinople à Antioche par Nicée, Dadastane, Juliopolis, Ancyre, &c. *Juliogordus* étoit bien loin de cette route près du Mont Sipile. Antonin au reste compte XXVI. M. P. entre Dadastane & cette Juliopolis. Ortelius distingue deux Villes, savoir la *Juliopolis* de Ptolomée, & dont Pline nomme les habitans Juliopolitæ ; *Juliopolis* Gordiu Come. Je crois que c'est la même ; mais qu'elle est très-differente de *Juliogordus*, ou *Juliagordus*.

2. JULIOPOLIS, Ville d'Asie dans la petite Armenie, dans la Prefecture de Rhavenę [g l.5.c.7.] près de l'Euphrate, selon Ptolomée [g].

3. JULIOPOLIS, ancienne Ville d'Egypte, sur le Nil, à deux mille pas d'Alexan- [h l.6.c.23.] drie, selon Pline [h]. Hermolaus Barbarus & Ortelius ont cru qu'il falloit lire Heliopolis. Mais outre que les Manuscrits portent Juliopolis, selon le temoignage du R. P. Hardouin, d'Alexandrie il y avoit plus de six cens mille pas à Heliopolis, au lieu qu'à Juliopolis il n'y en avoit que deux mille. D'ailleurs M. M. ne signifient que cela & non pas un milier de milles.

[i l.3.c.15.] JULIS, Ville de l'Isle de Cea. Ptolomée [i], Suidas, & Valere Maxime en font mention. [k l.2.c.6.n.8.] Ce dernier [k] raporte la mort courageuse d'une [l Le Fevre Vie des Poëtes Grecs.] femme de cette Ville. Voiez l'Article Caresus. [l] Cette Ville étoit la patrie de Bachili-

de fameux Poëte Grec, & neveu de Simonide qui étoit de la même Isle, & apparemment de la même Ville.

JULIUM CARNICUM, ancienne Ville du Peuple Carni dans les Alpes Juliennes, Ptolomée la nomme Colonie [m]. L'Itineraire [m l.3.c.1.] d'Antonin la met à soixante milles d'Aquilée, le lieu qui étoit à moitié chemin s'appelloit *ad Tricesimum*; quelques-uns croient que c'est un Village du Frioul nommé Zuglio par les Italiens, & Zoel par les Allemands, à quatre milles de Ponteba ; mais il n'y a là aucun vestige de grand chemin. Lazius a cru que c'étoit Ponteba, Bourg situé sur un ruisseau de même nom, & il y a plus d'apparence. Voiez Ponteba.

JULIUM Præsidium, c'est le même lieu que Scalabis, aujourd'hui Santaren en Portugal.

JULIUS Portus. Voiez Portus Julius.

JULIUS Vicus. Voiez au mot Vicus.

JULLY. Voiez Juilli.

JUMIEGE [n], Bourg de France en Nor- [n Memoires mandie au Pays de Caux, sur la Riviere de Sei- dressez sur ne, cinq lieues au dessus de Roüen, à trois les lieux en de saint Georges, de saint Vandrille & de 1704.] Caudebec, & cinq quarts de lieue au dessus de Ducler, en Latin *Gemmeticum*. Ce Bourg dont la Paroisse est dediée à saint Valentin, est connu principalement par une Abbaye Royale qui s'y trouve ; & qu'en Latin on appelle *sanctus Petrus Gemmeticensis*. Cette Abbaye que possedent les Benedictins de la Congregation de saint Maur, fut fondée en l'an 650. par saint Philibert son premier Abbé, sous le regne de Clovis II., qui en a été le principal bienfaicteur, avec sainte Batilde sa femme. L'Eglise qui porte le titre de saint Pierre, est grande, & très-solidement bâtie, avec seize piliers de chaque côté dans sa longueur, & des Chapelles autour du Chœur, dans lequel on voit un très-grand Candelabre de cuivre à neuf branches, un Aigle, & six grands Pupitres du même métal très-bien ouvragez. Cette vaste Eglise est couverte de plomb aussi bien que la grosse tour quarrée, ouverte en lanterne sur le milieu du Chœur. Les deux gros clochers de pierres bâtis à l'antique d'un même dessein, & à trois étages, s'elevent beaucoup au dessus du grand Portail contre lequel est adossé l'orgue, & ils se terminent en hautes Pyramides, couvertes d'ardoise. Entre les cloches de cette Abbaye il y en a une du poids de sept milliers. On conserve dans le Tresor de cette Eglise plusieurs Reliques très-precieuses & anciennes, & entre autres celles de saint Philibert, renfermées dans une très-belle châsse d'argent, representant une Eglise des mieux ornées d'Architecture & de Sculpture. On y voit encore diverses figures d'argent, & deux Chefs aussi d'argent, dans l'un desquels est la tête de saint Valentin, Evêque & Martyr, & dans l'autre une partie de celles de saint Leger, Evêque d'Autun, & de saint Aicadre second Abbé de Jumiege. Le Cloître à côté de l'Eglise est grand & très-beau, & les bâtimens des Religieux tiennent beaucoup de l'antiquité. On en a commencé un nouveau de trois

cens

cens dix pieds de longueur sur une même ligne, & il repondra sans doute à la reputation de cette célèbre Abbaye, dont la Bibliotheque est grande, & très-bien fournie de livres pour toute sorte d'études, avec divers Manuscrits dont quelques-uns sont fort rares. La Maison Abbatiale bâtie de neuf & à la moderne au bout du Jardin, a tous les appartemens & les Offices qui conviennent à un Abbé de distinction & tous les Logemens nécessaires pour les équipages. Le terrain que l'Abbaye de Jumiege occupe est fort étendu, & les Jardins sont très-spacieux. Le voisinage d'un bois, les prairies, & la Riviere en rendent le séjour agréable. Elle a droit de pêche & possede plusieurs Baronnies. On lit dans le Cloitre les Inscriptions suivantes. *Les deux aînez de Clovis II. & de Sainte Batilde, s'étant revoltez contre elle pendant un Voyage d'outre mer de Clovis, vaincus & pris dans le Combat qu'il revint sur ses pas pour leur livrer, furent condamnez à avoir les nerfs des bras coupez. Ainsi énervez, à Paris, mis & abandonnez sur la Seine dans un batteau sans Bâteliers ni avirons; ils aborderent au Port de Jumiege accompagnez d'un seul serviteur. Saint Philbert les y alla prendre, & les reçût Religieux en ce Monastere, où ils sont inhumez.*

Saint Aicadre, choisi par Saint Philbert pour lui succeder au gouvernement de ce Monastere, & second Abbé, vers l'an 670. ayant demandé à Dieu le necessaire pour la subsistance de neuf cens Religieux qu'il y avoit, fut averti par un Ange que 450. iroient en trois jours au Ciel : & l'Ange entrant de nuit dans le Dortoir les designa d'une Baguette. *Le Saint fait rapport en Chapitre de cette revelation.*

Vers le milieu du IX. siécle, les Danois étant entrez dans la Neustrie par la Riviere de Seine avec une puissante Flotte, que le fameux & redoutable *Hasting* commandoit sous les ordres du Prince *Bier*, surnommé côte de Fer, aborderent à Jumiege après avoir saccagé une grande étenduë de Pays, y mettant tout à feu & à sang & massacrant plusieurs Religieux, tandis que les autres se derobent par la fuite à leur fureur, & ce qu'ils ont de plus précieux, vont chercher un azile dans le Cambresis au Prieuré d'Aspre dépendant de ce Monastere.

Guillaume longue Epée, Duc de Normandie, chassant dans la Forêt de Jumiege y trouva deux Moines qui lui raconterent comme leur Monastere avoit été ruiné, & lui presenterent du pain d'orge & de l'eau, qu'il refusa avec mepris : & continuant sa chasse il rencontra un Sanglier qu'il blessa. Le Sanglier se jetta sur lui & le renversa. Le Duc revenu à soy retourna aux Religieux, reçut leur present, promit de rebâtir leur Monastere. Il le fit, & y mit vers l'an 904. douze Moines avec *Martin* leur Abbé, que sa sœur, Comtesse de Poitiers, avoit tirez de Saint Cyprien.

Tassillon Duc de Baviere, & *Teudon* son fils, sont enterrez dans cette Abbaye, qui fut reformée l'an 1616. par les Benedictins de la Congregation de Saint Maur. Elle a produit plusieurs hommes Illustres, entre lesquels on compte Saint Hugues, Abbé & Archevêque de Roüen. Saint Eucher Evêque d'Orleans; Robert Evêque de Londres & de Cantorbery; Freculfe Evêque de Lisieux; Jacques d'Amboise, Evêque de Clermont, & Helisacar, Abbé & Chancelier de Louïs le Debonnaire.

JUN [a], Canal Royal de la Chine où il traverse toute la Province de Xanton qu'il partage, & à laquelle il est d'autant plus avantageux que les Vaisseaux n'ont point d'autre passage pour porter les Marchandises à Pekin : il commence à Socien, d'où il est tiré depuis la Riviere jaune jusqu'à celle de Guey. Il a été creusé à grands frais, & comme en certains endroits il n'y auroit pas assez d'eau pour de grandes barques bien chargées il y a plus de six cens écluses, faites de grandes pierres de taille, fort solides, qui y sont menagées pour élever, ou abbaisser l'eau à proportion qu'on en a besoin. Un peu avant que l'on soit à moitié chemin de Cining, il y a le Lac de Cang qui fournit autant d'eau que l'on en veut, mais comme le reservoir du Lac est plus bas que le terrain par où l'on passe & qu'il s'écouleroit bientôt entierement, il y a huit écluses l'une auprès de l'autre pour en soutenir les eaux. Ces écluses s'appellent en Chinois Tungsea.

[a] *Niewhof. Ambass. des Holland. à la Chine p. 111.*

JUNA, ancienne Ville de l'Albanie au delà du Cyrus, selon Ptolomée [b].

[b] *l. 5. c. 12.*

JUNCARIA, ancienne Ville de l'Espagne Tarragonoise, selon Ptolomée, qui la met au Pays des Indigetes. Quoique dans le même Pays il y ait aujourd'hui un lieu nommé Jonquere qui merite moins le nom de Ville que celui de Village il n'y a pas faute que ce soit le même lieu. Antonin marque l'ancienne *Juncaria* immediatement après le poste nommé *Summum Pyrenæum*, il ne laisse pas d'y mettre une distance de XVI. M. P. entre deux; & cette distance tombe précisement à Figueras. Voiez ce mot.

JUNCARIUS CAMPUS, Campagne au Midi de laquelle étoit située l'ancienne Ville Juncaria, au lieu que la Jonquere d'aujourd'hui en est au Nord. Strabon [c] dit : les habitans d'Ampurias avoient pour l'Interieur du Pays des terres dont quelques-unes étoient fertiles, d'autres ne produisoient que du Jonc; & qu'on l'appelloit le Champ du Jonc, *Juncarium Campum.* Cette Campagne garde encore son ancien nom & c'est la Vallée de Jonquere. Mais la Ville a perdu le sien & s'appelle *Figueras.* L'une & l'autre le tiroient du Jonc.

[c] *l. 3.*

1. JUNCENSIS, Siége Episcopal d'Afrique dans la Byzacene, selon la Notice d'Afrique qui nomme son Evêque *Tertullus Juncensis*. La Conference de Carthage fournit Valentinien Evêque de ce même endroit. Il s'est tenu un fameux Concile en cette Ville l'an 524. dont Ferrand raporte un Canon dans son Abregé des Canons [d]. Il est parlé de *Juncense Littus* dans la Vie de St. Fulgence.

[d] *Canon 26.*

2. JUNCENSIS, autre Siége Episcopal d'Afrique dans la Mauritanie Cesariene. Nous ne le connoissons gueres que par la Notice d'Afrique qui nomme en premier lieu *Glorinus Juncensis.*

JUNGARIUS, Ἰουγγάριος, c'est le même que JUNCARIUS CAMPUS.

JUNGCHANG [e], Ville de la Chine dans la

[e] *Atlas Sinensis.*

JUN. JUN.

la Province de Junnan dont elle est la huitieme Metropole. Elle est de 17. d. 42'. plus Occidentale que Pekin. Sa Latitude est de 24. d. 58'. Elle a été la Capitale du puissant Royaume de Gailao & on la nommoit alors PUGUEI. Hiaou Empereur de la famille de Han en jetta les fondemens. Comme elle étoit le Chef-lieu d'un Territoire arrosé par la Riviere de Lançang, on lui donna le nom de cette Riviere; mais ensuite elle se detacha de la Chine & se donna au. Royaume de IUNGCHANG on l'appella de ce nom.

Un Auteur Chinois parle ainsi des habitans. Ils ont pris les differentes mœurs des étrangers. Les uns couvrent leurs dents d'une feuille d'or, & on les appelle *Kinchi*, c'est-à-dire, les gens aux dents d'or. Les autres aiment à les avoir très-noires ou de quelque autre couleur & se servent pour cela de drogues. Quelques-uns se font dessiner des figures sur le visage en piquant legerement la peau avec des aiguilles, & passant dessus quelque couleur qui s'imprime, coutume qui leur est commune avec quelques Indiens. Ils vont à cheval sans selle, ils mettent seulement un tapis. Ils ont en abondance de l'Or, de la Cire, du Miel, du Marbre, de l'Ambre, de la Soye, du Lin. La Ville est grande & bien peuplée; elle a appartenu au grand Royaume de Kinchi; elle est presentement à la Chine. Elle a quatre Villes dans son département & trois Forteresses qui lui servent de barriere.

Les *Villes* sont	Les *Forteresses* sont
Jungchang,	Fungki,
Laye,	Xitien,
Lukiang,	Lukiang.
Jungping.	

[a] Ibid.   ^a Le P. Martini est persuadé que cette Ville est la même qu'UNCHIANG dont parle Marco Paolo le Venitien. L'affinité de nom, les mœurs du peuple, la situation du Pays tout y convient. D'ailleurs les Chinois n'ont aucun Caractere pour exprimer la Syllabe *un*, & ils écrivent toujours *iun*.

[b] Ibid.   JUNGCHEU ^b, Ville de la Chine dans la Province de Huquang dont elle est la treizieme Metropole. Elle est située entre de belles Montagnes couvertes de verdure, dans le voisinage de la Riviere de SIANG; & est la plus Meridionale des Villes de toute la Province. Un Roi de la famille de Taiminga y a fait sa Residence, & on en voit encore le Palais qui est très-beau. Il y a aussi une Colline remplie d'arbres & d'Edifices & quatre Temples consacrez à des hommes Illustrés. Ce departement contient sept Villes, savoir

Jungcheu,	Tunggan,
Kiyang,	Ningyven,
Tau,	Jungning,
& Kianghoa.	

Cette Contrée étoit autrefois du Royaume de CU. La famille de Hana la nomma LINLING. Elle fut ensuite aux Rois d'U & fut appellée Iungyang. La famille de Tanga lui a donné le nom qu'elle porte aujourd'hui. Outre la Riviere de Siang qui y passe au Nord, elle a le Ruisseau de Siao qui y coule & se perd dans cette Riviere.

JUNGCHEU est de 6. d. plus Occidentale que Pekin & compte 26. d. 42'. de Latitude.

IUNGLI ^c, Ville de la Chine dans la Province de Queicheu au Couchant de la Ville de Sintien. Elle a sous elle deux Forteresses, savoir PINGFA & TAPING. Les Montagnards voisins à force de frequenter les Chinois en ont pris un peu des mœurs. Ils vont cependant toujours armez, & aiment la guerre. Il y a à Iungli un très-beau pont de Pierre. [c] Ibid.

1. JUNGNING ^d, Ville de la Chine dans la Province d'Iunnan, dont elle est la onziéme Metropole. Elle est de 15. d. 48'. plus Occidentale que Pekin, sous les 27. d. 33'. de Latitude. C'est la Ville la plus Septentrionale de la Province, aux Confins du Royaume de SIFAN. Elle a sous elle quatre Forteresses, savoir [d] Ibid.

Jungning,	Ketien,
Laçu,	Hianglo,
Valu.	

Il y a dans ce Canton quantité d'excellentes vaches. Les Chinois les appellent Ly, ils en employent la queue à orner leurs Etendarts & leurs Casques; & du Poil ils font des Tapis & des habits excellens contre la pluye. Ce Canton s'appelloit autrefois Talang. C'est la famille de Juen qui lui a donné le nom qu'il porte. Auprès est la Montagne de CANMO, nue, & isolée, & toute de pierre, dans une grande plaine. A l'Orient de Jungning est le Lac LUCU, assez grand & dans lequel il y a trois Isles entierement égales. Chacune a une Coline de cent perches de haut.

2. JUNGNING ^e, Ville de la Chine de la Province de Queicheu, où elle tient le second rang entre les Citez. Elle est de 12. d. 20'. plus Occidentale que Pekin, à 25. d. 2'. de Latitude. Ce fut la famille de Juen qui la fonda. Son departement contient deux autres Places, savoir [e] Ibid.

Muyo, & Tinging.

Elle a un assez grand Territoire, mais rempli de Montagnes, peuplées de cinq diverses Nations qui se servent de l'arc, de la fleche & de petites épées très-pointues. Entre autres usages particuliers, ce ne sont point les parens qui font les Mariages, mais les parties interessées elles-mêmes conviennent ensemble de leurs faits.

3. JUNGNING ^f, Forteresse de la Chine dans la Province de Queicheu : elle est de 12. d. 42'. plus Occidentale que Pekin, à 27. d. 33'. de Latitude. [f] Ibid.

JUNGPING ^g, Ville de la Chine dans le Pekeli, dont elle est la huitiéme Metropole. Elle est d' 1. d. 34'. plus Orientale que Pekin, & sous les 40. d. de Latitude. Son Territoire est tout relevé de Montagnes & de Collines, mais comme elle confine au Golphe de ÇANG, il n'y manque rien de tout ce qui est necessaire à la vie, le Poisson y abonde, & on y trouve la fameuse racine du Ginseng; à laquelle on [g] Ibid.

attri-

attribue tant de vertus, & pour laquelle on donne le triple du poids en argent. On y a aussi des Mines d'étaim & on y fait du Papier. Ce Canton a autrefois été de la Province de Kicheu. La famille de Cin la nomma LEAOSI. Les Rois de Guey appellerent la Ville LULUNG, & la famille de Tanga PINGCHIEU. Ce departement contient six Villes, savoir

Jungping,	Changli,
Ciengan,	Lo,
Vuning,	Loting.

Il y a dans la Ville deux fameuses Pagodes. Elle est avantageusement située pour defendre l'Empire, étant entourée de Rivieres & de Montagnes, auprès de la Ville & le mont JANG, qui est haut & d'où il sort plusieurs torrens.

[a] Ibid. JUNING [a], Ville de la Chine dans la Province de Honan dont elle est la VIII. Metropole, à 2. d. 56′. plus à l'Occident que Pekin, & à 33. d. 53′. de Latitude. Elle est située à l'Orient du Lac de Si qui se dégorge dans la Riviere de Ju. Cette Ville a quatorze Villes dans son departement, savoir

Juning,	Loxan,
Xangçai,	Kioxan,
Sip'ing,	Quango,
Sinçay,	Quangxan,
Siup'ing,	Cuxi,
Chinyang,	Sie,
Sinyang,	Xangching.

Au Nord de la Ville est le mont TIENCHUNG auquel ils attribuent la propriété d'être au centre de l'Univers.

JUNNA, nom Latin de la JUINE Riviere de France.

JUNNAN, Province de la Chine, la derniere de toutes en rang, & la plus Occidentale. Elle merite néanmoins d'être comptée entre les meilleures Provinces de l'Empire. Mr. de l'Isle écrit, selon la prononciation, YOUNNAN. [b] Elle est bornée au Nord par la Province de Sukuen, ou Soutchouen, à l'Orient par la Province de Queicheu ; au Midi par le Tonquin & par le Royaume de Laos ; au Couchant par les Etats du Roi d'Ava & du Royaume de Lassa ou de Boutan, c'est ce dernier que les Chinois nomment Sifan.

[b] Atlas Sinensis.

C'est la plus riche de toutes les Provinces & où les vivres sont à meilleur marché: on tire du sable beaucoup d'or & les Chinois assurent que si l'on ouvroit les Mines on en tireroit de grandes richesses. De là vient la façon de parler proverbiale lorsque l'on voit à la Chine un mauvais menager qui jette son bien par les fenêtres, on lui demande si son pere est Receveur du Domaine dans la Province d'Iunnan. Cette Province a aussi de l'Ambre, mais un peu plus rougeâtre que celui de Prusse ; car on n'y en trouve point de jaune. Elle nourrit d'excellens chevaux & des Elephans. Les Rubis, les Saphirs, les yeux de Chat & autres pierres precieuses se rencontrent dans cette Province ; le Musc, la Soye, le Benjoin, & autres Marchandises que l'on tire du Pegu, de Laor & de Quangnan.

Cette Province a douze grandes Villes du premier rang, huit autres Villes Militaires, plus de quatre-vingt-quatre Citez, sans compter diverses Forteresses. Cependant elle a été autrefois plus grande, & on en a demembré quelques parties pour les joindre au Tonquin. On y compte 132958. familles & 1433110. ames. Elle renferme diverses Nations sur le nombre desquelles on ne s'accorde point parce qu'elle n'est pas entierement soumise. Il y a quelques Seigneurs particuliers qui sont de petits Souverains & absolus chez eux, ce qui ne se trouve point ailleurs dans toute la Chine. Ils reconnoissent l'Empereur de la Chine, mais cela ne les empêche pas d'être maîtres de leurs Sujets, & leur Gouvernement est hereditaire. Le tribut que cette Province paye en ris consiste en 1400568. Sacs de ris & celui du sel est de 56965. poids de sel sans parler de quantité de tributs que payent les Marchandises & les Terres.

Comme la Province d'Iunnan est plus proche des Indes que les autres Provinces de l'Empire, elle participe aussi davantage aux mœurs des Indiens. Les femmes y sont moins renfermées qu'ailleurs. Elles sortent & vont dans les rues & dans les places publiques par tout où les affaires les appellent. Plusieurs n'y enterrent point les morts, selon l'usage des Indiens, mais ils les brûlent sur un bucher. Mais ils ne brûlent point avec eux des personnes vivantes, ils tiennent pour barbare cette coutume des Indiens.

Les habitans de cette Province sont plus robustes & plus courageux que les autres Chinois, ils prennent moins l'épouvente dans le combat, dans lequel ils se servent d'Elephans. Ils sont doux, complaisans, humains & ont beaucoup de disposition pour la Religion Chrétienne. Le premier Prince Chinois qui ait conquis cette Province fut l'Empereur Xi Tige de la famille de Cin. Comme peu après ils se revolterent, Hiaou Chef de la famille de Han les remit à la raison. Les Tartares de la famille de Juen y envoyerent des Colonies. Marco Paolo le Venitien qui a eu connoissance de ce Pays en a dit beaucoup de choses qui ont paru fabuleuses & qui pourtant sont très-vrayes. Le P. Martini qui le justifie à cet égard trouve seulement que ce qu'il en raconte n'étant pas assez suivi ni dans un ordre assez clair, n'a pas été bien entendu en Europe. Voici une Table Géographique des Places de cette Province avec leurs positions. L'O, signifie plus Oriental que Pekin d'où se prennent les Longitudes & le P, plus Occidental que cette même Ville.

Noms.	Longitude.		Latitude.		
I. *Ville Metropolitaine.*	Degr.	Min.	Degr.	Min.	
Junnan	14	25	25	0	p.
Fumin	14	38	25	3	p.
Yleang	14	20	25	30	p.
Caoming ☉	14	46	25	10	p.
Cynning ☉	14	12	24	52	p.

Quei-

JUN.　　　　　　　　JUN.

Noms.	Longitude.		Latitude.	
	Degr.	Min.	Degr.	Min.
Queicheoa	14	20	25	10 p.
Chingcung	14	20	25	20 p.
Ganningo	14	41	24	45 p.
Loçu	14	46	24	50 p.
Lofung	14	57	24	43 p.
Quenyang	14	30	24	38 p.
Sanpao	14	40	24	25 p.
Ymuen	14	50	24	35 p.
II. *Ville Metrop.*				
Tali	16	56	25	27 p.
Chao ☉	16	40	25	46 p.
Iunhan	16	12	25	32 p.
Tengeh'uen ☉	16	55	25	34 p.
Lanckiung	16	56	26	0 p.
Pinchuen	17	10	25	43 p.
III. *Ville Metrop.*				
Lingan	14	19	24	6 p.
Kienxui ☉	14	19	23	50 p.
Xeping	14	28	24	0 p.
Omi ☉	13	57	24	2 p.
Ning ☉	14	0	24	10 p.
Sinp'ing	14	25	23	42 p.
Tunghai	14	10	24	14 p.
Hofi	14	29	24	10 p.
Siego	14	43	24	15 p.
Mungçu	13	56	23	35 p.
Forteresses.				
Naleu	14	25	23	19 p.
Kiaohoa	14	16	23	36 p.
Vanglung	14	5	23	34 p.
Hiyung	14	14	23	18 p.
Kichu	15	6	23	33 p.
Sut'o	14	40	23	33 p.
çoneng	14	49	23	15 p.
Loc'ung	14	30	23	28 p.
Gannan	13	50	23	21 p.
IV. *Ville Metrop.*				
çuhiung	15	24	24	56 p.
Quangtung	15	19	24	43 p.
Tingyuen	15	51	25	23 p.
Tingpien	16	9	25	18 p.
Okia	15	17	24	24 p.
Nangan ☉	15	12	24	55 p.
Chinnan	15	36	24	40 p.
V. *Ville Metropol.*				
Chingkiang	14	4	24	29 p.
Kiangchuen	13	53	24	22 p.
Yangçung	14	5	24	45 p.
Sinhing ☉	14	17	24	34 p.
Lunan ☉	13	49	24	31 p.

Noms.	Longitude.		Latitude.	
	Degr.	Min.	Degr.	Min.
VI. *Ville Metrop.*				
Munghoa	16	38	25	23 p.
Linglung	17	10	25	24 p.
VII. *Ville Metrop.*				
Kingtung	16	30	24	52 p.
VIII. *Ville Metrop.*				
Quangnan	13	25	24	0 p.
Fu ☉	12	59	23	48 p.
IX. *Ville Metrop.*				
Quangsi	13	35	24	14 p.
Suçung ☉	13	40	24	0 p.
Mile ☉	13	46	24	12 p.
Vimao ☉	13	25	23	29 p.
X *Ville Metrop.*				
Chinyuen	16	26	24	37 p.
Forteresse.				
Loco	15	56	24	37 p.
XI. *Ville Metrop.*				
Iungning	15	48	27	33 p.
Lacuho	15	34	27	39 p.
Ketien	16	5	27	41 p.
Hianglo	16	3	27	53 p.
Valu	16	38	27	49 p.
XII. *Ville Metrop.*				
Xunning	17	18	24	46 p.
Villes Militaires.				
I. *Ville Milit.*				
Kiocing	13	48	25	35 p.
Yeço	13	28	29	19 p.
Chanye ☉	13	58	25	15 p.
Loleang ☉	13	51	25	6 p.
Malung ☉	13	50	25	44 p.
Lohiung ☉	13	56	24	57 p.
II. *Ville Milit.*				
Yaogan	15	50	26	3 p.
Yao ☉	15	31	25	55 p.
Tayao	16	0	26	8 p.

Noms.	Longitude.		Latitude.		
	Degr.	Min.	Degr.	Min.	
III. *Ville Milit.*					
Cioking	16	40	26	28	p.
Kiench'uen ☉	16	59	26	34	p.
Xen ☉	16	35	26	48	p.
IV. *Ville Milit.*					
Vuting	14	59	25	27	p.
Hokio ☉	15	3	25	16	p.
Yuenmeu	15	6	25	52	p.
Lokiuen ☉	14	46	25	39	p.
V. *Ville Milit.*					
Cintien	13	52	26	4	p.
VI. *Ville Milit.*					
Likiang	16	58	26	54	p.
Paoxan ☉	16	45	27	9	p.
Lan ☉	17	26	27	16	p.
Kiucin	17	24	27	1	p.
Linfi	17	19	27	31	p.
VII. *Ville Milit.*					
Iuenkiang	15	33	23	54	p.
Forteresse.					
Lopie	15	20	23	53	p.
VIII. *Ville Milit.*					
Iungchang	17	42	24	58	p.
Laye ☉	18	38	25	29	p.
Lukiang	17	56	24	49	p.
Iungping	17	16	25	10	p.
Fungki	17	27	25	10	p.
Xitien	17	46	24	37	p.
Forteresse.					
Lukiang	18	15	25	21	p.
Grandes Citez.					
Pexing ☉	16	8	26	44	p.
Sinhoa	14	55	24	5	p.
Forteresses.					
Chelo	16	16	24	18	p.
Langçang	16	19	27	3	p.
Cité.					
Langkiu ☉	15	55	27	28	p.

Noms.	Longitude.		Latitude.		
	Degr.	Min.	Degr.	Min.	
Forteresses.					
Tengcheng	17	30	25	45	p.
Cheli	16	59	22	42	p.
Mopang	18	21	22	51	p.
Citez.					
Mengyang ☉	17	55	23	6	p.
Mengking ☉	17	39	23	17	p.
Forteresses.					
Menglien	17	25	23	16	p.
Mengli	18	5	24	3	p.
Mengting	18	5	24	29	p.
Mengtien	18	48	22	8	p.
Mengco	19	6	22	0	p.
Mengchang	16	50	23	32	p.
Mien	19	19	23	3	p.
Pape	18	30	22	0	p.
Santihiung	18	0	22	8	p.
Sochung	18	16	21	58	p.
Mungyang	19	4	23	17	p.
Mitien	18	42	23	17	p.
Laochua	16	58	22	3	p.
Canyai	18	38	24	31	p.
Nantien	18	43	25	8	p.
Citez.					
Lungchuen ☉	18	28	24	16	p.
Queryuen ☉	16	55	24	20	p.
Vantien ☉	17	36	24	31	p.
Ching'an ☉	17	19	24	17	p.
Tahen	16	56	24	28	p.
Forteresses.					
Nieuki	16	3	24	17	p.
Mangxi	18	10	23	51	p.

2. JUNNAN [a], Ville de la Chine dans la Province de même nom dont elle est la première Metropole. On peut voir dans l'Article precedent sa position & les noms des Villes qu'elle a sous elle. Il n'étoit point fait mention de ce Canton avant les Rois de çu qui en possedoient la partie Septentrionale. On l'appelloit le Royaume de TIEN & prenoit ce nom d'un Lac qu'il renfermoit. Les Memoires les plus anciens où il soit parlé de cette Ville sont ceux de la famille de Han. Ce n'étoit alors qu'une Cité nommée JECHEU; mais on changea ensuite ce nom en celui de JUN-NAN, à l'occasion de quelques nues où l'on remarquoit une grande varieté de couleurs, qui furent observées par Hioau Empereur qui étoit alors dans ce pays-là. Cyn la nomma NIN-CHEU, & la famille de Tanga l'appella NAU-NING. A cause de l'étendue de son territoire on le partagea en six departemens, où l'on établit autant d'Officiers pour recevoir les Tributs. La famille de Juen ayant vaincu tous ces Officiers nomma cette Ville CHUNGKING, mais la famille de Taiming lui rendit l'ancien nom

[a] *Atlas Sinensis.*

nom de *Junnan*. Le Territoire de la Ville eſt agréable & fertile. Il y a de belles Montagnes & d'excellentes eaux. On voit çà & là des Collines qui s'elevent, & des plaines aſſez longues & larges. Le pays jouït d'un air très-temperé, & a des Fontaines. Les habitans ont beaucoup d'eſprit & le corps robuſte, & ont toutes choſes en abondance & avec une varieté qui fait plaiſir. La Ville peut être comparée aux plus belles & aux plus grandes Villes de toute l'Aſie. Le Commerce y fleurit; les édifices y ſont magnifiques & les Temples d'une grandeur & d'une beauté ſurprenante. Il y a un grand nombre de rues. La ſituation en eſt delicieuſe, au bord Septentrional du grand Lac de Tien qui baigne les murs de la Ville du côté de l'Occident. Des canaux tirez de là juſques dans la Ville y donnent entrée aux bateaux. Il y a dans l'enceinte des murs une Montagne nommée Uhoa qui merite d'être vue pour les Temples, les édifices publics & particuliers & les boſquets dont elle eſt couverte.

Outre les Palais des Gouverneurs, il y en a un où le Gouverneur Général nommé le Moquecung fait ſa demeure. C'étoit un Officier qui avoit été gratifié de ce titre d'honneur par la famille de Taiminga & dont les deſcendans en jouïſſent; elle repond à la qualité de Duc en Europe.

Il y avoit autrefois dans ce Canton differentes Nations dont les noms ſont preſque ignorez à preſent, elles avoient chacune quelque ſingularité dans leurs mœurs, avoient beaucoup d'attachement pour la Doctrine idolatre de Fé, & s'occupoient à reciter les livres de cet impoſteur. Les Armes & l'Agriculture étoient leurs principaux emplois. Ils n'épouſoient point de fille qu'un autre n'en jouït ſecretement avant l'Epoux; quelques-uns étoient bazannez comme les Indiens, d'autres étoient blancs. En montant à cheval ils n'ont qu'un tapis pour toute ſelle. Ce Canton a des chevaux admirables, quelques-uns néanmoins ſont petits, mais forts & pleins de feu. On ne fait nulle part ailleurs de plus beaux tapis, le *Lapis Lazuli* & le beau verd s'y tirent de la Terre. Entre autres Temples conſacrez aux hommes illuſtres, il y en a deux qui ſurpaſſent les autres en magnificence.

Au Couchant du Lac & de la Ville eſt la Montagne de Kingki qui eſt fort grande & vient juſqu'au Lac. Le mont Xang vers le Nord de la Ville, a une ſource d'eau très-froide qui ſoulage les paralytiques. Le Lac Tien qui eſt au Midi d'Iunnan & en baigne les murailles au Couchant a cinq cens Stades de tour; c'eſt la ſource de la Riviere de Kinxa qui coule vers le Nord; la Riviere de Puon qui vient des Montagnes de Caöming, tombe dans ce Lac que l'on appelle auſſi Quenming. On en a tiré un Canal qui méne aux Villes de Ganning, Quenyang, & Fumin, & que l'on nomme communément Tangcie.

[a] *Atlas Sinenſis.*

3. JUNNAN [a], autre Ville de la Chine dans la Province de même nom dans le departement de Tali ſeconde Metropole. Pour mieux ſentir la difference de cette Ville avec la premiere Metropole, je joindrai ici leurs poſitions.

	Longitude.	Latitude.
Iunnan Metrop.	14 25	25 0
Iunnan	16 12	25 32.

JUNPING. Voiez JUNGPING.

JUNON, Déeſſe du Paganiſme, les Grecs la nommoient Ἥρα. Son nom fut donné à beaucoup d'endroits qui lui étoient conſacrez. Les principaux étoient

1. & 2. JUNONIA INSULA, nom Latin d'une Iſle entre les Canaries, c'eſt preſentement l'Iſle de Gomer. Pline [b] dit qu'il y en avoit deux de ce nom, l'une plus grande où étoit une Chapelle bâtie entierement de pierres; l'autre plus petite & voiſine, mais qui ne ſubſiſte plus; apparemment la Mer l'ayant ſans doute ſubmergée. Cette derniere eſt peut-être celle que Ptolomée apelle *Aproſitos*, c'eſt-à-dire inacceſſible. Les Eſpagnols l'appellent LA NON TROVADA & la INCANTADA.

[b] l. 6. c. 32.

3. JUNONIS INSULA, Iſle d'Eſpagne ſur l'Océan. On la nommoit auſſi l'Iſle de Venus APHRODYSIAS [c].

[c] Plin. l. 4.

4. JUNONIA, ſurnom de la Ville de Carthage, qui étoit ſous la protection particuliere de cette Déeſſe.

[c. 22.

5. JUNONIA, ou COLONIA JUNONIA FALISCA. Voiez FALISQUES.

JUNONIS ARA & TEMPLUM, c'eſt-à-dire l'*Autel & le Temple de Junon*. Lieu d'Eſpagne, hors du Detroit de Gibraltar, ſelon Pomponius Mela [d]. Ce lieu étoit ſans doute voiſin du Promontoire de Junon, dont parle Pline.

[d] l. 3. c. 1.

JUNONIS ARGIVÆ TEMPLUM, Temple bâti par Jaſon en l'honneur de Junon d'Argos, dans le Picentin entre Surrentum & le Fleuve Silarus, ſelon Pline [e]. Mais Diodore fait comprendre que ce ſurnom de la Déeſſe Junon ſe doit prendre du Navire Argo & non pas de la Ville d'Argos; ainſi il faudroit alors Pline *Argoæ*, & non pas *Argivæ*. Ce lieu s'appelle preſentement Gifoni & il y a encore à preſent le Temple, mais on l'a conſacré au vrai Dieu ſous l'Invocation de la Ste. Vierge, au raport de Holſtenius.

[e] l. 3. c. 5.

JUNONIS LACINIÆ TEMPLUM. Voiez LACINIUM.

JUNONIS LUCUS, le *Bois de Junon*, il étoit dans l'Iſle de Samos, ſelon Caton [f].

[f] De re Ruſtica. l. 3.

JUNONIS MURUS. Voiez HERÆUM.

JUNONIS PORTUS, Port de l'Iſle de Samos, ſelon Athenée cité par Ortelius.

JUNONIS PRATA, lieu particulier dont parle Euripide dans ſes Phéniciennes.

1. JUNONIS PROMONTORIUM, ou le Promontoire de Junon, ſelon Pline [g]. C'eſt aujourd'hui le Cap de Trafalgar. C'eſt la NAOS HERAS de Ptolomée.

[g] l. 3. c. 5.

2. JUNONIS PROMONTORIUM, Promontoire de Grece. On le nommoit auſſi ACRÆA, ſelon Tite-Live [h]. Il étoit vis-à-vis de Sicyone dans le Peloponneſe. C'eſt ſelon la conjecture d'Ortelius la même choſe que le Temple de Junon, *Junonis fanum* de Ptolomée [i], qui le met ſur le Territoire des Corinthiens.

[h] l. 32. c. 23.

[i] l. 3. c. 16.

JUNONIS SACRUM, ou FANUM, ou TEM-

JUN.

TEMPLUM, Ptolomée [a] le nomme en parlant de l'Isle de Malthé. Quelques-uns croyent qu'il a voulu parler d'une Isle particuliere & que c'est l'Isle de Gozo. Mais il suffit de voir son livre pour connoître qu'il ne parle que d'un lieu de l'Isle de Malthe. Car il dit:

L'Isle de Malthe dans laquelle se trouve,

	Longit.	Latit.
Malte Ville.	38^d.45'	34^d.40'
Et la Chersonnese.	38 40	34 45
Et le Temple de Junon.	39 0	34 40
Et le Temple d'Hercule.	38 45	34 6

[a] l.4.c.3.

Il est clair que ce sont des endroits de cette Isle. Malte est ce qu'on appelle la Cité vieille, la Chersonese est la Presqu'Isle qu'on appelle la Pointe du Frioul ; le Temple de Junon étoit sur cette langue qui separe la Calle de Marsa Scala de la Calle de St. Thomas. Le Temple d'Hercule étoit au Midi de l'Isle vers la pointe de l'Eperon. Ciceron dans sa quatrieme Verrine met ce Temple de Junon dans l'Isle de Malte & Valere Maxime [b] en fait aussi mention.

[b] De Religione.

JUNONIUM CASTRUM, lieu particulier de la Thrace. Demosthene en parle dans la premiere Olynthienne. Mr. Toureil rend ce nom par HERE'E, [c] & dit dans une remarque : Herée Forteresse de Thrace , bâtie par les Samiens qui l'appellerent Herée du nom de Junon leur Divinité favorite nommée en Grec Ἥρα, Hera.

[c] Oeuvres de Mr. Toureil, T. 3. p. 69.

JUNOPOLIS , Ville d'Asie dans la Paphlagonie. Elle étoit Episcopale, selon la Notice de Leon le sage & celle de Hierocles. Son Evêque assista au Concile de Nicée.

JUNQUERE. Voiez JONQUERE & JUNCARIA.

JUNSALAM , Port de Mer d'Asie au Royaume de Siam ; quelques-uns écrivent JUNÇALAM, d'autres JONSALAM, entre autres Mr. Gervaise [d] qui en parle ainsi : le port de Jonsalam est un des meilleurs parmi ceux qui ont besoin que l'art perfectionne la nature. Il est à l'Occident de la Peninsule de Malaca environ au 8. d., entre la Terre Ferme & une Isle qui porte son nom & qui n'en est éloignée que de deux lieues. Le seul desfaut de ce port, c'est qu'il n'a pas assez de profondeur pour porter de grands bâtimens, mais une fort belle rade qui en est proche y peut suplèer avantageusement. C'est un azyle pour tous les vaisseaux qui vont à la côte de Coromandel, quand par malheur ils s'y trouvent surpris de l'Ouragan , lequel arrive ordinairement aux mois de Juillet & d'Août. Ce port & celui de Mygri, ou Myrgui sont les seuls non seulement dans toûte cette côte de Coromandel, mais encore dans tout le Royaume de Siam où l'on puisse être en sureté pendant ce facheux temps, car il n'y a partout ailleurs que des rades foraines & exposées à tous les vents. Le port de Jonsalam est d'une grande consequence pour le Commerce de Bengale, de Pegu & de plusieurs autres Royaumes voisins.

[d] Hist. Nat. & Polit. du Royaume de Siam. p. 15.

JUNXUS , Riviere de la Mauritanie Tingitane, selon Pomponius Mela [e] qui place la Ville de Lixus tout auprès. C'est ainsi qu'Or-

[e] l.3.c.10.

telius lisoit dans cet Auteur. Vossius reforme ces noms & apelle LIXUS la Riviere & LINX la Ville. Il observe que cette Ville est nommée par Artemidore Λυγξῶ, & que d'autres l'appellent Linx & Lixa. C'est la Riviere qui passoit auprès de Lixa , à laquelle Larache a succedé.

IVO. JUP.

IVOLLUM [f] , Ἰούωλλον , Ville ancienne de la Basse Pannonie. Lazius croit que le nom moderne est VILACH , qui est en Hongrie sur le Danube.

[f] Ptolem. l. 2. c. 16.

IVOY [g] , Ville de France au Pays de Luxembourg, aux Frontieres de Champagne. Les Allemands l'appellent IPSCH , nom qui vient du nom Latin EPUSUS , ou EPOISUS , marqué dans l'Itineraire d'Antonin & dans la Notice de l'Empire où l'on voit à la section 65. que cette place étoit alors considerable , puisqu'elle étoit la residence d'un Officier militaire ou Prefect des Troupes *Latorum Actorum*. Elle étoit aussi bien connuë sous les François Merovingiens, & Gregoire de Tours au VIII. Livre de son Histoire nomme Ivoy EPOSIUM CASTRUM, & il rapporte qu'un Diacre nommé Vulfilaïc , Lombard de Nation, bâtit à huit milles de ce lieu-là un Monastere & une Eglise dediée à St. Martin. L'Eglise & le Monastere ont été ruinez il y a long temps ; mais il y a une Eglise Collegiale & un Chapitre de Chanoines seculiers dans la Ville. Sigebert dans sa Chronique appelle ce même lieu EVOSIUM, & dit qu'on le choisit pour l'entrevue de l'Empereur St. Henri & de Robert Roi de France. Anselme de Gemblours écrit YVOSIUM & avant l'an 1100. le nom d'Yvoy étoit en usage puis qu'on le trouve dans l'Histoire de Lambert d'Aschaffenbourg. *Villa Yvois in confinio sita regni Francorum & Teutonorum*, située aux confins du Royaume des François & des Teutons ou Allemands. Les Comtes de Chiny s'étant fort accrus, se rendirent maîtres d'Ivoy , & par eux il vint aux Ducs de Luxembourg & ensuite aux Maisons de Bourgogne & d'Autriche. Cette place fut prise l'an 1552. par Henri II. Roi de France & en la rendant cinq ans après par le Traité de Cateau Cambresis, il obtint qu'elle seroit démantelée sans pouvoir être retablie. Nonobstant cet Article ce poste fut encore fortifié dans la suite ; mais il fut attaqué l'an 1637. par le Maréchal de Chatillon qui le prit, ruina les murailles & une partie de la Ville qui n'est plus qu'un Village. Loüis XIV. donna *Ivoy* avec ses dependances au Comte de Soissons de la Maison de Savoye, & changea le nom d'Ivoy en Carignan qui est le nom d'une Ville de Piemont, dont étoit Seigneur le Prince Thomas de Savoye Pere de ce Comte.

[g] De Longuerue desc. de la France. part. 2. p. 118.

JUPILLE, Village du Pays de Liege sur la rive droite de la Meuse à une lieuë au dessous de la Ville de Liége. On y peut quelquefois passer la Riviere à gué pendant l'Eté. Ce lieu est nommé *Jopilia* dans la Vie de St. Lambert.

JUPITER , fausse Divinité à laquelle les Payens donnoient le titre de Maître des Dieux & des hommes. Sur ce prejugé il n'est pas étonnant qu'il y ait eu beaucoup de lieux qui lui étoient consacrez. Telles étoient les Villes

JUP.   JUP. JUR. IVR   301

les nommées DIOSPOLIS par les Grecs.

JOVIS FANUM, Διὸς Ἱερόν, ancien lieu d'Asie dans la Lydie assez près de Philadelphie, selon Ptolomée [a]. Ortelius en fait une Ville. [a] l.5.c.2.

JOVIS FONS, ou *la Fontaine de Jupiter*. Voiez FONS.

JOVIS AMMONIS FONS, la Fontaine de Jupiter Ammon. Je parle de cette Fontaine dans l'Article d'AMMON 4.

JOVIS DITIS TEMPLUM, Temple de l'Asie auprès de Sinope Ville de Paphlagonie, selon Tacite [b]. [b] l.4. Histor.

JOVIS INDIGETIS LUCUS, Bois d'Italie dans le Latium auprès de la Ville d'Ardée, selon Pline [c]. Ce Jupiter est nommé dans une inscription conservée par Denys d'Halicarnasse [d]. Après avoir raconté la mort d'Enée, il ajoute: Le lendemain on ne trouva nulle part le Corps d'Enée: les uns crurent qu'il avoit été enlevé chez les Dieux. D'autres qu'après sa mort on l'avoit jetté dans le Fleuve Numicius qui n'étoit pas éloigné du Champ de Bataille. Les Latins lui éleverent un petit Temple sur lequel ils mirent cette inscription. Au Jupiter Pere de la Patrie qui tient sous sa puissance les eaux de la Riviere Numicius. Quelques-uns, poursuit cet Historien, ont dit que ce même Temple fut bâti par Enée à l'honneur d'Anchise qui étoit mort un an avant cette guerre: le tombeau n'est pas grand, il est entouré d'Arbres disposez d'une maniere qui fait plaisir à voir. Ce sont apparemment ces Arbres que Pline appelle le Bois de Jupiter. [c] l.3.c.5. [d] Antiq. Rom.l.1.c.56.

1. JOVIS MONS, ou la *Montagne de Jupiter*, Montagne de l'Afrique propre, selon Ptolomée [e]. Elle n'étoit pas fort éloignée du Bagradas. [e] l.4.c.3.

2. JOVIS MONS, Montagne de la Phénicie, selon la Notice de l'Empire [f]. C'est peut-être la Montagne de Jupiter surnommé Casius. [f] Sect. 13.

3. JOVIS MONS, Montagne de l'Espagne Tarragonoise [g]. C'est présentement Mont-joui. Il est près de Barcelone. [g] Mela,l.2.c.6. n.28.

4. JOVIS MONS, autre Montagne d'Espagne près d'Ampurias, selon Varerius [h]. [h] Ibid.n.24.

JOVIS PROMONTORIUM, Promontoire de l'Isle de Taprobane [i], c'est le Cap le plus Occidental de l'Isle de Ceylan. [i] l.7.c.4.

JOVIS SALINARUM. Voiez SALINARUM.

JOVIS SERVATORIS PORTUS, port de Grece au Peloponnese dans le Golphe Argolique [k], selon Ptolomée [k]. Διὸς Σωτῆρος λιμήν. [k] l.3.c.16.

JOVIS STHENII ARA, l'Autel de Jupiter Sthenius. On le nomma ensuite la pierre de Thesée. Il étoit au Peloponnese près de Troesene, selon Pausanias [l]. [l] l.2.c.32.

JOVIS TEMPLUM, lieu particulier de Grece dans la Macedoine auprès de l'Embouchure du Fleuve Baphyre, selon Tite-Live [m]. [m] l.44.

JOVIS NICELINI TEMPLUM. Il étoit en Italie dans le Territoire de Cossa, selon le même Historien [n]. [n] l.24.

JOVIS VILLA, lieu particulier de l'Isle de Caprées, selon Suetone [o]. [o] In Tiberio.

JOVIS URII FANUM, Arrien le décrit en Asie sur le Bosphore de Thrace. Les Grecs lui ont conservé son ancien nom de Ieron au rapport de Pierre Gilles [p]. C'est peut-être le même lieu que CHRYSOPOLIS. [p] Bospor.

JUPOLIS. Voiez IOPOLIS.

1. JURA, haute Montagne qui sépare la Suisse de la Franche-Comté. Ptolomée la nomme JURASSUS [q]. Cesar parlant de la situation de la Suisse dit [r]: Les Suisses sont naturellement enfermez de tous côtez. D'une part ils ont le Rhin qui est fort large & très-profond & qui les separe de la Germanie; de l'autre ils ont le mont Jura qui est très-haut entre les Sequaniens & eux. Il marque que cette Montagne commençoit au bord du Rhône. On marcha, dit-il [s], dans la Sequanie, par un chemin étroit & difficile entre le mont Jura & le Rhone [t], par où les chariots pouvoient à peine passer un à un. Il dit encore depuis le Lac Leman (aujourd'hui le Lac de Geneve) dans lequel coule le Rhone jusqu'au mont Jura qui sépare les Frontieres des Sequaniens de celles des Suisses il fit faire l'espace de XIX. M. P. une muraille haute de seize pieds & accompagnée d'un fossé. Mr. Ruchat [v] parle ainsi de cette Montagne: A l'Occident, la Suisse est separée de la France, ou si l'on veut, de la Franche-Comté par cette longue Chaîne de Montagnes, que les anciens ont appellée *Jurassus* & qu'on appelle aussi le mont JURA & les Allemands LEBERBERG. Ces Montagnes commencent un peu en delà de Geneve, où elles font le célebre pas de l'Ecluse, ne laissant qu'un chemin étroit entre le Rhône & la Montagne qui est fermé par une Forteresse laquelle est à la France. Delà elle court du Sud-Ouest au Nord-Est couvrant le Pays de Vaud, celui de Neuchatel, le Canton de Soleurre, jusqu'au Botzberg appelé *Vocetius* par l'Historien Tacite. Cette Montagne prend divers noms generaux & particuliers selon les divers Pays qu'elle traverse, mais les voisins lui donnent tous vulgairement le nom de LA JOUX. Mr. Baudrand [w] dit au contraire qu'on l'appelle plus souvent le Mont St. Claude, & que ses parties sont le MONT DE JOUX vers Pontarlier & LE GRAND CREDO vers le Rhône. Si nous en croyons Munster [x], près de Basle & du Rhin on l'appelle *Botzberg*, plus loin vers le Midi *Schaffhuat*; ensuite *Ober* & *Nider Hauwenstein*, & enfin *Wasserfall*. [q] l.2.c.9. [r] De bell. Gall.l.1.c.2. [s] c.6. [t] c.8. [v] Delices de la Suisse. T.1. p.17. [w] Ed. 1705. [x] Cosmogr.

2. JURA [y], (l'Isle de) Isle d'Ecosse l'une des Westernes, au Midi de l'Isle de Mull, & au Nord de celle d'Ila. Elle a vingt-quatre milles en longueur & six ou sept en largeur. Elle passe pour un Pays des plus sains de toute l'Ecosse & à peine trouve-t-on ailleurs des hommes qui vivent plus long-temps que ceux qui l'habitent. Elle abonde en Pâturages, en bestiaux, en bêtes fauves, & on y pêche de très-bon saumon. Il y a une Eglise qui s'appelle Killearn & plusieurs sources d'eau minerale. [y] Etat. pres. de la Gr. Bret. T.2. p.285.

IVREE [z], en Latin *Eporedia*, Ville d'Italie en Piemont, Capitale du Canavez que l'on appelloit autrefois le Marquisat d'Ivrée. Elle est sur la Doire, ou Doria, que l'on y passe sur un beau pont de pierres, & est le Siége d'un Evêché suffragant de l'Archevêché de Turin. Elle est entre deux Collines, bien forte avec un ancien Château & [z] Baudrand Ed. 1705.

Pp 3   une

IVR.   JUR. IVR.

a L.1.c.16.

b l.3.c.17.

c l.4.p. 205.

d Theatr. Sabaud. & Pedemont.

une bonne Forteresse. Cette Ville est très-ancienne, & Velleius Paterculus [a] raconte que sous le Consulat de Marius & de Valerius Flaccus, les Romains y envoyerent une Colonie. Pline [b] parle des habitans d'Eporedia comme de gens habiles à dresser des chevaux pour le manege. Cela s'accorde assez avec l'opinion que l'on a des anciennes ruines que l'on trouve à Bolenc lieu situé à un mille d'Ivrée : on croit que ce sont les debris d'un édifice qui servoit d'écuries aux Romains. Strabon [c] dit que les Salassiens ayant été vaincus par Cesar, on les mena à Ivrée & on les y vendit à l'encan. Brutus parle de cette Ville dans ses Lettres à Ciceron. Antonin en fait mention dans l'Itineraire [d]. Avec le tems on changea le nom d'*Eporedia* en celui d'EBOREIA, dont Aimoin, ou son Continuateur des Annales de France se sont servis. D'autres Chroniqueurs ont dit IPOREGIA, *Iporiensis Civitas*, IVOREIA, & ce nom a été tant de fois changé qu'on est parvenu à dire Ivrée qui est le nom moderne. Elle est plus remarquable par son ancienneté que par sa beauté & elle n'est pas aussi peuplée qu'autrefois & elle n'a pas plus de six mille ames. La Doria qui l'arrose y est très-rapide. On la passe sur un pont fait l'an 600. par Agilulf Roi des Lombards, & qui n'a qu'une seule arche, on assure que les deux bords de la Riviere étoient autrefois ornez de Maisons & qu'il y avoit plusieurs Palais que les guerres civiles des habitans ont ruinées.

Le Marquisat d'Ivrée est souvent nommé dans les Histoires. Il commença sous l'Empire de Charlemagne. De même que les Romains avoient placé là une Colonie pour servir de Barriere à l'Italie ; cet Empereur après avoir defait Didier Roi de Lombardie & conquis ses Etats, établit deux Marquisats, savoir celui de Suze & celui d'Ivrée, pour tenir en bride les Peuples qu'il avoit soumis au delà des Alpes. Asprand fut le premier Marquis d'Ivrée & on croit que ses descendans lui succederent jusqu'au dernier nommé Ardoin Marquis que les Princes Italiens choisirent unanimement pour Roi d'Italie à l'Assemblée de Pavie. Après sa mort arrivée l'an 1018. ses fils n'ayant point assez de forces pour se maintenir contre Henri de Baviere, & Arnulphe Evêque de Milan Partisan de Henri, ne purent conserver l'heritage de leur Pere. La Ville d'Ivrée & tout son Marquisat qui prenoit la plupart des Vallées voisines & une grande partie de la Province Cisalpine, furent reduits à subir la Domination des Empereurs d'Allemagne, jusqu'à l'an 1248. car alors l'Empereur Frederic II. en gratifia Thomas de Savoye Comte de Maurienne, en reconnoissance de ses services. Cette Donation fut confirmée quatre ans après par Guillaume Comte de Hollande élu Roi des Romains ; & pour annuler le Droit que l'Eglise pretendoit y avoir, le Pape Innocent IV. ratifia par un Bref ce que les Empereurs avoient fait à cet égard. Ce transport en faveur de la Maison de Savoye fut soixante ans sans effet, par les obstacles qu'y mirent les Marquis de Montferrat. Enfin ces Marquis, les Milanois & autres harcelant sans cesse les habitans d'Ivrée, ces derniers lassez des insultes qu'on leur fai-

soit au dehors & des troubles qui les agitoient au dedans par la mesintelligence des partis, depouillerent l'esprit de faction & se donnerent à Amedée le Grand, Comte de Savoye, fils de ce Comte Thomas dont on a parlé, & à Philippe de Savoye, Prince d'Achaïe oncle paternel d'Amedée. Ces deux Princes avoient été créez par Henri VII. Vicaires de l'Empire en Italie ; ils se presenterent avec une armée aux portes de la Ville qui leur transporta le Domaine, à certaines conditions, par l'entremise de l'Evêque Albert Gonzague du consentement des Comtes de Valsperg, & de St. Martin qui étoient les Chefs de faction. La Maison de Savoye est toujours demeurée en possession d'Ivrée, malgré les oppositions des Marquis de Montferrat, & nonobstant les guerres qui sont survenues entre les Maisons de Bourbon & d'Autriche, dont cette Ville a souvent souffert.

JURGANO. Voiez FRATERIA.
IVRI. Voiez IVRY.

JURIA, "Ιουρια, nom d'un chemin Romain en Italie dans le Latium. Denys d'Halicarnasse [e] dit, à quatre-vingt Stades de Rieti en marchant par la *Voye Jurie* proche du mont Coréte est Cursule qu'on a ruinée depuis quelque tems. Sylburge met la Voye Salarienne à la place. Le Pere le Jay dans une Note dit [f] qu'il faut peut-être lire *Julie*, de la *Porte Julie* qui donnoit son nom au chemin auquel elle conduisoit. Fabricius fait mention de cette porte dans sa description de Rome. Mais cette conjecture est inutile. Car la Voye Jurie n'alloit pas jusqu'à Rome comme je le ferai voir ; ce n'étoit pas même une Voye Militaire, & par consequent ce ne peut être la Voye *Salarienne* qui en étoit une. Cette derniere partoit de Rome au Nord, passoit par Fidénes, Eretum, Rieti, Cutilies, Interocrea, Village, Phalacrine &c. elle laissoit à gauche la Voye Jurie, chemin de traverse qui partoit de la Voye Salarienne, passoit à Cursule, & à Norcie. Il n'est pas étonnant que ce chemin n'ait pas été fort célèbre ; mais il se detachoit de la Voye Salarienne à Rieti, ou même au delà, ainsi il n'approchoit pas plus près de Rome & n'avoit rien de commun avec la porte Julie.

e Antiq. Rom. l.1.p. 12.

f T. 1.15.

JUROUX, Village d'Asie dans la Perse dans la Prairie de FESA qui est entre Yezd & Abrecouh. Il est remarquable [g] à cause d'une Bataille qui s'y donna entre Chah-mansour, & Chah Yahya son frere.

g Hist. de Timurbec. l.3.c.23. p.176.

JURUMEA, petite Riviere d'Espagne dans le Guipuscoa où elle arrose St. Sebastien. Voiez URUMEA.

1. IVRY, Bourg de France en Normandie sur la Rivière d'Eure entre Anet & Pacy, à quatre lieues de Dreux vers le Nord, & à quinze lieues de Paris, au pied d'une Colline sur laquelle il y avoit autrefois un Château bien fort par sa situation, mais entièrement ruiné à present. Il y a une Abbaye de l'Ordre de St. Benoît, sous l'invocation de Notre-Dame. Elle fut fondée en 1077. par Roger Seigneur d'Ivry & reformée en 1669. par les Benedictins de la Congregation de St. Maur. C'est dans la Plaine de cet Ivry que se donna la Bataille de 1590. entre le

Roi

IVR. JUS.

Roi Henri le Grand & les rebelles connus sous le nom de Ligueurs. C'est de cette Victoire que Malherbe fait parler ce Monarque dans cette Stance.

> N'ai-je pas le cœur aussi haut,
> Et pour oser tout ce qu'il faut
> Un aussi grand désir de gloire,
> Que j'avois lors que je couvry
> D'exploits d'éternelle mémoire
> Les plaines d'Arques & d'Ivry?

2. IVRY [a], Village de l'Isle de France, en Latin *Ivriacum*, selon quelques-uns *Ibriacum* pour *Iberiacum*, à une petite lieue de Paris à la gauche de la Riviere de Seine. C'est le lieu de la retraite de St. Fraimbaud ou St. Frambour.

[a] Baillet Topogr. des Saints.

3. IVRY [b], sur Seine, Château de l'Isle de France, au dessus de Paris. Il a été bâti pour Claude Bosc du Bois, Conseiller d'Etat, ancien Prevôt des Marchands & Procureur general de la Cour des Aides. L'avenue commence au grand chemin de Paris & après avoir fait un coude se termine devant la porte du Château. La porte est haute, mais simple & sans ornement. La Cour est fermée d'un côté par le Château, & des autres côtez par des grilles de fer qui la separent du parterre & du Jardin. Le Château est à main droite, le parterre à gauche & le Jardin en face de l'entrée. Le Château n'est qu'un Corps de logis quarré, & assez simplement décoré ; mais les appartemens en sont commodes & les vûës charmantes. Elles donnent du côté de Paris & du côté de la Riviere & font une très-belle perspective. Le parterre est agréable, orné d'un bassin à jet d'eau, & d'une terrasse en forme de demilune & palissadé de tous côtez de charmilles. Le Jardin offre d'abord une longue & très-belle Allée de Maroniers palissadée de charmilles des deux côtez : les Potagers sont du côté de la Riviere & de l'autre sont plusieurs Allées, parmi lesquelles on remarque celle des Orangers au milieu de laquelle il y a un bassin qui reçoit les eaux des Cascades. Ces Cascades sont au haut du Jardin, elles sont petites, mais fort longues & sortent d'un jet d'eau qui est au dessus ; & auprès duquel on voit deux Boulingrins & une Statue du Roi Louis le Grand semblable à celle qui est à l'hôtel de Ville de Paris. La terrasse où est cette Statue est belle pour les vûës & le coup d'œil ; & au bout il y a un petit Pavillon quarré qui est un agréable reduit.

[b] Piganiol de la Force. desc. de la France. T. 2. p. 243.

1. JUS, Ιος, lieu du Peloponnese dans la Schiritique, selon Xenophon [c].

[c] Hist. Grec. L. 6. p. 607.

2. JUS. Voiez Ios.

JUSSEY [d], Ville ancienne de France dans la Franche-Comté, aux confins de la Champagne & de la Lorraine, sur le bord d'un Marais situé sur la Riviere de Manse. Elle est à huit ou neuf lieues de Langres & à pareille distance de Vesoul & presque toute ruinée, ensorte qu'il n'y reste plus qu'un rang de Maisons qui en font par le bas le circuit du côté du Marais. Les ruines de cet-

[d] Corn. Dict. mem. dressez sur les lieux en 1706.

JUS.

te Place se voyent parmi des rochers escarpez qui en font le haut d'où coule un petit ruisseau venant d'une source qui tombe par des augets de pierre & de bois au pied de l'Eglise paroissiale. Il n'y est resté qu'un Couvent de Capucins de plusieurs autres qu'on y a vus autrefois : ce Couvent est parmi des rochers & des broussailles dans un endroit si élevé qu'on a de la peine à le discerner quand on est au bas de la Ville, avec des Lunetes d'approche. Il y a un Bailli haut-justicier ressortissant par appel à Vesoul pour le Civil & au Parlement de Besançon pour le Criminel.

JUST. Voiez ST. JUST au mot SAINT.

JUSTINI MONTES, Dioscoride nomme ainsi des Montagnes d'Italie. Ortelius conjecture qu'il faut lire VESTINI.

JUSTINGEN [e], Bourg d'Allemagne en Suabe, & Chef-lieu d'une Seigneurie de même nom. Ce petit Pays qui s'étend en longueur est borné au Sud-Est par le Danube au dessus d'Ulm. Il y a le grand Justingen qui est le Bourg & assez près est le petit qui n'est qu'un Village. Il a le territoire de Blaubeuren au Nord & la Baronie de Streifling au Midi Occidental. Le Monastere d'Ursspring est dans cette Seigneurie qui appartient aux Barons de Friedberg.

[e] De l'Isle Atlas. Hubner Géogr.

JUSTINIANA, l'Empereur Justinien aimoit beaucoup à bâtir de nouvelles Villes, à orner & à reparer les anciennes & à construire des Forteresses. Procope nous a laissé VI. Livres sous le titre des édifices de Justinien. Il n'est pas étonnant après cela que le nom de Justiniana ait été commun à plusieurs Villes. Il y en a eu qui l'ont pris & l'ont peu gardé, comme 1. & 2. ADRUMETE & CARTHAGE. D'autres l'ont gardé plus long-temps ; & sont connues dans l'Histoire sous ce nom.

3. JUSTINIANA PRIMA, Ville de la Bulgarie. Voiez ACHRIDE.

4. JUSTINIANA SECUNDA, Ancienne Ville de l'Isle de Cypre, selon Califte cité par Ortelius [f]. Cypre est nommée *Justiniana Secunda* par Curopalate [g].

[f] Thesaur.
[g] De Official. Constant.

5. JUSTINIANA TERTIA, c'est la même Ville que CHALCEDOINE. Voyez ce nom.

6. JUSTINIANA NOVA [h], Ville de Bithynie. Il en est parlé au V. Concile de Constantinople.

[h] Ortel.
Thes.

7. JUSTINIANA NOVA CAMULENSIUM. Il en est aussi parlé dans ce Concile. Ortelius [i] croit qu'elle étoit en Cappadoce & il a raison. Voiez CAMULIANUM.

[i] Ibid.

8. JUSTINIANA NOVA SECUNDA, ancienne Ville d'Egypte. Le même Concile en fait aussi mention.

9. JUSTINIANA NOVA, ou DARASCI CIVITAS. Le Concile déjà cité parle aussi de cette Ville. Ortelius avoue qu'il ne sait où elle étoit. Seroit-ce Dara en Perse? On voit dans Procope que Justinien y avoit fait beaucoup de dépenses pour en reparer les murs, y conduire un Aqueduc & autres embellissemens.

10. JUSTINIANA NOVA. Voiez CYPSELA.

11. JUS-

11. JUSTINIANA NOVA, ou SECUNDA. Voiez ULPIANUM.

1. JUSTINIANOPOLIS, ancienne Ville de l'Arménie, selon le V. Concile de Constantinople. Voiez BAZANIS.

2. JUSTINIANOPOLIS, Ville Episcopale de la Pisidie, selon la Notice de Hierocles.

3. JUSTINIANOPOLIS, Ville Episcopale d'Egypte dans la seconde Thebaïde. La Notice de Léon le Sage porte CONTO *seu* JUSTINIANOPOLIS. Le premier est apparemment pour Coptos. Le *p* changé en *n*, & l's finale omise à cause de l's qui suit, sont des fautes très-ordinaires aux Copistes.

4. JUSTINIANOPOLIS, Ville Episcopale d'Asie dans la Phénicie du Liban, selon la Notice de Léon le Sage. Elle y est nommée EVARIUS *sive* JUSTINIANOPOLIS. Voiez BARCUSENA.

5. JUSTINIANOPOLIS, Ville Episcopale, selon la même Notice: elle étoit Metropole de la Galatie. On la nommoit aussi PISINUS.

6. JUSTINIANOPOLIS, autre Ville Episcopale de la Galatie. La même Notice de Léon le Sage après avoir nommé simplement Pisinunte la Metropole dans la Liste generale des Evêchés nomme au septieme rang SPANIA, ou

7. JUSTINIANOPOLIS. Voiez ANAZARBE. Voiez aussi MOSTENI & SINA.

☞ Les Villes suivantes prennent leur nom de l'Empereur Justin.

1. JUSTINOPOLIS. Voiez ÆGIDA & ISTRIA.

2. JUSTINOPOLIS, ancienne Ville de la Dardanie Européenne. Procope parlant de Justinien dit [a] il y avoit en Dardanie une Ville nommée Ulpiane dont il a reparé presque toutes les murailles qui tomboient en ruine & après l'avoir embellie il l'a nommée seconde Justinienne. Il a fondé une autre Ville voisine qu'il a nommée Justinople du nom de l'Empereur son oncle.

[a] Ædific. l.4.c.1.

3. JUSTINOPOLIS, Ville d'Asie dans la Bithynie, selon Ortelius qui dit que c'est le même lieu que le JUSTINIANOPOLITANUM *Territorium* de ZINIS dont il est fait mention dans le V. Concile de Constantinople.

4. JUSTINOPOLIS, ancienne Ville d'Asie dans la I. Cappadoce, dont il est parlé dans le Concile de Chalcedoine.

5. JUSTINOPOLIS. Voiez EDESSE 1.

6. JUSTINOPOLIS. Voiez ANAZARBE.

JUTÆ, nom Latin des Habitans du Jutland. Ce mot n'a point été employé par les Anciens. Et Ptolomée [b] n'apelle autrement que Cimbres les peuples qui de son temps habitoient le Nord de la Presqu'Isle qui en a pris le nom de Cimbrique. Entre eux & les Saxons il met les peuples suivans dans cet ordre.

[b] l.2. c.11.

Siculones,
Sabalingii,
Cobandi,
Chali,
Phundusii,
Charudes.

Le mot Jutæ en recompense a été connu des Auteurs du moyen âge. Bede [c] dit : *Angli de illa patria quæ Anglia dicitur & ab eo tempore usque manere deserta inter Provincias Jutarum & Saxonum perhibetur.* On voit que le peuple *Angli* en passant dans la Bretagne qui porte aujourd'hui son nom avoit laissé son ancienne patrie presque deserte, mais le peuple *Juta* subsistoit encore en Allemagne quoi qu'il eût aussi fait partir des Colonies pour l'Angleterre. Voici comment en parle la Chronique Saxone publiée en Saxon & en Latin par Mr. Gibson. Après avoir dit [d] qu'Hengeste & Horsa furent appellez par Vortigerne Roi des Bretons, elle ajoute qu'ils exposerent à leurs compatriotes la bonté du Pays, & la lâcheté des Bretons & les inviterent à venir avec eux. Ceux-ci leur envoyerent du secours & il en vint de trois Provinces de Germanie, savoir des anciens Saxons, des Angles & des Jutes. Elle marque positivement que des Jutes qui vinrent alors sont sortis les Cantuariens & les Vectuariens, (c'est-à-dire, les peuples de Cantorberi & de l'Isle de Wight. Ensuite elle poursuit ainsi : *Hæc est ea gens quæ nunc incolit Vectam* (l'Isle de Wight) *quæque gens apud Occidentales Saxonas adhuc vocatur Jutarum progenies, . . . ab Anglis quorum patria ab eo usque tempore mansit deserta inter Jutas, & Saxonas, originem duxerunt Angli Orientales, Mediterranei, Mercii, & omnes Northymbri.*

[c] l.1.c.15.
[d] Ad Ann. 449.

C'est donc une necessité quand on parle des Jutes de distinguer les peuples ainsi nommez qui demeurerent en Allemagne, ce sont les habitans du Jutland. Il faut aussi distinguer ceux qui passerent en Angleterre & s'établirent au Pays de Kent & dans l'Isle de Wight.

JUTHIA, ou JUDIA, selon Mr. Kaempfer [e], Ville Capitale du Royaume de Siam. Mr. Gervaise dit [f] de ce Royaume : la Capitale est appellée par les Siamois MEUANGSI-JOUTHIA & par les Etrangers JUTHIA, ou ODIAA qui sont des noms que les Chinois lui ont donnez ; les Etrangers l'appellent Siam du nom du Royaume auquel même ils l'ont donné, car ce n'est pas plus le nom du Royaume que celui de la Ville. Voiez au mot SIAM. Mr. de la Loubere [g] parle ainsi de ce nom.

[e] Hist. du Japon.
[f] Hist. Nat. de Polit. du Royaume de Siam p.41.
[g] Description du R. de Siam T. 1. p. 17.

Quant à la Ville de Siam, les Siamois l'appellent, SI-YO-THI-YA, l'ô de la Syllabe *yô* étant encore plus fermé que notre diphthongue *au*. Quelquefois aussi ils l'appellent CRUNG-THE-PAPRA-MAHA-NACÔN. Mais, poursuit-il, la plupart de ces mots sont difficiles à entendre ; parce qu'ils sont pris de la Langue Balie qui est la Langue savante des Siamois & qu'ils n'entendent pas toujours bien eux-mêmes . . . . de *Si-yô-thi-ya* nom Siamois de la Ville de Siam les Etrangers ont fait *Judia* & *Odiaa* ; par où il paroit que Vincent le Blanc & quelques autres Auteurs distinguent mal-à-propos *Odiaa* de *Siam*. Voici la description qu'en fait Mr. Gervaise qui y a fait du sejour [h].

[h] Hist. Nat. & Pol. de Siam p. 42.

Cette Ville est d'une grande reputation dans toutes les Indes, Chaou-Thong, c'est-à-dire, le Roi d'Or, la fonda il n'y a gueres plus de deux cens ans. (C'est-à-dire, vers la fin du XV. siécle.) Elle est située dans une Isle fort agréable qui peut avoir environ sept lieues de cir-

circuit. En y comptant le Palais du Roi, elle n'a gueres plus de deux lieues d'enclos, sa figure est plus ovale que ronde. Elle est fermée d'une muraille de briques qui tombe en ruine, mais le Roi en fait faire une plus belle qui n'est pas encore achevée. Le terrain en est inégal & sujet aux inondations : on pourroit néanmoins sans beaucoup de peine remedier à cet inconvenient en applanissant les éminences & en transportant sur les quais la terre qu'on en tireroit. La grande Riviere bat les murailles du côté du Midi, de l'Orient & de l'Occident & entrant dans la Ville par trois grands bras qui la traversent de bout en bout, elle en fait pour ainsi dire une autre Venise. On peut dire même que la situation en est beaucoup plus avantageuse, si les bâtimens n'en sont pas si magnifiques. Car les Canaux qui forment les bras de cette Riviere qui l'arrose sont fort longs, sont droits & assez profonds pour porter les plus grands bâteaux. Cette Ville est divisée par quartiers & par rues comme celles de l'Europe. Les Européens appellent ces quartiers *Camps* & les Siamois les nomment *Bâne*. Celui du Roi est le plus beau à cause des grandes places, des promenades, des maisons des Mandarins, & des Pagodes qui l'environnent.

Le Palais du Roi est bâti dans la partie la plus Septentrionale de la Ville & fermé d'une double muraille de Brique qui est toujours bien entretenue : il peut avoir environ une demi-lieue de circuit. Plusieurs cours de differentes grandeurs le partagent ; dans quelques-unes de ces tours on voit les Ecuries des Elephans qui sont plus ou moins belles, selon la difference du rang & de la dignité de ces animaux, car ils ne sont pas tous égaux ni servis de la même maniere : on ne sauroit croire jusqu'où va l'application des Valets qui en ont soin nuit & jour. Ils sont auprès d'eux pour veiller à leurs necessitez & pour chasser les mouches qui pourroient les incommoder.

Les Officiers de la Maison du Roi sont logez dans les deux premieres cours, & dans les autres on voit encore quelques vieux appartemens des anciens Rois, qu'on respecte comme des lieux sacrez ; plusieurs rangées d'Arbres en rendent le sejour assez agréable ; il y a même quelques Pagodes, qui toutes anciennes qu'elles sont ne laissent pas d'y faire un assez bel effet.

L'appartement du Roi est dans la derniere cour, il est nouvellement bâti, & l'or qui y brille en mille endroits, le distingue aisément de tous les autres. Il est en forme de Croix, du milieu de laquelle s'éleve sur le toit une haute Pyramide à divers étages qui est la marque des Maisons Royales. Toute sa couverture est d'étain & il n'y a rien de mieux travaillé que la Sculpture dont il est orné de tous côtez.

L'appartement de la Princesse Reine sa fille & de ses femmes, qui en est le plus proche, paroît par le dehors assez magnifique. Il a vue, aussi bien que celui du Roi sur de grands Jardins bien plantez, les allées y sont entrecoupées de petits ruisseaux qui y donnent de la fraîcheur, & qui par le doux murmure qu'ils font en coulant invitent au sommeil ceux qui se reposent sur l'Herbe toujours verte dont ils sont bordez.

Hors du Palais on voit à la gauche sur le bord de la Riviere de grands Magazins, où l'on renferme les balons du Roi. On y en compte plus de cent cinquante qui sont tous très-superbes. (C'est une espece de Gondole d'une façon particuliere.) A la droite on voit un grand parc dans lequel on amenoit autrefois les Elephans sauvages pour les dompter en presence de la famille Royale, qui prenoit ce plaisir des fenêtres d'un petit Château qui n'est pas éloigné.

Il y a un autre quartier de la Ville qui est destiné aux Etrangers, où demeurent les Chinois, les Mores & quelques Européens. On y voit des maisons de brique assez bien bâties. Il y en a même des rues toutes entieres : Il est très-peuplé & c'est l'endroit du Royaume où se fait le plus grand Commerce. Tous les Vaisseaux y abordent, parce que la Riviere y forme un grand Bassin très-commode pour les radouber, & tous les jours on y en bâtit de nouveaux.

Le troisiéme quartier, qui est celui des naturels du Pays, est le plus grand de tous. Il est habité par quantité d'Artisans. On y voit plusieurs grandes rues remplies de boutiques des deux côtez & de grandes places pour les Marchez. Ces Marchez se tiennent tous les jours, soir & matin, ils sont abondamment fournis de Poisson, d'œufs, de fruits & de legumes & d'une infinité d'autres choses. Mais on n'y vend point de Viande. La multitude du peuple qui s'y trouve est si grande qu'on a quelquefois bien de la peine à y passer. La plûpart des rues sont bordées de beaux arbres qui sont d'une grande commodité pour les passans. Car à toutes les heures du jour on y trouve une ombre très-agréable. Il y en a de pavées de briques & d'autres qui ne le sont point. Comme cette Ville est entrecoupée par plusieurs ruisseaux, il a été necessaire d'y bâtir des Ponts, il y en a cinq ou six de briques faits en Arcades qui sont assez beaux & assez commodes ; mais il y en a d'autres faits de cannes qui sont si étroits & si peu solides qu'il est difficile d'y passer sans danger ou du moins sans peur de tomber dans l'eau.

Au reste elle est si peuplée, que quand le Roi y est, elle pourroit bien fournir soixante mille hommes d'âge à porter les armes, & ce nombre pourroit doubler si l'on y comprenoit tous ceux qui habitent les Villages qui sont de l'autre côté de la Riviere, & que l'on peut regarder comme ses Fauxbourgs. Mais ce qui contribue le plus à la beauté & à la magnificence de cette Ville, c'est la vûë de plus de cinq cens Pagodes que l'on trouve dispersées de tous côtez & qui par le nombre des Statues dorées qu'elles renferment donnent aux étrangers qui n'y sont pas encore accoutumez une fort grande idée de ses richesses.

Comme le Voyage de Mr. Kaempfer est posterieur à celui de Mr. Gervaise, je joindrai ici la description qu'il a faite de cette Ville où il a passé quelque temps. Voici ce qu'il en dit.

JUTHIA [a], où JUDIA, Capitale du Royaume de Siam, & la Résidence du Roi. Quelques Voyageurs l'appellent INDIA, mais c'est peut-être une faute d'impression. Cette Ville

[a] Kaempfer Hist. du Japon l. 1. p. 23. & suiv.

Ville étoit autrefois dans le lieu où est presentement *Bankok*, sur le bord Occidental de la grande Riviere Menan ; mais on la démolit, pour la rebâtir où elle est à present, dans une Isle basse formée par cette Riviere. Cette Isle a la forme de la plante du pied, le talon tourné à l'Ouest, & environ deux milles d'Allemagne de circuit. Elle est située dans un Pays tout-à-fait plat, autant que la vûë peut s'étendre, sur un terrain bas, coupé par plusieurs Canaux qui viennent de la Riviére, & qui forment tout autant de petites Isles quarrées ; de sorte qu'on ne sauroit aller fort loin sans bâteau. Elle est environnée d'une muraille de brique, qui du côté du Sud & du Nord a quatre brasses & demi de haut, & est bien bâtie, & ornée de crenaux ; mais le reste est bas, négligé, & tombe en ruine. Cette muraille est ouverte en plusieurs endroits, où il y a de petites portes qui vont à la Riviére. En dedans il y a des remparts à differentes distances les uns des autres, pour y planter du Canon. A l'extrémité la plus basse de la Ville, il y a un grand Bastion qui avance dans l'eau, & plusieurs autres plus petits. Le premier a du Canon pointé contre les Vaisseaux qui remontent la Riviére. Pour défendre les murailles de la Ville contre le courant de l'eau, on a laissé une levée étroite, ou un quai, sur lequel on a bâti en plusieurs endroits. Plusieurs grands Canaux, qui viennent de la Riviére, traversent la Ville de l'Est à l'Ouest, & du Nord au Sud ; & comme ceux-ci fournissent de l'eau à un grand nombre d'autres Canaux plus petits, les vaisseaux peuvent entrer dans la Ville, & aborder auprès des Palais & des principales maisons. Les rues sont en droite ligne le long des Canaux. Quelques-unes sont passablement larges, mais les autres sont fort étroites ; &, généralement parlant, elles sont toutes sales & malpropres : il y en a même qui sont inondées en haute marée. A considérer la grandeur de cette Ville, elle n'est pas extrêmement peuplée : elle ne l'est même que très-peu en certains endroits, particuliérement du côté de l'Ouest, à cause de son éloignement ; & vers le Sud, parce que le terrein est marécageux, & qu'on n'y sauroit passer que des planches, ou sur quelque méchant petit pont. Delà vient que dans ces endroits-là il y a plusieurs espaces vuides, & de grands Jardins derriére les rues ; & comme ces espaces ne sont point cultivez, ils sont pleins d'herbe, de buissons, & d'arbres, qui y croissent naturellement. La premiere rue, que l'on rencontre en entrant dans la Ville, s'étend vers l'Ouest le long de la courbure des murailles de la Ville. On y a bâti les plus belles maisons, entr'autres celles qui appartenoient autrefois aux Anglois, aux Hollandois, & aux François : Faulcon (connu sous le nom de Mr. Constance) y avoit la sienne. La rue du milieu, qui va du côté de la Cour, est la plus habitée ; elle est pleine de boutiques de Marchands, d'Artisans & d'Ouvriers. Dans ces deux rues il y a plus de cent maisons qui appartiennent à des Chinois, Indoustans, & Mores. Elles sont toutes bâties de pierre, fort petites, n'ayant que huit pas de long, quatre de large, & deux étages, quoi qu'elles n'ayent

pas plus de deux brasses & demi de hauteur. Elles sont couvertes de Tuiles plates, & ont de grandes portes sans aucune proportion. Les autres rues sont moins habitées, & les maisons des gens du commun ne sont que de misérables Cabanes bâties de bambou (qui est un roseau creux de l'épaisseur de deux ou trois empans) & de planches : elles sont couvertes de quelques feuilles de *Gabbé Gabbé*, ou de branches & de feuilles de Palmiers, qui croissent dans les Marais. Les Mandarins ou Ministres d'Etat, & les Courtisans, demeurent dans différens Palais, qui ont des Cours fort sales. Généralement parlant, ces édifices, quoique bâtis de pierre & de chaux, sont peu de chose : les appartemens ne sont ni propres, ni bien garnis. Les boutiques sont basses, & mal entenduës : cependant elles sont assez bien situées en ligne droite, comme les rues. Les Canaux ont donné lieu à un grand nombre de Ponts. Ceux qu'on a bâti sur le grand Canal sont de pierre, avec des balustrades de même ; mais comme il n'y a ici ni Chariots, ni Charrétes, ils sont fort étroits ; ils ont quatre-vingt pas de long, & sont fort hauts au milieu : mais ceux des petits Canaux écartez sont sans ornement, & la plûpart de bois.

Le Roi a trois Palais dans cette Ville. Le premier est le nouveau Palais bâti par le feu Roi, du côté du Nord, vers le milieu de la Ville. C'est un grand quarré, divisé en plusieurs parties, & en plusieurs bâtimens, qui suivant l'Architecture Chinoise sont ornez de plusieurs toits l'un sur l'autre, & de plusieurs frontispices, dont une partie est dorée. Dans l'enceinte du Palais, aussi bien qu'au dehors, il y a de longues Ecuries, où l'on voit une centaine d'Eléphants tous de suite magnifiquement harnachez. Depuis les troubles des François, comme on les appelle ici, on n'a laissé qu'une entrée pour entrer dans le Palais ; & personne n'y passe qu'à pied, quoi qu'elle soit si sale, qu'on s'embourbe quelquefois jusqu'au gras de la jambe, si on ne garde pas un parfait équilibre en marchant sur de petites planches, qui y ont été mises pour éviter cet inconvénient. Il n'est même pas permis à un Mandarin ordinaire d'y entrer avec plus d'un Domestique. Pour la même raison, il est défendu aux vaisseaux ou bâteaux qui remontent la grande Riviére, de s'approcher des murailles du Palais. On voit aux portes & aux autres avenuës du Palais une foule de gens nuds, dont la peau bazanée est peinte de figures noires bigarrées, comme les images du Saint Sépulcre à Jérusalem. Quelques-uns ne sont marquez ainsi qu'aux bras ; mais les autres le sont par tout le corps jusqu'à la ceinture, qu'ils couvrent d'un morceau de drap, suivant la coûtume générale du Pays. On leur donne le nom Portugais de *Braços Pintatos*, ou Braspeints. Ce sont-là les Gardes du Roi, ses Portiers, & ses Bâteliers. Pour toutes armes ils ont des bâtons gros & courts, & ne font que roder autour du Palais comme des vagabonds. Le second Palais, qu'on appelle le Palais le plus avancé, est situé au Nord-Est de la Ville, vers l'extrémité. Il est quarré, mais beaucoup moins grand que le premier. C'étoit l'ancienne résidence des Rois : mais à à préſent (en 1690.) c'eſt la demeüre du fils du Roi, qui eſt âgé de trente ans. Le troiſiéme Palais eſt plus petit que les deux autres, & ſitué dans la partie Occidentale & la moins habitée de la Ville. Un Prince de la famille Royale y habite préſentement; & on l'appelle le Palais de l'Ecuyer des Eléphants du Roi, parce que ce Prince eſt le conducteur de l'Eléphant qui porte le Roi. Le Prince ne ſe met pas ſur le cou de l'Eléphant, comme on fait d'ordinaire, mais ſur ſa croupe derriére le Roi, d'où il le gouverne par certains ſignes auxquels cet Animal eſt accoûtumé.

Après avoir parlé des Palais, je dirai quelque choſe des Temples & des Ecoles de cette Ville. Il y en a un très-grand nombre; car comme tout le Pays fourmille de Talapoins, cette Ville en particulier eſt pleine de Temples, dont les cours aboutiſſent régulierement au niveau des rues, & ſont remplies de Pyramides & de colomnes de différente figure, & dorées. Ils ne ſont pas ſi grands que nos Egliſes; mais ils les ſurpaſſent de beaucoup par leur magnificence extérieure, comme par le grand nombre de leurs toits, par leurs Frontiſpices dorez, leurs eſcaliers avancez, leurs Pyramides, Colomnes, Pilliers, & autres embelliſſemens. Le dedans eſt orné de pluſieurs Statues de grandeur naturelle, ou même plus grandes, artiſtement faites d'un mélange de plâtre, de réſine, & de poil, auquel on donne d'abord un vernis noir, & que l'on dore enſuite. Elles ſont placées en pluſieurs rangs dans un lieu éminent, où eſt l'Autel. Dans quelques Temples elles ſont rangées le long des murailles, aſſiſes les jambes croiſées; toutes nuës, excepté au milieu du corps, où elles ſont ceintes d'un morceau de drap jaune foncé: elles ont auſſi depuis l'épaule gauche juſqu'au nombril, une autre piéce de drap de la même couleur, entortillée. Leurs oreilles ſont fenduës, & ſi longues qu'elles deſcendent ſur les épaules. Leurs cheveux ſont friſez, & noüez ſur la tête en deux nœuds, de ſorte qu'on ne peut pas diſtinguer ſi c'eſt un bonnet ou quelqu'autre eſpéce d'ornement. La main droite eſt poſée ſur le genou droit, & la gauche ſur le giron. A la place d'honneur, qui eſt le milieu, il y a une Idole qui excéde de beaucoup la grandeur d'un homme, aſſiſe dans la même poſture, ſous un dais. Elle repreſente le fondateur de leur Religion. Les Siamois l'appellent *Prah*, le Saint; ou *Prah Pudi Dſiau*, le Saint d'une haute naiſſance: ou lui donnent le nom particulier de *Sammona Khodum*, que les Peguans prononcent *Sammona Khutama*, c'eſt-à-dire, homme ſans paſſions. Les Japonnois & les Chinois le nomment *Siaka*, ou *Saka*, les Ceylonnois *Budhum* & *Budha*. Ce *Prah*, ou *Khodum* a des ſtatues d'une grandeur monſtrueuſe, dans quelques Temples. Dans un Temple Peguan hors de la Ville, appellé en langage Peguan *Tſianpnun Tſiun*, il y a une de ces Idoles fortement dorée, aſſiſe ſur un lieu élevé, dont la proportion eſt telle, qu'elle auroit 120. pieds de long, ſi elle étoit droite; & on trouve de même une autre *Siaka* ou Idole, à *Miaco*, Capitale du Japon, & la Réſidence de l'Empereur Eccléſiaſtique, qui ne cede à celle de Judia ni en grandeur, ni en beauté. Cette Idole eſt dans la même poſture que celle où *Budha* & ſes diſciples ſe mettoient, lorſqu'ils étoient dans leurs enthouſiaſmes, ou méditations religieuſes. Et encore aujourd'hui, les Prêtres ſes Sectateurs ſont obligez par leur regle de s'aſſeoir tous les jours en certains temps dans la poſture de leur Maître, quand ils ſont dans la méditation, ou dans l'exercice de leurs dévotions. Ils portent auſſi le même habit: ils vont la tête nuë & raſée, & pour ſe garantir du Soleil, ils ſe couvrent le viſage d'un évantail fait de bois & de feuilles de Palmier. Les maiſons des Talapoins ſont près des Temples: c'eſt fort peu de choſe. A un des côtez, ils ont une Sale publique, ou Oratoire, appellé *Prahkdi*, qui eſt ordinairement aſſez grand, bâti de bois, & aſſez ſemblable à un Temple; les bords du toit ſont dorez. On y monte par quelques dégrez: & au lieu de Fenêtres, il y a pluſieurs petites Lucarnes pour donner de l'air durant leurs Aſſemblées ou Leçons publiques. Le platfond eſt ſoutenu par deux rangs de Colomnes; & la ſale eſt diviſée en pluſieurs claſſes & bancs. Au milieu, on voit une eſtrade ſur laquelle il y a un pupitre ouvragé & doré, comme ceux de nos Egliſes: & un vieux Talapoin y vient à certaines heures, qui lit d'une voix lente & diſtincte quelques paroles ſacrées à ſes Auditeurs, qui ſont la plûpart de jeunes gens qui étudient leur Théologie, ou de jeunes Talapoins. Lorſqu'il prononce certains mots, les Auditeurs mettent leurs mains ſur leur front; mais en général ils ne paroiſſent pas avoir beaucoup d'attention & de dévotion: car j'en ai vû quelques-uns qui coupoient du *Pinang*, d'autres qui le mettoient en poudre, ou qui mêloient du Mercure avec du jus de quelque Herbe, ou qui s'amuſoient à quelqu'autre choſe. Près du Pupitre, ou dans un autre endroit de la Sale, on voit l'Idole d'*Amida*, ſe tenant debout ſur la fleur Tarate, *Faba Ægyptiaca*, ou *Nymphæa magna*: ils croyent qu'il intercede pour les ames des morts. Autour de la Sale pendent des fleurs, & des Couronnes de papier, des banderoles, & d'autres ornemens dorez, attachez à des bâtons de bambou, qu'ils portent dans les Convois funébres.

Lorſque j'étois dans leurs aſſemblées, j'ai remarqué qu'il y avoit devant le Pupitre une machine en forme de Table, faite de bambous joints groſſiérement enſemble, & tenduë de piéces de drap jaune, dont les Prêtres s'habillent, ou plûtôt ſe couvrent la ceinture. Elle étoit jonchée de fleurs, & chargée de pluſieurs plats pleins de Ris, de Pinang, de Piſang, de Poiſſon ſec, de Limons, Mangoſtanges, & autres fruits du Pays; qui étoient des offrandes & des préſens qu'on avoit fait au Couvent.

Il y a pluſieurs Fauxbourgs & pluſieurs Villages autour de la Ville: dans quelques-uns, les vaiſſeaux ſervent de Maiſons, & contiennent chacun deux ou trois familles, ou même davantage. Ils ſont ſouvent changer de place à ces Maiſons flottantes, & les conduiſent, ſurtout lorſque les marées ſont hautes, vers les endroits où l'on tient des foires, pour y vendre leurs marchandiſes, & gagner par-là leur

JUT.

leur vie. Dans les Villages situez en terre ferme, les maisons sont généralement parlant bâties de bambous, de roseaux, de planches, & d'autres matériaux de cette espéce. Quelques-unes de celles qui sont sur le bord de la Riviére, sont élevées sur des Pilliers de la hauteur d'une brasse, afin que les eaux qui inondent le Pays pendant quelques mois puissent passer librement dessous. Chaque maison a un degré, ou une échelle, pour descendre à terre quand les eaux se sont retirées; & un bâteau, pour aller aux environs, lorsqu'elles sont hautes. Les autres Villages situez sur un terrain élevé & sec, n'étant pas sujets à ces inondations, les maisons n'ont pas besoin de ces dégrez, ni de ces bâteaux.

C'est aussi sur ces éminences que sont bâtis les Temples, les Couvents, les Cimetiéres, où ils enterrent leurs morts, & les cours où ils brûlent leurs os, où ils placent leurs cendres, & où ils élévent de magnifiques Pyramides. Proche de la Ville du côté du Midi, à quelque distance de la Riviere, les Hollandois ont leur Comptoir & leurs Magasins, bâtis très-commodément & avec beaucoup de magnificence sur un terrain sec. Plus bas du même côté de la Riviere, il y a plusieurs Villages habitez par des Colonies de Japonnois (les meilleurs Soldats des anciens Rois,) de Peguans, & de Malaceans. Au côté opposé de la Riviere, il y a un Village habité par une race de Portugais nés de femmes Indiennes, & plus loin au dessous, il y a une Eglise dédiée à St. Dominique, desservie par trois Peres Dominicains. Derriere celle-là, il y a une autre petite Eglise, où officient deux Peres de l'Ordre de Saint Augustin; ces cinq Religieux vivent fort paisiblement ensemble dans une maison faite de roseaux. Assez près de là, sur le même terrain, il y a une Eglise des Jesuites, qui porte le nom de Saint Paul, qu'elle a pris de la principale Eglise de Goa, qui appartient aussi aux Jésuites; & dans toute l'Asie ces Peres aiment mieux qu'on les appelle *Paulistes*, du nom de cette Eglise, que *Jésuites*. Au Sud-Ouest de la Ville, vis-à-vis l'endroit de la Riviere d'où sort la branche nommée *Klang-Nam-Ja*, Mr. Louis, Evêque Metropolitain, avoit fait bâtir de pierre un Palais, avec une fort belle Eglise, qui est présentement fermée depuis son emprisonnement. Les Prêtres Catholiques Romains qui sont à Siam, m'ont assuré qu'il y avoit plus de trois-mille six cens Chrétiens dans le voisinage de Judia, qui sont au dessus de sept ans, & qui ont reçu le Sacrement de l'Eucharistie.

JUTLAND, (le) Pays de Danemarck, au Nord de l'Allemagne & plus particulierement au Nord du Holstein dont il est séparé par la Riviere de l'Eyder, & par la petite Riviere le Peson qui tombe dans la Mer Baltique au Golphe de Kiel.

On le divise en deux parties par une ligne qui va en serpentant depuis Ripen jusqu'à Colding. Ces deux Villes & tout ce qui est au Nord de cette ligne s'appelle le NORD-JUTLAND, ou le JUTLAND PROPRE: ce qui est au Midi jusqu'à l'Eyder s'apelle le SUD-JUTLAND ou le Duché de SLESWIG. Le Nord-*Jutland* appartient entierement au Roi de Danemarck. Le SUD-JUTLAND ou le *Sleswig* appartient à ce Monarque & au Duc de Holstein. Voiez SLESWIG.

Le JUTLAND proprement dit, ou le NORD-JUTLAND ou le Jutland Septentrional est borné par la Mer au Couchant, au Nord & au Levant. Il a au Midi le Sleswig, comme nous avons dit.

Il est divisé en quatre Diocéses. Celui d'ALBOURG occupe toute la partie Septentrionale. Celui d'ARHUS occupe la partie Orientale; celui de RYPEN la partie Meridionale; & celui de VIBOURG est entre celui d'Albourg & celui de Rypen. Voiez les Articles particuliers de ces Diocéses.

JUTUNGI [a], Suidas nomme ainsi un Peuple qui passa le Danube. St. Ambroise dans une de ses Lettres fait mention des JUTHUNGI, & il paroit par le temoignage d'Ammien Marcellin [b] que c'étoit un Peuple de la Germanie qui habitoit un Pays contigu à l'Italie. Ortelius croit qu'ils sont nommez VITUNGI par Eumenius, & VITHUNGI par Sidonius [c]; & VIRTUNGI par Pollion [d]. Spangeberg leur place dans le Comté de Tirol.

[a] Ortel. Thes.
[b] l. 17.
[c] In Panegyric.
[d] In Aurelio.

JUTUNTORUM. Voiez FORUM DIUGUNTORUM.

1. JUTURNA, Fontaine & petit Lac d'Italie dans le *Latium*. Les Anciens supposoient que Juturna Sœur de Turnus avoit été changée en Nayade après avoir satisfait la passion de Jupiter [e]. Sa Fontaine & son Lac sont au pied du Mont Albano, & les Romains en vantoient la salubrité. On appelloit ci-devant le Lac *Lago di Juturna*, dit Cluvier [f]. Quelques-uns l'ont ensuite nommé *Lago di Turno*. Mais il y a quelque temps que l'eau s'en est écoulée par des conduits souterrains. Le Cardinal Serra qui avoit là une maison de Campagne a fait dessecher le Lac afin de rendre l'air plus sain. C'est, dit Mr. Baudrand [g], ce que l'on voit dans les Inscriptions d'Urbain VIII. placées à Castel Gandolphe.

[e] Ovid. Fast. l. 2. v. 585. Virgil. Æneid. l. 12. v. 139. & 140.
[f] Ital. Ant.
[g] Ed. 1682.

2. JUTURNA [h], ancien nom de la Fontaine de la Ville de Rome. Elle est près de l'Eglise de Santa Maria Liberatrice.

[h] Baudrand Ibid.

JUVANENSES [i], ancien Peuple dont il est fait mention dans une Inscription raportée par Goltzius. On voit dans une Inscription trouvée à Burchausen & alleguée par Aventin JUVAVENSIUM [k]. C'est apparemment la même chose que le JUVENSE CASTRUM de l'Inscr. p. Notice de l'Empire, la JUVAVIA & le JOVAVIUM de l'Itineraire d'Antonin, l'IVAVI de la Table de Peutinger. Comme on a trouvé à Saltzbourg quelques-unes des Inscriptions où ce lieu est nommé, quelques Savans ont cru que cette Ville étoit l'ancienne JUVAVIA.

[i] Ortel.
[k] Gruter. 375. n. 2. Sect. 58.

JUVANTIUM, ou selon d'autres Exemplaires de Pline [m], VIBATINUM FLUMEN. Le R. P. Hardouin lit dans d'autres BATINUM FLUMEN qu'il prefere. Ancien nom du TORDINO Riviere d'Italie.

[m] l. 3. c. 13.

JUVENSE CASTRUM. Voiez JUVANENSES.

JUVERNA. Voiez JUERNA & JUERNE.

IWANOGOROD [n], Forteresse de l'Empire Russien dans l'Ingrie sur la Riviere de Narva. Comme cette Riviere terminoit les

[n] De l'Isle Atlas.

Etats

IWA. IXA. IXE. IXI. IXO. IYO. &c.

Etats de Livonie, de l'Ingrie que le Czar Iwan Basilowitz avoit conquise; il fit bâtir cette Forteresse à l'oposite de Narva: delà vient qu'on l'appelle aussi la Narva Russienne. Toutes les deux Places sont également de la Russie, & la Suede qui les avoit acquises les a perdues avec l'Ingrie & la Livonie. Voiez NARVA.

IWAN-OSERO [a], grand Lac de l'Empire Russien, à la source du Don, au Duché de Rezan. Il a au Midi la Forêt d'OKINIT-ZILIES ou d'Epiphanovlies. Il reçoit les eaux du Lac nommé POLOTGA OZERO qui est au Sud-Ouest, & au Nord-Est on a coupé un Canal de communication, pour passer de ce Lac dans la Riviere d'Uppa qui tombe dans l'Occa. A l'Orient de l'Iwan-Osero est la sortie par laquelle le Don s'écoule vers Voronecz où étoient les Chantiers de Pierre le Grand. Voiez VORONECZ.

[a] Ibid.

I X.

IXAR, Petite Ville d'Espagne dans l'Arragon sur la Riviere de Martin. C'est la même que HIJAR.

IXE, Royaume de Japon dans l'Isle de Niphon & dans la partie Meridionale du Jetsegen entre le Royaume de Vovari à l'Orient & celui de Jamato à l'Occident. Avec une Ville de ce même nom. Selon Cardin cité par Mr. Baudrand, ce Royaume n'est qu'une Province. Voiez l'Article du Japon où ces noms sont différemment écrits.

IXIA, selon Strabon; ou

IXIÆ, selon Etienne le Géographe, petite Contrée de l'Isle de Rhode ainsi nommée du Port IXUS.

IXIAS, ancienne Ville d'Italie dans l'Oenotrie, selon Etienne le Géographe. Gabriel Barry croit que c'est presentement CAROLES.

IXIBATÆ, ancienne Nation voisine du Pont Euxin & de l'Inde, selon le même Etienne. Il me semble que cette Inde doit s'entendre de la Colchide, à laquelle on a donné ce nom, comme on a vû au mot INDE.

IXIRUS, Riviere selon Phavorin dans son Lexique. Il ne dit point quel Pays elle baigne.

IXOMATÆ. Voiez EXOMATÆ.

IXUS. Voiez IXIAS.

IXWORTH, Bourg d'Angleterre dans la Province de Suffolc. Il n'a rien de remarquable que son Marché public.

I Y.

IYO, le Royaume d'IYO, selon Mr. Baudrand [b], qui dit que c'est une Province du Japon dans la Province Occidentale de l'Isle de Chicoch vers celle de Ximo avec une Ville de ce nom; surquoi il cite Chardin. C'est la petite Province d'Iyo qui est la cinquième dans la Province de Nankaido, septième grande Contrée. Voiez l'Article JAPON.

[b] Ed. 1705.

I Z.

IZALA, Montagne d'Asie quelque part vers la Perside, selon Ammien Marcellin [c].

[c] l. 18.

IZA. IZE. IZG. IZJ. &c. 309.

IZAME [d], petite Province d'Afrique, dans l'Isle de Madagascar, au Couchant de la Vallée d'Amboule. C'est où se forge le meilleur fer, & où se fait le Menachil ou huile de Sesame en plus grande quantité. Les habitans sont les plus hardis & les plus vaillants de cette Isle & sont environ huit cens hommes.

[d] Flacourt Hist. de Madagascar. c. 3. p. 10.

IZARUS, pour Jesrael.

IZATHA, Ville de la Mauritanie Cesarienne, selon Ptolomée [e].

[e] l. 4. c. 2.

IZELOS, ou EISELOS, Ἐζηλος, Forteresse de Sicile, selon Etienne le Géographe.

ISGI, ancien Peuple de l'Inde, selon Pline [*]. Ils étoient vers les Monts Emodes.

[*] l. 6. c. 17.

IZIZUM, Lieu d'Egypte, selon l'Itineraire d'Antonin. D'autres Exemplaires portent TZYZUM. Ce lieu étoit fort avant au delà de Suene.

IZYRALLA, IZYRALLUM, ou TIRALLUM, selon les divers Exemplaires de l'Itineraire d'Antonin, Lieu de Thrace. Ortelius croit que ces noms sont corrompus & qu'il faut lire TURULLUM.

IZIRIANENSIS, ou HIZIRZADENSIS, Siége Episcopal d'Afrique dans la Numidie. Le premier nom se trouve dans la Conference de Carthage, où l'on voit *Felix Episcopus Plebis Iziriamensis*. Le second se trouve dans la Notice Episcopale d'Afrique, où l'on voit *Vigilius Hizirzadensis*. Il est certain que c'étoit le même Siège, comme Mrs. Baluze & Du Pin l'ont bien remarqué.

IZLI, ou ZEZIL, Ville d'Afrique en Barbarie au Royaume de Tremecen. Marmol [f] en fait cette description. C'est une place fermée de murailles dans une plaine qui est entre le desert d'Angad & le Territoire de Tremecen. Les Historiens assûrent qu'elle a été bâtie par les anciens Afriquains pour servir de Frontiere à ce Royaume. Elle étoit fort peuplée sous le regne des Abdelvetes qui y tenoient une bonne garnison contre les Arabes du desert. Mais elle fut ruinée par Joseph Prince de la Race des Benimerinis & fut long-temps depeuplée jusqu'à ce que certains Morabites s'y vinrent habiter. Car les Rois de Tremecen & les Arabes mêmes traitent fort bien cette Ville & ne lui font rien payer à la consideration de ces nouveaux habitans. Mais on ne laisse pas d'y vivre miserablement, à cause de la sterilité de la Contrée, & les maisons n'y sont bâties que de terre, couvertes de pailles, ou de branches d'arbres. On voit sourdre près de la Ville une belle Fontaine qui sert à arroser les terres d'alentour & sans cela on n'y recueilleroit aucun fruit à cause de l'excessive chaleur. Quelques-uns disent que cette Ville a été bâtie par les Romains & il paroît à ses murs qui sont de pierre de taille, fort hauts & mieux faits que ceux des habitans du Pays. On la nommoit autrefois GIVA & Ptolomée la met à 14. d. 30'. de Longitude & à 32. 30'. de Latitude.

[f] Afrique l. 5. c. 5. T. 2. p. 323.

IZQUINTENANGO [g], Ville de l'Amerique dans la Nouvelle Espagne dans la Province de Chiapa, presque au bout de la Vallée de Capanabastla & à deux lieues des Cuchumatlanes. C'est une des jolies Villes d'Indiens qui soient dans toute la Province, elle est très-riche tant à cause de la quantité de

[g] Gage Voyages 2. part. c. 208.

Co-

Coton qui s'y recueille que particulierement par sa situation. Car comme elle est sur le chemin de Guatimala tous les Marchands du Pays qui trafiquent avec leurs Mulets de ce côté-là passent par cette Ville où ils vendent des Marchandises & en achettent d'autres & ainsi l'enrichissent par l'argent qu'ils y apportent avec les Marchandises des Pays plus éloignez. Il y a une grande quantité de fruits & particulierement de celui que les Espagnols appellent *Pinas*, ou *Ananas* parce qu'il ressemble à la pomme de Pin. Elle est bâtie sur le bord de cette grande Riviere qui passe à Chiapa des Indiens & qui tire sa source proche des Montagnes Cuchumatlanes & néanmoins elle est fort large & profonde devant cette Ville, ensorte qu'on ne la peut passer qu'en bâteau; & parce que ce chemin est fort frequenté particulierement par ceux qui conduisent des troupeaux de Mulets, chaque troupeau étant d'ordinaire de cinquante ou de soixante, ce passage qui est occupé jour & nuit donne un revenu considerable tous les ans à la Ville, parce que les Indiens outre le bac ou bâteau qui sert au passage en ont aussi plusieurs autres petits pour monter & descendre sur la Riviere.

FIN DE LA LETTRE I. J.

www.ingramcontent.com/pod-product-compliance
Lightning Source LLC
Chambersburg PA
CBHW071225300426
44116CB00008B/914